일러두기

이 사전은 다음과 같은 차례로 낱말을 풀이하였다.

올림말 ^{어깨말} (한자 낱말이나 외래어의 본디 표기) 뜻풀이 《보기글》 참고 정보 **딸린올림말**

1. 올림말

1) 어떤 말을 실었나

초등학교 모든 학년, 모든 과목 교과서에 있는 2만 7,400개 낱말을 비롯하여, '한국 어린이 도서 연구회'와 여러 단체들에서 추천한 어린이 책과 초등학교 학급 문집에서 뽑은 낱말을 4만 개 넘게 실었다. 땅 이름, 산 이름, 강 이름, 책 이름 들은 본문에 넣었고, 나라 이름은 책 맨 뒤에 따로 모아 실었다. 사람 이름은 따로 싣지 않았다. 북녘에서 쓰는 낱말도 800개 넣었다.

2) 올림말 차례

한글 맞춤법에 따라 다음과 같은 차례대로 늘어놓았다.

첫소리 차례

ㄱ ㄲ ㄴ ㄷ ㄸ ㄹ ㅁ ㅂ ㅃ ㅅ ㅆ ㅇ ㅈ ㅉ ㅊ ㅋ ㅌ ㅍ ㅎ

가운뎃소리 차례

ㅏ ㅐ ㅑ ㅒ ㅓ ㅔ ㅕ ㅖ ㅗ ㅘ ㅙ ㅚ ㅛ ㅜ ㅝ ㅞ ㅟ ㅠ ㅡ ㅢ ㅣ

끝소리 차례

ㄱ ㄲ ㄳ ㄴ ㄵ ㄶ ㄷ ㄹ ㄺ ㄻ ㄼ ㄽ ㄾ ㄿ ㅀ ㅁ ㅂ ㅄ ㅅ ㅆ ㅇ ㅈ ㅊ ㅋ ㅌ ㅍ ㅎ

3) 같은 꼴 낱말

꼴이 같은 올림말은 뜻을 드러낼 수 있는 길잡이 어깨말을 붙여 구분하였다. 낮은 학년에 서 배우는 쉬운 말부터 어려운 말 순으로 늘어놓되, 순 우리말을 먼저 보여 주고 한자말과 외래어를 뒤에 놓았다.

나래 ^{날개} '날개'의 강원도 사투리. 또는 '날개'를 곱게 이르는 말.

나래 ^{농기구} 논밭을 판판하게 고르는 농기구. 생김새는 써레와 비슷한데, 아래에 발 대신 널빤지나 철판을 대었다.

4) 모양이나 소리를 흉내 내는 말

뿌리가 되는 말을 올림말로 놓고, 풀이 뒤에 '-거리다', '-대다', '-이다', '-하다' 들이 붙거나 '살랑살랑'처럼 같은 말이 거듭된 낱말을 늘어놓았다. 보기글은 그 뒤에서 모두 보여 주었다.

> **더듬-** 1.보이지 않는 것을 찾으려고 손으로 이리저리 만져 보는 모
> 양. 2.말을 하거나 글을 읽을 때 술술 하지 못하고 막히는 모양. **더**
> **듬거리다 더듬대다 더듬더듬**《밤에 벽을 더듬거리면서 화장실에
> 갔다./막 한글을 깨친 동생이 더듬더듬 책을 읽는다.》

5) 북녘말

북녘에서 쓰는 올림말에는 어깨말 자리에 'ㅣ북'을 넣어 보여 주었다. 같은 꼴 낱말이 있으면 어깨말 뒤에 'ㅣ북'을 넣었다.

> **멧마당** ㅣ북 밭 가운데에 낟알을 떨어내려고 마련한 곳.《동네 아주
> 머니들이 멧마당에서 콩을 턴다.》
> **모름지기** 아마ㅣ북 모르긴 해도 아마.《별이 안 보이는 것으로 보아
> 내일은 모름지기 비가 올 거야.》

6) 딸린올림말

올림말에 '-하다', '-되다'가 붙거나 끝이 '-이', '-히', '-스레' 꼴로 바뀌어 새로운 낱말이 되면 그 낱말 풀이 맨 뒤에서 보여 주었다.

> **가늠** 형편이 어떤지 짐작하는 것. 또는 딱 알맞은지 헤아려 보는
> 것.《안개가 짙어서 거리 가늠이 어렵다./물 가늠을 잘해야 반죽이
> 잘되지.》**가늠하다**
> **가지런하다** 여럿이 늘어선 꼴이 한결같이 고르고 나란하다.《미선
> 이가 활짝 웃자 옥수수 알처럼 가지런한 이가 드러났다.》**가지런히**

7) 관용구와 속담

관용구와 속담은 첫머리에 오는 낱말의 풀이가 끝난 뒤에 줄을 바꾸어 보여 주었다.

> **바람** 공기 1.살갗으로 느낄 수 있는 공기의 흐름.《시원한 바람이 불
> 어온다.》2.공이나 풍선 들에 넣거나 들어 있는 공기.《자전거 바퀴
> 에 바람을 넣어야겠다.》3.쓸데없이 부풀린 기대나 들뜬 마음을 이
> 르는 말.《그런 터무니없는 말로 내 동생한테 바람 넣지 마라.》4.
> 사회에 갑자기 몰아닥친 어떤 기운이나 유행.《우리 반 남자 애들
> 사이에 갑자기 태권도 바람이 불었다.》
> **바람을 잡다** 관용 어떤 일을 하라고 부추기다.《숙제를 하는데 형이
> 밤 따러 가자고 바람을 잡았다.》

> **바람 앞의 등불 속담** 세찬 바람 앞의 등불은 언제 꺼질지 모른다
> 는 뜻으로, 몹시 위태로운 처지에 놓인 것을 이르는 말.

8) 한자말이나 들어온 말

한자말이나 다른 나라에서 들어온 낱말은 올림말 옆 ( ) 안에 본디 글자를 보여 주었다. 다만 동식물 이름과 두 나라 말이 합쳐진 낱말, 본디 나라 말에서 꼴이 달라진 낱말에는 보여 주지 않았다. 일본어와 중국어는 영어 로마자로 나타냈다. 영어를 뺀 들어온 말은 본디 글자 뒤에 나라 이름을 보여 주었다.

> **상품 상** (賞品) 상으로 주는 물건.
> **상하이** (Shanghai) 중국 양쯔 강이 바다로 흘러 들어가는 어귀에
> 있는 항구 도시. 일제 강점기 때 대한민국 임시 정부가 있던 곳으로
> 상공업과 무역이 발달하였다. **같**상해.
> **샹들리에** (chandelier 프) 천장에 매다는 화려한 전등.

들어온 말 나라 표시

그 그리스 어	네 네덜란드 어	독 독일어
라 라틴 어	러 러시아 어	산 산스크리트 어
에 에스파냐 어	이 이탈리아 어	일 일본어
포 포르투갈 어	프 프랑스 어	히 히브리 어

2. 뜻풀이

1) 초등학생 눈높이에 맞추어 쉬운 토박이말로 풀이하였다.
2) 보기글은 초등학생이 흔히 쓰는 입말로 보여 주었다.
3) 맞춤법과 띄어쓰기는 한글 맞춤법과 표준어 규정, 외래어 표기법, 국립국어원의 『표준국어대사전』을 따랐다.
4) 뜻이 여럿인 올림말은 기본이 되는 뜻을 먼저 보이고 그 뒤에 뜻이 갈라져 나간 차례대로 보여 주었다.

> **아끼다** 1.돈, 시간, 물건 같은 것을 귀하고 알뜰하게 쓰거나 간직하
> 다.《용돈을 아껴 써.》2.사람이나 물건을 소중하게 여기거나 다루
> 다.《이 그림은 큰아버지가 아주 아끼시는 거예요.》

5) 올림말과 관련 있는 낱말이나 참고할 만한 낱말을 보기글 뒤에 두었다. 참고 정보가 여럿일 때에는 다음과 같은 차례대로 늘어놓았다.

본 본말	준 준말	같 같은 말	비 비슷한 말
반 반대 말	높 높임말	낮 낮춤말	참 참고어
다 다듬은 말	북 북녘말	✕ 잘못 쓴 말	바 바뀜꼴

ㄱ. '준말'과 '같은 말'에서 풀이하는 낱말로 보낼 때에는 '➔'로 나타내었다.

저절로 제 스스로. 또는 자기도 모르게.《동무들 응원 소리에 힘이 저절로 솟았다.》^준 절로.
절로 ➔ 저절로.

전깃불 형광등이나 백열등 같은 전등에 켜진 등불. ^같전등불.
전등불 ➔ 전깃불.

ㄴ. 불규칙 활용을 하는 동사와 형용사의 바뀜꼴은 '-ㄴ/는', '-아/어', '-ㅂ니다/습니다' 순으로 보여 주었다.

차갑다 1.살갗에 닿는 느낌이 차다.《물이 너무 차가워서 손을 씻기가 싫다.》^반뜨겁다. 2.마음이나 태도가 인정이 없고 쌀쌀맞다. 《반장은 내 부탁을 차갑게 거절했다.》^비냉정하다. ^반따뜻하다. ^바차가운, 차가워, 차갑습니다.

3. 세밀화와 사진

세밀화로 그린 동식물과 농기구, 살림살이, 악기, 탈, 여러 가지 물건 그림들을 올림말 풀이 옆에서 보여 주었다. 문화재는 사진으로 보여 주었다.

4. 모둠 정보

본문 사이사이 펼친 쪽에 곡식, 꽃, 나무 같은 주제에 따라 짧은 글과 세밀화들을 실었다.

남녘과 북녘의 초·중등 학생들이 함께 보는

보리 국어 사전

가 ^{가장자리} 물건이나 장소 들에서 가깝거나 바깥쪽 둘레가 되는 부분.《우리 학교 운동장 가에는 은행나무가 많다.》 비가장자리.

가 ^{음이름} 서양 음악의 일곱 음계에서 '라'를 가리키는 우리말 음이름. 참다, 라, 마, 바, 사, 나.

가 ^{성적} (可) 1.성적이나 등급을 '수, 우, 미, 양, 가'로 나누어 매길 때 가장 낮은 것. 2.옳거나 좋은 것. 또는 어떤 일을 해도 좋다고 허락하는 것.《연소자 관람 가》

가 ^{우리가} 받침 없는 낱말 뒤에 붙어, 행동이나 상태의 주인공임을 나타내는 말.《우리가 이겼어./열매가 주렁주렁 열렸다.》높께서. 참이.

가감 (加減) 더하거나 빼는 것.《내 말을 가감 없이 들어.》 **가감하다**

가갸 한글을 '가, 갸, 거, 겨' 차례로 늘어놓을 때 첫 두 글자.

가갸 뒷자도 모른다 ^{속담} 글을 전혀 모르는 사람을 이르는 말. 비낫 놓고 기역 자도 모른다.

가건물 (假建物) 잠깐 동안만 쓰려고 대충 지은 건물.

가게 여러 가지 물건을 벌여 놓고 파는 집.《채소 가게/가게에 가서 두부 한 모만 사 오렴.》비상점, 점포.

가격 (價格) 물건 값.《이 연필의 가격은 가게마다 모두 다릅니다.》비값.

가격표 ^{쪽지} (價格票) 값을 적어서 물건마다 붙여 놓은 쪽지.《새로 산 자전거에 붙은 가격표를 떼어 냈다.》

가격표 ^표 (價格表) 여러 가지 물건 값을 죽 적어 놓아 한눈에 볼 수 있게 만든 표.《음식점에서 가격표를 보고 가장 싼 것을 골랐다.》

가결 (可決) 회의에서 어떤 안건을 받아들이기로 결정하는 것. 반부결. **가결하다 가결되다**

가계 살림 (家計) 집안 살림살이 형편. 또는 한 집안에서 돈을 벌고 쓰는 씀씀이. 《가계가 넉넉하다./아주머니는 근근이 가계를 꾸려 나가신다.》

가계 집안 (家系) 대대로 이어지는 한 집안. 조상으로부터 할아버지, 아버지, 나를 거쳐 후손으로 이어지는 핏줄의 흐름을 말한다.

가계부 (家計簿) 집안 살림을 하면서 날마다 돈이 얼마나 들어오고 나가는지를 적는 공책.

가곡 (歌曲) 시에 가락을 붙인 노래.

가공 (加工) 재료에 기술과 품을 들여서 새로운 물건을 만드는 것. 《목재 가공》 **가공하다** 《그 공장에서는 나무를 가공하여 책상을 만든다.》 **가공되다**

가공 무역 (加工貿易) 외국에서 들여온 원료를 완전한 상품으로 가공하여 다시 외국에 내다 파는 무역.

가공 식품 (加工食品) 농산물, 축산물, 수산물 들을 가공하여 먹기 편하고 오래 둘 수 있게 만든 식품.

가공업 (加工業) 원료를 가공하여 새로운 물건을 만드는 산업.

가공품 (加工品) 원료를 가공하여 만든 물건.

가공하다 주로 '가공할' 꼴로 써서, 놀랄 만하거나 두려워할 만하다. 《이번 태풍은 가공할 위력을 지녔다고 한다.》

가관 (可觀) 꼴이 볼만하다는 뜻으로, 남을 비웃거나 구경거리로 삼을 때 쓰는 말. 《잘난 체하더니 넘어져서 엉거주춤 걸어가는 꼴이 가관이었다.》

가구 물건 (家具) 옷장, 책상, 의자 들처럼 주로 집 안에서 쓰는 큰 살림 도구.

가구 집 (家口) 한집에 사는 가족. 또는 그것을 세는 말. 《농사짓는 가구/이 마을에는 서른 가구가 산다.》 비세대.

가구점 (家具店) 가구를 파는 가게.

가극 (歌劇) → 오페라.

가급적 (可及的) 1. 될 수 있는 대로인 것. 2. 될 수 있는 대로. 비되도록.

가까스로 애써서 겨우. 또는 아슬아슬 빠듯하게. 《터져 나오는 웃음을 가까스로 참았다./가까스로 막차 시간에 닿았다.》 비간신히, 겨우.

가까이 1. 어떤 곳에 가깝게. 《이리 가까이 오너라.》 반멀리. 2. 가까운 곳. 《미끄러우니 웅덩이 가까이에 가지 마라.》 3. 어떤 때, 수, 양에 거의 이를 정도로. 《아빠가 밤 열두 시 가까이 되어서야 오셨다.》 4. 남과 친하게. 《이웃끼리 가까이 지내니 얼마나 좋아.》

가까이하다 1. 좋아하거나 즐기다. 《우리 이모는 책과 음악을 가까이한다.》 반멀리하다. 2. 남과 친하게 지내다. 《강아지를 좋아하는 동무와 가까이하고 싶다.》 반멀리하다.

가깝다 1. 두 곳 사이의 거리가 짧다. 《우리 집은 학교에서 꽤 가깝다.》 반멀다. 2. 어떤 때, 정도, 상태에 거의 이르다. 《대회 날이 가까워 오자 마음이 들떴다.》 반멀다. 3. 남과 사이가 좋다. 또는 친척 사이의 촌수가 멀지 않다. 《나는 영주보다 슬기와 더 가깝다.》 반멀다. 4. 모습이나 성질이 비슷하다. 《저 녀석은 하는 짓이 꼭 어린애에 가깝다니까.》 바가까운, 가까워, 가깝습니다.

가까운 남이 먼 일가보다 낫다 속담 가까이 지내는 이웃이 멀리 있는 친척보다 더 도움이 된다는 말. **비**먼 사촌보다 가까운 이웃이 낫다.

가꾸다 1.풀이나 나무를 보살펴서 기르다.《꽃을 가꾸다./화단을 가꾸다.》 2.보기 좋게 만들거나 꾸미다.《피부를 가꾸다.》

가끔 어쩌다가 한 번씩.《우리 가족은 가끔 기차를 타고 여행을 간다.》 **같**종종. **비**때로, 이따금. **북**가담가담.

가끔가끔 '가끔'을 힘주어 이르는 말.《전학 간 동무 얼굴이 가끔가끔 떠오른다.》

가나다순 낱말을 '가, 나, 다……' 차례로 늘어놓는 것.《국어사전은 가나다순으로 되어 있다.》

가난 돈이 없어서 살림이 쪼들리고 어려운 것. **비**빈곤. **가난하다**《부자들은 가난한 사람들을 도와야 한다.》

가난이 죄다 **속담** 가난하기 때문에 죄를 짓거나 괴로운 일을 겪는다는 말.

가난한 집 제사 돌아오듯 한다 **속담** 힘든 일이 자주 닥치는 것을 이르는 말.

가난뱅이 가난한 사람을 낮추어 이르는 말. **반**부자.

가내 (家內) 1.집 안. 2.한 집안의 가족.《가내 평안하신지요?》

가내 공업 (家內工業) 집에서 간단한 도구나 손으로 물건을 만드는 공업.

가냘프다 1.몸이 가늘고 약하다.《그 아이는 몹시 가냘파 보였다.》 **비**가녀리다. 2.소리가 작고 가늘다.《소녀는 가냘픈 목소리로 사람들에게 성냥을 팔고 있었다.》 **비**가녀리다. **바**가냘픈, 가냘파, 가냘픕니다.

가녀리다 1.몸이 여리고 가늘다.《가

녀린 몸매/가녀린 이파리》 **비**가냘프다. 2.목소리가 힘없고 가늘다.《가녀린 목소리》 **비**가냘프다.

가녘 |**북** 1.어떤 곳의 변두리나 한쪽 모퉁이.《학교 운동장 가녘에서 동네 꼬마들이 제기를 찬다.》 2.어떤 것의 가장자리.《달 가녘에 보이는 허연 테를 달무리라고 한다.》

가누다 1.자세를 바르게 잡다.《막냇동생은 아직 어려서 목도 가누지 못한다.》 2.일이나 물건을 제대로 잘 다루다.《깃발이 너무 무거워 제대로 가눌 수가 없었다.》 3.숨, 기운, 정신 들을 가다듬다.《할머니는 흐려지는 정신을 가누려고 애쓰셨다.》

가느다랗다 꽤 가늘다.《색실을 가느다랗게 꼬아서 매듭을 지었다.》 **반**굵다랗다. **바**가느다란, 가느다래, 가느다랗습니다.

가느스름하다 조금 가늘다.《엄마를 닮아서 내 눈도 가느스름하다.》

가는귀먹다 작은 소리를 잘 듣지 못할 만큼 귀가 조금 먹다.《가는귀먹은 할머니께는 큰 소리로 말씀드려야 해.》

가는실잠자리 낮은 산이나 갈대가 많은 연못 근처에 사는 잠자리. 몸이 실 같이 가늘고 길다. 몸빛은 밤색인데 배 끝이 조금 더 짙다.

가는실잠자리

가는장구채

가는장구채 중부와 남부 지방에서 자라는 풀. 온몸에 잔털이 있다. 잎은 달걀꼴에 끝이 뾰족하고 흰 꽃이 핀다.

가늘다 1.긴 것의 둘레나 너비가 작다.《이모는 허리가 가늘다.》 **반**굵다. 2.울림이나 흔들림이 약하다.《우리 누나 목소리는 무척 가늘다.》 **반**굵다. 3.알갱이나 올이 아주 잘거나 곱다.《가늘게 빻은 가루/곱게 짠 가는 비단》 **반** 굵다. **바** 가는, 가늘어, 가늡니다.

가늠 형편이 어떤지 짐작하는 것. 또는 딱 알맞은지 헤아려 보는 것.《안개가 짙어서 거리 가늠이 어렵다./물 가늠을 잘해야 반죽이 잘되지.》 **가늠하다**

가늠질 | **북** 1.목표, 기준 같은 것이 알맞은지 살펴보는 것.《우선 가늠질을 잘해야 정확하게 맞힐 수 있을 거다.》 2.형편, 낌새 같은 것을 살펴서 앞일을 짐작하는 것.《꼭대기까지 오르는 데 얼마나 오래 걸릴지 가늠질부터 해 보자.》 **가늠질하다**

가능(可能) 할 수 있는 것. 또는 될 수 있는 것. **반** 불가능. **가능하다**《이 병은 재활용이 가능하다.》

가능성(可能性) 어떤 일이 일어날 수 있는 것. 또는 어떤 일을 이룰 수 있는 능력.《내일은 비가 내릴 가능성이 높다고 한다.》

가다 1.어떤 곳으로 움직이다.《내일은 30분 일찍 학교에 가야 한다.》 **반** 오다. 2.물건이나 사람이 사라져서 보이지 않게 되다.《내 딱지들이 어디로 갔는지 전혀 모르겠다.》 3.어떤 정도나 수준에 이르다. 또는 어떤 상태가 이어지다.《말이나 안 하면 중간이나 가지./감기가 한 달이나 가서 걱정이야.》 4.시간이 흐르다.《시간 가는 줄 모르고 신나게 놀았다.》 5.주름, 줄, 금, 흠 같은 것이 생기다.《꽃병이 깨지지는 않고 금만 조금 갔다.》 6.기계 같은 것이 움직이다.《건전지를 갈았더니 시계가 잘 간다.》 7.이해, 짐작, 상상이

되다.《그때 네가 왜 울었는지 충분히 짐작이 간다.》 8.말, 소식, 신호 같은 것이 전해지다.《전화기 단추를 아무리 눌러도 신호가 가지 않아.》 **반** 오다. 9.사람이 죽다.《수많은 젊은이들이 나라를 위해 용감하게 싸우다가 꽃다운 나이에 갔다.》 10.어떤 낱말 뒤에 써서, 앞말이 가리키는 행동이나 상태가 이어지는 것을 나타내는 말.《다 읽어 가니까 하루만 더 기다려 줘.》 **바** 가는, 가, 갑니다, 가거라.

가는 날이 장날 **속담** 모처럼 갔는데 뜻하지 않은 일이 생기는 것을 빗대어 이르는 말.

가는 말에 채찍질하기 **속담** 열심히 하고 있는데 더 빨리 하라고 다그치는 것을 빗대어 이르는 말.

가는 말이 고와야 오는 말도 곱다 **속담** 내가 먼저 남한테 잘해야 남도 나한테 잘한다는 말.

가는 방망이 오는 홍두깨 **속담** 자기가 한 일보다 더 심하게 앙갚음을 당하는 것을 빗대어 이르는 말.

갈수록 태산이라 **속담** 일이 점점 더 어렵고 힘들어진다는 말.

가다듬다 1.생각이나 마음을 바로잡다.《방학도 끝났으니 이제 마음을 가다듬고 학교에 갈 준비를 해야겠다.》 2.태도나 매무시를 바로잡다.《매무시를 가다듬은 뒤에 할머니께 세배를 드렸다.》 3.목청이나 숨을 고르다.《노래를 부르기 전에 목청을 가다듬었다.》

가다랑어 따뜻한 물을 따라서 먼 바다를 헤엄쳐 다니는 바닷물고기. 몸통이 통통하고 주둥이와 꼬리가 뾰족하다.

가다랑어

가닥 한군데에서 갈려 나온 낱낱의 줄이나 줄기. 또는 그것을 세는 말.《머리를 두 가닥으로 땋았다.》

가닥가닥 여러 가닥으로 갈라진 꼴. 또는 가닥 하나하나.《머리카락을 가닥가닥 꼬아서 하나로 묶었다.》

가담 (加擔) 여럿이 하는 일에 끼어서 한편이 되거나 일을 돕는 것. **가담하다**《나도 수박 서리에 가담하여 망을 보았다.》

가당찮다 전혀 옳지 않다. 또는 형편에 전혀 맞지 않다.《철수는 잘못을 빌기는커녕 가당찮은 핑계만 늘어놓다가 더 혼났다.》

가닿다 |북 1.어떤 곳에 이르다.《이틀 전에 부친 편지가 아직도 이모한테 가닿지 않은 것 같다.》2.마음이나 정성이 미치다.《우리의 정성이 섬 아이들한테 가닿는다니 기분이 참 좋아요.》3.정해진 몫이 여러 사람한테 돌아가다.《보리가 많지 않지만 마을 사람들한테 골고루 가닿기를 바랍니다.》4.어떤 수준이나 정도에 이르다.《가장 높은 수준에 가닿으려면 지금보다 훨씬 노력해야 할 거야.》

가대기 |북 밭을 가는 도구. 흔히 소 두 마리가 끌며 넓은 이랑을 짓는 데 쓴다.《가대기를 끌다./가대기를 메우다.》

가댁질 아이들이 서로 잡거나 잡히지 않으려고 이리저리 뛰어다니는 장난.
가댁질하다

가도 (街道) 도시와 도시를 잇는 큰 찻길.《경춘 가도》

가동 (稼動) 기계를 움직여서 일하게 하는 것. 또는 기계가 움직여서 일하는

것.《전기가 끊기자 모든 기계가 가동을 멈추었다.》**가동하다**

가두 (街頭) 큰 길거리.《가두 행진》

가두다 |붙다 1.마음대로 다니지 못하게 한곳에 강제로 넣어 두다.《'우리'는 짐승을 가두어 기르는 곳이다.》2.논, 저수지, 댐 같은 곳에 많은 물을 괴어 두다.《강물을 저수지에 가둬 놓아서 가뭄 걱정이 없답니다.》

가두다 모으다|북 1.팔다리, 날개 같은 것을 오므리다.《제비들이 날개를 가두고 전깃줄에 나란히 앉아 있다.》2.들뜬 정신이나 마음을 바로잡다.《정신을 가두고 둘레를 살펴보니 아이들이 모두 나를 보며 웃고 있었다.》

가둑나무 |북 떡갈나무, 신갈나무, 졸참나무, 갈참나무 들을 함께 이르는 말. 도토리가 열리고, 잎은 산누에나 집짐승의 먹이나 거름으로 쓴다.

가드라들다 |북 1.춥기나 무서워서 몸이 빳빳해지면서 오그라들다.《추위 때문에 손가락이 가드라들어서 글씨를 쓸 수 없다.》2.조마조마하거나 무서워서 마음이 움츠러들다.《엄마와 아빠가 집에 돌아오신 뒤에야 가드라든 마음이 풀렸다.》바가드라드는, 가드라들어, 가드라듭니다.

가드라뜨리다 |북 1.몸을 빳빳한 상태로 오그리다.《어떤 아이는 어깨를 가드라뜨리고 몹시 조마조마하였다.》2.몸을 안쪽으로 바싹 굽히다.《무릎을 가드라뜨린 채 한동안 꼼짝 않고 앉아 있었다.》

가득 꽉 들어차게. 또는 아주 많거나 널리 퍼지게.《주머니에 모래를 가득

담았다.》**가득가득**

가득하다 1.사람이나 물건이 한곳에 꽉 들어차 있다.《통 속에는 형이 모은 구슬이 가득했다.》**참**그득하다. 2.빛이 나 냄새가 널리 퍼져 있다.《점심시간 이면 반찬 냄새가 교실에 가득하다.》 **참**그득하다. 3.생각이나 느낌이 잘 드 러나 있다.《상을 받은 짝꿍의 표정에 기쁨이 가득하다.》**참**그득하다.

가뜩 '가득'을 힘주어 이르는 말.《고 구마를 바구니에 가뜩 담았어요.》**가 뜩가뜩**

가뜩이나 그렇지 않아도 몹시 힘겹고 어려운데 그 위에 또.《가뜩이나 배고 픈데 먹는 얘기를 하니 정말 못 참겠 다.》**북**가나다.

가뜬하다 1.물건이나 차림새가 거추 장스럽지 않고 편하다.《의자 하나쯤 은 혼자서 가뜬하게 들 수 있다.》**참**거 뜬하다. 2.몸과 마음이 가벼워 기분이 좋다.《시험이 끝나니까 마음이 가뜬 하다.》**참**거뜬하다.

가라사대 말씀하시기를.《공자 가라 사대 "착한 일을 하면 하늘이 복을 내 린다."고 했다.》

가라앉다 1.물이나 공중에 떠 있거나 섞여 있던 것이 내려와서 바닥에 쌓이 다.《먼지가 가라앉아야 청소를 시작 할 수 있을 것 같다.》**반**뜨다. 2.떠들썩 하거나 세찬 것이 잠잠하게 되다.《오 늘은 어제에 견주어 파도가 많이 가라 앉았다.》3.흥분이나 아픔 같은 것이 사라지다.《쑤시듯이 아프던 것이 아 까보다 훨씬 가라앉았다.》

가라앉히다 가라앉게 만들다.《모래

가락지나물

를 가라앉히다./기침을 가라앉히다.》

가락 음악 소리의 높낮이와 길이가 어울 려서 이루는 흐름.《마을 사람들은 흥 겨운 가락에 맞춰 춤을 추었다.》**같**멜 로디, 선율.

가락 세는 말 1.물레로 실을 자을 때 실 이 감기는 쇠꼬챙이. 2.엿이나 국수처 럼 가늘고 긴 물건의 하나하나. 또는 그것을 세는 말.《엿 한 가락/냉면 가 락이 길어서 가위로 잘라 먹었다.》

가락국수 가락을 굵게 뽑은 국수. 또 는 그것을 삶아서 맑은 국에 만 먹을거 리. **같**우동.

가락 악기 피아노나 바이올린처럼 가 락을 연주하는 악기. **참**리듬 악기.

가락엿 둥글면서 길고 가늘게 뽑은 엿.

가락장갑 |**북** 손가락을 하나씩 끼울 수 있게 구멍을 낸 장갑.

가락지 손가락에 멋으로 끼는 고리. 두 개가 한 짝이다. **참**반지.

가락지나물 축축한 들판에 자라는 풀. 노란 꽃이 줄기 끝에 모여 핀다. 어린 순은 먹고 포기째 약으로 쓴다.

가람 '강'의 옛말.

가랑눈 아주 작게 뭉쳐서 내리는 눈.

가랑비 가늘게 내리는 비. **같**안개비.

가랑비에 옷 젖는 줄 모른다 **속담** 작은 일이 거듭되어서 큰일이 된다는 말.

가랑이 몸에서 두 다리가 갈라지는 곳. **북**가랭이.

가랑잎 넓은잎나무에서 시들어 떨어 진 나뭇잎. **준**갈잎.

가랑잎이 솔잎더러 바스락거린다고 한 다 **속담** 허물이 많은 사람이 허물이 적 은 사람을 도리어 나무라는 것을 빗대어 이르는 말. **비**똥 묻은 개가 겨 묻은 개 나무란다.

가래 농기구 흙을 파헤치거나 떠서 던지는 데 쓰는 농기구. 날 양쪽에 줄을 매어 한 사람이 자루를 잡고 다른 두 사람이 줄을 잡아당긴다.

가래 침 사람의 목구멍에 생기는 끈끈한 액체. **같**담.

가래 풀 연못이나 논에서 자라는 풀. 물에 잠기는 잎은 좁고 길며 물에 뜨는 잎은 긴달걀꼴이다. 여름에 누런 녹색 꽃이 핀다.

가래 열매 가래나무 열매. 호두처럼 생겼는데 조금 더 길고 갸름하다. 속살은 고소하고 기름이 많다. **북**가래토시.

가래나무 산기슭에 자라는 잎지는나무. 가을에 호두같이 생긴 가래가 열린다. **북**가래토시나무.

가래떡 둥글고 가늘게 뽑아 알맞은 길이로 자른 흰떡. 《엄마는 가래떡을 썰어 떡국을 끓였다.》

가래침 가래가 섞인 침.

-가량 수량을 나타내는 말 뒤에 붙어, '대충 그쯤'이라는 뜻을 더하는 말. 《한 시간가량 걸으면 산꼭대기에 닿을 수 있을 거야.》 **비**-쯤.

가려내다 1. 여럿 가운데서 필요한 것을 골라내다. 《동생은 내 머리핀 가운데 예쁜 것만 가려내어 가졌다.》 2. 잘잘못을 밝혀내다. 《시비를 분명히 가려내야 뒷말이 없지.》

가련하다 불쌍하고 안쓰럽다. 《그 아이들은 부모를 모두 잃고 가련한 처지가 되었다.》 **가련히**

가렵다 몸이 근질거려 긁고 싶은 느낌

가래_농기구

가래_풀

가래_열매

가래나무

이 있다. 《모기에 물린 팔뚝이 가려워요.》 **바**가려운, 가려워, 가렵습니다.

가려운 데를 긁어 주다 관용 꼭 필요한 것을 알아서 해 주다. 《그 얘길 꼭 하고 싶었는데 네가 가려운 데를 긁어 주었어.》

가령 가정하여 말해서. 또는 예를 들어 말해서. 《가령 네가 원숭이가 되었다고 치자.》 **비**이를테면.

가로 1. 옆으로 된 방향. 또는 그 길이. 《가로와 세로가 모두 10센티미터인 정사각형을 그리세요.》 **참**세로. 2. 옆으로 길게. 《동생이 방 한가운데 가로 드러누워 있어서 거치적거린다.》

가로놓이다 1. 가로로 놓이다. 《마을 한가운데에 철길이 가로놓여 있다.》 2. 어려운 일이 앞을 막고 있다. 《넘어야 할 고비가 첩첩이 가로놓여 있다.》

가로눕다 가로로 눕거나 옆으로 놓여 있다. 《비바람에 가로수가 쓰러져서 길 위에 가로누워 있다.》 **바**가로눕는, 가로누워, 가로눕습니다.

가로대 양쪽 사이를 가로지른 막대기. 《높이뛰기 가로대》

가로되 말하기를. '말하되'를 옛날 말투로 이르는 말이다. 《격언에 가로되 '시간은 금'이라고 했다.》

가로등(街路燈) 길가를 따라 세워 놓은 전등. 밤길을 밝히거나 아름답게 꾸미는 구실을 한다.

가로막 젖먹이 동물의 배와 가슴 사이에 있는 막. 늘어나거나 오그라들면서 숨 쉬는 것을 돕는다. **같**횡격막.

가로막다 1. 앞을 가로질러 막다. 《길 끝에는 커다란 철문이 가로막고 있었

다.》2. 어떤 일을 못 하게 막다.《형이
불쑥 나서서 내 말을 가로막았다.》

가로맡다 남이 하는 일을 가로채거나
끼어들어 대신 맡다.《왜 내 전화를 네
가 가로맡니?》

가로무늬근 가로로 무늬가 나 있는 힘
살. 뼈를 움직이는 힘살과 심장에 있는
힘살 같은 것이다. **북**가로무늬살.

가로보다〔북〕1. 가로로 훑어보거나 보
아 나가다.《한글은 가로보고 써야 잘
알아볼 수 있다.》2. 눈을 흘기다.《민
아가 나를 가로보고 콧방귀 뀐 까닭을
모르겠어.》3. 못마땅하게 여기다.《그
때부터 그분은 돈만 밝히는 사람을 가
로보게 되었다.》

가로세로 1. 가로와 세로.《정사각형
은 가로세로 길이가 똑같아.》2. 이리
저리 여러 갈래로.《동생이 크레파스
로 방바닥에 가로세로 줄을 그었다.》

가로수(街路樹) 길가에 줄지어 심은
나무. 공기를 맑게 하고 거리를 아름답
게 꾸미려고 심는다.

가로쓰기 글씨를 가로로 길게 이어 쓰
는 것. **참**세로쓰기.

가로젓다 아니라는 뜻으로 고개나 손
을 옆으로 젓다.《같이 축구를 하자고
했지만 형은 고개를 가로저었다.》**바**가
로젓는, 가로저어, 가로젓습니다.

가로줄 가로로 그은 줄. **참**세로줄.

가로지르다 1. 어떤 곳을 가로로 지나
다.《나는 잔디밭을 가로질러 갔다.》
2. 줄이나 막대기 같은 것을 가로로 놓
다.《대문에 빗장을 가로질렀다.》**바**가
로지르는, 가로질러, 가로지릅니다.

가로채다 1. 남의 것을 옆에서 갑자기

빼앗다.《우리 선수가 일본 선수의 공
을 번개같이 가로채서 골을 넣었다.》
2. 남의 것을 나쁜 방법으로 빼앗다.
《어떤 나쁜 사람이 할아버지 땅을 가
로챘다고 합니다.》3. 남의 말을 중간
에서 빼앗아 자기가 하다.《범수가 갑
자기 내 말을 가로챘다.》

가로축 좌표 평면에서 가로로 놓인 수
직선. **같**엑스축. **참**세로축.

가로획 글씨를 쓸 때 왼쪽에서 오른쪽
으로 긋는 획.《'ㅈ'을 쓸 때는 가로획
을 먼저 쓴다.》**참**세로획.

가루 딱딱한 것이 덩어리 없이 아주 잘
고 보드랍게 부스러진 것.《분필 가루
/고운 가루》**같**분말.

가루는 칠수록 고와지고 말은 할수록 거
칠어진다 **속담** 가루는 체에 칠수록 고와
지지만 말은 길어질수록 다툼이 생기
기 쉬우니 말을 조심하라는 말.

가루눈 춥고 메마른 날씨에 내리는 가
루 같은 눈.

가루받이 → 꽃가루받이.

가루방아〔북〕낟알 같은 것을 찧어서
가루를 내는 방아.

가루비누 1. 가루로 된 빨랫비누. 2.
'합성 세제'를 달리 이르는 말.

가루약 빻거나 갈아서 가루로 만든 약.

가르다 1. 물건을 쪼개거나 나누다.
《수박 한 쪽을 셋으로 갈라 언니랑 동
생이랑 나눠 먹었다.》2. 무리를 나누
다.《체육 시간에 두 편으로 갈라 피구
를 했다.》3. 물, 공기 같은 것을 양쪽으
로 갈라지게 하다.《화살이 바람을 가
르면서 날아갔다.》4. 이기고 지는 것
이나 등수 같은 것을 결정하다.《내가

넣은 공이 그 경기의 승부를 갈랐다.》**바**가르는, 갈라, 가릅니다.

가르랑- 목구멍에 가래 같은 것이 걸려서 나는 소리. 또는 그 모양. **가르랑거리다 가르랑대다 가르랑가르랑**

가르마 머리카락을 머리 한가운데서 두 쪽으로 갈랐을 때 이마에서 정수리까지 생기는 금.《가르마를 타서 머리를 두 갈래로 묶었다.》**북**가리마.

가르치다 1.남한테 지식, 기술, 예절들을 익히게 하거나 깨닫게 하다.《우리 아버지는 고등학교에서 음악을 가르치신다.》**참**배우다. 2.모르는 것을 알려주다.《새로 사귄 동무에게 우리집 전화번호를 가르쳐 주었다.》

가르침 지식이나 교훈 같은 것을 깨닫게 하는 일. 또는 그 내용.《이 영화는 어떤 경우에도 정직하게 살아야 한다는 가르침을 준다.》**비**교훈.

가름 어떤 것을 나누는 것. 또는 어떤 것을 구별하거나 판단하는 것.《하늘과 땅이 가름 없이 하나로 이어져 있다.》**가름하다**《평소에 책을 얼마나 읽었는지가 이번 시험 성적을 가름할 거래요.》

가리개 어떤 것을 가리는 데 쓰는 물건.《햇빛 가리개》

가리다 ^{갈추다} 보이지 않게 막거나 덮다. 또는 보이지 않게 막히거나 덮이다.《민선이는 입을 가리고 웃는다./높은 건물에 가려서 방에 햇빛이 잘 들지 않는다.》

가리다 ^{고르다} 1.여럿 가운데 고르다.《본선에 나갈 여덟 명을 가렸다.》2.옳고 그름이나 좋고 나쁨을 밝히다.《잘

잘못을 분명하게 가리자.》3.낯선 사람과 마주하기 싫어하다.《이모네 아기는 낯을 가리지 않아.》4.어린아이가 스스로 똥오줌을 눌 곳에 누다.《막내가 이제 똥오줌을 가린다.》

가리맛조개 갯벌에 깊이 구멍을 파고 사는 조개. 생김새가 길쭉한 네모꼴인데 껍데기가 얇아서 잘 부서진다.

가리맛조개

가리비 바다에서 사는 조개. 껍데기는 둥근 모양에 가까운 부채꼴인데 깊게 골이 져 있다.

가리키다 1.남한테 어떤 것을 꼭 집어 보게 하다.《나는 공을 가리키면서 동생에게 주워 오라고 했다.》2.어떤 사실이나 뜻을 알려 주다.《시곗바늘이 열 시를 가리킨다.》3.흔히 '가리켜' 꼴로 써서, 어떤 것을 딱 짚어 말하다.《주위에서는 내 동생을 가리켜 신동이라고 한다.》

가마 ^{도자기} 숯, 기와, 벽돌, 질그릇 들을 구워 내는 큰 아궁이.

가마 ^{머리} 머리 꼭대기에 머리털이 소용돌이꼴로 돌아 난 자리.

가마 ^{탈것} 옛날에 사람을 태우고 둘이나 넷이 앞뒤에서 들고 다니던 탈것.《새색시는 가마를 타고 시집을 갔다.》

가마_탈것

가마 ^솥 → 가마솥.

가마 ^쌀 → 가마니.

가마가맣다 ^{|북} 빛깔이 아주 가맣다.《까마귀 몸 빛깔은 가마가맣다.》**바**가마가만, 가마가매, 가마가맣습니다.

가마니 곡식이나 소금 같은 것을 담으려고 짚으로 네모나게 짠 물건. 또는 그것에 곡식이나 소금 같은 것을 담아서 세는 말.《벼 한 가마니/소금을 가

가마니

마니에 담았다.》 **준**가마.

가마목 |**북** 1.가마솥을 걸어 두는 부뚜 막이나 그 둘레.《불에 델 수 있으니 가마목 가까이 가지 마라.》 2.가마를 걸고 불을 때는 아랫목.《따뜻한 가마 목에 앉아 있자니 졸음이 쏟아진다.》

가마솥 무쇠로 만든 큰 솥. **준**가마.

가마솥

가마싸움 한가위에 하는 민속놀이 가 운데 하나. 편을 갈라 상대편 가마를 빼앗거나 부수면 이긴다.

가마우지 사람이 살지 않는 섬이나 바 닷가 절벽에 떼 지어 사는 겨울새. 몸 빛깔은 검은데 등과 죽지는 푸른 자줏 빛이 돈다.

가마우지

가막사리 논이나 개울가에 자라는 풀. 열매에 갈고리처럼 생긴 털이 있어서 짐승 털 같은 데에 잘 붙는다.

가막사리

가막살나무 산과 들에 자라는 잎지는 나무. 잎은 가장자리에 톱니가 있고 앞 뒤에 털이 나 있다. 초여름에 자잘한 흰 꽃이 피고 열매는 붉게 익는다.

가막살나무

가만 1.움직임이나 말이 없이. 또는 그 냥 그대로.《거기 가만 앉아 있어.》 2. 주의 깊게 곰곰이.《가만 생각해 보니 화가 나네.》 3.남의 말이나 행동을 잠 깐 멈추게 할 때 쓰는 말.《가만, 부엌 에서 무슨 소리 안 났니?》

가만가만 아주 조용하게. 또는 조심스 럽게 살그머니.《할머니가 깨시지 않 게 가만가만 방문을 닫았다.》

가만두다 건드리거나 귀찮게 하지 않 고 그대로 두다.《내 일기장 훔쳐보면 가만두지 않을 거야.》

가만있다 1.움직이지 않고 그대로 있 다.《형이 올 때까지 여기 가만있어야

해.》 2.남의 일에 끼어들지 않고 잠자 코 있다.《나는 그 애의 말이 끝날 때 까지 가만있었다.》

가만있자 생각이 잘 떠오르지 않을 때 버릇처럼 하는 말.《가만있자, 내가 연 필을 어디에 두었지?》

가만히 1.움직이거나 말하지 않고 그 대로.《남이 얘기할 때는 가만히 좀 들 어 봐.》 2.드러나지 않게 조용히.《내 얘기를 듣던 할아버지께서 가만히 웃 으셨다.》 3.마음을 가다듬고 차분히. 《가만히 생각해 보니 내가 잘못했어.》 4.어떤 일에 손을 쓰지 않고 그대로. 《아기가 기저귀에 똥을 쌌는데도 가만 히 있으면 어떻게 하니?》

가망 (可望) 바라는 일을 이룰 가능성. 《우리가 우승할 가망이 얼마나 될까?》

가맣다 밝고 옅게 검다. **참**거멓다, 까 맣다. **바**가만, 가매, 가맣습니다.

가맹 (加盟) 나라나 단체가 어떤 동맹 이나 조직에 들어가는 것.《유엔 가맹 국가》 **가맹하다**

가면 (假面) → 탈.

가면을 벗다 **관용** 속마음이나 본디 모습 을 드러내다.《가면을 벗으니 그 사람 순 거짓말쟁이야.》

가면을 쓰다 **관용** 속마음을 감추고 겉으 로는 그렇지 않은 것처럼 꾸미다.《가 면을 쓰면 네 마음을 감출 수 있을 것 같니?》

가면극 (假面劇) 탈을 쓰고 하는 연극. **비**탈놀이.

가명 (假名) 본래 이름이 아닌 가짜 이 름.《연예인들은 본명 대신 가명을 쓰 는 일이 많다.》 **반**본명, 실명.

가무 (歌舞) 노래와 춤.《우리 겨레는 옛날부터 가무를 즐겼다.》

가무락조개 모래가 섞인 고운 개펄 진 흙에 사는 조개. 껍데기가 까만 것이 많다. **같**모시조개.

가무락조개

가무잡잡하다 살갗이 조금 짙게 검다. 《햇볕에 타서 살갗이 가무잡잡하게 됐다.》**참**까무잡잡하다.

가문 (家門) 한 조상의 자손들로 이루어진 큰 가족.《박씨 가문》**비**집안.

가문비나무 높은 산에 자라는 늘푸른 나무. 잎이 바늘같이 뾰족하고 6월에 솔방울처럼 생긴 꽃이 핀다. 나무로 건물을 짓거나 종이를 만든다.

가문비나무

가물 ^{가뭄} → 가뭄.

가물에 단비 **속담** 몹시 바라던 일이 마침내 이루어지는 것을 이르는 말.

가물 - 불빛 1.약한 불빛이 꺼질 듯 말 듯 한 모양. 2.어떤 것이 멀리 있거나 눈이 나빠서 보일 듯 말 듯 한 모양. 3.정신이 흐릿하거나 생각이 날 듯 말 듯 한 모양. **가물거리다 가물대다 가물가물**《가물거리는 불빛/시계를 어디에 뒀는지 가물가물하네.》

가물다 땅이 바싹 마를 만큼 오랫동안 비가 내리지 않다.《날이 가물어서 논바닥이 거북이 등처럼 갈라졌습니다.》**바**가문, 가물어, 가뭅니다.

가물치 흐르지 않는 탁한 물 밑이나 물풀이 무성한 곳에 사는 민물고기. 몸이 둥글고 긴데, 등 쪽은 어두운 갈색에 얼룩무늬가 있고 배는 희다.

가물치

가뭄 오랫동안 비가 내리지 않아서 메마른 날씨.《이 우물은 가뭄에도 마른 적이 없다.》**같**가물. **참**장마.

가뭄에 콩 나듯 속담 어떤 일이나 물건이 아주 드물다는 말.

가뭇 ^북 조금도 남아 있지 않게 완전히.《선생님이 들어오시자 교실 안이 가뭇 조용해졌다.》

가미 (加味) 1.음식에 양념 같은 것을 더 넣어 맛이 나게 하는 것. 2.본디 것에 다른 것을 더하는 것. **가미하다**《국에 소금을 가미했다./전통 무용에 발레를 가미한 춤》**가미되다**

가밀가밀 ^북 거무스름한 것이 이리저리 움직이는 모양. **가밀가밀하다**

가밋가밋 ^북 빛깔이 군데군데 거무스름한 모양. **가밋가밋하다**

가발 (假髮) 머리에 쓰거나 붙이는 가짜 머리털. 대머리를 감추거나 머리 모양을 꾸미는 데 쓴다. **북**덧머리.

가방 물건을 넣어서 들거나 메고 다니는 물건. 가죽, 천, 비닐 들로 만든다.

가볍다 1.물건이나 사람이 무게가 적다.《무거운 사전은 형이 들고 가벼운 책은 내가 날랐다.》**반**무겁다. 2.마음이 걱정거리가 없어 밝고 편하다.《시험이 끝나서 가벼운 기분으로 놀러 나갔다.》**반**무겁다. 3.정도가 그리 심하지 않다.《계단에서 넘어지고도 가벼운 상처만 입었다니 그나마 다행이다.》 4.대수롭지 않다.《네가 맡은 일을 너무 가볍게 생각하지 마.》 5.일이 힘들지 않고 쉽다.《이번 경기는 가볍게 이기겠는걸.》 6.소리나 색깔이 밝고 산뜻하다. 또는 움직임이 빠르고 경쾌하다.《가벼운 걸음걸이/나는 군밤 타령 같이 가벼운 음악이 좋아.》**반**무겁다. **바**가벼운, 가벼워, 가볍습니다.

가보 (家寶) 대대로 내려오는 집안의 보물.

가봉 (假縫) → 시침.

가부 (可否) 옳고 그른 것. 또는 찬성과 반대.《누가 맞는지 가부를 가려 보자./투표로 가부를 결정하자.》

가부좌 (跏趺坐) 다리를 접어서 두 발을 서로 반대편 허벅지 위에 올려놓고 앉는 자세. 책상다리와 비슷하다.《스님이 가부좌를 틀고 앉아 계신다.》 **가부좌하다**

가분수 (假分數) 1. $\frac{5}{3}$, $\frac{3}{3}$ 처럼 분자가 분모와 같거나 분모보다 큰 분수. ^반진분수. 2. 머리가 몸집에 견주어 크게 보이는 사람을 놀리는 말.

가뿍 l^북 넘칠 만큼 가득 찬 모양. **가뿍하다 가뿍가뿍**

가뿐하다 1. 물건이 썩 들릴 만큼 가볍다.《사과를 모두 나눠 주고 나니 배낭이 한결 가뿐하다.》 2. 몸이나 마음이 날아갈 듯이 가볍고 상쾌하다.《운동을 마치고 나면 몸이 정말 가뿐하다.》

가쁘다 숨이 거칠고 힘에 겹다.《달리기를 마치자 아이들은 가쁜 숨을 몰아쉬었다.》^바가쁜, 가빠, 가쁩니다.

가사 ^{노래} (歌詞) → 노랫말.

가사 ^{집안일} (家事) 밥 짓기, 빨래, 청소처럼 집에서 하는 여러 가지 일.《요즘은 편찮으신 엄마 대신 아빠가 가사를 돌보세요.》^비집안일.

가사 ^옷 (袈裟) 중이 장삼 위에 걸쳐 입는 주황색 옷. 왼쪽 어깨에서 오른쪽 겨드랑이 밑으로 비스듬히 걸친다.

가사 ^{상태} (假死) 정신을 잃어 죽은 것처럼 보이는 것.

가사 조정 (家事調停) 가정에 다툼이 생겼을 때 재판하지 않고 당사자끼리 화해하게 하는 절차.

가산 ^{덧셈} (加算) 더하여 셈하는 것. **가산하다 가산되다**

가산 ^{재산} (家産) 집안의 재산.

가산 오광대 경상남도 사천에 이어져 내려오는 탈놀이. 중앙황제장군, 큰양반, 영노, 말뚝이 들이 나온다. 중요 무형 문화재 제73호.

가상 (假想) 어떤 일이 일어난 것처럼 상상하거나 진짜가 아니라 생각으로 지어낸 것.《가상 세계》**가상하다**

가상공간 (假想空間) 실제로 있는 곳은 아니지만 인터넷으로 연결되어 다른 사람과 이야기를 나눌 수 있는 공간.

가상도 (假想圖) 앞으로 할 일이나 일어날 일을 상상하여 그린 그림.

가상하다 대견하고 기특하다. **가상히**《선생님은 민호의 노력을 가상히 여겨 좋은 점수를 주셨다.》

가새지르다 가위꼴로 서로 어긋나게 놓다.《동생은 바지에 달린 멜빵을 가새질러 메었다.》^바가새지르는, 가새질러, 가새지릅니다.

가석방 (假釋放) 죄수를 벌 받는 기간이 끝나기 전에 풀어 주는 것. **가석방하다 가석방되다**

가설 ^{설치} (架設) 전깃줄, 다리 같은 것을 잇거나 놓는 것.《전화선 가설》**가설하다 가설되다**

가설 ^{이론} (假說) 아직 증명되지 않았지만 어떤 사실을 설명하려고 임시로 세운 이론.《가설을 세우다.》

가설 ^{임시} (假設) 잠깐 동안 쓰려고 간

단하게 짓는 것.《가설 무대》

가세 ^{보탬} (加勢) 힘을 보태거나 거드는 것. **가세하다**《줄다리기를 할 때는 선생님들도 가세하셨다.》

가세 ^{형편} (家勢) 집안 살림살이나 형편.《가세가 기울다./가세가 펴다.》

가소롭다 하는 짓이 하찮고 우습다. 《조그만 녀석이 내게 덤비다니 정말 가소롭기 짝이 없구나.》 ^바가소로운, 가소로워, 가소롭습니다.

가속 (加速) 속도가 점점 빨라지는 것. 또는 그 속도.《자전거는 언덕길을 내려가면서 가속이 붙었다.》 ^반감속.

가속도 (加速度) 시간이 지날수록 점점 빨라지는 속도.

가솔린 (gasoline) → 휘발유.

가수 (歌手) 노래 부르는 일이 직업인 사람.《인기 가수》

가스 (gas) 1.수소, 산소, 질소 같은 기체를 모두 이르는 말.《수소 가스/유독 가스》2.먹을거리를 익히거나 불을 밝히는 연료로 쓰는 기체.《가스 누출 사고》3.배 속에 든 음식물이 발효하여 생기는 기체.《자꾸 트림하는 것을 보니 배 속에 가스가 찬 모양이다.》

가스레인지 (gas range) 가스를 연료로 먹을거리를 끓이거나 익히는 데 쓰는 기구.

가스보일러 (gas boiler) 가스를 연료로 방을 덥히거나 물을 끓이는 데 쓰는 기구.

가슴 1.사람이나 짐승 몸에서 목과 배사이.《가슴을 쫙 펴고 씩씩하게 걸어라.》2.마음이나 생각.《이 동화책을 읽고 가슴이 찡했어요.》

가슴에 못을 박다 ^{관용} 남의 마음을 몹시 상하게 하다.《아무리 화가 났다고 부모님 가슴에 못 박는 말을 하다니.》

가슴을 치다 ^{관용} 일이 잘못되어 몹시 안타까워하다.《아빠 말씀을 듣지 않으면 나중에 가슴을 치며 후회할 거야.》

가슴을 태우다 ^{관용} 걱정거리가 있어서 몹시 조마조마해하다.《길이 막혀서 기차를 놓칠까 봐 가슴을 태웠다.》

가슴이 내려앉다 ^{관용} 몹시 놀라다.《새별이가 다쳤다는 소식에 가슴이 내려앉았다.》

가슴노리 ^{|북} 가슴에서 심장이 뛰는 부분.《무대 위에 섰을 때는 가슴노리가 두근거려서 혼났다.》

가슴둘레 가슴과 등을 한 바퀴 둘러 잰 길이.《줄자로 가슴둘레를 쟀다.》

가슴뼈 가슴 한가운데에 세로로 있는 뼈. ^같흉골.

가슴앓이 1.안타까워 마음속으로만 애달파하는 일.《할머니는 삼촌이 잘못될까 봐 늘 가슴앓이를 하셨다.》2. 가슴이 이따금 쓰리고 아픈 증세.

가슴지느러미 물고기 가슴 양쪽에 붙은 지느러미.

가슴팍 판판한 가슴 부분.

가시 ^{바늘} 1.동물 몸에 바늘처럼 뾰족하고 날카롭게 돋은 것.《고슴도치 등에 가시가 촘촘하게 박혀 있다.》2.식물에 뾰족하고 날카롭게 돋아난 것.《장미를 꺾다가 그만 가시에 찔렸어.》3. 물고기에 있는 가늘고 작은 뼈.《할머니가 갈치 가시를 발라 주셨다.》4.철조망 같은 것에 달린 뾰족한 쇳조각. 《철조망 가시》5.남을 욕하거나 불편

하게 하는 말을 빗대어 이르는 말.《수진이가 하는 말에는 늘 가시가 돋쳐 있다.》

가시 열매 가시나무 열매. 도토리와 비슷하게 생겼는데 좀 더 작다.

가시거미불가사리 바다 밑이나 갯벌에서 돌 밑이나 다른 동물에 붙어서 사는 불가사리. 팔이 아주 길고 온몸에 작은 가시가 있다.

가시거미불가사리

가시고기 민물이나 짠물과 민물이 섞인 곳에 사는 물고기. 몸은 작고 가늘면서 옆으로 납작하다. 등지느러미에 가시가 있다.

가시고기

가시광선 (可視光線) 사람이 눈으로 볼 수 있는 빛. 파장에 따라 빨강, 주황, 노랑, 초록, 파랑, 남색, 보라의 일곱 가지 색으로 보인다. 북보임광선.

가시굴 갯벌 바위에 떼 지어 붙어서 사는 굴. 껍데기에 가시처럼 뾰족한 것이 나 있다.

가시파래

가시나무 1.가지나 줄기에 가시가 있는 나무. 2.따뜻한 남부 지방 산골짜기에서 자라는 나무. 봄에 누런 갈색 꽃이 피고 가을에 열매인 가시가 열린다. 나무로 여러 가지 가구를 만든다.

가시굴

가시납지리 물살이 느린 강에 사는 민물고기. 몸통은 은빛이고 등은 푸르스름하다. 우리나라에만 산다.

가시다 헹구다 물 같은 것으로 깨끗이 씻어 내다.《칫솔질을 하고 나서 물로 입안을 가셨다.》

가시나무

가시다 없어지다 느낌, 기운 같은 것이 없어지다.《엄마가 배를 문지르자 아픔이 좀 가시는 것 같았다.》

가시납지리

가시닻해삼 갯벌에 얕게 묻혀 사는 해

가시닻해삼

삼. 몸통이 희고 길다.

가시덤불 가시나무 넝쿨이 우거져 엉켜 있는 수풀.《가시덤불을 헤치고 앞으로 나아갔다.》

가시밭길 1.가시덤불이 우거져 몹시 험한 길. 2.몹시 괴롭고 힘든 형편을 빗대어 이르는 말.《독립 운동가치고 가시밭길을 걷지 않은 분이 없다.》

가시시 ㅣ북 짧은 털이 거칠게 일어난 모양. **가시시하다**

가시파래 남해 진흙 갯벌에서 자라는 바닷말. 빛깔은 푸르고 무척 가늘고 길다. 반찬으로 먹는다.

가식 (假飾) 남에게 좋게 보이려고 말이나 행동을 거짓으로 꾸미는 것.《아이들의 웃음에는 가식이 없다.》 비꾸밈.

가신 신하 (家臣) 권세 있는 집안에 들어가 주인을 섬기고 따르는 사람.

가신 귀신 (家神) 성주신, 삼신, 조왕신들처럼 집을 지키고 집안을 다스린다는 신. 같가택신.

가야 (伽倻) 42년에 김수로왕과 형제들이 낙동강 하류 지역에 세운 여섯 나라를 함께 이르는 말. 6세기에 모두 신라에 합쳐졌다.

가야금 (伽倻琴) 뜯는 국악기 가운데하나. 오동나무로 만든 긴 울림통 위에 명주 줄을 열두 개 매었다. 무릎에 올려놓고 손가락으로 뜯어 소리를 낸다.

가야산 (伽倻山) 경상남도와 경상북도에 걸쳐 있는 산. 국립공원이고, 해인사가 있다.

가업 (家業) 집안에서 대대로 해 온 일.《삼촌은 가업을 이으려고 요리사

공부를 한다.》

가없다 끝이 없다.《부모님의 가없는 은혜에 감사드립니다.》

가연성 (可燃性) 불에 잘 타거나 타기 쉬운 성질.《가연성 물질》 **북**불탈성.

가열 (加熱) 1.어떤 것에 열을 더하는 것.《알코올램프는 과학 실험에 쓰는 가열 기구이다.》 2.어떤 일에 뜨거운 관심을 보이는 것. **가열하다 가열되다**

가열 기구 (加熱器具) 가열하는 데 쓰는 기구. 가스레인지, 전자레인지, 오븐, 알코올램프 들이 있다.

가엽다 → 가엾다.《비를 맞으면서 떨고 있는 강아지가 가여웠다.》 **바**가여운, 가여워, 가엽습니다.

가엾다 딱하고 불쌍하다. **갈**가엽다.

가오리 뭍에서 가까운 바다에 사는 바닷물고기. 몸이 넓적하고 마름모꼴로 생겼는데 꼬리가 가늘고 길다.

가오리연 가오리처럼 마름모꼴로 만들어 꼬리를 길게 단 연.

가옥 (家屋) 사람이 사는 집.《전통 가옥》 **비**주택, 집.

가외 (加外) 정해진 테두리 밖. 또는 어떤 틀을 벗어나거나 넘어선 것.《이모는 심부름 값과 함께 가외로 사탕 한 봉지를 주셨다.》

가요 (歌謠) → 대중가요.

가요계 (歌謠界) 가요를 짓거나 부르는 일을 하는 사람들의 모임.

가운 운수 (家運) 집안의 운수.

가운 옷 (gown) 1.특별한 행사 때나 특별한 일을 할 때 입는 긴 겉옷.《하얀 가운을 입은 의사》 2.집에서 편하게 입는 헐렁한 덧옷.

가운데 1.양쪽 끝이나 가장자리에서 떨어진 거리가 거의 같은 곳.《책상 가운데에 꽃병을 놓았다.》 2.여럿이 모인 테두리 안.《너희들 가운데 누가 가장 장구를 잘 치니?》 **비**중. 3.일이나 상태가 이어지는 동안.《불볕더위가 이어지는 가운데 반가운 비 소식이 있습니다.》 **비**중.

가운뎃다리 곤충 다리 가운데 앞다리와 뒷다리 사이에 있는 다리.

가운뎃소리 한 글자에서 가운데 나는 소리.《'돌'의 가운뎃소리는 'ㅗ'이다.》 **참**끝소리, 첫소리. **북**가운데소리.

가운뎃손가락 손가락 가운데 가장 긴 셋째 손가락. **갈**장지, 중지. **북**가운데손가락.

가위 연장 1.종이, 헝겊, 머리털 같은 것을 자르는 도구. 두 개의 날을 겹쳐 그 사이에 물건을 넣고 자른다.《가위로 색종이를 오렸다.》 2.가위바위보에서 엄지손가락과 집게손가락 또는 집게손가락과 가운뎃손가락을 벌려 내미는 것. '보'에 이기고 '바위'에 진다. **참**바위, 보.

가위 꿈 꿈에서 무서운 일을 당하는데도 꼼짝할 수가 없어 몹시 괴롭고 답답한 것.《밤새 가위에 눌려 힘들었다.》

가위 무렵 I북 1.무렵이나 때.《전쟁이 끝날 가위에 큰아버지가 태어나셨습니다.》 2.형편이나 상황.《그분은 어려운 가위에도 아랑곳없이 집 없는 사람들을 도왔습니다.》

가위바위보 손을 내밀어 그 모양에 따라 차례 같은 것을 정하는 방법. 또는 그런 놀이. 가위는 보를 이기고, 바위는 가위를 이기고, 보는 바위를 이긴다.《가위바위보를 해서 진 사람이 가방을 들어 주기로 하자.》**북**가위주먹, 돌가위보.

가위밥 |**북** 가위로 자른 뒤에 남은 작은 조각이나 부스러기.

가위질 1.가위로 자르거나 오리는 일.《동생은 아직 가위질이 서툴러요.》2. 글이나 영화 같은 것의 한 부분을 함부로 잘라 없애는 것을 빗대어 이르는 말. **가위질하다**

가위표 틀린 것을 나타낼 때 쓰는 × 꼴 표시.

가을 여름과 겨울 사이에 날씨가 선선한 계절. 보통 9월에서 11월까지를 이른다.《가을이면 벼가 누렇게 익을 거야.》**준**갈. **참**봄, 여름, 겨울.

가을 안개에는 곡식이 늘고, 봄 안개에는 곡식이 준다 **속담** 가을에 안개가 끼면 날씨가 따뜻해서 곡식이 잘 영글어 많이 거두게 되고, 봄에 안개가 끼면 기온 차이가 심해서 보리에 병이 나거나 거두는 양이 줄어든다는 말.

가을에는 부지깽이도 덤벙인다 **속담** 가을걷이 때는 일이 많아서 누구나 일을 거들게 된다는 말.

가을에 밭에 가면 가난한 친정에 가는 것보다 낫다 **속담** 가을에는 밭에 먹을 것이 많다는 말.

가을걷이 가을에 다 익은 곡식을 논밭에서 거두어들이는 일. **비**수확, 추수.

가을날 가을철의 한 날. 또는 가을철 날씨.

가을맞이 가을을 맞이하는 일.

가을바람 가을에 부는 서늘한 바람.

가을볕 가을철에 내리쬐는 볕.

가을보리 가을에 씨를 뿌려 이듬해 이른 여름에 거두는 보리.

가을비 가을에 내리는 비.

가을비는 빗자루로도 피한다 **속담** 가을에 내리는 비는 빗자루로도 막을 수 있을 만큼 잠깐 오다가 그친다는 말.

가을철 가을인 때.《우리 마을은 가을철에 단풍이 아주 곱습니다.》

가인 (佳人) 아름다운 여자. **비**미녀, 미인.

가입 (加入) 모임이나 단체에 들어가는 것.《동아리 가입 신청서를 써 주세요.》**반**탈퇴. **가입하다 가입되다**

가입자 (加入者) 모임이나 단체에 들어간 사람.

가자미 바닥이 모래로 된 얕은 바다에 사는 바닷물고기. 몸은 납작하고 두 눈이 오른쪽으로 몰려 있다. 눈이 있는 등 쪽은 갈색이고 배 쪽은 흰색이다.

가자미

가작 (佳作) 1.썩 훌륭한 작품.《이 그림도 그 화가의 가작으로 꼽힌다.》2. 글짓기 대회나 그림 대회 같은 데서 큰 상을 받을 만큼은 아니지만 꽤 훌륭한 작품.《교내 미술 대회에서 내 그림이 가작으로 뽑혔다.》

가장 **으뜸** 여럿 가운데 으뜸으로《나는 김치찌개를 가장 좋아한다.》**같**제일.

가장 **어른** (家長) 집안을 보살피고 이끄는 가장 높은 어른.《아버지는 우리집의 가장이시다.》

가장 **꾸밈** (假裝) 1.태도를 거짓으로 꾸미는 것. **비**위장. 2. 얼굴이나 옷차림을 남이 알아보지 못하게 꾸미는 것.《가장 무도회》**비**위장. **가장하다**

가을

큰기러기

가을은 열매가 많이 열리는 철이에요. 가을이
오면 감이 빨갛게 익고, 밤송이가 벌어지면
서 알밤도 쏟아져요. 도토리 열매도 떨어지고 벼
같은 곡식도 열매를 맺지요. 가을은 나뭇잎들이
여러 가지 빛깔로 물드는 철이기도 해요. 또 제비
같은 철새가 강남으로 돌아가고 기러기 같은 철새
가 겨울을 나려고 우리나라에 와요. 우리가 가을
에 맞는 명절에는 추석이 있어요. 음력 팔월 보름
이 추석인데, 한가위라고 부르기도 하지요. 추석
에는 집안 식구가 한데 모여 잔치를 벌이고, 여러
가지 놀이도 하고, 송편도 빚어 먹어요.

은행나무

사과

코스모스

붉은배잠자리

두점박이고추잠자리

벼 베기

개미취

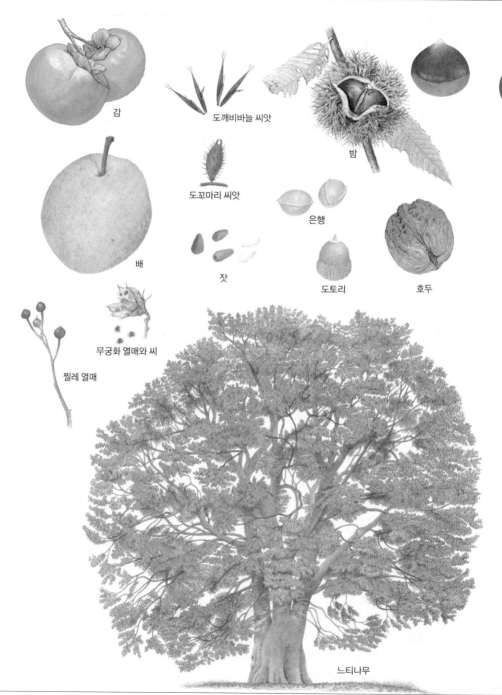

감

도깨비바늘 씨앗

밤

도꼬마리 씨앗

은행

배

잣

도토리

호두

무궁화 열매와 씨

찔레 열매

느티나무

가장자리 어떤 것의 둘레나 끝 부분. 《화단 가장자리에 채송화를 심었다.》 비가. 북가생이, 여가리.

가장행렬 (假裝行列) 운동회나 축제에서 여러 사람이 갖가지 모습으로 꾸미고 줄지어 걸어가는 놀이.

가재 맑은 개울의 돌 밑에 사는 동물. 몸이 단단한 껍데기로 싸여 있다. 큰 집게발이 두 개 있고 작은 발이 여덟 개 있다.

가재

가재는 게 편 **속담** 자기와 가깝거나 처지가 비슷한 사람을 편들기 쉽다는 말. 비초록은 동색.

가재도구 (家財道具) 살림살이에 쓰는 여러 가지 물건. 이불, 그릇, 가구 같은 것이 있다. 비세간.

가재붙이 갯벌이나 염전 바닥에 구멍을 파고 사는 동물. 몸빛은 밤색이고 튼튼하게 생긴 집게발이 두 개 있다.

가재붙이

가전제품 (家電製品) 집에서 쓰는 여러 가지 전기 기구. 냉장고, 세탁기, 오디오, 텔레비전 들이 있다.

가정 집 (家庭) 한집에 모여 사는 식구. 또는 식구가 모여 사는 집.《단란한 가정을 이루다.》

가정 짐작 (假定) 어떤 일이 실제로 일어났다고 여기거나 미리 생각해 보는 것. **가정하다**《지구에 공기가 없다고 가정해 보자.》

가정교사 (家庭教師) 남의 집에 가서 아이를 가르치는 사람.

가정교육 (家庭教育) 집안 어른이 자식한테 생활 태도나 예절 같은 것을 가르치는 일. 또는 자연스럽게 집안 어른한테서 보고 배우는 습관이나 가르침.

가정 법원 (家庭法院) 가정에서 생기는 다툼과 소년 범죄를 다루는 법원.

가정부 (家政婦) 남의 집에 가서 집안일을 해 주는 여자. 비파출부.

가정주부 (家庭主婦) → 주부.

가정 학습 (家庭學習) 학교에서 배운 것을 집에서 더 공부하는 일.

가제 (Gaze 독) → 거즈.

가져가다 물건 같은 것을 몸에 지니고 다른 곳으로 옮겨 가다.《형이 내 책을 자기 방으로 가져갔다.》반가져오다.

가져오다 1.물건 같은 것을 몸에 지니고 다른 곳으로 옮겨 오다.《이 공은 누가 가져온 거지?》반가져가다. 2.어떤 일을 생기게 하다.《한 사람의 실수가 이런 결과를 가져왔다.》

가족 (家族) 혼인한 부부나 부모 자식, 형제자매 관계인 사람들.《가족 여행/화목한 가족》비식구.

가족계획 (家族計劃) 아이를 얼마나 낳을지 또는 몇 살 터울로 낳을지 계획하는 일.

가족회의 (家族會議) 가족이 모두 모여서 집안일을 의논하는 회의.

가죽 짐승 몸을 덮은 질긴 껍질. 또는 그 껍질을 벗겨 내 손질한 것.

가죽나무 뜰이나 길가에 많이 심는 잎지는나무. 6월에 연두색 꽃이 피고, 가을에 껍질이 날개처럼 생긴 열매를 맺는다. 나무는 가구를 만들고 뿌리껍질은 약으로 쓴다. 북가죽나무.

가죽나무

가죽나무고치나방 산에 사는 나방. 날개는 윤기가 도는 검은 밤색이고, 가장자리에 검은 점이 나 있다.

가죽나무고치나방

가중 (加重) 벌, 책임 같은 것을 더 무

겁게 하는 것.《가중 처벌》**가중하다**
가중되다

가증스럽다 하는 짓이 몹시 괘씸하고
더없이 밉다.《거짓말을 늘어놓는 철
수의 태도가 가증스러웠다.》바가증스
러운, 가증스러워, 가증스럽습니다.

가지 나무 굵은 나무줄기에서 갈라져 뻗
은 가느다란 부분.《느티나무가 가지
를 뻗어 시원한 그늘을 만들어 준다.》
가지를 치다 관용 본디 것에 다른 것이
덧붙다.《나쁜 소문일수록 가지를 더
잘 친다.》

가지 많은 나무에 바람 잘 날이 없다 속담
자식이 많은 어버이는 걱정이 많다는
것을 빗대어 이르는 말.

가지 채소 밭에 심어 가꾸는 열매채소.
줄기, 잎, 열매가 모두 짙은 보랏빛이
다. 열매는 길쭉하고 둥근데 찌거나 볶
아서 나물로 먹는다.

가지 세는 말 성질에 따라 갈라놓은 종류
를 세는 말.《일곱 가지 색》

가지가지 여러 가지.《산에서 본 꽃들
은 색깔도 모양도 가지가지였다.》같각
가지. 준갖가지.

가지각색 서로 다른 여러 가지.《사람
마다 잠버릇도 가지각색이다.》비각양
각색.

가지다 1.어떤 것을 손에 들거나 몸에
지니다.《눈사람을 만들 거니까 장갑
가지고 나와라.》준갖다. 2.어떤 것을
자기 것으로 삼다.《빨간 풍선은 네가
가져도 돼.》준갖다. 3.생각, 마음, 뜻
들을 품거나 지니다.《우리가 학교 대
표라는 자부심을 가져야 해.》준갖다.
4.경험이나 자격, 능력 들을 지니거나

가지더부살이

가지_채소

가창오리

갖추다.《삼촌은 자동차 수리 기술을
가지고 있다.》준갖다. 5.관계를 맺다.
또는 관계가 이어지다.《우리 민족은
중국, 일본과 깊은 관계를 가지고 있
다.》준갖다. 6.아기나 새끼를 배다.
《이모가 아기를 가졌다.》준갖다.

가지더부살이 높은 산속에서 다른 식
물 뿌리에 붙어 자라는 풀. 희거나 노
르스름한 잎이 줄기에 기와를 얹은 꼴
로 붙어서 난다. 북가지더부사리.

가지런하다 여럿이 늘어선 꼴이 한결
같이 고르고 나란하다.《미선이가 활
짝 웃자 옥수수 알처럼 가지런한 이가
드러났다.》**가지런히**

가지치기 나뭇가지를 자르고 다듬는
일. 나무를 잘 자라게 하거나 보기 좋
게 꾸미려고 한다. 같전정.

가짓수 여러 가지를 하나하나 헤아린
수.《반찬 가짓수》북가지수.

가짜 진짜가 아닌 것. 또는 진짜처럼
꾸민 것.《가짜 꽃/가짜 돈》반진짜.

가쯘하다 북 들쭉날쭉 층이 지지 않고
가지런하다.《길게 자란 나뭇가지들을
가쯘하게 잘라 냈다.》**가쯘히**

가차 없이 사정을 조금도 보아 주지 않
고.《우리 선생님은 거짓말을 한 아이
한테는 가차 없이 꾸중을 하신다.》

가창오리 강, 호수, 저수지에 떼 지어
사는 겨울새. 수컷은 머리에 노랑과 초
록 빛깔 무늬가 있다.

가책 (呵責) 자기 잘못을 깨달아 스스
로 꾸짖는 것.《나 대신 철수가 선생님
께 혼나자 양심의 가책을 느꼈다.》

가축 (家畜) → 집짐승.

가출 (家出) 가족을 두고 집을 나가 버

리는 것. ᴮ탈가. **가출하다**

가치 (價値) 물건이나 일의 쓸모나 중요성.《이 책은 읽을 가치가 없다.》

가치관 (價値觀) 가치를 가름하는 기준이나 태도.《올바른 가치관》

가침박달 산기슭이나 산골짜기에 자라는 잎지는나무. 잎은 달걀꼴에 끝이 뾰족하고, 흰 꽃이 가지 끝에 4~6송이씩 모여 핀다.

가칭 (假稱) 진짜 이름을 지을 때까지 잠깐 동안 쓰는 이름.《모임 이름을 가칭 '꽃사랑'으로 정하겠습니다.》

가타부타 어떤 일이 옳다거나 그르다거나.《소연이는 내 이야기를 다 듣고 나서도 가타부타 말이 없었다.》

가택 (家宅) '집'을 달리 이르는 말.

가택신 (家宅神) → 가신.

가톨릭 (Catholic) 하느님과 예수를 믿고, 교황을 최고 지도자로 받드는 종교. ᵍᵃᵗ천주교. ˣ카톨릭.

가파롭다 ᴵᴮ 비탈이 몹시 가파르다.《가파로운 길을 내려갈 때는 자전거를 천천히 몰아라.》ᴮᵃ가파로운, 가파로와, 가파롭습니다.

가파르다 산, 언덕, 길 들이 몹시 험하고 비탈지다.《아저씨네 밭은 가파른 산비탈에 있었다.》ᴮᵃ가파른, 가팔라, 가파릅니다.

가풍 (家風) 한 집안에 이어져 내려오는 남다른 풍습이나 분위기.《가풍이 엄격한 집안》

가하다 어떤 것을 보태거나 더하다. 또는 어떤 영향을 끼치거나 주다.《힘을 가하다./열을 가하다.》

가해 (加害) 남한테 해를 끼치는 것.

가침박달

반피해. **가해하다**

가해자 (加害者) 남한테 해를 끼친 사람. ᵇᵃ피해자.

가호 (加護) 보살피고 지켜 주는 것.《부처님의 가호》

가혹하다 몹시 모질고 심하다. ᵇⁱ혹독하다.

가화만사성 (家和萬事成) 집안이 화목하면 모든 일이 잘된다는 말.

가훈 (家訓) 한 집안에서 자손들을 바르게 이끌고자 정한 좋은 가르침.《우리 집 가훈은 '정직'입니다.》

가히 말 그대로. 또는 꽤 넉넉히.《한복은 가히 세계에 자랑할 만하다.》

각 ᴸᴸ (各) 하나하나의.《각 학교/각 반/각 가정》

각 ᴹ서리 (角) 1.물건의 면과 면이 만나 이루어지는 모서리. 또는 물건이 둥글지 않고 모가 난 것.《각 진 얼굴》ᵇⁱ모. 2.두 직선이 만나서 이루는 도형.

각가지 → 가지가지.

각각 (各各) 저마다 따로따로인 것. 또는 저마다 따로따로.《각각의 의견이 다 달라서 큰일이야./강아지들은 생김새가 각각 달랐다.》ᵇⁱ각기.

각계 (各界) 사회 여러 분야.《기념식에는 각계 인사들이 많이 참석하였다.》

각계각층 (各界各層) 사회 여러 분야와 여러 계층.《연말이면 각계각층에서 이웃 돕기 성금을 모은다.》

각고 (刻苦) 어떤 일을 이루려고 고생을 견디면서 온 힘을 다하는 것.《각고의 노력》

각곳 ᴵᴮ 여러 곳.

각광 (脚光) 무대 앞쪽 아래에서 배우

를 비추는 빛.

각광을 받다^{관용} 많은 사람의 관심이나 칭찬을 받다. 《우리 문화가 세계에서 각광을 받고 있다.》

각국 (各國) 각 나라. 또는 여러 나라. 《세계 각국을 여행하고 싶다.》

각기 저마다 따로. 또는 저마다 따로따로인 것. 《반마다 각기 다른 급훈이 있다.》 비각각.

각기둥 밑면은 다각형이고 옆면은 사각형인 입체 도형. 삼각기둥, 사각기둥, 오각기둥 들이 있다.

각기병 (脚氣病) 비타민이 모자라서 생기는 병. 다리가 붓거나 마비되고 온몸이 나른하기도 하다.

각다귀 물가나 풀숲에 사는 모기의 한 종류. 사람에게 극성스럽게 덤빈다.

각도 (角度) 1. 각의 크기. 2. 어떤 것을 보거나 생각하는 방향. 《이번 일을 새로운 각도에서 생각해 보자.》

각도기 (角度器) 각도를 재는 기구.

각료 (閣僚) 나랏일을 맡아보는 내각을 이루는 장관.

각막 (角膜) 눈알 앞쪽에 볼록하게 나온 동그랗고 투명한 막.

각목 (角木) 길고 네모지게 깎은 나무 막대기. 북각나무.

각박하다 사람 마음이 정이 없어 모질고 메마르다. 《각박한 현대 사회라고 해도 아직 따뜻한 정이 남아 있다.》

각별하다 아주 특별하다. 또는 특별히 친하다. 《엄마와 옆집 아주머니는 어릴 적부터 각별한 사이예요.》 **각별히**

각본 (脚本) 연극이나 영화에서 배우가 할 말이나 움직임 같은 것을 적어 놓

각시멧노랑나비

각시붕어

은 글. 《영화 각본》 같극본. 비대본.

각뿔 밑면은 다각형이고 옆면은 삼각형인 입체 도형. 삼각뿔, 사각뿔, 오각뿔 들이 있다.

각색 (脚色) 어떤 이야기를 고쳐서 연극이나 영화의 각본으로 새로 쓰는 것. 북옮겨지음. **각색하다** 《조선 시대 이야기를 각색한 드라마》 **각색되다**

각서 (覺書) 약속을 꼭 지키겠다는 다짐을 적은 글. 《다시는 거짓말을 하지 않겠다고 각서를 썼다.》

각선미 (脚線美) 여자 다리의 맵시. 《매끈한 각선미》 북다리매.

각설이 장터나 거리를 돌아다니면서 구걸하는 사람을 낮추어 이르는 말.

각설탕 조그맣고 네모지게 굳힌 설탕. 북각사탕, 모사탕.

각성 (覺醒) 할 일이나 잘못을 깨닫는 것. 《온 국민의 각성 없이는 더러워진 강을 되살리기 어렵다.》 **각성하다**

각성제 (覺醒劑) 졸리지 않게 하고 피로를 느끼지 못하게 하는 약.

각시 옛날에 아내나 새색시를 이르던 말. 《신랑과 각시》

각시놀음 각시 인형을 만들어서 노는 놀이. 길고 잘 끊어지지 않는 풀잎을 대나무 조각 끝에 실로 매어 만든다.

각시멧노랑나비 넓은잎나무가 많은 산길이나 숲 가장자리에 사는 나비. 날개는 누런색이고 끝이 잘린 나뭇잎처럼 생겼다.

각시붕어 남쪽 지방 강이나 저수지에 사는 민물고기. 몸 빛깔은 옅은 갈색이고 옆구리는 푸른빛을 띤 은빛이다. 우리나라에만 산다.

각시원추리 산에서 자라는 풀. 잎은 가늘고 긴데 연노란 꽃이 핀다. 어린순은 먹고, 뿌리는 약으로 쓴다.

각시탈 가산 오광대, 고성 오광대, 하회 별신굿 탈놀이에 나오는 각시 생김새 탈.

각양각색 (各樣各色) 각기 다른 생김새와 빛깔.《아이들 옷차림이 각양각색이다.》비가지각색.

각오 (覺悟) 힘들고 어려운 일을 앞에 두고 단단히 마음을 다지는 것.《뛰다가 쓰러져도 좋다는 각오로 경주에 나섰다.》**각오하다**

각자 (各自) 한 사람 한 사람. 또는 저마다 따로따로.《아이들은 각자 싸 온 도시락을 꺼냈다.》

각재 (角材) 통나무를 잘라서 길고 네모지게 다듬은 것.

각종 (各種) 여러 종류.《각종 과일》

각지 (各地) 여러 지방.《전국 각지에서 모인 사람들》비각처.

각질 (角質) 사람이나 짐승의 손톱, 발톱, 비늘, 털, 뿔, 부리 같은 것을 이루는 딱딱한 물질. 북뿔질.

각처 (各處) 여러 곳.《이 회사는 세계 각처에 지사가 있다.》비각지.

각축 (角逐) 여럿이 서로 엎치락뒤치락 다투는 것.《삼국 시대에는 고구려, 백제, 신라가 각축을 벌였다.》

각하 (閣下) 옛날에 대통령이나 국무총리처럼 높은 자리에 있는 사람을 이르던 말.《대통령 각하》

각혈 (咯血) 허파나 기관지가 아파서 피를 토하는 것. **각혈하다**

간 맛 1. 소금, 간장, 된장 들처럼 짠맛

각시원추리

각시탈_하회 별신굿
탈놀이

을 내려고 음식에 넣는 양념.《콩나물국은 소금으로 간을 한다.》2. 알맞게 짠 정도.《찌개 간 좀 볼래?》

간 몸 (肝) 사람이나 짐승 배 속에 있는 기관 가운데 하나. 소화에 필요한 쓸개즙을 만들고, 피에 섞인 몸에 안 좋은 물질과 독을 걸러 준다. 비간장.

간이 떨어지다 관용 깜짝 놀라다.《아이, 깜짝이야. 간 떨어지는 줄 알았네.》

간이 콩알만 해지다 관용 몹시 두려워지다.《예방 주사를 맞을 때는 간이 콩알만 해진다.》비간이 오그라들다.

간이 크다 관용 겁이 없다.《이 밤에 산길을 혼자 오다니 간이 크구나.》

간에 기별도 안 간다 속담 너무 조금 먹어서 먹은 것 같지 않다는 말.

간에 붙었다 쓸개에 붙었다 한다 속담 자기 이익에 따라서 여기 붙었다 저기 붙었다 하는 것을 빗대어 이르는 말.

간 사이 (間) 1. 서로 떨어져 있는 두 곳 사이.《서울과 강릉 간 고속버스》2. 서로 관계를 맺은 것들 사이.《동무 간에는 사랑과 믿음이 있어야 한다.》3. 앞서 말한 것 가운데 어떤 것이어도 상관없다는 뜻을 나타낼 때 쓰는 말.《밥을 먹든지 국수를 먹든지 간에 끼니를 거르지는 마라.》

간간이 어쩌다가 가끔. 또는 사이를 두고 듬성듬성.《방 안에서 웃음소리가 간간이 흘러나왔다.》

간간하다 먹을 만하게 조금 짜다.《간간하게 무친 나물》

간격 (間隔) 1. 서로 떨어진 것들 사이의 거리.《아이들이 두 팔 간격으로 벌려 섰다.》2. 일이 되풀이되거나 이어

질 때 그 사이.《우리가 탈 고속버스는 10분 간격으로 출발한대요.》

간결하다 말이나 글이 짧고 깔끔하다.《책을 읽고 느낀 점을 간결하게 정리하여 발표했다.》

간곡하다 마음이나 태도가 몹시 절절하고 정성스럽다.《간곡한 부탁/간곡한 글》 **간곡히**

간과하다 꼼꼼히 살피지 않고 대충 보아 넘기다. 또는 어떤 일을 중요하게 여기지 않다.《철수가 나를 속이려 했다는 사실을 도저히 간과할 수 없다.》

간교 (奸巧) 남을 해치려고 온갖 나쁜 꾀를 부리는 짓. 또는 그런 꾀.《간교를 부리다.》 **간교하다**

간뇌 (間腦) 큰골과 작은골 사이에 있는 부분. 내장과 핏줄을 다스린다.

간니 빠진 젖니 자리에 새로 나는 이. **참**영구치, 젖니. **북**간이.

간단명료하다 말, 글이 간단하고 분명하다.《간단명료하게 답하세요.》

간단하다 1. 말이나 글이 알기 쉽고 짤막하다.《이 글은 5분이면 읽을 수 있는 간단한 글이다.》 **비**간략하다. **반**복잡하다. 2. 일이 어렵거나 복잡하지 않고 쉽다.《간단한 설거지는 저도 할 수 있어요.》 **반**복잡하다. 3. 음식이나 옷차림이 요란하지 않고 단출하다.《점심은 간단하게 칼국수 시켜 먹자.》 **간단히**

간담 (肝膽) 간과 쓸개.

간담이 서늘하다 **관용** 몹시 무섭고 겁나다.《한밤중에 귀신 이야기를 들으니 간담이 서늘하다.》

간담회 (懇談會) 마음을 터놓고 의견을 주고받는 모임.《학부모 간담회》

간당 - 붙어 있거나 달려 있는 것이 가볍게 흔들리는 모양. **간당거리다 간당대다 간당이다 간당간당**《나뭇가지에 연 하나가 간당간당 매달려 있다.》

간도 (間島) 중국 지린 성의 남동쪽 지역. 일제 강점기 때 우리나라 사람이 많이 옮겨 갔다.

간드러지다 목소리가 얄미울 만큼 보드랍고 가늘다.《간드러진 목소리/미영이가 간드러지게 웃었다.》

간득 - **ㅣ북** 졸면서 머리를 앞으로 숙였다가 드는 모양. **간득거리다 간득대다 간득간득**

간들 - 1. 바람이 보드랍고 약하게 부는 모양. 2. 가늘고 긴 것이 가볍게 흔들리는 모양. 3. 점잖지 못하게 몸을 흔드는 모양. **간들거리다 간들대다 간들간들**《산들바람에 코스모스가 간들간들 춤을 춘다./그렇게 간들거리지 말고 똑바로 서 봐.》

간디스토마 사람이나 개, 고양이, 돼지 들의 간에 붙어사는 기생충.

간략하다 말이나 글이 단순하고 짧다.《철호는 결석한 이유를 간략하게 썼다.》 **비**간단하다. **간략히**

간만 (干滿) 썰물과 밀물.

간밤 → 지난밤.

간병 (看病) 아픈 사람을 보살피고 시중드는 것. **비**간호. **간병하다**

간병인 (看病人) 간병하는 사람.

간봉 (間烽) 조선 시대에 크고 중요한 봉수대 사이에 있던 작은 봉수대.

간부 (幹部) 학교, 회사, 단체에서 중요한 일을 맡아보는 사람.

간사스럽다 간사한 느낌이 있다.《간

사스러운 말》 **바**간사스러운, 간사스러워, 간사스럽습니다.

간사하다 못된 꾀를 부리고 마음이 바르지 못하다.《간사한 짓/간사한 태도》 **비**교활하다.

간석기 돌을 갈아서 만든 도구. 돌칼이나 돌도끼 같은 것이 있는데, 신석기 시대에 많이 썼다. **참**뗀석기.

간석지 (干潟地) 밀물 때 잠겨 있다가 썰물 때 드러나는 바닷가 평평한 땅.

간선 (幹線) 지역과 지역을 잇는 줄기 구실을 하는 중요한 도로나 철도.《동부 간선 도로/간선 철도》

간섭 (干涉) 남의 일에 쓸데없이 끼어드는 것. **비**참견. **간섭하다**《내 일에 간섭하지 말고 네 할 일이나 해.》

간소하다 간단하고 소박하다.《삼촌은 가까운 친척만 모시고 간소하게 혼례식을 치렀다.》

간소화하다 간소하게 하다.

간수 **보관** 물건을 잃어버리거나 망가뜨리지 않게 잘 두는 것. **간수하다**《할아버지가 주신 시계니까 잘 간수해.》

간수 **두부** 소금이 저절로 녹아 흘러나온 짜고 쓴 물. 두부를 만드는 데 쓴다.

간수 **사람** (看守) 전에 '교도관'을 이르던 말.

간식 (間食) 끼니때 사이에 간단히 먹는 음식.《간식으로 고구마를 먹었다.》

간식비 (間食費) 간식을 마련하는 데 드는 돈.

간신 (奸臣) 왕과 백성을 속이고 자기 잇속만 차리는 못된 신하. **반**충신.

간신히 매우 힘겹게 겨우.《윗몸 일으키기 열 번을 간신히 해냈다.》 **비**가까

스로, 겨우.

간악하다 아주 못되고 악하다.

간암 (肝癌) 간에 생기는 암.

간여하다 남의 일에 끼어들어 참견하다.《형은 내 일이라면 뭐든지 다 간여하려고 든다.》

간염 (肝炎) 간에 생기는 염증.

간유 (肝油) 명태나 대구 같은 물고기의 간에서 짠 맑고 노란 기름. 눈에 좋아 영양제로 쓴다.

간유리 다른 쪽이 비쳐 보이지 않게 한 면을 갈아서 뿌옇게 만든 유리.

간의 (簡儀) 조선 시대에 하늘의 별을 관찰하는 데 쓰던 기구.

간의

간이 (簡易) 꼭 필요한 기능만 갖추어 간단하게 만든 것.《간이 화장실》

간이역 (簡易驛) 손님이 적고 역무원이 없는 작은 기차역.

간장 **양념** 음식의 간을 맞추는 데 쓰는 짠맛 나는 검붉은 물. 소금물에 메주를 담가 만든다.《만두를 간장에 찍어 먹었다.》 **준**장.

간장 **간** (肝腸) 간과 창자. **비**간.

간장을 녹이다 **관용** 1.홀딱 반하거나 빠지게 하다.《저 가수 노랫소리는 간장을 녹인다.》 2.마음을 졸이게 하다.《왜 자꾸 약속을 어겨서 내 간장을 녹이는 거니?》

간절하다 어떤 일을 하는 마음이나 태도가 몹시 정성스럽다. 또는 어떤 일을 바라는 마음이 몹시 강하다.《북녘 고향에 돌아가는 것이 외할머니의 간절한 소망이다.》 **간절히**

간접 (間接) 어떤 일이 바로 되지 않고 사이에 낀 다른 것을 거쳐서 일어나는

것.《간접 영향/간접 효과》**반**직접.

간접 경험 (間接經驗) 실제로 해 보지 않고 남의 이야기를 읽거나 들어서 얻는 경험.

간접적 (間接的) 간접으로 일어나는. 또는 그런 것. **반**직접적.

간접 조명 (間接照明) 빛을 천장이나 벽 같은 데에 반사시켜서 비추는 조명.

간조 (干潮) 썰물로 바닷물 높이가 가장 낮아진 상태. **참**만조.

간주 (間奏) 반주에 맞추어 노래할 때 가사 한 절이 끝나고 다음 절을 부르기 전에 악기만 연주하는 부분.

간주하다 어떤 것이 그렇다고 여기다.《공이 이 선을 넘었다면 골로 간주할 수밖에 없어.》**간주되다**

간지 (干支) 육십갑자의 앞부분 열 글자와 뒷부분 열두 글자. 또는 이 글자들을 차례로 하나씩 묶은 것. 옛날 우리나라나 중국에서 해, 달, 날, 시간을 나타내는 데 썼다.

간지럼 간지러운 느낌.《간지럼을 태우자 언니는 숨넘어갈 듯 깔깔댔다.》

간지럽다 1.어떤 것이 살갗에 스쳐서 웃음이 나면서도 스멀거리는 느낌 때문에 움츠러들다.《모래 위를 맨발로 걸으면 발바닥이 간지러워.》**참**근지럽다. 2.어떤 일을 하고 싶어 참기 힘들다.《그동안 입이 간지러워서 어떻게 참았니?》**참**근지럽다. **바**간지러운, 간지러워, 간지럽습니다.

간직하다 1.물건을 잘 챙겨 두다.《할머니 사진을 소중히 간직할게요.》2. 어떤 일을 오랫동안 기억하거나 마음에 새겨 두다.《아저씨의 충고를 가슴 깊이 간직하겠습니다.》

간질 병 (癎疾) 뇌에 이상이 생겨서 갑자기 까무러치며 몸을 떠는 증상이 되풀이하여 나타나는 병.

간질 – **간지럼** 간지러운 느낌이 들거나 들게 하는 모양. **간질거리다 간질대다 간질이다 간질간질**《옷에 머리카락이 들어갔는지 등이 간질간질해.》

간척 (干拓) 바다나 호수를 둘러막고, 그 안에 흙을 메워 땅을 만드는 것.《갯벌 간척 사업》**간척하다**

간척지 (干拓地) 간척하여 마련한 땅. 농사를 짓거나 공장을 짓는 데 쓴다.

간첩 (間諜) 다른 나라에 몰래 들어가 중요한 비밀을 알아내는 사람. **같**스파이, 첩자.

간청 (懇請) 어떤 일을 애타게 부탁하는 것.《도와 달라는 동무의 간청을 차마 뿌리칠 수 없었다.》**간청하다**

간추리다 중요한 점만 뽑아 간단하게 만들다. 또는 흐트러진 것을 가지런히 하다.《중요한 것만 간추려 말해./신문을 간추려 묶었다.》

간택 (揀擇) 옛날에 왕, 왕자, 공주와 혼인할 사람을 고르던 일. **간택하다**《임금은 이조 판서의 맏딸을 빈으로 간택했다.》**간택되다**

간파하다 남의 속내나 형편을 꿰뚫어 알아차리다.《아직 말도 꺼내지 않았는데 엄마는 내가 하고 싶은 말이 무엇인지 간파하셨다.》**간파되다**

간판 (看板) 눈에 잘 띄게 가게나 회사 이름을 크게 적어 달거나 세우는 판.

간편하다 쓰기에 편하고 쉽다.《산에 오를 때는 간편한 옷이 좋다.》

간하다 ^{양념하다} 음식 맛을 내려고 간을 치다. 또는 생선이나 채소를 소금에 절이다.《간한 생선》

간하다 ^{말하다} 웃어른이나 왕에게 옳지 못하거나 잘못된 일을 고치라고 말하다.《왕은 충신이 간하는 말을 듣지 않았다.》

간행 (刊行) 책, 신문, 잡지 같은 것을 찍어서 펴내는 것.《어린이 도서 간행》 ^비출간, 출판. **간행하다 간행되다**

간호 (看護) 아픈 사람을 보살피는 일. 《엄마의 정성스러운 간호로 할머니가 금세 나으셨다.》 ^비간병. **간호하다**

간호사 (看護師) 병원에서 의사를 도와 환자를 돌보는 사람.《간호사 언니가 아프지 않게 주사를 놓아 주었다.》

간혹 (間或) 어쩌다가 가끔.《이 길에 간혹 다람쥐가 나타날 때도 있다.》

갇히다 어떤 곳에서 마음대로 나오지 못하게 되다.《새장에 갇힌 새》

갈 → 가을.

갈가리 여러 가닥으로 갈라지거나 찢어진 모양.《갈가리 찢긴 신문지》

갈개다 ^북 1. 몹시 사납거나 막되게 굴다.《말이 갈개지 못하게 꼭 붙잡아 주세요.》 2. 날씨가 몹시 나쁘다.《날씨가 갈개서 나들이 갈 기분이 안 나.》 3. 잠을 잘 때 몸을 이리저리 뒤척이다.《형은 잘 때 무척이나 갈갠다.》

갈개발 1. 연의 아래쪽 두 귀퉁이에 붙이는 길쭉한 종이쪽. 2. 권세 있는 사람에게 붙어 덩달아 으스대는 사람을 빗대어 이르는 말.

갈게 바닷가 진흙 바닥이나 갈대밭에 구멍을 파고 사는 게. 방게와 닮았는

갈겨니

데, 털이 적어 매끈해 보인다.

갈겨니 피라미와 비슷하게 생긴 민물고기. 눈이 크고 양옆에 어두운 푸른빛을 띤 굵은 세로줄 무늬가 있다. 맑은 물에서만 산다.

갈겨쓰다 글씨를 아무렇게나 막 흘려 쓰다.《하도 갈겨 써 놓아서 무슨 말인지 하나도 모르겠어.》 ^바갈겨쓰는, 갈겨써, 갈겨씁니다.

갈고

갈고 (羯鼓) 치는 국악기 가운데 하나. 장구와 비슷하게 생겼는데 양쪽을 말가죽으로 메웠다. 양손에 채를 들고 쳐서 소리를 낸다.

갈고닦다 학문이나 재주를 정성껏 배우고 익히다.《그동안 갈고닦은 노래 실력을 마음껏 발휘해 보렴.》

갈고둥

갈고둥 바닷가 바위나 돌에 붙어서 사는 고둥. 검은 바탕에 누런 점이 흩어져 있다.

갈고리 물건을 걸어서 끌어당기는 도구. 흔히 쇠로 만드는데, 끝이 뾰족하고 'ㄱ'자 꼴로 굽었다. ^북갈구리.

갈구리나비 산 가장자리 양지바른 풀밭이나 산속에서 볼 수 있는 나비. 날개 끝이 갈고리같이 구부러져 있다.

갈구리나비

갈구리측범잠자리 깨끗한 물 가까이에 사는 잠자리. 겹눈은 파랗고, 가슴부터 배 끝까지 검은색과 노란색 줄무늬가 번갈아 나 있다.

갈구리측범잠자리

갈기 말이나 사자 같은 동물 목덜미에 난 긴 털.

갈기갈기 여러 가닥으로 마구 찢어진 모양.《신문을 갈기갈기 찢었다.》

갈기다 1. 손이나 물건으로 세게 치다. 《우리나라 선수가 왼 주먹으로 미국

갈게

선수의 턱을 갈겼다.》**비**후려치다. 2. 글씨를 되는대로 마구 흘려 쓰다.《쪽지 내용을 전혀 알아볼 수 없을 만큼 심하게 갈겨 놓았다.》 3. 오줌이나 똥을 아무 데나 마구 싸다.《철호가 잔디밭에 오줌을 갈기다가 선생님께 혼났다.》

갈다 **문지르다** 1. 날을 세우거나 겉을 다듬으려고 단단한 것에 대고 문지르다.《할아버지가 숫돌에 대고 칼을 가신다.》 2. 곡식, 과일 들을 단단한 것으로 문질러 으깨다.《엄마가 사과를 갈아서 주스를 만들어 주었다.》 3. 먹물을 내려고, 먹을 벼루에 대고 문지르다.《붓글씨를 쓰려고 먹을 갈았다.》 4. 윗니와 아랫니를 맞대고 문지르다.《우리 형은 잘 때 이를 가는 버릇이 있다.》 **바**가는, 갈아, 갑니다.

갈다 **바꾸다** 이미 있는 것을 다른 것이나 다른 사람으로 바꾸다.《아빠가 깜빡거리는 형광등을 빼고 새것으로 갈아 끼우셨다.》 **바**가는, 갈아, 갑니다.

갈다 **일구다** 1. 농기구, 농기계로 논밭의 흙을 파서 뒤집다.《봄이 되자 농부는 부지런히 논을 갈았어요.》 2. 곡식, 채소를 심어 가꾸다.《엄마는 뒤꼍에 상추를 갈았다.》 **바**가는, 갈아, 갑니다.

갈대 축축한 땅이나 물가에 무리 지어 자라는 풀. 잎은 가늘고 긴데, 줄기는 곧고 속이 비어 있다. 줄기로 발이나 자리를 만든다.

갈대밭 갈대가 우거진 곳.

갈돌 원시 시대에 갈판 위에 열매 같은 것을 놓고 가는 데 쓰던 납작한 돌.

갈등 (葛藤) 1. 마음이나 의견이 맞지 않아 서로 부딪치고 맞서는 것.《노사 갈등》 **비**마찰, 알력. 2. 쉽게 마음먹지 못하고 몹시 망설이고 괴로워하는 것.《언니 말대로 해야 할지 아니면 내 생각대로 할지 갈등이 돼.》 **갈등하다**

갈라놓다 1. 여럿으로 쪼개어 놓다. 2. 사이가 멀어지게 하다.《아무도 우리를 갈라놓을 수 없어.》

갈라서다 1. 여럿으로 갈라 따로따로 서다.《운동장에 두 줄로 갈라서세요.》 2. 관계를 끊고 헤어지다.《삼촌은 함께 일하던 동무와 끝내 갈라섰다.》

갈라지다 1. 물건이 쪼개지거나 금이 가다.《가뭄에 논바닥이 거북이 등처럼 갈라졌다.》 2. 하나이던 것이 여럿으로 나뉘다.《여기서부터 길이 두 갈래로 갈라진다.》 3. 가까운 관계가 끊어지다.《남북으로 갈라진 겨레》

갈람하다 **l북** 조금 가늘면서 길쭉하다.《내 얼굴도 이모 얼굴처럼 갈람하면 좋겠다.》

갈래 하나에서 여럿으로 갈라져 생긴 부분이나 가닥.《엄마가 내 머리를 두 갈래로 묶어 주셨다. / 사람도 동물의 한 갈래에 든다.》 **북**가다리.

갈래꽃 꽃잎이 낱낱이 떨어져 있는 꽃. 매화, 벚꽃, 유채꽃 들이 있다. **반**통꽃.

갈리다 **나뉘다** 1. 하나이던 것이 여럿으로 나뉘다.《한식과 양식을 놓고 식구들이 두 편으로 갈렸다.》 2. 이기고 지는 것이나 등수 같은 것이 정해지다.《전반전이 시작되자마자 터진 골로 승부가 갈리고 말았다.》

갈리다 **바뀌다** 다른 것이나 다른 사람으로 바뀌다.《대통령이 바뀌자 장관들도 모두 갈렸다.》

갈대

갈돌
갈판
갈돌

갈리다 ^{갈아지다} 1. 칼날 같은 것이 날카롭게 되다. 《칼이 잘 갈리지 않아서 고기를 써는 데 힘이 든다.》 2. 곡식 알갱이 같은 것이 잘게 부서지거나 으깨어지다. 《이 식당에서는 맷돌에 갈려 나온 콩을 쓴다.》 3. 단단한 물체의 겉이 문질러지다. 《새로 산 먹이 잘 갈리지 않는다.》 4. 서로 맞댄 윗니와 아랫니가 문질러지다. 《그 일만 생각하면 자다가도 이가 갈릴 지경이다.》

갈림길 1. 길이 여러 갈래로 갈라지는 곳. 또는 그렇게 갈라지는 길. 《갈림길에서 왼쪽으로 가면 학교가 보일 거예요.》 같기로. 2. 선택이나 사정에 따라 앞날이 아주 달라지는 처지를 빗대어 이르는 말. 《생사의 갈림길》 같기로.

갈림목 길이 여러 갈래로 나뉘는 곳.

갈망 (渴望) 어떤 일을 몹시 애타게 바라는 것. 《전쟁으로 학교에 못 다니신 할머니는 배우고자 하는 갈망이 크시다.》 비열망. **갈망하다**

갈매기 바닷가나 항구에 사는 겨울새. 깃털은 흰색이고 비둘기보다 조금 더 크다. 발에 물갈퀴가 있다.

갈매나무 산골짜기나 개울가에 자라는 잎지는나무. 검고 둥근 열매는 약으로 쓰고, 나무껍질로 물을 들인다.

갈맷빛 짙은 초록빛. 《갈맷빛으로 물든 여름 산.》 북갈매빛.

갈모 옛날에 비 올 때 우산처럼 펴서 갓 위에 쓰던 모자. 고깔처럼 생겼고 기름종이로 만든다.

갈무리 1. 물건을 거두어 잘 챙겨 두는 것. 《겨우내 갈무리를 잘해 두었더니 무가 아주 싱싱하다.》 2. 하던 일을 잘

갈색고랑조개

갈색띠매물고둥

갈매기

갈색여치

갈매나무

마무리하는 것. 《어떤 일이든 갈무리를 잘해야 한다.》 **갈무리하다**

갈비 1. → 갈비뼈. 2. 소나 돼지의 갈비뼈에 붙어 있는 살. 음식으로 이르는 말이다.

갈비뼈 등뼈와 가슴뼈를 이으면서 둥글게 휘어 있는 여러 뼈. 사람에게는 열두 쌍이 있다. 같갈비, 늑골.

갈비찜 소나 돼지의 갈비에 양념을 해서 약한 불에 오래 찐 먹을거리.

갈비탕 소갈비를 물에 넣고 푹 끓인 먹을거리.

갈빗대 갈비뼈에서 하나하나의 뼈대.

갈색 (褐色) 가랑잎처럼 짙은 누런색.

갈색고랑조개 동해 얕은 물에 사는 조개. 모래나 작은 돌이 있는 곳을 좋아하고, 꼬막과 비슷하게 생겼다.

갈색띠매물고둥 얕은 바다에 사는 고둥. 껍데기에 갈색 띠가 있고, 사는 곳에 따라 빛깔, 무늬, 크기가 조금씩 다르다.

갈색여치 낮은 산의 키 작은 덤불 사이에 사는 여치. 온몸이 짙은 밤색이다. 날개가 짧아 날지 못하지만 잘 뛴다.

갈아엎다 쟁기, 괭이 같은 것으로 땅을 갈아서 뒤집어엎다. 《옛날에는 소가 끄는 쟁기로 밭을 갈아엎었다.》

갈아입다 다른 옷으로 바꾸어 입다. 《집에 오면 편한 옷으로 갈아입어.》

갈아타다 타고 가던 것에서 내려 다른 것으로 바꾸어 타다. 《할머니 댁에 가려면 버스를 두 번 갈아타야 해.》

갈잎 → 가랑잎.

갈전 대회 (葛戰大會) 경상도에서 하던 민속놀이. 칡덩굴과 짚으로 줄을 만

들고 편을 갈라서 줄다리기를 했다.

갈증 (渴症) 목이 말라서 물을 마시고 싶은 느낌.《한바탕 공을 차고 나니 갈증이 난다.》

갈참나무 산과 들에 자라는 잎지는나무. 가을에 도토리가 열린다. 나무는 건물을 짓거나 가구를 만드는 데 쓴다.

갈참나무

갈채 (喝采) 칭찬하거나 환영하는 뜻으로 크게 박수를 치거나 소리를 지르는 것.《관객들이 연주자에게 우레와 같은 갈채를 보냈다.》

갈치

갈치 몸이 아주 길고 납작한 바닷물고기. 몸 빛깔은 은빛을 띤 흰색인데 비늘이 없고 등지느러미와 뒷지느러미만 있다. 북칼치.

갈퀴 검불이나 곡식 같은 것을 긁어모으는 데 쓰는 기구. 대쪽이나 철사를 구부려 만든 갈고리를 여러 개 부챗살처럼 엮고 긴 자루를 달았다.

갈퀴

갈퀴덩굴 산기슭, 들판, 길가에 자라는 덩굴풀. 네모진 줄기에 털이 있어 다른 물체에 잘 엉겨 붙고, 열매에도 갈고리 같은 털이 있다. 어린싹을 먹는다. 북민갈퀴.

감_과일

갈파래 바닷가 바위나 말뚝에 붙어 자라는 바닷말. 빛깔은 짙은 녹색이고, 집짐승 먹이로 쓴다.

갈판 원시 시대에 곡식이나 열매 같은 것을 갈 때 밑에 받치던 판.

갈퀴덩굴

갈돌
갈판

갈판

갈팡질팡 어떻게 해야 할지 몰라 이리저리 급하게 헤매는 모양.《산불에 놀란 짐승들이 갈팡질팡 뛰어다녔다.》
갈팡질팡하다

갈풀 양지바른 물가나 풀숲에 자라는 풀. 잎은 깔깔하고 잔털이 많다. 줄기

갈풀

끝에 작은 이삭이 달린다.

갈피 겹치거나 포갠 사이.《동화책 갈피에 짝꿍이 쓴 쪽지가 있었다.》

갈피를 못 잡다 관용 어떻게 된 일인지 모른다. 또는 어떻게 할 바를 모른다.

갉다 이, 손톱, 갈퀴처럼 뾰족한 것으로 바닥이나 거죽을 문지르다.《쥐가 나무 문짝을 갉아 구멍을 냈다.》

갉아먹다 재물 같은 것을 야금야금 써 없애다. 또는 소중한 것을 헛되이 써 버리다.《그 사람은 부모가 물려준 재산을 갉아먹고 알거지가 되었다.》

갉작- 이나 갈퀴같이 뾰족한 것으로 긁거나 문지르는 모양. **갉작거리다 갉작대다 갉작이다 갉작갉작**《천장 위에서 쥐들이 갉작이는 소리가 났다.》

감 과일 감나무 열매. 처음에는 푸르다가 점차 붉게 여문다. 잘 익으면 물렁물렁하고 달다. 그냥 먹기도 하고 곶감을 만들기도 한다. 참곶감, 연시, 홍시.

감 옷감 옷이나 이불을 짓는 데 쓰는 천.《엄마가 이불 만들 감을 끊어 오셨다.》

감 느낌 (感) 1.느낌이나 생각.《이렇게 보내려니 아쉬운 감이 든다.》 2.전화기 같은 것으로 소리가 들리는 정도.《전화 감이 좋지 않아요.》

-감 자격 어떤 낱말 뒤에 붙어, '무엇이 될 만한 사람이나 물건'이라는 뜻을 더하는 말.《신랑감/기둥감》

감각 (感覺) 1.보고 듣고 냄새 맡는 것처럼 몸으로 받아들이는 느낌.《날씨가 너무 추워서 손가락에 감각이 없다.》 2.어떤 것을 받아들여 하는 판단이나 느낌.《언어 감각/유머 감각》

감각 기관 (感覺器官) 눈, 귀, 코, 혀,

살갗처럼 동물 몸에서 바깥의 자극을 받아들이고 느끼는 기관.

감각적 (感覺的) 1.몸으로 느끼는. 또는 그런 것. 2.감각이 뛰어난. 또는 그런 것.

감감 어떤 일을 전혀 모르거나 잊어버린 모양.

감감무소식 소식이나 연락이 전혀 없는 것.《이번 주말에 놀러 오겠다던 삼촌이 감감무소식이다.》

감감하다 1.아득히 멀다.《감감하게 먼 하늘》 2.어떤 일을 전혀 모르거나 까맣게 잊다.《아무리 생각해도 그 애가 누군지 감감하기만 하다.》 3.소식이나 연락이 전혀 없다.《여행을 떠난 삼촌 소식이 일주일째 감감하다.》

감개 줄이나 실 같은 것을 감는 기구.

감개무량하다 어떤 일로 감동하여 가슴이 뭉클하다.《어릴 적에 함께 놀던 동무를 다시 만나니 감개무량하구나.》

감겨들다 어떤 것이 칭칭 감기듯이 들어오다.《달착지근한 엿이 혀에 착착 감겨든다.》 ^바감겨드는, 감겨들어, 감겨듭니다.

감격 (感激) 마음이 크게 움직여 뭉클한 느낌이 솟구쳐 오르는 것.《헤어졌던 가족들이 서로 얼싸안고 감격의 눈물을 흘렸다.》^비감동. **감격하다**

감격스럽다 가슴이 뭉클한 느낌이 있다.《남북이 하나 되는 감격스러운 순간》 ^바감격스러운, 감격스러워, 감격스럽습니다.

감격적 (感激的) 감격스러운. 또는 그런 것.

감괘 (坎卦) 태극기에 그려져 있는 사

감국

괘 가운데 하나. '☵' 꼴인데 물을 나타내고 지혜를 뜻한다.

감국 길가나 산기슭에서 자라는 풀. 잎이 여러 갈래로 깊게 갈라진다. 가을에 노란 꽃이 피는데 약으로 쓰거나 차를 만든다. ^북단국화.

감귤 → 귤.

감금 (監禁) 사람을 어떤 곳에 가두는 것.《불법 감금》 **감금하다 감금되다**

감기 (感氣) 바이러스 때문에 걸리는 호흡기병. 흔히 열이 오르고 기침이 난다.《감기를 앓다.》^같고뿔.

감기다 ^{씻기다} 남의 머리카락을 물로 씻어 주다.《엄마가 동생 머리를 감겨 주신다.》

감기다 ^{덮이다} 1.눈꺼풀이 눈알 위에 덮이다.《졸려서 눈이 저절로 스르르 감겼다.》 2.눈꺼풀로 눈알을 덮다.《언니가 아기 눈을 감기고 토닥인다.》

감기다 ^{말리다} 실, 줄, 띠 같은 것으로 둘러싸이다.《삼촌 다리에 붕대가 감겨 있었어요.》^반풀리다.

감나무 열매를 먹으려고 심어 가꾸는 잎지는나무. 늦은 봄에 노란 꽃이 피고, 가을에 주황색 감이 익는데 서리가 내리기 전에 따서 먹는다.

감나무

감나무 밑에 누워 연시 입 안에 떨어지기를 바란다 ^{속담} 애쓰지 않고 좋은 결과를 바라는 것을 빗대어 이르는 말.

감다 ^{자다} 눈꺼풀을 내려 눈동자를 덮다.《얼른 눈 감고 자.》^반뜨다.

감다 ^{씻다} 머리나 몸을 물로 깨끗이 씻다.《머리를 감다./목을 감다.》

감다 ^{말리다} 1.실, 줄, 끈 들을 다른 것에 둘둘 말거나 빙 두르다.《민이가 팔에 붕대를 감고 학교에 왔다.》**반풀다.** 2. 팔이나 다리를 남의 몸에 두르거나 걸다.《내 다리로 상대방 다리를 감아 모래판에 쓰러뜨렸다.》**반풀다.** 3. 테이프, 태엽 들을 돌리다.《이 시계는 태엽을 감아야 간다.》**반풀다.**

감당 (堪當) 맡은 일을 스스로 잘 해 내거나 힘든 일을 잘 견디는 것.《힘든 훈련을 감당 못한 몇몇 아이들은 축구 부를 그만두었다.》**감당하다**

감독 (監督) 1. 어떤 일이나 사람을 잘 못되지 않게 살피고 지도하는 것. 또는 그런 일을 하는 사람.《시험 감독》 2. 연극, 영화를 연출하거나 운동선수들을 이끌고 지휘하는 것. 또는 그런 일을 하는 사람.《영화감독》**감독하다**

감독관 (監督官) 감독하는 책임을 맡은 관리.

감돌다 1. 기운, 느낌 들이 두루 퍼져 있다. 또는 생각이 떠나지 않고 어른거리다.《귓가에 감도는 노랫소리/그 탑에는 신비한 기운이 감돌았다.》 2. 물줄기나 길이 어느 곳 둘레를 빙 돌아가다.《냇물이 논과 밭을 감돌아 흐른다.》**반감도는, 감돌아, 감돕니다.**

감동 (感動) 어떤 일에 마음이 크게 움직여 뭉클한 느낌이 북받쳐 오르는 것.《그 영화를 보고 큰 감동을 받았어요.》**비감격. 감동하다**

감동적 (感動的) 감동할 만한. 또는 그런 것.

감때사납다 1. 생김새나 하는 짓이 몹시 억세고 사납다.《너한테 해 끼치려는 거 아니니까 감때사납게 굴지 마라.》 2. 어떤 것이 몹시 거칠고 험하다.

《그렇게 감때사납던 땅을 기름진 밭으로 만들다니 참 놀랍다.》**반감때사나운, 감때사나워, 감때사납습니다.**

감량 (減量) 양이나 무게를 줄이는 것.《체중 감량》**감량하다**

감면 (減免) 세금이나 벌 같은 것을 줄이거나 없애 주는 것.《세금 감면》**감면하다 감면되다**

감명 (感銘) 깊이 감동하여 마음에 새기는 것.《아이가 엄마를 만나는 장면이 특히 감명 깊었어.》**감명하다**

감물 덜 익은 감에서 나오는 떫은 즙. 천을 물들이는 데 흔히 쓴다.

감미롭다 1. 맛이 아주 달콤하다.《감미로운 초콜릿의 맛》 2. 느낌이 부드럽고 그윽하다.《감미로운 목소리》**반감미로운, 감미로워, 감미롭습니다.**

감방 (監房) 교도소에서 죄지은 사람을 가두어 두는 방.

감별 (鑑別) 차이를 알아내거나 물건의 가치를 따져 가려내는 것.《지폐 감별/병아리 암수 감별》**감별하다**

감복 (感服) 깊이 감동하여 마음으로 따르는 것. **감복하다**《어머니의 정성에 감복해서 눈물이 났다.》

감사 고마움 (感謝) 고마움을 느끼는 것. 또는 고맙다고 인사하는 것.《할머니께 감사 인사 전해 주세요.》**감사하다**

감사 조사 (監査) 기관이나 단체 같은 데서 잘못하는 일이 없는지 잘 살피는 것.《국정 감사/세무 감사》**감사하다**

감사 벼슬 (監司) → 관찰사.

감사원 (監査院) 국가의 수입과 지출을 살피고 공무원이 일을 잘하는지 감독하는 정부 기관.

감사패 (感謝牌) 어떤 일을 해 주어서 고맙다는 말을 적은 패.

감상 느낌 (感想) 어떤 일을 겪고 나서 느끼는 생각.《오늘 하루 밭에서 일한 감상이 어때?》

감상 예술 (鑑賞) 영화, 음악, 미술 같은 예술 작품을 즐기는 것. **감상하다**《오늘 판소리 춘향가를 감상했다.》

감상 슬픔 (感傷) 작은 일에도 공연히 슬프고 쓸쓸한 것.《엄마는 오래된 사진첩을 보시면서 감상에 젖으셨다.》

감상곡 (鑑賞曲) 감상하려고 듣는 곡.

감상문 (感想文) 보고, 듣고, 겪은 느낌을 적은 글.《동화책을 읽고 감상문을 써 오세요.》

감색 (紺色) 검은빛을 띤 남색.

감성돔 얕은 바다에 사는 바닷물고기. 길고 둥근 꼴이고, 은빛을 띤 청색 바탕에 갈색 가로무늬가 있다.

감소 (減少) 수나 양이 줄어드는 것.《인구 감소》^반증가. **감소하다**

감속 (減速) 속도를 줄이는 것.《학교 앞에서는 감속 운행해야 합니다.》^반가속. **감속하다**

감수 (監修) 책을 만드는 일이 잘 되게 이끌고 살피는 것. **감수하다**

감수성 (感受性) 어떤 느낌을 잘 받아들이는 성질.《감수성이 풍부하다.》

감수하다 어려움을 어렵고 힘든 일을 달갑게 받아들이다.《살을 빼려면 간식 덜 먹는 일쯤은 감수해야 해.》

감수하다 목숨이 목숨이 짧아지다.《어찌나 혼이 났는지, 십 년 감수한 느낌이 든다니까.》

감시 (監視) 문제나 사고가 생기지 않도록 주의 깊게 지켜보는 것. ^비감독.《주인아저씨의 감시를 피해 몰래 수박밭에 들어갔다.》 **감시하다**

감싸다 1. 감아서 싸다.《짝꿍이 붕대로 팔을 감싼 채 학교에 왔다.》 2. 잘못이나 흉을 덮어 주다.《할머니는 내 잘못을 너그럽게 감싸 주셨다.》^북안싸다. 3. 편을 들다.《할아버지는 큰오빠만 감싸고 칭찬하신다.》

감아올리다 감아서 말아 올리다.《코끼리가 긴 코로 통나무를 감아올렸다.》

감안 (勘案) 사정이나 형편을 살펴서 생각하는 것. ^다참작. **감안하다**《사정을 감안해서 약속 시간을 좀 늦추자.》

감언이설 (甘言利說) 남을 꾀거나 기분 좋게 하려는 달콤한 말.《오빠의 감언이설에 넘어가 저금통을 깼다.》

감염 (感染) 병균이 옮는 것. 또는 나쁜 풍습 같은 것에 물이 드는 것. **감염되다**《한 명이 눈병에 걸리면 온 식구가 감염될 수 있다.》

감염증 (感染症) 병균이 옮아서 걸리는 병.

감영 (監營) 조선 시대에 감사가 일을 맡아보던 관청.

감옥 (監獄) 죄지은 사람을 가두어 두는 곳.《도둑질을 하다가 잡힌 사람들이 감옥에 갇혔다.》^같옥.

감옥살이 죄를 지어서 감옥에 갇혀 지내는 일. ^같옥살이.

감원 (減員) 사람 수를 줄이는 것.《노조는 감원에 반대해서 시위를 벌였다.》^반증원. **감원하다**

감은사지 삼층 석탑 (感恩寺址三層石塔) 경상북도 경주 감은사 터에 남

감은사지 삼층 석탑

아 있는 석탑. 통일 신라 초기에 쌓은 탑으로, 똑같이 생긴 탑 둘이 나란히 서 있다. 국보 제112호.

감자 밭에 심어 가꾸는 풀. 줄기는 곧게 자라고 잎은 어긋나게 붙는다. 땅속에 덩이줄기가 둥글게 생기는데, 이것을 먹는다.

감자

감자개발나물 물가나 축축한 곳에 자라는 풀. 8월에 희고 자잘한 꽃이 한데 모여 피고, 동글납작한 열매를 맺는다. **북**섬가락잎풀.

감자난 깊은 산속에서 자라는 풀. 봄에 누르스름한 꽃이 꽃대 끝에 많이 붙어 핀다. **북**감자란.

감자개발나물

감자녹말 감자 앙금을 말린 가루.

감자전 감자를 얇게 썰거나 갈아서 기름에 부친 먹을거리.

감전 (感電) 전기가 흐르는 물체에 몸이 닿아 충격을 받는 것. **감전되다**

감점 (減點) 잘못이나 실수를 저질러서 점수를 깎는 것. 또는 그 점수.《한 글자만 틀려도 감점 1점이야.》**감점하다 감점되다**

감자난

감정 느낌 (感情) 기쁨, 슬픔, 두려움, 노여움처럼 어떤 일을 겪을 때 드는 느낌.《송이는 감정을 잘 드러내지 않는 편이야.》

감정 불만 (憾情) 언짢거나 성내는 마음.《그만 감정 풀고 화해하렴.》

감정 평가 (鑑定) 물건의 질, 가치를 따지거나 진짜와 가짜를 가리는 것.《보석 감정》**감정하다**

감초

감정적 (感情的) 생각 없이 느끼는 대로 하는. 또는 그런 것.

감주 (甘酒) 1.➡ 식혜. 2.➡ 단술.

감지 (感知) 어떤 일을 느낌으로 알아채는 것. **감지하다**《표정만 보고도 네 기분을 감지할 수 있겠어.》**감지되다**

감지기 (感知器) 소리, 빛, 온도 같은 것을 알아채는 기계 장치.

감지덕지 (感之德之) 보잘것없는 것에도 고마워하는 것. **감지덕지하다**《선생님께 혼나지 않은 것만으로도 감지덕지해야 할걸.》

감쪽같다 꾸미거나 고친 흔적이 전혀 알아볼 수 없게 깨끗하다. **감쪽같이**《아버지가 고장 난 장난감을 감쪽같이 고쳐 주셨다.》

감찰 (監察) 기관이나 단체 같은 데서 잘못하는 일이 없는지 주의 깊게 살피는 것. **감찰하다**《감사원에서는 공무원을 감찰하는 일을 한다.》

감초 약으로 쓰려고 심어 가꾸는 풀. 뿌리는 붉은 갈색을 띠고 단맛이 나는데, 말려서 약으로 쓴다.

감촉 (感觸) 살갗에 닿는 느낌.《감촉이 부드러운 이불》**갈**촉감.

감추다 1. 남이 찾지 못하게 숨기거나 가리다.《얘가 사탕을 어디에 감췄지?》 2. 없어지거나 사라지다.《가을이 되자 매미가 어느새 모습을 감추었다.》

감축 (減縮) 수량을 줄이는 것.《핵무기 감축》**감축하다 감축되다**

감치다 올이 풀리지 않게 천 가장자리를 안으로 접어서 꿰매다.《엄마는 터진 내 치맛단을 꼼꼼히 감치셨다.》

감칠맛 1. 입에 착착 감기는 좋은 맛.《엄마는 음식을 감칠맛 나게 잘 만드신다.》 2. 사람의 마음을 끄는 은근한

느낌.《선아는 이야기를 감칠맛 나게 잘한다.》

감침질 올이 풀리지 않게 천 가장자리를 실로 감아 가며 꿰매는 바느질.

감탄 (感歎) 마음 깊이 감동하고 칭찬하는 것. **감탄하다**《경수의 용감한 행동에 아이들 모두 감탄했다.》

감탄문 (感歎文) 놀람, 슬픔, 기쁨 같은 감정이 큰 느낌을 나타내는 문장.《'날씨가 참 좋구나!'에서처럼 감탄문 끝에는 느낌표를 붙인다.》

감탄사 (感歎詞) '앗', '야', '저런'처럼 놀람, 느낌, 부르짖음 들을 나타내는 낱말.

감탕나무 남부 지방 바닷가 산기슭에 자라는 늘푸른나무. 봄에 누르스름한 녹색 꽃이 피고 열매는 붉게 익는다. 나무껍질에서 끈끈한 액체를 뽑아 반창고 같은 데 쓴다.

감탕나무

감태나무 산기슭이나 산골짜기에 자라는 잎지는나무. 봄에 누런 꽃이 피고, 검고 윤기 나는 열매가 열린다.

감태나무

감퇴 (減退) 기운이나 능력 들이 줄어드는 것.《시력 감퇴/식욕 감퇴》^{반증} 진. **감퇴하다 감퇴되다**

감투 1.옛날에 벼슬아치들이 머리에 쓰던 작은 모자. 말총, 헝겊, 가죽 들로 만드는데 앞쪽은 낮고 뒤쪽은 높다. 2. 꽤 괜찮다고 생각하는 벼슬이나 지위를 빗대어 이르는 말.

감하다 있던 것에서 덜거나 빼다.《몫을 감하다./월급을 감하다.》

감행 (敢行) 어떤 일에 용감하게 나서는 것. **감행하다**《그 배우는 팔을 다쳤는데도 영화 촬영을 감행했다.》

감화 (感化) 좋은 가르침이나 영향을 받아 생각과 행동이 바뀌는 것.《이순신 장군의 위인전을 읽고 감화를 받았다.》**감화하다 감화되다**

감회 (感懷) 지난 일을 돌이켜 볼 때 드는 느낌이나 생각.《어렸을 적에 살던 집에 다시 오니 감회가 새롭다.》

감흥 (感興) 어떤 일을 겪었을 때 드는 흥겨운 느낌.《이 곡을 듣고 어떤 감흥이 일었는지 말해 봅시다.》

감히 1.두렵거나 죄송하지만 그래도.《나이도 어린 제가 감히 한 말씀 드리겠습니다.》 2.자기 처지도 모르고 함부로.《네까짓 게 감히 나한테 덤벼?》

갑 (匣) 물건을 담는 작은 상자. 또는 그것에 물건을 담아서 세는 말.《선생님이 분필 두 갑을 가져오셨다.》^북곽.

갑갑하다 1.비좁거나 꽉 끼어서 숨이 막히는 느낌이 있다.《버스 안에 사람이 너무 많아서 갑갑해.》 2.일이 뜻대로 되지 않거나 분위기가 지루하여 견디기 힘들다.《비가 와서 하루 종일 집에만 있으려니 몹시 갑갑하다.》

갑문 (閘門) 물 높이가 서로 다른 두 곳에 배가 드나들 수 있게 만든 문. 밀물, 썰물에 맞추어 문을 여닫아 물 높이를 조절한다.

갑부 (甲富) 아주 큰 부자.

갑사댕기 갑사 비단으로 만든 댕기.《머리에 빨간 갑사댕기를 드렸다.》

갑삭 ^{고개를} |북 고개나 몸을 가볍게 살짝 숙이는 모양. **갑삭거리다 갑삭대다 갑삭이다 갑삭갑삭**《고개를 갑삭 숙여 선생님께 인사드렸다.》

갑삭 ^{짐이} |북 어떤 물건이 아주 가벼워

보이는 모양. **갑삭하다 갑삭갑삭** 《아저씨들은 커다란 수박도 갑삭갑삭 던져 나른다.》

갑삭 걸음이 | 북 1.방정맞은 몸짓으로 가볍게 걷는 모양. 2.눈을 살짝 감았다가 뜨는 모양. **갑삭거리다 갑삭대다 갑삭이다 갑삭갑삭** 《짝꿍이 좋은 일이라도 있는지 갑삭거리면서 교실로 들어왔다. / 형은 뭔가 생각할 때면 눈을 갑삭이는 버릇이 있다.》

갑상선 (甲狀腺) 목 밑에 있는 기관. 몸을 자라게 하거나 영양을 받아들이거나 내보내는 구실을 한다.

갑신 고개를 | 북 고개나 몸을 가볍게 숙이는 모양. **갑신거리다 갑신대다 갑신하다 갑신갑신** 《허리를 갑신 숙여서 바닥에 떨어진 지우개를 주웠다.》

갑신 약삭빠른 | 북 비겁하거나 약삭빠르게 구는 모양. **갑신거리다 갑신대다 갑신갑신** 《원숭이가 코뿔소 둘레에서 갑신거리는 꼴이 우습다.》

갑신정변 (甲申政變) 조선 고종 때 (1884년) 일어난 정치 사건. 개화를 주장하던 김옥균, 박영효 들이 새 정부를 세우려고 하였으나 실패하였다.

갑오개혁 (甲午改革) 조선 고종 때 (1894년) 개화를 주장하던 사람들이 정치, 경제, 사회 제도를 모두 근대식으로 고친 일.

갑오징어 서해와 남해에 사는 오징어. 몸통이 크고 다리는 열 개인데, 등에 길쭉하게 둥근 뼈가 있다. **같**참오징어.

갑옷 옛날에 군인이 싸움을 할 때 칼, 창, 화살 들에 다치지 않으려고 입던 옷. 쇠붙이나 가죽을 비늘 모양으로 만

갑오징어

갑옷

들어서 붙였다.

갑자기 뜻밖에 불쑥. 《갑자기 소나기가 내려서 다 젖었다.》 **비**별안간.

갑자르다 | 북 1.일이 뜻대로 안되거나 힘들어서 낑낑거리다. 《오빠가 작은 신발에 발을 끼워 넣느라 갑자른다.》 2.말할까 말까 망설이며 낑낑거리다. 《그렇게 갑자르지 말고 어서 얘기해 봐.》 **바**갑자르는, 갑잘라, 갑자릅니다.

갑작스럽다 전혀 생각하지 못하여 아주 뜻밖이다. 《선생님께서 갑작스럽게 학교를 그만두시게 되었다.》 **참**급작스럽다. **바**갑작스러운, 갑작스러워, 갑작스럽습니다.

갑절 어떤 수량을 두 번 더한 만큼. 《형은 나보다 몸무게가 갑절이 더 나간다.》 **비**곱절, 배.

갑판 (甲板) 큰 배 위에 평평하게 깔아 놓은 철판이나 나무 바닥.

값 1.물건이나 봉사의 가치를 돈으로 나타낸 것. 또는 그 돈. 《내가 치마를 한 벌 고르자 엄마가 값을 치르셨다.》 **비**가격. 2.어떤 일을 한 대가나 보람. 또는 가치. 《그분의 봉사 정신은 값을 헤아릴 수 없을 만큼 고귀하다.》 3.셈하여 얻은 수나 몫. 《56을 7로 나눈 값을 괄호 안에 써 넣으세요.》

값나가다 귀해서 값이 높다. 《값나가는 도자기》

값비싸다 1.값이 비싸다. 《값비싼 반지》 **반**값싸다. 2.어떤 일에 들인 힘과 정성이 크다. 《값비싼 대가를 치르다.》

값싸다 1.값이 적다. 《값싼 그릇도 잘 고르면 오래 쓸 수 있다.》 **반**값비싸다. 2.어떤 일에 담긴 뜻이 보잘것없다.

《어려운 이웃을 돕는 일에는 값싼 동정심보다는 따뜻한 사랑이 필요하다.》

값어치 물건이나 일의 가치.《희생을 치를 만한 값어치가 있는 일》

값있다 큰 가치나 보람이 있다.《이번에 모은 성금은 불우한 이웃을 위해 값있게 쓰려고 해요.》

값지다 1.물건 값이 비싸다.《크고 예쁜 물건이라고 해서 모두 값진 것은 아니다.》 2.어떤 일의 가치나 보람이 크다.《어머니의 사랑은 무엇과도 바꿀 수 없을 만큼 값지다.》

갓 ^{모자} 1.옛날에 남자 어른이 갖추어 쓰던 테가 넓고 둥근 모자. 2.갓처럼 생긴 물건.《전등에 갓을 씌웠다.》

갓_모자

갓 ^{방금} 1.방금 전에.《갓 태어난 강아지 세 마리가 쌔근쌔근 잠을 잡니다.》 2.이제 막.《할머니는 갓 스물을 넘긴 나이에 큰아버지를 낳으셨대요.》

갓 ^{채소} 밭에 심어 가꾸는 잎줄기채소. 잎과 줄기가 약간 매운맛이 나고 독특한 냄새가 있다. 김치를 담그거나 다른 김치를 담글 때 넣는다. ^북갓나물.

갓길 고속도로 가장자리에 난 길. 사고나 몹시 급한 일이 생겼을 때 경찰차나 구급차가 다닌다.

갓_채소

갓나무 의자 뒷다리 맨 위에 가로로 댄 나무.

갓난아기 → 갓난아이.

갓난아이 태어난 지 얼마 되지 않은 아이. ^준갓난애. ^같갓난아기, 신생아.

갓난애 → 갓난아이.

강 (江) 바다나 호수로 흘러가는 큰 물줄기.

강가 강 가장자리에 잇닿은 땅. ^같강변.

강낭콩

강가에 아이 세워 놓은 것 같다 ^{속담} 무슨 일이 생길지 몰라서 몹시 조마조마하다는 말. ^비우물가에 아이 내놓은 것 같다.

강강술래 대보름날이나 한가위에 하는 민속놀이. 여럿이 손을 잡고 둥글게 돌면서 노래를 부르고 춤을 춘다. 중요 무형 문화재 제8호.

강건하다 몸이 강하고 튼튼하다.《강건한 몸》 ^반병약하다.

강경 (強勁) 뜻을 굽히거나 물러서지 않고 굳세게 밀고 나가는 것.《강경 방침/강경 대응》 **강경하다**

강구 (講究) 이리저리 헤아려서 알맞은 방법을 찾아내는 것.《수해 대책 강구》 **강구하다**

강구다 ^북 소리를 잘 들으려고 귀를 기울이다.《새소리를 들으려고 귀를 강구었다.》

강국 (強國) 1.살림이 넉넉하고 군대 힘이 센 나라. ^비강대국. 2.어떤 것을 잘하는 나라.《우리나라는 태권도 강국이다.》

강굴강굴 ^북 1.가늘고 긴 것이 감겨 있는 모양.《쓰고 남은 철사는 강굴강굴 말아 두었다.》 2.종이, 천, 잎사귀 같은 것의 한 귀퉁이가 말려 있는 모양.《나뭇잎 한쪽이 강굴강굴 말려 있다.》

강기슭 강물과 잇닿은 가장자리 땅.

강낭 ^북 다른 말 앞에 붙어, 강냉이를 나타내는 말.《강낭국수/강낭떡》

강낭콩 밭에 심어 가꾸는 곡식. 여름에 가늘고 긴 꼬투리가 맺히는데, 안에 둥글고 길쭉한 열매가 대여섯 개씩 들어 있다. 열매를 삶아 먹거나 밥에 두어 먹는다. **북**강남콩, 당콩.

강냉이 → 옥수수.

강단 (講壇) 여러 사람 앞에서 이야기하는 사람이 올라서는 자리.

강당 (講堂) 여러 사람이 모여서 이야기하거나 듣는 큰 방.

강대국 (强大國) 군대 힘이 세고 나라 살림이 넉넉한 나라. **비**강국. **반약**소국.

강대하다 나라나 단체 들이 크고 힘이 세다.《강대한 세력》

강도 **도둑** (强盜) 남의 물건을 강제로 빼앗는 짓. 또는 그런 짓을 하는 사람.

강도 **세기** (强度) 센 정도. 또는 힘든 정도.《강도 높은 훈련을 잘 견뎠구나.》

강둑 강물이 넘치지 않게 가장자리에 흙이나 돌로 쌓은 둑. **북**강뚝.

강력하다 1.힘이 아주 세다. 또는 움직임이 힘차다.《권투 선수가 상대 선수 턱에 강력한 주먹을 날렸다.》 2.태도가 굳세거나 고집스럽다.《미영이가 여자 화장실을 늘려야 한다고 강력하게 주장했다.》 3.일이나 목표를 이룰 가능성이 높다.《저 두 선수가 강력한 우승 후보로 꼽힌다.》 **강력히**

강렬하다 1.빛, 열 같은 것이 아주 강하다.《햇볕이 강렬하게 내리쬐는 모래밭》 2.뜻, 기운, 느낌 같은 것이 아주 강하다.《승리를 향한 강렬한 의지》

강령 탈출 황해도 강령에서 이어져 내려오는 탈놀이. 단오 때 벌이는데, 말뚝이, 사자, 원숭이, 취발이 들이 나온다. 중요 무형 문화재 제34호.

강론 (講論) 어떤 내용을 가르치고 의견을 나누는 것.《선생님은 유교 사상에 대해 강론을 펼쳤다.》 **강론하다**

강릉 (江陵) 강원도 동쪽에 있는 시. 경포대, 오죽헌 들이 있다.

강릉 단오제 (江陵端午祭) 강원도 강릉에서 단오 무렵에 벌이는 마을굿. 농사가 잘되기를 빌고 나쁜 일을 쫓으려는 굿으로, 여러 가지 민속놀이도 한다. 중요 무형 문화재 제13호.

강매 (强賣) 남에게 억지로 물건을 파는 것.《강매 행위》 **강매하다**

강물 강에 흐르는 물.

강물도 쓰면 준다 속담 무엇이 많이 있다고 하여 헤프게 쓰지 말라는 말.

강바닥 강의 밑바닥.

강바람 강에서 부는 바람.

강박 관념 (强迫觀念) 아무리 떨쳐 버리려고 해도 마음에서 떠나지 않는 생각.《나는 1등을 해야 한다는 강박 관념에 시달렸다.》

강변 (江邊) → 강가.

강보 → 포대기.

강사 **강연** (講士) 여러 사람 앞에서 어떤 주제를 가지고 자기 생각, 지식, 경험 같은 것을 이야기하는 사람.

강사 **수업** (講師) 학교나 학원에서 과목을 맡아 가르치는 사람.《학원 강사》

강산 (江山) 1.강, 산, 들 같은 자연.《우리나라 강산은 계절마다 옷을 갈아입는다.》 2.한 나라의 땅.《빼앗긴 강산에도 봄은 온다.》

강설량 (降雪量) 한곳에 정해진 동안 내린 눈의 양. **참**강수량, 강우량.

강성하다 나라나 민족의 힘이 세고 크게 일어나다.《고구려가 강성했을 무렵에는 중국 수나라도 물리쳤다.》

강세 (强勢) 1.강한 힘이나 기세. 또는

뛰어나게 잘하는 것.《우리나라는 양궁에서 강세를 보인다.》 ^반약세. 2.말할 때 어떤 부분을 힘주어 소리 내는 것.《문장에 강세를 주어 읽어 봐.》

강수량 (降水量) 한곳에 정해진 동안 비, 눈, 우박, 안개 들로 내린 물의 양.《연평균 강수량》 ^참강설량, 강우량.

강습 (講習) 시간을 정해 지식이나 기술을 가르치거나 배우는 일.《수영 강습/꽃꽂이 강습》

강습회 (講習會) 강습하는 모임.

강아지 개의 새끼.

강아지풀 들판이나 길가에 흔히 자라는 풀. 잎은 길고 끝이 뾰족하다. 여름에 강아지 꼬리처럼 생긴 옅은 풀색 이삭이 나온다. ✕개꼬리풀.

강압 (強壓) 힘으로 억누르는 것.《부당한 강압에 꺾일 수 없어.》 **강압하다**

강압적 (強壓的) 힘으로 억눌러 하는. 또는 그런 것.

강약 (強弱) 센 것과 여린 것. 또는 강한 것과 약한 것.《이 부분은 강약을 잘 살려서 불러야 해.》

강어귀 강물이 바다나 호수 또는 큰 강과 만나는 곳.

강연 (講演) 여러 사람 앞에서 한 가지 주제를 두고 자기의 뜻, 경험, 지식 들을 조리 있게 들려주는 것. **강연하다**

강연회 (講演會) 강연을 하거나 듣는 모임.

강요 (強要) 남에게 하고 싶지 않은 일을 억지로 시키는 것.《이모의 강요에 못 이겨 모자를 썼다.》 **강요하다**

강우 (降雨) 비가 내리는 것.

강우량 (降雨量) 한곳에 정해진 동안

강아지

강아지풀

내린 비의 양. ^참강설량, 강수량.

강원도 (江原道) 우리나라 동쪽 가운데에 있는 도. 동해와 닿아 있고 산이 많다. 설악산, 오대산 들이 있다.

강원도 아리랑 강원도 민요 가운데 하나.

강의 (講義) 대학교나 학원에서 지식이나 기술을 짜임새 있게 가르치는 것.《강의 시간》 **강의하다**

강의실 (講義室) 대학이나 학원에서 강의하는 방. ^참교실.

강인하다 굳세고 끈질기다.《강인한 정신/강인한 체력》

강자 (強者) 힘, 세력이 강한 사람이나 무리.《영원한 강자도 영원한 약자도 없는 법이다.》 ^반약자.

강적 (強敵) 강한 적. 또는 힘이나 실력이 강하여 이기기 힘든 상대.《우리 선수는 처음부터 강적을 만나 치열한 경기를 벌였다.》

강점 ^{장점} (強點) 뛰어나거나 좋은 점.《수애의 강점은 밝은 성격이다.》 ^비장점. ^반약점.

강점 ^{차지} (強占) 남의 땅이나 권리를 강제로 차지하는 것. **강점하다**《일본은 한때 우리나라를 강점했다.》

강점기 (強占期) 남의 땅이나 물건을 강점한 기간.《일제 강점기》

강정 1.찹쌀가루를 반죽하여 손가락마디 길이로 썰어 말린 것을 기름에 튀겨 꿀, 깨 같은 것을 묻힌 과자. 2.콩, 깨 같은 것을 물엿에 버무린 과자.

강제 (強制) 흔히 '강제로' 꼴로 써서, 힘으로 눌러서 억지로 하게 하는 것.《주사 맞기 싫다는 동생을 엄마가 강

제로 끌고 갑니다.》 **강제하다**

강조 (强調) 어떤 것을 힘주어 말하거나 두드러지게 나타내는 것. 《불조심 강조 기간》 **강조하다 강조되다**

강좌 (講座) 주제를 정해서 지식이나 기술을 가르치는 것. 또는 그런 수업. 《한지 공예 강좌》

강줄기 강물이 길게 흘러가는 줄기.

강직하다 태도나 됨됨이가 꼿꼿하고 바르다. 《이순신 장군은 어떤 어려움에도 쓰러지지 않은 강직한 분이었다.》

강진 (强震) 담이 무너지고 벽에 금이 갈 정도로 강한 지진. **참**미진.

강철 (鋼鐵) 탄소를 섞어서 단단하게 만든 철. 기계나 기구 들을 만드는 데 쓴다. 《강철로 만든 배》 **같**스틸.

강촌 (江村) 강가에 있는 마을.

강추위 아주 매서운 추위.

강타 (强打) 1.아주 세게 때리는 것. 《우리 선수가 일본 선수의 얼굴에 강타를 날렸다.》 2.어떤 것이 크게 해를 끼치는 것. 《태풍에 농작물들이 강타를 당했다.》 **강타하다**

강탈 (强奪) 남의 것을 강제로 거칠게 빼앗는 것. **강탈하다** 《탐관오리가 백성들 재물을 강탈해 갔다.》

강토 (疆土) 나라의 땅. 《아름다운 우리 강토》

강판 (薑板) 과일이나 채소를 잘게 갈거나 즙을 내는 데 쓰는 도구. 톱니같이 생긴 구멍이 많이 뚫려 있다.

강풍 (强風) 아주 센 바람.

강하 (降下) 아래로 내려가는 것. 또는 어떤 수치가 떨어지는 것. 《낙하산 강하/기온 강하》 **비**하강. **강하하다**

강하다 **세**차다 1.힘이 세거나 움직임이 거세다. 《내일은 강한 바람이 불면서 파도가 높게 일겠습니다.》 **비**세다. **반**약하다. 2.정도가 심하거나 수준이 높다. 《진아는 반장 결정에 강한 불만을 나타냈다.》 3.견디거나 버티는 힘이 세다. 《이 천은 불에 강하다.》 **반**약하다.

강하다 **굳**다 1.물체가 딱딱하고 단단하다. 《거북이 등에는 강한 딱지가 덮여 있다.》 2.성격이 곧고 굳세다. 《할아버지를 닮아서 그런지 삼촌의 성격도 퍽 강하다.》 **반**유하다.

강행 (强行) 어려움을 무릅쓰고 일을 끝까지 해 나가는 것. **강행하다** 《비가 내려도 소풍을 강행합니다.》 **강행되다**

강호 (强豪) 실력이 뛰어난 사람이나 단체. 《우리 축구 대표 팀은 강호 이탈리아를 꺾고 8강에 올랐다.》

강화 (强化) 더 강하고 튼튼하게 만드는 것. 《체력 강화 훈련/정신력 강화》 **반**약화. **강화하다**

강화도 (江華島) 인천 강화에 있는 섬. 마니산, 전등사 들이 있고 인삼, 화문석 같은 것이 많이 난다.

강화도 조약 (江華島條約) 조선 고종 때 (1876년) 일본과 강제로 맺은 불평등 조약. 이 조약으로 조선은 일본에 항구를 열었고 다른 나라의 침략을 받게 되었다.

강활 깊은 산골짜기나 축축한 풀숲에 자라는 풀. 희고 자잘한 꽃이 많이 모여 핀다. 어린순은 먹고 뿌리는 약으로 쓴다. **북**강호리.

강활

갖가지 → 가지가지.

갖다 **가지다 →** 가지다.

갖다 ^{가져다가} '가져다가'가 줄어든 말. 《애, 반짇고리 좀 갖다 다오.》

갖바치 옛날에 가죽으로 신 만드는 일을 하던 사람.

갖은 골고루 다 갖춘. 또는 여러 가지. 《갖은 양념/언니가 용돈을 더 타려고 아빠께 갖은 아양을 떤다.》 ^비온갖.

갖저고리 짐승 털가죽을 안쪽에 댄 저고리.

갖추다 1. 있어야 할 것을 모두 지니거나 차리다. 《한복은 속옷을 잘 갖추어 입어야 한다.》 2. 마음이나 태도를 가누어 바로 하다. 《절약하는 생활 태도를 갖추어야 한다.》

갖춘꽃 꽃받침, 꽃잎, 암술, 수술이 다 있는 꽃. 개나리, 벚꽃, 무궁화 같은 꽃이 여기에 든다. ^참안갖춘꽃.

갖춘마디 악보 첫머리에 있는 박자표대로 박자 수를 다 갖춘 마디. ^참못갖춘마디.

같다 1. 서로 조금도 다르지 않다. 《옆집 형과 나는 이름이 같다.》 ^반다르다. 2. 서로 비슷하다. 《이모의 고운 마음씨는 마치 비단결 같다.》 3. 어떤 일이나 현상이 일어날 것으로 여겨지다. 또는 어떠어떠하다고 짐작되다. 《먹구름이 낀 것을 보니 곧 소나기가 내릴 것 같다.》 4. '같은' 꼴로 써서, 앞서 나온 것과 비슷한. 또는 앞서 말한 것에 드는. 《우리나라 전통 타악기로는 장구, 꽹과리, 북 같은 것들이 있다.》 5. '같아서는' 꼴로 써서, 마음이나 형편에 따르자면. 《마음 같아서는 돈을 빌려 주고 싶지만 지갑에 한 푼도 없다.》

같아지다 같거나 비슷하게 되다. 《내 키가 누나 키랑 같아졌다.》

같이 1. 여럿이 함께. 《아기 돼지가 강아지 두 마리와 같이 뛰놉니다.》 2. 어떤 낱말 뒤에 붙어, '비슷하게', '그처럼'을 뜻하는 말. 《눈송이같이 하얀 꽃》 ^비처럼.

같이하다 함께 행동하거나 같은 생각을 하다. 《나와 의견을 같이하는 애는 너 하나뿐이구나.》 ^비함께하다.

같잖다 하는 짓이 아니꼽고 못마땅하다. 또는 매우 하찮다. 《진이는 그 말을 듣고 같잖다는 듯이 코웃음 쳤다.》

갚다 1. 빌린 돈이나 물건 같은 것을 돌려주다. 《어제 꾼 돈은 내일 꼭 갚을게.》 2. 남이 베푼 고마운 일에 보답하다. 또는 남이 끼친 해를 그대로 돌려주다. 《은혜를 갚다./원수를 갚다.》

개 ^{동물} 집짐승 가운데 하나. 영리하고 사람을 잘 따른다. 냄새를 잘 맡고 소리를 잘 듣는다.

개_동물

개 꼬리 삼 년 두어도 황모 못 된다 ^{속담} 본바탕이 나쁘면 아무리 해도 나아지지 않는다는 말.

개 눈에는 똥만 보인다 ^{속담} 자기 마음에 드는 것만 본다는 말.

개 ^{윷놀이} 윷놀이에서 윷가락 가운데 두 개가 젖혀지고 두 개가 엎어진 것을 이르는 말. ^참도, 걸, 윷, 모.

개 ^{세는 말} (個) 낱낱으로 있는 물건을 세는 말. 《사과 한 개 주세요.》

개- ^{붙는 말} 어떤 낱말 앞에 붙어, '나쁜', '질이 낮은'이라는 뜻을 더하는 말. 《개꿈/개살구/개떡》

개가 ^{승리} (凱歌) 아주 훌륭한 결과를 빗대어 이르는 말. 《우리 선수가 세계

신기록을 세우는 개가를 올렸다.》

개가 재혼 (改嫁) 혼인했던 여자가 다른 남자와 다시 혼인하는 것. **개가하다**

개각 (改閣) 내각을 이루는 장관들을 바꾸는 것.《전면 개각》 **개각하다**

개간 (開墾) 거친 땅을 일구어 논밭으로 만드는 것. 북땅일구기. **개간하다**《황무지를 개간하다.》

개갈퀴 산속 물가에 자라는 풀. 잎은 4~5장씩 모여나고, 7~8월에 작고 흰 꽃이 핀다. 열매는 둥글다.

개갈퀴

개감수 풀숲에서 자라는 풀. 세모난 잎 사이에서 노르스름한 풀색 꽃이 핀다. 뿌리를 약으로 쓴다.

개감수

개강 (開講) 대학교나 학원에서 새 학기를 시작하는 것. 반종강. **개강하다**

개개비 강가나 호숫가 갈대밭에 사는 여름새. 참새보다 조금 크고, 깃털은 푸른빛을 띤 갈색이다. 우는 소리가 요란하다. 북갈새.

개구리

개개인 (個個人) 한 사람 한 사람.《사람이 많이 모인 곳에서는 개개인이 질서를 잘 지켜야 해.》

개경 (開京) '개성'의 옛 이름.

개골산 (皆骨山) 겨울의 '금강산'을 이르는 말. 참금강산, 봉래산, 풍악산.

개개비

개과천선 (改過遷善) 지난날의 잘못을 뉘우치고 착해지는 것. **개과천선하다**《놀부는 흥부의 착한 마음씨에 감동해서 개과천선했어요.》

개곽향 산과 들의 축축한 땅에서 자라는 풀. 곧게 선 줄기 끝에 옅은 붉은색 꽃이 핀다. 어린순은 먹고, 포기째 약으로 쓴다. 북쓴방아풀, 좀곽향.

개구리발톱

개관 옛 (開館) 도서관, 영화관, 박물

개곽향

개구리밥

관 같은 곳에서 처음으로 문을 열어 손님을 받는 것. 또는 문을 열어 하루 일을 시작하는 것.《이 도서관 개관 시간은 오전 9시다.》반폐관. **개관하다**

개관 훑어봄 (概觀) 전체를 대강 훑어보는 것.《한국 탈 개관》 **개관하다**

개관식 (開館式) 도서관, 영화관, 박물관 들이 개관할 때 치르는 식.

개교 (開校) 학교를 세우고 처음으로 학생들을 받아서 교육을 시작하는 것. 반폐교. **개교하다**

개교기념일 (開校記念日) 학교 세운 것을 기념하는 날.

개구리 논, 연못, 늪이나 그 언저리에 사는 동물. 몸이 축축하고 뒷다리가 길며 발가락 사이에 물갈퀴가 있다.

개구리도 움쳐야 뛴다 속담 아무리 급한 일이라도 준비를 잘해야 한다는 말. 비나는 새도 깃을 쳐야 날아간다.

개구리 올챙이 적 생각 못한다 속담 성공한 사람이 처지가 어려웠던 때를 생각하지 못하고 잘난 척한다는 말.

개구리 주저앉는 뜻은 멀리 뛰자는 뜻이라 속담 큰일을 이루기 위한 준비가 언뜻 보기에는 미련하고 어리석어 보일 수 있다는 말.

개구리발톱 산기슭에 자라는 풀. 긴 잎자루 끝에 잎이 석 장씩 모여나고, 꽃은 희다. 포기째 약으로 쓴다. 북좀매발톱.

개구리밥 논이나 연못에 떠서 사는 풀. 손톱만 한 둥근 잎이 서너 개 모여나고 아래쪽에 실처럼 가는 뿌리가 몇 가닥 있다. 북개구리밥풀, 머구리밥.

개구리참외 밭에 심어 가꾸는 풀. 열

매는 참외와 비슷한데 푸른 바탕에 개구리 등 같은 얼룩무늬가 있다.

개구리헤엄 개구리처럼 팔과 다리를 오므렸다가 뻗으면서 치는 헤엄. **참**평영. **북**개구리헤엄.

개구멍 담이나 울타리 밑에 개가 드나들 만한 크기로 터놓은 구멍.

개구쟁이 짓궂은 장난을 많이 하는 아이.《동네 개구쟁이들이 우리 집 담벼락에 낙서를 해 놓았다.》

개국 나라 (開國) 새로 나라를 세우는 것. 또는 나라의 문을 열어 다른 나라와 어울리는 것.《일본은 우리나라에 개국을 강요했다.》**비**건국. **개국하다**

개국 기관 (開局) 우체국이나 방송국 같은 곳이 처음으로 일을 시작하는 것.《방송국 개국 기념 행사》**개국하다**

개국 세는 말 (個國) 나라를 세는 말.《삼촌은 지난여름에 배낭을 메고 십여 개국을 여행했다.》

개굴 ― 개구리가 우는 소리. **개굴거리다 개굴대다 개굴개굴**《저녁때면 온 동네 개구리가 개굴개굴 울어 댄다.》

개그 (gag) 흔히 방송에서 말이나 몸짓으로 사람을 웃기는 일.

개그맨 (gagman) 개그가 직업인 사람.

개근 (皆勤) 학교, 학원, 직장에 하루도 빠지지 않고 나가는 것. **개근하다**《나는 초등학교 내내 개근했다.》

개기 월식 (皆旣月蝕) 달이 지구 그림자에 모두 가려서 보이지 않게 되는 현상. **북**옹근월식.

개기 일식 (皆旣日蝕) 해가 달에 모두 가려서 보이지 않게 되는 현상. **북**옹근

개나리

개나리꽃

개다래

일식.

개기장 들이나 숲 가장자리에 자라는 풀. 기장보다 키가 작고 이삭도 작다.

개꼬리풀 '강아지풀'을 잘못 쓴 말.

개꿈 별 뜻 없이 어수선한 꿈.《지갑 잃어버리는 꿈을 꿨는데 개꿈이겠지?》

개나리 산과 들에 자라거나 집 가까이에 심어 가꾸는 잎지는나무. 이른 봄에 잎보다 먼저 노란 꽃이 핀다. 열매를 약으로 쓴다. **북**개나리꽃나무.

개나리꽃 개나리에 피는 노란 꽃.

개념 (概念) 어떤 것의 바탕을 이루는 생각. 또는 여럿 가운데에서 큰 틀이 되는 생각.《아직 분수 개념을 잘 모르겠어요.》

개다 맑아지다 흐리거나 궂은 날씨가 차차 맑아지다.《먹구름이 물러가고 날이 개니 별님이 반짝거려요.》

개다 접다 옷이나 이부자리를 차곡차곡 포개어 접다.《안 입는 옷을 잘 개어 옷장에 착착 쌓았다.》**같**개키다.

개다 섞다 가루나 덩어리에 물 같은 액체를 넣어서 잘 으깨거나 섞다.《가루약을 물에 개어서 먹었다.》

개다래 깊은 산에 자라는 덩굴나무. 6~7월에 흰 꽃이 피고 열매는 누렇게 익는다. 열매를 약으로 쓴다. **북**큰다래나무.

개다리소반 상다리가 개 다리처럼 구부정하게 휜 작은 밥상.

개떡 보리나 밀을 거칠게 대충 빻아 둥글넓적하게 빚어 찌는 떡.《우리 동네 떡집에서 가장 못생긴 떡이 개떡이다.》

개똥 개가 눈 똥.

개똥도 약에 쓰려면 없다 **속담** 흔하던 것

도 막상 쓰려고 하면 찾기 힘들다는 말.

개똥벌레 → 반딧불이.

개똥지빠귀 낮은 산이나 풀밭에 사는 겨울새. 등은 검은 갈색이고 가슴은 옅은 갈색 바탕에 짙은 갈색 세로줄 무늬가 있다. **같**티티새.

개똥참외 길가나 들판에 절로 자라서 열린 참외. 보통 참외보다 작고 잘 먹지 않는다.

개량 (改良) 질과 기능을 더 낫게 고치는 것.《개량 한복/품종 개량》**비**개선. **개량하다 개량되다**

개량조개 얕은 바다 속 모래밭에 사는 조개. 껍데기가 둥근 세모꼴이고 매끄럽다.

개량종 (改良種) 좋은 것끼리 짝을 지어 더 낫게 만든 동식물 종류.《개량종 돼지/개량종 콩》

개마고원 (蓋馬高原) 우리나라에서 가장 높고 넓은 고원. 함경도와 평안도에 걸쳐 있다.

개막 (開幕) 1. 연극, 무용, 음악회 같은 것을 시작하는 것.《판소리 공연 개막》**반**폐막. 2. 회의나 대회 같은 큰 행사를 시작하는 것.《전국 체전 개막》**반**폐막. 3. 한 시대가 시작되거나 중요한 일이 벌어지는 것.《21세기 개막을 알리는 불꽃놀이》**개막하다 개막되다**

개막식 (開幕式) 큰 행사나 대회를 시작할 때 치르는 식. **반**폐막식.

개막전 (開幕戰) 여러 날에 걸쳐 벌이는 운동 경기 대회에서 맨 처음 치르는 경기.

개맛 갯벌에 사는 동물. 조개처럼 몸통이 껍데기 두 장에 싸여 있는데, 꼬리

개망초

개똥지빠귀

개맨드라미

개머루

개량조개

개미_곤충

개미귀신

개맛

개미취

가 길다.

개망초 들이나 길가에 자라는 풀. 여름에 흰색이나 보라색 꽃이 핀다. 어린 잎을 먹기도 한다. **북**넓은잎잔꽃풀.

개맨드라미 들이나 길가에 자라거나 꽃을 보려고 심어 가꾸는 풀. 끝이 뾰족한 달걀꼴 잎이 나고, 분홍색 꽃이 핀다. 씨, 줄기, 잎을 약으로 쓴다. **북**개맨드라미, 들맨드라미.

개머루 산골짜기나 개울가에 자라는 덩굴나무. 9~10월에 머루와 비슷한 열매가 익는데 먹지 못한다. **북**돌머루.

개명 (改名) 이름을 바꾸는 것. **개명하다**《회사 이름을 개명했다.》

개미 **곤충** 땅속이나 썩은 나무에 집을 짓고 떼 지어 사는 곤충. 머리, 가슴, 배가 또렷이 나뉘고 허리가 아주 가늘다. 여왕개미와 수개미는 날개가 있으나 일개미는 없다.

개미 새끼 하나 볼 수 없다 **관용** 아무도 없다.《개미 새끼 하나 볼 수 없는 놀이터에서 혼자 뭐 하나?》

개미 새끼 하나 얼씬 못하다 **관용** 어떤 곳에 아무도 가까이 가지 못하다.《개미 새끼 하나 얼씬 못하게 지켜라.》

개미 **연줄** 연줄을 질기게 만들려고 먹이는 풀. 사기나 유리 가루를 섞는다.

개미귀신 명주잠자리 애벌레. 모래밭에 깔때기꼴 함정을 파고 숨어 있다가 개미 같은 작은 벌레가 굴러 떨어지면 큰 턱으로 잡는다.

개미집 개미들이 구멍을 파고 모여 사는 곳.

개미취 깊은 산속 축축한 땅에 자라는 풀. 잎이 뿌리에서도 나고 줄기에서도

나며, 옅은 자주색 꽃이 핀다. 어린순은 먹고, 뿌리는 기침약으로 쓴다.

개밀 들이나 길가의 축축한 땅에 자라는 풀. 잎은 가늘고 길며, 깔끄러운 털이 달린 이삭이 팬다. 집짐승 먹이로 쓴다. 북들밀.

개밀

개발 (開發) 1.땅이나 자원 들에 힘을 들여 쓸모 있게 만드는 것.《국토 개발 사업》2.지식, 기술, 능력 들을 더 낫게 만드는 것.《기술 개발》3.새로운 것을 연구해서 처음 만들어 내는 것.《신제품 개발》**개발하다 개발되다**

개발나물 산속 물가에 자라는 풀. 잎 가장자리에 톱니가 있다. 여름에 희고 자잘한 꽃이 한데 모여서 핀다. 뿌리를 약으로 쓴다. 북가락잎풀.

개병풍

개복숭아

개발도상국 (開發途上國) 잘사는 나라에 견주어 뒤떨어진 경제를 발전시키느라 애쓰고 있는 나라.

개발 제한 구역 (開發制限區域) 함부로 개발하지 못하게 나라에서 막아 놓은 구역. 흔히 자연을 보호하거나 도시가 커지는 것을 막으려고 정한다.

개발나물

개방 (開放) 1.어느 곳을 자유롭게 드나들게 열어 놓은 것.《운동장 개방 시간》반폐쇄. 2.못하게 하던 일을 풀어 자유롭게 하게 두는 것.《쌀 시장 개방 반대 시위》**개방하다**

개불

개방적 (開放的) 생각이나 마음이 자유로운. 또는 그런 것. 반폐쇄적.

개벼룩 산속 풀밭에 자라는 풀. 줄기는 가늘고 달걀꼴 잎이 마주난다. 6~7월에 흰 꽃이 핀다. 북흘별꽃.

개불알풀

개벽 (開闢) 1.하늘과 땅이 처음 생기는 것. 2.새로운 시대가 열리는 것을

개비름

개비자나무

개벼룩

빗대어 이르는 말. **개벽하다**

개별 (個別) 하나씩 따로따로인 것.《개별 행동은 하지 마세요》

개병풍 깊은 산속에 드물게 자라는 풀. 크고 둥근 잎이 뿌리에서 난다. 꽃은 작고 희다. 어린잎을 먹는다. 북골병풍.

개복숭아 산기슭에 자라는 잎지는나무. 이른 봄에 분홍색 꽃이 핀다. 열매는 복숭아보다 작고 익어도 푸른빛을 띤다.

개봉 (開封) 1.막아 둔 것을 떼거나 여는 것.《편지 개봉》2.영화관에서 새 영화를 손님에게 처음으로 보여 주는 것.《방학을 맞아 새 만화 영화가 개봉을 앞두고 있다.》**개봉하다**

개불 모래 갯벌에 깊이 구멍을 파고 사는 동물. 온몸이 발갛고 물렁물렁한데, 몸통을 늘였다 줄였다 한다.

개불알풀 길가나 풀밭에 나는 풀. 줄기에 부드러운 잔털이 많이 나 있다. 5~6월에 주머니처럼 생긴 연보라색 꽃이 핀다. 북자낭화, 작란화.

개비 가늘게 쪼갠 나무토막이나 길쭉한 토막의 하나하나. 또는 그것을 세는 말.《성냥 한 개비》북가치.

개비름 빈 터나 밭둑에 자라는 풀. 6~7월에 작은 풀색 꽃이 핀다. 어린순은 먹고, 포기째 약으로 쓴다.

개비자나무 산골짜기 축축한 곳에 자라는 늘푸른나무. 잎은 바늘처럼 생겼고, 열매는 붉게 익는데 먹거나 기름을 짠다. 우리나라에서만 자란다. 북좀비자나무.

개살구 개살구나무 열매. 살구와 비슷한데 맛이 시고 떫다. 북산살구.

개살구나무 산과 들에 자라는 잎지는 나무. 흰색이나 연분홍색 꽃이 핀다. 살구와 비슷한 열매가 노랗게 익는다. **북**산살구나무.

개살구나무

개상 곡식의 낟알을 털어 내는 데 쓰던 농기구. 길쭉한 통나무를 여러 개 가로로 엮고 다리를 박아 만든다.

개서실 바다 속 바위에 붙어 자라는 바닷말. 어릴 때는 검붉은 색인데 자라면서 누레졌다가 풀색으로 바뀐다.

개속새

개선 ^{고침} (改善) 잘못되거나 모자란 점을 고쳐 좋게 만드는 일. 《입시 제도 개선/학교 시설 개선》 **비**개량. **반**개악.
개선하다 개선되다

개상

개선 ^{이김} (凱旋) 전쟁, 경기에서 이기고 돌아오는 것. 《개선 행진》 **개선하다** 《을지문덕 장군이 수나라 군사들을 크게 물리치고 개선하였다.》

개선문 (凱旋門) 이기고 돌아오는 군대를 환영하거나 기념하려고 세운 문.

개선장군 (凱旋將軍) 1.싸움에서 이기고 돌아온 장군. 2.크게 성공한 사람을 빗대어 이르는 말.

개쇠스랑개비

개선점 (改善點) 잘못되거나 모자라서 고쳐야 할 점.

개설 (開設) 1.새로 터전을 닦고 일을 시작하는 것. 《학생 상담소 개설/항로 개설》 2.은행 계좌, 학교 과목 같은 것을 새로 만드는 것. 《예금 통장 개설》
개설하다 개설되다

개서실

개성 ^{성질} (個性) 사람마다 고유하게 지닌 남다른 점. 《자기의 개성이 잘 드러나는 글이 가장 좋은 글이다.》

개성 ^{땅 이름} (開城) 경기도 북서쪽에 있는 시. 고려의 도읍지였다.

개수염

개속새 개울이나 바닷가 모래밭에 자라는 풀. 땅속줄기에서 줄기가 무더기로 나고, 줄기에 세로로 주름이 져 있다. **북**모래속새.

개쇠스랑개비 강가 풀숲이나 들에서 자라는 풀. 온몸에 털이 성기게 나 있고, 5~7월에 노란 꽃이 핀다. 어린순을 먹는다. **북**깃쇠스랑개비.

개수 (個數) 하나씩 셀 때 물건의 수. 《남은 사과 개수가 몇이지?》

개수대 부엌에서 설거지를 하거나 먹을거리를 씻는 대. 《사과를 개수대에 넣고 깨끗하게 씻었다.》 **북**가시대.

개시호

개수염 논둑이나 물가에 자라는 풀. 가는 줄 같은 잎이 뿌리에서 모여나고, 반달처럼 생긴 흰 이삭이 달린다. **북**가는잎별수염풀.

개숫물 설거지할 때 쓰는 물. **북**가시물, 개수물.

개시 (開始) 어떤 일을 시작하는 것. 《작전 개시/행동 개시》 **반**종료. **개시하다 개시되다**

개싸리

개시호 깊은 산속이나 풀밭에 자라는 풀. 여름에 자잘한 노란 꽃이 피고 긴 달걀꼴 열매를 맺는다. **북**큰시호.

개신교 (改新敎) 16세기 유럽에서 일어난 종교 개혁으로 가톨릭에서 갈라져 나와 생긴 종교.

개싸리 양지바른 산속에 자라는 풀. 온몸에 부드러운 털이 있고, 7~9월에 흰 꽃이 꽃대를 따라 줄지어 달린다. 뿌리를 약으로 쓴다. **북**들싸리.

개쑥갓

개쑥갓 길가나 빈 터에 자라는 풀. 잎은 깃처럼 깊게 갈라지고, 봄부터 가을까지 노란 꽃이 핀다. 포기째 약으로 쓴다. **북**들쑥갓.

개쑥부쟁이 양지바른 땅이나 바닷가에 자라는 풀. 잎 양쪽이 거칠고, 7~8월에 연보라색 꽃이 핀다. 어린순을 먹는다.

개아재비 → 물장군.

개악 (改惡) 본디보다 도리어 나쁘게 고치는 것. **반**개선. **개악하다**

개암 개암나무 열매. 껍질이 단단하고, 밤보다 조금 작은데 맛이 고소하다. 약으로 쓴다.

개암나무 산기슭 양지바른 곳에 자라는 잎지는나무. 이른 봄에 잎보다 먼저 꽃이 핀다. 열매인 개암은 먹거나 약으로 쓴다. **북**갬나무.

개양귀비 꽃을 보려고 심어 가꾸는 풀. 5~6월에 새빨간 꽃이 가지 끝에 한 송이씩 핀다. 꽃과 열매를 약으로 쓴다. **북**애기아편꽃.

개업 (開業) 가게를 새로 열어 장사를 시작하는 것. 《삼촌은 식당 개업 준비로 몹시 바쁘다.》 **반**폐업. **개업하다**

개여뀌 논밭이나 빈 터에 절로 나서 자라는 풀. 줄기가 붉은빛을 띠고, 자잘한 붉은 보랏빛 꽃이 모여 핀다.

개요 (槪要) 전체에서 중요한 것만 뽑아 간추린 것. 《한국사 개요》

개운하다 1.몸이나 기분이 산뜻하고 가볍다. 《잘 자고 났더니 몸이 개운하다.》 2.맛이 시원하고 깔끔하다. 《개운한 국물 맛이 그만이다.》

개울 내 골짜기나 들에 흐르는 작은 물줄기. 시내보다 크고 강보다 작다.

개울－ 모양｜**북**1.작은 것이 이리저리 기울어지는 모양. 2.고개를 귀엽게 이리

개쑥부쟁이

개울타리고둥

개암

개암나무

개양귀비

개여뀌

저리 기울이는 모양. **개울거리다 개울대다 개울이다 개울개울** 《목이 개울거리는 인형/동생이 모자를 쓰고 거울 앞에서 개울개울한다.》

개울가 개울 가장자리.

개울물 개울에 흐르는 물.

개울타리고둥 뭍에 가까운 바닷가 바위 밑에 사는 고둥. 껍데기가 둥글고 단단한데 돌담을 쌓은 것처럼 생겼다.

개월 (個月) 달을 세는 말. 《우리 이모는 결혼한 지 3개월이 되었다.》

개의하다 '않다', '말다' 처럼 부정하는 말과 함께 써서, 어떤 일에 마음을 쓰다. 《형은 내가 하는 말에 전혀 개의치 않았다.》

개인 (個人) 무리를 이루는 한 사람 한 사람.

개인기 (個人技) 여럿이 하는 운동에서 선수들 한 사람 한 사람이 저마다 잘하는 기술.

개인별 (個人別) 한 사람씩 따로 하는 것. 《개인별 상담》

개인적 (個人的) 1.한 사람만 관계하는. 또는 그런 것. 2.자기만 중심에 두고 생각하는. 또는 그런 것.

개인전 **경기** (個人戰) 운동 경기에서 한 사람씩 이기고 짐을 겨루는 시합. 《우리나라 선수가 양궁 개인전에서 금메달을 땄습니다.》 **참**단체전.

개인전 **전시회** (個人展) 한 사람 작품만 모아서 하는 전시회.

개인주의 (個人主義) 1.사회보다 개인의 자유와 권리를 더 중요하게 여기는 태도나 생각. 2.남한테 신경 쓰지 않고 자기만 위하는 태도. **비**이기주의.

을 담지 않고 있는 그대로 보는. 또는 그런 것. **참**주관적.

객기 (客氣) 쓸데없이 부리는 용기.

객사 (客死) 고향을 떠나 낯선 곳에서 죽는 일. **객사하다**

객석 (客席) 극장 같은 곳에서 손님이 앉는 자리.《연극을 보려는 사람들로 객석이 꽉 찼다.》**비**관람석, 관중석.

객실 (客室) 1.여관 같은 숙박 시설에서 손님이 묵는 방.《휴가철이라서 빈 객실이 없다.》2.배, 비행기 같은 데서 손님이 타는 칸이나 방.《열차 객실》

객주 (客主) 조선 시대에 먼 데서 온 장사꾼들한테 묵을 곳을 빌려 주던 사람. 물건을 대신 팔거나 손님들과 흥정을 붙여 주기도 했다.

객줏집 옛날에 지나가던 나그네나 장사꾼이 술과 음식을 먹고 자고 가던 집.

객지 (客地) 본디 살던 데가 아닌 낯선 고장.《객지 생활》**비**타향.

객쩍다 말이나 행동이 쓸데없고 싱겁다.《객쩍은 소리 그만해.》**북**객적다.

객차 (客車) 기차에서 손님을 태우는 칸. **참**화차.

객토 (客土) 기름진 땅을 만들려고 다른 곳의 흙을 논밭에 옮겨 섞는 일. 또는 그 흙. **북**갈이흙, 흙갈이. **객토하다**

갠지스 강 인도 북쪽을 흐르는 강. 히말라야 산맥에서 시작하는데, 힌두교에서 성스럽게 여기는 강이다.

갤갤 **북** 오래 앓거나 몸이 약해서 힘없이 움직이는 모양. **갤갤거리다 갤갤대다 갤갤하다**《우리 강아지가 어제부터 갤갤거려요.》

갯가 바닷물이 드나드는 물가.

갯가게붙이

갯가게붙이 바닷가 돌 밑에 사는 동물. 집게발이 몸통보다 훨씬 크다. 잡히면 다리를 떼어 내고 달아난다.

갯가재

갯가재 얕은 바다에 사는 동물. 가재와 비슷하게 생겼다. 꼬리로 진흙 속에 구멍을 파고 산다. 밤에 돌아다닌다.

갯강구 바닷가 바위나 축축한 곳에 떼 지어 사는 동물. 바퀴벌레와 비슷하게 생겼는데 몸에 마디가 여러 개 있다.
갯강구

갯개미자리 바닷가 바위틈이나 갯벌에 자라는 풀. 봄에서 여름까지 흰 꽃이 피고, 달걀꼴 열매가 열린다. 어린 순을 먹는다. **북**바늘별꽃.

갯개미자리

갯게 강어귀나 민물이 흘러드는 갯벌에 구멍을 파고 사는 게. 느릿느릿 움직이는데 건드리면 죽은 척한다.

갯게

갯고둥 강어귀 진흙 갯벌에 떼 지어 사는 고둥. 껍데기는 원뿔처럼 생겼고 단단하다. 흔하게 볼 수 있는 고둥이다.

갯고둥

갯기름나물 바닷가나 냇가에 자라는 풀. 곧고 단단한 줄기에 작고 흰 꽃이 모여 핀다. 어린순은 먹고 뿌리는 약으로 쓴다.

갯기름나물

갯마을 갯가에 자리 잡은 마을. **비**어촌.

갯메꽃 바닷가 모래밭에 자라는 덩굴 풀. 봄에 메꽃과 비슷하지만 조금 작은 연분홍색 꽃이 핀다.

갯메꽃

갯방풍 바닷가 모래밭이나 바위틈에 자라는 풀. 여름에 작고 흰 꽃이 모여 핀다. 뿌리는 말려서 약으로 쓴다.

갯방풍

갯버들 개울가에 자라는 잎지는나무. 이른 봄에 꽃이 잎보다 먼저 핀다. 열매는 흰 털이 빽빽이 나 있는데 먹을 수 있다.

갯버들

갯벌 바다에서 썰물 때 드러나는 진흙

갯벌

갯벌 **도둑게**

토굴

보말고둥

보라성게

소라

갯벌에는 많은 동물이 살아요. 하루에 두 차례씩 밀려오는 바닷물이 갯벌을 기름지게 만들어서 그곳에 사는 동물들한테 먹이를 넉넉하게 마련해 주기 때문이에요. 썰물 때 갯벌에 나가면 갖가지 조개와 게를 볼 수 있어요. 갯벌 안에 구멍을 뚫고 사는 것들도 아주 많지요. 옛날에 우리 조상들이 갯벌에서 조개를 주워 먹으면서 살았던 흔적도 있는데, 우리는 그것을 조개더미나 조개무지라고 불러요. 오늘날에도 갯벌은 우리에게 아주 소중해요. 게나 조개 같은 맛있는 반찬거리도 나고, 땅이나 물을 더럽히는 물질도 갯벌이 없애 주니까요.

대수리

달랑게

갯고둥

해변말미잘

모자반

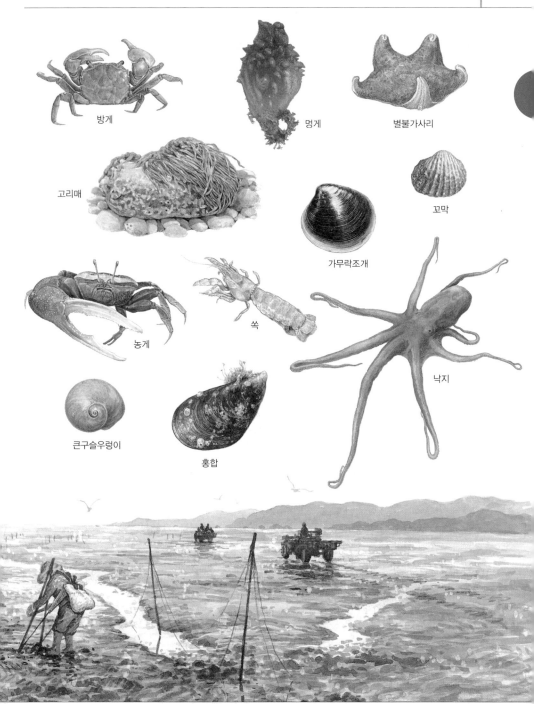

방게

멍게

별불가사리

고리매

가무락조개

꼬막

농게

쏙

낙지

큰구슬우렁이

홍합

이나 모래벌판. **비개펄.**

갯비틀이고둥 민물이 흘러드는 진흙 갯벌에 사는 고둥. 껍데기가 길고 주둥이가 비틀어져 있다.

갯비틀이고둥

갯우렁이 바다 속 진흙 바닥에 사는 우렁이. 껍데기가 원뿔처럼 생겼다.

갯우렁이

갯장구채 바닷가 풀숲이나 모래밭에 자라는 풀. 줄기에 잿빛 잔털이 빽빽이 나 있다. 5~6월에 분홍색 꽃이 핀다.

갯장구채

갯지렁이 갯벌에 사는 지렁이. 납작하고 마디가 있는데, 마디 양쪽에 억센 털이 나 있다. 낚싯밥으로 쓴다.

갯지렁이

갯질경이 바닷가 모래밭에 자라는 풀. 잎이 주걱처럼 생겼고, 꽃은 꽃대 끝에 이삭처럼 모여서 핀다. 뿌리를 먹는다. **북근대아재비.**

갯질경이

갯패랭이꽃 바닷가에서 자라는 풀. 잎은 넓은 버들잎처럼 생겼고, 꽃은 붉은 보라색이나 흰색이다.

갯패랭이꽃

갱 (坑) 광물을 캐려고 깊게 판 땅굴. 《광부들이 갱에 들어가 석탄을 캔다.》

갱년기 (更年期) 나이가 들어 몸이 약해지고 여자는 달거리가 끊기는 때. 대개 마흔 살에서 쉰 살쯤을 이른다.

갱도 (坑道) 광물을 캐려고 땅속에 뚫어 놓은 길.

갱목 (坑木) 1. 광산에서 갱이나 갱도 천장을 받치는 나무 기둥. **북동발나무.** 2. 철도에서 철길이 움직이지 않게 밑에 파묻는 나무.

갱신 (更新) 효력이 끝난 증명서를 새로 바꾸거나 쓸 수 있는 동안을 늘리는 것. 《여권 갱신》 **갱신하다**

갱엿 엿물을 푹 고아서 희게 켜지 않고 그대로 굳힌 검붉은 엿.

갱핏하다 ┃북 몸이 마르고 생김새가 날카롭다. 《갱핏하게 생긴 배우가 간신으로 나오니 아주 잘 어울린다.》

갸륵하다 착하고 장하다. 또는 딱하고 가엾다. 《갸륵한 마음/불쌍한 처지를 제발 갸륵하게 여겨 주세요.》

갸름하다 조금 가늘고 길다. 《피아노를 치는 갸름한 손가락》

갸우뚱 한쪽으로 조금 기울이거나 기울어지는 모양. **갸우뚱거리다 갸우뚱대다 갸우뚱하다 갸우뚱갸우뚱**

갸웃– 엿보거나 살피려고 고개나 몸을 한쪽으로 조금 기울이는 모양. **갸웃거리다 갸웃대다 갸웃하다 갸웃갸웃** 《사람들 속으로 걸어가는 철수를 보려고 갸웃했지만 잘 보이지 않았다.》

걀걀 닭, 갈매기 같은 새가 높고 날카롭게 내는 소리. **걀걀거리다 걀걀대다**

걔 '그 아이'가 줄어든 말. 《어제 신문에 나온 애가 바로 걔야?》 **참애, 쟤.**

거 젓 1. → 것. 《이 지우개 네 거니?》 2. → 그거. 《거 웬 떡이니?》

거 젓기 '거기'가 줄어든 말. 《거 조용히 좀 해라.》

거간꾼 물건을 사려는 사람과 팔려는 사람 사이에서 흥정을 붙이는 사람.

거구 (巨軀) 아주 큰 몸집. 《저 선수는 2미터가 넘는 거구를 자랑한다.》

거국적 (擧國的) 온 국민이 함께하는. 또는 그런 것.

거금 (巨金) 아주 많은 돈. 《그분은 어려운 사람을 위해 거금을 내놓았다.》

거기 1. 듣는 사람이 있거나 듣는 사람과 가까운 곳. 《지우개 거기 있잖아.》 **준게. 참여기, 저기.** 2. 앞서 이야기한 그

곳. 《거기 누구랑 갔어?》 **준**게. 3. 앞서 이야기한 대상이나 사실. 《거기까지는 미처 생각 못했어요.》 **준**게.

거꾸러지다 거꾸로 곤두박질하듯 넘어지거나 엎어지다. 《내리막길을 달려가다가 돌부리에 걸려 거꾸러졌다.》

거꾸로 위아래나 앞뒤를 바꾸어서. 또는 반대로. 《박쥐는 동굴에 거꾸로 매달려 잠을 잔다.》

거나하다 술에 얼근하게 취한 느낌이 있다. 《삼촌이 거나하게 취했어요.》

거느리다 1. 손아랫사람을 데리고 살다. 《그 언니는 동생 넷을 거느린 소녀 가장이다.》 2. 회사나 군대 같은 데서 아랫사람을 다스리거나 이끌다. 《계백 장군이 거느린 병사가 오천 명이었다고 한다.》 3. 윗사람이 아랫사람을 데리고 움직이다. 《왕은 신하들을 거느리고 대궐 밖으로 행차했다.》

거느즉이 |북 힘없이 느슨하게. 《삼촌이 의자에 거느즉이 앉아 있다.》

거닐다 이리저리 한가하게 천천히 걷다. 《아빠와 함께 공원을 거닐었다.》 **바**거니는, 거닐어, 거닙니다.

거대 (巨大) 아주 큰 것. 《거대 기업》 **거대하다** 《거대한 탑》

거덜 흔히 '나다', '내다'와 함께 써서, 1. 망해서 재산이 모두 없어지는 것. 《사업 실패로 살림을 거덜 냈다.》 2. 옷이나 신발 같은 것이 다 닳아 해어지는 것. 《나리는 저 운동화만 거덜이 나게 신고 다녀.》

거동 (擧動) 몸을 움직이는 것. 또는 몸을 움직이는 꼴이나 태도. 《할머니는 허리를 다치셔서 거동이 불편하시

다.》 **거동하다**

거두 (巨頭) 어떤 분야에서 큰 영향을 끼치거나 중요한 자리에 있는 사람.

거두다 1. 다 익은 곡식이나 열매를 한데 모으다. 《형과 나도 논에 나가 벼를 거두었다.》 **준**걷다. 2. 여기저기 널려 있거나 벌여 놓은 것을 한데 모으다. 《마당에 나가서 빨래 좀 거두어 오렴.》 **준**걷다. 3. 여러 사람한테서 돈이나 물건을 받아 한데 모으다. 《반장이 숙제를 거두어 갔다.》 **준**걷다. 4. 데려다가 기르거나 보살피다. 《그 아주머니는 고아들을 거두어 훌륭한 청년으로 키워 냈다.》 5. 일이 잘되거나 좋은 결과를 얻다. 《우리 선수가 미국 선수를 한 방에 때려눕히고 승리를 거두었다.》 6. 말이나 웃음 같은 것을 그치다. 《선생님은 웃음을 거두시고 미술 준비물을 알려 주셨다.》

거두어들이다 1. 다 익은 곡식이나 열매를 모아서 들이다. 2. 흩어져 있던 것을 한데 모아서 들이다. 《마당에서 말리던 고추를 거두어들였다.》

거두절미하다 앞뒤에 덧붙이는 쓸데없는 말은 다 떼어 내고 중요한 것만 말하다. 《거두절미하고 용건만 간단히 말씀드리겠습니다.》

거둠거둠 |북 옷자락 같은 것을 여러 번 걷어 올려서 잡는 모양. 《치마를 거둠거둠 걷어 올리고 개울을 건넜다.》

거둠률 |북 1. 어떤 양을 만드는 데 원료가 얼마나 들어갔는지를 따진 비율. 2. 미리 짐작한 양과 실제로 거두어들인 양의 비율. 《생각보다 거둠률이 낮아서 실망스럽다.》

거드럭거리다 잘난 체 으스대며 남을 깔보다.《칭찬 한 번 받고서 무척 거드럭거리네.》

거드름 잘난 체 으스대면서 남을 깔보는 태도.《철수는 반장이 되더니 거드름을 부린다.》

거들다 1.남이 하는 일을 돕다.《형과 나도 모내기를 거들었다.》 2.남이 말하는 데 끼어들거나 곁에서 도와주다.《한마디 거들어 주는 사람도 없이 나 혼자 반대 의견을 말했다.》 **바**거드는, 거들어, 거듭니다.

거들떠보다 관심 있게 보거나 아는 척하다.《만화책에 푹 빠져서 그림 숙제는 거들떠보지도 않았구나.》

거들렁 - **북** 잘난 체하며 우쭐대는 모양. **거들렁거리다 거들렁대다 거들렁거들렁**《준이가 새 옷을 입고 거들렁거린다.》

거들먹 - 잘난 체하며 함부로 구는 모양. **거들먹거리다 거들먹대다 거들먹거들먹**《일 등 한 번 했다고 너무 거들먹거리지 마.》

거듭 같은 일을 되풀이하여.《엄마는 누나 손을 꼭 잡고 다니라고 거듭 말씀하셨다.》 **거듭하다 거듭되다**

거듭나다 지금까지의 태도나 모습을 버리고 새롭게 바뀌다.《지저분하던 공터가 깔끔한 공원으로 거듭났다.》

거듭제곱 같은 수를 거듭해서 곱하는 것. 또는 그렇게 하여 얻은 수.《2의 거듭제곱은 4이다.》

거뜬하다 1.몸이나 마음이 가벼워 기분이 좋다.《아침에 일어나 동네 한 바퀴를 뛰고 나니 몸도 마음도 썩 거뜬하다.》 **참**가뜬하다. 2.어떤 일을 하기 쉽다. 또는 아주 손쉽고 편하다.《책상 옮기는 일쯤이야 두 사람만 있어도 거뜬하지.》 **참**가뜬하다. **거뜬히**

거뜰 - **북** 잘난 체하며 몸을 움직이는 모양. **거뜰거리다 거뜰대다 거뜰거뜰**

거란족 5세기 무렵 중국 동북 지방에 나타나 살던 민족. 요나라를 세웠다.

거래 (去來) 이익을 얻으려고 물건을 사고팔거나 돈을 빌리고 빌려 주는 것. 또는 이것저것 서로 오가거나 주고받는 것.《우리는 이웃과 거래가 잦은 편이야.》 **거래하다 거래되다**

거렁뱅이 '거지'를 낮추어 이르는 말.

거론 (擧論) 어떤 것을 이야깃거리 삼아 의논하는 것. **거론하다**《그건 지금 거론하지 말자.》 **거론되다**

거룩하다 우러러 받들 만큼 성스럽고 훌륭하다.《그 수녀님은 헐벗은 사람들을 돌보면서 거룩한 삶을 사셨다.》

거룻배 돛이 없는 작은 배. **북**거루배.

거류민 (居留民) 다른 나라에 머물러 사는 사람.

거류민단 (居留民團) 같은 겨레 사람이 다른 나라에 모여 살면서 스스로 다스리려고 만든 단체. **같**민단.

거류하다 다른 나라에 머물러 살다.《이곳에 거류하는 우리나라 사람은 삼천 명이나 됩니다.》

거르다 **건너뛰다** 늘 하던 일을 안 하고 지나치다.《점심을 걸렀더니 속이 쓰리다.》 **바**거르는, 걸러, 거릅니다.

거르다 **밭치다** 체 같은 도구를 써 건더기나 찌꺼기를 밭쳐 내고 국물만 받다.《술을 거르다./된장을 걸러 국을 끓였다.》 **바**거르는, 걸러, 거릅니다.

거름 풀이나 나무가 잘 자라게 흙에 뿌리거나 섞는 물질. 짚, 똥오줌, 음식 찌꺼기 같은 것을 썩혀 만든다. **참**비료.

거름종이 액체에 섞인 찌꺼기나 건더기를 거르는 종이. **같**여과지. **북**거르기종이.

거름통 거름을 나르는 나무통. 아가리에 막대기를 가로질러 대어서 손으로 들거나 지게로 질 수 있게 만든다.

거름통

거름흙 풀이나 나무를 잘 자라게 하는 기름진 흙.

거리 **길** 사람이나 차가 많이 오가는 넓은 길. **비**길거리.

거리로 나앉다 **관용** 집을 잃거나 돈이 하나도 없게 되다. 《집세를 내지 못해 거리로 나앉을 판이야.》

거리 **재료** 1. 어떤 것을 할 만한 재료. 《국거리/마실 거리》 2. 정해진 테두리 안에서 해낼 만한 것. 《한 입 거리도 안 되는 작은 귤》

거리 **길이** (距離) 1. 한쪽에서 다른 쪽까지의 길이. 《거기까지 거리를 재어 보니 열 걸음쯤 되더라.》 2. → 거리감.

거리를 두다 **관용** 가까이하지 않다. 《내 흉을 보는 동무와는 거리를 둘래.》

거리를 좁히다 **관용** 가까이하다. 《훈이와 마음을 터놓고 얘기했더니 거리를 좁힌 느낌이 든다.》

거리감 (距離感) 1. 물체와 물체 사이가 떨어져 있는 느낌. 《이 풍경화는 거리감을 잘 살려 그렸다.》 2. 사람과 사람 사이가 서먹서먹한 느낌. 《단비와 싸운 뒤 거리감이 생겼다.》 **같**거리.

거리끼다 꺼림칙하거나 어색하게 느끼다. 또는 꺼려서 피하다. 《거리끼는 일이 있으면 언제든지 말씀하세요.》

거리낌 꺼림칙하거나 어색한 느낌. 《동생은 어른들 앞에서도 거리낌 없이 이야기를 잘한다.》

– **거리다** 움직임이나 모습을 나타내는 낱말 뒤에 붙어, '되풀이하다', '자꾸 하다' 라는 뜻을 더하는 말. 《반짝거리다/살랑거리다》 **같** – 대다.

거만하다 저만 잘난 줄 알고 하는 짓이 주제넘고 건방지다. 《배불뚝이 왕이 거만하게 웃었다.》 **반**겸손하다.

거머리 논이나 연못 같은 물에 살면서 다른 동물 살갗에 붙어 피를 빨아 먹는 동물. 몸은 길고 가는데 빨판이 있다. **북**거마리.

거머쥐다 휘감거나 틀어서 꽉 쥐다. 《성이 몹시 난 영철이가 내 팔을 거머쥐고 소리를 쳤다.》

거멓다 좀 뿌연 느낌이 나게 검다. 《가을볕에 얼굴이 거멓게 탔다.》 **참**가맣다, 꺼멓다. **바**거먼, 거메, 거멓습니다.

거목 (巨木) 1. 아주 큰 나무. 2. 큰 인물을 빗대어 이르는 말. 《최현배 선생님은 국어학계의 거목이시다.》

거무숭하다 **│북** 빛깔이 조금 검다. 《저 거무숭한 개가 우리 개야.》

거무스레하다 → 거무스름하다.

거무스름하다 조금 검다. 《거무스름한 얼굴》 **같**거무스레하다.

거무죽죽하다 빛깔이 고르지 못하고 우중충하게 거무스름하다.

거무직직하다 **│북** 검고 어둑어둑하다. 《하늘이 거무직직한 게 곧 비가 쏟아질 듯하다.》

거무칙칙하다 윤기 없이 칙칙하게 거무스름하다.

거무튀튀하다 빛깔이 고르지 못하고 지저분하게 거무스름하다.

거문고 뜯는 국악기 가운데 하나. 오동나무와 밤나무를 붙여서 만든 울림통에 명주실을 꼬아서 만든 줄을 여섯 개 매었다. 무릎에 올려놓고 짧은 대나무 채로 줄을 뜯어 소리를 낸다.

거문고

거문고자리 여름철에 보이는 별자리.

거문도 (巨文島) 전라남도 여수에 딸린 섬.

거물 (巨物) 행동 하나하나가 사회에 큰 영향을 끼치는 사람.

거뭇거뭇 군데군데 거무스름한 모양.

거뭇거뭇하다 《거뭇거뭇한 수염》

거미 몸에서 가늘고 끈끈한 줄을 뽑아 그물을 치고 사는 벌레. 다리가 여덟 개이고, 날개나 더듬이는 없다.

거미도 줄을 쳐야 벌레를 잡는다 속담 어떤 일을 하든지 준비를 잘해야 얻는 것이 있다는 말.

거미줄 거미가 꽁무니에서 뽑아내는 가는 줄. 또는 그 줄을 그물처럼 쳐 놓은 것.

거밋- |북 빛깔이 조금 검은 모양. **거밋하다 거밋거밋**

거봐 어떤 일이 자기 말대로 되었을 때 동무나 아랫사람한테 하는 말. 《거봐, 내 말대로 하길 잘했지?》 같거봐라.

거봐라 → 거봐.

거부 (拒否) 남의 뜻이나 생각을 받아들이지 않는 것. 《고개를 양옆으로 흔드는 것은 거부의 뜻이다.》 비거절. **거부하다**

거북

거문고자리

거미

거부감 (拒否感) 거리끼고 싫은 느낌. 《지하철 안에서 큰 소리로 떠드는 사람을 보면 거부감이 생긴다.》

거부권 (拒否權) 1.거부할 수 있는 권리. 2.국회에서 통과된 법률안을 대통령이 거부할 수 있는 권리.

거북 등과 배가 둥글납작하고 단단한 딱지로 덮여 있는 동물. 머리와 꼬리, 네 발을 등딱지 안으로 움츠릴 수 있다. 같거북이. 북거부기.

거북선 조선 시대에 이순신 장군이 만든 거북처럼 생긴 배. 세계에서 처음으로 만든 철갑선이다.

거북이 → 거북.

거북이 털 속담 털이 나지 않는 거북이의 털이라는 뜻으로, 터무니없는 일을 이르는 말.

거북이걸음 거북이처럼 아주 느리게 움직이는 것을 빗대어 이르는 말. 《눈이 많이 쌓인 날에는 자동차들이 모두 거북이걸음을 합니다.》 북거부기걸음.

거북하다 1.마음이 불편하고 어색하다. 《어른들만 계신 곳에 혼자 있으려니 무척 거북하다.》 2.몸놀림이나 배 속이 편하지 않다. 《밥을 너무 많이 먹었더니 속이 거북해요.》

거사 (擧事) 혁명이나 반란처럼 세상이 놀랄 만한 큰일을 일으키는 것. 《이번 거사에 우리 민족의 앞날이 달려 있소.》 **거사하다**

거사리다 긴 것을 힘주어 감거나 말아서 포개다. 《일을 마친 아저씨는 밧줄을 거사려서 창고에 넣었다.》

거상 (巨商) 아주 크게 하는 장사. 또는 그런 장사를 하는 사람.

거세다 거칠고 세차다.《물결이 너무 거세어 배가 나아가지 못한다.》

거센말 ㅊ, ㅋ, ㅌ, ㅍ, ㅎ 같은 거센소리를 써서 거센 느낌이 나는 말.《'빙빙'의 거센말은 '핑핑'이다.》참센말, 여린말.

거센소리 ㅊ, ㅋ, ㅌ, ㅍ, ㅎ과 같이 거세게 소리 내는 닿소리. 같격음. 참된소리, 예사소리.

거수경례 (擧手敬禮) 오른손을 펴서 눈썹이나 모자 챙 언저리에 대면서 하는 인사. 흔히 군인이나 경찰관처럼 제복을 입은 사람이 한다.

거스르다 내주다 물건을 사고팔 때 남은 돈을 주거나 받다.《천 원을 내고 백 원을 거슬러 받았다.》바거스르는, 거슬러, 거스릅니다.

거스르다 어기다 1.자연스럽게 흘러가거나 움직이는 것의 반대쪽으로 가다.《연어들이 펄쩍펄쩍 뛰면서 강을 거슬러 오른다.》2.윗사람의 말, 가르침, 명령 들을 어기다.《선생님 말씀을 거스르고 나쁜 짓을 하면 안 돼요.》3.남의 기분이나 마음을 상하게 하다.《할아버지 기분을 거스르지 않으려고 하루종일 조용히 지냈다.》바거스르는, 거슬러, 거스릅니다.

거스름 → 거스름돈.

거스름돈 거슬러 주거나 받는 돈.《가게 가서 두부 한 모 사 오고 거스름돈은 저금하렴.》같거스름, 잔돈. 비우수리. 북각전.

거슬리다 마음에 들지 않고 언짢다.《샐쭉한 경아 표정이 눈에 거슬렸다.》

거시시 ㅣ북 털이 거칠게 일어난 모양.

거시시하다

거실 (居室) 집에서 식구가 함께 쓰고 손님을 맞기도 하는 넓은 방.

거액 (巨額) 아주 큰돈. 반소액.

거역 (拒逆) 윗사람의 말이나 뜻을 따르지 않는 것. **거역하다**《장군님의 명령을 거역한 자를 어서 잡아들여라.》

거울 1.몸이나 물건을 비추어 보는 데 쓰는 유리판.《오빠가 거울을 보면서 열심히 여드름을 짠다.》2.어떤 것을 그대로 보여 주는 것.《눈은 마음의 창이요, 거울이다.》3.본보기나 가르침.《이번 산불을 거울로 삼아 불장난은 절대 하지 않는 어린이가 됩시다.》

거울삼다 어떤 일이나 사람을 본보기로 삼다.《슈바이처 박사를 거울삼아 나도 훌륭한 의사가 되고 싶다.》

거위 집짐승으로 기르는 새 가운데 하나. 오리보다 몸집이 크고 목이 긴데 이마가 튀어나왔다. 헤엄은 잘 치지만 잘 날지는 못한다. 북게사니.

거위벌레

거위벌레 큰 나무가 자라는 산에 사는 곤충. 머리 뒤쪽이 길게 늘어나 마치 거위 목처럼 보인다. 나뭇잎을 둥글게 말아서 안에다 알을 낳는다.

거의 1.전부에서 조금 모자라게.《요즘은 거의 모든 집에 텔레비전이 있다.》2.어떤 기준에 아주 가깝게.《산꼭대기에 거의 다 왔으니 힘을 내자.》

거인 (巨人) 1.몸집이 보통 사람보다 훨씬 큰 사람.《씨름 선수 가운데 거인이 많다.》2.어떤 일에 뛰어난 공을 쌓은 사람.《역사의 흐름을 바꾼 거인》

거장 (巨匠) 어떤 분야에서 두고두고 이름을 남길 만큼 뛰어난 사람.《붓글

씨의 거장 김정희》

거저 1.값을 치르지 않고.《유치원에 다닐 때는 지하철도 거저 탔는데 지금은 돈을 내야 해.》비그냥. 2.애쓰지 않고.《한자 2급 자격증은 거저 딸 수 있는 게 아냐.》비그냥.

거적 짚이나 새끼를 엮어서 두툼하게 짠 넓은 자리나 덮개.

거절 (拒絶) 남이 하자거나 해 달라는 일을 물리치고 받아들이지 않는 것.《그렇게 차갑게 거절을 하다니, 너무해.》비거부. 반승낙. **거절하다**

거점 (據點) 어떤 일을 해 나가는 터전.《무역 거점 도시》

거제도 (巨濟島) 경상남도 거제에 딸린 섬. 우리나라에서 제주도 다음으로 큰 섬이다.

거주 (居住) 어떤 곳에 자리 잡고 사는 것.《거주 지역》비주거. **거주하다**

거주자 (居住者) 어떤 곳에 거주하는 사람.《이 동네 거주자들은 대부분 외국인이다.》비주민.

거주지 (居住地) 자리 잡고 사는 곳.《유목민은 거주지가 따로 없이 여기저기 옮겨 다니며 산다.》

거죽 겉으로 드러난 부분.《거죽만 봐서는 진짜 가죽인지 잘 모르겠다.》

거중기 (擧重器) 조선 시대에 무거운 물건을 들어 올리는 데 쓰던 기계. 정약용이 만들었다.

거즈 (gauze) 상처를 감싸거나 얼굴을 곱게 다듬을 때 쓰는 부드럽고 얇은 무명 천. 같가제.

거지 남에게 구걸해서 거저 얻어먹고 사는 사람. 같걸인.

거지덩굴

거적

거지도 부지런하면 더운밥을 얻어먹는다 속담 부지런해야 잘살 수 있다는 말.

거지꼴 거지처럼 초라한 꼴.

거지덩굴 산과 들에 자라는 덩굴풀. 푸른 자줏빛 줄기가 다른 나무나 풀을 감으면서 올라간다. 7~8월에 누런 녹색 꽃이 피고, 열매는 까맣게 익는다. 뿌리를 약으로 쓴다. 북풀머루덩굴.

거지반 거의 반쯤. 또는 절반 가까이.《숙제를 거지반 마쳤어요.》

거짓 참이 아닌 것. 또는 가짜로 꾸민 것.《엄마 말씀에 거짓으로 대답한 적 있니?》비허위. 반참.

거짓되다 참되지 않다. 또는 사실과 다르다.《거짓된 마음은 얼굴에 그대로 나타나게 마련이다.》반참되다.

거짓말 남을 속이려고 참인 것처럼 꾸며 낸 말.《혼날까 봐 겁이 나서 꽃병을 깨고도 거짓말을 하였다.》반정말, 참말. **거짓말하다**

거짓말을 밥 먹듯 하다 관용 거짓말을 자주 하다.《거짓말을 밥 먹듯 하는 애랑은 놀기 싫어.》

거짓말을 보태다 관용 본디보다 부풀려서 말하다.《내가 어제 본 개는 거짓말을 보태면 황소만 하더라.》

거짓말쟁이 거짓말을 잘하는 사람.

거짓부렁 '거짓말'을 낮추어 이르는 말.《선주 말은 다 거짓부렁이야.》

거참 → 그것참.《거참, 딱하네.》

거창하다 일이나 뜻이 아주 번듯하고 크다.《이번 여름 방학에 거창한 계획을 세웠어.》

거처 (居處) 머물러 사는 것. 또는 머물러 사는 곳.《거처가 정해지지 않아

서 편지를 보낼 수가 없다.》**거처하다**

거추장스럽다 방해가 되어 귀찮고 불편하다.《치마가 너무 길어서 거추장스럽다.》^바거추장스러운, 거추장스러워, 거추장스럽습니다.

거치다 1.잠시 들르거나 지나쳐 가다.《이 기차는 대전과 대구를 거쳐서 부산으로 갑니다.》2.어떤 일을 겪거나 차례대로 밟아 나가다.《초등학교와 중학교를 거쳐 고등학교에 다니게 된다.》3.걸리거나 막히다.《고속도로에서 거칠 것 없이 달려 보자.》

거치적- 거추장스럽게 여기저기 걸리는 모양. **거치적거리다 거치적대다 거치적거치적**《바닥에 늘어놓은 물건들 때문에 거치적거리잖아.》

거칠거칠하다 겉이 메마르고 윤기 없이 아주 거칠다. ^참까칠까칠하다.

거칠다 1.겉이 메마르고 껄끄럽다.《오랫동안 농사를 지으신 할아버지 손이 딱딱하고 거칠다.》2.말, 태도, 성격 같은 것이 사납거나 상스럽다.《화가 난 철수가 방문을 거칠게 열고 나갔다.》3.숨, 바람, 물결 들이 거세다. 또는 산, 언덕, 땅 들이 험하다.《거친 파도.》4.일이 어렵고 힘들다. 또는 일하는 솜씨가 야무지지 못하다.《할아버지는 쓰레기나 똥을 치우는 거칠고 궂은 일만 해 오셨다./운전이 너무 거칠어요.》5.가루, 알갱이, 올 들이 굵다.《거친 알갱이들을 체로 걸러 내야지.》^바거친, 거칠어, 거칩니다.

거칠하다 메마르고 여위어 윤기 없이 거칠다.《거칠한 살갗》^참까칠하다.

거침없이 머뭇거리거나 망설이지 않고.《태연이는 여러 사람 앞에서도 거침없이 말을 잘한다.》

거푸 잇달아 거듭.《콧속이 간지러워서 거푸 재채기를 하였다.》^비연거푸.

거푸수수 ^{l북} 털이나 머리카락이 듬성듬성하고 어수선하게 일어난 모양. **거푸수수하다**

거푸시시 ^{l북} 털이나 머리카락이 꽤 듬성듬성하고 어수선하게 일어난 모양. **거푸시시하다**

거푸집 만들려는 물건 모양대로 짠 틀. 속에 쇳물, 석고 반죽 같은 것을 부어 굳혀서 물건 꼴을 만든다.

거품 액체에 공기가 들어가 방울처럼 동그랗게 부풀어 오른 것.《비누 거품/거품이 일다./거품이 나다.》

거행하다 1.행사나 의식을 치르다.《지금부터 개회식을 거행하겠습니다.》2.시키는 일을 하다.《대감마님 분부대로 거행하겠습니다.》

걱정 일이 잘못될까 봐 속을 태우고 마음 졸이는 것.《얼굴빛이 안 좋은데 너 무슨 걱정이라도 있니?》^비근심, 염려. ^반안심. **걱정하다 걱정되다**

걱정거리 걱정스러운 일.

걱정스럽다 걱정거리가 있어서 마음이 편하지 않다.《내가 잘할 수 있을지 걱정스러워.》^바걱정스러운, 걱정스러워, 걱정스럽습니다. **걱정스레**

건강 (健康) 몸과 마음이 아픈 데 없이 튼튼한 것.《아빠, 건강을 생각하셔서 이제 담배를 끊으세요.》**건강하다**

건강 검진 (健康檢診) → 건강 진단.

건강식품 (健康食品) 몸이 튼튼해지게 약 삼아 먹는 음식.

건강 진단 (健康診斷) 몸이 얼마나 건강한지 알아보려고 병원에 가서 여러 가지 검사를 받는 일. 같건강 검진.

건고 (建鼓) 치는 국악기 가운데 하나. 엎드린 네 호랑이 등 위에 기둥을 세우고 그 위에 큰북을 올려놓았다.

건괘 (乾卦) 태극기에 그려져 있는 사괘 가운데 하나. '☰' 꼴인데 하늘을 나타내고 정의를 뜻한다.

건구 온도계 (乾球溫度計) 건습구 습도계에서 수은이 든 둥그란 부분을 젖은 헝겊으로 싸지 않은 온도계. 참습구 온도계.

건국 (建國) 나라를 세우는 것.《개천절은 고조선 건국을 기리는 날이다.》 비개국. **건국하다 건국되다**

건국 신화 (建國神話) 아주 오래전 나라 세우는 일에 얽혀 전해지는 신비스러운 이야기.《단군 조선 건국 신화》

건기 (乾期) → 건조기.

건너 가로놓인 것 너머 맞은편.《바다 건너 저쪽에는 누가 살까?》

건너가다 1. 건너서 다른 곳으로 가다.《할아버지는 사랑으로 건너가셨어요》 반건너오다. 2. 가로놓인 것을 건너서 맞은편으로 가다.《학교에 가려면 기찻길을 건너가야 해.》 반건너오다.

건너다 1. 가로놓인 것을 넘어 맞은편으로 가다.《건널목을 건널 때는 꼭 손을 들어라.》 북건느다. 2. 어떤 곳을 지나치다. 또는 어떤 일이나 때를 거르다.《약을 하루건너 한 번씩 먹으면 병이 낫지 않습니다.》 북건느다.

건너다보다 건너편을 바라보다.《누가 날 부르는 것 같아 길 건너편을 건너다보았다.》

건고

건너뛰다 1. 가로놓인 것을 뛰어서 넘다.《군데군데 핀 꽃들을 밟지 않으려고 조심조심 건너뛰었다.》 2. 늘 하는 일을 안 하고 지나치다.《두 끼나 건너뛰었더니 힘이 하나도 없어.》

건너오다 1. 건너서 이쪽으로 오다.《천둥 번개가 무섭게 치자 동생이 내 방으로 건너왔다.》 반건너가다. 2. 가로놓인 것을 건너서 맞은편으로 오다.《푸른 신호등이 켜지자 사람들이 길을 건너오기 시작했다.》 반건너가다.

건너지르다 이쪽에서 저쪽까지 길게 가로질러서 놓다.《새 육교가 도로를 건너질러 놓았다.》 반건너지르는, 건너질러, 건너지릅니다.

건너편 마주 보이는 저쪽.《남대문으로 가려면 길 건너편에서 버스를 타셔야 해요.》 비맞은편.

건넌방 마루를 사이에 두고 안방 건너편에 있는 방. 북건너방.

건널목 사람이나 차가 다니는 길과 기찻길이 만나는 곳. 또는 길, 강, 내 같은 것을 가로질러 건널 수 있는 곳.《건널목을 지날 때에는 왼쪽, 오른쪽을 잘 살펴야 한다.》 비횡단보도. 북건늠길.

건넛마을 건너편에 있는 마을. 북건너마을.

건넛집 길 건너편에 있는 집. 북건너집.

건네다 1. 물건을 집어서 남에게 넘겨주다.《망치 좀 이리 건네 다오.》 북건늬다. 2. 남에게 말을 걸거나 인사하다.《처음 만난 아이들에게 말을 건네 보았다.》 북건늬다. 3. 남을 맞은편으로 건너게 해 주다.《강 건너로 사람들을 건네는 뱃사공》**북**건늬다.

건네받다 어떤 것을 남한테서 받다. 《영이한테서 지우개를 건네받아 철수한테 주었다.》

건네주다 어떤 것을 남한테 주다. 《이어달리기를 할 때는 막대기를 다음 사람에게 잘 건네주어야 한다.》

건달 하는 일 없이 놀고먹는 사람. 또는 하는 일 없이 돌아다니면서 남을 괴롭히는 사람.

건더기 국, 찌개 들에서 국물을 뺀 나머지. **북**건덕지, 건데기.

건둥 높이 **|북** 볼품없이 공중에 높이 들어 올린 모양. **건둥건둥**

건둥 – 대강 |북 일을 되는대로 해 나가는 모양. **건둥거리다 건둥대다 건둥건둥** 《숙제를 건둥건둥 해치웠다.》

건드리다 1. 살짝 만지거나 대다. 《다 익은 봉숭아 씨는 건드리기만 해도 톡 터진다.》 2. 남을 성나게 하거나 귀찮게 하다. 《누나 기분 무척 안 좋으니까 괜히 건드리지 마라.》

건득 – |북 졸려서 고개를 앞으로 숙였다가 드는 모양. **건득거리다 건득대다 건득건득**

건들 – 1. 이리저리 크게 흔들리는 모양. 2. 하는 일 없이 빈둥거리는 모양. **건들거리다 건들대다 건들건들** 《바람이 불 때마다 촛불이 건들거렸다./방학 숙제는 다 하고 건들대는 거니?》

건듯 1. 일을 정성껏 하지 않고 빠르게 대강 하는 모양. 《숙제를 건듯 해치우고 놀러 나갔다.》 2. 바람이 가볍게 스치듯 부는 모양. 《따뜻한 바람이 건듯 불어온다.》

건립 (建立) 건물, 동상, 탑 같은 것을 만들어 세우는 것. 《노인정 건립 계획》 **건립하다 건립되다**

건망증 (健忘症) 어떤 일을 잘 잊어버리는 증세. **북**잊음증.

건물 (建物) 사람이 살거나 일하는 데 쓰려고 지은 큰 집. **비**건축물.

건반 (鍵盤) 피아노나 오르간 들에서 손가락으로 눌러 소리를 내는 희거나 검은 막대. 《피아노 건반》

건반 악기 (鍵盤樂器) 피아노나 오르간처럼 건반을 눌러 소리 내는 악기.

건방지다 말이나 하는 짓이 겸손하지 않고 버릇없다. 《조그만 게 건방지게 누나한테 이래라저래라 해.》

건배 (乾杯) 좋은 일을 바라거나 축하하는 뜻으로 여럿이 함께 술잔을 드는 것. **건배하다**

건빵 물기를 적게 하여 딱딱하게 만든 밀가루 과자. 흔히 군대에서 비상식량으로 쓴다.

건사하다 몸이나 물건을 잘 보살피고 돌보다. 《겨울에는 화분을 잘 건사해야 얼지 않는다.》

건설 (建設) 집, 길, 다리, 둑 같은 것을 새로 짓는 것. 《도로 건설/신도시 건설 현장》**반**파괴. **건설하다 건설되다**

건설비 (建設費) 집, 길, 다리, 둑 같은 것을 만드는 데 드는 돈.

건설업 (建設業) 큰 건물을 짓거나 도로, 다리 같은 것을 만드는 사업.

건설적 (建設的) 도움이 되거나 좋은 쪽으로 나아가는. 또는 그런 것.

건성 대강 1. 일을 성의 없이 대충 하는 것. 《지영이는 모든 일에 건성인데 바

느질 하나만큼은 아주 꼼꼼하게 잘한
다.》2. 흔히 '건성으로' 꼴로 써서, 마
음에는 없으면서 겉으로만 대충 하는
태도.《만화 보느라 내 말은 건성으로
듣는구나.》**건성건성**

건성 성질 (乾性) 기름기나 물기가 모
자라 쉽게 마르는 성질.《건성 피부》

건수 (件數) 일어난 일의 가짓수.《화
재 신고 건수》

건습구 습도계 (乾濕球濕度計) 건구
온도계와 습구 온도계의 온도 차로 습
도를 재는 기구. **북**건습구온도계.

건실하다 말이나 행동이 바르고 믿음
직하다. 또는 몸이 튼튼하고 실팍하다.
《건실한 청년》

건아 (健兒) 튼튼하고 씩씩한 사나이.
《우리 건아들의 늠름한 모습》

건어물 (乾魚物) 생선이나 조개류 들
을 말린 먹을거리.

건의 (建議) 회의에서 의견이나 바람
을 내놓는 것. **건의하다**《어린이 회의
에서 망가진 미끄럼틀을 고쳐 달라고
건의해 보자.》**건의되다**

건장하다 몸집이 크고 튼튼하다.《씨
름 선수들은 하나같이 건장하다.》

건재 능력 (健在) 힘이나 실력 들이 본
디의 좋은 상태 그대로 있는 것.《그
선수는 첫 경기에서 상대 선수를 때려
눕혀 건재를 과시했다.》**건재하다**

건재 한약 (乾材) 한약 재료로 쓰는 말
린 약초.

건전지 (乾電池) 시계, 손전등, 라디
오 들에 넣는 작은 전지. **같**배터리.

건전하다 올바르고 좋다.《건전한 놀
이/건전한 생각》**반**불건전하다.

건습구 습도계

건조 물기 (乾燥) 1. 말라서 물기가 없는
것. 2. 말라서 물기가 없어지는 것. 또
는 말려서 물기를 없애는 것. **건조하다**
《방 안이 건조해서 젖은 빨래를 널어
놓았다.》**건조되다**

건조 배 (建造) 배를 만드는 것.《건조
기술》**건조하다 건조되다**

건조기 기계 (乾燥機) 더운 바람으로
물기를 말리는 기계.

건조기 때 (乾燥期) 비나 눈이 오지 않
아서 날씨가 몹시 메마른 때.《봄가을
건조기에는 산불을 특히 조심해야 한
다.》**같**건기. **북**가물때.

건조 기후 (乾燥氣候) 비가 적게 내려
몹시 메마른 기후. 흔히 사막이나 초원
에 나타난다.

건조제 (乾燥劑) 물기를 없애는 데 쓰
는 물질. 진한 황산, 염화칼슘, 실리카
겔 들이 있다.

건지다 1. 물에 뜨거나 잠긴 것을 밖으
로 꺼내다.《긴 막대로 개울에 빠진 신
발을 건졌다.》2. 어려운 형편에서 벗
어나다.《소방대원 아저씨들이 애쓴
덕에 여러 사람이 목숨을 건졌다.》

건초 (乾草) 베어서 말린 풀. 집짐승
을 먹이거나 퇴비를 만든다. **북**말린풀.

건축 (建築) 집이나 다리 같은 것을 짓
는 것. **건축하다 건축되다**

건축가 (建築家) 건물을 설계하고 건
축 공사를 지휘하는 사람.

건축물 (建築物) 집, 다리, 둑 들을 두
루 이르는 말. **비**건물.

건축법 (建築法) 건축물이 들어설 땅
과 건축물의 모양새, 쓰임새 들에 관
한 법.

건축 양식 (建築樣式) 어떤 시대나 나라에 두루 잘 나타나는 건물 모양이나 짓는 방식.《백제 시대 건축 양식》

건축업 (建築業) 건물을 설계하여 짓는 사업.

건투 (健鬪) 일을 씩씩하게 잘해 나가는 것.《힘든 일이지만 건투를 빈다!》

건포도 (乾葡萄) 말린 포도.《건포도를 넣은 빵》 **북**마른포도.

걷다 걸어가다 1. 두 발을 번갈아 바닥에 붙였다 떼었다 하면서 앞으로 움직이다.《아기가 아장아장 걷는 모습이 귀엽다.》 2. 한 방향으로 나아가다.《의과 대학을 마치면 의사의 길을 걷는 것이 보통이다.》 **바**걷는, 걸어, 걷습니다.

걷다 치우다 1. 늘어진 천 같은 것을 추키거나 말아 올리다.《바지와 소매를 걷고 물속에 들어갔다.》 2. 깔거나 펼쳐 놓은 것을 접거나 포개어 치우다. 또는 늘어놓거나 벌여 놓은 것을 모아서 치우다.《빨래를 걷다.》 3. → 거두다.

걷어넣다 **북** 1. 걷어서 정해진 곳에 넣다.《옛날에 받은 편지들을 꺼내 읽고 서랍 속에 도로 걷어넣었다.》 2. 어떤 곳에 깊숙이 넣어 두다.《제 동생은 새 신발을 장 속에 걷어넣고 날마다 구경만 해요.》 3. 사람이나 짐승을 잡아 가두다.《일본 경찰이 죄 없는 조선 사람을 감옥에 걷어넣었다.》 4. '먹다'를 점잖지 못하게 이르는 말.

걷어붙이다 소매나 바짓가랑이 같은 것을 걷어서 올리다.《언니가 집안일을 거들겠다고 하면서 소매를 걷어붙였다.》 **북**거드치다.

걷어차다 발로 세게 차다.《내 앞으로 굴러오는 공을 걷어찼다.》

걷어채다 발로 세게 차이다.《사자가 얼룩말 뒷다리에 걷어채었다.》

걷어치우다 1. 하던 일을 그만두다.《숙제를 걷어치우고 동무와 뒷산에 놀러 갔다.》 **비**때려치우다. **북**걷어치다, 쳬치우다. 2. 흩어지거나 널린 것을 거두어 치우다.《공차기를 하려고 마당에 깔린 멍석을 걷어치웠다.》

걷잡다 1. 잘못되어 가는 것을 거두어 바로잡다.《불길이 걷잡을 수 없게 번졌다.》 2. 마음을 진정하거나 누르다.《눈물을 걷잡을 수가 없다.》

걷히다 1. 가리거나 덮고 있던 것이 없어지다.《구름이 걷히고 보름달이 나타났다.》 2. 돈이나 물건 같은 것이 모이다.《여기저기서 걷힌 돈으로 보육원에 옷을 사서 보냈다.》

걸 것을 '것을'이 줄어든 말.《노래 못하는 걸 뻔히 알면서 자꾸 시킨다.》

걸 윷놀이 윷놀이에서 윷가락 가운데 한 개가 엎어지고 세 개가 젖혀진 것을 이르는 말. **참**도, 개, 윷, 모.

걸걸하다 목소리가 좀 갈라진 듯하면서 힘 있고 우렁차다.《걸걸한 목소리》

걸고들다 **북** 1. 트집을 잡다.《네가 아무리 그래 봐야 걸고들 만한 점을 찾아낼 수 없을 거야.》 2. 시비나 싸움을 걸다.《그 애는 싸움이라도 걸고들 듯이 퉁명스레 대꾸했다.》 **바**걸고드는, 걸고들어, 걸고듭니다.

걸구다 **북** 땅을 기름지게 하다.《땅을 걸구려면 좋은 퇴비를 뿌려야 한다.》

걸귀 (乞鬼) 음식을 많이 먹거나 몹시 탐내는 사람을 배고픈 귀신에 빗대어 이르는 말.《동생이 걸귀 들린 듯이 닭다리를 뜯는다.》⑮걸구.

걸다 매달다 1.물건을 못이나 고리에 매달다.《벽에 내가 그린 그림을 걸었다.》2.몸이나 물건을 다른 것에 끼우거나 감다.《다음에 또 만나자고 새끼손가락을 걸고 약속하였다.》3.문을 잠그다. 또는 자물쇠를 채우다.《수위 아저씨가 학교 정문에 자물쇠를 걸어 두었다.》4.어떤 행동을 먼저 하다.《짝꿍이 시킨 일을 가지고 자꾸만 싸움을 건다.》5.어떤 것에 희망이나 기대를 품다. 또는 어떤 것을 이루려고 소중한 것을 내놓다.《우리 학교의 명예를 걸고 반드시 우승하겠어요.》6.돈이나 물건을 내기나 계약의 조건으로 삼다.《점심시간에 동무들과 지우개를 걸고 팔씨름을 하였다.》7.전화를 하다.《언니한테 전화를 걸어서 저녁밥은 집에서 먹으라고 하렴.》8.기계를 움직이게 하다.《자동차에 시동을 걸다.》⑭거는, 걸어, 겁니다.

걸다 기름지다 1.땅이 기름지다.《우리 밭은 걸어서 아무거나 심어도 잘 자란다.》2.차린 것이 푸짐하고 넉넉하다.《엄마가 내 생일상을 걸게 차려 주셨다.》3.말씨가 거칠고 점잖지 못하다.《삼촌은 입이 걸어서 할아버지께 자주 야단맞는다.》⑭건, 걸어, 겁니다.

걸레 더러운 것을 닦거나 훔치는 데 쓰는 헝겊.

걸레질 걸레로 닦거나 훔치는 일.

걸려들다 1.그물, 낚시, 덫 같은 것에 걸려 잡히다.《커다란 물고기가 그물에 걸려들었다.》2.속임수나 꾐에 빠지다.《속임수에 걸려들지 않으려면 정신을 바짝 차려라.》⑭걸려드는, 걸려들어, 걸려듭니다.

걸리다 1.물건이 못이나 고리에 매달리다.《옷걸이에 걸린 옷》2.몸이나 물건이 다른 것에 막히거나 감기다.《가시덤불에 옷이 걸렸다.》3.병이 나다.《여행을 떠났던 누나가 심한 눈병에 걸려서 돌아왔다.》4.마음에 걱정스럽거나 불안한 느낌이 들다.《아픈 동생을 두고 혼자 놀러 나온 것이 마음에 걸린다.》5.어떤 일을 하다가 들키거나 잡히다.《벽에 낙서를 하다가 교장 선생님께 걸렸다.》6.시간이 들다.《이 일은 열흘은 걸려야 끝낼 수 있겠어.》7.어떤 일에 중요한 것들이 달려 있다. 또는 돈이나 물건이 상품으로 달려 있다.《우리들의 미래가 걸린 일/상품으로 걸린 과자》8.전화 통화가 되다.《미국에서 걸려 온 큰아버지의 전화를 내가 받았다.》9.기계가 움직이게 되다.《날씨가 너무 추워서 자동차 시동이 잘 안 걸렸다.》10.몸 안에 박히거나 가로놓이다.《생선 가시가 목에 걸려서 몹시 아프다.》

걸림돌 일을 하는 데 걸리거나 가로막는 것을 돌에 빗대어 이르는 말.《소풍 날짜를 정하는 데에 가장 큰 걸림돌은 역시 변덕스러운 날씨이다.》⑪장애물.

걸맞다 서로 잘 어울리게 알맞거나 비슷하다.《영수는 큰 덩치에 걸맞게 목소리도 우렁차다.》

걸머지다 1.자루 위쪽이나 끈이 어깨에 걸치게 하여 짐을 지다.《외삼촌은 쌀자루를 어깨에 가뿐히 걸머지고는

성큼성큼 걸어갔다.》 2. 중요한 일을 떠맡다.《청소년은 나라의 앞날을 걸머진 미래의 주인공이다.》

걸상 책상과 짝이 되어 걸터앉는 데 쓰는 기구. 비의자. 참책상.

걸쇠 문을 걸어 잠그려고 문에 다는 'ㄱ'자 꼴 쇠붙이. 비자물쇠.

걸 스카우트 (Girl Scouts) 몸과 마음을 갈고닦으며 사회에 이바지하려고 만든 전 세계 여자 아이들의 단체. 같소녀단. 참보이 스카우트.

걸식 (乞食) 밥을 빌어먹는 것.《그 사람은 여기저기 떠돌아다니면서 걸식으로 끼니를 때운다.》 걸식하다

걸신들리다 굶주려서 먹을 것을 몹시 밝히다.《아저씨는 걸신들린 사람처럼 마구 먹어 댔다.》

걸썽걸썽 ┃북 1. 다리를 가볍게 높이 들면서 내딛는 모양.《계단을 걸썽걸썽 큰 걸음으로 걸어 올라갔다.》 2. 성격이 너그럽거나 행동이 시원스럽고 빠른 모양.《경민이는 여자 아이들 일을 걸썽걸썽 잘 도와준다.》

걸어가다 걸어서 가다.《걸어가기에는 너무 먼 곳 아니니?》반걸어오다.

걸어오다 걷다 걸어서 오다.《학교에서 집까지 걸어오는 데 10분쯤 걸려요.》 반걸어가다.

걸어오다 말하다 말을 시키거나 장난을 치다.《눈이 파란 아저씨가 저한테 못 알아듣는 말로 말을 걸어왔어요.》

걸음 두 발을 번갈아 움직여서 있는 자리를 옮기는 것. 또는 그 횟수를 세는 말.《세 걸음/걸음이 너무 빨라요.》

걸음아 날 살려라 관용 있는 힘껏 빨리

도망칠 때 하는 말.《커다란 개가 쫓아오자 새별이는 걸음아 날 살려라 하면서 뛰었다.》

걸음걸이 걸음을 걷는 모양.《나는 걸음걸이까지 아버지를 닮았다.》

걸음마 아기가 처음 걸을 때의 걸음. 걸음마를 떼다 관용 어떤 일을 처음 시작하다.《이제 걸음마를 떼었으니 많이 도와주세요.》

걸음새 걸음을 걷는 모양새.《동생이 오리 걸음새를 흉내 내서 웃었다.》

걸인 (乞人) → 거지.

걸작 (傑作) 아주 훌륭한 예술 작품.《걸작 소설》비명작.

걸쭉하다 1. 액체가 걸고 진하다.《엄마는 호박죽을 걸쭉하게 쑤셨다.》 2. 말이나 음식 같은 것이 푸지다.《걸쭉한 말솜씨》북걸죽하다.

걸채 소 등에 걸쳐서 곡식 단 같은 것을 나르는 농기구. 길쭉하고 네모진 나무틀에 새끼줄과 거적을 달았다.

걸채

걸채다 ┃북 바닥에 있는 것이 발에 걸려 채이다.《산길을 뛰어 내려가다가 그만 돌부리에 걸채여 넘어졌다.》

걸치다 1. 긴 물건을 다른 쪽으로 가로질러 걸거나 놓다.《지붕에 사다리를 걸치고 올라갔다.》 2. 몸이나 물건을 다른 것에 얹거나 늘어뜨리다.《바지를 벗어 의자에 걸쳐 두었다.》비걸다. 3. 일, 현상 같은 것이 한동안 이어지다.《이번 장마는 두 주에 걸쳐 계속될 것이라고 한다.》 4. 일, 현상 같은 것이 어떤 테두리에 들다.《이 문제는 여러 방면에 걸친 연구가 필요하다.》 5. 옷가지를 대충 입다.《잠옷 위에 점퍼만 걸

검복

치고 가게에 다녀왔다.》6.해, 달, 구름이 다른 물체에 살짝 얹히다.《보름달이 소나무 가지에 걸쳐 있다.》

걸터앉다 등을 대지 않고 엉덩이만 걸쳐서 앉다.《바위에 걸터앉아 시냇물에 발을 담갔다.》

걸핏하면 작은 핑계라도 있으면 곧.《동생은 걸핏하면 울어서 나만 혼나게 한다.》 비툭하면. 북얼핏하면.

검 (劍) 싸울 때 쓰는 긴 칼. 참칼.

검객 (劍客) 칼을 써서 싸우는 사람.

검거 (檢擧) 죄를 짓거나 죄를 지었다고 여겨지는 사람을 경찰이나 검찰에서 잡아가는 일.《경찰이 불량배 검거에 나섰다.》 검거하다 검거되다

검다 숯이나 먹물 빛깔과 같다.《검은 머리칼/장작이 검게 탔다.》 반희다.

검댕 그을음이나 연기가 엉겨 붙어 생긴 검은 물질.《검댕이 낀 굴뚝/솥 바닥에 검댕이 앉았다.》 북검댕이.

검도 (劍道) 두 사람이 나무나 대나무로 만든 칼로 서로 치거나 찌르는 경기.

검독수리 깊은 산속 절벽에 사는 텃새. 온몸이 짙은 갈색이고 꽁지에 잿빛 무늬가 있다. 천연기념물 제243-2호.

검둥이 1.털빛이 검은 개를 귀엽게 이르는 말.《우리 집 검둥이는 나를 가장 잘 따른다.》 참흰둥이. 2.살갗이 검은 사람을 놀리는 말. 참흰둥이. 3.'흑인'을 낮추어 이르는 말.

검문 (檢問) 경찰이나 군인이 죄짓거나 수상한 사람을 잡으려고 사람이나 차 들을 따져 살피는 것. 검문하다

검버섯 늙은 사람 살갗에 생기는 거뭇거뭇한 작은 얼룩.

검복 내장과 껍질에 독이 있는 바닷물고기. 등은 어두운 갈색 바탕에 흰 무늬가 있고 몸 가운데에 노란 띠가 있다.

검부러기 검불 부스러기.《검부러기를 모아서 마당에 모닥불을 피웠다.》 북검부레기.

검불 가랑잎, 마른 나뭇가지, 마른풀들을 두루 이르는 말.

검붉다 검은빛이 나면서 붉다.《피가 마른 자리에 검붉은 딱지가 앉았다.》

검사 조사 (檢査) 정해진 기준에 비추어 어떤지 살피는 것.《신체검사/시력검사》 비조사. 검사하다

검사 사람 (檢事) 범인을 찾아내고 조사하여 재판을 받게 하는 사람. 참변호사, 판사.

검산 (檢算) 셈하여 얻은 답이 맞는지 알아보려고 다시 셈하는 것.《검산을 두 번이나 했는데도 답이 이상하게 나와.》 북셈따지기. 검산하다

검색 (檢索) 1.책이나 컴퓨터 들에서 알고 싶은 것을 찾는 것.《인터넷 검색》 2.수상한 사람의 몸을 뒤지거나 물건을 샅샅이 살펴보는 것. 검색하다

검색어 (檢索語) 인터넷에서 필요한 정보를 찾을 때 길잡이로 쓰는 말.

검독수리

검색 엔진 인터넷에서 필요한 정보를 빠르고 쉽게 찾게 도와주는 프로그램이나 웹 사이트.

검소하다 씀씀이가 헤프지 않다. 또는 차림새가 수수하다.《우리 선생님은 늘 검소한 옷차림으로 다니신다.》

검술 (劍術) 검으로 싸우는 기술.

검시르하다 북 빛깔이 조금 검다.《진흙 빛깔이 검시르하다.》

검약 (儉約) 돈이나 물건을 아껴 쓰는 것. 비절약. 반사치. **검약하다**

검역 (檢疫) 공항이나 항구에서 다른 나라에서 온 사람, 동식물, 물건 들에 병균이 있는지 살피는 것. **검역하다**

검역소 (檢疫所) 검역하는 곳.

검열 (檢閱) 1.어떤 일에 잘못이 없는지 살피는 것.《위생 검열》 2.영화, 잡지, 신문 들을 나오기 전에 미리 살피는 것.《사전 검열》 **검열하다**

검은가슴물떼새 논밭에 떼 지어 사는 나그네새. 등 쪽은 검은 바탕에 희고 노란 반점이 있고, 배 쪽은 검은색인데 겨울에는 어두운 갈색으로 바뀐다.

검은깨 빛깔이 검은 참깨.

검은다리실베짱이 낮은 산이나 도시 언저리에서 쉽게 볼 수 있는 베짱이. 온몸이 풀색이고 뒷다리가 까맣다.

검은댕기해오라기 물가에 사는 여름새. 부리와 다리가 길다. 머리 위는 녹색이 도는 검은색이고, 머리 뒤쪽에 길고 검은 깃이 있다.

검은등할미새 물가 풀밭에 사는 텃새. 크기는 참새와 비슷하고 등 쪽은 검은색, 배 쪽은 흰색이다. 겨울에는 등이 잿빛이 된다.

검은띠불가사리 바다 속이나 갯벌에 사는 불가사리. 몸이 딱딱한 뼛조각으로 덮여 있고 팔에 검은 줄이 있다.

검은머리물떼새 바닷가와 강어귀에 떼 지어 사는 겨울새. 머리, 목, 등이 까맣고 배는 희다. 천연기념물 제326호.

검은물잠자리 물살이 느리고 물풀이 많은 물가에 사는 잠자리. 온몸이 검

검은비늘버섯

검은큰따개비

검은가슴물떼새

검은다리실베짱이

검은댕기해오라기

검정말

검은등할미새

검정볼기쉬파리

검은띠불가사리

검은머리물떼새

검은물잠자리

고, 햇볕을 받으면 검푸른 빛이 난다.

검은비늘버섯 넓은잎나무의 죽은 가지나 그루터기에서 자라는 버섯. 갓 바깥쪽은 끈적거린다. 먹는 버섯이다.

검은빛 숯이나 먹물과 같은 빛깔. 같검은색, 흑색. 반흰빛.

검은색 → 검은빛.

검은자위 눈알의 검은 부분. 참흰자위.

검은콩 → 검정콩.

검은큰따개비 바닷가 바위에 붙어서 사는 따개비. 빛깔이 거무튀튀하고 다른 따개비보다 크다.

검정 빛깔 검은 빛깔이나 물감. 반하양.

검정 시험 (檢定) 어떤 일에 자격이 있는지 없는지, 또는 정해진 테두리 안에 드는지 아닌지 알아보는 일.《한자 능력 검정 시험》

검정고시 (檢定考試) 학교에 들어가거나 어떤 직업을 얻는 데 필요한 지식이나 기술을 제대로 익혔는지 보려고 치르는 시험.

검정말 늪이나 연못에 잠겨서 자라는 물풀. 흐늘흐늘한 줄기와 잎이 물에 흔들거린다. 8~9월에 작은 연보라색 꽃이 핀다.

검정볼기쉬파리 쓰레기나 똥 같은 더러운 것에 모여드는 파리. 겹눈이 붉고 몸집이 크다.

검정콩 껍질이 검은 콩. 같검은콩.

검지 → 집게손가락.

검진 (檢診) 의사가 사람이나 짐승이 건강하고 병은 없는지 살피는 것.《건강 검진》 **검진하다**

검찰 (檢察) 1.범인을 찾아내고 조사하여 재판을 받게 하는 일. 2.→ 검찰청.

검찰청 (檢察廳) 검사들이 모여 검찰 일을 하는 행정 기관. 같검찰. 북검찰소.

검출 (檢出) 어떤 성분이 있는지 뽑아내거나 찾아내는 것.《유해 물질 검출》 **검출하다 검출되다**

검침 (檢針) 전기, 수도, 가스 들을 얼마나 썼는지 알아보려고 계량기 눈금을 살피는 것.《수도 검침》 **검침하다**

검토 (檢討) 어떤 사실이나 내용에 문제가 없는지 이모저모 살피는 것.《책 내용이 정확한지 알아보려면 자세한 검토가 필요하다.》 **검토하다**

검팽나무 산기슭에 자라는 잎지는나무. 잎은 달걀꼴로 끝이 뾰족하고 꽃은 5월에 핀다. 나무는 가구 만드는 데 쓰고 열매와 어린잎은 먹는다. 우리나라에서만 자란다.

검팽나무

검푸르다 검은빛이 나면서 푸르다.《검푸른 밤바다》 **바**검푸른, 검푸르러, 검푸릅니다.

겁 (怯) 무서워하거나 두려워하는 마음.《나는 겁이 많아서 높은 곳에 올라가지 못한다.》

겁나다 무서워하거나 두려워하는 마음이 생기다.《밤에는 겁나서 바깥에 나갈 수가 없다.》

겁내다 무섭거나 두려워하는 마음을 나타내다.《순한 개니까 겁내지 마.》

겁먹다 무섭거나 두려워하는 마음을 품다.《동생은 겁먹은 얼굴로 말했다.》

겁보 겁이 많은 사람.《파리 한 마리 못 잡는 겁보 같으니라고!》 **비**겁쟁이.

겁석 고개를 |북 '갑삭'의 큰말. **겁석거리다 겁석대다 겁석이다 겁석겁석**

겁석 짐이 |북 '갑삭'의 큰말. **겁석하다**

겁석겁석

겁석 - 걸음이 |북 '갑삭-'의 큰말. **겁석거리다 겁석대다 겁석이다 겁석겁석**

겁신 |북 '갑신'의 큰말. **겁신거리다 겁신대다 겁신겁신**

겁쟁이 '겁이 많은 사람'을 낮추어 이르는 말. **비**겁보.

겁주다 남한테 겁을 먹게 만들다.《그 강아지는 조금도 사납지 않은데 괜히 겁주고 그래.》

것 1.물건을 가리킬 때 그 이름 대신 쓰는 말.《큰 것은 언니가 갖고 작은 것은 내가 갖기로 했다.》 **준**거. 2.사실, 현상, 때를 이르는 말.《그분은 외국에 오랫동안 사시면서도 대한민국 국민이라는 것을 잊지 않으셨다.》 **준**거. 3.사람을 가리키는 낱말 뒤에서 어떤 사람의 물건임을 나타내는 말.《그 바지는 내 것이야.》 **준**거. 4.뜻, 생각, 짐작 들을 가리키는 말.《숙제는 두 시간이면 마칠 수 있을 것이다.》 **준**거. 5.사람을 낮추어 이르는 말. 또는 동물을 가리키는 말.《못된 것 같으니!/복슬복슬 귀여운 것》

경중 - 큰 걸음으로 높이 뛰는 모양. **경중거리다 경중대다 경중경중**《망아지가 푸른 벌판을 경중경중 뛰어다닌다.》

겉 밖으로 드러난 쪽. 또는 밖으로 드러난 모습.《상자 겉에 보낸 사람 주소가 있을 거야./겉과 속이 다른 사람은 정말 싫어.》 **비**표면. **반**속. **북**거충.

겉으로 빙빙 돌다 **관용** 알맹이를 보지 못하고 겉모습에만 매달리다.《얘기가 자꾸 겉으로 빙빙 돌잖아.》

겉이 검기로 속도 검을까 **속담** 겉만 보고

속까지 지레짐작하지 말라는 말. **비가 마솥이 검기로 밥도 검을까, 까마귀 검기로 살도 검을까.**

겉그림 ┃북 색칠을 마친 밑그림 위에 덧씌워 그리는 그림.

겉껍질 겉에 있는 껍질.《굴 겉껍질은 우툴두툴하다.》

겉넓이 입체 도형 겉면 전체 넓이. **같**겉면적, 표면적.

겉늙다 나이보다 더 늙은 티가 나다. 《삼촌은 젊어서 고생을 많이 해서 10년은 겉늙어 보인다.》

겉돌다 1. 서로 섞이지 않고 따로따로 나뉘다.《기름이 물에 섞이지 않고 떠서 겉돈다.》 2. 사람들과 잘 어울리지 못하고 따로 지내다.《수정이는 숫기가 워낙 없어서 늘 겉돌았어요.》 3. 이야기가 알맹이가 없이 자꾸 빙빙 돌다.《회의 시간 내내 이야기가 겉돌기만 했다.》 4. 바퀴, 기계 같은 것이 헛돌다. 《트럭 바퀴가 진흙에 빠져 한 시간째 겉돈다.》 **바**겉도는, 겉돌아, 겉돕니다.

겉뜨기 뜨개질 방법 가운데 하나. 대바늘 두 개로 코를 바깥쪽에서 안쪽으로 뽑아 떠 나간다.

겉멋 알맹이 없이 겉만 그럴듯하게 꾸미는 짓.《겉멋이 들다.》

겉면 겉으로 드러난 면.《찰흙으로 만든 항아리 겉면에 날짜를 새겼다.》

겉면적 → 겉넓이.

겉모습 겉으로 드러난 모습.《겉모습만 보고 동무를 사귀면 안 된다.》 **비**외관, 외모.

겉모양 겉으로 드러난 모양.《겉모양이 예쁜 것이 좋아.》 **같**외양. **비**외형.

겉바람 ┃북 겨울에 방 안 위쪽에서 느껴지는 싸늘한 기운.《내 방은 겉바람이 심해서 무척 썰렁하다.》

겉보기 겉으로 보이는 모습.《형은 겉보기에는 약해 보여도 힘이 장사다.》

겉봉 편지나 책 같은 것을 넣어서 붙인 봉투. 또는 봉투의 겉.

겉불꽃 가장 바깥쪽 불꽃. 빛이 거의 없고 온도가 가장 높다. **참**속불꽃.

겉씨식물 꽃식물 가운데 밑씨가 씨방 안에 들어 있지 않고 겉에 드러나 있는 식물. 소나무, 향나무, 은행나무 들이 있다. **참**속씨식물.

겉옷 겉에 입는 옷. **비**웃옷. **참**속옷. **북**거죽옷.

겉장 1. 여러 장 겹쳐 있는 가운데서 맨 겉에 있는 종이. 2. → 겉표지.

겉절이 배추, 상추, 무 같은 채소를 양념에 무쳐 바로 먹는 반찬. **북**절이김치.

겉치레 겉으로만 보기 좋게 꾸미는 것. 《겉치레 인사》

겉표지 책이나 공책 같은 것의 겉을 싼 종이. **같**겉장. **비**표지.

겉흙 땅 맨 위쪽에 깔린 흙.

게 단단한 딱지로 싸여 있는 동물. 몸통 양옆에 발이 다섯 개씩 붙어 있는데 집게발로 먹이를 잡고, 나머지 발로 헤엄치거나 옆으로 기어 다닌다. 바다나 민물, 개펄에 산다.

게

게 눈 감추듯 **관용** 음식을 아주 빨리 먹는 것을 빗대어 이르는 말.《오빠가 만두 열 개를 게 눈 감추듯 먹어 치웠다.》

게도 구럭도 다 잃었다 **속담** 어떤 일을 이루기는커녕 도리어 손해만 본 것을 빗대어 이르는 말.

게 ^{거기} → 거기.

게 ^{내게} '내, 네, 제' 뒤에 붙어, 1. 어떤 것을 받는 사람이나 어떤 일을 겪는 사람임을 나타내는 말. 《이걸 제게 주시는 건가요?》 참에게, 한테. 2. 어떤 것을 주거나 해 주는 사람임을 나타내는 말. 《내가 왜 네게 그런 말을 들어야 하는데?》 참에게, 한테.

게 ^{것이} '것이'가 줄어든 말. 《이렇게 하는 게 더 낫다. / 싼 게 비지떡이지.》

게걸스럽다 먹을 것을 몹시 밝히거나 어떤 것을 욕심 사납게 탐내다. 《동생이 김밥을 게걸스럽게 먹어 치웠다.》 바게걸스러운, 게걸스러워, 게걸스럽습니다.

게걸음 게처럼 옆으로 걷는 걸음.

게놈 (Genom독) 한 생물이 살아가는 데 꼭 필요한 유전 정보가 모두 들어 있는 염색체 전체.

게다가 1. 그뿐 아니라. 또는 거기에 더해서. 《비가 억수같이 쏟아지고 게다가 바람까지 불어 몹시 춥다.》 비더구나. 2. '거기에다가'가 줄어든 말. 《가방은 게다가 두고 가거라.》

게딱지 게 등을 감싸는 딱딱한 껍데기.

게릴라 (guerilla에) 수가 적은 병사로 적을 갑자기 공격하는 부대.

게서 '거기에서'가 줄어든 말. 《게서 뭐하고 있니?》 참에서, 제서.

게슴츠레하다 졸리거나 술에 취해서 눈빛이 칙칙하고 흐리멍덩하다. 《잠이 덜 깨서 눈이 게슴츠레해.》

게시 (揭示) 글, 그림 같은 것을 여러 사람이 볼 수 있게 내걸거나 붙이는 것. 《사진 게시》 **게시하다 게시되다**

게아재비

게시판 (揭示板) 글이나 그림 들을 게시하는 판. 비안내판, 알림판.

게실게실 |북 여기저기 지저분하게 널려 있는 모양. **게실게실하다**

게아재비 못이나 늪에서 사는 곤충. 몸이 가늘고 길다. 몸빛이 옅은 갈색인데 앞다리가 낫처럼 생겼다. 북물사마귀.

게양대 (揭揚臺) 깃발을 다는 높은 대. 《국기 게양대》

게양하다 깃발을 높이 내걸다. 《행사장 단상에 국기를 게양했다.》

게우다 먹은 것을 삭이지 못하고 입 밖으로 도로 내놓다. 《멀미가 나서 점심 먹은 것을 다 게웠다.》 같토하다.

게으르다 할 일을 제때에 안 하고 늑장을 부리거나 움직이기 싫어하는 버릇이 있다. 《게으른 사람은 일찍 일어나지 못한다.》 반부지런하다. 바게으른, 게을러, 게으릅니다.

게으른 일꾼 밭고랑 세듯 속담 게으른 사람이 일은 하지 않고 그 일에서 빨리 놓여나기만을 바란다는 말.

게으름 할 일을 제때에 안 하고 늑장을 부리거나 움직이기 싫어 미루는 짓. 《게으름 피우지 말고 얼른 숙제부터 해.》 비나태.

게으름뱅이 게으른 사람을 낮추어 이르는 말.

게을리 게으름을 피우는 모양. 《공부를 게을리 해서 성적이 떨어졌어요.》

게이머 (gamer) → 프로게이머.

게이트볼 (gate ball) 나무망치로 공을 쳐서 문 세 개를 거쳐 골대에 맞히는 경기.

게임 (game) 1. 여러 사람이 함께 하

는 놀이. 2.운동 경기.

게임기 게임만 할 수 있게 만든 작은 컴퓨터.

게재 (揭載) 글, 그림 들을 신문이나 잡지에 싣는 것. **게재하다 게재되다**

게지레 |북 침이나 코 같은 것을 지저 분하게 흘리는 모양.《닭 다리를 본 바 둑이가 침을 게지레 흘린다.》

게질– |북 1.입을 흉하게 놀리며 질긴 것을 씹는 모양. 2.먹기 싫은 음식을 억지로 먹는 모양. **게질거리다 게질대 다 게질게질**

겔겔 |북 1.배가 몹시 고파서 힘없이 비 틀거리는 모양. 2.모자라거나 없는 것 을 구하려고 게걸스럽게 돌아다니는 모양. **겔겔거리다 겔겔대다 겔겔하다** 《주인 없는 강아지들이 먹이를 찾아 겔겔거린다.》

겨 벼, 보리, 조 같은 열매를 찧어 벗겨 낸 껍질.

겨냥 총이나 활 같은 것으로 목표물을 겨누는 것. **비**조준. **겨냥하다**《한 눈을 감고 과녁을 잘 겨냥해 봐.》

겨냥도 한곳에서 바라본 건물이나 물 건 들의 꼴을 간단하게 그린 그림. 보 이는 면은 실선으로 나타내고, 안 보이 는 면은 점선으로 나타낸다.

겨누다 1.총이나 활 같은 것으로 목표 물이 있는 방향과 거리를 헤아려 똑바 로 잡다.《사냥꾼이 참새에게 총을 겨 누었다.》 2.대중이 될 만한 다른 것에 견주어 헤아리다.《바지를 입어 보지 않고 대충 겨누어 보고 샀다.》

겨드랑이 팔과 몸통이 이어지는 곳 아 래쪽에 있는 오목한 데.

겨우살이_나무

겨레 같은 핏줄을 이어받은 사람들. 《우리 겨레의 소원은 남북통일입니 다.》 **비**민족.

겨레말 한 겨레가 같이 쓰는 말.

겨루다 누가 더 나은지 가리려고 맞서 싸우다.《누가 더 센지 겨루어 보자.》

겨를 어떤 일을 할 만한 짧은 틈.《바 빠서 밥 먹을 겨를도 없다.》 **같**틈. **비**짬.

겨불 |북 겨를 태우는 불.

겨우 1.어렵게. 또는 힘들게.《우는 아 이를 겨우 달랬다.》 비가까스로, 간신 히. 2.기대에 미치지 못하게.《학급 회 의에서 의견을 내놓은 아이는 겨우 세 명뿐이다.》 **비**고작, 기껏해야.

겨우내 겨울 내내.《봄이 오자 겨우내 언 땅에서 파릇파릇 새싹이 돋았다.》

겨우살이 겨울나기 겨울을 나는 데 필요 한 옷, 먹을거리, 연료 들을 모두 이르 는 말.

겨우살이 나무 살아 있는 나무에 붙어 자라는 늘푸른나무. 뿌리는 다른 나무 에 단단히 박고 줄기는 두 가닥씩 갈라 져 동그랗게 한 덩어리를 이룬다.

겨울 가을과 봄 사이에 날씨가 추운 계 절. 보통 11월에서 2월까지를 이른다. 《눈 내리는 겨울》 **참**봄, 여름, 가을.

겨울에 눈이 많이 오면 보리 풍년이 든 다 **속담** 겨울에 눈이 많이 와서 보리를 덮으면 추위를 막아 주고 물기가 많아 져서 보리농사가 잘된다는 말.

겨울이 다 되어야 솔이 푸른 줄 안다 **속담** 어려운 일을 겪어 봐야 사람 됨됨이가 분명하게 드러난다는 말.

겨울나기 겨울을 나는 것. **비**월동. **북**겨 울나이.

겨울

겨울이 오면 어떤 일이 벌어질까요? 잎지는나무들은 모두 잎을 떨어뜨려요. 헐벗은 몸으로 서 있는 나무를 많이 볼 수 있지요. 풀숲이나 들판에서 흔히 보이던 곤충들도 눈에 띄지 않아요. 모두 겨울을 나려고 따뜻한 곳을 찾아 몸을 감추고 있기 때문이에요. 어떤 것은 번데기로 겨울을 나고 또 어떤 것은 애벌레로 땅속이나 물속에서 겨울을 나요. 가랑잎 밑에 떼를 지어 숨어 있는 무당벌레들도 있어요. 개구리나 뱀들은 바위틈이나 땅속에서 겨울잠을 자요. 곰이나 오소리, 너구리 같은 산짐승도 겨울잠을 자지요. 사람들도 겨울을 나려고 여러 가지 준비를 해요. 김장도 하고 구들을 덥힐 땔감도 마련하고, 두꺼운 옷도 입어요.

버드나무

백목련 눈

측백나무

달맞이꽃 뿌리잎

전나무

해송

유혈목이

다람쥐

고니

물오리나무 눈

무당벌레

노랑쐐기나방 고치

겨울날 겨울철의 한 날. 또는 겨울철 날씨.

겨울눈 추운 겨울을 나고 이듬해 봄에 틔우는 싹눈.

겨울맞이 다가오는 겨울을 맞이하는 일.《할머니와 엄마는 겨울맞이 준비로 몹시 바쁘세요.》

겨울 방학 겨울철 한창 추운 때에 학교 수업을 얼마쯤 쉬는 일. **참**여름 방학.

겨울새 가을에 추운 북쪽 지방에서 날아와 우리나라에서 겨울을 지내고 이듬해 봄에 다시 북쪽으로 가서 여름을 보내는 철새. **참**여름새.

겨울옷 겨울에 입는 옷.

겨울잠 곰, 개구리, 뱀 같은 짐승이 땅이나 물속에서 잠든 것처럼 움직이지 않고 겨울을 나는 일. **같**동면.

겨울철 겨울인 때.《겨울철이라서 감기에 걸린 동무가 많아.》**같**동계.

겨자 밭에 심어 가꾸는 풀. 꽃과 씨가 모두 노랗다. 잎과 줄기를 먹고, 씨는 양념이나 약으로 쓴다.

겨자씨 겨자의 씨. 누런 갈색에 맛이 맵고 독특한 냄새가 있다. 양념이나 약으로 쓴다.

격 (格) 1.수준이나 질.《직업의 격을 따져 사람을 사귀는 것은 옳지 않다.》 2.일, 형편, 분위기 들에 걸맞은 수준이나 품위.《초상집에는 격에 맞는 옷을 갖춰 입고 가야 해.》**비**격식. 3.앞에 나온 말과 같은 것.《엎친 데 덮친 격으로 나쁜 일이 잇따라 일어났다.》

격납고 (格納庫) 비행기를 넣어 두거나 손질하는 건물.

격노 (激怒) 화가 북받쳐 몹시 성을 내는 것. **격노하다**

격돌 (激突) 서로 세차게 맞붙어 싸우는 것.《두 사람은 우승을 놓고 격돌을 벌였다.》**격돌하다**

격동 (激動) 1.사회가 아주 빠르게 달라지는 것.《광복 후에 우리나라는 격동을 겪었다.》 2.몹시 감동하거나 흥분하는 것.《이산가족이 격동에 못 이겨 울음을 터뜨렸다.》**격동하다**

격려 (激勵) 따뜻한 말이나 행동으로 힘과 용기를 북돋워 주는 것.《형의 격려 덕분에 힘이 났다.》**격려하다**

격렬하다 말, 행동, 감정 들이 몹시 거칠고 세차다.《격렬한 싸움/격렬한 토론》**격렬히**《격렬히 반대하다.》

격리 (隔離) 다른 것과 함께 있지 못하게 따로 떼어 놓는 것.《격리 시설》**격리하다 격리되다**

격몽요결 (擊蒙要訣) 조선 시대에 율곡 이이가 어린이에게 책 읽기, 어진 마음과 바른 자세 같은 것을 가르치려고 쓴 책.

격문 (檄文) 어떤 일을 여러 사람에게 알리거나 뜻을 모으려고 쓴 글.《학생들은 시청 앞에서 격문을 뿌렸다.》

격변 (激變) 사정이나 형편이 갑자기 많이 바뀌는 것. **격변하다**《격변하는 국제 정세》

격분하다 몹시 거세게 화를 내다.《우리가 계속 떠들자 선생님께서 격분한 목소리로 말씀하셨다.》

격식 (格式) 때와 장소에 걸맞은 예의.《격식을 차리다.》**비**격.

격심하다 아주 심하다.《격심한 고통》

격앙 (激昂) 느낌, 기운이 북받쳐 올

라 몹시 세차게 이는 것. **격앙하다 격앙되다**《격앙된 목소리》

격언 (格言) 살아가는 데 도움이 되는 짧은 가르침.《'시간은 금이다' 라는 격언이 있다.》비금언.

격음 (激音) → 거센소리.

격일 (隔日) 하루를 거르는 것. 또는 하루씩 거르는 것.《격일 근무》

격전 (激戰) 서로 조금도 물러서지 않는 아주 거칠고 팽팽한 싸움.《백제와 신라 사이에 격전이 벌어졌다.》

격전지 (激戰地) 격전을 벌인 곳.

격정 (激情) 매우 뜨겁고 세찬 느낌.《격정에 휘말리다.》

격차 (隔差) 서로 차이가 벌어진 정도.《빈부 격차/실력 격차가 크다.》

격찬 (激讚) 아주 크게 칭찬하는 것.《많은 사람이 그 배우의 연기에 격찬을 아끼지 않았다.》**격찬하다**

격추 (擊墜) 총이나 포를 쏘아서 비행기를 떨어뜨리는 것. **격추하다 격추되다**《포탄에 격추된 비행기》

격침 (擊沈) 배를 공격하여 물속에 가라앉히는 것. **격침하다 격침되다**

격퇴 (擊退) 적을 쳐서 물리치는 것. **격퇴하다**《이순신 장군은 한산도에서 왜군의 배를 완전히 격퇴하였다.》

격투 (格鬪) 서로 맞붙어 치고받고 싸우는 것.《시민이 격투 끝에 도둑을 붙잡았다.》**격투하다**

격투기 (激鬪技) 태권도, 유도, 권투처럼 두 사람이 맞붙어 치고받는 경기.

격파 (擊破) 1. 손, 발, 머리로 단단한 물체를 쳐서 깨뜨리는 것.《기왓장 격파》 2. 쳐서 무찌르는 것. **격파하다**

《축구 준결승전에서 한국이 미국을 3 대 0으로 격파하였다.》**격파되다**

격하다 1. 벌컥 화를 내다.《삼촌은 작은 일에도 금세 격하는 성격이다.》 2. 느낌이나 기운 같은 것이 세차다.《격한 감정/격한 목소리》

겪다 1. 어떤 일을 당하거나 치르다.《이번 일을 겪으면서 많은 것을 느꼈다.》 2. 사람을 사귀어 알게 되다.《수진이가 어떤 애인지 겪어 보지도 않고 어떻게 알아?》

견고하다 아주 단단하고 튼튼하다.《견고한 나무 책상》

견과 (堅果) 껍데기가 아주 단단한 나무 열매. 밤, 호두, 은행 들이 있다.

견디다 1. 어려움이나 괴로움을 잘 참아 내다.《나는 강아지를 잃은 슬픔을 견딜 수가 없었다.》 2. 제 모습을 잃지 않고 버티다.《나뭇가지가 눈 무게를 견디지 못하고 부러졌다.》

견문 (見聞) 보고 듣는 것. 또는 보고 들어서 얻은 지식.《견문을 넓히려면 여행을 많이 다니는 게 좋다.》

견물생심 (見物生心) 눈으로 직접 보면 갖고 싶은 마음이 생기는 것.《견물생심이라더니 짝꿍이 신고 온 새 신발이 무척 탐난다.》

견본 (見本) 질이나 모양 같은 것을 알 수 있게 본보기로 만든 물건. ≒샘플.

견습 (見習) → 수습. **견습하다**

견식 (見識) 보고 듣고 배워서 얻은 지식.《견식을 쌓다.》비식견.

견실하다 믿음직하고 든든하다.《그 팀은 수비가 견실하다.》

견우 (牽牛) 중국 전설에 나오는 소 치

는 남자. **참**직녀.

견우 별 독수리자리에서 가장 밝은 별. 은하수를 사이에 두고 직녀 별과 마주 보고 있다. **같**견우성, 알타이르. **참**직녀 별.

견우성 (牽牛星) → 견우 별.

견인 (牽引) 차를 끌고 가는 것. **북**끌 기. **견인하다**《고장난 채 도로에 서 있 던 차를 견인해 갔다.》 **견인되다**

견적 (見積) 어떤 일에 돈이 얼마나 들 지 미리 헤아려 보는 것.《견적을 내 다./견적을 뽑다.》

견제 (牽制) 제멋대로 하지 못하게 적 당히 방해하는 것.《공격수는 수비수 들의 심한 견제를 받는다.》 **견제하다**

견주다 차이를 알아보려고 서로 마주 대어 보다.《친한 아이들 몇몇과 키를 견주어 보았다.》

견학 (見學) 직접 가서 보고 배우는 것. **견학하다**《박물관을 견학했다.》

견해 (見解) 어떤 일을 보는 생각이나 의견.《같은 문제라도 사람마다 견해 가 다르다.》

결 **무늬** 나무, 돌, 비단 들의 바탕에 깔 린 짜임새나 무늬.《이 비단은 결이 참 곱다.》

결 **때** '결에' 꼴로 써서, '때'나 '사이' 를 나타내는 말.《그곳까지 어느 결에 다녀왔니?》

결과 (結果) 1. 어떤 사정이나 까닭 때 문에 생긴 일.《사고 원인을 따져 보고 다시는 이런 나쁜 결과가 나오지 않게 조심하자.》 **반**원인. 2. 어떤 일을 하거 나 어떤 일이 벌어진 뒤에 생긴 일.《내 가 우리 조의 실험 결과를 발표했다.》

3. 어떤 일을 하고 난 뒤에.《열심히 연 습한 결과 턱걸이를 열 번 성공했다.》

결과적 (結果的) 어떤 일의 결과에 따 르는. 또는 그런 것.

결국 (結局) 1. 일을 끝낼 무렵. 또는 마지막에는.《결국에는 둘 다 1등을 놓쳤지 뭐야./결국 사과 두 개를 모두 내가 차지하게 됐어.》 비드디어, 마침 내. 2. 이모저모 따지고 보면.《결국 둘 다 잘못했다는 말이야.》

결근 (缺勤) 일하는 날에 일터에 나가 지 않거나 못 나가는 것. **결근하다**《담 임선생님이 감기로 결근하셨다.》

결단 (決斷) 어떻게 할지 딱 잘라서 마 음을 정하는 것.《망설이지 말고 빨리 결단을 내려라.》 **결단하다**

결단력 (決斷力) 결단하는 힘.

결단코 어떤 일이 있더라도 반드시. 《형은 결단코 그 일을 끝내겠다고 하 면서 주먹을 불끈 쥐었다.》 비결코.

결딴나다 어떤 일이나 물건이 망가져 서 아예 못 쓰게 되다.《꽃병이 교실 바닥에 떨어져서 결딴났다.》

결렬 (決裂) 의견이 달라 서로 갈라지 거나 일을 못 하게 되는 것.《협상 결 렬/회담 결렬》 **결렬되다**

결례 (缺禮) 예의에 어긋나는 짓.《밤 늦게 동무 집에 전화를 거는 것은 결례 이다.》 비실례.

결론 (結論) 1. 말이나 글이 끝나는 부 분.《글을 서론, 본론, 결론으로 나누 어 썼다.》 **참**서론, 본론. 2. 일의 이모저 모를 따진 뒤에 내리는 판단.《아이들 의견을 모아 결론을 내렸다.》

결론짓다 말이나 글을 끝맺다. 또는

어떤 판단을 내리다.《학급 회의를 열어 이 문제를 결론짓기로 했다.》 **바**결론짓는, 결론지어, 결론짓습니다.

결리다 움직이거나 숨을 쉴 때 몸 한 부분이 땅기듯이 아프다.《한 자세로 오래 앉아 있었더니 허리가 결린다.》

결막 (結膜) 눈꺼풀 안쪽과 눈알의 겉을 싸고 있는 맑고 얇은 막.

결막염 (結膜炎) 결막에 생기는 염증.

결말 (結末) 일이나 이야기의 마지막 끝.《그 이야기 결말이 참 궁금해.》

결명자 결명차 씨를 말린 것. 약으로 쓰거나 볶아서 차를 끓여 마신다.

결명자

결명차 밭에 심어 가꾸는 풀. 여름에 노란 꽃이 핀다. **북**결명초.

결박 (結縛) 움직일 수 없게 팔다리를 동이어 묶는 것.《형사는 범인의 결박을 풀어 주었다.》 **결박하다 결박되다**

결명차

결백 (潔白) 잘못이나 죄가 없어 떳떳한 것.《그 사람은 끝까지 자신의 결백을 주장했다.》 **결백하다**

결별 (訣別) 아주 헤어지거나 갈라서는 것.《결별의 아픔》 **비**이별. **결별하다**《가족과 결별하다.》

결부 (結付) 여러 가지를 서로 관련짓거나 끌어다 붙이는 것. **결부하다**《지난번 일과 이번 일을 결부해서 생각하지 마라.》 **결부되다**

결빙 (結氷) 물이 어는 것.《맑은 민물의 결빙 온도는 섭씨 0도이다.》 **반**해빙. **북**얼음얼이. **결빙되다**

결사 **마음** (決死) 목숨을 걸고 꼭 하겠다고 마음먹는 것.《결사 반대》

결사 **모임** (結社) 여러 사람이 같은 목표를 이루려고 모임을 만드는 것. 또는

그 모임.《결사의 자유/비밀 결사》

결사적 (決死的) 어떤 일에 죽기를 각오하고 나서는. 또는 그런 것.

결산 (決算) 정해진 동안 돈이 얼마나 들어와서 어떻게 쓰였는지 셈하는 것. **반**예산. **결산하다**

결산서 (決算書) 정해진 동안 들고 난 돈을 셈하여 적은 문서.

결석 **빠짐** (缺席) 학교나 학원처럼 늘 가야 하는 곳에 안 가는 것.《우리 학교는 세 번 지각하면 한 번 결석으로 친다.》 **반**출석. **결석하다**

결석 **돌** (結石) 쓸개나 요도 같은 데에 생기는 돌처럼 단단한 물질.

결선 (決選) 우승자를 가리려고 맨 마지막으로 겨루는 일.《결선 진출자가 정해졌다.》 **비**결승전. **참**예선.

결성하다 모임을 만들다.《아이들을 모아 축구 응원단을 결성하였다.》

결속 (結束) 뜻이 같은 사람끼리 마음을 모아 하나로 뭉치는 것.《결속을 다지다.》 **결속하다 결속되다**

결손 (缺損) 1.돈을 많이 써서 난 손해.《결손을 보다./결손을 메우다.》 2.어느 부분이 축나서 없거나 모자라는 것.

결손 가정 (缺損家庭) 부모의 한쪽 또는 양쪽이 죽거나 헤어져 아이들을 잘 돌보지 못하는 가정.

결승 (決勝) → 결승전.

결승선 (決勝線) 달리기에서 등수를 가리려고 가로로 친 줄.

결승전 (決勝戰) 운동 경기에서 우승자를 가리는 맨 마지막 경기.《우리 팀은 간신히 결승전에 올라갔다.》 **갈**결승. **비**결선. **참**준결승전.

결승점 (決勝點) 달리기 경기에서 등수를 가리는 마지막 지점.

결식 (缺食) 끼니를 제때에 먹지 못하고 굶는 것.《결식 어린이》

결실 (結實) 1.풀이나 나무가 열매를 맺는 것.《가을은 결실의 계절이다.》 2.일하여 얻은 좋은 결과.《밤을 새워 가면서 애쓴 보람이 있어 좋은 결실을 보게 되었다.》

결심 (決心) 어떤 일을 하기로 단단히 마음먹는 것. 또는 단단히 먹은 마음. ⁱ결의, 작심. **결심하다**《내일부터 날마다 줄넘기를 하겠다고 결심했다.》

결여 (缺如) 마땅히 있어야 할 것이 없거나 모자라는 것. **결여하다 결여되다**

결연 (結緣) 모임끼리 도움을 주고받으려고 관계를 맺는 것.《일본에 있는 학교와 결연을 맺었다.》**결연하다**

결연하다 태도나 마음가짐이 흔들림 없이 매우 굳다.《임진왜란 때는 스님들도 결연하게 나서서 왜적과 싸웠다.》

결원 (缺員) 사람이 빠져 정해진 인원이 차지 않고 비는 것. 또는 그 빈 자리.《단비가 전학을 가는 바람에 모임에 결원이 생겼다.》

결의 ᵐ음 (決意) 어떤 일을 하겠다고 굳게 마음먹는 일. 또는 그런 마음.《새 학기를 맞아 좀 더 의젓해지겠다고 결의를 다졌다.》ⁱ결심. **결의하다**

결의 회의 (決議) 회의에서 일을 어떻게 할 것인지 의논을 거쳐 정하는 것. **결의하다**

결의문 (決議文) 회의에서 결의한 내용을 적은 글.《독립 운동가들은 회의를 마친 뒤에 결의문을 발표했다.》

결재 (決裁) 일터에서 아랫사람이 올린 계획을 윗사람이 살펴보고 허락하는 것.《결재 서류》**결재하다**

결전 (決戰) 이기고 지는 것을 정하는 싸움.《결전의 날이 다가왔다.》

결점 (缺點) 모자라거나 나쁜 점.《다른 사람의 결점보다는 좋은 점을 보려고 노력하자.》ⁱ단점, 약점. ⁱᵃⁿ장점.

결정 ᵐ음 (決定) 어떻게 하기로 분명하게 정하는 것.《단소를 배우기로 결정을 내렸다.》**결정하다 결정되다**

결정 물체 (結晶) 1.원자, 분자 들이 정해진 규칙에 따라 질서 있게 뭉치는 것. 또는 그렇게 뭉친 모양.《현미경으로 눈 결정을 관찰하였다.》 2.애써서 얻은 보람찬 결과를 빗대어 이르는 말.《이 쌀은 우리 할아버지가 한 해 동안 흘리신 땀의 결정입니다.》

결정권 (決定權) 어떤 일을 결정할 수 있는 권한.

결정적 (決定的) 일을 해 나가는 데 가장 중요한. 또는 그런 것.

결정짓다 어떻게 하기로 정하다.《언니한테 무엇을 선물로 줄지 아직도 결정짓지 못했어.》ⁱᵃⁿ결정짓는, 결정지어, 결정짓습니다.

결정체 (結晶體) 1.원자, 분자 들이 질서 있게 모양을 이룬 물체. 2.애써서 얻은 보람찬 결과를 빗대어 이르는 말.《이 작품은 그분이 쏟은 30년 노력의 결정체입니다.》

결제 (決濟) 거래에서 치러야 할 돈을 치르는 것.《결제 대금》**결제하다**

결코 어떤 일이 있어도 절대로.《나는 결코 거짓말을 하지 않아.》ⁱ결단코.

결탁 (結託) 나쁜 짓을 하려고 서로 짜고 한통속이 되는 것. **결탁하다**《재벌과 결탁한 정치가》**결탁되다**

결투 (決鬪) 서로 목숨을 걸고 하는 싸움.《결투를 벌이다.》**결투하다**

결판 (決判) 이기고 지는 것이나 옳고 그른 것을 분명하게 가르는 일.《어느 쪽이든 빨리 결판을 내야 한다.》

결판나다 이기고 지는 것이나 옳고 그른 것이 가려지다.《승부는 연장전까지 가서야 결판났다.》

결핍 (缺乏) 있어야 할 것이 없거나 모자라는 것.《비타민 결핍》**결핍되다**

결핍증 (缺乏症) 있어야 할 것이 없거나 모자라서 생기는 병.《산소 결핍증》

결함 (缺陷) 온전하지 않고 모자라거나 잘못되어 흠이 되는 것.《자동차 엔진에서 큰 결함이 발견되었다.》비흠.

결합 (結合) 서로 다른 것이 합쳐져 하나가 되는 것. **결합하다**《산소와 수소가 결합하여 물이 생긴다.》**결합되다**

결항 (缺航) 어떤 사정으로 비행기나 배가 평소처럼 다니지 못하는 것.《항공기 결항》**결항하다 결항되다**

결핵 (結核) 병균이 몸에 들어와 생기는 전염병 가운데 하나.

결행 (決行) 단단히 마음먹은 것을 실제로 해 나가는 것.《계획을 세우는 것보다 결행이 더 어렵다.》**결행하다**

결혼 (結婚) 남자와 여자가 부부가 되어 가정을 꾸리는 것.《두 분은 결혼을 약속한 사이래요.》비혼인. 반이혼. 참약혼. **결혼하다**

결혼기념일 (結婚記念日) 부부가 결혼한 것을 기념하고 축하하는 날.

결혼식 (結婚式) 결혼할 때 치르는 의식. 비혼례식.

결혼식장 (結婚式場) 결혼식을 올리는 곳. 비예식장.

겸 (兼) 여러 일이나 기능이 함께 이루어짐을 나타내는 말.《거실 겸 부엌》

겸비하다 여러 가지 좋은 점을 두루 갖추다.《힘과 기술을 겸비한 선수》

겸사겸사 (兼事兼事) 한 번에 이 일도 하고 저 일도 하려고.《부탁할 일도 있고 물을 것도 있어서 겸사겸사 왔어.》

겸상 (兼床) 여럿이 함께 음식을 먹을 수 있게 차린 상. 또는 그렇게 차려 먹는 것.《엄마는 아버지와 할아버지를 위해 겸상을 차리셨다.》참독상. 북맞상. **겸상하다**

겸손하다 잘난 척하거나 남을 업신여기는 태도가 없다.《형은 항상 겸손하게 행동한다.》비겸허하다. 반거만하다.

겸양 (謙讓) 겸손하여 남한테 양보하고 물러서는 것.《지나친 겸양은 도리어 예의에 어긋나는 경우도 있다.》

겸연쩍다 창피하거나 미안하여 쑥스럽다.《언니가 나 몰래 사탕을 먹다가 들키자 겸연쩍게 웃었다.》같계면쩍다.

겸용 (兼用) 한 가지를 여러 일에 두루 쓰는 것.《수동과 자동 겸용 사진기》

겸하다 한 번에 여러 가지 일이나 기능을 함께 하다.《나는 학교 회장과 반장을 겸하고 있다.》

겸허하다 겸손하고 욕심이 없다.《자기 잘못을 겸허하게 인정하는 것도 중요하다.》비겸손하다.

겹 넓고 얇은 물건이 포개진 상태. 또는 포개진 물건의 수를 세는 말.《세

겹으로 꽁꽁 싼 보따리》

겹겹이 여러 겹으로.《바람이 매섭게 불어서 옷을 겹겹이 껴입었다.》

겹꽃 낱낱의 꽃잎이 여러 겹으로 겹쳐서 한 송이를 이루는 꽃. 국화, 장미 들이 있다.

겹눈 여러 낱눈이 모여서 이룬 큰 눈. 곤충이나 게한테서 볼 수 있다. ᵇ참낱눈, 홑눈.

겹다 1.힘이 부쳐 해내거나 버티기 어렵다.《너무 아파서 앉아 있기조차 힘에 겨웠어.》 2.어떤 느낌이나 기분이 솟구쳐 억누를 수 없다.《마을 사람 모두 흥에 겨워 춤을 추었다.》 ᵇ겨운, 겨워, 겹습니다.

겹닿소리 ㄲ,ㄸ,ㅃ,ㅆ,ㅉ처럼 닿소리 두 개가 겹친 소리.

겹바지 솜을 두지 않고 두 겹으로 지은 한복 바지.

겹받침 ㄳ,ㄶ,ㄺ,ㄻ,ㄼ,ㅄ 들처럼 닿소리 두 개가 겹친 받침. 북둘받침.

겹잎 잎자루 하나에 여러 잎이 붙어 겹을 이룬 잎.

겹치다 1.여러 겹으로 덧놓이거나 포개어지다.《방석 두 개를 겹쳐서 깔면 더 푹신하겠지?》ᵇ포개다. 2.여러 일이 한꺼번에 일어나다.《눈병에 몸살이 겹쳐서 몹시 앓았어.》

경 책 (經) → 불경.

경 사람 (卿) 1.옛날에 임금이 벼슬 높은 신하를 부를 때 쓰던 말. 2.흔히 영국에서 귀족을 높여서 부를 때 쓰는 말.

경 시간 (更) 옛날에 하룻밤을 다섯으로 나누어 시각을 나타내던 말. 저녁 일곱 시부터 새벽 다섯 시까지 시간을 두 시

간씩 나누어 초경, 이경, 삼경, 사경, 오경이라고 하였다.

경 숫자 (京) 조의 만 배가 되는 수.

-경 붙는 말 (頃) 때를 나타내는 말과 함께 써서, 어림잡아 그때 무렵.《엄마는 세 시경에 돌아오신대요.》

경각 (頃刻) 눈 깜빡할 사이. 또는 아주 위태로운 순간.《목숨이 경각에 달리다.》

경각심 (警覺心) 나쁜 일이 생기지 않게 살피고 조심하는 마음.《이 사건은 환경오염에 대한 경각심을 일깨웠다.》

경감 (輕減) 짐스러운 일을 덜어서 가볍게 하는 것.《세금 경감》 **경감하다 경감되다**

경거망동 (輕擧妄動) 조심성 없이 함부로 행동하는 것. **경거망동하다**《선생님들 앞에서 경거망동하지 마라.》

경건하다 우러러 받드는 마음으로 삼가고 조심하다.《경건한 마음으로 묵념을 했다.》

경계 어름 (境界) 나눠진 두 곳이 서로 만나는 자리.《압록강과 두만강은 우리나라와 중국을 나누는 경계이다.》

경계 조심 (警戒) 일이 잘못되지 않게 미리 다잡고 조심하는 것.《경계가 삼엄하다.》 **경계하다**

경계선 (境界線) 두 곳의 경계가 되는 선.《휴전선은 남과 북을 나누는 경계선이 되었다.》

경계심 (警戒心) 일이 잘못되지 않게 몹시 조심하는 마음.《경계심을 풀다.》

경고 (警告) 1.어떤 일을 조심하라고 미리 알려주는 것.《이모는 의사의 경고를 무시한 채 무리하게 일하다가 병

원에 입원했다.》 2. 운동 경기에서 규칙을 어긴 사람이 받는 벌칙.《경고를 한 번 더 받으면 퇴장이다.》 **경고하다**

경공업 (輕工業) 섬유, 식품, 고무처럼 부피에 견주어 무게가 가벼운 물건을 만드는 산업. **참**중공업.

경과 (經過) 1. 시간이 지나가는 것.《한 시간 경과》 2. 일이 되어 가는 과정.《수술 경과가 좋아요.》 **경과하다**

경관 경찰관 (警官) → 경찰관.

경관 경치 (景觀) 멀리 바라보이는 자연이나 지역의 풍경.《아름다운 금강산 경관》 **비**경치.

경국대전 (經國大典) 조선 시대 법규를 모은 책. 나라를 다스리는 데 기본으로 삼았다.

경금속 (輕金屬) 알루미늄이나 마그네슘 같은 가벼운 금속. **참**중금속.

경기 운동 (競技) 정해진 규칙을 지키면서 서로 기술과 재주를 겨루는 일.《운동장에 반 대항 축구 경기가 한창이다.》 **비**시합. **경기하다**

경기 경제 (景氣) 두루 돌아가는 경제 형편.《경기가 좋다. / 경기가 나쁘다.》

경기 병 (驚氣) 어린아이가 갑자기 정신을 잃고 몸을 떠는 증세.《아기가 무엇에 놀랐는지 경기를 했다.》

경기도 (京畿道) 서울과 인천을 둘러싸고 있는 도. 한강을 비롯해서 여러 큰 강이 흐른다.

경기자 (競技者) 경기를 하는 사람.

경기장 (競技場) 운동 경기를 할 수 있게 시설을 갖춘 곳.《체조 경기장》

경남 (慶南) '경상남도'를 줄인 말.

경내 (境內) 절이나 왕궁 같은 곳의 안.《절 경내에서 향냄새가 났다.》

경단 (瓊團) 찹쌀이나 찰수수 들의 가루를 반죽하여 동글게 빚어 삶아 낸 뒤에 고물을 묻힌 떡.

경대 (鏡臺) 얼굴을 매만질 때 쓰는 가구. 거울을 달아 세우고 그 아래에 서랍을 달아 화장품이나 빗 같은 것을 넣는다. **참**화장대.

경도 지도 (經度) 지구에서 동쪽이나 서쪽으로 위치를 나타내는 숫자. 영국 그리니치 천문대를 지나는 세로선을 0도로 하여 동쪽과 서쪽을 세로로 나눈 것이다. **참**경선, 위도.

경도 굳기 (硬度) 돌이나 쇠붙이 같은 것이 단단한 정도.《다이아몬드는 광물 가운데 경도가 가장 높다.》

경량급 (輕量級) 권투나 레슬링 같은 경기에서 몸무게가 가벼운 선수끼리 겨루게 매긴 등급. **참**중량급.

경력 (經歷) 사람이 살아오면서 하거나 겪은 여러 가지 일.《수상 경력/운전 경력/경력을 쌓다.》 **비**이력.

경련 (痙攣) 힘살이 갑자기 오므라들거나 심하게 떨리는 일.《뛰다가 다리에 경련이 일어나 털썩 주저앉았다.》

경례 (敬禮) 공경하는 마음을 나타내려고 고개 숙여 인사하거나 오른손을 가슴에 대는 것. **참**인사. **경례하다**

경로 길 (經路) 거쳐 가는 길. 또는 일해 온 과정.《태풍 이동 경로》

경로 공경 (敬老) 노인을 받들어 모시는 일.《경로 우대권》

경로당 (敬老堂) 노인들이 머물며 쉴 수 있게 만든 집. **비**노인정.

경로사상 (敬老思想) 노인을 정성껏

모시려는 생각.

경로석 (敬老席) 버스, 전철 들에서 노인들을 위해 마련한 자리.

경로잔치 노인들을 위해 마련한 잔치.

경륜 (經綸) 오랫동안 쌓아 온 경험. 또는 오랜 경험에서 얻은 능력.《경륜이 뛰어나다./경륜을 쌓다.》

경리 (經理) 일터에서 돈이 들어오고 나가는 것을 맡아보는 일. 또는 그런 일을 하는 사람.

경마 (競馬) 여러 사람이 저마다 말을 타고 누가 빨리 달리는지 겨루는 경기.

경마장 (競馬場) 경마를 할 수 있게 시설을 갖추어 놓은 곳.

경망스럽다 하는 짓이 점잖지 못하고 방정맞다.《할아버지 앞에서 경망스럽게 굴지 마라.》바경망스러운, 경망스러워, 경망스럽습니다.

경매 (競賣) 여럿 가운데 가장 높은 값을 부른 사람에게 물건을 파는 일.

경멸 (輕蔑) 남을 깔보면서 업신여기는 것.《경멸에 찬 눈빛》비멸시. **경멸하다**

경박하다 생각이나 몸가짐이 조심스럽지 않고 가볍다.《경박한 말투》

경배 (敬拜) 존경하는 마음을 담아 공손히 절하는 것.《동방 박사들은 아기 예수에게 경배를 드렸다.》**경배하다**

경범죄 (輕犯罪) 길에 침을 뱉거나 휴지를 버리는 것 같은 가벼운 범죄.

경보 신호 (警報) 위험한 일이 생겼을 때 조심하라고 미리 알리는 일. 또는 그런 신호.《화재 경보》참주의보.

경보 운동 (競步) 한쪽 발이 땅에서 떨어지기 전에 다른 발이 땅에 닿게 하여

경복궁

빨리 걷는 경기. 북걷기경기.

경보기 (警報器) 사고나 위험한 일이 생겼을 때 소리나 빛을 내어 알리는 장치.《경보기가 일찍 작동해서 큰 사고를 막을 수 있었다.》

경보음 (警報音) 경보기 소리.

경복궁 (景福宮) 서울에 있는 궁궐. 조선 태조 때(1395년) 지었다.

경부 고속도로 (京釜高速道路) 서울과 부산을 잇는 고속도로. 1970년에 완성했는데, 이 도로가 놓인 뒤에 서울에서 부산을 하루 만에 다녀올 수 있게 되었다.

경부선 (京釜線) 서울과 부산을 잇는 철도. 1905년에 놓았다.

경북 (慶北) '경상북도'를 줄인 말.

경비 지킴 (警備) 집이나 건물에 도둑이 들거나 사고가 나지 않게 미리 살피고 지키는 것. 또는 그런 일을 하는 사람.《아파트 경비》**경비하다**

경비 돈 (經費) 어떤 일을 하는 데 드는 돈.《여행 경비》비비용.

경비대 (警備隊) 어떤 곳에 사고가 나지 않게 살피고 지키는 부대.

경비원 (警備員) 경비하는 사람.

경비정 (警備艇) 바다나 강을 살피고 지키는 데 쓰는 작은 군사용 배.

경비행기 (輕飛行機) 두 명에서 여덟 명까지 탈 수 있는 가볍고 작은 비행기.

경사 기쁨 (慶事) 기쁜 일이나 함께 축하할 일.《우리 집안에 경사가 났다.》

경사 기울기 (傾斜) 기울어진 곳. 또는 기울어진 정도.《마을 뒷산은 경사가 심해 오르기가 힘들다.》비기울기.

경사로 (傾斜路) 계단 없이 경사지게

경비정

경비행기

만든 길. **비**비탈길.

경사면 (傾斜面) → 비탈.

경사스럽다 좋은 일이 생겨 기뻐하고 축하할 만하다. 《오늘은 할아버지 환갑잔치가 벌어지는 경사스러운 날이다.》**바**경사스러운, 경사스러워, 경사스럽습니다.

경사지다 한쪽으로 비스듬히 기울어지다. 《가파르게 경사진 언덕을 힘겹게 올라갔다.》**비**비탈지다.

경상 (輕傷) 가벼운 상처. 《사고가 났다고 해서 걱정했는데 경상이라니 다행입니다.》**참**중상.

경상남도 (慶尙南道) 우리나라 남동쪽 끝에 있는 도. 남쪽에 항구가 많고, 울산을 중심으로 공업 단지가 들어서 있다.

경상도 (慶尙道) 경상남도와 경상북도를 함께 이르는 말.

경상북도 (慶尙北道) 우리나라 남동쪽에 있는 도. 경주를 중심으로 하여 신라 유적이 많다.

경서 (經書) 〔논어〕, 〔맹자〕 같이 유교의 가르침을 적은 옛날 책.

경선 지구 (經線) 지도나 지구본에서 북극과 남극을 이어 세로로 그은 선. 지구에 있는 어떤 곳의 위치를 나타내는 데 쓴다. **같**날줄. **참**경도, 위선.

경선 선거 (競選) 여러 후보 가운데에서 투표로 한 사람을 뽑는 일. 《대통령 후보 경선》

경성 (京城) 일제 강점기에 '서울'을 이르던 말.

경세유표 (經世遺表) 조선 후기 실학자 정약용이 쓴 책. 잘못된 정치와 제도를 고치고 바꾸려는 생각을 적었다.

경솔하다 하는 짓이 조심스럽지 못하다. 《네 마음을 아프게 하다니, 내 행동이 경솔했어.》

경수로 (輕水爐) 원자력 발전기가 열에 녹지 않게 물로 식혀 주는 원자로.

경시 (輕視) 중요한 것을 도리어 가볍고 하찮게 여기는 것. **반**중시. **경시하다** 《옛 어른 말씀을 경시해서는 안 된다.》

경시 대회 (競試大會) 공부하여 쌓은 실력을 여러 사람과 겨루는 대회. 《수학 경시 대회/영어 경시 대회》

경신 (更新) 운동 경기에서 이제까지 있던 기록을 깨고 새롭게 갈아 치우는 것. 《1초 차이로 기록 경신에 실패했다.》**경신하다 경신되다**

경악 (驚愕) 흔히 나쁜 일로 몹시 놀라는 것. 《경악에 찬 표정》**경악하다**

경애 (敬愛) 존경하고 사랑하는 것. 《선생님을 향한 경애와 믿음은 변함이 없습니다.》**경애하다**

경어 (敬語) → 높임말.

경연 (競演) 여럿이 모여 재주나 기술을 겨루는 일. 《판소리 경연 대회》

경영 (經營) 회사, 상점, 공장 들을 꾸려 나가는 것. **경영하다** 《작은아버지는 조그만 회사를 경영하신다.》

경영인 (經營人) → 경영자.

경영자 (經營者) 회사나 공장을 경영하는 사람. **같**경영인.

경외심 (敬畏心) 경외하는 마음. 《피라미드 같은 엄청난 건축물을 보면 경외심이 절로 든다.》

경외하다 위대하거나 신비한 대상을 우러러보고 두려워하다. 《자연을 경외

하는 마음을 지닙시다.》

경우 (境遇) 1.어떤 일이 일어나는 때나 형편.《비가 올 경우에는 교실에서 체육 수업을 한다.》2.이치나 도리.《그렇게 경우 없이 굴면 어떻게 해?》

경우의 수 어떤 일이 일어날 수 있는 경우의 가짓수. 이를테면 주사위를 던질 때 나오는 눈이 짝수인 경우는 2, 4, 6이 나오는 때이므로 이때 경우의 수는 3이다.

경운궁 (慶運宮) 덕수궁의 본디 이름.

경운기 (耕耘機) 논밭을 갈아 일구는 데 쓰는 기계.

경원 (敬遠) 조심스럽게 대하지만 가까이하기를 꺼려 멀리하는 것.《친구들한테서 경원을 당하지 않으려면 평소에 잘해라.》**경원하다**

경위 (經緯) 일이 일어나서 진행되어 온 과정.《사건 경위를 조사하다.》

경유 기름 (輕油) 석유에서 뽑아내는 기름 가운데 하나. 옅은 노란색을 띠며, 트럭이나 버스 같은 큰 차나 보일러 들의 연료로 쓴다.

경유 지나감 (經由) 어떤 곳을 거쳐서 지나가는 것. **경유하다**《이 비행기는 캐나다를 경유해서 미국으로 간다.》

경음 (硬音) → 된소리.

경음악 (輕音樂) 작은 악단이 연주하는 짧고 가벼운 음악.

경의 (敬意) 존경하는 뜻.《선생님께 경의를 담아 박수를 칩시다.》

경의선 (京義線) 서울과 신의주를 잇는 철도. 1906년에 놓았다.

경이 (驚異) 놀랍고 신기하게 여기는 것. 또는 놀랍고 신기한 일.《경이에

경운기

찬 표정/경이에 가까운 수비 솜씨》

경이롭다 놀랍고 신기하다.《아이들은 별똥별이 떨어지는 모습을 경이롭게 바라보았다.》**바**경이로운, 경이로워, 경이롭습니다.

경인 고속도로 (京仁高速道路) 서울과 인천을 잇는 고속도로. 우리나라에서 처음 닦은 고속도로로, 1968년에 완성하였다.

경인선 (京仁線) 서울과 인천을 잇는 철도. 우리나라에서 처음 놓은 철도로, 1899년에 완성하였다.

경작 (耕作) 땅을 갈아서 농사를 짓는 것.《옥수수 경작》**비**농경. **경작하다**

경작지 (耕作地) 농사를 짓는 땅. **같**경지. **비**농경지, 농지, 농토. **북**부침땅.

경쟁 (競爭) 이기거나 앞서려고 서로 겨루는 것.《경쟁 상대/경쟁이 붙다.》**비**경합. **경쟁하다**

경쟁력 (競爭力) 남과 겨루어 볼 만한 힘이나 능력.《우리 팀의 경쟁력은 바로 끝까지 최선을 다하는 마음이다.》

경쟁률 (競爭率) 남과 겨루어 이기거나 뽑힐 수 있는 비율.

경쟁심 (競爭心) 남과 겨루어 이기고 싶은 마음.《형은 경쟁심이 강해서 남한테 지기 싫어한다.》

경쟁자 (競爭者) 함께 경쟁하는 사람.

경적 (警笛) 소리 내는 장치. 흔히 탈것에 달아 신호를 보내거나 위험을 알리는 데 쓴다.《경적 소리》**비**클랙슨.

경전 (經典) 종교나 훌륭한 사람의 가르침을 적은 책.《유교 경전》

경전철 (輕電鐵) 보통 전철보다 작고 다니는 거리가 짧은 전철.

경제 (經濟) 나라나 사회의 살림살이를 잘 꾸려 나가는 일. 또는 그 일에 얽혀 있는 사람의 모든 활동.《경제 사정/나라 경제》

경제 개발 계획 (經濟開發計劃) 정부에서 나라 경제를 발전시키려고 세우는 여러 가지 계획.

경제 공황 (經濟恐慌) 경제가 몹시 나빠 사회가 혼란에 빠지는 일. **갈**공황.

경제력 (經濟力) 경제 활동을 해 나가는 힘. 나라, 회사, 집안 살림이 얼마나 넉넉한지를 이르는 말이다.

경제 성장 (經濟成長) 나라 경제가 좋아지고 뻗어가는 것.

경제인 (經濟人) 큰 회사를 경영하면서 나라 경제를 이끄는 사람.

경제적 (經濟的) 1.돈이나 재산에 관한. 또는 그런 것. 2.돈, 품, 시간을 좀 더 적게 들이는. 또는 그런 것.

경제 활동 (經濟活動) 경제와 얽힌 모든 활동. 물건을 만들거나 쓰는 일, 돈을 벌거나 쓰는 일 들을 이른다.

경조사 (慶弔事) 한 집안에 생기는 탄생, 혼례 같은 기쁜 일과 사람이 죽는 일 같은 슬픈 일을 두루 이르는 말.

경종 (警鐘) 일이 잘못되거나 위험해지는 것을 조심하라는 주의나 충고를 빗대어 이르는 말.《이 사건은 우리 사회에 경종을 울려 주었다.》

경주 달리기 (競走) 정해진 곳까지 달려 누가 가장 빠른지 겨루는 것.《자동차 경주》**갈**레이스. **경주하다**

경주 땅 이름 (慶州) 경상북도 남동쪽에 있는 시. 신라의 옛 도읍지로 불국사, 석굴암 같은 신라 유적이 많다.

경주로 (競走路) 달리기 경기에서 사람, 말, 차 들이 달려가는 길.

경주하다 힘, 마음, 정성 같은 것을 한 곳으로 기울여 쏟다.《통일에 온 국민의 노력을 경주해야 할 때입니다.》

경중 (輕重) 죄, 병 같은 것이 무겁고 가벼운 정도. 또는 일이 중요하고 중요하지 않은 정도.《경중을 따지다.》

경지 땅 (耕地) → 경작지.

경지 상태 (境地) 쉽게 이를 수 없는 수준이나 상태.《한석봉은 서예가로서 최고 경지에 올랐다.》

경지 정리 (耕地整理) 농사를 잘 지으려고 땅을 반듯하게 고르고 시설을 고치는 일.

경직 (硬直) 1.몸이 뻣뻣하게 굳는 것. 2.생각, 태도, 분위기 같은 것이 딱딱하고 여유가 없는 것. **경직되다**《힘살이 경직되다./경직된 분위기》

경질 (更迭) 어떤 지위에 있는 사람을 다른 사람으로 바꾸는 것.《대통령이 총리 경질을 결정하였다.》**경질하다**

경찰 (警察) 1.국민의 생명과 재산을 보호하고 사회 질서를 지키는 일. 또는 그런 일을 하는 기관. 2.→ 경찰관.

경찰관 (警察官) 경찰 일을 하는 사람. **갈**관, 경찰. **북**보안원.

경찰서 (警察署) 정해진 지역 안에서 경찰 일을 맡아보는 관청.

경찰차 (警察車) 경찰이 일에 쓰는 차.

경찰차

경찰청 (警察廳) 행정 안전부에 딸린 기관. 경찰을 대표하고 경찰 일을 모두 맡아본다.

경천사 십층 석탑 (敬天寺十層石塔) 경기도 개풍 경천사에 있던 고려 시대

경천사 십층 석탑

석탑. 일제 강점기에 일본인이 가져갔던 것을 1960년 돌려받았다. 지금은 국립 중앙 박물관에 있다. 국보 제86호.

경첩 문을 여닫을 수 있게 문틀과 문짝에 한쪽씩 붙여 다는 쇠붙이.

경청 (傾聽) 남의 말을 귀 기울여 열심히 듣는 것. **경청하다**《아이들 모두 교장 선생님 말씀을 경청했다.》

경추 (頸椎) 척추 맨 위쪽에 있는 뼈. 목 부분에 있으며 모두 7개다.

경축 (慶祝) 기쁜 일을 여럿이 함께 축하하는 것.《경축 행사》 **경축하다**

경춘선 (京春線) 서울과 춘천을 잇는 철도. 1939년에 놓았다.

경치 (景致) 눈앞에 펼쳐진 자연의 모습이나 풍경.《설악산 가을 경치/이 마을 경치가 참 좋구나.》같풍경. 비경관.

경치다 몹시 심하게 혼나다.《한 번만 더 늦으면 경칠 줄 알아라.》

경칩 (驚蟄) 한 해를 스물넷으로 나눈 때 가운데 셋째. 날이 풀려서 겨울잠을 자던 개구리가 깨어나는 때라고 한다. 3월 5일이나 6일이다.

경칭 (敬稱) 남을 높여서 부르는 것. 또는 높여 부를 때 쓰는 말. '님', '씨', '선생', '부인', '귀하' 들이 있다.《할아버지는 나이가 어리더라도 본받을 만한 사람에게는 꼭 '선생님'이라는 경칭을 붙이신다.》

경쾌하다 움직임, 모습, 느낌 같은 것이 가볍고 즐겁다.《순이 발걸음이 참 경쾌해 보인다.》

경탄 (驚歎) 매우 훌륭한 것을 알아보고 놀라며 감탄하는 것. **경탄하다**《우진이 노래 솜씨에 모두 경탄하였다.》

경통

경포대

경통 (鏡筒) 현미경이나 망원경에서 대물렌즈와 접안렌즈를 잇는 둥근 통.

경판 (經板) 불경을 새긴 나무나 쇠판.

경포대 (鏡浦臺) 강원도 강릉 경포호에 있는 다락집. 관동 팔경 가운데 하나이다.

경품 (景品) 상품을 산 사람에게 덤으로 주는 물건. 또는 제비뽑기 같은 것을 하여 뽑힌 사람에게 주는 물건.

경하 (慶賀) 흔히 높은 사람에게 생긴 기쁜 일을 축하하는 것. **경하하다**

경학 (經學) 〔논어〕,〔맹자〕 같은 유교 경전을 공부하는 학문.

경합 (競合) 한 가지 목표를 두고 여럿이 서로 이루려고 겨루는 것.《어린이 회장으로 뽑히려고 여러 학생들이 경합을 벌인다.》비경쟁. **경합하다**

경향 (傾向) 생각이나 행동에 두드러지게 나타나는 특징. 또는 어떤 일이 한쪽으로 쏠리거나 기울어지는 것.《내 짝은 사소한 일에도 지나치게 걱정을 하는 경향이 있다.》

경험 (經驗) 어떤 일을 겪는 것. 또는 겪으면서 얻은 능력이나 지식. 비체험. **경험하다**《이번 여행에서 여러 가지 일을 경험했다.》

경험담 (經驗談) 실제로 겪은 이야기. 비체험담.

경호 (警護) 어떤 사람에게 위험한 일이 생기지 않게 가까이에서 지키는 것.《대통령 경호》 **경호하다**

경호원 (警護員) 어떤 사람을 경호하는 사람.

경화 (硬化) 몸이나 물건이 단단하게 굳는 것.《동맥 경화》 **경화하다 경화**

되다

경황 어떤 일을 할 겨를이나 형편.《경황이 없어서 인사도 못 드렸습니다.》

경회루 (慶會樓) 서울 경복궁 서쪽 연못에 있는 다락집. 조선 태종 때 (1412년) 처음 지었는데, 임금과 신하가 모여 잔치하던 곳이다. 국보 제224호.

경회루

곁 1. 바로 옆. 또는 아주 가까운 곳.《할아버지 곁에 앉아 신문을 읽어 드렸다.》 비옆. 2. 가까이에서 도와주거나 보살펴 줄 만한 사람.《옆집 할머니는 곁이 없어 외로운 분이다.》

곁가지 나무의 몸통에 붙어 있는 굵은 가지에서 갈라져 뻗은 작은 가지.

곁눈 사람 고개를 돌리지 않고 눈알만 옆으로 굴려서 보는 눈.

곁눈을 팔다 관용 할 일을 하지 않고 딴 짓을 하다.《수업 시간에는 곁눈 팔지 말고 선생님을 보세요.》

곁눈 식물 줄기가 갈라지는 부분에서 트는 싹.

곁눈질 고개를 돌리지 않고 눈알만 옆으로 굴려서 슬쩍 보는 것.《새로 전학 온 아이를 곁눈질로 힐끔힐끔 보았다.》
곁눈질하다

곁들이다 1. 어떤 먹을거리에 어울리는 다른 먹을거리를 함께 갖추다.《삼겹살은 상추나 깻잎을 곁들여 먹으면 더 맛있다.》 2. 어떤 일에 어울리는 다른 일도 함께 하다.《형은 기타 반주까지 곁들여 노래를 불렀다.》

곁방 1. 안방에 딸린 작은 방. 2. 남의 집 한 부분을 빌려 사는 방. 3. 주가 되는 방에 딸린 방.

곁방살이 남의 집 곁방을 빌려서 사는 일.《옛날에 우리 엄마와 아빠도 5년 동안이나 곁방살이를 하셨답니다.》

곁뿌리 본디 뿌리에서 갈라져 나온 가는 뿌리. 북가는뿌리.

곁사람 북 1. 곁에 있는 사람.《곁사람 얼굴도 못 알아볼 만큼 방이 어둡다.》 2. 어떤 일에 관계없는 사람.《나는 곁사람이어서 왜 그랬는지 잘 몰라.》

곁수 북 숫자와 기호가 합쳐진 식에서 숫자를 이르는 말.《$2x+7=19$에서 곁수는 2이다.》

곁순 풀이나 나무의 가장 굵은 줄기 곁에서 돋아나는 순.

계 합계 (計) 여러 가지를 모두 더하여 셈한 값.《여행 경비 계 십만 원》 비총계, 합계.

계 모임 (契) 서로 돕거나 친하게 지내려고 만든 모임.

계간 (季刊) 잡지나 책을 계절에 따라 한 번씩 펴내는 일. 참월간, 주간.

계곡 (溪谷) 물이 흐르는 골짜기.

계곡산개구리 높은 산골짜기에 사는 개구리. 온몸에 검은 점이 많다. 날씨가 추워지면 물속 돌 밑이나 가랑잎 속에서 겨울잠을 잔다.

계곡산개구리

계교 (計巧) 이리저리 머리를 짜내 생각한 꾀.

계급 (階級) 1. 경찰이나 군대에서 지위가 높고 낮은 등급.《저 군인 아저씨는 계급이 뭐예요?》 2. 사회에서 직업, 신분, 재산 들에 따라 나뉘는 사람들의 집단.《노동 계급》 비계층.

계급장 (階級章) 계급을 나타내려고 옷이나 모자 들에 다는 물건.《삼촌이 병장 계급장을 달고 휴가를 나왔다.》

계기 기구 (計器) 길이, 넓이, 무게, 양, 온도 들을 재는 기구를 모두 이르는 말.

계기 기회 (契機) 어떤 일을 일으키거나 바뀌게 하는 중요한 까닭이나 기회. 《그 일을 계기로 유미랑 친해졌다.》

계단 (階段) 높은 곳을 오르내리기 쉽게 층층이 만든 단. 비층계.

계단식 (階段式) 계단처럼 층이 진 것. 또는 그런 꼴. 《계단식 밭》

계란 (鷄卵) → 달걀.

계략 (計略) 남을 어려움에 빠트리려고 짜낸 꾀. 비계책.

계량 (計量) 수량이나 무게를 재는 것. **계량하다**

계량기 (計量器) 수량이나 무게를 재는 데 쓰는 기구. 《수도 계량기》

계량컵 물, 가루 같은 것의 양을 잴 수 있게 눈금을 그려 넣은 컵.

계룡산 (鷄龍山) 충청남도 공주와 논산에 걸쳐 있는 산. 국립공원이다.

계면쩍다 → 겸연쩍다.

계명 (階名) → 계이름.

계명성 (啓明星) → 금성.

계모 (繼母) → 의붓어머니.

계몽 (啓蒙) 못 배운 사람을 가르쳐서 깨우치는 것. **계몽하다**

계몽 운동 (啓蒙運動) 많은 사람을 계몽하려고 벌이는 운동.

계발 (啓發) 소질이나 정신을 일깨워 발전시키는 것. 《능력 계발》 **계발하다**

계보 (系譜) 한 집안이 옛날부터 죽 이어져 내려온 관계. 또는 학문이나 사상이 영향을 받으면서 이어져 온 관계.

계부 (繼父) → 의붓아버지.

계산 (計算) 1.덧셈, 뺄셈, 곱셈, 나눗셈으로 수나 양을 셈하는 것. 《계산이 정확하지 않아서 답이 틀렸다.》 비셈. 2.어떤 일을 미리 짐작하거나 따져 보는 것. 또는 어떤 일에 따르는 이익이나 손해를 따져 보는 것. 《기차 출발 시각을 계산에 넣어라./계산에 너무 밝으면 약삭빨라 보인다.》 3.값을 치르는 것. 《오늘 떡볶이 값 계산은 내가 할게.》 비셈. **계산하다 계산되다**

계산기 (計算器) 셈하는 데 쓰는 기계.

계산대 (計算臺) 가게나 음식점에서 값을 치르는 곳. 같카운터.

계산서 (計算書) 물건 값, 요금, 세금 들을 계산하여 내용을 적은 종이.

계속 (繼續) 1.어떤 일을 끊임없이 이어서 하는 것. 반중단, 중지. 2.한번 멈추었던 일을 이어서 하는 것. 3.끊어지지 않고 잇달아. 또는 끊지 않고 잇대어. 《동생은 노래를 계속 불렀다.》 **계속하다 계속되다**

계속적 (繼續的) 끊임없이 이어지는. 또는 그런 것. 비연속적.

계수나무 열대 지방이나 아열대 지방에서 자라는 잎지는나무. 5~6월에 누런 꽃이 피고, 가을에 열매가 검게 익는다. 나무껍질은 '계피'라고 하는데 약으로 쓰거나 음식에 넣는다.

계승 (繼承) 전통이나 옛것을 이어받는 것. 또는 지위나 자리를 물려받는 것. 같승계. **계승하다** 《전통문화를 계승하여 발전시키자.》 **계승되다**

계시 (啓示) 종교에서 신이 사람한테 가르침을 내리는 것. 또는 그런 가르침. 《하늘의 계시를 받다.》 **계시하다**

계시다 '있다'의 높임말. 《할아버지는

지금 집에 안 계십니다.》

계약 (契約) 서로 어떤 일을 어떻게 하기로 말이나 글로 약속하는 것.《계약 조건》**계약하다**

계약금 (契約金) 계약을 지키겠다는 뜻으로 미리 치르는 돈.

계약서 (契約書) 계약한 내용을 적은 문서.

계약자 (契約者) 계약을 맺은 사람.

계열 (系列) 서로 관계가 있거나 비슷해서 한 갈래로 묶을 수 있는 것.《넌 붉은색 계열 치마가 어울려.》**북**계렬.

계율 (戒律) 중이나 불교를 믿는 사람이 지켜야 할 규칙. **북**계률.

계이름 음의 높낮이를 나타내는 이름. 서양 음악의 도, 레, 미, 파, 솔, 라, 시와 우리나라 음악의 궁, 상, 각, 치, 우를 말한다. **같**계명.

계장 (係長) 관청이나 회사에서 계를 책임지는 사람.

계절 (季節) → 철.

계절감 (季節感) 계절이 바뀔 때 생기는 느낌.《추석이 지났는데도 계절감을 느낄 수 없을 만큼 덥다.》

계절풍 (季節風) 계절에 따라 방향이 바뀌어 부는 바람. 여름에는 바다에서 육지로 불고 겨울에는 육지에서 바다로 분다. **북**철바람.

계제 (階梯) 1. 계단이나 사다리를 밟아 나가듯 일이 차차 나아가는 순서나 절차.《지금은 그런 작은 일을 따질 계제가 아니라고 봐.》 2. 어떤 일을 할 형편이나 기회.《지금 우리는 이것저것 가릴 계제가 아니다.》

계좌 (計座) 은행 같은 데서 돈을 맡긴

사람의 이름으로 들어오고 나간 돈을 계산하고 기록한 것.《예금 계좌》**북**돈자리. **✕**구좌.

계주 (繼走) → 이어달리기.

계집 '여자'를 낮추어 이르는 말.

계집아이 '여자 아이'를 낮추어 이르는 말. **준**계집애. **참**사내아이.

계집애 → 계집아이.

계책 (計策) 어떤 일을 이루려고 짜내는 꾀.《저 성을 공격할 좋은 계책이 떠오르지 않는다.》**비**계략.

계측 (計測) 무게, 양, 길이, 시간 들을 기구를 써서 재는 것. **계측하다**

계층 (階層) 한 사회에서 직업, 재산, 학력 들이 비슷한 사람들로 이루어진 집단.《양반 계층》**비**계급.

계통 (系統) 성질이나 기능이 비슷한 것끼리 모인 갈래.

계피 (桂皮) 계수나무 껍질을 한방에서 이르는 말.

계획 (計劃) 앞으로 할 일을 미리 생각하여 정하는 것.《주말에 할머니 댁에 갈 계획이야.》**계획하다 계획되다**

계획도 (計劃圖) 계획한 내용을 알아보기 쉽게 그린 그림.《도시 계획도》

계획서 (計劃書) 계획한 내용을 적은 종이.

계획성 (計劃性) 미리 계획을 세워서 일하는 태도.《어려운 일일수록 계획성 있게 차근차근 풀어 나가자.》

계획적 (計劃的) 미리 계획을 짜서 어떤 일을 하는. 또는 그런 것.

계획표 (計劃表) 앞으로 할 일을 적은 표.《방학 계획표》

겟돈 계에 든 사람이 내거나 받는 돈.

《**겟돈을 붓다.**》북계돈.

고 ^{가리키는 말} 1.'그'를 낮추거나 귀엽게 이르는 말.《고 녀석 귀엽게 생겼네.》 ^참요, 조. 2.'그'보다 가리키는 테두리 가 좁거나 작은 느낌을 주는 말.《내가 잠깐 자리를 비운 고 시간에 네가 다녀 갔어.》^참요, 조.

고 ^{매듭} 옷고름, 노끈을 맬 때 풀리지 않 게 한 가닥을 고리처럼 잡아 뺀 것.

고 ^{죽음} (故) 죽은 사람 이름 앞에 붙이 는 말.《고 권정생 선생님》

고가 ^값 (高價) 비싼 값. 또는 값이 비 싼 것.《조선 시대 도자기가 고가에 팔 렸다.》^반염가.

고가 ^집 (古家) 지은 지 오래된 집.《지 은 지 백 년이 넘은 고가》

고가 도로 (高架道路) 흔히 교통이 복 잡한 도시에서 기둥을 높이 세우고 그 위에 놓은 도로.

고가 사다리 길게 펼치면 건물의 높은 곳까지 닿는 사다리. 흔히 차에 달아 불을 끄거나 이삿짐을 나르는 데 쓴다.

고갈 (枯渇) 1.물이 말라 없어지는 것. 《식수 고갈》 2.자원이나 물건 같은 것 이 다 써서 없어지는 것.《자원 고갈》 **고갈되다**

고개 ^몸 1.목 뒤쪽.《하늘을 한참 쳐다 봤더니 고개가 아프다.》2.목과 머리 를 함께 이르는 말.《놀이터에 가자고 하니 형은 싫다면서 고개를 저었다.》 **고개가 수그러지다** ^{관용} 받들어 모시려 는 마음이 들다.《부모님 은혜를 생각 하면 절로 고개가 수그러진다.》 **고개를 갸웃거리다** ^{관용} 1.곰곰이 생각 하며 망설이다.《철이는 영화 보러 가

자는 말에 고개를 갸웃거렸다.》2.의 심스러워하며 믿지 못하다.《왜 내가 무슨 말만 하면 고개를 갸웃거리니?》 **고개를 숙이다** ^{관용} 1.남의 뜻을 받아들 이다.《우리는 선생님 말씀에 고개를 숙였다.》2.기세가 꺾이다.《9월인데 도 더위가 고개를 숙이지 않았다.》

고개 ^땅 사람이나 탈것이 넘어 다니는 산이나 언덕.

고객 (顧客) 가게나 식당 같은 데에 오 는 손님. 또는 은행이나 회사와 거래하 는 손님.

고갯길 고개에 난 길. 북고개길.

고갯마루 고개에서 가장 높은 곳.《고 갯마루에 오르니 아랫마을이 훤히 내 려다보인다.》북고개마루.

고갯짓 고개를 흔들거나 끄덕이는 것. 《누나의 질문에 고갯짓으로 대답해 주 었다.》북고개짓. **고갯짓하다**

고갱이 1.풀이나 나무 한가운데 있는 연한 줄기. 또는 채소 가운데에 있는 연한 속잎.《배추 고갱이》2.가장 중요 한 것을 빗대어 이르는 말.《'사람이 곧 하늘이다'라는 말에 동학의 고갱이가 있다.》

고것 1.'그것'을 귀엽게 이르는 말.《고 것 참 귀엽게 생겼구나.》^참요것, 조것. 2.'그것'을 테두리를 좁혀 이르는 말. 《배부르니까 고것만 먹을게.》

고견 (高見) 뛰어난 생각. 또는 남의 의견을 높여 이르는 말.《이 문제에 대 한 선생님의 고견을 듣고 싶습니다.》

고결하다 뜻이 높고 됨됨이가 바르고 깨끗하다.《선생님은 고결한 인품으로 제자들의 존경을 받았다.》

고고하다 세상일에 물들지 않고 홀로 인격이 훌륭하다.《벼슬을 탐내지 않고 고고하게 살다 간 선비》

고고학 (考古學) 유물이나 유적을 찾아내고 관찰하여 옛사람의 생활을 연구하는 학문.

고관 (高官) 지위가 높은 관리.

고광나무 산골짜기 그늘진 곳에 자라는 잎지는나무. 5~6월에 흰 꽃이 피고, 열매는 9월에 익어서 저절로 터진다.

고광나무

고교생 (高校生) → 고등학생.

고구려 (高句麗) 기원전 37년에 동명성왕 주몽이 한반도 북부와 만주 지방에 세운 나라. 668년에 신라와 당나라 연합군에게 망하였다.

고구마 밭에 심어 가꾸는 풀. 자주색 줄기가 땅 위를 기면서 자란다. 덩이뿌리를 먹는데 껍질은 붉은빛이 나고 속살은 노르스름하다. **북**단고구마.

고구마

고국 (故國) 다른 나라에 간 사람이 '자기 나라'를 이르는 말.《그분은 결국 고국 땅을 다시 밟지 못하고 돌아가셨다.》**비**모국, 조국.

고군분투 (孤軍奮鬪) 무리 가운데 혼자만 외롭게 힘껏 싸우는 것. **고군분투하다**《영철이가 고군분투했지만 아쉽게도 우리 반이 졌다.》

고궁 (古宮) 경복궁, 창경궁 같은 옛궁궐.《고궁을 거닐다.》

고귀하다 훌륭하고 귀중하다. 또는 신분이 높고 귀하다.《목숨보다 고귀한 것은 없다.》

고금 (古今) 옛날부터 지금까지 이르는 동안.《이 그림은 고금을 통틀어 가장 오래된 유물이다.》**참**동서고금.

고급 (高級) 질이 좋고 값이 비싼 것. 또는 지위나 수준이 높은 것.《고급 음식점》**참**중급, 초급.

고급화 (高級化) 질을 높여서 비싸게 만드는 것. **고급화하다 고급화되다**

고기 먹을거리 1.사람이 먹는 여러 가지 짐승 살.《고기를 먹을 때는 채소를 곁들이는 게 좋다.》2.→ 물고기.

고기가 탐나거든 그물을 떠라 **속담** 어떤 일을 하려면 준비를 잘해야 한다는 말.

고기도 저 놀던 물이 좋다 **속담** 평소에 자기한테 익숙한 곳이 더 좋다는 말.

고기 거기 '거기'를 테두리를 좁혀 이르는 말.《고기에서 잠깐만 기다려 줘.》**참**요기, 조기.

고기떡 **l북** 내장을 뺀 물고기를 통째로 갈아 만든 반찬. 밀가루, 소금, 갖은 양념, 영양제 들과 함께 반죽하여 빚은 뒤에 찌거나 굽거나 튀긴다.

고기밥 물고기 먹이.《연못에 고기밥을 던지자 잉어가 몰려들었다.》

고기밥이 되다 **관용** 물에 빠져 죽다.《고기밥이 되지 않으려면 깊은 곳에는 가지 마라.》

고기소 고기를 다져 양념과 버무려서 만든 소.

고기압 (高氣壓) 주위 기압보다 높은 기압. **참**저기압.

고기잡이 1.낚시나 그물 들로 물고기를 잡는 것.《우리는 냇가에서 고기잡이를 하면서 놀았다.》2.고기 잡는 일로 사는 사람. **고기잡이하다**

고기잡이배 고기잡이에 쓰는 배. **같**고깃배. 비어선. **북**고기배.

고깃간 → 푸줏간.

고깃국 고기를 넣어 끓인 국. **북**고기국.

고깃덩어리 덩어리로 된 고기. **북**고기덩어리.

고깃배 → 고기잡이배.

고까옷 → 꼬까옷.

고깔 세모꼴 모자. 흔히 풍물을 칠 때, 중이 춤출 때, 무당이 굿할 때 쓴다.

고깝다 섭섭하고 얄미워서 마음이 언짢다. 《너를 위해서 한 말이니까 고깝게 여기지 마.》**바**고까운, 고까워, 고깝습니다.

고꾸라지다 몸이 앞으로 꼬부라져 쓰러지다. 《언덕길을 급히 달려 내려가다가 그만 고꾸라지고 말았다.》

고난 (苦難) 힘겹고 어려운 일. 《그분들은 온갖 고난을 이기고 남극 탐험에 성공했다.》**비**고초.

고놈 '그놈'을 낮추거나 귀엽게 이르는 말. 《내가 가서 고놈을 혼내 주마./ 이 수박은 덜 익은 것 같으니 고놈으로 주세요.》**참**요놈, 조놈.

고뇌 (苦惱) 어렵고 힘든 일로 괴로워하는 것. **비**고민. **고뇌하다**

고누 땅이나 종이 위에 가로와 세로로 줄을 그어 말판을 그려 놓고 상대편 말을 따거나 말이 가는 길을 막으면서 겨루는 놀이.

고니 물가나 늪에서 떼 지어 사는 겨울새. 온몸이 희고 다리는 검다. 천연기념물 제 201-1호. **같**백조.

고다 ^{삶다} 1.고기나 뼈를 물에 넣고 물러지거나 국물이 우러날 때까지 삶다. 《곰국은 소뼈를 푹 고아 만든다.》2.엿 같은 것을 엉길 때까지 끓여서 졸이다. 《엿을 고아서 강정을 만든다.》

고니

고다 ^{떠들다} l**북** 시끄럽게 떠들다. 《왜 귀청이 떨어지게 고고 그러니?》

고단백 (高蛋白) 단백질이 많은 것. 《고단백 식품으로는 쇠고기, 물고기, 달걀, 우유, 콩 같은 것들이 있습니다.》

고단하다 지쳐서 피곤하고 힘이 없다. 《하루 종일 뛰어놀았더니 고단해.》

고달프다 어려운 일에 시달려서 몹시 괴롭고 힘들다. 《나그네는 고달픈 몸을 이끌고 쉴 곳을 찾았다.》**바**고달픈, 고달파, 고달픕니다.

고대 (古代) 1.아주 먼 옛날. 2.인간 역사를 시대로 나눌 때 원시 시대와 중세 사이의 시대. 우리나라에서는 흔히 고조선 때부터 통일 신라 때까지를 이른다. **참**중세, 근대, 현대.

고대광실 (高臺廣室) 아주 크고 좋은 집. 《고대광실도 내 집만 못하다.》

고대 국가 (古代國家) 중세 이전에 나타나 발전한 국가.

고대 문명 (古代文明) 아주 옛날에 일어난 문명. 이집트, 메소포타미아, 인더스, 황하 문명을 가리킨다.

고대 소설 (古代小說) 홍길동전, 춘향전 들처럼 옛날에 나온 소설.

고대하다 어떤 일을 몹시 기다리다. 《어서 첫눈이 내리기를 고대했다.》

고도 ^{높이} (高度) 1.공중에 떠 있는 높이. 《비행기는 정해진 고도로 날아갔다.》2.흔히 '고도의', '고도로' 꼴로 써서, 수준이 높음을 나타내는 말. 《옛 이집트는 고도로 발달한 문명을 자랑했다.》

고도 ^{서울} (古都) 옛날에 한 나라의 수도였던 곳. 《부여는 백제의 고도이고

경주는 신라의 고도입니다.》

고도 섬 (孤島) 뭍에서 멀리 떨어진 작은 섬. 비낙도.

고독 (孤獨) 외롭고 쓸쓸한 것. 비외로움. **고독하다** 《외딴 곳에 혼자 살면 고독하지 않으세요?》

고동 소리 1.배에서 신호로 내는 소리. 《고동을 울리다.》 2.기계를 움직이게 하는 장치. 《수도 고동을 틀다.》

고동 심장 (鼓動) 피가 돌면서 심장이 벌떡벌떡 뛰는 것. 《가슴에 청진기를 대고 고동 소리를 들었다.》

고동색 (古銅色) 검붉은 빛이 도는 누런색.

고동색우산버섯 숲 속에서 자라는 버섯. 갓 한가운데는 짙은 적갈색에 끈기가 있고, 가장자리에는 줄무늬가 있다. 먹는 버섯이다.

고되다 하는 일이 몹시 힘들다. 《아주머니는 하루 종일 벽돌을 나르는 고된 일을 하였다.》

고두밥 아주 되게 지어서 밥알이 마른 밥.

고둥 둘둘 말려 있는 단단한 껍데기 속에 연한 몸이 들어 있는 동물. 물속에 산다.

고드름 위에서 아래로 흐르던 물이 얼어붙어서 길쭉하게 매달린 것. 《처마 끝에 고드름이 달렸다.》

고들빼기 양지바른 풀밭에 자라는 풀. 여름에서 가을까지 노란 꽃이 핀다. 봄에 뿌리째 캐서 나물로 먹는다. 북좀두메고들빼기.

고등 (高等) 수준이나 등급 같은 것이 높음. 《고등 생물》 반하등.

고등어

고동색우산버섯

고라니

고란초

고둥

고랑따개비

고들빼기

고등 교육 (高等教育) 수준이 높은 지식이나 기술을 가르치는 교육. 대학이나 대학원 교육을 이른다.

고등 동물 (高等動物) 몸속 기관이 기능에 따라 여러 가지로 발달한 동물. 흔히 척추동물을 이른다. 반하등 동물.

고등어 따뜻한 물을 따라 넓은 바다를 헤엄쳐 다니는 바닷물고기. 몸이 길쭉한데 등은 푸르고 배는 희다. 등에 검은 무늬가 있다.

고등학교 (高等學校) 중학교를 마친 뒤 들어가는 학교. 3년 동안 다닌다.

고등학생 (高等學生) 고등학교에 다니는 학생. 같고교생.

고딕체 획이 굵은 글자꼴.

고라니 작은 나무가 우거진 숲에 사는 짐승. 뿔은 없고 위턱 송곳니가 입 밖으로 나와 있다.

고락 (苦樂) 괴로움과 즐거움을 함께 이르는 말. 《할머니와 할아버지는 50년 동안이나 고락을 같이하셨다.》

고란초 산속 그늘진 바위틈에서 자라는 풀. 잎이 두세 갈래로 갈라져 있는데 끝이 뾰족하다. 뒤에 동글동글한 홀씨주머니가 붙어 있다.

고랑 두둑하게 돋은 두 땅 사이에 길고 좁게 팬 곳. 《보리밭 고랑》

고랑따개비 바닷가 바위, 조개껍데기, 배 밑창 같은 데에 붙어서 사는 따개비.

고래 바다에 사는 젖먹이 동물. 물고기처럼 생겼지만 알을 낳지 않고 새끼를 낳아 젖을 먹인다. 허파로 숨을 쉰다. 고래 싸움에 새우 등 터진다 속담 힘센 사람들의 싸움에 힘없는 사람이 끼어서 해를 입는 것을 이르는 말.

고래고래 목소리를 한껏 높여 크게 소리를 질러 대는 모양.《밤이 깊었는데 누군가 고래고래 소리를 질렀다.》

고랭지 (高冷地) 평지보다 높아서 여름에도 서늘한 곳.

고랭지 농업 (高冷地農業) 고원이나 산지처럼 여름에도 서늘한 곳에서 감자, 메밀, 배추 들을 기르는 농업.

고려 나라 (高麗) 918년에 후삼국을 통일해 왕건이 세운 나라. 1392년 이성계에게 망하였다.

고려 생각 (考慮) 어떤 일을 하려고 이것저것 헤아리거나 생각하는 것. **고려하다**《현실을 고려해서 계획을 짜.》

고려 대장경 (高麗大藏經) 고려 시대에 펴낸 대장경. 초조대장경과 팔만대장경을 함께 이르는 말이다.

고려사 (高麗史) 조선 세종 때 김종서, 정인지 들을 시켜서 쓴 책. 고려 역사에 관한 내용을 적었다.

고려엉겅퀴 산기슭이나 골짜기에 자라는 풀. 잎 가장자리에 가시 같은 털이 있고, 7~10월에 붉은 자줏빛 꽃이 핀다. 어린순을 먹는다.

고려엉겅퀴

고려자기 (高麗瓷器) 고려 시대에 만든 자기. 푸른빛, 흰빛, 잿빛 같은 여러 빛깔이 있는데 특히 푸른 청자가 세계에 널리 알려져 있다.

고려장 (高麗葬) 옛날에 늙은 사람을 구덩이 속에 산 채로 버려두었다가 죽으면 장사 지내던 일.

고려청자 (高麗靑瓷) 고려 시대에 만든 푸른 빛깔 자기.

고령가야 (古寧伽倻) 여섯 가야 가운데 경상북도 상주에 있던 나라.

고로쇠나무

고령토 (高嶺土) 흰빛이나 잿빛 진흙. 도자기를 만드는 데 쓴다.

고로쇠나무 산속 골짜기나 산허리 양지바른 곳에 자라는 잎지는나무. 5월에 꽃이 피고, 9월에 껍질이 날개처럼 생긴 열매를 맺는다. 줄기에서 받은 물을 약으로 먹는다.

고루 1. 서로 차이 없이 고르게.《삼촌이 준 땅콩을 동생들과 고루 나누어 먹었다.》 2. 빠짐없이 두루.《반찬을 고루 먹어야 키가 쑥쑥 자란다.》

고루고루 1. 여럿이 모두 고르게.《음식을 고루고루 먹어야 몸이 튼튼해져요.》 준골고루. 2. 빼놓지 않고 두루.《선생님은 아이들에게 빵과 우유를 고루고루 나눠 주셨다.》 준골고루.

고루하다 낡은 생각이나 풍습에 젖어 고집이 세고 답답하다.《고루한 사고방식》

고르다 가려내다 여럿 가운데서 어떤 것을 가려내다.《나는 분홍색 공을 골랐다.》 바고르는, 골라, 고릅니다.

고르다 비슷하다 서로 차이가 없이 한결같거나 가지런하다.《내 짝꿍은 이가 고르게 나서 웃는 모습이 예뻐.》 북고루다. 바고른, 골라, 고릅니다.

고르다 가다듬다 1. 울퉁불퉁하거나 들쭉날쭉한 것을 가지런히 하다.《땅을 판판하게 고르다.》 2. 붓이나 악기 줄 들을 다듬거나 손질하다.《줄을 고르다.》 바고르는, 골라, 고릅니다.

고르롭다 북 높낮이, 크기, 양 들이 한결같이 고르다.《아기의 숨소리가 고르롭다.》 바고르로운, 고르로와, 고르롭습니다.

고름 ^{저고리} → 옷고름.

고름 ^{진물} 상처나 종기가 곪아서 생기는 누르스름하고 끈끈한 액체.

고리 ^{사슬} 쇠붙이, 줄 같은 것을 구부려서 두 끝을 맞붙여 만든 물건.

고리 ^{상자} 고리버들 가지나 가늘게 쪼갠 대나무로 엮은 상자.

고리 ^{이자} (高利) 비싼 이자. ^반저리.

고리눈 놀라거나 화나서 동그래진 눈.

고리대금 (高利貸金) 비싼 이자를 받고 돈을 빌려 주는 일.

고리대금업자 (高利貸金業者) 고리대금을 하는 사람.

고리매 바닷가 바위나 자갈에 붙어 자라는 바닷말. 어릴 때는 옅은 밤색이다가 다 자라면 색이 짙어지고 잘록한 마디가 생긴다.

고리버들 개울가나 축축한 땅에서 자라는 잎지는나무. 잎은 길쭉하고 끝이 뾰족하다. 가지는 껍질을 벗겨서 버들고리나 키를 만든다. ^북키버들.

고리타분하다 1. 생각이나 하는 짓이 새롭지 않아 답답하고 따분하다. 《우리 생각과는 달리 할머니 말씀은 전혀 고리타분하지 않았다.》2. 냄새가 신선하지 않고 역겹다. 《삼촌 방에서는 늘 고리타분한 냄새가 난다.》

고린내 씻지 않은 발에서 나는 듯한 고약한 냄새. 《아버지 발에서 나는 고린내 때문에 코를 움켜쥐었다.》

고릴라 아프리카 열대 숲에 사는 짐승. 유인원 가운데 몸집이 크고 힘도 세다. 몸이 검은 털로 덮여 있는데, 팔은 길고 다리는 짧다.

고립 (孤立) 1. 길이 끊겨서 어떤 곳을

고마로브집게벌레

고리_상자

고마리

고리매

벗어날 수 없게 되는 것. 2. 남과 어울리지 못하고 외톨이가 되는 것. **고립되다** 《갑자기 내린 비로 등산객 몇 명이 산속에 고립됐다.》

고마로브집게벌레 돌 밑, 흙 속, 나무 껍질 속에 사는 집게벌레. 몸이 길고 가는데 배 끝에 긴 집게가 달려 있다.

고마리 축축한 풀숲이나 물가에 자라는 풀. 줄기에 갈고리 같은 가시가 있고, 8~9월에 옅은 붉은색이나 흰색 꽃이 핀다.

고마움 1. 나를 위해 애써 주어서 흐뭇하고 기쁜 마음. 《편지라도 써서 내 고마움을 전하고 싶어.》2. 남을 위해 애쓰는 곱고 정다운 마음. 《부모의 고마움을 모른다면 사람도 아니지.》

고막 (鼓膜) → 귀청.

고만 1. 고만큼까지만. 《장난 고만 하고 숙제 좀 해라.》2. 그대로 곧. 《저는 여기서 고만 집으로 가겠어요.》3. 자기도 모르는 사이에. 《하도 억울해서 고만 울음이 터졌다.》

고만고만하다 여럿이 모두 비슷비슷하다. 《우리 모둠 아이들은 키가 고만고만하다.》

고맙다 1. 남이 나를 위해 애써 주어서 흐뭇하고 기쁘다. 《청소 도와줘서 고마워.》2. 남을 위해 애쓰는 마음이 곱고 정답다. 《우리 집 쓰레기까지 치워 주시다니 참 고마운 분이다.》^바고마운, 고마워, 고맙습니다.

고매하다 됨됨이, 마음씨, 학식 같은 것이 아주 높고 훌륭하다. 《제자들은 스승의 고매한 인품에 감동하였다.》

고명 음식 모양과 빛깔을 좋게 하고 맛

을 더하려고 음식 위에 얹거나 뿌리는 것. 실고추, 지단, 잣 들을 쓴다.

고명딸 아들이 여럿 있는 집에 하나뿐인 딸.

고모 (姑母) 아버지의 누이.

고모부 (姑母夫) 고모의 남편.

고목 (古木) 오래되어 큰 나무.《우리 학교에는 백 살 먹은 고목이 있다.》

고무 고무나무 진을 굳혀서 만든 물렁물렁한 물질. 지우개, 장갑, 장화, 바퀴, 공 같은 것을 만드는 데 쓴다.

고무공 고무로 만든 공. 겉이 말랑말랑하고 잘 튄다.

고무관 고무로 만든 관.

고무나무 줄기에서 고무를 만드는 재료를 얻는 나무. 흔히 더운 지방에서 자라고 종류가 많다.

고무래 곡식 낟알을 모으거나 흙을 고르는 농기구. 반달이나 사다리꼴로 생긴 널빤지에 긴 자루를 달았다.

고무래

고무마개 고무로 만든 마개. 구멍 같은 데 끼워서 속에 든 것이 새지 않게 막는다.

고무 밴드 고리처럼 생긴 가는 고무줄.《머리카락을 고무 밴드로 묶었다.》

고무신 고무로 만든 신.

고무장갑 고무로 만든 장갑. 흔히 물을 써서 하는 일을 할 때 손을 보호하려고 낀다.《어머니가 고무장갑을 끼고 설거지를 하신다.》

고무줄 고무로 만든 줄.《바지 고무줄이 느슨해져서 자꾸 흘러내린다.》

고무줄넘기 두 사람이 한쪽씩 잡고 돌리는 고무줄을 여럿이 함께 뛰어넘는 놀이.

고무줄놀이 팽팽하게 당긴 고무줄을 노래에 맞추어 넘거나 다리에 걸었다 놓았다 하면서 노는 놀이.

고무 찰흙 마음대로 주물러서 여러 꼴을 만들 수 있는 고무. 찰흙처럼 말랑말랑하고 색깔이 여러 가지이다.

고무총 Y꼴로 생긴 나뭇가지 두 끝에 고무줄을 매어 만든 장난감. 당겼다가 놓으면 튕겨 나가는 고무줄의 힘으로 쏘아 맞히기를 한다.

고무판 고무로 만든 판.

고무풍선 고무로 만든 풍선.

고문 괴롭힘 (拷問) 어떤 사실을 알아내려고 남을 몹시 아프게 하면서 괴롭히는 것.《독립 운동가들이 일본 경찰에 잡혀 모진 고문을 당했다.》 **고문하다**

고문 사람 (顧問) 회사, 기관 같은 데서 풍부한 경험과 아는 것을 바탕으로 도움말을 주는 사람. 또는 그런 일을 맡아 보는 자리.《기술 고문》

고물 먹을거리 맛과 모양을 내려고 인절미, 경단 들에 묻히거나 시루떡 사이에 넣는 가루. 콩, 팥, 녹두, 참깨 들로 만든다. 같떡고물. 북보숭이.

고물 배 배의 뒤쪽 끝 부분. 참이물.

고물 낡음 (古物) 오래되어 낡은 물건.《고물 자동차》

고물- 모양 '꼬물-'의 여린말. **고물거리다 고물대다 고물고물**

고물상 (古物商) 낡거나 고장 난 물건을 사고파는 장사나 가게.《이사하면서 낡은 물건들을 고물상에 팔았다.》

고물 장수 고물을 사고파는 사람.

고민 (苦悶) 걱정거리. 또는 걱정거리가 있어 괴로워하고 속을 태우는 것.

《내 고민을 들어줄 사람은 누나밖에 없어.》비고뇌. **고민하다**

고발 (告發) 1.경찰이나 검찰에 남의 잘못이나 죄를 알리는 것. 2.신문이나 방송에서 사회의 잘못된 일을 널리 알리는 것. ^{참고소}. **고발하다 고발되다**

고방오리 연못이나 호수에 사는 겨울새. 수컷은 머리는 갈색, 목과 배는 흰색인데 등에 검은 무늬가 있다. 암컷은 갈색에 검은 무늬가 있다.

고방오리

고배 (苦杯) 쓰디쓴 술이 담긴 잔. 바라던 일이 뜻대로 되지 못한 쓰라린 경험을 빗대어 이르는 말이다.《삼촌은 대학 입학시험에서 그만 고배를 들고 말았다.》

고백 (告白) 마음속에 감추고 있던 것을 숨김없이 다 말하는 것.《엄마께 사실대로 고백을 하고 나니 속이 후련했다.》**고백하다**

고별 (告別) 헤어지거나 떠나는 것을 알리는 일.《고별 경기/고별 공연》

고비_풀

고본 높은 산에 자라는 풀. 줄기에서 진한 향기가 나고, 자잘한 흰 꽃이 한데 모여 핀다. 뿌리를 약으로 쓴다.

고봉 그릇에 밥이나 곡식을 수북이 높게 담는 일.《할머니가 내 밥만 고봉으로 퍼 담아 주셨다.》

고봉밥 그릇에 수북이 높게 담은 밥.

고부간 (姑婦間) 시어머니와 며느리 사이.《할머니와 엄마는 사이좋은 고부간이다.》

고본

고분 (古墳) 옛 무덤.《만주 지방에는 고구려 고분이 많이 남아 있다.》

고분고분 공손하고 얌전한 모양. 또는 시키는 대로 잘 따르는 모양.《개구쟁

이 동생도 할머니 말씀이라면 고분고분 잘 듣는다.》**고분고분하다**

고분군 (古墳群) 옛 무덤이 많이 모여 있는 곳.

고분 벽화 (古墳壁畵) 옛 무덤 안의 천장이나 벽에 그린 그림.

고비 ^{어려움} 어떤 일이 가장 어렵거나 위험한 때.《동생이 밤새 끙끙 앓더니 이제 고비를 넘겼다.》

고비 ^풀 산속 축축한 땅에 자라는 풀. 어린순은 도르르 말려 있다가 자라면서 펴진다. 꽃이 피지 않고 홀씨를 퍼뜨린다. 어린순을 먹는다.

고뿔 → 감기.

고삐 소나 말을 부리려고 코뚜레, 재갈 같은 것에 매어 끄는 줄.《고삐를 당기다./고삐를 잡다.》

고삐가 풀리다 ^{관용} 긴장이 풀어지거나 멋대로 하다.《날씨가 따뜻해지니까 덩달아 저 녀석들도 고삐가 풀렸어.》

고삐 풀린 망아지 ^{관용} 제멋대로 거칠게 구는 사람을 빗대어 이르는 말.《심통이 난 동생은 고삐 풀린 망아지처럼 날뛰었다.》

고사 ^{시험} (考査) 흔히 학교에서 학생이 공부를 얼마나 했는지 알아보려고 치는 시험.《학기말 고사》

고사 ^{옛일} (故事) 유래가 있는 옛날 일. 또는 옛날부터 전해 온 규칙.《선생님은 가끔씩 우리나라 고사에 나오는 효자 이야기를 들려주신다.》

고사 ^{제사} (告祀) 나쁜 일은 없어지고 하는 일은 잘되라고 음식을 차려 놓고 신한테 비는 것.《식당을 차린 삼촌이 장사가 잘되라고 고사를 지냈다.》

고사 ^{죽음} (枯死) 풀이나 나무가 말라 죽는 것.《오랜 가뭄으로 농작물들이 고사 위기에 놓였다.》 **고사하다**

고사 ^{거절} (固辭) 남이 권하는 일을 굳이 거절하는 것.《큰아버지는 고사 끝에 결국 통장 자리를 맡기로 하셨다.》 **고사하다**

고사리 햇빛이 잘 드는 숲에서 자라는 풀. 꽃이 피지 않고 잎 뒤에 홀씨가 생긴다. 이른 봄에 움켜쥔 아기 손처럼 생긴 어린순이 나오는데 나물로 먹는다.

고사리도 제철에 꺾어야 한다 **속담** 모든 일은 알맞은 때에 해야 한다는 말.

고사하고 더 말할 것도 없고. 또는 무언가를 하기는커녕.《일등은 고사하고 꼴찌나 하지 않으면 좋겠다.》

고산 (高山) 높은 산.《고산 지대》

고삼 양지바른 풀밭에 자라는 풀. 여름에 연노란 꽃이 꽃대에 줄지어 피고, 잘록한 꼬투리가 열린다. 뿌리를 약으로 쓴다. **북** 능암.

고상하다 몸가짐이나 됨됨이가 점잖고 훌륭하다.《아빠는 붓글씨 같은 고상한 취미를 즐기신다.》 **반** 저속하다.

고샅 시골 마을에 난 좁은 골목길. **같** 고샅길.

고샅길 → 고샅.

고생 (苦生) 어렵고 힘든 일을 겪는 것. 또는 애쓰고 수고하는 것. **고생하다**《추운데 먼 길 오느라 고생했어.》

고생 끝에 낙이 온다 **속담** 힘든 일을 겪은 뒤에는 반드시 좋은 일이 있다는 말.

고생대 (古生代) 지질 시대 가운데 하나. 무척추동물과 아주 큰 고사리 같은

고사리

고선사지 삼층 석탑

것이 살았다.

고생물 (古生物) 공룡이나 삼엽충처럼 아주 오랜 옛날 지구에 살던 생물.

고생물학자 (古生物學者) 흔히 화석을 가지고 고생물을 연구하는 사람.

고생스럽다 어떤 일을 하기 어렵고 힘들다.《제가 가면 되는데 고생스럽게 몸소 오셨어요?》 **바** 고생스러운, 고생스러워, 고생스럽습니다.

고서 (古書) 옛날에 나온 책.

고선사지 삼층 석탑 (高仙寺址三層石塔) 경상북도 경주에 있는 석탑. 본래는 고선사 터에 있었으나 지금은 경주 박물관 앞뜰로 옮겨 놓았다. 국보 제38호.

고성능 (高性能) 성능이 아주 뛰어난 것.《고성능 사진기》

고성방가 (高聲放歌) 큰 소리로 시끄럽게 소리치거나 노래를 부르는 짓.《술에 취한 아저씨들이 고성방가를 하면서 지나간다.》

고성 오광대 경상남도 고성에서 대보름날에 벌이는 탈놀이. 원양반, 차양반, 종가도령, 비비새 들이 나온다. 중요 무형 문화재 제7호.

고소 (告訴) 경찰이나 검찰에 법을 어기고 해를 입힌 사람을 벌해 달라고 이르는 것. **참** 고발. **고소하다 고소되다**

고소 공포증 (高所恐怖症) 높은 곳에 있는 것을 무서워하는 증세.

고소장 (告訴狀) 남을 고소하려고 경찰이나 검찰에 내는 문서.

고소하다 1. 참기름이나 깨소금과 같은 냄새나 맛이 있다.《고소한 참기름 냄새》 **참** 구수하다. 2. 미운 사람이 나쁜

일을 당해서 속이 시원하고 재미있다.《만날 잘난 척만 하던 그 애가 혼나는 걸 보니 고소하다.》

고속 (高速) 속도가 매우 빠른 것.《고속 전철》**반**저속.

고속 국도 (高速國道) → 고속도로.

고속도로 (高速道路) 자동차를 시속 100킬로미터 안팎으로 빠르게 몰 수 있는 길.《경부 고속도로》**같**고속 국도. **북**고속도도로.

고속버스 고속도로를 타고 먼 거리를 빠르게 다니는 버스.

고속 열차 (高速列車) 보통 열차보다 훨씬 빨리 달리는 열차.

고속 철도 (高速鐵道) 열차를 시속 200~300킬로미터로 아주 빠르게 몰 수 있는 철도.《호남 고속 철도》

고속화 (高速化) 속도를 빠르게 만드는 것. 또는 속도가 빨라지는 것. **북**고속도화. **고속화하다 고속화되다**

고수 채소 밭에 심어 가꾸는 채소. 잎은 깃처럼 갈라지고 6~7월에 흰 꽃이 핀다. 잎과 열매에 독특한 냄새가 있어서 양념으로 쓴다.

고수 북 (鼓手) 북이나 장구를 치는 사람. 특히 판소리에서 북으로 장단을 맞추는 사람을 말한다.

고수 실력 (高手) 기술이나 솜씨가 아주 뛰어난 사람.《바둑 고수/장기 고수》**반**하수.

고수레 들놀이나 굿을 할 때 귀신한테 바치는 뜻으로 먹을거리를 덜어 땅에 던지는 일. 또는 그때 외치는 소리. **고수레하다**

고수머리 → 곱슬머리.

고슴도치

고슴도치풀

고수_채소

고수부지 (高水敷地) 큰물이 날 때만 물에 잠기는 내 언저리 터. **다**둔치.

고수하다 태도나 자리 같은 것을 바꾸지 않고 굳게 지키다.《이번 일에서도 형은 자기 방식을 고수할 모양이야.》

고스란히 조금도 줄거나 바뀐 것 없이 그대로.《나는 주머니에 든 구슬을 고스란히 형에게 주었다.》

고슬고슬하다 밥이 질거나 되지 않고 먹기에 좋다.《김이 모락모락 나는 고슬고슬한 밥에 김치를 얹어 먹었다.》

고슴도치 숲에 사는 짐승. 등에 바늘처럼 뾰족한 털이 빽빽하게 나 있어서 적을 만나면 밤송이같이 웅크려 몸을 보호한다. 겨울잠을 잔다.

고슴도치도 제 새끼는 함함하다고 한다 **속담** 어버이 눈에는 제 자식이 다 잘나고 귀여워 보인다는 말.

고슴도치풀 밭둑이나 길가에 자라는 풀. 열매가 고슴도치처럼 가시로 덮여 있는데, 끝이 갈고리처럼 생겨서 짐승 털 같은 데에 잘 붙는다.

고승 (高僧) 부처의 가르침을 많이 공부하고 덕이 높은 중.

고시 시험 (考試) 공무원을 뽑는 시험.《사법 고시/행정 고시/외무 고시》

고시 알림 (告示) 나라에서 정한 일을 국민한테 널리 알리는 것. **고시하다**《나라에서 고시한 표기법》**고시되다**

고시조 (古時調) 고려나 조선 시대에 나온 옛날 시조.

고심 (苦心) 어려운 일을 해내려고 몹시 애태우는 것.《고심 끝에 내가 먼저 사과하기로 마음먹었다.》**고심하다**

고싸움놀이 대보름날 무렵에 하는 민

속놀이. 머리에 둥그런 고가 달린 굵은 줄을 여럿이 편을 갈라 메고, 상대편 고를 짓눌러 먼저 땅에 닿게 하는 편이 이긴다. 중요 무형 문화재 제33호.

고아 (孤兒) 부모 없는 아이.

고아대다 ^북 1. 시끄럽게 마구 떠들다. 《동네 꼬마들이 목청껏 고아대면서 골목을 뛰어다닌다.》 2. 호통을 치며 떠들다. 《포졸들은 도둑 떼를 향해 고아대면서 숲 속으로 돌진하였다.》 3. 일을 크게 벌이고 떠들썩거리다. 《반장이 청소를 얼른 끝내자고 고아댄다.》

고아원 (孤兒院) 고아를 맡아 돌보는 곳. 지금은 '보육원'으로 바뀌었다.

고아치다 ^북 아주 고아대다. 《우리가 목청껏 고아치면 선수들이 힘을 더 낼지도 모르지.》

고안 (考案) 곰곰이 생각해서 새로운 방법이나 물건 들을 내놓는 것. **고안하다** 《점자는 눈먼 사람을 위해 고안한 글자이다.》 **고안되다**

고압선 (高壓線) 아주 큰 전기 에너지가 흐르는 전깃줄.

고액 (高額) 큰돈. 또는 많은 돈.

고약 (膏藥) 종기가 난 곳에 붙이는 끈끈한 약. 고름을 빼내고 부어오른 살갗을 가라앉히는 데 좋다.

고약하다 1. 맛이나 냄새가 역겨울 정도로 나쁘다. 《쓰레기 더미에서 고약한 냄새가 난다.》 2. 하는 짓, 성격, 마음씨 같은 것이 못되다. 《동생이 할머니께 어찌나 고약하게 구는지 한 대 때리고 싶더라니까.》 3. 생김새가 거칠고 험하다. 《얼굴은 비록 고약하게 생겼지만 마음씨만큼은 누구보다도 곱다.》

고양이

고양 하는 짓이 아주 못된. 《할아버지 수염을 뽑다니 저런 고양 놈이 있나.》

고양이 집짐승 가운데 하나. 밤눈이 밝고 행동이 재빠르며 쥐를 잘 잡는다. 야생으로 사는 것도 있다. 준괭이.

고양이 목에 방울 달기 ^{속담} 하지도 못할 일을 두고 공연히 의논만 하는 것을 빗대어 이르는 말.

고양이보고 반찬 가게 지켜 달란다 ^{속담} 미덥지 못한 사람한테 귀한 것을 맡겼다가 잃을 수도 있다는 말.

고양이 세수하듯 ^{속담} 일을 하는 둥 마는 둥 하는 것을 빗대어 이르는 말.

고양이 앞에 쥐 ^{속담} 힘이 세거나 어려운 사람 앞에서 꼼짝 못하는 사람을 두고 하는 말.

고양이 쥐 생각 ^{속담} 속마음과는 전혀 달리 겉으로만 남을 위하는 척한다는 말.

고어 (古語) → 옛말.

고역 (苦役) 아주 고생스러운 일. 또는 귀찮고 견디기 힘든 일. 《젖먹이 다섯을 혼자 돌보느라 고역을 치렀다.》

고열 (高熱) 1. 높은 열. 《고열 용광로》 2. 몸에서 나는 뜨거운 열. 《동생은 39도가 넘는 고열에 시달렸다.》

고온 (高溫) 높은 온도. 《열대 지방은 고온 다습하다.》 ^반저온.

고온성 (高溫性) 높은 온도에 잘 견디는 성질. 《고온성 식물》

고요하다 조용하고 가라앉은 듯 차분하다. 《고요한 호숫가》 ^비조용하다.

고욤나무 산기슭이나 낮은 산에 자라는 잎지는나무. 감나무와 비슷하지만 키가 좀 작고 추운 곳에서도 잘 자란다. 열매인 고욤은 삭혀서 먹거나 약으로

고욤나무

쓴다.

고용 시킴 (雇用) 품삯을 주고 남한테 일을 시키는 것. **고용하다**《할아버지는 사람을 고용해서 가을걷이를 하셨다.》**고용되다**

고용 일자리 (雇傭) 한쪽이 일을 해 주면 다른 쪽이 그 삯을 치르는 것.《고용 계약/고용 조건》

고운까막노래기 축축하고 그늘진 곳에 사는 노래기. 애벌레인 채 겨울을 보내고 다음 해에 어른벌레가 된다.

고운까막노래기

고운무늬송곳고둥 조금 깊은 바다 모랫바닥에 사는 고둥. 가늘고 긴데 끝이 송곳처럼 뾰족하다.

고운무늬송곳고둥

고원 (高原) 산 높은 곳에 있는 너른 벌판.《개마고원》

고위 (高位) 높은 지위나 계급.《고위 공무원》

고위급 (高位級) 높은 지위나 계급에 있는 것. 또는 지위나 계급이 높은 사람.《남북 고위급 회담》

고위도 (高緯度) 남극이나 북극에 가까운 위도.《고위도 지방은 저위도 지방보다 춥다.》**참**저위도.

고유 (固有) 옛날부터 지녀 온 것. 또는 오로지 어떤 것에만 있는 것.《우리 나라 고유 음식》**고유하다**

고유문화 (固有文化) 한 나라나 겨레가 옛날부터 지녀 온 남다른 문화.

고유어 (固有語) 한 겨레가 옛날부터 써 온 말. 또는 토박이 말.《'하늘', '바람', '사람' 같은 말은 모두 우리나라 고유어이다.》**참**외래어.

고을 옛날에 '마을'이나 '지방'을 이르던 말.

고의 한복 여름에 남자가 입는 얇은 한복 바지.《적삼과 고의는 모두 여름에 입는 옷이다.》

고의 일부러 (故意) 나쁜 일인 줄 뻔히 알면서도 일부러 하는 짓.《고의로 유리를 깬 것은 아니에요.》

고의적 (故意的) 나쁜 일인 줄 뻔히 알면서도 일부러 하는. 또는 그런 것.

고이 1. 곱고 예쁘게.《누나는 머리를 고이 빗어 넘겼다.》 2. 소중하게. 또는 정성스럽게.《할아버지가 물려주신 시계이니 고이 간직하여라.》 3. 별 탈 없이 편안하게.《할머니가 고이 잠드시게 해 달라고 빌었어.》 4. 고스란히 그대로.《나 보기가 역겨워 가실 때에는 고이 보내 드리오리다.》

고이고이 '고이'를 힘주어 이르는 말.《엄마는 할머니가 주신 반지를 고이고이 간직했다.》

고이다 모이다 1. 액체가 우묵한 곳에 모이다.《웅덩이에 빗물이 고였다.》**준**괴다. 2. 침이 모이거나 눈물이 어리다.《갓 구운 굴비를 보면 나도 모르게 입안에 침이 고인다.》**준**괴다.

고이다 받치다 1. 쓰러지거나 기울지 않게 아래를 받치다.《형이 턱을 고이고 생각에 빠져 있다.》**준**괴다. 2. 떡, 과일들을 그릇에 쌓아 올리다.《잔칫상에 떡과 과일을 높이 고였다.》**준**괴다.

고인 (故人) '죽은 사람'을 높여 이르는 말.《고인의 명복을 빕니다.》

고인돌 큰 돌을 몇 개 기둥처럼 세우고 넓적한 돌을 얹어 만든 선사 시대 무덤.

고인돌

고자질 남의 잘못을 윗사람한테 일러바치는 짓. **고자질하다**《동생이 내가

동무와 싸운 것을 엄마께 고자질했다.》

고작 기껏 따져 보아야.《고작 20분 걷고 다리가 아프단 말이야?》 ^{비겨우}, 기껏해야.

고장 ^{지방} 1.사람이 사는 어떤 지역이나 지방.《우리 고장은 예로부터 효자가 많기로 이름났다.》 2.농산물이나 물건들이 특히 많이 나는 곳.《안성은 배와 포도의 고장이다.》

고장 ^{망가짐} 기계나 장난감 같은 물건이 망가지는 것.《아빠가 고장 난 자전거를 고쳐 주셨다.》

고저 (高低) → 높낮이.

고적 (古跡) 지금까지 남아 있는 옛날 건물이나 시설. 또는 그런 것들이 있던 터.《고적 답사 여행》 비유적. ^참사적.

고적대 (鼓笛隊) 흔히 부는 악기와 두드리는 악기를 연주하면서 행진하는 음악대.《고적대가 신나는 행진곡을 연주하면서 내 앞을 지나간다.》

고전 ^{옛것} (古典) 뛰어난 옛 문학 작품이나 예술 작품.《〔논어〕와 〔맹자〕는 중국 고전이다.》

고전 ^{어려움} (苦戰) 싸움이나 경기 들에서 아주 힘들고 어렵게 싸우는 것.《주전 선수 몇 명이 빠진 탓에 경기마다 고전을 거듭했다.》 **고전하다**

고전 무용 (古典舞踊) 한 나라나 겨레에 예로부터 이어져 내려온 춤. 대개 우리나라 전통 춤을 가리킨다.

고전 문학 (古典文學) 뛰어난 옛 문학 작품.《〔홍길동전〕은 조선 시대를 대표하는 고전 문학이다.》

고전 음악 (古典音樂) 서양의 전통 방법으로 작곡하고 연주하는 음악. ^같클

래식.

고전적 (古典的) 1.예스러운. 또는 그런 것. 2.고전 같은 가치가 있는. 또는 그런 것.

고정 (固定) 1.물건 같은 것을 움직이지 못하게 한곳에 붙이거나 박는 것.《고정 장치》 2.한번 정하거나 마음먹은 것을 바꾸지 않는 것.《그 연속극에 내가 좋아하는 배우가 고정 출연한다.》 **고정하다 고정되다**

고정관념 (固定觀念) 머릿속에 이미 굳게 자리 잡아서 쉽게 바뀌지 않는 생각.《고정관념을 깨다.》

고정 도르래

고정 도르래 축이 붙박여 있는 도르래. 힘의 크기는 같고 방향만 바꾸는 구실을 한다. ^참움직도르래.

고정하다 성난 마음을 가라앉히다. 흔히 윗사람에게 쓰는 말이다.《할아버지, 화 그만 내시고 고정하세요.》

고조 (高調) 감정이나 분위기가 한창 달아오르는 것. 또는 기세나 기운이 한창 커지는 것.《감정이 고조에 달해 울음을 터뜨렸다.》 **고조하다 고조되다**

고조모 (高祖母) → 고조할머니.

고조부 (高祖父) → 고조할아버지.

고조선 (古朝鮮) 기원전 2333년에 단군이 세운 나라. 우리 민족이 처음 세운 나라로 한반도 북부에서 중국 요동 지방까지 이르렀다. 기원전 108년에 망하였다.

고조할머니 할아버지의 할머니. ^같고조모.

고조할아버지 할아버지의 할아버지. ^같고조부.

고졸 (高卒) '고등학교 졸업'을 줄인

말.《고졸 학력》

고종 사촌 (姑從四寸) 고모의 아들딸. ^북고모사촌.

고주망태 술을 많이 마셔서 정신을 차리지 못하는 상태. 또는 그런 사람.

고주알미주알 → 미주알고주알.

고즈넉하다 1.어떤 곳이 고요하고 아늑하다.《저녁 안개가 옅게 깔린 호수가 참 고즈넉하다.》2.태도가 다소곳하고 차분하다.《영이는 고즈넉하게 앉아 차례를 기다렸다.》

고증 (考證) 옛 책이나 유물을 살펴서 그것을 바탕으로 옛날 일들을 두루 밝히는 것.《역사를 다룬 연속극에 나오는 옷들은 학자들의 고증을 거쳐서 짓는다.》**고증하다 고증되다**

고지 ^땅 (高地) 1.평지보다 훨씬 높은 땅.《이 나무는 해발 천 미터 고지에서 자란다.》2.이루고자 하는 목표나 높은 수준.《고지가 바로 저긴데 여기서 주저앉을 수 없어.》3.일을 하는 데 유리한 처지.《이번 승리로 우리가 우승할 수 있는 유리한 고지에 올랐다.》

고지 ^{알림} (告知) 흔히 공공 기관에서 어떤 사실을 미리 알리는 것.《법원 고지 사항》**고지하다 고지되다**

고지서 (告知書) 공공 기관에서 세금이나 요금을 언제까지 얼마나 내야 하는지 알려 주는 문서.《세금 고지서》

고지식하다 일을 그때그때 형편에 맞추어 해 나가는 능력이 없다. 또는 외곬으로 하나만 알아 답답하다.《우산이 없다고 고지식하게 비를 맞으면서 집까지 왔다는 말이냐?》

고진감래 (苦盡甘來) 괴롭고 힘든 일

뒤에 즐겁고 행복한 일이 생기는 것.

고질 (痼疾) 1.오래되어 고치기 힘든 병.《궂은 날이면 할아버지는 고질인 신경통으로 괴로워하신다.》^같고질병. 2.오래되어 고치기 힘든 버릇.《늦잠 자는 것이 고질이 되었다.》

고질병 (痼疾病) → 고질.

고집 (固執) 자기 생각이나 의견을 굽히지 않고 끝까지 버티는 것. 또는 그러는 성질.《고집 부리지 말고 엄마 말씀 들어.》**고집하다**

고집불통 (固執不通) 고집이 세서 남의 말을 전혀 듣지 않는 것. 또는 그런 사람. ^북곤은박이.

고집쟁이 고집이 아주 센 사람.《이런 고집쟁이를 봤나.》^비고집통.

고집통 아주 센 고집. 또는 고집이 아주 센 사람.《그 고집통하고는 말이 전혀 안 통한다.》^비고집쟁이.

고찰 (考察) 어떤 것을 깊이 생각하고 연구하는 것. **고찰하다**《고구려 역사를 고찰하다.》**고찰되다**

고참 (古參) 어떤 모임이나 단체에 전부터 있던 사람. ^반신참.

고창 읍성 (高敞邑城) 전라북도 고창에 있는 성. 조선 초기에 서해안을 지키려고 여러 고을 사람들이 힘을 모아 쌓았다. '모양성'이라고도 한다.

고창 읍성

고철 (古鐵) 낡고 오래된 쇠붙이.《고철 덩어리》^북파고철.

고체 (固體) 돌멩이, 나무처럼 제 모양과 부피가 있는 단단한 물질. ^참기체, 액체.

고쳐먹다 생각이나 마음을 바꾸다.《숙제를 한 뒤에 놀러 나가기로 마음

을 고쳐먹었다.》

고초 (苦楚) 괴로움과 어려움.《할아버지는 전쟁 동안 온갖 고초를 다 겪었다고 말씀하셨다.》 비고난.

고추 밭에 심어 가꾸는 열매채소. 줄기는 곧게 자라고 가지를 많이 친다. 열매는 처음엔 파랗다가 점점 빨갛게 익고 매운맛이 난다. 생으로 먹거나 양념으로 쓴다.

고추

고추는 작아도 맵다 속담 몸집은 작아도 힘이 세거나 일을 야무지게 하는 사람을 이르는 말.

고추나무 양지바른 산골짜기에 자라는 잎지는나무. 잎은 세 장씩 모여나고, 봄에 흰 꽃이 핀다. 어린잎은 먹고 나무는 못이나 젓가락을 만든다.

고추나무

고추나물 축축한 땅에서 자라는 풀. 잎에 검은 점이 흩어져 있고 자잘한 흰 꽃이 핀다. 어린순은 먹고, 포기째 약으로 쓴다.

고추나물

고추잠자리 여름철과 가을철에 우리나라 어디서나 볼 수 있는 잠자리. 익은 고추처럼 온몸이 붉다. 애벌레는 골짜기나 웅덩이 속에서 산다.

고추장 쌀이나 보리 같은 것으로 죽을 쑤고 메줏가루, 고춧가루, 소금을 섞어 만든 매운 장.

고춧가루 빨간 고추를 말려서 빻은 가루. 북고추가루.

고춧잎 고추의 잎. 어린잎은 데쳐서 반찬으로 먹기도 한다. 북고추잎.

고충 (苦衷) 힘들고 괴로운 사정이나 속내.《이러지도 저러지도 못하는 내 고충을 알아 다오.》

고취 (鼓吹) '북을 치고 피리를 분다'

는 뜻으로, 남한테 용기를 북돋아 주거나 어떤 생각을 뜨겁게 불러일으키는 것. **고취하다**《애국심을 고취하는 훌륭한 연설》 **고취되다**

고층 (高層) 높은 층. 또는 층을 많이 쌓아 높게 지은 것.《고층 건물》

고치 벌레가 번데기로 될 때 실을 내어 제 몸을 둘러싼 껍데기. 특별히 누에가 만든 것을 이르기도 한다.

고치다 1. 고장 나거나 낡은 것을 쓸 수 있게 손질하다.《삼촌이 내 컴퓨터를 고쳐 주었다.》 2. 병을 낫게 하다.《세상에는 암이나 에이즈처럼 고치기 어려운 병이 많다.》 비치료하다. 3. 잘못되거나 틀린 것을 바로잡다.《살이 찌지 않으려면 우선 자기 전에 군것질하는 버릇을 고쳐야 한다.》 4. 있던 것을 다르게 바꾸다.《삼촌은 가게 이름을 쉬운 우리말로 고치기로 했다.》

고통 (苦痛) 몸이나 마음이 아프고 괴로운 것.《전쟁으로 고통 받는 어린이들을 돕고 싶어요.》

고통스럽다 몸이나 마음이 아프고 괴롭다.《목이 심하게 부어서 물 마시기조차 고통스러웠어.》 바고통스러운, 고통스러워, 고통스럽습니다.

고품질 (高品質) 질이 아주 좋은 것.《고품질 쌀》

고프다 배 속이 비어 먹을거리를 먹고 싶다.《아침을 먹지 않아 배가 무척 고팠다.》 바고픈, 고파, 고픕니다.

고하 (高下) 신분, 지위, 나이 들이 높고 낮은 것.《죄지은 사람은 지위 고하를 따지지 않고 벌을 받아야 한다.》

고하다 남한테 어떤 사실을 알리거나

널리 밝히다.《철수는 동무들에게 작별을 고하고 전학을 갔다.》

고학 (苦學) 가난한 사람이 학비를 스스로 벌면서 학교에 다니는 것.《고학으로 대학교를 졸업했어요.》**고학하다**

고학년 (高學年) 높은 학년. 초등학교에서는 4, 5, 6학년을 이른다. 빤저학년.

고학생 (苦學生) 고학하면서 다니는 학생.《그 형은 신문 배달로 학비를 버는 고학생이다.》

고함 (高喊) 크게 부르짖거나 외치는 소리.《무서운 장면이 나올 때마다 사람들은 고함을 질렀다.》

고함지르다 크게 소리를 지르다.《고함지르지 말고 조용히 말해.》빤고함지르는, 고함질러, 고함지릅니다.

고함치다 크게 소리치다.《큰길 쪽으로 달려 나가는 동생에게 "야, 차 조심해!" 하고 고함쳤다.》

고해바치다 남의 잘못을 윗사람에게 일러바치다.《동생은 내가 꽃병을 깼다고 엄마한테 고해바쳤다.》

고행 (苦行) 불교에서 깨달음을 얻으려고 일부러 자기 몸을 괴롭히고 힘들게 하는 일.《석가모니는 아끼던 모든 것을 버리고 고행의 길을 떠났다.》

고향 (故鄕) 태어나서 자란 곳.《엄마 고향은 강릉이다.》빤타향.

고혈압 (高血壓) 정상보다 높은 혈압. 빤저혈압.

고형 (固形) 단단하고 정해진 꼴이 있는 것.《고형 비누》

고환 (睾丸) → 불알.

고희 (古稀) → 칠순.

곡 노래 (曲) 1.음악 작품. 또는 음악 작품을 세는 말. 2.노래의 소리 부분.《이 노래는 동시에 곡을 붙인 것이다.》

곡 울음 (哭) 장례를 치를 때 사람이 죽은 것을 슬퍼해서 소리 내어 우는 것.《고모가 어찌나 슬프게 곡을 하는지 내 눈시울마저 붉어졌다.》**곡하다**

곡간 (穀間) 곡식을 넣어 두는 곳간.

곡괭이 단단한 땅을 파는 데 쓰는 농기구. 양 끝이 뾰족한 쇠붙이 가운데에 긴 자루를 박았다.

곡기 (穀氣) 곡식으로 만든 먹을거리. 흔히 '끼니'를 빗대어 이르는 말.《곡기를 끊다.》

곡류 곡식 (穀類) 쌀, 보리, 수수, 조, 밀, 콩과 같은 곡식을 두루 이르는 말.

곡류 강 (曲流) 물이 이리저리 굽이져 흐르는 것.

곡마단 (曲馬團) 여기저기 떠돌면서 사람이나 짐승이 하는 신기한 재주를 보여 주고 돈을 버는 무리. 비서커스.

곡면 (曲面) 공이나 달걀 들의 겉처럼 곡선이 연달아 이어진 면. 참평면.

곡명 (曲名) 노래나 연주곡 이름.《다음에 부를 곡명은 뭐니?》비곡목.

곡목 (曲目) 노래나 연주곡 이름. 또는 그 이름들을 차례로 적어 놓은 것. 비곡명.

곡물 (穀物) → 곡식.

곡사포 (曲射砲) 포탄이 곡선으로 날아가게 쏘는 대포. 장애물에 가려 보이지 않는 목표물을 맞히는 데 쓴다.

곡선 (曲線) 모나지 않고 부드럽게 굽은 선.《야구공이 곡선을 그리면서 하늘 높이 솟았다.》참직선.

곡선미 (曲線美) 곡선에서 풍기는 아름다움.《한복이나 기와에는 곡선미가 잘 살아 있다.》

곡성 (哭聲) 사람이 죽은 것을 슬퍼하며 크게 우는 소리.《가슴이 찢어지는 듯한 곡성에 나도 눈물이 나왔다.》

곡식 (穀食) 벼, 보리, 콩, 밀, 수수, 조 같은 먹을거리.《올해는 곡식이 잘 여물었다.》 같곡물.

곡식 이삭은 여물수록 고개를 숙인다 **속담** 많이 배우고 훌륭한 사람일수록 잘난 척하지 않는다는 말.

곡예 (曲藝) 줄타기, 공중그네 타기, 접시돌리기 들처럼 보통 사람이 흉내 내기 어려운 아슬아슬한 재주. **참**서커스. **북**교예.

곡우 (穀雨) 한 해를 스물넷으로 나눈 때 가운데 여섯째. 곡식을 잘 자라게 할 비가 내리는 때라고 한다. 4월 20일쯤이다.

곡절 (曲折) 어떤 일이 생기게 된 여러 가지 복잡한 사정이나 까닭.《형제들이 싸운 데에는 곡절이 있었다.》

곡조 (曲調) 곡에서 느껴지는 분위기나 느낌.《처량한 곡조》

곡창 (穀倉) 곡식이 많이 나는 곳을 빗대어 이르는 말.《호남평야는 우리나라의 곡창으로 손꼽히는 곳이다.》

곡해 (曲解) 남의 말이나 행동을 오해하고 잘못 받아들이는 것. **비**오해. **곡해하다**《내 말을 곡해해서 듣지 마.》 **곡해되다**

곤경 (困境) 괴롭고 힘든 형편.《곤경에 빠진 영철이를 도와줍시다.》

곤괘 (坤卦) 태극기에 그려져 있는 사

괘 가운데 하나. '☷' 꼴인데 땅을 나타내고 풍요를 뜻한다.

곤궁 (困窮) 돈이나 먹을 것이 없어 매우 가난한 것. **곤궁하다**《곤궁한 살림》

곤달걀 병아리가 되다 말고 속이 곯은 달걀.

곤돌라 (gondola이) 1.이탈리아 베네치아 사람들이 운하에서 타고 다니는 작은 배. 2.높은 건물에 짐을 오르내리는 데 쓰는 상자처럼 생긴 장치.

곤두박다 높은 데서 거꾸로 내리박다.

곤두박히다 |**북** 높은 데서 거꾸로 내리박히다.《차가 논바닥에 곤두박혔다.》

곤두박질 1.몸이나 물건이 갑자기 뒤집혀서 떨어져 박히는 것.《하늘로 올라가던 연이 갑자기 곤두박질을 쳤다.》 2.정도를 나타내는 수치 들이 갑자기 뚝 떨어지는 것.《가을에 비가 내리고 나면 기온이 곤두박질을 치는 것이 보통이다.》 **곤두박질하다**

곤두박질치다 곤두박질을 하다.《잘 날던 장난감 비행기가 갑자기 땅바닥에 곤두박질쳤다.》

곤두서다 1.눕거나 처진 것이 꼿꼿하게 일어서다.《날카로운 비명 소리에 머리카락이 곤두서는 것 같았다.》 2.하찮은 일에도 성이나 짜증을 내는 상태가 되다. 또는 바짝 긴장하다.《요즘 왜 그리 성깔이 곤두서 있는 거니?》

곤드레만드레 몸을 못 가누고 정신을 못 차릴 만큼 몹시 취한 모양.《아버지가 한밤중에 곤드레만드레 취해서 들어오셨다.》

곤란 (困難) 아주 힘들고 어려운 처지나 일. **곤란하다**《그런 물음에는 대답

하기 곤란한걸.》

곤룡포 (袞龍袍) 임금이 나랏일을 볼 때 갖추어 입던 옷. 누런빛이나 붉은빛 비단으로 짓고 가슴, 등, 어깨에 금실로 용을 수놓았다.

곤봉 (棍棒) 체조에서 쓰는 짧은 나무 몽둥이.

곤봉 체조 (棍棒體操) 양손에 곤봉을 하나씩 쥐고 음악에 맞추어 돌리면서 하는 리듬 체조.

곤봉

곤여 만국 전도 (坤輿萬國全圖) 1602년 명나라에 선교사로 와 있던 이탈리아 사람 마테오 리치가 펴낸 세계 지도.

곤욕 (困辱) 아주 창피하거나 괴로운 일. 또는 참기 힘들 만큼 욕을 보는 것. 《아저씨는 도둑으로 몰려 큰 곤욕을 치렀다고 한다.》

곤장 (棍杖) 옛날에 죄지은 사람의 볼기를 치는 데 쓰던 긴 나무 막대기.

곤죽 1.밥이나 흙이 죽처럼 질게 된 것. 《이 길은 비가 조금만 내려도 곤죽이 된다.》 2.사람이나 일이 엉망진창인 것을 빗대어 이르는 말. 《잠을 못 잤더니 몸 상태가 곤죽이다.》

곤줄박이 산이나 들판에 사는 텃새. 머리 위와 목은 검고 등과 날개는 잿빛 청색인데 가슴과 배는 밤색이다. 먹이를 따로 모아 두는 버릇이 있다.

곤줄박이

곤지 전통 혼례에서 새색시 이마 한가운데에 찍는 동그랗고 붉은 점. **참**연지.

곤충 (昆蟲) 나비, 개미, 벌처럼 몸에 마디가 많고 다리가 여섯 개인 동물.

곤충기 (昆蟲記) 프랑스 곤충학자 파브르가 쓴 책. 벌, 매미, 사마귀, 쇠똥구리 같은 여러 곤충이 사는 모습을 자세히 살펴 적었다.

곤하다 1.몹시 지쳐서 나른하고 힘이 없다. 《며칠 밤샘을 했더니 몸이 곤하다.》 2.잠이 깊다. **곤히** 《곤히 자는 아이를 왜 깨우려고 그래?》

곤혹스럽다 어떻게 해야 할지 몰라 난처하고 괴롭다. 《이 일을 어떻게 해 나가야 할지 곤혹스럽기만 하다.》 **활**곤혹스러운, 곤혹스러워, 곤혹스럽습니다.

곧 1.시간을 끌거나 머뭇거리지 않고 바로. 《동생은 밥을 먹자마자 곧 밖으로 나갔다.》 **비**곧바로. 2.시간이 얼마 지나지 않아 바로. 《약을 먹었으니 열이 곧 내릴 거야.》 **비**금방, 금세. 3.앞서 말한 것을 바꾸어 말하자면. 《어린이는 곧 나라의 기둥이다.》 **비**즉.

곧다 1.비뚤거나 굽지 않고 똑바르다. 《자를 대고 줄을 곧게 그었다.》 2.마음이 똑바르고 꿋꿋하다. 《그 선생님은 성품이 아주 곧은 분이에요.》

곧바로 1.굽거나 휘지 않고 곧게. 《이 길을 따라 곧바로 가시면 시청이 나옵니다.》 2.시간을 끌거나 머뭇거리지 않고 바로. 《형은 밥을 먹자마자 곧바로 자리에서 일어났다.》 **비**곧. 3.다른 데를 거치거나 들르지 않고 곧장. 《한눈팔지 않고 곧바로 집으로 와라.》

곧바르다 기울거나 굽지 않아 곧고 바르다. 《곧바른 자세로 의자에 앉아야 등이 굽지 않는다.》 **활**곧바른, 곧발라, 곧바릅니다.

곧은결 나무를 세로로 곧게 잘랐을 때 나타나는 결. 《나이테와 직각이 되게 톱질하면 곧은결이 나온다.》

곧은길 곧게 뻗은 길.

율무

찹쌀

기장

현미

쌀

좁쌀

벼

수수

보리쌀

곡식

사람이 끼니를 때우려고 먹는 낟알을 곡식이라고 해요. 옛날 우리 할머니, 할아버지들은 정월 보름날에 오곡밥을 지어 먹었어요. 오곡은 다섯 가지 곡식이라는 뜻이에요. 그 다섯 가지가 무엇인지 아세요? 그래요. 쌀, 보리, 수수, 콩, 조를 오곡이라고 하지요. 오곡에 기장이나 옥수수, 밀을 넣는 곳도 있어요. 곡식은 사람이 살아가는 동안 가장 많이 먹는 음식이에요. 곡식 가운데 벼만 물을 채운 땅에서 기르고 다른 곡식은 모두 마른 땅에서 길러요. 벼가 자라는 곳을 논이라고 부르고 조나 콩이 자라는 곳을 밭이라고 불러요.

녹두

완두콩

땅콩

강낭콩

옥수수

동부

검정콩

팥

곤충

이 세상에 곤충이 얼마나 많은지 알아요? 정확히 아는 사람이 아무도 없대요. 세계에서 가장 오랫동안 곤충을 연구해 온 학자들도 잘 모른다고 해요. 이 세상에는 300만 종이 넘는 곤충이 사는데, 그 가운데 지금까지 알려진 것만 해도 80만 종이 넘어요. 그리고 해마다 수만 종이 새로 이름을 얻는대요. 곤충은 뭍에서 사는 동물 가운데 가장 많아요. 그리고 가장 오랫동안 살아남았어요. 우리 눈에 띄는 동물 가운데 가장 작은 것도 곤충 종류예요. 곤충은 몸 크기를 줄여서 아주 적게 먹고도 살 수 있는 길을 찾아냈어요. 사람들과도 관계가 깊어서, 사람이 사는 데 도움을 주는 곤충도 많고, 해를 끼치는 곤충도 더러 있어요. 우리에게 도움이 되는 곤충을 익충이라고 하고 해가 되는 곤충을 해충이라고 해요.

톱사슴벌레

말벌

칠성무당벌레

꽃등에

보라금풍뎅이

참매미

땅강아지

여치

노래기

일본왕개미

긴꼬리제비나비

풀잠자리

사마귀

물맴이

물방개

111

네발나비

애기뿔쇠똥구리

어리호박벌

애반딧불이

장수풍뎅이

점갈고리박각시

고마로브집게벌레

큰허리노린재

노랑쐐기나방

갈구리측범잠자리

방아깨비

노랑나비

하늘소

홍단딱정벌레

남색초원하늘소

곧이곧대로 거짓이나 의심이 없이 그
대로. 《그 거짓말쟁이 말을 곧이곧대
로 믿으면 안 돼.》

곧이듣다 남의 말을 의심 없이 그대로
믿다. 《동생은 그 집에서 귀신이 나온
다는 말을 곧이듣는 것 같았다.》 ^바곧
이듣는, 곧이들어, 곧이듣습니다.

곧이어 어떤 일에 바로 이어서. 《불이
꺼지더니 곧이어 연극이 시작됐다.》

곧잘 1. 꽤 잘. 《미영이도 이제는 장구
를 곧잘 치더라.》 2. 꽤 자주. 《여기가
언니랑 나랑 곧잘 들르는 공원이야.》

곧장 1. 다른 곳에 들르지 않고 곧바로
《학교 공부 끝나면 곧장 집으로 오너
라.》 2. 어떤 일에 이어서 곧바로. 《집
에 오자마자 곧장 변소로 달려갔다.》

곧추서다 꼿꼿이 곧게 서다. 《너무 무
서워서 머리칼이 곧추서는 것 같았다.》

곧추세우다 곧추서게 하다. 《강아지
가 귀를 곧추세우고 벌레 우는 소리를
듣는다.》

골 화 언짢은 일 때문에 불퉁해서 내는
성. 《동생이 자기만 빼놓고 자장면을
먹었다고 골을 냈다.》 비성, 화.

골 골짜기 1.→ 골짜기. 《이 산은 골이 깊
어 조심해야 해.》 2.→ 고랑. 3. 몸이나
물건의 겉에 팬 줄이나 금. 《할아버지
의 이마에 골이 깊게 패어 있다.》

골 뇌 1. 사람이나 짐승 머리뼈 안에 들
어 있는 기관. 같뇌. 2.→ 골수.

골 점수 (goal) 1. 축구, 농구 같은 경기
에서 문이나 바구니에 공을 넣어 점수
를 얻는 일. 또는 그 점수. 《옆 반하고
벌인 축구 시합에서 우리 반이 두 골 차
이로 이겼다.》 북꼴. 2.→ 골문.

골가랑 ^{|북} 눈에 눈물이 가득 고인 모
양. **골가랑하다 골가랑골가랑**

골격 (骨格) 1.→ 뼈대. 2. 일의 바탕을
이루는 틀이나 줄거리. 《글을 쓸 때는
골격을 먼저 세운 뒤에 써라.》

골고루 → 고루고루.

골나다 마음에 들지 않거나 기분이 나
빠서 화가 나다. 《동생이 골난 얼굴로
집에 들어왔다.》

골내다 마음에 들지 않거나 기분이 나
빠서 화를 내다. 《왜 갑자기 골내고 그
러니?》

골다 자는 사람이 코를 드르렁거리면
서 숨 쉬는 소리를 크게 내다. 《삼촌이
드르렁드르렁 코를 골면서 잔다.》 ^바고
는, 골아, 곱니다.

골다공증 (骨多孔症) 뼈에 작은 구멍
이 나면서 뼈가 약해지는 증세.

골담초 산에 절로 자라거나 뜰에 심어
가꾸는 잎지는나무. 줄기에 가시가 있
고, 봄에 나비처럼 생긴 꽃이 핀다. 뿌
리를 약으로 쓴다.

골담초

골대 축구나 핸드볼 같은 경기에서 쓰
는 골문 양쪽 기둥. 북꼴문대.

골동품 (骨董品) 오래되고 귀한 옛 물
건. 《골동품 가게》

골등골나물 양지바른 산속에 자라는
풀. 줄기에 털이 있고, 7~10월에 분홍
색이나 흰색 꽃이 핀다. 어린순을 먹
고, 뿌리를 약으로 쓴다.

골등골나물

골똘하다 한 가지 일에 온 마음이 쏠려
있다. 《무슨 생각을 그리 골똘하게 하
니?》 **골똘히**

골라내다 여럿 가운데 어떤 것을 가려
서 뽑아내다. 《언니가 국에서 파만 골

라내다가 할머니께 혼났다.》

골라잡다 여럿 가운데 어떤 것을 가려서 가지다.《이 가운데서 네 마음에 드는 양말을 골라잡아라.》

골리다 남을 놀려 약 오르거나 골나게 하다.《누나가 동생을 골리던 아이들을 혼내 주었다.》

골마루 1.한옥 둘레를 따라 놓은 좁고 긴 마루. 2.건물 안 이곳저곳으로 다닐 수 있게 나무를 깔아 만든 길.

골목 큰길에서 갈라져 집들 사이로 난 좁은 길.《밤에 골목길을 갈 때는 조심하렴.》 **같**골목길.

골목골목 이 골목 저 골목. 또는 골목마다 모두.《동무들과 함께 자전거를 타고 골목골목을 돌아다녔다.》

골목길 → 골목.

골목대장 동네에서 노는 아이들 가운데 우두머리 노릇을 하는 아이.

골몰하다 오로지 한 가지 일에만 마음을 쏟다.《노는 데만 골몰하지 말고 책도 좀 읽어라.》

골무 바느질할 때 바늘귀를 눌러 밀거나 바늘에 찔리지 않으려고 손가락 끝에 끼는 딱딱한 물건.

골문 축구, 핸드볼 같은 경기에서 공을 넣으면 점수를 얻는 문. **같**골. **북**꼴문.

골미떡 멥쌀가루를 쪄서 오래 치댄 뒤에 골무 모양으로 만든 떡.

골바닥 **북** 골짜기에서 가장 낮은 바닥.

골바람 골짜기에서 산꼭대기로 부는 바람. **참**산바람.

골반(骨盤)→ 엉덩뼈.

골방 큰방 뒤쪽에 딸린 작은방.

골백번 '여러 번'을 힘주거나 낮추어

이르는 말.《골백번을 가르쳐 줬는데도 또 틀렸니?》

골병 겉으로 드러나지 않고 속으로 깊이 든 병.《골병이 들다.》

골뿌림 밭에 고랑을 내어 씨를 뿌리는 농사 방법. 씨앗이 추위와 가뭄에 잘 견디는 좋은 점이 있다.

골수(骨髓) 1.뼈 안에 들어 있는 무르고 부드러운 것. **같**골, 뼛골. 2.마음 깊은 곳을 빗대어 이르는 말.《원한이 골수에 맺히다.》 **같**뼛골.

골인 1.축구나 농구 같은 경기에서 공이 골 안으로 들어가는 일. **북**꼴인. 2.육상이나 수영 경기에서 선수가 결승점에 들어오는 일.

골자(骨子) 말이나 글의 중요한 줄거리.《네 말의 골자가 뭐니?》 **비**요점.

골재(骨材) 콘크리트를 만드는 데 쓰는 모래나 자갈. **북**속감.

골절(骨折) 뼈가 부러지는 것. **북**뼈부러지기.

골조(骨組) 콘크리트, 철근, 벽돌 들로 세우는 건물 뼈대나 짜임새.

골짜기 산과 산 사이에 난 좁고 낮은 곳. **같**골. **준**골짝.

골짝 → 골짜기.

골치 '머릿속'을 낮추어 이르는 말.《담배 연기 때문에 골치가 아파.》

골칫거리 애를 먹이는 일이나 사람.《아이들이 쓰레기를 함부로 버리는 게 골칫거리야.》

골칫덩이 애를 먹이는 사람이나 일을 낮추어 이르는 말.

골키퍼(goalkeeper) 축구나 핸드볼 같은 경기에서 골문을 지키면서 상대편 공을 막는 선수. **북문지기.**

골탕 일부러 남을 곤란하게 하는 일. 또는 남한테 호되게 당하는 일.《나를 골탕 먹이려고 꾸민 짓 아니야?》

골판지 골이 팬 종이를 덧붙여 만든 두꺼운 종이.

골풀 물가나 축축한 곳에 자라는 풀. 긴 송곳 같은 줄기가 여러 개 나 있고, 잎은 줄기 아래에 비늘처럼 붙어 있다. 줄기는 말려서 약으로 쓰거나 돗자리를 짠다.

골풀

골프 (golf) 작은 공을 긴 채로 쳐서 잔디밭에 난 구멍에 넣는 운동 경기.

골프장 골프를 칠 수 있게 만든 넓은 잔디밭.

곪다 다친 자리나 부스럼에 고름이 생기다.《이 연고를 바르면 상처가 곪지 않을 거야.》

곯다 상하다 1.과일이나 달걀 같은 것이 상하여 무르다.《달걀이 곯아서 못 먹게 됐어.》2.속으로 몸이 상하다.《추우니 몸 곯지 않게 이불 잘 덮고 자.》

곯다 곯다 밥을 아주 모자라게 먹거나 굶다.《배를 곯는 아프리카 아이들을 생각해서라도 반찬 투정을 하지 마라.》

곯아떨어지다 아주 지쳐서 정신없이 깊은 잠에 빠지다.《얼마나 지쳤던지 저녁밥을 먹자마자 곯아떨어지고 말았다.》**북노그라떨어지다.**

곰 깊은 산에 사는 짐승. 검은색이나 갈색 털이 나 있고, 네 다리는 짧고 굵다. 겨울에는 굴속에서 겨울잠을 잔다.

곰딸기

곰방대

곰보버섯

곰

곰개미 땅속에 굴을 파고 사는 개미. 잿빛 도는 검은색 몸통에 은빛 털이 촘촘하게 나 있다.

곰개미

곰취

곰곰 이리저리 헤아리면서 여러모로 깊이 생각하는 모양.《곰곰 생각해 보니 네 말이 맞는 것 같아.》**같곰곰이.**

곰곰이 → 곰곰.

곰국 쇠고기나 양, 곱창 들을 넣고 푹 고아서 끓인 국. **같곰탕.**

곰딸기 그늘지고 축축한 곳에 자라는 잎지는나무. 줄기에 붉은 털과 굵은 가시가 있고, 초여름에 옅은 붉은색 꽃이 핀다. 붉게 익은 열매는 먹을 수 있다.

곰방대 짧은 담뱃대.

곰보 천연두를 앓고 나서 얼굴에 남은 작은 상처. 또는 그런 상처가 많이 난 사람.

곰보딱지 천연두를 앓아서 얼굴이 얽은 사람을 낮추어 이르는 말.

곰보버섯 숲이나 뜰에 있는 나무 밑에서 뭉쳐나는 버섯. 갓은 옅은 갈색이고 전체에 그물눈 모양으로 홈이 있다. 먹는 버섯이다.

곰삭다 젓갈 같은 소금에 절인 음식이 푹 익다.《곰삭은 젓갈》

곰살갑다 은근히 부드럽고 살갑다.《짝꿍이 곰살갑게 웃으면서 나를 맞이했다.》**바곰살가운, 곰살가워, 곰살갑습니다.**

곰살궂다 부드럽고 사근사근 정답다.《동생이 오면 곰살궂게 대해 줘라.》

곰실– 작은 벌레나 아지랑이 같은 것이 느리게 움직이는 모양. **곰실거리다 곰실대다 곰실곰실**《아지랑이가 곰실곰실 피어오르는 봄날입니다.》

곰취 깊은 산 그늘진 곳에 자라는 풀. 뿌리에서 큰 잎이 나고 줄기에서 작은 잎이 나는데, 큰 잎은 어릴 때 뜯어서 나물로 먹는다.

곰탕 → 곰국.

곰팡이 어둡고 축축한 곳에 자라는 작은 생물. 축축한 물건이나 음식물에 잘 생기는데 퀴퀴한 냄새가 난다. 사람에게 병을 일으키는 것도 있지만, 술이나 된장을 만드는 데 쓰는 것도 있다.

곱 → 곱절.

곱다 예쁘다 1. 모습이나 색깔 같은 것이 예쁘고 보기 좋다. 《금방 세수를 마친 언니 얼굴이 무척 곱다.》 반밉다. 2. 말, 행동, 마음씨 같은 것이 친절하고 착하다. 《미진이는 마음씨가 고와.》 반밉다. 3. 겉이 보드랍고 매끈하다. 또는 소리가 맑고 부드럽다. 《고운 살결/고운 노랫소리》 4. 가루 같은 것이 아주 잘고 부드럽다. 《엄마가 들깨를 곱게 빻으셨다.》 5. 걱정이나 탈이 없어 편안하다. 《선아는 식구들의 귀여움을 한 몸에 받으며 곱게 자랐다.》 바고운, 고와, 곱습니다.

곱다 얼다 손가락이나 발가락이 얼어서 잘 움직이지 않고 뻣뻣하다. 《추위에 손이 곱아 글씨를 쓸 수가 없어.》

곱돌 윤이 나고 매끄러운 돌. 솥, 맷돌, 화로 들을 만드는 데 쓴다.

곱빼기 1. 한 그릇에 두 그릇 분량의 음식을 담은 것. 《자장면 곱빼기》 2. 두 배. 또는 곱절. 《그 사람은 돈을 두 배로 받는 대신 일도 곱빼기로 한다.》

곱사등이 등뼈가 굽어서 혹처럼 불쑥 튀어나온 사람. 같꼽추.

곱셈 어떤 수에 다른 수를 곱하는 셈. 참나눗셈, 덧셈, 뺄셈.

곱셈 구구 1부터 9까지 수를 둘씩 곱해서 나온 값을 나타낸 것. 《동생은 요즘 곱셈 구구를 배운다.》 같구구단.

곱셈식 곱셈을 하는 식.

곱셈표 1. 곱셈을 보여 주는 표. 2. 곱셈 표시 '×'를 이르는 말.

곱슬- 머리카락, 털, 실 같은 것이 둥글게 말려 있는 모양. **곱슬거리다 곱슬대다 곱슬곱슬** 《곱슬곱슬한 머리카락》

곱슬머리 곱슬곱슬한 머리털. 또는 그런 사람. 같고수머리.

곱씹다 1. 거듭하여 씹다. 《생쌀도 곱씹으면 고소해.》 2. 말이나 생각을 곰곰이 되풀이하다. 《내 말이 무슨 뜻인지 차분하게 곱씹어 봐.》 비되씹다.

곱자 나무나 쇠로 'ㄱ'자 꼴로 만든 자.

곱절 1. 어떤 수량을 두 번 더한 만큼. 비갑절, 배. 2. 어떤 수량을 거듭하여 더한 것. 《개미가 제 몸의 세 곱절은 되는 빵 부스러기를 나른다.》 같곱. 비배.

곱창 소의 작은창자를 먹을거리로 이르는 말. 북곱밸.

곱하기 어떤 수에 다른 수를 곱하는 것. 또는 곱셈 표시 '×'를 읽는 말. 《4 곱하기 5는 20이다.》 참나누기, 더하기, 빼기.

곱하다 어떤 수를 다른 수만큼 거듭하여 더하다. 《2에 5를 곱하면 10이 된다.》 참나누다, 더하다, 빼다.

곳 사물이 있는 자리. 또는 어떤 일이 일어나는 자리. 《네가 서 있던 곳이 어디지?/다음 두 그림에서 서로 다른 곳을 찾아보세요.》

곳간 곡식이나 물건을 넣어 두는 곳. 《놀부는 곳간에 곡식을 잔뜩 쌓아 두었다.》 비광, 창고.

곳곳 여러 곳. 또는 이곳저곳.《공원 곳곳에 쓰레기통이 있었다.》

곳집 곳간으로 쓰는 집.

공 물건 운동이나 놀이에 쓰는 동그란 물건.《축구공/야구공》같볼.

공 공로 (功) 1.→ 공로. 2.어떤 일을 하는 데 쏟는 힘과 정성.《동무들과 공을 들여 만든 눈사람이 녹기 시작했어요.》

공 숫자 (空) 1.→ 영. 2.기호 'O'을 이르는 말.《맞으면 공표, 틀리면 가위표 하세요.》

공 사회 (公) 혼자가 아닌 여럿에 관계하는 일.《공과 사》

공 부르는 말 (公) 흔히 남자 어른을 높여 부를 때 이름이나 성 뒤에 붙이는 말.

공간 (空間) 1.아무것도 없이 비어 있는 곳.《내 방에는 옷장을 놓을 공간이 없다.》 2.정해진 테두리가 없이 모든 방향으로 뻗어 있는 곳.《우주 공간》 3.어떤 일을 하거나 어떤 일이 벌어지는 곳.《휴식 공간》

공간적 (空間的) 공간에 들거나 관계하는. 또는 그런 것.

공갈 (恐喝) 윽박지르거나 허풍을 섞어 올러대어 남을 겁주는 짓.《그분은 일본 형사들의 공갈과 협박에도 전혀 겁을 먹지 않았다.》

공감 (共感) 어떤 것을 보고 서로 똑같이 생각하거나 느끼는 것.《난 은주 말에 공감이 가지 않아.》 **공감하다**

공감대 (共感帶) 서로 똑같이 생각하거나 느끼는 부분.《새 동무들과 얘기하다 보니 금세 공감대가 생겼다.》

공개 (公開) 어떤 것을 여러 사람에게 터놓고 알리거나 보이는 것.《공개 수업》 반비공개. **공개하다 공개되다**

공개 방송 (公開放送) 자기들끼리 하지 않고 스튜디오나 강당에 구경꾼을 모아 놓고 하는 방송.

공개적 (公開的) 여러 사람에게 터놓고 알리거나 보이는. 또는 그런 것.

공것 힘이나 돈을 들이지 않고 거저 얻는 것.《노력도 하지 않은 채 공것을 바라는 태도는 좋지 않아.》비공짜.

공격 (攻擊) 1.전쟁에서 적을 치는 것.《적의 진지가 아군의 공격을 받고 쑥대밭이 되었다.》반방어, 수비. 2.운동 경기 들에서 상대를 이기려고 밀어붙이는 것.《우리 편은 공격은 강한데 수비가 약해서 걱정이다.》반방어, 수비. 3.말이나 글로 남을 몰아붙이거나 반대하는 것.《근거 없이 아이들한테 공격을 받아서 속상해.》**공격하다**

공격권 (攻擊權) 운동 경기에서 상대를 공격할 수 있는 권리.

공격로 (攻擊路) 전쟁이나 운동 경기에서 상대를 공격하면서 나가는 길.

공격수 (攻擊手) 여럿이 하는 운동 경기에서 공격을 맡은 선수. 반수비수.

공격적 (攻擊的) 공격을 주로 하는. 또는 그런 것.

공경 (恭敬) 윗사람을 공손히 받들고 모시는 것. **공경하다**《내가 가장 공경하는 분은 우리 할아버지야.》

공고 (公告) 나라나 단체에서 어떤 일을 널리 알리는 것.《직원 모집 공고》 **공고하다**

공고하다 1.물건이 단단하고 튼튼하다.《좋은 집을 지으려면 기초를 공고하게 다져야 한다.》 2.태도, 마음가짐,

관계 같은 것이 흔들림 없이 굳다.《공고한 우정》**공고히**

공공(公共) 사회 사람 모두가 함께 쓰거나 함께 얽힌 일.《공공 도서관》

공공 기관(公共機關) 시청, 우체국, 경찰서 들처럼 공공의 일을 맡아보는 기관.

공공 단체(公共團體) 공공사업을 벌이는 단체.

공공사업(公共事業) 건설이나 복지 들처럼 사회 사람 모두를 이롭게 하려고 벌이는 사업.

공공시설(公共施設) 공원, 상하수도, 도로 들처럼 사회 사람 모두가 함께 쓰는 시설.

공공연하다 1.어떤 사실을 버젓이 드러내는 태도가 있다.《철수는 영이를 좋아한다고 공공연하게 떠들고 다닌다.》 2.어떤 사실이 널리 알려져 있다.《그 회사에서 만드는 물건이 잘 고장 난다는 것은 공공연한 사실이다.》

공공요금(公共料金) 철도, 버스, 우편, 전기, 수도 같은 공공시설을 쓰는 데 드는 돈.

공공장소(公共場所) 사회 사람 모두가 함께 쓰는 장소.

공공재(公共財) 길, 다리, 공원 들처럼 나라에서 만들고 사회 사람 모두가 함께 쓰는 물건이나 시설.

공과(功過) 잘한 일과 잘못한 일.《입시 교육의 공과를 따져 보자.》

공과금(公課金) 수도, 전기, 전화 같은 공공시설을 쓴 값으로 내는 돈.

공교롭다 뜻밖의 일이 일부러 맞춘 듯이 일어나 신기하고 놀랍다.《공교롭게도 내가 공원에 가는 날이면 늘 영수를 만난다.》 ^바공교로운, 공교로워, 공교롭습니다.

공구(工具) 못이나 망치같이 물건을 만들거나 고치는 데 쓰는 도구.

공군(空軍) 하늘에서 나라를 지키는 군대. ^참육군, 해군.

공권력(公權力) 나라나 공공 단체에서 국민에게 강제로 명령할 수 있는 권력.

공금(公金) 나라, 회사, 단체 들에서 일할 때 쓰는 돈.《회사 공금》

공급(供給) 필요한 것을 대어 주는 것.《수요와 공급》 ^반수요. **공급하다** **공급되다**

공급원(供給源) 필요한 것을 공급해 주거나 필요한 것이 있는 곳.《숲은 없어서는 안 될 산소 공급원이다.》

공기 그릇 흔히 밥을 담아 먹는 데 쓰는 오목한 그릇.《밥 한 공기》

공기 놀이 1.→ 공기놀이. 2.→ 공깃돌.

공기 기체(空氣) 사람과 동물이 숨 쉴 때 들이마시고 내쉬는 기체.《시골은 도시보다 공기가 맑다.》 ^비대기.

공기놀이 도토리만 한 돌 여러 개를 집어서 위로 던지거나 받거나 하면서 노는 놀이. ^같공기.

공기뿌리 땅속에 있지 않고 땅 위에 나와 있는 뿌리. 담쟁이덩굴, 옥수수, 풍란 같은 식물에서 볼 수 있다.

공기업(公企業) 철도, 우편, 수도 같은 공공사업을 벌이는 기업.

공기총(空氣銃) 압축된 공기 힘으로 총알이 나가는 총.

공깃돌 공기놀이에 쓰는 조그만 돌멩

이. 같공기. 북공기돌.

공깃돌 놀리듯 ^{관용} 어떤 것을 마음대로 다루는 것을 빗대어 이르는 말.《할아버지는 젊었을 때 쌀 한 가마니를 공깃돌 놀리듯 드셨다고 한다.》

공납금 (公納金) 학교에 수업료 같은 것으로 내는 돈.

공놀이 공을 가지고 노는 놀이.

공단 ^{공장} (工團) '공업 단지'를 줄인 말.《개성 공단》

공단 ^{기관} (公團) 산업, 복지 들에 관련된 공공사업을 벌이는 단체.

공단 ^{비단} (貢緞) 두껍고 윤이 나는 좋은 비단. 대개 무늬가 없고 한 가지 빛깔만 띤다.

공대 (恭待) 1. 윗사람을 공손하게 잘 모시는 것.《양로원 할머니들이 엄마들의 공대를 받고 흐뭇해하셨다.》 2. 남한테 높임말을 쓰는 것.《아버지는 나이가 어린 사람에게도 공대를 해서 말씀하신다.》 **공대하다**

공덕 (功德) 착하고 훌륭한 일을 하여 쌓은 덕.《마을 사람들이 사또의 공덕을 기리려고 비석을 세웠다.》

공동 (共同) 1. 어떤 일을 여럿이 함께 하는 것.《그 대회는 두 나라가 공동으로 연다.》 2. 물건이나 장소를 여럿이 함께 쓰는 것.《공동 빨래터》

공동 경비 구역 (共同警備區域) 판문점 안에 있는 구역. 이곳에서 남북 적십자 회담을 비롯한 평화 회담이 여러 번 열렸다.

공동묘지 (共同墓地) 여러 사람이 함께 쓰거나 묻힌 묘지.

공동생활 (共同生活) 여럿이 함께 모여 살아가는 일.《공동생활에서는 서로 양보하는 마음이 필요하다.》

공동 선언 (共同宣言) 여럿이 의논하여 정한 것을 세상에 함께 알리는 일.

공동 주택 (共同住宅) 아파트처럼 한 건물 안에서 여러 집이 저마다 따로 살 수 있게 꾸민 주택.

공동체 (共同體) 뜻을 같이하거나 같은 목적을 가지고 함께 일하면서 살아가는 무리.

공들다 어떤 일에 힘과 정성이 많이 들다. ^바공드는, 공들어, 공듭니다.

공든 탑이 무너지랴 ^{속담} 공들여 쌓은 탑은 무너지지 않는다는 뜻으로, 애써 이룬 것은 그르치는 일이 없다는 말.

공들이다 어떤 일에 힘과 정성을 들이다.《공들여 접은 종이비행기가 잘 날지 못해 아쉽다.》

공란 (空欄) → 빈칸.

공략 (攻略) 전쟁이나 경기에서 상대를 공격해 허물어뜨리는 것. **공략하다** **공략되다**

공로 (功勞) 1. 여러 사람을 위해 애써 이룬 훌륭한 일.《그분은 세계 평화를 위해 애쓴 공로로 상을 받으셨다.》 2. 어떤 일을 하는 데 쏟는 힘과 정성.《우리 반이 우승한 데는 훈이 공로가 크다.》 같공. 비공적, 공훈.

공론 ^{여럿} (公論) 여럿이 모여서 하는 의논. 또는 여럿이 함께하는 의견.《이 문제는 공론에 따라 결정합시다.》

공론 ^{헛됨} (空論) 쓸데없는 생각이나 의논.《공론만 되풀이하다가 회의를 끝내고 말았다.》

공룡 아주 오래전에 지구에서 살던 동

물. 도마뱀이나 악어와 비슷하게 생겼고 몸집이 크다. 두 발이나 네 발로 걸었고, 알을 낳았다. 지금은 화석으로만 남아 있다.

공리 (公利) 사회 모든 사람에게 이로운 것.《나랏일을 하는 사람은 공리를 먼저 생각해야 한다.》**반**사리.

공립 (公立) 나라나 공공 기관에서 세우고 도맡아 꾸리는 것. 또는 그런 시설.《공립 도서관》**참**국립, 사립.

공명 울림 (共鳴) 1.한 물체가 울릴 때 곁에 있는 다른 물체도 똑같이 따라서 울리는 것.《소리굽쇠 두 개를 마주 놓고 한쪽을 때렸을 때 다른 쪽도 따라서 울리는 일을 공명이라고 한다.》2.남의 생각에 강하게 끌려 같은 생각을 하는 것. **공명하다**

공명 이름 (功名) 훌륭한 일을 하여 세상에 널리 알려진 이름.《공명을 떨치다./공명을 누리다.》**공명하다**

공명선거 (公明選擧) 법과 규칙을 지켜 바르고 깨끗하게 치르는 선거.

공명심 (功名心) 공을 세워 자기 이름을 널리 알리려는 마음.《장수들은 공명심에 불타 앞다투어 전투에 나섰다.》

공명정대하다 선거나 판결이 치우침이 없이 바르고 떳떳하다.《공명정대한 판결을 바랍니다.》

공명하다 치우치거나 어긋남이 없이 바르고 깨끗하다.《선거를 공명하게 치르려면 다 같이 노력해야 합니다.》

공모 모집 (公募) 여럿에게 널리 알려서 필요한 사람이나 작품 들을 뽑는 것.《문예 작품 공모》**공모하다**

공모 꾀함 (共謀) 여럿이 함께 나쁜 짓을 꾸미는 것.《범죄 공모》**공모하다**

공모전 (公募展) 공모하여 뽑은 작품을 전시하는 일.

공무 (公務) 일터에서 하는 일. 또는 공무원이 하는 나랏일.

공무원 (公務員) 국가 기관이나 지방 공공 기관에서 일하는 사람. **북**정무원.

공문 (公文) → 공문서.

공문서 (公文書) 회사, 학교, 기관 같은 곳에서 만들어 보내는 문서. **준**공문.

공물 (貢物) 1.옛날에 백성이 나라에 세금으로 내던 물건이나 곡식. 2.옛날에 약한 나라에서 강한 나라에 바치던 물건이나 곡식.

공박 (攻駁) 남의 잘못을 따져서 거세게 몰아붙이는 것. **공박하다**

공방 싸움 (攻防) 싸움이나 경기에서 공격과 방어를 번갈아 하는 일.《결승전답게 치열한 공방이 이어졌다.》

공방 벼슬 (工房) 조선 시대에 관청에서 집을 짓고 길을 닦고 물건 만드는 일을 맡아 살피던 기관. 또는 이 기관을 맡아 일을 보던 사람.

공방전 (攻防戰) 싸움이나 경기에서 공격과 방어를 번갈아 하면서 엎치락뒤치락 싸우는 일.《우리나라는 일본과 경기에서 치열한 공방전을 펼쳤다.》

공배수 (公倍數) 여러 수에 공통되는 배수. 이를테면 2와 3의 공배수는 6, 12, 18,…… 들이다. **참**공약수. **북**공통배수.

공백 (空白) 1.종이나 책에서 글, 그림, 사진 들이 없는 빈 곳.《누나는 책 공백에 낙서하는 버릇이 있다.》2.아무것도 없이 비어 있거나 아무 일도 없

이 멈춰 있는 것.《공백 기간》

공범 (共犯) 죄를 함께 저지르거나 도운 사람.《이번 사건에는 분명히 공범이 있을 거야》

공보실 (公報室) 전에 '국정 홍보처'를 이르던 말.

공복 배 속 (空腹) 먹을거리를 먹은 지 오래되어 배 속이 빈 것.《이 약은 공복에 먹어야 효과가 있다.》

공복 사람 (公僕) '나라나 사회의 심부름꾼'이라는 뜻으로 공무원을 달리 이르는 말.

공부 (工夫) 지식이나 기술을 배우고 익히는 것. **공부하다**《열심히 공부해서 훌륭한 일꾼이 되고 싶다.》

공부방 (工夫房) 공부를 하는 방.《나는 언니와 공부방을 함께 쓴다.》

공비 (共匪) 총이나 칼 같은 무기를 지닌 간첩.

공사 건축 (工事) 집, 다리, 길 들을 세우거나 고치는 일.《아파트 공사/전기 공사》 **공사하다**

공사 공공 (公私) 여러 사람을 위하는 일과 자기 혼자만을 위하는 일을 함께 이르는 말.《어떤 일을 하든지 공사를 분명하게 구별해야 한다.》

공사 사람 (公使) 대사 다음가는 외교관. 참대사, 영사.

공사 기업 (公社) 정부에서 나랏일을 하려고 세운 회사.《한국 토지 공사》

공사관 (公使館) 다른 나라에 나가 있는 공사와 관리들이 일을 보는 곳.

공사비 (工事費) 집, 다리, 길 같은 것을 세우거나 고치는 데 드는 돈.

공사장 (工事場) 집, 다리, 길 같은 것

을 세우거나 고치는 일을 벌이는 곳.

공산 (公算) 어떤 일이 일어날 낌새. 또는 일이 어떻게 될 낌새.《하늘이 흐린 것으로 보아 비가 올 공산이 크다.》

공산 국가 (共産國家) 공산주의를 따르는 나라.

공산군 (共産軍) 공산 국가의 군대. 또는 공산주의자들의 군대.

공산당 (共産黨) 공산주의를 믿고 따르는 사람들이 만든 정당.

공산성 (公山城) 충청남도 공주 공산에 있는 산성. 백제 수도였던 웅진을 지키려고 처음 쌓았다.

공산성

공산주의 (共産主義) 개인 재산을 모두 없애고 계급이 없는 평등한 사회를 만들려는 사상. 참자본주의.

공산주의자 (共産主義者) 공산주의를 믿고 따르는 사람.

공산품 (工産品) 공장에서 만들어 내는 물건.

공산화 (共産化) 어떤 나라가 공산주의 사회로 바뀌는 것. 또는 그렇게 만드는 것. **공산화하다 공산화되다**

공상 (空想) 실제로는 있을 수 없는 일을 상상하는 것.《새별이는 책을 보다가 자기가 그 책 속의 주인공이 되는 공상에 빠지곤 한다.》 비상상. **공상하다**

공상가 (空想家) 공상을 즐기거나 자주 하는 사람.

공상 과학 소설 (空想科學小說) 실제로는 있을 수 없는 일을 과학에 바탕을 두고 상상하여 쓴 소설. 북과학환상소설.

공생 (共生) 서로 도우면서 같이 살아가는 것.《개미와 진딧물은 공생 관계

이다.》 **공생하다**

공석 (空席) 자리가 빈 것. 또는 일을 맡아 할 사람이 정해지지 않은 것.《회장 자리가 아직도 공석이야.》

공설 운동장 (公設運動場) 나라나 공공 단체에서 여러 사람이 쓸 수 있게 만든 운동장.

공세 (攻勢) 공격하는 힘이나 움직임.《질문 공세》 ^반수세.

공소 (公訴) 검사가 법원에 형사 사건을 재판해 달라고 요청하는 것.《공소를 제기하다.》 **공소하다**

공손하다 윗사람을 대하는 태도가 예의 바르고 얌전하다.《공손한 태도/공손한 말씨》 ^반불손하다. **공손히**

공수 경기 (攻守) 싸움이나 경기에서 공격과 수비를 함께 이르는 말.《우리 선수가 공을 뺏겨 공수가 바뀌었다.》

공수 운반 (空輸) '항공 수송'을 줄여 쓴 말.《우편물 공수》 **공수하다**

공습 (空襲) 비행기로 하늘에서 적을 공격하는 것. **공습하다**

공시 (公示) 기관이나 회사에서 일을 널리 알리는 것. 또는 알리는 글.《정부 공시 사항》 **공시하다 공시되다**

공식 (公式) 1.수학이나 과학에서 어떤 규칙을 숫자나 기호로 나타낸 것.《수학 공식》 2.나라나 기관에서 마땅하다고 인정한 것.《정부 공식 발표》

공신 (功臣) 나라를 위해 공을 세운 신하.《나라를 세운 일등 공신》

공약 (公約) 선거에 나선 사람이 자기가 뽑히면 이런 일을 하겠다고 내세우는 약속.《선거 공약》 **공약하다**

공약수 (公約數) 여러 수에 공통되는

약수. 이를테면 4와 6의 공약수는 1과 2이다. ^참공배수.

공양 (供養) 1.좋은 먹을거리와 옷으로 부모나 웃어른을 잘 받들어 모시는 것.《효녀 심청은 눈먼 아버지 공양에 정성을 다하였다.》 2.불교에서 음식이나 꽃을 바쳐 부처를 받들어 모시는 것.《할머니는 늘 부처님 공양에 소홀함이 없어야 한다고 말씀하신다.》 3.절에서 먹는 밥을 이르는 말.《아주머니들이 점심 공양 준비로 바쁘다.》 **공양하다**

공양미 (供養米) 불교에서 부처한테 빌며 바치는 쌀.

공언 (公言) 여러 사람에게 드러내 놓고 할 일이나 생각 들을 말하는 것. **공언하다**

공업 (工業) 기계로 재료를 다루어서 새로운 물건을 만들어 내는 산업.

공업 고등학교 (工業高等學校) 공업 과목을 주로 가르치는 고등학교.

공업국 (工業國) 공업이 산업의 중심인 나라.

공업 단지 (工業團地) 큰 공장이 많이 들어선 곳.《구미 공업 단지》

공업용 (工業用) 공업에 쓰이는 것. 또는 그런 물건.《공업용 원료》

공업용수 (工業用水) 공업에 쓰는 물. ^참농업용수.

공업화 (工業化) 나라의 주된 산업을 농업, 광업 들에서 공업으로 바꾸는 것. 또는 그렇게 되는 것. **공업화하다 공업화되다**

공연 (公演) 연극, 음악, 무용 같은 재주를 구경꾼 앞에서 해 보이는 것.《국악 공연》 **공연하다 공연되다**

공연장 (公演場) 공연하는 곳.

공연하다 아무런 까닭이나 쓸데가 없다.《공연한 걱정》**공연히**《눈 내리는 그림만 봐도 공연히 마음 설렌다.》

공영 ^{번영} (共榮) 여럿이 함께 잘되는 것.《인류 공영에 이바지하다.》

공영 ^{운영} (共營) 나라나 공공 기관에서 맡아서 꾸리는 것.《공영 방송》^참국영, 민영.

공예 (工藝) 쓸모 있으면서도 아름다운 물건을 만드는 기술.《한지 공예》

공예품 (工藝品) 가구, 도자기처럼 쓸모 있으면서도 아름답게 만든 물건.

공용 (共用) 여럿이 함께 쓰는 것.《남녀 공용 변소》^반전용.

공용어 (公用語) 한 나라에서 국민이 주로 쓰는 말. 또는 국제회의나 국제기구에서 주로 쓰는 말.

공원 (公園) 사람들이 쉬거나 놀 수 있게 도시 안에 잔디, 숲, 의자, 놀이터들을 갖추어 놓은 곳.

공유 ^{공통} (共有) 여럿이 함께 가지거나 나누어 쓰는 것. **공유하다**《물은 모든 생명체가 공유해야 하는 소중한 자원이다.》

공유 ^{나라} (公有) 나라나 공공 단체의 것. ^반국유, 사유.

공이 절구나 방아에 든 물건을 찧거나 빻는 기구.

공익 (公益) 사회 모든 사람에게 돌아가는 이익.

공익 광고 (公益廣告) 사회 여러 사람에게 이로운 광고. 정부, 공공 기관, 회사 같은 데서 만든다.

공익 광고 협의회 (公益廣告協議會)

공익 광고에 관한 일을 맡아보는 기구.

공익 근무 요원 (公益勤務要員) 군대에 가는 대신 정해진 동안 사회를 위해 일하는 사람.

공인 ^{사람} (公人) 사회에 큰 영향을 끼칠 만큼 지위가 높거나 이름난 사람.

공인 ^{인정} (公認) 나라나 기관에서 자격을 인정하는 것.《형은 태권도 공인 3단이다.》 **공인하다 공인되다**

공작 ^새 더운 지방 숲 속에서 사는 새. 수컷은 털 빛깔이 화려하고, 길고 아름다운 꽁지를 부채처럼 펼쳤다 오므렸다 한다.

공작_새

공작 ^{만들기} (工作) 1. 기계나 도구 들로 물건을 만드는 것.《공작 재료/공작 숙제》 2. 목적을 이루려고 미리 일을 꾸미는 것.《방해 공작》 **공작하다**

공작 ^{사람} (公爵) 옛날에 유럽에서 귀족을 다섯 등급으로 나눈 것 가운데 첫째. ^참남작, 백작, 자작, 후작.

공작물 (工作物) 기계, 연장 들로 재료를 다듬거나 짜 맞추어 만든 물건.

공작실 (工作室) 물건을 만들 수 있게 간단한 기계나 연장 들을 갖춘 방.

공장 (工場) 기계를 가지고 물건을 한꺼번에 많이 만들어 내는 곳.《연필 공장/자동차 공장》

공장장 (工場長) 공장에서 일을 지휘하고 감독하는 사람.

공저 (共著) 글이나 책을 여럿이 함께 쓰는 것. 또는 여럿이 함께 쓴 글이나 책. **공저하다**

공적 ^{공로} (功績) 여럿을 위해 애써 이룬 훌륭한 일.《이순신 장군의 공적을 기리는 행사가 열렸다.》 ^비공로, 공훈.

공적 사회 (公的) 개인이 아니라 나라나 사회에 얽힌. 또는 그런 것. **반**사적.

공전 지구 (公轉) 어떤 별이 다른 별 둘레를 되풀이하여 도는 것.《공전 주기》 참자전. **공전하다**《지구는 태양 둘레를 일 년에 한 번 공전한다.》

공전 처음 (空前) 흔히 '공전의' 꼴로 써서, 전에 견줄 만한 것이 없이 아주 훌륭하다는 말.《공전의 대성공》

공전 헛돎 (空轉) 1.바퀴, 기계 같은 것이 헛도는 것.《차바퀴가 진흙에 빠져 공전을 되풀이했다.》**북**헛돌이. 2. 일이 되지 않고 제자리걸음을 하는 것.《공전만 거듭하는 정상 회담》**공전하다**

공전 궤도 (公轉軌道) 어떤 별이 다른 별 둘레를 돌 때 지나가는 길.

공정 올바름 (公正) 공평하고 바른 것.《공정 선거》**반**불공정. **공정하다**

공정 작업 (工程) 어떤 것을 만들어 가는 차례나 과정.《자동차 제작 공정》

공정 거래 위원회 (公正去來委員會) 한 회사가 시장을 독차지하는 것을 막고 공정한 거래를 하게 하는 정부 기관.

공제 (控除) 받을 몫에서 갚거나 물어야 할 것을 빼는 것.《세금 공제》**공제하다**

공조 관청 (工曹) 고려 시대와 조선 시대에 공업과 건축에 관한 일을 맡아보던 관청.

공조 도움 (共助) 여럿이 함께 돕거나 서로 돕는 것. **공조하다**

공존 (共存) 여럿이 함께 있거나 서로 도와 함께 사는 것. **공존하다**《지구에는 많은 생물이 공존한다.》

공주 사람 (公主) 왕과 왕비 사이에서 난 딸. **참**왕자.

공주 땅 이름 (公州) 충청남도 동쪽에 있는 시. 백제 유적이 많다.

공중 하늘 (空中) 하늘과 땅 사이의 빈 곳.《풍선이 공중에 떠 있다.》

공중 사람 (公衆) 사회를 이루는 수많은 사람들.《공중목욕탕》

공중도덕 (公衆道德) 한 사회를 이루는 모든 사람이 함께 지켜야 할 예의와 질서.

공중 보건 (公衆保健) 나라에서 사람들의 건강을 보살피는 일.

공중전화 (公衆電話) 누구나 쓸 수 있게 길거리나 건물에 놓은 전화. 동전이나 카드를 넣어 쓴다.

공중제비 두 손으로 바닥을 짚고 두 다리를 하늘로 쳐들어서 앞이나 뒤로 넘는 재주.《공중제비를 돌다.》

공지 (公知) 여러 사람에게 널리 알리는 것.《공지 사항》**공지하다**

공직 (公職) 나라나 공공 단체 일을 맡아보는 자리.

공짜 돈이나 힘을 들이지 않고 거저 얻는 것.《어린이날에는 동물원 구경을 공짜로 할 수 있어.》**비**공것.

공짜라면 양잿물도 먹는다 **속담** 공짜라면 아무것이나 다 탐낸다는 말.

공차기 공을 차면서 하는 놀이.

공책 (空冊) 글씨를 쓰거나 그림을 그릴 수 있게 빈 종이 여러 장을 묶은 책.《공책을 꺼내 미술 준비물을 적었다.》

공청회 (公聽會) 나라나 기관에서 중요한 결정을 앞두고 여러 사람의 의견을 들으려고 여는 모임.

공출 (供出) 일제 강점기에 관리들이

곡식이나 물건을 강제로 나라에 바치게 하던 일. **공출하다**

공치사 자기가 잘한 일을 남이 알아주기 바라서 자랑스럽게 떠벌리는 것. 또는 남이 잘한 일을 칭찬하는 것.《공치사를 들으려고 그 애를 도운 건 아니에요.》**공치사하다**

공터 집이나 논밭 같은 것이 없는 빈 땅.《마을 공터에서 놀자.》

공통 (共通) 여럿 사이에 다 같이 있는 것. 또는 서로 비슷한 것.《공통 과제》**공통되다**

공통분모 (共通分母) 분모가 다른 분수 여러 개를 값이 달라지지 않게 하나로 통일한 분모. 이를테면 $\frac{1}{2}$과 $\frac{1}{3}$의 공통분모는 6이다.

공통점 (共通點) 서로 비슷하거나 같은 점.《우리는 첫째 딸이라는 공통점이 있어요.》 **반**차이점.

공판장 (共販場) 여럿이 모여서 물건이나 곡식 같은 것을 함께 파는 곳.《농수산물 공판장》

공평무사하다 자기와 관계가 있는 편을 들지 않고 공평하다.

공평하다 1.한쪽으로 기울거나 치우치지 않고 고르다.《공평한 판결》2.여럿한테 돌아가는 몫이 똑같다.《엄마가 나와 동생한테 떡을 공평하게 나누어 주셨다.》 **반**불공평하다.

공포 두려움 (恐怖) 몹시 무섭고 두려운 것.《마을 사람들은 엄청난 비에 둑이 무너질까 봐 공포에 떨었다.》

공포 발표 (公布) 나라에서 새로 정한 법률, 조약 같은 것을 국민에게 알리는 것.《헌법 공포》**공포하다 공포되다**

공포 총 (空砲) 남한테 겁을 주거나 신호를 보내려고 쏘는 총. 소리만 내거나 총알을 허튼 곳에 쏜다.

공포감 (恐怖感) 무섭고 두려운 느낌.

공포심 (恐怖心) 무섭고 두려운 마음.《사납게 생긴 개를 보면 나도 모르게 공포심이 인다.》

공포탄 (空砲彈) 소리만 크게 내면서 터지는 탄알. 겁을 주거나 신호를 보내는 데 쓴다. **참**실탄.

공표 (公表) 어떤 일을 여러 사람에게 널리 드러내어 알리는 것.《대통령 선거에 관한 정부 공표가 나왔다.》 **비**발표. **공표하다**

공학 (工學) 공업 기술이나 이론을 연구하는 학문.

공학자 (工學者) 공학을 연구하는 사람.

공항 (空港) 비행기가 뜨고 내릴 수 있게 시설을 두루 갖춘 곳.《인천 국제공항》**참**비행장.

공해 오염 (公害) 쓰레기, 썩은 물, 더러운 공기 들처럼 사람과 자연에 두루 해를 끼치는 것.《공해가 심한 도시》

공해 바다 (公海) 아무 나라에도 딸리지 않아 모든 나라 배가 자유롭게 다닐 수 있는 바다.

공해병 (公害病) 미나마타병처럼 공해 때문에 생기는 병.

공허하다 1.아무것도 없이 텅 비다.《가을걷이가 끝난 공허한 들판》2.내용, 보람, 가치 같은 것이 없어 헛되다.《말만 앞세우는 의논은 공허해.》

공헌 (貢獻) 나라나 사회에 이롭거나 큰 보탬이 되는 것. 비기여, 이바지. **공**

헌하다 《조국 광복에 공헌하다.》

공화국 (共和國) 국민이 뽑은 대표자가 법에 따라 다스리는 나라.

공활하다 텅 비어서 매우 넓다.

공황 (恐慌) 1. 갑자기 닥친 일이 놀랍고 두려워서 어쩔 줄 모르는 것.《엄청난 화산 폭발로 마을 주민들이 공황 상태에 빠졌다.》 2. → 경제 공황.

공회당 (公會堂) 여럿이 모이거나 회의를 하는 데 쓰는 집.《마을 공회당》

공후 (箜篌) 국악기 가운데 하나. 크기와 모양이 서로 다른 수공후, 와공후, 소공후가 있는데, 어떻게 연주하는지 알 수 없고 모양만 전해 내려온다.

공훈 (功勳) 나라나 사회를 위해 애써 이룬 훌륭한 일.《집현전 학자들은 한글을 만드는 공훈을 세웠다.》 비공로, 공적.

공휴일 (公休日) 국경일, 일요일, 명절처럼 나라에서 다 함께 쉬기로 정한 날. 비휴일. 참평일. 북휴식날, 휴식일.

공히 → 모두.

곶 (串) 바다 쪽으로 좁고 길게 튀어나온 땅.

곶감 껍질을 벗기고 꼬챙이에 꿰어서 말린 감. 참깜, 연시, 홍시.

곶감 꼬치에서 곶감 빼 먹듯 속담 애써 모은 것을 조금씩 써 없앤다는 말.

과 동생과 받침 있는 낱말 뒤에 붙어, 1. '그리고'나 '또'를 뜻하는 말.《여름과 가을/연필과 지우개》 참와. 2. '서로', '함께', '맞서'를 뜻하는 말.《장난감 하나를 두고 동생과 싸웠다.》 참와.

과 회사 (課) 1. 책이나 글에서 내용에 따라 차례로 나누어 놓은 부분의 하나.《시험 문제가 3과에서 많이 나왔어.》 2. 회사나 관공서 들에서 일에 따라 나눈 작은 조직.《너희 아빠는 구청 무슨 과에서 일하시니?》

과 갈래 (科) 대학교에서 배우는 학문에 따라 나눈 갈래. 또는 병원에서 의사가 어떤 병을 고치는지에 따라 나눈 갈래.《국문과/영문과/내과/외과》

과감하다 어떤 일을 하는 태도가 거침없고 용감하다.《반쪽이는 과감하게 괴물과 맞섰다.》

과객 (過客) 남의 집에서 잠깐 묵거나 머물다 가는 나그네. 옛날에 쓰던 말이다. 비길손, 나그네.

과거 때 (過去) 이미 지나간 때. 또는 전에 일어난 일.《이곳이 과거에는 바다였다고 한다.》 참미래, 현재.

과거 시험 (科擧) 고려 시대와 조선 시대에 관리를 뽑으려고 치르던 시험.

과격하다 하는 짓이 지나치게 거칠고 사납다.《과격한 말/과격한 운동》

과꽃 길가나 꽃밭 양지바른 곳에 심어 가꾸는 풀. 보라색, 빨간색, 분홍색, 하얀색 같은 여러 빛깔 꽃이 핀다.

과꽃

과녁 총이나 활을 쏠 때 맞추는 표적으로 쓰는 물건.《양궁 선수들이 과녁을 향해 활을 쏜다.》 비표적.

과녁판 과녁으로 삼은 판.

과년하다 여자가 혼인할 나이를 넘기다.《과년한 딸》

과다 (過多) 지나치게 많은 것.《약물 과다 복용》 **과다하다**

과다들다 북 몸이 빳빳하게 오그라들다.《동생이 다치지 않았다는 말을 듣고서야 과다든 가슴을 펼 수 있었다.》

ᄇ과자드는, 과자들어, 과자듭니다.

과단성 (果斷性) 일을 딱 잘라서 거침 없이 해 나가는 태도.《철수는 과단성 이 있어서 반장을 맡으면 잘할 거야.》

과당 경쟁 (過當競爭) 같은 일을 하는 회사끼리 손해를 무릅쓰고 지나치게 경쟁하는 것.

과대 ᄇ부풀림(誇大) 질, 가치 들을 실제 보다 크게 부풀리는 것.《과대 광고》

과대 큰(過大) 지나치게 큰 것. **과대하 다**《과대한 요구》

과대망상 (誇大妄想) 자기의 능력이 나 생김새가 실제와는 달리 아주 뛰어 나다고 여기는 생각.

과대평가 (過大評價) 능력이나 가치 같은 것을 실제보다 지나치게 높여 보 는 것. ᄇ과소평가. **과대평가하다 과대 평가되다**

과도 (果刀) ➡ 과일칼.

과도기 (過渡期) 어떤 때에서 다른 때 로 옮아가거나 바뀌어 가는 때.

과도하다 정도가 지나치다.《과도하 게 운동하면 다칠 수도 있어.》

과로 (過勞) 몸이 고달플 만큼 지나치 게 일하는 것. **과로하다**《엄마가 명절 에 과로하시더니 몸져누우셨다.》

과메기 겨울철에 청어나 꽁치를 바닷 바람에 얼렸다 녹였다 하면서 차게 말 린 것.

과목 (科目) 학교에서 배우는 지식을 여러 갈래에 따라 나누어 놓은 것.《국 어 과목/시험 과목》ᄇ교과목.

과묵하다 침착하고 말수가 적다.《우 리 선생님은 성실하고 과묵하세요.》

과민 (過敏) 작은 일에 지나치게 예민

한 것.《과민 반응》**과민하다**

과밀 (過密) 사람, 집, 물건 들이 한곳 에 지나치게 몰려 있는 것.《인구 과밀 지역》**과밀하다**

과반수 (過半數) 전체에서 절반이 넘 는 수.《과반수가 넘는 아이들이 철수 를 반장으로 찍었다.》

과보호 (過保護) ➡ 과잉보호. **과보호 하다**

과부 (寡婦) 남편이 죽어서 혼자 사는 여자.

과부 사정은 홀아비가 안다 속담 다른 사 람의 어려운 처지는 그와 비슷한 처지 에 있는 사람이 잘 안다는 말.

과분하다 자기 형편, 능력, 자격에 견 주어 분에 넘치게 좋다.《어린이 회장 은 내게 과분한 자리인 것 같다.》

과산화수소수 (過酸化水素水) 산소 와 수소로 이루어진 과산화수소를 물 에 녹인 액체. 상처를 소독하는 데 쓴다.

과세 (課稅) 세금을 매기는 것.《과세 대상》**과세하다**

과소비 (過消費) 씀씀이가 지나치게 헤픈 것.

과소평가 (過小評價) 능력이나 가치 같은 것을 실제보다 지나치게 낮추어 보는 것. ᄇ과대평가. **과소평가하다** 《내 노래 솜씨를 과소평가하다니.》**과 소평가되다**

과속 (過速) 자동차 같은 것이 정해진 속도를 넘어 지나치게 빨리 달리는 것. 또는 지나치게 빠른 속도《과속 운행》 ᄇ과속도.

과수 (果樹) ➡ 과일나무.

과수원 (果樹園) 과일나무를 많이 심

어 가꾸는 곳.

과시하다 자기가 지닌 것을 일부러 드러내 뽐내다.《우리 할머니가 춤 솜씨를 과시하셨다.》

과식 (過食) 음식을 지나치게 많이 먹는 것. ^반소식. **과식하다**

과실 ^{열매}(果實) → 과일.

과실 ^{잘못}(過失) 조심하지 않아서 저지르는 잘못.《문이 잘 잠겼는지 살피지 않은 것은 내 과실이다.》^비과오.

과언 (過言) 흔히 '아니다'와 함께 써서, 정도가 지나친 말.《어린이는 나라의 기둥이라고 해도 과언이 아니다.》

과업 (課業) 꼭 이루거나 해야 할 일.《통일은 우리 겨레의 과업이다.》

과연 (果然) 듣거나 짐작한 그대로. 또는 알고 보니 정말로.《너는 소문대로 과연 정직한 아이로구나.》

과열 (過熱) 1.기계가 지나치게 뜨거워지는 것.《선풍기 과열로 불이 났다.》 2.어떤 일이 지나치게 앞서 가는 것. 또는 분위기나 마음이 지나치게 달아오르는 것.《입씨름이 지나쳐서 과열 상태이다.》 **과열하다 과열되다**

과오 (過誤) 잘못이나 실수.《그 사람은 이전의 과오를 뉘우치고 착하게 살았다.》^비과실.

과외 (課外) 학교에서 배우는 것 말고 따로 배우는 것. **과외하다**

과욕 (過慾) 지나치게 욕심을 부리는 것. 또는 지나친 욕심.《과욕을 부리다 오히려 손해를 보는 일이 많다.》

과용 (過用) 돈이나 약 같은 것을 지나치게 많이 쓰는 것.《약물 과용》 **과용하다**《용돈을 과용하면 후회할 거야.》

과육 (果肉) 과일의 살. 껍질과 씨를 뺀 나머지를 이른다.

과음 (過飮) 술을 지나치게 많이 마시는 것. **과음하다**《아빠, 과음하지 마시고 일찍 들어오세요.》

과인 (寡人) 덕이 모자란 사람이라는 뜻으로, 옛날에 임금이 스스로 자기를 낮추어 이르던 말. ^비짐.

과일 딸기, 수박, 사과, 배처럼 먹을 수 있는 열매. ^같과실.

과일 망신은 모과가 시킨다 ^{속담} 못난 사람 하나가 다른 여러 사람을 망신시킨다는 말. ^비어물전 망신은 꼴뚜기가 시킨다.

과일나무 열매를 먹으려고 가꾸는 나무. 사과나무, 배나무, 복숭아나무 들이 있다. ^같과수. ^비유실수.

과일칼 과일 깎는 작은 칼. ^같과도.

과잉 (過剩) 필요한 것보다 넘치게 많은 것.《인구 과잉》 ^반부족.

과잉보호 (過剩保護) 부모가 어린 자식을 지나치게 감싸고 위하는 것.《과잉보호는 자식의 앞날에 도움이 안 된다.》 ^같과보호.

과자 (菓子) 밀가루나 쌀가루에 우유, 설탕, 기름 들을 섞어 굽거나 튀겨서 만든 먹을거리.

과장 ^{부풀림}(誇張) 질이나 능력 같은 것을 실제보다 훨씬 부풀리는 것.《과장 광고》 **과장하다 과장되다**

과장 ^{사람}(課長) 관청이나 회사에서 과를 책임지는 사람.

과전류 (過電流) 정해진 기준보다 지나치게 많이 흐르는 전류.

과정 ^{진행}(過程) 어떤 일이 되어 가는

차례나 그 꼴.《나팔꽃이 피는 과정》

과정 學習 (課程) 학교나 학원에서 배우는 내용.《3학년 과정/학과 과정》

과제 (課題) 1.학교에서 내 준 숙제.《오늘 과제는 단풍잎을 모아 오는 것이다.》비숙제. 2.맡겨진 일이나 해결해야 할 일.《환경 보호는 우리 모두의 과제이다.》비숙제.

과제물 (課題物) 과제를 적은 종이나 공책. 또는 과제로 내는 것.

과중하다 1.지나치게 무겁다.《과중한 세금》 2.일이 지나치게 힘에 벅차다.《과중한 업무》

과즙 (果汁) 과일 속에 든 즙. 또는 과일로 만든 즙.

과찬 (過讚) 지나치게 칭찬하는 것. **과찬하다**《그렇게 과찬하시니 도리어 부끄럽습니다.》

과천 (果川) 경기도에 있는 도시. 서울의 위성 도시 가운데 하나이다.

과체중 (過體重) 키에 견주어 지나치게 많이 나가는 몸무게.

과태료 (過怠料) 법을 어기거나 의무를 게을리 한 사람에게 벌로 물리는 돈.

과포화 (過飽和) 용액 안에 녹을 수 있는 정도보다 더 많은 물질이 녹아 있는 것.《과포화 용액》

과하다 양, 정도가 지나치다.《욕심이 과하면 탈이 나게 마련이다.》

과학 (科學) 자연현상을 설명할 수 있는 법칙이나 원리를 연구하는 학문.

과학계 (科學界) 과학에 관계되는 일을 하는 사람들의 모임.

과학관 (科學館) 사람들이 보고 배울 수 있게 과학에 관한 볼거리를 모아 꾸며 놓은 곳.

과학성 (科學性) 과학처럼 정해진 이치와 짜임새가 있는 성질.《한글의 과학성》

과학실 (科學室) 과학 실험을 할 수 있게 기구와 시설을 갖춘 교실.

과학 위성 (科學衛星) 지구와 우주 공간을 살피는 일을 하는 인공위성.

과학자 (科學者) 자연 과학을 연구하는 사람.

과학적 (科學的) 과학처럼 정확한 이치와 짜임새를 갖춘. 또는 그런 것.

과학화 (科學化) 과학의 체계와 방법에 맞게 하는 것. 또는 어떤 일이 과학적으로 되는 것. **과학화하다**《국립 과학 수사대는 범죄 수사 방법을 과학화하는 데 힘쓰고 있다.》**과학화되다**

과히 정도가 지나치게. 또는 그렇게까지나 심하게.《네 탓이 아니니 과히 마음 쓰지 마라.》

관 대롱 (管) 빨대 같은 것처럼 길고 둥글면서 속이 빈 것.《이 관을 따라서 수돗물이 흐른다.》

관 장례 (棺) 주검을 넣고 땅에 묻는 커다란 나무 상자. 비널.

관 모자 (冠) 옛날에 왕, 벼슬아치, 귀족들이 쓰던 모자.

관 무게 (貫) 무게를 재는 말. 한 관은 열 근이고 3.75킬로그램이다. 참근.

관가 (官家) 옛날에 벼슬아치가 나랏일을 보던 집. 참민가.

관개 (灌漑) 논밭에 물을 대는 일.《관개용수》북물대기.

관개 농업 (灌漑農業) 논밭에 물을 쉽게 댈 수 있게 저수지나 도랑 같은 것을 만들어서 하는 농업.

관개 시설 (灌漑施設) 논밭에 물을 대려고 마련한 시설.

관객 (觀客) 공연, 영화, 그림 같은 것을 구경하는 사람.《극장에 어린이 관객이 많이 몰렸다.》비관람객, 관중.

관건 (關鍵) 어떤 일을 이루거나 푸는 데 꼭 있어야 할 중요한 것.《문제 해결의 관건》

관계 (關係) 1. 사람이나 단체, 일 같은 것이 서로 얽히고 맺어지는 것.《관계를 끊다./관계가 있다.》2. 흔히 '관계로' 꼴로 써서, 까닭에. 또는 때문에.《공사 관계로 3층 화장실은 쓸 수 없습니다.》 **관계하다 관계되다**

관계없다 1. 서로 관계가 없다. 비상관없다.《그건 나랑 관계없는 일이야.》 2. 걱정이나 문제가 없다. 비괜찮다.

관계있다 서로 관계가 있다.《아래 그림을 보고 관계있는 것끼리 줄을 그어 보세요.》

관계자 (關係者) 어떤 일과 관계가 있는 사람.《사건 관계자》

관공서 (官公署) 구청, 경찰서, 우체국 같은 관청과 공공 기관을 함께 이르는 말. 비관청.

관광 (觀光) 다른 지방이나 나라를 찾아가 경치, 유적, 풍습 들을 구경하는 일.《관광 여행》비유람. **관광하다**

관광객 (觀光客) 관광하러 다니는 사람. 비유람객.

관광버스 관광하는 사람들을 태우고 다니는 버스. 북관광뻐스, 유람뻐스

관광 산업 (觀光産業) 관광객에게 교통, 잠자리, 먹을거리, 즐길 거리 들을 마련해 주는 산업.

관광 자원 (觀光資源) 관광할 만한 경치, 유적 들을 자원으로 여겨 이르는 말.

관광지 (觀光地) 구경거리가 많아 관광하기에 좋은 곳.

관군 (官軍) 옛날에 나라의 군대나 군사를 이르던 말.

관권 (官權) 정부나 관리가 가진 권력.《관권 선거》참민권.

관내 (管內) 한 기관이 책임지고 살피는 테두리 안.《우리 경찰서 관내에 사는 주민의 안전은 우리가 책임진다.》

관념 (觀念) 어떤 일에 대한 생각. 또는 머릿속에서 그리고 있는 어떤 생각이나 느낌.《위생 관념》

관대하다 마음씨나 태도가 너그럽다.《남의 실수나 잘못에 관대한 사람이 되고 싶다.》

관동 팔경 (關東八景) 강원도 동해안에 있는 경치 좋은 여덟 곳.

관두다 → 그만두다.

관등놀이 석가모니가 태어난 음력 4월 8일에 등을 밝히고 불꽃놀이를 하면서 노는 민속놀이.

관등회 (觀燈會) 석가모니가 태어난 음력 4월 8일에 등을 달고 불을 켜는 행사를 하는 모임.

관람 (觀覽) 공연, 영화, 그림, 경기 들을 구경하는 것. **관람하다**《내일 공룡 전시회를 관람하러 간다.》

관람객 (觀覽客) 공연, 영화, 그림, 경기 들을 구경하는 사람. 비관객, 관중.

관람료 (觀覽料) 공연, 영화, 그림, 경기 들을 구경하려고 내는 돈.

관람석 (觀覽席) 극장, 경기장 같은 곳에서 관람객이 앉는 자리. 《야외 관람석》 비객석, 관중석.

관련 (關聯) 여러 일, 사람, 물건 들이 관계를 맺고 서로 이어져 있는 것. 《실과 지우개 가운데서 바늘과 관련이 있는 것은?》 비연관. **관련하다 관련되다**

관련짓다 여러 일, 사람, 물건 들을 서로 관계를 맺게 하다. 《사람 됨됨이와 생김새를 관련지어 생각하지 마.》 바관련짓는, 관련지어, 관련짓습니다.

관례 관습 (慣例) 사회나 집단에서 오랫동안 거듭하여 버릇처럼 굳은 일. 《이번 일은 관례에 따라 하기로 했다.》

관례 어른 (冠禮) 옛날에 남자가 어른이 되었다는 뜻으로 상투를 틀고 갓을 쓰던 의식. 대체로 열여섯 살에서 스무 살 사이에 관례를 올렸다.

관록 (貫祿) 한 가지 일을 오래 해 오면서 쌓은 경험과 솜씨. 《이 식당 요리사는 30년 관록을 자랑한다.》

관료 (官僚) 나랏일을 맡아보는 높은 벼슬아치나 그 무리.

관리 맡아봄 (管理) 시설, 물건, 일 들을 맡아서 살피고 꾸리는 것. 《앞으로 네 용돈 관리는 네가 스스로 해라.》 **관리하다 관리되다**

관리 사람 (官吏) 나랏일을 맡아보는 사람. 비벼슬아치.

관리비 (管理費) 시설이나 물건 같은 것을 관리하는 데 드는 돈.

관리인 (管理人) 건물이나 시설을 관리하는 사람. 《창고 관리인》 같관리자.

관리자 (管理者) → 관리인.

관리직 (管理職) 흔히 회사에서 관리하는 일을 맡은 사람이나 그런 자리. 《관리직 사원》

관립 (官立) 나라 기관에서 세운 것. 《관립 도서관》

관목 (灌木) → 떨기나무.

관문 (關門) 어떤 곳으로 갈 때 반드시 거쳐야 하는 길목.

관박쥐

관박쥐 굴과 같이 축축하고 어두운 곳에 사는 박쥐. 귀가 크고 나는 힘이 약하다. 겨울잠을 잔다.

관복 (官服) 옛날에 벼슬아치가 나랏일을 볼 때 입던 옷.

관사 (官舍) 나라에서 공무원한테 빌려 주어 살게 하는 집. 참관저.

관상 (觀相) 운명, 성격 들이 나타난다는 얼굴 생김새. 또는 얼굴 생김새를 보고 사람의 운명, 성격 들을 점쳐 보는 일. 《관상을 보다.》

관성 (慣性) 1. 움직이던 물체는 계속 움직이려 하고 멈춰 있던 물체는 그대로 있으려고 하는 성질. 《버스가 갑자기 출발할 때 몸이 뒤로 쏠리는 것은 관성 때문이다.》 2. 몸에 오래 붙은 버릇. 《관성에 따라 무심코 손가락으로 콧구멍을 후볐다.》

관세 (關稅) 수입하는 물건에 매기는 세금.

관세음보살 (觀世音菩薩) 불교에서 괴로운 일을 겪는 사람이 이름을 부르면 듣고서 도와준다는 보살.

관세청 (關稅廳) 기획 재정부에 딸린 기관. 수입품과 수출품을 관리하며 관세를 매기고 걷는 일을 맡아본다.

관솔 송진이 많이 엉긴 소나무 가지나 옹이. 북광솔.

관솔불 관솔에 붙인 불. **북광솔불.**

관습 (慣習) 한 사회에서 오랫동안 이어져 굳어진 풍습이나 방식.《지역 관습에 따라 제사상에 올리는 먹을거리가 조금씩 다릅니다.》

관습적 (慣習的) 관습에 따르는. 또는 그런 것.

관식 (冠飾) 옛날에 관을 꾸미는 데 쓰던 물건.《금제 관식》

관심 (關心) 어떤 것에 마음이 끌리고 따라가는 것. 또는 그런 마음.《나는 만화와 금붕어 기르기에 관심이 있다.》

관심거리 마음이 끌리는 어떤 것.《요즘 우리 반 아이들 관심거리는 누가 반장이 되느냐 하는 것이다.》**갈**관심사.

관심사 (關心事) → 관심거리.

관아 (官衙) 옛날에 관리들이 모여서 나랏일을 맡아보던 곳.

관악기 (管樂器) 플루트, 트럼펫처럼 입으로 불어서 소리 내는 악기. 나무로 만든 목관 악기와 쇠붙이로 만든 금관 악기가 있다. **참**타악기, 현악기.

관악산 (冠岳山) 서울과 경기도 안양과 과천에 걸쳐 있는 산.

관여 (關與) 남의 일에 끼어들거나 참견하는 것. **관여하다**《내 일에 관여하지 말고 네 일이나 잘해.》

관엽 식물 (觀葉植物) 잎이 보기 좋아 키우는 식물. 단풍나무, 고무나무, 털머위 들이 있다.

관용 습관 (慣用) 버릇처럼 늘 쓰는 것. 또는 오랫동안 써서 굳어진 대로 쓰는 것.《관용 표현》

관용 용서 (寬容) 남의 잘못이나 실수를 너그러이 용서하는 것.《남의 실수

에 관용을 베푸는 사람이 되어라.》

관원 (官員) 옛날에 관리나 벼슬아치를 이르던 말.

관음굴 (觀音窟) 강원도 삼척에 있는 석회암 동굴.

관인 허가 (官認) 관청에서 인정하는 것.《관인 피아노 학원》

관인 도장 (官印) 관공서에서 확인하는 뜻으로 찍는 도장.

관자놀이 사람 눈과 귀 사이에 있는 맥박이 뛰는 자리.

관장 사람 (館長) 박물관이나 도서관처럼 '관' 자로 끝나는 기관에서 가장 높은 자리에 있는 사람.

관장 똥구멍 (灌腸) 똥이 잘 나오게 하려고 똥구멍에 약을 넣는 것. **관장하다**

관장 맡아봄 (管掌) 어떤 일을 맡아서 두루 살피는 것. **관장하다**

관장제 (灌腸劑) 똥이 잘 나오게 하려고 똥구멍에 넣는 약.

관저 (官邸) 나라에서 대통령, 국무총리 같은 높은 공무원에게 빌려 주는 큰 집.《국무총리 관저》**참**관사, 사저.

관전 (觀戰) 운동 경기, 바둑, 장기 들을 구경하는 것. **관전하다**

관절 (關節) → 뼈마디.

관절염 (關節炎) 관절에 생기는 염증.《할머니는 관절염이 있어서 계단을 잘 오르내리지 못하신다.》

관점 (觀點) 어떤 것을 보는 태도나 방법.《사람의 관점에 따라 같은 일도 다르게 보인다.》**비**시각.

관제엽서 (官製葉書) 나라에서 만들어 파는 우편엽서.

관제탑 (管制塔) 비행장에서 비행기

가 안전하게 뜨고 내릴 수 있게 이끌어 주는 탑.《공항 관제탑》

관중 풀 산속 축축한 땅에서 자라는 풀. 잎이 뿌리에서 뭉쳐나고, 꽃이 피지 않고 홀씨로 퍼진다. 어린잎을 먹고, 뿌리는 약으로 쓴다.

관중-풀

관중 사람 (觀衆) 운동 경기 들을 구경하는 사람들.《3만이 넘는 관중이 경기장에 모여들었다.》비관객, 관람객.

관중석 (觀衆席) 흔히 운동 경기장에서 관중이 앉는 자리. 비객석, 관람석.

관직 (官職) 나랏일을 하는 자리.《할아버지는 오랫동안 관직에 계셨다.》

관찰 (觀察) 어떤 것을 마음에 두고 자세하게 살펴보는 것. **관찰하다**《달팽이가 기어가는 모습을 관찰했다.》

관찰 기록장 (觀察記錄帳) 동식물이 사는 모습을 관찰하여 글을 쓰거나 그림을 그려 두는 공책.

관찰력 (觀察力) 어떤 것을 자세하게 살펴보는 힘.《훌륭한 과학자 가운데는 관찰력이 뛰어난 사람이 많다.》

관찰부 (觀察府) 조선 시대에 관찰사가 일을 보던 관청.

관찰사 (觀察使) 조선 시대에 도의 으뜸 벼슬. 도에서 일어나는 여러 일을 맡아 다스렸다. 같감사.

관철 (貫徹) 어려움이나 반대를 무릅쓰고 기어이 목적을 이루는 것. **관철하다**《뜻을 관철하다.》**관철되다**

관청 (官廳) 도청, 시청, 동사무소처럼 나랏일을 하는 곳. 비관공서.

관측 (觀測) 흔히 자연에서 일어나는 일을 살피는 것. 또는 일을 잘 살펴서 앞일을 가늠하는 것. **관측하다**《망원

경으로 별자리를 관측하였다.》

관측소 (觀測所) 기상대, 천문대처럼 자연에서 일어나는 일을 관측하는 곳.《기상 관측소》

관통 (貫通) 막힌 것을 꿰뚫어서 서로 통하게 하는 것. **관통하다**

관하다 흔히 '관하여'나 '관한' 꼴로 써서, 어떤 것에 관계하다. 또는 어떤 것을 다루다.《이 책에는 탈춤에 관한 모든 것이 들어 있습니다.》비대하다.

관할 (管轄) 일이나 이곳저곳을 맡아 살피는 것. 또는 살피고 있는 테두리.《관할 구역》**관할하다**

관행 (慣行) 한 사회나 집단에서 오랫동안 버릇처럼 해 온 일.《관행이라고 모두 따라야 하는 것은 아니다.》

관헌 (官憲) 옛날에 관청이나 관리를 이르던 말.

관현악 (管絃樂) 관악기, 타악기, 현악기 들을 다루는 사람들이 함께 연주하는 일. 또는 그렇게 연주하는 음악.

관현악단 (管絃樂團) 관현악을 연주하는 악단. 같오케스트라.

관형사 (冠形詞) '이', '새', '온갖' 처럼 혼자서는 쓰이지 못하고 바로 뒤에 오는 명사를 꾸미는 낱말.

관형어 (冠形語) 다른 낱말 뜻을 꾸며 주는 문장 성분.

관혼상제 (冠婚喪祭) 관례, 혼례, 상례, 제례 네 가지 전통 의식을 함께 이르는 말.

괄괄하다 1.성미가 드세고 급하다.《형은 성격이 괄괄하다.》2.목소리가 굵직하고 크다.《괄괄한 목소리》

괄목 (刮目) 눈을 비비고 다시 본다는

뜻으로, 좋아지는 속도가 아주 빠른 것을 이르는 말. **괄목하다**《우리나라 경제는 괄목할 만한 성장을 했다.》

괄시 (恝視) 남을 업신여겨 하찮게 대하는 것.《작다고 괄시하면 안 돼!》

괄약근 (括約筋) 똥구멍, 오줌길 들에 있는 고리 꼴 힘살. 오므렸다가 벌렸다가 하면서 똥오줌이 나오는 것을 조절한다. **툭**오무림살.

괄호 (括弧) 문장을 끊지 않고 어떤 말을 보태거나 두드러지게 나타내는 데 쓰는 문장 부호. ( ), { }, [ ] 들이 있다. **비**묶음표.

광 곳간 집에서 살림살이나 먹을거리를 넣어 두는 곳. **비**곳간, 창고.

광에서 인심 난다 **속담** 자기가 가진 것이 넉넉해야 남을 도울 마음이 생긴다는 말. **비**쌀독에서 인심 난다.

광 빛 (光) 물체가 빛을 받아 매끈거리며 반짝이는 것.《삼촌 구두에서 반짝반짝 광이 난다.》**비**광택, 윤.

광개토 대왕릉비 (廣開土大王陵碑) 만주 지안 현 퉁거우에 있는 고구려 광개토 대왕의 비석. 우리나라에서 가장 큰 비석이다.

광견병 (狂犬病) 미친개한테 물려서 생기는 병. 물을 무서워하게 된다.

광경 (光景) 어떤 일이 벌어지는 모습.《해 뜨는 광경이 정말 멋졌다.》

광고 (廣告) 어떤 것을 팔거나 관심을 끌려고 여러 사람한테 널리 알리는 것.《상품 광고》**광고하다**

광고문 (廣告文) 어떤 것을 광고하는 글.《영화 광고문》

광고물 (廣告物) 광고하려고 만든 간판, 종이, 물건 들을 두루 이르는 말.

광고지 (廣告紙) 광고할 내용을 적은 종이.

광공업 (鑛工業) 광업과 공업.

광구 (鑛區) 광물을 캐거나 캘 수 있게 허가받은 곳.

광기 (狂氣) 미친 낌새. 또는 미친 듯이 날뛰는 기운.

광나무 바닷가 산기슭에 자라는 늘푸른나무. 6월에 흰 꽃이 피고, 가을에 쥐똥같이 생긴 열매가 까맣게 익는다.

광나무

광년 (光年) 별 사이 거리를 나타내는 말. 1광년은 빛이나 전파가 1년 동안에 나아가는 거리이다.

광대 옛날에 탈놀이, 인형극, 줄타기 같은 것을 직업으로 하던 사람.

광대나물 밭둑이나 길가에 자라는 풀. 4~5월에 자줏빛 꽃이 핀다. 어린순을 먹고 다 자란 것은 약으로 쓴다. **툭**꽃수염풀.

광대뼈 뺨 위쪽에 두드러지게 나온 뼈.

광대나물

광대싸리 양지바른 산기슭에 자라는 잎지는나무. 가늘고 긴 가지를 많이 치고, 6~7월에 노란 꽃이 핀다. 어린잎을 먹는다.

광대싸리

광대하다 들판, 바다, 우주 같은 것이 한없이 넓고 크다.《광대한 사막》

광도 (光度) 빛의 밝기. **툭**빛세기.

광란 (狂亂) 미친 듯이 길길이 날뛰는 것.《광란의 도가니》**광란하다**

광릉골무꽃 양지바른 산속에 자라는 풀. 5~6월에 엷은 하늘색 꽃이 하늘을 보고 달린다. 경기도 광릉에서만 난다.

광맥 (鑛脈) 광물이 줄기를 이루어 많이 묻혀 있는 곳. **툭**광줄기.

광릉골무꽃

광명 (光明) 빛이 비쳐 밝은 것. 또는 희망이나 밝은 앞날을 빗대어 이르는 말.《광복절은 우리나라가 일본 지배에서 벗어나 광명을 되찾은 날이다.》 반암흑.

광명단 (光明丹) 납과 산소로 이루어진 붉은 가루. 페인트나 도자기에 칠하는 유약으로 쓴다.

광목 흰 무명실로 넓고 거칠게 짠 베. 같광목천.

광목천 → 광목.

광무 (光武) 조선 고종 때 정한 연호. 대한 제국의 둘째 연호로 1897년부터 1907년까지 썼다.

광물 (鑛物) 금, 은, 철, 석탄처럼 땅속에 묻혀 있는 물질.

광물질 (鑛物質) 광물로 된 물질.

광범위 (廣範圍) 범위가 넓은 것. **광범위하다**

광복 (光復) 우리 겨레가 일본에 빼앗긴 나라를 되찾은 일.《우리나라가 광복을 맞이한 해는 1945년이다.》

광복군 (光復軍) 일제 강점기에 우리나라의 독립을 위해 중국에서 일본에 맞서 싸우던 군대.

광복절 (光復節) 우리나라 광복을 기념하는 날. 8월 15일이다.

광부 (鑛夫) 땅속에 묻혀 있는 석탄이나 금속 같은 것을 캐는 사람.

광산 (鑛山) 석탄, 금, 은, 구리 같은 쓸모 있는 광물을 캐는 곳.

광산물 (鑛産物) 광산에서 나오는 모든 광물.

광산촌 (鑛山村) 광산에서 일하는 사람들이 광산 가까이에 모여 살면서 이룬 마을.

광성보

광석 (鑛石) 광물 덩어리.

광선 (光線) 곧바로 뻗어 나오는 빛줄기.《태양 광선》 비빛살.

광섬유 (光纖維) 빛으로 정보를 전달할 때 쓰는 실처럼 가는 유리.

광성보 (廣城堡) 강화에 있는 작은 성. 고려 시대에 임금이 강화로 피난 갔을 때 처음 쌓았다. 조선 고종 때 (1871년) 미국 군함이 쳐들어와서 치열한 싸움이 벌어졌던 곳이기도 하다.

광신 (狂信) 종교나 사상을 무턱대고 믿는 것. **광신하다**

광신도 (狂信徒) 광신하는 사람.

광야 (廣野) 너른 벌판.

광어 → 넙치.

광업 (鑛業) 광물을 캐거나 광석을 녹여서 금속을 뽑아내는 산업.

광역 (廣域) 넓은 곳. 또는 넓은 테두리.《광역 단체장》

광역시 (廣域市) 우리나라 행정 구역 가운데 하나. 광주, 대구, 대전, 부산, 울산, 인천이 있다.

광열비 (光熱費) 전기, 가스, 기름 같은 것으로 방을 덥히거나 불을 밝히는 데 드는 돈.

광원 (光源) 해, 별, 전구처럼 스스로 빛을 내는 근원이 되는 것.

광장 (廣場) 여럿이 모일 수 있는 넓은 마당.《서울역 광장》

광주 (光州) 전라남도의 가운데 쪽에 있는 광역시. 전라남도 도청이 있다.

광주리 대나무, 싸리, 버들가지 들을 엮어 만든 큼직한 그릇.

광주리

광채 (光彩) 아름다운 빛. 또는 밝게

반짝반짝하는 빛.《다이아몬드에서 광채가 난다.》

광택 (光澤) 물체가 빛을 받아 윤이 나고 번쩍거리는 것.《아빠 구두를 광택이 나게 닦았다.》비광, 윤.

광 통신 (光通信) 영상이나 목소리 같은 전기 신호를 빛으로 바꾸어 보내는 통신. 텔레비전이나 전화 들에 쓰이고 많은 정보를 빠르게 보낼 수 있다.

광학 (光學) 빛의 성질과 현상을 연구하는 학문.

광학 현미경 (光學顯微鏡) 빛을 이용하여 아주 작은 물질을 관찰하는 현미경. 실험실에서 많이 쓰는 현미경을 이른다.

광한루 (廣寒樓) 전라북도 남원에 있는 다락집. 조선 첫째 임금인 태조 때 처음 지었으며, 판소리 '춘향가' 때문에 많이 알려졌다. 보물 제281호.

광한루

광합성 (光合成) 녹색 식물이 햇빛을 받아 이산화탄소와 물로 녹말 같은 것을 만들어 내는 일. 비빛합성.

광혜원 (廣惠院) 조선 고종 때 (1885년) 우리나라에서 처음으로 세운 서양식 병원. 미국 선교사 앨런이 의견을 내놓아서 지었다.

광화문 (光化門) 경복궁 남쪽 정문. 조선 첫째 임금인 태조 때(1395년) 처음 세웠다.

광활하다 땅, 바다 같은 것이 탁 트이고 아주 넓다.《광활한 벌판》

괘 (卦) 1.옛날에 중국의 복희씨라는 사람이 만들었다는 글자. 2.'점괘'를 줄인 말.

괘도 (掛圖) 벽에 걸어 놓고 공부하려

괭이_도구

괭이갈매기

괭이밥

괭이사초

고 보는 그림이나 지도.

괘씸하다 하는 짓이 고약해 못마땅하고 얄밉다.《뉘우치기는커녕 나를 속이려 들다니 정말 괘씸한 녀석이다.》

괘종시계 (掛鐘時計) 벽이나 기둥에 거는 크고 긴 시계. 정해진 시간마다 종을 울린다. 같벽시계.

괜스레 → 괜히.

괜찮다 1.보통보다 썩 좋다.《내 바느질 솜씨도 이만하면 괜찮은 편이다.》 2.탈이나 문제가 없이 좋다.《이 정도 상처쯤은 병원에 가지 않아도 괜찮을 것 같다.》비관계없다. 3.거리낄 것이 없다. 또는 허락할 만하다.《여기서는 신발을 신어도 괜찮대요.》

괜하다 아무 까닭이나 쓸데가 없다. 《내가 괜한 얘길 했나 봐.》

괜히 아무 까닭 없이. 또는 쓸데없이. 《비도 안 오는데 우산 괜히 가져왔어.》 같괜스레.

괭이 도구 땅을 파거나 흙을 고르는 데 쓰는 농기구. 'ㄱ' 자처럼 생긴 쇠판에 긴 자루를 달았다.

괭이 동물 → 고양이.

괭이갈매기 바닷가에서 흔히 볼 수 있는 텃새. 노란 부리에 몸통이 희고 등은 짙은 잿빛이다. 울음소리가 고양이와 비슷하다.

괭이밥 들판이나 길가에 자라는 풀. 잎은 토끼풀과 비슷해 보이는데, 입에 넣고 씹으면 신맛이 난다. 봄부터 가을까지 노란 꽃이 핀다. 비괭이밥풀.

괭이사초 축축한 풀밭이나 논둑에 자라는 풀. 잎은 가늘고 길다. 짧은 털이 있는 작은 이삭이 빽빽이 모여 달린다.

괭이질 괭이로 땅을 파고 흙을 고르는 일. **괭이질하다**

괴나리봇짐 옛날에 먼 길을 떠날 때 보자기에 싸서 어깨에 메거나 등에 지던 작은 짐. **북**괴나리보따리, 괴나리보짐.

괴다 ^{모이다} → 고이다.

괴다 ^{받치다} → 고이다. 《공부 시간에 턱을 괴고 있다가 선생님께 혼났다.》

괴도라치 뭍에서 가까운 바다에 사는 바닷물고기. 어두운 갈색 몸에 검은 점이 있다. 새끼를 말린 것을 '뱅어포'라고 한다.

괴로움 몸이나 마음이 힘들거나 아픈 느낌. 《날마다 시험을 봐야 하는 이 괴로움을 누가 알까?》 ^반즐거움.

괴로워하다 괴로움을 느끼다. 《시험을 잘 못 보았다고 괴로워하는 누나가 무척 안됐다.》 ^반즐거워하다.

괴롭다 몸이나 마음이 힘들거나 아프다. 《목이 부어서 침 삼키기조차 괴로워.》 ^반즐겁다. ^바괴로운, 괴로워, 괴롭습니다.

괴롭히다 남을 괴롭게 하다. 또는 남한테 못살게 굴다. 《너보다 어리고 힘없는 아이들을 괴롭혀서는 안 돼.》

괴뢰 (傀儡) → 꼭두각시.

괴멸 (壞滅) 모임, 조직, 사람 들이 깡그리 깨져 없어지는 것.

괴목장 (槐木欌) 회화나무로 짠 장롱.

괴물 (怪物) 이상하고 무섭게 생긴 사람이나 동물.

괴변 (怪變) 흔히 일어나지 않는 이상한 일. 《괴변이 잇따르다.》

괴불나무 산기슭이나 개울가 그늘진 숲 속에 자라는 잎지는나무. 줄기 속이

괴불나무

반쯤 비어 있다. 꽃은 희고 열매는 둥글고 붉다. **북**아귀꽃나무.

괴상망측하다 기분 나쁠 만큼 아주 엉뚱하고 이상하다. 《도깨비들이 나와 춤추는 괴상망측한 꿈을 꾸었다.》

괴상하다 무섭거나 기분이 나쁠 만큼 아주 이상하다. 《가면이 괴상하게 생겼다.》

괴성 (怪聲) 괴상한 소리.

괴수 (魁首) 못된 무리의 우두머리.

괴이하다 아주 괴상하고 별나다. 《어디선가 괴이한 소리가 난다.》

괴질 (怪疾) 원인을 알 수 없는 이상한 병. 《괴질이 돌다.》

괴짜 남들이 하지 않는 엉뚱한 짓을 잘 하는 사람. 《철수는 겨울에도 양말을 안 신고 다니는 괴짜다.》

괴팍하다 성질이 까다롭고 고약하다. 《보미는 성미가 괴팍해서 아무도 같이 놀려고 하지 않아요.》

괴한 (怪漢) 하는 짓이나 차림새가 수상한 사내.

괴혈병 (壞血病) 비타민이 모자라서 생기는 병. 기운이 없고 잇몸에서 피가 나고 빈혈이 온다.

굄돌 1.물건이 기울거나 쓰러지지 않게 밑에 괴는 돌. 2.북방식 고인돌에서 덮개돌을 받치고 있는 돌.

굉음 (轟音) 몹시 크고 요란하게 울리는 소리. 《헬리콥터가 굉음을 낸다.》

굉장하다 1.아주 크고 으리으리하다. 《공터에 굉장한 건물이 들어선대.》 2.아주 뛰어나거나 훌륭하다. 《선생님은 기억력이 굉장한 분이다.》 3.정도가 몹시 심하다. 《봄이 되는 듯하더니 굉

장한 추위가 찾아왔다.》 **굉장히**

교가 (校歌) 한 학교를 나타내는 노래.

교각 (橋脚) 다리 판을 받치는 기둥.

교감 사람 (校監) 교장을 도와서 학교 일을 이끌어 가는 사람. **북부교장.**

교감 느낌 (交感) 느낌이나 생각을 남과 나누거나 같이하는 것.《나와 형은 교감이 잘 이루어진다.》 **교감하다**

교과 (教科) 학교에서 가르쳐야 할 것을 자세히 나누어 놓은 갈래.

교과목 (教科目) 국어, 수학처럼 학교에서 가르치는 과목. **비과목.**

교과서 (教科書) 학교에서 배우는 내용이 담긴 책.《국어 교과서》

교기 (校旗) 한 학교를 나타내는 깃발.

교내 (校內) 학교 안.《교내 글짓기 대회》 **반교외.**

교단 (教壇) 교실에서 교사가 학생들을 가르칠 때 올라서는 조금 높은 곳. **교단에 서다** 관용 학교에서 학생을 가르치다.《우리 선생님은 교단에 서신 지 20년이 되셨다.》 **비교편을 잡다.**

교대 (交代) 어떤 일을 차례대로 번갈아 맡는 것.《한 사람씩 교대로 꽃병 물을 갈아 주기로 하자.》 **교대하다**

교도 (教徒) 어떤 종교를 믿는 사람.《이슬람교도》 **비교인, 신도, 신자.**

교도관 (矯導官) 교도소에서 일하는 사람. **북계호원.**

교도소 (矯導所) 법을 어긴 사람을 모아서 가두어 두는 곳. **북교화소.**

교두보 (橋頭堡) 어떤 일을 해 나가는 데 중요한 발판이나 밑바탕. 또는 징검다리 구실을 하는 중요한 곳.

교란 (攪亂) 일부러 뒤흔들어 어지럽히거나 뒤숭숭하게 만드는 것.《교란 작전》 **교란하다**

교량 (橋梁) → 다리.

교류 주고받음 (交流) 다른 곳에 사는 사람들이 서로 만나거나 연락하면서 물건이나 의견을 주고받는 것.《남녘과 북녘 사이에 교류가 늘어나고 있습니다.》 **교류하다**

교류 전기 (交流) 시간에 따라 세기와 방향이 바뀌는 전류. **참직류.**

교리 (敎理) 한 종교의 바탕을 이루는 가르침.《불교 교리》

교만 (驕慢) 잘난 체하며 건방지게 남을 깔보는 것.《교만을 부리다.》 **교만하다**《교만한 태도》

교명 (敎名) 종교 이름.

교목 학교 (校木) 학교를 나타내는 나무.《우리 학교 교목은 소나무다.》

교목 큰키나무 (喬木) → 큰키나무.

교묘하다 1.남을 속이거나 꾀하는 재주가 뛰어나다.《교묘한 말솜씨》 2.물건들을 만드는 솜씨나 재주가 뛰어나다.《교묘하게 깎은 불상》 **교묘히**

교무 (敎務) 학교에서 교사가 학생을 가르치는 것과 얽힌 모든 일.

교무실 (敎務室) 학교에서 교사가 수업을 준비하거나 일을 보는 방.

교문 (校門) 학교 정문.

교미 (交尾) 암컷과 수컷이 새끼나 알을 낳으려고 짝짓기하는 일. **비짝짓기.** **북쌍붙이. 교미하다**

교민 (僑民) 다른 나라에서 사는 자기 나라 사람.《미국 교민》

교방고 (敎坊鼓) 치는 국악기 가운데 하나. 네 발 달린 나무틀 위에 가죽이

교방고

위를 보게 북을 걸어 놓았다.

교배 (交配) 사람이 동식물의 암수를 짝짓기시켜서 새끼나 새로운 씨앗을 얻는 일.《교배 시기》**교배하다**

교복 (校服) 한 학교에 다니는 학생이 모두 똑같이 입게 만든 옷.

교본 (教本) 지식이나 기술 같은 것을 익히는 본보기나 방법이 적힌 책.《가야금 교본》

교부 (交付) 관청이나 학교에서 물건이나 서류 들을 내어 주는 것.《입학시험 원서 교부》**교부하다 교부되다**

교사 사람 (教師) 유치원, 초등학교, 중학교, 고등학교에서 학생을 가르치는 사람. 비교원.

교사 건물 (校舍) 학교 건물.

교섭 (交涉) 어떤 일을 이루기 위해서 상대편과 바라는 것을 서로 주고받는 것.《휴전 교섭》**교섭하다**

교세 (教勢) 어떤 종교가 지닌 힘. 또는 세력.《교세를 뻗치다.》

교수 (教授) 대학교에서 학생을 가르치는 사람.

교수형 (絞首刑) 죄지은 사람을 목매달아 죽이는 벌.

교습 (教習) 학원 같은 곳에서 지식이나 기술을 가르치는 것.《거문고 교습》**교습하다**

교시 시간 (校時) 수업 시간을 세거나 몇째 수업 시간인지 나타내는 데 쓰는 말.《오늘 2교시는 체육 시간이다.》

교시 가르침 (教示) 1.가르쳐서 보이는 것. 2.길잡이가 되는 가르침. **교시하다 교시되다**

교실 (教室) 학교에서 학생들이 교사와 공부하는 방. 참강의실.

교양 (教養) 사람이 갖추어야 할 지식이나 예의. 또는 배우거나 익혀서 얻은 좋은 몸가짐이나 됨됨이.《책을 많이 읽으면 교양을 쌓을 수 있다.》

교양오락비 (教養娛樂費) 집안 생활비에서 교양을 쌓거나 오락을 즐기는 데 드는 돈. 책, 신문, 연극, 영화 들을 보거나, 취미 활동을 하거나 이것저것을 배우는 데 드는 돈이다.

교양인 (教養人) 교양을 갖춘 사람.

교역 (交易) 나라끼리 물건을 사고파는 것. 비무역, 통상. **교역하다**

교열 (校閱) 글에서 잘못된 글귀나 내용을 꼼꼼히 살펴 바로잡는 것.《우리 반 신문을 찍어 내기 전에 선생님께서 교열을 보셨다.》**교열하다**

교외 근교 (郊外) 도시 바깥. 흔히 숲이나 시내 같은 것이 있는 곳을 이른다.《지난 일요일에는 온 식구가 교외로 나가 바람을 쐬고 왔다.》비근교.

교외 학교 (校外) 학교 밖. 반교내.

교우 사귐 (交友) 동무들과 사귀는 것.《교우 관계가 좋다.》

교우 동무 (校友) 같은 학교에 다니는 동무. 비학우. 참급우.

교우이신 (交友以信) 신라 때 화랑도가 지키던 세속 오계 가운데 하나. 믿음으로 동무를 사귀라는 말이다.

교원 (教員) 교사, 교장, 교수처럼 학교에서 학생을 가르치는 사람을 통틀어 이르는 말. 비교사.

교육 (教育) 지식, 기술 들을 가르치거나 사람 됨됨이를 바르게 이끌어 주는 것.《학교 교육》**교육하다**

교육감 (敎育監) 시도 교육 위원회에서 으뜸인 사람.

교육 과학 기술부 (敎育科學技術部) 국민의 교육과 학술에 관한 일과 과학 기술 정책과 발전에 관한 일을 맡아보는 행정 기관.

교육관 건물 (敎育館) 여럿이 교육받는 데 쓰는 집.《과학 교육관》

교육관 생각 (敎育觀) 교육의 바탕이 되는 생각이나 의견.

교육권 (敎育權) 1.공평하게 교육을 받을 권리. 2.교육을 할 권리.

교육법 (敎育法) 교육에 관한 법.

교육비 (敎育費) 교육하는 데 드는 돈.

교육열 (敎育熱) 자식을 가르치려는 열과 정성.《교육열이 높다.》

교육 위원회 (敎育委員會) 서울특별시, 광역시, 도에 설치되어 교육에 관한 일을 의논하고 결정하는 기관.

교육자 (敎育者) 교사처럼 가르치는 일이 직업인 사람.

교육장 곳 (敎育場) 1.지식이나 기술을 가르치는 곳. 주로 학교가 아닌 곳을 이른다.《꽃꽂이 교육장》2.가르칠 만한 것이 있는 곳.《탑골 공원은 독립 운동의 산 교육장입니다.》

교육장 사람 (敎育長) 시, 군 교육청에서 으뜸인 사람.

교육적 (敎育的) 교육에 도움이 되거나 교육과 관계가 있는. 또는 그런 것.

교육청 (敎育廳) 시나 군에 설치되어 교육에 관한 일을 맡아보는 관청.

교인 (敎人) 어떤 종교를 믿는 사람.《천주교 교인》비교도, 신도, 신자.

교자상 여럿이 둘러앉아 먹을 수 있게 만든 크고 네모난 음식상.《온 식구가 교자상에 둘러앉아 떡국을 먹었다.》

교장 (校長) 초등학교, 중학교, 고등학교에서 학교 일을 책임지는 사람.《우리 교장 선생님은 학교 꽃밭을 손수 가꾸신다.》

교재 (敎材) 책이나 여러 가지 도구처럼 가르치거나 배우는 데 필요한 것.《영어 교재》

교재원 (敎材園) 학생들이 공부하는 데 도움을 주려고 동물과 식물을 기르는 곳.

교전 (交戰) 군대가 서로 맞붙어 싸움을 벌이는 것.《두 나라 군대가 교전을 벌였다.》교전하다

교정 학교 (校庭) 학교 운동장이나 뜰.《학교 교정에 예쁜 꽃밭이 있다.》

교정 고침 (校正) 글에서 틀린 글자, 잘못된 띄어쓰기 들을 바로잡는 것.《원고 교정》교정하다 교정되다

교정 바로잡음 (矯正) 비뚤거나 잘못된 것을 바로잡는 것. 교정하다 교정되다

교정 부호 (校正符號) 글을 교정하는 데 쓰는 여러 가지 부호.《띄어 써야 할 곳에는 교정 부호 'ㅇ'를 넣는다.》

교제 (交際) 서로 사귀는 것.《이성 교제》교제하다

교조 사람 (敎祖) 어떤 종교를 처음 만든 사람.

교조 믿음 (敎條) 무턱대고 진리라고 굳게 믿고 따르는 생각.

교주 (敎主) 한 종교를 이끄는 우두머리.《천도교 교주》

교지 (校誌) 학교에서 학생들이 펴내는 잡지.《교지에 내 시가 실렸다.》

교직 (教職) 학교에서 학생을 맡아 가르치는 일.

교직원 (教職員) 교사, 교수 들처럼 학교에서 학생을 가르치는 사람. 또는 학교 일을 맡아보는 사람.

교차 (交叉) 서로 엇갈리거나 마주치는 것. **교차하다**

교차로 (交叉路) 서로 엇갈리거나 마주치는 길.

교차점 (交叉點) 서로 엇갈리거나 마주치는 곳.

교착 (膠着) 일이 조금도 더 나아가지 못하고 한군데 멈추어 있는 것.《교착 상태》 **교착하다 교착되다**

교체 (交替) 어떤 것을 치우고 다른 것으로 바꾸는 것.《선수 교체》 **교체하다 교체되다**

교칙 (校則) 학생이 학교에서 지켜야 할 규칙.《교칙을 어기다.》

교탁 (教卓) 교실에서 교단 앞이나 위에 놓은 탁자.

교통 (交通) 수레, 자동차, 기차, 배, 비행기 같은 탈것이 오가거나 탈것을 써서 길을 다니는 일.

교통난 (交通難) 교통수단이 모자라거나 길이 너무 붐벼서 겪는 어려움.

교통량 (交通量) 길을 오가는 사람이나 탈것의 양.

교통로 (交通路) 사람, 말, 낙타, 수레, 자동차, 기차, 배, 비행기 같은 것이 다니는 길.《비단길은 아시아와 유럽을 잇는 중요한 교통로였다.》

교통망 (交通網) 이리저리 뻗은 교통로를 그물에 빗대어 이르는 말.

교통 법규 (交通法規) 사람이나 차가 길을 오고 갈 때 지켜야 할 법과 규칙.

교통비 (交通費) 자동차, 기차, 배, 비행기 같은 탈것을 타는 데 드는 돈.

교통사고 (交通事故) 자동차, 기차, 배, 비행기 같은 탈것 때문에 생기는 사고. 사람을 치거나 탈것끼리 서로 부딪치거나 하는 일을 이른다.

교통수단 (交通手段) 어떤 곳을 오가거나 짐을 옮기는 데 쓰는 탈것.

교통순경 (交通巡警) 찻길에서 차와 사람이 안전하게 다니게 살펴 주고 교통 법규를 어긴 사람을 단속하는 경찰관. 북교통안전원.

교통 신호 (交通信號) 건널목이나 교차로 같은 데서 멈춤이나 건넘 들을 알리는 신호등 불빛. 사람이나 차가 질서를 지켜 안전하게 다니게 도와준다.

교통안전 (交通安全) 교통질서를 잘 지켜서 사고를 미리 막는 일.

교통지옥 (交通地獄) 사람이나 차가 붐비어 길이 꽉 막힌 갑갑한 상태를 빗대어 이르는 말.

교통질서 (交通秩序) 사람이나 차가 길을 다닐 때 지켜야 하는 질서.

교통편 (交通便) 어떤 곳을 오가는 데 쓰는 교통수단.

교통 표지 (交通標識) 사람이나 차가 안전하게 다닐 수 있게 글, 그림 들을 넣어 만든 표지.

교편 (教鞭) 학생을 가르치는 데 쓰는 막대기.

교편을 잡다 **관용** 학교에서 교사 생활을 하다.《이모는 중학교에서 교편을 잡고 있다.》

교포 (僑胞) 다른 나라에 사는 자기 겨

레 사람.《재일 교포》

교향곡 (交響曲) 관악기, 타악기, 현악기 들로 함께 연주하려고 만든 긴 곡. 보통 4악장으로 되어 있다. 같심포니.

교향악 (交響樂) 관악기, 타악기, 현악기 들로 함께 연주하는 음악을 모두 이르는 말.

교향악단 (交響樂團) 교향악을 연주하는 큰 악단. 같심포니 오케스트라.

교화 학교 (校花) 학교를 나타내는 꽃. 《우리 학교 교화는 개나리다.》

교화 가르침 (敎化) 잘못을 저지른 사람을 가르치고 다독여 바르게 이끄는 것. 《청소년 교화》 **교화하다 교화되다**

교환 (交換) 1.물건을 맞바꾸는 것. 《물물 교환》 2.물건, 생각 들을 서로 주고받는 것.《외교 문서 교환》 3.전화를 할 수 있게 중간에서 이어 주는 사람. 또는 그런 일.《전화 교환》 **교환하다 교환되다**

교환원 (交換員) 전화 건 사람과 전화받을 사람을 이어 주는 사람.

교활하다 못된 짓을 안 들키고 잘하거나 나쁜 꾀가 많다.《교활한 사람은 언젠가 벌을 받는다.》 비간사하다.

교황 (敎皇) 가톨릭 으뜸 성직자.

교회 (敎會) 1.기독교를 믿는 사람들이 모여서 예배를 드리는 곳. 같예배당. 2.기독교를 믿는 사람들의 모임.

교훈 가르침 (敎訓) 배우거나 본받을 만한 가르침.《벌거벗은 임금님 이야기에는 교훈이 숨어 있다.》 비가르침.

교훈 학교 (校訓) 학교에서 학생을 가르치려고 지은 짧은 말.《우리 학교 교훈은 '씩씩한 어린이가 되자' 입니다.》

참급훈.

구 숫자 (九) 1.팔에 일을 더한 수. 아라비아 숫자로는 '9'이다. 참아홉. 2.세는 말 앞에 써서, 아홉을 나타내는 말.

구 공 (球) 1.공. 또는 공처럼 둥글게 생긴 물건이나 둥근 꼴. 2.수학에서 한 점에서 똑같은 거리에 있는 모든 점으로 이루어진 입체.

구 동네 (區) 우리나라 행정 구역 가운데 하나. 특별시, 광역시, 50만 명이 넘게 사는 대도시에 딸려 있다.

구간 (區間) 한 곳과 다른 곳 사이. 또는 미리 정한 테두리.《공사 구간》

구간별 (區間別) 전체를 구간에 따라 나눈 것.《우리나라 마라톤 선수들의 구간별 기록을 살펴보겠습니다.》

구강 (口腔) 입술에서 목구멍에 이르는 입 안의 빈 곳.《구강 위생》

구걸 (求乞) 남한테 돈, 먹을 것, 입을 것 들을 거저 달라고 하는 것. **구걸하다**

구겨지다 천, 종이 들이 접히거나 눌려 구김살이 생기고 쭈글쭈글하게 되다.《구겨진 종이돈》

구경 즐기려는 마음이나 호기심으로 어떤 것을 보는 것.《우리 식구는 내일 벚꽃 구경을 가요.》 **구경하다**

구경거리 구경할 만한 것.《이 공원에는 구경거리가 참 많구나.》 비볼거리.

구경꾼 구경하는 사람. 북구경군.

구관 (舊官) 앞서 그 자리에 있던 벼슬아치.

구관이 명관이다 속담 나중 사람을 겪어 보아야 먼저 사람이 잘한 것을 알 수 있다는 말.

구관조 집에서 기르는 새 가운데 하나.

사람 말을 잘 흉내 낸다. 몸은 검고 눈 아래에는 노란 띠가 있다. 날개에 커다란 흰 무늬가 있다.

구구 닭이나 비둘기 들이 우는 소리.

구구단(九九段) → 곱셈 구구.

구구표(九九表) 곱셈 구구를 1단부터 9단까지 적어 놓은 표.

구국(救國) 위험에 빠진 나라를 구하는 것.

구근(球根) → 알뿌리.

구금(拘禁) 죄지은 사람이나 죄지은 것으로 보이는 사람을 구치소나 교도소에 가두는 것. **구금하다 구금되다**

구급(救急) 1.아프거나 다친 데가 더 나빠지지 않게 급한 대로 간단히 치료하는 일. 《구급상자》 2.위험한 형편에서 급히 구해 내는 것. 《구급 단체》

구급대 단체(救急隊) 아프거나 다친 사람을 간단히 치료하여 병원으로 옮기거나 위험한 처지의 사람을 구해 내는 단체. 《119 구급대》

구급대 붕대(救急帶) 다친 몸에 임시로 급하게 묶는 붕대.

구급법(救急法) 아프거나 다친 데가 더 나빠지지 않게 급한 대로 간단히 치료하는 방법.

구급약품(救急藥品) 갑자기 아프거나 다친 사람을 치료하려고 마련해 두는 약품. 《산에 갈 때는 구급약품과 두꺼운 옷을 챙겨 가는 것이 좋아.》

구급차(救急車) 몹시 아프거나 다쳐서 목숨이 위태로운 사람을 빨리 병원으로 실어 나르는 차. 같앰뷸런스.

구기(球技) 축구, 야구, 농구처럼 공을 가지고 하는 운동 경기.

구기자나무

구급차

구기다 종이나 옷 같은 것을 마구 접거나 눌러서 쭈글쭈글하게 만들다. 또는 그렇게 되다. 《신문을 이렇게 구겨 놓으면 어떻게 하니?》 참꾸기다.

구기자나무 밭둑이나 냇가, 산비탈에 자라는 잎지는나무. 여름에 연보라색 꽃이 피고, 가을에 열매가 붉게 익는다. 어린잎은 먹고 열매인 구기자는 차를 끓여 마시거나 약으로 쓴다.

구김 → 구김살.

구김살 1.접거나 눌러서 생긴 주름. 《이 옷은 구김살이 잘 가서 막 입을 수 없어.》 같구김. 2.마음이나 얼굴이 밝지 않고 그늘진 것을 빗대어 이르는 말. 《구김살 없이 해맑은 표정》 같구김.

구깃구깃 여러 군데 구겨진 모양. **구깃구깃하다** 《구깃구깃한 모자》

구내(構內) 큰 건물이나 시설의 안. 《학교 구내 서점》

구대륙(舊大陸) 아시아 대륙, 유럽 대륙, 아프리카 대륙을 이르는 말. 참신대륙.

구더기 파리 애벌레.

구더기 무서워 장 못 담글까 속담 작은 어려움에 얽매이지 말고 할 일은 해야 한다는 말.

구덕구덕 '꾸덕꾸덕'의 여린말. 《구덕구덕 말린 떡》 **구덕구덕하다**

구덩이 움푹하게 깊이 팬 땅. 《뒷마당에 구덩이를 파고 김장독을 묻었다.》 비구렁. 북구덩이.

구도 짜임(構圖) 여러 가지가 어울려 이루는 틀이나 짜임새. 《겉으로 보아서는 이 집 구도를 모르겠어.》

구도 종교(求道) 큰 도나 깨달음을 얻

으려고 애쓰는 것. **구도하다**

구독 (購讀) 신문이나 잡지를 정한 시간 동안 사서 보는 것. **구독하다**

구독료 (購讀料) 신문이나 잡지를 보는 값으로 내는 돈.《신문 구독료》

구두 신발 가죽이나 비닐로 만든 신발의 한 가지.《구두를 신다./구두를 닦다.》

구두 말 (口頭) 글로 쓰지 않고 말로 하는 것.《구두시험/구두 계약》

구두닦이 구두 닦는 일이 직업인 사람.

구두쇠 돈이나 물건을 지나치게 아끼는 사람. 비수전노, 자린고비.

구두약 구두 겉에 칠하는 약. 윤을 내거나 오래 신으려고 바른다.

구두창 구두 밑바닥에 대는 창.

구둣방 구두를 팔거나 만들거나 고치는 곳. 같양화점. 북구두방.

구들 아궁이에 불을 때서 방을 따뜻하게 하는 시설. 아궁이에서 나온 불기운이 구들장 밑 길을 따라 가면서 방바닥을 덥힌다. 참온돌.

구들장 구들을 놓을 때 방바닥에 까는 얇고 넓적한 돌.

구들장을 지다 관용 밖으로 나오지 않고 방에서만 지내다.《아파서 며칠 동안 구들장을 지고 있었다.》

구렁 1.움푹 팬 땅.《차바퀴가 구렁에 빠져 꼼짝 못했다.》비구덩이. 2.헤어나기 어려운 상태를 빗대어 이르는 말.

구렁이 시골집 돌담이나 논두렁, 밭둑에 쌓인 돌 틈에 사는 뱀. 몸통이 굵고 길다. 북구렝이.

구렁이 담 넘어가듯 한다 속담 일을 얼렁뚱땅 얼버무린다는 말.

구렁텅이 1.험하고 깊은 구렁. 2.헤어

구름버섯

구렁이

구름체꽃

나기 몹시 어려운 상태를 빗대어 이르는 말.《절망의 구렁텅이에 빠지다.》

구레나룻 귀밑에서 턱까지 난 수염.

구령 (口令) 여럿을 함께 움직이게 하려고 짧게 내뱉는 명령. 차렷, 열중쉬어 같은 것이 있다.《반장의 구령에 맞추어 줄지어 섰다.》 **구령하다**

구류 (拘留) 죄지은 사람을 30일이 넘지 않게 교도소나 경찰서 유치장에 가두는 형벌. 참구속.

구르다 돌다 땅에 몸을 대고 돌면서 위에서 아래로 움직이다.《돌멩이가 언덕 아래로 데굴데굴 구른다.》 바구르는, 굴러, 구릅니다.

굴러 온 돌이 박힌 돌 뺀다 속담 다른 데서 온 사람이 원래 있던 사람을 내쫓거나 해치려 한다는 말.

구르다 디디다 바닥이 울리도록 발로 세게 치다.《소풍 날짜가 정해지자 아이들은 발은 구르면서 좋아했다.》 바구르는, 굴러, 구릅니다.

구름 공기 속에 있는 물기가 뭉쳐서 물방울이나 얼음 알갱이가 되어 하늘에 떠 있는 것.

구름다리 길, 건물, 산골짜기 사이를 건너질러 공중에 놓은 다리.

구름버섯 넓은잎나무의 썩은 줄기나 가지 위에 떼 지어 나는 버섯. 갓은 반달꼴이고 회색, 흰색, 노란색, 갈색, 붉은색, 초록색, 검은색을 띤 고리 무늬가 있다.

구름사다리 쇠로 만든 놀이 기구. 사다리를 네 기둥 위에 얹은 꼴이다.

구름송이 작은 구름 덩이.

구름체꽃 한라산, 묘향산 같은 높은

산에 자라는 풀. 잎은 깃처럼 갈라지고, 여름에 짙은 보랏빛 꽃이 핀다.

구름판 멀리뛰기나 뜀틀 운동에서 뛰는 힘을 높이려고 두 발을 모아 구르는 판. **같**발구름판.

구름판

구릉 (丘陵) 조금 낮은 언덕.

구리 잘 구부러지고 잘 늘어나는 검붉은 금속. 열과 전기가 잘 통해서 전깃줄, 보일러 관 들을 만든다. **같**동.

구리다 1. 냄새가 똥이나 방귀 냄새와 같다. 《아이, 구려. 방귀 뀐 사람이 누구야?》2. 태도가 어딘지 모르게 떳떳하지 못하다. 《무언가 구린 게 있으니까 내 눈치를 보겠지?》

구명정

구리선 → 구리줄.

구리줄 구리로 만든 줄. 전기와 열을 잘 옮겨 전깃줄로 많이 쓴다. **같**구리선.

구리판 구리로 만든 판.

구린내 똥이나 방귀에서 나는 냄새.

구릿대 산골짜기나 시냇가에 자라는 풀. 6~8월에 작고 흰 꽃이 모여 핀다. 어린순은 먹고 뿌리는 약으로 쓴다.

구릿빛 구리처럼 검붉은 빛깔. 《구릿빛 얼굴》**북**구리빛.

구릿대

구매 (購買) 물건을 사는 것. 《물품 구매 목록》**비**구입. **반**판매. **구매하다**

구멍 1. 패거나 뚫린 자리. 《양말에 구멍이 났다.》2. 어려움에서 벗어날 길을 빗대어 이르는 말. 《하늘이 무너져도 솟아날 구멍이 있다.》3. 미처 살피지 못해 허술하거나 빈틈이 생긴 곳. 《선수들이 많이 다쳐 우리나라 수비에 구멍이 났습니다.》

구멍 보아 가면서 쐐기 깎는다 **속담** 어떤 일이든 형편에 맞게 해야 한다는 말.

구멍가게 파는 물건이 많지 않은 조그만 가게.

구면 (舊面) 전부터 아는 사이. 《경희와 난 이미 구면이야.》**반**초면.

구명 (救命) 남의 목숨을 구하는 것. 《구명 활동》**구명하다 구명되다**

구명대 (救命帶) 물에 빠졌을 때 안전하게 몸을 물에 뜨게 해 주는 기구.

구명정 (救命艇) 큰 배에 싣고 다니다가 사고가 났을 때 사람을 구하는 데 쓰는 작은 배.

구명조끼 몸을 물에 뜨게 하는 조끼.

구미 입맛 (口味) 1. → 입맛. 《구수한 된장찌개 냄새에 구미가 당겼다.》2. 어떤 것에 끌리는 마음. 《단소보다는 가야금이 내 구미에 맞는다.》

구미 땅 이름 (龜尾) 경상북도 남서쪽에 있는 시. 큰 공업 단지가 있다.

구미호 (九尾狐) 옛이야기에 나오는 꼬리 아홉 개 달린 여우. 사람을 잘 홀린다고 한다.

구민 (區民) 한 구 안에 사는 사람들. 《구민 체육 대회》

구박 (驅迫) 남을 못살게 괴롭히는 것. **구박하다** 《동생을 구박하면 못써!》

구별 (區別) 차이에 따라 가르는 일. 또는 서로 달라서 나뉘는 것. 《이 옷은 남녀 구별 없이 입을 수 있어요.》**참**구분. **구별하다 구별되다**

구보 (驅步) 흔히 군대에서 여럿이 함께 뛰는 것. **구보하다**

구부 (球部) 어떤 물체에 딸린 둥근 부분. 《온도계 구부》

구부러지다 한쪽으로 굽거나 휘어지다. 《못이 구부러져 못 쓰게 됐어.》

구부러진 송곳 속담 있기는 하지만 쓸모 없는 것이라는 말.

구부리다 한쪽으로 휘게 하다. 《철사를 구부려 여러 가지 모양을 만들 수 있다.》 비굽히다. 참구부리다.

구부정하다 몸이 조금 구부러져 똑바르지 않다. 《구부정한 할머니 허리를 보면 가슴이 아프다.》 참꾸부정하다.

구분 (區分) 1.전체를 미리 정한 기준에 따라 나누는 것. 《여자는 힘이 약하고 남자는 힘이 세다고 구분 짓지 마세요.》 참구별. 2.서로 다른 점을 알아내거나 다른 점에 따라 나누는 것. 《누가 형이고 누가 동생인지 구분이 안 간다.》 참구별. **구분하다 구분되다**

구불– 이리저리 구부러진 모양. **구불거리다 구불대다 구불구불** 《구불구불한 산길을 걸어서 산을 넘었다.》

구불다 ▎북 한쪽으로 굽다. 《아빠, 지금부터는 길이 구부니 차를 천천히 모세요.》 바구부는, 구불어, 구붑니다.

구불텅– 크게 구부러져 있는 모양. **구불텅거리다 구불텅대다 구불텅하다 구불텅구불텅**

구비 (具備) 필요한 것을 빠짐없이 갖추는 것. **구비하다 구비되다**

구사일생 (九死一生) 죽을 고비를 여러 번 넘기고 겨우 살아남는 것. 《전쟁터에 끌려간 사람들이 구사일생으로 살아 돌아왔다.》

구상 생각 (構想) 어떤 일을 어떻게 할지 이리저리 생각하거나 틀을 짜 보는 것. 《올해 여름 방학을 어떻게 보낼지 구상 중이야.》 **구상하다**

구상 모양 (球狀) ➡ 구형.

구상나무

구상난풀

구상나무 한라산, 덕유산, 지리산 같은 높은 산에 자라는 늘푸른나무. 줄기는 곧게 자라 가지를 빽빽하게 친다. 잎은 짧고 가늘다.

구상난풀 숲 속 그늘진 곳에 자라는 풀. 줄기는 누런 밤색이고 5~6월에 노르스름한 꽃이 핀다. 한라산 구상나무 숲에 자란다. 북석장풀.

구상도 (構想圖) 계획이나 생각을 한눈에 알아볼 수 있게 만든 그림이나 표.

구색 (具色) 짜임새를 골고루 갖추는 데 필요한 것. 또는 골고루 갖춘 짜임새. 《음식을 구색에 맞게 잘 차려서 먹음직스럽다.》 북갖춤새.

구석 1.모퉁이 안쪽. 《우리 집 마당 구석에는 개집이 있다.》 같코너. 2.기댈 자리. 《뭔가 믿는 구석이 있으니까 시험공부도 하지 않고 저렇게 놀겠지.》 3.잘 드러나지 않는 외진 곳을 낮추어 이르는 말. 《시골 구석》

구석에 몰리다 관용 처지가 어려워지다. 《자꾸 거짓말을 하다가는 구석에 몰릴 수도 있어.》

구석구석 이 구석 저 구석. 또는 구석마다. 《대충 하지 말고 걸레로 구석구석 깨끗하게 훔쳐라.》

구석기 (舊石器) 1.원시 시대에 돌을 깨뜨려 만들던 간단한 도구. 2.'구석기 시대'를 줄인 말.

구석기 시대 (舊石器時代) 돌을 깨뜨려 도구를 만들어 쓰던 시대. 동물을 사냥하거나 나무 열매를 따서 먹고 살았다. 참신석기 시대.

구석지다 한쪽으로 치우쳐 으슥하거나 외지다. 《삼촌이 사는 집은 구석진

산골에 있다.》

구설수 (口舌數) 여러 사람에게 이러 쿵저러쿵 이야깃거리가 되는 처지. 《구설수에 오르다.》**북**말밥.

구성 (構成) 여럿을 모아 무리나 전체를 이루는 것. 또는 전체를 이룬 짜임새.《글 구성이 엉성하다.》**구성하다 구성되다**

구성미 (構成美) 조화로운 짜임새에서 느끼는 아름다움.

구성비 (構成比) 전체를 이루는 부분들이 저마다 차지하는 비율.

구성원 (構成員) 모임이나 단체를 이루는 사람. **비**성원.

구성지다 소리가 구수하고 마음을 울리다.《아빠가 구성진 목소리로 민요를 부르신다.》

구세주 (救世主) 세상 사람을 어려움이나 위험에서 구해 주는 사람. 기독교에서는 예수를 이른다. **같**구주.

구소련 (舊蘇聯) 지금은 없어진 '소비에트 사회주의 공화국 연방'을 이르는 말.

구속 (拘束) 1.마음대로 생각하거나 움직이지 못하게 강제로 얽매는 것. 《구속에서 벗어나다.》 2.죄지은 사람을 법에 따라 잡아 가두는 것.《구속 영장》**참**구류. **구속하다 구속되다**

구속력 (拘束力) 어떤 일을 못 하게 얽매는 힘.

구수하다 1.맛이나 냄새가 숭늉이나 된장찌개에서 나는 것처럼 좋다.《부엌에서 구수한 냄새가 나네.》**참**고소하다. 2.말이나 이야기에 마음을 끄는 힘이 있다.《할아버지께서 해 주시던 구

수한 옛날이야기가 생각난다.》

구술 (口述) 말로 하는 것. **북**구답. **구술하다**

구술시험 (口述試驗) 말로 물어보고 말로 답하는 시험. **북**구답시험.

구슬 1.유리, 사기 같은 것으로 둥글게 만든 장난감. 2.몸을 꾸미는 데 쓰려고 보석이나 진주 같은 것을 둥글게 다듬은 것.《구슬 목걸이》

구슬이 서 말이라도 꿰어야 보배다 **속담** 아무리 좋은 것도 쓸모 있게 잘 다듬어야 값어치가 있다는 말.

구슬댕댕이 높은 산에 자라는 잎지는 나무. 줄기는 짙은 밤색이고, 꽃은 노랗다. 붉은 열매가 두 개씩 맞붙어 열린다.

구슬댕댕이

구슬땀 구슬처럼 방울방울 흐르는 땀. 《구슬땀을 흘리면서 풀을 맸다.》

구슬리다 그럴듯한 말로 남의 마음을 돌리다.《엄마에게 이르겠다는 동생을 살살 구슬렸다.》**북**얼리다.

구슬비 나뭇잎이나 풀잎에 맺히는 이슬비를 구슬에 빗대어 이르는 말.

구슬지다 **북** 물방울, 눈물, 땀방울, 이슬 같은 것이 구슬처럼 동그랗게 맺히다.《톱질하시는 아빠의 이마에 땀방울이 구슬졌다.》

구슬치기 구슬을 던지거나 튕겨서 다른 구슬을 맞히는 놀이.

구슬프다 악기 소리, 우는 소리 들이 쓸쓸하고 슬프다.《구슬픈 풀피리 소리》**바**구슬픈, 구슬퍼, 구슬픕니다.

구슬피 아주 슬프게.《발을 다친 강아지가 밤새 구슬피 운다.》

구습 (舊習) 옛날부터 내려온 낡은 풍

습.《남자와 여자를 차별하는 구습은 없어져야 마땅하다.》

구시렁- 못마땅하여 이러쿵저러쿵 군소리를 늘어놓는 모양. **구시렁거리다** **구시렁대다 구시렁구시렁**《혼자 구시렁대지 말고 할 말이 있으면 해 봐.》

구식 (舊式) 옛날에 쓰던 방식. 또는 오래 묵어 뒤떨어지는 것.《구식 녹음기》비구형. 반신식.

구실 노릇 어떤 처지에서 마땅히 해야 할 일. 또는 맡은 일.《엄마가 집을 비우시면 누나가 엄마 구실을 한다.》

구실 핑계 싫은 일을 안 하려고 둘러대는 것.《형은 배가 아프다는 구실을 대고 방 청소를 안 했다.》비핑계.

구심력 (求心力) 동그라미를 그리면서 도는 물체를 동그라미 한가운데로 끌어당기는 힘. 참원심력.

구애 사랑 (求愛) 남녀 사이에 사랑을 받으려고 애쓰는 것. **구애하다**

구애 얽매임 (拘礙) 어떤 것에 얽매이는 것. **구애하다 구애되다**

구약 성서 (舊約聖書) 기독교 경전. 이 세상이 만들어진 때부터 예수가 태어나기 전까지 이스라엘 민족이 겪은 역사와 신앙을 적었다. 참신약 성서.

구어 (口語) 사람들이 이야기할 때 흔히 쓰는 말. 비입말. 반문어.

구역 (區域) 기준이나 목적에 따라 나누어 놓은 곳.《어린이 보호 구역》

구역질 속이 메스꺼워 웩웩대며 먹은 것을 도로 토해 내는 것. **구역질하다**《더러운 물을 보면 구역질이 난다.》

구연 (口演) 이야기를 여러 사람 앞에서 재미있게 들려주는 것.《동화 구연

대회》**구연하다**

구연동화 (口演童話) 실제처럼 생생하고 재미있게 몸짓을 곁들여 들려주는 동화.

구연산 (枸櫞酸) 레몬, 귤 같은 과일에서 신맛을 내는 물질. 청량음료나 약에 넣는다. 같시트르산.

구운몽 (九雲夢) 조선 숙종 때 김만중이 지은 소설. 신선 세계에 사는 성진이 양소유라는 사람으로 태어나 많은 일을 겪으면서 잘 살았는데 깨어 보니 꿈이었다는 이야기이다.

구원 (救援) 어려움에 빠진 사람이나 나라를 구하는 것.《구원을 청하다./구원을 받다.》**구원하다 구원되다**

구원병 (救援兵) 구원하려고 보내는 군대나 병사.

구월산 (九月山) 황해도 신천과 은율에 걸쳐 있는 산. 단군이 신선이 되어 이 산으로 들어갔다는 전설이 있다.

구유 말이나 소 같은 집짐승 먹이를 담는 큰 그릇.

구유

구음 (口音) 1.가락에 맞추어 흥얼거리는 소리.《노랫말을 모르면 구음으로 가락을 따라 흥얼거려 보세요.》2. 가야금, 거문고, 장구 같은 악기 소리를 입으로 흉내 내는 소리.《장단을 익힐 때 '덩 덩 덩따쿵따' 같은 구음을 함께 하면 더 쉬워요.》

구이 고기, 생선 들을 구워서 만든 먹을거리.《고등어 구이》

구인 (求人) 일할 사람을 구하는 것.《구인 광고》참구직.

구입 (購入) 물건을 사는 것.《교재 구입》비구매. 반판매. **구입하다**

구장(球場) 야구나 축구 같은 구기 경기를 하는 운동장.

구저분하다 더럽고 지저분하다.《구저분한 바지를 벗어 세탁기에 넣었다.》

구전(口傳) 옛이야기, 노래 같은 것이 글이 아닌 말로 전해 내려오는 것.《구전 민요》 **구전하다 구전되다**

구절(句節) 글, 말, 노래 들의 한 토막.《소설 한 구절/노래 한 구절》 **북**귀절.

구절초 산과 들에 자라는 풀. 가을에 들국화와 비슷한 흰색, 붉은색 꽃이 핀다. 줄기, 잎, 꽃을 약으로 쓴다.

구정(舊正) 전에 '설'을 '신정'에 상대하여 이르던 말.

구정물 닦거나 씻어서 더러워진 물.

구제 도움 (救濟) 어려운 일을 당한 사람을 돕는 것.《실업자 구제 대책》 **구제하다 구제되다**

구제 없앰 (驅除) 해로운 벌레를 없애는 것.《기생충 구제》 **구제하다**

구제 금융(救濟金融) 살림이 어려운 회사나 나라가 망하지 않게 금융 기관에서 돈을 빌려 주는 일. 또는 그 돈.

구조 도움 (救助) 목숨이 위태롭거나 어려움에 빠진 사람을 구하는 것.《구조 활동》 **구조하다**《어떤 아저씨가 물에 빠진 아이를 구조했다.》 **구조되다**

구조 얼개 (構造) 여럿이 모여 이룬 얼개나 짜임새.《신체 구조/집 구조》

구조대(救助隊) 목숨이 위태롭거나 어려움에 빠진 사람을 구하는 단체.《119 구조대》

구조물(構造物) 탑, 다리, 터널 들을 만들려고 미리 짜 놓은 얼개.

구좌(口座) '계좌'를 잘못 쓴 말.

구주(救主) → 구세주.

구직(求職) 일자리를 찾는 것.《구직 광고》 **참**구인. **구직하다**

구질(球質) 야구에서 투수가 던지는 공의 성질. 또는 탁구, 테니스 들에서 선수가 쳐 넘기는 공의 성질.

구질구질하다 1.꼴이나 하는 짓이 지저분하다.《구질구질한 차림새》 2.비나 진눈깨비 같은 것이 내려서 날씨가 좋지 않다.《구질구질한 장마가 일주일이나 계속되었다.》

구차하다 1.살림이 아주 어렵다. 또는 아주 가난하다.《구차한 살림살이》 2.말이나 하는 짓이 떳떳하지 않다.《솔직하게 사과하지 못하고 핑계만 구차하게 늘어놓는다.》

구청(區廳) 구의 행정을 맡아보는 관청.

구청장(區廳長) 구청에서 으뜸인 사람.

구체물(具體物) 계산 방법이나 도형 같은 것을 배울 때 쓰는 모형이나 카드 같은 도구. 어려운 내용을 알기 쉽게 도와준다.

구체적(具體的) 자세하거나 분명한. 또는 그런 것. **반**추상적.

구축 세움 (構築) 건물, 시설, 조직, 관계 들을 쌓거나 다져서 만드는 것.《방어 진지 구축》 **구축하다 구축되다**

구축 쫓아냄 (驅逐) 어떤 세력이나 좋지 않은 것을 몰아서 쫓아내는 것.《낭비 풍습 구축》 **구축하다 구축되다**

구출(救出) 위험에 빠진 사람을 구하는 것. **구출하다**《무너진 돌 틈에서 아이들을 구출했다.》 **구출되다**

구절초

구충제 (驅蟲劑) 몸속에 있는 기생충을 없애는 약.

구치소 (拘置所) 재판이 끝날 때까지 법을 어긴 사람들을 가두어 두는 곳.

구타 (毆打) 사람이나 짐승을 함부로 때리는 것. **구타하다**

구태여 일부러 애써.《큰 고장이 아니니 구태여 새 밥솥은 안 살래.》

구태의연하다 낡은 생각이나 태도가 조금도 바뀌지 않고 옛날 그대로이다.《아기 돌보는 일은 여자가 해야 한다는 구태의연한 생각은 버려야 해.》

구토 (嘔吐) 먹은 것을 게우는 것. **북**게우기. **구토하다**

구판장 (購販場) 협동조합 같은 데에서 물건을 많이 사들여 싸게 파는 곳.《농수산물 구판장》

구풀– **북** 몸을 이리저리 구부리는 모양. **구풀거리다 구풀대다 구풀구풀**

구하다 **돕다** 어려움에서 벗어나게 도와주다.《물에 빠진 사람을 구하다.》

구하다 **찾다** 필요한 것을 애써서 얻거나 찾다.《이 동화책 마지막 권을 헌책방에서 어렵사리 구했어요.》

구한말 (舊韓末) 조선 시대가 끝나는 무렵부터 대한 제국까지 시기.

구현 (具現) 어떤 일을 실제로 이루거나 눈으로 볼 수 있게 나타내는 것.《아인슈타인은 세계 평화 구현을 위해 애썼다.》 **구현하다 구현되다**

구형 **모양** (球形) 공같이 둥근 꼴.《지구는 구형이다.》 **같**구상.

구형 **방식** (舊型) 옛날에 쓰던 낡은 꼴이나 방식.《구형 시계》 **비**구식. **반**신형.

구형 **재판** (求刑) 검사가 죄지은 사람에게 어떤 벌을 내려 달라고 판사에게 요청하는 것. **구형하다 구형되다**

구호 **말** (口號) 뜻이나 주장을 나타내는 짧은 말이나 글.《구호를 외치다.》

구호 **도움** (救護) 전쟁, 자연재해, 굶주림 들로 고통을 겪는 사람을 돕는 것.《구호 활동》 **구호하다**

구호 단체 (救護團體) 전쟁, 자연재해, 굶주림 들로 고통을 겪는 사람들을 돕는 단체.

구호법 (救護法) 사고나 자연재해로 어려운 처지에 있는 사람을 도와주려고 만든 법.《난민 구호법》

구혼 (求婚) 혼인하자고 말하는 것. 또는 혼인할 사람을 찾는 것.《공개 구혼》 **비**청혼. **구혼하다**

구황 작물 (救荒作物) 흉년이 들어 먹을 것이 귀한 때에 곡식 대신 먹던 농작물. 고구마, 감자, 메밀 들이 있다.

구획 (區劃) 땅을 목적에 따라 나누어 가르는 것. **구획하다 구획되다**

국 물에 고기, 생선, 채소 들을 넣고 간을 맞추어 끓인 먹을거리.《오늘 아침에는 냉이로 국을 끓여 먹었다.》 **참**탕.

국가 **나라** (國家) → 나라.《힘센 국가가 약한 국가를 짓밟아서는 안 된다.》

국가 **노래** (國歌) 한 나라를 나타내는 노래.《우리나라 국가는 애국가이다.》

국가 보훈처 (國家報勳處) 전쟁터에서 죽거나 다친 군인, 경찰, 애국지사와 가족들의 생계를 돕는 정부 기관.

국가 연합 (國家聯合) 여러 나라가 모여 이룬 조직.

국가적 (國家的) 국가와 관계가 있거나 국가 전체가 하는. 또는 그런 것.

국가 정보원 (國家情報院) 나라의 안전에 관계되는 정보를 모으고 범죄를 수사하는 정부 기관.

국거리 고기, 생선, 채소처럼 국을 끓이는 데 쓰는 갖가지 재료.

국경 (國境) 이 나라와 저 나라의 땅이 서로 맞닿아 있는 곳.

국경선 (國境線) 국경을 따라 그어서 한 나라와 다른 나라를 나누는 선.

국경일 (國慶日) 나라에서 기념하려고 정한 날. 삼일절, 광복절, 개천절, 제헌절 들이 있다.

국고 (國庫) 나라 살림을 하는 데 쓰는 돈. 또는 나랏돈을 관리하는 곳.

국고금 (國庫金) → 나랏돈.

국교 외교 (國交) 나라와 나라가 관계를 맺는 것.《남녘과 북녘 모두 다른 나라들과 국교를 맺고 있다.》

국교 종교 (國敎) 나라에서 법으로 정한 종교.《불교는 고려의 국교였다.》

국군 (國軍) 나라를 지키려고 만든 군대.《국군 장병》

국군의 날 대한민국 군대의 발전을 기념하는 날. 10월 1일이다.

국궁 (國弓) 우리나라 활. 또는 활을 쏘는 기술.

국권 (國權) 나라의 주인으로서 지니는 힘과 권리.《1945년에 우리나라는 일본에 빼앗긴 국권을 되찾았다.》

국그릇 국을 담는 그릇.

국기 깃발 (國旗) 한 나라를 나타내는 깃발.《나라마다 국기가 다르다.》

국기 운동 (國技) 옛날부터 즐겨 해서 한 나라를 잘 나타내는 운동.《우리나라 국기로는 씨름, 태껸 들이 있다.》

국난 (國難) 전쟁 같은 것처럼 나라 전체가 겪는 위태롭고 어려운 일.《백성들이 힘을 모아 국난을 잘 이겨 냈다.》

국내 (國內) 나라 안. 반국외.

국내산 (國內産) 자기 나라에서 만들거나 거두어들인 것.《국내산 쌀》

국내성 (國內城) 고구려의 두 번째 도읍지. 지금의 만주 지린 성 지안과 그 뒤쪽이라고 여겨진다.

국내외 (國內外) 나라 안팎.

국도 (國道) 나라에서 놓고 맡아서 관리하는 길.

국력 (國力) 나라의 힘.《백성이 잘 살아야 국력이 강해진다.》

국론 (國論) 국민의 공통된 의견.《여러분, 국론을 모아서 위기를 헤쳐 나갑시다.》

국립 (國立) 나라에서 세우고 맡아 하는 것.《국립 도서관》참공립, 사립.

국립공원 (國立公園) 아름다운 자연과 유물과 유적을 지키려고 나라에서 정하여 보살피는 커다란 공원. 지리산 국립공원, 설악산 국립공원, 한려 해상 국립공원 들이 있다.

국립묘지 (國立墓地) 나라를 위해 목숨 바친 군인이나 큰 공을 세운 사람들을 묻으려고 나라에서 세운 공동묘지.

국면 (局面) 일이 벌어지거나 되어 가는 형편.《새로운 국면이 열리다.》

국명 (國名) 나라 이름. 같국호.

국모 (國母) '나라의 어머니'라는 뜻으로 왕의 아내나 어머니를 이르던 말. 참국부.

국무 (國務) 나라를 돌보는 일.

국무 위원 (國務委員) 국무 회의를 이

루는 공무원.

국무총리 (國務總理) 대통령을 도와서 행정부를 지휘하는 사람. **같**총리.

국무 회의 (國務會議) 대통령이 국무총리, 국무 위원과 함께 중요한 나랏일을 의논하는 회의.

국문학 (國文學) 우리나라 사람이 우리글로 쓴 문학. 또는 그것을 연구하는 학문.

국물 국이나 찌개 들에서 건더기를 **빼**고 남는 물.《국물이 싱거워.》

국물도 없다 **관용** 받을 몫이 하나도 없다.《늦게 오면 국물도 없을 줄 알아.》

국민 (國民) 한 나라를 이루고 사는 사람들.《국민은 나라의 기둥이다.》

국민복 (國民服) 군복처럼 생긴 누런 겉옷. 일제 강점기에 남자들한테 강제로 입혔다.

국민성 (國民性) 한 나라 국민이 두루 지니고 있는 고유한 성질.《부지런한 국민성》

국민 소득 (國民所得) 국민이 한 해동안 생산하거나 번 것 들을 모두 더해 돈으로 나타낸 것.

국민운동 (國民運動) 어떤 목적을 이루려고 온 국민이 함께 벌이는 일.

국민의례 (國民儀禮) 큰 행사를 벌일때 국민으로서 치르는 의식. 국기에 대한 경례, 애국가 부르기 들이 있다.

국민장 (國民葬) 나라에 큰 공을 세운 사람이 죽었을 때 온 국민이 함께 치르는 장례.

국민정신 (國民精神) 한 나라 사람들이 두루 지니고 있는 고유한 정신.

국민 투표 (國民投票) 법을 고치거나

나라의 중요한 일을 결정할 때 국민의 의견을 물어보는 투표.

국민학교 (國民學校) 옛날에 '초등학교'를 이르던 말.

국민 훈장 (國民勳章) 국민과 나라를 위해 큰 공을 세운 사람에게 주는 훈장.

국밥 끓인 국에 밥을 말 만 먹을거리.

국방 (國防) 다른 나라로부터 자기 나라를 지키는 일.《자주 국방》

국방력 (國防力) 다른 나라로부터 자기 나라를 지켜 낼 수 있는 힘.

국방부 (國防部) 군사에 관한 일을 비롯하여 나라를 지키는 일을 맡아보는 행정 기관.

국방비 (國防費) 나라를 지키는 데 드는 돈.

국번 (局番) 전화번호에서 앞자리에 있는 번호. 사는 동네를 나타낸다.

국법 (國法) 나라에서 정한 법.《국법을 지키다.》**북**나라법.

국보 (國寶) 나라에서 보배로 정하고 돌보는 문화재.《대한민국 국보 1 호는 숭례문이다.》

국보급 (國寶級) 국보로 정할 만한 가치가 있는 것.《국보급 문화재》

국부 (國父) 1. '나라의 아버지'라는 뜻으로 왕을 이르는 말. **참**국모. 2. 나라를 세우거나 지키는 데 큰 공을 세워 국민에게 존경받는 사람.

국비 (國費) 나라에서 대 주는 돈.《국비 유학》

국빈 (國賓) 나라에서 귀하게 모시는 외국 손님.

국사 **역사** (國史) 우리나라 역사. 또는 우리나라 역사를 배우는 과목.

국사 나랏일 (國事) → 나랏일.

국사 사람 (國師) 1.왕을 가르치는 스승. 2.통일 신라부터 조선 전기까지 나라의 스승이 될 만큼 훌륭한 중에게 주던 벼슬.《대각 국사 의천》

국산 (國産) 자기 나라에서 만들거나 거두어들인 것.《국산 차》 반외국산.

국산품 (國産品) 자기 나라에서 만든 물건.《국산품을 씁시다.》 참수입품.

국세 (國稅) 나랏일에 쓰려고 국민한테서 거두어들이는 돈. 참지방세.

국세청 (國稅廳) 국민에게 세금을 매기고 거두어들이는 일을 맡아보는 행정 기관.

국수 밀가루, 감자 가루 들을 반죽하여 가늘고 길게 뽑은 것. 또는 그것으로 만든 먹을거리. 같면.

국수나무 산 어귀에 자라는 잎지는나무. 어른 키만큼 자라며, 여름에 희고 잔 꽃이 모여 핀다. 가지를 잘라 벗기면 국수 같은 하얀 줄기가 나온다.

국수나무

국수버섯 숲이나 양분이 많은 흙에서 자라는 버섯. 흰색이나 누런색이고 국수 가락처럼 자란다. 먹는 버섯이다.

국자

국수주의 (國粹主義) 자기 나라 문화가 가장 뛰어나다고 여겨서 다른 나라 문화를 업신여기거나 멀리하는 태도.

국수버섯

국수틀 국수를 뽑는 데 쓰는 틀.

국숫집 국수를 파는 음식점. 북국수집.

국시 (國是) 국민이 모두 지지하는 국가 이념이나 국가 정책의 기본 방침.《민주주의를 국시로 삼다.》

국수틀

국악 (國樂) 옛날부터 이어져 내려오는 우리나라 전통 음악.

국악기 (國樂器) 국악을 연주하는 데 쓰는 여러 가지 악기. 장구, 거문고, 가야금, 피리 같은 것들이 있다.

국어 (國語) 1.→ 나랏말.《미국 사람들에게는 영어가 국어이다.》 2.우리나라 말. 또는 학교에서 우리나라 말을 배우는 과목.《국어 시험》

국어사전 (國語辭典) 우리말을 모아 차례대로 늘어놓고 뜻과 쓰임새를 풀이한 사전.

국어학 (國語學) 우리말을 연구하는 학문.

국영 (國營) 나라가 맡아서 꾸리는 것.《국영 기업》 참공영, 민영.

국왕 (國王) 한 나라의 왕.

국외 (國外) 한 나라의 밖. 또는 다른 나라.《국외 여행》 반국내.

국위 (國威) 나라의 권위와 힘.《국위를 선양하다.》

국유 (國有) 나라가 임자인 것.《국유 재산》 참공유, 사유.

국유지 (國有地) 나라가 임자인 땅. 참사유지.

국익 (國益) 나라의 이익.

국자 국물을 뜨는 도구. 긴 자루에 작고 움푹한 그릇을 달아 만든다.

국자감 (國子監) 고려 시대에 나라에서 세워 유학을 가르치던 곳.

국장 (國葬) 나라에 큰 공을 세운 사람이 죽었을 때 나라에서 맡아 치르는 장례.《국장을 치르다.》

국적 (國籍) 사람이나 사물이 속한 나라. 또는 어느 나라 사람이 될 자격.《프랑스에서 태어난 아주머니가 우리나라 국적을 얻었다.》

국정 나랏일 (國政) 나라를 돌보고 다스

리는 일.《국정을 살피다.》

국정 정함 (國定) 나라에서 정한 것.
《국정 교과서》

국정 감사 (國政監査) 국회에서 때를
정해 공무원들이 나랏일을 잘하는지
살피고 따지는 일.

국제 (國際) 여러 나라가 관계하는 것.
《국제 행사》

국제공항 (國際空港) 여러 나라 비행
기가 뜨고 내리는 큰 공항.

국제기구 (國際機構) 어떤 목적을 두
고 여러 나라가 모여 만든 단체.

국제 노동 기구 (國際勞動機構) 국제
연합의 여러 기구 가운데 하나. 세계
노동자의 지위를 높이고 노동 조건을
좋게 하려고 힘쓴다. 아이엘오 (ILO).

국제 무역 (國際貿易) 다른 나라와 물
건을 사고파는 일.

국제법 (國際法) 나라와 나라 사이의
권리나 의무에 관한 법.

국제 비정부 기구 (國際非政府機構)
환경, 평화, 청소년, 여성 문제 들을 다
루는 여러 나라의 민간단체가 서로 협
력하여 만든 단체. 같엔지오.

국제 사법 재판소 (國際司法裁判所)
국제 연합의 여러 기구 가운데 하나.
나라들 사이에 다툼이 일어났을 때 해
결하는 일을 한다. 아이시제이 (ICJ).

국제 사회 (國際社會) 여러 나라가 모
여서 이루는 사회.

국제 연맹 (國際聯盟) 제일 차 세계
대전이 끝난 뒤에 여러 나라가 세계 평
화와 안전을 지키려고 만든 단체. 1946
년에 없어졌다.

국제 연합 (國際聯合) 제이 차 세계

대전이 끝난 뒤에 세계 여러 나라가 세
계 평화와 안전을 지키려고 만든 단체.
총회, 안전 보장 이사회, 국제 사법 재
판소 같은 기관이 있다. 같유엔.

국제 연합 교육 과학 문화 기구 (國際
聯合敎育科學文化機構) 국제 연합의
여러 기구 가운데 하나. 교육, 과학, 문
화 교류를 통해 나라들 사이에 이해를
깊게 하여 세계 평화에 이바지하려고
힘쓴다. 같유네스코.

국제 연합 식량 농업 기구 (國際聯合
食糧農業機構) 국제 연합의 여러 기
구 가운데 하나. 먹을 것이 모자라 굶
주리는 나라를 돕고 농산물 생산을 늘
리는 데 힘쓴다. 에프에이오 (FAO).

국제 연합 아동 기금 (國際聯合兒童
基金) 국제 연합의 여러 기구 가운데
하나. 전쟁으로 고통받는 나라나 개발
도상국 아이들을 돕는다. 같유니세프.

국제 연합 총회 (國際聯合總會) 국제
연합에 든 모든 나라 대표가 모여 중요
한 일을 결정하는 회의. 같유엔 총회.

국제 올림픽 경기 대회 세계 여러 나
라가 4년마다 한 번씩 모여 벌이는 운
동 경기 대회. 1896년 그리스 아테네
에서 제1회 대회가 열렸다. 같올림픽.

국제 올림픽 위원회 국제 올림픽 경기
대회를 맡아서 운영하는 단체. 아이오
시 (IOC).

국제 원자력 기구 (國際原子力機構)
국제 연합의 여러 기구 가운데 하나.
원자력을 평화롭게 이용하고 핵무기를
함부로 만들지 못하게 관리한다. 아이
에이이에이 (IAEA).

국제적 (國際的) 여러 나라가 관계하

거나 여러 나라에 널리 알려짐. 또는 그런 것.

국제 통화 (國際通貨) 나라끼리 물건을 사고팔 때 쓰는 돈. 금이나 미국의 달러가 주로 쓰인다.

국제 통화 기금 (國際通貨基金) 국제 연합의 여러 기구 가운데 하나. 여러 나라에서 낸 돈을 모아 두었다가 경제 형편이 어려운 나라에 빌려 주는 일을 한다. 같아이엠에프.

국제항 (國際港) 여러 나라 배가 드나드는 큰 항구.

국제화 (國際化) 국제적인 것이 되거나 되게 하는 것. 《국제화 시대》 **국제화하다 국제화되다**

국제회의 (國際會議) 여러 나라 사람이 모여 나라 사이에 얽힌 일을 의논하는 회의.

국조 조상 (國祖) 나라를 세운 사람. 《고구려의 국조는 고주몽이다.》

국조 새 (國鳥) 나라를 나타내는 새.

국채 (國債) 1.나라에서 다른 나라에 진 빚. 2.나라에서 찍어 낸 채권.

국책 (國策) 나라에서 맡아서 벌이는 것. 《국책 사업》

국토 (國土) 한 나라에 딸린 땅.

국토방위 (國土防衛) 다른 나라로부터 나라를 지키는 일.

국토 해양부 (國土海洋部) 건설과 교통에 관한 일과 바다를 보호하고 바다에서 일하는 배와 사람을 관리하는 일을 맡아보는 행정 기관.

국학 학문 (國學) 자기 나라의 역사, 언어, 종교, 풍속 들을 연구하는 학문.

국학 기관 (國學) 1.신라 시대에 나라에

서 세운 교육 기관. 2.고려 시대에 나라에서 세운 교육 기관.

국한하다 일의 테두리를 분명하게 정하다. 《오늘은 청소 날짜 정하는 것만 국한해서 이야기하자.》 **국한되다**

국호 (國號) → 국명.

국화 풀 꽃을 보려고 뜰이나 화분에 심어 가꾸는 풀. 가을에 줄기 끝에서 흰색이나 노란색 꽃이 핀다. 자주색, 붉은색, 분홍색 꽃이 피는 것도 있다.

국화_풀

국화 나라꽃 (國花) → 나라꽃.

국화마 산과 들에 자라는 풀. 줄기가 덩굴로 자라고, 6~7월에 노르스름한 풀색 꽃이 핀다. 뿌리를 약으로 쓴다.

국화마

국화빵 1.국화 꼴 틀에 묽은 밀가루 반죽을 붓고 으깬 팥을 넣어 구운 빵. 2.얼굴이 닮은 사람을 빗대어 이르는 말. 《아버지와 아들 얼굴이 국화빵이네.》

국화전 (菊花煎) 찹쌀 반죽에 국화 꽃잎을 올려놓고 기름에 지진 먹을거리.

국회 (國會) 국민이 뽑은 대표자들이 모여 정치를 의논하고 법을 만드는 국가 기관. 참의회, 지방 의회.

국회 의사당 (國會議事堂) 국회의원들이 모여서 회의하는 곳.

국회의원 (國會議員) 국민의 대표로서 국회를 이루는 사람. 국민이 선거로 뽑는다.

군 부르는 말 (君) 동무나 아랫사람을 부를 때 이름이나 성 뒤에 붙이는 말. 《제 동무 김철수 군을 소개합니다.》 참양.

군 행정 구역 (郡) 우리나라 행정 구역 가운데 하나. 도에 딸려 있고, 아래에 여러 읍, 면이 있다.

군 군대 (軍) → 군대.

군가 (軍歌) 군대에서 군인들이 부르는 노래.

군것질 입이 심심하거나 출출할 때 과일, 과자 같은 군음식을 먹는 것. 비주전부리. **군것질하다** 《군것질하는 버릇만 고쳐도 살이 찌지는 않을 거야.》

군경 (軍警) 군대와 경찰.

군고구마 불에 구운 고구마.

군관 (軍官) 조선 시대에 장수 밑에서 군대 일을 맡아보던 낮은 벼슬아치.

군기 (軍紀) 군대에서 군인이 갖추어야 할 태도나 질서.

군대 (軍隊) 정해진 짜임새와 규칙을 지닌 군인의 무리. 같군.

군더더기 쓸데없이 덧붙은 것. 《군더더기 붙이지 말고 있는 그대로 말해.》

군데 '곳'을 세는 말. 《이 동네에는 놀이터가 두 군데 있다.》

군데군데 여러 군데. 또는 이곳저곳. 《김치를 먹다가 옷에 군데군데 국물을 떨어뜨렸다.》

군도 (軍刀) 군인이 차는 긴 칼.

군량 (軍糧) 옛날에 군대에서 군인이 먹는 먹을거리를 이르던 말.

군량미 (軍糧米) 옛날에 군대에서 군인이 먹는 쌀을 이르던 말. 북군용미.

군령 (軍令) 군대에서 내리는 명령.

군만두 기름에 튀기거나 지진 만두.

군말 쓸데없는 말. 또는 못마땅해서 투덜거리는 말. 《형을 봐라, 아무 반찬이나 군말 없이 잘 먹잖아.》 같군소리.

군무 (群舞) 여러 사람이 한데 어울려 추는 춤.

군민 군대 (軍民) 군인과 보통 국민을 함께 이르는 말.

군부_조개

군민 지역 (郡民) 군에 사는 사람. 《군민 체육 대회》

군밤 불에 구운 밤.

군밤에서 싹 나거든 속담 아무리 바라도 이룰 수 없는 일이라는 말. 비병풍에 그린 닭이 홰를 치거든.

군법 (軍法) 군대에서 지켜야 하는 법. 규칙을 어긴 군인에게는 벌을 내린다.

군복 (軍服) 군인이 입는 옷.

군부 조개 바닷가 바위나 돌에 붙어서 사는 동물. 몸통은 길쭉하고 둥근데 손톱 같은 비늘이 여덟 개 있다.

군부 군인 (軍部) 군인이 중심이 된 세력. 민간이나 민간이 세운 정부에 맞서는 뜻으로 쓰는 말이다.

군부대 (軍部隊) 군인들 부대.

군불 방을 덥히려고 아궁이에 때는 불. 《군불을 지폈으니 곧 따뜻해질 거야.》

군비 시설 (軍備) 군대에 있는 시설, 무기, 장비 같은 것들.

군비 돈 (軍費) → 군사비.

군사 사람 (軍士) 옛날에 군인이나 군대를 이르던 말. 같군졸, 병사, 병정.

군사 일 (軍事) 군대, 무기, 전쟁 들에 관련된 일. 《군사 시설》

군사 기지 (軍事基地) 군대의 작전에 필요한 중요 군사 시설을 갖춘 곳. 《항구 도시에 군사 기지가 들어섰다.》

군사력 (軍事力) 군대가 전쟁을 할 수 있는 힘.

군사비 (軍事費) 군대를 꾸리거나 군사 시설, 장비 들을 갖추는 데 드는 돈. 같군비.

군사 시설 (軍事施設) 전쟁이나 훈련 같은 군대의 일에 쓰려고 만든 시설.

군사 재판 (軍事裁判) 군인이 범죄를 저질렀을 때 군법에 따라 하는 재판.

군사적 (軍事的) 군대, 전쟁, 국방과 관계있는. 또는 그런 것.

군살 몸에 붙은 군더더기 살.《이모가 군살을 빼겠다고 운동을 시작했다.》

군소 바닷말이 우거진 바위나 돌 밑에 사는 동물. 살이 물컹물컹하고 온몸에 짙은 보랏빛 먹물을 품고 있다. 헤엄을 못 치고 기어 다닌다.

군소리 → 군말.

군수 사람 (郡守) 군청에서 으뜸인 사람.

군수 물건 (軍需) 군대에서 필요한 여러 가지 물건이나 무기 같은 것들.

군수 물자 (軍需物資) 군대에 필요한 물건.

군수품 (軍需品) 무기와 먹을 것, 옷들처럼 군대에서 쓰는 물건.

군신 (君臣) 임금과 신하.

군신유의 (君臣有義) 유교의 오륜 가운데 하나. 임금과 신하 사이에는 의리가 있어야 한다는 말이다.

군악대 (軍樂隊) 군대 의식에 쓰는 음악을 연주하려고 군인들로 짠 악대.

군영 (軍營) 군대가 머무는 곳. 비진영.

군용 (軍用) 군대에서 쓰는 것.《군용 트럭》

군위신강 (君爲臣綱) 유교의 삼강 가운데 하나. 임금과 신하 사이에 지켜야 할 도리를 말한다.

군의관 (軍醫官) 군대에서 의사로 일하는 장교.

군인 (軍人) 군대에서 나라를 지키는 사람.

군소

군자 (君子) 덕이 높고 어진 사람.《군자의 덕을 배웁시다.》 반소인.

군자란 온실이나 집 안에서 기르는 풀. 잎은 두꺼운 띠 모양이고, 긴 꽃줄기 끝에 주홍색 꽃이 핀다.

군정 (軍政) 군인이 나라를 다스리는 것. 참민정.

군졸 (軍卒) → 군사.

군주 (君主) 대를 이어 나라를 다스리는 사람. 비임금.

군주국 (君主國) 영국이나 일본처럼 왕이 있는 나라.

군주 정치 (君主政治) 왕이 나라를 다스리는 정치.

군중 (群衆) 수많은 사람. 또는 한곳에 모인 많은 사람.《경기장에 5만 군중이 몰렸다.》

군청 (郡廳) 군의 행정을 맡아보는 관청.

군청색 (群靑色) 윤기가 도는 짙은 남색.

군축 (軍縮) 군대나 무기들을 줄이는 일.《군축 협상》

군침 맛있는 것을 먹고 싶을 때 입 안에 슬며시 도는 침.《옥수수 삶는 냄새에 군침이 돌았다.》

군침을 삼키다 관용 1. 먹고 싶어서 입맛을 다시다.《효연이는 잘 익은 딸기를 보면서 군침을 삼켰다.》 2. 어떤 것을 가지고 싶어 하다.《윤아는 동무의 새 자전거를 보고 군침을 삼켰다.》 비군침을 흘리다, 군침이 돌다.

군함 (軍艦) 바다에서 군인들이 타고 다니는 배.

군화 (軍靴) 군인이 신는 목이 긴 신발.

굳건하다 뜻이나 태도가 굳세고 꿋꿋하다.《굳건한 의지》

굳기름 → 지방.

굳다 1.무른 물체가 단단해지다.《떡을 식탁 위에 그대로 두었더니 딱딱하게 굳고 말았다.》2.몸이 오그라들거나 뻣뻣해지다.《차갑고 매서운 바람에 온몸이 딱딱하게 굳었다.》3.표정이 어두워지거나 태도가 딱딱해지다.《엄마가 내 치마만 사 오신 것을 알고 언니는 굳은 표정이 되어 방으로 들어갔다.》4.다부지게 마음먹다.《굳은 각오로 시험공부에 몰두했다.》5.태도나 성격 들이 버릇처럼 몸에 배다.《어릴 적에 굳은 습관은 나이가 들어도 쉽게 고칠 수 없다.》6.돈, 물건 들이 없어지지 않고 그대로 남다.《삼촌이 준비물을 사 준 덕에 용돈이 굳었다.》

굳은 땅에 물이 고인다 속담 돈이나 물건을 아껴서 써야 재산을 모을 수 있다는 말. 비단단한 땅에 물이 고인다.

굳세다 1.몸이 힘차고 튼튼하다.《굳센 팔다리》2.마음, 뜻 같은 것이 굳고 꿋꿋하다.《굳센 의지》

굳어지다 1.딱딱하고 단단하게 되다.《비 온 뒤에 땅이 굳어진다.》2.모습이나 태도가 변하지 않고 굳게 되다.《버릇이 굳어지다.》

굳은살 손바닥이나 발바닥에 생긴 두껍고 단단한 살. 같못. 북썩살.

굳이 애써서 일부러. 또는 구태여 고집스럽게.《배가 부르면 굳이 다 먹지 않아도 돼.》

굳히다 1.말랑말랑하거나 무른 것을 굳게 만들다.《엿을 굳히다.》2.생각,

굴_조개

마음, 일 들을 확실하게 정하다.《가야금을 배우기로 마음을 굳혔어.》

굴 조개 바닷가 바위에 붙어서 사는 조개. 껍데기가 단단하고 울퉁불퉁하다.

굴 동굴 (窟) 1.땅이나 바위 속으로 길게 들어간 큰 구멍.《길이 2킬로미터가 넘는 긴 굴이 새로 발견되었다.》2.산이나 땅속을 뚫어서 놓은 길.《기차가 굴속에서 빠져나왔다.》비터널. 3.들짐승이나 산짐승이 들어가 사는 구멍.《여우 굴/너구리 굴》

굴건 (屈巾) 장례에서 상복을 입을 때 두건 위에 덧쓰는 물건.

굴곡 (屈曲) 1.이리저리 휘거나 꺾여 있는 것.《이 길은 굴곡이 심하니까 걸을 때 조심해라.》2.살면서 겪는 여러 가지 좋거나 나쁜 일을 빗대어 이르는 말.《할머니 삶에 굴곡이 많았다.》

굴광성 (屈光性) 빛이 비치는 쪽이나 그 반대쪽으로 굽어 자라는 식물의 성질. 참굴지성. 북빛굽힘성.

굴다 어떻게 행동하거나 대하다.《귀엽게 굴다./못살게 굴다./얄밉게 굴다.》바구는, 굴어, 굽니다.

굴다리 길이 엇갈리는 곳에서 아래쪽 길은 굴로 위쪽 길은 다리로 만든 곳.

굴대 수레나 차에서 양쪽 바퀴를 잇는 나무나 쇠.《달구지 굴대》

굴뚝 불을 땔 때 연기를 집 밖으로 빼려고 대롱처럼 만들어 높이 세운 시설.《굴뚝에서 연기가 난다.》

굴뚝같다 어떤 것을 바라는 마음이 몹시 간절하다.《동무들과 놀러 가고 싶은 마음이 굴뚝같았다.》

굴뚝새

굴뚝새 낮은 산이나 마을 가까이 사는

텃새. 몸이 땅딸막하고 짙은 갈색에 검은 갈색 가로무늬 깃털이 있다.

굴러가다 1. 굴러서 가다. 《솔방울이 떼굴떼굴 굴러간다.》 2. 일 같은 것이 그럭저럭 잘 나아가다. 《반장 없이도 학급 일이 잘 굴러가나 봐.》

굴러나다 ¹북 본디 있던 자리에서 굴러서 나가다. 《굴 하나가 데굴데굴 굴러나서 바닥에 떨어졌다.》

굴러다니다 1. 물건 같은 것이 굴러서 이리저리 다니다. 《빈 병이 여기저기 굴러다닌다.》 2. 사람이 이리저리 떠돌아다니다. 《장터를 굴러다니던 인생》

굴렁대 굴렁쇠를 굴리는 데 쓰는 굵은 철사나 막대기.

굴렁쇠 아이들이 막대로 굴리면서 노는 쇠나 대나무로 만든 둥근 테. 북굴레미, 굴레바퀴.

굴레 줄 1. 소나 말을 부리려고 머리 쪽에 얽어 씌우는 굵은 줄. 2. 몸이나 마음을 자유롭지 못하게 얽매는 것을 빗대어 이르는 말. 《가난이라는 굴레》

굴레를 벗다 관용 옭아매던 것에서 벗어나다. 《시험이 끝나니까 굴레를 벗은 느낌이 든다.》

굴레를 씌우다 관용 마음대로 하지 못하게 옭아매다. 《나한테 착한 아이라는 굴레를 씌우지 마.》

굴레 모자 옛날에 어린아이가 쓰던 모자. 뒤에 수놓은 헝겊을 달았다.

굴리다 1. 물건을 구르게 하다. 《거기 있는 공 좀 나한테 굴려 줘.》 2. 함부로 다루거나 아무 데나 내버려 두다. 《돌아가신 할아버지께서 남기신 시계니까 함부로 굴리지 마라.》 3. 곰곰이 되풀

굴레_모자

굴참나무

굴털이

굴피나무

이하여 생각하다. 《아무리 머리를 굴려도 좋은 이야기가 떠오르지 않는다.》

굴복 (屈服) 힘에 눌려서 제 뜻을 굽히고 남을 따르는 것. **굴복하다**

굴비 소금에 절여서 통째로 말린 조기.

굴성 (屈性) 식물의 잎, 줄기, 뿌리가 어떤 자극을 받아 굽어 자라는 성질.

굴욕 (屈辱) 남에게 억눌려 업신여김이나 창피를 당하는 일. 《굴욕을 당하다./굴욕을 겪다.》

굴욕적 (屈辱的) 굴욕을 당하는. 또는 그런 것.

굴절 (屈折) 1. 구부러지고 꺾이는 것. 2. 빛이나 소리가 어떤 물체에 닿아 움직이던 방향이 꺾이는 것. 《빛의 굴절 현상》 **굴절하다 굴절되다**

굴지 (屈指) 여럿 가운데 손가락으로 꼽을 만큼 뛰어난 것. 《우리나라 굴지의 회사》

굴지성 (屈地性) 지구 중심에서 잡아당기는 힘에 영향을 받아 굽어 자라는 식물의 성질. 참굴광성.

굴착기 (掘鑿機) 땅을 파거나 바위를 뚫는 기계.

굴참나무 낮은 산에 자라는 잎지는나무. 10월에 도토리가 열린다. 나무껍질로 코르크를 만든다.

굴취기 (掘取機) 감자나 고구마, 땅콩처럼 땅속에서 자라는 농작물을 캐는 데 쓰는 기계. 《마늘 굴취기》

굴털이 숲 속 땅 위에 무리 지어 나는 버섯. 처음에는 흰색이다가 나중에 옅은 노란색이 되고 얼룩이 생긴다. 먹는 버섯이다.

굴피나무 중부와 남부 지방 산기슭에

자라는 잎지는나무. 6~7월에 노란 꽃이 피고 가을에 열매가 익는데, 열매에서 누런색 물감을 얻는다.

굴하다 힘에 눌리거나 어려움에 부딪혀 뜻을 굽히다.《그분들은 일본 경찰의 협박에 조금도 굴하지 않았다.》

굵기 물건의 굵은 정도.

굵다 1. 길쭉한 물건의 둘레가 크다.《역도 선수들의 굵은 팔뚝이 마치 통나무 같다.》반가늘다, 잘다. 2. 낟알, 물방울처럼 동그란 것의 크기가 크다.《하늘이 어두워지더니 이윽고 굵은 빗방울이 떨어졌다.》반가늘다. 3. 목소리가 크고 낮다.《아빠와 삼촌들의 목소리는 하나같이 굵다.》반가늘다. 4. 글씨나 줄 들이 두껍고 뚜렷하다.《중요한 부분에 굵은 밑줄을 쳤다.》반가늘다. 5. 천 같은 것의 결이 두툼하고 거칠다.《굵은 삼베옷》반가늘다.

굵다랗다 꽤 크고 굵다.《밭에서 굵다란 무를 뽑았다.》반가느다랗다. 바굵다란, 굵다래, 굵다랗습니다.

굵직하다 꽤 굵고 묵직하다.《굵직한 나뭇가지》

굶기다 끼니를 주지 않아 굶게 하다.

굶다 끼니를 먹지 못하거나 먹지 않다.《점심 굶지 말고 꼭 챙겨 먹어라.》

굶주리다 1. 오래도록 먹지 못해 아주 배가 고프다.《굶주린 늑대》비주리다. 2. 어떤 것이 오래도록 없어서 몹시 모자람을 느끼다.《사랑에 굶주린 아이》

굶주림 굶주리는 것.《굶주림에 지친 사자》비기근, 기아.

굼때다 ㅣ북 1. 어떤 일을 대충 치러 넘기다.《제 동생은 청소를 할 때 굼때는

법이 없어요.》2. 어려운 처지에서 벗어나려고 일을 둘러대듯이 대충 하다.《쓸데없는 말로 굼때려 하지 말고 옳고 그름을 분명하게 따져 봅시다.》

굼뜨다 움직임이 느리고 답답하다.《그렇게 굼뜨게 움직이다가는 기차를 놓치고 말겠어.》비둔하다, 뜨다. 바굼뜬, 굼떠, 굼뜹니다.

굼벵이 1. 매미 애벌레. 빛깔이 희고 느릿느릿 기어 다닌다. 땅속이나 두엄 속에서 산다. 2. 느릿느릿 움직이는 사람을 빗대어 이르는 말.

굼벵이도 구르는 재주가 있다 속담 못난 사람이라도 잘하는 것 하나는 있다는 말. 비우렁이도 두렁 넘을 꾀가 있다.

굼실- '곰실-'의 큰말. **굼실거리다 굼실대다 굼실굼실**

굼지럭- '꿈지럭-'의 여린말. **굼지럭거리다 굼지럭대다 굼지럭굼지럭**

굽 1.→ 발굽. 2. 신발 밑바닥에 덧댄 부분.《고모는 굽이 높은 구두만 신고 다닌다.》3. 그릇 바닥에 붙어 있는 받침.《굽이 달린 놋쇠 그릇》

굽다 익히다 1. 음식 같은 것을 불에 바로 대거나 열로 익히다.《전어 굽는 냄새가 구수하다.》2. 나무를 태워 숯을 만들다.《할아버지는 숯을 구워 팔아 자식들을 길렀다.》3. 항아리, 벽돌 같은 것을 가마에 넣어 뜨거운 열로 굳히다.《다 빚은 도자기는 가마에 넣고 굽는다.》바굽는, 구워, 굽습니다.

굽다 휘다 1. 한쪽으로 휘거나 꺾이다.《여기부터 길이 왼쪽으로 굽는다.》2. 한쪽으로 휘어 있거나 꺾여 있다.《우리 할머니는 등이 심하게 굽으셨다.》

굽석 몸을 |북 몸을 푹 숙이는 모양. **굽석거리다 굽석대다 굽석굽석**

굽석– 비겁하게 |북 남의 마음에 들려고 비겁하게 구는 모양. **굽석거리다 굽석대다 굽석굽석**

굽신– '굽실–'을 달리 쓰는 말. **굽신거리다 굽신대다 굽신하다 굽신굽신** 《형이 굽신거리며 인사를 한다.》

굽실–1.고개나 허리를 굽혔다가 펴는 모양. 2.남에게 잘 보이려고 비겁하게 구는 모양. **굽실거리다 굽실대다 굽실하다 굽실굽실**

굽어들다 |북 1.안쪽으로 휘다.《사람 팔은 몸 쪽으로 굽어들게 마련이다.》 2.뜻, 주장 들을 꺾고 남을 따르다.《독립투사들은 일제의 갖은 협박을 받았지만 결코 굽어들지 않았다.》 바굽어드는, 굽어들어, 굽어듭니다.

굽어보다 높은 곳에서 아래를 내려다보거나 살피다.《산 위에서 마을을 굽어보았다.》

굽은애기무리버섯 바늘잎나무로 이루어진 숲에서 자라는 버섯. 갓은 누런 갈색이나 살구색이고 주름살이 빽빽하다. 먹는 버섯이다.

굽은애기무리버섯

굽이 한쪽으로 휘어서 굽은 곳.《이 굽이만 돌면 외삼촌 댁이 보일 거야.》

굽이굽이 1.휘어서 구부러진 곳마다.《우리는 대관령 길을 굽이굽이 돌아 강릉에 갔다.》 2.물이 굽이쳐 흐르는 모양.《낙동강은 굽이굽이 흘러내려 남해 바다에 가 닿는다.》

굽이지다 이리저리 굽이가 지다.

궁궁이

굽이치다 굽이를 이루며 힘차게 흐르다.《굽이치는 파도》

굽인돌이 |북 길이 굽어 도는 곳.《저쪽 굽인돌이를 돌면 우리 집이야.》

굽히다 1.몸이나 물건을 구부리다.《웃어른께는 허리를 굽혀 정중하게 인사해야 한다.》 비구부리다. 반펴다. 2.고집이나 뜻을 꺾다.《큰형은 끝까지 제 주장을 굽히지 않았다.》

굿 1.탈이 없으라거나 복을 빌려고 무당이 벌이는 의식.《요즘은 동네에서 굿을 보기가 쉽지 않다.》 2.떠들썩하게 벌어진 일.《온 동네 사람이 다 모인 걸 보니 굿이 났나 봐.》 **굿하다**

굿이나 보고 떡이나 먹지 속담 남의 일에 쓸데없이 끼어들지 말고 잠자코 있다가 주는 것이나 받으라는 말.

굿거리 무당이 굿할 때 추는 춤. 또는 그 장단.

굿거리장단 국악 장단 가운데 하나. 4박자의 느린 장단이다.

굿판 굿이 벌어진 자리.

궁(宮) → 궁궐.

궁궁이 산골짜기 냇가에 자라는 풀. 8~9월에 작고 흰 꽃이 소복하게 모여 핀다. 어린순은 먹고, 뿌리를 약으로 쓴다. 북백봉천궁.

궁궐(宮闕) 왕이 사는 큰 집. 같궁, 궁전. 비대궐.

궁극적(窮極的) 어떤 일이 마지막에 이르는. 또는 그런 것.

궁금증 이것저것 궁금한 마음.《선생님 말씀을 듣고서야 궁금증이 풀렸다.》

궁금하다 어떤 것을 몹시 알고 싶다.《소풍 날짜가 무척 궁금해.》 북궁겁다.

궁내부(宮內府) 조선 후기에 왕 집안에 대한 모든 일을 맡아보던 관청.

궁녀 (宮女) 옛날에 궁궐에서 일하던 여자. **같**시녀.

궁도 (弓道) 활쏘기. 또는 활을 쏠 때 지켜야 하는 도리.《궁도 대회》

궁둥이 엉덩이 아랫부분. 앉을 때 바닥에 닿는 살이 많은 곳을 이른다.《바닥에 주저앉아 있던 정희가 궁둥이를 탈탈 털며 일어났다.》 **참**볼기, 엉덩이.

궁둥이가 가볍다 **관용** 한자리에 오래 있지 못하고 곧 자리를 뜨다.《10분도 못 참고 내빼다니 궁둥이가 가볍군.》

궁둥이가 무겁다 **관용** 한번 자리에 앉으면 일어날 줄 모른다.《궁둥이가 얼마나 무겁기에 세 시간이나 버티고 있었대?》 **비**궁둥이가 질기다.

궁리 (窮理) 어떤 일을 잘 풀어내려고 이리저리 따져 깊이 생각하는 것.《이 궁리 저 궁리 끝에 치과에 안 갈 핑계거리가 생각났다.》 **궁리하다**

궁벽하다 외따로 떨어져 몹시 으슥하고 구석지다.《궁벽한 산골》

궁상 (窮狀) 꾀죄죄하고 가난에 찌든 모습.《궁상 그만 떨고 놀러 가자.》

궁상맞다 가난한 티가 나고 꾀죄죄하다.《궁상맞은 차림새》

궁색하다 1.몹시 가난하고 딱하다.《궁색한 살림살이》2.대답, 핑계 같은 것이 억지로 꾸며 낸 듯 어색하고 한심하다.《궁색한 변명》

궁성 (宮城) 궁궐. 또는 궁궐을 둘러싼 성.

궁술 (弓術) 활 쏘는 기술.

궁여지책 (窮餘之策) 어려운 처지에서 벗어나려고 마지못해 짜낸 꾀.《궁여지책으로 거짓말을 했지만 곧 들통

나고 말았어.》

궁전 (宮殿) → 궁궐.

궁정 (宮庭) 궁궐에 있는 마당.

궁중 (宮中) 궁궐 안. **같**궐내.

궁중 무용 (宮中舞踊) 옛날에 궁중에서 잔치나 큰 행사가 있을 때 추던 춤.

궁중 음악 (宮中音樂) 옛날에 궁중에서 이런저런 잔치나 행사가 있을 때 연주하던 음악.

궁지 (窮地) 이러지도 저러지도 못하는 어려운 처지.《궁지에 몰린 쥐》

궁체 (宮體) 조선 시대에 궁녀들이 쓰던 한글 글씨체.

궁터 궁궐이 있던 터.

궁핍하다 몹시 모자라고 가난하다.

궁하다 형편이 아주 어렵다.

궁한 쥐가 고양이를 문다 **속담** 막다른 처지에 놓이면 힘없는 사람도 죽기 살기로 대든다는 말.

궁합 (宮合) 혼인할 남자와 여자가 서로 잘 맞는지 점치는 일. 또는 그 결과.《궁합을 보다./궁합이 좋다.》

궂다 비나 눈이 내려 날씨가 나쁘다.《비바람이 몰아치는 궂은 날씨》

궂은비 오랫동안 구질구질 내리는 비.

궂은일 힘들고 어려워서 하기 싫은 일.《집안의 궂은일은 나누어서 해요》

권 (卷) 1.책이나 공책을 세는 말.《공책 두 권을 샀다.》2.여럿이 모여 한 벌을 이룬 책에서 그 순서를 나타내는 말.《삼국지 4권을 읽고 있다.》

권고 (勸告) 남한테 어떤 일을 하라고 넌지시 이르는 것.《동무 권고로 운동을 시작했다.》 **비**권유. **권고하다**

권력 (權力) 나라를 다스리거나 남을

부릴 수 있는 힘.《권력을 잡다.》

권리 (權利) 어떤 일을 자기 뜻대로 할 수 있는 당연한 힘이나 자격. 참의무.

권선징악 (勸善懲惡) 착한 일은 부추기고 나쁜 짓을 하면 혼내 주는 것.

권세 (權勢) 권력과 세력. 비위세.

권수 (卷數) 책이나 공책의 수.《책장에 꽂혀 있는 책 권수를 세어 봐라.》

권위 (權威) 1.특별한 지위나 자격으로 남을 따르게 하는 힘.《권위가 서다.》 2.널리 인정받을 만큼 뛰어난 솜씨나 실력.《권위 있는 평론》

권위자 (權威者) 솜씨나 실력이 뛰어나 널리 인정받는 사람.

권유 (勸誘) 남한테 어떤 일을 해 보라고 권하는 것.《선생님 권유로 미술 대회에 나갔다.》비권고. **권유하다**

권익 (權益) 권리와 이익을 함께 이르는 말.《여성의 권익》

권장 (勸獎) 남한테 어떤 일을 해 보라고 자꾸 북돋고 권하는 것.《권장 도서》비장려. **권장하다**

권주가 (勸酒歌) 술을 마시라고 권하는 노래.

권총 (拳銃) 작고 짧은 총.

권태 (倦怠) 어떤 일에 심드렁해지고 싫증이 나는 것.

권투 (拳鬪) 두 사람이 양손에 두꺼운 장갑을 끼고 맞붙어 주먹으로 치고받는 경기. 같복싱.

권하다 남한테 어떤 일을 해 보라고 말하거나 청하다.

권한 (權限) 권리나 권력이 미치는 테두리.《청소 당번을 정하는 건 내 권한 밖의 일이야.》

궐기 (蹶起) 어떤 요구를 내걸고 여러 사람이 함께 떨쳐 일어나는 것.《궐기대회》 **궐기하다**

궐내 (闕內) → 궁중.

궐문 (闕門) 궁궐 문.

궤 (櫃) → 궤짝.

궤도 (軌道) 1.열차나 전철이 다닐 수 있게 깔아 놓은 철길.《기차가 궤도를 벗어나 여러 사람이 다쳤다.》 2.행성이나 혜성, 인공위성 들이 다른 별의 둘레를 도는 정해진 길.《달은 지구 둘레를 정해진 궤도에 따라 돈다.》 북자리길. 3.점차 발전해 나가는 방향이나 단계.《사업이 궤도에 오르다.》

궤멸 (潰滅) 흔히 군대가 싸움에 져서 병사들이 모두 죽거나 흩어지는 것. **궤멸하다 궤멸되다**

궤변 (詭辯) 언뜻 듣기에는 그럴듯하지만 실제로는 남을 이기려고 괴상하게 꾸며서 하는 말.

궤짝 뚜껑이나 문짝이 달린 나무 상자.《사과 궤짝》같궤.

귀 동물 머리에 있는 소리를 듣는 기관. 사람의 것은 귓바퀴, 귓구멍, 고막, 달팽이관 들로 이루어져 있다.

귀가 가렵다 관용 남이 자기 이야기를 한다고 여기다.《귀가 가려운 걸 보면 누가 내 흉을 보나 봐.》비귀가 간지럽다.

귀가 따갑다 관용 하도 많이 들어서 지긋지긋하다.《공부 열심히 하라는 말은 귀가 따갑게 들었다.》비귀가 아프다.

귀가 솔깃하다 관용 그럴듯하게 들려 마음이 가다.《아빠 구두를 닦으면 용돈을 주신다는 말씀에 귀가 솔깃했다.》

귀가 얇다 관용 남의 말을 그럴듯하게

여겨서 잘 듣다.《난 귀가 얇아서 누가 좋다고 하면 마음이 금세 바뀐다.》

귀에 못이 박히다 관용 똑같은 말을 되풀이해서 듣다.《공부하라는 말을 귀에 못이 박힐 만큼 들었어요.》

귀에 설다 관용 들어 본 적이 거의 없다.《새별이라는 이름은 귀에 설어요》

귀에 익다 관용 1. 전에 들은 적이 있다.《전화기에서 귀에 익은 목소리가 들려왔다.》 2. 자주 들은 말이나 소리라서 익숙하다.《윗집 아기 울음소리도 귀에 익어 이제 참을 만하다.》

귀가 (歸家) 집으로 돌아가는 것. 또는 돌아오는 것. **귀가하다**

귀감 (龜鑑) 본받을 만한 훌륭한 것.《귀감이 되다.》 비모범, 본보기.

귀걸이 → 귀고리.

귀결 (歸結) 일이 마침내 어떤 결론에 이르는 것. 또는 그 결론. 비종결. **귀결하다 귀결되다**

귀고리 흔히 여자가 꾸미려고 귓불에 다는 작은 물건. 같귀걸이. 북귀에고리.

귀공자 (貴公子) 지위가 높은 젊은 남자. 또는 잘생기고 의젓한 젊은 남자.

귀국 (歸國) 다른 나라에 있던 사람이 제 나라로 돌아가거나 돌아오는 것. **귀국하다**《미국에서 살던 삼촌이 10년 만에 귀국했다.》

귀금속 (貴金屬) 금, 은처럼 귀하고 값비싼 쇠붙이.

귀농 (歸農) 도시에서 살던 사람이 농사를 지으러 농촌으로 돌아가는 것.《귀농 운동》 반이농. **귀농하다**

귀농인 (歸農人) 귀농한 사람.

귀담아듣다 남이 하는 이야기를 귀 기울여 잘 듣다.《할머니 말씀은 모두 귀담아들을 만해.》 바귀담아듣는, 귀담아들어, 귀담아듣습니다.

귀동냥 남들이 하는 말을 곁에서 어깨 너머로 들어 아는 것.《내 동생은 귀동냥으로 구구단을 깨쳤다.》 **귀동냥하다**

귀때동이 거름을 나르는 데 쓰는 질그릇. 주전자 부리처럼 생긴 구멍이 나 있어 속에 든 것을 따르기 쉽다.

귀때동이

귀뚜라미 가을에 풀밭이나 돌 틈에서 볼 수 있는 곤충. 몸 빛깔은 짙은 갈색이고 긴 더듬이가 한 쌍 있다. 수컷은 날개를 비벼서 소리를 낸다.

귀뚜라미

귀뚤귀뚤 귀뚜라미가 우는 소리.

귀띔 어떤 일을 눈치 챌 수 있게 남한테 슬쩍 일러 주는 것. **귀띔하다**《선생님이 언제 오시는지 귀띔해 줘.》

귀로 (歸路) 떠난 곳으로 다시 돌아가거나 돌아오는 길.《귀로에 오르다.》

귀룽나무 깊은 산골짜기 물가에 자라는 잎지는나무. 5월에 작고 흰 꽃이 피고 7월에 열매인 귀룽이 검게 익는다. 먹을 수 있지만 맛이 쓰다. 북구름나무.

귀룽나무

귀리 밭에 심어 가꾸는 곡식. 줄기와 잎이 보리와 비슷하게 생겼다. 열매는 과자나 빵을 만들고 집짐승 먹이로도 쓴다. 북귀밀.

귀리

귀마개 소리가 들리거나 물이 들어오는 것을 막으려고 귀에 꽂는 물건.

귀머거리 귀가 어두워 소리를 듣지 못하는 사람.

귀먹다 귀가 어두워 소리를 듣지 못하다.《귀먹은 할머니께 손짓으로 길을 가르쳐 드렸다.》

귀밑 귀 바로 아래쪽.

귀밑머리 1.옛날에 머리털을 이마 가운데에서 둘로 갈라 귀 뒤로 넘겨 땋았던 머리 모양. 2.귀 바로 앞쪽 살갗에 난 머리털.《할머니 귀밑머리가 하얗게 세었다.》

귀밝이술 대보름날 아침에 마시는 술. 이 술을 마시면 귀가 밝아지고 한 해 동안 좋은 소식을 듣게 된다고 한다.

귀부인(貴婦人) 신분이 높은 여자를 이르던 말.

귀비(貴妃) 옛날에 왕의 첩에게 주던 자리.

귀빈(貴賓) 귀하거나 중요한 손님.

귀빠지다 '태어나다'를 낮추어 이르는 말. 아기 머리가 엄마 배 속에서 빠져 나오는 것을 빗대어 이르는 말이다.《내일은 동생이 귀빠진 날이다.》

귀상어 얕은 바다에 사는 바닷물고기. 머리 양쪽 납작하게 튀어나온 곳에 눈이 있다. 등은 어두운 잿빛이고 배는 희다.

귀성(歸省) 명절에 가족, 친척, 동무를 만나려고 고향으로 돌아오거나 돌아가는 것. 비귀향. **귀성하다**

귀성객(歸省客) 고향에 돌아가려고 길을 떠난 사람.

귀속(歸屬) 재산이나 권리 같은 것이 어떤 사람, 단체, 나라 들에 딸려 가는 것. **귀속하다 귀속되다**

귀순(歸順) 싸울 마음을 버린 적군이 상대편에 찾아가 그 뜻을 밝히고 한편이 되는 것.《귀순 용사》 **귀순하다**

귀신(鬼神) 1.사람이 죽은 뒤에 남는다는 넋.《처녀 귀신》 2.어떤 일에 남보다 뛰어난 재주가 있는 사람을 빗대어 이르는 말.《삼촌은 연을 만드는 데 귀신 같은 재주가 있다.》

귀신도 모르다 관용 어떤 일을 아무도 모르다.《담벼락에 누가 자꾸 낙서를 하는지 귀신도 모른다.》

귀신 씻나락 까먹는 소리 속담 이치에 어긋나는 엉뚱한 말을 한다는 말.

귀얄 물감, 풀, 옻 같은 것을 칠하는 데 쓰는 솔. 흔히 돼지털이나 말총을 넓적하게 묶어 만든다.

귀양 옛날에 죄지은 사람을 시골이나 섬 같은 외진 곳에 보내 얼마 동안 살게 하던 일. 비유배.

귀양살이 귀양을 가서 사는 일.

귀엣말 → 귓속말.

귀여워하다 귀엽게 여겨 예뻐하다.《할머니는 나를 무척 귀여워하신다.》

귀염 1.귀여워하는 마음.《옆집 진희는 착하고 정직하니까 선생님 귀염을 받는 거야.》 2.귀엽게 구는 짓.《아기가 춤추면서 귀염을 떨었다.》

귀염둥이 귀염을 많이 받는 아이.

귀염성 귀염을 받을 만한 성질.《막냇동생은 웃는 모습이 귀염성 있다.》

귀엽다 하는 짓이나 생김새가 예쁘고 사랑스럽다.《아기가 참 귀엽다.》 바귀여운, 귀여워, 귀엽습니다.

귀울림 실제로는 소리가 나지 않는데도 귀에 소리가 들리는 증세.

귀의(歸依) 종교를 믿지 않던 사람이 어느 때부터 깊이 믿고 따르는 것. **귀의하다**《할머니는 돌아가시기 바로 전에 천주교에 귀의하셨다.》

귀이개 귀지를 파내는 물건. 북귀지개.

귀인(貴人) 신분이나 지위가 높은 사

람. **반**천인.

귀재(鬼才) 세상에서 보기 드물게 뛰어난 재주. 또는 그런 재주가 있는 사람.《장구의 귀재》

귀제비 사람이 사는 곳 가까이 사는 여름새. 제비보다 날개와 꽁지가 길고, 반짝거리는 검은색 등에 허리가 붉다.

귀족(貴族) 가문이 좋거나 신분이 높아 사회에서 특권이 있는 사람. **참**평민.

귀주 대첩(龜州大捷) 고려 현종 때 (1019년) 강감찬 장군이 귀주 벌판에서 거란 군사를 크게 무찌른 싸움.

귀주머니 밑 부분 양쪽에 세모꼴 귀를 낸 주머니. 끈을 달아 한복 허리춤에 차고 다니면서 작은 물건을 넣는다.

귀주성(龜州城) 평안북도 구성에 있는 산성. 고려 성종 때(994년) 거란의 침략을 막으려고 쌓았다.

귀중품(貴重品) 금, 은, 보석처럼 귀하고 값비싼 물건.

귀중하다 몹시 귀하고 중요하다.《귀중한 목숨》

귀지 귓구멍 속에 낀 때. **✕**귓밥.

귀착(歸着) 일이 어떤 결말에 다다르는 것. **귀착하다 귀착되다**

귀찮다 괜히 싫고 성가시다.《너무 지쳐서 밥 먹는 것조차 귀찮다.》

귀천(貴賤) 신분, 직업 같은 것이 귀하거나 천한 것을 함께 이르는 말.《직업에는 귀천이 없다.》

귀청 귓구멍 안에 있는 얇은 막. 이 막이 울려서 소리를 더 안쪽으로 전해 준다.《누나의 잔소리에 귀청이 따갑다.》 **같**고막.

귀퉁이 물건의 모퉁이나 모서리. 또는

귀팔이

귀제비

구석진 곳.《종이 네 귀퉁이》

귀틀집 통나무를 네모나게 짜 맞추어 층층이 얹고 흙으로 틈을 메운 집.

귀팔이 남사당 꼭두각시놀이에 나오는 남자 인형.

귀하(貴下) 1. 편지 같은 우편물에서 받는 사람을 높이는 뜻으로 이름 뒤에 붙이는 말.《이영희 귀하》 **참**앞. 2. 남을 높여 부르는 말.《귀하의 의견을 듣고 싶습니다.》

귀하다 1. 가치가 높다. 또는 소중하게 여길 만하다.《이 재봉틀은 증조할머니께서 남기신 귀한 물건이다.》 2. 쉽게 보거나 구하기 어려워서 드물다.《우리 집안은 대대로 아들이 귀하다.》 3. 신분이나 지위가 높다.《셋째 아들은 장차 그 나라의 왕이 될 귀한 몸이었다.》 **반**천하다.

귀한 자식 매로 키워라 속담 아끼는 자식일수록 매를 들어서라도 잘 가르쳐야 한다는 말.

귀항(歸港) 배가 처음 떠난 항구로 다시 돌아가거나 돌아오는 것. **귀항하다**

귀향(歸鄉) 고향으로 돌아가거나 돌아오는 것. 비귀성. **귀향하다**

귀화(歸化) 다른 나라 국적을 얻어 그 나라 사람이 되는 것.《귀화 외국인》 **귀화하다**

귀환(歸還) 다른 곳에 갔다가 본디 있던 곳으로 돌아가거나 돌아오는 것.《무사 귀환을 빕니다.》 **귀환하다**

귓가 귀 가장자리.《고운 노랫소리가 귓가에 맴돕니다.》 비귓전. **북**귀가.

귓구멍 귓바퀴에서 고막까지 나 있는 구멍. **북**귀구멍.

귓바퀴 겉으로 드러난 귀의 가장자리. 소리를 모아 귓구멍으로 잘 들어가게 한다. **북**귀바퀴.

귓밥 1.→ 귓불. 2. '귀지'를 잘못 쓴 말.

귓병 귀에 생기는 병. **북**귀병.

귓불 귓바퀴 아래쪽 살.《귓불이 두껍다.》 **같**귓밥. **북**귀방울, 귀불.

귓살 연의 네 귀퉁이에 가위꼴로 엇갈리게 붙이는 대나무 살.

귓속 귀 안쪽. **북**귀속.

귓속말 귀에 대고 작게 소곤거리는 말.《아이들이 귓속말을 주고받으면서 키득거렸다.》 **같**귀엣말. **북**귀속말.

귓전 귀에 가까운 곳. 또는 귓바퀴 언저리. **비**귓가. **북**귀전.

귓전으로 듣다 **관용** 듣는 둥 마는 둥 하다.《선생님 말씀을 귓전으로 들었더니 준비물이 하나도 생각나지 않는다.》

귓전을 울리다 **관용** 잊히지 않아 마음에 남아 있다.《지난여름 바닷가에서 듣던 파도 소리가 귓전을 울리는 것 같다.》 **비**귀에 쟁쟁하다.

규격 (規格) 물건의 크기, 모양, 색깔들이 들쭉날쭉하지 않고 똑같게 미리 정해 놓은 기준.《규격 봉투》

규명 (糾明) 사실을 자세히 따져서 까닭을 밝히는 것. **규명하다 규명되다**

규모 (規模) 사물의 크기나 짜임새. 또는 일의 테두리.《규모가 큰 건물》

규방 (閨房) 옛날에 부인이나 처녀가 쓰던 방.

규범 (規範) 마땅히 따라야 할 본보기나 기준.《엄격한 규범》

규수 (閨秀) 혼인할 나이가 된 남의 집 처녀를 높여 이르는 말.

규암 (硅巖) 사암이 열과 힘을 받아서 바뀐 돌. 희고 단단해서 유리나 도자기를 만드는 데 쓴다.

규약 (規約) 여럿이 다 같이 지키기로 정한 규칙이나 약속.《규약 위반》

규율 (規律) 질서를 잡으려고 정해 놓은 규칙이나 법.《학교 규율》 **북**규률.

규장각 (奎章閣) 조선 정조 때 (1776년) 만든 왕실 도서관. 글, 그림, 문서들을 모아 두었고 많은 책을 펴냈다.

규정 (規定) 1. 지키기로 정해 놓은 규칙.《맞춤법 규정》 2. 성질이나 내용이 어떻다고 분명하게 정하는 것. **규정하다**《우리 모임의 성격을 규정했다.》 **규정되다**

규제 (規制) 어떤 일을 법, 규칙에 따라 삼가고 못 하게 막는 것.《수입 규제》 **규제하다 규제되다**

규칙 (規則) 1. 여러 사람이 다 같이 지켜야 마땅한 것으로 정한 약속이나 법.《경기 규칙》 2. 어떤 일이 일어날 때 자주 나타나는 정해진 질서나 법칙.

규칙적 (規則的) 규칙이나 질서를 따르는. 또는 그런 것.

규탄 (糾彈) 잘못된 점을 세차게 따지며 나무라는 것. **규탄하다**

규합 (糾合) 뜻을 이루려고 사람이나 힘을 한데 모으는 것. **규합하다**

균 (菌) 동식물에 붙어살면서 썩게 하거나 병을 일으키는 아주 작은 생물.

균등 (均等) 차이나 차별 없이 고르게 같은 것. **반**차등. **균등하다**《모든 아이한테 기회가 균등하게 돌아가야 해.》

균사 (菌絲) → 팡이실.

균역법 (均役法) 조선 영조 때(1750

년) 백성의 세금 부담을 덜어 주려고 만든 납세 제도.

균열 (龜裂) 단단한 것이 터지거나 갈라져 틈이 생기는 것. 또는 갈라져 생긴 틈.《건물 벽에 균열이 생겼어요.》 **북**균렬. **균열하다 균열되다**

균일하다 여럿이 두루 똑같다. 또는 차이가 하나도 없다.《여기 있는 물건은 모두 균일한 값에 팝니다.》

균형 (均衡) 한쪽으로 기울거나 쏠리지 않은 고른 상태.《외나무다리에서는 균형을 잡기가 어렵다.》 **반**불균형.

균형미 (均衡美) 균형이 잘 잡힌 것에서 느끼는 아름다움.

균형적 (均衡的) 균형이 잡힌. 또는 그런 것.

귤 귤나무 열매. 껍질은 주황색인데 속살이 무르고 즙이 많다. 새콤달콤하고 껍질을 약으로 쓴다. **같**감귤, 밀감.

귤

귤나무 열매를 먹으려고 심어 가꾸는 늘푸른나무. 봄에 흰 꽃이 피고, 가을에 귤이 열린다. 제주도에서 많이 기른다. **같**온주밀감. **북**참귤나무.

귤나무

그 1.말을 듣는 사람한테서 가까운 쪽에 있는 것을 이르는 말.《애, 그 공 좀 이리 차 줄래?》 **참**이, 저. 2.앞서 말한 것이나 말을 듣는 사람이 이미 아는 것을 가리킬 때 쓰는 말.《저 형이 내가 말한 그 형이야.》 3.앞서 나온 것.《다음 문제를 읽고 괄호 안에 그 답을 쓰세요.》 4.다음에 나오는 낱말의 뜻에 힘을 줄 때 쓰는 말.《그 어렵고 힘든 일을 혼자서 해내다니 대단하다.》 5.앞에서 말한 사람을 가리키는 말.《그가 급히 방문을 열고 나갔다.》 6.앞에

서 말한 것을 가리키는 말.《내가 본 개는 그보다 훨씬 컸어요.》 **참**이.

그도 그럴 것이 **관용** 그럴 수밖에 없는 것이.《점심 먹으려면 멀었는데 배가 고팠다. 그도 그럴 것이 아침을 먹지 않았으니.》

그간 → 그동안.《선생님, 그간 안녕하셨습니까?》

그거 '그것'을 입에서 나오는 대로 편하게 쓰는 말.《엄마, 그거 저 주세요.》 **준**거. **참**이거, 저거.

그것 1.말을 듣는 사람한테서 가까운 쪽에 있는 것.《그것은 내 것이라고 몇 번이나 말했어.》 **참**이것, 저것. 2.말하는 사람과 듣는 사람이 모두 아는 물건이나 사실.《그것은 말도 안 되는 얘기잖아.》 3.'그 사람'을 낮추어 이르는 말. 또는 '그 아이'를 귀엽게 이르는 말.《그것이 또 약속을 잊었다는 말이냐?/그것들 참 귀엽게 노네.》

그것참 1.어떤 일이 딱하거나 못마땅할 때 하는 말.《그것참, 안됐네.》 **준**거참. 2.어떤 일이 잘됐을 때 하는 말.《그것참, 기쁜 일이구나.》 **준**거참.

그곳 1.앞서 말한 곳.《그곳에 가면 아이들이 너를 기다리고 있을 거야.》 2.말하는 사람이 가리키는 곳.《가방은 그곳에 놓고 들어와.》 **참**이곳, 저곳.

그길로 어떤 일이 일어난 다음 바로.《아빠는 할머니께서 편찮으시다는 얘기를 듣자 그길로 시골로 내려가셨다.》

그까짓 겨우 그만큼의.《그까짓 군밤은 안 먹어도 돼.》 **준**그깟. **참**이까짓.

그깟 → 그까짓.《그깟 일로 울어?》

그끄러께 1.그러께의 전해. 2.그러께

의 전해에.

그끄저께 1.그저께의 전날. 2.그저께의 전날에.《우리 학교는 그끄저께 방학했다.》

그나마 그것마저도. 또는 그것이나마.《네가 있어서 그나마 다행이다.》 참이나마.

그나저나 '그러나저러나'가 줄어든 말.《그나저나 지금 몇 시나 됐지?》

그날 1.앞서 말한 날.《그날은 엄마 생신이라고 얘기했잖아.》 2.어떤 일이 일어났거나 일어날 날.《씨름에서 우승한 그날의 기쁨을 잊을 수 없어요.》

그날그날 하루하루 어기지 않고 늘. 또는 그날마다.《숙제는 그날그날 하는 것이 좋다.》

그냥 1.건드리거나 손쓰지 않고 있는 그대로.《지금은 기분이 좋지 않으니까 날 그냥 내버려 둬.》 2.아무 생각 없이 무심코.《짝이 얘기한 것을 그냥 잊고 말았다.》 3.처음 그대로 줄곧.《좋은 일이라도 있는지 누나는 하루 내내 그냥 웃기만 했다.》 4.노력이나 대가가 없이.《일 등은 그냥 차지할 수 있는 게 아니다.》 비거저.

그냥저냥 특별한 것 없이 그저 그렇게.《연휴 동안 집에서 책이나 보면서 그냥저냥 지냈어.》

그네 놀이 높은 나무나 기둥에 줄을 매달고 줄 끝에 발판을 달아 구르며 탈 수 있게 만든 놀이 기구.

그네 농기구 벼를 훑는 데 쓰던 농기구. 빗살처럼 촘촘한 쇠틀에 이삭을 끼우고 잡아당기면 낟알이 떨어져 나온다.

그네뛰기 그네에 앉거나 서서 몸을 앞

그늘골무꽃

그네_농기구

뒤로 움직여 왔다 갔다 하며 노는 놀이.

그놈 1.'그 남자' 또는 '그 아이'를 낮추어 이르는 말.《그놈 참 똘똘하고 귀엽게 생겼다.》 참이놈, 저놈. 2.듣는 사람과 가까이 있는 동물, 물건 들을 이르는 말.《이 수박보다는 그놈이 더 달 것 같아요.》 참이놈, 저놈.

그늘 1.빛이 물체에 가려서 그 뒤로 어둡게 드리워진 자리.《시원한 나무 그늘에 앉아 땀을 식혔다.》 2.남의 보호나 좋은 영향.《고아 형제는 신부님의 그늘에서 밝게 자라났다.》 3.능력이나 솜씨가 마음껏 드러나지 못하는 처지나 형편.《그 선수의 실력은 선배 그늘에 가려 오랫동안 빛을 보지 못했다.》 4.걱정, 불안 들로 나타나는 어두운 표정.《외할머니가 입원하신 뒤부터 엄마 얼굴에 그늘이 졌다.》

그늘골무꽃 산속 나무 그늘에 자라는 풀. 줄기는 자줏빛이 돌고, 꽃은 보랏빛이다. 어린잎을 먹는다.

그늘지다 1.빛이 물체에 가려서 그늘이 생기다.《그늘진 곳에서는 풀이 잘 자라지 않는다.》 2.걱정, 불안 들로 표정이 어둡다.《강아지가 다 낫자 그늘 졌던 언니의 얼굴이 다시 환해졌다.》 3.남의눈에 잘 띄지 않는 어렵고 힘든 처지에 있다.《사회의 그늘진 곳에서 어렵게 사는 사람들을 도와줘야 한다.》

그다지 1.별로 그렇게까지는.《이번 수학 시험은 그다지 어렵지 않았다.》 갈그리. 2.그렇게나. 또는 그렇게까지.《큰 잘못도 아닌데 왜 성을 그다지도 심하게 내니?》 참이다지, 저다지.

그대 나이가 비슷하거나 어린 사람을

높이거나 정답게 부르는 말.《아름다운 그대에게 이 꽃을 바칩니다.》

그대로 1. 처음 있던 대로 그냥.《거기 그대로 서 있어.》 2. 상관하지 않고 그냥.《선아가 무슨 말을 하든지 그대로 두자.》 3. 고스란히. 또는 똑같이.《내 동생은 엄마를 그대로 닮았다.》 4. 줄곧. 또는 곧장.《이 길을 따라 그대로 5분만 가면 호수가 나올 거야.》

그동안 어느 때에서 다음 어느 때 사이.《그동안 잘 지냈니?》 **같**그간. **북**그지간.

그득 넘칠 만큼 꽉 차게.《마당에 눈이 그득 쌓였다.》 **그득그득**

그득하다 1. 사람이나 물건이 한곳에 꽉 들어차 있다.《형이 모은 딱지들이 상자 안에 그득하다.》 **참**가득하다. 2. 냄새, 빛 같은 것이 널리 퍼져 있다.《된장찌개를 끓이는 냄새가 온 집안에 그득하다.》 **참**가득하다. 3. 얼굴이나 마음에 생각이나 느낌이 꽉 들어차 있다.《아이들의 마음은 동무를 보내는 슬픔으로 그득했다.》 **참**가득하다.

그때 1. 앞서 말한 어떤 때.《그때는 내가 잘못했어.》 2. 어떤 일이 일어날 때.《다음 일은 그때 가서 생각하자.》

그라벤호르스트납작맵시벌 배가 가늘고 긴 벌. 몸은 검고 다리는 붉다. 다른 곤충의 애벌레 몸에 알을 낳는다.

그라벤호르스트
납작맵시벌

그라운드 (ground) 야구나 축구 같은 경기를 하는 곳. **다**경기장, 운동장.

그래 1. 동무나 아랫사람 말에 그렇다거나 알았다는 뜻으로 하는 말.《그래, 네 마음 알아.》 2. 동무나 아랫사람 말에 조금 놀랐을 때 하는 말.《그래? 정

말이야?》 3. 동무나 아랫사람이 한 일이 못마땅할 때 다그치듯이 하는 말.《그래, 지금껏 한 게 고작 이거야?》

그래도 그렇다고 해도.《힘들겠지만 그래도 열심히 하면 좋아질 거야.》

그래서 1. 그렇게 해서.《언니가 동생한테 그래서 되겠니?》 2. 그렇기 때문에.《배가 아팠어. 그래서 아무것도 못 먹었어.》

그래프 (graph) 수나 양을 한눈에 알아보기 쉽게 막대나 선으로 나타낸 표.

그래픽 (graphic) 컴퓨터 같은 기계로 사진이나 그림을 만드는 일.

그래픽 디자이너 (graphic designer) 그래픽 디자인을 전문으로 하는 사람.

그래픽 디자인 (graphic design) 포스터, 신문이나 잡지의 광고, 책 표지 같은 인쇄물을 만드는 디자인.

그램 (gram) 무게를 나타내는 말. 기호는 g이다.

그러게 1. 자기 말이 옳았다고 힘주어 하는 말.《그러게 내가 가지 말라고 했잖아.》 2. 남의 말에 찬성하는 뜻으로 하는 말.《그러게 말이야.》

그러께 1. 지난해의 전해. 2. 지난해의 전해에.《그러께 이사 왔어요.》

그러나 그렇기는 하지만. 또는 그렇게 했지만.《비가 왔다. 그러나 우리는 축구를 하러 나갔다.》 **비**그렇지만.

그러나저러나 그것은 그렇다 치고 지금까지 한 말과 다른 말을 하려고 할 때 쓴다.《그러나저러나 방학도 며칠 안 남았네요.》

그러니까 1. 그렇게 하니까.《이런 걸 먹다니. 그러니까 배탈이 나지.》 2. 자

세히 말하자면. 또는 정확히 말하자면. 《지난 금요일, 그러니까 18일에 할머니가 오셨어.》

그러다 → 그리하다. 《나한테 말도 없이 그러는 게 어디 있어?》

그러다가 그렇게 하다가. 《뛰지 마라. 그러다가 넘어진다.》

그러면 그렇게 하면. 또는 그렇다고 하면. 《세수하고 와. 그러면 졸음이 달아날 거야.》 **준**그럼.

그러면 그렇지 관용 일이 자기 뜻대로 되었을 때 하는 말. 《그러면 그렇지, 새별이는 약속을 어길 애가 아니라니까.》

그러모으다 1. 흩어져 있는 것을 긁어다가 한데 모으다. 《할아버지가 빗자루로 낙엽을 그러모으신다.》 2. 돈 같은 것을 닥치는 대로 모으다.

그러므로 그렇기 때문에. 《넌 나보다 한 살 어려. 그러므로 내가 형이지.》

그러안다 끌어당겨 두 팔로 안다. 《동생은 엄마 목을 꼭 그러안았다.》

그러자 그렇게 하자. 또는 그렇게 되자. 《아기한테 방울을 주었다. 그러자 울음을 그쳤다.》

그러쥐다 1. 손가락에 힘을 주어 꽉 쥐다. 《신문지를 그러쥐고 바퀴벌레 쪽으로 다가갔다.》 2. 주먹을 꽉 쥐다. 《아기는 손을 꼭 그러쥔 채 울었다.》

그러하다 '그렇다'의 본말.

그럭저럭 1. 썩 마음에 들지는 않지만 웬만큼. 《그럭저럭 일을 마치고 나니 마음이 홀가분하다.》 **참**이럭저럭. 2. 특별한 것 없이 그저 그렇게. 《그럭저럭 한 달이 훌쩍 지나갔다.》 **참**이럭저럭.

그런 그와 같은. 《왜 그런 일이 일어났

는지 아무도 몰랐다.》 **참**이런, 저런.

그런대로 썩 좋지는 않지만 웬만큼. 《오늘도 그런대로 재미있게 놀았어.》

그런데 1. 그렇기는 하지만. 《이 문제는 맞았어. 그런데 이건 틀렸네.》 **준**근데. 2. 그러던 때에. 또는 그러한 형편에. 《숙제를 하고 있었어. 그런데 영수가 전화를 한 거야.》 **준**근데.

그럴듯하다 정말 그렇다고 여길 만하다. 또는 제법 괜찮다. 《동생은 그럴듯한 변명으로 자기 잘못을 감추려고 했다.》 **같**그럴싸하다. **북**얼싸하다.

그럴싸하다 → 그럴듯하다. 《안은 그럴싸하게 꾸며 놓았구나.》

그럼 그러면 → 그러면.

그럼 느낌말 동무나 아랫사람한테 당연히 그렇다는 뜻으로 대답하는 말. 《"엄마 일찍 오세요?" "그럼!"》

그렁하다 |**북** 1. 액체가 많이 담기거나 괴어서 가장자리까지 찰 듯하다. 《누나가 식혜를 그렁하게 따라 주었다.》 2. 눈물이 조금 글썽하다. 《강아지를 보내는 동생 눈에 눈물이 그렁했다.》

그렇게 1. 어떤 모양, 행동 들을 가리켜 그와 같이. 《인사를 그렇게 대충 하면 선생님이 좋아하지 않으실 거야.》 2. 정도나 수준 같은 것이 몹시. 《그 강은 그렇게 깊은 편은 아니다.》 3. 그러한 정도로 심하게. 《그깟 장난감 좀 부서졌다고 그렇게 화를 내니?》

그렇고말고 남의 말이 옳거나 그렇다고 여길 때 쓰는 말. 《"엄마는 저희를 사랑하시죠?" "그렇고말고."》

그렇다 1. 모양, 상태, 내용 들이 앞서 말한 것과 같다. 《그렇다고 동생을 그렇게 야단치면 어떻게 해?》**본**그러하다. 2.물었을 때 대답하는 말로, 맞거나 옳다.《그렇습니다, 6 곱하기 5는 30이 맞습니다.》**본**그러하다. 3.별다른 것이 없이 평범하다.《겨울 방학은 집에서 그냥 그렇게 지냈다.》**본**그러하다. **바**그런, 그래, 그렇습니다.

그렇지 동무나 아랫사람한테 틀림없이 그렇다는 뜻으로 하는 말.《그렇지, 바로 그렇게 하는 거야.》

그렇지만 그렇기는 하지만.《봄도 좋아. 그렇지만 난 가을이 더 좋아.》**비**그러나.

그령 길가나 집 가까이에 자라는 풀. 잎이 길고 뾰족하며 초가을에 작은 이삭이 달린다. 잎으로 노끈을 꼰다.

그루 나무를 세는 말.《운동장 가에 은행나무 두 그루가 서 있다.》**같**주.

그루갈이 한 해에 같은 논밭에서 두 가지 농작물을 번갈아 기르는 일. **비**이모작. **그루갈이하다**

그루터기 나무, 풀 같은 것을 베고 남은 밑동.

그룹 (group) 1.어떤 일을 함께 하거나 공통점이 있어 한데 묶일 수 있는 사람들 무리.《그룹 지도》**북**그루빠. 2.여러 사업을 하는 회사들이 모인 무리.

그르다 1.옳지 않다. **반**옳다. 2.일이 잘못되어 바로잡기 힘들다.《학교에 늦지 않기는 다 글렀다.》**북**긇다. **바**그른, 글러, 그릅니다.

그르렁- '가르랑-'의 큰말. **그르렁거리다 그르렁대다 그르렁그르렁**

그르치다 일을 잘못되게 하다. 또는 망치다.《너무 서두르다 보면 일을 그

그령

르칠 수 있어.》

그릇 **물건** 1.음식을 담는 물건. 또는 그것에 음식을 담아서 세는 말.《반찬 그릇/밥을 두 그릇이나 먹었어요.》**비**용기. 2.어떤 일을 해낼 수 있는 능력. 또는 그런 능력이 있는 사람.《그 사람은 큰일을 할 만한 그릇이 못 돼.》

그릇 **잘못** 그르게. 또는 틀리게.《동무의 잘못이라고 내가 그릇 생각했다.》

그릇되다 잘못되거나 올바르지 않다.《그릇된 생각을 바로잡다.》

그릇 받침 옛날에 밑아 둥글게 생긴 그릇이나 항아리를 받치는 데 쓰던 물건.

그리 **방향** 그쪽으로. 또는 그곳으로《제가 그리 가겠습니다.》**참**이리, 저리.

그리 **그렇게** 1.그렇게.《뭐가 그리 재미있니?》**참**이리, 저리. 2.➡ 그다지.

그리고 1.그 밖에 더.《연필 좀 줘. 그리고 지우개도 줄래?》2.그 다음에.《밥을 먹었다. 그리고 한숨 잤다.》

그리니치 천문대 영국에 있는 천문대. 이곳을 지나는 경선이 세계 경도와 시각의 기준이다.

그리다 **표현하다** 1.붓이나 연필 같은 것을 써서 어떤 모양을 선이나 색으로 나타내다.《창밖 풍경을 도화지에 그렸다.》2.생각이나 느낌 같은 것을 말, 글, 음악 같은 것으로 나타내다.《이 곡은 어머니에 대한 사랑을 그린 작품이다.》3.어떤 모습을 머릿속에 떠올리다.《한복을 입은 내 모습을 머릿속에 그려 보았다.》

그리다 **생각하다** 사랑하는 마음으로 애타게 생각하다.《이 시에는 어머니를 그리는 마음이 잘 나타나 있다.》

그리스도 (Kristos) '예수'를 이르는 말. 왕이나 구세주라는 뜻이다.

그리스 신화 고대 그리스 민족이 지은 신, 사람, 자연에 관한 이야기. 제우스를 비롯한 여러 신과 영웅이 나온다.

그리움 그리워하는 마음.《그리움을 달래려고 가족사진을 꺼내 보았다.》

그리워하다 어떤 것을 애타게 보고 싶어 하다.《할아버지는 고향 땅을 평생 그리워하셨다.》

그리하다 그렇게 하다.《날마다 꾸준히 연습해. 그리하면 너도 잘할 수 있을 거야.》 **준**그러다. **참**이리하다.

그리하여 '그렇게 하여'가 줄어든 말.《그리하여 두 형제는 사이좋게 잘 살았대요.》

그린벨트 (greenbelt) → 녹지대.

그림 사람이나 사물, 풍경 들을 종이 같은 것에 그려서 나타낸 것. **비**회화.

그림의 떡 관용 아무리 해도 가질 수 없는 것을 빗대어 이르는 말.《저 옷은 너무 비싸서 나한텐 그림의 떡이야.》

그림그래프 수나 양을 그림으로 나타낸 그래프.

그림물감 그림 그리는 데 쓰는 물감.

그림엽서 한쪽에 그림이나 사진을 넣어 만든 엽서.

그림일기 그림을 곁들여 쓰는 일기.

그림자 1. 물체가 빛을 가려서 그 물체 뒤에 비슷한 꼴로 나타나는 거무스름한 그늘. 또는 어두운 것.《벽에 내 키보다 큰 그림자가 생겼다.》 2. 물체가 물 같은 것에 비쳐 나타나는 모습.《강물 위에 나무 그림자가 비친다.》 3. 걱정, 불안 들로 나타나는 어두운 표정.《동생이 입원하자 아빠 얼굴에 그림자가 짙게 드리워졌다.》

그림자도 안 보이다 관용 흔적이 전혀 없다.《바로 뒤쫓아 나갔지만 형은 그림자도 안 보였다.》 **비**그림자도 없다.

그림자놀이 사람이나 짐승 모양을 만들고 불빛을 비추어서 막이나 벽 위에 그림자가 나타나게 하는 놀이.

그림자밟기 술래가 된 사람이 다른 사람 그림자를 밟으러 쫓아다니는 아이들 놀이.

그림책 아이들이 보기 좋게 그림이 많이 있는 책.

그립다 몹시 보고 싶다. 또는 어떤 것이 몹시 필요하다.《전학 간 동무가 무척 그립다./하루 종일 추위에 떨었더니 따뜻한 방이 그립다.》 **바**그리운, 그리워, 그립습니다.

그만 그쁨 1. 더하지 말고 그 정도까지만. 또는 그만큼만.《만화책 그만 보고서 숙제해.》 **참**이만. 2. 어떤 일이 일어나자 바로. 또는 그대로 곧.《도둑고양이 울음소리를 듣자 그만 온몸이 얼어붙는 느낌이 들었다.》 3. 자기도 모르는 사이에.《귀신이 나오는 장면에서 그만 오줌을 찔끔 쌌다.》 4. 달리 어떻게 해 볼 방법이 없이.《우산이 없어서 그만 비를 쫄딱 맞고 말았다.》

그만 멈춤 하던 일을 더 이어 나가지 않는 것. **그만하다**《오늘은 공부를 그만하고 자야겠다.》

그만두다 1. 하던 일을 그치고 안 하다. **같**관두다. 2. 하려고 하던 일을 안 하다.《동무네 집에 가려다가 비가 와서 그만두었다.》 **같**관두다.

그만이다 1.더 바랄 것이 없을 만큼 좋다.《더위를 식히는 데는 시원한 수박 한 쪽이 그만이다.》2.어떤 일이 그것으로 끝이다.《언니가 줄넘기를 사흘 동안 열심히 하는 듯하더니 그것으로 그만이었다.》3.그것으로 충분하다.《다른 애들이 뭐라고 놀리건 너만 떳떳하면 그만이야.》

그만저만 그저 그만한 정도로. 또는 그저 그만하게.《그만저만 지낼 만합니다.》**참**이만저만. **그만저만하다**

그만큼 앞서 말한 만큼. 또는 그만한 정도로.《나도 그만큼은 할 수 있다.》**참**이만큼, 저만큼.

그만하다 정도, 수준, 형편 들이 그러하다. 또는 어지간하게 괜찮다.《그만하면 점수를 잘 받은 편이야.》**참**이만하다, 저만하다.

그물 물고기나 짐승을 잡으려고 질긴 실이나 밧줄 들을 얼기설기 엮어 짠 물건.《어부들이 바다에 그물을 쳤다.》

그물망 그물 모양으로 성글게 짠 천이나 철망.

그물맥 그물처럼 복잡하게 얽힌 잎맥. 배추, 무 같은 쌍떡잎식물의 잎에서 볼 수 있다.

그물무늬금게 맑고 얕은 바다 속 모랫바닥에 사는 게. 기어 다니지 않고 모래 속으로 파고드는 것을 좋아한다.

그물무늬금게

그물코 1.그물에 있는 구멍.《그물코가 성겨서 고기가 다 도망갔어.》2.그물을 켜켜이 잇는 매듭.《할아버지가 그물코를 꿰매고 계신다.》

그믐 → 그믐날.

그믐날 음력으로 한 달의 마지막 날.

그믐달

같그믐. 비말일.

그믐달 음력 그믐께 뜨는 달. **참**반달, 보름달, 초승달.

그믐밤 그믐날 밤.

그분 '그 사람'을 높여 이르는 말.《그분이 너희 삼촌이야?》**참**이분, 저분.

그뿍|북 '가뿍'의 큰말. **그뿍하다 그뿍 그뿍**

그사이 어느 때부터 다른 어느 때까지 좀 짧은 동안.《우리 민수가 그사이에 많이 컸구나.》**준**그새.

그새 → 그사이.《그새 예뻐졌구나.》

그슬리다 불에 대어 겉을 살짝 태우다. 또는 겉이 불에 닿아 조금 타다.《검게 그슬린 아궁이》**참**그을리다.

그야 그것은 물론. 또는 더 말할 것도 없이.《그야 당연한 거 아니니?》

그야말로 그대로. 또는 정말로. '그것이야말로'가 줄어든 말이다.《그야말로 기분 좋은 일이다.》

그예 1.마침내. 또는 끝내.《눈 맞고 돌아다니더니 그예 감기에 걸렸구나.》2.기어이. 또는 기어코.《방 좀 치우라고 했더니 그예 놀러 나갔네.》

그윽하다 1.어떤 곳이 깊숙해서 조용하고 포근하다.《오빠랑 둘이 그윽한 오솔길을 걸었다.》2.어떤 것이 주는 느낌이 잔잔하고 은근하다.《그윽한 꽃향기가 교실 안에 가득하다.》3.정답고 따뜻하다.《할머니는 그윽한 눈길로 손자들을 바라보셨습니다.》

그을다 햇볕이나 연기를 오래 쐬어 검게 되다.《따가운 햇볕에 얼굴이 그을었다.》**바**그으는, 그을어, 그읍니다.

그을리다 햇볕이나 연기를 오래 쐬어

검게 만들다. 또는 검게 되다.《살갗을 너무 그을렸더니 따가워.》**참**그슬리다.

그을음 어떤 물질이 불에 탈 때 연기에 섞여 나오는 검은 가루. 또는 그것이 엉겨 붙은 것.《솥 밑바닥에 그을음이 많이 꼈다.》

그이 1.'그 사람'을 조금 높여 이르는 말.《어제 왔던 그이가 대체 누구야?》**참**이이, 저이. 2.여자가 남 앞에서 자기 남편을 이르는 말.《아버님, 오늘 그이가 조금 늦는답니다.》

그저 1.다른 일은 하지 않고 그냥.《지수는 내가 묻는 말에 아무 말도 없이 그저 고개만 끄덕거렸다.》2.별다른 것이 없이.《우리는 그저 평범한 초등학생이에요.》3.별다른 뜻이나 까닭 없이.《그저 한번 해 본 우스갯소리에 그토록 성을 낼 줄 누가 알았겠어.》4.따져 볼 것도 없이 다만.《그 애의 고운 마음씨가 그저 부러울 따름이었다.》

그저그만 **|북** 더할 나위 없이 좋다는 말.《목마를 때는 시원한 물 한 잔이 그저그만이지요.》

그저께 1.어제의 전날. **준**그제. 2.어제의 전날에. **준**그제.

그전 지나간 어느 때.《그전에는 우리 집에도 마당이 있었어.》

그제 → 그저께.

그제야 그때가 되어서야. 또는 그때에야 비로소.《이모가 사탕을 주자 그제야 아기는 울음을 그쳤다.》

그중 1.그 가운데.《서점에서 책을 세 권 샀는데 그중 하나는 만화책이다.》2.여럿 가운데 가장.《이 옷이 그중 맘에 들어요.》

그즈음 그 무렵.《12월요? 그즈음이면 눈이 많이 내릴 텐데요.》

그지없다 1.끝이 없다.《부모님의 그지없는 사랑》**비**한없다. 2.뭐라고 이루 다 말할 수 없다.《정말 고맙기 그지없습니다.》

그쪽 1.듣는 사람과 가까운 쪽.《내가 그쪽으로 갈게.》**참**이쪽, 저쪽. 2.말하는 사람과 듣는 사람이 이미 알고 있는 곳이나 사람을 이르는 말.《그쪽에서는 어떻게 생각할까?》

그쯘하다 **|북** 1.여러 가지를 두루 갖추어서 모자란 점이 없다.《교실에 새 책상과 의자를 그쯘하게 갖춰 놓았다.》2. 생김새가 미끈하고 번듯하다.《할아버지도 옛날에는 무척 그쯘하셨네요.》3.들쭉날쭉 층이 지지 않고 가지런하다.《책 크기가 제각각이라 그쯘하게 꽂을 수 없었어요.》**그쯘히**

그쯤 그만한 정도. 또는 그만한 정도로.《연필은 그쯤 챙기면 충분하다.》

그치다 1.이어져 오던 일이나 움직임들이 끝나거나 멈추다.《일주일 동안 쏟아지던 비가 드디어 그쳤다.》2.해 오던 일을 끝내거나 움직임이 멈추다.《내가 사탕을 손에 쥐어 주자 아이가 울음을 그쳤다.》3.더 나아가지 못하고 어떤 상태에 머무르다.《내가 응원하는 축구팀이 2위에 그쳤다.》

그토록 그렇게까지. 또는 그 정도로.《눈이 그토록 많이 내릴 줄은 미처 몰랐어.》**참**이토록, 저토록.

그해 이미 지나간 어느 해.《그해에 동생이 태어났어요.》

극 끝 (極) 1.자석에서 자력이 가장 센

양 끝인 북극과 남극.《자석은 같은 극끼리 서로 밀어낸다.》2. 지구 양쪽 끝에 있는 북극과 남극. 3. 전지에서 전류가 나오고 들어가는 양극과 음극.《건전지의 두 극에 전선을 대자 꼬마전구에 불이 들어왔다.》4. 더 나아가거나 견딜 수 없는 마지막 고비나 처지.《분노가 극에 달해서 제정신이 아니다.》

극 연극 (劇) 1. 연극. 또는 연극 대본. 2. 배우가 이야기에 따라 연기하는 연극, 영화, 발레 들을 두루 이르는 말.

극광 (極光) → 오로라.

극구 (極口) 갖은 말을 다하여. 또는 온갖 힘을 다하여.《부모님들은 갑돌이와 갑순이의 혼인을 극구 반대했다.》

극기 (克己) 좋지 않은 감정이나 욕심 같은 것을 스스로 눌러 이겨 내는 것. **극기하다**

극기 훈련 (克己訓鍊) 스스로 몸과 마음을 바로잡으려고 하는 고된 훈련.

극단 끝 (極端) 1. 생각이나 행동이 한쪽으로 몹시 치우치는 것. 2. 더는 어쩔 수가 없을 만큼 끝까지 가는 것.

극단 연극 (劇團) 연극을 하려고 모인 단체.

극대화 (極大化) 정도나 수준 들을 더할 수 없이 크게 높이는 것. **극대화하다 극대화되다**

극도 (極度) 더할 수 없는 만큼. 또는 끝에 다다라 아주 심한 정도.《극도로 긴장한 표정》

극동 (極東) 우리나라, 중국, 일본 같은 아시아 동쪽 지역을 이르는 말. 참근동, 중동.

극락 (極樂) 좋은 일을 많이 한 사람

이 죽어서 간다는 곳. 불교에서 말하는 낙원이다. 참지옥.

극력 (極力) 있는 힘을 다해서.

극렬 (極烈) 몹시 심하거나 더없이 세찬 것. **극렬하다**《주민들은 마을에 쓰레기장이 들어서는 것을 극렬하게 반대했다.》

극명하다 어떤 사실이 아주 분명하다.《의견 차이가 극명하게 드러났다.》

극복 (克服) 어렵고 힘든 일을 잘 이겨 내는 것. **극복하다**《모든 어려움을 슬기롭게 극복하리라 믿는다.》**극복되다**

극본 (劇本) → 각본.

극비 (極秘) 남에게 알려지면 안 되는 몹시 중요한 비밀.《극비 문서》

극비리 흔히 '극비리에' 꼴로 써서, 아무도 모르게 비밀리에.《회의가 극비리에 진행되었다.》

극빈 (極貧) 아주 가난한 것.《극빈 가정》**극빈하다**

극성 성질이나 하는 짓이 몹시 드세고 끈질긴 것.《10월인데도 더위가 극성을 부린다.》

극성스럽다 성질이나 하는 짓이 몹시 드세고 끈질기다.《밤이 되자 모기들이 극성스럽게 달려들었다.》바극성스러운, 극성스러워, 극성스럽습니다.

극소수 (極少數) 아주 적은 수.《선생님 물음에 손을 든 아이는 극소수에 지나지 않았다.》반대다수.

극심하다 몹시 심하다.《극심한 고통》

극악무도하다 더없이 악하고 막되다.《극악무도한 짓》

극악하다 하는 짓이나 마음씨가 더없이 악하다.《극악한 범죄》

극약 (劇藥) 적은 양으로도 죽을 수 있는 위험한 약. 비독약.

극언 (極言) 아주 심한 말. 또는 한쪽으로 몹시 치우친 말.

극음악 (劇音樂) 연극처럼 이야기와 등장인물이 있는 음악. 또는 연극에 쓰려고 만든 음악.

극작 (劇作) 연극 대본을 쓰는 일.《삼촌은 이번 연극에서 극작을 맡았다.》

극작가 (劇作家) 연극 대본을 전문으로 쓰는 사람.

극장 (劇場) 연극, 영화, 음악회 같은 것을 볼 수 있는 건물. 비영화관.

극적 (劇的) 1.연극, 영화 같은 극의 성질을 띠는. 또는 그런 것. 2.갑작스럽게 감동을 자아내는. 또는 그런 것.

극쟁이 땅을 가는 데 쓰는 농기구. 쟁기와 비슷한데 보습 끝이 무디다.

극지 (極地) → 극지방.

극지방 (極地方) 남극 지방이나 북극 지방. 갈극지.

극진하다 아주 정성스럽다.《심청이는 아버지를 극진하게 모셨다.》 **극진히**

극찬 (極讚) 아주 많이 칭찬하는 것. **극찬하다**《평론가가 극찬한 그림》

극치 (極致) 더 나아갈 수 없는 가장 높은 수준.《석가탑은 조형 미술의 극치를 보여 준다.》

극한 (極限) 더 나아갈 수 없는 가장 끝 단계.《극한 대립/극한 공포》

극한 상황 (極限狀況) 사람의 힘으로 어찌할 수 없는 상황.《죽을지도 모르는 극한 상황에 이르면 어떻게 할래?》

극형 (極刑) 더없이 무거운 형벌. 사형을 이른다.

극쟁이

극히 더할 수 없이.《이런 일은 극히 드물다.》

근 거의 어떤 수나 양에 가까운.《그 애는 근 두 달 동안 학원에 오지 않았다.》

근 무게 (斤) 무게를 나타내는 말. 고기한 근은 600그램이고 채소나 과일 한 근은 375그램이다. 참관.

근간 요즘 (近間) 1.→ 요사이. 2.곧 다가올 어떤 날.《선생님, 근간에 한번 찾아뵙겠습니다.》

근간 바탕 (根幹) 어떤 일의 바탕을 이루는 것.《책읽기는 모든 공부의 근간이다.》

근거 (根據) 1.어떤 일이 있게 한 바탕이나 까닭.《무슨 근거로 그런 말을 하는 거야?》북근터구. 2.어떤 일을 하는 데 바탕이 되는 곳.《독립군은 험한 산에 근거를 두고 움직였다.》 **근거하다**

근거지 (根據地) 어떤 일을 하는 데 바탕으로 삼은 곳.《중국 상하이는 임시 정부의 근거지였다.》 갈본거지.

근검 (勤儉) 부지런하고 검소한 것.《근검절약하는 습관을 기르자.》

근교 (近郊) 도시에서 가까운 곳.《이모는 서울 근교로 이사했다.》비교외.

근교 농업 (近郊農業) 도시 가까운 곳에서 채소, 과일, 꽃 들을 기르는 농업.

근근이 어렵게 겨우.《그분들은 나라에서 주는 돈으로 근근이 살아갑니다.》비가까스로, 간신히.

근년 (近年) 요 몇 해 사이.《근년에 들어서는 여름이 많이 길어졌어요.》

근대 채소 밭에 심어 가꾸는 잎줄기채소. 초여름에 좁쌀 같은 누른 풀색 꽃이 모여 핀다. 잎과 줄기를 나물로 먹

근대_채소

거나 국을 끓여 먹는다.

근대 시대 (近代) 인간 역사를 시대로 나눌 때 중세와 현대 사이의 시대. 현대 사회의 특징이 나타나기 시작한 가까운 과거이다. 참고대, 중세, 현대.

근대식 (近代式) 근대에 맞게 바뀌거나 발전한 방식.《광혜원은 우리나라 최초의 근대식 병원이다.》

근대 오종 경기 (近代五種競技) 승마, 펜싱, 사격, 수영, 크로스컨트리를 하루에 하나씩 겨루어 얻은 점수를 합쳐서 승부를 가리는 경기.

근대적 (近代的) 근대에 맞게 바뀌거나 발전한. 또는 그런 것.

근대화 (近代化) 근대에 맞게 바뀌거나 발전해 가는 것.《공장 근대화》**근대화하다 근대화되다**

근데 → 그런데.

근동 지역 (近東) 이란, 이라크, 이스라엘 같은 동양의 서쪽 지역. 유럽에 가까운 동양이라는 뜻으로 이르는 말이다. 참극동, 중동.

근동 이웃 (近洞) 가까운 이웃 동네.《우리 할아버지는 근동 사람 모두가 알아주는 대단한 장사셨대.》

근래 (近來) 가까운 요즈음. 또는 요사이 들어.《내 동생은 근래에 키가 부쩍 자랐다.》

근력 (筋力) 1.힘살의 힘.《다리 근력》 2.움직이거나 일할 수 있는 힘이나 기운.《할아버지는 올해 여든인데도 아직도 근력이 좋으시다.》비기력.

근로 (勤勞) 1.돈을 받고 일하는 것. 비노동. 2.부지런히 일하는 것.《근로 환경》**근로하다**

근로권 (勤勞權) 일할 능력을 가진 사람이 일할 기회를 얻을 권리.

근로자 (勤勞者) 돈을 받고 일하는 사람. 비노동자.

근면 (勤勉) 부지런하고 열심인 것. **근면하다**《근면하고 성실한 사람》

근면성 (勤勉性) 근면한 성질.《우리 겨레는 근면성이 강하다.》

근무 (勤務) 일터에서 일하는 것.《회사 근무 시간》**근무하다**

근방 (近方) 어떤 곳에서 가까운 곳.《이 근방에 우체국이 있나요?》비근처, 부근, 인근.

근본 (根本) 어떤 것의 밑바탕. 또는 가장 중요한 바탕을 이루는 것.《우리 겨레의 근본정신》

근본적 (根本的) 어떤 것의 중요한 밑바탕을 이루는. 또는 그런 것.

근사하다 1.거의 같다. 또는 아주 비슷하다.《계산이 근사하게 맞아떨어졌다.》2.아주 그럴듯하고 좋다.《이 가방은 모양만 근사하지 들고 다니기에는 불편하다.》

근성 (根性) 1.버릇으로 굳어 고치기 힘든 못된 성질.《노예근성》2.어떤 일을 끝까지 해내려는 끈질긴 성질.《승부 근성》

근소하다 아주 적다.《내 짝이 근소한 차로 영수를 누르고 반장이 되었다.》

근속 (勤續) 한 일터에서 오랫동안 일하는 것.《근속 사원》**근속하다**

근시 (近視) 가까이 있는 것은 잘 보지만 멀리 있는 것은 잘 못 보는 눈.《언니는 근시라서 안경을 낀다.》참난시, 원시.

근신 (謹愼) 잘못을 뉘우치며 말과 행동을 삼가고 조심하는 것. **근신하다**

근심 마음이 놓이지 않아 속을 태우는 것. ᵇ걱정, 염려. **근심하다**《다 잘될 테니 너무 근심하지 마.》**근심되다**

근심스럽다 근심이 있어 마음이 편하지 않다. 또는 걱정스럽다.《형이 근심스러운 눈빛으로 보았다.》ᵇ근심스러운, 근심스러워, 근심스럽습니다.

근엄하다 표정이나 태도가 엄하면서도 점잖다.《근엄한 목소리》

근원 (根源) 1.물줄기가 처음 흘러나오는 곳.《두만강과 압록강의 근원은 백두산에 있다.》2.어떤 일을 일어나게 하는 바탕이나 까닭.《싸움의 근원》

근육 (筋肉) → 힘살.

근육질 (筋肉質) 군살 없이 힘살이 도드라져 미끄럽고 단단한 것. 또는 그런 몸.《근육질 몸매》

근절 (根絶) 나쁜 일이 다시는 일어나지 않게 뿌리째 뽑아 버리는 것. **근절하다 근절되다**

근정전 (勤政殿) 서울 경복궁의 중심 건물. 신하들이 임금에게 새해 인사를 드리거나 나라의 중요한 의식을 치르던 곳이다. 조선 첫째 임금인 태조 때 (1394년) 지었다. 국보 제 223호.

근정전

근지구력 (筋持久力) 어떤 일을 오랫동안 계속할 수 있는 힘살의 힘.

근지럽다 1.살갗이 왠지 자꾸 가렵다.《모기 물린 데가 근지러워.》ᶜ간지럽다. 2.어떤 일을 자꾸 하고 싶어 가만히 있기 힘들다.《말하지 말라니까 입이 더 근지럽네.》ᶜ간지럽다. ᵇ근지러운, 근지러워, 근지럽습니다.

근질 – 1.근지러운 느낌이 드는 모양. 2.어떤 일을 몹시 하고 싶어 하는 모양. **근질거리다 근질대다 근질근질**《벌레 물린 데가 근질거린다./밖에 나가 놀고 싶어서 몸이 근질근질해.》

근처 (近處) 가까운 곳.《학교 근처에 큰 책방이 생겼다.》ᵇ근방, 부근, 인근. ᵇ아근.

근친 (近親) 가까운 친척. 대개 아버지 쪽은 8촌까지를 이르고 어머니 쪽은 4촌까지를 이른다.

근친결혼 (近親結婚) 근친 사이인 남자와 여자가 혼인하는 것.

근하신년 (謹賀新年) 새해가 온 것을 축하하는 인사말.

근해 (近海) 뭍에서 가까운 바다.《우리나라 근해에 상어가 나타났다.》ᵇ가까운바다.

근황 (近況) 요즈음 사정이나 형편.《선생님 근황이 어떠신지요?》

글 생각이나 느낌 같은 것을 글자로 써내려간 것.《자유를 주제로 글을 써 보자.》ᶜ참말.

글감 글로 쓸 만한 이야깃거리.

글공부 글을 배우고 익히는 것.

글귀 짧은 글. 또는 글 구절.《'열심히 공부하자'라는 글귀를 내 방 벽에 붙여 놓았다.》ᵇ문구.

글꼴 글자의 꼴.

글눈 글을 읽고 그 뜻을 아는 능력.《동생은 어려서 아직 글눈이 어둡다.》

글동무 같은 곳에서 함께 공부했거나 공부하는 동무.《글동무끼리 친하게 지내렴.》

글뒤주 ᵇ북 공부는 많이 했지만 아는

것을 실천하지 못하는 사람을 낮추어 이르는 말.《글뒤주가 된다면 책을 아무리 읽어도 쓸데가 없다.》

글라디올러스 꽃을 보려고 심어 가꾸는 풀. 둥근 알뿌리에서 긴 칼처럼 생긴 잎이 나온다. 꽃은 흰색, 노란색, 빨간색을 비롯해 여러 빛깔이 있다.

글라이더 (glider) 바람의 힘으로 나는 비행기.

글러브 (glove) 야구, 권투 같은 경기를 할 때 손에 끼는 장갑.

글리세롤 (glycerol) 빛깔과 냄새가 없고 끈적이며 단맛이 있는 액체. 동식물 기름에 들어 있고, 화장품, 방부제, 폭약 들을 만드는 데 쓴다.

글말 말보다는 글에서 많이 쓰는 말.《입말과 글말》 ▣문어. **참**입말.

글방 옛날에 아이들이 한문을 배우던 곳. **같**서당.

글썽- 눈에 눈물이 넘칠 듯이 가득 고인 모양. **글썽거리다 글썽대다 글썽이다 글썽하다 글썽글썽**《내 짝꿍은 별 것 아닌 일에도 눈물을 글썽거린다.》

글쎄 1. 어떻게 할지 또는 무엇인지 잘 모를 때 하는 말.《글쎄, 거기 갈 수 있을지 잘 모르겠어.》 2. 자기 말을 다시 고집하거나 강조할 때 하는 말.《글쎄, 내 말이 맞다는데 왜 그래!》

글쓰기 생각, 느낌, 겪은 일 같은 것을 글로 쓰는 일.《글쓰기 대회》

글쓴이 글을 쓴 사람. ▣지은이.

글씨 1. 손으로 쓴 글자. 또는 써 놓은 글자꼴.《서연이 글씨 참 예쁘다.》 2. 글자를 쓰는 일이나 솜씨.《글씨 공부》

글씨본 글씨를 바르게 익힐 수 있게 도

와주는 책. 본보기 글씨를 보면서 그대로 따라서 쓴다.《천자문 글씨본》

글씨체 1. 글씨를 써 놓은 꼴.《사람마다 글씨체가 다르다.》 **같**필체. 2. 어떤 틀에 맞춰 쓰는 글씨 꼴.《한자 글씨체로는 해서, 초서 들이 있다.》 **같**서체.

글월 1. 글이나 문장. 2. 옛날에 '편지'를 이르던 말.《선생님, 오랜만에 글월 올립니다.》

글자 소리나 말을 눈으로 볼 수 있게 나타내는 여러 가지 기호.《한 글자 한 글자 정성을 들여 썼다.》 ▣문자.

글자본 1. 본보기가 될 만한 글자. 2. 활자를 새기는 데 쓰는 글씨 꼴.

글재주 글을 잘 짓는 재주.《네 형 글재주가 아주 뛰어나구나.》

글짓기 어떤 주제를 놓고 글을 짓는 일.《글짓기 숙제》 ▣작문.

글피 모레의 다음날.

긁다 1. 뾰족한 것으로 겉이나 바닥을 문지르다.《저녁때 할아버지 등을 긁어 드렸다.》 2. 갈퀴 같은 것으로 흩어져 있는 것을 끌어서 모으다.《마당에 쌓인 낙엽을 갈퀴로 긁어 한구석에 모았다.》 3. 끝이 뾰족하거나 넓은 물건으로 겉에 붙은 것을 떼어 내거나 벗기다.《할머니가 주걱으로 누룽지를 긁어 주셨다.》 4. 남의 기분을 상하게 하다. 또는 남을 헐뜯다.《동생이 떼를 써서 엄마 속을 긁어 놓았다.》

긁어 부스럼 **속담** 별일 아닌 것을 공연히 건드려서 걱정거리를 만든다는 말.

긁어모으다 1. 여기저기 흩어져 있는 것을 한데 모으다.《낙엽을 긁어모아 불쏘시개로 썼다.》 2. 옳지 못한 방법

고대 페르시아 글자

브라만 글자

고대 이란 글자_아베스타

א בְּרֵאשִׁית בָּרָא אֱלֹהִים אֵת הַשָּׁמַיִם וְאֵת הָאָרֶץ׃
תֹהוּ וָבֹהוּ וְחֹשֶׁךְ עַל־פְּנֵי תְהוֹם וְרוּחַ אֱלֹהִים מְרַחֶפֶת עַל־פְּנֵי הַמָּיִם׃

헤브라이 글자

«Что это? я падаю? у меня ноги подкашиваются »,
спину. Он раскрыл глаэа, надеясь увидать, чем кончмласъ
артиллеристами, и желая знать, убит или нет рыжий

키릴 문자(러시아 어)

ABCDEFGHIJKLMN OPQRSTUVWXYZ

알파벳(영어)

글자

고대 이집트 상형 문자

福祉社會
한자

いろはにほへ
わかよたれそ
うゐのおくや
あさきゆめみ
히라가나(일본어)

말은 귀로 듣고 글은 눈으로 보아요. 가까이 있는 사람들이 서로 뜻을 주고받는 데에는 말이 편해요. 그렇지만 멀리 있는 사람이나 여러 사람한테 무언가를 알리는 데에는 글이 더 편하지요. 그래서 아주 옛날부터 사람들은 글자를 썼어요. 나라를 다스리는 사람이나 장사하는 사람이 필요해서 만든 거지요. 중국 글자나 이집트 글자는 상형 문자라고 해요. 우리 눈에 보이는 것들을 본떠서 만들었다는 뜻이에요. 우리가 쓰는 한글은 하늘과 땅과 사람의 생김새를 바탕으로, 소리 낼 때의 입 안팎 모습을 본떠서 만들었어요. 한글은 온 세계에서 가장 과학적인 글자로 소문이 나 있어요.

한글

심어부족흐거던모산의말터로
알섬싱의말삼갓사오면엇지
이호여난잇가픙뎡왈옛날젼지

अथ कलेन महता स मत्स्य: सुमहानभूत ।
अलिञरे जले चैव नासौ समभवत्किल ॥१३॥

고대 인도 글자

ϩⲉⲛ ⲧⲁⲣⲭⲏ ⲛⲉ ⲡⲓⲥⲁϫⲓ ⲡⲉ. ⲟⲩⲟϩ ⲡⲓⲥⲁϫⲓ ⲛⲁϥⲭⲏ ϩⲁⲧⲉⲛ ⲫϯ. ⲟⲩⲟϩ ⲛⲉ ⲟⲩⲛⲟⲩϯ
ⲡⲓⲥⲁϫⲓ. ⲫⲁⲓ ⲉⲛⲁϥⲭⲏ ⲓⲥϫⲉⲛϩⲏ ϩⲁⲧⲉⲛ ⲫϯ. ϩⲱⲃ ⲛⲓⲃⲉⲛ ⲁⲩ ϣⲱⲡⲓ ⲉⲃⲟⲗ ϩⲓⲧⲟⲧϥ.
ⲁⲧϭⲛⲟⲩϥ ⲙ̅ⲡⲉ ϩⲗⲓ ϣⲱⲡⲓ ϧⲉⲛ ⲫⲏ ⲥⲧⲁϥϣⲱⲡⲓ. ⲛⲉ ⲡⲱⲛϧ ⲡⲉⲧⲉⲛϧⲏⲧϥ.

고대 이집트 글자

고대 오리엔트 쐐기 문자

Θουκυδίδης Ἀθηναῖος ξυνέγραψε τὸν πόλεμον τῶν
Ἀθηναίων, ὡς ἐπολέμησαν πρὸς ἀλλήλους, ἀρξάμενος εὐθὺς
καὶ ἐλπίσας μέγαν τε ἔσεσθαι καὶ ἀξιολογώτατον τῶν 고대 그리스 글자

으로 돈을 벌거나 재산을 늘리다.

긁적- 1.뾰족한 것으로 긁거나 문지르는 모양. 2.글이나 그림 같은 것을 되는대로 쓰거나 그리는 모양. **긁적거리다 긁적대다 긁적이다 긁적긁적**《나는 쑥스러워서 머리만 긁적거렸다.》

긁히다 날카로운 것이 스친 자국이 생기다.《장미 가시에 긁혀 피가 났다.》

금 줄 1.종이나 천 들을 접거나 구기면 생기는 자국.《바지에 잡힌 금을 다리미로 폈다.》 2.그어서 생기는 자국.《운동장에 금을 긋고 사방치기를 했다.》 3.물건이나 벽이 살짝 갈라져 생긴 가느다란 틈.《어항이 완전히 깨지지는 않고 금만 조금 갔다.》

금이 가다 관용 사이가 나빠지다.《하마터면 우리 우정에 금이 갈 뻔했다.》

금 값 형편에 따라 그때그때 매기는 물건 값.《금을 매기다.》

금 보물 (金) 1.노란빛이 나는 값비싼 금속. 장신구나 트로피 들을 만들고 돈 구실을 하기도 한다.《금반지》 비황금. 2.'금메달'을 줄인 말.《우리나라가 수영에서 금 하나를 더 땄다.》 3.수표나 통장에서 액수 앞에 붙여 '돈'을 뜻하는 말.《금 오만 원 정》

금 요일 (金) ➡ 금요일.

금 악기 (琴) 뜯는 국악기 가운데 하나. 거문고와 비슷하게 생겼는데 줄은 일곱 개이다. 지금은 쓰지 않는다.

금_악기

금강 (錦江) 충청남도와 전라북도 사이를 흐르는 강.

금강모치 물이 맑고 찬 계곡에 사는 민물고기. 등은 누런 갈색, 배는 은빛 나는 흰색이다. 우리나라에만 산다.

금강모치

금꿩의다리

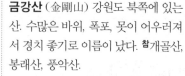
금개구리

금강산 (金剛山) 강원도 북쪽에 있는 산. 수많은 바위, 폭포, 못이 어우러져서 경치 좋기로 이름이 났다. 참개골산, 봉래산, 풍악산.

금강산도 식후경 속담 아무리 좋은 일도 배가 부른 다음에야 재미있게 느껴진다는 말.

금강석 (金剛石) ➡ 다이아몬드.

금강저 (金剛杵) 중이 불도를 닦을 때 쓰는 방망이. 쇠나 구리로 만들고 양 끝이 갈라진 모양이다.

금개구리 깊은 연못이나 늪, 저수지에 사는 개구리. 등 양쪽에 금빛 줄이 불룩 솟아 있다. 땅 위로 잘 나오지 않고 물속에서 눈만 내놓고 떠 있다.

금고 보관 (金庫) 돈이나 귀한 물건을 넣어 두는 상자. 불에 타거나 도둑이 훔쳐 가지 못하게 쇠붙이로 튼튼하게 만든다.

금고 형벌 (禁錮) 벌의 하나. 감옥에 가두지만 일을 시키지 않는다.

금관 (金冠) 금으로 만든 관.《신라 시대 금관》

금관가야 (金官伽倻) 여섯 가야 가운데 경상남도 김해에 있던 나라.

금관 악기 (金管樂器) 트럼펫이나 트롬본처럼 쇠붙이로 만든 관악기. 참목관 악기.

금광 (金鑛) 금을 캐는 곳.

금괴 (金塊) ➡ 금덩이.

금구 절에서 쓰는 북처럼 생긴 종.

금기 (禁忌) 꺼림칙한 마음이 들어 하지 않거나 피하는 일. 또는 해서는 안 되는 일.《금기 사항》

금꿩의다리 중부와 북부 지방 산골짜

기에 자라는 풀. 꽃은 보랏빛인데, 꽃
봉오리가 공처럼 둥글다. 어린잎과 줄
기를 먹는다. 북금가락풀.

금나라 1115년부터 1234년까지 중국
에 있던 나라.

금낭화 깊은 산골짜기에 자라거나 꽃
밭에 심어 가꾸는 풀. 5~6월에 주머니
처럼 생긴 옅은 붉은색 꽃이 아래를 보
고 여러 송이 달린다.

금낭화

금년 (今年) ➡ 올해.

금니 금으로 만들거나 금을 씌운 이.

금당 (金堂) 절에서 으뜸이 되는 불상
을 모신 법당. 비대웅전.

금덩이 금으로 된 덩이. 같금괴. 북금덩
어리.

금돈 금으로 만든 돈. 비금화.

금동 (金銅) 금을 입힌 구리.

금동 미륵보살 반가상 (金銅彌勒菩薩
半跏像) 구리에 금을 입혀서 미륵불이
앉아 있는 모습을 만든 불상. 국보 제
78호와 국보 제83호가 있는데, 둘 다
삼국 시대에 만들었다.

금동 여래 입상 (金銅如來立像) 구리
에 금을 입혀서 석가모니가 서 있는 모
습을 만든 불상. 통일 신라 시대에 만
들었다. 국보 제182호.

금력 (金力) 돈의 힘.

금령총 (金鈴塚) 경상북도 경주에 있
는 신라 시대 무덤. 1924년에 찾아냈
는데, 금방울 달린 금관을 비롯하여 금
으로 만든 여러 유물이 나왔다.

금리 (金利) 은행에 맡긴 돈이나 은행
에서 빌린 돈에 붙는 이자. 북리자.

금메달 금으로 만든 메달. 흔히 운동
경기에서 1등상으로 준다. 참은메달,

동메달.

금명간 (今明間) 오늘이나 내일 사이.
《금명간 무슨 소식이 있을 테니 너무
걱정하지 마.》

금물 (禁物) 해서는 안 되는 일.《욕심
을 지나치게 부리는 것은 금물입니다.》

금박 (金箔) 금이나 금빛 나는 재료를
종이처럼 얇게 만든 것.《금박 종이》

금반지 (金半指) 금으로 만든 반지.

금발 (金髮) 금빛 머리카락.

금방 (今方) 1.바로 조금 전.《금방 나
한테 뭐라고 그랬니?》비방금. 2.지금
바로.《금방 옆으로 자동차가 지나갔
지?》3.바로 조금 뒤.《나뭇잎이 금방
떨어질 듯 흔들렸다.》비곧, 금세.

금방동사니 길가나 논밭에 절로 나서
자라는 풀. 줄기에서 향기가 나고, 노
르스름한 밤색 이삭이 많이 달린다.

금방동사니

금불초 강가나 산골짜기에 자라는 풀.
잎은 길쭉하고 꽃은 노랗다. 어린순을
먹고, 뿌리에서 꽃까지 약으로 쓴다.

금불초

금붕어 어항이나 연못에서 기르는 민
물고기. 생김새와 빛깔이 여러 가지인
데 붉은빛이나 금빛을 띤 것이 많다.

금붕어

금붙이 금으로 만든 물건을 이르는 말.

금비 (金肥) 돈을 주고 사서 쓰는 거
름. 또는 화학 비료.

금빛 황금처럼 반짝거리는 누런 빛깔.
《금빛 모래밭》같금색.

금산사 미륵전 (金山寺彌勒殿) 전라
북도 김제 금산사에 있는 법당. 조선
인조 때 (1635년) 지은 3층짜리 목조
건물이다. 국보 제62호.

금령총

금산사 미륵전

금상 (金賞) 상을 금, 은, 동으로 나눌
때 가장 좋은 상.《순희는 글짓기 대회

에서 금상을 받았다.》

금상첨화(錦上添花) 좋은 일에 또 좋은 일이 생기는 것. 비단 위에 꽃을 더한다는 뜻이다.《소풍 가는 날에 날씨도 좋으니 금상첨화로구나.》

금색(金色) → 금빛.

금석학(金石學) 쇠나 돌에 새겨진 옛글과 글자를 연구하는 학문.

금성(金星) 해에 둘째로 가까운 별. 밤하늘에서 달 다음으로 밝다. ^같계명성, 샛별.

금세 지금 바로. 또는 곧바로.《소문이 금세 퍼졌다.》^비곧, 금방.

금속(金屬) → 쇠붙이.

금속판(金屬板) 금속으로 만든 판.

금속 활자(金屬活字) 납, 구리 같은 금속으로 글자꼴을 본떠 만든 활자.

금수(禽獸) 1.날짐승과 길짐승. 모든 짐승을 이른다. 2.하는 짓이 아주 고약하고 못된 사람을 빗대어 이르는 말.

금수강산(錦繡江山) 비단에 수를 놓은 듯이 아름다운 강과 산. 우리나라를 이르는 말이다.《삼천리금수강산》

금시(今時) 바로 지금.《먹구름이 가득해 금시라도 비가 쏟아질 것 같다.》

금시초문(今時初聞) 어떤 말을 지금 처음 듣는 것.《진아가 이사 간다니 금시초문이야.》

금식(禁食) 흔히 병을 고치거나 기도를 하려고 얼마 동안 음식을 먹지 않는 것. ^참단식. **금식하다**

금실 ^{부부} 남편과 아내 사이. 또는 부부 사이의 정.《금실이 좋기로 소문난 부부》^복금슬.

금실 ^실 금을 가늘게 뽑아 만든 실. 또는 금빛 나는 실.

금싸라기 1.금 부스러기. 2.아주 귀하고 비싼 것을 빗대어 이르는 말.《금싸라기 땅》

금액(金額) 돈의 양을 헤아린 것. 또는 돈을 수로 나타낸 값.《대출 금액》

금언(金言) 살아가는 데 도움이 되는 짧은 말.《삼촌은 '하면 된다'라는 금언을 적어 놓고 공부했다.》^비격언.

금연(禁煙) 1.담배를 피우지 못하게 막는 것.《금연 장소》2.담배를 끊는 것.《삼촌은 오늘부터 금연을 하겠다고 큰소리쳤다.》**금연하다**

금요일(金曜日) 일주일 가운데 목요일 바로 다음 날. ^준금.

금욕(禁慾) 욕심을 억누르고 삼가는 것.《금욕 생활》**금욕하다**

금융(金融) 돈을 섞는다는 뜻으로 은행 같은 곳에서 돈을 빌려 주거나 빌려 쓰는 일을 두루 이르는 말.

금융 위원회(金融委員會) 은행 같은 금융 기관에 예금하거나 투자한 사람들을 보호하고 금융 질서를 바로잡는 일을 하는 정부 기관.

금융 기관(金融機關) 은행, 증권 회사 들처럼 금융에 관한 일을 하는 기관.

금융업(金融業) 돈을 맡아 두거나 빌려 주는 사업.

금은방(金銀房) 금, 은, 보석 들을 파는 가게.

금은보화(金銀寶貨) 금, 은, 보석 같은 귀하고 비싼 물건. ^북은금보화.

금일(今日) → 오늘.

금일봉(金一封) 얼마인지 밝히지 않고 봉투에 넣어서 주는 돈.

금자탑 (金字塔) 뒷날까지 길이 빛날 훌륭한 일.《금자탑을 쌓다.》

금잔디 산기슭에서 자라는데 뜰에도 많이 심는 풀. 누르스름한 빛깔을 띠는 고운 잔디이다.

금잔화 꽃을 보려고 심어 가꾸는 풀. 여름에 작고 노란 꽃잎이 촘촘하게 모여 이룬 꽃이 피는데, 밤이 되면 꽃잎이 오므라든다.

금잔화

금전 (金錢) → 돈.

금전 출납부 (金錢出納簿) 가게나 집에서 돈이 들어오고 나가는 것을 적는 공책.

금제 (金製) 금으로 만든 것.《금제 허리띠》

금주 술 (禁酒) 술을 마시지 못하게 막는 것. 또는 술을 끊는 것. **금주하다**

금주 주일 (今週) 이번 주.《금주에는 학교 행사가 많다.》

금주령 (禁酒令) 술을 마시지 못하게 막는 법령.

금줄 더럽거나 나쁜 기운을 막으려고 치는 줄. 대개 아기가 태어난 집 대문에 걸어 함부로 드나들지 못하게 한다.

금지 (禁止) 어떤 일을 못 하게 막는 것.《주차 금지》 **금지하다 금지되다**

금지령 (禁止令) 어떤 일을 못 하게 막는 법이나 명령.

금지옥엽 (金枝玉葉) 아주 귀한 자식. 금으로 만든 가지와 옥으로 만든 잎이라는 뜻이다.《할아버지는 하나밖에 없는 손자를 금지옥엽으로 여기신다.》

금테 금이나 금빛 나는 재료로 만든 테. 《금테 안경》

금테줄배벌 숲 언저리나 풀밭에 사는

금테줄배벌

벌. 온몸에 금빛 털이 나 있고 수컷은 배에 노란 줄무늬가 있다.

금품 (金品) 돈이나 값비싼 물건을 두루 이르는 말.

금하다 1.어떤 일을 못 하게 막다.《박물관에서는 사진 찍는 일을 금한다.》 2.느낌이나 기분을 참거나 억누르다. 《안타까운 마음을 금할 수 없다.》

금화 (金貨) 금으로 만든 돈. 비금돈.

금화조 집에서 기르는 새 가운데 하나. 몸집이 아주 작고, 머리는 붉은빛이 도는 노란색에 부리가 붉다.

금환식 (金環蝕) 해가 달에 다 가려지지 않아서 가장자리 부분이 고리처럼 보이는 현상. **북**고리모양가림.

금후 (今後) 지금 이후.

급 (級) 등급이나 수준. 또는 낱말 뒤에 써서 등급이나 수준의 정도를 나타내는 말.《바둑에서는 급이 낮을수록 좋은 거야.》

급격하다 아주 빠르고 세차다.《급격한 변화》 **급격히**

급급하다 어떤 일에 온통 매여서 다른 일을 할 여유가 없다.《시험공부에 급급해서 편지 쓸 시간이 없었어.》

급기야 마지막에 이르러서.《사촌 동생은 급기야 울음을 터뜨렸다.》

급등 (急騰) 물건 값 같은 수치가 갑자기 오르는 것. 비폭등. 반급락. **급등하다** 《물가가 급등하다.》

급락 (急落) 물건 값 같은 수치가 갑자기 떨어지는 것.《환율 급락/주가 급락》 비폭락. 반급등. **급락하다**

급료 (給料) 일한 값으로 주는 돈.《한 달 급료》

급류 (急流) 세차고 빠른 물살.《돼지 한 마리가 급류에 휩쓸려 떠내려갔다.》

급박하다 바로 큰일이라도 터질 듯 아주 급하다.《급박한 상황》 비긴박하다.

급변 (急變) 형편이나 사정이 갑자기 달라지는 것.《사태 급변》 **급변하다**

급사 (急死) 갑자기 죽는 것. **급사하다**

급상승 (急上昇) 갑자기 빠르게 올라가는 것.《기온 급상승》 **급상승하다**

급선무 (急先務) 가장 먼저 해야 할 급한 일.《무슨 연극을 할지 정하는 게 급선무 아닐까?》

급성 (急性) 병 같은 것이 갑자기 나타나거나 빠르게 나빠지는 것.《급성 장염》 참만성.

급성장 (急成長) 능력, 크기, 짜임새 같은 것이 아주 빠르게 커지는 것. **급성장하다**

급속 (急速) 아주 빠른 것.《급속 냉각》 **급속하다**

급속도 (急速度) 아주 빠른 속도.《공장이 많이 들어서면서 마을 공기가 급속도로 나빠졌다.》

급수 (給水) 물을 대어 주는 것. 또는 그 물.《급수 시설》 **급수하다**

급수대 (給水臺) 물을 마실 수 있게 만들어 놓은 시설.

급수차 (給水車) 물이 모자란 곳에 물을 대려고 큰 물통을 싣고 다니는 차.

급습 (急襲) 어떤 곳에 갑자기 쳐들어가는 것. 비기습. **급습하다**

급식 (給食) 학교나 회사 같은 곳에서 먹을거리를 주는 것. 또는 그 먹을거리.《급식 시간》 **급식하다**

급식비 (給食費) 급식을 먹는 데 드는 돈.

급식실 (給食室) 학교나 회사 같은 곳에서 급식을 만들거나 나누어 주는 곳.

급우 (級友) 같은 반에서 공부하는 동무. 참교우, 학우.

급작스럽다 어떤 일이 갑자기 일어나 뜻밖이다.《급작스럽게 일어난 사고》 참갑작스럽다. 바급작스러운, 급작스러워, 급작스럽습니다.

급제 (及第) 옛날에 과거에 합격하는 것.《장원 급제》 반낙방. **급제하다**

급증 (急增) 수량이 갑자기 늘어나는 것.《도시 인구 급증》 **급증하다**

급하다 1. 빨리 서둘러야 할 사정이나 형편에 있다.《아빠는 급한 일로 시골에 가셨어요.》 2. 몹시 서둘러서 움직임이 정신없고 빠르다.《밥을 급하게 먹었더니 결국 체했다.》 반느리다. 3. 성격이 차분하지 못하고 참을성이 없다.《삼촌은 성격이 급해서 화를 잘 낸다.》 반느리다. 4. 비탈 같은 것이 가파르다. 또는 물살이 거칠고 빠르다.《언덕 경사가 급해서 올라갈 엄두가 안 나.》 반느리다.

급한 불을 끄다 관용 코앞에 닥친 일부터 해치우다.《급한 불을 끄고 다음 일을 생각해 보자.》

급하기는 우물에 가 숭늉 달라겠다 속담 성격이 몹시 급한 사람을 두고 하는 말.

급하다고 바늘허리에 실 매어 쓸까 속담 어떤 일이든지 서두르지 말고 차근차근 풀어 가야 한다는 말. 비아무리 바빠도 바늘허리 매어 쓰지 못한다.

급하면 업은 아이도 찾는다 속담 급하면 자기도 모르게 덤벙거린다는 말.

급할수록 돌아가라 **속담** 급하다고 서두르면 도리어 실수할 수 있으므로 앞뒤를 헤아려서 침착하게 행동하라는 말.

급행 (急行) 1. 열차, 버스 같은 탈것이 빨리 가는 것.《급행 버스》**참**완행. 2. 일을 빨리하는 것.《급행 우편》

급행열차 (急行列車) 큰 역에만 서면서 빨리 달리는 열차. **참**완행열차. **북**급행려객렬차, 급행렬차.

급훈 (級訓) 학급에서 마음에 새겨 지키자고 정한 좋은 가르침.《우리 반 급훈은 '배워서 남 주자'이다.》**참**교훈.

급히 빠르게. 또는 서둘러.《빵을 그렇게 급히 먹다가는 체한다.》**비**부지런히, 바삐.

급히 더운 방이 쉬 식는다 **속담** 급하게 이룬 일은 오래가지 못한다는 말.

급히 먹는 밥이 목이 멘다 **속담** 너무 서둘러 하는 일은 잘못될 수 있다는 말.

긋다 **그리다** 1. 줄이나 금을 그리다.《사방치기를 하려고 땅바닥에 금을 그었다.》2. 성냥개비를 성냥갑에 대고 당기다.《성냥을 그어 초에 불을 붙였다.》**바**긋는, 그어, 긋습니다.

긋다 **그치다** 비가 잠깐 그치다.《문방구 앞에 서서 소나기가 긋기를 기다렸다.》**바**긋는, 그어, 긋습니다.

긍정 (肯定) 어떤 일을 옳다고 여기는 것. 또는 맞다고 밝히는 것.《긍정인지 부정인지 네 생각을 똑똑히 밝혀 주기 바란다.》**반**부정. **긍정하다**

긍정적 (肯定的) 어떤 일을 옳거나 좋다고 여기는. 또는 그런 것. **반**부정적.

긍지 스스로 떳떳하고 자랑스럽게 여기는 마음.《우리 아버지는 농사짓는 일에 긍지를 느끼신다.》**비**자긍심.

기 **깃발** (旗) 어떤 뜻을 나타내는 데 쓰는 천이나 종이. 글자나 그림, 무늬를 넣기도 하는데, 대개 긴 막대기에 매달아 쓴다. **참**깃발.

기 **힘** (氣) 몸이나 마음을 움직이는 힘. 기가 살다 **관용** 힘이 나거나 자신이 넘치다.《철이는 자기 형이 나타나자 기가 살아서 떠들었다.》**비**기가 나다.

기가 차다 **관용** 어처구니없다.《자기가 잘못하고 오히려 큰소리를 치니 기가 찬다.》

기를 쓰다 **관용** 온 힘을 다하다.《기를 쓰고 달렸지만 새별이를 따라잡을 수 없었다.》

기를 펴다 **관용** 억누르던 것이 사라져서 기운이 나다.《큰형이 없으니까 기를 펴고 떠드는구나.》

기 **세는 말** (基) 무덤, 비석, 탑 들을 세는 말.《석탑 세 기》

기각 (棄却) 법원이 소송을 받아들이지 않는 것.

기간 (期間) 어느 때부터 어느 때까지 동안.《불조심 강조 기간》

기간산업 (基幹産業) 모든 산업의 바탕이 되는 중요한 산업. 전기, 철강, 기계, 석유 산업 들이 있다. **북**기간공업.

기강 (紀綱) 바로 세워야 할 바른 마음가짐과 질서.《기강을 바로잡다.》

기개 (氣槪) 씩씩하고 꺾이지 않는 굳은 마음가짐.《안중근 선생님의 높은 기개를 본받고 싶습니다.》**비**기상.

기겁 (氣怯) 갑자기 놀라거나 겁에 질려 숨이 막히는 것.《누나는 바퀴벌레만 봐도 기겁을 한다.》**비**질겁. **북**기급.

기겁하다

기계 (機械) 사람을 대신해서 일을 하는 여러 가지 기구나 물건. 참기구, 기기.

기계 공업 (機械工業) 1.기계를 써서 새로운 물건을 만드는 공업. 참수공업. 2.기계나 기계 부품 들을 만드는 공업.

기계 문명 (機械文明) 기계가 발달하면서 생겨난 문명.

기계 체조 (器械體操) 뜀틀, 철봉, 평균대 같은 기구를 써서 하는 체조. 참맨손 체조.

기계톱 전기나 석유의 힘으로 움직이는 톱.

기계화 (機械化) 사람이나 짐승이 하던 일을 기계가 대신하는 것.《농업 기계화》**기계화하다 기계화되다**

기고 (寄稿) 신문이나 잡지 같은 것에 실릴 글을 써서 내는 것. 또는 그런 글. 참투고. **기고하다**

기고만장 (氣高萬丈) 어떤 일을 이루고 몹시 잘난 척하는 것.《저 녀석, 팔씨름에서 이기더니 아주 기고만장이네.》**기고만장하다**

기공 공사 (起工) 집 짓거나 다리 놓는 큰 공사를 시작하는 것. 비착공. 반준공. **기공하다 기공되다**

기공 구멍 (氣孔) → 숨구멍.

기공식 (起工式) 집을 짓거나 다리 놓는 큰일을 시작할 때 치르는 의식.

기관 장치 (機關) 1.물, 불, 전기 같은 것의 힘으로 움직이는 기계 장치.《증기 기관》비엔진. 2.쓰임새에 따라 여러 부속품을 모아 만든 기계 장치.《통신 기관/제어 기관》3.어떤 일을 해 나가려고 만든 조직이나 단체.《수사 기

관/공공 기관》

기관 생물 (器官) 생물의 몸에 딸려 어떤 기능을 맡아서 하는 부분.《소화 기관/호흡 기관》

기관 숨 (氣管) → 숨통.

기관사 (機關士) 기차나 배 같은 것을 운전하는 사람.

기관실 (機關室) 공장, 배, 열차 들에서 중요한 기관을 둔 방. 북기관방.

기관장 (機關長) 나랏일을 하는 크고 작은 단체에서 으뜸인 사람.

기관지 (氣管支) 나뭇가지처럼 두 쪽으로 갈라져서 허파에 이르는 숨 쉬는 기관.

기관지염 (氣管支炎) 기관지에 생기는 염증. 기침이 나고 가래가 나오면서 가슴이 아프다.

기관차 (機關車) 기차에서 사람이나 짐을 실은 차를 끌고 다니는 차.

기관총 (機關銃) 방아쇠를 당기고 있으면 총알이 잇달아 나가는 총.

기괴하다 기분 나쁠 만큼 아주 야릇하고 괴상하다.《기괴한 사건》

기교 (技巧) 아주 뛰어난 기술이나 솜씨.《동네 아주머니가 온갖 기교를 부리면서 진도 아리랑을 부른다.》

기구 연장 (器具) 간단하게 다룰 수 있는 기계나 도구.《놀이 기구/운동 기구/실험 기구》참기계, 기기.

기구 탈것 (氣球) 수소나 헬륨처럼 공기보다 가벼운 기체를 넣어 띄운 커다란 풍선. 큰 바구니를 매달아 사람이 타기도 한다.

기구_탈것

기구 조직 (機構) 나라나 사회에 관련된 일을 하려고 만든 모임.《국제기구

/정부 기구》

기구 체조 (器具體操) 아령, 곤봉, 공 같은 기구를 손에 들고 하는 체조.

기구하다 살아오면서 어렵고 험한 일을 많이 겪어 괴롭기 짝이 없다.《기구한 인생》

기권 (棄權) 투표, 경기 들에 나설 권리를 스스로 버리는 것. **기권하다**《마음에 드는 후보가 없으니 기권할래.》

기근 (飢饉) 먹을 것이 없어 몹시 굶주리는 것.《옛날에는 기근이 들면 흙을 끓여서 그 물을 마시기도 했대요.》 ▣굶주림, 기아.

기금 (基金) 어떤 일에 쓰려고 모아 두는 돈.《이웃 돕기 행사 기금》

기기 (機器) 기계, 기구를 두루 이르는 말.《통신 기기》 참기계, 기구.

기기묘묘하다 아주 이상하고 야릇하다.《제주도 바닷가에서 기기묘묘하게 생긴 바위를 여러 개 보았어요.》

기꺼이 마음에서 우러나와 아주 달갑게.《어려운 동무를 돕는 일이라면 기꺼이 하겠어요.》

기껏 1.애써서 가까스로. 또는 힘들여서 일부러.《기껏 도와주었더니 고맙다는 말도 안 하고 가더라.》 ▣일껏. 2.겨우. 또는 고작.《주머니를 털어 떡볶이를 사 줬더니 기껏 한다는 소리가 맛이 없다고?》

기껏해야 한다고 해 봐야 겨우.《약속 시간에 맞춰서 나온 애들은 기껏해야 셋이었어.》 ▣겨우, 고작.

기나긴 아주 긴.《기나긴 세월/기나긴 겨울밤》 ▣긴긴.

기념 (記念) 뜻 깊은 일을 마음속에 오래 담아 두고 잊지 않는 것. 또는 중요한 날을 뜻 깊게 맞이하는 것.《개교 기념행사》 **기념하다**

기념관 (記念館) 뜻 깊은 일이나 훌륭한 사람을 오래도록 기념하려고 세운 집.《독립 기념관》

기념물 (記念物) 뜻 깊은 일을 기념하려고 만든 물건. 또는 뜻 깊은 일을 기념할 수 있는 물건. ▣기념품.

기념비 (記念碑) 뜻 깊은 일을 기념하려고 세운 비석.《사일구 혁명 기념비》

기념사진 (記念寫眞) 뜻 깊은 일을 기념하려고 찍는 사진.《초등학교 입학 기념사진》

기념식 (記念式) 뜻 깊은 일을 기념하려고 치르는 의식.《삼일절 기념식》

기념일 (記念日) 뜻 깊은 일을 기념하는 날.《개교기념일》 ▣기념날.

기념탑 (記念塔) 뜻 깊은 일을 기념하려고 쌓은 탑.《삼일 운동 기념탑》

기념품 (記念品) 어떤 일을 기념하는 물건.《여행 기념품》 ▣기념물.

기능 구실 (機能) 하는 구실이나 노릇. 또는 맡아서 하는 일.《심장은 온몸에 피를 보내는 기능을 한다.》 **기능하다**

기능 솜씨 (技能) 어떤 일을 하는 기술이나 솜씨.《자동차 수리 기능》

기능공 (技能工) 기능을 갖춘 사람.

기능성 (機能性) 기능을 잘 갖춰 쓸모 있는 성질.《기능성이 뛰어난 옷》

기능키 컴퓨터 자판에 있는 키 가운데 특별한 기능을 하는 키. 같펑션키.

기다 1.사람이 가슴과 배를 바닥에 대거나 아래쪽으로 두고 움직여 나아가다.《손뼉을 치자 아기가 엉금엉금 기어서 내 쪽으로 왔다.》2. 뱀, 벌레 같은 것이 몸을 바닥에 대고 배나 발로 움직여 나아가다.《뱀이 나무 위로 기어오른다.》3. 아주 느리게 움직이다.《차들이 얼어붙은 언덕길을 엉금엉금 기어서 올라간다.》4. 남에게 눌려 눈치를 보거나 비겁하게 굴다.《할아버지의 호통에 고모들이 설설 긴다.》

기는 놈 위에 나는 놈 있다 속담 아무리 재주가 뛰어나도 그보다 더 재주가 나은 사람이 있다는 말. 비뛰는 놈 위에 나는 놈 있다.

기지도 못하면서 날려 한다 속담 쉬운 일도 못하면서 훨씬 어려운 일을 하려는 사람을 빗대어 이르는 말.

기다랗다 꽤 길다.《기다란 막대기로 밤송이를 톡톡 건드려 땅에 떨어뜨렸다.》반짤따랗다. 바기다란, 기다래, 기다랗습니다.

기다리다 사람, 사물, 때가 오기를 바라다. 또는 바라던 일이 생길 때까지 참고 견디다.《줄을 서서 차례를 기다리세요.》

기단 공기 (氣團) 가로로 넓게 퍼져 있으면서 온도와 습도가 거의 같은 공기 덩어리.

기단 받침 (基壇) 건물이나 비석 같은 것의 바닥 단. 북밑단.

기대 (期待) 어떤 일이 생기기를 바라거나 기다리는 것.《이번 시험 성적이 기대에 못 미쳐 조금 실망했어요.》**기대하다 기대되다**

기대감 (期待感) 어떤 일이 생기기를 바라거나 기다리는 마음.

기대다 1. 몸이나 물건을 어떤 것에 비스듬히 대다.《아빠 등에 몸을 기댄 채 잠이 들었다.》2. 남한테 마음을 의지하거나 도움을 받다.《남한테 기대지 않고 스스로 일어설 거야.》

기대서다 어떤 것에 몸을 기대고 서다.《선생님이 교실 벽에 기대서 계신다.》

기도 바람 (祈禱) 바라는 일을 이루게 해 달라고 신에게 비는 것. 비기원. **기도하다**《동생이 얼른 낫게 해 달라고 기도했어요.》

기도 꾀함 (企圖) 어떤 일을 하려고 계획하거나 행동하는 것.《탈출 기도》 **기도하다**

기도 숨 (氣道) 들숨과 날숨이 드나드는 길.

기도서 (祈禱書) 신에게 기도할 때 읽는 내용을 모은 책.

기독교 (基督敎) 하느님이 이 세상과 사람을 만든 신이며 예수가 세상을 구원할 것이라고 믿는 종교. 특히 개신교를 이른다. 같크리스트교.

기독교 청년회 (基督敎靑年會) 기독교의 가르침을 바탕으로 인격을 닦고 봉사 활동을 하는 국제 청년 운동 단체. 와이엠시에이 (YMCA).

기동 (起動) 병으로 누워 있다가 일어나 움직이는 것.《할머니는 아직 기동을 못하세요.》 **기동하다**

기동대 (機動隊) 어떤 일이 생긴 곳에 재빨리 나타나 일을 해결하는 군이나 경찰 부대.《형사 기동대》

기동력 (機動力) 필요할 때 재빨리 움직일 수 있는 힘.《119구조대는 기동력이 뛰어나다.》

기둥 1. 위에 있는 것을 떠받치려고 바

닥에 곧고 높게 세운 것.《건물 기둥》
2.어떤 일을 하는 데 중요하거나 중심
노릇을 하는 사람을 빗대어 이르는 말.
《어린이는 나라의 기둥이다.》

기둥살 연 가운데에 세로로 붙이는 연
살. 연의 중심을 잡아 준다.

기라성 (綺羅星) 밤하늘에 반짝이는
수많은 별이라는 뜻으로, 지위가 높거
나 훌륭한 사람들 무리를 빗대어 이르
는 말.《기라성 같은 학자들 앞에서 논
문을 발표하려니 몹시 떨린다.》

기량 (技倆) 어떤 일을 잘하는 기술이
나 재주.《기량이 뛰어난 선수》

기러기 호수나 강가에 사는 겨울새. 목
이 기다랗고 다리가 짧으며, 발가락 사
이에 물갈퀴가 있다.

기러기

기력 (氣力) 몸을 움직이게 하는 힘과
기운.《할아버지가 기력을 얼른 되찾
으시면 좋겠다.》^비근력.

기로 (岐路) → 갈림길.

기록 (記錄) 1.보고 듣고 겪거나 생각
한 것을 적어 두는 것. 또는 그것을 적
은 글.《여행 기록/관찰 기록》^비기입,
기재. 2.사실, 자료 들을 필름이나 음
반 같은 것에 담아 두는 것.《기록 영
화/음성 기록 장치》3.경기, 경주 들에
서 수치로 나타나는 성적을 내는 것.
《저 팀이 지난달에는 10연승을 기록
하기도 했다.》**기록하다 기록되다**

기록문 (記錄文) 하거나 보고 듣거나
겪은 것을 사실대로 쓴 글.

기록자 (記錄者) 기록을 하는 사람.

기록장 (記錄帳) 하거나 보고 듣거나
겪은 것을 적는 공책.《관찰 기록장》

기록지 (記錄紙) 하거나 보고 듣거나

겪은 것을 적은 종이.

기록판 (記錄板) 운동 경기나 놀이에
서 점수를 적는 판.《점수 기록판》

기록표 (記錄表) 점수나 순서 들을 적
어 놓은 표.《성적 기록표》

기록화 (記錄畫) 실제로 벌어진 일을
있는 그대로 그린 그림.

기뢰 (機雷) 물 위나 물속에 놓아두는
폭탄. 배가 지나가다 닿으면 터진다.

기류 (氣流) 온도나 땅 모양에 따라 움
직이는 공기의 흐름. ^북공기흐름.

기르다 1.어린 사람이나 동식물을 돌
보아 자라나게 하다.《할머니 혼자서
아빠와 고모들을 길러 내셨다.》^비키우
다. 2.아랫사람을 가르쳐서 훌륭한 능
력이나 솜씨를 갖추게 만들다.《할아
버지가 기르신 제자들 가운데 뛰어난
기술자가 많다.》^비키우다. 3.몸이나
정신을 다듬어 강하게 만들다.《삼촌
은 체력을 기르려고 아침마다 운동을
한다.》4.머리칼이나 수염을 자르지
않고 자라나게 하다.《언니는 머리칼
을 허리까지 닿게 기르고 싶어 한다.》
5.버릇이나 기술 들을 몸에 익혀 늘게
하다.《물 한 방울도 아껴 쓰는 습관을
기르자.》^바기르는, 길러, 기릅니다.

기른 정이 낳은 정보다 크다 ^{속담} 길러
준 어버이의 정이 낳아 준 어버이의 정
보다 소중하다는 말.

기름 1.동물 살이나 식물 씨앗에서 짜
낸 미끈미끈하고 불에 잘 타는 액체.
《프라이팬에 기름을 두르고 달걀을 부
쳐 먹었다.》2.동물 몸속에 붙어 있는
허옇고 미끌미끌한 부분.《기름은 떼
어 내고 살코기만 먹을래.》3.곡식 알

갱이에 도는 윤기.《갓 지은 하얀 쌀밥에 기름이 자르르 흐른다.》4.→ 석유.

기름을 붓다 관용 어떤 일을 부추겨 더 심하게 하다.《내 말은 가뜩이나 성난 아이들한테 기름 부은 꼴이 되었다.》

기름기 1.어떤 것에 섞이거나 묻어 있는 기름 기운.《비누칠을 여러 번 했는데도 손에 묻은 기름기가 잘 가시지 않는다.》2.동물 고기에 붙어 있는 기름 덩어리.《돼지고기에는 기름기가 아주 많다.》3.살림이 넉넉하거나 건강한 사람에게 도는 윤기.《여행을 떠났던 삼촌이 기름기라고는 전혀 없는 꺼칠한 얼굴로 돌아왔다.》

기름나물 양지바른 길가나 산의 바위 틈에 자라는 풀. 줄기는 붉은 자줏빛이 돌고, 잎은 앞면이 반들반들하다. 어린 잎을 먹는다.

기름때 기름 묻은 곳에 먼지가 엉겨서 생긴 때.

기름띠 흘러나온 기름이 물 위에 띠처럼 떠 있는 것.《바다를 덮은 기름띠 때문에 물고기들이 다 죽게 생겼다.》

기름종이 물이 스며들지 않게 기름을 먹인 종이.

기름지다 1.먹을거리 들에 기름기가 많다.《기름진 음식을 많이 먹었더니 속이 느글거려.》2.땅에 양분이 많다.《큰아버지가 황무지를 일구어 기름진 땅으로 만드셨다.》3.사람이나 동물이 살이 쪄 기름기가 많다.《기름진 돼지들이 우리 안에 가득하다.》

기름칠 기름을 칠하거나 묻히는 일.《솥뚜껑에 기름칠을 해 두면 녹이 슬지 않을 거야.》

기름틀

기린_동물

기름나물

기름통 기름을 담는 통.

기름틀 콩, 들깨, 참깨 같은 것으로 기름을 짜는 데 쓰는 나무틀.

기리다 훌륭한 일이나 사람을 우러르거나 우러르는 마음으로 생각하다.《현충일은 나라 위해 목숨을 바친 분들을 기리는 날입니다.》

기린 동물 아프리카 초원에 떼 지어 사는 짐승. 목과 다리가 아주 길어 네발 짐승 가운데 가장 키가 크다.

기린 상상 (麒麟) 옛날부터 이야기로 전해 오는 상상의 동물. 몸은 사슴, 꼬리는 소, 발굽과 갈기는 말처럼 생겼고 오색 빛깔을 띤다고 한다.

기립 (起立) 일어서는 것.《기립 박수》

기립하다

기마 (騎馬) 말을 타는 일.

기마병 (騎馬兵) → 기병.

기마 인물형 토기 (騎馬人物形土器) 1.말을 타고 있는 사람 모습을 나타낸 삼국 시대 토기. 신라와 가야에서 만들었다. 2.방패를 든 무사를 태우고 있는 말 모양 토기. 가야 지방에서 나왔다. 국보 제275호.

기마전 (騎馬戰) 1.말을 타고 하는 싸움. 2.사람으로 말을 만들어 겨루는 놀이. 두세 사람이 앞에 선 사람 어깨에 팔을 걸어 말을 만들고, 그 위에 한 사람이 올라타서 다른 말을 탄 사람과 겨루어 쓰러뜨리거나 모자를 빼앗는다.

기막히다 1.몹시 놀랍거나 못마땅하여 어이가 없다.《자기 엄마 이름도 모르다니 정말 기막힌 일이다.》2.이루 다 말할 수 없을 정도로 좋다. 또는 대단하다.《비가 그치자 기막히게 아름

다운 무지개가 떴다.》

기만 (欺瞞) 믿음을 저버리고 남을 속이는 것. **기만하다**

기모노 (着物/きもの일) 일본 전통 옷의 하나. 여자가 입는 옷인데 폭이 넓은 허리띠를 두른다.

기묘사화 (己卯士禍) 조선 중종 때 (1519년) 남곤, 홍경주 같은 높은 벼슬아치들이 임금을 부추겨서 조광조를 비롯한 여러 사람을 죽이거나 귀양 보낸 사건.

기묘하다 이상하고 야릇하다. 또는 색다르다.《이 산에는 기묘하게 생긴 바위가 많다.》비기이하다.

기물 (器物) 흔히 쓰는 기구나 물건.《학교 기물》

기미 살갗 얼굴에 생기는 조그맣고 거무스름한 얼룩. 참주근깨.

기미 낌새 (幾微) → 낌새.

기민하다 행동이 날쌔고 재빠르다.《기민한 몸놀림》비민첩하다.

기밀 (機密) 밖에 알려져서는 안 될 중요한 비밀.《회사 기밀》

기반 (基盤) 어떤 일을 하는 밑바탕.《어떤 회사든 기반이 튼튼하지 못하면 오래가지 못한다.》비기틀.

기발하다 생각이 놀라울 만큼 재치가 있고 뛰어나다.《철수는 가끔 기발한 생각을 해서 우리를 놀라게 한다.》

기백 (氣魄) 씩씩하고 힘찬 정신.《기백이 넘치는 얼굴》

기법 (技法) 어떤 일을 하는 특별한 솜씨나 방법.《연주 기법》

기별 다른 곳에 있는 사람에게 소식을 전하는 것. 또는 그 소식.《기별도 없

이 어쩐 일이세요?》**기별하다**

기병 (騎兵) 말을 타고 싸우는 병사. 같기마병.

기본 (基本) 어떤 것의 밑바탕. 또는 어떤 것을 이루는 데 가장 먼저 있어야 할 것.《수학의 기본은 덧셈과 뺄셈입니다.》비기초.

기본권 (基本權) 사람이 태어날 때부터 가지고 있는 것으로 정한 권리. 자유권, 참정권, 사회권 같은 것이 있다.

기본적 (基本的) 기본을 이루는. 또는 그런 것.

기본형 (基本形) 1.어떤 것의 바탕을 이루는 꼴이나 방식. 2.→ 으뜸꼴.

기본획 (基本劃) 가로획, 세로획처럼 글씨를 쓰는 데 기본으로 꼭 필요한 획.

기부 (寄附) 남을 도우려고 돈이나 물건을 대가 없이 내놓는 것.《불우 이웃 돕기 성금 기부》비기증. **기부하다**

기부금 (寄附金) 남을 도우려고 내놓는 돈.

기분 (氣分) 1.기쁨, 슬픔, 노여움 들처럼 마음에 생기는 여러 가지 느낌.《맛있는 음식을 실컷 먹으니 기분이 좋다.》2.주위를 둘러싼 분위기나 느낌.《누렇게 익은 벼를 보니 가을 기분이 확 난다.》

기뻐하다 기쁘게 여기다.《생일 선물로 자전거를 받은 오빠는 펄쩍펄쩍 뛰면서 기뻐했다.》반슬퍼하다.

기쁘다 기분이 좋고 즐겁다.《아빠가 예쁜 옷을 사 주셔서 기뻐요.》반슬프다. 바기쁜, 기뻐, 기쁩니다.

기쁨 기쁜 느낌. 또는 기뻐하는 마음.《생일 선물을 잔뜩 받은 동생의 얼굴

에 기쁨이 넘쳤다.》 ^{반슬픔.}

기사 ^{신문} (記事) 신문이나 잡지 들에 실어 새로운 소식이나 사실을 알리는 글.《오늘 신문에 우리 학교를 다룬 기사가 나왔다.》

기사 ^{운전} (技士) 자동차나 배 같은 것을 모는 사람.《버스 기사》

기사 ^{기술} (技師) 어떤 일에 필요한 기술이나 자격을 갖춘 사람.《수도관 수리 기사》 ^{비엔지니어.}

기사 ^말 (騎士) 1. 말을 타고 싸우는 무사. 2. 옛날에 유럽에서 말을 타고 다니던 무사.

기사 ^{바둑} (棋士) 바둑이나 장기 두는 일이 직업인 사람.

기삿거리 신문이나 잡지에 기사로 쓸 만한 것.

기상 ^{용기} 씩씩하고 드높은 정신.《고구려 사람들의 드높은 기상을 본받읍시다.》 ^{비기개.}

기상 ^{날씨} (氣象) 눈, 비, 더위, 추위, 바람, 구름 같은 날씨를 두루 이르는 말.《기상이 좋지 않으면 비행기가 뜨지 않습니다.》 ^{비기후.}

기상 ^{일어남} (起牀) 잠에서 깨어 일어나는 것. ^{반취침.} **기상하다**

기상 관측 (氣象觀測) 날씨를 알아보려고 여러 가지를 살피고 재는 일.《기상 관측 기구에는 풍속계, 우량계 같은 것들이 있다.》

기상대 (氣象臺) 맡은 지역의 날씨를 살피고 연구하는 기관.

기상 레이더 비, 눈, 바람, 구름 같은 기상 현상을 살피는 데 쓰는 레이더.

기상 위성 (氣象衛星) 지구의 날씨가 어떻게 바뀌는지 살피는 인공위성.

기상 이변 (氣象異變) 전에 없던 이상한 날씨.

기상청 (氣象廳) 날씨를 살피고 일기 예보를 하는 행정 기관.

기상 특보 (氣象特報) 날씨가 크게 바뀔 때 텔레비전이나 라디오 들에서 급히 알려 주는 일.《서울에 큰비가 내릴 것이라는 기상 특보가 나왔어요.》

기색 (氣色) 품은 생각이나 느낌이 얼굴이나 몸짓에 나타나는 것.《지영이는 여러 사람 앞에서도 떨리는 기색 없이 말을 잘합니다.》

기생 ^{사람} (妓生) 옛날에 잔치나 술자리에서 노래 부르고 춤추면서 흥을 돋우던 여자.

기생 ^{빌붙음} (寄生) 남에게 들러붙어 해를 끼치며 사는 것.《기생 생물》 ^{북붙어살이.} **기생하다**

기생충 (寄生蟲) 다른 동물 몸속에 들어가거나 몸에 붙어서 영양분을 빨아먹고 사는 벌레.

기선 ^배 (汽船) 증기 기관의 힘으로 움직이는 배.

기선 ^{앞섬} (機先) 전쟁이나 경기에서 상대의 기를 누르려고 먼저 행동하는 것.《기선을 잡다.》

기성 (旣成) 이미 이루거나 만들어 놓은 것.《기성 제품》

기성복 (旣成服) 정해진 크기와 모양에 따라 한꺼번에 미리 만들어 파는 옷. ^{북지은옷.}

기성세대 (旣成世代) 현재 사회를 이끌고 있는 나이 든 세대. ^{참신세대.}

기세 (氣勢) 세차게 뻗는 기운이나 힘.

《성난 황소가 사나운 기세로 울타리를 들이받았습니다.》

기세차다 |북| 기세가 아주 드높거나 힘차다.《우리 선수가 기세차게 공을 몰고 나간다.》

기소 (起訴) 검사가 어떤 사건에 대해서 법원에 재판을 요구하는 것. **기소하다 기소되다**

기수 경마 (騎手) 경마 같은 경기에서 말을 타는 선수.

기수 깃발 (旗手) 1.여럿이 행진할 때 깃발을 들고 앞서서 가는 사람. 2.일을 앞장서서 이끄는 사람.《산업 혁명의 기수》

기수 비행기 (機首) 비행기 앞부분.《조종사는 천천히 기수를 돌렸다.》

기수 숫자 (基數) 수를 나타내는 데 기초가 되는 수. 0에서 9까지의 정수를 이른다.

기숙사 (寄宿舍) 학교, 회사 같은 곳에서 집을 떠나 온 학생이나 일꾼들이 모여 함께 자고 먹고 사는 집.

기술 (技術) 어떤 것을 잘 만들거나 고치거나 다루는 재주나 방법.《미용 기술/운전 기술》

기술력 (技術力) 어떤 것을 잘 만들거나 고치는 힘.

기술자 (技術者) 필요한 기술을 갖춘 사람.《전기 기술자》 비엔지니어.

기술적 (技術的) 1.기술에 관계되는. 또는 그런 것. 2.어떤 일을 요령 있게 하는. 또는 그런 것.

기술직 (技術職) 기술이 필요한 일자리.《기술직 사원》 참사무직.

기슭 1.산, 언덕처럼 비탈진 곳의 아래

기압계

쪽.《볕 잘 드는 기슭에는 벌써 새싹이 돋아났습니다.》 2.강, 호수, 바다와 잇닿아 있는 땅.《강기슭》 비물가.

기습 (奇襲) 상대가 생각하지 못한 때에 갑자기 쳐들어가는 것. 비급습. **기습하다**

기승 (氣勝) 힘이나 기운이 누그러들지 않고 드세게 일어나는 것.《장마가 끝나면 불볕더위가 기승을 부립니다.》

기아 (飢餓) 먹을 것이 없어 굶주리는 것.《기아에 허덕이는 아프리카 어린이들을 도웁시다.》 비굶주림, 기근.

기악 (器樂) 악기를 써서 연주하는 음악. 참성악.

기악곡 (器樂曲) 악기로 연주하려고 만든 곡.

기암괴석 (奇巖怪石) 이상하고 괴상하게 생긴 바위와 돌.《산에서 짐승처럼 생긴 기암괴석을 많이 보았어요.》

기압 (氣壓) 지구를 둘러싼 공기가 누르는 힘.《높은 산에서는 기압이 낮아서 밥이 설익어요.》

기압계 (氣壓計) 기압을 재는 기구.

기약 (期約) 때를 정하여 약속하는 것. 또는 그 약속.《짝꿍이 다시 만나자는 기약도 없이 전학을 갔다.》 **기약하다**

기약 분수 (旣約分數) 분자와 분모의 공약수가 1뿐이어서 더 약분할 수 없는 분수.

기어 (gear) 자동차 같은 데서 속도와 방향을 바꾸는 장치.

기어가다 1.기어서 가다.《아기가 엄마 쪽으로 천천히 기어갑니다.》 2.자동차 같은 것이 아주 천천히 움직여 가다.《갑자기 눈이 쏟아지자 자동차들이 기

어가기 시작했다.》

기어들다 1. 기어서 들어가거나 들어오다. 《여자 아이들 앞에서 자빠졌을 때는 쥐구멍에라도 기어들고 싶었다.》 ^북기여들다. 2. 남몰래 들어가거나 들어오다. 《우리는 주인 아저씨 눈을 피해 참외 밭으로 기어들었다.》 ^북기여들다. 3. 스며들거나 파고들다. 《천둥소리에 놀란 동생이 엄마 품속으로 기어들었다.》 ^북기여들다. 4. 내키지 않는 곳에 슬금슬금 들어가거나 들어오다. 《사흘 동안 어디 있다가 이제야 기어들어 오는 거야?》 5. 움츠러들어 작아지다. 《선생님 호통에 민수는 잔뜩 기어드는 목소리로 대답했다.》 ^북기여들다. ^바기어드는, 기어들어, 기어듭니다.

기어오르다 1. 높은 곳으로 기어서 오르다. 《철수가 나무 위로 기어올라 나뭇가지에 걸린 연줄을 끊었다.》 2. 윗사람에게 버릇없이 굴다. ^바기어오르는, 기어올라, 기어오릅니다.

기어이 → 기어코.

기어코 1. 어떤 일이 있어도 반드시. 《이번 시험에서는 기어코 꼴찌를 벗어나겠어.》 ^갈기어이. 2. 결국에 가서는. 《시커먼 구름이 몰려오는가 싶더니 기어코 소나기가 쏟아졌다.》 ^갈기어이.

기억 (記憶) 보고 듣고 느낀 것을 잊지 않고 머릿속에 담아 두는 것. 또는 머릿속에서 다시 떠올리는 것. 《아무리 기억을 더듬어도 열쇠를 어디에 두었는지 모르겠어.》 **기억하다 기억되다**

기억력 (記憶力) 보고 듣고 느낀 것을 기억하는 능력. 또는 기억한 것을 떠올리는 능력. 《기억력이 좋은 아이들은

구구단을 하루 만에 다 외운대요.》

기억 상실 (記憶喪失) 머리를 다치거나 하여 지나온 어느 기간에 있던 일이 기억나지 않는 것.

기억 장치 (記憶裝置) 컴퓨터에서 자료나 계산 결과를 기억하는 장치. ^갈메모리.

기업 (企業) 돈을 벌려고 물건을 만들거나, 팔거나, 뒤치다꺼리하는 여러 가지 일을 하는 단체. ^갈기업체.

기업가 (企業家) 기업을 경영하는 사람. ^갈기업인.

기업인 (企業人) → 기업가.

기업적 (企業的) 사업을 기업과 같은 규모로 크게 벌인. 또는 그런 것.

기업체 (企業體) → 기업.

기여 (寄與) 어떤 일에 큰 도움을 주는 것. 비공헌, 이바지. **기여하다** 《노벨 평화상은 세계 평화에 크게 기여한 사람에게 주는 상입니다.》

기역 닿소리 글자 'ㄱ'의 이름. ^북기윽.

기염 (氣焰) 활활 타는 불꽃처럼 힘찬 기운. 《그 선수는 이번 대회에서도 우승을 차지하겠다고 기염을 토했다.》

기예 (技藝) 음악, 미술 같은 예술에서 닦은 재주. 또는 곡예, 무술같이 몸을 써서 하는 재주.

기온 (氣溫) 공기의 온도. 《기온이 높다./기온이 낮다.》

기온계

기온계 (氣溫計) 공기의 온도를 재는 기구.

기와 지붕을 덮어서 이는 데 쓰는 물건. 주로 흙 같은 것을 굽거나 굳혀서 만든다. 《기와를 굽다./기와를 이다.》

암키와   수키와   기와

기와밟기 → 놋다리밟기.

기와버섯 넓은잎나무로 이루어진 숲에서 자라는 버섯. 갓은 기와처럼 겹쳐 나는데 고리 무늬가 있고 짧은 털로 덮여 있다. 먹는 버섯이다.

기와버섯

기와집 지붕을 기와로 인 집.

기왓장 기와 한 장 한 장. **북**기와장.

기왕 (旣往) 1.이미 지나간 때.《기왕의 아쉬운 일들은 얼른 잊고 새로 시작하자.》**비**이왕. 2.➡ 기왕에.

기왕에 이미 그렇게 된 바에.《기왕에 시작한 운동이니까 우리 같이 열심히 해 보자.》**갈**기왕.

기용 (起用) 어떤 사람을 뽑아서 일을 맡기는 것.《두 팀 감독이 선수 기용을 어떻게 할지 궁금하다.》**비**등용. **기용하다 기용되다**

기우 (杞憂) 쓸데없는 걱정.《소풍 가는 날 비가 올까 봐 걱정한 것은 기우에 지나지 않았다.》

기우뚱 한쪽으로 기울이거나 기울어지는 모양. **기우뚱거리다 기우뚱대다 기우뚱하다 기우뚱기우뚱**《거센 파도가 몰아치자 배가 기우뚱거렸다.》

기우제 (祈雨祭) 가뭄이 들었을 때 비가 내리기를 비는 제사.

기운 (氣運) 1.생물을 살아서 움직이게 하는 힘.《점심을 굶었더니 기운이 없어서 못 뛰겠다.》 2.보이지는 않지만 몸으로 느낄 수 있는 어떤 힘이나 분위기.《요즘은 4월이 되어서야 비로소 봄기운이 감도는 듯하다.》 3.일이 생길 것 같은 낌새.《비를 맞으면서 돌아다녔더니 감기 기운이 있어요.》

기운이 세면 소가 왕 노릇 할까 속담 힘이 세다고 큰일을 하는 것이 아니라는 뜻으로, 힘이 센 것만 믿고 으스대지 말고 실력을 갖추어야 한다는 말.

기운차다 씩씩하고 힘차다.《선생님이 부르시자 철수가 기운차게 대답하고 일어섰다.》**비**힘차다.

기울기 어떤 것이 기울어진 정도. **비**경사. **북**비탈도.

기울다 1.비스듬하게 한쪽으로 쏠리거나 비뚤어지다.《액자가 왼쪽으로 기울었다.》2.마음, 생각, 의견 들이 한쪽으로 쏠리다.《아이들 마음은 김밥보다는 자장면 쪽으로 기울었다.》3. 해나 달이 져 가다.《겨울에는 저녁 다섯 시만 돼도 해가 기운다.》4.형편이 나빠지거나 힘 같은 것이 약해지다.《할아버지가 돌아가신 뒤 기울어 가던 집안을 할머니께서 일으켜 세우셨다.》**바**기우는, 기울어, 기웁니다.

기울어지다 기울게 되다.

기울이다 1.어떤 것의 한쪽을 비스듬하게 내리거나 굽히다.《주전자를 기울여 물을 따랐다.》2.힘, 마음, 정성 같은 것을 한곳에 쏟다.《온갖 정성을 기울여 키운 토끼가 새끼를 낳았다.》

기웃– 무엇을 보려고 고개나 몸을 한쪽으로 기울이는 모양. **기웃거리다 기웃대다 기웃하다 기웃기웃**

기웃하다 한쪽으로 조금 기울어져 있다.《동생은 고개를 기웃하게 숙인 채 골똘히 생각했다.》

기원 **바람** (祈願) 바라는 일을 이뤄 달라고 비는 것. **비**기도. **기원하다**《새해에는 좋은 일만 있기를 기원합니다.》

기원 **시작** (起源) 어떤 것이 처음으로 생겨난 본바탕.《종이의 기원은 중국

한나라 때까지 거슬러 올라갑니다.》

기원 첫해 (紀元) 1.햇수를 세는 기준으로 삼은 해. 단군이 고조선의 임금이 된 해, 예수가 태어난 해 들이 있다. 《서기 2000년은 단군기원 4333년이 되는 해였습니다.》 2.출발을 알리는 시대나 때.《사람이 달에 첫발을 디디면서 우주 시대의 기원이 열렸다.》

기원전 (紀元前) 예수가 태어난 해를 기준으로 그 이전.《기원전 2333년에 단군이 고조선을 세웠다.》

기이하다 보통과 달리 이상하고 야릇하다.《기이한 풍습》 비기묘하다.

기인 사람 (奇人) 별난 짓을 잘하는 사람. 또는 엉뚱한데도 어딘가 뛰어난 사람.《봉이 김선달은 대동강 물을 판 기인이었다.》

기인 까닭 (起因) 어떤 일이 일어난 까닭. 또는 까닭이 되는 어떤 것. **기인하다 기인되다**

기일 날짜 (期日) 미리 정한 날짜.《기일 안에 이 일을 다 해야 합니다.》

기일 제삿날 (忌日) 어떤 사람이 죽은 날. 또는 해마다 그날에 맞추어 돌아오는 제삿날.《할아버지 기일에는 제사를 지내러 큰집에 간다.》

기입 (記入) 어떤 내용을 적어 넣는 것.《가계부 기입》 비기록, 기재. **기입하다 기입되다**

기입장 (記入帳) 어떤 내용을 적어 넣는 종이나 공책.《용돈 기입장》

기자 (記者) 신문사나 방송국 같은 데서 기사를 쓰거나 편집하는 사람.

기자 회견 (記者會見) 기자들을 모아 놓고 신문이나 방송에 내고 싶어 하는

기장_곡식

이야기를 주고받는 것.

기장 곡식 밭에 심어 가꾸는 곡식. 줄기는 꼿꼿하고 잎은 넓은 줄처럼 생겼다. 열매는 노랗고 좁쌀보다 조금 더 굵다. 술, 엿, 떡을 만들거나 집짐승의 먹이로 쓴다.

기장 사람 (機長) 비행기를 조종하고 승무원들을 지휘하는 사람.

기재 (記載) 어떤 내용을 적어 넣는 것. 비기록, 기입. **기재하다 기재되다**

기저귀 아기의 똥오줌을 받으려고 다리 사이에 채우는 헝겊이나 종이.

기적 신기함 (奇蹟) 도저히 일어날 수 없다고 생각한 일이 실제로 일어나는 것. 또는 믿기 힘든 놀라운 일.《그렇게 빠른 물살을 헤치고 나온 것은 기적입니다.》

기적 소리 (汽笛) 기차나 배에서 신호 삼아 내는 커다란 소리. 또는 소리를 내는 장치.《기적 소리》

기절 (氣絶) 몹시 놀라거나 아파서 정신을 잠깐 잃는 것. 비실신, 졸도. **기절하다**《부엌에서 쥐가 튀어나오는 바람에 기절할 뻔했다.》

기점 (起點) 어떤 것이 시작되는 곳.《경부선 철도의 기점은 서울역입니다.》 비출발점. 반종점.

기정사실 (旣定事實) 이미 정해진 일. 또는 당연한 사실.《소풍이 미루어진 것을 기정사실로 받아들였다.》

기제사 (忌祭祀) 해마다 사람이 죽은 날에 맞추어 지내는 제사.

기존 (旣存) 이미 있는 것. 또는 전부터 있던 것.《새로 나온 물감은 기존 물감보다 색깔도 곱고 값도 쌉니다.》

기죽다 기가 꺾이다. 또는 풀이 죽다. 《여러 사람 앞이라고 기죽지 말고 씩씩하게 이야기해 봐.》

기준 (基準) 여럿을 견주거나 나눌 때 기본으로 삼아 따르는 본보기나 잣대. 《동물 갈래를 나눌 때 무엇을 기준으로 삼을 것인지 먼저 생각해 보자.》

기준량 (基準量) 양을 헤아릴 때 기준으로 삼는 양.

기준점 (基準點) 수를 세거나 양, 정도 들을 잴 때 기준으로 삼는 점.

기중기 (起重機) 무거운 것을 들어 올려 옮기는 기계. **같**크레인.

기중도설 (起重圖說) 조선 정조 때 정약용이 쓴 책. 무거운 물체를 들어 올리는 장치인 거중기에 대해 설명했는데, 화성을 지을 때 큰 보탬이 되었다.

기증 (寄贈) 어떤 단체에 물건 같은 것을 거저 주는 것. 《도서 기증》 **비**기부, 증정. **기증하다 기증되다**

기증자 (寄贈者) 남한테 물건 같은 것을 거저 준 사람.

기지 ^{장소}(基地) 흔히 군대, 탐험대 들에서 활동하는 터전으로 삼은 곳.

기지 ^꾀(機智) 그때그때 형편에 맞추어 재치 있게 풀어 나가는 말재주나 꾀. 《아주머니의 기지 있는 행동으로 도둑을 잡았다.》 **비**재치.

기지개 가슴을 펴고 팔다리를 쭉 뻗는 것. 《졸음이 오면 기지개를 켜 봐.》

기지개를 켜다 **관용** 조용히 움직이기 시작하다. 《봄이 얼음장 밑에서 기지개를 켜고 있어요.》

기지국 (基地局) 움직이는 무선 통신 장치와 전파를 주고받으려고 설치한 통신 시설.

기진맥진하다 몹시 지쳐서 기운이 빠지고 맥이 풀리다. 《달리기를 마친 아이들은 기진맥진해서 바닥에 주저앉았다.》

기진하다 기운이 다 빠져 몹시 지치다. 《자전거 여행을 갔던 큰오빠가 기진한 채 집에 돌아왔어요.》

기질 (氣質) 사람이 저마다 타고난 성질. 《그 아이는 기질이 순해서인지 좀처럼 성을 내지 않아요.》

기차 (汽車) 기관차에 사람이나 짐을 실은 차량을 이어서 기찻길 위를 다니는 차.

기중기

기차

기차놀이 여럿이 한 줄로 길게 늘어서서 앞사람의 어깨나 허리를 잡고 기차 소리를 흉내 내면서 다니는 놀이.

기차다 '아주 좋다'나 '아주 훌륭하다'를 낮추어 이르는 말. 《이 떡 기차게 맛있다!》

기차역 (汽車驛) 기차를 타거나 내리는 곳.

기차표 (汽車票) 기차를 타려고 사는 표.

기찻길 기차가 다니는 길. 《기찻길 옆에 들꽃이 피었다.》 **비**철길. **북**기차길.

기찻삯 기차표를 사는 데 드는 돈.

기척 누가 있는지 알게 해 주는 소리나 낌새. 《기척도 없이 언제 들어왔니?》

기체 ^{공기}(氣體) 공기, 연기처럼 정해진 꼴 없이 온도나 압력에 따라 부피가 쉽게 달라지는 물질. **참**고체, 액체.

기체 ^{비행기}(機體) 비행기 몸통.

기초 (基礎) 어떤 것을 이루는 밑바탕. 《수학은 기초를 잘 다져야 하는 과목

입니다.》비기본. **기초하다**

기초 공사 (基礎工事) 건물 들을 지을 때 땅바닥을 단단하게 다지는 공사.

기초 과학 (基礎科學) 수학, 물리학, 화학, 생물학처럼 공학이나 기술의 바탕이 되는 학문.

기초뜨기 대바늘뜨기와 코바늘뜨기에서 가장 쉽고 기본인 뜨기 방법.

기초적 (基礎的) 기초를 이루는. 또는 그런 것.

기치 (旗幟) 1. 옛날에 군대에서 쓰던 깃발. 2. 목적을 이루려고 내세우는 주장이나 태도를 빗대어 이르는 말.《세계 평화의 기치를 내걸다.》

기침 1. 목구멍에서 거친 숨이 터져 나오는 것.《물약을 먹고 조금 지나자 기침이 멎었습니다.》2. 기척을 내려고 일부러 목으로 내는 소리.《화장실 문을 두드리자 아빠가 "에헴"하고 기침 소리를 내셨다.》**기침하다**

기타 ^{그 밖} (其他) 그 밖의 다른 것.《우리 악기에는 가야금, 거문고, 피리, 장구와 기타 여러 가지가 있습니다.》

기타 ^{악기} (guitar) 뜯는 악기 가운데 하나. 표주박처럼 생긴 울림통에 자루를 달고 줄을 여섯 개 매었다. 손가락이나 작은 채로 퉁겨 소리를 낸다.

기탁 (寄託) 돈이나 재산을 좋은 일에 써 달라고 단체나 기관에 맡기는 것.《성금 기탁》**기탁하다**

기탄없다 어떤 일을 하는 데 아무 거리낌이 없다. **기탄없이**《기탄없이 말씀하세요.》

기특하다 말이나 하는 짓이 흐뭇하고 자랑스럽다.《다섯 살짜리가 할머니

기타_악기

어깨를 주물러 드린다니 참 기특하지?》비대견하다.

기틀 어떤 일을 이루는 밑바탕.《세종은 조선 왕조의 기틀을 다진 임금이다.》비기반, 토대.

기판 (基板) 여러 가지 부품을 붙이려고 전기 회로를 그려 놓은 판.

기포 (氣泡) 액체나 고체 속에 생긴 공기 방울. 다거품.

기포 발생기 (氣泡發生機) 공기 방울을 만들어 내는 전기 기구. 물속 생물들한테 산소를 넣어 주는 데 쓴다.

기폭 (旗幅) 1.→ 깃발. 2. 깃발의 너비.

기표 (記票) 투표용지에 자기가 지지하는 정당이나 사람 이름을 표시하는 것. **기표하다**

기표소 (記票所) 투표장에서 기표를 할 수 있게 마련해 놓은 곳.

기품 (氣品) 생김새, 몸가짐, 됨됨이 같은 것에서 풍기는 고상한 분위기.《할머니의 몸가짐과 말씀에서는 기품이 느껴진다.》

기풍 (氣風) 한 무리에 들어 있는 사람들한테서 두루 나타나는 성질. 또는 사회에 널리 퍼진 분위기.《가문의 기풍》

기피 (忌避) 어떤 것을 꺼리거나 싫어하여 피하는 것. **기피하다**

기필코 → 반드시.

기하 (幾何) → 기하학.

기하다 1. 어떤 때를 일이나 행동을 시작하는 기준으로 삼다.《밤 열두 시를 기해 태풍 경보가 내려졌다.》2. 어떤 일을 이루는 데 힘을 기울이다.《중요한 일이니 신중을 기해서 움직여.》

기하학 (幾何學) 점, 선, 면, 입체 같

은 도형과 공간의 성질을 연구하는 수학의 한 갈래. **준**기하.

기하학적 (幾何學的) 기하학에 관계 있거나 바탕을 둔. 또는 그런 것.

기한 (期限) 언제까지라고 미리 정해 놓은 때.《입학 원서 제출 기한은 다음 주 금요일입니다.》**비**시한.

기합 (氣合) 1.몸과 마음의 힘을 한데 모으는 것. 또는 힘을 한데 모아 외치는 소리.《앞차기를 할 때마다 '얍!' 하는 기합을 넣습니다.》2.주로 군대에서 잘못을 저지른 사람에게 주는 벌.

기행 (奇行) 보통 사람과 달리 아주 별나게 행동하는 것.

기행문 (紀行文) 여행하면서 보고 듣고 느낀 것을 적은 글.《설악산을 다녀와서 기행문을 열 장이나 썼습니다.》

기형 (畸形) 동식물의 생김새가 보통과 달리 아주 이상한 것.《공장에서 버린 더러운 물 때문에 머리가 둘 달린 기형 물고기가 나왔어요.》

기형아 (畸形兒) 흔히 볼 수 있는 것과 아주 다른 생김새로 태어난 아이.

기형어 (畸形魚) 환경오염 같은 것으로 생김새가 아주 이상해진 물고기.

기호 표시 (記號) 어떤 뜻을 나타내는 데 쓰는 여러 가지 표시. 글자, 부호, 표지 같은 것이다.《발음 기호/더하기 기호는 '+'입니다.》**비**부호.

기호 즐김 (嗜好) 즐기고 좋아하는 것.《기호 식품》

기호품 (嗜好品) 술, 담배, 커피처럼 몸에 꼭 필요하지는 않지만 남다른 맛이나 냄새가 있어서 즐기고 좋아하는 이런저런 것.

기혼 (旣婚) 이미 혼인한 것. **반**미혼.

기화 (氣化) 액체나 고체가 기체로 바뀌는 것.《기화 현상》**참**승화, 액화. **기화하다 기화되다**

기회 (機會) 어떤 일을 하기에 알맞은 때.《네 노래 솜씨를 자랑할 좋은 기회야.》**같**찬스. **북**까리.

기획 (企劃) 어떤 일을 하려고 미리 짜거나 빈틈없이 꾸미는 것.《전시회 기획》**기획하다 기획되다**

기획 재정부 (企劃財政部) 나라 살림에 드는 돈을 관리하고 나라 경제에 관한 일을 모두 맡아보는 행정 기관.

기획전 (企劃展) 특별한 볼거리를 따로 정하여 여는 전시회.《판화 기획전》

기후 (氣候) 어떤 곳에 두루 나타나는 날씨.《사막 기후》**비**기상.

기후대 (氣候帶) 기후가 비슷한 지역을 묶어서 구분해 놓은 것. 기온에 따라 열대, 온대, 한대 들로 나눈다.

기후도 (氣候圖) 넓은 지역의 기후를 나타낸 그림.

기후표 (氣候表) 여러 지역의 기후를 정리하여 글과 그림으로 나타낸 표.

긴가민가하다 그런지 그렇지 않은지 분명히 알지 못하다.《약속 날짜가 오늘인지 내일인지 긴가민가하네.》

긴급 (緊急) 아주 중요하고 급한 것.《긴급 뉴스》**긴급하다**

긴긴 길고 긴.《뱀, 곰, 개구리가 긴긴 겨울잠에서 깨어납니다.》**비**기나긴.

긴긴해 해가 떠서 질 때까지 동안이 아주 긴 여름날의 해.《긴긴해가 저물려면 아직 멀었는데 배가 고프다.》

긴꼬리쌕쌔기 풀숲에 사는 곤충. 앞날

개는 잿빛을 띤 황색이고, 머리와 앞가슴에 검은 갈색 줄무늬가 있다.

긴꼬리제비나비 참나무가 많은 산골짜기나 길가에서 볼 수 있는 나비. 몸과 날개가 크고 검은데, 날개 끝이 꼬리처럼 뻗어 있다.

긴담배풀 산과 들에 자라는 풀. 줄기와 잎에 털이 나 있고, 8~10월에 노란 꽃이 핀다. 어린순은 먹고 줄기, 잎, 뿌리는 약으로 쓴다.

긴뜨기 코바늘뜨기에서 바늘에 실을 걸고 한 번 감은 뒤에 한꺼번에 빼어 코를 뜨는 일.

긴말 쓸데없이 길게 하는 말.《긴말 필요 없이 당장 들어와.》**긴말하다**

긴밀하다 관계가 아주 가깝다.《두 나라는 긴밀한 관계를 이어 가기로 했습니다.》**긴밀히**

긴박감 (緊迫感) 어떤 일이 곧 일어날 것처럼 아주 급한 느낌.《금방이라도 싸울 것 같은 긴박감이 흘렀다.》

긴박하다 어떤 일이 곧 일어날 듯해 매우 급하고 마음에 여유가 없다.《산불이 마을로 번지자 상황이 긴박하게 돌아갔다.》비급박하다.

긴사상자 풀숲이나 나무 밑에서 자라는 풀. 온몸에 흰 털이 있고, 5~6월에 작고 흰 꽃이 핀다.

긴소리 글자로 쓰면 같아도 말할 때는 길게 내는 소리.《하늘에서 내리는 눈은 긴소리로 읽고, 사람의 눈은 짧은소리로 읽는다.》같장음. 참짧은소리.

긴숨 |북 길게 내쉬는 숨.《아슬아슬한 장면이 지나가자 사람들은 저마다 긴숨을 내쉬었다.》

긴알락꽃하늘소

긴꼬리제비나비

긴담배풀

긴사상자

긴알락꽃하늘소 꽃에 모이는 하늘소. 다른 하늘소보다 좀 작고, 몸이 가늘면서 길다. 날개는 딱딱하고 검정 바탕에 노란 무늬가 네 쌍 있다.

긴요하다 꼭 필요하거나 아주 중요하다.《할머니가 주신 돈은 잘 두었다가 긴요한 일에 쓸게요.》비요긴하다.

긴장 (緊張) 정신을 바짝 차리고 마음을 놓지 않는 것.《시험이 끝나자 긴장이 풀리면서 졸음이 왔다.》반이완. **긴장하다 긴장되다**

긴장감 (緊張感) 긴장한 느낌.《선생님이 회초리를 들고 들어오시자 교실 안에 긴장감이 감돌았어요.》

긴축 (緊縮) 씀씀이를 바짝 줄이는 일.《긴축 재정》**긴축하다 긴축되다**

긴파람 길게 부는 휘파람.《삼촌이 긴파람을 불면 누렁이가 달려 나온다.》

긴하다 꼭 필요하다. 또는 아주 중요하다.《나 좀 잘 테니 긴한 일이 아니면 깨우지 마.》**긴히**

긷다 두레박, 바가지 같은 것으로 물을 뜨다.《두레박으로 우물물을 긷습니다.》활긷는, 길어, 긷습니다.

길 |도로 1.땅 위에 사람, 자전거, 자동차들이 다닐 수 있는 너비로 죽 이어진 곳.《횡단보도가 아닌 곳에서 길을 건너면 위험하다.》비도로. 2.배나 비행기가 정해 놓고 다니는 곳.《이 강은 옛날부터 장삿배가 다니는 길로 이름난 곳이다.》3.사람이 다른 곳에 가는 방법이나 과정.《약도가 너무 엉성해서 지나가는 사람들에게 몇 번씩이나 길을 물어봐야 했다.》4.'길로' 꼴로 써서, 어떤 일이 일어나거나 끝나자마자

바로.《산불이 난 것을 보고 그 길로 달려가 소방서에 신고했다.》 5. 어떤 일을 해 나가는 방법이나 수단. 또는 자격이나 방향 같은 것.《잃어버린 지갑을 되찾을 길이 없을까?》 6. 어떤 곳으로 오거나 가는 가운데.《학교에서 돌아오는 길에 엄마 가게에 들렀다.》

길이 바쁘다 관용 서둘러서 가야 하다.《길이 바쁜데 버스가 오지 않아 애가 탄다.》

길이 열리다 관용 어떤 일을 할 방법이 생기다.《우주를 여행할 수 있는 길이 열리면 달나라에 가 보고 싶어.》

길 아니거든 가지 말고 말 아니거든 하지 마라 속담 말과 행동을 함부로 하지 말고, 바른길에서 벗어나는 일은 처음부터 하지 말라는 말.

길 버릇 1. 짐승을 가르쳐 사람 말을 잘 듣도록 버릇을 들인 것.《길이 잘 든 개는 똥오줌을 함부로 누지 않는다.》 2. 물건이 오래 쓰거나 잘 매만져서 쓰기 편하게 된 것.《새 운동화가 길이 들지 않아 발뒤꿈치가 아프다.》

길 세는 말 길이를 나타내는 말. 한 길은 어른 키만 한 길이이다.《열 길 물속은 알아도 한 길 사람 속은 모른다.》

길가 길 가장자리.《길가를 따라 개나리꽃이 피어 있다.》비길섶.

길거리 사람이나 차가 많이 다니는 길. 비거리.

길게 모래 섞인 갯벌 바닥에 구멍을 파고 사는 게. 몸통 가장자리와 다리에 털이 많고 집게발은 오톨도톨하다.

길괘 (吉卦) 좋은 점괘. 반흉괘.

길길이 1. 성이 나서 펄쩍펄쩍 뛰는 모

길게

양.《자기만 빼고 놀러 갔다고 길길이 날뛰더라니까.》 2. 여러 길이 될 만큼 아주 높이.《바람이 불자 불길이 길길이 치솟았다.》

길눈 전에 가 본 길을 잊지 않고 찾아가는 눈썰미.《나는 길눈이 어두워서 여러 번 가 본 곳도 잘 찾지 못한다.》

길놀이 풍물패나 탈춤패가 사람들의 눈길을 끌려고 길을 걸으면서 흥겹게 노는 것.

길다 기다랗다 1. 물체의 한 끝에서 다른 끝까지의 거리가 멀다.《바지가 너무 길어요.》반짧다. 2. 한 때에서 다른 때로 넘어가는 데 드는 시간이 오래이다.《여름이면 해가 길어서 저녁 일곱 시에도 환하다.》반짧다. 3. 말이나 글의 양이 많다.《엄마는 긴 소설을 좋아하신다.》반짧다. 바긴, 길어, 깁니다.

길고 짧은 것은 대봐야 안다 속담 잘하고 못하는 것은 겨루어 보아야 알 수 있다는 말.

길다 자라다 머리칼, 수염, 풀 같은 것이 자라다.《아빠 턱수염이 이틀 사이에 많이 길었다.》바기는, 길어, 깁니다.

길동무 길을 함께 가는 동무.《보름달을 길동무 삼아 밤길을 걸었다.》**길동무하다**

길동무가 좋으면 먼 길도 가깝다 속담 마음이 맞는 사람과 함께 일을 하면 힘도 덜 들고 결과도 좋다는 말.

길들다 1. 짐승이 사람 말을 잘 듣게 버릇이 들다.《잘 길든 강아지》 2. 물건이 오래 쓰거나 잘 매만져서 쓰기 편하게 되다.《가죽 허리띠가 덜 길들어 뻣뻣하다.》바길드는, 길들어, 길듭니다.

길들이다 짐승이나 물건을 길들게 하다.《오빠가 새 야구 장갑을 길들인다고 엉덩이로 깔고 앉았어요.》

길라잡이 → 길잡이.

길마 수레를 끌거나 짐을 실으려고 소나 말 등에 얹는 물건.

길마

길마중 찾아오는 사람을 길에 나가 맞이하는 것.《할머니가 오실 때는 제가 길마중을 나가요.》

길모퉁이 길이 꺾인 곳.

길목 1. 넓은 길에서 좁은 길로 들어가는 곳.《큰길에서 첫째 길목으로 들어오면 우리 집이 보여.》 2. 어떤 길을 가려면 꼭 거치게 되는 곳.《유선이가 다니는 길목에서 한참 기다렸다.》

길몽 (吉夢) 좋은 일이 있을 것 같은 느낌이 드는 꿈.《간밤에 돼지가 품 안에 뛰어드는 길몽을 꾸었다.》 반흉몽.

길바닥 길의 바닥.《길바닥에 널린 쓰레기를 우리가 모두 주웠어요.》

길섶 길 가장자리. 또는 길 옆.《학교로 가는 길섶에 코스모스가 활짝 피었다.》 비길가.

길손 먼 길을 가다 잠시 머무르거나 묵어가는 사람. 비과객, 나그네.

길쌈 실을 내어 천을 짜는 일.

길쌈놀이 마을 여자들이 한데 모여 길쌈하던 모습을 본뜬 놀이.

길어지다 길이나 동안이 길게 되다.《해가 많이 길어졌네.》 반짧아지다.

길이 거리 1. 한 끝에서 다른 끝까지의 거리.《이 옷은 소매 길이가 좀 길어.》 2. 어떤 때에서 다른 때까지의 동안.《'하지'는 한 해 가운데 낮의 길이가 가장 긴 날입니다.》

길이 오래 오래도록. 또는 오랫동안 내내.《다른 나라 동무들과 놀던 추억을 길이 간직하고 싶어요.》

길이길이 아주 오랫동안.《짝꿍이 준 생일 선물을 길이길이 간직할래요.》

길일 (吉日) 행운이 따른다고 여기는 날.《할머니는 길일을 골라 삼촌 혼례날을 잡으셨다.》

길잡이 길을 안내하는 사람. 또는 어떻게 하는지 방법을 알려 주거나 이끌어 주는 것.《너무 어두워서 길잡이 없이는 집을 못 찾겠어./초등학생을 위한 자연 관찰 길잡이》 같길라잡이.

길조 낌새 (吉兆) 좋은 일이 일어날 것 같은 느낌이나 분위기.《아침에 까치가 울면 집에 반가운 손님이 찾아올 길조로 여긴다.》 반흉조.

길조 새 (吉鳥) 좋은 일을 몰고 오거나 미리 알려 준다는 새.《예로부터 우리 겨레는 까치를 길조로 여겨 왔다.》

길짐승 개, 호랑이, 뱀처럼 땅 위에 발이나 몸을 붙이고 다니는 짐승들을 모두 이르는 말. 참날짐승.

길쭉길쭉 여럿이 다 길쭉한 모양.《엄마는 오늘도 길쭉길쭉 자라난 잡초를 뽑으시느라 바쁘십니다.》 **길쭉길쭉하다**

길쭉하다 길이가 조금 길다.《황새는 길쭉한 부리로 벌레를 잡아먹습니다.》 반짤막하다.

길차비 북 길을 떠날 차비.《서둘러 길차비를 하고 기차역으로 갔다.》

길하다 앞으로 좋은 일이 일어날 것 같다.《어젯밤 꿈에 돼지가 나왔으니 오늘 길한 일이 있겠다.》 반흉하다.

길흉 (吉凶) 좋은 일과 나쁜 일.

길흉화복 (吉凶禍福) 살면서 겪는 좋은 일과 나쁜 일. 《앞날의 길흉화복을 미리 알 수 있으면 얼마나 좋을까?》

김 기체 1. 뜨거운 물이나 먹을거리에서 연기처럼 허옇게 피어오르는 기체. 《갓 삶은 감자에서 김이 모락모락 난다.》 비수증기. 2. 수증기가 찬 물체에 닿아 작은 물방울로 엉긴 것. 《안경알에 김이 서려 앞이 잘 안 보인다.》 3. 숨쉴 때 입에서 나오는 더운 공기. 《아이들이 숨을 쉴 때마다 입에서 하얀 김이 쏟아져 나왔다.》 4. 콜라, 사이다, 맥주 같은 것에 들어 있는 이산화탄소. 《김이 빠진 사이다는 설탕물과 다름없다.》 5. 어떤 일을 할 때 느끼는 흥 같은 것. 《줄거리를 미리 다 얘기하면 김이 새서 영화 볼 맛이 나겠냐?》

김 바닷말 잔잔한 바다 속 바위에 붙어 자라는 바닷말. 주름진 얇은 천처럼 생겼고, 검은 자줏빛이나 푸른빛을 띤다. 음식으로 먹으려고 널리 기른다.

김 풀 논밭에 자라난 쓸모없는 풀. 《할아버지는 김을 매러 논에 나가셨다.》

김 기회 '김에' 꼴로 써서, '어떤 일을 기회로 삼아서'를 뜻하는 말. 《서울에 간 김에 전학 간 동무를 만나고 왔다.》

김매기 논밭에 자라난 쓸모없는 풀을 뽑는 일. 《제때에 김매기를 해 주지 않으면 벼가 잘 자랄 수 없어요.》 **김매기하다**

김발 1. 김을 기르는 데 쓰는 발. 김 홀씨가 붙어 자라게 바닷물에 담가 놓는다. 2. 김밥을 마는 데 쓰는 작은 발.

김밥 김 위에 밥과 소를 놓고 둘둘 말아 먹는 먹을거리.

김의털

김_바닷말

김빠지다 1. 사이다, 콜라 같은 것에서 탄산가스가 빠져나가 톡 쏘는 맛이 없어지다. 《김빠진 콜라》 2. 재미나 기운, 할 마음 들이 없어지다. 《옆 반과 축구 시합을 했는데 점수가 너무 벌어져서 김빠진 경기가 되고 말았다.》

김의털 산길이나 풀밭에 자라는 풀. 잎이 가늘면서 길고, 6~8월에 옅은 풀색 꽃이 핀다. 집짐승 먹이로 쓴다.

김장 겨우내 먹을 김치를 늦가을 무렵에 한꺼번에 많이 담그는 것. 또는 그렇게 담근 김치. **김장하다**

김장감 무, 배추 들처럼 김장을 담그는 데 필요한 재료.

김장독 김치를 담아 두는 독.

김장철 김장을 하는 때. 늦가을이나 초겨울을 이른다.

김치 소금에 절인 배추, 무 들에 양념을 넣고 버무린 뒤에 발효시킨 먹을거리. 《흰 쌀밥에 김치를 얹어 먹을 생각을 하니 금세 침이 고인다.》

김치 냉장고 김치만 따로 넣어 두고 쓰는 냉장고.

김치찌개 김치를 넣고 끓인 찌개.

김칫거리 무, 배추 들처럼 김치 담그는 데 필요한 먹을거리. **북**김치거리.

김칫국 1. 김치 국물. **북**김국, 김치물. 2. 김치를 넣어 끓인 국. **북**김치국.

김칫독 김치를 담아 두는 독. **북**김치독.

김칫소 김치 담글 때 절인 배추나 무에 넣는 소. 마늘, 파, 무채 들을 고춧가루에 버무려 만든다. **북**김치소.

김포 공항 (金浦空港) 서울시 강서구에 있는 공항. 도쿄, 상하이와 우리나라 안에서 다니는 비행기만 드나든다.

김포평야 (金浦平野) 한강 하류의 서쪽에 있는 평야. 땅이 기름져서 질 좋은 쌀이 나는 곳으로 알려져 있다.

김해 가락 오광대 경상남도 김해에 이어져 내려오는 탈놀이. 노장, 상좌, 어딩이, 무시르미, 포졸 들이 나온다.

김해평야 (金海平野) 낙동강이 바다로 흘러 들어가는 어귀에 있는 평야. 벼농사를 많이 짓고, 과일나무도 많이 심어 기른다.

깁다 떨어지거나 해진 곳에 다른 조각을 꿰매어 붙이다. 또는 서로 맞대어 꿰매다.《엄마, 양말에 구멍이 났으니 기워 주세요.》**바**깁는, 기워, 깁습니다.

깁스 (Gibs**독**) 부러지거나 금이 간 뼈를 움직이지 못하게 붕대를 감고 석고를 발라 단단하게 굳힌 것.

깃 새털 1. → 깃털. 2. 새 날개나 꽁지에 달린 긴 털.

깃 옷 1. 윗옷이나 저고리의 목에 둘러 앞에서 여미는 부분. 또는 윗옷 목둘레에 덧붙인 부분.《바람이 몹시 차서 겉옷 깃을 세우고 다녔어요.》**비**옷깃. 2. 이불 위쪽에 덧대는 천. **비**이불깃.

깃대 깃발을 달 때 쓰는 긴 막대기.

깃대종 어떤 고장에서 두드러지게 많이 보이는 동식물.《우리 동네 깃대종은 은행나무입니다.》

깃들다 느낌이나 기운 들이 담기다.《이 털장갑 한 올 한 올에는 엄마의 사랑이 깃들어 있어요.》**바**깃드는, 깃들어, 깃듭니다.

깃들이다 짐승이 보금자리를 마련하여 그곳에 들어 살다.《마을 앞 큰 나무에 까치가 깃들였다.》

깃발 깃대에 달린 기. 주로 펄럭이거나 나부끼는 기를 이른다.《깃발이 바람에 펄럭인다.》**같**기폭. **참**기. **북**기발.

깃봉 깃대 꼭대기에 꽂는 꽃봉오리처럼 생긴 장식.

깃털 새 몸에 나 있는 털. **같**깃.

깊다 1. 위쪽에서 밑바닥까지 또는 겉에서 속까지의 거리가 멀다.《깊은 산속 옹달샘》**반**얕다. 2. 생각이나 태도가 주위를 잘 헤아리고 조심스럽다.《병아리가 깨는 장면을 주의 깊게 살펴보았다.》**반**얕다. 3. 수준이 높거나 정도가 심하다.《할머니는 병이 깊어 오랫동안 고생하셨다.》**반**얕다. 4. 어떤 때나 상태가 된 지 오래다.《밤이 깊었으니 조심해서 가라.》 5. 관계가 서로 가깝다.《이 절이 불탄 것은 임진왜란과 깊은 관계가 있다.》

깊고 얕은 것은 건너 보아야 안다 속담 물이 깊은지 얕은지는 건너 보아야 알 수 있다는 뜻으로, 일은 해 보아야 알 수 있고 사람은 사귀어 보아야 알 수 있다는 말. **비**말은 타 봐야 알고 사람은 사귀어 봐야 안다, 물은 건너 보아야 알고 사람은 지내보아야 안다.

깊숙하다 깊고 으슥하다. 또는 꽤 깊다.《깊숙한 동굴》

깊이 길이 1. 위쪽에서 밑바닥까지 또는 겉에서 속까지의 길이.《강물 깊이가 꽤 깊다.》 2. 생각이나 태도에 깃든 헤아림이나 조심스러움.《선생님 말씀 하나하나에는 깊이가 있었다.》 3. 말, 글, 생각 같은 것이 지닌 알찬 정도나 무게.《이 문제를 풀려면 깊이 있는 생각이 필요하다.》

깊이 깊게 1. 위쪽에서 밑바닥까지 또는 겉에서 속까지의 길이가 길게. 《구덩이를 깊이 파고 나무를 심었다.》 2. 생각이나 태도가 무게 있고 조심스럽게. 《어떤 선물을 드리면 엄마가 좋아하실지 깊이 생각해 보았다.》 3. 수준이 높거나 정도가 심하게. 《이야기 내용에 아이들이 모두 깊이 감동하였다.》

까까 '과자'를 이르는 어린아이 말. 《아가야, 까까 줄게 이리 오렴.》

까까머리 머리털을 아주 짧게 깎은 머리. 또는 머리털을 아주 짧게 깎은 사람. **북**막머리.

까끌까끌 깔끄러운 느낌이 있는 모양. **까끌까끌하다** 《삼촌은 수염을 깎지 않아서 턱이 까끌까끌해요.》

까나리 바다 속 모랫바닥에 사는 바닷물고기. 가늘고 긴 몸에 등은 푸르고 배는 은빛이다.

까나오다 **북** 다 자란 새끼가 알 껍질을 까고 나오다. 《갓 까나온 병아리들이 무척 귀엽구나.》

까놓다 '까놓고' 꼴로 써서, 마음에 품은 생각을 숨김없이 털어놓다. 《톡 까놓고 말해서 주선이가 성격이 안 좋은 건 사실이야.》

까다 1. 껍질이나 껍데기를 벗기다. 《엄마가 마늘 까는 것을 도와 드렸다.》 2. 알을 낳거나 품어 새끼가 껍질을 깨고 나오게 하다. 《우리 집 암탉이 병아리를 네 마리 깠다.》

까기 전에 병아리를 세지 마라 **속담** 일이 이루어지기도 전에 이익을 따지거나 그것으로 다른 이익을 얻을 생각을 하지 말라는 말.

까다롭다 1. 성격이나 좋아하는 품이 남달리 까탈이 많고 별스럽다. 《너처럼 입맛이 까다로운 애는 처음 본다.》 2. 일, 조건, 내용 들이 다루기 어렵거나 복잡하다. 《책 내용이 무척 까다로워 읽는 데 시간이 많이 걸린다.》 **활**까다로운, 까다로워, 까다롭습니다.

까닥 **북** 고개나 손목을 가볍게 움직이는 모양. **까닥거리다 까닥대다 까닥이다 까닥하다 까닥까닥** 《철이는 고개를 까닥이면서 노래를 불렀다.》

까닭 어떤 일이 일어나거나 어떤 일을 하게 된 사정이나 내용. 《아기가 갑자기 우는 까닭을 모르겠어요.》 **비**원인, 이유.

까딱 **고개를** 고개나 손을 가볍게 위아래로 움직이는 모양. **까딱거리다 까딱대다 까딱이다 까딱하다 까딱까딱** 《지금 언니를 그리고 있으니까 손가락 하나 까딱하면 안 돼.》

까딱 **자칫** 조금이라도. 《길이 얼어서 까딱 잘못하면 넘어질 것 같다.》 **비**자칫.

까딱없다 아무 탈이 없다. 또는 처음대로 멀쩡하다. 《형은 몸이 튼튼해서 감기쯤에는 까딱없다.》 **참**끄떡없다.

까딱하면 조금이라도 잘못하면. 또는 자칫하면. 《까딱하면 다칠 수 있으니 마음을 놓지 마라.》 **비**하마터면.

까라지다 기운이 없어서 몸이 축 늘어지다. 《감기 탓인지 몸이 까라지면서 자꾸 졸리기만 하다.》

까르르 여자나 아이들이 한꺼번에 빠르고 가쁜 웃음을 터뜨리는 소리. **까르르거리다 까르르대다 까르르까르르** 《선생님의 우스꽝스러운 행동에 반 아

이들이 모두 까르르 웃었다.》

까리까리하다 |북 몹시 알쏭달쏭하다. 《답이 까리까리한 문제 몇 개 때문에 애를 먹었다.》

까마귀 낮은 산이나 마을 가까이에 사는 텃새. 몸이 큰 편이고 온몸이 까맣다. 낮고 쉰 듯한 목소리로 운다.

까마귀가 까치보고 검다 한다 속담 자기 허물은 생각하지 않고 남의 허물을 탓하는 사람을 빗대어 이르는 말.

까마귀가 아저씨 하겠다 속담 몸에 때나 먼지가 많아 시커멓거나 더러운 사람을 놀리는 말.

까마귀 검기로 살도 검을까 속담 겉모습만 보고 마음이나 됨됨이를 짐작해서는 안 된다는 말. 비가마가 검기로 밥도 검을까, 솥이 검다고 밥도 검을까.

까마귀 고기를 먹었나 속담 어떤 것이든 잘 잊는 사람을 놀리는 말.

까마귀 날자 배 떨어진다 속담 아무 관계가 없는 두 일이 같은 때에 일어나서 서로 관계가 있는 것처럼 의심을 받는다는 말.

까마귀도 내 땅 까마귀라면 반갑다 속담 고향 것이라면 다 좋고 다른 고장에서 고향 사람을 만나면 더욱 반갑다는 말.

까마귀밥여름나무 산 어귀에 자라는 잎지는나무. 잎은 손바닥 꼴이고 뒷면에 털이 있다. 봄에 꽃이 피고 가을에 열매가 붉게 익는다.

까마귀베개 남쪽 지방 산기슭에 자라는 잎지는나무. 5~6월에 작고 풀빛 도는 노란색 꽃이 피는데, 열매는 노랗다가 점점 검게 익는다. 북헛갈매나무.

까마귀쪽나무 바닷가 산기슭에 자라

까마귀

까마중

까막딱따구리

까마귀밥여름나무

까마귀베개

까마귀쪽나무

는 늘푸른나무. 10월에 노르스름한 흰 꽃이 피고, 이듬해에 푸른 보랏빛 열매가 열린다.

까마득하다 1. 거리가 아주 멀거나 길어서 아득하다. 《저쪽으로 가면 까마득한 낭떠러지가 나온다.》 2. 시간이 아주 오래되어서 기억이 아득하다. 《까마득한 옛날 일이라 기억이 잘 안 나요.》 비까맣다. 3. 어떻게 해야 할지 답답하고 막막하다. 《갑자기 비가 쏟아져 집에 돌아갈 일이 까마득했다.》 4. 전혀 알지 못하거나 기억이 안 나 막막하다. 《동무와 한 약속을 까마득하게 잊고 있었어.》 5. 몹시 뒤떨어지거나 차이가 아주 크다. 《저 아저씨는 아빠의 까마득한 후배다.》 **까마득히**

까마중 밭이나 길가에 절로 나서 자라는 풀. 여름에 희고 작은 꽃이 핀다. 줄기와 잎은 약으로 쓰고 까만 열매는 먹는다. 북깜또라지.

까막눈 글을 읽을 줄 모르는 것. 또는 그런 사람. 《그 할아버지는 까막눈이어서 신문을 읽지 못해요.》 북맹눈.

까막눈이 글을 전혀 모르는 사람.

까막딱따구리 숲에 사는 텃새. 몸은 검은색인데 수컷은 머리와 목덜미가 붉은색이고 암컷은 머리 뒷부분만 붉은색이다. 천연기념물 제242호.

까만색 숯이나 먹물과 같은 색. 반하얀색.

까맣다 1. 선명하고 짙게 검다. 《까만 눈동자》 반하얗다. 참가맣다, 꺼멓다. 2. '까맣게' 꼴로 써서, 기억하는 것이나 아는 것이 전혀 없다. 《내일이 동생 생일인 걸 까맣게 잊었지 뭐야.》 비까마득하다. **바**까만, 까매, 까맣습니다.

까매지다 까맣게 되다. 《방학 동안 시골 할머니 댁에 가서 뛰어놀았더니 얼굴이 까매졌어.》

까먹다 1. 껍질이나 껍데기를 벗기고 알맹이를 내어 먹다. 《귤을 세 개나 까먹었다.》 2. 알고 있던 것을 잊어버리다. 《숙제를 까먹고 안 해 가서 선생님께 혼났다.》 3. 보람 없이 다 써 버리다. 《용돈을 받자마자 홀랑 까먹었다.》

까무러치다 잠깐 정신을 잃고 쓰러지다. 《아주머니는 아들이 없어졌다는 말에 충격을 받고 까무러쳤다.》

까무잡잡하다 살갗이 조금 짙게 까맣다. 《땡볕에서 놀다가 얼굴이 까무잡잡하게 탔다.》 **참**가무잡잡하다.

까박 불빛이 I북 1. 불빛이 꺼졌다가 다시 켜지는 모양. 2. 눈을 잠깐 감았다가 뜨는 모양. **까박거리다 까박대다 까박하다 까박까박** 《바람이 불어 촛불이 까박까박한다./동생이 눈을 까박거리면서 내 얘기를 들었다.》

까박 트집 I북 트집을 잡아 핀잔을 주거나 시비를 거는 짓. **까박하다** 《그런 실수 가지고 까박하는 건 너답지 않아.》

까발리다 1. 껍질이나 껍데기를 벗겨 알맹이가 드러나게 하다. 《발로 밤송이를 까발려 알밤을 꺼냈다.》 2. 숨긴 일을 속속들이 들추다. 《동생이 오줌 싼 일을 이모한테 까발렸다.》

까부르다 곡식을 키에 담아 위아래로 흔들어 쓸모없는 것들을 날려 보내다. 《벼를 까불러 검불을 날립니다.》 **바**까부르는, 까불러, 까부릅니다.

까불- 가볍고 방정맞게 구는 모양. **까**

불거리다 까불대다 까불까불 《도형이가 선생님 앞에서 까불거리다가 꿀밤을 맞았다.》

까불다 1. 얌전하게 있지 않고 방정맞게 굴다. 또는 우스운 짓을 하면서 장난을 치다. 《동생이 또 원숭이처럼 까불면서 집 안을 어지러뜨렸다.》 2. 윗사람 앞에서 건방지게 굴거나 눈에 거슬리는 짓을 하다. 《짝꿍이 선생님 앞에서 까불다가 혼쭐이 났다.》 **바**까부는, 까불어, 까붑니다.

까슬까슬하다 살갗이나 물건의 거죽이 깔깔하고 거칠다. 《까까머리 동생의 까슬까슬한 머리를 만져 보았다.》

까옥 까마귀가 우는 소리. **까옥거리다 까옥대다 까옥까옥**

까지 어떤 낱말 뒤에 붙어, 1. '그곳에 이르도록'을 뜻하는 말. 《교문까지 누가 빨리 달리나 내기하자.》 **반**부터. 2. '그때에 이르도록'을 뜻하는 말. 《여덟 시 반까지 학교에 가야 돼.》 3. '조차' 나 '마저'를 뜻하는 말. 《우리 누나는 얼굴도 예쁜 데다가 마음씨까지 착하다.》 4. '그만큼이나' 나 '그 정도로'를 뜻하는 말. 《네가 그렇게까지 실망할 줄은 몰랐어.》

까지다 1. 살갗이 벗겨지다. 《체육 시간에 뛰다가 넘어져서 무릎이 까졌다.》 2. 머리털이 없어 살갗이 드러나다. 《홀딱 까진 머리》

까짓것 1. 대수롭지 않은 것. 또는 하찮은 것. 《까짓것 정도는 우리 집에도 있어.》 2. 어떤 일에 선뜻 나서거나 어떤 일을 마지못해 그만둘 때 쓰는 말. 《까짓것, 오빠가 다 알아서 해 줄 테니 걱

정 마라.》

까치 우리나라 어디서나 볼 수 있는 텃새. 머리에서 등까지 검고 윤이 나는데, 어깨와 배는 희다.

까치

까치걸음 까치발로 살금살금 걷는 걸음.《엄마가 전화하시는 틈에 까치걸음을 쳐서 밖으로 나왔다.》

까치발 뒤꿈치를 들고 발가락만으로 서는 것.《구경꾼이 하도 많아서 까치발을 하고 호랑이를 봤다.》

까치밥 까치 같은 날짐승을 먹이려고 따지 않고 가지에 몇 개 남겨 둔 감.

까치살무사 높은 산에 사는 뱀. 우리나라에 사는 살무사 가운데 가장 크고 독도 세다.

까치설날 설날의 전날. 섣달그믐을 이른다.

까치수염 산과 들의 축축한 풀밭에 자라는 풀. 온몸에 짧은 털이 나 있다. 여름에 작고 흰 꽃이 피고, 붉은 밤색 열매가 열린다. 북꽃꼬리풀.

까치살무사

까치집 1.까치의 둥지. 2.머리칼이 엉키고 붕 뜬 꼴을 빗대어 이르는 말.《머리가 까치집이 된 것도 모르고 심부름을 다녀왔다.》

까치수염

까치콩 → 편두.

까칠까칠하다 아주 까칠하다. 참꺼칠꺼칠하다.

까칠하다 살갗이나 털이 기름기가 없이 메마르고 거칠다.《밤새워 일하신 아빠 얼굴이 까칠하다.》참꺼칠하다.

까탈 흠이나 트집을 잡아 까다롭게 구는 짓.《동생이 또 엄마가 사 오신 옷을 가지고 까탈을 부린다.》

까투리 꿩의 암컷. 참장끼.

깍지_도구

깍깍 까마귀나 까치가 우는 소리.《아침부터 까치가 깍깍 울어 대니 오늘은 반가운 손님이 오시려나 보다.》

깍두기 무를 작고 네모나게 썰어서 소금에 절인 뒤에 양념과 함께 버무려 만든 김치.

깍둑썰기 채소, 과일 들을 깍두기처럼 네모나게 써는 것. **깍둑썰기하다**

깍듯하다 예의가 바르다. 또는 아주 공손하다.《선호는 웃어른께 깍듯하게 인사한다.》

깍쟁이 얄미울 만큼 약삭빠른 사람. 또는 자기 것을 지나치게 아끼고 남에게 베풀 줄 모르는 사람.

깍지 껍질 콩이나 팥 같은 것에서 알맹이를 까고 난 껍질.《팥 깍지》참꼬투리. 북깍대기.

깍지 손 열 손가락을 서로 엇갈리게 꽉 끼우는 것.《깍지 낀 손을 베개 삼아 잔디밭에 누웠다.》

깍지 연필깍지 몽당연필을 잡기 쉽게 자루에 끼워 쓰는 물건. 또는 심이 부러지지 않게 연필 끝에 씌우는 물건.

깍지 도구 논을 맬 때 손가락 끝에 끼워 손톱을 보호하는 도구.

깎다 1.칼 같은 것으로 과일 껍질을 얇게 벗겨 내다.《할머니가 사과를 깎아 주셨다.》2.머리카락, 털, 풀 같은 것을 자르다.《아빠를 따라 이발소에 가서 머리를 깎았다.》3.값을 낮추어 싸게 하다.《아저씨, 조금만 깎아 주세요.》4.나무나 돌 들을 다듬어 물건을 만들다.《이 의자는 돌을 깎아 만든 것이다.》5.자존심이나 체면 같은 것을 상하게 하다.《그런 유치한 짓은 네 체면

을 깎을 뿐이다.》

깎은 밤 같다 관용 젊은 남자의 차림새나 생김새가 말쑥하고 보기 좋다.《할머니는 내가 깎은 밤같이 잘생겼다고 하신다.》

깎아썰기 무, 감자, 파 같은 것을 연필 깎듯이 비스듬하게 써는 일.

깎아지르다 벼랑, 절벽 들이 칼로 깎은 듯이 가파르다.《깎아지른 벼랑》**바**깎아지른, 깎아질러, 깎아지릅니다.

깎이다 1.높이나 두께가 줄어들다.《새 칼을 쓰면 연필이 잘 깎여.》2.돈의 양이 줄다. 또는 점수나 등급 들이 낮아지다.《용돈이 천 원이나 깎였다.》3.자존심이나 체면 같은 것이 떨어지다.《체면 깎이는 일은 그만둬!》

깐깐하다 하는 짓이나 됨됨이가 빈틈없고 까다롭다.《반장이 선생님 대신 숙제 검사를 무척 깐깐하게 한다.》

깐죽거리다 놀리거나 듣기 싫은 말을 앞에서 자꾸 하다.《동생이 깐죽거려서 더 약이 오른다.》

깔개 바닥에 깔고 앉거나 눕거나 하는 물건.《차가운 교실 바닥에 깔개를 깔고 앉았다.》**북**까래.

깔깔 흔히 여자나 아이들이 참지 못하고 크게 웃는 소리. **깔깔거리다 깔깔대다**《내가 방귀를 뀌자 동무들이 깔깔대며 웃었다.》

깔깔하다 1.살갗에 닿는 느낌이 까칠까칠하다.《이 옷은 좀 깔깔한 느낌이 들어요.》**참**껄껄하다. 2.입 안이나 혀가 깔끄럽고 메마르다.《입 안이 깔깔해서 아무것도 먹고 싶지 않아요.》

깔끄럽다 살갗에 닿는 느낌이 거칠하고 따끔하다.《풀줄기가 무척 깔끄럽다.》**참**껄끄럽다. **바**깔끄러운, 깔끄러워, 깔끄럽습니다.

깔끔하다 1.모양이나 생김새가 깨끗하다.《누나 방은 언제 보아도 참 깔끔합니다.》2.솜씨 같은 것이 야물고 살뜰하다.《깔끔한 바느질 솜씨》

깔다 1.어떤 것을 평평하게 바닥에 펴 놓다.《나무 아래에 돗자리를 깔고 누웠다.》2.어떤 것을 밑에 두고 그 위를 누르다.《의자가 딱딱해서 방석을 깔고 앉았다.》3.눈길을 아래로 보내다.《아이들이 선생님 앞에서 눈을 아래로 깐 채 얌전히 앉아 있다.》4.느낌이나 소리, 분위기 같은 것을 어떤 것의 바탕으로 두다.《이 장면에서는 좀 더 밝은 음악을 배경으로 까는 게 좋겠다.》**바**까는, 깔아, 깝니다.

깔다귀 사람에게 극성스럽게 달라붙는 모기의 한 종류.

깔때기 액체를 흘리지 않게 담으려고 병 주둥이에 꽂는 나팔처럼 생긴 도구.

깔리다 1.어떤 것이 평평하게 바닥에 놓이다.《멍석이 깔린 마당에 곧 손님들이 들어찼다.》2.널리 퍼지거나 많이 널려 있다.《새벽길에 안개가 짙게 깔려 있었다.》3.느낌이나 소리, 분위기 들이 어떤 것의 바탕으로 놓이다.《선생님 말씀에는 우리들 잘못을 깨우쳐 주려는 뜻이 깔려 있다.》

깔보다 얕잡아 보다. 또는 우습게 보다.《작다고 깔보지 마.》**비**얕보다.

깔아뭉개다 1.세게 누르다.《꼬마들이 잔디를 다 깔아뭉갰다.》2.힘으로 억누르거나 무시하다.《친구들 의견을

갈아뭉개면 대체 어쩌라는 거야.》

깜깜하다 1. 몹시 어둡다.《깜깜한 다락방에 있으면 쥐가 튀어나올 것만 같아.》**참**껌껌하다, 캄캄하다. 2. 전혀 모르다.《세상일에 그렇게 깜깜해서야 앞으로 어떻게 살래?》**참**캄캄하다.

깜둥이 살갗이 까만 사람을 낮추어 이르는 말.

깜박 '깜빡'의 여린말. **깜박거리다 깜박대다 깜박이다 깜박깜박**

깜부기 밀이나 보리 같은 곡식 이삭이 깜부깃병에 걸려서 까맣게 된 것.

깜부기불 불꽃이 거의 없이 꺼져 가는 불.

깜부깃병 곡식에 병균이 살아서 생기는 병. 이삭이 까만 가루가 된다. **북**깜부기병.

깜빡 기억 1. 의식이 잠깐 흐려지는 모양. 2. 갑자기 생각나지 않거나 잊은 모양. **깜빡하다 깜빡깜빡**《할머니가 깜빡깜빡 졸고 계신다./준비물을 깜빡 잊었어.》

깜빡 빛 1. 빛이 어두워졌다가 다시 밝아지는 모양. 2. 눈을 잠깐 감았다가 뜨는 모양. **깜빡거리다 깜빡대다 깜빡이다 깜빡깜빡**《형광등이 깜빡깜빡한다./아이들이 눈을 깜빡이면서 선생님 이야기를 듣고 있다.》

깜작 눈을 살짝 감았다가 뜨는 모양. **깜작거리다 깜작대다 깜작이다 깜작하다 깜작깜작**《오빠는 아무 일도 없다는 듯이 눈만 깜작거렸다.》

깜짝 놀람 갑자기 놀라는 모양.《갑자기 쿵 소리가 나서 깜짝 놀랐어요.》

깜짝 눈을 '깜작'의 센말. **깜짝거리다 깜**짝대다 깜짝이다 깜짝하다 깜짝깜짝 **깜짝이야** 깜짝 놀랐을 때 하는 말.《깜짝이야! 문을 왜 그렇게 세게 닫아.》

깜찍하다 1. 작고 앙증맞게 귀엽다.《이모가 아주 깜찍한 옷을 사 주셨다.》 2. 어린아이가 얄미울 만큼 똘똘하다.《다섯 살짜리 아이가 참 깜찍하게 말을 잘한다.》

깝죽거리다 자꾸 까불거리면서 움직이다. 또는 잘난 체하고 아니꼽게 굴다.《민아가 깝죽거리는 꼴을 도저히 못 봐 주겠더라.》

깡 어렵고 힘든 일을 악착같이 버티는 힘이나 고집을 낮추어 이르는 말.《주인공은 외롭고 힘든 감옥 생활을 악과 깡으로 버텨 나갔다.》

깡그리 하나도 빠짐없이 모두.《집을 짓는다고 숲 속의 나무를 깡그리 베어 버렸다.》

깡똥하다 털이나 옷자락 같은 것의 길이가 지나치게 짧다.《바지가 깡똥해서 발목이 다 드러난다.》

깡마르다 몸에 살이 없어 몸이 지나치게 여위고 마르다.《갈비뼈가 드러날 만큼 깡마른 강아지가 나를 따라왔다.》**바**깡마른, 깡말라, 깡마릅니다.

깡충 짧은 다리를 모으고 힘껏 뛰어오르는 모양. **깡충거리다 깡충대다 깡충깡충**《토끼가 깡충깡충 뛰어갑니다.》

깡통 얇은 쇠붙이로 만든 통. 흔히 먹을거리를 담아 오래 두는 데 쓴다.

깡통을 차다 관용 거지가 되다.《놀기만 하면 나중에 깡통 찰지도 몰라.》

깡패 남한테 행패를 부리고 다니는 못된 사람이나 무리. **비**불량배.

깨 참깨나 들깨 들을 함께 이르는 말.
깨가 쏟아지다 ^{관용} 아기자기하고 재미있다.《무슨 얘기를 그리 깨가 쏟아지게 하니?》

깨끗이 깨끗하게.《이 책 깨끗이 읽고 돌려줄 테니 너무 걱정하지 마.》

깨끗하다 1.때나 먼지 들이 없어 더럽지 않고 말끔하다.《밥 먹기 전에 손을 깨끗이 씻어라.》^반더럽다. 2.물이나 공기에 잡것이 섞이지 않아 맑다.《깨끗한 시냇물》^반더럽다. 3.잘못이나 허물이 없어 바르고 떳떳하다. 또는 구김살이 없어 밝고 순수하다.《깨끗한 정치인/이 글에는 맑고 깨끗한 어린이 마음이 잘 나타나 있다.》 4.문제가 없이 말짱하다.《아저씨가 고장 난 라디오를 깨끗하게 고쳐 주셨다.》 5.남은 것이나 흔적이 전혀 없다.《김치 하나로 밥 한 그릇을 깨끗하게 비웠다.》

깨다 ^{잠에서} 1.잠들거나 술 취한 것에서 벗어나 정신이 맑아지다.《새벽녘에 들린 천둥소리 때문에 잠에서 깼다.》 2.생각이 열려 지혜롭게 되다.《우리 할머니는 집안일을 할아버지에게 맡기실 정도로 깬 분이시다.》

깨다 ^{유리를} 1.단단한 물건을 쳐서 조각나게 하다.《실수로 교실 유리창을 깼다.》^비부수다. 2.약속이나 규칙 들을 어기다.《이번에도 약속을 깨면 너랑 놀지 않을 거야.》 3.넘어지거나 부딪혀 상처를 내다.《자전거가 쓰러지는 바람에 팔꿈치를 깼다.》 4.어떤 일이나 기록 같은 것을 뛰어넘다.《우리나라 선수가 세계 기록을 깼다.》 5.어떤 분위기나 상태를 더 이어지지 못하게

하다.《반장이 무거운 교실 분위기를 깨고 입을 열었다.》

깨다 ^{알에서} 새, 거북, 뱀 같은 동물 새끼가 알에서 나오다.《독수리 새끼가 알에서 깨는 장면이 참말 신비로웠다.》

깨닫다 모르고 있던 것을 똑바로 알게 되다.《이 글을 읽고 가족의 소중함을 깨달았어요.》^바깨닫는, 깨달아, 깨닫습니다.

깨달음 어떤 것을 깨닫는 일.《이번 일에서 큰 깨달음을 얻었어요.》

깨뜨리다 1.단단한 물건을 쳐서 조각나게 하다.《일부러 유리창을 깨뜨린 것은 아니니 한 번만 용서해 주세요.》^북마스다. 2.약속이나 규칙 들을 어기다.《수연이가 아무 말도 없이 약속을 깨뜨렸다.》 3.어떤 일이나 기록 들을 뛰어넘다.《저 선수가 세계 기록을 깨뜨릴 수 있을까?》^북마스다. 4.어떤 분위기나 상태를 더 이어지지 못하게 하다.《요란한 헬리콥터 소리가 고요하던 마을 분위기를 깨뜨렸다.》

깨물다 1.깨지거나 으스러질 만큼 세게 물다.《터져 나오는 웃음을 참느라 입술을 깨물었다.》 2.밖으로 나타나려는 말이나 감정을 꾹 눌러 참다.《웃음을 깨물다./하품을 깨물다.》^바깨무는, 깨물어, 깨뭅니다.

깨소금 볶은 참깨에 소금을 넣고 빻아 만든 양념.

깨알 깨의 낱알.《깨알같이 작은 글씨》

깨어나다 1.잠들거나 술 취한 것 같은 몽롱한 상태에서 벗어나다.《물에 빠져 정신을 잃었던 사람이 이제야 깨어났대요.》 2.어떤 생각에 깊이 빠져 있다

가 돌아오다.《삼촌이 깊은 생각에서 깨어나면서 짧게 한숨을 쉬었다.》

깨우다 잠에서 깨게 하다. 또는 잠자는 사람을 일어나게 하다.《저는 엄마가 깨워 주시지 않아도 혼자서 잘 일어나요.》**반**재우다.

깨우치다 1.남을 가르쳐 어떤 사실을 깨닫게 하다.《아빠가 동생을 타일러 잘못을 깨우쳐 주셨다.》 2.어떤 사실을 깨달아 잘 알게 되다.《동생은 다섯 살 때 한글을 깨우쳤다.》**비**깨치다.

깨지다 1.단단한 물건이 조각나다. 《꽃병이 바닥에 떨어졌는데도 깨지지 않아 정말 다행이다.》 2.몸에 상처가 나다.《아스팔트에서 넘어져 무릎이 깨졌다.》 3.약속이나 규칙 들이 지켜지지 않다.《동무가 몸져눕는 바람에 약속이 깨졌다.》 4.어떤 일이나 기록 같은 것을 뛰어넘게 되다.《마라톤 세계 기록이 드디어 깨졌다.》 5.어떤 분위기나 상태가 더 이어지지 못하게 되다.《이번 사태로 두 나라 사이에 평화가 깨질 위기에 놓였다.》

깨치다 모르던 것을 깨달아 알게 되다. 《제 동생은 유치원에 들어가기도 전에 이미 한글을 깨쳤어요.》**비**깨우치다.

깨풀 길가나 밭둑에 자라는 풀. 온몸에 짧은 털이 있고, 7~8월에 꽃이 핀다. 어린순은 먹고 포기째 약으로 쓴다.

깻묵 깨에서 기름을 다 짜내고 남은 찌꺼기. 거름, 집짐승 먹이, 낚시 미끼 들로 쓴다. **북**깨묵.

깻잎 깨의 잎. 흔히 들깨의 잎을 이르는데, 쌈을 싸서 먹거나 조리하여 반찬으로 먹는다. **북**깨잎.

깽깽이풀

꺅도요

깨풀

깽깽이풀 산골짜기에 자라는 풀. 긴 잎자루 끝에 둥근 잎이 붙어 있고, 봄에 연보라색 꽃이 핀다. **북**산련풀.

꺅도요 논이나 호숫가에 사는 나그네새. 등은 검은 갈색, 배는 흰색이고, 목과 가슴에는 갈색 세로무늬가 있다.

꺼끌꺼끌 껄끄러운 느낌이 있는 모양. **꺼끌꺼끌하다**

꺼내다 1.속에 있는 것을 밖으로 나오게 하다.《냉장고에서 애호박 두 개만 꺼내 줄래?》 2.말을 시작하다.《네가 무슨 얘기를 꺼내려고 하는지 알아.》

꺼덕 |**북** '까닥'의 큰말. **꺼덕거리다 꺼덕대다 꺼덕이다 꺼덕하다 꺼덕꺼덕**

꺼뜨리다 잘못하여 불이나 기계 같은 것을 꺼지게 하다.《삼촌은 운전이 서툴러서 자꾸 시동을 꺼뜨렸다.》

꺼리다 1.두렵거나 싫어하여 피하다. 《성연이가 왜 나 보기를 꺼리는지 모르겠어.》 2.마음에 걸리다.《양심에 꺼리는 짓은 하지 않겠어.》

꺼림칙하다 마음에 걸리는 게 있어 꺼려지고 걱정스럽다.《동생을 집에 혼자 두고 놀러 나가기가 꺼림칙해.》

꺼멓다 어둡고 짙게 검다.《꺼먼 그을음》**반**허옇다. **참**거멓다, 까맣다. **바꿔** 먼, 꺼메, 꺼멓습니다.

꺼벅 |**북** '까박'의 큰말. **꺼벅거리다 꺼벅대다 꺼벅하다 꺼벅꺼벅**

꺼벙하다 1.생김새나 하는 짓이 야무지지 못하고 바보스럽다.《꺼벙해 보이는 애가 구구단을 줄줄 왼다니 놀랍다.》 2.생김새나 차림새가 엉성하고 더부룩하다.《거지 노릇을 해야 하니까 꺼벙하게 입는 게 좋겠어.》

꺼지다 사라지다 1. 불이나 빛이 없어지다. 《소방관 아저씨들이 고생한 덕에 불이 30분 만에 꺼졌다.》 2. 움직이던 기계가 멈추다. 《자동차 시동이 자주 꺼져 아빠가 무척 고생하신다.》 3. 목숨이 다하다. 또는 죽다. 《환자를 병원으로 서둘러 옮긴 덕에 꺼져 가던 목숨을 구할 수 있었다.》 4. '눈앞에서 사라지다'를 낮추어 이르는 말. 《내 눈앞에서 썩 꺼지지 못해!》

꺼지다 내려앉다 1. 바닥이 내려앉다. 《아파트 공사장에서 갑자기 땅이 꺼져 여러 사람이 다쳤다.》 2. 겉이 우묵하게 들어가다. 《동생이 오랫동안 아파서 두 볼이 푹 꺼졌다.》

꺼칠꺼칠하다 아주 꺼칠하다. 《시험 준비로 바쁜 삼촌 얼굴이 꺼칠꺼칠하다.》 참거칠거칠하다, 까칠까칠하다.

꺼칠하다 살갗이나 털이 기름기 없이 아주 메마르고 거칠다. 《동생의 꺼칠한 얼굴을 보기가 무척이나 안쓰럽다.》 참거칠하다, 까칠하다.

꺼풀 여러 겹으로 된 껍질이나 껍데기. 《양파 꺼풀은 벗겨도 자꾸 나온다.》

꺽저기 물풀이 자라는 맑은 강에 사는 민물고기. 갈색 몸통에 붉은 가로무늬가 있다.

꺽정이 강물 속 바닥과 돌 틈에 숨어 사는 민물고기. 몸통은 옅은 갈색이고, 군데군데 얼룩무늬가 있다.

꺽지 맑은 시냇물 속 바위틈이나 자갈 틈에 사는 민물고기. 몸이 옆으로 납작하고, 입과 주둥이가 크다. 우리나라에만 산다.

꺾꽂이 식물의 가지, 줄기, 잎 들을 꺾은 뒤에 흙에 꽂아 뿌리가 돋아나게 하는 일. **꺾꽂이하다**

꺾는소리 판소리나 전라도 민요 들을 부를 때 제 음보다 높은 소리를 짧게 냈다가 곧바로 내려 부르는 목소리.

꺾다 1. 어떤 것을 구부려서 부러지게 하다. 《길가에 핀 코스모스를 꺾어 엄마한테 갖다 드렸다.》 2. 허리, 팔, 다리 들을 구부리거나 접다. 《선생님께 허리를 꺾어 공손하게 인사를 드렸다.》 3. 생각, 뜻, 고집 들을 버리거나 버리게 하다. 《그런 작은 문제 때문에 우리들의 뜻을 꺾을 수는 없다.》 4. 경기나 싸움에서 상대방을 눌러 이기다. 《우리나라 선수가 강력한 우승 후보를 꺾고 결승전에 나아갔다.》 5. 기운이나 기세를 누르다. 《링 위에 마주선 두 선수가 상대의 기를 꺾으려고 입씨름을 벌인다.》 6. 방향을 'ㄱ'자 모양으로 바꾸다. 《우체국 앞에서 오른쪽으로 꺾어서 조금만 더 걸어오세요.》

꺾은선 그래프

꺾은선 그래프 수량을 점으로 찍고 그 점들을 곧게 이은 그래프.

꺾이다 1. 구부러지거나 부러지다. 《거센 바람 때문에 나뭇가지가 모두 꺾였다.》 2. 기운, 기세, 고집 같은 것이 눌리거나 수그러들다. 《비가 오고 나서 더위가 한풀 꺾였다.》

껄껄 남자 어른이 시원스러운 목소리로 크게 웃는 소리. **껄껄거리다 껄껄대다** 《할아버지가 손자의 재롱을 보고 껄껄 웃으신다.》

껄껄하다 살갗에 닿는 느낌이 꺼칠꺼칠하다. 《농사꾼 손은 모두 껄껄한 것 같아.》 참깔깔하다.

꺽저기

꺽정이

꺽지

껄끄럽다 1.살갗에 닿는 느낌이 까슬까슬하고 따갑다.《모시 이불은 시원하기는 한데 좀 껄끄러워.》 **참**깔끄럽다. 2.어떤 일을 하기가 조금 어색하고 싫다.《며칠 전에 싸운 채은이와 한자리에 있기가 영 껄끄럽다.》 **바**껄끄러운, 껄끄러워, 껄끄럽습니다.

껄끔하다 꺼칠한 것에 닿아서 살갗이 따끔하다.《때를 좀 세게 밀었더니 살갗이 껄끔해서 못 견디겠다.》

껄렁하다 사람됨이나 하는 꼴이 허술하고 너절하다.《그렇게 껄렁한 옷차림으로 세배 드리러 가겠다고?》

껌 고무에 설탕, 박하 같은 것을 섞어서 만든 과자. 씹으면서 단물을 빼어 먹는다.

껌껌하다 아주 어둡다.《달도 별도 뜨지 않은 몹시 껌껌한 밤이었다.》 **참**깜깜하다, 컴컴하다.

껌벅 '깜박'의 큰말. **껌벅거리다 껌벅대다 껌벅이다 껌벅껌벅**

껌뻑 '깜빡'의 큰말. **껌뻑거리다 껌뻑대다 껌뻑이다 껌뻑껌뻑**

껌팔이 이곳저곳 돌아다니면서 껌을 파는 사람을 낮추어 이르는 말.

껍데기 1.달걀, 조개, 호두 같은 것의 겉을 싸고 있는 단단한 것.《바닷가에서 조개껍데기를 주워 왔다.》 **참**알맹이. 2.알맹이를 빼낸 뒤에 남은 물건.《과자 껍데기를 길에 함부로 버리지 말자.》 3.내용은 없고 모양만 그럴듯한 것을 빗대어 이르는 말.《그날 행사는 껍데기만 요란했다.》

껍질 어떤 것의 겉을 덮은 물렁한 물질.《양파 껍질》

–껏 1.어떤 낱말 뒤에 붙어, '~을 다하여'나 '~이 닿는 대로'라는 뜻을 더하는 말.《재주껏/정성껏/힘껏》 2.때를 나타내는 낱말 뒤에 붙어, '~에 이르기까지'라는 뜻을 더하는 말.《지금껏/여태껏》

껑충 긴 다리를 모으고 힘껏 뛰어오르는 모양. **껑충거리다 껑충대다 껑충껑충**《대학에 합격했다는 소식을 듣고 삼촌은 기뻐서 껑충껑충 뛰었다.》

껑충하다 키가 눈에 띄게 크고 다리가 길다.《못 본 사이에 키가 껑충하게 컸구나.》

께 할머니께 '에게'나 '한테'의 높임말.《할아버지께 과일 좀 깎아 드릴래?》

–께 붙는 말 때나 곳을 나타내는 낱말 뒤에 붙어, '언저리'나 '무렵'이라는 뜻을 더하는 말.《송아지가 다가와 동희의 허리께를 쿡쿡 받았습니다./이달 말께 시골 할머니 댁에 간다.》

께서 '가'나 '이'의 높임말.《선생님께서 말씀하신다.》

께적께적 어떤 일을 마음에 탐탁하지 않은 듯이 게으르게 하는 모양.

껴안다 두 팔로 감싸 안다.《아빠는 자기 전에 저를 껴안고 뽀뽀를 하세요.》

껴입다 입은 옷 위에 다른 옷을 또 입다. 또는 겹쳐 입다.《속옷을 한 장 더 껴입으니 한결 따뜻했다.》

꼬깃꼬깃 마구 구겨진 모양. 또는 여러 번 접힌 모양.《할아버지께서 주신 만 원짜리를 꼬깃꼬깃 접어서 지갑에 넣었다.》 **꼬깃꼬깃하다**

꼬까신 어린아이가 신는 알록달록한 신발. 어린아이한테 하는 말이다.《설

날 아침에는 때때옷을 입고 꼬까신을 신어요.》

꼬까옷 어린아이가 입는 알록달록한 옷. 어린아이한테 하는 말이다.《다인 아, 꼬까옷 예쁘게 차려입고 어디 가니?》 **같**고까옷. **비**때때옷.

꼬꼬 1.어린아이가 '닭'을 이르는 말. 2.암탉이 우는 소리.

꼬꼬닭 어린아이가 '닭'을 이르는 말.

꼬꼬댁 닭이 놀라거나 알을 낳은 뒤에 크게 우는 소리. **꼬꼬댁꼬꼬댁**

꼬끼오 수탉이 소리 높여 우는 소리.

꼬나보다 못마땅한 눈초리로 남을 흘겨 보다.《자기가 잘못해서 혼나고서 괜히 나를 꼬나본다.》

꼬다 1.가는 줄 여러 가닥을 비벼서 한 줄로 만들다.《새끼를 꼬아 짚신을 삼는 것을 구경했어요.》2.몸을 이리저리 뒤틀거나 감다.《얼마나 쑥스러우면 몸을 저리 배배 꼴까?》

꼬드기다 어떤 일을 하자고 꾀거나 부추기다.《내 동생 꼬드겨서 무슨 짓을 하려고 그래?》

꼬들꼬들 밥알 같은 것이 말라서 딱딱해진 모양. **꼬들꼬들하다**

꼬라박다 1.몸이나 탈것을 어떤 곳에 거꾸로 처박다.《어떤 사람이 술에 취해 운전하다가 차를 개울에 꼬라박고 말았다.》2.돈 같은 것을 어떤 일에 모두 써 없애다.《부모가 물려준 돈을 노름에 꼬라박다니 한심하기 짝이 없다.》

꼬락서니 '꼴'을 아주 낮추어 이르는 말.《비에 젖은 꼬락서니가 마치 물에 빠진 생쥐 같다.》

꼬랑지 '꼬리'를 낮추어 이르는 말.

꼬르륵 배고플 때 배 속에서 나는 소리. **꼬르륵거리다 꼬르륵대다 꼬르륵꼬르륵**《아침을 굶었더니 수업 시간 내내 배가 꼬르륵거린다.》

꼬리 짐승 몸뚱이 맨 끝에 달린 가늘고 긴 것.《강아지가 나를 보더니 꼬리를 흔들며 다가왔다.》 **참**꽁지.

꼬리가 길다 **관용** 1.나쁜 짓을 오래 하다.《꼬리가 길면 언젠가는 잡히지.》 2.어떤 곳에 드나들면서 문을 꼭 닫지 않다.《누구 꼬리가 이렇게 길어서 찬 바람이 들어오는 거야?》

꼬리를 감추다 **관용** 달아나거나 사라지다.《진실이 드러나자 헛소문은 슬그머니 꼬리를 감추었다.》

꼬리를 드러내다 **관용** 본디 모습을 보이다.《소문만 많던 대담한 도둑이 마침내 꼬리를 드러냈다.》

꼬리를 물다 **관용** 끊임없이 이어지다.《나쁜 소문이 꼬리를 물고 들렸다.》

꼬리를 밟히다 **관용** 몰래 하던 짓을 들키다.《혼자서 몰래 꾸며 온 일인데 누나한테 꼬리를 밟혔다.》

꼬리가 길면 밟힌다 **속담** 나쁜 짓을 오래 하면 결국 들키고 만다는 것을 빗대어 이르는 말. **비**고삐가 길면 밟힌다.

꼬리깃 '꽁지깃'을 잘못 쓴 말.

꼬리뼈 등뼈 맨 아래쪽에 있는 뾰족한 뼈.

꼬리잡기 아이들이 많이 하는 민속놀이. 여럿이 두 편으로 나누어 앞사람 허리를 잡고 한 줄로 늘어서서 맨 앞사람이 상대편 맨 뒷사람을 붙잡는다.

꼬리지느러미 물고기 몸 맨 끝에 있는 지느러미.

꼬리진달래 양지바른 산기슭에 자라는 늘푸른나무. 봄에 흰 꽃이 여러 송이 모여 피고, 가을에 밤색 열매가 여문다.

꼬리치레도롱뇽 깊은 산속 계곡에 사는 도롱뇽. 눈이 툭 튀어나오고 꼬리가 길다. 온몸에 샛노란 점이 많다.

꼬리표 남한테 부칠 물건에 주소나 이름 들을 적어 한쪽 끝에 매다는 쪽지.

꼬리하루살이 물가에 사는 하루살이. 머리는 검고 가슴과 배는 검은 갈색인데, 긴 꼬리가 두 개 있다. 애벌레는 흐르는 물에서 자란다.

꼬마 어린아이나 조그만 것을 귀엽게 이르는 말.《꼬마야, 형이랑 구슬치기 할까?》

꼬마물떼새 바닷가나 호숫가에 사는 여름새. 등 쪽은 잿빛을 띤 갈색, 배 쪽은 흰색이다. 눈 둘레에 노란 고리 모양 띠가 뚜렷하게 있다.

꼬마전구 작은 전구. 흔히 손전등에 넣거나 나무 같은 것을 꾸미는 데 쓴다.

꼬막 바닷가 모래 진흙 속에 사는 조개. 볼록하고 단단한 껍데기에 부챗살 모양으로 골이 져 있다.

꼬맹이 '꼬마'를 낮추어 이르는 말.

꼬무락- 몸의 한 부분을 조금씩 느릿느릿 움직이는 모양. **꼬무락거리다 꼬무락대다 꼬무락꼬무락**《아기가 발가락을 꼬무락꼬무락 움직인다.》

꼬물- 작은 동물이 조금씩 느릿느릿 움직이는 모양. **꼬물거리다 꼬물대다 꼬물꼬물**《배추벌레가 꼬물꼬물 기어간다.》

꼬박 밤을 어떤 상태로 고스란히.《책을

꼬리진달래

꼬리치레도롱뇽

꼬리하루살이

꼬마물떼새

꼬막

읽느라 밤을 꼬박 샜다.》

꼬박 머리를 머리나 몸을 조금 숙였다가 드는 모양. **꼬박거리다 꼬박대다 꼬박이다 꼬박꼬박**《동우가 난로 앞에서 꼬박거리면서 졸고 있다.》

꼬박꼬박 1. 한 번도 어김없이 계속 하는 모양.《아침을 꼬박꼬박 챙겨 먹고 다니렴.》 2. 남이 시키는 대로 하는 모양.《순이는 선생님이 시키시는 대로 꼬박꼬박 숙제를 다 한다.》

꼬부라지다 한쪽으로 심하게 구부러지거나 휘다.《오른쪽으로 꼬부라진 골목 끝에 우리 집이 있다.》

꼬부랑 꼬불꼬불하게 휜 모양. **꼬부랑거리다 꼬부랑대다 꼬부랑꼬부랑**《꼬부랑꼬부랑 구부러진 고갯길》

꼬부랑길 꼬불꼬불하게 이리저리 구부러진 길.

꼬부리다 한쪽으로 굽거나 휘게 만들다.《손가락을 꼬부려 새 발톱처럼 만들어 보세요.》 참꾸부리다.

꼬불- 이리저리 꼬부라진 모양. **꼬불거리다 꼬불대다 꼬불꼬불**《담쟁이 줄기가 꼬불꼬불 담을 타고 올라간다.》

꼬불탕- 크게 꼬부라져 있는 모양. **꼬불탕거리다 꼬불탕대다 꼬불탕하다 꼬불탕꼬불탕**

꼬빡 밤을 '꼬박'을 힘주어 이르는 말.

꼬빡 머리를 '꼬박'의 센말. **꼬빡거리다 꼬빡대다 꼬빡꼬빡**

꼬시래기 바닷가 바위에 붙어 자라는 바닷말. 검붉은 빛깔을 띠고, 긴 머리카락처럼 생겼다. 나물로 먹는다.

꼬이다 1. 줄 같은 것이 비틀려서 얽히다.《실이 잔뜩 꼬여서 어떻게 풀어야 할지 모르겠어요.》 2. 일이 마음먹은 대로 되지 않고 엉키다. 《일이 한 번 꼬이기 시작하니까 자꾸 꼬이네.》

꼬장꼬장하다 성미가 곧고 깐깐하다. 《새 교장 선생님은 무척 꼬장꼬장한 분 같다.》

꼬집다 1. 손톱이나 손가락으로 살을 비틀어 집다. 《눈이 감길 때마다 허벅지를 꼬집어 가면서 잠을 쫓았다.》 2. 어떤 것을 꼭 짚어 가리키다. 《꼬집어 말할 수는 없어도 네 행동이 마음에 들지는 않아.》 3. 남의 허물이나 잘못을 일부러 꼭 짚어 말하다. 《동무의 잘못을 꼬집어야 속이 시원하니?》

꼬집어 말하다 ^{관용} 분명하게 가리켜 말하다. 《나는 새별이가 왜 좋은지 꼬집어 말할 수 없다.》

꼬챙이 끝이 뾰족한 가늘고 긴 막대기. 《꼬챙이에 꿴 곶감.》 ^같꼬치.

꼬치 1. 꼬챙이에 꿴 먹을거리. 2.→ 꼬챙이.

꼬치꼬치 1. 몸이 바싹 여위어 마른 모양. 《고모는 암에 걸려서 온몸이 꼬치꼬치 말랐다.》 2. 낱낱이 따지면서 캐묻는 모양. 《계산이 맞는지 꼬치꼬치 따져 보았다.》

꼬투리 1. 콩이나 팥의 알맹이를 싼 껍질. ^참깍지. 2. 남을 성가시게 하거나 헐뜯을 거리. 《형은 내가 하는 일마다 꼬투리를 잡아 방해한다.》

꼭 ^{반드시} 1. 어떤 일이 있어도 반드시. 《약속 꼭 지킬 테니 걱정 마.》 2. 생각이나 마음에 딱 맞게. 《내 맘에 꼭 드는 선물이야.》 3. 마치. 또는 비슷하게. 《꼭 천당에라도 온 기분인걸.》

꼭 ^{힘껏} 힘주어 누르거나 조이거나 잡는 모양. 《동무와 손을 꼭 잡았다.》

꼭꼭 1. 드러나지 않게 단단히 숨거나 잠그거나 넣어 둔 모양. 《꼭꼭 숨어라, 머리카락 보일라.》

꼭대기 가장 높은 곳. 《북한산 꼭대기/ 나무 꼭대기》

꼭두각시 1. 꼭두각시놀음에 쓰는 인형. 2. 남이 시키는 대로 움직이는 사람을 빗대어 이르는 말. ^같괴뢰.

꼭두각시놀음 → 꼭두각시놀이.

꼭두각시놀이 꼭두각시 인형을 가지고 놀던 우리나라 전통 인형극. 남사당 꼭두각시놀이와 서산 박첨지놀이가 있다. 남사당 꼭두각시놀이 인형에는 박첨지, 꼭두각시, 덜머리집, 홍동지, 작은박첨지 들이 있고, 서산 박첨지놀이 인형에는 박첨지, 큰마누라, 상좌, 작은마누라, 홍동지 들이 있다. 중요 무형 문화재 제 3호. ^같꼭두각시놀음.

꼭두새벽 아주 이른 새벽. 《해돋이를 보려면 꼭두새벽에 일어나야 해.》 ^비첫새벽. ^북신새벽, 어뜩새벽.

꼭지 1. 잎이나 열매를 가지에 달려 있게 하는 짧은 줄기. 《수박 꼭지》 2. 주전자나 냄비 같은 것의 뚜껑에 달려 있는 오똑한 손잡이. 《주전자 뚜껑에 꼭지가 달려 있다.》 3. 물이나 가스를 나오게 하거나 막는 데 쓰는 장치. 《수도 꼭지에서 물이 샌다.》 4. 종이 연을 꾸미려고 머리 가운데에 붙이는 종이. 《푸른 종이로 꼭지를 만들어 연 머리에 붙였다.》 5. 가늘고 긴 물건을 쥘 때 한 줌에 들어갈 만한 양을 세는 말. 《엄마가 미역 두 꼭지를 사 오셨다.》

꼭두각시_남사당
꼭두각시놀이

꼭지가 물러야 감이 떨어진다 속담 어떤 일이든지 때가 무르익어야 잘할 수 있다는 말.

꼭지각 이등변 삼각형에서 길이가 같은 두 변이 만드는 각.

꼭지쇠 전구 밑에 볼록하게 튀어나온 쇠붙이. 이곳으로 전기가 흘러 불이 켜진다.

꼭지연 머리 가운데에 동그란 색종이를 오려 붙인 연.

꼭짓점 도형에서 두 변이 만나는 점.

꼴 모양 1. 겉으로 보이는 모습이나 생김새.《낮은 'ㄱ'자 꼴로 생겼다.》비모양, 생김새. 2. 좋지 않은 생김새나 형편 같은 것을 낮추어 이르는 말.《형이비 맞은 생쥐 꼴로 들어왔다.》

꼴 풀 말, 소 같은 집짐승에게 먹이는 풀. 비목초.

-꼴 붙는 말 수나 양을 나타내는 낱말 뒤에 붙어, '전체에 견주어 얼마인 셈'이라는 뜻을 더하는 말.《귤 다섯 개에 천 원이니 한 개에 이백 원꼴이다.》

꼴깍 적은 양의 물이나 음식이 목구멍으로 한꺼번에 넘어가는 소리. 또는 그 모양. **꼴깍거리다 꼴깍대다 꼴깍꼴깍**《고기 굽는 냄새에 침이 꼴깍꼴깍 넘어간다.》

꼴등 → 꼴찌.

꼴딱 물을 적은 양의 물이나 음식을 목구멍으로 한꺼번에 삼키는 소리. 또는 그 모양. **꼴딱거리다 꼴딱대다 꼴딱꼴딱**《사탕을 먹다가 그만 꼴딱 삼켜 버렸다.》

꼴딱 밤을 1. 밤을 새우는 모양.《설날 밤에 언니들과 윷놀이를 하면서 밤을

꼴뚜기

꼴딱 새웠다.》 2. 해가 다 넘어가는 모양.《해가 뒷산으로 꼴딱 넘어갔다.》

꼴뚜기 얕은 바다에 사는 뼈 없는 동물. 둥근 몸통에 다리가 열 개 달려 있다. 오징어와 비슷하나 훨씬 작다.

꼴불견 하는 짓이나 차림새가 못 보아 줄 만큼 우스꽝스럽고 흉한 것.《이모가 일부러 너덜너덜 해진 옷을 입고 다니는 것은 정말 꼴불견이다.》

꼴사납다 꼴이나 하는 짓이 흉하다.《그렇게 꼴사나운 차림으로 어디 가?》바꼴사나운, 꼴사나워, 꼴사납습니다.

꼴찌 차례나 순서가 맨 마지막인 것. 같꼴등.

꼼꼼하다 성격이나 태도가 차분하고 빈틈없다.《편지를 다 쓴 뒤에 틀린 글자가 없는지 꼼꼼하게 살폈다.》

꼼지락 1. 손가락이나 발가락 같은 몸의 한 부분을 조금씩 천천히 움직이는 모양. 2. 작은 동물이 조금씩 천천히 움직이는 모양. **꼼지락거리다 꼼지락대다 꼼지락꼼지락**《주머니 속에서 손가락만 꼼지락거렸다.》

꼼짝 아주 조금 움직이는 모양.《내가 갈 때까지 꼼짝 말고 거기 있어야 해.》
꼼짝하다

꼼짝달싹 주로 '못하다'와 함께 써서, 아주 조금 몸을 움직이는 모양.

꼼짝없이 어쩔 수 없이. 또는 도무지 빠져나갈 수 없이.《방학 동안 꼼짝없이 집에 갇혀서 지냈습니다.》

꼽다 1. 수를 세려고 손가락을 하나나 꼬부리다.《손가락 꼽아 기다리던 생일이 이틀 앞으로 다가왔어요.》 2. 보기로 들다. 또는 첫머리에 두다.《조

선의 가장 이름난 군인으로는 이순신 장군을 꼽을 수 있습니다.》

꼽추 → 곱사등이.

꼿꼿하다 1. 휘지 않고 곧고 단단하다. 《대나무 줄기는 소나무와 달리 꼿꼿하게 뻗어 나갑니다.》 **참**꿋꿋하다. 2. 뜻, 생각, 정신 같은 것이 굳세고 바르다. 《신채호 선생님은 성품이 대쪽같이 꼿꼿한 분이셨습니다.》 **참**꿋꿋하다.

꽁 작고 가벼운 것이 단단한 것에 부딪칠 때 나는 소리. 《형이 내 머리를 꽁 쥐어박았다.》 **꽁꽁**

꽁꽁 1. 몹시 차고 단단하게 언 모양. 《날씨가 너무 추워서 논바닥이 꽁꽁 얼어붙었다.》 **참**꽝꽝. 2. 단단하게 꽉 묶거나 죄는 모양. 《상자 뚜껑이 열리지 않게 끈으로 꽁꽁 묶었다.》

꽁무니 1. 사람이나 짐승 몸에서 엉덩이가 있는 뒷부분. 《영수는 종일 누나 꽁무니만 쫓아다닌다.》 2. 길쭉하게 생긴 것의 맨 뒷부분. 《민수는 떠나가는 버스 꽁무니만 맥없이 바라보았다.》

꽁무니를 빼다 **관용** 슬그머니 사라지거나 달아나다. 《여우는 호랑이가 나타나자 꽁무니를 뺐다.》

꽁무니를 사리다 **관용** 슬그머니 물러서거나 달아나려 하다. 《겨루어 보지도 않고 꽁무니를 사리지 마.》

꽁보리밥 보리쌀로만 지은 밥. **북**강보리밥.

꽁숫줄 방패연에서 세로로 붙이는 댓살 아래쪽에 잡아매는 줄.

꽁알- 남이 알아듣지 못하게 혼잣말로 중얼거리는 모양. **꽁알거리다 꽁알대다 꽁알꽁알**

꽁지 새 꽁무니에 꼬리처럼 붙은 깃. **참**꼬리.

꽁지 빠진 새 같다 **속담** 점잖지 못해 보이거나 차림이 볼품없다는 말.

꽁지깃 '꽁지'를 힘주어 이르는 말. **✕**꼬리깃.

꽁지다 |**북** 1. 어떤 것을 꽁꽁 동여매거나 조금씩 꾸려서 묶다. 《할머니께서 주신 꽃씨를 잘 꽁져서 찬장에 넣어 두었다.》 2. 사람이나 짐승을 붙잡아서 묶다. 《일본 순사들이 들이닥쳐 마을 남자들을 모두 꽁져 갔다.》

꽁초 피우고 남은 담배 도막.

꽁치 바다의 수면 가까이 사는 바닷물고기. 몸이 가늘고 긴데 주둥이가 뾰족하다. 등은 검푸르고 배는 은빛 도는 흰색이다.

꽁치

꽁하다 1. 언짢고 서운하여 마음속에 응어리가 있다. 《꽁해 있지 말고 이리 와서 일 좀 도와라.》 2. 마음이 너그럽지 못하여 속이 좁다. 《저 녀석, 꽁한 성질은 여전하네.》

꽂다 1. 물건을 바닥에 박아 세우거나 틈, 구멍 같은 곳에 끼워 넣다. 《엄마가 동생이 꺾어 온 진달래를 꽃병에 꽂으셨다.》 2. 책 같은 것을 책꽂이 같은 데에 끼워 넣다. 《다 읽은 책은 원래 자리에 꽂아 줘.》 3. 비녀나 핀 같은 것을 빠지지 않게 끼우다. 《소영이가 선물로 받은 노란 핀을 꽂고 나왔다.》

꽂이 물건을 꽂아 두는 도구. 《연필꽂이/우산 꽂이》

꽂히다 어떤 것이 박히거나 끼이다. 《책장에 책이 많이 꽂혀 있다.》

꽃 식물의 줄기나 가지에 여러 빛깔과

꽃

벚꽃

꽃은 이 세상 많은 사람들이 사랑해요. 생김
새와 빛깔이 예쁘고 좋은 냄새가 나니까요.
꽃이 예쁘게 보이고, 냄새가 향기롭게 느껴지는
까닭은 무엇일까요? 그 꽃에 맺히는 열매가 맛있
고 사람 몸에 좋기 때문인지도 몰라요. 홀씨로 퍼
지는 식물을 빼면 세상에서 꽃이 피지 않는 식물은
드물어요. 꽃에는 암술과 수술이 있는데, 수술에
있는 꽃가루가 암술머리에 옮겨 붙어 열매를 맺어
요. 어떤 꽃은 나비나 벌 같은 곤충이 꽃가루를 옮
겨 주지만, 꽃 피는 식물은 거의 다 바람이 꽃가루
받이를 시켜 주어요.

과꽃

사과나무 꽃

돼지감자 꽃

모과나무 꽃

초평조팝나무 꽃

찔레꽃

맨드라미

달맞이꽃

큰개여뀌

참나리

금낭화

은방울꽃

용담

도라지 꽃

패랭이꽃

닭의 장풀

금불초

나팔꽃

붓꽃

꿀풀

해바라기

개맨드라미

봉숭아

모양으로 피어나는 것. 대개 빛깔이 곱고 냄새가 좋다. 받침, 술, 잎 같은 것으로 이루어져 있는데 시들어 떨어지고 난 자리에 씨나 열매가 맺힌다.

꽃 본 나비 물 본 기러기 속담 바라던 일을 이루거나 마음에 드는 사람을 만나서 몹시 기뻐하는 모습을 빗대어 이르는 말.

꽃가루 꽃의 수술에 있는 가루. 바람에 날리거나 벌이나 나비 같은 곤충 몸에 붙어 암술에 옮겨지면 씨를 맺는다.

꽃가루받이 수술에 있는 꽃가루가 암술머리에 옮겨 붙는 일. 같가루받이, 수분.

꽃게 얕은 바다 모래땅에 모여 사는 게. 집게발 두 개가 크고 긴데, 등딱지는 마름모꼴이고 푸른빛이 난다.

꽃구경 들, 산, 공원 같은 곳에 가서 활짝 핀 꽃을 보고 즐기는 일.《해마다 5월이면 온 가족이 꽃구경을 간다.》**꽃구경하다**

꽃구름 꽃처럼 여러 빛깔을 띤 구름.

꽃그늘 활짝 핀 꽃나무 아래에 드리워진 그늘.

꽃길 꽃이 핀 길. 또는 꽃으로 꾸민 길.

꽃꽂이 꽃이나 나뭇가지를 꺾어 병이나 그릇에 보기 좋게 꽂는 일.

꽃나무 장미나 목련 들처럼 꽃이 피는 나무.

꽃눈 자라서 꽃이 될 눈.

꽃다발 꽃 여러 송이를 한데 묶은 것.

꽃다지 들이나 길가, 밭둑에 자라는 풀. 늦가을에 돋아나 겨울을 나고 이듬해 봄에 짧은 털이 촘촘히 난 잎과 줄기가 자란다. 어린잎을 먹는다.

꽃등에

꽃게

꽃마리

꽃다지

꽃답다 1.아주 젊다.《할머니는 열일곱 꽃다운 나이에 시집을 오셨대요.》 2.꽃처럼 아름답다.《아빠는 엄마의 꽃다운 얼굴과 착한 마음씨에 반했대요.》 바꽃다운, 꽃다워, 꽃답습니다.

꽃대 꽃자루가 달리는 줄기.

꽃돗자리 꽃 모양을 놓아 짠 돗자리. 강화도에서 만든 것이 널리 알려져 있다. 같화문석.

꽃동산 꽃이 많이 핀 아름다운 동산.

꽃등에 꽃에서 볼 수 있는 등에. 파리 무리에 속하지만 생김새는 벌과 닮았다. 이 꽃 저 꽃 옮겨 다니면서 꽃가루와 꿀을 핥아 먹는다.

꽃마리 들이나 밭둑, 길가에 자라는 풀. 줄기에 짧은 털이 있고, 4~7월에 옅은 하늘색 꽃이 핀다.

꽃말 꽃에 저마다 뜻을 담아 붙인 말. 빛깔, 이름, 전설 들에 얽힌 이름이 많다.《백합의 꽃말은 '순결'입니다.》

꽃망울 작고 어린 꽃봉오리. 같망울.

꽃모종 다른 곳에 옮겨 심으려고 기른 어린 꽃이나 꽃나무.《시장에서 봉숭아 꽃모종을 사다 꽃밭에 심었다.》

꽃무늬 꽃을 본뜬 무늬.

꽃무지 나무즙, 과일, 꽃에 모이는 곤충. 몸은 녹색에 흰 얼룩무늬가 있고 갈색 털이 나 있다.

꽃물 꽃잎을 짓이겨 짜낸 물. 손톱이나 발톱을 물들이는 데 쓴다.《엄마랑 같이 손톱에 봉숭아 꽃물을 들였어요.》

꽃바구니 갖가지 꽃을 담아서 예쁘게 꾸민 바구니.

꽃반지 꽃을 꺾어 반지처럼 만든 것.

꽃받침 꽃잎을 받치며 보호하는 기관.

꽃밭 꽃이 많이 핀 곳. 또는 꽃을 많이 심어 가꾼 곳. 같화단.

꽃뱀 → 유혈목이.

꽃병 꽃을 꽂는 병.《엄마는 꽃병 가득 국화를 꽂아 놓으셨다.》같화병.

꽃봉오리 아직 피지 않은 꽃. 같봉오리.

꽃부채게 바닷가 바위나 자갈밭에서 사는 게. 몸통이 부채꼴이고 등딱지가 울퉁불퉁하다. 몸 빛깔이 바위나 돌과 비슷하다.

꽃사슴 숲 속이나 숲 가장자리 풀밭에 사는 사슴. 붉은 갈색 털에 흰 점이 있다. 수컷은 뿔이 있다.

꽃삽 꽃이나 꽃나무를 옮겨 심거나 가꾸는 데 쓰는 작은 삽.

꽃상여 종이꽃으로 꾸민 상여.

꽃샘바람 이른 봄 꽃이 필 무렵에 부는 쌀쌀한 바람.

꽃샘추위 이른 봄 꽃이 필 무렵에 오는 추위.

꽃송이 꽃자루 위에 있는 꽃 덩이.

꽃술 꽃 가운데에 돋아 있는 암술과 수술. 식물의 씨를 맺게 한다.

꽃식물 꽃이 피어서 열매를 맺고 씨를 만들어 퍼지는 식물. 같종자식물.

꽃신 꽃무늬나 여러 빛깔로 곱게 꾸민 신발. 어린아이나 여자들이 신는다.

꽃씨 꽃나무 씨앗.

꽃잎 꽃 한 송이를 이루는 조각 잎.

꽃자루 꽃이 달리는 짧은 가지.

꽃잔디 뜰이나 화분에 심어 가꾸는 풀. 잔디처럼 땅을 덮고 자라면서, 패랭이꽃과 비슷한 꽃을 피운다.

꽃전 진달래, 국화, 장미 꽃잎 들을 얹어 지진 부침개. 또는 꽃 모양으로 만

꽃창포

꽃부채게

꽃사슴

꽃향유

꽈리

들어 지진 부침개.

꽃집 꽃을 파는 가게. 비화원.

꽃창포 축축한 땅에 자라거나 꽃밭에 심어 가꾸는 풀. 붓꽃과 비슷한데 꽃이 더 크고 잎에 노란 줄무늬가 있다.

꽃피다 어떤 일이 크게 일어나다. 또는 크게 발전하다.《고려 시대에는 불교가 꽃피었다.》

꽃피우다 어떤 일을 크게 일으키다. 또는 크게 발전시키다.《옛것을 잘 가꿔 민족 문화를 꽃피웁시다.》

꽃향유 산과 들에 자라는 풀. 9~10월에 붉은 자줏빛 꽃이 한쪽으로만 빽빽이 모여 핀다. 꽃과 잎을 약으로 쓴다. 북붉은향유.

꽈리 산과 들에 자라거나 집 둘레에 심어 가꾸는 풀. 여름에 노란 꽃이 피고, 꽃이 지면 둥글고 붉은 열매가 열린다. 줄기, 잎, 뿌리, 열매를 약으로 쓴다.

꽈배기 밀가루나 찹쌀가루 같은 것을 반죽하여 가늘고 길게 늘여 두 가닥으로 꽈서 기름에 튀겨 낸 과자.

꽉 1. 힘껏 잡거나 묶거나 누르는 모양.《끈을 너무 꽉 묶어서 풀 수가 없어요.》2. 넣을 곳이 없을 만큼 가득 차거나 막힌 모양.《명절이면 고속도로가 고향 가는 차들로 꽉 막힌다.》**꽉꽉**

꽝 뽑기 제비뽑기나 복권 추첨 들에서 뽑히지 않는 것.《이번 뽑기에서도 꽝이 나왔다.》

꽝 소리 1. 크고 무거운 것이 단단한 것에 세게 부딪칠 때 나는 소리.《책을 읽으면서 걷다가 전봇대에 이마를 꽝 부딪쳤다.》2. 폭탄 같은 것이 터질 때 크게 울리는 소리.《전쟁터에 꽝 하고

폭탄이 터졌다.》**꽝꽝**

꽝꽝 몹시 단단하게 굳거나 꽉 막힌 모양.《꽝꽝 언 강물》**참**꽁꽁.

꽝꽝나무 남부 지방 바닷가 산기슭에 자라는 늘푸른나무. 잎이 작고 두꺼운데 윤이 난다. 꽃은 희고 작다. 열매는 둥글고 까맣다.

꽝꽝나무

꽝포 ┃북 거짓말을 꽝 소리만 요란하게 나는 대포에 빗대어 이르는 말.《철수가 꽝포를 놓는 바람에 나만 혼났어.》

꽤 생각한 것보다 더. 혹은 퍽.《이번에는 시험을 꽤 잘 봤어요.》**비**제법.

꽥 갑자기 목청을 높여 크게 내지르는 소리. 또는 그 모양.《누가 미는 바람에 놀라서 꽥 소리를 질렀다.》**꽥꽥**

꽹과리 치는 국악기 가운데 하나. 놋쇠로 작고 둥글넓적하게 만든 악기로, 끈을 달아 한 손에 들고 채로 쳐서 소리를 낸다. 흔히 풍물놀이에 쓴다.

꽹과리

꾀 1. 일을 꾸미거나 잘 풀어 나가는 영리한 생각이나 방법.《여우는 눈치가 빠르고 꾀가 많아 쉽게 잡히지 않습니다.》 2. 일하기 싫어 게으름을 피우거나 핑계를 대는 것.《다들 열심히 청소하는데 너만 꾀를 부리면 어떡해.》

꾀꼬리 산이나 공원에 사는 여름새. 몸빛깔은 노랗고, 눈에서 뒷머리까지 검은 띠가 있다. 꽁지와 날개 끝이 검다. **북**꾀꼴새.

꾀꼬리버섯 여름과 가을에 숲 속에서 나는 버섯. 갓은 나팔처럼 생겼고 뒤에 주름이 있다. 살구 냄새가 난다. 먹는 버섯이다.

꾸구리

꾀꼬리

꾀꼴꾀꼴 꾀꼬리가 우는 소리.《숲 속에서 꾀꼬리가 꾀꼴꾀꼴 노래를 한다.》

꾀꼬리버섯

꾀다 모이다 사람이나 벌레가 한곳에 많이 모여 우글대다.《빵 부스러기에 개미들이 꾀어 새까맣게 보였다.》

꾀다 부추기다 그럴듯한 말로 남을 부추기거나 속이다.《형이 공놀이를 하러 가자고 꾀었어요.》

꾀돌이 꾀 많은 아이를 귀엽게 이르는 말.《찬이는 정말 꾀돌이야.》

꾀병 거짓으로 아픈 척하는 짓.《영이는 체육 시간만 되면 꾀병을 부려.》

꾀보 꾀가 많은 사람. 또는 꾀만 부리는 사람.

꾀죄죄하다 생김새나 차림새가 초라하고 지저분하다.《꾀죄죄한 옷차림》

꾀하다 어떤 일을 이루려고 머리를 짜내거나 애를 쓰다.《'남북 어린이 어깨동무' 는 남북통일을 꾀하는 단체이다.》**비**도모하다.

꾐 남을 부추기거나 속이는 짓.《우리는 민우의 꾐에 빠져 숙제를 팽개치고 가재를 잡으러 갔어요.》

꾸구리 물이 맑고 바닥에 자갈이 깔린 강에 사는 민물고기. 몸빛은 붉은빛이 도는 누런색에 갈색 가로줄이 있다. 우리나라에만 산다.

꾸기다 종이나 천 같은 것을 마구 접어서 주름 잡히게 하다. 또는 주름이 잡히다.《종이를 꾸겨서 쓰레기통에 버렸다.》**참**구기다.

꾸깃꾸깃 '꼬깃꼬깃'의 큰말. **꾸깃꾸깃하다**

꾸다 꿈꾸다 자면서 꿈에서 보다.《어젯밤에 개한테 쫓기는 꿈을 꾸었어.》

꾸다 빌리다 갚기로 하고 돈이나 물건을 잠깐 빌리다.《어제 꾼 돈 돌려줄게.》

꾸어다 놓은 보릿자루 속담 여럿이 모인 자리에서 아무 말 없이 한옆에 우두커니 있는 사람을 두고 하는 말.

꾸덕꾸덕 물기나 풀기가 거의 말라서 어지간히 굳은 모양. **꾸덕꾸덕하다**

-꾸러기 어떤 낱말 뒤에 붙어, '그런 짓이 심한 사람', '그런 짓을 많이 하는 사람' 이라는 뜻을 더하는 말. 《장난꾸러기/말썽꾸러기/욕심꾸러기》

꾸러미 여러 개를 한데 꾸려 묶은 덩어리. 또는 그것을 세는 말. 《열쇠 꾸러미/달걀 한 꾸러미》 북꾸레미.

꾸르륵 '꼬르륵'의 큰말. **꾸르륵거리다 꾸르륵대다 꾸르륵꾸르륵**

꾸리다 1.물건이나 짐 들을 싸서 묶다. 《나도 이삿짐 꾸리는 일을 거들었다.》 북꿍지다. 2.어떤 일을 야무지게 이끌다. 《우리 집 살림은 모두 엄마가 꾸려 가신다.》

꾸무럭- '꼬무락-'의 큰말. **꾸무럭거리다 꾸무럭대다 꾸무럭꾸무럭**

꾸물- 1.조금씩 느릿느릿 움직이는 모양. 2.어떤 일이 하기 싫어서 느리게 움직이거나 게으름을 피우는 모양. **꾸물거리다 꾸물대다 꾸물꾸물** 《꾸물대지 말고 빨리 일어나.》

꾸미다 1.보기에 좋게 손질하거나 매만지다. 《새로 산 분홍 띠로 머리를 예쁘게 꾸몄다.》 2.새로운 것을 갖추거나 마련하다. 《이 방은 할아버지 서재로 꾸밀 생각이다.》 3.실제로는 그렇지 않은 것을 사실인 것처럼 지어내다. 《동생이 그릇을 깨 놓고 거짓말을 잘도 꾸며 낸다.》 4.어떤 일을 꾀하거나 짜다. 《범인들은 사흘에 한 번씩 만나

음모를 꾸며 온 것으로 밝혀졌다.》

꾸밈 1.꾸미는 일. 2. 실제와 다르게 꾸민 것. 《수애는 꾸밈없고 솔직해서 좋아.》 비가식.

꾸밈새 꾸민 모양새. 《가게 꾸밈새/방 꾸밈새》

꾸벅 졸거나 절할 때 머리나 몸을 앞으로 푹 숙였다가 드는 모양. **꾸벅거리다 꾸벅대다 꾸벅이다 꾸벅꾸벅** 《가겟집 할머니가 평상에 앉아 꾸벅꾸벅 졸고 계신다.》

꾸부리다 한쪽으로 휘게 만들다. 《허리를 꾸부려 운동화 끈을 고쳐 맸다.》 참구부리다, 꼬부리다.

꾸부정하다 한쪽으로 조금 기울거나 휘어 있다. 《꾸부정한 자세로 앉으면 등뼈가 휜대.》 참구부정하다.

꾸불- '구불-'의 센말. **꾸불거리다 꾸불대다 꾸불꾸불**

꾸불텅- '구불텅-'의 센말. **꾸불텅거리다 꾸불텅대다 꾸불텅하다 꾸불텅꾸불텅**

꾸뻑 '꾸벅'의 센말. **꾸뻑거리다 꾸뻑대다 꾸뻑이다 꾸뻑꾸뻑**

꾸준하다 어떤 일을 하는 태도가 변함없다. 또는 한결같다. 《꾸준하게 운동하면 턱걸이 열 번쯤은 너도 쉽게 할 수 있어.》 **꾸준히**

꾸중 → 꾸지람. **꾸중하다**

꾸지람 윗사람이 아랫사람을 꾸짖는 것. 또는 꾸짖는 말. 《과자 봉지를 복도에 버리다가 선생님께 꾸지람을 들었어요.》 같꾸중. 반칭찬. **꾸지람하다**

꾸지뽕나무 산기슭이나 들판에 자라는 잎지는나무. 가지에 크고 단단한 가시

꾸지뽕나무

가 있다. 열매는 먹거나 약으로 쓰고, 잎은 누에를 먹인다.

꾸짖다 윗사람이 아랫사람의 잘못을 단단히 나무라다.《선생님께서 꽃밭을 망가뜨린 아이들을 꾸짖으셨다.》 비나무라다.

꾹 1. 힘주어 누르거나 조이거나 찌르는 모양.《도장을 꾹 눌러서 찍었다.》 2. 애써 참는 모양.《아파서 눈물이 나는 것을 꾹 참았다.》 **꾹꾹**

–꾼 어떤 낱말 뒤에 붙어, 1. '그 일이 직업인 사람', '그 일을 자주 하는 사람' 이라는 뜻을 더하는 말.《나무꾼/장사꾼》 2. '그 일 때문에 모인 사람' 이라는 뜻을 더하는 말.《구경꾼》

꿀 꿀벌이 꽃에서 빨아들여 벌집 속에 모아 두는 달고 끈끈한 액체.《떡을 꿀에 찍어 먹으니 정말 맛있다.》 같벌꿀.

꿀 먹은 벙어리 속담 어떤 일을 두고 자기 생각을 말하지 못하는 사람을 빗대어 이르는 말.

꿀꺽 물이나 음식이 목구멍으로 한꺼번에 많이 넘어가는 소리. 또는 그 모양. **꿀꺽거리다 꿀꺽대다 꿀꺽꿀꺽**《더워서 찬물을 꿀꺽꿀꺽 마셨다.》

꿀꿀 돼지가 우는 소리. **꿀꿀거리다 꿀꿀대다**

꿀꿀이 어린아이가 돼지를 이르는 말.

꿀단지 꿀을 담는 조그만 항아리.

꿀돼지 먹성 좋은 어린아이를 귀엽게 이르는 말.

꿀떡 떡 꿀이나 설탕 같은 것을 넣어 만든 떡.

꿀떡 물을 물이나 음식을 목구멍으로 한꺼번에 삼키는 소리. 또는 그 모양. **꿀**

떡거리다 꿀떡대다 꿀떡꿀떡《눈을 꼭 감고 알약을 꿀떡 삼켰다.》

꿀리다 1. 힘이나 능력 같은 것이 남보다 못하거나 남에게 눌리다.《정수가 지긴 했지만 꿀리지 않고 잘 싸웠어.》 2. 마음속으로 조금 켕기다.《뭔가 꿀리는 게 있으니까 도망을 갔겠지.》

꿀맛 1. 꿀에서 나는 단맛. 2. 꿀처럼 아주 단 맛.《밥맛이 꿀맛이야.》

꿀물 꿀을 탄 물.

꿀밤 사람 머리를 주먹 끝으로 가볍게 때리는 것.《선생님이 여자 애들 머리칼을 잡아당긴 애들에게 꿀밤을 주셨어요.》 비알밤.

꿀벌 사람이 꿀을 얻으려고 기르는 벌. 여왕벌 한 마리를 중심으로 수만 마리가 모여 살고, 일벌이 꽃에서 꿀을 따다 나른다.

꿀벌

꿀샘 꽃이나 잎에서 단물을 내는 곳.

꿀풀 햇빛이 잘 드는 낮은 산이나 들판에 자라는 풀. 줄기가 곧게 자라고, 여름에 보랏빛 꽃이 줄기 끝에 다닥다닥 모여서 핀다. 북꿀방망이.

꿀풀

꿇다 무릎을 굽혀 바닥에 대다.《무릎 꿇고 붓글씨를 썼더니 발이 저려요.》

꿇어앉다 무릎을 꿇고 앉다.《마루에 꿇어앉아 벌을 섰다.》

꿈 1. 잠을 자면서 깨어 있을 때처럼 여러 가지를 보고, 듣고, 느끼는 것.《산에서 쉬하는 꿈을 꾸었지 뭐야.》 2. 앞으로 이루고 싶거나 되려고 하는 것.《제 꿈은 간호사가 되는 것입니다.》

꿈도 못 꾸다 관용 생각조차 못하다.《이렇게 좋은 선물을 받으리라고는 꿈도 못 꾸었다.》

꿈보다 해몽이 좋다 ^{속담} 나쁜 일을 달리 생각하여 좋은 쪽으로 풀이한다는 말.

꿈결 1. 꿈을 꾸는 사이. 《꿈결에 누가 부르는 소리가 들려 벌떡 일어났다.》 2. 시간이 덧없이 빠르게 흘러가는 것을 빗대어 이르는 말. 《긴 방학이 꿈결 같이 지나갔다.》

꿈꾸다 1. 자면서 꿈을 꾸다. 《어젯밤에도 꿈꿨니?》 2. 어떤 일을 바라거나 이루려고 하다. 《제가 꿈꾸는 세상은 가난한 사람이 없는 세상이에요.》

꿈나라 1. '꿈' 이나 '잠자는 것' 을 빗대어 이르는 말. 《자, 이제 꿈나라로 갈 시간이에요.》 2. '이루어질 수 없는 꿈 같은 세상' 을 빗대어 이르는 말. 《그런 소원은 꿈나라에서나 빌어!》

꿈나무 자라서 큰일을 할 어린이를 빗대어 이르는 말. 《교장 선생님은 우리가 바로 대한민국의 앞날을 짊어질 꿈나무라고 하셨다.》

꿈자리 꿈에서 겪은 일. 또는 꿈꾼 내용. 《간밤 꿈자리가 뒤숭숭했어.》

꿈지럭- 느릿느릿 움직이는 모양. **꿈지럭거리다 꿈지럭대다 꿈지럭꿈지럭** 《꿈지럭거리지 말고 얼른 다녀와.》

꿈쩍 무거운 것이 아주 조금 움직이는 모양. 《동생과 힘을 합쳐서 책상을 옮기려고 했지만 꿈쩍도 하지 않았습니다.》 **꿈쩍하다**

꿈틀 몸의 한 부분을 크게 구부리거나 비트는 모양. **꿈틀거리다 꿈틀대다 꿈틀하다 꿈틀꿈틀** 《비가 온 화단에 지렁이가 꿈틀꿈틀 기어간다.》

꿈풀이 꿈에서 겪은 일이 좋은 뜻인지 나쁜 뜻인지 헤아리는 일. 《꿈에 돼지

가 나왔는데 꿈풀이 좀 해 주세요.》

꼿꼿하다 1. 휘거나 구부러지지 않고 단단하다. 《꼿꼿하게 뻗은 나뭇가지》 ^참꼿꼿하다. 2. 뜻이나 마음이 굳세다. 《어떤 어려움도 꼿꼿하게 이겨 내는 강한 사람이 되고 싶어.》 ^참꼿꼿하다.

꿍꿍이 마음에 몰래 품은 속셈. 《내가 네 꿍꿍이를 모를 줄 알고?》

꿍얼- '꽁알-'의 큰말. **꿍얼거리다 꿍얼대다 꿍얼꿍얼**

꿩

꿩 낮은 산이나 마을 가까이에 사는 텃새. 수컷은 장끼, 암컷은 까투리라고 한다. 우리나라에 흔한 새이다.

꿩 구워 먹은 소식 ^{속담} 소식이 전혀 없는 것을 빗대어 이르는 말.

꿩 대신 닭 ^{속담} 알맞은 것이 없을 때 그보다 못한 것으로 대신한다는 말.

꿩 먹고 알 먹기 ^{속담} 한 가지 일로 여러 가지 이익을 보는 것을 빗대어 이르는 말. ^비도랑 치고 가재 잡는다.

꿩의다리 산에 자라는 풀. 잎 끝이 세 갈래로 얕게 갈라지고, 여름에 흰 꽃이 핀다. 어린잎을 먹는다. ^북가락풀.

꿩의다리

꿩의밥 양지바른 풀밭에 자라는 풀. 잎 가장자리에 길고 흰 털이 있고, 봄에 검붉은 꽃이 동그랗게 모여 핀다. ^북꿩의밥풀.

꿩의밥

꿰다 1. 실이나 줄 같은 것을 구멍이나 틈으로 넣어서 빼다. 《할머니를 위해 바늘에 실을 꿰어 드렸다.》 2. 물건을 막대기나 꼬챙이 들로 뚫어서 끼우다. 《우리 셋은 모두 가방을 우산에 꿴 채 뛰어다녔다.》 3. 옷을 입거나 신발을 신다. 《늦잠 잔 바람에 서둘러 바지를 꿰고 학교로 달렸다.》 4. 어떤 일이나

형편을 훤히 잘 알다.《삼촌은 판소리에 관한 것이라면 훤히 꿴다.》

꿰뚫다 1.이쪽에서 저쪽으로 구멍이 나게 뚫다.《송곳으로 두꺼운 종이 묶음을 꿰뚫었습니다.》 2.어떤 일을 훤히 내다보다. 또는 잘 알다.《할아버지는 제 마음을 꿰뚫고 계셨다는 듯이 허허 웃으셨어요.》 북꿰들다.

꿰매다 뚫리거나 해진 데를 바느질하여 깁다.《구멍 난 양말은 누나가 꿰매 줄게.》

꿰미 물건을 꿰는 데 쓰는 끈이나 꼬챙이. 또는 그렇게 꿴 물건.

꿰이다 1.실이나 줄 같은 것이 구멍이나 틈 사이로 나가다.《바늘귀에 꿰인 실》 2.어떤 것이 꼬챙이 같은 것에 꽂히다.《대나무 꼬챙이에 꿰인 곶감》

뀌다 방귀를 몸 밖으로 내보내다.《누나가 방귀를 뿡 하고 뀝니다.》

뀌어주다 돈이나 물건을 남한테 빌려주다.《은수한테 천 원을 뀌어준 지 벌써 일주일이 지났어.》

끄나풀 1.어떤 것을 묶는 데 쓰는 짧은 줄이나 끈.《잘 마른 나뭇가지를 모아 끄나풀로 묶어 놓았다.》 2.나쁜 무리의 앞잡이 노릇을 하는 사람을 낮추어 이르는 말.《일본 경찰의 끄나풀》

끄다 불을 1.불이나 빛을 없어지게 하다.《전기가 들어왔으니 이제 촛불 꺼도 되겠다.》 반켜다. 2.기계를 멈추게 하다.《누나가 텔레비전도 안 끄고 잠이 들었다.》 반켜다. 바끄는, 꺼, 끕니다.

끄다 살이 l북 마주 닿거나 주름이 잡히는 부분의 연한 살이 헐어서 문드러지다.《아기의 목 살이 꺼서 걱정스럽

다.》 바끄는, 꺼, 끕니다.

끄당기다 l북 어떤 것을 끌어서 당기다.《하도 추워서 이불을 끄당겨 머리끝까지 덮고 잤다.》

끄덕 그렇다는 뜻으로 고개를 아래위로 움직이는 모양. **끄덕거리다 끄덕대다 끄덕이다 끄덕하다 끄덕끄덕**《할아버지 말씀을 듣고 고개를 끄덕였다.》

끄떡 '까딱고개를'의 큰말. **끄떡거리다 끄떡대다 끄떡이다 끄떡하다 끄떡끄떡**

끄떡없다 어렵거나 힘든 일에도 전혀 탈이 없다. 또는 한결같이 꿋꿋하다.《새로 쌓은 강둑은 아무리 큰물에도 끄떡없을 거야.》 참까딱없다. **끄떡없이**

끄르다 매거나 채우거나 한 것을 풀다.《보따리를 끌렀더니 밤이 잔뜩 굴러나왔다.》 바끄르는, 끌러, 끄릅니다.

끄리 큰 강이나 호수에 사는 민물고기. 등은 푸른 갈색이고, 배는 은색이다.

끄리

끄적- '끼적-'을 달리 쓰는 말. **끄적거리다 끄적대다 끄적이다 끄적끄적**

끄집어내다 1.속에 든 것을 끌어당겨서 밖으로 나오게 하다.《옷장 깊숙이 넣어 둔 모자를 끄집어내어 썼다.》 2.속마음이나 잘못, 지난 일 들을 들추어내다.《옛일을 끄집어내서 문제 삼을 것까진 없잖아.》

끄트머리 맨 끝.《나뭇가지 끄트머리에 고추잠자리가 앉았어요.》

끈 묶거나 매는 데 쓰는 가늘고 긴 줄이나 실.《신발 끈/머리 끈》

끈기 1.쉽게 끊기거나 떨어지지 않는 질긴 기운.《밀가루에 끈기가 없다.》 2.일을 꾸준히 해 나가는 힘.《끈기 있

게 연습하면 헤엄을 잘 칠 수 있어.》

끈끈막 눈꺼풀, 목구멍, 창자 들의 안쪽에 있는 부드럽고 축축한 막. **갈**점막.

끈끈하다 1.풀처럼 끈적끈적하다.《끈끈한 송진》2.소금 같은 것이 살갗에 달라붙어 조금 언짢다.《끈끈한 바닷바람》3.정이나 사랑이 몹시 깊다.《끈끈한 우정》**끈끈히**

끈덕지다 어떤 일을 하는 태도가 꾸준하고 끈질기다.《강아지가 바지를 끈덕지게 물고 놓지 않아.》**비**끈질기다.

끈적– 끈끈한 것이 척척 들러붙는 모양. **끈적거리다 끈적대다 끈적이다 끈적하다 끈적끈적**《엿이 녹아서 손에 끈적끈적하게 달라붙었다.》

끈적긴뿌리버섯 여름과 가을에 넓은잎나무의 죽은 가지나 그루터기에서 자라는 버섯. 전체가 흰색이고 갓 바깥쪽은 끈적거린다. 먹는 버섯이다.

끈적긴뿌리버섯

끈질기다 몹시 끈덕지고 질기다.《밖에서 동무가 부르는데 동생이 같이 놀자고 끈질기게 졸랐다.》**비**끈덕지다.

끊기다 1.이어져 있던 것이 동강 잘리다.《큰비로 산이 무너져 길이 끊겼습니다.》**비**끊어지다. 2.줄곧 이어지던 일이 멎다.《전기가 갑자기 끊겨 촛불을 켜고 밥을 먹었어요.》**비**끊어지다.

끊다 1.실이나 줄처럼 길게 이어진 것을 잘라 나뉘게 하다.《짓궂은 남자 아이들이 고무줄을 끊고 도망쳤다.》**반**잇다. 2.관계를 끝내거나 습관을 버리다.《연락을 끊다./담배를 끊다.》3.하던 일을 중간에 그만두다.《갑자기 말을 끊고 가 버리면 어떡해!》4.천이나 옷감을 잘라서 사다.《할머니가 한복집

에서 옷감을 끊어 오셨다.》**비**뜨다. 5.차표나 입장권 같은 표를 사다.《조금 늦을 것 같으니 표를 미리 끊어 줄래?》6.목숨을 버리다.《나라가 망했다는 소식을 듣고 스스로 목숨을 끊은 선비도 있었다.》7.뜻이나 소리를 잘 알아듣게 한 마디씩 잘라서 말하다.《다음 글을 한 문장씩 끊어서 읽어 보세요.》

끊어지다 1.실이나 줄처럼 길게 이어진 것이 잘려 나누어지다.《펜치를 써야 철사가 잘 끊어질 거야.》**비**끊기다. 2.이어져 오던 것이 중간에서 끝나거나 멈추다.《소식이 끊어지다.》**비**끊기다. 3.숨이 멎어 죽다.《새끼 얼룩말의 숨이 끊어진 것 같다.》4.시간이 늦거나 문제가 생겨 버스나 배 같은 탈것이 다니지 않게 되다.《버스가 끊어져서 택시를 탈 수밖에 없었다.》

끊이다 줄곧 이어지던 것이 그치거나 멎다.《장마는 해마다 끊이지 않고 찾아온다.》

끊임없다 어떤 일이 그치지 않고 줄곧 이어지다. **끊임없이**《일주일 내내 끊임없이 비가 왔습니다.》

끌 나무를 다듬거나 뚫는 데 쓰는 도구. 손잡이 끝을 망치로 때려서 쓴다.

끌끌 어떤 것이 못마땅해서 혀를 차는 소리.

끌다 1.바닥에 놓은 채로 잡아당기다.《의자를 앞으로 끌어서 바른 자세로 앉았다.》2.동물을 부리려고 잡아당기다.《큰아버지는 소를 끌고 밭을 갈러 나가셨다.》3.이끌거나 뒤따르게 하다.《삼촌은 식구들을 다 끌고 미국으로 이민을 갔다.》4.눈길이나 관심, 인기

같은 것을 모으다.《저 가수도 몇 년
전에는 큰 인기를 끌었다.》5.어떤 일
을 하는 데 시간이 오래 걸리다.《진아
는 성격이 급해서 잠깐이라도 시간 끄
는 것을 참지 못한다.》6.차나 수레처
럼 바퀴가 달린 것을 몰다.《할아버지
가 수레를 끌고 가신다.》7.물이나 전
기를 쓸 수 있게 이어서 대다.《가뭄이
들면 저수지의 물을 끌어다가 농사를
짓는다.》 ꙳끄는, 끌어, 끕니다.

끌려가다 억지로 딸려서 가다.《엄마
손에 끌려가서 주사를 맞았다.》

끌려오다 억지로 딸려서 오다.《염소
가 줄에 매여 끌려왔다.》

끌리다 1.바닥에 놓인 채로 잡아당겨
지다.《찍찍 의자 끌리는 소리가 몹시
듣기 싫다.》2.눈길이나 관심 들이 쏠
리다.《썰매보다는 축구공에 마음이
끌려요.》3.남한테 이끌려 따라가다.
《어머니 손에 끌려 병원에 갔다.》

끌어가다 1.사람이나 동물을 강제로
데려가다.《아저씨가 바둑이를 끌어갈
때는 나도 모르게 눈물이 났다.》2.해
오던 일을 이어서 해 나가다.《삼촌은
손해를 보면서까지 가게를 끌어갔다.》
3.일이나 이야기 같은 것을 자기 뜻대
로 이끌다.《진수가 손짓 발짓을 섞어
가면서 신나게 이야기를 끌어갔다.》

끌어내다 억지로 끌어서 밖으로 나오
게 하다.《우리에서 새끼 돼지 한 마리
를 끌어냈다.》

끌어내리다 1.끌어서 내리다.《위로
올라간 치맛자락을 얼른 끌어내렸다.》
꙳끌어올리다. 2.남의 자리를 빼앗거나
낮추다.《세조는 어린 조카를 임금 자

리에서 끌어내리고 왕이 되었다.》

끌어당기다 끌어서 당기다.《자석이
쇳가루를 끌어당긴다.》

끌어들이다 1.끌어서 안으로 들이다.
《전기를 끌어들여 불을 켰다.》2.어떤
사람을 자기편으로 삼다.《철수를 우
리 모임에 끌어들이는 게 좋겠어.》

끌어안다 1.끌어당겨서 안다.《갑자기
비가 내려 가방을 끌어안고 뛰었다.》
2.일이나 책임을 혼자 떠맡다.《혼자
끌어안고 있다고 문제가 해결돼?》

끌어올리다 1.끌어서 올리다.《이 기
계로 땅속 물을 끌어올린다.》꙳끌어내
리다. 2.자리나 점수 같은 것을 높이다.
《등수를 끌어올리기가 힘들다.》

끓는점 액체가 끓기 시작하는 온도.
꙳비등점.

끓다 1.액체가 몹시 뜨거워져 부글거
리며 거품이 올라오다.《펄펄 끓는 물
에 국수 가락을 집어 넣었다.》2.아픈
사람의 몸이나 열을 받은 방 들이 아주
뜨겁게 되다.《할머니가 펄펄 끓는 동
생 이마에 물수건을 대어 주셨다.》3.
어떤 느낌이 거세게 솟다.《동생이 자
기 장난감이라고 자꾸 우겨서 화가 끓
었지만 참았다.》4.소화가 안 돼서 배
속에서 소리가 나다. 또는 목구멍에 가
래가 차서 소리가 나다.《소화가 잘 안
될 때면 배 속이 부글부글 끓는다./증
조할머니 목에서는 늘 가래 끓는 소리
가 난다.》5.사람이나 벌레 같은 것이
한곳에 많이 모여 우글거리다.《새로
문을 연 백화점에 손님이 끓는다.》

끓어번지다 ᴵ북 마음, 기분, 분위기 같
은 것이 마구 설레다.《운동회 날짜가

정해지자 교실 전체가 끓어번졌다.》

끓어오르다 1.액체가 끓어서 넘쳐 오르다.《물이 끓어올라 냄비 뚜껑이 들썩인다.》 2.어떤 느낌이 거세게 치솟다.《화가 끓어올라 못 참겠어.》**바**끓어오르는, 끓어올라, 끓어오릅니다.

끓이다 물을 1.액체를 불에 올려 뜨겁게 끓게 하다.《여름에는 물을 꼭 끓여 먹어야 배탈이 나지 않습니다.》 2.국이나 차 같은 것을 만들다.《엄마가 맛있는 된장찌개를 끓여 주셨어요.》

끓이다 벌레가│북 1.벌레나 짐승이 한곳에 많이 몰려 우글거리다.《날씨가 더워지니까 쓰레기통에 파리가 끓는다.》 2.사람이 한곳에 많이 모이다.《언제부터인가 우리 동네에 다른 도시 사람들이 끓이기 시작했다.》

끔벅 큰 눈을 잠깐 감았다 뜨는 모양. **끔벅거리다 끔벅대다 끔벅이다 끔벅끔벅**《송아지가 눈을 끔벅거린다.》

끔찍이 아주. 또는 무척.《할머니는 누나를 끔찍이 예뻐하십니다.》

끔찍하다 1.차마 눈뜨고 볼 수 없을 만큼 무섭거나 흉하다.《끔찍한 교통사고가 일어났다.》 2.정도가 몹시 심하다.《온몸이 땀으로 흠뻑 젖을 만큼 끔찍하게 더워.》 3.정성이나 사랑이 몹시 깊고 대단하다.《할머니는 동생을 끔찍하게 귀여워하신다.》

끙 몹시 아프거나 힘을 낼 때 내는 소리.《할머니는 일어나실 때마다 끙 하고 소리를 내신다.》

끙게 씨앗을 뿌린 뒤에 땅을 고르는 데 쓰는 농기구. 나무틀에 줄을 매고 사람이나 소가 끈다.

끙끙 몹시 아플 때 내는 소리. **끙끙거리다 끙끙대다**《감기에 걸려서 며칠 동안 끙끙 앓았습니다.》

끝 1.물건이나 어떤 곳의 맨 가장자리.《이 골목 끝에 우리 집이 있다.》 2.길거나 튀어나온 것의 맨 마지막 부분.《칼끝이 무뎌서 종이를 깔끔하게 자를 수 없었다.》 3.일, 때, 순서 들의 맨 마지막.《비록 점수 차이가 많이 나지만 끝까지 최선을 다하자.》 비마지막. 반처음. 4.흔히 '끝에' 꼴로 써서, 어떤 일의 결과로.《오랫동안 생각한 끝에 내가 먼저 사과하기로 마음먹었다.》

끝검은말매미충 낮은 산이나 풀밭, 논에 사는 곤충. 온몸이 노랗고 날개 끝만 까맣다.

끝검은말매미충

끝끝내 '끝내'를 힘주어 이르는 말.《줄곧 비가 와서 해 뜨는 광경을 끝끝내 못 봤어요.》

끝나다 어떤 일이 끝에 이르다.《내일이면 시험이 끝납니다.》

끝내 1.끝까지 내내.《누가 낙서를 했는지 끝내 밝혀지지 않았다.》 같종내. 2.애쓴 보람 없이 결국.《온 힘을 쏟았지만 끝내 턱걸이 열 개를 못 채웠다.》 3.애쓴 덕에 마침내.《쉬지 않고 노력하여 끝내 축구 선수가 되었다.》

끝내다 하던 일을 마치다.《숙제를 끝내고 동무들과 연을 날리러 갔습니다.》 비끝마치다, 마치다.

끝단 1.옷자락 끝 부분.《치마 끝단》 2.어떤 것의 맨 끝.《우리나라 동쪽 끝단에는 독도가 있습니다.》

끝마치다 하던 일을 마치다.《회의는 이것으로 끝마치겠습니다.》 비끝내다.

끙게

끝맺다 하던 일을 마무리하다.《'아빠, 사랑해요.'하고 편지를 끝맺었어요.》

끝물 한 해의 맨 나중에 나는 과일이나 채소 같은 것.《끝물이라 그런지 참외가 덜 달다.》

끝소리 한 글자에서 맨 끝에 나는 소리.《'산'의 끝소리는 'ㄴ'이다.》 **같**받침소리. **참**가운뎃소리, 첫소리. **북**끝자음.

끝없다 정해진 끝이 없다. **끝없이**《끝없이 펼쳐진 들판》

끝장 1. 일의 맨 마지막.《형은 일단 일을 시작하면 끝장을 봐야 하는 성격이다.》 2. 더는 돌이킬 수 없게 일을 완전히 그르치는 것.《외나무다리는 한번 발을 잘못 디디면 끝장이니까 조심하세요.》

끝점 선이나 도형에서 끝에 있는 점.

끼 끼니 끼니를 세는 말.《한 끼 걸렀더니 배가 무척 고파요.》

끼 재주 타고난 재주를 마음껏 드러내는 성질.《지수는 끼가 넘쳐.》

끼고돌다 어떤 사람을 덮어놓고 감싸고 편들어 주다.《부모가 자식을 끼고 돌면 버릇이 없어져.》 **바**끼고도는, 끼고돌아, 끼고돕니다.

끼니 아침, 점심, 저녁에 때를 맞춰 먹는 밥. 또는 때맞추어 밥을 먹는 일.《빵 몇 조각으로 끼니를 때웠더니 힘이 없어요.》 **북**끼식, 때식.

끼닛거리 끼니를 할 먹을거리. **북**끼니거리.

끼다 끼이다 1. 어떤 것을 벌어진 틈에 넣고 빠지지 않게 죄다.《삼촌은 늘 책한 권을 옆구리에 끼고 다닌다.》 2. 손이나 팔을 서로 걸거나 겨드랑이에 넣어 감다.《엄마와 아빠가 팔짱을 끼고 다정하게 걸어가신다.》 3. 물건을 몸의 한 부분에 걸치거나 꿰다.《우리 식구는 모두 안경을 낀다.》 4. 좋아하는 것을 늘 가까이에 두다.《동생은 방학 때면 만화책을 끼고 산다.》 5. 한 물건 위에 다른 것을 겹치다.《옷을 잔뜩 껴입고 나왔는데도 무척 춥다.》 6. 어떤 곳에 가까이 이르다.《공원을 오른쪽에 끼고 조금만 걸어오면 가게가 보일 거야.》

끼다 서리다 1. 구름, 안개, 연기 같은 것이 생기거나 한곳에 퍼져 있다.《하늘에 구름이 잔뜩 끼었다.》 2. 때, 먼지, 성에 같은 것이 물체에 엉겨 붙다.《창틀에 먼지가 잔뜩 끼어 있다.》 3. 이끼나 녹 같은 것이 물체의 겉을 덮다.《이끼가 낀 바위는 아주 미끄러우니 조심해서 디뎌야 한다.》 4. 목소리나 얼굴에 어떤 기미가 어리다.《삼촌이 수심 낀 얼굴로 앉아 있다.》

끼드득 l북 여자들이나 아이들이 높은 소리로 한꺼번에 웃는 소리. **끼드득거리다** **끼드득대다** **끼드득끼드득**《여자 아이들이 창가에 모여 앉아 끼드득거리면서 수다를 떤다.》

끼룩끼룩 기러기나 갈매기 같은 새가 우는 소리.《갈매기 떼가 끼룩끼룩 울면서 날아간다.》 **끼룩끼룩하다**

- 끼리 어떤 낱말 뒤에 붙어, '오직 그 무리만'을 뜻하는 말.《우리끼리/아이들끼리》

끼리끼리 무리 지어 따로따로.《저 아이들은 늘 끼리끼리 몰려다녀요.》

끼어들다 틈을 비집고 들어가다. 또는

남의 일에 참견하다.《줄 가운데에 끼어들지 말고 차례를 기다려.》**삐끼어드는**, 끼어들어, 끼어듭니다.

끼얹다 액체나 가루를 씌우듯 뿌리다.《너무 더워서 몸에 찬물을 몇 번 끼얹었다.》

끼우다 1. 어떤 물체를 다른 것의 틈에 빠지지 않게 꽂거나 박다.《선물로 산 책 속에 쪽지를 끼워서 짝꿍한테 주었다.》2. 물건 끝에 다른 물건을 씌우거나 꽂다.《붓을 깨끗이 빤 뒤 붓두껍을 끼워 걸어 두었다.》3. 사람을 어떤 무리에 들게 하다. 또는 물건을 다른 것에 보태다.《축구하러 가는 길이면 나도 끼워 줘. / 저 문방구에서는 공책 두 권을 사면 연필 한 자루를 끼워 줍니다.》

끼우뚱 '기우뚱'의 센말. **끼우뚱거리다 끼우뚱대다 끼우뚱하다 끼우뚱끼우뚱**《쌓아 놓은 나뭇단이 바람에 끼우뚱하더니 무너지고 말았다.》

끼이다 1. 어떤 물체가 다른 것의 틈에 꽂히거나 박히다.《이 사이에 고춧가루가 끼여서 보기 흉하다.》2. 사람이나 물건이 무리에 섞이다.《나 혼자 어른들 사이에 끼여 있으려니 정말 따분하다.》3. 사람이 어떤 일에 얽히게 되다.《그 사람이 왜 그 사건에 끼이게 되었는지 잘 모르겠다.》

끼익 자동차 같은 것이 갑자기 멈출 때 바퀴가 땅바닥에 쓸리는 소리.《오빠가 끼익 자전거를 세우자, 영희는 얼른 뒷자리에 올라탔다.》

끼인각 두 직선 사이에 끼어 있는 각.

끼적- 글씨나 그림을 아무렇게나 쓰거나 그리는 모양. **끼적거리다 끼적대다 끼적이다 끼적끼적**《영미가 수첩에 뭔가를 끼적거리더라. / 심심해서 도화지에 짝꿍 얼굴을 끼적여 보았다.》

끼치다 [톤다] 1. 춥거나 무서워서 살갗이 오톨도톨하게 되다.《그 영화에는 소름이 끼칠 만큼 무서운 장면이 여러 번 나온다.》2. 냄새나 기운 들이 갑자기 덮치다.《화장실 문을 열자 똥 냄새가 훅 끼쳐 왔다.》

끼치다 [주다] 1. 어떤 것에 해를 입히다. 또는 은혜를 입게 하다.《걱정을 끼쳐 드려서 죄송합니다.》2. 어떤 일을 다음 세대까지 남기다.《임방울은 판소리를 널리 알리는 데 큰 영향을 끼친 소리꾼이다.》

끽소리 아주 조금이라도 대드는 말이나 행동.《삼촌도 할아버지 말씀은 끽소리 못하고 따른다.》

끽하다 흔히 '끽해야' 꼴로 써서, 할 수 있는 만큼 한껏 다하다.《언니가 아침마다 달리기를 하겠다는데 끽해야 사흘이나 갈까?》

낄낄 웃음을 억지로 참으면서 입속으로 웃는 소리. 또는 그 모양. **낄낄거리다 낄낄대다**《형이 만화책을 보면서 혼자 낄낄댔다.》

낌새 어떤 일이 일어날 것 같은 느낌이나 분위기.《그 애 말에서 아무 낌새도 채지 못했니?》같기미. **삐조짐.**

낑낑 1. 몹시 아프거나 힘들어서 안간힘을 쓰는 모양. 또는 그 소리. 2. 강아지가 칭얼거리는 소리. **낑낑거리다 낑낑대다**《감자 한 상자를 짊어지고 낑낑대면서 겨우 집까지 왔다.》

나 ^{자기} 말하는 사람이 '자기'를 나타내
는 말. '내가 할게.'처럼 '가' 앞에서는
'내'가 된다. 《형, 나랑 공놀이할래?》
낮저. **참**내, 너.

나는 바람 풍 해도 너는 바람 풍 해라 ^{속담}
자기는 잘못된 행동을 하면서 남한테
는 잘하라고 한다는 말.

나 ^{음이름} 서양 음악의 일곱 음계에서
'시'를 가리키는 우리말 음이름. **참**다,
라, 마, 바, 사, 가.

나가눕다 ^북 1. 어떤 자리에서 조금 벗
어나서 눕다. 《심통이 난 동생이 돗자
리에 벌렁 나가누웠다.》 2. 어떤 일을
그만두거나 못하겠다고 버티다. 《막노
동하던 삼촌이 며칠 못 가서 나가눕고
말았다.》 ^바나가눕는, 나가누워, 나가
눕습니다.

나가다 1. 안에서 바깥으로 가다. 또는
뒤에서 앞으로 가다. 《언니는 집 밖으
로 잘 안 나가요.》 ^반들어오다. 2. 일, 경

기, 싸움 들을 하러 가다. 《몸살 때문
에 경기에 나갈 수 없었다.》 3. 살던 곳
이나 들어 있던 무리를 떠나다. 《강아
지가 집을 나간 지 일주일째다.》 ^반들
어오다. 4. 일이나 행동을 어떤 태도나
자세로 하다. 《네가 너무 강하게 나가
니까 선아도 화를 낸 것 같아.》 5. 정신,
의식이 없어지다. 또는 몸의 한 부분이
상하다. 《삼촌은 정신 나간 사람처럼
멍한 표정으로 앉아 있었다./계단에서
넘어져 앞니가 나갔다.》 6. 일이 진행
되다. 《수학 진도가 너무 빨리 나가
요.》 7. 값이나 무게가 어느 정도에 이
르다. 《저 선수는 몸무게가 120킬로그
램이나 나간대.》 8. 전기가 끊어지다.
《저녁을 먹는데 갑자기 전기가 나갔
다.》 ^반들어오다. 9. 물건이 팔리다.
《이 인형이 요즘 가장 잘 나간대.》

**나간 사람 몫은 있어도 자는 사람 몫은
없다** ^{속담} 일하러 나간 사람의 몫은 남

겨 놓지만 잠만 자는 사람의 몫은 남겨
두지 않는다는 뜻으로, 게으른 사람한
테는 줄 것이 없다는 말.

나가떨어지다 1. 뒤로 세게 넘어지다.
《얼음판에서 뒤로 벌렁 나가떨어졌
다.》 2. 지쳐서 포기하거나 쓰러져 일
어나지 못하다. 《산꼭대기에 오르자마
자 기진맥진하여 나가떨어졌다.》

나각 (螺角) 부는 국악기 가운데 하나.
소라 껍데기 뾰족한 끝에 구멍을 뚫고
입으로 불어서 소리를 낸다. **북라각.**

나각

나귀 → 당나귀.

나그네 집을 떠나 멀리 여행 가는 사
람. 또는 이리저리 떠돌아다니는 사람.
《나그네는 깊은 산속에서 길을 잃고
말았어요.》 **비**과객, 길손.

나그네새 추운 북쪽과 따뜻한 남쪽을
오가면서 잠시 머무르다 가는 새. 봄에
는 새끼를 낳으러 북쪽으로 가는 새들
이 우리나라에 머물고, 가을에는 추위
를 피해 남쪽으로 내려가는 새들이 우
리나라에 머문다.

나긋나긋하다 태도나 말씨가 부드럽고
상냥하다. 《나긋나긋한 목소리》

나꿔채다 '낚아채다'를 잘못 쓴 말.

나나니 늦은 봄부터 여름까지 풀밭이
나 강가에서 볼 수 있는 벌. 허리가 가
늘고 날개는 투명하다. 나무나 땅속에
구멍을 뚫어 집을 짓는다.

나나니

나날 날마다 이어지는 하루하루. 《방
학 동안 아주 바쁜 나날을 보냈어요.》

나날이 날이 갈수록. 《동생의 말솜씨
가 나날이 늘어 갑니다.》 **비**날로.

나누기 어떤 수를 다른 수로 나누는 것.
또는 나눗셈 표시 '÷'를 읽는 말. 《10

나누기 2는 5입니다.》 **참**곱하기, 더하
기, 빼기. **나누기하다**

나누다 1. 하나를 여럿으로 가르거나
쪼개다. 《빵 하나를 누나와 나누어 먹
었다.》 **반**합하다. 2. 어떤 수를 똑같은
몫이 되게 몇 개로 쪼개다. 《10을 2로
나누면 5가 된다.》 **참**곱하다, 더하다,
빼다. 3. 섞여 있는 것을 어떤 기준에
따라 갈라놓다. 《흰 돌과 검은 돌을 나
누어 정리해.》 4. 이야기, 인사 들을 주
고받다. 《아빠와 선생님이 인사를 나
누셨다.》 5. 남과 생각이나 느낌을 함
께하다. 《두 분은 30년 동안이나 슬픔
과 기쁨을 나누어 온 사이입니다.》 6.
같은 핏줄을 타고나다. 《피를 나눈 형
제끼리 싸우면 안 돼.》

나누어떨어지다 나머지가 없이 딱 떨
어지게 나누어지다. 《10은 2로 나누
어떨어집니다.》

나눗셈 어떤 수를 다른 수로 나누는
셈. **참**곱셈, 덧셈, 뺄셈.

나눗셈식 나눗셈을 하는 식.

나뉘다 하나가 여럿으로 갈라지다.
《길이 세 갈래로 나뉘는 곳에서 잠시
기다리세요.》

나다 생기다 1. 안에 있던 것이 밖으로 나
오거나 나가다. 《오빠 이마에 커다란
여드름이 났다.》 2. 사람이 태어나다.
또는 식물이 자라다. 《우리 할머니는
함경남도에서 나셨다./꽃밭에 난 잡
초》 3. 어떤 일이나 현상이 생기다. 《강
물이 둑 위로 넘쳐 홍수가 났다.》 4. 기
억, 생각이나 느낌, 기운 들이 생기다.
《기억이 나다./흥이 나다.》 5. 어떤 사
실이 알려지거나 책, 신문, 잡지 들에

실리다.《아빠 사진이 신문에 났다.》
6. 어떤 나이에 이르다.《세 살 난 꼬마가 한글을 깨쳤다니 정말 놀랍다.》 7. 어떤 일을 할 만한 틈이 생기다.《시간 나면 우리 집에 한번 들러라.》 8. 길이나 창문 같은 것이 트이다.《집 앞에 넓은 길이 난다고 한다.》 9. 앞서 말한 일이나 행동이 끝났다는 것을 나타내는 말.《언니는 밥을 먹고 나면 꼭 이를 닦는다.》

나다 보내다 세월을 보내다.《선풍기도 없이 여름을 어떻게 날지 걱정이다.》

나다니다 밖으로 나가서 이리저리 돌아다니다.《하루 종일 나다니다가 늦게 들어왔다고 엄마한테 혼이 났다.》

나도방동사니 밭이나 축축한 들판에 절로 나서 자라는 풀. 잎은 가는 줄처럼 생겼고, 끝이 뾰족한 작은 이삭이 가지 끝에 둥글게 모여서 달린다.

나도양지꽃 중부와 북부 지방의 높은 산에서 자라는 풀. 잎은 석 장씩 모여서 나고, 여름에 노란 꽃이 핀다.

나도팽나무버섯 너도밤나무의 죽은 줄기나 그루터기에 무리 지어 나는 버섯. 갓은 처음에 둥근 산처럼 생겼다가 송장하게 퍼지고, 빛깔도 밤색에서 갈색으로 바뀐다. 먹는 버섯이다.

나돌다 1. 밖에서 돌아다니거나 둘레에서 맴돌다.《바둑이는 하루 종일 어디를 나돌다가 오는 걸까?》 2. 말이나 소문이 퍼지다.《소풍 날짜가 미루어질 것이라는 말이 나돈다.》 3. 어떤 물건이 이리저리 돌아다니다.《가짜 돈이 시중에 나돌아 경찰이 수사를 시작했다.》 ㅂ나도는, 나돌아, 나돕니다.

나도방동사니

나도양지꽃

나도팽나무버섯

나락뒤주

나동그라지다 뒤로 벌렁 넘어지다.《갑자기 그렇게 세게 밀치니까 나동그라질 수밖에 없잖아.》

나뒹굴다 1. 뒤로 넘어져서 이리저리 마구 뒹굴다.《동생이 배를 쥐고 나뒹굴어서 깜짝 놀랐어.》 2. 물건 들이 여기저기 어지럽게 널리다.《방 안 가득 가방, 책, 연필 들이 나뒹군다.》 ㅂ나뒹구는, 나뒹굴어, 나뒹굽니다.

나들이 집을 떠나서 가까운 곳에 잠깐 다녀오거나 놀다 오는 것.《일요일에 엄마, 아빠와 나들이 가기로 했어요.》 ❙같바깥나들이. **나들이하다**

나라 어떤 땅에 사는 많은 사람들이 세우고 이름 붙인 조직. 또는 그 땅.《하루빨리 통일되어 남과 북이 한 나라를 이루어 살면 좋겠어요.》 ❙같국가.

나라꽃 한 나라를 대표하는 꽃.《대한민국 나라꽃은 무궁화입니다.》 ❙같국화.

나라님 나라의 임자라는 뜻으로 '임금'을 달리 이르는 말.

나라말 한 나라 사람이 쓰는 말. ❙같국어.

나락뒤주 곡식을 넣어 두려고 짚으로 둘레를 엮고 이엉으로 지붕을 덮어 만든 것.

나란하다 줄지어 늘어선 모양이 가지런하다.《학교 가는 길가에 심은 은행나무들이 나란합니다.》 **나란히**

나란히맥 잎자루에서 잎몸 끝 부분까지 여러 줄로 나란히 나 있는 잎맥.《벼나 대나무 잎맥은 나란히맥이다.》

나랏돈 나라에서 쓰거나 쓰려고 모아 놓은 돈. ❙같국고금. ❙북나라돈.

나랏빚 나라가 지고 있는 빚.

나랏일 나라를 다스리고 보살피는 일. 《대통령은 나랏일로 늘 바쁘다고 합니다.》 같국사. 북나라일.

나래 날개 '날개'의 강원도 사투리. 또는 '날개'를 곱게 이르는 말.

나래 농기구 논밭을 판판하게 고르는 농기구. 생김새는 써레와 비슷한데, 아래에 발 대신 널빤지나 철판을 대었다.

나래_농기구

나래회나무 깊은 산골짜기나 산기슭에 자라는 잎지는나무. 초여름에 작고 푸르스름한 꽃이 피고, 가을에 껍질이 날개처럼 생긴 열매가 익는다.

나래회나무

나루 강, 내, 바다에서 사람이나 짐을 싣고 오가는 작은 배가 닿는 곳.

나루터 나룻배가 닿거나 떠나는 곳. 《섬으로 가려는 사람들이 나루터에서 배를 기다렸다.》 같선착장. 북배터.

나룻배 나루와 나루 사이를 오가면서 사람이나 짐을 실어 나르는 작은 배. 북나루배.

나룻배

나르개 북 1.물건을 나르는 작은 도구. 《동생과 나도 나르개로 참외를 실어 날랐다.》 2.쇠붙이나 반도체에서 전류를 흐르게 하는 입자.

나르다 사람이나 짐을 한 곳에서 다른 곳으로 옮기다. 《오후 내내 이삿짐을 날랐다.》 바나르는, 날라, 나릅니다.

나른하다 몸이 지치거나 기운이 빠져 힘이 없다. 《감기약을 먹었더니 온몸이 나른하다.》 북매시시하다.

나름 1.됨됨이나 하기에 달린 것. 《옷도 옷 나름이지 이런 옷을 어떻게 입고 다녀?》 2.'~ 나름대로', '~ 나름으로' 꼴로 써서, 저마다 지닌 재주나 방식. 《비록 지기는 했지만 우리 나름으로는

열심히 했어.》

나리 부르는 말 옛날에 신분이나 벼슬자리가 높은 사람을 이르던 말. 《물렀거라, 사또 나리 행차하신다.》 북나으리.

나리 풀 산과 들에 절로 자라거나 꽃을 보려고 심어 가꾸는 풀. 잎은 좁으면서 길고, 큰 꽃이 핀다. 참나리를 비롯하여 여러 종류가 있다.

나리꽃 나리에 피는 꽃. 끝이 여섯 갈래로 갈라져서 뒤로 말려 있다.

나막신 나무를 파서 만든 옛날 신발. 비 올 때나 질척한 길을 다닐 때 신었다. 《나막신은 앞뒤에 굽이 있다.》

나머지 1.전체에서 어느 만큼을 빼고 남은 부분. 《피자 다섯 조각에서 오빠가 세 개를 먹고 나머지는 내가 먹었다.》 비여분. 2.어떤 일을 하다가 다 마치지 못하고 남은 부분. 《오늘은 할 만큼 했으니 나머지는 내일 하자.》 3.나눗셈에서 나누어떨어지지 않고 남은 수. 《23을 5로 나누면 나머지가 3이 나온다.》 4.어떤 일이나 행동의 결과. 《아침에 너무 서두른 나머지 미술 준비물을 집에 두고 왔다.》 참탓.

나무 1.줄기와 가지가 단단한 식물. 여러 해 동안 살고 해마다 나이테가 생긴다. 《나무를 심다./나무 한 그루》 참풀. 2.집을 짓거나 그릇, 도구, 가구 같은 것을 만드는 데 쓰는 재료. 《나무 기둥/나무 방망이》 3.→ 땔나무.

나무 한 대를 베면 열 대를 심으라 속담 나무를 베면 그보다 몇 배 더 많은 나무를 심어서 숲을 가꾸어야 한다는 말.

나무꾼 산에서 땔나무를 모아서 파는 사람. 북나무군.

나무

나무가 없어도 사람이 살 수 있을까요? 그럴 수 있을지도 몰라요. 너른 들에서 짐승을 길러서 먹고 사는 유목민도 있고, 북극 가까이에서 순록이나 바닷물고기를 사냥해서 먹고 사는 에스키모도 있으니까요. 그러나 사실 사람은 나무 없이는 살 수가 없어요. 사람뿐만 아니라 다른 동물도 마찬가지예요. 사람이든 동물이든 산소가 있어야 숨을 쉴 수 있는데 이 산소는 풀이나 나무 잎사귀에서 나오거든요. 나무 가운데에는 잎지는 나무도 있고 늘푸른나무도 있어요.

가문비나무

전나무

잣나무

굴참나무

백목련

소나무

상수리나무

느티나무

박달나무

동백나무

유자나무

차나무

치자나무

당단풍나무

배나무

능금나무

무궁화

개나리

닥나무

진달래

대추나무

싸리

조릿대

솜대

왕대

맹종죽

나무라다 1.잘못을 저지른 사람을 알아듣게 타이르거나 꾸짖다.《선생님이 휴지를 함부로 버린 아이들을 나무라셨다.》비꾸짖다. 2.'나무랄 데가 없다' 꼴로 써서, 마음에 안 들거나 모자란 것을 흠잡거나 따지다.《나무랄 데 없이 깔끔한 옷차림이야.》

나무발발이 나무가 우거진 숲에 사는 나그네새. 등에 갈색과 흰색의 줄무늬가 있고 배는 흰색이다.

나무밥 |북 나무를 자르거나 다듬을 때 나오는 부스러기.《아빠는 톱질하시고 나는 나무밥을 쓸어 담았다.》

나무아미타불 (南無阿彌陀佛) 중이나 불교 신자가 염불을 외거나 인사할 때 하는 말. '아미타 부처에게 돌아가 의지하다'라는 뜻이 담겨 있다.

나무아지 |북 어리고 잔 나뭇가지.《나무아지에서 새 잎이 돋아났다.》

나무절구 통나무 속을 파서 만든 절구.

나무젓가락 나무를 쪼개거나 잘라서 만든 젓가락. 북나무저가락.

나무줄기 나무의 뿌리에서 가지까지 이어지는 큰 줄기.

나무진 나무를 자르거나 껍질을 벗기면 나오는 끈끈한 액체.

나무토막 나무가 잘리거나 부러져서 생긴 토막.《동네 목공소에 가서 나무토막 몇 개를 얻어 왔다.》

나무패 나무를 판판하게 깎아서 만든 작은 패.《꽃밭에 나무패를 꽂았다.》

나무하다 산과 들에 나가서 땔감으로 쓸 나무를 베거나 긁어모으다.

나문재 바닷가 모래밭에 자라는 풀. 잎은 좁고 긴데 빽빽하게 나고, 여름에

나무발발이

나무절구

나발

나방

나문재

자잘한 풀색 꽃이 핀다. 어린잎을 먹는다. 북남재기풀.

나물 고사리나 냉이처럼 사람이 먹을 수 있는 풀이나 나뭇잎을 모두 이르는 말. 또는 그것을 삶거나 볶거나 날것으로 무친 먹을거리.《은주와 뒷산에 나물 캐러 가야지.》

나뭇가지 나무의 굵은 줄기에서 이리저리 뻗은 가는 줄기. 북나무가지.

나뭇결 나무를 세로로 켰을 때 볼 수 있는 무늬나 결. 북나무결.

나뭇단 땔나무를 묶어 놓은 단.《할머니 댁 헛간에는 겨울에 땔 나뭇단이 차곡차곡 쌓여 있다.》북나무단.

나뭇더미 나무를 많이 쌓아 놓은 더미. 북나무더미.

나뭇등걸 나무를 베어 내고 남은 밑둥치. 북나무등걸.

나뭇잎 나무줄기나 가지에 달린 잎.《바람에 나뭇잎 바스락거리는 소리가 들려요.》북나무잎.

나박김치 무를 납작하고 네모나게 썰어서 절인 다음 미나리, 파, 마늘 들을 넣고 국물을 부어서 담근 김치.

나발 (喇叭) 부는 국악기 가운데 하나. 놋쇠로 긴 대롱같이 만드는데, 위는 가늘고 아래는 퍼진 꼴이다. 같나팔.

나발을 불다 관용 터무니없는 말을 하다.《어디서 말도 안 되는 나발을 불어?》

나방 밤에 불빛 주위를 날아다니는 곤충. 생김새는 나비와 비슷한데 몸통이 더 통통하다. 앉을 때 날개를 접지 않고 편다. 참나비.

나병 (癩病) 살갗이 굵고 눈썹이 빠지고 얼굴과 손발이 일그러지는 전염병.

같문둥병. **북**라병.

나부끼다 가벼운 것이 바람을 받아서 펄럭이다. 또는 펄럭이게 하다.《태극기가 바람에 나부낍니다.》**북**나붓기다.

나부랭이 1.쓰고 남은 종이나 헝겊 같은 작은 조각.《재봉틀 주위에 떨어진 헝겊 나부랭이는 버려라.》2.어떤 사람이나 사물을 하찮게 여겨 이르는 말.《영민이는 만날 만화책 나부랭이나 읽는다고 아버지한테 혼났다.》

나불– 가볍게 입을 놀려 말하는 모양.

나불거리다 나불대다 나불나불《나불나불 잘도 떠드는구나.》

나붓이 몸을 조금 납작하게 숙인 자세로 얌전하게.《설날에 할아버지께 나붓이 절을 올렸다.》

나붙다 광고 같은 것이 여러 사람이 다 볼 수 있는 곳에 붙다.《강아지를 찾는다는 글이 전봇대마다 나붙었다.》

나비 **곤충** 꽃을 찾아다니면서 꿀을 빨아먹는 곤충. 몸은 가늘고 가슴에 큰 날개가 두 쌍 있다. 배추흰나비, 호랑나비를 비롯하여 종류가 많다. **참**나방.

나비 **길이** 종이나 천 들을 가로로 잰 길이.《아주머니는 한복 지을 옷감의 나비를 쟀다.》**비**너비.

나비나물 산속 풀밭에서 자라는 풀. 6~9월에 자줏빛 꽃이 줄줄이 달리고 꼬투리가 열린다. 어린잎과 줄기를 먹는다.

나비넥타이 나비꼴로 매듭을 지은 넥타이.

나빠지다 나쁘게 되다.《건강이 더 나빠져서 큰일이에요.》**반**좋아지다.

나쁘다 1.상태가 좋지 않다.《형은 눈

나사

나사말

나사못

나비

나비나물

이 나빠서 안경을 쓴다.》**반**좋다. 2.마음이나 기분이 상하거나 언짢다.《네 기분이 나쁘다고 해서 동생한테 화풀이하면 쓰니.》**반**좋다. **참**못마땅하다. 3.하는 짓이 옳지 못하다.《동물을 괴롭히는 것은 나쁜 짓이야.》4.몸에 해롭다.《오빠는 콜라와 라면 같은 몸에 나쁜 음식만 좋아한다.》**반**좋다. **바**나쁜, 나빠, 나쁩니다.

나사 (螺絲) 빙빙 둘러서 홈이 파인 작은 쇳조각. 두 물건을 조여 붙일 때 쓴다.《나사가 풀리다.》

나사말 연못, 웅덩이, 냇물 같은 민물에서 자라는 풀.

나사못 나사처럼 빙빙 둘러서 홈이 파인 못.

나서다 1.있던 곳을 벗어나 서다.《문밖을 나서자 시원한 바람이 불어왔다.》2.있던 곳을 떠나다.《도시락을 들고 신나게 집을 나섰다.》3.어떤 일이나 행동을 시작하다.《삼촌이 학비를 벌겠다며 수박 장수로 나섰다.》4.어떤 일에 참견하거나 앞장서다.《쓸데없이 남의 일에 나서서 설치는 애들이 가장 싫다.》5.찾던 사람이나 물건이 나타나다.《우리 집을 사겠다는 사람이 좀처럼 나서지 않는다.》

나선 (螺旋) 소라 껍데기나 나사못처럼 한쪽으로 빙빙 돌아가는 꼴.《나선 모양 계단을 따라 뱅글뱅글 돌아서 꼭대기까지 올라갔다.》**북**나선.

나선 은하 (螺旋銀河) 커다란 바람개비처럼 가운데에서 바깥쪽으로 나선 모양으로 뻗어 있는 은하.

나선형 (螺旋形) 소라 껍데기나 나사

못처럼 빙 둘러 감긴 모양. **북**라선형.

나성 (羅城) 성 밖에 빙 둘러서 쌓은 성. **북**라성.

나아가다 1.몸을 움직여서 앞으로 가다.《발장구를 치면서 헤엄쳐 나아갔다.》 2.어떤 일을 이루려고 애쓰다.《통일을 향해 다 같이 나아갑시다.》

나아지다 전보다 좋아지다.《때맞추어 밥을 먹었더니 몸이 훨씬 나아졌어요.》 **비**좋아지다.

나앉다 1.앞으로 나와 앉다.《언니는 툇마루에 나앉으며 말참견을 했다.》 2.집을 잃고 쫓겨나다.《살던 집이 헐려서 길바닥에 나앉게 되었다.》

나약하다 마음이 여리고 다부진 구석이 없다.《그렇게 나약해서야 어떻게 어려운 일을 감당하겠니?》

나어리다 나이가 어리다.《우리 이모는 나어린 동생들을 키우느라 시집을 가지 않으셨습니다.》

나열 (羅列) 비슷한 것들을 죽 늘어놓는 것. **비**열거. **북**라렬. **나열하다 나열되다**《책의 앞장에는 도움을 준 사람들 이름이 나열되어 있다.》

나오다 1.안에서 밖으로 오다. 또는 뒤에서 앞으로 오다.《형이 삼십 분 만에 화장실에서 나왔다.》 **반**들어가다. 2.안에서 밖으로 또는 속에서 겉으로 솟아 나다.《꽃밭에 새순이 나왔네.》 3.일을 하거나 모임, 경기, 싸움 들에 참여하다.《영이는 모임에 못 나온대.》 4.속해 있던 곳을 떠나다.《삼촌은 회사에서 나와 가게를 차렸다.》 **반**들어가다. 5.물건, 현상, 결과 들이 생기거나 나타나다.《흐린 날에는 사진이 잘 안 나와.》 6.학교를 마치다.《아빠와 엄마는 같은 대학교를 나왔다.》 **반**들어가다. 7.책, 신문, 잡지 들에 글이나 사진이 실리다.《신문에 내 사진이 나왔다.》 8.문서나 돈 들이 전해지다.《전화 요금 고지서가 나왔다.》

나왕 인도, 인도네시아, 필리핀 같은 나라에서 자라는 늘푸른나무. 또는 그 나무를 베어 낸 목재. 가구를 만들거나 건물을 짓는 데 많이 쓴다.

나위 어떤 일을 할 여지나 필요.《이모가 준 '몽실 언니'는 더할 나위 없이 좋은 생일 선물이었다.》

나이 세상에 태어나 살아온 햇수.《나이테를 보면 나무의 나이를 알 수 있어요.》 **같**연령. **높**연세.

나이가 아깝다 **관용** 1.하는 짓이나 말이 나이에 어울리지 않게 유치하다.《다 큰 녀석이 동생과 싸우다니 나이가 아깝다.》 2.일찍 죽거나 좋지 않은 일을 당했을 때 하는 말.《젊은 나이에 죽다니 나이가 아깝다.》

나이떡 정월 대보름에 식구의 나이 수만큼 숟가락으로 쌀을 떠서 빚는 떡. 한 해 동안 나쁜 일이 생기지 않게 해 달라는 뜻으로 해 먹는다.

나이로비 국립공원 케냐의 나이로비 가까이에 있는 국립공원. 사자, 기린, 코끼리 같은 야생 동물이 많이 산다.

나이테 나무를 베었을 때 줄기나 가지에서 볼 수 있는 동그란 무늬. 한 해에 하나씩 생긴다. **북**해돌이.

나이프 (knife) 서양 음식을 먹을 때 쓰는 작은 칼. **북**밥상칼.

나일 강 아프리카 북동쪽을 흐르는 강.

세계에서 가장 긴 강이고, 고대 이집트 문명이 시작된 곳으로 유적이 많다.

나일론 (nylon) 가볍고 질기면서 잘 구겨지지 않는 합성 섬유. 물을 잘 빨아들이지 않고 열에 약하다. 양말이나 낚싯줄 들을 만드는 데 쓴다. **북**나이론.

나자빠지다 1. 맥없이 뒤로 넘어지다. 《슬쩍 밀었는데 동생이 벌렁 나자빠졌다.》 2. 하던 일에서 갑자기 손을 떼고 물러나다. 《일을 이렇게 벌여 놓고 나자빠지면 어떻게 해?》

나자스말 연못이나 도랑에서 자라는 물풀. 잎이 실처럼 가늘고, 7~9월에 옅은 풀색 꽃이 핀다.

나자스말

나전 칠기 (螺鈿漆器) 겉을 옻을 바르고 빛나는 조개껍데기 조각을 붙여서 꾸민 나무 그릇이나 가구.

나절 1. 하루 낮 시간의 절반쯤 되는 동안. 《한나절 동안 함께 놀까?》 2. 낮의 어느 무렵이나 한때. 《아침나절은 너무 더우니 저녁나절에 나가자.》

나졸 (邏卒) 조선 시대에 포도청에서 죄인을 잡아들이던 사람. **북**라졸.

나주 (羅州) 전라남도 서쪽에 있는 시. 전남평야에서 나는 농산물이 모이는 곳이고, 배가 많이 난다.

나주평야 (羅州平野) 전라남도 나주를 가운데 두고 펼쳐진 평야. 전라남도에서 쌀을 비롯한 곡식이 가장 많이 나는 곳이다.

나중 1. 시간이 좀 지난 뒤. 《나 지금 아빠 심부름 가는 길이니까 나중에 같이 놀자.》 **비**뒤. **반**먼저. 2. 어떤 일을 한 다음. 《숙제부터 하고 나중에 놀지 그래.》 **비**뒤. **반**먼저.

난 뿔이 우뚝하다 **속담** 아랫사람이 윗사람보다 나은 경우를 빗대어 이르는 말.

나중에 보자는 양반 무섭지 않다 **속담** 그 자리에서 잘잘못을 가리지 못하고 두고 보자는 사람은 무섭지 않다는 말.

나지다 **북** 1. 잃어버렸거나 보이지 않던 것이 나타나다. 《언덕을 넘자 작은 마을이 나졌다.》 2. 좋은 생각이나 방법이 생기다. 《아무리 궁리해도 뾰족한 수가 나지지 않는다.》

나지막하다 높이나 소리가 조금 낮다. 《우리 동네 앞에 나지막한 언덕이 있다.》 **비**나직하다.

나직하다 1. 소리가 낮고 조용하다. 《엄마는 동생이 깰까 봐 나직한 목소리로 나를 불렀다.》 **비**나지막하다. 2. 어떤 것의 높이가 낮다. 《마당에 나직한 울타리를 쳤다.》 **비**나지막하다.

나체 (裸體) → 알몸.

나치스 (Nazis**독**) 독일의 옛날 정당 이름. 1919년에 히틀러를 우두머리로 하여 제이 차 세계 대전을 일으켰지만, 1945년 전쟁에 지면서 없어졌다.

나침반 (羅針盤) 자석으로 만든 바늘로 방향을 알아내는 도구. 자석의 한 끝이 늘 북극을 가리키는 것을 이용하여 만든다. **북**라침반, 라침판.

나타나다 1. 안 보이거나 없던 것이 모습을 드러내다. 《뒷산에 멧돼지가 나타났대요.》 **북**나지다. 2. 생각, 느낌, 표정 들이 드러나다. 《이 글에는 어머니를 그리워하는 마음이 잘 나타나 있다.》 **북**나지다. 3. 현상이나 결과가 생기다. 《대충 공부한 결과가 시험 점수에 고스란히 나타났다.》 **북**나지다.

나타내다 겉으로 드러나게 하다.《울고 싶은 마음을 글로 나타냈다.》

나태 (懶怠) 게으름을 피우면서 아무것도 하지 않으려고 하는 것. **비**게으름. **북**라태. **나태하다**《나태한 마음으로 일하는 것을 보니까 화가 난다.》

나트륨 (Natrium**독**) 부드러운 은빛 금속. 소금을 만드는 물질 가운데 하나로 바닷물에 많이 녹아 있다. **북**나트리움.

나팔 (喇叭) 1. 입으로 부는 악기 가운데 하나. 군대에서 행군하거나 신호할 때 쓴다. 2. 쇠붙이로 만들고 끝이 나팔꽃처럼 생긴 악기를 모두 이르는 말. 3. → 나발.

나팔관 (喇叭管) 여자나 암컷 배 속에 있는 나팔처럼 생긴 몸 한 부분. 자궁 아래 양쪽에 있는데 난소에서 생긴 난자를 자궁으로 보내는 길이다. **같**난관.

나팔꽃 길가나 빈 터에 절로 자라거나 꽃밭에 심어 가꾸는 풀. 줄기는 덩굴이 되어 뻗고, 나팔처럼 생긴 꽃이 이른 아침에 피었다가 낮이면 오므라든다. 씨를 약으로 쓴다.

나팔꽃

나팔수 (喇叭手) 나팔 부는 일을 하는 사람.

나폴리 (Napoli) 이탈리아 남서쪽에 있는 항구 도시. 경치가 좋고 따뜻하여 관광지로 널리 알려져 있다.

나푼– 얇고 넓은 것이 가볍게 흔들리는 모양. **나푼거리다 나푼대다 나푼나푼**《찢어진 천이 나푼거린다./시냇물에 나푼나푼 흘러가는 종이배》

나풀– 얇은 물체가 바람에 날려 가볍고 탄력 있게 움직이는 모양. **나풀거리**

다 **나풀대다 나풀나풀**《바람에 나풀나풀 흔들리는 나뭇잎》

나프탈렌 (naphthalene) 고체에서 바로 기체가 되는 하얀 물질. 독특한 냄새가 있어 좀을 쫓거나 냄새를 없애는 데 쓴다. **북**나프탈린.

나환자 (癩患者) 나병을 앓는 사람. **낮**문둥이.

나흘 네 날.《이제 나흘만 있으면 수학여행을 간다.》

낙 (樂) 살면서 느끼는 재미나 즐거움이나 보람.《할아버지는 어린 손자들과 노는 것을 낙으로 삼으신다.》**북**락.

낙관 희망 (樂觀) 어떤 일이 잘되어 갈 것으로 보는 것. 또는 세상일을 밝고 좋게 보는 것. **반**비관. **북**락관. **낙관하다**《엄마는 삼촌이 빨리 나을 거라고 낙관하신다.》

낙관 도장 (落款) 글, 그림 들에 이름이나 호를 쓰고 도장을 찍는 일. 또는 그 도장. **북**락관. **낙관하다**

낙농 (酪農) → 낙농업.

낙농업 (酪農業) 젖소나 염소 들을 길러서 그 젖으로 우유, 버터, 치즈 같은 것을 만드는 산업. **같**낙농. **북**락농업.

낙농품 (酪農品) 치즈, 버터, 요구르트와 같이 우유를 재료 삼아 만들어 파는 식품.

낙담 (落膽) 일이 뜻대로 되지 않아 기운이 없고 풀이 죽는 것. **비**낙망, 낙심. **북**라담. **낙담하다**《후반전이 남았으니 질 거라고 낙담하기엔 아직 일러.》

낙도 (落島) 뭍에서 멀리 떨어진 작은 섬.《우리 학교는 낙도에 있는 한 초등학교와 자매결연을 했다.》**비**고도.

낙동강 (洛東江) 강원도에서 시작하여 남해로 흐르는 강. 북락동강.

낙동강 오리알 관용 무리와 떨어져 혼자 남는 것을 빗대어 이르는 말.《빨리 가지 않으면 낙동강 오리알이 되겠어.》

낙망 (落望) 바라는 대로 되지 않아서 희망을 잃는 것. 비낙담, 낙심. 북락망. **낙망하다**《시험에 떨어졌다고 낙망하지 말고 희망을 가져.》

낙방 (落榜) 시험이나 심사에 떨어지는 것.《시골 선비는 여러 번 과거 시험을 보았으나 그때마다 낙방을 했다.》비낙제. 반급제. 북락방. **낙방하다**

낙산사 (洛山寺) 강원도 양양 오봉산에 있는 절. 신라 문무왕 때(671년) 의상이 처음 지었다. 관동 팔경의 하나로 7층 석탑과 동종이 유명하다.

낙상 (落傷) 넘어지거나 높은 곳에서 떨어져 다치는 것.《할아버지께서 얼음길에 낙상을 당하셔서 허리를 심하게 다치셨다.》북락상. **낙상하다**

낙서 (落書) 짧은 글이나 그림 들을 장난삼아 아무 데나 마구 쓰거나 그리는 것. 또는 그 글이나 그림.《누나 공책에는 공부한 흔적은 없고 낙서만 가득해요.》북락서. **낙서하다**

낙석 (落石) 산 위나 벼랑에서 돌이 저절로 굴러 떨어지는 것. 또는 떨어진 돌.《이번 비로 산길에 낙석이 쌓여 차들이 못 다닌다.》북락석.

낙선 (落選) 선거나 심사 같은 것에서 떨어지는 것. 반당선. 북락선. **낙선하다 낙선되다**

낙숫물 처마에서 떨어지는 빗물이나 눈 녹은 물. 북락수물, 처마물.

낙엽송

낙산사

낙숫물이 댓돌을 뚫는다 속담 아무리 어려운 일도 꾸준히 애쓰면 이룰 수 있다는 말.

낙심 (落心) 바라던 일이 마음대로 되지 않아 속상한 것. 비낙담, 낙망. 북락심. **낙심하다**《집에서 먼 중학교를 다니게 되어 몹시 낙심했다.》

낙엽 (落葉) 가을에 잎이 말라서 떨어지는 것. 또는 떨어진 잎. 북락엽.

낙엽송 (落葉松) 나무가 없는 산에 많이 심어서 가꾸는 잎지는나무. 잎이 바늘처럼 생겼는데 가을이면 누렇게 물들어 떨어진다. 봄에 꽃이 피고 9월에 솔방울처럼 생긴 열매가 열린다. 북락엽송.

낙엽수 (落葉樹) → 잎지는나무.

낙오 (落伍) 1. 여럿이 줄지어 갈 때 따라가지 못하고 뒤로 처지는 것.《등산이 힘들었지만 낙오한 사람은 한 명도 없었다.》북락오. 2. 여럿이 함께하는 일을 따라가지 못하고 뒤지는 것. 북락오. **낙오하다 낙오되다**

낙오자 (落伍者) 따라가지 못하고 뒤로 처진 사람.《장거리 달리기에 참가한 학생들 가운데 낙오자는 한 사람도 없었다.》북락오자.

낙원 (樂園) 아무 걱정 없이 늘 즐겁고 행복하게 살 수 있는 곳.《낙원이 따로 있나요? 우리가 만들어야죠.》비파라다이스. 북락원.

낙인 (烙印) 1. 쇠로 만들어서 불에 달구어 찍는 도장. 또는 그 도장으로 찍은 표시.《농장 주인은 말 엉덩이에 낙인을 찍었다.》북락인. 2. 지우기 힘든 아주 나쁜 평가.《양치기 소년은 마을 사람들에게 거짓말쟁이로 낙인이 찍혔습니다.》 **북**락인.

낙제 (落第) 1. 성적이 나빠 더 높은 학년으로 올라가지 못하는 것.《이번 시험에서 간신히 낙제를 면했다.》비유급. **북**락제. 2. 시험이나 심사에서 떨어지는 것.《대학생인 삼촌은 세 과목에서 낙제하고 말았다.》비낙방. **북**락제.

낙조 (落照) 저녁 무렵에 비치는 햇빛이나 노을빛.《저녁 바다를 붉게 물들이는 낙조가 예쁘다.》비석양. **북**락조.

낙지 바다에 사는 뼈 없는 동물. 둥근 몸통에 빨판이 있는 다리가 여덟 개 달렸다. 적을 만나면 먹물을 뿜는다.

낙지

낙차 (落差) 1. 위에서 아래로 흘러 떨어질 때의 높낮이 차이.《물레방아는 물의 낙차로 방아를 찧는다.》 **북**락차. 2. 다른 것에 견줄 때 생기는 차이.《문화의 낙차가 너무 커요.》

낙천적 (樂天的) 모든 일을 좋은 쪽으로 보는. 또는 그런 것. **북**락천적.

낙타 등에 큰 혹이 하나나 둘 있는 짐승. 목과 다리가 길고 콧구멍을 마음대로 여닫을 수 있다. **북**락타.

낙태 (落胎) 배 속에 있는 아기를 떼어 내서 없애는 것. **북**락태. **낙태하다**

낙하 (落下) 높은 데에서 낮은 데로 떨어지는 것.《낙하 운동》 **북**락하. **낙하하다**《군인 아저씨들이 낙하산을 메고 비행기에서 낙하하였다.》

낙하산 (落下傘) 날고 있는 비행기에서 사람이나 물건을 다치지 않게 천천히 땅으로 떨어뜨리는 기구. **북**락하산.

낙화암 (落花巖) 충청남도 부여 부소산에 있는 큰 바위. 백제가 망할 때 삼천 궁녀가 이 바위에서 떨어져 죽었다고 한다.

낙후 (落後) 기술, 문화, 사는 정도가 아주 뒤떨어지거나 뒤진 것.《낙후 시설》 **북**락후. **낙후하다 낙후되다**

낚다 낚시로 물고기를 잡다.《팔뚝만한 물고기를 낚았다.》 **북**나꾸다.

낚시 1. 미끼를 꿰어 물고기를 잡는 데 쓰는 끝이 뾰족한 갈고리.《낚시에 물고기가 걸렸다.》 2. → 낚시질.《일요일에 아빠와 낚시를 갔다.》 **낚시하다**

낚시꾼 낚시하는 사람. **북**낚시군.

낚시질 물고기를 낚는 일. **같**낚시. **낚시질하다**

낚시터 낚시질하는 곳.

낚싯대 낚시하는 데 쓰는 가늘고 긴 대. **북**낚시대.

낚싯줄 낚싯대에 낚싯바늘을 매어 다는 가늘고 질긴 줄. **북**낚시줄.

낚아채다 1. 갑자기 힘을 주면서 세차게 잡아당기다.《낚시에 걸린 커다란 연어를 힘껏 낚아챘다.》 **×**나꿔채다. 2. 남의 물건을 빼앗거나 가로채다.《소매치기가 가방을 낚아채서 달아났다.》 **×**나꿔채다.

난 런리 (亂) → 난리.

난 칸 (欄) 1. 서류나 문서 들에서 필요한 것을 적어 넣는 빈칸.《우편 번호를 몰라서 쓰는 난을 비워 두었다.》 **북**란. 2. 신문, 잡지 같은 데서 그림이나 글을 내용에 따라 나누어 놓은 자리. 낱말 뒤에 붙을 때는 '란'으로도 쓴다.《소설난/신문 광고란》 **북**란.

난 풀 → 난초.

난간 (欄干) 계단, 마루, 다리 들의 가

장자리를 일정한 높이로 막아서 꾸며 놓은 것.《다리 난간》 **북**난간.

난감하다 이렇게 하기도 저렇게 하기 도 어렵다.《엄마는 동생의 질문에 난 감한 표정을 지으셨다.》 **비**난처하다.

난관 ^{어려움} (難關) 일을 하면서 부딪치 는 어려운 고비.《우리나라가 통일되 는 데에는 여러 난관이 있다.》

난관 몸 (卵管) ➔ 나팔관.

난국 (難局) 앞에 가로놓인 힘들고 어 려운 사태.《힘을 모아 난국을 헤쳐 나 가자.》

난대 (暖帶) ➔ 아열대.

난데없다 갑자기 불쑥 나타나서 어디 에서 왔는지 알 수 없다.《난데없는 고 함 소리에 깜짝 놀랐다.》 **난데없이**

난도질 칼이나 가위처럼 날카로운 것 으로 마구 베거나 찌르는 짓.《옷이 난 도질을 당해서 갈기갈기 찢겼다.》 **북**란 도질.

난동 (亂動) 사리에 맞지 않는 일을 마 구 저지르는 짓.《경찰은 술에 취해 난 동 부리는 사람을 잡아갔다.》 **북**란동.

난로 (暖爐) 가스, 기름, 석탄, 나무 들 을 태우거나 전기로 열을 내서 집 안 공 기를 따뜻하게 덥히는 기구.

난롯불 난로에 피워 놓은 불.《난롯불 이 활활 타오른다.》 **북**란로불.

난류 (暖流) 따뜻한 곳에서 추운 곳으 로 가는 따뜻한 바닷물의 흐름. **참**한류.

난리 (亂離) 1. 전쟁. 또는 큰불이나 홍 수 같은 것으로 세상이 어지러워지는 일.《아랫동네에 강둑이 무너져 난리 가 났대요.》 **같**난. **북**란리. 2. 떠들썩하 게 일을 벌이는 것.《동생이 장난감을

사 달라며 울고불고 난리를 쳤다.》

난무하다 1. 어지럽게 춤추다.《전등 을 둘러싸고 난무하는 날벌레들》 2. 마 구 날뛰거나 어지럽히다.《잔치 자리 에서 상스러운 말이 난무해서 보기에 좋지 않았어요.》 **북**란무하다.

난민 (難民) 전쟁이나 재난으로 나라 나 집을 잃고 어려움을 겪는 사람.

난민촌 (難民村) 난민들이 모여 사는 마을.《삼촌은 난민촌에서 의료 봉사 를 하고 계신다.》

난방 (暖房) 방 안이나 건물 안을 따뜻 하게 덥히는 것.《우리 교실은 난방이 잘되어서 겨울에도 따뜻하다.》 **반**냉방.

난방비 (暖房費) 가스, 석유, 연탄 들 을 때서 난방을 하는 데 드는 돈.

난방 시설 (暖房施設) 난로, 히터, 보 일러처럼 방이나 건물 안을 따뜻하게 하는 도구나 기계.

난방 장치 (暖房裝置) 방 안이나 건물 안을 따뜻하게 덥히는 기계 장치.

난사 (亂射) 총을 아무 데나 마구 쏘아 대는 것. **난사하다**

난산 (難産) 아기를 매우 힘들게 낳는 것.《아주머니는 난산 끝에 쌍둥이를 낳았다.》 **난산하다**

난색 (難色) 부탁이나 요구 같은 것을 들어주기 어려워하거나 꺼리는 태도. 《해수욕장에 가자고 졸라 댔더니 엄마 가 난색을 보였어요.》

난생처음 세상에 태어나서 처음.《이 렇게 큰 수박은 난생처음 봤어요.》

난센스 (nonsense) 터무니없이 바보 같은 일이나 말.

난소 (卵巢) ➔ 알집.

난시 (亂視) 각막이나 수정체의 면이 고르지 않아서 물체를 뚜렷하게 못 보는 눈. 참근시, 원시. **북**란시, 흩어보기.

난용종 (卵用種) 알을 얻으려고 기르는 닭의 한 종류. 참육용종. **북**란용종.

난이도 (難易度) 시험 문제, 운동, 기술 들에서 어렵거나 쉬운 정도.《난이도가 높은 기술》

난입 (亂入) 허락받지 않고 제멋대로 뛰어들거나 몰려 들어가는 것. **북**란입. **난입하다**《낯선 사람들이 학교에 난입하여 소란을 피웠다.》

난자 (卵子) 여자나 암컷 몸에서 난소가 만들어 내는 세포. 정자와 만나서 수정되면 아기나 새끼가 생긴다. **반**정자. **북**란자.

난잡하다 1.어지럽고 어수선하다.《마당에 여러 가지 물건이 난잡하게 흩어져 있다.》 **북**란잡하다. 2.사는 것이 바르지 못하고 거칠고 막되다.《네가 하는 짓이 난잡하니까 사람들이 욕하지.》 **북**란잡하다.

난장판 여럿이 뒤섞여 떠들어 대거나 덤벼서 뒤죽박죽이 된 곳. 또는 그런 상태.《선생님이 나가시자 금세 교실이 난장판이 되었다.》 **북**란장판.

난쟁이 키가 작은 사람. **반**키다리.

난전 (亂廛) 1.허가 없이 길에 함부로 벌여 놓은 가게. **비**노점. 2.조선 시대에 나라의 허가를 받지 않고 물건을 팔던 가게.

난점 (難點) 어떤 일을 해 나가는 데 어려운 점.《그림을 뒤뜰에 전시하는 데는 여러 가지 난점이 있어.》

난제 (難題) 밝히거나 풀기 어려운 일이나 사건.《난제를 풀다.》

난중일기 (亂中日記) 조선 선조 때 이순신이 임진왜란을 겪으면서 쓴 일기. 국보 제76호.

난처하다 이럴 수도 저럴 수도 없어서 어찌할 바를 몰라 답답하다.《짝꿍이 놀자는데 동생을 떼어 놓을 수 없어서 난처하다.》 **비**난감하다.

난청 (難聽) 귀에 이상이 생겨서 잘 듣지 못하는 상태.《음악을 너무 크게 들으면 난청이 생겨요.》 **북**가는귀먹기.

난초 산과 들에 절로 자라거나 꽃과 잎을 보려고 심어 가꾸는 식물. 뿌리가 굵고 잎이 길쭉하다. 석곡, 한란을 비롯하여 여러 종류가 있다. **같**난. **북**란초.

난치병 (難治病) 고치기 힘든 병.《암은 난치병입니다.》

난타 (亂打) 마구 때리고 치는 것. **난타하다**《권투 선수들이 서로 얼굴을 난타했다.》

난투극 (亂鬪劇) 여러 사람이 뒤엉켜 치고받고 싸우는 일.

난티잎개암나무 양지바른 산기슭에 자라는 잎지는나무. 이른 봄에 잎보다 먼저 꽃이 피고, 10월에 껍질이 딱딱한 열매를 맺는다.

난티잎개암나무

난파 (難破) 배가 폭풍우나 암초를 만나 부서지거나 뒤집히는 것.《난파 신호》 **난파하다 난파되다**

난파선 (難破船) 폭풍우나 암초를 만나 부서지거나 뒤집힌 배.

난폭 (亂暴) 행동이 몹시 거칠고 사나운 것.《난폭 운전》 **북**란폭. **난폭하다**

난항 (難航) 1.날씨가 나빠서 배나 비행기가 힘들게 다니는 것.《비행기는 폭풍우로 난항 끝에 겨우 목적지에 도착했다.》2. 어떤 일이 어려움에 부딪혀서 잘되어 가지 못하는 것.《지금은 난항을 겪고 있지만 곧 잘될 거야.》

난해하다 너무 어려워서 뜻을 알기 힘들다.《이 그림은 너무 난해해요.》

난형난제(難兄難弟) 어느 쪽이 더 나은지 가리기 어려운 것. 형과 아우를 정하기 어렵다는 뜻이다.《두 선수의 실력이 난형난제입니다.》비막상막.

낟 쌀, 보리, 콩 같은 곡식의 알.

낟가리 낟알이 붙은 곡식 단을 그대로 쌓아 놓은 더미.《농부는 벼 낟가리를 헐어 방아를 찧었다.》

낟알 껍질을 벗기지 않은 곡식 알갱이를 통틀어 이르는 말.《할머니는 흩어진 콩 낟알을 하나씩 주워 모으셨다.》

낟알털기 ⌐북 줄기, 이삭, 꼬투리에서 낟알을 털어 거두는 일.

날 하루 1. 하루 스물네 시간.《동생이 유치원에 다니기 시작한 지 여러 날이 흘렀다.》2. 특별히 정해진 때.《이상하게도 운동회 날만 되면 꼭 비가 내린다.》3. 해가 떠 있는 동안.《날이 새다./날이 저물다.》4. 어떤 때나 시절.《저 할아버지가 젊은 날에는 유명한 씨름꾼이셨다고 한다.》5. 날씨 상태.《날이 따뜻해서 산책했어요.》6. '날이면'이나 '날에는' 꼴로 써서, 어떤 일이 일어나는 경우.《삼촌이 담배를 피우는 것을 할머니가 아시는 날에는 집안이 시끄러울 것 같다.》

날 새다 관용 어떤 일을 못하게 되다.《지금 가 보았자 구경은 날 샜어.》

날을 받다 관용 1. 결혼할 날짜를 정하다.

《이모가 드디어 날을 받았다.》2. 어떤 일을 하려고 날짜를 정하다.《언제 바다에 갈지 날을 받자.》비날을 잡다.

날이면 날마다 관용 여러 날 동안 하루도 빠짐없이.《동생이 인형을 사 달라며 날이면 날마다 떼를 쓴다.》

날 칼 칼, 가위, 낫 들에서 베거나 자르거나 깎는 데 쓰는 날카롭고 얇은 부분.

날이 서다 관용 1. 연장의 날이 날카롭다.《아저씨가 날이 선 칼로 동태를 토막 냈다.》2. 말투나 태도가 날카롭다.《누나 말투에 날이 선 것 같아.》

날- 붙는 말 1. 어떤 낱말 앞에 붙어, '익히거나 말리지 않은'이라는 뜻을 더하는 말.《날것/날고기》2. '도둑', '강도' 같은 낱말 앞에 붙어, '지독한'이라는 뜻을 더하는 말.《날강도》

날강도 남이 보는 앞에서도 거리낌 없이 뻔뻔하게 남의 재물을 억지로 빼앗아 가는 사람.《일은 하지도 않고 돈을 달라니 날강도가 따로 없구나.》

날개 1. 새나 곤충이 나는 데 쓰는 몸 한 부분. 몸의 양쪽에 하나씩 달려 있다.《독수리가 날개를 펴고 하늘을 난다.》2. 비행기가 뜰 수 있게 몸체 양쪽에 달려 있는 부분. 3. 선풍기나 환풍기 들에 달려 있는 바람개비 꼴 장치.

날개가 돋치다 관용 1. 어떤 것이 금세 팔려 나가다.《새로 나온 머리핀이 날개가 돋친 듯 팔렸다.》2. 소문 같은 것이 빠르게 퍼지다.《영이가 철이를 좋아한다는 소문이 날개 돋친 듯 퍼졌다.》

날개돋이 곤충의 애벌레가 번데기에서 나와 날개 달린 어른벌레가 되는 것.

날갯죽지 새 날개가 붙어 있는 몸 한

부분. **북**날개죽지.

날갯짓 새가 날개를 펴서 위아래로 움직이는 것.《기러기들이 힘차게 날갯짓을 하면서 날아올랐다.》**날갯짓하다**

날것 익히거나 말려서 손질하지 않고 그대로 먹는 고기나 채소. **비**생것.

날고기 익히지도 말리지도 않고 생으로 먹는 고기.《에스키모는 '날고기를 먹는 사람'이라는 뜻이다.》

날고뛰다 온갖 짓을 다 할 만큼 아주 뛰어난 재주가 있다.《이번 마술 대회에 날고뛰는 마술사들이 다 모였다.》

날다 1.새, 곤충, 비행기 들이 공중에 떠다니다.《지붕 위로 제비가 난다.》 2.작거나 가벼운 것이 바람을 타고 공중에 떠다니다.《비닐봉지가 바람을 타고 난다.》 3.공중으로 솟아오르다.《태권도 선수가 휙 날아서 송판을 쪼갰다.》**바**나는, 날아, 납니다.

난다 긴다 하다 **관용** 능력이나 솜씨가 아주 뛰어나다.《이번 대회에는 난다 긴다 하는 씨름 선수들이 다 모였다.》

나는 새도 떨어뜨린다 **속담** 어떤 일이든 마음대로 할 만큼 권세가 높다는 말.

날다람쥐 나무에서 나무로 날아다니는 다람쥐. 등은 회색이나 갈색이고 배는 희다. 옆구리 살갗이 늘어나 네 다리를 펼치면 날개처럼 된다.

날도래 숲 속의 맑은 물 가까이에서 날아다니는 곤충. 머리, 가슴, 배는 검고 앞날개에 검은 점이 있다. 애벌레는 물속에서 산다.

날도래

날뛰다 1.마구 덤비거나 펄펄 뛰다.《밤송이에 찔린 동생이 아프다고 마구 날뛰었어요.》 2.좋지 않은 힘이나 무리가 마구 나타나거나 나서다.《요즈음 깡패들이 날뛴다니 큰일이야.》

날라리 → 태평소.

날래다 움직임이나 일하는 솜씨가 나는 듯이 빠르다.《아저씨가 날랜 걸음걸이로 성큼성큼 앞서 나갔다.》

날렵하다 1.움직임이 아주 가볍고 빠르다.《탁구 선수가 날렵한 솜씨로 공을 때린다.》 2.날씬하고 맵시가 있다.《우리 언니는 차림새가 날렵하다.》

날로 **날** 날이 갈수록.《날마다 줄넘기를 했더니 날로 튼튼해져.》**비**나날이.

날로 **날것** 날것인 채로. 또는 익히거나 손질하지 않고서.《돼지고기는 날로 먹으면 안 돼.》**비**생으로.

날름 혀나 손 같은 것을 빠르게 내밀었다가 들이는 모양. **✕**낼름. **날름거리다** **날름대다** **날름하다** **날름날름**《동생이 나를 놀리면서 혀를 날름거렸다.》

날리다 1.물건이나 동물 들을 날게 하다.《동네 형들과 연을 날렸다.》 2.작거나 가벼운 것이 바람을 받아 이리저리 움직이다.《바람이 불자 먼지가 날렸다.》 3.이름을 세상에 널리 알리다.《저 타자는 한때 홈런 왕으로 이름을 날렸다.》 4.일을 정성 들이지 않고 대충 하다.《글씨를 하도 날려 써서 알아볼 수가 없어.》 5.가진 것을 헛되이 잃거나 없애다.《옆집 아저씨가 노름에 빠져서 재산을 모두 날렸다.》

날림 제대로 하지 않고 아무렇게나 대충대충 날려서 하는 것.《집을 날림으로 지어 지붕이 무너졌다.》

날마다 하루도 빠뜨리지 않고.《아빠는 요즘 바쁘신지 날마다 밤 열한 시가 넘어서 들어오세요.》 ^비매일.

날면들면 ^{I북} 나갔다가 들어왔다가 하는 모양을 나타내는 말. **날면들면하다** 《오빠가 배탈이 나서 저녁 내내 변소에 날면들면한다.》

날바다 ^{I북} 막히는 것 없이 아득하게 넓은 바다. 《커다란 돛배가 날바다를 향해 떠나간다.》

날밤 ^{열매} 익히거나 말리지 않은 밤.

날밤 ^{시간} 한숨도 자지 않고 꼬박 새우는 밤. 《추석에 우리 식구는 이야기꽃을 피우느라고 날밤을 새웠다.》

날벼락 1. 맑은 날씨에 치는 벼락처럼 생각지도 않게 당하는 나쁜 일. 《할머니께서 교통사고를 당하시다니, 이게 웬 날벼락이냐?》 2. 아주 심한 꾸지람. 《엄마가 오시기 전에 숙제를 다 해 놓지 않으면 날벼락이 떨어진다.》

날새 ^{I북} 날아다니는 새.

날수 어떤 일을 하는 날을 헤아린 수. 《학교 가는 날수가 줄었다.》 ^같일수.

날숨 몸 밖으로 내쉬는 숨. ^반들숨.

날실 옷감을 짤 때 세로로 놓는 실. 《씨실과 날실이 서로 가로지르면서 옷감을 짠다.》 ^참씨실.

날쌔다 움직임이 아주 날래고 빠르다. 《살쾡이가 날쌔게 토끼를 덮쳤다.》

날씨 비, 구름, 바람, 온도 들로 살펴보는 한 날의 상태. 《오늘은 소풍 가기에 좋은 날씨다.》 ^같일기. ^북날거리, 날세.

날씬하다 몸이 가늘고 호리호리해서 맵시가 있다. 《운동을 하면 몸매가 날씬해진다.》 ^참늘씬하다.

날아가다 1. 동물이나 비행기 같은 것이 공중으로 날아서 가다. 《기러기 떼

가 날아간다.》 ^반날아오다. 2. 가벼운 것이 공중에 떠서 가다. 《풍선이 하늘 높이 날아간다.》 ^반날아오다. 3. 붙어 있던 물건이 떨어져 없어지다. 《뚜껑이 어디로 날아갔을까?》

날아다니다 날아서 이리저리 왔다 갔다 하다. 《방 안에 벌이 날아다닌다.》

날아들다 밖에서 안으로 날아서 들어오다. 《참새가 집 안으로 날아들었다.》 ^바날아드는, 날아들어, 날아듭니다.

날아오다 1. 날아서 오다. 《미선이가 던진 종이비행기가 내 쪽으로 날아왔다.》 ^반날아가다. 2. 뜻밖의 소식 같은 것이 전해지다. 《전보가 날아오다.》

날아오르다 날아서 높은 곳으로 오르다. 《철새 떼가 한꺼번에 하늘로 날아올랐다.》 ^바날아오르는, 날아올라, 날아오릅니다.

날음식 날로 먹는 음식.

날일 하루하루 품삯을 받으면서 하는 일. 《우리 아버지는 공사판에서 날일을 하신다.》

날줄 1. 실로 옷감을 짤 때 세로로 놓는 줄. ^참씨줄. 2 → 경선.

날짐승 날아다니는 짐승. ^비조류. ^참길짐승. ^북새짐승.

날짜 1. 어떤 날. 또는 어떤 일을 하는 날의 수. 《오늘 날짜가 어떻게 되지?/방학이 얼마나 남았는지 날짜를 헤아렸다.》 ^북날자. 2. 어떤 일을 하려고 정한 날. 《약속 날짜/수술 날짜》 ^북날자.

날치 물 위로 2~3미터씩 날아오르는 바닷물고기. 긴 가슴지느러미를 날개처럼 펴서 난다.

날치

날치기 남의 물건을 재빨리 낚아채서

달아나는 짓. 또는 그런 짓을 하는 사람. 참소매치기.

날카롭다 1. 날이 몹시 서 있다. 또는 끝이 아주 뾰족하다.《칼이 날카로우니 베이지 않게 조심해.》 반무디다. 2. 눈빛이나 표정이 쌀쌀맞고 매섭다. 《그 아저씨는 눈이 째져서 날카로운 인상이다.》 3. 태도가 짜증스럽거나 거칠다.《내 동생은 몸무게 얘기만 나오면 아주 날카롭게 반응한다.》 4. 따지거나 생각하는 힘이 아주 빠르고 정확하다.《날카로운 관찰력》 바날카로운, 날카로워, 날카롭습니다.

날틀 실을 뽑는 데 쓰는 틀. 구멍 열 개에 실을 꿰어 한 줄로 뽑아낸다.

날품팔이 그날그날 돈을 받고 일을 하는 것. 또는 그런 일을 하는 사람.

낡다 1. 오래되거나 많이 써서 헐어 있다.《신발이 너무 낡아서 새로 사야겠다.》 2. 생각이나 제도 들이 때에 맞지 않게 뒤떨어지다.《시대가 바뀌었는데도 낡은 생각에 빠져 있다니.》

남 사람 1. 내가 아닌 다른 사람.《남의 말을 귀 기울여 들어라.》 비타인. 2. 가깝거나 친하지 않은 사람.《남도 아닌데 그렇게 모른 척하기야?》 비타인.
남의 살 같다 관용 살갗에 아무 느낌이 없다.《발이 얼어서 남의 살 같아.》
남의 눈에 눈물 내면 제 눈에는 피가 난다 속담 남한테 못된 짓을 하면 자기는 그보다 더한 일을 당하게 된다는 말.
남의 떡이 커 보인다 속담 자기 것보다 남의 것이 더 좋거나 많아 보인다는 말.
남의 제사에 감 놓아라 배 놓아라 한다 속담 남의 일에 공연히 끼어들어 참견하

는 것을 빗대어 이르는 말.
남 잡이가 제 잡이 속담 남을 해치려다가 도리어 자기를 해친다는 말.

남 방향 (南) → 남쪽.

남 남자 (男) '남자'를 이르는 말. 참여.

남국 (南國) 남쪽에 있는 나라.

남극 (南極) 1. 자석에서 가리키는 남쪽 끝. 에스(S)로 나타낸다. 같에스 극. 참북극. 2. 지구의 남쪽 끝 지역. 참북극.

남극 대륙 (南極大陸) 남극에 펼쳐져 있는 아주 넓은 땅. 거의 얼음으로 덮여 있다. 몹시 추워서 사람은 살지 않고 펭귄, 바다표범, 고래 들이 산다.

남극점 (南極點) 지구의 남쪽 끝 한가운데 점.

남극해 (南極海) 오대양 가운데 하나. 남극 대륙을 둘러싸고 있다.

남기다 1. 다 쓰거나 다 하지 않고 나머지가 있게 하다.《숙제를 조금 남겨 둔 채 잠이 들었다.》 2. 있던 곳에 남아 있게 하다.《빈집에 동생만 남기고 나온 것이 마음에 걸린다.》 3. 이름, 기록, 물건 들을 전하거나 물려주다.《그분이 자식들한테 남긴 재산이라고는 오래된 책 몇 권뿐이었다.》 4. 장사나 사업에서 이익이 나게 하다.《책방 아저씨는 이익을 많이 남기지 않는다.》

남김없이 하나도 남기지 않고 모조리. 《밥알 한 톨 남김없이 다 먹었더니 엄마가 칭찬을 했다.》 비모조리, 죄다.

남남 서로 아무것에도 얽히지 않은 사람들 사이.《우리는 피 한 방울 안 섞인 남남이지만 피붙이처럼 가깝다.》

남녀 고용 평등법 (男女雇傭平等法)

남자와 여자가 평등하게 일할 수 있는 기회를 갖고 일터에서 평등한 대우를 받을 수 있게 만든 법.

남녀노소 (男女老少) 남자와 여자와 늙은이와 젊은이. **북**남녀로소.

남녀유별 (男女有別) 남자와 여자를 구별하는 것.

남녀평등 (男女平等) 남자와 여자가 법이나 사회에서 차별이 없이 같은 대우를 받는 것.

남녘 1.→ 남쪽. 2.우리나라 휴전선 이남. **참**북녘.

남다 1.다 쓰지 않거나 다 마치지 못하고 나머지가 있다.《공책을 세 권 사고 천 원이 남았다.》**반**모자라다. 2.정해진 기준에 이르기까지 시간이나 거리가 얼마쯤 더 있다.《약속 시각까지 30분이 남았다.》**반**모자라다. 3.떠나거나 움직이지 않고 있던 곳에 그대로 머무르다.《아픈 아이들은 교실에 남아 있어.》4.이름, 기록, 물건 들이 이어지거나 전해지다.《세종 대왕의 업적은 역사에 길이 남을 것이다.》5.장사나 사업에서 이익이 나다.《양말 한 켤레를 팔면 백 원이 남는데.》6.나눗셈이나 뺄셈에서 어떤 수가 나머지가 되다.《10을 3으로 나누면 1이 남는다.》7. '~하고도 남다' 꼴로 써서, 어떤 일이 이루어지거나 어떤 일을 충분히 해낼 수 있다.《저 선수는 우승을 하고도 남을 만한 실력을 갖추었다.》

남다르다 남과 아주 다르다.《남다른 솜씨》**바**남다른, 남달라, 남다릅니다.

남단 (南端) 남쪽 끝.《제주도는 우리나라 남단에 있는 섬이다.》**참**북단.

남바위

남달리 남과 아주 다르게.《우리 형은 남달리 키가 크다.》**비**유달리.

남대문 (南大門) → 숭례문.

남도 민요 (南道民謠) 전라도와 경상도 지방의 민요를 이르는 말. 전라도 민요로.육자배기, 진도 아리랑 들이 있고, 경상도 민요로 쾌지나 칭칭 나네, 밀양 아리랑 들이 있다.

남동생 (男同生) 남자 동생. **참**여동생.

남동쪽 남쪽과 동쪽 가운데.

남동풍 (南東風) 남동쪽에서 불어오는 바람.

남루하다 옷 같은 것이 낡고 해져서 초라하다.《남루한 옷차림》**북**람루하다.

남매 (男妹) 한 부모에게서 태어난 남자와 여자. **비**오누이. **참**자매, 형제.

남매간 (男妹間) 오빠와 여동생 사이. 또는 누나와 남동생 사이.《엄마와 외삼촌은 남매간입니다.》

남먼저 **|북** 남보다 먼저.《엄마는 남먼저 일어나 아침 준비를 하신다.》

남모르다 다른 사람이 알지 못하다.《아빠는 남모르게 불우 이웃을 도우신다.》**바**남모르는, 남몰라, 남모릅니다.

남몰래 남이 모르게.《할아버지는 북녘에 계신 할머니 생각에 남몰래 눈물지으시는 일이 많다.》

남문 (南門) 성이나 집, 궁궐 들의 남쪽에 있는 문.

남미 (南美) → 남아메리카.

남바위 옛날에 추위를 막으려고 쓰던 것. 앞쪽은 이마를 덮고, 뒤쪽은 목과 등을 덮게 되어 있다.

남반구 (南半球) 적도를 기준으로 지구를 둘로 나눌 때 남쪽 부분. **참**북반구.

남방(南方) 남쪽. 또는 남쪽 지방.《남방 한계선》

남방부전나비 양지바른 풀밭에서 빠르게 날아다니는 나비. 괭이밥이 있는 곳이라면 어디서든 쉽게 볼 수 있다.

남방부전나비

남방식 고인돌 작은 돌을 괴고 두꺼운 덮개돌을 얹어 만든 고인돌. 주로 한강 남쪽 지역에 퍼져 있다.

남방적제양반탈 고성 오광대에 나오는 양반이 쓰는 탈.

남방적제양반탈

남베트남 베트남 북위 17도 아래 있던 나라. 베트남 민주 공화국과 전쟁을 벌여 1975년에 망했고 수도는 사이공이었다. '베트남 공화국'이라고도 한다.

남부(南部) 어떤 지역의 남쪽 부분.《귤은 따뜻한 남부 지방에서 자란다.》

남부끄럽다 남이 보거나 알까 봐 부끄럽다.《길에다 함부로 침을 뱉는 것은 남부끄러운 짓이다.》**바**남부끄러운, 남부끄러워, 남부끄럽습니다.

남부럽다 남이 지닌 좋은 것이나 훌륭한 점을 자기도 갖고 싶거나 닮고 싶어 하다.《아주머니는 아들딸 잘 키우면서 남부럽지 않게 살았다.》**바**남부러운, 남부러워, 남부럽습니다.

남북(南北) 남쪽과 북쪽.

남북 대화(南北對話) 남녘과 북녘 대표가 만나서 여러 문제를 이야기하고 풀어 나가는 것.

남북 적십자 회담(南北赤十字會談) 남북으로 헤어져 있는 가족을 만나게 하려고 남녘과 북녘의 적십자사가 만나는 모임. 1972년에 시작하였다.

남북 전쟁(南北戰爭) 1861년부터 1865년까지 미국 북부와 남부가 노예 문제로 벌인 전쟁. 노예 제도를 없애자고 주장한 북부가 이겨서 노예가 풀려났다.

남북통일(南北統一) 남녘과 북녘으로 갈라진 우리 겨레가 하나가 되는 일.《할머니는 남북통일이 되면 고향에 가 보고 싶다고 말씀하셨다.》

남북한(南北韓) 대한민국에서 우리나라 남녘과 북녘을 함께 이르는 말.

남북 회담(南北會談) 우리나라 남녘과 북녘의 대표자들이 만나서 여러 문제를 의논하는 일.

남사당 옛날에 떼 지어 떠돌아다니면서 노래, 춤, 재주를 보여 주고 돈을 벌던 남자. **참**사당.

남사당놀이 남사당패가 벌이는 놀이. 풍물, 재주, 줄타기, 꼭두각시놀음 들을 펼친다. 중요 무형 문화재 제3호.

남사당패 남사당 무리.

남사스럽다 '남우세스럽다'를 잘못 쓴 말.

남산(南山) 1. 서울에 있는 산. 북악산, 인왕산과 함께 서울을 둘러싸고 있는 산이다. 2. 마을 남쪽에 있는 산.

남산제비꽃

남산제비꽃 산에서 자라는 풀. 잎은 여러 갈래로 깊게 갈라져 있고, 봄에 흰 꽃이 핀다.

남색(藍色) 보랏빛이 섞인 짙은 파란색. **비**쪽빛.

남색초원하늘소

남색초원하늘소 꽃잎을 뜯어 먹거나 꽃술을 파먹는 하늘소. 온몸에 검은 털이 나 있다.

남생이 냇가나 연못에 사는 거북. 몸집이 작고 등딱지는 짙은 갈색이다. 천연기념물 제453호.

남생이

남생이무당벌레 산, 과수원, 밭에 사는 무당벌레. 등은 주홍색이나 붉은색이다. 우리나라에 사는 무당벌레 가운데 가장 크다.

남생이무당벌레

남서쪽 남쪽과 서쪽 가운데.《도서관은 우리 학교 남서쪽에 있다.》

남서풍 (南西風) 남서쪽에서 불어오는 바람.

남성 (男性) 남자. 흔히 남자 어른을 이르는 말. 참여성.

남성적 (男性的) 남자다운. 또는 그런 것. 참여성적.

남성 호르몬 남자 생식 기관에서 나오는 호르몬. 수염이 자라거나 목소리가 바뀌는 것 같은 남자로서의 특징이 생기게 한다. 참여성 호르몬.

남실- 물 같은 액체가 잔물결을 이루면서 부드럽게 굽이쳐 움직이는 모양.

남실거리다 남실대다 남실남실《물동이에 가득 찬 물이 발걸음을 옮길 때마다 남실거린다.》

남아 (男兒) 1. 남자 아이. 참여아. 2. 씩씩한 남자.《여자들 앞에서 남아 대장부라고 뽐내다가는 놀림 받아요.》

남아돌다 넉넉하고 많아서 다 쓰지 못하고 남게 되다.《아이들이 모두 먹고도 남아돌 만큼 사과가 많다.》 바남아도는, 남아돌아, 남아돕니다.

남아메리카 육대주 가운데 하나. 브라질, 아르헨티나, 칠레 같은 나라가 있다. 갈남미.

남용 (濫用) 물건이나 권리들을 지나치게 마음대로 마구 쓰는 것. 북람용.

남용하다 남용되다

남우세스럽다 남한테서 놀림이나 비

웃음을 받을 만하다. 또는 창피하다.《동생이 어린아이의 과자를 빼앗아 먹는 걸 보고 남우세스러워서 혼났다.》 ✗남사스럽다. 바남우세스러운, 남우세스러워, 남우세스럽습니다.

남원 (南原) 전라북도 남동쪽에 있는 시. 광한루, 오작교 들이 있다.

남위 (南緯) 적도에서 남극까지 고르게 나눈 위도. 적도가 0도이고 남극이 90도이다. 참북위.

남유럽 유럽의 남쪽 지역. 유럽 문화가 시작된 곳으로 그리스, 에스파냐, 이탈리아 같은 나라가 있다.

남자 (男子) 아버지, 할아버지, 형, 오빠, 소년 들처럼 수컷인 사람. 참여자.

남작 (男爵) 옛날에 유럽에서 귀족을 다섯 등급으로 나눈 것 가운데 다섯째. 참공작, 백작, 자작, 후작.

남장 (男裝) 여자가 남자처럼 차려입거나 꾸미는 것. 또는 그런 옷차림. **남장하다**《언니가 머리를 짧게 깎고 남장하니 정말 남자 같았다.》

남정네 흔히 여자들이 '남자 어른'을 이르는 말.

남중 고도 (南中高度) 태양이 남쪽 하늘 한가운데에 왔을 때 높이. 하지 때 가장 높고 동지 때 가장 낮다.

남짓 비슷하거나 조금 남을 만큼.《방학이 일주일 남짓 남았다.》

남짓하다 어림잡아서 비슷하거나 조금 더 남는 듯하다.《놀이터에서 스무 명 남짓한 아이들이 놀고 있다.》

남쪽 해가 뜨는 쪽을 향해 섰을 때 오른쪽. 갈남, 남녘. 참동쪽, 북쪽, 서쪽.

남침 (南侵) 북쪽에서 남쪽으로 쳐들

어가는 것. **남침하다**

남편 (男便) 혼인하여 여자의 짝이 된 남자. **참아내**.

남포 (南浦) 평안남도 남서쪽에 있는 직할시.

남풍 (南風) 남쪽에서 불어오는 바람.

남하 (南下) 큰 흐름이나 많은 사람들이 남쪽으로 내려가는 것. 《장마 전선 남하》반북상. **남하하다**

남학생 (男學生) 남자 학생. 참여학생.

남한강 (南漢江) 한강으로 흘러드는 강. 강원도에서 시작하여 경기도 양평으로 흘러 들어가서 북한강과 만난다.

남한산성 (南漢山城) 경기도 광주 남한산에 있는 산성. 신라 문무왕 때 처음 쌓았다.

남한산성

남해 (南海) 1. 남쪽에 있는 바다. 2. 우리나라 남쪽에 있는 바다.

남해 대교 (南海大橋) 경상남도 남해와 하동을 잇는 다리. 1973년에 놓았는데, 우리나라에서 처음으로 세운 출렁다리이다.

남해안 (南海岸) 1. 남쪽에 있는 바닷가. 2. 우리나라 남쪽에 있는 바닷가.

남향 (南向) 남쪽으로 향하는 것. 《우리 집은 남향이라 햇볕이 잘 든다.》

남향집 남향으로 지은 집.

납 무르고 무거운 잿빛 금속. 열에 잘 녹아서 퓨즈를 만들거나 납땜하는 데 쓴다.

납자루

납골당 (納骨堂) 죽은 사람의 뼈를 빻아서 단지에 넣어 모셔 두는 집.

납득 (納得) 남의 말, 행동, 사정 들을 그럴 만하다고 이해하고 받아들이는 것. 《경아가 왜 화를 내는지 납득이 안

납지리

돼.》 **납득하다 납득되다**

납땜 납을 녹여서 구멍이 뚫리거나 금이 간 쇠붙이를 때우는 것. 《구멍 난 대야에 납땜을 했다.》 **납땜하다**

납땜인두 납땜할 때 쓰는 인두.

납부 (納付) 세금이나 등록금 같은 것을 정해진 곳에 내는 것. 《세금 납부》비납입. **납부하다 납부되다**

납세 (納稅) 세금을 내는 것. 《납세는 국민의 의무다.》 **납세하다**

납입 (納入) 국가나 공공 단체에 세금이나 공과금 같은 것을 내는 것. 비납부. **납입하다** 《엄마는 은행에 가서 공과금을 납입하였다.》 **납입되다**

납자루 물이 맑고 물풀이 우거진 곳에 사는 민물고기. 옆으로 납작하다. 몸빛은 푸른 갈색이고 무늬가 없다.

납작납작 얇고 판판하고 조금 넓적한 꼴. 《돼지고기는 구워서 먹기 좋게 납작납작 썰어 주세요.》 **납작납작하다**

납작칼 거친 면을 팔 때나 필요 없는 부분을 파낼 때 쓰는 조각칼.

납작코 콧날이 납작하게 생긴 코.

납작하다 1. 얇고 판판하면서 좀 넓다. 《납작한 돌》 2. 다른 것에 눌려서 기를 펴지 못하다. 《다음에는 네 코를 납작하게 해 줄 거야!》

납지리 강이나 호수에 사는 민물고기. 몸이 옆으로 납작하고 주둥이가 뾰족하다. 몸 양옆에 옅은 푸른 띠가 있다.

납치 (拉致) 사람이나 사람이 탄 탈것을 강제로 끌고 가는 것. 《비행기 납치 사건》북랍치. **납치하다 납치되다**

납품 (納品) 주문한 곳에 물건을 갖다 주는 것. **납품하다** 《김치 공장에 배추

를 납품하는 차가 들어간다.》

낫 풀, 나무, 곡식 같은 것을 베는 데 쓰는 농기구. 'ㄱ' 자처럼 생겼다.

낫

낫 놓고 기역 자도 모른다 속담 낫을 보고도 낫처럼 생긴 기역 자를 모른다는 뜻으로, 글을 전혀 모르는 사람을 빗대어 이르는 말.

낫가락 |북| 낫을 가늘고 길쭉한 물건에 빗대어 이르는 말.《할아버지가 낫가락을 들고 풀을 베신다.》

낫다 병 병이 고쳐지거나 상처가 아물다.《감기에 걸려서 며칠 동안 앓다가 나았다.》 바낫는, 나아, 낫습니다.

낫다 비교 서로 견주어 보았을 때 더 좋다.《그림 솜씨는 너보다 내가 더 낫다.》 반못하다. 바나은, 나아, 낫습니다.

낫질 낫으로 풀이나 나물, 곡식 들을 베는 일.《형이 서툰 솜씨로 낫질을 하다가 손가락을 베었다.》

낭군 (郎君) 옛날에 아내가 남편을 이르던 말. 북랑군.

낭독 (朗讀) 글을 크게 소리 내어 읽는 것. 북랑독. **낭독하다**《선생님이 국어 시간에 시를 낭독하셨다.》 **낭독되다**

낭떠러지 산이나 언덕에 깎아지른 듯이 안쪽으로 비탈진 높은 곳.《천 길 낭떠러지로 떨어지다.》 비벼랑, 절벽.

낭랑하다 소리가 맑고 또렷하다.《동생이 낭랑한 목소리로 책을 읽었다.》 북랑랑하다.

낭보 (朗報) 반갑고 기쁜 소식.《장애인 탁구 대회에서 우리나라 선수가 이겼다는 낭보가 전해졌다.》 반비보.

낭비 (浪費) 시간, 노력, 돈 들을 함부로 쓰는 일.《자원 낭비》 비허비. 반절약. 북랑비. **낭비하다 낭비되다**

낭설 (浪說) 터무니없는 말이나 헛소문.《북극에도 펭귄이 산다는 말은 낭설로 밝혀졌다.》 북랑설.

낭송 (朗誦) 글이나 시 들을 소리 내어 읽거나 외는 것. 북랑송. **낭송하다**《학예회에서 내가 지은 시를 낭송했다.》

낭자 (娘子) 옛날에 처녀를 높여 이르던 말. 북랑자.

낭자하다 1. 여기저기 얼룩지거나 흩어져 있다.《핏자국이 낭자하다.》 북랑자하다. 2. 소리가 시끄럽게 크다.《초상집에서 곡소리가 낭자하게 들린다.》 북랑자하다.

낭패 (狼狽) 일이 잘 풀리지 않고 꼬여서 곤란해지는 것.《산에서 차가 고장 나다니 낭패로군.》 북랑패. **낭패하다**

낮 1. 해가 떠서 질 때까지 사이.《낮이 많이 길어졌다.》 반밤. 2. 해가 높이 떠 있는 동안.《낮이 다 되도록 아직까지 자고 있다고?》

낮이고 밤이고 관용 늘. 또는 언제나.《낮이고 밤이고 졸려서 큰일이다.》

낮다 1. 아래에서 위까지의 높이가 짧다.《의자가 낮아서 앉기 불편하다.》 반높다. 2. 질, 수준, 수치, 지위 들이 평균에 미치지 못하다.《온도가 낮다./질이 낮다.》 반높다. 3. 소리가 가라앉거나 작다.《나는 거문고처럼 소리가 낮은 악기가 좋아.》 반높다.

낮말 낮에 하는 말.

낮말은 새가 듣고 밤 말은 쥐가 듣는다 속담 아무도 없는 곳에서 이야기를 해도 말이 퍼질 수 있으므로 늘 말을 조심해야 한다는 말.

낮은음자리표 악보에서 낮은 음 부분을 나타내는 데 쓰는 기호. '𝄢'로 나타낸다. **참**높은음자리표. **북**낮은표.

낮잠 낮에 자는 잠. **반**밤잠.

낮잡다 낮추어 보거나 가볍게 여기다. 《동무가 나를 낮잡아 보는 것 같아.》

낮추다 1. 높이, 수준, 수치 들을 낮게 하다. 《시험 문제 수준을 좀 낮추어 주세요.》 **반**높이다. 2. 자기를 내세우지 않고 겸손하게 굴다. 《선애는 늘 자기를 낮춘다.》 3. 친구나 아랫사람한테 하듯이 말을 놓다. 《아주머니, 말씀 낮추세요.》 **반**높이다.

낮춤말 사람이나 사물을 낮추어 이르는 말. 《'나'의 낮춤말은 '저'이다.》 **반**높임말.

낮춤하다 |**북** 조금 낮다. 《지붕이 낮춤한 기와집》

낯 1. → 얼굴. 2. 당당하게 남을 대하는 모습. 《시험에 떨어져서 부모님 뵐 낯이 없다.》 **비**면목, 체면.

낯이 깎이다 **관용** 남을 대하기가 창피해지다. 《부모님 낯이 깎이는 짓은 절대 하지 말자.》

낯가리다 어린아이가 낯선 사람을 보고 겁내거나 싫어하다. 《아기가 낯가리지 않고 방글방글 웃는다.》

낯가림 낯선 사람과 마주치기를 싫어하고 낯가리는 것. 《우리 옆집 아기는 낯가림이 심하다.》 **낯가림하다**

낯모르다 처음 보는 얼굴이라서 누구인지 모르다. 《낯모르는 아저씨가 내 이름을 불렀다.》 **바**낯모르는, 낯몰라, 낯모릅니다.

낯빛 1. 얼굴 빛깔. 《저 아저씨는 낯빛이 검다.》 **비**얼굴빛. **북**낯색. 2. 얼굴에 나타난 감정이나 마음 상태. 《형 낯빛이 안 좋은 걸 보면 일이 잘 안됐나 봐.》 **비**얼굴빛. **북**낯색.

낯설다 1. 사람, 물건, 장소 들이 처음 보는 상태에 있다. 《낯선 사람한테 문 열어 주지 마라.》 **반**낯익다. 2. 처음 겪는 일이어서 서투르다. 《삼촌도 처음에는 서울 생활이 낯설어서 무척 힘들었대요.》 **바**낯선, 낯설어, 낯섭니다.

낯익다 전에 보거나 만난 적이 있어서 눈에 익다. 《어쩐지 낯익다 싶더니 친척이었다.》 **반**낯설다.

낯짝 '낯'을 낮추어 이르는 말. 《그런 거짓말을 해 놓고서 무슨 낯짝으로 다시 왔니?》

낱 떨어져 있는 하나. **비**낱개.

낱개 여럿 가운데 떨어져 있는 한 개한 개. **비**낱.

낱권 한 묶음인 책에서 한 권 한 권. 《돈이 모자라서 책을 낱권으로 샀다.》

낱낱 여럿 가운데 떨어져 있는 하나하나. 또는 하나하나 모두. 《잎사귀 낱낱에 맑은 이슬이 맺혀 있다.》

낱낱이 하나도 빠뜨리지 않고 모두 다. 《틀린 문제를 낱낱이 헤아려 보았어요.》 **비**일일이, 하나하나.

낱눈 겹눈 하나를 이루고 있는 여러 작은 눈 하나하나. **참**겹눈.

낱말 문장을 이루는 낱낱의 가장 작은 말. 뜻이 있고 홀로 쓸 수 있다. 《책을 읽다가 모르는 낱말이 나오면 사전을 찾아본다.》 **같**단어.

낱알 알 하나하나. 《콩에서 벌레 먹은 낱알을 골라낸다.》

낱자 한 글자를 이루는 낱낱의 글자. 한글의 낱자는 ㄱ, ㄴ, ㄷ, ㄹ, ㅁ, ㅂ, ㅅ, ㅇ, ㅈ, ㅊ, ㅋ, ㅌ, ㅍ, ㅎ, ㅏ, ㅑ, ㅓ, ㅕ, ㅗ, ㅛ, ㅜ, ㅠ, ㅡ, ㅣ 24자다. 《'깜'의 낱자는 'ㄱ', 'ㅏ', 'ㅁ'이다.》

낱장 한 장 한 장. 《이번에 새로 나온 기념우표는 낱장으로는 팔지 않는다.》

낳다 1. 몸에 밴 아기, 새끼, 알을 밖으로 나오게 하다. 《고모가 아들을 낳았다.》 2. 어떤 결과를 가져오다. 《밤새워 공부한 덕에 수학 시험에서 좋은 결과를 낳았다.》 3. 고장이나 나라에서 어떤 사람을 세상에 내다. 《대한민국이 낳은 뛰어난 물리학자》

낳은 정보다 기른 정이 더 크다 속담 길러 준 정이 낳은 정보다 더 크고 소중하다는 말.

내 물줄기 강보다 작고 개울보다 큰 물줄기. 《동무들과 내에서 멱을 감았다.》

내 냄새 → 냄새.

내 나 1. '나의'가 줄어든 말. 《내 동무는 축구를 잘한다.》 2. '나' 다음에 'ㄱ'가 붙을 때 '나'가 바뀐 꼴. 《내가 만든 종이비행기》 참나.

내 것 잃고 죄 짓는다 속담 물건을 잃어버리면 으레 애매한 사람을 의심하는 죄까지 짓게 된다는 말.

내 코가 석 자 속담 내 사정이 급해서 남을 돌볼 겨를이 없다는 말.

내 안 (內) 어떤 테두리 안. 《일주일 내에 그림을 다 그려야 한다.》 비안.

내각 도형 (內角) 다각형에서 이웃하는 두 변이 도형 안쪽에 만드는 각. 《삼각형 내각의 합은 180도이다.》 북아낙각.

내각 기관 (內閣) 국무총리와 장관으로 이루어져 나랏일과 나라 살림을 맡아 하는 기관.

내걸다 1. 어떤 것을 바깥이나 앞에 걸다. 《광복절에 태극기를 내걸었다.》 2. 어떤 일을 하는 데 목표, 조건 들을 내세우다. 《우리 반은 우승을 목표로 내걸었다.》 3. 어떤 일을 이루려고 목숨 같은 소중한 것을 내놓다. 《군사들은 목숨을 내걸고 치열하게 싸웠다.》 바내거는, 내걸어, 내겁니다.

내걸리다 벽보나 깃발 들이 밖이나 앞쪽으로 나와 걸리다.

내과 (內科) 몸 안에 생긴 병을 수술하지 않고 주로 약을 써서 고치는 의학 분야. 또는 그런 병원 부서. 참외과.

내구성 (耐久性) 변하지 않고 오래 견디는 성질. 《이 벽돌은 내구성이 뛰어나다.》 북오래견딜성, 질길성.

내기 무엇인가를 주고받기로 하고 이기느냐 지느냐를 겨루는 일. 《내기에 져서 동무한테 과자를 사 주었다.》 내기하다

내깔리다 ㅣ북 1. 자리, 깔개 같은 것이 아래쪽으로 깔리다. 《상 밑에 방석이 내깔려 있었다.》 2. 어떤 것을 여기저기에 내버리다. 《놀란 적군은 무기를 모두 내깔린 채 도망쳤다.》 3. 어떤 것을 내버려 둔 채 돌보지 않다. 《동생이 먹다가 내깔린 밥을 엄마가 드신다.》

내내 줄곧 처음부터 끝까지 계속해서. 《개구리는 겨울 내내 겨울잠을 잔다.》 비줄곧.

내내 냄새 ㅣ북 어떤 것이 탈 때 나는 냄새. 《어디에선지 내내가 난다.》

내년 (來年) 올해의 바로 다음 해. 《동

생은 내년에 초등학생이 되어요.》 **갇**명년. **북래년**.

내놓다 1. 안에 있던 것을 밖으로 꺼내 놓다.《동생이 두 발을 이불 밖에 내놓은 채 잠들었다.》 2. 자기가 가진 것을 남한테 건네주다.《한 할머니가 김밥을 팔아서 번 돈을 고아원에 내놓았다.》 3. 뜻, 말, 글, 방법, 작품 들을 남 앞에 드러내다.《이모가 좋아하는 시인이 새 시집을 내놓았다.》 4. 방이나 건물 들을 팔거나 빌려 주려고 남한테 선보이다.《지난달에 내놓은 가게가 아직도 팔리지 않았다.》 5. '내놓고' 꼴로 써서, 어떤 사실을 숨김없이 그대로 드러내다.《누나는 내가 이불에 오줌을 싼 것을 내놓고 떠벌린다.》

내다 1. 안에 있던 것을 바깥으로 나오게 하다.《감기에 걸렸을 때는 땀을 내는 것도 좋아.》 2. 어떤 것을 만들거나 생기게 하다.《요즘 동네에 새 길을 내는 공사가 한창이다.》 3. 의견, 방법, 대책 들을 내놓다.《회의를 지켜보시던 선생님이 의견을 내셨다.》 4. 돈이나 물건 들을 남한테 주다.《점심 값은 누가 내지?》 5. 책, 신문, 잡지 들에 글이나 사진을 싣다.《아빠 회사에서 신문에 상품 광고를 냈다.》 6. 소문을 널리 퍼지게 하다.《내가 개를 싫어한다는 소문을 내고 다닌 게 너였니?》 7. 빚을 얻다.《삼촌이 은행에서 빚을 내어 빵집을 차렸다.》 8. 어떤 일에 필요한 시간을 벌다.《숙제가 많아 시간을 낼 수 없다.》 9. 소리, 색, 맛, 멋 들을 드러내거나 감정, 기운 들을 일으키다.《맛을 내다./짜증을 내다.》 10. '~어 내다'

꼴로 써서, 마음먹은 일을 꼭 이루겠다는 뜻을 나타내는 말. 또는 어떤 일을 마침내 이루었다는 뜻을 나타내는 말.《이번에는 반드시 두더지를 찾아내고야 말겠다.》

내다보다 1. 안에서 밖을 보다.《밖을 내다보니 눈이 내리고 있었다.》 **갇**내다 보다. 2. 앞일을 미리 헤아려 보다. 《5년 뒤를 내다보고 머리를 길게 길러야지.》

내다보이다 1. 안에서 밖이 보이다.《내 방에서는 놀이터가 빤히 내다보인다.》 **갇**내다 보이다. 2. 속이 겉으로 드러나 보이다.《옷이 얇아서 몸이 내다보인다.》 **갇**내다 보이다.

내닫다 앞으로 힘차게 달려 나가다. 《채찍을 휘두르자 말이 힘차게 내달았다.》 **비**내달리다. **바**내닫는, 내달아, 내닫습니다.

내달리다 앞으로 힘차게 달리다.《버스가 신호를 무시하고 내달리다 가로수를 들이받았다.》 **비**내닫다.

내던지다 1. 함부로 냅다 던지다.《형은 가방을 내던지고 밖에 나갔다.》 2. 하던 일이나 마음을 꺾고 다시는 돌아보지 않다.《삼촌은 10년이나 매달리던 고시 공부를 내던졌다.》

내동댕이치다 힘껏 바닥으로 내던지다.《동생은 장난감을 내동댕이치고 떼를 쓰다가 엄마한테 혼났다.》

내두르다 되는대로 이리저리 휘두르다.《형이 팔을 내두르다 꽃병을 깼다.》 **바**내두르는, 내둘러, 내두릅니다.

내디디다 1. 앞쪽으로 발을 옮겨 놓다. 《징검다리가 작아서 발을 내디디기가 조심스럽다.》준내딛다. 2.어떤 일에 처음으로 들어서다.《사회에 첫발을 내디디다.》준내딛다.

내딛다 → 내디디다.

내란 (內亂) 나라 안에서 서로 권력을 차지하려고 벌이는 싸움.

내려가다 1.높은 곳에서 낮은 곳으로 가다.《눈 쌓인 언덕길을 조심조심 내려갔다.》반올라가다. 2.큰 도시에서 작은 도시로 가거나 도시에서 시골로 가다.《아빠는 어제 시골에 내려가셨어요.》반올라가다. 3.수치나 수준이 낮아지다.《기온이 내려가서 좀 쌀쌀한 느낌이 든다.》반올라가다. 4.북쪽에서 남쪽으로 가다.《남아메리카에서 조금 더 내려가면 남극 대륙이 나온다.》반올라가다.

내려놓다 들고 있거나 위에 있는 것을 아래에 놓다.《그 보따리를 마루에 내려놓으렴.》반올려놓다.

내려다보다 1.위에서 아래쪽을 보다.《산 위에서 내려다보니 집도 사람도 모두 자그맣게 보인다.》반올려다보다. 2.남을 낮추어 보다.《사람을 내려다보는 짓은 하지 마.》반올려다보다.

내려다보이다 아래쪽에 보이다.《높은 산에 오르니 구름이 내려다보인다.》

내려본각 높은 곳에서 낮은 곳을 내려다볼 때 시선과 바닥이 만나 이루는 각. 반올려본각.

내려서다 높은 곳에서 낮은 곳으로 옮겨 서다.《형이 한 계단 내려서자 나와 키가 비슷해졌다.》반올라서다.

내려쓰다 1.글씨를 위에서 아래로 쓰다.《옛날 사람들은 글씨를 내려썼다.》

2.자리를 아래로 잡아서 글을 쓰다.《다음 구절은 한 줄 내려써라.》바내려쓰는, 내려써, 내려씁니다.

내려앉다 1.높은 곳에서 아래로 내려서 앉다.《비행기가 활주로에 안전하게 내려앉았다.》2.제자리에서 아래로 무너져 내리다.《갑자기 선반이 내려앉아서 머리를 다쳤다.》3.놀라거나 걱정이 되어 마음이 무거워지다.《비명 소리에 가슴이 철렁 내려앉았다.》

내려오다 1.높은 곳에서 낮은 곳으로 오다.《자전거를 타고 언덕길을 내려왔다.》반올라오다. 2.큰 도시에서 작은 도시로 오거나 도시에서 시골로 오다.《할머니가 편찮으시다는 소식을 듣고 서울에 사는 고모도 급히 내려왔다.》반올라오다. 3.물건, 정신, 기술들이 옛날부터 전해져 오다.《이 도자기는 고조할아버지 때부터 내려온 것이다.》4.긴 것이 드리워져 한 곳에 닿다.《이모는 머리칼이 허리까지 내려온다.》5.북쪽에서 남쪽으로 오다.《철새들이 겨울을 나러 남쪽으로 내려왔다.》반올라오다.

내려치다 아래로 힘껏 때리거나 치다.《도끼를 내려쳐서 나무를 쪼갰다.》

내력 (來歷) 지금까지 겪어 온 과정. 또는 지금처럼 된 까닭.《내가 울보라는 별명을 얻게 된 데에는 내력이 있다.》북래력.

내로라하다 자기를 내세우면서 큰소리치거나 뽐내다.《내로라하는 씨름꾼들이 모래판에서 힘을 겨룬다.》

내륙 (內陸) 바다에서 멀리 떨어진 땅.《내륙 지방에만 소나기가 내렸다.》

내리 1.위에서 아래로.《폭포에서 물이 내리 떨어진다.》 2.끊이지 않고 계속.《엄마와 내가 짝이 되어 윷놀이 세 판을 내리 이겼다.》

내리갈기다 아래쪽으로 가차 없이 내려치다.《나무꾼이 덤벼드는 늑대를 작대기로 내리갈겼다.》

내리굴다 |북 높은 데서 낮은 데로 구르다.《커다란 바위가 내리굴어서 기와집 한 채를 깔아뭉갰다.》 |바내리구는, 내리굴어, 내리굽니다.

내리긋다 위에서 아래로 긋다.《자도 대지 않고 내리그은 줄이 반듯하네.》 |바내리긋는, 내리그어, 내리긋습니다.

내리깔다 눈을 가늘게 뜨고 아래쪽을 보다.《개구쟁이 동생이 얌전하게 눈을 내리까는 모습에 모두들 웃었다.》 |바내리까는, 내리깔아, 내리깝니다.

내리꽂지다 |북 높은 데서 낮은 데로 갑자기 빠르게 내려오다.《집채 같은 파도가 내리꽂지면서 배를 덮쳤다.》

내리꽂다 위에서 아래로 힘껏 꽂다.《멧돼지 목에 창을 내리꽂았다.》

내리누르다 1.위에서 아래로 힘주어 누르다.《머리에 인 무거운 쌀자루가 할머니 목을 내리누르는 것 같다.》 2.억누르거나 꼼짝 못하게 하다.《형은 말문이 막히면 힘으로 내리누르려는 버릇이 있다.》 |바내리누르는, 내리눌러, 내리누릅니다.

내리다 1.위에서 아래로 옮기거나 당기다.《동생이 바지를 내리고 오줌을 눈다.》 2.눈이나 비 같은 것이 오다.《어제는 하루 종일 눈이 내렸다.》 3.탈 것에서 나와 바닥에 서다. 또는 비행기가 착륙하다.《다음 정거장에서 내리자.》 |반오르다. 4.온도나 값 들이 떨어지다. 또는 온도나 값 들을 떨어뜨리다.《약을 먹은 지 두 시간 만에 열이 내렸다.》 |반오르다. 5.상, 벌, 벼슬, 지시, 명령 들을 주다.《기상청에서 태풍 경보를 내렸다.》 6.망설이거나 생각해 온 것을 마무리하다.《어떤 책을 살지 결정을 내리기가 어려워요.》 7.음식이 소화되다. 또는 음식을 소화시키다.《소화제를 먹어도 체한 것이 내리지 않아.》 8.식물 뿌리가 땅속에 자리를 잡다.《식목일에 심은 어린나무가 뿌리를 잘 내리기를 빌었다.》 9.부은 살이 원래대로 가라앉다. 또는 부은 살을 원래대로 가라앉히다.《부기가 내려서 얼굴이 홀쭉해졌다.》

내리뜨다 눈을 아래로 가늘게 뜨다.《유진이는 내 말에 눈을 내리뜨고 고개만 끄덕였다.》 |반치뜨다. |북내려뜨다. |바내리뜨는, 내리떠, 내리뜹니다.

내리막 1.높은 곳에서 낮은 곳으로 내려가게 기울어진 곳.《이 고개만 넘으면 그 다음부터는 내리막이다.》 |반오르막. |북내리막이. 2.한창때를 지나 약해지는 고비나 과정.《인생의 내리막》

내리막길 한쪽으로 기울어져 내려가게 된 길.《눈 쌓인 내리막길에서 궁둥이 썰매를 탔다.》 |반오르막길.

내리막길로 접어들다 |관용 힘이나 기세 같은 것이 약해지다.《저 가수는 이제 인기가 내리막길로 접어드는 것 같아.》

내리받이 비탈길에서 아래로 내려가는 쪽. 또는 그런 자리.《내리받이 언덕길을 신나게 굴렀다.》 |북내림받이.

내리사랑 손윗사람이 손아랫사람에게 베푸는 사랑. 흔히 부모가 자식에게 주는 사랑을 뜻한다. **반**치사랑.

내리사랑은 있어도 치사랑은 없다 **속담** 윗사람이 아랫사람을 사랑으로 보살피는 일은 있어도 아랫사람이 윗사람을 잘 모시기는 어렵다는 말.

내리쬐다 볕이 아래로 뜨겁게 비치다. 《햇볕이 내리쬐어 땀이 줄줄 흐른다.》

내리치다 위에서 아래로 힘껏 때리거나 치다. 《도끼로 나무를 내리쳤다.》

내림표 악보에서 제 음보다 반음 내리라는 기호. '♭'로 나타낸다. **같**플랫. **참**올림표.

내막 (內幕) 겉으로 드러나지 않게 숨겨진 속사정. 《선생님이 눈물 흘리신 내막을 아는 사람이 없었다.》

내면 (內面) 1.물건의 안쪽. 2.사람의 마음속. 《사람은 모름지기 내면이 아름다워야지.》

내몰다 1.바깥으로 내쫓다. 《형은 집 안으로 들어온 새를 내몰았다.》 2.짐승이나 자동차 같은 것을 급하게 앞으로 몰다. 《장수가 적진으로 말을 내몰았다.》 3.일을 빨리 하라고 다그치다. 《시간이 없다고 너무 내몰지는 마세요.》 **바**내모는, 내몰아, 내몹니다.

내무 (內務) 나라 안에서 일어나는 여러 가지 일. **참**외무.

내밀다 1.앞이나 밖으로 나가게 하다. 《나는 창밖으로 고개를 내밀었다.》 2.물건이나 돈을 받으라고 내어 놓다. 《언니가 선물을 내밀었다.》 **바**내미는, 내밀어, 내밉니다.

내뱉다 1.입 안에 있는 것을 바깥으로 뱉다. 《아무 데나 껌을 내뱉지 마시오.》 2.못마땅한 태도로 말을 불쑥 해 버리다. 《욕설을 내뱉다가 선생님한테 야단맞았다.》

내버리다 1.어떤 것을 아주 버리다. 《고물상 아저씨는 내버린 물건들을 모으는 고마운 분이야.》 2.관심을 갖거나 돌보지 않다. 《나를 좀 내버려 둬.》

내보내다 1.밖으로 나가게 하다. 《강아지를 밖으로 내보내라.》 2.일하던 곳이나 살던 곳에서 나가게 하다. 《가게 형편이 어려워서 일하던 아주머니를 내보냈다.》

내보이다 1.속에 있는 것을 꺼내어 보이다. 《동생은 주머니 속에 들어 있던 구슬을 내보였다.》 2.속마음이나 생각을 드러내 보이다. 《정수는 여간해서는 속을 내보이지 않는다니까.》

내복 (內服) 흔히 겨울에 입는 속옷.

내복약 (內服藥) 먹는 약. 알약, 물약, 가루약 들이 있다.

내부 (內部) 1.안쪽 부분. 《방학 동안 도서관 내부를 수리한대.》 **반**외부. 2.어떤 조직의 안. 《내부 방침》 **반**외부.

내분 (內紛) 집단이나 모임 안에서 서로 갈라져 싸우는 것. 《내분을 겪다./내분을 일으키다.》

내불리다 **|북** 1.서리나 성에 같은 것이 밖으로 생기다. 《창문에 성에가 내불렸다.》 2.소금이나 단맛 나는 찌꺼기가 겉으로 나오다. 《곶감 겉에 흰 가루가 많이 내불렸다.》 3.싹이나 꽃망울이 조금 도드라져 나오다. 《가지에 꽃망울이 내불렸다.》 4.속마음이나 기분들이 겉으로 나타나다. 《기뻐서 어쩔

줄 모르겠다는 속마음이 미애 얼굴에 그대로 내불렸다.》5.기운이나 낌새 들이 밖으로 비치다.《교실에서 고요한 분위기가 내불렸다.》

내비치다 1.빛이 살짝 비치다.《구름 사이로 햇빛이 내비친다.》2.속에 있는 것이 겉으로 드러나 보이다.《겉옷이 얇아 속옷이 내비쳤다.》3.속마음을 겉으로 드러내다.《형은 연 날리러 가자는 뜻을 나한테 내비쳤다.》

내빈 (來賓) 모임이나 행사에 초대를 받고 온 손님.

내빼다 몰래 빠져나가거나 달아나다. 《사나운 개를 보고 모두 내뺐다.》

내뻗다 1.팔이나 다리를 힘차게 뻗다. 《우리는 팔을 내뻗으며 신나게 걸었다.》2.앞쪽으로 뻗어 나가다.《시원하게 쭉 내뻗은 고속도로》

내뿜다 밖으로 힘차게 뿜다.《입으로 물을 내뿜었다.》

내색 얼굴에 감정이나 속마음을 드러내는 것. **내색하다**《엄마는 화가 나도 좀처럼 내색하지 않으신다.》

내생 (來生) 불교에서 죽은 뒤에 다시 태어나 사는 일을 이르는 말.《좋은 일을 많이 하면 내생에 더 좋은 곳에서 태어난대.》**참**전생. **북**래생.

내성 (內城) 두 겹으로 쌓은 성에서 안쪽에 있는 성.

내성적 (內省的) 감정이나 생각을 겉으로 잘 드러내지 않는. 또는 그런 것.

내세 (來世) 불교에서 죽은 뒤에 다시 태어난다는 다음 세상. **참**현세. **북**래세.

내세우다 1.남을 앞으로 나와 서게 하다.《주인공을 무대 앞으로 내세웠다.》2.남을 대표나 후보 같은 것으로 삼다. 《모두들 경수를 응원단장으로 내세우는 데에 찬성했다.》3.생각이나 의견들을 앞세우거나 고집하다.《자기주장만 내세우는 사람은 싫어.》4.어떤 사실을 자랑하다.《사물놀이는 전 세계에 내세울 만하다.》

내소사 (來蘇寺) 전라북도 부안 능가산에 있는 절. 신라 때 혜구가 지은 소래사를 조선 인조 때(1633년) 고쳐 지었다.

내소사

내속 **북** 1.겉으로 드러나지 않은 속마음.《말을 하지 않으니 정아의 내속을 알 수가 없어.》2.남몰래 차지하려는 욕심.《우리는 거들떠보지도 않고 자기 내속만 채우려 하다니 괘씸하다.》3.어떤 것에 든 내용.《청소기 뚜껑을 열고 내속을 들여다보았다.》

내숭 속내는 다르면서 겉으로는 안 그런 척하는 짓.《누나는 어른들 앞에서 얌전한 척 내숭을 떤다.》**북**내흉.

내숭스럽다 속내는 다르면서 겉으로는 안 그런 척하는 태도가 있다.《내숭스러운 사람을 흔히 '능구렁이'라고 부른다.》**북**내흉스럽다. **바**내숭스러운, 내숭스러워, 내숭스럽습니다.

내쉬다 숨을 밖으로 내보내다.《한숨을 내쉬다.》**반**들이쉬다.

내시 (內侍) 옛날에 궁궐에서 왕을 시중들던 남자. 자지나 불알이 없었다.

내시경 (內視鏡) 긴 관을 사람 몸속에 집어넣어 안을 볼 수 있게 만든 기구.

내심 (內心) 1.실제 속마음.《나는 내심으로 내 짝꿍이 반장이 되기를 바랐다.》**북**아낙중심. 2.속으로는.《상을

탄 것이 내심 기뻤다.》

내여맡기다 |북 1.어떤 것을 남한테 내주어서 맡기다.《동생이 자기 가방을 나한테 내여맡기고 놀이터로 뛰어갔다.》 2.어떤 일을 남한테 아주 맡기다.《화분에 물 주는 일은 나한테 내여맡기실 것 같아.》 3.어떤 일을 되는대로 내버려 두다.《숲에 사는 동물들은 그냥 내여맡기면 잘 살아갈 겁니다.》

내역 (內譯) 어떤 일에 따른 수량이나 액수 들의 자세한 내용.《거래 내역》

내열 (耐熱) 높은 열에서 견디는 것.

내열성 (耐熱性) 높은 열에도 바뀌지 않고 잘 견디는 성질. 북열견딜성.

내열 유리 (耐熱琉璃) 온도가 갑작스럽게 높아지거나 낮아져도 쉽게 깨지지 않는 유리. 실험 기구, 조리 기구, 망원경 렌즈 들에 쓴다. 북열견딜유리.

내오다 1.안에서 밖으로 가져오다.《의자 좀 내오너라.》 2.흔히 먹을거리를 가져오다.《어머니가 밤참으로 삶은 감자를 내오셨다.》

내왕 (來往) 1.오고 가는 것.《거리에 사람들 내왕이 끊겼다.》 비왕래. 북래왕. 2.서로 친하게 사귀어 자주 오고 가고 하는 것. 비왕래. 북래왕. **내왕하다**《우리는 철수네와 자주 내왕한다.》

내외 안팎 (內外) 1.어떤 곳의 안과 바깥.《공원 내외의 쓰레기를 깨끗이 치우자.》 비안팎. 2.정해진 수나 양에서 조금 넘치거나 조금 모자라는 상태.《원고지 열 장 내외로 독후감을 써 오세요.》 비안팎.

내외 부부 (內外) 1.아내와 남편을 함께 가리키는 말.《꽃집 주인 내외가 번갈

아 가게를 지킨다.》 비부부. 2.옛날에 남자와 여자가 마주하기를 피하는 것.《우리 할머니가 학교 다니던 시절만 해도 서로 내외를 했대.》 **내외하다**

내외간 (內外間) 아내와 남편 사이.

내용 (內容) 1.속에 들어 있는 것.《내용이 보이지 않게 포장지로 단단히 싸라.》 2.말이나 글 속에 담긴 뜻.《이 글의 내용을 잘 모르겠다.》 참형식.

내용물 (內容物) 속에 든 물건.

내음 → 냄새.

내의 (內衣) → 속옷.

내일 (來日) 1.오늘의 바로 다음 날.《이 숙제는 내일까지 해야 돼.》 같명일. 참어제, 오늘. 북래일. 2.다가올 앞날.《우리 앞에는 밝은 내일이 기다리고 있을 거야.》 북래일. 3.오늘의 바로 다음 날에.《내일 또 만나자.》 참어제, 오늘. 북래일.

내일모레 1.→ 모레. 북래일모레. 2.어떤 일이나 때가 아주 가까이 다가온 것을 뜻하는 말.《시험이 내일모레인데 그렇게 잠만 잘래?》 북래일모레.

내장 몸 (內臟) 사람이나 짐승의 가슴과 배 속에 있는 여러 기관. 간, 위, 창자, 콩팥 같은 것을 말한다.

내장 꾸밈 (內裝) 1.건물 안쪽을 보기 좋게 꾸미는 것.《그 식당 내장은 우리 이모가 했다.》 2.필요한 것을 채워 넣는 것. **내장하다 내장되다**

내장산 (內藏山) 전라북도 정읍에 있는 산. 국립공원이다.

내적 (內的) 1.겉으로 드러나지 않고 안에 들어 있는. 또는 그런 것. 반외적. 2.마음이나 정신의 활동에 관한. 또는

그런 것. **반**외적.

내전 (內戰) 한 나라 안에서 같은 국민끼리 벌이는 전쟁.

내젓다 손이나 고개를 이쪽저쪽으로 크게 흔들다.《연싸움을 하자고 했더니 내 동무는 고개를 내저었다.》 **바**내젓는, 내저어, 내젓습니다.

내정 **결정** (內定) 밖으로 알리기 전에 안에서 미리 정하는 것. **내정하다**《우리는 노마를 응원단장으로 내정했다.》 **내정되다**

내정 **정치** (內政) 나라 안 정치.《힘센 나라가 힘 약한 나라의 내정에 간섭하는 것은 옳은 일이 아니다.》

내조 (內助) 남편이 바깥일을 잘할 수 있게 아내가 곁에서 돕는 일.《그분은 아내의 내조에 힘입어 성공했다.》

내주 (來週) 이 주의 바로 다음 주.《내주부터 방학이다.》 **북**래주.

내주다 1.안에서 꺼내어 주다.《광주리에서 과일 좀 내주겠니?》 2.지니고 있던 것을 다른 사람에게 주다.《목발 짚은 아이에게 자리를 내주었다.》

내지르다 1.주먹, 발, 도구 들을 힘차게 뻗거나 힘차게 뻗어서 치다.《말은 안 듣고 주먹부터 내지르냐?》 2.갑자기 버럭 큰 소리를 내다.《알 낳은 암탉이 꼬꼬댁 소리를 내질렀어요.》 **바**내지르는, 내질러, 내지릅니다.

내쫓기다 있던 자리에서 억지로 나오게 되다.《숲에서 나무를 베어 내자 거기 살던 다람쥐들이 내쫓기게 되었다.》

내쫓다 1.몰아서 억지로 밖으로 내보내다.《방 안으로 들어온 고양이를 내쫓았다.》 2.하던 일을 억지로 그만두

게 하고 있던 자리에서 내보내다.《세조는 조카를 내쫓고 왕이 되었다.》

내처 1.어떤 일을 하는 김에 더.《내 방 청소를 하는 김에 내처 언니 방 청소까지 해 버렸다.》 2.연달아서 내내.《주말이라고 내처 자기만 할 거니?》

내치다 1.밖으로 물리치거나 내쫓다.《엄마는 강아지를 밖으로 내쳤다.》 2.세게 뿌리치거나 던지다.《언니 손을 내치고 밖으로 뛰쳐나갔다.》

내키다 하고 싶은 마음이 생기다.《나는 마음 내키는 대로 돌아다녔다.》

내통 (內通) 적에게 남몰래 비밀을 일러 주는 것. **내통하다**《일본군과 내통하는 조선 백성이 있었다고 한다.》

내팽개치다 1.물건을 세게 던지다.《아기가 사탕을 방바닥에 내팽개치고 마구 울기 시작했다.》 2.일이나 사람을 돌보지 않고 내버려 두다.《어린 자식들을 내팽개치고 술이나 마시고 다니다니!》 3.하던 일을 중간에 그만두다.《동생이 방학 숙제를 내팽개치고 눈싸움하러 나갔다.》

내포 (內包) 어떤 뜻을 속에 지니는 것. **내포하다**《'난 몰라'라는 말은 많은 뜻을 내포하고 있다.》 **내포되다**

내한 (來韓) 외국 사람이 한국에 오는 것.《내한 공연》

내항 **비례식** (內項) 비례식에서 안쪽에 있는 두 항. 이를테면 1:2 = 3:6에서 2와 3을 말한다. **참**외항. **북**아낙마디, 아낙항.

내항 **항구** (內港) 바닷가 안쪽에 깊숙이 들어가 있는 항구.《태풍이 불면 배들은 내항에 닻을 내린다.》 **참**외항.

내행성 (內行星) 지구 안쪽에서 작은 원을 그리며 해 둘레를 도는 별. 수성과 금성을 이른다. **참**외행성.

내후년 (來後年) 후년의 다음 해. **북**래후년.

낼름 '날름'을 잘못 쓴 말.

냄비 음식 끓이는 데 쓰는 양은이나 얇은 금속으로 만든 그릇. **북**남비.

냄비

냄새 코로 맡거나 느끼는 기운.《아기 입에서 젖 냄새가 난다.》**같**내, 내음.

냄새를 맡다 **관용** 낌새를 알아차리다. 《내 동생이 우리가 자기를 따돌리려고 한다는 냄새를 맡은 것 같아.》

냅다 갑자기 세차게.《냅다 밀치다.》

냅킨 (napkin) 서양 음식을 먹을 때 몸 앞에 펼치는 휴지나 수건. **북**내프킨.

냇가 시냇물의 가장자리.《동무들과 냇가에서 송사리를 잡았다.》**북** 내가.

냇둑 시냇가에 쌓은 둑.《냇둑 위에서 송아지가 풀을 뜯고 있다.》**북**내뚝.

냇물 시내에 흐르는 물. **북**내물.

냉가슴 겉으로 드러내지 않고 혼자서 속으로만 하는 걱정.《벙어리 냉가슴을 앓다.》**북**랭가슴.

냉각 (冷却) 차게 식는 것. 또는 차게 식히는 것. **북**랭각. **냉각하다 냉각되다**

냉국 차게 만든 국. 찬물에 간장과 식초를 쳐서 만들거나 끓인 국을 차게 식혀 만든다. **북**랭국.

냉기 (冷氣) 찬 기운.《불을 지피지 않아서 교실 안에 냉기가 돈다.》**반**온기. **비**한기. **북**랭기.

냉담하다 정이 없고 쌀쌀하다.《구걸하는 아저씨에게 모두 냉담하게 고개를 돌렸다.》**북**랭담하다.

냉대 지역 (冷帶) → 아한대.

냉대 푸대접 (冷待) → 푸대접.

냉동 (冷凍) 고기나 생선 같은 먹을거리를 오래 두고 먹으려고 얼리는 것. **북**랭동. **냉동하다**《엄마는 냉동한 생선을 녹여서 불에 구웠다.》**냉동되다**

냉동고 (冷凍庫) 얼음을 만들거나 먹을거리가 상하지 않게 차갑게 얼려 두는 곳. **북**랭동고

냉동실 (冷凍室) 냉장고에서 음식을 얼려 보관하는 곳.《냉동실에서 얼음을 꺼냈다.》**참**냉장실. **북**랭동실.

냉랭하다 1.온도가 낮아서 아주 차갑다.《방학이라 난방이 되지 않는 교실 안은 냉랭했다.》**북**랭랭하다. 2.말씨, 태도, 분위기 들이 정이 없이 아주 차갑다.《싸우고 난 뒤에 이웃집 아저씨와 우리 아빠 사이에 냉랭한 기운이 흘렀다.》**북**랭랭하다.

냉면 (冷麵) 차게 해서 먹는 국수. 메밀국수를 냉국이나 김칫국에 말거나 고추장 양념에 비벼 먹는다. **북**랭면.

냉방 (冷房) 1.불을 때지 않아서 차가운 방. **북**랭방. 2.더울 때 기구를 써서 방 안의 온도를 낮추는 것.《백화점에 갔더니 냉방이 잘되어 있어서 시원했다.》**반**난방. **북**랭방.

냉방병 (冷房病) 냉방 때문에 생기는 병.《여름에는 냉방병에 걸려 병원을 찾는 사람이 많다.》

냉소 (冷笑) 싸늘한 비웃음.《다윈은 사람들의 냉소에도 아랑곳하지 않고 진화론을 주장했다.》**북**랭소, 찬웃음.

냉수 (冷水) → 찬물.

냉수 먹고 이 쑤시기 **속담** 찬물만 마시

고 잘 먹은 척 이를 쑤신다는 뜻으로, 실속은 없으면서 있는 척하는 것을 빗대어 이르는 말.

냉엄하다 태도가 차고 엄격하다.《재판장은 냉엄한 목소리로 유죄 선고를 내렸다.》**북**랭엄하다.

냉이 들이나 밭에 절로 나서 자라는 풀. 잎은 들쭉날쭉하게 갈라지고, 꽃대에 작고 흰 꽃이 핀다. 어린잎과 뿌리는 나물로 먹는다.

냉이

냉장 (冷藏) 먹을거리를 낮은 온도에서 저장하는 것.《냉장 식품》**북**랭장.

냉장고 (冷藏庫) 음식을 얼리거나 차게 보관하는 데 쓰는 기구. **북**랭장고.

냉장실 (冷藏室) 냉장고에서 음식을 얼리지 않고 차게 보관하는 곳. **참**냉동실. **북**랭장실.

냉전 (冷戰) 직접 맞붙어서 싸우지는 않지만 서로 다른 쪽을 전쟁 상대로 여기는 것. **참**열전. **북**랭전.

냉정하다 차갑고 쌀쌀맞다.《진수는 내 부탁을 냉정하게 거절했다.》**비**차갑다. **북**랭정하다. **냉정히**

냉채 (冷菜) 차게 만들어 먹는 채. 전복, 해삼, 닭고기 들에 여러 가지 채소를 잘게 썰어 섞는다.《오이 냉채/해파리냉채》

너구리

냉철하다 판단이나 생각이 감정에 흔들리지 않고 뚜렷하고 확실하다.《냉철한 판단》**북**랭철하다.

냉큼 머뭇거리지 않고 곧.《동생은 과자를 보자마자 냉큼 집어 먹었다.》

냉탕 (冷湯) 목욕탕에서 찬물을 채워 놓은 곳. **반**온탕. **북**랭탕.

냉해 (冷害) 농작물이 자라는 여름철

에 기온이 떨어져서 입는 피해.《고추가 냉해를 입었다.》**북**랭해.

냉혈 동물 (冷血動物) → 찬피 동물.

냉혹하다 인정이 없이 몹시 차갑고 매섭다.《추운 겨울날 오갈 데 없는 사람을 냉혹하게 밖으로 쫓아내면 어떡합니까?》**북**랭혹하다.

냠냠 음식을 맛있게 먹는 소리. 또는 그 모양. **냠냠거리다 냠냠대다**《동생이 냠냠대면서 과자를 먹는다.》

냥 (兩) 1. 옛날에 엽전을 세던 말.《말 한 마디로 천 냥 빚을 갚는다.》 2. 금, 은 같은 귀금속이나 한약재 들의 무게를 나타내는 말. 한 냥은 열 돈이다.

너 **당신** 손아랫사람이나 가까운 사람을 이르는 말. '네가 했어?'처럼 '가'가 붙으면 '네'가 된다.《너, 나 좀 도와주겠니?》**참**나, 네.

너 나 할 것 없이 **관용** 이 사람 저 사람 가리지 않고 모두.《너 나 할 것 없이 다 똑같은 처지야.》

너 **수량** 돈, 말, 발, 푼 같은 말 앞에 써서, 넷을 나타내는 말.《쌀 너 말/금 너 돈》

너구리 산과 들의 굴이나 나무뿌리 속에 사는 짐승. 몸 빛깔은 누런 갈색에 목, 가슴, 다리는 검은 갈색이다.

너그럽다 마음이 넓고 속이 깊다.《다시는 안 그럴 테니 너그럽게 용서해 주세요.》**바**너그러운, 너그러워, 너그럽습니다.

너끈하다 어떤 일을 해낼 힘이 아주 넉넉하다. 또는 어떤 일이 아주 쉽다. 《쉬엄쉬엄 걸어도 네 시간이면 너끈하게 산을 넘을 수 있다.》

너나없이 너나 나나 가릴 것 없이 모두.《우리 동네 사람들은 눈이 내리면 너나없이 길에 나와 눈을 치운다.》

너덜- 여러 가닥으로 찢어진 것이 늘어져서 흔들리는 모양. **너덜거리다 너덜대다 너덜너덜**《외투를 얼마나 오래 입었는지 소매가 너덜댄다.》

너도나도 이 사람 저 사람 모두. 또는 서로 빠지지 않으려고 모두.《아이들이 너도나도 내 도시락 반찬을 집어 가는 바람에 나는 맨밥을 먹게 생겼다.》

너도밤나무 산에 자라는 잎지는나무. 잎은 달걀처럼 생겼고 끝이 뾰족하다. 10월에 가시가 있는 껍질 속에 열매가 열린다. 우리나라에서는 울릉도에서만 자란다.

너도밤나무

너럭바위 넓고 평평하게 생긴 큰 바위.《너럭바위에 앉아 잠깐 쉬자.》**같**반석.

너르다 탁 트여서 크고 넓다.《너른 마당》**바**너른, 널러, 너릅니다.

너머 가로막는 것이 있어서 보이지 않는 저쪽.《고개 너머 외딴집》

너무 지나치게.《혼자 풀기에는 수학 문제가 너무 어렵다.》

너무나 '너무'를 힘주어 이르는 말.《너무 화가 나서 발을 동동 굴렀다.》

너무너무 몹시 지나치게.《산길을 걸어 올라가기가 너무너무 힘들었다.》

너무하다 정도가 지나치다.《나만 빼고 맛있는 것을 먹다니 너무해.》

너부데데하다 얼굴이 옆으로 퍼져서 넓은 듯하다.《동생의 너부데데한 얼굴은 아빠를 꼭 닮았다.》

너부죽이 몸을 바닥에 대고 넙죽 엎드리는 모양.《임금이 지나가자 백성들은 땅바닥에 너부죽이 엎드렸다.》

너비 길게 이어진 것을 가로로 잰 길이.《길의 너비》**같**폭. **비**나비.

너스레 남의 마음을 끌려고 떠벌려 늘어놓는 말.《너스레를 떨다.》

너와 지붕을 이는 데 쓰는 작고 평평한 널빤지.

너와집 너와로 지붕을 덮은 집.

너울- 물결이나 늘어진 천처럼 얇고 넓은 것이 부드럽고 느리게 굽이져서 움직이는 모양. **너울거리다 너울대다 너울너울**《바닷말이 너울너울 물결에 흔들린다.》

너저분하다 물건이 여기저기 널려 있어 흉하고 지저분하다.《방을 이렇게 너저분하게 해 놓고 어디 갔다 오니?》

너절하다 1. 더럽고 허름하다.《형은 너절한 차림으로 들어왔다.》 2. 하찮고 보잘것없다.《약속 시간에 늦은 철수가 너절한 변명만 늘어놓았다.》

너털웃음 크게 소리 내어 시원스럽게 웃는 웃음.《엄마가 우스갯소리를 하니까 아빠는 너털웃음을 터뜨리셨다.》

너트 (nut) → 암나사.

너풀- 얇은 물체가 바람에 날려 가볍게 움직이는 모양. **너풀거리다 너풀대다 너풀너풀**《마당에 널어놓은 빨래가 바람에 너풀거린다.》

너희 손아랫사람이나 가까운 사람 여럿을 이르는 말.《너희는 소풍을 어디로 가니?》

넉 냥, 되, 섬, 자 같은 말 앞에 써서, 넷을 이르는 말.《보리 넉 되》

넉가래 곡식이나 눈 같은 것을 밀어서 한군데로 모으는 데 쓰는 넓적한 도구.

넉가래

넉넉하다 1.크기나 수량이 기준을 채우고도 남음이 있다.《거기 가는 데 10분이면 넉넉하다.》북늘늘하다. 2.쓰고 남을 만큼 살림에 여유가 있다.《살림이 넉넉하다.》북늘늘하다. **넉넉히**

넉살 부끄러운 기색 없이 비위 좋게 구는 짓《지훈이는 넉살이 좋아.》

넋 1.사람 안에 깃들어 생각이나 느낌을 일으키는 어떤 것.《죽은 사람의 넋을 달래다.》비혼. 2.정신이나 마음.

넋을 놓다 관용 제정신이 아니어서 아무 생각이 없다.《오빠는 창밖에 내리는 눈을 넋을 놓고 보고 있었다.》

넋이 나가다 관용 정신이 없어지다.《왜 그렇게 넋 나간 사람처럼 앉아 있니?》

넋두리 억울하거나 분한 마음을 말로 길게 늘어놓는 것. 비푸념. 북넉두리. **넋두리하다**《할머니는 눈물까지 흘리면서 넋두리하셨다.》

넌더리 지긋지긋해서 다시 마주하기 싫을 만큼 아주 싫은 마음.《내 짝의 짓궂은 장난에 이젠 넌더리가 난다.》

넌덜머리 '넌더리'를 낮추어 이르는 말.《수학 문제라면 넌덜머리가 난다.》

넌듯 ᴵ북 가볍고 재빠르게 행동하는 모양.《외삼촌은 넌듯 담장을 넘었다.》

넌지시 드러나지 않게 슬그머니.《선생님이 화가 나셨다고 짝이 넌지시 일러 주었다.》

널 1.→ 널빤지. 2.널뛰기할 때 쓰는 널빤지.《전통 놀이 학교에 가서 널을 뛰어 보았다.》 3.시체를 넣으려고 길쭉하게 짠 나무 상자.《질이 좋은 나무로 널을 짜서 시체를 넣는다.》비관.

널길 옛 무덤에서 입구부터 시체를 모신 방까지 이르는 길.

널다 볕을 쬐거나 바람을 쐬어 말리려고 걸거나 펼쳐 놓다.《옥상에 빨래를 널었다.》바너는, 널어, 넙니다.

널따랗다 꽤 넓다.《널따란 운동장을 가로질러 갔다.》반좁다랗다. 북널다랗다. 바널따란, 널따래, 널따랗습니다.

널뛰기 1.묶은 짚단이나 둥글게 만 멍석 위에 널을 얹어 놓고 양 끝에서 번갈아 뛰어오르고 내리는 놀이. 2.물건 값 같은 것이 짧은 시간에 갑자기 오르내리는 것.《장마철이 오니 채소 값이 널뛰기를 한다.》**널뛰기하다**

널뛰다 널뛰기를 하다.

널름 혀나 손 같은 것을 빠르게 내밀었다가 들이는 모양. **널름거리다 널름대다 널름하다 널름널름**《불길이 방 안까지 널름댄다./혀를 널름거리는 뱀》

널리 1.테두리가 넓게.《우리 학교를 널리 알리자.》 2.너그럽게.《널리 용서해 주세요.》

널리다 1.볕이나 바람에 마르게 걸거나 펼쳐져 있다.《빨랫줄에 양말이 널렸다.》 2.물건이 여기저기 흩어져 있다.《책상 위에 널린 것 좀 치워.》

널바자 ᴵ북 널빤지로 둘러친 울타리.

널방 옛 무덤 속에 시체를 두던 방.

널브러지다 1.여러 가지 물건이 어수선하게 여기저기 흩어지다.《등산길에 널브러져 있는 쓰레기를 우리들이 줍기로 하였다.》북널부러지다. 2.몸에 기운이 없어서 축 늘어지다.《이렇게 더운 날에는 30분만 뛰어도 모두 널브러지고 말 거예요.》북널부러지다.

널빤지 반듯하고 넓고 얇게 켠 나무.

《동생에게 널빤지로 상자를 만들어 주었다.》 **같**널, 판자. **북**널판지.

널찍하다 물건이나 장소가 꽤 넓다. 《방이 널찍해서 다섯 명이 충분히 잘 수 있겠다.》 **북**널직하다.

넓다 1.어떤 공간이나 너비, 면적 들이 크다. 《넓은 바다/두 팔을 넓게 벌리고 기지개를 켰다.》 **반**좁다. 2.일이나 생각 들의 테두리가 크다. 《시험 범위가 너무 넓어서 걱정이야.》 **반**좁다. 3.마음 씀씀이가 크고 너그럽다. 《우리 형은 마음이 넓어서 짓궂은 장난도 웃으면서 받아 준다.》 **반**좁다.

넓은잎나무 잎이 넓적한 나무. 밤나무, 참나무, 오동나무 들이 있다. **같**활엽수. **참**바늘잎나무.

넓은잎쥐오줌풀 울릉도와 북부 지방 산에 자라는 풀. 쥐오줌풀보다 잎이 넓고, 6~7월에 붉은 꽃이 핀다. 뿌리를 약으로 쓴다. **북**넓은잎바구니나물.

넓은잔대 산에서 자라는 풀. 온몸에 털이 있고, 8~9월에 하늘색 꽃이 핀다. 뿌리를 약으로 쓴다. **북**넓은잎잔대.

넓은주름긴뿌리버섯 넓은잎나무의 썩은 자리에 무리 지어 나는 버섯. 갓은 처음에 판판하다가 자랄수록 오목해진다. 빛깔은 회색이나 잿빛을 띤 갈색이다. 먹는 버섯이다.

넓이 넓은 정도. 《책상의 넓이를 재다.》 **같**면적.

넓이뛰기 예전에 '멀리뛰기'를 이르던 말.

넓적다리 다리에서 무릎 위쪽 부분. **북**넙적다리.

넓적다리뼈 넓적다리에 있는 긴 뼈.

넓적부리

넓적부리도요

넓은잎쥐오줌풀

넓은잔대

넓은주름긴뿌리버섯

넓적부리 강, 호수, 논에 떼 지어 사는 겨울새. 오리의 한 종류로, 부리가 주걱처럼 넓적하다.

넓적부리도요 갯벌이나 강어귀에 사는 나그네새. 부리가 넓적하고, 여름과 겨울에 몸 빛깔이 다르다.

넓적송장벌레 죽은 짐승 가까이에서 볼 수 있는 송장벌레. 온몸이 까맣고, 작은 점무늬가 많다.

넓적하다 꽤 넓다. 《엄마가 넓적한 쟁반에 수박을 내오셨다.》 **북**넙적하다.

넓죽하다 길쭉하면서도 넓다. 《넓죽한 내 얼굴》 **북**넙죽하다.

넓히다 넓게 하다. 《길을 넓히는 공사가 한창이다.》 **반**좁히다.

넘겨다보다 1.가려진 데를 넘어서 고개를 내밀어 보다. 《울타리 너머로 마당을 넘겨다보았다.》 **같**넘어다보다. 2.마음에 두고 탐내거나 노리다. 《남의 것을 넘겨다보지 마라.》 **같**넘어다보다.

넘겨오다 **「북」** 남이 주는 것을 받아 오다. 《동무한테서 만화책을 넘겨왔다.》

넘겨주다 다른 사람에게 주거나 맡기다. 《앞사람한테서 받은 벽돌을 뒷사람에게 넘겨주었다.》

넘기다 1.어떤 곳을 넘게 하다. 《침도 넘기기 힘들 만큼 목구멍이 부었다.》 2.정해진 기준, 수량, 시간 들을 넘게 하다. 《삼촌이 마흔 살을 넘기기 전에 장가가면 좋겠다.》 3.몸이나 물건을 한쪽으로 쓰러지게 하다. 《머리칼을 오른쪽으로 빗어 넘기니까 더 예쁘네.》 4.종잇장, 책장 들을 젖히다. 《국어사전을 한 장씩 넘기면서 낱말을 찾아보았다.》 5.물건, 일, 사람, 권리 같은 것을 남한테 맡기다. 또는 일, 책임 들을 남한테 미루다.《동네 사람들이 도둑을 잡아서 경찰에 넘겼다.》6.어렵고 힘든 처지에서 빠져나오다.《수비수의 활약으로 실점 위기를 넘겼다.》

넘나들다 이쪽저쪽 넘어갔다 넘어왔다 하다.《다람쥐가 넘나드는 길》 ^반넘나드는, 넘나들어, 넘나듭니다.

넘나물 원추리의 잎과 꽃을 무쳐 먹는 나물.

넘다 1.어떤 곳에 가득 차고 나머지가 바깥으로 흘러나오다.《폭우로 불어난 강물이 둑을 넘었다.》2.정해진 기준이나 수량을 벗어나다. 또는 정해진 때나 시간이 지나다.《어제 낮 기온이 36도가 넘었대요.》3.어떤 곳을 건너거나 지나다.《저 고개만 넘으면 절이 나온다.》4.어렵고 힘든 처지에서 빠져나오다.《이 고비만 무사히 넘으면 괜찮아질 거야.》5.머리와 다리가 거꾸로 가게 뛰며 재주를 부리다.《광대들이 재주를 넘는다.》

넘보다 1.남의 것을 탐내다.《가난하다고 남의 물건을 넘보지는 않아.》2.남을 얕잡거나 깔보다.《옆 반이 우리 반을 넘보고 닭싸움을 걸었다.》

넘실- 1.물결이 부드럽게 굽이쳐 움직이는 모양. 2.물 같은 것이 그릇에 차서 거의 넘칠 듯한 모양. **넘실거리다 넘실대다 넘실넘실**《금빛 물결이 넘실거리는 가을 들판/밤바다에는 파도가 넘실대고 있었다.》

넘어가다 1.어떤 곳을 넘거나 지나서 가다.《고양이가 쥐를 물고 담을 넘어갔다.》 ^반넘어오다. 2.한쪽으로 기울거

나 쓰러지다.《가로수들이 태풍에 휩쓸려 뒤로 넘어갔다.》 ^반넘어오다. 3.정해진 기준, 수량, 시간 들을 벗어나다.《형 몸무게는 50킬로그램이 넘어간다.》4.다음 단계나 다른 쪽으로 옮아가다.《서론은 그쯤 해 두고 본론으로 넘어가자.》 ^반넘어오다. 5.물건, 일, 책임, 권리 같은 것이 남의 손에 들어가다.《우리 가게가 빚쟁이 손에 넘어갔다.》 ^반넘어오다. 6.남의 꾀에 속다.《진아가 얼마나 눈치가 빠른데 그런 속임수에 넘어가겠니.》7.해나 달이 지다.《해가 넘어갈 즈음이 돼서야 집에 들어갔다.》8.숨이 멎다. 또는 숨지다.《인공호흡으로 곧 숨이 넘어갈 것 같던 사람을 살려 냈다.》9.침이나 먹을거리가 목구멍을 따라서 내려가다.《목이 부어서 물도 넘어가지 않는다.》

넘어나다 ^북속에 든 것이 밖으로 넘쳐 나오다.《양동이에서 물이 넘어나는 줄 까맣게 몰랐다.》

넘어다보다 → 넘겨다보다.

넘어뜨리다 1.넘어지게 하다.《씨름판에서 배지기로 내 짝을 넘어뜨렸다.》2.상대방을 꺾다.《독재 정권을 넘어뜨리자!》

넘어서다 1.높은 곳을 넘어서 지나다.《고개를 넘어서면 항구가 보인다.》2.어떤 테두리를 벗어나다.《구경꾼이 백 명을 넘어섰다.》

넘어오다 1.어떤 곳을 넘거나 지나서 오다.《저 언덕을 넘어오는 사람이 누구니?》 ^반넘어가다. 2.한쪽으로 쓰러지거나 기울다.《문짝이 넘어오는 바람에 깜짝 놀랐다.》 ^반넘어가다. 3.다

음 단계나 다른 때로 옮아오다.《조선 후기로 넘어오면서 한글도 많이 달라 졌다.》**반**넘어가다. 4.물건, 일, 책임, 권리 같은 것이 자기 손에 들어오다. 《유리를 깬 책임이 아무 죄가 없는 나 한테 넘어오고 말았다.》**반**넘어가다. 5. 음식이나 말 들이 목구멍을 따라서 올 라오다.《시궁창 냄새가 코를 찔러서 먹은 것이 다 넘어올 뻔했다.》

넘어지다 1.한쪽으로 기울어져 바닥에 쓰러지다.《돌부리에 걸려 넘어졌다.》 **비**쓰러지다. 2.실패하거나 망하다.《큰 할인점들 때문에 힘없는 구멍가게들이 속속 넘어졌다.》**비**쓰러지다.

넘쳐하다 **북** 어떤 일을 기준이나 목표 를 채우고도 더 하다.《운동을 지나치 게 넘쳐하는 것은 몸에 좋지 않아.》

넘치다 1.가득 차서 나머지가 바깥으 로 흘러나오다.《내가 수도꼭지를 잠 그지 않았더라면 욕조에서 물이 넘칠 뻔했다.》2.어떤 기운, 느낌, 분위기 같 은 것이 뚜렷하게 드러나다.《새 자전 거를 받은 형의 얼굴에 기쁨이 넘친 다.》3.사람이나 물건 들이 어떤 곳에 가득하다.《휴일을 맞은 명동 거리에 사람이 넘친다.》4.'분수에', '분에' 와 함께 써서, 물건, 일, 행동 같은 것이 정 도에 지나치다.《분에 넘치는 선물을 바라지는 않아요.》

넙죽 1.말대답을 하거나 무엇을 받아 먹을 때 입을 넓게 벌렸다 냉큼 닫는 모 양. 2.몸을 바닥에 대고 엎드리는 모양. **넙죽거리다 넙죽대다 넙죽하다 넙죽 넙죽**《팔을 다친 김에 엄마가 먹여 주 시는 밥을 넙죽넙죽 받아먹었다./설날

넙치

할아버지께 넙죽 엎드려 절을 했다.》

넙치 바다 밑 모랫바닥에 사는 바닷물 고기. 몸이 납작하고 두 눈이 몸의 왼 쪽으로 몰려 있다. **같**광어.

넝쿨 → 덩굴.

넣다 1.어떤 것을 속이나 안에 들이다. 《국이 싱거우면 소금을 넣어서 먹어 라.》2.어떤 것을 정해진 테두리 안에 들게 하다. 또는 사람을 무리나 단체에 들게 하다.《거미는 곤충의 한 종류로 넣지 않는다.》3.은행 같은 곳에 돈을 맡기다.《한 달 용돈에서 반을 떼어 은 행에 넣었다.》4.몸에 힘을 주다.《공 을 차려고 다리에 힘을 주었다.》

네 너 1.'너의'가 줄어든 말.《이 색연필 이 네 것이니?》2.'너' 다음에 '가'가 붙 을 때 '너'가 바뀐 꼴.《네가 준 편지 잘 읽었어.》**참**너.

네 넷 세는 말 앞에 써서, 넷을 나타내 는 말.《길이 막혀서 집에 오는 데 네 시간이나 걸렸다.》

네 대답 1.윗사람이 부르거나 물을 때 대답하는 말.《"네가 진주 동생이니?" "네."》**같**예. **반**아니요. 2.윗사람한테 되묻는 말.《네? 다시 한 번 말씀해 주 시겠어요?》**같**예.

–네 붙는 말 1.어떤 낱말 뒤에 붙어, '처 지가 같은 사람'이라는 뜻을 더하는 말. 《아낙네/우리네》2.사람을 나타내는 낱말 뒤에 붙어, '그 사람의 가족이나 집'이라는 뜻을 더하는 말.《철수네/ 이모네》

네거리 길이 넷으로 갈라진 곳.《네거 리에 신호등이 있다.》**같**사거리.

네까짓 남을 깔볼 때 '겨우 너 따위'

라는 뜻으로 쓰는 말.《네까짓 게 뭘 안다고 그러니?》

네놈 듣는 사람이 남자일 때 상대방을 얕잡아서 이르는 말.《내 보따리를 네놈이 뒤진 게 틀림없어.》

네다섯 1. 넷이나 다섯. 2. 세는 말 앞에 써서, 넷이나 다섯을 나타내는 말.《학생 네다섯 명》같네댓.

네댓 → 네다섯.

네모 모서리가 네 개 있는 것.

네모꼴 모서리가 네 개 있는 모양.《네모꼴 얼굴》비사각형.

네모나다 네모꼴로 되어 있다. 비네모지다.

네모지다 네모를 이루고 있다.《네모진 색종이를 잘랐다.》비네모나다.

네발나비 논밭 언저리나 개울가, 숲 가장자리에서 볼 수 있는 나비. 앞다리 두 개가 아주 작아서 발이 네 개인 것처럼 보인다.

네발짐승 발이 넷인 짐승. 개, 소, 말, 돼지 들이 있다.

네온사인 (neon sign) 전기로 여러 가지 빛을 내게 한 장치. 북네온싸인.

네트 (net) 탁구, 배구, 테니스, 축구 같은 경기를 할 때 골문 뒤쪽이나 가운데에 치는 그물. 북배구그물.

네트워크 (network) 1. 여러 곳에 있는 방송 시설을 연결하여 동시에 같은 프로그램을 내보낼 수 있게 한 조직. 2. 컴퓨터 여러 대를 연결하여 서로 자료나 정보를 주고받을 수 있게 한 조직.

네티즌 (netizen) 인터넷을 하는 사람.

네티켓 (netiquette) 컴퓨터 통신으로

넷째양반탈

네발나비

노간주나무

이야기를 하거나 글을 쓸 때 지켜야 할 예절.

넥타이 (necktie) 양복을 입을 때 와이셔츠 깃 속으로 둘러서 멋으로 매는 가늘고 긴 천. 같타이.

넷 셋에 하나를 더한 수. 참사.

넷째 1. 셋째의 다음 차례. 또는 셋째의 다음 차례인 것.《천안에 사시는 넷째 이모가 오셨다.》 2. 앞에서부터 셀 때 네 개째가 되는 것을 이르는 말.

넷째양반탈 동래 야유에 나오는 양반이 쓰는 탈.

녀석 1. '남자'를 낮추어 이르는 말.《저 녀석은 어른한테 반말을 하는 못된 버릇이 있어.》 2. 윗사람이 어린아이를 귀엽게 이르는 말.《고 녀석 참 귀엽게도 생겼구나.》

년 여자 '여자'를 낮추어 이르는 말. 참놈.

년 해 (年) 해를 세는 말. 1년은 365일이다. 비해.

년년이 북 해마다 거르지 않고.《제비가 년년이 우리 마을을 찾아온다.》

녘 1. → 쪽.《동녘 / 북녘》 2. 일이 벌어지거나 이루어지는 때.《해질 녘 구름에 비친 노을이 아름답다.》

노 (櫓) 물에 넣고 휘저어 배를 나아가게 하는 긴 나무 막대.《사공이 노를 저어 멀리멀리 가고 있다.》

노가리 명태 새끼. 말린 것을 구워서 술안주나 간식으로 먹는다.

노간주나무 양지바른 산기슭이나 소나무 숲에 자라는 늘푸른나무. 가는 가지 마디마다 바늘처럼 생긴 잎이 서너 개씩 돌려난다. 열매는 약으로 쓰고, 씨앗으로 기름을 짠다. 북노가지나무.

노고 일 (勞苦) 어떤 일을 하느라 힘들이고 애쓰는 것. 《농사짓느라 노고가 많습니다.》 비수고. 북로고.

노고 악기 (路鼓) 치는 국악기 가운데 하나. 몸통을 붉게 칠한 긴 북 두 개를 엇갈리게 포개어 틀에 걸어 놓았다.

노고지리 '종다리'의 옛말.

노곤하다 몸이 나른하고 기운이 없고 피곤하다. 《힘들여 일하고 났더니 몸이 노곤하여 솔솔 잠이 몰려왔다.》

노골적 (露骨的) 속내를 숨기지 않고 있는 그대로 드러내는. 또는 그런 것. 북로골적.

노기 (怒氣) 화난 얼굴빛. 《동생을 울리자 엄마 얼굴에 노기가 서렸다.》

노끈 실이나 종이 들을 가늘게 꼬아서 만든 끈. 《옛날에는 책을 노끈으로 묶어서 만들었다.》

노년 (老年) 늙은 때. 《노년을 대비해서 저축을 한다.》 비늘그막. 북로년.

노느다 갈라서 여러 몫으로 나누다. 《삼촌이 사다 주신 빵을 동생과 노나 먹었다.》 바노느는, 노나, 노눕니다.

노닐다 한가롭게 이리저리 거닐면서 놀다. 《개울물이 맑아서 송사리 떼가 노니는 모습이 환히 보인다.》 바노니는, 노닐어, 노닙니다.

노다지 1. 한꺼번에 많이 묻혀 있는 금. 《이 광산은 노다지를 캐려는 사람들로 넘쳐 났다.》 2. 한꺼번에 큰 이익을 손쉽게 거둘 수 있는 일. 《사업을 하는 사람은 누구나 노다지를 꿈꾸나 봐.》

노닥거리다 한가하게 이야기를 주고받고 놀면서 시간을 보내다. 《아이들이 나무 그늘에 앉아 노닥거린다.》

노도

노고_악기

노란길민그물버섯

노란난버섯

노란대무명버섯

노도 (路鼗) 치는 국악기 가운데 하나. 몸통이 긴 작은 북 두 개를 엇갈리게 포개어 나무 장대에 꿴 모양이다.

노동 (勞動) 몸이나 머리를 써서 일하는 것. 비근로. 북로동. **노동하다** 《우리 집은 엄마와 아빠가 함께 노동해야 먹고살 수 있다.》

노동계 (勞動界) 노동하는 사람들의 모임. 북로동계.

노동력 (勞動力) 노동하는 데 필요한 사람의 힘. 북로동력.

노동부 (勞動部) 노동자들이 좋은 환경에서 일할 수 있게 노동에 관한 일을 모두 맡아보는 행정 기관.

노동자 (勞動者) 노동하는 사람. 《노동자야말로 세상의 주인이지.》 비근로자. 북로동자.

노동조합 (勞動組合) 노동자들이 자기들 지위, 월급, 노동 환경 들을 높이려고 만든 단체. 같조노. 북로동조합.

노란길민그물버섯 숲 속 나무 밑에 나는 버섯. 갓은 둥근 산처럼 생겼다가 점점 판판해지고 나중에는 거꾸로 세운 원뿔꼴이 된다. 빛깔은 잿빛을 띤 갈색이나 누런 갈색이다. 독버섯이다.

노란난버섯 넓은잎나무의 죽은 줄기에 무리 지어 나는 버섯. 갓은 둥근 산처럼 생겼다가 점점 판판해진다. 빛깔이 노랗고 물기가 있으면 갓 언저리에 줄무늬가 나타난다. 먹는 버섯이다.

노란대무명버섯 숲 속이나 풀밭에 무리 지어 나는 버섯. 갓은 둥근 산 모양에 끝 부분이 안으로 말려 있다가, 점점 판판해지고 가운데가 조금 오목하게 들어간다. 빛깔은 노란색이나 옅은 주황색이다. 먹는 버섯이다.

노란망태버섯 여러 가지 나무가 자라는 숲에서 나는 버섯. 구멍이 숭숭 뚫린 망토처럼 생긴 그물 치마가 자루를 두른 꼴이다. 먹는 버섯이다.

노란목도리담비 나무가 우거진 숲에 사는 담비. 몸이 길고 날씬한데 꼬리가 길다. 등은 옅은 갈색이고 목 아래쪽이 노랗다.

노란분말그물버섯 넓은잎나무나 바늘잎나무 숲에서 나는 버섯. 갓은 둥근 산처럼 생겼다가 점점 판판해지고 옅은 노란색 가루로 덮여 있다. 먹는 버섯이다.

노란색 개나리꽃이나 병아리 털과 같은 빛깔.《꼬마 아이가 노란색 비옷을 입고 지나갑니다.》

노랑 노란 빛깔이나 물감.

노랑갈퀴 깊은 산속에서 자라는 풀. 6월에 노란 꽃이 피고 꼬투리가 열린다. 우리나라에서만 자란다. **북**노랑말굴레풀.

노랑꽃창포 물가에 자라거나 심어 가꾸는 풀. 꽃창포와 비슷한데 5월에 빛깔이 노란 꽃이 핀다.

노랑나비 양지바른 풀밭에 사는 나비. 날개는 노랗고 가장자리만 조금 검다. 암컷 가운데는 날개가 흰 것도 있다.

노랑느타리 넓은잎나무 그루터기에 뭉쳐나는 버섯. 갓은 조개껍데기 같고 겉이 매끄럽다. 빛깔은 노란색이나 노란빛이 도는 흰색이다. 먹는 버섯이다.

노랑띠알락가지나방 나무가 우거진 산에 사는 나방. 몸집과 날개가 큰데, 흰 바탕에 검정과 노랑 무늬가 있다.

노랑뿔잠자리

노란망태버섯

노란싸리버섯

노란목도리담비

노랑쐐기나방

노란분말그물버섯

노랑초파리

노랑갈퀴

노랑턱멧새

노랑꽃창포

노랑뿔잠자리 양지바른 들판이나 풀밭에 사는 잠자리. 애벌레는 여느 잠자리 애벌레와 달리 물에서 살지 않고 땅 위에서 산다.

노란싸리버섯 바늘잎나무가 자라는 축축한 땅이나 썩은 나무에서 나는 버섯. 나뭇가지처럼 생겼고 빛깔은 붉은빛을 띠는 노란색이다.

노랑쐐기나방 나무가 우거진 곳에 사는 나방. 날개가 노란색인데 가장자리는 연한 밤색이다.

노랑이 아주 인색한 사람을 낮추어 이르는 말.《노랑이 할머니가 큰돈을 장학금으로 내놓았다.》 **✕** 노랭이.

노랑초파리 썩은 과일이나 과일 껍질 같은 데 모여드는 파리. 몸집이 아주 조그맣고 노랗다. 눈은 빨갛고 더듬이가 짧다.

노랑턱멧새 낮은 산이나 숲 가장자리, 덤불에 사는 텃새. 머리와 목에 노란 무늬가 있고, 머리 꼭대기 깃털이 조금 길게 솟아 있다.

노랑할미새 산골짜기나 개울가 바위틈에 사는 여름새. 배는 노란색이고 목, 가슴, 날개는 검은색을 띤다.

노랗다 개나리꽃이나 병아리 털 빛깔과 같다.《은행잎이 노랗게 물들었습니다.》 **바** 노란, 노래, 노랗습니다.

노래 시나 짧은 글에 곡을 붙여 만든 것. 또는 그것을 소리 내어 부르는 것.《내 북 장단에 맞추어 짝꿍이 노래를 불렀다.》 **노래하다**

노래기 축축하고 그늘진 곳에 사는 벌레. 건드리면 몸을 둥글게 말면서 고약한 냄새를 풍긴다.

노래자랑 여럿이 모여 노래 솜씨를 겨루는 일.

노랫가락 높낮이와 길이가 다른 여러 소리가 어울려서 이루는 노래의 흐름. 《어부들은 노랫가락에 맞추어 그물을 잡아당겼다.》 북노래가락.

노랫말 노랫가락에 붙어 있는 짧은 글이나 시. 《아름다운 노랫말》 같가사.

노랫소리 노래를 부르는 목소리. 《언니 노랫소리 때문에 전화 소리가 잘 안 들린다.》 북노래소리.

노랭이 '노랑이'를 잘못 쓴 말.

노략질 떼를 지어 사람을 해치고 돈과 물건을 빼앗아 가는 짓. 《해적들의 노략질이 갈수록 늘어요.》 **노략질하다**

노량 해전 (露梁海戰) 조선 선조 때 (1598년) 노량 앞바다에서 이순신 장군이 왜군을 크게 무찌른 싸움.

노려보다 1. 미워하거나 싸우려는 눈초리로 날카롭게 보다. 《내가 머리를 쥐어박자 동생이 노려보았다.》 비쏘아보다. 2. 잡거나 덮치려고 눈독을 들여 살피다. 《고양이가 마루 밑의 쥐를 노려보고 있다.》

노력 (努力) 어떤 일을 이루려고 애쓰고 힘들이는 것. 《노력을 기울이다./노력을 쏟다.》 북로력. **노력하다**

노련하다 어떤 일을 여러 번 해 보아 아주 잘하고 솜씨가 있다. 《아저씨는 노련한 솜씨로 금세 방망이를 깎았다.》 북로련하다.

노령 (老齡) 늙은 나이. 《할머니는 팔십 노령인데도 건강하시다.》 북로령.

노령산맥 (蘆嶺山脈) 전라남도와 전라북도를 가르면서 남서로 뻗은 산맥.

노랑할미새

노랑나비

노랑느타리

노랑띠알락가지나방

노래기

노루

노루궁뎅이

노루귀

노루발_풀

노루오줌

노루 숲에서 풀이나 열매를 먹고 사는 짐승. 생김새가 사슴과 비슷하고, 꼬리는 거의 없다. 수컷은 세 갈래로 돋는 뿔이 있다.

노루 꼬리만 하다 관용 아주 짧다. 《여름 밤은 노루 꼬리만 해요.》

노루 꼬리가 길면 얼마나 길까 속담 노루가 꼬리는 있지만 아주 짧아서 보잘것없는 것처럼, 대단한 재주인 양 내세우지만 하찮은 경우를 빗대어 하는 말.

노루궁뎅이 졸참나무, 떡갈나무 같은 나무의 줄기에 붙어 자라는 버섯. 공처럼 둥글거나 달걀꼴이고 갓 옆과 아래에 가시가 많다. 먹는 버섯이다.

노루귀 산속 나무 아래에 자라는 풀. 이른 봄에 흰색이나 연한 붉은색 꽃이 핀다. 뿌리째 약으로 쓴다.

노루발 재봉틀 재봉틀에서 바늘이 오르내릴 때 바느질감을 눌러서 잡아 주는 부품.

노루발 풀 깊은 산속 나무숲에 자라는 풀. 둥그스름한 잎이 밑 부분에서 나고 6~7월에 흰 꽃이 핀다. 잎과 줄기를 약으로 쓴다. 같노루발풀.

노루발풀 → 노루발.

노루오줌 산골짜기에 자라는 풀. 줄기는 짙은 밤색 털이 있고 곧게 자란다. 여름에 자잘한 분홍색 꽃이 핀다. 북노루풀.

노르스름하다 조금 노랗다. 《부침개가 노르스름하게 익었구나.》 같노릇하다. 참누르스름하다.

노른자 → 노른자위.

노른자위 1. 알 흰자위에 둘러싸인 둥글고 노란 부분. 《내 동생은 달걀 노른자위를 좋아한다.》**같**노른자. **참**흰자위. **북**노란자위. 2. 중요하고 알짜인 부분을 빗대어 이르는 말.《노른자위 땅》

노름 여럿이 돈이나 물건을 걸고 화투나 트럼프, 주사위 같은 것으로 내기하는 일.《이웃집 아저씨가 노름에 빠져 돈을 모두 잃었다.》**비**도박. **노름하다**

노름꾼탈 김해 가락 오광대에 나오는 노름꾼이 쓰는 탈. 네 종류가 있다.

노릇 1. 어떤 자격을 갖춘 사람이 마땅히 해야 할 구실.《이모가 갑자기 볼일을 보러 나가는 바람에 내가 아기 엄마 노릇을 해야 했다.》 2. 어떤 자격이나 지위를 갖춘 사람이 하는 구실을 낮추어 쓰는 말.《저 사람은 자기 한 몸을 위해 일제의 앞잡이 노릇도 마다하지 않았다.》 3. 딱한 처지나 형편을 이르는 말.《내일이 소풍날인데 비가 오니 참으로 답답한 노릇이다.》

노릇노릇 군데군데 노르스름한 모양. **참**누릇누릇. **노릇노릇하다**《고구마튀김이 노릇노릇하게 잘 튀겨졌다.》

노릇하다 → 노르스름하다.

노리개 1. 여자들이 한복 저고리 고름이나 치마허리에 멋으로 차는 물건.《엄마가 저고리에 예쁜 노리개를 달았다.》 2. 재미로 가지고 노는 물건.《노리개로 삼다.》

노리다 미리 마음을 먹고 엿보거나 벼르다.《닭장에 가둬 놓은 꿩이 도망칠 기회를 노리고 있다.》

노린내 털이 탈 때 나는 냄새. 또는 노래기, 양고기 같은 것에서 나는 고약한 냄새. **참**누린내.

노린재 몸에서 고약한 냄새가 나는 곤

노린재나무

노박덩굴

노린재

충. 몸이 납작하고 육각형에 가깝다.

노린재나무 산과 들에 자라는 잎지는 나무. 봄에 작고 흰 꽃이 피고 가을에 잘고 둥근 열매가 검푸르게 익는다. 열매를 달여서 푸른 물감을 얻는다. **북**노란재나무.

노릿노릿 **북** 군데군데 꽤 노르스름한 모양. **노릿노릿하다**《부침개가 노릿노릿하게 익었다.》

노릿하다 냄새나 맛이 조금 역겹다.《고기에서 노릿한 냄새가 난다.》

노릿하다 **북** 군데군데 꽤 노르스름하다.《노릿한 녹두전》

노망 (老妄) 늙어서 정신이 흐려져 말이나 행동에 두서가 없어지는 것.《어머니는 노망이 난 할머니를 정성껏 보살피셨다.》**비**망령. **북**로망.

노면 (路面) 길의 겉면. 또는 길의 바닥.《눈이 얼어붙어 노면이 미끄러우니 조심하세요.》**북**로면.

노모 (老母) 나이 많은 어머니.《선생님은 결혼도 하지 않은 채 팔순 노모를 모시고 살았다.》**북**로모.

노목 (老木) 아주 오래 살아서 더 자라지 않거나 건강 상태가 좋지 않은 나무.《천 년을 넘게 살아온 노목》**북**로목.

노박덩굴 산과 들의 숲 속에 자라는 잎지는 덩굴나무. 봄에 연두색 꽃이 피고 가을에 열매가 누렇게 익는다. 어린잎을 먹는다.

노발대발 (怒發大發) 아주 화가 나서 길길이 날뛰는 것. **노발대발하다**《누가 자꾸 화단에 오줌을 눈다고 교장 선생님이 노발대발하셨다.》

노벨상 스웨덴 화학자 노벨의 유언에

따라 만든 상. 물리학, 화학, 생리학과 의학, 문학, 평화, 경제학 분야로 나누어 해마다 가장 큰 업적을 남긴 사람이나 단체에 준다.

노병 (老兵) 나이가 많은 병사. 또는 군대에 오래 있어서 경험이 많은 병사. 《온갖 전투를 겪은 노병들은 포탄이 터져도 놀라지 않았다.》**북**로병.

노부모 (老父母) 나이가 많이 든 어머니와 아버지. 《김씨 아저씨는 열심히 일해서 노부모를 편히 모시고 사는 게 꿈이라고 했다.》

노부부 (老夫婦) 늙은 부부. 《옆집에는 노부부만 산다.》**북**로부부.

노비 (奴婢) 남자 종과 여자 종을 모두 이르는 말. **비**종.

노사 (勞使) 노동자와 사용자. 돈을 받고 일을 하는 사람과 돈을 주고 일을 시키는 사람을 이른다. 《노사 협력》

노사정 위원회 (勞使政委員會) 노동자 대표, 회사 대표, 정부 대표가 모여서 노동자와 회사 관계, 노동 환경에 관한 문제를 의논하는 기구.

노상 ^{항상} 늘 변함없이 그대로. 《새별이는 노상 웃는 얼굴이다.》

노상 ^길 (路上) 길거리나 길 위. 《노점상 아저씨가 노상에 물건을 펴 놓고 장사한다.》**북**로상.

노새 집짐승 가운데 하나. 수나귀와 암말 사이에서 태어난 동물로, 새끼를 낳지 못한다. 사람이 타거나 짐을 실어 나르는 데 쓴다.

노선 (路線) 버스, 기차, 비행기 들이 정해 놓고 다니는 길. 《버스 노선이 바뀐 줄 모르고 잘못 탔다.》**북**로선.

노선도 (路線圖) 버스나 지하철 들이 정해 놓고 다니는 길을 그려 놓은 그림.

노소 (老少) 늙은이와 젊은이. 《경로잔치에 노소가 다 모였다.》**북**로소.

노쇠 (老衰) 늙어서 몸이 약해지는 것. **북**로쇠. **노쇠하다**《개는 십 년만 지나도 노쇠해진다.》

노숙 (露宿) 한데서 자는 잠. 《우리들은 산속에서 길을 잃고 노숙을 했다.》**북**로숙. **노숙하다**

노숙자 (露宿者) 길이나 공원 같은 한데서 자는 사람.

노숙하다 나이에 견주어 하는 짓이나 판단이 깊이가 있다. 《언니는 나이보다 노숙해 보인다.》**북**로숙하다.

노스님 나이 많은 스님. 또는 자기 스승의 스승이 되는 스님. **북**로스님.

노승 (老僧) 나이가 많은 중. **북**로승.

노심초사 (勞心焦思) 아주 애태우며 걱정하는 것. **북**로심초사. **노심초사하다**《할머니는 하나뿐인 손자가 다칠까 봐 늘 노심초사하십니다.》

노약자 (老弱者) 늙은이와 어린이와 몸이 아픈 사람. 《버스를 타면 노약자에게 자리를 양보하자.》**북**로약자.

노여움 노여운 마음. 《할아버지, 이제 그만 노여움 푸세요.》**준**노염.

노역 (勞役) 아주 괴롭고 힘들게 일하는 것. 《강제 노역》**북**로역.

노염 → 노여움.

노엽다 아랫사람이 한 일 때문에 분하고 성이 나다. 《내가 떼를 쓰자 아버지는 노여운 표정을 지으셨다.》**바**노여운, 노여워, 노엽습니다.

노예 (奴隸) 옛날에 주인이 강제로 일

을 시키고 마음대로 사고팔기도 하던 사람. **비종**.

노을 해가 뜨거나 질 때 하늘이 햇빛에 붉게 물드는 것.《노을이 지다.》**준놀**.

노이로제 (Neurose**독**) 불안, 과로, 갈등, 두려움 같은 감정 때문에 몸에 일어나는 증세를 모두 이르는 말.

노인 (老人) 늙은 사람. 또는 할아버지나 할머니. **비늙은이**. **북로인**.

노인장 (老人丈) '노인'을 높여 이르는 말.《노인장께서는 어디 사시는지요?》**북로인장**.

노인정 (老人亭) 노인들이 모여서 이야기를 나누며 쉴 수 있게 만든 집이나 방. **비경로당**.

노인회 (老人會) 노인들이 모여서 만든 모임.《마을 노인회》**북로인회**.

노임 (勞賃) 일을 한 값으로 받는 돈.《추석 전에 밀린 노임을 꼭 드리겠습니다.》**비임금**. **북로임**.

노자 (路資) 집을 떠나 먼 길을 오가는 데 드는 돈.《노자가 다 떨어져 들판에서 밤을 새웠다.》**같여비**. **북로자**.

노장탈 김해 가락 오광대, 본산대놀이, 송파 산대놀이, 양주 별산대놀이에 나오는 노장중이 쓰는 탈.

노적가리 벼를 벤 뒤에 낟알을 떨지 않고 논이나 들에 층층이 쌓아 둔 것《추수가 끝난 논마다 노적가리가 쌓여 있었다.》**북로적가리**.

노적가리에 불 지르고 싸라기 주워 먹는다 **속담** 큰 것을 잃고 작은 것을 얻으려는 태도를 빗대어 이르는 말.

노점 (露店) 길가에 물건을 벌여 놓고 파는 작은 가게. **비난전**. **북로점**.

노장탈_본산대놀이

노점상 (露店商) 길가에 물건을 벌여 놓고 장사하는 것. 또는 그런 장사를 하는 사람.《경기장 들머리에 노점상이 많이 들어섰다.》

노조 (勞組) → 노동조합.

노죽 **북** 남의 마음에 들려고 말, 표정, 몸짓 들을 일부러 꾸미는 짓.《노죽을 부리다./노죽을 피우다.》

노죽쟁이 **북** 1.노죽을 잘 부리는 사람을 낮추어 이르는 말.《우리 반에는 선생님 앞에서 노죽쟁이 짓을 하는 애가 없다.》 2.변덕이 심한 사람을 빗대어 이르는 말.《그 노죽쟁이가 이번에는 가야금을 배운다고?》

노처녀 (老處女) 혼인할 때를 놓친 나이 든 처녀. **참노총각**. **북로처녀**.

노천 (露天) 지붕이 없어 햇빛, 비, 눈 들을 가릴 수 없는 바깥.《노천극장》 **비한데**. **북로천**.

노총각 (老總角) 혼인할 때를 놓친 나이 든 총각.《시골에는 마흔 살 넘은 노총각도 많대.》 **참노처녀**. **북로총각**.

노출 (露出) 1.속에 있거나 감추어진 것을 겉으로 드러내는 것.《우리 이모는 노출이 심한 옷을 좋아하지 않는다.》 2.해로운 환경이나 처지에 놓이는 것. **북로출**. **노출하다 노출되다**《방사능에 노출되다.》

노크 (knock) 손으로 문을 가볍게 두드려서 인기척을 내는 것. **북손기척**.

노파 (老婆) 늙은 여자. **북로파**.

노파심 (老婆心) 늘 마음을 놓지 못하고 작은 일까지 지나치게 걱정하는 마음.《엄마는 노파심이 지나쳐서 내가 학교에 갈 때마다 차 조심하라고 타이르신다.》북로파심.

노폐물 (老廢物) 1.몸 안에서 소화되고 남은 찌꺼기.《몸속 노폐물은 땀과 오줌에 섞여 나온다.》북로폐물. 2.낡아서 못 쓰게 된 물건. 북로폐물.

노하다 어른이 몹시 성을 내다.《내가 동생에게 욕을 하자 할아버지는 크게 노하셨다.》

노화 (老化) 늙어서 몸과 마음이 약해지는 것.《오이가 피부 노화 방지에 좋대요.》북로화. **노화하다 노화되다**

노환 (老患) 늙고 약해져서 생기는 병.《할머니는 노환으로 고생하시다가 돌아가셨다.》북로환.

노후 (老後) 늙은 뒤.《행복한 노후 생활》북로후.

노후하다 건물이나 기계 들이 오래되고 낡아서 제대로 쓸 수가 없다.《놀이터 시설이 노후하여 아이들이 다칠 위험이 있습니다.》북로후하다.

녹 쇠붙이 (綠) 물이나 공기에 닿아서 쇠붙이 겉에 생기는 벌겋거나 퍼런 물질.《녹이 슨 닻》북록.

녹 월급 (祿) 옛날에 벼슬아치에게 급료로 주던 돈이나 물건.《나라의 녹을 먹는 몸으로 어찌 다른 일을 꾀하겠습니까?》북록.

녹다 1.딱딱한 것이 열이나 습기를 받아 물렁물렁해지거나 액체로 바뀌다.《얼음이 아직 녹지 않았다.》반얼다. 2.굳은 물질이 액체에 풀려 섞이다.《숟가락으로 살살 저으면 설탕이 더 잘 녹는다.》3.추위로 딱딱해진 몸이 열을 받아 부드럽게 되다.《뜨거운 물을 마시면 꽁꽁 언 몸이 좀 녹을 거야.》반얼

녹두

다. 4.마음이 부드럽게 누그러지다.《동무가 웃는 것을 보자 언짢았던 마음이 금세 스르르 녹았다.》

녹두 밭에 심어 가꾸는 곡식. 줄기에 밤색 털이 빽빽이 나 있다. 여름에 노란 꽃이 피고 나서 길쭉한 꼬투리가 열리는데, 안에 들어 있는 연두색 열매를 곡식으로 먹고 약으로도 쓴다. 북록두.

녹두부침개 → 빈대떡.

녹말 (綠末) 감자, 옥수수, 고구마 들을 갈아서 가라앉은 앙금을 말린 가루.《감자녹말》같전분. 북농마.

녹물 쇠붙이 녹이 우러난 불그레한 물.《옷에 녹물이 들었다.》

녹색 (綠色) 한여름 풀이나 나뭇잎과 같은 색. 북록색.

녹색등 (綠色燈) 찻길에서 사람이나 차가 지나가라고 알려 주는 푸른 등.

녹색말 푸른빛을 띠는 바닷말. 청각, 파래 들이 있다. 같녹조류. 북풀색마름.

녹색 식물 (綠色植物) 엽록소가 있어 잎이 푸른 식물. 식물 대부분이 여기에 속한다. 북록색식물.

녹슬다 1.쇠붙이가 겉에 녹이 생겨서 벌겋거나 퍼렇게 되다.《못이 녹슬어서 쓸 수가 없다.》2.오래되거나 쓰지 않아서 낡거나 둔해지다.《머리가 녹슬어서 좋은 생각이 떠오르지 않는다.》박녹스는, 녹슬어, 녹습니다.

녹십자 (綠十字) 녹색으로 칠해 안전을 나타내는 십(十)자 꼴 표시.《녹십자가 그려진 안전모》

녹아내리다 굳거나 언 것이 액체가 되어 아래로 흐르다.《처마 끝에 매달린 고드름이 녹아내렸다.》

녹용 (鹿茸) 새로 돋은 사슴뿔. 약으로 쓴다. **북록용.**

녹음 소리 (錄音) 소리를 되살려 들을 수 있게 테이프, 판, 필름 들에 담아 두는 일.《어제 한 녹음은 잘됐어?》 **참**녹화. **북록음. 녹음하다 녹음되다**

녹음 숲 (綠陰) 잎이 우거진 푸른 숲. 또는 그 빛깔.《녹음이 우거진 숲 속을 걸으니까 기분이 아주 좋아.》 **북록음.**

녹음기 (錄音器) 녹음을 하거나 녹음한 소리를 되살려 들을 수 있게 만든 기계. **북록음기.**

녹이다 1. 딱딱한 것을 열, 습기, 약품 같은 것으로 물렁물렁하게 만들거나 액체로 바꾸다.《저 커다란 용광로에 쇠를 넣어 녹인다.》 2. 딱딱한 것을 액체에 풀어 섞이게 하다.《비커 두 개에 찬물과 더운물을 넣고 설탕을 녹여 봅시다.》 3. 추위로 딱딱해진 몸을 부드럽게 만들다.《손을 녹이려고 입김을 호호 불었다.》

녹조류 (綠藻類) → 녹색말.

녹지 (綠地) 풀과 나무가 많이 자라는 땅. 또는 도시나 도시 둘레에 풀과 나무를 많이 심은 땅. **북록지.**

녹지대 (綠地帶) 풀이나 나무가 많은 곳. 또는 주위를 좋게 하려고 헐벗은 땅이나 도시 주변에 일부러 풀이나 나무를 많이 심은 곳.《사막을 녹지대로 바꾸다.》 **같**그린벨트. **북록지대.**

녹진- 물기가 있어서 부드럽고 끈끈한 모양. **녹진거리다 녹진대다 녹진하다 녹진녹진**《녹진녹진한 찹쌀떡》

녹차 (綠茶) 차나무의 어린잎을 푸른 빛이 그대로 나게 말린 차. 또는 그것

을 우린 물. **참**홍차. **북록차, 푸른차.**

녹초 '녹아 버린 초'라는 뜻으로, 맥이 다 빠지고 몹시 지쳐서 몸이 축 늘어진 상태.《아저씨는 녹초가 될 때까지 쉬지 않고 삽질을 했다.》

녹화 장면 (錄畵) 찍히는 것의 움직임이나 모습을 되살려 볼 수 있게 기계를 써서 필름, 테이프 들에 담아 두는 것. **참**녹음. **북록화. 녹화하다**《할머니 칠순잔치 장면을 녹화했다.》 **녹화되다**

녹화 숲 (綠化) 헐벗은 땅에 나무를 심어 푸르게 만드는 일.《민둥산에 나무를 심어 가꾸는 일을 산림녹화라고 한다.》 **북록화. 녹화하다 녹화되다**

녹황색 (綠黃色) 푸른빛을 띤 노란색.《은행나무에는 녹황색 꽃이 핀다.》

논 물을 대고 벼를 심어서 기르는 땅.《논에 모내기가 한창이다.》 **참**밭.

논에는 물이 장수 **속담** 논농사에서는 물이 가장 중요하다는 말.

논 자랑 말고 모 자랑하랬다 **속담** 농사에서는 모를 잘 키우는 것이 아주 중요하다는 말.

논갈이 논을 가는 일.《옛날에는 쟁기로 논갈이를 했다.》

논거 (論據) 어떤 이론이나 주장이 옳다는 것을 뒷받침하는 까닭.《이 글의 논거가 뭐라고 생각해?》 **북론거.**

논고 (論告) 재판에서 검사가 어떤 사람이 어떤 죄를 지었다고 밝히고 그 죄에 알맞은 벌을 내려 달라고 하는 것.《검사가 논고 끝에 사형을 구형하자 재판정은 술렁거렸다.》 **북론고**

논길 논 사이로 난 길.《가을걷이를 앞두고 아이들은 논길을 뛰어다니면서

메뚜기를 잡았다.》

논농사 논에 짓는 농사. 흔히 벼농사를 이른다.《올해 논농사는 풍년이구나.》참밭농사.

논두렁 논에 물이 괴어 있게 논 가장자리에 쌓아 놓은 두둑.《아버지는 논두렁에 콩을 심었다.》비논둑.

논둑 논과 논 사이를 가리거나 물을 채우려고 논 가장자리에 쌓아 올린 둑.《비가 많이 내려서 논둑이 허물어졌다.》비논두렁. 북논뚝.

논둑길 논둑 위로 난 길.《엄마가 새참을 머리에 이고 논둑길을 걸어왔다.》

논둑외풀 논둑이나 그늘진 밭에 절로 나서 자라는 풀. 8~9월에 옅은 붉은색 꽃이 핀다.

논란 (論難) 서로 이러니저러니 하면서 따지는 일.《논란이 벌어지다./논란을 빚다.》

논리 (論理) 짜임새 있고 이치에 잘 맞는 주장이나 생각. 또는 주장이나 생각을 앞뒤를 맞추어 잘 펼치는 과정.《교수님은 논리에 맞지 않는 말로 끝까지 횡설수설했다.》북론리.

논문 (論文) 어떤 문제를 깊이 연구하여 짜임새 있고 이치에 맞게 쓴 글.《졸업 논문》북론문.

논물 농사를 지으려고 논에 채우는 물. 또는 논에 고인 물.《집집마다 논물을 대느라 정신없이 바쁘다.》

논바닥 논물이 빠져 드러난 흙바닥.《가뭄으로 논바닥이 쩍쩍 갈라졌다.》

논박 (論駁) 남의 의견이나 주장에서 자기 의견이나 생각과 다른 점을 하나하나 짚고 따져서 말하는 것. 북론박.

논병아리

논둑외풀

논박하다《농산물을 수입해야 한다는 말에 농민들은 왜 그래서는 안 되는지 하나하나 증거를 대면서 논박했다.》

논밭 논과 밭. 같전답.

논병아리 강, 호수, 저수지에 사는 겨울새. 등은 잿빛 도는 갈색이고, 배는 흰색이다.

논보리 벼를 거두어들인 빈 논에 그루같이로 심는 보리.《따뜻한 지방에서는 겨울철 논보리 농사를 많이 한다.》

논산평야 (論山平野) 충청도 금강 가까이에 있는 평야. 벼농사를 많이 짓는다.

논설문 (論說文) 어떤 문제를 두고 짜임새 있고 이치에 맞게 펼친 주장 글. 신문에 많이 실린다. 북론설문.

논설위원 (論說委員) 신문사나 방송사 같은 데서 중요한 사회 문제를 두고 사설을 쓰거나 의견을 말하는 사람.

논술 (論述) 자기 생각이나 의견을 이치에 맞게 또박또박 말이나 글로 펼치는 것. 또는 그런 말이나 글.《이번 논술 시험에 지구 온난화 문제가 나왔다.》북론술. **논술하다**

논어 (論語) 공자의 가르침을 적은 책. 효도, 우애, 충성, 어진 마음 들에 대해 제자들과 나눈 이야기를 모아 엮었다.

논의 (論議) 어떤 일을 문제 삼아 서로 의견을 주고받으면서 살피는 것.《열띤 논의를 한 끝에 결론을 내렸다.》비의논. 북론의. **논의하다 논의되다**

논일 논에서 하는 일.《할아버지와 아버지는 논일을 나가셨다.》참밭일.

논쟁 (論爭) 생각이 다른 사람들이 서로 자기 생각이 옳다고 다투는 것.《옳

은 생각을 가진 사람이 늘 논쟁에서 이기는 것은 아니다.》북론쟁. **논쟁하다**

논제 (論題) 말하거나 따져 보고자 하는 주제.《다음 토론의 논제를 정한 뒤에 모임을 마치겠습니다.》북론제.

논증 (論證) 어떤 주장이나 의견이 맞는지 틀리는지 그 까닭을 들어 밝히는 것.《논증이 뒷받침되지 않은 주장은 설득력이 없다.》북론증. **논증하다 논증되다**

논쪼이 |북 옛날에 소가 없어서 괭이나 쇠스랑으로 논을 갈던 일. **논쪼이하다**

논평 (論評) 어떤 일이나 작품을 놓고 자기 생각이나 의견을 말하는 것. 또는 그런 글.《신문 논평》북론평. **논평하다**《정부 대변인은 그날 일어난 사건을 두고 짧게 논평했다.》

논하다 어떤 일의 잘잘못이나 이치를 하나하나 따져 말하다.《자연보호가 왜 중요한지 논해 보아라.》북론하다.

놀 → 노을.

놀고먹다 하는 일 없이 놀면서 지내다.《방학 내내 책 한 자 안 보고 놀고먹을 셈이야?》

놀다 1. 놀이나 운동을 하면서 즐겁게 지내다.《동생은 밥을 먹자마자 동무들과 놀러 나갔다.》반일하다. 2. 아무 일 없이 그냥 지내다.《형이 방학 동안 빈둥빈둥 놀다가 엄마한테 야단을 맞았다.》반일하다. 3. 하던 일을 멈추고 잠깐 동안 쉬다.《노는 날이면 아빠는 늘 낚시나 등산을 가신다.》반일하다. 4. 어떤 것이 쓰이지 않고 그냥 있다.《아빠가 뒤꼍의 노는 공간을 채소밭으로 가꾸셨다.》반노는, 놀아, 놉니다.

놀라다 1. 갑자기 생긴 일에 가슴이 두근거리거나 겁이 나다.《누나가 쥐를 보고 놀라서 소리를 질렀다.》 2. 아주 훌륭하거나 신기한 것에 몹시 감탄하다.《다섯 살짜리 꼬마의 한자 실력에 깜짝 놀랐다.》 3. 아주 실망스럽거나 어처구니가 없다.《3학년이나 된 애가 자기 이름도 못 쓰는 것을 보고 정말 놀랐다.》

놀라움 놀라운 느낌.《어릿광대를 보자 동생의 눈은 놀라움으로 휘둥그레졌다.》준놀람.

놀람 → 놀라움.

놀람 교향곡 오스트리아 작곡가 하이든이 지은 교향곡 제94번.

놀랍다 뜻밖이거나 훌륭하거나 대단하여 깜짝 놀랄 만하다.《이 그림을 네가 그렸다니 정말 놀랍다.》바놀라운, 놀라워, 놀랍습니다.

놀래다 남을 놀라게 하다.《깜짝 생일잔치를 해서 오빠를 놀래 주자.》

놀리다 비웃다 남을 깔보아 웃음거리로 만들거나 흉보다.《또 내 동생을 놀리면 혼내 줄 테야.》

놀리다 놀게 하다 1. 사람을 일 없이 그냥 놀거나 쉬게 하다.《할아버지는 일감이 없어서 직원들을 놀리는 것을 안타깝게 생각하셨다.》 2. 어떤 것을 쓰지 않고 그냥 두다.《다룰 줄 아는 사람이 없어서 값비싼 농기계를 놀리다니.》 3. 몸의 한 부분을 이리저리 움직이다.《책상다리를 하고 오래 앉아 있었더니 다리를 제대로 놀리기 힘들다.》

놀림 남을 비웃거나 웃음거리로 만드는 짓.《나는 동무들에게 뚱뚱하다고

놀림을 받는 게 너무 싫다.》

놀림감 놀림당하는 사람.

놀부전 → 흥부전.

놀이 여럿이 모여서 즐겁게 노는 것. 《공놀이/고무줄놀이》

놀이 기구 사람들이 노는 데 쓰는 여러 가지 장치나 도구.《오늘 놀이 공원에 가서 여러 가지 놀이 기구를 탔다.》

놀이동산 여럿이 놀 수 있게 구경거리나 놀이 도구들을 많이 갖추어 놓은 곳.

놀이마당 사람들이 모여서 놀고 즐기는 자리. 흔히 춤이나 판소리 같은 공연이 펼쳐지는 너른 마당을 이른다. 《어린이날을 맞아 시청 앞 잔디밭에서 흥겨운 놀이마당이 펼쳐졌다.》

놀이터 아이들이 놀 수 있게 놀이 도구들을 갖추어 놓은 곳. **북**놀이장.

놀이판 여럿이 모여서 즐겁게 노는 자리.《단옷날 뒷동산에서 흥겨운 놀이판이 벌어졌다.》

놈 1.남자를 낮추어 이르는 말.《비겁한 놈/잔인한 놈》 **참**년. 2.어른이 남자 아이를 귀엽게 이르는 말.《고놈 참 잘 생겼구나.》

놉다 |**북** 섭섭하고 분하다.《경기 막판에 한 골을 내주다니 정말 놉다.》

놋 → 놋쇠.

놋그릇 놋쇠로 만든 그릇. **같**유기.

놋다리놀이 → 놋다리밟기.

놋다리밟기 경상북도 안동과 의성에서 대보름날 밤에 하는 민속놀이. 여자들이 한 줄로 늘어서서 허리를 굽히고 앞사람 허리를 안아 다리를 만들면 공주로 뽑힌 여자가 등을 밟고 지나간다. **같**기와밟기, 놋다리놀이.

놋쇠 구리에 아연을 섞어서 벼린 누런 쇠붙이. 그릇이나 장식품을 만드는 데 많이 쓴다.《놋쇠 그릇》 **같**놋.

농 **가구** (籠) 1.나무로 네모나게 만들어 옷이나 이불 같은 것을 넣어 두는 가구. **참**장, 장롱. **북**롱. 2.버들가지나 싸리채로 만든 상자. 겉에 종이를 여러 겹 발라서 옷이나 물건을 넣어 둔다.

농 **말장난** (弄) → 농담.《선영이가 그냥 농으로 한 말인데 웃어넘겨라.》 **북**롱.

농가 (農家) 농사지으면서 사는 집.

농가월령가 (農家月令歌) 조선 후기에 정학유가 쓴 문학 작품. 농사에 힘쓰기를 권하면서 농가에서 열두 달에 차례대로 해야 할 일을 읊었다.

농간 (弄奸) 나쁜 꾀를 부려서 남을 속이거나 망치는 짓.《나쁜 지주가 농간을 부려서 농민들의 땅을 제 것으로 삼았다.》 **북**롱간.

농게 바닷가 진흙 속에 구멍을 파고 사는 게. 등딱지가 검푸르고, 수컷은 한쪽 집게발이 유난히 크다.

농게

농경 (農耕) 논밭을 갈아 농사짓는 일.《농경 시대》 **비**경작.

농경지 (農耕地) 농사를 짓는 땅.《홍수로 농경지와 집이 전부 물에 잠겼다.》 **비**경작지, 농지, 농토. **북**부침땅.

농과 (農科) 농업을 연구하는 학문 분야.《농과 대학》

농구 (籠球) 다섯 사람이 한편이 되어 상대편 바구니에 공을 넣어 점수를 겨루는 경기. **북**롱구.

농구공 농구할 때 쓰는 공. **북**롱구공.

농구대 (籠球臺) 농구에서 공을 던져 넣는 둥근 그물이 달린 대. **북**롱구대.

농구부 (籠球部) 학교나 회사 같은 곳에서 농구를 하는 사람들의 모임.

농구장 (籠球場) 농구 경기를 하는 곳. 북롱구장.

농군 (農軍) → 농민.

농기 (農旗) 농촌에서 풍물을 칠 때 앞세우는 깃발.

농기계 (農機械) 농사짓는 데 쓰는 기계. 경운기나 트랙터 들이 있다.

농기구 (農器具) 농사짓는 데 쓰는 도구. 호미, 쟁기, 낫 같은 것이 있다.

농담 말장난 (弄談) 남을 웃기거나 실없이 놀리려고 하는 말.《우리 선생님이 농담을 하시면 안 웃는 사람이 없다.》 같농. 반진담. 북롱담. 롱말. **농담하다**

농담 빛깔 (濃淡) 빛깔이 짙거나 옅은 정도.《이 그림은 먹물의 농담으로 산의 멀고 가까움을 나타냈다.》

농도 (濃度) 기체나 액체에 들어 있는 것이 진하고 묽은 정도.《알코올 농도가 높은 술》

농락 (籠絡) 남을 그럴듯한 말로 꾀어제 마음대로 이용하거나 갖고 노는 것. 북롱락. **농락하다**《순진한 사람을 농락해서 돈을 빼앗다니 참 못됐다.》

농림 (農林) 농사짓는 일과 나무 기르는 일.

농림 수산 식품부 (農林水産食品部) 나라의 농업, 임업, 축산업, 식량에 관한 일을 맡아보는 행정 기관.

농민 (農民) 농사지으면서 사는 사람. 같농군.

농민군 (農民軍) 농민들이 스스로 나서서 만든 군대.《동학 농민군》

농번기 (農繁期) 모낼 때나 김맬 때, 가을걷이할 때처럼 농사일이 몹시 바쁜 때.《우리 가족은 농번기에 농촌에 내려가 일손을 돕는다.》 반농한기.

농법 (農法) → 농사법.

농부 (農夫) → 농사꾼.

농사 (農事) 곡식, 채소, 과일 같은 농작물을 심고 기르고 거두는 일.《할아버지는 한평생 농사를 지으셨다.》

농사꾼 농사짓는 일이 직업인 사람. 같농부.

농사꾼은 굶어 죽어도 종자는 베고 죽는다 속담 농사꾼이 굶어 죽어 가면서도 씨앗은 먹지 않고 남긴다는 뜻으로, 앞일을 미리 챙기는 농사꾼의 깊은 뜻을 높이 사서 하는 말.

농사법 (農事法) 농사짓는 방법이나 기술. 같농법.

농사일 농사짓는 일.《추수 때 시골에 내려가 농사일을 거들었다.》

농사직설 (農事直說) 조선 세종 때 정초, 변효문 들이 엮은 책. 경험 많은 농부들에게서 얻은 농사 지식을 적었다.

농사짓다 곡식, 채소, 과일 같은 농작물을 기르고 거두다.《요즘 시골에서 농사짓는 젊은이를 보기 힘들다.》 바농사짓는, 농사지어, 농사짓습니다.

농사철 한 해 가운데 농사를 짓는 때. 흔히 씨 뿌리는 봄부터 가을까지를 이른다.《여름 농사철이라 논밭마다 김매기가 한창이다.》

농산물 (農産物) 곡식, 채소, 과일 들처럼 농사를 지어 거둔 먹을거리.

농서 (農書) 옛날에 농사짓는 데 필요한 여러 가지 것들을 적은 책.

농성 (籠城) 어떤 요구를 내세우고 들

어줄 때까지 한자리에서 버티는 일. 《농민들은 골프장을 지으면 안 된다고 농성을 벌였다.》 **북**롱성. **농성하다**

농수산물 (農水産物) 농산물과 수산물. 논밭, 개펄, 바다에서 나는 먹을거리를 두루 이르는 말이다.

농아 (聾啞) 듣지도 못하고 말도 제대로 못하는 사람. **북**롱아.

농악 (農樂) ➡ 풍물놀이.

농약 (農藥) 농작물에 해로운 벌레와 풀을 없애려고 뿌리는 약.

농어 봄과 여름에는 민물이나 강어귀에서 살고 가을과 겨울에는 가까운 바다에서 알을 낳는 바닷물고기. 몸은 길고 옆으로 납작하다. **북**로어.

농어민 (農漁民) 농민과 어민.

농어촌 (農漁村) 농촌과 어촌.

농업 (農業) 농작물을 심고 가꾸는 일이나 산업.

농업국 (農業國) 농업이 산업의 중심인 나라.

농업용수 (農業用水) 농사짓는 데 쓰는 물. **참**공업용수.

농업인 (農業人) 농업이 직업인 사람.

농업 협동조합 (農業協同組合) 농민이 서로 도와 이익을 높이고 권리를 지키려고 스스로 만든 조직. 농산물을 함께 사고팔거나 농사에 필요한 돈을 빌려 주는 일 들을 한다.

농요 (農謠) 농사일을 하면서 부르는 노래. 농부들 사이에서 이어져 내려오는데, 농사에 얽힌 내용이 많다. 《농부들이 농요를 부르면서 모내기를 한다.》

농원 (農園) 과일, 채소, 꽃나무 들을 심어 가꾸는 곳. 《포도 농원》

농익다 1.과일 같은 것이 흐무러지게 푹 익다. 《농익은 복숭아》 2. 일이나 분위기 들이 무르익다. 《흥겨운 노랫소리에 잔치 분위기가 농익었다.》

농작물 (農作物) 논밭에 심어 가꾸는 먹을거리. 벼, 보리, 채소 들이 있다. 《이번 장마에 농작물 피해가 없도록 철저히 준비합시다.》 **갈**작물.

농작물은 주인 발자국 소리 듣고 자란다 **속담** 논밭에 자주 나가서 잘 살피고 돌볼수록 농작물이 잘 자란다는 말.

농장 (農場) 돈을 벌려고 알맞은 시설을 갖추어 농작물을 가꾸거나 가축을 기르는 곳. 《돼지 농장》

농지 (農地) 농사짓는 땅. 《농지 관리》 **비**경작지, 농경지, 농토.

농촌 (農村) 농사짓는 사람들이 모여 사는 시골 마을. **참**산촌, 어촌.

농촌 진흥청 (農村振興廳) 농수산 식품부에 딸린 행정 기관. 새로운 농업 기술을 개발하고 보급하여 농업을 발전시키는 일을 한다.

농축 (濃縮) 졸여서 진하게 하거나 눌러서 크기를 줄이는 일. 《농축 과일즙》 **농축하다 농축되다**

농토 (農土) 농사지을 땅. **비**경작지, 농경지, 농지.

농한기 (農閑期) 농사일이 바쁘지 않아 쉴 수 있는 때. 흔히 가을걷이가 끝난 뒤인 겨울철을 이른다. **반**농번기.

농협 (農協) '농업 협동조합'을 줄인 말.

농후하다 1.맛, 빛깔, 성분 같은 것이 매우 짙다. 《차 빛깔이 농후하다.》 2. 어떤 일이 일어날 가능성이 아주 높다.

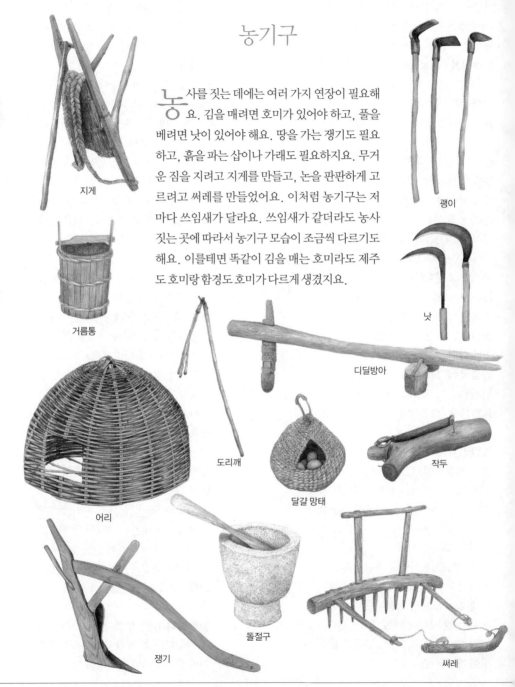

농기구

농사를 짓는 데에는 여러 가지 연장이 필요해요. 김을 매려면 호미가 있어야 하고, 풀을 베려면 낫이 있어야 해요. 땅을 가는 쟁기도 필요하고, 흙을 파는 삽이나 가래도 필요하지요. 무거운 짐을 지려고 지게를 만들고, 논을 판판하게 고르려고 써레를 만들었어요. 이처럼 농기구는 저마다 쓰임새가 달라요. 쓰임새가 같더라도 농사 짓는 곳에 따라서 농기구 모습이 조금씩 다르기도 해요. 이를테면 똑같이 김을 매는 호미라도 제주도 호미랑 함경도 호미가 다르게 생겼지요.

지게

거름통

괭이

낫

디딜방아

도리깨

달걀 망태

작두

어리

돌절구

쟁기

써레

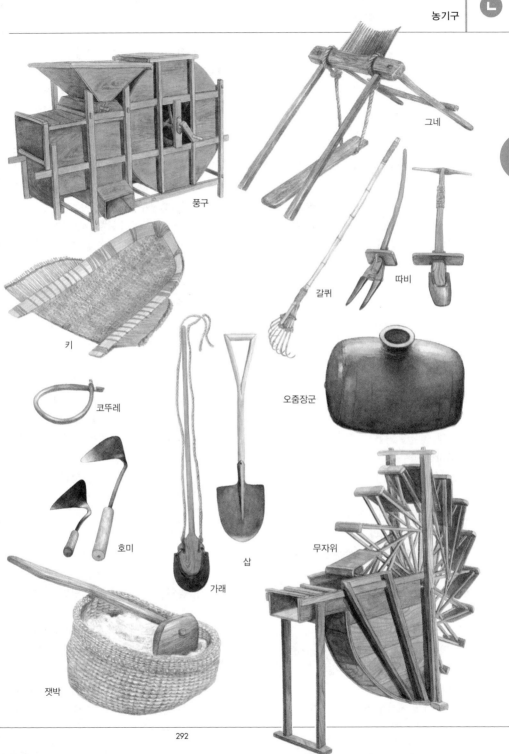

풍구

그네

키

갈퀴

따비

코뚜레

오줌장군

호미

가래

삽

무자위

잿박

《지진이 일어날 기미가 농후하다.》

높낮이 높고 낮은 것.《형은 음의 높낮이를 잘 맞추어 노래한다.》**갈**고저.

높다 1. 아래에서 위까지의 거리가 멀다.《백두산은 우리나라에서 가장 높은 산이다.》**반**낮다. 2. 수준, 가치, 정도 같은 것이 정해진 기준을 넘거나 정상인 때보다 위에 있다.《오늘은 어제보다 기온이 높다.》**반**낮다. 3. 소리가 가늘고 날카롭다.《가야금에서는 거문고보다 높은 소리가 난다.》**반**낮다. 4. 기세나 기운 같은 것이 힘차다.《병사들의 사기가 아주 높다.》**반**낮다. 5. 이름이 널리 알려져 있다.《저 선수는 뛰어난 수비 능력으로 이름이 높다.》

높이 사다 **관용** 어떤 것을 훌륭하게 여기다.《비록 꼴찌를 했지만 끝까지 달린 점은 높이 살 만하다.》

높다랗다 꽤 높다.《높다란 감나무에 감이 주렁주렁 달려 있다.》**바**높다란, 높다래, 높다랗습니다.

높새바람 봄부터 초여름까지 태백산맥을 넘어 대관령 서쪽으로 부는 덥고 건조한 바람.

높아지다 높게 되다.《홍수가 자주 나서 강바닥이 높아졌다.》

높은음자리표 악보에서 높은 음 부분을 나타내는 데 쓰는 기호. '𝄞'로 나타낸다. **참**낮은음자리표. **북**고음기호.

높이 **거리** 1. 맨 밑에서 꼭대기까지의 거리.《저 건물 높이는 100미터나 된다.》 2. 바닥에서 볼 때 위쪽에 있는 어느 자리.《장마에 불어난 냇물이 아빠 가슴 높이까지 찬다.》

높이 **높게** 1. 밑에서 위까지의 거리가 멀게.《하늘 높이 기러기 떼가 날아간다.》 2. 아주 좋거나 귀하게.《우리 선생님은 짝꿍의 봉사 정신을 높이 평가하셨다.》 3. 기세나 기운 같은 것이 힘차게.《선수들의 사기가 높이 올랐다.》 4. 소리가 높거나 크게.《언니는 목소리가 아주 높이 올라간다.》

높이다 1. 밑에서 위까지를 높게 하다.《뾰족구두는 키를 높이는 데는 좋지만 몸에는 해롭다.》**반**낮추다. 2. 수준, 가치, 정도 같은 것을 높게 하다.《날씨가 추우니 방 온도를 좀 높여야겠다.》**반**낮추다. 3. 윗사람한테 하듯이 말을 올리다.《올해부터 부모님께 말을 높이기로 했어요.》**반**낮추다. 4. 남을 우러러 받들다.《자기를 낮추고 남을 높이는 자세를 기릅시다.》**반**낮추다. 5. 기세나 기운 같은 것을 북돋다.《선생님이 우리 사기를 높이려고 떡볶이를 사 주셨다.》 6. 소리를 높거나 크게 내다.《아이들은 목청을 높여 노래를 불렀다.》**반**낮추다.

높이뛰기 짧은 거리를 달려와서 공중에 가로로 걸쳐 놓은 막대를 뛰어넘는 경기.

높임말 사람이나 사물을 높여서 이르는 말.《'밥'의 높임말은 '진지'이다.》**갈**경어, 존댓말. **반**낮춤말.

높임법 높임말을 쓰는 방법.《우리말은 높임법이 발달했다.》

높직하다 꽤 높다.《유리병은 아기 손이 닿지 않는 높직한 곳에 두어라.》

놓다 1. 물건을 어떤 곳에 두다.《가방은 저 의자 위에 놓아라.》 2. 쥐거나 잡은 것을 손에서 떨어지게 하다.《달리

는 버스에서 손잡이를 놓으면 위험해.》
3. 잡거나 가두어 둔 사람이나 동물을 자유롭게 풀어 주다. 《삼촌이 잡은 물고기를 강물에 놓아 보냈다.》 4. 걱정스럽거나 긴장한 마음을 풀다. 《저 혼자서도 할머니 댁에 다녀올 수 있으니 마음 푹 놓으세요.》 5. 기계, 도구, 장치, 구조물 같은 것을 설치하다. 《새 집으로 이사 가자마자 전화를 놓았다.》 6. 하던 일을 중간에 멈추다. 《농부들이 잠시 일손을 놓고 새참을 먹는다.》 7. 남한테 어떤 행동을 하다. 《동생한테 내 일기장을 보면 혼내 주겠다고 으름장을 놓았다.》 8. 친구나 아랫사람한테 하듯이 말을 낮추다. 《그 신부님은 나한테도 말씀을 놓지 않으신다.》 9. 천 같은 것에 무늬나 수를 새기다. 《엄마가 식탁보에 예쁘게 수를 놓으셨다.》 10. 집이나 방을 돈 받고 빌려 주다. 《할아버지는 지하실도 세를 놓기로 결정하셨다.》 11. 어떤 동작이 끝난 뒤 그 상태가 이어지게 하는 것을 뜻하는 말. 《꽃가루가 너무 날려 창문을 열어 놓을 수 없었다.》

놓아기르다 가축을 우리에 가두지 않고 바깥에 놓아서 기르다. 《할머니는 닭을 마당에 놓아기르셨다.》 **바**놓아기르는, 놓아길러, 놓아기릅니다.

놓아두다 1. 건드리지 않고 그대로 두다. 《소쿠리를 치우지 말고 그 자리에 놓아두어라.》 **준**놔두다. 2. 들었던 것을 내려서 두다. 《그 짐은 마당에 놓아두어라.》 **준**놔두다.

놓아주다 잡거나 가둔 것을 풀어 주다. 《애써 잡은 가재를 다시 놓아주었다.》

뇌고

놓이다 1. 물건이 어떤 곳에 있다. 《탁자 위에 꽃병이 놓여 있다.》 2. 걱정스럽던 마음이 풀어지다. 《네 전화를 받고 나서야 마음이 놓였어.》 3. 기계, 도구, 장치, 구조물 들이 설치되다. 《저쪽 개울에 새 다리가 놓일 거래.》 4. 천 같은 것에 무늬나 수가 새겨지다. 《별과 달 모양 수가 놓인 방석이 마음에 든다.》 5. 어떤 형편이나 상황에 있게 되다. 《지금부터라도 멸종 위기에 놓인 동물들을 보호해야 합니다.》

놓치다 1. 쥐거나 잡은 것을 잃거나 떨어뜨리다. 《갑자기 사람들이 밀려드는 바람에 동생 손을 놓쳤다.》 2. 잡을 수 있었던 것을 잃다. 《다 잡은 바퀴벌레를 한눈파는 사이에 놓쳤다.》 3. 알맞은 때나 기회를 그냥 흘려보내다. 《조금만 늦었으면 수술할 시기를 놓칠 뻔했다.》 4. 보거나 듣거나 느낄 수 있는 것을 그냥 지나쳐 보내다. 《딴 생각을 하느라 중요한 대목을 놓쳤다.》

놓친 고기가 더 크다 속담 지금 있는 것보다 전에 있던 것을 더 좋게 생각한다는 말.

놔두다 → 놓아두다.

뇌(腦) → 골.

뇌고(雷鼓) 치는 국악기 가운데 하나. 한쪽에만 가죽을 대고 북을 여섯 개 묶어 틀에 매달았다.

뇌관(雷管) 화약이나 폭탄을 터뜨릴 때 불을 일으키는 장치. 《시한폭탄에 있는 뇌관을 없앴다.》

뇌까리다 아무렇게나 마구 지껄이다. 또는 같은 말을 자꾸 중얼거리다. 《은수는 나를 보더니, "넌 왜 그렇게 키가

작니?" 하고 거만하게 뇌까렸다.》

뇌도 (雷發) 치는 국악기 가운데 하나. 작고 길쭉한 북 세 개를 엇갈리게 포개어 나무 장대에 꿴 모양이다.

뇌리 (腦裏) 생각이나 기억을 떠올리는 머릿속.《영이의 우는 얼굴이 뇌리에서 떠나지 않았다.》

뇌물 (賂物) 자기 이익을 챙기려고 남한테 잘 봐 달라고 건네는 돈이나 물건.《어떤 일이 있어도 뇌물은 주고받지 말아야 한다.》북꿍돈. 뢰물.

뇌성 마비 (腦性痲痺) 뇌에 이상이 생겨서 몸을 자기 뜻대로 움직이지 못하는 상태.

뇌신경 (腦神經) 척추동물 뇌에서 나오는 신경. 가슴 쪽 근육이나 눈, 귀, 코, 입 들로 이어져 몸을 움직이게 하거나 감각을 전달한다.

뇌염 (腦炎) 뇌에 바이러스가 옮거나 여러 가지 자극을 받아 생기는 염증.

뇌우 (雷雨) 천둥, 번개가 치면서 내리는 비. 북뢰우.

뇌졸중 (腦卒中) 뇌의 핏줄이 막혀서 손발이 굳거나 말을 하기 어려워지는 증세. 북뇌졸증.

뇌종양 (腦腫瘍) 뇌에 혹이 생기는 병. 머리가 아프고, 먹은 것을 게우고, 눈이 잘 안 보이는 것과 같은 증세가 나타난다.

뇌진탕 (腦震蕩) 머리를 세게 부딪치거나 하여 정신을 잃는 일.

뇌하수체 (腦下垂體) 뇌 아래쪽에 있는 앵두 씨만 한 호르몬 샘. 새 생명을 만들고 몸이 자라는 것을 돕는다.

누 누구 '누구'가 줄어든 말. '누구'를

뇌도

'가' 와 함께 쓸 때 나타난다.《누가 내 옷에 빨간 물감을 묻혔어?》

누 걱정 (累) 남에게 끼치는 걱정이나 괴로움이나 손해.《집 짓느라고 동네분들께 누를 끼쳐 죄송합니다.》북루.

누 야구 (壘) 야구에서 주자가 밟는 물건. 포수 바로 앞과 주자가 서는 세 귀퉁이에 하나씩 모두 네 개가 있다. 같베이스. 북루.

누가 '누구가'가 줄어든 말.

누각 (樓閣) 사방을 볼 수 있게 문과 벽이 없이 높다랗게 지은 집.《누각에 앉아 땀을 식혔다.》참정자. 북루각.

누계 (累計) 어떤 수에 다른 수를 잇달아 더하는 것. 또는 그렇게 해서 얻은 값.《한 달 동안 받은 용돈 누계를 내었더니 만 원이 넘었다.》북루계.

누구 1.잘 모르는 사람을 이르는 말.《너랑 같이 온 애는 누구니?》2.'누구냐', '누구도', '누구든지' 꼴로 써서, 모든 사람.《턱걸이 한 개쯤은 누구나 다 할 수 있어.》3.어떤 사람.《누구는 닭싸움이 더 재미있다고 하더라.》

누구누구 꼭 집어 말하지 않고 여러 사람을 두루 이르는 말.《운동회 날 너희 집에서는 누구누구 오니?》

누그러들다 → 누그러지다.

누그러뜨리다 화나거나 들뜬 마음을 가라앉히다.《화가 난 마음을 누그러뜨리고 말해 보렴.》

누그러지다 1.화가 나거나 들뜬 마음이 조금씩 가라앉다.《어머니께 혼이 나자 동생이 많이 누그러졌다.》같누그러들다. 2.추위나 더위가 약해지다.《비가 내리고 나서 더위가 누그러졌다.》 **같**누그러들다. 3. 한창 성하던 것이 기세가 덜해지다.《동생의 감기 기운이 조금 누그러졌다.》 **같**누그러들다.

누나 1. 남자가 자기보다 나이 많은 여자 형제를 이르는 말.《누나, 어머니가 부르셔.》 **높**누님. 2. 남자가 자기보다 나이 많은 여자를 친하게 이르는 말.《옆집 누나는 키가 크다.》 **높**누님.

누누이 여러 번 자꾸 되풀이하여.《할머니는 큰길에서는 차를 조심하라고 누누이 일러 주셨다.》 **북**루루이.

누님 '누나'의 높임말.

누다 똥이나 오줌을 몸 밖으로 내보내다.《강아지가 마당 한가운데에 똥을 누고 달아났다.》 **비**싸다.

누더기 여기저기 떨어지거나 해진 옷이나 천.《언덕길에서 하루 내내 미끄럼을 탔더니 바지 궁둥이가 누더기가 되어 버렸다.》 **북**누데기.

누덕누덕 여기저기 떨어지거나 해진 데를 덧대거나 꿰맨 모양.《아버지가 어렸을 적에는 해진 옷을 누덕누덕 기워 입었다고 한다.》 **누덕누덕하다**

누덕쪼박 **북** 누더기 조각.《가수들이 누덕쪼박 같은 옷을 걸치고 춤춘다.》

누락 (漏落) 마땅히 있어야 할 것을 빠뜨리는 것. 또는 마땅히 있어야 할 것이 빠지는 것.《한 글자도 누락 없이 교과서에 있는 시를 꼼꼼히 베껴라.》 **북**루락. **누락하다 누락되다**

누런색 황금이나 잘 여문 벼와 같은 빛깔. **같**황색.

누렁이 **북** 백두산 숲 속에 사는 사슴. 엉덩이 쪽에 크고 누런 점이 있다. 우리나라에 사는 사슴 가운데 가장 몸집이 크다.

누룩뱀

누룩치

누룩틀

누렁이

누렇다 1. 황금이나 잘 여문 벼 빛깔과 같다.《벼가 누렇게 익었다.》 2. 얼굴 빛이 핏기가 없고 칙칙하다.《아파서 얼굴이 누렇게 떴구나.》 **바**누런, 누레, 누렇습니다.

누룩 술을 빚거나 빵을 굽는 데 쓰는 원료. 굵게 간 밀을 반죽한 뒤에 덩이를 지어서 띄워 만든다.

누룩곰팡이 술을 만드는 데 많이 쓰는 곰팡이. **북**누룩곰팽이.

누룩뱀 산기슭, 강가, 밭둑 돌무더기에서 사는 뱀. 밤색 바탕에 어두운 갈색 무늬가 있다. **같**먹구렁이.

누룩치 깊은 산속 양지바른 곳에 자라는 풀. 6~7월에 자잘한 흰 꽃이 모여 핀다. 연한 줄기를 먹는다. **북**우산풀.

누룩틀 누룩 덩어리를 굳히는 데 쓰는 나무틀.

누룽지 1. 솥 바닥에 눌어붙은 밥. **북**가마치. 2. '눌은밥'을 잘못 쓴 말.

누르다 **밀다** 1. 어떤 것을 위나 옆에서 힘주어 밀다.《검은 건반과 흰 건반을 하나씩 눌러 보았다.》 2. 힘이나 기운이 세서 남을 이기거나 꼼짝 못하게 하다.《우리나라가 중국을 2대 1로 눌렀다.》 3. 북받치는 감정을 참다.《애써 화를 누르고 동생을 타일렀다.》 4. 한 곳에 줄곧 머무르다.《삼촌은 프랑스에 눌러 살기로 마음먹었대.》 **바**누르는, 눌러, 누릅니다.

누르다 **누렇다** 조금 칙칙하게 누렇다.《아기 똥 빛깔이 누르다.》 **바**누른, 누르러, 누릅니다.

누르스름하다 조금 누렇다.《누르스름

한 베》 **갈**누릇하다. **참**노르스름하다.

누름단추 → 단추.

누릇누릇 군데군데 누르스름한 모양. 《군밤이 누릇누릇 잘 익었다.》 **참**노릇노릇. **누릇누릇하다**

누릇하다 → 누르스름하다.

누리 '세상'을 이르는 토박이말. 《눈이 내려 온 누리가 새하얗게 변했다.》

누리다 좋은 일을 마음껏 맛보거나 즐기다. 《땀 흘리지 않고 누리는 행복은 오래가지 않는다.》

누리장나무 산기슭이나 골짜기에 자라는 잎지는나무. 잎에서 고약한 냄새가 난다. 꽃은 희고, 열매는 푸른 보랏빛이다. 잎, 가지, 뿌리를 약으로 쓴다.

누리장나무

누린내 고기를 삶거나 털이 탈 때 나는 역겨운 냄새. 《머리카락이 촛불에 타서 누린내가 났다.》 **참**노린내.

누린내풀 산과 들에 자라는 풀. 온몸에 짧은 털이 있고 누린내가 난다. 여름에 하늘빛 도는 보라색 꽃이 핀다. 포기째 약으로 쓴다.

누에

누릿누릿 ᴵ북 군데군데 꽤 누르스름한 모양. **누릿누릿하다** 《누릿누릿하게 익은 굴비를 보니 군침이 나온다.》

누릿하다 ᴵ북 군데군데 꽤 누르스름하다. 《누릿한 닥종이》

누린내풀

누마루 누각이나 정자에서 바닥을 땅위로 높이 띄워 깔아 놓은 마루. 《양반들은 여름철에 정자 누마루에 앉아 부채질로 더위를 식혔다.》 **북**루마루.

누명 (陋名) 잘못이 없는데도 억울하게 뒤집어쓰는 죄나 허물. 《내게 누명을 씌우다니 정말 억울해.》 **북**루명.

누비 안감과 겉감 사이에 솜을 넣고 줄

누에나방

이 지게 박는 바느질. 《누비이불》

누비다 **여기저기를** 여기저기 마음껏 놀아다니다. 《삼촌은 자동차로 전국을 누비고 다녔다.》

누비다 **옷을** 안감과 겉감 사이에 솜을 넣고 줄이 지게 박다. 《누빈 솜바지》

누비옷 옷감 사이에 솜을 넣고 누벼서 지은 옷.

누설 (漏泄) 1.기체나 액체가 새어 나가는 것. 《가스 누설 경보기》 **북**루설. 2. 비밀이나 정보 들을 새어 나가게 하는 것. **북**루설. **누설하다 누설되다**

누수 (漏水) 물이 틈새로 새어 나가는 것. 또는 그런 물. 《누수 때문에 항아리에 담긴 물이 많이 줄었다.》 **북**루수.

누에 누에나방 애벌레. 네 번 탈바꿈한 뒤에 입에서 실을 토하여 고치를 짓고 안에서 살다가 나방이 된다. 고치로 명주실을 만든다.

누에고치 누에가 번데기로 될 때 실을 내어 제 몸을 둘러싼 둥글고 길쭉한 껍데기.

누에나방 고치에서 명주실을 얻으려고 애벌레를 기르는 나방. 입이 없어서 먹이를 먹을 수 없고, 알을 낳은 뒤 곧 죽는다.

누에치기 누에를 치는 일. 《이곳 농가에서는 누에치기로 많은 돈을 벌었다.》 **같**양잠. **북**육잠.

누이 남자의 여자 형제.

누이 좋고 매부 좋다 **속담** 어떤 일이 여럿한테 모두 이롭다는 말.

누이다 **눕히다** 사람을 눕게 하다. 《엄마는 잠든 아기를 조심스럽게 이부자리에 누였다.》 **준**뉘다. **비**눕히다.

누이다 싸게 하다 똥이나 오줌을 누게 하다. 《아빠는 동생 똥을 누이러 공중변소에 가셨어요.》준뉘다.

누이동생 남자의 여동생.

누적 (累積) 차곡차곡 쌓거나 포개는 것. 또는 쌓이거나 포개지는 것. 《누적 적자》북루적. **누적하다 누적되다**

누전 (漏電) 전기가 전깃줄 밖으로 새는 것. 《누전으로 화재가 날 수 있으니 조심해.》북루전. **누전하다 누전되다**

누전 차단기 (漏電遮斷器) 전기가 새거나 하여 위험할 때 저절로 전원을 끄는 장치.

누진 (累進) 어떤 수나 양이 늘어날수록 그에 대한 비율도 점점 높아지는 것. 《누진 요금》북루진.

누차 (累次) 여러 번. 《선생님은 환경 보호가 얼마나 중요한지 누차 설명하셨다.》비수차. 북루차.

누추하다 집이나 꾸밈새가 초라하고 보잘것없다. 《누추하지만 방으로 들어와 앉으시지요.》북루추하다.

누출 (漏出) 1.기체나 액체가 밖으로 새는 것. 《가스 누출》북루출. 2. 비밀이나 정보가 새어 나가는 것. 《정보 누출》북루출. **누출하다 누출되다**

누치 큰 강이 시작되는 곳 가까이에 사는 민물고기. 몸통은 연한 갈색이고, 배는 은빛이다.

누치

눅눅하다 물기를 머금어 축축하다. 《장마철이라 방이 눅눅하다.》

눅잦다 |북 들뜬 목소리나 마음이 가라앉거나 잦아들다. 《동생이 아까보다 한결 눅잦은 목소리로 대꾸했다.》

눅진- 물기가 있어 물렁하면서 끈적

끈적한 모양. **눅진거리다 눅진대다 눅진하다 눅진눅진**

눈 몸 1.보는 기관. 사람이나 짐승 얼굴에 두 개씩 있다. 2.또렷하게 잘 보는 능력. 《할머니께서 눈이 나빠지셔서 돋보기안경을 맞추셨어요》3.옳고 그름, 좋고 나쁨을 따지는 기준. 《할아버지는 사람 보는 눈이 아주 정확하시다.》4.바라보는 눈길. 《선생님 눈이 무서워서 교실에서 장난을 못 친다.》

눈 깜짝할 사이 관용 아주 짧은 동안. 《어찌나 배가 고팠던지 눈 깜짝할 사이에 밥 한 그릇을 비웠다.》

눈도 깜짝 안 하다 관용 전혀 놀라지 않다. 《우리 삼촌은 옆에 벼락이 떨어져도 눈도 깜짝 안 할 사람이다.》

눈 뜨고 볼 수가 없다 관용 1.너무 비참하고 끔찍해서 차마 볼 수 없다. 《굶주린 아프리카 아이들 모습은 차마 눈 뜨고 볼 수 없다.》2.꼴 보기 사나워서 차마 볼 수 없다. 《자기 덕분에 우리 반이 이겼다고 어찌나 뽐내는지 눈 뜨고 볼 수가 없더라.》

눈 밖에 나다 관용 미움을 받게 되다. 《자꾸 거짓말하면 선생님 눈 밖에 날 거야.》

눈에 넣어도 아프지 않다 관용 아주 귀엽다. 《할머니는 나를 보면 눈에 넣어도 아프지 않다고 하신다.》

눈에 띄다 관용 겉으로 드러나다. 《선생님은 내 국어 실력이 눈에 띄게 좋아졌다고 칭찬하셨다.》

눈에 밟히다 관용 자꾸 생각나다. 《멀리 이사 간 동무가 눈에 밟힌다.》

눈에 불을 켜다 관용 1.몹시 탐내다. 《빵

을 가지고 들어가자 아이들이 눈에 불을 켜고 달려들었다.》 2. 아주 화가 나다.《자기 지우개 좀 썼다고 눈에 불을 켜고 성을 내던걸.》 3. 잠깐도 한눈팔지 않고 지키다.《밤새 눈에 불을 켜고 지켰지만 도둑은 나타나지 않았다.》

눈에 삼삼하다 **관용** 잊히지 않아 눈앞에 보이는 듯이 떠오르다.《배가 고프니까 맛있는 빵이 눈에 삼삼해.》

눈에 선하다 **관용** 눈앞에 있는 것처럼 또렷하게 떠오르다.《돌아가신 할아버지 얼굴이 눈에 선하다.》

눈에 흙이 들어가다 **관용** 죽어서 땅에 묻히다.《내 눈에 흙이 들어갈 때까지 비밀을 지키겠다.》

눈을 감다 **관용** 나쁜 일을 못 본 척하다.《동생이 놀림을 받고 있는데 눈을 감고 지나칠 수는 없잖아요.》

눈을 꺼리다 **관용** 남의 눈에 띄는 것을 싫어하다.《네가 떳떳하다면 남의 눈을 꺼릴 까닭이 있니?》

눈을 끌다 **관용** 1. 궁금해서 보게 하다.《수족관의 예쁜 물고기가 내 눈을 끈다.》 2. 마음을 끌다.《우리 반에 내 눈을 끄는 아이가 있다.》

눈이 낮다 **관용** 좋은 것을 가려서 보거나 알아보는 능력이 없다.《난 책 고르는 눈이 낮아서 이 책도 저 책도 다 좋아 보여.》

눈이 높다 **관용** 1. 어떤 것을 제대로 볼 줄 알다.《너 그림 보는 눈이 높구나.》 2. 웬만한 것은 시시하게 여기다.《누나는 눈이 높아 물건을 살 때 까다롭게 고른다.》

눈이 많다 **관용** 보는 사람이 많다.《지금은 눈이 많으니까 이따 얘기하자.》

눈이 무섭다 **관용** 자기가 하는 짓을 남이 볼까 두렵다.《남의 눈 무서운 줄 아는 녀석이 쓰레기를 길에 버리니?》

눈이 번쩍 뜨이다 **관용** 1. 정신이 확 들다.《한 정거장을 지나쳤다는 것을 깨닫고 눈이 번쩍 뜨였다.》 2. 어떤 것에 마음이 확 끌리다.《로댕의 조각을 보는 순간 눈이 번쩍 뜨였다.》

눈이 빠지게 기다리다 **관용** 몹시 애타게 기다리다.《동생은 자기 생일이 돌아오기를 눈이 빠지게 기다린다.》

눈이 삐다 **관용** 뻔한 것을 제대로 보지 못할 때 핀잔을 주며 하는 말.《신호등도 못 보다니 눈이 삐었니?》

눈 가리고 아웅 한다 **속담** 얕은꾀로 남을 속이려는 짓을 빗대어 이르는 말.

눈 감으면 코 베어 갈 세상 **속담** 눈을 감으면 코를 베어 갈 만큼 인심이 사납다는 말.

눈 얼음 공기 속에 있는 물기가 얼어서 땅에 떨어지는 작은 얼음 조각.《밤새도록 눈이 내려 지붕 위에 한 뼘도 넘게 쌓였다.》

눈이 오나 비가 오나 **관용** 어떤 일이 있어도 늘.《할아버지는 아침이면 눈이 오나 비가 오나 산책을 나가신다.》

눈 많이 오는 해는 풍년이 들고, 비 많이 오는 해는 흉년이 든다 **속담** 눈이 많이 오면 땅속으로 스며들어 봄가뭄에 도움이 되지만, 비가 많이 오면 큰물이 나서 농작물에 해가 생긴다는 말.

눈 온 이튿날 거지 빨래한다 **속담** 눈이 온 다음 날은 거지가 옷을 벗어 빨아도 될 만큼 날씨가 따뜻하다는 말.

눈 위에 서리 친다 속담 괴로운 일이 잇
달아 생긴다는 말.

눈 식물 꽃, 줄기, 잎으로 자랄 어린싹.
참꽃눈, 잎눈.

눈 눈금 → 눈금.

눈가 눈 가장자리.

눈가래 |북 눈을 치우는 넉가래.

눈가리개 잘 때나 눈병이 났을 때 눈을
가리는 물건.《눈병이 나서 눈가리개
로 눈을 가리고 학교에 갔다.》같안대.

눈가림 겉만 꾸며서 남의눈을 속이는
짓.《쓰레기 더미에 눈가림으로 큰 천
을 덮었다.》

눈가물 |북 졸리거나 지쳤을 때 눈꺼풀
이 자꾸 덮여서 눈을 깜작거리는 짓.
《졸려서 선 채로 눈가물을 쳤다.》

눈가오리 뭍에 가까운 바다에 사는 바
닷물고기. 등 쪽은 짙은 갈색에 누런
갈색 무늬가 있고 배는 회색이다.

눈갈기 |북 말갈기처럼 흩날리는 눈보
라.《눈갈기를 헤치면서 집에 왔다.》

눈감다 1.사람이 죽다.《할머니는 간
밤에 편히 눈감으셨습니다.》2.남의
잘못을 알고도 모르는 척 덮어 두다.
《형은 내 실수를 어머니에게 말하지
않고 눈감아 주었다.》

눈개승마 높은 산에서 자라는 풀. 여
름에 누르스름한 흰 꽃이 피고 꼬투리
가 열린다. 북눈산승마.

눈곱 1.눈에서 나온 진득진득한 것. 또
는 그것이 말라붙은 것.《늦잠을 자는
바람에 눈곱도 못 떼고 학교에 왔어.》
2.아주 적은 양을 빗대어 이르는 말.
《동생이 나한테 빵 조각을 눈곱만치
떼어 줘서 화가 났다.》✗눈꼽.

눈괴불주머니

눈개승마

눈괴불주머니 산골짜기나 숲 속 축축
한 곳에 자라는 풀. 여름부터 가을 사
이에 연노란 꽃이 핀다. 뿌리를 약으로
쓴다. 북눈뿔꽃.

눈구름 1.눈과 구름. 2.눈으로 내리거
나 눈을 머금은 구름.

눈굽 |북 코와 가까운 눈의 안쪽 구석.
또는 눈의 가장자리.《미영이가 아프
다는 말을 듣고 나도 모르게 눈굽이 촉
촉해졌다.》

눈금 1.자, 저울, 온도계 들에 수나 양
을 표시하려고 새겨 놓은 작은 금.《눈
금을 재다.》같눈. 2.주사위에 값을 나
타내려고 새겨 놓은 작은 점. 같눈.

눈금판 수량을 재는 기구에서 눈금을
새긴 판.《아저씨는 쇠고기를 저울에
올려놓고 눈금판을 들여다보았다.》

눈기 |북 눈치. 또는 눈에서 나오는 밝
고 건강한 빛.《우리 선생님은 눈기가
빠른 아이를 좋아하신다.》

눈길 시선 1.눈이 가는 곳. 또는 눈을 돌
려서 보는 방향.《눈길이 마주치다./눈
길을 돌리다.》비시선. 2.'관심'을 빗대
어 이르는 말.《굶주리는 아이들에게
따뜻한 눈길을 보내 주세요.》

눈길 길 눈에 덮인 길이나 눈 위에 난
길.《동네 꼬마들이 비탈진 눈길에서
미끄럼을 타고 놉니다.》

눈까비 |북 비가 섞여서 내리는 눈.《오
늘 낮에는 눈까비가 날렸다.》

눈깔 '눈'을 낮추어 이르는 말.

눈꺼풀 눈을 감을 때 눈알을 덮는 살
갗.

눈꼬리 '눈초리'를 잘못 쓴 말.

눈꼴시다 하는 짓이 비위에 거슬려 보

기 아니꼽다.《그 녀석, 잘난 체하는 게 눈꼴시어서 못 보겠다.》

눈꼽 '눈곱'을 잘못 쓴 말.

눈꽃 나뭇가지 위에 꽃이 핀 것처럼 엉혀 있는 눈.《밤새 내린 눈으로 나뭇가지마다 눈꽃이 피어 있다.》

눈꽃동충하초 곤충의 애벌레나 번데기에 붙어사는 버섯. 나뭇가지나 산호처럼 생겼는데, 위쪽에 흰색 홀씨 덩어리가 붙어 있다. 먹는 버섯이다.

눈꽃동충하초

눈끔적이탈 본산대놀이, 송파 산대놀이, 양주 별산대놀이에서 쓰는 탈.

눈끔적이탈
_송파 산대놀이

눈높이 1.바닥에서 사람 눈까지의 거리. 2.어떤 일을 헤아리고 받아들이는 수준.《어머니는 늘 내 눈높이에 맞추어서 말씀하신다.》

눈대중 눈으로 대충 어림잡아 헤아리는 일.《엄마는 눈대중으로 내게 맞는 옷을 사 오셨다.》 같눈어림, 눈짐작.

눈덩이 눈을 굴리거나 뭉쳐서 만든 덩어리.《오빠가 커다란 눈덩이를 나한테 던졌다.》

눈독 어떤 것에 욕심이 나서 눈여겨보는 것.《동생은 내 앞에 놓인 과일에 눈독을 들였다.》

눈동자 눈알 한가운데에 빛이 들어가는 작고 까만 곳. 빛의 세기에 따라 크기가 달라진다. 같동공.

눈두덩 눈썹 아래쪽 불룩한 곳.

눈딱총 |북 못마땅하거나 미워서 쏘아보는 것을 빗대어 이르는 말.《팔씨름에 진 동생이 나한테 눈딱총을 쏜다.》

눈뜨다 1.잠에서 깨다.《윤호는 눈뜨자마자 머리맡에 놓인 안경부터 찾아 썼다.》 2.잘 알지 못했던 일을 깨달아 알게 되다.《나는 그 책을 읽고 아프리카 사정에 눈뜨게 되었다.》 바눈뜨는, 눈떠, 눈뜹니다.

눈맛 |북 눈으로 느끼는 맛.《예쁜 그릇에 담긴 음식이 눈맛을 돋운다.》

눈망울 눈동자. 또는 눈의 검은자위.《내 동생은 눈망울이 크고 또렷해서 눈이 참 예쁩니다.》

눈매 눈이 생긴 모양새.

눈멀다 1.눈이 나빠져서 아무것도 보이지 않게 되다.《심청이는 눈먼 아버지의 눈을 뜨게 하려고 인당수에 몸을 던졌다.》 2.어떤 것에 온통 마음을 빼앗겨 오로지 그것만 생각하다.《돈에 눈멀면 비웃음거리가 된다.》 바눈먼, 눈멀어, 눈멉니다.

눈물 눈에서 흘러나오는 물. 늘 조금씩 나와 눈을 적신다. 사람 눈물은 슬퍼서 울 때 많이 나온다.

눈물이 앞을 가리다 관용 아주 슬퍼서 눈물이 자꾸 나오다.《돌아가신 할머니 생각만 하면 눈물이 앞을 가린다.》

눈물겹다 눈물이 날 만큼 기쁘거나 슬프다.《아프리카 아이들이 굶어 죽고 있다는 눈물겨운 이야기를 들었어요》 바눈물겨운, 눈물겨워, 눈물겹습니다.

눈물방울 방울방울 떨어지는 눈물.

눈물샘 눈물을 내보내는 곳.

눈물짓다 눈물이 고이다. 또는 눈물을 흘리다.《아주머니는 힘들게 살아온 이야기를 하며 눈물지으셨다.》 바눈물짓는, 눈물지어, 눈물짓습니다.

눈바다 |북 눈으로 뒤덮인 들판이나 숲을 바다에 빗대어 이르는 말.

눈발 줄지어 죽죽 떨어지는 눈. 또는

떨어지는 눈의 굵기.《눈발이 굵어져서 앞이 잘 보이지 않는다.》

눈밭 온통 눈으로 뒤덮인 너른 땅.

눈병 눈에 생기는 병. **같**안질.

눈보라 세찬 바람에 날리는 눈.《눈보라 때문에 밖에 나갈 수가 없다.》

눈부리 ㅣ북 눈초리를 새의 부리에 빗대어 이르는 말.《저 선수는 눈부리가 참 매섭다.》

눈부시다 1. 빛이 눈이 시릴 만큼 몹시 밝다.《창문으로 눈부신 햇살이 쏟아져 들어온다.》 2. 깜짝 놀랄 만큼 아름답거나 빛이 나다.《한복을 차려입은 엄마가 눈부시게 아름다웠다.》 3. 한 일이 아주 훌륭하다.《수비수들의 눈부신 활약 덕에 이길 수 있었다.》

눈비 눈과 비.

눈비름 밭둑이나 길가에 자라는 풀. 비름보다 키가 훨씬 작고, 줄기가 눕거나 비스듬히 자란다. 어린순을 먹는다.

눈빛 눈에 도는 빛. 또는 눈에 나타나는 기운.《짝의 차가운 눈빛이 내내 마음에 걸렸다.》

눈빛승마 깊은 산 나무숲에 자라는 풀. 8월에 흰 꽃이 여러 송이 모여 핀다. 뿌리를 약으로 쓴다.

눈뿌리 ㅣ북 1. 눈알 안쪽 부분.《내 짝꿍은 눈뿌리가 유난히 까맣다.》 2. '눈'을 힘주어 이르는 말.《눈뿌리가 아찔할 만큼 높은 절벽이 나타났다.》

눈사람 눈을 뭉쳐서 사람 꼴로 만든 것.《꼬마 눈사람을 만들었다.》

눈사태 산비탈이나 벼랑에 쌓여 있던 눈이 무너지면서 무섭게 아래로 쏟아져 내리는 것.《눈사태로 집이 무너졌

눈비름

눈빛승마

다.》북눈고패.

눈살 두 눈썹 사이에 있는 주름.《산길에 함부로 버려진 쓰레기를 보고 사람들이 눈살을 찌푸렸다.》

눈서리 눈과 서리.

눈석이 ㅣ북 이른 봄에 겨우내 쌓인 눈이 녹아서 없어지는 것.《기온이 오르면서 눈석이가 시작되었다.》

눈속임 남의 눈을 속이는 짓.《아무리 그럴듯해 보여도 마술은 결국 눈속임일 뿐이야.》 **눈속임하다**

눈송이 꽃송이처럼 작게 덩어리져서 내리는 눈.《새하얀 눈송이》

눈시울 눈 가장자리에 속눈썹이 난 자리.《눈시울을 적시다.》

눈시울을 붉히다 관용 감정에 북받쳐 눈물이 고이다.《아이들 모두 눈시울을 붉히며 은혜와 작별 인사를 나누었다.》 ▶눈시울이 뜨거워지다.

눈싸움 몸 서로 마주 보고 누가 오랫동안 눈을 깜짝이지 않는지 겨루는 놀이.《눈싸움을 오래 하면 눈알이 빨개진다.》북눈길싸움.

눈싸움 얼음 손으로 뭉친 눈을 서로 던져 맞히는 놀이.《동무들과 편을 갈라 눈싸움을 했다.》

눈썰매 눈 위에서 끌거나 타는 썰매.

눈썰미 어떤 일을 한두 번 슬쩍 보고 그대로 따라하는 재주.《언니는 눈썰미가 있어서 금방 뜨개질을 배웠다.》

눈썹 1. 두 눈두덩 위에 가로로 길게 모여 난 짧은 털.《눈썹이 진하다.》북눈섭. 2. → 속눈썹.

눈썹도 까딱하지 않다 관용 두렵거나 놀랄 것이 없어 아무렇지도 않다.《나는

웬만큼 무서운 이야기에는 눈썹도 까딱하지 않아.》

눈알 눈구멍 안에 있는 동그란 것.《눈알을 굴리다.》같안구.

눈알고둥 바닷가 돌 밑이나 바닷말 사이에 사는 고둥. 껍데기는 푸른빛이 돌고, 뚜껑이 눈알처럼 생겼다.

눈알고둥

눈앞 1.눈으로 볼 수 있는 바로 앞.《안경을 눈앞에 두고 한참 찾았다.》2. 아주 가까운 앞날.《개학이 눈앞인데 아직도 숙제를 안 했다고?》같목전.

눈앞에 두다 관용 1.어떤 곳과 아주 가까운 곳에 있다.《산꼭대기를 눈앞에 두고 그냥 내려가자니 속상하다.》2.어떤 때나 일이 곧 닥칠 무렵이다.《시험을 눈앞에 두고 배탈이 났다.》

눈앞이 캄캄하다 관용 앞일을 어떻게 할지 몰라 막막하다.《방학 동안 말썽쟁이 사촌 동생이랑 지낼 생각을 하니 눈앞이 캄캄하다.》비눈앞이 아찔하다.

눈앞이 환해지다 관용 1.세상일을 잘 알게 되다.《뉴스를 자주 보면 눈앞이 환해질 거야.》2.앞길이 뚜렷해지다.《수영장에 갈 방법이 있다는 형의 말을 들으니 눈앞이 환해졌다.》

눈약 눈병을 고치는 약. 같안약.

눈어림 → 눈대중.《눈어림으로 봐도 네 키가 더 클 것 같구나.》

눈엣가시 아주 미워서 보기 싫은 사람.《일본 제국주의자들은 독립군을 눈엣가시로 여겼다.》

눈여겨보다 꼼꼼하게 살펴보다.《그곳에 모인 사람들의 얼굴을 하나하나 눈여겨보았다.》

눈요기 먹고 싶거나 갖고 싶은 것을 눈으로 보기만 하면서 즐기는 일.《돈이 없어서 옷 가게에서 눈요기만 했다.》

눈요기하다

눈웃음 소리는 내지 않고 눈으로만 살짝 짓는 웃음.《눈웃음을 치다.》

눈이슬 |북 눈에 맺힌 눈물을 이슬에 빗대어 이르는 말.《선생님 눈에도 눈이슬이 맺혔다.》

눈인사 눈짓으로 가볍게 하는 인사.《수빈이가 웃으면서 눈인사를 했지만 유진이는 모른 척했다.》같목례.

눈자루 끝에 눈이 달려 있는 가늘고 긴 몸 한 부분. 게, 새우, 갯가재 같은 동물에서 볼 수 있다.

눈자위 눈알 둘레.

눈짐작 → 눈대중.《연 만들 종이를 눈짐작으로 잘랐다.》

눈짓 눈으로 무엇을 알리거나 넌지시 속마음을 드러내는 것.《나는 내 짝과 눈짓을 주고받았다.》**눈짓하다**

눈초리 1.눈에서 귀 쪽으로 째진 부분. 북눈귀. ✕눈꼬리. 2.눈이 가는 길. 또는 눈의 방향.

눈총 못마땅하거나 미워서 쏘아보는 눈길.《손님 앞에서 버릇없게 굴자 엄마는 눈총을 주었다.》

눈총을 받다 관용 남의 미움을 받다.《너는 눈총 받을 짓만 골라서 하니?》

눈춤 |북 탈춤에서 눈을 깜짝대는 탈을 쓰고 눈알을 굴리면서 추는 춤.

눈치 1.남의 마음이나 일이 벌어지는 형편을 재빨리 알아차리는 힘.《눈치가 없다./눈치를 채다./어린 녀석이 눈치가 참 빠르구나.》2.속마음을 짐작하게 하는 태도.《네 눈치를 보니 배가

많이 고픈가 보구나.》

눈치가 빠르면 절에 가도 젓갈을 얻어 먹는다 속담 눈치가 빠르면 어떤 일이 생겨도 큰 어려움 없이 지낸다는 말.

눈칫밥 기를 펴지 못하고 남의 눈치를 보며 얻어먹는 밥.《큰아버지는 한때면 친척집에서 눈칫밥을 먹으며 자랐다고 한다.》**북**눈치밥.

눈코 눈과 코.

눈코 뜰 사이 없다 관용 정신없이 몹시 바쁘다.《눈코 뜰 사이 없이 바빠서 약속을 깜빡 잊었어.》

눈표 |북 눈으로 보아서 뚜렷하게 나타나는 표정.《눈표가 나게 시무룩한 걸 보니 누나가 시험을 망쳤나 보다.》

눈확 |북 눈알이 있는 구멍. 또는 그 가장자리 부분.《얼마나 지쳤으면 눈확이 푹 꺼졌을까.》

눋다 누른빛이 돌게 조금 타다. 또는 밥 같은 것이 타서 바닥에 살짝 붙다.《엄마는 죽이 눋지 않게 주걱으로 휘휘 저었다.》**바**눈는, 눌어, 눋습니다.

눌러놓다 무거운 것을 위에 얹어서 날아가거나 부풀어 오르지 못하게 하다.《할머니는 김장 김치를 독에 담고 무거운 돌로 눌러놓았습니다.》

눌러쓰다 1.모자 같은 것을 힘을 주어 푹 내려 쓰다.《모자를 너무 눌러쓰고 있어서 너인 줄 몰랐잖아.》2.연필이나 볼펜 같은 것으로 꾹꾹 힘주어 글씨를 쓰다.《너무 세게 눌러쓰니까 연필심이 자꾸 부러지는 거야.》**바**눌러쓰는, 눌러써, 눌러씁니다.

눌러앉다 한곳에 자리를 잡고 줄곧 머무르다.《아이들은 잔디밭에 눌러앉아

이야기꽃을 피웠다.》

눌리다 1.눌러지다.《밀가루 반죽이 손바닥에 눌려 납작해졌다.》2.어떤 힘 때문에 꼼짝 못하다.《힘에 눌리다./가위에 눌리다.》

눌변 (訥辯) 떠듬떠듬 말하는 서툰 말솜씨.《그 사람은 비록 눌변이지만 진심으로 말한다.》**반**달변.

눌은밥 누룽지에 물을 부어 끓인 밥.《따끈한 눌은밥 드세요.》**✗**누룽지.

눕다 1.등이나 옆구리를 바닥에 대고 몸을 길게 펴다.《잠깐 누워 있는다는 게 그만 잠이 들었다.》2.병이 들어 자리에서 일어나지 못하다.《아버지가 허리를 다쳐 일 년째 누워 계십니다.》**바**눕는, 누워, 눕습니다.

누울 자리 보고 발 뻗는다 속담 결과가 어떨지 미리 헤아린 뒤에 일을 시작한다는 말.

누워서 떡 먹기 속담 아주 쉬운 일을 빗대어 이르는 말.

누워서 침 뱉기 속담 자기한테 해를 입히는 어리석은 행동을 이르는 말.

눕히다 바닥에 눕게 하다.《잠든 아기를 자리에 눕혔다.》**비**누이다.

뉘 **누구** '누구'가 줄어든 말.《뉘 집 아이냐?》

뉘 **벼** 쌀 속에 섞여 있는 껍질이 벗겨지지 않은 벼의 낟알.《이 쌀에는 뉘가 많다.》

뉘다 몸을 → 누이다.

뉘다 오줌을 → 누이다.

뉘앙스 (nuance**프**) 어떤 말에서 느껴지는 남다른 차이나 느낌이나 어감.《'향기'와 '냄새'는 서로 뉘앙스가 다

른 말이다.》 북뉴앙스.

뉘엿뉘엿 해가 산이나 지평선 너머로 조금씩 지는 모양. 《해가 뒷산 너머로 뉘엿뉘엿 넘어간다.》 **뉘엿뉘엿하다**

뉘우치다 제 잘못을 깨닫고 마음속으로 후회하다. 《잘못을 뉘우칠 때까지 두 팔을 높이 들고 벌을 서라.》

뉘우침 뉘우치는 것. 또는 뉘우치는 마음.

뉴델리 (New Delhi) 인도의 수도. 델리 남쪽에 있는 도시로, 공공 기관이 많다.

뉴스 (news) 신문이나 방송에서 알려 주는 새로운 소식. 또는 그런 소식을 전해 주는 방송 프로그램.

뉴욕 (New York) 미국 동쪽에 있는 항구 도시. 미국에서 가장 크고, 국제 연합 본부와 자유의 여신상이 있다.

느글– 먹은 것이 제대로 소화되지 않아 곧 토할 듯이 속이 메스꺼운 모양. **느글거리다 느글대다 느글느글** 《차를 오래 탔더니 속이 느글느글해요.》

느긋하다 서두르지 않고 여유가 있다. 《느긋하게 마음먹고 기다려라.》

느끼다 1.마음속에 어떤 느낌이나 기분이 들다. 《고양이가 죽었을 때 엄청난 슬픔을 느꼈다.》 2.주위에 일어난 일을 몸으로 알아차리다. 《물속에서는 몰랐지만 바깥으로 나와 보니 추위를 느꼈다.》 3.어떤 일을 깨닫거나 생각하다. 《그 프로그램을 보고 자연보호의 중요성을 느낄 수 있었다.》

느끼하다 1.먹을거리가 기름져서 비위에 맞지 않다. 《난 느끼한 음식이 싫어.》 2.기름기 많은 먹을거리를 먹어

서 속이 메슥거리다. 《돼지고기를 많이 먹었더니 배 속이 느끼해.》

느낌 몸이나 마음에 와 닿는 것. 《나를 처음 보았을 때 느낌이 어땠어?》

느낌표 어떤 일에 놀라거나 감탄을 드러낼 때 쓰는 문장 부호. '!'의 이름이다.

느닷없다 어떤 일이 뜻하지 않게 갑자기 일어나다. 《동생의 느닷없는 질문에 말문이 막혔다.》 비뜬금없다.

느닷없이 어떤 일이 뜻하지 않게 갑자기. 《느닷없이 우리 집에 오다니, 웬일이니?》

느릅나무

느릅나무 산기슭에 자라는 잎지는나무. 봄에 옅은 풀색 꽃이 피고 여름에 껍질이 날개처럼 생긴 열매를 맺는다. 어린잎은 먹고, 껍질은 약으로 쓴다.

느릅쟁이 북 느릅나무 껍질이나 땅 위로 나온 뿌리껍질의 가루.

느리다 1.움직이거나 일하는 데 걸리는 시간이 길다. 《길이 몹시 막혀서 버스가 아주 느리게 움직인다.》 반빠르다. 2.기울기가 급하지 않다. 《경사가 느린 곳이라고 해서 뛰어다니지 마라.》 반급하다. 3.성격이 느긋하다. 《저 애는 성격이 무척 느려서 서두르는 법이 없다.》 반급하다. 4.소리가 팽팽하지 않고 늘어져 있다. 《한 가수가 느린 박자에 맞추어 노래를 부른다.》

느림보 느린 사람이나 동물을 놀리는 말. 《느림보 거북이》

느릿느릿 움직임이 아주 느린 모양. 《거북이가 느릿느릿 땅 위를 기어간다.》 **느릿느릿하다**

느릿느릿 걸어도 황소걸음 속담 일이 느

리게 되어 가는 것 같아도 실제로는 꾸준하고 알찬 것을 빗대어 이르는 말.

느릿하다 동작이 빠르지 못하고 느린 듯하다.

느물- 능글능글한 태도로 끈덕지게 구는 모양. **느물거리다 느물대다 느물느물**《느물거리지 좀 마./동생이 느물대면서 얼렁뚱땅 넘어가려고 한다.》

느슨하다 1.잡아매거나 쥔 것이 늘어나거나 풀려서 꽤 헐겁다.《머리카락을 너무 느슨하게 묶어서 자꾸 흘러내린다.》 2.긴장이 풀려서 마음가짐이 다부지지 않다.《마음이 느슨해지니까 잡념이 생기지.》

느지막하다 좀 늦은 듯하다.《배가 별로 고프지 않아 느지막하게 저녁을 먹었다.》 **느지막이**

느질느질 |북| 자꾸 느리게 움직이는 모양.《거북이가 느질느질 기어간다.》

느질다 |북| 말이나 몸놀림이 아주 느리다.《우리 선생님은 말씀을 느리게 하신다.》 |바|느진, 느질어, 느집니다.

느타리 숲 속에서 자라거나 심어 가꾸는 버섯. 생김새가 조개껍데기와 비슷하고, 빛깔은 엷은 갈색이다. 먹는 버섯이다.

느타리

느티나무 산기슭에서 자라고 길가에도 많이 심는 잎지는나무. 가지를 사방으로 고루 뻗어서 여름에 넓은 그늘을 만들어 주어 예로부터 정자 옆에 많이 심었다.

느티나무

늑골 (肋骨) → 갈비뼈.

늑대 숲에 사는 사나운 짐승. 생김새가 개와 비슷한데 머리가 좀 더 좁고 길다. 몸 빛깔은 누런 갈색이고 꼬리는 검다.

늑대

늑막 (肋膜) 허파 겉쪽과 갈비뼈 안쪽을 덮고 있는 얇은 막. 북늑막.

늑막염 (肋膜炎) 늑막에 생기는 염증. 북늑막염.

늑목 (肋木) 몸을 바르게 하는 데 쓰는 운동 기구. 두 기둥 사이에 여러 개의 막대기를 가로로 끼워 만든다.《늑목을 타고 오르다.》 북늑목.

늑장 서두르지 않고 느긋하게 꾸물거리는 짓.《늑장 부리지 말고 어서 서둘러라.》 같늦장.

는 받침 없는 낱말 뒤에 붙어, 1.그 낱말이 행동이나 상태의 주인공임을 나타내는 말.《나는 초등학생이다.》 참은. 2.다른 것과 견줄 때 쓰는 말.《봄에는 꽃이 피고, 가을에는 열매가 맺는다.》 참은. 3.그 말을 힘주어 나타내는 말.《아무리 아파도 학교를 빠지지는 않을 거야.》 참은.

는개 안개보다 조금 굵고 이슬비보다 가는 비.

는적- 어떤 것이 자꾸 힘없이 처지는 모양. **는적거리다 는적대다 는적이다 는적는적**《아버지가 술에 취해 는적거리면서 들어오셨다./비가 와서 몸이 는적댄다.》

늘 계속하여 언제나.《동생과 나는 늘 함께 다닌다.》 비언제나, 항상. ✗늘상.
늘 쓰는 가래는 녹이 슬지 않는다 속담 부지런히 노력하고 꾸준히 애쓰는 사람은 늘 발전한다는 말.

늘그막 늙을 무렵. 또는 늙었을 때.《우리 이모는 늘그막에 데려온 아이를 무척 귀여워한다.》 비노년.

늘다 1.수량이 많아지다.《다른 나라

는 인구가 는다는데 우리나라는 줄고 있다.》 **반**줄다. 2.사람의 힘이나 솜씨가 나아지다.《이모 음식 솜씨가 많이 늘었다.》 **반**줄다. 3.기간이 길어지다.《우리나라 사람들의 평균 수명이 부쩍 늘었다.》 **반**줄다. 4.살림이 넉넉해지다.《몇 해 사이에 우리 집 살림이 늘었다.》 **반**줄다. **바**느는, 늘어, 늡니다.

늘리다 늘게 하다.《시간을 늘리다./실력을 늘리다.》

늘상 '늘'을 잘못 쓴 말.

늘씬하다 몸매가 가늘면서 키가 훤칠하게 크다.《늘씬한 남동생과 땅딸한 누나》 **참**날씬하다.

늘어나다 수, 양, 길이, 넓이, 무게, 부피 들이 더 커지다.《아버지는 허리둘레가 늘어나서 옛날 바지가 맞지 않는다.》 **반**줄어들다.

늘어놓다 1.줄을 지어 벌여 놓다.《아주머니가 좌판에 생선을 늘어놓는다.》 2.여기저기에 어수선하게 두다.《방바닥에 늘어놓은 장난감을 어서 정리해라.》 3.이야기를 쓸데없이 길게 많이 하다.《동생은 오늘 겪은 일을 길게 늘어놓았다.》

늘어뜨리다 몸이나 물건의 한쪽을 아래로 처지게 하다.《원숭이가 꼬리를 늘어뜨린 채 나무 위에 앉아 있다.》

늘어서다 길게 줄을 지어 서다.《한길에 택시가 길게 늘어서 있다.》

늘어지다 1.긴 것의 끝이 아래로 처지다.《버드나무 가지가 축 늘어져 있다.》 2.긴 것이 느슨해져 오목하게 처지다.《늘어진 빨랫줄 위에 참새들이 앉아 있다.》 3.일이 빠르게 나아가지

못하고 시간이 걸리다.《축구 경기가 자꾸 늘어져서 정말 재미없다.》 4.기운이 없어 몸을 잘 움직이지 못하게 되다.《달리기를 마친 아이들이 축 늘어진 채 앉아 있다.》 5.몸과 마음이 마냥 편하다.《시험을 마치고 집에 돌아와서 늘어지게 잤다.》

늘이다 1.길이를 늘어나게 하다.《엿가락을 길게 늘이다.》 **반**줄이다. 2.아래로 길게 처지게 하다.《옛날에는 남자도 혼인하기 전까지는 머리를 길게 땋아 늘였다.》

늘임표 악보에서 제 박자보다 두세 배 길게 늘여 연주하라는 기호. 음표나 쉼표의 위나 아래에 '⌢'를 붙여서 나타낸다.

늘치분하다 |**북** 맥이 빠지거나 지쳐서 기운이 없다.《몸살을 앓고 났더니 몸이 늘치분하다.》

늘크데하다 |**북** 1.마음이 굳세지 못하고 기운이 없다.《우리 할머니는 늘크데한 남자를 가장 싫어하신다.》 2.어떤 일을 해내려는 열띤 마음이 없다.《어떤 일을 하든지 늘크데한 사람은 성공하기 어렵다.》

늘크레하다 |**북** 1.일을 해내려는 열띤 마음이 없다.《너처럼 늘크레하게 뛰면 우리 편에 도움이 안 된다.》 2.머리가 나쁘다. 또는 일솜씨가 서투르다.《늘크레한 애들은 이렇게 쉬운 문제도 못 푼다.》

늘푸른나무 사철 내내 잎이 푸른 나무. 소나무, 잣나무처럼 잎이 뾰족한 나무와 가시나무, 동백나무처럼 잎이 넓은 나무가 있다. **같**상록수. **참**잎지는나무.

늙다 1.나이를 많이 먹다.《엄마랑 아빠가 이다음에 늙으시면 제가 모시고 살 거예요.》 2.나이를 많이 먹어서 기운이 없어지다.《할아버지가 저번보다 훨씬 더 늙으신 것 같다.》 3.열매가 지나치게 익다.《할머니가 늙은 호박으로 호박죽을 쑤어 주셨다.》

늙으면 아이 된다 **속담** 사람이 늙으면 하는 짓이 어린아이처럼 된다는 말.

늙은 말이 길을 안다 **속담** 나이나 경험이 많을수록 일을 어떻게 해야 할지 잘 아는 것을 빗대어 이르는 말.

늙수그레하다 꽤 늙어 보이다.《늙수그레한 아저씨가 교실에 들어섰다.》

늙은이 늙은 사람. **비**노인. **반**젊은이.

늠름하다 생김새나 태도가 씩씩하고 의젓하다.《윗옷을 벗고 삽질하는 형이 늠름해 보였다.》 **북**름름하다.

늣늣하다 **|북** 물체가 평평하거나 곧다.《의자가 늣늣하지 않아 불편하다.》

능 (陵) 왕이나 왕비의 무덤. **북**릉.

능가하다 능력, 솜씨, 수준 들이 남을 훨씬 앞지르다.《내 농구 실력을 능가하는 녀석이 나타났다.》 **북**릉가하다.

능구렁이 1.낮은 산이나 논두렁, 사람이 사는 집 가까이 사는 뱀. 온몸에 굵고 검은 가로띠가 있다. **북**능구렝이. 2. 엉큼해서 속셈을 잘 드러내지 않는 사람을 빗대어 이르는 말.《동생은 이제 능구렁이가 다 됐다.》 **북**능구렝이.

능글- 말이나 하는 짓이 엉큼하고 뻔뻔스러운 모양. **능글거리다 능글대다 능글능글**《능글거리는 웃음/삼촌은 할머니에게 혼나면서도 능글대며 바닥에 누웠다.》

능금

능금나무

능구렁이

능글맞다 태도가 엉큼하고 뻔뻔하다.《박씨 아저씨는 능글맞아서 싫어요.》

능금 능금나무 열매. 사과와 비슷하지만 더 작다.

능금나무 열매를 먹으려고 심어 가꾸는 잎지는나무. 봄에 분홍색이 도는 흰 꽃이 피고 여름부터 가을까지 능금이 붉게 익는다.

능동적 (能動的) 스스로 나서서 하는. 또는 그런 것. **반**수동적.

능란하다 어떤 일이 몸에 배어 막힘없이 아주 잘하다.《삼촌은 능란한 솜씨로 나무를 깎았다.》

능력 (能力) 어떤 일을 해낼 수 있는 힘이나 재주.《우리 누나는 암산 능력이 정말 뛰어나다.》

능률 (能率) 정해진 시간 안에 할 수 있는 일의 비율.《날씨가 더워지면 일의 능률이 오르지 않는다.》

능률적 (能率的) 능률이 오르는. 또는 그런 것.

능먹다 **|북** 일이 어떻게 돌아가는지 잘 알아 잔꾀를 부리다.《능먹은 일꾼이라 부리기가 쉽지 않다.》

능멸 (凌蔑) 남을 아주 하찮게 생각해 업신여기고 깔보는 것.《오늘 당한 능멸을 결코 잊지 않을 테다.》 **북**릉멸. **능멸하다**

능사 (能事) 잘하는 일. 또는 가장 좋다고 여겨서 하는 일.《엄마에게 무조건 잘못을 숨기는 게 능사가 아니야.》

능선 (稜線) 산등성이를 따라 길고 느릿하게 이어진 선.《능선을 따라 꼭대기를 향해 올라갔다.》 **북**릉선.

능수능란하다 어떤 일을 하는 솜씨가

서툴지 않고 매우 뛰어나다.《얼마나 더 연습해야 형처럼 공을 능수능란하게 다룰 수 있을까?》

능수버들 개울가나 들에 자라는 잎지는나무. 가늘고 긴 가지가 밑으로 늘어지고, 잎은 길쭉하고 끝이 뾰족하다.

능수버들

능숙하다 어떤 일에 익숙하고 솜씨가 뛰어나다.《우리 삼촌만큼 그물뜨기에 능숙한 사람은 없을 거야.》

능이 → 향버섯.

능지처참(陵遲處斬) 옛날에 큰 죄를 지은 죄인에게 내리던 형벌. 죄인의 머리, 몸, 팔, 다리를 잘라서 죽였다. **북**릉지처참.

능쪽 !북 볕이 들지 않아 늘 그늘지는 쪽.《콩나물은 능쪽에서 키운다.》

능참봉(陵參奉) 조선 시대에 왕족의 무덤인 능을 보살피던 관리. **북**릉참봉.

능청 시치미 속마음을 감추고 겉모습을 꾸며 시치미를 떼는 짓.《능청 떨지 말고 바른대로 얘기해.》

능청– 모양 막대기나 줄 같은 것이 탄력 있게 흔들리는 모양. **능청거리다 능청대다 능청능청**《능청거리는 빨랫줄 위에 잠자리 한 마리가 앉아 있다.》

능청맞다 속마음을 감추고 겉으로는 아무렇지도 않은 듯 꾸며 대다.《부끄러움을 많이 타는 태수가 재롱 잔치에서 놀부 역을 능청맞게 잘 해냈다.》

능청스럽다 능청맞은 데가 있다.《내 동생은 능청스럽게 거짓말할 때가 많다.》 **반**능청스러운, 능청스러워, 능청스럽습니다.

능통하다 어떤 일에 훤해서 막힘이 없이 잘하다.《우리 아버지는 여러 나라

말에 능통하다.》

능하다 막힘없이 아주 잘하다.《수민이는 춤에 능해서 장기 자랑을 할 때면 으레 춤을 추었다.》

능히 큰 어려움 없이.《이 놀이 기구는 어린아이라도 능히 탈 수 있다.》

늦가을 가을이 끝날 무렵. **같**만추. **참**초가을. **북**마가을.

늦겨울 겨울이 끝날 무렵. **참**초겨울.

늦깎이 1.나이가 많이 들어서 중이 된 사람. 2.흔히 어떤 일을 다른 사람보다 늦게 시작한 사람. 또는 나이가 많이 들어서 어떤 일을 시작한 사람.《삼촌은 늦깎이 대학생이다.》

늦다 1.정해진 때에 맞추지 못하다.《짝꿍이 오늘도 학교에 늦었다.》 2.정해진 때나 기준보다 뒤처져 있다.《연극이 30분이나 늦게 시작했다.》 **반**이르다. 3.시간이 알맞은 때를 지나 있다.《아빠가 엄마와 함께 늦은 저녁을 드신다.》 **반**이르다. 4.움직임이나 일의 빠르기가 느리다.《네가 늦게 걷는 바람에 버스를 놓쳤잖아.》

늦게 배운 도둑이 날 새는 줄 모른다 **속담** 어떤 일을 남보다 늦게 시작하거나 늦게 재미를 붙인 사람이 그 일을 더 열심히 한다는 말.

늦더위 여름이 끝날 무렵까지 이어지는 더위.《9월이 왔는데도 늦더위가 기승을 부린다.》

늦되다 1.곡식이나 열매 들이 제철보다 늦게 익다.《올해는 비가 많이 내려서 고추가 늦되었다.》 2.나이에 견주어 자라는 것이 늦다.《동생은 늦되어 돌이 지나서야 걸음마를 시작했다.》

309

늦둥이 나이가 많이 들어서 낳은 자식. 囝늦동이.

늦바람 1. 저녁 늦게 부는 바람. 2. 나이 들어 늦게 피우는 바람. 《옆집 아저씨가 늦바람이 날 줄은 정말 몰랐어.》

늦벼 다른 품종보다 늦게 여무는 벼. 囡올벼.

늦봄 봄이 끝날 무렵. 囡초봄.

늦여름 여름이 끝날 무렵. 《늦여름 하늘에 고추잠자리가 날아다닌다.》 囡초여름. 囝마여름.

늦잠 제때 일어나지 못하고 아침 늦게까지 자는 잠. 《밤늦게까지 놀면 늦잠 자기 쉽다.》

늦잠꾸러기 늘 늦잠을 자는 사람을 놀리는 말. 《이 늦잠꾸러기야, 그만 자고 얼른 일어나.》

늦장 → 늑장.

늦장마 제철보다 늦게 오는 장마. 대체로 장마는 6월 중순에서 7월 중순까지 이어진다.

늦추다 1. 정해진 시간을 뒤로 미루다. 《급한 일이 생겼으니 약속 시간을 한 시간만 늦춰야겠다.》 2. 움직임이나 일의 빠르기를 느리게 하다. 《뒤처진 아이들을 위해 발걸음을 조금 늦추기로 했다.》 3. 줄, 자세, 마음 들을 느슨하게 풀다. 《허리띠를 늦추어 매다. / 긴장을 늦추면 안 된다.》

늦추위 겨울이 다 끝나도록 늦게까지 이어지는 추위.

늪 개흙이 많은 물웅덩이. 호수보다는 작고 못보다는 크다. 《풀밭인 줄 알고 들어갔다가 늪에 빠져 혼이 났다.》

늪지대 늪이 많은 지대.

늴리리 나발, 퉁소, 피리 같은 것을 불 때 나는 소리를 흉내 낸 말.

늴리리야 경기도 민요 가운데 하나.

니 '너'의 경상도 사투리. 《니, 와 그라노?》

니글- 곧 토할 것처럼 속이 메스꺼운 모양. **니글거리다 니글대다 니글니글** 《배를 타고 섬으로 가는 동안 줄곧 속이 니글거려서 몹시 혼났다.》

니나노 늴리리야, 태평가 같은 경기도 민요 끝에 되풀이하여 부르는 소리.

니스 (nisu일) 물건의 겉이나 바닥에 발라서 썩지 않게 하고 윤이 나게 하는 액체.

니은 닿소리 글자 'ㄴ'의 이름.

니켈 (nickel) 빛나는 은빛 금속. 합금을 만들거나 다른 쇠붙이에 바르는 재료로 쓴다.

니코틴 (nicotine) 담배에 많이 들어 있는 물질. 맛과 냄새가 강하고 독성이 있다.

니크롬선 니켈에 크롬을 섞어서 가늘게 만든 줄.

니트 (knit) 뜨개질하여 만들거나 뜨개질한 것처럼 짠 옷.

니퍼 (nipper) 철사나 전선 들을 끊는 데 쓰는 연장.

님 이름 성이나 이름 뒤에 써서, 어떤 사람을 높여 이르는 말. 《윤동주 님 / 홍길동 님》

-님 붙는말 어떤 낱말 뒤에 붙어, 그 말을 높이는 뜻을 더하는 말. 《해님 / 달님 / 선생님 / 임금님》

닢 동전, 가마니, 멍석처럼 납작한 물건을 세는 말. 《엽전 한 닢》 囝입.

다 **모두** 1.빠뜨리거나 남김없이 모두. 《형이 가지고 놀던 구슬을 나한테 다 주었다.》 **비모두, 전부.** 2.어떤 것이나 모두. 또는 아무것이나 모두. 《우리 언니는 음악과 미술을 다 잘한다.》 **비모두, 전부.** 3.모자람이나 흠이 없이. 《병원에서 주사를 맞고 왔는데도 감기가 다 낫지 않았다.》 4.어떤 것이 거의. 《아빠가 입원하신 지 한 달이 다 되었다.》 5.어떤 것까지. 《쓰레기 타는 냄새를 맡았더니 머리가 다 아프다.》 6.뜻밖의 기쁜 일에 놀라거나 남의 행동을 비꼴 때 쓰는 말. 《아영이가 지각하지 않을 때도 다 있네.》 7.바라던 일을 이룰 수 없거나 못하게 되었을 때 쓰는 말. 《비가 이렇게 심하게 오니 나들이는 다 갔다.》 8.모든 것. 또는 가장 좋은 것. 《시험에서 1등을 하는 것이 다는 아니라고 생각해요.》

다 된 죽에 코 풀기 **속담** 거의 다 된 일을 망치는 짓을 빗대어 이르는 말.

다 **음이름** 서양 음악의 일곱 음계에서 '도'를 가리키는 우리말 음이름. **참라, 마, 바, 사, 가, 나.**

–다 **맺는말** 1.'먹다', '예쁘다'처럼 동작이나 상태를 뜻하는 낱말에서 으뜸꼴임을 나타내는 말. 《오다/가다/좋다/나쁘다》 2.동작이나 상태, 있는 사실을 그대로 나타낼 수 있게 낱말의 맨 끝에 붙는 말. 《친구들과 술래잡기를 했다./동생 모자가 내 것보다 예쁘다.》

다가가다 가까이 옮겨 가다. 《자는 동생한테 슬금슬금 다가갔다.》

다가서다 가까이 옮겨 서다. 《저 소나무 옆에 다가서서 사진을 찍자.》

다가쓰다 **ㅣ북** 1.돈 같은 것을 정해진 날짜보다 앞당겨서 쓰다. 《회사에서 무리하게 돈을 다가쓰다가 탈이 났다.》 2.제 몫이 아닌 것을 가져다가 쓰다. 《색종이를 멋대로 다가쓰면 어떡해.》

311

바다가쓰는, 다가써, 다가씁니다.

다가앉다 가까이 옮겨 앉다.《할머니 옆에 다가앉아 신문을 읽어 드렸다.》

다가오다 1.가까이 옮겨 오다.《어떤 아저씨가 나한테 다가와 길을 물었다.》 2.어떤 때가 닥쳐오다.《다가오는 여름에는 꼭 바다에 가고 싶다.》

다각도로 여러 방향으로.《폭발 원인을 다각도로 조사하는 중입니다.》

다각형 (多角形) 여러 직선으로 둘러싸인 평면 도형. 선의 개수에 따라 삼각형, 사각형, 오각형 들이 있다.

다과 (茶菓) 차와 과자.《집에 찾아온 손님께 다과를 대접했다.》

다과대다 |북 힘을 내라고 몹시 다그치다.《반 아이들 모두 다과대며 응원했지만 결국 우리 편이 지고 말았다.》

다과빼다 |북 1.어떤 일을 몹시 다그쳐서 끝내다.《시간이 없으니 일을 다과빼야겠다.》 2.잽싸게 내빼다.《그 녀석이 또 청소하다 말고 다과뺐다.》

다과회 (茶菓會) 여럿이 모여 차와 과자를 먹으면서 이야기하는 자리.《오후에 다과회가 열렸다.》북다과모임.

다그치다 빨리 하라고 몰아치다.《자꾸 다그치지만 말고 좋은 말로 물어봐.》북다궂다, 다우치다.

다글다글 |북 작은 알갱이 같은 것들이 흩어져서 구르는 모양.《부엌 바닥에 쏟아진 콩알이 다글다글 굴렀다.》

다금바리 바닥이 조개껍데기나 모래로 된 깊은 바다에서 사는 바닷물고기. 등은 보랏빛을 띠는 푸른색이고 배는 은빛이 도는 흰색이다.

다급하다 할 일이 코앞에 닥쳐 몹시 급

하다.《할머니가 위독하셔서 너무 다급한 나머지 학교에 연락도 못 하고 결석했다.》북급해맞다.

다녀가다 어떤 곳에 들렀다가 돌아가다.《오늘 우리 집에 누가 다녀갔니?》

다녀오다 어떤 곳에 들렀다가 돌아오다.《학교에 다녀오겠습니다.》

다년간 (多年間) 여러 해 동안.《나는 다년간에 걸쳐 우표를 모았다.》

다년생 (多年生) → 여러해살이.

다뉴세문경 (多鈕細紋鏡) 청동기 시대에 만든 구리 거울. 국보 제141호.

다니다 1.어떤 곳을 자주 오가다.《사람이 다니는 길에 차를 세워 두지 마세요.》 2.학교나 일터 같은 곳에 줄곧 나가다.《언니와 나는 같은 학교에 다닌다.》 3.어떤 곳에 볼일을 보려고 드나들거나 찾아가다.《형은 충치 때문에 치과에 다닌 적이 있다.》 4.어떤 목적을 이루려고 움직이다.《옆집 형은 등산을 다니면서 살을 뺐다.》 5.어떤 곳에 잠깐 들르다.《작은아버지가 우리 집에 다니러 오셨다.》

다다르다 1.어떤 곳에 이르다.《쉬지 않고 올라가 한 시간 뒤에 산꼭대기에 다다랐다.》 2.어떤 상태, 수준에 이르다.《우리 선수들의 체력이 한계에 다다른 것 같습니다.》북다닫다. 바다다르는, 다다라, 다다릅니다.

다닥다닥 자그마한 것들이 한곳에 촘촘하게 많이 붙어 있는 모양.《갯벌 바위 위에 굴 껍질이 다닥다닥 붙어 있다.》 **다닥다닥하다**

다단 (多段) 여러 단.

다달이 달마다.《우리는 다달이 집세

를 낸다.》 **갈**매달. **비**매월.

다도 (茶道) 차를 달이거나 마실 때 따르는 방식이나 예절.

다도해 (多島海) 섬이 많은 바다.

다도해 해상 국립공원 (多島海海上國立公園) 크고 작은 섬과 넓은 해안으로 이루어진 바다의 국립공원. 전라남도 신안군 홍도에서 여수 돌산도에 이르는 지역으로 흑산도, 완도, 진도, 비금도 같은 이름난 섬이 있다.

다독-1. 뜻한 말과 행동으로 달래는 모양. 2. 어린아이를 재우거나 달래려고 몸을 가볍게 두드리는 모양. 3. 흩어진 것을 모으거나 비어져 나온 것을 가볍게 두드려 누르는 모양. **다독거리다 다독이다 다독다독**《엄마한테 야단맞고 풀이 죽어 있는 동생을 잘 다독거려 주었다./아무리 다독여도 아기가 울음을 그치지 않는다./어린 나무를 심고 흙을 덮은 뒤 다독다독 밟았다.》

다독상 (多讀賞) 책을 많이 읽은 사람에게 주는 상.《다독상을 받다.》

다듬다 1. 쓸모없는 부분을 떼거나 깎아서 손질하다.《엄마는 부엌에서 무를 다듬고 계신다.》 2. 매무새를 보기 좋게 매만지다.《이모가 손톱깎이로 내 손톱을 다듬어 주었다.》 3. 거칠거나 울퉁불퉁한 면을 고르고 곱게 만들다.《거친 나뭇결을 다듬을 때는 흔히 대패를 쓴다.》 4. 글이나 예술 작품 같은 것을 짜임새 있게 고치다.《이 글을 잘 다듬어 보세요.》

다듬이 → 다듬이질.

다듬이질 옷이나 옷감을 매끈하게 하려고 방망이로 두드리는 것. **갈**다듬이.

다듬이질하다

다듬잇돌 다듬이질할 때 옷이나 옷감을 올려놓는 돌이나 나무. 매끄럽고 네모나게 생겼다. **북**다듬이돌.

다듬잇방망이 다듬이질할 때 쓰는 방망이. 두 개가 한 짝이고 나무를 깎아 만든다. **북**다듬이방망이.

다듬질 거의 다 만든 물건을 손질하여 깔끔하게 다듬는 일. **다듬질하다**

다디달다 아주 달다.《다디단 호박엿》 **바**다디단, 다디달아, 다디답니다.

다락 흔히 부엌 천장과 지붕 사이에 물건을 두거나 사람이 쉴 수 있게 꾸며 놓은 곳.《다락에 꿀단지가 있어요.》

다락땅 ┃**북** 산 둘레, 골짜기, 바닷가, 호숫가 같은 곳에 나타나는 층이 진 땅. 물이 땅을 깎거나 땅이 오르내리거나 흙, 모래, 자갈 들이 쌓여서 생긴다.

다락방 다락을 사람이 살 수 있게 꾸민 방. 또는 다락처럼 높은 곳에 꾸민 방.

다락밭 ┃**북** 언덕이나 비탈에 층이 지게 만든 밭.《산기슭 다락밭》

다락집 한옥에서 주위의 경치를 볼 수 있게 벽을 두지 않고 마루를 높이 깐 집. 2층으로 짓기도 한다.

다람쥐 숲이나 초원에 사는 짐승. 몸빛깔은 황갈색인데 등에 검은 줄무늬가 다섯 개 있고, 꼬리가 길다. 겨울잠을 잔다.

다람쥐

다람쥐 쳇바퀴 돌듯 속담 나아지지 않고 제자리걸음만 하는 것을 빗대어 이르는 말.

다랑논 비탈진 산골짜기에 층을 지어 만든 좁다란 논. **북**다락논.

다랑어 → 참다랑어.

다래 다래나무 열매. 빛깔은 누런 풀색이고 물렁물렁하다. 안에 갈색 씨가 많이 들어 있다. 먹거나 약으로 쓴다.

다래끼 눈시울이 발갛게 붓고 곪는 것.

다래나무 깊은 산에서 자라는 잎 지는 덩굴나무. 5~6월에 흰 꽃이 피고 9~10월에 열매가 익는다.

다래나무

다랭이 '다랑어'의 경상북도 사투리.

다량 (多量) 많은 양.《뒷산에서 백제 유물이 다량으로 나왔다.》 **반**소량.

다루다 1.도구나 기계 같은 것을 쓴다. 《톱을 다룰 때는 다치지 않게 조심하렴.》 2.어떤 일을 맡아서 하다.《소방서에서는 급한 환자를 병원으로 보내는 일도 다룹니다.》 3.사람이나 동물을 부리거나 맞상대하여 어울리다. 《아랫사람을 잘 다루는 것도 중요한 일이야.》 4.물건을 어떤 태도로 쓴다. 《엄마는 외할머니께서 물려주신 낡은 장롱을 소중하게 다루신다.》 5.어떤 것을 소재나 대상으로 삼다.《광주 민주화 운동을 다룬 영화》

다르다 1.여러 가지가 서로 구별되다. 《우리는 쌍둥이지만 생김새와 성격이 모두 다르다.》 **반**같다. 2.솜씨, 생각, 행동, 수준 들이 보통보다 낫다.《그 회사에서 만든 가방은 뭐가 달라도 다르다니까.》 **바**다른, 달라, 다릅니다.

다름이 아니라 **관용** 다른 까닭이 있는 것이 아니라.《다름이 아니라 여쭤 볼 게 있어서 전화 드렸어요.》

다른 1.여러 가지로 구별되는.《우리는 저마다 다른 취미를 가지고 있어요.》 **같**딴. 2.나나 우리가 아닌.《다른 별에도 사람이 살고 있을까?》 **같**딴.

다름없다 견주어 볼 때 비슷하거나 같다.《이 자전거는 한 번밖에 타지 않아서 새것과 다름없다.》 **다름없이**

다리 **몸** 1.기거나 걷거나 뛰는 일을 하는 몸의 한 부분.《다리가 아프니 좀 쉬었다 갈까?》 2.책상이나 의자 같은 물건에 달린 버팀대.《의자 다리》

다리 뻗고 자다 **관용** 걱정 없이 마음 편하게 자다.《시험이 끝났으니 다리 뻗고 잘 수 있겠다.》 **비**다리 펴고 자다.

다리 **시설** 사람, 자동차, 기차 같은 것이 건널 수 있게 길, 강, 바다, 골짜기를 가로질러 세우거나 걸쳐 놓은 시설. 《한강 다리/다리를 세우다.》 **같**교량.

다리를 놓다 **관용** 관계를 맺을 수 있게 가운데에서 이어 주다.《새별이와 화해할 수 있게 다리를 놓아 줄래?》

다리 기술 씨름이나 레슬링에서 다리로 상대를 넘어뜨리는 기술.

다리다 옷이나 천의 구김살을 펴거나 주름을 잡으려고 다리미로 눌러서 문지르다.《엄마가 구겨진 옷을 다리미로 반듯하게 다려 주셨다.》

다리미 옷이나 천을 문질러서 구김살을 펴거나 주름을 잡는 기구. 쇠로 된 매끈한 밑판을 뜨겁게 달구어서 쓴다.

다리미질 다리미로 옷이나 천의 주름을 펴거나 반듯하게 줄을 세우는 일. **준**다림질. **다리미질하다**

다리밟기 대보름날 밤에 다리를 건너는 민속놀이. 이날 다리를 건너면 다리에 병이 나지 않는다고 한다.

다리쉬임 오래 걷거나 서 있다가 잠깐 앉아서 다리를 쉬는 일. **다리쉬임하다** 《먼저 올라간 아이들이 바위에 걸터앉

아 다리쉬임하다가 일어섰다.》

다림발 ^l북 다리미질하여 구김살 없이 반듯해진 모양. 또는 다리미질하여 옷에 줄이 잘 선 모양.《다림발이 잘 선 바지를 입으니 괜히 기분이 좋다.》

다림질 → 다리미질. **다림질하다**

다릿목 다리가 놓여 있는 언저리.《다릿목에 서서 버스를 기다렸다.》

다릿발 다리 판을 떠받치는 기둥. 북다리발.

다만 1. 다름이 아니고 그저.《다만 이 말 한마디만 하고 싶어.》같단지. 2. 앞서 말한 것에 이어서 한 가지 덧붙이자면.《내 방에서 놀아도 좋아. 다만 어지르지는 마.》비단. 3. '~라도'가 붙은 낱말 앞에 서서, 적어도 그 정도는.《다만 걷기라도 날마다 해야겠어.》

다면체 (多面體) 여러 평면으로 이루어진 입체 도형. 평면의 개수에 따라 사면체, 오면체, 육면체, 십이면체, 이십면체 들이 있다.

다모작 (多毛作) 한 논밭에서 한 해 동안 종류가 다른 작물을 두 번 넘게 기르고 거두는 농사법.

다목적 (多目的) 여러 가지 목적으로 쓰는. 또는 그런 것.

다목적 댐 여러 가지 목적으로 지은 댐. 수력 발전, 홍수 예방, 농업용이나 공업용 물 공급 같은 일들을 두루 한다.

다묵장어 맑은 개울이나 강에 사는 민물고기. 몸은 작고 주둥이 위쪽에 콧구멍이 하나 있다. 등 쪽은 황갈색이고 배 쪽은 옅은 갈색이다.

다물다 위아래 입술을 마주 붙여서 입을 닫다.《형은 성이 났는지 입술을 꼭

다보탑

다묵장어

다문 채 노려보기만 합니다.》바다무는, 다물어, 다뭅니다.

다박수염 짧고 촘촘하게 난 수염.

다반사 (茶飯事) 차를 마시고 밥을 먹는 일이라는 뜻으로, 흔히 있는 일을 이르는 말.《진영이는 지각하는 일이 다반사야.》비예사, 예삿일.

다발 묶음 꽃, 채소, 지폐 들을 묶은 것. 또는 그것을 세는 말.《국화 한 다발》

다발 많음 (多發) 사고나 문제가 많이 일어나는 것.《이곳은 교통사고 다발 지역입니다.》**다발하다**

다방 (茶房) → 찻집.

다방면 (多方面) 여러 방향이나 분야.

다변적 (多變的) 변화가 많은. 또는 그런 것.《다변적인 환경》

다보탑 (多寶塔) 경상북도 경주 불국사에 있는 석탑. 통일 신라 시대에 만든 탑으로 대웅전 앞 동쪽에 있다. 국보 제20호.

다복다복 풀이나 나무 같은 것이 여기저기 소복한 모양.《길가에 쑥부쟁이가 다복다복 피었다.》**다복다복하다**

다복솔 가지가 촘촘하게 많이 난 어린 소나무. 북다박솔.

다복하다 두루 복이 많다.《마을 사람들이 우리 할아버지와 할머니를 다복한 분들이라고 한다.》

다부라지다 ^l북 힘없이 쓰러지다.《밤새한 삼촌이 방 안에 다부라졌다.》

다부지다 1. 생김새가 단단하고 힘 있다.《큰오빠는 키는 작지만 몸매가 다부지다.》 2. 태도가 빈틈없고 야무지다.《삼촌이 다부진 솜씨로 밭을 간다.》 3. 힘든 일을 견딜 만큼 굳세다.《이번에

는 다부지게 마음먹고 공부해야지.》

다분하다 꽤 많다.《새별이는 글쓰기에 소질이 다분하다.》 **다분히**

다사다난하다 여러 가지로 일도 많고 탈도 많다.《다사다난했던 한 해》

다산 (多産) 아이나 새끼를 많이 낳는 것.《다산을 빌다.》 **다산하다**

다색 (多色) 여러 가지 빛깔.

다섯 1.넷에 하나를 더한 수. **참**오. 2.세는 말 앞에 써서, 넷에 하나를 더한 수를 나타내는 말.

다섯째 1.넷째의 다음 차례. 또는 넷째의 다음 차례인. 2.앞에서부터 셀 때 다섯 개째가 되는 것을 이르는 말.

다세대 주택 (多世帶住宅) 한 건물 안에 여러 가족이 따로 살 수 있게 지은 집. **같**빌라.

다소 (多少) 1.수나 양이 많고 적은 것.《다소의 차이는 따지지 않겠습니다.》 2.조금이긴 하지만 어느 정도.《어제보다는 다소 기온이 떨어졌다.》

다소간 (多少間) 많든 적든 얼마만큼.《처음 만나서 다소간 어색해도 참아.》

다소곳하다 말씨나 몸가짐이 순하고 얌전하다.《영애는 다소곳하게 앉아서 할아버지 말씀을 들었다.》 **다소곳이**

다수 (多數) 많은 수.《이 문제는 다수의 뜻에 따라서 결정하자.》 **반**소수.

다수결 (多數決) 회의에서 다수의 뜻에 따라 결정하는 것.

다수확 (多收穫) 씨앗 하나에서 열매를 많이 거두어들이는 것.

다스 (ダ-ス 일) 물건을 열두 개씩 묶어서 세는 말.《연필 한 다스》 **북**타스

다스러지다 **|북** 1.쓸려서 갈리거나 닳

다.《다스러진 분필은 따로 모아 둬.》 2.겉이 반들반들하게 닳다.《책상 모서리가 매끈하게 다스러졌다.》

다스리다 1.나라, 사회, 단체, 집안 들에서 여러 일을 보살피거나 아랫사람을 이끌다.《조선 시대에는 왕이 나라를 다스렸다.》 2.몸이나 마음을 잘 가다듬다.《마음을 다스리려면 조용한 음악을 듣는 것도 좋아.》 3.자연이나 물건 들을 잘 다루고 보살피다.《옛날 임금들한테는 물을 다스리는 일이 큰 고민거리였다.》 4.죄지은 사람을 벌주다.《사기를 친 사람은 법에 따라 엄하게 다스려야 한다.》 5.병을 낫게 하다.《다른 일은 생각하지 말고 네 병 다스리는 데에만 마음을 써라.》

다슬기 맑은 냇물 돌 밑에 떼 지어 붙어서 사는 동물. 나사처럼 생긴 길쭉한 껍데기에 싸여 있다.

다슬기

다슬다 **|북** 1.쓸려서 갈리거나 닳다.《붓 끝이 다슬어서 글씨를 못 쓰겠다.》 2.겉이 반들반들하게 닳다.《사람 손을 얼마나 탔기에 바위가 다슬었을까.》 **바**다스는, 다슬어, 다습니다.

다시 1.똑같은 일을 되풀이하여.《책 제목을 다시 말해 줘.》 2.한 것을 고쳐서 새롭게.《선생님 말씀을 듣고 글을 다시 고쳐 썼다.》 3.하다가 그친 일을 이어서.《잠시 쉬다가 다시 산을 오르기로 했다.》 4.다음에 또.《점심 먹은 뒤에 다시 만나자.》 5.전과 같은 상태로 또.《고기를 많이 먹었더니 몸무게가 다시 늘었어요.》

다시 긷지 않는다고 이 우물에 똥을 눌까 **속담** 형편이 나아져서 좋은 곳으로

가면서 먼저 있던 곳을 다시 안 올 듯이 굴어도 나중에 다시 찾을 일이 생길 수 있다는 말.

다시금 '다시'를 힘주어 이르는 말.《다시금 이런 장난을 해서는 안 된다.》

다시다 무엇을 먹고 싶어서 침을 삼키며 입을 벌렸다 다물었다 하다.《닭집 앞을 지나던 동생이 입맛을 다신다.》

다시마 차가운 바다 속 바위에 붙어 자라는 갈색 바닷말. 잎이 넓고 미끌미끌하다. 국물 맛을 내는 데 쓴다.

다시마

다시없다 앞으로 이보다 더 나을 수 없다.《제게는 다시없는 영광입니다.》

다식 (茶食) 콩, 쌀, 송화, 검은깨 들의 가루를 꿀이나 조청에 반죽하여 다식판에 박아 만든 우리나라 과자.

다식판 (茶食板) 다식을 찍어 내는 데 쓰는 나무틀. 원형, 사각형, 육각형 같은 여러 가지 꼴이 있다.

다식판

다양성 (多樣性) 모습이나 상태가 여러 가지로 많은 성질.《문화의 다양성》

다양하다 모습이나 상태가 여러 가지로 많다.《다양한 탑을 구경했어요.》

다오 상대방에게 부탁하거나 요구할 때 하는 말. '달다'가 문장 안에서 바뀐 꼴이다.《지우개 좀 빌려 다오.》

다용도 (多用途) 쓰임새가 여러 가지인 것.《다용도 가구/다용도 칼》

다운 (down) 1. 권투 경기에서 상대 선수 주먹을 맞고 쓰러지거나 로프에 기대는 것. **북**맞아넘어지기. 2. 컴퓨터가 갑자기 멈추는 일. **다운되다**

다운타운 (downtown) 도시의 중심 지역. 상가와 사람들이 많이 오가는 곳이다. **다**도심, 번화가.

다육 식물 (多肉植物) 잎이나 줄기에 물이 많은 식물. 사막이나 높은 산처럼 물이 적은 곳에서도 잘 자란다.

다음 1. 순서나 위치에서 어떤 것 바로 뒤.《다음이 네 차례니까 어서 준비해라.》**준**담. 2. 앞으로 다가올 어느 때.《오늘은 날이 저물었으니 다음에 또 놀자.》**준**담. 3. 어떤 일을 마친 뒤.《밥을 먹은 다음에는 반드시 이를 닦아야 해.》**준**담. 4. 앞으로 나올 글이나 말을 가리키는 말.《다음을 읽고 느낀 점을 말해 보세요.》**준**담.

다음가다 수준, 차례에서 기준이 되는 것 바로 뒤에 꼽히다.《하마는 코끼리에 다음가는 큰 짐승이다.》

다음날 1. 앞으로 올 어떤 날.《오늘은 할머니 댁에 가야 하니깐 다음날 만나자.》 2. 어떤 날 바로 다음에 오는 날.《빌려 온 책을 다음날 돌려주었다.》

다이너마이트 (dynamite) 스웨덴 화학자 노벨이 만든 폭약. 폭발하는 힘이 아주 크다.

다이빙 (diving) 높이가 정해진 대에서 물에 뛰어들면서 여러 가지 재주를 부리는 경기. **북**뛰어들기. **다이빙하다**

다이아몬드 (diamond) 투명하고 단단한 광물. 광택이 아름다워 다듬어서 보석으로 쓴다. **같**금강석.

다이어트 (diet) 살을 빼려고 음식 양을 조절하거나 종류를 가려 먹는 일.

다이얼 (dial) 1. 전화기에 붙은 번호판. 상대방 전화번호에 맞추어 누르거나 돌린다. 2. 라디오 주파수를 맞출 때 돌리는 둥근 꼭지. **북**다이얼.

다이오드 (diode) 전류를 한쪽 방향

으로만 흘러가게 하는 장치.

다이옥신 (dioxine) 쓰레기, 플라스틱 같은 것을 태울 때 나오는 해로운 물질. 암에 걸리거나 기형아를 낳는 원인이 된다.

다잡다 1.물건을 단단히 잡다.《기수들이 고삐를 다잡고 거세게 말을 몬다.》2.일이나 사람을 몰아치다.《공사가 자꾸 늦어지자 사장님이 나서서 직원들을 다잡았다.》3.들뜨거나 어수선한 기분에서 벗어나 마음을 단단히 바로잡다.《며칠 뒤면 개학이니 마음을 다잡고 새 학기를 준비하자.》

다장조 '다'가 으뜸음인 장조.

다재다능하다 여러 가지 일에 뛰어나다. 또는 재주와 능력이 여러 가지로 돋보이다.《언니는 음악이건 미술이건 못하는 게 없이 다재다능하다.》

다정다감하다 정이 많고 감동을 잘한다.《내 짝은 참 다정다감해요.》

다정스럽다 다정한 느낌이 있다. ㅂ다정스러운, 다정스러워, 다정스럽습니다. **다정스레**《다정스레 웃다.》

다정하다 1.태도나 행동이 친절하고 따뜻하다.《고모가 다정한 미소로 우리들을 반겨 주셨다.》2.사람들 사이가 좋다.《제 동생은 동무들과 다정하게 지내는 것 같아요.》ㅂ정답다.

다지다 1.흙, 눈, 가루 같은 것을 밟거나 누르거나 쳐서 단단하게 만들다.《뒷산에 나무를 심은 뒤 흙을 다졌다.》2.마음이나 뜻을 흔들림 없이 굳게 가다듬다.《아이들 모두 각오를 새롭게 다지고 경기에 나갔다.》3.고기, 양념, 채소 들을 칼로 썰거나 두드려서 잘게

만들다.《엄마가 칼로 마늘을 다지신다.》4.어떤 바탕이나 관계를 흔들림 없이 굳게 만들다.《수학은 기초를 확실히 다져야 한다.》

다짐 1.어떤 일을 하기로 마음이나 뜻을 굳히는 것.《다시는 거짓말을 하지 않기로 다짐을 했다.》2.이미 한 일을 확인하거나 앞으로 할 일을 약속하는 것.《동생에게 다시는 낙서를 하지 않겠다는 다짐을 받았다.》 **다짐하다**

다짜고짜 앞뒤 사정이나 옳고 그름을 따지지 않고 마구.《내가 방에 들어가자 언니는 다짜고짜 화를 냈다.》ㅂ덮어놓고, 무턱대고.

다채롭다 여러 가지가 어우러져 볼만하다.《한가위를 맞아 경복궁 마당에서 다채로운 행사가 열렸다.》ㅂ다채로운, 다채로워, 다채롭습니다.

다치다 1.맞거나 부딪히거나 넘어져서 상처를 입다.《동생이 넘어져서 크게 다쳤다.》2.마음이 상하다.《마음 다치지 않게 고운 말로 타일러.》

다큐멘터리 (documentary) 있던 일을 사실 그대로 그린 영화나 문학 작품.

다투다 1.의견이나 생각이 달라 서로 따지고 싸우다.《동무와 다투지 말고 사이좋게 지내렴.》2.남보다 앞서거나 잘되려고 겨루다.《축구 경기에서 옆 반과 우리 반이 우승을 다투었다.》

다툼 1.의견이나 생각이 다른 사람끼리 서로 따지고 싸우는 일.《마을 사람들 사이에 다툼이 끊이지 않았다.》2.남보다 앞서거나 잘되려고 겨루는 일.《왕이 죽자 왕자들 사이에 권력 다툼이 벌어졌다.》

다하다 1. 있던 것이 다 없어지거나 이어져 오던 것이 다 끝나다. 《선선한 바람이 불어오는 걸 보니 여름도 이제 다 했나 봐요.》 2. 힘이나 정성을 있는 대로 다 들이다. 《끙끙 앓는 강아지를 정성을 다해 보살펴 주었다.》 3. 맡은 일을 다 끝내다. 《의무를 다하지 않은 채 권리만 내세우는 건 옳지 않다.》

다행 (多幸) 걱정거리가 사라져서 마음이 놓이는 것. 《크게 다치지 않았다니 참 다행이야.》 **다행하다 다행히**

다행스럽다 다행한 느낌이 있다. 《네가 도와준다니 정말 다행스럽게 생각해.》 바다행스러운, 다행스러워, 다행스럽습니다.

다혈질 (多血質) 쉽게 흥분하거나 화를 잘 내는 성질. 《언니는 다혈질이라 걸핏하면 화를 낸다.》

다홍 → 다홍색.

다홍색 짙고 산뜻한 붉은색. 같다홍.

다홍치마 다홍색 한복 치마.

닥나무 산에 절로 자라거나 뜰이나 밭둑에 심어 가꾸는 잎지는나무. 나무 밑동에서 가지를 많이 치고, 잎은 달걀꼴이다. 나무껍질로 한지를 만든다. 북닥채나무.

닥다르다 북 고르거나 매끈하게 다듬다. 《목수가 대패로 나무를 닥다른다.》 바닥다르는, 닥달라, 닥다릅니다.

닥닥치다 북 1. 어떤 곳에 가까이 다다르다. 《어느새 기차가 역에 닥닥쳤다.》 2. 어떤 대상이나 일에 맞닥뜨리다. 《커다란 위험이 눈앞에 닥닥쳐 왔다.》

닥종이 닥나무 껍질로 만든 종이. 붓글씨를 쓰거나 그림을 그리는 데 쓰고 공예품을 만들기도 한다.

닥지닥지 '덕지덕지'의 작은말.

닥채다 북 짐승을 다그쳐서 몰다. 《기수가 1등을 하려고 말을 닥챈다.》

닥쳐오다 어떤 일이나 때가 바로 앞에 다가오다. 《시험 날짜가 닥쳐오니 잠이 잘 오지 않는다.》

닥치다 되다 1. 힘들거나 어려운 일을 겪어야 하는 상태나 때가 되다. 《동생은 늘 개학날이 닥쳐야 숙제를 한다.》 2. '닥치는 대로' 꼴로 써서, 이것저것 가릴 것 없이 마구. 《잔치에서 닥치는 대로 먹어 치웠더니 배탈이 났다.》

닥치다 다물다 '다물다'를 낮추어 이르는 말. 남이 하는 말을 끊을 때 쓰는 말이다. 《그만 입 닥치지 못해?》

닥풀 밭에 심어서 가꾸는 풀. 줄기는 곧게 자라고, 여름에 노란 꽃이 핀다. 뿌리에서 나오는 끈끈한 액체는 종이를 만드는 데 쓴다.

닥풀

닥나무

닦다 1. 물기나 때를 없애려고 문지르거나 훔치다. 《마른걸레로 유리창을 닦았다.》 2. 바닥을 골라서 터나 길을 만들다. 《집 근처에 새 길을 닦는 공사가 한창이다.》 3. 학문이나 도 같은 것을 배우고 익히다. 《절은 스님들이 불도를 닦는 곳이다.》 4. 일이나 생각의 바탕을 세우거나 다지다. 《수학 공부는 기초부터 잘 닦아야 한다.》

닦달 어떤 일을 두고 자꾸 따지면서 심하게 몰아세우는 것. 북닦달. **닦달하다** 《공부하라고 너무 닦달하지 마세요.》

닦아세우다 몹시 혼내면서 꼼짝 못하게 하다. 《참외 밭 주인은 참외 서리를 한 아이들을 닦아세웠다.》

단 ^{묶음} 채소, 짚, 땔감 들을 묶어 놓은 것. 또는 그것을 세는 말.《엄마 심부름으로 파 한 단을 사 왔다.》

단 ^옷 → 옷단.《바짓단이 터졌네.》

단 ^{다만} (但) 앞서 말한 것에 조건을 붙일 때 쓰는 말.《잔디밭에서 놀아도 좋아. 단, 꽃을 꺾으면 안 돼.》 비다만.

단 ^{단계} (段) 1. 계단이나 사다리를 이루는 발판 하나하나. 또는 그것을 세는 말.《넘어지지 않게 한 단씩 조심조심 내려가라.》 2. 책이나 신문에서 한 면을 가로나 세로로 나눈 것. 또는 그것을 세는 말.《신문 맨 아래쪽 단에는 대개 광고가 실린다.》 3. 태권도, 검도, 바둑 들에서 실력에 따라 매기는 등급을 나타내는 말.《우리 언니는 태권도 3단이다.》 4. 구구단에서 1부터 9에 이르는 곱셈 단계를 나타내는 말.《난 구구단을 9단부터 거꾸로 욀 수 있어.》

단 ^{오직} (單) 수를 나타내는 말 앞에 써서, 오직 그것뿐임을 나타내는 말.《정답을 맞힌 애는 단 한 명뿐이었다.》

단 ^터 (壇) 1. 제사를 지내려고 흙이나 돌을 쌓아 높고 고르게 만든 터.《단군은 하늘에서 내려와 태백산에 단을 쌓았다.》 2. 여럿 앞에서 말하는 사람이 올라서는 조금 높은 자리.《한 후보가 단에 올라 연설하기 시작했다.》

단가 (單價) 물건 하나의 값.《단가를 낮추다./단가가 싸다.》

단감 단맛이 나는 단단한 감.

단거리 (短距離) 1. 짧은 거리. 참장거리. 2. '단거리 달리기'를 줄인 말.

단거리 달리기 짧은 거리를 달리는 경기.《나는 우리 반 100미터 단거리 달리기 대표 선수다.》 북짧은거리달리기.

단걸음에 쉬지 않고 곧장.《우리는 차에서 내리자마자 바다를 향해 단걸음에 달려갔다.》

단검 (短劍) 무기로 쓰는 짧은 칼. 양쪽에 날이 있다. 참장검.

단것 사탕이나 초콜릿처럼 맛이 단 음식.《요즘 단것이 자꾸 당겨요.》

단결 (團結) 여럿이 한데 뭉치는 것.《우리 반만큼 단결이 잘되는 반은 없을 거야.》 비단합. **단결하다 단결되다**

단결심 (團結心) 단결하는 마음.

단계 (段階) 일이 되어 가는 차례.《시작 단계/중간 단계/준비 단계》

단계적 (段階的) 단계에 따라서 하는. 또는 그런 것.

단골 한 가게를 정해 두고 늘 다니는 관계.《이 가게는 단골이 많아.》

단골집 정해 두고 다니는 가게.《우리 엄마는 단골집에서만 채소를 사세요.》

단군교 (檀君教) 단군을 믿고 받드는 우리나라 종교. 대종교, 한얼교 들이 있다.

단기 ^{기간} (短期) → 단기간.

단기 ^해 (檀紀) 단군이 고조선을 세운 해를 우리나라 역사의 시작으로 삼는 것.《서기 2000년은 단기 4333년이다.》 참서기.

단기간 (短期間) 짧은 기간.《축대 공사를 단기간에 끝냈는데 이번 비에 허물어졌다.》 같단기. 참장기간.

단김에 망설이지 않고 바로.《언니는 성격이 급해 무슨 일이든지 단김에 하려고 한다.》

단꺼번에 ^북 단번에 모조리.《태풍이

집 여러 채를 단꺼번에 무너뜨렸다.》

단꿈 기분 좋은 꿈.《잠든 동생이 방긋 웃는 걸 보니 단꿈이라도 꾸나 보다.》

단내 1.달콤한 냄새.《단내 나는 솜사탕》 2.피곤하거나 열이 날 때 입이나 코에서 나는 냄새.《하루 종일 무거운 것을 옮겼더니 입에서 단내가 나요.》

단념 (斷念) 하려고 마음먹은 일을 그만두는 것. **비**체념. **단념하다**《이제 와서 시합을 단념할 수는 없어요.》

단단하다 1.깨지거나 부서지지 않을 만큼 매우 굳다.《호두는 껍질이 무척 단단하다.》 2.매거나 조인 것이 헐겁거나 느슨하지 않고 튼튼하다.《나사를 단단하게 조여라.》 3.마음, 뜻, 태도들이 굳세거나 야무지다.《마음을 단단하게 먹고 물속에 뛰어들었다.》 4.상태나 정도가 심하다.《학교에도 못 나온 것으로 보아 짝꿍이 감기에 단단하게 걸린 모양이다.》 **단단히**

단단한 땅에 물이 고인다 **속담** 돈이나 물건을 아껴 쓰는 사람이 재산을 모을 수 있다는 말.

단도 (短刀) 무기로 쓰는 짧은 칼. 날이 한쪽에만 있다.

단독 (單獨) 혼자인 것. 또는 오직 하나.《단독 우승》 **비**단일.

단독 주택 (單獨住宅) 한 채씩 따로따로 지은 집.

단둘 오직 두 사람.《쉿, 이 일은 우리 단둘만이 아는 비밀이야.》

단락 (段落) 1.하던 일의 끝마무리.《단락을 짓다./단락을 맺다.》 2.긴 글에서 내용에 따라 나눈 한 도막. 또는 그것을 세는 말.《이 글은 두 단락으로 이루어져 있다.》 **비**문단.

단란하다 식구들이나 친한 사람들과 사이가 좋고 즐겁다.《단란한 우리 식구 모습을 찍은 사진이에요.》

단련 (鍛鍊) 1.쇠붙이를 불에 달구고 두드려서 단단하게 만드는 일. 2.운동이나 훈련으로 몸과 마음을 튼튼히 가꾸는 것.《체력 단련》 3.어렵고 힘든 일에 익숙해져 잘 견디는 것.《이제는 모기에게 물리는 것도 단련이 되었다.》 **단련하다 단련되다**

단막극 (單幕劇) 막 하나로 이루어진 연극.《우리 반은 학교 잔치에서 선보일 단막극을 준비하고 있다.》

단말기 (端末機) 외부와 연결되어 정보를 주고받거나 입력하고 출력할 수 있는 장치를 갖추고 통신을 할 수 있는 기기.《휴대 전화 단말기》

단맛 설탕이나 꿀 같은 것에서 나는 맛.《단맛 나는 꿀떡 한 조각》

단면 (斷面) 1.물체를 자르거나 베어 낸 면. 2.여러 모습을 보이는 일 가운데 어느 한 부분.《단면만 보고 전체를 판단해서는 안 된다.》

단면도 (斷面圖) 물체를 평면으로 자른 면을 나타낸 그림.《설계 단면도》

단명하다 목숨이 짧다.《담배를 너무 많이 피우면 단명할 위험이 있다.》

단무지 시들시들하게 말린 무를 소금에 절여서 쌀겨나 조 껍질 속에 넣고 삭힌 일본식 짠지. **북**겨절임, 무겨절임.

단물 1.단맛이 나는 물.《꿀벌이 꽃에서 단물을 빨아 먹는다.》 2.칼슘이나 마그네슘 같은 광물 성분이 적거나 없는 물. **참**센물.

단박에 그 자리에서 바로.《저 멀리 서 있는 동무를 단박에 알아보았다.》

단발 (斷髮) 1.머리카락을 짧게 자르는 것. 2.어깨에 닿지 않을 만큼 가지런히 자른 머리 모양.《언니가 긴 머리를 단발로 잘랐다.》 **단발하다**

단발령 (斷髮令) 조선 고종 때(1895년) 남자들에게 상투를 없애고 머리를 짧게 자르라고 한 명령.

단발머리 어깨에 닿지 않을 만큼 가지런히 자른 머리.

단백질 (蛋白質) 우리 몸의 세포를 이루는 중요한 물질. 고기, 우유, 콩 들에 많이 들어 있다.

단번에 한 번에 바로.《넓은 시냇물을 단번에 훌쩍 뛰어넘었다.》 ᄇ대바람.

단벌 오직 한 벌.《단벌 신사》

단복 (團服) 한 모둠에 있는 사람들이 똑같이 맞추어 입는 옷.

단비 꼭 필요할 때 알맞게 내리는 비.《가뭄 끝에 단비가 내렸다.》 ᄇ꿀비.

단상 (壇上) 여럿 앞에서 말하는 사람이 올라서는 단 위.

단색 (單色) 한 가지 색깔.《동생이 노란 단색으로 된 원피스를 입었다.》

단서 실마리 (端緒) 사건이나 문제를 푸는 데 도움이 되는 것.《이 문제를 푸는 단서가 첫 문장에 있다.》 ᄇ실마리.

단서 조건 (但書) 말이나 글에 덧붙이는 조건.《단서를 달다.》 ᄇ끄트머리.

단선 (單線) 줄이 하나인 것.

단세포 (單細胞) 한 생물체의 세포가 하나로 이루어진 것.

단소 (短簫) 부는 국악기 가운데 하나. 대나무로 만들고 구멍이 앞에 네 개,

뒤에 한 개 있다. 세로로 잡고 분다.

단속 (團束) 1.잘못되는 일이 없게 마음 써서 잘 살피는 것.《혼자 있는 동안 대문 단속 잘해라.》 2.법이나 규칙들을 지키게 하고 어기면 벌을 주는 것.《주차 단속》 **단속하다**

단수 수돗물 (斷水) 수돗물이 나오지 않게 끊는 것. 또는 끊기는 것.《수돗물 단수 지역》 **단수하다 단수되다**

단수 하나 (單數) 문법에서 쓰는 말. '하나'를 뜻한다. ᄎ복수.

단순하다 1.일이나 짜임새가 간단하다.《세포 구조는 결코 단순하지 않아.》 2.성격이나 태도가 꾸밈이 없고 순진하다.《형은 성격이 단순해서 남의 말을 곧이곧대로 믿는다.》 **단순히**

단순화 (單純化) 복잡한 것을 단순하게 만드는 것. 또는 복잡한 것이 단순하게 되는 것. **단순화하다 단순화되다**

단술 밥에 누룩을 빻아 넣고 물을 부어 끓인 술. 알코올이 적고 단맛이 난다. ᄀ감주.

단숨에 숨 한 번 쉴 짧은 사이에.《동생과 나는 뒷산까지 단숨에 올라갔다.》

단시간 (短時間) 짧은 시간.《그 많은 일을 이렇게 단시간에 했단 말이니?》 ᄎ장시간.

단시일 (短時日) 짧은 시일.《이 일은 단시일에 하기 힘들겠어요.》

단식 음식 (斷食) 일부러 음식을 먹지 않는 것.《누나는 살을 뺀다고 이틀째 단식 중이다.》 ᄎ금식. **단식하다**

단식 경기 (單式) 탁구, 테니스, 배드민턴 같은 경기에서 한 사람 대 한 사람이 겨루는 경기. ᄎ복식.

단소

단신(單身) → 홀몸.

단심가(丹心歌) 고려 말기에 정몽주가 지은 시조. 이방원의 시조 '하여가'에 답하여 고려에 대한 충성스러운 마음을 읊었다.

단아하다 얼굴이 깔끔하고 차림새가 단정하다.《신사임당의 단아한 모습》

단양(丹陽) 충청북도 북쪽에 있는 군. 단양 팔경으로 널리 알려져 있고, 시멘트 공업이 발달하였다.

단양 팔경(丹陽八景) 충청북도 단양에 있는 경치 좋은 여덟 곳.

단어(單語) → 낱말.

단언(斷言) 어떤 일이 틀림없다고 자신 있게 말하는 것. 또는 그런 말.《반장은 희재가 모임에 안 올 리가 없다고 단언을 했다.》**단언하다**

단역(端役) 영화나 연극에서 잠깐 나오는 역. 또는 그 역을 맡은 배우.《저 사람은 단역이지만 주역 못지않게 눈에 띈다.》**같**엑스트라. **참**주역.

단연(斷然) 두말할 나위 없이.《그림 솜씨는 선희가 단연 으뜸이다.》

단연코 '단연'을 힘주어 이르는 말.

단열재(斷熱材) 열이 통하는 것을 막는 재료. 유리 섬유, 코르크, 고무 들이 있다.《단열재를 두고 집을 지었다.》

단오(端午) 우리나라 명절 가운데 하나. 옛날에는 이날 떡을 해 먹고 여자는 창포 삶은 물에 머리 감고 그네를 뛰고 남자는 씨름을 했다고 한다. 음력 5월 5일이다. **같**단옷날, 수릿날. **북**오월단오.

단오굿 → 강릉 단오제.

단옷날 → 단오.

단원 사람(團員) 어떤 모둠에 들어 있는 사람.《국립 국악단 단원》

단원 책(單元) 공부할 내용을 주제에 따라 나누어 묶은 것.《쓰기 단원》

단위(單位) 수, 양, 시간, 길이, 크기 들을 재는 데 바탕이 되는 기준. 미터, 그램, 리터, 시, 분, 초, 원 들이 있다.《우리나라 화폐 단위는 '원'이다.》

단위 길이 어떤 길이를 재는 데 기준이 되는 길이.

단위 넓이 어떤 넓이를 재는 데 기준이 되는 넓이.

단위 분수(單位分數) 분자가 1인 분수. 이를테면 $\frac{1}{2}$, $\frac{1}{3}$ 같은 것이다.

단음(短音) → 짧은소리.

단음계(短音階) '라'가 으뜸음인 음계. 둘째 음과 셋째 음 사이, 다섯째 음과 여섯째 음 사이가 반음이다. **참**장음계. **북**소조음계.

단일(單一) 오직 하나로 되어 있는 것.《단일 상품/단일 체제》**비**단독.

단일 국가(單一國家) 한 정부가 다스리는 국가.

단일 민족(單一民族) 한 인종으로 나라를 이룬 민족.《단일 민족 국가》

단일팀 여러 나라나 지역에서 사람을 뽑아 하나로 짠 팀.《남북 단일팀》

단자(端子) 전기 회로 끝 부분에 달려 있는 장치. 전기 신호를 받거나 내보내는 통로 구실을 한다.

단잠 기분 좋게 곤히 자는 잠.《동생 울음소리에 단잠을 깨고 말았다.》

단장 매만짐(丹粧) 1. 얼굴이나 매무새를 곱게 꾸미는 것.《누나가 단장을 마치고 나들이를 나갔다.》2. 거리, 건물

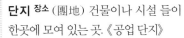

들을 깨끗하고 아름답게 꾸미는 것. 《거리 단장》 **단장하다 단장되다**

단장 사람 (團長) 어떤 모둠에서 으뜸인 사람. 《예술단 단장》

단장 지팡이 (短杖) 걸을 때 짚는 막대기. 허리 높이까지 오고 손잡이가 꼬부라졌다.

단적 (端的) 간단하고 분명한. 또는 그런 것. 《단적으로 말해서 몰라.》

단전 (斷電) 전기를 끊는 것. 《천둥 번개가 치더니 온 동네가 단전이 되었다.》 **단전하다 단전되다**

단절 (斷絕) 관계를 끊는 것. 또는 죽 이어지던 것을 중간에 끊는 것. 《외교 단절/대화 단절》 **단절하다 단절되다**

단점 (短點) 모자라거나 나쁜 점. 《잠이 너무 많은 것이 내 단점이다.》 비결점, 약점. 반장점. 북부족점.

단정 (斷定) 딱 잘라서 어떠하다고 생각거나 결정하는 것. 《경민이가 거짓말을 했다고 함부로 단정 짓지 마라.》 **단정하다 단정되다**

단정하다 모습이나 태도가 흐트러짐 없이 바르고 깨끗하다. 《수업 시간에는 단정하게 앉아 있어야지.》 **단정히**

단정학 (丹頂鶴) ‘두루미’를 달리 이르는 말. 머리 꼭대기가 빨간 학이라는 뜻이다.

단조 (短調) 단음계에 바탕을 두고 지은 가락. 참장조.

단조롭다 변화가 없어서 지루하다. 《단조로운 노랫가락에 졸음이 온다.》 바단조로운, 단조로워, 단조롭습니다.

단지 질그릇 목이 짧고 배가 볼록한 작은 항아리. 《고추장 단지》

단지

단지 장소 (團地) 건물이나 시설 들이 한곳에 모여 있는 곳. 《공업 단지》

단지 오직 (但只) → 다만.

단짝 늘 함께 다니는 사이좋은 동무. 《우리는 초등학교 1학년 때부터 단짝이었어요》 북딱친구, 짝동무.

단청 (丹靑) 궁궐, 절, 누각 같은 옛날 건물의 벽, 기둥, 천장에 여러 가지 무늬와 빛깔로 그린 그림.

단체 (團體) 목적이나 생각이 같은 사람들이 모여서 만든 모둠. 비집단.

단체 경기 (團體競技) 여럿이 편을 이루어 하는 경기.

단체장 (團體長) 어떤 단체에서 으뜸인 사람. 《지방 자치 단체장》

단체전 (團體戰) 단체끼리 겨루는 경기. 참개인전.

단추 1. 옷섶을 여미는 데 쓰는 조그만 물건. 《단추를 달다./단추를 채우다.》 2. 눌러서 기계 같은 것을 움직이게 하는 조그만 장치. 《전기밥솥에 쌀을 안치고 단추를 눌러 밥을 짓는다.》 같누름단추, 버튼.

단축 (短縮) 시간이나 거리를 짧게 줄이는 것. 《내일은 단축 수업을 하겠어요.》 반연장. **단축하다 단축되다**

단축 마라톤 정해 놓은 거리보다 줄여서 뛰는 마라톤. 북단축마라손.

단축키 컴퓨터 자판에서 어떤 작업을 한 번에 할 수 있게 정해 놓은 키.

단출하다 1. 사람이나 물건이 많지 않아서 살림이 간단하다. 《삼촌은 아직 결혼을 하지 않아서 살림살이가 단출하다.》 2. 일이나 차림새가 간편하다. 《단출한 차림으로 등산에 나섰다.》

단춧구멍 1.단추를 끼울 수 있게 옷 한 쪽에 낸 구멍. 단추를 단 쪽 맞은편에 있다.《단춧구멍이 너무 작아요.》^북단추구멍. 2.옷에 단추를 달려고 단추에 뚫어 놓은 구멍.《단춧구멍에 실을 꿰어 단추를 달았다.》^북단추구멍.

단층 ^{건물} (單層) 층이 하나인 것.《단층 구조/단층 건물》

단층 ^땅 (斷層) 땅이 양옆에서 밀거나 당기는 힘을 받아 갈라져서 어긋나는 일. ^북땅끊임.

단칸방 한 칸짜리 방. 흔히 방이 하나인 집을 말한다.

단칼에 칼을 딱 한 번 써서.《망나니가 죄수의 목을 단칼에 베어 버렸다.》

단판 딱 한 번만 겨루어 이기고 짐을 가르는 일.《단판 승부》

단편 (短篇) 소설, 동화, 영화 들이 길이가 짧은 것.《언니는 단편 영화를 좋아한다.》^참장편, 중편.

단편 소설 (短篇小說) 길이가 짧은 소설. ^참장편 소설, 중편 소설.

단풍 (丹楓) 1.가을에 나뭇잎이 붉거나 노랗게 물드는 것. 또는 그 잎.《곱게 단풍이 든 산》 2.→ 단풍나무.

단풍나무 산에 절로 자라거나 공원이나 길가에 심어 가꾸는 잎지는나무. 잎은 손바닥처럼 깊게 갈라졌고 가을에 빨갛게 물든다. 열매는 껍질이 날개처럼 생겼다. ^같단풍.

단풍놀이 가을철에 단풍이 든 경치를 보면서 즐기는 일.

단풍마 산에서 자라는 덩굴풀. 잎은 손바닥처럼 갈라지고, 여름에 노르스름한 풀색 꽃이 핀다. 어린싹은 먹고

단풍나무

달

단풍마

뿌리는 약으로 쓴다.

단풍잎 1.단풍이 든 나뭇잎. 2.단풍나무 잎.

단합 (團合) 여럿이 한마음으로 뭉치는 것.《우리 반은 단합이 참 잘돼요.》^비단결. **단합하다 단합되다**

단행하다 어떤 일을 마음먹고 해치우다.《혼자 한라산 등반을 단행했다.》

단호하다 말투나 행동에 맺고 끊음이 분명하다.《다솜이는 내 부탁을 단호하게 거절하였다.》**단호히**

닫다 ^{막다} 1.트이거나 열린 것을 막다.《아기가 깨지 않게 방문을 살살 닫았다.》^반열다. 2.가게나 회사가 하루 일을 마치거나 쉬다.《저 책방은 매월 첫째 일요일에 문을 닫는다.》^반열다. 3.가게나 회사가 망하다.《장사가 잘 안되어 가게 문을 닫았다.》^반열다.

닫다 ^{달리다} 빨리 뛰다.《아무리 빨리 뛴다고 해도 닫는 말을 따라잡을 순 없어.》^바닫는, 달아, 닫습니다.

닫아걸다 문 같은 것을 열리지 않게 닫고 잠그다.《자기 전에 대문을 닫아걸어라.》^북닫아매다. ^바닫아거는, 닫아걸어, 닫아겁니다.

닫히다 트이거나 열린 것이 막히다.《창문이 닫혀 있어서 방 안이 너무 답답하다.》^반열리다.

달 1.지구에 딸린 별. 지구 둘레를 28일쯤에 한 번씩 돈다. 모양에 따라 초승달, 보름달, 반달로 부른다. 2.한 해를 열둘로 나눈 것 가운데 하나.《다음 달에 이사를 간다.》 3.한 해를 열둘로 나눈 것 가운데 하나를 세는 말.《석 달 동안 한 번도 지각하지 않았어요.》

달도 차면 기운다 **속담** 형편이 좋은 때가 있으면 나쁜 때도 있다는 말.

달가닥 작고 단단한 것이 가볍게 부딪치는 소리. **준**달각. **달가닥거리다 달가닥대다 달가닥하다 달가닥달가닥**《누나가 달가닥대며 설거지를 한다.》

달가당 작고 단단한 것이 부딪쳐서 울리는 소리. **달가당거리다 달가당대다 달가당달가당**《문 앞에 매단 풍경이 달가당 소리를 낸다.》

달각 → 달가닥. **달각거리다 달각대다 달각하다 달각달각**《장난감 자동차가 달각달각 굴러간다.》

달갑다 기꺼이 받아들일 만큼 좋다. 《어떤 충고라도 달갑게 들을게.》**바**달가운, 달가워, 달갑습니다.

달개비 → 닭의장풀.

달걀 닭의 알. **같**계란. **북**닭알.

달걀로 바위 치기 **속담** 도저히 이기거나 해낼 수 없는 일을 빗대어 이르는 말.

달걀말이 달걀을 부치면서 돌돌 말아 만든 먹을거리. **북**닭알말이.

달걀 망태 달걀을 넣어 둘 수 있게 짚을 엮어서 만든 주머니. 닭장이나 처마 밑에 매단다.

달걀 망태

달걀버섯 참나무 숲에서 나는 버섯. 어릴 때는 달걀처럼 생긴 주머니 속에 있다가 자라면서 땅 위로 솟아 나온다. 먹는 버섯이다.

달걀판 달걀을 담는 판.

달걀형 달걀처럼 둥글고 조금 길쭉한 꼴.《제 얼굴은 엄마를 닮아서 달걀형입니다.》**북**닭알형.

달걀버섯

달거리 여자의 자궁에서 달마다 며칠 동안 피가 나오는 일. **같**생리, 월경. 달

달구지

거리하다

달구경 밤하늘에 뜬 달을 구경하는 일.

달구다 쇠나 돌을 불로 뜨겁게 데우다.《대장장이가 벌겋게 쇠를 달군다.》

달구지 소나 말이 끄는 짐수레.

달구질 땅을 다지는 도구인 '달구'로 땅이나 집터를 단단하게 다지는 것. **달구질하다**

달그락 작고 단단한 물건이 흔들리면서 부딪치는 소리. **달그락거리다 달그락대다 달그락달그락**《걸을 때마다 빈 도시락 통이 달그락거린다.》

달나라 달을 사람이 사는 세상에 빗대어 이르는 말.《어젯밤 꿈속에서 달나라에 사는 토끼를 만났다.》

달넘이 1. 달이 지는 것.《내일 달넘이 시간은 새벽 다섯 시쯤이라고 한다.》 2. 달이 지는 새벽 무렵.《아빠는 달넘이가 돼서야 집에 들어오셨다.》

달님 달을 사람처럼 생각하고 높여 이르는 말.《달님, 소원을 들어주세요.》

달다 **맛** 1. 설탕이나 꿀 같은 맛이 있다.《참외가 무척 달구나.》 2. 맛이 좋다.《오늘 밥맛이 아주 달다.》 3. 기분이 편안하고 좋다.《오랜만에 참 달게 잤다.》 4. '달게' 꼴로 써서, 기꺼이.《어떤 벌이든 달게 받겠습니다.》**바**단, 달아, 답니다.

달면 삼키고 쓰면 뱉는다 **속담** 이로울 때는 가까이하지만 쓸모가 없어지면 멀리하는 것을 빗대어 이르는 말.

달다 **걸** 1. 물건을 어떤 곳에 걸거나 붙이거나 매어서 떨어지지 않게 하다.《어버이날 어머니께 꽃을 달아 드렸다.》 2. 글이나 말에 풀이를 덧붙이다.

또는 글이나 작품에 제목을 붙이다. 《글을 다 쓰고 난 뒤에 제목을 다는 것이 낫겠다.》 ㅂ다는, 달아, 답니다.

달다 재다 저울에 물체를 올려 무게를 재다. 《감자를 저울에 달았다.》 ㅂ다는, 달아, 답니다.

달다 뜨거워지다 1.쇠나 돌이 열을 받아서 아주 뜨거워지다. 《대장장이가 뻘겋게 단 쇠를 망치로 두드린다.》 2.아프거나 창피해서 몸에 열이 나다. 《동무들이 놀리는 말에 얼굴이 화끈 달았다.》 3.일이 뜻대로 되지 않아서 안타깝거나 조마조마해지다. 《아무리 불러도 강아지가 보이지 않아서 애가 달았다.》 4.오래 끓어 물기가 거의 없어지다. 《김치찌개가 너무 달아서 짜다.》 ㅂ다는, 달아, 답니다.

달달 떨다 춥거나 무서워서 몸을 작게 떠는 모양. 《비를 맞았더니 입술이 달달 떨려요.》

달달 볶다 1.콩이나 깨 같은 것을 볶거나 맷돌에 가는 모양. 《참깨를 달달 볶아서 절구에 콩콩 찧으면 고소한 냄새가 나요.》 2.남을 자꾸 못살게 구는 모양. 《동생이 장난감을 사 달라고 엄마를 달달 볶는다.》

달달하다 ㅣ북 맛이 조금 달다. 《할머니는 늘 달달한 것을 찾으신다.》

달덩이 1.둥글고 환한 보름달을 이르는 말. 《동산 위에 달덩이가 둥실 떠 있다.》 2.둥글고 환한 얼굴을 보름달에 빗대어 이르는 말. 《내 동생은 얼굴이 달덩이 같아요.》

달돋이 1.달이 떠오르는 것. 《삼촌과 달돋이 구경을 했다.》 북달뜨기. 2.달

이 뜨는 저녁 무렵. 《낮보다는 달돋이에 하는 술래잡기가 더 재미있다.》

달라 상대방이 어떤 것을 주거나 해 주기 바랄 때 하는 말. '달다'가 문장 안에서 바뀐 꼴이다. 《우리에게 빵 대신 밥을 달라!》

달라붙다 1.사이가 뜨지 않고 찰싹 붙다. 《신발 바닥에 껌이 달라붙었다.》 참들러붙다. 2.사람이나 동물이 끈질기게 따라붙다. 《먹다 남은 수박에 파리들이 달라붙는다.》 참들러붙다. 3.좋아하는 일에 정신없이 매달리다. 《동생이 저녁 내내 만화책에 달라붙어 있다가 엄마한테 혼났다.》 참들러붙다.

달라지다 전과 다르게 되다. 《못 본 사이에 모습이 몰라보게 달라졌네.》

달랑 흔들림 작은 물체가 매달려서 흔들리는 모양. **달랑거리다 달랑대다 달랑이다 달랑달랑** 《걸어갈 때마다 가방에 달린 고양이 인형이 달랑거린다.》

달랑 하나 하나만 남거나 매달린 모양. 또는 딸린 것이 적거나 간단한 모양. 《가방 하나 달랑 메고 시골에 갔다.》

달랑게 뭍에 가까운 모래밭에 사는 게. 크기가 작고 몸 빛깔은 모래 색이다. 구멍을 깊이 파고 들어가 있다가 밤에 나와 돌아다닌다.

달랑게

달래 산과 들에 자라는 풀. 땅속에 둥글고 흰 비늘줄기가 있고, 잎은 가늘고 길다. 봄에 나물로 먹는다. 북애기달래.

달래

달래다 1.남의 기분을 풀어 주다. 《울어 대는 동생을 달래느라 진땀 뺐다.》 2.스스로 마음을 가라앉히다. 《화가 난 마음을 간신히 달랬다.》

달러 (dollar) 미국 돈을 세는 말. 1달

러는 100센트이다. 기호는 $이다. **북**딸라.

달려가다 달음질로 빨리 가다. 《학교가 끝나자마자 동생하고 외갓집으로 달려갔다.》**반**달려오다.

달려들다 1. 느닷없이 빠르게 덤벼들다. 《큰 개가 달려드는 바람에 깜짝 놀랐다.》 2. 어떤 일에 발 벗고 나서다. 《모두들 달려들어 터진 둑을 막았다.》**바**달려드는, 달려들어, 달려듭니다.

달려붙다 **북** 1. 어떤 것에 바짝 붙다. 《생선 토막 위에 파리가 달려붙었다.》 2. 사람이나 짐승이 가까이 붙어서 따르다. 《바둑이는 오빠만 보면 달려붙어 반긴다.》 3. 어떤 일에 나서서 끈기 있게 하다. 《여럿이 달려붙어 겨우 바위를 옮겼다.》 4. 남한테 맞서거나 싸우려고 대들다. 《조그만 녀석이 겁도 없이 마구 달려붙지 뭐야.》

달려오다 달음질로 빨리 오다. 《동생이 내게 달려와 자기가 잡은 개구리를 보여 주었다.》**반**달려가다.

달력 한 해를 열두 달로 나누어 차례로 날짜, 요일, 공휴일, 절기 들을 적어 놓은 것. **같**캘린더.

달름 **북** 1. 입은 옷이 조금 들려서 올라간 모양. 《달름 들린 치마》 2. 어떤 것에 가볍게 매달린 모양. 《원숭이가 나무에 달름 매달려 있다.》

달리 어떤 것과 다르게. 《형은 우락부락하게 생긴 것과 달리 수줍음이 많아요.》**북**달래.

달리기 빠르게 앞으로 나아가는 일. 《교문까지 달리기 시합할까?》 **달리기하다**

달리다 **뛰다** 빠르게 앞으로 나아가다. 《바람개비를 들고 들판을 달렸다.》
달리는 말에 채찍질한다 **속담** 열심히 일하는 사람한테 더 열심히 하라고 다그치는 것을 빗대어 이르는 말.

달리다 **매이다** 1. 물건이 어떤 곳에 매이거나 걸리다. 《문을 열 때마다 위에 달린 종이 흔들려 소리가 난다.》 2. 몸이나 물건의 한 부분이 전체에 이어지다. 《네발 달린 짐승으로는 개, 고양이, 돼지 같은 것들이 있다.》 3. 열매가 열리거나 고드름 같은 것이 생기다. 《나무에 열매가 주렁주렁 달려 있다.》 4. 어떻게 하느냐 또는 되느냐에 따라서 바뀔 처지에 있다. 《시험에 붙느냐 떨어지느냐는 네 노력에 달렸다.》

달리다 **모자라다** 필요한 것이 모자라다. 《농사철에는 일손이 많이 달려요.》

달리아 꽃을 보려고 심어 가꾸는 풀. 고구마처럼 생긴 덩이뿌리를 심는다. 여름에서 가을까지 흰색, 붉은색, 자주색 큰 꽃이 핀다. **북**다리아.

달리하다 서로 다르게 하다. 《소금의 양을 조금씩 달리하여 물에 녹였다.》

달막- 1. 가볍게 좀 들렸다가 내려앉는 모양. 2. 몸의 한 부분이 가볍게 들렸다가 놓이는 모양. **달막거리다 달막대다 달막이다 달막달막**《형은 입술을 달막거리면서 무슨 말을 하려는 듯했다.》

달맞이 정월 대보름이나 한가윗날 저녁에 달이 뜨는 것을 보면서 소원을 빌거나 흥겹게 노는 것. **달맞이하다**

달맞이꽃 길가나 강가 모래밭에 자라는 풀. 잎은 길쭉하고 끝이 뾰족하다. 여름이 되면 노란 꽃이 밤에만 핀다.

달맞이꽃

달무리 달 둘레에 희미하게 생기는 둥근 테.《달무리가 지다.》참햇무리.

달밤 달이 떠서 밝은 밤.

달변 (達辯) 막힘없이 술술 하는 말.《영희 어머니는 타고난 달변으로 마을 사람들을 휘어잡았다.》반눌변.

달빛 달에서 오는 빛. 같월광.

달뿌리풀 강가나 개울가 모래밭에 자라는 풀. 잎은 좁으면서 길고 가장자리가 깔깔하다. 가을에 큰 고깔처럼 생긴 이삭이 달린다. 북달뿌리갈.

달뿌리풀

달성 (達成) 하려고 마음먹은 일이나 목표 들을 이루는 것.《목표 달성》달성하다 달성되다

달싹 1.가벼운 물건이 조금 들렸다가 내려앉았다 하는 모양. 2.몸의 한 부분이 가볍게 들려서 움직이는 모양. 3.마음이 가볍게 들뜬 모양. **달싹거리다 달싹대다 달싹이다 달싹달싹**《물이 끓기 시작하자 주전자 뚜껑이 달싹거린다./축구 방송을 보고 싶어서 엉덩이가 달싹인다./개학하면 동무들 만날 생각에 마음이 달싹달싹한다.》

달아나다 잡히지 않으려고 빨리 달려가거나 몰래 다른 곳으로 가다.《아이들은 술래에게 잡히지 않으려고 마구 뛰어 달아났다.》비도망치다.

달아매다 길쭉한 물건을 아래로 늘어지도록 잡아매다.《엄마는 감나무에 그네를 달아매 주셨다.》

달아빼다 |북 1.'달아나다', '도망치다'를 낮추어 이르는 말.《유리창을 깨고 달아뺀 녀석이 너냐?》2.'급히 자리를 떠나서 가 버리다'를 낮추어 이르는 말.《오목 두다 말고 어디로 달아빼?》

달아오르다 1.쇠붙이 같은 것이 열을 받아 몹시 뜨거워지다.《난로가 빨갛게 달아올랐다.》2.열이 나거나 흥분해서 얼굴이 화끈거리다.《부끄러워 얼굴이 빨갛게 달아올랐다.》바달아오르는, 달아올라, 달아오릅니다.

달음박질 빨리 뛰는 것. 같달음질. **달음박질하다**《동생은 달음박질하여 집 안으로 들어갔다.》

달음질 → 달음박질. **달음질하다**

달이다 1.묽은 액체를 진해지게 끓이다.《간장을 달이다.》2.한약 재료를 물에 넣고 오래 끓이다.《엄마가 할아버지께 드릴 약을 달이신다.》

달인 (達人) 어떤 일을 뛰어나게 잘하는 사람.《암산의 달인》

달집 달맞이할 때 액운을 태우려고 불을 지르는 나뭇더미.

달집태우기 대보름날 밤에 하는 민속놀이. 볏짚, 생솔 가지, 대나무로 달집을 만들어 달이 뜰 때 풍물을 치면서 태운다.

달짝지근하다 조금 달다.《곶감을 먹고 나니 입 안이 달짝지근하다.》

달착지근하다 '달짝지근하다'의 거센말.

달콤하다 1.입맛이 당기게 달다.《잘 익은 참외에서 달콤한 냄새가 난다.》2.기분이 편안하고 좋다.《한낮에 자는 잠은 아주 달콤하지요.》3.어떤 말이 비위를 맞추는 데가 있어 듣기 좋다.《세뱃돈으로 과자를 사 먹자는 달콤한 말에 귀가 솔깃해졌다.》

달팽이 서늘하고 축축한 풀밭이나 숲속에 사는 동물. 부드러운 몸 위에 둥

달팽이

글게 말린 단단한 껍데기를 지고 느릿느릿 기어 다닌다.

달포 한 달 남짓.《달포만 기다려.》

달필 (達筆) 막힘없이 줄줄 잘 쓰는 글씨.《할아버지께서 달필로 쓴 글씨가 우리 집 거실에 걸려 있다.》^반졸필.

달하다 어느 만큼에 이르다.《손님이 무려 이백 명에 달했다.》^북다닫다.

닭 집짐승으로 기르는 새 가운데 하나. 머리에 붉은 볏이 있고, 몸집에 견주어 날개가 짧아 잘 날지 못한다. 고기와 알을 먹는다.

닭

닭 소 보듯, 소 닭 보듯 ^{속담} 서로 아무 관심이 없는 모습을 빗대어 이르는 말.

닭 잡아먹고 오리발 내민다 ^{속담} 나쁜 짓을 하고서 엉뚱한 짓으로 속여 넘기려는 것을 빗대어 이르는 말.

닭 쫓던 개 지붕 쳐다보기 ^{속담} 애써 하던 일이 잘못되어 어쩔 도리가 없게 된 것을 빗대어 이르는 말.

닭고기 닭의 살코기.

닭살 1.털을 뽑은 닭 껍질처럼 오톨도톨한 살갗. 2.살갗에 좁쌀만 하게 돋아나는 돌기.《추워서 닭살이 돋았다.》

닭싸움 1.닭을 싸우게 하여 승부를 겨루는 놀이. 2.한쪽 다리를 손으로 잡고 외다리로 뛰면서 상대를 밀어 넘어뜨리는 놀이. ^북무릎싸움.

닭의난초 산골짜기 축축한 땅에 자라는 풀. 끝이 뾰족한 잎이 줄기를 감싸고, 6~7월에 누런 갈색 꽃이 핀다. ^북닭의란.

닭의난초

닭의장풀 밭둑이나 길가에 흔히 자라는 풀. 줄기는 땅을 기다가 위쪽으로 곧게 선다. 여름에 파란 꽃이 피고, 어린순은 먹는다. ^같달개비.

닭의장풀

닭장 닭을 가두어 기르는 우리.

닮다 1.생김새나 성질이 비슷하다.《나는 엄마를 닮고 동생은 아빠를 닮았다.》 2.다른 사람의 행동이나 태도를 본받아 그대로 따라 하다.《언니의 좋은 점만을 골라서 닮고 싶다.》

닮은꼴 1.서로 닮은 모습. 2.모양은 같고 크기가 다른 두 도형.

닮음 두 도형이 크기는 달라도 모양은 꼭 같은 것을 이르는 말.

닮음비 서로 닮은꼴인 두 도형에서 대응하는 선분의 비.

닳다 물건을 오래 써서 두께, 크기, 길이가 조금씩 줄다.《오래 신어서 신발 밑바닥이 많이 닳았다.》

닳아빠지다 1.다 닳아서 쓸모없게 되다. 2.여러 일을 많이 겪어서 몹시 약다.《할머니는 닳아빠진 장사꾼에게 속아 싸구려 물건을 비싸게 샀다.》

담 ^집 경계를 나타내거나 드나들지 못하게 돌, 흙, 벽돌 같은 것으로 길게 이어서 쌓아 올린 것.《아저씨는 높은 담을 가볍게 뛰어넘었다.》^같담장.

담을 쌓다 ^{관용} 전혀 관계하지 않다.《그렇게 운동하고는 담을 쌓고 사니까 몸이 약하지.》

담이 높다 ^{관용} 가까이하기가 어렵다.《우리나라 축구가 세계 수준에 이르기에는 여전히 담이 높다.》

담 ^{다음} → 다음.

담 ^몸 (膽) 1.→ 담력. 2.→ 쓸개.

담 ^병 (痰) 1.→ 가래. 2.몸에서 나오는 어떤 물질이 몸 한곳에 뭉쳐 있어서 아픈 증세.《삼촌은 담이 들어 목을 잘

움직일 수 없다고 했다.》

담그다 1.액체 속에 넣다.《계곡 물에 발을 담그고 앉아서 노래를 불렀다.》 2.김치나 술, 장, 젓갈 들을 만들다.《오늘은 김장을 담그는 날입니다.》 **밷**담그는, 담가, 담급니다.

담금질 불에 달군 쇠를 차가운 물에 담가 단단하게 하는 일. **담금질하다**《쇳덩이를 담금질해서 가위를 만들었다.》

담기다 1.어떤 것 속에 놓이다.《병에 담긴 우렁이를 조심해서 집에 가져갔다.》 2.글, 그림, 노래 들에 생각이나 느낌이 들어가다.《이 노래에는 자식을 사랑하는 엄마 마음이 담겨 있다.》

담다 1.어떤 것 속에 넣다.《광주리에 포도를 담았다.》 2.그림, 노래 들에 생각이나 느낌을 나타내다.《작곡자는 봄의 느낌을 곡에 담으려고 했대요.》 3.느낌이나 생각을 마음에 품거나 표정에 나타내다.《할머니가 얼굴에 웃음을 가득 담고 바라보신다.》

담담하다 마음이 차분하고 편안하다.《성적이 떨어져도 언니는 담담하다.》

담당 (擔當) 어떤 일을 책임지고 맡는 것.《미술 담당 선생님》 **담당하다**

담당관 (擔當官) 어떤 일을 맡아서 하는 공무원.

담당자 (擔當者) 어떤 일을 맡아서 하는 사람.《실무 담당자/기록 담당자》

담대하다 배짱이 두둑하여 겁이 없다.《꼬마 아이가 동네 형한테 팔씨름하자고 담대하게 나섰다.》

담력 (膽力) 용감하고 겁이 없는 기운.《우리 모임은 담력이 얼마나 센지 시험해 보고 받아들인다.》 **같**담.

담배

담배풀

담비탈

담배 1.밭에 심어 가꾸는 풀. 줄기는 곧게 서고 잎이 아주 크게 자라면서 여름에 연분홍 꽃이 핀다. 잎을 말려 담배를 만든다. 2.담뱃잎을 피울 수 있게 손질한 것.《아빠, 담배 끊으세요》

담배꽁초 피우다 남은 짧은 담배 도막.《담배꽁초를 줍다.》 **북**담배꽁다리.

담배풀 산속 축축한 곳이나 숲 가장자리에 자라는 풀. 8~9월에 노란 꽃이 핀다. 열매는 작고 끈적여서 짐승 털 같은 데에 잘 붙는다.

담백하다 1.음식 맛이 진하지 않고 깔끔하다.《오이냉국이 아주 시원하고 담백하다.》 2.욕심이 없고 마음이 깨끗하다.《내 짝꿍은 성격이 담백하다.》

담뱃대 담배를 넣어서 피우는 데 쓰는 물건. **북**담배대.

담뱃불 담배에 붙은 불. **북**담배불.

담벼락 담 바깥 면. **북**담벽. **✗**담벽.

담벼락하고 말하는 셈이다 **속담** 아무리 말해도 알아듣지 못하거나 고집불통인 사람과 이야기하는 것을 이르는 말.

담벽 '담벼락'을 잘못 쓴 말.

담보 (擔保) 빌린 돈을 갚기로 약속하고 물건을 대신 맡겨 놓는 일. 또는 그 물건.《삼촌은 집을 담보로 은행에서 돈을 빌려 장사를 시작했다.》 **참**저당.

담보물 (擔保物) 담보로 주거나 받는 물건.

담비 숲에 사는 짐승. 족제비와 비슷하나 조금 더 크고 다리가 짧다. 털빛은 누런 갈색이다.

담비탈 김해 가락 오광대에서 쓰는 탈.

담뿍 넘칠 만큼 가득하거나 소복한 모양.《이 조끼에는 엄마의 사랑이 담뿍

담겨 있다.》**담뿍담뿍**

담색 (淡色) 옅은 빛깔.

담소 (談笑) 즐겁게 이야기를 나누는 것.《엄마와 이모는 밤늦도록 담소를 나누었다.》**담소하다**

담수 (淡水) → 민물.

담쌓다 1. 담을 만들다.《아저씨는 벽돌로 담쌓는 일을 하신다.》2. 사이를 두고 멀리하다.《동생은 놀이와 담쌓고 공부만 하니 걱정스럽다.》

담요 털이나 솜을 얇게 누르거나 굵게 짜서 만든 요. 같**모포.**

담임 (擔任) 학교에서 한 반을 맡아 돌보는 일. 또는 그런 일을 하는 사람.

담장 → 담.《제주도에서는 돌을 쌓아 올린 담장을 흔히 볼 수 있다.》

담쟁이 → 담쟁이덩굴.

담쟁이덩굴 담이나 벼랑 같은 곳에 달라붙어 자라는 잎 지는 덩굴나무. 잎은 끝이 세 쪽으로 갈라지고, 가을에 포도송이처럼 생긴 자줏빛 열매를 맺는다. 같**담쟁이.**

담채 (淡彩) 엷게 색칠하는 것. 또는 엷게 색칠한 그림.《수묵 담채》

담판 (談判) 이야기를 나누어서 누가 옳은지 가리거나 일을 마무리하는 것.《누구의 말이 맞는지 담판을 짓자.》**담판하다**

담화 (談話) 1. 이야기를 주고받는 것. 또는 그 이야기.《차를 마시면서 담화를 나누었다.》2. 정부 관리가 정치, 사회 문제에 대한 자신의 생각이나 태도를 밝히는 것.《국무총리가 특별 담화를 발표했다.》**담화하다**

담황색 (淡黃色) 엷은 누런색.

담황줄말미잘

담쟁이덩굴

담황줄말미잘 바닷가 바위에 떼 지어 붙어서 사는 말미잘. 공처럼 둥근 몸통에 누런 줄무늬가 세로로 나 있다.

답 (答) 1. 물음에 대해 말이나 글로 밝히거나 알려 주는 것. 또는 그 말이나 글.《제 질문에 확실한 답을 해 주세요.》비**대답.** 2. 문제를 풀어서 얻는 결과.《고쳐 쓴 답이 틀렸다.》비**해답.**

–답다 어떤 낱말 뒤에 붙어, 그런 바탕이나 성질이 있다는 뜻을 더하는 말.《정답다/사람답다》

답답하다 1. 숨쉬기가 어렵다.《방이 답답하니 창문 좀 열어라.》2. 어떤 곳이 비좁거나 막혀 있어 탁 트인 느낌이 없다.《답답한 골목에서 놀지 말고 운동장으로 가자.》3. 보기에 딱하거나 짜증스럽다. 또는 일을 형편에 따라서 해 나가는 능력이 없다.《늑장을 부리는 동생을 보자니 답답해서 혼났다.》4. 걱정이 있거나 일이 잘 안돼 안타깝고 애가 타다.《일이 엉망이 되어서 나도 정말 답답해요.》5. 하는 짓이 꽉 막혀 시원스럽지 못하다.《장대비를 고스란히 맞으며 걸어오다니, 너처럼 답답한 애는 처음 본다.》

답례 (答禮) 남의 인사나 선물에 예의를 갖추어 답하는 것.《답례로 작은 선물을 보냅니다.》**답례하다**

답변 (答辯) 요구나 물음에 대답하는 것. 또는 그 대답.《제 질문에 솔직한 답변을 주십시오.》**답변하다**

답사 말 (答辭) 행사 같은 데서 축하, 환영, 배웅하는 말에 답하는 것. 또는 그런 말.《졸업생 대표가 일어나서 답사를 했다.》**답사하다**

답사 조사 (踏査) 어떤 곳을 찾아가 조사하거나 보고 배우는 것.《백제 유적지 답사》 **답사하다**

답새기다 ▮북 '답새다'를 힘주어 이르는 말.《이제 그만 답새기세요.》

답새다 ▮북 남을 두들겨 패거나 몹시 혼내다.《젊은 장군들은 적군을 답새려고 몹시 별렀다.》

답숙 ▮북 털이나 풀이 촘촘하게 나 있는 모양.《아빠가 수염이 답숙 난 모습으로 출장에서 돌아오셨다.》 **답숙하다**

답습 (踏襲) 옛날부터 전해 내려오는 좋지 못한 것을 그대로 닮거나 따르는 것. **답습하다**《선배들의 잘못된 행동은 답습하지 마라.》

답신 (答信) 편지나 통신을 받고 나서 답으로 편지나 통신을 보내는 것. 또는 답으로 보내는 편지나 통신. ▮회신. **답신하다**《급하니 빨리 답신해 줘.》

답안 (答案) 문제를 보고 내놓은 답. 《시험 답안을 채점하다.》

답안지 (答案紙) 답안을 쓰는 종이.

답장 (答狀) 편지를 받고 나서 답으로 편지를 쓰는 것. 또는 답으로 쓴 편지. 《답장을 보내다.》 **답장하다**

답하다 1.물음에 대해 밝히거나 알려 주다.《나는 공룡에 대해서라면 무엇이든 답할 수 있다.》 2.남의 인사나 대접에 고마움을 나타내다.《선수들은 사람들에게 손을 들어 답했다.》

닷 되, 말, 냥 같은 말 앞에 써서, 다섯을 나타내는 말.《쌀 닷 되/금 닷 냥》

닷새 다섯 날.《닷새 뒤에 보자.》

당 무리 (黨) → 정당.

당 단맛 (糖) → 당류.

당근

–당 붙는 말 (當) 낱말 뒤에 붙어, '마다'라는 뜻을 더하는 말.《한 사람당 사과를 네 개씩 나누어 줄게.》

당겨오다 ▮북 정해진 때보다 앞당기다.《방학을 두 달쯤 당겨오면 좋겠다.》

당고모 (堂姑母) → 종고모.

당구 (撞球) 네모난 대 위에 공 여러 개를 놓고 막대 끝으로 치는 놀이.

당국 (當局) 어떤 일을 맡아서 하는 공공 기관이나 정부 부서.《보건 당국》

당근 밭에 심어 가꾸는 뿌리채소. 뿌리가 긴 원뿔처럼 생겼고 불그스름하다. ▮홍당무.

당기다 1.어떤 것을 끌어서 가까이 오게 하다.《의자를 앞으로 당겨서 바로 앉아라.》 2.정해진 때를 앞으로 옮기다.《날씨가 추워지니 대청소 날짜를 당기는 것이 좋겠다.》 ▮미루다. 3.마음이 끌리거나 입맛을 돋우다.《냉잇국 냄새가 입맛을 당긴다.》

당김음 한 마디 안에서 센박과 여린박의 자리가 바뀌는 일.

당나귀 집짐승 가운데 하나. 말과 비슷하나 조금 작고 귀가 길다. 짐을 실어 나르는 데 흔히 쓴다. ▮나귀.

당나라 618년부터 907년까지 중국에 있던 나라.

당뇨 (糖尿) 1.당분이 많이 섞여 나오는 오줌. 2.→ 당뇨병.

당뇨병 (糖尿病) 오줌에 당분이 많이 섞여 나오는 병. ▮당뇨.

당단풍나무 산에서 자라거나 뜰에 심어 가꾸는 잎지는나무. 봄에 붉은 꽃이 피고, 가을에 껍질이 날개처럼 생긴 열매를 맺는다. 나무는 가구나 악기를 만

당단풍나무

든다. **북**넓은잎단풍나무.

당당하다 1.망설임이나 거리낌 없이 떳떳하다.《나는 잘못이 없다고 당당하게 말했다.》 2.몸집이나 건물이 우람하고 아주 크다.《절 마당에 칠층탑이 당당하게 서 있다.》 3.힘이나 기세가 대단하다.《광개토 대왕이 다스릴 적에는 고구려 위세가 당당했다.》

당대 (當代) 1.어떤 사람이 살던 그 시대.《김홍도는 당대 최고의 화가였다.》 2.우리가 사는 지금 이 시대.《우리 당대에 꼭 통일이 되어야 할 텐데.》

당도 (糖度) 과일이나 마실 거리 같은 것이 맛이 단 정도.《날이 가물면 과일의 당도가 높아진다고 한다.》

당도하다 어떤 곳에 다다르다.《탐험 대원들이 무사히 동굴에 당도했다.》

당돌하다 1.거리낌 없이 다부지다. 2. 주제넘고 건방지다.《어른들 일에 함부로 끼어들다니 당돌한 녀석일세.》

당류 (糖類) 물에 잘 녹고 단맛이 있는 탄수화물. **같**당.

당면 눈앞 (當面) 지금 바로 눈앞에 마주한 것.《당면 과제》 **당면하다**

당면 먹을거리 (唐麵) 감자나 고구마 녹말로 만든 국수.《당면을 삶다.》

당백전 (當百錢) 조선 고종 때(1866년) 만든 엽전. 흥선 대원군이 경복궁을 다시 짓는 데 필요한 비용을 마련하려고 찍어 냈다.

당번 (當番) 여럿이 돌아가면서 하는 일에서 그 일을 할 차례가 된 사람.《이번 주 청소 당번은 나다.》

당부 (當付) 남에게 어떤 일을 해 달라고 단단히 부탁하는 것. 또는 그 부탁.

당비파

당부하다《동무에게 비밀을 지켜 달라고 당부했다.》

당분 (糖分) 단맛이 나는 성분.

당분간 (當分間) 앞으로 얼마 동안.《당분간 할머니 댁에서 지내요.》

당비파 (唐琵琶) 뜯는 국악기 가운데 하나. 나무로 짠 길고 둥근 몸에 줄이 네 개 있고 목 부분이 'ㄱ'자 모양으로 굽었다.

당사자 (當事者) 어떤 일에 직접 관계된 사람.《싸운 당사자들이 손잡고 화해를 해야지.》 **참**제삼자.

당산 (堂山) 마을을 지켜 주는 신령이 깃들어 있다고 여기는 산이나 언덕.

당산나무 마을을 지켜 주는 신령이 깃들어 있다고 여겨서 모시는 나무.

당선 (當選) 선거, 심사, 선발 대회 같은 데서 뽑히는 것.《이번 반장 선거는 규현이의 당선이 거의 확실하다.》 **반**낙선. **당선하다 당선되다**

당선자 (當選者) 선거, 심사, 선발 대회 같은 데서 뽑힌 사람.

당선작 (當選作) 솜씨를 겨루는 대회에서 우수하여 뽑힌 작품.

당선증 (當選證) 어떤 사람이 선거에서 당선하였다는 것을 나타내는 종이.

당숙 (堂叔) 아버지의 사촌 형제.

당시 (當時) 어떤 일이 일어난 바로 그때.《당시 우리 집은 형편이 아주 어려웠어요.》

당신 (當身) 1.듣는 이를 조금 높여 이르는 말.《당신은 어디에서 오셨나요?》 2.부부나 사랑하는 사람이나 가까운 사람들 사이에서 서로 상대방을 이르는 말.《멀리 떨어져 있으니 당신이 그리워요.》 3.싸울 때 상대방을 낮추어 이르는 말.《당신이 뭔데 나한테 이래라저래라 하는 거요?》 4.웃어른이 없는 자리에서 그 웃어른을 높여 이르는 말.《어제 선생님을 찾아뵈었는데, 당신께서 손수 가꾸신 수박을 내오셔서 아주 잘 먹었어요.》

당연하다 그렇게 하는 것이 마땅하다.《거짓말을 했으니 형이 나에게 화내는 것은 당연한 일이야.》 **당연히**

당원 (黨員) 정당에 든 사람.

당의 (唐衣) 조선 시대에 여자가 저고리 위에 갖추어 입던 덧옷.

당일 (當日) 1.바로 그날.《입학 당일에 교복을 받았다.》 2.그날 하루.《아빠가 당일로 부산에 다녀오셨다.》

당일치기 일을 그날 하루 동안에 다 끝내는 것.《당일치기로 공부해서 어떻게 시험을 잘 보겠니?》

당장 (當場) 1.어떤 일이 일어난 바로 그 자리나 그때.《줄넘기를 해도 효과가 당장에 나타나지는 않아.》 2.지금 바로.《당장 나무에서 내려와!》

당장 먹기엔 곶감이 달다 **속담** 지금 당장에는 좋고 편한 것을 좇지만 그것은 잠깐뿐이고 늘 좋을 수는 없으므로 정말로 이로운 것이 아니라는 말.

당쟁 (黨爭) 당파를 이루어서 하는 싸움.《당쟁을 일삼다.》

당적 (唐笛) 악기 '소금'을 잘못 쓴 말.

당직 (當直) 일터에서 밤에 건물이나 시설 들을 지키는 것. 일하는 사람끼리 차례를 정해 놓고 돌아가면서 한다.《아버지는 오늘 당직이라 못 들어오신대요.》 **당직하다**

당피리

당질 (糖質) 당분이 들어 있는 물질.

당집 신령을 모시는 집.

당차다 나이나 몸집에 비해서 행동이나 태도가 씩씩하고 야무지다.《제 동생은 덩치는 작지만 아주 당차요.》

당찮다 어떤 말이나 행동이 사리에 어긋나다.《너만 미워한다니 그 무슨 당찮은 소리냐?》

당첨 (當籤) 제비뽑기나 추첨에서 뽑히는 것.《복권 당첨》 **당첨되다**

당초 (當初) 처음 시작한 그때.《당초에는 학생이 얼마 없었어.》 **비애초.**

당초무늬 덩굴 줄기들이 뻗어 나가는 꼴을 나타낸 무늬.《당초무늬 도자기》

당파 (黨派) 정치에서 뜻을 같이하는 사람들이 힘을 모아 자기들 뜻을 펼치려고 이룬 무리.《정조 임금은 당파에 관계없이 인재를 뽑아 썼습니다.》

당피리 부는 국악기 가운데 하나. 대나무 통에 구멍을 여덟 개 뚫어 만든다. 부는 구멍에 대나무 껍질을 얇게 오린 조각을 꽂아서 분다.

당하다 **겪다** 좋지 않은 일을 겪다.《뛰다가 바지가 흘러내려 창피를 당했다.》

당하다 **맞서다** 1.맞서서 이겨 내다.《우리 식구 중에는 동생의 고집을 당해 낼 사람이 없다.》 2.어렵거나 힘든 일을 맡아서 잘 해내다.《나 혼자서는 도저히 그 일을 당해 낼 수가 없어.》

–당하다 **붙는 말** 어떤 낱말 뒤에 붙어, '그렇게 되다', '그런 일을 겪다'라는 뜻을 더하는 말.《거절당하다/무시당하다/이용당하다》

당혹스럽다 갑자기 어떤 일을 당하여 놀라고 난처하다. **바**당혹스러운, 당혹

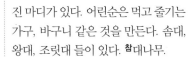

스러워, 당혹스럽습니다.

당황스럽다 꽤 당황한 느낌이 있다. 《아이들의 짓궂은 질문에 교생 선생님은 당황스러운 눈치셨다.》 바당황스러운, 당황스러워, 당황스럽습니다.

당황하다 너무 뜻밖의 일이라 놀라서 어찌할 바를 모르다. 《네가 갑자기 들어와서 당황했잖아.》

닻 배를 세워 두는 데 쓰는 갈고리 꼴 쇠붙이. 밧줄이나 쇠줄에 매어 물 밑바닥에 던져 박아 둔다. 《닻을 내리다.》

닻줄 닻을 매단 줄.

닿다 1. 떨어져 있던 것이 맞붙어서 사이에 빈틈이 없어지다. 《한 걸음 옆으로 움직이자 누나 팔이 내 팔에 닿았다.》 2. 떨어져 있는 다른 것에 이르다. 《칼은 아기 손이 닿지 않는 곳에 두어라.》 3. 어떤 곳에 다다르다. 《배를 타고 30분이 지나서야 섬에 닿았다.》 4. 좋은 기회가 생기거나 행운이 따르다. 《기회가 닿으면 꼭 백록담에 올라가 보고 싶다.》 5. 힘, 능력, 형편 같은 것이 미치다. 《네가 부탁하면 힘이 닿는 데까지 열심히 도와줄게.》 6. 말이나 글의 내용이 이치에 들어맞다. 《날씨가 영하인데 비가 내린다는 말은 이치에 닿지 않는다.》

닿소리 숨이 혀, 입술, 이 같은 것에 닿으면서 나는 소리. ㄱ, ㄲ, ㄴ, ㄷ, ㄸ, ㄹ, ㅁ, ㅂ, ㅃ, ㅅ, ㅆ, ㅇ, ㅈ, ㅉ, ㅊ, ㅋ, ㅌ, ㅍ, ㅎ이다. 같자음. 참홀소리.

대 나무 산과 들에 절로 자라거나 보고 즐기려고 심어 가꾸는 풀. 잎이 사철 푸르고 키가 크다. 줄기는 단단하고 곧게 뻗어 자라는데, 속이 비었고 두드러

대_나무

진 마디가 있다. 어린순은 먹고 줄기는 가구, 바구니 같은 것을 만든다. 솜대, 왕대, 조릿대 들이 있다. 참대나무.

대 막대기 1. 막대기처럼 가늘고 긴 물건. 또는 그것을 세는 말. 《화살 다섯 대》 2. 때리거나 맞는 횟수를 세는 말. 《까불다가 선생님께 꿀밤 한 대 맞았다.》 3. 주사를 놓거나 맞는 횟수를 세는 말. 《병원에서 주사를 두 대나 맞았다.》

대 줄기 풀이나 나무의 줄기. 《이 풀은 다른 풀보다 대가 굵다.》

대 혈통 어떤 사람의 의지나 성격을 나타내는 말. 《우리 집안에는 대가 곧은 선비들이 많았다고 한다.》

대 세는 말 (臺) 자동차, 비행기, 기계, 악기 들을 세는 말. 《피아노 한 대》

대 큰 것 (大) 크기에 따라 나눈 것 가운데 큰 쪽을 이르는 말. 《옷에는 대, 중, 소가 있다.》

대 핏줄 (代) 1. 조상 때부터 이어져 내려오는 핏줄. 《대를 잇다. / 대가 끊기다.》 2. 조상에서 자손까지 이어져 내려오는 차례를 세는 말. 《3대 독자》 3. 누가 나라를 다스리거나 한 나라가 있던 동안. 《경국대전은 성종 대에 완성됐다.》 4. 나이를 열 살씩 나누어 세는 말. 《70대 할아버지를 도와 드렸다.》

대 견줌 (對) 1. 경기나 전쟁에서 서로 맞서는 상태를 나타내는 말. 《청군 대 백군》 2. 수나 양을 견주는 데 쓰는 말. 《축구 시합에서 우리 반이 5대 0으로 크게 이겼다.》

대-붙는 말 (大) 어떤 낱말 앞에 붙어, '큰', '뛰어난'이라는 뜻을 더하는 말. 《대규모/대성공/대가족》

대가 값 (代價) 1.일을 한 값으로 받는 돈.《옆집 형이 대가도 없이 모내기를 도와주었다.》 2.일의 결과를 얻는 데 들이는 노력이나 희생.《집안을 일으키려면 많은 대가를 치러야 한다.》

대가 사람 (大家) 학문이나 예술 분야에서 뛰어난 능력과 업적이 있는 사람.《할아버지는 옻칠의 대가이시다.》

대가리 1.사람 '머리'를 점잖지 못하게 이르는 말. 2.짐승이나 생선 머리.《북어 대가리》 3.길쭉하게 생긴 물건의 맨 앞이나 꼭대기.《콩나물 대가리》

대가야 (大伽倻) 여섯 가야 가운데 경상북도 고령에 있던 나라.

대가족 (大家族) 1.할아버지, 아버지, 아들로 이어지는 여러 세대가 한집에 모여 사는 가족. 참핵가족. 2.식구가 많은 가족.《우리 집은 여덟 명이 함께 사는 대가족이다.》 반소가족.

대각선 (對角線) 다각형에서 서로 이웃하지 않는 두 꼭짓점을 잇는 직선.

대감 (大監) 조선 시대에 높은 벼슬아치를 이르던 말.

대강 (大綱) 1.큰 줄거리.《그 사건의 대강은 저도 잘 압니다.》 2.중요한 부분만 간단히. 3.꼼꼼하게 하지 않고 건성으로.《나는 대강 머리를 빗고 옷을 입었다.》 비대충. 북걸써.

대개 (大槪) 거의 모두.《남자 아이들은 대개 축구를 좋아한다.》 비대부분.

대걸레 바닥을 닦는 데 쓰는 걸레. 긴 막대 자루 끝에 걸레가 달려 있다.

대검 (大劍) 무기로 쓰는 큰 칼. 양쪽에 날이 있다. 북날창.

대검찰청 (大檢察廳) 우리나라의 으뜸 검찰청. 지방 검찰청과 고등 검찰청을 지휘하고 감독한다. 북중앙검찰소.

대게

대게 동해 찬 바다에 사는 게. 등딱지가 둥근 세모꼴이고 다리가 길다.

대견스럽다 아랫사람이 하는 일이나 모습이 꽤 대견하다.《열심히 일을 돕는 동생이 대견스럽다.》 바대견스러운, 대견스러워, 대견스럽습니다.

대견하다 아랫사람이 하는 일이나 모습이 자랑스럽고 훌륭하다.《동생을 생각하는 네 마음이 참 대견하구나.》 비기특하다.

대결 (對決) 어느 쪽이 나은지 가리려고 맞서서 겨루는 것.《정정당당하게 대결을 벌이자.》 대결하다

대경실색 (大驚失色) 몹시 놀라 얼굴이 하얗게 질리는 것. 대경실색하다

대고

대고 (大鼓) 치는 국악기 가운데 하나. 나무나 쇠로 된 테에 가죽을 메운 큰 북인데, 방망이로 쳐서 소리를 낸다.

대공 (對空) 땅에서 공중에 있는 목표물을 상대하는 것.《대공 사격》

대공원 (大公園) 규모가 큰 공원.

대공후 (大箜篌) 뜯는 국악기 가운데 하나. 백제 음악에 쓰던 것으로, 백제 때 전해진 것이 일본에 남아 있다.

대관령 (大關嶺) 강원도 강릉과 평창에 걸쳐 있는 고개.

대관절 (大關節) 간단히 말해서. 궁금하고 답답하여 물을 때 쓴다.《대관절 어디 갔다 이제야 온 거야?》 비대체, 도대체.

대괄호 (大括弧) 묶음표 안의 말이 바깥 말과 소리가 다를 때나 묶음표 안에 또 묶음표가 있을 때 쓰는 문장 부호.

'[ ]'의 이름이다.

대교 (大橋) 크고 긴 다리.

대구 물고기 깊은 바다에 사는 바닷물고기. 잿빛이 도는 옅은 갈색에 배가 희고, 입과 머리가 크다. 뭍에 가까운 얕은 바다에서 알을 낳는다.

대구_물고기

대구 땅 이름 (大邱) 영남 지방 가운데쪽에 있는 광역시. 섬유 공업을 비롯한 공업이 발달하였고, 사과가 많이 난다. 경상북도 도청이 있다.

대국 나라 (大國) 군대의 힘이 세고 돈이 많은 나라. 또는 땅이 넓고 인구와 자원이 많은 나라. 반소국.

대국 바둑 (對局) 바둑이나 장기를 두는 것.《바둑 대국》**대국하다**

대군 군사 (大軍) 병사 수가 아주 많은 군대.《수나라 백만 대군이 고구려에 쳐들어온 적이 있다.》

대군 사람 (大君) 조선 시대에 왕과 왕비 사이에서 태어난 아들 이름 뒤에 붙이던 말.《충녕 대군/양녕 대군》

대굴대굴 작은 물건이 자꾸 구르는 모양.《공이 대굴대굴 굴러 갑니다.》

대권 (大權) 나라의 우두머리가 나라를 다스릴 수 있게 헌법으로 정한 권한.《대권에 도전하다./대권을 잡다.》

대권 항로 (大圈航路) 지구 위의 두 곳을 가장 짧게 이어서 비행기나 배가 다니는 길.

대궐 (大闕) 옛날에 왕이 살면서 나라를 다스리던 큰 집. 비궁궐.

대규모 (大規模) 일의 짜임새와 테두리가 아주 큰 것. 반소규모.

대극 산과 들에 자라는 풀. 6월에 노르스름한 풀색 꽃이 피고, 겉에 혹이 달

대나물

대극

린 열매가 열린다. 뿌리를 약으로 쓴다. 북버들옻.

대금 돈 (代金) 물건 값으로 치르는 돈. 또는 물건 값.《우유 대금》

대금 악기 (大笒) 부는 국악기 가운데 하나. 대나무 통에 구멍을 열세 개 뚫어 만들고, 가로로 잡고 분다. 같대함.

대금_악기

대기 공기 (大氣) 질소, 산소, 이산화탄소 같은 것이 뒤섞여 지구를 둘러싸고 있는 기체. 비공기.

대기 기다림 (待機) 때나 기회를 기다리는 것.《사고에 대비하여 구급차가 대기 중이다.》**대기하다**

대기권 (大氣圈) 지구를 둘러싼 여러 기체가 퍼져 있는 곳.

대기실 (待機室) 대기하는 사람이 머무를 수 있게 마련한 방. 북기다림칸.

대기 오염 (大氣汚染) 사람 건강에 해로울 만큼 공기가 더러워지는 것. 공장 연기, 자동차 매연, 프레온 가스 들이 일으킨다.

대기층 (大氣層) 지구를 둘러싸고 있는 공기 층.

대길 (大吉) 운수가 아주 좋은 것.

대꾸 남의 말을 받아서 말하는 것. 또는 그 말.《영수는 내 물음에 아무 대꾸도 하지 않고 밖으로 나갔다.》비말대꾸. **대꾸하다**

대나무 '대'를 나무로 여겨 이르는 말.《대나무 젓가락》참대.

대나물 산과 들의 양지바른 땅에 자라는 풀. 잎은 버들잎처럼 길쭉하고, 초여름에 흰 꽃이 가지 끝에 소복이 핀다. 뿌리는 약으로 쓰고 어린잎은 먹는다. 북마디나물.

대낮 해가 하늘 가운데에 있어 밝은 낮. 《소나기가 오려는지 대낮인데도 어둑어둑했다.》 비한낮.

대농갱이 강물 속 모래나 진흙에 사는 민물고기. 짙은 갈색 몸통에 얼룩무늬가 있고, 입가에 수염이 네 쌍이 있다.

대농갱이

대놓고 사람을 앞에 두고도 아무 거리낌 없이. 《수진이 잘못이 크긴 해도 대놓고 욕할 수는 없을 것 같아.》

대뇌 (大腦) 뇌에서 가장 큰 부분. 반으로 자른 공처럼 생겼고, 오른쪽과 왼쪽에 하나씩 있다. 같큰골.

대님 한복 바지를 입을 때 바짓가랑이 끝 부분을 발목에 졸라매는 끈. 《대님을 치다.》 북고매끼.

대다 닿다 1.몸이나 물건을 어떤 것에 닿게 하다. 《자를 대고 선을 곧게 그려라.》 2.평평한 것에 다른 것을 덧붙이거나 아래에 두다. 《종이 밑에 책받침을 대고 글씨를 썼다.》 3.남한테 돈이나 물건을 마련해 주다. 《아빠가 고모의 학비를 대어 주었다.》 4.정해진 때에 닿거나 늦지 않게 하다. 《기차 출발 시각에 대려면 서둘러.》 5.다른 것과 견주다. 《네 신발은 내 것에 대면 조금 작은 편이다.》 6.어떤 일에 까닭이나 구실을 들다. 《약속을 어긴 애가 사과하지는 않고 핑계만 대서 더 화가 났다.》 7.자전거, 자동차, 배 같은 탈것을 어떤 곳에 세우다. 《사공 아저씨가 배를 나루터에 댔다.》 8.필요한 곳에 물을 끌어 오다. 《삼촌들은 논에 물을 대느라 몹시 바쁘다.》 9.'-아', '-어' 꼴 뒤에 써서, 같은 짓을 거듭하는 모양을 나타내는 말. 《동생이 하루 내내 울어

대기만 한다.》

– 대다 거리다 → –거리다. 《넘실대다/우쭐대다/출랑대다》

대다수 (大多數) 거의 모두. 또는 아주 많은 수. 《우리 반 아이들 대다수가 감기에 걸렸다.》 반극소수.

대단원 (大團圓) 영화, 연극, 소설 들에서 모든 일이 마무리되는 마지막 부분. 사건이나 갈등이 다 풀리고 이야기가 끝난다. 《숨죽이게 만든 사건이 드디어 대단원의 막을 내렸다.》 비대미.

대단하다 1.아주 크거나 많다. 《반 아이들이 나한테 거는 기대가 대단하다.》 2.능력이나 수준이 아주 뛰어나다. 《조그만 아이가 힘이 정말 대단하구나.》 3.아주 중요하다. 《무슨 대단한 일이 벌어졌기에 친척들이 다 모였을까?》 4.정도가 몹시 심하다. 《찬우가 그렇게 대단하게 고집을 피울 줄은 몰랐어.》 대단히

대담 (對談) 어떤 일을 두고 서로 이야기를 나누는 것. 대담하다

대담하다 어떤 일도 겁내지 않고 해낼 만큼 용감하다. 《보미는 높은 계단에서 대담하게 뛰어내렸다.》

대답 (對答) 묻는 말이나 부르는 소리에 답하여 말하는 것. 또는 그 말. 《형은 대답을 듣지도 않고 화부터 냈다.》 비답, 응답. 반물음, 질문. 대답하다

대대로 여러 대를 이어서. 《조상 대대로 내려온 소중한 유산》

대대손손 (代代孫孫) 여러 대에 걸쳐서 이어져 오는 한 핏줄. 《우리 집안은 이 마을에서 대대손손 살아왔다.》 같자손만대, 자자손손.

대대적 (大大的) 벌이는 일의 테두리가 아주 큰. 또는 그런 것.

대도시 (大都市) 사람이 많이 살고 있는 큰 도시.

대독 (代讀) 다른 사람을 대신해서 축사나 기념사 같은 것을 읽는 것. **대독하다** 《축사를 대독하겠습니다.》

대동 (大東) 옛날에 우리나라를 이르던 말. '동방의 큰 나라'라는 뜻이다.

대동강 (大同江) 평안남도를 흐르는 강. 소백산에서 시작하여 서해로 흘러들어간다.

대동맥 (大動脈) 심장에서 피를 내보내는 큰 핏줄. **참**대정맥.

대동문 (大同門) 평양에 있는 평양성 동쪽 문. 고구려 때 처음 세웠고, 조선 중기에 다시 세웠다. 평양성의 여섯 성문 가운데 가장 크다. 북녘 국보이다.

대동법 (大同法) 조선 중기와 후기에 세금으로 내던 특산물을 쌀로 맞추어 내게 한 제도. 지역에 따라 쌀 대신에 베를 거두기도 하였다.

대동소이하다 큰 차이 없이 거의 같다. 《아이들 의견이 대동소이합니다.》

대동여지도 (大東輿地圖) 조선 철종 때(1861년) 김정호가 만든 우리나라 지도. 27년 동안 온 나라를 구석구석 살펴서 크고 정확하게 만들었다. 보물 제850호. **같**동여도.

대두 콩 → 콩.

대두 나타남 (擡頭) 어떤 것이 두드러지게 나타나는 것. **대두하다** 《환경오염이 심각한 사회 문제로 대두하였다.》 **대두되다**

대들다 윗사람의 말이나 생각을 따르

대동여지도

지 않고 맞서다. 《6학년 언니에게 대들었다가 혼만 났다.》 **바**대드는, 대들어, 대듭니다.

대들보 천장 한가운데를 가로지르는 큰 나무. 지붕을 떠받친다.

대등 (對等) 서로 맞먹거나 비슷한 것. **대등하다** 《우리나라 탁구 선수들은 중국 선수들과 대등한 경기를 펼쳤다.》

대뜸 앞뒤 가리지 않고 바로. 《언니는 나를 보자마자 대뜸 화부터 냈다.》

대란 (大亂) 큰 난리나 소동. 전쟁이나 홍수, 태풍, 지진, 화재 같은 것이 일어나서 벌어지는 큰 혼란을 이른다.

대략 (大略) 1.중요한 줄거리만 뽑아서 추린 것. 또는 중요한 줄거리만 대강. 《이 사건의 대략은 다음과 같습니다.》 2.어림잡아서. 《저 산에 오르는 데 대략 몇 시간이나 걸릴 것 같아?》

대략적 (大略的) 전체에서 큰 줄거리만 뽑은. 또는 그런 것.

대량 (大量) 많은 양. 《대량 생산》

대련 (對鍊) 태권도, 유도 같은 격투기에서 두 사람이 서로 겨루며 기술을 익히는 것. 《태권도 대련》 **대련하다**

대령 (待令) 1.윗사람이 일 시키기를 기다리는 것. 《아씨, 소인 대령이옵니다.》 2.물건을 마련하여 가져다주는 것. 《마마께서 가마 대령을 명하셨다.》 **대령하다**

대로 그처럼 1.앞에 나온 말과 다름없음을 나타내는 말. 《할아버지가 가르쳐 주신 대로 낫질을 했더니 풀이 잘 베어졌다.》 2.어떤 일이 일어나거나 끝나면 이어서 바로. 《소나기가 그치는 대로 밖에 나가서 놀자.》 3.어떤 일이 일어나거나 기회가 생길 때마다 모두. 《그렇게 닥치는 대로 먹다가는 배탈이 날 거야.》 4.상태가 몹시 심하다는 것을 나타내는 말.《점심도 거르고 쏘다녔더니 이제 지칠 대로 지쳤다.》 5.어떤 낱말에 붙어서, 그 말을 따르는 것을 나타내는 말.《법대로/뜻대로》

대로 큰길(大路) → 큰길.

대록-ㅣ북 작은 눈알을 귀엽게 굴리는 모양. **대록거리다 대록대다 대록대록**《아기가 눈알을 대록대록 굴리면서 장난감을 쳐다본다.》

대롱 물건 속이 비고 가느다란 둥근 도막.《비눗방울이 대롱에 매달려 있다.》

대롱-흔들림 작은 물건이 매달려서 가볍게 흔들리는 모양. **대롱거리다 대롱대다 대롱대롱**《감나무에 탐스러운 감이 대롱대롱 달려 있다.》

대류(對流) 기체나 액체가 열을 받아 온도가 높아지면 위로 올라가고 온도가 낮아지면 아래로 내려오는 움직임을 되풀이하는 현상.

대류 상자(對流箱子) 찬 곳과 더운 곳 사이에서 공기가 어떻게 움직이는지 관찰하려고 만든 상자.

대륙(大陸) 넓고 큰 땅덩어리. 아시아, 아프리카, 북아메리카, 남아메리카, 유럽, 오스트레일리아, 남극 대륙이 있다.

대륙밭쥐 높은 산에 사는 쥐. 등은 누런 갈색이고 배는 희다.

대륙붕(大陸棚) 육지나 큰 섬에 잇대어 있는 바다 속의 가파르지 않은 땅.

대륙성 기후(大陸性氣候) 바다에서 멀리 떨어진 넓은 땅에 나타나는 기후.

대륙송사리

대륙율모기

대륙종개

여름과 겨울, 낮과 밤의 온도 차가 크고 비가 적게 온다. 참해양성 기후.

대륙송사리 얕고 물살이 약한 강이나 저수지, 늪에 사는 민물고기. 몸은 잿빛 갈색이고, 배는 빛깔이 훨씬 밝다.

대륙율모기 논이나 얕은 못에 사는 뱀. 몸통은 짙은 갈색이고 목에 옅은 띠무늬가 있다.

대륙적(大陸的) 1.대륙에만 특별히 있는. 또는 그런 것. 2.생각의 폭이 넓고 깊은. 또는 그런 것.

대륙종개 자갈이나 모래가 깔린 강에 사는 민물고기. 몸은 누런 갈색을 띠는 원통 꼴이고, 꼬리 쪽으로 갈수록 옆으로 납작하다.

대리(代理) 남을 대신해서 일이나 책임을 맡는 것.《대리 운전》**대리하다**

대리 공사(代理公使) 1.공사 다음가는 외교관. 2.공사가 일을 할 수 없을 때 임시로 그 일을 대신하는 사람.

대리석(大理石) 석회암이 열과 힘을 받아서 바뀐 바위 가운데 하나. 색과 무늬가 아름다워서 집을 짓거나 조각하는 데 많이 쓴다. 같대리암.

대리암(大理巖) → 대리석.

대리인(代理人) 남을 대신해서 일이나 책임을 맡는 사람.《법정 대리인》

대리점(代理店) 어떤 회사의 상품을 도맡아 팔아 주는 가게.

대립(對立) 의견이나 주장이 맞지 않아 서로 맞서는 것.《닭이 먼저냐 달걀이 먼저냐를 놓고 의견 대립이 있었다.》비대치. **대립하다 대립되다**

대마도(對馬島) → 쓰시마 섬.

대마초(大麻草) 삼의 마른 이삭이나

대류 상자

잎. 담배처럼 피우면 환각 작용이 일어 난다고 한다.

대만원 (大滿員) 발 디딜 틈 없이 사람으로 꽉 차는 것. 《퇴근 시간대라 전철 안은 대만원이다.》

대맛조개 모래 갯벌에 사는 조개. 껍데기가 길쭉한 네모꼴이고, 맛조개보다 크다.

대맛조개

대망 기다림 (待望) 몹시 기다리고 바라는 것. 《대망의 여름 방학이 왔다.》

대망 꿈 (大望) 큰일을 이루어 보겠다는 꿈. 《그 선생님은 조국을 통일하겠다는 대망을 품었다.》

대머리 머리털이 많이 빠져서 살갗이 드러난 머리. 또는 그런 사람.

대면 (對面) 만나서 얼굴을 마주하는 것. 《오늘은 담임선생님과 첫 대면을 하는 날이다.》 **대면하다**

대명사 (代名詞) 1.'나', '우리', '저것', '여기'처럼 사람, 사물, 장소의 이름을 대신하는 데 쓰는 낱말. 2.무엇의 특징을 가장 잘 나타내는 본보기. 《김치는 우리나라 전통 음식의 대명사라고 할 수 있지요.》

대목 명절 명절 같은 특별한 날을 앞두고 물건이 많이 팔리는 때. 《추석 대목이어서 시장에 사람들이 붐빈다.》

대목 부분 이야기, 글, 노래, 연극, 영화들이나 어떤 사건의 부분. 《심청이가 팔려 가는 대목에서 눈물을 흘렸다.》

대못 길고 굵은 못. 《대못을 박다.》

대문 (大門) 집이나 궁궐이나 성벽에 세워져 사람이나 수레 같은 것이 드나드는 큰 문.

대문자 (大文字) 로마자에서 큰 꼴로 쓰는 글자. 'A', 'B', 'C' 같은 것이다.

대물렌즈 현미경이나 망원경에서 물체에 가까운 쪽 렌즈. 참접안렌즈.

대물리다 가업, 땅, 재물, 벼슬 같은 것을 자손에게 물려주다. 《아버지는 할아버지한테 선산을 대물려 받았다.》

대미 미국 (對美) 미국을 상대로 하는 것. 《대미 관계/대미 무역/대미 수출》

대미 마무리 (大尾) 행사나 공연 들에서 마지막 마무리. 《모닥불로 축제의 대미를 장식했다.》 비대단원.

대바구니 가늘게 쪼갠 대를 엮어서 만든 바구니. 흔히 곡식, 과일, 채소 들을 담는 데 쓴다.

대바늘 뜨개질하는 데 쓰는 대나무 바늘. 끝이 곧고 뾰족하다.

대바늘뜨기 대바늘로 털옷 같은 것을 뜨는 일.

대바르다 ㅣ북 1.자기 생각이나 주장이 똑바르고 분명하다. 《우리 오빠는 어른 앞에서도 대바르게 말을 한다.》 2.마음이나 됨됨이가 곧고 바르다. 《할머니는 옆집 형이 무척 대바른 청년이라고 칭찬하신다.》 빠대바른, 대발라, 대바릅니다.

대발 햇볕을 가리거나 방 안이 안 보이게 밑으로 내려뜨리는 물건. 가늘게 쪼갠 대나무를 실로 엮어서 만든다.

대방광불화엄경 (大方廣佛華嚴經) 석가모니가 깨달은 내용을 밝혀 쓴 글. '화엄경'이라고도 한다.

대밭 대나무가 많이 자라는 땅.

대번에 머뭇거리지 않고 단숨에. 《엄마는 내 거짓말을 대번에 알아챈다.》

대벌레 숲 속 나무나 풀에 사는 곤충.

대벌레

몸 빛깔은 밤색이나 풀색인데, 가만히 있으면 풀잎이나 작은 나뭇가지처럼 보인다.

대범하다 작고 하찮은 일에 얽매이지 않고 너그럽다.《제 동생은 성격이 대범해서 성을 내는 일이 드뭅니다.》

대법관 (大法官) 대법원 법관.

대법원 (大法院) 우리나라의 으뜸 법원. 지방 법원이나 고등 법원에서 올라온 사건을 마지막으로 판결한다. **북**중앙재판소.

대법원장 (大法院長) 대법원에서 으뜸인 사람.

대변 똥 (大便) ➡ 똥.

대변 다각형 (對邊) 다각형에서 한 변이나 한 각과 마주 대하고 있는 변.

대변인 (代辯人) 어떤 사람이나 모둠을 대신해서 의견을 말하는 사람.

대변하다 어떤 사람이나 모둠을 대신해서 의견을 말하다.

대별 (大別) 특징을 잡아서 큰 테두리로 나누는 것. **대별하다**《식물은 나무와 풀로 대별할 수 있다.》

대보다 크기나 길이를 서로 견주어 보다.《동무와 키를 대보았다.》

대보름 우리나라 명절 가운데 하나. 부럼을 깨물고 오곡밥을 지어 먹고 달맞이, 지신밟기, 쥐불놀이 들을 한다. 음력 1월 15일이다.

대보름날 대보름인 날.

대복 모래나 갯벌에 사는 조개. 대합과 비슷하게 생겼는데, 껍데기는 흰색이나 옅은 갈색이고 푸른 무늬가 있다.

대복

대본 (臺本) 연극이나 영화에서 등장인물의 대사와 동작, 무대 장치, 배경

같은 것을 적어 놓은 글. **비**각본.

대부 (貸付) 은행 같은 금융 기관에서 이자를 받기로 하고 날짜를 정해서 돈을 빌려 주는 것. **비**대출.

대부분 (大部分) 전체에 가까운 수나 양. 또는 거의 모두.《아이들은 대부분 김밥을 싸 왔다.》**비**대개.

대분수 (帶分數) 정수와 진분수의 합으로 이루어진 분수. $1\frac{1}{2}$, $2\frac{3}{4}$ 같은 것이다. **북**데림분수.

대비 견줌 (對比) 1.서로 무엇이 다른지 알아내려고 두 가지를 견주어 보는 것.《성격 대비》 2.물체의 특성을 강조하려고 성질, 모양, 색깔 들이 서로 반대인 것들을 나란히 놓는 것.《색채 대비》**대비하다 대비되다**

대비 준비 (對備) 앞일을 미리 헤아려 준비하는 것.《시험 대비》**대비하다**

대비 사람 (大妃) 먼젓번 임금의 아내.

대사 공무원 (大使) 나라를 대표하여 다른 나라에 나가 있는 으뜸 외교관. **참**공사, 영사.

대사 연극 (臺詞) 영화, 연극, 드라마에서 배우가 하는 말.《대사 연습》

대사 큰일 (大事) ➡ 큰일.

대사 중 (大師) 1.남자 중을 높여 이르는 말. 2.고려 시대와 조선 시대에 덕이 높은 중에게 나라에서 내리던 이름.

대사관 (大使館) 다른 나라에 나가 있는 대사와 관리들이 일을 보는 곳.

대사헌 (大司憲) 고려 시대와 조선 시대 사헌부의 으뜸 벼슬.

대상 큰상 (大賞) 재주나 기술을 겨루는 대회에서 으뜸으로 잘한 작품이나 사람에게 주는 상.

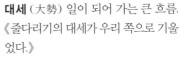

대상 ^{목표} (對象) 상대나 목표로 삼는 것.《조사 대상/연구 대상》

대상 ^{장사꾼} (隊商) 낙타나 말 들에 물건을 싣고 사막이나 초원을 떼 지어 다니는 장사꾼 무리.

대상자 (對象者) 대상이 되는 사람. 《생활 보호 대상자》

대서 (大暑) 한 해를 스물넷으로 나눈 때 가운데 열두째. 한 해 가운데 가장 더운 때라고 한다. 7월 24일쯤이다.

대서양 (大西洋) 오대양 가운데 하나. 유럽, 아프리카와 남아메리카, 북아메리카 사이에 있다.

대서특필 (大書特筆) 신문이나 잡지에서 어떤 일을 크게 다루는 것. **대서특필하다**

대석 (臺石) 1.물건을 떠받치거나 올려놓으려고 바닥에 까는 돌. **북대돌**. 2. 동상이나 돌탑 같은 것을 세울 때 아래에 받치는 돌. **북대돌**.

대설 (大雪) 1.눈이 많이 오는 것.《대설 주의보》2.한 해를 스물넷으로 나눈 때 가운데 스물한째. 한 해 가운데 눈이 가장 많이 내리는 때라고 한다. 12월 8일쯤이다.

대성 (大成) 목적한 일을 이루어 크게 성공하는 것. **대성하다**《열심히 공부하는 걸 보니 앞으로 대성하겠구나.》

대성공 (大成功) 아주 큰 성공.

대성전 (大成殿) 서울 문묘 안에 공자의 위패를 모신 건물.

대성통곡 (大聲痛哭) 큰 소리로 우는 것. **대성통곡하다**

대성황 (大盛況) 행사나 공연 때 사람들이 많이 모이는 것.

대수리

대성전

대세 (大勢) 일이 되어 가는 큰 흐름. 《줄다리기의 대세가 우리 쪽으로 기울었다.》

대소 (大小) 크고 작은 것.

대소변 (大小便) 똥과 오줌.

대소사 (大小事) 크고 작은 온갖 일. 《우리 집안의 대소사는 모두 할머니께서 결정하신다.》

대수 ^{큰일} 대단하거나 중요한 일.《넘어진 게 무슨 대수라고 그렇게 울어?》

대수 ^{숫자} (臺數) 자동차나 기계 같은 것의 개수.《자동차 대수》

대수롭다 묻는 말이나 '않다', '아니다', '없다' 와 함께 써서, 대단하거나 중요하게 여길 만하다.《대수롭지 않은 일이니 걱정 마.》^바대수로운, 대수로워, 대수롭습니다.

대수리 바닷가 바위나 자갈밭에 떼 지어 사는 고둥. 껍데기는 짙은 갈색이고 울퉁불퉁하다.

대숲 대나무 숲을 이룬 곳.

대승 (大勝) 싸움이나 경기에서 크게 이기는 것.《우리 축구팀이 일본에 대승을 거두었다.》^반대패. **대승하다**

대식가 (大食家) 보통 사람에 견주어 음식을 아주 많이 먹는 사람.

대신 ^{바꿈} (代身) 1.다른 사람 일을 자기가 맡는 것. 또는 어떤 것의 기능, 구실을 다른 것이 하는 것.《형 대신 심부름을 다녀왔다.》2.앞서 말한 행동이나 상태와 다르거나 반대가 되는 것을 나타낼 때 쓰는 말.《현아는 눈이 나쁜 대신 기억력이 좋다.》**대신하다**

대신 ^{사람} (大臣) 옛날에 지위 높은 신하를 이르던 말.

대안 (代案) 이미 세운 계획이나 방법을 대신할 만한 더 좋은 것.《내 말에 반대한다면 대안을 내놓아 봐.》

대야 얼굴이나 몸을 씻을 때 쓰는 둥글넓적한 물그릇. **비**세숫대야.

대야

대양 (大洋) 아주 넓고 깊은 바다. 태평양, 대서양, 인도양, 북극해, 남극해들이 있다. **비**대해.

대어 (大魚) 큰 물고기.

대업 (大業) 크고 중요한 사업.

대여 (貸與) 물건이나 돈을 빌려 주는 것.《자전거 대여》**대여하다**

대여금 (貸與金) 은행 같은 금융 기관에서 빌려 주는 돈.

대여료 (貸與料) 남의 것을 빌려 쓰는 값으로 내는 돈.

대여섯 1.다섯이나 여섯.《운동장에서 아이들 대여섯이 놀고 있다.》2.세는 말 앞에 써서, 다섯이나 여섯을 나타내는 말.《아이들 대여섯 명이 모였다.》

대여점 (貸與店) 돈을 받고 물건을 빌려 주는 가게.

대역 연극 (代役) 영화나 연극에서 어떤 배우가 맡은 역을 다른 배우가 대신하는 것. 또는 그 역을 대신하는 배우.

대역 큰 죄 (大逆) 옛날에 왕에게 맞서거나 부모를 죽인 큰 죄를 이르던 말.《대역 죄인은 모두 죽었다고 한다.》

대연회 (大宴會) 많은 사람이 모여 크게 벌이는 잔치.

대열 (隊列) 사람이나 자동차 같은 것이 늘어서서 이룬 줄. **북**대렬.

대영 박물관 (大英博物館) 영국 런던에 있는 박물관.

대오 (隊伍) 무리를 지어 서 있거나 걸을 때 맞추는 줄.

대오리 가늘게 쪼갠 대.《대오리로 엮어 만든 바구니》

대왕 (大王) 1.아주 훌륭한 임금.《세종 대왕/광개토 대왕》2.죽은 임금을 높여 이르던 말.

대외 (對外) 다른 나라나 모임에 관련된 것.《대외 무역》

대용 (代用) 어떤 것 대신에 쓰는 것.《책상 대용/의자 대용》**대용하다**

대우 (待遇) 1.다른 사람을 대하는 방식. 또는 사람을 떠받드는 일.《특별 대우/차별 대우》2.직장에서 주는 급료나 직위의 수준.《삼촌은 대우가 훨씬 나은 회사로 옮겼다.》**대우하다**

대웅전 (大雄殿) 절에서 석가모니 불상을 모신 중심 법당. **비**금당.

대원 (隊員) 부대, 구조대, 소방대, 등반대, 원정대와 같이 이름이 '대'로 끝나는 모임에 든 사람.

대원군 (大院君) 임금의 친아버지이지만 임금이 아니었던 사람에게 주던 벼슬.《흥선 대원군》

대응 (對應) 1.일이나 때에 맞게 행동하는 것.《불이 번지지 않은 것은 소방대원 아저씨의 침착한 대응 덕이다.》2.한쪽과 다른 쪽이 이어져서 짝을 이루는 것.《이 시에서 첫 연과 마지막 연이 대응 관계를 이룬다.》3.수학에서 두 집합의 원소가 정해진 관계에 따라 짝을 이루는 것. 또는 합동인 두 도형의 점, 변, 각이 짝을 이루는 것. **대응하다 대응되다**

대응각 (對應角) 합동이거나 닮은꼴인 도형을 포개었을 때 겹쳐지는 각.

대응변 (對應邊) 합동이거나 닮은꼴인 도형을 포개었을 때 겹쳐지는 변.

대응점 (對應點) 합동이거나 닮은꼴인 도형을 포개었을 때 겹쳐지는 꼭짓점.《대응점을 찾다.》

대응표 (對應表) 여럿이 서로 일정하게 짝을 이루거나 이어지고 있는 여러 경우들을 나타낸 표.

대의 도리 (大義) 사람으로서 마땅히 지켜야 할 도리.《대의를 위해 싸우다./저는 대의를 따르겠습니다.》

대의 줄거리 (大意) 글이나 말 속에 담긴 대강의 뜻.《대의를 파악하다.》

대의명분 (大義名分) 떳떳이 내세울 수 있는 도리나 주장.

대의원 (代議員) 어느 모임을 대표해서 회의에 참석하는 사람.

대이동 (大移動) 사람이나 동물이 한꺼번에 많이 옮겨 가는 것.《늦가을부터 철새들의 대이동이 시작되었다.》

대인 (大人) 어른. 비성인. 반소인.

대일 (對日) 일본을 상대하는 것.《대일 외교 정책》

대입 입학 (大入) '대학교 입학'을 줄인 말.

대입 수학 (代入) 1.다른 것을 대신 넣는 것. 2.수학에서 식에 들어 있는 문자 대신에 수나 식을 넣는 것. **대입하다**

대자대비 (大慈大悲) 한없이 크게 베푸는 것. 불교에서 흔히 쓰는 말이다. **대자대비하다**《대자대비한 부처님》

대자보 (大字報) 여러 사람이 두루 볼 수 있게 크게 써서 벽에 붙인 소식지.

대자연 (大自然) 넓게 펼쳐진 자연.《아프리카 대자연/대자연의 순리》

대작 (大作) 1.뛰어난 작품.《그 작가는 대작을 남기고 세상을 떠났다.》2. 작품의 양, 크기, 범위 들이 많거나 큰 것.《이번 작품은 위인의 일대기를 소재로 한 대작입니다.》

대장 우두머리 (大將) 1.한 무리의 우두머리.《골목대장》2.바르지 못한 짓을 잘하거나 자주 하는 사람을 놀리는 말.《지각 대장/거짓말 대장》

대장 단체 (隊長) 구조대, 탐험대처럼 '대' 자로 끝나는 모임에서 으뜸인 사람.《히말라야 원정 대장》

대장 몸 (大腸) → 큰창자.

대장 장부 (臺帳) 1.땅이나 건물 같은 것이 어디에 있고 어떻게 생겼는지 적은 장부.《토지 대장/건물 대장》2.물건이나 돈 같은 것을 주고받은 내용을 적는 장부.《출납 대장》

대장간 옛날에 쇠를 달구어 칼, 낫, 호미 같은 연장을 만들던 곳.

대장경 (大藏經) 불교의 가르침을 두루 모아 적은 책.

대장균 젖먹이 동물의 창자 안에 사는 막대꼴 세균.

대장부 (大丈夫) 씩씩한 남자. 같장부. 반졸장부.

대장암 (大腸癌) 대장에 생기는 암.

대장장이 대장간에서 쇠를 달구어 칼이나 낫, 호미 같은 연장을 만드는 사람. 북대장쟁이.

대쟁 (大箏) 뜯는 국악기 가운데 하나. 오동나무와 밤나무로 만든 울림통 위에 명주실로 만든 줄을 열다섯 개 매었다. 가야금과 비슷하나 좀 더 크다.

대쟁

대저울 눈금을 새긴 막대에 추를 매단

저울.

대적하다 맞서 싸우거나 겨루다. 《석준이를 대적할 씨름 선수는 없어.》

대전 땅 이름 (大田) 충청도 가운데 쪽에 있는 광역시. 철도와 고속도로가 경상도 쪽과 전라도 쪽으로 갈리는 곳이고, 충청남도 도청이 있다.

대전 싸움 (大戰) 크게 벌어진 전쟁. 《제이 차 세계 대전》

대절 (貸切) 돈을 주고 물건을 통째로 빌리는 것. 《버스 대절》 **대절하다**

대접 그릇 국이나 물을 담는 그릇.

대접 손님 (待接) 1.사람을 맞이할 때 보이는 예의 바른 태도. 《손님 대접》 2.음식을 차려서 손님에게 내놓는 것. 《식사 대접》 **대접하다**

대정맥 (大靜脈) 몸 안에서 흐르는 피를 모아 심장으로 보내는 큰 핏줄. **참**대동맥.

대제 (大祭) 1.큰 제사. 2.조선 시대에 종묘나 사직에서 지내던 큰 제사.

대조 (對照) 1.같은지 다른지 맞추어 보는 것. 《사진 대조》 2.서로 아주 다르게 반대인 것. 《흰옷과 검은 깃이 대조를 이룬다.》 **대조하다 대조되다**

대졸 (大卒) '대학교 졸업'을 줄인 말.

대종교 (大倧敎) 단군을 받들고 한울님을 신으로 섬기는 우리나라 종교. 1909년에 나철이 만들었으며, 독립 운동에 힘을 쏟았다.

대중 가늠 1.어림잡아 헤아리는 것. 《눈대중》 2.어떤 표준이나 기준. 《훈이는 하는 일에 대중이 없어.》 **대중하다**

대중 무리 (大衆) 1.수많은 사람. 《대중 앞에서 연설하다.》 2.여럿이 함께 이

대접_그릇

용하는 것. 《대중문화》

대중가요 (大衆歌謠) 많은 사람이 즐겨 부르는 노래. **같**가요. **북**군중가요.

대중교통 (大衆交通) 버스나 전철처럼 여러 사람이 함께 쓰는 탈것.

대중 매체 (大衆媒體) 많은 사람에게 동시에 정보를 전달하는 신문, 잡지, 텔레비전, 라디오, 영화 같은 것. **같**매스 미디어.

대중없다 딱히 정해 놓은 기준이 없다. 《수탉이 대중없이 울어서 시끄럽다.》

대중화 (大衆化) 많은 사람이 함께하게 만드는 일. 《그 선생님은 전통 놀이의 대중화에 앞장섰다.》 **대중화하다**

대지 땅 (大地) 크고 넓게 펼쳐진 땅. 《저 풍요로운 대지를 보라.》

대지 건물 (垈地) 건물을 지을 수 있거나 건물이 들어서게 허가를 받은 땅.

대질 (對質) 얼굴을 맞대고 누구 말이 옳은지 서로 따지게 하는 것. **대질하다**

대쪽 1.대를 쪼갠 조각. **북**대쪼각. 2.성미가 곧고 꼿꼿한 것을 빗대어 이르는 말. 《대쪽 같은 선비》

대책 (對策) 문제를 해결하는 데 알맞은 방법이나 계획. 《수해 복구 대책》

대처 (對處) 어렵거나 중요한 일을 해결하기에 알맞은 행동을 하는 것. 《대처 방안을 세우다.》 **대처하다**

대척점 (對蹠點) 지구 중심을 사이에 두고 서로 반대쪽에 있는 곳.

대첩 (大捷) 크게 이긴 전쟁. 《살수 대첩/한산도 대첩》

대청 (大廳) 안방과 건넌방 사이에 있는 넓은 마루. **같**대청마루.

대청마루 → 대청.

대청봉 (大靑峯) 설악산에서 가장 높은 봉우리.

대청소 (大淸掃) 모든 사람이 나서서 구석구석 하는 청소. **대청소하다**

대체 대관절 (大體) 궁금하고 답답하여 물을 때 쓰는 말.《대체 왜 화를 내는 거지?》비대관절, 도대체.

대체 바꿈 (代替) 어떤 것을 다른 것으로 바꾸는 것.《대체 의학》**대체하다** **대체되다**

대체로 크게 보아서.《이번 시험은 대체로 쉬운 편이었어.》

대체 에너지 지금 주로 쓰고 있는 에너지를 대신할 만한 새로운 에너지. 태양열 에너지, 풍력 에너지 들이 있다.

대추 대추나무 열매. 둥글고 약간 길쭉한데 가운데 딱딱한 씨가 들어 있다. 익으면 껍질이 붉어진다. 말려서 음식에 넣거나 약으로 쓴다.

대추나무 열매를 먹으려고 심어 가꾸는 잎지는나무. 가지에 짧은 가시가 있고, 잎은 매끄럽다. 여름에 누런 녹색 꽃이 피고 가을에 대추가 열린다.

대출 (貸出) 1.도서관에서 책이나 자료를 빌려 주는 것.《도서 대출》2.은행 같은 금융 기관에서 이자를 받기로 하고 돈을 빌려 주는 것.《은행에서 자금 대출을 받다.》비대부. **대출하다**

대출부 (貸出簿) 책이나 돈 같은 것을 빌려 줄 때 그 내용을 적어 두는 공책.

대충 1.어림잡아.《무슨 일인지 대충 알 것 같다.》2.건성으로 대강.《대충 정리하고 얼른 나가자.》비대강.

대충대충 어떤 일을 건성으로 대강 하는 모양.

대추

대추나무

대팻집나무

대취타 (大吹打) 임금이 행차하거나 군대가 행진할 때 연주하던 음악.

대치 바꿈 (代置) 어떤 것을 다른 것으로 바꾸어 놓는 것. **대치하다**《낡은 기계를 새것으로 대치했다.》**대치되다**

대치 맞섬 (對峙) 양쪽이 싸울 듯이 맞서 버티는 것. 비대립. **대치하다**《두 나라 군사들이 들판에서 대치하였다.》

대칭 (對稱) 1.같은 모양이나 크기로 짝을 이루는 것.《두 건물이 좌우 대칭을 이루고 서 있다.》2.점, 선, 면, 도형이 한 점, 선, 면을 사이에 두고 같은 거리에 똑같은 모양으로 마주 놓여 있는 것.《점대칭 도형/선대칭》

대칭축 (對稱軸) 두 도형이 한 직선을 사이에 두고 똑같이 대칭이 될 때 그 직선을 이르는 말.

대타 (代打) 야구 경기에서 차례가 아닌 선수가 대신 나와 공을 치는 것.

대통령 (大統領) 국민의 투표로 뽑혀서 정해진 동안 나라를 대표하고 다스리는 사람.

대판 크게 한판 벌이는 것. 또는 크게 벌어진 판.《마을 사람들이 모두 모여 잔치를 대판 벌였다.》

대패 도구 나무의 결을 매끈하게 다듬는 연장.《대패로 책상을 다듬었다.》

대패 패배 (大敗) 싸움이나 경기에서 크게 지는 것. 반대승. **대패하다**

대패질 대패로 나뭇결을 매끈하게 다듬는 것. **대패질하다**

대팻밥 대패로 나무를 밀 때 깎여 나오는 얇은 나뭇조각. 북대패밥.

대팻집나무 중부와 남부 지방 산 중턱에 자라는 잎지는나무. 봄에 풀빛 도는 흰 꽃이 피고, 가을에 작고 둥근 열매가 붉게 여문다. 나무로 연장이나 공예품을 만든다. **북**대패집나무.

대평원 (大平原) 아주 크고 너른 들판.

대포 (大砲) 화약이 터질 때 생기는 힘으로 포탄을 쏘아 보내는 무기. **같**포.

대포알 대포의 탄알. **같**포탄, 포환.

대폭 (大幅) 아주 많이. 또는 아주 크게. 《채소 값이 대폭 올랐다.》 **반**소폭.

대폭발 (大爆發) 갑자기 크게 터지는 것. 《화산 대폭발》

대표 (代表) 1. 단체나 조직 일을 책임지고 맡아서 하는 것. 또는 그 일을 하는 사람. 《우리나라 대표 선수》 2. 어느 하나가 전체를 나타내는 것. **대표하다**

대표자 (代表者) 단체나 조직을 대표하는 사람.

대표작 (代表作) 한 작가나 한 시대를 대표할 만한 뛰어난 작품. 《'강아지똥'은 권정생의 대표작이다.》

대표적 (代表的) 어느 하나가 전체를 잘 나타내는. 또는 그런 것.

대풍 (大豊) 농사가 잘되어 거두어들이는 농작물이 아주 많은 것. 《올해 벼 농사가 대풍이다.》

대피 (待避) 위험한 일이 생겼을 때 안전한 곳으로 몸을 피하는 것. **대피하다** 《불이 나서 모두 밖으로 대피하였다.》

대피소 (待避所) 위험을 잠깐 피할 수 있게 마련한 시설.

대필 (代筆) 남을 대신해서 글이나 글씨를 쓰는 것. **대필하다**

대하 **동물** 겨울에는 깊은 바다로 갔다가 봄이 되면 얕은 바다로 돌아오는 새우. 옅은 잿빛 몸통에 짙은 잿빛 점이 흩어져 있다.

대하_동물

대하 **강** (大河) 1. 큰 강. 2. 소설이나 드라마에서 역사를 배경으로 사건을 만들고 인물을 구성하는 것. 이야기 전개가 복잡하여 여러 편이나 권으로 이루어지는 경우가 많다. 《대하소설》

대하다 1. 사람이나 물건을 마주하다. 《사소한 일로 싸우고 나니 짝꿍을 대하는 것이 전처럼 편하지 않다.》 2. 남한테 어떤 태도를 보이다. 《그 가게 주인은 손님을 대하는 태도가 상냥해서 좋다.》 3. '대하여'나 '대한' 꼴로 써서, 어떤 것을 상대로 하다. 《오늘은 국어사전 보는 법에 대해 공부하자.》

대하소설 (大河小說) 이야기의 전개 과정이 복잡하여 길게 여러 권으로 이어지는 소설.

대학 (大學) 1. '대학교'를 줄인 말. 2. 한 대학교 안에 배우는 내용이 비슷한 학과를 모아 짠 조직. 《예술 대학》

대학교 (大學校) 고등학교를 나온 사람이 전문 지식을 배우려고 다니는 학교. 《이모는 대학교에 다녀요.》

대학생 (大學生) 대학교에서 공부하는 학생.

대학원 (大學院) 대학교를 나온 사람이 학문이나 기술을 더 깊이 공부하려고 가는 학교.

대학자 (大學者) 큰 업적을 이룬 학자. 《정약용은 조선 후기의 대학자였다.》

대한 **나라** (大韓) '대한민국'을 줄인 말.

대한 **절기** (大寒) 한 해를 스물넷로 나눈 때 가운데 스물넷째. 한 해 가운데 가장 춥다고 하여 붙은 이름이지만 실제로는 소한보다 덜 추운 때가 많다.

1월 20일쯤이다. **참**소한.

대한 무역 투자 진흥 공사 (大韓貿易投資振興公社) 대한민국 기업이 다른 나라 기업과 무역하는 것을 도우려고 만든 기관.

대한민국 임시 정부 (大韓民國臨時政府) 1919년 4월에 우리나라 독립 운동가들이 중국 상하이에서 임시로 세운 정부.

대한 적십자사 (大韓赤十字社) 재해나 재난으로 어려움에 처하거나 병든 사람을 돌보는 세계 적십자정신을 이어받아 만든 조직. 1946년에 '조선 적십자사'로 발족하여 1949년에 지금 이름으로 바뀌었다.

대한 제국 (大韓帝國) 1897년부터 1910년 일본에 나라를 빼앗길 때까지 쓰던 우리나라의 이름.

대한 해협 (大韓海峽) 우리나라와 일본 사이에 있는 좁고 긴 바다.

대함 (大쪽) → 대금.

대합 바닷물이 드나드는 모래 섞인 진흙땅에 사는 조개. 껍데기가 둥근 세모꼴이고 진한 세로줄 무늬가 있다.

대합실 (待合室) 역이나 공항 같은 데서 손님들이 탈것을 기다리는 곳.

대항 (對抗) 지지 않으려고 버티거나 맞서 싸우는 것. **대항하다**《독립군은 일제에 대항하여 전투를 벌였다.》

대해 (大海) 아주 넓은 바다. **비**대양.

대행 (代行) 남의 일을 대신 맡아서 해 주는 것.《업무 대행》**대행하다**

대행업 (代行業) 남의 일을 대신 맡아서 해 주는 사업.《청소 대행업》

대행진 (大行進) 1.여럿이 모여서 함께 걷는 일. 2.많은 사람이 모여서 벌이는 큰 행사를 빗대어 이르는 말.《추석 잔치 대행진》

대형 크기 (大型) 물건이나 일의 규모가 큰 것.《대형 냉장고/대형 사고가 났다.》**참**소형, 중형.

대형 모양 (隊形) 여럿이 가지런히 줄지어 늘어선 모양.《기러기들이 'ㄱ'자 대형으로 날아간다.》

대형화 (大型化) 물건이나 일의 규모를 키우거나 규모가 커지는 것. **대형화하다 대형화되다**

대화 (對話) 서로 이야기를 주고받는 것. 또는 서로 주고받는 이야기. **대화하다**《동무와 영어로 대화했다.》

대화글 서로 주고받는 이야기를 나타낸 글.

대화명 (對話名) 인터넷에서 이야기할 때 쓰는 이름.

대화방 (對話房) 인터넷에서 여럿이 화면에 글을 올리면서 이야기할 수 있는 곳.

대화체 (對話體) 서로 이야기를 주고받는 것처럼 글을 쓰는 것. **북**말체.

대황 밭에 심어 가꾸는 풀. 잎이 크고, 여름에 작고 누르스름한 꽃이 핀다. 뿌리를 약으로 쓴다.

대황

대회 (大會) 1.많은 사람이 모여서 벌이는 큰 행사.《궐기 대회》2.여럿이 모여서 실력이나 솜씨를 겨루는 큰 행사.《민속 씨름 대회》

대회장 (大會場) 대회가 열리는 곳.

댁 (宅) 1.'집'이나 '집안'을 높여 이르는 말.《다음 주에 선생님 댁에 놀러 가기로 했다.》2.상대를 조금 높여 이

르는 말.《댁의 따님이 우리 아들을 자꾸 놀린대요.》

댁대굴댁대굴 작고 단단한 물건이 다른 단단한 물건에 부딪치면서 자꾸 굴러 가는 소리. 또는 그 모양.《도토리가 바닥을 댁대굴댁대굴 굴러 간다.》

댄스 (dance) 흔히 남자와 여자가 어울려 추는 서양식 춤. **북**단스.

댐 (dam) 물을 쓰려고 강을 막아서 쌓은 큰 둑.《댐을 쌓다.》**북**땜.

댑싸리 들이나 밭 근처에 절로 자라는 풀. 줄기가 단단하면서 꼿꼿하고, 잎은 길쭉하다. 줄기로는 빗자루를 만들고, 씨는 약으로 쓴다. **북**비싸리.

댓 1. 다섯쯤 되는 수. 2. 세는 말 앞에 써서, 다섯쯤 되는 수를 나타내는 말.《사과 댓 개만 주세요.》

댓돌 1. → 섬돌. 2. 처마 아래로 빙 둘러서 놓은 돌. **북**대돌.

댓살 대나무를 가늘게 쪼갠 것.

댕가리 모래 섞인 갯벌에 떼 지어 사는 고둥. 껍데기가 가늘고 긴데, 검은 갈색 바탕에 흰 줄무늬가 있다.

댕강 작은 물체가 한 번에 잘리는 모양.《긴 머리를 가위로 댕강 잘랐다.》

댕기 땋은 머리를 꾸미려고 다는 헝겊이나 끈.《댕기를 드리다./비단 댕기》

댕기꼬리 '댕기'를 낮추어 이르는 말.《한복을 입고 댕기꼬리를 늘였다.》

댕기다 1. 불을 옮겨 붙이다.《할아버지께서 곰방대에 불을 댕기셨다.》**북**당기다. 2. 불이 옮겨 붙다.《마른나무에는 불이 잘 댕긴다.》**북**당기다.

댕기물떼새 갯벌이나 강어귀 모래밭에 많이 날아오는 겨울새. 머리 뒤쪽에

댕기흰죽지

댕댕이덩굴

댑싸리

댕가리

더덕

댕기물떼새

검은 깃털이 길게 솟아 있다.

댕기흰죽지 강과 호수에 사는 겨울새. 수컷은 머리, 목, 등이 빛나는 검은색이고 배가 하얀데, 암컷은 어두운 갈색이다. 암수 모두 뒤통수에 댕기처럼 생긴 털이 달렸다.

댕댕이덩굴 양지바른 산기슭이나 밭둑에 자라는 잎 지는 덩굴나무. 줄기와 잎에 잔털이 있고, 초여름에 작고 누르스름한 흰색 꽃이 핀다.

더 1. 어떤 것에 견주어 많이.《군밤을 더 먹고 싶어요.》**반**덜. 2. 어떤 것에 견주어 심하게.《내일은 오늘보다 더 덥대요.》 3. 어떤 것에 견주어 오래.《곧 갈 테니 10분만 더 기다려 줄래?》

더도 말고 덜도 말고 늘 가윗날만 같아라 속담 추석처럼 즐겁고 행복한 날이 늘 이어지기를 바라는 말.

더구나 앞서 말한 사실에 더하여. 또는 그뿐만 아니라.《가뜩이나 미운데 더구나 말썽까지 부리다니.》**비**게다가.

더군다나 '더구나'를 힘주어 이르는 말.《배고픈데 더군다나 뛰기까지.》

더께 거죽을 덮을 만큼 쌓이거나 덕지덕지 달라붙은 것.《바닥에 먼지와 기름때가 더께로 앉아 있다.》**북**더데.

더더구나 '더구나'를 힘주어 이르는 말.《추운데 더더구나 비까지 오네.》

더더욱 '더욱'을 힘주어 이르는 말.《머리를 짧게 깎으니까 더더욱 시원해 인다.》**참**더욱더.

더덕 깊은 산 나무 그늘 아래 자라는 풀. 줄기는 덩굴이 되어 다른 물건을 감아 올라간다. 뿌리가 도라지처럼 굵고 통통한데, 반찬으로 먹거나 약으로

쓴다. **북백삼**.

더덕더덕 자그마한 것들이 한곳에 많이 붙어 있는 모양.《주걱에 더덕더덕 붙은 밥풀을 떼어 먹었다.》

더듬- 1.보이지 않는 것을 찾으려고 손으로 이리저리 만져 보는 모양. 2.말을 하거나 글을 읽을 때 술술 하지 못하고 막히는 모양. **더듬거리다 더듬대다 더듬더듬**《밤에 벽을 더듬거리면서 화장실에 갔다./막 한글을 깨친 동생이 더듬더듬 책을 읽는다.》

더듬다 ^{만지다} 1.손발이나 도구를 여기저기 대다.《아기가 졸면서 엄마 젖을 더듬는다.》 2.어렴풋한 생각이나 기억을 떠올리려고 애쓰다.《동무를 언제 만났는지 기억을 더듬어 보았다.》

더듬다 ^{머뭇대다} 말하거나 글을 읽을 때 자꾸 멈추거나 같은 부분을 되풀이하다.《떨려서 말을 더듬고 말았다.》

더듬이 곤충 머리에 달린 가늘고 긴 몸 한 부분. 이것으로 여기저기 더듬어 보거나 냄새를 맡는다. **같촉각**.

더디 느리게.《차가 더디 가는구나.》

더디다 일을 하거나 움직이는 것이 느리다.《동생은 걸음이 너무 더디다.》

더러 ^{가끔} 1.얼마쯤.《선생님이 교실에 들어오셔도 더러 떠드는 애들이 있어.》 2.어쩌다 가끔.《지난해에는 영수네 집에 더러 놀러 가기도 했다.》

더러 ^{동생더러} 사람을 나타내는 낱말 뒤에 붙어, '한테', '에게', '보고'를 뜻하는 말.《나더러 거짓말을 하라고?》

더러움 먼지나 때와 같이 더러운 것.《흰옷은 금세 더러움이 타요.》

더러워지다 1.때, 흙, 먼지가 타다.《운동장에서 뛰어놀다 보니 옷이 금세 더러워졌다.》 2.쓰레기 같은 것이 잔뜩 널리다.《화요일은 더러워진 운동장을 청소하는 날이다.》

더럭 갑자기 불쑥.《어두운 골목길을 혼자 걷다 보니 더럭 겁이 났다.》

더럽다 1.때나 먼지가 타거나 쓰레기가 널려 있다.《오랫동안 빨지 않아서 옷이 더럽다.》 **반깨끗하다**. 2.물, 공기 같은 것이 다른 물질이 섞여 있어 맑지 못하다.《더러운 강물에서는 물고기가 살 수 없다.》 **반깨끗하다**. 3.성격, 하는 짓, 말버릇이 고약하다.《그런 상스럽고 더러운 말은 쓰지 마.》 **바더러운, 더러워, 더럽습니다**.

더럽히다 1.더럽게 만들다.《함부로 버리는 쓰레기가 환경을 더럽힌다.》 2.이름, 명예, 뜻에 흠집을 내다.《거짓말을 해서 이름을 더럽히지 마.》

더미 물건이 한데 쌓인 큰 덩어리.《쓰레기 더미에서 고약한 냄새가 난다.》

더벅더벅 '터벅터벅'의 여린말.《아이들이 더벅더벅 산길을 내려간다.》

더벅머리 머리카락이 들쑥날쑥 길게 자라서 지저분해 보이는 머리.

더부룩하다 1.소화가 안 되어 배 속이 그득 찬 느낌이 있다.《빵을 많이 먹어서 속이 더부룩하다.》 2.머리털이나 수염이 지저분하게 길다.《삼촌은 사흘 동안 면도를 안 해서 수염이 더부룩하다.》 3.마구 자라난 풀이 무성하다.《마당에 잡초가 더부룩하게 나 있다.》

더부살이 남의 집에 얹혀사는 것.《할아버지는 어릴 때 남의 집에서 더부살이를 하셨다고 한다.》 **더부살이하다**

더불어 함께 어울려.《동무들과 더불어 제기를 찼다.》

더블 (double) 수나 양의 두 배. 또는 같은 동작을 두 번 하는 것.

더블 베이스 (double bass) 켜는 악기 가운데 하나. 바이올린과 비슷하게 생긴 서양 현악기 가운데 크기가 가장 크고, 가장 낮은 소리를 낸다. **같**베이스, 콘트라베이스.

더블 클릭 (double click) 컴퓨터에서 어떤 프로그램을 실행시키려고 마우스 단추를 빠르게 두 번 누르는 일.

더없다 더 바랄 것이 없다.《네가 엄마한테 더없는 기쁨을 안겨 주고 있어.》

더욱 더 심하게. 또는 더 많이.《구름이 걷히자 햇볕이 더욱 뜨거워졌다.》

더욱더 '더욱'을 힘주어 이르는 말.《몸무게가 지난해보다 더욱더 늘었다.》**참**더더욱.

더욱이 앞서 말한 것에 더.《다락방은 좁은 데다가 더욱이 창문도 없어 몹시 답답하다.》**북**더우기.

더운물 따뜻하게 데운 물.《나는 더운물로 얼굴을 씻었다.》**같**온수. **반**찬물.

더운피 동물 주위 온도에 상관없이 체온이 늘 따뜻한 동물. 사람을 비롯한 젖먹이 동물과 새가 이에 속한다. **같**온혈 동물, 항온 동물. **반**찬피 동물.

더위 더운 날씨. **반**추위.

더위를 먹다 **관용** 더위에 지쳐서 몸에 탈이 나다.《하루 종일 밖에서 놀았더니 더위를 먹었나 봐.》

더위를 팔다 **관용** 정월 대보름날 이른 아침에 처음 만나는 사람한테 더위팔기를 하다.《아침 일찍 일어나 새벽이한테 더위를 팔아야지.》

더위잡다 높은 곳에 오르려고 무엇을 끌어 잡다.《나뭇가지를 더위잡고 가파른 언덕길을 올라갔다.》

더위팔기 대보름 풍속 가운데 하나. 아침에 만난 사람의 이름을 불러 그 사람이 대답하면 '내 더위' 또는 '내 더위 사가게' 하고 말하여 더위를 판다. 판 사람은 그해 여름에 더위를 먹지 않는다고 한다.

더치다 좋아지던 몸 상태가 더 나빠지거나 도로 나빠지다.《다 낫지도 않았는데 줄넘기를 하니까 발목이 더치는 거야.》**비**도지다. **북**덧내다.

더퍼리 |**북** 침착하지 못하고 덜렁거리는 사람을 낮추어 이르는 말.《그 더퍼리가 그런 일을 침착하게 해내다니 정말 놀랍구나.》

더펄- 더부룩한 머리나 수염 같은 것이 길게 늘어져서 흔들리는 모양. **더펄거리다 더펄대다 더펄더펄**《바람에 허수아비 옷자락이 더펄거린다.》

더하기 어떤 수에 다른 수를 더하는 것. 또는 덧셈 표시 +를 읽는 말. **참**곱하기, 나누기, 빼기.

더하다 1. 어떤 수에 다른 수를 보태다.《55에 45를 더하면 100이 된다.》**참**곱하다, 나누다, 빼다. 2. 정도나 상태가 심하다.《네가 나보다 심술이 더해.》**반**덜하다.

더한층 전보다 더.《다음 시험 때는 더한층 열심히 공부하겠다고 결심했다.》

덕 (德) 1. 너그럽고 훌륭한 성품.《덕이 높다.》2. 남에게서 받은 도움이나 은혜.《언니 덕에 숙제를 일찍 끝낼 수 있었어요.》 **비**덕분, 덕택.

덕담 (德談) 남이 잘되기를 바라면서 해 주는 좋은 말. 주로 새해 아침에 나눈다. 《우리가 세배를 드리자 할머니께서 덕담을 해 주셨다.》 **반**악담.

덕망 (德望) 덕이 높은 사람이 여러 사람에게서 받는 존경과 믿음. 《우리 할아버지는 마을에서 덕망이 높다.》

덕목 (德目) 사람이 갖추어야 할 여러 가지 덕.

덕분 (德分) 남에게서 받은 도움이나 은혜. 《도와주신 덕분에 일을 빨리 끝낼 수 있었습니다.》 **비**덕, 덕택.

덕석 1. 추운 날 소 등에 덮어 주는 짚으로 만든 덮개. 2. 짚으로 엮어서 만든 큰 깔개. **참**멍석.

덕성 (德性) 인정 많고 너그러운 마음씨. 《남을 먼저 생각할 줄 아는 덕성을 갖추는 게 쉽지 않아요.》

덕성스럽다 인정이 많고 너그럽다. 《내 동무는 볼이 통통하고 덕성스럽게 생겼다.》 **바**덕성스러운, 덕성스러워, 덕성스럽습니다.

덕수궁 (德壽宮) 서울에 있는 조선 시대 궁궐. 월산 대군이 살던 집이었는데, 선조가 임진왜란 때(1593년) 잠시 머물다가 고쳐서 궁궐로 삼았다.

덕수궁

덕지덕지 1. 때나 먼지 같은 것이 지저분하게 잔뜩 끼어 있는 모양. 《창틀에 먼지가 덕지덕지 앉아 있다.》 2. 한곳에 잔뜩 붙거나 붙어 있는 모양. 《아픈 어깨에 파스를 덕지덕지 붙였다.》

덕택 (德澤) 남한테 받은 도움이나 은혜. 《네 덕택에 병원에서도 공부를 할 수 있었어.》 **비**덕, 덕분.

덕행 (德行) 너그럽고 훌륭한 행동. 《덕행을 쌓다.》

던지기 1. 던지는 일. 《공 던지기》 2. 원반, 포환, 창 같은 것을 멀리 던져서 겨루는 경기.

던지다 1. 팔과 손목을 움직여 손에 든 것을 멀리 보내다. 《콩 주머니를 던지면서 놀았다.》 2. 자기 몸을 어떤 곳에 떨어지거나 쓰러지게 하다. 《문지기가 몸을 던져 축구공을 막았다.》 3. 목적을 이루려고 재산, 목숨 같은 소중한 것을 내놓다. 《많은 젊은이들이 나라를 지키려고 목숨을 던졌다.》 4. 웃음, 눈길, 말과 함께 써서, 어떤 짓을 하다. 《수철이는 걸핏하면 내 동생에게 눈길을 던진다.》 5. 어떤 느낌이나 영향을 주다. 《이번 사건은 우리 사회에 큰 충격을 던졌다.》 6. 선거에서 투표하다. 《반장 선거에서 나는 내 짝꿍에게 한 표를 던졌다.》

덜 어떤 것에 견주어 낮거나 적게. 《오늘은 어제보다 덜 추웠다.》 **반**더.

덜거덕 크고 단단한 것이 부딪치는 소리. **준**덜걱. **덜거덕거리다 덜거덕대다 덜거덕하다 덜거덕덜거덕** 《창문 덜거덕대는 소리 때문에 잠이 안 와요.》

덜거덩 크고 단단한 것이 부딪쳐서 울리는 소리. **덜거덩거리다 덜거덩대다 덜거덩덜거덩** 《짐칸에서 뭔가 덜거덩 덜거덩 부딪치는 소리가 난다.》

덜걱 → 덜거덕. **덜걱거리다 덜걱대다 덜걱하다 덜걱덜걱**

덜펑나무 산에서 자라는 잎지는나무. 잎에는 털이 있고, 5~6월에 자잘한 흰 꽃이 핀다. 열매는 붉게 익는다.

덜펑나무

덜다 1. 얼마쯤 빼내어 줄이다. 《내 밥 그릇에서 밥을 덜어 동생에게 주었다.》 2. 걱정이나 아픔을 줄이다. 《할머니가 기운을 차리셔서 누나가 걱정을 덜었어요.》 ^활더는, 덜어, 덥니다.

덜덜 1. 춥거나 무서워서 몸이 크게 떨리는 모양. 2. 차, 기계 같은 것이 흔들릴 때 나는 소리. **덜덜거리다 덜덜대다** 《너무 추워서 이가 덜덜 떨려요./경운기가 덜덜거리면서 논길을 간다.》

덜렁 1. 큰 물체가 매달려서 흔들리는 모양. 2. 사람이 침착하지 못하고 함부로 덤비거나 서두르는 모양. **덜렁거리다 덜렁대다 덜렁이다 덜렁덜렁** 《반쯤 떨어진 팻말이 덜렁거린다./소영이는 좀 덜렁대는 편이다.》

덜렁이 조심성 없이 구는 사람. 《어이구, 이 덜렁이야.》 ^북덜렁쇠.

덜머리집 남사당 꼭두각시놀이에 나오는 여자 인형.

덜미 목의 뒤쪽.

덜미를 잡히다 ^{관용} 1. 나쁜 짓을 하다가 들키다. 《어떤 사람이 가짜 참기름을 팔다가 덜미를 잡혔대.》 2. 일이 뜻대로 안 되다. 《1등을 달리던 팀이 꼴찌하던 팀에게 덜미를 잡혀 밀려났다.》

덜커덕 '덜거덕'의 거센말. ^준덜컥. **덜커덕거리다 덜커덕대다 덜커덕하다 덜커덕덜커덕** 《비행기가 지나가자 창문이 덜커덕거렸다.》

덜커덩 '덜거덩'의 거센말. **덜커덩거리다 덜커덩대다 덜커덩덜커덩**

덜컥 ^{놀람} 갑자기 놀라거나 겁이 날 때 가슴이 내려앉는 느낌이 드는 모양. 《큰 개를 보고 덜컥 겁이 났어요.》

덜컥 소리 → 덜커덕. **덜컥거리다 덜컥대다 덜컥하다 덜컥덜컥**

덜컹 ^{놀람} 갑자기 가슴이 크게 내려앉는 느낌이 드는 모양. 《동생이 갑자기 울음을 터뜨려 가슴이 덜컹 내려앉았다.》

덜컹 소리 단단하고 큰 물건이 이리저리 부딪치는 소리. **덜컹거리다 덜컹대다 덜컹덜컹** 《갑자기 문이 덜컹 열렸다./소달구지가 덜컹거리면서 언덕길을 올라간다.》

덜하다 어떤 것에 견주어 적거나 못 미치다. 《추위가 어제보다 한결 덜하다.》 ^반더하다.

덤 파는 물건에 얹어서 거저 주는 것. 《덤으로 하나 더 주세요.》 ^북더넘.

덤덤하다 별다른 느낌이 없이 그저 그렇다. 《요즈음은 성적이 좋게 나와도 그저 느낌이 덤덤해.》

덤벙- 조심성 없이 서두르는 모양. **덤벙거리다 덤벙대다 덤벙이다 덤벙덤벙** 《덤벙대지 말고 침착하게 해 봐.》

덤벼들다 함부로 덤비다. ^활덤벼드는, 덤벼들어, 덤벼듭니다.

덤벼치다 ^북 1. 몹시 서두르며 정신없이 덤비다. 《늦잠을 잔 삼촌이 출근 준비를 하느라 덤벼친다.》 2. 몹시 날뛰며 이리저리 움직이다. 《갑작스런 공격에 놀란 왜적들은 이리저리 덤벼치면서 도망치기에 바빴다.》

덤불 작은 나무나 덩굴 같은 것이 어지럽게 엉클어져 있는 수풀. 《사냥꾼에게 쫓기던 노루가 덤불에 숨었다.》

덤불해오라기 강기슭이나 갈대밭이나 덤불 속에 사는 여름새. 수컷은 머리에 짧은 댕기 깃이 있고, 암컷과 새끼는

덜머리집

덤불해오라기

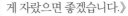

등에 얼룩점이 많다.

덤비다 1. 대들어서 싸움을 걸다.《내 동생은 걸핏하면 나한테 덤빈다.》 2. 생각 없이 마구 서두르다.《무턱대고 덤비지 말고 잘 생각해 봐.》

덤터기 남에게 잘못이나 허물을 덮어 씌우는 것. 또는 남의 잘못이나 허물을 덮어쓰는 것.《네가 한 짓인데 동생한테 덤터기 씌우면 되니?》

덤프트럭 (dump truck) 짐칸을 뒤로 기울여서 한꺼번에 짐을 내릴 수 있게 만든 차.

덤프트럭

덥다 온도가 높다.《오늘이 올여름 들어서 가장 더운 것 같아요.》 ^반차다, 춥다. ^바더운, 더워, 덥습니다.

덥석 왈칵 달려들어 냉큼 입에 물거나 잡거나 껴안는 모양.《물고기가 미끼를 덥석 물었다.》 **덥석덥석**

덥히다 따뜻하게 만들다.《아빠가 목욕물을 덥혀 주셨다.》 ^비데우다.

덧- 어떤 낱말 앞에 붙어, '거듭', '겹쳐서'라는 뜻을 더하는 말.《덧니/덧신/ 덧대다/덧붙이다》

덧거름 거름을 준 뒤에 다시 주는 거름. ^참밑거름, 웃거름.

덧궂히다 ^{|북} 제대로 되지 않은 일을 더욱 잘못되게 하다.《내가 나서는 바람에 일을 덧궂힌 것 같아.》

덧나가다 ^{|북} 1. 줄이나 금이 비뚜로 나가다.《이곳에서부터 줄이 덧나가기 시작했구나.》 2. 전혀 엉뚱한 데로 비뚤어져 나가다.《못이 덧나갔으니 뽑고 다시 박아야겠다.》 3. 남의 말을 받아들이지 않고 잘못된 길로 가다.《부모를 잃은 아이들이 덧나가지 않고 밝

게 자랐으면 좋겠습니다.》

덧나다 ^{상처} 상처가 낫지 않고 더 심해지다.《발가락 상처가 결국 덧났다.》

덧나다 ^이 이미 나 있는 것 위에 겹쳐서 나다.《이가 덧나다.》

덧니 다른 이에 겹쳐 나서 삐죽이 나온 이. ^북덧닛.

덧대다 어떤 것에 다른 것을 더 대다.《바지 무릎에 가죽을 덧대어 입었다.》

덧먹이 ^{|북} 먹이에 영양분을 보태려고 더 주는 먹이.《낟알 덧먹이》

덧문 추위를 막으려고 문짝의 바깥쪽에 따로 다는 문.

덧버선 버선이나 양말 위에 겹쳐서 신는 버선.《추워서 덧버선을 신었다.》

덧보태다 어떤 것에 다른 것을 더 보태다.《대호는 우리 의견에 자기 생각을 덧보태어 발표하였다.》

덧붙이다 어떤 것에 다른 것을 더 붙이다.《네 말에 한마디 덧붙여도 돼?》

덧셈 어떤 수에 다른 수를 더하는 셈. ^참곱셈, 나눗셈, 뺄셈.

덧셈식 덧셈을 하는 식.

덧소매 일할 때 해지거나 때가 타지 않게 옷소매 위에 끼는 것.《나는 덧소매를 끼고 그림을 그렸다.》

덧신 신발이 더러워지거나 젖지 않게 하려고 더 신는 신.

덧쓰다 ^{모자를} 1. 모자 같은 것을 쓴 위에 다른 것을 겹쳐서 쓰다.《야구 모자 위에 털모자를 덧쓰니 정말 우습구나.》 2. 머리끝까지 덮은 것 위에 또 덮다.《하도 추워서 담요 위에 이불을 덧쓰고 잤다.》 ^바덧쓰는, 덧써, 덧씁니다.

덧쓰다 ^{끝에|북} 1. 글을 다 쓴 뒤에 모자

란 것을 보태어 쓰다.《편지를 다 쓴 뒤에 '아빠, 사랑해요.'라는 말을 덧썼다.》 2. 이미 쓴 글씨 위에 다른 글씨를 겹쳐 쓰다.《글씨를 덧써 놓으니까 무슨 글자인지 알아볼 수가 없다.》 **바**덧쓰는, 덧써, 덧씁니다.

덧없다 세월이 너무 빨리 흘러 세상살이가 허무하다.《덧없는 세월이여.》

덧입다 입은 옷 위에 다른 옷을 더 입다.《셔츠 위에 스웨터를 덧입었다.》

덧칠 칠을 한 데에 더 칠하는 것.《그림에 덧칠을 해서 고쳤다.》 **덧칠하다**

덩굴 땅바닥으로 뻗어 나가거나 기댈 곳이 있으면 감아 올라가면서 자라는 식물의 줄기. **같**넝쿨.

덩굴꽃마리 중부 지방의 산에서 자라는 풀. 가지가 덩굴이 되어 옆으로 뻗고, 5~6월에 엷은 하늘색 꽃이 핀다. 어린순을 먹는다.

덩굴꽃마리

덩굴나무 줄기가 덩굴이 되어 뻗는 나무. 담쟁이덩굴, 등나무, 칡 들이 있다.

덩굴손 덩굴 식물의 줄기나 잎이 다른 것을 감아 올라가거나 바닥에 붙을 수 있게 실처럼 바뀐 것.

덩굴 식물 줄기가 곧게 서지 않고 땅바닥으로 뻗거나 버팀대를 감아 올라가면서 자라는 식물.

덩굴줄기 땅바닥으로 기거나 다른 물체를 감아 올라가는 덩굴로 된 줄기.

덩굴풀 줄기가 덩굴이 되어 뻗는 풀. 메꽃, 박, 수세미외 들이 있다.

덩그렇다 1. 홀로 우뚝하다. 또는 키가 크다.《영식이는 키만 덩그렇지 힘은 없어.》 2. 텅 비어서 썰렁하다.《덩그렇게 빈 집에서 혼자 놀았다.》 **바**덩그

런, 덩그레, 덩그렇습니다.

덩달아 영문도 모르는 채 남이 하는 대로 따라서.《동생은 내가 웃자 덩달아 웃었다.》

덩더꿍 북이나 장구 같은 것을 치는 소리. **덩더꿍거리다 덩더꿍대다 덩더꿍하다 덩더꿍덩더꿍**《아이들이 덩더꿍 장단에 맞추어 노래를 부른다.》

덩실 팔, 다리, 어깨를 장단에 맞추어 흥겹게 들썩이면서 춤추는 모양. **덩실거리다 덩실대다 덩실덩실**《장구 가락에 할머니가 덩실덩실 춤을 추신다.》

덩어리 하나로 뭉친 것. 또는 그것을 세는 말.《밀가루 한 덩어리》 **같**덩이.

덩이 → 덩어리.

덩이뿌리 영양분을 모아 두어 덩어리가 된 뿌리. 고구마, 마 같은 식물에서 볼 수 있다.

덩이줄기 땅속에 있는 줄기가 영양분을 모아 두어 덩어리가 된 것. 감자, 돼지감자 같은 식물에서 볼 수 있다.

덩이지다 덩이가 되다.《가루가 덩이지지 않게 잘 저어라.》

덩치 사람이나 동물의 몸집.《씨름 선수들은 덩치가 크다.》 **비**몸집.

덩칫값 큰 덩치에 어울릴 만한 행동.《그만한 일로 겁을 먹다니 덩칫값도 못하는구나.》 **북**덩치값.

덫 1. 짐승을 잡는 데 쓰는 물건. 밟거나 건드리면 잡히게 되어 있다. 2. 속임수나 꾀를 빗대어 이르는 말.《분하다. 겨우 그런 덫에 걸려들다니.》

덮개 먼지가 쌓이거나 흠집이 나지 않게 물건을 덮는 것. **비**뚜껑.

덮개돌 고인돌에서 굄돌이나 받침돌

위에 지붕으로 올리는 넓고 큰 돌.

덮다 1.더 넓은 것을 위에 얹어 가리다. 《낮잠 자는 동생 몸에 담요를 덮어 주었다.》 2.펼친 책을 안쪽이 안 보이게 닫다. 《동화책을 덮고 마루로 나왔다.》 3.쌓여서 가리다. 《밤새 내린 눈이 온 마을을 덮었다.》 4.잘못이나 허물을 들추지 않고 모른 척하다. 《언니는 늘 내 실수를 덮어 준다.》

덮밥 고기덮밥, 오징어덮밥처럼 반찬이 될 만한 요리를 얹은 밥.

덮씌우다 |북 1.어떤 것을 덮어쓰게 하다. 《거리를 덮씌운 낙엽을 치우느라 청소부 아저씨들이 고생하신다.》 2.어떤 것이 덮여 씌워지다. 《지붕에서 떨어진 눈이 머리에 덮씌웠다.》

덮어놓고 앞뒤 사정이나 옳고 그름을 헤아리지 않고. 《엄마는 일이 생기면 덮어놓고 나만 야단치신다.》 비다짜고짜, 무턱대고.

덮어쓰다 1.머리를 가릴 정도로 덮다. 《어제는 너무 추워서 이불을 덮어쓰고 잤다.》 북덮쓰다. 2.쏟아지는 가루, 액체 같은 것을 온몸에 뒤집어쓰다. 《대청소를 하다가 먼지를 흠뻑 덮어썼다.》 북덮쓰다. 3.잘못이 없는 사람이 죄를 뒤집어쓰다. 《동무가 내 잘못을 고스란히 덮어썼다.》 북덮쓰다. 바덮어쓰는, 덮어써, 덮어씁니다.

덮어씌우다 1.덮어서 감싸다. 《수돗물이 얼까 봐 헌옷으로 수도꼭지를 덮어씌웠다.》 2.남에게 잘못을 돌리다. 《엄마, 언니가 그릇을 깨놓고 괜히 나한테 잘못을 덮어씌워요.》

덮이다 1.더 넓은 것이 위에 얹혀 가려지다. 《의자가 흰 천으로 덮여 있다.》 2.위에 쌓이다. 《눈 덮인 운동장에서 신나게 눈싸움을 했다.》

덮치다 1.갑자기 위에서 덮어 누르다. 《무너진 흙더미가 집을 덮쳤다고 합니다.》 2.갑자기 달려들어 잡거나 공격하다. 《고양이가 날렵하게 쥐를 덮쳤다.》 3.여러 가지 나쁜 일이 한꺼번에 닥쳐오다. 《지난여름에 가뭄과 큰물이 번갈아 우리나라를 덮쳤다.》

데 1.곳이나 장소를 뜻하는 말. 《이 풀은 따뜻한 데에서 잘 자란다.》 2.점, 것, 부분, 내용 들을 뜻하는 말. 《네가 아는 데까지 자세하게 얘기해 줄래?》 3.일, 경우를 뜻하는 말. 《나는 공부는 못하지만 노는 데에는 열심이다.》

데구루루 단단한 물건이 바닥에서 구르는 모양. 또는 그 소리. 《동전이 데구루루 바닥에 굴러 떨어진다.》

데굴데굴 물건이 자꾸 구르는 모양. 《봉지에서 감자가 쏟아져 데굴데굴 굴러 간다.》 **데굴데굴하다**

데네브 (Deneb) 백조자리에서 가장 밝은 별.

데다 뜨거운 것에 닿아 살갗이 익다. 《뜨거운 국물에 입천장을 데었다.》

데려가다 동무나 아랫사람을 데리고 가다. 《놀이터에 동생을 데려가 함께 놀았다.》 반데려오다.

데려오다 동무나 아랫사람을 이끌고 오다. 《동무를 집으로 데려와서 놀았다.》 반데려가다.

데리다 동무나 아랫사람을 자기 곁에 두다. 《동생 데리고 어디 가니?》

데릴사위 옛날에 처가에서 데리고 살

넌 사위.

데면데면 사람을 대하는 태도가 서먹하고 무뚝뚝한 모양. 《민영이는 나한테도 데면데면 대하니까 너무 섭섭해하지 마.》 **데면데면하다**

데모 (demo) → 시위. **데모하다**

데뷔 (début 프) 어떤 분야에서 처음으로 일을 시작하는 것. **북**데뷰. **데뷔하다** 《작가로 데뷔하다.》

데생 (dessin 프) → 소묘.

데시리터 (deciliter) 부피를 나타내는 말. 1데시리터는 10분의 1리터이다. 기호는 dl, dL이다.

데우다 식은 음식 같은 것을 따뜻하게 하다. 《엄마가 김치찌개를 데워 주셨다.》 **비**덥히다.

데이지 꽃을 보려고 심어 가꾸는 풀. 주걱처럼 생긴 잎이 뿌리에서 많이 나오고, 봄부터 가을까지 흰색, 붉은색, 붉은 자주색 꽃이 핀다.

데이터 (data) 1.어떤 결론을 내거나 이론을 세우는 데 바탕이 되는 자료. 2. 컴퓨터로 처리할 수 있게 정보를 숫자나 기호로 바꾸어 저장해 놓은 것.

데이터베이스 (database) 많은 자료를 여러 일에 두루 쓸 수 있게 분류하여 모아 놓은 것. **북**자료기지.

데이트 (date) 남자와 여자가 만나서 즐거운 시간을 보내는 것. 《주말에 데이트 약속이 있어요.》 **데이트하다**

데치다 끓는 물에 잠깐 넣어 살짝 익히다. 《나물을 데치다.》

데칼코마니 (décalcomanie 프) 종이 위에 그림물감을 두껍게 칠한 다음에 반으로 접었다 펴서 양쪽에 똑같은 무

니를 찍는 방법.

덴겁 **┃북** 뜻밖의 일로 심하게 놀라거나 겁에 질리는 것. **덴겁하다** 《시꺼먼 비닐봉지가 커다란 쥐인 줄 알고 덴겁했지 뭐야.》

뎅겅 큰 물체가 한 번에 잘리는 모양. 《횟집 아저씨의 칼에 생선 대가리가 뎅겅 잘려 나갔다.》

도 **윷놀이** 윷놀이에서, 윷가락 가운데 한 개가 젖혀지고 세 개가 엎어진 것을 이르는 말. **참**개, 걸, 윷, 모.

도 **행정 구역** (道) 우리나라 행정 구역 가운데 하나. 아래에 여러 시나 군이 있다. 남녘에는 경기도, 강원도, 전라남도, 전라북도, 충청남도, 충청북도, 경상남도, 경상북도, 제주도가 있고, 북녘에는 강원도, 양강도, 자강도, 평안남도, 평안북도, 함경남도, 함경북도, 황해남도, 황해북도가 있다.

도 **세는 말** (度) 1.온도를 나타내는 말. 섭씨나 화씨로 나타낸다. 기호는 °이다. 《낮 기온이 30도까지 올라가서 무척 더웠다.》 2.각도를 나타내는 말. 기호는 °이다. 《삼각형의 세 각의 합은 180도이다.》 **비**각도. 3.지구의 위도나 경도를 나타내는 말. 기호는 °이다. 《독도는 동경 132도, 북위 37도에 있다.》 4.술에 알코올이 몇 퍼센트 들어 있는지를 나타내는 말. 《맥주는 알코올 도수가 4도쯤 된다.》

도 **도리** (道) 1.사람이 살면서 지켜야 하는 올바르고 참된 길이나 이치. 《도에 어긋난 행동은 하지 마라.》 2.열심히 공부하거나 마음을 닦아 깨달은 종교의 이치. 《30년 동안 도를 닦았다.》

도 악기 (鼗) 치는 국악기 가운데 하나. 몸통이 긴 작은 북을 나무 장대에 꿴 모양이다. 북 허리에 가죽 끈을 매달아 장대를 흔들 때마다 끈이 북에 부딪혀 소리가 난다.

도_악기

도 계이름 (do이) 서양 음악의 일곱 음계에서 첫째 음. 레, 미, 파, 솔, 라, 시.

도 우리로 어떤 낱말 뒤에 붙어, 1.'또한', '역시'를 뜻하는 말.《내일도 같이 놀자.》2.'아무리 어떻게 해 보아도'를 뜻하는 말.《아무리 졸라도 그렇게 비싼 건 안 사 주실걸.》3.'마저', '조차'를 뜻하는 말.《저금통에 10원도 없어.》4.그 말을 힘주어 나타내는 말.《달이 참 밝기도 하구나.》

도가니 1.쇠, 유리 들을 녹이는 데 쓰는 그릇. 2.여러 사람의 마음이 몹시 끓어오르는 상태.《열광의 도가니》

도간도간 [북] 조금씩 사이를 두고 이어지는 모양.《큰길에서 차 지나가는 소리가 도간도간 들려온다.》

도감 (圖鑑) 실물 대신 볼 수 있게 그림이나 사진을 엮어 만든 책.《나무 도감/곤충 도감》

도계 (道界) 도를 나누는 경계.

도공 (陶工) → 옹기장이.

도교 (道敎) 중국에서 노자와 장자의 철학, 신선 사상 들이 합쳐져 이루어진 종교.

도구 (道具) 일을 더 쉽고 빠르게 하려고 쓰는 물건. 참연장.

도굴 (盜掘) 옛 무덤 같은 데를 몰래 파헤쳐 유물을 훔쳐 내는 것. **도굴하다**

도굴꾼 도굴을 일삼는 사람.

도굴범 (盜掘犯) 도굴하는 죄를 지은

도깨비바늘

도깨비부채

도깨비사초

사람.《도굴범이 왕관을 훔쳐 갔다.》

도그르르 작고 무거운 물건이 가볍게 구르는 모양. 또는 그 소리.《구슬이 쟁반 위를 도그르르 구른다.》

도금 (鍍金) 물건 겉에 금, 은 같은 것을 얇게 입히는 것. **도금하다**

도기 (陶器) → 오지그릇.

도깨비 옛이야기에서 헌 빗자루나 부지깽이 들이 밤에 사람 모습으로 나타난 것. 신기한 재주로 사람을 홀리고 짓궂은 장난을 좋아한다.

도깨비에 홀린 것 같다 관용 어떻게 된 일인지 알 수 없어서 정신을 차릴 수 없다.《방금 전에 여기 세워 둔 자전거가 없어지다니 도깨비에 홀린 것 같아.》

도깨비도 수풀이 있어야 모인다 속담 어떤 사람이든 의지할 곳이 있어야 일을 해 나가거나 이룰 수 있다는 말.

도깨비바늘 밭이나 들판에 절로 자라는 풀. 줄기는 곧게 서고 8~10월에 노란 꽃이 핀다. 열매는 여러 가닥으로 짧게 갈라진 가시가 있어서 짐승 털 같은 데에 잘 붙는다.

도깨비방망이 도깨비가 들고 다닌다는 방망이.

도깨비부채 깊은 산에 자라는 풀. 온몸에 잔털이 있고, 잎은 다섯 장이 모여난다. 6월에 잘고 누르스름한 흰 꽃이 핀다. 북수레부채.

도깨비불 밤에 동물의 뼈나 오래 묵은 나무 같은 데서 생기거나 저절로 번쩍이는 푸른 불꽃.

도깨비사초 논두렁이나 물가에서 자라는 풀. 줄기는 뿌리에서 모여나고, 잎은 넓은 줄처럼 생겼다. 북뿔사초.

도꼬마리 양지바른 들판이나 길가에 자라는 풀. 줄기에 거센 털이 많다. 열매는 갈고리 같은 가시가 많이 나 있어서 짐승 털 같은 데에 잘 붙는다. **북**도꼬마리풀.

도꼬마리

도끼 **도구** 나무를 찍거나 장작을 패는 연장.《도끼로 나무를 내리찍었다.》

도끼 가진 놈이 바늘 가진 놈을 못 당한다 **속담** 도끼는 사람을 해칠까 봐 함부로 쓰지 못하기 때문에 오히려 바늘 가진 사람이 이긴다는 뜻으로, 남을 봐주거나 깔보다가는 도리어 자기가 당할 수 있다는 말.

도끼로 제 발등 찍는다 **속담** 남을 해치려고 한 일이 결국 자기한테 해롭게 된 것을 이르는 말.

도끼 **탈놀이** 송파 산대놀이에 나오는 신할미의 아들. 먹중탈을 쓰고 상복을 입고 버들 지팡이를 짚는다.

도끼_도구

도끼날 도끼에서 찍거나 자르는 데 쓰는 쇠로 된 날카로운 부분.

도끼질 도끼로 나무를 찍거나 장작을 쪼개는 일. **북**도끼입질.

도난 (盜難) 돈이나 물건 같은 것을 도둑맞는 것.《도난 사건》

도넛 (doughnut) 고리 꼴로 만들어 기름에 튀긴 빵. **북**가락지빵, 도나트

도다리 바다 밑바닥에 납작하게 붙어서 헤엄치는 바닷물고기. 몸은 납작한 마름모꼴이고 두 눈이 오른쪽에 모여 있다. 누런 갈색 바탕에 어두운 갈색 반점이 있다.

도닥– 어떤 것을 손으로 가볍게 두드리는 모양. **도닥거리다 도닥대다 도닥이다 도닥도닥**《동생이 귀엽다고 할머니가 엉덩이를 도닥이신다.》

도달– **북** 남이 알아들을 수 없게 낮은 목소리로 말하는 모양. **도달거리다 도달대다 도달도달**《무슨 일로 그리 도달거리는 거야?》

도달하다 어떤 곳이나 목표에 이르다.《산봉우리에 도달하려면 멀었나요?》

도대체 (都大體) 몹시 궁금하거나 답답할 때 쓰는 말.《도대체 왜 그렇게 우는 거니?》 **비**대관절, 대체.

도덕 (道德) 한 사회에서 같이 살아가는 사람들이 마땅히 지켜야 한다고 여기는 행동의 길잡이.

도덕적 (道德的) 도덕을 따르는. 또는 그런 것.

도도하다 **거만하다** 잘난 척하면서 남을 깔보는 느낌이 있다.《우리는 너무 도도해서 마음에 안 들어.》

도도하다 **흐르다** 흐르는 모양이 막히는 데가 없고 힘차다.《도도하게 흐르는 한강을 보면 가슴이 후련해진다.》

도돌이표 악보에서 어떤 부분을 되풀이하여 연주하거나 노래하라는 표. DC., DS. 들로 나타낸다.

도둑 남의 것을 훔치는 사람. **비**도적.

도둑을 맞으려면 개도 안 짖는다 **속담** 운수가 나쁘려면 모든 일이 다 잘못된다는 말.

도둑이 제 발 저린다 **속담** 잘못을 저지른 사람이 안절부절못하면서 자기도 모르게 잘못한 티를 낸다는 말.

도둑게 바닷가 가까운 뭍이나 바위, 논밭에 사는 게. 껍데기는 어두운 청록색인데 온몸이 빨간 것도 있다.

도둑게

도둑맞다 도둑에게 돈이나 물건을 털

리다.《도둑맞은 물건이 무엇입니까?》
도둑맞고 사립문 고친다 **속담** 일이 잘못
되고 나서 뒤늦게 바로잡으려고 하는
것을 빗대어 이르는 말.

도둑질 남의 것을 훔치는 짓. **도둑질
하다**

도둑질도 손발이 맞아야 한다 **속담** 어떤
일이든 서로 마음이 맞아야 이룰 수 있
다는 말.

도듬 테두리 가구 같은 것에서 가운데를
볼록하게 꾸민 테두리.《이 사진은 도
듬이 있는 틀에 넣어 두고 싶다.》

도듬 방법|북 어떤 일을 여럿이 맡아서
함께 하는 방법.《이번 일은 두 도듬으
로 나눠서 하자.》

도래방석

도라지 산에 절로 자라거나 밭에 심어
가꾸는 뿌리채소. 여름에 보라색이나
흰색 꽃이 핀다. 뿌리는 나물로 먹거나
약으로 쓴다.

도라지 타령 경기도 민요 가운데 하나.

도라지모싯대 산에서 자라는 풀. 종처
럼 생긴 하늘색 꽃이 아래를 보고 핀다.
어린순과 뿌리를 먹는다. **북**큰잔대.

도라지

도락질|북 쓸데없이 돌아다니는 짓을
낮추어 이르는 말.《도락질 그만두고
어서 집에 가서 저녁밥이나 먹어.》

도란- 여럿이 나직한 목소리로 정답게
이야기하는 소리. 또는 그 모양. **도란
거리다 도란대다 도란도란**《가족끼리
도란도란 얘기하면서 저녁을 먹었다.》

도랑 작은 개울.

도랑 치고 가재 잡는다 **속담** 한 가지 일
을 해서 두 가지 이익을 보는 것을 빗
대어 이르는 말.

도래 건너옴 (渡來) 물을 건너오는 것.

도라지모싯대

또는 다른 나라에서 바다를 건너 들어
오는 것. **도래하다**《철새가 가장 많이
도래하는 달을 철새의 달로 정했다.》

도래 닥쳐옴 (到來) 어떤 때가 닥쳐오는
것. **도래하다**《물 부족으로 물이 석유
보다 비싼 시대가 곧 도래할 것이다.》

도래굽이|북 산이나 바위를 끼고 도는
굽이.《저쪽 도래굽이에서 기다릴게.》

도래방석 짚으로 둥글게 짜서 곡식이
나 채소를 말리는 데 쓰는 깔개.

도래지 (渡來地) 철새가 날아와서 어
느 한 철 머무는 곳.《낙동강 하구는
철새 도래지로 유명하다.》

도량 (度量) 받아들이는 마음의 크기.
《도량이 넓다.》 비아량.

도량형 (度量衡) 길이, 양, 무게 같은
것을 재는 단위를 두루 이르는 말.

도량형기 (度量衡器) 길이, 양, 무게
들을 재는 자나 되, 저울 같은 도구.

도련 저고리나 두루마기 자락의 맨 가
장자리.

도련님 1.'도령'의 높임말.《도련님,
서당에 가셔야죠.》 2. 결혼하지 않은
시동생을 높여 이르는 말. **참**서방님.

도령 옛날에 양반 집안의 결혼하지 않
은 남자를 이르던 말. **높**도련님.

도로 다시 1.본래대로 다시.《빌려 온
동화책을 다 읽지도 못하고 도로 갖다
줬다.》 **북**도루. 2.하던 일이나 동작과
는 반대로.《준비물을 놓고 나오는 바
람에 도로 집으로 갔다.》 **북**도루. 3.멈
췄던 일을 이어서 다시.《삼촌은 요즈
음 도로 달리기를 시작했다.》

도로 아미타불 **관용** 고생만 하고 아무것
도 얻지 못하게 되는 것을 빗대어 이르

는 말.《파도가 밀려와 애써 쌓은 모래 성이 도로 아미타불이 되었다.》

도로 길 (道路) 사람, 자전거, 자동차 들이 다니는 길. 비길.

도로 교통법 (道路交通法) 도로에서 일어나는 위험을 막으려고 만든 법.

도로망 (道路網) 여러 갈래로 길이 나 있는 모양새.

도로변 (道路邊) 도로 가장자리.

도록 (圖錄) 그림이나 사진을 모아서 엮은 책.《박물관 도록》

도롱뇽 차고 깨끗한 개울물이나 못, 습지에 사는 동물. 납작하고 둥근 머리에, 짧은 다리 네 개와 긴 꼬리가 있다. 북도롱룡.

도롱뇽

도롱이 옛날에 짚 같은 것으로 엮어 어깨에 걸쳐 두르던 비옷.

도료 (塗料) 오래 쓰거나 꾸미려고 벽이나 물건의 겉에 바르는 칠.

도마

도루묵 바다 속 모래 진흙에 사는 바닷물고기. 입과 눈이 크고 몸에 비늘이 없다. 북도루메기.

도롱이

도르래 물건을 매달아서 위아래로 쉽게 오르내리게 바퀴를 달고 거기에 줄을 걸어 만든 장치.

도루묵

도르르 1.얇고 좁은 것이 탄력 있게 말리는 모양.《도르르 말린 리본》 2.작고 동그란 것이 가볍게 구르는 모양. 또는 그 소리.《구슬이 도르르 굴러 간다.》

도마뱀

도리 (道理) 1.사람이 반드시 지녀야 할 바른 마음과 몸가짐.《아버지께 늘 자식으로서 도리를 다해야지.》 2.어떤 일을 잘 해낼 방법이나 수단.《네 잘못이니 가서 비는 도리밖에 없겠어.》

도마뱀붙이

도리깨 곡식의 낟알을 떠는 데 쓰는 농

도리깨

기구. 긴 막대기 끝에 회초리 서너 개를 매달아 돌리면서 내리친다.

도리도리 1.어린아이에게 도리질을 하라는 뜻으로 내는 소리.《도리도리 까꿍》 2.어린아이가 머리를 좌우로 돌리는 몸짓.《우리 아가 도리도리 한번 해 봐.》 **도리도리하다**

도리어 짐작하거나 기대한 것과는 달리.《방귀 뀐 놈이 도리어 큰소리친다.》 준되레. 비오히려. 북도리여.

도리질 1.어린아이가 머리를 좌우로 흔드는 재롱. 2.하고 싶지 않거나 싫다는 뜻으로 머리를 좌우로 흔드는 것.《동생은 자기 싫다고 도리질을 쳤다.》

도마 고기, 채소, 과일 들을 썰 때 밑에 받치는 판.

도마 위에 올려놓다 관용 어떤 것을 이야깃거리로 삼아 옳고 그름을 따지다.《아이들은 아침에 일어난 일을 도마 위에 올려놓고 떠들어 댔다.》

도마뱀 바위와 돌 틈, 개울가 덤불에 사는 동물. 머리는 뱀과 비슷하고 짧은 다리가 네 개 있다. 잡히면 꼬리를 끊고 달아나는데, 꼬리는 다시 자란다.

도마뱀붙이 사람이 사는 곳 가까이에 사는 동물. 생김새가 도마뱀과 비슷하고, 발바닥에 빨판이 있어서 어디에나 잘 붙어 기어 다닌다.

도마질 먹을거리를 도마 위에 놓고 썰거나 다지는 것. **도마질하다**

도막 짧고 작은 동강. 또는 그것을 세는 말.《생선 한 도막》 참토막.

도망 (逃亡) 잡히지 않으려고 달아나는 것. 비도주.《도둑이 담을 넘어 도망을 간다.》 **도망하다**

도망가다 → 도망치다.

도망치다 잡히지 않으려고 잽싸게 달아나다. 《도둑고양이가 고등어를 물고 도망쳤다.》 같도망가다. 비달아나다.

도맡다 일을 혼자 다 맡다. 《아빠 구두 닦는 일은 내가 도맡아서 한다.》

도매 팔다 (都賣) 물건을 여러 개 한꺼번에 파는 것. 《도매 시장》 참소매.

도매 사다 (都買) 물건을 여러 개 한꺼번에 사는 것.

도매상 (都賣商) 물건을 도매로 파는 장사. 또는 그런 가게. 참소매상.

도매업 (都賣業) 물건을 도매로 파는 사업.

도메인 (domain) 알파벳으로 나타낸 인터넷 사이트 주소.

도면 (圖面) 건물을 짓거나 기계를 만들려고 짜임새를 그린 그림. 《설계 도면에 따라 건물을 지었다.》

도모하다 일을 꾀하다. 《옆 반과 놀면서 친목을 도모했어요.》 비꾀하다.

도무지 아무리 해도 전혀. 《도무지 네 말을 못 알아듣겠어.》 비도통, 전혀.

도미 뭍에서 가까운 바다에 사는 바닷물고기. 몸이 납작하면서 길쭉하고 붉은빛을 띤다. 준돔.

도민 행정 구역 (道民) 행정 구역 가운데 하나인 도에 사는 사람.

도민 섬 (島民) 섬에 사는 사람.

도박 (賭博) 돈이나 물건을 걸고 내기를 하는 것. 《어떤 사람은 도박으로 집까지 잃었대.》 비노름. **도박하다**

도발 (挑發) 남에게 싸움을 거는 것. **도발하다** 《전쟁을 도발하다.》

도배 색깔이나 무늬가 있는 종이를 벽과 천장에 바르는 일. **도배하다** 《봄을 맞아 방 안을 산뜻하게 도배하였다.》

도배장이 도배하는 일이 직업인 사람. 북도배쟁이.

도배지 도배할 때 바르는 종이.

도벽 (盜癖) 남의 것을 훔치는 버릇.

도보 (徒步) 걸어가는 것. 《학교까지 도보로 20분쯤 걸린다.》

도복 (道服) 태권도, 유도, 합기도, 검도 같은 운동을 할 때 입는 옷.

도봉산 (道峯山) 서울과 경기도 의정부에 걸쳐 있는 산. 북한산과 함께 북한산 국립공원을 이룬다.

도사 (道士) 1.도를 닦아 신기한 능력을 가진 사람. 비도인. 2.어떤 일을 아주 잘하는 사람을 빗대어 이르는 말. 《이제 설거지는 도사가 됐어요.》

도사리다 몸을 작게 움츠리다. 《몸을 잔뜩 도사린 뱀》

도산 (倒産) 회사가 망하는 것. **도산하다** 《많은 은행이 도산했다.》

도산 서원 (陶山書院) 경상북도 안동에 있는 서원. 조선 선조 때(1574년) 퇴계 이황의 학문과 덕을 기리려고 지었는데, 1575년에 왕이 서원 이름을 지어 주었다.

도산서원

도살 (屠殺) 짐승을 죽이는 것. **도살하다** 《병에 걸린 닭들을 도살하였다.》

도서 책 (圖書) → 책.

도서 섬 (島嶼) 바다에 있는 여러 섬.

도서관 (圖書館) 사람들이 보거나 빌릴 수 있게 책과 자료를 모아 둔 곳.

도서실 (圖書室) 사람들이 보거나 빌릴 수 있게 책과 자료를 모아 둔 방.

도선 (導線) 전기를 흐르게 하는 쇠줄.

북이끌선.

도섭스럽다 실없이 능청맞고 수선스럽다. **도섭스레**《빵은 충분히 있으니 도섭스레 굴지 않아도 된다.》

도성 (都城) 1.옛날에 서울을 이르던 말. 비도읍. 2.도읍을 둘러싼 성.

도수 (度數) 1.크기나 높낮이를 수치로 나타낸 것.《도수가 높은 안경》 2. 어떤 일이 되풀이되는 횟수.《연말이라 그런지 삼촌이 늦게 들어오는 도수가 잦아졌다.》 3.통계에서 각 층에 드는 자료의 수량.《도수 분포》

도술 (道術) 도를 닦아서 신기한 일을 일으키는 기술.《도술을 부리다.》

도시 (都市) 사람, 차, 집 같은 것이 많고 정치, 경제, 문화 활동의 중심지인 곳. 비도회지. **참**시골.

도시가스 도시에서 쓸 수 있게 관을 따라서 보내는 연료용 가스.

도시 계획 (都市計劃) 여러 시설을 갖추어서 사람들이 편히 살 수 있게 도시를 꾸미려는 계획.

도시 국가 (都市國家) 1.고대 그리스처럼 도시를 중심으로 이루어진 나라. 2.싱가포르나 바티칸처럼 도시 하나로 이루어진 나라.

도시락 집이 아닌 곳에서 먹을 수 있게 음식을 담는 그릇. 또는 그 그릇에 담은 음식. **북**곽밥, 밥곽.

도시화 (都市化) 어떤 곳을 도시로 만드는 것. 또는 어떤 곳이 도시가 되는 것. **도시화하다 도시화되다**

도심 (都心) 도시의 중심인 곳.

도심지 (都心地) 도시의 중심인 지역.

도안 (圖案) 미술 작품 같은 것을 만들려고 모양이나 색깔 들을 그림으로 나타낸 것.《십자수 도안》

도야 (陶冶) 마음을 바르게 가꾸는 것. **도야하다**《인격을 도야하다.》

도약 (跳躍) 1.뛰어오르는 것. 2.수준, 능력 같은 것이 더 나아지는 것. **도약하다**《하늘로 도약하다./선진국으로 도약하다.》

도예 (陶藝) 도자기를 만드는 예술.

도와주다 남한테 도움을 주다.《나는 숙제하는 동생을 도와주었다.》

도외시하다 어떤 것을 소홀히 하다.《엄마는 동생이 공부를 도외시하는 걸 알고 걱정하셨다.》

도요새 강가나 바닷가에 사는 새. 몸은 옅은 갈색에 어두운 갈색 무늬가 있다. 부리와 다리가 길고 꽁지는 짧다.

도우미 1.도움을 주는 사람. 2.행사를 안내하거나 설명하는 사람.

도움 남을 돕거나 이로움을 주는 일.《네 말이 큰 도움이 되었어.》

도움닫기 높이뛰기, 멀리뛰기 같은 경기에서 더 잘 뛰거나 던지려고 짧은 거리를 달리는 일. **북**밟아달리기.

도움닫기 멀리뛰기 짧은 거리를 달려와서 구름판을 밟고 멀리 뛰는 경기.

도움말 도움이 되는 말. **같**조언.

도읍 (都邑) 옛날에 한 나라의 수도를 이르던 말. 비도성.

도읍지 (都邑地) 옛날에 한 나라의 도읍이 있던 곳《이성계는 새로 나라를 세우고 한양을 도읍지로 정했다.》

도의 (道義) 도덕과 의리.《도의를 지키다./도의를 저버리다.》

도인 (道人) 도를 닦아서 신기한 능력

이나 깨달음을 얻은 사람. **비**도사.

도입 (導入) 어떤 것을 다른 데서 들여오는 것.《새로운 기술 도입》**도입하다 도입되다**

도자 (陶瓷) → 도자기.

도자기 (陶瓷器) 흙으로 빚어서 높은 열로 구운 그릇. **같**도자.

도장 물건 (圖章) 나무, 뿔, 고무 같은 것에 이름을 새겨서 종이에 찍는 물건.《도장을 찍다./도장을 새기다.》

도장 곳 (道場) 태권도, 검도, 유도 같은 무술을 익히는 곳.《태권도 도장》

도장 칠 (塗裝) 페인트 같은 도료를 칠하는 것. **도장하다**

도장밥 도장을 찍을 때 쓰는 붉은 물감. **같**인주.

도저히 아무리 해도.《내 걸음으로는 삼촌을 도저히 따라잡을 수가 없었다.》

도적 (盜賊) 남의 것을 훔치거나 빼앗는 사람. **비**도둑.

도전 (挑戰) 1.힘센 사람에게 바로 맞서 싸움을 거는 것.《천하장사는 씨름꾼들의 도전을 기꺼이 받아들였다.》2. 어렵고 이루기 힘든 일에 용감하게 뛰어드는 것.《내일 우리나라 선수가 신기록 도전에 나선다.》**도전하다**

도전장 (挑戰狀) 상대한테 도전한다는 뜻을 적어서 보내는 글.

도정 (搗精) 낟알을 찧어서 껍질을 벗기는 것. **도정하다**

도주 (逃走) 잡히지 않으려고 도망가는 것. **비**도망. **도주하다**

도중 (途中) 1.어떤 곳에 가는 동안.《학원에 가는 도중에 새별이를 만났다.》2.어떤 일을 하는 동안.《운동회 도중에 비가 내렸다.》**비**중간.

도중하차 (途中下車) 1.차를 타고 가다가 목적지에 닿기 전에 내리는 것. 2. 어떤 일을 하다가 중간에 그만두는 것. **도중하차하다**

도지다 병이나 상처가 다시 심해지다.《몸살 감기가 도졌다.》**비**더치다.

도지사 (道知事) 도청에서 으뜸인 사람.

도착 (倒着) 가려는 곳에 다다르는 것. **반**출발. **도착하다**《한 시간만 더 가면 할머니 댁에 도착한다.》

도착점 (到着點) 도착하는 지점. **반**출발점.

도처 (到處) 여러 곳.《전국 도처》

도청 엿들을 (盜聽) 남의 이야기를 몰래 엿듣는 것.《도청 장치》**도청하다 도청되다**

도청 건물 (道廳) 도의 행정을 맡아보는 관청.

도체 (導體) 열이나 전기가 통하는 물체.《쇠는 도체이다.》**반**부도체.

도취 (陶醉) 어떤 것에 마음을 빼앗기는 것. **도취하다**《가야금 소리에 도취해서 시간 가는 줄 몰랐다.》**도취되다**

도치 (倒置) 자리를 뒤바꾸는 것. **도치하다 도치되다**

도쿄 (Tokyo) 일본의 수도. 일본을 이루는 섬 가운데 가장 큰 혼슈 섬에 있다. **같**동경.

도탄 (塗炭) 몹시 괴로운 형편.《도탄에 빠진 나라를 구하겠어요.》

도탑다 정이나 사랑이 깊다.《도타운 우정을 나누다.》**참**두텁다. **바**도타운, 도타워, 도탑습니다.

도태 (淘汰) 형편에 맞추어서 살아가지 못하고 남보다 뒤떨어지거나 아예 없어지는 것. **도태하다 도태되다**

도토리 떡갈나무, 갈참나무, 졸참나무 같은 나무의 열매. 조금 길쭉하게 둥글고 빛깔은 갈색이다. 딱딱한 껍질 속에 든 알맹이로 묵을 쑤어 먹는다.

도토리 키 재기 속담 서로 엇비슷해서 견줄 필요가 없다는 말.

도토리묵 도토리로 만든 묵.

도톰하다 보기 좋게 조금 두껍다. 《도톰한 입술》 **참**두툼하다.

도통 아주 조금도. 《강아지가 도통 밥을 안 먹어.》 **비**도무지, 전혀.

도통하다 어떤 일을 잘 알거나 잘하다. 《내 동무는 구슬치기에 도통했다.》

도편수 여러 목수를 이끄는 우두머리 목수.

도포 옛날에 남자 어른이 갖추어 입던 겉옷. 길이가 길고 소매가 넓다.

도표 (圖表) 어떤 내용을 그림으로 나타낸 표. 《도표를 그리다.》

도피 (逃避) 도망가서 몸을 피하는 것. **도피하다** 《도피할 곳을 찾다.》

도합 (都合) 모두 합한 것. 《방학 동안 읽은 책이 도합 스무 권이다.》

도해 (圖解) 어떤 내용을 그림으로 풀이한 것. **도해하다**

도형 (圖形) 원, 삼각형, 구 들처럼 점, 선, 면 들이 만나서 이룬 꼴.

도형판 (圖形板) 도형을 만드는 데 쓰는 판. 종이, 나무, 플라스틱 조각을 붙였다가 떼었다가 할 수 있다.

도화 (圖畫) 그림 그리는 일. 또는 그려 놓은 그림.

도화새우

도토리

독_질그릇

도포

도화새우 동해 찬 바닷물에 사는 새우. 온몸이 붉고 등이 많이 굽었다. 어릴 때는 수컷이다가 자라면 암컷이 된다.

도화서 (圖畫署) 조선 시대에 그림에 관한 일을 맡아보던 관청.

도화선 (導火線) 1. 폭약을 터뜨리려고 불을 붙이는 심지. 《도화선에 불을 붙였다.》 **북**불심지. 2. 어떤 일이 일어나게 된 실마리. 《애들 싸움이 도화선이 되어 어른 싸움이 벌어졌다.》

도화지 (圖畫紙) 그림 그리는 데 쓰는 종이. **북**그림종이.

도회지 (都會地) 사람이 많이 살고 교통과 문화가 발달한 곳. **비**도시.

독 질그릇 항아리보다 큰 질그릇. 간장, 쌀, 물 들을 담아 둔다. **참**항아리.

독 안에 든 쥐 관용 아무리 애써도 궁지에서 벗어날 수 없는 처지를 빗대어 이르는 말. 《경찰이 왔으니 그 도둑은 이제 독 안에 든 쥐다.》

독 독약 (毒) 1. 생물의 몸에 매우 해로운 물질. 《독이 있는 버섯은 대개 색깔이 화려하다.》 2. → 독약. 3. → 독기.

독가스 독성이 있는 가스. 흔히 군대에서 사람을 해치는 무기로 쓴다.

독가시치 뭍에서 가까운 얕은 바다 속 바위나 산호 언저리에 사는 바닷물고기. 몸은 누런 갈색이고 흰색 점이 있는데 지느러미 가시에 독이 있다.

독감 (毒感) 보통 감기보다 심하고 잘 낫지 않는 감기. **북**독감기.

독극물 (毒劇物) 사람이나 짐승이 먹으면 바로 죽을 만큼 독성이 강한 물질.

독기 (毒氣) 1. 독이 있는 성분. 《몸에 독기가 퍼지다./독기를 빼내다.》 2. 사납고 모진 마음.《독기를 품다.》 **갈** 독.

독도 (獨島) 경상북도 울릉에 딸린 화산섬. 우리나라 가장 동쪽에 있는 섬이다.《독도는 우리 땅이다.》

독립 (獨立) 1.다른 것에 딸리거나 기대지 않는 것.《독립 주택/독립 기관》 2.한 나라가 완전한 주권을 지니는 것.《독립 국가》 **독립하다 독립되다**

독립국 (獨立國) 다른 나라의 지배나 간섭을 받지 않는 나라.

독립 국가 연합 (獨立國家聯合) 소련이 망한 뒤 열한 개 공화국이 모여서 만든 국가 연합.

독립군 (獨立軍) 나라의 독립을 위해 싸우는 군대.《조선 독립군》

독립군가 (獨立軍歌) 일제 강점기에 광복군이나 독립군이 지어서 부르던 노래.

독립 기념관 (獨立記念館) 충청남도 천안에 있는 기념관. 우리 민족의 독립 운동 역사를 살펴볼 수 있는 자료가 전시되어 있다.

독립문 (獨立門) 서울에 있는 돌문. 1896년에 서재필을 중심으로 한 독립 협회가 우리나라 자주독립의 뜻을 널리 알리려고 국민 돈을 모아 세웠다.

독립문

독립 선언서 (獨立宣言書) 1919년 삼일 운동 때 우리나라의 독립을 세계에 알린 선언서.

독립신문 (獨立新聞) 1896년에 서재필과 주시경이 펴낸 우리나라 첫 한글 신문. 일반 국민이 읽기 쉽게 한글로 썼으며 1899년에 없앴다.

독립심 (獨立心) 어떤 일이든지 남의 도움 없이 스스로 해내려는 마음.《독립심을 기르다./독립심이 강하다.》

독립어 (獨立語) 문장에서 다른 말과 관계없이 독립되어 나타나는 말.《“우와, 이 인형 정말 예쁘구나!”에서 ‘우와’와 같은 감탄사를 독립어라고 한다.》 **북**외딴성분.

독립 운동 (獨立運動) 나라의 독립을 이루려는 활동.

독립 운동가 (獨立運動家) 나라의 독립을 이루려고 활동하는 사람. **북**독립운동자.

독립적 (獨立的) 독립하는 성질이 있는. 또는 그런 것.

독립 협회 (獨立協會) 1896년에 서재필, 이상재, 윤치호 들이 우리나라가 스스로 설 수 있게 하려고 만든 단체. 독립신문을 펴내고 독립문을 세우고 만민 공동회를 여는 것과 같은 활동을 펼치다가 1899년에 흩어졌다.

독말풀 마을 가까이에 절로 자라거나 심어 가꾸는 풀. 줄기와 꽃이 자줏빛이다. 씨와 잎에 독이 들어 있는데 약으로 쓴다.

독무대 (獨舞臺) 한 사람만 나서서 뽐내는 자리.《음악 시간은 노래 잘하는 내 짝꿍의 독무대라고 할 수 있어.》

독미나리 연못가나 늪 같은 축축한 땅에 자라는 풀. 땅속줄기는 속이 비고 마디가 있는데, 여름에 희고 작은 꽃이 핀다. 온몸에 강한 독이 있다.

독방 (獨房) 1.혼자 쓰는 방. 2.교도소에서 죄수 한 사람만 가두는 방.《독방에 갇힌 죄수》 **북**독감방.

독백 (獨白) 1.혼자 말하는 것. **참**혼잣말. 2.연극에서 배우가 상대 배우 없이

혼자 말하는 것. **독백하다**

독뱀 → 독사.

독버섯 독이 있는 버섯.

독보적 (獨步的) 능력이나 솜씨가 남이 따를 수 없게 뛰어난. 또는 그런 것.

독불장군 (獨不將軍) 어떤 일이든 제멋대로 하는 사람.

독사 (毒蛇) 이빨에서 독이 나오는 뱀. 《독사에 물리다.》 같독뱀.

독사진 (獨寫眞) 혼자 찍은 사진.

독살 (毒殺) 독약을 먹여서 사람을 죽이는 것. **독살하다 독살되다**

독살스럽다 말이나 표정이 모질고 사납다. 《독살스러운 말투》 바독살스러운, 독살스러워, 독살스럽습니다.

독상 (獨床) 혼자 먹게 차린 밥상. 《손님 혼자 독상을 받았어요.》 참겸상.

독서 (讀書) 책을 읽는 것. **독서하다**

독서 감상문 (讀書感想文) 책을 읽고 느낀 점을 적은 글.

독서량 (讀書量) 책을 읽은 양.

독서실 (讀書室) 돈을 내고 빌리는 공부방.

독선 (獨善) 자기 혼자만 옳다고 생각하는 것. 《독선에 빠지다.》

독설 (毒舌) 남을 나쁘게 말하거나 몰아붙이는 말. 《독설을 퍼붓다.》

독성 (毒性) 독이 있는 성분.

독소 (毒素) 독이 있는 물질.

독수리 높은 나무나 바위 벼랑에 둥지를 짓고 사는 겨울새. 온몸이 어두운 갈색이고, 갈고리처럼 굽은 날카로운 부리와 발톱이 있다. 천연기념물 제243-1호.

독수리자리 여름철에 보이는 별자리.

독일가문비

독일바퀴

독수리

독수리자리

독신 (獨身) 혼인하지 않고 혼자 사는 사람. 《이모는 아직 독신이다.》

독실하다 종교에 대한 믿음이 강하고 진실하다. 《독실한 불교 신자》

독약 (毒藥) 독성이 있어서 함부로 먹으면 죽는 약. 같독. 비극약.

독일가문비 공원 같은 곳에 심어 가꾸는 늘푸른나무. 가지마다 바늘 같은 잎이 빽빽하게 난다. 봄에 꽃이 피고, 가을에 갈색 열매가 밑으로 늘어지면서 달린다. 북긴방울가문비나무.

독일바퀴 집 안의 따뜻하고 축축한 곳에 사는 바퀴벌레. 낮에는 좁은 틈새에 숨어 있다가 밤이 되면 먹이를 찾아 나온다.

독일어 (獨逸語) 독일, 오스트리아, 스위스 들에서 쓰는 말과 글.

독자 책 (讀者) 책이나 신문 같은 것을 읽는 사람. 《어린이 독자/소설 독자》

독자 아들 (獨子) → 외아들.

독자적 (獨自的) 1.남의 도움 없이 혼자 하는. 또는 그런 것. 2.다른 것을 흉내 내지 않고 자기만의 특징이 있는. 또는 그런 것.

독재 (獨裁) 한 사람이나 무리가 권력을 잡고 나랏일을 마음대로 해 나가는 것. 《독재를 휘두르다.》

독재자 (獨裁者) 독재하는 사람.

독재적 (獨裁的) 한 사람이나 무리가 권력을 잡고 마음대로 일을 해 나가는. 또는 그런 것.

독재 정치 (獨裁政治) 한 사람이나 무리가 권력을 잡고 나라를 마음대로 다스리는 정치.

독점 (獨占) → 독차지. 《독점 판매》

독점하다 독점되다

독종 (毒種) 성질이 몹시 독한 사람. 《닷새나 굶었다니 아주 독종이야.》

독주 연주 (獨奏) 혼자 악기를 연주하는 것. **참**중주, 합주. **독주하다**

독주 달리기 (獨走) 1.혼자 달리는 것. 2. 여럿이 겨룰 때 혼자 훨씬 앞서 나아가는 것. **독주하다** 《이어달리기에서는 우리 반이 선두로 독주하고 있다.》

독주곡 (獨奏曲) 혼자 연주하는 곡.

독주회 (獨奏會) 혼자 악기를 연주하는 음악회. 《피아노 독주회》

독지가 (篤志家) 어려운 사람을 도우려고 돈과 재물을 내놓는 사람. 《한 독지가가 수해로 어려움을 겪는 사람을 돕는 데 많은 돈을 냈다.》 **북**독지자.

독차지 혼자 다 가지는 것. **갈**독점. **독차지하다** 《동생이 식구들의 귀여움을 독차지해서 가끔 속상해요.》

독창 (獨唱) 혼자 노래하는 것. 또는 그 노래. **참**중창, 합창. **독창하다**

독창성 (獨創性) 새롭고 남다른 것을 생각해 내거나 만들어 내는 재주나 특성. 《한글의 우수성과 독창성》

독창적 (獨創的) 독창성이 있는. 또는 그런 것.

독창회 (獨唱會) 혼자 노래하는 음악회. 《독창회를 열다.》

독청버섯아재비 풀밭이나 목장 가까이에서 자라는 버섯. 갓은 처음에 둥근 산처럼 생겼다가 점점 판판해진다. 노란색이다가 회색 또는 갈색으로 바뀐다. 먹는 버섯이다.

독촉 (督促) 어떤 일을 빨리 하라고 다그치는 것. **비**재촉. **독촉하다** 《누나가

독청버섯아재비

독활

독촉하는 바람에 밥도 다 못 먹었다.》

독충 (毒蟲) 독이 있는 벌레.

독침 (毒針) 1.독을 바른 바늘. 2.벌이나 전갈 같은 동물 몸에서 독을 내쏘는 기관.

독특하다 다른 것과 견줄 수 없을 만큼 색다르다. 《그 아줌마 목소리는 독특해서 한 번 들으면 잊히지 않는다.》

독파 (讀破) 분량이 많은 책이나 글을 처음부터 끝까지 다 읽는 것. **독파하다** 《방학에 삼국지를 독파할 거예요.》

독판치기 **북** 남을 아랑곳하지 않고 제 멋대로 행동하는 짓. 《네 독판치기를 더는 참을 수 없어.》 **독판치기하다**

독하다 1.생물한테 해를 끼치는 성분이 있다. 《독한 가스》 2.맛이나 냄새가 견디기 힘들 만큼 심하다. 3.사람이 정이 없고 모질다. 《저 감독님은 선수들이 훈련에 지쳐 쓰러져도 눈 하나 깜빡하지 않는 독한 사람이다.》 4.어떤 일을 이루려는 마음이 굳세다. 《독하게 마음먹고 운동한 덕에 몸무게를 줄일 수 있었습니다.》

독학 (獨學) 가르쳐 주는 사람 없이 혼자 공부하는 것. **독학하다**

독해 (讀解) 글을 읽고 뜻을 알아채는 것. 《독해 능력》 **독해하다**

독해력 (讀解力) 독해하는 힘.

독활 산에서 자라거나 밭에 심어 가꾸는 풀. 여름에 옅은 풀색 꽃이 피고, 둥글고 검은 열매가 열린다. 뿌리를 약으로 쓴다. **북**따두릅뿌리.

독후감 (讀後感) 책을 읽고 나서 느낀 점이나 생각을 적은 글.

돈 값 금속이나 종이로 만들어 물건 값

이나 일한 값으로 주고받는 것.《돈을 벌다./돈을 쓰다.》갈금전. 비화폐.

돈 무게 금, 은 같은 귀금속이나 한약재 들의 무게를 나타내는 말. 한 돈은 열 푼이다.

돈가스 얇고 넓적하게 썬 돼지고기에 빵가루를 묻혀 기름에 튀긴 먹을거리.

돈궤 돈이나 중요한 물건을 넣어 두는 상자.

돈독하다 정이 깊다.《우리 형제는 우애가 돈독하다.》

돈뭉치 돈을 묶은 다발. 북돈덩어리.

돈방석 돈을 많이 벌거나 돈이 많이 생기는 일을 빗대어 이르는 말.

돈벌레 돈 욕심이 많은 사람을 낮추어 이르는 말. 북돈벌거지.

돈벌이 돈을 버는 것. **돈벌이하다**

돈의문 (敦義門) 서울 서쪽에 있던 성문. 사대문의 하나로 경희궁 앞에 있었으나 1915년 일제의 도시 계획에 따라 헐렸다. 갈서대문.

돈주머니 1.돈을 넣는 주머니. 2.돈이 나오는 곳을 빗대어 이르는 말.

돋구다 안경 도수를 높이다.《안경의 도수를 돋구니 한결 잘 보여요.》

돋다 1.싹, 움 같은 것이 겉으로 나오다.《봄이 되자 새싹이 돋았다.》2.해, 달, 별이 하늘에 떠오르다.《수평선 너머로 해가 돋다.》비뜨다. 3.살갗에 소름이 솟아나다.《무서운 영화를 보면 소름이 돋는다.》비솟다.

돋보기 1.볼록 렌즈를 끼워서 작은 글씨를 잘 보이게 만든 안경.《할아버지는 돋보기를 쓰고 신문을 읽고 계셨다.》비확대경. 2.볼록 렌즈에 손잡이

를 달아서 물체를 크게 보이게 만든 물건.《나는 돋보기로 나뭇잎 모양을 관찰했다.》비확대경.

돋보이다 다른 것과 견주어 볼 때 더욱 좋게 보이다.《분홍색 옷이 미연이의 하얀 얼굴을 돋보이게 했다.》

돋아나다 1.새싹 같은 것이 나오다.《들판에 파릇파릇 새싹이 돋아났다.》2.살갗에 여드름이나 땀띠가 나다.《얼굴에 여드름이 돋아났다.》

돋우다 1.위로 끌어 올리거나 높아지게 하다.《동생이 울타리 바깥을 보려고 뒷발을 들어 키를 돋운다.》북돋구다. 2.감정, 기운, 흥미, 입맛 들을 일으키거나 더 심해지게 하다.《구수한 된장찌개 냄새가 입맛을 돋운다.》북돋구다. 3.흔히 '목청을'과 함께 써서, 소리를 키우다.《아이들 모두 목청을 돋워 열심히 응원했다.》북돋구다.

돋을새김 조각에서 글씨나 그림이 위로 도드라지게 새기는 것. 갈부조, 양각. 북뚫을새김.

돋치다 가시나 뿔 같은 것이 돋다.《가시 돋친 장미/날개가 돋치다.》

돌 바위 흙 같은 것이 굳어서 된 단단한 덩어리. 모래보다 크고 바위보다 작다. 북바둑돌.

돌을 던지다 관용 1.남을 욕하다.《그 애는 잘못이 없으니 나한테 돌을 던져라.》2.바둑을 두다가 자기가 졌다며 그만 하겠다고 하다.《이번 판은 내가 돌을 던질 테니 한 판만 더 하자.》

돌 기념일 1.아기가 태어나서 처음 맞는 생일. 비첫돌. 2.어떤 날이 해마다 돌아온 횟수를 세는 말.《우리 학교는 올해

개교 육십 돌을 맞이했다.》

돌각담 |북 1. 돌로 쌓은 담. 《무너진 돌각담을 넘었다.》 2. 논밭에서 추려 낸 돌을 모아 쌓은 무더기. 《밭에서 골라 낸 돌을 모아 돌각담을 쌓았다.》

돌갈매나무 양지바른 산골짜기에 자라는 잎지는나무. 꽃은 누런 풀색이고, 열매는 밤색이다. 나무껍질을 물들이는 데 쓴다.

돌갓 갓처럼 만들어서 돌부처 머리에 얹는 돌.

돌개바람 → 회오리바람.

돌격 (突擊) 적과 싸우려고 거세게 나아가는 것. **돌격하다**

돌겻잠 |북 이리저리 굴러다니면서 자는 잠. 《아기가 돌겻잠을 잔다.》

돌계단 돌을 쌓아서 만든 계단.

돌고기 바위가 많은 강이나 내에 사는 민물고기. 몸통이 둥글고 머리가 뾰족하다. 옆구리에 검은 세로띠가 있다.

돌고래 따뜻한 바다에 사는 고래. 주둥이가 좁고 긴데, 조그만 이빨이 많이 나 있다. 훈련시키면 여러 가지 재주를 부린다. |북곱등어.

돌괭이 돌로 만든 괭이. 신석기 시대와 청동기 시대에 썼다.

돌기 (突起) 겉으로 도드라진 것. 《해삼은 몸에 우둘투둘한 돌기가 있다.》

돌기둥 돌을 깎고 다듬어서 만든 기둥. 《돌기둥이 우뚝 서 있다.》 |같석주.

돌기해삼 얕은 바다 밑바닥에 사는 해삼. 몸은 부드럽고 길쭉한데 등에 오톨도톨한 혹이 많이 있다.

돌나물 양지바른 풀밭이나 산기슭 바위틈에 자라는 풀. 줄기가 땅 위를 뻗

돌낫

돌갈매나무

돌고기

돌고래

돌괭이

돌기해삼

돌나물

어 있고, 노란 꽃이 핀다. 어린잎과 줄기를 먹는다.

돌날 아기가 첫돌을 맞는 날.

돌낫 돌로 만든 낫. 신석기 시대와 청동기 시대에 썼다.

돌다 1. 한자리에서 빙글빙글 움직이거나 동그라미를 그리면서 움직이다. 《바람이 불자 바람개비가 빠르게 돈다.》 2. 가던 방향을 바꾸다. 《네거리에서 왼쪽으로 돌면 우리 가게가 나온다.》 3. 일이나 물건 들이 여러 사람을 순서대로 거치다. 《차례대로 돌면서 영화를 본 느낌을 말했다.》 4. 기계가 제대로 움직이다. 《공장에서 기계 도는 소리가 요란하게 난다.》 5. 빛깔, 기운 들이 겉으로 나타나다. 《시험을 마친 언니의 얼굴에 생기가 돈다.》 6. 눈물이나 침이 고이다. 《선생님께 꿀밤을 맞았더니 눈물이 핑 돈다.》 7. 말, 소문, 전염병 들이 널리 퍼지다. 《소풍 날짜가 미루어질 것이라는 소문이 돈다.》 8. 약이나 술 같은 기운이나 피 같은 것이 몸에 퍼지다. 《다리가 저리는 것은 피가 잘 돌지 않아서 그래.》 9. 아찔하면서 어지럽다. 또는 정신이 미쳐 이상해지다. 《머리가 핑 돈다./갑자기 돈 거 아냐?》 |비미치다. 10. 계획에 따라 이곳저곳을 돌아다니다. 《유명한 가수가 여러 도시를 돌면서 공연을 벌였다.》 |바도는, 돌아, 돕니다.

돌다리 돌을 짜 맞추거나 늘어놓아서 만든 다리.

돌다리도 두들겨 보고 건너라 |속담 잘 아는 일을 할 때도 실수하지 않게 조심하라는 말.

돌단풍 중부와 북부 지방 깊은 산 바위 틈에 자라는 풀. 잎이 단풍잎과 비슷하고, 꽃은 분홍색이 도는 흰색이다. 어린잎을 먹는다.

돌단풍

돌담 돌을 쌓아서 만든 담.

돌덩이 작은 돌.

돌도끼 돌을 갈거나 다듬어서 만든 도끼.《석기 시대 돌도끼》

돌돌 작은 물건이 여러 겹 동글게 말린 모양.《김밥을 돌돌 말아 먹었다.》

돌따서다 |북 반대쪽으로 되돌아서다.《산꼭대기가 저기 보이는데 여기서 돌따설 수는 없잖아?》

돌려놓다 1.어떤 것의 자리를 바꾸어 놓다.《볕이 잘 드는 창문 쪽으로 책상을 돌려놓았다.》 2.남의 마음을 바꾸어 놓다.《유치원에 가지 않겠다는 동생 마음을 돌려놓느라고 애를 먹었다.》

돌려대다 |북 1.다른 쪽을 향하게 하다. 2.하던 말을 그만두고 다른 말을 하다.《얼렁뚱땅 돌려대는 게 수상한데?》

돌려받다 빌려 주거나 빼앗긴 것을 도로 받다.《동무에게 빌려 준 동화책을 오늘 돌려받았다.》 반돌려주다.

돌려보내다 본디 있던 곳으로 도로 보내다.《숲으로 매를 돌려보냈다.》

돌려주다 빌리거나 빼앗은 것을 도로 주다.《방학 전에 빌려 간 책을 개학날 돌려주다니 너무해.》 반돌려받다.

돌려짓기 같은 땅에 여러 농작물을 해마다 돌려 가면서 심는 일. 참이어짓기.

돌리다 1.한자리에서 빙글빙글 움직이거나 동그라미를 그리면서 움직이게 하다.《시곗바늘을 돌려서 정각 세 시로 맞춰 놓았다.》 2.가던 방향을 바꾸

돌마자

돌마타리

다.《공격에 나섰던 군사들이 말 머리를 돌려서 성으로 돌아왔다.》 3.물건을 여러 사람한테 나누어 주거나 차례대로 돌게 하다.《새로 이사를 온 집에서 떡을 돌렸다.》 4.기계나 조직, 단체들을 제대로 잘 움직이게 하다.《일감이 모자라 공장을 돌리지 못한다.》 5.눈길이나 생각, 이야기의 주제 같은 것을 바꾸다.《동무가 갑자기 말을 돌려서 축구 이야기를 한다.》 6.공적이나 책임 들을 남한테 넘기다.《짝꿍이 선생님께 혼난 것을 내 탓으로 돌려요.》 7.말뜻을 바로 드러내지 않고 둘러서 하다.《답답하게 돌려서 말하지 말고 요점만 간단히 알려 줘.》

돌림 1.차례대로 돌리는 것.《돌림으로 노래하다.》 2.친척 가운데 항렬이 같은 사람들 이름에 넣은 똑같은 글자.《형과 나는 '승' 자 돌림이다.》

돌림 노래 같은 노래를 몇 마디 사이를 두고 일부가 먼저 부르고 나머지가 뒤따라 부르는 합창.

돌림병 널리 퍼져 여러 사람에게 옮는 병. 같유행병. 비전염병.

돌림판 도자기를 만들 때 흙덩이를 얹고 돌리면서 모양을 만들거나 무늬를 넣는 기구. 같물레. 비록로.

돌마자 모래가 깔린 맑은 강에 사는 민물고기. 등은 푸른 갈색이고 배는 은빛이다. 바닥 가까이를 헤엄쳐 다닌다. 우리나라에만 산다.

돌마타리 산에서 자라는 풀. 줄기는 곧게 서고 잎은 깊게 갈라진다. 7~9월에 작고 노란 꽃이 줄기에 모여 핀다.

돌멩이 한 손에 쥘 만한 작은 돌.

돌무더기 돌이 쌓여 있는 무더기. **북**돌무데기.

돌무덤 옛날에 돌을 쌓아 올려서 만든 무덤. 돌무지무덤, 고인돌 같은 것이 있다.

돌무덤

돌무지 1.돌이 많이 깔린 땅. 2.고인돌이나 돌무덤 둘레에 쌓은 돌무더기.

돌무지무덤 죽은 사람을 넣은 관 위에 작은 돌들을 쌓아 올린 무덤.

돌물레 짚이나 삼을 꼬는 데 쓰는 기구. 바탕에는 큰 돌을 놓아 움직이지 않게 한 뒤에, 한끝을 물레에 매고 다른 한끝을 손으로 돌린다.

돌발 (突發) 뜻밖의 일이 갑자기 일어나는 것.《돌발 사고》**돌발하다**

돌밭 돌이 많은 땅.

돌배 돌배나무 열매. 밭에서 기르는 배보다 훨씬 작다.

돌배나무 산에서 자라는 잎지는나무. 봄에 흰 꽃이 피고, 가을에 돌배가 누렇게 익는다. **북**산배나무.

돌변하다 태도나 형편 같은 것이 갑자기 바뀌다.《맑던 날씨가 돌변해서 천둥 번개가 치고 우박이 내렸다.》

돌보다 1.사람이나 짐승을 보살피다.《길 잃은 강아지를 정성스럽게 돌봐 주었다.》2.어떤 일을 맡아서 하다.《어머니는 살림을 정성껏 돌보신다.》

돌보습 돌로 만든 보습. 신석기 시대에 썼다.

돌부리 땅에 박힌 돌멩이에서 땅 위로 비죽 나온 부분.

돌부리를 차면 제 발부리만 아프다 **속담** 쓸데없이 화를 내면 도리어 자기만 해롭다는 말.

돌상어

돌소리쟁이

돌배나무

돌보습

돌부처 돌을 깎거나 바위에 새겨서 만든 불상. **갈**석불.

돌산 바위나 돌이 많은 산.

돌상 돌날에 차리는 상.

돌상어 큰 강이 시작하는 곳 가까이에 사는 민물고기. 몸이 약간 길고 주둥이가 뾰족하다. 몸통은 붉은빛을 띤 황갈색이고 옆구리에 암갈색 가로줄 무늬가 있다.

돌섬 돌이나 바위가 많은 섬.

돌소금 땅속에 있는 소금 덩어리.

돌소리쟁이 축축한 곳에서 자라는 풀. 줄기가 꼿꼿하고 6~9월에 옅은 풀색 꽃이 핀다. 잎은 먹고 뿌리는 약으로 쓴다.

돌아가다 1.물체가 한곳에서 계속 돌다.《팽이가 팽팽 돌아간다.》2.있던 자리로 다시 가거나 원래대로 되다.《발표를 마친 아이가 자기 자리로 돌아갔다.》**반**돌아오다. 3.일이나 형편이 끝나가거나 진행되어 가다.《결국 실험은 실패로 돌아갔다.》4.기계가 제대로 움직이거나 일이 제대로 꾸려지다.《엄마가 안 계시면 가게가 잘 돌아가지 않는다.》5.어떤 일을 여럿이 차례대로 번갈아서 하다.《셋이 돌아가면서 엄마 심부름을 하기로 했다.》6.가까운 길을 두고 멀리 돌아서 가거나 가던 방향을 바꿔서 가다.《지름길을 두고 멀리 돌아가자니 그게 무슨 소리야?》**반**돌아오다. 7.사람마다 일이나 물건 들의 몫이 가다.《빵이 모자라서 너희한테까지 돌아갈지 잘 모르겠다.》**반**돌아오다. 8.흔히 '돌아가시다' 꼴로 써서, 사람이 죽었다는 것을 높여 이르

는 말.《뒷집 할머니가 돌아가셨다.》

돌아눕다 누운 채로 몸을 반대쪽으로 돌리다.《동생이 잠결에 돌아누우면서 잠꼬대를 했다.》 ^바돌아눕는, 돌아누워, 돌아눕습니다.

돌아다니다 여기저기 다니다.《동무들과 자전거를 타고 온 동네를 돌아다녔다.》 ^북바라다니다.

돌아다보다 1.고개나 몸을 돌려서 뒤를 보다. 2.지난 일을 돌이켜 보다.《지난 한 해를 돌아다보니, 내 짝꿍과 너무 많이 싸웠다.》

돌아보다 1.고개를 돌려서 보다.《아이들이 부르는 소리에 얼른 뒤를 돌아보았다.》2.지나간 일이나 때를 돌이켜 생각하다.《지난 한 해 동안 어떻게 살았는지 돌아보자.》3.두루 다니면서 살피거나 구경하다.《이번 주말에는 수원 화성을 돌아보고 싶다.》

돌아서다 1.몸을 다른 쪽으로 돌려서 서다.《음악 책을 두고 온 것이 생각나서 집 쪽으로 돌아섰다.》2.사이가 나빠져 서로 등지다.《그 사건으로 두 사람은 완전히 돌아섰다.》3.생각이나 태도가 바뀌다.《아이들이 내 의견에 찬성하는 쪽으로 돌아섰다.》4.형편이나 사정이 달라지다.《어려웠던 아빠네 회사가 괜찮은 쪽으로 돌아섰다.》

돌아앉다 앉은 자리에서 다른 쪽으로 몸을 돌려서 앉다.《창밖을 내다보다가 밥상 쪽으로 돌아앉았다.》

돌아오다 1.원래 있던 자리로 다시 오다.《집을 나갔던 고양이가 돌아와 정말 기쁘다.》^반돌아가다. 2.가까운 길을 두고 멀리 돌아서 오다.《유치원에

간 동생을 데리러 먼 길로 돌아왔다.》 ^반돌아가다. 3.자기 차례가 되거나 자기 몫을 받다.《내가 뭘 차례가 돌아왔다.》^반돌아가다. 4.지나간 어떤 때가 다시 다가오다.《한글날이 돌아왔다.》 5.잃었던 것이 다시 생기거나 회복되다.《곧 돌아가실 것 같던 할머니 정신이 돌아와 다행이다.》

돌연 (突然) 뜻밖의 일이 갑자기.《하늘이 돌연 어두워지더니 비가 마구 쏟아졌다.》**돌연하다 돌연히**

돌연변이 (突然變異) 조상이나 어버이한테 없던 새로운 특징이 갑자기 자손한테 나타나는 일. ^북갑작변이.

돌음돌이 |^북 매우 서두르며 돌아다니는 일.《미술 준비물을 사 오느라고 아침부터 돌음돌이를 했다.》

돌이 |^북 어떤 것의 둘레를 한 바퀴 돌거나 감은 것을 세는 말.

돌이키다 1.가고 있던 쪽과 반대로 돌리다.《놀이터로 몰던 자전거를 돌이켜 학교로 달렸다.》2.지난 일이나 때를 다시 떠올리다.《그때 일을 돌이켜 보니 내가 정은이한테 잘못한 것 같다.》3.일을 본디대로 되돌리다.《돌이킬 수 없는 실수》4.생각이나 태도를 바꾸다.《생각을 돌이켜 우리나라 전래 동화를 사기로 마음먹었다.》

돌입 (突入) 장소, 상태, 단계 같은 것에 힘차게 들어가는 것. **돌입하다**《지하철 노동조합이 파업에 돌입합니다.》

돌잔치 돌날에 벌이는 잔치.《어제 사촌 동생 돌잔치에 갔다.》

돌쟁이 첫돌이 되거나 그만큼 자란 아이.《돌쟁이가 걸음마를 한다.》

돌절구 돌 가운데를 파서 만든 절구.

돌조각 돌을 깎아서 만든 조각.

돌진 (突進) 어떤 곳으로 거침없이 나아가는 것. **돌진하다** 《우리 편 선수들이 상대 골문으로 돌진했다.》

돌짝 ▮북 크고 넓적한 돌.

돌짝길 ▮북 돌짝으로 된 길.

돌쩌귀 문을 여닫는 데 쓰는 쇠붙이. 암돌쩌귀는 문설주에 달고, 수톨쩌귀는 문짝에 달아서 서로 맞추어 꽂는다.

돌창포 산비탈 축축한 바위에 자라는 풀. 넓은 줄처럼 생긴 잎이 뭉쳐서 나고, 흰 꽃이 꽃대 끝에 모여 핀다.

돌출 (突出) 1.바깥으로 튀어나오는 것.《광대뼈 돌출》2.뜻밖의 일이 갑자기 일어나는 것.《돌출 행동》**돌출하다 돌출되다**

돌층계 돌을 쌓아서 만든 층계.

돌치기 → 비사치기.

돌칼 돌로 만든 칼. 석기 시대에 썼다.

돌콩 산기슭이나 들판의 풀숲에 자라는 풀. 잎과 줄기에 거친 밤색 털이 있다. 붉은 보라색 꽃이 피고, 밤색 콩알이 꼬투리 속에 열린다. **북**쥐콩.

돌탑 돌을 쌓아서 세운 탑. **비석탑**.

돌파 1.가로막은 것을 뚫고 나아가는 것.《정면 돌파》2.어떤 테두리를 넘어서는 것. **돌파하다** 《이 영화를 본 관객수가 백만 명을 돌파했다.》**돌파되다**

돌판 돌을 다듬어서 넓적하게 만든 판.

돌팔매 어떤 것을 맞히려고 돌을 던지는 것. 또는 그 돌.

돌팔매질 돌팔매를 하는 짓. **돌팔매질하다**

돌팔이 실력도 없이 엉터리로 전문가

돌절구

돌피

돌쩌귀

돌창포

돌확

돌콩

돗자리

노릇을 하는 사람.

돌풍 (突風) 갑자기 세차게 부는 바람. **북**갑작바람.

돌피 논이나 물가에 절로 나서 자라는 풀. 벼와 비슷하지만 키가 더 크다.

돌하르방 '돌로 만든 할아버지'라는 뜻으로, 제주도에서 마을을 지켜 준다고 믿는 돌조각.

돌화살 돌로 만든 화살촉을 박은 화살. 석기 시대에 썼다.

돌확 곡식이나 양념을 빻으려고 돌을 절구처럼 우묵하게 파서 만든 물건.

돔 물고기 → 도미.

돔 천장 (dome) 지붕이나 천장이 공을 반으로 가른 것처럼 둥근 꼴인 것. 또는 그런 지붕이나 천장.

돕다 1.남이 하는 일을 거들거나 힘을 보태다.《오늘은 엄마 밭일을 도왔다.》2.어려운 처지에 있는 사람을 돌보거나 보살피다.《저 회사 사장님은 불우 이웃을 돕는 데 돈을 아끼지 않는다.》3.어떤 일이 잘되게 거들다.《마을 사람들이 모두 도와 장마 피해를 이겨 냈다.》4.흔히 '밤을 도와' 꼴로 써서, 밤을 이용하여. 또는 밤을 새워서.《밤을 도와 추석 선물을 포장했다.》**바**돕는, 도와, 돕습니다.

돗바늘 돗자리나 구두, 이불처럼 단단하고 두꺼운 것을 꿰맬 때 쓰는 굵고 긴 바늘.

돗자리 왕골 같은 것으로 짠 자리.

동 방향 (東) → 동쪽.

동에 번쩍 서에 번쩍 **속담** 이곳저곳을 빠르게 왔다 갔다 하는 모습을 빗대어 이르는 말.

동 행정 구역 (洞) 우리나라 행정 구역 가운데 하나. 시나 구나 읍에 딸려 있다.

동 세는 말 (棟) 건물의 수를 세거나 차례를 나타내는 말.《아파트 한 동》

동 쇠붙이 (銅) → 구리.

동감 (同感) 생각이나 의견을 남과 같이하는 것. **동감하다**《저도 그 의견에 동감합니다.》

동갑 (同甲) 나이가 서로 같은 것.《은주는 저랑 동갑이에요.》

동강 → 동강이.

동강이 막대기처럼 긴 것이 짤막하게 잘린 것.《분필 동강이》 같동강.

동거 (同居) 같은 집이나 방에서 남과 함께 사는 것.《형은 집을 나가 동무와 동거를 한다.》 참별거. **동거하다**

동검 (銅劍) 구리나 청동으로 만든 칼. 청동기 시대에 썼다.

동격 (同格) 서로 같은 자격이나 지위.《옛날에 임금과 스승은 동격이었다.》

동결 (凍結) 1.물 같은 것이 얼어붙는 것. 2.돈을 쓰거나 거두는 양을 늘리거나 줄이지 않고 그대로 두는 것.《임금 동결》 **동결하다 동결되다**

동경 바람 (憧憬) 어떤 것을 얻거나 누리고 싶어 하는 것. 또는 어떤 사람처럼 되고 싶어 하는 것. **동경하다**《어릴 적부터 우주 비행사를 동경했어요.》

동경 지구 (東經) 그리니치 천문대 동쪽으로 180도까지 고르게 나눈 경도.《우리나라는 동경 135도에 있다.》

동경 일본 (東京) → 도쿄.

동계 (冬季) → 겨울철.

동고비 숲이나 공원에 사는 텃새. 몸 위쪽은 잿빛이 도는 푸른빛이고 배는

동국지도

동고비

희다. 부리는 굵고 꽁지는 짧다.

동공 (瞳孔) → 눈동자.

동구 마을 (洞口) 동네로 들어가는 어귀.《동무를 동구 밖까지 배웅했다.》

동구 유럽 (東歐) → 동유럽.

동구나무 동네 어귀에 있는 나무.

동국여지승람 (東國輿地勝覽) 조선 성종 때 노사신 들이 임금의 명령으로 쓴 책. 우리나라 각 도의 지리와 풍속에 관한 이야기를 실었다.

동국지도 (東國地圖) 조선 세조 때 (1463년) 정척, 양성지 들이 임금의 명령으로 만든 지도. 실제로 재어서 만든 것으로는 우리나라에서 처음이다.

동국통보 (東國通寶) 고려 숙종 때 만든 엽전 가운데 하나.

동굴 (洞窟) 넓고 깊은 굴.

동그라미 동그란 꼴.《종이에 동그라미를 그리고 빨갛게 색칠했다.》 비원.

동그랗다 또렷하게 동글다.《동전은 모두 동그랗게 생겼구나.》 참둥그렇다. 바동그란, 동그래, 동그랗습니다.

동그래지다 동그랗게 되다.《놀라서 눈이 동그래졌다.》 참둥그레지다.

동그마니 무리와 떨어져서 외따로 오뚝하게.《산기슭에 소나무 한 그루가 동그마니 서 있다.》

동그스름하다 꽤 동글다.《내 짝꿍은 얼굴이 동그스름해요.》 참둥그스름하다.

동글다 공이나 해처럼 모서리가 없다.《동근 애호박》 참둥글다. 바동근, 동글어, 동급니다.

동글동글 여럿이 다 동글거나 여러 부분이 모두 동그란 모양. 또는 아주 동

근 모양. **동글동글하다**《동글동글하
게 떡을 빚었다.》

동급생 (同級生) 반이나 학년이 같은
학생.

동기 ^까닭 (動機) 어떤 일을 하게 된 까
닭.《이 글을 쓴 동기를 말해 봐.》

동기 ^동무 (同期) 같은 해에 한 학교나
회사에 들어간 사람.《중학교 동기》

동기 ^피붙이 (同氣) 한 부모한테 태어난
형제나 남매나 자매.

동기간 (同氣間) 한 부모한테 태어난
형제나 남매나 자매 사이.《동기간에
사이좋게 지내야지.》

동나다 물건 같은 것이 쓰거나 팔려서
모두 없어지다.《쌀이 동나다.》

동남아 (東南亞) → 동남아시아.

동남아시아 아시아의 동남쪽 지역. 베
트남, 인도네시아, 필리핀 같은 나라가
있다. ^같동남아.

동남아시아 국가 연합 동남아시아 여
러 나라가 서로 경제와 사회 문제를 돕
고 평화를 지키려고 만든 단체. 아세안
(ASEAN).

동남쪽 동쪽과 남쪽 가운데.

동냥 거지가 돈이나 먹을 것을 달라고
비는 것. 또는 그렇게 얻은 돈이나 물
건.《동냥을 다니다.》**동냥하다**

동냥은 안 주고 쪽박만 깬다 ^속담 도와주
지는 못할망정 도리어 방해한다는 말.

동네 여러 집이 모여 사는 곳. ^참마을.

동네방네 온 동네. 또는 이 동네 저 동
네.《동생을 찾으려고 동네방네 다 뒤
지고 다녔다.》

동네일 동네에서 벌어지는 여러 일.

동년배 (同年輩) 나이가 같거나 비슷

한 또래.《우리는 동년배입니다.》

동녘 → 동쪽.

동대문 (東大門) → 흥인지문.

동댕이치다 손에 든 것을 아무렇게나
힘껏 던지다.《동생이 화가 나서 필통
을 동댕이쳤다.》

동독 (東獨) 유럽 가운데에 있던 나라.
제이 차 세계 대전이 끝난 뒤에 동부 독
일 지역에 들어선 공산주의 국가로,
1990년에 서독과 통일하여 독일 연방
공화국이 되었다. 수도는 동베를린이
었다.

동동 ^물에 작고 가벼운 것이 물에 떠 있
는 모양.《종이배가 동동 떠간다.》

동동 ^발을 춥거나 안타깝거나 급하거나
하여 두 발을 구르는 모양. **동동거리다**
동동대다《화장실에서 나왔더니 동생
이 발을 동동대면서 서 있었다.》

동동 ^북을 작은 북 같은 것이 잇따라 울
리는 소리.《작은북이 동동 울린다.》

동동걸음 두 발을 자주 들었다 놓았다
하면서 빠르게 걷는 걸음. ^비종종걸음.

동등하다 자격이나 등급 같은 것이 서
로 같다.《선생님은 우리를 동등하게
대해 주신다.》

동떨어지다 1. 거리가 멀다.《마을과
동떨어진 외딴집》 2. 둘 사이에 별 관
계가 없다.《주제와 동떨어진 글》

동뚝 ^북 물이 넘치지 못하게 강가나
저수지에 쌓은 큰 둑.

동란 (動亂) 전쟁, 폭동 들이 일어나
서 사회가 몹시 어지러워지는 일.

동래 야유 (東萊野遊) 부산 동래에서
대보름날 무렵에 벌이는 탈놀이. 문둥
이, 원양반, 차양반, 모양반, 제대각시,

말뚝이, 할미 들이 나온다. 중요 무형 문화재 제18호.

동력 (動力) 기계를 움직이는 힘.

동력기 (動力機) 전기, 물, 바람 같은 것으로 동력을 만드는 기계.

동력선 (動力船) 동력기의 힘으로 움직이는 배.

동력 자원 (動力資源) 물, 석유, 원자력처럼 동력을 만드는 데 쓰는 자원.

동료 (同僚) 일터나 단체에서 함께 일하는 사람.《직장 동료》

동률 (同率) 비율, 등수, 점수 같은 것이 서로 같은 것.《두 편이 3승 3패로 동률을 이루었다.》

동맥 (動脈) 심장에서 나오는 피를 몸 안 여러 곳으로 보내는 핏줄. **참**정맥.

동맥 경화 (動脈硬化) 동맥벽이 두꺼워지고 굳어지는 병.

동맹 약속 (同盟) 나라나 무리끼리 힘을 합치기로 약속하는 것.《고구려와 백제가 동맹을 맺었다.》 **동맹하다**

동맹 제사 (東盟) 고구려에서 해마다 10월에 하늘에 지내던 제사.

동맹국 (同盟國) 동맹을 맺은 나라.

동맹군 (同盟軍) 같은 적과 싸우려고 서로 동맹을 맺고 합친 군대.

동메달 구리로 만든 메달. 흔히 운동 경기에서 삼등을 한 사람이나 단체가 받는다. **참**금메달, 은메달.

동면 (冬眠) → 겨울잠. **동면하다**

동명이인 (同名異人) 같은 이름을 지닌 다른 사람.《지영이라는 이름은 아주 흔해서 동명이인이 많다.》

동몽선습 (童蒙先習) 조선 중종 때 박세무가 어린이를 가르치려고 쓴 책. 유학에서 사람이 지켜야 할 다섯 가지 도리인 오륜을 적고 중국과 조선의 역사를 간단히 덧붙였다.

동무 늘 친하게 지내는 사람.《동무들과 사이좋게 지내요.》 **비**벗, 친구.

동무 따라 강남 간다 **속담** 하고 싶지 않은 일을 남한테 이끌려서 덩달아 하게 된다는 말.

동문 통창 (同門) 같은 학교를 나온 사람.《중학교 동문 모임》 **비**동창생.

동문 문 (東門) 동쪽에 있는 문.

동문서답 (東問西答) 물음과는 전혀 딴판인 엉뚱한 대답.《밥 먹었냐고 묻자 동생은 방금 목욕했다고 동문서답을 했다.》 **동문서답하다**

동물 (動物) 사람, 개, 새, 물고기, 곤충 들처럼 풀이나 나무가 아닌 모든 생물. **참**식물.

동물 병원 (動物病院) 동물의 병을 살피고 고치는 곳.

동물성 (動物性) 동물 몸에서 얻은 성질.《동물성 기름》 **참**식물성.

동물원 (動物園) 여러 동물을 기르면서 사람들한테 구경시켜 주는 곳. **참**식물원.

동물학자 (動物學者) 동물을 분류하고 동물의 생활이나 유전 같은 것을 연구하는 사람.

동박새 섬에 많이 사는 텃새. 등은 엷은 풀색에 날개와 꽁지는 초록빛 나는 갈색이고, 눈 가장자리에 흰 고리 모양이 있다.

동박새

동반 (同伴) 1.어떤 곳에 함께 가거나 어떤 일을 함께 하는 것.《부부 동반 잔치》 2.어떤 일이 함께 생기는 것. **복**수

반. **동반하다**《큰비를 동반한 태풍이 불어왔다.》**동반되다**

동반자 (同伴者) 1.어디에 함께 가거나 어떤 일을 함께 하는 사람. 2.부부를 달리 이르는 말.

동방 (東方) 동쪽. 또는 동쪽 지방.

동방예의지국 (東方禮儀之國) 옛날에 중국 사람들이 '예의를 잘 지키는 동쪽의 나라'라는 뜻으로 우리나라를 이르던 말. **북**동방례의지국.

동백 → 동백나무.

동백꽃 동백나무에 피는 꽃. 추운 겨울과 봄 사이에 붉게 핀다.

동백나무 따뜻한 지방의 산이나 바닷가에 자라는 늘푸른나무. 잎은 두껍고 윤이 나고, 이른 봄에 붉은 꽃이 핀다. 씨에서 기름을 짠다. **같**동백.

동복 (冬服) 겨울에 입는 옷. **참**하복.

동봉 (同封) 우편물에 다른 물건을 함께 넣어 붙이는 것. **동봉하다**《편지에 사진을 동봉해 보냅니다.》

동부 곡식 밭에 심어 가꾸는 곡식. 줄기는 덩굴이 되어 자라고, 자주색, 흰색, 노란색 꽃이 핀다. 긴 꼬투리가 열리는데 안에 콩이 많이 들어 있다.

동부 지역 (東部) 어떤 지역의 동쪽 부분.《러시아는 유럽 동부에 있다.》

동부여 (東扶餘) 59년에 해부루가 두만강 언저리에 세운 나라. 294년 고구려 광개토 대왕에게 망하였다.

동북아시아 아시아의 동북쪽 지역. 한국, 중국, 일본 같은 나라가 있다.

동북쪽 동쪽과 북쪽 가운데.

동분서주 (東奔西走) 이리저리 몹시 바삐 돌아다니는 것. 동쪽으로도 뛰고

동사리

동백꽃

동백나무

동부_곡식

서쪽으로도 달린다는 뜻이다.《아침부터 동분서주 바빴다.》**동분서주하다**

동사 (動詞) '가다', '먹다', '보다', '얼다'처럼 움직임이나 상태가 바뀜을 나타내는 낱말.

동사리 바위가 많고 물이 맑은 강물 속 모랫바닥에 사는 민물고기. 등은 진한 갈색이고 배는 연한 갈색이다. 우리나라에만 산다.

동사무소 (洞事務所) 동의 행정을 맡아보는 관청.

동산 산 마을 가까이 있는 낮고 자그마한 산.《동산에 나물 캐러 갈까?》

동산 재산 (動産) 돈, 보석, 골동품 들처럼 가지고 다니거나 옮길 수 있는 재산. **참**부동산.

동삼 (冬三) 겨울철 석 달이라는 뜻으로 '겨울'을 이르는 말.

동상 조각 (銅像) 사람이나 동물의 모습을 구리로 만들어 세운 것.《우리 학교에는 세종 대왕 동상이 있다.》

동상 상처 (凍傷) 추위 때문에 살갗이 얼어서 상하는 일.《동상에 걸리다.》

동상 상 (銅賞) 금, 은, 동으로 상의 차례를 매길 때 삼등이 받는 상.

동생 (同生) 형제자매 가운데 나이가 어린 사람. 또는 사촌, 육촌 같은 친척 가운데 나이가 어린 사람. **비**아우.

동서 방향 (東西) 1.동쪽과 서쪽. 2.동양과 서양.《옛날에는 비단길을 통해 동서 문화 교류가 활발했다.》

동서 사람 (同壻) 형제의 아내끼리 또는 자매의 남편끼리 서로 이르는 말.

동서고금 (東西古今) 동양과 서양과 옛날과 지금.《이 책에는 동서고금의

좋은 말씀이 많이 들어 있다.》참고금.

동서남북 (東西南北) 동쪽과 서쪽과 남쪽과 북쪽. 또는 모든 방향.

동서양 (東西洋) 동양과 서양.

동석 (同席) 자리에 함께 앉는 것. 또는 함께 앉은 자리. **동석하다**

동선 (動線) 사람이 일을 할 때 움직이는 자취나 거리를 나타낸 선.《동선을 줄이니 작업 시간도 줄었다.》

동성 (同性) 같은 성. 곧 같은 남자나 여자인 것. 반이성.

동성동본 (同姓同本) 성씨와 조상의 고향이 같은 사람.《똑같은 김해 김씨니 우리는 동성동본이구나.》

동세 (動勢) 그림이나 조각에서 움직이는 느낌이 잘 살아 있는 것.

동소문 (東小門) 조선 태조 때(1397년) 세운 작은 성문. 서울에서 경기도 북부로 가는 중요한 출입구였는데, 1928년에 헐렸다.

동승 (同乘) 탈것에 함께 타는 것.《승용차 동승》**동승하다**

동시 시간 (同時) 어떤 일이 일어나는 바로 그때. 또는 같은 때.《이 영화는 전국 동시 개봉이야.》

동시 시 (童詩) 어린이가 쓴 시. 또는 어른이 어린이 마음에 맞추어 쓴 시.

동시랗다 |북 모양이 동그스름하다.《우리 식구는 모두 얼굴이 동시랗다.》바동시란, 동시래, 동시랗습니다.

동시집 (童詩集) 동시 여러 편을 모아서 엮은 책.

동식물 (動植物) 동물과 식물.

동심 (童心) 어린이의 마음. 또는 어린이와 같은 순수한 마음.

동심원 (同心圓) 중심이 같고 크기가 다른 여러 개의 원. 북같은중심원.

동아 밭에 심어 가꾸는 덩굴 식물. 줄기는 굵고 갈색 털이 있다. 여름에 노란 꽃이 피고 가을에 길쭉한 열매가 열린다. 열매와 씨를 약으로 쓴다.

동아리 취미나 뜻이 같은 사람들 모임.《만화 동아리》같서클.

동아시아 아시아의 동쪽 지역. 한국, 중국, 일본 같은 나라가 있다.

동아줄 굵고 튼튼하게 꼰 줄.

동안 사이 언제부터 언제까지의 사이.《나는 방학 동안에 수영을 배웠다.》

동안 얼굴 (童顔) 제 나이보다 어리게 보이는 얼굴.

동양 (東洋) 아시아의 동쪽과 남쪽 지역을 이르는 말. 한국, 중국, 일본, 인도, 타이 같은 나라가 있다. 참서양.

동양계 (東洋系) 동양인이거나 동양인과 혼혈인 사람.《동양계 미국인》

동양란 (東洋蘭) 옛날부터 한국, 중국, 일본을 비롯한 동양에서 길러 온 난초.

동양인 (東洋人) 동양 혈통이나 국적을 지닌 사람. 참서양인.

동양 척식 주식 회사 (東洋拓殖株式會社) 1908년에 일본이 우리나라 땅과 자원을 빼앗으려고 세운 회사. 일본이 제이 차 세계 대전에서 지면서 문을 닫았다.

동양화 (東洋畵) 동양에서 발달한 그림. 또는 동양에서 생겨난 재료와 기술을 써서 그린 그림. 화선지나 비단에 붓, 먹을 써서 그린다. 참서양화.

동업 (同業) 같은 직업. 또는 사업이

나 장사를 여럿이 함께 하는 것.《옷가게 동업》**동업하다**

동업자 (同業者) 직업이 같은 사람. 또는 사업이나 장사를 함께 하는 사람.

동여도 (東輿圖) → 대동여지도.

동여매다 끈이나 실 들로 꽉 동이거나 조여서 매다.《수건을 동여매다.》

동영상 (動映像) 기계로 움직이는 모습을 찍어 컴퓨터에서 보여 주는 것. 《자연 다큐멘터리 동영상》

동예 (東濊) 함경남도와 강원도 북부에 있던 옛 부족 국가. 광개토 대왕 때 고구려에 합쳐졌다.

동요 노래 (童謠) 어린이에게 맞게 어린이 마음이나 생활을 담아 만든 노래.

동요 흔들림 (動搖) 1.어떤 것이 흔들리고 움직이는 것.《폭풍이 다가오자 배의 동요가 점점 심해졌다.》2.마음이나 처지가 굳지 못하고 흔들리는 것. 《선생님의 한마디가 내 마음에 큰 동요를 일으켰다.》**동요하다 동요되다**

동원 사람이나 물자 들을 한데 모으는 것. **동원하다**《사람들을 동원하여 길을 청소했다.》**동원되다**

동유럽 유럽의 동쪽 지역. 옛날에 사회주의였던 폴란드, 체코, 헝가리, 루마니아 같은 나라를 이른다. 같동구.

동의 뜻 (同意) 남과 의견을 같이하는 것. 또는 남의 의견이나 행동을 좋다고 인정하는 것. 비찬동, 찬성. **동의하다** 《은혜 말에 동의합니다.》

동의 회의 (動議) 회의에서 토의할 안건을 내는 것. 또는 그 안건.《동의를 제출하다.》**동의하다**

동의보감 (東醫寶鑑) 조선 선조 때 허준이 임금의 명령으로 쓴 책. 중국과 우리나라의 여러 의학 책을 모아서 엮은 것으로, 여러 가지 병의 증상과 처방을 적었다.

동이 질그릇 1.물 긷는 데 쓰는 항아리. 둥글고 주둥이가 넓은데 양옆에 손잡이가 달려 있다. 2.동이에 물 같은 것을 담아서 세는 말.《술 한 동이》

동이 사람 (東夷) '동쪽 오랑캐'라는 뜻으로 옛날에 중국 사람이 자기 나라 동쪽에 사는 한국, 일본, 만주 사람 들을 낮추어 이르던 말.

동이다 끈이나 실로 감거나 조여서 묶다.《땔감을 칡넝쿨로 동였다.》

동이연 연의 머리나 허리를 띠로 둘러 동인 것처럼 만든 연.

동일 (同一) 1.다른 것과 견주었을 때 똑같은 것.《동일 수법》2.서로 다른 것이 아니라 하나인 것.《동일 인물》 **동일하다**

동자 (童子) 어린 남자 아이.

동자개 강이나 호수 바닥에 사는 민물고기. 몸은 진한 갈색이고, 입가에 수염 네 쌍이 있다. 비늘은 없다.

동자개

동자승 (童子僧) 나이가 어린 중.

동작 (動作) 몸을 움직이는 것. 또는 그 몸놀림.《동작이 날래다.》**동작하다**

동장 (洞長) 동사무소에서 으뜸인 사람.

동장군 (冬將軍) '겨울 장군'이라는 뜻으로, 아주 매서운 겨울 추위를 빗대어 이르는 말.《작년 겨울에는 동장군이 기승을 부려서 몹시 추웠다.》

동적 (動的) 움직임이 있는. 또는 그런 것.

동전 (銅錢) 구리나 구리를 섞은 쇠붙이로 동그랗게 만든 돈. 《동전 열 닢》 북구리돈.

동점 (同點) 같은 점수.

동정 한복 한복 저고리나 두루마기 깃 위에 덧대는 천. 가늘고 긴 흰색 헝겊을 빳빳하게 만들어 쓴다.

동정 마음 (同情) 어렵고 불행한 처지에 있는 사람을 알아주고 같이 마음 아파하면서 도와주는 것. 《네 동정 따위 받고 싶지 않아.》 **동정하다**

동정 낌새 (動靜) 어떤 일이 일어나고 있는 낌새나 눈치. 《적의 동정을 살피다.》 비동태, 동향.

동정심 (同情心) 동정하는 마음.

동조 (同調) 남의 말이나 생각 들을 옳게 여기거나 따르는 것. 《동생이 내게 동조를 구했다.》 **동조하다**

동족 (同族) 같은 겨레.

동족상잔 (同族相殘) 같은 겨레끼리 서로 싸우고 죽이는 것. 《육이오 전쟁은 동족상잔의 비극이다.》

동종 종류 (同種) 같은 종류.

동종 종 (銅鐘) 구리로 만든 종.

동죽 모래가 많이 섞인 서해 갯벌에 사는 조개. 껍데기가 둥근 세모꼴이고 볼록하다.

동죽

동지 사람 (同志) 1.목적이나 뜻이 같은 사람. 《동지를 만나 반갑습니다.》 2. 북녘에서 다른 사람의 성이나 이름, 직책 다음에 붙여 존경의 뜻을 나타내는 말. 《김 동지/철수 동지/수상 동지》

동지 절기 (冬至) 한 해를 스물넷으로 나눈 때 가운데 스물두째. 한 해 가운데 밤이 가장 길고 팥죽을 쑤어 먹는다. 12월 22일이나 23일이다. 반하지.

동지섣달 동짓달과 섣달.

동지회 (同志會) 동지들 모임.

동진 (東晉) 317년부터 420년까지 중국 남쪽에 있던 나라.

동질성 (同質性) 바탕이나 질이 서로 비슷하거나 같은 성질.

동짓날 동지인 날. 북동지날.

동짓달 음력으로 한 해 열두 달 가운데 열한째 달. 동지가 들어 있다고 해서 붙은 이름이다. 북동지달.

동쪽 해가 뜨는 쪽. 《동쪽 하늘》 같동, 동녘. 참남쪽, 북쪽, 서쪽.

동참 (同參) 어떤 일이나 모임 들에 함께 참가하는 것. **동참하다** 《반 아이들이 동참하여 성금을 모았다.》

동창 사람 (同窓) 1.같은 학교에서 공부한 사이. 《초등학교 동창》 2.→ 동창생.

동창 창문 (東窓) 동쪽으로 난 창문.

동창생 (同窓生) 같은 학교를 졸업한 사람. 같동창. 비동문.

동창회 (同窓會) 동창생들의 모임.

동채싸움 → 차전놀이.

동체 (胴體) 사람이나 동물의 몸통. 또는 물체의 중심 부분.

동치미 흔히 겨울철에 무로 담그는 김치. 끓여서 식힌 소금물을 소금에 통째로 절인 무에 부어서 심심하게 담근다.

동태 물고기 (凍太) 얼린 명태.

동태 모습 (動態) 사람이나 단체가 움직이거나 변해 가는 모습. 《적의 동태를 살피다.》 비동정, 동향.

동트다 밤이 지나 동쪽 하늘이 밝아오다. 《동틀 무렵 아버지는 일하러 나가십니다.》 바동트는, 동터, 동틉니다.

동티 1. 신을 노엽게 한 대가로 나쁜 일을 당하는 것. 《아무 데나 대충 묏자리를 잡으면 동티가 날지도 모른다.》 2. 아무 일에나 참견해서 걱정거리를 얻거나 해를 입는 것. 《위로한다고 건넨 말이 동티가 되고 말았다.》

동파 (凍破) 겨울에 수도관이 얼어서 터지는 것. **동파하다 동파되다**

동판 (銅版) 구리로 만든 판.

동판화 (銅版畵) 구리판에 그림을 새기고 물감을 묻혀서 찍어 낸 그림.

동편 (東便) 동쪽 편.

동포 (同胞) 같은 겨레. 또는 같은 나라 사람. 《해외 동포》

동포애 (同胞愛) 같은 겨레끼리 나누는 사랑. 《따뜻한 동포애를 느끼다.》

동풍 (東風) 동쪽에서 불어오는 바람. 《따뜻한 동풍이 분다.》 ^같샛바람.

동학 (東學) 조선 말기에 최제우가 세운 민족 종교. 사람이 곧 하늘이라는 믿음을 바탕에 깔고 있다. 나중에 '천도교'로 이름을 바꾸었다.

동학 농민 운동 (東學農民運動) 조선 고종 때(1894년) 전봉준을 비롯한 동학 교도와 농민들이 세상을 바꾸려고 일으킨 혁명 운동. 청나라와 일본이 끼어들어 실패하였다.

동학당 (東學黨) 동학을 믿는 사람들 무리. 《동학당에 들겠습니다.》

동해 (東海) 1. 동쪽에 있는 바다. 2. 우리나라 동쪽에 있는 바다.

동해안 (東海岸) 1. 동쪽에 있는 바닷가. 2. 우리나라 동쪽에 있는 바닷가.

동행 (同行) 함께 길을 가는 것. 또는 함께 길을 가는 사람. ^북동도. **동행하다**

《여행에 동생도 동행하기로 했어요》

동향 ^{방향} (東向) 동쪽으로 향하는 것.

동향 ^{고향} (同鄕) 고향이 서로 같은 것. 《아버지와 옆집 아저씨는 동향이다.》

동향 ^{움직임} (動向) 사람, 상황, 생각 들이 움직여 가는 방향. 《경제 동향을 살피다.》 비동정, 동태.

동헌 (東軒) 옛날에 고을 수령이 고을 일을 처리하던 건물.

동형 (同形) 같은 꼴. 《동형 자동차》

동호인 (同好人) 같은 취미를 함께 즐기는 사람. 《등산 동호인》

동호회 (同好會) 동호인 모임.

동화 ^{이야기} (童話) 어린이한테 들려주거나 읽히려고 지은 이야기. 《누나가 재미있는 전래 동화를 들려주었다.》

동화 ^{같아짐} (同化) 1. 어떤 것이 다른 것을 닮아 가면서 같아지거나 비슷해지는 것. 《동생은 만화 영화 주인공에 동화가 되어서 눈물을 흘렸다.》 ^북닮기. 2. 생물이 몸 밖에서 얻은 물질을 자기 몸에 있는 성분과 같게 바꾸는 일. 《탄소 동화 작용》 **동화하다 동화되다**

동화책 (童話冊) 동화가 담긴 책.

돛 배 위 기둥에 높게 매다는 넓은 천. 바람을 받아 배를 움직이게 한다.

돛단배

돛단배 돛을 단 배. ^같범선.

돛대 돛을 달려고 배 위에 세운 기둥.

돼지

돼지 1. 집짐승 가운데 하나. 쉽사리 살이 찌고 아무것이나 잘 먹는다. 고기를 얻으려고 기른다. 2. 몸이 뚱뚱하거나 아주 많이 먹는 사람을 놀리는 말.

돼지가리맛

돼지가리맛 고운 모래 갯벌에 구멍을 깊이 파고 사는 조개. 껍데기가 길쭉하게 생겼다.

돼지감자 밭둑이나 빈 터에 자라는 풀. 땅속에 감자 같은 덩이줄기가 많이 생기는데 먹거나 집짐승 먹이로 쓴다.

돼지고기 돼지의 살코기. **같**제육.

돼지기름 1.돼지 살갗 안쪽에 두껍게 붙은 흰빛이 나는 부분. 돼지비계라고도 한다. 《돼지기름이 알맞게 붙은 고기가 맛있어.》 2.돼지에서 짜낸 기름. 비누를 만들거나 가죽을 닦는 데 쓴다.

돼지바우 ㅣ북 미련하고 무뚝뚝한 사람을 낮추어 이르는 말. 《그 돼지바우가 웬일로 공책을 빌려 준 걸까?》

돼지우리 돼지를 가두어 기르는 곳. 《형과 돼지우리를 치웠다.》 북돼지굴.

돼지죽 죽같이 걸쭉하게 만들어 돼지에게 주는 먹이.

돼지감자

돼지코 돼지의 코처럼 콧구멍이 훤히 보이는 코를 놀리는 말. 비들창코.

돼지풀 길가나 빈 터에 자라는 풀. 온몸에 짧은 털이 있고, 잎은 깃처럼 갈라진다. 8~9월에 꽃이 피는데 꽃가루가 많이 나온다.

되 1.곡식, 가루, 액체 들의 양을 재는 데 쓰는 그릇. 나무로 네모나게 만든다. 2.곡식, 가루, 액체 들의 양을 나타내는 말. 한 되는 열 홉이다.

되로 주고 말로 받는다 속담 남을 조금 괴롭혔다가 훨씬 심하게 앙갚음당한다는 말.

돼지풀

되가지다 주거나 버렸던 것을 도로 가지다. 《쓰레기를 되가져 갑시다.》

되감다 풀었던 것을 도로 감다. 《아버지가 연줄을 되감아 주셨다.》

되거리 ㅣ북 1.어떤 것을 사서 다른 사람한테 비싸게 되파는 일. 《그 아저씨는

되

배추 되거리로 큰돈을 벌었다.》 2.자기가 당한 일을 다른 사람한테 그대로 하는 일. 《형이 아빠께 들은 꾸지람을 나한테 되거리로 넘기려고 해요.》 **되거리하다 되거리되다**

되거리장사 ㅣ북 되거리로 하는 장사. 또는 그것을 하는 장사꾼. **되거리장사하다**

되게 아주 심하게. 《아유, 되게 춥다.》

되뇌다 같은 말을 자꾸 되풀이하다. 《할머니는 꼭 고향에 가야 한다는 말만 되뇌셨다.》

되는대로 아무렇게나 함부로. 또는 건성으로. 《되는대로 말하지 말고 잘 생각해서 말해.》

되다 이루어지다 1.어떤 것이 생기거나 이루어지다. 《죽이 되든 밥이 되든 내가 알아서 할게.》 2.상태가 전과 다르게 바뀌다. 《기온이 오르자 눈이 비가 되어 내린다.》 3.어떤 자리를 얻거나 어떤 자리에 있다. 《나는 이다음에 커서 농구 선수가 될 테야.》 4.어떤 일을 해도 좋다. 《이 연필 제가 가져도 돼요?》 5.일이 어떤 형편에 놓이다. 《그 뒤로 춘향이와 이 도령은 행복하게 살게 되었어.》 6.일을 어떻게 해야 하다. 《당근은 다 먹어야 된다.》 7.어떤 때, 수량, 나이에 이르다. 《삼백 년 된 은행나무》 8.성품이나 태도가 제대로 갖추어지다. 또는 모양이나 기능이 제대로 갖추어지다. 《밥이 다 되었으니 조금만 기다리세요.》 9.끝에 이르다. 《점쟁이는 왕의 명이 다 됐다고 말했다.》

되지도 않는 소리 관용 이치에 어긋나는

말.《기영이가 타조도 날 수 있다고 되지도 않는 소리를 늘어놓더라.》

될 성싶은 나무 떡잎부터 알아본다 속담 커서 훌륭하게 될 사람은 어릴 때부터 남다르다는 말.

되다 뻑뻑하다 1.물기가 별로 없어 뻑뻑하다.《밥이 좀 된 거 같네.》참질다. 2. 일이 힘에 겹다.《고추를 따는 일이 이렇게 된 일인 줄은 미처 몰랐다.》

되다 재다 곡식, 가루, 액체 들의 양을 말, 되, 홉으로 따져서 세다.《쌀가게에서 쌀을 말로 되어 사 왔다.》

– 되다 붙는 말 어떤 낱말 뒤에 붙어, 1. 어떤 일이 자기나 남의 뜻에 따라서 또는 저절로 일어나는 것을 나타내는 말.《경기가 계속되다./문제가 해결되다.》2.상태나 성질이 바로 그렇다는 것을 나타내는 말.《헛되다/막되다》

되도록 그렇게 할 수 있다면.《되도록 일찍 오도록 해.》비가급적.

되돌다 오던 길로 방향을 바꾸다.《길을 잘못 들어 골목을 되돌아 나왔다.》바되도는, 되돌아, 되돕니다.

되돌리다 1.움직이던 방향을 반대로 돌리다.《두고 온 것이 생각나서 학교로 발길을 되돌렸다.》2.이미 일어나거나 한 일을 원래대로 다시 해 놓다.《벌어진 일을 되돌리기에는 이미 때가 늦었다.》3.물건 들을 도로 주다.《짝꿍한테 빌린 연필을 되돌려 주었다.》

되돌아가다 1.전에 있던 곳으로 다시 돌아가다.《선수들은 출발선으로 되돌아갔다.》2.본디 상태나 지나간 시간으로 다시 돌아가다.《어린 시절로 되돌아가고 싶어.》

되돌아보다 1.본 것을 다시 돌아보다.《할머니께서 되돌아보면서 손을 흔드셨다.》2.지난 일을 다시 생각해 보다.《실수는 없었는지 되돌아보았다.》

되돌아서다 가던 쪽에서 몸을 돌려 돌아서다.《집으로 가던 민호는 무슨 생각이 났는지 되돌아섰다.》

되돌아오다 1.전에 있던 곳으로 다시 돌아오다.《동무가 집에 없어서 되돌아왔다.》2.본디 상태나 지나간 시간으로 다시 돌아오다.《며칠 쉬었더니 원래 내 목소리로 되돌아왔다.》

되뚝하다 북 날카롭고 우뚝하다.《저 아저씨 코는 유난히 되뚝하다.》

되레 → 도리어.

되묻다 1.같은 말을 다시 묻다.《선생님은 몇 번이고 내 이름을 되물으셨다.》2.물음에 대답하지 않고 도리어 묻다.《동무는 줄거리를 알려 달라는 내 말에 책을 안 읽었느냐고 되물었다.》바되묻는, 되물어, 되묻습니다.

되바라지다 어리거나 젊은 사람이 지나치게 눈치 빠르고 얄미울 만큼 세상살이를 잘 알다.《아이가 너무 되바라져서 걱정이에요.》

되받다 1.빌려 주거나 건넨 물건을 다시 받다. 2.남이 하는 말을 받아서 바로 그 자리에서 말대답하다.《깨끗이 치우라는 언니 말에 지원이는 어떻게 더 깨끗이 치우냐고 되받았다.》

되살리다 죽어 가거나 없어지는 것을 다시 살아나게 하다.《아름다운 전통을 되살립시다.》

되살아나다 죽어 가거나 없어지는 것이 다시 살아나다.《비가 내리자 말라

죽어 가던 농작물이 되살아났다.》

되새 낮은 산이나 숲에 사는 겨울새. 부리는 노랗고 끝이 검다. 수십 마리에서 수백 마리가 떼를 지어 날아다닌다.

되새

되새기다 1.소나 염소가 삼킨 먹이를 다시 입으로 올려서 씹다. 비되씹다. 2. 어떤 일이나 말을 돌이켜 거듭 생각하다.《나는 선생님 말씀을 마음 깊이 되새겼다.》비되씹다.

되새김질 소나 염소가 먹이를 되새기는 짓. 같새김질. **되새김질하다**

되솔새 숲이나 낮은 산 어두운 곳에 사는 나그네새. 등은 갈색이고 몸 아래쪽은 흰데, 다리는 분홍색이다.

되솔새

되씹다 1.씹다가 멈춘 것을 다시 씹다.《껌을 되씹다.》비되새기다. 2.이미 한 말을 되풀이하여 말하다.《어쩌다 한 말실수를 자꾸 되씹을래?》비곱씹다. 3.이미 지난 일을 자꾸 다시 떠올리다.《형이 내게 한 충고를 되씹어 생각했다.》비곱씹다, 되새기다.

되울리다 소리가 메아리치듯 다시 들려오다.

되지못하다 하는 짓이나 말이 터무니없거나 바르지 못하다.《어디서 되지못한 떼를 쓰는 거야.》

되지빠귀 나무숲에 사는 나그네새. 수컷은 등이 옅은 잿빛이고 암컷은 등이 갈색이다.

되지빠귀

되직하다 죽이나 풀 같은 것에 물기가 적어 조금 된 듯하다.《되직하게 죽을 쑤다./풀을 되직하게 쑤어 놔라.》

되짚다 1.물건 같은 것을 다시 짚다.《선생님이 지도에서 독도 쪽을 되짚어 주셨다.》2.지난 일이나 때를 돌이켜 생각하다.《순이가 왜 나한테 화를 냈는지 어제 일을 차근차근 되짚어 보았다.》3.지나온 길을 돌아가다.《가게에 두고 온 배낭을 찾으려고 올라온 길을 되짚어 내려갔다.》

되찾다 잃거나 빼앗긴 것을 다시 찾다.《잃어버렸던 일기장을 되찾았다.》

되치기 씨름이나 유도에서 상대가 기술을 걸어오거나 기술을 걸었다가 본디 자세로 되돌아가거나 할 때 그대로 되받아서 메치는 기술.

되팔다 샀던 물건을 다른 곳에서 다시 팔다.《아저씨는 새로 산 땅을 되팔았다.》반되파는, 되팔아, 되팝니다.

되풀이 같은 말이나 행동을 자꾸 거듭해서 하는 것. 비반복. **되풀이하다**《실수를 또 되풀이했어.》**되풀이되다**

된경 I북 몹시 혼나거나 고생하는 것.《매운 고추를 먹고 된경을 치렀다.》

된고비 I북 아주 어려운 고비.《편찮으신 할아버지께서 된고비를 넘기셨다.》

된기역 → 쌍기역.

된서리 늦가을에 아주 많이 내리는 서리.《된서리가 내려앉다.》참무서리.

된서리를 맞다 관용 모진 일을 당하다.《강에 쓰레기를 마구 버리던 나쁜 회사들이 된서리를 맞았다.》

된소나기 I북 퍼붓듯이 세차게 내리는 소나기.《밤에 된소나기가 내렸다.》

된소리 ㄲ, ㄸ, ㅃ, ㅆ, ㅉ과 같이 힘주어 소리 내는 닿소리. 같경음. 참거센소리, 예사소리.

된시옷 → 쌍시옷.

된장 간장을 담근 뒤에 장물을 떠내고 남은 건더기로 만든 장. 또는 메주에

소금물을 부어 되직하게 만들어 삭힌 것.《된장에 풋고추를 찍어 먹었다.》

된장국 된장을 풀어서 끓인 국.《냉이 된장국》 같토장국.

된장잠자리 산과 들에 살고 도시에서도 볼 수 있는 잠자리. 몸빛은 된장처럼 누렇고, 날개가 몸에 견주어 크다.

된장잠자리

된장찌개 된장을 풀어서 끓인 찌개.

된주먹 |북1.쥐는 힘이 센 손아귀.《삼촌의 된주먹이라면 사과 쪼개는 일쯤은 식은 죽 먹기다.》2.아주 세게 때리는 것을 빗대어 이르는 말.《얄미운 동무한테 된주먹을 안기고 싶다.》

된추위 |북 아주 심한 추위.

된코 |북1.아주 세게 얻어맞는 것을 빗대어 이르는 말.《선생님 오신 줄도 모르고 떠들다가 된코 맞았다.》2.심하게 혼나거나 고생하는 것을 빗대어 이르는 말.《공짜 너무 좋아하다가는 된코 맞을 일이 있을 거야.》

된통 아주 심하게.《갑자기 비가 와서 된통 젖었다.》

됨됨이 사람이 타고난 바탕이나 몸가짐.《현수는 됨됨이가 착하다.》

됫박 곡식이나 액체의 양을 재는 되 대신에 쓰는 바가지. 북되박.

두 세는 말 앞에 써서, 둘을 나타내는 말.《두 사람/강아지 두 마리》

두 귀가 번쩍 뜨이다 관용 어떤 말에 마음이 확 끌리다.《공부 그만 하고 놀러 가자는 말에 두 귀가 번쩍 뜨였다.》

두 눈 딱 감다 관용 1.다른 것은 생각하지 않다.《두 눈 딱 감고 그동안 모은 딱지를 동생한테 주었다.》2.남의 허물을 알고도 모른 체하다.《새별이가

두견이

두꺼비

두꺼비메뚜기

늦었지만 두 눈 딱 감고 넘어갔다.》

두 마리 토끼를 쫓다 관용 두 가지 일을 한꺼번에 하다.《공부와 운동이라는 두 마리 토끼를 쫓기가 쉽지 않을걸.》

두 손 들다 관용 1.남이 하자거나 해 달라는 것을 마지못해 들어주다.《그 애 고집에 두 손 들었어.》2.하던 일을 더는 못하겠다고 그만두다.《나는 두 손 들었으니 이 문제는 네가 풀어 봐.》

두각 (頭角) 여럿 가운데 눈에 띄는 재주를 빗대어 이르는 말.《이모는 뛰어난 연주 실력으로 두각을 나타냈다.》

두간두간 |북1.'도간도간'의 큰말.《공사장에서 망치질 소리가 두간두간 들려온다.》2.어떤 일을 하는 사이사이에.《선생님이 재미있는 이야기를 두간두간 섞어서 수업하신다.》

두개골 (頭蓋骨) → 머리뼈.

두건 (頭巾) 흔히 상을 당했을 때 머리에 쓰는 베로 만든 모자.

두견새 → 두견이.

두견이 낮은 산 중턱이나 숲에 사는 여름새. 스스로 둥지를 짓지 않고 다른 새의 둥지에 알을 낳는다. 천연기념물 제447호. 같두견새.

두고두고 여러 번에 걸쳐 오랫동안.《이 은혜는 두고두고 갚겠습니다.》

두근- 몹시 놀라거나 설레거나 불안해서 가슴이 뛰는 모양. **두근거리다 두근대다 두근두근**《숙제를 안 했다고 혼날까 봐 가슴이 두근두근 된다.》

두꺼비 논밭이나 낮은 산의 축축한 곳에 사는 동물. 몸 빛깔은 어두운 갈색이고 살갗이 우툴두툴하다. 같두껍.

두꺼비메뚜기 들판이나 산길 같은 마

른땅에 사는 메뚜기. 몸 빛깔이 회색이나 갈색인데 얼룩덜룩한 무늬가 있고 등에 혹이 여러 개 있다.

두꺼비집 전류가 너무 많이 흐를 때 자동으로 전기가 끊기는 안전장치.

두껍 → 두꺼비.

두껍다 물건을 이루는 층이 보통보다 크다.《두꺼운 종이/두꺼운 옷》**반**얇다. **바**두꺼운, 두꺼워, 두껍습니다.

두께 두꺼운 정도.《두께가 얇다.》

두뇌 (頭腦) 1.머리와 뇌.《고릴라의 두뇌는 사람의 두뇌보다 작다.》2.사물을 판단하는 슬기.《꽃님이는 두뇌가 뛰어나다.》**비**머리.

두다 1.어떤 곳에 있게 하다.《책가방은 저쪽에 두고 들어가세요.》2.어떤 상태에 있게 하다.《만지지 말고 그냥 두세요.》3.사람을 거느리거나 관계하다.《두 아이를 둔 어머니/너는 참 좋은 친구를 뒀구나.》4.마련하거나 갖추어 놓다.《어린이 인권 부서를 두면 어떨까요?》5.생각이나 느낌을 마음속에 품다.《그저 웃자고 한 말이니까 마음에 두지 마라.》6.어떤 것을 대상으로 하다.《네 말은 아무래도 나를 두고 하는 말 같구나.》7.사이에 끼우거나 넣거나 섞다.《이불에 솜을 두다./밥에 콩을 두다.》8.사이, 틈, 여유 같은 것을 있게 하다.《시간을 두다./간격을 두다.》9.바둑, 장기 같은 놀이를 하다.《토요일 저녁에는 아빠와 바둑을 둔다.》10.앞 낱말이 뜻하는 것을 계속 이어지게 하다.《이 부분은 아주 중요하니까 꼭 외워 두세요.》

두더지 땅속에 굴을 파고 들어가 사는

두더지

짐승. 몸이 통통하고 검은 갈색인데, 네 다리는 짧고 굵다.

두도막 형식 한 곡이 큰악절 두 개로 이루어지는 형식.

두둑 밭과 밭 사이에 흙으로 꽤 높게 쌓아 올린 것. 사람이 다니는 길이 되기도 하고 작물을 심기도 한다.《밭두둑을 걷다./두둑에 콩을 심어요.》

두둑하다 1.꽤 두껍다.《높은 산에 올라가면 추워지니까 두둑한 옷을 챙겨 가세요.》2.돈이나 물건 들이 넉넉하다.《알사탕을 한 주먹이나 넣었더니 주머니가 두둑해졌다.》

두둔하다 편을 들거나 잘못을 감싸 주다.《엄마는 늘 형만 두둔해요.》

두둥실 물 위나 공중에 가볍게 떠오르거나 떠 있는 모양.《끈을 놓치자 풍선이 두둥실 하늘로 떠올랐다.》

두드러기 약이나 음식을 잘못 먹거나 환경이 바뀌어 생기는 피부병. 살갗이 붉게 부르트고 아주 가렵다.《두드러기가 돋다.》**북**도드라기.

두드러기가 나다 관용 어떤 것이 매우 싫다.《바퀴벌레라는 말만 들어도 두드러기가 나.》

두드러지다 1.어느 곳이 불룩하게 쑥 나오다.《나는 뒤통수가 두드러진 뒤짱구다.》2.눈에 띄다.《내 동무는 노래를 두드러지게 잘한다.》

두드리다 소리가 나게 자꾸 치다.

두들기다 세게 두드리거나 아주 심하게 치다.《대문을 쿵쿵 두들겼다.》

두락 (斗落) → 마지기.

두런- 여럿이 나직한 목소리로 가만가만 이야기하는 소리. 또는 그 모양. 두

런거리다 두런대다 두런두런《오랜만에 누나와 두런두런 이야기를 했다.》

두렁 논이나 밭 가장자리에 흙을 쌓아 올린 둑.《두렁에 옥수수를 심었다.》

두레 농사일이 바쁠 때 서로 돕고 함께 일하려고 만든 모임.《모심기 두레》

두레꾼 두레에 끼는 일꾼. **북**두레군.

두레박 줄을 길게 매어 우물에서 물을 퍼 올릴 때 쓰는 그릇.

두려움 두려워하는 것. 또는 두려운 느낌.《두려움에 떨다.》

두려워하다 거리끼거나 무섭고 불안한 마음을 느끼다.

두렵다 거리끼거나 무섭고 불안하다.《어두운 골목길을 혼자 가려니 두렵다.》**바**두려운, 두려워, 두렵습니다.

두령 (頭領) 옛날에 많은 부하를 거느리던 우두머리.《청석골 두령 임꺽정》**비**두목.

두루 하나도 빠짐없이 골고루.《우리나라 곳곳을 두루 구경하고 싶다.》

두루마기 저고리나 마고자 위에 덧입는 웃옷. 옷자락이 무릎까지 내려온다.

두루마리 종이를 가로로 길게 이어서 둘둘 말아 놓은 것.《두루마리 화장지》

두루마리구름 털실처럼 둘둘 말린 회색 구름. 흔히 비 오는 날에 하늘을 뒤덮듯이 넓게 나타난다.

두루뭉술하다 1.모양이 모나지도 않고 아주 둥글지도 않다.《만두를 두루뭉술하게 빚었다.》2.하는 짓이나 말 들이 분명하지 못하다.《두루뭉술하게 말을 하니까 무슨 말인지 못 알아듣겠어요.》**북**두루뭉실하다.

두루미 늪, 풀밭, 논밭에 사는 겨울새.

두루미천남성

두레박

남자

여자
두루마기

두릅

두릅나무

두루미

목, 다리, 부리가 가늘고 긴데 몸은 희고 이마, 목, 다리, 날개 끝은 검다. 천연기념물 제202호. **같**학.

두루미천남성 산속 그늘진 풀숲에 자라는 풀. 자줏빛을 띠는 풀색 꽃이 피고, 둥근 뿌리줄기를 약으로 쓴다.

두르다 1.빙 돌려서 감거나 걸치다.《우리 반은 머리에 파란 띠를 두르기로 했어.》2.빙 돌아서 치다.《울타리를 낮게 두른 집이 우리 할아버지 댁이다.》3.바로 가지 않고 빙 돌아서 가다.《지름길은 좁고 험하니까 저리 둘러서 내려가자.》4.기름 같은 것을 그릇에 고르게 바르다.《철판에 기름을 두르고 달걀을 부쳐 먹었다.》**바**두르는, 둘러, 두릅니다.

두르르 1.넓고 얇은 것이 탄력 있게 말리는 모양.《두르르 말린 두루마리》2.크고 둥근 것이 구르는 모양. 또는 그 소리.《공이 두르르 곁으로 굴러 왔다.》

두름 조기, 청어 같은 물고기를 한 줄에 열 마리씩 두 줄로 엮은 것. 또는 그것을 세는 말.《조기 한 두름》

두릅 두릅나무의 어린순. 살짝 데쳐서 나물로 먹는다.

두릅나무 산비탈이나 숲 가에 자라는 잎지는나무. 줄기에 억센 가시가 많고, 여름에 누르스름한 작은 꽃이 핀다. 봄에 나는 새순을 나물로 먹는다.

두리둥실 물 위나 공중에 가볍게 떠서 움직이는 모양.《두리둥실 배를 띄우고 물놀이를 나갔다.》

두리번- 눈을 크게 뜨고 이쪽저쪽 휘둘러서 살펴보는 모양. **두리번거리다 두리번대다 두리번두리번**《빈 자리가

없는지 두리번두리번 둘러보았다.》

두만강 (豆滿江) 우리나라 북동쪽을 흐르는 강. 백두산에서 시작하여 동해로 흘러 들어간다.

두말 1.이미 한 말을 뒤집고 다르게 하는 말.《한 입으로 두말을 하니?》2.이러니저러니 말을 덧붙이거나 따지는 것.《다 끝났으니 더는 두말 못하겠지.》 **두말하다**

두메 도시에서 멀리 떨어진 변두리나 시골.《두메에 살다.》

두메담배풀 산속 그늘지고 축축한 땅에 자라는 풀. 잎이 위로 갈수록 작아지고, 7~9월에 노란 꽃이 핀다. 어린순을 먹는다.

두메부추 울릉도, 강원도, 북부 지방에 자라는 풀. 8~9월에 붉은 자주색 꽃이 핀다. 잎은 살진 부추처럼 생겼다.

두메산골 도시에서 멀리 떨어져 사람이 많이 살지 않는 깊은 산골.

두목 (頭目) 좋지 않은 무리의 우두머리.《깡패 두목/산적 두목》⑪두령.

두문불출하다 집에 틀어박힌 채 바깥에 전혀 나가지 않다.《우리 삼촌은 방학 때 두문불출하고 책만 읽는다.》

두발자전거 바퀴가 둘 달린 자전거.

두발짐승 닭이나 오리처럼 발이 둘인 짐승.

두부 콩으로 만든 먹을거리. 물에 불린 콩을 갈아서 찌꺼기는 짜내고 콩물만 끓인 다음에 간수를 넣어 엉기게 하여 만든다.

두상 생김새 (頭相) 머리 생김새.《진영이는 두상이 아버지를 닮았다.》

두상 조각 (頭像) 머리 부분을 조각한

두메담배풀

두메부추

두우쟁이

두발자전거

두점박이고추잠자리

작품.

두서 (頭緖) 말이나 일의 갈피와 순서.《일에 두서가 없다.》

두서너 세는 말 앞에 써서, 둘이나 셋이나 넷을 나타내는 말.《아이들이 두서너 명씩 옹기종기 모여 있다.》

두서넛 둘이나 셋이나 넷.《사랑방에 손님들이 두서넛 앉아 계신다.》

두선- 겨우 알아들을 만한 낮은 목소리로 말을 주고받는 모양. **두선거리다 두선대다 두선두선**《아이들이 모여서 두선두선 시험 걱정을 한다.》

두세 세는 말 앞에 써서, 둘이나 셋을 나타내는 말.《두세 번/두세 시간》

두셋 둘이나 셋.《아이들은 두셋만 모여도 시끄럽게 떠들어 댄다.》

두어 세는 말 앞에 써서, 둘쯤 되는 수를 나타내는 말.《사과 두어 개》

두어서너 ⁀북 세는 말 앞에 써서, 둘에서 넷쯤 되는 수를 나타내는 말.《엄마, 귤은 두어서너 개만 싸 갈게요.》

두엄 풀, 재, 똥오줌 들을 한데 모아 만든 거름.《두엄 더미》같퇴비.

두엇 둘쯤 되는 수.《초등학생 두엇》

두우쟁이 큰 강 모랫바닥에 사는 민물고기. 등은 누런 갈색, 배는 은빛이고 옆구리에 검은 점이 흩어져 있다.

두유 (豆乳) 콩으로 만든 먹을거리. 물에 불린 콩을 갈아서 물을 붓고 끓인 다음에 걸러서 우유같이 만든다.

두절 (杜絶) 교통이 막히거나 통신이 끊어지는 것.《연락 두절/통신 두절》 **두절하다 두절되다**

두점박이고추잠자리 넓게 트인 물웅덩이 가까이 사는 잠자리. 가슴과 배가 누렇거나 붉은 밤색이다.

두텁다 정이나 믿음이 깊고 굳다.《두터운 은혜를 입다.》**참**도탑다. **바**두터운, 두터워, 두텁습니다.

두토막눈썹참갯지렁이 갯벌이나 자갈 바닥에 사는 지렁이. 몸에 푸른빛이 돈다. 갯벌에서 쉽게 볼 수 있는 지렁이이다.

두토막눈썹참갯지렁이

두통 (頭痛) 머리가 아픈 증세. **북**머리아픔.

두툼하다 꽤 두껍다.《두툼한 겨울옷을 입고 나가라.》**참**도톰하다.

두트레방석 짚으로 둥글게 짜서 독을 덮는 데 쓰는 방석.

두트레방석

두피 (頭皮) 머리를 덮고 있는 살갗.

두해살이 첫해에 싹이 나서 자라다가 다음 해에 꽃이 피어 열매를 맺고 죽는 식물. 금잔화, 냉이, 보리 들이 있다.

둑 흙이나 돌을 쌓아서 올린 언덕. 높은 길을 내거나 홍수를 막으려고 쌓는다. **비**제방. **북**뚝.

둑길 둑에 있는 길. **북**뚝길.

둑중개 맑고 차가운 물에 사는 민물고기. 몸이 가늘고 긴데 비늘이 없다. 몸통은 회갈색이지만 등 쪽은 짙은 갈색이고 배 쪽은 옅은 갈색이다.

둑중개

둔각 (鈍角) 90도보다 크고 180도보다 작은 각. **참**예각. **북**무딘각.

둔각 삼각형 (鈍角三角形) 세 내각 가운데 한 각이 둔각인 삼각형.

둔감하다 감각이나 감정 들이 무디다.《형은 유행에 둔감한 편이라 옷에는 신경을 쓰지 않는다.》**반**민감하다.

둔갑 (遁甲) 1.재주를 부려서 몸을 감추거나 모습을 바꾸는 것.《여우가 사람으로 둔갑을 했다.》2.어떤 것이 성질이 다른 것으로 바뀌는 것을 빗대어 이르는 말. **둔갑하다**《거짓이 진실로 둔갑하다니!》

둔덕 언덕처럼 불룩하게 솟아오른 땅.《둔덕 위에 집을 세웠다.》

둔재 (鈍才) 둔하고 재주가 없는 사람.

둔치 강, 바다, 호수 같은 곳 가장자리.《한강 둔치로 나들이 가요.》

둔하다 1.움직임이 무겁고 느리다.《뚱뚱하다고 해서 몸놀림이 둔한 것은 아니야.》**비**굼뜨다. 2.깨치거나 알아듣는 것이 느리다.《머리가 둔해서 잘 모르겠어요.》3.생김새나 차림새가 투박하다.《옷을 겹겹이 껴입어서 둔해 보여.》4.느끼는 것이 느리다.《얼마나 둔하면 피가 흐르는데도 몰랐니?》

둔화 (鈍化) 움직임이나 변화 들이 무디고 느려지는 것.《경제 성장률 둔화》**둔화하다 둔화되다**

둘 하나에 하나를 더한 수. **참**두, 이.

둘도 없다 **관용** 1.오로지 하나뿐이다.《너처럼 게으른 애는 둘도 없을 거야.》2.아주 귀하고 중요하다.《세상에 둘도 없는 친구》

둘이 먹다 하나가 죽어도 모르겠다 **관용** 음식이 아주 맛있다는 것을 빗대어 이르는 말.《냉면이 맛있어서 둘이 먹다 하나가 죽어도 모르겠다.》

둘둘 여러 겹으로 둥글게 말린 모양.《멍석을 둘둘 말았다.》

둘러대다 그럴듯한 말로 꾸며 대다.《나는 학교에 가기 싫어서 배가 아프다고 둘러댔다.》

둘러메다 어깨에 메거나 어깨 위에 놓

다. 《삽을 둘러메고 논에 나갔다.》

둘러보다 이리저리 두루 살펴보다. 《운동장을 한 바퀴 둘러보았다.》

둘러서다 여럿이 한곳에 둥그렇게 늘어서다. 《사람들이 할아버지 뒤로 빙 둘러서서 장기판을 들여다보았다.》

둘러싸다 1.빙 둘러서 싸다. 《산들이 우리 마을을 둘러싸고 있다.》 2.여럿이 둥글게 에워싸다. 《아이들이 유명한 탁구 선수를 둘러싸고 있다.》 3.어떤 문제를 이야깃거리로 삼다. 《교실 뒤쪽을 꾸미는 일을 둘러싸고 아이들 의견이 여럿으로 나뉘었다.》

둘러싸이다 어떤 것이 둘러싸고 있는 가운데에 있다. 《삼면이 바다로 둘러싸인 우리나라》

둘러쓰다 → 뒤집어쓰다. **바**둘러쓰는, 둘러써, 둘러씁니다.

둘러앉다 어떤 것을 가운데 두고 여럿이 둥그렇게 앉다. 《난롯가에 둘러앉아 옛날이야기를 들었다.》

둘러업다 어깨나 등에 휘감듯이 들어서 업다. 《어머니가 아픈 동생을 둘러업고 병원으로 뛰어가셨다.》

둘러치다 휘둘러서 세게 던지거나 내리치다. 《떡메를 힘껏 둘러쳤다.》

둘러치나 메어치나 **일반** **속담** 이렇게 하든 저렇게 하든 결과는 같다는 말.

둘레 1.어떤 것의 테두리나 바깥 언저리. 《집 둘레에 봉숭아 꽃씨를 심었다.》 **비**언저리. **북**두리. 2.어떤 것의 테두리를 한 바퀴 돈 길이. **북**두리.

둘레둘레 여기저기 자꾸 둘러보는 모양. 《주위를 둘레둘레 훑어보았다.》

둘째 1.첫째의 다음 차례. 또는 첫째의

다음 차례인. 《둘째 이모는 엄마보다 한 살 어리다.》 2.앞에서부터 셀 때 두 개째가 되는 것을 이르는 말.

둘째가다 첫째에 버금가다.

둘째가라면 서럽다 **관용** 어떤 것을 가장 잘하는 것을 빗대어 이르는 말. 《동진이는 둘째가라면 서러워할 만큼 달리기를 잘한다.》

둥 1.일을 하는 것 같기도 하고 하지 않는 것 같기도 한 것을 나타내는 말. 《숙제는 하는 둥 마는 둥 하고 놀러 나갔다.》 2.말을 이러쿵저러쿵 늘어놓는 것을 나타내는 말. 《동생은 아프다는 둥 체했다는 둥 꾀병을 부린다.》

둥개둥개 아기를 안고 토닥이거나 어르면서 하는 말.

둥굴레 산과 들에 자라는 풀. 6~7월에 푸르스름한 흰색 꽃이 아래를 보고 핀다. 땅속줄기는 차를 달여 먹거나 약으로 쓴다.

둥굴레

둥그니신 옛날에 추위를 막으려고 짚으로 만들어 신던 신발.

둥그렇다 둥근 것이 뚜렷하다. 《둥그렇게 떠오른 보름달》 **참**동그랗다. **바**둥그런, 둥그레, 둥그렇습니다.

둥그레지다 둥그렇게 되다. 《송이는 내 얘기를 듣고 놀라서 눈이 둥그레졌다.》 **참**동그레지다. **북**둥그레지다.

둥그스름하다 조금 둥글거나 둥근 듯하다. 《호박이 둥그스름하게 생겼다.》 **참**동그스름하다. **북**둥그스름하다.

둥근배무래기 바닷가 바위에 딱 붙어서 사는 조개. 껍데기가 둥글고 삿갓처럼 생겼다. 사는 곳에 따라 빛깔이 조금씩 다르다.

둥근배무래기

둥근이질풀 높은 산에 자라는 풀. 이
질풀보다 꽃과 키가 더 크다. 꽃은 분
홍색이다. ᴮ둥근손잎풀.

둥근잎나팔꽃 꽃을 보려고 심어 가꾸
는 풀. 줄기가 덩굴이 되어 자라고, 나
팔꽃과 비슷한 붉은 자줏빛 꽃이 핀다.

둥근잠쟁이 바닷물이 드나드는 바위
나 돌 틈에 사는 조개. 왼쪽 껍질은 평
평한데 얇고 오른쪽 껍질로 바위나 조
개에 달라붙는다.

둥근칼 칼끝이 둥글게 구부러진 조각
칼. 굵은 선을 표현하거나 필요 없는
면을 파내는 데 쓴다.

둥근향나무 길가나 뜰에 심어 가꾸는
늘푸른나무. 향나무와 비슷한데 밑에
서 많은 가지가 갈라져 나오므로 나무
모양이 둥글게 된다.

둥글넓적하다 생김새가 둥글면서 넓
적하다.《둥글넓적한 쟁반》ᴮ둥글넙
적하다.

둥글다 모양이 동그라미나 공과 같다.
《둥근 해가 떴습니다.》참동글다. ᴮ둥
근. 둥글어, 둥급니다.

둥글둥글 여럿이 다 둥글거나 여러 부
분이 모두 둥그런 모양. 또는 아주 둥
근 모양. **둥글둥글하다**《곰 인형 얼굴
이 모두 둥글둥글하게 생겼다.》

둥글부채 비단이나 종이 들로 둥글게
만든 부채.

둥당기타령 전라도 민요 가운데 하나.

둥둥 ᴮ소리 북 같은 것을 자꾸 칠 때 울
리는 소리.《북을 둥둥 울려라.》

둥둥 풍선 어떤 것이 물 위나 공중에 떠
서 움직이는 모양.《단풍잎이 시냇물
위에 둥둥 떠내려간다.》

둥근이질풀

둥근잎나팔꽃

둥우리

둥근잠쟁이

둥근향나무

둥실 어떤 것이 물 위나 공중에 가볍게
떠 있는 모양.《보름달이 동산 위에 둥
실 떠 있다.》**둥실둥실**

둥우리 1. 짚이나 대나무 들을 엮어서
바구니처럼 만든 그릇.《할머니가 처
마 밑에 씨앗 둥우리를 달아 놓으셨
다.》2. 나뭇가지나 짚 들로 새끼를 얽
어 만든 닭 집.《닭이 둥우리에 올라가
알을 낳았다.》3.→ 둥지.

–둥이 어떤 낱말 뒤에 붙어, '그런 성
질이 있는 사람이나 짐승'이라는 뜻을
더하는 말.《검둥이/귀염둥이》

둥지 새가 나뭇잎이나 풀, 나뭇가지 들
로 지은 보금자리. 같둥우리.

둥지를 틀다 관용 살 곳을 만들다.《나는
서울에 둥지를 틀었다.》

둥치 큰 나무 밑동. ᴮ나무둥치.

뒈지다 '죽다'를 아주 낮추어 이르는
말.《굶어 뒈져도 난 몰라.》

뒤 1. 바라보는 쪽의 반대가 되는 쪽.
《형이 부르는 소리에 뒤를 돌아보았
다.》반앞. 2. 어떤 것의 뒷부분.《이름
표 뒤에 주소를 적으세요.》반앞. 3. 시
간이나 차례에서 다음이나 나중.《이
를 닦은 뒤에 잠자리에 들었다.》비나
중, 후. 4. 일의 끝이나 마지막 부분.
《이 소설은 처음보다는 뒤가 더 재미
있다.》반앞. 5. 일을 하고 남은 흔적이
나 결과.《무슨 일을 하건 뒤가 깨끗해
야 해.》6. 앞선 것의 다음 차례를 잇는
것.《아빠가 할아버지 뒤를 이어 식당
을 운영하신다.》7. 어떤 일을 하는 데
의지나 바탕이 되는 것.《할아버지가
뒤를 돌봐 주신 덕에 아빠의 사업이 잘
될 수 있었다.》8. 감추어서 겉으로 드

러나지 않는 부분.《형사들이 용의자의 뒤를 캐고 다닌다.》9.'사람 똥'을 점잖게 둘러서 이르는 말.《갑자기 뒤가 급해서 화장실로 뛰어갔다.》

뒤가 켕기다 관용 자기가 한 짓이 드러날까 봐 걱정스럽다.《뒤가 켕기니까 슬그머니 가 버린 거야.》

뒤에 난 뿔이 우뚝하다 속담 아랫사람이 윗사람보다 오히려 나은 것을 빗대어 이르는 말.

뒤가슴 ㅣ북 등을 앞가슴에 상대하여 이르는 말.《삼촌 뒤가슴은 정말 넓다.》

뒤거둠 ㅣ북 일의 뒤끝을 마무리하는 것. 또는 일을 마무리하는 솜씨나 모양새.《은영이만큼 청소 뒤거둠을 잘하는 애는 못 보았어.》 **뒤거둠하다**

뒤구르기 체조에서 몸을 둥글게 만들어 뒤로 구르는 일.

뒤근심 ㅣ북 뒤에 벌어질 일이나 남겨 둔 일로 생기는 근심.《마무리를 잘해 두면 뒤근심이 없어요.》 **뒤근심하다**

뒤꼍 집 뒤에 있는 뜰이나 마당.《뒤꼍에 꽃밭을 만들었다.》 참뒤뜰. 북뒤겻.

뒤꿈치 1.→ 발뒤꿈치. 2.신발이나 양말에서 발뒤꿈치가 닿는 부분.《영수는 왜 운동화 뒤꿈치를 구겨 신지?》

뒤끝 1.어떤 일의 맨 나중.《경기 뒤끝에 가서야 겨우 한 골이 터졌다.》2.어떤 일이 벌어진 바로 뒤.《비 온 뒤끝이라 그런지 공기가 아주 상쾌하다.》3.지나간 일에 좋지 않은 감정이 남아 있는 것.《우진이는 발끈하고 화를 잘 내지만 뒤끝이 없다.》

뒤늦다 제때가 지나 꽤 늦다.《할머니는 뒤늦게 한글 공부를 시작하셨다.》

뒤덮다 빈틈없이 모두 덮다.《밤새 내린 눈이 온 세상을 하얗게 뒤덮었다.》

뒤돌다 뒤로 돌다.《뒤돌아서 날 봐.》 바뒤도는, 뒤돌아, 뒤돕니다.

뒤돌아보다 1.고개를 돌려 뒤쪽을 보다.《나는 자꾸 뒤돌아보면서 엄마에게 손을 흔들었다.》2.지난 일을 돌이켜서 생각하다.《어제 동무와 싸운 일을 뒤돌아보니 내 잘못이 더 컸다.》

뒤돌아서다 뒤로 돌아서다.《누나가 뒤돌아서서 내 손을 꼭 잡았다.》

뒤따라가다 뒤를 따라가다.《병아리들이 어미 닭을 뒤따라간다.》 반뒤따라오다.

뒤따라오다 뒤를 따라오다.《길 잃은 강아지가 뒤따라왔다.》 반뒤따라가다.

뒤따르다 1.뒤를 따르다.《나는 아버지를 바짝 뒤따랐다.》2.어떤 일을 한 결과로 함께 딸려 오다.《운동을 열심히 하다 보니 뒤따라 몸이 튼튼해졌다.》 바뒤따르는, 뒤따라, 뒤따릅니다.

뒤떨어지다 1.남의 뒤에 처지거나 남다.《지친 애들 몇몇이 뒤떨어졌지만 우리는 산꼭대기까지 계속 올라갔다.》 비뒤지다. 반앞서다. 2.능력, 수준, 기술들이 남보다 못하다.《삼국 시대 때만 해도 일본의 문화 수준은 우리보다 한참 뒤떨어져 있었다.》 비뒤지다. 반앞서다. 3.시대나 유행 같은 것에 따르지 못하다.《유행에 뒤떨어진 옷을 입었다고 흉보지 마.》 비뒤지다.

뒤뚱- 큰직한 사람이나 물체가 이리저리 기울어지면서 흔들리는 모양. **뒤뚱거리다 뒤뚱대다 뒤뚱뒤뚱**《거위들이 뒤뚱뒤뚱 걸어간다.》

뒤뜰 집 뒤쪽에 있는 뜰.《뒤뜰에 감나무를 심었다.》**같**뒷마당. **반**앞뜰. **참**뒤껼. **북**뒤뜨락.

뒤란 → 뒤울안.《뒤란 장독대》

뒤룩- 처지도록 군살이 찐 모양. **뒤룩거리다 뒤룩대다 뒤룩뒤룩**《뒤룩뒤룩하게 살이 찐 돼지》

뒤바꾸다 1.차례나 자리를 서로 바꾸다.《앞 모둠과 발표할 날짜를 뒤바꾸기로 했다.》2.생각, 형편, 처지를 다르게 바꾸다.《세상을 뒤바꾸어 놓다.》

뒤바뀌다 1.어떤 것이 반대로 확 바뀌다.《차례가 뒤바뀌다.》2.어떤 것이 아주 다르게 바뀌다.《그 일이 있고 나서 내 인생이 뒤바뀌었다.》

뒤범벅 여러 가지가 마구 뒤섞여서 가릴 수 없는 것.《아기가 상을 휘젓는 바람에 음식이 온통 뒤범벅이 되었다.》**뒤범벅되다**

뒤서다 남의 뒤에 서거나 남보다 뒤떨어지다.《우리는 앞서거니 뒤서거니 하면서 산에 올랐다.》**반**앞서다.

뒤섞다 다른 것을 모아 한데 섞다.《모래와 흙을 뒤섞어 화분에 넣었다.》

뒤섞이다 다른 것이 한데 섞이다.《소쿠리 안에 콩과 팥이 뒤섞여 있다.》

뒤설레이다 **북** 걱정스럽거나 궁금해서 두근두근 매우 설레다.《뒤설레이는 마음으로 성적표를 살펴보았다.》

뒤숭숭하다 1.마음이 어수선하거나 불안하다.《동무가 전학 간다고 하니 마음이 뒤숭숭하다.》2.형편이나 분위기가 어수선하다.《할머니가 입원하신 뒤로 집안 분위기가 뒤숭숭해졌다.》

뒤얽히다 1.줄이나 실 같은 것이 마구

뒤영기생파리

엉키다.《뒤얽힌 노끈을 푸느라 진땀을 뺐다.》2.일, 사실 들이 갈피를 잡기 힘들게 뒤섞이다.《골치 아픈 일들이 뒤얽혀 갈피를 잡을 수 없다.》

뒤엉기다 1.여럿이 떼를 지어 마구 들러붙다.《벌통에 벌들이 뒤엉겨 있다.》2.물기가 있는 흙, 가루 들이 한데 뭉치다.《민수의 얼굴에는 흙과 땀이 뒤엉겨 있었다.》3.여러 가지 냄새, 연기, 소리 들이 한데 섞이다.《삼촌의 옷에는 늘 땀 냄새와 담배 냄새가 뒤엉겨 있다.》4.여러 가지 생각, 느낌 들이 한데 섞이다.《새 학년이 될 무렵에는 늘 아쉬움과 기대감이 뒤엉긴다.》

뒤엉키다 실이나 물건 또는 일 들이 마구 얽혀서 풀기 어렵게 되다.《신호등이 고장 나서 차들이 뒤엉켰다.》

뒤엎다 → 뒤집어엎다.

뒤영기생파리 높은 산에 사는 파리. 벌처럼 생겼고, 나비, 벌, 메뚜기 같은 다른 곤충 몸에 알을 낳는다.

뒤욕 **북** 1.어떤 일이 끝난 뒤에 그 일에 대해 욕하는 짓《오락 시간에 그만큼 재밌게 놀았으면 됐지 왜 뒤욕을 하고 그래?》2.어떤 사람이 없는 데서 그 사람을 욕하는 짓.《뒤욕만큼 비겁한 짓은 없다고 생각합니다.》**뒤욕하다**

뒤욕질 **북** 마구 뒤욕하는 짓.《뒤욕질은 이제 듣기 싫어.》**뒤욕질하다**

뒤울림 **북** 방이나 건물 안 같은 곳에서 소리가 멎은 뒤에도 그 울림이 한동안 이어지는 일.《뒤울림이 심하다.》

뒤울안 집 뒤에 있는 울타리 안.《뒤울안 텃밭에서 상추를 땄다.》**준**뒤란.

뒤웅박

뒤웅박 박으로 만든 바가지. 박에 주

먹만 한 구멍을 뚫고 속을 파내어 만든다.《뒤웅박에 씨앗을 넣어 두었다.》

뒤잇다 1.다른 사람이 하던 것을 그대로 이어서 하다.《삼촌은 할아버지를 뒤이어 농사를 짓는다.》2.어떤 일이 끝난 뒤 곧바로 이어지다.《번개가 치더니 뒤이어 천둥이 울리고 비가 쏟아졌다.》ᵇ뒤잇는, 뒤이어, 뒤잇습니다.

뒤잔등 ᴵᵇ 1.몸의 뒤쪽에 있다는 뜻으로 등을 힘주어 이르는 말.《아빠 뒤잔등에 커다란 파리가 붙어 있어요.》2.어떤 곳의 뒤쪽에 있는 언덕이나 고개.《저 산 뒤잔등을 넘어가면 커다란 은행나무가 나옵니다.》

뒤재기다 ᴵᵇ 뒤적여 한데 섞다.《양념을 넣고 뒤재겨서 나물을 무쳤다.》

뒤적- 무엇을 찾으려고 여기저기 들추면서 뒤지는 모양. **뒤적거리다 뒤적대다 뒤적이다 뒤적뒤적**《옛날 일기장을 뒤적뒤적 넘겨 보았다.》

뒤주 쌀을 넣어 두는 큰 나무 궤짝.

뒤죽박죽 물건이나 생각 들이 마구 뒤섞여서 엉클어진 모양.《머릿속이 뒤죽박죽이라 아무것도 생각할 수 없어.》
뒤죽박죽되다

뒤지 똥을 눈 뒤 밑을 닦는 종이.

뒤지다 책상을 어떤 것을 찾으려고 구석구석 들추거나 살피다.《방 안을 아무리 뒤져도 열쇠가 나오지 않는다.》

뒤지다 걸음이 1.남보다 뒤에 처지다.《동생은 우리보다 몇 걸음 뒤졌지만 꾸준히 따라 올라온다.》ᵇ뒤떨어지다.ᵇ앞서다. 2.능력, 수준, 기술 들이 남보다 못하다.《그 나라 과학 수준은 우리나라보다 한참 뒤져 있다.》ᵇ뒤떨어

지다.ᵇ앞서다. 3.시대나 유행의 흐름에 미치지 못하다.《시대에 뒤진 낡은 생각》ᵇ뒤떨어지다.

뒤짐작 ᴵᵇ 1.속사정을 모른 채 미루어 하는 짐작.《무슨 일인지 뒤짐작으로 눈치를 챘어요.》2.앞으로 닥쳐올 일에 대한 짐작.《내 뒤짐작이 맞다면 곧 은희가 전화를 걸거야.》

뒤집다 1.겉과 속을 서로 바꾸다.《양말을 뒤집어 신고 학교에 갔다.》2.위아래나 앞뒤를 서로 바꾸다.《엄마가 석쇠를 뒤집어 가면서 생선을 구우신다.》3.일의 차례, 승부, 말, 계획 들을 전혀 다르게 뒤바꾸다.《앞서 한 말을 그렇게 쉽게 뒤집을 줄 누가 알았겠어.》4.앞선 생각이나 주장 들이 틀렸다고 밝히다.《어떤 학자의 논문이 오랫동안 진리로 여겨지던 이론을 뒤집어 놓았다.》5.조용하던 것을 소란스럽고 정신없게 만들다.《뒷산에 늑대가 나타났다는 소문이 우리 동네를 발칵 뒤집어 놓았다.》6.남을 언짢게 하거나 성나게 하다.《동생이 말썽을 피워서 엄마 속을 뒤집어 놓았다.》

뒤집어쓰다 1.온몸이 보이지 않게 푹 덮어쓰다.《동생은 천둥 번개가 치면 이불을 뒤집어쓰고 벌벌 떤다.》ᵍᵃᵗ둘러쓰다. 2.모자나 수건을 푹 눌러서 쓰다.《짝꿍이 털모자를 뒤집어쓰고 학교에 왔다.》ᵍᵃᵗ둘러쓰다. 3.가루, 액체 들이 온몸에 묻다.《아빠가 창고를 정리하시느라 온몸에 먼지를 뒤집어쓰셨다.》ᵍᵃᵗ둘러쓰다. 4.남의 잘못이나 허물을 억지로 떠맡다.《동무의 잘못을 내가 뒤집어쓰게 되어 몹시 답답하다.》ᵍᵃᵗ둘

뒤주

러쓰다. **바**뒤집어쓰는, 뒤집어써, 뒤집어씁니다.

뒤집어씌우다 1. 어떤 것을 뒤집어쓰게 하다. 《동생이 나한테 물을 뒤집어씌우고 도망간다.》 2. 잘못이나 책임 들을 남에게 떠넘기다. 《형은 자기가 잘못한 것도 나한테 뒤집어씌운다.》

뒤집어엎다 1. 위아래가 서로 바뀌게 엎다. 《씨를 뿌리려면 먼저 흙을 뒤집어엎어야 해.》 **같**뒤엎다. 2. 통이나 그릇 들을 뒤집어 속에 든 것이 쏟아지게 하다. 《형이 국그릇을 바닥에 뒤집어엎었다.》 **같**뒤엎다. 3. 말, 생각, 일 들을 처음과 다르게 깡그리 바꾸다. 《전에 세운 계획을 뒤집어엎고 처음부터 다시 생각하기로 했다.》 **같**뒤엎다. 4. 체제나 제도 들을 무너뜨리거나 완전히 새롭게 바꾸다. 《썩은 세상을 뒤집어엎고 새 세상을 세우자.》 **같**뒤엎다.

뒤집히다 1. 겉과 속이 서로 바뀌다. 《바람이 몹시 불어 우산이 뒤집혔다.》 2. 위아래나 앞뒤가 서로 바뀌다. 《폭풍우에 승용차가 뒤집혔다.》 3. 차례, 승부, 계획 들이 거꾸로 뒤집어지다. 《상대편의 거센 반격으로 5분 만에 전세가 뒤집혔다.》 4. 조용하던 곳이 소란스럽고 정신없게 되다. 《막내가 다쳤다는 소식에 집안이 발칵 뒤집혔다.》 5. 마음이 언짢아지거나 성이 나다. 《겨우 한 점 차이로 바둑에서 진 것을 생각하니 아직도 속이 뒤집힌다.》

뒤쪽 바라보고 있는 쪽과 반대쪽. **같**뒤편, 후방. **반**앞쪽.

뒤쫓다 뒤를 따라서 빠르게 가다. 《늑대가 토끼 발자국을 뒤쫓아 간다.》

뒤차 1. 지금이 아니라 다음번에 오는 차. 《버스가 만원이니까 뒤차를 타세요.》 2. 뒤에 있는 차나 뒤에 따라오는 차. 《뒤차가 우리 차를 앞질러 갔다.》

뒤창 집 뒤쪽으로 난 창. **북**뒤창문.

뒤채 넓은 한옥에서 뒤쪽에 있는 집채.

뒤처리 일이 끝난 다음에 남은 일을 마무리 짓거나 정리하는 것. 《뒤처리는 제게 맡기세요.》 **뒤처리하다**

뒤처지다 따라가지 못하고 뒤에 남거나 수준에 못 미치다. 《나는 뒤처지지 않으려고 부지런히 걸었다.》

뒤척- 몸을 이쪽저쪽으로 뒤집는 모양. **뒤척거리다 뒤척대다 뒤척이다 뒤척뒤척** 《어머니는 자식들 걱정에 밤새 뒤척뒤척 잠을 설쳤다.》

뒤축 신이나 양말 들의 뒷부분. 《신발 뒤축이 닳도록 돌아다녔다.》

뒤치다꺼리 1. 어떤 일을 마친 뒤에 뒷정리하는 것. 《내가 행사 뒤치다꺼리를 도맡아서 한다.》 **북**뒤치닥거리. 2. 남이 하는 일이 잘되게 뒤에서 챙기고 보살피는 것. 《엄마는 요즘 혼인할 이모 뒤치다꺼리에 바쁘시다.》 **비**뒷바라지. **북**뒤치닥거리. **뒤치다꺼리하다**

뒤탈 어떤 일이 끝난 뒤에 생기는 탈이나 병. 《상한 굴을 먹고 뒤탈이 났다.》

뒤탈리다 **|북** 이리저리 배배 꼬여 비틀리다. 《뒤탈려서 자라난 소나무》

뒤통수 뒤쪽 머리.

뒤통수를 때리다 **관용** 뜻밖의 일을 해서 남의 믿음을 저버리다. 《그 일을 선생님께 이르다니, 네가 내 뒤통수를 때릴 줄은 몰랐어.》

뒤틀다 1. 몸이나 물건을 심하게 휘거

나 꼬다.《가수들이 팔다리를 뒤틀면서 춤을 춘다.》 2. 일을 아주 망치거나 제대로 되지 못하게 하다.《궂은 날씨가 우리 계획을 뒤틀어 놓았다.》 3. 남의 마음을 몹시 언짢게 만들다.《동생이 공책을 찢어서 내 속을 뒤틀어 놓았다.》 바뀌트는, 뒤틀어, 뒤틉니다.

뒤틀리다 1. 몸이나 물건이 심하게 휘거나 꼬이다.《나무 창틀이 뒤틀려 그 사이로 비가 샌다.》 2. 일이 아주 망쳐지거나 전과는 아주 다르게 바뀌다.《그 일이 언제부터 뒤틀리기 시작했을까?》 3. 마음이 몹시 언짢거나 심통이 나다.《내가 곶감을 혼자 먹었다고 동생이 심사가 뒤틀린 모양이다.》

뒤판 물건의 뒤쪽 부분.《조끼의 앞판과 뒤판을 따로 떴다.》

뒤편 → 뒤쪽.

뒤흔들다 1. 세게 흔들다.《우리 반이 응원하는 소리가 운동장을 뒤흔들었다.》 2. 큰 충격이나 영향을 미치다.《세상을 뒤흔든 사건이 일어났다.》 바뒤흔드는, 뒤흔들어, 뒤흔듭니다.

뒷간 '변소'를 달리 이르는 말.《밤에 뒷간 가기가 제일 겁난다.》 북뒤간.

뒷간에 갈 적 마음 다르고 올 적 마음 다르다 속담 필요할 때는 몹시 급하게 굴다가 일이 끝나면 태도가 달라지는 것을 빗대어 이르는 말.

뒷걸음 발을 뒤로 떼어서 걷는 걸음.《혼날까 봐 얼른 뒷걸음으로 물러났다.》 북뒤걸음.

뒷걸음질 1. 뒷걸음으로 걷는 것. 북뒤걸음질. 2. 전보다 못하거나 뒤떨어지는 것. 북뒤걸음질. **뒷걸음질하다**《뒷걸음질하는 나라 살림》

뒷걸음치다 1. 뒷걸음으로 물러서다.《동생이 개 짖는 소리에 놀라 뒷걸음치다가 바닥에 주저앉고 말았다.》 2. 형편이나 처지가 점점 나빠지다.《뒷걸음치던 성적이 나아졌다.》

뒷골목 큰길 뒤에 있는 좁은 골목.《어두운 뒷골목》 북뒤골목.

뒷공론 1. 어떤 일이 끝난 뒤에 쓸데없이 이러쿵저러쿵 말하는 것.《이미 결정된 뒤에 뒷공론을 펴 봤자 아무 소용이 없다.》 북뒤공론. 2. 남이 안 보는 데서 욕을 하거나 흠잡는 것.《소문만 듣고 뒷공론을 벌이는 짓은 옳지 못하다.》 북뒤공론. **뒷공론하다**

뒷구멍 남모르게 하는 떳떳하지 않은 방법을 빗대어 이르는 말.《뒷구멍으로 뇌물을 주다.》 북뒤구멍.

뒷구멍으로 호박씨 깐다 속담 겉으로는 얌전하고 점잖아 보이지만 남이 보지 않는 데서는 엉뚱한 짓을 하는 사람을 두고 하는 말.

뒷길 집이나 마을 뒤쪽으로 난 길.《학교 뒷길》 북뒤길.

뒷날 앞으로 올 날.《뒷날을 기약하자.》 같후일, 훗날. 북뒤날.

뒷날개 곤충의 날개 두 쌍 가운데 뒤쪽에 있는 날개. 북뒤날개.

뒷다리 네발 달린 짐승이나 곤충의 다리 가운데 뒤쪽에 있는 다리.《기다란 토끼 뒷다리》 참앞다리. 북뒤다리.

뒷덜미 뒷목 아래에서 어깻죽지 사이. 북뒤덜미.

뒷동산 마을이나 집 뒤에 있는 작은 산이나 언덕. 북뒤동산.

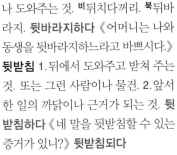

뒷마당 → 뒤뜰.

뒷마무리 어떤 일을 끝낸 뒤 잘 마무리하는 것.《아빠는 공사 뒷마무리 때문에 아직도 바쁘세요.》비뒷정리. 북뒤거두매. **뒷마무리하다**

뒷마을 마을이나 건물 뒤쪽에 있는 마을.《뒷마을 영구 아저씨》북뒤마을.

뒷말 1. 하던 이야기 뒤를 이어서 하는 말.《지수는 뒷말을 잇지 못하고 울음을 터뜨렸다.》북뒤말. **2.** 이러쿵저러쿵 트집을 잡는 말.《돕지도 않으면서 뒷말이나 늘어놓는 사람은 정말 싫다.》같뒷소리. 북뒤말. **뒷말하다**

뒷맛 1. 음식을 먹은 뒤에 느끼는 맛.《냉잇국은 뒷맛이 깔끔하다.》북뒤맛. **2.** 일을 마친 뒤에 받는 느낌.《일을 대강 끝내니 뒷맛이 좋지 않아.》북뒤맛. **뒷맛이 쓰다** 관용 일이 끝난 뒤에 남은 느낌이 나쁘다.《준비를 제대로 못해서 발표를 망치는 바람에 뒷맛이 쓰다.》비뒷맛이 개운치 못하다.

뒷머리 1. 머리 뒷부분. 북뒤머리. **2.** 머리 뒤쪽에 자라는 머리털.《뒷머리가 많이 자랐구나.》북뒤머리.

뒷면 뒤쪽 면.《동전 뒷면/종이 뒷면을 보렴.》같후면. 반앞면. 북뒤면.

뒷모습 뒤에서 본 모습.《아버지의 뒷모습》반앞모습. 북뒤모습.

뒷무릎 치기 씨름에서 상대가 뒤쪽에 디딘 다리의 무릎을 손으로 끌어당기면서 어깨로 상대를 밀어 넘어뜨리는 기술.

뒷문 집이나 건물 뒤쪽이나 옆에 있는 문. 같후문. 반앞문. 북뒤문.

뒷바라지 뒤에서 살뜰하게 보살펴거나 도와주는 것. 비뒤치다꺼리. 북뒤바라지. **뒷바라지하다**《어머니는 나와 동생을 뒷바라지하느라고 바쁘시다.》

뒷받침 1. 뒤에서 도와주고 받쳐 주는 것. 또는 그런 사람이나 물건. **2.** 앞서 한 일의 까닭이나 근거가 되는 것. **뒷받침하다**《네 말을 뒷받침할 수 있는 증거가 있니?》**뒷받침되다**

뒷발 네발 달린 짐승이나 곤충의 발 가운데 뒤쪽에 있는 발. 참앞발.

뒷부리도요 바닷가나 개펄에 사는 나그네새. 부리가 길고 위쪽으로 휘었다. 등은 옅은 갈색에 검은색 세로무늬가 있고 배는 흰색이다.

뒷부리도요

뒷부분 1. 어떤 것의 뒤쪽 부분. 반앞부분. **2.** 이야기나 영화 들의 뒤쪽 부분.《그 책 뒷부분을 읽다 보면 슬퍼서 눈물이 나올 거야.》반앞부분.

뒷사람 1. 뒤에 있거나 나중에 온 사람.《시험지를 뒷사람에게 전달해 주세요.》북뒤사람. **2.** 다음 세대에 살게 될 사람.《뒷사람을 생각해서라도 환경을 오염시켜서는 안 된다.》북뒤사람.

뒷산 집이나 마을 뒤쪽에 있는 산.《뒷산 소나무 숲》반앞산. 북뒤산.

뒷소리 1. → 뒷말.《너는 뒷소리가 많구나.》**2. →** 받는소리. **뒷소리하다**

뒷이야기 1. 이야기 뒤에 이어지는 부분.《오늘 논술 시간에 뒷이야기 쓰기를 했다.》북뒤이야기. **2.** 어떤 일이나 사람의 감추어지거나 알려지지 않은 이야기.《어제 본 영화는 촬영 뒷이야기도 무척 재미있대.》북뒤이야기.

뒷일 어떤 일 뒤에 일어날 일.《뒷일을 부탁하다.》같후사, 훗일. 북뒤일.

뒷자리 뒤에 있는 자리.《교실 뒷자리》
^반앞자리. ^북뒤자리.

뒷전 1.뒤쪽에 가까운 곳.《사람들이 몰려들어 뒷전으로 밀리고 말았다.》 ^북뒤전. 2.뒤로 미루어 놓고 중요하지 않다고 생각하는 것.《놀기에 바빠서 공부는 뒷전이다.》 ^북뒤전.

뒷정리 일의 뒤끝을 바르게 마무리하는 일.《철수와 나는 늦게까지 남아서 교실 뒷정리를 했다.》 ^비뒷마무리. ^북뒤정리. **뒷정리하다**

뒷조사 어떤 것을 몰래 조사하는 것. 또는 그런 일. ^북뒤조사. **뒷조사하다**

뒷줄 뒤쪽 줄. ^북뒤줄.

뒷지느러미 물고기 항문과 꼬리지느러미 사이에 있는 지느러미.

뒷짐 두 손을 등 뒤로 돌려서 붙잡는 것.《뒷짐을 지고 서다.》 ^북뒤짐.

뒷짐을 지다 ^{관용} 상관없는 일처럼 곁에서 구경만 하다.《뒷짐 지고 보지만 말고 청소 좀 거들어라.》

뒷집 뒤쪽에 있는 집. ^반앞집. ^북뒤집.

뒹굴 누워서 몸을 이리저리 굴리는 모양. **뒹굴거리다 뒹굴대다 뒹굴뒹굴**《하루 종일 집에서 뒹굴거렸다.》

뒹굴다 1.누워서 몸을 이리저리 굴리다.《나는 이리저리 뒹굴면서 만화책만 읽었다.》 ^북딩굴다. 2.여기저기 어지럽게 널려서 굴러다니다.《빈 운동장에 쓰레기만 뒹굴고 있다.》 ^북딩굴다. ^바뒹구는, 뒹굴어, 뒹굽니다.

드나들다 자꾸 왔다 갔다 하거나 들어갔다 나왔다 하다.《곳간을 드나들던 쥐가 잡혔다.》 ^바드나드는, 드나들어, 드나듭니다.

드난살이 임시로 남의 집에 붙어 지내면서 그 집 일을 도와주는 것.

드날리다 1.깃발 같은 것이 바람에 높이 날리다.《맑은 가을 하늘에 만국기가 드날렸다.》 2.이름이나 세력을 세상에 널리 알리다.《만방에 이름을 드날리다.》 ^비떨치다.

드넓다 아주 넓다.《드넓은 바다》

드높다 아주 높다.《드높은 장벽》

드높이다 아주 높게 하다. 또는 이름을 아주 널리 떨치다.

드디어 여러 일을 거쳐 마침내.《오늘은 드디어 소풍 가는 날이다.》 ^비결국, 마침내. ^북드디여.

드라마 (drama) → 희곡.

드라이버 (driver) 나사못을 박거나 빼는 데 쓰는 도구. ^북나사돌리개.

드라이브 (drive) 1.구경이나 재미 삼아 자동차를 타고 다니는 일. 2.→ 디스크 드라이브. **드라이브하다**

드라이아이스 (dry ice) 이산화탄소를 압축해서 만든 고체. 눈처럼 생겼는데 얼음처럼 차가워서 음식을 얼리거나 식히는 데 쓴다. ^북마른얼음.

드라이클리닝 (dry cleaning) 물 대신 특수한 화학 약품으로 옷에 묻은 때를 빼는 것. ^북화학빨래.

드러나다 1.가리거나 막혀서 안 보이던 것이 보이게 되다.《바람에 치마가 날리면서 언니 무릎이 드러났다.》 ^북들어나다. 2.숨기거나 알려지지 않은 것이 널리 알려지거나 밝혀지다.《공장 주인이 밤마다 폐수를 내다버린 사실이 드러났다.》 ^북들어나다. 3.생각, 느낌, 마음 들이 겉으로 나타나다.《선영이의 행동 하나하나에서 착한 마음이 그대로 드러난다.》 북들어나다.

드러내다 1. 가리거나 막혀 있던 것을 보게 하다. 《개가 이빨을 드러내고 으르렁거린다.》 2. 숨기거나 알려지지 않던 것을 널리 알리거나 밝히다. 《암행어사는 자기 신분을 드러내지 않고 움직인다.》 3. 생각, 느낌, 마음 들을 겉으로 드러나게 하다. 《드디어 본색을 드러내는군.》

드러눕다 1. 편하게 눕다. 《방에 들어가자마자 침대에 벌렁 드러누웠다.》 2. 앓아서 눕다. 《추석에 과로하신 할머니께서 드러누우셨다.》 바드러눕는, 드러누워, 드러눕습니다.

드럼 (drum) 치는 악기 가운데 하나. 쇠붙이로 만든 둥근 통 양 끝에 팽팽하게 가죽을 씌우고, 채로 쳐서 소리를 낸다.

드럼통 둥근 기둥 모양의 통. 기름이나 물 같은 것을 담아 둔다.

드렁허리 논이나 호수에 사는 민물고기. 몸이 가늘고 긴데 주둥이가 뾰족하다. 등 쪽이 짙은 황갈색이고 배 쪽은 옅은 주황색이다. 온몸에 작은 반점이 흩어져 있다.

드렁허리

드레스 (dress) 위아래가 붙어서 하나로 된 긴 겉옷. 북나리옷.

드르렁 요란하게 코 고는 소리. **드르렁거리다 드르렁대다 드르렁드르렁** 《삼촌이 드르렁드르렁 코를 곤다.》

드르륵 미닫이문을 여닫을 때처럼 거칠게 미끄러지거나 긁는 소리. **드르륵거리다 드르륵대다 드르륵드르륵** 《교실 문이 드르륵거리며 열렸다.》

드리다 ^{인사를} 1. '주다'의 높임말. 《엄마 생신 선물로는 내가 수놓은 손수건을 드리려고 해.》 2. '말씀'과 함께 써서, 윗사람한테 말을 하다. 《아까 교실에서 무슨 일이 있었는지 선생님께 말씀을 드렸다.》 비올리다. 3. 윗사람한테 인사를 하다. 《옆집 할아버지께 공손히 인사를 드렸다.》 비올리다. 4. 신한테 기도나 절을 하다. 《우리 집에서는 밥을 먹기 전에 기도를 드린다.》 비올리다. 5. 윗사람을 위해 어떤 일을 하다. 《어버이날 아침에 아빠 가슴에 꽃을 달아 드렸다.》

드리다 ^{댕기를} 1. 여러 가닥의 끈이나 실들을 하나로 꼬거나 땋다. 《삼줄을 드리다.》 2. 땋은 머리카락 끝에 댕기를 달다. 《머리에 댕기를 드리고 한복을 입은 동생 모습이 참 귀엽다.》

–드리다 ^{붙는 말} 어떤 낱말 뒤에 붙어, 예의바르게 한다는 뜻을 더하는 말. 《말씀드리다/인사드리다》

드리블 (dribble) 1. 축구에서 공을 발로 몰면서 나가는 일. 2. 농구에서 공을 손으로 쳐서 바닥에 튀기면서 나가는 일. 북공몰기. **드리블하다**

드리우다 1. 천, 줄, 막대기 같은 것을 아래로 길게 늘어뜨리다. 《햇볕을 막으려고 가리개를 드리웠다.》 2. 빛, 어둠, 그늘, 그림자 들이 깔리거나 깃들다. 《해가 기울기 시작하자 학교 건물이 운동장에 긴 그림자를 드리웠다.》

드리워지다 1. 천이나 줄 같은 것이 위에서 아래로 늘어지다. 《창문에 대나무 발이 드리워져 있다.》 2. 햇살, 그림자, 그늘 들이 생기다. 《느티나무 아래

에 그늘이 드리워져 시원하다.》

드릴 (drill) 나무나 쇠 같은 단단한 것에 구멍을 뚫는 도구. 북쇠송곳.

드림말ㅣ북 흔히 책 앞머리에서 지은이나 펴낸 사람이 책을 드리는 뜻으로 쓴 글.《지은이 드림말이 참 좋아요.》

드림선ㅣ북 1.평면이나 직선 위에 직각으로 놓인 선. 2.지구의 중력이 미치는 방향을 따라 수직으로 그은 선.《드림선은 추를 매단 실을 늘어뜨렸을 때 실이 가리키는 쪽과 같다.》

드무ㅣ북 크고 넓적한 독.《간장 드무》

드문드문 1.여기저기 놓여 있는 것이 사이가 뜨게. 비듬성듬성, 띄엄띄엄. 2.잦지 않고 드물게.《삼촌은 우리 집에 드문드문 들른다.》

드문하다ㅣ북 어떤 일이나 사실 들이 흔하다.《도둑고양이들이 우리 집 담을 넘어오는 일이 드문하다.》드문히

드물다 1.흔하지도 많지도 않다.《요즘은 휴대 전화가 없는 사람이 드물지.》반흔하다. 2.자주 있거나 자주 생기는 일이 아니다.《4월에 눈이 내리는 일은 드물다.》반잦다. 3.사이가 넓게 뜨다.《길가에 가로수가 드물게 서 있다.》바드문, 드물어, 드뭅니다.

드살ㅣ북 1.자기 뜻을 굽히지 않고 드세게 구는 것.《선애는 드살이 세서 오빠들도 함부로 대하지 못해.》2.남을 못살게 구는 짓이나 성질.《네가 너무 드살을 부려서 동생이 아픈 거야.》

드설레이다ㅣ북 1.이리저리 심하게 움직이다.《드설레이는 물결을 따라 축구공이 멀리 떠내려갑니다.》2.마음이 몹시 설레다.《삼촌이 군대에서 휴가

를 나온다고 하니 마음이 드설레인다.》

드세다 기운이나 기세가 아주 세차고 거칠다.《바람이 드세게 불었다.》

드세차다ㅣ북 1.기세가 매우 사납고 세차다.《밤새 눈보라가 드세차게 휘몰아쳤습니다.》2.성미가 아주 사납고 날카롭다.《지영이는 공부는 잘하는데 성미가 드세차서 탈이다.》3.장난이 몹시 심하다.《제 동생은 하는 짓이 드세차서 걸핏하면 다쳐요.》

드잡이 서로 머리나 멱살을 잡고 싸우는 짓.《화난다고 아무 데서나 드잡이를 해서야 되니?》**드잡이하다**

득남 (得男) 아들을 낳는 것. **득남하다**《득남하신 것을 축하합니다.》

득달같이 잠시도 머뭇거림이나 망설임 없이.《득달같이 전화를 했다.》

득시글 사람이나 짐승이 떼로 모여서 어수선하게 움직이는 모양. 준득실. **득시글거리다 득시글대다 득시글하다 득시글득시글**《추석을 앞두고 시장은 사람들로 득시글거렸다.》

득실 모양 → 득시글. **득실거리다 득실대다 득실하다 득실득실**

득실 얻음 (得失) 얻은 것과 잃은 것.《이번 회담은 득실이 반반이다.》

득음 (得音) 노래나 연주 솜씨가 아주 뛰어난 수준에 이른 것. **득음하다**

득점 (得點) 시험이나 경기에서 점수를 얻는 것. 또는 그 점수. 반실점. **득점하다**《아깝다. 득점할 기회였는데.》

득표 (得票) 표를 얻는 것. 또는 그 표.《과반수 득표》**득표하다**

득표수 (得票數) 투표에서 득표한 수.

득표율 (得票率) 전체 투표수에서 표

를 얻은 비율. **북**득표률.

든든하다 1.넉넉히 먹어서 배가 부르다. 또는 넉넉히 입어서 춥지 않다. 《밥 든든하게 먹고 나와.》 2.짜임새나 생김새가 굳고 튼튼하다. 《기초가 든든해야 좋은 건물을 짓지.》 3.기댈 수 있을 만큼 믿음직스럽다. 《네가 같이 가 준다니 무척 든든하다.》 **든든히**

든바다 |**북** 바닷가와 닿은 가까운 바다.

든바람 |**북** 1.어떤 일이나 때를 맞아서 멈추거나 늦추지 않고 곧바로. 《새 책상을 보려고 든바람에 집으로 달려갔다.》 2.한 번에. 《우리나라 선수가 일본 선수를 든바람에 때려눕혔다.》

든지 어떤 낱말 뒤에 써서, 어떤 것이어도 상관없음을 뜻하는 말. 《밥이든지 빵이든지 아무것이나 주세요.》

듣건대 |**북** 들은 말에 따르면. 《듣건대 요즘 너 수영하러 다닌다지?》

듣고부르기 악보를 보지 않고 다른 사람이 부르는 노래나 연주하는 악기 소리를 듣고 노래하는 방법.

듣기 1.듣는 것. 2.말을 듣고 잘 이해하는 것을 공부하는 과목. 《듣기 수업》

듣다 **소리** 1.귀로 소리를 느끼거나 알아차리다. 《이모는 국악을 자주 듣는다.》 2.남이 하는 말을 잘 따르다. 《엄마 말씀을 듣지 않다가는 후회하게 될 거야.》 3.칭찬이나 꾸지람을 받다. 《쓰레기를 줍고 선생님께 칭찬을 들었다.》 4.'말'과 함께 써서, 몸이나 기계 들을 뜻대로 움직이다. 《너무 추워서 그런지 손가락이 말을 잘 안 듣는다.》 5.약 같은 것이 효과가 있다. 《설사에 잘 듣는 약》 **바**듣는, 들어, 듣습니다.

듣도 보도 못하다 **관용** 전혀 모르다. 《듣도 보도 못한 낱말이 책에 나왔다.》

듣는 것이 보는 것만 못하다 **속담** 직접 보는 것이 듣는 것보다 확실하다는 말.

들은 말 들은 데 버리고 본 말 본 데 버려라 **속담** 듣거나 본 것을 함부로 옮기지 말라는 말.

듣다 **물이** 물 같은 것이 방울방울 떨어지다. 《빗물이 유리창에 듣는 모습이 예쁘다.》 **바**듣는, 들어, 듣습니다.

들 **벌판** 1.넓게 트인 평평한 땅. 《들에는 이름 모를 꽃이 흐드러지게 피어 있다.》 **비**들판. 2.넓은 논과 밭.

들 **따위** 여럿을 줄줄이 늘어놓은 다음에 앞에 늘어놓은 것 모두를 가리키거나 그 밖에도 더 있음을 나타내는 말. 《탈 것에는 자동차, 자전거, 비행기, 배 들이 있다.》 **비**등, 따위.

–들 **붙는 말** 어떤 낱말 뒤에 붙어, '무리', '떼'라는 뜻을 더하는 말. 《사람들/나무들/고양이들》

들가방 |**북** 들고 다니는 가방. 《아빠가 들가방을 들고 일터로 나가셨다.》

들개 주인 없이 쏘다니는 개.

들것 환자나 물건을 실어 나르는 데 쓰는 도구. 긴 막대 두 개에 천을 달아 두 사람이 앞뒤에서 든다.

들고꿰다 |**북** 내용이나 사정 들을 속속들이 잘 알다. 《이 책 내용이라면 제가 들고꿰지요.》

들고양이 1.주인 없이 쏘다니는 고양이. 2.➜ 살쾡이.

들고일어나다 어떤 일에 반대하려고 여럿이 한꺼번에 나서다. 《온 국민이 들고일어나서 독재 타도를 외쳤다.》

들고파다 한 가지 일에 몰두해서 열심히 공부하다.《노마는 방학 중에 수학을 들고파더니 성적이 좋아졌다.》

들국화 산과 들에 자라는 풀. 줄기에 짧고 흰 털이 많은데, 잎은 깊게 갈라진다. 가을에 노란 꽃이 핀다.

들기름 들깨로 짠 기름.

들길 들에 난 길.

들깨 밭에 심어 가꾸는 풀. 줄기와 잎에 연한 털이 빽빽이 나 있다. 잎은 반찬으로 먹고 씨는 볶아서 양념으로 쓰거나 기름을 짠다. 참참깨.

들깨

들꽃 들에 절로 피는 꽃. 같야생화.

들끓다 1.여럿이 한곳에 모여서 물이 끓듯이 마구 움직이다.《해수욕장에는 사람들이 들끓어 발 디딜 틈이 없었다.》 2.기쁨, 슬픔, 놀람 같은 감정이 마음속에서 거세게 솟아오르다.《기쁨이 들끓다./분노가 들끓다.》

들녘 들이 있는 곳이나 들이 있는 쪽.

들놀이 1.들에 나가 노는 놀이. 비야유회. 2.들에서 노는 탈놀이. 부산 동래구와 수영구에서 대보름날 벌인다.

들다 들어오다 1.어떤 곳 안으로 가거나 오다.《날씨가 추우니 어서 집 안으로 드십시오.》 2.어떤 것 속에 담기거나 섞이다.《밥에 돌이 들었어요.》 3.병, 상처, 버릇 들이 생기다.《감기가 들다./버릇이 들다.》 4.돈, 시간, 물건, 힘 같은 것이 쓰이다.《속초까지 가는 데 차비가 얼마나 들까요?》 5.어떤 처지나 상태에 놓이다.《깜빡 잠이 들었다./아무래도 길을 잘못 든 거 같아.》 6.나이가 많아지다.《나이가 들수록 뼈가 약해진다.》 7.마음에 차거나 맞다.《그 가게에는 마음에 드는 옷이 없다.》 8.모임, 단체, 보험 같은 것에 가입하다.《동무와 함께 바둑 동호회에 들었다.》 9.어떤 때가 되거나 어떤 일이 일어나다.《올해는 풍년이 들 것 같다.》 10.생각, 느낌, 의식 같은 것이 생기다.《일주일 사이에 그 애와 정이 많이 들었다.》 11.어떤 테두리 안에 속하다.《이번 시험에서 10등 안에 들었다.》 12.빛, 색깔, 물 같은 것이 미치거나 스미다.《봉숭아물이 든 손톱》 13.음식이 잘 익어서 제 맛이 나다.《김치가 맛이 아주 잘 들었다.》 14.'장가'와 함께 써서, 남자가 혼인하다.《우리 삼촌은 마흔이 넘었는데도 아직 장가를 들지 못했다.》 15.어떤 일을 덮어놓고 하려는 모양을 나타내는 말.《진이는 무슨 일인지 잘 알아보지도 않고 화부터 내려 든다.》 바드는, 들어, 듭니다.

들다 올리다 1.아래에 있는 것을 위로 올리다.《할 말이 있는 사람은 손을 들어 주세요.》 2.어떤 것을 손에 쥐거나 잡다.《예쁜 꽃다발을 들고 사진을 찍었다.》 3.어떤 보기나 증거를 대다.《보기를 들어서 설명해 주시면 좋겠어요.》 바드는, 들어, 듭니다.

들다 자르다 칼, 가위, 낫 들의 날이 날카로워서 물건을 베거나 자르기 쉽다.《잘 드는 칼》 바드는, 들어, 듭니다.

들돌 농촌에서 명절 같은 때에 힘자랑하려고 들어 올리는 돌.

들들 1.콩이나 깨 같은 것을 휘저으면서 볶거나 맷돌에 가는 모양. 2.남을 자꾸 못살게 구는 모양.《누나를 왜 그렇게 들들 볶니?》

들떠다니다 |북 1.마음을 잡지 못하고 이리저리 떠돌아다니다.《입사 시험에 떨어진 뒤에 한동안 들떠다니던 삼촌이 날품을 판다.》 2.목표 없이 무턱대고 돌아다니다.《저녁 내내 어디를 들떠다니다가 이제 들어오는 거야?》

들뜨다 1.마음이 가라앉지 않고 붕 뜨다.《기쁨에 들뜨다.》 비뜨다. 2.떨어져 틈이 벌어져서 일어나다.《방 벽지가 들떠서 보기 싫어요.》 비뜨다. 바들뜨는, 들떠, 들뜹니다.

들락거리다 자꾸 드나들다.《설사가 나서 하루 종일 화장실을 들락거렸다.》

들락날락하다 자꾸 들어왔다 나갔다 하다.《추운데 자꾸 들락날락하니까 방이 금방 식잖아!》

들러리 1.결혼식에서 신랑 신부 곁에 서서 돕는 사람. 2.제 실속은 없이 남의 곁에서 그 사람이 잘되게 하는 것. 또는 그런 사람.《들러리를 서다.》

들러붙다 1.사이가 뜨지 않고 철썩 붙다.《교실 바닥에 들러붙은 껌이 잘 떼어지지 않는다.》 참달라붙다. 2.사람이나 동물이 끈덕지게 따라붙다.《아기가 이모한테 들러붙어 떨어지지 않는다.》 참달라붙다. 3.한 가지 일에 정신없이 매달리다.《동생이 밥도 안 먹고 바둑판 앞에만 들러붙어 있으려 한다.》 참달라붙다.

들려오다 소리나 소문 들이 들리다.《어디에선가 종소리가 들려왔다.》

들려주다 이야기나 노랫소리를 듣게 해 주다.《어머니가 머리맡에서 옛날 이야기를 들려주셨다.》

들르다 지나는 길에 어떤 곳에 잠깐 머무르다.《집으로 가는 길에 잠깐 책방에 들렀다.》 북들리다. 바들르는, 들러, 들릅니다.

들리다 소리가 소리를 듣게 되다.《멀리서 천둥소리가 들린다.》

들리다 위로 위로 올려지다.《바람이 부니까 옷자락이 들린다.》

들리다 손에 어떤 것을 들게 하다.《어머니가 도시락을 들려 주셨다.》

들머리 어떤 곳에 들어가는 첫머리. 또는 어떤 때에 접어드는 처음 무렵.

들먹- 1.무거운 것이 들렸다 내려앉는 모양. 2.몸의 한 부분이 들렸다 놓이는 모양. 3.어떤 일이나 사람을 이야깃거리 삼아 입에 올리는 모양. **들먹거리다 들먹대다 들먹이다 들먹들먹**《장사가 바위를 들먹인다./어깨를 들먹거리다./괜히 다른 사람 들먹이지 마.》

들바람 들에서 부는 바람.

들밥 농사일이나 밭일을 하다가 들에서 먹는 밥.

들배지기 씨름에서 두 손으로 상대 샅바를 잡고 배 높이까지 들어 올린 뒤에 자기 몸을 살짝 돌리면서 상대를 넘어뜨리는 기술.

들볶다 잔소리나 성가신 짓으로 남을 괴롭히거나 못살게 굴다.《동생이 과자를 사 달라고 엄마를 들볶는다.》

들부시다 |북 되는대로 마구 부수다.《엄청난 파도가 절벽을 들부신다.》

들소 북아메리카 초원에 사는 소. 어깨가 불룩하게 솟아 있고, 머리에는 둥글게 휜 짧은 뿔이 나 있다.

들숨 몸 안으로 들이쉬는 숨. 반날숨.

들싸다 |북 드세고 성가시다.《삼촌은

동생이 들싸게 굴어도 잘 놀아 준다.》

들썩 1.물건이나 몸의 한 부분이 들렸다 내려앉는 모양. 2.여럿이 한꺼번에 떠들거나 움직여서 몹시 시끄럽고 어지러운 모양. 3.마음이 들뜨고 설레는 모양. **들썩거리다 들썩대다 들썩이다 들썩하다 들썩들썩**《사촌 동생들이 마구 뛰어다녀서 식탁이 들썩거린다./갑자기 쪽지 시험을 본다고 하자 교실 전체가 들썩였다./소풍날이 가까워지자 마음이 들썩들썩한다.》

들쑤시다 1.어떤 것을 마구 쑤시다.《쥐를 잡으려고 쥐구멍을 들쑤셨다.》 2.무엇을 찾으려고 샅샅이 뒤지다.《독립군을 잡는다고 일본 헌병이 온 동네를 들쑤시고 다녔다.》

들쑥날쑥 나란히 놓인 것들이 들어가기도 하고 나오기도 해서 고르지 않은 모양.《너는 들쑥날쑥 덧니가 많구나.》 **같**들쭉날쭉. **들쑥날쑥하다**

들쓰다 1.잘못이나 허물을 억울하게 뒤집어쓰다.《다른 사람이 잘못한 것을 내가 들쓰게 되어 속상하다.》 2.어떤 것을 위에서 아래까지 푹 덮어쓰다.《이불을 들쓰고 울었다.》 **바**들쓰는, 들써, 들쓺니다.

들어가다 1.밖에서 안으로 움직여 가다.《추우니까 어서 안으로 들어가.》 **반**나오다. 2.학교, 회사에 다니게 되거나 모임, 단체 같은 데 들다.《우리 언니는 내년에 중학교에 들어가요.》 **반**나오다. 3.어떤 때, 상태, 단계 들에 접어들다.《가게 내부 공사가 마무리 단계에 들어갔다.》 4.어떤 것이 다른 것 안에 포함되다.《그림이 들어간 책》 5.어

떤 기준이나 테두리 안에 끼이거나 놓이다.《거북이도 파충류에 들어간다.》 6.말이나 글이 이해되다.《이모가 가르쳐 준 방법대로 했더니 복잡한 공식들이 머릿속에 잘 들어간다.》 7.겉이 우묵하게 꺼지다.《훈련이 힘들었는지 삼촌 양쪽 볼이 푹 들어갔다.》 8.어떤 일을 하는 데 돈, 시간, 물건, 힘 들이 필요하다.《연습할 가야금을 사는 데 돈이 얼마나 들어갈지 궁금하다.》 9.전기나 수돗물 들이 공급되다.《마침내 시골에도 전기가 들어갔다.》

들어내다 물건을 들어서 바깥으로 옮기다.《형과 함께 낡은 책상을 마당으로 들어냈다.》

들어맞다 생각한 것과 다르지 않고 딱 맞다.《계산이 딱 들어맞았다.》

들어붓다 물 같은 것을 들어서 한꺼번에 퍼붓다.《양동이에 든 물을 바닥에 들어붓고 대걸레로 밀었다.》 **바**들어붓는, 들어부어, 들어붓습니다.

들어서다 1.밖에서 안으로 옮겨 서거나 옮겨 가다.《우리가 교실 안으로 들어선 것은 여덟 시쯤이었다.》 2.어떤 곳에 건물이 자리 잡고 서다.《옆 동네에 주택 단지가 들어설 예정이래요.》 3.어떤 때, 상태, 단계 들에 접어들다.《어느새 계절이 겨울에 들어섰다.》 4.정부, 왕조, 기관 들이 생기다.《1392년은 고려가 망하고 조선 왕조가 들어선 해이다.》

들어오다 1.밖에서 안으로 움직여 오다.《너 어제 집에 몇 시에 들어왔니?》 **반**나가다. 2.모임, 단체, 조직에 들다.《제가 이 동호회에 들어온 것은 지난

해 이맘때입니다.》 **반**나가다. 3.말이나 글이 이해되다.《네 설명이 머릿속에 쏙쏙 들어오는데.》 4.전기, 수돗물 들이 공급되다.《아직도 전기가 들어오지 않는 마을이 있다니.》 **반**나가다.

들어주다 해 달라고 하는 것을 해 주다.《동무의 부탁을 들어주다.》

들여놓다 1.밖에서 안으로 옮겨 놓다. 《날씨가 추워지니 강아지를 방으로 들여놓아요.》 2.어떤 테두리 안으로 들어오게 하다.《내 집에는 발을 들여놓지 마라.》 3.어떤 것을 사서 집 안에 두다.《냉장고를 들여놓다.》

들여다보다 1.밖에서 안에 있는 것을 보다.《수족관의 물고기들을 들여다보느라 시간 가는 줄 몰랐어.》 **반**내다보다. 2.가까이에서 자세하게 살펴보다. 《시간 가는 줄도 모르고 아기의 얼굴을 들여다보았다.》 3.남의 속마음을 잘 헤아리다.《선생님은 우리 마음을 훤히 들여다보신 듯이 말씀하셨다.》 4.지나는 길에 잠깐 들르다.《오는 길에 잠깐 기영이 좀 들여다보렴.》

들여다보이다 1.안이 보이다.《집 안이 들여다보이다.》 **반**내다보이다. 2.속마음이 보이다.《속 들여다보이는 짓 그만 해.》 **반**내다보이다.

들여대다 **ㅣ북** 돈, 물건 같은 필요한 것을 대어 주다.《원료를 잘 들여대 줘야 제때에 물건을 만들어 낼 수 있다.》

들여오다 1.밖에서 안으로 가져오다. 《밥상 좀 들여오너라.》 2.어떤 것을 사서 놓거나 다른 나라에서 사 오다.《중국에서 비단을 들여왔다.》

-들이 양을 나타내는 말 뒤에 붙어, '그만큼 담을 수 있는 양'이라는 뜻을 더하는 말.《두 홉들이 주전자》

들이다 1.어떤 것을 안쪽으로 들게 하다.《자전거는 대문 안에 들이고 가라.》 2.돈, 시간, 물건, 힘 들을 쓰다.《이 곡은 작곡가가 오랜 시간을 들여서 완성한 작품입니다.》 3.버릇을 몸에 배게 하거나 취미, 재미를 붙이다.《버릇을 들이다./재미를 들이다.》 4.빛깔, 색, 물 들을 스미게 하다.《감물 들인 옷이 참 예쁘다.》 5.사람을 한 식구로 맞이하다.《할아버지는 그 언니를 며느리로 들이고 싶어 하셨다.》 6.'장가'와 함께 써서, 남자를 혼인하게 하다.《할머니는 올해 안에 꼭 삼촌을 장가들여야 한다고 말씀하셨다.》

들이닥치다 갑자기 마구 밀려들다.《많은 사람이 한꺼번에 들이닥쳤다.》

들이대다 1.아주 가까이 대다.《얼굴을 들이대다.》 2.뚜렷한 증거나 까닭을 대다.《증거를 들이대다.》

들이마시다 물이나 공기 같은 것을 코나 입으로 들어오게 하다.《맑은 공기를 들이마시다.》 **북**들여마시다.

들이밀다 안으로 밀어 넣다. 또는 무턱대고 밀어 넣다.《엄마가 성적표를 내 코끝에 들이밀면서 야단을 치셨다.》 **준**디밀다. **북**들여밀다. **바**들이미는, 들이밀어, 들이밉니다.

들이받다 머리를 세게 박다. 또는 함부로 마구 부딪치다.《자전거를 타고 가다가 나무를 들이받았다.》

들이쉬다 숨을 깊이 들이마시다.《산에 올라 맑은 공기를 들이쉬니까 기분이 좋아진다.》 **반**내쉬다.

들이치다 비나 눈이 바람에 날려 세차게 안으로 들어오다.《강한 바람이 불어서 비가 창문으로 들이쳤다.》

들이켜다 물 같은 것을 마구 마시다.《동생은 우유 한 컵을 순식간에 들이켰다.》×들이키다.

들이키다 '들이켜다'를 잘못 쓴 말.

들일 들에서 하는 일.

들입다 거세게 마구. 또는 막무가내로 힘껏.《갑자기 소나기가 들입다 쏟아졌다.》북드립다.

들쥐 들이나 낮은 산이나 밭에 사는 쥐. 몸 위쪽은 갈색이고 아래쪽은 흰데, 꼬리가 길다. 북메쥐.

들짐승 쥐, 사슴, 너구리 들처럼 들에 사는 짐승.

들쭉날쭉 → 들쑥날쑥. **들쭉날쭉하다**

들창문 문을 위로 들어서 여는 창. 벽 위쪽에 작게 만든다. 북되창문.

들창코 코끝이 위로 들려서 콧구멍이 잘 보이는 코. 비돼지코.

들추다 1.속이 보이게 헤치거나 들어 올리다.《이불을 들추다.》 2.무엇을 찾으려고 안을 뒤지다.《요리 책을 들추다.》 3.이미 지나간 일, 숨겨진 일, 잊은 일 들을 끄집어내다.《단점을 들추다./힘들었던 일을 들추다.》

들치다 어떤 것의 한쪽 끝을 잡고 쳐들다.《치맛자락을 살짝 들쳤다.》

들크무레하다 ㅣ북 1.신선한 맛이 없이 조금 달다.《귤이 시들어서 들크무레하다.》 2.생각이나 마음이 조금 편안하고 만족스럽다.《소풍날이 다가오니 마음이 들크무레하다.》

들큰하다 ㅣ북 입에 잘 맞지 않으면서 조금 달다.《과자 맛이 들큰하다.》

들키다 숨기고 싶은 것을 남이 알게 되다.《사랑하는 마음을 들키다.》

들통 그릇 손잡이가 달린 큰 통. 물이나 국 같은 것을 담는 데 쓴다.

들통 드러남 몰래 감추어 온 일이 모두 드러나는 것.《거짓말이 들통 나다.》

들판 넓고 평평한 땅. 비들.

들풀 들에서 자라는 풀.

들현호색 논밭 가까이나 산에서 자라는 풀. 잎이 석 장씩 모여나고, 꽃은 자줏빛이다. 땅속에 생기는 덩이줄기를 약으로 쓴다. 북꽃나물, 왕현호색, 큰현호색.

들현호색

듬뿍 넘칠 만큼 그득하거나 수북한 모양.《산나물이 듬뿍 담긴 도시락을 들고 소풍을 갔다.》듬뿍듬뿍

듬성듬성 사이사이가 성긴 모양.《민둥산에 듬성듬성 나무를 심었다.》비드문드문, 띄엄띄엄. **듬성듬성하다**

듬직하다 든든하고 믿을 만하다.《형이 오늘따라 듬직해 보인다.》

듯 → 듯이.

듯이 꾸미는 말 뒤에 써서, '그것처럼', '그것같이', '그것과 비슷하게'의 뜻을 나타내는 말.《동생은 자기 혼자 청소를 다 한 듯이 자랑했다.》준듯.

듯하다 '어떤 것 같다', '어떤 것 같이 느끼다'라는 뜻을 나타내는 말.《비가 온 듯하다./많이 본 듯한 그림》

등 몸 사람이나 짐승의 몸에서 가슴과 배 뒤쪽.

등에 업다 관용 남의 힘에 기대다.《저 애는 힘센 제 형을 등에 업고 저렇게 으스대는 거야.》

등을 돌리다 관용 사이가 나빠져서 관계를 끊다.《그렇게 친하던 두 사람이 왜 등을 돌렸을까?》

등 불빛 (燈) 어두운 곳을 밝히거나 신호를 보내는 기구.《등을 밝히다.》

등 등수 (等) 순위나 등수를 나타내는 말.《웅변 대회에서 일등을 했어요.》

등 따위 (等) 여럿을 줄줄이 늘어놓고 비슷한 것이 더 있음을 나타내는 말.《내가 좋아하는 과일은 사과, 배, 감 등이다.》비들, 따위.

등거리 옷 소매나 깃이 없이 등에 걸쳐 입는 옷.《삼베 등거리》

등거리 거리 (等距離) 같은 거리.《등거리 외교》

등걸 줄기를 잘라 낸 나무 밑동.

등겨 쌀의 속껍질. 참왕겨.

등고선 (等高線) 지도에서 바닷물을 기준으로 높이가 같은 곳을 죽 이은 선.

등골 등 사람의 등 한가운데 좁고 길게 들어간 곳.

등골에 식은땀이 나다 관용 일이 잘못될까 봐 몹시 두렵다.《거짓말이 들통 날까 봐 등골에 식은땀이 났다.》

등골이 서늘하다 관용 매우 무섭다.《한밤중에 귀신 이야기를 들으면 등골이 서늘하다.》비등골이 오싹하다.

등골 뼈 1.→ 등뼈. 2.등뼈 안에 들어 있는 골. 같척수.

등골이 휘다 관용 매우 힘들다.《아기 돌보랴 숙제 하랴 등골이 휜다.》

등교 (登校) 공부하러 학교에 가는 것.《등교 시간》반하교. **등교하다**

등굣길 공부하러 학교에 가는 길. 반하굣길. 북등교길.

등나무

등대시호

등극 (登極) 왕의 자리에 오르는 것. 또는 가장 높은 자리에 오르는 것. 비즉위. **등극하다**

등긁이 등을 긁는 데 쓰는 막대기. 흔히 대나무로 만드는데, 한쪽 끝이 갈퀴처럼 생겼다.

등급 (等級) 좋고 나쁨이나 높고 낮음에 따라 나눈 층.《등급을 매기다.》

등기 우편 (登記郵便) 우편물을 받는 방법 가운데 하나. 보내는 사람과 받는 사람을 확인하여 잃어버리거나 잘못 전해지지 않게 한다.

등나무 산에 절로 자라거나 공원이나 뜰에 많이 심는 잎 지는 덩굴나무. 여름에 연보라색 꽃이 송이를 이루어 핀다. 줄기는 말려서 가구나 그릇 같은 것을 만든다. 북등덩굴.

등단 (登壇) 흔히 예술 분야에 몸담은 사람이 처음으로 활동을 시작하는 것.《등단 작품》**등단하다**

등대 (燈臺) 1.밤에 배나 비행기가 길을 잃지 않게 불빛으로 신호를 보내 주는 곳. 흔히 바닷가나 섬에 탑 모양으로 세운다. 2.삶의 길잡이가 되는 것.《어머니는 내 마음의 등대이시다.》

등대시호 높은 산 풀밭에 자라는 풀. 여름에 작고 노란 꽃이 피고, 달걀꼴 열매를 맺는다.

등대지기 등대를 지키는 사람.

등댓불 등대에서 나오는 불빛.《등댓불이 밤바다를 비춘다.》북등대불.

등덜미 목과 가까운 등의 윗부분.

등등 (等等) 보기로 든 것 말고 다른 것들이 더 있음을 나타내는 말.《선풍기, 냉장고, 세탁기 등등》

등등거리 등나무 덩굴을 가늘게 쪼개서 엮어 만든 등거리. 여름에 땀이 배지 않게 속옷 밑에 받쳐 입는다.

등등하다 드러나는 기가 아주 세다. 《기세가 아주 등등하구나.》

등디목 ㅣ북 방과 부엌 사이가 벽 없이 트인 집에서 가마솥을 거는 부뚜막 옆자리. 《등디목 옆에 아궁이가 있다.》

등딱지 거북이나 게와 같은 짐승 등을 덮고 있는 딱딱한 껍데기.

등록 (登錄) 허가나 인정을 받으려고 이름 같은 것을 문서에 올리는 것. 《주민 등록》 **등록하다 등록되다**

등록금 (登錄金) 등록할 때 내는 돈. 《대학 등록금》

등록증 (登錄證) 어떤 기관에 이름을 등록했다는 것을 증명하는 문서.

등반 (登攀) 높은 산이나 암벽 같은 곳에 오르는 것. 참등산. **등반하다**

등반대 (登攀隊) 높고 험한 산을 오르려고 꾸린 무리. 《히말라야 등반대》

등받이 흔히 의자에서 등을 기대거나 받치는 부분. 《의자 등받이》

등배 운동 다리를 벌리고 서서 허리를 굽혔다 젖혔다 하면서 등과 배를 튼튼하게 하는 운동.

등본 (謄本) 관청에 등록된 서류를 그대로 베끼거나 복사한 문서. 《주민 등록 등본》 참초본.

등분 똑같이 나누는 것. 또는 똑같이 나눈 것을 세는 말. 《다섯 등분》 **등분하다 등분되다**

등불 등에 켠 불. 참등잔불.

등뼈 목에서 엉덩이까지 등을 따라 이어진 뼈. 같등골, 척추. 북등심뼈.

등사 (謄寫) 기름종이에 글씨를 새긴 뒤에 잉크를 묻힌 롤러로 밀어서 인쇄하는 것. 《등사 잉크》 **등사하다**

등산 (登山) 산에 오르는 것. 《아빠는 매일 아침 등산을 하십니다.》 비산행. 반하산. 참등반. **등산하다**

등산길 등산하는 길. 같등산로.

등산로 (登山路) → 등산길.

등산복 (登山服) 산에 오를 때 입는 편한 옷.

등산화 (登山靴) 산에 오를 때 걷기 편하게 만든 신발.

등성이 1. 사람이나 짐승의 등뼈가 있는 부분. 2. → 산등성이.

등수 (等數) 여럿이 겨루는 일에서 잘하고 못하는 정도를 차례로 나타낸 숫자. 《시험 등수》 비석차.

등식 (等式) 등호를 써서 두 수나 식이 서로 같음을 나타내는 식. 참부등식. 북같기식.

등신 몹시 어리석은 사람을 낮추어 이르는 말. 《등신같이 왜 그래?》

등심 소나 돼지의 등뼈에 붙은 고기. 기름기가 많고 연하다. 참안심. 북심살.

등심선 (等深線) 지도에서 바닷물을 기준으로 깊이가 같은 곳을 죽 이은 선.

등쌀 남을 귀찮게 하거나 못살게 구는 짓. 《왜놈들 등쌀에 못 견뎌 많은 농민들이 만주로 떠났다.》

등압선 (等壓線) 일기도에서 기압이 같은 곳을 이은 선.

등에 암컷이 소나 말 같은 짐승 피를 빨아 먹는 곤충. 수컷은 식물 꿀이나 즙을 먹는다. 온몸에 털이 있고 주둥이가 바늘처럼 뾰족하다.

등에

411

등외 (等外) 정해진 등수 안에 들지 못한 것. 《등외로 밀려나다.》

등용 (登用) 뛰어난 재능을 가진 사람을 뽑아 쓰는 것. 《인재 등용》 **비**기용.

등용하다 등용되다

등용문 (登龍門) 어려운 시험이나 과정을 거쳐서 크게 출세하는 것. 또는 그런 시험이나 과정.

등유 (燈油) 석유에서 뽑아내는 기름 가운데 하나. 빛깔이 없고 투명한데, 등불을 켜거나 난로를 피우는 데 쓴다.

등잔 (燈盞) 기름을 담고 심지를 달아서 불을 밝히는 데 쓰는 그릇.

등잔 밑이 어둡다 **속담** 가까운 곳에 있는 것을 오히려 모른다는 말.

등잔걸이 등잔을 올려놓는 받침대. 나무, 무쇠, 도자기 들로 만들고 원형이나 사각형, 육각형, 팔각형 꼴 들이 있다. **북**등경걸이.

등잔불 등잔에 켠 불. **참**등불.

등장 (登場) 1.공연, 연설, 경기 들을 하려고 여러 사람 앞에 나타나는 것. 《선수의 등장에 맞추어 음악이 나왔다.》 **반**퇴장. 2.소설, 연극, 영화 들에서 어떤 인물이 나타나는 것. 《드디어 주인공 등장!》 3.사람, 물건, 사실 들이 세상에 처음으로 나타나는 것. 《새 상품의 등장으로 장터가 떠들썩하다.》

등장하다

등장인물 (登場人物) 소설이나 연극, 영화 들에 나오는 사람.

등정 (登頂) 높은 산꼭대기에 오르는 것. **등정하다**

등줄기 목에서 엉덩이까지 등뼈를 따라 줄이 진 부분.

등줄쥐

등잔걸이

등칡

등줄쥐 산과 들, 논밭에 사는 쥐. 등에 검은 줄이 또렷이 나 있다. 땅에 굴을 파고 사는데, 우리나라에서 쉽게 볼 수 있다.

등지 (等地) 앞에서 늘어놓은 곳 말고 더 있음을 나타내는 말. 《부산, 포항, 울진 등지를 죽 돌아보았다.》

등지느러미 물고기 등에 달려 있는 지느러미.

등지다 1.어떤 것을 등 뒤에 두다. 《해를 등지고 사진을 찍었더니 이상하게 나왔다.》 2.사이가 나빠지다. 《그런 사소한 일로 동무와 등져서야 되겠니?》 3.관계를 끊고 멀리하거나 떠나다. 《돈을 벌려고 고향을 등지고 도시로 나오는 사람들이 늘어 간다.》

등짐 등에 짐을 지는 것. 또는 등에 진 짐. 《등짐을 져 돌을 날랐다.》

등칡 산기슭에 자라는 잎 지는 덩굴나무. 잎 뒷면에 짧은 털이 있고, 5~6월에 노란 꽃이 핀다. 줄기는 약으로 쓴다. **북**칡향.

등토시 등나무 줄기로 만든 토시. 여름에 땀이 옷에 배지 않게 팔에 끼운다.

등판 **몸** 등을 이루는 넓고 평평한 부분.

등판 **야구** (登板) 야구에서 투수가 경기에 나서는 것. **등판하다**

등피 (燈皮) 유리로 만들어 등에 끼우는 물건. 등불이 바람에 꺼지지 않게 하고 불빛을 밝게 한다.

등하교 (登下校) 학교에 가는 것과 학교에서 돌아오는 것. **등하교하다**

등한시하다 어떤 일을 게을리 하고 하찮게 여기다. **등한시되다**

등한하다 어떤 일에 관심이나 정성이

없고 소홀하다.《날씨가 춥다고 연습에 등한할 수는 없어.》

등허리 등의 허리 쪽 부분. 또는 등과 허리. **북**허리등.

등호 (等號) 두 수나 식이 서로 같음을 나타내는 기호. '='를 가리킨다. **참**부등호. **북**같기기호, 같기표.

디굴- **북** 1.큰 물건이나 사람이 마구 굴러 가는 모양. 2.눈을 부릅뜨고 눈알을 마구 굴리는 모양. **디굴거리다 디굴대다 디굴디굴**《바위가 산비탈을 따라 디굴디굴 굴렀다./동생이 부엉이 흉내를 내면서 눈알을 디굴거린다.》

디귿 닿소리 글자 'ㄷ'의 이름. **북**디은.

디디개 **북** 발로 딛고 올라서거나 발로 눌러서 움직이게 하는 것.《디디개를 딛고 올라서서 옷장 위를 닦았다.》

디디다 발을 땅에 대고 서다. 또는 발로 누르거나 밟다.《얼음판이 미끄러워 발을 조심조심 디뎠다.》 **준**딛다.

디딜방아 발로 디뎌서 곡식을 찧거나 빻는 데 쓰는 방아. **북**발방아.

디딤돌 1.디디고 다니기 편하게 드문드문 깔아 놓은 평평한 돌.《잔디를 밟지 말고 디딤돌로 다니세요.》 2.한옥에서 편히 오르내리려고 놓는 넓적하고 평평한 돌.《디딤돌 위에 신발들이 가지런히 놓여 있다.》 **비**섬돌. 3.어떤 일을 하는 데 바탕이 되는 것을 빗대어 이르는 말.《이번 회담은 두 나라가 화해하는 데 디딤돌이 될 것이다.》

디밀다 → 들이밀다. **바**디미는, 디밀어, 디밉니다.

디스카운트 (discount) 물건 값을 깎는 것. **비**에누리, 할인. **디스카운트하다**

디딜방아

디스켓 (diskette) → 플로피 디스크.

디스코 (disco) 가볍고 빠른 음악에 맞추어 자유롭게 추는 춤. **북**디스코춤.

디스크 **판** (disk) 소리, 영상, 정보, 컴퓨터 프로그램 들을 담는 둥글고 납작한 플라스틱 판.

디스크 **질병** (disk) 목뼈나 등뼈 사이에 있는 물렁뼈. 또는 그 물렁뼈가 밀려 나와서 허리나 목이 아픈 병.

디스크 드라이브 (disk drive) 컴퓨터에서 플로피 디스크나 하드 디스크를 작동시키는 장치. **같**드라이브.

디스토마 (distoma) 사람, 개, 고양이, 돼지 들의 간이나 폐에 붙어살면서 병을 일으키는 기생충. 몸의 앞 끝과 배에 빨판이 있다.

디자이너 (designer) 디자인을 전문으로 하는 사람.《가구 디자이너》

디자인 (design) 옷, 물건, 건물 들을 멋있고 쓸모 있게 만들려고 머릿속에 떠오르는 것을 그림으로 미리 나타낸 것.《자동차 디자인》 **디자인하다**

디저트 (dessert) → 후식.

디젤 기관 경유나 중유를 태워서 피스톤을 움직이게 만든 기관. 자동차, 기관차, 발전기 들에 쓴다.

디젤 기관차 디젤 기관으로 발전기를 돌려서 생긴 전류로 움직이는 기관차.

디지털 (digital) 정보를 숫자로 바꾸어 나타내는 방식. **참**아날로그.

디지털 카메라 (digital camera) 사진 찍은 것을 필름 대신 디지털 매체에 담는 카메라.

디프테리아 (diphtheria) 열이 나고 목이 아프며 음식을 잘 삼킬 수 없고 숨

쉬기가 힘들어지는 전염병. 어린아이가 많이 걸린다.

딛다 → 디디다.

딜리트 키 (delete key) 컴퓨터 자판에서 글자를 지우는 키.

딩동댕 초인종이나 피아노 같은 것이 울리는 소리.

따갑다 1.살갗이 따끔따끔할 만큼 뜨겁다.《햇살이 너무 따가워서 모자를 썼다.》**참**뜨겁다. 2.살갗이 바늘이나 가시에 찔린 것처럼 아프다.《벌한테 쏘인 자리가 너무 따가워요.》3.나무라는 말이나 못마땅한 눈길이 매섭다.《쓰레기를 길에 함부로 버린 아저씨한테 따가운 눈길이 쏟아졌다.》**바**따가운, 따가워, 따갑습니다.

따개비 바닷가 바위를 비롯한 단단한 곳에 붙어서 사는 동물. 몸이 삿갓처럼 생긴 딱딱한 껍데기로 덮여 있다.

따개비

따귀 '뺨'을 낮추어 이르는 말.

따끈따끈 아주 따뜻한 모양. **따끈따끈하다**《따끈따끈한 찐빵》

따끈하다 느낌이 좋게 따뜻하다.《군고구마는 따끈할 때 먹어야 맛있다.》

따끔 바늘에 찔리거나 꼬집히는 것처럼 따갑고 아픈 느낌. **따끔거리다 따끔대다 따끔하다 따끔따끔**《모기에 물린 데가 따끔거려요.》

따님 남의 딸을 높여 이르는 말.《따님이 올해 몇 살이나 되었죠?》**참**아드님.

따다 1.달리거나 붙어 있는 것을 떼다.《나도 이모를 도와서 오이를 땄다.》2.막히거나 닫힌 것을 뜯거나 열다.《음료수 뚜껑을 따고 컵에 가득 따라 마셨다.》3.남의 말이나 글에서 필요한 것을 뽑다.《제 이름은 유명한 장군 이름에서 딴 거래요.》4.자격, 점수, 상금들을 얻다.《이모가 드디어 운전면허를 땄다.》5.살갗을 살짝 찌르거나 살갗의 물집 같은 것을 터뜨리다.《할머니가 손톱 밑을 바늘로 따 주시자 체한 것이 쑥 내려갔다.》

따닥따닥 '다닥다닥'의 센말.

따돌리다 1.싫은 사람을 일부러 멀리하거나 떼어 버리다.《철수를 따돌리고 우리끼리 갈까?》2.뒤쫓거나 따라오는 사람이 따라잡지 못할 만큼 앞서 나가다.《영희가 어찌나 빠른지 뒤따라오는 선수를 멀리 따돌렸다.》

따돌림 따돌리는 것.

따따부따 되지 않는 말을 이러쿵저러쿵 늘어놓으면서 떠들어 대는 모양.

따뜻하다 1.온도가 기분 좋게 높다.《따뜻한 봄 햇살》**참**뜨뜻하다. 2.말, 마음, 분위기 들이 부드럽고 정이 있다.《새별이는 전학 온 나를 따뜻하게 대해 주었다.》**반**차갑다.

따라 오늘, 그날, 이날 같은 낱말 뒤에 붙어, '그때에 유난히', '하필이면 그때에'를 뜻하는 말.《내 짝이 오늘따라 무척 예뻐 보인다.》

따라가다 1.남이 가는 대로 가다.《이모들을 따라가서 영화도 보고 냉면도 먹었다.》2.정해진 길이나 방향으로 가다.《이 길만 따라가면 곧 학교에 도착할 수 있을 거예요.》3.남이 하는 것을 그대로 하다.《동생들은 형이나 언니가 하는 대로 따라가는 것이 보통이다.》4.남한테 뒤지지 않고 겨루어 볼 만하다.《우리 반에는 달리기로 지수

를 따라갈 애가 없어요.》

따라나서다 남을 뒤좇아 밖으로 나서다.《시장에 가는 엄마를 따라나섰다.》

따라다니다 1.남을 뒤좇아 다니다. 또는 무엇의 뒤를 밟아서 다니다.《동생은 엄마 뒤만 졸졸 따라다닌다.》 2.어떤 생각이나 느낌이 항상 함께 오다.《의문이 따라다니다.》

따라서 앞에서 말한 것 때문에. 또는 그렇기 때문에.《경수는 몸집이 크다. 따라서 옷도 크게 입는다.》

따라세우다 [북] 1.뒤처진 사람을 본디 자리로 따라가서 나란히 있게 하다.《선생님께서 애써 따라세워 보셨지만 지친 아이들은 다시 뒤처지고 말았다.》 2.뒤떨어진 수준이나 질을 높이다.《수학 실력을 따라세우려면 어떻게 해야 할까요?》 3.어떤 일을 다른 일과 함께 생기게 하다.《태풍은 큰비와 홍수를 따라세우는 경우가 흔합니다.》

따라오다 1.앞서 가는 사람이나 동물의 뒤를 좇아서 오다.《누가 따라오는 것 같아서 뒤를 돌아보았다.》 2.남이 하는 그대로 본떠 하다.《네가 열심히 하면 동생도 따라올 거야.》

따라잡다 앞선 것을 뒤좇아 나란히 가거나 앞서다.《네가 달리기로 날 따라잡으려면 아직도 멀었어.》

따로 1.다른 것과 섞이지 않게.《콩은 따로 둬.》 [반]함께. 2.다른 것과 다르게 특별히.《따로 생각이 있다.》

따로따로 섞이지 않고 저마다 떨어져서 하나씩.《선물을 따로따로 포장해서 주자.》

따르다 [뒤를] 1.남의 뒤를 좇다.《병아리들이 암탉을 따라서 마당으로 나온다.》 2.남이 하는 것을 좇아서 하다.《아기가 내가 하는 대로 따라서 한다.》 3.남을 존경하거나 좋아해서 가까이 있거나 시키는 대로 하려고 하다.《내 동생은 외삼촌을 잘 따른다.》 4.정해진 길이나 방향을 좇다.《이 길을 따라 조금만 더 올라가면 옹달샘이 나온다.》 5.남의 뜻, 지시 들을 받아들이거나 규칙, 차례 들을 지키다.《학생이라면 학칙을 따라야지.》 6.앞선 것을 좇아 비슷한 정도에 이르다.《영어 회화만큼은 우리 이모를 따를 사람이 없을 거야.》 7.어떤 일에 다른 일이 끼여서 함께 생기다.《겨울철 등산에는 늘 위험이 따른다.》 8.어떤 일에 바탕을 두거나 형편, 기준 들에 알맞게 맞추다.《일기 예보에 따르면 비가 더 온답니다.》 [바]따르는, 따라, 따릅니다.

따르다 [물을] 그릇 같은 것을 기울여서 속에 든 액체를 밖으로 조금씩 흘리다.《컵에 우유를 따라 마셨다.》 [바]따르는, 따라, 따릅니다.

따르릉 전화벨이나 자명종 같은 것이 울리는 소리. **따르릉거리다 따르릉대다 따르릉따르릉**《따르릉따르릉 비켜나세요. 자전거가 나갑니다.》

따름 흔히 '따름이다' 꼴로 써서, 오직 그것뿐임을 나타내는 말.《나를 도와주겠다니 고마울 따름이다.》

따먹다 1.과일 들을 따서 먹다.《밭에서 따먹는 딸기가 가장 맛있다.》 2.바둑, 장기, 구슬치기 들에서 말을 따거나 내기에서 이겨 돈을 따다.《동생은 딱지를 잘 쳐서 동네 아이들 딱지를 다 따먹었다.》**북**떼여먹다.

따발총 탄환이 많이 들어 있어서 잇달아 쏠 수 있는 소련제 기관총을 이르는 말. **북**따바리.

따분하다 할 일이 없거나 재미없고 심심하다.《이 책은 따분해서 못 읽겠어.》**비**지루하다.

따비 풀을 뽑거나 비좁은 땅을 일구는 데 쓰는 농기구.

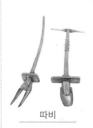

따비

따사롭다 따뜻한 느낌이 있다.《햇살이 따사로운 오후》**바**따사로운, 따사로워, 따사롭습니다.

따스하다 조금 따뜻하다. **북**따따하다.

따습다 기분 좋을 만큼 알맞게 따뜻하다.《오늘따라 바람이 참 따습구나.》**바**따스운, 따스워, 따습습니다.

따오기 논, 산골짜기, 늪에 사는 겨울새. 몸은 희고 얼굴과 다리는 붉다. 부리가 길고 아래로 조금 굽었다. 천연기념물 제198호.

따오기

따오다 남의 말이나 글에서 필요한 부분만 골라서 가져오다.《금방 내가 한 얘기는 책에서 따온 말이야.》

따옥따옥 따오기가 우는 소리.

따옴표 글에서 대화, 남의 말, 마음속으로 한 말 들을 나타낼 때 쓰는 문장 부호. 큰따옴표인 " "와 작은따옴표인 ' '가 있다.

따웅 **북** 호랑이가 몹시 사납게 울부짖는 소리.

따위 1.앞에서 늘어놓은 것과 같은 여러 가지가 있음을 나타내는 말.《과일에는 사과, 배, 감 따위가 있다.》**비**들, 등. 2.앞서 말한 것을 얕잡아 이르는 말.《너 따위가 뭘 알아?》

따지다 1.잘못이나 문제 들을 똑똑히 밝히려고 캐묻다.《나는 전혀 모르는 일이니 수진이한테 가서 따져.》2.옳고 그름, 사실, 관계 들을 낱낱이 살피다.《할아버지가 친척 아저씨와 나의 촌수를 따져 보신다.》3.수나 양을 하나하나 헤아리다.《개학 날까지 며칠이 남았는지 따져 보았다.》

딱 그침 1.계속되던 것이 그치거나 멎는 모양.《갑자기 소나기가 쏟아지다가 금세 딱 멈췄다.》2.말이나 행동을 아주 단호하고 확실하게 하는 모양.《새해부터 아버지는 담배를 딱 끊으시겠다고 장담하셨다.》3.매우 싫거나 기분 나쁜 모양.《거짓말 하는 어른들, 나는 딱 질색이야.》4.정확하게 맞거나 들어맞는 모양.《작년에 신던 운동화가 이제 딱 맞습니다.》5.갑자기 마주치는 모양.《몰래 사탕을 먹으려다 내 짝과 눈이 딱 마주쳤다.》6.단단히 빈틈없이 달라붙은 모양.《치마를 입고 딱 붙는 스타킹을 신었다.》

딱 벌어짐 어깨, 입, 가슴 같은 것이 활짝 바라지거나 벌어진 모양.《내가 상을 타자 부모님 입이 딱 벌어졌다.》

딱 소리 단단한 것이 부딪치거나 부러지는 소리.《뼈가 딱 부러졌다.》**딱딱**

딱따구리 산속 나무에 구멍을 파고 사는 새. 단단한 부리로 망치질하듯 나무를 쪼아서 나무껍질 아래 숨어 있는 벌레를 잡는다.

딱따구리

딱딱 하나씩 또박또박 분명하게.《잘 알아듣게 딱딱 끊어서 읽어 볼래?》

딱딱거리다 부드럽지 않은 말투로 따지거나 나무라듯 말하다.《밥 먹을 때

는 이래라저래라 딱딱거리지 마.》

딱딱새 '딱따구리'의 함경북도 사투리. 《딱딱새 우는 소리》

딱딱하다 1.매우 굵고 단단하다.《의자가 딱딱하니까 방석을 깔고 앉으세요.》2.태도, 말씨, 분위기 들이 굳어 있거나 어색하다.《화가 덜 풀린 동생이 딱딱한 표정으로 대꾸했다.》3.글이나 이야기 들이 재미없고 어렵다.《논설문은 딱딱해서 읽기가 싫어.》

딱새 마을에서 멀지 않은 숲이나 산비탈에 사는 텃새. 크기는 참새만 하다. 암컷은 연한 갈색이고, 수컷은 검은 날개에 흰 점이 있고 배는 붉은 갈색이다.

딱실하다 |북 사실, 말 들이 아주 분명하다.《다시는 동생을 울리지 않겠다고 딱실하게 다짐을 해.》

딱정벌레 온몸이 딱딱한 껍데기로 싸여 있고 앞날개가 단단한 곤충.

딱지 껍질 1.상처에서 나온 피, 고름, 진물 들이 말라붙어 생긴 딱딱한 껍질. 《부스럼 딱지》2.게나 거북 들의 등을 이루는 딱딱한 껍데기.

딱지 종이 1.그림이나 글을 넣어서 어떤 표로 삼는 작은 종이.《상표 딱지》2. 두꺼운 종잇조각에 그림을 그리거나 글씨를 써넣은 장난감. 또는 종이를 네모나게 접어서 만든 장난감.《딱지를 접다.》3.어떤 사람의 행동, 됨됨이 들을 짚어서 나타내는 짧은 낱말.《실패자라는 딱지를 꼭 떼고 말 거야.》

딱지꽃 들이나 바닷가에 자라는 풀. 줄기에 털이 있고, 노란 꽃이 핀다. 어린 순을 먹고, 포기째 약으로 쓴다.

딱지놀이 딱지로 하는 아이들 놀이.

딱총나무

딱새

딱총새우

딱지꽃

딱지치기 종이를 접어서 만든 딱지를 땅바닥에 놓고, 다른 딱지로 쳐서 뒤집히면 따먹는 아이들 놀이.

딱총 1.화약을 넣은 것처럼 큰 소리가 나게 만든 장난감 총. 2.화약을 터뜨리며 노는 장난감. 종이에 싸거나 대롱에 넣고 심지에 불을 붙이면 큰 소리가 나거나 불꽃이 멀리 퍼진다.

딱총나무 산골짜기나 개울가에 자라는 잎지는나무. 꽃은 누런 풀색이고 열매는 9월에 붉게 익는다. 줄기와 가지를 약으로 쓴다.

딱총새우 갯벌 모래 진흙 바닥에 구멍을 파고 사는 새우. 집게발로 딱총처럼 딱딱 소리를 낸다.

딱하다 1.처지나 형편이 불쌍하다. 《노숙자 아저씨들이 딱해 보여요》2. 일을 어떻게 하기 어렵다.《친한 동무 둘이 싸우니 중간에서 딱하게 되었다.》

딱히 정확하게 콕 집어서. 또는 분명하고 뚜렷하게.《약속 시간을 딱히 정해 놓은 것은 아니에요.》

딴 → 다른.

딴딴하다 무르지 않고 아주 단단하다. 《근육이 돌덩이처럼 딴딴하다.》

딴말 1.지금 일어나는 일과 아무 관계 없는 말.《동생이 묻는 말에는 대답하지 않고 딴말만 해서 화가 났다.》같딴소리. 2.미리 정한 것이나 원래 뜻에 어긋나는 말.《약속해 놓고 딴말을 하면 안 되지.》같딴소리. **딴말하다**

딴소리 → 딴말. **딴소리하다**

딴전 앞에 놓인 일에 관심을 두지 않고 전혀 관계없는 말이나 행동을 하는 것. 《딴전을 피우다.》같딴청.

딴청 → 딴전.

딴판 전혀 다른 모습이나 태도나 형편. 《시골 할머니 댁이 3년 전과는 딴판으로 변했습니다.》

딸 여자로 태어난 자식. **참**아들.

딸은 제 딸이 고와 보이고 곡식은 남의 곡식이 탐스러워 보인다 속담 자식은 남의 자식보다 자기 자식이 나아 보이고, 물건은 남의 것이 자기 것보다 좋아 보인다는 말.

딸가닥 '달가닥'의 센말. **준**딸각. **딸가닥거리다 딸가닥대다 딸가닥하다 딸가닥딸가닥** 《딸가닥대는 나막신》

딸각 → 딸가닥. **딸각거리다 딸각대다 딸각하다 딸각딸각**

딸그락 '달그락'의 센말. **딸그락거리다 딸그락대다 딸그락딸그락** 《빈 도시락에서 딸그락딸그락 소리가 난다.》

딸기 밭에 심어 가꾸는 열매채소. 줄기는 땅 위로 기면서 뿌리를 내리고, 잎은 뿌리에서 모여난다. 4~5월에 흰 꽃이 피고, 여름에 빨간 열매가 열린다. **북**밭딸기.

딸기코 끝이 빨갛게 된 코를 딸기에 빗대어 이르는 말.

딸꾹 딸꾹질하는 소리. **딸꾹딸꾹**

딸꾹질 배와 가슴 사이에 있는 가로막이 갑자기 떨리면서 자꾸 '딸꾹' 소리가 나는 일. **딸꾹질하다**

딸랑 작은 방울이나 종이 흔들려서 울리는 소리. **딸랑거리다 딸랑대다 딸랑이다 딸랑딸랑** 《소달구지가 딸랑딸랑 방울 소리를 내며 지나간다.》

딸리다 **붙다** 1. 어떤 것에 다른 것이 붙다. 《마당이 딸린 집에 살고 싶다.》 2.

딸기

어떤 사람에게 돌볼 사람이 있다. 《아저씨한테는 딸린 식구가 많다고 합니다.》 3. 어떤 종류에 속하다. 《호랑이는 고양잇과에 딸려 있다.》

딸리다 **따라가다** 다른 사람을 따라가게 하다. 《엄마가 동생을 이모한테 딸려 보내셨다.》

딸리다 **모자라다** '달리다'를 잘못 쓴 말.

딸림화음 장조에서는 '솔, 시, 레'로 이루어지고 단조에서는 '미, 솔, 시'로 이루어지는 화음. **참**버금딸림화음, 으뜸화음.

딸아이 1. 어린 딸. 2. 다른 사람에게 자기 딸을 이르는 말. 《제 딸아이를 잘 가르쳐 주십시오.》

땀 **몸** 살갗에 있는 아주 작은 구멍으로 나오는 액체. 덥거나 몸에서 열이 날 때 많이 나온다. 《땀을 흘리다.》

땀을 쏟다 **관용** 1. 어떤 일을 열심히 하다. 《땀을 쏟은 보람이 있어서 우리 반이 일등을 했다.》 2. 몹시 힘들거나 어려운 일을 하느라 혼나다. 《마당에 쌓인 눈을 혼자 치우느라 땀을 쏟았어.》

땀 **바느질** 바느질할 때 바늘로 한 번 뜬 자국. 또는 그것을 세는 말. 《한 땀 한 땀 정성 들여 바느질했다.》 **같**바늘땀.

땀구멍 땀이 몸 밖으로 나오는 구멍.

땀나다 아주 힘들거나 긴장되다. 《많은 사람 앞에서 발표하려니 땀난다.》

땀띠 더울 때 살갗에 작은 좁쌀 같은 것이 빨갛게 나는 것.

땀방울 땀이 물방울처럼 맺힌 것.

땀샘 땀을 만들어 몸 밖으로 내보내는 기관.

땀수 바느질한 땀의 수.

땀자국 땀이 흐르거나 묻은 자국.

땃쥐 나무가 우거진 곳에 사는 짐승. 쥐처럼 생겼는데, 주둥이가 길고 뾰족하고 꼬리에 가는 털이 나 있다.

땅 〔흙〕 1.지구에서 호수, 강, 바다 들과 달리 물이 차 있지 않은 부분.《아주 큰 땅을 대륙이라고 한다.》같육지. 2.논이나 밭. 또는 논밭의 흙.《땅이 기름지다.》3.한 나라의 영토.《독도는 우리 땅이야.》4.재산 가치를 나타내는 자리나 터.《할아버지가 천 평이 넘는 땅을 남기셨다.》

땅에 떨어지다 〔관용〕 체면이나 명예 같은 것이 되돌리기 어려울 만큼 망가지다.《이웃집 아저씨가 빌린 돈을 갚지 않아 신용이 땅에 떨어졌다.》

땅이 꺼지게 〔관용〕 한숨 쉴 때 아주 깊고 크게.《아저씨는 아들 걱정을 하면서 땅이 꺼지게 한숨을 쉬었다.》

땅 짚고 헤엄치기 〔속담〕 일이 아주 쉬운 것을 빗대어 이르는 말.

땅 〔소리〕 1.단단한 것이 세게 부딪칠 때 나는 소리.《공사장에서 땅, 땅 망치 소리가 끊이지 않는다.》2.총을 쏠 때 나는 소리.《포수가 총을 땅 쏘았다.》

땅값 땅의 값.

땅강아지 땅속에 굴을 파고 사는 곤충. 몸 빛깔은 노란 갈색이나 검은 갈색이고 날개가 짧다. 앞다리로 땅을 판다.

땅거미 해가 막 지고 난 뒤에 조금 어두운 때.《해가 기울면 땅거미가 내린다.》참황혼.

땅굴 땅속으로 뚫은 굴. 같토굴.

땅귀개 산속 물가나 축축한 땅에 자라는 풀. 땅속줄기에 달린 주머니로 벌레

땅귀개

땃쥐

를 잡는다. 8~9월에 노란 꽃이 핀다.

땅기다 힘살이 뻣뻣해지다.《갑자기 달리기를 했더니 종아리가 땅기네.》

땅꾼 뱀을 잡아서 파는 사람. 북땅군.

땅덩어리 땅의 큰 덩어리. 대륙, 영토들처럼 테두리가 있는 땅을 이른다.《우리나라는 땅덩어리에 견주어 인구가 많다.》같땅덩이.

땅덩이 → 땅덩어리.

땅따먹기 → 땅뺏기.

땅딸보 키가 작고 똥똥한 사람을 놀리는 말.《내가 어디가 땅딸보야!》

땅바닥 땅의 거죽. 또는 아무것도 깔지 않은 맨바닥. 같지면.

땅바닥에 떨어지다 〔관용〕 체면 같은 것이 형편없어지다.《그 일로 우리 학교의 명예가 땅바닥에 떨어졌다.》

땅벌 땅속에 집을 짓고 사는 벌. 몸 빛깔은 검고, 등에 노란 얼룩무늬와 줄무늬가 있다. 북따벌.

땅벼락 〔북〕 땅에 내리치는 벼락.

땅볼 야구나 축구에서 치거나 차서 땅위로 굴러가는 공.

땅빈대 길가나 밭에 절로 나서 자라는 풀. 땅바닥에 바짝 붙어서 자라고, 8~9월에 옅은 자주색 꽃이 핀다. 포기째 약으로 쓴다. 북점박이풀.

땅뺏기 손가락으로 돌을 퉁겨 땅을 빼앗는 아이들 놀이. 같땅따먹기.

땅속줄기 땅속에 묻혀 있는 줄기. 감자, 양파, 백합 같은 식물에 있다.

땅콩 밭에 심어 가꾸는 풀. 열매는 땅속에서 열리는데, 누에고치처럼 생긴 꼬투리 속에 불그레한 속껍질로 싸인 씨앗이 두세 개 들어 있다. 북락화생.

땅벌

땅빈대

땅강아지

땅콩

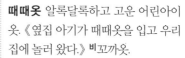

땋다 머리카락, 털, 실 들을 여러 가닥으로 갈라서 서로 어긋나게 엮어 한 가닥으로 만들다.《머리를 땋다.》

때 〖동안〗 1. 흘러가는 시간의 어느 한 부분. 또는 어떤 일이 일어나던 바로 그 순간.《너는 웃고 있을 때가 가장 예뻐.》 2. 어떤 시기나 시대.《일제 강점기 때에는 성과 이름을 일본식으로 바꿔야 했다.》 3. 어떤 일을 하기에 알맞은 기회나 경우.《그날 무슨 일이 있었는지는 때가 되면 알려 줄게.》 4. 끼니 또는 끼니를 먹는 시간.《형은 때를 거르면서까지 책을 읽는다.》

때 〖먼지〗 1. 몸이나 물건에 묻은 먼지나 얼룩.《흰 벽지는 때가 잘 탄다.》 2. 깨끗하지 않은 생각이나 욕심.《때 묻지 않은 어린이 마음을 닮고 싶다.》

때구루루 '대구루루'의 센말.

때굴때굴 '대굴대굴'의 센말.

때까치 덤불 속이나 나뭇가지에 둥지를 틀고 사는 텃새. 까치보다 조금 작다. 잡은 먹이를 나뭇가지에 꿰어 말리는 버릇이 있다.

때까치

때깔 눈에 보이는 모양이나 빛깔.《사과가 아주 때깔이 곱구나.》

때늦다 1. 정해진 때보다 늦다.《아빠가 늦게 돌아오셔서 때늦은 저녁을 드신다.》 2. 어떤 일을 하기에 알맞은 때가 지나다.《때늦은 후회는 안 하느니만 못해.》 3. 제철보다 늦다.《때늦은 더위 때문에 공부하기가 힘들다.》

때다 아궁이 같은 곳에 불을 붙인 나무를 태우다.《난로에 불을 때다.》

때때로 때에 따라서 가끔.《때때로 전학 간 동무가 생각나.》 〖비〗가끔, 이따금.

때때옷 알록달록하고 고운 어린아이 옷.《옆집 아기가 때때옷을 입고 우리집에 놀러 왔다.》 〖비〗꼬까옷.

때려치우다 해 오던 일을 아주 그만두다. 〖비〗걷어치우다.

때로 때에 따라서. 또는 잦지 않게.《아이들은 때로 싸우면서 자란다.》

때리다 1. 손이나 손에 든 것으로 아프게 치다.《회초리로 손바닥을 때리다.》 2. 세차게 두드리거나 휘둘러서 치다.《빗방울이 유리창을 때린다.》 3. 큰 감동이나 충격을 받다.《아름다운 음악이 가슴을 때린다.》

때리는 놈보다 말리는 놈이 더 밉다 〖속담〗 직접 나서서 못살게 구는 사람보다도 뒤에서 부추기고 아닌 척하는 사람이 더 밉다는 말.

때마침 때에 알맞게. 또는 그때에 마침.《때마침 눈이 내렸다.》

때맞추다 흔히 '때맞추어' 꼴로 써서, 때에 알맞게 하다.《하루 세 번 때맞추어 약을 먹어야 한다.》

때문 앞서 말한 것이 어떤 일의 까닭임을 나타내는 말.《늦잠을 잔 동생 때문에 나까지 학교에 늦고 말았다.》

때벗이 〖북〗 경제, 문화, 기술 같은 것이 낡고 뒤떨어진 상태에서 벗어나는 것.《증기 기관이 나오면서 모든 산업이 때벗이를 했다.》 **때벗이하다**

때수건 때를 미는 데 쓰는 까끌까끌한 수건.

때우다 1. 깨지거나 뚫린 것을 다른 것으로 메워 막다.《엄마가 구멍 난 냄비를 때워 오셨다.》 2. 어떤 일을 다른 방법을 써서 대충 치러 넘기다.《빵과 우

유로 점심을 때웠다.》3.시간을 대충 흘려보내다.《동무가 올 때까지 산책하면서 시간을 때웠다.》

때죽나무 산기슭에 자라는 잎지는나무. 5~6월에 흰 꽃이 아래를 보고 핀다. 열매 안에 들어 있는 단단한 씨앗으로 기름을 짠다. 북때쭉나무.

때죽나무

땍때굴땍때굴 '댁대굴댁대굴'의 센말.

땔감 불을 때는 데 쓰는 나무나 연탄들.《땔감을 줍다.》

땔나무 땔감으로 쓰는 나무.《땔나무가 떨어졌어요.》같나무. 비장작.

땜납 납과 주석을 섞은 금속. 불에 잘 녹고 쇠붙이에 잘 붙어서 땜질하는 데 쓴다.

땜장이 금이 가거나 깨지거나 구멍이 뚫린 그릇 같은 것을 때우는 일이 직업인 사람. 북땜쟁이.

땜질 구멍이 나거나 깨진 데를 때우는 일. **땜질하다**《냄비를 땜질하다.》

땟국 옷이나 몸에 덕지덕지 잔뜩 묻어 있는 때. 북때국.

땟국물 때가 섞인 물이나 물기.《땟국물이 줄줄 흐른다.》북때국물.

땟자국 땟국물이 마른 자국.

땡 종이나 그릇 같은 쇠붙이를 두드릴 때 높게 울리는 소리.《문제를 잘못 맞히자 '땡!' 하는 소리가 났다.》

땡감 덜 익어서 맛이 떫은 감.

땡그랑 쇠붙이가 흔들리거나 부딪칠 때 나는 소리. **땡그랑거리다 땡그랑대다 땡그랑하다 땡그랑땡그랑**《두부 장수가 땡그랑땡그랑 종을 친다.》

땡볕 아주 뜨거운 햇볕. 비뙤약볕.

떠가다 물이나 하늘에 떠서 움직이다.

《하늘에 뭉게구름이 둥둥 떠간다.》

떠나가다 1.있던 곳을 떠나서 다른 곳으로 가다.《정든 고향을 떠나갔다.》2.어떤 곳이 흔들릴 만큼 소리가 아주 크고 시끄럽다.《아이들 함성에 운동장이 떠나갈 듯했다.》

떠나다 1.다른 데로 가려고 어떤 곳을 벗어나다.《필리핀에서 오신 선생님이 한국을 떠나 고향으로 돌아가셨다.》2.어떤 일을 하려고 다른 곳으로 가다.《삼촌이 독일로 유학을 떠난 지 3년이 넘었다.》3.어떤 일이나 사람들과 관계를 끊거나 벗어나다.《교직을 떠나다./부모님 곁을 떠나다.》4.사라지거나 없어지다.《짝꿍한테 쌀쌀맞게 군 것이 머릿속에서 떠나질 않는다.》5.어떤 것을 관심 바깥에 두다.《다리 놓는 문제를 떠나서는 우리 마을의 발전을 기대할 수 없다.》6.사람이 죽는 것을 빗대어 이르는 말.《할머니는 결국 병원에서 세상을 떠나셨다.》

떠나보내다 아쉬운 마음으로 헤어지다.《어제 소중한 사람을 떠나보냈어요.》북떠내보내다.

떠나오다 있던 곳을 떠나서 다른 곳으로 오다.《집을 떠나온 지 하루밖에 안 되었는데 엄마가 보고 싶다.》

떠내다 1.밖으로 퍼내다.《꿀단지에서 꿀을 한 숟갈 떠냈다.》2.떼어 내다.《마당 잔디를 떠내 뒤뜰에 심었다.》

떠내려가다 물 위에 떠서 흘러 내려가다.《신발이 냇물에 떠내려갔어요.》

떠넘기다 자기 일이나 책임을 남한테 억지로 넘기다.《형한테 시킨 심부름을 나한테 떠넘기려고?》

떠는소리 1.피리나 대금 들을 연주할 때 가늘게 떨어서 내는 소리. 2.판소리나 민요 들을 부를 때 떨어서 내는 목소리.

떠다니다 물 위나 공중에 떠서 이리저리 돌아다니다.《떠다니는 구름》

떠다밀다 → 떠밀다. 바떠다미는, 떠다밀어, 떠다밉니다.

떠돌다 1.정해 놓은 곳 없이 이리저리 다니다.《그 뒤로 시인은 전국을 떠돌면서 살았다고 한다.》비떠돌아다니다. 2.공중이나 물 위에 뜬 채 이리저리 움직이다.《떠도는 황사 때문에 세상이 온통 뿌옇다.》비떠돌아다니다. 3.말이나 소문이 퍼지다.《우리 학교가 다른 동네로 이사를 갈 것이라는 소문이 떠돈다.》비떠돌아다니다. 바떠도는, 떠돌아, 떠돕니다.

떠돌아다니다 1.한곳에 머무르지 않고 이리저리 돌아다니다.《보부상들은 전국 방방곡곡을 떠돌아다니면서 장사를 했다.》비떠돌다. 2.공중이나 물 위에 뜬 채 이리저리 움직이다. 비떠돌다. 3.말이나 소문이 퍼져 나가다.《이상한 소문이 떠돌아다녀요.》비떠돌다.

떠돌이 여기저기 떠돌아다니는 사람.

떠들다 1.큰 소리로 시끄럽게 말하다.《밖에서 떠드는 소리에 잠이 깼다.》2.어떤 일을 널리 퍼뜨리다.《꼴찌가 무슨 자랑이라고 동네방네 떠들고 다니니?》바떠드는, 떠들어, 떠듭니다.

떠들썩하다 1.여럿이 큰 소리로 떠들어서 시끄럽다.《교실이 떠들썩한 걸 보니 아직 선생님이 안 오셨나 봐.》2.소문이 자자하다.《노처녀 이모가 시집간다고 온 동네가 떠들썩하다.》

떠듬- '더듬-'의 센말. **떠듬거리다 떠듬대다 떠듬떠듬**

떠맡기다 어떤 일이나 책임을 남한테 억지로 맡게 하다.《동생은 공작 숙제를 나한테 떠맡겼다.》

떠맡다 어떤 일이나 책임을 모두 맡다.《신발 정리는 내가 떠맡았다.》

떠먹다 음식을 숟가락 같은 것으로 떠서 먹다.《흰죽을 천천히 떠먹었다.》

떠메다 짐 같은 것을 들어서 어깨나 등에 메다.《무거운 짐을 떠메다.》

떠밀다 있는 힘껏 밀다.《누나가 등을 떠밀어서 넘어졌다.》같떠다밀다. 비떠밀다. 바떠미는, 떠밀어, 떠밉니다.

떠밀리다 떠밀어지다.《사람들에게 떠밀려서 무대 앞까지 오게 되었다.》

떠받들다 1.밑을 받쳐 높이 들다. 2.어떤 사람을 우러러 섬기다. 또는 매우 위하다.《영웅으로 떠받들다.》바떠받드는, 떠받들어, 떠받듭니다.

떠받치다 넘어지거나 떨어지지 않게 밑에서 받치다.《엄마는 빨래를 다 널고 나서 바지랑대로 줄을 떠받쳤다.》

떠벌리다 일을 부풀려서 이야기하다.《남의 일을 함부로 떠벌리지 마.》

떠보다 남의 속마음을 넌지시 알아보다.《그 애 말 새겨듣지 마. 너를 떠보는 거니까.》

떠살이[북 1.정한 곳 없이 떠돌아다니면서 사는 것. 또는 그런 살림살이.《그 뒤 김삿갓은 남은 삶을 떠살이로 보냈다.》2.풀이 물 위에 떠서 사는 것.《개구리밥은 떠살이 식물이다.》

떠오르다 1.공중이나 물 위로 솟아오

르다.《붉은 해가 바다 위로 떠오른다.》 2. 생각이나 기억이 나다.《정답이 얼른 떠오르지 않는다.》 3. 얼굴에 어떤 표정이 나타나다.《동생 얼굴에 담뿍 웃음이 떠오른다.》 4. 큰 관심을 끌 만큼 뚜렷하게 나타나다.《기영이가 육상부의 샛별로 떠올랐다.》 **바**떠오르는, 떠올라, 떠오릅니다.

떠올리다 어떤 것을 떠오르게 하다.《기억을 떠올리다./미소를 떠올리다.》

떠옮기다 **|북** 어떤 것을 뽑거나 떼거나 푸거나 건져서 다른 데로 옮기다.《잔디를 떠옮겨서 무덤가에 심었다.》

떡 **먹을거리** 송편, 인절미처럼 곡식 가루를 빚어서 익혀 만든 먹을거리.

떡 주무르듯 하다 **관용** 제 마음대로 다루다.《우리 선생님은 전기 공사를 떡 주무르듯 하신다.》

떡 본 김에 제사 지낸다 **속담** 마침 좋은 기회가 생겨서 하려던 일을 한다는 말.

떡 줄 놈은 생각도 안 하는데 김칫국부터 마신다 **속담** 남은 줄 생각조차 하지 않는데 지레짐작으로 받을 준비를 한다는 말.

떡 **모양** 1. 어깨, 입, 가슴 같은 것이 활짝 벌어진 모양.《흥부의 대궐 같은 집을 보고 놀부 입이 떡 벌어졌다.》 2. 아주 굳세게 버티거나 막아선 모양.《산에 호랑이가 떡 버티고 서 있다.》

떡가루 떡을 만들려고 곡식을 빻은 가루.《하얀 눈이 떡가루처럼 내린다.》

떡갈나무 양지바른 산 중턱이나 바닷가에 자라는 잎지는나무. 잎이 크고 도토리도 크다. 잎은 마른 뒤에도 붙어 있다가 이듬해 새싹이 나올 때 떨어진

떡메

떡붕어

떡살

떡쑥

떡조개

떡갈나무

떡판

다. 나무는 가구를 만들거나 집을 짓는 데 쓴다.

떡고물 → 고물.

떡국 가래떡을 어슷썰기로 얇게 썰어 맑은장국에 넣고 끓여 먹을거리.

떡메 쌀이나 찹쌀을 쳐서 떡을 만드는 도구.《떡메로 쳐서 인절미를 만든다.》

떡밥 낚싯바늘에 끼우는 먹이 가운데 하나. 쌀겨에 콩이나 번데기 가루를 섞어서 만든다.

떡방아 떡을 만들려고 쌀을 찧는 일. 또는 쌀 찧는 방아.

떡볶이 가래떡을 토막 내어 쇠고기, 채소, 갖은 양념을 넣고 볶은 먹을거리. **북**떡볶음.

떡붕어 깊은 강, 호수, 저수지에 사는 민물고기. 생김새는 붕어와 비슷한데 등이 더 둥글다. 등은 푸른빛이 도는 잿빛이고 배는 은빛이다.

떡살 떡을 눌러 여러 가지 무늬를 찍는 도구.

떡시루 떡 찌는 데 쓰는 둥근 질그릇.

떡쌀 떡을 만드는 데 쓰는 쌀.

떡쑥 산과 들에 자라는 풀. 온몸이 흰 털로 덮여 있고, 줄기 끝에 쌀알 같은 노란 꽃이 핀다. 어린순을 따서 떡을 해 먹는다.

떡잎 씨앗이 터서 처음 나오는 잎.《고추 떡잎이 살짝 나왔다.》 **북**싹잎.

떡조개 모래가 많은 갯벌에 사는 조개. 껍데기가 크고 납작하면서 두껍고 단단하다.

떡판 떡메로 떡을 칠 때 쓰는 두꺼운 널빤지. **같**안반.

떨구다 **|북** 힘없이 아래로 떨어뜨리다.

《철수는 힘없이 고개를 떨구었다.》

떨기 1.꽃이나 풀 여러 줄기가 모인 무더기.《찔레 떨기》 2.꽃이나 풀 무더기를 세는 말.《한 떨기 장미》

떨기나무 키가 높이 자라지 않고 밑동에서 가지가 많이 모여나는 나무. 개나리, 진달래, 앵두나무 같은 나무를 말한다. **같**관목. **참**큰키나무.

떨다 흔들다 1.작은 폭으로 빠르게 자꾸 흔들다.《밥 먹을 땐 다리 떨지 마.》 2.소리가 울림이 심하거나 고르지 않다.《짝꿍이 목소리를 떨면서 대답했다.》 3.일을 하는 데 겁을 내다.《뒤에서 잡아 줄 테니 떨지 말고 바퀴를 굴려 봐.》 4.지나치게 아껴서 좀스럽게 굴다.《언니는 과자 한 봉지를 사는 데도 벌벌 떤다.》 5.어떤 짓을 자꾸 하다.《수다를 떨다.》 **바**떠는, 떨어, 떱니다.

떨다 털다 1.몸이나 물건을 흔들거나 두드려서 붙은 것을 떼어 내다.《먼지를 떨다.》 2.생각이나 돈, 물건 들을 없애다.《나쁜 생각은 떨고 좋은 일만 생각해.》 3.팔다가 남은 것을 한꺼번에 다 사거나 팔다.《다 드릴 테니 싸게 떨어 가세요.》 **바**떠는, 떨어, 떱니다.

떨떠름하다 1.맛이 떫다.《떨떠름한 맛》 2.내키지 않거나 마음에 들지 않는 느낌이 있다.《떨떠름한 표정》

떨떠리다 **북** 어떤 것을 드러내어 자랑하다.《동생이 동무들 앞에서 새 옷을 떨떠린다.》

떨뜨리다 **북** 어떤 것을 떨어뜨려서 드리우다.《낚싯대를 물에 떨뜨렸다.》

떨리다 흔들리다 1.몸이 빠르게 자꾸 흔들리다.《날씨가 추워지자 온몸이 떨렸다.》 2.목소리의 울림이 심하여 고르지 않다.《목소리가 떨린다.》 3.무섭거나 두려워하다.《꼭 귀신이 나올 것 같아 가슴이 떨렸다.》

떨리다 털리다 1.어떤 것에 달리거나 붙어 있던 것이 떨어지다. 2.돈이나 물건 같은 것을 남한테 모두 빼앗기다. 3.무리에서 밀려나거나 쫓겨나다.《무리에서 떨려 나와 홀로 있는 사슴》

떨림판 소리나 움직임에 따라 떨리는 얇은 판.

떨어뜨리다 1.위에 있던 것을 아래로 떨어지게 하다.《물 묻은 손으로 접시를 만지다가 바닥에 떨어뜨렸다.》 2.가치, 수준, 수치 들을 낮아지게 하다.《살짝 간 금이 도자기의 가치를 떨어뜨렸다.》 3.고개를 힘없이 숙이다.《동생이 잘못을 뉘우치는지 고개를 떨어뜨렸다.》 4.서로 거리가 벌어지게 하다.《바둑이와 야옹이가 하도 으르렁대기에 멀리 떨어뜨려 놓았다.》 5.시험, 심사, 선거 들에서 떨어지게 하다.《최종 심사에서는 세 명만 뽑고 일곱 명은 떨어뜨린다.》

떨어지다 1.위에 있던 것이 아래로 내려가다.《꽃병이 바닥에 떨어졌다.》 2.달리거나 붙어 있던 것이 떼어지다.《감나무 밑에 홍시가 떨어져 있다.》 3.가치, 수준, 수치 들이 낮아지다.《기온이 떨어지다.》 4.서로 거리가 벌어지다.《서울과 평양은 얼마나 떨어져 있나요?》 5.남을 따르지 못하고 뒤에 처지거나 남다.《이모가 조금 떨어져서 따라온다.》 6.돈, 물건, 입맛, 병 같은 것이 다 없어지다.《입맛이 떨어지

424

다./감기가 떨어지다.》7.시험, 심사, 선거 들에서 뽑히지 못하다.《반장 선거에서 아깝게 떨어졌다.》8.좋지 못한 상태에 빠지다.《악의 구렁텅이에 떨어지다.》9.일, 책임 들이 맡겨지거나 명령, 허락 들이 내려지다.《공격 명령이 떨어지다.》10.옷이나 신발 들이 낡아서 해어지다.《다 떨어진 신발을 신고 등산을 가려고?》

떨이 팔다 조금 남은 물건을 다 떨어서 싸게 파는 일. 또는 그렇게 파는 물건.

떨치다 ^{알려지다} 이름이나 기세를 널리 알리거나 널리 알려지게 하다.《을지문덕은 멀리 중국까지 이름을 떨친 고구려 장군이었다.》^비드날리다.

떨치다 ^{떼다} 1.세차게 떼어 버리다.《삼촌은 붙잡는 엄마 손을 떨치고 먼 길을 떠났다.》2.애써서 버리거나 지우다. 《근심 걱정 떨쳐 버리고 편히 사세요.》

떫다 덜 익은 감 맛이 나다.《이 감은 떫어서 못 먹겠어.》

떳떳하다 아무 거리낌이나 굽힘이 없이 바르고 당당하다.《네가 뭐라고 하든지 나는 떳떳해.》

떵떵거리다 권력, 재산 같은 것을 뽐내며 거들먹거리다.《예전에 우리도 떵떵거리며 잘살았지요.》^같떵떵대다.

떵떵대다 → 떵떵거리다.

떼 ^{여럿} 여럿이 한데 모여 있는 무리. 《물고기가 떼를 지어 다닌다.》

떼 ^{조르기} 자기가 바라는 대로 해 달라고 마구 조르는 것.《아직도 아기처럼 떼를 쓰면 어떡하니?》

떼구루루 '데구루루'의 센말.

떼굴떼굴 '데굴데굴'의 센말.

떼다 1.붙거나 이어져 있는 것을 서로 떨어뜨리다.《벽에 붙은 광고지를 떼어 내느라고 무척 애를 먹었다.》^반붙이다. 2.전체에서 한 부분을 덜다.《누나가 빵 반쪽을 뚝 떼어 나한테 주었다.》3.걸음을 옮겨서 앞으로 가다. 《발을 떼기도 힘들 만큼 지쳤어.》4.말을 하려고 입을 열다.《큰형은 끝까지 입을 떼지 않고 밥만 먹었다.》5.눈길을 다른 데로 돌리다.《빨간 치마가 너무 예뻐서 한동안 눈길을 뗄 수 없었어.》6.해 오던 일을 그만두다.《아빠는 이제껏 해 오던 사업에서 손을 뗐다.》7.책 한 권을 다 배워서 끝내다. 《할아버지는 여섯 살 때 천자문을 떼셨대.》8.공공 기관에서 증명서 같은 것을 만들어 주거나 받다.《동사무소에서 주민 등록 등본을 뗐다.》

떼돈 아주 많은 돈.《떼돈을 벌다.》

떼룩- ^{ㅣ북} 커다란 눈을 이리저리 굴리는 모양. **떼룩거리다 떼룩대다 떼룩떼룩**《왜 자꾸 떼룩거리는 거야?》

떼목다리 ^{ㅣ북} 통나무 여러 개를 이어서 놓은 다리.《떼목다리를 건너다.》

떼밀다 몸이나 물건을 힘주어 밀다. 《바위를 떼밀다.》^비떠밀다. ^바떼미는, 떼밀어, 떼밉니다.

떼배 뗏목처럼 통나무를 엮어서 만든 배. 흔히 얕은 바다에서 고기를 잡거나 바닷말을 따는 데 쓴다.

떼쓰다 바라는 일을 해 달라고 마구 조르다.《동생은 툭하면 과자 사 달라고 떼쓴다.》^바떼쓰는, 떼써, 떼씁니다.

떼어먹다 1.남에게 갚아야 할 것을 갚지 않다.《빌린 돈을 떼어먹다.》^북떼여먹다. 2.남의 것을 중간에서 가로채다.《사장이 직원들 월급을 떼어먹고 달아나다니.》북떼여먹다.

떼우다 |북 1.재산이나 권리를 빼앗기다.《법을 어기면 공민권을 떼우는 수도 있다.》 2.자식이나 형제를 잃다.《그 할머니는 전쟁 통에 큰아들을 떼우셨다고 한다.》

떼이다 남에게 빌려 준 돈을 못 받게 되다.《계약금을 떼였어요.》

떼쟁이 떼를 잘 쓰는 사람. 북떼보.

떼죽음 한꺼번에 떼로 죽는 것.

뗀석기 돌을 깨서 만든 연장. 구석기 시대에 썼다. 참간석기.

뗀석기

뗏목 여러 개의 통나무를 나란히 붙여 만든 탈것. 북떼목.

뗑하다 |북 1.세게 부딪히거나 얻어맞은 것처럼 아프다.《스피커에서 머리가 뗑할 만큼 큰 소리가 났다.》 2.정신을 가다듬지 못할 만큼 얼떨떨하다.《선생님의 천둥 같은 호통에 모두 뗑한 표정이 되었다.》

또 1.어떤 일을 되풀이하여.《어라, 또 비가 오네.》 2.그뿐 아니고 더.《저 아저씨는 화가이고 또 의사이기도 하다.》 3.그래도 혹시.《나보고 이걸 다 하라고? 네가 도와준다면 또 모르지만.》 4.놀랐거나 마음이 놓일 때 쓰는 말.《난 또 큰일 난 줄 알았네.》

또각또각 구두를 신고 딱딱한 바닥 위를 걸어가는 소리. 또는 그 모양.

또그르르 '도그르르'의 센말.

또는 그렇지 않으면.《오늘 또는 내일 비가 온대.》 비혹은.

또다시 '다시'를 힘주어 이르는 말.

《또다시 거짓말하면 혼날 줄 알아.》

또닥- '도닥-'의 센말. 또닥거리다 또닥대다 또닥이다 또닥또닥

또랑또랑 목소리, 눈빛, 정신이 아주 맑고 또렷한 모양.《아이들 눈동자가 또랑또랑 빛납니다.》 또랑또랑하다

또래 나이가 같거나 비슷한 무리.

또렷또렷 1.여럿이 다 또렷한 모양.《또렷또렷 빛나는 별들》 2.아주 분명하고 또렷한 모양.《아기가 말을 또렷또렷 잘한다.》 또렷또렷하다

또렷하다 1.모습이나 소리가 흐릿하지 않고 분명하다.《날씨가 맑으면 북한 땅도 또렷하게 보인다.》 참뚜렷하다. 2.기억이나 정신이 맑고 분명하다.《무척 피곤했지만 정신만큼은 아주 또렷했습니다.》 참뚜렷하다. 또렷이

또르르 '도르르'의 센말.

또박또박 모양 말을 또렷하게 하거나 글씨를 잘 알아보게 쓰는 모양.《새 책에 내 이름을 또박또박 썼습니다.》

또박또박 소리 발자국 소리를 또렷하게 내면서 자꾸 걷는 소리. 또는 그 모양.《칠판 앞으로 또박또박 걸어 나갔다.》

또한 어떤 것과 마찬가지로. 또는 거기에다가 또.《나 또한 네 생각과 같다.》

똑 소리 1.작은 물체나 물방울 같은 것이 가볍게 떨어지는 소리. 또는 그 모양.《아버지께 편지를 쓰다가 눈물이 똑 떨어졌다.》 2.딱딱한 물체가 쉽게 부러지면서 나는 소리. 또는 그 모양.《글씨를 쓰다가 연필심이 똑 부러졌다.》 3.딱딱한 물체를 가볍게 두드리는 소리.《선생님께서 분필로 칠판을 똑 두드리셨다.》 4.어디에 달린 것이

나 하나로 붙은 것을 거침없이 따거나 떼는 모양.《풋고추를 살짝 비틀어 똑 따냈다.》**똑똑**

똑 틀림없이 조금도 틀림없이.《세쌍둥이가 어쩜 그리 똑 닮았을까?》

똑같다 조금도 다르지 않고 같다.《내 옷이랑 똑같네.》**똑같이**

똑딱 1.단단한 물건을 가볍게 두드리는 소리. 2.시계추나 작은 발동기 같은 것이 내는 소리. **똑딱거리다 똑딱대다 똑딱이다 똑딱똑딱**《망치로 똑딱똑딱 못을 박았다./시계가 똑딱거린다.》

똑딱선 똑딱 소리를 내며 동력을 일으키는 기계로 움직이는 작은 배.

똑똑하다 1.소리나 모양 들이 또렷하고 분명하다.《발음이 참 똑똑하구나.》 2.머리가 좋고 아는 게 많다.《제 짝은 아주 똑똑해요.》**똑똑히**

똑바로 1.기울거나 치우지지 않고 곧게.《고개를 똑바로 들고 가만히 계세요.》 2.조금도 틀림없이 바르게.《어제 일을 똑바로 말해 봐.》

똑바르다 1.한쪽으로 기울지 않고 곧다.《대나무는 똑바르게 자란다.》 2.옳고 바르다.《앞으로는 똑바르게 살아.》 바똑바른, 똑발라, 똑바릅니다.

똘똘하다 흔히 어린아이가 아주 똑똑하고 꾀가 많다.《똘똘한 꼬마네.》

똥 소화되어 몸 밖으로 나오는 음식 찌꺼기. **같**대변.

똥 누고 밑 안 씻은 것 같다 속담 일을 깔끔하게 마무리하지 못해서 마음에 걸린다는 말.

똥 누러 갈 적 마음 다르고 올 적 마음 다르다 속담 자기가 필요할 때는 사정하면

서 매달리다가 급한 일을 마치면 태도가 달라지는 것을 빗대어 이르는 말.

똥 묻은 개가 겨 묻은 개 나무란다 속담 허물이 큰 사람이 허물이 작은 사람을 나무라는 것을 빗대어 이르는 말.

똥이 무서워서 피하나 더러워서 피하지 속담 못된 사람을 피하는 것은 무서워서가 아니라 상대할 가치가 없기 때문이라는 말.

똥값 터무니없이 싼 값을 낮추어 이르는 말.

똥구멍 똥이 나오는 구멍. **같**항문.

똥똥하다 키가 작고 몸에 살이 많다.《똥똥하게 살찐 아기》**참**뚱뚱하다.

똥바가지 똥이나 똥물을 퍼내는 데 쓰는 바가지.

똥바가지

똥배 똥똥하게 나온 배.

똥차 1.똥오줌을 퍼 나르는 차를 낮추어 이르는 말. 2.낡은 차를 낮추어 이르는 말.《똥차가 또 고장 났어요.》

똥통 1.똥오줌을 받거나 나르는 데 쓰는 통. 2.수준이 형편없이 낮은 것을 낮추어 이르는 말.《똥통 학교》

똥파리 똥오줌에 많이 모이는 파리. 누런 갈색 몸통에 누런 털이 나 있다.

똬리 1.둥근 고리처럼 생겨서 짐을 일 때 머리에 받치는 도구. **북**따바리. 2.뱀 같은 것이 몸을 둥글게 말아서 오그린 것.《뱀이 나무 밑에 똬리를 틀고 있다.》**북**따바리.

똬리

뙈기 논이나 밭을 정해진 크기로 나누어 놓은 것. 또는 그것을 세는 말.《논 한 뙈기/밭 몇 뙈기》

뙤다 [북] 1.실로 짜거나 꿰맨 것이 끊어지다.《엄마가 바지 뙨 데를 꿰매 주셨

다.》 2. 귀퉁이가 조금 깨져서 떨어지다.《뙨 바둑돌에 손가락을 다쳤다.》

뙤약볕 여름에 뜨겁게 내리쬐는 햇볕.《뙤약볕에서 김을 맸다.》 ^비땡볕.

뚜껑 그릇, 상자, 만년필 같은 것을 덮는 물건.《냄비 뚜껑》 ^비덮개.

뚜껑을 열다 관용 내용이나 결과가 어떤지 살피다.《누가 반장이 될지는 뚜껑을 열어 봐야 알아.》

뚜껑덩굴 물가에 자라는 풀. 가는 줄기가 덩굴이 되어 자라고, 8~9월에 노르스름한 풀색 꽃이 핀다. 열매는 달걀꼴에 씨가 두 개 들어 있다.

뚜껑덩굴

뚜렷뚜렷 1. 여럿이 다 뚜렷한 모양《뚜렷뚜렷 생기에 찬 눈빛들이 보기 좋구나.》 2. 아주 분명하고 뚜렷한 모양. **뚜렷뚜렷하다**《멀리서 들려오는 아이들 목소리가 뚜렷뚜렷하다.》

뚜렷하다 1. 모습이나 소리가 흐릿하지 않고 분명하다.《뚜렷한 눈매》 ^참또렷하다. 2. 기억이나 정신이 맑고 분명하다.《나는 삼 년 전 일을 뚜렷하게 기억한다.》 ^참또렷하다. **뚜렷이**

뚜벅뚜벅 발자국 소리를 뚜렷하게 내면서 자꾸 힘 있게 걷는 소리. 또는 그 모양.《장군이 뚜벅뚜벅 걸어왔다.》

뚜지다 ^북 1. 꼬챙이처럼 뾰족한 것으로 쑤셔서 파다.《종이를 뚜진 뒤에 끈으로 묶었다.》 2. 땅을 파서 뒤집다.《호미로 마당을 뚜졌다.》

뚝 떨어지다 1. 큰 물방울 같은 것이 떨어지는 소리. 또는 그 모양.《닭똥 같은 눈물이 뚝 떨어졌다.》 2. 크고 딱딱한 물체가 단번에 부러지면서 나는 소리. 또는 그 모양.《커다란 나무가 번개를

맞고 뚝 부러졌다.》 3. 어디에 달린 것이나 하나로 붙은 것을 아주 거침없이 따거나 떼는 모양.《놀부가 제비 다리를 뚝 분질렀다.》 **뚝뚝**

뚝 그치다 1. 계속되던 것이 갑자기 그치는 모양.《어서 울음을 뚝 그치고 웃어 봐.》 2. 말이나 행동을 딱 잘라 단호하게 하는 모양.《누나가 사탕을 다 먹어 놓고 시치미를 뚝 떼요.》 3. 거리나 순위가 많이 떨어져 있는 모양.《우리 집은 학교에서 뚝 떨어져 있다.》

뚝딱 소리 단단한 물건을 두드리는 소리. **뚝딱거리다 뚝딱대다 뚝딱이다 뚝딱뚝딱**《하루 종일 뚝딱대더니 장난감 비행기를 다 만들었네.》

뚝딱 모양 일을 거침없이 쉽게 해치우는 모양.《밥 한 그릇을 뚝딱 먹었다.》

뚝뚝하다 사람이 다정하거나 부드러운 맛이 없다.《우리 선생님 첫인상은 무척 뚝뚝해 보인다.》 ^비무뚝뚝하다.

뚝배기 찌개를 끓이거나 국밥 같은 것을 담는 그릇. ^북툭수리.

뚝배기

뚝배기보다 장맛이다 속담 겉은 보잘것없지만 속은 훌륭한 것을 두고 하는 말.

뚝새풀 논밭이나 길가의 축축한 땅에 자라는 풀. 줄기는 속이 비었고 잎은 가늘고 긴데, 봄에 둥근 기둥처럼 생긴 잔 꽃이 핀다. 집짐승 먹이로 쓴다.

뚝새풀

뚝심 어렵고 힘든 일을 버텨 내는 굳센 힘과 끈기.《할아버지는 가난했던 시절을 뚝심 하나로 버티셨다.》

뚝지 배에 있는 빨판으로 바위에 잘 붙는 바닷물고기. 부푼 풍선처럼 몸이 통통하고, 가슴지느러미가 크다. ^같멍텅구리.

똘렁 |북 1.큰 물방울 같은 것이 떨어지는 소리. 또는 그 모양.《고드름이 녹아 물방울이 똘렁 떨어졌다.》2.꽤 묵직한 물건이 떨어지면서 바닥이 울리는 소리. 또는 그 모양.《망치가 선반에서 똘렁 떨어졌다.》**똘렁똘렁**

뚫다 1.쑤시거나 찔러서 구멍을 내다.《아빠가 송곳으로 나무에 구멍을 뚫으셨다.》2.막힌 것을 통하게 하다.《삼촌이 막힌 하수구를 뚫어 주었다.》3.어려움을 이겨 내거나 가로막고 있는 것을 헤쳐 나가다.《이모가 치열한 경쟁을 뚫고 시험에 합격하였다.》

뚫리다 1.구멍이 나다.《바지 주머니에 구멍이 뚫렸다.》2.다른 곳과 통하는 길이 나다.《터널이 뚫리다.》3.가로막고 있던 것이 없어지다.《마지막 방어선이 뚫렸다.》

뚫어지다 1.구멍이 생기다.《신발이 뚫어져 발가락이 보인다.》2.길이 통하게 되다.《새로 터널이 뚫어졌다.》3.뚫어질 만큼 집중하는 것을 이르는 말.《뭘 그리 뚫어지게 보니?》

뚱기다 악기 줄을 당겼다가 놓아서 소리가 나게 하다.《가야금을 뚱기다.》

뚱깃뚱깃 |북 1.뚱뚱한 몸으로 자꾸 뒤뚱거리면서 걷는 모양.《뚱뚱한 삼촌이 뚱깃뚱깃 걸어온다.》2.이리저리 자꾸 흔들리는 모양.《배가 뚱깃뚱깃 흔들립니다.》**뚱깃뚱깃하다**

뚱뚱보 뚱뚱한 사람을 놀리는 말.《뚱뚱보 우체부 아저씨》준뚱보.

뚱뚱하다 살이 쪄서 몸이 옆으로 퍼져 굵다.《뚱뚱한 몸매》참통통하다.

뚱보 → 뚱뚱보.

뚱하다 1.말수가 적고 상냥하지 않다.《노래를 불러 주어도 뚱하네.》2.못마땅한 일로 공연히 부어서 시무룩하다.《뚱한 표정으로 왜 그래?》

뛰놀다 이리저리 뛰어다니면서 놀다.《들판에서 맘껏 뛰노는 아이들》같뛰어놀다. 바뛰노는, 뛰놀아, 뛰놉니다.

뛰다 1.빠르게 달리다.《그렇게 뛰다가 넘어질라.》2.몸을 위로 힘껏 솟구쳐 오르다.《고양이가 날렵하게 뛰어서 지붕 위로 올라갔다.》3.값이 큰 폭으로 오르다.《홍수 때문에 채소 값이 뛰었다.》4.맥박이나 심장이 벌떡거리다.《아까 얼마나 놀랐는지 아직도 가슴이 뛴다.》5.그네나 널을 타고 발을 구르다.《누나와 함께 널을 뛰었다.》

뛰는 놈 위에 나는 놈 있다 속담 재주가 뛰어난 사람이 있으면 그보다 더 뛰어난 사람이 있다는 말.

뛰뛰빵빵 자동차가 자꾸 경적을 울리는 소리.

뛰어가다 뛰어서 가다.《수업이 끝나자마자 변소로 뛰어갔다.》반뛰어오다.

뛰어나가다 뛰어서 밖으로 나가다.

뛰어나다 어떤 것을 하는 재주가 다른 것보다 훨씬 앞서거나 낫다.《언니는 어렸을 때부터 뛰어나게 노래를 잘했다.》북뛰여나다.

뛰어나오다 뛰어서 밖으로 나오다.

뛰어내리다 높은 곳에서 낮은 곳으로 몸을 던져 내리뛰다.《언덕에서 뛰어내리다.》반뛰어오르다.

뛰어넘다 1.몸을 위로 솟구쳐서 높거나 넓은 것을 넘다.《뜀틀을 뛰어넘다.》북뛰여넘다. 2.어떤 기준을 훨씬 넘어서다.《내 기대를 뛰어넘는 훌륭한 글이야.》북뛰여넘다. 3. 거치거나 밟아야 할 순서를 건너뛰다.《한 학년을 뛰어넘어 진학했다.》북뛰여넘다.

뛰어놀다 → 뛰놀다. 박뛰어노는, 뛰어놀아, 뛰어놉니다.

뛰어다니다 1. 여기저기 뛰면서 돌아다니다.《눈이 내리자 강아지가 마당을 뛰어다녔다.》북뛰여다니다. 2. 이 일 저 일로 바쁘게 돌아다니다.《합창 대회 준비로 며칠을 뛰어다녔다.》

뛰어들다 1. 어떤 곳으로 불쑥 들어가다.《진수가 공을 주우러 찻길로 뛰어들어서 깜짝 놀랐다.》북뛰여들다. 2. 어떤 곳에 위험을 무릅쓰고 들어가다.《소방관 아저씨들이 불 속으로 뛰어들어 아기를 구해 냈다.》북뛰여들다. 3. 물속으로 몸을 던지다.《심청이가 인당수에 뛰어드는 장면이 기억에 남아.》북뛰여들다. 4. 어떤 일을 시작하다.《삼촌은 직장을 그만두고 사업에 뛰어들었다.》북뛰여들다. 박뛰어드는, 뛰어들어, 뛰어듭니다.

뛰어오다 뛰어서 오다.《급히 뛰어오다가 넘어졌다.》반뛰어가다.

뛰어오르다 1. 높은 곳으로 훌쩍 몸을 솟구쳐 오르다.《어떤 아저씨가 달리는 기차에 뛰어올랐다.》반뛰어내리다. 북뛰여오르다. 2. 값이 갑자기 많이 오르다.《석유 값이 껑충 뛰어올랐다.》북뛰여오르다. 박뛰어오르는, 뛰어올라, 뛰어오릅니다.

뛰쳐나가다 1. 힘차게 뛰어서 나가다.《대문 밖으로 급하게 뛰쳐나갔다.》2. 어떤 곳을 갑자기 떠나가다.《삼촌은

쉬고 싶다면서 직장을 뛰쳐나갔다.》

뛰쳐나오다 1. 급하게 뛰어서 나오다.《불길을 피해 집에서 뛰쳐나왔다.》2. 어떤 곳을 갑자기 떠나오다.《콩쥐는 그만 집을 뛰쳐나오고 싶었어요.》

뜀뛰기 1. 두 발을 모으고 몸을 위로 솟구쳐 뛰는 일. 2. 멀리뛰기, 높이뛰기, 장대높이뛰기처럼 몸을 위로 솟구쳐 앞으로 나가거나 높이 오르는 경기.

뜀뛰다 두 발을 모아서 뛰어오르거나 앞으로 나아가다.

뜀박질 뛰어서 달리는 것.《동무들과 뜀박질을 했다.》같뜀질. **뜀박질하다**

뜀질 → 뜀박질. **뜀질하다**

뜀틀 네모난 나무틀을 여러 개 포개어 놓고 맨 위에 가죽이나 베를 씌운 체조 기구. 북조마.

뜀틀 운동 달려가다가 두 손으로 뜀틀을 짚고 뛰어넘는 운동.

뜨개질 털실이나 실로 옷이나 장갑 같은 것을 짜는 일.《할머니는 틈만 나면 뜨개질을 하신다.》**뜨개질하다**

뜨거워지다 1. 불 가까이에 있는 것처럼 온도가 뜨겁게 되다.《몸살이 나려는지 온몸이 뜨거워졌다.》2. 마음이나 느낌이 몹시 거세지다.《따뜻한 선생님 손길에 눈시울이 뜨거워졌다.》

뜨겁다 1. 불에 닿았을 때처럼 온도가 아주 높다.《냄비가 뜨거우니 데지 않게 조심해라.》반차갑다. 참따갑다. 2. 몸에 열이 많거나 높다.《동생의 이마가 불덩이처럼 뜨겁다.》3. 감정이나 분위기가 몹시 깊고 세차다.《꼴찌로 들어온 선수한테도 뜨거운 박수를 보내 주었다.》4. 창피하거나 무안하여

얼굴이 벌겋게 달아오르다.《선생님께 야단을 맞고 낯이 뜨거웠다.》**바**뜨거운, 뜨거워, 뜨겁습니다.

뜨거운 맛을 보다 **관용** 괴로움이나 아픔을 심하게 겪다.《또다시 내 동생을 울리면 뜨거운 맛을 볼 줄 알아!》

뜨끈뜨끈 아주 뜨뜻한 모양. **뜨끈뜨끈하다**《뜨끈뜨끈한 해장국》

뜨끔 1.세게 찔리거나 불에 덴 것처럼 아픈 느낌. **북**따끔. 2.마음에 찔리는 것이 있어서 불안한 모양. **북**따끔. **뜨끔거리다 뜨끔대다 뜨끔하다 뜨끔뜨끔**《불에 덴 손가락이 뜨끔거린다./엄마가 내 거짓말을 알아챌까 봐 뜨끔했다.》

뜨내기 1.이리저리 떠돌아다니는 사람. 2.마을 밖에서 온 낯선 사람.

뜨다 **솟다** 1.물 위에 머무르거나 물속에 잠겨 있다가 물 위로 솟다.《물 위에 뜬 종이배》**비**솟다. **반**가라앉다. 2.공중에 머무르거나 공중으로 솟다.《하늘에 구름이 떠 있다.》**비**솟다. 3.하늘에 나타나다.《소나기가 멎자 일곱 빛깔 무지개가 떴다.》**비**돋다, 솟다. **반**지다. 4.마음이 가라앉지 못하고 흥분되다.《나들이 갈 생각에 아이들 마음이 붕 떠 있다.》**비**들뜨다. 5.착 달라붙지 못해서 사이에 틈이 생기다.《오랜 장마로 뜬 벽지를 떼어 내고 다시 발랐다.》**비**들뜨다. 6.비행기나 배가 다니다.《폭풍이 몰아치는 날에는 배가 뜨지 않는다.》**바**뜨는, 떠, 뜹니다.

뜨다 **눈뜨다** 서로 붙어 있던 눈꺼풀을 떼다.《준비됐다고 할 때까지 눈을 뜨면 안 돼.》**반**감다. **바**뜨는, 떠, 뜹니다.

뜨다 **푸다** 1.담겨 있는 국물, 가루 같은 것을 푸거나 덜어 내다.《바가지로 샘물을 떠 마셨다.》2.물속에 있는 것을 바깥으로 건져 올리다.《국자로 만두를 떠서 접시에 덜어 놓았다.》3.숟가락으로 밥을 퍼서 먹다.《늦잠 자는 바람에 밥을 한 술도 뜨지 못했다.》4.고기나 생선을 얇게 저미다.《아빠가 수산 시장에서 회를 떠 오셨다.》5.옷감을 필요한 만큼만 끊어서 사다.《할머니는 한복감을 뜨러 시장에 가셨어요?》**비**끊다. **바**뜨는, 떠, 뜹니다.

뜨다 **짜다** 1.실, 끈을 써서 옷이나 그물들을 짜다.《털실로 스웨터를 뜨다.》**비**짜다. 2.바늘로 한 땀 한 땀 꿰매다.《치맛단을 뜨다.》**바**뜨는, 떠, 뜹니다.

뜨다 **베끼다** 똑같이 베끼거나 찍다.《옷본을 뜨다.》**바**뜨는, 떠, 뜹니다.

뜨다 **느리다** 1.움직임이 느리다.《너처럼 몸짓이 뜬 애는 처음 봤다.》**참**굼뜨다. 2.두 곳 사이의 거리가 멀다.《가로수 사이가 떠서 그늘이 넓지 않다.》3.차례나 앞뒤 시간 차이가 크다.《배차 간격이 너무 떠서 버스를 놓치면 한참 기다려야 해.》**바**뜨는, 떠, 뜹니다.

뜨다 **떠나다** 1.있던 곳을 벗어나다.《몽실이는 어려서 고향을 떴다.》2.죽어서 세상을 떠나다.《그 할아버지는 자식들이 성공하는 모습을 보지 못한 채 세상을 떴다.》**바**뜨는, 떠, 뜹니다.

뜨다 **삭다** 1.누룩이나 메주가 발효하다.《메주 뜨는 냄새가 나요.》2.나뭇잎이 누렇게 시들거나 병든 사람 얼굴이 누렇게 붓다.《누렇게 뜬 얼굴》**바**뜨는, 떠, 뜹니다.

뜨다 **태우다** 아픈 곳을 낫게 하려고 뜸을 놓고 불을 붙여서 태우다.《무릎에 뜸을 떴다.》**ㅂ**뜨는, 떠, 뜹니다.

뜨뜻하다 온도가 뜨겁지 않을 만큼 약간 높다.《뜨뜻한 물로 발을 씻고 나면 피로가 좀 풀릴 거야.》**참**따뜻하다.

뜨문하다 |**북** 1.사이가 넓다.《아이들이 두 팔을 벌리고 뜨문하게 섰다.》2.어떤 일이 일어나는 횟수가 적다.《요즘은 비가 뜨문하게 내린다.》

뜨물 쌀이나 보리 같은 곡식을 씻고 난 희뿌연 물.

뜨아하다 |**북** 어떤 일을 하기가 못마땅하고 싫다.《엄마가 심부름을 시키시자 언니는 뜨아한 표정을 지었다.》

뜨악하다 1.꺼림칙하여 선뜻 내키지 않다.《등산을 가자는 내 말에 동생은 뜨악한 표정으로 따라나섰다.》2.사이가 서먹하다.《말다툼하고 나서 미영이는 나를 뜨악하게 대했다.》

뜨이다 1.눈이 떠지다.《낯선 곳에서 자면 평소보다 일찍 눈이 뜨인다.》2.눈에 보이다.《조개껍데기를 눈에 뜨이는 대로 주워 왔다.》**준**띄다. 3.눈에 두드러지게 뚜렷이 나타나다.《그림 솜씨가 눈에 뜨일 만큼 나아졌어요.》**준**띄다. 4.그럴듯한 이야기에 귀가 솔깃해지다.《삼촌이 양념 통닭을 사 왔다는 말에 귀가 번쩍 뜨였다.》

뜨직뜨직 |**북** 말이나 하는 짓이 아주 느린 모양.《언니는 마지못한 표정으로 뜨직뜨직 말하기 시작했다.》

뜬구름 하늘에 떠 있는 구름.

뜬구름을 잡다 **관용** 헛된 생각을 하다. 또는 실속 없고 엉뚱하다.《뜬구름 잡는 소리는 그만두고 공부나 해.》

뜬금없다 말이나 하는 짓이 갑작스럽고 엉뚱하다.《한겨울에 뜬금없이 무슨 해수욕장 타령이야?》**비**느닷없다.

뜬김 |**북** 끓이거나 익히거나 할 때 나는 뜨거운 김.《뜬김이 서리다.》

뜬소문 밑도 끝도 없이 떠도는 소문.《뜬소문은 잊어버려.》**같**루머. **북**뜬말.

뜬개말 |**북** 1.한두 마디씩 서툴게 하는 다른 나라 말.《영어 공부를 시작한 지 얼마 되지 않아서 아직 뜬개말밖에 못 해요.》2.어린아이가 한두 마디씩 서툴게 하는 말.《내 사촌 동생은 네 살인데 아직도 뜬개말을 한다.》

뜯기다 1.붙어 있거나 닫혀 있는 것이 떨어지거나 떼어지다.《책 표지가 뜯겨 있다.》2.모기나 벌레에 물리다.《간밤에 모기한테 다섯 군데나 뜯겼어.》3.짐승에게 풀을 먹게 하다.《돌이는 송아지에게 풀을 뜯기러 들판에 나갔다.》4.돈이나 물건을 빼앗기다.

뜯다 1.붙어 있거나 닫혀 있는 것을 떼거나 찢다.《봉지를 뜯고 과자를 꺼냈다.》2.한 덩어리로 된 것을 조각조각 떼어 나누다.《라디오를 뜯어서 속에 든 부품을 살펴보았다.》3.갈비, 닭고기 같은 것을 입으로 떼어 먹다.《제 동생은 닭 다리를 뜯을 때가 가장 행복하대요.》4.소, 염소 같은 짐승이 땅에 난 풀을 떼어 먹다.《어미 소와 아기 소가 한가롭게 풀을 뜯는다.》5.모기 같은 벌레가 살갗에 붙어 피를 빨다.《모기가 뜯은 허벅지가 벌겋게 부어올랐다.》6.현악기에 달린 줄을 퉁기어 소리를 내다.《엄마가 우아하게 가야금을 뜯으신다.》7.남의 돈이나 물건

을 강제로 빼앗다.《못된 아저씨들이 가난한 상인들의 돈을 뜯다가 경찰에 잡혀 갔다.》

뜯어내다 1.붙어 있는 것을 떼어 내다. 《벽지를 뜯어내고 새로 도배를 했다.》 2.조르거나 을러서 남의 돈이나 물건을 얻어 내다.《동생이 엄마한테 장난감 살 돈을 기어이 뜯어냈다.》

뜯어말리다 맞붙어 싸우는 사람들을 떼어 말리다.《뒤엉겨 싸우는 동생들을 뜯어말리느라고 무척 애를 먹었다.》

뜯어먹다 남의 물건이나 돈 같은 것을 조르거나 빼앗아 가지다.《깡패들이 힘없는 아이들의 동전을 뜯어먹었다.》

뜯어보다 1.붙어 놓은 것을 떼어서 속에 든 것을 보다.《동무가 보낸 편지를 뜯어보았다.》 2.생김새 같은 것을 자세히 살펴보다.《언니는 물건을 살 때 요모조모 잘 뜯어보고 산다.》

뜰 집 안에 있는 빈 땅. 꽃이나 나무를 심어 가꾸거나 푸성귀를 심기도 한다. 《뜰에 파를 심었다.》 **참**마당. **북**뜨락.

뜰보리수 뜰에 심어 가꾸는 잎지는나무. 이른 봄에 연노란 꽃이 피고, 7월에 둥글고 긴 열매가 붉게 익는다.

뜰보리수

뜰채 물고기를 건져 올릴 때 쓰는 도구. 막대기 끝에 그물주머니를 달았다.

뜸 익힘 밥을 짓거나 먹을거리를 만들 때 불을 끈 뒤에도 한참 그대로 두어 골고루 푹 익히는 일.

뜸을 들이다 관용 어떤 일을 얼른 하지 못하고 시간을 끌다.《뜸 들이지 말고 어서 말해.》

뜸 치료 병을 고치려고 말린 쑥을 작게 뭉쳐 살갗에 올린 뒤에 불을 놓아 태우

뜸부기

는 치료.《허리에 뜸을 떴다.》

뜸부기 호수, 강가의 갈대숲, 논에 사는 여름새. 깃털은 검누런 갈색이고, 다리와 부리가 길다. 천연기념물 제446호.

뜸하다 자주 오가거나 있던 일이 한동안 없거나 드물다.《주말이라 손님들의 발길이 더욱 뜸하다.》

뜻 1.마음속에 품은 생각이나 의지 같은 것.《아이들 의견이 내 뜻과 같아서 기분이 좋다.》 2.글, 말, 행동 들이 나타내는 속내나 내용.《이 한자의 뜻을 가르쳐 주세요.》 비의미. 3.일이나 행동이 지니는 가치.《마라톤은 끝까지 뛰는 데에 뜻이 있다.》 비의의.

뜻글자 글자 하나하나에 저마다 뜻이 있는 글자.《한자는 뜻글자이고 한글은 소리글자입니다.》 같표의 문자. 참소리글자.

뜻대로 마음먹은 대로.《세상 일이 다 뜻대로 되지는 않아.》

뜻밖 뜻하지 않은 것. 또는 전혀 생각지 못한 것.《건이가 이번 시험에서 꼴등을 했다니 뜻밖이다.》 같의외.

뜻밖에 뜻하지 않게. 또는 생각한 것과 달리.《뜻밖에도 아빠가 우산을 가지고 교문에서 기다리고 계셨다.》

뜻있다 1.어떤 뜻이 담겨 있다.《선생님이 뜻있는 손짓을 보내셨다.》 2.할 만한 가치나 보람이 있다.《한 달에 한 번이라도 뜻있는 일을 하자.》

뜻풀이 어려운 낱말이나 글의 뜻을 알기 쉽게 푸는 것. **뜻풀이하다**

뜻하다 1.글, 말, 행동 들이 어떤 뜻을 나타내다.《할아버지 말씀이 뜻하는

것을 가슴속에 잘 새겨 두어라.》 2. 어떤 일을 하려는 마음을 품다.《살 빼는 일이 뜻한 대로 잘 되지 않아서 무척 속상해요.》 3. 앞으로 일어날 일을 미리 알거나 헤아리다.《뜻하지 않은 일에 휘말려서 골치 아프게 됐다.》

띄다 벌리다 → 띄우다.

띄다 보이다 → 뜨이다.《누나가 사흘을 앓고 나더니 눈에 띄게 핼쑥해졌다.》

띄어쓰기 글을 쓸 때 낱말 사이를 띄어서 쓰는 일. 북띄여쓰기.

띄엄띄엄 조금 거리를 두고 떨어져 있는 모양.《골목에는 띄엄띄엄 가로등이 켜져 있었다.》 비드문드문, 듬성듬성. 북띠염띠염.

띄우다 물에 물이나 공중에 뜨게 하다.《종이배를 호수에 띄웠다.》

띄우다 사이를 서로 사이를 벌리다.《줄 간격을 좀 띄워야겠어요.》 준띄다.

띄우다 편지를 편지, 엽서를 부치거나 소식을 전하다.《전학 간 동무에게 그림엽서를 띄웠다.》

띄우다 메주를 메주를 발효시키다.《할머니가 방에서 청국장을 띄우신다.》

띄우다 눈에北 모습이나 상태 들이 두드러지게 나타나다.《개학하고 보니까 내 동무 키가 눈에 띄우게 커졌어요.》

띠 끈 몸이나 물건에 두르는 끈.《우리 편은 파란 띠를 머리에 둘렀다.》

띠 나이 사람이 태어난 해를 열두 동물로 나타낸 것. 쥐띠, 소띠, 호랑이띠, 토끼띠, 용띠, 뱀띠, 말띠, 양띠, 원숭이띠, 닭띠, 개띠, 돼지띠가 있다.

띠 풀 들이나 길가에 무더기로 나는 풀. 잎은 뿌리에서 모여나고, 5~6월에 이

띠_풀

삭처럼 생긴 꽃이 핀다. '삘기'라고 부르는 어린 꽃은 먹고, 뿌리는 약으로 쓴다. 북삘기풀.

띠개 北 아이를 업을 때 매는 띠.

띠그래프 띠 모양 직사각형을 가로로 나누고 그 나누어진 직사각형 크기로 수치를 나타낸 그래프.

띠그래프

띠다 1. 띠, 끈 들을 허리에 두르다.《허리에 붉은 띠를 띠었더니 맵시가 더 난다.》 2. 어떤 빛깔, 모습, 성질 들을 지니다.《몸에 이로운 곰팡이는 흔히 푸른빛을 띤다.》 3. 어떤 느낌, 기운을 얼굴에 드러내다.《할아버지께서 웃음 띤 얼굴로 맞아 주셨다.》 4. 중요한 일을 맡다.《삼촌은 평화 회담 임무를 띠고 북녘에 다녀왔다.》

띠벽지 벽을 꾸미는 데 쓰는 너비가 좁은 종이. 벽에 가로로 길게 붙인다.

띠살문 가느다란 문살을 위, 가운데, 아래에 띠를 두른 것처럼 촘촘하게 댄 창살문.

띠씨름 샅바 대신 허리에 두른 띠를 잡고 하는 씨름.

띠앗 형제나 자매 사이에서 아끼고 위하는 마음.

띠여보다 北 슬쩍 보다.《언니가 오는 것을 띠여보고 손을 흔들었다.》

띠지 지폐나 서류 같은 것을 싼 다음 가운데를 둘러서 감아 매는 종이쪽.

띵띵 붓거나 살이 쪄서 아주 탱탱하게 부푼 모양.《종아리가 띵띵 붓다./벌에 쏘인 팔뚝이 띵띵 부어올랐다.》

띵하다 머리가 울리는 듯이 아프고 어지럽다.《할아버지가 주신 막걸리를 마셨더니 머리가 띵하다.》

라 음이름 서양 음악의 일곱 음계에서 '레'를 가리키는 우리말 음이름. 참다, 마, 바, 사, 가, 나.

라 계이름 (la이) 서양 음악의 일곱 음계에서 여섯째 음. 참도, 레, 미, 파, 솔, 시.

라니냐 (la Niña에) 태평양 동쪽 바닷물이 여느 때보다 차가워지는 현상.

라단조 '라' 가 으뜸음인 단조.

라듐 (radium) 방사선을 내는 은빛 금속. 물리 화학 실험이나 암을 치료하는 데 쓴다. 1898년에 퀴리 부부가 발견하였다. 북라디움.

라디오 (radio) 1.방송국에서 보내는 전파를 소리로 바꾸어서 들려주는 장치. 북라지오. 2.소리로만 들을 수 있게 보내는 방송.

라마 평지보다 높은 풀밭이나 숲에 사는 짐승. 생김새는 낙타와 비슷한데, 낙타보다 훨씬 작고 등에 혹이 없다.

사람이 타거나 짐을 싣는 데 쓴다.

라마교 티베트 고유 신앙과 불교가 합쳐 이루어진 종교. 달라이 라마를 최고 지도자로 받든다.

라마단 (Ramadān) 이슬람교에서 성스럽게 여기는 달. 이슬람력의 아홉째 달로, 해가 뜰 때부터 해가 질 때까지 음식을 먹지 않고 몸을 정갈히 한다.

라면 기름에 튀겨서 말린 국수에 양념 가루를 넣고 끓이는 먹을거리. 북라멘.

라벨 (label) 상품에 붙여 놓는 조그만 딱지. 이름, 가격, 만든 회사, 만든 날짜 같은 것이 적혀 있다.

라운드 (round) 1.권투 경기의 한 회. 2.골프에서 각 홀을 한 바퀴 도는 일.

라운지 (lounge) 호텔, 극장, 공항 들을 드나드는 사람이 잠시 쉬어 갈 수 있게 마련한 곳. 다휴게실.

라이벌 (rival) → 맞수.

라이터 (lighter) 가스나 석유를 넣고

불꽃을 일으켜서 불을 켜는 작은 물건.

라이트 (light) 경기장이나 공연장의 조명. 또는 자동차 앞뒤에 달린 등.

라인 (line) 운동 경기장에서 테두리를 나타내려고 그은 선.

라인 강 유럽 가운데 쪽을 흐르는 강. 스위스 알프스 산에서 시작하여 독일, 네덜란드를 가로질러 북해로 흘러 들어간다.

라일락 공원이나 뜰에 심어 가꾸는 잎 지는나무. 늦봄에 연보라색이나 흰색 꽃이 송이로 모여서 피는데 향기가 진하다.

라켓 (racket) 테니스, 탁구, 배드민턴 같은 운동에서 공을 치는 채.

라틴 아메리카 (Latin America) 북아메리카 남쪽에서 남아메리카에 걸친 지역. 멕시코, 브라질, 아르헨티나 같은 나라가 있다.

라틴 어 고대 로마 제국에서 쓰던 말.

랑데부 (rendez-vous 프) 우주선이나 인공위성이 우주 공간에서 만나는 일.

래프팅 (rafting) 골짜기나 강에서 여럿이 조그만 배를 타고 거센 물살을 헤쳐 나가는 놀이.

램프 (lamp) 그릇에 석유를 담아 심지에 불을 붙이고 둥근 유리를 씌운 등. **북**람프.

랩 음악 (rap) 리듬에 맞추어서 읊듯이 노래하는 대중음악. **갈**랩송.

랩 비닐 (wrap) 먹을거리를 싸는 얇은 비닐.

랩송 (rap song) → 랩.

랭킹 (ranking) 수준이나 지위의 높낮이에 따라 매긴 순위. 《이 대회에 세계 랭킹 1위의 탁구 선수가 출전한다.》

량 (輛) 기차나 전철의 칸을 세는 말.

량다리치기 **북** 양쪽에 번갈아 붙어 가면서 제 잇속을 차리려는 태도나 방법. 《량다리치기는 약삭빠르고 치사한 사람이나 하는 짓이야.》

러닝 (running) '러닝셔츠'를 줄인 말.

러닝셔츠 윗몸에 입는 속옷. 소매가 없거나 반팔이다. **북**런닝샤쯔.

러시아 어 러시아와 그 언저리 여러 나라에서 함께 쓰는 말. **북**로씨야어.

러시아워 (rush hour) 회사나 학교에 오고가는 사람들이 몰려서 교통이 몹시 혼잡한 때. 《러시아워에는 전철이나 버스를 이용하는 것이 좋다.》

러시아 인 러시아 사람.

러일 전쟁 1904년부터 1905년까지 우리나라와 만주를 지배하려고 러시아와 일본이 벌인 전쟁.

럭비 (Rugby) 열다섯 사람이 한편이 되어 길쭉한 공을 상대편 골 안으로 가져가 찍거나 발로 차서 가로지른 막대를 넘기는 경기.

럭스 (lux) 빛의 밝기를 나타내는 말. 기호는 lx이다.

런던 (London) 영국의 수도. 템스 강 기슭에 있는 항구 도시로 버킹엄 궁전, 대영 박물관 들이 있다.

레 (re 이) 서양 음악의 일곱 음계에서 둘째 음. **참**도, 미, 파, 솔, 라, 시.

레몬 열매를 먹으려고 심어 가꾸는 늘 푸른나무. 열매는 귤과 비슷한데 조금 길쭉하고 껍질이 노랗다. 맛이 시고 향기가 있어서 차나 음식에 넣어 먹는다.

레미콘 공장에서 미리 섞어서 차로 실

레미콘

어 나르는 콘크리트 반죽. 또는 그것을 실어 나르는 차.

레벨 (level) 생활, 지위, 능력, 품질 같은 것의 정도. 다수준.

레스토랑 (restaurant 프) 서양 음식을 파는 식당.

레슨 (lesson) 학생이 시간을 정해서 음악이나 무용 들을 따로 배우는 일.

레슬링 (wrestling) 두 사람이 맨손으로 맞붙어 상대의 두 어깨를 바닥에 닿게 하는 경기. 북레스링.

레이더 (radar) 전파를 보내서 되돌아오는 전파로 비행기나 배 같은 것이 어디 있는지 알아내는 장치. 북레이다.

레이스 달리기 (race) → 경주.

레이스 장식 (lace) 코바늘이나 기계로 실을 떠서 여러 가지 무늬가 나타나게 만든 것. 북레스.

레이저 (laser) 빛을 한 줄기로 모아서 아주 세게 쏘는 장치. 북레이자.

레인 (lane) 1.육상이나 수영 같은 운동 경기에서 선수가 달리거나 나아가는 길. 2.볼링에서 공을 굴리는 길.

레인지 (range) 가스, 전기, 전파 같은 것으로 불을 피우거나 열을 내서 먹을거리를 익히는 기구.

레일 (rail) → 철길.

레저 (leisure) 일이나 공부를 하지 않는 시간에 쉬거나 취미 활동을 하면서 즐기는 일.

레저 산업 사람들이 일하지 않는 시간에 즐길 거리를 제공하는 산업.

레코드 (record) → 음반.

레크리에이션 (recreation) 피로를 풀고 힘을 북돋우려고 여가 시간에 운동이나 오락 같은 것을 즐기는 일. 또는 그 운동이나 오락.

레퍼토리 (repertory) 가수, 연주자, 극단 들이 무대에서 공연하려고 준비한 작품이나 목록. 북공연종목.

렌즈 (lens) 유리나 수정을 갈아서 볼록하거나 오목하게 만든 것. 사물을 크거나 작게 볼 수 있어서 안경이나 현미경 같은 것에 쓴다.

렌터카 (rent-a-car) 돈을 내고 빌리는 자동차.

령 (齡) 누에의 나이를 세는 말.《누에는 5령쯤에 고치를 만든다.》

로 받침 없는 말이나 'ㄹ' 받침으로 끝나는 낱말 뒤에 붙어, 1.'그곳에', '그쪽에'를 뜻하는 말.《아침 일찍 학교로 갔다.》 참으로 2.'그 일 때문에', '그런 까닭에'를 뜻하는 말.《오빠가 감기로 앓아누웠어요.》 참으로 3.'그것을 가지고', '그것을 이용해서'를 뜻하는 말.《쌀로 만든 과자》 비로써. 참으로 4.'그런 자격을 가지고', '그런 상태가 되어'를 뜻하는 말.《용우가 우리 반 달리기 선수로 뽑혔습니다.》 비로서. 참으로 5.'그때까지', '그때에'를 뜻하는 말.《겨울 방학도 내일로 끝이구나.》 참으로.

로고 (logo) 회사 이름이나 제품 이름 같은 것을 독특하게 드러나게 만들어 상표처럼 쓰는 글자꼴.

로마 (Roma) 이탈리아의 수도. 이탈리아의 가운데 쪽에 있는 도시인데, 로마 시대 유적이 많아서 관광지로 널리 알려져 있다.

로마 숫자 옛날에 로마에서 만든 숫자.

Ⅰ, Ⅱ, Ⅲ, Ⅳ, Ⅴ, Ⅵ, Ⅶ, Ⅷ, Ⅸ, Ⅹ 들이 있다. **북**로마수자.

로마 제국 기원전 7세기에서 395년까지 이탈리아 반도에 있던 큰 나라.

로봇 (robot) 1. 흔히 공장이나 실험실에서 쓰는 기계 장치. 사람이 하기에 위험하고 힘든 일을 대신한다. 《산업용 로봇》 **북**로보트. 2. 공상 과학 영화나 소설에 나오는 사람 비슷하게 생긴 기계 장치. 《지구 수비대 로봇이 악당들을 무찔렀다.》 **북**로보트.

로비 (lobby) 호텔이나 영화관 같은 큰 건물에서 현관으로 이어지는 넓은 공간.

로서 받침 없는 말이나 'ㄹ' 받침으로 끝나는 낱말 뒤에 붙어, '그런 지위나 자격을 가지고'를 뜻하는 말. 《가장 친한 동무로서 수민이를 어떻게 도울지 생각해 보았다.》 **비**로. **참**으로서.

로션 (lotion) 살갗을 부드럽고 촉촉하게 가꾸어 주는 화장품. **북**물크림.

로스앤젤레스 (Los Angeles) 미국 캘리포니아 남서쪽에 있는 도시. 석유 공업과 영화 산업이 발달하였다.

로써 받침 없는 말이나 'ㄹ' 받침으로 끝나는 낱말 뒤에 붙어, 1. '그것을 가지고', '그것을 이용하여'를 뜻하는 말. 《눈물로써 호소하다.》 **비**로. **참**으로서. 2. '그때까지', '그때에'를 뜻하는 말. 《피아노를 배운 지 올해로써 3년입니다.》 **참**으로써.

로열티 (royalty) 남의 상표, 기술, 예술 작품 들을 가져다 쓰고 내는 돈.

로켓 (rocket) 뜨거운 가스를 세게 내뿜어서 그 힘으로 빠르게 나아가는 장치. 인공위성, 우주선, 무기 들에 쓴다. **북**로케트.

로키 산맥 북아메리카 서쪽에 있는 산맥. 미국, 캐나다, 알래스카에 걸쳐 있다.

로터리 (rotary) 교통이 복잡한 사거리나 오거리 가운데를 둥글게 만들어서 차가 빙 돌아가게 한 곳. **북**로타리.

로테르담 (Rotterdam) 네덜란드 서쪽에 있는 항구 도시. 네덜란드에서 두 번째로 큰 도시로 무역과 공업이 발달하였다.

로프 (rope) 실이나 쇠줄을 여러 가닥 꼬아서 만든 굵은 줄. 《로프를 던져서 물에 빠진 사람을 구해 냈다.》

론도 (rondo^이) 곡의 가락이 여러 번 되풀이되는 사이에 다른 가락이 들어가는 악곡 형식.

롤러 (roller) 땅을 다지거나 쇠를 펴거나 인쇄하는 데 쓰는 도구. 둥근 기둥처럼 생겼고 축을 중심으로 빙글빙글 돌아간다. **북**굴개, 로라.

롤러블레이드 (rollerblade) → 인라인스케이트.

롤러스케이트 (roller skate) 바닥에 작은 바퀴가 앞뒤에 두 개씩 네 개 달린 신발. **북**로라스케트

–롭다 어떤 낱말 뒤에 붙어, '그런 성질이나 느낌이 있다'라는 뜻을 더하는 말. 《새롭다/향기롭다/신비롭다》

루머 (rumor) → 뜬소문.

루브르 박물관 프랑스 파리에 있는 미술관 겸 박물관.

루비 (ruby) 붉은빛을 띤 단단한 광물. 다듬어서 보석으로 쓴다. **갈**홍보석.

루지 (luge) 썰매를 타고 얼음으로 된 길을 미끄러져 달리는 경기.

룰 (rule) 운동 경기, 놀이, 단체 생활 같은 데서 따라야 할 규칙. 《카드놀이의 룰을 새로 정했다.》

류머티즘 (rheumatism) 뼈, 관절, 근육 들이 단단하게 굳거나 아프고 움직이기가 힘든 병. 북류마치스.

르네상스 (Renaissance 프) 14세기에서 16세기까지 이탈리아에서 일어나 유럽에 퍼진 문화 운동. 문학, 미술, 자연 과학 들에 걸쳐 근대화를 이루게 되었다. 같문예 부흥.

를 받침 없는 낱말 뒤에 붙어, 어떤 행동에 따르는 대상임을 나타내는 말. 《너, 저 아이를 아니?/민수는 자전거를 타고 학교에 다닌다.》참을.

리 행정 구역 (里) 우리나라 행정 구역 가운데 하나. 읍이나 면에 딸려 있다.

리 거리 (里) 거리를 나타내는 말. 1리는 393미터쯤이다. 《아버지는 옛날에 20리 길을 걸어서 초등학교에 다니셨다고 한다.》

리 까닭 (理) '있다'나 '없다'와 함께 써서, 까닭이나 이유를 뜻하는 말. 《철수가 거짓말을 했을 리가 없어.》

리 비율 (釐) 비율을 나타내는 말. 1리는 전체의 1,000분의 1이다. 《3할 4푼 5리》참푼, 할.

리그전 모든 팀이 서로 한 번 이상 겨루어 가장 많이 이긴 팀을 가리는 경기 방식. 참토너먼트. 북련맹전.

리기다소나무 미국에서 들여온 늘푸른 나무. 숲을 만들려고 산에 많이 심는 나무이다. 한 다발에 솔잎이 세 개씩

리기다소나무

나고, 추위나 벌레의 피해에 잘 견딘다. 북세잎소나무.

리놀륨 판 판화에 쓰는 단단한 판.

리더 (leader) → 지도자.

리더십 (leadership) → 지도력.

리드선 전자 제품이나 전기 부품에서 이어져 나온 전선.

리듬 (rhythm) 소리의 길이나 세기가 정해진 규칙에 따라 되풀이되는 흐름. 비장단. 북률동.

리듬감 정해진 규칙에 따라 되풀이되는 느낌.

리듬 악기 캐스터네츠나 탬버린처럼 리듬을 익히는 데 쓰는 악기. 참가락 악기.

리듬 체조 곤봉, 공, 리본, 줄, 훌라후프 같은 도구를 가지고 음악에 맞추어 여러 가지 동작을 하는 여자 체조 경기. 북예술체조.

리마 (Lima) 페루의 수도. 상업과 공업이 발달하였고, 오래된 건축물이 많이 있다.

리메이크 (remake) 예전에 있던 영화, 음악, 드라마 같은 것을 새롭게 다시 만드는 것. **리메이크하다** 《이 영화는 70년대에 나온 영화를 리메이크한 것입니다.》

리모컨 단추를 눌러서 떨어진 곳에 있는 텔레비전, 오디오, 에어컨 같은 전자 제품을 움직이는 장치.

리무진 (limousine 프) 1.운전석과 뒤 좌석 사이를 유리로 막은 커다란 승용차. 2.공항을 오가면서 사람들을 실어 나르는 버스.

리본 (ribbon) 얇은 천으로 끈이나 띠

처럼 좁고 길게 만든 것. 머리, 모자, 선물 들을 묶거나 꾸밀 때 쓴다. 북댕기, 리봉.

리본 체조 손잡이가 있는 리본을 흔들거나 던지면서 여러 가지 동작을 하는 리듬 체조. 북댕기운동.

리사이틀 (recital) 한 사람이 노래를 하거나 악기를 연주하는 음악회. **다**독주회, 독창회.

리셉션 (reception) 어떤 사람을 환영하거나 기쁜 일을 축하하려고 베푸는 잔치.

리스본 (Lisbon) 포르투갈의 수도. 대서양에 닿아 있는 항구 도시로 공업이 발달하였다.

리스트 (list) 물건이나 사람 이름 들을 정해진 순서대로 적어 놓은 것. **다**목록, 명단.

리아스식 해안 우리나라 남해안이나 서해안처럼 들쑥날쑥한 바닷가.

리어카 → 손수레.

리우데자네이루 (Rio de Janeiro) 브라질 남동쪽에 있는 항구 도시. 경치가 아름다워 관광지로 널리 알려져 있다.

리을 닿소리 글자 'ㄹ'의 이름.

리코더 (recorder) 입으로 부는 악기 가운데 하나. 피리와 비슷하게 생겼고 세로로 분다.

리터 (liter) 부피를 나타내는 말. 1리터는 10데시리터이다. 기호는 l, L이다.

리트머스 (litmus) 리트머스이끼를 비롯한 몇 가지 이끼에서 뽑아낸 자줏빛 색소.

리트머스 종이 리트머스를 탄 물로 물

리코더

들인 종이. 붉은색 종이를 염기성 용액에 담그면 푸른색으로 변하고, 푸른색 종이를 산성 용액에 담그면 붉은색으로 변한다. 북리트머스시험종이.

리포터 (reporter) 현장에 직접 가서 알아낸 소식을 라디오나 텔레비전에서 전해 주는 사람.

리프트 (lift) 1. 낮은 곳과 높은 곳 사이를 오르내리면서 사람을 실어 나르는 의자처럼 생긴 탈것. 2. **→** 승강기.

리허설 (rehearsal) 공연, 대회, 방송 들을 앞두고 실제처럼 해 보는 연습.

린스 (rinse) 샴푸로 머리를 감고 나서 헹굴 때 쓰는 액체. **참**샴푸.

릴레이 (relay) 육상이나 수영에서 여럿이 한 조가 되어 차례로 달리거나 헤엄치는 일. 북리레.

림프 (lymph) 척추동물 몸 안 조직 사이에 차 있는 투명한 액체. 가는 관을 따라 흐르면서 영양소 같은 것을 나르거나 세균을 없애는 일을 한다.

립스틱 (lipstick) 화장할 때 입술에 색을 내려고 바르는 막대 꼴 화장품.

링 (ring) 1. 고리 모양 물건. 북가락지, 고리. 2. 권투나 레슬링을 하는 네모난 경기장.

링거 (Ringer) **→** 링거액.

링거액 사람 몸속에 체액 대신 넣어 주는 액체. 영국 의학자 링거가 만들었다. **같**링거.

링크 **스케이트** (rink) 스케이트나 롤러스케이트를 타는 실내 스케이트장.

링크 **연결** (link) 컴퓨터에서 어떤 파일이나 화면 표시를 클릭하면 다른 파일이나 사이트로 연결되게 하는 것.

마 풀 산과 들에 자라거나 밭에 심어 가꾸는 덩굴풀. 여름에 자줏빛 꽃이 피고, 뿌리는 먹거나 약으로 쓴다. 비삼.

마 음이름 서양 음악의 일곱 음계에서 '미'를 가리키는 우리말 음이름. 참다, 라, 바, 사, 가, 나.

마 세는 말 천이나 종이 같은 것의 길이를 나타내는 말. 한 마는 90센티미터쯤이다.

마 나쁜 운(魔) 1. 일이 잘되지 않게 훼방을 놓는 못된 기운.《마가 끼었는지 소풍날만 되면 비가 온다.》 2. 넘기 어려운 장벽을 이르는 말.《100미터 달리기에서 마의 8초 대 기록이 나올 수 있을까?》 3. 나쁜 일이 자주 생기는 곳이나 때를 이르는 말.《서양에서 13일 금요일은 마의 날이다.》

마가린 (margarine) 식물이나 동물의 기름에 소금, 색소, 향료 들을 넣어 만든 먹을거리. 천연 버터 대신 쓴다.

마가목

참버터.

마가목 깊고 높은 산속에 자라는 잎지는나무. 가을에 붉게 단풍이 들고, 작고 빨간 열매가 달린다.

마감 하던 일을 마무리하는 것. 또는 그런 때.《원서 접수 마감》 비마무리. **마감하다 마감되다**

마개 속에 든 것이 나오지 않게 병 주둥이나 구멍을 막는 물건.《물병 마개를 꼭 닫지 않아 물이 새어 나왔다.》

마고자 한복 저고리 위에 덧입는 웃옷. 저고리처럼 생겼지만 깃과 고름이 없고 단추가 달려 있다.

마구 1. 아주 세차게. 또는 매우 심하게.《갑자기 하늘이 컴컴해지더니 소나기가 마구 쏟아졌다.》 준막. 2. 아무렇게나 함부로.《휴지를 아무 데나 마구 버리지 맙시다.》 준막.

마구간 말을 기르는 곳. 말이 먹이를 먹고 잠을 자는 곳이다. 참외양간.

441

마구리 길쭉한 물건의 양쪽 끝. 또는 양 끝에 대는 물건.《베개 마구리》

마구잡이 흔히 '마구잡이로' 꼴로 써서, 이것저것 가리지 않고 되는대로 마구 하는 짓.《그렇게 마구잡이로 먹으면 배탈이 날 거야.》 **북**마구다지.

마귀 (魔鬼) 사람에게 해를 끼치는 못된 귀신.《마귀를 쫓다.》 **비**악마.

마귀할멈 요술을 부리면서 못된 짓을 일삼는 늙은 여자. 서양의 동화, 전설, 옛날이야기 들에 나온다.

마그네슘 (magnesium) 가벼운 은빛 금속. 불에 탈 때 빛을 내어서 사진기 플래시나 불꽃놀이 재료로 쓴다.

마그마 (magma) 암석이 깊은 땅속에서 녹아 액체가 된 것.《화산이 폭발하면 마그마가 흘러나온다.》 **북**돌물.

마나님 나이 많은 부인을 높여 이르는 말.

마냥 1.언제까지나 줄곧.《안 오는 사람을 마냥 기다릴 수는 없잖아.》 2.부족함 없이 마음껏.《동무들과 날이 저무는 줄도 모르고 마냥 뛰어놀았다.》 3.더할 나위 없이.《유빈이는 강아지랑 놀면 마냥 행복한 모양이에요.》

마네킹 (mannequin) 사람 같은 생김새로 사람만 하게 만든 인형. 흔히 옷 가게에서 팔 옷을 입혀서 손님들 눈에 잘 띄는 곳에 둔다. **북**몸틀.

마녀 (魔女) 마술을 부려서 사람에게 해를 끼친다는 여자.

마누라 장가든 남자가 자기 아내를 허물없이 이르는 말.

마늘 밭에 심어 가꾸는 풀. 둥근 비늘줄기 안에 작은 비늘줄기가 대여섯 쪽

마도요

마늘

들어 있다. 양념이나 반찬으로 먹는다.

마니산 (摩尼山) 인천 강화에 있는 산. 산꼭대기에 단군이 하늘에 제사를 지내려고 쌓았다는 참성단이 있다.

마닐라삼 필리핀, 보르네오 섬, 수마트라에서 심어 가꾸는 풀. 잎, 줄기, 열매가 바나나와 비슷하다. 줄기에서 뽑은 섬유로 밧줄, 종이 들을 만든다.

마님 1.신분이나 지위가 높은 집안 부인을 높여 이르던 말. 2.'대감', '영감', '나리' 같은 낱말 뒤에 붙여, 그 사람을 높여 이르던 말.

마다 어떤 낱말 뒤에 붙어, '하나하나 모두'를 뜻하는 말.《우리는 날마다 학교에 간다.》

마다하다 싫다고 하다.《할머니는 함께 사시자고 해도 자꾸 마다하세요.》

마당 1.집 둘레에 있는 판판한 빈 땅.《마당이 넓은 집》 **참**뜰. 2.어떤 일이 벌어지고 있는 곳.《씨름 마당》 3.어떤 일이 벌어지는 상황.《급한 마당에 망설일 것 없지.》 4.판소리나 탈춤의 단락을 세는 말.《판소리 열두 마당》

마당놀이 마당에서 하는 모든 민속놀이. 특히 절기나 계절에 따라 하는 여러 놀이를 말한다.

마당발 1.볼이 넓고 바닥이 판판한 발. 2.여기저기 아는 사람이 많은 사람을 빗대어 이르는 말.《아빠는 우리 마을에서 마당발로 통한다.》

마도요 갯벌에 사는 겨울새. 깃털은 갈색에 검은 무늬가 많다. 다리가 길고 긴 부리는 아래로 굽었다. 도요새 가운데 가장 크다.

마디 1.대나무나 갈대 같은 식물 줄기

에서 가지와 잎이 나는 자리.《대나무 마디로 만든 공예품》 2. 뼈와 뼈, 몸과 몸을 서로 이어 주는 부분.《아빠 손은 마디가 무척 굵다.》 3. 게, 새우, 매미, 잠자리, 지네, 거미 같은 동물의 몸을 이어 주는 부분.《잠자리 배는 여러 마디로 되어 있다.》 4. 짤막한 말, 글, 노래의 한 도막.《지수랑은 얘기도 몇 마디 안 해 봤어.》 5. 서양 음악에서 곡 하나를 이루는 데 필요한 가장 작은 도막. 《셋째 마디에서 솔을 라로 잘못 쳤어.》 같소절.

마디꽃 논둑이나 축축한 풀숲에 자라는 풀. 줄기 밑부분이 비스듬히 자라다가 위로 선다. 작은 분홍색 꽃이 핀다. ^북눈마디꽃.

마디꽃

마디마디 모든 마디. 또는 낱낱의 마디.《하루 종일 축구를 했더니 온몸 마디마디가 아프다.》

마디풀 길가나 풀밭에 자라는 풀. 줄기는 가지를 많이 치고, 6~7월에 불그스름한 흰 꽃이 핀다. 줄기와 잎을 약으로 쓴다.

마디풀

마땅찮다 썩 마음에 들지 않다.《언니는 내가 자기 치마를 입는 것을 아주 마땅찮아 한다.》

마땅하다 1. 잘 어울려서 알맞다.《달리기 대회에 나갈 아이가 마땅하게 없네.》 2. 그렇게 하거나 그렇게 되는 것이 맞다.《철수는 착한 일을 했으니 칭찬받는 것이 마땅하다.》 **마땅히**

마뜩찮다 마음에 차지 않다.《치마 길이는 괜찮은데 색깔이 영 마뜩찮다.》

마라도(馬羅島) 제주도 서귀포시 대정읍에 속한 섬. 우리나라 가장 남쪽에

있고 1653년에 네덜란드 뱃사람 하멜이 다다랐던 곳이다.

마라톤(marathon) 42.195킬로미터를 달리는 경기. ^북마라손경기.

마력 ^힘(馬力) 말 한 마리 힘과 맞먹는 힘의 세기를 나타내는 말.

마력 ^{매력}(魔力) 사람 마음을 휘어잡는 신비스러운 힘. 또는 까닭을 알 수 없는 이상한 힘.《선생님 연설에는 청중의 마음을 사로잡는 마력이 있다.》

마련 ^{장만} 필요한 것을 미리 헤아려 갖추는 것. ^비장만. **마련하다**《엄마는 태어날 동생을 위해 기저귀와 아기 옷을 마련하셨다.》 **마련되다**

마련 ^{마땅함} '마련이다' 꼴로 써서, 어떤 일이 그렇게 되는 것이 마땅한 것을 이르는 말.《배가 고프면 어떤 음식이든 맛있게 마련이다.》

마렵다 똥이나 오줌을 누고 싶다.《오줌이 마려우면 어서 변소에 가거라.》 ^바마려운, 마려워, 마렵습니다.

마루 ^집 흔히 한옥에서 방과 방 사이에 온돌을 놓지 않고 길쭉한 나무판을 깔아 놓은 곳. 또는 그렇게 깔아 놓은 나무판.《여름에는 마루에서 잔다.》

마루 ^{꼭대기} 산이나 지붕의 꼭대기.《산마루/고갯마루》

마루자주새우 뭍에서 가까운 바다나 강어귀에 사는 새우. 몸에 잔털이 많이 나 있다.

마루자주새우

마루턱 산이나 고개 들에서 도드라지게 솟아 있는 부분.《저 고개 마루턱에 쉴 곳이 한 군데 있습니다.》

마룩 ^북 국물과 건더기가 있는 먹을거리에서 건더기를 뺀 물.《우리 식구는

건더기를 좋아해서 먹다 보면 나중에
는 마룩만 남는다.》

마룻바닥 마루의 바닥.《마룻바닥이
낡아서 밟을 때마다 삐걱거린다.》

마르다 1.젖은 것에서 물기가 모두 날
아가다.《습기가 많은 날은 빨래가 잘
마르지 않는다.》2.목이나 입에서 침
이나 물기가 모두 없어지다. 또는 침이
나 물기가 없어서 물을 마시고 싶은 느
낌이 들다.《목이 말라서 찬물을 벌컥
벌컥 마셨다.》3.강물이나 우물물 들
이 줄어들어 모두 없어지다.《오랜 가
뭄에 강이 말라 바닥이 드러났다.》4.
살이 빠지다.《앓고 나더니 몰라보게
말랐구나.》비야위다. 5.'씨'와 함께 써
서, 물건이나 짐승 같은 것이 다 없어
지다.《그 물고기는 씨가 마른 지 오래
야.》바마르는, 말라, 마릅니다.

마르세유 (Marseille) 프랑스 남쪽에
있는 항구 도시. 프랑스에서 가장 큰
항구로, 무역이 활발하게 이루어진다.

마르크 (Mark **독**) 독일 돈을 세는 말.

마른걸레 물기가 없는 걸레.《전자 제
품은 마른걸레로 닦아라.》찰물걸레.

마른눈 비가 섞이지 않고 내리는 눈.

마른반찬 말린 생선이나 김처럼 마른
먹을거리로 물기 없이 만든 반찬.

마른버짐 얼굴 같은 데에 까슬까슬하
게 번지는 흰 버짐.

마른번개 맑게 갠 하늘에서 치는 번개.

마른침 몹시 애가 타거나 조마조마할
때 자기도 모르게 삼키는 아주 적은 침.
《마른침을 삼키면서 내가 연주할 차례
를 기다렸다.》

마른하늘 비나 눈이 내리지 않고 맑게

마름_풀

마름모

갠 하늘.

마른하늘에 날벼락 속담 뜻밖에 생긴 나
쁜 일을 빗대어 이르는 말.

마른행주 물기가 없는 행주.《엄마가
마른행주로 그릇의 물기를 닦았다.》

마름 풀 연못이나 늪에서 자라는 물풀.
잎은 세모꼴이고, 잎자루에 공기가 든
주머니가 있어서 물에 뜬다. 여름에 흰
꽃이 핀다.

마름 사람 농부에게 빌려 준 땅을 땅임
자 대신 관리하던 사람.

마름모 네 변의 길이가 모두 같은 사각
형.

마름질 물건을 만들려고 천이나 나무
같은 재료를 재거나 자르는 것. 같재단.
마름질하다《식탁보를 만들려고 가위
로 천을 마름질했다.》

마리 물고기, 짐승, 벌레 들을 세는 말.
《우리 개가 새끼를 두 마리 낳았다.》

마마 사람 옛날에 왕이나 왕의 가족을
높여 이르던 말.《상감마마/중전 마마》

마마 병 →천연두.

마멸 (磨滅) 물건의 한 부분이 닳아서
없어지는 것.《기계의 마멸을 줄이려
고 기름을 쳤다.》**마멸하다 마멸되다**

마모 (磨耗) 다른 물체와 닿는 부분이
닳아서 없어지는 것. **마모하다 마모되
다**《톱니바퀴가 마모되어 잘 안 돌아
간다.》

마무리 하던 일을 끝맺는 것.《오늘은
행사 마지막 날이니 마무리를 잘합시
다.》비감감. **마무리하다 마무리되다**

마무리다 북 1.일이나 말 같은 것을 끝
맺다.《새별이는 이야기를 마무리지
못하고 눈물을 글썽였다.》2.물건의

가장자리를 꾸며서 끝내다. 《색종이 끄트머리를 잘 마무려서 붙이면 더 예쁘게 보일 거야.》

마법 (魔法) 마력으로 신기한 일을 일어나게 하는 능력. 비마술, 요술.

마법사 (魔法師) 마법을 부리는 사람. 비마술사, 요술쟁이.

마부 (馬夫) 말을 부려 마차나 수레를 모는 사람.

마분지 누런빛이 도는 두꺼운 종이. 《마분지를 오리고 접어서 종이 상자를 만들었다.》 같판지. 북판종이.

마비 (痲痺) 1.신경이나 근육이 잘못되어 감각이 없어지거나 몸을 움직일 수 없게 되는 것. 《오래 무릎 꿇고 있었더니 다리에 마비가 와서 못 일어나겠어.》 2.어떤 것이 제 기능을 잃고 둔해지거나 멈추는 것. **마비되다** 《눈이 많이 와서 교통이 마비되었다.》

마사지다 ^북 물건이 부서지거나 깨져서 못 쓰게 되다. 《그렇게 세게 치다가는 탁구공이 마사지고 말 거야.》

마삭줄 남부 지방 그늘진 곳에 자라는 늘 푸른 덩굴나무. 잎은 매끈매끈하고, 5~6월에 흰 꽃이 핀다. 줄기와 잎을 약으로 쓴다. 북마삭덩굴.

마삭줄

마수 (魔手) '마귀의 손'이라는 뜻으로, 사람을 나쁜 길이나 불행에 빠뜨리는 못된 꾀. 《그 사람은 범죄 조직의 마수에서 벗어나 새 삶을 살았다.》

마술 요술 (魔術) 신기하고 놀라운 일을 진짜처럼 보여 주는 재주. 《마술사는 사람을 사라지게 하는 마술을 보여 주었다.》 비마법, 요술.

마술 말 (馬術) 말을 타는 기술. 또는

말을 부리는 재주. 《기마 민족은 마술이 뛰어나다.》

마술사 (魔術師) 마술 부리는 일이 직업인 사람. 비마법사, 요술쟁이.

마스코트 (mascot) 1.몸에 지니면 좋은 일이 일어난다고 믿는 물건. 2.모임이나 큰 행사를 나타내는 동물. 또는 그 동물을 본떠 만든 물건.

마스크 (mask) 1.→ 입마개. 2.남한테 얼굴을 보여 주지 않으려고 쓰는 물건.

마시다 1.물 같은 액체를 목구멍으로 넘기다. 《차 한 잔 마실래?》 2.공기 같은 기체를 입이나 코로 들이쉬다. 《찬 공기를 마시자 정신이 번쩍 들었다.》

마애불 (磨崖佛) 높이 솟은 편편한 바위에 새긴 불상. 북벼랑부처.

마약 (痲藥) 중독성이 강해서 끊기 어렵고, 오래 쓰면 몸과 마음을 무너뜨리는 약물.

마요네즈 (mayonnaise^프) 달걀노른자, 식물성 기름, 식초, 소금, 설탕 들을 섞어 만든 소스.

마우스 (mouse) 컴퓨터 화면에 나타나는 커서를 움직이고 프로그램을 실행시키는 장치.

마을 흔히 시골에서 여러 집이 모여 사는 곳. 《할아버지는 이웃 마을에 가셨어요.》 같부락. 참동네.

마을을 가다 관용 이웃집에 놀러 가다. 《은선이는 할머니를 따라 병구네로 마을을 갔다.》

마을문고 마을 사람들이 드나들 수 있게 꾸며 놓은 작은 도서실. 《엄마가 마을문고에서 책을 빌려 오셨다.》

마을버스 정해진 길을 다니는 일반 버

스가 가지 않는 곳까지 들어가는 버스.

마을신 마을을 지켜 주는 신.

마음 1.생각하고 느끼고 깨닫는 일이 이루어지는 가슴속의 어떤 곳.《선생님 말씀을 마음에 새겨 두었다.》**준**맘. **참**몸. 2.속으로 품고 있는 생각이나 느낌.《강아지가 아파서 내 마음도 울적해요.》**준**맘. 3.사람이 본디부터 지닌 성품.《고모는 얼굴도 곱고 마음도 곱다.》**준**맘. **비**마음씨. 4.어떤 것을 두고 느끼는 관심이나 속내.《언니는 저 인형에 마음이 있나 봐.》**준**맘.

마음에 없다 **관용** 어떤 것을 하거나 가지고 싶은 생각이 없다.《유리는 선물 받은 인형이 영 마음에 없나 보다.》

마음에 있다 **관용** 어떤 것을 하거나 가지고 싶은 생각이 있다.《이 책이 마음에 있으면 너 가져.》

마음을 놓다 **관용** 걱정이 없어져서 마음을 편하게 먹다.《시험이 다 끝나기 전에는 마음을 놓을 수 없어.》

마음이 돌아서다 **관용** 1.마음을 바꾸다.《자장면 먹으러 가자는 말에 마음이 돌아섰구나.》2.어그러졌던 마음이 본디대로 돌아오다.《내가 어떻게 하면 네 마음이 돌아서겠니?》

마음가짐 마음을 쓰는 품.《어려운 때일수록 온 가족이 서로 돕고 화목하게 지내려는 마음가짐이 필요하다.》

마음껏 하고 싶은 만큼.《모래밭에서 마음껏 뛰어놀았다.》**준**맘껏. **비**실컷.

마음대로 마음이 가는 대로.《어른이 되면 무엇이든 마음대로 할 수 있을까?》**준**맘대로. **비**멋대로.

마음먹다 마음속에 어떤 생각을 품다.

《앞으로는 동생과 싸우지 않기로 마음먹었다.》**준**맘먹다.

마음보 마음을 쓰는 품이나 방법. 흔히 남의 못된 버릇을 이를 때 쓰는 말이다.《남의 불행이나 바라는 고약한 마음보는 얼른 고쳐.》**같**심보.

마음씨 마음을 쓰는 품이나 바탕.《따뜻한 마음씨》**준**맘씨. **비**마음.

마이동풍 (馬耳東風) 남의 말에 조금도 귀 기울이지 않는 것. 말은 귀에 동풍이 불어도 아랑곳하지 않는다는 뜻이다.

마이크 (mike) 작은 소리를 크게 키우는 장치. 방송국, 공연장, 녹음실 같은 곳에서 흔히 쓴다.

마이크로파 파장이 짧은 전자파. 레이더, 전자레인지, 텔레비전 들에 쓴다.

마인드맵 (mind map) 마음속에 지도를 그리듯이 생각을 정리하여 기억하는 방법.

마일 (mile) 거리를 나타내는 말. 1마일은 1.6킬로미터쯤이다. 기호는 mi, mil이다.

마장 거리를 나타내는 말. 한 마장은 5리나 10리에 조금 못 미친다.

마저 남김없이 모두.《하던 숙제는 마저 하고 놀아야지.》

마적 (馬賊) 옛날에 말을 타고 다니던 도둑 무리. 흔히 청나라 말기에 만주 지방에서 일어난 무리를 이른다.

마주 양쪽에서 서로 똑바로 향하여.《마주 선 동무와 손을 잡으세요》

마주치다 1.마주 부딪치다.《자동차와 트럭이 마주쳐서 큰 사고가 났다.》2.우연히 만나다.《책방에서 준이와

마주칠 줄 누가 알았겠니?》3.눈길이 맞닿다.《숙제를 안 한 날은 선생님과 눈길이 마주칠까 봐 겁나.》

마주하다 마주 대하다.《아빠와 마주하고 앉아 바둑을 두었다.》

마중 오는 사람을 나가서 맞이하는 것.《엄마랑 기차역으로 할머니 마중을 나갔다.》참배웅. **마중하다**

마지기 논밭의 넓이를 나타내는 말. 한 마지기는 한 말의 모나 씨앗을 심을 만한 넓이이다. 같두락.

마지막 시간이나 순서가 맨 나중.《어제 청소 끝나고 마지막으로 나간 사람이 누구니?》비끝. 반처음.

마지못해 하고 싶지 않지만 어쩔 수 없이.《마지못해 사과하는 것은 안 하는 것만 못하다.》

마지않다 앞에 있는 낱말의 뜻을 강조하는 말.《그분은 내가 존경해 마지않는 선생님이다.》

마차 (馬車) 말이 끄는 수레.

마차부자리 겨울철에 보이는 별자리.

마찬가지 견주어 보니 같은 것.《버스를 타나 기차를 타나 걸리는 시간은 마찬가지야.》비매한가지.

마찰 (摩擦) 1.두 물체가 서로 닿아 세게 비벼지는 것. 또는 두 물체를 맞대고 세게 비비는 것. 북쓸림. 2.서로 뜻이 맞지 않아 부딪치는 것.《두 나라 사이에 무역 마찰이 일어났다.》비갈등, 알력. **마찰하다**《나뭇가지 두 개를 마찰하여 불을 피웠다.》**마찰되다**

마찰열 (摩擦熱) 맞닿은 물체를 비빌 때 생기는 열.

마찰 전기 (摩擦電氣) 맞닿은 물체를

마차부자리

비빌 때 생기는 전기.

마천루 (摩天樓) 하늘에 닿을 듯이 아주 높이 지은 건물.《큰 도시에는 몇십 층이 넘는 마천루도 많다.》

마추픽추 (Machu Picchu) 페루 안데스 산맥에 있는 옛날 잉카 도시의 터. 돌을 쌓아 만든 탑과 계단 터 들이 남아 있다. 유네스코에서 세계 문화유산으로 지정하였다.

마취 (痲醉) 약을 써서 정신이나 감각을 얼마 동안 잃게 하는 것.《마취 주사》**마취하다 마취되다**

마치 연장 못을 박거나 단단한 것을 두드리는 도구. 망치보다 작은데, 나무 자루가 달려 있고 쇠로 만든 대가리 한쪽은 뭉툭하고 다른 쪽은 뾰족하다.

마치 흡사 거의 비슷하게. 또는 영락없이.《방금 일어난 일이 마치 꿈처럼 느껴졌다.》

마치다 1.어떤 일을 끝내다.《숙제를 마치고 동무와 놀기로 했다.》비끝내다. 2.사람이 죽다.《그분은 전쟁터에서 삶을 마쳤다.》

마침 필요한 때에 알맞게. 또는 생각지도 않았는데 우연히.《출출했는데 마침 아빠가 떡을 사 오셨다.》

마침꼴 곡이 끝나는 것을 나타내는 가락.

마침내 마지막에 이르러.《실험이 마침내 성공하였다.》비결국, 드디어.

마침표 1.글에서 문장이 끝났다는 것을 나타내는 문장 부호. 온점(.), 물음표(?), 느낌표(!) 들이 있다. 같종지부. 2.음악에서 곡이나 악장이 끝났다는 것을 나타내는 기호. 같종지부.

마크 (mark) 정해진 뜻을 나타내는 기호, 그림, 상표 같은 것.

마타리 산과 들에 자라는 풀. 작고 노란 꽃이 빽빽이 모여 핀다. 어린순은 먹고 뿌리째 약으로 쓴다.

마파람 남쪽에서 불어오는 바람. 마파람에 게 눈 감추듯 **속담** 음식을 몹시 빨리 먹어 치우는 모습을 이르는 말.

마패 (馬牌) 조선 시대에 벼슬아치가 나랏일을 보러 멀리 갈 때 말을 쓸 자격을 증명하던 둥근 구리 패.

마하 (Mach) 비행기, 로켓, 미사일 들의 빠르기를 나타내는 말. 마하 1은 초속 340미터쯤이다. 기호는 M, mach이다.

마한 (馬韓) 삼한 가운데 경기도, 충청도, 전라도 지방에 걸쳐 있던 나라. 나중에 백제에 합쳐졌다.

마흔 1. 열의 네 배가 되는 수. 2. 세는 말 앞에 써서, 열의 네 배가 되는 수를 나타내는 말.

막 금방 바로 지금.《아빠가 회사에서 막 돌아오셨다.》

막 함부로 →마구.

막 공연 (幕) 1. 칸을 막거나 어떤 곳을 가리는 데 쓰는 천.《막이 오르고 연극이 시작되었다.》 2. 연극의 단락을 세는 말. 막이 올랐다가 내릴 때까지를 이른다.《이 연극은 모두 3막으로 이루어져 있다.》

막 생물 (膜) 생물에서 세포를 둘러싸거나 기관 사이를 막고 있는 얇은 물질.

막간 (幕間) 연극이나 오페라 들에서 한 막이 끝나고 다음 막이 시작하기 전까지의 동안.《막간에 화장실에 다녀

마타리

마패

오렴.》

막강하다 기세나 실력이 엄청나게 강하다.《몽고가 막강한 군사력을 앞세워 고려에 쳐들어왔다.》

막걸리 우리나라 술. 맑은술을 떠내지 않고 그대로 거른 술로 빛깔이 뿌옇고 맛이 텁텁하다.

막국수 겉껍질만 벗겨 낸 거친 메밀가루로 만든 거무스름한 빛깔의 국수. 또는 그 국수로 만든 먹을거리.

막내 1. 형제자매 가운데 맨 나중에 태어난 사람. **반**맏이. 2. 어떤 모임에서 나이가 가장 어린 사람.

막내둥이 '막내'를 귀엽게 이르는 말.

막내딸 딸 가운데 맨 나중에 태어난 딸.

막내며느리 막내아들의 아내.

막내아들 아들 가운데 맨 나중에 태어난 아들.

막노동 →막일.

막다 1. 트인 데를 가리거나 서로 통하지 못하게 하다.《강을 막아 댐을 세웠다.》 **반**트다. 2. 남이 하려는 일을 못하게 하다.《자꾸 내 말 막지 마라.》 3. 어떤 일이 일어나지 못하게 하다.《나무를 많이 심으면 산사태를 막을 수 있다.》 4. 남이 덤비거나 쳐들어오는 것에 맞서 버티다.《심하게 다친 병사들도 나서서 적의 공격을 막았다.》

막다르다 더 나아갈 수 없게 앞이 막혀 있다.《막다른 길》

막다른 골목 **관용** 더는 어찌할 수 없는 괴로운 형편.《쥐도 막다른 골목에서는 고양이를 문다.》

막대 →막대기.

막대그래프 길이가 다른 막대를 써서

막대그래프

수량을 나타낸 그래프. **같**히스토그램. **북**기둥도표.

막대기 가늘고 길쭉한 나무토막.《막대기를 부러뜨리다.》**준**막대.

막대자석 막대기처럼 생긴 자석. **북**막대기자석.

막대자석

막대하다 굉장히 크거나 많다.《이번 태풍으로 막대한 피해를 입었다.》

막되다 말이나 하는 짓이 버릇없고 못되다.《어떻게 그런 막된 짓을 하니!》

막둥이 '막내아들'을 귀엽게 이르는 말.《막둥이는 어디 갔니?》

막뒤 **북** 1.막의 뒤쪽.《쉬는 시간에는 배우들이 막뒤에서 무엇을 하는지 궁금했어요.》 2.엉큼한 속마음을 감추려고 겉으로 내세운 것의 뒷면.《그 애들 막뒤 속셈을 알 수가 없어요.》

막론하다 이것저것 따져 말할 필요가 없다.《걷기는 나이를 막론하고 누구나 할 수 있는 운동이다.》

막막하다 **갑갑하다** 어떻게 해야 할지 몰라 답답하고 걱정스럽다.《엄마는 아빠가 직장을 잃어 앞으로 어떻게 살지 막막하다고 한숨을 쉬셨다.》

막막하다 **까마득하다** 아주 넓고 멀다.《막막하게 펼쳐진 사막》

막말 예의 없이 함부로 하는 심한 말. **막말하다**《의견이 맞지 않는다고 서로 막말하는 것은 좋지 않다.》

막무가내 아무 말도 듣지 않고 제 고집만 부리는 것.《동생은 나를 따라오겠다고 막무가내로 고집을 피웠다.》

막바지 일이나 때의 마지막.《무더위도 이제 막바지에 접어들었다.》

막부득하다 **북** 아주 급해서 어쩔 수

없다.《선생님께서는 막부득한 사정으로 학교에 나오지 못하셨다.》

막사 (幕舍) 판자나 천막 들로 간단하게 지은 집.《피난민 막사》

막사이사이상 필리핀 대통령 막사이사이의 업적을 기리려고 만든 상. 해마다 여러 공익 부문에서 훌륭한 업적을 쌓은 사람을 뽑아 준다.

막상 일이 진짜로 일어나고 보니.《많이 싸웠던 동무가 막상 이사를 간다니 눈물이 났다.》 **비**정작.

막상막하 (莫上莫下) 실력이 비슷해서 어느 쪽이 나은지 가리기 어려운 것.《큰형과 작은형의 수영 실력은 막상막하야.》 **비**난형난제.

막새 옛날에 지붕에 얹던 기와 가운데 하나. 처마 끝을 마무리하는 데 썼는데, 수막새는 끝이 둥근 꼴이고 암막새는 반달꼴이다. **같**막새기와.

막새

막새기와 → 막새.

막심하다 나쁜 정도가 아주 심하다.《10분만 서둘렀으면 지각하지 않았을 텐데 후회가 막심하다.》

막아서다 앞을 가로막고 서다.《동생이 두 팔을 벌리고 내 앞을 막아섰다.》

막연하다 1.뚜렷하지 않고 어렴풋하다.《나는 막연하게 장 씨 아저씨가 다녀가셨을 거라고 생각했다.》 2.어찌할 바를 몰라서 답답하다. **막연히**

막일 특별한 기술 없이 몸을 써서 닥치는 대로 하는 일.《삼촌은 공사장에서 막일을 한다.》 **같**막노동. **막일하다**

막잎 **북** 일을 하다가 잘못된 점을 바로잡을 수 없게 된 마지막 판을 빗대어 이르는 말.《손 한번 제대로 써 보지

못하고 막잎에 오르게 됐다.》

막자 덩어리를 갈아서 가루로 만드는 데 쓰는 작은 방망이.

막자사발 덩어리를 갈아서 가루로 만드는 데 쓰는 실험용 그릇.

막자사발

막중하다 책임 같은 것이 매우 크다. 《이번 일은 네 책임이 막중하다.》

막직하다 |북 작아 보이는 물건이 보기보다 무겁다. 《벽돌이 꽤 막직하다.》

막차 그날 마지막으로 오거나 가는 차. 《그 버스 막차 시간은 밤 11시이다.》

막판 일이 끝날 무렵. 《줄다리기에서 밀리다가 막판에 우리 편이 이겼다.》

막히다 1. 길이나 구멍 들이 통하지 못하게 되다. 《화장실 하수구가 막혀 물이 안 내려가요.》 2. 할 말이나 생각이 안 떠오르다. 《나는 여러 사람 앞에 서면 말문이 막혀서 아무 말도 못한다.》

막힘없다 일이 술술 잘 풀리다. 《막힘없이 글을 써 내려갔다.》

만 숫자 (萬) 1. 천의 열 배가 되는 수. 2. 세는 말 앞에 써서, 천의 열 배가 되는 수를 나타내는 말. 《할머니가 세뱃돈으로 만 원을 주셨다.》

만 나이 (滿) 정해진 동안이 꽉 찬 것을 나타내는 말. 《이번 생일이 지나면 나는 만으로 열한 살이 된다.》

만 바다 (灣) 육지 안쪽으로 바다가 깊숙이 들어온 곳. 《먼 바다로 나갔던 배들이 만으로 돌아왔다.》

만 시간 시간이 얼마 동안 지난 것을 나타내는 말. 《개학하면 동무들을 한 달 만에 만나게 된다.》

만 오로지 어떤 말에 붙어, 1. '오로지 그 것뿐'의 뜻을 나타내는 말. 《형은 하루 종일 잠만 잔다.》 2. '그것과 견주어'의 뜻을 나타내는 말. 《이 꽃은 저 꽃만 못하다.》

만경강 (萬頃江) 전라북도 북쪽을 흐르는 강. 전라북도 완주에서 시작하여 호남평야를 지나 서해로 흘러간다.

만경창파 (萬頃蒼波) 끝없이 넓은 바다. 만 이랑이나 되는 푸른 물결이라는 뜻이다.

만국 (萬國) 세계 여러 나라. 《만국 공용어/만국 박람회》

만국기 (萬國旗) 세계 여러 나라 국기.

만기 (滿期) 미리 정해 놓은 동안이 다 지나가는 것. 《3년 만기인 적금》

만끽하다 마음껏 즐기다. 《식구들과 내장산 단풍을 만끽하고 왔다.》

만나다 1. 오거나 가서 남과 마주 보다. 《전학을 간 짝꿍을 만나고 싶다.》 2. 서로 다른 길, 강물, 선 들이 맞닿다. 《우리 마을은 두 강이 만나는 곳에 있다.》 3. 남과 알고 지내다. 《오늘은 아내를 만난 지 꼭 십 년이 되는 날이다.》 4. 어떤 일을 겪게 되다. 《산 중턱에 이르렀을 때 갑자기 소나기를 만났다.》

만날 날마다 줄곧. 《방학인데 만날 집에만 있으려니 무척 따분하다.》

만남 만나는 일. 《금강산에서 남북 이산가족의 만남이 있었다.》

만년 (萬年) 형편이나 사정 들이 늘 같은 것. 《우리 삼촌 바둑 실력은 만년 초급이래요.》

만년설 (萬年雪) 추운 지방이나 높은 산에 녹지 않고 늘 쌓여 있는 눈.

만년필 (萬年筆) 잉크를 넣어 글씨를 쓰는 도구. 《만년필 한 자루》

만능 (萬能) 모든 일을 다 잘하는 것. 또는 어떤 일이든지 다 할 수 있는 것. 《우리 선생님은 만능 운동선수이다.》

만능주의 (萬能主義) 어떤 것만 있으면 뭐든지 다 할 수 있다는 생각. 《황금만능주의》

만담 (漫談) 재치 있고 익살스러운 입담으로 사람들을 웃기는 것. 또는 그런 이야기. 《두 배우의 만담에 관객들이 배꼽을 쥐고 웃었다.》

만대 (萬代) 아주 오랜 세월. 《이순신 장군의 이름은 만대에 빛날 거예요.》

만돌린 (mandolin) 뜯는 악기 가운데 하나. 쪼갠 달걀처럼 생긴 몸통에 자루가 길고 줄을 네 쌍 매었다. 작은 채로 퉁겨서 소리를 낸다.

만두 밀가루 같은 것을 반죽하여 소를 넣어 빚은 먹을거리. 삶거나 찌거나 튀기거나 국을 끓여서 먹는다.

만들다 1. 힘, 기술, 재료를 써서 어떤 것이 생기게 하다. 《엄마가 과자를 만들어 주셨다.》 2. 어떤 것이 되게 하다. 《지진이 도시를 폐허로 만들었다.》 3. 법률, 규칙, 제도 같은 것을 정하다. 《국회는 법률을 만드는 기관이다.》 4. 책, 신문, 영화, 음악 들을 짓거나 꾸미다. 《그 선생님은 어린이 책을 만드는 데 평생을 바쳤다.》 5. 단체, 조직 들을 이루다. 《동아리를 만들다.》 6. 필요한 것을 마련하다. 《그 아이들이 화해할 자리를 네가 한번 만들어 볼래?》 7. 앞에 나온 말이 나타내는 상태대로 되게 하다. 《임금님은 공주를 웃게 만드는 사람을 사위로 삼겠다고 널리 알렸다.》 **바**만드는, 만들어, 만듭니다.

만리화

만료 (滿了) 미리 정해 놓은 동안이 끝나는 것. 《대통령의 임기 만료가 두 달 남았다.》 **만료하다 만료되다**

만류 (挽留) 하지 말라고 말리는 것. 《삼촌은 가족들의 만류를 뿌리치고 유학을 갔다.》 **만류하다**

만리장성 (萬里長城) 중국 북쪽에 있는 아주 긴 성. 동쪽 허베이 성의 산하이 관에서 서쪽 간쑤 성 자위 관에 걸쳐 있다. 유네스코에서 세계 문화유산으로 지정하였다.

만리화 산골짜기에 자라는 잎지는나무. 개나리와 비슷하지만 줄기가 곧고 잎이 더 둥그스름하다. 봄에 노란 꽃이 잎보다 먼저 핀다.

만만세 (萬萬歲) '만세'를 힘주어 하는 말. 《우리나라 만만세!》

만만찮다 1. 다루기 쉽지 않다. 또는 꽤 까다롭다. 《수철이 씨름 솜씨가 만만찮아.》 2. 수나 양이 꽤 많다. 《반대 의견도 만만찮게 쏟아져 나왔다.》

만만하다 **얕잡다** 힘들이지 않고 손쉽게 다룰 만하다. 《덩치가 작다고 만만하게 보지 마.》 **북**만문하다.

만만하다 **넉넉하다** 자신이나 여유가 넘치다. 《시험이 코앞인데 어쩌면 그렇게 여유가 만만한 거니?》

만면 (滿面) 흔히 '만면에' 꼴로 써서, 온 얼굴. 또는 얼굴 가득. 《선생님은 만면에 웃음을 띠고 반겨 주셨다.》

만면하다 어떤 표정이 얼굴에 가득하다. 《칭찬을 받은 짝꿍이 희색이 만면하여 자리로 돌아왔다.》

만무하다 절대로 그럴 리가 없다. 《형이 거짓말을 했을 리가 만무하다.》

만물 (萬物) 세상에 있는 모든 것.

만물상 가게 (萬物商) 일상생활에서 쓰는 온갖 물건을 파는 가게. 또는 그런 물건을 파는 사람.

만물상 바위산 (萬物相) 금강산에 있는 바위산.

만민 (萬民) 모든 사람. 또는 모든 백성.《만민이 평등하게 사는 세상이 어서 왔으면!》 ᵇ만인.

만민 공동회 (萬民共同會) 1898년에 독립 협회가 서울 종로 네거리에서 연 민중 대회.

만반 (萬般) 흔히 '만반의' 꼴로 써서, 할 수 있는 모든 것.《날씨가 꽤 추울 것 같으니 만반의 준비를 해라.》

만발하다 여러 꽃이 한꺼번에 활짝 피다.《진달래가 만발한 뒷동산》

만방 (萬邦) 모든 나라.《세계만방에 이름을 떨치다.》

만백성 (萬百姓) 모든 백성.《만백성이 왕자가 태어난 것을 기뻐했다.》

만병통치 (萬病通治) 한 가지 처방으로 모든 병을 고치는 것.

만병통치약 (萬病通治藥) 어떤 병이든 다 고칠 수 있는 약.

만사 (萬事) 만 가지 일. 또는 모든 일.《할머니는 내 일이라면 만사 제쳐 놓고 달려오신다.》

만사형통 (萬事亨通) 모든 일이 뜻대로 되는 것. **만사형통하다**《새해에는 만사형통하시기를 빕니다.》

만삭 (滿朔) 아이를 낳을 달이 다 찬 것. 또는 달이 차서 배가 몹시 부른 것.《고모는 만삭이 되어 우리 집에 왔다.》

만삼 높은 산에 자라는 덩굴풀. 줄기와

만삼

잎에 털이 있고, 자줏빛 도는 흰 꽃이 핀다. 뿌리를 먹거나 약으로 쓴다.

만석꾼 곡식 만 석을 거두어들일 만한 땅을 가진 큰 부자. ᵇ천석꾼.

만선 (滿船) 물고기를 많이 잡아서 배에 가득 실은 것.《아버지가 탄 배가 만선 깃발을 나부끼면서 돌아왔다.》

만성 (慢性) 1.되풀이하는 일이 버릇처럼 굳은 것.《내 동무는 지각하는 게 만성이 되었다.》 2.급하지 않은 병이 쉽게 낫지도 않으면서 오래가는 것.《할아버지는 만성 위장병으로 무척 고생하셨다.》 ᵇ급성.

만세 (萬歲) 1.기쁘거나 축하할 때 두 손을 머리 위로 쭉 뻗으면서 크게 외치는 소리.《대한 독립 만세!》 2.아주 오랜 세월. 또는 아주 오래 사는 것.《우리 민족이 천년 만세 길이길이 복을 누리기를 바랍니다.》

만수무강 (萬壽無疆) 아무 탈 없이 오래오래 사는 것. **만수무강하다**《할머니, 만수무강하세요.》

만수산 (萬壽山) 개성 북쪽에 있는 산. 고려 시대 궁터인 만월대가 있다. '송악산' 이라고도 부른다.

만시름 ᴵ북 온갖 시름.《할머니는 우리를 보시면 만시름을 잊으신대요.》

만신창이 (滿身瘡痍) 1.온몸이 상처투성이인 것.《형은 누구와 싸웠는지 만신창이가 되어서 집에 왔다.》북만신창. 2. 일이나 장소가 엉망이 된 것을 빗대어 이르는 말.《홍수 때문에 논밭이 만신창이가 되었다.》북만신창.

만약 (萬若) → 만일.

만용 (蠻勇) 능력이나 형편을 잘 헤아

리지 않고 마구 부려 대는 용기.《만용을 부리다가는 물에 빠질 수 있다.》

만우절 (萬愚節) 서양에서 가벼운 장난이나 그럴듯한 거짓말로 남을 속이는 날. 4월 1일이다.

만원 (滿員) 어떤 곳에 사람이 꽉 찬 것.《만원 버스》

만월 (滿月) → 보름달.

만월대 (滿月臺) 개성 송악산 기슭에 있는 고려 시대 궁궐 터. 궁궐은 고려 말기에 불타서 없어졌다.

만유인력 (萬有引力) 질량이 있는 물체가 서로 잡아당기는 힘. 1687년에 뉴턴이 발견하였다.

만인 (萬人) 만 사람. 또는 모든 사람.《강감찬 장군은 만인이 우러러보는 영웅이다.》비만민.

만인소 (萬人疏) 조선 시대에 많은 선비가 함께 뜻을 모아 올리던 상소.

만일 (萬一) 혹시 어떻게 된다면.《만일 길을 잃어버리면 할머니께 전화해라.》같만약.

만장일치 (滿場一致) 회의 같은 것에서 의견이 모두 똑같은 것.《야외 수업을 하기로 만장일치로 정했다.》

만적거리다 북 어떤 것을 주무르듯이 자꾸 만져 보다.《돈이 모자라 책을 만적거리기만 하고 왔다.》

만전 (萬全) 준비가 빈틈없이 완전한 것.《사고 나지 않게 만전을 기하다.》

만점 (滿點) 1.가장 높은 점수. 또는 시험에서 하나도 틀리지 않는 것.《받아쓰기 시험에서 만점을 받았다.》2. 아주 좋은 것을 빗대어 이르는 말.《엄마가 해 주신 떡볶이는 동무들한테 인

기 만점이었다.》

만조 (滿潮) 밀물로 바닷물 높이가 가장 높아진 상태. 참간조.

만조백관 (滿朝百官) 조정에 있는 모든 벼슬아치.

만족 (滿足) 마음에 들어서 흐뭇하고 좋은 것.《네가 건강한 것만으로도 엄마는 만족이야.》반불만족. **만족하다**

만족감 (滿足感) 만족스러운 느낌.

만족스럽다 마음에 들어서 흐뭇한 느낌이 있다.《내가 밥공기를 깨끗이 비우자 엄마는 만족스러운 얼굴로 웃으셨다.》바만족스러운, 만족스러워, 만족스럽습니다.

만주 (滿洲) 중국 북동쪽에 있는 둥베이 지방을 이르는 말. 동쪽과 북쪽은 러시아와 만나고, 남쪽은 한반도와 만난다. 우리나라 동포들이 많이 산다.

만주족 (滿洲族) 중국 만주에 사는 민족. 청나라를 세웠다. 북녀진족.

만지다 1.손으로 건드리거나 주무르다.《내 책 만지지 마.》2.물건을 다루거나 손질하다.《고장 난 장난감도 삼촌이 만지면 금세 멀쩡해진다.》

만지작- 손가락을 놀려서 가볍게 주무르듯이 만지는 모양. **만지작거리다 만지작대다 만지작만지작**《주머니 속에 있는 구슬을 만지작거렸다.》

만질만질하다 손을 대면 매끄럽고 부드럽다.《물살에 만질만질하게 닳은 조약돌을 주웠다.》

만찬 (晩餐) 손님과 함께 먹는 잘 차린 저녁밥. 참오찬, 조찬.

만천하 (滿天下) 온 천하. 또는 온 세상.《옛날부터 우리나라는 활을 잘 쏘

기로 만천하에 이름이 났다.》

만추 (晩秋) → 늦가을.

만치 → 만큼.

만큼 너만큼 어떤 낱말 뒤에 붙어, '같은 정도로', '비슷하게'를 뜻하는 말.《나도 너만큼 잘할 수 있어.》같만치.

만큼 한 만큼 꼴이 바뀌는 낱말 뒤에 띄어 써서, 1.'그런 정도로'를 뜻하는 말.《먹고 싶은 만큼 접시에 담아 가세요.》2.'그렇기 때문에', '그런 까닭으로'를 뜻하는 말.《열심히 공부한 만큼 좋은 점수가 나올 거야.》같만치.

만파식적 (萬波息笛) 신라 시대에 있었다고 전하는 신비한 피리. 이 피리를 불면 병이 낫고 적군이 물러가 나라의 모든 근심과 걱정이 사라졌다고 한다.

만평 (漫評) 신문이나 잡지 들에 싣는 짧은 만화. 세상의 잘못된 점을 비꼬는 내용이 많다.《주간 만평/시사만평》

만하다 1.하기에 알맞거나 쓸모가 있다.《어린이가 읽을 만한 책을 골라 주세요.》2.할 수 있는 정도이다.《나한테 저 바위를 옮길 만한 힘은 없어.》

만행 (蠻行) 아주 모질고 끔찍한 짓.《만행을 저지르다.》

만호 (萬戶) 고려 시대와 조선 시대 무관 벼슬 가운데 하나.

만화 (漫畫) 간단하고 특징 있는 선으로 어떤 이야기를 재미있게 그린 그림. 또는 그런 그림을 모아서 엮은 책.

만화가 (漫畫家) 만화 그리는 일이 직업인 사람.

만화경 (萬華鏡) 장난감 가운데 하나. 원통 속에 길쭉한 거울을 세 개 붙이고 색종이 조각 들을 넣어 한쪽 구멍으로 들여다보면 갖가지 무늬가 보인다.

만화 영화 (漫畫映畫) 만화를 촬영하여 움직이는 것처럼 보이게 만든 영화.

만화책 (漫畫册) 만화로 엮은 책.

만회 (挽回) 잃거나 뒤처진 것을 본디대로 되돌리는 것. **만회하다**《우리 반이 후반전에 1점을 만회했다.》

많다 1.수나 양이 기준보다 더 있다.《날씨가 갑자기 추워져서 감기에 걸린 애들이 많다.》반적다. 2.모자람 없이 넉넉하다.《저 선장님은 폭풍 속에서 배를 몰아 본 경험이 많아.》반적다.

많이 수, 양, 정도가 어떤 기준이나 보통보다 더.《비가 많이 내리면 내일 학교에 못 갈 수도 있다.》

맏- 가족을 나타내는 낱말 앞에 붙어, '맏이', '첫째'라는 뜻을 더하는 말.《맏아들/맏딸》

맏딸 딸 가운데 맨 먼저 태어난 딸. 같장녀, 큰딸.

맏며느리 맏아들의 아내.

맏물 그해 들어 가장 먼저 거두어들인 과일, 곡식, 해산물 같은 것들.

맏사람 북 남의 맏아들을 높여 이르는 말.《저분이 저 할아버지의 맏사람입니다.》

맏아들 아들 가운데 맨 먼저 태어난 아들. 같장남, 장자, 큰아들.

맏이 형제자매 가운데 맨 먼저 태어난 사람. 반막내.

맏형 형 가운데 맨 먼저 태어난 형. 같큰형.

말 이야기 사람이 자기 생각이나 느낌을 나타내려고 정해진 규칙에 따라 내는 목소리. 또는 그 목소리에 담긴 뜻.

《고운 말을 쓴다고 선생님이 칭찬해 주셨어요.》 높말씀. 참글.

말을 놓다 관용 반말을 쓰다. 《그 언니는 아이들한테도 말을 놓지 않아.》

말을 듣다 관용 1. 남이 하라는 대로 하다. 《널 위한 거니까 말 들어라.》 2. 남한테서 욕을 먹다. 《밖에 나가면 말 듣지 않게 조심해야 해.》 3. 기계, 연장 같은 것이 뜻대로 움직이다. 《더워 죽겠는데 선풍기가 말을 듣지 않네.》

말이 나다 관용 1. 소문이 나다. 《그 일은 벌써 말이 나서 동네 사람이 다 알아.》 2. 이야기를 시작하다. 《말이 난 김에 하는 말인데 어제는 내가 심했어.》

말이 되다 관용 1. 이치에 맞다. 《여름에도 눈이 내린다니 말이 되는 소리니?》 2. 어떤 일을 하기로 하다. 《아이들과 5시에 만나기로 말이 되었다.》

말 많은 집은 장맛도 쓰다 속담 말이 많으면 집안이 화목하지 못하다는 것을 빗대어 이르는 말.

말에도 뼈가 있다 속담 별 뜻 없는 말 같아도 잘 헤아려 보면 깊은 뜻이 담겨 있다는 말.

말이 많으면 쓸 말이 적다 속담 말이 많을수록 쓸모 있는 말이 적다는 말.

말이 씨 된다 속담 나쁜 말을 함부로 하다가는 나쁜 일이 생길 수 있다는 말.

말 한마디에 천 냥 빚을 갚는다 속담 말을 잘하면 몹시 어려운 일도 해결할 수 있다는 말.

말 동물 집짐승 가운데 하나. 목에 갈기가 있고, 꼬리에 긴 털이 나 있다. 사람이 타거나 수레를 끄는 데 쓴다.

말은 타 봐야 알고 사람은 사귀어 봐야

말_동물

안다 속담 사람은 겉모습만 보아서는 알 수 없고 같이 지내며 겪어 보아야 알 수 있다는 말.

말 타면 경마 잡히고 싶다 속담 어쩌다 말을 타니 남한테 말을 끌게 하고 싶은 생각이 든다는 뜻으로, 사람의 욕심은 끝이 없다는 말.

말 윷놀이 고누나 윷놀이를 할 때 규칙에 따라 말판 위에서 옮기는 작은 물건.

말 그릇 1. 곡식, 가루, 액체 들의 양을 재는 데 쓰는 그릇. 《우리 가게에서는 쌀을 말로 되어서 팝니다.》 2. 곡식, 가루, 액체 들의 양을 나타내는 말. 한 말은 열 되이다. 《보리 네 말》

말_그릇

말 끝 (末) 정해진 동안의 끝 무렵. 《내 생일은 10월 말이다.》 반초.

말갈기 말 목덜미에 난 긴 털.

말갈족 (靺鞨族) 중국 만주 북동부에서 한반도 북부에 걸쳐 살던 민족. 만주족의 선조이다.

말갛다 1. 깨끗하고 맑다. 《소나기가 그치고 하늘이 말갛게 갰다.》 2. 액체가 묽다. 《아기 코에서 말간 콧물이 흘러나온다.》 바말간, 말개, 말갛습니다.

말거머리 논이나 연못에 사는 큰 거머리. 등은 누런 녹색이고 거무스름한 세로줄이 다섯 개 있다.

말괄량이 성격이나 하는 짓이 활달하고 거침없는 여자.

말구다 북 옷감, 나무 같은 재료를 필요한 크기대로 베거나 자르다. 《할머니가 한복을 지으려고 천을 말구신다.》

말굽 말의 둥근 발톱. 같말발굽.

말굽자석 말굽처럼 생긴 자석.

말굽자석

말귀 1. 말에 들어 있는 뜻. 《말귀를 못

알아듣다.》 **비**말뜻. 2.말뜻을 잘 알아
듣는 능력.《은아는 말귀가 밝아서 한
마디만 듣고도 무슨 뜻인지 안다.》

말기 (末期) 어떤 기간의 끝 무렵.《조
선 말기》 **비**말엽. **참**초기, 중기.

말꼬리 말을 맺는 부분.《말꼬리 흐리
지 말고 똑똑히 말해 보렴.》 **비**말끝.
말꼬리를 잡다 **관용** 남의 말 가운데 잘못
된 것을 트집 잡다.《너는 왜 내 말꼬
리를 잡고 늘어지니?》

말꼬투리 트집을 잡을 만한 말 한마디.
또는 말이 처음 나온 데.《괜히 말꼬투
리 캐지 마.》

말끄러미 한곳만 빤히 바라보는 모습
을 나타내는 말.《동생은 아이들이 그
네 타는 모습을 말끄러미 바라보고 있
었다.》 **참**물끄러미.

말끔하다 티 없이 깨끗하다.《책상 위
를 말끔하게 치워라.》 **말끔히**

말끝 말이 끝나는 부분.《저 아주머니
는 말끝마다 자식 자랑이야.》 **비**말꼬리.

말냉이 밭둑이나 들판에 자라는 풀. 넓
은 주걱처럼 생긴 잎이 뿌리에서 모여
나고, 5월에 작고 흰 꽃이 핀다. 어린
순을 먹는다.

말냉이

말년 (末年) 1.사람이 죽을 무렵.《할
아버지는 말년에 병을 얻어 무척 고생
하셨다.》 **반**초년. 2.끝 무렵.《군대 간
삼촌이 말년 휴가를 나왔다.》

말놀이 **동물** 막대기나 동무의 등을 말
삼아 타고 노는 아이들 놀이.

말놀이 **언어** 끝말잇기, 새말 짓기처럼
말을 주고받으면서 하는 놀이.

말다 **그치다** 1.하던 일이나 행동을 그만
두다.《밥 먹다가 말고 어딜 가니?》 2.

어떤 일이나 상태가 끝나다.《눈이 내
리다가 말아서 실망했어.》 3.'~말고'
꼴로 써서, '~을 빼고', '~이 아니고',
'~이 아니면'의 뜻을 나타내는 말.《그
거 말고 다른 가방은 없나요?》 4.남의
행동을 막을 때 쓰는 말.《잔디밭에 들
어가지 마세요.》 5.어떤 일을 반드시
이루겠다고 다짐하거나 어떤 일이 아
쉽거나 안타까울 때 쓰는 말.《이번에
는 꼭 1등을 차지하고야 말겠다.》 6.일
이 어떻게 돼도 상관하지 않는다는 뜻
으로 쓰는 말.《애들이 놀리거나 말거
나 나만 떳떳하면 그만이야.》 **바**마는,
말아, 맙니다.

말다 **감다** 1.둥글게 감다.《돗자리를 말
아서 구석에 세워 놓았다.》 2.속에 다
른 것을 넣고 둥글게 감아 싸다.《소풍
날 엄마가 김밥을 말아 주셨다.》 **바**마
는, 말아, 맙니다.

말다 **섞다** 밥이나 국수를 물이나 국물에
넣다.《할머니가 말아 주시는 국수가
세상에서 가장 맛있어요.》 **바**마는, 말
아, 맙니다.

말다툼 말로 싸우는 것.《언니와 별것
아닌 걸로 말다툼을 해서 엄마한테 혼
났다.》 **같**언쟁. **말다툼하다**

말단 (末端) 1.맨 끝 부분.《내 기사가
학급 신문 말단에 실렸다.》 2.무리에
서 가장 낮은 자리.《말단 사원》

말대꾸 남의 말에 맞서 대답하거나 핑
계를 늘어놓는 것.《뭘 잘했다고 말대
꾸냐?》 **비**대꾸. **참**말대답. **말대꾸하다**

말대답 윗사람 말에 버릇없이 말대꾸
하는 것. **참**말대꾸. **말대답하다**《누나
는 어른한테 말대답하는 일이 없다.》

말더듬이 말을 더듬는 사람.

말동무 동무 삼아 함께 이야기를 나누는 사람.《나는 가끔 옆집 할머니의 말동무가 되어 드린다.》 같말벗.

말똥 말 말이 눈 똥.

말똥– 눈빛 눈빛이나 정신이 맑고 생기 있는 모양. 또는 그런 눈으로 처다보는 모양. **말똥거리다 말똥대다 말똥하다 말똥말똥**《자장가를 한참 불렀는데도 아기 눈이 말똥말똥하다.》

말똥가리 논밭, 강가, 산에 사는 겨울새. 몸 위쪽은 검은 갈색이고, 머리, 가슴, 배는 누런 갈색이다.

말똥가리

말똥구리 → 쇠똥구리.

말뚝 땅에 박아 세우는 굵은 막대기.

말뚝망둥어 갯벌이나 강어귀에서 구멍을 파고 사는 바닷물고기. 썰물 때에는 갯벌을 뛰거나 기어 다닌다. 북말뚝망둥이.

말뚝망둥어

말뚝버섯 뜰, 길가, 대나무 숲 들에서 나는 버섯. 갓은 종 모양인데 그물처럼 생긴 돌기가 있고 끈끈하다. 먹을 수 없는 버섯이다.

말뚝버섯

말뚝이 탈춤이나 탈놀이에 나오는 인물. 양반을 놀리는 하인이다.

말뚝이탈 가산 오광대, 강령 탈춤, 김해 가락 오광대, 고성 오광대, 동래 야유, 본산대놀이, 송파 산대놀이, 수영 야유에서 말뚝이가 쓰는 탈.

말뜻 말에 담긴 뜻.《곰곰이 생각하면 엄마 말뜻을 알 수 있을 거야.》 비말귀.

말라깽이 아주 마른 사람을 놀리는 말.

말라리아 (malaria) 말라리아 기생충을 지닌 모기가 옮기는 전염병. 하루 걸러서 갑자기 몸에 열이 났다가 오한

이 났다가 한다. 같학질.

말라붙다 바짝 말라서 물기가 없어지다.《가뭄으로 강물이 말라붙었다.》

말랑– 찹쌀떡이나 고무풍선처럼 손가락으로 누르면 들어갈 만큼 무른 모양. **말랑거리다 말랑대다 말랑하다 말랑말랑**《우리 할머니는 말랑말랑한 홍시를 좋아하신다.》

말려들다 1. 종이나 천 같은 것이 감겨서 안으로 들어가다.《종이가 말려들어 가서 복사기가 멈췄다.》 2. 나쁜 일에 휩쓸려 들어가다.《하마터면 남의 싸움에 말려들 뻔했다.》 바말려드는, 말려들어, 말려듭니다.

말로 (末路) 1. 사람이 죽을 무렵.《쓸쓸하게 말로를 맞는 할아버지》 2. 망해 가는 마지막 모습이나 형편.《독재자들의 말로는 대부분 비참하다.》

말리다 마르다 물기를 날려 없애다.《흠뻑 젖은 옷을 바위 위에 펴서 말렸다.》

말리다 방해하다 못하게 하다.《싸움을 말리다.》

말리다 감기다 종이, 천 같은 것이 돌돌 감기다.《둘둘 말린 달력》

말매미 넓게 트인 들판이나 길가에 있는 나무에 사는 매미. 몸 빛깔은 검고 윤기가 난다. 우리나라에 사는 매미 가운데 가장 크다. 같왕매미.

말매미

말머리 1. 이야기의 첫 부분.《말머리가 길면 지루해.》 2. 이야기를 이끌어 가는 쪽.《선생님은 아이들이 하품을 하자 말머리를 다른 데로 돌리셨다.》

말뚝이탈_수영 야유

말모이 1. '사전'의 순 우리말 이름.《겨레 말모이/토박이 말모이》 2. 우리나라 최초의 국어사전. 1911년에 주시경을

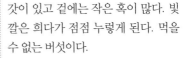

비롯한 여러 국어학자가 만들기 시작했으나 완성하지는 못했다.

말문 말을 하려고 여는 입.

말미 정해진 직업이나 일에 매인 사람이 잠시 다른 일을 하려고 내는 겨를. 《삼촌은 회사에 하루 말미를 얻어 할머니 산소에 다녀왔다.》

말미암다 어떤 일이 일어나거나 비롯되다. 《큰비로 말미암아 아이들이 학교에 오지 못했다.》

말미잘 바닷물 속 바위나 개펄에 사는 동물. 원통처럼 생긴 몸 위쪽에 입이 있고, 그 둘레에 있는 촉수가 열렸다 닫혔다 한다.

말미잘

말바꿈표 글에서 앞말에 설명을 덧붙일 때 쓰는 문장 부호. '-'의 이름이다. 《나는 모든 동물 - 뱀이나 쥐까지도 - 을 사랑한다.》

말발 다른 사람을 끌어당기는 말솜씨. 《말발이 서다.》

말발굽 →말굽.

말발도리 산기슭 바위틈에 자라는 잎지는나무. 잎 뒷면에 털이 있고, 5~6월에 흰 꽃이 둥글게 모여 핀다.

말발도리

말버릇 말을 할 때 나타나는 버릇. 또는 예의 없이 말하는 태도 《교장 선생님은 말할 때마다 '에' 하고 시작하는 말버릇이 있다.》

말벌 빈 나무줄기 속이나 바위틈에 집을 짓고 사는 벌. 몸집이 크고 사납다.

말벌

말벗 → 말동무.

말복 (末伏) 삼복 가운데 마지막 복날. 참초복, 중복.

말불버섯 숲 속 그늘진 곳에 나는 버섯. 기둥처럼 생긴 줄기 위에 둥그런

말불버섯

갓이 있고 겉에는 작은 혹이 많다. 빛깔은 희다가 점점 누렇게 된다. 먹을 수 없는 버섯이다.

말살 (抹殺) 힘으로 민족, 문화, 정신들을 아예 없애는 것. **말살하다** 《일본은 우리 민족의 얼을 말살하려고 온갖 나쁜 짓을 저질렀다.》 **말살되다**

말세 (末世) 도덕, 질서 들이 무너져서 몹시 어지러운 세상.

말소 (抹消) 기록 같은 것을 지워 아주 없애는 것. 《주민 등록 말소》 **말소하다 말소되다**

말소리 말하는 소리. 《상냥하고 친절한 말소리를 들으면 기분이 좋아진다.》

말솜씨 말하는 솜씨. 《언니는 목소리도 예쁘고 말솜씨도 좋아서 관광 안내원이 되면 좋을 거예요.》 빝말재주, 말주변. 북말수더구.

말수 말하는 횟수. 《철이는 말수가 적고 얌전한 편이다.》 북말수더구.

말썽 문제를 일으키는 말이나 짓. 《동생이 또 말썽을 부려서 혼났다.》

말썽거리 말썽이 될 만한 것. 《옆집 꽃을 꺾으면 말썽거리가 될 거야.》

말썽꾸러기 말썽을 자주 부리는 사람.

말쑥하다 모양새가 말끔하고 깨끗하다. 《나는 말쑥하게 차려입고 영이를 만나러 갔다.》

말씀 1.'말'의 높임말. 《무릎을 꿇고 앉아 할아버지 말씀을 들었다.》 2.'드리다', '올리다' 와 함께 써서, 자기가 하는 말을 낮추어 이르는 말. 《이번 일은 선생님께 말씀을 드려야겠어.》

말씨 1.말하는 버릇이나 태도. 《공손한 말씨로 길을 물었다.》 2.말에서 두

드러지게 나타나는 특징.《서울 말씨》

말없이 아무 말도 하지 않고《우리들은 말없이 앉아서 노래만 들었다.》

말엽 (末葉) 어떤 시기를 셋으로 나눌 때 끝 부분.《문익점은 고려 말엽의 학자이다.》비말기. 참초엽, 중엽.

말오줌때 바닷가나 개울가에 자라는 잎지는나무. 5월에 작고 노란 꽃이 피고, 8~9월에 붉은 열매가 열리는데 안에 검은 씨가 있다. 북나도딱총나무, 말오줌대.

말오줌때

말일 (末日) 한 달의 맨 마지막 날.《매월 말일은 교실 대청소하는 날이다.》비그믐날.

말장난 1.재치 있는 말을 주고받으면서 노는 것.《누나는 방에서 동무들과 말장난을 하면서 깔깔거렸다.》2.그럴듯하지만 쓸 만한 내용은 별로 없는 말.《행동으로 옮기지 않으면 네 말도 결국 말장난일 뿐이야.》

말재주 말하는 재주.《내 짝은 말재주가 좋아서 어떤 이야기도 재미있게 한다.》갈화술. 비말솜씨, 말주변.

말조심 말을 잘못하지 않게 조심하는 것.《친척 어른들 앞에서는 말조심을 하는 게 좋아.》**말조심하다**

말주먹 북1.싸울 때 주고받는 거친 말.《말주먹이 오가는 소리에 뒤를 돌아보니 두 아이가 싸우고 있었다.》2.'말주먹이나 하다' 꼴로 써서, 잘잘못을 따지고 자기 뜻을 펼 수 있는 말솜씨.《나랑 친한 동무들 가운데는 말주먹이나 하는 애가 많다.》

말주변 말을 요령 있게 잘 둘러대는 재주.《우리 언니는 글도 잘 쓰지만 말주

말총벌

변도 참 좋다.》비말솜씨, 말재주.

말줄임표 할 말을 줄일 때나 말이 없음을 나타낼 때 쓰는 문장 부호. '……'의 이름이다.《"학교에서 곧장 집으로 안 오고 뭐 했니?" "…….."》같줄임표.

말질 북1.옳고 그름을 따지면서 말다툼하는 짓.《그런 사소한 일 때문에 말질이 벌어지다니.》2.쓸데없이 말을 퍼뜨리는 짓.《잘 알지도 못하면서 왜 말질을 하고 다니는 거야?》3.윗사람한테 말대답하는 짓.《내가 말릴 때 말질을 멈췄으면 혼나지 않았을 거야.》**말질하다**

말징버섯 숲 속 썩은 낙엽이 많은 땅에서 나는 버섯. 갓은 둥글고 짙은 갈색인데 주름이 있다. 먹는 버섯이다.

말징버섯

말짱하다 1.흠 없이 본디 그대로이다.《지난해 끼던 장갑이 말짱해서 새로 안 사도 돼.》참멀쩡하다. 2.티 없이 깨끗하다.《언제 비가 내렸냐는 듯이 하늘은 말짱하게 개어 있었다.》3.정신이 맑고 또렷하다.《잠을 못 잤는데도 정신은 말짱하다.》참멀쩡하다.

말째다 북1.몸이나 배 속이 불편하다.《속이 말째서 밥을 먹기 싫다.》2.사람이나 일이 다루기 까다롭다.《너무 말째게 구는 애와는 함께 놀기 싫다.》

말참견 남의 말에 끼어드는 것. **말참견하다**《아무것도 모르면서 쓸데없이 말참견하지 마.》

말초 신경 (末梢神經) 뇌와 척수에서 갈라져 나와 온몸 곳곳에 이어져 있는 신경.

말총 말의 갈기나 꼬리 털.

말총벌 껍질이 두껍고 단단한 나무에

사는 벌. 암컷은 배 끝에 몸보다 열 배쯤 긴 꼬리가 있는데, 여기로 알을 낳는다.

말캉- 너무 익거나 곯아서 아주 무른 모양. **말캉거리다 말캉대다 말캉하다 말캉말캉**《무가 푹 익어서 말캉댄다.》

말큰- |북 아주 보드랍고 무른 모양. **말큰거리다 말큰대다 말큰하다 말큰말큰**《금방 찐 떡이라 말큰말큰하다.》

말타기 여럿이 편을 갈라 한 편이 허리를 구부려 말 등처럼 이으면 다른 편이 달려와서 올라타고 노는 아이들 놀이.

말투 말하는 버릇.《무시하는 말투를 들으면 기분이 나쁘다.》같어투.

말판 고누나 윷놀이를 할 때 말이 가는 길을 그린 판.

말하기 1.초등학교 교과목 가운데 하나. 자기 생각을 말로 나타내는 법을 배운다. 2.생각이나 느낌을 남이 알 수 있게 말로 나타내는 것.《말하기를 잘하면 발표 시간이 즐거울 거야.》

말하다 1.생각, 느낌, 사실 들을 말로 나타내다.《네 생각을 솔직하게 말해 봐.》2.어떤 뜻, 형편, 사실 들을 나타내다.《물고기가 돌아왔다는 사실은 강물이 다시 맑아졌다는 것을 말해 준다.》3.부탁하거나 이르다.《옆집 아주머니께 말해 두었으니 저녁은 그 집에서 먹으렴.》

말할 수 없이 관용 말로 나타낼 수 없을 만큼 아주.《네가 도와줘서 말할 수 없이 고마워.》

맑다 1.물이 깨끗하다.《시냇물이 맑아서 송사리가 헤엄치는 게 훤히 보여.》반흐리다. 2.공기가 탁하지 않아서 숨쉬기에 상쾌하다.《새벽 공기가 맑아서 산책하기 참 좋아.》3.구름이나 안개가 끼지 않아서 날씨가 좋다.《날이 맑게 개었다.》반흐리다. 4.소리가 또렷하다.《어디선가 맑은 새소리가 들려온다.》5.구김살이 없거나 순수하다.《저기 맑게 웃고 있는 애가 제 동생이에요.》6.정신이 흐리멍덩하지 않고 또렷하다.《정신이 맑아야 공부가 잘되지.》반흐리다.

맑음 구름이나 안개가 끼지 않아서 날씨가 맑은 것.《오늘 날씨, 맑음》

맘 → 마음.

맘껏 → 마음껏.

맘대로 → 마음대로.

맘마 밥이나 먹을 것을 이르는 어린아이 말.

맘먹다 → 마음먹다.

맘씨 → 마음씨.

맙소사 어처구니없는 일에 한숨을 쉬면서 내는 소리.《맙소사, 1 더하기 1이 어떻게 3이냐?》

맛 1.음식을 먹을 때 혀에서 느끼는 여러 가지 느낌. 단맛, 쓴맛, 신맛, 짠맛 들이 있다.《감기에 걸려서 음식 맛을 잘 모르겠어.》2.어떤 일이나 물건을 두고 느끼는 기분이나 분위기.《가족이 다 모여야 명절 맛이 난다.》

맛을 들이다 관용 어떤 일에 재미를 붙이다.《요즘 책 읽는 데 맛을 들였어.》

맛갈 |북 음식의 맛.《그 집 떡볶이는 맛갈이 좋다.》

맛깔스럽다 음식이 입맛을 당길 만큼 보기 좋고 먹음직스럽다.《맛깔스러운 음식을 보자 입 안에 침이 가득 고였

다.》북맛갈스럽다. 바맛깔스러운, 맛깔
스러워, 맛깔스럽습니다.

맛나다 맛이 혀에 감기게 좋다.《맛난
음식》비맛있다.

맛보다 1.음식 맛을 알려고 조금 먹어
보다.《김치 간이 제대로 되었는지 한
번 맛보아라.》2.기분이나 느낌 들을
느껴 보다.《할머니를 도와 고추를 따
면서 일하는 즐거움을 맛보았다.》

맛없다 음식 맛이 좋지 않다.《맛없어
보인다고 손도 안 대다니!》반맛있다.

맛있다 음식 맛이 좋다.《오늘 저녁에
는 된장국을 맛있게 먹었습니다.》비맛
나다. 반맛없다.

맛조개 바닷가 진흙 속에 구멍을 파고
사는 조개. 길쭉한 네모꼴 껍데기에 매
끈매끈한 겉껍데기가 덮여 있다.

망 살핌 어떤 일을 몰래 하거나 어떤 것
을 지킬 때 누가 오는지 무슨 일이 생
기는지 살피는 일.《형들이 수박 서리
를 하는 동안 내가 망을 보았다.》

망 그물 (網) 그물 모양으로 만들어 쓰
는 것을 이르는 말. 트인 곳을 막거나
가리는 데 쓴다.《창문에 촘촘한 망을
치면 날벌레가 못 들어오겠지.》

망가놓다 I북 부수거나 깨뜨려서 못 쓰
게 만들어 놓다.《누가 내 필통을 망가
놓았을까?》

망가뜨리다 물건을 못 쓰게 만들다.
《아빠가 아끼시는 사진기를 실수로 망
가뜨렸다.》

망가지다 물건이 깨지거나 부서져서
못 쓰게 되다.《라디오가 망가져서 소
리가 나오지 않는다.》같망그러지다.

망각 (忘却) 어떤 일을 싹 잊어버리는

맛개나무

맛조개

것. **망각하다**《지난날 저지른 잘못을
망각하면 같은 잘못을 또 하게 된다.》

망간 (Mangan독) 빛나는 은빛 금속.
합금이나 건전지를 만드는 데 쓴다.

망개나무 산골짜기에 자라는 잎지는
나무. 여름에 작고 노란 꽃이 피고, 가
을에 열매가 붉게 익는다.

망건 (網巾) 옛날에 상투를 튼 뒤에 머
리카락이 흘러내리지 않게 두르던 그
물처럼 생긴 물건.

망고 열매를 먹으려고 심어 가꾸는 늘
푸른나무. 굵은 달걀처럼 생긴 열매가
누런 녹색으로 익는데 즙이 많다. 열대
지방에서 많이 기른다. 같망고나무.

망고나무 → 망고

망국 (亡國) 나라가 망해서 없어지는
것. 또는 이미 망한 나라.《망국의 한》

망그러지다 → 망가지다.

망극하다 왕의 은혜가 한없이 크고 깊
다.《성은이 망극하옵니다, 전하.》

망나니 1.옛날에 죄인의 목을 베던 사
람. 2.말이나 행동을 함부로 하는 사람.

망대 (望臺) 주위를 살피려고 높이 쌓
아 올린 곳. 비망루.

망두석 (望頭石) → 망주석.

망둥이 바닷가 모래땅에 사는 바닷물
고기. 머리와 입이 크고, 배지느러미가
빨판처럼 되어 있어 다른 물체에 달라
붙는다. 망둑어, 망둥어라고도 한다.

망둥이가 뛰니까 꼴뚜기도 뛴다 속담 남
이 어떤 일을 한다고 덩달아 같이 설치
는 사람을 빗대어 이르는 말.

망라하다 두루 갖추다.《팔도 사투리
를 망라한 책이 나왔다.》**망라되다**

망령 넋 (亡靈) 1.죽은 사람의 넋.《바

다에 빠져 죽은 어부들의 망령을 위로하는 제사가 열렸다.》 2. 지난날 겪은 나쁜 일이나 기억을 빗대어 이르는 말. 《일본 제국주의의 망령》

망령 노망 (妄靈) 사람이 늙거나 정신이 온전하지 못해서 말과 행동이 오락가락하는 것. 《할머니는 망령이 드셔서 나를 몰라보셔.》 비노망. **망령되다**

망루 (望樓) 적이나 주위의 움직임을 살피려고 세운 다락집. 비망대.

망막 (網膜) 눈알 가장 안쪽에 있는 얇은 막. 눈 안에 들어오는 것들의 모습이 맺히는 곳이다.

망망대해 (茫茫大海) 아주 넓고 큰 바다. 《망망대해에 떠 있는 조각배》

망망하다 아주 넓고 아득하다.

망명 (亡命) 정치, 사상 같은 문제로 자기 나라에서 못 살고 다른 나라로 살 곳을 옮기는 일. **망명하다** 《김구 선생님은 중국으로 망명하여 독립 운동을 하셨다.》

망발 (妄發) 도리에 어긋나는 고약한 말이나 행동. 《우리말로 해도 될 것을 걸핏하면 영어 나부랭이로 지껄여 대니 이런 망발이 없다.》 비망언. **망발하다 망발되다**

망보다 주위 움직임을 조심스럽게 살피다. 《내가 망보는 동안 형들이 밭에 들어가 참외를 땄다.》

망부석 (望夫石) 아내가 멀리 떠난 남편을 기다리다가 그대로 죽어 굳어 버렸다는 돌. 또는 아내가 그 위에 서서 남편을 기다렸다는 돌.

망상 (妄想) 헛되거나 그릇된 생각. 《독도를 자기네 땅이라 우기는 일본

망원경

사람들 생각은 터무니없는 망상이다.》 **망상하다**

망설이다 마음을 정하지 못하고 머뭇거리다. 《지각한 아이는 잠깐 망설이다가 교실 문을 열었다.》 북바재이다.

망설임 마음을 정하지 못하고 머뭇거리는 것. 《동생은 아무런 망설임 없이 빨간 모자를 집었다.》

망신 (亡身) 말이나 행동을 잘못해서 창피를 당하는 것. 《괜히 아는 척하다가 망신만 당했잖아.》

망신스럽다 망신을 당해 창피하다. 《여자 아이들 앞에서 바지가 벗겨져 몹시 망신스러웠다.》 바망신스러운, 망신스러워, 망신스럽습니다.

망아지 말의 새끼.

망언 (妄言) 도리에 어긋나는 말. 《살빛으로 사람을 차별하는 망언을 용서할 수 없다.》 비망발. **망언하다**

망연자실 (茫然自失) 뜻밖의 일로 정신이 멍해지는 것. **망연자실하다**

망연하다 1. 아무 생각이 없이 멍하다. 2. 넓고 멀어서 아득하다. **망연히**

망울 1. 가루를 액체에 풀 때 둥글게 엉겨 굳는 덩어리. 《밀가루에 물을 조금씩 넣고 저어야 망울이 생기지 않는다.》 참멍울. 2. → 꽃망울.

망울망울 망울이 동글동글하게 한데 엉기거나 뭉친 모양.

망원경 (望遠鏡) 볼록 렌즈를 써서 멀리 있는 것을 크고 또렷하게 볼 수 있게 만든 물건.

망원 렌즈 멀리 있는 것을 크고 또렷이 보이게 하는 렌즈.

망정 흔히 '망정이지' 꼴로 써서, 그렇

게 되어서 다행이라는 뜻을 나타내는 말.《빨리 병원에 옮겼으니 망정이지 큰일 날 뻔했다.》

망종 (芒種) 한 해를 스물넷으로 나눈 때 가운데 아홉째. 보리가 익고 모를 심는 때라고 한다. 6월 6일쯤이다.

망주석 (望柱石) 무덤 앞 양쪽에 세우는 돌기둥. **같**망두석.

망초 길가나 들판에 자라는 풀. 줄기에 거친 털이 있고 잎은 버들잎처럼 길쭉하다. 여름에 자잘한 꽃이 하얗게 핀다. 씨에는 우산 같은 털이 있어 솜처럼 날아다닌다. **북**잔꽃풀.

망초

망측하다 도리에 어긋나서 꼴사납고 어처구니없다.《길에서 오줌을 싸다니 이런 망측한 일이 있나.》

망치 쇠뭉치에 긴 나무 자루를 박은 연장. 못이나 말뚝을 박거나 단단한 것을 두드릴 때 쓴다.

망치

망치다 1. 일을 잘못되게 하다. 또는 아주 못 쓰게 만들다.《색을 잘못 칠해서 그림을 망쳤다.》 2. 나라나 집안을 망하게 하다.《나라를 망친 매국노들》

망치질 망치로 못을 박거나 단단한 것을 두드리는 일. **망치질하다**

망탕 **|북** 되는대로 마구. 또는 조심하지 않고 함부로.《내 동생은 장난감을 망탕 가지고 논다.》

망태 → 망태기. **북**중태.

망태기 새끼나 노끈으로 성기게 만들어 물건을 담아 나르는 주머니. **준**망태.

망태기

망토 (manteau **프**) 소매 없이 어깨 위로 둘러 입는 서양식 겉옷.

망하다 나라, 회사, 개인이 잘못되거나 끝장나다.《고구려는 668년에 망

하고 말았다.》**반**흥하다.

망향 (望鄕) 떠나온 고향을 그리워하는 것.

맞그네 **|북** 두 사람이 마주 서서 뛰는 그네.

맞다 **꿀밤을** 1. 남한테서 때리는 일을 당하다.《공부 시간에 떠들다가 선생님께 꿀밤을 맞았다.》 2. 쏘거나 던지거나 떨어지는 물체가 어떤 것에 부딪히다.《공이 골대에 맞고 튕겨 나왔다.》 3. 비, 눈, 우박 들이 몸에 닿게 하다.《하루 종일 비를 맞으면서 돌아다녔으니 감기에 걸리는 게 당연하지.》 4. 주사나 침놓는 일을 당하다.《주사를 맞는 건 무서워.》 5. 남한테서 좋지 않은 일을 당하다.《동생이 야단을 맞을 것이 무서워서 오줌 싼 것을 숨긴 모양이에요.》 6. 시험에서 점수를 받다.《받아쓰기에서 백 점을 맞았다.》

맞은 놈은 펴고 자고 때린 놈은 오그리고 잔다 **속담** 남을 해친 사람은 뒷일이 걱정되어 편히 지내지 못하지만, 해를 입은 사람은 그런 걱정이 없다는 말.

맞다 **답이** 1. 틀리거나 어긋나지 않다.《이번 수학 시험에서는 한 문제도 틀리지 않고 다 맞았다.》 **반**틀리다. 2. 서로 어울리다.《음악과 동작이 잘 맞아서 다행이야.》 3. 더하거나 덜하지 않고 알맞다.《운동화가 발에 꼭 맞아요.》 4. 어떤 것이 무엇임에 틀림이 없다.《그건 제 안경이 맞아요.》

맞다 **손님을** 1. 손님을 받아들이다.《고모가 우리를 반갑게 맞아 주셨다.》 2. 다가오는 때를 맞이하다.《아빠가 새해를 맞아 담배를 끊으셨다.》 3. 새 식

구를 받아들이다. 《이모는 정직한 사람을 남편으로 맞고 싶어 한다.》

맞다들다ᶥ북 똑바로 마주치거나 직접 부딪히다. 《우체국 앞에서 선주와 맞다들었다.》 ᵇᵃ맞다드는, 맞다들어, 맞다듭니다.

맞닿다 마주 닿다. 《우리 집은 연희네 집과 맞닿아 있다.》

맞대결 둘이 맞서서 겨루는 것. **맞대결하다** 《닭싸움에서 내가 우리 반 대표로 다른 반 선수와 맞대결하였다.》

맞대다 1.마주 닿게 하다. 《옆 사람과 등을 맞대고 서세요.》 2.닿을 만큼 가까이하다. 《동생과 머리를 맞대고 좋은 생각을 짜냈다.》

맞돈 물건을 살 때 그 자리에서 바로 내는 돈. 《가게 할아버지는 맞돈을 받아야 물건을 파신다.》

맞두레 물을 퍼 올리는 데 쓰는 농기구. 두레박 네 귀퉁이에 줄을 매어 두 사람이 마주 서서 잡고 물을 푼다.

맞두레

맞들다 마주 들다. 《형하고 책상을 맞들어 날랐다.》 ᵇᵃ맞드는, 맞들어, 맞듭니다.

맞먹다 서로 비슷하게 되다. 《내 밥은 어른 두 사람 밥과 맞먹는다.》

맞물다 1.위아래 입술이나 이를 마주 대어 물다. 《주사가 몹시 아팠지만 어금니를 맞물고 꾹 참았다.》 2.끊어지지 않고 잇닿다. 《피난민 행렬이 꼬리를 맞물고 이어졌다.》 ᵇᵃ맞무는, 맞물어, 맞뭅니다.

맞물리다 1.서로 마주 대어 닿게 하다. 《나사가 맞물려 빠지지 않는다.》 2.끊이지 않고 계속 이어지다. 《톱니바퀴

가 맞물려 돌아간다.》

맞바꾸다 물건을 서로 바꾸다. 《우표 다섯 장을 딱지 열 장과 맞바꾸었다.》

맞바람 맞은편에서 불어오는 바람. 《맞바람이 너무 세서 걷기 힘들다.》

맞벌이 부부가 둘 다 직업이 있어 돈을 버는 것. 《맞벌이 부부》 **맞벌이하다**

맞부딪치다 마주 부딪치다. 《모퉁이를 돌다가 자전거와 맞부딪쳤다.》

맞붙다 1.마주 붙다. 《두 집이 나란히 맞붙어 있다.》 2.서로 겨루거나 싸우다. 《우리 반에서 구슬치기로 철수와 맞붙을 아이는 없다.》

맞서다 1.마주 서다. 《아이들이 책상을 사이에 두고 맞섰다.》 2.양보하거나 굽히지 않다. 《임진왜란 때 의병들은 왜적에 맞서 용감하게 싸웠다.》

맞선 남자와 여자가 혼인을 마음에 두고 남의 소개로 만나 보는 일. 《오늘은 삼촌이 맞선 보는 날이다.》

맞수 실력이나 수준이 엇비슷해서 이기기 어려운 상대. 《형은 바둑을 배운지 일 년 만에 아빠의 맞수가 되었다.》 ≒라이벌.

맞아들이다 1.찾아온 사람을 맞아서 안으로 들이다. 《엄마는 문을 활짝 열고 손님을 맞아들이셨다.》 2.어떤 사람을 식구나 동료로 들이다. 《아저씨는 친구 딸을 며느리로 맞아들였다.》

맞아떨어지다 1.생각대로 딱 들어맞다. 《비가 곧 그칠 것이라는 내 짐작이 맞아떨어졌다.》 2.다른 것과 조화롭게 어울리다. 《조용한 음악이 슬픈 연극의 분위기와 잘 맞아떨어졌다.》

맞은켠ᶥ북 어떤 쪽과 서로 마주 보는

쪽.《학교는 공원 맞은켠에 있다.》
맞은편 마주 보이는 쪽.《책방 맞은편에 빵집이 새로 생겼다.》비건너편.
맞이하다 1.찾아온 사람을 맞다. 또는 다가온 때를 맞다.《새해를 맞이하여 소원을 말해 보자.》2.어떤 사람을 식구나 동료로 받아들이다.《왕은 연꽃에서 나온 심청을 왕비로 맞이했다.》
맞잡다 마주 잡다.《여자 아이들은 손을 맞잡고 춤을 추었다.》
맞장구 남의 말에 그렇다고 덩달아 말하거나 부추기는 것.《만화 영화를 보러 가자는 내 말에 누나도 맞장구를 쳤다.》같맞장단.
맞장구치다 남의 말에 그렇다고 덩달아 말하다.《늦게 들어왔다고 꾸중하시는 엄마 말씀에 형도 맞장구쳤다.》
맞장단 → 맞장구.
맞절 두 사람이 마주 하는 절.《신랑 신부가 허리를 굽혀 맞절을 하였다.》
맞절하다
맞추다 1.떨어져 있는 조각을 알맞은 자리에 붙이거나 끼우다.《사촌 동생들과 함께 그림 퍼즐을 맞추었다.》2.어떤 것이 서로 맞는지 견주어 살펴보다.《정답을 맞추어 보고 틀린 문제는 따로 모아 복습하는 게 좋겠어.》참맞히다. 3.서로 같게 하거나 어울리게 하다.《옷을 모자 색깔에 맞춰서 입을래요.》4.지나치거나 모자라지 않게 하다.《제가 미역국 간을 맞춰 볼게요.》5.정해진 기준에 따라서 만들게 하다.《옷을 맞추다.》6.몸이나 물건에 입을 대다.《왕자님이 잠자는 공주님의 이마에 입을 맞췄습니다.》

맞춤 옷이나 신발 같은 것을 주문하는 사람 몸이나 뜻에 맞추어 만드는 일.
맞춤법 말을 글로 옮길 때 따라야 하는 규칙.《한글 맞춤법》
맞춤하다 맞춘 것처럼 딱 알맞다.《지팡이로 쓰기에 맞춤한 막대기를 찾아 할머니께 드렸다.》
맞히다 답을 수수께끼나 문제에 정답을 대다.《다음 문제는 내가 맞혀 볼게.》참맞추다.
맞히다 과녁에 1.돌, 총알, 화살 들을 목표물에 맞게 하다.《우리나라 선수가 과녁 한가운데를 연달아 맞혔다.》2.비, 눈, 우박 같은 것을 맞게 하다.《잠깐 졸다가 빨래에 비를 맞혔어요.》3.침, 주사 같은 것을 맞게 하다.《아기한테 주사를 맞히러 병원에 다녀왔다.》
맡기다 1.책임을 지고 사람이나 짐승을 보살피거나 물건을 간직하게 하다.《우리는 시골 갈 때 개를 이웃집에 맡긴다.》2.책임을 지고 어떤 일을 하게 하다.《선생님은 나에게 화단에 물 주는 일을 맡기셨다.》
맡다 냄새 코로 냄새를 느끼다.《개는 사람보다 냄새를 잘 맡는다.》
맡다 일을 1.어떤 일을 책임지고 하기로 하다.《신발 정리는 제가 맡을게요.》2.남 대신 물건을 지키거나 사람, 동물을 보살피다.《잠깐 내 가방 좀 맡아 줄래?》3.자리를 차지하고 지키다.《먼저 가서 좋은 자리를 맡아 둬라.》4.남의 허락이나 검사를 받다.《놀러 나가려면 엄마 허락을 맡아야 해.》
맡아보다 어떤 일을 맡아서 하다.《우리 고모는 회사에서 경리 일을 맡아보

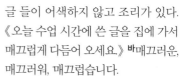

고 있다.》

매 ^{회초리} 회초리, 몽둥이처럼 때리는 데 쓰는 물건. 또는 그 물건으로 때리는 일.

매 끝에 정든다 **속담** 매를 맞거나 꾸중을 들은 뒤에 더 가까워진다는 말.

매도 먼저 맞는 게 낫다 **속담** 어차피 겪을 괴로운 일이라면 먼저 겪는 것이 낫다는 말.

매 **새** 바닷가 벼랑이나 높은 산 바위틈에 사는 텃새. 부리와 발톱이 날카로워서 사냥하는 새로 길들이기도 한다. 천연기념물 제 323-7호. **같**송골매.

매_새

매 ^{낱낱} (每) 낱말 앞에 써서, '하나하나의', '각각의'를 뜻하는 말.《우리는 매 경기마다 목청껏 응원했다.》

–매 **붙는 말** 어떤 낱말 뒤에 붙어, '생김새', '맵시'라는 뜻을 더하는 말.《눈매/몸매》

매개 (媒介) 둘 사이에 끼어서 양쪽을 이어 주는 것.《형은 나랑 훈이가 친해지는 데 매개 노릇을 했다.》 **매개하다**

매개체 (媒介體) 매개 구실을 하는 것.《모기는 말라리아의 매개체입니다.》

매국 (賣國) 자기 욕심을 채우려고 나라의 주권이나 이익을 남의 나라에 팔아먹는 것.《매국 행위를 한 친일파들을 용서할 수 없다.》

매국노 (賣國奴) 자기 나라를 남의 나라에 팔아먹은 사람.

매기다 값이나 차례 들을 정하다.《값을 매기다./등수를 매기다.》

매끄럽다 1. 살갗에 닿는 느낌이 미끄러지듯 부드럽다.《엄마 손은 매끄럽고 따뜻하다.》 **참**미끄럽다. 2. 말이나

글 들이 어색하지 않고 조리가 있다.《오늘 수업 시간에 쓴 글을 집에 가서 매끄럽게 다듬어 오세요.》 **바**매끄러운, 매끄러워, 매끄럽습니다.

매끈– 거친 데가 없이 매끄럽고 반질반질한 모양. **매끈거리다 매끈대다 매끈하다 매끈매끈**《깨끗이 목욕을 했더니 살결이 매끈매끈하다.》

매끌– l**북** 손을 대면 미끄러질 듯 아주 매끄러운 모양. **매끌거리다 매끌대다 매끌하다 매끌매끌**

매끼 한 끼니 한 끼니. 또는 아침, 점심, 저녁 먹을 때마다.《나는 매끼 국수를 먹어도 질리지 않는다.》

매년 (每年) 한 해 한 해. 또는 해마다.《매년 이맘때쯤 제비가 날아온다.》

매니저 (manager) 1. 연예인이나 운동선수의 활동을 관리해 주는 사람. 2. 호텔이나 큰 식당을 경영하는 사람.

매다 **끈을** 1. 끈이나 줄의 두 끝을 엮어서 풀어지지 않게 하다.《삼촌이 운동화 끈을 매 주었다.》 **반**풀다. 2. 끈이나 줄을 이어서 공중에 가로지르거나 늘어지게 하다.《그네를 매다./빨랫줄을 매다.》 3. 소, 말 같은 동물을 말뚝, 기둥처럼 고정된 물체에 끈이나 줄을 이어서 묶다.《말뚝에 매어 놓은 말이 온데간데없이 사라졌다.》 4. 서로 떨어져 있는 것들을 끈이나 줄로 묶다.《신문 광고지를 끈으로 매어 연습장을 만들었다.》 5. 허리띠, 넥타이를 몸에 둘러서 엮다.《아빠, 오늘은 파란 넥타이를 매고 나가세요.》 **반**풀다.

매다 **논을** 논밭에 난 풀을 뽑다.《할머니는 김을 매러 밭에 나가셨어요.》

매달 → 다달이.

매달다 줄이나 끈, 실 같은 것으로 잡아매어 달려 있게 하다.《언니는 고양이 목에 방울을 매달았다.》 ᄇ매다는, 매달아, 매답니다.

매달리다 1. 줄, 끈 같은 것으로 매이거나 어떤 것에 붙어서 아래로 늘어지다.《주렁주렁 매달린 감》 2. 어떤 것을 붙잡고 늘어지다.《철봉에 얼마나 매달려 있었던 거니?》 3. 남에게 끈덕지게 달라붙고 사정하다.《동생이 숙제를 도와 달라며 매달렸다.》 4. 어떤 일에 몸과 마음이 온통 쏠리다.《어제는 하루 내내 자전거 고치는 일에 매달렸다.》 5. 어떤 것에 의지하다.《언니한테 매달리지 말고 네 힘으로 해 봐.》

매도 (罵倒) 남을 싸잡아 욕하거나 나쁘게 말하는 것. **매도하다**《남의 말만 듣고 사람을 매도하는 태도는 고쳐.》

매듭 1. 실이나 끈 같은 것을 엮어서 만든 마디.《매듭을 짓다./매듭을 풀다.》 2. 어떤 일을 할 때 막히거나 얽혀 있는 부분.《어려운 일일수록 서두르지 말고 차근차근 매듭을 풀어 나가야지.》 3. 어떤 일을 마무리하는 것.《이 문제부터 얼른 매듭을 짓자.》

매듭짓다 1. 줄이나 끈, 실 같은 것으로 잡아매어 매듭을 만들다.《누나는 떨어진 단추를 달고 야무지게 매듭지었다.》 2. 벌여 놓은 일을 마무리하다.《이 일을 매듭짓지 않으면 다음 일로 옮겨 갈 수 없다.》 ᄇ매듭짓는, 매듭지어, 매듭짓습니다.

매듭풀 들이나 길가에 자라는 풀. 7~9월에 옅은 붉은색 꽃이 피고, 꼬투리가

매미

매미나방

매듭풀

열린다. 집짐승 먹이로 쓴다.

매력 (魅力) 사람의 마음을 사로잡아 홀리는 힘.《아빠는 엄마가 매력 있는 사람이라고 하신다.》

매력적 (魅力的) 매력이 있는. 또는 그런 것.

매립 (埋立) 우묵하게 팬 땅, 강, 바다들을 흙이나 돌로 메우는 것. **매립하다**《바다를 매립하여 공항을 만들었다.》

매립장 (埋立場) 매립하는 곳.《쓰레기 매립장》

매립지 (埋立地) 매립하여 돋운 땅.

매만지다 손으로 자꾸 만지거나 가다듬다.《언니는 거울을 보면서 머리를 매만졌다.》

매매 (賣買) 물건을 팔고 사는 것.《중고차 매매》 **매매하다 매매되다**

매몰 (埋沒) 사고로 사람이나 물건이 흙 속에 파묻히는 것.《탄광에서 매몰 사고가 일어났다.》 **매몰되다**

매몰차다 아주 쌀쌀맞다.《화가 난 영석이는 내 부탁을 매몰차게 거절했다.》

매무새 옷 입은 모양새.《엄마의 한복 매무새는 언제 봐도 곱다.》 참매무시.

매무시 옷을 입고 나서 흐트러진 데가 없게 매만지는 일.《무대에 올라서기 전에 매무시를 가다듬었다.》 참매무새. **매무시하다**

매미 나무에 매달려 사는 곤충. 수컷은 여름에 크고 맑은 소리로 운다. 애벌레는 5~6년 동안 땅속에서 자란다.

매미나방 과수원이나 낮은 산에 사는 나방. 암컷은 수컷보다 크고 날개가 희다. 수컷 날개는 짙은 밤색이다.

매미채 곤충을 잡을 때 쓰는 채. 긴 막

대 끝에 그물주머니가 달려 있다.

매번 (每番) 어떤 일이 있을 때마다. 《내 짝은 시간 약속을 하고도 매번 늦는다.》 ⁿ번번이.

매병 (梅瓶) 아가리가 좁고 어깨가 넓은데 밑이 홀쭉하게 생긴 병.

매복 (埋伏) 적을 살피거나 갑자기 공격하려고 한곳에 숨어 있는 것. 《매복 작전》 **매복하다**

매부 (妹夫) 누나나 누이동생의 남편.

매부리코 매의 부리처럼 콧등이 튀어나오고 코끝이 아래로 굽은 코

매사 (每事) 모든 일. 또는 일마다. 《엄마는 매사를 꼼꼼하게 챙기신다.》

매삼매삼 ¹북 조마조마하거나 급해서 안절부절못하고 허둥대는 모양. 《지갑을 잃어버린 이모가 매삼매삼 어쩔 줄을 몰라 한다.》

매상 (賣上) 물건을 팔아서 번 돈. 또는 판 물건의 전체 수량. 《엄마가 가게 매상이 오르지 않는다고 걱정하셨다.》

매생이 남해 진흙 갯벌에서 자라는 바닷말. 빛깔은 검푸르고 윤이 나는데 미끌미끌하다. 굵기가 아주 가늘다. 무쳐 먹거나 국을 끓여 먹는다.

매섭다 1.찬바람이나 추위가 아주 심하다. 《겨울바람이 매섭게 불었다.》 2.남이 무서워할 만큼 모질고 사납다. 《일기장을 몰래 본 걸 알고 누나는 매서운 눈초리로 나를 노려보았다.》 ⁿ매서운, 매서워, 매섭습니다.

매수 (買收) 1.물건들을 사들이는 것. 《매수 가격》 2.돈이나 비싼 물건 같은 것으로 남을 꾀어 제 편으로 만드는 것. **매수하다 매수되다**

매실

매실나무

매생이

매스 게임 (mass game) 많은 사람이 볼거리로 함께 하는 체조나 운동.

매스껍다 1.토할 것처럼 속이 울렁거리다. 《차멀미 때문에 속이 매스꺼워요.》 참메스껍다. 2.하는 짓이 눈에 거슬려 아니꼽다. 《반장이 되었다고 으스대는 꼴을 매스꺼워서 못 봐 주겠네.》 참메스껍다. ⁿ매스꺼운, 매스꺼워, 매스껍습니다.

매스 미디어 (mass media) → 대중매체.

매스컴 많은 정보나 지식을 한꺼번에 여러 사람에게 알려 주는 일. 또는 알리는 기관.

매시간 (每時間) 한 시간 한 시간. 또는 시간마다. 《간호사 언니가 매시간 열을 살피러 왔다.》

매실 매실나무 열매. 처음에는 푸르다가 누렇게 익는다. 신맛이 나는데, 덜여물어 푸를 때에 따서 차나 술을 담그고 약으로도 쓴다.

매실나무 꽃을 보고 열매를 얻으려고 심어 가꾸는 잎지는나무. 3~4월에 흰색이나 연분홍색 꽃이 피고, 초여름에 매실이 열린다.

매암매암 '맴맴'의 본말. 《8월이면 매미들이 매암매암 울어 댄다.》

매양 → 번번이.

매연 (煤煙) 연료가 탈 때 나오는 검은 연기. 그을음이 섞여 있고, 환경을 더럽힌다. 《공장에서 나오는 매연》

매우 보통보다 훨씬 더. 《날씨가 매우 춥다.》 ⁿ몹시, 무척, 아주.

매운맛 고추를 먹었을 때처럼 혀가 얼얼하고 화끈거리는 맛 《난 낙지볶음

처럼 매운맛 나는 음식이 좋아.》

매운탕 생선, 고기, 채소, 두부 들과 갖은 양념을 넣고 고추장을 풀어서 얼큰하게 끓인 찌개.

매월 (每月) 한 달 한 달. 또는 달마다. 《우리 식구는 매월 마지막 주에 할머니 댁에 간다.》비다달이.

매이다 1.끈, 줄 같은 것으로 묶이다. 《신발 끈이 잘 매여 있니?》 2.일, 생각, 사람 들에 묶이다. 《아빠는 가게 일에 매여서 못 가신대요》

매일 (每日) 하루하루. 또는 하루도 빠짐없이. 《나는 매일 아침 아빠를 따라 약수터에 간다.》비날마다.

매일반 → 매한가지.

매입 (買入) 물건을 사들이는 것. 《매입 가격》 반매출. **매입하다 매입되다**

매자기 연못이나 물가에 자라는 풀. 줄기는 세모나고, 이삭처럼 생긴 꽃이 핀다. 덩이줄기를 약으로 쓴다.

매자나무 양지바른 산기슭에 자라는 잎지는나무. 꽃은 누렇고 열매는 붉다. 가지에 날카로운 가시가 있는데, 줄기와 뿌리를 약으로 쓴다. 우리나라에서만 자란다.

매장 가게 (賣場) 물건을 파는 곳. 《의류 매장》

매장 산소 (埋葬) 1.죽은 사람을 땅에 묻는 것. 《매장 풍습》 2.어떤 사람을 사회에서 활동하지 못하게 따돌리는 것을 빗대어 이르는 말. 《멀쩡한 사람을 도둑으로 몰아 매장을 하려고 들다니!》 **매장하다 매장되다**

매장 석유 (埋藏) 1.묻어서 감추는 것. 2.땅속에 석탄, 석유, 가스 같은 자원

매자기

매자나무

이 묻혀 있는 것. **매장하다 매장되다**

매장량 (埋藏量) 땅속에 묻혀 있는 지하자원의 양. 《석유 매장량》

매점 매석 (買占賣惜) 값이 오르거나 모자랄 때 팔아서 큰 이익을 얻으려고 어떤 물건을 한꺼번에 많이 사 두는 것. 비사재기.

매정스럽다 행동이나 태도가 쌀쌀하고 정이 없는 느낌이 있다. 빠매정스러운, 매정스러워, 매정스럽습니다.

매정하다 행동이나 태도가 쌀쌀하고 정이 없다. 《누나가 내 얘기를 끝까지 듣지도 않고 매정하게 전화를 끊었다.》

매제 (妹弟) 누이동생의 남편. 참매형.

매주 (每週) 한 주 한 주. 또는 주마다. 《매주 도서관에 가서 책을 빌린다.》

매진 (賣盡) 입장권이나 차표가 모두 팔리는 것. **매진되다** 《이 영화는 벌써 표가 매진됐대.》

매진하다 어떤 일을 온 힘을 기울여 해 나가다. 《아저씨는 쇠 다루는 일에 매진해서 좋은 대장장이가 되었다.》

매질 매를 때리는 짓. 《유관순은 모진 매질을 당하면서도 대한 독립 만세를 외쳤다.》 **매질하다**

매체 (媒體) 1.사실, 지식, 정보 들을 알리는 수단이 되는 것. 《인쇄 매체》 2.어떤 작용을 한쪽에서 다른 쪽으로 전하는 구실을 하는 것. 《소리는 공기를 매체로 삼아 전달된다.》

매출 (賣出) 가게나 회사에서 물건을 내다 파는 것. 《우리 가게는 작년보다 매출이 늘었다.》 반매입.

매출액 (賣出額) 가게나 회사에서 매출로 번 돈.

매캐하다 연기나 곰팡이 냄새 들이 맵고 싸하다.《비닐봉지가 타면서 나는 매캐한 연기에 숨쉬기가 어려웠다.》

매콤하다 매운 느낌이나 맛이 있다.《매콤한 떡볶이》

매통 벼 껍질을 벗기는 데 쓰는 농기구. 위쪽에 벼를 넣고 손잡이를 돌리면 아래로 내려오면서 껍질이 까진다.

매트 (mat) 1. 흙이나 물기를 닦으려고 문 앞에 깔아 놓는 깔개. 2. 체조, 레슬링 같은 운동을 할 때 바닥에 까는 두껍고 푹신한 물건. 북체조깔개. 3.→ 매트리스.

매트리스 (mattress) 침대 위에 까는 두꺼운 요. 대개 직사각형으로 생겼는데 용수철이나 스펀지 같은 것을 넣어 푹신푹신하다. 같매트.

매표구 (賣票口) 입장권이나 차표 들을 파는 창구.

매표소 (賣票所) 입장권이나 차표 들을 파는 곳.

매한가지 서로 같은 것.《사람이나 동물이나 제 새끼를 사랑하는 마음은 매한가지이다.》같매일반. 비마찬가지.

매함지 맷돌을 올려놓기 좋게 둥글고 넓적한 함지.

매형 (妹兄) 누나의 남편. 참매제.

매혹 (魅惑) 사람 마음을 사로잡아 홀리는 것. **매혹하다**《구슬픈 노랫가락이 듣는 사람을 매혹한다.》**매혹되다**

매화 (梅花) 매실나무에 피는 꽃. 이른 봄에 잎보다 먼저 핀다.

매화노루발 숲 속에서 자라는 풀. 5~7월에 흰 꽃 한두 송이가 아래를 보고 핀다. 북매화노루발풀.

매화말발도리

매통

맥문동

매함지

매화

매화노루발

매화말발도리 산기슭 바위틈에 자라는 잎지는나무. 4~5월에 흰 꽃이 피고, 종처럼 생긴 열매가 열린다. 우리나라에서만 자란다.

매회 (每回) 한 회 한 회. 또는 회마다.《이 만화 영화에는 매회 새로운 주인공이 등장한다.》

맥 (脈) 1. 서로 통하거나 이어지는 흐름이나 줄기.《전통 놀이의 맥이 끊어지지 않게 나라에서 힘써야 한다.》 2. 움직이는 데 필요한 힘.《날이 너무 더워서 그런지 아이들 모두 맥이 없어 보인다.》 3.→ 맥박.《한의사 선생님이 동생 손목을 잡고 맥을 짚어 보신다.》

맥놀이 서로 다른 두 소리가 합쳐져서 소리가 커졌다 작아졌다 하는 일. 북맥노리.

맥락 (脈絡) 일이나 내용 앞뒤를 이어주는 줄기나 흐름.《앞뒤 문단의 맥락이 통하지 않아서 내용을 알 수 없다.》

맥문동 낮은 산이나 숲 속 그늘진 곳에 자라는 풀. 잎은 가늘고 긴데, 여름에 엷은 자주색 꽃이 핀다. 뿌리 끝이 덩이를 이루는데, 이것을 약으로 쓴다.

맥박 (脈搏) 심장이 오므라졌다 펴졌다 할 때마다 심장에서 나오는 피가 핏줄에 닿아서 생기는 움직임. 같맥.

맥없이 기운 없이.《더위에 지친 아이들은 맥없이 쓰러졌다.》

맥적다 북 1. 조금 어색하고 부끄럽다.《한바탕 싸우고 났더니 동무 얼굴 보기가 맥적었다.》 2. 심심하고 재미가 없다.《난 맥적은 만화는 싫어.》

맥주 (麥酒) 엿기름 즙에 홉이라는 풀을 섞어서 향기와 쓴맛이 나게 한 뒤에 발효시킨 술.

맨 가장 여럿 가운데 가장.《내 짝이 맨 먼저 학교에 온다.》

맨 모조리 다른 것은 없이 오로지 하나만.《언니 책에는 그림은 없고 맨 글자뿐이네.》

맨- 붙는 말 어떤 낱말 앞에 붙어, '다른 것이 없는'이라는 뜻을 더하는 말.《맨바닥/맨주먹》

맨가슴 아무것도 입지 않아 맨살이 드러난 가슴.《의사 선생님이 동생의 맨가슴에 청진기를 대고 진찰하신다.》

맨눈 안경, 현미경, 망원경 들이 없이 직접 보는 눈.《너무 작아서 맨눈으로는 보이지 않는 벌레도 있어.》 같육안.

맨드라미 꽃을 보려고 심어 가꾸는 풀. 줄기는 곧은데 붉은빛을 띠고, 여름에 닭의 볏처럼 생긴 붉은색, 노란색, 흰색 꽃이 핀다. 북맨드래미.

맨드라미

맨땅 아무것도 깔지 않은 땅.

맨몸 1.→ 알몸. 2.짐이나 돈이 전혀 없는 상태를 빗대어 이르는 말.《집 앞이라 맨몸으로 나왔어.》 비맨손.

맨바닥 아무것도 깔지 않은 바닥.《아이들은 강당 맨바닥에 앉았다.》

맨발 아무것도 신지 않은 발.《맨발로 마당에 나가면 안 돼.》

맨발 벗고 나서다 관용 어떤 일에 선뜻 나서다.《누나는 남을 돕는 일이라면 맨발 벗고 나선다.》

맨밥 반찬 없이 먹는 밥.

맨션 (mansion) 크고 호화로운 아파트.

맨손 1.아무것도 들거나 끼지 않은 손.《맨손으로 물고기를 잡을 수 있을까?》

2.돈이나 물건이 전혀 없는 상태를 빗대어 이르는 말.《삼촌은 맨손으로 사업을 시작했다.》 비맨몸.

맨손 체조 도구나 기구 없이 하는 체조. 참기계 체조.

맨송맨송 1.바탕에 아무것도 없이 반반한 모양. 2.술을 마시고도 취하지 않고 정신이 말짱한 모양. **맨송맨송하다**《맨송맨송한 턱/아빠는 술을 많이 마셨는데도 정신이 맨송맨송하시대요.》

맨입 1.아무것도 먹지 않은 입. 2.어떤 일에 대한 대가로 아무것도 치르지 않는 것을 빗대어 이르는 말.《그런 중요한 얘기를 맨입으로 해 줄 수는 없지.》

맨제기 한 발로 제기를 한 번 차고 발을 땅에 댔다가 또 차기를 되풀이하는 것.

맨주먹 1.무기나 도구를 아무것도 갖지 않은 주먹.《맨주먹으로 싸워서는 저들을 이길 수 없어요.》 2.어떤 일을 하려는 준비가 전혀 안 되어 있는 상태를 빗대어 이르는 말. 비빈주먹.

맨홀 (manhole) 상하수도 시설이나 전깃줄 들을 살피거나 고치려고 땅속에 판 구멍.

맴 제자리에서 빙빙 도는 짓. 또는 그런 장난.《맴을 돌고 나면 세상이 빙글빙글 도는 것 같다.》

맴돌다 1.제자리에서 뱅글뱅글 돌다.《뱅글뱅글 맴도는 팽이》 2.어떤 곳의 둘레를 둥글게 돌다.《운동장을 왜 자꾸 맴도는 거니?》 3.어떤 일이 더 나아지지 못하고 한자리에 계속 머물다.《공부를 전혀 하지 않으니 성적이 꼴찌에서 맴도는 거지.》 4.어떤 모습이나 생각이 되풀이하여 떠오르다.《별일 아닌 것 가지고 동무한테 화를 낸 기억이 머릿속에서 맴돈다.》^바맴도는, 맴돌아, 맴돕니다.

맴맴 1.매미가 우는 소리. ^본매암매암. 2.아이들이 맴돌면서 놀 때 하는 소리. 또는 그 모양.《고추 먹고 맴맴, 달래 먹고 맴맴.》

맵다 1.고추나 겨자 맛처럼 혀가 얼얼하고 화끈거리는 맛이 있다.《매운 음식은 잘 못 먹어요.》2.연기나 냄새 때문에 눈이나 코가 따갑다.《양파 껍질을 까다가 눈이 매워서 혼났어.》3.날씨나 바람이 매우 차다.《겨울바람이 맵다.》^바매운, 매워, 맵습니다.

맵사리 바닷가 바위나 자갈 밑에 붙어서 사는 고둥.

맵사리

맵시 모양새나 차림새가 보기 좋고 예쁜 것.《맵시 있는 옷차림》

맵싸하다 혀나 코가 얼얼하게 맵다.《고추를 한 입 베어 물었더니 맵싸한 맛이 난다.》^북맵사하다.

맷돌 곡식을 가는 데 쓰는 기구. 돌 두 개를 포개고 윗돌에 난 작은 구멍에 곡식을 넣으면서 손잡이를 돌려서 간다. ^북망돌, 매돌, 연자망.

맷돌

맷방석 맷돌 밑에 까는 방석. 짚으로 둥글게 짜고, 맷돌에 갈려서 나오는 곡식 알갱이를 받는 데 쓴다.

맷방석

맷집 매 맞는 일을 잘 견디는 힘.《맷집이 좋다./맷집이 약하다.》

맹견 (猛犬) 매우 사나운 개.

맹꽁맹꽁 맹꽁이가 우는 소리.

맹꽁이 1.낮에는 땅속에 있다가 밤에 나와서 벌레를 잡아먹는 동물. 개구리

맹꽁이

와 비슷하게 생겼는데 좀 더 뚱뚱하고 물갈퀴가 없다. 2.똑똑하지 못하고 말과 행동이 답답한 사람을 놀리는 말.

맹랑하다 1.어린아이가 하는 짓이 야무지고 깜찍하다.《그 꼬마 참 맹랑하구나.》2.어떤 일이 엉뚱하고 얼토당토않다.《일이 맹랑하게 돌아가네.》

맹렬하다 아주 사납고 세차다.《맹렬한 기세》

맹맹하다 코가 막혀서 말할 때 콧소리가 나고 숨쉬기 갑갑하다.《감기가 들었는지 코가 맹맹하다.》

맹목적 (盲目的) 아무 기준 없이 덮어놓고 무작정 하는. 또는 그런 것.

맹물 1.아무것도 타지 않은 물. 2.하는 짓이 야물지 못하고 싱거운 사람을 빗대어 이르는 말.《화도 못 내고 사람이 왜 그렇게 맹물이야?》

맹세 어떤 일을 꼭 하겠다고 다짐하는 것.《굳은 맹세》 **맹세하다**《다시는 거짓말을 하지 않겠다고 맹세했다.》

맹수 (猛獸) 다른 짐승을 잡아먹고 사는 힘세고 사나운 짐승.

맹신 (盲信) 옳은지 그른지 따져 보지 않은 채 덮어놓고 믿는 것. **맹신하다**《재미로 보는 새해 운세를 맹신하는 것은 좋지 않다.》

맹연습 (猛練習) 아주 열심히 연습하는 것.《축구부 아이들이 대회를 앞두고 맹연습에 들어갔다.》 **맹연습하다**

맹위 (猛威) 아주 거칠고 사나운 기세.《중부 지방에 닥친 추위가 일주일 동안이나 맹위를 떨쳤다.》

맹인 (盲人) → 장님.

맹장 (盲腸) 작은창자와 큰창자 사이

에 있는 창자.

맹장염 (盲腸炎) 맹장에 생기는 염증.

맹종 (盲從) 옳은지 그른지 따져 보지 않은 채 덮어놓고 따르는 것. **맹종하다**

맹종죽 밭에 심어 가꾸는 늘 푸른 식물. 잎은 좁고 긴데 끝이 뾰족하다. 4월에 올라오는 죽순을 먹는다. 북죽신대.

맹추 멍청한 사람을 낮추어 이르는 말.

맹탕 1.아주 싱거운 국물.《국이 맹탕이야.》 2.말이나 하는 짓이 싱거운 사람을 빗대어 이르는 말.

맹호 (猛虎) 사나운 호랑이.

맹활약 (猛活躍) 눈부시게 뛰어난 활약. **맹활약하다**

맺다 1.실이나 끈 같은 것을 엮어서 매듭을 짓다.《이모한테서 매듭을 예쁘게 맺는 방법을 배웠다.》 2.관계나 인연을 이루거나 짓다.《평화 조약을 맺다.》 3.어떤 일을 마무리하다.《그러면 이 정도로 말을 맺고 투표를 시작하겠습니다.》 4.열매, 꽃망울, 물방울 같은 것이 생기다.《이 나무가 열매를 맺으려면 여름이 지나야 한다.》

맺고 끊은 듯하다 관용 일솜씨가 빈틈없다.《새별이는 무슨 일이든지 맺고 끊은 듯하게 뒷마무리를 잘한다.》

맺히다 1.열매나 꽃망울 들이 생기다.《개나리에 꽃망울이 맺혔어요.》 2.이슬, 땀 같은 물기가 방울방울 매달리다.《이슬이 맺힌 꽃잎》 3.나쁜 감정이 마음속에 응어리로 남다.《마음속에 맺힌 한을 풀다.》 4.살에 피가 뭉치거나 엉기다.《종아리에 피가 맺힐 만큼 심하게 회초리를 맞았다.》

머금다 1.물 같은 것을 입에 넣고 삼키

맹종죽

머루

지 않은 채로 있다.《할머니는 물을 입 안에 머금었다가 내뿜어 가면서 다림질을 하신다.》 2.눈에 눈물이 고이다.《동생이 눈물을 머금고 나를 바라보았다.》 3.식물이 이슬, 빗물 들을 받아서 지니다.《아침 이슬을 머금은 풀잎》 4.웃음이나 느낌을 얼굴에 살짝 띠다.《할머니는 줄곧 웃음을 머금고 계셨다.》 5.기운이나 냄새 들을 지니다.《소금기를 머금은 바닷바람》

머나멀다 아주 멀다.《삼촌은 머나먼 아프리카로 유학을 갔다.》

머루 산골짜기 숲 속에 자라는 잎 지는 덩굴나무. 포도나무와 비슷하게 생겼고, 작은 포도처럼 생긴 짙은 자줏빛 열매가 송이를 이루어 열린다. 열매는 먹거나 술을 담근다.

머룩머룩 |북 큰 눈이 생기 없이 멀건 모양. **머룩머룩하다**

머리 1.눈, 코, 입, 귀 들이 있는 목의 윗부분. 또는 이마 위쪽 부분.《짝꿍이 선생님의 물음에 잘 모르겠다면서 머리를 긁적였다.》 2.생각하고 이해하고 판단하는 힘이나 슬기.《내 동생은 나보다 머리가 훨씬 좋은 것 같아.》 비두뇌. 3.→머리털. 4.어떤 것의 맨 처음. 또는 어떤 일의 시작.《머리를 잘 잡아서 일을 해야지.》 5.모임의 우두머리.《이 모임의 머리가 누구니?》

머리가 크다 관용 나이가 들다.《이제 머리가 컸다고 제멋대로 하는 거니?》

머리를 깎다 관용 중이 되다.《저 스님은 고등학교를 마치고 나서 머리를 깎으셨대.》

머리를 모으다 관용 여러 사람의 의견을

모으다.《우리가 머리를 모아서 동무를 도울 방법을 찾자.》

머리를 숙이다 ^{관용} 1.남의 뜻에 고분고분 따르다.《아무 잘못도 없는데 머리를 숙일 수는 없어.》2.우러러보는 마음을 나타내다.《신채호 선생님 전기를 읽으면서 머리를 숙이게 되었다.》

머리를 식히다 ^{관용} 들뜬 마음을 차분하게 가라앉히다.《잠깐 머리를 식히고 나서 다시 공부하자.》

머리를 짜다 ^{관용} 애써서 궁리하다.《아무리 머리를 짜내도 좋은 수가 떠오르지 않아.》^비머리를 짜내다.

머리글자 어떤 낱말의 맨 앞에 있는 글자.《'충청도'는 충주와 청주의 머리글자를 합쳐서 지은 이름이다.》

머리꼭지 머리 맨 위쪽 한가운데.

머리끝 머리의 끝.《명식이는 화가 머리끝까지 나서 고함을 쳤다.》

머리끝이 쭈뼛쭈뼛하다 ^{관용} 아주 무섭다.《외갓집에서는 변소에 갈 때마다 머리끝이 쭈뼛쭈뼛해요.》

머리띠 머리에 매거나 두르는 띠. 흔히 멋을 부리거나 머리카락이 흘러내리지 않게 하려고 맨다.

머리말 글이나 책 맨 앞에 쓰는 글. 글의 내용과 목적 들을 간단하게 쓴다. ^같서문.

머리맡 누운 사람 머리 위쪽이나 언저리.《곰이는 읽던 책을 머리맡에 놓고 잠들었습니다.》

머리방 ^{|북} 안방 뒤에 붙은 방.

머리빗 머리카락을 빗는 데 쓰는 물건.

머리뼈 머리에 있는 골을 감싼 뼈. ^같두개골.

머리채 길게 늘어뜨린 머리털. ^북머리태.

머리카락 머리털 가닥.《요즘 머리카락이 많이 빠져요.》^준머리칼.

머리카락이 곤두서다 ^{관용} 아주 무섭거나 조마조마하다.《귀신이 나오는 장면에서는 머리카락이 곤두섰어.》

머리칼 → 머리카락.

머리털 사람 얼굴 위쪽과 뒤쪽에 난 털. ^같머리.

머리통 1.머리 둘레. 2.'머리'를 낮추어 이르는 말.

머리핀 머리를 꾸미거나 머리카락이 흘러내리지 않게 하려고 꽂는 핀.

머릿결 머리카락 상태.《부드러운 머릿결/머릿결이 곱다.》

머릿돌 흔히 큰 건물 앞에 세우는 돌. 건물을 지은 사람, 다 지은 날짜 들을 새긴다.

머릿속 생각이나 상상 들을 한다고 여겨지는 머리의 안.《여러 가지 걱정으로 머릿속이 복잡해졌다.》

머무르다 1.움직이거나 나아가던 것이 멈추다.《차가 다리 위에 한동안 머물러 있었다.》^준머물다. 2.어떤 곳에서 잠깐 묵거나 살다.《삼촌은 일본에 몇 달 더 머무르기로 했대요.》^준머물다. ^비묵다. 3.좀 더 나아지지 못하고 어떤 수준이나 범위에 그치다.《우리 팀은 준우승에 머무르고 말았다.》^준머물다. ^바머무르는, 머물러, 머무릅니다.

머물다 → 머무르다. ^바머무는, 머물어, 머뭅니다.

머뭇- 말이나 행동을 선뜻 하지 못하고 망설이는 모양. **머뭇거리다 머뭇대**

다 머뭇머뭇《철수는 머뭇머뭇하다가 겨우 말문을 열었다.》

머슴 옛날에 농사짓는 집에서 먹고 자면서 농사일과 집안일을 거들던 사람.

머슴살이 남의 집에서 머슴 노릇을 하는 것.《땅을 잃은 농민들은 머슴살이도 마다하지 않았다.》**머슴살이하다**

머쓱하다 1.멋없이 지나치게 키가 크다.《삼촌은 키만 머쓱하게 크지 힘은 없어.》 2.무안을 당해서 어색하고 겸연쩍다.《열심히 노래를 불렀는데 아무도 박수를 안 쳐서 머쓱했다.》

머위 축축한 들판에 자라거나 밭에 심어 가꾸는 풀. 4~5월에 연노란 꽃이 피고 잎자루와 어린잎을 나물로 먹는다.

머위

머지다 연줄이 저절로 끊어지다.《연줄이 머지는 바람에 연이 어디론가 날아갔다.》

머지않아 오래 지나지 않아. 또는 이제 곧.《머지않아 해가 뜰 거야.》 **같** 조만간.

머큐로크롬 (mercurochrome) 살갗에 상처가 났을 때 바르는 붉은 빛깔 소독약.

머플러 (muffler) → 목도리.

먹 붓글씨를 쓰거나 그림을 그릴 때 쓰는 도구. 검은 물감을 네모나게 굳힌 것으로 벼루에 물을 붓고 갈면 먹물이 나온다.

먹구렁이 → 누룩뱀.

먹구름 1.비나 눈을 품은 몹시 검은 구름.《먹구름이 몰려오더니 소나기가 쏟아졌다.》 2.좋지 않은 상태를 빗대어 이르는 말.《석유 값이 자꾸 올라 경제에 먹구름을 드리우고 있다.》

먹다 ^{밥을} 1.먹을 것을 씹거나 삼켜서 배 속에 넣다.《과자를 먹다./약을 먹다.》 **높** 잡수시다. 2.연기나 가스 들을 들이마시다.《어제 옆집 부부가 연탄 가스를 먹고 병원에 실려 갔다.》 3.어떤 마음이나 느낌을 품다.《다음 달부터 장구를 배우기로 마음을 먹었다.》 4.나이가 많아지거나 어떤 나이에 이르다.《나이를 얼마나 더 먹어야 어른이 될까?》 5.흔히 '마음', '겁'과 함께 써서, 의지나 감정을 품다.《커다란 개를 보자 동생이 겁을 먹고 주춤주춤 물러섰다.》 6.벌레가 식물이나 물건을 상하게 하다.《벌레 먹은 사과/좀 먹은 옷》 7.괴로운 일을 당하거나 남한테서 욕을 듣다.《골탕을 먹다./애를 먹다.》 8.높은 점수, 등수, 자리 들을 얻다.《우리 팀이 일등을 먹었다.》 9.축구, 농구 같은 운동 경기에서 상대편에게 골을 내 주다.《5분 동안 두 골이나 먹다니 정말 어처구니가 없다.》 10.어떤 것에 물, 기름 같은 것이 스며들다.《물 먹은 솜은 마른 솜보다 훨씬 무겁다.》 11.편을 나누다.《다섯 명씩 편을 먹고 닭싸움을 했다.》 12.형편이 좋지 못하거나 행동이 몹시 지나치다는 것을 힘주어 나타내는 말.《못된 양반은 하인들을 짐승처럼 부려 먹었다.》

먹다 ^{귀가} 소리를 잘 듣지 못하게 되다. 또는 코가 막혀서 냄새를 맡지 못하게 되다.《나 귀 먹지 않았어./독감에 걸린 동생이 코 먹은 소리로 대답했다.》

먹먹하다 1.귀가 먹은 듯하다.《삼촌은 늘 귀가 먹먹할 만큼 음악을 크게 튼다.》 2.어떤 느낌이 복받쳐 가슴이 답

답하다.《오랜만에 고향 소식을 들으니 가슴이 먹먹했다.》

먹물 1.벼루에 먹을 갈아서 만든 검은 물. ᄫ먹즙. 2.먹 빛깔처럼 검은 물.《오징어가 먹물을 내뿜으면서 도망친다.》

먹물버섯 풀밭이나 길가에 모여나는 버섯. 갓은 종처럼 생겼고 잿빛이다. 주름은 처음에 흰색인데 점점 먹물 색처럼 바뀌다가 녹아서 떨어진다. 먹는 버섯이다.

먹물버섯

먹보 음식을 많이 먹는 사람을 놀리는 말. ᄫ먹석이.

먹색 먹물처럼 검은 색깔.

먹성 먹을거리를 잘 먹는 성질.《내 동생은 먹성이 좋다.》

먹솜 ᅵᄫ 먹물에 담근 솜 덩어리. 흔히 탁본이나 판화를 할 때 쓴다.

먹을거리 밥이나 떡과 같은 여러 가지 먹을 것.

먹음먹이 ᅵᄫ 1.음식을 먹는 양이나 태도.《심하게 체하고 난 뒤에 동생의 먹음먹이가 많이 줄었다.》 2.가리지 않고 아무거나 잘 먹는 성미.《오빠는 먹음먹이가 참 좋아.》

먹음직스럽다 보기에 참 먹음직하다. ᄬ먹음직스러운, 먹음직스러워, 먹음직스럽습니다.

먹음직하다 먹을거리가 맛있을 듯하다.《먹음직한 사과》

먹이 짐승이 살아가려고 먹는 모든 것. 참모이.

먹이 그물 먹이 사슬이 가로세로로 얽혀서 그물처럼 엉켜 있는 것.

먹줄왕잠자리

먹중탈
_양주 별산대놀이

먹이다 1.남한테 먹을 것을 먹게 하다.《고모가 아기한테 젖을 먹인다.》 2.남

한테 괴로운 일을 당하게 하거나 욕을 먹게 하다.《동생이 쓸데없는 고집을 부리면서 애를 먹인다.》 3.소, 말, 돼지 같은 집짐승을 먹이를 주어 기르다.《소 먹이는 집에서는 날마다 꼴을 베어야 한다.》 4.어떤 것에 물, 기름 들을 스며들게 하다.《옛날에는 면으로 된 옷에 풀을 먹여서 다림질했다.》

먹이 사슬 생물끼리 서로 먹고 먹히는 관계가 사슬처럼 이어지는 것. 같먹이 연쇄.

먹이 연쇄 → 먹이 사슬.

먹이 피라미드 먹이 사슬에 따른 생물의 수와 양을 나타내는 피라미드 꼴 관계. 위로 올라갈수록 수가 적어진다.

먹잇감 먹이가 될 만한 것.《먹잇감을 찾다./먹잇감을 놓치다.》

먹장구름 비나 눈을 품은 시커먼 구름.

먹줄왕잠자리 연못이나 저수지 가까이에 많은 잠자리. 머리에 검은 'T' 꼴 무늬가 있고, 배가 검다.

먹중 1.검은 물을 들인 웃옷을 입은 중. 2.봉산 탈춤, 양주 별산대놀이, 송파 산대놀이 들에 나오는 중.

먹중탈 본산대놀이, 송파 산대놀이 들에 나오는 먹중이 쓰는 탈.

먹지 한쪽이나 양쪽 면에 먹칠을 한 종이. 아래위에 종이를 대고 글씨를 쓰면 똑같이 찍힌다.

먹칠 1.먹으로 칠하는 일. 또는 먹처럼 검게 칠하는 일.《그날 밤하늘은 먹칠이라도 한 것처럼 새까맸다.》 2.명예를 더럽히거나 체면을 깎는 짓을 빗대어 이르는 말.《부모님 얼굴에 먹칠을 할 셈이냐!》 **먹칠하다**

먹통 1. 먹물을 담는 통. 2. 목수나 석수가 먹줄을 치는 데 쓰는 나무 그릇.

먹히다 1. 짐승한테 잡혀서 먹이가 되다. 《얼룩말이 악어한테 잡혀서 먹히는 장면은 정말 끔찍했다.》 2. 먹을 것을 잘 먹다. 또는 저절로 먹게 되다. 《콩나물국이 좀 짜다 싶더니 자꾸만 물이 먹힌다.》 3. 어떤 일을 하는 데 돈이 들다. 《전화 수리비가 싸게 먹혀서 다행이다.》 4. 자기 말이 남한테 받아들여지다. 《수철이한테는 내 충고가 잘 먹히지 않을 것 같아.》

먼동 해가 뜰 무렵의 동쪽 하늘. 《할아버지는 먼동이 틀 무렵이면 늘 산책을 나가신다.》

먼 바다 1. 뭍에서 멀리 떨어진 바다. **참**앞바다. 2. 일기 예보에서 우리나라에서 멀리 떨어진 바다를 이르는 말. 동해와 제주도는 20킬로미터, 서해와 남해는 40킬로미터 바깥쪽에 있는 바다를 가리킨다. **참**앞바다.

먼발치 조금 멀리 떨어져 있는 곳. 《동생이 노는 모습을 먼발치에서 바라보다가 돌아왔다.》

먼빛 멀리서 언뜻 보이는 모양. 《진수는 키가 커서 먼빛으로도 알 수 있어.》

먼산 멀리 있는 산. 《누나는 우두커니 먼산만 바라보고 있다.》

먼저 1. 앞선 때. 또는 지난번. 《먼저보다 더 잘 그렸네.》 **반**나중. 2. 앞서서. 《할아버지 먼저 잡수세요.》 **반**나중.

먼지 공중에 떠다니다가 물건에 쌓이는 아주 작고 가벼운 티끌. 《책상 위에 먼지가 뽀얗게 쌓였다.》

먼지떨이 먼지를 떠는 도구. 긴 막대기 끝에 술이 달려 있다.

먼지발 |북 사람, 짐승, 차 같은 것이 빨리 지나가면서 길게 일으키는 먼지. 《낡은 버스가 먼지발을 일으키면서 시골 길을 달린다.》

멀거니 생각 없이 멍하니 바라보는 모양. 또는 한자리에 우두커니 있는 모양. 《형이 공부를 하다 말고 멀거니 앉아 있다.》

멀겋다 1. 국이나 죽 같은 것이 묽다. 《김치찌개가 멀건 것이 맛없어 보인다.》 2. 물 같은 것이 조금 흐리다. 《하수구에서 멀건 물이 쏟아져 나온다.》 3. 눈빛이 흐릿하고 멍하다. 《형의 멀건 눈을 보니 자다가 방금 깬 모양이다.》 **바**멀건, 멀게, 멀겋습니다.

멀다 거리가 1. 거리가 많이 떨어져 있다. 《학교가 너무 멀어서 걸어 다니기는 어렵겠다.》 **반**가깝다. 2. 과거나 미래의 어느 때까지 이르는 시간이 오래다. 《아주 먼 옛날에는 사람도 짐승처럼 살았을까?》 **반**가깝다. 3. 사이가 벌어져 서먹서먹하거나 관계가 가깝지 않다. 《은경이와 다투고 나서 그 애가 멀게 느껴졌다.》 **반**가깝다. 4. 어떤 수준에 이르기에 한참 모자라다. 《나를 따라오려면 아직 멀었어.》 5. 소리가 뚜렷하지 않거나 작다. 《전화 소리가 너무 멀어요.》 **바**먼, 멀어, 멉니다.

먼 산을 보다 **관용** 할 일을 하지 않고 멍하니 딴 데를 보다. 《야, 먼 산 보지 말고 숙제나 열심히 해.》

먼 사촌보다 가까운 이웃이 낫다 **속담** 가까이 지내는 이웃이 멀리 있는 친척보다 더 도움이 된다는 말.

멀다 눈이 앞을 보지 못하게 되다. 또는 소리를 듣지 못하게 되다. 《그분은 눈도 멀고 귀도 멀었지만 존경받는 사업가가 되었다.》 ^바머는, 멀어, 멉니다.

멀뚱- 눈을 둥그렇게 뜨고 아무 생각 없이 쳐다보는 모양. **멀뚱거리다 멀뚱대다 멀뚱하다 멀뚱멀뚱** 《예은이가 울음을 터뜨려도 반 아이들은 멀뚱멀뚱 보고만 있었다.》

멀리 먼 곳으로. 또는 멀게 떨어져서. 《기차가 멀리 떠나갔다.》 ^반가까이.

멀리던지기 공을 멀리 던지는 운동.

멀리뛰기 누가 가장 멀리 뛰었는지 겨루는 경기. ^북너비뛰기.

멀리멀리 아주 멀리. 《종소리가 멀리 멀리 퍼져 간다.》

멀리하다 1. 어떤 것을 삼가거나 피하다. 《아빠는 술을 멀리하신다.》 ^반가까이하다. 2. 남과 사이를 두고 친하게 지내지 않다. 《이웃을 멀리하는 건 바람직하지 않아.》 ^반가까이하다.

멀미 자동차, 배, 비행기 같은 탈것이 흔들릴 때 생기는 메스껍고 어지러운 느낌. 《다섯 시간이 넘게 차를 탔더니 멀미가 난다.》 **멀미하다**

멀쑥하다 키가 멋없이 홀쭉하게 크다. 《사촌 오빠는 키만 멀쑥해요.》

멀쩡하다 1. 흠이나 탈이 없다. 또는 처음 그대로이다. 《식탁에서 떨어뜨렸는데도 그릇이 멀쩡했다.》 ^참말짱하다. 2. 정신이 맑고 또렷하다. 《몸은 지쳤어도 정신은 멀쩡해.》 ^참말짱하다.

멀찍이 꽤 멀리. 《사나운 개를 피해 멀찍이 돌아서 갔다.》

멀티미디어 (multimedia) 소리, 글

자, 그림 들을 한데 담은 매체.

멈추다 1. 하던 일이나 움직임을 그치다. 《선생님은 갑자기 말을 멈추고 눈을 지그시 감으셨다.》 ^비멎다. 2. 움직이던 것이 서다. 《버스가 갑자기 멈추는 바람에 넘어질 뻔했다.》 ^비멎다. 3. 비, 눈 들이 그치다. 《책방에서 비가 멈추기를 기다렸다.》 ^비멎다.

멈칫 하던 것을 갑자기 멈추는 모양. **멈칫거리다 멈칫대다 멈칫하다 멈칫 멈칫** 《뒤에서 누가 내 이름을 부르는 것 같아서 멈칫했다.》

멋 생김새, 차림새, 행동 들에서 나타나는 아름다움이나 맵시. 《한복의 멋/전통 음악의 멋》

멋대로 자기가 하고 싶은 대로. 《박물관에서 멋대로 돌아다니면 안 돼요.》 ^비마음대로.

멋들어지다 아주 멋스럽다. 《노래 한 곡 멋들어지게 불러 보렴.》

멋모르다 형편이나 까닭을 잘 모르다. 《멋모르고 풋고추를 씹었다가 입에서 불이 나는 줄 알았다.》 ^바멋모르는, 멋몰라, 멋모릅니다.

멋스럽다 멋있는 느낌이 있다. 《춤사위 하나하나가 참 멋스럽구나!》 ^바멋스러운, 멋스러워, 멋스럽습니다.

멋없다 멋이 없다. 또는 볼품이 없어 싱겁다. 《우리 삼촌은 멋없이 키만 크고 말주변도 없다.》 ^반멋있다.

멋있다 멋이 있다. 또는 보기에 좋고 맵시가 있다. 《이렇게 멋있는 모자가 어디서 났어?》 ^반멋없다.

멋쟁이 멋을 잘 부리는 사람.

멋쟁이새 낮은 산이나 숲 가장자리, 논

멋쟁이새

밭, 정원에 사는 겨울새. 수컷은 뺨과 멱이 붉은데 암컷은 붉은빛이 없다.

멋지다 아주 멋있다. 또는 썩 훌륭하다.《한복을 입으신 아빠 모습이 멋지다./정말 멋진 생각이다.》

멋쩍다 1.쑥스럽고 겸연쩍다.《여러 사람 앞에서 노래하려니 멋쩍다.》2. 하는 짓이나 모양새가 영 어울리지 않다.《체육복에 구두를 신은 삼촌 모습이 무척 멋쩍다.》❄멋적다.

멍 어디에 부딪히거나 맞아서 살갗에 퍼렇게 피가 맺힌 것.《넘어져서 다리에 멍이 들었다.》

멍게 얕은 바다 속 바위나 딱딱한 곳에 단단히 붙어서 사는 동물. 주먹만 한 크기에 붉은 껍질이 울퉁불퉁하다. ᄀᆯ우렁쉥이.

멍군 장기에서 상대방의 장군을 막는 수. 또는 장군을 막을 때 외치는 말.《삼촌은 "멍군이오!" 하면서 내 공격을 막아 냈다.》❄장군.

멍들다 마음이 다치다. 또는 속이 상하다.《엄마 가슴을 멍들게 하면 못 써.》❄멍드는, 멍들어, 멍듭니다.

멍멍 개 짖는 소리.

멍멍하다 1.귀가 먹은 듯 소리가 울리면서 멍하다.《높은 산에 올라가면 귀가 멍멍하다.》2. 얼이 빠진 것처럼 어리둥절하다.《할아버지가 호통 치시는 까닭을 몰라 멍멍하게 서 있었다.》

멍석 짚으로 엮은 큰 깔개. 곡식을 널어 말리거나 마당에 펴서 깔고 앉는 데 쓴다. ❄덕석:

멍석을 깔다 관용 어떤 일을 할 수 있게 자리를 마련하다.《이모는 혼자서는

멍석딸기

멍게

멍석

노래를 잘하다가도 멍석 깔아 주면 안 하더라.》

멍석딸기 산기슭이나 밭둑에 자라는 잎지는나무. 가시 돋은 줄기가 땅 위에 누워서 뻗는다. 여름에 붉게 익은 열매를 먹는다.

멍석말이 옛날에 양반 집에서 아랫사람을 벌주려고 멍석에 말아 몽둥이로 때리던 일.

멍에 1.수레나 쟁기를 끌게 하려고 소나 말 목에 얹는 둥글게 휜 나무 막대기.《멍에를 씌우다.》2.마음을 짓누르는 괴로운 일을 빗대어 이르는 말.《그 할아버지는 매국노의 자식이라는 멍에를 쓰고 살아왔다.》

멍울 1.물에 녹지 않고 엉긴 작고 둥근 덩어리.《미숫가루가 덜 풀렸는지 멍울이 씹힌다.》❄망울. 2.살갗 속에 생기는 작은 덩어리.《삼촌은 겨드랑이에 생긴 멍울 때문에 병원에 다닌다.》

멍울멍울 멍울이 둥글둥글하게 엉기거나 뭉친 모양.

멍청이 멍청한 사람. ᄀᆯ멍텅구리.

멍청하다 1.하는 짓이 어리석다. 또는 둔하고 바보스럽다.《이 멍청한 녀석아, 1 더하기 1이 어떻게 3이냐!》2. 넋이 나간 듯이 어리벙벙하다.《뭘 그리 멍청하게 보는 거야?》

멍텅구리 바보 → 멍청이.

멍텅구리 물고기 → 뚝지.

멍하니 멍하게.《누나가 턱을 괴고 멍하니 앉아 있다. 》

멍하다 1.넋이 나간 것처럼 꼼짝 못하고 있다.《멍하게 서 있지 말고 엄마 일 좀 도와주렴.》2.너무 놀라 얼떨떨

하다.《갑작스런 사고 소식을 듣고 머릿속이 멍했다.》

멎다 이어지던 것이 그치다. 또는 움직이던 것이 멈추다.《곧 눈이 멎을 것 같아.》비멈추다.

메 풀 메꽃의 땅속줄기.

메 밥 제사상에 올리는 밥.

메 산 '산'을 옛날 느낌이 나게 이르는 말.

메가바이트 (megabyte) 컴퓨터에서 처리할 수 있는 정보의 양을 나타내는 말. 기호는 MB이다.

메가폰 (megaphone) → 확성기.

메기 물살이 느린 강이나 웅덩이에 사는 민물고기. 머리가 넓적하고 입이 큰데 입가에 긴 수염이 두 쌍 나 있다.

메기는소리 여럿이 민요를 부를 때 한 사람이 먼저 부르는 소리. 같앞소리.

메기다 노래하다 두 패로 나뉘어 노래할 때 한쪽에서 먼저 한 부분을 부르다.《선생님이 앞부분을 메기시면 우리가 "쾌지나 칭칭나네" 하고 받아요.》

메기다 끼우다 화살을 활시위에 끼우다.《화살을 메기고 과녁을 노려보았다.》

메꽃 밭이나 들에 절로 나서 자라는 덩굴풀. 잎은 화살촉처럼 생겼고, 여름에 나팔꽃과 비슷한 연분홍색 꽃이 핀다. 뿌리를 먹는다.

메뉴 (menu) 음식 이름과 값을 적은 표. 다식단, 차림표. 북료리차림표.

메다 막히다 1. 어떤 곳이 막히거나 꽉 차다.《인절미를 마구 먹다가 목이 메어 혼났다.》북메이다. 2. 어떤 느낌이 복받쳐서 목이 잠기다.《목이 메어서 전학 가는 동무한테 작별 인사도 건네지

메뚜기

메기

메꽃

못했다.》

메다 짊어지다 1. 물건을 어깨에 걸치거나 등에 지다.《책가방을 메고 학교에 간다.》2. 어떤 것을 책임지거나 도맡아 일하다.《어린이는 이 나라의 장래를 메고 갈 사람들이다.》

메달 (medal) 글이나 그림을 새겨서 상이나 기념품으로 주는 동그랗고 납작한 쇠붙이.

메떡 멥쌀처럼 끈기가 별로 없는 곡식으로 만든 떡. 참찰떡.

메뚜기 논밭이나 풀밭에 살면서 팔짝팔짝 뛰어다니는 곤충. 몸이 길쭉하고 몸빛은 초록색이나 누런 갈색이다.

메뚜기도 유월 한철 속담 일이 아주 잘 되어 가는 동안이 아주 짧다는 말.

메뚜기 등에 당나귀 짐 속담 능력이 모자라는 사람한테 너무 큰일을 맡기는 것을 빗대어 이르는 말.

메롱 아이들이 남을 약 올리거나 놀리려고 혀를 내밀면서 하는 말.

메리야스 무명실로 촘촘하게 짠 천. 또는 그 천으로 만든 속옷.

메마르다 1. 땅이 물기가 거의 없거나 기름지지 않다.《사막 같이 메마른 땅에서도 동물이 산대.》2. 비나 눈이 오지 않아 날씨가 건조하다.《메마른 날씨에는 산불이 나기 쉽다.》3. 살갗이 부드럽지 않고 까칠하다.《엄마의 메마른 손을 보니 괜히 눈물이 나온다.》4. 인정이나 감정이 없다.《감정이 얼마나 메말랐으면 이런 슬픈 영화를 보고도 아무 느낌이 없을까?》바메마른, 메말라, 메마릅니다.

메모 (memo) 잊으면 안 되거나 남긴

테 전할 말을 간단하게 적는 것. 또는 그렇게 적은 글. **메모하다**

메모리 (memory) 1.→ 기억 장치. 2. 기억 장치에 저장할 수 있는 자료의 양. 비트, 바이트 같은 단위로 나타낸다.

메모지 메모를 적는 종이. 또는 메모를 적은 종이.

메모판 메모지를 꽂아 두는 판이나 작은 칠판.

메밀 밭에 심어 가꾸는 풀. 늦여름에서 초가을에 희고 작은 꽃이 핀다. 열매는 거무스름하고 세모꼴인데, 가루를 내어 국수나 묵을 만들어 먹는다.

메밀

메밀국수 메밀가루로 만든 국수.

메밀눈 ㅣ북 작고 세모난 눈을 빗대어 이르는 말.

메밀묵 메밀로 쑨 묵. 메밀을 갈아서 물에 담근 뒤에 앙금을 걸러 내어 쑨다.

메부리 ㅣ북 산봉우리나 산등성이의 꼭대기. 《높은 메부리들 사이에 조각구름이 걸려 있다.》

메스 (mes네) 수술이나 해부를 할 때 쓰는 작은 칼.

메스껍다 1. 배 속이 울렁거려서 토하고 싶다. 《차에서 내려 걸으니까 메스껍던 속이 한결 나아졌다.》참매스껍다. 2. 하는 짓이 눈에 거슬려 몹시 아니꼽다. 《어찌나 잘난 척을 하는지 메스꺼워 못 보겠다니까.》참매스껍다. 바메스꺼운, 메스꺼워, 메스껍습니다.

메스실린더 둥근 기둥처럼 생긴 유리관에 눈금을 그려서 액체의 부피를 재는 실험 기구.

메슥- 먹은 것이 넘어올 것처럼 속이 울렁거리는 모양. **메슥거리다 메슥대**

다 **메슥메슥**《멀미를 해서 속이 메슥거린다.》

메시아 사람 (Messiah) 기독교에서 '예수 그리스도'를 이르는 말.

메시아 음악 (The Messiah) 독일에서 태어난 영국 작곡가 헨델이 지은 종교 음악.

메시지 (message) 어떤 사실을 알리거나 어떤 처지나 뜻을 밝히려고 보내거나 남기는 글.

메아리 소리가 산이나 동굴 벽에 부딪혀 되울려 오는 것. 《산 위에 올라가서 '야호' 하고 외치자 조금 뒤에 메아리가 들려왔다.》비산울림.

메아리치다 메아리가 울려 퍼지다.

메어치다 어깨 너머로 둘러메어 힘껏 내리치다. 《유도 결승전에서 우리 선수가 일본 선수를 메어치고 우승을 차지했다.》준메치다. 북메여치다.

메우다 구멍을 1. 구멍, 빈 곳, 뚫린 곳을 채우거나 막다. 《갈라진 담장 틈을 진흙으로 메웠다.》 2. 어떤 곳을 가득 채우다. 《시민들이 시청 앞 광장을 가득 메웠다.》

메우다 나물을 ㅣ북 1. 채소, 마른 물고기들을 간과 양념을 섞어서 버무리다. 《엄마, 오늘은 콩나물을 메워 주세요.》 2. 고명, 양념 들을 두고 국물을 부어 국수를 말다. 《할머니께서 메워 주신 국수가 이 세상에서 가장 맛있다.》

메이다 짐 같은 것이 어깨에 올려지거나 걸쳐지다. 《어깨에 메인 가방》

메이커 (maker) 1. 어떤 제품을 만든 사람이나 회사. 2. 이름난 사람이나 회사에서 만든 제품.

메스실린더

메인 스타디움 (main stadium) 주요한 경기나 행사를 치르는 큰 경기장. 둘레에 관람석이 높이 둘러 있다.

메조소프라노 성악에서 소프라노보다 낮고 알토보다 높은 여자 목소리. 또는 그 소리로 노래하는 가수. **참**소프라노, 알토. **북**녀성중음.

메주 삶은 콩을 찧어 덩이를 지어서 띄워 말린 것. 간장, 된장, 고추장 들을 담글 때 쓴다.《할머니 방 안에 메주 뜨는 냄새가 가득하다.》

메주콩 메주를 쑤는 콩.

메주틀 메주를 똑같은 모양으로 찍어 내는 나무틀.

메추라기 들판에서 풀씨나 곡식을 먹고 사는 겨울새. 누런 갈색에 검은 잔무늬가 있고, 날개는 둥글고 꽁지가 짧다. **같**메추리.

메추라기도요 바닷가 축축한 땅이나 논에 사는 나그네새. 등은 검은 갈색이고 배는 흰색인데 목에서 가슴까지 갈색 세로무늬가 있다.

메추리 → 메추라기.

메치다 → 메어치다.

메카 (Mecca) 사우디아라비아 남서쪽에 있는 도시. 이슬람교를 만든 마호메트가 태어난 곳으로, 이슬람교에서 가장 성스럽게 여기는 곳이다.

메탄가스 (methane gas) 빛깔과 냄새가 없고 불이 잘 붙는 기체.

메트로놈 (metronome) 음악의 박자를 재는 기구. 시계추처럼 똑같은 빠르기로 움직이게 되어 있다.

메틸 오렌지 (methyl orange) 물에 녹는 주황색 물질. 산성 용액에 넣으면 붉게 변한다.

멜가방 |북 어깨에 멜 수 있게 끈이 달린 가방.《노란 멜가방을 멘 유치원 꼬마들》

멜라토닌 (melatonin) 밤이 되면 많이 나와서 잠이 오게 하는 호르몬.

멜로디 (melody) → 가락.

멜로디언 (melodion) 건반 악기 가운데 하나. 입으로 바람을 불어 넣으면서 건반을 눌러 소리를 낸다.

멜론 열매를 먹으려고 심어 가꾸는 덩굴 식물. 열매는 빛깔이 푸르고 둥근데 겉에 그물 무늬가 있다. 따뜻한 지방이나 온실 안에서 기른다. **북**향참외.

멜빵 1.바지나 치마가 흘러내리지 않게 어깨에 걸치는 끈.《치마가 자꾸 흘러내려서 멜빵을 달아 입었다.》2.짐을 어깨에 걸어 메는 끈.《삼촌이 함에 멜빵을 둘러 어깨에 짊어졌다.》

멤버 (member) 모임에 든 사람. **다**구성원, 회원.

멥쌀 메벼를 찧은 쌀. **참**찹쌀.

멧닭 백두산에 사는 새. 수컷은 검은색에 푸른빛이 돌고, 닭처럼 붉은 볏이 있다. 암컷은 어두운 갈색에 얼룩무늬가 있다.

멧돼지 깊은 산에 사는 짐승. 목은 짧고 굵은데 몸통은 뻣뻣한 털로 덮여 있다. 주둥이가 길고, 수컷은 턱 양쪽에 위로 솟은 긴 송곳니가 있다. **같**산돼지.

멧마당 |북 밭 가운데에 낟알을 떨어내려고 마련한 곳.《동네 아주머니들이 멧마당에서 콩을 턴다.》

멧밭쥐 억새나 갈대밭에 사는 쥐. 우리나라에서 사는 쥐 가운데 가장 작다.

멜로디언

메주틀

메추라기도요

멧돼지

메트로놈

멧부리 산봉우리나 산등성이에서 가장 높은 곳.《뒷산 멧부리에 먹구름이 걸렸다.》

멧비둘기 산에 사는 비둘기. 깃털은 잿빛을 띤 갈색인데, 목뒤에 검은 띠가 있고 꽁지 끝에는 흰 띠가 있다. **같**산비둘기. **북**메비둘기.

멧비둘기

멧새 낮은 산이나 논밭 주위에 사는 텃새. 갈색 등에 검은 세로무늬가 있고 배는 불그스름한데, 얼굴과 목에 흰 줄무늬가 있다. **북**메새.

멧새

멧토끼 야산이나 들에 사는 토끼. 몸빛깔은 회색이고 꼬리 부분은 연한 회색을 띤 갈색이다.

멧토끼

며느리 아들의 아내.

며느리밑씻개 들이나 길가에 자라는 풀. 줄기에 가시가 많아 다른 것에 잘 붙고, 여름에 연분홍 꽃이 핀다. 어린 잎을 먹는다. **북**가시덩굴여뀌.

며느리밑씻개

며느리밥풀 알며느리밥풀, 애기며느리밥풀 들을 함께 이르는 말.

며늘아기 시부모가 '며느리'를 귀엽게 이르는 말.

며칟날 '며칠'의 본말.

며칠 1. 몇 번째 날.《오늘이 며칠인가요?》본며칟날. 2. 몇 날.《독감에 걸려서 며칠 동안 끙끙 앓았지 뭐야.》

멱 목욕 → 미역.《동무들과 개울에서 멱도 감고 가재도 잡았다.》

멱 몸 목의 앞부분.

멱둥구미 짚을 촘촘하게 엮어서 곡식이나 채소를 담는 데 쓰는 그릇.

멱둥구미

멱살 멱에 닿는 옷깃 부분. **북**멱살미.

멱서리 짚을 촘촘히 엮어 만들어서 곡식을 담는 큰 자루.

멱서리

면 넓이 (面) 1. 사물의 겉을 이루는 평평한 부분.《거실 벽 한 면에는 가족사진이 걸려 있다.》 2. 겉으로 드러나는 어떤 부분.《사회의 어두운 면을 밝히는 데 온 힘을 쏟았다.》 3. 어디를 향하고 있는 쪽.《우리나라는 삼 면이 바다로 둘러싸여 있다.》 4. 신문이나 책 들의 한쪽.《신문 1면 기사》

면 천 (綿) 솜에서 뽑은 실. 또는 그 실로 짠 천. 비면직물, 무명.

면 행정 구역 (面) 우리나라 행정 구역 가운데 하나. 시나 군에 딸려 있고, 아래에 여러 리가 있다.

면 국수 (麵) → 국수.

면담 (面談) 서로 만나서 이야기를 나누는 것.《오늘 학부모 면담 때문에 어머니가 학교에 오셨다.》 **면담하다**

면도 (面刀) 몸에 난 털을 칼로 깎는 것. **면도하다**《아빠, 수염이 많이 자랐으니 어서 면도하세요.》

면면하다 오랫동안 끊임없이 죽 이어져 오다. **면면히**《면면히 전해 내려온 전통문화를 잘 이어 나가야 해.》

면모 (面貌) 겉으로 나타나는 모습이나 됨됨이.《그 선수는 늘 최고의 탁구 선수다운 면모를 보여 준다.》

면목 (面目) 얼굴 생김새. 또는 남한테 얼굴을 들 수 있는 떳떳함이나 당당함.《너무 큰 실수를 저질러서 면목이 없어요.》 비낯, 체면.

면밀하다 빈틈없이 꼼꼼하다.《소방관들이 불이 난 까닭을 면밀하게 조사하였다.》 비치밀하다.

면박 (面駁) 잘못이나 실수를 대놓고 꾸짖어서 창피를 주는 것.《누나가 구

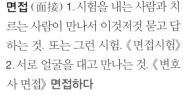

구단을 여태 못 외웠느냐고 면박을 주었다.》**면박하다**

면발 국수 가락.《면발이 가늘다.》

면봉(綿棒) 끝을 솜으로 싼 가는 막대기. 흔히 귓속이나 콧속을 닦거나 약을 바르는 데 쓴다.

면사무소(面事務所) 면의 행정을 맡아보는 관청.

면사포(面紗布) 서양식 혼례에서 신부가 머리에 쓰는 희고 얇은 천.

면상(面上) → 얼굴.

면세(免稅) 세금을 매기지 않는 것.《면세 상품》

면수(面數) 책이나 신문 같은 것의 쪽수.《잡지 면수》

면암집(勉庵集) 조선 고종 때 최익현이 쓴 시와 글을 아들이 모아 엮은 책.

면양 → 양.

면역(免疫) 1.몸속에 병균을 물리치는 물질이 생기는 것.《예방 주사를 맞으면 면역이 생겨서 독감에 걸리지 않는다.》2.같은 일이 자꾸 일어나서 아무렇지 않게 느끼는 것.《꾸지람도 자꾸 들으니까 면역이 되네.》

면역력(免疫力) 몸에 들어온 병균이나 독을 이겨 낼 수 있는 힘.

면역성(免疫性) 면역이 잘되는 성질. 또는 면역 성질이 있는 것.

면장(面長) 면사무소에서 으뜸인 사람.

면장갑(綿掌匣) 면으로 짠 장갑.

면적(面積) → 넓이.

면전(面前) 어떤 사람이 보고 있는 바로 앞.《어른들 면전에서 동생을 혼내 줄 수는 없었다.》

면접(面接) 1.시험을 내는 사람과 치르는 사람이 만나서 이것저것 묻고 답하는 것. 또는 그런 시험.《면접시험》2.서로 얼굴을 대고 만나는 것.《변호사 면접》**면접하다**

면접관(面接官) 시험 치는 사람을 직접 보면서 질문을 하고 점수를 매기는 사람.

면제(免除) 책임이나 의무를 지지 않게 해 주는 것.《세금 면제/병역 면제》**면제하다 면제되다**

면직물(綿織物) 면으로 짠 천. 비면, 무명.

면책(免責) 잘못이나 실수를 책임지지 않는 것. **면책하다 면책되다**

면하다 1.책임이나 의무를 지지 않다.《책임을 면하려고 거짓말을 늘어놓다니 정말 비겁하구나.》2.어려운 처지나 형편에서 벗어나다.《이번에도 달리기에서 꼴찌를 면하기 어렵겠지.》

면허(免許) 공공 기관에서 어떤 일을 할 자격을 주는 것. 또는 그 자격.

면허증(免許證) 면허를 받았음을 나타내는 문서.《운전면허증》

면화(棉花) → 목화.

면회(面會) 군인, 죄수, 환자 들처럼 자유롭게 나다닐 수 없는 사람을 찾아가서 만나는 것. **면회하다**

멸가치 그늘지고 축축한 숲 속에 자라는 풀. 잎 뒷면에 흰 털이 빽빽하고, 7~10월에 흰 꽃이 핀다. 어린순을 먹는다.

멸구 벼에 해를 끼치는 곤충. 애벌레는 벼 줄기 속을 파먹고 자란다. 같벼멸구.

멸균(滅菌) → 살균. **멸균하다**

멸가치

멸구

멸망 (滅亡) 나라나 겨레가 망해서 없어지는 것. **멸망하다**《고려가 멸망하고 조선이 들어섰다.》**멸망되다**

멸시 (蔑視) 남을 깔보고 무시하는 것.《멸시를 당하다.》^비경멸. **멸시하다**

멸악산맥 (滅惡山脈) 황해도를 남북으로 나누는 산맥. 구월산, 멸악산 들이 있다.

멸종 (滅種) 어떤 동물이나 식물이 모두 죽어서 깡그리 없어지는 것. **멸종하다**《공룡이 멸종한 까닭은 아직 밝혀지지 않았다.》**멸종되다**

멸치 따뜻한 물을 따라 떼를 지어 다니는 작은 바닷물고기. 등은 검푸르고 배는 은빛 나는 흰색인데 몸이 길쭉하다.

멸치

명 세는 말 (名) 사람을 세는 말.《오늘 동무 너덧 명과 영화 보러 가요.》

명 생명 (命) 1.➡ 목숨.《거북이는 명이 긴 동물이다.》2.➡ 운명.《나라의 명이 다했다.》

명 지시 (命) 윗사람이 내린 명령.《명을 어기다.》**명하다**

명견 (名犬) 똑똑하고 씨가 좋기로 이름난 개.《삽살개는 명견입니다.》

명곡 (名曲) 널리 이름난 곡. 또는 뛰어나게 잘 만든 곡.《베토벤이 지은 합창 교향곡은 명곡이다.》

명나라 1368년부터 1644년까지 중국에 있던 나라.

명년 (明年) ➡내년.

명단 (名單) 정한 틀에 따라 사람들 이름을 적은 표.《선수 명단》

명당 (明堂) 무덤을 만들거나 집을 짓기에 좋은 자리.

명도 (明度) 색이 밝고 어두운 정도.

《같은 파랑이라도 명도에 따라 느낌이 다르다.》^참채도.

명동 성당 (明洞聖堂) 서울 명동에 있는 성당. 조선 고종 때 (1898년) 지었는데, 우리나라 가톨릭교를 대표하는 성당이다.

명랑하다 됨됨이나 표정 들이 밝고 즐겁다.《개학을 하자 아이들 모두 명랑한 얼굴로 학교에 왔다.》

명량 대첩 (鳴梁大捷) 임진왜란 때 전라도 명량에서 이순신 장군이 이끈 조선 수군이 왜적을 크게 무찌른 싸움.

명령 (命令) 윗사람이 아랫사람에게 어떤 일을 시키는 것. 또는 시키는 말.《공격 명령을 내리다.》**명령하다**

명령문 (命令文) 남한테 어떤 일을 시킬 때 쓰는 문장. '밥 먹어라', '조용히 하세요' 같은 것을 이른다. ^북시킴문.

명령서 (命令書) 명령을 적은 문서.

명령어 (命令語) 1.남에게 무엇을 명령하는 말. 2.컴퓨터에 어떤 일을 하게 하는 기계 언어.

명료하다 뜻이나 내용 들이 뚜렷하다.《글을 더 간단하고 명료하게 써라.》

명륜당 (明倫堂) 서울 성균관 대학교에 있는 건물. 조선 시대에 선비들에게 유학을 가르치던 곳으로 태조 때(1398년) 성균관 북쪽에 지었다.

명망 (名望) 훌륭해서 이름이 널리 알려지고 존경받는 것.《우리 할아버지는 명망 높은 국어학자이시다.》

명맥 (命脈) 역사나 전통 들이 맥이 끊이지 않고 이어지는 것.《몇몇 장인이 전통 공예의 명맥을 이었다.》

명명하다 어떤 것에 이름을 지어 붙이

다.《이곳을 '어린이 쉼터'로 명명하면 어떨까?》**명명되다**

명목 (名目) 속사정과는 달리 겉으로 내세우는 이름이나 구실.《공원을 만든다는 명목으로 산을 깎으면 안 돼.》

명문 집안 (名門) 1.훌륭한 사람을 많이 길러 낸 이름난 집안.《율곡은 명문 집안 출신이다.》2.훌륭한 사람을 많이 길러 낸 이름난 학교.《명문 대학》

명문 글월 (名文) 아주 잘 지은 글.《이 책에는 이름난 작가의 명문이 많다.》

명물 (名物) 1.어떤 지방에서만 나는 특별한 것.《굴비는 전라도 영광의 명물이다.》2.남다른 재주가 있어서 널리 이름난 사람.《삼촌은 씨름을 잘해서 어릴 때부터 동네 명물이었대요.》

명백하다 어떤 사실이 아주 뚜렷하다.《명백한 증거 없이 남을 도둑으로 몰면 어떡해?》**명백히**

명보 (名寶) 이름난 보물.

명복 (冥福) 죽은 사람이 저승에 가서 받는다는 복.《고인의 명복을 빕니다.》

명분 (名分) 1.사람으로서 저마다 지켜야 할 도리.《할아버지는 명분을 중요하게 여기신다.》2.어떤 일을 하려고 내세우는 까닭이나 구실.《개발을 명분 삼아 자연을 망가뜨리다니.》

명사 이름 (名詞) '동무', '연필', '책', 기차'처럼 사람이나 사물의 이름을 나타내는 낱말.

명사 사람 (名士) 세상에 널리 이름이 알려진 사람.

명사수 (名射手) 총이나 활을 잘 쏘기로 이름난 사람.

명산 (名山) 경치가 좋기로 이름난 산.《지리산은 겨레의 명산이다.》

명산지 (名産地) 질 좋은 물건이 많이 나기로 이름난 곳.《제주도는 귤 명산지입니다.》

명상 (冥想) 눈을 감고 고요한 마음으로 깊은 생각에 빠지는 것.《음악을 들으면서 명상에 잠겼다.》**명상하다**

명석하다 아주 똑똑하다. 또는 머리가 무척 좋다.《김시습은 어릴 때부터 신동 소리를 들을 만큼 명석했다.》

명성 (名聲) 이름이 세상에 널리 알려지고 칭찬받는 것.《최승희는 세계에 명성을 떨친 춤꾼이다.》

명소 (名所) 아름다운 경치나 유적 들로 널리 이름난 곳.《제주도는 우리나라 최대의 관광 명소이다.》

명수 (名手) 어떤 일을 아주 잘하기로 이름난 사람.《활쏘기 명수》비명인.

명승 (名勝) 아름답기로 이름난 경치.《우리나라의 명승과 고적을 두루 구경하고 싶다.》

명승지 (名勝地) 경치가 아름답기로 이름난 곳.《강원도의 명승지로는 설악산, 금강산 같은 곳이 있다.》

명시하다 사실이나 내용 들을 글로써 분명하게 나타내 보이다.《새로이 결정한 것들을 게시판에 명시해 주십시오.》**명시되다**

명실상부하다 널리 알려진 소문과 실제 내용이 꼭 들어맞다.《저 선수야말로 명실상부한 최고 투수이다.》

명심보감 (明心寶鑑) 고려 충렬왕 때 추적이 어린이에게 바른 생활을 가르치려고 쓴 책. 중국 옛 책에서 좋은 말이나 글을 뽑아서 여러 주제에 따라 나누어 실었다.

명심하다 어떤 것을 잊지 않게 마음속에 깊이 새기다.《정직하게 살라는 할아버지 말씀을 명심해야겠다.》

명아주 햇빛이 잘 드는 길가나 들판에 자라는 풀. 줄기는 높게 자라고, 둥그스름한 세모꼴 잎이 어긋나게 난다. 어린잎은 먹고, 줄기는 지팡이를 만든다.

명아주

명암 (明暗) 1.밝고 어두운 정도를 나타내는 말. **북**검밝기. 2.기쁨과 슬픔, 행복과 불행을 함께 이르는 말.

명언 (名言) 널리 알려진 훌륭한 말.《나는 '시간은 금이다' 라는 명언을 좋아한다.》

명예 (名譽) 1.훌륭하다고 인정받은 자랑스러운 이름. 또는 그 이름에 걸맞은 높은 가치.《우리 학교 명예를 걸고 열심히 뛰겠습니다.》**비**영예. **반**불명예. 2.큰 공적을 세운 사람한테 존경의 뜻을 담아 붙여 주는 말.《명예 교수》

명예롭다 명예가 있다. 또는 명예라고 자랑할 만하다.《할아버지는 나라를 위해 싸우시다가 얻은 상처를 명예롭게 여기셨다.》**바**명예로운, 명예로워, 명예롭습니다.

명월 (明月) 아주 밝은 달.

명의 (名醫) 병을 잘 고치기로 이름난 의사.《허준은 손꼽히는 명의이다.》

명인 (名人) 재주가 뛰어나기로 이름난 사람.《대금 명인》**비**명수.

명일 (明日) → 내일.

명자나무 공원이나 뜰에 많이 심는 잎지는나무. 이른 봄에 잎보다 먼저 분홍색 꽃이 핀다. 가을에 사과만 한 열매가 누렇게 여무는데, 그대로 먹거나 술

명자나무

을 담근다.

명작 (名作) 훌륭한 작품. 또는 오랫동안 사람들이 두고두고 읽는 이름난 작품.《어린이 명작 동화》**비**걸작.

명장 장군 (名將) 널리 알려진 훌륭한 장수.《우리나라 옛 명장들로는 을지문덕, 이순신 같은 분들이 있다.》

명장 기술자 (名匠) 물건을 만드는 솜씨가 뛰어나기로 이름난 사람.《거문고 명장》

명절 (名節) 설이나 추석처럼 온 겨레가 해마다 지키면서 즐겁게 보내는 날. 식구가 모두 모여서 맛있는 것을 먹거나 놀이를 한다.

명조체 (明朝體) 가로획은 가늘고 세로획은 굵은 글씨체.

명주 (明紬) 명주실로 무늬 없이 짠 천. **비**비단.

명주매물고둥

명주매물고둥 찬 바다 속 진흙 바닥에 사는 큰 고둥. 껍데기가 얇다.

명주실 누에고치에서 뽑은 실.

명주잠자리

명주잠자리 숲 속에 사는 곤충. 그늘지고 어두운 곳에서 큰 날개를 너풀거리면서 느리게 난다. 애벌레를 '개미귀신'이라고 한다.

명중 (命中) 화살이나 총알 같은 것이 겨냥한 곳에 딱 맞는 것. **명중하다**《화살이 과녁에 명중했다.》**명중되다**

명찰 (名札) → 이름표.

명창 (名唱) 우리 옛 노래를 아주 잘 부르는 사람.《판소리 명창》

명철하다 똑똑하고 사리에 밝다. 또는 판단이 정확하다.《명철한 두뇌와 강인한 의지를 갖춘 인재를 찾습니다.》

명치 사람 가슴과 배가 맞닿는 곳에 있

는 오목하게 들어간 부분.

명칭 (名稱) 사물에 붙인 이름.《회사 명칭》참호칭.

명쾌하다 말, 글 같은 것이 속이 시원할 만큼 뚜렷하고 분명하다.《선생님이 명쾌한 설명을 해 주셨다.》

명태 찬 바닷물을 따라다니는 바닷물고기. 몸이 길고 등은 푸른 갈색인데, 배는 은빛 나는 흰색이다. 잡아서 얼린 것은 '동태', 말린 것은 '북어'라고 한다.

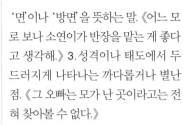
명태

명필 (名筆) 1.아주 잘 쓴 글씨. 2.글씨를 아주 잘 쓰는 사람.

명하다 1.윗사람이 아랫사람한테 어떤 일을 시키다.《장군이 병사에게 적의 움직임을 살피라고 명했다.》2.어떤 일이나 직위를 맡기다.《대통령이 그 교수를 환경부 장관으로 명했다.》

명함 (名銜) 이름, 하는 일, 전화번호 같은 것을 적은 네모난 종이쪽. 흔히 처음 만난 사람들이 자기를 소개할 때 주고받는다.

명화 (名畵) 널리 알려진 아름다운 그림이나 영화.《이번 전시회에서는 유럽의 명화들을 볼 수 있습니다.》

명확하다 분명하고 확실하다.《아직도 그때 일이 명확하게 떠오른다.》

몇 1.잘 모르는 수를 물을 때 쓰는 말.《너희 식구는 모두 몇이니?》2.그리 많지 않은 수를 나타내는 말.《과자 몇 개만 더 줘.》3.'몇 사람'을 이르는 말.《반 아이들 몇이 문병을 왔다.》

몇몇 그리 많지 않은 수《여자 아이들 몇몇이 공기놀이를 하고 있다.》

모 모서리 1.면과 면이 만나 겉으로 튀어나온 부분.《모가 많이 난 돌》비각. 2.

'면'이나 '방면'을 뜻하는 말.《어느 모로 보나 소연이가 반장을 맡는 게 좋다고 생각해.》3.성격이나 태도에서 두드러지게 나타나는 까다롭거나 별난 점.《그 오빠는 모가 난 곳이라고는 전혀 찾아볼 수 없다.》

모 벼 논에 옮겨 심으려고 키운 어린 벼. 모 농사가 반농사다 속담 좋은 모를 심어야 농사가 잘된다는 말.

모 세는 말 두부나 묵 같은 것을 세는 말.《두부 한 모》

모 윷놀이 윷놀이에서 윷가락이 모두 엎어진 것을 이르는 말. 참도, 개, 걸, 윷.

모 털 (毛) 짐승 털로 짠 천. 흔히 양털로 짠 것을 이른다.

모 아무개 (某) 1.이름을 잘 모르거나 이름을 밝히지 않고자 할 때 쓰는 말.《김 모 씨》2.'어떤'이나 '어느'의 뜻을 나타내는 말.《서울의 모 초등학교》

모가지 '목'을 낮추어 이르는 말.

모계 (母系) 어머니 쪽 핏줄을 따르는 것.《원시 모계 사회》참부계.

모골 (毛骨) 털과 뼈.

모골이 송연하다 관용 몹시 무섭다.《귀신 이야기를 들으면 모골이 송연해.》

모공 (毛孔) → 털구멍.

모과 모과나무 열매. 둥글면서 울퉁불퉁하고, 빛깔은 처음에는 푸르스름하다가 익으면 노랗게 된다. 차를 담가 먹거나 약으로 쓴다.

모과

모과나무

모과나무 열매를 얻거나 보고 즐기려고 심어 가꾸는 잎지는나무. 여름에 옅은 붉은빛 꽃이 피고 가을에 모과가 노랗게 익는다. 나무로 가구를 만든다.

모교 (母校) 자기가 졸업한 학교.

모국 (母國) 자기가 태어난 나라. 주로 다른 나라에 나간 사람이 자기 나라를 이르는 말이다. **비**고국, 조국.

모국어 (母國語) 자기 나라 말. 흔히 다른 나라에서 사는 사람이 자기 나라 말을 이르는 말이다. 《그 아저씨의 모국어는 프랑스 어래요.》 **참**외국어.

모금 **세는 말** 액체나 기체를 입 안에 한 번 머금는 양을 나타내는 말. 《시원한 물 한 모금》

모금 **돈** (募金) 좋은 일을 하려고 여러 사람한테서 돈을 걷어 모으는 것. 《불우 이웃 돕기 모금 행사》 **모금하다 모금되다**

모금함 (募金函) 모금할 때 돈을 넣는 통.

모기 암컷이 긴 대롱 같은 입으로 사람이나 짐승의 피를 빨아 먹는 곤충. 수컷은 피를 빨지 않고 나무즙을 먹는다.

모기

모기장 모기를 막으려고 천막처럼 치는 촘촘한 그물.

모기향 모기를 쫓으려고 피우는 향.

모깃불 모기를 쫓으려고 풀 같은 것을 태워서 연기를 피우는 것.

모깃소리 1.모기가 날아다니는 소리. 《귓가에 윙윙거리는 모깃소리가 들려서 잠을 깼다.》 2.아주 작고 가냘픈 소리를 빗대어 이르는 말. 《동생은 모깃소리로 힘없이 대답했다.》

모나다 1.겉에 모가 나 있다. 《모난 돌도 물살에 깎이면 둥글게 된다.》 2.성격이나 하는 짓이 별나고 까다롭다. 《새해에는 그 모난 성격 좀 고쳐.》

모난 돌이 정 맞는다 **속담** 혼자만 바르거나 잘난 척하면 미움받는다는 말.

모데미풀

모나리자 (Mona Lisa) 이탈리아 화가 레오나르도 다빈치가 한 여자를 그린 그림.

모내기 봄에 못자리에서 기른 모를 논에 옮겨 심는 일. **비**모심기. **북**모꽂기, 벼모내기. **모내기하다**

모녀 (母女) 어머니와 딸. **참**부자.

모노레일 (monorail) 선로가 한 가닥인 철도.

모눈 모눈종이에서 가로줄과 세로줄이 엇갈려 생긴 칸.

모눈종이 가로줄과 세로줄 여러 개를 가늘게 친 종이. 도표, 도형 같은 것을 정확하게 그리는 데 쓴다. **북**채눈종이.

모니터 (monitor) 1.컴퓨터에서 글자나 그림을 화면으로 나타내는 장치. 2.방송 프로그램, 기사 들을 보거나 상품을 써 보고 의견을 일러 주는 일. 또는 그런 일을 하는 사람.

모닥불 나뭇가지나 마른 잎 들을 모아 피우는 불. 《형이 모닥불에 감자를 구워 주었다.》 **북**우등불.

모대기 **북** 괴롭거나 안타까워서 몸을 이리저리 뒤트는 것. 《우리 편이 공을 뺏기자 아이들 모두 모대기를 치면서 안타까워했다.》

모대기다 **북** 1.괴롭거나 안타까워서 몸을 이리저리 뒤튼다. 《지갑을 잃어버리고 속상해서 밤새 모대겼다.》 2.문제, 일 들이 풀리지 않아 이리저리 애써서 생각하다. 《하루 내내 모대겼지만 뾰족한 방법이 떠오르지 않아.》

모대김 **북** 몹시 괴로워하거나 안타까워하는 일.

모데미풀 깊은 산속 축축한 계곡 가까

이에 자라는 풀. 잎이 여러 갈래로 깊게 갈라져 있다. 4~5월에 흰 꽃이 핀다. 우리나라에서만 자란다.

모델 (model) 1.모양을 본떠서 미리 만들어 본 것. 2.예술 작품의 대상이 되는 것. 3.➝ 패션모델.

모뎀 (modem) 전화선을 통해 컴퓨터 통신을 할 수 있게 해 주는 장치.

모독 (冒瀆) 못된 말이나 행동으로 욕하고 더럽히는 것. **모독하다**《그런 말로 선생님을 모독하지 마.》

모두 빠짐없이 다. 또는 어떤 것이나 다.《공부 시간이 끝나고 아이들은 모두 집으로 돌아갔다.》**같**공히. **비**다, 전부.

모두하다 |북 모두 합치다.《땅콩과 호두까지 모두해서 얼마지?》

모둠 어떤 일을 하려고 몇 사람씩 모여서 짠 모임.《우리 모둠에서는 철수가 발표를 하기로 했어.》

모둠발 가지런히 한데 모은 두 발.《언니가 모둠발을 하고 서 있다.》

모둠원 모둠에 든 사람.

모둠장 모둠을 이끄는 사람.

모든 하나도 빠짐없이.《모든 아이가 소풍날 비가 오지 않기를 바랐다.》

모듬살이 여럿이 어울려 함께 살아가는 것.

모뜬소리 진도 민요 가운데 하나. 논에 심으려고 모판에서 모를 뽑을 때 부르는 노래이다.

모락모락 연기, 냄새, 김 같은 것이 조금씩 자꾸 피어오르는 모양.《뚝배기에서 김이 모락모락 피어오른다.》

모란 (뜰이나 꽃밭에 심어 가꾸는 잎지는나무. 늦봄에 붉고 큰 꽃이 피는데,

흰색, 분홍색 같은 빛깔도 있다.

모래 바닷가나 씨름판에 깔린 고운 돌 알갱이. 큰 돌이나 조개껍데기 들이 바람이나 물에 깨어지고 깎여서 생긴다.

모래무지 모래가 많은 맑은 물에 사는 민물고기. 등은 갈색이고 배는 흰데, 살갗에 검은 점이 나 있다.

모래밭 모래가 깔린 넓은 땅.《모래밭에서 조개를 주웠다.》**같**모래사장.

모래밭에서 바늘 찾기 속담 이루기 힘든 어려운 일을 빗대어 이르는 말.

모래벌판 모래가 깔린 넓고 평평한 땅.

모래사장 ➝ 모래밭.

모래성 놀이 삼아 모래로 쌓은 성.

모래시계 잘록한 유리병에 모래를 담고 가운데 있는 작은 구멍으로 조금씩 모래를 떨어뜨려서 시간을 재는 기구.

모래알 모래 알갱이.

모래주머니 1.모래를 넣은 주머니. 2.새 몸속에 있는 소화 기관. 새가 삼킨 모래나 잔돌이 있어서 먹이를 으깨고 부수는 구실을 한다.

모래지치 바닷가 모래밭에 자라는 풀. 땅속줄기가 옆으로 길게 뻗어 자라고, 잎에는 흰 털이 많다. 여름에 노르스름한 흰 꽃이 핀다.

모래찜질 바닷가에서 뜨거운 모래로 몸을 덮어 땀을 내는 일.

모래톱 강가나 바닷가에 모래가 밀려와서 넓게 쌓인 땅. **북**모래불.

모래판 모래를 판판하게 깐 곳.

모랫길 모래가 깔린 길.

모랫바닥 모래가 넓게 깔린 바닥.

모략 (謀略) 남을 해치려고 속임수나 꾀를 쓰는 것.《충신들이 몇몇 간신의

모래무지

모래지치

모란

모략에 빠져 귀양을 갔다.》**모략하다**

모레 1. 내일의 다음 날.《모레부터 여름 방학이다.》 **같**내일모레. 2. 내일의 다음 날에.

모로 1. 옆으로.《할머니가 목침을 베고 모로 누워서 주무신다.》 2. 비스듬히. 또는 대각선으로.《색종이를 모로 잘라 세모꼴로 만들었다.》

모로 가도 서울만 가면 된다 **속담** 어떻게 하든지 목적만 이루면 된다는 말.

모루 대장간에서 달군 쇠를 올려놓고 두드릴 때 받침으로 쓰는 쇳덩이.

모르다 1. 알거나 깨닫지 못하다.《모르는 낱말이 나오면 사전을 찾아봐.》 **반**알다. 2. 지식, 기술, 능력을 갖추지 못하다.《나는 자전거를 탈 줄 몰라.》 **반**알다. 3. 어떤 일을 겪거나 느끼지 않다.《이 소설 주인공은 고생을 모르고 자랐다.》 4. 확실하지 않은 일을 짐작하여 하는 말.《좀 늦을지도 모르니 먼저 들어가 있어.》 5. '~밖에'와 함께 써서, 그 밖의 다른 일에는 관심이나 흥미가 없다.《아빠는 바둑밖에 모르신다.》 6. 어떤 일이 아주 심하거나 대단하다는 뜻으로 하는 말.《네가 전학을 간다는 말을 듣고 얼마나 슬펐는지 몰라.》 **바**모르는, 몰라, 모릅니다.

모르긴 몰라도 **관용** 잘은 몰라도 아마. 또는 꼭 들어맞지는 않아도 거의.《모르긴 몰라도 이 옷이면 내 동생 마음에 꼭 들 거야.》

모르는 게 약 아는 게 병 **속담** 아무것도 모르면 마음이 편하지만 아는 것이 있으면 걱정거리가 많아진다는 말.

모르타르 (mortar) 석회나 시멘트에

모래를 섞고 물로 반죽한 것. 벽을 튼튼히 쌓으려고 벽돌 사이에 바른다.

모름지기 **마땅히** 아무리 봐도 당연히.《학생은 모름지기 배우는 일에 최선을 다해야 한다.》

모름지기 **아마I북** 모르긴 해도 아마.《별이 안 보이는 것으로 보아 내일은 모름지기 비가 올 거야.》

모리스 춤 영국 시골에서 남자들이 추던 춤. 대개 흰 옷을 입고 다리나 몸에 방울을 달고 춘다.

모면 (謀免) 책임, 벌 같은 일을 용케 벗어나거나 피하는 것. **모면하다**《위기를 모면하려면 꾀가 필요해.》

모멸 (侮蔑) 남을 깔보고 업신여기는 것.《백정은 오랫동안 모멸과 천대를 받아 왔다.》 **모멸하다**

모멸감 (侮蔑感) 모멸을 당하는 느낌.《조선 상인들은 일본인 관리의 무례한 행동에 모멸감을 느꼈다.》

모반 (謀反) 우두머리를 몰아내거나 나라를 뒤엎으려고 몰래 일을 꾸미는 것. **모반하다**

모발 (毛髮) 사람 머리털.

모발 습도계 (毛髮濕度計) 머리카락이 물기가 있으면 늘어나고 마르면 줄어드는 성질을 이용해서 습도를 재는 기구.

모발습도계

모방 (模倣) 다른 것을 흉내 내거나 본떠서 그대로 따라 하는 것. **반**창조. **모방하다**《이 도자기는 고려자기를 모방해서 만든 것 같다.》

모범 (模範) 남이 따라서 배울 만한 훌륭한 본보기.《동무들에게 모범을 보이는 아이가 되어라.》 **비**귀감, 본보기.

모범생 (模範生) 행동이 바르거나 공부를 잘해서 모범이 되는 학생.

모범적 (模範的) 남이 모범으로 삼을 만한. 또는 그런 것.

모빌 (mobile) → 흔들개비.

모사 (模寫) 1.어떤 것을 그대로 흉내 내는 것.《성대모사》2.어떤 그림을 똑같이 그리는 것.《모사를 한 그림은 한눈에 알아볼 수 있어.》 **모사하다**

모살이 |북 옮겨 심은 모가 땅속에 뿌리를 내려서 푸르고 싱싱하게 사는 것. 《할아버지께서는 올해 모살이도 아주 잘됐다며 기뻐하셨다.》 **모살이하다**

모색 (摸索) 일이나 문제를 풀어 나갈 실마리나 방법을 찾는 것.《어떻게 이 문제를 풀지 모색 중이야.》 **모색하다**

모서리 1.물체에서 모가 진 구석이나 가장자리.《의자 모서리에 부딪쳤어요.》2.도형에서 면과 면이 만나는 선. 《사각형은 모서리가 네 개이다.》

모선 (母線) 원뿔에서 꼭짓점과 밑면의 한 점을 이은 선.

모성애 (母性愛) 어머니가 자식한테 보이는 사랑. **참**부성애.

모세 혈관 (毛細血管) → 실핏줄.

모순 (矛盾) 앞뒤 내용이나 사실이 서로 어긋나서 이치에 맞지 않는 것.《네 주장에는 모순이 많아.》

모스 부호 전신기로 소식을 주고받는 데 쓰는 부호. 글자, 숫자 들을 짧거나 긴 전류로 바꾸어서 보낸다. **북**모르스 부호.

모스크바 (Moskva) 러시아 공화국의 수도. 러시아의 가운데 쪽에 있는 도시로, 극장, 박물관, 도서관 같은 문화 시

모시나비

모시풀

모싯대

설이 많다.

모습 1.사람이나 사물의 생김새나 모양새.《영희는 웃는 모습이 참 예쁘다.》**비**모양. 2.흔적이나 자취.《홍길동은 어둠 속으로 모습을 감추었다.》

모시 모시풀 껍질에서 뽑은 실로 짠 옷감. 빛깔이 희고 천이 얇아서 여름 옷감으로 많이 쓴다.《모시 저고리》

모시나비 들판이나 낮은 산 둘레 풀밭에 사는 나비. 날개는 뿌연 흰색 바탕에 까만 무늬가 있다.

모시다 1.윗사람을 곁에서 받들거나 시중들면서 함께 살다.《우리도 할머니를 모시고 살면 좋겠어요.》2.윗사람을 받들어 어떤 곳으로 데리고 가다. 《할머니를 서울역까지 모셔다 드리고 왔다.》3.제사를 지내거나 신주를 어떤 곳에 소중하게 두다.《우리 집은 일 년에 일곱 번 제사를 모신다.》

모시옷 모시로 지은 옷.《여름에는 시원한 모시옷이 최고야.》

모시조개 → 가무락조개.

모시풀 밭에 심어 가꾸는 풀. 줄기는 여러 개가 모여나고 흰 털이 빽빽이 나 있다. 줄기 껍질에서 섬유를 뽑아 여름 옷감이나 밧줄 같은 것을 만든다.

모심기 모를 논에 심는 일. **비**모내기. **북**모심이. **모심기하다**

모싯대 산속 그늘진 곳에 자라는 풀. 8~9월에 종처럼 생긴 보랏빛 꽃이 아래를 보고 핀다. 뿌리를 먹거나 약으로 쓰고, 어린잎도 먹는다. **북**모시대, 모시잔대.

모양 (模樣) 1.겉으로 보이는 생김새. 《이 꽃은 종 모양이다.》**비**꼴, 모습. 2.

겉을 보기 좋게 꾸미는 일.《이모는 한껏 모양을 내고 나갔다.》 3.어떤 일을 짐작할 때 쓰는 말.《동생도 자장면이 먹고 싶은 모양이다.》 4.어떤 형편이나 처지. 또는 되어 가는 꼴.《책상 위를 이 모양으로 해 놓고 어딜 가려고?》비꼴. 5.'처럼'이나 '같이'의 뜻을 나타내는 말.《동생이 토끼 모양 깡충깡충 마루를 뛰어다닌다.》

모양반탈 김해 가락 오광대, 동래 야유에 나오는 양반이 쓰는 탈.

모양새 1.생김새나 겉모습.《바위 모양새가 코끼리를 닮았다.》 2.꼴이나 체면.《자꾸 고집을 부리는 건 모양새가 좋지 않아.》

모여들다 여럿이 어떤 테두리 안으로 모이다.《장터에 사람들이 구름같이 모여들었다.》 **바**모여드는, 모여들어, 모여듭니다.

모욕 (侮辱) 남을 욕되게 하는 것.《모욕을 당하다.》 **모욕하다**

모유 (母乳) 어머니 젖.

모으다 1.흩어지거나 벌어진 것을 한데 합치다.《빈 병을 모아서 엿장수 할 아버지께 갖다 드렸다.》 **북**모두다, 무지다. 2.여러 사람을 한곳에 오게 하거나 모임에 들게 하다.《반장이 아이들을 모아 놓고 선생님 말씀을 전해 주었다.》 **북**무지다. 3.여러 사람의 뜻, 지혜, 힘, 물건을 하나로 합치다.《아이들의 의견을 모아서 소풍 계획을 짜기로 했다.》 **북**무지다. 4.돈 같은 것을 쓰지 않고 쌓아 두어 늘리다.《오빠가 용돈을 모아서 농구공을 샀다.》 **북**무지다. 5. 종류가 같은 물건들을 구하거나 갖추

모양반탈_동래 야유

다.《내 동생 취미는 우표를 모으는 것이다.》 **북**무지다. 6.눈길, 관심, 인기들을 끌다.《요즘에는 빠르고 경쾌한 노래가 큰 인기를 모은다.》 **북**무지다. 7.한 가지 일에 정신을 쏟다.《다른 데 한눈팔지 말고 시험공부에 정신을 모아라.》 **북**무지다. **바**모으는, 모아, 모읍니다.

모음 (母音) → 홀소리.

모음곡 짧은 곡을 여러 개 모아서 한 작품으로 만든 것.

모음집 글과 그림 같은 것을 모아서 펴낸 책.《동요 모음집》

모의 꾀함 (謀議) 나쁜 짓을 하려고 계획을 짜는 것.《역적모의》 **모의하다**

모의 시늉 (模擬) 어떤 일을 실제처럼 흉내 내거나 꾸며서 해 보는 것.

모의실험 (模擬實驗) 과정이나 결과를 살피려고 실제처럼 꾸며서 해 보는 실험.

모의재판 (模擬裁判) 재판 과정을 배우려고 실제처럼 꾸며서 해 보는 재판.

모이 닭이나 오리 같은 날짐승 먹이.《모이를 쪼다./모이를 주다.》참먹이.

모이다 1.여럿이 한곳에 오다. 또는 여럿이 한데 합쳐지다.《네 시에 학교에서 모이는 거야.》 2.돈이나 재물이 쌓이다.《푼돈이 모여서 큰돈이 됩니다.》

모이주머니 새 몸속에 있는 밥통. 먹은 것을 잠시 모아 두었다가 모래주머니로 보낸다. **북**멱주머니.

모이통 모이를 넣어 주는 그릇.

모임 어떤 일을 하려고 여럿이 한곳에 모이는 일. 또는 어떤 일을 하려고 여럿이 모여서 만든 무리.《점심시간에

반장 모임이 있대.》

모자 머리 (帽子) 햇빛을 가리거나 추위를 막으려고 머리에 쓰는 물건. 천, 가죽, 털실 들로 만든다.

모자 관계 (母子) 어머니와 아들.《다정한 모자》 참부녀.

모자라다 1. 어떤 수보다 적거나 어떤 정도에 이르지 못하다.《저 책상을 들기에는 힘이 많이 모자란다.》 반남다. 2. 머리가 나쁘다.《봄이가 조금 모자라 보이지만 사실은 아주 똑똑하대.》

모자반 바다 속이나 바닷가 바위에 붙어서 자라는 바닷말. 줄기와 잎이 갈색이고, 줄기에 구슬 같은 작은 공기 주머니가 붙어 있다. 말려서 먹거나 비료로 쓴다.

모자원 (母子院) 엄마와 아이를 돕는 사회 시설. 처지가 어려운 엄마와 아이를 보살피고 살아갈 수 있게 도와준다.

모자이크 (mosaic) 빛깔이 다른 종이, 유리, 돌 들을 조각조각 짜 맞추어 무늬나 그림을 만드는 방법. 또는 그렇게 만든 무늬나 그림. 북쪽무이그림.

모정 (母情) 어머니가 자식한테 쏟는 정.《깊디깊은 모정》

모조 (模造) 어떤 것을 흉내 내거나 그대로 본떠서 만든 가짜. **모조하다**

모조리 하나도 남김없이 모두.《바닥에 떨어진 바둑알을 모조리 주워 담았다.》 비남김없이, 죄다.

모조지 (模造紙) 윤기 있고 질긴 종이. 책을 찍을 때 많이 쓴다.

모조품 (模造品) 어떤 물건을 그대로 본떠서 만든 가짜 물건.《이 보석은 유리로 만든 모조품이야.》 반진품.

모자반

모종 옮겨 심으려고 씨앗을 뿌려 가꾼 어린 풀이나 나무. 또는 그것을 옮겨 심는 일.《나팔꽃 모종》 **모종하다**

모종삽 모종을 심는 데 쓰는 작은 삽.

모지다 모가 나 있다.《모진 두부를 열 조각으로 썰었다.》

모지름 북 괴로움을 견디거나 어떤 일을 이루려고 매우 애쓰는 것.《셋이 함께 달려들어 모지름을 써 보았지만 삼촌을 넘어뜨릴 수는 없었다.》

모직 (毛織) 짐승의 털로 짠 천. 흔히 양털로 짠 것을 이른다. 북털실천.

모질다 1. 마음씨나 말씨가 쌀쌀맞고 매섭다.《큰누나한테 그렇게 모진 구석이 있을 줄은 몰랐다.》 2. 어렵고 힘든 일을 견뎌 낼 만큼 억세고 질기다.《마음을 모질게 먹고 공부한 덕분에 합격할 수 있었다.》 3. 기운이나 기세가 아주 거세다.《들판에 모진 바람이 분다.》 4. 정도가 아주 심하다.《증조할아버지는 일본 경찰한테 모진 고문을 받다가 감옥에서 돌아가셨다.》 바모진, 모질어, 모집니다.

모집 (募集) 어떤 일에 필요한 사람이나 물건 들을 모으는 것.《신입 사원 모집 공고》 **모집하다**

모쪼록 될 수 있는 대로 부디.《날이 추우니 모쪼록 따뜻하게 지내시기를 바랍니다.》 같아무쪼록.

모처럼 1. 아주 오랜만에.《모처럼 날이 개어서 기분이 좋다.》 2. 벼르고 별러서.《모처럼 온 식구가 놀러 가려고 했는데 비가 오네.》

모체 (母體) 1. 아이를 밴 어머니의 몸. 또는 새끼를 밴 어미의 몸.《건강한 모체에서 건강한 아기가 나온다.》2. 어떤 것이 생기거나 갈라져 나온 뿌리를 빗대어 이르는 말.《산조의 모체는 판소리입니다.》

모친 (母親) '어머니'를 달리 이르는 말. **참**부친.

모태 (母胎) 1. 어머니 배 속에서 아기가 자라는 곳. 또는 어미의 배 속에서 새끼가 자라는 곳.《아기는 모태 안에서 열 달 동안 자란다.》2. 어떤 것이 생기거나 갈라져 나온 밑바탕을 빗대어 이르는 말.《영남 지방은 낙동강을 모태로 삼아 발전해 왔다.》

모터 (motor) 석유나 전기 힘으로 동력을 일으키는 기계.《자동차 모터/세탁기 모터》**다**발동기, 전동기.

모터보트 (motorboat) → 발동선.

모텔 (motel) 자동차를 타고 여행하는 사람이 묵기 편한 여관.

모퉁이 1. 길이 모가 지거나 꺾여 돌아가는 곳.《골목 모퉁이》2. 구석진 곳.《마당 한 모퉁이》

모판 볍씨를 뿌려서 모를 키우는 판.

모포 (毛布) → 담요.

모피 (毛皮) → 털가죽.

모함 (謀陷) 못된 꾀로 아무 잘못 없는 사람을 어려운 처지에 빠뜨리는 것.《콩쥐는 팥쥐 엄마의 모함을 받아 집에서 쫓겨났다.》**모함하다**

모험 (冒險) 위험을 무릅쓰고 어떤 일을 용감하게 해 보는 것. 또는 아주 위험한 일.《목숨을 건 모험》**모험하다**

모험심 (冒險心) 위험을 두려워하지 않는 굳센 마음.

모형 (模型) 어떤 것을 그대로 본떠서 만든 물건.《모형 비행기》

모형도 (模型圖) 모형을 그린 그림.

모호하다 말이나 태도 들이 분명하지 않다.《성호는 모호하게 대답했다.》

목 몸 1. 머리와 몸통을 잇는 부분.《목을 움츠리다.》2. 입 안쪽에 나 있는 구멍.《기침을 할 때마다 목이 아파요.》**비**목구멍. 3. 목구멍에서 나는 소리.《소리를 많이 질러서 목이 쉬었다.》4. 병, 그릇, 자루 같은 것의 위쪽 구멍 부분.《목이 긴 양말》5. 길에서 사람들이 많이 오가는 중요한 곳. 또는 넓은 곳으로 이어지는 좁은 곳.《이 가게는 목이 좋아서 손님이 많습니다.》

목에 칼이 들어와도 **관용** 어떤 어려운 일이 있어도.《목에 칼이 들어와도 비밀을 지킬게.》

목에 힘을 주다 **관용** 잘난 체하다.《달리기에서 한 번 이겼다고 저렇게 목에 힘을 주다니.》

목이 빠지게 기다리다 **관용** 몹시 애타게 기다리다.《은찬이는 아빠가 오시기를 목이 빠지게 기다렸다.》

목 요일 (木) → 목요일.

목각 (木刻) 나무에 그림이나 글씨 같은 것을 새기는 것. **목각하다**

목거리 목이 붓고 아픈 병.

목걸이 몸을 꾸미려고 목에 거는 물건. 구슬이나 보석을 줄에 꿰어 만든다.

목격 (目擊) 어떤 사건을 맞닥뜨려 직접 보는 것. **목격하다**《학교에 가다가 교통사고를 목격했다.》**목격되다**

목격자 (目擊者) 어떤 사건을 목격한 사람.《교통사고 목격자》**북**증견자.

목공 (木工) 1. 나무를 다듬어서 가구

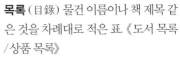

같은 것을 만드는 일. 2.→ 목수.

목공구 (木工具) 톱, 대패 들처럼 나무를 깎거나 자르거나 다듬는 공구.

목공소 (木工所) 나무로 가구나 문, 창틀 같은 것을 만드는 곳.

목공예 (木工藝) 나무로 아름답고 쓸모 있는 물건을 만드는 일.

목공예품 (木工藝品) 나무로 만든 아름답고 쓸모 있는 물건.

목관 (木管) 나무 대롱.

목관 악기 (木管樂器) 나무로 만든 관악기. 오늘날에는 쇠붙이로 만드는 클라리넷이나 플루트 들도 여기에 든다. **참**금관 악기.

목구멍 목 안쪽에 나 있는 구멍. **비**목.
목구멍에 풀칠하다 **관용** 겨우 먹고살다. 《목구멍에 풀칠하기 어려울 만큼 가난하던 시절이 있었다.》
목구멍이 포도청 **속담** 먹고살려면 포도청에 잡혀갈 짓도 한다는 뜻으로, 살기가 어려우면 어쩔 수 없이 죄를 짓기도 한다는 말.

목기 (木器) 나무로 만든 그릇.

목덜미 목 뒷부분.

목도리 추위를 막거나 멋을 내려고 목에 두르는 천. **같**머플러.

목도장 (木圖章) 나무로 만든 도장.

목돈 한몫 될 만한 큰돈. 《푼돈을 알뜰히 모아서 목돈을 마련했다.》

목동 (牧童) 소, 양, 염소 같은 가축을 돌보는 아이.

목련 꽃을 보려고 심어 가꾸는 잎지는 나무. 이른 봄에 크고 흰 꽃이 잎보다 먼저 핀다. 꽃망울을 약으로 쓴다.

목례 (目禮) → 눈인사.

목련

목록 (目錄) 물건 이름이나 책 제목 같은 것을 차례로 적은 표.《도서 목록/상품 목록》

목마 (木馬) 아이들이 타고 놀 수 있게 나무로 만든 말.

목마르다 1.물 같은 것이 마시고 싶다.《너무 목말라서 찬물을 석 잔이나 마셨다.》2.어떤 것을 무척 바라거나 아쉬워하다.《중동으로 일하러 가신 아버지 소식을 목마르게 기다렸다.》**바**목마른, 목말라, 목마릅니다.
목마른 사람이 우물 판다 **속담** 필요한 사람이 먼저 그 일을 서둘러 하게 되는 것을 빗대어 이르는 말.

목마름 1.목이 말라 물을 마시고 싶은 것.《타는 듯한 목마름》2.어떤 일을 무척 바라는 마음.《이 시에는 자유를 향한 목마름이 잘 드러나 있다.》

목말 남의 어깨 위에 두 다리를 벌리고 올라앉는 일.《아빠가 목말을 태워 주실 때가 가장 신난다.》**같**무동.

목매달다 1.숨이 막혀 죽게 높이 걸린 끈에 목을 매달다.《독립투사들을 목매달던 방》2.어떤 일이나 사람에게 완전히 매달리다.《전 사원이 신제품 개발에 목매달았다.》**바**목매다는, 목매달아, 목매답니다.

목메다 기쁨, 슬픔 같은 느낌이 북받쳐 올라 목이 막히다.《50년 만에 만난 형제가 목멘 소리로 인사를 나눈다.》

목민심서 (牧民心書) 조선 후기에 정약용이 쓴 책. 지방 관리가 갖추어야 할 올바른 마음가짐과 마땅히 해야 할 일 들을 적었다.

목발 한쪽 다리가 없거나 아픈 사람이

서거나 걸을 때 겨드랑이에 끼고 짚는 지팡이. 북짝지팽이.

목뼈 목에 있는 뼈. 머리와 몸통을 이어 준다.

목사 (牧師) 교회를 맡아 예배를 이끌고 신자들을 지도하는 사람.

목석 (木石) 1. 나무와 돌. 2. 기쁨이나 슬픔 같은 감정을 잘 드러내지 않는 무뚝뚝한 사람을 빗대어 이르는 말.《네 아빠 같은 목석도 없을 거야.》

목선 (木船) 나무로 만든 배.

목성 (木星) 해에 다섯째로 가까운 별. 태양계 행성 가운데 가장 크다.

목소리 사람이 말할 때 목구멍으로 내는 소리.《큰 목소리로 또박또박 말해 주세요.》**같**음성.

목수 (木手) 나무를 다듬어서 집을 짓거나 물건을 만드는 사람. **같**목공.

목숨 사람이나 동물이 살아 숨 쉬는 것. 또는 그런 힘.《목숨을 구하다./목숨을 잃다./목숨을 건지다.》**같**명. **비**생명.

목쉬다 목이 붓거나 잠겨 목소리가 거칠어지거나 아주 작아지다.《감기에 걸려서 목쉰 소리가 나.》

목요일 (木曜日) 일주일 가운데 수요일 바로 다음날. **준**목.

목욕 (沐浴) 머리를 감고 온몸을 씻는 일.《운동을 하고 돌아와서 찬물로 목욕을 했다.》**목욕하다**

목욕물 목욕할 때 쓰는 물.

목욕탕 (沐浴湯) 목욕할 수 있게 만들어 놓은 곳.

목 운동 목을 이리저리 돌리거나 꺾으면서 하는 운동.

목울대 허파에서 나오는 숨을 받아 목

소리를 내는 기관. 목구멍 속에 막처럼 가로놓인 주름 두 개가 떨리면서 소리가 난다.

목이버섯 죽은 뽕나무, 닥나무, 느릅나무 들에 붙어서 자라는 버섯. 빛깔이 검다. 물에 넣으면 흐물흐물해지고 마르면 단단해진다. 먹는 버섯이다.

목자 (牧者) 1. 양 치는 사람. 2. 기독교에서 하나님이나 목사를 빗대어 이르는 말. 신자들을 이끄는 것이 양 치는 일과 같다고 여겨 하는 말이다.

목장 (牧場) 우리와 풀밭을 갖추어 소, 양, 염소 같은 짐승을 놓아기르는 곳.

목재 (木材) 가구를 만들거나 건물을 짓는 데 쓰는 나무. **비**재목.

목재상 (木材商) 목재를 사고파는 일. 또는 그런 장사꾼이나 회사.

목적 (目的) 어떤 일을 통해서 이루려는 것. 또는 어떤 일을 하는 까닭.《이 운동을 하는 목적은 팔 힘을 기르는 데 있다.》**참**목표. **목적하다**

목적어 (目的語) 문장에서 ‘누구를’, ‘무엇을’ 을 나타내는 말.《“나는 책을 읽는다.”라는 문장에서 ‘책을’ 이 목적어이다.》

목적지 (目的地) 가려고 하는 곳.《이번 여행의 목적지는 설악산이다.》

목전 (目前) → 눈앞.

목젖 입천장과 목 사이에 볼록 나온 살.

목제 (木製) 나무로 만든 것.《목제 의자/아빠가 목제 인형을 사 주셨다.》

목제품 (木製品) 나무로 만든 물건.

목조 (木造) 나무로 만들거나 지은 것.《목조 건물/목조 불상》

목중탈 본산대놀이, 양주 별산대놀이

목중탈_본산대놀이

에 나오는 중이 쓰는 탈.

목차 (目次) 글이나 책 앞부분에 여러 제목이나 차례를 쪽수와 함께 늘어놓은 것.《목차를 보면 엄마 글이 몇 쪽에 있는지 알 수 있다.》비차례.

목책 (木柵) 나무로 만든 울타리.

목청 목구멍에서 나는 소리. 또는 목소리를 내는 곳. 같성대.

목청껏 있는 힘을 다해서 가장 크게.《운동회에서 목청껏 응원했다.》

목초 (牧草) 소, 말, 양 같은 집짐승한테 먹이는 풀. 비꼴.

목초지 (牧草地) 집짐승한테 먹일 풀이 많이 있는 땅.

목축 (牧畜) 소, 돼지, 양, 염소 같은 집짐승을 기르는 일.

목축업 (牧畜業) 고기와 젖을 얻으려고 집짐승을 기르는 산업.

목침 (木枕) 나무로 만든 베개.

목탁 (木鐸) 중이 불경을 욀 때 두드리는 작고 둥근 물건. 나무를 큰 방울 모양으로 깎아 나무 채로 두드린다.

목탄 (木炭) 1.→ 숯. 2.그림을 그리는 데 쓰는 버드나무나 오동나무 숯.

목탑 (木塔) 나무로 쌓은 탑.

목털 목에 난 털이나 깃.

목판 (木版) 글자나 그림을 새긴 나무 판. 옛날에는 주로 책을 찍는 데 썼다.

목판본 (木版本) 나무에 글자나 그림을 새긴 판으로 찍어 낸 책.

목판화 (木版畫) 목판에 물감을 묻혀서 종이에 찍어 낸 그림.

목포 (木浦) 전라남도 남서쪽 끝에 있는 항구 도시. 가까운 바다나 섬에서 나는 해산물과 농산물이 모이는 곳이다.

목향

목화

목탁

몰개

목표 (目標) 이루고 싶은 것. 또는 이루려고 마음속에 품은 것.《목표를 정했으면 열심히 노력해라.》참목적.

목표물 (目標物) 공격하거나 맞힐 목표로 삼은 물건.《목표물을 겨누다.》

목표액 (目標額) 목표로 정한 금액.

목향 밭에 심어 가꾸는 풀. 줄기와 잎에 털이 있고, 꽃은 노랗다. 뿌리를 약으로 쓴다.

목화 밭에 심어 가꾸는 풀. 잎은 3~5 갈래로 갈라지고, 가을에 노란 꽃이 핀다. 열매가 익으면 저절로 벌어지면서 흰 솜털이 드러나는데, 이것을 모아서 솜이나 실, 천을 만든다. 같면화.

목화솜 목화에서 얻은 솜. 이불이나 옷감을 만드는 데 쓴다.

목화송이 목화 열매가 익어서 벌어진 하얀 송이.

목화씨 목화의 씨. 흰 솜털이 붙어 있는데, 솜털로는 실이나 천을 만들고 씨로는 기름을 짠다.

몫 1.여럿으로 나눈 낱낱의 부분이나 책임.《내 몫까지 열심히 해 줘.》2.'구실', '이바지'를 뜻하는 말.《이번 경기에서 주장이 큰 몫을 했다.》3.나눗셈에서 나누어떨어지는 수.《100 나누기 8의 몫과 나머지를 구하시오.》

몰개 물살이 느리고 얕은 물에 사는 민물고기. 몸이 가늘고 길다. 몸 빛깔은 은빛인데, 등 쪽이 짙고 배 쪽은 옅다.

몰골 아주 볼품없는 꼴.《무얼 했기에 그런 지저분한 몰골로 들어오니?》

몰다 1.짐승이나 공 들을 바라는 쪽으로 움직여 가게 하다.《내가 닭을 그쪽으로 몰게.》2.차, 배, 비행기 같은 탈

것을 바라는 대로 움직여 나아가다. 《삼촌, 차 좀 살살 몰아.》 3. 어떤 사람을 나쁜 짓을 저지른 사람으로 여기다. 《아무 증거도 없이 그 사람을 도둑으로 몰지 마.》 4. 이야기나 분위기를 자기가 바라는 쪽으로 이끌다. 《한수는 늘 자기한테 유리한 쪽으로만 이야기를 몬다.》 5. 한쪽에 모으다. 《책상과 의자를 뒤쪽으로 몰아 놓고 청소를 시작했다.》 바모는, 몰아, 몹니다.

몰두 (沒頭) 어떤 일에 온 마음과 정신을 쏟는 것. 비열중. **몰두하다**《형은 책 읽기에 몰두하면 끼니도 잊는다.》

몰라보다 1. 알 만한 것을 미처 알아차리지 못하다. 《동무가 하도 변해서 몰라봤다니까.》 2. 윗사람을 소홀히 여겨 버릇없이 굴다. 《할아버지는 요즘 젊은이들이 동네 어른도 몰라본다고 혀를 차신다.》

몰라주다 남의 마음이나 사정을 알아주지 않다. 《내 진심을 아무도 몰라주니 무척 속상해요.》

몰락 (沒落) 집안, 회사, 나라 들이 보잘것없어지거나 망하는 것. **몰락하다**《몰락한 왕국/집안이 몰락하다.》

몰랑- 보드랍고 무른 모양. **몰랑거리다 몰랑대다 몰랑하다 몰랑몰랑**《몰랑거리는 인절미를 입에 쏙 넣었다.》

몰래 남이 모르게. 또는 가만히 살짝. 《엄마 몰래 동생을 꼬집었다.》

몰래몰래 '몰래'를 힘주어 이르는 말. 《형 눈치 채지 않게 몰래몰래 다녀와.》

몰려가다 여럿이 떼 지어 한곳으로 가다. 《종소리가 울리자 아이들은 운동장으로 몰려갔다.》

몰려나오다 여럿이 떼 지어 나오다. 《거리에 몰려나온 사람들》

몰려다니다 여럿이 떼 지어 돌아다니다. 《동네 아이들이 이 골목 저 골목 몰려다니면서 논다.》

몰려들다 여럿이 떼 지어 들어오다. 또는 한곳으로 떼 지어 모이다. 《갑자기 손님이 몰려들어서 앉을 자리가 없다.》 바몰려드는, 몰려들어, 몰려듭니다.

몰려오다 1. 여럿이 떼 지어 오다. 《빵 부스러기에 개미들이 몰려왔다.》 2. 기운, 느낌 들이 한꺼번에 밀려오다. 《책을 펴기만 하면 잠이 몰려와.》

몰리다 1. 동물이나 사람이 어떤 곳으로 쫓기다. 《범인들이 경찰에 쫓겨 막다른 골목에 몰렸다.》 2. 괴로운 처지에 놓이다. 《거짓말이 들통 나서 궁지에 몰렸다.》 3. 여럿이 한데 모여 있거나 한꺼번에 밀려들다. 《인기 가수 공연장에 많은 사람이 몰렸다.》 4. 나쁜 짓을 저지른 사람으로 여겨지다. 《교실에 혼자 남아 있던 영이가 하마터면 도둑으로 몰릴 뻔했다.》

몰매 여럿이 한꺼번에 몰려들어 때리는 매. 《욕심쟁이 놀부는 화가 난 도깨비들에게 몰매를 맞았다.》 비뭇매.

몰살 (沒殺) 남김없이 모조리 다 죽이는 것. **몰살하다 몰살되다**

몰상식하다 예의나 질서를 지키려는 태도가 전혀 없다. 《교실 바닥에 침을 뱉는 건 몰상식한 짓이야.》

몰수 (沒收) 법을 어겼거나 잘못한 사람의 것을 강제로 빼앗는 것. 《재산 몰수》 **몰수하다 몰수되다**

몰아내다 1. 몰아서 밖으로 내쫓다. 《놀

부는 흥부 식구들을 대문 밖으로 몰아냈다.》2.어떤 처지에서 벗어나게 하다.《가난을 몰아내어 더는 굶는 아이가 없게 하자.》

몰아넣다 1.몰아서 안으로 들어가게 하다.《아버지가 닭들을 닭장에 몰아넣었다.》2.어려운 처지에 빠지게 하다.《강감찬 장군은 불화살을 쏘아 적을 궁지에 몰아넣었다.》

몰아붙이다 1.한쪽으로 몰리게 하다.《우리나라 선수가 미국 선수를 링 구석으로 몰아붙였다.》2.어려운 처지에 놓이게 하다.《아무 증거 없이 그 애를 도둑으로 몰아붙이지 마.》

몰아세우다 잘잘못을 가리지 않고 마구 다그치거나 심하게 나무라다.《왜 늦었는지 묻지도 않고 몰아세우니?》

몰아쉬다 숨을 여러 차례 가쁘게 쉬다.《가쁜 숨을 몰아쉬며 산을 올랐다.》

몰아치다 1.한꺼번에 세게 닥치다.《비바람이 몰아치는 밤》2.일을 한꺼번에 서둘러 하다.《장마가 오기 전에 농사일을 몰아치느라 눈코 뜰 새가 없다.》3.잘잘못을 따지면서 심하게 나무라다.《선생님이 호되게 몰아치실 때는 나도 모르게 눈물이 나왔다.》

몰이 짐승이나 물고기를 잡으려고 한곳으로 모는 일.

몰이꾼 사냥할 때 짐승을 한쪽으로 모는 사람.

몰인정하다 인정이 전혀 없다.《형 부탁을 몰인정하게 거절할 수는 없어.》

몰입 (沒入) 어떤 일에 깊이 빠져 온 마음과 정신을 쏟는 것. **몰입하다**《매미 우는 소리 때문에 책 읽기에 몰입하기 어렵다.》

몰지각하다 질서나 예의를 지키려는 마음이 전혀 없다.《쓰레기를 함부로 버리는 몰지각한 사람들》비지각없다.

몰키다 |북 여럿이 한곳에 빽빽하게 모이다.《좁은 길에 차들이 몰켰다.》

몸 사람이나 짐승의 머리부터 발까지 모두.《얼룩말은 몸에 줄무늬가 있습니다.》참마음.

몸 둘 바를 모르다 관용 쑥스럽거나 창피해서 어떻게 해야 할지 모르다.《잘한 것도 없는데 칭찬을 하시니까 몸 둘 바를 모르겠어요.》

몸에 배다 관용 어떤 일에 익숙해지다.《민아는 하루 세 번 이를 닦는 버릇이 몸에 뱄다.》

몸을 풀다 관용 아기를 낳다.《우리 이모는 다음 달에 몸을 푼다.》

몸이 달다 관용 어떤 일이 뜻대로 되지 않을까 봐 조마조마해하다.《널 두고 갈까 봐 몸이 달았구나.》

몸가짐 몸을 움직이는 모양이나 삼가는 태도.《철수는 몸가짐이 바르다.》

몸놀림 몸을 움직이는 일.《선수들 몸놀림이 무척 가볍다.》

몸단장 옷이나 화장으로 몸을 곱게 꾸미는 일.《어머니가 거울 앞에서 몸단장을 하신다.》비몸치장. **몸단장하다**

몸담다 어떤 일을 직업 삼아 하다. 또는 어떤 무리에 들어 일하다.《아버지는 십 년 넘게 교직에 몸담아 오셨다.》

몸동작 몸을 움직이는 모양.

몸뚱아리 '몸뚱이'의 사투리.

몸뚱이 1.사람이나 짐승 몸에서 팔다리, 머리, 꼬리를 뺀 나머지. 비몸통. 2.

몸

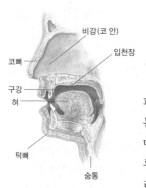

비강(코 안)
입천장
코뼈
구강
혀
턱뼈
숨통

손등

손바닥

알고 보면 우리 몸은 아주 복잡해요. 뼈도 있고, 살도 있고, 핏줄도 있고, 염통이나 허파, 콩팥 같은 것도 있고, 살갗도 있고, 털도 있고, 눈, 코, 입, 귀 같은 것도 있어요. 이 부분들은 저마다 아주 많은 일을 맡아서 하지요. 우리 몸을 이루는 것과 우리 몸이 하는 일 가운데에는 아직 알려지지 않은 것이 참 많아요. 어떤 사람들은 우리 몸을 작은 우주라고 부르기도 해요. 우리 몸을 이루는 여러 부분 가운데 어느 하나만 빠져도 몸이 나빠져요. 우리는 늘 몸을 놀려야 살아남을 수 있어요. 몸을 놀린다는 말은 부지런히 움직인다는 말과 같아요.

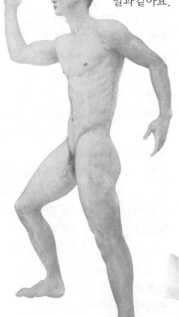

발등

발바닥

주먹

팔 구부린 모양

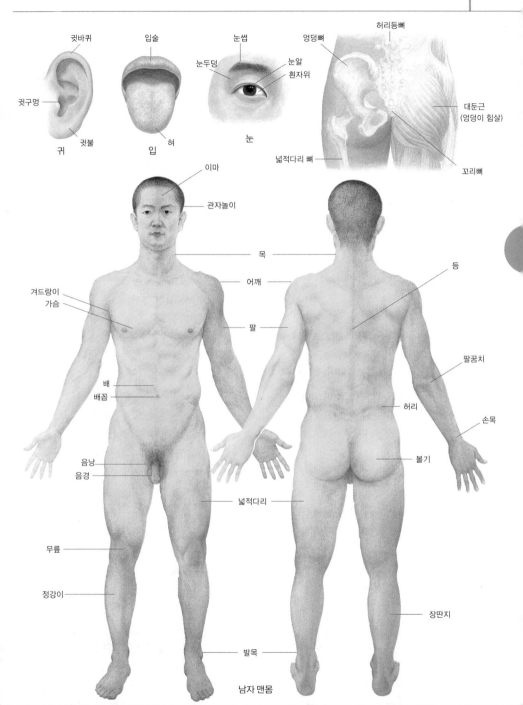

귓바퀴

입술

눈썹

엉덩뼈

허리등뼈

눈두덩

눈알

흰자위

귓구멍

대둔근
(엉덩이 힘살)

귓불

허

눈

귀

입

넓적다리 뼈

꼬리뼈

이마

관자놀이

목

등

어깨

겨드랑이

가슴

팔

팔꿈치

배

배꼽

허리

손목

음낭

음경

볼기

넓적다리

무릎

정강이

장딴지

발목

남자 맨몸

502

'몸'을 낮추어 이르는 말.《그 몸뚱이 아껴서 어디에 쓸래?》

몸매 몸의 모양새.《날씬한 몸매》

몸맵시 몸의 맵시.《고모는 몸맵시가 좋아서 아무 옷이나 잘 어울린다.》

몸무게 몸의 무게. 또는 몸이 무거운 정도.《방학 동안 밥을 많이 먹었더니 몸무게가 늘었다.》 같체중.

몸보신 → 보신.

몸부림 1.기를 쓰거나 몹시 흥분해서 온몸을 거칠게 흔드는 일.《사자가 그물에서 빠져나오려고 몸부림을 친다.》 2.어떤 일을 이루거나 힘든 일을 견디려고 애쓰는 것을 빗대어 이르는 말.《아무리 살려고 몸부림을 쳐도 살길이 안 보인다.》

몸부림치다 1.있는 힘을 다해 온몸을 흔든다.《물고기들이 그물에서 빠져나가려고 몸부림친다.》 2.어떤 일을 이루거나 힘든 일을 견디려고 애쓴다.《큰아버지는 쓰러져 가는 집안을 다시 일으키려고 몸부림쳤다.》

몸살 몸이 아주 지쳐서 생기는 병. 온몸이 쑤시고 기운이 없고 몸이 오슬오슬 떨린다.

몸살이 나다 ^{관용} 어떤 일을 몹시 하고 싶어 애를 태우다.《은희는 동무와 놀고 싶어 몸살이 났다.》

몸서리 몹시 무섭거나 싫어서 몸이 저절로 떨리는 것.《할아버지는 '전쟁'이라는 말만 들어도 몸서리가 난다고 하셨다.》

몸서리치다 몹시 무섭거나 싫어서 몸을 마구 떤다.《철이는 자기가 겪은 끔찍한 사고를 떠올리고 몸서리쳤다.》

몸소 자기 몸으로 직접.《할머니께서 몸소 마중을 나오셨다.》 참손수.

몸싸움 몸을 부딪치면서 싸우는 것.

몸져눕다 아파서 몸을 가누지 못하고 자리에 드러눕다.《그렇게 건강하던 동욱이가 감기로 몸져누웠다.》 바몸져눕는, 몸져누워, 몸져눕습니다.

몸조리 아픈 몸을 잘 다스리고 돌보는 일.《다음 주에 또 문병 올 테니까 그 동안 몸조리 잘해.》 **몸조리하다**

몸조심 탈이 나지 않게 몸을 잘 돌보는 것. **몸조심하다**《날씨가 차니 감기 걸리지 않게 몸조심하세요.》

몸종 옛날에 양반집 여자들 시중을 들던 어린 여자 종.

몸집 몸 크기.《우리 형은 몸집이 작아.》 같체구. 비덩치.

몸짓 몸을 놀리는 것. 또는 어떤 뜻을 나타내는 몸의 놀림이나 움직임.《동생이 두 손을 가슴에 모으고 다람쥐 몸짓을 흉내 낸다.》 **몸짓하다**

몸차림 → 몸치장.

몸체 어떤 물체의 몸통.《기차 몸체》

몸치장 옷이나 장신구 들로 몸을 보기 좋게 꾸미는 것. 또는 보기 좋게 꾸민 모양.《언니는 거울 앞에서 이리저리 몸치장을 살폈다.》 같몸차림. 비몸단장. **몸치장하다**

몸통 사람이나 짐승 몸에서 가슴과 배가 있는 부분. 비몸뚱이.

몸풀기 운동을 하기 전에 몸을 가볍게 푸는 것.《수영을 하기 전에 맨손 체조로 몸풀기를 하였다.》

몹시 아주 심하게.《어제는 몹시 더웠다.》 같사뭇. 비매우, 무척, 아주.

몹쓸 몹시 고약한. 《몹쓸 병/몹쓸 짓》

못 연못 물이 고인 넓은 곳. 호수보다 작고, 물고기와 풀 들이 산다. 비연못.

못 연장 나무를 맞붙이거나 벽 같은 곳에 박아 물건을 거는 쇠나 나무 막대기. **못을 박다** 관용 어떤 일을 꼭 집어 말하거나 정하다. 《모임 날짜를 다음 주 토요일로 못을 박아 두는 게 좋겠어.》

못 살 → 굳은살.

못 아니 1. 어떤 일을 할 수 없음을 나타내는 말. 《어제 배탈이 나서 학교에 못 갔다.》 2. 정도나 기준에 이르지 않음을 나타내는 말. 《심부름 간 언니가 오 분도 못 되어 집에 돌아왔다.》 **못 먹는 감 찔러나 본다** 속담 자기는 어차피 못 가질 것이니 못 쓰게 만들어서 남도 갖지 못하게 한다는 말.

못갖춘마디 악보 첫머리에 있는 박자표대로 박자 수를 갖추지 못한 마디. 첫 마디와 끝 마디가 합쳐져서 갖춘마디가 된다. 참갖춘마디.

못나다 1. 생김새가 예쁘지 않다. 《얼굴이 못났다고 마음씨까지 못난 것은 아니다.》 비못생기다. 반잘나다. 2. 하는 짓이 어리석다. 《제가 못나서 어른들께 걱정을 끼쳤습니다.》

못난이 못생긴 사람. 또는 어리석은 사람.

못내 서운하거나 아쉬워서 자꾸. 또는 마음에 두고 잊지 못하여 줄곧. 《동무들과 헤어지는 것이 못내 아쉬워요.》

못다 미처 다하지 못하여. 또는 모자라게. 《못다 이룬 꿈》

못되다 1. 성깔이 고약하다. 또는 하는 짓이 아주 나쁘다. 《어쩜 그렇게 못된

못

못버섯

못줄

짓만 골라서 하니?》 2. 일이 뜻대로 잘되지 않다. 《잘된 일인지 못된 일인지 시간이 지나 봐야 알 수 있다.》 **못된 송아지 엉덩이에 뿔 난다** 속담 못난 사람일수록 못난 짓만 한다는 말.

못마땅하다 마음에 들지 않다. 또는 마땅치가 않다. 《영희는 철수가 자기 책을 가져간 것이 영 못마땅했다.》

못밥 모내기를 하다가 들판에서 먹는 밥. 북모밥.

못버섯 소나무 숲이나 작은 나무가 많은 땅에서 나는 버섯. 못처럼 생겼고 갓은 노란 갈색이다가 붉은 갈색으로 바뀐다. 먹는 버섯이다.

못살다 1. 가난하게 살다. 《못사는 집/못사는 사람들》 반잘살다. 2. 괴로워서 못 견디다. 또는 더는 참지 못하다. 《강아지 못살게 굴지 마.》 바못사는, 못살아, 못삽니다.

못생기다 잘생기지 못하다. 《내 짝은 얼굴은 못생겼지만 마음은 곱다.》 비못나다. 반잘생기다.

못소리 진도 민요 가운데 하나. 논에 모를 심을 때 부르는 노래이다.

못쓰다 1. 옳지 못하다. 또는 하면 안 되다. 《거짓말을 하면 못써.》 2. 몸이 안 좋아지거나 물건이 망가지다. 《아프다더니 얼굴이 못쓰게 되었네.》 바못쓰는, 못써, 못씁니다.

못자리 볍씨를 뿌려서 논에 심을 모를 기르는 곳. 같묘판. 북모자리.

못줄 모를 가지런히 심으려고 논에 치는 줄.

못지않다 어떤 것에 견주어 뒤지거나 못하지 않다. 《나도 이제 오빠 못지않

게 자전거를 잘 탄다.》

못하다 1.어떤 일을 할 줄 모르다.《우리 삼촌은 운전을 못해요.》 ᵇ잘하다. 2.어떤 일을 할 수 없다.《다리를 심하게 다쳐서 걷지도 못하겠다.》 3.어떤 일을 좀 모자라게 하다.《제 동생은 말은 못하지만 글은 참 잘 써요.》 ᵇ잘하다. 4.질이나 수준이 낮다.《우리 반에 노래 솜씨가 나보다 못한 애들이 더러 있다.》 ᵇ낫다, 잘하다. 5.어떤 상태에 있지 않다.《향기롭지 못한 냄새》

못해도 기준, 테두리 들을 아무리 줄여 잡아도.《생일잔치에 올 동무가 못해도 다섯은 될 거예요.》

몽고반 (蒙古斑) 갓난아이 엉덩이, 등, 손등, 발등 같은 곳에 있는 푸른 점.

몽고족 (蒙古族) 몽골에 사는 민족. 몽골 어를 쓰고, 옛날부터 떠돌아다니면서 집짐승을 치고 살았다.

몽당 ᴵ북 물건 끝이 닳아서 무뎌진 모양.《빗자루 끝이 몽당 닳았다.》

몽당붓 털끝이 닳아서 뭉뚝한 붓.

몽당연필 오래 써서 짧게 닳은 연필.

몽돌이탈 통영 오광대에서 쓰는 탈.

몽둥이 흔히 매를 때리는 데 쓰는 조금 굵은 막대기.

몽드라지다 ᴵ북 뾰족한 것이 무뎌지다.《심이 몽드라진 연필로는 글씨를 가늘게 쓰기 어렵다.》

몽땅 있는 대로 모두 다.《내가 남긴 만두까지 오빠가 몽땅 먹어 치웠다.》

몽땅하다 잘라서 뭉친 듯이 짧고 둔하다.《몽땅한 연필》

몽롱하다 정신이 흐릿하다. 또는 보이는 것이 희미하고 어렴풋하다.《잠이 덜 깨서 정신이 몽롱하다.》

몽블랑 산 알프스 산맥에서 가장 높은 봉우리. 꼭대기는 늘 눈에 덮여 있다.

몽상 (夢想) 꿈처럼 떠오르는 생각.《몽상에 잠기다.》 **몽상하다**

몽실몽실하다 통통하게 살이 올라서 보드랍다.《몽실몽실한 아기 엉덩이》

몽유병 (夢遊病) 잠이 든 상태로 일어나서 깨어 있는 사람처럼 움직이고는 다시 잠이 들어 다음 날 전혀 기억하지 못하는 병.

몽정 (夢精) 꿈결에 정액이 몸 밖으로 나오는 것.

몽촌토성 (夢村土城) 서울에 터만 남아 있는 백제 시대 토성. 백제 초기에 수도를 지키던 성 가운데 하나로 알려져 있다.

몽촌토성

몽키다 ᴵ북 1.작거나 하찮은 것들이 한데 몰리다.《나무 밑에 개미 수천 마리가 몽켰다.》 2.여러 생각이 한꺼번에 들다.《수많은 생각이 몽켰다가 사라진 끝에 겨우 좋은 방법을 찾아냈다.》

몽타주 (montageᴾ) 1.흔히 영화에서 따로 찍은 여러 모습을 짜 맞추어 새 사진이나 장면을 만드는 방법. 북판조립. 2.경찰이나 검찰이 수사할 때 범인을 본 사람이 기억하는 대로 생김새를 짜 맞추어 만든 그림.

몽돌이탈

몽통하다 ᴵ북 짧고 통통하다.《삼촌은 몽통한 손가락으로도 기타를 잘 친다.》

뫼 ᵐ 사람 무덤. ᵇᵢ묘, 산소.

뫼 ˢᵃⁿ 옛날에 '산'을 이르던 말.

묏자리 뫼를 쓸 자리. 또는 뫼를 쓴 자리.《묏자리를 보다.》 북뫼자리.

묘 무덤 (墓) 사람 무덤. ᵇᵢ뫼, 산소.

묘 ^띠 (卯) 띠를 나타내는 열두 동물 가운데 넷째인 토끼를 이르는 말.

묘기 (妙技) 놀랍고 뛰어난 재주. 《돌고래들이 공을 가지고 묘기를 부린다.》

묘목 (苗木) 다른 곳에 옮겨 심으려고 기른 어린 나무. 《목련 묘목》

묘미 (妙味) 신기하고 좋은 느낌이나 맛. 《낚시의 묘미에 흠뻑 빠졌다.》

묘비 (墓碑) 무덤 앞에 세우는 돌. 죽은 사람 이름이나 태어나고 죽은 날짜들을 새긴다.

묘사 (描寫) 어떤 것을 말, 글, 그림 같은 것으로 나타내는 것. 《인물 묘사/배경 묘사》 **묘사하다 묘사되다**

묘소 (墓所) '무덤'을 높여 이르는 말.

묘수 (妙手) 문제를 풀 뛰어나게 좋은 방법. 또는 남들이 생각하기 힘든 아주 좋은 수. 《삼촌이 묘수를 두는 바람에 다 이긴 바둑을 졌다.》

묘안 (妙案) 문제를 풀 뛰어나게 좋은 생각. 《땅속에 박힌 돌을 빼낼 묘안이 없을까?》

묘약 (妙藥) 1.어떤 병이든 고치는 신기한 약. 2.어떤 일이 잘되게 돕는 아주 좋은 것을 빗대어 이르는 말. 《그 애들을 화해시킬 묘약이 없을까?》

묘연하다 어디로 갔는지 도무지 알 수 없다. 《그 아이 행방이 묘연하다.》

묘지 (墓地) 무덤이 있는 땅.

묘지기 남의 무덤을 지키고 보살피는 사람.

묘책 (妙策) 문제를 해결할 뛰어나게 좋은 꾀. 《장군의 머리에 병사들을 구출할 묘책이 떠올랐다.》

묘청의 난 고려 인종 때(1135년) 중묘청이 서경(평양)에서 일으킨 반란. 고려의 서울을 서경으로 옮기자는 주장이 받아들여지지 않자 난리를 일으켰다.

묘판 (苗板) 1.→ 못자리. 2.씨를 뿌려 꽃이나 채소 들을 기르는 판이나 밭. 《옥상에 묘판을 놓고 상추를 길렀다.》

묘하다 1.말할 수 없이 색다르고 신기하다. 《강가에서 묘하게 생긴 돌멩이를 주워 왔다.》 2.뜻밖의 일이 우연히 일어나서 아주 이상하다. 《할아버지 댁에 가는 날이면 묘하게도 비가 쏟아진다.》 3.재주나 능력이 아주 뛰어나고 신기하다. 《선생님께는 우리 마음을 읽는 묘한 재주가 있는 것 같다.》

묘향산 (妙香山) 평안북도에 있는 산. 단군의 아버지 환웅이 하늘에서 이 산으로 내려왔다는 전설이 있다.

무 ^{채소} 밭에 심어 가꾸는 채소. 뿌리는 둥글고 길쭉하며 살이 많고, 잎은 뿌리에서 뭉쳐난다. 잎과 뿌리를 모두 먹는다. **북무우.**

무_채소

무 ^{넓이} (畝) 논밭의 넓이를 나타내는 말. 1무는 30평이다.

무가당 (無加糖) 설탕을 넣지 않은 것. 《무가당 주스》

무감각하다 1.아무 느낌이 없다. 《손가락이 얼어서 무감각해졌어.》 2.아무 관심도 없다. 《이제는 어떤 놀라운 말을 들어도 무감각할 것 같아.》

무겁다 1.무게가 많이 나가다. 《책상이 무거워서 혼자 못 들겠어요.》 ^반가볍다. 2.움직임이 굼뜨다. 《오늘 따라 저 선수의 몸이 무척 무거워 보인다.》 ^반가볍다. 3.마음이나 분위기가 가라앉아 언짢고 우울하다.《반장이 무거운 교실 분위기를 바꾸려고 애쓴다.》 **반**가냅다. 4.정도가 아주 심하거나 지나치다.《큰 죄를 지으면 무거운 형벌을 받는다.》 **반**가냅다. 5.책임이 크다.《선생님이 한동안 못 나오신다니 네 어깨가 무겁겠구나.》 **반**가냅다. **바**무거운, 무거워, 무겁습니다.

무게 1.무거운 정도.《젖은 솜은 마른 솜보다 무게가 더 나간다.》 **같**중량. 2.말이나 태도에서 받는 듬직하고 의젓한 느낌.《무게 있는 말》 3.어떤 일에 담긴 가치.《이 글은 자연보호의 중요성을 알리는 데에 무게를 두었다.》

무게 중심 어느 한 점을 받쳤을 때 물체가 수평으로 평형을 이루는 점. **같**중심.

무계획적 (無計劃的) 일을 아무 계획 없이 하는. 또는 그런 것.

무고 **평안** (無故) 아무 탈 없이 잘 지내는 것. **무고하다**《부모님은 모두 무고하시니?》

무고 **거짓** (誣告) 없는 사실을 거짓으로 꾸며서 고소하거나 고발하는 것. **무고하다**

무고 **악기** (舞鼓) 1.치는 국악기 가운데 하나. 파랑, 빨강, 하양, 검정 네 빛깔로 칠한 북통이 기둥 세 개짜리 틀 위에 있다. 2.→ 북춤.

무고하다 아무 잘못이나 허물이 없다.《무고한 어린이가 목숨을 잃었다.》

무공 (武功) 군인이 전쟁에 나가 세운 공.《무공 훈장》

무공해 (無公害) 사람이나 자연에 해를 끼치지 않는 것.《무공해 자동차》

무과 (武科) 고려 시대와 조선 시대에 무관을 뽑으려고 치르던 시험. **참**문과.

무관 (武官) 옛날에 군사 일을 맡아보던 벼슬아치. **참**문관.

무관심 (無關心) 어떤 것에 관심이 없는 것. **무관심하다**《철수는 체육을 뺀다른 과목에는 무관심했다.》

무관하다 어떤 것과 관계가 없다.《나는 그 일과 무관해.》

무구 정광 대다라니경 (無垢淨光大陀羅尼經) 경주 불국사 석가탑에서 나온 다라니경. 세계에서 가장 오래된 목판 인쇄물이다. 국보 제126호.

무궁무진하다 헤아릴 수 없을 만큼 많거나 끝이 없다.《석유는 무궁무진한 자원이 아니다.》

무궁하다 끝이 없다.《우리 모임이 무궁하게 발전하기를 빕니다.》

무궁화 뜰이나 길가에 심어 가꾸는 잎 지는나무. 꽃은 흰색, 붉은색, 보라색을 비롯하여 여러 가지가 있다. 뿌리껍질과 열매를 약으로 쓴다.

무궁화

무궁화 위성 (無窮花衛星) 우리나라에서 방송과 통신에 쓰려고 처음으로 쏘아 올린 인공위성.

무기 **총칼** (武器) 총, 칼, 대포처럼 적을 해치는 데 쓰는 도구.

무기 **시간** (無期) → 무기한.

무기고 (武器庫) 무기를 넣어 두는 창고.

무기력 (無氣力) 어떤 일을 할 기운이 없는 것. **무기력하다**《우리 편은 공격한번 제대로 못하고 무기력하게 졌다.》

무기명 (無記名) 이름을 적지 않는 것.《반장 선거를 무기명 투표로 했다.》

무기물 (無機物) 물, 공기, 돌처럼 생명이 없는 물질. **반**유기물.

무기질 (無機質) 음식물에 들어 있는 나트륨, 철, 칼슘, 인, 요오드 같은 영양소. 에너지를 내지는 않지만 모자라면 몸이 약해진다.

무기 징역 (無期懲役) 죽을 때까지 풀어 주지 않고 감옥에 가두는 벌.

무기한 (無期限) 언제까지라고 날짜를 정하지 않은 것.《가을 소풍이 무기한 연기되었다.》 **같**무기.

무난하다 1.크게 어려울 것이 없다.《선애라면 이번 일을 무난하게 해낼 거야.》 2.흠 잡을 데 없이 괜찮다.《이 색깔이라면 어느 옷에나 무난하게 어울릴 것 같다.》 **무난히**

무남독녀 (無男獨女) 아들 없는 집안에 하나밖에 없는 딸. **비**외동딸.

무너나다 **북** 1.잇대어서 맞춘 자리가 어긋나다.《마룻바닥에 무너난 데가 생겼으니 발 다치지 않게 조심해.》 2. 옷, 천 같은 것이 해지다.《너덜너덜 무너난 속옷은 걸레로 쓰면 좋겠다.》

무너뜨리다 1.쌓거나 세운 것을 무너지게 하다.《공이 날아와서 애써 쌓은 모래성을 무너뜨렸다.》 2.제도나 체제 들을 없애다.《온 국민이 들고일어나 독재 정권을 무너뜨렸다.》 3.기대나 희망을 없애다.《이모는 할아버지 기대를 무너뜨리고 화가가 되었다.》

무너지다 1.쌓거나 세운 것이 허물어져 내려앉다.《큰비가 내려서 축대가 무너졌다.》 2.제도나 체제 들이 없어지다.《신분 제도가 무너진 것은 그리 오래된 일이 아니다.》 3.기대나 희망

무늬발게

무늬소주홍하늘소

무당개구리

무당벌레

이 없어지다.《우승하리라는 기대가 무너지고 말았다.》

무논 물이 늘 괴어 있는 논. 또는 물을 쉽게 댈 수 있는 좋은 논.

무능 (無能) 능력이나 재주가 없는 것. **무능하다**《무능한 감독》

무능력 (無能力) 어떤 일을 할 능력이 없는 것. **무능력하다**《무능력한 관리들이 나라 경제를 망쳤다.》

무늬 1.겉에 나타나는 결이나 어룽진 모양.《호랑이 무늬》 **같**문양. 2.옷감이나 종이 같은 것을 꾸미려고 넣는 여러 모양.《치마에 알록달록한 나비 무늬를 수놓았다.》 **같**문양.

무늬발게 물이 맑은 바닷가 바위 밑이나 자갈밭에 사는 게. 몸은 붉은 갈색이고, 다리에 갈색 무늬가 있다.

무늬소주홍하늘소 넓은잎나무가 많은 산에 사는 하늘소. 날개는 딱딱하고 붉은색을 띠는데, 가운데에 크고 까만 무늬가 있다.

무단 **허락** (無斷) 미리 허락받지 않고 제멋대로 하는 것.《무단결석》

무단 **힘** (武斷) 힘으로 억누르는 것.《무단 통치》

무당 귀신의 힘을 빌려서 사람의 앞날을 점치고 굿을 하는 사람.

무당개구리 산골짜기나 산기슭 무논에 사는 개구리. 등은 풀색이고 우툴두툴하다. 배는 빨간 바탕에 검은 얼룩무늬가 있다.

무당벌레 산이나 들에 사는 곤충. 몸이 반으로 쪼갠 콩알같이 생겼고, 딱딱한 겉 날개는 붉은 바탕에 검은 점이 여러 개 있다. **북**점벌레.

무대 (舞臺) 1. 춤, 연극, 노래 들을 하려고 구경꾼 앞에 조금 높게 마련한 넓은 자리.《막이 오르고 무대에 조명이 켜졌다.》 2. 재능이나 솜씨를 펼쳐 보일 수 있는 곳을 빗대어 이르는 말.《활동 무대/세계무대에 진출하다.》

무대 장치 (舞臺裝置) 춤, 연극, 노래 들을 하려고 무대에 꾸며 놓은 장치.

무더기 한데 수북이 쌓이거나 뭉쳐 있는 것.《돌무더기》 북무데기.

무더기비 ㅣ북 짧은 동안에 거세게 쏟아지는 많은 비.

무더위 온도와 습도가 모두 높아서 찌는 듯한 더위.

무던하다 1. 성격이 순하고 너그럽다.《언니는 무던해서 화를 잘 안 내.》 2. 정도가 어지간하다.《그만하면 바느질 솜씨가 무던한 편이야.》

무덤 죽은 사람이나 짐승을 땅에 묻은 곳. 같분묘.

무덤덤하다 아무 느낌이 없이 덤덤하다.《지영이가 겉으로는 무덤덤한 척 해도 속은 꽤 상했을 거야.》

무덥다 온도와 습도가 모두 높아서 찌는 듯이 덥다.《무더운 여름》 바무더운, 무더워, 무덥습니다.

무도회 (舞蹈會) 여럿이 춤을 추면서 노는 모임.

무독 (無毒) 독이 없는 것.

무동 → 목말.

무둑하다 ㅣ북 1. 쌓이거나 담긴 모양이 두둑하다.《무둑한 논두렁》 2. 무척 들떠서 마음이나 기분이 벅차다.《결승전에서 우리 편이 이기자 가슴이 무둑했다.》 **무둑히**

무득하다 ㅣ북 쌓거나 담은 모양이 수북하다.《할머니가 총각김치를 무득하게 담아 밥상 위에 올려놓으셨다.》

무등산 (無等山) 광주와 전라남도 화순, 담양에 걸쳐 있는 산. 전라남도 도립 공원이다.

무디다 1. 칼이나 송곳 들이 날카롭지 못하다.《칼이 무뎌서 잘 안 들어요.》 반날카롭다. 2. 어떤 것을 느끼거나 알아차리는 힘이 둔하고 모자라다.《난 손끝이 무뎌서 종이를 잘 못 접어.》

무딘이빨게 바다 속 진흙에서 사는 게. 등딱지가 볼록하고 매끈하다. 등 위쪽에 크고 짙은 점이 두 개 있다.

무딘이빨게

무뚝뚝하다 상냥하지도 부드럽지도 못하다.《민수가 말투는 무뚝뚝해도 마음은 착하지.》 비뚝뚝하다.

무럭무럭 1. 아무 탈 없이 쑥쑥 잘 자라는 모양.《이 나무가 무럭무럭 자라나면 좋겠다.》 2. 연기, 냄새, 김 들이 자꾸 피어오르는 모양.《냄비에서 김이 무럭무럭 피어오른다.》 참모락모락.

무려 (無慮) 수나 양이 생각보다 훨씬 많다는 것을 힘주어 이르는 말.《할머니 댁에 가는 데 무려 열 시간이나 걸렸다.》 비자그마치.

무력 (武力) 무기나 군사의 힘.

무력하다 힘이나 능력이 없다.《우리 수비가 상대편의 빠른 공격에 무력하게 무너졌다.》

무렵 어떤 일이 일어날 즈음. 또는 어떤 일 앞뒤.《해 질 무렵》

무령왕릉 (武寧王陵) 충청남도 공주에 있는 백제 무령왕의 무덤.

무령왕릉

무례 (無禮) 말이나 행동에 예의가 없

는 것. **무례하다**《어른들 앞에서 무례하게 굴지 마.》

무뢰한(無賴漢) 하는 일 없이 돌아다니면서 못된 짓을 일삼는 사람.

무료(無料) 1.값을 내지 않는 것.《놀이 공원 무료입장권》 2.품삯을 받지 않는 것.《무료 봉사》

무료하다 심심하고 지루하다.《할아버지는 무료할 때마다 손자들 사진을 들여다보신다.》

무르녹다 1.과일 같은 것이 흐물흐물해질 만큼 한껏 익다.《홍시가 무르녹아 건드리면 터질 것 같다.》 2.어떤 일이 한창때에 이르다.《어둠이 깔리자 금세 축제 분위기가 무르녹았다.》

무르다 되돌리다 1.산 것을 도로 주고 돈을 되찾다. 또는 바꾼 것을 도로 주고 자기가 준 것을 되찾다.《인쇄가 잘못된 책을 돈으로 물러 왔다.》 2.이미 한 일을 하기 전으로 되돌리다.《내가 장군을 부르자 동생은 한 수만 물러 달라고 졸랐다.》 바무르는, 물러, 무릅니다.

무르다 여리다 1.물기가 많아 연하고 물렁물렁하다.《할아버지는 이가 약해서 홍시처럼 무른 것을 좋아하신다.》 2. 성격이나 마음이 여리다.《동생은 성격이 물러서 누가 뭐라고 하면 쉽게 울어 버린다.》 바무른, 물러, 무릅니다.

무르다 익다 과일이나 음식 들이 푹 익어서 물렁물렁해지다.《가지를 너무 무르게 삶았다.》 바무르는, 물러, 무릅니다.

무르익다 1.과일이나 곡식 들이 제 맛이 들게 푹 익다.《가을이면 갖가지 과일과 곡식이 무르익는다.》 2.철이 한

무릇

창 깊어지다.《여름이 무르익는 8월》 3.분위기가 한껏 달아오르다.《경기장 분위기가 무르익어 갔다.》

무르팍 '무릎'을 낮추어 이르는 말.

무릅쓰다 어렵거나 힘든 일을 기꺼이 참고 견디다.《아저씨는 죽음을 무릅쓰고 물에 빠진 사람을 구했다.》 바무릅쓰는, 무릅써, 무릅씁니다.

무릇 풀숲이나 낮은 산에 자라는 풀. 잎이 긴 줄처럼 생겼고, 꽃은 옅은 자줏빛이다. 어린잎은 먹고, 비늘줄기는 약으로 쓴다. 북물구지.

무릎 앉을 때 장딴지와 허벅지가 접히는 곳의 앞쪽.

무릎을 치다 관용 좋은 생각이 떠오르거나 놀라운 사실을 알게 되어 무릎을 탁 치다.《할아버지는 무릎을 치며 "옳거니!" 하셨다.》

무릎걸음 무릎을 꿇고 걷는 걸음.

무릎뼈 무릎 가운데에 있는 뼈. 종지처럼 우묵하게 생겼고 무릎 뼈마디를 보호해 준다.

무릎장단 손으로 무릎을 치면서 장단을 맞추는 일.

무릎 치기 씨름에서 두 손으로 상대의 무릎 뒤쪽을 치면서 끌어당겨 넘어뜨리는 기술.

무리 동아리 여럿이 한데 모여서 떼를 이룬 것.《물고기들이 무리를 지어 헤엄쳐 다닌다.》

무리 억지 (無理) 이치에 어긋나 억지스러운 것. 또는 능력이나 처지에 걸맞지 않게 지나친 것.《하루 만에 밭을 다 가는 것은 무리야.》 **무리하다**

무마(撫摩) 문제가 될 일을 어루만져

달래거나 어물어물 덮어 넘기는 것. **무마하다 무마되다**

무말랭이 무를 반찬거리로 쓰려고 썰어 말린 것.

무명 천 목화솜에서 실을 뽑아 짠 옷감. 비면, 면직물.

무명 아무개 (無名) 이름이 없거나 알려지지 않은 것.《무명 화가》반유명.

무명실 목화솜에서 뽑은 실.

무명옷 무명으로 지은 옷.

무명지 (無名指) → 약손가락.

무명활 솜을 타는 활. 솜을 대고 줄을 튕기면 솜이 부풀어 오른다.

무모하다 앞뒤를 헤아리지 않고 무작정 덤벼드는 태도가 있다.《무모하게 힘으로 덤비지 말고 기술로 이겨라.》

무미건조하다 재미없고 지루하다.《무미건조한 생활에서 벗어나고 싶어.》

무방비 (無防備) 적이나 위험을 막을 준비가 되어 있지 않은 것.《무방비 상태에서 지진이 일어나 사람이 많이 죽었다.》**무방비하다**

무방하다 어떤 일을 해도 문제가 되지 않다.《날씨가 따뜻해서 운동장에서 체육을 해도 무방할 거야.》

무법 (無法) 법이나 질서가 지켜지지 않는 것.

무법자 (無法者) 법을 어기고 함부로 행동하는 사람.

무병 (無病) 병들지 않고 건강한 것.

무병장수 (無病長壽) 병에 걸리지 않고 오래 사는 것. **무병장수하다**《할아버지께서 무병장수하시기를 빕니다.》

무보수 (無報酬) 일한 값을 받지 않는 것.《엄마는 무보수로 할머니들께 한

글을 가르쳐 드린다.》

무분별하다 옳은지 그른지 조금도 헤아리지 않다.《무분별한 개발로 자연이 망가지고 있다.》

무사 (武士) 옛날에 무술을 잘해서 그 일을 직업으로 삼던 사람. 비무인.

무사태평 (無事太平) 1.아무 탈이 없이 편안한 것.《무사태평을 빕니다.》비천하태평. 2.어떤 일이든지 편하게 생각해서 아무 걱정이 없는 것.《시험이 코앞인데 어쩜 그렇게 무사태평이냐?》비천하태평. **무사태평하다**

무사하다 아무 탈이 없다. **무사히**《아빠가 무사히 돌아오시면 좋겠어요.》

무산되다 어떤 일이나 계획이 어그러져서 이루어지지 않다.《비가 와서 소풍 가자던 약속이 무산되었다.》

무산흰족제비 산기슭 풀밭이나 돌무더기 속에서 사는 족제비. 몸 빛깔은 갈색이고 배 쪽은 흰데 겨울에는 온몸이 하얗게 된다. 같쇠족제비.

무산흰족제비

무상 대가 (無償) 어떤 일을 해 주고 대가나 보상을 받지 않는 것.《무상 교육/무상 치료》

무상 헛됨 (無常) 헛되고 덧없는 것.《인생무상》**무상하다**

무색 투명 (無色) 아무 빛깔이 없는 것.《물은 무색투명하다.》

무색 빛깔 물감을 들인 빛깔.《흰 저고리에 무색 치마를 곱게 차려입다.》

무색무취 (無色無臭) 1.빛깔도 냄새도 없는 것. 2.아무 특색이 없는 것. **무색무취하다**《무색무취한 사람》

무색하다 1.쑥스럽거나 겸연쩍어 부끄럽다.《지연이는 얼음판에서 넘어지

자 무색해서 얼굴이 빨개졌다.》 **2.** 훨씬 더 뛰어나거나 두드러진 것 때문에 부끄럽다.《봄이라고 말하기가 무색하게 큰 눈이 내렸다.》

무생물 (無生物) 흙, 돌, 물건처럼 생명이 없는 것. **반**생물.

무서리 가을철에 처음 내리는 묽은 서리. **참**된서리.

무서움 무서운 느낌.《언니는 유난히 무서움을 타서 귀신이 나오는 영화는 절대로 보지 않는다.》 **준**무섬.

무선 (無線) 방송이나 통신을 전깃줄 없이 전파로 주고받는 것. **반**유선.

무선 전화기 (無線電話機) 전화기 본체와 수화기 사이에 잇는 선 없이 쓸 수 있는 전화기. 수화기를 들고 다닐 수 있어서 편하다.

무선 호출기 (無線呼出機) 상대방이 보내는 신호를 받을 수 있는 수신기.

무섬 → 무서움.

무섬증 유난히 무서움을 느끼는 것.《혼자서 집을 보고 있으려니 갑자기 무섬증이 들었다.》

무섭다 **1.** 겁이 나고 마음이 불안하다.《귀신 이야기를 들었더니 무서워서 잠이 안 온다.》 **2.** 겁이 날 만큼 몹시 사납고 거세다.《늑대들이 양을 보고는 무섭게 달려들었다.》 **3.** 어떤 일을 하는 태도가 지독하다.《언니가 밤을 새워 무섭게 공부한다.》 **4.** 어떤 일이 일어날까 봐 걱정스럽다.《꼬마들이 산길을 뛰어다니다가 다치지나 않을까 무섭다.》 **5.** '~기 무섭게' 꼴로 써서, 어떤 일이 일어나자마자 바로.《오빠는 집에 돌아오기 무섭게 만화책을 찾는다.》 **바**무서운, 무서워, 무섭습니다.

무성의 (無誠意) 행동이나 태도 들이 정성스럽지 못한 것. **무성의하다**《고개만 까딱하는 무성의한 인사는 하지 않는 것만 못해.》

무성하다 **1.** 풀이나 나무가 우거져 있다.《무덤에 잡풀이 무성하다.》 **2.** 소문이나 말이 널리 퍼져 있다.《소문만 무성할 뿐 진실은 아무도 몰라.》

무소속 (無所屬) 어느 무리에도 들지 않는 것. 또는 그런 사람.《무소속 국회의원》

무소식 (無消息) 소식이 없는 것.

무소식이 희소식 **속담** 소식이 없는 것은 나쁜 일도 없다는 것이니 기쁜 소식이나 마찬가지라는 말.

무속 (巫俗) 무당과 얽힌 풍속. 굿, 점, 한풀이 들을 두루 이른다.《무속 신앙》

무쇠 **1.** 빛깔이 검고 강철보다 무른 쇠. 그릇이나 솥 같은 것을 만든다.《무쇠 솥》 **2.** 강하고 굳센 것을 빗대어 이르는 말.《우리 형 주먹은 무쇠야》

무쇠 공이도 삼 년 갈면 바늘 된다 **속담** 도저히 할 수 없어 보이는 일도 꾸준히 애쓰면 이룰 수 있다는 말.

무수하다 셀 수 없이 많다.《밤하늘에 반짝이는 무수한 별들》

무순 **식물** 무에서 자라난 순.

무순 **차례** (無順) 나란히 늘어놓을 때 정해진 차례가 없는 것.《이름은 무순으로 적었습니다.》

무술 (武術) 태권도나 검도처럼 몸이나 무기를 써서 싸우는 기술. **비**무예.

무스 (mousse 프) **1.** 크림이나 젤리에 거품을 일어 설탕과 향료 같은 것을 넣고 차갑게 만든 후식. 2.머리 모양을 고정시키려고 바르는 화장품.

무슨 1.잘 모르는 일이나 물건에 붙여서 쓰는 말.《여기에는 무슨 색을 칠하고 싶니?》 2.'아무', '어떤'의 뜻을 나타내는 말.《경민이는 무슨 운동이든지 다 잘해요.》 3.뜻밖이거나 못마땅한 일이 벌어졌을 때 하는 말.《한겨울에 무슨 비가 이렇게 많이 온담.》

무승부 (無勝負) 싸움이나 경기에서 비기는 것.《옆 반과 한 축구 경기가 무승부로 끝났다.》

무시 (無視) 남을 깔보고 업신여기는 것. 또는 어떤 것을 하찮게 여기는 것.《철수는 키가 작다고 반 아이들에게 무시를 당했다.》 **무시하다**

무시루떡 무를 넣고 찐 시루떡.

무시르미탈 김해 가락 오광대에서 쓰는 탈.

무시무시하다 아주 무섭고 으스스하다.《무시무시한 괴물》

무시험 (無試驗) 시험을 치르지 않는 것.《무시험 입학》

무식 (無識) 많이 배우지 못해서 아는 것이 없는 것. ⑪유식. **무식하다**《그 아저씨는 무식하지만 마음씨는 좋아.》

무식쟁이 무식한 사람을 낮추어 이르는 말.

무신 (武臣) 옛날에 군대 일을 맡아보던 벼슬아치. ⑪문신.

무신경하다 일이 어떻게 되든지 아무 관심이 없다. 또는 주위 일에 아주 둔하다.《생선이 타는 것도 몰랐다니 어쩜 그리 무신경할 수 있니?》

무심결 자기도 미처 깨닫지 못하는 사이.《무심결에 엉뚱한 대답을 했어.》

무심코 아무 생각 없이.《무심코 던진 돌에 개구리가 맞아 죽을 수도 있어.》

무심하다 1.별다른 생각이나 느낌이 없다.《할머니는 남들이 무심하게 지나치는 일도 눈여겨보신다.》 2.남의 형편을 헤아리거나 걱정하는 마음이 없다.《수해가 난 곳에 또 큰비가 쏟아지다니 하늘도 무심하시지.》

무안 (無顏) 볼 낯이 없을 만큼 겸연쩍고 창피한 것.《양말에 구멍 난 것으로 무안을 주다니 너무해.》 **무안하다**

무어 1.→ 무엇. 2.놀라움을 나타내거나 되물을 때 하는 말.《무어? 네가 백점을 받았다고?》 ⑥뭐. 3.말하는 사이사이에 별 뜻 없이 끼워서 하는 말.《그러니까 무어, 내 잘못은 아냐.》 ⑥뭐.

무언 (無言) 말이 없는 것.《우리는 반장에게 무언의 지지를 보냈다.》

무언극 (無言劇) 대사 없이 몸짓과 표정만으로 하는 연극. ⑩팬터마임.

무엄하다 삼가거나 어려워하지 않고 아주 무례하다.《주상 전하 앞에서 그런 말을 지껄이다니 무엄하구나!》

무엇 1.잘 모르는 것을 가리키는 말.《손에 든 것이 무엇이니?》 ⑥무어, 뭐, 뭣. 2.하나를 딱 짚지 않고 '아무것', '그 어떤 것'을 뜻하는 말.《저는 엄마가 해 주시는 반찬이면 무엇이든지 다 잘 먹어요.》 ⑥무어, 뭐, 뭣.

무엇하다 어떤 일을 하기 거북하다.《선생님 문병을 혼자 가기 무엇해서 정태를 불렀어요.》 ⑥뭣하다.

무역 (貿易) 다른 나라와 물건을 사고파는 것.《옛날에는 소금 무역이 큰 장

사였어.》비교역, 통상. **무역하다**

무역로(貿易路) 무역을 하려고 오가는 길.《실크 로드는 동서양을 잇는 무역로였다.》

무역 마찰(貿易摩擦) 물건을 사고파는 나라끼리 서로 수출은 늘리고 수입은 줄이려고 할 때 생기는 다툼.

무역상(貿易商) 무역을 하는 장사꾼이나 회사.

무역선(貿易船) 다른 나라와 무역을 하려고 물건을 실어 나르는 배.

무역업(貿易業) 나라와 나라 사이에 물건을 사고파는 사업.

무역항(貿易港) 다른 나라 배가 드나들면서 무역을 할 수 있게 만든 큰 항구.《국제 무역항》

무연탄(無煙炭) 탈 때 연기가 나지 않는 석탄. **참**유연탄.

무예(武藝) 몸이나 무기를 써서 싸우는 뛰어난 재주. **비**무술.

무용(舞踊) 느낌이나 생각을 몸짓으로 나타내는 예술.《저도 전통 무용을 배우고 싶어요.》**참**춤. **무용하다**

무용곡(舞踊曲) 무용할 때 연주하는 음악.

무용담(武勇談) 싸움터에서 용감하게 싸운 이야기.《영웅들의 무용담》

무용복(舞踊服) 무용할 때 입는 옷.

무용수(舞踊手) 춤추는 일을 전문으로 하는 사람.

무용지물(無用之物) 쓸모없는 것.《석유가 없으면 차도 무용지물이다.》

무용총(舞踊塚) 중국 둥베이 지린 성에 있는 고구려 때 무덤. 남녀가 춤추는 모습과 말을 탄 무사가 사냥하는 모

무자위

무자치

습을 그린 벽화가 남아 있다.

무위도식(無爲徒食) 하는 일 없이 놀고먹는 것. **무위도식하다**《긴 겨울 방학을 무위도식하면서 보낼 수는 없어.》

무의미하다 뜻이나 값어치가 없다.《하루도 무의미하게 살고 싶지 않아.》

무의식(無意識) 자기가 하는 말이나 행동을 스스로 느끼지 못하는 것.

무의촌(無醫村) 의사나 병원이 없는 마을.

무익하다 조금도 이로울 것이 없다.《사람 몸에 무익한 담배》**반**유익하다.

무인 무술(武人) 옛날에 무술을 갈고닦은 사람. **비**무사. **참**문인.

무인 없음(無人) 사람이 없는 것.《무인 자동차》

무인도(無人島) 사람이 살지 않는 섬.

무일푼 돈이 한 푼도 없는 것.《지금 무일푼이어서 점심을 굶게 생겼다.》

무자격(無資格) 어떤 일을 할 자격이 없는 것.《무자격 의사》

무자비하다 인정이 없고 모질다.《일제는 독립군을 무자비하게 죽였다.》

무자위 물을 높은 곳으로 퍼 올리는 기계. 날개 달린 바퀴처럼 생겼는데 날개에 올라서서 두 발로 번갈아 밟으면 바퀴가 돌아간다.

무자치 논이나 물가에 사는 뱀. 등은 붉은 갈색 바탕에 검은 줄무늬가 있고, 머리에 'V' 꼴 무늬가 있다. **같**물뱀.

무작정(無酌定) 어떻게 할지 정하지 않고 그냥.《무작정 남을 따라 하지 말고 네 나름대로 계획을 세워 봐.》

무잠이 북1.물속으로 헤엄쳐서 들어가는 일.《산호초를 구경하려면 무잠

이를 해야 한다.》 2. 해녀나 잠수부처럼 물속에서 일하는 사람.《무잠이들은 물속에 오래 있을 수 있다.》

무잠이질 |북 물속으로 헤엄쳐서 들어가는 일.

무장 (武裝) 1. 총, 칼 같은 무기나 장비를 갖추는 것.《항일 무장 단체》 2. 어떤 일을 하기에 앞서 단단히 마음먹고 준비하는 것을 빗대어 이르는 말.《정신 무장》 무장하다 무장되다

무적 (無敵) 아주 강해서 맞서 싸울 상대가 없는 것.《무적함대》

무전 전파 (無電) 전깃줄 없이 전파를 주고받는 것. 또는 그렇게 주고받는 말이나 신호.《무전을 치다.》

무전 돈 (無錢) 돈이 없는 것.

무전기 (無電機) 무전을 보내거나 받는 기계.

무절제하다 물건을 아껴 쓰거나 마음을 가다듬는 태도가 없다.《무절제한 행동/무절제한 생활》

무정하다 1. 마음이 차갑고 정이 없다.《사과하러 온 애한테 너무 무정하게 굴지 마.》 2. 남의 마음이나 사정에 아랑곳없다.《무정한 세월》

무제 (無題) 시, 그림 같은 예술 작품에 제목이 없는 것.

무제한 (無制限) 정해진 테두리가 없는 것.《석유는 무제한으로 쓸 수 있는 자원이 아니다.》

무져놓다 |북 어떤 것을 무더기로 쌓아놓다.《여기에 쓰레기를 무져놓으면 안 됩니다.》

무조건 (無條件) 아무 조건 없이. 또는 이리저리 살피지 않고 덮어놓고.《네 말엔 무조건 찬성이야.》

무조건 반사 (無條件反射) 사람이나 짐승이 태어나면서부터 지니는 반사. 음식을 씹을 때 침이 나오거나 뜨거운 것을 만졌을 때 팔을 움츠리는 반응 같은 것을 말한다. 참조건 반사.

무좀 손바닥, 발바닥이나 발가락 사이에 균이 옮아서 생기는 피부병. 물집이 잡히고 살갗이 벗겨지고 몹시 가렵다.

무종교 (無宗敎) 종교를 믿지 않는 것.

무죄 (無罪) 죄가 없는 것. 반유죄.

무죽하다 |북 1. 조금 무겁다.《혼자 들기에는 짐이 무죽한 편이야.》 2. 소화가 되지 않아서 배 속이 거북하다.《배가 무죽하고 자꾸만 트림이 나와요.》 3. 일이 뜻대로 되지 않거나 걱정스러워서 마음이 답답하고 무겁다.《그 소식을 들으니 무죽하던 마음이 금세 가벼워졌습니다.》

무중 |북 미리 짐작하지 못했는데 갑자기.《무중 내 이름을 부르는 소리가 들려왔다.》

무중력 (無重力) 중력이 없는 것.

무지 무척 아주 많이.《이 책 무지 재미있다.》

무지 손가락 → 엄지손가락.

무지 모름 (無知) 아는 것이 없는 것. 무지하다《나는 바닷물고기에 무지해서 해마가 네발짐승인 줄 알았다.》

무지개 비가 그치고 나서 해 반대쪽 하늘에 반원 모양으로 나타나는 일곱 빛깔 띠.《소나기가 그친 뒤 구름 사이에 무지개가 떴다.》

무지개떡 켜마다 다른 빛깔을 넣어서 시루에 찐 떡.

무지개송어 강이 시작되는 곳이나 산 속 호수에 사는 민물고기. 등에서 옆면까지 노란색을 띤 파란색인데, 알 낳을 때가 되면 붉은 무지갯빛을 띤다.

무지갯빛 1.무지개처럼 여러 빛깔이 아롱진 빛깔. 2.무지개의 일곱 빛깔. 빨간색, 주황색, 노란색, 초록색, 파란색, 남색, 보라색을 이른다.

무지러지다 물건 끝이 닳거나 잘리어 없어지다. 《어머니는 빗자루를 사시면 끝이 무지러질 때까지 쓰신다.》

무지막지하다 하는 짓이 매우 미련하고 사납다. 《멧돼지가 옥수수밭을 무지막지하게 짓밟아 놓았다.》

무지무지 무척이나. 또는 놀랄 만큼 많이. 《아빠가 무지무지 큰 수박을 사 오셨다.》 **무지무지하다**

무지스럽다 아는 것이 없고 미련한 느낌이 있다. 《돼지는 무지스럽게 보이지만 알고 보면 영리하대.》 ^바무지스러운, 무지스러워, 무지스럽습니다.

무직 (無職) 직업이 없는 것.

무진장 (無盡藏) 끝도 없이 아주 많이. 《숙제가 무진장 많다.》 **무진장하다**

무질서 (無秩序) 질서가 없는 것. **무질서하다** 《아이들 그림이 책상 위에 무질서하게 놓여 있다.》

무찌르다 적을 쳐서 없애다. 또는 모두 쫓아내고 이기다. 《이순신 장군은 노량 앞바다에서 왜군을 무찔렀다.》 ^바무찌르는, 무찔러, 무찌릅니다.

무차별적 (無差別的) 앞뒤 가리지 않고 막 하는. 또는 그런 것.

무참하다 더없이 끔찍하다. 《전쟁 때 힘없는 아이들도 무참하게 죽었다.》

무채색 (無彩色) 하양, 검정, 회색처럼 빛깔은 없고 밝기만 조금씩 다른 색. ^반유채색.

무책임하다 1.어떤 일에 책임이 없다. 《우리 반이 꼴찌를 한 데에 무책임한 사람은 아무도 없어.》 2.어떤 일을 책임지려는 태도가 없다. 《꽃 당번이 물을 안 주어서 꽃이 죽었는데도 무책임하게 핑계만 늘어놓는다.》

무척 견줄 데 없이 아주. 《아침을 굶었더니 배가 무척 고파요.》 ^비매우, 몹시, 아주.

무척추동물 (無脊椎動物) 몸에 등뼈가 없는 동물. 곤충, 거미, 지렁이 들이 있다. ^참척추동물.

무청 무의 잎과 줄기.

무춤무춤 놀라거나 어색해서 하던 짓을 갑자기 멈추거나 물러서는 모양. **무춤무춤하다**

무취 (無臭) 냄새나 향기가 없는 것.

무치다 나물에 갖가지 양념을 넣고 골고루 버무리다. 《엄마가 저녁 반찬으로 시금치나물을 무치셨다.》

무태장어 물살이 빠른 강이나 호수에 사는 민물고기. 누런 갈색 바탕에 검은 빛을 띤 갈색 얼룩무늬가 흩어져 있다. 천연기념물 제258호.

무턱대고 잘 헤아리지 않고 마구. 《무턱대고 화만 내지 말고 내 얘기를 들어 봐.》 ^비다짜고짜, 덮어놓고.

무표정 (無表情) 아무 표정도 없는 것. 또는 느낌을 드러내지 않는 것. **무표정하다** 《할머니는 하루 종일 무표정하게 먼 산만 바라보고 계신다.》

무한 (無限) 끝이 없는 것. ^반유한. 무

한하다《무한한 가능성》**무한히**

무한궤도 (無限軌道) 차바퀴에 쇠판으로 만든 벨트를 두른 장치.《탱크 바퀴에는 무한궤도가 달려 있다.》

무한대 (無限大) 끝없이 크거나 넓은 것.《아이들의 상상력은 무한대로 뻗어 나간다.》

무한정 (無限定) 정해진 테두리나 끝이 없는 것.《아무리 맛있는 것도 무한정 먹을 수는 없어.》

무허가 (無許可) 공공 기관에서 허가를 받지 않은 것. 반허가.

무혈 혁명 (無血革命) 사람이 죽거나 다치지 않고 평화롭게 이루는 혁명.

무형 (無形) 모양이나 형식이 없는 것. 반유형.

무형 문화재 (無形文化財) 물건, 건물들과 달리 정해진 모양이 없는 문화재. 춤, 음악, 놀이, 공예 같은 것이 있고 사람이 문화재로서 기술을 이어 간다.《중요 무형 문화재 제17호 봉산 탈춤》참유형 문화재.

무화과 무화과나무 열매.

무화과나무 열매를 먹으려고 심어 가꾸는 잎지는나무. 가을에 자줏빛 열매가 익는데, 안에 작은 씨가 많다.

무환자나무 마을이나 절 가까이에 자라거나 심어 가꾸는 잎지는나무. 가을에 둥글넓적한 열매가 익는데, 안에 든 씨로 염주를 만든다.

무효 (無效) 효력이 없는 것.《너희들끼리만 한 약속은 무효야.》반유효.

무희 (舞姬) 춤추는 일이 직업인 여자.

묵 도토리, 메밀, 녹두 들의 앙금을 되게 쑤어 굳힌 먹을거리.

묵대사

무화과

무화과나무

무환자나무

묵과하다 잘못을 알면서도 모르는 척하고 넘기다.《이번 일은 도저히 묵과할 수 없다.》

묵념 (默念) 1.눈을 감고 조용히 생각하는 것. 2.눈을 감고 조용히 죽은 사람을 기리는 일. **묵념하다**

묵다 여관에 어떤 곳에 손님으로 머물러 지내다.《여관보다는 민박 집에서 묵는 게 어떨까요?》비머무르다.

묵다 오래 1.된장, 젓갈, 술 같은 먹을거리나 농산물이 오래되다.《간장은 묵을수록 맛이 좋다.》2.동물이나 식물이 오래 살다.《백 년 묵은 여우/수백 년 묵은 은행나무》3.일을 제때에 해치우지 않아 오래되다.《외삼촌이 묵은 빨랫감을 싸 들고 집에 왔다.》

묵대사 남사당 꼭두각시놀이에 나오는 인형.

묵독 (默讀) 소리 내지 않고 눈으로 글을 읽는 것. 참음독. **묵독하다**《여러 사람이 있는 곳에서는 묵독해야 남에게 방해가 안 된다.》

묵묵부답 (默默不答) 묻는 말에 아무 대답도 하지 않는 것.《내가 몇 번을 물어도 형은 묵묵부답이었다.》

묵묵히 아무 말 없이.《다른 애들이 장난치는 동안에도 내 짝은 묵묵히 청소를 했다.》

묵비권 (默秘權) 피의자나 피고인이 자기에게 불리한 말을 하지 않을 수 있는 권리.《묵비권 행사》

묵사발 1.묵을 담은 사발. 2.심하게 얻어맞거나 크게 져서 형편없이 망가진 것을 빗대어 이르는 말.

묵살 (默殺) 남의 말을 듣고도 깡그리

무시하는 것. **묵살하다**《반장은 아이들의 의견을 묵살하고 제멋대로 결정을 내렸다.》**묵살되다**

묵상 (默想) 눈을 감고 말없이 생각하거나 기도하는 것. **묵상하다**

묵은해 지난해를 새해에 견주어 이르는 말.《묵은해를 보내고 밝은 새해를 맞이합시다.》**참**새해.

묵인 (默認) 잘못이나 실수를 모르는 척 덮어 주거나 내버려 두는 것. **묵인하다**《선생님은 가끔씩 내 잘못을 묵인해 주시기도 했다.》**묵인되다**

묵직하다 보기보다 꽤 무겁다.《묵직한 가방》

묵화 (墨畫) 먹으로 그린 그림.

묵히다 묵게 하다.《간장은 오래 묵혀야 제 맛이 든다.》

묶다 1. 흩어지거나 풀어지거나 움직이지 않게 끈, 줄 같은 것으로 매다.《분홍 고무줄로 머리를 묶었다.》**반**풀다. 2. 낱낱의 것을 한데 합치다.《아이들 글을 묶어서 문집을 냈다.》3. 법으로 어떤 일을 못하게 하다.

묶음 한데 모아서 묶어 놓은 덩어리. 또는 그것을 세는 말.

묶음표 글에서 어떤 내용을 덧붙이거나 두드러지게 나타내는 문장 부호. ‘( )’, ‘{ }’, ‘[ ]’를 이른다. **비**괄호.

묶이다 1. 흩어지거나 풀어지거나 움직이지 않게 끈, 줄 같은 것에 매이다.《신발 끈이 얼마나 단단하게 묶였는지 푸는 데 한참 걸렸다.》2. 낱낱의 것이 한데 합쳐지다.《그 선생님이 남긴 시가 시집으로 묶여서 나왔다.》

문 (門) 드나들거나 물건을 넣었다 꺼

냈다 할 수 있게 안과 밖을 터놓은 곳. 또는 그곳에 달아서 여닫는 물건.

문간 대문이 있는 곳.《손님이 오셨는지 문간에 나가 보거라.》**북**문칸.

문간방 대문 옆에 있는 방.

문갑 (文匣) 여러 가지 작은 물건을 넣어 두는 가구. 키가 낮고 옆으로 긴데, 서랍이나 옆짝이 달려 있다.

문경 새재 경상북도 문경과 충청북도 괴산에 걸쳐 있는 고개. 경상도와 충청도의 도립 공원이다.

문고 (文庫) 책을 많이 모아 두는 곳.《학급 문고》**북**문서고.

문고리 문을 여닫거나 잠그는 고리.

문과 분야 (文科) 문학, 철학, 사학처럼 사람과 사회를 연구하는 학문 분야. **참**이과.

문과 시험 (文科) 고려 시대와 조선 시대에 문관을 뽑으려고 치르던 시험. **참**무과.

문관 (文官) 옛날에 경제, 사회, 문화 분야의 여러 일을 맡아보던 벼슬아치. **참**무관.

문구 글 (文句) 뜻이 담긴 짧은 구절.《광고 문구》**비**글귀.

문구 물건 (文具) → 문방구.

문구멍 문에 난 구멍.《찢어진 문구멍으로 매서운 바람이 들어왔다.》

문구점 (文具店) → 문방구점.

문단 글 (文段) 글에서 내용에 따라 묶을 수 있는 짤막한 덩어리. **비**단락.

문단 작가 (文壇) 시인, 소설가 들처럼 글 쓰는 사람들이 이루는 사회.

문단속 도둑이 들어오지 못하게 문을 잘 닫아 잠그는 일.《집을 비울 때는

문단속을 잘해야 돼.》**문단속하다**

문답 (問答) 서로 묻고 대답하는 것. 《선생님과 문답을 주고받으면서 공부하니까 훨씬 재미있어요.》**문답하다**

문둥병 → 나병. **북**뢰병, 뢰풍.

문둥이 '나환자'를 낮추어 이르는 말.

문둥이탈 가산 오광대, 고성 오광대에서 쓰는 탈.

문둥이탈_고성 오광대

문드러지다 썩거나 물러서 본디 모습이 없어지다.《냉장고에 오래 둔 무가 썩어 문드러졌다.》

문득 생각이나 느낌이 갑자기 떠오르는 모양.《문득 돌아가신 할머니가 생각났다.》**문득문득**

문란 (紊亂) 도덕이나 질서 들이 제대로 지켜지지 않아 몹시 어지러운 것. **문란하다**

문맹 (文盲) 글을 읽거나 쓸 줄 모르는 것. 또는 그런 사람.《문맹 퇴치》

문명 (文明) 원시 사회에 견주어 학문, 기술, 예술 들이 크게 앞선 것.《이집트 문명》**참**문화.

문명인 (文明人) 높은 문명을 이루고 사는 사람. **참**미개인, 야만인.

문모초 논밭이나 냇가에 절로 나서 자라는 풀. 잎은 좁고 긴달걀꼴이고, 봄에 붉은빛이 도는 꽃이 핀다.

문모초

문묘 (文廟) 공자를 모신 사당.

문무 (文武) 학식과 무예.《이순신 장군은 문무를 갖춘 훌륭한 사람이다.》

문무백관 (文武百官) 옛날에 문관과 무관을 비롯한 모든 벼슬아치를 이르던 말.

문물 (文物) 문화가 발전하면서 사람이 만들어 낸 학문, 예술, 기술 같은 것을 모두 이르는 말.《서양 문물이 들어오면서 양복을 입게 되었다.》

문방구 (文房具) 종이나 연필처럼 공부할 때나 일할 때 쓰는 물건. 또는 그런 물건을 파는 가게. **같**문구.

문방구점 (文房具店) 문방구를 파는 가게. **같**문구점.

문방사우 (文房四友) 붓글씨를 쓰는 데 필요한 종이, 붓, 먹, 벼루.

문벌 (門閥) 대대로 내려오는 한 집안의 지위나 신분.

문법 (文法) 말과 글을 쓰는 데 필요한 규칙.《문법 공부》**참**어법.

문병 (問病) 아픈 사람을 찾아가 위로하는 것.《영은이가 아프다니 문병을 가야겠어.》**비**병문안. **문병하다**

문살 문에 종이를 바르거나 유리를 끼울 때 뼈대로 삼는 가느다란 나무.

문상 (問喪) 사람이 죽은 집안에 찾아가서 가족을 위로하고 슬픔을 함께 나누는 일.《아버지가 문상을 가시려고 검은 양복으로 갈아입으셨다.》**비**조문, 조상. **문상하다**

문서 (文書) 글로 어떤 내용을 적은 종이.《회의 내용을 적은 문서》**비**서류.

문설주 문 양쪽에 세워 문짝을 다는 데 쓰는 기둥. **같**설주.

문신 **무늬** 살갗에 새기는 글씨나 무늬. 살갗을 바늘로 찔러서 먹물이나 물감을 입힌다.

문신 **사람** (文臣) 옛날에 문관으로 일하던 벼슬아치. **참**무신.

문안 (問安) 웃어른이 잘 지내는지 여쭙는 것. 또는 그런 인사.《설날에 할아버지께 문안을 드렸다.》**문안하다**

문양 (文樣) → 무늬.《태극 문양》

문어 동물 바다 밑바닥에 사는 뼈 없는 동물. 둥근 몸통에 다리가 여덟 개 달렸고, 다리에는 빨판이 있다.

문어_동물

문어 글말 (文語) 말할 때는 쓰지 않고 주로 글에서 쓰는 말. 비글말. 참구어.

문예 (文藝) 1.문학과 예술. 2.예술인 글.《문예 잡지》

문예부 (文藝部) 학교에서 글짓기를 주로 하는 특별 활동 반.

문예 부흥 (文藝復興) → 르네상스.

문외한 (門外漢) 어떤 일을 전혀 모르는 사람. 또는 어떤 일에 전혀 관계없는 사람.《난 그림에는 문외한이야.》

문의 (問議) 어떤 일을 묻고 의논하는 것.《문의 사항》 **문의하다**

문인 (文人) 1.시인, 소설가, 수필가처럼 글을 쓰는 사람. 2.옛날에 학문을 익히던 사람. 참무인.

문자 글자 (文字) 눈으로 볼 수 있게 나타낸 기호.《한글은 소리를 적는 표음 문자이다.》비글자.

문자 한자 (文字) 어려운 한문 글귀나 낱말.《형은 말끝마다 문자를 쓴다.》

문장 (文章) 어떤 내용을 여러 낱말로 써서 마무리 지은 글. 흔히 주어와 서술어를 갖추지만 때로는 빠질 때도 있다.《문장 끝에 마침표를 찍어라.》

문장 부호 (文章符號) 마침표, 느낌표, 물음표 들처럼 문장에 찍는 부호. 흔히 문장을 나누거나 뜻을 알아차리기 쉽게 하려고 찍는다.

문전성시 (門前成市) 어떤 곳에 찾아오는 사람이 아주 많은 것. 사람이 많아 문 앞이 시장을 이룬다는 뜻이다.

문제 (問題) 1.대답이나 풀이를 하라고 내는 물음.《이번 수학 문제는 너무 어려웠어.》 2.연구, 의논, 관심의 대상이 되는 것.《환경 문제/식량 문제》 3. 말썽이나 해결하기 어려운 일.《아빠 회사에 큰 문제가 생겼다.》

문제아 (問題兒) 문제를 일으키거나 말썽을 피우는 아이.

문제없다 어떤 일을 하는 데 아무런 문제나 걱정이 없다.《문제없다고 큰소리치더니 이게 무슨 꼴이야?》

문제점 (問題點) 문제가 될 만한 점. 《학예회 준비에 문제점은 없니?》

문제지 (問題紙) 시험 문제를 적은 종이.

문조 집에서 기르는 새 가운데 하나. 몸 빛깔은 푸른빛을 띤 잿빛인데 머리와 꽁지는 검고 부리와 발은 붉다.

문지기 성이나 큰 집의 문을 지키는 사람.

문지르다 어떤 것에 다른 것을 대고 이리저리 밀거나 비비다.《엄마가 아픈 배를 손으로 문질러 주었다.》바문지르는, 문질러, 문지릅니다.

문지방 문 밑에 바닥보다 조금 높게 가로로 대어 방과 바깥을 가르는 나무.

문진 (文鎭) → 서진.

문집 (文集) 여러 글을 모아 펴낸 책.

문짝 문이나 창문 한 짝.《장롱을 옮기려고 문짝을 떼어 냈다.》

문짬 ㅣ북 닫힌 문이 벌어져서 난 틈. 《문짬으로 불빛이 새어 나온다.》

문책 (問責) 책임을 다하지 못한 잘못을 따지고 꾸짖는 것. **문책하다**

문체 (文體) 1.글 쓰는 투. 글쓴이의

생각이나 개성이 나타난다.《간결한 문체》2.구어체, 문어체, 서간체처럼 글을 쓸 때 크게 나타나는 어떤 특징. 《일기 문체로 쓴 소설》

문초 (問招) 옛날에 죄지은 사람의 잘못을 따져 묻던 말. **문초하다**

문턱 1.문지방 윗부분.《문턱이 아기가 넘어 다니기에는 좀 높다.》2.'어떤 일을 거의 이룰 무렵', '어떤 때가 될 무렵'을 빗대어 이르는 말.《우리는 우승 문턱에서 무릎을 꿇고 말았다.》

문턱이 높다 ^{관용} 어떤 곳에 드나들기 어렵다.《관공서 문턱이 높다.》

문틈 문이 꼭 닫히지 않아 생긴 틈.《방 안에 누가 있는지 문틈으로 살짝 들여다보았다.》

문패 (門牌) 집주인 이름, 주소 같은 것을 적어서 대문에 다는 작은 패.

문풍지 (門風紙) 문틈으로 들어오는 바람을 막으려고 문짝 둘레에 돌아가며 바르는 종이.《찬 바람이 들어오지 않게 창문마다 문풍지를 댔다.》

문필가 (文筆家) 시인, 소설가처럼 글 쓰는 일이 직업인 사람.

문하 (門下) 스승을 모시고 그 밑에서 가르침을 받는 일을 이르는 말.《우리 엄마도 저 선생님 문하에서 가야금을 배우셨어.》

문하생 (門下生) 스승 문하에서 공부하는 사람.

문하시중 (門下侍中) 고려 시대에 정치와 행정을 맡아보던 가장 높은 벼슬.

문학 (文學) 생각이나 느낌을 글로 나타내는 예술. 시, 소설, 수필, 희곡, 평론 들이 있다.

문학가 (文學家) 시인, 소설가, 극작가처럼 문학 작품을 쓰는 사람.

문헌 (文獻) 옛날 책이나 기록. 또는 연구나 공부를 하려고 살피는 여러 문서나 책.

문호 ^{교류} (門戶) 1.집으로 드나드는 문. 2.밖의 것을 받아들이는 수단이나 기회를 빗대어 이르는 말.《조선이 문호를 개방한 건 언제지?》

문호 ^{사람} (文豪) 뛰어난 문학 작품을 많이 써서 이름난 사람.

문호 개방 (門戶開放) 다른 나라와 교류하면서 종교, 학문, 기술 들을 받아들이려고 자기 나라 문을 여는 것.

문화 (文化) 1.사람이 사회를 이루어 살면서 오랜 세월에 걸쳐 쌓아 온 풍부한 생활 바탕. 언어, 종교, 예술, 풍습, 과학, 기술 들을 두루 이른다. **참**문명. 2.문학, 음악, 미술, 연극, 영화 같은 예술에 관련된 활동과 분야를 두루 이르는 말.《문화 행사/문화 공간》

문화권 (文化圈) 문화가 비슷한 곳끼리 묶은 큰 테두리.《이슬람 문화권》

문화생활 (文化生活) 음악, 미술, 연극 들처럼 문화와 관련된 일을 즐기는 생활.《문화생활 좀 하고 살자.》

문화어 ^북 (文化語) 북녘의 표준말. 평양말에 바탕을 두고 정하였다. **참**표준어.

문화원 (文化院) 자기 나라 문화를 알리려고 다른 나라에 세운 기관.《프랑스 문화원》

문화유산 (文化遺産) 여러 문화 가운데 후손에게 물려줄 만한 가치가 있는 것.《불국사는 세계 문화유산이다.》

문화인(文化人) 1. 지식과 교양을 두루 갖춘 사람. 2. 학문이나 예술 같은 문화 쪽 일을 하는 사람.

문화재(文化財) 공공 기관에서 정하여 보살피는 오래된 물건, 집, 기술 같은 것. 옛사람이 남긴 것 가운데 훌륭하고 귀한 것을 뽑아 정한다.

문화재청(文化財廳) 문화재를 잘 지켜서 후손에게 그대로 물려주는 일을 맡아보는 행정 기관.

문화적(文化的) 문화로서 가치 있거나 문화와 관련 있는. 또는 그런 것.

문화제(文化祭) 노래, 춤, 시화 같은 문화를 알리는 축제.《처용 문화제》

문화 체육 관광부(文化體育觀光部) 문화, 예술, 청소년, 체육, 출판, 관광에 관한 일을 맡아보는 행정 기관.

묻다 누구에게 궁금한 것을 대답하거나 알려 달라고 하다.《옆 반 선생님이 내 이름을 물어 보셨다.》 바묻는, 물어, 묻습니다.

묻다 때가 흙, 때, 기름, 가루 들이 들러붙다. 또는 물, 기름 같은 액체에 젖다.《바닥에서 일어나 엉덩이에 묻은 흙을 털어 냈다.》

묻다 땅에 1. 땅속이나 물건 밑에 다른 물건을 넣고 위를 덮어서 가리다.《해적들은 훔친 보물을 땅속에 묻었다.》 2. 얼굴을 수그려 몸 한 부분으로 감싸거나 다른 것에 기대어 가리다.《누나가 아빠 가슴에 얼굴을 묻고 흐느낀다.》 3. 드러내지 않고 마음속 깊이 감추다.《그분은 자식을 잃은 한을 가슴속에 묻어 둔 채 살아오셨다고 한다.》

묻어나다 칠하거나 바른 것이 다른 것에 옮아 묻다.《숯을 만졌더니 손에 가루가 묻어났다.》

묻어다니다 북 1. 남과 어울려 다니다.《진이는 덩치 큰 애들과 묻어다닌다.》 2. 귀찮을 만큼 끈덕지게 남을 따라다니다.《지훈이가 너한테 묻어다니는 건 너를 좋아하기 때문이야.》

묻히다 땅에 1. 땅속이나 다른 물건 밑에 놓인 채 위가 덮여 가려지다.《할아버지는 고향 땅에 묻히는 게 소원이라고 하셨다.》 2. 어떤 처지나 환경에 둘러싸이다.《아빠 목소리가 사람들의 함성에 묻혀서 전혀 들리지 않았다.》 3. 한곳에 계속 머물다.《뜻있는 선비들은 조용히 초야에 묻혀 살았다.》

묻히다 손에 가루나 액체 들이 묻게 하다.《물 묻힌 손으로 떡을 떼었다.》

물 강물 1. 생물이 살아가는 데 필요한 맑고 투명한 액체. 빗물, 강물, 수돗물, 바닷물 들을 두루 이른다.《물을 마시다./물을 끓이다./꽃에 물을 주다.》 2. 호수, 강, 바다 같은 것을 두루 이르는 말.《사람이 물에 빠졌다.》 3. 밀물이나 썰물을 이르는 말.《물이 빠지자 드넓은 갯벌이 드러났다.》

물 만난 고기 관용 온 세상이 자기 것인 양 아무 거리낌이 없는 것을 빗대어 이르는 말.《동생은 물 만난 고기처럼 미끄럼을 타면서 놀았다.》

물 쓰듯 하다 관용 돈이나 물건 같은 것을 헤프게 쓰다.《용돈을 그렇게 물 쓰듯 하면 금세 바닥이 나고 말걸.》

물을 흐리다 관용 분위기를 망치다.《몇몇 게으른 애들이 모임 물을 흐린다.》

물도 곬을 찾아야 큰 강에 든다 속담 물

이제 곬을 찾아 흘러가야 큰 강에 이른다는 뜻으로, 어릴 때부터 잘 배워야 바르고 훌륭한 사람이 된다는 말.

물 본 기러기 꽃 본 나비 ^{속담} 바라던 일을 이루거나 마음에 드는 사람을 만나서 몹시 기뻐하는 모습을 이르는 말.

물에 물 탄 듯, 술에 술 탄 듯 ^{속담} 줏대 없이 말과 행동이 분명하지 못한 모습을 빗대어 이르는 말.

물에 빠지면 지푸라기라도 잡는다 ^{속담} 괴롭고 급한 처지에 놓이면 하찮은 것에서도 도움을 받으려고 한다는 말.

물에 빠진 놈 건져 놓으니까 내 봇짐 내라 한다 ^{속담} 남이 베푼 은혜에 고마워하기는커녕 도리어 트집을 잡는 것을 빗대어 이르는 말.

물은 건너 보아야 알고 사람은 지내보아야 안다 ^{속담} 사람은 겉모습으로만 알 수 없고 오래 사귀어 보아야 알 수 있다는 말.

물이 깊어야 고기가 모인다 ^{속담} 사람 됨됨이가 너그럽고 어질어야 남들이 따른다는 말.

물 ^{빛깔} 1.물감이 들어서 생기는 빛깔. 《손톱에 봉숭아물 들이고 싶어.》 2.다른 것에서 받는 나쁜 영향을 빗대어 이르는 말. 《순돌이가 이상한 형들과 어울리면서 나쁜 물이 들었다.》

물 ^{싱싱함} 물고기, 조개 들의 싱싱한 정도. 《물이 좋은 생선》

물가 ^{가장자리} 바다, 강, 호수처럼 물이 있는 곳 가장자리. 《저녁밥을 먹고 나서 물가에 나가 예쁜 조약돌을 주웠다.》 비기슭. ^북물갓, 물역.

물가 ^값 (物價) 물건 값. 《동네마다 물

가가 다르다.》

물갈기 ^{|북} 바다, 호수, 강에서 흰 거품을 일으키면서 갈기가 휘날리듯이 밀려오는 물결. 《파도가 물갈기를 날리면서 거세게 밀려든다.》

물갈이 ^{새것} 이미 있던 것이 새것으로 바뀌는 것. 또는 이미 있던 것을 새것으로 바꾸는 것. **물갈이하다**

물갈이 ^논 물을 대어 넣고 논을 가는 것. **물갈이하다**

물갈이 ^{배탈|북} 여행을 가서 늘 먹던 물 대신 다른 고장의 물을 먹는 것. 《갑자기 설사가 난 건 아마 물갈이 때문인 것 같아.》 **물갈이하다**

물갈퀴

물갈퀴 개구리, 오리 같은 동물들 발가락 사이에 있는 얇은 막. ^북발가락사이막.

물감 색을 칠하거나 물을 들이는 데 쓰는 물질.

물개_동물

물개 ^{동물} 북태평양에 사는 젖먹이동물. 몸에는 가는 잿빛 털이 나 있고, 입가에 수염이 있다. 네 다리가 지느러미처럼 생겨서 헤엄을 잘 친다.

물개 ^{기계|북} 기계에서 부속품이 움직이지 않게 꽉 죄거나 무는 부분.

물거름 액체로 된 거름.

물거품 1.물에 이는 거품. 《물거품이 일다.》 ^같수포. 2.애써서 해 온 일이 쓸모없게 되는 것을 빗대어 이르는 말. 《지금까지 해 온 모든 일이 물거품이 되었다.》 ^같수포.

물건 (物件) 모양을 갖춘 모든 것. 또는 사고파는 여러 가지 것들. 《시장에서는 갖가지 물건을 사고판다.》

물걸레 물에 적신 걸레. 《방을 물걸레

로 깨끗이 닦았다.》**참**마른걸레.

물결 물이 바람을 받아 위아래로 움직이는 모양. 또는 위아래로 움직이는 물.《거센 물결에 배가 흔들린다.》

물결무늬 물결 모양 무늬.

물결선 물결처럼 구불구불한 선.

물결치다 물결이 위아래로 자꾸 흔들리면서 움직이다.《거세게 물결치는 바다》

물고기 물속에 살면서 아가미로 숨 쉬고 지느러미로 헤엄치는 동물. **준**고기. 물고기도 큰 강물에서 노는 놈이 더 크다 **속담** 큰 강에 사는 물고기가 더 크다는 뜻으로, 크고 넓은 세상에 사는 사람일수록 보고 듣는 것도 많고 생각하는 테두리도 넓다는 말.

물고추나물 물가나 진흙에 자라는 풀. 붉은빛을 띠는 땅속줄기가 옆으로 뻗어 자란다. 8~9월에 연분홍 꽃이 핀다.

물관 뿌리에서 빨아올린 물을 줄기와 잎으로 보내는 대롱처럼 생긴 조직.

물구나무서기 두 손으로 바닥을 짚고 발을 들어 올려 거꾸로 서는 것. **북**거꾸로서기.

물굽이 바닷물이나 강물이 구부러져 흐르는 곳.

물귀신 1.물속에 있다는 귀신. 2.어려운 처지에 몰렸을 때 다른 사람까지 끌고 들어가는 사람을 빗대어 이르는 말.《물귀신처럼 나까지 끌어들이냐?》

물그림자 물에 비친 그림자.《강가에 앉아 버드나무 물그림자를 보았다.》

물기 물이 묻거나 스며들어 축축한 기운.《물기를 머금은 꽃잎》 **같**수분.

물기둥 기둥처럼 높이 솟거나 쏟아지

물까마귀

물꽈리아재비

물고추나물

는 굵은 물줄기를 빗대어 이르는 말.

물길 1.강이나 바다에서 배를 타고 가는 길.《산을 넘는 것보다는 물길로 가는 편이 훨씬 쉽다.》 **같**수로. **비**뱃길. 2. 물이 흐르는 길.《삼촌들이 물길을 내어 논에 물을 대었습니다.》 **같**수로.

물까마귀 산골짜기 물가에 사는 텃새. 온몸이 검은 갈색이고 부리는 검다. 꽁지는 짧고 위로 약간 올라갔다.

물꼬 1.논에 물을 대거나 빼려고 논둑에 낸 좁은 물길. 2.어떤 일이 처음 일어나는 것을 빗대어 이르는 말.《이번 회담으로 남북 이산가족 만남의 물꼬를 트게 되었습니다.》

물꽈리아재비 산골짜기나 들판의 물가에 자라는 풀. 잎은 달걀꼴이고, 6~7월에 노란 꽃이 핀다.

물끄러미 한곳만 우두커니 바라보는 모양.《먼 북쪽 하늘을 물끄러미 바라보았어요.》 **참**말끄러미. **북**멀끄러미.

물난리 1.큰비로 물이 넘쳐서 겪는 난리.《일주일째 이어진 비로 물난리가 났습니다.》 **북**물란리. 2.물이 모자라거나 없어서 겪는 난리.《지독한 가뭄으로 물난리가 났다.》 **북**물란리.

물다 입에 1.이, 입술, 부리를 맞대어 어떤 것을 떨어지거나 빠지지 않게 누르다.《고기가 미끼를 물었다.》 2.이 사이에 끼우고 상처가 날 만큼 세게 누르다.《옆집 개가 동생을 물었다.》 3.음식 같은 것을 삼키거나 뱉지 않고 입속에 두다.《막대 사탕을 입에 물고 자전거를 탔다.》 4.모기 같은 벌레가 살을 찌르다.《모기가 물어서 부은 자리에 약을 발랐다.》 **바**무는, 물어, 뭅니다.

물고 늘어지다 ^{관용} 어떤 일에 끈질기게 달라붙다.《나는 궁금한 것은 끝까지 물고 늘어지는 성격이야.》

무는 개 짖지 않는다 ^{속담} 무서운 사람일수록 오히려 말이 없는 것을 빗대어 이르는 말.

물다 ^{벌금을} 1.세금이나 벌금 들을 억지로 내다.《아주머니가 쓰레기를 함부로 버려서 벌금을 물었다.》2.남에게 입힌 해를 갚거나 원래 상태대로 되돌려 놓다.《삼촌이 내가 깬 거울 값을 물어 주었다.》 ^바무는, 물어, 뭅니다.

물달개비 논이나 도랑에 절로 나서 자라는 물풀. 세모꼴 잎이 한 줄기에 한 장씩 나고, 꽃은 보랏빛이다. ^북나도닭개비.

물닭 강가나 호숫가 갈대 사이에서 사는 겨울새. 온몸이 검고 발에 물갈퀴가 있다.

물덤벙술덤벙 아무 일에나 대책 없이 나서는 모양. **물덤벙술덤벙하다**

물독 물을 담아 두는 항아리.

물동이 물을 길어 옮기거나 담는 데 쓰는 작은 항아리.

물두꺼비 산골짜기에 사는 두꺼비. 수컷은 검은 갈색이고, 암컷은 누런 갈색이나 붉은 갈색, 검은 갈색 바탕에 검은 무늬가 있다.

물들다 1.빛깔이 옮아서 묻거나 스며들어 퍼지다.《해 질 무렵 바다가 붉게 물드는 모습을 보았어요.》2.흔히 나쁜 버릇이나 생각 들을 닮아 가다.《나쁜 버릇에 물들다 보면 나쁜 사람이 되는 거야.》 ^바물드는, 물들어, 물듭니다.

물들이다 어떤 것을 물들게 하다.《지

물땡땡이

물달개비

물닭

물동이

물두꺼비

는 해가 서쪽 하늘을 붉게 물들였다./ 네가 저 착한 애를 물들여 놓았지?》

물때 ^{더러움} 물에 섞인 더러운 물질이 묻어서 끼는 때.《물통에 묻은 물때를 깨끗이 씻어 냈다.》

물때 ^{바닷물} 1.밀물과 썰물이 들고 나는 때.《물때를 맞춰야 고기가 잘 잡혀.》 2.밀물이 들어오는 때.《고기잡이배들이 물때를 기다리고 있다.》

물땡땡이 연못이나 논처럼 고인 물에 사는 곤충. 몸은 검고 반들거리는데, 더듬이와 수염이 누런 갈색이다.

물떼새 갯벌, 습지, 강가, 바닷가 같은 물가에 사는 새. 봄가을에 우리나라를 지나가는 나그네새와 겨울을 나는 철새가 있다.

물량(物量) 물건의 양.《이 정도 물량이면 아이들이 다 먹고도 남겠다.》

물러가다 1.있던 곳에서 뒤로 옮겨 가다.《공격에 실패한 적군이 밤을 틈타서 모두 물러갔다.》2.윗사람이 있는 곳에서 나가다.《인사를 드렸으니 저는 이만 물러가겠습니다.》3.계절, 추위, 더위 같은 것이 사라지다.《이번 추위만 물러가면 곧 봄이 올 거야.》4. 하던 일을 그만두거나 있던 자리를 내놓고 나가다.《독재자가 물러가야 그 나라에 평화가 찾아올 것이다.》

물러나다 1.있던 곳에서 뒤나 옆으로 옮겨 가다.《오토바이가 지나갈 때는 한 걸음 물러나는 게 안전하다.》2.윗사람이 있는 곳에서 나오다.《우의정은 왕 앞에서 물러나자마자 얼른 대궐을 빠져나왔습니다.》3.하던 일을 그만두거나 있던 자리를 내놓고 나오다.

《퇴계 선생은 공직에서 물러난 뒤에 고향으로 내려가셨습니다.》

물러서다 1.있던 곳에서 뒤나 옆으로 비켜서다.《전철이 들어올 때는 노란 선 뒤로 물러서.》 2.하던 일을 그만두다. 또는 고집을 꺾다.《우승을 눈앞에 두고 이대로 물러설 수는 없어!》

물렁- 누르면 쑥 들어갈 만큼 부드럽고 무른 모양. **물렁거리다 물렁대다 물렁하다 물렁물렁**《고구마가 물렁물렁하게 잘 익었어요.》

물렁뼈 무른 뼈. **같**연골.

물레 1.옛날에 솜이나 털 같은 것에서 실을 뽑던 기구.《옛날 사진에서 할머니들이 물레로 실을 뽑는 모습을 보았어요.》 2.→ 돌림판.

물레

물레나물 산속 양지바른 풀숲에서 자라는 풀. 모가 진 줄기가 곧게 자라고, 여름에 노란 꽃이 핀다. 어린잎을 먹는다.

물레나물

물레바퀴 1.물레에 딸린 바퀴. 이것을 돌려서 실을 감는다. 2.물레방아에 붙어 있는 큰 바퀴.

물레방아 물이 떨어지는 힘으로 바퀴를 돌려 곡식을 빻는 방아. **참**물방아.

물레새 숲이나 계곡 가까이에 사는 여름새. 등은 누런색을 띤 초록색이고 배는 누런 흰색이다. 울음소리가 물레 돌리는 소리와 비슷하다.

물레방아

물렛줄 물레바퀴와 가락에 걸쳐 감은 줄. 물레가 돌 때 가락을 돌게 한다.

물레새

물려받다 남한테서 기술이나 자리, 물건 들을 넘겨받다.《나는 형이 입던 바지를 물려받아 입는다.》

물려주다 남한테 기술이나 자리, 물건 들을 넘겨주다.《이 벼루는 증조할아버지께서 아빠한테 물려주신 것이다.》

물론 (勿論) 더 말할 것도 없는 것. 또는 더 말할 것도 없이.《동생은 물론이고 누나도 이 만화를 좋아해요.》

물류 (物流) 돈을 받고 물건을 나르거나 맡아 주는 일.《물류 창고》

물리 (物理) → 물리학.

물리다 **벌레에** 1.벌레나 동물한테 무는 짓을 당하다.《모기 물린 데에 바르는 약》 2.남한테 어떤 것을 물게 하다.《이모가 아기한테 젖을 물렸다.》

물리다 **되돌리다** 1.이미 하거나 벌어진 일을 도로 되돌리다.《삼촌이 한 수만 물려 달라고 사정했다.》 2.정해진 때를 뒤로 늦추다. **비**미루다.《숙제 내는 날짜를 조금 물리면 안 될까?》 3.다른 곳에 옮기거나 치우게 하다.《아빠는 저녁상을 물리고 커피를 드신다.》

물리다 **싫증나다** 1.자주 먹어서 어떤 음식이 싫어지다.《빵은 도저히 못 먹겠어. 정말 물렸다니까.》 2.되풀이되는 일에 싫증이 나다.《제기차기에도 물렸으니 이제 뭘 하면서 놀까?》

물리다 **매기다** 벌금, 세금, 요금 같은 것을 물게 하다.《못된 왕이 백성들에게 지나치게 무거운 세금을 물렸다.》

물리치다 1.적을 쳐서 물러가게 하다.《이순신 장군이 바닷길로 쳐들어오는 왜적을 물리쳤다.》 2.받아들이지 않고 거절하다.《그 아이의 부탁을 차마 물리칠 수 없었다.》 3.억누르거나 이겨내다.《식욕을 물리치지 못하면 살을 빼기가 쉽지 않을 거야.》

물리 치료 (物理治療) 약이나 주사를

쓰지 않고 몸에 힘을 주어 치료하는 것.

물리학 (物理學) 물질의 성질, 운동, 변화 들을 연구하는 학문. 🔵물리.

물리학자 (物理學者) 물리학을 연구하는 사람.

물만두 물에 삶은 만두.

물맛 물에서 나는 맛.《이 약수터는 물맛 좋기로 이름났다.》

물매화 산기슭 물가에 자라는 풀. 잎이 줄기마다 한 장씩 달리고, 여름에 흰 꽃이 핀다.

물매화

물맴이 연못이나 개울물에 사는 곤충. 몸이 검고 반들거리는데, 머리 위아래에 있는 겹눈으로 물 위와 물속을 모두 볼 수 있다. 🔵물매미.

물맴이

물물 모양 │북 연기, 냄새, 김 같은 것이 천천히 많이 피어오르는 모양.《찜통 뚜껑을 열자 김이 물물 난다.》

물물 물건 (物物) 물건과 물건.

물물 교환 (物物交換) 돈을 쓰지 않고 필요한 물건끼리 서로 맞바꾸는 것.

물밀듯이 물이 밀려오듯이 한꺼번에 거세게.《물밀듯이 쳐들어오는 적군》

물바다 홍수 같은 것으로 어떤 곳이 온통 물에 잠긴 것을 빗대어 이르는 말.《큰비로 시내가 물바다가 되었다.》

물박달나무 양지바른 산 중턱에 자라는 잎지는나무. 잎은 달걀꼴이고, 봄에 암꽃과 수꽃이 한 나무에 핀다. 나무로 가구나 다듬잇방망이 들을 만든다.

물벼룩

물박달나무

물받이통 떨어지는 물을 받는 통.

물방개 연못이나 도랑에 사는 곤충. 등글넓적하게 생겼는데 뒷다리가 크고 털이 많아 헤엄을 잘 친다. 🔵기름도치.

물방개

물방아 긴 통나무의 한쪽을 파내어 물

이 고이게 만들고 다른 쪽에는 공이를 달아 물받이에 물이 차고 빔에 따라 공이가 오르내리게 하여 곡식을 찧는 방아. 🔵물레방아.

물방아

물방앗간 물방아로 곡식을 찧는 집.《순이가 물방앗간에 갔다고?》

물방울 물이 방울처럼 작고 동글동글하게 맺힌 것.《동굴 천장에서 물방울이 똑똑 떨어졌다.》

물뱀 1.→ 무자치. 2.뱀처럼 생긴 바닷물고기. 주둥이가 뾰족하고 억센 송곳니가 있다.

물범 바다에 사는 젖먹이 동물. 물에서는 지느러미처럼 생긴 뒷다리로 헤엄치고 뭍에서는 앞다리로 기어 다닌다. 천연기념물 제331호. 🔵바다표범.

물벼락 갑자기 세차게 쏟아지거나 튀는 물. 또는 그 물을 흠뻑 뒤집어쓰는 것.《할머니가 꽃밭을 짓밟던 꼬마들한테 물벼락을 안기셨다.》

물벼룩 연못이나 호수 같은 고인 물에 사는 작은 벌레. 몸은 투명하거나 옅은 누런색이고, 배에 있는 다리로 뛰듯이 헤엄쳐 다닌다.

물병 물을 담는 병.

물보라 물결이 바위 같은 것에 부딪혀 사방으로 흩날리면서 생기는 작은 물방울. 🔵물바래.

물불 물과 불. 흔히 어려움이나 위험, 옳고 그름 들에 빗대어 이르는 말이다. **물불을 가리지 않다** 관용 어떤 어려움도 무릅쓴다.《아빠는 가족을 위한 일이라면 물불을 가리지 않으신다.》

물빛 1.물 빛깔. 2.바닷물처럼 많이 고여 있는 물을 멀리서 볼 때 나타나는 옅은 남색.

물뿌리개 꽃이나 풀 들에 물을 주는 도구. 물통에 달린 주둥이에 작은 구멍이 많이 뚫려 있다. 북솔솔이.

물산 (物産) 한 지방에서 나는 여러 가지 물건.

물산 장려 운동 (物産奬勵運動) 일제 강점기에 온 나라에서 벌인 경제 자립 운동. 1922년 조만식을 비롯한 많은 사람이 국산품을 쓰고 돈이나 물건을 아껴 민족 기업을 키우자고 주장하면서 시작하였다.

물살 크고 작은 물의 흐름이나 뻗어 나가는 움직임.《힘차게 노를 저어 물살을 헤치고 나갔다.》

물새 강, 호수, 바다 같은 물에서 살거나 물 가까이에서 사는 새. 북물촉새.

물색 1.사물의 빛깔.《물색 고운 저고리》 2.어떤 일에 알맞은 사람, 물건, 장소 들을 찾거나 고르는 일.《누나 몰래 과자를 숨겨 놓을 곳을 물색 중이다.》

물색하다

물샐틈없다 빈틈이 조금도 없다.《물샐틈없는 수비》

물소 강가나 호숫가에 떼 지어 사는 소. 인도를 비롯한 동남아시아에 많이 살고, 집짐승으로 기르기도 한다.

물소리 물이 흐르거나 부딪칠 때 나는 소리.

물속 물의 속. 같수중.

물수건 물에 적신 수건. 몸을 닦거나 열을 식힐 때 쓴다.《엄마가 펄펄 끓는 내 이마에 찬 물수건을 얹어 주셨다.》

물수리 바닷가, 강가, 호숫가에 사는 겨울새. 등은 어두운 갈색이고 머리와

물수세미

배는 희다. 날카로운 발톱으로 물고기를 잡아먹는다. 북증경새.

물수세미 깊은 연못이나 늪에 자라는 물풀. 물 밑 흙 속에 뿌리를 박고 줄기는 물에 잠겨 있다. 물 위로 조금 나온 줄기 끝에 작고 연노란 꽃이 핀다.

물시계 물을 일정한 빠르기로 그릇에 떨어뜨려서 물이 고이거나 줄어든 양으로 시간을 헤아리는 시계.

물씬 1.코를 찌르는 냄새가 갑자기 심하게 풍기는 모양.《삼촌이 양말을 벗으니까 발 고린내가 물씬 풍긴다.》 2.김이나 먼지 같은 것이 갑자기 무럭무럭 나는 모양. **물씬물씬**

물안개 강, 호수, 바다 들에서 피어오르는 안개.

물안경 헤엄칠 때 눈에 물이 들어가지 않게 쓰는 안경.

물약 액체로 된 약.《물약에서 딸기 냄새가 나요.》

물어내다 남에게 입힌 해를 돈이나 물건으로 갚다.《네가 멀쩡한 물건을 망가뜨렸으니까 물어내.》

물어뜯다 1.이나 부리로 물어서 뜯다.《철수는 손톱을 물어뜯는 버릇이 있다.》 2.남을 헐뜯거나 괴롭히다.《왜 서로 물어뜯지 못해 안달이니?》

물오리 → 청둥오리.

물오리나무 산에 자라는 잎지는나무. 잎은 둥글고 가장자리에 톱니가 있다. 꽃은 3월에 피고 열매는 10월에 익는다. 나무로 그릇이나 농기구를 만든다.

물옥잠 얕은 연못이나 고인 물에서 자라는 물풀. 잎은 심장 모양이고 윤이 난다. 늦여름에 보라색 꽃이 핀다.

물오리나무

물옥잠

물수리

물욕 (物慾) 돈이나 물건을 탐내는 마음. 《물욕에 눈이 멀다.》

물웅덩이 물이 괸 웅덩이.

물음 1. 묻는 일. 또는 묻는 말. 《나는 동생의 물음에 꼬박꼬박 대답해 주었다.》 ⁑대답. 2. 궁금한 점. 《짝꿍의 이상한 행동에 수많은 물음이 떠올랐지만 그냥 참았다.》

물음표 묻는 말 뒤에 붙이는 문장 부호. '?'의 이름이다.

물의 (物議) 어떤 일을 두고 여러 사람이 이러쿵저러쿵 떠들고 뒷말하는 일. 《물의를 빚다./물의를 일으키다.》

물이끼 물속이나 그늘지고 축축한 곳에 자라는 이끼. 희거나 옅은 푸른빛을 띤다. ⁑척리.

물자 (物資) 어떤 일에 필요한 물건이나 재료. 《물자를 아껴 씁시다.》

물자라 논이나 연못에 사는 곤충. 암컷이 수컷 등에 알을 낳으면 수컷은 알을 지고 다닌다.

물장구 물놀이하거나 헤엄칠 때 두 발로 물을 잇달아 차는 것. 《사촌 형들과 물장구를 치면서 놀았다.》 ⁑물탕.

물장군 논이나 연못에 사는 곤충. 몸은 납작하고 잿빛을 띤 갈색인데, 앞발이 굵고 날카로운 발톱이 있다. ⁑개아재비.

물장난 물을 튀기거나 뿌리면서 노는 것. 또는 물에서 노는 것. 《형과 냇가에 나가 물장난을 쳤다.》 **물장난하다**

물정 (物情) 세상 돌아가는 형편이나 사정. 《세상 물정에 어두운 사람》

물줄기 1. 강물이나 냇물이 흘러가는 줄기. 《이 물줄기를 따라 내려가면 계

물지게

물질경이

물자라

물장군

물총새

곡이 나올 거야.》 2. 수도 같은 것에서 뻗쳐 나오는 물.

물지게 물을 길어 나르는 데 쓰는 지게. 긴 나무 막대기 두 끝에 갈고리를 달아서 물통을 걸게 되어 있다.

물질 (物質) 1. 정신에 견주어 눈으로 볼 수 있고 손으로 만질 수 있는 모든 것. ⁑정신. 2. 물체의 밑바탕을 이루는 것. 고체, 액체, 기체와 같이 여러 모습을 띤다. 《담배 연기에는 몸에 해로운 물질이 많다.》

물질경이 논이나 도랑 속에 절로 나는 물풀. 잎은 달걀꼴이고 아주 얇다. 여름에 분홍빛이 도는 흰색 꽃이 핀다.

물질 만능주의 (物質萬能主義) 재물을 가장 중요하게 여기고 돈이면 무엇이든지 다 할 수 있다는 생각.

물질문명 (物質文明) 물질에 바탕을 둔 문명.

물집 부풀어 오른 살갗 속에 물이 찬 것. 《새 신발을 신었더니 발가락에 물집이 생겼네.》 ⁑수포.

물체 (物體) 돌이나 연필처럼 모양이 있어 보고 만질 수 있는 것. 생명이 없고 딱딱한 것을 이른다.

물총 물을 넣어 쏘는 장난감 총.

물총새 강가의 벼랑에 굴을 파고 사는 여름새. 깃털은 초록색을 띤 하늘색이고, 부리가 길다. ⁑물촉새.

물컹- 너무 익거나 곯아서 아주 물렁물렁한 모양. **물컹거리다 물컹대다 물컹하다 물컹물컹**

물큰 ¹⁑북 누르면 쑥 들어갈 듯이 몹시 물렁물렁한 모양. 《물큰 밟히는 게 있어서 내려다봤더니 걸레였다.》

물탱크 물을 많이 담아 두는 큰 통.

물통 물을 담거나 나르는 통.《물통에 물을 가득 받았다.》같수통.

물통이 산속 그늘진 곳에 자라는 풀. 7~8월에 작고 옅은 풀색 꽃이 피고, 누런 밤색 열매가 열린다.

물통이

물투성이 |북 물에 흠뻑 젖거나 물을 뒤집어쓴 꼴.《우산 없이 나갔다가 온 몸이 물투성이가 돼서 집에 돌아왔다.》

물튀 |북 짐승 털을 뽑으려고 끓는 물에 잠깐 담그는 것.《닭털을 뽑으려면 물튀를 해야 한다.》**물튀하다**

물푸레나무 산기슭, 산골짜기, 개울가에 자라는 잎지는나무. 봄에 꽃이 피고 가을에 열매가 여문다. 나무껍질은 약으로 쓰고, 나무는 가구나 농기구 자루를 만든다.

물푸레나무

물풀 물속이나 물가에서 자라는 풀. 부들, 갈대, 연꽃 들이 있다. 같수초.

물품 (物品) 어떤 일에 쓰는 물건. 또는 파는 물건.《여행에 필요한 물품》

물피 |북 축축한 땅에 자라는 풀. 돌피와 비슷한데 조금 더 크다. 이삭은 작고 붉은 자줏빛이다.

물해파리 얕은 바다 속에서 떠다니는 해파리. 우산처럼 생긴 몸에 긴 촉수가 여러 개 달려 있고, 온몸이 흐늘흐늘하다. 촉수에 독이 있다.

물해파리

묽다 죽, 반죽, 물감 같은 것에 지나치게 물이 많다.《죽을 묽게 쑤었다.》

뭇 여러 아주 많은. 또는 여럿의.《뭇 백성/뭇 짐승》

뭇 세는 말 짚, 장작, 채소 같은 것의 작은 묶음이나 볏단을 세는 말.《볏단 한 뭇/미역 한 뭇》

뭇매 여럿이 달려들어 한꺼번에 때리는 매. 비몰매. 북모두매.

뭉개다 모양이 이지러지게 마구 누르거나 짓이기다.《누나가 만든 찰흙 인형을 동생이 뭉개 놓았다.》

뭉개치다 |북 1. 짓이겨서 망가뜨리다.《낡은 집을 뭉개치고 그 자리에 새 집을 짓는다고 한다.》 2. 더 나아가거나 시원스레 올라가지 못하고 한곳에서 우물쭈물 미적대다.《아이들은 무섭게 생긴 개 때문에 아까부터 그 자리에서 뭉개치고 있었다.》

뭉게구름 뭉게뭉게 피어오르는 하얀 구름. 북더미구름.

뭉게뭉게 연기나 구름 같은 것이 둥글게 퍼지면서 자꾸 더 크게 피어오르는 모양.《하얀 양털구름이 뭉게뭉게 피어오른다.》

뭉게치다 |북 구름, 연기 들이 한꺼번에 많이 피어오르다.《불이 난 곳에서 시꺼먼 연기가 뭉게쳤다.》

뭉그리다 |북 1. 퍼지거나 널린 것을 대충 뭉쳐서 둥글게 만들다.《과자 봉지를 뭉그려서 한 손에 들었다.》 2. 돈이나 재물 들을 모아서 마련하다.《삼촌은 장사를 해서 제법 큰돈을 뭉그렸다.》 3. 말을 머뭇거리면서 두루뭉술하게 마치다.《나도 모르게 눈물이 나와서 말끝을 뭉그리고 말았다.》

뭉그적- 1. 한곳에 눌러앉아 몸을 비벼대는 모양. 2. 한곳에서 우물쭈물하며 게으름 피우는 모양. **뭉그적거리다 뭉그적대다 뭉그적뭉그적**《아침에 뭉그적거리다가 지각을 하고 말았다.》

뭉기적- |북 앉은 자리에서 꽤 느리게

움직이는 모양. **뭉기적거리다 뭉기적대다 뭉기적뭉기적**

뭉뚝하다 굵은 사물의 끝이 짧고 무딘 모양.《연필이 벌써 뭉뚝해졌구나.》

뭉실뭉실 구름이나 연기 같은 것이 둥글둥글하게 피어오르는 모양. **뭉실뭉실하다**

뭉우리 |북 물에 푼 가루가 둥글게 엉겨서 굳은 덩어리.《밀가루를 물에 풀고 뭉우리가 지지 않게 잘 섞었다.》

뭉치 한데 뭉친 덩이.《종이 뭉치》

뭉치다 1.여럿을 합쳐 하나로 만들다. 또는 하나가 되다.《눈을 뭉쳐 눈싸움도 하고 눈사람도 만들었습니다.》2. 힘이나 생각 들을 하나로 모으다.《한마음으로 뭉쳐 열심히 해 보자.》

뭉클 기쁘거나 슬픈 느낌이 북받쳐서 가슴이 갑자기 꽉 차는 듯한 느낌. **뭉클하다**《주인공이 엄마를 만나는 장면에선 제 가슴도 뭉클했어요.》

뭉텅 한 번에 덩어리로 많은 양이 잘리거나 끊어지는 모양.《소고기를 뭉텅 잘라서 국을 끓였다.》 **뭉텅뭉텅**

뭉텅이 한데 뭉친 큰 덩이.

뭉툭하다 굵고 짤막하다. 또는 끝이 짧고 무디다.《뭉툭한 연필심을 칼로 뾰족하게 다듬었다.》

뭍 땅이나 육지.《개구리는 뭍과 물 아무 데서나 살 수 있다.》

뭐 1.→ 무엇.《뭐가 어떻게 됐다는 말인지 하나도 모르겠다.》2.→ 무어. 《뭐? 또 지갑을 잃어버렸다고?》

뭐니 뭐니 해도 관용 이것이다 저것이다 말은 많아도.《뭐니 뭐니 해도 엄마가 해 주시는 밥이 가장 맛있어.》

뭘 느낌말 남이 칭찬하거나 고마워할 때 별거 아니라는 듯 자기를 낮추는 말. 《뭘, 내가 할 일을 했을 뿐이야.》

뭘 무엇을 '무엇을'이 줄어든 말.《배가 고파서 뭘 좀 먹어야겠어요.》

뭣 → 무엇.《뭣 때문에 화가 났는지 말을 해야 알지.》

뭣하다 → 무엇하다.《어른들과 함께 있기가 뭣해서 부엌으로 나왔다.》

뮤지컬 (musical) 등장인물이 노래하고 춤추면서 연기하는 연극. 북가무이야기, 음악무용극.

미 계이름 (mi 이) 서양 음악의 일곱 음계에서 셋째 음. 참도, 레, 파, 솔, 라, 시.

미 아름다움 (美) 1.아름다움. 또는 아름다운 것.《한국의 미》2.성적을 수, 우, 미, 양, 가로 매길 때 셋째로 잘한 것. 《아이코, 수학이 미야.》

미 띠 (未) 띠를 나타내는 열두 동물 가운데 여덟째인 양을 이르는 말.

미각 (味覺) 혀로 맛을 느끼는 감각.

미간 (眉間) → 양미간.

미갑갯지렁이 갯벌에 구멍을 파고 사는 지렁이. 몸 빛깔이 붉다.

미개인 (未開人) 미개한 사람. 비야만인. 참문명인.

미개척지 (未開拓地) 사람이 아직 발을 딛지 못한 곳. 또는 아직 연구하지 못한 어떤 것.《우주는 아직도 미개척지로 남아 있다.》

미개하다 문명이 발달하지 못하여 사는 수준이 낮다.《미개한 종족》

미결 (未決) 문제나 사건 들이 아직 풀리거나 끝맺지 못한 것. **미결되다**

미관 (美觀) 아름다운 풍경.《수많은

미갑갯지렁이

간판이 거리 미관을 해친다.》

미국가막사리 길가나 논둑에서 자라는 풀. 줄기에 털이 없고 9~10월에 노란색 꽃이 핀다. 옷감에 물을 들이는 데 쓴다.

미국가막사리

미국실새삼 나무나 풀에 더부살이하는 풀. 줄기가 가늘고 긴 실처럼 생겼다. 여름에 작고 흰 꽃이 핀다.

미국쑥부쟁이 산이나 들에서 자라는 풀. 줄기는 꼿꼿하고 가지가 많이 갈라진다. 잎은 줄처럼 생겼는데, 9~10월에 흰색이나 푸른색 꽃이 피고 가을에 밤색 열매가 열린다.

미국인 (美國人) 미국 사람.

미국자리공 남부 지방 밭둑에서 자라는 풀. 잎은 긴달걀꼴이고 6~9월에 붉은빛이 도는 흰색 꽃이 핀다. 뿌리는 약으로 쓰고 자주색 열매는 옷감을 물들이는 데 쓴다.

미국플라타너스 → 양버즘나무.

미군 (美軍) 미국 군대. 또는 미국 군인.

미궁 (迷宮) 1.한번 들어가면 쉽게 빠져나올 수 없는 곳. **비**미로. 2.일이 복잡하게 얽혀서 쉽게 풀지 못하는 것을 빗대어 이르는 말.《사건이 미궁에 빠졌다.》**비**미로.

미꾸리

미국실새삼

미국쑥부쟁이

미국자리공

미꾸라지

미꾸라지 논, 개천, 못의 흙 속에 사는 민물고기. 몸은 가늘고 긴데 살갗이 미끌미끌하다.

미꾸라지 용 됐다 **속담** 보잘것없던 사람이 훌륭하게 된 것을 빗대어 이르는 말.

미꾸라지 한 마리가 온 웅덩이를 흐린다 **속담** 한 사람의 나쁜 행동이 무리 전체에 나쁜 영향을 미치는 것을 빗대어 이르는 말.

미꾸리 연못이나 논처럼 물이 고인 곳의 진흙 바닥에 사는 민물고기. 몸이 가늘고 긴데, 입가에 수염이 다섯 쌍 있다. 살갗이 미끌미끌하다.

미끄러뜨리다 미끄러지게 하다.《언니가 얼음판에서 나를 미끄러뜨렸어.》

미끄러지다 미끄럽거나 비탈진 곳에서 한쪽으로 밀리거나 넘어지다.《눈길에서 미끄러져 엉덩방아를 찧었다.》

미끄럼 미끄러지는 것. 또는 얼음판이나 미끄럼틀에서 미끄러지는 놀이.

미끄럼틀 미끄럼을 타는 놀이 기구. 미끄러운 판을 비스듬히 세워 만든다.

미끄럽다 저절로 밀려 나갈 만큼 반들반들하다.《눈길이 미끄러워서 차들이 엉금엉금 기어간다.》**참**매끄럽다. **바**미끄러운, 미끄러워, 미끄럽습니다.

미끈- 미끄러워서 발이나 손이 붙지 않고 밀리는 모양. **미끈거리다 미끈대다 미끈하다 미끈미끈**《미끈거리는 물미역》

미끈하다 1.거친 데가 없이 부드럽다.《미끈한 기둥》2.생김새가 말쑥하다. 또는 차림새가 깨끗하고 훤하다.《미끈하게 생긴 젊은이》

미끌- **북** 얼음판이나 오징어의 살갗처럼 닿으면 저절로 밀려 나갈 듯이 아주 미끄러운 모양. **미끌거리다 미끌대다 미끌하다 미끌미끌**《미꾸라지가 미끌미끌 잘도 빠져나간다.》

미끼 1.물고기나 동물을 잡는 데 쓰는 먹이.《낚시에 지렁이 미끼를 달아 물고기를 잡았다.》2.남을 꾀는 데 쓰는 물건이나 방법을 빗대어 이르는 말.

《사탕을 미끼로 내 마음을 사려고?》

미나리 개울가나 도랑에 자라거나 논에 심어 기르는 잎줄기채소. 독특한 냄새가 나고 나물로 먹는다.

미나리냉이 산속에 자라는 풀. 줄기에 흰 털이 많고, 잎은 넓은 버들잎처럼 생겼다. 여름에 흰 꽃이 핀다. 어린순을 먹는다. **북**미나리황새냉이.

미나리아재비 산과 들, 밭둑에 자라는 풀. 줄기와 잎에 굵은 털이 있고, 여름에 노란 꽃이 핀다. 독이 있지만 어린순은 먹을 수 있다. **북**참바구지.

미나마타병 수은에 중독되어 생기는 공해병. 환자가 일본 미나마타 현에서 처음 나타났다.

미남 (美男) 얼굴이 잘생긴 남자. **반**추남.《미남 배우》

미납 (未納) 세금이나 요금 같은 것을 아직 내지 못한 것.《전기 요금 미납》**참**완납. **미납하다 미납되다**

미녀 (美女) 얼굴이 아름다운 여자. 비가인, 미인. **반**추녀.

미뉴에트 (minuet) 4분의 3박자 또는 8분의 3박자로 된 춤곡.

미니 (mini) 어떤 낱말 앞에 붙어, '작은'을 뜻하는 말.《미니 자동차》

미니스커트 (miniskirt) 무릎 윗부분이 드러나는 짧은 치마.

미니카 (minicar) 자동차 모양을 그대로 본떠 아주 작게 만든 장난감 차.

미닥치다 |**북** 여럿이 밀고 당기면서 정신없이 떠들거나 움직이다.《버스를 먼저 타겠다고 서로 미닥치는 모습이 보기 흉하다.》

미닫이 문이나 창을 옆으로 밀어서 여

미나리

미나리냉이

미나리아재비

미더덕

닫는 것. 또는 그렇게 여닫는 문이나 창. **참**여닫이.

미닫이문 옆으로 밀어 여닫는 문.

미달 (未達) 정해진 기준에 미치지 못하는 것.《신청자 미달로 강의가 없어졌다.》**반**초과. **미달하다 미달되다**

미담 (美談) 사람들이 감동할 만한 착하고 훌륭한 이야기.《이 미담의 주인공은 아버지를 구하려고 불 속에 뛰어든 한 초등학생입니다.》

미대 (美大) 미술을 가르치는 대학. '미술 대학'이 줄어든 말이다.

미더덕 바다 속 바위에 붙어서 사는 동물. 가늘고 길쭉한 몸에 자루가 달려 있고, 자루 끝이 바위에 달라붙는다.

미덕 (美德) 남이 본받을 만한 훌륭한 마음가짐이나 행동.《버스에서는 몸이 불편한 사람들에게 자리를 양보하는 미덕이 필요하다.》

미덥다 믿을 만하다. 또는 마음을 놓을 만하다.《동생 녀석이 영 미덥지 않아.》**바**미더운, 미더워, 미덥습니다.

미동 나사 (微動螺絲) 현미경에서 초점을 맞추는 데 쓰는 작은 나사.

미라 (mirra**포**) 죽은 사람이나 죽은 동물의 몸이 썩지 않고 바짝 말라 본디 모습에 가깝게 남아 있는 것. ✕미이라.

미래 (未來) 앞으로 올 날.《어린이는 미래의 희망이다.》**비**앞날, 장래. **참**과거, 현재.

미래상 (未來像) 생각해 본 앞날의 모습.《우리나라의 미래상》

미량 (微量) 아주 적은 양.

미련 **고집** 어리석고 둔한 것. 또는 그런 고집.《미련을 떨다.》**미련하다**

미련한 사람이 범 잡는다 속담 무서움도 모르는 미련한 사람이 호랑이를 잡는다는 뜻으로, 못난 사람이 어쩌다 큰일을 이룬 것을 빗대어 이르는 말.

미련 마음 (未練) 지난 일을 잊지 못하고 자꾸 아쉬워하는 마음. 《잃어버린 지갑에 미련 두지 말자.》

미련스럽다 답답할 만큼 미련하다. 《발목이 삐었는데도 미련스럽게 꼭대기까지 올라갔다는 말이냐?》 바미련스러운, 미련스러워, 미련스럽습니다.

미련퉁이 아주 미련한 사람을 낮추어 이르는 말.

미로 (迷路) 1. 한번 들어가면 빠져나오기 어려운 복잡한 길. 비미궁. 2. 일을 풀지 못해 갈팡질팡하는 것을 빗대어 이르는 말. 비미궁.

미루나무 강가나 마을에 많이 심는 잎지는나무. 잎은 세모꼴이고 윤이 난다. 3~4월에 꽃이 피고 열매는 5월에 익는다. 같포플러. 북강선뽀뿌라.

미루다 1. 정해진 시간, 날짜, 일 들을 나중으로 늦추다. 《약속 시간을 조금 미루는 게 좋겠어.》 비물리다. 반당기다. 2. 일이나 책임을 남한테 떠넘기다. 《네 일을 동생한테 미루지 마.》 3. 이미 알려진 것을 바탕으로 다른 것을 헤아리다. 《제목으로 미루어 보면 그 영화는 슬픈 내용일 거야.》

미륵보살 (彌勒菩薩) 불교에서 석가모니 뒤를 이어 이 세상에 온다는 보살. 부처가 되어 중생을 구한다고 한다.

미륵사지 석탑 (彌勒寺址石塔) 전라북도 익산 미륵사 터에 있는 석탑. 백제 무왕 때 지었다고 전해지는데, 우리 나라에서 가장 오래된 석탑이다. 국보 제11호.

미리 어떤 일이 일어나기 전에. 또는 어떤 일을 하기 전에. 《준비물은 자기 전에 미리 머리맡에 챙겨 둡니다.》

미리내 '은하수'의 순 우리말.

미리미리 '미리'를 힘주어 이르는 말. 《미리미리 숙제를 해 놓았으면 밤새지 않아도 되잖아.》

미리 보기 컴퓨터에서 글이나 그림을 인쇄하기 전에 화면으로 보는 일.

미만 (未滿) 정해진 수나 양에 못 미치는 것. 《일곱 살 미만인 어린이는 들어갈 수 없습니다.》 반초과. 참이하.

미망인 (未亡人) 남편이 죽은 여자.

미모 (美貌) 아름다운 얼굴 모습.

미모사

미모사 꽃밭이나 화분에 심어 가꾸는 풀. 여름에 분홍색 꽃이 동그랗게 핀다. 잎을 건드리면 이내 오그라들어 아래로 늘어진다.

미묘하다 쉽게 정하거나 다룰 수 없을 만큼 야릇하고 묘하다. 《'노랗다'와 '노르스름하다' 사이에는 미묘한 차이가 있다.》

미물 (微物) 아주 작고 보잘것없는 것. 흔히 벌레같이 작은 동물을 이르는 말이다. 《개미와 같은 미물도 함부로 죽여서는 안 된다.》

미루나무

미미하다 아주 작고 보잘것없다. 또는 아주 희미하다. 《효과가 미미하다.》

미비 (未備) 필요한 것을 아직 다 갖추지 못한 것. **미비하다** 《이 서류에는 미비한 점이 많다.》

미사 (missa 라) 가톨릭교회에서 하느님께 드리는 예배.

미사일 (missile) → 유도탄.

미상 (未詳) 누구인지, 무엇인지, 언제인지 잘 모르는 것.《신원 미상》

미생물 (微生物) 세균처럼 눈으로 볼 수 없는 아주 작은 생물.

미선나무 양지바른 산기슭에 자라는 잎지는나무. 이른 봄에 흰 꽃이 잎보다 먼저 피고, 가을에 부채처럼 생긴 열매가 익는다. 우리나라에서만 자란다.

미선나무

미성년자 (未成年者) 만 스무 살이 되지 않은 사람.

미세하다 아주 작고 가늘다.《미세한 것까지 보려면 현미경이 필요합니다.》

미소 (微笑) 소리 없이 빙긋이 웃는 웃음.《우리 선생님은 늘 입가에 미소를 띠고 계세요.》북볼웃음.

미소 공동 위원회 (美蘇共同委員會) 광복 후 미국과 소련의 대표가 우리나라에 독립 정부를 세우는 문제를 의논하려고 만든 위원회.

미수 (未遂) 어떤 일을 뜻대로 이루지 못한 것.《살인 미수》

미숙 (未熟) 1.일솜씨가 서투른 것.《운전 미숙으로 일어난 사고》2.제대로 익지 못한 것. **미숙하다**

미술 (美術) 그림, 조각, 건축, 공예 같은 것처럼 눈으로 보고 느끼는 아름다움을 나타내는 예술.

미술가 (美術家) 미술 작품을 만드는 사람.

미술관 (美術館) 미술품을 늘어놓고 여러 사람에게 보여 주는 곳.

미술품 (美術品) 그림, 조각, 공예품 같은 미술 작품.

미숫가루 찹쌀, 멥쌀, 보리쌀 들을 찌거나 볶아서 가루를 낸 먹을거리.

미스 ^{잘못} (miss) 운동 경기 들에서 실수나 잘못.《패스 미스》

미스 ^{부르는 말} (Miss) 혼인하지 않은 여자를 부를 때 그 여자의 성 앞에 붙이는 말.

미스터 (mister/Mr.) 남자를 부를 때 그 남자의 성 앞에 붙이는 말.

미신 (迷信) 어리석고 헛된 믿음.《점도 미신의 한 가지라고 할 수 있지.》

미심쩍다 어떤 일이 분명하지 않아 꺼림칙하다.《미심쩍은 생각이 들어 다시 계산을 해 보았다.》북미타하다.

미아 (迷兒) 길이나 부모를 잃은 아이.

미안하다 1.남한테 잘못이나 실수를 저질러서 용서를 빌 만큼 부끄럽다.《약속 지키지 못해서 정말 미안해.》2.남한테 어떤 일을 부탁할 때 겸손하게 붙여 하는 말.《철수야, 미안하지만 내 책가방 잠깐만 들어 줄래?》

미얄할미탈 본산대놀이, 송파 산대놀이, 양주 별산대놀이에서 쓰는 탈.

미얄할미탈 _양주 별산대놀이

미어지다 1.옷이나 천 한구석이 터지다.《살이 쪄서 바지가 미어졌어.》2.가슴이 찢어질 듯한 슬픔이나 괴로움을 느끼다.《강아지가 죽었을 때는 가슴이 미어지게 슬펐다.》

미어터지다 어떤 곳이 터질 듯이 꽉 차다.《사람이 하도 많아서 지하철이 미어터지겠네.》

미역 ^{바닷말} 얕은 바다 속 바위에 붙어 자라는 바닷말. 빛깔은 검은 갈색이나 누런 갈색이고, 말려 두었다가 국을 끓여 먹는다.

미역_바닷말

미역 ^{목욕} 냇물이나 강물에서 발가벗고 씻거나 노는 일.《날이 더울 때면 동무들과 냇물에서 미역을 감았다.》**준**멱.

미역취 산속 양지바른 풀밭에 자라는 풀. 7~10월에 노란 꽃이 피고, 열매에 털이 있어 바람에 날린다. 어린순을 먹고, 포기째 약으로 쓴다.

미역취

미열 (微熱) 체온보다 조금 높은 열.

미완성 (未完成) 어떤 일을 끝마치지 못한 것.《그 소설가의 마지막 작품은 미완성으로 남았습니다.》**반**완성.

미용 (美容) 얼굴, 머리털, 몸을 예쁘게 다듬고 가꾸는 일.

미용사 (美容師) 다른 사람 머리카락을 자르고 파마하고 염색해 주는 사람.

미용실 (美容室) 머리털을 다듬거나 얼굴을 매만져 주는 가게. **같**미장원.

미움 미워하는 것. 또는 미워하는 마음.《공부 시간에 떠들고 장난치면 선생님께 미움을 받을걸.》

미워하다 밉게 여기다. 또는 미워서 못살게 굴다.《자꾸 괴롭히니까 경아가 너를 미워하지.》**북**미우다.

미유기 바닥에 돌이 깔린 맑은 물에서 사는 민물고기. 몸이 가늘고 길면서 둥글다. 콧구멍 앞과 입 아래쪽에 수염이 두 쌍 있다. 몸통은 어두운 갈색이고 온몸에 구름 같은 반점이 흩어져 있다.

미유기

미음 **닿소리** 닿소리 글자 'ㅁ'의 이름.

미음 **먹을거리** 쌀이나 좁쌀에 물을 붓고 푹 끓여서 체에 걸러 묽게 만든 먹을거리. 흔히 환자나 어린아이들이 먹는다.

미이라 '미라'를 잘못 쓴 말.

미인 (美人) 생김새가 아름다운 여자. **비**가인, 미녀.

미장원 (美粧院) ➡ 미용실.

미장이 건물을 지을 때 벽, 천장, 바닥에 흙이나 시멘트 같은 것을 바르는 사람. **북**미쟁이.

미적 **아름다움** (美的) 아름다움에 관한. 또는 그런 것.

미적– **모양** 해야 할 일이나 지켜야 할 날짜를 뒤로 미루는 모양. **미적거리다 미적대다 미적미적**《야, 미적대지 말고 얼른 청소 시작해.》

미적지근하다 1.뜨겁지도 차갑지도 않다.《국이 식었는지 미적지근하네요.》**비**미지근하다. 2.성격이나 하는 짓이 맺고 끊는 데가 없이 흐리멍덩하다.《미적지근하게 말꼬리 흐리지 말고 분명히 말해.》**비**미지근하다.

미정 (未定) 아직 정하지 않은 것.《소풍 날짜는 미정이야.》

미제 (美製) 미국에서 만든 것. 또는 그런 물건.《미제 깡통 음식》

미주알 똥구멍이 있는 창자 끝.

미주알고주알 작고 하찮은 일까지 속속들이.《제 동생은 학교에서 일어난 일을 미주알고주알 다 얘기해요.》**같**고주알미주알.

미지 (未知) 아직 모르는 것.《미지의 세계》

미지근하다 1.조금 따뜻하다.《엄마가 미지근한 물로 아기의 몸을 씻깁니다.》**비**미적지근하다. 2.생각이나 하는 짓이 딱 부러지지 못하고 흐리멍덩하다.《미지근하게 굴지 말고 할 건지 말 건지 똑똑히 말해.》**비**미적지근하다.

미지수 (未知數) 1.방정식에서 알아내려는 수. **북**모르는수. 2. 앞으로 어떻게 될지 알 수 없는 일을 빗대어 이르

는 말.《이런 기회가 언제 다시 올지 미지수다.》

미진 (微震) 진도가 1쯤인 약한 지진. 참강진.

미진하다 어떤 일을 마음에 찰 만큼 썩 잘하지 못하다.《글을 마친 뒤에 미진한 데가 없는지 다시 살펴보았다.》

미처 거기까지는 아직. 또는 그 전에 미리.《엄마가 그렇게 고생을 하시는지 미처 몰랐다.》

미천하다 지위나 신분이 낮거나 하찮다.《미천한 신분》

미추홀 (彌鄒忽) 옛날에 인천과 그 둘레를 이르던 말.

미치광이 미친 사람.

미치다 사람이 1.머리가 이상해져서 말과 행동이 정상을 벗어나다. 비돌다. 2.어떤 일 때문에 몹시 괴롭고 힘들다.《너 때문에 답답해서 미치겠다.》비돌다. 3.어떤 일에 지나치게 빠지다.《삼촌은 요즈음 바둑에 미쳐서 산다.》

미치다 이르다 1.어떤 곳에 닿다.《칼 같은 것은 아기 손이 미치지 못하는 곳에 둬.》2.어떤 기준이나 수준에 이르다.《그 선수의 수비 능력은 아직 최고 수준에 미치지 못하는 것 같다.》3.힘이나 어떤 영향을 끼치다.《태양이 지구에 어떤 영향을 미치는지 궁금하다.》

미터 (meter) 길이를 나타내는 말. 1미터는 100센티미터이다. 기호는 m이다.

미투리 삼, 실, 종이 같은 것을 꼬아 만든 줄로 짚신처럼 삼은 신.

미팅 (meeting) 여러 쌍의 남녀가 서로 사귈 상대를 구하려고 하는 만남.

미호종개

미투리

미풍 (微風) 부드럽고 약하게 부는 바람.《머리카락이 미풍에 살랑거린다.》

미풍양속 (美風良俗) 옛날부터 이어 온 아름답고 좋은 풍습.《자식이 늙은 부모를 모시고 사는 일은 우리나라의 미풍양속이다.》

미행 (尾行) 남을 몰래 따라다니면서 뒤를 밟는 것. **미행하다**《형사는 범인을 끈질기게 미행했다.》

미호종개 물살이 느리고 얕은 강에 사는 민물고기. 몸은 가늘고 긴데, 주둥이가 뾰족하고 수염이 세 쌍이 있다. 천연기념물 제454호.

미혼 (未婚) 혼인하지 않은 것. 또는 그런 사람.《우리 삼촌은 미혼입니다.》반기혼.

미화 (美化) 1.어떤 곳을 아름답고 깨끗하게 꾸미는 것.《환경 미화》2.어떤 것을 보기 좋고 그럴듯하게 꾸미는 것. **미화하다**《그 사람은 일본이 저지른 잘못을 미화하려고 했다.》**미화되다**

미화원 (美化員) → 환경 미화원.

미흡하다 마음에 찰 만큼 충분히 좋지 않다.《급하게 쓴 글이라 미흡한 점이 많을 겁니다.》

믹서 (mixer) 과일, 채소, 곡식 들을 갈아서 가루나 즙을 내는 전기 기구.

민가 (民家) 보통 사람들이 사는 살림집.《이 산골에는 민가가 전혀 없다.》참관가.

민간 (民間) 1.정부나 공공 기관에 들어 있지 않은 보통 사람들. 또는 그런 사람들이 꾸리는 것. 2.보통 사람들 사이.《민간 풍습》

민간단체 (民間團體) 보통 사람들이

어떤 목적을 이루려고 만든 단체.

민간 신앙 (民間信仰) 사람들 사이에 옛날부터 이어져 내려오는 신앙.

민간요법 (民間療法) 침이나 뜸처럼 옛날부터 보통 사람들이 집에서 써 온 치료 방법.

민간인 (民間人) 공무원, 군인, 경찰이 아닌 보통 사람. **북**사회사람.

민감하다 느낌이나 일 들을 받아들이는 데에 섬세하고 빠르다.《개는 냄새와 소리에 민감합니다.》**반**둔감하다.

민권 (民權) 국민이 가지는 권리. 보살핌을 받고 주체로 나설 권리 들을 이른다. **참**관권.

민꽃게 얕은 바다 속 바닥에 사는 게. 꽃게보다 조금 작고, 등딱지는 푸른빛이 도는 갈색에 누런 얼룩무늬가 있다.

민꽃식물 꽃이 피지 않고 홀씨로 퍼지는 식물. 고사리, 고비 같은 풀과 곰팡이, 버섯, 이끼, 바닷말이 여기에 든다.

민단 (民團) → 거류민단.

민달팽이 껍데기가 없는 달팽이. 미끈미끈하고 밤색 가로줄 무늬가 있다.

민담 (民譚) 입에서 입으로 전해 내려오는 옛이야기.

민둥갈퀴 산이나 숲에 자라는 풀. 잎이 줄기에 네 개씩 돌려나고, 6~7월에 흰 꽃이 핀다. **북**민둥갈퀴.

민둥산 나무가 없어 흙이 드러난 산.

민들레 산과 들의 양지바른 곳에 자라는 풀. 이른 봄에 뿌리에서 잎이 무더기로 나고, 긴 꽃대 끝에 노란 꽃이 핀다. 씨에 흰 털이 있어 바람에 날려 멀리 퍼진다. 뿌리째 약으로 쓴다.

민들조개 얕은 바다 모랫바닥에 사는

민꽃게

민무늬토기

민물도요

민둥갈퀴

민물두줄망둑

민들레

민들조개

조개. 껍데기는 희거나 옅은 갈색에 띠무늬가 있다.

민란 (民亂) 옛날에 백성들이 잘못된 정치를 바로잡고자 일으키던 반란.

민망스럽다 꽤 민망하다.《돈 빌려 달라고 할 때면 늘 민망스럽다.》**바**민망스러운, 민망스러워, 민망스럽습니다.

민망하다 1.부끄러운 모습을 보여 쑥스럽고 창피하다.《어처구니없는 실수를 저질러 동무들 보기가 민망하였다.》2.안타깝고 어색하다.《구멍 난 선생님 양말은 보기가 무척 민망했다.》

민며느리 옛날에 며느리로 삼으려고 미리 데려다 기르던 여자 아이.

민무늬 무늬가 없는 것.

민무늬근 가로무늬가 없는 힘살. 내장, 핏줄 들의 벽을 이룬다.

민무늬 토기 청동기 시대에 쓰던 무늬 없는 토기.

민물 냇물이나 강물처럼 소금기가 없는 물.《쉬리는 민물에 사는 물고기이다.》**같**담수. **참**바닷물.

민물고기 강, 호수 같은 민물에서 사는 물고기. **참**바닷물고기.

민물도요 갯벌, 저수지, 강가에서 흔히 볼 수 있는 겨울새. 수만 마리가 큰 무리를 짓고 산다.

민물두줄망둑 큰 강, 웅덩이, 못에 사는 민물고기. 몸통은 옅은 갈색이고 등쪽과 몸 가운데에 짙은 갈색 줄무늬가 두 줄 있다.

민박 (民泊) 돈을 받고 손님에게 방을 빌려 주는 살림집. 또는 그런 살림집에서 묵는 것. **민박하다**

민방위 (民防衛) 전쟁, 큰물 같은 큰

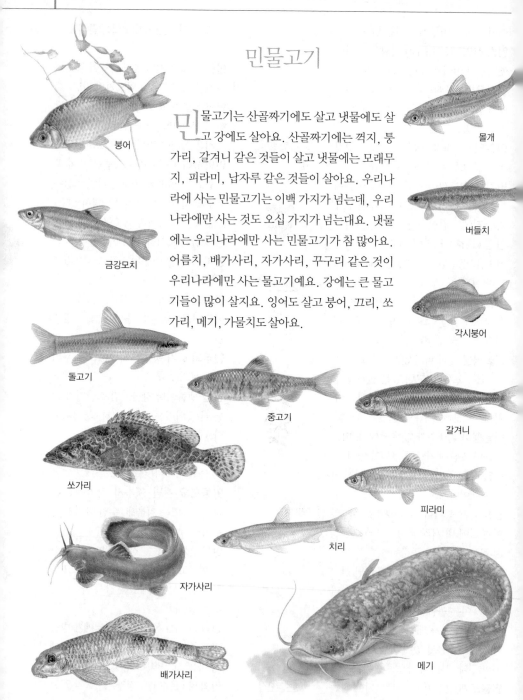

민물고기

민물고기는 산골짜기에도 살고 냇물에도 살고 강에도 살아요. 산골짜기에는 꺽지, 퉁가리, 갈겨니 같은 것들이 살고 냇물에는 모래무지, 피라미, 납자루 같은 것들이 살아요. 우리나라에 사는 민물고기는 이백 가지가 넘는데, 우리나라에만 사는 것도 오십 가지가 넘는대요. 냇물에는 우리나라에만 사는 민물고기가 참 많아요. 어름치, 배가사리, 자가사리, 꾸구리 같은 것이 우리나라에만 사는 물고기예요. 강에는 큰 물고기들이 많이 살지요. 잉어도 살고 붕어, 끄리, 쏘가리, 메기, 가물치도 살아요.

붕어

몰개

금강모치

버들치

돌고기

각시붕어

중고기

갈겨니

쏘가리

피라미

자가사리

치리

배가사리

메기

꺽지

누치

열목어

줄납자루

잉어

어름치

송사리

납지리

연준모치

종개

참마자

납자루

미꾸라지

꾸구리

일이 났을 때 보통 국민이 무리를 이루어 스스로 자기 마을을 지키는 일.

민법 (民法) 개인의 권리에 관한 법.

민사 소송 (民事訴訟) 개인 사이에 일어난 다툼을 해결하려는 재판 절차.

민사 재판 (民事裁判) 개인 사이에 일어난 다툼을 해결하려는 재판. **참**형사 재판.

민생 (民生) 여느 사람들의 살림살이.

민선 (民選) 국민이 직접 뽑는 것.《민선 시장/민선 대통령》

민속 (民俗) 옛날부터 민간에 전해 내려오던 문화, 신앙, 풍습 같은 것을 통틀어 이르는 말.《민속 신앙》

민속 경기 (民俗競技) 한 나라나 지역의 보통 사람들이 옛날부터 즐겨 온 운동 경기. 우리나라에는 씨름, 활쏘기, 줄다리기 들이 있다.

민속놀이 옛날부터 민간에서 즐겨 내려온 놀이. 우리나라에는 윷놀이, 연날리기 들이 있다. **북**민간오락.

민속 박물관 (民俗博物館) 민속자료를 모아 전시하는 박물관.

민속 의상 (民俗衣裳) 한복처럼 한 나라 백성이 옛날부터 즐겨 입어 온 옷.

민속자료 (民俗資料) 옛날 사람들이 어떻게 살았는지 살펴볼 수 있는 자료. 옷, 집, 도구, 공예품 들이 있다.

민속촌 (民俗村) 한 나라의 민속을 알리고자 옛날 사람들이 살던 모습을 그대로 꾸며 놓은 마을.

민속춤 한 나라 백성들이 옛날부터 즐겨 온 춤. 우리나라에는 강강술래, 탈춤 들이 있다.

민숭민숭 1.바탕에 아무것도 없이 밋

밋한 모양. 2.술을 마시고도 취하지 않고 정신이 멀쩡한 모양. **민숭민숭하다**

민심 (民心) 나랏일을 두고 국민이 느끼는 생각이나 마음.《흉년이 들자 민심이 뒤숭숭해졌습니다.》

민심이 천심 속담 백성의 마음이 하늘의 마음이라는 뜻으로, 백성의 뜻을 저버릴 수 없다는 말.

민어 뭍에서 가까운 바다에 사는 바닷물고기. 등 쪽은 잿빛을 띤 파란색이고 배 쪽은 잿빛을 띤 흰색이다.

민어

민영 (民營) 공무원, 군인 들이 아닌 보통 사람이 맡아 꾸리는 것.《민영 방송국》**참**공영, 국영.

민요 (民謠) 옛날부터 사람들 사이에 입에서 입으로 전해 내려온 노래. 아리랑, 새타령, 뱃노래 들이 있다.

민원 (民願) 주민이 경찰서, 구청 같은 관공서에 어떤 일을 해 달라고 하는 일.《학교 앞에 건널목을 만들어 달라는 민원을 넣기로 했습니다.》

민원서류 (民願書類) 1.국민이 어떤 일을 요구하려고 공공 기관에 내는 서류. 2.공공 기관에서 내주는 주민 등록 등본 같은 증명서.

민원실 (民願室) 관공서에서 민원을 받아 일하는 사무실.

민의 (民意) 국민의 뜻. 또는 국민의 바람과 의견.《대통령은 민의에 귀를 기울여야 한다.》

민자주방망이버섯 산이나 대나무 숲에 무리 지어 나는 버섯. 처음에는 전체가 자주색이다가 갓 윗부분이 점점 누런 갈색으로 바뀐다. 먹는 버섯이다.

민자주방망이버섯

민정 여론 (民情) 국민이 살아가는 형

편. 또는 국민의 생각.

민정 정치 (民政) 공무원, 군인이 아닌 보통 사람이 하는 정치. **참**군정.

민족 (民族) 오랫동안 함께 살아와서 말, 역사, 문화, 풍습이 같은 사람의 무리.《우리 민족은 옛날부터 노래와 춤을 즐겨 왔다.》비겨레.

민족 국가 (民族國家) 한 민족이 세운 나라.

민족성 (民族性) 한 민족이 지닌 고유한 성질.《우리나라 사람들은 부지런한 민족성을 지녔습니다.》

민족의식 (民族意識) 자기 민족을 자랑스럽게 여기면서 잘 지키고 발전시키려는 생각.

민족 자결주의 (民族自決主義) 한 민족의 문제는 다른 민족이나 나라의 간섭을 받지 않고 스스로 결정하고 해결해야 한다는 생각.

민족적 (民族的) 온 민족에 관련되는. 또는 그런 것.

민족정신 (民族精神) 한 민족이 지닌 고유한 정신. 비민족혼.

민족주의 (民族主義) 한 민족이 스스로 독립되고 통일된 나라를 세워야 한다는 생각.

민족혼 (民族魂) 한 민족이 지닌 고유한 혼과 뜻. 비민족정신.

민주 (民主) 국민이 나라의 주인인 것.

민주 공화국 (民主共和國) 국민이 뽑은 대표자가 국민 뜻에 따라 다스리는 나라 형태.

민주 국가 (民主國家) 국민이 주인인 나라.

민주적 (民主的) 민주주의에 따르는.

또는 그런 것.

민주 정치 (民主政治) 국민이 뽑은 대표자가 국민 뜻에 따라 하는 정치.

민주주의 (民主主義) 국민이 나라의 주인이 되고 국민의 뜻에 따라 나라를 다스리고 이끌어 가는 정치 제도나 사상. **참**전제주의.

민주화 (民主化) 민주주의를 지키고 이루는 것.《민주화 운동》**민주화하다 민주화되다**

민중 (民衆) 사회나 나라를 이루는 수많은 보통 사람들.

민챙이 갯벌에 사는 고둥. 껍데기가 얇아서 물컹물컹하다. 갯바닥을 느릿느릿 기어 다닌다.

민챙이

민첩하다 움직임이 날쌔고 빠르다.《피구에서는 공을 민첩하게 피하는 것이 가장 중요해요.》비기민하다.

민폐 (民弊) 민간에 끼치는 피해.

민화 (民畫) 옛날에 이름 모를 화가들이 그린 여러 가지 그림.

민활하다 움직임이 가볍고 빠르다.《몸놀림이 민활한 걸 보니 저 애 발목이 다 나았나 보다.》

믿다 1. 어떤 것이 틀림없다고 여기다.《내 말을 믿지 못하겠으면 직접 가서 봐.》 2. 의지하여 든든하게 여기다.《선생님이 너를 믿고 맡기는 거니까 열심히 해 봐.》 3. 신이나 종교의 가르침을 받들고 따르다.《우리 식구는 모두 천주교를 믿습니다.》

믿는 도끼에 발등 찍힌다 속담 잘될 것이라고 생각한 일이 어그러지거나 믿던 사람이 오히려 해를 입힌다는 말.

믿음 1. 믿는 일. 또는 믿는 마음. 2. 종교에서 신을 믿고 섬기는 마음.《믿음이 깊은 우리 할머니는 새벽마다 교회에 가신다.》비신앙.

믿음직스럽다 꽤 든든하고 믿음직하다.《믿음직스럽게 생긴 진돗개》**바**믿음직스러운, 믿음직스러워, 믿음직스럽습니다.

믿음직하다 든든하고 믿을 만하다.《믿음직한 우리 오빠》

밀 밭에 심어 가꾸는 곡식. 줄기는 마디가 있는데 속이 비었고, 잎은 가늘고 길다. 열매를 빻아서 빵, 과자, 국수 같은 음식을 만든다.

밀

밀가루 밀을 빻아 만든 가루. **같**소맥분. 밀가루 장사 하면 바람이 불고 소금 장사 하면 비가 온다 **속담** 밀가루 장사를 하려고 하면 바람이 불어 밀가루가 다 날리고, 소금 장사를 하려면 비가 와서 소금이 다 녹는다는 뜻으로, 하려는 일마다 잘못된다는 말.

밀감 → 귤.

밀고 (密告) 남의 잘못이나 죄를 몰래 일러바치는 것. **밀고하다**

밀기울 밀을 빻아 체로 쳐서 남은 찌꺼기.

밀나물 산과 들에 자라는 덩굴풀. 5~7월에 노르스름한 풀색 꽃이 피고, 열매는 검게 익는다. 어린순을 먹고, 뿌리는 약으로 쓴다.

밀나물

밀다 1.힘을 주어 어떤 쪽으로 움직이게 하다.《고장 난 차를 길 가장자리로 밀어 옮기자.》2.거친 면을 매끄럽게 다듬다.《거친 나무를 대패로 밀었다.》3.때, 더러운 것을 닦거나 문지르다.《때를 밀다.》4.반죽, 덩어리 들을 얇

고 반반하게 만들다.《밀가루 반죽을 밀어서 썰면 칼국수 가락이 된다.》5.어떤 일을 이룰 수 있게 뒤에서 돕다.《내가 반장이 될 수 있게 너희가 좀 밀어 줘.》**바**미는, 밀어, 밉니다.

밀담 (密談) 남몰래 이야기하는 것. 또는 그런 이야기. **밀담하다**

밀도 (密度) 사람이나 사물이 한곳에 빽빽하게 들어찬 정도.《서울은 인구 밀도가 아주 높은 도시입니다.》

밀랍 (蜜蠟) 꿀벌이 벌집을 지으려고 만들어 내는 물질. 양초, 약, 과자 들을 만드는 데 쓴다.

밀려가다 1.어떤 힘에 밀려서 가다.《사람들이 미는 바람에 뒤로 밀려갔다.》**반**밀려오다. 2.여럿이 떼를 지어서 몰려가다.《가수의 사인을 받으려고 우르르 밀려갔다.》**반**밀려오다. 3.물이 뒤로 빠져나가다.《밀려왔다가 다시 밀려가는 파도》**반**밀려오다.

밀려나다 어떤 자리에서 밀리거나 쫓겨나다.《구석으로 밀려나다./공직에서 밀려나다.》

밀려다니다 어떤 힘에 밀려서 다니다. 또는 쫓겨 다니다.《낡은 조각배 한 척이 강물에 이리저리 밀려다닙니다.》

밀려들다 한꺼번에 많이 몰려서 오다.《판소리 공연장에 사람들이 엄청나게 밀려들었습니다.》**바**밀려드는, 밀려들어, 밀려듭니다.

밀려오다 1.어떤 힘에 떠밀려서 오다.《물결에 밀려온 조각배》**반**밀려가다. 2.여럿이 떼를 지어서 몰려오다.《구름처럼 밀려온 인파》**반**밀려가다. 3.물이 앞으로 다가오다.《파도가 밀려와서 발목을 적신다.》 ^반밀려가다. 4.기운, 유행, 사상 들이 마구 들어오다. 《개화기에 외국 문물이 우리나라로 한꺼번에 밀려왔다.》

밀렵꾼 허가를 받지 않고 몰래 사냥하는 사람.

밀리그램 (milligram) 무게를 나타내는 말. 1밀리그램은 1,000분의 1그램이다. 기호는 ㎎이다.

밀리다 1.미는 힘을 받아 한쪽으로 움직이다. 《뒤에 있는 아이들한테 밀려서 넘어졌다.》 2.미처 하지 못한 일이 쌓이다. 《숙제가 많이 밀려서 걱정이야.》 3.한꺼번에 많이 몰리다. 《차가 너무 밀려서 늦을 거 같아.》 4.순서, 날짜가 뒤로 미루어지거나 힘, 기술이 뒤처지다. 《소풍 날짜가 밀렸어./우리 편이 조금 밀리는데.》

밀리리터 (milliliter) 부피를 나타내는 말. 1밀리리터는 1,000분의 1리터이다. 기호는 ml, mL이다.

밀리미터 (millimeter) 내린 비의 양이나 물체의 두께, 길이 들을 나타내는 말. 1밀리미터는 1,000분의 1미터이다. 기호는 ㎜이다.

밀림 (密林) 풀과 나무가 ^빽빽하게 우거진 큰 숲. ^같정글.

밀매 (密賣) 법에 어긋나는 물건을 몰래 파는 것. **밀매하다 밀매되다**

밀물 바닷물이 육지 쪽으로 밀려오는 것. 또는 그 바닷물. ^반썰물. ^북들물.

밀버섯 넓은잎나무로 이루어진 숲에서 나는 버섯. 갓은 판판하게 생겼는데 가운데가 배꼽처럼 들어가거나 불거져 나와 있다. 먹는 버섯이다.

밀어

밀자개

밀버섯

밀잠자리

밀봉 (密封) 빈틈없이 단단히 막거나 붙이는 것. **밀봉하다**《밀봉한 편지 봉투》**밀봉되다**

밀사 (密使) 어떤 일을 알리거나 하려고 다른 나라에 몰래 보내는 사람.

밀서 (密書) 몰래 보내는 편지나 문서.

밀수 (密輸) 법에 어긋나는 물건을 외국에서 몰래 들여와 사고파는 것.《마약 밀수》**밀수하다**

밀실 (密室) 아무나 드나들지 못하게 만든 비밀스러운 방.

밀양 아리랑 경상남도 민요 가운데 하나. 밀양 지방에서 시작되었다.

밀어 물이 맑고 바닥에 모래나 자갈이 깔린 강, 호수에 사는 민물고기. 머리가 넓고 뺨이 볼록하게 튀어나왔다.

밀어내다 1.밀어서 다른 곳으로 움직이게 하다. 《여럿이 힘을 합쳐 큰 바위를 밀어냈다.》 2.힘을 써서 자리에서 물러나게 하다. 《못된 왕을 밀어내려고 몇몇 신하가 모여서 계획을 짰다.》

밀어닥치다 여럿이 한꺼번에 몰려들다. 《점심시간이 되자 손님들이 식당에 밀어닥쳤다.》

밀어붙이다 1.한쪽으로 밀어서 붙이다. 《책상과 의자를 저쪽으로 밀어붙이자.》 2.어떤 일을 조금도 틈을 주지 않고 해 나가다. 《다른 애들이 뭐라고 해도 네 뜻대로 밀어붙여 봐.》

밀자개 물살이 느린 강에 사는 민물고기. 몸이 긴 방망이처럼 생겼다. 몸통은 누런 갈색이고 옆쪽에 짙은 갈색 얼룩무늬가 있다.

밀잠자리 논이나 저수지처럼 고여 있는 물 가까이에 사는 잠자리. 수컷은 배가 하얗고, 암컷은 배가 까맣다.

밀접하다 관계가 뗄 수 없을 만큼 아주 가깝다.《자동차와 기름은 물고기와 물처럼 밀접한 관계에 있다.》

밀정(密偵) 적의 사정이나 비밀을 몰래 알아내는 사람.

밀집(密集) 여럿이 한곳에 빽빽하게 모여 있는 것.《인구 밀집 지역》 **밀집하다 밀집되다**

밀짚 밀의 이삭을 떨어내고 난 줄기. 질기고 빳빳하여 모자 같은 것을 만드는 데 쓴다.

밀짚모자 밀짚이나 보릿짚을 엮어 만든 모자. 흔히 농사꾼들이 들에서 일할 때 뙤약볕을 가리려고 쓴다.

밀착(密着) 1.빈틈없이 딱 달라붙는 것.《밀착 취재》 2.관계가 아주 가깝게 되는 것. **밀착하다 밀착되다**

밀치다 힘주어 세게 밀다.《누가 등을 밀치는 바람에 넘어질 뻔했어.》

밀폐(密閉) 안팎이 통하지 않게 빈틈없이 꼭 막거나 닫는 것.《밀폐 용기》 ᄇ밀폐. **밀폐하다 밀폐되다**

밀항(密航) 배나 비행기를 남몰래 타고 다른 나라로 가는 것. **밀항하다**

밀화부리 숲이나 산속 나뭇가지에 사는 여름새. 머리는 검고, 부리는 노랗고 두툼한데 끝이 검다.

밍크

밀화부리

밀회(密會) 남몰래 만나거나 모이는 것.《밀회를 즐기다.》 **밀회하다**

밉다 1.생김새나 하는 짓이 몹시 거슬리고 싫다.《거짓말하는 사람이 가장 미워.》 ᄇ곱다. 2.볼품없고 못생기다.《미운 아기 오리》 ᄇ곱다, 예쁘다. ᄇ미운, 미워, 밉습니다.

미운 놈 떡 하나 더 준다 **속담** 미운 사람일수록 잘 대해 줘서 나중에 생길지 모르는 나쁜 일을 조심해야 한다는 말.

미운 일곱 살 **속담** 어린아이들은 일곱 살 무렵에 말썽을 많이 일으킨다는 말.

미운 풀이 죽으면 고운 풀도 죽는다 **속담** 나쁜 것을 없애다 보면 뜻하지 않게 좋은 것이 해를 입는 때도 있다는 말.

밉살스럽다 미움 받을 만한 구석이 있다.《팥쥐가 하는 짓은 모두 밉살스럽다.》 ᄇ밉살스러운, 밉살스러워, 밉살스럽습니다.

밋밋하다 1.비탈이나 언덕 들이 기울기가 심하지 않다.《이 언덕은 경사가 밋밋해서 오르기 쉽다.》 2.두드러지게 눈에 띄는 것 없이 평범하다.《이번 이야기는 우습지도 슬프지도 않고 그냥 밋밋해.》

밍크 강이나 호수 같은 물가에 사는 짐승. 족제비와 비슷하게 생겼는데 좀 더 크고, 온몸에 윤기 있는 갈색 털이 나 있다. ᄇ물족제비.

밎 그리고 또. 또는 거기에 더해.《음악 및 미술》

밑 1.어떤 것의 아래나 바닥.《고양이가 책상 밑에 들어갔어.》 ᄇ아래. ᄇ위. 2.나이가 적거나 지위, 수준이 낮은 상태.《이모는 엄마보다 다섯 살 밑이다.》 ᄇ아래. ᄇ위. 3.지배, 보호, 영향 들을 받는 처지.《김 선생님은 외할아버지 밑에서 서예를 배웠다.》 4.'똥구멍'을 점잖게 이르는 말.

밑도 끝도 없다 **관용** 말에 앞뒤가 없어 갈피를 잡을 수 없다.《밑도 끝도 없이 성을 내면 어떡해?》

밑 빠진 독에 물 붓기 **속담** 어떤 일에 힘이나 밑천을 많이 들여도 아무 보람이 없는 것을 이르는 말.

밑각 이등변 삼각형에서 밑변의 양쪽 끝 각. 크기가 같다.

밑거름 1. 씨를 뿌리거나 식물을 옮겨 심기 전에 논밭에 주는 거름.《콩밭에 밑거름을 넉넉히 주었다.》**참**덧거름, 웃거름. 2. 어떤 일을 이루는 밑바탕을 빗대어 이르는 말.《꾸준히 일기를 쓴 것이 밑거름이 되어 글쓰기를 잘하게 됐어.》**참**덧거름, 웃거름.

밑그림 1. 색을 칠하거나 자세히 그리기 전에 대강 그린 그림.《간단하게 밑그림부터 그려 볼래?》2. 수를 놓으려고 종이나 헝겊에 그린 그림.《밑그림을 따라 수를 놓았다.》

밑넓이 원기둥, 각기둥, 원뿔, 각뿔 들의 밑면 넓이.

밑돌다 기준에 미치지 못하다.《내 수학 점수가 반 평균보다 밑돈다.》**반**웃돌다. **바**밑도는, 밑돌아, 밑돕니다.

밑동 1. 물건의 밑부분.《옷장 밑동에 흠집이 생겨 보기 싫게 됐다.》**북**밑둥. 2. 식물에서 뿌리와 줄기가 닿는 부분. 《나무 밑동/배추 밑동》**북**밑둥.

밑둥치 둥치 밑부분.

밑들다 감자나 무 들의 뿌리가 굵게 자라다.《감자가 알차게 밑들었다.》**바**밑드는, 밑들어, 밑듭니다.

밑면 어떤 것의 맨 아래나 바닥을 이루는 면.

밑바닥 1. 어떤 것의 바닥이나 맨 아래.《쌀이 떨어져서 쌀독 밑바닥이 드러났다.》2. 아주 가난하고 보잘것없는 처지를 빗대어 이르는 말.《밑바닥 인생이라고 얕보지 마.》

밑바탕 어떤 일을 이루는 데 꼭 필요한 것. 또는 어떤 것의 바탕을 이루는 것.《그분은 성실과 정직을 밑바탕 삼아 노력하여 큰 부자가 되었다.》

밑반찬 만들어서 오래 두고 먹을 수 있는 반찬. 젓갈, 장아찌, 멸치볶음 같은 것이 있다.

밑받침 1. 밑에 받치는 물건.《화분 밑받침》2. 어떤 일을 이룰 수 있게 받쳐 주는 힘.《건강이 밑받침이 되어야 큰일을 할 수 있지.》

밑변 이등변 삼각형에서 길이가 다른 변. 또는 사다리꼴에서 평행한 두 변.

밑실 재봉틀에서 북에 감은 실.

밑씨 꽃의 암술에 있는 기관. 수술에서 꽃가루를 받은 뒤 자라서 씨가 된다.

밑씻개 똥을 누고 밑을 닦는 데 쓰는 것.《급한 김에 커다란 나뭇잎을 밑씻개로 썼다.》

밑줄 중요한 부분을 돋보이게 하려고 글 밑에 긋는 줄.《시를 읽다가 마음에 드는 구절에 밑줄을 그었다.》

밑지다 들인 밑천에 견주어 얻는 것이 적다. 또는 장사에서 손해를 보다.《가게 문 닫을 시간이라 밑지고 파는 거니까 얼른 사 가세요.》

밑창 신발 밑바닥.《운동화 밑창에 껌이 붙었다.》

밑천 어떤 일을 하는 데 밑바탕이 되는 돈, 재주, 물건 들을 이르는 말.《밑천이 드러나다./밑천이 짧다.》

밑판 어떤 것의 밑바닥에 대는 판. 또는 밑바닥을 이루는 판.

바 ^{방법} 1.어떤 일을 해 나갈 방법이나 수단.《아기가 울 때는 정말 어찌할 바를 모르겠더라.》 2.앞서 말한 것이나 어떤 사실.《그 일에 대해서는 아는 바가 없어.》 3.'일', '경우', '형편' 들을 뜻하는 말.《축구에서 중국이 일본에 이긴 것은 우리가 바라던 바다.》

바 ^{음이음} 서양 음악의 일곱 음계에서 '파'를 가리키는 우리말 음이름. **참** 다, 라, 마, 사, 가, 나.

바가지 물을 푸거나 곡식, 과일, 채소 들을 담는 그릇. 또는 그것에 물, 곡식, 과일, 채소 같은 것을 담아서 세는 말.

바가지를 긁다 ^{관용} 아내가 남편에게 불평 섞인 잔소리를 늘어놓다.《아빠는 엄마가 바가지 긁는 소리를 가만히 듣고만 계셨다.》

바가지를 쓰다 ^{관용} 값을 터무니없이 많이 주다.《엄마랑 같이 가면 바가지 쓸 염려는 없을 거야.》

바구니

바구미

바가지

바가지를 씌우다 ^{관용} 값을 터무니없이 많이 내게 하다.《우리 가게에서는 손님한테 바가지를 씌우지 않아요.》

바겐세일 (bargain sale) 물건을 한동안 싸게 파는 일.

바구니 대나 싸리를 엮어 속이 깊게 만든 그릇. 또는 그것에 물건이나 먹을거리를 담아서 세는 말.

바구미 쌀이나 보리를 갉아 먹는 벌레. 온몸이 딱딱한 껍데기로 싸여 있고 주둥이가 길다.

바그다드 (Baghdad) 이라크의 수도. 옛날부터 무역이 활발하게 이루어진 도시이다.

바글- 사람, 짐승, 벌레 들이 한곳에 많이 모여서 야단스럽게 움직이는 모양. **바글거리다 바글대다 바글바글**《개울에 올챙이들이 바글거린다.》

바깥 건물이나 집의 밖이 되는 곳.《바깥에 나가서 놀아도 돼요?》 ^반안.

바깥나들이 → 나들이.

바깥양반 1. 집안의 남자 주인을 높여 이르는 말. 2. 아내가 남편을 이르는 말.

바깥쪽 어떤 것의 바깥. 또는 바깥으로 향한 쪽. **반** 안쪽.

바깥출입 집 밖으로 나다니는 것.《몸살 때문에 바깥출입을 통 못 했어.》

바꾸다 1. 어떤 것을 주고 다른 것을 받다.《천 원짜리 지폐를 백 원짜리로 바꿔 주세요.》2. 자기 것과 남의 것을 서로 주고받다.《다 읽은 책은 나랑 바꿔 보자.》3. 본디 있던 것을 다르게 갈거나 달라지게 하다.《밝은 색 가리개를 달아서 분위기를 바꿔 봤다.》4. 다른 사람한테 전화기를 넘기다.《언니가 옆에 있으면 바꿔 주세요.》

바뀌다 1. 다른 것이 어떤 것을 대신하게 되다.《우산이 바뀐 것도 모르고 그냥 들고 왔다.》2. 본디 있던 것이 달라지다.《엄마의 머리 모양이 바뀐 것을 이제야 알아차렸다.》3. 시간이 흘러서 때나 계절이 달라지다.《해가 바뀌면 나도 열한 살이 된다.》

바뀜꼴 '가다', '푸르다' 같은 낱말이 '가는', '푸르러' 처럼 바뀐 꼴. **같** 활용형. **참** 으뜸꼴.

바나나 열매를 먹으려고 심어 가꾸는 늘푸른풀. 크고 길쭉한 잎이 모여나고, 초승달처럼 생긴 열매가 열린다. 따뜻한 지방이나 온실에서 기른다.

바느실 **도구** 바늘과 실.《반짇고리는 바느실을 넣어 두는 그릇이다.》

바느실 뀀 것 **북** 바늘에 실을 뀐 것.《눈이 나쁘신 할머니를 위해 바느실을 해 드렸다.》

바늘골

바느질 바늘에 실을 꿰어 천을 꿰매는 일. **바느질하다**

바느질감 바느질할 옷이나 천.

바늘 1. 옷이나 천 들을 꿰매는 가늘고 뾰족한 쇠막대기. 위쪽에 있는 조그마한 구멍에 실을 꿴다.《바늘에 실을 꿰어 구멍 난 양말을 꿰맸다.》2. 시계, 저울, 나침반 들에서 가리키는 막대기.《시계의 짧은 바늘은 시를 나타내고 긴 바늘은 분을 나타낸다.》**같** 침. 3. 찌르거나 꽂는 데 쓰는 가늘고 날카로운 쇠붙이.《주삿바늘/낚싯바늘》

바늘 가는 데 실 간다 **속담** 사람이나 사물이 아주 가까운 관계에 있는 것을 빗대어 이르는 말.

바늘 도둑이 소도둑 된다 **속담** 처음에는 바늘을 훔치다가 버릇이 되면 나중에는 소까지도 훔치게 된다는 뜻으로, 작은 일이라도 나쁜 짓을 자꾸 하다가는 마침내 큰 죄를 저지르게 된다는 말.

바늘로 찔러도 피 한 방울 안 난다 **속담** 사람 됨됨이에 빈틈이 전혀 없거나 지독한 구두쇠인 것을 빗대어 이르는 말.

바늘골 물가나 논두렁에 자라는 풀. 매끈하고 실처럼 가는 줄기가 모여난다. 긴달걀꼴 이삭이 줄기 끝에 달린다.

바늘귀 실을 꿰려고 바늘 끝에 낸 작은 구멍.

바늘꽂이 바늘을 꽂아 두는 푹신한 물건. 헝겊 안에 솜이나 머리카락 같은 것을 넣어서 만든다. **북** 바늘꽂개.

바늘대 돗자리나 가마니를 짤 때 쓰는 막대기.

바늘땀 → 땀.

바늘방석 앉아 있기에 아주 불편하거

나 조마조마한 자리를 빗대어 이르는 말.《어른들만 계신 데 끼어 있으려니 바늘방석에 앉은 것 같다.》

바늘잎나무 잎이 바늘처럼 가늘고 뾰족하게 생긴 나무. 소나무, 잣나무 들이 있다. 같침엽수. 반넓은잎나무.

바닐라 열매를 얻으려고 심어 가꾸는 덩굴풀. 열매에서 바닐린이라는 가루를 얻는데, 이 가루를 초콜릿, 아이스크림, 케이크 같은 음식에 넣는다. 열대 지방에서 많이 기른다.

바다 지구에서 짠물이 있는 아주 넓은 곳. 물고기, 고래, 바닷말 들이 산다.

바다거북 따뜻한 지방 얕은 바다에 사는 거북. 등딱지는 푸른빛이나 갈색을 띠며, 바닷말을 먹는다. 뭍으로 올라와 햇볕을 쪼이는 버릇이 있다.

바다거북

바다낚시 바다에서 하는 낚시.

바다비오리 바다에서 멀지 않은 호수나 냇가에 사는 겨울새. 뒷머리에 댕기 같은 깃이 있고 부리와 다리는 붉다.

바다비오리

바다선인장 모래 갯벌이나 얕은 바다 모랫바닥에 사는 동물. 길고 둥글게 생겼고 옅은 노란색을 띤다. 밤이면 온몸에서 빛을 낸다.

바다선인장

바다쇠오리 뭍에서 가까운 바다에 사는 겨울새. 등은 회색이고 배는 흰색인데, 여름에는 어깨에 검은색과 흰색 줄무늬가 나타난다.

바다쇠오리

바다오리 바닷가 높은 바위 위에 떼 지어 사는 여름새. 등은 검은 갈색이고 배는 흰색인데, 겨울이면 머리, 목, 뺨이 하얗게 된다.

바다제비 사람이 살지 않는 섬에 떼 지어 사는 여름새. 깃털은 검은 갈색이

고, 겨울이면 먼 바다로 나간다.

바다표범 → 물범.

바닥 1.서거나 앉거나 물건을 내려놓을 수 있는 넓고 판판한 부분.《부엌 바닥에 앉아서 콩나물을 다듬었다.》2. 물체의 가장 밑이 되는 부분.《운동화 바닥이 다 해졌어.》3.어떤 것을 다 써서 없어진 상태.《기름이 바닥이 나면 큰일인데.》4.어떤 장소나 테두리를 나타내는 말.《미술 시간이면 교실이 시장 바닥처럼 지저분해진다.》

바닥을 기다 관용 수준이 몹시 형편없다.《국어 성적이 바닥을 기어 걱정이야.》

바닥이 드러나다 관용 1.다 써서 없어지다.《벌써 쌀독 바닥이 드러났네.》2. 감추어 왔던 본디 모습이 알려지다.《그동안 착한 척하더니 이제 바닥이 드러나나 봐.》

바닥나다 다 써서 남은 것이 없게 되다.《용돈이 사흘 만에 바닥났어.》

바닷가 바닷물과 뭍이 닿은 곳. 또는 그 언저리.《우리는 바닷가에서 모래성을 쌓으면서 놀았다.》같해변, 해안가. 비해안. 북바다가.

바닷길 바다에서 배가 다니는 길.

바닷말 바다 속에서 자라는 풀. 미역, 다시마, 김 들이 있다. 같해조, 해조류, 해초.

바닷물 바다에 있는 짠물. 같해수. 반민물. 북바다물.

바닷물고기 바다에 사는 물고기. 반민물고기. 북바다물고기.

바닷바람 바다에서 뭍으로 부는 바람. 북바다바람.

바닷새 바닷가나 바다에서 사는 새.

바동- 1.몸집이 작은 것이 넘어지거나 매달려서 팔다리를 내젓는 모양. 2.어렵고 힘든 처지에서 벗어나려고 애쓰는 모양. **바동거리다 바동대다 바동바동** 《딱정벌레가 몸이 뒤집힌 채 바동거린다./문제 하나라도 더 풀어 보려고 바동대다가 시험이 끝났다.》

바둑 두 사람이 가로세로 줄이 그어진 판에 검은 돌과 흰 돌을 번갈아 놓으면서 겨루는 놀이.

바둑돌 바둑을 둘 때 쓰는 검은 돌과 흰 돌.

바둑돌

바둑이 바둑돌이 섞여 있는 것처럼 검은 털과 흰 털이 뒤섞인 개. 북바둑개.

바둑판 바둑을 두는 네모난 판.

바득바득 자꾸 우기거나 조르는 모양. 《새별이는 자기가 먼저 노래를 하겠다고 바득바득 우겨댔다.》

바들- 몸을 가늘게 떠는 모양. **바들거리다 바들대다 바들바들** 《강아지는 추운지 바들바들 떨고 있었다.》

바들짝- |북 덩치가 작은 사람이나 짐승이 팔다리를 벌리고 젓는 모양. **바들짝거리다 바들짝대다 바들짝바들짝** 《누나가 팔다리를 바들짝거리면서 개구리헤엄을 친다.》

바디 베틀에 딸린 기구.

바디

바디나물 산과 들의 축축한 땅에 자라는 풀. 8~9월에 자주색 꽃이 가지 끝에 소복하게 모여서 핀다. 어린순은 먹고, 뿌리는 약으로 쓴다.

바디나물

바라 치는 국악기 가운데 하나. 놋쇠로 된 얇은 원반을 양손에 하나씩 들고 서로 맞부딪쳐 소리를 낸다. 갈자바라, 제금.

바라

바라다 1.어떻게 되면 좋겠다고 생각하다. 《다른 학교에 가서도 동무들과 사이좋게 지내기를 바라.》2.어떤 것을 얻고 싶어 하다. 《칭찬을 바라고 그 애를 도운 건 아니에요.》

바라보다 1.어떤 쪽을 가만히 보다. 《산 아래를 바라보면서 야호를 외쳤다.》2.어떤 일을 주의 깊게 살피거나 헤아리다. 《선생님들은 이번 사건을 어떻게 바라보실까?》3.꿈이나 기대를 가지고 기다리다. 《이번 승리로 우승을 바라볼 수 있게 되었다.》4.어떤 나이나 때에 가까워지다. 《할아버지는 일흔을 바라보는 연세에도 쌀 한 가마니를 거뜬히 드신다.》

바락바락 화가 나서 자꾸 기를 쓰거나 소리를 지르는 모양. 《이웃에서 바락바락 악을 쓰는 소리가 들렸다.》

바람 공기 1.살갗으로 느낄 수 있는 공기의 흐름. 《시원한 바람이 불어온다.》2.공이나 풍선 들에 넣거나 들어 있는 공기. 《자전거 바퀴에 바람을 넣어야겠다.》3.쓸데없이 부풀린 기대나 들뜬 마음을 이르는 말. 《그런 터무니없는 말로 내 동생한테 바람 넣지 마라.》4.사회에 갑자기 몰아닥친 어떤 기운이나 유행. 《우리 반 남자 애들 사이에 갑자기 태권도 바람이 불었다.》

바람을 잡다 관용 어떤 일을 하라고 부추기다. 《숙제를 하는데 형이 밤 따러 가자고 바람을 잡았다.》

바람 앞의 등불 속담 몹시 위태로운 처지를 이르는 말.

바람 희망 어떤 일이 뜻대로 되기를 바라는 마음. 《내 바람대로 영민이와 짝

바닷물고기

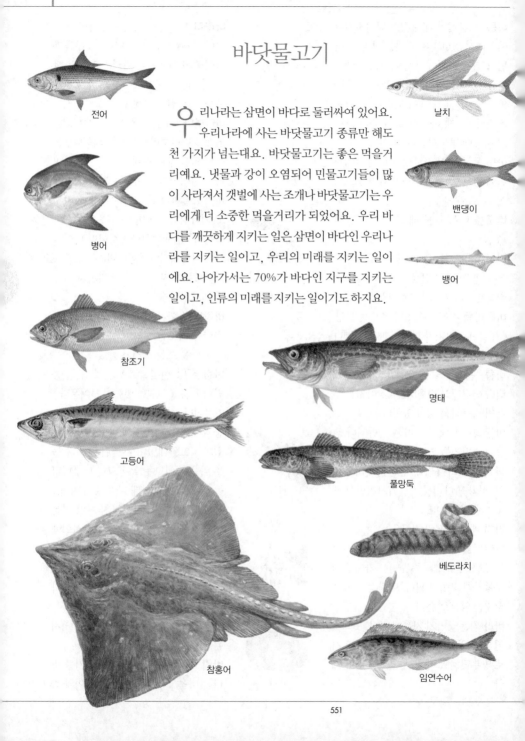

전어

날치

병어

밴댕이

뱅어

우리나라는 삼면이 바다로 둘러싸여 있어요. 우리나라에 사는 바닷물고기 종류만 해도 천 가지가 넘는대요. 바닷물고기는 좋은 먹을거리예요. 냇물과 강이 오염되어 민물고기들이 많이 사라져서 갯벌에 사는 조개나 바닷물고기는 우리에게 더 소중한 먹을거리가 되었어요. 우리 바다를 깨끗하게 지키는 일은 삼면이 바다인 우리나라를 지키는 일이고, 우리의 미래를 지키는 일이에요. 나아가서는 70%가 바다인 지구를 지키는 일이고, 인류의 미래를 지키는 일이기도 하지요.

참조기

명태

고등어

풀망둑

베도라치

참홍어

임연수어

까나리

꽁치

대구

가시고기

조피볼락

민어

도루묵

참가자미

숭어

준치

황복

양태

넙치

이 되었어.》 비소망, 소원.

바람 탓 1. '바람에' 꼴로 써서, 어떤 일이 일어난 탓에. 《늦게 일어나는 바람에 아침도 못 먹고 학교에 왔다.》 2. 으레 갖출 것을 제대로 갖추지 못한 차림새를 이르는 말. 《속옷 바람으로 어딜 가니?》

바람간수 북 몸을 못 가누거나 입이 뒤틀리거나 하는 병에 걸리지 않게 조심하는 것. 《나이가 들수록 바람간수를 잘해야 한다.》 **바람간수하다**

바람개비 바람을 받으면 날개가 뱅글뱅글 도는 장난감. 갈 팔랑개비.

바람결 한 방향으로 부는 바람의 움직임. 《바람결에 머리칼이 날린다.》

바람기 1. 바람이 부는 기운. 《바람기가 없는 날에는 연을 날리기 힘들다.》 2. 남자나 여자를 동시에 여럿 사귀거나 자주 바꾸어 가며 사귀는 태도.

바람둥이 바람기가 많은 사람.

바람막이 바람을 막아 주는 물건.

바람맞다 만나려던 사람이 나오지 않아서 헛걸음하다. 《한 시간이나 선미를 기다렸는데 결국 바람맞았어.》

바람벽 돌, 흙, 나무 들로 집 둘레나 방과 방 사이에 세운 벽.

바람지개 북 바람을 수그러들게 하거나 막는 물체.

바람직하다 좋거나 옳게 여길 만하다. 《아무 반찬이나 골고루 먹는 것이 바람직하다.》

바람질 북 1. 바람이 줄곧 세차게 부는 것. 2. 마음이 들떠서 쓸데없이 돌아다니는 짓. 《괜한 바람질로 방학을 헛되게 보내지 마라.》 **바람질하다**

바람하늘지기

바랭이

바람하늘지기 논둑이나 물가 축축한 땅에 자라는 풀. 8~9월에 붉은 갈색 이삭이 달린다.

바랑 중이 등에 지고 다니는 큰 주머니.

바래다 색이 빛깔이 엷어지거나 누렇게 되다. 《삼촌 방에는 누렇게 바랜 책이 산더미처럼 쌓여 있어요.》

바래다 사람을 떠나는 사람을 따라 나가 보내다. 《할머니를 기차역까지 바래다 드렸다.》

바래다주다 떠나는 사람을 따라 나가 얼마만큼 같이 가 주다. 《내가 버스 정류장까지 바래다줄게.》

바랭이 들판이나 밭에 절로 나는 풀. 잎은 가늘고 긴데, 7~8월에 이삭 같은 꽃이 핀다. 집짐승 먹이로 쓴다.

바로 곧게 1. 비뚤거나 기울거나 굽은 데가 없이 곧게. 《여러분, 줄을 바로 서세요.》 2. 흐트러지거나 뒤집히지 않게 반듯이. 《모자를 바로 써라.》 3. 사실과 다르지 않게. 또는 이치에 어긋나지 않게. 《바로 맞혔어, 그게 정답이야.》 4. 시간을 끌거나 머뭇거리지 않고 곧. 《집에 오자마자 바로 숙제를 했다.》 5. 아주 가까운 곳에. 《빵집은 약국 바로 옆에 있다.》 6. 다름이 아니라 곧. 《이게 바로 내가 말한 책이야.》

바로 구령 어떤 자세를 잡은 사람한테 본디 자세로 돌아가라는 구령. 또는 그런 동작.

바로잡다 1. 굽거나 비뚤어진 것을 반듯하게 하다. 《형이 자세를 바로잡고 책을 봅니다.》 2. 잘못된 것을 올바르게 고치다. 《틀린 글자를 찾아내 바로잡았다.》

바로크 (baroque프) 16세기에서 18세기 사이 유럽에 널리 퍼진 예술 양식.

바르다 자세가 1.비뚤거나 기울거나 굽은 데가 없이 곧다.《바른 자세/글씨를 바르게 써라.》 2.도리나 이치에 밝아 어긋남이 없다.《아름이는 예절이 참 바른 아이구나.》 3.사실과 다르지 않다.《누가 내 책 찢었는지 바른 대로 말해.》 4.햇볕이 잘 들다.《햇볕 바른 뒷동산》 ^ㅂ바른, 발라, 바릅니다.

바르다 칠하다 1.액체나 가루를 손이나 도구에 묻혀서 골고루 칠하다.《까진 무릎에 연고를 발랐다.》 2.풀칠한 종이나 헝겊을 어떤 것에 고르게 붙이다.《여기에 푸른 벽지를 바르는 게 어떨까요?》 ^ㅂ바르는, 발라, 바릅니다.

바르다 골라내다 1.생선에서 뼈나 살을 골라 떼다.《엄마가 생선 가시를 발라 주셨다.》 북발그다. 2.과일 껍질을 벗기고 씨를 빼내다.《우리 이모는 참외를 먹을 때도 씨를 다 바르고 먹는다.》 북발그다. ^ㅂ바르는, 발라, 바릅니다.

바르르 가볍게 떠는 모양.《문풍지가 바르르 떨린다.》

바르샤바 (Warszawa) 폴란드의 수도. 폴란드의 동쪽에 있는 도시로, 동유럽 교통에서 중요한 구실을 한다.

바르셀로나 (Barcelona) 에스파냐 북동쪽에 있는 항구 도시. 에스파냐에서 가장 큰 무역항이다.

바른길 1.곧게 뻗은 길. 2.참되고 정직하게 사는 길.《그분은 수많은 죄수를 바른길로 이끌어 주신 분입니다.》

바른대로 거짓말하지 말고 사실대로.《네가 그랬다는 거 다 알고 있으니까 바른대로 말해.》

바른말 옳은 말.《선생님은 누구에게나 바른말을 서슴없이 하십니다.》

바른손 → 오른손.

바른씨름 → 오른씨름.

바른쪽 → 오른쪽.

바리때 중이 쓰는 밥그릇. 같발우.

바리바리 짐을 여러 덩이로 나누어 싸거나 싣는 모양.《우리는 책을 바리바리 싸 들고 학교에 갔다.》

바리톤 (baritone) 성악에서 테너보다 낮고 베이스보다 높은 남자 목소리. 또는 그 소리로 노래하는 가수. 참베이스, 테너.

바보 1.보통 사람보다 지능이 퍽 낮은 사람. 2.어리석은 사람을 낮추어 이르는 말.

바보스럽다 하는 짓이나 모습이 바보와 같다.《콧물을 흘리고 다니는 동생이 바보스러워 보인다.》 ^ㅂ바보스러운, 바보스러워, 바보스럽습니다.

바보짓 바보가 하는 것처럼 어리석고 모자란 짓.

바비큐 (barbecue) 돼지나 소를 통째로 불에 구워 만든 먹을거리. 또는 그것을 굽는 틀.《돼지 바비큐》

바빠맞다 ^ㅣ북 형편이나 처지가 몹시 어렵고 급하다.《얼마나 바빠맞으면 이렇게 추운 날에 땀을 뻘뻘 흘릴까.》

바쁘다 1.다른 일을 하거나 살필 겨를이 없다.《아빠는 회사 일이 바빠서 못 오신대.》 2.아주 급하다.《어딜 그렇게 바쁘게 가니?》 3. '바쁘게' 꼴로 써서, 어떤 일을 하자마자 곧바로.《동생은 숟가락을 놓기 바쁘게 밖으로 나갔다.》**바**바쁜, 바빠, 바쁩니다.

바삐 아주 급하게.《삼촌은 늘 바삐 돌아다닌다.》**비**급히.

바삭 물기가 없는 것이 가볍게 구겨지거나 부서지는 소리. 또는 그 모양. **바삭거리다 바삭대다 바삭하다 바삭바삭**《걸을 때마다 발밑에서 가랑잎이 바삭거리는 소리가 듣기 좋구나.》

바셀린 (vaseline) 빛깔이 없거나 엷은 노란색을 띠는 말랑말랑한 물질. 석유에서 얻는 것으로, 화장품이나 연고를 만드는 데 쓴다.

바소구리 → 발채.

바소쿠리 1.싸리로 만든 삼태기.《바소쿠리에 두엄을 실어 날랐다.》2.→ 발채.

바순 (bassoon) 부는 악기 가운데 하나. 소리가 낮고, 관현악에 많이 쓴다. **같**파곳.

바스라지다 |**북** 깨지거나 터져서 아주 잘게 부서지다.《삼촌이 망치를 내리치자 호두가 바스라졌다.》

바스락 마른 잎이나 종이 같은 것이 가볍게 바스러지는 소리. **바스락거리다 바스락대다 바스락바스락**《덤불 뒤에서 바스락거리는 소리가 났다.》

바스러지다 잘게 부서지다.《바스러진 과자를 쓰레받기에 쓸어 담았다.》

바시시 |**북** 1.부스러기나 알갱이 같은 것이 어지럽게 흩어지는 모양.《구슬 여러 개가 바시시 쏟아졌다.》2.머리카락이나 털이 조금 어지럽게 일어나서 흐트러져 있는 모양.《머리털이 바시시 일어난 꼴로 밖에 나가려고?》3. 앉거나 누워 있다가 소리 없이 가볍게

바순

일어나는 모양.《언니가 자다 말고 바시시 일어나 전등을 켰다.》4.문을 소리 없이 아주 살짝 여는 모양.《동생이 깨지 않게 창문을 바시시 열었다.》5. 입을 살짝 벌리고 웃는 모양.《미선이가 나를 보고 바시시 웃었다.》

바싹 1.물기가 전혀 없이 마르거나 타들어가는 모양.《햇볕이 좋아 빨래가 바싹 잘 말랐다.》2.곁에 가까이 달라붙는 모양.《짝에게 바싹 다가앉아 귓속말을 주고받았다.》3.몸이 몹시 마른 모양.《못 본 사이에 바싹 말랐네.》

바야흐로 지금 한창. 또는 이제 막.《바야흐로 꽃 피는 봄이로구나!》

바위 1.아주 큰 돌. 2.가위바위보에서 주먹을 내는 것. '가위'에 이기고 '보'에 진다. **참**가위, 보. **북**돌.

바위너설 바위가 삐죽삐죽 솟아 있는 험한 곳.

바위산 바위가 많은 험한 산.

바위섬 바위로 된 섬. 또는 바위가 많은 섬.

바위틈 바위와 바위 사이에 있는 틈. 또는 바위가 갈라진 틈.《바위틈에서 풀이 돋아났습니다.》

바윗덩어리 한 덩어리로 되어 있는 바위.《집채만큼 커다란 바윗덩어리》

바이 '아니다', '못하다', '없다' 같은 말과 함께 써서, '아주', '전혀'를 뜻하는 말.《네 맘을 바이 모르는 것은 아니야.》

바이러스 (virus) 1.아주 작은 미생물. 감기나 소아마비 같은 병을 일으킨다. **북**비루스 2.컴퓨터를 망가뜨리거나 저장된 정보를 지워 버리는 프로그램.

바이메탈 (bimetal) 온도에 따라 늘어나는 정도가 서로 다른 두 금속을 얇게 잘라 맞붙인 것. 온도계, 화재경보기, 보일러 같은 장치에 쓴다.

바이애슬론 (biathlon) 스키를 타다가 정해진 곳에서 사격을 하는 경기.

바이올린 (violin) 켜는 악기 가운데 하나. 가운데가 잘록하게 들어간 둥근 몸통에 줄을 네 개 매었다. 활로 켜서 소리를 낸다.

바이트 (byte) 컴퓨터로 처리하는 데이터의 양을 나타내는 단위 가운데 하나.

바인더 (binder) 1.서류, 신문, 잡지들을 한데 꿰어 묶는 물건. 2.곡식을 베어서 한 단씩 묶는 기계.

바자 울타리 대나무, 갈대, 수수깡 같은 것을 엮어서 울타리로 쓰는 것.

바자 시장 (bazar) 남을 돕거나 좋은 일을 하는 데 쓸 돈을 마련하려고 한동안 여는 시장. 같바자회.

바자회 → 바자.

바장조 '바'가 으뜸음인 장조.

바재다 ᴵ북 1.어떤 곳을 쓸데없이 오가면서 서성거리다.《조그만 닭이 커다란 소 옆에서 바재는 꼴이 재미있다.》 2.마음이 놓이지 않거나 미련이 남아서 머뭇머뭇하다.《동생이 장난감에 미련이 있는 듯이 가게 앞에서 바잰다.》 3.내키는 대로 행동하지 못하고 이것저것 자꾸 따져 보다.《너무 바재지 말고 대회에 한번 나가 보는 게 어떠니?》 4.마음이 가라앉지 않아서 여러 생각을 떠올리다.《시험은 한 달 뒤에 보는데 왜 그리 바재니?》

바지락

바이올린

바지 두 다리를 따로 꿰어서 아랫도리에 입는 옷.

바지락 모래 섞인 갯벌에 사는 조개. 껍데기가 거칠거칠하고 무늬가 다 다르다. 우리나라에서 가장 흔하다. 북바스레기.

바지런 게으름 피우지 않고 열심히 하는 태도.《누나가 바지런을 떠는 덕에 우리 집은 늘 깨끗하다.》 **바지런하다**

바지직 1.물기가 조금 있는 것이 뜨거운 열에 급히 타거나 졸아드는 소리. 2.질기고 빳빳한 것이 찢어지거나 갈라지는 소리. 또는 그 모양. **바지직거리다 바지직대다 바지직하다 바지직바지직**《날씨가 따뜻해지자 얼음이 녹으면서 바지직바지직 갈라졌다.》

바지춤 바지를 입고 여미는 부분.

바짓가랑이 바지에서 두 다리를 넣는 부분. 북바지가랭이.

바짓부리 바지가랑이 끝 부분.

바짝 1.물기가 마르거나 졸아들거나 타 들어가는 모양.《찌개 국물이 바짝 졸았다.》 2.곁으로 가까이 다가가는 모양.《이리 바짝 다가앉아라.》 3.힘을 주거나 몹시 긴장한 모양.《정신 바짝 차려.》 4.몸이 몹시 마른 모양.《앓고 나더니 바짝 말랐구나.》 **바짝바짝**

바치다 주다 1.윗사람한테 어떤 것을 받들어 주다.《시인은 왕한테 시를 지어 바쳤다.》 2.높은 뜻을 이루려고 몸, 재산 같은 소중한 것을 내놓다.《나라를 위해 목숨을 바친 젊은이》

바치다 돌려주다 ᴵ북 1.빌려온 것을 돌려주거나 돌려보내다.《이 책을 내일까지 도서관에 바쳐야 해.》 2.모임을 꾸

려 나가는 데 쓸 돈이나 물건을 내다. 《회원은 다달이 회비를 바쳐야 한다.》

바캉스 (vacance프) 주로 여름에 바다, 강, 산에 가서 휴가를 보내는 일.

바코드 (bar code) 상품의 겉에 찍은 줄무늬 표시. 상품 이름, 값, 만든 곳 같은 정보를 나타낸다.

바퀴 1. 흔히 탈것 밑에 달려 탈것을 굴러가게 하는 둥근 물건. 《자전거 바퀴》 2. 어떤 곳 둘레를 빙 돌아서 제자리까지 돌아오는 횟수를 세는 말. 《체육 시간에 운동장을 세 바퀴나 돌았어요.》

바퀴벌레 집 안에 사는 곤충. 몸은 납작하고 둥글면서 길쭉하며, 몸 빛깔은 누런 갈색이다. 먹을거리에 해를 끼치거나 병을 옮기기도 한다.

바탕 1. 어떤 것을 이루는 뼈대나 틀. 《이 영화는 소설을 바탕으로 하여 만든 작품입니다.》 2. 타고난 성품이나 마음씨. 《네 사촌은 바탕이 선한 아이로구나.》 3. 그림, 글씨, 무늬 들이 놓이는 자리나 빛깔. 《파란색으로 바탕을 칠하면 바닷물처럼 보일 것 같아.》

바탕천 그림을 그리거나 수를 놓을 때 바탕으로 쓰는 천.

바탕 화면 컴퓨터를 켜면 처음 나타나는 시작 화면.

바투 1. 거리가 가깝게. 《추운데 난로 쪽으로 바투 앉으렴.》 2. 길이가 짧게. 《붓을 너무 바투 쥐었구나.》 3. 어떤 때에 가깝게. 《공연 날짜가 너무 바투 잡혀서 연습 시간이 모자란다.》

바툼하다 [북] 1. 둘 사이 거리가 아주 가깝다. 《좀 더 바툼하게 앉으면 한 사람 더 앉겠다.》 2. 몸의 한 부분이 보통

박_풀

바퀴벌레

박_악기

보다 짧다. 《이 새는 주둥이가 유난히 바툼하다.》 3. 동안이 아주 짧다. 《소풍 날짜가 바툼하게 잡혔어.》 4. 국물이 적다. 《국물을 바툼하게 부어.》

바특하다 1. 사이가 좁다. 《화분 사이를 바특하게 붙여 봐.》 2. 시간이나 길이가 짧다. 《시험 시간이 바특해서 다 못 풀었어.》 3. 국물이 적다. 《찌개를 너무 바특하게 끓였네.》

박 풀 담이나 지붕을 따라 올라가게 심어 가꾸는 덩굴풀. 여름에 흰 꽃이 피며, 크고 둥근 열매를 맺는다. 열매 속은 먹고 껍질은 바가지를 만든다.

박 밤 (泊) 집을 떠나 다른 곳에서 묵는 밤의 수를 세는 말. 《방학 때 가족들과 3박 4일로 제주도에 다녀왔다.》

박 박자 (拍) 박자를 세는 말.

박 악기 (拍) 국악기 가운데 하나. 나뭇조각 여섯 개를 모아 한쪽 끝을 끈으로 꿰어 만든다. 부채처럼 폈다 접었다 하면서 소리를 낸다. ▶북박판.

박꽃 박에 피는 꽃. 빛깔은 희고, 저녁에 피었다가 다음날 아침에 시든다.

박다 1. 물체를 치거나 밀어서 어떤 것 사이에 꽂다. 《벽에 못을 박고 시계를 걸었다.》 2. 머리가 어떤 것에 세게 부딪히다. 《지우개를 주우려다가 책상에 머리를 박았다.》 3. 식물이 땅속에 뿌리를 뻗어 내리다. 《내가 심은 나무가 뿌리를 박고 잘 자라면 좋겠어.》 4. 모양, 무늬를 넣거나 사진, 인쇄물 들을 찍다. 《자개를 박다./명함을 박다.》 5. 촘촘하게 바느질을 하다. 《단추가 떨어지지 않게 튼튼히 박아 주세요.》

박달나무 산에 자라는 잎지는나무. 잎

박달나무

은 끝이 뾰족한 달걀꼴이고 여름에 갈색 꽃이 핀다. 나무가 단단해서 홍두깨나 방망이 같은 것을 만든다.

박대 (薄待) 1.→ 푸대접. 2.쌀쌀맞고 모질게 대하는 것. **박대하다**

박동 (搏動) 심장이 뛰는 것.《엄마 가슴에 귀를 대고 박동 소리를 들었다.》

박두 (迫頭) 어떤 때가 다가오는 것.《개봉 박두》

박람회 (博覽會) 온갖 상품이나 물건을 모아 놓고 한동안 사람들에게 보여 주는 행사.《무역 박람회/꽃 박람회》

박력 (迫力) 힘차고 씩씩한 기운.《나는 박력 있는 사람이 좋아.》

박멸 (撲滅) 해로운 벌레 같은 것을 모조리 죽여 없애는 것. **박멸하다**

박물관 (博物館) 옛날 물건이나 예술 작품, 학술 자료 같은 것을 모아 간수하고 여러 사람한테 보여 주는 곳.《농업 박물관/자연사 박물관》

박박 1.세게 긁거나 비비거나 문지르는 소리. 또는 그 모양.《벌레 물린 데가 가려워서 박박 긁었다.》 2.종이나 천을 마구 찢는 소리. 또는 그 모양.《철수는 자기가 쓴 글이 마음에 들지 않아서 원고지를 박박 찢어 버렸다.》 3.기를 쓰고 우기거나 덤비는 모양.《일본은 독도가 자기네 땅이라고 박박 우긴다.》 4.머리털을 아주 짧게 깎은 모양.《중학교에 가는 작은형은 머리를 박박 깎았다.》 5.거죽이 반들반들해지게 깎거나 닦는 모양.《마룻바닥을 박박 문질러 닦았다.》

박복 (薄福) 복이 없어 불행한 것. **박복하다**《그 할머니처럼 박복한 분도

박새_풀

박새_동물

없을 거야.》

박사 (博士) 1.석사 학위가 있는 사람이 대학원에서 공부하는 마지막 과정을 마치고 받는 학위. 또는 그 학위를 받은 사람.《철학 박사》 참석사, 학사. 2.아는 것이 아주 많거나 어떤 일을 아주 잘하는 사람.《우리 형은 공룡 박사예요.》

박살 여러 조각으로 부서지는 것.《접시가 바닥에 떨어져서 박살 났다.》

박새 풀 깊은 산 축축한 곳에서 자라는 풀. 줄기는 곧게 자라고 속이 비었는데 잎은 넓은 달걀꼴이다. 7~8월에 연한 노란빛을 띤 흰색 꽃이 핀다. 뿌리는 약으로 쓴다.

박새 동물 나무 구멍, 처마 밑, 바위틈에 둥지를 틀고 사는 텃새. 크기는 참새만한데, 머리와 목은 검고 뺨은 희다.

박색 (薄色) 아주 못생긴 얼굴이나 사람. 흔히 여자한테 쓰는 말이다.

박수 (拍手) 두 손뼉을 마주 치는 것.《우리가 박수를 치니까 영희가 수줍어하면서 노래를 불렀다.》

박수갈채 (拍手喝采) 손뼉을 치면서 소리를 크게 질러 기운을 북돋우는 것.《구경하던 사람들은 꼴찌로 들어오는 선수에게 박수갈채를 보냈습니다.》

박스 (box) → 상자.

박식하다 아는 것이 많다.《선생님은 새에 대해 아주 박식하세요.》

박아쓰다 북 연필이나 볼펜 끝에 힘을 주어서 글씨 한 획 한 획을 또렷하게 쓰다.《동생은 글씨를 또박또박 박아쓴다.》 박박아쓰는, 박아써, 박아씁니다.

박애 (博愛) 모든 사람을 고루 사랑하

는 것.《박애 정신》

박약하다 의지가 약하다.

박음질 실을 두 번씩 겹치게 꿰매는 바느질. **박음질하다**

박이다 1.손이나 발 같은 데 굳은살이 생기다.《굳은살이 박인 할아버지 발을 보면 눈물이 나요.》 2.버릇, 생각, 태도 들이 깊이 배다.《이모의 말에는 선생님 말투가 박여 있다.》

박자 (拍子) 센 소리와 여린 소리가 정해진 규칙에 따라 되풀이되는 것.

박자표 (拍子標) 악보에서 박자를 나타내는 기호. 악보 첫머리에 분수 꼴로 나타낸다.

박작- 여럿이 좁은 곳에 모여서 어수선하게 떠들거나 움직이는 모양. **박작거리다 박작대다 박작이다 박작박작**《영화관 앞에 표를 사려는 사람들이 박작거린다.》

박장대소 (拍掌大笑) 손뼉을 치면서 크게 웃는 것. **박장대소하다**《진구의 우스갯소리에 모두 박장대소하였다.》

박절하다 인정이 없고 쌀쌀맞다.《영신이가 내 부탁을 박절하게 거절했다.》 비절박하다.

박제 (剝製) 짐승이나 새의 가죽을 벗기고 안에 솜이나 대팻밥 같은 것을 넣어서 살아 있는 것처럼 만드는 일. 또는 그렇게 만든 물건.《독수리 박제》 **박제하다 박제되다**

박주가리 양지바른 산기슭이나 길가에 자라는 덩굴풀. 줄기나 잎을 꺾으면 흰 즙이 나온다. 꽃은 연보라색이나 흰색이고, 씨에 흰 털이 많다. 열매와 잎을 약으로 쓴다.

박쥐

박첨지_
남사당 꼭두각시놀이

박첨지 손자

박태기나무

박주가리

박하

박쥐 동굴이나 나무 구멍 같은 데 사는 동물. 낮에는 어두운 곳에서 거꾸로 매달려 쉬다가 밤에 나와서 날아다닌다.

박진감 (迫眞感) 어떤 일이 실제로 벌어지는 듯한 느낌.《영화가 무척 박진감 있다.》

박차 (拍車) 1.말을 탈 때 신는 신발 뒤축에 달린 톱니 꼴 쇠붙이. 말의 배를 차서 더 빨리 달리게 하는 데 쓴다. 2.일을 더 빨리 하려고 보태는 힘을 빗대어 이르는 말.《박차를 가하다.》

박차다 1.발길로 힘껏 차다.《형이 방문을 박차고 뛰어나갔다.》 2.어려움이나 걸림돌을 떨쳐 내다.《그분은 절망을 박차고 꿋꿋이 일어섰다.》

박첨지 남사당 꼭두각시놀이, 서산 박첨지놀이에 나오는 인형.

박첨지 손자 남사당 꼭두각시놀이에 나오는 인형.

박치기 이마로 세게 들이받는 짓. **박치기하다**

박타령 판소리 흥부가에 나오는 노래.

박탈 (剝奪) 재산, 권리, 자격 같은 것을 빼앗는 것. **박탈하다 박탈되다**

박태기나무 공원이나 뜰에 심어 가꾸는 잎지는나무. 이른 봄에 붉은 자주색 꽃이 가지마다 소복하게 달린다. 나무 껍질을 약으로 쓴다. 북구슬꽃나무.

박테리아 (bacteria) → 세균.

박하 밭에 심어 가꾸는 풀. 여름에 연분홍색 꽃이 핀다. 잎과 줄기에서 독특한 냄새가 나는 기름을 뽑는데, 약으로 쓰거나 음식에 넣는다.

박하다 1.사람 사이의 정이 모자라고 쌀쌀맞다.《할머니가 세상 인심이 왜

이리 박한지 모르겠다고 혀를 차셨다.》
^반후하다. 2.남한테 베푸는 것이 넉넉
하지 않다.《저 심사 위원은 점수를 너
무 박하게 줘.》^반후하다. 3.장사에서
남는 이익이 아주 적다.《삼촌은 이윤
을 박하게 남기고 판다.》

박학다식 (博學多識) 배워서 아는 것
이 많은 것. **박학다식하다**

박학하다 배운 것이 많다.

박해 (迫害) 남을 괴롭히거나 해롭게
하는 것.《박해를 당하다./모진 박해를
받다.》**박해하다**

박히다 1.어떤 것에 들어가 꽂히다.
《벽에 박힌 못 좀 뽑아 버려.》2.모습
이나 생각이 마음속에 깊이 자리 잡다.
《지연이가 몹시 슬퍼하던 모습이 머릿
속에 박혀서 지워지지 않는다.》3.밖
으로 나오지 않고 한곳에만 계속 머물
다.《제 동생은 요즘 자기 방에 박혀서
그림만 그려요.》4.모양, 무늬 들이 새
겨지다.《자개가 박힌 장롱》

밖 1.벽이나 담으로 둘러싸인 곳에서
벗어난 쪽.《대문 밖에 누가 서 있는
것 같다.》2.'속'에 견주어 겉으로 드러
난 부분.《감정을 너무 밖으로 드러내
지 마.》3.집이 아닌 어떤 곳.《일요일
저녁에는 밖에서 밥을 먹기로 했다.》
4.어떤 생각이나 테두리를 벗어난 일
이나 경우.《진희가 그곳에 나타난 것
은 정말 예상 밖의 일이었다.》

밖에 어떤 낱말 뒤에 붙어, '그것 빼고
는', '그것 말고는'을 뜻하는 말.《하나
밖에 없는 내 동생/우산이 없으니 비
를 맞고 갈 수밖에 없어.》

반 ^{절반} (半) 1.둘로 똑같이 나눈 것 가

운데 하나.《삼촌이 사과를 갈라서 반
을 나한테 주었다.》2.어떤 일의 중간
쯤 되는 부분이나 단계.《청소를 반쯤
했을 때 선생님이 나를 부르셨다.》

반 ^{학교} (班) 1.학교에서 한 학년 학생
들을 여러 작은 무리로 나눈 것.《3학
년 5반》2.낱말 뒤에 붙어, 어떤 일을
하려고 모인 사람들의 모임을 나타내
는 말.《서예반/합창반》3.우리나라
·행정 구역 가운데 하나. 통 아래에 둔
다.《사당동 1번지 1통 1반》참통.

반가 사유상 (半跏思惟像) 부처가 앉
아서 한쪽 다리를 반대쪽 허벅다리 위
에 얹어 놓고 생각에 잠겨 있는 모습으
로 만든 불상.

반가상 (半跏像) 부처가 한쪽 다리를
구부려 다른 쪽 허벅다리 위에 올리고
앉은 모습을 그리거나 조각한 것.

반가움 반가운 마음.《오랜만에 만난
반가움에 영희를 꼭 껴안아 주었다.》

반가워하다 반갑게 여기다.《학교 갔
다 집에 오면 강아지가 꼬리를 살랑거
리면서 반가워한다.》

반감 ^{반대} (反感) 언짢고 싫거나 반대
하는 마음.《아직 말도 안 해 본 친구
한테 왜 반감을 가지고 있니?》

반감 ^{줄어듦} (半減) 절반으로 줄이는 것.
또는 절반으로 줄어드는 것. **반감하다**
반감되다《줄거리를 미리 알면 영화
보는 재미가 반감된다.》

반갑다 보고 싶은 사람을 만나거나 바
라던 일을 이루어 흐뭇하고 기쁘다.
《다시 만나서 반가워./두 사람이 화해
했다니 반가운 일이다.》^ㅂ반가운, 반
가워, 반갑습니다.

반값 본디 값의 반. 《이 가게는 문 닫을 무렵에 빵을 반값에 판다.》 같 반액.

반격 (反擊) 상대의 공격을 맞받아 공격하는 것. **반격하다**

반계수록 (磻溪隨錄) 조선 후기 실학자 유형원이 쓴 책. 우리나라 여러 제도에 대해 썼는데, 특히 토지 제도를 다루었다.

반공 (反共) 공산주의에 반대하는 것.

반구 (半球) 1.구를 반으로 나눈 한쪽. 2.지구를 둘로 나누었을 때 한쪽 부분.

반군 (叛軍) 정부나 지도자를 몰아내려고 일어난 군대.

반그늘 그림자 둘레에 흐릿한 부분.

반기 깃발 (半旗) 나라 위해 죽은 이들을 위로하려고 깃대 끝에서 깃발 폭만큼 내려서 다는 국기. **참**조기.

반기 반대 (反旗) 1.반란을 일으킨 무리가 드는 깃발. 2.반대하는 뜻을 나타내는 행동이나 표시를 빗대어 이르는 말. 《몇몇 시민 단체가 정부 결정에 반기를 들었다.》

반기다 반갑게 여기다. 또는 반갑게 맞이하다. 《오랜만에 찾아뵌 할머니가 나를 반겨 주셨다.》

반나절 한나절의 반. 하루 낮을 넷으로 나눈 가운데 하나가 되는 동안이다. 《대청소하는 데 반나절이나 걸렸어.》

반납 (返納) 빌린 것을 돌려주는 것. **반납하다** 《이 책은 내일까지 도서관에 반납해야 해.》

반년 (半年) 한 해의 반. 여섯 달을 이른다. 《동생은 반년만 지나면 초등학교에 간다.》

반닫이 앞면 위쪽 절반이 문짝이어서

반달

반달가슴곰

아래로 젖혀 여닫는 함.

반달 동그라미를 반으로 가른 것처럼 생긴 달. **참**그믐달, 보름달, 초승달.

반달가슴곰 몸 빛깔이 검고 앞가슴에 흰 반달무늬가 있는 곰. 깊은 숲에 산다. 천연기념물 제 329호. 같반달곰.

반달곰 → 반달가슴곰.

반달썰기 무, 감자 같은 채소를 반달 꼴로 써는 것. 세로로 반을 가른 뒤에 다시 가로로 썬다.

반달연 가운데에 색종이를 반달 꼴로 오려 붙인 연.

반달집 재봉틀에서 윗실과 밑실을 엮는 장치.

반대 (反對) 1. 두 가지가 모습, 방향, 성질 같은 것이 서로 맞서거나 거꾸로 된 것. 《오빠랑 나는 성격이 반대야.》 2.남의 행동이나 생각에 맞서는 것. 《반대 의견 있으면 지금 말씀해 주십시오.》 반찬성. **반대하다 반대되다**

반대기 가루를 반죽하여 둥글넓적하게 편 것. 《밀가루 반대기》

반대말 어떤 낱말과 뜻이 반대인 낱말. '위'와 '아래', '좋다'와 '나쁘다', '가다'와 '오다' 같은 것을 말한다.

반대색 (反對色) 한데 섞으면 하양이나 검정이 되는 두 색. 빨강과 초록, 노랑과 남색, 주황과 파랑 같은 것을 말한다. 같보색.

반대쪽 어떤 곳과 반대인 쪽. 《지구 반대쪽에는 어떤 나라가 있을까?》 비반대편.

반대파 (反對派) 어떤 일이나 사람에 반대하는 무리.

반대편 (反對便) 1.반대되는 방향. 또

는 반대인 쪽에 있는 곳. **비**반대쪽. 2.
반대하는 무리.

반도 (半島) 세 면이 바다로 둘러싸인
땅. 《우리나라는 반도 국가이다.》

반도체 (半導體) 낮은 온도에서는 전
기가 잘 통하지 않지만 온도가 높아지
면 전기가 잘 통하는 물질.

반동 (反動) 어떤 힘이나 움직임 때문
에 그 반대쪽으로 움직이는 것. 《차가
갑자기 출발해서 반동으로 우리 몸이
뒤로 확 쏠렸다.》

반두 물고기를 잡는 데 쓰는 작은 그물.
양쪽 끝에 손잡이로 쓰는 막대기가 달
려 있다.

반두

반드시 틀림없이 꼭. 《다섯 시까지는
반드시 돌아올게.》 **같**기필코.

반들– 빛이 날 만큼 깨끗하고 매끄러
운 모양. **반들거리다 반들대다 반들반
들** 《깨끗이 닦아 놓은 그릇에서 반들
반들 윤이 난다.》

반듯이 비뚤거나 굽지 않고 똑바로.
《등을 반듯이 펴고 앉으렴.》

반듯하다 1.비뚤거나 굽거나 흐트러
져 있지 않고 바르다. 《아빠가 반듯한
자세로 앉아서 책을 읽으신다.》 **참**번듯
하다. 2.사람 됨됨이가 곧고 훌륭하다.
《반듯한 성품》 3.생김새나 차림새가
반반하고 말끔하다. 《고모가 정장을
반듯하게 갖춰 입고 맞선을 보러 나갔
다.》 **참**번듯하다.

반디 → 반딧불이.

반딧불 반딧불이 꽁무니에서 나오는
불빛. **북**반디불.

반딧불이 여름밤에 빛을 내면서 날아
다니는 곤충. 애벌레는 맑은 물에서 산

반바지

반딧불이

다. **같**개똥벌레, 반디. **북**반디벌레.

반란 (叛亂) 나라나 단체에서 정부나
지도자를 몰아내려고 일으키는 싸움.

반려자 (伴侶者) 짝이 되는 사람. 흔
히 혼인해서 함께 사는 사람을 이른다.
비배우자.

반론 (反論) 남의 의견에 반대하여 말
하는 것. **반론하다**

반만년 (半萬年) 만 년의 반. 오천 년
을 이른다.

반말 동무나 아랫사람한테 쓰는 말투.
'그랬어', '그랬니?', '그러자'와 같은
것을 이른다. **반말하다**

반면 (反面) 앞의 사실과는 반대로.
또는 다른 면으로는. 《동수는 수학을
잘하는 반면 운동을 아주 못해요.》

반목 (反目) 서로 싫어하고 미워하는
것. **반목하다**

반문 묻는 말에 대답하지 않고 도리어
묻는 것. **반문하다**

반미 (反美) 미국을 싫어하는 것. 또
는 미국 정부에서 하는 일을 반대하는
것. 《반미 감정》

반바지 무릎이 드러나는 짧은 바지.

반박 (反駁) 남의 주장이나 의견에 반
대하여 말하거나 잘못된 점을 따지는
것. **반박하다** 《영수가 내 말을 반박하
고 나섰다.》

반반 (半半) 똑같이 나눈 두 쪽. 《아이
들 의견이 반반으로 나뉘었다.》

반반하다 1.바닥이 고르고 반듯하다.
《자리를 깔기 전에 땅을 반반하게 골
랐다.》 2.생김새가 곱고 예쁘다. 《내
짝은 얼굴도 반반하고 성격도 좋다.》

반발 (反撥) 남이 하는 일에 반대하고

나서는 것. 《학교를 없애기로 한 것에 주민들 반발이 심합니다.》 **반발하다**

반백 (斑白) 흰 머리카락과 검은 머리카락이 반쯤 섞인 머리.

반별 (班別) 반마다 따로따로 하는 것. 《반별 장기 자랑》

반복 (反復) 같은 일을 거듭해서 하는 것. 비되풀이. **반복하다** 《같은 말 반복하지 말고 요점만 말해.》 **반복되다**

반분하다 둘로 똑같이 나누다.

반비례 (反比例) 한쪽이 많아지면 다른 쪽이 같은 비율로 줄어드는 것. **참**정비례. **반비례하다**

반사 (反射) 1.빛, 소리 같은 것이 물체에 부딪혀서 방향을 바꾸어 나가는 것. 2.어떤 힘을 받았을 때 몸이 저절로 움직이는 것. 《반사 신경》 **반사하다 반사되다** 《아침 햇살이 강물에 반사되어 반짝입니다.》

반사경 (反射鏡) 빛을 반사해서 방향을 바꾸거나 상을 맺게 하는 거울.

반사 망원경 (反射望遠鏡) 밖에서 오는 빛을 반사경으로 모으고 접안렌즈로 확대하여 보는 망원경. 흔히 별을 관찰하는 데 쓴다.

반사판 (反射板) 빛을 반사하여 조명의 밝기를 조절하는 판.

반상회 (班常會) 같은 반에 사는 사람들이 한 달에 한 번 모여서 마을 일을 의논하는 모임.

반색 반가워하는 얼굴. 《외할머니가 반색을 하시면서 나를 맞으셨다.》 **반색하다**

반생 (半生) 한평생의 반. 《그분은 반생을 외국에서 사셨다.》

반석 (盤石) → 너럭바위.

반성 (反省) 잘못한 것이 없는지 돌이켜 보는 것. 또는 잘못을 뉘우치는 것. **반성하다** 《네가 잘못을 인정하고 반성하니까 용서해 줄게.》

반성문 (反省文) 반성하는 내용을 쓴 글. 《지각해서 반성문을 썼다.》

반세기 (半世紀) 한 세기의 반. 오십 년을 이른다. 《우리 겨레가 남북으로 나뉜 지 반세기가 넘었다.》

반소매 팔꿈치쯤까지 오는 짧은 소매. 또는 그런 소매가 달린 옷. **같**반팔.

반송 (返送) 우편물 같은 것을 보낸 곳으로 돌려보내는 것. **반송하다 반송되다** 《주소를 잘못 써서 편지가 반송되었다.》

반수 (半數) 전체의 반에 이르는 수. 《태수는 반수가 넘는 표를 얻어 새 학기에 반장으로 뽑혔다.》

반숙 (半熟) 먹을 것을 반쯤 익힌 것. 《달걀 반숙》 **참**완숙.

반신반의 (半信半疑) 반은 믿고 반은 의심하는 것. **반신반의하다** 《나는 형 말을 반신반의하면서 들었다.》

반신불수 (半身不隨) 몸 한쪽이 마비되어 움직이지 못하는 병.

반액 (半額) → 반값.

반역 (反逆) 나라, 겨레, 왕을 배반하는 것. 《반역을 꾀하다.》 **반역하다**

반역자 (反逆者) 나라, 겨레, 왕을 배반한 사람.

반영 (反映) 어떤 사실이나 내용을 다른 것에 그대로 나타내는 것. **반영하다 반영되다** 《이 동화에는 자연을 사랑하는 작가의 마음이 반영되어 있다.》

반영구적 (半永久的) 아주 오래 쓸 수 있는. 또는 그런 것.

반올림 어림수를 구할 때 구하려는 자리의 한 자리 아래 숫자가 0, 1, 2, 3, 4이면 버리고 5, 6, 7, 8, 9이면 윗자리에 1을 더하는 방법. **반올림하다**

반원 (半圓) 원을 반으로 나눈 한쪽.

반음 (半音) 온음의 반이 되는 음정. **참온음.**

반응 (反應) 1.자극을 받아서 어떤 움직임이 생기는 것.《미선이가 내 편지를 읽고 어떤 반응을 보일지 궁금해.》 2.어떤 물질이 다른 물질을 만나 성질이 바뀌는 것.《화학 반응》 **반응하다**

반일 (反日) 일본을 싫어하는 것. 또는 일본 정부에서 하는 일에 반대하는 것.《반일 시위》

반입 (搬入) 어떤 곳에 물건을 들이는 것. ᵇ반출. **반입하다**《극장 안에 음식물을 반입할 수 없다.》 **반입되다**

반작용 (反作用) 1.힘을 받은 물체가 힘을 미친 물체에 같은 크기로 다시 힘을 미치는 것.《공이 바닥에서 튀어 오르는 것은 반작용 때문이다.》 **참작용.** 2.어떤 사실을 거스르거나 반대하는 움직임.《지나치게 깔끔한 누나에 대한 반작용으로 방을 더 어질렀다.》

반장 (班長) 1.행정 구역인 반을 대표하는 사람.《우리 동네 반장 아주머니 댁에서 반상회가 열린대요.》 2.학교에서 반을 대표하는 학생.《오늘 반장 선거에서 아쉽게 떨어졌어요.》

반전 전쟁 (反戰) 전쟁에 반대하는 것.《반전 평화 운동》

반전 바뀜 (反轉) 일의 형편이 뒤바뀌는 것.《경기가 반전을 거듭해서 어느 편이 이길지 도무지 알 수가 없다.》 **반전하다 반전되다**

반절 (半折) → 절반.

반점 기호 (半點) 문장 안에서 짧게 숨쉴 때 쓰는 문장 부호. ' , '의 이름이다.

반점 얼룩 (斑點) 거죽에 있는 얼룩얼룩한 점.《우리 아기 엉덩이에 푸른 반점이 있어요.》

반주 술 (飯酒) 밥 먹을 때 곁들여서 한두 잔 마시는 술.

반주 음악 (伴奏) 노래나 악기 연주를 도우려고 다른 악기를 연주하는 것.《선생님의 피아노 반주에 맞추어 합창 연습을 했다.》 **반주하다**

반죽 가루에 물을 섞어서 개는 것. 또는 그렇게 갠 것.《밀가루 반죽/찹쌀반죽》 **반죽하다**

반증 (反證) 어떤 주장이 옳지 않다는 것을 반대되는 내용으로 증명하는 것. **반증하다**

반지 (半指) 장식으로 손가락에 끼는 고리. **참가락지.**

반지르르 1.기름기나 물기가 많아 윤이 나고 매끄러운 모양.《막 퍼 놓은 쌀밥에 반지르르 윤기가 돈다.》 2.실속 없이 겉으로만 그럴듯한 모양.《말만 반지르르 떠벌려 놓고 보여 주는 건 하나도 없구나.》 **반지르르하다**

반지름 원이나 구의 중심에서 원둘레나 구면의 한 점에 이르는 선의 길이.

반짇고리 바늘, 실, 골무 같은 바느질 도구를 넣는 그릇.

반질- 거죽이 아주 매끄럽고 윤이 나는 모양. **반질거리다 반질대다 반질반**

질《반질반질한 조약돌》

반짝 눈 1.감았던 눈을 갑자기 크게 뜨는 모양.《딸랑이를 흔들자 아기가 눈을 반짝 떴다.》2.어떤 것을 빠르고 가볍게 들어 올리는 모양.《삼촌이 동생을 반짝 들어 올려서 어깨 위에 앉혔다.》3.갑자기 정신이 들거나 어떤 생각이 떠오르는 모양.《찬바람을 쐬니 정신이 반짝 든다.》 **반짝반짝**

반짝 빛 작은 빛이 잠깐 나타났다가 사라지는 모양. **반짝거리다 반짝대다 반짝이다 반짝하다 반짝반짝**《까만 밤하늘에 반짝반짝 빛나는 별들》

반쪽 둘로 똑같이 나눈 것 가운데 한쪽.《이 빵을 반쪽씩 나누어 먹자.》

반찬 (飯饌) 밥에 곁들여 먹는 먹을거리.《오늘 저녁 반찬은 뭐예요?》 같부식, 찬. **북찔게.**

반찬거리 반찬을 만드는 재료.

반창고 붕대나 거즈를 살갗에 단단히 붙이는 데 쓰는 끈끈한 띠.

반출 (搬出) 어떤 곳에서 물건을 꺼내어 가는 것.《문화재 반출》 반반입. **반출하다 반출되다**

반칙 (反則) 흔히 운동 경기에서 규칙을 어기는 것. 같파울. **반칙하다**《반칙하지 말고 정정당당히 싸우자.》

반투명 (半透明) 속이나 너머에 있는 것이 흐릿하게 비치는 것.《반투명 유리》 **반투명하다**

반팔 → 반소매.

반포 (頒布) 나라에서 하는 중요한 일을 국민한테 널리 알리는 것.《훈민정음 반포》 **반포하다 반포되다**

반포지효 (反哺之孝) 다 자란 자식이

반하

부모의 은혜를 갚고 효도하는 것. 까마귀 새끼가 자라서 늙은 어미한테 먹이를 물어다 주는 효도라는 뜻이다.

반품 (返品) 산 물건을 도로 물려서 되돌려 보내는 것. **반품하다**《물건을 반품하려면 영수증을 가지고 오세요.》 **반품되다**

반하 밭이나 길가에 자라는 풀. 노르스름한 꽃이 꽃대에 모여 달리고, 작은 풀색 열매가 열린다. 덩이줄기를 약으로 쓴다.

반하다 거스르다 1.어떤 사실과 반대가 되다.《큰언니가 꼼꼼한 데 반해서 작은언니는 덜렁거려요.》2.남의 말이나 뜻을 거스르다.《거짓말하는 것은 엄마 기대에 반하는 짓이야.》

반하다 끌리다 어떤 것에 마음이 끌리다.《종수가 장구 치는 모습에 반했어요.》

반항 (反抗) 맞서서 대드는 것. **반항하다**《형은 한때 아버지가 미워서 일부러 반항했다고 합니다.》

반핵 (反核) 핵무기, 원자력 발전소 같은 것에 반대하는 것.

반향 (反響) 1.소리가 어떤 물체에 부딪쳐서 되돌아오는 일. 2.어떤 일에 영향을 받아서 생기는 움직임.《이번 사건은 사회에 큰 반향을 일으켰습니다.》

반환 (返還) 받거나 차지한 것을 돌려주는 것.《입장료 반환》 **반환하다 반환되다**

반환점 (返還點) 마라톤이나 경보 같은 경주에서 방향을 바꾸어 출발한 곳으로 되돌아오는 지점.《우리나라 선수가 가장 먼저 반환점을 돌았습니다.》

받는소리 여럿이 민요를 부를 때 한 사

람이 먼저 부르면 나머지가 뒤따라 부르는 소리. **같**뒷소리.

받다 **용돈** 1.남이 주거나 보낸 것을 자기 것으로 삼다.《동무한테서 생일 선물을 받았어요.》**반**주다. 2.건네거나 던지거나 떨어지는 것을 잡다.《저쪽에 가서 내가 던지는 공을 받아라.》3. 흐르거나 쏟아지는 액체를 그릇, 통 같은 것에 담다.《목욕물 좀 받아 줄래?》4.돈, 물건 같은 것을 거두다.《은행에서 전기 요금도 받는대.》5.남의 말을 듣거나 남의 뜻에 따르다.《이제 질문 받겠습니다.》6.어떤 행동이나 일을 당하다.《그 영화를 보고 온 식구가 감동을 받았다.》7.걸려 오는 전화에 응답하다.《뭘 하느라 그렇게 전화를 안 받니?》8.열, 볕, 바람 같은 기운이 미치다.《곡식은 여름의 따가운 햇볕을 받아야 무럭무럭 자란다.》9.음식이 입맛이나 비위에 맞다.《나한테는 돼지고기가 잘 안 받는 것 같아.》10. 다른 사람 다음에 노래나 소리를 잇다.《선생님이 선창을 하면 너희들이 받아 부르는 거다.》11.색깔이나 모양이 다른 것과 어울리다.《그 옷에는 이 모자가 잘 받을 것 같아.》

받다 **머리로** 어떤 것을 머리나 뿔로 세차게 부딪다.《성난 코뿔소가 뿔로 사자를 받았다.》

–**받다** **붙는 말** 어떤 낱말 뒤에 붙어, 어떤 일을 당하는 것을 나타내는 말.《버림받다/존경받다/칭찬받다》

받들다 1.윗사람을 잘 모시다.《저 할머니는 30년 동안이나 시부모를 받들었다.》2.뜻이나 가르침을 가슴에 새

기고 따르다.《나도 독립투사들의 뜻을 잘 받들어 훌륭한 사람이 되고 싶다.》3.물건의 밑을 잘 받쳐서 들다.《종이 봉지라서 밑이 빠지기 쉬우니 잘 받들어서 가져 가.》**바**받드는, 받들어, 받듭니다.

받아넘기다 자기한테 온 것을 받아서 다른 쪽으로 넘기다.《내 공을 상대편이 못 받아넘기면 1점을 따는 거야.》

받아들이다 1.남이 주는 것을 받아서 자기 것으로 하다.《선물을 받아들이다.》2. 남을 자기 모임이나 조직에 들어오게 한다.《그 애를 우리 모임 회원으로 받아들이는 게 어떨까요?》3.문화, 사상, 제도, 기술 들을 받아서 들여오다.《일본은 우리나라보다 훨씬 먼저 외국 문물을 받아들였다.》4.남의 의견, 요구, 부탁 들을 들어주다.《제안을 받아들이다.》5.어떤 것을 실제로 여기다.《할머니가 돌아가셨다는 사실을 쉽게 받아들일 수 없었다.》

받아먹다 남이 주는 먹을 것을 받아서 먹다.《내가 강냉이를 던지면 누렁이가 냉큼 받아먹어요.》

받아물다 **북** 1.남이 내주는 것을 받다.《옆집 아주머니가 주시는 냄비를 받아물어다가 엄마께 드렸다.》2.지시, 명령 들을 그대로 따르다.《군인은 윗사람의 명령을 받아물어야 한다.》**바**받아무는, 받아물어, 받아뭅니다.

받아쓰기 남이 읽거나 말하는 것을 그대로 받아 적는 것.《받아쓰기 시험》

받아쓰다 남이 읽거나 말하는 것을 그대로 받아 적다.《우리 집 주소를 알려 줄 테니 잘 받아써.》**바**받아쓰는, 받아

써, 받아씁니다.

받아올림 덧셈이나 곱셈에서 어떤 자리 수를 셈한 다음 십이 넘으면 십 자리 수를 앞자리로 올리는 것.

받치다 설움이 설움, 화 같은 감정이 갑자기 거세게 일다. 《설움이 받치다./열이 받치다.》

받치다 지붕이 1. 쓰러지거나 넘어지지 않게 밑을 괴다. 《이 돌은 기둥이 쓰러지지 않게 받쳐 주는 거예요.》 2. 어떤 것을 다른 것 위에 놓거나 겹쳐서 대다. 《쟁반을 두 손에 받쳐 들었다.》 3. 우산이나 양산을 펼쳐 들다. 《햇살이 따가워서 양산을 받쳐 들었다.》

받침 글자를 쓸 때 홀소리 아래에 받쳐 쓰는 닿소리 글자. 《'침'의 받침은 'ㅁ'이다.》

받침대 어떤 물건이 쓰러지거나 움직이지 않게 밑에다 받치는 것.

받침소리 → 끝소리.

받침점 지렛대를 괴는 점. 참작용점, 힘점.

받히다 머리나 뿔 같은 것에 세게 부딪히다. 《늑대가 황소 뿔에 받혀서 바닥에 나동그라졌습니다.》 북받기다.

발 몸 1. 바닥을 딛고 서는 구실을 하는 몸 한 부분. 사람이나 짐승 다리 끝에 달려 있다. 《전철에서 실수로 옆 사람 발을 밟았어요.》 2. 걸음을 이르거나 세는 말. 《한 발만 앞으로 나오렴.》 3. 물건을 밑에서 받치고 있는 짧고 도드라진 부분. 《발이 달린 시계》

발 벗고 나서다 관용 어떤 일에 선뜻 나서다. 《새별이라면 어려운 동무를 돕는 일에 발 벗고 나설 거야.》

발에 차이다 관용 여기저기 흔하다. 《바닷가에 가면 발에 차이는 게 조개껍데기야.》

발을 구르다 관용 몹시 안타까워하거나 안달하다. 《학교에 늦을까 봐 발을 구르면서 버스를 기다렸다.》

발을 끊다 관용 어떤 곳에 오지 않다. 또는 남과 관계를 끊다. 《난 이제 오락실에 발을 끊기로 했어.》

발을 들여놓다 관용 어떤 일을 시작하다. 《바둑 교실에 발을 들여놓은 지 꼭 일년이 됐다.》 비발을 디디다.

발을 빼다 관용 하던 일을 그만두고 물러나다. 《연극 연습이 한창인데 지금 발을 뺀다는 게 말이 되?》

발이 길다 관용 음식을 먹는 자리에 우연히 가게 되어 먹을 복이 있다는 말. 《밥상만 차리면 딱 맞춰 들어오는 걸 보면 미선이는 발이 긴 모양이야.》

발이 넓다 관용 아는 사람이 많다. 《새별이는 발이 넓으니까 생일잔치에 동무들이 많이 올 거야.》

발 없는 말이 천 리 간다 속담 소문은 금방 퍼져 나가므로 말을 조심해서 해야 한다는 말.

발 가리개 문 위나 천장에서 드리워 안을 가리는 물건. 가늘게 쪼갠 대를 엮거나 줄을 여러 가닥 늘어뜨려서 만든다.

발_가리개

발 길이 길이를 나타내는 말. 한 발은 두 팔을 양옆으로 펴서 벌렸을 때 한쪽 손끝에서 다른 쪽 손끝까지 길이이다. 《해가 벌써 한 발이나 솟았다.》

발 개수 (發) 총알, 포탄, 화살 들을 쏜 횟수를 세는 말.

발가락 발에서 갈라져 나간 부분.

발가벗다 알몸이 되게 옷을 다 벗다. 《아이들이 개울에서 발가벗고 물장난을 합니다.》**참**벌거벗다.

발가숭이 옷을 다 벗은 몸. **참**벌거숭이.

발가지다 **ㅣ북** 1. 껍질이 벗겨지거나 껍질 안쪽이 겉으로 드러나다. 《물렁물렁한 홍시는 껍질도 잘 발가진다.》 2. 비밀, 흠 같은 것이 드러나다. 《입 싼 언니 때문에 내가 오줌 싼 것이 발가지고 말았다.》 3. 지나치게 약삭빠르고 버릇없다. 《난 발가진 애들이 싫어.》

발각 (發覺) 숨겨 온 것이 드러나는 것. **발각되다** 《화분 깬 일이 발각되면 할아버지께 매를 맞을지도 몰라.》

발간 (發刊) 책, 신문, 잡지 같은 것을 펴내는 것. **발간하다** 《출판사에서 어린이 잡지를 발간했다.》 **발간되다**

발갛다 밝고 엷게 붉다. 《고추가 발갛게 익어 간다.》 **참**벌겋다, 빨갛다. **바**발간, 발개, 발갛습니다.

발걸음 발을 움직여 걷는 것.

발걸음도 안 하다 **관용** 어떤 곳에 전혀 오지 않다. 《규호가 요즘 왜 우리 집에 발걸음도 안 하지?》

발걸이 1. 책상이나 의자에서 발을 걸칠 수 있게 아래쪽에 가로질러 놓은 부분. 《의자 발걸이에 발을 걸쳤다.》 2. 자전거에서 앞으로 나아가게 발을 걸쳐 구르는 부분. 《빨리 달리려면 발걸이를 더 세게 밟아.》 3. 말을 탈 때 안장에서 발을 놓는 부분. 《기수가 왼발로 발걸이를 밟고 말에 올라탔다.》

발견 (發見) 어떤 것을 알아내거나 찾아내는 것. **참**발명. **발견하다** 《산속에서 길을 잃고 헤매다가 작은 옹달샘을

발견했어.》 **발견되다**

발광 빛 (發光) 빛을 내는 것. 《발광 물체》 **발광하다**

발광 증세 (發狂) 1. 미친 증세가 나타나는 것. 2. 미친 듯이 날뛰는 것. **발광하다**

발광 다이오드 전기가 흐르면 밝게 빛을 내는 장치. 전광판, 전자레인지 같은 전자 제품에서 문자나 숫자를 표시하는 데 쓴다.

발광체 (發光體) 제 스스로 빛을 내는 것.

발구 소나 말에 씌워서 물건을 실어 나르는 데 쓰는 썰매.

발구

발구름판 → 구름판.

발군 (拔群) 여럿 가운데서 두드러지게 뛰어난 것. 《최 선수는 오늘 경기에서 발군의 실력을 보여 주었습니다.》

발굴 (發掘) 1. 땅속에 묻힌 것을 파내는 것. 《유적 발굴》 2. 알려지지 않거나 훌륭한 것을 찾아내는 것. 《인재 발굴》 **발굴하다 발굴되다**

발굽 소, 말, 양 같은 짐승의 두껍고 단단한 발톱. **갈**굽.

발그레 조금 발그스름하게. 《발그레 물든 저녁 하늘》 **발그레하다** 《언니 얼굴이 수줍은 듯 발그레하게 물들었다.》

발그스름하다 조금 발갛다. 《발그스름한 아기 얼굴》

발급 (發給) 증명서 같은 서류를 만들어서 내어 주는 것. 《주민 등록증 발급》 **발급하다 발급되다**

발긋발긋 군데군데 붉은 점이 나타나는 모양. 《동생 얼굴에 두드러기가 발긋발긋 돋아났다.》 **발긋발긋하다**

발기발기 여러 갈래로 마구 찢는 모양. 《영희는 화가 나서 철수가 준 편지를 발기발기 찢어 버렸다.》

발 기술 태권도, 태껸 같은 무예에서 발로 상대를 공격하는 기술.

발길 1.걸어서 나아갈 때의 발.《누가 부르는 소리에 발길을 멈추고 뒤를 돌아보았다.》 2.다리를 뻗어서 걷어차는 발.《동생이 씩씩거리면서 방문을 발길로 걷어차고 나갔다.》

발길이 멀어지다 관용 서로 오가는 것이 뜸해지다.《발길이 멀어지니 마음도 멀어지는 것 같다.》

발길질 발로 걷어차는 짓. **발길질하다**

발깃발깃 북 군데군데 빛깔이 조금 발그스름한 모양. **발깃발깃하다**

발깃하다 북 빛깔이 조금 발그스름하다.《난로 곁에 있던 아이들 얼굴이 모두 발깃하다.》

발꿈치 → 발뒤꿈치.

발끈 갑자기 화를 내는 모양. **발끈하다**《누나는 몸무게 얘기만 꺼내면 발끈한다.》

발끝 발 앞쪽 끝.

발단 (發端) 어떤 일이 일어나게 만든 맨 처음 일.《거짓말이 발단이 되어 싸움이 일어났다.》

발달 (發達) 1.몸이 커지거나 생각하고 느끼는 능력이 좋아지는 것.《신체 발달/정서 발달》 2.문명, 학문, 기술, 산업 들이 더 높은 수준에 이르는 것. 《산업 발달》 3.태풍, 기압 같은 것의 크기나 세력이 커지는 것.《태풍 발달 과정》 **발달하다 발달되다**

발돋움 키를 돋우려고 발끝으로 서는 것. **발돋움하다**《아무리 발돋움해 봐도 손이 닿지 않아.》

발동 (發動) 1.멈추어 있던 것을 움직이게 하는 것.《삼촌이 경운기에 발동을 건다.》 2.어떤 생각이나 마음이 갑자기 드는 것.《호기심 발동》 3.공공 기관에서 권한을 실제로 사용하는 것. 《공권력 발동》 **발동하다 발동되다**

발동기 (發動機) 동력을 일으키는 기계.

발동선 (發動船) 모터를 써서 움직이는 작은 배. 같모터보트.

발동선

발뒤꿈치 발 뒤쪽 끝에 있는 볼록한 곳. 같뒤꿈치, 발꿈치.

발뒤꿈치도 못 따르다 관용 남의 능력에 전혀 못 미치다.《내 그림 솜씨는 새별이 발뒤꿈치도 못 따른다.》

발등 발 윗부분.

발등에 불이 떨어지다 관용 어떤 일을 더는 미루거나 피할 수 없는 때에 이르다. 《우리 오빠는 발등에 불이 떨어진 다음에야 시험공부를 시작해요.》

발등을 찍히다 관용 믿던 사람한테 버림받다.《가장 친하다고 생각한 동무한테 발등을 찍히니 속상하다.》

발딱 1.앉거나 누워 있다가 갑자기 일어나는 모양.《호랑이 할아버지가 오신다고 하자, 이부자리에 있던 아이들이 모두 발딱 일어났다.》 2.갑자기 몸한 부분을 뒤로 젖히거나 반듯하게 자빠지는 모양.《거북이가 발딱 뒤로 젖혀져서 버둥거린다.》 **발딱발딱**

발딱거리다 심장이나 맥박이 자꾸 세게 뛰다. **발딱대다**

발라내다 1.생선에서 뼈나 살을 골라

떼어 내다.《엄마가 생선 가시를 발라 내 주셨다.》 2.과일에서 씨를 빼내다. 《나는 귤처럼 씨를 발라내지 않아도 되는 과일이 좋아.》

발라당 발이나 팔을 활짝 벌리고 맥없 이 뒤로 가볍게 자빠지거나 눕는 모양. 《햇볕이 너무 좋아서 잔디밭에 발라당 드러누웠다.》

발랄하다 표정, 몸짓이 밝고 활기차다. 《우리 식구는 모두 발랄한 편이다.》

발레 (ballet 프) 이야기를 음악에 맞추 어 춤으로 나타내는 서양 무용.

발레리나 (ballerina 이) 발레를 전문 으로 하는 여자.

발렌타인데이 '밸런타인데이'를 잘못 쓴 말.

발령 (發令) 1.관청이나 회사 같은 데 서 일하는 사람한테 어떤 자리나 일을 맡으라고 정해 주는 것.《우리 선생님 이 처음으로 발령을 받으신 학교가 우 리 학교래요.》 2.전쟁이나 재해 같은 큰일을 여러 사람한테 알리는 것.《태 풍 경보 발령》 **발령하다 발령되다**

발로 (發露) 생각, 태도 같은 것이 겉 으로 드러나는 것.《그분이 학교를 세 운 것은 애국심의 발로였다.》

발림 판소리에서 소리꾼이 재미를 더 하려고 하는 몸짓이나 손짓.

발맞추다 여럿이 하는 말이나 행동을 하나가 되게 맞추다.《모두 발맞추어 일을 해야 빨리 끝낼 수 있어.》

발명 (發明) 없던 기술이나 물건을 처 음 만들어 내는 것. **참**발견. **발명하다** 《전화기를 발명한 사람은 에디슨이 아 니라 벨이야.》 **발명되다**

발명가 (發明家) 발명을 많이 한 사람.

발명왕 (發明王) 발명을 아주 많이 한 사람에게 붙여 주는 별명.

발명품 (發明品) 발명한 물건.

발목 다리와 발을 잇는 잘록한 곳.

발목을 잡다 **관용** 어떤 일을 하지 못하게 방해하다.《갑작스런 소나기가 나들이 가려던 우리 식구 발목을 잡았다.》

발목이 묶이다 **관용** 어려운 처지에 놓여 꼼짝 못하다.《태풍 때문에 배들이 발 목이 묶인 채 항구에 머물러 있다.》

발밑 발을 딛는 곳이나 그 언저리.《차 에서 내릴 때는 발밑을 잘 보세요.》

발바닥 발 밑바닥 부분. 서거나 걸을 때 바닥에 닿는 곳을 말한다.

발발 **기다** 몸을 바닥에 대고 기어가는 모양.《죄수가 간수의 눈을 피해 담 밑 으로 발발 기어서 도망쳤다.》

발발 **떨다** 춥거나 겁이 나서 몸을 작게 떠는 모양.《쥐가 고양이 앞에서 발발 떨었습니다.》

발발 **일어남** (勃發) 전쟁 같은 큰일이 일어나는 것. **발발하다**《1950년에 육 이오 전쟁이 발발했다.》

발버둥 1.주저앉거나 누워서 두 다리 를 번갈아 뻗어 가면서 몸부림치는 일. 《동생이 떼쓰고 울면서 발버둥 치고 있어요.》 2.어떤 일을 이루려고 몹시 애쓰는 것.《아무리 발버둥을 쳐도 수 학 점수가 오르지 않아서 속상해요.》

발버둥질 발버둥을 치는 짓. **발버둥질 하다**

발볍발볍 Ⅰ**북** 1.한 걸음 한 걸음 조심스 럽게 걸어가는 모양.《누나 뒤로 발볍 발볍 다가갔다.》 2.어둠, 연기, 안개 들이 살그머니 밀려드는 모양.《해가 지고 발밤발밤 어둠이 찾아왔다.》3. 철이 천천히 바뀌는 것을 빗대어 이르는 말.《봄이 발밤발밤 다가온다.》

발병 발 발에 생기는 병.

발병 병 (發病) 병이 생기는 것.《전염병 발병》**발병하다**

발본색원 (拔本塞源) 나쁜 일의 원인을 찾아서 없애는 것. **발본색원하다**《이번 기회에 공무원들의 비리를 발본색원해야 한다.》

발부리 발의 뾰족한 앞 끝.

발붙이다 1. 일하거나 살아갈 터전으로 삼다.《아버지가 서울에 처음 오셨을 때는 발붙일 곳이 없었대요.》2. 어떤 곳에 가까스로 들어서다.《사람이 하도 많아서 발붙일 데가 없네.》

발뺌 어떤 일을 책임지지 않으려고 피하는 것.《진이가 자기는 모르는 일이라고 발뺌만 하더라.》**발뺌하다**

발사 (發射) 총, 대포, 화살 같은 것을 쏘는 것. **발사하다**《우주선을 발사하다.》**발사되다**

발사대 (發射臺) 로켓이나 우주선 들의 몸체를 받쳐서 발사를 돕는 장치.

발산 (發散) 1. 열, 빛, 냄새 들을 퍼지게 하는 것. 2. 어떤 느낌을 겉으로 드러내는 것. **발산하다**《열을 발산하다./네 감정을 맘껏 발산해 봐.》**발산되다**

발상 (發想) 어떤 생각을 떠올리는 것.《성환이는 기발한 발상을 잘한다.》

발상지 (發祥地) 문명이나 종교 같은 것이 생겨난 곳.《불교의 발상지는 인도입니다.》

발생 (發生) 일이나 사물이 생기는 것.

《사건 발생》**발생하다**《손바닥을 비비면 열이 발생한다.》**발생되다**

발생기 (發生機) 기체를 만드는 기계.《산소 발생기》

발생량 (發生量) 일이나 사물이 생기는 양.《교통사고 발생량》

발생률 (發生率) 일이나 사물이 생기는 비율.《사고 발생률》

발성 (發聲) 목소리를 내는 것.《음악 시간에 발성 연습을 했다.》

발소리 걸을 때 발과 바닥이 닿는 소리.《발소리도 없이 언제 왔니?》

발송 (發送) 물건이나 서류 같은 것을 우편으로 보내는 것.《우편물 발송》

발송하다《닷새 전에 발송했다는 초대장이 아직도 안 왔다.》**발송되다**

발신 (發信) 편지, 신호, 소식 들을 보내는 것. 비송신. **발신하다**

발신기 (發信機) 신호나 전파를 보내는 기계.

발신인 (發信人) 편지, 전보, 신호, 소식 들을 보내는 사람.《편지 봉투 윗부분에 발신인의 주소와 이름을 쓰세요.》

발아 (發芽) 씨앗에서 싹이 트는 것.《올해는 날씨가 추워서인지 발아 시기가 늦다.》**발아하다**

발악 (發惡) 마구 악을 쓰면서 날뛰는 것. **발악하다**

발암 (發癌) 암을 일으키는 것.《담배에는 발암 물질이 들어 있대요.》

발야구 규칙은 야구와 비슷하지만 공을 방망이로 치는 대신 발로 차는 경기.

발언 (發言) 여러 사람 앞에서 의견을 말하는 것. **발언하다**

발언권 (發言權) 회의 같은 데서 발언

할 권리.《의견을 말하고 싶은 분은 먼저 발언권을 얻으세요.》

발열 (發熱) 1.물체가 열을 내는 것. 2. 몸에서 열이 나는 것. **발열하다**

발우 → 바리때.

발원 (發源) 1.강물이 생겨나서 흐르기 시작하는 것. 2.일이나 사물이 처음으로 생겨나는 것. **발원하다**

발육 (發育) 몸이 자라는 것.《신체 발육》**발육하다**

발음 (發音) 말소리를 내는 것. **발음하다**《'폐회' 같은 낱말은 정확히 발음하기가 무척 어려워.》**발음되다**

발음 기관 (發音器官) 소리를 내는 기관. 사람에게는 목청, 목젖, 혀, 이, 잇몸 같은 것이 있다.

발자국 1.발로 밟은 자리에 남은 자국.《눈 위에 발자국이 남아 있다.》2.발을 한 번 떼어서 놓는 걸음을 세는 말.《한 발자국 뒤로 물러서.》같발짝.

발자취 1.사람이나 짐승이 지나다닌 흔적.《사람의 발자취라곤 전혀 없는 깊은 숲 속》2.살아온 흔적을 빗대어 이르는 말.《우리 겨레의 발자취》

발작 (發作) 어떤 병의 증세가 갑자기 심하게 일어나는 것. **발작하다**

발장구 헤엄칠 때 두 발을 번갈아 올렸다 내렸다 하면서 물을 차는 짓.《동생은 얕은 냇물에서 발장구만 친다.》

발전 나아짐 (發展) 1.전보다 나아지는 것.《나라 발전/경제 발전》2.일이 커지거나 복잡해지는 것. **발전하다**《단순한 거짓말이 이렇게 큰일로 발전할 줄은 몰랐어.》**발전되다**

발전 전기 (發電) 물, 열, 바람 같은 것의 힘으로 전기를 일으키는 것.《화력 발전/수력 발전/원자력 발전》

발전기 (發電機) 수력, 화력 같은 것을 써서 전기를 일으키는 기계.

발전상 (發展相) 이전보다 더 낫고 좋아진 모습.《유전 정보 연구의 발전상》

발전소 (發電所) 물, 열, 바람 같은 것의 힘으로 전기를 일으키는 곳《수력 발전소/화력 발전소/원자력 발전소》

발족 (發足) 어떤 모임을 새로 만들어서 일을 시작하는 것.《독서 모임 발족》**발족하다 발족되다**

발진 (發疹) 열이 많이 나서 살갗에 좁쌀 같은 것이 돋는 것. 북꽃돋이.

발진 티푸스 이가 옮기는 전염병. 열이 나고 온몸에 발진이 생긴다.

발짓 발을 놀리는 짓《종이에 적힌 낱말을 손짓 발짓으로 설명해 보자.》

발짝 → 발자국.

발차 (發車) 기차, 전철, 버스 같은 것이 떠나는 것. **발차하다**《이 기차는 십분 후에 발차합니다.》

발채 곡식이나 두엄 같은 것을 나르려고 싸릿대나 대오리를 촘촘하게 엮어 만든 농기구. 흔히 지게에 얹고 다닌다. 같바소구리, 바소쿠리.

발채

발췌 (拔萃) 책, 글에서 중요하거나 필요한 부분만 뽑아내는 것. **발췌하다**《〔몽실 언니〕에서 발췌한 이야기를 동무들에게 들려주었다.》**발췌되다**

발치 누울 때 발이 놓이는 쪽.《바둑이가 내 발치에서 자고 있다.》

발칵 1.갑자기 화를 내는 모양.《짝꿍이 내 말을 듣더니 발칵 성을 냈다.》2. 갑자기 뜻하지 않은 일이 일어나서 떠

산양 발자국

표범 발자국

앞발 뒷발
쥐 발자국

노루 발자국

호랑이 발자국

살쾡이 발자국

발자국

멧돼지 발자국

너구리 발자국

앞발   뒷발

족제비 발자국

여우 발자국

스라소니 발자국

누구 발자국일까요? 갯벌 모래톱이나 진흙 바닥에는 새 발자국이 찍혀 있어요. 새마다 발자국 모양이 달라요. 눈이 많이 내린 날 산에 가면 짐승 발자국을 볼 수 있어요. 짐승들도 저마다 발자국이 달라요. 발자국은 화석으로도 남아 있어요. 화석으로 굳은 발자국을 보고 우리는 그 짐승이 두 발로 걸었는지 네발로 걸었는지 알 수 있어요. 몸 크기도 알 수 있어요. 이처럼 발자국은 언제 어디에 어떤 동물이 살았는지, 어디에 어떤 동물이 살고 있는지를 알려 주지요. 우리나라에는 산짐승이 많이 살았어요. 사냥꾼들은 발자국을 보고 짐승들이 다니는 길을 알았어요. 그리고 거기에 덫을 놓아 짐승을 사로잡기도 했대요.

늑대 발자국

고라니 발자국

앞발   뒷발

다람쥐 발자국

앞발   뒷발

반달가슴곰 발자국

앞발   뒷발

땃쥐 발자국

노랑턱멧새 발자국

들썩한 모양.《동생이 밤늦도록 돌아오지 않아 집안이 발칵 뒤집혔다.》 3. 갑자기 문을 열거나 문이 열리는 모양.《오빠가 욕실 문을 발칵 여는 바람에 얼마나 놀랐는지 몰라.》

발칸 반도 유럽 남동쪽에 있는 반도. 산이 많고, 그리스, 불가리아, 루마니아 같은 나라가 있다.

발코니 (balcony) 이 층이 넘는 집 벽에 밖으로 쑥 내밀게 만들어 난간을 세운 곳.

발탁 (拔擢) 큰일을 맡길 사람을 여럿 가운데서 뽑는 것. **발탁하다**《인재를 발탁하다.》 **발탁되다**

발톱 발가락 끝에 있는 단단한 부분.

발트 해 유럽과 스칸디나비아 반도 사이에 있는 바다.

발파 (發破) 폭약을 터뜨려서 바위나 건물 같은 것을 부수는 것. **발파하다**《낡은 아파트를 발파했다.》

발판 1. 어떤 곳을 지나거나 오르내릴 때 디디기 좋게 바닥에 깔아 놓은 것.《버스 발판을 오르내릴 때는 미끄러지지 않게 조심해.》 2. 키를 높이려고 밑에 놓고 올라서는 것.《선반 위의 상자를 꺼내려면 발판이 필요해.》 3. 어떤 목적을 이루는 데 필요한 수단이나 바탕.《우리 선수가 한 골을 넣어 역전의 발판을 마련했다.》 4. 체조, 육상, 수영 들에서 뛰어나가거나 뛰어오르는 동작에 필요한 힘을 얻으려고 밟는 도구.《발판을 힘차게 굴러서 뜀틀을 뛰어넘었다.》 5. 자전거, 재봉틀, 악기 들에서 발로 밟아 움직이거나 소리를 나게 하는 부분.《자전거 발판》

발포 (發砲) 총이나 대포를 쏘는 것. **발포하다**

발표 (發表) 어떤 일이나 생각 들을 여러 사람에게 널리 알리는 것. **비**공표. **발표하다**《의견을 발표하실 분은 손을 들어 주십시오.》 **발표되다**

발표회 (發表會) 예술 작품이나 연구 결과 같은 것을 발표하는 모임.

발하다 빛, 기운, 느낌 들을 내보내다.《전구가 빛을 발합니다.》

발해 (渤海) 699년에 대조영이 한반도 북부와 만주 지방에 세운 나라. 926년 요나라에 망하였다.

발행 (發行) 1. 책, 신문, 잡지 같은 인쇄물을 펴내는 것.《잡지 발행》 2. 돈, 증명서, 증권 들을 찍어 내는 것.《화폐 발행》 **발행하다 발행되다**

발행인 (發行人) → 펴낸이.

발현 (發現) 능력, 성질, 느낌 들을 드러내는 것. 또는 능력, 성질, 느낌 들이 드러나는 것. **발현하다 발현되다**

발화 불 (發火) 불이 나는 것.《발화 원인》 **발화하다 발화되다**

발화 말 (發話) 소리 내어 말하는 것.

발화점 (發火點) 1. 화재가 났을 때 맨처음 불이 난 자리. 2. 어떤 물질이 불이 붙어 타기 시작하는 온도.

발효 썩음 (醱酵) 김치, 된장, 술 같은 것이 맛이 들게 익는 것.《발효 식품》 **발효하다 발효되다**

발효 시작 (發效) 법률, 조약 같은 것이 실제로 쓰이기 시작하는 것. **발효하다 발효되다**

발휘 (發揮) 재능, 실력, 마음가짐 같은 것을 마음껏 드러내는 것.《다음 시

험에선 꼭 실력 발휘를 해 보이겠어.》

발휘하다 발휘되다

밝기 빛이나 색깔이 밝은 정도.

밝다 1.어둡지 않고 환하다.《한 줄기 밝은 빛》 반어둡다. 2.날이 새서 아침이 되다.《날이 밝는 대로 할머니 댁에 가자.》 3.색깔이 옅다.《밝은 색 치마》 반어둡다. 4.보거나 듣는 능력이 뛰어나다.《개와 고양이는 귀가 사람보다 훨씬 밝다.》 반어둡다. 5.표정, 성격, 분위기 들이 명랑하다.《밝게 웃는 꼬마들》 반어둡다. 6.어떤 것을 잘 알다.《그 마을 지리에 밝은 사람이 길잡이로 나섰다.》 반어둡다. 7.생각이나 태도가 바르다.《선생님은 사리가 밝은 아이를 좋아하신다.》 8.어떤 일이나 앞날에 희망이 있다.《우리나라의 미래는 밝다.》

밝히다 1.어두운 곳을 밝게 하다.《옛날에는 등잔불로 어둠을 밝혔다고 한다.》 2.불이나 전등을 켜다.《손전등을 밝히고 지하실로 들어갔다.》 3.일의 옳고 그름이나 알려지지 않은 사실을 드러내다.《그 사람이 범인이 아니라는 사실을 밝혀 낸 사람은 형사가 아니라 기자였다.》 4.어떤 것을 지나치게 좋아하다.《제 동생은 단 음식을 밝혀서 큰일이에요.》

밟다 1.발을 올려 누르거나 디디다.《잔디를 밟지 마세요.》 2.정해진 차례나 과정을 거치다.《삼촌은 박사 과정을 밟고 있다.》 3.남의 뒤를 몰래 쫓아가다.《형사들은 용의자의 뒤를 밟았다.》 4.어떤 곳에 다다르다.《그 할아버지는 30년이 지난 뒤에야 조국 땅을 밟을 수 있었다.》

밟히다 남의 발밑에 깔리다.《가랑잎 밟히는 소리가 듣기 좋아요.》

밤 때 해가 져서 어두운 때.《낮과 밤/밤에 늦게까지 밖에서 놀면 어머니께서 걱정하세요.》 반낮.

밤 열매 밤나무 열매. 가시가 많이 난 송이에 두세 알씩 들어 있고, 갈색 겉껍질과 얇은 속껍질 안에 흰 속살이 있다.

밤_열매

밤거리 밤이 된 거리.

밤게 바닷가나 강어귀에 사는 게. 등딱지는 거무스름한 풀색이나 밤색이다. 다른 게와 달리 앞으로 걷는다.

밤게

밤공기 밤에 느껴지는 공기.《이제 제법 밤공기가 싸늘하구나.》

밤길 밤에 다니는 길.

밤나무 낮은 산에 절로 자라거나 열매를 먹으려고 심어 가꾸는 잎지는나무. 초여름에 가늘고 긴 흰 꽃이 피고, 가시 송이에 싸인 열매가 열린다. 나무는 건물을 짓는 데 쓴다.

밤나무

밤낮 1.밤과 낮.《삼촌은 밤낮을 바꿔서 살아요.》 같주야. 2.→ 밤낮없이.

밤낮없이 밤이나 낮이나 늘.《아버지는 밤낮없이 일만 하신다.》 같밤낮.

밤내 북 밤 동안 줄곧.《밤내 눈이 내려 세상이 온통 하얗게 바뀌었다.》

밤눈 어두운 밤에 앞을 볼 수 있는 시력.《할아버지는 밤눈이 어두우시다.》

밤늦다 밤이 깊다.《밤늦은 시간에 웬일로 전화했니?》

밤바구미 밤나무에 사는 바구미. 밤색 몸통에 얼룩무늬가 있고, 주둥이가 가늘고 길다. 애벌레는 밤을 파먹는 해충이다.

밤바구미

밤바다 밤이 된 바다. 또는 밤에 보는 바다.

밤사이 밤이 지나는 동안. **준**밤새.

밤새 → 밤사이. 《밤새 안녕히 주무셨어요?》

밤새껏 밤이 지나는 동안 꼬박. 《동무들과 밤새껏 이야기꽃을 피웠다.》

밤새다 밤이 지나 날이 새다. 《밤새도록 만화책을 볼 수 있으면 좋겠다.》

밤새도록 울다가 누가 죽었느냐고 묻는다 **속담** 초상집에서 밤새 슬프게 울다가 누가 죽었느냐고 묻는다는 뜻으로, 일을 하면서도 일하는 목적이나 까닭을 모른다는 말.

밤새우다 자지 않고 밤을 보내다. 《또 책 읽느라 밤새운 거야?》

밤색 잘 익은 밤의 겉껍질과 같은 빛깔.

밤송이 밤알을 싸고 있으면서 뾰족한 가시들이 돋친 두꺼운 겉껍데기.

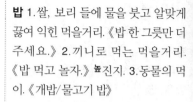
밤송이

밥그릇

밤우리 밤이나 도토리 같은 것을 썩지 않게 두는 곳. 삼 줄기를 칡으로 엮어서 둘러 세우고 밀짚 덮개를 씌운다.

밤이슬 밤사이에 맺히는 이슬.

밤잠 밤에 자는 잠. 《천둥소리에 밤잠을 설쳤어요.》 **반**낮잠.

밤중 밤이 깊은 때. 《귀신 이야기는 밤중에 들어야 더 무서워.》

밤차 밤에 다니는 버스나 열차. 《삼촌은 밤차를 타고 여행을 갔다.》

밤참 저녁밥을 먹고도 밤중에 또 먹는 먹을거리. 《출출한데 밤참으로 군고구마 먹을까?》

밤톨 밤의 낱알.

밤하늘 밤에 보는 하늘. 《밤하늘에 별빛이 반짝거려요.》

밥 1.쌀, 보리 들에 물을 붓고 알맞게 끓여 익힌 먹을거리.《밥 한 그릇만 더 주세요.》 2.끼니로 먹는 먹을거리. 《밥 먹고 놀자.》 **높**진지. 3.동물의 먹이. 《개밥/물고기 밥》

밥 먹듯 하다 **관용** 어떤 짓을 자주 하다. 《무슨 애가 거짓말을 밥 먹듯 하니?》

밥을 주다 **관용** 시계 같은 기계가 움직이게 태엽을 감아 주다.《밥을 주지 않아 시계 바늘이 멈춰 섰다.》

밥 먹을 때는 개도 안 때린다 **속담** 잘못을 저질렀더라도 밥 먹을 때는 야단치거나 때리지 말라는 말.

밥 안 먹어도 배가 부르다 **속담** 좋은 일이 있어서 아주 기쁘다는 말.

밥이 약보다 낫다 **속담** 밥만큼 몸에 좋은 것은 없다는 말.

밥그릇 밥을 담는 그릇.

밥맛 1.밥에서 나는 맛. 《오늘 밥맛이 참 좋네.》 2.밥을 먹고 싶은 마음. 《빵을 먹었더니 밥맛이 별로 없어요.》

밥물 밥을 지을 때 쌀에 붓는 물. 《밥물이 많았는지 밥이 질게 되었어요.》

밥바리 |**북** 1.뚜껑이 있고 불룩하게 생긴 놋쇠 밥그릇. 2.밥을 담는 그릇이나 사발을 두루 이르는 말. 《할머니께서 내 밥바리에 밥을 가득 담아 주셨다.》

밥벌이 먹고살려고 돈을 버는 일. 《형은 편찮으신 아버지를 대신해서 밥벌이에 나섰습니다.》 **밥벌이하다**

밥상

밥상 밥과 반찬을 차려 놓는 상. 《엄마를 도와 밥상을 차렸다.》

밥상머리 차려 놓은 밥상 곁. 《오빠는 밥상머리에 앉아서도 책을 봐요.》

밥상보

밥상보 차려 놓은 밥상을 덮어 두는 보

자기.

밥솥 밥 짓는 솥.

밥술 밥 먹는 데 쓰는 숟가락.《동생은 밥술을 놓자마자 축구를 하러 나갔다.》 **밥술이나 먹다** 관용 집안 형편이 꽤 넉넉하다.《우리 할머니는 밥술이나 먹는 집에 시집을 가셨대요.》

밥알 밥 알갱이.《밥알 하나까지 남김 없이 먹어.》 같밥풀. **밥알을 세다** 관용 먹기 싫어서 느릿느릿 먹다.《언니가 입맛이 없다면서 밥알을 세고 있다.》

밥통 1.밥을 담아 두는 통.《전기 밥통/보온 밥통》 2.소화 기관인 '위'를 낮추어 이르는 말.《밥통이 꽉 차서 더 못 먹겠다.》 3.밥만 축내고 할 일을 제대로 못하는 사람을 낮추어 이르는 말.《이 밥통아, 그런 쉬운 일도 못하니?》

밥투정 밥맛이 없다거나 밥 먹기가 싫다거나 하면서 불평하는 짓. **밥투정하다**《동생이 밥투정하다가 할아버지께 혼났다.》

밥풀 1.밥알을 이겨서 풀처럼 쓰는 것.《밥풀로 봉투를 붙이자.》 2.→ 밥알.《네 얼굴에 밥풀 묻었어.》

밧줄 가는 줄을 여러 가닥 꼬아서 만든 굵은 줄. 북바줄.

방 집 (房) 사람이 들어가 지내려고 집이나 건물 안에 벽으로 막아서 만든 칸.《나는 언니랑 방을 같이 써.》

방 총 (放) 1.총이나 대포를 쏘는 횟수를 세는 말. 2.주먹이나 방망이로 치는 횟수를 세는 말.《주먹 한 방》

방 글 (榜) 옛날에 어떤 일을 널리 알리려고 사람이 많이 모이는 곳에 써 붙이

방가지똥

방게

밥통

던 글.

방가지똥 양지바른 길가나 빈터에 자라는 풀. 줄기를 꺾으면 하얀 즙이 나온다. 6~7월에 노란 꽃이 피고 나면 흰 털이 달린 씨가 바람에 날려 퍼진다. 북방가지풀.

방게 바닷가에 가까운 민물에 사는 게. 등딱지는 네모나고 우툴두툴한데 검푸른 빛이 난다. 북물풍뎅이.

방고래 온돌방에서 불기운과 연기가 지나게 구들장 밑에 내는 길.

방공호 (防空壕) 적이 쏘는 대포나 미사일 같은 것을 피하려고 땅속에 판 굴. 북방공굴.

방과 (放課) 학교에서 하루 공부를 모두 마치는 것.《방과 후에 동무들과 뒷산에 놀러갔습니다.》

방관 (傍觀) 어떤 일에 나서지 않고 곁에서 보기만 하는 것.《동무가 다쳤는데 옆에서 방관만 하고 있으면 어떡하니?》 **방관하다**

방광 (膀胱) → 오줌통.

방구멍 연 한가운데에 난 둥근 구멍.

방구석 1.방의 구석.《방구석에 놓인 쓰레기통에 휴지를 버렸다.》 2.'방'이나 '방 안'을 낮추어 이르는 말.《하루 종일 방구석에 처박혀서 뭐 하니?》

방귀 배 속에서 똥구멍을 거쳐 밖으로 나오는 기체.《아유, 냄새. 누가 방귀 뀌었어?》

방귀쟁이 방귀를 자주 뀌는 사람을 놀리는 말.

방그레 입을 예쁘게 조금 벌리고 소리 없이 보드랍게 웃는 모양.

방글- 입을 조금 벌리고 소리 없이 귀

엽게 웃는 모양. **방글거리다 방글대다**
방글방글《아기가 내 얼굴을 보고 방
글방글 웃는다.》

방금 바로 조금 전에.《방금 누나 찾는
전화가 왔어.》 비금방.

방긋 입을 예쁘게 벌리고 소리 없이 웃
는 모양. **방긋거리다 방긋대다 방긋하
다 방긋방긋**《지영이는 방긋방긋 웃는
얼굴이 참 예쁘구나.》

방년 (芳年) 스무 살쯤 된 여자 나이를
'꽃처럼 아름다운 나이'에 빗대어 이
르는 말.《언니는 방년 18세예요.》

방대하다 아주 크거나 많다.《방대한
계획/방대한 양》

방도 (方道) 어떤 문제를 풀어 나갈 방
법.《그 애를 도울 방도가 없을까?》

방독면 (防毒面) 해로운 연기나 가스
를 들이마시지 않으려고 얼굴에 쓰는
기구.

방동사니 밭둑이나 강가에 자라는 풀.
잎은 뿌리에서 나오고 8~9월에 꽃이
핀다. 잎과 꽃줄기를 약으로 쓴다.

방랑 (放浪) 갈 곳을 정하지 않고 이리
저리 떠돌아다니는 것. **참**유랑. **방랑하
다**《김삿갓은 전국을 방랑하면서 시를
지었다.》

방류 (放流) 1.가두어 둔 물을 흘려보
내는 것. 2.크게 자라게 하려고 어린
물고기를 물에 놓아 주는 것. **방류하다**
《한강에 더러운 물을 방류한 사람을
붙잡았다./저수지에 어린 물고기들을
방류했다.》 **방류되다**

방망이 치거나 두드리는 데 쓰는 길고
둥그스름한 막대기.《빨랫방망이》

방망이질 1.방망이로 치거나 두드리는

방동사니

것. 2.놀라거나 무서워서 가슴이 두근
두근 뛰는 것을 빗대어 이르는 말.《성
적표를 받을 때면 가슴이 방망이질 칩
니다.》 **방망이질하다**

방면 쪽 (方面) 1.어떤 곳이 있는 쪽.
《다음 정거장에서 서울역 방면으로 가
는 버스로 갈아타자.》 2.어떤 분야.
《민이는 미술 방면에 소질이 있어.》

방면 놓아줌 (放免) 가두었던 사람을 풀
어 주는 것. **방면하다**

방목 (放牧) 소, 말 같은 집짐승을 풀
밭에 풀어 놓고 기르는 것. **방목하다**

방목지 (放牧地) 소, 말 같은 집짐승
을 방목하는 곳.

방문 방 (房門) 방을 드나드는 문.《나
갈 때 방문 좀 닫아 줄래?》

방문 만남 (訪問) 어떤 곳이나 사람을
찾아가는 것. **방문하다**《우리 학교를
방문해 주셔서 고맙습니다.》

방문단 (訪問團) 어떤 곳을 방문하는
사람들의 무리.《고향 방문단》

방바닥 방의 바닥.

방방곡곡 (坊坊曲曲) 나라 안의 모든
곳.《김정호는 지도를 그리려고 조선
팔도 방방곡곡을 돌아다녔다.》

방범 (防犯) 범죄가 일어나지 않게 미
리 살피고 막는 것.

방범대 (防犯隊) 어떤 지역에 범죄가
일어나지 않게 살피려고 만든 단체.

방범대원 (防犯隊員) 방범대에 든 사
람.

방법 (方法) 어떤 일을 해 나가는 수단
이나 방식.《내 동생 버릇을 단단히 고
칠 방법이 없을까?》

방부제 (防腐劑) 음식이 썩지 않게 하

는 약. **북썩음막이약**.

방불하다 '방불케 하다' 꼴로 써서, 어떤 것과 비슷하다. 《전쟁터를 방불케 하는 사고 현장》

방비 (防備) 공격, 재해 들을 막으려고 미리 준비하는 것. 《방비가 허술한 틈을 타 도둑이 들었다.》 **방비하다**

방사능 (放射能) 라듐, 우라늄 같은 물질이 스스로 무너지거나 깨지면서 방사선을 내뿜는 일.

방사선 (放射線) 라듐, 우라늄 같은 물질이 스스로 무너지거나 깨져서 다른 물질로 바뀔 때 내뿜는 전자파. 의학이나 과학 연구에 널리 쓴다.

방사성 (放射性) 물질이 지닌 방사능 성질.

방상시탈 궁중 행사나 장례 때 귀신을 쫓는 사람이 쓰던 탈. 중요 민속자료 제16호.

방상시탈

방생 (放生) 불교에서 잡은 짐승을 놓아 주는 일. **방생하다** 《부처님 오신 날 저수지에 가서 거북이를 방생했다.》

방석 바닥에 앉을 때 엉덩이 밑에 까는 물건.

방세 (房貰) 남의 집 방을 빌려 쓰는 값으로 내는 돈. 《방세를 내다.》

방송 (放送) 텔레비전이나 라디오로 그림과 소리를 보내서 여러 사람이 보고 들을 수 있게 하는 것. **방송하다** 《오늘 저녁 여섯 시에 어린이 명작 만화를 방송한대요.》 **방송되다**

방송국 (放送局) 여러 시설을 갖추고 방송을 내보내는 곳. 《텔레비전 방송국/라디오 방송국》

방송극 (放送劇) 라디오나 텔레비전

에서 방송하는 극.

방송사 (放送社) 방송국을 운영하는 회사.

방송 위성 (放送衛星) 집으로 직접 방송 전파를 보내는 인공위성.

방수 (防水) 물이 스며들거나 새지 못하게 막는 일. 《이 시계는 방수가 잘돼서 물에 넣어도 괜찮아.》

방수복 (防水服) 물이 스며드는 것을 막는 옷.

방식 (方式) 어떤 일을 해 나가는 태도나 수단. 《생활 방식》

방실- 입을 살짝 벌리고 소리 없이 부드럽게 웃는 모양. **방실거리다 방실대다 방실방실** 《꽃다발을 받고 좋아서 방실방실 웃었어요.》

방심 (放心) 아무 걱정 없이 마음을 놓는 것. **방심하다** 《덩치가 작다고 방심했다가 그만 씨름에서 졌어요.》

방싯 입을 예쁘게 벌리고 소리 없이 가볍게 웃는 모양. **방싯거리다 방싯대다 방싯하다 방싯방싯** 《동생은 말은 못하지만 방싯방싯 웃기는 잘해요.》

방아 곡식을 찧거나 빻는 데 쓰는 기구.

방아깨비 논밭이나 풀밭에 사는 곤충. 몸빛은 초록색이나 갈색이다. 뒷다리가 길어서 다리 끝을 잡으면 방아를 찧듯이 몸을 끄덕거린다. **북방아메뚜기**.

방아깨비

방아쇠 총에서 총알이 나가게 하는 장치. 《방아쇠를 당기다.》

방아타령 서도 민요 가운데 하나. 방아를 찧을 때 부르던 노래이다.

방안 (方案) 어떤 일을 해 나가는 방법이나 계획. 《이 문제를 해결할 방안이 있니?》

방앗간 1. 옛날에 방아로 곡식을 찧거나 빻던 곳. 2. 기계로 떡을 빼거나 곡식을 빻아 주는 가게. 비정미소.

방어 (防禦) 공격을 막는 것. 《지금은 우리 편이 앞서고 있으니까 방어가 중요해.》 반공격. **방어하다**

방언 (方言) → 사투리.

방역 (防疫) 돌림병이 생기거나 퍼지지 못하게 미리 막는 것. **방역하다**

방열기 (放熱器) 뜨거운 수증기나 물에서 열을 내보내 공기를 덥히는 기구. 북덥히개.

방열복 (防熱服) 열이나 불길을 막아 주는 옷.

방영 (放映) 텔레비전으로 방송하는 것. **방영하다 방영되다**

방울 물방울 작고 둥근 액체 덩어리. 또는 그것을 세는 말. 《비가 몇 방울씩 떨어지기 시작했다.》

방울 장난감 얇은 쇠붙이로 작고 둥글게 만든 물건. 속에 단단한 것이 들어 있어서 흔들면 소리가 난다. 《아기가 방울 달린 장난감을 흔들 때마다 딸랑딸랑 소리가 납니다.》

방울꽃 그늘지고 축축한 땅에 자라는 풀. 잎은 넓은 달걀꼴이고 양면에 털이 있다. 9월에 옅은 자주색 꽃이 핀다.

방울방울 방울 여러 개가 맺히거나 떨어지는 모양. 《풀잎마다 이슬이 방울방울 맺혀 있다.》

방울새 낮은 산이나 시골 마을에 사는 텃새. 몸 빛깔은 녹색을 띤 갈색이다. 울음소리가 아주 고운데, 다른 새 울음소리도 흉내 낸다.

방울새

방울진 풍물놀이에서 상쇠를 따라 한

줄로 죽 서서 나사 모양으로 돌아 들어 가거나 거꾸로 풀어 나오는 것.

방위 방향 (方位) 동서남북을 기준으로 정한 방향. 《나침반은 방위를 알아내는 데 쓰는 도구이다.》

방위 지킴 (防衛) 적의 공격을 막아 나라나 땅을 지키는 것. 《국토방위》 **방위하다**

방위표 (方位表) 지도에서 동서남북을 나타내는 표.

방음 (防音) 소리가 새지 못하게 막는 것. 《방음 시설》 **방음하다**

방음벽 (防音壁) 흔히 찻길, 공사장 가장자리에 방음을 하려고 세우는 벽.

방임 (放任) 일이나 행동 들을 제멋대로 하게 내버려 두는 것. **방임하다**

방자 (房子) 조선 시대에 지방 관청에서 심부름하던 남자 하인.

방자하다 하는 짓이 버릇없다. 《어른께 꼬박꼬박 말대답을 하다니 방자하구나.》

방적 (紡績) 솜, 고치, 털 들에서 실을 뽑는 일. 《방적 공장》 참방직.

방전 (放電) 전지처럼 전기를 띤 물체에서 전기가 빠져 나가는 것. 반충전. **방전되다** 《방전된 충전지》

방정 호들갑스럽게 까부는 짓. 《단비는 송충이를 보고 펄쩍펄쩍 뛰면서 방정을 떨었다.》

방정맞다 방정 떠는 느낌이 있다. 《한영이는 참 방정맞게 웃더라.》

방정식 (方程式) '2+x=5'처럼 모르는 값이 들어 있는 등식. 특정한 값을 넣어야만 등식이 이루어진다.

방정하다 말과 행동이 바르고 점잖다.

581

《품행이 방정한 사람》

방제 (防除) 병균, 벌레 들이 논밭에 해를 입히지 못하게 막는 것.《병충해 방제 작업》**방제하다**

방조 (幇助) 남이 나쁜 짓을 하게 거드는 것. **방조하다**

방조제 (防潮堤) 바닷물이 밀려드는 것을 막으려고 쌓는 둑.

방종 (放縱) 제멋대로 행동하는 것. 《자유와 방종은 다르다.》**방종하다**

방죽 1.물이 밀려드는 것을 막으려고 쌓는 둑. 2.흔히 농사짓는 데 쓰려고 파거나 둑으로 둘러막은 못.

방지 (防止) 범죄, 사고 같은 나쁜 일이 일어나지 못하게 미리 막는 것.《교통사고 방지》**방지하다 방지되다**

방직 (紡織) 실을 뽑아서 천을 짜는 것.《방직 공장/방직 기계》**참**방적.

방짜 질 좋은 놋쇠를 녹이고 두드려서 물건을 만드는 일. 또는 그렇게 만든 것.《방짜 유기/방짜 그릇》

방책 **방법** (方策) 어떤 일을 풀어 나가는 방법이나 꾀.《이 문제를 풀 기막힌 방책이 떠올랐어.》

방책 **울타리** (防柵) 적의 공격을 막으려고 치는 울타리.

방청 (傍聽) 회의, 재판, 공개 방송 들을 구경하는 것. **방청하다**

방청객 (傍聽客) 회의, 재판, 방송 들을 구경하는 사람.

방청석 (傍聽席) 방청객이 앉는 자리.

방출 (放出) 밖으로 내보내거나 내놓는 것. **방출하다**《폐수를 방출한 회사가 단속에 걸렸다.》**방출되다**

방충망 (防蟲網) 파리, 모기 같은 해로운 벌레가 들어오지 못하게 창문에 치는 촘촘한 그물.

방충제 (防蟲劑) 농작물, 집짐승, 사람에게 해가 되는 벌레를 막아 주는 약.

방치 (放置) 물건이나 일 들을 아무렇게나 내버려 두는 것.《쓰레기 방치/위험 물질 방치》**방치하다 방치되다**

방침 (方針) 일을 해 나갈 방향이나 계획.《방침을 정하는 대로 일을 시작합시다.》

방콕 (Bangkok) 타이의 수도. 타이에서 가장 큰 항구 도시인데, 궁궐과 불교 사원이 많다.

방탄유리 (防彈琉璃) 총알을 막는 데 쓰는 두꺼운 유리.

방탄조끼 총알을 막으려고 입는 특수한 조끼.

방탕하다 술, 노름 같은 나쁜 짓을 즐기는 태도가 있다.《방탕한 생활》

방파제 (防波堤) 거센 물결을 막으려고 항구에 쌓는 둑.

방패 (防牌) 칼, 창, 화살, 돌 들을 막는 데 쓰는 무기.《방패를 들어 날아오는 화살을 막았다.》

방패연 (防牌鳶) 방패처럼 네모난 연.

방풍림 (防風林) 거센 바람을 막으려고 논밭, 과수원 둘레에 가꾸는 숲.

방학 (放學) 학교에서 심한 더위나 추위를 피하려고 한동안 공부를 쉬는 것.《겨울 방학》**참**개학. **방학하다**

방한 (防寒) 추위를 막는 것.《겨울철 방한 대책》

방한모 (防寒帽) 추위를 막으려고 쓰는 모자.

방한복 (防寒服) 추위를 막으려고 입

는 겉옷. 북추위막이옷.

방해 (妨害) 남이 하는 일을 못하게 막는 것.《고무줄놀이를 하는데 남자 애들이 자꾸 방해를 놓았다.》 **방해하다**
방해되다

방향 쪽 (方向) 1. 어떤 쪽.《이 방향으로 가면 집에서 아주 멀어져.》2. 목표를 향해 나아가는 쪽.《어떤 일이든 방향을 제대로 잡아야 쉽게 할 수 있어.》

방향 악기 (方響) 치는 국악기 가운데 하나. 쇳조각을 위아래 두 줄로 열여섯 개 매달아 쇠뿔 망치로 쳐서 소리를 낸다.

방향 향기 (芳香) 꽃다운 향기.

방향제 (芳香劑) 향기 나는 물질로 만든 약품.

방화 막음 (防火) 불이 나지 않게 미리 막는 것.《불이 나기 쉬운 겨울에는 방화에 더욱 신경을 써야 한다.》

방화 영화 (邦畫) 자기 나라에서 만든 영화. 참외화.

방화 지름 (放火) 불을 지르는 것.《방화 사건》반소화. **방화하다**

방황 (彷徨) 1. 이리저리 헤매는 것. 2. 목표나 마음을 잡지 못하고 갈팡질팡하는 것. **방황하다**《산속에서 길을 잃고 한참 방황했다.》

밭 곡식이나 채소 들을 심고 가꾸는 땅. 참논.

밭갈이 밭을 가는 것.《쟁기는 밭갈이에 쓰는 농기구입니다.》 **밭갈이하다**

밭고랑 밭이랑과 밭이랑 사이에 길고 좁게 난 홈.

밭농사 밭에서 짓는 농사. 참논농사.

밭다리 걸기 씨름에서 상대의 오른쪽

방향_악기

밭둑외풀

밭종다리

다리가 앞으로 나와 있거나 중심이 오른쪽에 있을 때 상대의 왼쪽 다리를 걸고 오른쪽 가슴으로 밀어서 넘어뜨리는 기술. 참안다리 걸기.

밭두둑 → 밭두렁.

밭두렁 밭과 밭 사이를 가르는 작은 둑. 또는 밭 가장자리에 쌓은 작은 둑. 같밭두둑, 밭둑.

밭둑 → 밭두렁.

밭둑외풀 축축한 밭둑이나 논둑에 자라는 풀. 줄기는 아래쪽에서 가지를 많이 치고, 7~8월에 옅은 붉은색 꽃이 핀다. 북밭뚝외풀.

밭뙈기 작은 밭을 낮추어 이르는 말.《손바닥만 한 밭뙈기》

밭머리 밭이랑의 두 끝 부분.

밭이랑 밭고랑과 밭고랑 사이에 흙이 불룩하게 쌓인 곳.

밭일 밭에서 하는 일.《엄마는 밭일 나가셨어요.》참논일. **밭일하다**

밭작물 감자, 고추, 상추같이 밭에서 거두어들이는 작물.

밭종다리 늪이나 못이 있는 곳에 사는 겨울새. 등은 노란 빛이 도는 갈색이고 배는 흰색인데 검은 얼룩무늬가 많다.

밭최뚝 |북 밭 가장자리에 있는 뚝.《밭최뚝에 있는 말뚝에 염소를 묶었다.》

밭치다 건더기와 액체가 섞인 것을 체로 걸러 액체만 받다.《할머니는 콩국을 정성스럽게 체에 밭치셨다.》

배 몸 1. 몸 가운데 부분. 사람의 배는 가슴 아래, 엉덩이 위쪽에 있다. 같복부. 2. 긴 물건의 가운데 부분.《이 기둥은 배가 약간 불룩하다.》

배가 아프다 관용 남이 잘되어 샘이 나다.

《방 청소를 같이 했는데 동생만 칭찬을 받으니 배가 아프다.》

배를 두드리다 ^{관용} 살림이 넉넉하여 편안하다.《온 나라 사람들이 배를 두드리면서 살 수 있는 날이 언제 올까?》

배보다 배꼽이 더 크다 ^{속담} 바탕이 되는 것보다 덧붙는 것이 더 크거나 많은 것을 빗대어 이르는 말.

배 ^{탈것} 물 위에 떠서 사람이나 짐을 실어 나르는 탈것.《할머니가 계신 섬에 가려면 배를 타야 해.》^같선박.

배 ^{과일} 배나무 열매. 크고 둥근데, 맛이 달고 즙이 많다.

배 먹고 이 닦기 ^{속담} 배를 먹으면 이까지 깨끗하게 닦인다는 뜻으로, 한 가지 일로 두 가지 이익을 보는 것을 빗대어 이르는 말.

배 ^{세는 말} (倍) 1. 어떤 수나 양을 두 번 더한 만큼.《지난해에 백 원이던 과자 값이 올해에는 배로 올랐어.》^비갑절, 곱절. 2. 같은 수나 양을 여러 번 더한 만큼.《내가 너보다 두 배는 빠를걸.》^비곱절.

배가사리 맑은 강이나 시내에 사는 민물고기. 등은 푸른 갈색에 어두운 갈색 띠가 있고 등지느러미가 크다.

배격 (排擊) 남의 생각, 의견, 물건 들을 물리치는 것.《외래 사상 배격》**배격하다 배격되다**

배경 (背景) 1. 뒤쪽에 펼쳐진 경치.《바다를 배경으로 삼아 사진을 찍었다.》2. 무대 뒤편에 꾸며 놓은 장치.《무대 배경을 어떻게 꾸며야 할지 고민이에요.》3. 어떤 사건, 소설, 영화, 연극 들에서 이야기의 바탕을 이루는 시대, 장소 같은 것.《육이오 전쟁을 배경으로 한 영화가 나왔다.》

배경 음악 (背景音樂) 영화, 연극 들에 넣는 음악.《그 영화는 배경 음악 때문에 인기가 있어.》

배고프다 배 속이 비어 먹을 것이 먹고 싶다.《너무 배고파서 말할 힘도 없어요.》^반배부르다. ^바배고픈, 배고파, 배고픕니다.

배고픔 배고픈 느낌.《배고픔에 시달리는 아프리카 어린이를 도웁시다.》

배곯다 먹은 것이 적어서 배가 차지 않다.《우리가 배곯지 않고 사는 건 부모님이 열심히 일하시는 덕이다.》

배관 (配管) 가스, 물 같은 것을 보내려고 관을 까는 것. **배관하다**

배구 (排球) 경기장 가운데에 그물을 치고 여섯 사람 또는 아홉 사람이 한편이 되어 손과 팔뚝으로 공을 쳐서 바닥에 떨어뜨리지 않고 상대편 쪽으로 넘기는 경기.

배구공 배구 경기에 쓰는 공.

배급 (配給) 물건이나 먹을거리를 여러 사람에게 나누어 주는 것. 또는 나누어 주는 물건. **배급하다 배급되다**

배기 (排氣) 안에 있는 공기나 가스 들을 밖으로 내보내는 것.《배기 장치》

배기가스 자동차나 기계에서 내보내는 가스.《자동차 배기가스》

배기다 ^{버티다} 어려운 일을 참고 견디다.《이렇게 더운데 선풍기를 안 틀고 배길 수 있을 것 같아?》

배기다 ^{아프다} 살갗이 밑에 놓인 단단한 것에 닿아 아픔을 느끼다.《방석을 깔면 엉덩이가 배기지 않을 거야.》

배_과일

배가사리

배꼽 배 가운데에 있는 옴폭 패인 자리. 탯줄이 떨어지면서 생긴 것이다.

배꼽을 빼다 ^{관용} 몹시 웃다.《영수 이야기가 어찌나 재미있는지 배꼽을 뺐다니까.》^비배꼽을 쥐다, 배꼽이 빠지다.

배꼽시계 끼니때가 되어 배 속에서 꼬르륵 소리가 나는 것을 시계에 빗대어 이르는 말.《배꼽시계가 울리는 걸 보니 저녁 먹을 때가 된 모양이다.》

배나무 열매를 먹으려고 심어 가꾸는 잎지는나무. 봄에 흰 꽃이 송이송이 모여 피고 가을에 배가 누렇게 익는다.

배나무

배낭 (背囊) 물건을 넣어 등에 지고 다니는 가죽이나 천 주머니.

배다 ^{냄새가} 1.액체, 냄새 같은 것이 스며들다.《속옷에 땀이 배었다.》2.태도, 행동 들이 버릇이 되어 익숙해지다.《'엄마'라는 말이 입에 배어 '어머니'라고 부르기가 참 어려워요.》3.느낌, 생각, 정신 들이 깃들다.《민요에는 농민의 마음이 배어 있습니다.》

배다 ^{새끼를} 아기, 새끼, 알을 배 속에 품다.《우리 개가 새끼를 뱄어요.》

밴 아이 아들 아니면 딸이지 ^{속담} 결과가 뻔하다는 뜻으로, 쓸데없이 걱정하는 사람한테 핀잔을 주는 말.

배다 ^{사이가} 물건 같은 것이 들어선 사이가 좁다.《상추를 너무 배게 심어서 좀 솎아 줘야 해.》^비촘촘하다. ^반성기다.

배달 (配達) 상품, 우편물 같은 것을 집이나 받을 사람이 있는 데로 나르는 것.《신문 배달》배달하다 배달되다

배달민족 우리 민족을 이르는 말. ^참한민족.

배달원 (配達員) 상품, 우편물 같은 것을 배달하는 사람.

배당 (配當) 몫을 나누어 주는 것.《이익 배당》배당하다 배당되다

배돌다 무리에서 떨어져 따로 행동하다.《철수가 내 눈치를 보면서 슬슬 배돈다.》^바배도는, 배돌아, 배돕니다.

배드민턴 (badminton) 경기장 가운데에 그물을 치고 양쪽에 마주 서서 셔틀콕을 채로 쳐서 넘기는 경기.

배란 (排卵) 여자 어른이나 짐승 암컷의 난소에서 난자가 나오는 일. 사람은 4주에 한 번 나온다.

배럴 (barrel) 영국과 미국에서 액체, 과일, 야채 들의 양을 나타내는 말. 석유의 양을 나타낼 때 많이 쓴다.

배려 (配慮) 남을 돕거나 보살펴 주려고 마음 쓰는 것.《선생님의 배려로 선애가 다시 학교에 다니게 되었습니다.》배려하다

배반 (背反) 믿음이나 의리를 저버리고 돌아서는 것. 배반하다《일제 강점기에는 겨레를 배반하고 일본의 앞잡이 노릇을 한 사람도 있습니다.》

배배 여러 번 꼬이거나 뒤틀린 모양.《짚을 배배 꼬고 엮어서 돗자리도 만들고 짚신도 만든다.》

배뱅잇굿 황해도와 평안도에 전하는 굿과 서도 소리 가운데 하나. 부모가 죽은 딸 배뱅이의 넋을 위로하려고 굿을 한다는 내용이 담겨 있다. 중요 무형 문화재 제29호.

배부르다 1.양껏 먹어서 배 속이 꽉 차다.《잔칫집에 가서 불고기와 잡채를 배부르게 먹었다.》^반배고프다. 2.넉넉하여 아쉽거나 안타까울 것이 없다.

《배부른 소리 하지 말고 한 톨도 남김 없이 다 먹어라.》 3. 아기나 새끼를 배어서 배가 불룩하다. 《산부인과에 가면 배부른 아주머니들을 많이 볼 수 있다.》 **바**배부른, 배불러, 배부릅니다.

배분 (配分) 몫을 나누어 주는 것. 《이익 배분》 **갈**분배. **배분하다 배분되다**

배불뚝이 배가 불룩 나온 사람을 놀리는 말.

배불리 배가 부르게.

배상 (賠償) 남에게 입힌 손해를 물어 주는 것. **비**변상. **배상하다**

배색 (配色) 여러 색깔을 함께 쓰는 것. 《누나 방은 배색을 잘해서 제 방보다 훨씬 아늑해 보여요.》 **배색하다**

배선 (配線) 전기가 필요한 곳에 전깃줄을 놓는 것. 《배선 작업》 **배선하다**

배설 (排泄) 똥오줌을 누는 것. **배설하다 배설되다**

배설물 (排泄物) 사람이나 동물이 배설하는 똥오줌.

배송 (配送) 물건을 이리저리 보내는 것. 《무료 배송》 **배송하다**

배수 **숫자** (倍數) 어떤 수의 몇 배가 되는 수. **참**약수. **북**곱절수.

배수 **물** (排水) 들어차거나 고인 물을 다른 곳으로 빼내는 것. 《배수 시설》

배수로 (排水路) 물을 빼려고 내는 길. 《천막 주변에 배수로를 파 놓았으니 비가 내려도 걱정이 없어.》

배수진 (背水陣) 1. 더 물러설 수 없게 강이나 바다를 등지고 치는 진. 2. 목적을 이루려고 온 힘을 다하는 태도를 빗대어 이르는 말. 《두 선수는 배수진을 치고 경기에 나섰다.》

배스

배스 호수에 사는 민물고기. 낚싯감으로 많이 알려져 있다.

배시시 입을 조금 벌리고 소리 없이 멋쩍게 웃는 모양. 《새별이 얼굴에 배시시 웃음이 번졌다.》

배신 (背信) 믿음을 저버리는 것. 《배신을 당하다.》 **배신하다**

배알 **창자** 1. '창자'를 낮추어 이르는 말. 《배알이 뒤틀리는 듯한 아픔》 **준**밸. 2. '속마음'을 낮추어 이르는 말. 《그 녀석 배알을 도무지 모르겠어.》 **준**밸.

배알이 꼴리다 **관용** 몹시 아니꼽거나 못마땅하다. 《남이 잘난 체하는 꼴을 보면 배알이 꼴려.》 **비**배알이 뒤틀리다.

배알 **인사** (拜謁) 옛날에 왕을 찾아가 인사하던 일. 《신하들이 모여 임금님께 배알을 청하였습니다.》 **배알하다**

배앓이 배가 아픈 병. 《배를 내놓고 잤다가 배앓이를 하였다.》

배양 (培養) 1. 식물을 가꾸어 키우는 것. 《종자 배양》 2. 사람을 훌륭하게 길러 내거나 능력, 실력 들을 키우는 것. 《국력 배양》 3. 균, 세포, 미생물 들을 일부러 키우고 늘리는 것. 《유산균 배양》 **배양하다 배양되다**

배양실 (培養室) 농사나 연구에 쓰려고 식물, 세균, 세포 들을 기르는 곳.

배양액 (培養液) 식물, 세균, 세포 들을 기르려고 영양분을 넣어 만든 액체.

배양토 (培養土) 식물을 기르려고 거름을 섞어 만든 기름진 흙.

배어들다 액체, 냄새, 빛깔 들이 스며들다. 《손톱에 봉숭아 물이 예쁘게 배어들었어요.》 **바**배어드는, 배어들어, 배어듭니다.

배역 (配役) 연극, 영화 들에서 배우에게 어떤 역을 맡기는 것. 또는 배우가 맡는 역.《이번에는 제가 왕자 배역을 맡고 싶어요.》

배열 (配列) 여러 가지를 기준에 따라 늘어놓는 것.《책 배열은 가나다 순으로 하는 게 좋겠어.》**북**배렬. **배열하다 배열되다**

배열표 (配列表) 여러 가지를 기준에 따라 늘어놓은 표.《수 배열표》

배영 (背泳) 수영에서 물 위에 반듯이 누워 두 팔을 번갈아 휘저으면서 헤엄치는 방법. **북**누운헤엄.

배우 (俳優) 연극이나 영화에서 연기하는 사람.《연극배우/영화배우》

배우다 1.남한테서 지식, 기술, 경험 들을 얻다.《겨울 방학 동안 할아버지께 바둑을 배웠다.》**참**가르치다. 2.남의 행동이나 태도를 그대로 본받다.《테레사 수녀님 이야기에는 배울 점이 참 많아.》3.어떤 버릇을 들이다.《나는 어른이 되어도 담배 피우는 것은 배우고 싶지 않아.》

배우자 (配偶者) 부부 사이에서 서로 짝인 사람. 남편이나 아내를 이르는 말이다. **비**반려자. **북**짝씨.

배웅 떠나는 사람을 길이나 탈것 타는 데까지 따라 나가서 보내는 것. **참**마중. **북**냄. **배웅하다**《서희가 지하철역까지 저를 배웅해 주었어요.》

배율 (倍率) 실제 크기보다 늘리거나 줄인 비율.《이 망원경은 배율이 높아서 먼 곳을 또렷이 볼 수 있어요.》

배은망덕 (背恩忘德) 남이 베푼 은혜를 저버리는 것. **배은망덕하다**《배은

배자_옷

배자바구미

배짧은꽃등에

망덕한 놈 같으니라고.》

배자 (褙子) 추울 때 여자들이 저고리 위에 덧입는 옷. 주머니와 소매가 없고 안에 짐승 털을 넣는다.

배자 배열 (排字) 글씨를 쓰거나 인쇄할 판을 짤 때 글자를 알맞게 벌여 놓는 것.《배자 간격》**배자하다**

배자바구미 칡넝쿨이나 칡 잎에서 많이 볼 수 있는 바구미. 크기는 작고 통통한데, 주둥이가 가늘고 길다.

배재 학당 (培材學堂) 조선 고종 때 (1885년) 미국 선교사 아펜젤러가 세운 우리나라 첫 근대식 학교.

배점 (配點) 과목이나 문제마다 점수를 정하는 것. 또는 과목이나 문제마다 정한 점수.《시간이 모자라서 배점이 높은 문제를 먼저 풀었다.》

배정 (配定) 몫을 나누어 정하는 것. 《좌석 배정》**배정하다 배정되다**

배젖 외떡잎식물의 씨앗 속에 있는 조직. 싹이 트는 데 필요한 양분이 들어 있다.

배제 (排除) 어떤 것을 빼서 제쳐 놓는 것. **배제하다**《전쟁이 일어날 가능성을 완전히 배제할 수 없다.》**배제되다**

배지 (badge) 신분이나 직업 들을 나타내려고 옷이나 모자에 다는 물건. 《언니는 교복에 학교 배지를 달고 다닌다.》✕뺏지.

배지기 씨름에서 상대를 앞으로 당겨서 배 위로 들어 올린 다음 옆으로 돌려 넘어뜨리는 기술.

배지느러미 물고기 배에 달린 지느러미. 대개 양옆에 한 쌍이 있다.

배짧은꽃등에 꽃이 많은 산이나 들판

에 사는 등에. 꿀벌과 아주 닮았지만 날개가 한 쌍이고 침도 없다.

배짱 어떤 일에 겁 없이 나서는 태도. 또는 제 뜻을 내세우면서 고집스럽게 버티는 태도.《그 녀석 배짱 하나는 두둑하군.》

배차 (配車) 버스나 기차 들을 정해진 차례나 시간에 따라 다니게 하는 것. 《버스 배차 간격》 **배차하다**

배척 (排斥) 따돌리거나 멀리하는 것. 《외래 문물 배척》 **배척하다 배척되다**

배초향 양지바른 땅에 자라거나 심어 가꾸는 풀. 풀에서 짙은 향기가 나고, 7~9월에 보라색 꽃이 핀다. 어린잎은 먹고, 포기째 약으로 쓴다.

배초향

배추 밭에 심어 가꾸는 잎줄기채소. 둥글고 긴 잎이 뿌리부터 여러 겹 포개어 자라는데, 속잎은 누런 흰색이고 겉잎은 푸르다. 잎으로 김치를 담근다.

배추김치 배추로 담근 김치.

배추벌레 배추흰나비 애벌레. 몸 빛깔이 배춧잎과 비슷하다. **북**배추노린재.

배추

배추흰나비 봄에 채소밭에서 볼 수 있는 나비. 흰 날개에 검은 무늬가 있다. **같**흰나비.

배추벌레

배출 내보냄 (排出) 쓸모없는 것을 내보내는 것.《쓰레기 배출》 **배출하다**《자동차가 배출하는 가스는 공기를 더럽힌다.》 **배출되다**

배출 키움 (輩出) 사람을 길러 사회로 내보내는 것. **배출하다**《삼촌이 나온 고등학교는 뛰어난 축구 선수를 많이 배출하였습니다.》 **배출되다**

배추흰나비

배치 (配置) 자리를 정하여 두는 것. 《가구 배치를 다시 하니까 마루가 훨

씬 넓어 보여요.》 **배치하다 배치되다**

배치작- 조금 비틀거리거나 절룩거리면서 걷는 모양. **배치작거리다 배치작대다 배치작배치작**《미진이가 커다란 화분을 들고 배치작거린다.》

배타적 (排他的) 어떤 것을 멀리하거나 싫어하는. 또는 그런 것.

배탈 체하거나 설사하는 것처럼 배 속에 생기는 병을 모두 이르는 말.《덥다고 찬 것을 많이 먹어서 배탈이 났다.》

배터리 (battery) → 건전지.

배턴 (baton) 이어달리기를 할 때 먼저 달린 사람이 다음에 달릴 사람에게 넘겨주는 둥근 막대기. **북**이음대.

배트 (bat) 야구나 소프트볼에서 타자가 공을 칠 때 쓰는 방망이.

배편 배로 사람이나 물건을 실어 나르는 방법.《태풍 때문에 섬으로 가는 배편이 모두 끊겼어요.》

배포 마음 마음속에 품은 뜻이나 계획. 《너는 배포가 커서 무슨 일을 해도 잘할 거야.》

배포 나눔 (配布) 신문, 책, 광고지 들을 널리 나누어 주는 것.《신문 배포/광고지 배포/안내장 배포》 **배포하다**

배필 (配匹) 부부가 될 짝.《이모가 빨리 좋은 배필을 만나야 할 텐데.》

배합 (配合) 여러 가지를 한데 섞는 것. **배합하다**《밀가루, 메줏가루, 고춧가루를 배합하여 고추장을 만듭니다.》 **배합되다**

배합 사료 (配合飼料) 여러 영양분을 섞어 만든 짐승 먹이. **북**배합먹이.

배합토 (配合土) 식물이 잘 자라게 거름, 약 같은 것을 섞어 만든 흙.

배회 (徘徊) 하는 일 없이 이곳저곳 돌아다니는 것. **배회하다** 《길거리 배회하지 말고 얼른 집에 들어가.》

배후 (背後) 1.등 뒤. 2.어떤 일에서 겉으로 드러나지 않은 부분. 《배후 인물/배후 세력》

배힘 |북 1.배에 주는 힘. 《배힘이 모자라면 똥을 누기 어려운 것 같다.》 2.배에서 나오는 힘. 《윗몸 일으키기는 배힘을 키우는 데 좋은 운동이다.》

백 (百) 1.십의 열 배가 되는 수. 2.세는 말 앞에 써서, 십의 열 배가 되는 수를 나타내는 말. 《백 미터 달리기》

백 번 듣는 것이 한 번 보는 것만 못하다 **속담** 직접 보는 것이 듣는 것보다 확실하다는 말.

백곡 (百穀) 여러 가지 곡식.

백골 (白骨) 죽어서 살이 썩은 뒤에 남는 흰 뼈.

백과사전 (百科事典) 여러 가지 알 거리가 많이 실려 있는 책. 가나다순과 같은 정해진 차례에 따라 내용을 싣는다. 《동물 백과사전》

백관 (百官) 옛날에 궁궐을 드나드는 많은 벼슬아치들을 이르던 말. 《왕은 백관을 모아 놓고 잔치를 벌였다.》

백군 (白軍) 흔히 운동회에서 색깔로 두 편을 가를 때 흰색을 쓰는 편. **참** 청군.

백금 (白金) 단단한 은빛 금속. 장식품이나 기계 부속품을 만드는 데 쓴다.

백기 (白旗) 1.흰 깃발. 2.싸움에서 졌다는 뜻으로 내거는 흰 깃발. 《적군 몇몇이 백기를 들고 항복했다.》

백기를 들다 **관용** 싸움에서 졌다는 뜻을 나타내다. 《적이 드디어 백기를 들고 나왔다.》

백김치 고춧가루를 쓰지 않거나 적게 써서 허옇게 담근 김치.

백날 아무리 오래 해 보아도. 또는 아무리 애써도. 《백날 투덜거려 보아야 엄마는 들은 척도 안 할걸.》

백내장 (白內障) 수정체가 부옇게 흐려져서 눈이 나빠지는 병.

백 년 전쟁 (百年戰爭) 1337년부터 1453년까지 백여 년 동안 영국과 프랑스가 여러 차례 벌인 전쟁. 프랑스가 이기면서 끝났다.

백담사

백담사 (百潭寺) 강원도 인제 설악산에 있는 절. 신라 진덕여왕 때(647년) 자장이 처음 지었다. 일제 강점기 때 시인 한용운이 머물면서 ‘님의 침묵’을 쓴 곳으로 널리 알려져 있다.

백당나무

백당나무 산에 자라는 잎지는나무. 희고 자잘한 꽃이 가지 끝에 모여 피고, 가을에 열매가 붉게 익는다. 뿌리를 약으로 쓴다. **북** 접시꽃나무.

백도라지 산과 들에 자라거나 밭에 심어 가꾸는 풀. 도라지와 비슷한데 꽃이 희다. 뿌리를 먹거나 약으로 쓴다.

백두대간 (白頭大幹) 백두산에서 지리산까지 우리나라를 남북으로 가로지르는 큰 산줄기.

백두산 (白頭山) 함경도와 만주에 걸쳐 있는 산. 우리나라에서 가장 높은 산으로, 꼭대기에는 천지가 있다.

백량금 제주도에서 자라는 늘푸른나무. 여름에 작고 흰 꽃이 모여 피고, 열매는 붉게 익는다. 뿌리를 약으로 쓴다. **북** 선꽃나무.

백량금

백령도 (白翎島) 인천에 딸린 섬. 서해에서 북녘과 가장 가까이 있다.

백로 새 바닷가, 호숫가, 논 같은 얕은 물가에 사는 새. 다리와 목, 부리가 길고 목을 'S' 자 모양으로 구부린다.

백로 절기 (白露) 한 해를 스물넷으로 나눈 때 가운데 열다섯째. 이슬이 내리고 찬 기운이 두드러지기 시작하는 때라고 한다. 9월 8일쯤이다.

백록담 (白鹿潭) 제주도 한라산 꼭대기에 있는 호수.

백리향 높은 산마루에 자라는 잎지는 나무. 줄기가 땅 위에 누워서 뻗으며 가지를 친다. 줄기와 잎에서 기름을 짜 약이나 양념으로 쓴다.

백마강 (白馬江) 충청남도 부여 북쪽을 흐르는 강. 금강의 하류이다.

백만 (百萬) 1. 만의 백 배가 되는 수. 2. 세는 말 앞에 써서, 만의 백 배가 되는 수를 나타내는 말.

백만장자 (百萬長者) 재산이 아주 많은 사람.

백모 (伯母) → 큰어머니.

백목련 공원이나 집 마당에 심어 가꾸는 잎지는나무. 이른 봄에 크고 흰 꽃이 잎보다 먼저 핀다. 어린 가지와 겨울눈에 털이 있다.

백묵 (白墨) → 분필.

백미 흰쌀 (白米) → 흰쌀.

백미 눈썹 (白眉) 흰 눈썹이라는 뜻으로 여럿 가운데 가장 뛰어난 사람이나 물건을 빗대어 이르는 말. 《〔홍길동전〕은 고전 소설의 백미로 꼽힌다.》

백미꽃 산이나 들에 자라는 풀. 온몸에 부드러운 털이 많고, 초여름에 자줏

백리향

백부자

백목련

백상아리

백미꽃

백선

빛 꽃이 핀다. 뿌리를 약으로 쓴다.

백반 물질 단단하고 투명하며 떫은맛이 나는 물질. 약으로 쓰거나 손톱에 봉숭아 물을 들일 때 가루를 내어 쓴다.

백반 밥 (白飯) 1. 하얀 쌀밥. 2. 식당에서 파는 음식 가운데 흰 밥에 국과 반찬을 곁들인 것. 《불고기 백반》

백발 (白髮) 하얗게 센 머리털.

백발백중 (百發百中) 총이나 활을 쏘는 대로 다 맞히는 것. 백 번 쏘아 백 번 다 맞힌다는 뜻이다. 《주몽이 쏜 화살은 백발백중 과녁을 꿰뚫었다.》

백방 (百方) 온갖 방법. 《백방으로 알아보아도 집 나간 강아지를 찾을 길이 없대요.》

백배사죄 (百拜謝罪) 여러 번 절을 하면서 거듭 사과하는 것. **백배사죄하다**

백범 (白凡) 독립 운동가 '김구'의 호.

백부 (伯父) → 큰아버지.

백부자 낮은 산에 자라는 풀. 잎이 깃처럼 깊게 갈라져 있고, 여름에 연노란 꽃이 핀다. 뿌리를 약으로 쓴다. 북노란돌쩌귀풀.

백분율 (百分率) 전체를 100으로 놓았을 때 어떤 것이 차지하는 비율. '퍼센트'로 나타낸다.

백사 (白蛇) 몸 빛깔이 흰 뱀.

백사장 (白沙場) 강가나 바닷가에 흰 모래가 깔린 곳.

백상아리 온대와 열대 지방 바다에 사는 상어. 등은 잿빛을 띤 푸른색이고 배는 희다. 성질이 사나워서 사람에게 덤벼들기도 한다.

백색 (白色) → 흰빛.

백선 양지바른 산기슭에 자라는 풀. 줄

기가 곧고 단단하며, 흰색이나 옅은 붉은색 꽃잎에 붉은 줄이 있다. 뿌리를 약으로 쓴다.

백설 (白雪) 흰 눈.

백설기 멥쌀가루에 물이나 설탕물을 내려서 시루에 찐 떡. 어린아이의 백일, 돌이나 고사 때 먹는다. **북**흰설기.

백성 (百姓) 옛날에 '국민'을 이르던 말.《백성이 나라의 근본이다.》

백스페이스키 (back-space key) 컴퓨터에서 이미 쓴 글자를 지우면서 커서를 앞으로 옮기는 키.

백신 (vaccine) 1.주사기로 몸에 넣어 병을 미리 막거나 고치는 약. 2.컴퓨터 바이러스를 찾아 고치는 프로그램.

백악기 (白堊紀) 중생대를 셋으로 나눌 때 마지막 시대.

백야 (白夜) 북극과 남극 가까운 지역에서 해가 지지 않아 밤이 되어도 어두워지지 않는 현상.

백열등 (白熱燈) → 백열전등.

백열전구 (白熱電球) 열이 많이 나는 둥근 전구. 유리 속에 든 필라멘트에서 빛이 난다.

백열전등 (白熱電燈) 백열전구를 쓰는 전등. **같**백열등.

백엽상 (百葉箱) 온도, 습도 같은 것을 재는 데 쓰는 흰 나무 상자. 온도계, 습도계 같은 기구를 땅 위 1.5m 높이에 맞추어 넣어 둔다.

백옥 (白玉) 하얀 옥.《백옥같이 고운 피부》

백운교 (白雲橋) 경주 불국사 대웅전으로 올라가는 돌계단의 윗부분. 751년 불국사를 지을 때 놓았다. 국보 제

백일홍

백정탈

23호.

백의 (白衣) 흰 옷.《백의의 천사》

백의민족 (白衣民族) 흰 옷을 즐겨 입는 민족. 옛날에 우리 겨레를 이르던 말이다.

백의종군 (白衣從軍) 옛날에 장군이 벼슬을 잃고 보통 병사가 되어 전쟁터에 나가던 것. **백의종군하다**

백인 (白人) 백인종인 사람.

백인종 (白人種) 살빛이 흰 인종. 키가 크고 코가 우뚝하다. 유럽과 아메리카 대륙에 많이 산다. **참**황인종, 흑인종.

백일 (百日) 아기가 태어난 지 백 번째 날.

백일몽 (白日夢) 대낮에 꾸는 꿈. 이룰 수 없는 헛된 생각을 빗대어 이르는 말이다.《그건 한낱 백일몽일 뿐이야.》

백일장 (白日場) 글짓기 대회.

백일청천 (白日靑天) 해가 비치고 맑게 갠 푸른 하늘.

백일해 (百日咳) 심하게 기침을 하면서 백 일 가까이 앓는 어린이 전염병.

백일홍 꽃을 보려고 심어 가꾸는 풀. 줄기는 곧게 자라고, 잎과 줄기에 털이 있다.

백자 (白磁) 빛깔이 흰 도자기.

백작 (伯爵) 옛날에 유럽에서 귀족을 다섯 등급으로 나눈 것 가운데 셋째. **참**공작, 남작, 자작, 후작.

백정 (白丁) 옛날에 소, 돼지, 개 같은 집짐승 잡는 일을 하던 사람.

백정탈 하회 별신굿 탈놀이에 나오는 백정이 쓰는 탈.

백제 (百濟) 기원전 18년에 온조왕이 전라도와 충청도 지방에 세운 나라.

660년 신라와 당나라 연합군에게 망하였다.

백조 → 고니.

백조어 물살이 느린 강이나 늪에 사는 민물고기. 몸이 길고 옆으로 납작하다. 몸통은 은빛이고 등은 푸른 갈색이다.

백조자리 여름철에 보이는 별자리.

백중(百中) 불교에서 부처에게 음식과 꽃 들을 바치는 의식을 치르는 날. 음력 7월 15일이다.

백중놀이 백중날에 음식을 마련하여 먹고 노는 놀이.

백지(白紙) 1.빛깔이 흰 종이. 2.아무것도 적지 않아 비어 있는 종이.《문제가 너무 어려워서 아이들이 거의 백지로 답안지를 냈다.》 3.아무것도 모르는 상태.《나는 장기는 조금 두지만 바둑은 백지나 마찬가지야.》

백지도(白地圖) 기호나 글자 없이 땅윤곽만 그린 지도.

백지장(白紙張) 흰 종이의 낱장.
백지장도 맞들면 낫다 속담 쉬운 일이라도 여럿이 힘을 모으면 더 쉽다는 말.

백치(白癡) → 천치.

백통 구리, 아연, 니켈을 섞어서 만든 은빛 쇠붙이. 흔히 돈이나 장신구 들을 만드는 데 쓴다.《백통 손목시계》

백팔번뇌(百八煩惱) 불교에서 사람이 겪는 백여덟 가지 괴로움.

백할미새 물가에 사는 겨울새. 등은 검거나 잿빛이고 배는 희다. 땅바닥을 걸어 다니면서 먹이를 찾는다.

백합 꽃 꽃을 보려고 심어 가꾸는 풀. 여름에 줄기 끝에서 긴 깔때기처럼 생긴 흰 꽃이 핀다. **북**왕나리.

백합_조개

백조어

백합배꼽버섯

백조자리

밴댕이

백할미새

백합_꽃

뱀

백합 조개 민물이 흘러드는 갯벌에 사는 조개. 껍데기는 둥근 세모꼴인데, 두껍고 매끈하다. 빛깔과 무늬는 여러 가지가 있다.

백합배꼽버섯 숲 속에 모여나는 버섯. 빛깔이 희고, 갓은 판판한데 주름살이 빽빽하다. 먹는 버섯이다.

백혈구(白血球) 피에 들어 있는 세포 가운데 하나. 피 속으로 들어오는 세균을 잡아먹어 몸을 보호한다. **참**적혈구. **북**흰피알.

백혈병(白血病) 피 속에 있는 백혈구가 지나치게 많아지는 병.

백화(百花) 온갖 꽃.《꽃밭에 백화가 만발하였다.》

백화점(百貨店) 여러 가지 물건을 파는 커다란 가게.

밴댕이 뭍에서 가까운 바다의 모랫바닥에 무리를 지어 사는 바닷물고기. 몸빛깔은 등 쪽이 청록색이고 배 쪽이 은빛을 띤 흰색이다.

밴드 띠(band) 물건, 머리칼 들을 묶는 데 쓰는 둥근 띠.《고무 밴드》

밴드 연주(band) 대중음악, 행진곡 같은 것을 연주하는 단체.

밸 → 배알.

밸런타인데이(Valentine Day) 서양에서 사랑하는 사람끼리 선물이나 카드를 주고받는 날. 2월 14일이다. ✕발렌타인데이.

밸브(valve) 관을 통해 흐르는 가스나 물의 양을 조절하는 장치.

뱀 가늘고 긴 몸에 다리가 없는 동물. 온몸이 비늘로 덮여 있고, 혀끝이 두 갈래로 갈라져 있다. 몸을 꿈틀거리면서 기어 다닌다.

뱀딸기 풀밭이나 밭둑에 자라는 풀. 줄기가 옆으로 길게 뻗고, 잎은 석 장씩 모여난다. 봄에 노란 꽃이 피고, 이른 여름에 딸기 같은 붉은 열매가 열린다.

뱀딸기

뱀무 산과 들에 자라는 풀. 생김새가 무와 비슷하고, 6~7월에 노란 꽃이 핀다. 어린순을 먹는다.

뱀무

뱀밥 홀씨가 붙어 있는 쇠뜨기 줄기. 이른 봄에 땅속줄기에서 나오는데, 나물로 먹거나 약으로 쓴다.

뱀밥

뱀장어 민물에서 살다가 바다 깊은 곳으로 나가 알을 낳는 민물고기. 몸이 뱀처럼 가늘고 길다. **같**장어.

뱀장어 눈 작아도 저 먹을 것은 다 본다 **속담** 몸집은 작아도 제구실을 하는 것을 빗대어 이르는 말.

뱀장어

뱀차즈기 도랑가나 논둑에 자라는 풀. 줄기에 잔털이 빽빽하고, 5~7월에 연보라색 꽃이 핀다. **북**뱀차조기.

뱁새 → 붉은머리오목눈이.

뱁새가 황새를 쫓아가려면 다리 찢어진다 **속담** 힘에 겨운 일을 억지로 하면 도리어 해만 입는다는 말.

뱀차즈기

뱁새눈 작고 가늘게 생긴 눈. 또는 가늘게 뜬 눈.

뱃고동 배에서 신호를 보내려고 내는 큰 소리.《배가 뱃고동을 울리면서 항구를 떠났다.》**북**배고동.

뱃길 배가 다니는 길.《태풍으로 뱃길이 끊겼다.》**같**항로. **비**물길. **북**배길.

뱅어

뱃노래 뱃사공이 노를 저으면서 부르는 노래.

뱃놀이 배를 타고 노는 놀이. **뱃놀이하다**

뱃머리 배의 앞쪽.

뱃멀미 배가 흔들려서 나는 멀미.《배를 타고 제주도에 가는데 뱃멀미가 나서 혼났다.》**북**배멀미. **뱃멀미하다**

뱃사공 노 젓는 작은 배로 손님을 건네주는 사람. **같**사공. **북**배사공.

뱃사람 배에서 일하는 사람.

뱃살 배를 이루는 살과 거죽.

뱃속 '속마음', '생각'을 낮추어 이르는 말.《저 녀석 뱃속을 모르겠네.》

뱃속이 검다 **관용** 마음이 엉큼하다.《겉모습만 보고 뱃속이 검은지 어떻게 알 수 있겠어?》

뱃심 제 고집대로 일해 나가는 태도나 힘.《우리 반 반장은 뱃심이 좋기로 소문이 나 있다.》**북**배심.

뱃전 배의 가장자리. **북**배전.

뱅 1. 정해진 테두리를 한 바퀴 도는 모양. 2. 둘레를 에워싼 모양.

뱅그르르 작은 것이 가볍고 매끄럽게 한 바퀴 도는 모양.

뱅글뱅글 자꾸 뱅그르르 도는 모양.

뱅뱅 정해진 테두리를 자꾸 도는 모양.

뱅어 바다와 강이 만나는 곳에 사는 민물고기. 몸이 가늘고 길다. 몸 빛깔은 희고 속이 반쯤 비쳐 보인다.

뱉다 입 안에 든 것을 입 밖으로 내보낸다.《얼른 껌 뱉어.》**북**배앝다.

버겁다 어떤 일을 하기 힘들다.《이 많은 일을 오늘 안에 다 하기는 버거워요.》**바**버거운, 버거워, 버겁습니다.

버글- 사람, 짐승, 벌레 들이 한곳에 많이 모여서 야단스럽게 움직이는 모양. **버글거리다 버글대다 버글버글**《바닥에 개미가 버글거린다.》

버금 으뜸의 바로 아래.《힘으로 따지면 내가 우리 반에서 버금은 간다.》

버금가다 으뜸의 바로 아래에 이르다.《그 벼슬자리는 임금에 버금가는 자리야.》**참**으뜸가다.

버금딸림화음 장조에서는 '파, 라, 도'로 이루어지고 단조에서는 '레, 파, 라'로 이루어지는 화음. **참**딸림화음, 으뜸화음.

버둥- 넘어지거나 매달려서 팔다리를 마구 내젓는 모양. **버둥거리다 버둥대다 버둥버둥**《멧돼지가 덫에 걸려 버둥거린다.》

버드나무 강기슭이나 냇가 같은 축축한 땅에 자라는 잎지는나무. 가늘고 긴 가지가 축축 늘어지고, 봄에 흰 솜털이 있는 씨가 바람에 날린다. **같**버들.

버드나무

버들 → 버드나무.

버들강아지 → 버들개지.

버들개 산골짜기에 흐르는 맑은 물에 떼 지어 사는 민물고기. 등은 짙은 갈색, 배는 옅은 갈색이고 옆구리에 줄무늬가 있다.

버들개지 버드나무에 피는 꽃. 흰 솜털처럼 생겼고, 안에 씨앗이 들어 있다. 씨앗이 달린 채로 바람에 날려 흩어진다. **같**버들강아지. **북**버들솜.

버들매치 강, 호수, 저수지에 사는 민물고기. 몸 빛깔은 옅은 갈색이고, 옆구리와 등에 짙은 갈색 얼룩이 많다.

버들매치

버들붕어 강이나 늪, 연못에 떼 지어 사는 민물고기. 몸 빛깔은 어두운 녹색이고 얼룩덜룩한 무늬가 있다.

버들붕어

버들치 산골짜기에 흐르는 시냇물이나 호수, 강에 사는 민물고기. 피라미

버들치

와 비슷하게 생겼는데, 입가에 수염이 없고 비늘이 크다.

버들피리 1.버드나무 가지 껍질로 만든 피리. 2.버드나무 잎을 접어 입에 물고 피리 소리처럼 내어 부는 것.

버러지 → 벌레.

버럭 갑자기 화를 내거나 소리 지르는 모양.《"네 이놈! 놀부야!" 도깨비 두목이 버럭 호통을 쳤다.》**버럭버럭**

버려두다 1.물건을 아무렇게나 놓아두다.《열쇠를 어디에 버려둔 거야?》 2.혼자 남겨 두다.《병든 강아지를 공원에 버려둔 사람이 누구야?》

버르장머리 '버릇'을 낮추어 이르는 말.《버르장머리 없는 녀석》

버르적- 괴로운 처지에서 벗어나려고 팔다리를 내저으면서 움직이는 모양. **버르적거리다 버르적대다 버르적버르적**《사자가 그물에서 빠져나오려고 있는 힘을 다해 버르적거렸다.》

버릇 1.오랫동안 되풀이하여 몸에 밴 행동.《나는 창피할 때 머리를 긁적이는 버릇이 있다.》**비**습관. 2.마땅히 지켜야 할 예의.《버릇이 없는 아이》

버릇없다 예의가 없다.《어른들께 버릇없이 굴면 안 돼.》

버릇하다 어떤 일이나 행동을 되풀이하다.《버스만 타면 졸아 버릇해서 내릴 곳을 지나친 적이 많다.》

버리다 1.필요 없는 것을 없애거나 내던지거나 쏟거나 하다.《쓰레기를 함부로 버리지 마.》 2.생각, 태도, 버릇들을 더 이어지지 않게 하다.《삼촌은 화가가 되겠다는 꿈을 버렸다.》 3.관계가 있는 사람이나 장소를 떠나다.

《그 아저씨는 고향을 버리고 도시로 갔다.》 4.어떤 것을 망치거나 못 쓰게 만들다.《물감을 쏟아 새 치마를 버렸다.》 5.돌보지 않고 내버려 두다.《할아버지는 남들이 버려 둔 땅을 일구셨다.》 6.어떤 일이나 행동이 끝나거나 어찌할 수 없음을 나타내는 말.《벌써 영화가 끝나 버렸네.》

버림 어림수를 구할 때 구하려는 자리의 아래 수를 버려서 나타내는 방법. **참**올림.

버림받다 보살핌을 받지 못하고 버려지다.《주인에게서 버림받은 불쌍한 강아지》

버무리다 여러 가지를 한데 섞다.《갖은 양념에 버무린 나물》

버석 마른 잎이나 종이처럼 물기 없는 것이 부서지는 소리. **버석거리다 버석대다 버석하다 버석버석**《살금살금 걸어도 낙엽 버석대는 소리가 난다.》

버선 한복을 입을 때 양말처럼 신는 물건.《버선을 신다./버선 한 켤레》

버선발 신발 없이 버선만 신은 발.《할머니가 버선발로 나와 맞아 주셨다.》

버선코 버선 앞쪽 끝의 뾰족한 부분.

버섯 그늘지고 축축한 숲이나 썩은 나무에서 자라는 식물. 대개 우산처럼 생겼고 홀씨로 퍼진다. 송이버섯, 표고버섯처럼 먹을 수 있는 것도 있고, 독이 있어서 먹지 못하는 것도 있다.

버스 (bus) 돈을 받고 정해진 길을 다니는 큰 차. **북**뻐스.

버스표 버스를 타려고 사는 표.

버저 (buzzer) 전기 자석으로 얇은 철판을 떨게 하여 소리를 내는 장치. 초

버즘나무

버찌

버터애기버섯

버스

인종 같은 것으로 쓴다.

버젓하다 잘못이나 창피한 짓을 저지르고도 태연하다.《남의 걸 베끼고도 버젓하게 자기 글인 양 굴다니.》

버즘나무 거리나 공원 같은 곳에 심어 가꾸는 잎지는나무. 봄에 옅은 노란색을 띤 녹색 꽃이 피고, 가을에 공처럼 둥근 열매가 열린다. **갈**플라타너스. **북**방울나무.

버짐 살갗이 말라서 벗겨지거나 진물이 나는 피부병. 흔히 얼굴에 생긴다.

버찌 벚나무 열매. 작고 둥근데 안에 딱딱한 씨가 들어 있다. 초여름에 까맣게 익는다.

버클 (buckle) 허리띠에 달린 장식물. 허리띠를 죄어 고정시키는 장치가 달려 있다.

버터 (butter) 우유에서 지방만 뽑아 굳힌 먹을거리. **참**마가린. **북**빠다.

버터애기버섯 넓은잎나무나 바늘잎나무가 자라는 숲에서 나는 버섯. 갓은 판판한데 가운데가 조금 볼록하다. 빛깔은 붉거나 노란빛을 띤 갈색이다.

버튼 (button) → 단추.

버티다 1.밖에서 오는 힘이나 충격을 견디다.《선반이 무게를 버티지 못하고 떨어졌다.》 2.뜻을 굽히거나 고집을 버리지 않다.《동생이 학원에 가지 않겠다고 버틴다.》 3.어렵고 힘든 것을 참고 견디다.《이렇게 더운 데서 어떻게 버텼으?》 4.한곳에 자리 잡고 움직이지 않다.《과수원 앞에는 늘 집채만 한 개가 버티고 있다.》 5.쓰러지거나 내려앉지 않게 다른 것으로 괴거나 받치다.《지붕과 벽을 굵은 쇠막대기

로 버티어 놓았다.》

버팀대 물건을 버티어 세우는 막대기.

버팀목 버팀대로 쓰는 나무.《돼지우리를 버팀목으로 겨우 받쳐 놓았다.》

벅벅 1.세게 긁거나 문지르는 소리. 또는 그 모양. 2.바닥이 번질번질해지게 깎거나 닦는 모양.

벅차다 1.어떤 일을 하기 힘겹다.《이 큰 책상을 혼자 옮기기에는 너무 벅차다.》 2.기쁨이나 희망 들로 마음이 뿌듯하다.《우리나라가 우승을 했다니 가슴이 벅차서 말이 안 나옵니다.》

번 (番) 1.횟수를 세는 말.《이 책은 두 번이나 읽었다.》 2.차례를 나타내는 말.《다음번에는 네가 심부름 다녀와.》

번갈아 차례를 한 번씩 바꾸어.《오빠와 번갈아 아기를 돌보기로 했다.》

번개 구름과 구름 또는 구름과 땅 사이에 전기가 흐르면서 아주 짧은 시간 동안 강한 빛을 내는 일. **참**벼락.

번개탄 연탄에 불을 붙일 때 쓰는 얇은 탄. 톱밥, 왕겨 들을 태워서 굳힌 것으로, 연탄처럼 구멍이 여러 개 나 있다.

번갯불 번개 칠 때 번뜩이는 불빛.

번갯불에 콩 구워 먹겠다 **속담** 행동이 아주 재빠르거나 일을 얼른 해치우려고 조급하게 구는 것을 빗대어 이르는 말.

번거롭다 1.일이 복잡하고 어수선하다.《회의 차례가 너무 번거로운 것 아니야?》 2.성가시고 귀찮다.《자꾸 번거롭게 해 드려 죄송합니다.》 **바**번거로운, 번거로워, 번거롭습니다.

번뇌 (煩惱) 걱정거리 때문에 괴로워하는 것. **번뇌하다**

번데기 애벌레가 자란벌레가 되기 전

번데기동충하초

에 한동안 껍질 속에 들어가 먹지도 않고 가만히 있는 몸.

번데기동충하초 죽은 번데기에서 자라는 버섯. 곤봉처럼 생겼는데, 갓은 밝고 짙은 주황색이다. 먹을 수 있고 약으로도 쓴다.

번둥– 하는 일이 없이 놀기만 하는 모양. **번둥거리다 번둥대다 번둥번둥** 《방학이라고 번둥거리기만 할 거니?》

번드르르 1.기름기나 물기가 묻어 윤기가 도는 모양. 2.말이나 행동이 겉만 그럴듯한 모양. **번드르르하다**《번드르르하던 삼촌 얼굴이 많이 상했다./진수는 말만 번드르르하고 실속이 하나도 없어.》

번득이다 빛이 잠깐씩 나타났다 사라지다.《어둠 속에서 고양이 눈빛이 번득였다.》 **참**번뜩이다.

번들– 잘 닦고 기름칠한 것처럼 아주 미끄럽고 윤이 나는 모양. **번들거리다 번들대다 번들번들**《민수 얼굴은 땀범벅이 되어 번들거렸다.》

번듯하다 1.비뚤거나 굽거나 흐트러져 있지 않다.《교실 뒤편에 아이들 그림이 번듯하게 걸려 있다.》 **참**반듯하다. 2.생김새나 차림새가 훤하고 말끔하다.《어른들이 이모가 데려온 아저씨가 번듯하게 잘 생겼다고 흐뭇해하셨다.》 **참**반듯하다. 3.떳떳하지 못하거나 꿀리는 데가 없이 당당하다.《나도 번듯한 직장이 있다고.》

번뜩이다 1.센 빛이 잠깐씩 나타났다 사라지다.《마른하늘에 번개가 번뜩인다.》 **참**번득이다. 2.생각, 재주 들이 드러나다.《영미의 말 한 마디 한 마디에

버섯

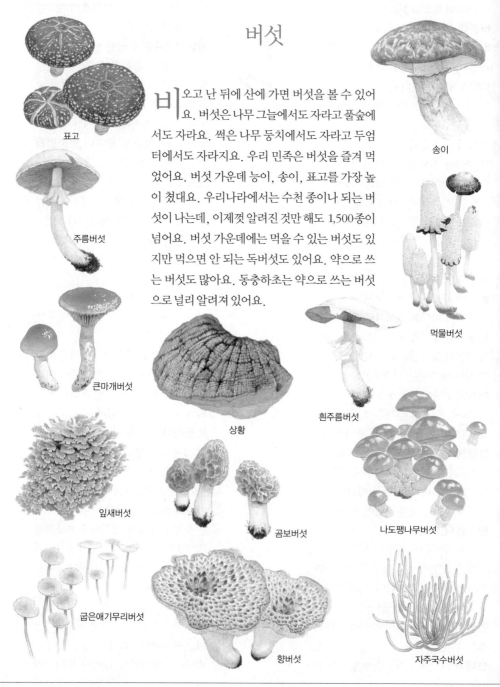

비오고 난 뒤에 산에 가면 버섯을 볼 수 있어요. 버섯은 나무 그늘에서도 자라고 풀숲에서도 자라요. 썩은 나무 둥치에서도 자라고 두엄터에서도 자라지요. 우리 민족은 버섯을 즐겨 먹었어요. 버섯 가운데 능이, 송이, 표고를 가장 높이 쳤대요. 우리나라에서는 수천 종이나 되는 버섯이 나는데, 이제껏 알려진 것만 해도 1,500종이 넘어요. 버섯 가운데에는 먹을 수 있는 버섯도 있지만 먹으면 안 되는 독버섯도 있어요. 약으로 쓰는 버섯도 많아요. 동충하초는 약으로 쓰는 버섯으로 널리 알려져 있어요.

표고

주름버섯

큰마개버섯

잎새버섯

굽은애기무리버섯

송이

먹물버섯

상황

흰주름버섯

곰보버섯

나도팽나무버섯

향버섯

자주국수버섯

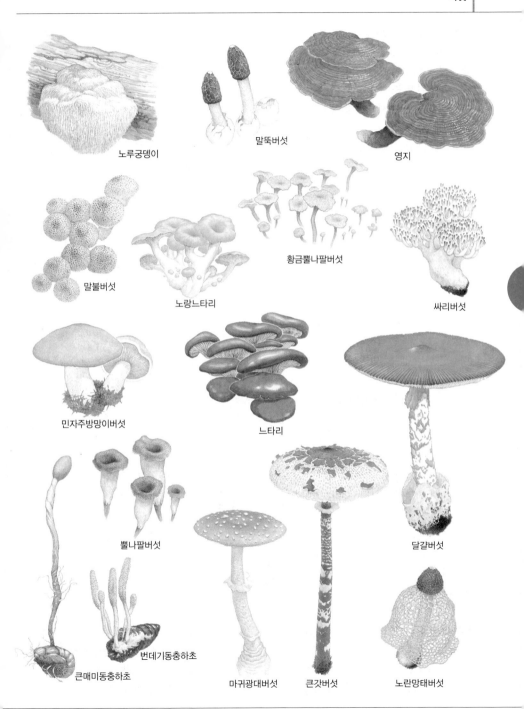

노루궁뎅이

말뚝버섯

영지

말불버섯

노랑느타리

황금뿔나팔버섯

싸리버섯

민자주방망이버섯

느타리

뿔나팔버섯

달걀버섯

번데기동충하초

큰매미동충하초

마귀광대버섯

큰갓버섯

노란망태버섯

서 재치가 번뜩인다.》

번민 (煩悶) 마음이 답답하여 괴로워하는 것. **번민하다**

번번이 일이 있을 때마다 늘.《철수 녀석은 번번이 약속 시간에 늦어.》 같매양. 비매번.

번성 (蕃盛) 1.생명을 지닌 것들의 무리가 커지는 것. 2.하는 일이 잘되는 것. **번성하다**《여름에 비가 자주 내리면 곰팡이들이 번성한다./새해에는 하시는 일이 번성하길 빕니다.》

번식 (繁殖) 동식물 수가 늘어 널리 퍼지는 것.《세균 번식》 **번식하다**

번식지 (繁殖地) 동물이 새끼를 치고 번식하는 곳.

번역 (飜譯) 한 나라 글을 다른 나라글로 옮기는 것. **번역하다**《이모는 일본 소설을 우리말로 번역하는 일을 하신다.》 **번역되다**

번영 (繁榮) 나라나 단체가 잘되어 나가는 것.《우리나라의 번영을 위해 함께 노력하자.》 **번영하다**

번잡하다 복잡하고 어수선하다.《번잡한 도시를 벗어나고 싶어.》

번지 농기구 1.논바닥을 고르는 데 쓰는 농기구. 2.이삭에서 털어 낸 낟알을 긁어모으는 데 쓰는 농기구.

번지 번호 (番地) 행정 구역을 나누려고 땅에 붙이는 번호.《명동 1번지》

번지다 액체나 기운 같은 것이 퍼지다.《물감이 번져서 그림을 망쳤어.》

번지레 |북 1.기름이나 물이 묻어서 조금 미끄럽고 윤기가 나는 모양.《그릇마다 기름이 번지레 묻어 있었다.》 2.실속은 별로 없고 겉만 그럴듯한 모양.

번지_농기구

번철

《내용은 보잘것없이 겉만 번지레 꾸미는 것은 아무 소용이 없다.》

번지르르 1.기름기나 물기가 많이 도는 모양.《얼굴에 기름기가 번지르르돈다.》 2.실속 없이 겉으로만 그럴듯한 모양.《계획만 번지르르 늘어놓는 거 아니야?》 **번지르르하다**

번질- 기름기나 물기가 많아서 매끄럽고 윤이 나는 모양. **번질거리다 번질대다 번질번질**《가구를 잘 닦아서 번질번질 윤이 난다.》

번쩍 빛이 빛이 잠깐 나타났다가 사라지는 모양. **번쩍거리다 번쩍대다 번쩍이다 번쩍하다 번쩍번쩍**《천둥이 치고 나서 번개가 번쩍했다.》

번쩍 손을 1.물건을 가볍게 들어 올리는 모양.《아름이가 상자를 번쩍 들었다.》 2.갑자기 정신이 들거나 어떤 생각이 머리에 떠오르는 모양.《정신이 번쩍 들다.》 3.감았던 눈을 갑자기 크게 뜨는 모양.《아기 울음소리가 나자 엄마가 눈을 번쩍 떴다.》 4.몸의 한 부분을 갑자기 높이 들어 올리는 모양.《제 말에 찬성하시는 분은 손을 번쩍 들어주세요.》 **번쩍번쩍**

번창 (繁昌) 일, 모임 들이 발전하는 것. **번창하다**《사업이 번창하다.》

번철 (燔鐵) 흔히 부침개를 부치는 데 쓰는 둥글넓적한 철판.《할머니가 번철에 기름을 두르고 빈대떡을 부치신다.》 북지짐판.

번호 (番號) 여럿을 갈래나 차례대로 나누려고 붙이는 숫자.《우편 번호》

번호표 (番號票) 번호를 적은 표.

번화가 (繁華街) 번화한 거리.

번화하다 어떤 곳에 가게가 많아 복잡하고 화려하다.《서울은 우리나라에서 가장 번화한 도시야.》

벋다 가지, 덩굴, 뿌리 들이 길게 자라다.《철수네 감나무 가지가 우리 집 마당까지 벋었다.》참뻗다.

벌 들 넓고 평평한 땅.《벌이 얼마나 넓은지 가도 가도 끝이 보이지 않았다.》비벌판.

벌 곤충 여러 마리가 떼 지어 살면서 꽃에서 꿀과 꽃가루를 모으는 곤충. 꽁무니에 독침이 있어 적을 쏜다.

벌_곤충

벌 세는 말 1.옷을 세는 말.《겨울 외투 한 벌》2.옷이나 그릇 같은 것이 여러 개 모여서 갖추어진 덩어리를 세는 말.《밥그릇과 국그릇 한 벌》

벌 잘못 (罰) 죄나 잘못을 저지른 사람에게 주는 괴로운 일.《숙제를 하지 않은 벌로 화장실을 청소했다.》

벌개미취 산골짜기에 자라는 풀. 줄기는 곧게 서고 세로로 홈이 있다. 6~10월에 보라색 꽃이 핀다. 우리나라에서만 자란다. 북벌개미취.

벌거벗다 알몸이 되게 옷을 다 벗다.《냇물에서 동무들과 벌거벗고 멱을 감았다.》참발가벗다.

벌거숭이 옷을 모두 벗은 알몸.《벌거숭이 임금님》참발가숭이.

벌거우리하다 |북 벌건 빛이 어슴푸레하고 부드럽다.《달빛이 벌거우리하게 비친다.》

벌겋다 어둡고 엷게 붉다.《창피해서 얼굴이 벌겋게 달아올랐다.》참발갛다, 뻘겋다. 바벌건, 벌개, 벌겋습니다.

벌금 (罰金) 법이나 약속을 어겼을 때

벌동충하초

벌개미취

벌로 내는 돈.《벌금을 물다.》

벌금형 (罰金刑) 돈을 내어 죗값을 치르는 벌.

벌깃벌깃 |북 군데군데 조금 벌건 모양.《동생 등에 벌깃벌깃 두드러기가 돋았다.》벌깃벌깃하다

벌깃하다 |북 빛깔이 조금 벌겋다.《종일 땡볕에서 놀았더니 얼굴이 벌깃하게 달아올랐다.》

벌꿀 → 꿀.

벌다 1.일을 해서 돈을 얻다.《아버지는 돈을 벌러 미국에 가셨다.》2.시간이나 돈 같은 것을 남기다.《숙제를 빨리 끝냈으니 시간을 번 셈이야.》바버는, 벌어, 법니다.

벌동충하초 낙엽 밑에 있는 죽은 벌에서 나는 버섯. 길고 둥글게 생겼고, 빛깔은 옅은 노란색이다. 약으로 쓴다.

벌떡 앉거나 누워 있다가 갑자기 힘차게 일어나는 모양.《철수가 벌떡 일어나 할아버지께 자리를 양보했다.》

벌러덩 팔다리를 펴고 맥없이 뒤로 쭉 눕거나 자빠지는 모양.《마룻바닥에 벌러덩 드러누웠다.》준벌렁.

벌렁 뒤로 → 벌러덩.

벌렁 심장이 몸의 한 부분이 빠르게 움직이는 모양. 벌렁거리다 벌렁대다 벌렁벌렁《여러 사람 앞에서 발표를 하려니까 떨려서 심장이 벌렁댄다.》

벌레 1.곤충이나 기생충 같은 작은 동물을 모두 이르는 말.《벌레가 꿈틀대는 것을 보고 동생이 놀라 울음을 터뜨렸다.》같버러지. 북벌거지. 2.한 가지 일에 정신을 쏟는 사람을 빗대어 이르는 말.《책벌레/일 벌레》

벌름- 탄력 있는 것이 부드럽고 넓게 벌어졌다 닫혔다 하는 모양. **벌름거리다 벌름대다 벌름벌름**《동생이 맛있는 냄새가 난다면서 코를 벌름거린다.》

벌리다 1.사이를 떼어서 넓히다.《두 팔 간격으로 벌리고 서세요.》2.맞붙거나 접힌 것을 펴거나 열다.《자루를 벌려서 콩을 담았다.》

벌목 (伐木) 나무를 베어 내는 것. 북나무베기. **벌목하다**

벌벌 떨다 1.춥거나 무서워서 몸을 심하게 떠는 모양.《헐벗은 소년이 눈보라 속에서 벌벌 떨고 있었다.》2.돈이나 물건 같은 것을 몹시 아까워하는 모양.《구두쇠는 남을 돕는 일이라면 한 푼도 아까워서 벌벌 떨었다.》

벌벌 기다 몸을 바닥에 붙이고 기는 모양.《벌레가 벌벌 기어간다.》

벌써 1.오래 전에 이미. 또는 얼마 전에 이미.《그 일은 내가 벌써 말씀 드렸어.》2.짐작한 것보다 이르게.《한 시간밖에 안 지났는데 벌써 가려고?》3.짐작한 대로.《선생님 글씨는 벌써 먹물 색깔부터 다르다.》

벌씀바귀 논둑이나 벌판에 자라는 풀. 잎은 길쭉하게 생겼고, 5~7월에 노란 꽃이 핀다. 어린순을 먹는다.

벌어들이다 돈을 벌어 모으다.《우리나라는 조선 사업으로 큰돈을 벌어들였다.》

벌어지다 사이가 1.사이가 갈라져 틈이 생기다.《벌어진 문틈 사이로 달빛이 비친다.》2.맞붙거나 접힌 것이 펴지거나 열리다.《벌써 꽃봉오리가 벌어졌네.》3.친하게 지내던 사람과 사이

벌씀바귀

가 나빠지다.《새별이와 사이가 벌어져서 속상해.》4.가슴이나 어깨가 넓게 펴지다.《떡 벌어진 가슴》5.'떡' 과 함께 써서, 음식상이 아주 푸짐하다.《떡 벌어지게 차린 잔칫상》

벌어지다 잔치가 잔치, 경기, 싸움 들이 열리거나 일어나다.《교실이 시끌벅적한데, 싸움이라도 벌어졌나?》

벌이 돈 버는 일.《삼촌은 무슨 일을 해야 벌이가 좋을지 알아보고 있다.》

벌이다 1.어떤 일을 베풀거나 펼쳐 놓다.《아주머니들이 경로잔치를 벌였다.》2.다툼이나 경쟁을 하다.《두 선수가 우승을 향해 치열한 경쟁을 벌인다.》3.여러 가지를 옆으로 죽 늘어놓다.《대보름이 가까워지자 가게마다 땅콩과 호두를 벌여 놓고 판다.》

벌이줄 1.물건이 버틸 수 있게 매는 줄.《천막 쓰러지지 않게 벌이줄을 팽팽히 잡아매라.》2.연 머리 쪽 두 귀퉁이에서 모아 와 가운데 연줄에 매는 줄.

벌점 (罰點) 법, 약속, 규칙 같은 것을 어겼을 때 벌로 주는 점수.

벌주다 죄나 잘못을 저지른 사람한테 벌을 내리다.《죄 없는 사람을 벌주는 일이 있어서는 안 되겠어요.》

벌집 벌이 모여 사는 집. 알을 낳고 꿀을 모아 두는 곳이다. 북벌둥지.

벌집을 건드리다 관용 괜히 건드려서 말썽을 일으키다.《누나 성났으니까 벌집 건드리지 마.》비벌집을 쑤시다.

벌채 (伐採) 나무를 베는 것.《예전에는 벌채를 해서 땔감으로 썼다.》북나무베내기. **벌채하다**

벌칙 (罰則) 법이나 약속 같은 것을 어

겼을 때 벌로 주는 것.《윷놀이를 하기 전에 먼저 벌칙을 정하자.》

벌침 벌 꽁무니에 달린 작고 독이 있는 가시.

벌컥 휄휄 1.갑자기 크게 화를 내거나 소리치는 모양.《누나는 나를 보자마자 벌컥 화부터 냈다.》2.갑자기 세게 문을 열거나 문이 열리는 모양.《바람이 불어 문이 벌컥 열렸다.》

벌컥– 물을 물이나 술 같은 것을 단숨에 들이켜는 소리. 또는 그 모양. **벌컥거리다 벌컥대다 벌컥벌컥**《물통을 들고 벌컥벌컥 물을 들이켰다.》

벌통 꿀을 얻으려고 꿀벌을 기르는 통.

벌판 넓고 평평한 땅.《말을 타고 벌판을 달렸다.》비벌.

벌하다 죄나 잘못을 저지른 사람한테 벌을 주다.《그 도둑을 꼭 잡아서 엄하게 벌해 주십시오.》

범 → 호랑이.

범 없는 골에 토끼가 스승이라 속담 잘난 사람이 없는 곳에서는 못난 사람이 우두머리 노릇을 한다는 말.

범을 그렸는데 고양이가 됐다 속담 훌륭한 것을 이루려고 하였는데 초라하고 엉뚱한 결과가 나왔다는 말.

범이 사납다고 제 새끼 잡아먹으랴 속담 어미가 제 새끼를 사랑하는 마음은 모든 짐승이 같다는 말.

범람 (氾濫) 강물이나 시냇물이 붙어나 뭍으로 넘치는 것. **범람하다**《강물이 범람하여 홍수가 났다.》

범례 (凡例) → 일러두기.

범벅 1.곡식 가루에 호박, 콩 같은 것을 넣고 풀처럼 쑨 먹을거리.《호박범

범부채

범선

벅》2.질척한 액체가 잔뜩 묻은 것을 빗대어 이르는 말.《한참 울고 나니 얼굴은 눈물과 콧물로 범벅이 되었다.》

범벅이 ㅣ북 여러 가지가 뒤섞인 것.《물감이 범벅이가 되어 보기 흉하다.》

범벅이말 ㅣ북 여러 나라 말이 뒤섞인 말.

범법 (犯法) 법을 어기는 것.

범법자 (犯法者) 법을 어긴 사람.

범부채 산에 절로 자라거나 꽃밭에 심어 가꾸는 풀. 7~8월에 붉은 점이 많이 난 주황색 꽃이 핀다. 뿌리줄기를 약으로 쓴다.

범상하다 뛰어나거나 색다른 점이 없이 예사롭다.《재주가 범상치 않다.》

범선 (帆船) → 돛단배.

범실 (凡失) 야구, 배구 같은 운동 경기에서 흔히 저지르는 실수.

범위 (範圍) 어떤 것이 정해지거나 미치는 테두리.《시험 범위》

범인 (犯人) 죄를 저지른 사람. 같범죄인, 범죄자.

범죄 (犯罪) 법을 어기고 죄를 저지르는 것.《범죄를 저지르다.》

범죄인 (犯罪人) → 범인.

범죄자 (犯罪者) → 범인.

범칙금 (犯則金) 법을 어겼을 때 벌로 내는 돈.《교통 신호를 지키지 않으면 범칙금을 내야 해요.》

범하다 1.법률, 규칙 같은 것을 어기다.《어떤 종교에서나 계율을 범한 사람한테는 벌을 주게 마련이다.》2.잘못이나 실수를 저지르다.《우리 편 선수가 실책을 범하여 한 점을 잃었다.》3.넘지 말아야 할 선을 넘거나 들어가

다.《미국 비행기가 휴전선 북쪽 영공을 범했다.》4. 남의 인격, 위신 들을 해치거나 떨어뜨리다.《이순신 장군의 얼굴에는 함부로 범할 수 없는 위엄이 서려 있다.》

범행 (犯行) 범죄를 저지르는 것.《범행 수법》**범행하다**

법 규칙 (法) 1. 나라를 다스리려고 미리 정해 놓은 여러 가지 규칙.《법을 지키다./법을 어기다.》2. 어떤 일을 하는 방법이나 방식.《이모가 학 접는 법을 가르쳐 주었다.》3. 반드시 어떻게 하라고 정해진 것.《나만 심부름을 다녀오라는 법이 어디 있냐?》4. 어떤 경우.《큰형은 우리가 아무리 귀찮게 해도 성을 내는 법이 없다.》5. 당연하거나 그럴듯한 것.《사흘 동안 쏟아졌으니 이젠 비가 그칠 법도 한데 말이야.》

법 없이 살다 관용 착하고 바르다.《우리 아빠는 법 없이도 사실 분이래요.》

– 법 붙는 말 (法) 어떤 낱말 뒤에 붙어, '방법'이나 '규칙'이라는 뜻을 더하는 말.《사용법/계산법/요리법》

법고 (法鼓) 불교 의식에 쓰는 북. 나무로 몸통을 만들어 양쪽에 쇠가죽을 씌운다. 크기와 모양은 여러 가지이다.

법고탈 통영 오광대에서 쓰는 탈.

법관 (法官) 법원에서 재판을 진행하고 결정을 내리는 사람.

법규 (法規) 법으로 정해져 있어서 따라야 하는 규칙.

법당 (法堂) 절에서 불상을 모시는 집.

법도 (法度) 예절과 질서.《법도를 따르다.》

법랑 (琺瑯) 도자기나 냄비 같은 것을

법고

법고탈

만들 때 겉에 윤을 내려고 바르는 액체.

법령 (法令) 법률과 명령.

법률 (法律) 나라에서 정한 법.

법률 구조 (法律救助) 돈이 없거나 법을 잘 모르는 사람이 법의 보호를 받을 수 있게 나라에서 도와주는 제도.

법률안 (法律案) 법률을 새로 만들거나 고치려고 국회에 내는 안.

법명 (法名) 중이나 불교 신자한테 절에서 지어 주는 이름.《사명 대사의 법명은 '유정'이다.》

법무 (法務) 법에 관한 일.

법무부 (法務部) 나라의 법률에 관한 일을 모두 맡아보는 행정 기관.

법사 (法師) 불교의 가르침을 잘 익혀서 남에게 가르치는 일을 맡은 중.

법석 어수선하게 떠드는 일.《언니가 약속 시간에 늦었다며 법석을 떨었다.》

법석거리다 자꾸 어수선하게 떠들다.《할머니 생신에는 온 친척이 모여서 법석거린다.》**법석대다**

법원 (法院) 법에 따라 재판하는 기관. 대법원, 고등 법원, 지방 법원, 가정 법원 들이 있다. 같 재판소.

법적 (法的) 법에 따르는. 또는 그런 것.

법전 (法典) 나라에서 정한 모든 법을 한데 모아 엮은 책.

법정 곳 (法廷) 재판하는 곳.《법정에 서다.》

법정 정할 (法定) 법으로 정하는 것.《광복절은 법정 공휴일이다.》

법제처 (法制處) 나라에서 새로운 법을 만들 때 그 법을 심사하는 정부 기관.

법조문 (法條文) 법률을 조목조목 나누어 적은 글.

법주사 (法住寺) 충청북도 보은 속리산에 있는 절. 신라 진흥왕 때(553년) 처음 지었다. 국보인 팔상전, 쌍사자 석등 들이 유명하다.

법주사

법주사 팔상전 (法住寺捌相殿) 충청북도 보은 법주사에 있는 5층 목조 건물. 벽에 부처의 일생을 여덟 장면으로 나누어 그린 '팔상도'가 있다. 국보 제55호. ⁣같팔상전.

법주사 팔상전

법치 (法治) 법에 따라 나라를 다스리는 것.

법치 국가 (法治國家) 국민 뜻에 따라 만든 법으로 다스려지는 나라.

법칙 (法則) 1.지켜야 할 규칙.《게임의 법칙》 2.어떤 일이 생기는 원리.《관성의 법칙》

법하다 어떻게 될 듯하다. 또는 어떠한 듯하다.《눈이 내릴 법한 날씨야.》

법회 (法會) 불교를 믿는 사람들이 절에 모여서 여는 모임.

벗 마음이 통하여 가까이 지내는 사람.《철수는 나와 가장 친한 벗이다.》⁣비동무, 친구.

벗겨지다 1.입거나 신거나 씌운 것이 떨어져 나가다.《장갑이 잘 벗겨지지 않아.》 2.누명 같은 억울한 처지에서 벗어나다.《변호사의 노력 덕택에 아저씨의 누명이 벗겨졌다.》 3.머리털, 살갗, 껍질, 때, 칠 들이 거죽에서 떨어져 나가다.《의자에 묻은 페인트가 잘 벗겨지지 않는다.》 4.닫히거나 잠긴 것이 풀리다.《온 힘을 다해 봤지만 빗장은 쉽게 벗겨지지 않았다.》

벗기다 1.입거나 신거나 씌운 것을 떼거나 걷어 내다.《팔을 다친 짝꿍의 외투를 벗겨 주었다.》 2.누명 같은 억울한 처지에서 벗어나게 하다.《우리가 나서서 진수의 누명을 벗겨 주자.》 3.껍질, 때, 칠 들을 긁거나 닦거나 하여 거죽에서 떨어지게 하다.《책상에 묻은 물감을 칼로 벗겨 냈다.》 4.닫히거나 잠긴 것을 풀다.《낡은 문고리를 벗기고 창고에 들어갔다.》

벗님 '벗'을 정답게 이르는 말.

벗다 1.입거나 신거나 쓴 것을 몸에서 떼어 내다.《집 안에서는 모자 벗어.》 2.몸에서 껍질이나 허물을 떼어 내다.《뱀이 허물을 벗는다.》 3.지거나 멘 것을 몸에서 떼어 내다.《등에 멘 가방을 벗어서 내려놓았다.》 4.의무나 책임, 누명이나 괴로움에서 헤어나거나 자유롭게 되다.《범인이 잡혔기에 망정이지 하마터면 누명을 벗지 못할 뻔했다.》 5.어떤 티가 없어지다.《삼촌은 아직도 군인 티를 못 벗었어.》

벗삼다 어떤 것을 벗으로 삼다.《겨울 방학은 책을 벗삼아 보내려고 해.》

벗어나다 1.정해진 선이나 테두리 밖으로 나가다.《버스가 서울을 벗어났다.》 2.어려운 처지나 상황에서 헤어나다.《할아버지는 가난에서 벗어나려고 열심히 일하셨다.》 3.남의 눈 밖에 나다.《여러 사람 눈에 벗어나는 행동은 하지 마.》 4.기준이나 도리에 어긋나다.《예의에 벗어나는 행동》

벗어부치다 1.어떤 일을 하려고 옷을 거침없이 벗다.《삼촌은 겉옷을 벗어부치고 짐을 날랐다.》 2.어떤 일에 선

뜻 나서다.《이장님은 마을 일이라면 벗어부치고 도와주신다.》

벗어지다 저절로 벗겨지다.《훌렁 벗어진 모자/머리가 벗어지다.》

벗풀 도랑이나 논에 절로 나서 자라는 풀. 8~10월에 흰 꽃이 핀다. 땅속줄기 끝에 덩이줄기가 달리는데, 먹거나 약으로 쓴다.

벗하다 벗으로 삼다.《할머니는 시골에서 꽃과 나무와 벗하고 지내신다.》

벙거지 조선 시대에 군인이 쓰던 갓처럼 생긴 모자.

벙글- 입을 크게 벌리고 소리 없이 부드럽게 웃는 모양. **벙글거리다 벙글대다 벙글벙글**《영희는 무슨 좋은 일이 있는지 하루 종일 벙글거린다.》

벙긋 입을 벌리는 모양. 또는 입을 벌리고 소리 없이 웃는 모양. **벙긋거리다 벙긋대다 벙긋하다 벙긋벙긋**《민수는 무슨 말을 하려는 듯이 입을 벙긋하다가 그만두었다.》

벙벙하다 1.논, 연못, 저수지 들에 물이 꽤 많이 차다.《비가 많이 와서 논에 물이 벙벙하다.》 2.뜻밖의 일이 생겨 얼떨떨하다.《갑자기 당한 일에 어찌할 바를 몰라 벙벙하게 서 있었다.》

벙어리 말을 하지 못하는 사람.

벙어리장갑 엄지손가락만 따로 넣고 나머지 네 손가락은 한데 넣는 장갑. **북통장갑**.

벚꽃 벚나무에 피는 꽃. 빛깔은 옅은 분홍색인데, 봄에 잎보다 먼저 핀다.

벚꽃버섯 바늘잎나무가 자라는 숲 속에 무리 지어 나는 버섯. 갓은 판판하고 가운데가 볼록하다. 먹는 버섯이다.

벚나무

벗풀

베도라치

벚꽃

벚꽃버섯

벚나무 산과 들에 절로 자라거나 꽃을 보려고 심어 가꾸는 잎지는나무. 봄에 옅은 분홍색 꽃이 잎보다 먼저 피고, 초여름에 '버찌'라고 부르는 열매가 까맣게 익는다. **북벗나무**.

베 1.실로 짜는 천을 두루 이르는 말.《할머니가 베를 짜신다.》 2.→ 삼베.

베가 (vega) → 직녀 별.

베개 눕거나 잘 때 머리 밑에 베는 물건.《아빠, 베개 베고 주무세요.》

베갯잇 베개에 덧씌우는 천.

베끼다 다른 것을 그대로 옮겨 적거나 그리다.《시를 공책에 베껴 적었다.》

베네치아 (Venezia) 이탈리아 북쪽에 있는 항구 도시. 작은 섬 118개로 이루어졌고, 시내에서는 흔히 운하에서 곤돌라를 타고 다닌다.

베니어합판 얇게 켠 널빤지를 여러 겹 붙여서 만든 단단한 널빤지.

베다 ^{받치다} 베개 같은 것을 머리 밑에 괴다.《이모 팔을 베고 잠들었다.》

베다 ^{자르다} 1.칼이나 낫처럼 날이 있는 것으로 자르다.《할아버지는 누렇게 익은 벼를 낫으로 베셨다.》 2.칼이나 낫처럼 날이 있는 것을 쓰다가 상처를 내다.《무를 썰다가 손을 뱄다.》

베도라치 얕은 바다나 바닷가 웅덩이에 사는 바닷물고기. 몸은 가늘고 긴데 옆으로 납작하다. 등지느러미가 머리에서 꼬리까지 이어져 있다.

베레모 챙이 없고 둥글납작한 모자.

베를린 (Berlin) 독일의 수도. 독일 북동쪽에 있는 도시로, 동독과 서독을 가르는 장벽이 있던 곳이다.

베솔 실로 천을 짤 때 날실을 문지르는

솔. 날실에 풀을 골고루 먹이고 실오라기가 서로 붙지 않게 한다.

베스트셀러 (best seller) 가장 많이 팔린 책.

베옷 삼베로 지은 옷.

베이다 칼이나 낫처럼 날이 있는 것에 잘리거나 다치다. 《종이를 자르다가 칼에 손이 베였다.》

베이스 ^{야구} (base) → 누.

베이스 ^{악기} (bass) 1.성악에서 가장 낮은 남자 목소리. 또는 그 소리로 노래하는 가수. ^참바리톤, 테너. 2.→ 더블베이스.

베이지 (beige) 밝고 옅은 갈색.

베이징 (Beijing) 중국의 수도. 중국 북동쪽에 있는 도시로, 중국 역사에서 오랫동안 수도였고, 자금성, 천안문 같은 유적이 있다. ^같북경.

베이킹파우더 (baking powder) 빵이나 과자를 부풀게 하는 데 쓰는 가루.

베일 (veil) 여자들이 얼굴을 가리거나 꾸미려고 쓰는 얇은 천.

베짱이 논밭이나 풀밭에 사는 곤충. 몸 빛깔은 풀색이고 더듬이가 몸보다 길다. 날개를 비벼서 소리를 낸다.

베차다 ^{|북} 어떤 일을 해내거나 견디기에 조금 벅차다. 《수진이한테는 산꼭대기까지 오르는 일이 베찬 것 같다.》

베테랑 (vétéran ^프) 어떤 일을 오랫동안 해서 솜씨가 좋은 사람.

베틀 실로 천을 짜는 데 쓰는 틀.

베풀다 1.잔치를 열다. 《어머니 모임에서 노인들을 모셔다가 잔치를 베풀었다.》 2.남을 도우려고 정, 사랑, 돈 같은 것을 주다. 《네가 내게 베푼 친절

벨로키랍토르

벼

베짱이

은 영원히 잊지 못할 거야.》

벤젠 (benzene) 빛깔이 없고 독특한 냄새가 나며 불이 잘 붙는 액체. 물감, 살충제, 폭약 들을 만드는 데 쓴다.

벤처 기업 새로운 기술과 앞선 생각으로 사업에 도전하는 중소기업. 컴퓨터나 생명 공학 분야에 많다.

벤치 (bench) 여러 사람이 앉을 수 있는 긴 의자.

벨 (bell) 전화기, 초인종 같은 것에서 소리를 내는 전기 장치.

벨로시랩터 → 벨로키랍토르.

벨로키랍토르 몸집이 좀 작고 재빠른 육식 공룡. 날카로운 이빨과 발톱으로 사냥을 잘했다. ^같벨로시랩터.

벨트 (belt) → 허리띠.

벼 논에 심어 가꾸는 곡식. 줄기는 속이 비어 있고, 잎은 가늘고 길다. 7~9월에 줄기 끝에 꽃이 피고 이삭을 맺는데, 껍질을 벗긴 것이 쌀이다.

벼는 익을수록 고개를 숙인다 ^{속담} 많이 배우고 훌륭한 사람일수록 겸손하다는 말.

벼가을 ^{|북} 익은 벼를 베어서 거두어들이는 것. **벼가을하다**

벼겨 ^{|북} 벼 낟알에서 쌀을 내고 난 뒤에 남은 겨.

벼농사 벼를 심어 가꾸는 일. ^같쌀농사.

벼락 전기를 띤 구름과 땅 위에 있는 물체 사이에 아주 센 전기가 흘러서 그 물체에 피해를 주는 일. ^같벽력. ^참번개.
벼락이 떨어지다 ^{관용} 호된 꾸중을 듣다. 《청소를 안 하고 도망갔다가는 선생님 벼락이 떨어질걸.》 ^비벼락이 내리다.

벼락공부 시험이 닥쳐서야 서둘러서

하는 공부.《벼락공부는 점수 올리는데 별로 도움이 안 돼.》

벼락부자 갑자기 부자가 된 사람. **북**갑작부자.

벼랑 산이나 언덕에서 기울기가 아주 가파른 곳. **비**낭떠러지, 절벽.

벼루 먹을 갈아 먹물을 만드는 데 쓰는 돌 그릇.

벼룩 사람이나 짐승 몸에 붙어서 피를 빨아 먹고 사는 작은 곤충. 뒷다리가 길고 튼튼하여 잘 뛰고, 병을 옮기기도 한다.

벼룩도 낯짝이 있다 속담 창피를 모르고 몹시 뻔뻔스럽게 구는 사람을 핀잔줄 때 하는 말.

벼룩의 간을 내어 먹는다 속담 처지가 어려운 사람 것까지 뺏으려 든다는 말.

벼룩나물 밭둑에 자라는 풀. 줄기가 무더기로 모여나며, 4~5월에 흰 꽃이 핀다. 잎과 줄기를 먹는다. **북**벼룩별꽃.

벼룩시장 쓰던 물건을 싸게 사고파는 시장.

벼룩아재비 산과 들이나 길가 축축한 땅에 자라는 풀. 크기가 아주 작고 줄기도 가늘다. 8~10월에 작고 흰 꽃이 핀다. **북**실좀꽃풀.

벼룩이자리 밭이나 길가에 절로 나서 자라는 풀. 온몸에 잔털이 있고, 4~5월에 흰 꽃이 핀다.

벼르다 어떤 일을 하려고 단단히 마음먹고 기다리다.《이 책을 사려고 그동안 얼마나 별렀는지 몰라.》**바**벼르는, 별러, 벼릅니다.

벼리다 1. 쇠를 달구고 두드려서 연장이나 무기를 만들다.《대장장이가 무

벼메뚜기

벼룩

벼룩나물

벼훑이

벼룩아재비

벼룩이자리

쇠로 큰 칼을 벼렸다.》2. 날이 무딘 연장을 달구고 두드려서 날카롭게 만들다.《낫을 벼리다.》

벼메뚜기 논밭이나 풀밭에 사는 메뚜기. 몸 빛깔은 누런 초록색이고, 뒷다리가 길어서 잘 뛰어다닌다.

벼멸구 → 멸구.

벼바다 **북** 벼가 바람에 흔들리는 끝없이 펼쳐진 논을 빗대어 이르는 말.《길 옆으로 누른 벼바다가 펼쳐져 있다.》

벼슬 **나랏일** 옛날에 나랏일을 맡아보던 자리.《우리 조상 가운데는 높은 벼슬을 지낸 분이 많다.》**같**벼슬자리. **벼슬하다**

벼슬 **닭** '볏'의 사투리.

벼슬길 벼슬아치가 되는 일.

벼슬아치 옛날에 나랏일을 맡아보던 사람. **비**관리.

벼슬자리 → 벼슬.

벼훑이 옛날에 벼 낟알을 훑는 데 쓰던 농기구. 한데 묶은 나뭇가지나 쇠 사이에 파인 홈에 벼 이삭을 끼고 훑는다.

벽 (壁) 1. 집이나 방 둘레를 막아 세운 것.《벽에 낙서하지 마.》2. 하려고 하는 일을 못하게 하거나 가는 길을 가로막는 방해물.《벽을 넘다.》

벽에 부딪치다 관용 문제가 생겨서 일을 못하게 되다.《몇몇 아이가 그만두는 바람에 연극 연습이 벽에 부딪쳤다.》

벽을 허물다 관용 관계를 맺지 못하게 가로막는 것을 없애다.《마음의 벽을 허물고 모두 친하게 지내자.》

벽걸이 벽이나 기둥에 거는 것.《벽걸이 시계》

벽골제 (碧骨堤) 전라북도 김제에 있

는 저수지 둑. 백제 비류왕 때(330년) 만들었다. 지금은 터만 드문드문 남아 있다.

벽난로 (壁煖爐) 벽을 뚫어 아궁이와 굴뚝을 낸 난로.

벽돌 벽 쌓는 데 쓰는 네모난 돌.

벽두 (劈頭) 어떤 일이나 때의 맨 처음.《새해 벽두》

벽란도 (碧瀾渡) 황해도 예성강에 있는 고려 시대 나루. 외국 상인이 많이 드나들면서 무역을 하던 곳이다.

벽력 (霹靂) → 벼락.《벽력같은 호통》

벽면 (壁面) 벽의 겉면.

벽보 (壁報) 남한테 알리려고 벽이나 게시판에 붙이는 글.《잃어버린 강아지를 찾는다는 벽보가 붙어 있어요.》

벽시계 (壁時計) → 괘종시계.

벽신문 (壁新聞) 신문처럼 꾸민 벽보.

벽오동 공원이나 뜰에 심어 가꾸는 잎 지는나무. 나무껍질이 녹색을 띠고, 잎은 넓고 크다. 나무로 가구나 악기를 만든다. **북**청오동나무.

벽장 (壁欌) 벽을 뚫고 문을 달아 만든 장.《벽장에서 이불을 꺼냈다.》

벽지 종이 (壁紙) 벽이나 천장에 바르는 종이.《벽지를 새로 바르니까 방이 환해 보이네.》

벽지 곳 (僻地) 깊은 산속이나 뭍에서 멀리 떨어진 섬같이 외딴 곳.《산간벽지》 **참**벽촌.

벽창호 고집 세고 미련한 사람.《벽창호랑 얘기해 봐야 내 입만 아프지.》

벽촌 (僻村) 외딴 마을.《할아버지 댁은 전깃불도 들어오지 않는 벽촌이다.》 **참**벽지.

벽화 (壁畵) 건물, 동굴, 무덤 같은 곳의 벽에 그린 그림.

변 똥 (便) 똥이나 오줌. 똥을 이를 때가 많다.《우리 할아버지는 똥을 변이라고 하신다.》

변 선 (邊) 1.다각형을 이루는 직선 하나하나. 2.방정식이나 부등식에서 부호 양옆에 있는 수나 식.

변 일 (變) 갑자기 생기는 나쁜 일.《변이 생기다./변을 당하다.》

변 한자 (邊) 중국 글자에서 한 글자의 왼쪽에 딸린 글자. '信'에서 '人'을 이르고, '明'에서 '日'을 이른다.

변경 땅 (邊境) 다른 나라와 맞닿은 변두리 땅. **같**변방.

변경 바꾸다 (變更) 전과 다르게 바꾸는 것. **변경하다**《비가 와서 소풍 날짜를 변경했다.》 **변경되다**

변고 (變故) 갑자기 일어나는 나쁜 일.《변고를 당하다./변고가 생기다.》

변괴 (變怪) 이상하고 야릇한 일이나 불행한 일.

변기 (便器) 똥오줌을 누는 통.

변덕 (變德) 성질이나 태도를 자꾸 바꾸는 것.《변덕을 부리다./변덕을 떨다./변덕이 심하다.》

변덕이 죽 끓듯 하다 관용 자꾸 이랬다저랬다 하다.《아까는 김밥 먹는다더니, 그 다음엔 라면, 이젠 떡볶이? 너 변덕이 죽 끓듯 하는구나.》

변덕스럽다 변덕을 부리는 느낌이 있다.《날씨가 변덕스러우니 우산을 가지고 가세요》 **바**변덕스러운, 변덕스러워, 변덕스럽습니다.

변덕쟁이 변덕을 잘 부리는 사람.《내

짝꿍은 변덕쟁이야.》

변동 (變動) 전과 다르게 바뀌는 것. 《올해는 배추 값 변동이 심하다.》 **변동하다 변동되다**

변두리 어떤 곳의 가장자리. 《서울 변두리》

변론 (辯論) 소송을 하는 사람이나 변호인이 법정에서 주장하는 것. **변론하다**

변명 (辨明) 잘못이나 실수를 저지른 까닭을 밝히는 것. 《변명 그만 하고 네 잘못을 솔직하게 인정해.》 **변명하다**

변방 (邊方) → 변경.

변변찮다 보잘것없고 모자라다. 《변변찮은 음식이지만 많이 드세요.》

변변하다 그런대로 괜찮다. 또는 필요한 것을 제대로 갖추어 쓸 만하다. 《변변한 옷 한 벌이 없네.》

변별 (辨別) 서로 다른 점을 가리는 것. **변별하다** 《어느 것이 국산이고 어느 것이 중국산인지 변별하기가 쉽지 않다.》 **변별되다**

변비 (便祕) 배 속에 있는 똥이 굳어서 잘 나오지 않는 증세.

변사 사람 (辯士) 소리가 나오지 않는 영화를 상영할 때에 내용을 설명하거나 대화를 흉내 내어 말하는 사람.

변사 죽음 (變死) 뜻밖의 사고로 죽는 것. 《변사를 당하다.》 **변사하다**

변상 (辨償) 남에게 끼친 손해를 물어 주는 것. 비배상. **변상하다** 《제가 유리를 깼으니 변상해 드리겠습니다.》

변색 (變色) 빛깔이 바뀌는 것. **변색하다 변색되다** 《하얀 옷이 누렇게 변색되었다.》

변성 목소리 (變聲) 사춘기에 목소리가 달라지는 것. **변성하다**

변성 성질 (變性) 성질이 바뀌는 것. 《암석 변성 작용》 **변성되다**

변성기 (變聲期) 남자 아이 목소리가 어른처럼 낮고 굵게 변하는 때. 흔히 열두 살에서 열다섯 살 무렵이다.

변성암 (變成巖) 퇴적암이나 화성암이 깊은 땅속에서 열과 힘을 받아 바뀐 돌. 대리암, 편마암 들이 있다.

변소 (便所) 똥오줌을 누는 곳. 북변소간.

변수 (變數) 1. 어떤 테두리 안에서 여러 가지 값으로 변할 수 있는 수. 2. 어떤 일을 바꾸는 데 영향을 미치는 것. 《내일 소풍 가는데 날씨가 변수야.》

변신 (變身) 모습을 바꾸는 것. 《원숭이로 변신한 마법사》 **변신하다**

변심 (變心) 마음을 바꾸는 것. **변심하다** 《네가 변심할 줄 미처 몰랐어.》

변압기 (變壓器) 전압을 바꾸는 장치. 같트랜스.

변온 동물 (變溫動物) → 찬피 동물.

변이 (變異) 생물의 유전자 염색체가 바뀌는 것.

변장 (變裝) 옷차림이나 모습을 남이 알아보지 못하게 꾸미는 것. 《범인이 변장을 하고 포위망을 빠져나갔다.》 **변장하다**

변전소 (變電所) 전압을 바꾸는 시설.

변절 (變節) 옳은 뜻을 저버리고 마음을 바꾸는 것. **변절하다** 《그분은 모진 고문에도 끝내 변절하지 않았다.》

변조 (變造) 사물의 모양이나 내용 같은 것을 바꾸는 것. 《서류 변조/음성

변조》 **변조하다 변조되다**

변주 (變奏) 곡의 중심 가락을 여러 가지로 바꾸면서 연주하는 것. 또는 그런 연주.

변주곡 (變奏曲) 어떤 곡을 변주하여 만든 곡.

변죽 사물의 가장자리.《장구 복판과 변죽을 번갈아 두드렸더니 서로 다른 소리가 났다.》

변죽을 울리다 **관용** 바로 말하지 않고 에둘러서 말해 눈치 채게 하다.《새별이 마음 상할까 봐 변죽만 울렸어.》

변질 (變質) 성질이 바뀌는 것. **변질하다 변질되다**

변천 (變遷) 성질, 모습 들이 세월 따라 바뀌는 것.《의복의 변천 과정》 **변천하다**

변칙 (變則) 원칙이나 규칙에서 벗어나는 것.

변태 (變態) 1.곤충이 다 자랄 때까지 여러 모습을 거치는 것.《초파리의 성장과 변태 과정을 알아보자.》 **같탈바꿈. 북모습갈이.** 2.식물의 뿌리, 잎, 줄기 들이 원래 모습과는 아주 다르게 바뀌어 자라는 것.《변태 식물》

변통 (變通) 1.어떤 일을 그때그때 형편에 따라 해 나가는 것.《임시변통으로라도 대책을 마련해야지.》 2.돈이나 물건 들을 빌리는 것. **변통하다**

변하다 성질, 모습 들이 바뀌다.《살을 뺐다더니 얼굴도 몰라보게 변했구나.》

변한 (弁韓) 삼한 가운데 경상남도에 있던 나라. 나중에 가야로 발전하였다.

변함없다 변한 것이 없다.《변함없는 사랑》

변혁 (變革) 사회, 제도 같은 것을 이전과 전혀 다르게 바꾸는 것.《사회 변혁/변혁을 일으키다.》 **변혁하다**

변형 (變形) 사물의 생김새가 바뀌는 것. **변형하다 변형되다**《옷을 잘못 빨면 변형될 수 있다.》

변호 (辯護) 1.어떤 사람을 편들어 말하는 것. 2.법정에서 검사에 맞서 피고인을 편들어 말하는 것. **변호하다**《선애가 잘못한 게 뻔한데 너는 왜 자꾸 그 애를 변호하려 드니?》

변호사 (辯護士) 재판받는 사람을 변호하는 일이 직업인 사람.《민선 변호사》 **참검사, 판사.**

변호인 (辯護人) 형사 소송에서 재판받는 사람을 변호하는 사람.

변화 (變化) 성질이나 모습이 바뀌는 것.《날씨 변화가 심하니 감기 걸리지 않게 조심해.》 **변화하다 변화되다**

변화무쌍하다 변화가 아주 심하다.《변화무쌍한 날씨》

변환 (變換) 성질, 모습 들을 바꾸는 것. 또는 성질, 모습 들이 바뀌는 것. **변환하다**《이 장치가 회전 운동을 직선 운동으로 변환해 준다.》

별 **하늘** 1.밤하늘에 반짝이는 물체. 2.밤하늘에 반짝이는 물체를 본떠서 만든 도형.《색종이로 별을 만들었다.》

별 **특별** (別) 두드러지는. 또는 특별한.《여행을 떠났던 삼촌이 별 탈 없이 돌아왔다.》

별개 (別個) 서로 다른 것.《돈이 많은 것과 행복한 것은 별개인 것 같아요.》

별거 (別居) 부부나 식구가 따로 떨어져 사는 것. **참동거. 별거하다**

별것 중요하거나 대단한 것.《별것도 아닌데 왜 그리 화를 내는 거야?》

별고 (別故) 별다른 탈.《너희 부모님은 별고 없이 잘 계시니?》

별관 (別館) 본관 말고 따로 지은 건물.《시청 별관》참본관.

별기군 (別技軍) 조선 고종 때(1881년) 둔 신식 군대. 일본 사람이 근대식 군사 훈련을 시켰다.

별꼴 별나서 눈에 거슬리는 꼴.《남자아이가 여자 화장실에 들어오다니 별꼴 다 보겠네.》

별나다 보통과 다르다.《세상에는 별난 일도 다 있군.》

별나라 별을 사람이 사는 나라처럼 이르는 아이들 말.《우주선을 타고 별나라를 여행하고 싶어요.》

별님 별을 사람으로 여기고 높여 이르는 말.《별님, 내일 또 만나요.》

별다르다 아주 다르거나 특별하다.《내일 별다른 일 없으면 나랑 놀자.》바별다른, 별달라, 별다릅니다.

별달리 별다르게.《3년 만에 온 곳인데 별달리 달라진 게 없구나.》

별당 (別堂) 주된 집채에서 따로 떨어진 집이나 방.

별도 (別途) 따로 하는 것.《산에 갈 때는 두꺼운 옷을 별도로 준비해.》

별똥 → 별똥별.

별똥별 하늘에서 빛을 내면서 떨어지는 작은 물체. 같별똥, 유성.

별로 그다지 특별하게.《이 치마는 별로 안 예쁘다.》

별말 별다른 말. 또는 뜻밖의 말.《어제 주연이가 별말 안 했니?》같별소리.

높별말씀.

별말씀 '별말' 의 높임말.《선생님은 별말씀 없이 성적표만 주셨어요.》

별명 (別名) 본디 이름 말고 따로 지어 부르는 이름.《얼마나 무서우면 그 선생님 별명이 '호랑이' 겠니?》같별칭.

별무반 (別武班) 고려 숙종 때(1104년) 윤관이 여진족을 치려고 만든 군대.

별미 (別味) 특별히 좋은 맛. 또는 특별히 맛있는 음식.《이 집 별미는 메밀국수입니다.》

별박이 높이 떠올라서 밤하늘의 별처럼 조그맣게 보이는 연.

별별 (別別) → 별의별.《오래 살다 보면 별별 얘기를 다 듣는 법이다.》

별보라 |북 맑은 밤하늘에 수많은 별이 반짝이는 것.《요즘은 시골 밤하늘이 아니면 별보라를 보기 어렵다.》

별불가사리 얕은 바다 속 바위 위에 사는 불가사리. 등은 파란 바탕에 주황색 무늬가 있고 배는 주황색이다.

별불가사리

별빛 별에서 나는 빛.

별산대 (別山臺) 서울에서 하던 본산대놀이를 본받아 다른 곳에서 생긴 놀이. 지금은 양주 별산대놀이만 전한다.

별세계 (別世界) 우리가 사는 세계와 전혀 다른 세계.《푸른 바다 속에 들어가면 별세계가 펼쳐진다.》비별천지.

별세하다 '죽다' 의 높임말.《할아버지는 내가 태어나기 전에 별세하셨다.》

별소리 → 별말.

별수 1. 달리 어떻게 할 방법.《열심히 노력하는 것 말고 별수 있겠어요?》 2. 온갖 방법.《별수를 다 써 봐도 바위는

꿈쩍도 하지 않았다.》

별스럽다 보통과 다르다.《별스럽게 굴지 말고 이리 와서 같이 놀자.》^바별스러운, 별스러워, 별스럽습니다.

별식 (別食) 늘 먹는 음식이 아닌 특별한 음식.《내 생일에 엄마가 별식을 만들어 주셨다.》

별신굿 동해 여러 지역과 충청남도 은산에서 하는 마을굿. **같**별신제.

별신제 (別神祭) → 별신굿.

별실 (別室) 특별히 따로 만든 방.《사무실에 칸막이를 해서 별실을 꾸몄다.》

별안간 갑자기 순식간에.《이사를 간다니 별안간 무슨 말이니?》**비**갑자기.

별의별 가지가지의.《아버지 서재에는 별의별 책이 다 있다.》**같**별별.

별일 1. 드물고 이상한 일. 또는 특별한 일.《네가 이렇게 일찍 일어나다니 별일이다.》2. 온갖 일.《여행하는 동안 별일을 다 겪었다.》

별자리 별을 몇 개씩 이어서 이름을 붙인 것. **같**성좌.

별장 (別莊) 경치 좋은 곳에 따로 지어 두고 가끔 가서 쉬는 집.《할아버지는 강원도 바닷가에 별장을 지으셨다.》

별종 (別種) 1. 다른 종류.《멍게와 해삼은 별종이다.》2. 별난 짓을 잘하는 사람을 낮추어 이르는 말.《한겨울에 반팔을 입고 다니다니 참 별종이다.》

별주부전 (鼈主簿傳) 조선 후기에 나온 판소리 소설. 자라의 꾐에 빠져 죽을 뻔한 토끼가 꾀를 부려 도망친다는 이야기가 담겨 있다.

별찌 ^{|북} 1. 맑은 밤하늘에 빛줄기를 그리면서 빠르게 떨어지는 물체.《하늘

저편으로 별찌 하나가 꼬리를 그리며 떨어졌다.》2. 세게 맞거나 몹시 어지러울 때 눈앞에서 불빛이 번쩍하고 어른거리는 것을 빗대어 이르는 말.《선생님이 꿀밤을 주시면 별찌가 다 난다.》3. 불빛이 아주 빠르게 움직이거나 어른거리는 것을 빗대어 이르는 말.《강 건너편에서 별찌가 지나갔다.》

별채 중심인 집채와 따로 떨어진 집.《아버지는 마당을 가로질러 별채로 건너갔다.》**참**본채.

별책 (別冊) 어떤 책에 딸린 책.《잡지 별책 부록》

별천지 (別天地) 우리가 사는 곳과 전혀 다른 곳. **비**별세계.

별치않다 ^{|북} 대수롭지 않거나 하찮다.《별치않은 일이니 엄마는 걱정하지 않으셔도 돼요.》

별칭 (別稱) → 별명.《금강산의 별칭 가운데에는 개골산이라는 것도 있다.》

별표 별처럼 생긴 표.《중요한 것에는 별표를 쳐 두었다.》

볍쌀 벼에서 나는 쌀. 곧 멥쌀과 찹쌀을 이른다. **북**벼쌀.

볍씨 벼의 씨. **북**벼씨.

볏 닭이나 꿩 같은 새 머리 위에 세로로 붙은 붉은 살.

볏가리 볏단을 쌓은 더미. **북**벼가리.

볏단 벼를 베어 묶은 것. **북**벼단.

볏섬 벼를 담는 짚 자루.

볏짚 낟알을 떨어낸 벼 줄기. **북**벼짚.

병 질병 (病) 몸에 탈이 나는 일.《병에 걸리다./병이 낫다.》**높**병환.

병 자랑은 하여라 **속담** 병에 걸렸을 때는 자기가 아픈 것을 여러 사람한테 알려

서 고칠 방법을 찾아야 한다는 말.

병 주고 약 준다 **속담** 남의 일을 망친 뒤에 걱정하고 도와주는 척하는 것을 빗대어 이르는 말.

병 그릇 (瓶) 목이 길고 주둥이가 좁은 그릇. 흔히 안에 액체를 담는다.《빈 병에 물을 담아 꽃을 꽂았다.》

병간호 (病看護) 병든 사람을 보살피는 것.《엄마는 동생 병간호를 하느라 밤을 새웠다.》비병구완. **병간호하다**

병구완 병든 사람을 돌보아 주는 것. 비병간호. **병구완하다**

병균 (病菌) 병을 일으키는 여러 균. 같병원균.

병기 (兵器) 총, 칼 같은 무기.

병나다 병에 걸리다.《추운 날씨에 너무 심하게 운동하면 병나기 쉽다.》

병동 (病棟) 큰 병원에서 치료 과목에 따라 나눈 작은 건물.《소아과 병동》

병들다 병에 걸리다.《병든 강아지》 **바**병드는, 병들어, 병듭니다.

병든 주인 한 명이 일꾼 열 명 몫을 한다 **속담** 아파서 일을 못하는 주인일망정 일꾼을 보살피고 다그치는 것만으로도 큰 몫을 한다는 말.

병따개 병뚜껑을 따는 도구.

병뚜껑 병 주둥이를 막는 뚜껑.《이 병뚜껑은 돌려서 여는 거야.》

병력 (兵力) 군대의 힘. 또는 군인의 수.《병력 동원》

병렬 1.나란히 늘어놓는 것. 2.전깃줄이나 전지를 같은 극끼리 잇는 것.《전선을 병렬로 연결하였다.》참직렬. 북병렬련결. **병렬하다**

병마 (病魔) 병을 마귀에 빗대어 이르

대감탈

양반탈

병산탈

는 말.《병마를 물리치다.》

병마개 병 주둥이를 막는 것.

병명 (病名) 병 이름.《병명이 결핵으로 밝혀졌다.》

병목 병 주둥이 밑의 잘록한 부분.

병무청 (兵務廳) 국방부에 딸린 기관. 군대에 갈 사람을 불러 모으는 일을 맡아본다.

병문안 (病問安) 병든 사람을 찾아가서 마음을 달래고 용기를 북돋워 주는 것.《선생님과 함께 동무 병문안을 갔다.》비문병. **병문안하다**

병법 (兵法) 군사를 이끌고 전쟁을 하는 방법.《손자병법》

병사 (兵士) → 군사.

병산탈 경상북도 안동 병산 마을에 있던 나무탈. 우리나라에서 가장 오래된 탈로, 양반탈과 대감탈이 있다. 국보 제 121호.

병상 (病床) 병에 걸린 사람이 눕는 자리.《할아버지가 병상에서 일어나셨다.》비병석.

병석 (病席) 병에 걸린 사람이 앓아누운 자리.《할머니께서는 2년째 병석에 누워 계십니다.》비병상.

병세 (病勢) 병의 상태.《할아버지 병세가 많이 좋아졌다.》

병신 (病身) 1.몸의 한 부분이 온전하지 못하거나 제구실을 못하는 것. 또는 그런 사람을 낮추어 이르는 말. 2. 수준이 낮고 능력이 모자라서 제구실을 못하는 사람을 낮추어 이르는 말.

병실 (病室) 병원에서 아픈 사람이 머물면서 치료를 받는 방.《입원한 동무를 병실로 찾아가서 만났다.》

병아리 닭의 새끼. 온몸에 노란 솜털이 나 있다.

병아리

병아리 눈물만큼 ^{관용} 아주 조금.《사탕이 그렇게 많으면서 나한테는 병아리 눈물만큼 주다니 너무해.》

병아리꽃나무 산기슭이나 산골짜기에 자라는 잎지는나무. 잎 뒷면에 털이 있고, 봄에 흰 꽃이 핀다. 열매는 가을에 까맣게 익는다.

병아리꽃나무

병아리난초 숲 속 바위에 붙어 자라는 풀. 한 포기에 잎이 한 장만 나고, 6~7월에 빨간 꽃이 여러 송이 달린다. ^북병아리란.

병아리난초

병약하다 병에 시달려서 몸이 약하다. 또는 몸이 약해서 병에 걸리기 쉽다.《그 사람은 서 있기도 힘들 만큼 병약해 보였다.》^반강건하다.

병어 뭍에서 먼 따뜻한 바다에 사는 바닷물고기. 몸이 납작하고 둥그스름하다. 몸 빛깔은 푸른빛을 띤 은빛이다.

병어

병역(兵役) 정해진 동안에 군인으로 일하는 것.《삼촌은 병역을 마치고 다시 대학교에 다닌다.》

병영(兵營) 군대에서 군인들이 사는 집.

병원(病院) 의사가 아픈 사람을 살피고 병을 고치는 곳.《할아버지께서 병원에 입원하셨어요.》

병원균(病原菌) → 병균.

병원체(病原體) 바이러스, 세균, 기생충 들처럼 병을 일으키는 것.

병인양요(丙寅洋擾) 조선 고종 때 (1866년) 프랑스 군대가 강화도에 쳐들어온 사건.

병자(病者) 병을 앓는 사람. 비환자.

병자호란(丙子胡亂) 조선 인조 때 (1636년) 청나라가 쳐들어와서 일어난 싸움. 이듬해 1월에 청나라에 항복하였다.

병적(病的) 몸이나 정신이 정상이 아닌. 또는 그런 것.

병정(兵丁) → 군사.

병조(兵曹) 고려 시대와 조선 시대에 군사에 관한 일을 맡아보던 관청.

병졸(兵卒) 계급이 낮은 군인.

병중(病中) 병을 앓는 동안.《병중에는 절대로 담배를 피우면 안 됩니다.》

병창(竝唱) 가야금이나 거문고 같은 악기를 연주하면서 노래하는 것. 또는 그 노래.《가야금 병창》^참산조.

병충해(病蟲害) 농작물이 병이나 벌레 때문에 입는 피해.

병치레 병을 앓는 것.《우리 누나는 몸이 약해서 병치레가 잦습니다.》^북병치장. **병치레하다**

병폐(病弊) 오랜 시간에 걸쳐서 생긴 나쁜 점.《사회 병폐》^북병폐.

병풀 남쪽 지방의 산과 들, 길가에 자라는 풀. 가는 줄기가 옆으로 길게 뻗고, 여름에 붉은 자줏빛 꽃이 핀다. 포기째 약으로 쓴다.

병풀

병풍(屛風) 집 안에서 어떤 것을 가리거나 방을 꾸미려고 치는 물건.

병풍에 그린 닭이 홰를 치거든 ^{속담} 병풍에 그려 놓은 닭이 살아나서 홰를 칠 수는 없듯이, 도저히 일어날 수 없는 일이라는 말.

병합(倂合) → 합병.《사장들이 만나 두 회사의 병합을 의논했다.》**병합하다 병합되다**

병해충 (病害蟲) 농작물에 해를 입히는 병이나 벌레.《병해충 방제 작업》

병행 (竝行) 여러 일을 함께 하는 것. **병행하다**《엄마는 살림과 일을 병행하느라 늘 바쁘시다.》

병환 (病患) '병'의 높임말.《할머니는 한 해 내내 병환으로 누워 계셨다.》

볕 해에서 내리쬐는 뜨거운 기운.《볕이 따가워서 나무 그늘로 들어갔다.》

보 천 (褓) 1.물건을 싸거나 덮어씌우는 네모난 천.《분홍색 보에 싸인 게 뭐지?》 2.가위바위보에서 다섯 손가락을 다 펴 보이는 것. '바위'에 이기고 '가위'에 진다. **참**가위, 바위.

보 세는 말 (步) 걸음을 세는 말.《일 보 전진/첫째 줄 이 보 앞으로》

보 둑 (洑) 논에 물을 대려고 둑을 쌓아 냇물을 가두어 두는 곳.《마을 사람들은 가뭄에 쓰려고 보를 막았다.》

보 성 (堡) 조선 시대에 적군을 막으려고 흙과 돌로 쌓던 작은 성.

보강 (補強) 보태거나 채워서 더 튼튼하게 하는 것.《체력 보강》 **보강하다 보강되다**

보건 (保健) 건강을 지키는 것.《보건 교육》

보건 복지 가족부 (保健福祉家族部) 모든 국민이 건강하고 행복하게 살 수 있게 돕는 행정 기관.

보건비 (保健費) 병원비, 약값같이 건강을 지키는 데 드는 돈.

보건소 (保健所) 지역 주민이 건강하게 생활할 수 있게 질병을 예방하고 치료하는 일을 맡아보는 곳. 시, 군, 구에 둔다.

보_천

보구치

보건실 (保健室) 학교나 회사 같은 곳에서 아픈 사람을 보살피는 곳.

보고 알림 (報告) 어떤 일이나 결과를 알리는 것. **보고하다**《영어로 된 간판을 조사해 보고했다.》 **보고되다**

보고 보물 (寶庫) 보물처럼 귀한 것이 든 곳.《책은 지식의 보고이다.》

보고문 (報告文) 어떤 일이나 결과를 보고하려고 쓰는 글. 또는 그 글을 담은 문서. **같**보고서.

보고서 (報告書) → 보고문.

보고회 (報告會) 어떤 일이나 결과를 윗사람이나 관련된 여러 사람들에게 알리는 회의.《이번에 새로운 상품을 개발하여 보고회를 개최합니다.》

보관 (保管) 물건을 간직하거나 돌보는 것. **보관하다**《아빠 시계 잘 보관해라.》 **보관되다**

보관소 (保管所) 남의 물건을 보관해 주는 곳.《가방 보관소》

보관함 (保管函) 물건을 보관하는 상자.《우편물 보관함》

보구치 얕은 바다에 사는 바닷물고기. 몸은 길쭉한 달걀꼴인데 옆으로 납작하고 은빛이다.

보균자 (保菌者) 몸 안에 병균이 있어서 남한테 병을 옮길 수 있는 사람.《에이즈 보균자》

보그르르 잔거품이 한꺼번에 일어나는 소리.

보글- 1.양이 적은 액체가 끓는 소리. 또는 그 모양. 2.작은 거품이 일어나는 소리. 또는 그 모양. **보글거리다 보글대다 보글보글**《김치찌개가 보글보글 끓고 있다./보글거리는 비누 거품》

보금자리 1.새가 알을 낳거나 깃들이는 곳.《제비가 처마 밑에 보금자리를 만들고 알을 낳았다.》2.사람이 사는 곳을 빗대어 이르는 말.《여기가 우리 식구의 새 보금자리야.》

보급 퍼뜨림 (普及) 어떤 것을 널리 퍼뜨리는 것. **보급하다**《그 선생님은 토박이 우리말을 보급하는 데 평생을 바치셨다.》**보급되다**

보급 대 줌 (補給) 물건이나 먹을 것 들을 대어 주는 것.《식량 보급》**보급하다 보급되다**

보급로 (補給路) 자기편 군대에 보급품을 나르는 길.

보급품 (補給品) 남한테 대어 주는 물건이나 먹을 것.

보기 1.무슨 말인지 알아듣기 쉽게 설명에 곁들이는 것.《선생님, 보기를 들어 설명해 주세요.》2.시험 문제에서 묻는 말과 관련이 있는 것.《다음 보기에서 설명하는 것이 무엇인지 쓰세요.》

보길도 (甫吉島) 전라남도 완도에 딸린 섬. 땅이 기름져서 농사를 많이 짓는다.

보꾸레미 l북 보자기로 싼 꾸러미.《할머니가 떡을 싼 보꾸레미를 주셨다.》

보나마나 보지 않아도 틀림없이.《보나마나 네가 한 짓이 틀림없어.》

보내다 1.사람이나 물건을 다른 곳으로 가게 하다.《사촌 언니한테 편지를 보냈다.》2.표정이나 동작 들로 어떤 뜻을 내어 보이다.《꼴찌한테도 박수를 보냅시다.》3.시간이나 때를 지나가게 하다.《동무들과 즐거운 시간을 보냈다.》4.사람을 어떤 곳에 들게 하거나 다니게 하다.《저도 미술 학원에 보내 주세요.》5.‘시집’, ‘장가’와 함께 써서, 어떤 사람을 혼인하게 하다.《할머니는 빨리 삼촌을 장가 보내야겠다고 하신다.》6.가까운 사람이 죽어서 이별하다.《할아버지는 할머니를 저세상으로 보내고 혼자 사셨다.》

보너스 (bonus) → 상여금.

보다 책 1.눈으로 움직임이나 모습을 알아차리다.《뒷산에 걸린 무지개를 보았다.》2.눈으로 책, 신문, 텔레비전, 영화 들을 읽거나 즐기다.《우리 집에 가서 만화 영화 볼래?》3.상태나 사정을 알려고 살피다.《미역국 간 좀 봐 주세요.》4.사람을 상대하거나 만나다.《안녕, 내일 또 봐.》5.어떤 일을 맡아서 하다. 또는 사람이나 물건을 맡아서 보살피거나 지키다.《사회를 보다./아기를 보다.》6.어떤 결과를 얻다.《손해를 보다./끝장을 보다.》7.어떤 대상을 어떻다고 여기다.《나를 어떻게 보고 그런 말을 하는 거야?》8.시험을 치르다.《이번 시험은 저번보다 잘 본 것 같아.》9.음식상을 차리거나 잠자리를 마련하다.《아빠 저녁상을 보아 드렸다.》10.똥이나 오줌을 누다.《채소를 많이 먹으면 대변을 쉽게 볼 수 있다.》11.시장에 가서 필요한 것을 사다.《엄마가 이모와 함께 장을 보러 가셨다.》12.새로운 식구를 맞이하다.《할머니는 하루빨리 사위를 보고 싶어 하신다.》13.헤아리거나 판단하는 바탕으로 삼다.《나를 봐서라도 네가 참아.》14.어떤 일을 하는 것을 나타내는 말.《아빠, 이 놀이도 한번 해 봐요.》15.

다음 일은 나중에 생각하고 눈앞에 닥친 일부터 하자는 뜻으로 하는 말.《미진이가 오기만을 마냥 기다리지 말고 표부터 사 놓고 보자.》16. 짐작이나 경험을 나타내는 말.《비가 오려나 보다./이 과자 먹어 봤니?》17. 앞서 말한 일이나 행동으로 어떤 결과가 생기는 것을 나타내는 말.《이것저것 마구 집어 먹다 보니 배탈이 난 것 같아요.》18. 어떤 일이 일어날 것을 걱정할 때 하는 말.《거짓말한 것이 들통 날까 봐 조마조마했다.》

보는 눈이 있다 ^{관용} → **보는 눈이 있다** 관용 좋고 나쁜 것을 가리는 능력이 있다.《선영이는 그림 보는 눈이 있더라.》

볼 낯이 없다 관용 미안하여 마주할 자신이 없다.《자꾸 약속을 어겨서 선생님을 볼 낯이 없어.》

볼 장 다 보다 관용 일이 잘못되어 더는 어찌할 수 없게 되다.《이번에 또 지면 볼 장 다 보는 거야.》

보기 좋은 떡이 먹기도 좋다 속담 음식도 보기 좋아야 입맛이 당긴다는 뜻으로, 겉모양을 꾸미는 일도 필요하다는 말.

보다 형보다 1. 어떤 것을 다른 것과 견주는 말.《형은 나보다 키가 크다.》2. '한층 더', '훨씬'을 잘못 쓰는 말.

보답 (報答) 남이 베푼 은혜나 고마움을 갚는 것. **보답하다**《훌륭한 사람이 되어 부모님 은혜에 보답하겠습니다.》

보도 길 (步道) 찻길 가장자리에 사람이 걸어 다니는 길. 같인도.

보도 알리다 (報道) 신문이나 방송으로 소식을 널리 알리는 것.《신문 보도》**보도하다 보도되다**

보도블록 보도에 까는 넓적한 돌.

보드랍다 1. 닿거나 만지는 느낌이 거칠지 않고 연하다.《보드라운 천》참부드럽다. 2. 마음씨가 따뜻하고 착하다.《옆집 누나는 얼굴도 예쁘고 마음씨도 보드랍다.》참부드럽다. 바보드라운, 보드라워, 보드랍습니다.

보드레하다 꽤 보드랍다.

보들보들 살갗에 닿는 느낌이 간지러울 만큼 몹시 보드라운 모양. **보들보들하다**《보들보들한 아기의 살결》

보듬다 품에 안다.《이모가 아기를 보듬고 젖을 먹인다.》

보디빌딩 (body-building) 역기나 아령 같은 운동 기구로 근육을 발달시켜 몸을 튼튼하게 만드는 일.

보따리 보자기에 싼 물건 뭉치.《이불 보따리》

보라금풍뎅이 짐승 똥을 먹고 사는 풍뎅이. 몸은 공처럼 동글동글하고 반짝이는 보랏빛인데 푸른빛이 나거나 붉은빛이 나는 것도 있다.

보라금풍뎅이

보라매 난 지 1년이 안 된 새끼를 잡아서 길들여 사냥에 쓰는 매.

보라색 → 보랏빛.

보라성게 바다 속 바위틈이나 바위 위에 사는 성게. 온몸이 짙은 보랏빛이고 밤송이처럼 단단한 가시로 덮여 있다.

보라성게

보람 어떤 일을 한 뒤에 얻는 좋은 결과나 느낌.《열심히 공부한 보람이 있어서 시험을 잘 보았다.》**보람되다**

보람차다 어떤 일을 한 보람이 있다.《여름 방학을 보람차게 보내고 싶다.》

보랏빛 잘 익은 포도 껍질과 같은 빛깔. 같보라색. 북보라빛.

보료 방 안에 깔고 앉는 넓고 두꺼운 요. 솜이나 짐승 털로 속을 채우고, 겉은 천으로 싸서 꾸민다.

보류 (保留) 어떤 일을 나중으로 미루는 것. **보류하다**《비가 오니까 소풍 가는 건 보류하자.》**보류되다**

보르네오 섬 말레이 제도 가운데 쪽에 있는 섬. 세계에서 세 번째로 큰 섬으로, 북쪽은 말레이시아이고 남쪽은 인도네시아이다.

보름 1. 열닷새.《봄꽃 축제가 보름 동안 열렸다.》2.→ 보름날.

보름날 달마다 음력 15일. ^같보름.

보름달 음력 보름날 밤에 뜨는 둥근 달. ^같만월. ^참그믐달, 반달, 초승달.

보리 밭에 심어 가꾸는 곡식. 줄기는 곧게 자라고, 잎은 좁고 길다. 가을에 씨앗을 뿌려 이듬해 초여름에 거두어들인다. 쌀과 섞어 밥을 지어 먹거나 맥주, 된장 같은 것을 만드는 데 쓴다.

보리멸 뭍에서 가까운 바다의 모랫바닥에 사는 바닷물고기. 몸 빛깔은 옅은 누런색이고, 주둥이가 길고 뾰족하다.

보리무륵 얕은 바다 속 바위나 자갈밭에 사는 고둥. 껍데기가 두껍고 매끈하다. 사는 곳에 따라 빛깔과 무늬가 다르다.

보리밥 쌀에 보리를 섞어 지은 밥. 또는 보리로만 지은 밥.

보리방아 보리쌀을 내려고 겉보리를 방아에 찧는 일.

보리밭 보리를 심은 밭.

보리볏짚버섯 숲이나 공원에서 모여 나는 버섯. 갓은 판판하고 가운데가 볼록한데, 잿빛이나 노란빛이 도는 갈색이다. 먹는 버섯이다.

보리새우

보리수

보리쌀

보름달

보리

보말고둥

보리무륵

보리볏짚버섯

보리새우 얕은 바다에 사는 새우. 빛깔은 옅은 푸른빛을 띠고, 몸에 짙은 가로줄 무늬가 많다.

보리수 산과 들에 자라는 잎지는나무. 가지에 날카로운 가시가 있다. 봄에 흰꽃이 피는데 차츰 누렇게 된다. 10월쯤 둥근 열매가 붉게 여문다.

보리쌀 보리를 찧어서 겨를 벗긴 알맹이.《보리쌀 한 되》

보릿고개 옛날에 농촌에서 몹시 굶주리는 봄철을 이르던 말. 곡식은 떨어지고 보리도 여물지 않아 먹을 것이 전혀 없던 때이다. ^비춘궁기. ^북보리고개.

보릿짚 낟알을 떨어낸 보리 줄기.

보말고둥 바닷가 바위 밑이나 자갈밭에 사는 고둥. 황토색이나 잿빛 바탕에 검은 점이 줄처럼 나 있다.

보모 (保姆) 1. 보육원이나 탁아소 들에서 어린이를 돌보고 가르치는 여자. 2. 예전에 유치원 교사를 이르던 말.

보물 (寶物) 아주 귀하고 값진 물건.《보물 상자》^같보화. ^비보배.

보물섬 보물이 있거나 묻힌 섬.

보물찾기 여기저기 감춘 쪽지를 찾는 놀이. 쪽지를 찾은 사람한테는 쪽지에 적힌 물건을 상으로 준다.

보배 1. 아주 귀하고 소중한 물건.《이 도자기는 우리 집 보배이니 조심해서 다루어야 한다.》^비보물. 2. 아주 귀하고 소중한 사람을 빗대어 이르는 말.《어린이는 나라의 보배입니다.》

보배롭다 보배처럼 귀하고 소중하다.《보배로운 물건》^바보배로운, 보배로워, 보배롭습니다.

보병 (步兵) 총을 들고 걸어 다니면서 싸우는 군대나 군인.

보복 (報復) → 앙갚음. **보복하다**

보부상 (褓負商) 옛날에 물건을 봇짐이나 등짐으로 지고 여기저기 다니면서 팔던 사람.

보살 (菩薩) 1. 위로는 부처를 따르고 아래로는 뭇 사람을 바르게 이끄는 사람. 부처에 버금가는 성인이다. 2. 불교를 믿는 나이 든 여자를 높여 이르는 말. 3. 덕이 높은 중을 높여 이르는 말.

보살상 (菩薩像) 보살의 모습을 그리거나 조각한 것.

보살피다 남을 돌보고 살피다. 《엄마가 안 계시면 내가 동생을 보살핀다.》

보살핌 보살피는 일. 《나는 초등학교 내내 할머니의 보살핌을 받았다.》

보상 (補償) 남한테 끼친 손해를 갚는 것. 《피해 보상》 **보상하다**

보상금 상 (報償金) 어떤 일에 보답하려고 주는 돈. 《잃어버린 강아지를 찾아 주면 보상금을 준대요.》

보상금 피해 (補償金) 남한테 끼친 손해를 보상하려고 주는 돈.

보색 (補色) → 반대색.

보석 장신구 (寶石) 단단하고 값비싼 돌. 목걸이, 반지 같은 장신구를 만든다.

보석 풀어줌 (保釋) 구치소에 갇혀서 재판을 기다리던 사람을 돈을 받고 풀어 주는 일. 《보석으로 풀려나다.》

보석상 (寶石商) 보석이나 보석으로 만든 물건을 사고파는 가게. 또는 그런 것을 사고파는 장사꾼.

보세 (保稅) 다른 나라에서 사들인 물건에 세금을 매기는 일을 미루는 것.

보송보송 1. 천 같은 것이 물기 없이 잘 마른 모양. 《이불이 보송보송 잘 말랐다.》 2. 살결이 곱고 보드라운 모양. **보송보송하다** 《보송보송한 우리 아기 살결이 얼마나 예쁜지 아니?》

보수 고집 (保守) 오래된 제도, 관습 같은 것을 고집하는 것. 반진보.

보수 대가 (報酬) 일한 값으로 받는 돈이나 물건. 《석 달치 보수》

보수 손질 (補修) 낡거나 부서진 데를 고치는 것. 《고속도로 보수 공사》 **보수하다 보수되다**

보수적 (保守的) 오래된 제도, 관습 같은 것을 고집하는. 또는 그런 것.

보스니아 (Bosnia) 보스니아 헤르체고비나 북쪽에 있는 지방. 전에는 유고슬라비아를 이루었으나, 1992년에 독립하였다.

보스턴 (Boston) 미국 북동쪽에 있는 항구 도시. 미국 독립 전쟁이 일어난 곳으로, 공업이 발달하였다.

보슬보슬 비나 눈이 조용히 가늘고 성기게 내리는 모양. 《보슬보슬 봄비가 내려 겨우내 얼었던 땅을 깨운다.》

보슬비 소리 없이 가늘게 내리는 비.

보습 농기구 땅을 갈아서 흙을 뒤집어엎는 데 쓰는 농기구. 삽처럼 생긴 쇳조각으로, 쟁기나 극젱이 한쪽 끝에 끼워서 쓴다.

보습 공부 (補習) 학교 공부에 보태어서 하는 공부. 《보습 학원》

보시기 김치, 깍두기 들을 담는 작은 그릇. 《엄마가 김치를 썰어서 보시기 세 개에 나누어 담으셨다.》

보시시 1. 포근하게 살며시. 《아기가

보시기

엄마 품에 보시시 안겨 잠이 들었다.》
2.가만가만 살며시.《갓 태어난 병아리가 보시시 눈을 떴다.》

보신 (補身) 약이나 음식을 먹어서 몸에 영양을 보태는 것. ^같몸보신. **보신하다**《엄마가 몸을 보신하라면서 삼계탕을 끓여 주셨다.》

보신각 (普信閣) 서울에 있는, 종을 달아 둔 다락집. 조선 첫째 임금인 태조 때(1395년) 지었다. 전에는 '종루'라고 불렸으나, 고종 때(1895년)부터 지금 이름으로 부른다.

보신각

보신용 (補身用) 보신에 쓰는 것.

보신탕 (補身湯) 개고기와 갖은 양념을 넣고 끓인 국. 흔히 복날 같은 더운 때에 몸에 영양을 보태려고 먹는다.

보쌈 삶아서 뼈를 추려 낸 소, 돼지 들의 머리 고기를 보에 싸서 무거운 것으로 눌러 단단하게 만든 뒤에 썰어서 먹는 먹을거리.

보쌈김치 무나 배추를 알맞은 크기로 썰어서 갖은 양념을 한 것을 넓은 배추 잎으로 싸서 담근 김치.

보안 (保安) 안전과 질서를 지키는 일.

보안경 (保眼鏡) 눈을 보살피려고 쓰는 안경. ^북보호안경.

보안관 (保安官) 미국 시골에서 범죄를 막고 마을을 지키는 사람. 경찰관과 비슷하지만 마을 사람들이 직접 뽑는다는 점이 다르다.

보약 (補藥) 몸에 영양을 보태는 약.

보얗다 1.안개, 김, 연기 들의 빛깔처럼 흐릿하게 하얗다. ^참부옇다, 뿌옇다. 2.살갗이 하얗다.《아기 얼굴이 보얗다.》^바보얀, 보얘, 보얗습니다.

보어 (補語) 문장에서 '되다', '아니다' 앞에 오는 '누가', '무엇이'를 나타내는 말.《'나는 바보가 아니다.'라는 문장에서 보어는 '바보가'이다.》

보온 (保溫) 따뜻한 기운을 간직하는 것.《보온 도시락 통》 **보온하다**

보온병 (保溫瓶) 따뜻한 액체를 줄곧 따뜻하게 간직해 주는 병.

보온성 (保溫性) 따뜻한 기운을 간직하는 성질.《보온성이 좋은 속옷》

보완 (補完) 모자라는 것을 보태어 흠을 없애는 것. **보완하다**《방학에 수학 실력을 보완하려고 해.》 **보완되다**

보우 (保佑) 보살피고 도와주는 것. **보우하다**《하느님, 우리를 보우하소서.》

보위 (保衛) 보호하고 지키는 것. **보위하다**《나라를 보위하다.》

보유 (保有) 어떤 것을 지니는 것. **보유하다**《그 선수는 마라톤 세계 기록을 보유하고 있다.》

보육 (保育) 어린이를 돌보아 기르는 것.《보육 교사》 **보육하다**

보육원 (保育院) 부모가 없는 아이들을 맡아서 돌보는 곳.

보은 (報恩) 은혜를 갚는 것. **보은하다**《제비는 호박씨를 물어다 주어 흥부한테 보은했다.》

보이다 1.어떤 것이 눈에 뜨이다.《저 산꼭대기에서는 날씨가 맑으면 북녘 땅도 잘 보인대요.》 2.어떤 것을 남이 보게 하다.《왜 남의 일기장을 보여 달라고 그러니?》 3.모습이나 상태가 어떻다고 여겨지다.《오늘따라 네가 아주 예뻐 보여.》^준뵈다. 4.생각, 사실, 태

도, 관심 들을 드러내어 나타내다.《재
능을 보이다./관심을 보이다.》

보이는 것이 없다 ^{관용} 겁이 나지 않다.
또는 거리끼는 것이 없다.《칭찬 한 번
받더니 보이는 게 없나 보지?》

보이 스카우트 (Boy Scouts) 몸과 마
음을 갈고 닦으며 사회에 봉사하려고
만든 전 세계 남자 아이들의 단체. **같**소
년단. **참**겔 스카우트.

보일러 (boiler) 물을 따뜻하게 데우
거나 데운 물로 방을 덥히는 장치.

보자기 물건을 싸서 들고 다닐 수 있게
만든 네모난 천.

보잘것없다 볼만한 것이 없을 만큼 하
찮다.《보잘것없는 것이지만 제 정성
을 담았으니 받아 주세요.》

보장 (保障) 어떤 것에 탈이 없게 하겠
다고 책임지고 약속하는 것. **보장하다**
《비밀은 보장할 테니 나한테 다 말해
봐.》**보장되다**

보전 (保全) 잘 보살피고 지키는 것.
《우리 모두 환경 보전에 힘써야겠습니
다.》**보전하다 보전되다**

보조 ^{걸음} (步調) 1.걸음의 빠르기나
폭.《동무들과 어깨동무를 하고 보조
를 맞추어 걸었다.》2.여럿이 함께 일
할 때 일의 빠르기. 또는 여럿이 마음
을 맞추는 것.《이 일은 다른 사람과
보조를 맞추어 해야 한다.》

보조 ^{도움} (補助) 힘, 돈, 물건 같은 것
을 보태어 돕는 것.《이 유치원은 나라
의 보조를 받아 운영한다.》**보조하다**

보조개 웃을 때 볼에서 옴폭 들어가는
자국. **같**볼우물. **북**오목샘.

보조선 (補助線) 도형 문제를 풀기 쉽

게 새로 그어 넣는 직선이나 원.

보존 (保存) 망가지거나 없어지지 않
게 보살피는 것. **보존하다**《문화재를
잘 보존해야 한다.》**보존되다**

보좌 (補佐) 윗사람 곁에서 일을 돕는
것.《왕은 신하들의 보좌를 받아 백성
을 다스렸다.》**보좌하다**

보좌관 (輔佐官) 윗사람 곁에서 일을
돕는 사람.《국회의원 보좌관》

보증 (保證) 1.사람, 일, 물건 들이 틀
림없다고 책임지고 증명하는 것.《품
질 보증/신원 보증》2.어떤 사람이 빚
을 갚지 못하면 그 빚을 대신 갚아 주
겠다고 약속하는 것.《큰아버지가 후
배 보증을 섰다가 한동안 무척 고생하
셨다.》**보증하다 보증되다**

보증금 (保證金) 계약을 하거나 돈을
빌릴 때 약속을 꼭 지킨다는 뜻으로 내
는 돈.

보증인 (保證人) 어떤 사람이나 그 사
람이 하는 일에 책임을 지는 사람.

보지 여자 생식기의 바깥 부분. 아기
나오는 곳과 오줌 나오는 곳을 함께 이
른다.

보채다 어떤 일을 해 달라고 자꾸 조르
다.《동생이 밖에 나가자고 보챘다.》

보청기 (補聽器) 소리가 잘 안 들릴
때 귀에 꽂아 잘 들리게 하는 기구.

보청기

보초 (步哨) 군대에서 망을 보며 지키
는 일. 또는 그 일을 맡은 병사.

보충 (補充) 모자라는 것을 보태어 채
우는 것.《보충 설명》**보충하다 보충
되다**

보크사이트 (bauxite) 알루미늄과 여
러 물질이 섞여 있는 광물. 이 광물에

서 알루미늄을 뽑아낸다.

보태다 힘, 돈, 물건 같은 것을 더하다.《엄마가 보태 주신 돈을 내 돈에 합해서 새 인형을 샀다.》

보탬 힘, 돈, 물건 들을 보태는 일. 또는 그런 것들을 보태어 돕는 일.《따뜻한 말 한 마디가 진아한테 큰 보탬이 될 거야.》

보통(普通) 1.뛰어난 데가 없이 평범한 것. 또는 흔히 겪는 예사로운 것.《보통 사람/솜씨가 보통이 아니구나.》 2.거의 모든 경우에.《나는 보통 밤 10시에 자고 아침 7시에 일어난다.》

보통내기 뛰어난 점이 없는 평범한 사람.《공 차는 것을 잠깐 봤는데 그 애 보통내기가 아닌 것 같더라.》

보통 선거(普通選擧) 정해진 나이가 되면 누구나 할 수 있는 선거.

보통 예금(普通預金) 돈을 언제든지 맡기고 찾을 수 있는 예금.

보통 우편(普通郵便) 등기 우편이나 빠른우편이 아닌 우편. 우편물 보내는 값이 싼 대신에 대개 이틀이 넘어서야 받을 수 있다.

보통학교(普通學校) 일제 강점기에 '초등학교'를 이르던 말. 나중에 '소학교'로 이름이 바뀌었다.

보퉁이 보자기에 싼 물건 뭉치.

보트(boat) 노를 젓거나 모터를 써서 움직이는 작은 배.

보편적(普遍的) 1.널리 퍼져 흔한. 또는 그런 것. 2.모든 것에 두루 들어맞는. 또는 그런 것.

보편화되다 널리 퍼져 흔해지다.

보폭(步幅) 한 걸음의 너비.《삼촌은 보폭이 넓어서 성큼성큼 걷는다.》

보필(輔弼) 윗사람 곁에서 일을 돕는 것. **보필하다**《그 비서는 20년 넘게 사장님을 보필해 왔다.》

보하다 음식이나 약으로 허약해진 몸에 영양을 보태다.《미역국은 임산부의 기를 보하는 데 좋은 음식이다.》

보행(步行) 걸어서 다니는 것.《보행이 어려운 노인》 **보행하다**

보행기(步行器) 아기가 걸음을 익힐 수 있게 도와주는 도구. 붙잡거나 기댈 수 있는 틀 밑에 바퀴가 달려 있다.

보행자(步行者) 길거리를 걸어서 다니는 사람.

보험(保險) 갑자기 아프거나 사고가 나면 돈을 받기로 하고 정해진 동안에 정해진 돈을 보험 회사나 은행에 내는 제도.

보험금(保險金) 보험에 든 사람이 나쁜 일을 당했을 때 계약에 따라 보험 회사에서 주는 돈.

보험료(保險料) 보험에 든 사람이 보험 회사에 내는 돈.《아버지는 해마다 자동차 보험료를 내신다.》

보험 회사(保險會社) 보험 일을 하는 회사.

보호(保護) 사람이나 사물을 보살피고 돌보는 것. **보호하다**《산에 쓰레기를 버리지 않는 것도 자연을 보호하는 방법이다.》

보호대(保護帶) 몸을 보호하려고 두르거나 차는 도구.《무릎 보호대》

보호새 법으로 잡지 못하게 하여 살피고 지키는 새.

보호색(保護色) 메뚜기, 카멜레온 같

은 동물이 자기 몸을 보호하려고 띠는 빛깔. 주위와 비슷한 빛깔을 띠어서 자기를 잡아먹으려는 동물을 속인다.

보호자 (保護者) 어떤 사람을 보살피고 돌볼 책임이 있는 사람.

보화 (寶貨) → 보물.

복 행복 (福) 1.행운과 행복.《새해 복 많이 받으세요.》 2.어떤 일을 할 좋은 기회를 빗대어 이르는 말.《난 먹을 복은 타고났나 봐.》

복 물고기 → 복어.

복개 (覆蓋) 개울에 덮개를 씌우는 것. 《개천 복개 공사》 **복개하다 복개되다**

복고 (復古) 옛날 방식이나 모습을 되살리는 것.《요즘 옷에서는 복고 분위기가 물씬 풍긴다.》

복구 (復舊) 망가지거나 부서진 것을 본디대로 고치는 것.《기찻길 복구 작업》 **복구하다 복구되다**

복권 (福券) 정해진 숫자나 모양이 나오면 상금이나 상품을 받는 표.《복권이 당첨되는 꿈을 꾸었다.》

복귀 (復歸) 본디 자리나 상태로 되돌아가는 것. **복귀하다**《내일은 삼촌이 일터에 복귀하는 날이다.》

복근 (腹筋) 배에 있는 힘살. 몸을 움직이거나 똥오줌을 누거나 할 때 배에 힘을 주는 구실을 한다.

복날 초복, 중복, 말복이 되는 날.

복닥- 많은 사람이 한곳에 모여 수선스럽게 움직이는 모양. **복닥거리다 복닥대다 복닥복닥**《점심시간이 지났는데도 식당에는 여전히 손님들이 복닥댄다.》

복덕방 (福德房) 집이나 땅을 사거나

빌릴 사람에게 팔거나 빌려 줄 사람을 이어 주는 가게.

복덩이 소중한 사람을 복에 빗대어 이르는 말.《네가 우리 집 복덩이야.》

복도 (複道) 건물 안에서 사람이 다니는 길.《병원 복도》

복리 복지 (福利) 행복과 이익.《정부는 국민 복리에 힘써야 한다.》

복리 이자 (複利) 원금에 이자를 더한 금액을 다음 기간의 원금으로 하는 이자 계산 방법.

복면 (覆面) 남이 알아보지 못하게 얼굴을 싸서 가리는 헝겊. 또는 헝겊으로 얼굴을 싸서 가리는 것.《은행에 복면을 쓴 강도가 들었다.》 **복면하다**

복무 (服務) 1.군인이 되어 일하는 것. 《삼촌이 군 복무를 무사히 마치고 왔다.》 2.어떤 일을 책임지고 오랫동안 맡아 하는 것. **복무하다**

복받치다 어떤 느낌이나 기운이 가슴속에서 치밀어 오르다.《영이는 설움이 복받치는지 울음을 멈추지 못했다.》 ⚘북받치다.

복병 (伏兵) 적이 지나갈 만한 길목에 숨어 있다가 갑자기 공격하는 군사.

복부 (腹部) → 배.

복분자딸기 양지바른 산기슭에 자라는 잎지는나무. 가지는 붉은 갈색이고 가시가 있다. 5~6월에 연분홍 꽃이 피고, 7~8월에 산딸기처럼 생긴 열매가 검게 익는다. 열매를 약으로 쓴다.

복분자딸기

복사 베낌 (複寫) 사진, 문서 들을 기계로 찍어 본디 것과 똑같이 만드는 것. **복사하다**《이 그림을 다섯 장 복사해 주세요.》 **복사되다**

복사 퍼짐 (輻射) 열이나 전자파가 부챗살처럼 퍼져 나가는 현상.

복사기 (複寫機) 사진이나 문서 들을 복사하는 기계. **북**복사촬영기.

복사꽃 → 복숭아꽃.

복사뼈 발목 양옆으로 둥글게 나온 뼈. ✕복숭아뼈.

복사열 (輻射熱) 어떤 것에서 나온 전자파를 다른 것이 흡수하여 열로 바꾼 것.《태양 복사열》

복새 I북 어지럽게 수선을 피우거나 법석대는 짓.《언니가 서랍 열쇠를 찾는다고 복새를 피운다.》

복선 감춤 (伏線) 1.소설, 연극, 영화 같은 데서 앞으로 일어날 일을 넌지시 알리는 것.《이 부분에 복선이 깔려 있다.》 2.이야기를 나누는 가운데 앞으로 하고 싶은 말을 넌지시 끼워 넣는 것.《아무래도 네 이야기에는 복선이 깔려 있는 것 같아.》

복선 기찻길 (複線) 1.겹으로 된 줄. 2.→ 복선 철도.

복선 철도 (複線鐵道) 오고 가는 열차가 따로 다니게 여러 가닥으로 깐 철도. 같복선.

복속 (服屬) 남의 지배를 받는 것. **복속하다 복속되다**

복수 되갚음 (復讐) 남이 입힌 해를 그대로 되갚는 것. **복수하다**

복수 수 (複數) 1.어떤 것이 여럿인 수. 2.어떤 낱말이 나타내는 사람이나 사물의 수가 여럿인 것. 참단수.

복수심 (復讐心) 복수하려는 마음.

복숭아 복숭아나무 열매. 둥글고 불그스름한데 안에 굵은 씨가 들어 있다.

복숭아꽃

복숭아나무

물이 많고 단 여름 과일이다.

복숭아꽃 복숭아나무에 피는 꽃. 이른 봄에 잎보다 먼저 연분홍색으로 핀다. 같복사꽃.

복숭아나무 열매를 먹으려고 심어 가꾸는 잎지는나무. 잎은 길쭉하고 끝이 뾰족하다. 이른 봄에 연분홍색 꽃이 피고 여름에 복숭아가 열린다.

복숭아뼈 '복사뼈'를 잘못 쓴 말.

복스럽다 생김새가 복이 많은 듯하다.《내 동생은 얼굴이 복스럽대요》 바복스러운, 복스러워, 복스럽습니다.

복슬복슬 짐승이 통통하고 털이 많이 난 모양. **복슬복슬하다**《우리 집 강아지는 눈이 동그랗고 복슬복슬하다.》

복습 (復習) 배운 것을 다시 익히는 것. 참예습. **복습하다**《학교에 갔다 와서 오늘 배운 것을 복습했다.》

복식 경기 (複式) 탁구, 테니스 같은 운동 경기에서 두 사람이 한 편이 되어 겨루는 경기. 참단식.

복식 옷차림 (服飾) 옷의 꾸밈새. 또는 옷과 장신구.《조선 시대 복식》

복싱 (boxing) → 권투.

복어 알과 내장에 독이 있는 바닷물고기. 몸이 똥똥하고 비늘이 없다. 준복.

복어

복역 (服役) 죄지은 사람이 정해진 동안 교도소에서 사는 것. **복역하다**

복용 (服用) 약을 먹는 것.《약물 복용》 **복용하다**

복원 (復元) 망가지거나 부서진 것을 본디대로 되돌리는 것.《문화재 복원》 **복원하다 복원되다**《궁궐이 옛 모습 그대로 복원되었다.》

복숭아

복위 (復位) 자리에서 물러난 왕이나

왕비가 다시 그 자리에 오르는 것.《사육신은 단종을 복위시키려다가 죽임을 당한 여섯 신하를 이른다.》**복위하다**

복음 (福音) 예수의 가르침.

복자기 산에서 자라는 잎지는나무. 5~6월에 푸르스름한 노란 꽃이 피고, 껍질이 날개처럼 생긴 열매가 열린다. 나무로 가구를 만든다.

복자기

복잡하다 1.여러 가지가 마구 뒤섞여 있다.《이런 복잡한 공식을 어떻게 외워?》^반간단하다. 2.어떤 곳이 정돈되지 않아 어수선하다.《복잡하던 서랍 속을 정리하니 마음이 한결 가뿐하다.》 3.머릿속이 뒤죽박죽 어지럽거나 마음이 뒤숭숭하다.《엄마는 마음이 복잡할 때면 늘 산책을 나가신다.》

복장 (服裝) → 옷차림.《내일은 체육을 할 테니 간편한 복장으로 와라.》

복장나무 숲에서 자라는 잎지는나무. 꽃은 작고 푸르스름한 노란색인데 열매는 밤색이다. 나무로 가구를 만든다. ^북복작나무.

복장나무

복털조개

복제 (複製) 본디 것과 똑같이 만드는 것.《복제 그림/불법 복제 음반》**복제하다 복제되다**

복조리 (福笊籬) 정월 초하룻날 새벽에 사서 집 안에 거는 조리. 한 해 복을 조리로 일어 얻는다는 뜻으로 건다.

복종 (服從) 남이 시키는 대로 따르는 것. **복종하다**《우리 집 개는 내 말에 잘 복종한다.》

복주깨 '주발 뚜껑'의 사투리.

복주머니 설날 즈음에 아이 옷고름에 달아 주는 작은 주머니. 쌀, 깨, 팥 같은 곡식을 넣는다.

복지 (福祉) 행복하게 사는 것.《사회 복지 단체》

복지관 (福祉館) 지역 주민의 복지를 위해 여러 시설을 갖춘 건물.

복지 국가 (福祉國家) 국민 복지를 위해 여러 제도를 갖춘 나라.

복지부동 (伏地不動) 자기가 하는 일에 책임을 지지 않으려고 일손을 놓고 있는 것. 땅에 납작 엎드려 꼼짝하지 않는다는 뜻이다. **복지부동하다**

복지 사회 (福祉社會) 모든 사람이 행복하게 사는 사회.

복지 시설 (福祉施設) 양로원, 보육원들처럼 국민의 복지를 위한 시설.

복직 (復職) 일을 그만두었거나 쉬던 사람이 일터에 다시 나가는 것. **복직하다**《몸져누우신 선생님이 얼른 복직하시면 좋겠어요.》**복직되다**

복창 (復唱) 남이 한 말을 그대로 따라서 하는 것. **복창하다**《지금부터 내가 하는 말을 세 번씩 복창해라.》

복털조개 바닷가 바위틈에 떼 지어 사는 조개. 껍데기에 털이 나 있다.

복통 (腹痛) 배가 아픈 증세. ^북배아픔.

복판 어떤 것의 한가운데.《우리 집 마당 복판에는 감나무가 서 있다.》

복학 (復學) 학교를 쉬던 학생이 다시 학교에 다니는 것. **복학하다**《군대에 갔다 온 삼촌이 이번에 복학한다.》

복합 (複合) 여러 가지를 한데 섞는 것. **복합하다 복합되다**《이번 일은 여러 가지 원인이 복합되어 일어났다.》

볶다 1.멸치, 채소, 고기 같은 것을 불에 달군 그릇에 넣고 잘 저어 가면서 익히다.《이모가 달걀, 양파, 당근을 넣고 밥을 볶아 주었다.》 2.남을 재촉하거나 아주 성가시게 하다.《은이가 왜 자꾸 나를 달달 볶는지 모르겠어.》 **볶은 콩에 싹이 날까** 속담 결코 일어날 수 없는 일이라는 말.

볶음 음식을 볶는 것. 또는 볶은 음식. 《멸치 볶음》

볶음밥 쌀밥에 고기, 채소 들을 잘게 썰어 넣고 기름에 볶은 먹을거리.

본 보기 1.올바르거나 훌륭하여 남이 따라 하거나 배울 만한 것.《동생들이 엄마 말씀을 잘 들을 수 있게 네가 본을 보여라.》 2.어떤 물건을 실제와 같은 크기와 모양으로 미리 만들어 보는 것.《오늘 바지 본을 뜨기로 했어요.》

본 집안 (本) 한 집안의 성씨를 처음 쓴 사람이 자리 잡고 산 곳.《본이 어디입니까?/제 본은 김해입니다.》 비본관.

본 원래 (本) 낱말 앞에 써서, 말하는 사람 처지에서 '이', '우리'의 뜻을 나타내는 말.《본 의원/본 법정》

본– 중심 낱말 앞에 붙어, '원래', '본디'의 뜻을 더하는 말.《본모습/본뜻》

본거지 (本據地) → 근거지.

본격 (本格) 갖추어야 할 것을 제대로 갖춘 것.《본격 문학》

본격적 (本格的) 어떤 일을 제대로 해 나가는. 또는 그런 것.

본격화 (本格化) 어떤 일이 제대로 되어 가는 것. **본격화하다 본격화되다**

본고장 어떤 것이 처음 생긴 곳. 또는 많이 나는 곳.《귤의 본고장 제주도》

본관 건물 (本館) 건물 여러 채 가운데 주된 건물.《시청 본관과 별관은 조금 떨어져 있다.》 참별관.

본관 성씨 (本貫) 한 집안의 맨 첫 조상이 태어난 곳. 성씨가 생겨난 곳을 이른다.《너와 나는 성씨는 같지만 본관이 달라.》 비본.

본교 (本校) 분교가 나뉘어 나온 본디 학교.《그 학교의 본교는 서울에 있고 분교는 경기도에 있다.》 참분교.

본국 (本國) 자기 나라.《옆집에 살던 일본인이 본국으로 돌아갔다.》 비자국.

본능 (本能) 본디 타고난 힘이나 성질.《동물은 본능에 따라 행동한다.》

본데 보고 배운 예절이나 솜씨.《본데 없이 자랐다는 말을 들으면 안 돼.》

본드 (bond) → 접착제.

본디 어떤 것이 생겨난 처음. 또는 처음부터.《그 사람은 본디 마음씨가 착하다.》 같본래, 본시, 원래.

본딧말 → 본말.

본때 본디부터 지니고 있는 성질.

본때를 보이다 관용 따끔하게 혼내다. 《다시는 까불지 못하게 본때를 보여 줘야겠어.》

본뜨기 어떤 것의 모습과 똑같이 만드는 일.《석고로 손발 본뜨기를 했다.》

본뜨다 어떤 것을 본보기로 삼아서 그대로 흉내 내다.《독립문은 파리에 있는 개선문을 본떠 만들었다.》

본뜻 → 본심.

본래 (本來) → 본디.

본론 (本論) 말이나 글에서 고갱이가 들어 있는 부분.《논설문은 서론, 본론, 결론으로 나누어 쓴다.》 참서론, 결론.

본마음 → 본심.

본말 꼴이 줄어들지 않은 말.《'마음'은 '맘'의 본말이다.》 같본딧말. 참준말.

본명 (本名) 본디 이름.《연예인은 본명 대신 예명을 쓰기도 한다.》비실명. 반가명.

본모습 꾸미거나 바뀌기 전의 본디 모습.《다정한 게 윤수 본모습이다.》

본문 (本文) 1.본디 그대로의 글.《교과서 본문》 2.글에서 주된 내용이 든 부분.《본문에 담은 내용》

본바탕 본디 타고난 바탕.《그 아저씨도 본바탕은 착한 사람이래.》

본받다 어떤 것을 본보기로 삼아서 그대로 따라 하다.《강감찬 장군을 본받아서 훌륭한 군인이 되고 싶어요.》

본밭 모를 옮겨 심는 밭.《고추 모종을 본밭에 옮겨 심었다.》

본보기 1.올바르거나 훌륭하여 본으로 삼을 만한 대상.《사임당은 훌륭한 어머니의 좋은 본보기이다.》참귀감, 모범. 2.어떤 사실을 설명하거나 증명해 주는 좋은 보기.《물고기가 떼죽음 당한 일이야말로 환경오염의 본보기라고 하겠다.》 3.하나를 정해 대표로 보여 주는 것.《선생님은 본보기로 지각한 아이의 손바닥을 때리셨다.》

본부 (本部) 여러 작은 조직을 이끄는 큰 조직.

본분 (本分) 마땅히 해야 할 의무나 도리.《학생의 본분을 잊지 마라.》

본사 (本社) 여러 작은 회사를 이끄는 큰 회사.《본사는 서울에 있고 지사는 대구와 전주에 있다.》참지사.

본산대놀이 서울과 그 둘레에서 이어져 내려오던 탈놀이. 샌님, 먹중, 신할아비, 미얄할미 들이 나온다.

본색 (本色) 본디 모습이나 됨됨이.

《본색을 드러내다.》

본선 (本選) 우승자를 정하려고 마지막으로 벌이는 경기나 대회.

본성 (本性) 본디 타고난 성질.《미선이는 본성이 착해서 남을 잘 돕는다.》비천성.

본시 (本是) → 본디.

본심 (本心) 본디부터 지녀 온 마음.《네 본심이 뭔지 솔직히 털어놔 봐.》같본뜻, 본마음.

본업 (本業) 함께 하는 여러 일 가운데 주된 일.《삼촌 본업은 연극배우인데 부업으로 식당을 하는 거야.》참부업.

본연 (本然) 본디 생긴 그대로.《사람 본연의 됨됨이는 착하다고 믿어.》

본위 (本位) 생각이나 행동의 기준.《아빠 회사는 능력 본위로 사람을 뽑습니다.》

본인 (本人) 어떤 일에 관련된 바로 그 사람.《본인 뜻이 그러하다면 우리가 뭘 어쩌겠니?》

본잎 떡잎이 나온 뒤에 나오는 잎.

본적 (本籍) 호적을 올린 곳.《제 본적은 경상도입니다.》

본전 (本錢) 장사나 투자 같은 것을 할 때 밑천으로 들인 돈.《본전을 뽑다.》

본점 (本店) 여러 작은 가게를 둔 큰 가게. 참분점, 지점.

본존불 (本尊佛) 절에 모신 여러 불상 가운데 으뜸이 되는 불상.

본질 (本質) 어떤 것의 바탕을 이루는 본디 성질.《이 문제의 본질을 파헤쳐 보자.》

본채 여러 채로 된 집에서 주된 집채. 《본채에서는 우리 식구가 살고, 아래채는 세를 주었어요.》 **참**별채.

본체 (本體) 기계의 중심 부분.《이 컴퓨터는 본체와 모니터가 붙어 있다.》

본체만체 보고도 못 본 척하는 모양. 《짝꿍이 나를 보고도 본체만체 지나가서 몹시 서운했다.》 **본체만체하다**

본토 (本土) 1. 한 나라 영토에서 기본을 이루는 땅.《무시무시한 태풍이 중국 본토를 강타했다.》 2. 식민지를 놓고 얘기할 때, 그곳을 지배하는 나라의 영토.《임기를 마친 관리들은 인도를 떠나 영국 본토로 돌아갔다.》 3. 나라나 땅 이름과 함께 써서, '바로 그곳'을 뜻하는 말.《프랑스 본토에서 들여온 포도주》

본토박이 그 땅에서 대대로 살아온 사람. **같**토박이. **북**본토배기.

본회의 (本會議) 한 모임의 모든 사람이 참석하는 큰 회의.《국회 본회의》

볼 몸 뺨 한가운데.

볼이 붓다 관용 마음에 들지 않아 토라지다.《동생은 장난감을 사 주지 않는다고 볼이 부었다.》

볼 너비 발, 신발, 버선 들의 너비.《이 신발은 볼이 좁아서 발이 아파요.》

볼 공 (ball) 1. → 공. 2. 야구에서 투수가 던진 공이 스트라이크 범위를 벗어나는 것.

볼거리 구경거리 구경할 만한 물건, 일, 경치. **비**구경거리.

볼거리 질병 열이 많이 나고 볼 아래가 불그레하게 부어오르는 전염병. 흔히 어린아이들에게 잘 생긴다. **같**유행성이하선염. **북**류행성귀밑선염.

볼기 엉덩이에서 살이 불룩한 곳. **참**궁

둥이, 엉덩이.

볼기짝 '볼기'를 점잖지 못하게 이르는 말.

볼기짝얼레 연줄 감는 기둥이 두 개뿐인 납작한 얼레.

볼깃볼깃 ㅣ북 귀엽게 발그스름한 모양.《꽃봉오리가 볼깃볼깃 피어났다.》 **볼깃볼깃하다**

볼깃하다 ㅣ북 빛깔이 조금 발그스름하다.《아기 얼굴이 볼깃한 걸로 보아 열이 좀 있는 것 같다.》

볼끼 옛날에 추위를 막으려고 두 뺨을 싸서 머리 위에서 잡아매던 털가죽이나 헝겊 조각.

볼끼

볼레로 (bolero에) 1. 길이가 허리선보다 짧은 윗옷. 2. 4분의 3박자로 된 에스파냐의 민속 춤곡. 또는 그 음악에 맞추어 추는 춤.

볼록 조금 도드라지거나 쏙 나와 있는 모양. **반**오목. **볼록하다**《우리 아기 엉덩이가 동그랗고 볼록하다.》

볼록 거울 비치는 면이 볼록한 거울. **참**오목 거울.

볼록 렌즈 가운데가 볼록한 렌즈. 빛을 한 점으로 모으고, 물체에서 멀리 뗄수록 물체가 커 보인다. 돋보기, 현미경, 망원경 들에 쓴다. **참**오목 렌즈

볼록판 잉크를 묻혀서 찍을 부분이 볼록하게 나온 판. **참**오목판.

볼링 (bowling) 마루 끝에 병처럼 생긴 핀을 열 개 세워 놓고 공을 굴려서 쓰러뜨리는 경기. **북**보링경기.

볼메다 못마땅하거나 성난 느낌이 있다.《소풍이 미뤄졌다는 소식에 여기저기서 볼멘 목소리가 튀어나왔다.》

볼멘소리 못마땅하거나 성이 나서 퉁명스럽게 하는 말. 또는 퉁명스러운 말투. 《동생은 뭐가 마음에 안 드는지 자꾸만 볼멘소리를 했다.》

볼모 어떤 일을 유리하게 이끌려고 잡아 두는 상대편 사람. 《적에게 볼모로 잡히다.》 ⁼인질.

볼썽사납다 보기 흉하다. 《길에 침 뱉는 모습이 아주 볼썽사납다.》 ⁱ 볼썽사나운, 볼썽사나워, 볼썽사납습니다.

볼우물 → 보조개.

볼일 일 할 일. 《내일은 볼일이 있어서 모임에 나갈 수 없어요》 ⁼용건, 용무.

볼일 똥오줌 똥오줌 누는 일을 달리 이르는 말. 《볼일 보고 올게.》

볼트 연장 (bolt) → 수나사.

볼트 전기 (volt) 전압을 나타내는 말. 기호는 V이다.

볼펜 (ball pen) 글씨 쓰는 도구. 펜 끝에 끼운 조그만 쇠구슬에 잉크가 묻어 나온다. ⁱ원주필.

볼품 보기 좋은 모습. 《늙은 개가 자꾸 털이 빠져 볼품이 없게 됐다.》

볼품없다 모습이 초라하다. 《너무 마르면 볼품없어 보여.》 **볼품없이**

봄 겨울과 여름 사이에 날씨가 따뜻한 계절. 보통 3월에서 5월까지를 이른다. 《개나리가 노랗게 핀 것을 보니 어느새 봄이 왔구나.》 ⁼봄철.

봄도 한철 꽃도 한철 속담 젊게 사는 동안은 한때에 지나지 않는다는 말.

봄에 깐 병아리 가을에 와서 세어 본다 속담 잇속을 챙기는 데 어수룩하다는 말.

봄에 하루 놀면 겨울에 열흘 굶는다 속담 봄철 농사가 아주 중요하다는 말.

봄 조개 가을 낙지 속담 봄에는 조개, 가을에는 낙지가 제철이라는 뜻으로, 알맞은 때가 되어야 제구실을 한다는 말.

봄가을 봄과 가을.

봄가을것 ⁱ북 봄가을에 입거나 쓰기에 알맞은 것. 《봄가을것으로 나온 옷은 제법 두툼한 편이다.》

봄구슬붕이 양지바르고 축축한 땅에서 자라는 풀. 봄에 연보라색 꽃이 피고, 둥글납작한 열매가 열린다. ⁱ북키다리구슬붕이.

봄구슬붕이

봄기운 봄에 느끼는 따뜻한 기운.

봄꽃 봄에 피는 꽃.

봄나들이 봄에 나들이하는 것. 《언니는 동무들과 공원으로 봄나들이를 갔다.》 **봄나들이하다**

봄나물 봄에 산이나 들에 돋아나는 나물. 《봄나물 무침》

봄날 봄철의 한 날. 또는 봄철 날씨.

봄눈 봄에 내리는 눈.

봄눈 녹듯 관용 어떤 것이 빨리 사라지는 모양. 《네가 사과를 하니 서운하던 마음이 봄눈 녹듯 사라졌어.》

봄맞이 일 봄을 맞는 것. 《봄맞이 대청소》 **봄맞이하다**

봄맞이 풀 양지바른 곳에서 자라는 풀. 온몸에 털이 있고, 4~5월에 작고 흰 꽃이 핀다.

봄맞이_풀

봄바람 봄에 부는 바람. 《봄바람이 살랑살랑 불어온다.》 ⁼춘풍.

봄볕 봄에 내리쬐는 햇볕.

봄볕에 그을리면 보던 님도 몰라본다 속담 봄볕을 쬐면 모르는 사이에 살갗이 까맣게 그을린다는 말.

봄비 봄에 내리는 비.

봄비는 쌀 비다 **속담** 메마른 봄에 비가 오면 모가 잘 자라 풍년이 든다는 말.

봄소식 봄이 온 것을 느끼게 하는 자연의 소리나 모습.《강남 갔던 제비가 봄소식을 물고 날아왔다.》

봄철 → 봄.

봅슬레이 (bobsleigh) 썰매를 타고 경사진 얼음 통로를 미끄러져 달리는 경기.

봇도랑 봇물을 대거나 빼려고 판 도랑. **북**보도랑.

봇물 1.논에 대려고 둑을 쌓아 가두어 둔 물. 2.사람들이 한꺼번에 몰려나오는 모습을 빗대어 이르는 말.《공연이 끝나자 사람들이 봇물 터진 듯 쏟아져 나왔다.》

봇짐 등에 지려고 보자기에 싸서 꾸린 짐. **북**보짐.

봇짐 내주면서 하룻밤 더 묵으라 한다 **속담** 속으로는 가기를 바라면서 겉으로만 더 있으라고 한다는 뜻으로, 속마음은 전혀 다르면서 말로만 남을 챙기는 것을 빗대어 이르는 말.

봇짐장수 봇짐을 메고 다니면서 물건을 파는 사람.

봉 봉우리 (峯) 산봉우리.

봉 장대 (棒) 1.긴 면의 겉을 둥글게 다듬은 막대기.《봉 체조》2.장대높이뛰기에서 쓰는 긴 막대기.

봉 세는 말 (封) 물건을 봉지에 담아서 세는 말.《한 번에 한 봉씩 드세요.》

봉 봉황 (鳳) 1.봉황의 수컷. 2.어수룩하여 쉽게 속아 넘어가거나 곧잘 손해를 보는 사람을 놀리는 말.《너 나를 봉으로 보는 건 아니지?》

봉사탈

봉급 (俸給) 일터에서 일한 값으로 받는 돈.《아빠가 타 오시는 봉급으로 쌀도 사고 옷도 산다.》**참**월급.

봉기 (蜂起) 나라에서 하는 일에 불만을 품은 사람들이 큰 난리를 일으키는 것.《민중 봉기》**봉기하다**

봉당 안방과 건넌방 사이에 마루를 놓지 않고 흙바닥 그대로 둔 곳.

봉래산 (蓬萊山) 여름의 '금강산'을 이르는 말. **참**개골산, 금강산, 풍악산.

봉변 (逢變) 뜻밖에 당하는 나쁜 일.《밤늦게 다니다가 무슨 봉변이라도 당하면 어쩌려고 그래?》

봉분 (封墳) 흙을 둥글게 쌓아 만든 무덤.《봉분을 쌓다.》

봉사 **도움** (奉仕) 남을 도우려고 애쓰는 것.《봉사 정신》**봉사하다**

봉사 **사람** → 장님.

봉사단 (奉仕團) 봉사하는 단체.

봉사자 (奉仕者) 봉사하는 사람.

봉사탈 통영 오광대에서 쓰는 탈.

봉산 탈춤 황해도 봉산에서 단오에 놀던 탈놀이. 사자춤이 있는 것이 특징이다. 중요 무형 문화재 제17호.

봉선화 → 봉숭아.

봉송 (奉送) 성스럽거나 소중한 것을 정성껏 나르는 것.《성화 봉송》**봉송하다 봉송되다**

봉쇄 (封鎖) 어떤 곳을 드나들지 못하게 막거나 잠그는 것.《출입구 봉쇄》**봉쇄하다 봉쇄되다**

봉수 (烽燧) 고려 시대와 조선 시대에 밤에는 횃불을 피우고 낮에는 연기를 올려 지방에서 일어나는 난리를 서울에 알리던 제도. **비**봉화.

봄

제비

벚꽃

개나리꽃

산수유나무 꽃

앵두꽃

매화

봄이 오면 새싹이 돋아요. 풀도 자라고 나무에서도 새순이 나와요. 날씨가 따뜻해지면 겨울잠을 자던 동물과 식물들이 모두 잠에서 깨지요. 봄에 잎이 나기 전에 꽃이 먼저 피는 나무도 많아요. 산과 들에 꽃이 피기 시작하면 벌들도 바빠져요. 멀리 강남에서는 제비가 날아오고 개구리가 낳은 알에서 올챙이가 깨어나고 장다리꽃 밭에서 흰나비, 노랑나비가 춤을 추어요. 우리도 두툼한 겨울옷을 벗고 얇은 봄옷을 입지요. 논에서는 모가 자라고, 산과 들에서는 나물이 자라고, 밭에서는 밀과 보리가 하루가 다르게 자라나요. 농사꾼들은 봄이 오면 농사 준비를 하느라고 아주 바빠요.

모내기 준비

씀바귀

할미꽃

백목련

쑥

제비꽃

꽃다지

노랑나비

살구꽃

진달래

애호랑나비

민들레

철쭉

봉수대 (烽燧臺) 봉수를 올리려고 만든 시설.

봉수로 (烽燧路) 봉수대끼리 연락을 해 주던 길.

봉숭아 꽃을 보려고 심어 가꾸는 풀. 여름에 붉은색, 보라색, 흰색 꽃이 피는데, 꽃과 잎으로 손톱에 붉은 물을 들이기도 한다. ◝봉선화.

봉양 (奉養) 먹을 것을 마련하여 웃어른을 모시는 것. **봉양하다** 《효자는 병든 어머니를 정성을 다해 봉양했어요.》

봉오동 전투 (鳳梧洞戰鬪) 1920년에 만주 봉오동에서 홍범도가 이끄는 대한 독립군이 일본군을 크게 무찌른 싸움.

봉오리 → 꽃봉오리.

봉우리 → 산봉우리. 《한라산 봉우리》

봉의꼬리 바위틈이나 숲 가장자리에 자라는 풀. 꽃이 피지 않고 홀씨로 퍼지는데, 잎은 가늘고 길다.

봉정사 (鳳停寺) 경상북도 안동 천등산에 있는 절. 신라 신문왕 때 (682년) 의상이 처음 지었다. 우리나라에 남아 있는 가장 오래된 목조 건물인 극락전과 대웅전이 있다.

봉제 (縫製) 손이나 재봉틀로 바느질해서 물건을 만드는 것. 《봉제 인형》

봉지 종이나 비닐로 만든 주머니. 또는 그것에 작은 물건이나 가루 같은 것을 담아서 세는 말. 《라면 한 봉지》

봉착하다 어려운 일에 부닥치다. 《꼴찌로 떨어질 위기에 봉착했다.》

봉투 편지 같은 것을 넣는 종이 주머니. 《편지 봉투/서류 봉투》

봉하다 1. 문이나 봉투 들을 붙이거나

봉수대

봉숭아

봉의꼬리

봉정사

부_악기

막다. 《편지 봉투를 봉한 뒤에 우체통에 넣었다.》 2. 입을 다물고 아무 말도 하지 않다. 《네 입만 봉하면 비밀이 새어 나갈 걱정은 없어.》

봉화 (烽火) 옛날에 나라에 큰일이 났다는 소식을 빨리 알리려고 산 위에서 피워 올리던 불. 비봉수.

봉화대 (烽火臺) 봉화를 올리던 곳.

봉황 (鳳凰) 옛날부터 이야기로 전하여 오는 상상의 새. 머리는 닭, 목은 뱀, 턱은 제비, 등은 거북, 꼬리는 물고기처럼 생겼고, 깃에는 오색 무늬가 있다고 한다. 수컷은 봉, 암컷은 황으로 이른다.

뵈다 ^{만나다} '만나다'의 높임말. 《할아버지를 뵈러 시골에 다녀왔다.》

뵈다 ^{보이다} → 보이다. 《너 오늘 기분이 무척 좋아 뵌다.》

뵙다 '만나다'라는 뜻을 지닌 '뵈다'보다 더 높인 말. 《오늘 꼭 뵙고 말씀드릴게요.》

부 ^{부자} (富) 재산이 아주 많고 넉넉한 것. 《부를 쌓는 것만이 행복하게 사는 길은 아니다.》

부 ^{미화부} (部) 1. 학교, 회사, 기관 들에서 맡은 일에 따라 나눈 작은 집단. 《너는 무슨 부에 들고 싶니?》 2. 우리나라 정부를 이루는 행정 조직.

부 ^{세는 말} (部) 1. 전체를 차례대로 나눈 것들 가운데 하나. 《2부는 노래와 연극으로 꾸몄습니다.》 2. 책, 신문, 잡지들을 세는 말. 《신문 한 부/잡지 열 부》

부 ^{악기} (缶) 치는 국악기 가운데 하나. 질화로처럼 생겼는데, 아홉 갈래로 쪼갠 대나무 채로 가장자리를 쳐서 소리를 낸다.

부- ^{아니다} (不) 낱말 앞에 붙어, '아님' 이나 '없음'의 뜻을 더하는 말.《부적 당/부주의》

부- ^{부반장} (副) 1. 직위를 나타내는 낱 말 앞에 붙어, '둘째로 높은', '버금가 는'의 뜻을 더하는 말.《부반장/부사 장》 2. 어떤 낱말 앞에 붙어, '주가 되 는 것에 딸려 있는'의 뜻을 더하는 말. 《부수입/부업》

부가 (附加) 다른 것을 덧붙이는 것. 《부가 정보》 **부가하다 부가되다**

부각 ^{먹을거리} 다시마 조각에 찹쌀 풀을 발라 말렸다가 기름에 튀긴 반찬.

부각 ^{두드러짐} (浮刻) 두드러지게 나타 내는 것. **부각하다 부각되다**《어린이 교통사고가 큰 문제로 부각됐다.》

부강하다 나라가 살림이 넉넉하고 군 대 힘이 세다.《부강한 나라》

부검 (剖檢) 왜 죽었는지 밝히려고 죽 은 사람 몸을 갈라서 검사하는 것.《시 체 부검》 **부검하다**

부결 (否決) 어떤 안건을 받아들이지 않기로 결정하는 것. ^반가결. **부결하다 부결되다**《이 안건은 찬성 15표, 반대 25표로 부결되었습니다.》

부계 (父系) 아버지 쪽 핏줄을 따르는 것.《부계 사회》 ^참모계.

부고 (訃告) 사람이 죽었다는 소식. 《부고를 받다./부고를 내다.》 ^비부음.

부고환 (副睾丸) 불알 안에 붙어 있는 몸 한 부분. 가늘고 긴 초승달처럼 생 겼다.

부과 (賦課) 세금, 벌금 들을 물리는 것. **부과하다**《법을 지키지 않으면 벌

금을 부과합니다.》 **부과되다**

부군 (夫君) 남의 남편을 높여 이르는 말.《부군께서는 건강하세요?》

부귀 (富貴) 재산이 많고 지위가 높은 것.《부귀를 누리다.》 ^반빈천.

부귀영화 (富貴榮華) 재산이 많고 지 위가 높아서 호화롭게 사는 것.

부근 (附近) 어떤 곳에서 가까운 곳. 《공사장 부근은 위험하니 조심해라.》 ^비근방, 근처, 인근.

부글- 1. 양이 많은 액체가 끓는 소리. 또는 그 모양. 2. 큰 거품이 이는 소리. 또는 그 모양. 3. 화가 나거나 흥분해서 마음이 격하게 움직이는 모양. **부글거 리다 부글대다 부글부글**《냄비 속에서 물이 부글거린다./억울하고 미워서 화 가 부글부글 치밀어 올랐다.》

부기 살갗이 붓는 것.《발목에 오른 부 기를 빼려고 얼음찜질을 했다.》

부기능 (附機能) 주된 기능에 딸린 기 능.

부기우기 (boogie-woogie) 재즈 음 악 가운데 하나.

부꾸미 찹쌀가루, 밀가루, 수수 가루 들을 반죽해서 둥글넓적하게 지진 떡.

부끄러움 부끄러워하는 느낌이나 마 음.《네가 그렇게 부끄러움을 많이 타 는 줄 몰랐어.》 ^준부끄럼.

부끄러워하다 부끄럽게 여기다.《부끄 러워하지 말고 어서 말해 봐.》

부끄럼 → 부끄러움.

부끄럽다 1. 잘못이나 실수를 저질러서 창피하다.《동생과 싸운 일을 생각하 니 정말 부끄럽다.》 2. 숫기가 없어 수 줍다.《누나들이랑 있기가 그렇게 부

끄럽니?》**바**부끄러운, 부끄러워, 부끄럽습니다.

부넘기 온돌에서 불길이 아궁이에서 방고래로 골고루 넘어가게 만든 턱. 온돌을 빨리 데우고 재를 가라앉히는 구실을 한다. **북**부넘이.

부네탈 하회 별신굿 탈놀이에 나오는 부네가 쓰는 탈.

부네탈

부녀 (父女) 아버지와 딸. 《저 두 배우는 부녀 사이이다.》**참**모자.

부녀자 (婦女子) 혼인한 여자나 여자 어른을 두루 이르는 말.

부녀회 (婦女會) 한 동네에 사는 여자들이 동네일을 함께 하는 모임.

부닥치다 1.아주 세게 맞닿다. 《자전거를 타고 가다가 전봇대에 부닥쳤다.》 2.어려운 일이나 문제 들을 만나다. 《앞으로 나아갈 수도 없고 뒤로 물러날 수도 없는 상황에 부닥쳤다.》

부담 (負擔) 어떤 일 때문에 드는 짐스럽고 꺼림칙한 마음. 《쪽지 시험이니까 부담 없이 쳐도 괜찮아.》

부담감 (負擔感) 부담스러운 느낌.

부담스럽다 어떤 일이 짐스럽거나 꺼림칙하다. 《이렇게 비싼 선물을 주면 내가 너무 부담스러워.》**바**부담스러운, 부담스러워, 부담스럽습니다.

부당 (不當) 이치에 어긋나는 것. **부당하다** 《부당한 대우》

부당성 (不當性) 어떤 일에서 부당한 점. 《한 시민 단체에서 댐 건설의 부당성을 조목조목 지적했다.》

부대 **자루** (負袋) 종이, 천, 가죽 들로 만든 큰 자루. **같**포대.

부대 **군대** (部隊) 1.한 단위로 짜인 군인 무리. 2.같은 목적으로 함께 행동하는 무리. 《응원 부대》

부대끼다 1.사람이나 일에 시달리다. 《유치원 선생님인 고모는 늘 꼬마들한테 부대끼며 산다.》 2.남과 어울려 지내다. 《지금은 서먹해도 한두 주 부대끼면 아이들과 친해질 거야.》

부덕 (不德) 덕이 없는 것. **부덕하다** 《모두 제가 부덕한 탓입니다.》

부도 **책** (附圖) 어떤 책에 딸린 그림이나 지도. 《지리부도》

부도 **어음** (不渡) 수표나 어음에 적힌 돈을 약속한 날짜에 받지 못하는 것. 《부도 수표/부도가 나다.》

부도덕 (不道德) 도덕에 어긋나는 것. **부도덕하다** 《공장 폐수를 몰래 강에 버리는 것은 부도덕한 짓이다.》

부도체 (不導體) 유리, 고무, 나무처럼 열이나 전기가 통하지 않는 물체. **반**도체.

부동 (不動) 움직이지 않는 것. 《부동 자세》

부동산 (不動産) 땅이나 집처럼 다른 곳으로 옮길 수 없는 재산. **참**동산.

부두 (埠頭) 사람과 짐을 싣거나 내리려고 배를 대는 곳. **같**선창.

부둣가 부두에서 가까운 곳.

부둥켜안다 두 팔로 꼭 끌어안다. 《오랜만에 만난 동무와 서로 부둥켜안고 기뻐했다.》

부드럽다 1.닿거나 만지는 느낌이 빳빳하거나 거칠지 않고 연하다. 《이모의 손이 무척이나 부드럽다.》**참**보드랍다. 2.태도나 마음씨가 따뜻하다. 《부드러운 마음씨를 지닌 사람》**참**보드랍다. 3.소리가 거세거나 시끄럽지 않다. 《부드러운 피리 소리》 4.몸이 뻣뻣하거나 움직임이 뻑뻑하지 않고 매끄럽다.《너는 몸이 부드러우니 체조를 잘하겠구나.》 5.빛이나 색깔이 강하지 않다.《벽지 색깔이 부드러워서 아늑한 느낌을 준다.》 **비**은은하다. **바**부드러운, 부드러워, 부드럽습니다.

부득부득 제 뜻대로 하려고 자꾸 우기거나 조르는 모양.《동생이 옷을 바꿔 입자고 부득부득 우겨 댄다.》

부득불 (不得不) → 부득이.《부득불 이 일은 제가 맡을 수밖에 없겠군요.》

부득이 (不得已) 어쩔 수 없이. 또는 할 수 없이.《일이 있어서 부득이 학교에 못 갔다.》 **같**부득불. **부득이하다**

부들 개울가나 연못가에 자라는 풀. 잎은 좁고 길며, 열매 이삭이 갈색 솜방망이처럼 생겼다. 잎과 줄기로 방석이나 부채 같은 것을 만들고, 꽃가루는 피를 멎게 하는 약으로 쓴다.

부들부들 **떨다** 몸을 자꾸 심하게 떠는 모양.《추워서 몸이 부들부들 떨려.》

부들부들 **부드럽다** 살갗에 닿는 느낌이 아주 부드러운 모양.《햇솜으로 만들어서 이불이 부들부들하고 가볍다.》

부등식 (不等式) 부등호를 써서 두 수나 식의 크고 작음을 나타내는 식. **참**등식. **북**안같기식.

부등호 (不等號) 두 수나 식의 크고 작음을 나타내는 기호. '>'와 '<'를 가리킨다. **참**등호. **북**안같기기호.

부디 바라건대 꼭. 또는 될 수 있는 대로.《부디 몸조심하세요.》

부딪다 세게 마주 대거나 닿다.《식탁

부뚜

부들

모서리에 머리를 부딪었다.》

부딪치다 1.어떤 것과 세게 맞닿거나 맞대다.《두 선수가 얼굴을 부딪쳐서 심하게 다쳤다.》 2.어려운 일이나 문제 들이 생기다.《이모는 할아버지의 반대에 부딪쳐 유학을 포기했다.》 3.어떤 사람과 우연히 만나다.《시장에 갔다가 짝꿍과 부딪쳤다.》

부뚜 곡식에 섞인 검불이나 쭉정이 같은 것을 날려 없애는 돗자리.

부뚜막 부엌 아궁이 위에 솥을 얹는 판판한 곳.

부뚜막의 소금도 집어넣어야 짜다 **속담** 부뚜막에 있는 소금도 음식에 넣어야 짠맛을 낸다는 뜻으로, 아무리 쉬운 일도 힘을 들여야 이룰 수 있다는 말.

부라리다 눈을 크게 뜨고 눈동자를 무섭게 굴리다.《형이 눈을 부라리자 강아지가 겁을 먹고 도망쳤다.》

부락 (部落) → 마을.

부랑아 (浮浪兒) 돌보아 줄 사람이나 사는 곳 없이 떠돌아다니는 아이.

부랑자 (浮浪者) 사는 곳과 하는 일이 없이 떠돌아다니는 사람.

부랴부랴 몹시 급하게 서두르는 모양.《소나기가 쏟아져서 부랴부랴 빨래를 걷었다.》

부러 거짓으로 일부러.《심부름을 가기 싫어서 부러 아픈 척했다.》

부러뜨리다 부러지게 하다.《이 분필 네가 부러뜨렸지?》 **같**분지르다.

부러워하다 남이 하는 일이나 남의 것을 샘내다.《동생은 축구 잘하는 나를 부러워한다.》

부러지다 어떤 것이 꺾여서 동강이 나

다. 《글씨를 꾹꾹 눌러 쓰다가 연필심이 부러졌다.》

부럼 대보름날 아침에 깨물어 먹는 땅콩, 호두, 잣 같은 딱딱한 열매. 이런 것을 깨물면 한 해 동안 부스럼이 생기지 않는다고 한다.

부럽다 남이 하는 일이나 남의 것을 샘내는 마음이 있다. 《나는 노래 잘하는 사람이 가장 부러워.》 바부러운, 부러워, 부럽습니다.

부레 물고기 배 속에 있는 공기 주머니. 물고기가 물속에서 뜨고 가라앉는 것을 조절한다.

부레뜸 연줄을 질기게 만들려고 부레 끓인 물을 실에 먹이는 일.

부레옥잠 연못에 떠서 자라는 물풀. 잔뿌리가 많고 잎은 동그스름한데 잎자루가 풍선처럼 부풀어 있다. 7~9월에 옅은 자주색 꽃이 핀다. 복풍옥란.

부록 (附錄) 책 끝에 덧붙이는 내용. 또는 책이나 잡지 들에 덤으로 끼워 주는 책이나 물건. 《잡지 부록》

부류 (部類) 기준에 따라 나누어 놓은 갈래. 《고래와 악어는 부류가 달라.》

부르다 노래를 1.말이나 몸짓으로 남을 오라고 하다. 《지수야, 선생님이 부르셔.》 2.노래를 하다. 《피아노 반주에 맞춰 동요를 불렀다.》 3.크게 외치거나 또박또박 읽다. 《내가 부르는 대로 받아 적으렴.》 4.이름을 붙여 말하거나 어떻다고 일컫다. 《이 강아지를 순돌이라고 부를까?》 5.어떤 일이나 상황이 벌어지게 하다. 《쓸데없는 고집은 화를 부르게 마련이다.》 바부르는, 불러, 부릅니다.

부레옥잠

부르다 배가 1.많이 먹어서 배 속이 꽉 찬 느낌이 있다. 《배가 불러서 더 못 먹겠어요.》 2.살이 찌거나 아이를 배거나 하여 배가 불룩하다. 《고모 배가 많이 부른 것을 보니 곧 아기가 태어나려나 보다.》 바부른, 불러, 부릅니다.

부르르 1.몸을 크게 떨거나 몸이 크게 떨리는 모양. 《안중근 의사는 나라를 빼앗겼다는 소식을 듣고, 분해서 부르르 몸을 떨었다.》 2.갑자기 몹시 화를 내는 모양. 《진영이는 부르르 화를 내면서 문을 쾅 닫고 나갔다.》

부르릉 자동차나 비행기 같은 것이 움직이기 시작할 때나 속도를 빨리 할 때 나는 소리. 준부릉. **부르릉거리다 부르릉대다 부르릉부르릉** 《자동차가 부르릉부르릉 소리 내면서 떠났다.》

부르짖다 1.크게 외치다. 《청년들은 대한 독립 만세를 부르짖었다.》 2.어떤 일을 해야 한다고 강하게 주장하다. 《민주화를 부르짖다.》

부르트다 살갗에 물집이 생기다. 《나는 봄이 올 무렵이면 입술이 부르튼다.》 바부르트는, 부르터, 부릅니다.

부름 남이 부르는 일. 《할머니 부름을 받고 냉큼 달려갔다.》

부릅뜨다 눈을 크게 무섭게 뜨다. 《형이 눈을 부릅뜨고 나를 노려보았다.》 바부릅뜨는, 부릅떠, 부릅뜹니다.

부릉 → 부르릉. **부릉거리다 부릉대다 부릉부릉**

부리 새 주둥이. 흔히 끝이 뾰족하고 딱딱하다.

부리나케 몹시 서둘러서 급하게. 《누나는 전화를 받자마자 부리나케 놀이

터로 달려갔다.》

부리다 고집을 1.고집, 말썽, 꾀 같은 좋지 못한 짓을 자꾸 하다.《고집을 부리다./꾀를 부리다./심술을 부리다.》 2. 재주나 솜씨를 드러내 보이다.《재주를 부리다./요술을 부리다.》

부리다 사람을 아랫사람이나 동물을 자기 뜻대로 움직이게 하다.《말을 부리는 사람을 '마부' 라고 한다.》

부리다 짐을 짐을 내려놓다.《나도 이 삿짐 부리는 일을 거들었다.》

부리망 들일하는 소가 곡식이나 채소를 뜯지 못하게 주둥이에 씌우는 물건. 새끼로 그물처럼 엮어서 만든다.

부리망

부리부리 눈이 크고 힘 있어 보이는 모양. **부리부리하다**《우리 선생님은 눈이 부리부리해서 좀 무서워 보인다.》

부마 (駙馬) 왕의 사위.

부모 (父母) → 어버이.

부모가 자식을 겉 낳았지 속 낳았나 속담 부모도 자식의 속마음은 모른다는 말.

부모님 '부모'를 높여 이르는 말.《부모님 말씀을 잘 들으세요.》

부문 (部門) 어떤 기준으로 나눈 테두리나 갈래.《이모가 신춘문예 시 부문에 당선되었다.》

부반장 (副班長) 반장을 도와서 반 일을 하는 학생.

부부 (夫婦) 혼인하여 짝이 된 남자와 여자. 같부처. 비내외.

부부 싸움은 칼로 물 베기 속담 부부는 싸움을 해도 금세 화해한다는 말.

부부간 (夫婦間) 부부 사이.《저쪽에 계신 선생님 두 분은 부부간입니다.》

부부유별 (夫婦有別) 유교의 오륜 가운데 하나. 남편과 아내는 저마다 서로 다른 본분이 있다는 말이다.

부분 (部分) 전체를 이루는 작은 조각.《이 글은 세 부분으로 나뉜다.》 참전체.

부분적 (部分的) 한 부분에 관계있는. 또는 그런 것. 참전체적.

부사 품사 (副詞) '잘, 빨리, 깨끗이' 처럼 주로 동사나 형용사를 꾸미는 낱말.

부사 사람 (副使) 옛날에 다른 나라에 가던 사신 가운데 으뜸인 정사 다음가는 벼슬.

부사어 (副詞語) 동작, 상태를 나타내는 낱말을 꾸미는 문장 성분. 부사와 에, 에서, 한테, 로서, 로써, 처럼, 만큼 들이 붙은 말을 이른다.《'이 책을 철수한테 갖다 줘라.' 라는 문장에서는 '철수한테'가 부사어이다.》

부산 땅 이름 (釜山) 경상남도 남동쪽에 있는 광역시. 우리나라에서 가장 큰 항구 도시로 공업이 발달하였다. 해운대, 태종대 들이 널리 알려져 있다.

부산 어수선함 몹시 서두르거나 떠들어서 어수선한 것.《오빠가 늦었다고 허둥지둥 부산을 떤다.》 **부산하다**

부산물 (副産物) 어떤 것에 딸려서 함께 생기는 것.《산성비는 산업 사회의 부산물이다.》

부산진성 (釜山鎭城) 부산 동래에 있던 산성. 조선 초기에 돌로 쌓은 성으로, 임진왜란 때 부산에 처음 상륙한 일본군과 격렬하게 싸운 곳이다.

부삽 재를 치우거나 숯불을 옮길 때 쓰는 작은 삽.

부상 다침 (負傷) 몸을 다치는 것.《부상을 입다./부상을 당하다.》

부상 상 (副賞) 상장이나 상패와 함께 주는 물건이나 돈.《상장과 함께 국어사전을 부상으로 받았다.》

부상 솟음 (浮上) 1. 물 위로 떠오르는 것. 2. 어떤 일이나 사람이 관심거리로 떠오르는 것. **부상하다**《올해는 우리 선수가 우승 후보로 부상할 듯하다.》

부상병 (負傷兵) 싸우다가 다친 병사.

부상자 (負傷者) 몸을 다친 사람.

부서 (部署) 회사 같은 큰 조직에서 일에 따라 나눈 작은 조직.

부서지다 1. 단단한 것이 여러 조각으로 깨어지다.《접시가 바닥에 떨어져서 산산이 부서졌다.》 2. 짜임새 있는 것이 헐거나 망가지다.《지진이 일어나 건물들이 다 부서졌다.》 3. 빛이나 액체가 다른 것에 부딪혀서 산산이 흩어지다.《하얗게 부서지는 파도》 4. 희망, 기대 들이 어긋나거나 무너지다.《모든 희망이 부서졌다. 끝이다!》

부석부석 살이 윤기 없이 부어오른 모양. **부석부석하다**《시험공부에 지친 언니 얼굴이 부석부석하다.》

부석사 (浮石寺) 경상북도 영주 봉황산에 있는 절. 신라 문무왕 때 (676년) 의상이 지었다고 전한다. 고려 시대 대표 목조 건물인 무량수전이 있다.

부석사

부석사 무량수전 (浮石寺無量壽殿) 부석사의 법당. 고려 중기에 지었는데, 나무로 지은 집으로는 우리나라에서 가장 오래되었다. 국보 제18호.

부석사 무량수전

부설 공사 (敷設) 다리, 전깃줄 같은 것을 놓는 것.《다리 부설 공사》 **부설하다 부설되다**

부설 기관 (附設) 어떤 기관에 딸려서

두는 것.《대학 부설 유치원》 **부설하다 부설되다**

부성애 (父性愛) 아버지가 자식한테 보이는 사랑. **참모성애.**

부세 서해와 남해에 사는 바닷물고기. 등은 누런 갈색이고, 배는 황금빛이다. 참조기와 비슷하게 생겼는데 옆줄이 조금 가늘다.

부소산성 (扶蘇山城) 충청남도 부여 부소산에 있는 백제 시대 산성. 낙화암과 고란사가 있다. **칼사비성.**

부소산성

부속 (附屬) 물건이나 기관에 딸린 것.《대학교 부속 병원》 **부속되다**

부속품 (附屬品) 기계나 기구에 딸린 물건.《자전거 부속품》

부수 수 (部數) 책, 잡지, 신문 들을 펴내는 수량.《신문 발행 부수》

부수 글자 (部首) 자전에서 한자를 찾을 때 길잡이로 삼는 글자.

부수다 두드리거나 깨뜨려서 못 쓰게 만들다.《바위를 부수는 기계》 **비깨다. 북부시다.**

부수입 (副收入) 본디 하는 일 말고 다른 일에서 얻는 수입.

부수적 (附隨的) 주되거나 기본이 되는 것에 따르는. 또는 그런 것.

부스러기 부스러진 것.《과자 부스러기》 **북부스레기.**

부스러지다 잘게 깨어지다.《비쩍 마른 소똥은 슬쩍 건드리기만 해도 부스러진다.》

부스럭 마른 잎을 밟거나 종이 같은 것을 뒤적이는 소리. **부스럭거리다 부스럭대다 부스럭부스럭**《다람쥐가 부스럭거리면서 도토리를 찾고 있다.》

부스럼 살갗이 곪아 생기는 상처.

부스스 1.머리카락이나 털 같은 것이 들뜨거나 흐트러져 있는 모양.《부스스 흐트러진 머리》╳부시시. 2.앉았거나 누웠다가 슬그머니 일어나는 모양.《동생이 자다가 부스스 일어나 거실로 나왔다.》╳부시시.

부안종개

부슬부슬 비가 비나 눈이 조용히 가늘게 내리는 모양.《창밖에는 하루 종일 부슬부슬 비가 내린다.》

부슬부슬 가루가 물기가 적어서 잘 엉기지 않고 부스러지기 쉬운 모양.

부시 부싯돌을 쳐서 불똥을 일으키는 쇳조각.

부시다 눈부시다 빛이나 빛깔이 너무 밝아서 눈을 뜨기 어렵다.《눈이 부시게 푸른 하늘》

부시다 씻다 그릇 들을 물로 씻다.

부시시 '부스스'를 잘못 쓴 말.

부식 반찬 (副食) → 반찬.

부식 썩음 (腐蝕) 1.썩어 문드러지는 것. 2.쇠붙이가 녹이 스는 것.《소금물은 철판을 빨리 부식시킨다.》**부식하다 부식되다**

부식질 (腐植質) 죽은 동식물이 흙 속에서 썩어서 생기는 물질.

부실 (不實) 1.내용이 알차지 못한 것. 또는 어떤 일을 제대로 하지 못한 것.《부실 공사로 다리가 무너졌다.》2.몸이 약한 것. **부실하다**《그렇게 몸이 부실해서야 어떻게 운동을 하겠니?》

부심 (腐心) 걱정, 근심 들로 속을 몹시 썩이는 것. **부심하다**

부싯돌 부시로 쳐서 불똥을 일으키는 돌. 북부시돌.

부아 몹시 분한 마음.《동생이 밖에서 맞고 들어오니 부아가 났다.》

부안종개 물이 맑고 바닥에 모래와 자갈이 깔린 시내에 사는 민물고기. 몸집이 작고 온몸이 옅은 노란색이다.

부양 (扶養) 혼자 힘으로 살 수 없는 사람을 돌보는 것. **부양하다**《저 아저씨는 부양할 가족이 많다.》

부어오르다 살갗이 부풀어 오르다.《마구 울었더니 눈꺼풀이 퉁퉁 부어올랐다.》바부어오르는, 부어올라, 부어오릅니다.

부언 (附言) 앞서 한 말에 덧붙여서 하는 말. **부언하다**《한 마디만 더 부언할 테니 끝까지 들어주세요.》

부업 (副業) 본디 하는 일 말고 따로 하는 일.《소설가인 고모는 부업으로 번역을 하신다.》같아르바이트. 참본업.

부엉 부엉이가 우는 소리.

부엉이

부엉이 숲에 사는 새. 얼굴이 둥글고 눈이 크며, 머리에 뿔처럼 생긴 깃털이 있다. 밤에 날아다닌다.

부엉이 소리도 제가 듣기에는 좋다 속담 자기가 모자라는 것은 모르고 제가 하는 일은 다 잘하는 것으로 여기는 것을 빗대어 이르는 말.

부엌 집에서 음식을 만드는 곳.《어머니가 부엌에서 밥을 하신다.》비주방.

부엌에서 숟가락을 얻었다 속담 쉬운 일을 해 놓고 큰일이나 한 듯이 자랑하는 것을 빗대어 이르는 말.

부엌칼 부엌에서 고기, 생선, 채소 들을 다듬거나 자르는 칼. 같식칼.

부에노스아이레스 (Buenos Aires) 아르헨티나의 수도. 아르헨티나의 가운데 동쪽에 있는 도시로, 세계에서 손 꼽히는 무역항이다.

부여 ^{나라} (夫餘) 기원전 1세기 무렵부터 3세기 말까지 만주 북부에 있던 나라.

부여 ^{땅 이름} (扶餘) 충청남도 남서쪽에 있는 군. 백제의 마지막 수도였던 곳으로, 낙화암, 부소산성 같은 백제 유적이 많다.

부여 ^줌 (附與) 권리, 일 들을 주는 것. 또는 사물이나 일에 가치나 뜻을 두는 것. **부여하다**《선생님은 봉사 활동에 큰 뜻을 부여하신다.》**부여되다**

부역 ^일 (賦役) 나라나 관청에서 강제로 시키는 노동.

부역 ^{배반} (附逆) 적을 돕는 것.《부역 혐의》**부역하다**

부엽토 (腐葉土) 풀, 나뭇잎 들이 썩어서 생긴 흙.

부옇다 안개, 김, 연기 들의 빛깔처럼 허옇다.《안경에 김이 부옇게 서렸다.》 ^참보얗다, 뿌옇다. ^바부연, 부예, 부옇습니다.

부왕 (父王) 옛날에 왕자나 공주가 왕인 자기 아버지를 이르던 말.

부원 (部員) 어떤 부서에 든 사람.

부위 (部位) 어떤 부분이 있는 자리. 《손목 부위가 아프다.》

부위부강 (夫爲婦綱) 유교의 삼강 가운데 하나. 남편과 아내 사이에 지켜야 할 도리를 말한다.

부위자강 (父爲子綱) 유교의 삼강 가운데 하나. 부모와 자식 사이에 지켜야 할 도리를 말한다.

부유하다 재물이 많고 살림이 넉넉하다.《부유한 집안》

부음 (訃音) 사람이 죽었다고 알리는 말이나 글.《할머니께서 돌아가셨다는 부음을 받았다.》^비부고

부응 (副應) 남이 바라는 일에 맞추어 따르는 것. **부응하다**《엄마 기대에 부응하려고 열심히 공부했다.》

부의장 (副議長) 의장 다음가는 사람.

부인 ^{아내} (夫人) 남의 아내를 높여 이르는 말.

부인 ^{반대} (否認) 어떤 사실을 받아들이지 않는 것. **부인하다**《동생은 자기 잘못을 끝끝내 부인했다.》^반시인.

부임 (赴任) 어떤 일을 맡아서 일할 곳으로 가는 것. **부임하다**《학교에 새 교장 선생님이 부임해 오셨다.》

부자 ^{가족} (父子) 아버지와 아들. ^참모녀.

부자 ^{재산} (富者) 재산이 많은 사람. ^같부호. ^반가난뱅이.

부자는 망해도 삼 년 먹을 것은 있다 ^{속담} 부자는 망해도 한동안 먹고살 것이 있다는 말.

부자연스럽다 말이나 행동이 억지로 꾸민 듯하다.《어딘지 모르게 행동이 부자연스럽다.》^바부자연스러운, 부자연스러워, 부자연스럽습니다.

부자유스럽다 움직임이나 처지가 자유롭지 못하다.《할아버지는 고혈압으로 쓰러지시더니 아직까지 거동이 부자유스러우시다.》^바부자유스러운, 부자유스러워, 부자유스럽습니다.

부자유친 (父子有親) 유교의 오륜 가운데 하나. 부모와 자식 사이에는 사랑이 있어야 한다는 말이다.

부작용 (副作用) 어떤 일에 뒤따라서 일어나는 뜻밖의 나쁜 일.《약을 잘못 먹어서 그 부작용으로 팔에 두드러기가 생겼다.》

부잡스럽다 하는 짓이 수선스럽고 점잖지 못하다.《내 동생은 워낙 부잡스러워서 잠시도 가만히 있지 못한다.》 바부잡스러운, 부잡스러워, 부잡스럽습니다.

부잣집 재산이 많은 집. 복부자집.

부장 (部長) 관청이나 회사에서 부를 책임지는 사람.

부장품 (副葬品) 죽은 사람과 함께 묻는 물건.《옛날에 왕이 죽으면 무덤에 부장품을 많이 넣었다.》

부재 (不在) 어떤 곳에 없는 것.《저는 지금 부재중이니 전화번호를 남겨 주세요.》**부재하다**

부적 (符籍) 귀신이나 재앙을 물리치려고 몸에 지니거나 집에 붙이는 종이. 붉은색으로 글씨나 그림을 그린다.

부적당하다 어떤 일에 적당하지 않다.《날씨가 나들이하기에 부적당하다.》

부적절하다 어떤 일에 적절하지 않다.《이 책은 너무 어려워서 어린이가 읽기에 부적절하다.》

부적합하다 어떤 일에 적합하지 않다.《농사짓기에 부적합한 땅》

부전나비 산속 풀밭에 사는 나비. 날개는 암컷이 까맣고 수컷은 푸르다. 날개 가장자리에 노란 띠무늬가 있다.

부전승 (不戰勝) 겨룰 상대가 없거나 제비를 뽑아서 경기를 하지 않고 이기는 것.

부전자전 (父傳子傳) 아버지의 됨됨이, 생김새, 버릇 같은 것이 아들한테 그대로 이어지는 것.《부전자전이라더니 네 말투가 아빠랑 똑같구나.》

부젓가락

부젓가락 화로에 꽂아 두고 불씨를 집거나 불을 헤치는 쇠 젓가락.

부정 반대 (否定) 어떤 것을 받아들이지 않는 것. 반긍정. **부정하다**《그래, 네 말을 부정하지 않겠어.》

부정 잘못 (不正) 바르지 않은 것. **부정하다**《부정한 방법》

부정 더러움 (不淨) 깨끗하지 못한 것. **부정하다**《요즘도 아이를 밴 여자는 부정한 것을 멀리한다.》

부정부패 (不淨腐敗) 사회나 생활이 깨끗하지 않고 썩은 것.《부정부패를 없애고 정직한 사회를 만들자.》

부정 선거 (不正選擧) 바르지 않은 방법으로 하는 선거.

부정적 (否定的) 어떤 것을 받아들이지 않는. 또는 그런 것. 반긍정적.

부정확하다 정확하지 않다.《발음이 부정확해서 통 못 알아듣겠다.》

부조 도움 (扶助) 1. 남을 돕는 것. 2. 잔치나 장례 치르는 일을 도우려고 돈이나 물건을 주는 것. **부조하다**

부조 조각 (浮彫) → 돋을새김.

부조리 (不條理) 도리나 이치에 어긋나는 것.《사회 부조리》비비리. **부조리하다**

부족 적음 (不足) 모자라는 것. 반과잉.

부족하다《시간이 부족해서 문제를 다 풀지 못하고 시험지를 냈다.》

부족 무리 (部族) 원시 시대나 미개한 사회에서 핏줄, 말, 사는 곳이 같은 무리.

부주의 (不注意) 조심성이 없는 것. 《내 부주의로 꽃병을 깼다.》반주의. **부주의하다**《부주의한 행동》

부지 (敷地) 집을 짓거나 길을 내는 데 쓰는 땅.《놀이터 부지》

부지깽이 아궁이에 불을 땔 때 땔감을 밀어 넣거나 불을 쑤시는 막대기.

부지런 게으름 피우지 않고 열심히 일하는 태도.《언니가 운동을 나간다면서 아침부터 부지런을 떤다.》

부지런하다 게으름 피우지 않고 열심히 일하는 태도가 있다. 반게으르다. **부지런히**《부지런히 해야 오늘 안에 끝낼 수 있을걸.》

부지런한 농사꾼에게는 나쁜 땅이 없다 **속담** 나쁜 땅도 부지런히 일구면 기름진 땅으로 가꿀 수 있다는 말.

부지런한 물방아는 얼 새도 없다 **속담** 끊임없이 도는 물방아는 추위도 얼지 않는다는 뜻으로, 어떤 일이든 부지런히 해야 이룰 수 있다는 말.

부지하다 어렵게 이어 나가다.《목숨을 부지하다.》

부직포 실로 짜는 대신 풀 같은 것으로 붙여서 만드는 천.

부진 (不振) 어떤 일이 잘 되어 가지 못하는 것.《성적 부진》**부진하다**

부질없다 어떤 일이 쓸모없다.《이제 와서 후회해 봐야 부질없는 짓이다.》

부쩍 갑자기 늘거나 주는 모양.《유기농 음식을 찾는 사람이 부쩍 늘었다.》

부착 (附着) 어떤 것을 붙이는 것. 북붙기. **부착하다**《학교 게시판에 연극 공연 안내문을 부착했다.》

부채 바람 손에 쥐고 흔들어서 바람을

부채마

일으키는 물건. 가는 대오리에 종이나 천을 바르고 손잡이를 붙여서 만든다.

부채 빚 (負債) → 빚.

부채꼴 접었다 폈다 할 수 있는 부채를 펼친 것과 같은 모양.

부채마 산에서 자라는 덩굴풀. 여름에 누르스름한 풀색 꽃이 피고, 열매는 껍질이 날개처럼 생겼다. 덩이뿌리를 약으로 쓴다.

부채질 1.부채를 흔들어서 바람을 일으키는 것. 2.느낌, 싸움 들을 부추기는 것을 빗대어 이르는 말.《동생이랑 싸우는데 형이 옆에서 부채질을 해서 더 화가 났다.》**부채질하다**

부채춤 두 손에 부채를 들고 여러 가지 모양을 만들면서 추는 우리나라 춤.

부챗살 부채의 뼈대를 이루는 대오리.

부처 석가모니 1.‘석가모니’의 다른 이름. 2.불교의 도를 깨달은 사람.

부처 내외 (夫妻) → 부부.

부처 조직 (部處) 정부에 딸린 ‘부’와 ‘처’를 함께 이르는 말.

부처꽃 냇가 같은 축축한 땅에 자라는 풀. 곧게 선 줄기에 끝이 뾰족한 잎이 마주난다. 여름에 붉은 보라색 꽃이 핀다. 북두렁꽃.

부처님 ‘부처’를 높여 이르는 말.

부처님 오신 날 불교에서 석가모니가 태어난 것을 기념하는 날. 음력 4월 8일이다. 같석가탄신일.

부총리 (副總理) 국무총리 다음가는 사람.

부추 밭에 심어 가꾸는 잎줄기채소. 땅속에 있는 둥근 줄기에서 가늘고 긴 잎이 나오는데, 이 잎으로 여러 가지 음

부처꽃

부추

식을 만들어 먹는다. 지역에 따라 '솔', '졸', '정구지'라고 이른다.

부추기다 남의 마음을 움직여서 어떤 일을 하게 만들다.《싸움 부추기는 애가 싸움하는 애보다 밉다.》

부축 다치거나 아픈 사람이 걸을 수 있게 몸을 붙잡아 거드는 것. **부축하다**《다리 다친 동무를 부축해 주었다.》

부치다 ^{부채를} 부채 같은 것을 흔들어서 바람을 일으키다.《날이 무더워서 부채를 부치면서 씨름 구경을 했다.》

부치다 ^{편지를} 우편물, 돈, 짐 같은 것을 남한테 보내다.《편지를 부치다./용돈 좀 부쳐 주세요.》

부치다 ^{전을} 달걀, 빈대떡, 전 같은 것을 기름을 두른 쇠판에 올려서 익히다.《빈대떡 부치는 냄새가 고소하다.》

부치다 ^{힘이} 힘이나 능력이 모자라다.《힘이 부쳐 더 못 걷겠어.》

부치다 ^{토론에} 1. 어떤 문제를 회의, 재판 들에서 다루기로 하다.《그 문제는 학급 회의에 부쳐서 의논하자.》 2. 어떤 일을 문제 삼거나 드러내지 않다.《비밀에 부치다./불문에 부치다.》 3. 특별한 날이나 행사에 맞추어 쓰거나 말하다.《한글날에 부치는 글》

부치다 ^{땅을} 논밭을 갈아서 농사를 짓다.《남의 땅을 부쳐서 먹고살아야 하는 신세라니 한심하구나.》

부친 (父親) '아버지'를 달리 이르는 말. ^참모친.

부침 → 부침개.

부침개 빈대떡이나 전처럼 기름에 부친 먹을거리. ^같부침. ^비지짐이.

부탁 (付託) 남한테 어떤 일을 해 달

고 맡기는 것. **부탁하다**《내가 부탁한 일 다 끝냈니?》

부탄 (butane) 빛깔과 냄새가 없고 불이 잘 붙는 기체. 액체로 만들기 쉬워서 연료나 화학 공업의 원료로 쓴다.

부탄가스 (butane gas) 부탄에 다른 것을 섞은 가스. 액체로 만들어서 쇠통에 넣어 야외용 가스레인지의 연료로 쓴다.

부터 어떤 낱말 뒤에 붙어, '그것이나 그때를 시작으로', '그것 먼저'를 뜻하는 말.《오늘부터 방학이다.》^반까지.

부통령 (副統領) 대통령 다음가는 사람.

부판 (浮板) 헤엄칠 때 몸이 물에 잘 뜨게 해 주는 판.《부판을 잡고 수영 연습을 했다.》^북뜰판.

부패 (腐敗) 1. 썩는 것.《음식물 부패》 2. 정치, 사회가 나쁜 길에 빠지는 것.《부정과 부패》 **부패하다**

부페 '뷔페'를 잘못 쓴 말.

부풀다 1. 물렁한 것 속에 기체나 액체가 들어가서 거죽이 솟아오르다.《풍선이 크게 부풀어 올랐다.》 2. 살가죽이 붓거나 커지다.《벌에 쏘인 손가락이 퉁퉁 부풀었다》 3. 희망, 기대 들로 마음이 들뜨거나 설레다.《선생님 말씀이 우리 마음을 기대에 부풀게 하였다.》 4. 어떤 것이 실제보다 크거나 심하게 나타나다.《소문이란 것은 여러 사람 입을 거칠수록 점점 부풀게 마련이지.》^바부푸는, 부풀어, 부풉니다.

부풀리다 부풀게 하다.《복어는 적을 만나면 자기 몸을 잔뜩 부풀린다.》

부품 (部品) 기계의 한 부분을 이루는

물건.《자동차 부품》

부피 넓이와 높이가 있는 물건이 차지하는 공간 크기.

부하 사람 (部下) 회사, 군대 같은 데서 어떤 사람 밑에서 일하는 사람.

부하 짐 (負荷) 1.짐을 지는 것. 또는 그 짐. 2.전등이나 전기 기구 들에 소비되는 전력의 양.《부하가 걸리다.》

부합 (符合) 일이나 생각 들이 서로 들어맞는 것. **부합하다**《말과 행동이 부합하면 더할 나위 없이 좋지요.》**부합되다**

부형 (父兄) → 학부형.

부호 기호 (符號) 어떤 뜻을 나타내는 기호.《문장 부호》비기호.

부호 부자 (富豪) → 부자.

부화 (孵化) 새끼가 알을 깨고 나오는 것. **부화하다**《갓 부화한 병아리》**부화되다**

부화기 (孵化器) 부화를 돕는 기구.

부화뇌동 (附和雷同) 줏대 없이 남을 따라 하는 것. **부화뇌동하다**

부활 (復活) 1.죽었다가 다시 살아나는 것. 2.없어지거나 사라져 가던 것이 다시 살아나는 것.《사라져 가는 판소리를 부활시킵시다.》**부활하다**《예수는 죽은 지 사흘 만에 부활했다고 한다.》**부활되다**

부활절 (復活節) 기독교에서 예수가 죽은 지 사흘 만에 다시 살아난 것을 기념하는 날. 해마다 날짜가 다른데, 3월 22일부터 4월 25일 사이이다.

부회장 (副會長) 회장 다음가는 사람.

부흥 (復興) 망한 것이 다시 일어나는 것.《농촌 부흥》**부흥하다 부흥되다**

북_악기

북_베틀

북 악기 치는 악기 가운데 하나. 나무나 쇠붙이로 만든 둥근 통 양 끝에 가죽을 씌우고 채로 쳐서 소리를 낸다.

북 치고 장구 치다 관용 여러 일을 혼자 다 하다.《혼자 노래하고 춤까지 추었으니 북 치고 장구 친 셈이지.》

북 베틀 1.베틀에서 가로로 왔다 갔다 하면서 천을 짜는 부속품 가운데 하나. 2.재봉틀에서 밑실을 감은 뭉치를 넣어 두는 통.

북 농사 식물의 뿌리를 싸는 흙.

북 북쪽 (北) → 북쪽.

북경 (北京) → 베이징.

북구 (北歐) → 북유럽.

북극 (北極) 1.자석이 가리키는 북쪽 끝. 엔(N)으로 나타낸다. 같엔 극. 참남극. 2.지구의 북쪽 끝 지역. 참남극.

북극곰 북극에 사는 흰 곰.

북극성 (北極星) 작은곰자리에서 가장 밝은 별. 일 년 내내 북극 가까이에 있어서 밤에 이 별을 보고 북쪽을 알아낼 수 있다.

북극여우 북극을 비롯한 추운 지방에 사는 여우. 털빛이 여름에는 잿빛 갈색이지만 겨울에는 흰색으로 바뀐다.

북극점 (北極點) 지구의 북쪽 끝 한가운데 점.

북극해 (北極海) 오대양 가운데 하나. 북극을 중심으로 하여 유라시아 대륙과 북아메리카 대륙에 둘러싸여 있다.

북녘 1.→ 북쪽. 2.우리나라 휴전선 이북. 참남녘.

북단 (北端) 북쪽 끝. 참남단.

북데기 짚이나 풀 들이 엉킨 뭉텅이.《외양간에 짚북데기를 깔았다.》

북돋다 → 북돋우다. ᵇ᾽북돋는, 북돋아, 북돋습니다.

북돋우다 남이 기운을 내게 하다. 《어떻게 하면 철수한테 용기를 북돋워 줄 수 있을까?》 준북돋다.

북동쪽 북쪽과 동쪽의 가운데.

북동풍 (北東風) 북동쪽에서 불어오는 바람.

북두칠성 (北斗七星) 큰곰자리 꼬리 부분에서 국자 꼴을 이루는 별 일곱 개.

북망산 (北邙山) 무덤이 많은 곳이나 사람이 죽어서 묻히는 곳을 이르는 말.

북문 (北門) 성이나 궁궐에서 북쪽으로 낸 문.

북미 (北美) → 북아메리카.

북반구 (北半球) 적도를 기준으로 지구를 둘로 나눌 때 북쪽 부분. 참남반구.

북받치다 어떤 느낌이 치밀어 오르다. 《북받치는 슬픔을 참으려고 무척 애썼다.》 참복받치다.

북방 (北方) 북쪽. 또는 북쪽 지방.

북방대합 동해 얕은 바다 모래 바닥에 사는 조개. 껍데기가 세모꼴인데 두껍고 무겁다. 빛깔은 누런 갈색이다.

북방매물고둥 동해 찬 바닷물에 사는 고둥. 껍데기가 두껍고 단단하다. 뚜껑 밖으로 내민 발이 전복과 비슷하다.

북방밤색무늬조개 동해와 남해 바다 속 모래밭에 사는 조개. 껍데기는 밤색이나 붉은색인데 둥글고 납작하다.

북방종개 맑은 강물 속 자갈이나 모래 바닥에 사는 민물고기. 머리와 몸이 가늘고 긴데 약간 납작하다.

북방흑제양반탈 고성 오광대에서 쓰

북방흑제장군탈

북두칠성

북방대합

북방매물고둥

북방밤색무늬조개

북방흑제양반탈

는 탈.

북방흑제장군탈 가산 오광대에서 쓰는 탈.

북벌 (北伐) 북쪽에 있는 나라로 쳐들어가는 것. 《북벌 정책》

북베트남 베트남 북위 17도 위에 있던 나라. 베트남 공화국과 전쟁하여 이겨서 1975년에 베트남 사회주의 공화국을 세웠다. '베트남 민주 공화국'이라고도 한다.

북부 (北部) 어떤 지역의 북쪽 부분. 《북부 지방에 비가 많이 왔다.》

북상 (北上) 북쪽으로 올라가는 것. 《태풍이 일본을 지나 우리나라 쪽으로 북상 중입니다.》 반남하. **북상하다**

북새통 여러 사람이 법석을 떠는 것. 《기차역은 고향에 내려가려는 사람들로 북새통을 이루었다.》 북복새통.

북서쪽 북쪽과 서쪽의 가운데.

북서풍 (北西風) 북서쪽에서 불어오는 바람.

북소리 북을 칠 때 나는 소리.

북아메리카 육대주 가운데 하나. 미국, 캐나다, 멕시코 같은 나라가 있다. 같북미.

북악산 (北岳山) 서울 경복궁 북쪽에 있는 산. 높이는 342m이다.

북어 (北魚) 말린 명태.

북위 (北緯) 적도에서 북극까지 고르게 나눈 위도. 적도가 0도이고 북극이 90도이다. 참남위.

북유럽 유럽의 북쪽 지역. 덴마크, 스웨덴, 노르웨이 핀란드 같은 나라가 있다. 같북구.

북적- 사람들이 한곳에 많이 모여서

수선스럽게 움직이는 모양. **북적거리
다 북적대다 북적이다 북적북적**《시장
에는 늘 수많은 사람이 북적거린다.》
북진 (北進) 북쪽으로 나아가는 것. **북
진하다**
북진 정책 (北進政策) 나라 힘을 북쪽
으로 뻗쳐 나가려는 정책.
북집 재봉틀에서 밑실을 감은 실 몽당
이를 넣어 두는 통. 작은 홈 사이로 밑
실이 풀려 나가 윗실과 엮인다.
북쪽 해가 뜨는 쪽을 향해 섰을 때 왼
쪽. **같**북, 북녘. **참**남쪽, 동쪽, 서쪽.
북채 북을 칠 때 쓰는 방망이.
북청 사자놀음 함경남도 북청에서 이
어져 내려오는 사자놀이. 대보름날 무
렵에 귀신을 쫓는 뜻으로 사자탈을 쓰
고 집집마다 다니면서 귀신 쫓는 춤을
춘다. 중요 무형 문화재 제15호.
북촌 (北村) 조선 시대에 경복궁과 창
덕궁 사이에 있던 여러 마을. 종로와
청계천의 윗동네라는 뜻에서 붙은 이
름인데, 벼슬아치들이 살던 한옥이 많
이 남아 있다.
북춤 북을 메고 치면서 추는 우리나라
춤. **같**무고.
북태평양 (北太平洋) 태평양에서 적
도를 기준으로 북쪽에 있는 바다.
북편 장구에서 손으로 쳐서 소리를 내
는 편. **참**채편.
북풍 (北風) 북쪽에서 불어오는 바람.
북학 (北學) 조선 후기에 박지원, 박
제가, 홍대용 같은 실학자들이 함께 하
던 공부. 청나라의 앞선 문물과 기술을
들여와서 조선의 상공업을 발전시키는
것이 주된 목적이었다.

북학의 (北學議) 조선 정조 때 실학자
인 박제가가 쓴 책. 청나라에 직접 가
서 제도와 풍속을 살피고 자신의 생각
을 덧붙여 썼다.
북한강 (北韓江) 한강으로 흘러드는
강. 강원도에서 시작하여 경기도 가평
으로 흘러 들어가서 남한강과 만난다.
북한 말 북녘 사람들이 따로 쓰는 말을
남녘에서 이르는 말.
북한산 (北漢山) 서울과 경기도 고양
에 걸쳐 있는 산. 백운대, 인수봉, 만경
대 세 봉우리가 있어서 '삼각산'이라
고도 한다. 국립공원이다. **같**삼각산.

북한산성

북한산성 (北漢山城) 서울과 고양에
걸쳐 있는 산성. 백제 시대에 도읍지인
위례성을 지키는 북쪽 성으로 쌓았다.
북해 (北海) 영국, 덴마크, 노르웨이
들에 둘러싸인 바다.
북향 (北向) 북쪽으로 향하는 것.《이
방은 북향이라 햇볕이 들지 않는다.》
분 사람 '사람'의 높임말. 또는 높이는
사람을 세는 말.《선생님 세 분》
분 시간 (分) 시간의 길이를 나타내는
말. 1분은 60분의 1시간이다.《5분 뒤
에 나갈 테니까 빨리 준비해.》
분 분노 (憤) 억울한 일로 성이 나는 것.
《이제 분이 좀 풀렸니?》
분 처지 (分) → 분수.《분에 넘치다.》
분 가루 (粉) 얼굴을 꾸미려고 바르는
가루.《얼굴에 하얀 분을 발랐다.》
분가 (分家) 흔히 혼인한 사람이 살림
을 차려서 부모 집에서 나가는 것. **분
가하다**《우리 식구와 함께 살던 고모
는 혼인하면서 분가했어요.》
분간 (分揀) 좋고 나쁨, 옳고 그름, 같

고 다름을 가리는 것.《겉모습만 보고 서는 좋은 사람인지 나쁜 사람인지 분간을 못하겠다.》**분간하다 분간되다**

분갈이 화분에 심은 나무나 풀을 다른 화분에 옮겨 심는 일.

분개 (憤慨) 몹시 분하게 생각하는 것. **분개하다**《독도가 자기네 땅이라고 우기는 일본에 우리 모두 분개했다.》

분교 (分校) 본교에 딸린 학교. **참**본교.

분규 (紛糾) 주장이 서로 달라서 일어나는 다툼.《노사 분규》

분기점 (分岐點) 1. 길이 여러 갈래로 갈라지는 곳. **북**갈림점. 2. 어떤 일이 바뀌는 때나 기회.《역사의 분기점》

분꽃 꽃을 보려고 심어 가꾸는 풀. 여름부터 가을까지 빨간색, 노란색, 흰색 꽃이 핀다. 열매는 까맣게 익는데, 속에 흰 가루가 들어 있다.

분납 (分納) 돈을 여러 번에 나누어 내는 것. **분납하다**《물건 값은 석 달에 걸쳐서 분납하셔도 됩니다.》 **참**완납.

분노 (憤怒) 몹시 성내는 것. **분노하다**《끔찍한 범죄에 국민이 분노했다.》

분뇨 (糞尿) 똥과 오줌.

분단 **무리** 한 교실의 학생을 몇 명씩 나누어 모은 무리.

분단 **나라** (分斷) 땅, 나라, 겨레 들을 갈라 나누는 것.《국토 분단》 **분단하다 분단되다**《남북으로 분단된 조국》

분단국 (分斷國) 본래는 한 나라였지만 전쟁이나 다른 나라의 지배를 받아 둘로 나누어진 나라.

분단장 반에서 분단을 대표하는 학생.

분담 (分擔) 어떤 일을 여럿이 나누어서 맡는 것. **참**전담. **분담하다**《일을 분

분꽃

담해서 했더니 생각보다 빨리 끝났다.》

분동 (分銅) 양팔 저울로 무게를 잴 때 한쪽 접시에 올리는 추.

분란 (紛亂) 소란을 피우는 것.《분란이 생기다./분란을 일으키다.》

분량 (分量) 많고 적은 수량이나 크고 작은 부피.《책을 읽고 느낀 점을 원고지 열 장 분량으로 쓰세요.》

분류 (分類) 여럿을 갈래에 따라서 나누는 것. **분류하다**《책을 내용에 따라 셋으로 분류하였다.》 **분류되다**

분리 (分離) 따로 나누는 것. **분리하다**《음식 쓰레기는 분리해서 버려야 한다.》 **분리되다**

분리수거 (分離收去) 쓰레기를 일반 쓰레기, 재활용 쓰레기, 음식물 쓰레기로 나누어서 버린 것을 거두어 가는 것.

분립 (分立) 여럿으로 갈라져서 따로 서는 것.《권력 분립》 **분립하다 분립되다**

분만 (分娩) → 해산. **분만하다**

분말 (粉末) → 가루.

분명 (分明) 뚜렷하게. 또는 확실하게. 《형은 분명 나를 데리러 올 거야.》

분명하다 1. 모습, 소리 들이 흐릿하지 않다.《여기에서는 칠판 글씨가 분명하게 보여.》 2. 태도, 행동 들이 흐리멍덩하지 않다.《집에 갈지 안 갈지 분명하게 말해 줘.》 3. 어떤 사실이 틀림없다.《그때 진수는 거기에 없었던 게 분명해.》 **분명히**

분모 (分母) 분수에서 가로줄 아래에 있는 수. **참**분자.

분묘 (墳墓) → 무덤.

분무기 (噴霧器) 액체를 골고루 뿌리

는 데 쓰는 기구. **같**스프레이.

분발 (奮發) 어떤 일을 이루려고 온 힘을 다하여 애쓰는 것. **분발하다**《꼭대기까지 거의 다 왔으니 분발하자.》

분배 (分配) ➡ 배분.《소득 분배》**분배하다 분배되다**

분별 (分別) 1.좋고 나쁨, 옳고 그름, 같고 다름을 가리는 것. 2.행동, 생각들을 바르게 하는 태도.《분별 있는 사람》**분별하다**《병아리 암수를 어떻게 분별하는지 알고 싶어.》

분부 (分付) 윗사람이 아랫사람에게 어떤 일을 시키는 것.《할아버지 분부대로 열심히 일하겠습니다.》**분부하다**

분분하다 의견이나 소문 같은 것이 여러 가지로 갈라져 갈피를 잡기 힘들다.《아이들 의견이 분분해서 어떻게 해야 할지 모르겠다.》

분비 (分泌) 몸속 기관에서 땀이나 침 같은 것을 내보내는 것.《호르몬 분비》**분비하다 분비되다**

분비물 (分泌物) 땀이나 침처럼 몸속 기관에서 내보내는 물질.

분사 (噴射) 액체나 기체를 세차게 내뿜는 것. **분사하다**

분산 (分散) 여럿으로 나누어서 흩뜨리는 것. 또는 여럿으로 나뉘어서 흩어지는 것. **참**집중. **분산하다**《프리즘은 빛을 분산한다.》**분산되다**

분석 (分析) 어떤 것을 하나하나 따져서 밝히는 것. **분석하다**《과학자들은 실험이 실패한 원인을 분석하였다.》**분석되다**

분속 (分速) 1분 동안 움직이는 거리로 나타내는 빠르기.《초속 1미터는

분속 60미터이다.》

분쇄 (粉碎) 1.잘게 부수는 것.《석탄 분쇄 기계》2.무찔러서 없애는 것. **분쇄하다**《이순신 장군은 노량 해전에서 왜군을 깡그리 분쇄했다.》

분수 **물줄기** (噴水) 물을 세차게 뿜어 올려서 흩트리는 시설. 또는 그 물.

분수 **수학** (分數) 어떤 수를 0이 아닌 다른 수로 나눈 몫을 분자와 분모로 나타낸 것.

분수 **처지** (分數) 1.자기가 처한 형편.《분수에 맞는 생활》**준**분. 2.사물을 잘 가리는 슬기.《네가 무슨 분수를 안다고 어른들 일에 끼어드니?》

분수대 (噴水臺) 분수가 있는 곳.

분수령 (分水嶺) 1.물줄기가 여럿으로 나뉘는 산마루나 산맥. 2.앞일을 결정하는 때나 기회를 빗대어 이르는 말.《결승 진출의 분수령》

분식 (粉食) 밀가루로 만든 먹을거리.《나는 라면 같은 분식을 좋아한다.》

분식점 (粉食店) ➡ 분식집.

분식집 국수, 김밥, 떡볶이 같은 먹을거리를 파는 가게. **같**분식점.

분신 **불** (焚身) 자기 몸에 불을 지르는 것. **분신하다**

분신 **갈라짐** (分身) 한 몸에서 갈라져 나온 다른 몸.《자식은 어머니의 분신과 같다.》

분실 (紛失) 물건을 잃어버리는 것.《분실 신고》**비**유실. **반**습득. **분실하다**

분실물 (紛失物) 잃어버린 물건.

분야 (分野) 갈래에 따라서 나눈 일. 또는 테두리.《나는 커서 농작물 씨앗 기르기 분야에서 일하고 싶다.》

분양 (分讓) 땅이나 집 들을 여럿에게 나누어 파는 것.《아파트 분양 광고》 **분양하다 분양되다**

분업 (分業) 일을 여럿이 나누어서 하는 것. **참**협업. **분업하다**

분업화 (分業化) 일을 부문이나 업종별로 갈라서 하게 하는 것. **분업화하다 분업화되다**

분연히 세차고 꿋꿋하게.《농민들도 분연히 일어나 의병이 되었다.》

분열 (分裂) 하나가 여럿으로 나뉘는 것.《세포 분열》 **분열하다 분열되다**

분위기 (雰圍氣) 어떤 자리에 감도는 느낌.《교실 분위기가 무척 밝다.》

분유 (粉乳) 가루로 만든 우유.

분자 (分子) 1.물질의 성질을 가지고 있는 가장 작은 알갱이. 2.분수에서 가로줄 위에 있는 수. **참**분모.

분장 (扮裝) 배우가 맡은 배역에 따라서 옷차림이나 얼굴을 꾸미는 것. **분장하다**《오빠가 임금님으로 분장했다.》

분장사 (扮裝師) 배우를 연극이나 영화에 나오는 모습으로 꾸며 주는 사람.

분쟁 (紛爭) 복잡하게 뒤얽힌 문제를 둘러싸고 서로 싸우거나 다투는 것.《두 나라는 국경 문제로 끊임없이 분쟁을 벌인다.》**분쟁하다**

분전 (奮戰) 기운을 내서 힘껏 싸우는 것. **분전하다**《끝까지 분전했지만 결국 우리가 지고 말았다.》

분점 (分店) 본점에서 갈라져 나와 따로 차린 가게. **참**본점, 지점.

분주탕 ▮북 흔히 '피우다', '치다'와 함께 써서, 몹시 바쁘고 수선스럽게 구는 것.《오빠가 집 열쇠를 잃어버렸다고

분지성게

분청사기

분주탕을 피운다.》

분주하다 할 일이 많거나 시간이 급해서 빨리 움직이다.《오늘은 학예회 준비로 몹시 분주한 하루였다.》

분지 (盆地) 산이나 높은 땅으로 둘러싸인 너른 땅.

분지르다 → 부러뜨리다.《할아버지는 나뭇가지를 분질러 불을 붙이셨다.》

분지성게 바다 밑바닥이나 바닷가 바위에 사는 성게. 밤송이처럼 온몸이 뾰족한 가시로 덮여 있다.

분진 (粉塵) 티와 먼지.

분청사기 (粉靑沙器) 조선 시대에 만든 사기. 청자에 흰 흙을 발라서 구워 만드는데, 파란색이나 누런색을 띤 잿빛이 난다.

분출 (噴出) 액체나 기체가 세차게 뿜어져 나오는 것. **분출하다**《화산에서 시뻘건 용암이 분출하였다.》**분출되다**

분침 (分針) 시계에서 분을 가리키는 긴 바늘.《분침이 한 바퀴를 다 돌면 한 시간이 흐른다.》

분통 (憤痛) 몹시 분한 마음이나 느낌.《분통이 터지다./분통을 터뜨리다.》

분투 (奮鬪) 온 힘을 다해서 싸우는 것.《우리는 분투를 다짐하면서 경기장 안으로 들어갔다.》**분투하다**

분포 (分布) 여기저기 흩어져 퍼지는 것.《인구 분포》**분포하다**

분포도 (分布圖) 어떤 것이 어떤 곳에 얼마나 분포하는지를 나타내는 그림이나 지도.《지하자원 분포도》

분풀이 남한테 분한 마음을 푸는 것.《왜 애꿎은 강아지한테 분풀이야?》**분풀이하다**

분필 (粉筆) 칠판에 글씨를 쓰는 물건. 같백묵.

분하다 1. 성나거나 억울한 일로 속상하다. 《얼마나 분하면 눈물까지 흘릴까?》 2. 어떤 일을 이루지 못해서 속상하다. 《한 점 차이로 지다니 분하다.》

분할 (分割) 여럿으로 나누는 것. 《재산 분할》 **분할하다 분할되다**

분해 (分解) 여럿을 모아 만든 덩어리를 낱낱으로 나누는 것. **분해하다** 《고장 난 라디오를 네가 분해하겠다고?》 **분해되다**

분해자 (分解者) 죽은 생물, 동물의 똥오줌 들을 분해하는 세균이나 곰팡이 같은 미생물.

분향 (焚香) 제사, 장례 같은 의식에서 향을 피우는 것. **분향하다**

분홍 (粉紅) → 분홍색.

분홍색 (粉紅色) 진달래 꽃잎처럼 옅은 붉은색. 같분홍.

분홍할미꽃 북부 지방 산봉우리에 자라는 풀. 봄에 종처럼 생긴 분홍색 꽃이 아래를 보고 핀다.

분화 (分化) 여러 갈래로 나뉘는 것. **분화하다** 《사회가 발달하면서 직업의 종류도 분화하였다.》 **분화되다**

분화구 (噴火口) 화산이 터질 때 용암, 가스, 수증기가 나오는 구멍. 《백두산 천지는 분화구에 물이 고여 생겨난 호수이다.》 같화구.

분황사 석탑 (芬皇寺石塔) 경상북도 경주 분황사에 있는 석탑. 신라 선덕여왕 때 (634년) 분황사를 지으면서 쌓은 것으로, 돌을 벽돌 모양으로 다듬어 쌓았다. 국보 제30호.

분홍할미꽃

분황사 석탑

붇다 1. 물기를 빨아들여서 부피가 커지다. 《자장면이 붇기 전에 어서 먹어라.》 2. 수나 양이 늘어나다. 《겨울 방학 동안 몸무게가 많이 불었다.》 바붇는, 불어, 붇습니다.

불 불꽃 1. 강한 빛과 뜨거운 열을 내면서 타오르는 것. 《불을 피우다. / 불이 붙다. / 불에 타다.》 2. 전등, 초처럼 어둠을 밝히는 데 쓰는 빛. 《불을 켜다. / 불을 끄다.》 3. 집이나 재산이 타 없어지는 것. 《불이 나다. / 불이야!》

불을 끄다 관용 급한 일을 해결하다. 《먼저 불을 끄고 나서 다음을 생각하자.》

불 안 땐 굴뚝에 연기 날까 속담 어떤 일이든 까닭 없이 생기지 않는다는 말.

불에 놀란 놈이 부지깽이만 보아도 놀란다 속담 어떤 것에 몹시 혼나고 나면 비슷한 것만 보아도 놀란다는 말.

불은 물로 다스리고 짐승은 먹이로 길들인다 속담 어떤 일이든 알맞은 방법을 써야 이룰 수 있다는 말.

불 달러 (弗) '달러'를 한자로 나타낸 것. 《이 원서의 값은 10불입니다.》

불 부처 (佛) 어떤 낱말에 붙어, '부처'를 나타내는 말. 《불상/불공/불타/석불/아미타불》

불-심한 어떤 낱말 앞에 붙어, '아주 심한'이라는 뜻을 더하는 말. 《불호령》

불-붉은 어떤 낱말 앞에 붙어, '붉은'이라는 뜻을 더하는 말. 《불개미》

불-아님 (不) 어떤 낱말 앞에 붙어, '아니다', '아니하다'라는 뜻을 더하는 말. 《불규칙/불충분/불협화음》

불가 (不可) 어떤 일을 할 수 없는 것. 《어린이 입장 불가》 **불가하다**

불가결 (不可缺) 반드시 있어야 하는 것. **불가결하다** 《공기는 사람이 사는 데 불가결한 것이다.》

불가능 (不可能) 할 수 없는 것. ^반가능. **불가능하다** 《30분 동안 숨 쉬지 않는다는 건 불가능한 일이야.》

불가분 (不可分) 나눌 수 없는 것. 《물과 물고기는 불가분의 관계이다.》

불가사리 ^{동물} 바다 밑바닥에 사는 별처럼 생긴 동물. 납작하고 등에 가시가 많다. 입은 아래쪽 가운데에 있다.

불가사리_동물

불가사리 ^{상상} 옛날이야기에서 쇠붙이를 먹고 살면서 나쁜 기운을 쫓아 준다는 짐승.

불가사의 (不可思議) 보통 생각으로는 도무지 알 수 없는 이상한 일. **불가사의하다** 《아무도 없는 방에서 소리가 나다니 불가사의한 일이다.》

불가피하다 어떤 일을 피할 수 없다. 《불가피하게 약속 시간에 늦었어요.》

불가항력 (不可抗力) 사람이 막을 수 없는 힘.

불갈기 ^{ㅣ북} 거세게 솟구쳐 흩날리는 불길을 빗대어 이르는 말. 《불붙은 건물에서 불갈기가 날리는 모습은 정말 무서웠다.》

불거리 ^{ㅣ북} 붉은 노을. 《불거리를 뒤에 두고 가족사진을 찍었다.》

불거지다 1. 겉으로 비어져 나오다. 《주머니에서 불거져 나온 것이 뭐니?》 2. 어떤 일이 두드러지게 드러나거나 갑자기 생겨나다. 《생각지도 않은 일이 불거져 골치 아프게 생겼다.》

불건전하다 건전하지 못하다. 《불건전한 책》 ^반건전하다.

불결하다 보기 싫게 더럽다. 《변소가 불결해서 똥 누고 싶은 생각이 싹 사라졌다.》

불경 ^책 (佛經) 불교의 가르침을 적은 책. ^같경.

불경 ^{예의} (不敬) 예의가 없는 것. **불경하다** 《선생님 책상 위에 발을 올리는 것은 정말 불경한 짓이야.》

불경기 (不景氣) 경제 사정이 나쁜 것. 《불경기가 이어지면 일자리를 잃는 사람이 늘어난다.》 ^비불황.

불경스럽다 예의가 없다. 《할아버지께 불경스럽게 무슨 짓이니?》 ^바불경스러운, 불경스러워, 불경스럽습니다.

불계 (不計) 바둑에서 누가 이기고 졌는지 분명해서 집 수를 세지 않는 것.

불고기 살코기를 저며 양념에 재었다가 불에 구운 먹을거리. 또는 그 고기.

불곰 깊은 산이나 탁 트인 높은 곳에 사는 곰. 털은 짙은 갈색이다. 헤엄을 잘 치고 나무에도 잘 오른다.

불곰

불공 (佛供) 부처에게 절하고 기도하는 일. 《불공을 드리다.》

불공정 (不公正) 한쪽에만 이로워서 올바르지 않은 것. 《불공정 거래》 ^반공정. **불공정하다**

불공평하다 서로 차이를 두어서 한쪽에만 이롭다. 《둘이 싸웠는데 저만 혼나는 것은 불공평해요》 ^반공평하다.

불과 (不過) 생각보다 훨씬 적게. 《개학이 불과 사흘밖에 남지 않았다.》

불과하다 어떤 것일 뿐이다. 또는 어느 만큼일 뿐이다. 《약속 시간을 제대로 지킨 아이는 세 명에 불과했다.》

불교 (佛敎) 석가모니의 가르침을 따

르는 종교. 이 세상의 고통과 괴로움에서 벗어나 부처가 되는 것을 이상으로 삼는다.

불구덩이 1.활활 불타는 곳의 안쪽. 2.몹시 급하고 괴로운 형편을 빗대어 이르는 말.《전쟁의 불구덩이》

불구자 (不具者) '장애인'을 낮추어 이르는 말.

불구하고 어떤 일에 아랑곳하지 않고.《우리는 비가 오는데도 불구하고 축구를 계속했다.》

불국사 (佛國寺) 경상북도 경주 토함산에 있는 절. 신라 법흥왕 때 (528년) 지은 것을 경덕왕 때 (751년) 김대성이 크게 고쳐 지었다. 신라 불교 문화의 귀중한 유적으로, 유네스코에서 세계 문화유산으로 지정했다.

불굴 (不屈) 온갖 어려움에도 뜻을 굽히지 않는 것.《불굴의 의지》

불규칙하다 규칙이 없어서 고르지 않다.《방학이라고 불규칙한 생활을 해서는 안 된다.》

불균형 (不均衡) 한쪽으로 치우쳐 고르지 않은 것.《영양 불균형》 **불균형하다**

불그레하다 엷고 곱게 조금 붉다.

불그스레하다 → 불그스름하다.

불그스름하다 조금 붉다.《자꾸 긁었더니 살갗이 불그스름해졌다.》 **같**불그스레하다.

불그죽죽하다 빛깔이 고르지 못하고 우중충하게 불그스름하다.

불긋불긋 군데군데 붉은 모양.《들판에 이름 모를 꽃들이 불긋불긋 피었다.》 **불긋불긋하다**

불기 → 불기운.

불기둥 기둥처럼 높이 치솟는 불길.

불기운 불에서 나오는 뜨거운 기운.《꽁꽁 언 몸이 따뜻한 불기운에 서서히 녹았다.》 **같**불기, 화기.

불길 활활 타오르는 불.《소방관 아저씨들이 불길을 얼른 잡아서 다행이야.》

불길하다 나쁜 일이 생길 것 같다.《간밤에 불길한 꿈을 꾸었어.》

불깃불깃 **북** 보기 좋게 불그스름한 모양.《이쪽 꽃밭에는 장미를 심어 불깃불깃 꾸미고 싶다.》 **불깃불깃하다**

불깃하다 **북** 빛깔이 조금 불그스름하다.《불깃한 모자가 마음에 든다.》

불꽃 1.불이 타오를 때 꽃봉오리처럼 이는 부분.《모닥불 가에 둘러앉아 타오르는 불꽃을 바라보았다.》 2.쇠나 돌이 서로 부딪칠 때 나는 빛.《돌멩이끼리 세게 마주 치면 불꽃이 튄다.》

불꽃이 튀다 **관용** 싸우는 기세가 몹시 세차다.《불꽃 튀는 승부》

불꽃놀이 밤하늘에 폭죽을 터뜨려서 갖가지 불꽃을 구경하는 놀이.

불끈 1.갑자기 위로 솟아오르는 모양.《아침 해가 바다 저편에서 불끈 솟아올랐다.》 2.갑자기 흥분하거나 화를 내는 모양.《내 동생이 맞고 들어오자 불끈 화가 났다.》 3.주먹을 힘 있게 꽉 쥐는 모양.《주먹을 불끈 쥐다.》

불나다 불이 나다.《소방차 여러 대가 불난 곳으로 달려갔다.》

불난 끝은 있어도 물 난 끝은 없다 **속담** 불이 나면 타다 남은 물건이라도 있지만, 물난리가 나면 남는 것이 아무것도 없다는 말.

불국사

불난 집에 부채질한다 ^{속담} 불난 집에 부채질을 하면 불이 더 잘 타는 것처럼, 남한테 생긴 나쁜 일을 더 키우거나 화를 더 돋우는 것을 빗대어 이르는 말.

불능 (不能) 어떤 일을 할 수 없는 것. 《수리 불능/회복 불능》

불다 1.바람이 이쪽에서 저쪽으로 움직이다.《바람 부는 날》 2.입이나 코에서 김을 내보내다.《입김을 불어서 유리창을 닦았다.》 3.입김을 내보내서 부풀게 하거나 피리 같은 악기를 연주하다.《풍선을 불다./아빠는 단소를 잘 부신다.》 4.유행이나 변화가 거세게 일다.《예쁜 우표 모으기 바람이 불었다.》 5.숨겨 온 죄나 비밀을 털어놓다.《그 아저씨는 고문에 못 이겨 동지들의 이름을 모두 불고 말았다.》 ^바부는, 불어, 붑니다.

불면 꺼질까 쥐면 터질까 ^{속담} 부모가 자식을 몹시 소중하게 키우는 모습을 빗대어 이르는 말.

불당 (佛堂) 불상을 모시는 집.

불덩이 1.불이 붙은 덩어리.《화산이 터지자 여기저기서 불덩이가 튀어 올랐다.》 2.열이 몹시 나는 것을 빗대어 이르는 말.《온몸이 불덩이가 되어 이틀 동안 끙끙 앓았다.》

불도 (佛道) 부처의 가르침. 또는 부처처럼 깨달음을 얻는 일.

불도저 (bulldozer) 앞머리에 커다란 철판이 달려 있어서 흙을 밀어내고 땅을 고르는 데 쓰는 차. ^북평토기.

불등풀가사리 바닷가 바위에 붙어서 자라는 바닷말. 가지가 가늘고 끝이 뾰족한데 속은 비어 있다. 빛깔은 붉은밤색이다.

불도저

불등풀가사리

불똥 타는 것에서 튀는 작은 불덩이.

불똥이 튀다 ^{관용} 다른 데서 생긴 말썽 때문에 해를 입다.《동생이 피운 말썽 때문에 나한테까지 불똥이 튀었다.》

불량 (不良) 1.질이나 상태가 나쁜 것.《동생이 불량 식품을 먹고 배탈이 났다.》 ^반우량. 2.행동이나 태도가 나쁜 것.《불량 청소년》 **불량하다**

불량배 (不良輩) 남을 괴롭히는 나쁜 사람. ^비깡패.

불량품 (不良品) 질이나 상태가 나쁜 물건.

불러내다 불러서 나오게 하다.《옆 반 준영이를 복도로 불러냈다.》

불러들이다 불러서 들어오게 하다.《선생님은 운동장에서 놀던 아이들을 모두 교실로 불러들이셨다.》

불러오다 불러서 오게 하다.《교실에 가서 영희 좀 불러올래?》

불러일으키다 어떤 느낌이나 마음을 생기게 하다.《이 사진은 진짜 바다를 보는 듯한 느낌을 불러일으킨다.》

불령선인 (不逞鮮人) 일제 강점기에 일본 사람이 자기네 말을 따르지 않는 우리나라 사람을 이르던 말.

불로초 ^{상상} (不老草) 먹으면 늙지 않는다고 하는 상상의 풀.

불로초 ^{버섯} '영지'를 달리 이르는 말.

불룩 거죽이 두드러지거나 쑥 나와 있는 모양. **불룩하다**《아기를 밴 어머니의 배가 불룩하다.》

불륜 (不倫) 마땅히 지켜야 할 도리를 지키지 않는 것.

불리다 ^{이름이} 1.노래가 불려지다.《요즘 우리 반 아이들 사이에서는 전래 동요가 많이 불린다.》 2.남한테 부름을 받다.《짝꿍이 교무실로 불려 갔다.》 3.어떤 이름으로 일컬어지다.《저 애는 '암산의 천재'라고 불린다.》

불리다 배를 먹거나 먹여서 배를 부르게 하다.《빵과 우유로 배를 불린 뒤에 다시 산을 올랐다.》

불리다 물에 1.어떤 것을 물에 담가서 물렁물렁하고 부피가 커지게 하다.《물에 불린 쌀》 북불구다. 2.무게, 크기, 수량 들을 늘리다.《엄마는 김밥을 팔아서 살림을 불리셨다.》 북불구다.

불리다 바람에 어떤 것이 바람에 날리다.《비닐봉지가 바람에 불려 날아갔다.》

불리다 성에가ㅣ북 1.성에가 끼다.《유리창에 성에가 불렸다.》 2.소금이나 단맛 나는 찌꺼기가 겉으로 하얗게 나오다.《하얀 가루가 불린 곶감》

불리하다 이롭지 못하다.《형과 달리기를 하면 다리가 짧은 내가 불리하다.》 반유리하다.

불림 탈춤을 추기 전에 어깻짓을 하면서 악사에게 춤 장단을 연주해 달라고 청하는 말.

불만 (不滿) 바라는 대로 되지 않아서 언짢은 마음.《불만이 가득한 얼굴》

불만스럽다 바라는 대로 되지 않아서 언짢다.《내 과자가 형보다 더 적어서 무척 불만스러웠다.》 바불만스러운, 불만스러워, 불만스럽습니다.

불만족 (不滿足) 마음에 차지 않는 것. 반만족. **불만족하다**《형은 국이 맛없다면서 불만족한 표정을 지었다.》

불매 (不買) 어떤 것을 사지 않는 것.

《수입 농산물 불매 운동》 **불매하다**

불면증 (不眠症) 밤에 잠을 잘 못자는 증세.

불멸 (不滅) 없어지지 않는 것. **불멸하다**《세종 대왕의 업적은 영원히 불멸할 것이다.》

불명 (不明) 확실하지 않은 것.《주소 불명/행방불명》 **불명하다**

불명예 (不名譽) 명예롭지 못한 것.《이번에 참을성이 없는 아이라는 불명예를 씻어야겠다.》 반명예.

불명예스럽다 명예롭지 못하다.《시장은 불명예스런 일로 자리에서 물러났다.》 바불명예스러운, 불명예스러워, 불명예스럽습니다.

불모 (不毛) 땅이 거칠고 메말라 식물이 자라지 못하는 것.《할아버지는 불모의 땅을 기름진 땅으로 일구셨다.》

불모지 (不毛地) 1.풀이나 나무가 자라지 못하는 메마른 땅.《풀 한 포기 자라지 않는 불모지》 비황무지. 2.발전하지 못한 곳이나 상태를 빗대어 이르는 말.《산업 불모지》

불무지 ㅣ북 모닥불을 피워 놓은 더미.

불문 (不問) 1.묻거나 따지지 않는 것.《이번 일은 불문에 부치자.》 2.가리지 않는 것.《남녀 불문》 **불문하다**

불미스럽다 어떤 일이 흉하다. 또는 떳떳하지 못하다.《불미스러운 소문》 바불미스러운, 불미스러워, 불미스럽습니다.

불바다 넓은 곳이 불길에 휩싸인 것을 빗대어 이르는 말.《눈 깜빡할 새에 산이 불바다가 되었다.》

불발 총알 (不發) 1.탄알이 발사되지 않

는 것. 또는 탄알이나 폭탄이 터지지 않는 것. 2.하려던 일을 못하게 되는 것.《날씨가 변덕스러워서 나들이 계획이 불발로 끝날지도 모르겠다.》**불발하다 불발되다**

불발 그릇 (佛鉢) 부처에게 올리는 밥이나 쌀을 담는 그릇. 뚜껑이 있고 밑에 높은 받침이 있다.

불발탄 (不發彈) 터지지 않은 탄알이나 폭탄.

불밤송이 다 익기도 전에 말라서 땅에 떨어진 밤송이.

불법 법 (不法) 법에 어긋나는 것.《불법 주차》 **반**합법.

불법 불교 (佛法) 부처의 가르침.《불법이 적힌 책이 불경이다.》 **북**경률.

불법적 (不法的) 법에 어긋나는. 또는 그런 것.

불법 행위 (不法行爲) 법에 어긋나는 짓.《산에서 불을 피우는 것은 불법 행위입니다.》

불벼락 '심한 꾸중'을 빗대어 이르는 말.《동무들과 놀다 밤늦게 들어오면 불벼락이 떨어져요.》

불변 (不變) 바뀌지 않는 것.《질량 불변의 법칙》 **불변하다**

불복 (不服) 명령, 결정 들에 따르지 않는 것.《명령 불복》 **불복하다**

불분명하다 분명하지 않다.《태도가 불분명하다.》

불붙다 1.불이 붙다.《옷에 불붙지 않게 모닥불에서 떨어져라.》 2.일, 느낌 들이 거세어지다.《불붙은 경쟁》

불빛 불이나 전등에서 나는 빛.《형광등 불빛이 무척 밝다.》

불사 (不辭) 어떤 일도 피하지 않는 것. **불사하다**《죽음을 불사한 탈출》

불사르다 1.불태워 없애다.《쓰레기를 함부로 불사르면 안 된다.》 2.기운이나 마음을 어떤 일에 모두 쏟다.《열정을 불사르다.》 **바**불사르는, 불살라, 불사릅니다.

불사신 (不死身) 죽지 않는 몸.《그 사람은 화살 여러 대를 맞고도 불사신처럼 살아남았다.》

불사조 (不死鳥) 1.고대 이집트 신화에 나오는 새. 불에 타서 죽어도 재 속에서 다시 태어난다고 한다. 2.어떤 어려움이 닥쳐도 끝내 이겨 내는 사람을 빗대어 이르는 말.

불상 (佛像) 부처의 모습을 나타낸 그림이나 조각.

불상사 (不祥事) 나쁜 일.《운동회가 아무런 불상사 없이 끝나서 다행이다.》

불서럽다 **북** 몹시 서럽다.《병든 강아지가 불서럽게 운다.》 **바**불서러운, 불서러워, 불서럽습니다.

불성실하다 성실한 태도가 없다.

불손하다 하는 짓이 버릇없고 건방지다.《어른 앞에서 무슨 불손한 짓이냐?》 **반**공손하다.

불순 (不順) 1.공손하거나 예의바르지 않은 것.《태도 불순》 2.어떤 일이 고르지 못하고 탈이 생기는 것.《월경 불순》 **불순하다**

불순물 (不純物) 어떤 것에 섞인 이상한 물질.《수돗물에 불순물이 섞여 나와서 깜짝 놀랐다.》

불시에 아무 때나 갑자기.《선생님이 여러분 집을 불시에 찾아갈 거예요.》

불시착하다 비행기가 고장 나거나 기름이 모자라거나 해서 목적지가 아닌 곳에 내리는 것. 《비행기가 고속도로에 불시착했다.》

불식 (拂拭) 나쁜 것을 모조리 없애는 것. **불식하다** 《남녀 차별 의식을 불식해야 한다.》 **불식되다**

불신 (不信) 남을 믿지 않는 것. **불신하다** 《네가 다른 사람을 불신하면 그 사람도 너를 불신할 것이다.》

불신감 (不信感) 남을 불신하는 마음.

불심 검문 (不審檢問) 경찰관이나 헌병이 길거리에서 수상한 사람을 골라 조사하는 것.

불쌍하다 형편이 딱하다. 또는 남의 형편이 딱해서 가슴 아프다. 《버림받은 강아지가 불쌍해서 집에 데려왔다.》

불쏘시개 땔감에 불을 옮겨 붙이려고 먼저 태우는 나무나 종이 같은 것.

불쑥 1.갑자기 쑥 내밀거나 나오는 모양. 《철수가 창문으로 불쑥 고개를 내밀었다.》 2.갑자기 쑥 나타나거나 생기는 모양. 《낯선 사람이 불쑥 찾아왔다.》 3.앞뒤 말과 상관없이 갑자기 말을 쑥 꺼내는 모양. 《영이가 불쑥 엉뚱한 말을 꺼냈다.》 **불쑥불쑥**

불씨 1.불을 붙이는 데 쓰는 작은 불덩이. 《불씨가 꺼지지 않게 조심해.》 2.말썽, 싸움 들을 일으키는 실마리를 빗대어 이르는 말. 《전쟁의 불씨》

불안 (不安) 1.마음이 놓이지 않아서 조마조마한 것. 2.분위기가 어수선한 것. **불안하다** 《동생 혼자 심부름을 보내려니까 마음이 불안하다.》

불안감 (不安感) 불안한 느낌.

불안정 (不安定) 안정되지 않은 것. **불안정하다** 《달리는 자세가 불안정하면 속도가 나지 않는다.》

불알 남자나 동물 수컷에 달려 있어 정자를 만드는 몸 한 부분. **같**고환.

불어나다 크기나 수량이 늘어나다. 《억수로 퍼붓는 빗줄기에 강물은 시간이 흐를수록 더욱더 불어났다.》

불어넣다 1.불어서 넣다. 《풍선에 열심히 바람을 불어넣었다.》 2.어떤 생각이나 마음을 지니게 하다. 《따뜻한 말로 민이한테 용기를 불어넣어 주자.》

불어오다 바람이 불어서 오다. 《겨울바람은 북서쪽에서 불어온다.》

불여우 1.우리나라 북쪽 지방에 사는 여우. 생김새는 개와 비슷한데, 몸이 홀쭉하고 주둥이가 길며 꼬리가 굵고 길다. 털빛은 붉다. 2.못된 꾀로 남을 홀리는 여자를 빗대어 이르는 말.

불온 (不穩) 사회 질서를 어지럽히는 해로운 것. 《불온 단체》 **불온하다**

불완전 (不完全) 완전하지 않은 것. **불완전하다** 《준비가 불완전해서 학예회를 어떻게 치를지 걱정스럽다.》

불완전 변태 (不完全變態) 알에서 깬 애벌레가 번데기를 거치지 않고 바로 어른벌레가 되는 변태.

불우 (不遇) 형편이 어려운 것. **불우하다** 《불우한 이웃을 도웁시다.》

불운 (不運) 운수가 나쁜 것. 또는 나쁜 운수. 《그분은 성공하기까지 온갖 불운을 겪었다.》 **반**행운. **불운하다**

불응하다 남이 하자는 일을 거절하다.

불의 생각 (不意) 미처 생각하지 못한 것. 《불의의 사고》

불의 정의 (不義) 의롭지 못한 것.《형은 불의를 보면 참지 못한다.》⑪정의.

불이익 (不利益) 손해가 되는 것.

불자동차 → 소방차.

불장난 1.불을 붙이면서 장난치는 것.《개구쟁이들이 불장난을 하다가 산불을 냈다.》2.앞뒤 가리지 않고 한때 저지르는 나쁜 짓. **불장난하다**

불조심 불이 나지 않게 조심하는 것.《자나 깨나 불조심》**불조심하다**

불찌 ㅣ북 불티나 불똥.

불찰 (不察) 잘 살피지 않아서 생긴 잘못.《모두 제 불찰인데 어쩌겠어요.》

불참 (不參) 어떤 일에 함께하지 않는 것. ⑪참가, 참석. **불참하다**《몸이 아파서 회의에 불참합니다.》

불청객 (不請客) 부르지 않았는데도 스스로 찾아온 손님.

불충분하다 충분하지 않다.《잠이 불충분하면 키가 크지 않는다.》

불치 (不治) 병을 고칠 수 없는 것.《그 아저씨는 불치의 암에 걸렸다.》

불치병 (不治病) 고치지 못하는 병.

불친절하다 친절하지 않다.《불친절한 가게에는 가고 싶지 않다.》

불침번 (不寢番) 밤에 잠을 자지 않고 지키는 일. 또는 그런 사람.《우리는 두 명씩 돌아가면서 불침번을 섰다.》

불쾌감 (不快感) 불쾌한 느낌.

불쾌지수 (不快指數) 무더위 때문에 생기는 불쾌감이 얼마나 심한지 나타내는 수치. 기온과 습도에 따라서 정한다.《불쾌지수가 높다.》

불쾌하다 기분이 몹시 나쁘다.《뉘우치기는커녕 도리어 성을 내다니 정말

불쾌하다.》⑪유쾌하다.

불타다 1.어떤 것이 불에 타다.《그 절은 임진왜란 때 불타서 없어졌다.》2.느낌이나 마음이 거세게 일다.《정의에 불타는 마음》

불타오르다 1.불이 세차게 타오르다.《기름을 붓자 장작더미가 활활 불타올랐다.》2.마음이나 기운이 솟구치다.《가슴에 애국심이 불타올랐다.》⑪불타오르는, 불타올라, 불타오릅니다.

불태우다 1.어떤 것을 불타게 하다.《가랑잎을 모아 불태웠다.》2.느낌이나 마음이 불타게 하다.《우리는 꼭 승리하겠다는 의지를 불태웠다.》

불투명 (不透明) 빛이 비치지 않게 흐릿한 것. **불투명하다**《유리창이 불투명해서 밖이 잘 보이지 않는다.》

불특정 (不特定) 딱히 정하지 않은 것.《불특정 다수》

불티 불에서 튀는 작은 불똥.《모닥불이 타면서 불티가 여기저기 날렸다.》

불티나다 물건 팔리는 빠르기가 불티가 튀듯 하다.《날씨가 더워지자 선풍기가 불티나게 팔렸다.》

불편 (不便) 1.어떤 일을 하기가 까다롭거나 힘든 것. ⑪편리. 2.몸이나 마음이 괴로운 것. **불편하다**《우리 동네는 공기는 좋은데 교통이 불편하다./어른들과 한방에 있기가 퍽 불편했다.》

불평 (不評) 못마땅하게 여기거나 그런 마음을 말로 나타내는 것.《무슨 불평이 그리 많아?》**불평하다**

불평등 (不平等) 차이가 있어 고르지 않은 것.《남녀 불평등》**불평등하다**

불필요 (不必要) 필요 없는 것. **불필**

요하다《불필요한 물건은 사지 마.》

불한당 떼 지어 다니면서 남을 괴롭히는 무리.

불합격 (不合格) 시험, 검사 들에서 떨어지는 것.《삼촌은 취직 시험에서 불합격 소식을 듣고 몹시 실망했다.》 반합격. **불합격하다**

불합리 (不合理) 이치에 어긋나는 것. 반합리. **불합리하다**《불합리한 제도》

불행 (不幸) 행복하지 못한 것. 반행복. **불행하다**《전쟁 같은 불행한 일이 없는 세상에서 살고 싶어.》

불허 (不許) 어떤 일을 허락하지 않는 것. **불허하다**

불현듯 어떤 생각이 갑자기 떠오르는 모양.《석호는 불현듯 전학 간 동무가 보고 싶어졌다.》

불호령 몹시 심한 꾸지람.《떠든 아이들에게 불호령이 떨어졌다.》

불화 (不和) 서로 사이좋게 지내지 못하는 것.

불화살 옛날에 불을 붙이거나 화약을 달아서 쏘던 화살.

불확실하다 확실하지 않다.《이게 순희네 주소가 맞는지 불확실하다.》

불황 장사가 잘 안되고 경제 사정이 좋지 않은 것.《불황이 이어져 많은 공장이 문을 닫았다.》 비불경기. 반호황.

불효 (不孝) 자식이 부모를 잘 모시지 않는 것. 반효. **불효하다**

불효자 (不孝子) 불효하는 자식. 반효자.

불후의 오래 남을 만한.《베토벤의 운명 교향곡은 불후의 명곡이다.》

붉나무 산기슭이나 산골짜기 양지바

붉은귀거북

붉은꾀꼬리버섯

붉은머리오목눈이

붉은멍게

붉은바다거북

붉은배새매

붉나무

른 곳에 자라는 잎지는나무. 잎에 벌레가 붙어 혹 같은 것이 돋는데, 이것을 '오배자'라고 하며 약으로 쓴다. 북북나무.

붉다 잘 익은 앵두나 고추 빛깔과 같다.《가을이면 온 산이 붉게 물든다.》

붉디붉다 아주 붉다.

붉으락푸르락 몹시 화가 나거나 흥분해서 얼굴빛이 자꾸 붉거나 푸르게 바뀌는 모양. **붉으락푸르락하다**《선생님 얼굴이 붉으락푸르락하는 걸 보니 화가 단단히 나셨나 보다.》

붉은귀거북 강, 개울, 연못에 사는 거북. 등딱지는 진한 초록색이고 노란 줄무늬가 있다. 눈 뒤에 귀처럼 보이는 빨간 무늬가 있다.

붉은꾀꼬리버섯 여러 가지 나무가 자라는 숲에서 나는 버섯. 갓은 흰색이고 겉에 잿빛을 띤 갈색 털이 퍼져 있다. 먹는 버섯이다.

붉은머리오목눈이 키 작은 나무가 자라는 숲이나 풀숲에 떼 지어 사는 텃새. 등은 붉은 갈색, 배는 누런 갈색이고 부리가 짧다. 같뱁새.

붉은멍게 얕은 바다 속 바위나 딱딱한 곳에 단단히 붙어서 사는 멍게. 온몸이 붉다.

붉은바다거북 열대, 아열대, 온대 지방의 따뜻한 바다에 사는 거북. 몸 빛깔은 붉은 갈색이다. 여름에 바닷가 모래밭에 올라와서 알을 낳는다.

붉은배새매 산골짜기나 숲에 사는 여름새. 몸 위쪽은 푸른빛을 띤 회색이고 가슴은 흐린 주황색, 배는 흰색이다. 천연기념물 제323-2호.

붉은배잠자리 여름과 가을에 우리나라 어디서나 볼 수 있는 잠자리. 가슴과 배가 빨갛고 날개의 몸 쪽 부분도 붉은빛이 돈다.

붉은배잠자리

붉은병꽃나무 산골짜기나 개울가에 자라는 잎지는나무. 5월에 깔때기처럼 생긴 붉은 꽃이 핀다.

붉은병꽃나무

붉은부리갈매기 바닷가, 강어귀, 호수 같은 곳에서 떼 지어 사는 겨울새. 부리와 다리가 붉다. 머리는 흰 바탕에 검은 얼룩점이 있다.

붉은부리갈매기

붉은비단그물버섯 바늘잎나무가 자라는 숲에서 나는 버섯. 갓은 붉은 갈색 솜털로 덮여 있다. 먹는 버섯이다.

붉은비단그물버섯

붉은빛 잘 익은 앵두나 고추와 같은 빛깔. 같붉은색.

붉은산무명버섯 숲에서 자라는 버섯. 갓은 처음에 우산처럼 생겼다가 자라면서 판판해진다. 먹는 버섯이다.

붉은색 → 붉은빛.

붉은서나물 집 가까이에서 자라는 풀. 줄기는 붉은빛이 돌고, 가을에 연노란 꽃이 핀다.

붉은속비단조개 동해 얕은 바다에 사는 조개. 껍데기가 얇고 납작하며 조금 길다. 껍데기 안쪽은 짙은 분홍색이다.

붉은점박이광대버섯 나무가 많은 곳에서 자라는 버섯. 갓은 호빵처럼 생겼다가 자라면서 판판해지고, 빛깔은 붉거나 어두운 갈색이다. 독버섯이다.

붉은참반디 깊은 산 숲 속에 자라는 풀. 6월에 검은 자주색 꽃이 피고, 달걀꼴 열매가 열린다.

붉히다 성나거나 부끄러워서 얼굴빛을 붉게 물들이다.《하찮은 일로 얼굴

붓꽃

붉은산무명버섯

붉은서나물

붉은속비단조개

붉은점박이광대버섯

붉은참반디

붉힌 것 같아서 부끄럽다.》

붐비다 좁은 곳에 여럿이 뒤섞여서 어지럽게 움직이다.《사람이 붐비는 거리/아침에는 지하철이 몹시 붐빈다.》

붓 글씨를 쓰거나 그림을 그리는 도구. 붓을 꺾다 관용 소설가, 시인 같은 사람이 글 짓는 일을 그만두다.《내가 좋아하는 소설가가 붓을 꺾었다.》 비붓을 던지다.

붓을 놓다 관용 글을 그만 쓰다.《편지 끝에 '아빠, 사랑해요.'라고 쓰고 붓을 놓았다.》

붓글씨 붓으로 쓴 글씨.

붓꽂이 붓을 꽂는 통.

붓꽃 낮은 산과 들판에 자라거나 꽃을 보려고 심어 가꾸는 풀. 가늘고 긴 잎이 줄기 밑 부분에서 모여나고, 5~6월에 보랏빛 꽃이 핀다.

붓다 부풀다 1. 살갗이 부풀다.《벌에 쏘인 자리가 퉁퉁 부었다.》 2. 성이 나서 삐치다.《꾸중을 들은 동생은 잔뜩 부은 얼굴이다.》 바붓는, 부어, 붓습니다.

붓다 쏟다 물이나 가루를 쏟다.《대야에 물을 부었다.》 바붓는, 부어, 붓습니다.

붓대 붓 자루.《문익점은 붓대에 몰래 목화씨를 담아 왔다.》

붓두껍 붓털이 다치지 않게 붓대 끝에 끼우는 뚜껑.

붕 1. 공중으로 가볍게 떠오르는 모양.《비행기가 조금 흔들리더니 붕 떠올랐다.》 2. 벌이 날개를 떨면서 나는 소리.《꿀벌이 꽃에서 붕 하고 날아올랐다.》

붕괴 (崩壞) 집, 담, 산 들이 무너지는 것. **붕괴하다** 붕괴되다《지진으로 다리가 붕괴되었다.》

붕당 (朋黨) 조선 시대에 어떤 생각이나 이익에 따라 모인 정치 집단을 이르던 말.

붕대 (繃帶) 다친 데를 감는 긴 헝겊. 면, 거즈 같은 것을 소독해서 만든다.

붕산 (硼酸) 빛깔과 냄새가 없고 투명한 가루. 소독약이나 도자기에 칠하는 유약으로 쓴다.

붕산수 (硼酸水) 붕산을 녹인 물. 소독약으로 많이 쓴다.

붕어 물살이 느린 강이나 호수에 사는 민물고기. 몸이 넓적하고 입이 작은데 수염이 없다.

붕어

붕어마름 연못이나 시냇물에 잠겨 사는 물풀. 진짜 뿌리는 없고 가지가 바뀐 헛뿌리를 땅에 박고 자란다.

붕어빵 1. 붕어 모양 틀에 묽은 밀가루 반죽을 붓고 으깬 팥을 넣어 구운 빵. 2. 서로 얼굴이 닮은 사람을 빗대어 이르는 말. 《아빠와 아들이 붕어빵이네.》

붕어마름

붕우유신 (朋友有信) 유교의 오륜 가운데 하나. 벗 사이에는 서로 믿음이 있어야 한다는 말이다.

붕장어 바다 밑바닥 진흙 속에 파고들어가 사는 바닷물고기. 뱀장어와 비슷한데 입이 크고 이가 날카롭다.

붙다 1. 어떤 것이 꽉 닿아 떨어지지 않게 되다. 《신발 바닥에 껌이 붙었다.》 2. 어떤 쪽과 서로 가까이 닿다. 《추운데 난로 곁으로 붙어 앉아.》 3. 어떤 것이 보태지거나 새로운 것이 생기다. 《저금에 이자가 많이 붙었다.》 4. 정, 버릇, 흥미 들이 생기거나 속도, 실력들이 늘다. 《줄넘기에 재미가 붙었다.》 5. 한곳에 계속 머무르다. 《내 동생은 좀처럼 집에 붙어 있지 않는다.》 6. 시험에 합격하다. 《이모가 대학교 입학시험에 붙었다.》 7. 불이 다른 것에 옮아 타게 되다. 《한눈을 팔다가 소매에 불이 붙을 뻔했다.》 8. 어떤 것에 딸리다. 《이번 호 잡지에 부록이 붙어 있다.》 9. 다툼이 일어나다. 《큰길에서 싸움이 붙었다.》

붙들다 1. 떨어뜨리거나 놓치거나 쓰러지지 않게 꽉 잡다. 《형 손을 꼭 붙들고 다녀라.》 비붙잡다. 2. 남을 도망가지 못하게 잡다. 《형사들이 골목에서 도둑을 붙들었다.》 비붙잡다. 3. 남을 떠나지 못하게 말리다. 《성이 나서 자기 집으로 가려는 동무를 붙들었다.》 비붙잡다. 4. 어떤 일에 매달리다. 《아직도 그 수학 문제 붙들고 있니?》 바붙드는, 붙들어, 붙듭니다.

붙들리다 떨어지지 못하게 잡히다. 《엄마 손에 붙들려서 병원에 갔다.》

붙박이 한 자리에 박혀서 움직이지 않는 것. 《붙박이 옷장》

붙박이장 방 한쪽 벽에 붙여서 움직일 수 없게 만든 장.

붙이다 1. 어떤 것을 꽉 닿아 떨어지지 않게 하다. 《봉투에 우표를 붙이고 주소를 썼다.》 반떼다. 2. 어떤 쪽으로 가까이 닿게 하다. 《탁자는 이쪽 벽에 붙이는 게 어때?》 3. 남한테 말을 걸다. 《전학 온 아이한테 말을 붙였다.》 4. 어떤 것에 정, 버릇, 흥미 들을 두거나 이름을 지어 달다. 《나한테 '꾀돌이'라는 별명을 붙인 사람이 누구야?》 5. 다툼이 일어나게 하다. 《말리기는커녕 중간에서 싸움을 붙이냐?》 6. 다른 사람

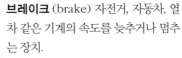

을 모임, 단체, 편에 들게 하다.《새롬이도 우리 모임에 붙여 주자.》

붙임성 남과 사귀는 성질.《주희는 붙임성이 있어서 처음 만난 애들과도 금방 친해진다.》**북**붙임새.

붙임줄 악보에서 높이가 같은 두 음을 끊지 말고 이어서 연주하라는 기호. ' ⌒ '로 나타낸다.

붙잡다 1.떨어뜨리거나 놓치거나 쓰러지지 않게 꽉 잡다.《바람이 너무 세서 우산 손잡이를 꼭 붙잡았다.》**비**붙들다. 2.도망치지 못하게 잡다.《삼촌이 달아나는 토끼를 붙잡았다.》**비**붙들다. 3.떠나지 못하게 말리다.《할머니가 하룻밤 자고 가라고 하시면서 우리를 붙잡으셨다.》**비**붙들다. 4.남을 지나쳐 가지 못하게 막아서다.《아무나 붙잡고 길을 물어보았다.》

붙잡히다 도망치지 못하고 잡히다.《도둑이 경찰에 붙잡혔다.》

뷔페 (buffet**프**) 여러 음식을 차려 놓고 마음껏 먹게 하는 식당. **✕**부페.

브라운관 텔레비전에서 전기 신호를 영상으로 바꾸어 화면이 나오게 하는 부분.

브라질리아 (Brasília) 브라질의 수도. 바다에서 먼 뭍에 있는 도시로, 수도로 정해진 뒤에 새 건물이 들어서고 도시로 개발되었다.

브라키오사우루스 풀을 먹고 살던 공룡. 몸집이 아주 크고 네 발로 걸으면서, 늪지에서 살았다.

브래지어 (brassiere) 여자 젖가슴을 가리고 맵시 있게 받쳐 주는 속옷. **북**가슴띠.

브레이크 (brake) 자전거, 자동차, 열차 같은 기계의 속도를 늦추거나 멈추는 장치.

브로드웨이 (Broadway) 미국 뉴욕의 맨해튼을 남북으로 가로지르는 큰 길. 연극, 뮤지컬 같은 공연을 하는 극장이 많이 모여 있다.

브로치 (brooch) 옷에 다는 장신구. 유리나 보석 들에 핀을 붙여 만든다.

브론토사우루스 → 아파토사우루스

브뤼셀 (Brussel) 벨기에의 수도. 벨기에 가운데에 있는 도시로, 옛 건축물이 많고 모직물 만드는 공업이 발달하였다.

브이티아르 (VTR) → 비디오테이프리코더.

블라디보스토크 (Vladivostok) 러시아 시베리아 남동쪽에 있는 항구 도시. 중요한 항구이자 해군 기지이다.

블라우스 (blouse) 여자가 입는 윗옷.

블랙홀 (black hole) 우주에 떠 있으면서 가까이 있는 물체를 모두 빨아들이는 구멍.

블록 (block) 1.담을 쌓거나 길에 깔려고 시멘트로 만든 돌. 2.쌓거나 끼워 맞추고 노는 장난감. 3.도시에서 한 동네를 나눈 구역.

블루길 물풀이 많은 연못이나 호수, 강에 사는 민물고기. 몸은 달걀꼴에 옆으로 납작하고, 가로줄 무늬가 있다.

비물 공기 속 수증기가 찬 공기를 만나 식어서 땅으로 떨어지는 물방울.

비가 오나 눈이 오나 **관용** 언제나.《새별이는 비가 오나 눈이 오나 일요일이면 도서관에 간다.》

블루길

브라키오사우루스

비 온 뒤에 땅이 굳어진다 **속담** 힘든 고비를 넘기면 마음이 더 굳세어진다는 말.

비 도구 먼지나 쓰레기를 쓰는 도구. 짚이나 싸리 들을 묶어서 만든다. **같**빗자루. **북**비자루.

비_도구

비를 드니 마당 쓸라고 한다 **속담** 어떤 일을 스스로 하려는데 때마침 남이 그 일을 시킨다는 뜻으로, 일을 하려는 사람한테 이래라저래라 해서 일할 기분을 망친다는 말.

비 비율 (比) 어떤 수나 양이 다른 수나 양의 몇 배인지 비교해서 보여 주는 것.

비 사람 (妃) 왕의 아내.

비 돌 (碑) 어떤 일이나 사람을 오래 기억하려고 글을 새겨서 세우는 돌.

비겁하다 당당하게 맞서지 못하고 겁이 많다.《비겁하게 도망가는 거냐?》

비견하다 견주어서 서로 비슷하게 여기다.《세종 대왕은 바흐에 비견할 만한 위대한 음악가이기도 하다.》

비결 (秘訣) 세상에 알려지지 않은 뛰어난 방법.《노래 잘하는 비결》

비계 짐승 살에 붙은 허연 기름 덩어리. **북**비게.

비고 (備考) 문서나 표에 덧붙이는 내용.《덧붙일 말이 있으면 비고 칸에 써 주세요.》

비공개 (非公開) 사실이나 내용을 보이거나 알리지 않는 것.《비공개 회의》 **반**공개. **비공개하다 비공개되다**

비관 (悲觀) 1.일이 잘 안 될 것이라고 여기는 것. **반**낙관. 2.자기 처지가 괴롭고 슬프다고 여기는 것. **비관하다**《성급하게 비관하지 말고 끝까지 노력해 봅시다.》

비교 (比較) 여럿을 서로 견주는 것.《이것은 저것과 비교가 안 될 만큼 좋다.》 **비교하다 비교되다**

비교적 (比較的) 보통 정도보다 더.

비구 (比丘) 남자 중. **참**비구니.

비구니 (比丘尼) 여자 중. **참**비구.

비구름 비를 머금은 구름.

비굴하다 용기나 줏대 없이 굽실거리는 태도가 있다.《항복하고 비굴하게 사느니 차라리 죽음을 택하겠다.》

비극 (悲劇) 1.죽음, 이별 같은 것으로 슬프게 끝나는 극.《희극보다는 비극에서 큰 감동을 얻는 것 같다.》 **참**희극. 2.슬프고 끔찍한 일.《같은 겨레끼리 총을 겨누는 것보다 더 큰 비극이 또 있을까?》

비극적 (悲劇的) 슬프고 끔찍한. 또는 그런 것.

비근하다 흔히 보고 들을 수 있을 만큼 가까이 있다.《몸을 해치는 것 가운데 가장 비근한 예로는 담배가 있다.》

비금속 (非金屬) 금속 성질이 없는 물질.

비기다 **경기** 어느 쪽이 이기고 졌는지 가름이 나지 않다.《청군과 백군이 3대 3으로 비겼다.》

비기다 **견줌** 1.서로 견주다.《지난해 여름에 비기면 올해 여름은 선선한 편이야.》 2.어떤 것을 다른 것에 빗대다.《어머니의 깊은 사랑을 바다에 비긴 부분이 마음에 든다.》

비꼬다 남의 기분이 상하게 빈정대다.《그렇게 비꼬아 말하지 마.》

비꽃 **|북** 떨어지는 빗방울 하나하나.《갑자기 굵은 비꽃이 떨어진다.》

비끄러매다 줄이나 끈 같은 것으로 잡아매다.《포졸들은 굵은 밧줄로 도둑의 두 팔목을 비끄러맸다.》

비끼다 1.어떤 것이 비스듬하게 놓이다.《장수는 큰 칼을 비껴 차고 말 위에 올랐다.》 2.빛이 비스듬하게 비치다.《저녁 햇살 비끼는 놀이터》

비난 (非難) 남의 잘못이나 나쁜 점을 욕하는 것. **비난하다**《아이들은 나를 밀치고 달리기에서 일등을 차지한 그 애를 비난했다.》

비너스 (Venus) 로마 신화에 나오는 아름다움과 사랑의 여신. 그리스 신화의 아프로디테와 같다.

비녀 여자의 쪽 찐 머리가 풀어지지 않게 꽂는 물건.

비뇨기과 (泌尿器科) 오줌을 만들어서 몸 밖으로 내보내는 기관을 연구하고 치료하는 의학 분야. 또는 그런 병원 부서.

비누 몸이나 옷 같은 데 묻은 때를 빼는 데 쓰는 물건. 물을 묻히면 거품이 나고 미끈미끈해진다.

비누질 때를 빼려고 비누로 문지르는 일. **비누질하다**

비누칠 때를 빼려고 비누를 칠하는 일. **비누칠하다**

비눗물 비누를 푼 물.

비눗방울 방울처럼 동글동글하게 이는 비누 거품.

비늘 물고기나 뱀 살갗을 덮고 있는 얇고 작은 조각.

비늘구름 높은 하늘에 물고기 비늘 모양으로 깔린 얇은 구름. 같 조개구름.

비늘줄기 잎이 줄기 둘레에 포개져 난

비녀

비단가리비

땅속줄기. 파, 마늘, 수선화 같은 식물에서 볼 수 있다. **북**린경.

비닐 (vinyl) 봉지, 포장지, 비옷 들을 만드는 데 쓰는 얇고 질긴 물질.

비닐봉지 비닐로 만든 봉지.

비닐하우스 (vinyl house) 찬 공기를 막으려고 비닐을 씌운 집. 흔히 따뜻한 곳에서 자라는 채소나 꽃을 가꾼다.

비다 1.속에 든 것이 아무것도 없다.《빈 컵이 하나도 없네.》 **반**차다. 2.어떤 곳에 아무도 없다.《텅 빈 교실》 **반**차다. 3.손이나 몸에 지닌 것이 아무것도 없다.《짝꿍 생일잔치에 빈손으로 갈 수는 없잖아.》 4.할 일이 없거나 끝나서 시간이 남다.《연습 중간에 비는 시간을 이용해서 집에 잠깐 다녀왔다.》 5.본디 있던 수량, 액수에서 어느 만큼이 모자라다.《동생이 몰래 집어 먹어서 초콜릿 두 개가 빈다.》

빈 수레가 더 요란하다 **속담** 능력이나 지식이 모자라는 사람이 더 으스대고 떠들어 대는 것을 빗대어 이르는 말.

비단 천 (緋緞) 비단실로 짠 천. 부드럽고 윤기가 난다.《비단 저고리》 **비**명주.

비단 오직 (非但) 부정하는 말 앞에서 '다만'의 뜻을 나타내는 말.《영어 숙제를 안 한 아이는 비단 나뿐만은 아니었다.》

비단가리비 바다 속 자갈밭, 모래밭에 살거나 바위에 붙어서 사는 조개. 부채를 편 것처럼 생겼고, 빛깔은 사는 곳에 따라 다르다.

비단결 1.비단의 짜임새. 2.곱고 부드러운 것을 빗대어 하는 말.《은주는 마음씨가 비단결 같아.》

비단그물버섯 소나무 숲에서 모여나는 버섯. 갓은 끈적거리고, 어두운 붉은 갈색이다. 먹는 버섯이다.

비단길 옛날에 장사꾼들이 다니던 길. 중국에서 지중해 언저리까지 아시아를 가로지른 길로, 중국 비단이 서양에 들어간 길이라는 뜻에서 붙은 이름이다.

비단신 양쪽 옆에 비단을 댄 신.

비단실 누에고치에서 뽑은 실.

비단옷 비단으로 지은 옷.

비단옷 입고 밤길 가기 **속담** 밤에 값비싼 비단옷을 입고 다니면 아무도 몰라준다는 뜻으로, 어떤 일을 이루려고 애쓴 티가 나지 않고 보람도 없다는 말.

비단털들쥐 높은 산이나 바위가 많은 비탈에 사는 쥐. 몸집이 작고, 털이 부드럽고 윤기가 돈다.

비대칭 (非對稱) 대칭이 아닌 것.《비대칭 도형》

비대하다 뚱뚱하다.《형은 몸집이 비대해서 조금만 걸어도 땀을 흘린다.》

비둘기 야생으로 살거나 사람한테 길들여져서 공원 같은 데 사는 새. 우리나라에는 양비둘기, 흑비둘기, 염주비둘기, 멧비둘기 들이 산다.

비듬 머리 살갗에서 떨어져 나오는 작은 비늘 같은 것.

비등비등하다 실력이나 수준 들이 서로 비슷하다.《동생과 나는 바둑 실력이 비등비등하다.》

비등점 (沸騰點) → 끓는점.

비등하다 1.액체가 끓어오르다. 2.갑자기 높아지거나 들끓다.《국가 보안법을 없애자는 여론이 비등하다.》

비디오 (video) 1.→ 비디오테이프 2.

비단그물버섯

비단털들쥐

비둘기

→ 비디오테이프리코더.

비디오테이프 (video tape) 비디오테이프리코더에 넣어서 화면과 소리를 담거나 보는 테이프. **같**비디오.

비디오테이프리코더 (video tape recorder) 비디오테이프를 보거나 화면과 소리를 비디오테이프에 담는 기계. **같**브이티아르, 비디오.

비뚜로 비뚤게.《비뚜로 그은 줄을 지우고 자를 대고 다시 그었다.》

비뚜름하다 조금 비뚤다.《그림이 비뚜름하게 걸려 있다.》

비뚝- 1.한쪽으로 기울어져서 흔들리는 모양. 2.바닥이 울퉁불퉁하거나 한쪽 다리가 짧아서 비틀거리면서 걷는 모양. **비뚝거리다 비뚝대다 비뚝비뚝**《바닥이 고르지 않아 책상이 비뚝거린다./언니가 발목 삔 사람처럼 비뚝비뚝 걷는다.》

비뚤- 이리저리 기울어지거나 구부러진 모양. **비뚤거리다 비뚤대다 비뚤비뚤**《동생이 준 편지에는 맞춤법이 틀린 글자들이 비뚤비뚤 쓰여 있었다.》

비뚤다 1.한쪽으로 기울거나 구부러져 있다.《줄 비뚤게 긋지 마.》 **참삐**뚤다. 2.성격, 태도 들이 나쁘게 뒤틀려 있다.《자꾸 비뚤게 굴래?》 **바**비뚠, 비뚤어, 비뚭니다.

비뚤어지다 비뚤게 되다.《책상 줄이 비뚤어졌잖아.》 **참삐**뚤어지다.

비렁뱅이 남에게 빌어먹는 사람을 낮추어 이르는 말.

비례 (比例) 한쪽 수나 양이 달라지면 다른 쪽도 그만큼 늘거나 줄어드는 것.《인구 비례》 **비례하다**

비례 대표 (比例代表) 국회의원 선거에서 정당이 얻은 표수에 따라 뽑히는 국회의원.

비례 배분 (比例配分) 어떤 수나 양을 주어진 비율로 나누는 계산법. 북비례 나누기.

비례식 (比例式) 두 비의 값이 같음을 나타내는 식.

비로봉 (毘盧峯) 금강산에서 가장 높은 봉우리.

비로소 어떤 일이 있고 나서야.《엄마는 동생 전화를 받고 나서야 비로소 마음을 놓으셨다.》

비록 아무리 그래도.《비록 좋은 뜻에서 했더라도 거짓말은 나쁜 거야.》

비롯되다 어떤 것에서 생기거나 시작되다.《이 발명품은 아이들 놀이에서 비롯되었다고 한다.》

비롯하다 1.어떤 것에서 생기거나 시작하다.《큰 싸움도 사소한 다툼에서 비롯하는 때가 많다.》2.여럿 가운데 어떤 것을 첫머리나 주된 대상으로 삼다.《할아버지를 비롯해 온 가족이 둘러앉아 윷놀이를 했다.》

비료 (肥料) 식물이 잘 자라고 꽃이나 열매를 잘 맺게 하려고 주는 영양이 있는 물질. 참거름.

비름 밭둑이나 길가에 자라는 풀. 마름모꼴 잎이 어긋나게 붙고 여름에 작은 꽃이 이삭처럼 모여 핀다. 어린잎을 먹는다.

비리 (非理) 도리나 법에 어긋나는 짓.《비리를 저지른 공무원》비부조리.

비리다 맛이나 냄새가 죽은 물고기에서 나는 것처럼 역겹다.《생선 가게 앞

비목나무

비름

을 지날 때면 비린 냄새가 난다.》

비리비리 몹시 여위고 연약한 모양.《내 동생은 앓고 나더니 비리비리 힘을 못 쓴다.》**비리비리하다**

비린내 비린 냄새.

비릿하다 맛이나 냄새가 꽤 비리다.

비만 (肥滿) 뚱뚱한 것.《비만은 모든 병의 원인이다.》**비만하다**

비만도 (肥滿度) 뚱뚱한 정도.

비만아 (肥滿兒) 뚱뚱한 어린이.

비매품 (非賣品) 팔지 않고 거저 주는 물건.《이 사진집은 회원들에게만 드리는 비매품입니다.》

비명 소리 (悲鳴) 몹시 놀라거나 아파서 지르는 외마디 소리.《펑 하는 소리에 너무 놀라 비명을 질렀다.》

비명 죽음 (非命) 살 만큼 살지 못하는 것.《그 사람은 비행기 사고로 비명에 죽었다.》

비명횡사 (非命橫死) 뜻밖의 사고로 살 만큼 살지 못하고 갑자기 죽는 것. **비명횡사하다**《버스가 벼랑으로 굴러서 대학생 여럿이 비명횡사했다.》

비목나무 양지바른 산기슭에 자라는 잎지는나무. 4~5월에 연노란 작은 꽃이 피고, 9월에 열매가 붉게 익는다.

비몽사몽 (非夢似夢) 잠든 것도 깬 것도 아닌 몽롱한 상태.《잠이 덜 깨어 비몽사몽 상태로 밥을 먹었다.》

비무장 (非武裝) 총, 칼 같은 무기를 갖추지 않은 것.

비무장 지대 (非武裝地帶) 싸우던 두 나라 단체가 군사 시설이나 군인을 두지 않기로 약속한 곳. 한반도는 휴전선에서 남쪽과 북쪽으로 2킬로미터

씩 두었다.

비문(碑文) 비석에 새긴 글.

비밀(秘密) 남몰래 하는 것. 또는 남몰래 하는 일.《이 일은 우리 둘만 아는 비밀이야.》

비밀 결사(秘密結社) 어떤 목적을 이루려고 몰래 만드는 단체.

비밀리에 남모르게.《검찰에서는 한동안 비밀리에 수사를 해 나갔다.》

비밀 선거(秘密選擧) 투표 내용을 다른 사람이 모르게 하는 선거.

비밀스럽다 비밀로 하는 느낌이 있다.《둘이 무슨 얘기를 그리 비밀스럽게 한 거야?》**바**비밀스러운, 비밀스러워, 비밀스럽습니다. **비밀스레**

비밀 투표(秘密投票) 누구에게 투표했는지 투표한 사람만 아는 투표.

비바람 1. 비와 바람.《오랜 세월 비바람에 깎인 바위》**북**빗바람. 2. 비가 내리면서 부는 바람. **북**빗바람.

비방 약(秘方) 남이 모르는 좋은 방법이나 약.《딸 낳는 비방을 알고 싶다.》

비방 트집(誹謗) 헐뜯고 욕하는 것. **비방하다**《그 애가 왜 나를 비방하고 다니는지 모르겠어.》

비범하다 능력, 재주 들이 뛰어나다.《한석봉은 붓글씨에 비범한 재주가 있었다.》**반**평범하다.

비법(秘法) 남이 모르는 좋은 방법.《형은 딱지치기 잘하는 비법을 나한테만 살짝 알려 주었다.》

비변사(備邊司) 조선 시대에 국방에 관한 일을 맡아보던 관청.

비보(悲報) 죽음, 사고, 전쟁 들을 알리는 슬픈 소식.《뉴스에서 비행기가

추락했다는 비보를 알렸다.》**반**낭보.

비분강개(悲憤慷慨) 가슴 아프거나 억울한 일 들로 몹시 슬퍼하고 분해하는 것. **비분강개하다**《독도가 자기네 땅이라고 우기는 일본 관리의 말에 우리 모두 비분강개하였다.》

비비 자꾸 꼬이거나 뒤틀린 모양.《오래 서 있으면 몸이 비비 꼬인다.》

비비다 1. 맞대고 문지르다.《동생은 졸린 눈을 비비며 밥상 앞에 앉았다.》 2. 한데 섞다.《밥에 고추장과 여러 가지 나물을 넣고 비벼 먹었다.》

비비닥-|북 1. 여럿이 좁은 곳에서 몸을 맞대고 움직이는 모양. 2. 복잡한 일을 치르느라 부산하게 서두르거나 억지로 일을 해 나가는 모양. **비비닥거리다 비비닥대다 비비닥비비닥**《사람들이 비비닥대는 만원 버스/잔치 준비를 하느라 온 식구가 비비닥거렸다.》

비비새탈 고성 오광대에서 쓰는 탈.

비비새탈

비비양반탈 고성 오광대에서 쓰는 탈.

비비양반탈

비비적- 자꾸 문지르거나 비비는 모양. **비비적거리다 비비적대다 비비적비비적**

비비추 산속 그늘진 곳에 자라는 풀. 여름에 연보라색 꽃이 꽃대 한쪽에 줄지어 핀다. 어린순을 먹는다.

비비추

비빔밥 갖가지 나물, 고기 들과 양념을 넣어 비빈 밥.

비사리 벗겨 놓은 싸리 껍질. 노를 꼬거나 미투리를 만드는 데 쓴다.

비사치기 돌을 가지고 노는 아이들 놀이. 상대편 돌을 세워 놓고 얼마쯤 떨어진 곳에서 돌을 던지거나 발로 차서 그 돌을 맞혀 넘어뜨린다. **같**돌치기.

비산 (飛散) 날아서 흩어지는 것. **비산하다** 《비산하는 물보라》

비상 ^{정상} (非常) 정상이 아닌 것. 또는 정상에서 벗어난 것. 《비상 대책》

비상 ^약 (砒霜) 1. 무서운 독이 있는 극약. 2. 가까이 하면 나쁜 일이 생기는 물건. 《철모르는 아이에게 술을 먹이는 건 비상이야.》

비상 ^{날개} (飛翔) 날갯짓을 해서 하늘로 날아오르는 것. **비상하다**

비상구 (非常口) 위험한 일이 일어났을 때 빨리 나갈 수 있게 터놓는 문. 《극장에 불이 나자 사람들이 줄을 서서 비상구로 빠져나갔다. 》

비상금 (非常金) 급한 일이 생겼을 때 쓰려고 따로 마련해 두는 돈.

비상사태 (非常事態) 전쟁, 재난 같은 아주 위험하고 급한 일.

비상식량 (非常食糧) 전쟁, 재난 같은 비상사태가 일어났을 때 먹으려고 따로 마련해 두는 먹을거리.

비상하다 보통과 다르다. 또는 아주 뛰어나다. 《머리가 비상하게 좋다.》

비색 (翡色) 고려청자 빛깔처럼 옅은 푸른색.

비서 (秘書) 중요한 자리에 있는 사람 곁에서 약속이나 일정을 챙겨 주는 일을 하는 사람.

비서실 (秘書室) 비서가 일하는 방. 또는 비서들이 일하는 기관.

비석 (碑石) 돌로 만든 비. ^같석비.

비수 (匕首) 길이가 짧고 날카로운 칼.

비수기 (非需期) 물건을 사거나 어떤 곳을 찾는 사람이 적은 때. ^반성수기.

비스듬하다 한쪽으로 좀 기운 듯하다.

《형은 모자를 늘 비스듬하게 쓴다.》

비스킷 (biscuit) 밀가루에 설탕, 버터, 우유 들을 섞어서 구운 과자.

비슷비슷하다 여럿이 다 비슷하다. 《집들이 다 비슷비슷하게 생겼다.》

비슷하다 성질, 모양 들이 거의 같거나 닮은 데가 많다. 《언니랑 나는 목소리가 비슷하다.》

비시지 (BCG) 결핵을 예방하는 백신.

비실- 힘없이 느리게 비틀거리는 모양. **비실거리다 비실대다 비실비실** 《왜 그렇게 비실대는 거야?》

비싸다 물건을 사거나 어떤 일을 하는 데 드는 돈이 보통보다 많다. 《그렇게 비싼 옷은 필요 없어.》 ^반싸다.

비싼 밥 먹고 헐한 걱정 한다 ^{속담} 쓸데없이 걱정하는 것을 빗대어 이르는 말.

비아냥거리다 자꾸 비웃으면서 놀리다. 《누나가 그깟 모기 한 마리 못 잡느냐고 비아냥거렸다.》

비애 (悲哀) 슬프고 서러운 마음. 《일제 강점기에 우리 백성들은 나라를 잃은 비애를 맛보았다.》

비약 (飛躍) 1. 높이 뛰어오르는 것. 2. 아주 빠르게 발전하는 것. 《우리나라는 경제 수준이 비약을 거듭하여 단숨에 선진국 대열에 올랐다.》 3. 말이나 글이 차례를 건너뛰는 것. 《영수의 말은 논리 비약이 심하다.》 **비약하다**

비양청 ^[북] 빈정거리는 말투. 《우철이가 턱걸이 다섯 개쯤은 아무나 다 할 수 있다고 비양청으로 말했다.》

비어지다 속에 있던 것이 겉으로 드러나다. 《소매가 뜯어져서 솜이 비어져 나왔다.》

비열하다 하는 짓이 떳떳하지 못하다. 《나는 반칙을 해서 상대를 이기는 비열한 짓은 하지 않는다.》**북**비렬하다.

비염 (鼻炎) 콧속 점막에 생기는 염증. **북**코염.

비오리 강이나 호수에 사는 겨울새. 수컷은 머리가 푸른 녹색이고 부리가 붉다. 암컷은 머리에 두 갈래로 된 짧은 댕기가 있다.

비오리

비옥하다 땅이 기름지다. 《땅이 비옥해서 곡식이 잘 자란다.》

비올라 (viola이) 켜는 악기 가운데 하나. 바이올린과 비슷하게 생겼는데 조금 더 크고 소리는 조금 낮다.

비옷 비에 젖지 않게 겉옷 위에 덧입는 옷. **같**우의.

비용 (費用) 어떤 일을 하는 데 드는 돈.《자전거 고치는 데 비용이 많이 들지도 몰라.》**비**경비.

비우다 1.속에 있는 것을 모두 없애 비게 하다.《밥 한 그릇을 눈 깜짝할 새에 비웠다.》2.어떤 곳에 아무도 없게 하다.《아빠가 가게를 비우고 어디에 가셨을까?》3.어떤 일을 하는 데 쓸 시간을 따로 남기다.《토요일 저녁 시간은 비워 둬.》4.'마음'과 함께 써서, 어떤 것에 대한 욕심을 버리다.《마음을 비운 덕에 우승을 하게 된 것 같아요.》

비운 (悲運) 불행하고 슬픈 운명.《단종은 작은아버지인 세조의 손에 죽은 비운의 왕이다.》

비웃다 남을 깔보다. 또는 남을 깔보면서 웃다.《스케이트 처음 타는 거니까 넘어져도 나 비웃지 마.》

비웃음 비웃는 것.《비웃음에 찬 표정》**같**조소.

비위 (脾胃) 1.지라와 위. 2.먹을거리를 먹거나 냄새 맡을 때 생기는 느낌.《곰국은 내 비위에 맞지 않는다.》3.기분이나 마음.《반장이 아이들의 놀림을 받고 비위가 상한 모양이다.》4.치사하고 아니꼬운 일을 잘 참고 견디는 성미.《그런 말을 듣고도 실실 웃다니 너 참 비위도 좋다.》

비위를 거스르다 **관용** 기분 나쁘게 하다.《언니 비위 거스르지 말고 조용히 해.》**비**비위를 건드리다, 비위를 긁다.

비위를 맞추다 **관용** 말이나 행동으로 남을 기분 좋게 해 주다.《간신들이 왕의 비위를 맞추려고 알랑방귀를 뀐다.》

비위생적 (非衛生的) 더러운. 또는 그런 것. **반**위생적.

비유 (比喩) 어떤 것을 다른 것에 빗대는 것. **비유하다**《'시간은 금이다'라는 말에서는 시간의 중요성을 값비싼 금에 비유했다.》**비유되다**

비유적 (比喩的) 비유해서 나타내는. 또는 그런 것.

비율 (比率) 어떤 수나 양에 견주어 얼마만큼 많이 되나를 나타내는 수나 양. **북**비률.

비읍 닿소리 글자 'ㅂ'의 이름.

비인도적 (非人道的) 사람이 지켜야 할 도리에 어긋나는. 또는 그런 것.

비일비재 (非一非再) 어떤 일이 몹시 흔한 것. **비일비재하다**《전쟁 때는 굶어 죽는 일이 비일비재했다.》

비자나무 따뜻한 남쪽 지방에 자라는 늘푸른나무. 잎이 두껍고 뾰족하다. 가을에 대추처럼 생긴 열매가 밤색으로

비자나무

익는데, 안에 든 갸름한 씨를 '비자'라고 하여 기름을 짠다.

비장 롱 (脾臟) → 지라.

비장 감춤 (秘藏) 소중한 것을 남몰래 감추어 두는 것. 《비장의 무기》 **비장하다 비장되다**

비장하다 어떤 일에 나서는 태도가 굳세고 진지하다. 《이번에 지면 끝이라는 비장한 각오로 경기에 나섰다.》

비적 (匪賊) 떼 지어 다니면서 백성의 재산이나 생명을 해치던 무리.

비전 (秘傳) 비밀히 전해 내려오는 물건이나 방법. 《비전의 의술》 **비전하다 비전되다**

비정상 (非正常) 정상이 아닌 것. 《사람 체온이 40도가 넘으면 비정상이다.》 ⦅반⦆정상.

비정하다 정이 없이 모질다. 《의붓자식을 굶긴 비정한 계모》

비좁다 어떤 곳이 몹시 좁다.

비죽 끝이 끝이 조금 길게 비어져 나온 모양. 《비죽 솟은 바위》

비죽 입을 비웃거나 못마땅하거나 울려고 할 때 입을 내밀고 실룩거리는 모양. **비죽거리다 비죽대다 비죽이다. 비죽하다 비죽비죽** 《화가 난 동생은 입을 비죽이더니 곧 울음을 터뜨렸다.》

비준 (批准) 조약을 마지막으로 확인하고 동의하는 것. 우리나라에서는 대통령이 국회의 동의를 얻어서 한다. **비준하다**

비중 (比重) 1. 섭씨 4도인 물과 부피가 같은 다른 물질의 질량 비율. 2. 다른 것과 견주어 볼 때 차지하는 크기나 중요성. 《나는 이번 연극에서 비중 있

는 역을 맡았다.》

비중계 (比重計) 비중을 재는 도구.

비지 1. 두부를 만들고 남은 찌꺼기. 2. 콩을 불려 갈아서 끓인 먹을거리.

비지땀 힘든 일을 할 때 마구 흐르는 땀. 《비지땀을 쏟으면서 일하다.》

비질 비로 쓰는 일. **비질하다**

비집다 좁은 데를 헤치거나 벌리다. 《사람들 사이를 비집고 들어가 맨 앞자리에 앉았다.》

비참하다 몹시 슬프고 끔찍하다. 《사고가 난 곳은 눈뜨고 볼 수 없을 만큼 비참했다.》

비척- → 비치적-. **비척거리다 비척대다 비척비척**

비천하다 신분이나 지위가 낮다. 《백정은 조선 시대에 가장 비천한 신분이었다.》 ⦅반⦆존귀하다.

비철 금속 (非鐵金屬) 철을 뺀 나머지 금속. 금, 은, 구리, 납 들이 있다.

비추다 1. 빛을 보내어 밝게 하다. 《구슬을 찾으려고 손전등으로 소파 밑을 비춰 보았다.》 2. 물 위나 거울에 모습이 나타나게 하다. 《새 옷을 입고 거울에 비춰 보았다.》 3. 어떤 사실에 견주거나 바탕으로 두고 살피다. 《상식에 비추어 봐도 그런 짓은 잘못이지.》

비축 (備蓄) 필요한 것을 미리 모아 두는 것. 《체력 비축》 **비축하다** 《베짱이들이 노는 동안 개미들은 겨울 동안 먹을 먹이를 비축해 놓았다.》 **비축되다**

비취 (翡翠) 초록빛 옥. 다듬어서 보석으로 쓴다.

비취색 (翡翠色) 비취에서 나는 짙고 푸른 색깔. 《비취색 고려청자》

비치 (備置) 어떤 것을 마련해 두는 것. **비치하다** 《반창고 같은 것은 집에 늘 비치해 놓는 게 좋겠다.》

비치다 빛 1.어떤 데에 빛이 들다. 《달빛이 비치는 마당》 2.어떤 모습이나 그림자가 나타나다. 《호수에 비치는 숲의 모습을 그리고 싶어요.》 3.뜻, 마음 들이 드러나다. 《차례를 양보하자 동생 얼굴에 기쁜 기색이 비쳤다.》 4.어떤 모습, 행동 들로 보이거나 여겨지다. 《그런 말을 하면 예의 없는 사람으로 비칠 수 있어.》 5.어떤 곳이나 자리에 나타나다. 《다들 힘들게 연습하는데 어떻게 코빼기도 안 비치니?》

비치다 아이가 |북 흔히 어린아이가 못마땅하거나 짜증 나는 일로 토라지다. 《뭔가 비치는 일이 있었는지 동생 표정이 뾰로통하다.》

비치적- 몸을 바로 가누지 못하고 맥없이 걷는 모양. 준비척-. **비치적거리다 비치적대다 비치적비치적** 《비치적거리는 동무를 교실까지 부축했다.》

비칠- 몸을 바로 가누지 못하고 이리저리 비틀거리는 모양. **비칠거리다 비칠대다 비칠비칠** 《동생이 맴을 돌고는 비칠비칠 걸었다.》

비커 (beaker) 액체를 따르는 뾰족한 주둥이가 달린 컵 모양 실험 기구.

비켜서다 한쪽으로 비켜서 서다. 《자전거를 피해 옆으로 비켜섰다.》

비키니 (bikini) 여자가 입는 수영복 가운데 하나. 가슴과 엉덩이 앞뒤 부분만을 가린다.

비키다 1.다가오는 것을 피해서 옆으로 조금 움직이다. 《옆으로 조금만 비

켜.》 2.어떤 것을 피해서 돌아가다. 《아이들이 코를 감싸 쥐고 개똥을 비켜 간다.》 3.방해가 되는 것을 한쪽으로 치우거나 방해가 되지 않게 자리를 뜨다. 《우리끼리 할 얘기가 있으니 잠깐만 비켜 줄래?》

비타민 (vitamin) 아주 적은 양으로 몸 안에서 여러 기능을 조절하는 중요한 영양소. 몸 안에서 만들어지지 않아 음식물로 먹어야 한다.

비탄 (悲歎) 한숨이 절로 나올 만큼 큰 슬픔. 《비탄에 잠긴 표정》

비탈 비스듬하게 기운 땅. 또는 땅이 기운 정도. 같경사면.

비탈길 비탈진 길. 《눈 쌓인 비탈길을 조심조심 올라갔다.》

비탈리다 |북 조금 비틀어지다.

비탈밭 |북 비탈진 밭.

비탈지다 땅이 비탈을 이루다. 《썰매를 타고 비탈진 얼음판을 씽씽 달려 내려왔다.》 비경사지다.

비통하다 몹시 슬프고 가슴 아프다.

비트 (bit) 컴퓨터로 처리하는 데이터의 양을 나타내는 단위 가운데 가장 작은 단위.

비틀- 힘이 없거나 어지러워서 쓰러질 듯 이리저리 걷거나 움직이는 모양. **비틀거리다 비틀대다 비틀비틀** 《술에 취한 사람이 비틀비틀 걸어간다.》

비틀다 세게 돌려서 꼬다. 《빨래를 비틀어서 물기를 뺐다.》 바비트는, 비틀어, 비틉니다.

비틀리다 세게 돌아가서 꼬이다. 《팔이 비틀려서 너무나 아팠어.》

비틀이고둥 모래와 진흙이 섞인 갯벌

비커

비틀이고둥

에 떼 지어 사는 고둥. 껍데기가 길고 주둥이는 비틀린 꼴이다.

비파 (琵琶) 뜯는 국악기 가운데 하나. 몸통은 물방울처럼 둥글고 긴데, 자루는 곧고 짧다. 줄이 넷인 당비파와 줄이 다섯인 향비파가 있다.

비판 (批判) 잘못을 고쳐 주려고 꼬집어 말하는 것. **비판하다**《시민 단체들이 정부에서 하는 일을 비판했다.》

비평 (批評) 말이나 글로 옳고 그름, 좋고 나쁨 들을 따지는 것.《문학 비평 /음악 비평》 **비평하다**

비폭력 (非暴力) 폭력을 쓰지 않는 것.《삼일 운동은 비폭력 운동이었다.》

비표준어 (非標準語) 사투리, 상스러운 말 들처럼 표준어가 아닌 말.《'거시기'는 표준어이고 '뭐시기'는 비표준어입니다.》

비품 (備品) 필요한 일에 쓰려고 마련해 두는 물건.《빗자루 같은 교실 비품은 여기에 두자.》**참**소모품.

비하다 서로 견주다.《나는 형에 비해 얼굴이 검다.》

비행 하늘 (飛行) 하늘을 날아다니는 것.《우주 비행》 **비행하다**《제비들이 아주 낮게 비행했다.》

비행 나쁜 짓 (非行) 법이나 도덕에 어긋나는 나쁜 짓.《비행 청소년》

비행기 (飛行機) 프로펠러를 돌리거나 가스를 내뿜는 힘으로 공중을 날아다니는 탈것.

비행기

비행기를 태우다 관용 지나치게 칭찬하다.《그만한 일로 비행기 태우지 마.》

비행사 (飛行士) 비행기를 모는 사람.

비행선 (飛行船) 기구 속에 헬륨이나

비행선

수소처럼 공기보다 가벼운 기체를 채워서 공중에 뜨게 만든 탈것.

비행장 (飛行場) 비행기가 뜨고 내리는 곳. **참**공항.

비행접시 하늘을 날아다니는 접시처럼 둥근 물체. 지구 밖에서 온 우주선이라고 하는 사람도 있으나 무엇인지 확실히 밝혀지지 않았다. **참**유에프오.

비호 보호 (庇護) 잘못을 저지른 사람을 감싸고 돌보는 것. **비호하다**《범죄 집단을 비호하는 세력》

비호 호랑이 (飛虎) 1.나는 듯이 아주 빠르게 달리는 호랑이. 2.아주 빠르게 움직이는 것을 빗대어 이르는 말.

빅씨름 |북 이기고 진 사람이 갈리지 않은 비긴 씨름.《마지막 판에서 빅씨름이 나면 한 판을 더 하는 걸로 하자.》

빈 (Wien) 오스트리아의 수도. 옛 건축물이 많은 오래된 도시로, 오래 전부터 유럽 고전 음악의 중심지였다.

빈곤 (貧困) 가난한 것.《그 화가는 평생 빈곤에 시달리면서 그림을 그렸다.》 비가난. 반풍요. **빈곤하다**

빈궁하다 아주 가난하다.《그 집 아이들은 빈궁하게 살면서도 늘 웃음을 잃지 않았다.》

빈농 (貧農) 가난한 농사꾼.

빈대 사람 몸에 붙어서 피를 빨아 먹는 작은 곤충. 몸은 동글고 납작한데, 몸빛깔은 붉은 갈색이다.

빈대 잡으려고 초가삼간 태운다 속담 큰 손해가 날 것을 헤아리지 못하고 마땅치 않은 것을 없애려고 덤비는 것을 이르는 말.

빈대떡 녹두를 갈아서 고기, 채소 들

을 쉬어 지진 먹을거리. **같**녹두부침.

빈도 (頻度) 같은 일이 되풀이해서 일
어나는 횟수.《비나 눈이 오는 날 교통
사고가 일어나는 빈도가 높다.》

빈둥– 하는 일 없이 게으름 피우는 모
양. **빈둥거리다 빈둥대다 빈둥빈둥**
《바쁜 농번기에 그렇게 빈둥거리면 되
겠습니까?》

빈말 예의를 차리거나 기분 좋게 해 주
려고 괜히 하는 말.《얼굴이 예뻐졌다
니 빈말이라도 고맙습니다.》

빈말이 냉수 한 그릇만 못하다 **속담** 목마
른 사람한테는 찬물 한 그릇 주는 것이
어떤 말보다도 좋다는 뜻으로, 말보다
행동으로 돕는 것이 훨씬 낫다는 말.

빈말공부 |**북** 빈말을 늘어놓는 짓. 또
는 빈말을 주고받는 짓.

빈말군 |**북** 빈말을 잘하는 사람.

빈민 (貧民) 가난한 사람.

빈민굴 (貧民窟) 가난한 사람들이 모
여 사는 곳.

빈번하다 어떤 일이 일어나는 횟수가
많다.《여기는 눈길 교통사고가 빈번
한 곳이니 조심하세요.》

빈부 (貧富) 가난한 것과 잘사는 것.
《빈부 격차가 심하다.》

빈소 (殯所) 장례를 치를 때 관을 놓아
두는 방. 상제가 머물면서 문상하러 오
는 사람들을 맞이한다.

빈손 1.아무것도 쥐지 않은 손. 2.돈,
물건 들을 지니지 않은 것.《생일잔치
에 어떻게 빈손으로 가냐?》

빈약하다 내용 들이 보잘것없다.《책
내용이 빈약해서 퍽 실망스럽다.》

빈정거리다 비웃으면서 자꾸 놀리다.

《너 자꾸 기분 나쁘게 빈정거릴래?》

빈주먹 1.손 안에 아무것도 없는 주먹.
《철이는 분해서 빈주먹을 움켜쥐었
다.》 2.어떤 일을 시작할 때 가진 것이
하나도 없는 형편.《삼촌은 빈주먹으
로 서울에 가서 성공했대.》**비**맨주먹.

빈천 (貧賤) 가난하고 지위가 낮은 것.
반부귀. **빈천하다**《세종 대왕 때 발명
가 장영실은 본디 빈천한 집안에서 태
어났다.》

빈칸 문서에서 아무것도 쓰지 않은 칸.
《빈칸에 알맞은 말을 쓰세요.》**같**공란.

빈터 |**북** 건물을 짓지 않은 빈 땅.《아
이들이 빈터에서 축구를 하고 있다.》

빈털터리 재산을 다 써 없애서 가진 것
이 없는 사람.《그 사람은 노름을 하다
가 결국 빈털터리가 되고 말았다.》

빈틈 1.아무것도 없이 빈 사이.《포장
도로 빈틈에 민들레가 뿌리를 박고 자
라났다.》 2.모자라거나 허술한 점.
《상대편 수비에 빈틈이 보인다.》

빈틈없다 1.빈 곳이 전혀 없다.《파란
물감으로 바탕 전체를 빈틈없이 색칠
했다.》 2.모자라거나 허술한 점이 없
다.《연극 준비를 빈틈없이 해야겠다.》

빈혈 (貧血) 피 속에 있는 적혈구가 모
자란 상태.

빌다 **바라다** 1.어떤 일이 생각한 대로 되
기를 몹시 바라다.《새해 아침 해님에
게 소원을 빌었습니다.》 2.잘못을 용
서해 달라고 사정하다.《어서 언니한
테 가서 잘못했다고 빌어라.》**바**비는,
빌어, 빕니다.

비는 데는 무쇠도 녹는다 **속담** 잘못을 뉘
우치고 빌면 아무리 까다롭고 고집 센

사람도 용서한다는 말.

빌다 ^{구하다} 남의 것을 거저 달라고 하다.《아주머니는 이웃집에서 밥을 빌어다가 자식들을 먹여야 했다.》^{바비}는, 빌어, 빕니다.

빌딩 (building) 여러 층으로 지은 높은 건물.

빌라 (villa) 1. 별장처럼 지은 집. 2. → 다세대 주택.

빌로오드재니등에 꽃이 많은 낮은 산이나 들에 사는 등에. 몸빛은 검은데 옅은 밤색 털이 나 있다.

빌리다 1. 나중에 돌려주기로 하고 남의 것을 가져오다.《동무한테서 동화책을 빌려 왔다.》 2. 남의 도움을 받다.《남의 힘을 빌릴 생각 말고 네 일은 네가 알아서 해.》 3. 어떤 것을 필요한 일을 하는 데 쓰다.《이 자리를 빌려서 여러분께 사과드립니다.》

빌미 나쁜 일이 일어난 까닭. 또는 나쁜 일을 일으키는 구실.《그 일을 빌미로 진선이와 사이가 나빠졌다.》

빌붙다 남한테 잘 보이려고 알랑거리다.《일본에 빌붙은 친일파》

빌빌 힘없이 느릿느릿 움직이는 모양.

빌빌거리다 빌빌대다 빌빌하다《빌빌대지 말고 청소 제대로 해.》

빌어먹다 먹을 것을 남한테서 얻어먹다.《거지처럼 빌어먹고 살지 않으려면 지금부터 저축하는 버릇을 들여.》

빔 명절이나 잔치를 맞이해서 새로 해입는 옷.《엄마가 설빔을 사 주셨다.》

빗 머리털을 빗는 도구.

빗금 비스듬히 그은 줄.《빗금을 치다./빗금을 긋다.》^같사선. ^북빗선.

빌로오드재니등에

빗금무늬 빗금을 넣은 무늬.

빗기다 남의 머리털이나 짐승 털을 빗어 주다.《동생 머리를 빗겨 주었다.》

빗나가다 1. 목표에서 벗어나 비뚜로 나가다.《내가 찬 공은 골문에서 한참 빗나가고 말았다.》 2. 바라거나 생각한 것과 다르게 되다.《우리나라 축구 팀이 이길 거라는 예상이 빗나갔다.》

빗다 빗으로 머리카락이나 털을 가지런히 다듬다.《머리를 빗다.》

빗대다 1. 어떤 것과 비슷한 보기를 들다.《'불덩이'는 열이 몹시 나는 것을 빗댄 말이다.》 2. 바로 말하지 않고 에둘러서 말하다.《너를 빗대서 한 말이 아니니까 오해하지 마.》

빗듣다 ^{ㅣ북} 무슨 말을 잘못 듣다.《전화로 한 말은 빗듣기 쉽다.》^바빗듣는, 빗들어, 빗듣습니다.

빗맞다 1. 겨눈 데가 아닌 데에 잘못 맞다.《공이 빗맞았는데 운 좋게 골문으로 들어갔어.》 2. 일이 미리 생각한 것과 다르게 되다.《예상이 빗맞아서 공부하지 않은 문제가 나왔다.》

빗면 비스듬하게 기울어진 면.

빗물 비가 와서 고이거나 흘러내리는 물. ^북비물.

빗발 줄이 진 것처럼 내리는 비.《밤이 되자 빗발이 점점 굵어졌다.》^북비발.

빗발치다 1. 빗줄기가 세차게 쏟아지다. 2. 어떤 것이 세찬 빗줄기처럼 마구 쏟아지다.《총알이 빗발치다./화살이 빗발치다.》 3. 비난, 항의 들이 줄기차게 이어지다.《잘못된 기사 때문에 독자들의 항의 전화가 빗발쳤다.》

빗방울 비로 떨어지는 물방울. ^북비방울.

빗변 직각삼각형에서 직각을 마주 보는 변.

빗살 빗에 달린 낱낱의 살.《참빗은 빗살이 가늘고 촘촘하다.》

빗살무늬 빗살처럼 여러 줄이 촘촘하게 난 무늬.

빗살무늬 토기 겉에 빗살 같은 줄을 그어 넣은 신석기 시대 토기.

빗소리 비가 내리는 소리. **북**비소리.

빗속 비가 내리는 가운데.《우산도 없이 빗속을 걸었다.》

빗자루 → 비.

빗장 문을 잠글 때 두 문짝에 가로질러 걸치는 나무나 쇠막대기.《빗장을 걸다./빗장을 풀다.》

빗장뼈 가슴 윗부분의 왼쪽과 오른쪽에 하나씩 있는 뼈. **같**쇄골. **북**꺾쇠뼈.

빗줄기 빗물 가닥.《빗줄기가 점점 가늘어지더니 곧 해가 났다.》

빗질 빗으로 머리카락이나 털을 빗는 것. **빗질하다**

빙 1.정해진 테두리를 한 바퀴 도는 모양.《저녁을 먹고 운동 삼아 동네 한 바퀴를 빙 돌았다.》 2.둘레를 에워싼 모양.《옥분이네 마을은 산으로 빙 둘러싸인 산골입니다.》

빙그레 입을 조금 벌리고 소리 없이 부드럽게 웃는 모양.《선생님이 내 일기를 보시고 빙그레 웃으셨다.》

빙그르르 미끄러지듯 한 바퀴 도는 모양.《회전문이 빙그르르 돌아갑니다.》

빙글빙글 자꾸 빙그르르 도는 모양.《빙글빙글 도는 팽이》

빙긋 입을 조금 벌리고 입가를 올리면

빗살무늬 토기

서 소리 없이 가볍게 한 번 웃는 모양.《엄마가 나를 보고 빙긋 웃으셨다.》

빙빙 1.정해진 테두리를 자꾸 도는 모양.《고추잠자리가 머리 위로 빙빙 돈다.》 2.자꾸 여기저기 돌아다니는 모양.《동생을 찾아 온 동네를 빙빙 돌아다녔다.》 3.갑자기 어지러워지는 느낌.《코끼리 코를 하고 열 바퀴를 돌았더니 눈앞이 빙빙 돈다.》

빙산 (氷山) → 얼음산.

빙상 경기 (氷上競技) 스케이팅이나 아이스하키처럼 얼음판 위에서 하는 운동 경기.

빙수 (氷水) 잘게 간 얼음에 삶은 팥, 설탕, 과일 들을 얹어 만든 먹을거리. **북**단얼음.

빙어 강어귀나 강과 가까운 바다에 떼지어 사는 물고기. 몸은 가늘고 긴데 머리가 조금 뾰족하다. 이른 봄에 강으로 올라와 알을 낳는다.

빙어

빙자하다 어떤 것을 나쁜 짓 하는 구실로 삼다.《준비물을 빙자해서 새 색연필을 사려는 속셈이지?》

빙점 (氷點) → 어는점.

빙판 (氷板) 얼음이 얼어 미끄러운 바닥.《간밤에 내린 눈이 그대로 얼어서 길이 빙판이 되었다.》

빙하 (氷河) 극지방이나 높은 산 위에 오랫동안 쌓인 눈이 얼음이 되어서 낮은 곳으로 흐르는 것.

빙하 시대 (氷河時代) 지구가 대부분 얼음으로 덮여 있던 시대.

빚 남한테서 빌린 돈.《빚을 갚다./빚을 지다.》 **같**부채.

빚다 1.가루를 반죽하여 먹을거나

물건을 만들다.《송편을 빚다./도자기를 빚다.》 2.누룩을 버무려 술을 담그다.《남은 쌀로 막걸리를 빚어 먹는 게 어때?》 3.어떤 일이나 결과를 생기게 하다.《혼선을 빚다./차질을 빚다.》

빚쟁이 1.남에게 돈이나 물건을 빌려 준 사람을 낮추어 이르는 말. 2.남에게 돈이나 물건을 빌린 사람을 낮추어 이르는 말.

빚지다 남한테서 돈을 빌리다.

빛 1.불, 해, 달, 별, 전등 들에서 나오는 밝고 환한 것.《지하실 구멍으로 한 줄기 밝은 빛이 들어온다.》 2.'빛깔', '색깔'의 뜻을 나타내는 말.《붉은빛이 도는 돌》 3.물체의 겉에서 나는 반짝반짝한 기운.《방금 닦은 구두에서 반짝반짝 빛이 난다.》 4.표정이나 몸짓에서 나타나는 느낌.《상을 탄 오빠의 얼굴에 기쁜 빛이 가득하다.》 5.희망, 영광, 가치 들을 빗대어 이르는 말.《경기에 지는 바람에 저 선수가 넣은 공이 빛을 잃고 말았다.》

빛 좋은 개살구 **속담** 먹음직스러워 보이지만 맛없는 개살구라는 뜻으로, 겉만 그럴듯하고 속이 알차지 못하다는 말.

빛깔 어떤 것이 띠는 색.《이 천은 빛깔이 참 곱다.》 **같**색채, 컬러. **북**빛갈.

빛나다 1.빛이 환하게 비치다.《빛나는 아침 해》 2.빛이 반사되거나 윤기가 나서 반짝거리다.《반짝반짝 빛나는 호수》 3.몹시 훌륭하거나 가치가 아주 높다.《을지문덕 장군은 수나라 군대를 맞아 빛나는 승리를 거뒀다.》

빛내다 빛나게 하다.《아이들은 눈을 반짝반짝 빛내면서 이야기를 들었다.》

빛바래다 낡거나 오래되어서 빛깔이 바뀌거나 옅어지다.《빛바랜 사진》

빛발 **|북** 1.빛이 뻗어 나가는 것.《동굴 속에서 한 줄기 빛발이 뻗어 왔다.》 2.힘차게 뻗어 나가는 기운이나 힘을 빗대어 이르는 말.《독도를 지키려는 온 국민의 의지가 빛발처럼 뻗어 나왔다.》

빛발치다 **|북** 1.빛발이 눈부시게 뻗치다.《나뭇가지 사이로 햇빛이 빛발친다.》 2.눈빛이 거세게 뻗쳐 나오다.《아이들의 빛발치는 눈을 보니 우승을 기대해도 좋겠다.》 3.기운, 힘 같은 것이 힘차게 뻗어 나오다.《어머니의 빛발치는 사랑만큼 위대한 것은 없다.》

빛살 빛의 줄기.《아침이 되자 환한 빛살이 쏟아져 들어왔다.》 **비**광선.

빠개다 단단한 것을 둘로 가르다.《장작을 빠개어 마당에 쌓아 놓았다.》

빠끔빠끔 물이나 공기를 들이마시려고 입을 자꾸 벌렸다 오므리는 모양.《금붕어가 빠끔빠끔 입을 벌리고 먹이를 먹는다.》 **참**뻐끔뻐끔.

빠득빠득 억지를 부리면서 자꾸 우기거나 조르는 모양.《동생이 무지개가 여덟 빛깔이라고 빠득빠득 우긴다.》

빠듯하다 돈, 시간 같은 것이 적어서 다른 데 쓸 여유가 거의 없다.《이 돈으로는 자장면은커녕 라면 한 개 사기에도 빠듯하다.》 **비**빡빡하다.

빠뜨리다 1.물, 구덩이 같은 데 빠지게 하다.《삼촌이 나를 들어서 바닷물에 빠뜨렸다.》 2.남을 어려운 처지에 놓이게 하다.《내 실수로 동무를 어려움에 빠뜨렸다.》 3.지니고 있던 것을 흘려서 잃어버리다.《수첩을 어디에 빠

뜨리고 왔는지 전혀 기억이 안 난다.》
4.갖추어야 할 것을 잘못해서 빼놓다.
《빠뜨린 것이 없는지 다시 살펴봐.》

빠르기표 곡을 연주하는 빠르기를 나
타내는 기호.

빠르다 1.움직이는 데 걸리는 시간이
짧다. 《저 선수는 정말 발이 **빠르다**.》
^반느리다. 2.어떤 일에 걸리는 시간이
짧다. 《동생의 회복이 빨라서 다행이
다.》 ^반느리다. 3.어떤 일을 하기에 때
가 이르다. 또는 어떤 기준이나 대상보
다 앞서다. 《이 시계는 10분이나 빠르
다.》 4.알아차리는 것이 날래다. 《이
해가 빠르다./눈치가 빠르다.》 ^바빠른,
빨라, 빠릅니다.

빠른 바람에 굳센 풀을 안다 **속담** 바람이
거세게 불어야만 쉽게 쓰러지지 않는
굳센 풀을 알아본다는 뜻으로, 꿋꿋한
마음은 어려움을 겪을수록 잘 드러난
다는 말.

빠른우편 보통보다 빨리 배달해 주는
우편. 우편물을 보내고 받는 데 흔히
하루가 걸린다.

빠져나가다 어떤 곳 밖으로 나가다.
《형은 엄마 몰래 집을 빠져나갔다.》

빠져나오다 어떤 곳 밖으로 나오다.
《기차가 굴 밖으로 빠져나왔다.》

빠지다 물에 1.물, 구덩이 같은 깊은 곳
에 떨어지다. 《삼촌이 물에 빠진 사람
을 구했다.》 2.어려운 처지에 놓이다.
《흉년을 맞아 농민들이 곤경에 빠졌
다.》 3.잠을 자거나 정신을 잃는 것 같
은 상태에 깊이 들다. 《동생이 깊은 잠
에 빠졌다.》 4.어떤 것에 마음이 쏠리
거나 정신이 팔리다. 《아이들은 물이

들어오는 줄도 모르고 조개잡이에 빠
져 있었다.》 5.꾐이나 유혹에 넘어가
다. 《이웃집 아저씨가 사기도박에 빠
져 집을 잃었대요》 6.어떤 상태가 몹
시 심한 것을 나타내는 말.《너처럼 순
해 빠진 애도 없을 거야.》

빠지다 ^{이가} 1.박히거나 꽂히거나 달려
있는 것이 바깥으로 나오다. 《흔들리
던 이가 드디어 빠졌다.》 2.살, 기운 같
은 것이 줄거나 없어지다. 《우는 아기
를 달래느라 기운이 다 빠졌다.》 3.속
에 있던 액체나 기체가 밖으로 새다.
《김이 빠진 사이다》 4.옷이나 천에서
색깔, 때 같은 것이 없어지다. 《이모는
물 빠진 청바지를 즐겨 입는다.》 5.일
이나 모임 들에 끼거나 나가지 않다.
《네가 좋아서 배우는 것이니 하루도
빠지지 마라.》 6.봉지, 그릇, 신발 같은
것의 밑이 떨어져 없어지다. 《이 봉지
는 밑이 빠졌어.》 7.정해진 길에서 벗
어나 다른 데로 새다. 《뒤따라오던 아
이들은 샛길로 빠졌나 보다.》 8.어떤
테두리 안에 들지 않다. 《합격자 명단
에 고모의 이름이 빠진 것 같다.》 9.다
른 것에 견주어 수준이나 질이 낮다.
《내가 손은 작지만 장구 치는 솜씨는
남한테 빠지지 않는다고》

빠지직 '바지직'의 센말. **빠지직거리
다 빠지직대다 빠지직하다 빠지직빠
지직**

빠짐없다 빠진 것이 없다. **빠짐없이**
《준비물은 빠짐없이 챙겼니?》

빡빡 '박박'의 센말.

빡빡하다 1.물기가 적어서 부드럽지
않다. 《국물 없이 밥을 먹으려니 빡빡

해서 잘 넘어가지 않는다.》참**뻑뻑하다**. 2.꽉 짜서 여유가 없다.《방학 계획표를 너무 빡빡하게 짠 것 같지 않니?》비**빠듯하다**. 3.하는 짓이 딱딱하고 고지식하다.《너무 빡빡하게 굴지 말고 이번 한 번만 눈감아 줘.》4.지나치게 꽉 끼거나 움직임이 매끄럽지 않다.《빡빡한 대문.》참**뻑뻑하다**.

빤드름하다 |북 1.어떤 모습이 뚜렷하다.《안개가 걷히고 거리가 빤드름하게 보인다.》2.속마음이나 일의 형편이 빤하다.《네 속셈이야 빤드름하지.》

빤질– 사람이 얄밉게 몹시 뻔뻔스러운 모양. **빤질거리다 빤질대다 빤질빤질**《찬우는 청소 시간에 빤질거리면서 놀기만 해.》

빤짝 '반짝빛'의 센말. **빤짝거리다 빤짝대다 빤짝이다 빤짝하다 빤짝빤짝**

빤하다 1.자세히 살피지 않아도 어떻게 될지 분명하다.《빤한 거짓말로 나를 속이려 들지 마라.》참**뻔하다**. 2.밝은 빛이 비쳐서 조금 환하다.《햇살이 잠깐 빤할 때 이불을 널었다.》

빤히 1.일이 어떻게 될지 분명히.《혼날 것을 빤히 알면서 왜 그랬니?》2.아무 거리낌 없이 똑바로.《짝꿍이 나를 빤히 쳐다봤다.》3.똑바로 마주 보이게 잘.《우리 가게는 버스 정류장에서 빤히 보이는 곳에 있어.》

빨가우리하다 |북 빛깔이 부드럽게 빨갛다.《빨가우리한 고추 빛깔》

빨간색 잘 익은 딸기처럼 밝고 또렷한 붉은빛.

빨간집모기 암컷이 사람 피를 빠는 모기. 몸 빛깔은 엷은 밤색이다. 대롱처

빨강따개비

빨간집모기

빨랫방망이

럼 긴 주둥이로 살갗을 찌르고 피를 빨아 먹는다.

빨강 빨간 빛깔이나 물감.

빨강따개비 바닷가 바위나 단단한 것에 붙어서 사는 따개비. 껍데기는 붉은 빛을 띤다.

빨갛다 잘 익은 고추나 앵두처럼 밝고 또렷하게 붉다.《앵두가 빨갛게 익었다.》참**발갛다**, 뻘**겋다**. 바**빨간**, 빨개, 빨갛습니다.

빨다 빨래하다 옷, 천 같은 것을 물에 넣고 비벼서 때를 없애다.《언니는 속옷을 자기 손으로 빨아 입는다.》

빨다 핥다 1.입을 대고 입 안으로 당겨 들어오게 하다.《아기가 엄마 품에서 젖을 빤다.》2.입속에 넣고 녹이거나 핥다.《동생은 아직도 손가락을 빤다.》

빨대 마실 것을 빨아먹는 데 쓰는 대롱. 같**스트로**.

빨래 1.더러운 옷이나 천을 물로 빠는 것. 같**세탁**. 2.→ 빨랫감. **빨래하다**《세탁기 덕에 빨래하기가 편해졌다.》

빨래집게 빨랫줄에 넌 빨래가 떨어지지 않게 집는 물건.

빨래터 냇가 같은 곳에서 빨래를 하는 자리.

빨래통 빨래할 옷을 담는 통.

빨래판 빨래를 올려놓고 비비는 판. 가로로 홈이 패어 있다.

빨랫감 빨아야 할 옷이나 천. 같**빨래**.

빨랫돌 빨래를 올려놓고 두드리거나 문지르는 넓적한 돌.《할머니가 빨랫돌 위에 담요를 놓고 두드리신다.》

빨랫방망이 때를 빼려고 빨래를 두드리는 방망이.

빨랫비누 빨래할 때 쓰는 비누.

빨랫줄 빨래를 널어서 말리는 줄.

빨리 빠르게. 《빨리 뛰지 않으면 기차 놓치겠다.》 **같**속히.

빨리 다는 화로가 빨리 식는다 **속담** 쉽게 들뜬 마음은 쉽게 가라앉는다는 말.

빨리다 빨아들이는 힘에 끌려서 들어 가다. 《배가 소용돌이 속으로 빨려 들 어갔다.》

빨리빨리 '빨리'를 힘주어 이르는 말. 《빨리빨리 차에 올라타라.》

빨빨 바쁘게 이리저리 돌아다니는 모 양. **빨빨거리다** **빨빨대다** 《동네 아이 들이 골목을 빨빨대고 다닌다.》

빨아들이다 빨아서 들어오게 하다. 《식물은 뿌리로 양분을 빨아들인다.》

빨판 낙지, 오징어 들의 발이나 거머리 입 같은 데 있는 몸 한 부분. 어디에 달 라붙거나 피와 양분을 빨아들인다.

빨판상어 얕은 바다에 사는 바닷물고 기. 등 쪽은 어두운 갈색이고 배 쪽은 옅은 갈색이다. 머리 위에 있는 빨판으 로 다른 큰 물고기의 입 아래쪽에 붙어 산다.

빳빳하다 1.꼿꼿하고 단단하다. 《동 생이 고개를 빳빳하게 들고 내게 따졌 다.》 **참**뻣뻣하다. 2.구겨지거나 주름 잡힌 데 없이 팽팽하다. 《빳빳한 지폐》 3.하는 짓이 억세고 고분고분하지 않 다. 《별것도 아닌 일 가지고 너무 빳빳 하게 굴지 마라.》 **참**뻣뻣하다.

빵 먹을거리 1.밀가루를 반죽하여 부풀 게 한 뒤에 굽거나 찐 먹을거리. 2.먹 고살 양식을 빗대어 이르는 말. 《우리 에게 빵을 달라!》

빵 소리 풍선, 총, 폭탄 같은 것이 갑자 기 터지는 소리. 《좀 더 크게 불어 보 려고 풍선이 빵 터져 버렸다.》 2.자동 차 경적 소리. **빵빵**

빵빵하다 속이 가득 차서 겉이 불룩하 다. 《밥을 잔뜩 먹어서 배가 빵빵해.》

빵집 빵을 파는 가게.

빻다 절구 공이 같은 것으로 자꾸 내리 쳐서 가루를 만들다. 《엄마가 절구에 고춧가루를 빻고 계신다.》 **북**봉다.

빼곡하다 빈틈없이 가득하다. 《책장 에는 책이 빼곡하게 꽂혀 있었다.》

빼기 어떤 수에서 다른 수를 빼는 것. 또는 뺄셈 표시 '-'를 읽는 말. 《칠 빼기 사는 삼이다.》 **참**곱하기, 나누기, 더하기.

빼내다 1.박히거나 꽂히거나 달려 있 는 것을 뽑아내다. 《발가락에 박힌 가 시를 빼내느라고 무척이나 고생했다.》 2.여럿 가운데서 덜어 내거나 골라내 다. 《3학년 교과서만 모두 빼내서 상 자에 담았다.》 3.남의 것을 훔쳐 내다. 《어떤 회사원이 비밀 서류를 빼내다가 경찰에 붙잡혔다.》 4.갇힌 사람을 자 유롭게 풀어 주다. 《저 할머니는 억울 하게 감옥에 간 자식을 빼내려고 갖은 고생을 다 했다고 한다.》

빼놓다 1.여럿 가운데 어떤 것을 골라 놓다. 《볼 책은 미리 빼놓아라.》 2.한 무리에 끼워 주지 않다. 《언니들이 나 만 빼놓고 놀러 나갔다.》

빼다 1.박히거나 꽂혀 있는 것을 밖으 로 나오게 하다. 《장도리로 책상에 박 힌 못을 뺐다.》 2.속에 든 공기, 액체 들을 밖으로 내보내다. 《수영장이 넓어서 물을 빼는 데 한참 걸린다.》3. 정해진 수량에서 어느 만큼을 덜다.《100에서 51을 빼면 얼마지?》참 곱하다, 나누다, 더하다. 4. 살, 기운 들을 줄이거나 없애다.《누나는 살을 빼려고 새벽마다 달리기를 한다.》5. 사람을 같은 무리에 끼우지 않거나 어떤 것을 정해진 테두리 안에 넣지 않다.《이 부분을 빼면 글 내용을 이해하기 어렵다.》6. 어떤 짓을 짐짓 꾸며서 하다.《언니가 손님들 앞에서 얌전 빼고 앉아 있다.》7. 남이 시키거나 권하는 어떤 일을 좀처럼 하지 않으려 하다.《빼지 말고 노래 한 곡 불러 봐.》8. 때나 얼룩을 없애다.《기름때를 빼는 데는 이 비누가 가장 좋아.》9. 다른 사람의 모습을 그대로 닮다.《제 동생은 엄마를 쏙 뺐어요.》10. 옷을 번듯하게 차려입다.《이모가 정장을 빼고 선을 보러 나갔다.》

빼도 박도 못하다 관용 이러지도 저러지도 못하다.《일이 빼도 박도 못하게 되었으니 어쩌면 좋아.》

빼돌리다 몰래 빼내어서 다른 곳에 보내거나 감추다.《회사 돈을 빼돌리던 사람이 경찰에 잡혔다.》

빼뜨기 뜨개질에서 두 코를 한꺼번에 빼내서 뜨는 일.

빼먹다 1. 말하거나 쓸 것을 빠뜨리다.《한 글자도 빼먹지 말고 잘 읽어 봐.》2. 늘 하던 일을 하지 않다.《숙제를 빼먹고 놀다가 엄마한테 혼났다.》

빼빼 살가죽이 달라붙을 만큼 몹시 여윈 모양.《빼빼 마르다.》

빼앗기다 1. 자기 것을 억지로 남의 손에 넘기다.《우리나라 선수가 공을 빼앗겼다.》준 뺏기다. 2. 어떤 것에 마음이 쏠리거나 정신을 못 차리다.《동생은 인형에 마음을 빼앗겨서 그 앞을 떠나지 못했다.》준 뺏기다. 3. 어떤 일에 시간을 쓰다.《아기를 보느라고 공부할 시간을 빼앗겼다.》준 뺏기다. 4. 자격이나 권리를 잃다.《주권을 빼앗긴 나라》준 뺏기다.

빼앗다 1. 남의 것을 억지로 제 것으로 삼다.《형이 과자를 빼앗아 갔어요.》준 뺏다. 2. 마음을 온통 사로잡거나 정신을 못 차리게 하다.《아름다운 가야금 소리가 듣는 사람의 혼을 빼앗는다.》준 뺏다. 3. 어떤 일에 시간을 쓰게 하다.《그런 일로 시간을 빼앗아서 미안해.》준 뺏다. 4. 자격이나 권리를 잃게 하다.《거짓말을 했으니 대표 자리를 빼앗는 것이 마땅하다.》준 뺏다.

빼어나다 솜씨, 생김새 같은 것이 몹시 뛰어나다.《선미는 노래를 빼어나게 잘 부른다.》

빽빽 사람, 짐승, 기계 들이 높고 크게 내는 소리. **빽빽거리다 빽빽대다**《쉬는 시간에 아이들이 복도에서 빽빽거리며 뛰어다닌다.》

빽빽하다 빈틈없이 가득하다.《나무가 빽빽한 숲》**빽빽이**

뺀질- 열심히 일하지 않고 얄밉게 게으름 부리는 모양. **뺀질거리다 뺀질대다 뺀질뺀질**《뺀질거리지 말고 엄마 좀 도와 드려.》

뺄셈 어떤 수에서 다른 수를 빼는 셈. 참 곱셈, 나눗셈, 덧셈.

뺄셈식 뺄셈을 하는 식.

뺏기다 → 빼앗기다.

뺏다 → 빼앗다.

뺏지 '배지'를 잘못 쓴 말.

뺑 '뱅'의 센말.

뺑뺑 '뱅뱅'의 센말.

뺑소니 잘못을 저지르고 달아나는 짓.

뺨 귀와 눈 사이에서 턱에 이르는 부분.

뺨주머니 볼에서 먹이를 넣어 둘 수 있게 늘어난 부분. 다람쥐 같은 동물에서 볼 수 있다.

뻐근하다 힘살이 당겨서 조금 아프거나 움직이기 거북하다. 《오래 엎드려 있었더니 목과 어깨가 뻐근하다.》

뻐기다 우쭐거리면서 자랑하다. 《칭찬 한 번 들었다고 무척 뻐기네.》

뻐꾸기 낮은 산이나 숲 속에 사는 여름새. 등과 멱은 잿빛 도는 푸른색이고 배 쪽은 흰 바탕에 잿빛 가로무늬가 있다. 스스로 집을 짓지 않고 다른 새 둥지에 알을 낳는다.

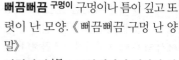
뻐꾸기

뻐꾸기도 유월이 한철이라 속담 뻐꾸기는 음력 유월에 한창 나다닌다는 뜻으로, 기운차게 일할 수 있는 동안이 아주 짧으니 때를 놓치지 말라는 말.

뻐꾸기시계 한 시간마다 뻐꾸기 인형이 문을 열고 나와서 뻐꾹뻐꾹 소리 내는 시계. 시침이 가리키는 숫자만큼 울어서 몇 시인지 알려 준다.

뻐꾹 뻐꾸기가 우는 소리. **뻐꾹뻐꾹**

뻐꾹채 산과 들에 자라는 풀. 잎은 깃처럼 갈라지고, 6~8월에 붉은 자주색 꽃이 핀다. 어린잎을 먹고, 뿌리를 약으로 쓴다.

뻐끔뻐끔 입을 물이나 공기를 들이마시려고 입을 조금 크게 자꾸 벌렸다 오므리는 모양. **참**뻐끔빠끔.

뻐꾹채

뻐끔뻐끔 구멍이 구멍이나 틈이 깊고 또렷이 난 모양. 《뻐끔뻐끔 구멍 난 양말》

뻐덩다리 |북 1. 구부렸다가 폈다가 하지 못하고 늘 뻗어 있는 다리. 2. 뻣뻣해져서 뜻대로 굽힐 수 없게 된 물건.

뻐드렁니 바깥으로 튀어나온 앞니.

뻑뻑하다 1. 물기가 적어서 부드럽지 않다. 《빵이 뻑뻑할 테니 물과 함께 먹어라.》 **참**빡빡하다. 2. 지나치게 꽉 끼거나 움직임이 매끄럽지 않다. 《자전거 브레이크가 너무 뻑뻑하니 기름을 쳐야겠다.》 **참**빡빡하다.

뻑적지근하다 몸이 뻐근하다. 《턱걸이 연습을 했더니 팔이 뻑적지근하다.》

뻔뻔스럽다 뻔뻔하게 구는 태도가 있다. 《진희는 뻔뻔스럽게 거짓말을 늘어놓았다.》 **바**뻔뻔스러운, 뻔뻔스러워, 뻔뻔스럽습니다.

뻔뻔하다 잘못을 부끄러워하기는커녕 오히려 당당하다. 《꽃병은 자기가 깨고서 남 탓을 하다니 참 뻔뻔하다.》

뻔질나다 어떤 곳에 드나드는 일이 아주 잦다. 《옆집 애는 우리 집에 뻔질나게 드나든다.》

뻔하다 분명하다 일이 어떻게 될지 분명하다. 《오늘도 비가 올게 뻔해.》 **참**빤하다. **뻔히**

뻔하다 하마터면 어떤 일이 일어나려다가 말다. 《동생과 장난치다가 하마터면 화분을 깰 뻔했다.》

뻗다 1. 가지, 뿌리, 덩굴 들이 길게 자라다. 《담쟁이덩굴이 벽을 타고 건물 꼭대기까지 뻗었다.》 **참**빋다. 2. 구부리거나 오므린 부분을 쭉 펴다. 《두 팔을 쭉 뻗으면서 기지개를 켰다.》3.어떤 것에 닿으려고 몸이나 도구를 내밀다. 《작대기를 길게 뻗어서 하나 남은 밤송이를 땄다.》4.길, 강, 산맥, 줄 들이 길게 이어지다. 《우리나라의 강줄기는 대개 서쪽으로 뻗어 있다.》5.힘이나 세력이 미치다. 《우리 춤사위가 온 세계로 뻗어 가기를 바란다.》6.쓰러지다. 《내가 치면 한주먹에 뻗을걸.》

뻗어 가는 칡도 한이 있다 속담 어떤 일이든 끝이 있다는 것을 빗대어 이르는 말.

뻗대다 1.손이나 발을 대고 버티다. 2.어떤 일을 안 하겠다고 고집스럽게 버티다. 《영희는 그 옷을 안 입겠다고 뻗댔다.》

뻗치다 1.'뻗다'를 힘주어 이르는 말. 《힘이 뻗치다.》2.머리칼이 뻣뻣하게 서다. 《젖은 채로 그냥 자면 머리가 흉하게 뻗칠지도 몰라.》3.어떤 감정이 아주 거세게 일다. 《화가 머리끝까지 뻗치는 걸 가까스로 참았다.》

뻘거우리하다 북 부드럽게 뻘겋다.

뻘겋다 어둡고 짙게 붉다. 참벌겋다, 빨갛다. 바뻘건, 뻘게, 뻘겋습니다.

뻘뻘 땀을 몹시 흘리는 모양. 《땀을 뻘뻘 흘리면서 관악산을 올랐다.》

뻣뻣하다 1.몸이나 물건이 굳어 있다. 《빨래가 뻣뻣하게 얼었다.》참빳빳하다. 2.태도가 고분고분하지 않다. 《미선이는 지훈이한테 화가 나서 뻣뻣하게 대했다.》참빳빳하다.

뻥 거짓말 '거짓말'이나 '허풍'을 낮추어 이르는 말. 《뻥 치지 말고 사실대로 말해 봐.》

뻥 소리 1.공을 아주 세게 차는 소리. 또

는 그 모양. 《내가 뻥 찬 축구공이 그만 놀이터 뒷집 유리창에 맞고 말았습니다.》2.풍선, 총, 폭탄 같은 것이 갑자기 크게 터지는 소리. 《포수가 늑대를 향해 뻥 하고 총을 쏘았다.》3.큰 구멍이 뚫리는 소리. 또는 그 모양. 《신발 바닥에 구멍이 뻥 뚫렸잖아!》**뻥뻥**

뻥긋 다문 입을 살짝 벌리는 모양. **뻥긋하다** 《그 일이라면 이제 입도 뻥긋하지 마라.》

뻥튀기 1.쌀, 옥수수 같은 곡식을 쇠붙이 틀에 넣고 튀긴 과자. 곡식이 튀겨져 나올 때 '뻥' 하는 큰 소리가 난다. 2.어떤 사실을 크게 부풀려 말하는 것을 빗대어 이르는 말. **뻥튀기하다** 《별일 아닌 것을 괜히 뻥튀기하고 있어.》

뼈 몸을 안에서 받쳐 주고 몸 안에 있는 기관들을 보호하는 단단한 부분.

뼈가 빠지게 관용 몹시 어렵고 힘들게. 또는 몹시 애써서. 《뼈가 빠지게 청소했는데 동생이 다시 어질러 놨어.》

뼈를 깎다 관용 몹시 힘들다. 《저분도 뼈를 깎는 노력 끝에 성공한 거야.》

뼈에 사무치다 관용 분하거나 억울한 것이 마음속 깊이 맺히다. 《뼈에 사무친 원한》

뼈다귀 '뼈'를 점잖지 못하게 이르는 말.

뼈대 1.온몸을 이루는 뼈. 또는 그 모양새. 같골격. 2.가로세로로 짜 맞추어 건물의 틀을 이루는 것. 3.기본이 되는 줄거리. 《뼈대만 간추려서 얘기해.》

뼈마디 뼈와 뼈가 맞닿는 곳. 같관절.

뼈아프다 느낌, 깨달음 들이 뼈가 아플 만큼 깊다. 《뼈아픈 실수》바뼈아픈,

뼈아파, 뼈아픕니다.

뼈저리다 느낌, 깨달음 들이 뼈가 저릴 만큼 깊다.《너도 거짓말해서는 안 된다는 것을 뼈저리게 느꼈을 거야.》

뼘 길이를 나타내는 말. 한 뼘은 엄지손가락과 다른 손가락을 한껏 벌린 길이이다.《나는 동생보다 키가 한 뼘이나 더 크다.》

뼛가루 뼈를 잘게 부순 가루.

뼛골 → 골수.

뼛속 1.뼈의 속. 2.마음 깊은 곳을 빗대어 이르는 말.《제 잘못을 뼛속 깊이 뉘우치고 있습니다.》

뽀글- '보글-'의 센말. **뽀글거리다 뽀글대다 뽀글뽀글**《웅덩이 물에서 거품이 뽀글뽀글 인다.》

뽀드득 1.이처럼 단단하고 매끄러운 물건을 세게 문지르거나 비빌 때 나는 소리. 춘뽀득. 2.쌓인 눈을 조금 세게 밟을 때 나는 소리. 춘뽀득. **뽀드득거리다 뽀드득대다 뽀드득하다 뽀드득뽀드득**《뽀드득뽀드득 이를 갈다./눈을 밟으면 뽀드득거리는 소리가 난다.》

뽀득 → 뽀드득. **뽀득거리다 뽀득대다 뽀득하다 뽀득뽀득**

뽀로통하다 얼굴에 못마땅한 빛이 있다.《내가 강아지하고만 놀자 동생이 뽀로통해서 돌아앉았다.》

뽀르르 작은 것이 부리나케 달려가거나 쫓아가는 모양.《땅강아지가 뽀르르 달아난다.》

뽀리뱅이 들이나 길가에 자라는 풀. 잎은 뿌리에서 모여나고 가장자리가 갈라진다. 5~6월에 연노란 꽃이 피고, 어린순을 먹는다.

뽀리뱅이

뽀뽀 볼이나 입술 같은 데에 입을 맞추는 일.《동생이 인형한테 뽀뽀를 한다.》**뽀뽀하다**

뽀얗다 1.연기가 나거나 안개가 끼거나 해서 흐리다.《버스가 지나가자 뽀얀 먼지가 일었다.》참보얗다, 뿌옇다. 2.살갗이 하얗다.《유진이는 살결이 뽀얗다.》박뽀얀, 뽀애, 뽀얗습니다.

뽀얘지다 뽀얗게 되다.《입김을 불었더니 유리창이 뽀얘졌다.》

뽐내다 1.잘난 척하면서 우쭐거리다.《생전 처음으로 일등을 했으니 뽐내고 다닐 만도 하네.》 2.어떤 것을 자랑하다.《윤서는 아이들 앞에서 노래 솜씨를 뽐냈다.》

뽑다 1.박히거나 꽂힌 것을 손이나 도구로 당겨서 빼다.《마당에서 잡초를 뽑았다.》 2.여럿 가운데 어떤 것을 가리거나 고르다.《내일은 2학기 반장을 뽑는 날이다.》 3.속에 있는 기체나 액체를 밖으로 빼다.《사고를 당한 환자들을 위해 피를 뽑았다.》 4.나쁜 것을 아주 없애다.《나쁜 버릇은 뿌리째 뽑아야지.》 5.국수, 실 같은 긴 것을 빼거나 만들다.《엄마가 방앗간에 가서 가래떡을 뽑아 오셨다.》 6.몸의 한 부분을 늘여 세우다.《목을 길게 뽑아서 마당을 살펴보았다.》 7.노래를 하다.《한 곡 멋지게 뽑아 봐.》 8.어떤 일에 들인 돈을 도로 거두거나 모두 합하여 헤아리다.《본전을 뽑다./밑천을 뽑다.》 9.운동 경기에서 점수를 내다.《상대편이 워낙 강해서 한 점도 뽑지 못하고 졌다.》

뽑히다 1.속에 있는 것이 잡아당겨져

나오다.《나무가 태풍에 뿌리째 뽑혔다.》2.여럿 가운데서 어떤 일을 하거나 자격을 얻을 대상으로 정해지다.《나는 우리 반 달리기 선수로 뽑혔다.》

뽕 소리 1.작은 구멍이 뚫리는 소리. 또는 그 모양.《송곳으로 종이에 구멍을 뽕 뚫었다.》2.방귀처럼 막혔던 공기가 좁은 구멍으로 새어 나오는 소리.《꽁보리밥을 먹었더니, 뽕 하고 방귀가 나온다.》

뽕 나무 1.→ 뽕나무. 2.→ 뽕잎.

뽕나무 누에를 치려고 심어 가꾸는 잎지는나무. 5~6월에 꽃이 피고, 7~8월에 오디가 검게 익는다. 잎은 누에의 먹이로 쓰고 나무껍질과 뿌리껍질은 약으로 쓴다. 같뽕.

뽕나무버섯 나무 그루터기나 밑동에서 무리 지어 자라는 버섯. 갓 빛깔은 옅은 갈색이나 노란빛을 띤 갈색이다. 먹는 버섯이다.

뽕나무버섯부치 나무 그루터기나 뿌리에서 무리 지어 자라는 버섯. 뽕나무버섯과 생김새는 비슷하지만 갓이 더 작고 더 많이 뭉쳐난다. 먹는 버섯이다.

뽕나무하늘소 뽕나무, 사과나무 들의 잎을 먹고 사는 하늘소. 몸집이 크고 날개가 딱딱하며 더듬이가 길다.

뽕모시풀 길가나 개울가에 자라는 풀. 줄기에 털이 있고, 9~10월에 옅은 풀색 꽃이 다닥다닥 모여 핀다. 북뽕잎풀.

뽕잎 뽕나무 잎. 누에의 먹이로 쓴다. 같뽕.

뾰로통하다 얼굴에 못마땅하거나 성난 느낌이 있다.《언니는 토라져서 말 없이 뾰로통하게 앉아 있다.》

뽕나무

뽕나무버섯

뽕나무버섯부치

뽕나무하늘소

뽕모시풀

뾰루지 속이 곪아서 빨갛고 뾰족하게 부어오른 살갗 부분. 북뾰두라지.

뾰족구두 앞이 뾰족하고 굽이 높은 구두.

뾰족뾰족 여럿이 뾰족한 모양.《소나무에 뾰족뾰족 새 잎이 돋는다.》**뾰족뾰족하다**

뾰족하다 1.끝이 가늘고 날카롭다.《칼로 연필심을 뾰족하게 다듬었다.》2.생각이나 방법이 어떤 일을 하는 데 알맞다.《동무의 딱지를 따먹을 만한 뾰족한 수가 떠오르지 않네.》**뾰족이**

뿌다구니 삐죽하게 튀어나온 부분.《너무 급히 뛰다가 돌 뿌다구니에 걸려 넘어졌다.》

뿌듯하다 마음이 기쁘고 흐뭇한 느낌으로 가득하다.《방 청소를 마치고 나니 마음이 뿌듯했다.》

뿌리 1.땅속으로 뻗어 몸을 받치고 물과 양분을 빨아들이는 식물 몸 한 부분. 2.어떤 일이나 현상이 맨 처음 시작된 근본.《우리 겨레의 뿌리》

뿌리가 깊다 관용 어떤 것이 생긴 지 오래되다.《우리나라가 일본을 싫어하는 이유는 뿌리가 깊다.》

뿌리 뽑다 관용 나쁜 것을 완전히 없애다.《남녀 차별 의식을 뿌리 뽑아야 한다.》비뿌리를 빼다, 뿌리를 자르다.

뿌리 깊은 나무 가물 안 탄다 속담 바탕이 튼튼하면 어떤 어려움도 이겨 낼 수 있다는 말.

뿌리내리다 어떤 곳에 자리 잡고 살다.《우리 집안이 이 마을에 뿌리내린 지 백 년이 지났다.》2.생각이나 일 들이 굳게 자리 잡다.《그분은 민주주의가

뿌리내리는 데 큰 공을 세운 분이다.》

뿌리다 1.눈이나 빗방울이 떨어지다. 또는 떨어지게 하다. 《하늘이 몹시 흐리더니 이윽고 눈을 뿌리기 시작했다.》 2.골고루 널리 흩어지게 던지거나 흘리다. 《밭을 갈고 씨를 뿌렸다.》 3.돈을 아끼지 않고 여기저기에 마구 쓰다. 《이제 돈을 뿌리는 선거는 그만둬야 해.》 4.사상이나 영향을 널리 퍼지게 하다. 《전태일은 노동자의 꿈과 이상을 이 땅에 뿌려 놓았다.》

뿌리줄기 뿌리처럼 땅속으로 뻗어 자라는 줄기. 둥굴레, 메꽃, 연꽃 같은 식물에서 볼 수 있다.

뿌리채소 뿌리나 땅속줄기를 먹는 채소. 당근, 마늘, 무, 연근 들이 있다.

뿌리치다 1.손이나 몸을 거칠게 빼내다. 또는 붙잡지 못하게 마구 흔들다. 《동생이 목욕하기 싫다면서 엄마 손을 뿌리치고 달아났다.》 2.말리거나 권하는 말을 물리치다. 《삼촌은 식구들의 반대를 뿌리치고 아프리카로 갔다.》

뿌리털 식물 뿌리 끝에 가늘게 난 털.

뿌옇다 연기가 나거나 안개가 끼거나 해서 흐리다. 《버스가 뿌연 먼지를 일으키면서 시골 길을 달린다.》 **참**부옇다, 뽀얗다. **바**뿌연, 뿌예, 뿌옇습니다.

뿌잇하다 |북 빛깔이 조금 뿌옇다. 《강물이 뿌잇해서 보기에 좋지 않다.》

뿐 우리뿐 어떤 낱말 뒤에 붙어, '그것 말고 다른 것은 없음'을 뜻하는 말. 《내가 좋아하는 애는 너뿐이야.》

뿐 할 뿐 꼴이 바뀌는 낱말 뒤에 띄어 써서, '오직 그러하거나 그렇게 할 따름'을 뜻하는 말. 《정미는 빙긋 웃을 뿐

아무 말도 하지 않았다.》

뿔 소, 사슴, 염소 같은 동물 머리에 솟은 단단하고 뾰족한 것.

뿔나비

뿔나비 산골짜기에 사는 나비. 짙은 밤색 날개에 굴색 무늬가 있다. 주둥이 아래가 뿔이 난 것처럼 길쭉하다.

뿔나팔버섯

뿔나팔버섯 여러 가지 나무가 자라는 숲에서 나는 버섯. 갓은 나팔처럼 생겨서 자루까지 구멍이 뚫려 있다. 먹는 버섯이다.

뿔논병아리

뿔논병아리 호수나 냇가에 사는 겨울새. 뒤통수에 뿔처럼 생긴 깃이 있다. 논병아리 무리에서 가장 큰 종류이다.

뿔두드럭고둥

뿔두드럭고둥 바닷가 바위에 붙어 사는 고둥. 껍데기가 올록볼록하다.

뿔물맞이게

뿔물맞이게 바닷말이 자라는 바닷가 바위 언저리에 사는 게. 제 몸을 지키려고 몸에 파래 같은 바닷말을 붙이고 다닌다.

뿔뿔이 저마다 따로따로. 《땅거미가 지자 아이들은 뿔뿔이 흩어졌다.》

뿔종다리

뿔종다리 풀밭이나 논밭 언저리에 사는 텃새. 몸은 누런 갈색 바탕에 검은 갈색 얼룩무늬가 있고, 머리에 뿔처럼 생긴 긴 깃이 있다.

뿔피리 뿔로 만든 피리.

뿜다 기체, 액체, 빛 들을 힘차게 내보내다. 《여름이 되면 분수가 물을 시원스럽게 뿜는다.》

뿜어나다 |북 속에 있던 물, 김 같은 것이 밖으로 뿜어져 나오다. 《주전자에서 김이 뿜어난다.》

뿜어내다 기체, 액체, 빛 들을 뿜어서 밖으로 내보내다. 《자동차들이 시커먼 매연을 뿜어내면서 달린다.》

뿡 방귀처럼 막혔던 공기가 좁은 구멍으로 세게 나오는 소리.《선생님이 뿡 방귀를 뀌시자 모두 웃음을 터뜨렸다.》

삐거덕 단단한 것이 맞닿아서 세게 비벼지는 소리. **준**삐걱. **삐거덕거리다 삐거덕대다 삐거덕하다 삐거덕삐거덕**《삐거덕대는 나무 계단을 조심스럽게 밟고 올라갔다.》

삐걱 → 삐거덕. **삐걱거리다 삐걱대다 삐걱하다 삐걱삐걱**《할머니 댁 마룻바닥은 발을 살살 디뎌도 몹시 삐걱거린다.》

삐끗하다 1.몸이 비틀리거나 잘못 접히다.《계단을 급히 내려오다가 발목이 삐끗했다.》 2.일이 잘못되다.《이번 일이 삐끗하면 안 되는데 참 걱정이에요.》

삐다 몸이 비틀리거나 잘못 접혀서 뼈마디가 어긋나게 다치다.《동생과 씨름을 하다가 손목을 삐었다.》

삐딱하다 1.한쪽으로 비스듬히 기울어 있다.《삐딱하게 서 있지 말고 차려 자세를 하세요.》 2.성격, 태도 들이 나쁘게 뒤틀려 있다.《삐딱한 성격/선희한테 왜 그리 삐딱하게 구니?》

삐뚤- '비뚤-'의 센말. **삐뚤거리다 삐뚤대다 삐뚤삐뚤**《이런, 글씨가 삐뚤삐뚤하잖아.》

삐뚤다 한쪽으로 기울어 있다.《사진이 삐뚤게 걸려 있네.》 **참**비뚤다. **바**삐뚠, 삐뚤어, 삐뚭니다.

삐뚤서 |**북** 조금 삐뚤게.《의자에 오랫동안 삐뚤서 앉아 있었더니 허리가 아프다.》

삐뚤서하다 |**북** 조금 삐뚤어진 듯하다.

《진영이는 벽에 삐뚤서하게 기대어 섰다.》

삐뚤어지다 1.삐뚤게 되다.《자를 대지 않고 줄을 그으니까 자꾸 삐뚤어지는 거야.》 **참**비뚤어지다. 2.성격이나 태도가 나쁘게 뒤틀리다.《삐뚤어진 성격/삐뚤어진 생각》

삐라 '전단'을 잘못 쓴 말.

삐써 |**북** 1.한쪽으로 조금 기울어지게.《거센 바람을 받은 가로수가 삐써 휘었다.》 2.문을 열 때 소리 없이 조용히.《아기가 깰까 봐 방문을 삐써 닫았다.》

삐악 병아리가 우는 소리. **삐악거리다 삐악대다 삐악삐악**

삐죽 **끝이** '비죽'의 센말.《삼촌 턱에 삐죽 돋아난 수염》

삐죽 **입을** '비죽'의 센말. **삐죽거리다 삐죽대다 삐죽이다 삐죽하다 삐죽삐죽**《동생이 입을 삐죽거린다.》

삐치다 **토라지다** 성나거나 못마땅해서 토라지다.《막내가 저만 빼고 맛있는 것을 먹었다고 삐쳤다.》

삐치다 **내려쓰다** 붓글씨에서 획을 왼쪽으로 비스듬히 내려쓰다.《오늘은 삐치는 획을 연습했다.》

삑삑 사람이나 새, 기적 같은 것이 날카롭게 지르거나 내는 소리. **삑삑거리다 삑삑대다**《기차가 삑삑거리면서 달려온다./아기 새가 먹이를 달라고 삑삑 운다.》

삑삑도요 물가에 사는 나그네새. 머리, 등, 날개는 검은 갈색이고 배는 흰색이다. 꼬리 끝에 검은 줄이 있다.

삑삑도요

삥 '빙'의 센말.《온 식구가 밥상에 삥 둘러앉았다.》

사 넷 (四) 1.삼에 일을 더한 수. 아라비아 숫자로는 '4'이다. **참**넷. 2.세는 말 앞에 써서, 넷을 나타내는 말.

사 음이름 서양 음악의 일곱 음계에서 '솔'을 가리키는 우리말 음이름. **참**다, 라, 마, 바, 가, 나.

사 띠 (巳) 띠를 나타내는 열두 동물 가운데 여섯째인 뱀을 이르는 말.

사각 소리 1.과일이나 채소를 가볍게 씹는 소리. 2.얇고 빳빳한 종이나 천 같은 것이 스치는 소리. **사각거리다 사각대다 사각사각**《오이를 사각사각 소리 내어 씹어 먹었다./새 치마를 입고 걸을 때마다 사각대는 소리가 난다.》

사각 각 (四角) 1.네 각. 2.각이 네 개 있는 꼴.《사각 봉투》

사각기둥 밑면이 사각형인 각기둥.

사각뿔 밑면이 사각형인 각뿔.

사각형 (四角形) 선분 네 개로 둘러싸인 도형. 정사각형, 직사각형, 평행사변형, 사다리꼴, 마름모꼴 들이 있다. 비네모꼴.

사각형 그래프 전체를 작은 사각형으로 나눈 뒤 그 사각형 개수로 각 부분의 크기를 나타낸 그래프.

사간원 (司諫院) 조선 시대에 임금이 옳지 않은 일을 하면 못 하게 충고하는 일을 하던 관청.

사거리 → 네거리.

사건 (事件) 사람들의 관심을 끄는 어떤 일.《도난 사건이 일어났다.》

사격 (射擊) 총, 대포, 활 같은 것을 쏘는 것.《사격 훈련》 **사격하다**

사격 경기 (射擊競技) 총을 쏘아서 표적을 맞히는 경기.

사경 (死境) 거의 죽을 지경.《사경을 헤매다.》

사계 (四季) → 사철.《뚜렷한 사계》

사계절 (四季節) → 사철.

사고 탈 (事故) 갑자기 일어나는 나쁜

사각형 그래프

사각기둥

사각뿔

사각형

일.《자동차 사고/사고가 나다.》

사고 생각 (思考) 생각하는 것.《사고 능력》 **사고하다**

사고 창고 (史庫) 고려 말기부터 조선 후기까지 나라의 중요한 책을 모아 두던 창고

사고력 (思考力) 생각하는 힘.《독서는 사고력을 키워 준다.》

사고방식 (思考方式) 생각하는 태도나 방법.《사람들은 사고방식이 저마다 다르다.》북사고방법.

사공 → 뱃사공.

사공이 많으면 배가 산으로 간다 **속담** 여러 뱃사공이 저마다 다르게 노를 저으면 배가 엉뚱한 곳으로 간다는 뜻으로, 여럿이 자기 의견만 내세우면 일을 하기 힘들다는 말.

사과 과일 사과나무 열매. 대개 빛깔이 붉고, 맛은 시고 달다.

사과 잘못 (謝過) 잘못이나 실수를 저질러서 미안하다고 말하는 것. **사과하다**《사과하면 용서해 줄게.》

사과거위벌레 거위처럼 목이 긴 곤충. 큰 턱을 가위 삼아 나뭇잎을 자른다.

사과나무 열매를 먹으려고 심어 가꾸는 잎지는나무. 4~5월에 붉은빛이 도는 흰 꽃이 피고, 늦여름에서 가을 사이에 사과가 익는다.

사과나무에 배가 열렸나 **속담** 사과나무에 배가 열릴 수 없다는 뜻으로, 뜻밖에 이치에 어긋나는 일이 생겼다는 말.

사관 (史官) 옛날에 역사를 기록하는 일을 맡아보던 벼슬.

사관학교 (士官學校) 장교를 길러 내는 군사 학교.《육군 사관학교》

사과_과일

사과나무

사괘 (四卦) 태극기에 그려져 있는 검은 막대 모양의 괘. 건, 곤, 감, 리 네 괘를 나타낸다.

사교 사귐 (社交) 남과 사귀는 일.《사교 모임》

사교 종교 (邪敎) 사회에 해를 끼치는 종교.

사교육 (私敎育) 학교가 아닌 데서 받는 교육.

사교육비 (私敎育費) 사교육을 하는 데 드는 돈.

사교적 (社交的) 남과 쉽게 잘 사귀는. 또는 그런 것.

사군이충 (事君以忠) 신라 때 화랑도가 지키던 세속 오계 가운데 하나. 임금에게 충성하라는 말이다.

사군자 (四君子) 동양화에서 매화, 난초, 국화, 대나무를 이르는 말. 또는 붓과 먹물 들로 그것들을 그린 그림.

사귀다 남과 친해지다. 또는 남과 친해지려고 어울리다.《새 학교에서도 동무를 많이 사귀고 싶다.》

사귐성 남과 잘 사귀는 성질.《형은 사귐성이 좋아서 아무하고나 잘 논다.》

사그라들다 '사그라지다' 를 잘못 쓴 말.

사그라뜨리다 사그라지게 하다.《물줄기가 불길을 사그라뜨렸다.》북사그리다.

사그라지다 1. 불이 꺼지다.《모닥불이 사그라지고 하얀 재만 남았다.》✕사그라들다. 2. 거센 느낌이나 기운이 가라앉다.《미혜의 사과를 받고 분한 마음이 사그라졌다.》✕사그라들다.

사극 (史劇) → 역사극.

사근사근하다 1.태도나 성격이 상냥하고 부드럽다.《그 간호사 언니는 늘 사근사근하게 대해 준다.》 2.과일이나 채소를 씹는 느낌이 연하고 좋다.《사과가 사근사근하게 씹힌다.》

사글셋방 다달이 돈을 내고 빌려 쓰는 방.

사금 (沙金) 강이나 바다의 모래 속에 섞인 금 알갱이.

사금파리 깨진 사기에서 떨어져 나온 작은 조각.

사기 그릇 (沙器/砂器) 흰 빛깔이 나는 단단하고 매끄러운 그릇. 흙으로 빚어서 굽는다.

사기 용기 (士氣) 어떤 일을 해내려는 기운.《우리가 열심히 응원하면 선수들 사기가 올라갈 거야.》

사기 속임수 (詐欺) 돈이나 재물을 가로채려고 남을 속이는 짓.《사기를 치다./사기를 당하다.》

사기 역사 (史記) 역사를 적은 책.

사나이 굳세고 씩씩한 젊은 남자. 준사내.《멋진 사나이가 되어라.》

사나흘 사흘이나 나흘.《사나흘 전부터 감기 기운이 있었어요.》

사납다 1.생김새, 성질, 행동 들이 거칠고 억세다.《옆집 개가 사납게 짖어 댔다.》 2.비, 바람 들이 거세다.《눈보라가 사납게 몰아치는 겨울밤》 바사나운, 사나워, 사납습니다.

사나운 개 콧등 아물 틈 없다 속담 성질이 사나워서 자주 싸우는 사람은 멀쩡하게 지낼 사이가 없다는 말.

사내 → 사나이.

사내답다 남자로서 굳세고 씩씩하다.《비겁하게 숨지 말고 사내답게 나와!》 바사내다운, 사내다워, 사내답습니다.

사내대장부 굳세고 씩씩한 남자.

사내싸다 ㅣ북 사내답게 씩씩하다.《사내싼 아이는 넘어져도 울지 않아요.》

사내아이 남자 아이. 준사내애. 참계집아이.

사내애 → 사내아이.

사냥 산이나 들에서 짐승을 잡는 일.《토끼 사냥》 갈수렵. **사냥하다**

사냥감 사냥할 짐승.

사냥개 사냥할 때 짐승을 몰거나 물어 오게 길들인 개.

사냥꾼 사냥하는 사람. 또는 사냥이 직업인 사람. 북사냥군.

사냥터 사냥하는 곳.

사다 1.값을 치르고 자기 것으로 삼다.《나도 용돈을 모아서 저 인형을 사야지.》 반팔다. 2.삯을 치르고 사람을 부리다.《할아버지가 일꾼을 사서 짐을 나르신다.》 3.남의 마음에 어떤 감정이 일게 하다.《의심을 사다./미움을 사다.》 4.가치를 인정하다.《선생님은 민수의 희생정신을 높이 샀다.》

사서 고생을 하다 관용 어렵고 고된 일을 일부러 하다.《굳이 걸어서 그 먼 길을 가겠다니, 왜 사서 고생을 하냐?》

사다리 높거나 낮은 곳을 오르내리는 데 쓰는 도구. 긴 막대기 두 개 사이에 짧은 막대기 여러 개가 가로로 붙어 있다. 갈사닥다리.

사다리꼴

사다리꼴 마주 보는 변 한 쌍이 서로 나란한 사각형.

사다리차

사다리차 사다리를 갖춘 차. 높은 건물에 불이 났을 때나 높은 곳에 짐을 올

689

리거나 내릴 때 쓴다.

사다새 바닷가나 호숫가에 사는 새. 몸은 희고 날개 끝이 검다. 주머니가 달린 커다란 부리가 있다. **같** 펠리컨.

사다새

사닥다리 → 사다리.

사담 (私談) 여럿이 모인 자리에서 사사롭게 하는 이야기.《회의 시간에는 사담을 삼가 주세요.》**사담하다**

사당 **광대** 옛날에 무리를 지어 떠돌아다니면서 노래, 춤, 재주를 보여 주고 돈을 벌던 여자. **참** 남사당.

사당 집 (祠堂) 조상의 이름을 적은 나무패를 모셔 놓은 집.

사당패 사당 무리.

사대문 (四大門) 조선 시대 서울의 동서남북에 있던 네 대문. 동쪽의 흥인지문, 서쪽의 돈의문, 남쪽의 숭례문, 북쪽의 숙정문을 이른다.

사대부 (士大夫) 고려와 조선 시대에 유학을 공부한 선비나 벼슬이 높은 문신을 이르던 말.

사대주의 (事大主義) 크고 힘센 편에 기대고 섬기는 것을 당연하게 여기는 태도.

사데풀 양지바른 바닷가나 들에서 자라는 풀. 가을에 노란 꽃이 핀다. 어린 순은 먹고, 포기째 약으로 쓴다.

사데풀

사도 (使徒) 어떤 일을 이루려고 몸 바쳐 애쓰는 사람.《정의의 사도》

사돈 (査頓) 1.자식이 혼인한 두 집안 부모끼리 서로 이르는 말. 또는 혼인으로 맺어진 두 집안 사람들이 서로 이르는 말. 2.혼인으로 맺어진 두 집안의 관계.

사돈 남 말 하다 **속담** 자기도 같은 잘못

사람주나무

이나 허물이 있으면서 다른 사람 잘못만 나무라는 것을 빗대어 이르는 말.

사득 **북** 늪이나 개펄처럼 발이 푹푹 빠지는 질퍽한 땅.《차바퀴가 사득에 빠지는 바람에 고생했다.》**같** 사득판.

사득판 **북 →** 사득.

사들이다 어떤 것을 사서 들여오다.《삼촌은 다달이 열 권이 넘는 책을 사들인다.》

사또 옛날에 백성이 자기 고을을 다스리는 벼슬아치를 높여 이르던 말.

사라지다 어떤 것이 없어지다.《수진이가 말도 없이 언제 사라졌을까?》

사락 1.가볍게 쓸리거나 맞닿을 때 나는 소리. 2.눈 같은 것이 가볍게 내리는 소리. **사락거리다 사락대다 사락사락**《첫눈이 사락사락 내린다.》

사람 말과 생각을 할 줄 알고 두 발로 걸으며 도구를 쓰는 동물. **비** 인간.

사람을 만들다 **관용** 사람 구실을 하게 가르치다.《그분은 못된 짓만 일삼던 아이들을 모아 사람을 만들려고 애썼다.》

사람을 버리다 **관용** 사람을 나쁘게 만들다.《도박에 빠지면 사람 버리지.》

사람답다 사람의 도리를 지키고 정이 있다.《선생님은 사람다운 사람이 되라고 하셨다.》**바** 사람다운, 사람다워, 사람답습니다.

사람됨 사람의 마음씨나 됨됨이.《동무를 사귈 때는 사람됨을 살피렴.》

사람잡이 **북** 사람을 함부로 잡아 가두거나 죽이는 일.《강도는 사람잡이도 서슴지 않았다.》**사람잡이하다**

사람주나무 산 중턱이나 골짜기에서 자라는 잎지는나무. 6월에 작고 노르스름한 꽃이 피고, 가을에 열매가 여문다. 뿌리껍질을 약으로 쓴다.

사랑 ^{마음} 1.남자와 여자가 서로 좋아하고 그리워하는 마음. 또는 아주 좋아하고 그리워하는 사람.《이 도령과 성춘향은 사랑에 빠졌다.》2.부모, 형제, 자식, 스승처럼 가까운 사람을 아끼고 위하는 마음.《부모님의 사랑에 꼭 보답하겠습니다.》3.남을 이해하고 도우려는 따뜻한 마음.《부모 잃은 남매를 위해 나라 곳곳에서 사랑의 손길을 뻗쳐 왔다.》4.어떤 것을 아주 좋아하고 즐기는 마음.《선생님의 자연 사랑을 배우고 싶다.》**사랑하다**

사랑은 내려가고 걱정은 올라간다 ^{속담} 사랑은 윗사람이 아랫사람한테 베풀고, 걱정은 아랫사람이 윗사람한테 끼친다는 말.

사랑 ^{한옥} (舍廊) 한옥에서 남자 주인이 지내면서 손님을 맞이하는 곳. **참**사랑방, 사랑채.

사랑니 다 자란 뒤에 입 맨 안쪽에 나는 어금니.

사랑방 (舍廊房) 사랑으로 쓰고 있는 방. **참**사랑, 사랑채.

사랑스럽다 사랑하고 싶을 만큼 귀엽고 예쁘다.《은미는 사랑스러운 목소리로 노래를 불렀다.》**바**사랑스러운, 사랑스러워, 사랑스럽습니다.

사랑채 사랑으로 쓰고 있는 집채. **참**사랑, 사랑방.

사래 옛날에 '이랑'을 이르던 말.

사레 삼킨 음식이 숨구멍으로 잘못 들어가서 기침하듯이 캑캑거리는 일.《급하게 먹다가 사레에 들렸다.》

사려 (思慮) 일이나 형편 같은 것이 어떠한지 깊이 생각하는 것.《철수는 동무들 마음을 헤아릴 줄 아는 사려 깊은 아이이다.》

사려물다 ^{|북} 입을 꽉 다문 채 이를 악물다.《배가 몹시 아팠지만 이를 사려물고 꾹 참았다.》**바**사려무는, 사려물어, 사려뭅니다.

사력 (死力) → 죽을힘.

사령 (使令) 조선 시대에 관청에서 심부름을 하던 사람.

사령관 (司令官) 육군, 해군, 공군의 사령부를 이끄는 으뜸 지휘관.

사령부 (司令部) 큰 부대를 지휘하는 본부.

사령선 (司令船) 사령관이 타는 배.

사례 ^{고마움} (謝禮) 말이나 물건 같은 것으로 고마움을 나타내는 것. **사례하다**《이 강아지를 찾아 주시면 사례하겠습니다.》

사례 ^{보기} (事例) 보기로 드는 실제 일.《사례를 들어 설명해 주세요.》

사로잡다 1.사람이나 짐승을 산 채로 잡다.《군인들은 우리를 빠져나온 늑대를 사로잡아 동물원으로 돌려보냈다.》2.크게 마음을 끌어당기다.《이 그림이 내 마음을 확 사로잡았어.》

사로잡히다 1.사람이나 짐승이 산 채로 잡히다.《산에서 내려온 멧돼지가 마을 사람들에게 사로잡혔다.》2.마음이 온통 끌리다.《공주는 왕자의 눈빛에 사로잡히고 말았다.》

사료 ^{먹이} (飼料) 집짐승한테 주는 먹이.《개 사료》

사료 ^{자료} (史料) 역사를 연구하는 데 쓰는 자료. 물건, 문서, 책, 건물 들을 이른다.

사르다 불에 태우다. 《낙엽을 사르다.》 **바** 사르는, 살라, 사릅니다.

사르르 1. 얽히거나 뭉친 것이 저절로 부드럽게 풀리는 모양. 《어느새 옷고름이 사르르 풀렸다.》 2. 눈이나 얼음이 저절로 부드럽게 녹는 모양. 《날씨가 따뜻해서 쌓인 눈이 사르르 녹았다.》 3. 눈을 살며시 감거나 뜨는 모양. 또는 졸음이 살며시 오는 모양. 《점심을 먹고 창가에 앉으니 사르르 졸음이 밀려온다.》 4. 미끄러지듯 살며시 부드럽게 움직이는 모양. 《방문이 소리 없이 사르르 열렸다.》 5. 배 같은 곳에 아픔이 조금씩 전해 오는 느낌. 《배가 사르르 아파서 화장실로 뛰어갔다.》

사리 ^{국수} 국수, 새끼, 실 같은 것을 동그랗게 포개어 감은 뭉치. 또는 그것을 세는 말. 《국수 한 사리》

사리 ^{밀물} 밀물과 썰물의 높이 차이가 가장 커지는 때. 음력 보름과 그믐 무렵이다. **참** 조금.

사리 ^{이득} (私利) 자기만의 사사로운 이익. 《간신들은 사리에 눈이 멀어 임금에게 아첨하느라고 바빴다.》 **반** 공리.

사리 ^{도리} (事理) 세상일의 올바른 이치. 《사리에 어긋나다./사리에 밝다.》

사리 ^{종교} (舍利) 불교에서 부처나 중의 주검에서 나온 뼈. 또는 중의 주검을 불태웠을 때 나오는 작고 둥근 물질.

사리다 1. 국수, 새끼, 줄 같은 긴 것을 둥글게 감아 모으다. 《줄다리기 끝나면 밧줄을 잘 사려 두어라.》 **참** 서리다. 2. 뱀처럼 몸이 긴 짐승이 몸을 둥글게

사마귀_곤충

사마귀풀

말다. 《숲에서 몸을 사린 뱀을 보았다.》 **참** 서리다. 3. 일을 힘써 하지 않고 몸을 아끼다. 《그 선수는 몸을 사리지 않는 철저한 수비로 이름이 높다.》

사리사욕 (私利私慾) 자기만의 사사로운 이익과 욕심. 《공무원은 사리사욕을 버려야 한다.》

사리탑 부처나 중의 사리를 넣은 탑.

사립 (私立) 어떤 사람이나 민간단체가 세우고 꾸리는 것. 또는 그런 시설. 《사립 초등학교》 **참** 공립, 국립.

사립문 나뭇가지를 엮어 만든 문.

사립짝 나뭇가지를 엮어서 만든 문짝. **준** 삽짝.

사립학교 (私立學校) 개인이나 민간단체가 세우고 꾸리는 학교. **준** 사학.

사마귀 ^{곤충} 풀밭에 사는 곤충. 머리는 세모꼴이고 긴 앞다리 끝이 낫처럼 생겼다. 앞다리로 작은 곤충을 잡는다.

사마귀 ^혹 살갗에 조그맣게 돋은 군살.

사마귀풀 논, 늪, 물가에 자라는 풀. 아래쪽 줄기가 누워서 뻗고 가지를 친다. 6~9월에 옅은 붉은색 꽃이 핀다. 집짐승 먹이로 쓴다. **북** 사마귀약풀.

사막 (沙漠) 비가 적게 내려서 식물이 잘 자라지 못하는 넓은 땅. 대개 모래나 돌로 뒤덮여 있다.

사막여우 사막에 사는 여우. 여우 가운데 몸집이 작고 귀가 크다. 몸 빛깔은 희거나 모래와 같은 색이다. 정식 이름은 '페넥여우'이다.

사막화 (沙漠化) 어떤 곳이 사막처럼 메마른 땅이 되는 것. **사막화하다 사막화되다**

사망 (死亡) 사람이 죽는 것. **반** 출생.

사망하다《암으로 사망하셨습니다.》

사망률 (死亡率) 정해진 동안에 죽은 사람 수가 전체 인구에서 차지하는 비율.《교통사고 사망률》

사망자 (死亡者) 죽은 사람.

사면 방향 (四面) 앞, 뒤, 왼쪽, 오른쪽 모든 방향.《사면이 바다인 섬》

사면 형벌 (赦免) 정부에서 죄를 짓고 감옥에 갇힌 사람을 풀어 주는 것.《광복절 특별 사면》**사면하다 사면되다**

사면초가 (四面楚歌) 누구에게도 도움받지 못하는 외롭고 힘든 처지.《사면초가에 빠지다.》

사명 (使命) 맡아서 해야 하는 일.《맡은 바 사명을 다하겠습니다.》

사명감 (使命感) 맡은 일을 잘 해내고자 하는 마음가짐.

사모 좋아함 (思慕) 마음으로 어떤 사람을 사랑하고 우러르는 것. **사모하다** 《임금을 사모하는 마음이 담긴 시조》

사모 모자 (紗帽) 조선 시대에 벼슬아치들이 관복을 입을 때 쓰던 검은 비단 모자. 오늘날에는 전통 혼례식 때 신랑이 쓴다.

사모관대 (紗帽冠帶) 조선 시대 벼슬아치들이 나랏일을 볼 때 갖추던 옷차림. 사모와 관복을 함께 이른다.

사모님 스승의 아내를 높여 이르는 말.

사무 (事務) 일터에서 하는 일. 흔히 몸보다는 머리를 써서 하는 일을 이른다.《사무를 보다./사무를 넘기다.》

사무국 (事務局) 기관, 단체 들을 꾸리는 데 필요한 여러 사무를 맡아보는 부서.《유엔 사무국》

사무기기 (事務機器) 컴퓨터, 계산기처럼 사무를 보는 데 쓰는 기계.

사무소 (事務所) 사무를 보는 방이나 건물.

사무실 (事務室) 사무를 보는 방.

사무원 (事務員) 관청이나 회사에서 사무를 맡는 사람.

사무직 (事務職) 몸보다는 머리를 써서 하는 일자리. **참**기술직.

사무치다 어떤 느낌이 마음속 깊이 미치다.《할머니는 젊었을 때 떠나온 고향을 사무치게 그리워하셨다.》

사물 물건 (事物) 일이나 물건.《‘무엇’은 잘 모르는 사실이나 사물을 이르는 말이다.》

사물 악기 (四物) 풍물놀이에 쓰는 네 악기. 꽹과리, 장구, 북, 징이다.

사물놀이 네 사람이 꽹과리, 징, 장구, 북을 함께 치는 놀이.

사물함 (私物函) 학교 같은 곳에서 자기 물건을 따로 넣어 두는 상자.

사뭇 1.→ 몹시.《영이는 사뭇 놀란 표정을 지었다.》 2.아주 크게.《새 부리 빛깔이 사진과는 사뭇 다르구나.》

사발 밥이나 국을 담는 데 쓰는 사기 그릇. 또는 그것에 밥이나 국을 담아 세는 말.《국수 한 사발》

사발

사방 (四方) 1.동서남북 네 방향.《우리 마을은 사방이 산으로 둘러싸여 있다.》 2.여러 곳.《사방에 흩어진 장난감을 모두 주워 상자에 담았다.》

사방 공사 (沙防工事) 산, 강가 같은 곳에 나무를 심거나 둑을 쌓는 공사. 흙이나 모래가 비바람에 무너져 내리는 것을 막으려고 한다.

사방오리나무

사방오리나무 비바람에 흙이 씻겨 내

려가지 않게 하려고 산이나 강가, 바닷가에 많이 심는 잎지는나무. 봄에 꽃이 피고, 열매는 가을에 여문다.

사방치기 아이들 놀이 가운데 하나. 땅바닥에 네모나거나 둥그렇게 금을 그어 놓고 납작한 돌을 차서 옮기는데, 정해진 곳에서 돌을 띄웠다가 받아 돌아온다.

사방팔방 (四方八方) 1.모든 방향. 동서남북에 북동, 북서, 남동, 남서를 더한 말이다. 2.모든 곳.《동생을 찾으려고 사방팔방으로 뛰어다녔다.》

사범 (師範) 유도, 태권도, 검도 같은 것을 가르치는 사람.

사범학교 (師範學校) 옛날에 초등학교 교사를 길러 내던 학교.

사법 (司法) 나라에서 법률에 따라 재판하는 일. 참입법, 행정.

사법 기관 (司法機關) 법에 따라 재판하는 국가 기관. 흔히 법원을 이른다.

사법부 (司法府) 삼권 분립에 따라 재판을 맡아보는 국가 기관. 참입법부, 행정부.

사변 (事變) 전쟁이나 난리. 흔히 어떤 나라가 선전 포고를 하지 않고 다른 나라를 쳐들어가는 일을 이른다.

사별 (死別) 사람이 죽어서 산 사람과 헤어지는 것. **사별하다**《할머니는 오래전에 할아버지와 사별하셨다.》

사병 (士兵) 장교가 아닌 보통 군인.

사복 (私服) 입도록 정해진 옷이 아닌 옷.《사복 경찰》참제복.

사본 (寫本) 책이나 서류를 손이나 기계로 그대로 베낀 것.《주민 등록증 사본》참원본.

사부 (師父) → 스승.

사분오열 (四分五裂) 여러 갈래로 어지럽게 흩어지는 것. **사분오열하다 사분오열되다**

사비 (私費) 여럿이 함께 하는 일에 어떤 사람이 사사로이 들이는 돈.《선생님이 사비를 들여서 빵을 사 주셨다.》

사비성 (泗泌城) → 부소산성.

사뿐 소리 내지 않고 가볍게 걷거나 움직이는 모양. **사뿐거리다 사뿐대다 사뿐하다 사뿐사뿐**《미선이가 무대 위로 사뿐사뿐 걸어 나왔다.》

사뿐히 소리 없이 살짝.《나비가 꽃잎 위에 사뿐히 내려앉았다.》

사사건건 (事事件件) 일 하나하나 빠뜨림 없이.《누나는 내가 하는 일에 사사건건 끼어들려고 한다.》북사사모사.

사사롭다 여럿이 아닌 한 사람한테만 관계가 있다.《사사로운 일로 모임에 빠지지는 마.》바사사로운, 사사로워, 사사롭습니다. **사사로이**

사살 (射殺) 총이나 활을 쏘아서 죽이는 것. **사살하다 사살되다**

사상 생각 (思想) 1.생각이나 의견.《모든 예술 작품에는 작가의 사상이 들어 있다.》 2.옳다고 내세우는 이론이나 주장.《민주주의 사상/공산주의 사상》

사상 역사 (史上) 역사를 통틀어서.《사상 최대의 공사》

사상 의학 (四象醫學) 조선 고종 때 학자 이제마가 세운 한의학 이론. 사람의 체질을 태양인, 태음인, 소양인, 소음인으로 나누고 체질에 맞게 약을 써야 한다고 했다.

사상자_풀

사상자 풀 들에서 자라는 풀. 6~8월에

흰 꽃이 피고, 열매에 가시 같은 털이 있어서 짐승 털 같은 데 잘 붙는다. 어린순은 먹고, 열매는 약으로 쓴다.

사상자 사람 (死傷者) 죽거나 다친 사람.《교통사고 사상자》

사색 생각 (思索) 어떤 것을 깊이 생각하면서 이치를 살피는 것.《사색에 잠기다./사색을 즐기다.》 **사색하다**

사색 얼굴 (死色) 놀라거나 아프거나 해서 하얗게 질린 얼굴빛.《지갑을 잃어버린 동무 얼굴이 사색이 되었다.》

사생 (寫生) 경치나 사물 모습을 그대로 그리는 일.《사생 대회》

사생결단 (死生決斷) 어떤 일에 죽기 살기로 악착같이 나서는 것.《별일도 아닌데 사생결단이라도 하듯이 덤비면 어떻게 해?》 **사생결단하다**

사생화 (寫生畵) 실제로 있는 물건이나 풍경을 보고 그대로 그린 그림.

사생활 (私生活) 어떤 사람의 사사로운 생활.《남의 사생활에 관심 없어.》

사서 역사 (史書) 역사를 적은 책.

사서 사람 (司書) 도서관에서 책을 관리하고 빌려 주는 사람.

사서삼경 (四書三經) 유교 경전인 사서와 삼경. 사서는〔논어〕,〔맹자〕,〔중용〕,〔대학〕이고, 삼경은〔시경〕,〔서경〕,〔주역〕이다.

사서함 (私書函) 우체국 안에 따로 마련하는 사사로운 우편함.

사선 빗금 (斜線) → 빗금.

사선 고비 (死線) 죽을 고비.《병사는 몇 번이나 사선을 넘나들었다.》

사설 개인 (私設) 개인이나 민간단체가 차린 것.《사설 학원》

사스레피나무

사슴

사슴벌레

사시나무

사시나무잎벌레

사설 신문 (社說) 흔히 신문에서 자기 회사의 주장을 담아서 쓰는 글.

사설시조 (辭說時調) 조선 후기에 많이 나온 시조. 흔히 중장이 아주 길다.

사소하다 중요하지 않다.《내 동생은 사소한 일에도 잘 토라진다.》

사수 사람 (射手) 대포, 총, 활 같은 것을 쏘는 사람.

사수 지킴 (死守) 중요한 것을 목숨 걸고 지키는 것. **사수하다**《백성들은 산성을 사수하려고 목숨 바쳐 싸웠다.》

사스레피나무 남쪽 지방 바닷가와 섬에서 자라는 늘푸른나무. 검은 보라색 열매는 물들이는 데 쓰고, 나무는 집을 짓거나 연장을 만드는 데 쓴다.

사슬 → 쇠사슬.

사슬뜨기 뜨개질을 시작할 때 실을 사슬 꼴로 이어서 뜨는 일.

사슴 높은 산기슭이나 숲 속에 떼 지어 사는 짐승. 몸이 날씬하고 다리가 길다. 털빛은 대개 갈색에 흰 얼룩무늬가 있다. 수컷은 뿔이 있다.

사슴벌레 나무가 많은 숲에 사는 곤충. 몸 빛깔은 검은 갈색이고 온몸이 딱딱한 껍데기로 싸여 있다. 수컷은 아래턱이 사슴뿔처럼 생겼다.

사시나무 산기슭 눅눅한 땅에 자라는 잎지는나무. 잎은 둥근 세모꼴인데 잎자루가 길어서 바람에 잘 흔들린다. 나무로 종이나 성냥개비를 만든다.

사시나무 떨듯 관용 몸을 몹시 떠는 모양.《옷을 얇게 입고 나갔다가 추워서 사시나무 떨듯 떨었다.》

사시나무잎벌레 사시나무, 버드나무, 포플러 잎을 갉아 먹고 사는 잎벌레.

머리, 가슴, 다리는 검은색이고 날개는 붉은 밤색이다.

사시사철 봄, 여름, 가을, 겨울 네 철 동안. 또는 한 해 내내.《사시사철 푸른 소나무》

사신 (使臣) 임금의 명령으로 다른 나라에 가는 신하.

사신도 (四神圖) 네 방향을 맡은 신인 청룡, 백호, 주작, 현무를 그린 그림.

사실 (事實) 1.실제로 일어난 일. 또는 실제로 있는 일.《지난 주말에 선영이랑 영화관에 간 건 사실이야.》 2.어떻다는 것. 또는 어떠어떠하다는 점.《내 동생이 개구쟁이라는 사실은 선생님들도 다 아세요.》 3.→ 사실상.

사실무근 (事實無根) 소문 같은 것이 사실과 아주 다른 것.《혜미가 전학 갈 거라는 얘기는 사실무근이야.》

사실상 (事實上) 말만이 아니라 실제로.《가장 센 선수를 이겼으니 사실상 우승한 것과 다름없다.》 같사실.

사실적 (事實的) 실제인 듯한. 또는 그런 것.

사심 (私心) 제 욕심을 채우려는 마음.《사심이 없어야 일을 공정하게 한다.》

사십구재 (四十九齋) 사람이 죽은 지 49일째 날에 치르는 의식. 죽은 사람이 좋은 곳에서 다시 태어나게 해 달라고 빈다.

사씨남정기 (謝氏南征記) 조선 숙종 때 김만중이 지은 소설. 숙종이 인현 왕후를 내쫓고 장 희빈을 왕비로 맞아들인 일을 빗대어 썼다고 한다.

사악하다 하는 짓이나 마음이 못되다.《새 왕비는 백설 공주를 죽이려고 사악한 짓을 저질렀다.》

사암 (沙岩) 모래가 뭉쳐서 단단하게 굳은 돌. 건축 재료나 숫돌로 쓴다.

사약 독약 (死藥) 먹으면 죽는 독약.

사약 죄 (賜藥) 옛날에 임금이 죄지은 왕족이나 신하에게 독약을 내리던 일. 또는 그 독약.

사양 (辭讓) 남이 권하거나 베푸는 것을 예의 바르게 거절하는 것. **사양하다**《지갑을 찾아 준 아저씨는 엄마의 사례를 끝내 사양했다.》

사업 (事業) 1.회사, 가게 같은 것을 차려서 돈 버는 일.《큰아버지는 사업을 하신다.》 2.여럿을 이롭게 하려고 하는 일.《도로 건설 사업》 **사업하다**

사업가 (事業家) 사업을 하는 사람.

사업단 (事業團) 나라에서 어떤 사업을 하려고 꾸린 단체.《방송 사업단》

사연 까닭 (事緣) 어떤 일이 일어난 까닭.《고향을 떠나게 된 사연이 뭐죠?》

사연 내용 (辭緣) 말이나 글의 내용.《긴 사연이 담긴 편지》

사열 (査閱) 군인들을 줄지어 세우거나 행진하게 하여 사기나 훈련 정도 같은 것을 살펴보는 것. **사열하다**

사열식 (査閱式) 사열하는 의식.

사옥 (社屋) 회사 건물.

사욕 (私慾) 자기만 이롭게 하려는 욕심.《사욕을 채우다.》

사용 (使用) 무슨 일에 어떤 것을 쓰는 것. **사용하다**《불을 사용할 줄 아는 동물은 사람밖에 없다.》 **사용되다**

사용량 (使用量) 어떤 것을 쓰는 양.

사용료 (使用料) 어떤 것을 쓰는 값으로 내는 돈.《놀이 기구 사용료》

사용법 (使用法) 기계, 도구 들을 쓰는 방법.《세탁기 사용법》

사용자 (使用者) 1.어떤 장소나 기계, 도구 들을 쓰는 사람.《공공시설 사용자》 2.노동자한테 돈을 주고 일을 시키는 사람이나 회사.

사운드 트랙 (sound track) 영화 필름의 가장자리에 소리가 녹음된 부분.

사원 사람 (社員) → 회사원.

사원 종교 (寺院) 불교, 이슬람교, 힌두교 들에서 예배를 드리려고 지은 건물.

사위 딸의 남편.

사위다 불이 꺼지다.《밤이 깊어 모닥불도 사위었다.》

사윗감 사위로 삼을 만한 사람. 또는 곧 사위가 될 사람.《할머니는 순이 삼촌을 사윗감으로 점찍어 놓으셨대요.》

사유 까닭 (事由) 어떤 일이 벌어진 까닭.《선생님께 지각한 사유를 말씀드리고 용서를 받았다.》 같연유.

사유 개인 (私有) 나라나 공공 단체가 아닌 사사로운 사람의 것.《사유 재산 제도》 참공유, 국유. **사유하다**

사유 재산 (私有財産) 사사로운 사람이 제 뜻대로 쓸 수 있는 자기 재산.

사유지 (私有地) 사사로운 사람이 제 몫으로 가진 땅. 참국유지.

사육 (飼育) 고기나 알 들을 얻거나 일을 시키려고 짐승을 기르는 것.《돼지 사육 농가》 **사육하다 사육되다**

사육병 (飼育瓶) 곤충을 넣어서 기르는 병.《사슴벌레 사육병》

사육신 (死六臣) 조선 세조 때(1456년) 쫓겨난 단종을 다시 임금 자리에 올리려다가 목숨을 잃은 여섯 신하. 박

팽년, 성삼문, 유성원, 유응부, 이개, 하위지이다. **참**생육신.

사육장 (飼育場) 짐승을 기르는 곳.《돼지 사육장》

사은회 (謝恩會) 학생들이 스승의 은혜에 보답하려고 여는 잔치.

사의 (謝意) 고맙게 여기는 마음.

사이 1.한곳에서 다른 곳까지 떨어진 거리. 또는 어떤 것에서 다른 것까지 벌어진 틈.《창틀 사이에 손가락이 끼었다.》 준새. 2.어떤 때에서 다른 때까지 걸리는 동안. 또는 어떤 일이 일어나는 동안.《숙영이가 세 시에서 네 시 사이에 전화한대.》 준새. 3.어떤 일을 할 만한 겨를이나 여유.《공장 기계들이 쉴 사이 없이 돌아간다.》 준새. 4.사람끼리 맺은 관계.《둘은 사이가 나빠서 서로 말도 안 하고 지낸다.》

사이공 (Saigon) '호찌민'의 옛 이름.

사이다 (cider) 설탕물에 탄산나트륨과 향료를 섞어 달고 시원한 맛을 낸 먹을거리.

사이렌 (siren) 어떤 신호를 보내려고 큰 소리를 울리는 장치. 또는 그 소리.

사이버 (cyber) 어떤 일이 인터넷에서 이루어지는 것.

사이보그 (cyborg) 몸의 한 부분을 기계 장치로 바꾸어 넣은 것. 또는 그런 사람.

사이비 (似而非) 진짜처럼 꾸민 가짜.《사이비 종교》

사이사이 1.여러 틈.《돌담 사이사이에 새싹이 돋아났다.》 2.시간이 날 때마다.《나는 공부하는 사이사이 노래를 불렀다.》

사이시옷 낱말과 낱말 사이에 붙는 시옷. '냇가', '나뭇잎' 처럼 두 낱말이 합쳐져 한 낱말이 될 때 붙는다.

사이좋다 서로 정답다. 또는 서로 친하다. 《동생과 사이좋게 지내렴.》

사이즈 (size) ➡ 치수.

사이클 (cycle) 1. ➡ 자전거. 2. ➡ 주기.

사이클 경기 자전거를 타고 달려 속도를 겨루는 경기.

사이트 (site) ➡ 웹 사이트

사이펀 (siphon) 액체를 빨아올려서 다른 곳으로 옮기는 관.

사인 까닭 (死因) 죽은 까닭.

사인 신호 (sign) 1. 서류에 이름을 써넣는 것. 《내가 좋아하는 가수의 사인을 받았다.》 2. 몸짓이나 눈짓으로 신호를 보내는 것. 《투수와 포수는 사인을 주고받았다.》 **사인하다**

사인펜 글씨를 쓰거나 그림을 그리는 도구. 대롱 속에 든 심에서 잉크가 흘러나온다.

사일구 혁명 (四一九革命) 1960년 4월에 학생과 시민들이 이승만 정권의 독재와 부정부패에 맞서서 일으킨 민주 혁명.

사임 (辭任) 맡은 일을 그만두고 물러나는 것. 《국무총리 사임》 **사임하다**

사자 동물 아프리카나 인도 초원에 떼지어 사는 짐승. 몸집이 크고 기운이 세다. 수컷은 긴 갈기가 있다.

사자 없는 산에 토끼가 왕 노릇 한다 **속담** 뛰어난 사람이 없는 곳에서 못난 사람이 우쭐대는 것을 빗대어 이르는 말.

사자 심부름 (使者) 중요한 명령이나 부탁을 받고 다른 나라나 어떤 집단 우두

사자자리

사자탈_봉산 탈춤

사자_동물

머리에게 심부름 가는 사람.

사자 죽음 (死者) 죽은 사람.

사자놀이 대보름날 사자탈을 쓰고 하는 탈놀이.

사자 성어 (四字成語) 네 글자로 된 말. 흔히 옛날부터 전해 내려오는 한자 낱말을 이른다.

사자자리 봄철에 보이는 별자리.

사자탈 북청 사자놀음, 강령 탈춤, 봉산 탈춤, 김해 가락 오광대, 통영 오광대에서 쓰는 탈. 사자 생김새를 본떠 만든다.

사장 사람 (社長) 회사를 대표하는 사람. 《출판사 사장》

사장 매장 (死藏) 1. 죽은 사람을 땅에 묻는 일. 2. 무슨 일이나 어떤 것이 없었던 것처럼 잊혀지거나 버려지는 것. **사장하다 사장되다** 《그동안 사장되어 있던 소중한 역사 유물이 발굴되었다.》

사장조 '사' 가 으뜸음인 장조.

사재기 값이 오를 만한 물건을 많이 사 두는 것. 비매점 매석. **사재기하다**

사저 (私邸) 높은 관리의 사사로운 집. 《국무총리 사저》 비사택. 참관저.

사적 역사 (史跡) 역사에 남을 발자취가 되는 유물이나 시설 들이 있는 곳. 문화재의 한 가지로 나라에서 법에 따라 정하는 곳도 있다. 참고적, 유적.

사적 개인 (私的) 사사로운 사람에게 관계되는. 또는 그런 것. 반공적.

사전 국어 (辭典) 여러 낱말을 차례대로 늘어놓고 풀이한 책. 낱말의 뜻, 소리, 쓰임새 들을 찾아보는 데 쓴다.

사전 백과 (事典) 어떤 내용을 차례대로 늘어놓고 풀이한 책. 그림이나 사진

을 곁들이기도 한다.《공룡 사전》

사전 미리 (事前) 어떤 일이 일어나기 전. 또는 어떤 일을 하기 전.《계획이 바뀌면 사전에 알려 줘.》 ^반사후.

사절 사람 (使節) 나랏일을 하려고 다른 나라에 가는 사람.《외교 사절》

사절 거부 (謝絕) 남이 하자거나 해 달라는 일을 거절하는 것.《대문에 '신문 사절'이라고 써 붙였다.》 **사절하다**

사절단 (使節團) 나랏일을 하려고 다른 나라에 가는 사람들 무리.

사정 형편 (事情) 1. 일의 형편. 또는 일이 일어난 까닭.《할머니는 고아들의 딱한 사정을 모른 척할 수 없었다.》 2. 남한테 형편이나 까닭을 말하면서 어떤 일을 해 달라고 간절하게 부탁하는 것. **사정하다**《숙제를 조금만 줄여 달라고 선생님께 사정해 보자.》

사정 정자 (射精) 자지에서 정액을 내보내는 것. **사정하다**

사정 바로잡음 (査正) 나랏일을 하는 사람이나 단체의 잘못을 살펴서 바로잡는 것.《사정 기관》 **사정하다**

사정 조사 (査定) 두루 살펴서 결정하는 것.《세액 사정》 **사정하다**

사정거리 (射程距離) 총알, 포탄, 화살 같은 것이 날아가는 거리.《사정거리가 길다./사정거리가 짧다.》

사정 기관 (査正機關) 사정하는 일을 맡은 정부 기관. 감사원, 금융 감독원, 국가 정보원 들이 있다.

사정없다 남의 사정을 헤아려 주지 않고 매몰차다. **사정없이**《스승은 제자가 잘못할 때면 사정없이 야단쳤다.》

사제 사이 (師弟) 스승과 제자.《우리 선생님과 나는 사제 사이야.》

사제 종교 (司祭) 가톨릭 성직자인 주교와 신부를 함께 이르는 말.

사제 개인 (私製) 어떤 사람이 사사로이 만든 것.《사제 폭탄》

사족 사지 (四足) 1. 짐승의 네 발. 2. '사지'를 점잖지 못하게 이르는 말.

사족을 못 쓰다 관용 어떤 것을 몹시 좋아하다.《소연이는 고기라면 사족을 못 쓴다니까.》

사족 뱀 (蛇足) '뱀의 발'이라는 뜻으로, 없어도 되는 군더더기.

사죄 (謝罪) 잘못했다고 말하면서 용서를 비는 것. **사죄하다**《영수는 누나한테 장난친 것을 사죄했다.》

사주 운수 (四柱) 1. 사람이 태어난 해, 달, 날, 때. 또는 그것으로 점치는 운.《할머니는 갓 태어난 손자의 사주를 보셨다.》 2.→ 사주단자.

사주 꾀어냄 (使嗾) 나쁜 일을 하게 남을 부추기는 것.《범인은 경쟁 회사의 사주를 받고 범행을 저질렀다고 자백했다.》 **사주하다**

사주단자 (四柱單子) 혼인을 앞두고 신랑이 태어난 해, 달, 날, 때를 적어서 신부 집에 보내는 종이. 같사주.

사중주 (四重奏) 악기 네 개로 함께 연주하는 것.

사지 팔다리 (四肢) 사람의 두 팔과 두 다리.《사지를 쫙 펴다.》

사지 절터 (寺址) → 절터.

사지 위험 (死地) 죽을 수 있는 아주 위험한 곳.《사지에서 벗어나다.》

사직 그만둠 (辭職) 맡은 일을 그만두고 물러나는 것. **사직하다**《선생님이 갑

자기 사직하신 까닭이 뭘까?》

사직 나라 (社稷) 옛날에 '나라' 나 '정부'를 이르던 말.《종묘와 사직》

사직단 (社稷壇) 임금이 백성을 위하여 땅의 신인 '사' 와 곡식의 신인 '직'에게 제사 지내던 제단.

사진 (寫眞) 풍경이나 인물 들을 사진기로 찍은 것.《흑백 사진》

사진관 (寫眞館) 사진을 찍거나 뽑아 주는 가게.

사진기 (寫眞機) 사진 찍는 기계. **같**카메라.

사진전 (寫眞展) 사진 작품을 모아서 여는 전시회.

사진집 (寫眞集) 사진 작품을 모아서 엮은 책.《들꽃 사진집》

사진첩 (寫眞帖) 찍은 사진을 모아 두는 책자. **같**앨범.

사진틀 사진을 넣어서 걸거나 세워 두는 틀. **북**사진액틀.

사찰 절 (寺刹) → 절.

사찰 조사 (査察) 공공 기관에서 보낸 사람들이 어떤 사람이나 단체에서 하는 일에 잘못이 없는지 살피는 것.《핵 사찰》 **사찰하다**

사채 빚 (私債) 금융 기관이 아닌 곳에서 사사로이 빌리는 돈.

사채 증권 (社債) 주식회사에서 찍어 내는 채권.

사철 봄, 여름, 가을, 겨울 네 철.《소나무는 사철 푸르다.》 **같**사계, 사계절.

사철나무 공원이나 집 둘레에 심어 가꾸는 늘푸른나무. 잎은 두툼하고 윤이 난다. 6~7월에 자잘한 누런 풀색 꽃이 피고 가을에 둥근 열매가 붉게 익는다.

사철쑥

사철나무

사철쑥 바닷가나 냇가 모래밭에 자라는 풀. 잎은 깃처럼 갈라지는데 아주 가늘다. 여름에 노랗고 둥근 꽃이 핀다. 어린순은 먹고 포기째 약으로 쓴다. **북**생당쑥.

사체 시체 (死體) 사람이나 짐승의 죽은 몸뚱이. **비**송장, 시신, 시체, 주검.

사체 글씨 (斜體) 비스듬히 쓴 글씨체.《사체로 인쇄한 글이 눈에 잘 띈다.》

사초 (史草) 조선 시대에 사관이 정식 역사를 쓰기 전에 간추려서 적던 역사.

사촌 (四寸) 아버지 형제자매의 아들딸.《사촌 동생/사촌 오빠》

사촌이 땅을 사면 배가 아프다 **속담** 남이 잘되면 샘을 내고 미워하는 것을 빗대어 이르는 말.

사춘기 (思春期) 아이의 몸과 마음이 어른스러워지는 때. 흔히 열두 살에서 열여섯 살 사이를 이르는데, 이성을 좋아하는 마음이 생기는 때이기도 하다.

사치 (奢侈) 분수에 넘치게 많은 돈을 쓰면서 호화롭게 사는 것.《사치를 부리다.》 **반**검약. **사치하다**

사치스럽다 분수에 넘치게 호화스럽다.《사치스러운 옷》 **바**사치스러운, 사치스러워, 사치스럽습니다.

사치품 (奢侈品) 사치스러운 물건.

사칙 (四則) 덧셈, 뺄셈, 곱셈, 나눗셈 네 가지 셈하는 법. **북**넉셈.

사친이효 (事親以孝) 신라 때 화랑도가 지키던 세속 오계 가운데 하나. 부모에게 효도하라는 말이다.

사타구니 '샅'을 낮추어 이르는 말.

사탕 엿이나 설탕을 졸여서 만든 단 과자. 알사탕, 눈깔사탕 들이 있다.

사탕무 밭에 심어 가꾸는 풀. 뿌리가 무처럼 생겼는데 살이 많고 달아서 즙으로 사탕을 만든다.

사탕발림 남을 부추기거나 속이려고 좋은 말로 살살 달래는 짓.《형의 사탕발림에 넘어가서 용돈을 털어 장난감을 샀다.》

사탕수수 밭에 심어 가꾸는 풀. 잎과 줄기는 수수와 비슷하고 줄기에서 짠 즙으로 설탕을 만든다. 열대 지방에서 기른다.

사태 고기 소 무릎 안쪽에 붙은 살덩이. 흔히 국을 끓여 먹는다.

사태 무너짐 (沙汰) 비탈에 쌓인 흙, 돌, 눈 들이 비바람에 무너져 내리는 일.《뒷산에 사태가 나서 길이 끊겼다.》

사태 일 (事態) 1. 일의 형편이나 상태.《사태가 더 나빠지지 않기만을 바란다.》 2. 나쁜 일.《폭력 사태》

사택 일터 (숨宅) 일터에서 일하는 사람들에게 살림을 할 수 있게 나라나 회사에서 빌려 주는 집.《광산촌 사택》

사택 개인 (私宅) 흔히 자기 집을 다른 사람이 높여 이르는 말.《대통령 사택》 비사저.

사퇴 (辭退) 맡은 일을 그만두고 물러나는 것. **사퇴하다**《저는 반장 선거 후보에서 사퇴하겠습니다.》

사투 (死鬪) 목숨을 건 싸움. 또는 죽을힘을 다해서 벌이는 싸움.《두 선수가 우승을 놓고 사투를 벌였다.》

사투리 어느 한 지역에서만 쓰는 말.《전라도 사투리/이북 사투리》 같방언.

사파이어 (sapphire) 다이아몬드 다음으로 단단한 푸른빛 광물. 다듬어서 보석으로 쓴다.

사팔뜨기 두 눈이 있는 자리가 보통 사람에 견주어 다르게 생긴 사람을 낮추어 이르는 말.

사포 (沙布) 모래나 유리 가루를 바른 종이나 헝겊. 거죽을 매끄럽게 다듬거나 녹을 없애는 데 쓴다.《사포로 다듬다.》 북갈이종이, 연마종이.

사포질 사포로 거죽을 문지르는 일. **사포질하다**

사표 그만둠 (辭表) 맡은 일을 그만두고 물러나겠다는 뜻을 적은 글.《삼촌은 회사에 사표를 내고 유학을 떠났다.》

사표 본보기 (師表) 본받을 만한 훌륭한 일이나 사람.《김구 선생님은 모든 한국 사람의 사표라고 생각합니다.》

사표 투표 (死票) 선거에서 여러 가지 사정으로 무효가 되거나 결정에 도움이 되지 않는 표.

사품질 I북 물이 소용돌이치는 것.《물살이 센 여울에서는 사품질이 많이 일어난다.》 **사품질하다**

사품치다 I북 1. 물이 거센 물살을 일으키면서 세차게 흐르다.《사품치는 강물을 따라 조각배가 떠내려간다.》 2. 마음이 꽤 들뜨다.《붉은 해가 떠오를 때는 내 마음도 사품치면서 설렜다.》

사필귀정 (事必歸正) 어떤 일이든지 반드시 바른 이치대로 된다는 말.

사하라 사막 아프리카 북쪽에 있는 사막. 세계에서 가장 넓은 사막이다.

사학 학문 (史學) → 역사학.

사학 사립 (私學) → 사립학교.

사학자 (史學者) → 역사학자.

사할린 (Sakhalin) 러시아 동쪽에 있

는 섬. 일제 강점기 때 일본 사람에게 끌려간 우리나라 동포가 많이 산다.

사항 (事項) 일의 내용. 또는 해야 할 일.《공지 사항/주의 사항》

사해 (死海) 아라비아 반도 북서쪽에 있는 호수. 세계에서 가장 낮은 곳에 있는 호수로 소금기가 많아서 생물이 살지 못한다.

사행시 (四行詩) 네 글자짜리 낱말의 글자 하나하나를 머리글자로 삼아서 짓는 짧은 글. 또는 행이 넷인 시.

사행심 (射倖心) 쉽게 돈을 벌고 싶어 하거나 행운을 바라는 속셈.

사향노루 수컷 배꼽 밑에 향기 나는 주머니가 있는 노루. 높은 산에 산다. 천연기념물 제216호.

사헌부 (司憲府) 고려 시대와 조선 시대에 있던 관청. 나랏일을 의논하거나 풍속을 바로잡고 관리의 잘못을 따지는 일을 맡아보았다.

사형 (死刑) 죄지은 사람을 죽이는 벌.《사형 선고》**사형하다 사형되다**

사형장 (死刑場) 죄지은 사람을 죽이는 곳. **같**형장.

사화 (士禍) 조선 시대에 벼슬아치나 선비들이 반대 세력에 몰려서 죽거나 귀양을 간 일.《기묘사화/을사사화》

사화산 (死火山) 화산 활동이 끝난 화산. **참**활화산, 휴화산.

사환 (使喚) 회사, 학교 같은 곳에서 잔심부름을 하는 사람.

사활 (死活) 죽고 사는 것.《나라의 사활이 걸린 전투》

사회 무리 (社會) 1.마을, 학교, 나라 들처럼 여러 사람이 더불어 사는 곳.《사회 봉사》 2.직업, 처지, 생활수준 들이 비슷한 사람들의 무리.《상류 사회》

사회 회의 (司會) 회의, 의식 같은 행사를 이끄는 것. 또는 행사를 이끄는 사람.《학급 회의 사회는 누가 볼래?》

사회과 부도 (社會科附圖) 사회 교과서에 딸린 책. 지도, 표, 그림 들이 들어 있다.

사회권 (社會權) 국민이 더 나은 생활을 할 수 있게 나라에 요구할 권리.

사회 보장 (社會保障) 나라에서 사회의 모든 사람이 행복하게 살 수 있게 돕는 일.

사회 보장 제도 (社會保障制度) 국민이 잘 살게 나라에서 도와주는 제도.

사회 복지 (社會福祉) 사람들이 잘 살게 보살피는 일.《사회 복지 시설》

사회봉 (司會棒) 회의에서 의장이 두드리는 망치. 흔히 회의를 시작하거나 안건을 결정할 때 두드린다.

사회사업 (社會事業) 고아, 노인, 장애인처럼 자기 힘으로 살기 어려운 사람들을 돕는 사업.

사회생활 (社會生活) 사회에서 여럿이 더불어 사는 일. 또는 일터에서 일하면서 사회의 한 사람으로 사는 일.

사회성 (社會性) 1.사회를 이루고 살려는 성질.《사람은 사회성을 띤 동물이다.》 2.남과 잘 어울리는 성질.《사회성이 좋은 사람은 동무가 많다.》

사회인 (社會人) 사회생활을 하는 사람. **북**사회사람.

사회자 (司會者) 회의, 의식 같은 행사에서 사회를 보는 사람.

사회적 (社會的) 사회에 관계되는. 또

는 그런 것.

사회 정의(社會正義) 사회의 모든 사람이 지켜야 하는 바른 도리.

사회 제도(社會制度) 한 사회의 틀을 이루는 여러 제도. 정치, 경제, 문화 들을 뒷받침한다.

사회주의(社會主義) 자본주의에 반대하여 개인의 재산을 없애고 생산 수단을 함께 가지는 평등한 사회를 만들려는 사상.

사후 죽음 (死後) 죽은 뒤. 또는 죽고 난 다음. 《사후 세계》 반생전.

사후 나중 (事後) 일이 일어난 뒤. 또는 일이 끝난 다음. 《사후 보고》 반사전.

사흘 세 날. 《비가 사흘 내내 왔다.》

사흘이 멀다 하고 관용 아주 자주. 《유선이는 사흘이 멀다 하고 놀러 온다.》

사흘 굶어 담 안 넘을 놈 없다 속담 아무리 착한 사람도 형편이 아주 어려우면 나쁜 짓을 할 수도 있다는 말.

삭감(削減) 씀씀이를 줄이는 것. 《국방비 삭감》 **삭감하다 삭감되다**

삭고(朔鼓) 치는 국악기 가운데 하나. 엎드린 호랑이 모양 받침 위에 틀을 세워 긴 북을 걸었다.

삭다 1. 물건이 오래되어 쉽게 부서지거나 떨어질 것처럼 약해지다. 《밧줄이 삭아서 곧 끊어질 것 같다.》 2. 김치, 젓갈 같은 먹을거리가 익어서 맛이 들다. 《이모는 삭지 않은 김치를 더 좋아한다.》 3. 마음이 들뜨거나 화난 것이 가라앉다. 또는 얼굴이나 몸이 팔팔한 기운을 잃다. 《군대에서 휴가를 나온 삼촌의 얼굴이 많이 삭았다.》 4. 음식이 소화되다. 또는 침 때문에 묽어지

삭고

다. 《낮에 먹은 죽이 다 삭았어요.》

삭막하다 1. 허전하고 쓸쓸하다. 《사막처럼 삭막한 벌판》 2. 정이 없이 메마르다. 《삭막한 도시 인심》

삭발(削髮) 머리털을 모두 바짝 깎는 것. 《삼촌은 군대에 가기 전에 삭발을 했다.》 **삭발하다**

삭신 힘살과 뼈마디. 《하루 종일 이삿짐을 날랐더니 삭신이 쑤시네.》

삭이다 1. 성난 마음을 가라앉히다. 《형은 심호흡을 하면서 치밀어 오르는 화를 삭였다.》 2. 먹은 음식을 소화하다. 《음식 삭이는 데는 운동만큼 좋은 약이 없다.》 3. 기침이나 가래를 가라앉히다. 《기침 삭이는 약》

삭정이 살아 있는 나무에 붙은 채로 말라 죽은 나뭇가지.

삭제(削除) 지워서 없애는 것. 《내용 삭제》 반첨가. **삭제하다 삭제되다**

삭풍(朔風) 겨울에 북쪽에서 불어오는 차가운 바람. 《삭풍이 몰아치다.》

삭히다 김치, 젓갈 같은 음식을 푹 익혀서 맛을 들이다. 《젓갈을 삭히다.》

삯 1. 일한 값으로 주는 돈이나 물건. 《지난달에 일한 삯을 아직도 못 받았다고?》 2. 어떤 물건이나 시설을 쓰는 대가로 주는 돈. 《찻삯/뱃삯》

삯바느질 삯을 받고 대신 바느질해 주는 것. 《우리 할머니는 삯바느질로 일곱 남매를 키우셨다.》 **삯바느질하다**

삯일 삯을 받고 하는 일.

산 뫼 (山) 높이 솟은 땅. 흔히 나무, 풀, 바위 들이 있고 여러 동물이 산다.

산 밖에 난 범이요 물 밖에 난 고기 속담 호랑이나 물고기가 살던 곳을 벗어나

면 꼼짝 못한다는 뜻으로, 옴짝달싹 못하는 괴로운 처지를 빗대어 이르는 말.

산에 가야 범을 잡고 물에 가야 고기를 잡지 속담 어떤 일이든 나서서 노력을 해야 좋은 결과를 얻는다는 말.

산이 높아야 골이 깊다 속담 높고 큰 산일수록 골짜기도 깊다는 뜻으로, 뜻이 높고 커야 꿈과 생각도 크다는 말.

산 물질 (酸) 신맛이 나고 푸른 리트머스 종이를 붉게 만드는 물질. 참염기.

산간 (山間) 산과 산 사이. 비산골.

산간벽지 (山間僻地) 산속 외딴곳. 《전기가 들어가지 않는 산간벽지》

산갈치 깊은 바다에 사는 바닷물고기. 갈치와 비슷하게 생겼는데, 지느러미는 붉은색이다.

산개구리 산골짜기에 사는 개구리. 몸은 밤색이고 눈 뒤에 검은 무늬가 있다. 물속에서 겨울잠을 잔다.

산고 (産苦) 1.여자가 아기를 낳을 때 겪는 아픔.《이모가 산고 끝에 예쁜 딸을 낳았다.》 2.예술 작품 같은 것을 창작할 때 겪는 마음고생.《〔임꺽정〕은 오랜 산고 끝에 태어난 작품이다.》

산골 깊은 산속.《산골 마을》 비산간.

산골짜기 산과 산 사이에 깊숙이 들어간 곳.《산골짜기 옹달샘》 준산골짝.

산골짝 → 산골짜기.

산괴불주머니 산속 축축한 땅에 자라는 풀. 4~6월에 노란 꽃이 가지 끝에 줄줄이 붙어서 피고, 열매는 까맣게 익는다. 북산뿔꽃.

산국 양지바른 산기슭에 자라는 풀. 줄기에 짧고 흰 털이 많다. 가을에 가지 끝에 노란 꽃이 핀다. 꽃을 약으로 쓰

산느타리

산개구리

산달래

산괴불주머니

산국

거나 차로 마신다.

산그늘 산이 햇빛을 가려 생긴 그늘.

산기슭 산비탈이 끝나는 아랫부분.

산길 산속에 난 길.

산꼭대기 산 맨 위. 같산정. 참산봉우리.

산나물 도라지, 고사리처럼 산에서 자라는 나물.

산놀이 산에서 노는 일.

산누에 산누에나방 애벌레. 몸 빛깔은 검은 갈색이고 누에보다 더 크다. 입에서 실을 토해 고치를 짓고 그 안에서 살다가 나방이 된다.

산누에나방 들이나 집 가까이에 사는 나방. 날개에 둥근 무늬가 있다.

산느타리 죽은 나무나 넓은잎나무 그루터기에서 자라는 버섯. 부채처럼 생겼고 빛깔은 옅은 누런색이다. 먹는 버섯이다.

산달래 산과 들에 자라는 풀. 연분홍 꽃이 꽃대 끝에 둥글게 모여 핀다. 봄에 뿌리째 캐어 나물로 먹는다.

산대놀이 큰길가나 빈 터에서 하는 탈놀이. 광대들이 탈을 쓰고 음악에 맞추어 춤을 추거나 몸짓, 노래, 이야기를 한다.

산더미 일이나 물건이 아주 많은 것을 빗대어 이르는 말.《방학 숙제가 산더미처럼 쌓였다.》

산돼지 → 멧돼지.

산둥 반도 중국 동쪽에 있는 반도.

산들 시원한 바람이 부드럽게 부는 모양. **산들거리다 산들대다 산들산들** 《산들거리는 봄바람》

산들바람 시원하고 부드럽게 부는 바람.《산들바람이 살랑살랑 분다.》

산듯하다 ¹북 1.느낌이나 기분이 깨끗하고 시원하다.《대문을 파랗게 칠하니 한결 산듯하다.》 2.모양이 보기 좋게 깔끔하다.《아이들마다 산듯한 옷차림으로 소풍에 나섰다.》

산등성이 산의 등줄기.《산등성이에 안개가 깔렸다.》같등성이. 북산날.

산딸기 산딸기나무 열매. 빛깔이 붉고 향기가 짙다.

산딸기

산딸기나무 산 어귀나 들판에서 자라는 잎지는나무. 줄기에 갈고리같이 생긴 가시가 많다. 5~6월에 흰 꽃이 피고, 여름에 산딸기가 붉게 익는다.

산딸나무 중부와 남부 지방 산속 숲에 자라는 잎지는나무. 6월에 크고 흰 꽃이 피고, 가을에 산딸기처럼 생긴 열매가 붉게 익는다.

산뜻하다 1.모습이나 차림새가 깔끔하고 단정하다.《동생이 머리칼을 산뜻하게 잘랐다.》 2.기분이나 느낌이 가볍고 상쾌하다.《목욕을 하고 나니 몸도 마음도 산뜻하다.》

산란 (産卵) 물고기, 새, 개구리 같은 동물이 알을 낳는 것. 북알낳이, 알쓸이. **산란하다**《거북이는 바닷가 모래 속에 산란한다.》

산란하다 마음이 어수선하다.《정신 산란하니 음악 소리 좀 줄여라.》

산릉선 (山稜線) 산등성이를 따라서 이어진 선.

산림 (山林) 산에 우거진 숲.《산림 자원》 참삼림.

산림경제 (山林經濟) 조선 숙종 때 실학자 홍만선이 지은 책. 농사일과 일상 생활에 대해 썼다.

산마늘

산딸기나무

산딸나무

산림녹화 (山林綠化) 산에 나무를 많이 심어서 숲이 우거지게 하는 것.

산림욕 (山林浴) → 삼림욕.

산림처사 (山林處士) 벼슬을 하지 않고 산속에서 글을 읽으면서 살던 선비.

산림청 (山林廳) 농수산 식품부에 딸린 행정 기관. 나라의 산과 숲을 가꾸고 관리하는 일을 맡아본다.

산마늘 깊은 산 숲 속에 자라는 풀. 잎은 뿌리에서 두세 장이 나는데 5~7월에 흰 꽃이 핀다. 포기째 나물로 먹는다. 북메마늘, 서수레.

산마루 산등성이에서 가장 높은 곳.

산만하다 1.마음이나 태도가 어수선하다.《꼬마들이 하도 까불어서 정신이 산만하다.》 2.질서가 없어서 어수선하다.《이 글은 너무 산만해서 무슨 말을 하려는 건지 잘 모르겠어.》

산맥 (山脈) → 산줄기.《태백 산맥》

산모 (産母) 아기를 갓 낳은 여자.

산모퉁이 산기슭에서 바깥쪽으로 쑥 빠져나온 부분.《산모퉁이를 돌다.》

산문 (散文) 동화나 일기처럼 길고 자유롭게 쓴 글. 참운문.

산물 (産物) 1.어떤 곳에서 나는 물건.《오징어는 울릉도를 대표하는 산물이다.》 2.어떤 일에 따라서 생긴 것을 빗대어 이르는 말.《환경오염은 산업화의 산물이다.》

산물통이

산물통이 숲 속 그늘진 땅에 자라는 풀. 9~10월에 옅은 풀색 꽃이 꽃대 끝에 둥글게 모여 핀다. 북산물통이.

산바람 산에서 부는 바람. 참골바람.

산발 (散髮) 머리를 풀어 헤치는 것. **산발하다**《산발한 머리》

산발적 (散發的) 어떤 일이 여기저기서 가끔씩 일어나는. 또는 그런 것.

산밭 산에 있는 밭.

산벚나무 바닷가 숲 속에 자라는 잎지는나무. 봄에 옅은 붉은색 꽃이 피고, 6월에 열매가 까맣게 익는다. **북**산벚나무, 큰산벚나무.

산벚나무

산보 (散步) → 산책. **산보하다**

산봉우리 산에서 가장 높이 솟은 부분. 같봉우리. 참산꼭대기.

산부인과 (産婦人科) 아기를 배고 낳는 일을 돕고, 갓난아기와 여자가 걸리는 병을 다루는 의학 분야. 또는 그런 병원 부서.

산부추 산에서 자라는 풀. 가늘고 긴 잎이 뿌리에서 모여 나고 8~9월에 붉은 자주색 꽃이 핀다. 비늘줄기와 잎을 먹는다.

산부추

산불 산에 난 불.

산비둘기 → 멧비둘기.

산비장이 양지바른 산에서 자라는 풀. 7~10월에 자주색 꽃이 핀다. 어린순을 먹는다.

산비탈 산허리나 산기슭 비탈진 곳.

산뽕나무 산기슭에 자라는 잎지는나무. 봄에 꽃이 피고, 열매는 여름에 검은 보라색으로 익는다. 잎은 누에를 먹이고 나무껍질은 약으로 쓴다.

산비장이

산사나무 산기슭에 자라는 잎지는나무. 봄에 흰 꽃이 피고, 가을에 붉은 열매가 여문다. 열매는 먹거나 약으로 쓴다. **북**찔광나무.

산뽕나무

산사태 큰비나 지진 들로 산에서 돌이나 흙이 무너져 내리는 것.

산산이 산산조각으로. 《파도가 바위

산사나무

에 부딪쳐서 산산이 부서졌다.》

산산조각 1. 잘게 깨어지거나 부서진 여러 조각. 《꽃병이 산산조각으로 깨어졌다.》 **북**산산쪼각. 2. 꿈, 기대, 희망 들이 완전히 사라지는 것을 빗대어 이르는 말. 《태풍 때문에 풍년을 바라던 농부들의 꿈이 산산조각 났다.》

산삼 깊은 산속에서 절로 나서 자라는 삼. 뿌리를 약으로 쓰는데 밭에 심어 기른 것보다 약효가 훨씬 좋아서 귀하게 여긴다.

산새 산에 사는 새.

산색 (山色) 산의 빛깔. 또는 산의 경치. 《산색이 나날이 깊어 간다.》

산성 담 (山城) 산 위에 쌓은 성.

산성 성질 (酸性) 물질이 나타내는 산의 성질. 참염기성.

산성비 공장 매연이나 자동차 배기가스 같은 더러운 물질이 섞여서 산성을 띠는 비.

산성화 (酸性化) 물질이 산성으로 되는 것. 또는 산성으로 되게 하는 것. **산성화하다 산성화되다**

산세 (山勢) 산의 모양새. 《험한 산세》

산소 공기 (酸素) 생물이 숨 쉬는 데 꼭 필요한 기체. 공기 속에 많이 들어 있고 냄새, 빛깔, 맛이 없다.

산소 무덤 (山所) 사람 무덤. 《할아버지 산소에 성묘하러 가요.》 비뫼, 묘.

산소마스크 산소 통에 이어서 산소를 들이마시는 마스크.

산소 호흡기 (酸素呼吸器) 몸에 산소를 불어 넣는 기구. 흔히 병원에서 아픈 사람을 치료하는 데 쓰고, 우주나 물속처럼 산소가 모자라는 곳에서도 쓴다.

산수 자연 (山水) 1.산과 물. 2.'자연'이나 '자연 경치'를 빗대어 이르는 말. 《아름다운 산수》

산수 수학 (算數) 예전에 초등학교에서 '수학'을 이르던 말.

산수유 산수유나무 열매. 말려서 약으로 쓰거나 차를 끓여 마신다.

산수유나무 산기슭에 자라거나 공원 같은 데 심어 가꾸는 잎지는나무. 이른 봄에 잎보다 먼저 노란 꽃이 핀다. 가을이면 산수유가 새빨갛게 익는다.

산수화 (山水畵) 동양화에서 산과 물이 어우러진 자연 풍경을 그린 그림.

산술 (算術) 셈하는 방법.

산시 성 중국 동쪽에 있는 지방. 불교에서 성스럽게 여기는 곳으로 절과 탑들이 많다.

산신 (山神) → 산신령.

산신령 (山神靈) 산을 지키고 다스린다는 신령. 같산신.

산신제 (山神祭) 산신령에게 지내는 제사.

산실 (産室) 1.아기를 낳는 방. 2.큰일을 이루거나 훌륭한 사람을 길러 내는 곳을 빗대어 이르는 말. 《이 학교 농구부는 국가 대표 선수들의 산실이다.》

산쑥 산에서 자라는 풀. 잎 뒷면에 흰 솜털이 빽빽하고 8~9월에 연노란 꽃이 핀다. 어린순을 먹고 잎은 말려서 뜸을 뜨는 데 쓴다.

산아 제한 (産兒制限) 인구를 줄이려고 집집마다 아이를 한두 명만 낳게 하는 것.

산악 (山岳) 높고 험한 산들.

산악자전거

산양

산수유

산수유나무

산쑥

산옥잠화

산악자전거 (山岳自轉車) 산길이나 가파른 길에서 탈 수 있게 만든 자전거.

산악회 (山岳會) 등산하는 모임.

산안개 산에 끼는 안개.

산야 (山野) 산과 들.

산양 깎아지른 듯한 절벽이나 가파른 바위 위에 사는 짐승. 털은 잿빛인데 머리에 뾰족한 뿔이 두 개 나 있다. 천연기념물 제 217호.

산언덕 산에서 언덕처럼 낮은 곳.

산업 (産業) 생활에 필요한 것을 만드는 일. 농업, 수산업, 어업, 공업, 서비스업 들이 있다. 《서비스 산업》

산업 도로 (産業道路) 산업에 쓰는 도로. 흔히 생산한 물건을 실어 나르는 데 쓴다.

산업 사회 (産業社會) 산업에 바탕을 두고 발전한 사회.

산업용 (産業用) 산업에 쓰는 것. 《산업용 로봇》

산업 재해 (産業災害) 노동자가 일터에서 당한 사고로 다치거나 병에 걸리는 일.

산업체 (産業體) 어떤 물건을 만드는 회사들. 《환경 산업체》

산업 혁명 (産業革命) 18세기 후반에 영국에서 시작되어 유럽으로 퍼진 큰 사회 변화. 물건을 만들 때 기계를 쓰게 되면서 공장에서 많은 상품을 값싸게 만들게 되었다.

산업화 (産業化) 기계와 기술이 발전하면서 공업과 같은 산업이 사회의 바탕이 되는 것. **산업화하다 산업화되다**

산옥잠화 산이나 물가 축축한 땅에 자라는 풀. 7~8월에 연보라색 꽃이 줄기

한쪽에 달려 핀다. **북**물비비추.

산용담 높은 산에 자라는 풀. 잎은 밑 부분이 줄기를 감싸고 마주난다. 늦여름에 노르스름한 바탕에 풀색 점이 있는 꽃이 핀다. **북**산룡담.

산용담

산울림 산에서 큰 소리를 내면 그 소리가 울려 되돌아오는 것. 또는 그 소리. **비**메아리.

산울타리 나무를 심어서 만든 울타리. 《탱자나무 산울타리》 **북**생울타리.

산유국 (産油國) 석유가 나는 나라.

산자고 양지바른 풀숲에 자라는 풀. 넓은 줄처럼 생긴 잎이 뿌리에서 두 장 나오고 봄에 흰 꽃이 핀다. 비늘줄기를 약으로 쓴다. **북**까치무릇뿌리.

산자고

산자락 산 아래 밋밋하게 비탈진 부분.

산장 (山莊) 산속에 지은 별장. 또는 산에 오른 사람들이 쉬거나 묵을 수 있게 지은 집.

산재하다 여기저기 흩어져 있다. 《세계 곳곳에 산재한 문화재》 **산재되다**

산적 먹을거리 쇠고기 같은 것을 길쭉하게 썰어 갖은 양념을 하여 꼬챙이에 꿰어서 구운 먹을거리.

산쪽풀

산적 도둑 (山賊) 옛날에 산속에 살면서 남의 재물을 빼앗던 도둑.

산적하다 일이나 물건이 산처럼 많이 쌓이다. 《산적한 과제/창고에 큰 상자가 산적해 있다.》

산전수전 (山戰水戰) 세상의 온갖 어렵고 힘든 일. 산에서도 싸우고 물에서도 싸운다는 뜻이다. 《할아버지는 젊어서 산전수전 다 겪으셨다고 한다.》

산정 봉우리 (山頂) → 산꼭대기.

산정 계산 (算定) 이것저것 셈해서 값

을 정하는 것. 《보상 금액 산정》 **산정하다 산정되다**

산조 (散調) 가야금, 거문고, 대금 같은 악기를 장구 반주에 맞추어 혼자서 연주하는 곡. **참**병창.

산줄기 여러 산이 줄기처럼 이어진 것. 《길게 뻗은 산줄기》 **같**산맥.

산중 (山中) 산속 깊숙한 곳. 《산중에서 길을 잃지 않게 조심해야 한다.》

산중턱 산의 중간쯤 되는 곳.

산지 산 (山地) 산이 많은 지역.

산지 생산지 (産地) 농산물, 광물 들이 나는 지역. 《사과 산지》

산지기 남의 산이나 무덤을 돌보는 사람. 《북한산 산지기》

산지식 실제로 겪어서 얻는 지식. 《모내기를 거들면서 쌓은 산지식을 동무들에게 자랑했다.》

산짐승 산에 사는 짐승.

산쪽풀 남부 지방 산에 자라는 풀. 5월에 풀빛 꽃이 피고, 열매는 여물면 두쪽으로 갈라진다. 잎으로 물을 들인다.

산책 (散策) 맑은 공기를 마시거나 운동을 하려고 가까운 거리를 걷는 것. 《저녁에 할아버지를 모시고 공원으로 산책을 나갔다.》 **같**산보. **산책하다**

산책로 (散策路) 산책할 수 있게 놓은 길. **북**거님길, 유보도.

산천 (山川) 1. 산과 내. 2. '자연' 이나 '자연 경치' 를 빗대어 이르는 말. 《고향 산천이 그립구나.》 **같**산하.

산천어 물이 맑고 차가운 계곡이나 시내에서 사는 민물고기. 등은 짙은 파란색이고, 옆구리는 옅은 적갈색에 얼룩무늬가 있다.

산천어

산천초목 (山川草木) 1.산, 내, 풀, 나무. 2.'자연'을 빗대어 이르는 말.

산초 산초나무 열매. 기름을 짜거나 약으로 쓴다.

산초

산초나무 산기슭 양지바른 곳에 자라는 잎지는나무. 잎을 따서 비비면 향긋한 냄새가 난다. 이른 가을에 작고 둥근 열매가 까맣게 익는다. 북분지나무.

산촌 (山村) 산속에 있는 마을. **참**농촌, 어촌.

산초나무

산출 만듦 (産出) 물건을 만들어 내는 것.《석탄 산출》**산출하다 산출되다**

산출 셈 (算出) 이것저것 셈해서 값을 내는 것.《학예회 비용 산출》**산출하다 산출되다**

산호랑나비

산치 |북 산에서 잡은 꿩이나 다른 새.

산탁 |북 1.산기슭으로 바싹 올라붙은 땅.《산탁을 깎아 길을 내었다.》2.산 꼭대기와 산허리 사이 불룩한 곳.

산토끼 산이나 숲에 사는 토끼. 털빛은 잿빛이나 갈색인데 겨울에 온몸이 하얗게 바뀌는 것도 있다. **북**메토끼.

산토끼꽃 깊은 산에 자라는 풀. 줄기에 가시 같은 흰 털이 있다. 꽃은 붉은 자주색이고 긴 달걀꼴 열매가 달린다. 뿌리를 약으로 쓴다. 북산토끼풀.

산토끼꽃

산통 고통 (産痛) → 진통.

산통 점술 (算筒) 점쟁이가 점을 칠 때 작은 막대기들을 넣고 흔드는 통.

산통을 깨다 **관용** 일을 망치다.《엄마 몰래 나가려는데 누나가 산통을 깼다.》

산파 (産婆) 아이를 낳을 때 아이를 받고 산모를 도와주는 여자.

산하 자연 (山河) → 산천.

산하 아래 (傘下) 조직, 기관 들에 딸린

살갈퀴

것.《정부 산하 기관》

산해진미 (山海珍味) 산과 바다에서 나는 귀한 것으로 차린 맛 좋은 음식.

산행 (山行) 산에 오르는 것.《일요일에 산행을 했다.》비등산. **산행하다**

산허리 1.산의 꼭대기와 아랫부분 사이. 2.산등성이에서 움푹 들어간 곳.

산호 따뜻한 바다 밑 바위에 붙어서 사는 동물. 여럿이 모여서 나뭇가지처럼 생긴 큰 몸을 이룬다.

산호랑나비 높은 산이나 들판에 사는 나비. 호랑나비보다 노란빛이 더 짙고 뒷날개에 붉은 점이 있다.

산호초 (珊瑚礁) 산호의 겉껍질 같은 것이 쌓여서 바위처럼 굳은 것.

산화 (酸化) 어떤 물질이 산소와 합쳐져서 성질이 바뀌는 것. 불에 타거나 쇠가 녹스는 것 들을 이른다.《산화 작용》**참**환원. **산화하다 산화되다**

산화물 (酸化物) 어떤 원소와 산소가 합쳐져서 만들어진 물질.

산화칼슘 산소와 칼슘이 합쳐져서 생기는 흰색 덩어리나 가루. 흔히 비료, 시멘트, 유리 들을 만드는 데 쓴다.

살 몸 몸에서 살갗이나 껍질 안에 있는 연한 부분.《앓고 나서 살이 빠졌다.》

살 나이 나이를 세는 말.《세 살짜리 꼬마/내년이면 열 살이 돼요.》**참**세.

살 창문 우산, 부채, 연 같은 뼈대를 이루는 가늘고 긴 부분.《우산살》

살갈퀴 밭둑이나 풀밭에 자라는 풀. 5월에 붉은 자주색 꽃이 피고 꼬투리가 열린다. 줄기와 잎은 집짐승 먹이로 쓰고 열매는 먹는다.

살갑다 마음씨나 태도가 부드럽고 상

냥하다.《미진이가 갑자기 살갑게 구
네.》**살가운, 살가워, 살갑습니다.**

살강 그릇 같은 것을 얹어 놓으려고 부
엌 벽에 가로질러 놓은 선반.

살강

살갗 사람 몸의 거죽. **참**피부.

살결 살갗의 느낌이나 빛깔.《우리 엄
마는 살결이 희고 부드러워요.》

살구 살구나무 열매. 복숭아보다 조금
작고, 빛깔은 누런색이나 누런 붉은색
이다. 이른 여름에 따 먹고, 딱딱한 씨
안에 든 알맹이는 약으로 쓴다.

살구

살구나무 열매를 먹으려고 심어 가꾸
는 잎지는나무. 봄에 연분홍 꽃이 잎보
다 먼저 피고 여름에 살구가 열린다.

살구나무

살구다 |북 어깨를 으쓱하면서 추어올
리다.《교장 선생님께 칭찬을 들은 반
장이 뽐내듯이 어깨를 살구었다.》

살구색 살구처럼 연한 주황색.

살균 (殺菌) 세균을 죽여 없애는 것.
《살균 우유》**같**멸균. **살균하다**

살균제 (殺菌劑) 세균을 죽이는 약.

살그머니 남이 알아차리지 못하게 가
만히.《동생 몰래 살그머니 대문 밖으
로 나왔다.》**참**슬그머니.

살금살금 남이 알아차리지 못하게 조
용히 움직이는 모양.《고양이가 쥐한
테 살금살금 다가갑니다.》

살기 (殺氣) 죽일 듯이 무시무시한 기
운이나 분위기.《살기 어린 눈》

살길 어려움을 헤치고 살아갈 방법.
《앞으로 살길이 막막하다.》

살다 1.목숨을 이어가다.《그렇게 약
을 많이 뿌렸는데 바퀴벌레가 아직도
살아 있다.》**반**죽다. 2.어떤 곳을 터전
으로 삼아 생활하다.《고래는 바다에

서 산다.》 3.어떤 일을 하거나 어떤 처
지에 놓여서 생활하다.《할아버지는
평생을 가난하게 살아오셨다.》 4.성질,
모양, 분위기 같은 것이 그대로 있거나
뚜렷이 드러나다.《전통이 살아 숨 쉬
는 마을》 5.기세 같은 것이 오르다.
《선생님께 칭찬 한 번 받더니 기가 살
았구나.》**반**죽다. 6.글씨, 그림 들이 주
는 느낌이 생생하다.《그림 속 인물의
표정들이 잘 살아 있다.》**반**죽다. 7.바
둑, 장기에서 말이 잡히지 않게 되다.
《이 한 수로 흑 여덟 점이 살게 되었
다.》**바**사는, 살아, 삽니다.
산 입에 거미줄 치랴 **속담** 아무리 가난해
도 굶어 죽지는 않는다는 말.

살덩어리 살로 된 덩어리. **준**살덩이.

살덩이 → 살덩어리.

살뜰하다 1.살림하는 태도가 꼼꼼하
고 검소하다.《엄마는 언제나 살뜰하
게 집안을 꾸려 나가신다.》 2.남을 돌
보는 태도가 정성스럽다.《이모가 아
기를 살뜰하게 보살핀다.》

살랑- 1.시원한 바람이 가볍게 부는
모양. 2.가볍게 흔들거나 흔들리는 모
양. **살랑거리다 살랑대다 살랑이다 살
랑하다 살랑살랑**《봄바람이 살랑살랑
불어옵니다./강아지가 꼬리를 살랑거
리면서 내 뒤를 따라온다.》

살랑바람 살랑살랑 부는 바람.

살래살래 고개나 손 같은 것을 가볍게
흔드는 모양.《과자 좀 나눠 달라고 하
자 동생이 살래살래 고개를 저었다.》

살리다 1.죽어 가거나 죽을 처지에 놓
인 것을 살게 하다.《의사 선생님, 우
리 강아지를 살려 주세요.》**반**죽이다.

2. 기세 같은 것을 북돋우다.《기를 살려 주는 말》^반죽이다. 3. 어떤 부분을 그대로 남겨 두거나 보태거나 하다.《여백을 잘 살린 수묵화》4. 잊혀진 것을 머릿속에 다시 떠올리다.《어제 영선이가 무슨 말을 했는지 기억을 살려 봐.》5. 어떤 것을 이용하거나 제구실을 하게 하다.《여행한 경험을 살려서 글짓기를 했다.》

살림 1. 한 집안을 이루어 사는 것. 또는 집안일을 보살피고 꾸려 가는 것.《이모는 혼인하고 진주에 살림을 차릴 계획이다.》비살림살이. 2. 살아가는 형편이나 수준.《살림이 넉넉하진 않았어도 늘 행복했어요.》3. 가구, 그릇 같은 집 안에서 쓰는 여러 가지 물건.《할머니는 이것저것 살림을 늘려 가셨다.》비살림살이. **살림하다**

살림에는 눈이 보배 속담 살림을 잘하려면 눈썰미가 있어야 한다는 말.

살림꾼 살림을 알뜰하게 잘 꾸리는 사람.《우리 이모는 살림꾼이다.》

살림살이 1. 살림을 차려서 사는 것.《가난한 살림살이》비살림. 2. 살림할 때 쓰는 여러 물건.《부엌 살림살이를 새로 장만했다.》비살림.

살림집 살림을 하는 집.

살맛 살면서 느끼는 재미나 보람.《요즘 세상 같으면 그래도 살맛이 나지.》

살며시 1. 남이 알아채지 못하게 가만히.《잠자리를 잡으려고 살며시 다가갔다.》참슬며시. 2. 천천히 조심스럽게.《꽃병을 살며시 내려놓았다.》

살모사 → 살무사.

살무사 산골짜기 풀밭이나 돌무더기

에 사는 뱀. 머리가 납작한 세모꼴이고 등에 둥근 무늬가 많다. 강한 독이 있다. 같살모사.

살벌하다 분위기나 기세가 죽일 것처럼 무시무시하다.《호랑이가 먹잇감을 살벌하게 노려보았다.》

살붙이 부모, 형제, 자매와 같은 가족.《살붙이 하나 없는 고아》같피붙이.

살살 움직이다 1. 가만히 말하거나 움직이는 모양.《세게 때리면 아프니까 살살 때려.》2. 과자나 음식 같은 것이 맛있어서 입 안에서 저절로 녹아 없어지는 모양.《갓 지은 쌀밥이 입 안에서 살살 녹는다.》3. 부드럽게 달래거나 꾀는 모양.《할머니가 우는 동생을 살살 달래셨다.》

살살 아프다 배가 조금씩 쓰리면서 아픈 모양.《체했는지 배가 살살 아프네.》

살상 (殺傷) 사람을 죽이거나 다치게 하는 것.《살상 무기》**살상하다**

살색 1. 사람의 살갗 색깔.《나는 살색이 까무잡잡한 편이다.》비피부색. 2. 우리나라 사람 살갗처럼 누른 듯하면서도 조금 붉은 색깔.《살색 반창고》

살생 (殺生) 사람이나 짐승을 죽이는 것.《살생을 금하다.》**살생하다**

살생유택 (殺生有擇) 신라 때 화랑도가 지키던 세속 오계 가운데 하나. 사람이나 짐승을 함부로 죽이지 말라는 말이다.

살수 대첩 (薩水大捷) 고구려 영양왕 때(612년) 을지문덕이 이끄는 고구려 군사가 중국 수나라 대군을 살수에서 크게 무찌른 싸움.

살신성인 (殺身成仁) 자기 몸을 바쳐

살무사

서 옳은 일을 하는 것.《소방대원 아저씨의 살신성인으로 아기가 목숨을 건졌다.》 **살신성인하다**

살써레Ⅰ북 논밭에서 흙덩이를 잘게 부수고 땅을 반반하게 고르는 기계.

살아가다 목숨을 이어 가거나 생활해 나가다.《열심히 살아가는 사람들》

살아나다 1.죽었거나 죽어 가는 것이 다시 살다.《죽은 줄 알았던 강아지가 살아났어요.》 2.꺼져 가던 불이 다시 타오르다. 또는 멈추었던 기구가 다시 움직이다.《석유를 끼얹자 꺼져 가던 불이 살아났다.》 3.잊혀진 것이 머릿속에 다시 떠오르다.《고향에 오니 옛 추억이 살아난다.》 4.식어 가던 분위기가 다시 뜨거워지다.《깃발을 흔들자 응원 분위기가 살아났다.》

살아남다 1.죽을 고비를 넘기고 목숨을 건지다.《그 사고에서 살아남은 사람이 아무도 없대요.》 2.남한테 지지 않고 잘 버티다.《치열한 경쟁에서 살아남으려면 끊임없이 노력해야 한다.》

살아생전 사는 동안.《할머니는 살아생전 고생만 하시다가 돌아가셨다.》

살아오다 1.목숨을 이어 오거나 생활해 오다.《할머니는 이 집에서 삼십 년 넘게 살아오셨다.》 2.살아서 돌아오다.《전쟁터에서 간신히 살아온 병사》

살얼음 금세 깨어질 듯이 얇게 언 얼음.《개울에 살얼음이 얼었다.》

살얼음판 살얼음이 언 곳.

살얼음판을 밟다 관용 아슬아슬하고 조마조마하다.《엄마가 화를 내시니까 집안 분위기가 살얼음판을 밟는 것 같다.》 같살얼음판을 걷다.

살오징어

살조개

살오징어 동해와 남해에 사는 오징어. 위험하다고 느끼면 먹물을 뿜거나 몸 빛깔을 바꾼다.

살육 (殺戮) 여러 사람을 마구 죽이는 것. 북살륙. **살육하다 살육되다**

–살이 어떤 낱말 뒤에 붙어, '그런 일을 하면서 사는 것', '그곳에서 사는 것'이라는 뜻을 더하는 말.《더부살이/셋방살이/타향살이》

살인 (殺人) 사람을 죽이는 것.《살인을 저지르다.》 비살해. **살인하다**

살인자 (殺人者) 사람을 죽인 사람.

살인적 (殺人的) 사람을 죽일 것처럼 아주 심한. 또는 그런 것.

살점 살 조각.《살점을 찢는 아픔》

살조개 모래와 자갈이 많은 갯벌에 사는 조개. 껍데기가 볼록하고 거칠거칠한데 세로로 골이 많이 나 있다.

살지다 1.살이 많다.《살진 돼지》 참살찌다. 2.땅이 기름지다.《밭이 살져서 채소가 잘 자란다.》

살짝 1.남이 눈치 채지 않게 재빨리.《선생님이 교무실에 가셨을 때 살짝 변소에 다녀왔다.》 참슬쩍. 2.힘을 세게 주지 않고 가볍게.《이모가 내 볼을 살짝 꼬집었다.》 참슬쩍. 3.지나치지 않게 조금.《끓는 물에 살짝 데친 두릅을 초고추장에 찍어 먹었다.》 참슬쩍.

살찌다 1.살이 많아지다.《옷이 줄어든 게 아니라 네가 살찐 거야.》 참살지다. 2.넉넉해지다.《이 비가 들판을 살찌게 하겠지요?》

살찌우다 살찌게 하다.《마음을 살찌우려면 책을 많이 읽어야 한대.》

살충제 (殺蟲劑) 해로운 벌레를 죽이

살림살이

약탕관

등잔

사발

주발

양념 단지

사람은 연장이나 도구를 만들어 쓸 줄 아는 동물이에요. 사람 손은 다른 동물의 손이나 발과 딴판이에요. 물건을 집거나 쥐는 일만 하는 게 아니라 사는 데 필요한 물건을 만드는 일도 하지요. 사람은 손을 놀려서 살림에 필요한 도구를 만들어 냈어요. 이것을 살림살이라고도 하고 세간이라고도 해요. 살림살이에는 곡식 껍질을 벗기거나 빻는 방아, 절구, 맷돌 같은 것도 있고, 항아리나 물동이같이 물을 담는 그릇도 있고, 키나 체처럼 낟알을 골라내는 것도 있어요. 밥을 짓는 솥도 있고, 추운 겨울에 곁불을 쬘 수 있는 화로도 있고, 밥을 먹을 때 필요한 밥상이나 그릇들도 있지요.

호롱

비

주전자

체

가마솥

요강

상

수저

조리

맷돌

화로

메주틀

떡살

바가지

장독

양푼

채반

뒤주

는 약. **북**벌레잡이약.

살치 물살이 느린 강이나 연못에 사는 민물고기. 몸이 길고 옆으로 납작하다. 등 쪽은 푸른 갈색, 배 쪽은 흰색이다.

살치

살코기 기름기, 힘줄, 뼈 들을 발라내어 살만 있는 고기.

살쾡이 산속 계곡이나 바위 가까이에 사는 짐승. 고양이와 비슷한데 몸집이 더 크고 갈색 털에 검은 줄무늬가 있다. **같**들고양이, 삵.

살쾡이

살큼 북 잠깐 살며시 잠든 모양.《아기가 살큼 잠든 틈에 빨래를 널었다.》

살틀하다 북 1.아끼고 위하는 마음이 아주 정성스럽다.《진아 편지에서 살틀한 마음씨를 느낄 수 있었다.》2.반갑고 정답다.《동무의 살틀한 눈인사를 받으니 기분이 좋았다.》

살판나다 좋은 일이 생겨서 기가 살다.《선생님 안 계시다고 살판났구나.》

살펴보다 1.어떤 것을 자세히 보다.《아무리 살펴봐도 두 그림에서 달라진 곳이 없는데요.》2.어떤 일을 꼼꼼하게 따지거나 헤아려 보다.《글쓴이가 말하려는 게 뭔지 잘 살펴봐.》

살포 농기구 논에 물꼬를 트거나 막는 데 쓰는 농기구. 작은 쇳조각에 긴 나무 자루를 달았다.

살포_농기구

살포 뿌림 (撒布) 액체나 가루 들을 뿌리는 것.《농약 살포》**살포하다 살포되다**

살포시 부드럽게 살짝.《새끼 고양이를 살포시 안아 주었다.》**북**살풋이.

살폭 북 살의 양이나 부피.《오빠는 저와 달리 살폭이 두툼해요.》

살풀이 사람을 해치는 나쁜 기운을 없

애려고 하는 굿. 또는 그 굿에 쓰는 춤이나 장단. **살풀이하다**

살풍경 (殺風景) 1.아주 메마르고 삭막한 풍경.《살풍경을 이룬 민둥산》2.끔찍하고 무시무시한 풍경. **살풍경하다**《살풍경한 전쟁터》

살피다 1.어떤 것을 꼼꼼하게 보다.《강아지를 찾아서 온 골목을 살피고 돌아다녔다.》2.어떤 일을 꼼꼼하게 따지거나 헤아리다.《여론을 살피다.》

살해 (殺害) 사람을 죽이는 것.《살해 사건》**비**살인. **살해하다 살해되다**

삵 → 살쾡이.

삶 사는 것.《모든 사람이 행복한 삶을 누리기 바랍니다.》**같**생. **반**죽음.

삶다 물에 넣고 끓이다. 또는 끓여서 익히다.《엄마가 달걀을 삶아 주셨다.》삶은 호박에 이도 안 들어갈 소리 **속담** 삶아서 말랑해진 호박에 이가 들어가지 않을 리 없다는 뜻으로, 이치에 어긋나는 엉뚱한 말을 빗대어 이르는 말.

삼 숫자 (三) 1.이에 일을 더한 수. 아라비아 숫자로는 '3' 이다. **참**셋. 2.세는 말 앞에 써서, 셋을 나타내는 말. 삼 년 가뭄에는 살아도 석 달 장마에는 못 산다 **속담** 가뭄보다 홍수 때문에 입는 해가 훨씬 더 심하다는 말.

삼 삼베 밭에 심어 가꾸는 풀. 줄기는 모가 지고 잔털이 많다. 여름에 옅은 풀색 꽃이 핀다. 여름에 베어 줄기 껍질로 베를 짜고 씨는 약으로 쓴다. **비**마.

삼_삼베

삼 인삼 인삼과 산삼을 함께 이르는 말.

삼가 예의를 갖추고 조심스럽게.《삼가 고인의 명복을 빕니다.》

삼가다 1.말이나 행동을 조심해서 하

다.《어른 앞에서는 말을 삼가야 해.》
2. 어떤 일을 하지 않다.《지하철에서 큰 소리로 떠드는 일을 삼갑시다.》

삼각 (三角) 1. 세 각. 2. 각이 세 개 있는 꼴.《삼각 표시》

삼각기둥 밑면이 삼각형인 각기둥.

삼각뿔 밑면이 삼각형인 각뿔.

삼각산 (三角山) → 북한산.

삼각자 세모꼴 자.

삼각 플라스크 바닥이 평평하고 목이 좁은 원뿔꼴 실험 기구.

삼각형 (三角形) 선분 세 개로 둘러싸인 도형. **비**세모꼴.

삼강 (三綱) 유교의 가르침에서 기본이 되는 세 가지 도리. 임금과 신하, 부모와 자식, 남편과 아내 사이에 지켜야 할 도리이다.

삼강오륜 (三綱五倫) 유교의 가르침에서 기본이 되는 세 가지 도리와 사람이 지켜야 할 다섯 가지 도리.

삼강행실도 (三綱行實圖) 조선 세종 때 설순 들이 임금의 명령으로 펴낸 책. 우리나라와 중국의 옛 책에서 본보기가 될 만한 충신, 효자, 열녀 들을 가려서 뽑아 실었다.

삼거리 길이 세 갈래로 갈라진 곳.

삼겹살 돼지 갈비에 붙어 있는 살. 비계와 살이 세 겹으로 보인다.

삼계탕 (蔘鷄湯) 어린 닭에 인삼, 찹쌀, 대추 들을 넣고 푹 삶은 먹을거리.

삼국 (三國) 1. 세 나라. 2. 신라, 백제, 고구려를 함께 이르는 말.《삼국 통일》**북**세나라. 3. 옛 중국의 위나라, 오나라, 촉나라를 함께 이르는 말.

삼국사기 (三國史記) 고려 인종 때 김

삼각기둥

삼각뿔

삼각 플라스크

삼각형

부식이 임금의 명령으로 쓴 책. 고구려, 백제, 신라의 역사를 적었다. 우리나라에서 가장 오래된 역사책이다.

삼국 시대 (三國時代) 한반도에 고구려, 백제, 신라 세 나라가 있던 시대.

삼국유사 (三國遺事) 고려 충렬왕 때 일연이 펴낸 책. 단군 이야기, 고구려, 백제, 신라의 역사를 적고 불교에 관한 시와 이야기를 함께 실었다.

삼국지 (三國志) 중국 원나라 때 나관중이 지은 소설. 위나라, 촉나라, 오나라가 통일될 때까지 서로 싸우는 이야기로 원래 제목은 '삼국지연의'이다.

삼군 (三軍) 육군, 해군, 공군을 함께 이르는 말.

삼권 (三權) 나라의 세 권력인 입법, 사법, 행정을 함께 이르는 말.

삼권 분립 (三權分立) 국가 권력을 입법, 사법, 행정으로 나누어 맡는 것.

삼남 (三南) 우리나라 남쪽 지방의 세 도인 경상도, 전라도, 충청도를 함께 이르는 말.

삼년상 (三年喪) 부모가 죽었을 때 삼년 동안 상을 치르는 일.

삼다 ^{만들다} 1. 남을 자기와 관계있는 어떤 사람으로 만들다.《할아버지는 그 아저씨를 사위 삼고 싶어 하셔.》2. 어떤 것을 어떤 일에 쓰다.《여자 애들은 인기 가수의 새 노래를 화제 삼아 이야기꽃을 피웠다.》3. 어떤 것이 되게 하거나 어떤 것으로 여기다.《저를 동무 삼아 편하게 얘기하세요.》

삼다 ^{엮다} 1. 짚이나 새끼를 엮어서 짚신, 미투리 같은 것을 만들다.《짚신을 삼다./미투리를 삼다.》2. 삼이나 모시

같은 것을 꼬아서 잇다.《삼을 삼다.》

삼다도 (三多島) '제주도'를 달리 이르는 말. 바람, 여자, 돌 세 가지가 많다고 하여 붙은 이름이다.

삼대 (三代) 1.할아버지, 아버지, 손자 세 세대.《삼대가 꾸려 온 식당》2.세 세대에 걸쳐 이어진 것.《삼대독자》

삼등분 (三等分) 셋으로 똑같이 나누는 것. **삼등분하다**《사과 하나를 언니 오빠랑 삼등분해서 먹었다.》

삼라만상 (森羅萬象) 우주에 있는 온갖 사물과 일.

삼랑성 (三郎城) 강화 정족산에 있는 산성. 단군이 세 아들을 시켜서 쌓았다는 이야기가 전한다. 전등사와 양헌수 승전비 들이 남아 있다.

삼랑성

삼류 (三流) 이류보다 못한 것. 수준이 가장 낮은 것을 이른다.《변두리 삼류 극장에서 삼류 영화를 봤다.》

삼림 (森林) 나무가 우거진 숲.《삼림을 보호합시다.》**참**산림.

삼림욕 (森林浴) 숲에서 나오는 기운을 몸에 쐬는 일. **같**산림욕.

삼매 (三昧) 어떤 일에 정신을 쏟는 것.《언니는 독서삼매에 빠졌나 봐.》

삼발이 쇠로 된 둥근 테에 발이 세 개 달린 실험 기구. 알코올램프로 액체를 끓일 때 플라스크, 비커 들을 받친다. **북**삼발.

삼밭 **삼베** 삼을 기르는 밭.

삼밭 **인삼** 인삼을 기르는 밭.

삼백초 제주도에서 절로 자라거나 밭에 심어 가꾸는 풀. 잎, 꽃, 뿌리가 모두 하얗다. 포기째 약으로 쓴다.

삼베 삼으로 꼰 실로 짠 누런 천. **같**베.

삼백초

삼베옷 삼베로 지은 옷. 더운 여름이나 상을 당했을 때 입는다.

삼별초 (三別抄) 고려 고종 때 만든 특수 부대. 좌별초, 우별초, 신의군으로 이루어져 있었다.

삼복 (三伏) 여름철에 가장 더운 때인 초복, 중복, 말복을 함께 이르는 말.

삼부 합창 (三部合唱) 여럿이 셋으로 나뉘어 세 가락을 함께 부르는 것.

삼삼오오 (三三五五) 서넛이나 대여섯 명씩 무리를 짓는 것.《아이들이 쉬는 시간에 삼삼오오 모여서 떠든다.》

삼삼하다 **눈에** 어떤 것이 눈에 선하다.《집에 있는 떡이 눈에 삼삼하다.》

삼삼하다 **맛이** 맛이 싱거우면서도 좋다.《찌개 맛이 삼삼하다.》**참**심심하다.

삼시 (三時) 아침, 점심, 저녁 세 끼니.《이빨 빠진 동생은 삼시 죽만 먹는다.》

삼신 (三神) 아기를 갖게 해 준다는 세 신령.

삼신할머니 '삼신'을 달리 이르는 말. 삼신의 생김새가 할머니 같다고 해서 붙은 이름이다.

삼심 제도 (三審制度) 한 사건을 두고 세 번 재판을 받을 수 있는 제도.

삼십육계 (三十六計) 부랴부랴 도망치는 것. 어떤 방법으로도 이기거나 해결할 수 없을 때 쓰는 마지막 꾀를 이른다. **북**삼십륙계.

삼십육계에 줄행랑이 제일 **속담** 아주 위험할 때는 몸을 피하는 것이 가장 좋은 방법이라는 말.

삼엄하다 무서울 만큼 까다롭고 엄하다.《삼엄한 경비》

삼엽충 아주 오랜 옛날 바다 밑에 살던

동물. 지금은 화석으로만 남아 있다.

삼원색 (三原色) 모든 빛깔의 바탕이 되는 세 가지 색. 그림물감에서는 빨강, 노랑, 파랑이고 빛에서는 빨강, 초록, 파랑이다.

삼위일체 (三位一體) 1.서로 다른 세 가지가 하나를 이루는 것. 2.기독교에서 성부, 성자, 성령이 하나를 이룬다는 이론.

삼일 운동 (三一運動) 1919년 3월 1일에 일본의 지배에서 벗어나려고 일으킨 독립 운동. 온 나라에서 태극기를 흔들면서 독립 만세를 외쳤다.

삼일장 (三日葬) 사람이 죽은 날부터 사흘이 지난 뒤에 지내는 장사.

삼일절 (三一節) 삼일 운동을 기념하는 날. 3월 1일이다.

삼자 (三者) 1.세 사람.《삼자 회담》 2. → 제삼자.《삼자는 끼어들지 마.》

삼정승 (三政丞) 조선 시대에 의정부에서 가장 높은 세 벼슬인 영의정, 좌의정, 우의정을 함께 이르는 말.

삼족 (三族) 1.부모, 형제, 아내, 자식을 함께 이르는 말.《옛날에는 삼족이 한집에서 사는 일이 흔했다.》2.아버지의 집안, 어머니의 집안, 아내의 집안을 함께 이르는 말.《역적에게는 삼족을 멸하는 벌을 내렸다.》

삼중 (三重) 세 겹. 또는 세 번 거듭되는 것.《삼중 잠금장치》

삼중주 (三重奏) 악기 세 개로 함께 연주하는 것. **같**트리오.

삼중창 (三重唱) 세 사람이 서로 다른 가락으로 함께 노래하는 것. **같**트리오.

삼지구엽초 중부와 북부 지방의 산에

삼지닥나무

삼지구엽초

삼태기

서 자라는 풀. 가지 세 개에 잎이 석 장씩 나뉘어서 달린다. 포기째 약으로 쓴다. **북**팔파리.

삼지닥나무 남부 지방과 제주도에서 심어 가꾸는 잎지는나무. 봄에 노란 꽃이 잎보다 먼저 핀다. 나무껍질로 종이를 만든다.

삼짇날 음력 3월 3일.

삼차원 (三次元) 양옆, 앞뒤, 위아래 세 방향으로 된 입체 공간.

삼척동자 (三尺童子) 키가 석 자쯤 되는 어린아이.

삼천 궁녀 (三千宮女) 백제가 멸망할 때 낙화암에서 백마강으로 떨어져 죽었다는 궁녀들.

삼천리 (三千里) 우리나라 전체를 빗대어 이르는 말. 함경북도 북쪽 끝에서 제주도 남쪽 끝까지 거리가 삼천 리쯤 된다고 해서 지은 말이다.《삼천리 방방곡곡》

삼촌 (三寸) 아버지의 남동생. **참**작은아버지.

삼층밥 가운데는 잘 익었지만 아래는 타고 위는 설익은 밥.

삼치 봄에는 알을 낳으려고 북쪽으로 올라가고 가을에는 먹이를 찾아 남쪽으로 내려가는 바닷물고기. 옆구리에 잿빛 얼룩점이 있다.

삼키다 1.입에 넣은 것을 목구멍으로 넘기다.《잘못해서 껌을 삼켰어요.》2.나오려는 눈물, 울음, 울분 들을 참다.《울음을 삼키느라 이를 악물었다.》3.큰 것이 작은 것을 휩쓸어 사라지게 하다.《거대한 파도가 배를 삼켰다.》

삼태기 거름, 흙 들을 담아서 나르는

도구. 싸리, 칡, 짚, 새끼 들을 엮어서 만든다.

삼태성 (三台星) 큰곰자리에 있는 별 세 쌍.

삼판양승 세 판을 겨루어서 두 판을 먼저 이기는 쪽이 승리하는 것.《준결승전은 삼판양승으로 승부를 가린다.》

삼팔선 (三八線) 한반도 가운데를 가로지르는 북위 38도선.

삼하늘소 삼밭에 사는 하늘소. 몸은 검은데 머리, 등, 날개에 흰 줄무늬가 있다. 온몸이 다 까만 것도 있다.

삼한 (三韓) 마한, 진한, 변한을 함께 이르는 말.

삼한사온 (三寒四溫) 우리나라 겨울 날씨가 사흘 동안은 매섭게 추웠다가 다음 나흘 동안은 따뜻하게 풀리는 것.

삼행시 (三行詩) 세 글자짜리 낱말의 글자 하나하나를 머리글자로 삼아서 짓는 짧은 글. 또는 행이 셋인 시.

삽 땅을 파거나 흙을 뜨는 데 쓰는 도구. 얇은 쇠판에 나무로 된 자루를 박았다.

삽사리 오래전부터 우리나라에서 기르던 개. 온몸에 긴 털이 북슬북슬 나 있다. 천연기념물 제368호. ^같삽살개.

삽살개 → 삽사리.

삽시간 아주 짧은 동안.《비가 내리자 계곡 물이 삽시간에 불어났다.》비순식간, 일순간.

삽입 (揷入) 틈이나 구멍에 끼워서 넣는 것.《글 사이에 삽입한 그림을 '삽화'라고 한다.》**삽입하다 삽입되다**

삽주 산속 메마른 땅에 자라는 풀. 7~10월에 흰 꽃이 핀다. 어린순은 먹

삼하늘소

삿갓사초

삽

상_살림살이

삽주

고 뿌리를 약으로 쓴다.

삽질 삽으로 구덩이를 파거나 흙, 모래 들을 퍼서 옮기는 일. **삽질하다**《아빠가 삽질하시는 동안 물을 떠 왔다.》

삽짝 → 사립짝.

삽화 (揷畵) 책, 신문, 잡지 들에서 글 내용을 알기 쉽게 하려고 넣는 그림.

삿갓 옛날에 비나 햇볕을 가리려고 쓰던 큰 모자. 대나무나 갈대를 엮어서 만들었다.

삿갓사초 물가 축축한 땅에 자라는 풀. 잎이 가늘고 긴데 여름에 줄기 끝에 밤색 꽃이 이삭 모양으로 달린다. 가을에 잎을 뜯어서 도롱이나 삿갓을 만든다.

삿갓조개 → 테두리고둥.

삿대 물 밑의 땅바닥을 밀어서 배를 움직이는 긴 막대기.《삿대를 젓다.》

삿대질 1. 삿대로 배를 움직이는 일. 2. 말다툼할 때 맞선 사람 얼굴 쪽에 주먹이나 손가락을 내두르는 짓.《삿대질을 하면서 싸우다.》**삿대질하다**

상 ^{차례} (上) 1. 차례나 등급을 둘이나 셋으로 나눌 때 첫째인 것.《이 만화는 상, 하 두 권짜리야.》참중, 하. 2. 어떤 것의 위.《사람도 지구 상에 사는 생물 가운데 하나이다.》

상 ^{살림살이} (床) 음식을 차리거나 책 같은 것을 올려놓고 보는 가구.

상 ^{상금} (賞) 잘한 일을 칭찬하려고 주는 돈, 문서, 물건 같은 것들.《동생이 국어사전을 상으로 받았다.》

상 ^{장례} (喪) 식구나 가까운 친척이 죽는 일.《상을 당하다./상을 치르다.》

상 ^{형상} (像) 1. 어떤 모습을 본뜬 조각이나 그림.《세종 대왕 상》 2. 어떤 것

이 빛을 받아서 거울이나 렌즈 같은 것에 비친 모습.《상이 맺히다.》

상가 가게 (商家) 장사하는 집.

상가 거리 (商街) 여러 가게가 늘어선 거리나 건물.《지하상가/악기 상가》

상가 장례 (喪家) 사람이 막 죽어서 장례를 치르는 집.《아빠는 상가에 문상 가셨어요.》비초상집.

상감 임금 (上監) '임금'을 달리 이르는 말.

상감 무늬 (象嵌) 금속이나 도자기 겉에 무늬를 새기고 그 속에 금, 은, 자개 같은 것을 박아 넣는 공예 기법.

상감마마 (上監媽媽) '상감'을 높여 이르는 말.

상감 청자 (象嵌靑磁) 겉에 여러 가지 무늬를 새긴 푸른 빛깔 자기.

상강 (霜降) 한 해를 스물넷으로 나눈 때 가운데 열여덟째. 아침저녁으로 쌀쌀해지고 서리가 내리기 시작하는 때라고 한다. 10월 23일쯤이다.

상거래 (商去來) 어떤 것을 사고파는 일.《상거래 질서》

상경 (上京) 지방에서 서울로 올라오는 것. **상경하다**《지난 금요일에 할머니가 상경하셨다.》

상고 (上告) 고등 법원 판결에 따르지 않고 대법원에 판결해 달라고 신청하는 것. 참항소. **상고하다**

상공업 (商工業) 상업과 공업.

상관 윗사람 (上官) 군대나 회사 같은 곳에서 함께 일하는 윗사람. 비상사.

상관 관계 (相關) 1.서로 관계가 있는 것.《비와 무지개의 상관관계를 알아보자.》2.남의 일에 끼어들어서 참견하는 것.《이제부터 내 일에 아무 상관 말아 줘.》**상관하다**

상관없다 1.서로 관계가 없다.《그 일은 너랑 상관없는 일이야.》비관계없다. 2.어떤 것이어도 괜찮다.《밥이 없으면 라면도 상관없어.》

상권 책 (上卷) 두 권 또는 세 권으로 나뉜 책에서 맨 처음 것. 참중권, 하권.

상권 시장 (商圈) 어떤 곳을 중심으로 상업이 활발하게 이루어지는 지역.

상권 세력 (商權) 1.장사를 할 수 있는 권리. 2.한 지역의 상업을 이끄는 권리나 권력.《상권을 쥐다.》

상극 (相剋) 서로 맞서거나 완전히 다른 것.《물과 불은 상극이다.》

상금 (賞金) 상으로 주는 돈.

상급 (上級) 등급을 둘이나 셋으로 나눌 때 가장 높은 등급.《상급 학교/상급 기관》참중급, 하급.

상급생 (上級生) 학년이 높은 학생. 초등학교에서는 4, 5, 6학년을 이른다. 반하급생.

상기 아직 '아직'의 옛말.《소 치는 아이는 상기 아니 일었느냐.》

상기 생각 (想起) 지나간 일을 머릿속에 떠올리는 것. **상기하다**《어제 저지른 실수를 상기하고 되풀이하지 않기로 다짐했다.》**상기되다**

상기되다 부끄럽거나 마음이 들떠서 얼굴이 붉어지다.《영희가 손을 잡자 철수 얼굴이 상기되었다.》

상냥하다 마음씨나 태도가 부드럽고 친절하다.《선생님께서 우리를 상냥하게 맞아 주셨다.》

상념 (想念) 머릿속에 떠오르는 갖가

지 생각.《상념에 젖다.》

상놈 1. 옛날에 신분이 낮은 남자를 낮추어 이르던 말. 2. 예의 없고 상스러운 남자를 낮추어 이르는 말.

상달 '시월'을 옛날 느낌이 나게 이르는 말. 신에게 햇곡식을 드리기에 가장 좋은 달이라는 뜻에서 온 말이다.

상담 (相談) 걱정거리를 남과 의논하는 것. **상담하다**《엄마가 내 수학 점수 때문에 선생님과 상담하셨다.》

상담원 (相談員) 걱정거리가 있는 사람에게 도움이 되는 말을 해 주는 사람.《가정 문제 상담원》 같카운슬러.

상당 (相當) 어느 만큼의 값에 이르는 것.《오천 원 상당의 상품》 **상당하다**

상당수 (相當數) 꽤 많은 수.《우리 반 아이들 상당수가 안경을 쓴다.》

상당하다 정도, 수준 들이 꽤 높다. **상당히**《문제가 상당히 어려웠어.》

상대 마주 (相對) 1. 서로 마주 대하는 것. 또는 마주 대하는 대상.《어제는 하루 종일 할아버지 이야기 상대가 되어 드렸다.》 2. 서로 맞서서 겨루는 것. 또는 맞서서 겨루는 대상.《상대 선수》 3. 서로 반대가 되는 것. 4. 서로 견주는 것.《상대 평가》 **상대하다 상대되다**

상대 대학교 (商大) 경제와 경영에 관한 학문을 연구하는 단과 대학. '상과 대학'을 줄인 말이다.

상대국 (相對國) 어떤 일로 상대하는 나라.《수출 상대국》

상대방 (相對方) 마주 보거나 맞서는 쪽.《네가 가위를 내고 상대방이 보를 내면 네가 이기는 거야.》 북대방.

상동나무

상대적 (相對的) 서로 맞서거나 견주는 관계에 있는. 또는 그런 것.

상대편 (相對便) 마주 보거나 맞서는 편.《상대편 선수들이 강해 보여.》

상동나무 남해안과 제주도에 자라는 나무. 잎이 지는 것도 있고 늘 푸른 것도 있다. 10~11월에 누런 꽃이 피고 이듬해 봄에 열매가 열린다.

상례 (常例) 보통 있는 일.《설날에는 떡국을 먹는 것이 상례이다.》 비통례.

상록수 (常綠樹) → 늘푸른나무.

상류 (上流) 1. 강이나 내의 위쪽.《한강 상류》 참중류, 하류. 2. 지위, 신분, 생활수준 같은 것이 높은 것.《상류 사회》 참중류, 하류.

상륙 (上陸) 배에서 내려서 뭍에 오르는 것.《상륙 지점》 **상륙하다**

상면 (相面) 1. 서로 만나서 얼굴을 마주하는 것. 2. 서로 처음 얼굴을 보고 인사를 나누는 것. **상면하다**《오늘은 새 동무들과 상면하는 날이다.》

상모 (象毛) 풍물놀이를 할 때 모자 꼭대기에 달고 빙글빙글 돌리는 흰 새털이나 종이 끈.

상민 (常民) 옛날에 양반이 아닌 백성을 이르던 말. 참양반.

상반 (相反) 서로 맞서거나 어긋나는 것. **상반하다 상반되다**《남자 아이들이 상반된 의견을 내놓았습니다.》

상반기 (上半期) 어떤 기간을 둘로 똑같이 나눌 때 먼저 오는 기간.《한 해 가운데 상반기는 1월부터 6월까지를 이른다.》 반하반기.

상반신 (上半身) 사람 몸의 위쪽 절반. 비윗몸. 반하반신.

상벌 (賞罰) 상과 벌. 또는 상 주는 일과 벌주는 일.《상벌 제도》

상보 (床褓) 음식상을 덮는 보자기.

상복 (喪服) 상을 당한 사람이 입는 옷. 누런 삼베옷이나 흰 한복이다.

상봉 봉우리 (上峯) 높은 산봉우리. 또는 산에서 가장 높은 곳. **참**상상봉.

상봉 만남 (相逢) 오래 떨어져 지내던 사람들이 만나는 것.《이산가족 상봉》**반**이별. **상봉하다**

상부 (上部) 1. 위쪽 부분.《더운 공기는 상부로 올라간다.》**반**하부. 2. 높은 기관. 또는 지위가 높은 사람. **반**하부.

상부상조 (相扶相助) 서로 돕는 것. **상부상조하다**《우리 마을 사람들은 언제나 상부상조하면서 지냅니다.》

상비약 (常備藥) 아프거나 다치면 쓰려고 늘 갖추어 놓는 약.

상사 (上司) 일터나 군대에서 함께 일하는 윗사람. **비**상관.

상상 (想像) 실제로는 없거나 보이지 않는 것을 머릿속에 떠올리는 것.《용은 상상 속의 동물이다.》**비**공상. **상상하다 상상되다**

상상도 (想像圖) 상상해서 그린 그림.

상상력 (想像力) 상상하는 힘.《상상력이 뛰어나다./상상력이 모자라다.》

상상봉 (上上峯) 가장 높은 산봉우리.《백두산 상상봉》**참**상봉.

상상화 (想像畵) 실제로 보지 않고 머릿속에 떠올린 것을 그린 그림.

상서롭다 기쁘고 좋은 일이 일어날 것 같다.《우리나라에서는 아침에 까치가 우는 것을 상서롭게 여긴다.》

상석 자리 (上席) → 윗자리.

상석 돌 (床石) 무덤 앞에 상처럼 까는 넓은 돌.

상선 (商船) 돈을 받고 사람이나 짐을 실어 나르는 배.

상설 (常設) 언제든지 쓸 수 있게 늘 갖추어 두는 것.《상설 전시장》

상세하다 아주 자세하다.《약도가 상세해서 길을 쉽게 찾았다.》

상소 재판 (上訴) 하급 법원의 판결에 따르지 않고 상급 법원에 다시 판결해 달라고 하는 것. **상소하다**

상소 글 (上疏) 옛날에 벼슬아치나 선비가 의견, 주장 들을 글로 써서 임금한테 올리던 것. 또는 그 글.《상소를 올리다.》**상소하다**

상소리 욕처럼 거칠고 상스러운 말.

상소문 (上疏文) 상소를 적은 글.

상속 (相續) 재산을 물려받거나 물려주는 것.《아빠가 할아버지 재산을 상속받았다.》**상속하다 상속되다**

상속인 (相續人) 재산을 물려받는 사람.《유산 상속인》

상쇄 (相殺) 맞서는 것이 서로 영향을 주고받아서 없어지는 것. **상쇄하다**《쌀로 물건 값을 상쇄했다.》**상쇄되다**

상쇠 풍물놀이에서 꽹과리를 치면서 무리를 이끄는 사람.

상수 물 (上水) 수도관으로 보내는 깨끗한 물. **참**하수.

상수 수학 (常數) 수학에서 변하지 않는 수. 이를테면 식 '$2x+5$'에서 2, 5를 이른다.

상수도 (上水道) 관을 통해서 수돗물을 보내는 시설. **참**하수도.

상수도관 (上水道管) 수돗물이 흐르

는 관.

상수리 상수리나무 열매. 도토리와 아주 비슷하게 생겼다.

상수리나무 산기슭이나 마을 가까이에 자라는 잎지는나무. 5월쯤에 누런 갈색 꽃이 피고 이듬해 가을에 상수리가 열린다.

상수원 (上水源) 수돗물로 쓸 물을 끌어 오는 강이나 호수.

상순 (上旬) 매달 1일에서 10일까지의 열흘 동안.《식목일은 4월 상순에 있다.》**갈**초순. **참**중순, 하순.

상술 (商術) 장사하는 솜씨.《얄팍한 상술/상술이 뛰어나다.》

상스럽다 말이나 하는 짓이 예의 없고 질이 낮다.《상스럽게 굴지 마.》**바**상스러운, 상스러워, 상스럽습니다.

상습 (常習) 나쁜 짓이나 좋지 않은 버릇을 되풀이하는 것.《상습 도박》

상승 (上昇) 위로 올라가는 것.《물가 상승》**반**하강. **상승하다 상승되다**

상식 (常識) 누구나 다 아는 지식.《물이 섭씨 0도에서 어는 건 상식이지.》

상실 (喪失) 어떤 것을 잃는 것.《기억 상실》**상실하다 상실되다**

상심 (傷心) 슬픔, 걱정 들로 마음 아파하는 것. **상심하다**《강아지가 곧 나을 테니 너무 상심하지 마.》

상아 (象牙) 입 밖으로 길게 뻗은 코끼리 앞니.

상아색 (象牙色) 상아처럼 연노란 빛이 도는 흰색.

상아탑 (象牙塔) '대학'을 상아로 쌓은 탑에 빗대어 이르는 말. 세상일을 멀리하고 조용히 공부만 하는 곳을 이

상수리

상어

상수리나무

른다.

상어 바다에 사는 물고기. 몸이 둥글면서 앞뒤가 뾰족하게 생겼고 이빨이 날카롭다.

상업 (商業) 물건을 사고팔아서 이익을 얻는 사업.

상여 (喪輿) 장사 지낼 때 관을 무덤까지 나르는 가마.

상여금 (賞與金) 일터에서 상으로 주는 돈. 또는 본디 봉급 말고 따로 더 주는 돈. **갈**보너스.

상여꾼 상여를 메는 사람.

상연 (上演) 관객 앞에서 연극을 하는 것. **참**상영. **상연하다**《다음에 상연할 연극은 토끼전이래.》**상연되다**

상엿소리 상여꾼이 상여를 메고 가면서 부르는 소리.

상영 (上映) 영화관에서 관객에게 영화를 보여 주는 것.《만화 영화 상영》**참**상연. **상영하다 상영되다**

상오 (上午) 밤 열두 시부터 낮 열두 시까지의 동안.《상오 9시》**반**하오.

상용 (常用) 늘 쓰는 것.《상용한자》**상용하다 상용되다**

상원사 동종 (上院寺銅鐘) 강원도 평창 상원사에 있는 통일 신라 시대 종. 성덕왕 때(725년) 만들었는데, 우리나라에 남아 있는 종 가운데 가장 오래되었다. 국보 제36호.

상위 (上位) 높은 지위나 등급.《상위에 들다. / 상위를 차지하다.》**반**하위.

상응하다 어떤 것에 알맞다.《죄에 상응하는 벌을 받다.》**상응되다**

상의 옷 (上衣) → 윗옷.

상의 의논 (相議) 서로 의논하는 것. **상**

의하다《언니와 상의해서 옷을 샀다.》

상이군인 (傷痍軍人) 싸움터에서 다친 군인. **북**영예군인.

상인 (商人) 장사하는 사람. **비**장수.

상임 (常任) 어떤 일을 늘 맡는 것. 《상임 이사》

상임 위원회 (常任委員會) 국회나 지방 의회에서 한 가지 일을 맡아보는 위원회. 본회의에 올릴 안건을 만들거나 심사하는 일을 주로 한다.

상자 (箱子) 어떤 것을 넣어 두려고 네모꼴로 만든 물건. 또는 어떤 것을 상자에 담아서 세는 말.《딱지 상자/사과 한 상자》**같**박스.

상장 (賞狀) 상으로 주는 문서. 상 이름과 상을 주는 까닭 들을 쓴다.

상전 (上典) 옛날에 종에 상대하여 '주인'을 이르던 말.

상점 (商店) 시설을 갖추고 물건을 파는 곳. **비**가게, 점포.

상정 (上程) 회의에서 어떤 일을 의논거리로 삼는 것. **상정하다**《대청소를 회의 안건으로 상정했다.》**상정되다**

상제 사람 (喪制) 장례를 치르는 사람. 흔히 죽은 사람의 아들이나 손자를 이른다.

상제 하느님 (上帝) ➡ 하느님.

상종 (相從) 서로 만나는 것.《정말 상종 못할 떼쟁이네.》**상종하다**

상좌 남사당 꼭두각시놀이, 서산 박첨지놀이에 나오는 인형.

상좌탈 김해 가락 오광대, 본산대놀이에서 쓰는 탈.

상주 탈이 남사당 꼭두각시놀이, 서산 박첨지놀이에 나오는 인형.

상추

상좌_남사당 꼭두각시놀이

상좌탈 본산대놀이

상주_남사당 꼭두각시놀이

상투

상주 사람 (喪主) 장례의 주인 노릇을 하는 사람. 흔히 죽은 사람의 맏아들이나 맏손자가 맡는다.

상주 살다 (常住) 한곳에 늘 살고 있는 것. **상주하다**《서울에 상주하다.》

상주 머무르다 (常駐) 한곳에 늘 머물러 있는 것.《남극 상주 기지》**상주하다**

상주선산양반탈 김해 가락 오광대에서 쓰는 탈.

상징 (象徵) 어떤 생각이나 느낌을 눈에 보이는 것으로 나타내는 것.《비둘기는 평화의 상징이다.》**상징하다**

상차림 상에 음식을 차리는 것. 또는 음식을 차린 상.《푸짐한 상차림》

상책 (上策) 가장 좋은 방법.《살 빼는 데는 운동이 상책이다.》

상처 (傷處) 다친 데.《팔에 상처가 났다./상처가 거의 아물었다.》

상체 (上體) ➡ 윗몸.

상추 밭에 심어 가꾸는 잎줄기채소. 날것으로 쌈을 싸 먹는다. **북**부루.

상층 (上層) 1.➡ 위층. 2.신분이나 지위가 높은 계층. **반**하층.

상쾌하다 느낌이나 기분이 시원하고 산뜻하다.《새벽 공기가 상쾌하다.》

상큼하다 맛, 냄새, 모양 들이 산뜻하다.《상큼한 귤 냄새》

상태 (狀態) 형편이나 모습.《이런 몸 상태로 어떻게 축구를 하겠니?》

상통하다 1.마음이나 뜻이 서로 맞다.《내 짝과 나는 상통하는 데가 많다.》2.비슷한 점이 있다.《장구와 북은 두드리는 악기라는 점에서 상통한다.》

상투 옛날에 혼인한 남자가 머리카락을 끌어 올려 정수리에 뾰죽하게 틀어

맨 것.《상투를 틀다.》

상투적 (常套的) 늘 써서 버릇처럼 된. 또는 그런 것.

상트페테르부르크 (Sankt Peterburg) 러시아 북서쪽에 있는 도시. 러시아에서 모스크바 다음가는 도시로 옛날 러시아 제국의 수도였다.

상패 (賞牌) 상으로 주는 패. 상 이름과 상을 주는 까닭 들을 쓴다.

상편 (上篇) 두 편 또는 세 편으로 된 책의 맨 처음 편. **참**중편, 하편.

상평창 (常平倉) 고려 시대와 조선 시대에 물가를 조절하던 관청. 풍년에는 곡식을 사들여서 값이 떨어지지 않게 했고, 흉년이 들면 곡식을 싸게 팔아 값이 오르지 않게 했다.

상평통보 (常平通寶) 조선 시대에 쓰던 엽전 가운데 하나. 인조 때(1633년)부터 조선 후기까지 썼다.

상표 (商標) 상품에 붙이는 표지. 글자, 도형 들을 넣어 다른 데서 만든 상품과 구별하려고 붙인다.《엄마는 우리나라 상표가 붙은 옷만 사신다.》

상표권 (商標權) 상표를 혼자서만 쓸 권리. 특허청에 등록해서 얻는다.

상품 상 (賞品) 상으로 주는 물건.

상품 제품 (商品) 사고파는 물건.《여러 가지 상품이 진열된 가게》

상품권 (商品券) 물건을 살 때 돈 대신 내는 표. 종이에 적힌 돈 만큼의 물건을 정해진 가게에서만 살 수 있다.

상품성 (商品性) 사고팔 만한 가치를 지닌 성질.《상품성이 뛰어나다.》

상품화 (商品化) 어떤 것을 상품으로 만드는 것.《상품화를 앞둔 암 치료제》

상품화하다 상품화되다

상하 (上下) 1. 위와 아래.《상하와 좌우가 대칭인 도형》 2. 윗사람과 아랫사람.《상하 관계》

상하다 1. 몸이 여위거나 다치거나 제구실을 못하게 되다.《연극 연습을 하느라 얼굴이 많이 상했구나.》 2. 물건이 부서지거나 금이 가거나 흠집이 생기다.《사기그릇은 상하기 쉬우니 설거지도 살살 해야 한다.》 3. 음식이 쉬거나 썩거나 하다.《상한 우유를 먹고 배탈이 났다.》 4. 나쁜 일을 겪어서 마음이 아프거나 언짢다.《동무가 갑자기 화를 내서 마음이 많이 상했다.》

상하수도 (上下水道) 상수도와 하수도.《상하수도 시설》

상하이 (Shanghai) 중국 양쯔 강이 바다로 흘러 들어가는 어귀에 있는 항구 도시. 일제 강점기 때 대한민국 임시 정부가 있던 곳으로, 상공업과 무역이 발달하였다. **같**상해.

상해 땅 이름 (上海) → 상하이.

상해 상처 (傷害) 남을 다치게 하는 것.《상해를 입다./상해를 입히다.》

상향 (上向) 위로 향하는 것.《다음 시험 목표를 10등으로 상향 조정했다.》 **반**하향. **상향하다**

상현달 음력 7일이나 8일에 뜨는 달. 오른쪽이 둥근 반달이다. **참**하현달. **북**초생반달.

상현달

상호 양쪽 (相互) 1. 두 편이 함께 하는 것.《상호 관계/상호 작용》 2. 두 편 모두.《두 회사가 상호 힘을 합쳤다.》

상호 이름 (商號) 가게나 회사의 이름.《어제 간 가게 상호가 뭐지?》

상환 (償還) 빌린 돈을 갚는 것.《상환 날짜/부채 상환》**상환하다 상환되다**

상황 형편 (狀況) 일이 되어 가는 형편. 《심각한 상황/지금 상황으로는 우리 나라가 이기기 힘들다.》

상황 버섯 산뽕나무에 붙어 자라는 버섯. 갓은 검은색인데 홈이 파였고 가장 자리는 누렇다. 약으로 쓴다. 목질진흙버섯이라고도 한다. 북뽕나무혹버섯.

상황_버섯

상황판 (狀況板) 글자, 그림 들로 어떤 상황을 나타내는 판.《교통 상황판》

상회 (商會) 여럿이 함께 장사한다는 뜻으로 가게 이름에 붙여 쓰는 말.《이천 쌀 상회》

샅 두 넓적다리 사이.

샅바 씨름할 때 허리와 다리에 둘러 묶는 천.《샅바를 잡다.》

샅샅이 이곳저곳 모두 꼼꼼하게.《구슬을 찾으려고 방을 샅샅이 뒤졌다.》

새 동물 몸이 깃털로 덮여 있는 동물. 부리와 두 다리가 있고, 알을 낳는다.

새는 앉는 곳마다 깃이 떨어진다 속담 새가 가지에 앉았다 날아갈 때마다 깃이 떨어지는 것처럼, 사는 곳을 자꾸 옮길수록 세간이 줄어든다는 말.

새 발의 피 속담 새 발에서 나오는 피라는 뜻으로, 아주 적은 양이나 하찮은 일을 빗대어 이르는 말.

새 풀 볕이 잘 드는 산기슭이나 들에 자라는 풀. 줄기는 곧게 서고 잎은 넓은 띠처럼 생겼다. 늦여름에 작은 이삭으로 된 옅은 풀빛 꽃이 핀다.

새 사이 → 사이.

새 새로운 1. 전에는 없던 것이 처음으로 생긴.《신문에 새 소식이 별로 없다.》 2. 쓰거나 사거나 만든 지 얼마 되지 않은.《새 옷에 먹물이 튀었다.》 반헌. 3. 지금까지 있어 오거나 겪어 온 것과 다른.《새 학기가 되면 새 담임선생님과 새 동무들을 만나게 된다.》

새- 아주 색깔을 나타내는 낱말 앞에 붙어, '짙고 밝은'이라는 뜻을 더하는 말.《새까맣다/새파랗다/새하얗다》

-새 모양 어떤 낱말 뒤에 붙어, '모양', '정도'를 뜻하는 말.《모양새/생김새/쓰임새/짜임새》

새갓통 거름을 담아 밭에 뿌리는 데 쓰는 바가지. 속에 든 것을 따르기 쉽게 한쪽에 작은 주둥이를 낸다.

새갓통

새겨듣다 1. 남의 말을 귀 기울여서 듣다.《선생님 말씀을 새겨듣지 않으니까 자꾸 준비물을 빠뜨리지.》 2. 말뜻을 잘 헤아려서 듣다.《너를 놀리려는 게 아니니까 내 말 새겨들어.》 바새겨듣는, 새겨들어, 새겨듣습니다.

새겨보다 북 1. 어떤 것을 똑똑히 알려고 눈여겨보다.《박물관에서 거문고가 어떻게 생겼는지 새겨보았다.》 2. 말뜻을 잘 헤아리려고 곰곰이 생각해 보다. 《선생님 말씀을 잘 새겨보렴.》

새경 옛날에 머슴이 한 해 동안 일한 값으로 주인한테서 받던 돈이나 곡식.

새그럽다 북 맛이 조금 시다.《엄마는 새그러운 김치를 좋아하신다.》 바새그러운, 새그러워, 새그럽습니다.

새근- 1. 곤히 잠든 어린아이가 조용히 숨 쉬는 소리. 또는 그 모양. 2. 고르지 않고 가쁘게 숨 쉬는 소리. 또는 그 모양. **새근거리다 새근대다 새근하다**

새근새근《아가가 새근새근 자고 있네

새

새무리를 '조류'라고 불러요. 우리는 주위에서 새들을 흔히 볼 수 있지요. 새 가운데에는 텃새도 있고 철새도 있고 나그네새도 있어요. 텃새는 우리나라에 붙박이로 사는 새예요. 철새는 제비나 기러기처럼 철 따라 와서 살다가 가는 새고, 나그네새는 잠깐 들렀다 가는 새예요. 학자들은 날개 달린 공룡들이 새로 바뀌었다고 해요. 우리나라 사람들은 옛날부터 새를 아주 좋아했어요. 까치가 울면 반가운 손님이 온다는 속담도 있고, 혼례를 올릴 때는 나무로 깎은 오리 한 쌍을 가지고 가기도 했어요. 또 새를 이승과 저승을 이어 주는 징검다리라고 여기기도 했지요.

검은등할미새

까막딱따구리

개똥지빠귀

참새

까마귀

쇠유리새

물총새

양진이

제비

수리부엉이

까치

꿩

솔개

황조롱이

종다리

꾀꼬리

깍도요

흰물떼새

원앙

중대백로

아비

왜가리

갈매기

큰고니

요./숨이 차서 새근거렸다.》

새기다 글씨를 1.어떤 것을 파서 글씨, 무늬 들을 나타내다.《나무판에 이름을 새겼다.》2.어떤 말이나 일을 마음속에 간직하다.《선생님 말씀을 가슴에 새겨 두었다.》

새기다 뜻을 글이나 말의 뜻을 풀이하다.《이 한자의 뜻을 새겨 보아라.》

새김질 → 되새김질.

새까맣다 1.아주 까맣다.《새까만 밤하늘》반새하얗다. 참새카맣다, 시꺼멓다. 2.'새까맣게' 꼴로 써서, 기억하는 것이나 아는 것이 조금도 없다.《수학 숙제가 있다는 걸 새까맣게 잊었어.》바새까만, 새까매, 새까맣습니다.

새꼬막 바다 속 모래나 진흙에 사는 조개. 꼬막보다 조금 더 큰데 껍데기가 볼록하고 주름이 많이 패어 있다.

새꼬막

새끼 동물 태어난 지 얼마 안 되는 어린 짐승.《누렁이가 새끼를 낳았다.》

새끼를 치다 관용 본디 있던 것에서 늘어나다.《소문이 새끼를 쳐서 내가 민주를 울린 것처럼 됐어.》

새끼 짚 볏짚을 꼬아서 만든 줄.《옛날에는 새끼를 꼬아 짚신을 삼았다.》

새끼낳이 ㅣ북 1.짐승이 새끼를 낳는 것.《개구리의 새끼낳이 과정을 알아봅시다.》2.여자가 아이를 낳는 것을 낮추어 이르는 말. **새끼낳이하다**

새끼발가락 발가락 가운데 맨 끝에 있는 발가락.

새끼손가락 손가락 가운데 맨 끝에 있는 손가락.

새끼줄 새끼로 만든 줄.

새날 1.새로 밝아 오는 날.《밤이 지나고 새날이 왔다.》2.새 시대. 또는 새로 다가올 앞날.《겨레의 새날을 열다.》

새내기 '신입생'이나 '신출내기'를 이르는 말.《새내기 환영식》

새다 날이 날이 밝다.《밤새 내리던 눈이 날 샐 무렵에 그쳤다.》

새다 물이 1.틈이나 구멍으로 액체, 기체, 가루, 빛 같은 것이 빠져나가거나 흘러 나가다.《바가지에서 물이 샌다.》2.비밀, 정보 들이 다른 사람한테 알려지다.《이 말이 새어 나가지 않게 조심해라.》3.정해진 일, 모임, 장소 들에서 슬그머니 빠져나가다.《진수가 화장실 청소하다 말고 어디로 샜을까?》

새달 새로 다가오는 달.《새달에는 쉬는 날이 많아서 좋아.》

새댁 갓 혼인한 여자를 이르는 말.

새들- 풀, 꽃 같은 것이 시든 모양. **새들거리다 새들대다 새들하다 새들새들**《새들새들한 상추》

새똥 새가 눈 똥.

새뜻하다 ㅣ북 새것이어서 깔끔하고 보기 좋다.《새뜻한 옷차림》

새라새 ㅣ북 아주 새로운.《새 학년이 되니 새라새 기분이 든다.》

새라새것 ㅣ북 아주 새로운 것.《순이는 뭐든지 새라새것만 찾는다.》

새라새롭다 ㅣ북 1.아주 새롭다.《새라새로운 마음으로 시험공부를 시작했다.》2.여러 가지로 새롭다.《이제부터 새라새로운 동화의 세계가 펼쳐집니다.》바새라새로운, 새라새로워, 새라새롭습니다.

새로 1.전에 없던 것이 처음으로.《마을 앞에 길이 새로 났다.》2.전과 달리

새롭게. 또는 새것으로.《새로 산 옷》

새록새록 1.어떤 생각이나 느낌이 자꾸 새롭게 생기거나 떠오르는 모양.《이사 간 동무 얼굴이 새록새록 떠오른다.》2.어린아이가 자면서 숨 쉴 때 나는 소리.《숫자 세기 놀이를 하다가 동생이 새록새록 잠이 들었다.》

새롭다 1.지금까지 겪어 보거나 있던 적이 없다.《새로운 소식이 있으면 얼른 알려 다오.》2.지금까지 겪은 것과 다르거나 생생하다.《여행을 가면 새로운 동무들을 사귈 수 있어./이 시는 읽을 때마다 새롭다.》**바**새로운, 새로워, 새롭습니다.

새리새리하다 |**북** 생각이나 기억이 잘 나지 않고 알쏭달쏭하거나 흐리멍덩하다.《어릴 적 기억이 새리새리하다.》

새마을 금고 지역 주민이 회원이 되어 만든 조합. 회원들이 저금한 돈을 맡아 관리하고 빌려 주는 일을 한다.

새마을 운동 부지런히 일해서 살기 좋은 마을을 만들자고 정부가 앞장서서 벌인 운동. 1970년에 시작하였다.

새망 그물 |**북** 새를 잡는 그물.《새망에 참새 한 마리가 걸렸다.》

새망 짓 |**북** 조심성이 없고 얄밉게 구는 짓.《새망을 부리다./새망을 떨다.》

새매 낮은 산이나 숲, 강가에 사는 텃새. 날개는 넓고 짧은데 발톱이 날카롭다. 암컷이 수컷보다 몸집이 크다. 천연기념물 제323-4호.

새물- 1.입술을 조금 일그러뜨리면서 소리 없이 웃는 모양. 2.좀 능청스럽게 구는 모양. **새물거리다 새물대다 새물새물**《동생이 병아리를 바라보면서

새미

새물거린다./징그럽게 새물대기는.》

새미 산골짜기 바위틈에 사는 민물고기. 등 쪽은 짙은 갈색이고 배 쪽은 연한 갈색인데, 옆구리에 어두운 빛깔의 세로줄 무늬가 있다.

새벽 밤이 가고 날이 밝아 오는 때.《이른 새벽인데도 약수터에 사람이 많네.》

새벽같이 새벽에 일찍.《할아버지는 새벽같이 논에 나가신다.》

새벽길 새벽에 걷는 길. 또는 새벽에 일찍 떠나는 길.《새벽길을 나서다.》

새벽녘 새벽 무렵.

새벽잠 새벽에 자는 잠.

새봄 겨울이 지나고 새로 맞는 봄.

새빨갛다 아주 빨갛다.《새빨갛게 익은 사과를 한 입 베어 물었다.》**참**시뻘겋다. **바**새빨간, 새빨개, 새빨갛습니다.

새빨간 거짓말 **관용** 터무니없는 거짓말.《팥으로 메주를 쑨다는 새빨간 거짓말을 하다니.》

새살 부스럼이나 상처가 아물고 새로 나는 살. **갈**생살.

새살림 혼인해서 처음 차리는 살림.《삼촌이 우리 동네에 새살림을 차리면 좋겠어요.》**새살림하다**

새삼 풀 나무나 풀에 더부살이하는 풀. 붉은빛 도는 줄기가 길게 뻗어 나무를 감으면서 영양분을 빨아 먹는다. 씨를 약으로 쓴다.

새삼_풀

새삼 새롭게 전과 달리 새롭게.《옛 동무들이 새삼 보고 싶다.》

새삼스럽다 1.이미 겪은 것인데도 또다시 새롭다.《옛날에 가지고 놀던 장난감을 보니 느낌이 새삼스럽다.》2.평소에 하지 않던 일을 하는 것이 갑작

스럽다.《할머니는 새삼스럽게 무슨 절을 하느냐면서 그만두라고 하셨다.》 3. 지난 일을 괜히 다시 들추는 느낌이 있다.《다 지난 얘기를 새삼스럽게 왜 또 하니?》 바새삼스러운, 새삼스러워, 새삼스럽습니다. **새삼스레**

새색시 갓 혼인한 여자.《새색시가 참 얌전하구나.》 갈색시. 참새신랑.

새소리 새가 지저귀는 소리.

새순 새로 돋아나는 순.《봄이 되자 나무마다 연둣빛 새순이 돋기 시작했다.》

새신랑 갓 혼인한 남자. 참새색시.

새싹 새로 돋아나는 싹.《푸릇푸릇 돋아난 새싹》

새알 새가 낳은 알.

새알조개 바닷물이 드나드는 모래 섞인 진흙땅에 사는 조개. 껍질이 작고 누런 녹색이다.

새앙 → 생강.

새옹지마 (塞翁之馬) 살면서 좋고 나쁜 운수는 항상 바뀌므로 앞일이 어떨지는 미리 알 수 없다는 말.

새우 바닷물이나 민물에 사는 동물. 몸은 얇고 단단한 껍데기에 싸여 있는데 등이 굽었다.

새우를 잡으려다 고래를 놓친다 속담 하찮은 것을 좇다가 큰 것을 놓친다는 뜻으로, 눈앞의 작은 이익만 바라고 행동하다가는 큰 것을 잃는다는 말.

새우 벼락 맞던 이야기 속담 까맣게 잊은 옛일을 새삼스럽게 꺼내어서 생각나게 하는 것을 빗대어 이르는 말.

새우난초 남부 지방의 산비탈에 자라는 풀. 봄에 흰색이나 옅은 붉은색 꽃이 핀다. 북새우란.

새조개

새알조개

새우

새우난초

새코미꾸리

새우다 자지 않고 밤을 보내다.《형은 늘 밤을 새워 공부한다.》 북패다.

새우잠 새우처럼 몸을 구부리고 불편하게 자는 잠.《천막이 너무 좁아서 새우잠을 잤다.》

새우젓 새우로 담근 젓.

새장 새를 가두어서 기르는 장.《새장에 갇힌 새》 갈조롱. 북새조롱.

새조개 얕은 바다 속 진흙 바닥에 사는 조개. 껍데기가 크고 볼록한데 털이 나 있다. 껍데기 밖으로 내민 발이 마치 새 부리처럼 생겼다.

새죽이 1북 벌어진 것이 힘없이 좀 넓게.《형이 만화를 보면서 입을 새죽이 벌리고 웃었다.》

새집 둥지 새가 알을 낳고 사는 둥지. 또는 새가 들어가서 살게 사람이 만들어 준 집.《처마 밑 새집》

새집 집 새로 짓거나 이사한 집.

새참 일을 하다가 잠깐 쉬면서 먹는 음식.《오늘 새참은 삶은 감자야.》

새치 검은 머리카락 사이에 드문드문 섞여 나는 흰 머리카락.

새치기 줄 서서 기다릴 때 자기 차례를 어기고 앞자리에 끼어드는 짓. 북사이치기. **새치기하다**《모두 줄 서서 기다리는데 새치기하는 사람이 누구야?》

새침데기 얌전한 척 내숭을 떨면서 일부러 쌀쌀맞게 구는 여자.

새침하다 일부러 쌀쌀맞게 구는 태도가 있다.《새침한 얼굴도 예쁘구나.》

새카맣다 아주 까맣다.《솥 바닥이 새카맣게 그을었다.》 참새까맣다, 시커멓다. 바새카만, 새카매, 새카맣습니다.

새코미꾸리 맑은 강물 속 자갈 바닥에

사는 민물고기. 몸이 길고 가는데 누런 바탕에 어두운 갈색 얼룩이 있다.

새콤달콤하다 입맛이 당기게 시면서도 달다. 《새콤달콤한 귤 드세요.》

새콤하다 입맛이 당기게 시다. 《여름엔 새콤한 오이냉국이 제일이지.》

새타령 전라도 민요 가운데 하나. 온갖 새의 모습이나 울음소리 들을 나타낸 노래이다.

새털 새의 털.

새털구름 새털처럼 생긴 구름.

새파랗다 1. 아주 파랗다. 《새파란 가을 하늘》 참시퍼렇다. 2. 무섭거나 추워서 얼굴이나 입술에 핏기가 조금도 없다. 《얼마나 추우면 입술이 새파래졌을까?》 참시퍼렇다. 3. '새파란', '새파랗게' 꼴로 써서, 아주 젊다. 《새파랗게 어린 녀석이 꼬박꼬박 말대꾸냐?》 바새파란, 새파래, 새파랗습니다.

새팥 풀밭에서 자라는 덩굴풀. 줄기는 곧게 자라는데 속이 비어 있고, 작은 달걀꼴 잎이 세 장씩 붙어 난다. 7~8월에 노란색 꽃이 핀다.

새팥

새하얗다 아주 하얗다. 《밤새 내린 눈이 세상을 새하얗게 덮었다.》 반새까맣다. 바새하얀, 새하얘, 새하얗습니다.

새해 새로 다가오는 해. 《새해 복 많이 받으세요.》 같신년. 참묵은해.

색 (色) 노랑, 빨강처럼 어떤 것이 띠는 빛깔. 《나는 밝은 색 옷이 좋아./색이 참 곱다.》 같색깔, 색상.

색깔 → 색.

색다르다 느낌, 모습 들이 보통과 다르다. 《색다른 모습/색다른 맛》

색도화지 (色圖畵紙) 색깔이 있는 도화지.

색동 여러 옷감을 잇대거나 여러 색을 물들여서 알록달록하게 한 것.

색동다리 I북 '알록달록한 다리' 라는 뜻으로, '무지개' 를 빗대어 이르는 말.

색동옷 색동을 대서 지은 옷.

색동저고리 소매를 색동으로 댄 어린 아이 저고리.

색맹 (色盲) 빛깔을 가리지 못하거나 다른 빛깔로 잘못 보는 상태. 또는 그런 증세가 있는 사람. 참색약.

색상 (色相) → 색. 《밝은 색상》

색상표 (色相表) 여러 색깔을 늘어놓은 표.

색상환 (色相環) 여러 색깔을 밝기에 따라서 둥글게 벌여 놓은 표.

색색 소리 고르고 조그맣게 숨 쉬는 소리. **색색거리다 색색대다** 《아기가 색색대면서 자고 있어요.》

색색 빛깔 (色色) 여러 색깔. 《색색으로 물들인 댕기》

색색이 여러 가지 색깔로. 《여러 물감으로 옷감을 색색이 물들였다.》

색소 (色素) 어떤 것에서 색깔이 나게 해 주는 물질. 《식용 색소》

색소폰 (saxophone) 부는 악기 가운데 하나. 세로로 잡고 손가락으로 소리의 높낮이를 조절한다.

색시 1. → 새색시. 2. 혼인하지 않은 젊은 여자.

색시졸각버섯 넓은잎나무가 자라는 숲 속 땅 위에 모여나는 버섯. 갓은 가운데가 오목하고 바퀴살처럼 줄이 패어 있다. 먹는 버섯이다.

색시졸각버섯

색실 갖가지 색깔로 물들인 실.

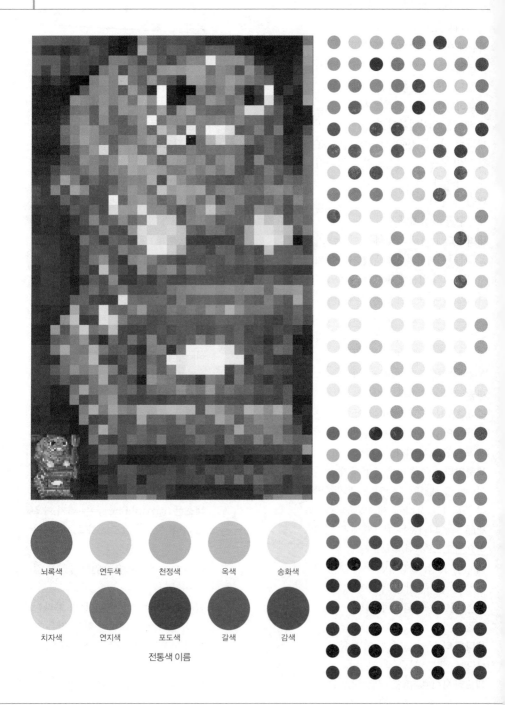

뇌록색 연두색 천정색 옥색 송화색

치자색 연지색 포도색 갈색 감색

전통색 이름

색깔

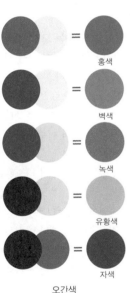

오방색

색의 삼원색

빛의 삼원색

홍색

벽색

녹색

유황색

자색

오간색

색깔은 빛깔이라고도 해요. 되쏘는 빛이 색이니까요. '푸르다'는 풀에서 나왔어요. 그래서 '풀이 푸르다'는 말이 자연스럽게 들려요. '누르다'는 누리에서 나왔어요. 누리는 옛말로 땅이었대요. (지금은 세상을 가리키는 말이 되었지만요.) '희다'는 해에서 나왔어요. 우리 할아버지의 할아버지 때에는 '희다'를 '해다'로 썼대요. '붉다'는 불에서 나왔어요. 그러면 '검다'는 어디에서 나왔을까요? '검'에서 나왔어요. '검'은 하늘을 가리키는 옛말이에요. 해가 비치기 전 밤하늘을 쳐다보세요. 검지요? 천자문에도 나와 있어요. 하늘은 검이고(검고), 땅은 누리다(누르다)라고요. 색깔을 가리키는 말은 '푸르다, 누르다, 희다, 붉다, 검다' 다섯 가지가 바탕이 되어요. 여기에서 다른 말들이 가지를 많이 쳤어요.

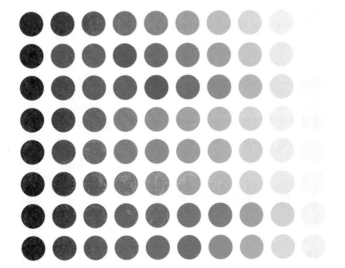

색안경 (色眼鏡) 렌즈에 색깔을 넣은 안경. 흔히 센 빛을 막아서 눈을 돌보려고 쓴다. **같**선글라스.

색안경을 끼고 보다 **관용** 좋지 않은 감정을 가지고 보다. 《어쩌다 한 번 실수 좀 했다고 색안경을 끼고 보다니.》

색약 (色弱) 색맹보다는 덜하지만 빛깔을 잘 가리지 못하는 상태. **참**색맹.

색연필 (色鉛筆) 색깔이 나는 연필.

색유리 (色琉璃) 색깔을 넣은 유리. 그릇, 신호등 같은 것에 쓴다.

색인 (索引) 책에 나온 낱말을 쉽게 찾을 수 있게 마련한 부분. 중요한 낱말을 쪽수와 함께 차례대로 적어서 책 뒷부분에 모아 둔다. 《나라 이름 색인》

색조 (色調) 색깔이 어우러져서 자아내는 분위기. 《붉은 색조를 띤 옷》

색종이 색깔이 있는 종이. **같**색지.

색지 (色紙) → 색종이.

색채 (色彩) → 빛깔.

색출 (索出) 나쁜 짓을 저질렀다고 여기는 사람을 찾아내는 것. **색출하다** 《경찰이 범인을 색출했다.》 **색출되다**

색칠 색을 칠하는 것. **색칠하다** 《아빠와 나는 대문을 파랗게 색칠했다.》

샌님 1.→ 생원님. 2.얌전하고 소심한 남자를 놀리는 말.

샌님탈 본산대놀이, 송파 산대놀이, 양주 별산대놀이에서 쓰는 탈.

샌드백 (sandbag) 권투 연습할 때 천장에 매달아 놓고 치는 모래 자루.

샌드위치 (sandwich) 얇게 썬 빵 두 쪽 사이에 고기, 달걀, 치즈, 채소 들을 끼워 넣은 먹을거리.

샌들 (sandal) 바닥에 달린 끈으로 발

샌님탈_본산대놀이

등을 감듯이 매어 신는 신발.

샌프란시스코 (San Francisco) 미국 서쪽에 있는 항구 도시. 미국 서해안에서 가장 큰 무역항이다.

샐러드 (salad) 채소나 과일에 마요네즈 같은 소스를 넣고 버무린 먹을거리.

샐러리맨 (salaried man) 일터에서 봉급을 받고 일하는 사람.

샐비어 꽃을 보려고 심어 가꾸는 풀. 여름부터 가을까지 작은 종처럼 생긴 빨간 꽃이 줄기에 조롱조롱 달려 핀다. **북**불꽃.

샐샐 소리 없이 살짝 웃는 모양. **샐샐거리다 샐샐대다** 《미선이가 나를 보고는 샐샐거리면서 웃었다.》

샐쭉 입이나 눈을 한쪽으로 조금 일그러뜨리는 모양. **샐쭉거리다 샐쭉대다 샐쭉하다** 《오빠가 놀리자 현주는 샐쭉하고 토라졌다.》

샘 샘물 땅속에 있는 물이 솟아 나오는 곳. 또는 그 물.

샘은 천 길 물속에서도 솟는다 **속담** 새롭고 정의로운 것은 어떤 방해나 어려움에도 빛을 내게 된다는 말.

샘 시샘 남이 잘되는 것을 부러워하거나 싫어하는 마음. 《동생이 상을 받으니까 괜히 샘이 난다.》 **비**질투.

샘물 샘에서 나오는 물.

샘솟다 힘, 용기, 눈물 들이 자꾸 솟아나다. 《동무 응원에 힘이 샘솟는다.》

샘창자 작은창자의 한 부분. 소화를 돕는다. **같**십이지장.

샘치 I**북** 샘물이 솟는 자리.

샘치바위 I**북** 샘물이 솟는 바위.

샘터 샘물이 솟아 나오는 곳. 또는 그

언저리.

샘플 (sample) → 견본.

샛- 색깔을 나타내는 몇몇 낱말 앞에 붙어, '짙고 밝은'이라는 뜻을 더하는 말. 《샛노랗다/샛말갛다》

샛강 큰 강에서 갈라져 나온 작은 강. 북새강.

샛길 큰길 사이에 난 작은 길. 북새길.

샛노랗다 아주 노랗다. 《샛노란 개나리꽃》 참싯누렇다. 북새노랗다. 바샛노란, 샛노래, 샛노랗습니다.

샛눈 감은 듯이 가늘게 뜬 눈. 《네가 뭘 하는지 샛눈을 뜨고 다 보았어.》

샛맑다 북 아주 깨끗하고 맑다. 《아침 공기가 샛맑아서 산책하기 좋다.》

샛문 큰 문 옆에 난 작은 문. 북새문.

샛바람 → 동풍.

샛별 1.→ 금성. 2. 어떤 분야에서 앞날이 기대되는 사람을 빗대어 이르는 말. 《김빛나 선수는 육상계의 샛별이다.》

생 삶 (生) → 삶.

생- 생트집 (生) 어떤 낱말 앞에 붙어, 1. '익지 않거나 마르지 않은'이라는 뜻을 더하는 말. 《생김치/생쌀/생나무》 2. '손질하지 않은 본디 상태 그대로'라는 뜻을 더하는 말. 《생머리》 3. '억지스럽거나 공연한'이라는 뜻을 더하는 말. 《생난리》 4. '어쩔 수 없이 일어난'이라는 뜻을 더하는 말. 《생이별》 5. '실제로 낳은'이라는 뜻을 더하는 말. 《생부/생모》 6. '고통스럽고 끔찍한'이라는 뜻을 더하는 말. 《생지옥》

-생 태어남 (生) 1. 연, 월, 일을 나타내는 말 뒤에 붙어, '그때에 태어난'이라는 뜻을 더하는 말. 《저는 1997년 5월 1일생입니다.》 2. 햇수를 나타내는 말 뒤에 붙어, '그 햇수만큼 자란'이라는 뜻을 더하는 말. 《5년생 소나무》 3. 학년을 나타내는 말 뒤에 붙어, '그 학년의 학생'이라는 뜻을 더하는 말. 《초등학교 5학년생》

생가 (生家) 어떤 사람이 태어난 집. 《이효석 생가》

생각 1. 머리를 써서 이해하고 판단하는 것. 《선생님은 내 말씀을 듣고서 잠시 생각에 잠기셨다.》 2. 어떤 일에 대한 의견이나 마음에서 일어나는 느낌. 《낙엽을 보니 왠지 쓸쓸한 생각이 들어.》 3. 앞으로 일어날 일을 상상하는 것. 《4월에 눈이 오리라고는 생각조차 못했어요.》 4. 어떤 것에 대한 기억. 《그 책 읽은 지가 하도 오래되어서 줄거리도 생각이 안 나.》 5. 그리워하거나 걱정하는 마음. 《우리 할아버지는 고향 생각이 날 때면 늘 이 노래를 들으신대요.》 6. 어떤 일을 하기로 마음 먹는 것. 《내일부터 아침 운동을 할 생각이야.》 7. 도리나 이치에 맞게 헤아리는 것. 《어린아이가 생각이 참 깊구나.》 8. 마음이 쏠리는 것. 《삼촌, 또 애인 생각을 하고 있죠?》

생각다 못해 관용 뾰족한 수가 없어서. 《생각다 못해 너한테 부탁하는 거야.》

생각나다 1. 어떤 생각이나 기억이 떠오르다. 《아, 좋은 방법이 생각났어요.》 2. 어떤 것이 그리워지다. 《내가 생각나면 언제든지 전화해.》 3. 어떤 일이 하고 싶어지다. 《이렇게 추운 날이면 따뜻한 아랫목이 생각난다.》

생각하다 1. 머리를 써서 사물을 이해

하고 판단하다.《그때는 내가 잘못했다고 생각해.》 2. 어떤 것을 머릿속에 떠올리다.《너 지금 무슨 생각하니?》 3. 앞으로 일어날 일을 상상하다.《십년 뒤에 내가 어떤 사람이 되어 있을지 생각해 보았다.》 4. 어떻다고 여기다.《도대체 나를 어떻게 생각하는 거야?》 5. 그리워하거나 걱정하다.《엄마를 생각해서라도 이러면 안 돼.》 **생각되다**

생강 밭에 심어 가꾸는 풀. 땅속에 있는 굵은 뿌리줄기는 맛이 맵고 향기가 있어서 양념이나 약으로 쓴다. **같**새앙.

생강나무 산에서 자라는 잎지는나무. 잎과 가지에서 생강 냄새가 난다. 어린 순은 말려서 차로 마시고 가지는 약으로 쓴다. **북**산동백나무.

생것 익히지 않거나 말리지 않은 것.《양파를 생것으로 먹었다.》 **비**날것.

생겨나다 없던 것이 있게 되다.《윷놀이는 언제 처음 생겨났을까?》

생계 (生計) 살림살이 형편. 또는 살아가는 일이나 방법.《할머니 혼자서 삯바느질로 생계를 꾸려 오셨대.》

생계비 (生計費) 생계를 꾸리는 데 드는 돈.《최저 생계비》

생굴 익히거나 소금에 절이지 않은 굴.

생글 눈을 반짝이면서 입가를 올리고 소리 없이 웃는 모양. **생글거리다** **생글대다** **생글하다** **생글생글**《생글거리는 진아 얼굴을 보면 기분이 좋아져.》

생긋 눈을 반짝이면서 입가를 올리고 살짝 웃는 모양. **생긋거리다** **생긋대다** **생긋하다** **생긋생긋**《내가 인사를 드리자 아주머니가 생긋 웃으셨다.》

생기 (生氣) 살아 숨 쉬는 것에서 나는

생강

생강나무

싱싱한 기운.《동생이 퇴원해서 돌아오니까 집안에 생기가 돈다.》 **비**활기.

생기다 1. 전에 없던 것이 새로 나타나다.《빈 터에 놀이터가 생겼다.》 2. 어떤 일이 벌어지다.《앞에 사고가 생겼나 봐.》 3. 어떤 것이 자기 것으로 되다.《이번에 이사하면 내 방이 생긴대.》 4. 어떤 모습으로 보이다.《참 예쁘게 생겼구나.》 5. 어떤 일을 하고 싶은 마음이 들다.《언젠가부터 축구 선수가 되고 싶은 마음이 생겼다.》 6. 일이 나쁜 지경에 이르다.《아빠 회사가 문을 닫게 생겼다니 큰일이다.》

생기발랄하다 느낌, 모습 들이 생기 있고 밝다.《꼬마들이 생기발랄한 표정으로 물놀이를 한다.》

생김새 생긴 모습.《쌍둥이인데도 생김새가 딴판이네.》 **비**꼴. **북**생김.

생나무 살아 있는 나무. 또는 베어 낸지 얼마 안 되어서 물기가 마르지 않은 나무.

생난리 하찮은 일로 아주 시끄럽게 들볶는 짓.《생난리를 치다.》

생년월일 (生年月日) 태어난 해와 달과 날.《제 생년월일은 1996년 10월 1일입니다.》

생닭 살아 있는 닭. 또는 잡아서 아직 익히지 않은 닭.

생도 (生徒) 사관학교 같은 데서 공부하는 학생.《육군 사관생도》

생동감 (生動感) 살아 움직이는 듯한 느낌.《생동감이 넘치는 그림》

생동하다 살아 움직이다.《생동하는 봄기운이 느껴진다.》

생땅 1. 한 번도 갈거나 파지 않은 땅.

《생땅을 일구어서 기름진 밭을 만들었다.》 2.한 번도 거름을 주지 않은 땅.

생떼 억지를 부리면서 떼쓰는 짓.《동생이 인형을 사 달라고 생떼를 쓴다.》

생략 (省略) 어떤 부분을 빼거나 줄이는 것. **생략하다**《2절과 3절을 생략하고 1절만 부르겠습니다.》**생략되다**

생리 (生理) 1.생명체의 조직과 기관들이 제 기능을 하는 것. 또는 그런 이치.《방귀를 뀌는 것도 생리 현상이다.》 2.사람이 살아가면서 따르는 생활 방식이나 습관.《저런 요란한 옷차림은 우리나라 사람 생리에 잘 맞지 않는다.》 3.→ 달거리.

생리적 (生理的) 몸의 조직이나 기능에 관련되는. 또는 그런 것.

생매장 (生埋葬) 사람이나 짐승을 산 채로 땅속에 묻는 것. **생매장하다 생매장되다**《광산이 무너져서 광부들이 생매장될 뻔했다.》

생머리 일부러 곱슬곱슬하게 만들지 않은 맨 머리털.《긴 생머리 소녀》

생면부지 (生面不知) 만난 적이 없어서 누구인지 모르는 것.

생명 (生命) 1.생물을 살아 숨 쉬고 움직이게 하는 기운.《소방수 아저씨들이 아기의 생명을 구했다.》 ^비목숨. 2.물건이나 일에서 가장 중요한 것을 빗대어 이르는 말.《자동차의 생명은 엔진에 있다고 한다.》 3.여자의 배 속에 생겨난 아기를 뜻하는 말.《고모의 배 속에서 새 생명이 자라고 있다.》 4.어떤 것의 가치나 활동 능력이 이어지는 기간.《노래 솜씨가 뛰어나지 않은 가수는 생명이 짧다.》

생명 공학 (生命工學) 사람 힘으로 생물의 여러 기능을 다루고 바꾸는 기술.

생명 과학 (生命科學) 생명 현상과 생물의 여러 기능을 연구하는 학문.

생명력 (生命力) 생물이 목숨을 이어 나가는 힘.《잡초의 끈질긴 생명력》

생명체 (生命體) 생명이 있는 것.《화성에도 생명체가 있을까?》

생모 (生母) 자기를 낳은 어머니.

생목숨 살아 있는 목숨.《전쟁 때 억울하게 생목숨을 잃은 사람이 많다.》

생물 (生物) 생명이 있는 동물과 식물.《지구에는 생물이 살지 않는 죽은 바다도 있다.》 ^반무생물.

생물학 (生物學) 생물을 연구하는 학문.《생물학 박사》

생방송 (生放送) 어떤 일이 벌어지는 자리에서 바로 방송하는 것.《운동 경기는 녹화 방송보다 생방송으로 보는 것이 훨씬 재미있다.》 **생방송하다**

생부 (生父) 자기를 낳은 아버지.

생사 ^{사활} (生死) 삶과 죽음.《생사가 걸린 싸움》

생사 ^실 (生絲) 삶지 않은 명주실.《생사로 짠 비단》

생사람 아무 잘못이 없는 사람.

생사람을 잡다 ^{관용} 아무 잘못이나 관계가 없는 사람한테 잘못을 뒤집어씌우다.《난 네가 잃어버린 연필 보지도 못했으니 생사람 잡지 마.》

생산 (生産) 어떤 것을 만드는 것.《감자 생산》 ^반소비. **생산하다 생산되다**

생산 공정 (生産工程) 어떤 것을 생산하는 과정.《생산 공정을 살펴보다.》

생산량 (生産量) 어떤 것을 생산하는

양.《채소 생산량》 **반**소비량.

생산물 (生産物) 생산하는 것.《김은 우리 마을의 중요한 생산물이다.》

생산비 (生産費) 어떤 것을 생산하는 데 드는 돈.

생산성 (生産性) 돈, 힘, 원료 들을 들이는 데 견주어 생산량이 얼마나 나오는지를 나타내는 비율.《높은 생산성》

생산액 (生産額) 정해진 동안 생산한 것을 돈으로 나타낸 것.

생산자 (生産者) 생산하는 사람. **반**소비자.

생산적 (生産的) 1. 생산성이 높은. 또는 그런 것. 2. 어떤 일에 도움이 되는. 또는 그런 것.

생산지 (生産地) 어떤 것을 생산하는 곳.《우리나라 최대 귤 생산지는 제주도이다.》

생산품 (生産品) 생산한 물건.《개성 공단 생산품이 미국으로 수출된다.》

생살 1. → 새살. 2. 다치지 않은 성한 살. 《생살을 저미는 아픔》

생색 (生色) 자기가 잘한 일을 지나치게 드러내는 태도.《영희는 가방 한 번 들어 주고는 크게 생색을 냈다.》

생생하다 1. 시들거나 상하지 않고 살아 있는 것 같다.《물 좋고 생생한 생선》 **참**싱싱하다. 2. 눈앞에 있는 것처럼 또렷하다.《나는 돌아가신 할아버지 얼굴을 생생하게 기억한다.》 **생생히**

생선 (生鮮) 1. 말리거나 절이지 않은 물고기.《생선 구이》 2. 바다에서 나는 물고기를 두루 이르는 말.

생선 망신은 꼴뚜기가 시킨다 **속담** 못난 사람 하나가 다른 여러 사람을 망신시

생열귀나무

킨다는 말.

생선회 (生鮮膾) 싱싱한 생선 살을 얇게 저며서 간장이나 초고추장에 찍어 먹는 먹을거리.

생성 (生成) 사물이 생겨나는 것.《우주 생성 과정》 **생성하다 생성되다**

생소하다 처음 겪는 일이어서 낯설거나 어색하다.《갓 전학 왔을 때는 모든 것이 생소했다.》

생수 (生水) 끓이거나 소독하지 않은 샘물.

생시 (生時) 자지 않고 깨어 있는 동안.《이게 꿈이야 생시야?》

생식 **날것** (生食) 음식을 날로 먹는 것. 《생식은 건강에 좋다.》 **생식하다**

생식 **태어남** (生殖) 생물이 어린 생물을 태어나게 하는 것. **생식하다**

생식기 (生殖器) → 생식 기관.

생식 기관 (生殖器官) 새로운 생명체를 낳는 데 쓰이는 몸의 한 부분. 정관, 난관, 자궁 같은 것이 동물의 생식 기관이고, 암술, 수술 같은 것이 식물의 생식 기관이다. **같**생식기.

생신 (生辰) '생일'의 높임말.《할아버지 생신에 온 가족이 모였다.》

생애 (生涯) 살아 있는 동안.《전기는 한 사람의 생애를 담은 글이다.》

생업 (生業) 살아가는 데 드는 돈을 벌려고 늘 하는 일.《외할아버지는 평생 농사를 생업으로 삼으셨다.》 **비**직업.

생열귀나무 산길 옆이나 밭둑, 도랑가에 자라는 잎지는나무. 5~6월에 연분홍 꽃이 피고 가을에 열매가 붉게 익는다. 꽃은 향수를 만드는 데 쓴다.

생원 (生員) 1. 조선 시대 과거 시험 가

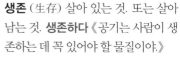

운데 생원과에 합격한 사람. 2.옛날에 나이 많은 선비를 대접하여 이르던 말.

생원님 옛날에 신분이 낮은 사람이 선비를 이르던 말. 준샌님.

생육 (生育) 생물이 나서 자라는 것. **생육하다**《식물이 잘 생육하려면 비가 제때 내려야 한다.》 **생육되다**

생육신 (生六臣) 조선 시대에 세조가 단종에게서 임금 자리를 빼앗자 벼슬을 버리고 절개를 지킨 여섯 신하. 김시습, 남효온, 성담수, 원호, 이맹전, 조여이다. 참사육신.

생으로 익히지 않거나 말리지 않은 날것 그대로.《오이는 생으로 먹는 게 가장 맛있다.》 비날로.

생이가래 논이나 늪에 떠서 자라는 풀. 줄기 한 마디에 잎이 세 개씩 나는데 두 개는 물 위에 뜨고 한 개는 물속에서 뿌리 구실을 한다.

생이가래

생이별 (生離別) 가족이 어쩔 수 없는 일로 헤어지는 것.《할아버지는 전쟁이 나는 바람에 가족과 생이별을 했다고 한다.》 **생이별하다**

생일 (生日) 사람이 태어난 날.《내 생일은 4월 30일이야.》 높생신.

생일날 생일인 날.

생일상 (生日床) 생일잔치를 하려고 차리는 음식상.

생일잔치 생일을 맞은 사람이 벌이는 잔치. 또는 생일을 맞은 사람한테 베푸는 잔치.《생일잔치에 초대받았다.》

생장 (生長) 생물이 태어나서 자라는 것.《생장 기간/생장 과정》 **생장하다**

생전 (生前) 살아 있는 동안.《생전 처음 비행기를 탔다.》 반사후.

생존 (生存) 살아 있는 것. 또는 살아남는 것. **생존하다**《공기는 사람이 생존하는 데 꼭 있어야 할 물질이야.》

생존 경쟁 (生存競爭) 생물이 살아남으려고 벌이는 경쟁.

생존권 (生存權) 사람답게 사는 데 필요한 것을 나라에 요구할 권리.

생존자 (生存者) 사고를 당하고도 살아남은 사람.《생존자를 찾아낸다.》

생쥐 논밭이나 집안의 천장, 마루 밑 같은 데서 사는 쥐. 털빛은 잿빛 도는 갈색이다.

생쥐 소금 먹듯 한다 속담 음식을 조금씩 먹다가 만다는 말.

생즙 (生汁) 과일, 채소를 갈거나 찧어서 짜낸 즙.《당근 생즙》

생지옥 (生地獄) 몹시 괴롭고 끔찍한 곳을 지옥에 빗대어 이르는 말.《사람이 꽉 들어찬 전철 안은 생지옥이다.》

생채 (生菜) 익히지 않고 날로 무친 나물.《무 생채》

생채기 긁혀서 난 작은 상처.《나뭇가지에 긁혀서 팔뚝에 생채기가 났다.》

생체 (生體) 생물의 몸. 또는 살아 있는 몸.《생체 해부》

생태 명태 (生太) 얼리거나 말리지 않은 명태.《싱싱한 생태 찌개》

생태 자연 (生態) 생물이 살아가는 모습이나 방법.《나비의 생태》

생태계 (生態系) 여러 생물이 서로 영향을 미치면서 사는 세계.《환경이 오염되면 생태계가 망가진다.》

생트집 괜히 트집을 잡는 것.《형이 내가 잘못했다고 생트집을 잡았다.》

생판 전혀 모르거나 생전 처음인 것.

《저이는 생판 모르는 사람이야.》

생포 (生捕) 사람이나 짐승을 산 채로 잡는 것.《코끼리 생포 작전》**생포하다 생포되다**

생필품 (生必品) '생활필수품'을 줄인 말.《생필품 부족》

생화 (生花) 살아 있는 풀이나 나무에서 핀 꽃. **반**조화.

생활 (生活) 1.정해진 환경 안에서 살아가는 것.《생활 습관》2.하루하루 살림을 꾸려 나가는 것.《아빠가 직장을 잃은 뒤부터 생활이 어려워졌다.》3. 모임이나 단체의 한 사람으로서 활동하는 것.《학교생활/선수 생활》4.취미 같은 특별한 일을 하는 것.《취미 생활/문화생활》**생활하다**

생활 계획표 (生活計劃表) 하루하루 어떻게 생활할지 계획해서 짜는 표.

생활고 (生活苦) 가난해서 겪는 어려움.《생활고에 시달리다.》

생활권 (生活圈) 사람들이 생활하면서 움직이는 테두리.《온 나라가 하루 생활권에 든 지 오래이다.》

생활력 (生活力) 살아가거나 살림을 꾸리는 힘.《생활력이 강하다.》

생활문 (生活文) 일기처럼 생활하면서 겪은 일을 적는 글.

생활 보호 대상자 (生活保護對象者) 나라에서 주는 돈으로 생활하는 사람. 대개 돌봐 줄 가족이나 스스로 살아갈 능력이 없는 사람을 이른다.

생활비 (生活費) 살아가는 데 드는 돈.

생활상 (生活相) 살아가는 모습.《조선 시대 농민들의 생활상》

생활수준 (生活水準) 사는 수준. 돈을

생황

샬레

얼마나 벌고 얼마나 쓰는지에 따라서 높낮이를 잰다.《생활수준이 높다.》

생활용수 (生活用水) 생활하면서 마시거나 씻거나 하는 데 쓰는 물.

생활 통지표 (生活通知表) 학교에서 학생의 생활 태도, 시험 성적 들을 적어서 집으로 보내는 표.

생활필수품 (生活必需品) 쌀, 치약, 비누같이 살아가는 데 반드시 있어야 하는 물건.

생활하수 (生活下水) 집에서 설거지, 빨래, 세수 들을 하고 버린 물.

생활화 (生活化) 어떤 일을 생활 속에서 늘 하는 일로 삼는 것. **생활화하다**《자연보호를 생활화합시다.》

생황 (笙簧) 입으로 부는 국악기 가운데 하나. 둥근 나무통에 대나무 대롱을 돌려 꽂았는데 부는 구멍이 통 옆에 붙어 있다.

생후 (生後) 태어난 뒤.《생후 일곱 달 된 아기》

샤워 (shower) 물을 뿌리면서 몸을 씻는 것. **샤워하다**

샤워기 샤워할 때 물을 비처럼 뿌려 주는 도구.

샤프 도구 (sharp) 글씨 쓰는 도구. 한쪽 끝을 누르면 대롱에 넣은 연필심이 조금씩 나온다.

샤프 음악 (sharp) → 올림표.

샬레 (Schale독) 둥글납작하고 뚜껑 있는 실험용 유리 그릇. **같**페트리접시.

샴페인 (champagne) 이산화탄소가 들어 있는 맑은 포도주. 거품이 많고 상쾌한 맛이 난다.

샴푸 (shampoo) 머리를 감는 데 쓰

는 액체 비누. **참**린스.

샹들리에 (chandelier^프) 천장에 매다는 화려한 전등.

서 ^수 돈, 말, 푼 같은 말 앞에 써서, 셋을 나타내는 말.《보리 서 말》

서 ^{방향} (西) → 서쪽.

서가 (書架) 책을 꽂을 수 있게 여러 층으로 만든 선반.

서거 (逝去) 지위가 높거나 이름난 사람이 죽는 것을 높여 이르는 말.《김구 선생님 서거 소식에 온 나라가 슬픔에 잠겼다.》 **서거하다**

서걱 1.과일, 채소, 과자 들을 씹는 소리. 2.뻣뻣한 천이나 마른 나뭇잎 같은 것이 스치는 소리. **서걱거리다 서걱대다 서걱서걱**《사과를 서걱 베어 물었다./갈대가 바람에 서걱거린다.》

서고 (書庫) 책을 두는 집이나 방.

서곡 (序曲) 오페라 같은 극음악이 시작되기 전에 연주하는 음악.

서광 (曙光) 1.동틀 무렵에 비치는 햇빛.《새벽 서광이 온 들판에 번졌다.》 2.일이 잘될 것 같은 낌새를 빗대어 이르는 말.《앞날에 서광이 비친다.》

서구 (西歐) → 서유럽.

서귀포 (西歸浦) 제주도 남쪽에 있는 시. 정방 폭포, 천지연 폭포 들이 있어 관광지로 널리 알려져 있다.

서글서글하다 1.성격이 너그럽고 상냥하다.《형은 성격이 서글서글해서 좋다.》 2.큼직큼직한 생김새가 보기에 시원스럽다.《서글서글한 눈매》

서글프다 마음이 허전하고 슬프다.《노을을 보면 왠지 서글픈 생각이 들어.》 **바**서글픈, 서글퍼, 서글픕니다.

서기 ^해 (西紀) 예수가 태어난 해를 시작으로 하여 해를 세는 것. **참**단기.

서기 ^{사람} (書記) 회의 내용을 적는 사람.《학생회 서기》

서기 ^책 (書記) 백제의 역사를 적은 책. 근초고왕 때(375년) 고흥이 지었으나 지금은 남아 있지 않다.

서까래 한옥에서 지붕의 비탈진 면을 받치고 추녀를 이루는 긴 나무.

서남아시아 아시아의 남서쪽 지역. 이란, 사우디아라비아, 쿠웨이트 같은 나라가 있다.

서남쪽 서쪽과 남쪽 가운데.

서낭 서낭신이 붙은 나무.

서낭나무 서낭신이 머무른다는 나무.

서낭당 서낭신을 모시는 집. **같**성황당.

서낭신 민속신앙에서 땅과 마을을 지켜 준다는 신.

서너 세는 말 앞에 써서, 셋이나 넷을 나타내는 말.《귤 서너 개》

서넛 셋이나 넷.《아이들 서넛이 둘러앉아 공기놀이를 하고 있다.》

서녘 → 서쪽.

서늘하다 1.바람, 공기 들이 조금 차다.《서늘한 가을바람이 옷깃을 스친다.》 **참**써늘하다. 2.무섭거나 놀랐을 때 오싹하는 추운 느낌이 있다.《어두운 골목길을 지날 때면 귀신이 나올 것 같은 서늘한 느낌이 든다.》 **참**써늘하다.

서다 1.발을 바닥에 대고 몸을 위로 곧게 하거나 몸을 일으키다.《이모네 아기가 이제 두 발로 설 수 있대요》 2.움직이던 것이 멈추다.《버스가 갑자기 서는 바람에 넘어졌다.》 3.건물, 기둥 같은 것이 세워지거나 곧게 솟아 있다. 《공원에 시계탑이 서 있다.》 4. 어떤 구실을 하거나 어떤 자리, 처지에 있다. 《정의의 편에 서서 싸우자.》 5. 계획, 결심 같은 것이 분명해지다. 《계획이 확실히 서지 않아서 아무 일도 시작할 수 없었다.》 6. 질서, 법, 규율 들이 바로잡히다. 《법질서가 제대로 서야 합니다.》 7. 어떤 모습이나 현상이 생기다. 《쌍무지개가 서다.》 8. 날이 날카로워지다. 《날이 시퍼렇게 선 낫》 9. 시장이 열리다. 《닷새에 한 번 서는 장을 오일장이라고 한다.》 10. 나라나 정부가 세워지다. 《고려가 망하고 조선 왕조가 섰다.》

설 땅을 잃다 〔관용〕 제구실을 하거나 살아갈 터전이 없어지다. 《전자계산기가 나오면서 주판은 설 땅을 잃었다.》

서당 (書堂) → 글방.

서당 개 삼 년이면 풍월을 읊는다 〔속담〕 서당에서 삼 년 동안 글 읽는 소리를 들으면 개도 글 읽는 소리를 낸다는 뜻으로, 전혀 모르던 일도 오래 하면 지식과 경험이 웬만큼 쌓인다는 말.

서대문 (西大門) → 돈의문.

서도 〔민요〕 평안도와 황해도 지방의 민요를 이르는 말. 평안도 민요로 수심가 같은 것이 있고, 황해도 민요로는 난봉가, 몽금포 타령 들이 있다.

서도 〔붓글씨〕 (書道) 붓글씨를 쓰는 마음가짐이나 방법. 《서도를 배우다.》

서도 〔지역〕 (西道) 황해도와 평안도를 함께 이르는 말.

서두 (序頭) 글, 말 같은 것의 첫머리. 《서두는 여기서 이만 줄이겠습니다.》

서두르다 일을 빨리 하려고 바쁘게 움직이다. 《기차 놓치지 않으려면 서둘러야 해.》 〔준〕 서둘다. 〔바〕 서두르는, 서둘러, 서두릅니다.

서둘다 → 서두르다. 《서둘지 않으면 늦겠다.》 〔바〕 서두는, 서둘러, 서둡니다.

서라벌 (徐羅伐) 1. '신라' 의 옛 이름. 2. '경주' 의 옛 이름.

서랍 책장, 옷장 들에 달린 뚜껑 없는 상자. 물건을 넣어 두는 데 쓰는데 당겨서 열고 밀어서 닫는다.

서러움 → 설움.

서럽다 마음이 답답하고 슬프다. 《아무도 내 마음을 몰라줘서 서러워요.》 〔같〕 섧다. 〔바〕 서러운, 서러워, 서럽습니다.

서로 1. 짝을 이루는 상대와 함께. 《둘이 서로 아는 사이야?》 2. 여럿이 모두. 《서로 돕는 사회》

서로서로 '서로'를 힘주어 이르는 말. 《우리 서로서로 도우면서 살아요.》

서론 (序論) 흔히 논설문에서 본론 앞에 쓰는 글. 글을 쓰는 까닭, 목적 들을 짧게 적는다. 〔참〕 본론, 결론.

서류 (書類) 어떤 내용을 담은 문서. 《서류 작성/서류를 꾸미다.》 〔비〕 문서.

서류철 (書類綴) 여러 서류를 한데 묶어서 정리한 것. 〔같〕 파일.

서른 1. 열의 세 배가 되는 수. 2. 세는 말 앞에 써서, 열의 세 배가 되는 수를 나타내는 말. 《이모는 서른 살이다.》

서리 〔놀이〕 농촌에서 아이들이 떼 지어 다니면서 과일이나 곡식 들을 훔쳐 먹는 짓. 《수박 서리》

서리 〔수증기〕 기온이 영하로 내려갈 때 공기 속에 있는 수증기가 땅 위나 물체에 닿아 눈가루같이 얼어붙은 것.

서리를 맞다 관용 어떤 일 때문에 아주 어려운 처지에 놓이다. 《구청의 단속으로 노점상들이 서리를 맞았다.》

서리다 김이 1. 김이나 안개 같은 것이 끼다. 《안경에 김이 서려서 앞이 안 보여.》 2. 기운, 분위기, 냄새, 흔적 들이 나타나다. 《이 노래에는 분단의 아픔이 서려 있다.》 3. 원한이 마음속 깊이 맺히다. 《그분은 가슴속에 서린 한을 풀지 못하고 돌아가셨다.》

서리다 몸을 1. 국수, 새끼, 줄 같은 것을 빙빙 돌려서 감다. 《엄마가 삶은 국수를 서려서 그릇에 담으셨다.》 참사리다. 2. 뱀 같은 짐승이 몸을 둥글게 감다. 《풀숲에 몸을 서린 뱀》 참사리다.

서리서리 1. 긴 물건이 여러 겹으로 감기는 모양. 2. 뱀 같은 것이 자꾸 서리어진 모양. 3. 어떤 감정이 복잡하게 서리어 얽힌 모양. 《서리서리 얽힌 사연》

서리차다 ㅣ북 1. 서리가 내려서 아주 차다. 《서리찬 새벽》 2. 서리처럼 싸늘하다. 《미영이가 서리찬 눈초리로 노려봤다.》 3. 서릿발이 뻗친 것처럼 날카롭다. 《서리찬 창 끝》

서리태 껍질은 검고 속은 푸른 콩. 10 월쯤 서리가 내린 뒤에 거둔다.

서릿발 땅속의 물기가 가는 다발로 얼어서 땅 위로 솟은 것.

서릿발이 치다 관용 기세가 아주 무섭다. 《할아버지는 서릿발이 치는 목소리로 우리를 꾸짖으셨다.》

서마서마하다 ㅣ북 마음이 놓이지 않아서 조마조마하다. 《학교에 늦을 것 같아서 마음이 서마서마했다.》

서막 (序幕) 1. 연극, 오페라 들에서 처음 여는 막. 흔히 등장인물, 줄거리 같은 것을 소개한다. 2. 어떤 일이 시작하는 것을 빗대어 이르는 말. 《축제의 서막이 올랐다.》

서먹서먹하다 아주 서먹하다. 《오랜만에 동무를 만나니 서먹서먹하다.》

서먹하다 낯설거나 사이가 멀어지거나 해서 어색하다. 《새별이와 싸운 뒤로 우리 둘은 서먹하게 지낸다.》

서면 (書面) 어떤 내용을 적은 종이. 《질문은 서면으로 해 주십시오.》

서명 (署名) 서류 같은 것에 이름을 써 넣는 것. 또는 그 이름. **서명하다**

서무 (庶務) 학교에서 증명서를 만들어 주거나 돈을 걷거나 하는 여러 일. 또는 그런 일을 하는 사람.

서무실 (庶務室) 학교에서 서무를 맡아보는 곳.

서문 문 (西門) 서쪽으로 난 문.

서문 글 (序文) → 머리말.

서민 (庶民) 보통 사람.

서방 남편 1. '남편'을 낮추어 이르는 말. 《저 집 서방은 출장을 자주 가는 모양이야.》 2. 성 뒤에 써서, 사위, 여동생의 남편, 손아래 동서를 이르는 말. 《외할머니는 아빠를 강 서방이라고 부르신다.》 3. 성 뒤에 써서, 옛날에 장가간 남자를 높여 이르거나 벼슬이 없는 남자 어른을 이르던 말. 《오 서방은 김 서방과 함께 팔도 유람을 떠났다.》

서방 방향 (西方) 1. 서쪽. 또는 서쪽 지방. 2. 서쪽에 있는 나라.

서방님 1. 형수가 장가간 시동생을 이르는 말. 《서방님, 내려와서 저녁 드세요.》**참**도련님. 2.옛날에 '남편'을 높여 이르던 말.《박씨 부인은 서방님을 반가이 맞았습니다.》3.옛날에 신분이 낮은 사람이 젊은 남자 양반을 이르던 말.《마당쇠는 서방님의 편지를 품 안에 넣고 달렸습니다.》

서방백제양반탈 고성 오광대에서 쓰는 탈.

서방백제장군탈 가산 오광대에서 쓰는 탈.

서부 (西部) 어떤 지역의 서쪽 부분. 《서부 유럽》

서북쪽 서쪽과 북쪽 가운데.

서브 (serve) 배구, 탁구, 테니스 같은 경기에서 먼저 공을 쳐서 상대편 쪽으로 보내는 일. **북**쳐넣기. **서브하다**

서비스 (service) 1.남을 위해 봉사하는 것.《서비스 정신》2.생활에 도움을 주는 일을 돈을 받고 해 주는 것.《포장 이사 서비스》3.손님한테 거저 또는 싸게 상품을 주거나 어떤 일을 해 주는 것.《간단한 고장이니 서비스로 고쳐 주시면 안 될까요?》**서비스하다**

서비스업 물건을 만드는 일은 아니지만 숙박, 광고, 의료처럼 생활에 도움을 주는 산업.

서사시 (敍事詩) 역사, 신화, 전설 들에 나오는 이야기를 담아서 길게 쓰는 시.《장편 서사시》**참**서정시.

서산 (西山) 서쪽에 있는 산.

서서히 느리고 더디게.《서서히 어둠이 내리기 시작했다.》

서성- 마음에 갈피가 잡히지 않아 가까운 거리에서 왔다 갔다 하는 모양. **서성거리다 서성대다 서성이다 서성서**

서방백제양반탈

서방백제장군탈

성《왜 교무실 앞에서 서성거렸니?》

서수 (序數) 첫째, 둘째처럼 차례를 나타내는 수.

서술 (敍述) 사실이나 생각을 말하거나 쓰는 것.《이 책은 서술 방식이 너무 복잡해.》**서술하다 서술되다**

서술문 (敍述文) → 평서문.

서술어 (敍述語) 문장에서 '어떠하다', '어떤 것이다', '어떻게 하다'를 나타내는 말.《'바둑이가 꼬리를 흔든다.'에서 서술어는 '흔든다'이다.》

서슬 1. 칼이나 유리 조각 같은 것의 날카로운 부분. 2.무시무시하거나 날카로운 기운을 빗대어 이르는 말.《아버지가 꾸짖는 서슬에 울고 말았다.》 서슬이 시퍼렇다 **관용** 기세가 아주 무섭다.《선생님이 잘못한 아이들을 서슬퍼렇게 나무라셨다.》**비**서슬이 푸르다.

서슴다 흔히 '않다', '말다'와 함께 써서, 어떤 일을 선뜻 하지 못하고 망설이다.《힘들면 서슴지 말고 말하렴.》

서슴없다 망설이거나 거리끼는 태도가 없다. **서슴없이**《주희는 교장 선생님 방으로 서슴없이 들어갔다.》

서식 **쉼**(棲息) 생물이 사는 것. **서식하다**《노루가 서식하는 숲》

서식 **서류**(書式) 서류를 꾸미는 방식.《증명서 서식》

서식지 (棲息地) 생물이 사는 곳.

서신 (書信) → 편지.

서약 (誓約) 어떤 일을 하겠다고 다짐하면서 약속하는 것.《혼인 서약》**서약하다**

서약서 (誓約書) 서약하는 뜻으로 쓰는 글. 또는 그런 글을 담은 문서.

서양 (西洋) 유럽과 아메리카 여러 나라를 이르는 말. 참동양.

서양등골나물 중부 지방에 자라는 풀. 8~10월에 흰 꽃이 가지 끝에 모여 핀다. 검고 윤기 나는 열매가 열린다.

서양민들레 들이나 풀밭에 자라는 풀. 3~9월에 노란 꽃이 핀다.

서양식 (西洋式) 서양에서 하는 방법. 《악수는 서양식 인사법이다.》

서양 음악 (西洋音樂) 서양에서 생겨나서 발달한 음악.

서양인 (西洋人) 서양 혈통이나 국적을 지닌 사람. 참동양인.

서양측백나무 공원이나 길가에 심어 가꾸는 늘푸른나무. 잎이 작은 비늘처럼 다닥다닥 붙어 나면서 향기가 난다.

서양화 (西洋畵) 서양에서 발달한 그림. 또는 서양에서 생겨난 재료와 기술을 써서 그린 그림. 유화, 수채화 들이 있다. 참동양화.

서역 (西域) 중국 서쪽에 있던 여러 나라를 이르는 말.

서열 (序列) 지위, 능력 들에 따라서 매기는 차례.《서열을 나누다.》

서예 (書藝) 붓으로 글씨를 쓰는 것. 또는 그런 예술.《서예 작품》

서예가 (書藝家) 붓글씨를 전문으로 쓰는 사람.

서예부 (書藝部) 학교에서 붓글씨를 배우는 반.

서운하다 1.마음에 차지 않아 아쉽다. 《벌써 집에 가야 한다니 서운하네.》 2. 섭섭하고 언짢다.《미선이 생일잔치에 초대받지 못해 서운하다.》

서울 1.한 나라의 중앙 정부가 있는 곳.

서양등골나물

서양민들레

서양측백나무

서울제비꽃

비수도. 2.우리나라 가운데 있는 특별시. 남녘의 수도이다. 북한산, 인왕산, 관악산 들로 둘러싸여 있고 한강이 가로질러 흐른다.

서울 가서 김 서방 찾기 속담 넓은 서울에 가서 주소도 없이 김 서방을 찾는다는 뜻으로, 잘 알지도 못하는 것을 무턱대고 찾는 것을 이르는 말.

서울 놈은 비만 오면 풍년이란다 속담 서울 사람은 농사를 전혀 모른다고 놀리는 말.

서울말 서울 토박이들이 쓰는 말.

서울역 서울시 중구에 있는 기차역. 우리나라에서 가장 큰 기차역이다.

서울제비꽃 서울과 경기도 들판에 자라는 풀. 봄에 보라색 꽃이 핀다.

서원 (書院) 조선 시대에 선비들이 모여 학문을 연구하면서, 믿고 따르던 옛 사람을 제사 지내던 곳.

서유견문 (西遊見聞) 조선 고종 때 유길준이 쓴 책. 미국과 유럽을 여행하면서 보고 느낀 점을 적었다. 처음으로 한문과 한글을 섞어 쓴 기행문이다.

서유기 (西遊記) 중국 명나라 때 오승은이 지은 소설. 손오공, 저팔계, 사오정이 삼장 법사와 함께 천축에 가서 불경을 구해 돌아온다는 이야기이다.

서유럽 유럽의 서쪽 지역. 영국, 프랑스, 독일 같은 나라가 있다. 갈서구.

서자 (庶子) 아내가 아닌 다른 여자한테서 태어난 아들.

서장 (署長) 경찰서, 소방서처럼 '서' 자로 끝나는 관청에서 으뜸인 사람.

서재 (書齋) 책을 갖추어 두는 방.《아빠는 서재에서 책을 읽고 계신다.》

서적(書籍) ➜ 책.

서전(緖戰) 전쟁이나 경기에서 맨 처음 벌이는 싸움.

서점(書店) ➜ 책방.

서정시(抒情詩) 느낌을 담아서 쓰는 시. **참**서사시.

서진(書鎭) 흔히 붓글씨를 쓸 때 종이가 움직이지 않게 누르는 쇠나 나무 막대기.《화선지가 날리지 않게 서진을 얹고 글씨를 썼다.》**같**문진.

서쪽 해가 지는 쪽. **같**서, 서녘. **참**남쪽, 동쪽, 북쪽.

서쪽에서 해가 뜨다 **관용** 전혀 생각하지 못한 일이어서 무척 놀랍다.《네가 공부를 하다니 서쪽에서 해가 뜨겠다.》

서찰(書札) ➜ 편지.

서체(書體) ➜ 글씨체.

서캐 이가 낳은 알.

서커스(circus) 마술, 줄타기 같은 재주를 보여 주는 구경거리. **비**곡마단.

서클(circle) ➜ 동아리.

서투르다 어떤 일에 익숙하지 못하다.《저 외국인은 우리말이 서툴러.》**준**서툴다. **바**서투른, 서툴러, 서투릅니다.

서투른 무당이 장구만 나무란다 **속담** 자기 솜씨가 모자란 것은 모르고 도구가 나쁘다고 탓한다는 말.

서툴다 ➜ 서투르다.《칼질이 좀 서툴어요.》**바**서툰, 서툴어, 서툽니다.

서편(西便) 서쪽 편.

서푼 한 푼짜리 엽전 세 개라는 뜻으로, 아주 싼 값을 빗대어 이르는 말.《서푼어치도 안 되는 싸구려》

서풍(西風) 서쪽에서 불어오는 바람.

서학(西學) 1.서양 학문. 2.조선 시대에 '천주교'를 이르던 말.

서한(書翰) ➜ 편지.《외교 서한》

서해(西海) 1.서쪽에 있는 바다. 2.우리나라 서쪽에 있는 바다. **같**황해.

서해안(西海岸) 1.서쪽에 있는 바닷가. 2.우리나라 서쪽에 있는 바닷가. **같**황해안.

서행(徐行) 차가 천천히 가는 것.《눈길 서행 운전》**서행하다**

서향(西向) 서쪽으로 향하는 것.

서화(書畵) 글씨와 그림.《조선 시대 서화 전시회》

서화가(書畵家) 붓글씨도 쓰고 그림도 그리는 예술가.

석 셋 냥, 되, 섬, 자, 달 같은 말 앞에 써서, 셋을 나타내는 말.《쌀 석 섬》

석 달 장마 끝에 햇빛 본 것 같다 **속담** 힘든 일을 오랫동안 겪은 뒤에 좋은 일이 생겼을 때 하는 말.

석 섬(石) ➜ 섬.

석가(釋迦) ➜ 석가모니.

석가모니(釋迦牟尼) 불교를 만든 사람. 지금의 네팔과 인도가 만나는 곳에서 태어났고 본래 이름은 고타마 싯다르타이다. **같**석가.

석가여래상(釋迦如來像) 석가모니를 그리거나 조각한 것.

석가 탄신일(釋迦誕辰日) ➜ 부처님 오신 날.

석가탑(釋迦塔) 1.석가모니의 이, 머리털, 사리 같은 것을 넣어 둔 탑. 우리나라에는 경주 불국사, 보은 법주사, 양산 통도사, 평창 월정사, 칠곡 송림사 들에 있다. 2.경상북도 경주 불국사에 있는 3층 석탑. 통일 신라 시대에

석가탑

만든 탑으로 대웅전 앞 서쪽에 있다. '무영탑' 이라고도 한다. 국보 제21호.

석간 (夕刊) → 석간신문.

석간신문 (夕刊新聞) 날마다 오후에 나오는 신문. **같**석간.

석간주 항아리 빛깔이 붉은 석간주 흙을 물에 개어 발라서 검붉은 빛이 나는 항아리.

석간주 항아리

석고 (石膏) 석회 가루에 물을 섞은 반죽. 분필, 깁스, 조각상 들을 만든다.

석고 붕대 석고 가루를 발라서 단단하게 굳힌 붕대. 흔히 뼈가 부러졌을 때 감는데, 다친 데를 함부로 움직이지 못하게 해 준다.

석고상 석고로 사람이나 동물 모습을 나타낸 조각.

석곡 남부 지방 바위나 나무에 붙어 자라는 풀. 줄기는 굵고 마디가 많다. 5~6월에 흰색이나 옅은 붉은색 꽃이 핀다. 포기째 약으로 쓴다. **북**석곡풀.

석류

석류나무

석공 (石工) → 석수.

석굴 (石窟) 바위에 뚫린 굴.

석굴암 (石窟庵) 경상북도 경주 토함산에 석굴 모양으로 지은 절. 통일 신라 경덕왕 때(751년) 김대성이 짓기 시작하여 혜공왕 때(774년) 완성하였다. 유네스코에서 세계 문화유산으로 지정하였다. 국보 제24호.

석곡

석권 (席卷) 넓은 땅이나 여러 자리 들을 모두 차지하는 것. **석권하다**《우리나라 선수들이 금메달을 석권했다.》

석기 (石器) 돌로 만든 도구. 아주 옛날 사람들이 만든 칼, 도끼, 그릇 들을 이른다. **참**철기, 청동기.

석기 시대 (石器時代) 돌로 칼, 도끼 같은 도구를 만들어 쓰던 시대. 구석기 시대와 신석기 시대로 나눈다. **참**철기 시대, 청동기 시대.

석단 (石段) 돌로 만든 계단.

석등 (石燈) 돌로 만든 등.

석류 석류나무 열매. 잘 익으면 껍질이 저절로 터지는데 안에 불그스름한 씨가 많이 들어 있다. 씨는 먹고 껍질은 약으로 쓴다.

석류나무 뜰이나 공원에 심어 가꾸는 잎지는나무. 초여름에 붉은 꽃이 피고, 가을에 석류가 붉게 익는다.

석면 (石綿) 실이나 털처럼 가늘고 긴 돌. 불에 타지 않고 전기가 잘 통하지 않는다. 사람 몸에 해롭다.

석방 (釋放) 교도소 같은 곳에 갇힌 사람을 풀어 주는 것. **석방하다**《양심수를 당장 석방해야 합니다.》 **석방되다**

석별 (惜別) 서로 아쉬워하면서 헤어지는 일.《석별의 정을 나누다.》

석불 (石佛) → 돌부처.《석굴암 석불》

석비 (石碑) → 비석.

석빙고 (石氷庫) 옛날에 얼음을 넣어 두려고 돌로 만든 창고. 신라 시대부터 있었지만 지금 남아 있는 것은 대부분 조선 시대에 다시 지은 것이다. 경주 석빙고, 안동 석빙고, 창녕 석빙고 들이 남아 있다.

석사 (碩士) 학사 학위가 있는 사람이 대학원에서 공부한 뒤에 받는 학위. 또는 그 학위를 받은 사람. **참**박사, 학사.

석상 조각 (石像) 돌로 사람이나 동물 모습을 나타낸 조각.

석상 자리 (席上) 여러 사람이 모인 자리.《회의 석상》

석쇠 고기, 생선 들을 불에 대고 구울 때 쓰는 물건. 가는 쇠줄을 그물처럼 엮어서 만든다.

석수 사람 (石手) 돌을 깨고 쪼아서 여러 물건을 만드는 사람. 같석공.

석수 조각품 (石獸) 궁이나 무덤을 지키게 하려고 돌로 짐승 모습을 본떠 만든 조각.

석수장이 '석수'를 낮추어 이르는 말.

석순 (石筍) 석회 동굴 천장에서 떨어진 물이 오랫동안 쌓여서 죽순 모양으로 굳은 돌.

석쉬다 |북 목소리가 조금 갈라진 것처럼 쉬다. 《형 목소리가 석쉰 것 같다.》

석쉼하다 |북 목소리가 깊고 낮으면서 조금 쉬다. 《석쉼한 목소리 때문에 아저씨인 줄 금방 알아보았다.》

석시삭다 |북 돌 같은 것이 잘게 부스러질 만큼 삭다. 《돌멩이가 석시삭아서 가루가 되고 말았다.》

석양 (夕陽) 저녁때에 저무는 해. 또는 해가 저무는 때. 《붉게 물든 석양을 바라보았다.》 비낙조.

석연하다 흔히 '않다', '못하다' 와 함께 써서, 궁금하거나 의심스러운 점이 없다. 《어쩐지 대답이 석연치 않아.》

석영 (石英) 유리처럼 빛나는 광물. 도자기나 유리를 만드는 데 쓴다.

석위 바위나 나무에 붙어 자라는 풀. 잎 뒷면에 밤색 털이 나 있고 홀씨로 퍼진다. 포기째 약으로 쓴다.

석유 (石油) 땅속에 묻혀 있는 검은 기름. 독특한 냄새가 나고 불이 잘 붙는다. 이것을 걸러서 휘발유, 등유, 경유, 중유 들을 얻는다. 같기름.

석쇠

석잠풀

석조전

석창포

석위

석유 화학 공업 (石油化學工業) 석유나 천연가스로 플라스틱, 비료, 약품 같은 여러 가지 물건을 만드는 공업.

석이버섯 깊은 산에서 자라는 버섯. 위쪽은 반들반들하고 잿빛인데, 아래쪽은 검고 거칠거칠하다. 먹는 버섯이다. 북돌버섯, 돌버섯지의.

석잠풀 물가나 축축한 땅에 자라는 풀. 잎은 길쭉하고 끝이 뾰족하다. 6~9월에 연한 붉은색 꽃이 핀다.

석재 (石材) 집, 물건 들을 만드는 데 쓰는 돌. 《석재로 지은 건물》

석조 (石造) 돌로 만든 것. 《이 길 끝에 오래된 석조 건물이 있다.》

석조전 (石造殿) 서울 덕수궁에 있는 3층짜리 건물. 1900년에 짓기 시작하여 1910년에 완성한 서양식 건물이다.

석주 (石柱) → 돌기둥.

석차 (席次) 성적에 따라서 정하는 차례. 《석차가 오르다.》 비등수.

석창포 냇가에 자라는 풀. 잎은 좁고 긴데, 6~7월에 누르스름한 풀빛 꽃이 핀다. 뿌리를 약으로 쓴다.

석탄 (石炭) 땔감으로 쓰는 검은 광물. 옛날에 땅속에 묻힌 식물이 오랜 세월을 거쳐서 돌처럼 굳은 것이다. 준탄.

석탑 (石塔) 돌로 쌓은 탑. 비돌탑.

석판화 (石版畫) 돌로 만든 판에 그림을 새기고 물감을 묻혀서 종이에 찍어낸 그림. 북돌판화.

석학 (碩學) 깊이 공부해서 아는 것이 많은 사람. 《물리학계의 석학》

석회 (石灰) 석회석을 구워서 만든 흰 가루. 또는 이 가루에 물을 부어서 반죽한 것. 벽이나 바닥에 바르는 건축 재료로도 쓰고 밭에 뿌리기도 한다.

석회석 (石灰石) → 석회암.

석회수 (石灰水) 수산화칼슘을 넣어 녹인 물. 소독하거나 살균할 때 쓴다.

석회암 (石灰巖) 산호, 조개껍데기, 동물 뼈 들이 바다 밑에 쌓여서 굳은 돌. 시멘트 원료로 쓴다. **같**석회석.

섞다 1.여럿을 한데 합치다.《엄마는 보리쌀과 콩을 섞어서 밥을 지으셨다.》 2.어떤 일을 하면서 말이나 몸짓을 곁들이다.《수희는 손짓을 섞어 가면서 말하는 버릇이 있다.》

섞어짓기 한곳에 여러 농작물을 섞어서 짓는 일.

섞이다 여럿이 한데 합쳐지다.《파랑과 빨강이 섞이면 보라가 된다.》

선 금 (線) 1.금이나 줄.《세 점을 선으로 이으면 삼각형이 된다.》2.어떤 것의 테두리를 이루는 금.《선이 고운 한복》3.어떤 수나 정도를 기준으로 하는 한계.《오늘 회의는 이 정도 선에서 마무리하자.》

선을 긋다 관용 어떤 행동을 할 때 지킬 테두리나 기준을 정하다.《미리 선을 긋고 동무를 사귀면 안 돼.》

선을 넘다 관용 정도가 지나치다.《네가 윤지를 돼지라고 불렀을 때 이미 넘어서는 안 될 선을 넘은 거야.》

선 만남 1.혼인할 사람을 찾으려고 남자와 여자가 처음 만나는 일.《우리 이모는 선을 열 번이나 보았다.》2.어떤 것을 남 앞에 처음 내보이는 일.《회사마다 새 제품을 들고 나와 선을 보였다.》

선 앞섬 (先) 바둑이나 장기 같은 것을 할 때 어떤 사람이 먼저 두는 일. 또는 먼저 두는 사람.《가위바위보로 선을 정하자.》

선 착함 (善) 착하고 올바른 것.《선과 악/선을 행하다.》 반악.

선 종교 (禪) 불교에서 쓰는 말로, 마음을 한곳으로 모으고 고요히 생각에 잠기는 일.

선각자 (先覺者) 어떤 것을 남보다 먼저 깨달은 사람.《민족을 이끈 선각자》

선거 (選擧) 모임이나 단체에서 우두머리나 일을 맡아 할 사람을 뽑는 것.《반장 선거》 **선거하다**

선거 관리 위원회 (選擧管理委員會) 선거와 국민 투표를 공정하게 관리하고 정당에 관한 일을 맡아보는 기관.

선거권 (選擧權) 선거에 참여할 권리. 참피선거권.

선거법 (選擧法) 선거에 관한 법.

선거일 (選擧日) 선거를 하는 날.

선거 재판 (選擧裁判) 선거법을 어긴 사람이 받는 재판.

선견지명 (先見之明) 앞일을 내다보는 힘.《비가 올 것을 맞히다니 미선이한테 선견지명이 있나 봐.》

선결 (先決) 다른 일보다 먼저 마무리 짓는 것.《통일을 위한 선결 과제》 **선결하다 선결되다**

선고 (宣告) 1.어떤 사실을 알리는 것.《반칙을 한 선수가 심판한테 퇴장 선고를 받았다.》2.법정에서 재판관이 재판 결과를 알리는 것.《무죄 선고》 **선고하다 선고되다**

선공 (先攻) 먼저 공격하는 것.《우리 반 선공으로 반 대항 축구 시합을 시작했다.》 **선공하다**

선괭이밥 들이나 길가에 자라는 풀. 흐린 날에는 잎을 오므렸다가 해가 나면 쫙 편다. 7~8월에 노란 꽃이 핀다. **북**왕괭이밥풀.

선괭이밥

선교 (宣敎) 종교를 널리 퍼뜨리는 것. 《선교 활동》 **비**포교. **선교하다**

선교사 (宣敎師) 다른 나라에 나가서 기독교 교리를 전하는 사람.

선구자 (先驅者) 어떤 일을 남보다 먼저 한 사람. 《어린이 교육의 선구자》

선글라스 (sunglass) → 색안경.

선금 (先金) 사거나 빌리거나 일을 시킬 때 미리 내는 돈. 《선금을 치르다.》

선길 **|북** 남보다 앞서 나아가는 길. 《혁이가 길을 잘 안다고 선길을 잡았다.》

선남선녀 (善男善女) 착하게 사는 보통 사람들.

선녀 (仙女) 신선이 사는 곳에 산다는 예쁜 여자.

선달 (先達) 조선 시대에 과거에 급제하였으나 아직 벼슬을 못한 사람을 이르던 말.

선대 (先代) 조상의 세대. 《선대가 물려준 땅》 **반**후대.

선대칭 (線對稱) 가운데에 선을 그어서 접었을 때 두 도형이 완전히 겹쳐지는 대칭.

선대칭 도형 (線對稱圖形) 가운데에 선을 그어서 접었을 때 완전히 겹쳐지는 도형.

선대칭 도형

선도 앞섬 (先導) 앞에서 이끄는 것. **선도하다** 《우리나라가 21세기 과학 기술을 선도해 나가면 좋겠습니다.》

선도 올바름 (善導) 착한 사람이 되게 이끄는 것. 《청소년 선도》 **선도하다**

선돌 선사 시대에 큰 돌기둥을 땅 위에 하나 또는 여러 개 세운 것.

선동 (煽動) 남을 부추겨서 어떤 일에 나서게 하는 것. 《국민을 선동하는 연설》 **선동하다**

선동가 (煽動家) 선동하는 사람.

선두 (先頭) 줄이나 무리의 맨 앞. 《우리나라 선수가 선두에 나섰다.》

선뜩하다 1. 갑자기 찬 느낌이 있다. 《바람이 불자 땀이 식으면서 선뜩한 느낌이 들었다.》 2. 깜짝 놀라서 가슴이 싸늘해지는 느낌이 있다. 《죽은 쥐를 보고 가슴이 선뜩했다.》

선뜻 망설이지 않고 바로. 《찬이가 화장실 청소를 하겠다고 선뜻 나섰다.》

선량 (選良) '국회의원'을 달리 이르는 말.

선량하다 착하고 순하다. 《선량해 보이던 사람이 화를 내니까 더 무섭다.》

선례 (先例) 나중 일에 영향을 미치는 지난날 본보기. 《선례가 없는 일이라서 어떻게 판단해야 할지 모르겠다.》

선로 (線路) 열차가 다니는 철길.

선망 (羨望) 부러워하고 자기도 그러기를 바라는 것. **선망하다** 《우리 반 아이들이 가장 선망하는 직업이 뭐지?》

선머슴 덜렁거리면서 까부는 남자 아이. 《수희는 말투가 꼭 선머슴 같아.》

선명하다 모습이나 기억 들이 뚜렷하다. 《눈 위에 선명한 노루 발자국》

선무당 서툴러서 굿을 제대로 못하는 무당.

선무당이 사람 잡는다 **속담** 능력 없는 사람이 함부로 덤비다가 큰 잘못을 저지르는 것을 빗대어 이르는 말.

선물 (膳物) 축하하거나 좋아하는 뜻으로 남한테 물건을 주는 것. 또는 그 물건. **선물하다** 《동생 생일에 인형을 선물했다.》

선박 (船舶) → 배.

선반 시렁 벽에 달아서 물건을 얹어 두는 널빤지나 철판. 《작은 화분들은 선반에 올려놓아도 될 거야.》 **북당반**.

선반 기계 (旋盤) 쇠붙이를 갈거나 파거나 도려내는 기계.

선발 앞섬 (先發) 먼저 떠나는 것. 또는 어떤 일을 먼저 시작하는 것. 《선발 주자》 **반후발**.

선발 뽑음 (選拔) 여럿 가운데서 뽑는 것. 《장학생 선발》 **선발하다 선발되다**

선발대 (先發隊) 여럿 가운데 먼저 떠나는 무리.

선배 (先輩) 1. 같은 무리에서 지위나 나이가 위인 사람. 《아빠 직장 선배가 우리 집에 오셨다.》 **반후배**. 2. 학교에서 학년이 높은 사람. 또는 같은 학교를 먼저 다닌 사람. 《5학년 선배들이랑 축구를 했다.》 **반후배**.

선별 (選別) 어떤 것을 따로 가려내는 것. **선별하다** 《좋은 콩만 선별해서 내년에 씨앗으로 쓸 거래.》 **선별되다**

선별기 (選別器) 어떤 것을 선별하는 기구. 《모래 선별기》

선보다 혼인할 사람을 찾으려는 남자와 여자가 처음 만나다. 《우리 엄마랑 아빠는 선봐서 혼인하셨어요.》

선보이다 어떤 것을 남 앞에 처음 내보이다. 《삼촌은 이번에 새로 키운 버섯을 선보인다고 했다.》

선봉 (先鋒) 어떤 일을 하는 무리의 앞

선비탈

장. 《민주화 운동의 선봉에 서다.》

선분 (線分) 직선 위에 있는 두 점을 잇는 선.

선불 (先拂) 물건 값이나 일 시키는 값들을 미리 치르는 것. 《음식 값은 선불입니다.》 **반후불**. **선불하다**

선비 1. 양반 가운데 공부는 많이 했지만 벼슬을 하지 않은 사람. 2. 지식인 가운데 곧고 떳떳한 사람을 빗대어 이르는 말.

선비탈 하회 별신굿 탈놀이에 나오는 선비가 쓰는 탈.

선사 선물 (膳賜) 남한테 선물을 주는 것. **선사하다** 《생일을 맞은 윤정이한테 장미 한 송이를 선사했다.》

선사 중 (禪師) 불교에서 마음공부를 많이 한 중을 이르는 말.

선사 시대 (先史時代) 역사를 문자로 기록하기 전 시대. 석기 시대와 청동기 시대를 이른다.

선산 (先山) 조상의 무덤. 또는 조상의 무덤이 있는 산.

선상 (船上) 배 위. 《선상 음악회》

선생 (先生) 1. 남을 가르치는 일이 직업인 사람. 《초등학교 선생/음악 선생》 2. 이름이나 직업 뒤에 써서 남을 높이는 말. 《김 선생/의사 선생》

선생님 '선생'을 높여 이르는 말.

선서 (宣誓) 어떤 일을 꼭 하겠다고 다짐하는 것. **선서하다** 《모든 선수가 정정당당하게 겨루겠다고 선서했다.》

선서문 (宣誓文) 선서하는 내용을 적은 글.

선서식 (宣誓式) 선서하는 의식.

선선하다 1. 날씨나 바람 들이 서늘하

다.《아침저녁으로 제법 선선해졌어.》
2.마음씨나 태도가 너그럽다. **선선히**
《형이 내 부탁을 선선히 들어줬다.》

선수 사람 (選手) 1.여럿 가운데 뽑혀서 경기에 나가는 사람.《태호가 우리 반 달리기 선수로 뽑혔다.》 2.운동이 직업인 사람.《농구 선수/축구 선수》

선수 앞섬 (先手) 어떤 일을 남보다 앞질러 하는 것.《오빠가 선수를 치는 바람에 내가 할 말이 없어졌다.》

선수권 (選手權) 경기에서 우승한 사람이나 단체가 차지하는 지위.《세계 태권도 선수권 대회》 같타이틀.

선수단 (選手團) 경기에 나갈 선수들을 모아서 꾸린 단체.《올림픽 선수단》

선수촌 (選手村) 운동선수들이 머물러 살면서 훈련하는 곳.《태릉 선수촌》

선심 (善心) 남한테 베푸는 착한 마음.《선심을 쓰다./선심을 베풀다.》

선악 (善惡) 착한 것과 나쁜 것.《나도 선악을 구분할 줄 알아요.》

선약 (先約) 먼저 약속을 하는 것. 또는 먼저 한 약속.《그날은 선약이 있으니 다른 날 만나자.》 **선약하다**

선양 (宣揚) 이름을 널리 알려서 명예를 높이는 것.《국위 선양》 **선양하다**

선언 (宣言) 1.주장이나 생각을 널리 알리는 것.《인권 선언》 2.어떤 일을 하겠다고 널리 알리는 것.《운동회 개회 선언》 **선언하다 선언되다**

선언문 (宣言文) 선언하는 내용을 적은 글.《독립 선언문》 비선언서.

선언서 (宣言書) 선언하는 내용을 적은 글이나 종이. 비선언문.

선열 (先烈) 나라를 위해 목숨 바친 사람.《독립 운동을 하다가 돌아가신 선열들을 기리면서 묵념했다.》 북선렬.

선왕 (先王) 지금 임금의 바로 전 임금. 또는 전에 있던 여러 임금.

선용 (善用) 어떤 것을 잘 쓰는 것.《여가 선용》 반악용. **선용하다**

선웃음 우습지도 않은데 일부러 꾸며서 웃는 웃음.《하품 나는 연설을 들으면서 선웃음을 지을 수밖에 없었다.》

선원 (船員) 큰 배에서 일하는 사람.

선율 (旋律) → 가락.

선의 (善意) 남을 위하는 좋은 뜻이나 마음.《그 말은 정미를 안심시키려고 선의로 한 거짓말이에요.》 반악의.

선인 (先人) 옛날 사람.《선인들이 물려주신 문화유산》

선인장 사막을 비롯한 덥고 메마른 곳에 자라는 풀. 두껍고 푸른 줄기에 가시가 나 있다. 우리나라에서는 온실이나 화분에 심어 가꾼다.

선인장

선임 (選任) 여럿 가운데 알맞은 사람을 뽑아서 일을 맡기는 것. **선임하다**《변호사를 선임하다.》 **선임되다**

선입견 (先入見) 사람이나 일이 어떠할 것이라고 미리 판단해서 품은 생각.《뚱뚱한 사람이 달리기를 못할 거라는 선입견은 버려라.》 같선입관.

선입관 (先入觀) → 선입견.

선잠 얕게 드는 잠.《선잠을 자다.》

선장 (船長) 항해를 책임지고 선원들을 지휘하는 사람.

선적 (船積) 배에 짐을 싣는 것.《화물 선적 작업》 **선적하다 선적되다**

선전 알림 (宣傳) 생각, 주장 들을 널리 알리는 것.《정치 선전/새 상품 선전》

선전하다 선전되다

선전 경기 (善戰) 경기나 전투에서 힘껏 잘 싸우는 것. **선전하다**《비록 지긴 했지만 모든 선수가 끝까지 선전했다.》

선전문 (宣傳文) 생각, 주장 들을 알리는 글.

선전 포고 (宣戰布告) 한 나라가 다른 나라에 전쟁하겠다고 알리는 것.

선점 (先占) 땅이나 자리 같은 것을 남보다 먼저 차지하는 것. **선점하다**《유리한 고지를 선점하다.》

선정 뽑음 (選定) 여럿 가운데 어떤 것을 뽑아서 정하는 것. **선정하다**《선생님이 내 시를 좋은 글로 선정하셨다.》

선정 정치 (善政) 백성을 잘 다스리는 것.《선정을 베풀다./선정을 펴라.》

선조 (先祖) 먼 조상.《선조들의 위패를 모신 사당》

선죽교 (善竹橋) 개성에 있는 고려 시대 돌다리. 고려 말기에 정몽주가 이방원이 보낸 자객에게 철퇴를 맞아 죽은 곳이다.

선지 소나 돼지의 피를 식혀서 묵처럼 굳힌 것. 흔히 국, 순대 같은 음식의 재료로 쓴다.《선지 해장국》

선진 (先進) 기술이나 수준 같은 것이 남보다 앞서는 것.《선진 기술》 반후진.

선진국 (先進國) 정치, 경제, 문화 들이 다른 나라보다 앞선 나라. 참중진국, 후진국.

선집 (選集) 여러 작품 가운데 몇 작품을 골라서 엮은 책.《한국 고전 문학 선집》

선피막이

선착순 (先着順) 먼저 오는 차례.《학원에서는 선착순으로 자리에 앉는다.》

선착장 (船着場) → 나루터.

선창 앞섬 (先唱) 여러 사람을 이끌려고 노래나 구호를 먼저 하는 것. **선창하다**《제가 첫 마디를 선창할게요.》

선창 부두 (船艙) → 부두.

선천적 (先天的) 타고나는. 또는 그런 것. 참후천적.

선체 (船體) 배의 몸체.

선추 (扇錘) 부채를 꾸미려고 고리에 매다는 물건.

선출 (選出) 어떤 일을 맡을 사람을 뽑는 것. **선출하다**《철수를 우리 반 반장으로 선출했다.》 선출되다

선취 (先取) 남보다 먼저 얻는 것.《선취 득점》 선취하다

선캄브리아대 지질 시대 가운데 하나. 지구 역사에서 맨 처음 시대이다.

선코 ㅣ북 차례에서 맨 첫머리.《모두 망설이던 참에 내가 선코를 차고 개울물에 뛰어들었다.》

선택 (選擇) 여럿 가운데서 이것저것 고르는 것. **선택하다**《보고 싶은 책이 많아서 무엇을 선택할지 모르겠어.》 선택되다

선포 (宣布) 어떤 일을 세상에 널리 알리는 것.《독립 선포》 **선포하다** 선포되다

선풍기 (扇風機) 날개가 돌면서 바람을 일으키는 전기 기구.

선피막이 도랑 가까이나 들판에 자라는 풀. 줄기가 땅 위로 길게 뻗는데 마디에서 뿌리를 내린다. 6~8월에 흰 꽃이 핀다. 북선피막이풀.

선하다 아른거리다 어떤 모습이 뚜렷하게 보이는 듯하다.《전학 간 선영이 얼굴

이 눈에 선하다.》

선하다 착하다 착하고 바르다.《마음이 선한 흥부는 복을 받았습니다.》

선행 착함 (善行) 착한 일.《아무도 모르게 선행을 베풀어 온 할아버지가 세상에 알려졌다.》**반악행**.

선행 앞섬 (先行) 어떤 일을 다른 일보다 먼저 하는 것. **선행하다**《집을 튼튼히 지으려면 터다지기를 선행해야 한다.》**선행되다**

선행상 (善行償) 착한 일을 한 사람에게 주는 상.

선호 (選好) 어떤 것을 가려서 좋아하는 것. **선호하다**《사람들은 대개 듣기 편한 음악을 선호한다.》

선호도 (選好度) 어떤 것을 선호하는 정도.《유기농 채소 선호도가 높다.》

선홍색 (鮮紅色) 밝고 산뜻한 붉은색.

선회 (旋回) 1.어떤 것의 둘레를 도는 것. 또는 원을 그리면서 도는 것. 2.방향을 바꾸는 것. **선회하다**《매 한 마리가 하늘을 선회한다./갈매기가 방향을 선회해서 동쪽으로 날아간다.》

선후 (先後) 앞과 뒤. 또는 먼저와 나중.《이 일의 선후 관계를 살펴보자.》

선후배 (先後輩) 선배와 후배.

섣달 음력으로 한 해 열두 달 가운데 마지막 달.

섣달그믐 음력으로 한 해의 마지막 날.

섣부르다 어설프고 서투르다.《남의 일에 괜히 섣부르게 나서지 마.》**반**섣부른, 섣불러, 섣부릅니다.

섣불리 어설프고 서투르게.《잘 모르는 일에 섣불리 나서기는.》**북**서뿔리.

설 명절 우리나라 명절 가운데 하나. 차례를 지내고 떡국을 먹으며 설빔을 입고 어른들께 세배를 드린다. 음력 1월 1일이다. **갈**설날.

설 이야기 (說) 주장, 학설, 소문 들을 이르는 말.《원숭이가 진화해서 사람이 되었다는 설을 믿니?》

설거지 음식을 먹고 난 뒤에 그릇을 씻어 치우는 일. **북**설겆이. **설거지하다**

설경 (雪景) 눈 내리는 모습. 또는 눈 쌓인 경치.《설악산 설경이 멋지다.》

설계 (設計) 1.어떤 일을 하려고 계획을 짜는 것.《미래 설계》2.어떤 것을 만들려고 생김새, 크기 들을 그림으로 나타내는 것.《건축 설계》**설계하다**
설계되다

설계도 (設計圖) 집이나 물건 같은 것을 설계한 그림.

설교 (說敎) 1.남을 타일러서 가르치는 것.《조회 때마다 교장 선생님 설교를 듣는다.》2.목사가 기독교의 가르침을 설명하는 것. **설교하다**

설날 → 설.

설다 눈에 낯익은 느낌이 없고 서먹서먹하다.《새 학교가 눈에 설다.》

설다 밥이 밥, 열매 같은 것이 덜 익다.《밥이 설어서 먹기가 거북하다.》

설득 (說得) 자기 뜻에 따르게 말로 타이르는 것. **설득하다**《엄마를 설득하기 쉽지 않을걸.》

설득력 (說得力) 남을 설득하는 힘.《네 말은 앞뒤가 맞지 않아 설득력이 하나도 없어.》

설렁탕 소머리, 내장, 뼈다귀, 발, 도가니 들을 푹 고아 만든 국. 또는 그 국에 밥을 만 먹을거리.

설레다 마음이 들떠서 두근거리다. 《영이와 만날 것을 생각하니 마음이 설렌다.》북설레이다.

설레설레 고개를 크게 가로로 흔드는 모양.《동생은 매운 고추만 보아도 설레설레 고개를 젓는다.》

설령 (設令) → 설사.

설립 (設立) 건물, 조직 들을 세우는 것.《학교 설립》**설립하다 설립되다**

설마 아무리 그래도.《설마 철수가 약속을 어기겠니?》

설마가 사람 잡는다 속담 설마 어떤 일이 일어날까 하고 마음을 놓았다가 탈이 난다는 뜻으로, 일어날 수 있는 모든 일을 헤아려서 준비해야 한다는 말.

설맞다 총알, 화살 같은 것이 빗맞다.《화살을 설맞은 멧돼지》

설명 (說明) 어떤 것을 남이 잘 알아듣게 말하는 것. 또는 그 말.《선생님이 설명을 잘해 주신다.》**설명하다**

설명문 (說明文) 설명하는 글.

설명서 (說明書) 내용, 이유, 사용법 들을 설명한 글.

설문 (設問) 어떤 것을 알아보려고 여러 사람한테 묻는 일. 또는 그 물음.《설문 조사》같앙케트.

설문지 (設問紙) 설문을 적은 종이.

설법 (說法) 중이 불교의 가르침을 설명하는 것. **설법하다**

설복 (說伏) 남을 타일러서 자기 뜻에 즐겨 따르게 하는 것. **설복하다 설복되다**《짝꿍한테 설복되어 청소했다.》

설비 (設備) 어떤 일에 쓰려고 갖추는 기계나 장치.《전기 설비》**설비하다**

설빔 설날에 입는 새 옷이나 신발.

설사 똥 물기가 많은 똥. 또는 배탈이 나서 그런 똥을 누는 것. **설사하다**

설사 비록 (設使) 비록 어떻게 하더라도.《현영이가 설사 꼴찌를 하더라도 절대 놀리지 말자.》같설령.

설사병 설사를 하는 병.

설상가상 (雪上加霜) 나쁜 일이 이어서 일어나는 것. 눈 위에 서리가 덮인다는 뜻이다.《길을 잃고 헤매는데 설상가상으로 비까지 부슬부슬 내렸다.》

설상차 (雪上車) 눈이나 얼음 위를 다닐 수 있게 바퀴에 무한궤도를 단 차.

설상차

설설 1.그릇의 물이나 국 같은 것이 천천히 끓는 모양.《미역국이 설설 끓는다.》2.온돌방이 고루 뜨끈한 모양.《설설 끓는 아랫목》

설설하다 북 성격이나 하는 짓이 거침없고 시원시원하다.《설설한 성미》

설악산 (雪嶽山) 강원도 양양과 인제에 걸쳐 있는 산. 유네스코에서 세계 문화유산으로 지정하였다. 국립공원이다.

설왕설래 (說往說來) 어떤 일을 두고 이러쿵저러쿵 말이 오가는 것.《설왕설래 끝에 합의했다.》**설왕설래하다**

설욕 (雪辱) 자기를 이긴 상대를 이겨서 전에 진 부끄러움을 씻는 것. **설욕하다**《이번에는 반드시 이겨서 지난번 패배를 설욕하자.》

설움 서러운 느낌.《나라 잃은 설움을 어찌 잊으랴.》같서러움. 북설음.

설익다 덜 익다.《설익은 과일》

설정 (設定) 어떤 것을 만들어 정하는 것.《목표 설정》**설정하다**

설주 → 문설주.

756

설치 (設置) 기구, 장치 들을 달거나 세우는 것. **설치하다** 《이 건널목에 신호등을 설치해 주세요.》 **설치되다**

설치다 날뛰다 서두르거나 날뛰다. 《윗집 꼬마들이 설칠 때마다 천장이 쿵쿵거린다.》

설치다 못 자다 자다 깨다 해서 잠을 잘 못 자다. 《배가 아파서 잠을 설쳤다.》

설컹- 설익은 밤알이나 감자 같은 것이 씹히는 소리. **설컹거리다** **설컹대다** **설컹설컹** 《밥에 둔 콩이 설익어서 설컹설컹 씹힌다.》

설탕 (雪糖) 단맛이 나고 물에 잘 녹는 물질의 가루. 사탕수수, 사탕무 들로 만든다.

설피 (雪皮) 옛날에 눈 쌓인 산을 다닐 때 신발에 덧대어 신던 신. 발이 눈 속에 빠지지 않게 막는 구실을 했다. 새끼나 노끈 같은 것을 엮어서 만들었다.

설핏하다 1.짜임새가 거칠고 듬성듬성하다. 《나뭇가지를 설핏하게 엮은 움막 지붕》 2.해가 질 무렵이어서 빛이 약하다. 《햇빛이 설핏할 무렵에 산에서 내려왔다.》 3.잠이 얕게 들어 깨기 쉽다. 《누나는 밤새 뒤척이다가 새벽녘에야 설핏하게 잠든 것 같았다.》

설화 (說話) 신화, 전설, 민담 들처럼 옛날부터 전해 내려오는 이야기. 《고주몽 탄생 설화》

섧다 → 서럽다.

섬 땅 둘레가 바닷물, 강물 들로 둘러싸인 땅. 《독도는 우리나라 섬이다.》

섬 자루 1.곡식 같은 것을 담으려고 짚으로 엮어 만든 자루. 2.곡식, 가루, 액체 들의 양을 나타내는 말. 한 섬은 열

말이다. 《보리 두 섬》 같 석.

섬에 담아 보아야 풍년을 안다 **속담** 농사는 곡식을 거둘 때까지 마음 놓지 말고 정성을 다해야 한다는 말.

섬광 (閃光) 갑자기 반짝이는 빛. 《갑자기 섬광이 비치고 땅이 흔들렸다.》

섬기다 윗사람을 받들어 모시다. 《심청은 눈먼 아버지를 정성껏 섬겼다.》

섬나라 섬으로 된 나라. 《일본이나 영국은 섬나라이다.》

섬돌 집에 드나들 때 밟고 올라서는 넓적한 돌. 같 댓돌. 비디딤돌.

섬뜩하다 소름이 끼치게 끔찍하고 무시무시하다. 《섬뜩한 악어 이빨》

섬멸 (殲滅) 모조리 무찔러 없애는 것. **섬멸하다** 《이순신 장군은 왜군을 바다에서 섬멸하였다.》 **섬멸되다**

섬서구메뚜기 풀밭이나 논밭에 사는 곤충. 몸 빛깔은 옅은 풀색인데 밤색인 것도 있다. 머리는 가늘고 뾰족한데 암컷이 수컷보다 크다.

섬서구메뚜기

섬세하다 1.가늘고 촘촘하다. 《섬세하게 짠 옷감》 2.작은 일까지 잘 살필 만큼 마음 씀이 세밀하다. 《윤지는 동무들 마음을 섬세하게 살필 줄 안다.》

섬쑥부쟁이 울릉도에서 자라는 풀. 8~9월에 흰 꽃이 줄기 끝에 모여 핀다. 열매에 짧은 털이 있고 먹을 수 있다.

섬쑥부쟁이

섬유 (纖維) 1.동식물의 몸을 이루는 물질. 실처럼 가늘고 길다. 식물에서 뽑은 것으로는 천, 종이 들을 만든다.

섬유질 (纖維質) 섬유로 된 물질. 《섬유질이 많은 채소는 소화가 잘 된다.》

섬_자루

섬장대 울릉도 바닷가 벼랑 틈에 자라는 풀. 뿌리 쪽 잎은 주걱처럼 생겼고,

섬장대

줄기에서 나는 잎은 길쭉하다. 5~6월에 흰 꽃이 핀다.

섬진강 (蟾津江) 전라북도에서 시작하여 전라남도와 경상남도를 지나 남해로 흘러 들어가는 강.

섬틀 짚을 엮어서 섬, 거적, 자리 같은 것을 짜는 데 쓰는 나무틀.

섬틀

섭렵 (涉獵) 여러 일을 두루 해 보는 것. 또는 여러 책을 두루 읽는 것. **섭렵하다** 《우리 아빠는 [논어], [맹자] 같은 책을 두루 섭렵하셨다.》

섭리 (攝理) 잘 어우러지게 다스리는 원리. 《사람이 늙어서 죽는 것은 자연의 섭리이다.》

섭생 (攝生) 음식을 가려 먹으면서 몸을 건강하게 돌보는 일. 《병을 고치는 데는 섭생만큼 중요한 것도 없다.》

섭섭하다 1.안타깝고 슬프다. 《새로 사귄 동무와 금세 헤어져야 한다니 참 섭섭해요.》 2.생각대로 되지 않아 언짢거나 속상하다. 《나만 빼고 놀러 가다니 섭섭하다.》

섭씨 (攝氏) 물이 어는 온도를 0도, 끓는 온도를 100도로 하고 그 사이를 100등분하여 나타내는 온도. 기호는 ℃이다. 참화씨.

섭씨온도계 (攝氏溫度計) 섭씨온도를 재는 온도계. 참화씨온도계.

섭외 (涉外) 어떤 일에 쓸 사람, 물건, 장소 들을 찾는 것. 《방송 출연자 섭외》 **섭외하다 섭외되다**

섭취 (攝取) 음식을 먹는 것. 또는 음식을 먹어서 영양분을 받아들이는 것. **섭취하다** 《여러 음식을 골고루 섭취해야 몸이 튼튼해진다.》

성게

섯돌아치다 ¹북 무리에 섞여서 바쁘게 이리저리 다니다. 《반장이 아이들한테 빵을 나눠 주느라 섯돌아친다.》

성 화 못마땅한 일을 겪었을 때 생기는 노여운 기운. 《네가 왜 나한테 성을 내는지 모르겠어.》 비골, 화.

성 이름 (姓) 김, 이, 박 들과 같이 어떤 핏줄을 나타내는 말. 《내 성은 김이고, 이름은 영태야.》 높성씨.

성 몸 (性) 1.남자와 여자, 수컷과 암컷. 또는 두 가지를 가르는 특징. 《성 염색체》 2.남자와 여자가 몸으로 사랑을 나누는 일. 또는 그것에 얽힌 모든 것. 《사춘기에는 성에 대한 관심이 높다.》 성에 차다 관용 만족스럽다. 《밥 한 그릇으로는 성에 차지 않아.》

성 담 (城) 옛날에 적을 막으려고 흙이나 돌로 높이 쌓던 담. 또는 그런 담으로 둘러싼 커다란 건물. 《성을 쌓다.》

성 성인 (聖) 흔히 천주교나 기독교에서 큰 공을 세운 거룩한 사람의 이름 앞에 붙이는 말. 《성 베드로》

–성 성질 (性) 어떤 낱말 뒤에 붙어, '성질'이라는 뜻을 더하는 말. 《가능성/근면성/정확성》

성가대 (聖歌隊) 교회에서 찬송가를 부르려고 만든 모둠.

성가시다 자꾸 들볶아서 귀찮고 싫다. 《동생이 자꾸 성가시게 말을 시켰다.》

성게 바다 밑바닥에 사는 동물. 공처럼 둥근 몸에 길고 뾰족한 가시가 촘촘히 박혀 있어서 밤송이와 비슷하다.

성격 (性格) 사람이 지닌 성질. 《형은 성격이 좋아서 동무가 많다.》

성경 (聖經) 기독교 경전. 구약과 신

약이 있다. 갈성서.

성골 (聖骨) 신라 시대 신분 가운데 으뜸인 신분. 부모가 모두 왕족인 사람이 이 신분에 든다. 참진골.

성공 (成功) 목적한 일을 이루어 내는 것. 또는 목적한 바가 이루어지는 것. 반실패. **성공하다** 《새벽 여섯 시에 일어나는 데 성공했다.》

성공적 (成功的) 성공. 또는 그런 것. 《성공적인 공연이었어요.》

성과 (成果) 일을 한 뒤에 얻는 결과. 《열심히 일해 좋은 성과를 얻었다.》

성곽 (城郭) 옛날에 적을 막으려고 흙이나 돌로 높이 쌓던 담.

성교육 (性敎育) 남자와 여자의 마음과 몸이 어떻게 다른지, 몸으로 사랑을 나눌 때 어떻게 하는 것이 바람직한지 가르치는 일.

성군 (聖君) 백성을 잘 보살핀 훌륭한 임금. 《세종 대왕은 성군이었다.》

성균관 (成均館) 고려 시대와 조선 시대에 유학을 가르치던 최고 교육 기관.

성글다 사이가 떠서 듬성듬성하다. 《성글게 짠 바구니》 비성기다.

성금 (誠金) 좋은 마음으로 내는 돈. 《불우 이웃 돕기 성금》

성급하다 성질이 급하다. 《성급하게 굴지 말고 기다려.》 **성급히**

성기 (性器) '자지'와 '보지'를 이르는 말.

성기다 이리저리 사이가 떠서 빈 데가 많다. 《그물이 성겨서 미꾸라지가 다 빠져나갔다.》 비성글다. 반배다.

성깔 못된 성질. 또는 못되게 구는 것. 《성깔이 고약하다./성깔을 부리다.》

성나다 1. 몹시 불쾌하고 노여운 마음이 들다. 《동생이 성난 표정으로 퉁명스럽게 대꾸했다.》 비화나다. 2. 몹시 거칠고 무시무시한 기운이 일다. 《폭풍이 불면서 성난 파도가 몰아쳤다.》

성내다 몹시 불쾌해하거나 노여워하다. 《그렇게 성내지 말고 내 말을 들어 봐.》 비화내다.

성냥 까칠한 면에 그어서 불을 일으키는 물건. 가는 나무토막 끝에 황을 바른다.

성냥갑 성냥개비를 넣는 갑.

성냥개비 성냥 하나하나. 북성냥가치.

성냥불 성냥을 그어서 일으키는 불.

성년 (成年) 어른이 됐다고 여기는 나이. 흔히 만 스무 살을 이른다.

성년식 (成年式) 성년이 된 사람이 치르는 의식.

성능 (性能) 기계, 기구 같은 것이 작용하는 능력. 《성능이 뛰어난 사진기》

성당 (聖堂) 천주교에서 종교 의식을 치르는 집.

성대 (聲帶) → 목청.

성대하다 행사, 의식 들이 크고 화려하다. 《성대한 올림픽 개막식》

성덕 대왕 신종 (聖德大王神鐘) 신라 경덕왕 때 만들기 시작해서 혜공왕 때 (771년) 완성한 종. '에밀레종', '봉덕사종'이라고도 한다. 국보 제29호.

성량 (聲量) 목소리 울림의 크기. 《그 가수는 성량이 풍부하다.》

성리학 (性理學) 중국 송나라에서 시작되어 조선 시대에 우리나라에서 크게 일어난 유학의 한 갈래.

성립 (成立) 일이 이루어지는 것. 성립

하다 성립되다《남녘과 북녘 사이에 평화 회담이 성립되었다.》

성명 이름 (姓名) 성과 이름.《그분 성명은 서주영입니다.》 높성함.

성명 의견 (聲明) 의견이나 주장을 밝히는 일.

성명서 (聲明書) 의견이나 주장을 밝히는 글.《성명서를 내다.》

성모 (聖母) 기독교에서 예수의 어머니를 이르는 말.

성묘 (省墓) 추석, 한식 같은 날에 조상의 무덤에 가는 일. 절을 올리고 무덤을 돌본다.《추석에는 할아버지 산소로 성묘를 간다.》 **성묘하다**

성문 (城門) 성을 드나드는 문.

성미 (性味) 성격, 비위, 마음씨 들을 이르는 말.《성미가 까다롭다.》

성벽 (城壁) 성을 이루는 벽.

성별 (性別) 남녀 또는 암수 구별.《이 옷은 성별에 관계없이 입을 수 있다.》

성부 종교 (聖父) 기독교에서 '하느님'을 이르는 말.《성부, 성자, 성신》

성부 소리 (聲部) 서양 음악에서 목소리를 높낮이에 따라 나눈 것. 여자는 소프라노, 메조소프라노, 알토로 나누고, 남자는 테너, 바리톤, 베이스로 나눈다.

성분 (成分) 1.물체를 이루는 바탕이 되는 원소나 물질.《이 퇴비에는 질소 성분이 많다.》 2.사회 계급 관계에서 이루어지는 구분.《출신 성분》

성사 (成事) 일을 이루거나 일이 이루어지는 것. **성사하다 성사되다**《이 일이 성사되기까지 많이 애썼어요.》

성산가야 (星山伽倻) 여섯 가야 가운데 경상북도 성주에 있던 나라.

성서 (聖書) → 성경.

성선설 (性善說) 사람은 태어났을 때는 착한데 살아가면서 주위 환경이나 욕심 때문에 마음이 나쁘게 된다는 사상. 참성악설.

성성이 → 오랑우탄.

성성하다 희다 머리털이나 수염이 세어서 희끗희끗하다.《백발이 성성한 할아버지》

성성하다 말짱하다 ㅣ북 몸이 꽤 성하다.

성수기 (盛需期) 어떤 것이 많이 팔리는 때. 또는 어떤 곳에 많이 가는 때.《여름철 성수기》 반비수기.

성숙 (成熟) 1.과일, 곡식 들이 다 익는 것. 2.몸과 정신이 어른스러워지는 것. **성숙하다**《우리 언니는 나이보다 훨씬 성숙해 보여.》

성스럽다 거룩하고 우러러보이다.《살아 숨 쉬는 것은 모두 성스러운 거래.》 바성스러운, 성스러워, 성스럽습니다.

성실 (誠實) 어떤 일을 하는 태도가 한결같이 정성스러운 것. **성실하다**《자기가 맡은 일을 성실하게 해 내는 사람만이 성공할 수 있다.》

성심껏 정성스러운 마음을 다하여.《병든 강아지를 성심껏 보살폈다.》

성싶다 어떠한 것 같다. 또는 어떠할 듯하다.《곧 비가 올 성싶다.》

성씨 (姓氏) '성'의 높임말.《두 분 성씨가 같네요.》

성악 (聲樂) 독창, 합창처럼 사람 목소리로 하는 음악. 참기악.

성악가 (聲樂家) 성악을 전문으로 하는 사람.

성악설 (性惡說) 사람은 악하게 태어나기 때문에 착하게 살려고 애써야 한다는 사상. **참**성선설.

성에 추울 때 유리창이나 벽에 물기가 하얗게 얼어붙은 것.《성에가 끼다.》

성역 종교 (聖域) 종교에서 성스럽게 여기는 지역.《메카는 이슬람교의 성역이다.》

성역 소리 (聲域) 목소리를 낼 수 있는 소리 높이의 테두리.

성우 (聲優) 라디오나 텔레비전에서 목소리로 연기하는 사람.

성운 (星雲) 별 같은 것이 밤하늘에 구름처럼 뿌옇게 보이는 것.

성웅 (聖雄) 큰 공을 세운 위대한 영웅을 높여 이르는 말.《성웅 이순신》

성원 사람 (成員) 모임이나 조직을 이루는 사람.《우리 모임의 성원은 모두 스무 명이다.》**비**구성원.

성원 도와줌 (聲援) 남이 어떤 일을 잘할 수 있게 돕는 것. **성원하다**《동무들이 성원해 준 덕에 1등을 했어요.》

성은 (聖恩) 옛날에 임금이 베푼 은혜를 높여 이르던 말.《전하, 성은이 망극하옵니다.》

성의 (誠意) 정성스러운 마음.《고개만 까딱하는 인사는 성의 없어 보여.》

성의껏 정성스러운 마음을 다하여.《성의껏 마련한 음식이니 드세요.》

성인 어른 (成人) → 어른.

성인 성자 (聖人) 뛰어나게 덕과 지혜가 높아 세상 사람들이 우러러보는 사람.《공자는 유교 성인이야.》**같**성자.

성인병 (成人病) 고혈압, 당뇨병처럼 마흔 살이 넘으면 많이 걸리는 병.

성인봉 (聖人峯) 울릉도에서 가장 높은 산봉우리.

성자 (聖者) → 성인.

성장 (成長) 사람이나 동식물이 자라는 것. **성장하다**《식물은 햇빛을 받아야 잘 성장한다.》

성장기 (成長期) 성장하는 때나 동안.《동물은 사람보다 성장기가 짧다.》

성장통 (成長痛) 몸이 빨리 자라는 어린아이가 종아리나 허벅지에 아픔을 느끼는 증세.

성적 공부 (成績) 공부나 일 같은 것을 해서 얻는 결과.《열심히 공부했더니 성적이 많이 올랐다.》

성적 성별 (性的) 남자와 여자, 암컷과 수컷에 관계되는. 또는 그런 것.

성적순 (成績順) 성적에 따라 매기는 차례.《성적순으로 사람을 평가하지 마세요.》

성적표 (成績表) 학교 성적을 적은 표.

성전 집 (聖殿) 종교에서 성스럽게 여기는 집. 흔히 신도들이 모여서 기도하는 곳을 이른다.

성전 싸움 (聖戰) 성스러운 싸움.《십자군 원정은 기독교 성전이다.》

성조기 (星條旗) 미국 국기.

성좌 (星座) → 별자리.

성주 (城主) 성을 다스리는 우두머리.

성주신 집을 다스린다는 신.

성지 (聖地) 종교에서 성스럽게 여기는 곳. 흔히 한 종교가 생겨난 곳을 이른다.《메디나는 이슬람의 성지이다.》

성직자 (聖職者) 신부, 목사, 중처럼 종교에 관한 일을 맡아서 하는 사람.

성질 (性質) 1. 사람이나 동물의 행동

에서 나타나는 됨됨이.《성질 사나운 개》 2.사물이 지닌 특징.《물과 기름은 성질이 전혀 다르다.》

성징 (性徵) 남녀나 암수에 따라 몸에 나타나는 특징.《사춘기를 맞은 여자아이 몸에는 젖가슴이 나오는 것과 같은 성징이 나타난다.》

성찰 (省察) 어떤 마음가짐을 지녀야 할지 또는 잘못한 일이 있는지 곰곰이 살피는 것. **성찰하다**《자기를 성찰하는 데는 일기 쓰기가 도움이 된다.》

성채 (城砦) 성과 군사 시설.

성추행 (性醜行) 강제로 성에 관련된 행위를 하는 짓. **성추행하다**

성충 (成蟲) → 자란벌레.

성취 (成就) 바라던 일을 이루는 것. **성취하다**《자전거를 선물로 받았으니 드디어 소원 성취했구나.》 **성취되다**

성층권 (成層圈) 온도와 기압이 거의 달라지지 않는 대기권 가운데 하나. 바람과 구름도 거의 없다.

성큼 1.다리를 높이 들어서 크게 움직이는 모양.《도랑을 성큼 건넜다.》 2.어떤 때가 갑자기 다가오는 모양.《봄이 성큼 다가왔다.》 **성큼성큼**

성탄절 (聖誕節) 기독교에서 예수가 태어난 것을 기념하는 날. 12월 25일이다. 같크리스마스.

성터 성이 있던 자리.

성패 (成敗) 성공과 실패.《이번 공연의 성패는 얼마나 열심히 연습하느냐에 달렸다.》

성폭력 (性暴力) 바라지 않는데도 강제로 성에 얽힌 말이나 행동을 하는 것.

성품 (性品) 사람의 됨됨이.《차분한 성품》

성하다 말짱하다 흠집이나 닳거나 낡은 데가 없이 말짱하다.《내 동생은 툭하면 넘어져서 무릎 성할 날이 없다.》

성하다 잘되다 어떤 일이 한창 잘되는 상태에 있다.《농업이 성한 평야 지대》

성함 (姓銜) '성명'의 높임말.《부모님 성함/담임선생님 성함》 비존함, 함자.

성행 (盛行) 어떤 일이 퍼져서 많은 사람이 하는 것. **성행하다**《아이들 사이에 구슬치기가 성행한다.》

성향 (性向) 한쪽으로 기운 성질이나 버릇.《정치 성향/소비 성향》

성현 (聖賢) 덕이 높고 지혜가 많아서 세상 사람들이 우러러보는 사람.《퇴계 선생님 같은 성현들의 가르침을 따르고 싶다.》

성형 (成形) 1.어떤 꼴을 만드는 것.《석고 성형》 2.수술을 해서 몸 한 부분의 모양을 바로잡거나 보기 좋게 고치는 것.《성형 수술》 **성형하다**

성형외과 (成形外科) 몸 한 부분의 모양을 바로잡거나 보기 좋게 고치는 의학 분야. 또는 그런 병원 부서.

성화 애탐 1.일이 마음대로 되지 않아 애가 타는 것.《문제가 안 풀려 성화가 난다.》 2.남을 조르면서 아주 귀찮게 구는 짓.《엄마는 동생 성화에 못 이겨 장난감을 사 주었다.》 **성화하다**

성화 횃불 (聖火) 올림픽 경기를 하는 동안 대회장에 켜 놓는 불.

성화같다 어떤 일을 얼른 하라고 조르는 태도가 아주 심하다. **성화같이**《동생이 얼른 가자고 성화같이 조른다.》

성황 (盛況) 사람이 많이 모여 북적거

리는 분위기.《성황을 이루다.》

성황당 (城隍堂) → 서낭당.

성황리 (盛況裏) 성황을 이룬 가운데. 《사진 전시회가 성황리에 끝났다.》

섶 땔감 땔감으로 쓰는 나뭇가지나 풀.

섶을 지고 불로 들어간다 **속담** 불이 잘 붙는 섶을 등에 지고 불 속으로 뛰어든다는 뜻으로, 무모한 행동으로 위험을 불러온다는 말.

섶 한복 두루마기, 저고리 들을 여미려고 옷깃 아래에 다는 헝겊.《섶을 여미다./섶을 대다.》

세 숫자 세는 말 앞에 써서, 셋을 나타내는 말.《세 사람/장미 세 송이》

세 닢 주고 집 사고 천 냥 주고 이웃 산다 **속담** 집이 좋은 것보다는 이웃이 어떤 사람인지가 더 중요하다는 말.

세 사람만 우기면 없는 호랑이도 만들어 낸다 **속담** 여럿이 떠들어서 소문을 내면 없는 것도 있는 것처럼 되고 사실이 아닌 것도 사실인 것처럼 된다는 말.

세 살 난 아이 물가에 내놓은 것 같다 **속담** 어린아이가 물로 들어갈까 봐 조마조마하다는 뜻으로, 나쁜 일이 곧 생길 것 같아서 마음 놓을 수 없다는 말.

세 살 적 버릇 여든 간다 **속담** 어릴 때 든 버릇은 늙어 죽을 때까지 고치기 힘들다는 뜻으로, 어릴 때부터 나쁜 버릇이 몸에 배지 않게 잘 가르쳐야 한다는 말.

세 나이 (歲) 나이를 세는 말.《만 이십세》 참살.

세 대가 (貰) 남의 것을 돈을 주고 빌려 쓰는 일. 또는 남의 것을 빌려 쓰는 값으로 내는 돈.《세를 들어 살다.》

세 세금 (稅) → 세금.《소득세/교육세》

세간 집안 살림에 쓰는 온갖 물건.《세간을 장만하다.》비가재도구.

세계 (世界) 1.지구 위에 있는 모든 나라. 또는 사람이 살아가는 세상 전체. 《세계 일주》 2.어떤 것에 관련된 범위나 분야.《작품 세계》 3.어떤 무리가 살아가는 사회.《동물의 세계》

세계관 (世界觀) 자연과 사회를 보는 눈.《올바른 세계관을 지닙시다.》

세계 대전 (世界大戰) 여러 나라가 함께 벌이는 큰 전쟁.

세계 무역 기구 (世界貿易機構) 무역 활동에서 생길 수 있는 여러 문제를 의논하고 해결하려고 만든 국제기구.

세계 보건 기구 (世界保健機構) 국제 연합의 여러 기구 가운데 하나. 여러 나라가 함께 건강을 지키고 병을 치료하려고 만들었다.

세계사 (世界史) 세계의 역사.

세계인 (世界人) 세계에 있는 모든 사람.《올림픽은 세계인의 축제이다.》

세계 인권 선언 (世界人權宣言) 1948년 12월 10일 열린 유엔 총회에서 인권에 관해 세계에 알린 선언.

세계적 (世界的) 1.세계에 두루 걸치거나 통하는. 또는 그런 것. 2.세계에 알려지거나 알려질 만큼 뛰어난. 또는 그런 것.

세계 지도 (世界地圖) 세계를 두루 그린 지도.

세계화 (世界化) 세계에 두루 걸치는 것. **세계화하다 세계화되다**

세공 (細工) 물건을 꼼꼼하게 만들거나 다듬는 것.《보석 세공》 **세공하다**

세관 (稅官) 관세청에 딸린 기관. 공

항이나 항구 같은 곳에서 들어오거나 나가는 물건을 살피고 세금을 물리는 일과 외국에서 전염병이 들어오지 못하게 검사하는 일 들을 맡아본다.

세균 (細菌) 몸이 세포 하나로 된 아주 작은 생물. **같**박테리아.

세금 (稅金) 나라나 지방 자치 단체가 국민한테서 거두어들이는 돈.《세금을 내다.》**같**세, 조세.

세기 정도 어떤 것이 센 정도.

세기 기간 (世紀) 백 년을 단위로 하는 기간. 또는 그 동안을 세는 말.《21세기/새로운 세기를 준비합시다.》

세내다 물건, 방 같은 것을 돈을 내고 빌리다.《버스 한 대를 세내었다.》

세뇌 (洗腦) 남의 머릿속에 어떤 생각을 억지로 불어넣는 것.《세뇌를 당하다.》**세뇌하다 세뇌되다**

세다 수를 1.수를 헤아리다.《모임에 나온 아이들 수를 하나하나 세어 보았다.》2.숫자를 차례대로 꼽다.《열 셀 때까지 눈 뜨면 안 돼.》

세다 힘이 1.힘이 강하다.《우리 큰형은 아빠만큼 힘이 센 것 같다.》**비**강하다. 2. 자기 뜻대로 하고자 하는 마음이 강하다.《내 동생은 고집이 너무 세서 탈이야.》3.수준이나 능력이 뛰어나다.《우리 삼촌은 술이 무척 세다.》4.불길, 물살, 바람 같은 것이 강하다.《바람이 너무 세요.》**비**강하다.

세다 머리가 머리칼이나 수염이 하얗게 되다.《머리가 하얗게 센 할머니》

세단뛰기 멀리뛰기 종목 가운데 하나. 도움닫기, 구름판 구르기를 거쳐서 땅을 한 발씩 번갈아 세 번 밟고 뛴다.

세대 나이 (世代) 1.같은 시대를 살아가는 사람들을 비슷한 나이와 생각에 따라 나눈 것. 또는 그런 사람들.《세대 차이》2.어떤 사회를 살아가는 바로 그 시대.《우리 세대에는 꼭 통일이 되면 좋겠어요.》3.생물이 태어나서 죽을 때까지의 동안.《애벌레, 번데기를 거치는 누에의 한 세대를 알아보자.》

세대 가족 (世帶) 한집에서 함께 사는 사람들의 무리.《이 건물에는 모두 다섯 세대가 산다.》**비**가구.

세도 (勢道) 옛날에 높은 벼슬에 오른 사람이 휘두르던 정치권력.《세도를 부리다./세도를 잡다.》

세도 정치 (勢道政治) 임금의 친척이나 신하가 권력을 잡고 나랏일을 자기 마음대로 하는 정치.

세도막 형식 한 곡이 큰악절 세 개로 이루어지는 형식.

세레나데 (serenade) 밤에 사랑하는 사람의 집 창밖에서 부르거나 연주하던 사랑의 노래.

세력 (勢力) 나라나 무리의 힘.《고구려는 먼 중국 땅까지 세력을 떨쳤다.》

세련되다 1.생김새나 차림새가 깔끔하고 맵시 있다.《세련된 옷차림》2.서투르거나 어색한 데가 없이 잘 다듬어져 있다.《세련된 글》

세례 (洗禮) 1.기독교에서 신자가 되는 사람에게 베푸는 의식. 이제껏 지은 죄를 모두 씻는다는 뜻으로 머리에 물을 적시거나 온몸을 물에 담근다. 2.어떤 것이 한꺼번에 마구 쏟아지거나 집중되는 것.《폭탄 세례》

세로 위아래로 난 방향.《세로로 쓴 글

씨는 읽기 힘들다.》**참**가로.

세로쓰기 글씨를 위에서 아래로 내려서 쓰는 것. **참**가로쓰기. **북**내려쓰기.

세로줄 세로로 그은 줄. **참**가로줄.

세로축 그래프에서 세로로 난 축. **같**와이축. **참**가로축.

세로획 글씨를 쓸 때 위에서 아래로 내리긋는 획. **참**가로획. **북**내리획.

세마치장단 국악 장단 가운데 하나. 8분의 9박자로 활기 있고 빠르다.

세면 (洗面) → 세수. **세면하다**

세면기 (洗面器) 세숫물을 담는 그릇.

세면대 (洗面臺) 선 채로 얼굴과 손을 씻게 수도꼭지와 물받이를 단 시설.

세면도구 (洗面道具) 얼굴을 씻거나 머리를 감는 데 쓰는 도구. 비누, 칫솔, 수건 들이 있다.

세모 ^{모양} 모서리가 세 개 있는 것.

세모 ^{세밑} (歲暮) → 세밑.

세모꼴 모서리가 세 개 있는 모양. 《세모꼴 귀걸이》 **비**삼각형.

세모나다 세모꼴로 되어 있다. 《내 동생은 얼굴이 세모나다.》

세모시 올이 가늘고 고운 모시.

세모칼 날이 세모난 조각칼.

세무 (稅務) 세금을 매기고 거두어들이는 일. 《세무 조사》

세무서 (稅務署) 국세청에 딸린 기관. 세금을 매기고 거두어들이는 일을 맡아본다.

세미나 (seminar) 어떤 주제를 두고 전문가들이 모여서 연구 발표와 토론을 벌이는 일.

세밀하다 자세하고 꼼꼼하다. 《나비 생김새를 세밀하게 살펴보았다.》

세발자전거

세밀화 (細密畫) 본디 모습대로 꼼꼼하고 세밀하게 그리는 그림.

세밑 한 해가 끝나는 무렵. 《지난 한 해를 찬찬히 돌이켜 보면서 세밑을 보냈다.》 **같**세모. **비**연말.

세발자전거 바퀴가 세 개 달린 자전거. 흔히 어린아이들이 탄다.

세배 (歲拜) 설날에 어른한테 하는 큰절. 《한복을 차려입고 할아버지께 세배를 드렸다.》 **세배하다**

세뱃돈 세배를 받은 어른이 세배한 사람에게 주는 돈.

세부 (細部) 자세한 부분. 《세부 계획을 짜다.》

세분 (細分) 잘게 나누거나 가르는 것.

세분하다 《어떤 동물이든지 생김새나 사는 곳에 따라서 여러 가지로 세분할 수 있다.》 **세분되다**

세뿔석위 산속 바위에 붙어 자라는 풀. 잎 가장자리가 3~5갈래로 크게 갈라져 있는데 뒷면에 홀씨주머니가 나란히 붙는다. 포기째 약으로 쓴다.

세뿔석위

세상 (世上) 1.사람이 살고 있는 모든 사회. 또는 모든 땅. 《세상이 얼마나 넓은지 생각해 보렴.》 2.사람이 태어나서 죽을 때까지의 동안. 《외할아버지는 한 세상을 고생만 하다가 돌아가셨다.》 3.자기 마음껏 행동할 수 있는 때나 장소. 《바다에 오자 동생은 제 세상을 만난 듯 좋아했다.》

세상만사 (世上萬事) 세상에 일어나는 온갖 일. 《세상만사가 내 뜻대로 된다면 얼마나 좋을까?》

세상살이 세상을 살아가는 일. 《세상살이가 쉬운 게 하나도 없다.》

세상없다 세상에 견줄 것이 없다. **세상없이**《세상없이 맛있는 것이라도 배부르면 먹기 싫어.》

세상에 믿을 수 없을 만큼 뜻밖이거나 놀라울 때 하는 말.《세상에, 네 살짜리 꼬마가 구구단을 외다니!》

세상일 세상에 일어나는 일.《우리 삼촌은 세상일과 담 쌓고 공부만 한다.》

세세하다 아주 자세하다.《학교 일을 엄마한테 세세하게 얘기했다.》

세속 (世俗) 속된 사람이나 보통 사람들이 사는 세상.《그 선비는 세속을 떠나 산속에 들어가 살았다.》

세속 오계 (世俗五戒) 신라 때 화랑도가 지키던 다섯 가지 약속. 사군이충, 사친이효, 교우이신, 임전무퇴, 살생유택이다.

세수 (洗手) 얼굴을 물로 씻는 것.《학교에 늦을까 봐 세수도 못 하고 그냥 나왔다.》 같세면. 비세안. **세수하다**

세숫대야 세숫물을 담는 그릇. 비대야.

세숫물 세수하는 데 쓰는 물.

세숫비누 손이나 얼굴을 씻는 데 쓰는 비누.

세스랑게 바닷가 진흙 바닥에 구멍을 파고 사는 게. 작고 네모난 몸통에 털이 많이 나 있다.

세스랑게

세습 (世襲) 권력, 지위, 재산 들을 대대로 물려주는 것.《권력 세습》 **세습하다 세습되다**

세시 (歲時) 한 해 가운데 계절이나 달에 따른 그때그때.《세시 풍속》

세심하다 마음 씀이 꼼꼼해서 빈틈없다.《틀린 데 없는지 세심하게 봐.》

세안 (洗顔) 얼굴을 씻는 것. 비세수.

세안하다

세액 (稅額) 세금으로 내는 돈. 또는 그 돈의 양.

세우다 1.앉거나 누운 사람을 서게 하다.《선생님이 우리를 일으켜 세우셨다.》 2.처지거나 굽거나 쓰러진 것을 바로 서게 하다.《바람이 차서 옷깃을 세우고 다녔다.》 3.움직이던 것을 서게 하다.《신호등에 빨간 불이 들어오면 차를 세워야 합니다.》 4.굳게 주장하거나 고집하다.《고집을 세워 봤자 아무도 들어주지 않아.》 5.공적을 쌓거나 기록을 남기다.《임금이 공을 세운 장군들한테 큰 상을 내렸다.》 6.줄을 짓게 하거나 벌을 서게 하다.《아이들을 두 줄로 세워라.》 7.질서, 규율 들을 바로잡다.《대통령이 법질서를 바로 세우겠다고 말했다.》 8.계획, 방법, 목표 들을 마련하다.《목표를 세웠으면 실천에 옮겨라.》 9.정부, 나라, 건물 들을 짓거나 만들다.《학교 앞에 육교를 세웠다.》 10.칼이나 낫 같은 도구의 날을 날카롭게 하다.《숫돌에 갈아서 칼날을 세웠다.》

세월 (歲月) 흐르는 시간.

세월아 네월아 관용 시간을 한가롭게 보내는 것을 이르는 말.《그렇게 세월아 네월아 하다가는 숙제 다 못할걸.》

세월이 약이다 속담 가슴 아픈 일도 시간이 흐르면 잊힌다는 말.

세율 (稅率) 세금을 매기는 비율.《세율을 올리다./세율이 높다.》

세이프 (safe) 1.야구에서 타자나 주자가 잡히지 않고 누에 나가는 일. 참아웃. 2.테니스나 배구에서 상대편 쪽으로 넘긴 공이 경기장 선 안에 떨어지는 일. **참**아웃.

세인 (世人) 세상에 사는 사람.《세인을 놀라게 한 천재 소년》

세일즈맨 (salesman) → 외판원.

세잎양지꽃 산기슭 풀밭에 자라는 풀. 잎이 석 장씩 모여 달리고 3~4월에 노란 꽃이 핀다.

세잎양지꽃

세자 (世子) 임금 자리를 이을 왕자.《사도 세자》**같**왕세자.

세자빈 (世子嬪) 세자의 아내.

세제 (洗劑) 비누처럼 때를 빼는 데 쓰는 물질.

세제곱 같은 수를 세 번 곱하는 것. 또는 그렇게 하여 얻은 수.

세제곱미터 부피를 나타내는 말. 1세제곱미터는 가로, 세로, 높이가 각각 1미터인 정육면체의 부피이다. 기호는 m³이다.

세제곱센티미터 부피를 나타내는 말. 1세제곱센티미터는 가로, 세로, 높이가 각각 1센티미터인 정육면체의 부피이다. 기호는 cm³이다. **같**시시.

세째 '셋째'를 잘못 쓴 말.

세차 (洗車) 차에 묻은 먼지나 흙을 닦는 것. **세차하다**

세차다 거칠고 억세다.《바람이 세차게 불어 나뭇가지가 부러졌다.》

세척 (洗滌) 때를 빼려고 씻는 것. **세척하다**《따뜻한 물에 세척한 옷》

세척력 (洗滌力) 때를 씻어 내는 힘.《세척력이 뛰어난 비누》

세칭 (世稱) 세상에서 흔히 말하는 것.《삼촌은 세칭 일류 대학을 졸업했다.》

세탁 (洗濯) → 빨래. **세탁하다**

세탁기 (洗濯機) 세탁하는 기계.

세탁소 (洗濯所) 돈을 받고 빨래나 다림질 들을 해 주는 가게.

세태 (世態) 사람들이 어떻게 사는지를 살펴서 본 세상 모습.《작가는 소설에서 어지러운 세태를 꼬집었다.》

세트 (set) 1. 그릇, 도구, 가구 들을 모양이나 쓰임새에 맞추어 짝을 지어 놓은 것.《그릇 세트》2. 연극, 영화, 드라마, 공연 들을 하려고 마련한 무대 장치.《연극 세트》3. 배구, 탁구, 테니스 같은 경기에서 한 판.《마지막 5세트에서 승부가 날 것 같다.》

세파 (世波) 세상을 살면서 겪는 어려움.《세파에 시달리다.》

세포 (細胞) 식물이나 동물의 조직을 이루는 가장 작은 단위.

세피리 부는 국악기 가운데 하나. 생김새는 향피리와 같은데 조금 가늘고 작다.

세피리

세형동검 (細形銅劍) 우리나라 고인돌이나 돌무덤 같은 데서 나오는 동검.

세형동검

센강 프랑스 북쪽을 흐르는 강. 파리를 지나 영국 해협으로 흘러 들어간다.

센내기 센박으로 시작하는 곡. **참**여린내기.

센말 ㄲ, ㄸ, ㅃ, ㅆ, ㅉ 같은 된소리를 써서 센 느낌이 나는 말.《'단단하다'의 센말은 '딴딴하다'이다.》**참**거센말, 여린말.

센물 칼슘이나 마그네슘 같은 것이 많이 들어 있는 물. **참**단물.

센박 곡의 한 마디 안에서 세게 연주하는 박자.

센털 빳빳하고 억센 털.

센트 (cent) 미국 돈을 세는 말. 1센트는 100분의 1달러이다. 기호는 ℂ 이다.《10센트 은화》

센티미터 (centimeter) 길이를 나타내는 말. 1센티미터는 100분의 1미터이다. 기호는 ㎝ 이다.

셀로판 (cellophane) 속이 비치고 윤기가 나는 얇은 비닐 같은 물질. 흔히 테이프를 만들거나 물건을 싸서 꾸미는 데 쓴다. **같**셀로판지. **북**빨락종이, 셀로판종이.

셀로판지 → 셀로판.

셀로판테이프 (cellophane tape) 셀로판에 끈끈한 것을 발라 잘 붙게 만든 접착테이프.

셈 1.수를 세는 것. 또는 수를 더하거나 빼거나 곱하거나 나누는 것.《내 동생은 손가락을 꼽으면서 셈을 한다.》 **비**계산. 2.주고받은 돈이나 물건을 서로 따져서 맞추는 것. 또는 맞춘 값을 치르는 것.《엄마가 이삿짐을 나른 인부들한테 셈을 치르셨다.》 **비**계산. 3. 어떤 형편, 경우, 결과 들을 뜻하는 말.《약속 시간이 한참 지났는데도 어찌 된 셈인지 전화 한 통이 없다.》 4.앞으로 어떻게 하겠다는 생각이나 작정, 계획 들을 뜻하는 말.《장난 좀 친 것 가지고 나랑 말도 안 할 셈이냐?》 5. '치다' 와 함께 써서, 어떤 일이 실제 벌어진 것으로 여기는 것.《돌려받지 못한 책은 그냥 준 셈 치기로 했어.》

셈여림표 악보에서 곡을 강하게 또는 약하게 연주하라는 기호.

셈하다 1.더하거나 빼거나 곱하거나 나누다.《셈하는 속도가 느리다.》2.

셋째양반탈

소_동물

물건이나 일을 해 준 값을 치르다.《이제 그만 물건 값을 셈해 주시겠어요?》

셋 둘에 하나를 더한 수. **참**삼.

셋방 (貰房) 돈을 내고 빌려 쓰는 방.《단칸 셋방에 살다.》 **북**세방.

셋방살이 셋방에서 살림하는 것. **셋방살이하다**

셋집 돈을 내고 빌려 쓰는 집. **북**세집.

셋째 1.둘째의 다음 차례. 또는 둘째의 다음 차례인.《우리 엄마는 셋째 딸이다.》 ✕ 세째. 2.앞에서부터 셀 때 세 개째가 되는 것을 이르는 말. ✕ 세째.

셋째양반탈 수영 야유에서 쓰는 탈.

셔츠 (shirt) 서양식 윗옷. **북**샤쯔.

셔터 (shutter) 사진기에서 사진을 찍을 때 누르는 장치. **북**샤타.

셔틀콕 (shuttlecock) 배드민턴에 쓰는 공. 둥근 코르크에 깃털 여러 개가 붙어 있다.

소 동물 집짐승 가운데 하나. 몸집이 크고 몸 빛깔은 갈색, 검은색, 흰색 들이 있다. 밭을 갈거나 달구지를 끌거나 짐을 실어 나르는 데 쓰고 고기와 젖을 먹는다.

소가 웃다 **관용** 몹시 어처구니없다.《사흘 만에 천자문을 외우겠다니 소가 웃겠다.》

소 닭 보듯 닭 소 보듯 **속담** 서로 아무 관심이 없는 모습을 빗대어 이르는 말.

소도 언덕이 있어야 비빈다 **속담** 성공하려면 의지할 데가 있어야 한다는 말.

소 잃고 외양간 고친다 **속담** 소를 도둑맞고 난 뒤에야 허물어진 외양간을 고친다는 뜻으로, 일을 그르치고 나서 뒤늦게야 바로잡겠다고 나서는 것을 빗대어 이르는 말.

소 ᴴ먹을거리 송편, 만두, 김치 들을 만들 때 속에 넣는 재료.《고기소/참깨 소》

소 ᴴ악기 (簫) 부는 국악기 가운데 하나. 나무틀에 대나무 대롱을 열여섯 개 꽂고 대롱마다 부는 구멍을 냈다.

소가야 (小伽倻) 여섯 가야 가운데 경상남도 고성에 있던 나라.

소가족 (小家族) 식구 수가 적은 가족. 흔히 할아버지, 할머니를 모시지 않는 가족을 이른다. ᴴ반대가족.

소각 (燒却) 어떤 것을 태워 없애는 것.《문서 소각》 **소각하다 소각되다**

소각장 (燒却場) 어떤 것을 태워 없애는 곳.《쓰레기 소각장》

소갈머리 '마음' 이나 '생각' 을 낮추어 이르는 말.《너 자꾸 소갈머리 없이 편찮으신 엄마 성가시게 할래?》

소감 (所感) 어떤 일을 겪으면서 느낀 점.《반장이 된 소감을 말해 보렴.》

소감문 (所感文) 소감을 쓴 글.

소개 (紹介) 누구인지 또는 무엇인지를 말이나 글로 남한테 알려 주는 것. **소개하다**《내 짝을 엄마한테 소개했다.》**소개되다**

소개서 (紹介書) 사람이나 사물을 소개하는 글.《자기 소개서》

소개장 (紹介狀) 어떤 사람을 소개하는 편지나 글. ᴴ북소개신.

소견 (所見) 어떤 일을 겪으면서 가진 의견이나 든 생각. 또는 어떤 일을 어떻게 하면 좋겠다는 생각.《이 일을 어찌 생각하는지 네 소견을 말해 봐.》

소경 → 장님.

소계 (小計) 전체 가운데 어느 한 부분

소고

소_악기

소공후

소귀나물

만 셈한 것.《소계를 합해서 낸 총계》

소고 (小鼓) 풍물놀이에 쓰는 작은 북. 납작한 북통 양면을 가죽으로 메우고 자루를 달았다.

소고춤 풍물놀이 할 때 소고를 치면서 추는 춤.

소곤- 자기들끼리만 들리게 작은 목소리로 이야기하는 소리나 모양. **소곤거리다 소곤대다 소곤소곤**《도서관에서 짝꿍과 소곤소곤 이야기했다.》

소공후 (小箜篌) 뜯는 국악기 가운데 하나. 작은 공후라는 뜻으로, 흰 울림통에 줄을 열두 개 이었다.

소관 (所管) 어떤 일을 맡아서 돌보는 것.《신발 정리는 내 소관이다.》

소국 (小國) 땅이 좁거나 힘이 약한 나라. ᴴ반대국.

소굴 (巢窟) 도둑 같은 나쁜 무리가 터전으로 삼은 곳. 또는 짐승이 모여 사는 곳.《도둑놈 소굴/늑대 소굴》

소귀나물 논이나 웅덩이에서 절로 나서 자라는 풀. 잎이 넓은 화살촉처럼 생겼고, 8~9월에 흰 꽃이 핀다. 덩이줄기를 먹거나 약으로 쓴다.

소규모 (小規模) 일의 테두리가 좁거나 크기가 작은 것.《소규모 전시회》 ᴴ반대규모.

소극적 (消極的) 어떤 일에 선뜻 나서지 않는. 또는 그런 것. ᴴ반적극적.

소금 ᴴ양념 짠맛이 나는 흰색 양념. 흔히 바닷물을 말려서 얻는다.

소금을 뿌리다 ᴴ관용 일을 망치거나 방해하다.《해결할 방법을 열심히 의논하고 있는데 소금 뿌리지 말고 저리 가.》

소금 먹은 놈이 물을 켠다 ᴴ속담 소금을 먹

었기 때문에 물을 자꾸 마시는 것처럼 어떤 일이든 일어난 까닭이 반드시 있다는 말.

소금이 쉴까 속담 소금은 오래 두어도 맛이 변하지 않는다는 뜻으로, 어떤 일이 벌어져도 태도가 한결같아서 미덥다는 것을 힘주어 이르는 말.

소금 팔러 가면 비 오고 가루 팔러 가면 바람 분다 속담 하려는 일마다 뜻하지 않게 잘못된다는 말.

소금〔악기〕(小쪽) 부는 국악기 가운데 하나. 길쭉한 대나무 통에 구멍을 일곱 개 뚫어서 가로로 잡고 분다. ✕당적.

소금강 (小金剛) 강원도 강릉에 있는 오대산의 동쪽 기슭을 이르는 말. 마치 금강산을 줄여 놓은 것처럼 경치가 좋다고 하여 붙은 이름이다.

소금기 소금이 섞여서 짠 성분.《민물에는 소금기가 없다.》

소금물 소금을 녹인 물. 같식염수.

소금쟁이 논, 연못, 개울에서 물 위를 미끄러지듯이 걸어 다니는 곤충. 몸이 가볍고 잔털이 많이 나 있어서 물 위에 잘 뜬다.

소급 (遡及) 지난 일까지 거슬러 올라가서 헤아리는 것. **소급하다**《지난날 잘못까지 꼭 소급할래?》 **소급되다**

소기 (所期) 흔히 '소기의' 꼴로 써서, 바라던 대로.《열심히 노력하여 소기의 목적을 이루었다.》

소꿉 살림살이를 흉내 내면서 노는 장난감.

소꿉놀이 아이들이 장난감을 가지고 살림살이 흉내를 내면서 노는 놀이.

소꿉동무 어릴 적에 소꿉장난을 하면

소나무

소금_악기

소금쟁이

서 함께 놀던 동무.

소꿉장난 살림살이를 흉내 내는 장난. **소꿉장난하다**

소나기 갑자기 세차게 쏟아지다가 곧 그치는 비.《한바탕 소나기가 퍼붓고 나서 무지개가 떴다.》 같소낙비.

소나기구름 소나기를 머금은 구름.

소나기눈 갑자기 많이 내리는 눈.《소나기눈이 쏟아지다.》 같폭설.

소나무 우리나라 어디서나 자라고 공원이나 뜰에 많이 심는 늘푸른나무. 바늘처럼 생긴 잎이 두 개씩 붙어 난다. 5월에 꽃이 피고 이듬해 가을에 솔방울을 맺는다. 노란 꽃가루는 먹고 나무는 집을 짓는 데 쓴다. 같솔.

소낙비 → 소나기.

소녀 (少女) 어린아이 티는 벗었지만 아직 어른이 되지 않은 여자 아이.《성냥 팔이 소녀》 참소년.

소녀단 (少女團) → 걸 스카우트.

소년 (少年) 어린아이 티는 벗었지만 아직 어른이 되지 않은 남자 아이.《소년 탐정》 참소녀.

소년단 (少年團) → 보이 스카우트.

소뇌 (小腦) → 작은골.

소다 (soda) 밀가루 반죽에 넣어 부풀게 하거나 빨래할 때 표백제로 쓰는 흰 가루.

소다수 이산화탄소를 물에 녹인 것. 청량음료, 의약품을 만들거나 실험할 때에 쓴다.

소달구지 소가 끄는 수레. 시골에서 짐을 실어 나르는 데 쓴다. 같우차.

소담스럽다 소담한 느낌이 있다.《소담스러운 눈송이》 바소담스러운, 소담스러워, 소담스럽습니다.

소담하다 1.보기 좋게 탐스럽다.《박 꽃이 소담하게 피었다.》2.넉넉하게 담은 음식이 먹음직스럽다.《귤과 바나나를 소담하게 담은 과일 바구니》

소도구 (小道具) 연극이나 영화에 쓰는 작은 물건. **참**소품.

소독 (消毒) 열, 약 들로 병균을 죽여 없애는 일. **소독하다**《의사 선생님이 다친 데를 소독해 주셨다.》**소독되다**

소독법 (消毒法) 어떤 것을 소독하는 방법.《행주 소독법》

소독약 (消毒藥) 소독하는 데 쓰는 약.

소독차 (消毒車) 약을 뿌리면서 마을 이곳저곳을 소독하는 차.

소동 (騷動) 놀라거나 흥분한 사람들이 마구 떠들면서 어지럽게 움직이는 일.《지진 때문에 큰 소동이 났다.》

소득 (所得) 어떤 일을 해서 얻는 이익이나 돈.《장사로 소득을 올렸다.》

소득세 (所得稅) 개인이 한 해 동안 벌어들인 돈에 매기는 세금.

소등 (消燈) 등불을 끄는 것.《소등 시간》**반**점등. **북**등불끄기. **소등하다**

소라 물이 드나드는 바닷가에서부터 얕은 바다에 사는 동물. 둘둘 말린 단단한 껍데기에 싸여 있다.

소라 껍질 까먹어도 한 바구니 안 까먹어도 한 바구니 **속담** 어떤 일을 한 흔적이 남지 않았다는 말.

소란 (騷亂) 시끄럽게 떠들어서 어수선한 것.《언니가 쥐를 봤다면서 소란을 피웠다.》**소란하다**

소란스럽다 소란한 느낌이 있다.《밖이 왜 이렇게 소란스럽지?》**바**소란스

러운, 소란스러워, 소란스럽습니다.

소량 (少量) 적은 양. **반**다량.

소련 (蘇聯) '소비에트 사회주의 공화국 연방'을 줄인 말. 유라시아 북쪽에 있던 세계 최초의 사회주의 국가였으나 1991년에 연방이 해체되었다. 수도는 모스크바였다.

소르르 슬그머니 잠이 드는 모양.《따뜻한 햇살에 소르르 잠이 온다.》

소름 춥거나 무섭거나 할 때 살갗에 오톨도톨하게 돋는 것.《귀신 이야기를 듣다가 소름이 확 끼쳤다.》

소리 1.귀에 들리는 것.《음악 소리/파도 소리》2.사람 목소리. 또는 동물 울음소리.《왜 그렇게 소리 지르는 거야?》3.'말'을 낮추어 이르는 말.《나 때문에 약속이 깨졌다니 그게 무슨 소리야?》4.판소리나 창 같은 노래를 뜻하는 말.《여러 명창한테 소리를 배웠답니다.》**소리하다**

소리 소문도 없이 **관용** 남몰래 슬며시.《새별이네가 소리 소문도 없이 이사를 갔다.》

소리굽쇠 U자 모양으로 생긴 쇠막대기 가운데에 자루를 단 기구. 소리 나는 물체의 진동수를 잰다.

소리굽쇠

소라

소리글자 글자 하나하나에는 뜻이 없고 다만 말소리나 소리마디를 나타내는 글자.《한글은 소리글자이다.》

소리꾼 판소리 같은 우리나라 전통 소리를 잘하는 사람.

소리북 판소리 반주에 쓰는 북.

소리치다 소리를 지르다.《뒤에 오는 동무한테 빨리 오라고 소리쳤다.》

소리통 옛날에 '라디오'나 '전화기'를

이르던 말.

소만 (小滿) 한 해를 스물넷으로 나눈 때 가운데 여덟째. 모내기를 시작하고 보리를 베는 때라고 한다. 5월 21일쯤 이다.

소망 (所望) 어떤 일이 생기기를 바라는 것.《내 새해 소망은 온 식구가 건강한 거야.》비바람, 소원. **소망하다**

소매 윗옷 윗옷에서 팔을 넣는 부분.《소매가 없는 옷》같옷소매.

소매를 걷어붙이다 관용 어떤 일에 앞장서다.《미선이는 우리 반을 위한 일이라면 늘 소매를 걷어붙인다.》

소매 장사 (小賣) 생산하는 사람이나 도매로 파는 사람한테서 물건을 사서 쓰는 사람한테 파는 장사.《소매가격》참도매. **소매하다**

소매구뎅이 거름을 담아서 뿌리는 데 쓰는 통.

소매구뎅이

소매구시 소나 말한테 여물을 담아 주는 그릇.

소매상 (小賣商) 소매로 장사하는 것. 또는 그런 사람.《쌀 소매상》참도매상.

소매점 (小賣店) 소매로 장사하는 가게.《의류 소매점》

소매치기 남의 주머니나 가방에서 돈이나 물건을 몰래 훔치는 짓. 또는 그런 짓을 하는 사람. 참날치기.

소맥분 (小麥粉) → 밀가루.

소맷자락 소매에서 아래쪽으로 늘어진 부분.《동생이 떡볶이를 사 먹자고 내 소맷자락을 잡아당겼다.》

소멸 (消滅) 힘이 약해져서 없어지는 것. **소멸하다**《태풍이 소멸하고 나서야 배가 다니기 시작했다.》**소멸되다**

소모 (消耗) 어떤 것을 써서 없애는 것.《냉장고는 전기 소모가 많다.》**소모하다 소모되다**

소모품 (消耗品) 연필, 지우개처럼 쓰는 대로 줄어 없어지는 물건. 참비품.

소몰이 소를 모는 일. 또는 그런 일을 하는 사람. **소몰이하다**

소묘 (素描) 연필, 목탄, 펜 같은 것을 써서 사물의 생김새를 선이나 밝기로 나타내는 그림.《연필 소묘》같데생.

소무탈 탈춤에서 젊은 여자인 소무 역을 하는 사람이 쓰는 탈.

소문 (所聞) 여러 사람들 사이에 퍼지는 말.《소문이 돌다./내가 철수를 좋아한다는 소문이 났다.》

소문나다 여러 사람들 사이에 말이 퍼지다.《우리 형은 효자로 소문났다.》

소문난 잔치에 먹을 것 없다 속담 소문이 사실과 다르거나 소문 내용이 보잘것없는 것을 빗대어 이르는 말.

소문자 (小文字) 로마자에서 작은 꼴로 쓰는 글자. 'a', 'b', 'c' 같은 것이다.

소박하다 1. 꾸밈없이 있는 그대로이다.《소박한 말씨》2. 치레 없이 수수하다.《소박하게 차린 시골 밥상》

소반 (小盤) 나무로 만든 작은 밥상.

소방 (消防) 불을 끄는 일. 또는 불이 나지 않게 미리 막는 일.《소방 시설》

소방관 (消防官) 소방서에서 불을 끄거나 불이 나지 않게 미리 막는 일을 하는 사람. 같소방수.

소방방재청 (消防防災廳) 불, 큰물, 지진 같은 재난을 막고 국민의 목숨과 재산을 돌보는 기관.

소방서 (消防署) 불을 끄거나 불이 나

지 않게 미리 막는 일을 맡아보는 기관.

소방수 (消防手) → 소방관.

소방차 (消防車) 불을 끄는 장비를 갖춘 차. 갈불자동차.

소방차

소백산맥 (小白山脈) 전라도와 경상도의 경계를 이루는 산맥. 소백산, 속리산 들이 솟아 있다.

소변 (小便) → 오줌.

소복 (素服) 여자들이 입는 하얀 한복. 흔히 사람이 죽었을 때 입는다.

소복하다 쌓거나 담은 것이 볼록하게 도드라지다. 《골목길에 첫눈이 소복하게 쌓였다.》참수북하다.

소비 (消費) 돈, 물건, 시간 들을 써서 없애는 것. 반생산. **소비하다** 《시간을 헛되이 소비하지 마라.》 **소비되다**

소비량 (消費量) 돈, 물건, 시간 들을 소비하는 양. 《쌀 소비량》 반생산량.

소비 생활 (消費生活) 생활하면서 돈이나 물건을 소비하는 일.

소비자 (消費者) 소비하는 사람. 반생산자.

소비재 (消費財) 쌀이나 비누처럼 생활하는 데 쓰이는 물건.

소상하다 분명하고 자세하다. **소상히** 《어제 일어난 일을 소상히 말해 봐라.》

소생 나 (小生) 옛날에 남자가 윗사람 앞에서 자기를 낮추어 이르던 말. 《소생이 어르신께 문안 인사 올립니다.》

소생 되살아남 (蘇生) 죽어 가던 것이 다시 살아나는 것. 갈회생. 비재생. **소생하다** 《봄은 만물이 소생하는 때란다.》

소서 (小暑) 한 해를 스물넷으로 나눈 때 가운데 열한째. 무더위가 시작되는 때라고 한다. 7월 7일이나 8일쯤이다.

소설 이야기 (小說) 어떤 이야기를 실제로 일어난 일처럼 꾸며서 쓴 글. 《단편 소설/장편 소설/추리 소설》

소설 해 (小雪) 한 해를 스물넷으로 나눌 때 가운데 스무째. 얼음이 얼기 시작하고 첫눈이 내리는 때라고 한다. 11월 22일이나 23일쯤이다.

소설가 (小說家) 소설을 전문으로 쓰는 사람.

소설책 (小說冊) 소설을 담은 책.

소세지 '소시지'를 잘못 쓴 말.

소소리바람 이른 봄에 부는 차갑고 매서운 바람. 《살 속을 파고드는 소소리바람 때문에 아직도 봄 같지 않다.》

소소하다 일이나 문제 들이 하찮거나 대수롭지 않다. 《신발 밟힌 소소한 일로 그렇게 성을 낸 거야?》

소속 (所屬) 모임, 단체 들에 든 것. 《서예부 소속》 **소속하다 소속되다**

소속감 (所屬感) 모임, 단체 들에 소속한 느낌.

소송 (訴訟) 다툼이 생겼을 때 옳고 그름을 가려 달라고 법원에 요청하는 일. 《소송을 걸다.》 **소송하다**

소수 적은 수 (少數) 여럿 가운데 적은 수. 《소수 의견도 들어 봐.》 반다수.

소수 수소점 (小數) 0.1, 0.03처럼 0보다 크고 1보다 작은 수.

소수 수학 (素數) 1과 자기 자신으로만 나누어떨어지는 수. 2, 3, 5, 7 들이 있다. 북씨수.

소수 민족 (少數民族) 한 나라를 이루는 여러 민족 가운데 사람 수가 적은 민족. 《중국의 소수 민족》

소수점 (小數點) 소수 부분과 정수 부

분을 구별하려고 찍는 점. 이를테면 1.5에서 1과 5 사이에 있는 점을 가리킨다.

소스 (sauce) 서양 음식에서 맛과 향을 돋우려고 끼얹어 먹는 걸쭉한 액체.《오이를 새콤한 소스에 찍어 먹었다.》

소스라치다 깜짝 놀라서 몸을 부르르 떤다.《오빠가 변소 문을 갑자기 여는 바람에 소스라치게 놀랐다.》

소슬바람 가을에 으스스하게 부는 바람. 쓸쓸한 느낌을 준다.

소승 (小僧) 중이 자기를 낮추어 이르는 말.

소시지 (sausage) 다져서 양념한 고기를 소나 돼지 창자에 채워서 삶은 먹을거리. 북고기순대, 칼파스. ✕소세지.

소식 알림 형편이나 사실이 어떻다고 말이나 글로 남한테 알리는 것.《미국에 사는 이모가 소식을 보내왔다.》

소식 적은 양 (小食) 음식을 적게 먹는 것.《소식이 건강에 좋다.》 **소식하다**

소식란 (消息欄) 신문, 잡지 들에서 사람이나 단체 소식을 알리는 면.

소식통 (消息通) 어떤 소식에 밝은 사람.《봉구는 우리 학교 소식통이다.》

소신 믿음 (所信) 평소에 자기가 믿거나 생각해 오던 것.《어떤 일을 하든지 네 소신을 굽히지 마라.》

소신 나 (小臣) 옛날에 신하가 임금 앞에서 자기를 낮추어 이르던 말.

소실 사라짐 (消失) 어떤 것을 잃는 것. 또는 어떤 것이 없어지는 것. **소실하다 소실되다**《이번에 물난리로 마을 앞 다리가 소실되었다.》

소실 불탐 (燒失) 물건, 건물 들이 불타서 없어지는 것. 또는 그렇게 하여 잃어버리는 것. **소실하다 소실되다**《그 절은 임진왜란 때 소실되었다.》

소실점 (消失點) 멀리서 바라볼 때 평행한 두 선이 한 점에서 만난 것처럼 보이는 점.

소심하다 하찮은 일에 지나치게 조심스럽거나 걱정이 많다.《다빈이는 성격이 소심해서 싫은 소리를 못 해.》

소싸움 두 소를 맞붙여 싸우게 하는 민속놀이. 한가위나 단옷날에 벌인다.

소아 (小兒) ➜ 어린아이.

소아과 (小兒科) 어린아이 병을 살피고 고치는 의학 분야. 또는 그런 병원 부서.

소아마비 (小兒痲痹) 어린이들에게 많이 일어나는 몸의 마비. 뇌에 이상이 생기거나 바이러스에 감염되어 일어난다. 북소아척수마비.

소액 (少額) 적은 돈. 반거액.

소양 (素養) 지식이나 교양.《음악뿐만 아니라 미술 쪽 소양도 쌓고 싶다.》

소양강 (昭陽江) 북한강으로 흘러드는 강. 강원도 인제에서 시작하여 춘천에서 북한강과 만난다.

소양강 댐 강원도 춘천 소양강에 있는 다목적 댐.

소양인 (少陽人) 사상 의학에서 나눈 사람 체질 가운데 하나. 소화 기능이 강하고 생식 기능이 약하다.

소엽 ➜ 차즈기.

소외 (疏外) 남을 따돌리는 것. 또는 남에게 따돌림을 받는 것.《소외를 당하다.》 **소외하다 소외되다**

소외감 (疏外感) 소외당하는 느낌.

소요 쓰임 (所要) 어떤 일을 하는 데 필요한 것. 또는 어떤 일을 하는 데 시간, 돈 같은 것을 쓰는 것. **소요하다 소요되다** 《학교까지 한 시간쯤 소요된다.》

소요 시끄러움 (騷擾) 여러 사람이 들고 일어나서 질서를 어지럽히는 일.

소요량 (所要量) 어떤 것을 쓰는 양. 《밭이 넓을수록 거름 소요량도 많다.》

소용 (所用) 쓸 데. 《나한테는 소용이 없는 물건이니까 네가 가져.》

소용돌이 물이 빙빙 돌면서 세차게 흐르는 일. 또는 그 모양.

소용돌이 속에 빠지다 관용 혼란스러운 일에 휩쓸리다. 《유럽 여러 나라가 세계대전의 소용돌이 속에 빠졌다.》

소용돌이치다 물이 소용돌이를 이루면서 흐르다. 《강물이 소용돌이친다.》

소용없다 쓸모나 득이 될 것이 없다. 《꽃병을 깨 놓고 뒤늦게 후회해 봤자 소용없어.》

소원 (所願) 어떤 일이 생기기를 바라는 것. 《추석에 보름달을 보면서 소원을 빌었다.》 비바람, 소망. **소원하다**

소위 (所謂) → 이른바.

소유 (所有) 어떤 것을 자기 것으로 만들거나 지니는 것. **소유하다** 《논 백여 마지기를 소유한 부자》

소유권 (所有權) 어떤 것이 누구 것이라고 법으로 보호하는 권리.

소유자 (所有者) 어떤 것을 소유한 사람. 《땅 소유자》

소음 (騷音) 시끄러운 소리. 《공사장 소음 때문에 잠을 못 잤어요.》 비잡음.

소음인 (少陰人) 사상 의학에서 나눈 사람 체질 가운데 하나. 소화 기능이 약하고 생식 기능이 강하다.

소인 나 옛날에 윗사람 앞에서 자기를 낮추어 이르던 말. 《대감마님, 소인을 찾으셨는지요?》

소인 사람 (小人) 1.초등학생 정도의 나이가 어린 사람. 《입장료 대인은 천 원이고 소인은 오백 원입니다.》 반대인. 2.키나 덩치가 작은 사람. 《소인들이 먹는 양으로는 걸리버 배를 채우기 어려웠다.》 3.쩨쩨하고 자기 이익만을 챙기는 사람. 《군자는 의리를 좇고 소인은 이득을 좇는다.》 반군자.

소인 도장 (消印) 우체국에서 우표나 우편물에 찍는 도장. 보내는 날짜, 우체국 이름 같은 것이 찍힌다.

소일 (消日) 하루하루 한가롭게 지내는 것. **소일하다** 《등산으로 소일하다.》

소일거리 하루하루 시간을 보내려고 하는 일. 《할머니는 소일거리로 채소를 가꾸신다.》 북소일감.

소임 (所任) 맡은 일. 《그 아저씨는 소방관의 소임을 다하려고 애썼다.》

소자 (小子) 옛날에 아들이 부모 앞에서 자기를 낮추어 이르던 말. 《어머님, 소자 서당에 다녀왔습니다.》

소작 (小作) 남의 논밭을 빌려서 농사짓는 것. **소작하다**

소작농 (小作農) 남의 논밭을 빌려서 짓는 농사. 또는 그런 농민. 참자작농.

소장 몸 (小腸) → 작은창자.

소장 우두머리 (所長) 연구소, 사무소처럼 '소' 자가 붙은 곳의 우두머리.

소장 간직 (所藏) 어떤 것을 간직하는 것. **소장하다** 《이 벼루는 할아버지가 소장하시던 것이다.》 **소장되다**

소장품 (所藏品) 소장한 물건.

소재 원료 (素材) 어떤 것을 만드는 재료.《비단을 소재로 만든 치마》

소재 곳 (所在) 사람이나 사물이 있는 곳.《며칠째 형 소재를 알 수 없다.》

소재지 (所在地) 건물, 기관 같은 것이 있는 곳.《도청 소재지》

소절 (小節) → 마디.

소정 (所定) 흔히 '소정의' 꼴로 써서, 미리 정한 것.《의견을 보내 주신 분께 소정의 선물을 드립니다.》

소제 (掃除) → 청소. **소제하다**

소종 (小鐘) 작은 종.

소주 (燒酒) 1.곡식, 고구마 들을 발효시켜 끓여서 식힌 술. 2.알코올에 물과 향료를 섞어서 만든 술.

소줏고리 소주를 내릴 때 쓰는 기구. 오지나 구리로 위아래 두 짝을 겹쳐 만든다.

소줏고리

소중하다 귀하고 중요하다.《목숨만큼 소중한 것은 없다.》

소지 지님 (所持) 어떤 것을 몸에 지니는 것.《학생증 소지》 **소지하다**

소지 가능성 (素地) 어떤 일이 어떻게 될 가능성.《비가 조금이라도 내리면 소풍이 미뤄질 소지가 많다.》

소쿠리

소지품 (所持品) 몸에 지닌 물건.

소질 (素質) 태어날 때부터 지닌 뛰어난 능력이나 재주.《동생은 음악에 소질이 있다.》

소집 (김集) 단체나 모임에 든 사람들을 불러서 모으는 것.《비상소집/예비소집》 **소집하다 소집되다**

소쩍새 숲 속 나무 구멍에 둥지를 틀고 사는 여름새. 깃털은 잿빛 도는 갈색이

소태나무

소쩍새

고 머리에 귀처럼 생긴 깃털이 있다. 천연기념물 제 324-6호.

소쩍소쩍 소쩍새가 우는 소리.

소채 (蔬菜) → 채소.

소책자 (小冊子) 작고 얇은 책.

소철 뜰이나 온실 같은 곳에 심어 가꾸는 늘푸른나무. 원기둥처럼 생긴 줄기 끝에 깃털 같은 잎이 촘촘히 마주난다.

소청 (所請) 옛날에 '부탁'이나 '바람'을 이르던 말.《아비를 만나고자 하는 제 소청을 부디 들어주십시오.》

소총 (小銃) 어깨에 메거나 들고 다니는 총.

소출 (所出) 논밭에서 나는 곡식의 양.《가뭄이 들어 쌀 소출이 줄었다.》

소치 (所致) 어떤 탓으로 생긴 일.《모두 제 부덕의 소치이니 용서하세요.》

소켓 (socket) 전구를 끼워서 전깃줄과 잇는 기구.

소쿠리 대나 싸리를 엮어서 만든 둥근 그릇.

소탈하다 점잔을 빼거나 얽매인 데 없이 털털하다.《찬수는 성격이 소탈해서 동무가 많다.》

소탕 (掃蕩) 나쁜 무리를 모조리 없애는 것.《해적 소탕 작전》 **소탕하다 소탕되다**

소태나무 산에서 자라는 잎지는나무. 5~6월에 누르스름한 풀빛 꽃이 피고, 열매는 붉게 익는다. 나무껍질과 열매를 약으로 쓴다.

소통 (疏通) 막힘없이 서로 통하는 것.《의사소통》 **소통하다 소통되다**

소파 (sofa) 등받이가 있는 길고 푹신푹신한 의자.

소포 (小包) 우편으로 부치는 물건. 또는 물건을 우편으로 부치는 일.

소폭 (小幅) 작은 폭으로.《물가가 소폭 올랐다.》**반**대폭.

소품 (小品) 1.연극이나 영화에서 쓰는 자잘한 도구.《연극 소품》**참**소도구. 2.크기가 작은 미술 작품. 또는 길이가 짧은 곡.《쇼팽 피아노 소품》

소풍 (消風) 가까운 들이나 산 같은 데로 나가서 경치를 구경하면서 노는 일. 《이번 소풍은 경복궁으로 간다.》

소풍날 소풍 가는 날.

소프라노 (soprano 이) 성악에서 가장 높은 여자 목소리. 또는 그 소리로 노래하는 가수. **참**메조소프라노, 알토

소프트볼 (softball) 야구공보다 크고 부드러운 공을 가지고 하는 야구 비슷한 경기.

소프트웨어 (software) 컴퓨터를 쓰는 데 필요한 프로그램. **참**하드웨어.

소학 (小學) 중국 송나라 때 유자징이 주희의 가르침을 받아 쓴 책. 조선 시대에 유학을 처음 배우는 어린이가 공부하던 책이다.

소학교 (小學校) 옛날에 '초등학교'를 이르던 말. '보통학교'로 이름이 바뀌었다가 1938년에 다시 이 이름이 되었다.

소학언해 (小學諺解) 〔소학〕을 한글로 풀이한 책.

소한 (小寒) 한 해를 스물넷으로 나눈 때 가운데 스물셋째. 이름으로는 대한보다 덜 추울 것 같지만 실제로는 한 해 가운데 가장 추운 때이다. 1월 6일이나 7일이다. **참**대한.

소행 (所行) 저지른 짓.《화분을 깨뜨린 게 누구 소행이냐?》

소행성 (小行星) 화성과 목성 사이에서 태양 둘레를 도는 수많은 작은 별.

소형 (小型) 크기가 작은 것.《소형 냉장고/소형 자동차》**참**대형, 중형.

소형차 (小型車) 크기가 작은 자동차.

소홀하다 허투루 여기고 아무렇게나 대하는 태도가 있다. **소홀히**《학생이 공부를 소홀히 해서는 안 된다.》

소화 음식 (消化) 삼킨 음식을 배 속에서 삭이는 것.《소화가 잘 안 될 때는 트림이 나더라.》**소화하다 소화되다**

소화 불 (消火) 불을 끄는 일.《소화 작업》**비**진화. **반**방화. **북**불끄기. **소화되다**

소화기 몸 (消化器) → 소화 기관.

소화기 불 (消火器) 불을 끄는 기구. 흔히 쇠로 된 통에 화학 물질을 담아서 만든 것을 이른다.

소화 기관 (消化器官) 삼킨 음식을 잘게 부수고 녹여서 그 안에 들어 있는 영양분을 빨아들이는 기관. **같**소화기.

소화 불량 (消化不良) 소화가 잘 되지 않는 증세.

소화액 (消化液) 먹을거리가 소화될 수 있게 입, 위, 쓸개 같은 곳에서 나오는 액체.

소화전 (消火栓) 불 끄는 데 필요한 물을 상수도에서 끌어다가 쓸 수 있게 마련한 장치.

소화제 (消化劑) 음식을 잘 소화할 수 있게 도와주는 약.

속 1.거죽이나 껍질로 싸인 것의 안쪽 부분.《사과 속에서 벌레가 나왔다.》**반**겉. 2.어떤 곳이나 테두리 안.《가방

속에서 백 원짜리 동전이 나왔다.》 3. 사람의 배나 위.《속이 더부룩하다./속이 쓰리다.》 4. '마음', '가슴', '생각' 같은 것을 뜻하는 말.《속이 넓다./속이 좁다.》 5. 중심을 이루는 알맹이나 내용.《말만 그럴듯하고 속은 하나도 없네.》 6. 어떤 일이나 상황이 이어지는 가운데.《가난 속에서도 웃음을 잃지 않았다.》 7. 겉으로 드러나지 않은 사실이나 내용.《사건의 속을 살펴 진짜 잘못한 사람을 가리자.》

속을 끓이다 관용 무척 괴로워하다. 또는 무척 속상해하다.《걱정거리가 있으면 속 끓이지 말고 나한테 털어 놔.》

속을 떠보다 관용 남의 마음을 슬쩍 알아보다.《그 애가 나를 어떻게 생각하는지 속을 한번 떠보고 싶어.》

속을 썩이다 관용 1. 몹시 괴로워하다. 또는 몹시 속상해하다.《네가 내 흉을 본 줄 알고 혼자 속을 썩였어.》 2. 남한테 걱정을 끼치다. 또는 남을 속상하게 하다.《너도 이제 다 컸으니 엄마 속 썩이는 짓 좀 그만 해라.》

속 빈 강정 속담 겉만 그럴듯하고 속은 알차지 못하다는 말.

속개 (續開) 잠깐 멈춘 일을 다시 이어서 하는 것. **속개하다**《잠깐 쉬었다가 회의를 속개하겠습니다.》 **속개되다**

속곳 예전에 여자가 아랫도리에 입던 속옷.

속국 (屬國) 다른 나라의 지배를 받는 나라.《우산국은 신라의 속국이었다.》

속기 (速記) 법정, 회의장 같은 데서 남이 하는 말을 빨리 받아 적는 것. **속기하다**

속단_풀

속껍질 과일이나 곡식 속에 있는 껍질.

속눈썹 눈알을 둘러싼 살갗의 맨 가장자리에 난 털. 같눈썹. 북살눈섭.

속다 남이 하는 거짓된 말이나 행동을 그대로 믿고 받아들이다.《연주는 순진해서 남의 말에 잘 속는다.》

속다짐 마음속으로 하는 다짐. **속다짐하다**《올해는 기필코 살을 빼겠다고 속다짐했다.》

속닥- 작은 목소리로 비밀스럽게 이야기하는 소리. 또는 그 모양. **속닥거리다 속닥대다 속닥이다 속닥속닥**《언니들끼리만 비밀 얘기를 속닥거린다.》

속단 풀 산속 마른 땅에 자라는 풀. 여름에 분홍색 꽃이 핀다. 어린순은 먹고, 뿌리는 약으로 쓴다.

속단 판단 (速斷) 깊이 생각하지 않고 서둘러서 판단하는 것. **속단하다**《누가 이길지 속단하기는 아직 이르다.》

속달 (速達) 우편물을 빨리 배달하는 것. 또는 그런 우편. **속달하다**

속담 (俗談) 옛날부터 전해 내려오는 지혜가 담긴 짧은 말. '가는 말이 고와야 오는 말이 곱다.', '낫 놓고 기역자도 모른다.' 같은 말을 이른다.

속대 푸성귀 속에 든 줄기나 잎.

속대쌈 배추속대로 싸서 먹는 쌈.

속도 (速度) 빠르기.《내리막길에서는 자전거 속도를 줄여라.》 같스피드

속독 (速讀) 글을 빨리 읽는 것. **속독하다**

속되다 점잖지 못하고 천하다.《속된 말/속된 마음을 먹다.》

속뜻 마음속으로 품고 있는 뜻.《엄마가 혼내신 속뜻을 알 것 같다.》

속력 (速力) 어떤 것이 움직이는 빠르기.《차가 엄청난 속력으로 달렸다.》

속리산 (俗離山) 충청북도 보은과 경상북도 상주에 걸쳐 있는 산. 법주사가 널리 알려져 있다. 국립공원이다.

속마음 겉으로 드러나지 않은 진짜 마음.《나는 속마음을 툭 터놓고 말할 동무가 여럿 있다.》 **북**속심.

속말 속마음에서 우러나온 말.《짝꿍이 속말을 털어놓았다.》 **북**내적언어.

속물 (俗物) 돈, 출세, 권력 같은 것만 밝히는 사람.

속박 (束縛) 남을 강제로 얽어매는 것.《우리나라는 1945년에 일제의 속박에서 벗어났다.》 **속박하다 속박되다**

속병 배 속에 생긴 병. 흔히 소화가 잘 안 되는 위장병을 이른다.《할머니는 속병으로 고생하신다.》

속보 걸음걸이 (速步) 빠른 걸음.

속보 알림 (速報) 흔히 신문이나 방송에서 급히 알리는 중요한 소식.《방금 들어온 속보를 전해 드리겠습니다.》

속불꽃 불꽃 안쪽에 있는 가장 밝은 부분. 겉불꽃보다 온도가 낮고, 산소와 닿지 않아 파란색을 띤다. **참**겉불꽃.

속사정 겉으로 드러나지 않은 일의 형편.《말 못할 속사정이라도 있니?》

속삭이다 귓속말로 가만가만 말하다.《동생이 놀이터에 가자고 속삭였다.》

속삭임 속삭이면서 하는 말.

속살 살 옷 같은 것에 가려서 겉으로 보이지 않는 살.《속살이 비치는 옷》

속살-모양 작은 소리로 속삭이는 소리. 또는 그 모양. **속살거리다 속살대다**

속살속살《무슨 재미난 얘기를 둘이서

속살이게

속새

만 속살거리니?》

속살이게 조개, 해삼 같은 다른 동물 몸속에 들어가 사는 게.

속상하다 걱정스럽거나 언짢은 일로 마음이 아프다.《연지가 내 진심을 몰라주다니 정말 속상하다.》

속새 그늘지고 축축한 산속에 자라는 풀. 줄기는 마디가 있다. 가지를 치지 않고, 줄기 끝에 홀씨주머니가 달린다. 줄기를 약으로 쓴다.

속성 빠름 (速成) 어떤 일을 빨리 이루는 것.《속성으로 기른 딸기》

속성 본바탕 (屬性) 사물이 지닌 성질.《식물은 해를 따르는 속성이 있다.》

속세 (俗世) 불교에서 사람들이 살아가는 세상을 이르는 말.《그분은 속세를 떠나서 스님이 되었다.》

속셈 1.마음속에 품은 생각이나 계획.《연희가 무슨 속셈으로 먼저 사과를 했을까?》 **같**심산. 2. 연필이나 계산기 없이 머릿속으로 하는 셈.《간단한 덧셈은 속셈으로도 할 수 있어요.》 **같**암산. **속셈하다**

속속들이 속까지 모두 빠짐없이.《엄마는 내 마음을 속속들이 잘 아신다.》

속속이풀 축축한 땅에 자라는 풀. 잎은 깃처럼 갈라지고, 5~6월에 누런 꽃이 핀다. 어린순을 먹는다.

속수무책 (束手無策) 일을 해결할 방법이 전혀 없는 것.《집에 아무도 없는데 열쇠가 없으니 속수무책이네.》

속씨식물 꽃식물 가운데 밑씨가 씨방에 든 식물. 감나무, 진달래, 벼 들이 있다. **참**겉씨식물.

속아넘다 **북** 남의 말이나 꾀에 속아

속속이풀

넘어가다.《내 동생 거짓말에 깜빡 속 아넘었지 뭐야.》

속옷 겉옷 속에 받쳐 입는 옷. ^같내의. ^참겉옷.

속이다 거짓된 말이나 행동을 남이 그대로 믿게 하다.《그런 얕은꾀로 나를 속이려고?》

속임수 남을 속이는 짓이나 꾀.《속임수를 쓰다./속임수에 넘어가다.》

속장경 (續藏經) 고려 중기에 대각 국사 의천이 고려 대장경에서 빠진 것을 모아 엮은 책. 지금은 목록만 있다.

속저고리 속에 받쳐 입는 저고리.

속절없다 어떻게 할 방법이 없다. **속절없이**《속절없이 흐르는 시간》

속죄 (贖罪) 죄를 뉘우치는 것. 또는 어떤 일을 하면서 죗값을 치르는 것. **속죄하다**《그 사람은 속죄하는 뜻으로 부모 없는 아이들을 돌보았다.》

속초 (束草) 강원도 동쪽에 있는 항구 도시. 수산 가공업이 발달하였고, 설악산과 영랑호가 있다.

속출 (續出) 어떤 것이 잇따라 나도는 것. 또는 어떤 일이 잇따라 생기는 것.《신기록 속출》 **속출하다**

속치 ^{|북} 속에 든 것.《겉이 아무리 좋아도 속치가 알찬 것보다는 못하다.》

속치마 속에 받쳐 입는 치마.

속칭 (俗稱) 세상 사람들이 본디 이름 대신 부르는 이름.《그 섬은 돌섬이라는 속칭으로 더 잘 알려졌다.》

속하다 어떤 테두리나 무리에 들다.《나는 바둑 동아리에 속해 있다.》

속행 (續行) 잠깐 멈춘 일을 다시 이어서 하는 것. **속행하다**《비가 와서 경기

를 속행하기 어렵다.》 **속행되다**

속흙 겉흙 아래에 있어서 농기구로 뒤엎을 수 없는 흙.

속히 → 빨리.《속히 나으세요.》

솎다 촘촘히 난 것을 군데군데 뽑아서 성기게 만들다.《상추를 솎다.》

손 ^몸 1. 팔목 끝에 달린 몸의 한 부분. 2. → 손가락. 3. → 일손.《한창 바쁜 농사철에는 손이 부족합니다.》 4. 일을 하는 데 드는 힘이나 노력.《난초를 키우는 데는 손이 많이 간다.》

손에 넘어가다 ^{관용} 어떤 사람 것이 되다.《학교 앞 문방구가 다른 사람 손에 넘어갔대.》

손에 땀을 쥐다 ^{관용} 마음이 몹시 조마조마하다.《영화가 어찌나 무섭던지 손에 땀을 쥐면서 보았다.》

손에 물도 묻히지 않다 ^{관용} 고생을 조금도 하지 않다.《우리 숙모님은 외동딸로 태어나 손에 물도 묻히지 않고 귀하게 자랐다고 하셨다.》

손을 거치다 ^{관용} 1. 어떤 사람이 살피는 일을 거치다.《도서실에 새로 들어오는 책은 모두 선생님 손을 거친 뒤에 꽂는 거야.》 2. 손질하다. 또는 다듬다.《아저씨의 손을 거치자 낡은 구두가 새 구두처럼 말끔해졌다.》

손을 들어주다 ^{관용} 남의 편을 들다. 또는 어느 쪽이 이겼다고 여기다.《내가 동생과 다투면 엄마는 늘 동생 손을 들어주신다.》

손을 떼다 ^{관용} 하던 일을 아예 그만두다.《난 이제 그 일에서 손 뗄래.》^비손을 빼다.

손을 빌리다 ^{관용} 남의 도움을 받다.《삼

촌 손을 빌려 자전거를 고쳤다.》

손을 뻗치다 ^{관용} 해 보지 않은 일까지 활동 테두리를 넓히다.《레오나르도 다빈치는 수학, 물리학뿐만 아니라 미술에도 손을 뻗친 천재였다.》

손이 놀다 ^{관용} 일거리가 없어 쉬다.《손이 노는 사람은 같이 쓰레기를 줍자.》

손이 닳게 ^{관용} 아주 간절하게 비는 모양을 이르는 말.《다시는 거짓말을 하지 않겠다고 엄마께 손이 닳게 빌었다.》

손이 닿다 ^{관용} 힘이나 능력이 미치다.《손이 닿는 데까지 너를 돕고 싶어.》

손이 비다 ^{관용} 짬이 나다.《잠깐 손이 빌 때 얼른 뒷간에 다녀왔다.》

손이 작다 ^{관용} 씀씀이가 작다.《언니는 손이 작아서 다달이 용돈을 남긴다.》

손이 크다 ^{관용} 씀씀이가 크다.《그 집 아주머니는 손이 커서 떡볶이를 아주 넉넉하게 주신다.》

손 안 대고 코 풀기 ^{속담} 일을 남의 힘으로 아주 쉽게 해치우는 것을 빗대어 이르는 말.

손이 많으면 일도 쉽다 ^{속담} 사람이 많을수록 일을 쉽고 빠르게 이룬다는 말.

손이 발이 되도록 빌다 ^{속담} 잘못을 용서해 달라고 간절하게 빌다.《도둑은 제발 목숨만 살려 달라고 손이 발이 되도록 빌었다.》

손 ^양 한 손에 잡을 만한 양을 나타내는 말. 조기나 고등어는 두 마리, 배추는 두 통, 미나리나 파 같은 것은 한 줌씩을 이른다.《고등어 한 손》

손 ^{피붙이}(孫) → 후손.

손가락 손에서 갈라져 나간 부분. 물건을 쥐거나 굽혔다 펼 수 있다. ^같손.

손가락을 걸다 ^{관용} 약속하다.《동생과 싸우지 않겠다고 손가락을 걸었다.》

손가락 하나 까딱 않다 ^{관용} 아무것도 하지 않고 가만히 있다.《이사하는데 오빠는 손가락 하나 까딱 않고 놀았다.》

손가락질 1. 흔히 집게손가락으로 어떤 것을 가리키는 일.《손가락질로 길을 알려 주었다.》 2. 남을 놀리거나 흉보는 짓.《불쌍한 사람한테 손가락질을 하다니.》 **손가락질하다**

손가락질을 받다 ^{관용} 놀림을 받다. 또는 욕을 먹다.《남의 손가락질을 받을 일은 하지 않는 게 좋아.》

손가마 놀이 두 사람이 손목을 맞잡아 가마를 만들어 한 사람을 태우는 놀이.

손가방 손에 들고 다니는 작은 가방.

손거울 손에 들고 보는 작은 거울.

손금 손바닥에 난 금.《손금을 보다.》

손 기술 씨름에서 손을 써서 상대방을 넘어뜨리는 기술.

손길 1. 만지거나 잡으려고 내미는 손.《아빠가 부드러운 손길로 내 머리를 쓰다듬어 주셨다.》 2. 남을 돕거나 보살피는 것.《구원의 손길》 3. 어떤 일을 하려고 손을 움직이는 것.《벼를 베는 농부들 손길이 바쁘다.》

손길을 뻗치다 ^{관용} 남한테 어떤 일을 하다.《조선 후기에 일본은 또다시 침략의 손길을 뻗쳐 왔다.》

손김 ^{l북} 농사에서 기계가 아닌 손으로 매는 김.《손김을 매다.》

손깍지 두 손을 맞대고 열 손가락을 서로 엇갈리게 낀 것.

손꼽다 1. 손가락을 꼬부리면서 수를 헤아리다.《소풍날을 손꼽아 기다렸다.》2. 열 손가락으로 헤아릴 수 있을 만큼 대단하거나 드물게 여기다.《세종 대왕은 세계에서도 손꼽을 만큼 훌륭한 임금이다.》

손꼽히다 열 손가락으로 헤아릴 수 있을 만큼 대단하거나 드물게 여겨지다.《삼촌은 마을에서 손꼽히는 장사야.》

손끝 손가락 끝.

손나발 나발을 부는 것처럼 입가에 모으는 손. 또는 그렇게 하고 소리를 내는 일.《손나발로 야호를 외쳤다.》

손녀 (孫女) 자식의 딸.

손녀딸 '손녀'를 귀엽게 이르는 말.

손놀림 손을 이리저리 움직이는 일.《잽싼 손놀림으로 칼질을 하다.》

손님 남을 찾아가거나 찾아온 사람. 또는 오라고 불러서 온 사람. 비객.

손님은 갈수록 좋고, 비는 올수록 좋다 속담 손님은 빨리 돌아갈수록 고맙고, 비는 많이 올수록 농사에 좋다는 말.

손님상 손님을 대접하려고 차린 상.

손대다 1. 어떤 것을 손으로 만지다.《전시 작품에 손대지 마십시오.》2. 어떤 일에 나서거나 관계하다.《그 아저씨는 손대는 사업마다 모두 성공하였다.》3. 남의 재산을 가지거나 멋대로 쓰다.《남의 물건에 손대는 버릇은 버려라.》4. 남을 때리다.《내 동생한테 손대는 녀석이 있으면 혼내 줄 테야.》5. 고치거나 바꾸다.《내 원고에 손댄 사람이 누구야?》

손도장 1. 손가락에 인주를 묻혀서 도장처럼 찍는 것. 같지장. 2. 물감 묻힌 손으로 종이에 손자국을 찍는 것. 또는 찰흙 같은 것에 손자국을 내는 것.

손바닥난초

손들다 1. 팔을 머리 위로 들다.《영수는 아는 문제가 나오자 자신 있게 손들었다.》2. 하던 일을 그만두다.《아무리 달래도 울기만 하니 난 이제 손들었어.》 변손드는, 손들어, 손듭니다.

손등 손가락이 펴지는 쪽. 손바닥의 반대쪽이다.《손등을 덮는 긴 소매》

손때 1. 손으로 자꾸 만져서 묻은 때.《까맣게 묻은 손때》2. 오랫동안 쓴 흔적.《할아버지 손때가 묻은 시계》

손마디 손가락 마디. 손가락뼈가 서로 맞닿는 곳이다.

손맛 손으로 만지는 정성에서 우러나오는 음식 맛.《도시락 반찬 하나하나에서 엄마의 손맛을 느낄 수 있었다.》

손목 손과 팔이 이어지는 곳. 같팔목.

손목시계 손목에 차는 시계. 복손시계, 팔목시계.

손바느질 재봉틀 없이 손으로 하는 바느질.《손바느질로 바지를 꿰맸다.》

손바닥 손가락이 구부러지는 쪽. 손등의 반대쪽이다.

손바닥난초 높은 산에 자라는 풀. 잎은 넓은 줄처럼 생겼고, 여름에 옅은 붉은색 꽃이 핀다. 복손바닥란.

손발 손과 발. 같수족.

손발을 묶다 관용 마음대로 행동하지 못하게 하다.《태풍이 여행 온 사람들의 손발을 묶었다.》

손발이 맞다 관용 마음이나 행동 같은 것이 서로 잘 맞다.《같이 일을 하려면 손발이 척척 맞아야지.》

손버릇 1. 손에 밴 버릇.《삼촌은 기분이 좋을 때면 손바닥을 비비는 손버릇이 있다.》2. 남의 물건을 훔치거나 남

을 때리거나 하는 못된 버릇.《손버릇이 나쁜 애와는 사귀기 싫어.》

손보다 고장 난 데를 고치다.《낡은 자전거도 조금만 손보면 탈 수 있어요.》

손부끄럽다 어떤 것을 주거나 받으려고 손을 내밀었다가 허탕을 쳐서 겸연쩍다.《네가 이걸 안 받으니 내가 손부끄럽게 되었구나.》 **받**손부끄러운, 손부끄러워, 손부끄럽습니다.

손뼉 서로 마주 칠 때 소리 내는 두 손바닥을 이르는 말.《언니들이 손뼉을 치면서 웃음을 터뜨렸다.》 **북**손벽.

손뼉도 마주 쳐야 소리가 난다 **속담** 어떤 일이든 서로 뜻이 맞아야 이룰 수 있고 싸움도 상대가 있어야 한다는 말.

손상 (損傷) 망가뜨리거나 흠을 내는 것.《너무 세게 비벼서 빨면 옷에 손상이 갈 수도 있다.》 **손상하다 손상되다**

손색 (遜色) 흔히 '없다' 와 함께 써서, 모자라거나 뒤떨어지는 점.《단비는 우리 반 반장으로 손색이 없다.》

손수 자기 손으로 직접.《할아버지께서 손수 기르신 상추》 **참**몸소.

손수건 몸에 지니고 다니는 작은 수건.

손수레 손으로 끌고 다니는 수레. **같**리어카. **북**손달구지.

손쉽다 어떤 일을 하기 쉽다.《이 기계는 아무나 손쉽게 다룰 수 있다.》 **받**손쉬운, 손쉬워, 손쉽습니다.

손실 (損失) 잃거나 줄어서 입는 손해.《이번 비로 농작물 손실이 크다.》

손싸다 **북** 1. 손으로 다루기에 편하다.《손싼 가위/ 손싼 호미》 2. 일하는 솜씨가 재빠르다.《어떤 일이든 은수가 맡으면 손싸게 해치워서 마음에 든다.》

손수레

손쓰다 알맞은 때를 놓치기 전에 어떤 행동을 하다.《큰일이 닥치기 전에 미리 손쓰는 게 좋아.》 **받**손쓰는, 손써, 손씁니다.

손아귀 1. 어떤 것을 움켜쥐는 손. 또는 손으로 쥐는 힘. **북**손탁. 2. 어떤 것을 손에 넣어 제 마음대로 다룰 수 있는 힘.《내가 네 손아귀에 호락호락 들어갈 것 같아?》 **비**수중.

손아래 자기보다 나이가 어리거나 항렬이 낮은 것. 또는 그런 사람.《사촌은 나보다 세 살 손아래이다.》 **받**손위.

손아랫사람 자기보다 나이가 어리거나 항렬이 낮은 사람. **받**손윗사람.

손위 자기보다 나이가 많거나 항렬이 높은 것. 또는 그런 사람.《열 살 손위인 큰형》 **받**손아래. **북**손우.

손윗사람 자기보다 나이가 많거나 항렬이 높은 사람. **받**손아랫사람.

손익 (損益) 손해와 이익.

손자 (孫子) 자식의 아들.

손자국 손이 닿은 흔적.

손잡다 1. 서로 손을 잡다.《아이가 엄마와 손잡고 신나게 걸어간다.》 2. 서로 힘을 합하다.《두 회사가 손잡고 새로운 기술을 만들기로 했다.》

손잡손 **북** 속 좁은 티를 내면서 얄밉게 손을 휘젓는 것.《짝꿍은 손잡손을 하면서 나를 뿌리쳤다.》 **손잡손하다**

손잡이 손으로 잡기 좋게 물건 한쪽에 단 부분.《냄비 손잡이》

손재주 손으로 어떤 것을 만들거나 다루는 재주.《손재주가 좋다.》

손전등 손에 들고 다닐 수 있는 작은 전등. **같**플래시.

손질 손으로 다듬고 매만지는 일. **손질하다**《엉클어진 머리를 손질했다.》

손짐 |북 1.손으로 들어서 나를 만한 작은 짐.《집 앞 가게에 손짐을 잠깐 맡기고 왔다.》 2.짐의 임자와 함께 열차에 실어 나르는 짐.《아빠는 손짐을 찾으려고 역 사무실에 가셨다.》

손짓 손으로 어떤 것을 가리키거나 어떤 뜻을 나타내는 일. 북손세. **손짓하다**《누나가 빨리 오라고 손짓했다.》

손찌검 손으로 남을 때리는 짓.《손찌검을 당하다.》 **손찌검하다**

손톱 손가락 끝 위쪽에 있는 얇고 단단한 살갗 층.

손톱도 안 들어가다 관용 빈틈없이 야무지다. 또는 남한테 베푸는 마음이 없다.《손톱도 안 들어갈 줄 알았는데 형이 부탁을 들어줘서 고마웠다.》

손톱깎이 손톱이나 발톱을 깎을 때 쓰는 물건. 북손톱깎개.

손풍금 건반 악기 가운데 하나. 바람통을 폈다 접었다 하면서 건반을 눌러 소리를 낸다. 같아코디언.

손해 (損害) 나쁜 일을 당해서 재산이 줄거나 없어지는 일.《손해를 보다./손해를 입다.》 반이익.

손해 배상 (損害賠償) 남한테 끼친 손해를 돈이나 물건으로 물어 주는 일.

솔 나무 → 소나무.

솔 도구 먼지, 흙 같은 것을 털거나 닦는 도구. 짐승 털이나 플라스틱을 촘촘하게 박아서 만든다.《엄마는 옷에 묻은 먼지를 솔로 털어내셨다.》

솔 채소 '부추'의 사투리.

솔 음이름 (sol 이) 서양 음악의 일곱 음

솔개

솔버섯

솔부엉이

계에서 다섯째 음. 참도, 레, 미, 파, 라, 시.

솔가지 소나무 가지.

솔개 시골 마을이나 바닷가에 사는 나그네새. 깃털은 어두운 갈색이고 가슴에 검은 세로무늬가 있다. 우리나라에서는 겨울에 흔하다. 북소리개, 수리개.

솔기 옷, 이불 같은 것에서 천을 맞대어 꿰맨 줄.

솔깃하다 남의 말에 마음이 끌리는 느낌이 있다.《숙제는 나중에 하고 놀러 가자는 형 말에 귀가 솔깃했다.》

솔바람 소나무 숲에서 부는 바람.

솔방울 소나무 열매. 비늘 같은 조각이 겹겹이 붙어 있고 그 사이에 씨가 들어 있다.

솔밭 소나무가 많이 자라는 땅.

솔버섯 바늘잎나무 그루터기나 썩은 나무에서 자라는 버섯. 갓은 노란색인데 붉은 털 같은 것이 빽빽하게 퍼져 있다. 먹는 버섯이다.

솔부엉이 낮은 산이나 숲에 사는 여름새. 등은 검은 갈색인데 아래쪽은 흰 바탕에 갈색 줄무늬가 있다. 눈과 발가락은 노랗고 부리는 검다. 천연기념물 제324-3호.

솔선 (率先) 어떤 일을 앞장서서 하는 것.《네가 솔선을 보이면 동생들도 따라 할 거야.》 **솔선하다**

솔선수범 (率先垂範) 어떤 일을 앞장서서 해서 남의 본보기가 되는 것. **솔선수범하다**《반장이 솔선수범한다.》

솔솔 1.가루나 냄새 들이 좁은 틈으로 조금씩 보드랍게 새어 나오는 모양.《맛있는 냄새가 솔솔 난다.》 2.바람이

보드랍게 부는 모양. 또는 비가 보드랍게 내리는 모양.《솔솔 부는 봄바람》

솔숲 소나무가 많이 있는 숲. 같솔림.

솔이끼 그늘지고 축축한 숲 속에 자라는 이끼. 뾰족한 잎이 빽빽이 나고 줄기 끝에 홀씨주머니가 달린다.

솔이끼

솔잎 소나무 잎.

솔잣새 높은 나무에 둥지를 틀고 사는 겨울새. 끝이 엇갈린 부리로 잣이나 소나무 씨를 빼 먹는다.

솔잣새

솔직하다 숨기거나 꾸미는 것이 없다.《솔직하게 말하자면 나는 노래 잘하는 지우가 부러웠다.》**솔직히**

솔질 솔로 먼지나 흙 같은 것을 털거나 닦는 일.《구두 솔질》**솔질하다**

솔체꽃 깊은 산에 자라는 풀. 뿌리 쪽 잎은 꽃이 필 때 없어지고, 줄기에서 나는 잎은 깃처럼 갈라진다. 8월에 푸른 보라색 꽃이 핀다.

솜양지꽃

솜 목화에서 뽑은 하얗고 부드러운 물질. 천을 만드는 재료로 쓰거나 옷, 이불 같은 것 속에 넣는다.

솜귀신그물버섯 여러 가지 나무가 자라는 숲에서 나는 버섯. 갓은 솔방울처럼 생겼고 빛깔은 검은 갈색이다. 먹는 버섯이다.

솔체꽃

솜나물 낮은 산이나 들에서 자라는 풀. 온몸에 흰 털이 촘촘히 나 있다. 꽃은 봄에도 피고 가을에도 핀다. 어린순을 먹는다.

솜귀신그물버섯

솜다리 높은 산 바위틈에 자라는 풀. 온몸에 흰 솜털이 빽빽하게 나 있고, 여름에 흰 꽃이 핀다.

솜대 전라남도 담양에서 많이 자라는 늘 푸른 식물. 본디 중국에서 자라던

솜나물

대나무로 5월에 죽순이 올라온다.

솜두루마기 속에 솜을 두어서 지은 두루마기.

솜뭉치 솜을 한데 뭉친 것.

솜사탕 설탕을 기계로 돌려 솜처럼 부풀려서 만든 과자.

솜씨 어떤 일을 하는 재주나 힘.《우리 엄마 음식 솜씨가 최고라니까!》

솜양지꽃 낮은 산 양지바른 곳에 자라는 풀. 온몸에 흰 솜털이 나 있고, 4~8월에 노란 꽃이 핀다. 덩이뿌리를 먹거나 약으로 쓴다.

솜옷 속에 솜을 두어서 지은 옷.

솜이불 속에 솜을 두어서 지은 이불.

솜털 짧고 보드라운 털.《병아리 솜털이 보송보송합니다.》북송터럭.

솜다리

솟구치다 1.아래에 있던 것이 세차게 솟아오르다.《분수에서 물줄기가 솟구친다.》2.기운, 느낌 같은 것이 세차게 솟아오르다.《연정이가 거짓말을 늘어놓자 나도 모르게 화가 솟구쳤다.》

솟다 1.아래에서 위 또는 속에서 겉으로 움직여 나오다.《수평선 위로 붉은 해가 솟는다.》비돋다, 뜨다. 2.몸이나 마음에 어떤 느낌이나 기운이 생기다.《네 말을 듣고 나니 용기가 솟는다.》3.높은 건물이나 산 같은 것이 우뚝 서다.《높이 솟은 철탑 위에 새들이 앉아 있다.》4.수치가 많이 오르다.《아기의 체온이 39도까지 솟았다.》

솟대 옛날에 마을을 지켜 달라는 뜻에서 꼭대기에 나무로 만든 새를 달아 마을 어귀에 세우던 장대.

솜대

솟아나다 1.속에서 겉으로 나오다.《땅속에서 샘물이 솟아난다.》2.기운,

느낌 같은 것이 생겨나다.《아이들의 응원 소리에 힘이 솟아났다.》

솟아오르다 1.아래에 있던 것이 위로 나타나다.《바다 위로 붉은 해가 솟아올랐다.》2.기운, 느낌 같은 것이 생겨나다.《정임이 표정에서 용기가 솟아오르는 것을 느꼈다.》ᵇᵃ솟아오르는, 솟아올라, 솟아오릅니다.

솟을대문 옛날에 흔히 양반 집에서 담 위로 솟은 듯이 높게 내던 대문.

송골매 → 매.

송골송골 땀이나 물방울이 많이 맺힌 모양.《아버지 콧잔등에 땀이 송골송골 맺혔다.》ˣ송글송글.

송곳 종이, 나무 같은 것에 구멍을 뚫는 도구. 끝이 뾰족한 쇠막대기에 자루가 달려 있다.

송곳 세울 틈도 없다 ˢᵒᵈᵃⁿ 어떤 곳에 사람이 아주 많다는 말.

송곳니 앞니와 어금니 사이에 난 뾰족한 이.

송곳자리 ᴵᵇᵘᵏ 몹시 불편하고 불안한 자리를 빗대어 이르는 말.《성적표를 받는 날이면 송곳자리에 앉은 것 같다.》

송광사 (松廣寺) 전라남도 순천 조계산에 있는 절. 신라 말기에 지었다.

송구스럽다 송구한 느낌이 있다.《걱정을 끼쳐 송구스럽습니다.》ᵇᵃ송구스러운, 송구스러워, 송구스럽습니다.

송구영신 (送舊迎新) 묵은해를 보내고 새해를 맞이하는 것.

송구하다 윗사람에게 미안하고 부끄럽다.《성가시게 해서 송구합니다.》

송글송글 '송골송골'을 잘못 쓴 말.

송금 (送金) 은행이나 우편으로 돈을 남한테 보내는 것. **송금하다**《송금할 계좌 번호를 알려 주세요.》

송나라 960년부터 1270년까지 중국에 있던 나라.

송년 (送年) 한 해를 보내는 일.《송년 모임》

송달 (送達) 흔히 우편으로 어떤 것을 남한테 보내는 것.《세금 고지서 송달》 **송달하다 송달되다**

송도 (松都) → 송악.

송두리째 조금도 남김없이 다.《큰 나무가 송두리째 뽑혔다.》ᵇᵘᵏ송두리채.

송림 (松林) → 솔숲.

송별회 (送別會) 떠나는 사람과 마지막 인사를 나누는 모임.

송사 (送辭) 졸업식, 송별회 같은 행사에서 떠나는 사람에게 하는 인사말.

송사리 냇물이나 연못, 논두렁 같은 데에 떼 지어 다니는 민물고기. 몸이 가늘고 옆구리에 작은 점이 많다.

송사리

송송 1.채소를 잘게 빨리 써는 모양.《김치찌개에 파를 송송 썰어서 넣었다.》2.작은 구멍이 많이 뚫린 모양.《창호지에 구멍이 송송 뚫려 있다.》

송신 (送信) 전화, 우편, 방송 같은 것으로 신호나 소식을 보내는 것. ᵇᵃ발신. ᵇᵃⁿ수신. **송신하다 송신되다**

송신기 (送信機) 신호를 전파에 담아서 보내는 장치. ᵇᵃᵐ수신기.

송아지 소의 새끼.

송악 개성 (松嶽) '개성'의 옛 이름. ᵍᵃᵗ송도.

송악 ⁿᵃᵐᵘ 남부 지방이나 울릉도에 자라는 늘 푸른 덩굴나무. 줄기에서 뿌리가 나와 다른 나무나 바위에 붙는다. 가을

송악_나무

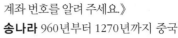

에 누런 녹색 꽃이 피고, 이듬해에 열매가 검게 익는다.

송알송알 땀방울, 물방울, 열매 들이 동글고 잘게 많이 맺힌 모양.《풀잎에 송알송알 이슬이 맺혀 있다.》

송어 찬 바다에 사는 바닷물고기. 옆구리에 갈색 점이 많다. 여름에 강을 거슬러 올라와 알을 낳는다.

송어

송유관 (送油管) 석유를 다른 곳으로 보내는 관.

송이 ¹ 꽃이나 열매가 따로따로 다른 꼭지에 달린 한 덩이. 또는 그것을 세는 말.《장미 한 송이/포도송이》

송이 버섯 소나무 숲에 많이 나는 버섯. 갓은 엷은 갈색이고 살은 희다. 먹는 버섯이다.

송이_버섯

송이송이 여러 송이가 모두.《포도나무에 포도가 송이송이 달려 있다.》

송이풀 깊은 산 숲에서 자라는 풀. 8~9월에 붉은 자줏빛 꽃이 핀다. 어린순을 먹는다.

송이풀

송장 죽은 사람의 몸. 비사체, 시신, 시체, 주검.

송장벌레 죽은 동물의 몸을 뜯어 먹고 그 속에 알을 낳는 곤충. 온몸이 딱딱한 껍데기로 싸여 있다. 몸빛은 검고, 날개에 불그스름한 무늬가 있다.

송장벌레

송장풀 산속 풀밭에 자라는 풀. 8월에 흰색이나 옅은 붉은색 꽃이 피고 열매는 까맣게 익는다. 포기째 약으로 쓴다. 북산익모초.

송장풀

송장헤엄치개 연못이나 웅덩이처럼 고인 물에 사는 곤충. 등이 볼록하고 배와 다리에 누런 털이 촘촘히 나 있다. 몸을 뒤집어 헤엄친다.

송장헤엄치개

솥

송전 (送電) 발전소에서 만든 전기를 필요한 곳에 보내는 것.《송전 시설》 **송전하다**

송진 소나무나 잣나무에서 나오는 끈끈한 액체.

송충이 솔나방 애벌레. 온몸에 긴 털이 나 있고, 발이 많이 달려 있어서 기어 다닌다.

송충이가 갈잎을 먹으면 떨어진다 속담 솔잎만 먹어야 하는 송충이가 갈잎을 먹으면 죽는다는 뜻으로, 분수에 넘치는 짓을 하면 탈이 난다는 말.

송파 산대놀이 서울 송파구에 이어져 내려오는 산대놀이. 대보름날과 단오, 백중, 추석에 놀고, 음중, 눈끔적이, 노장, 왜장녀, 취발이, 샌님, 쇠뚝이, 말뚝이, 도끼, 미얄할미 들이 나온다. 중요 무형 문화재 제49호.

송판 (松板) 소나무로 만든 널빤지.

송편 멥쌀가루를 반죽하여 소를 넣고 반달 모양으로 빚어서 솔잎을 깔고 찐 떡. 흔히 추석 때 먹는다.

송화 (松花) 소나무의 꽃. 또는 소나무의 꽃가루.

송화기 (送話器) 전화기에서 상대에게 말소리를 보내는 장치. 참수화기.

송홧가루 소나무 꽃가루.《봄바람에 송홧가루가 흩날린다.》북솔꽃가루.

송환 (送還) 남의 나라에 잡혀 오거나 몰래 들어온 사람을 자기 나라로 돌려보내는 것.《포로 송환》 **송환하다 송환되다**

솥 밥을 짓거나 국 같은 것을 끓이는 그릇. 쇠나 돌로 만든다.

솥이 검다고 밥도 검을까 속담 겉만 보고

속까지 지레짐작하지 말라는 말.

솥뚜껑 솥을 덮는 뚜껑.

솨 1.나뭇가지나 좁은 틈 사이로 바람이 스치는 소리.《바람이 솨 하고 지나간다.》 2.비바람이 치거나 물결이 밀려오는 소리.《갑자기 솨 하고 소나기가 쏟아진다.》

쇄골 (鎖骨) → 빗장뼈.

쇄국 정책 (鎖國政策) 자기 나라의 이익이나 안전을 지키려고 다른 나라와 관계를 맺지 않겠다는 정책.

쇄국주의 (鎖國主義) 다른 나라와 외교나 교류를 하지 않으려는 태도.

쇄도 (殺到) 한꺼번에 몰려들거나 달려드는 것.《주문 쇄도》 **쇄도하다**

쇄신 (刷新) 낡거나 나쁜 것을 없애고 새롭게 하는 것.《분위기 쇄신》 **쇄신하다 쇄신되다**

쇠 철 1.금속의 한 가지. 자석에 잘 붙고, 물기가 있는 곳에 오래 두면 녹이 슨다. 2.철, 금, 은, 알루미늄 들과 같은 쇠붙이를 두루 이르는 말.

쇠– 붙는 말 어떤 낱말 앞에 붙어, 소의 몸 한 부분이거나 소의 특성이 있음을 나타내는 말.《쇠고기/쇠머리》

쇠가마 쇠를 녹이는 가마.

쇠가죽 소의 가죽.

쇠갈퀴 쇠로 만든 갈퀴. 곡식, 검불 들을 긁어모으거나 흙을 고르는 데 쓴다.

쇠고기 소의 고기.

쇠고랑 '수갑'을 낮추어 이르는 말.

쇠고리 쇠로 만든 고리.

쇠구슬 쇠로 만든 구슬.

쇠귀 소의 귀.

쇠귀에 경 읽기 **속담** 아무리 말해도 알아

쇠기러기

쇠딱따구리

쇠똥구리

쇠뚝이탈

쇠뜨기

쇠뜨기버섯

듣지 못하는 것을 빗대어 이르는 말.

쇠기러기 물가에서 가깝고 탁 트인 곳에 사는 겨울새. 몸 전체가 어두운 갈색이고 이마는 흰색이다.

쇠기름 소의 지방에서 얻은 기름. 식용유, 비누 들을 만드는 원료로 쓴다.

쇠다 생일, 명절 같은 날을 지내다.《추석을 쇠려고 할머니 댁에 갔다.》

쇠도끼 쇠로 만든 도끼.

쇠딱따구리 산속 나무에 구멍을 파고 사는 딱따구리. 검은 갈색 바탕에 흰 가로줄 무늬가 있다.

쇠똥 소가 눈 똥.

쇠똥 세 바가지가 쌀 세 가마 **속담** 쇠똥 세 바가지를 두엄으로 쓰면 나중에 쌀 세 가마를 거둘 수 있다는 뜻으로, 두엄을 귀하게 여기라는 말.

쇠똥구리 여름에 쇠똥이나 말똥을 둥글게 뭉쳐 굴려서 굴속에 넣어 두고 그 속에 알을 낳는 곤충. 몸 빛깔이 검고 머리에 큰 뿔이 하나 있다. **같**말똥구리.

쇠뚝이탈 송파 산대놀이에 나오는 쇠뚝이가 쓰는 탈.

쇠뜨기 축축한 풀밭이나 논둑에 자라는 풀. 땅속줄기가 옆으로 길게 뻗고 마디에서 줄기가 곧게 난다. 홀씨가 붙어 있는 줄기는 '뱀밥'이라고 하여 먹거나 약으로 쓴다.

쇠뜨기버섯 바늘잎나무가 자라는 숲이나 들판에서 나는 버섯. 산호나 뿔처럼 생겼고 빛깔은 상아색이나 살구색이다. 먹는 버섯이다.

쇠막대기 쇠로 만든 막대기.

쇠망치 머리 부분이 쇠로 된 망치.

쇠못 쇠로 만든 못.

쇠무릎 산과 들에 자라는 풀. 줄기는 모가 나 있고 마디가 두드러진다. 8~9월에 옅은 풀색 꽃이 핀다. 어린순은 먹고, 뿌리는 약으로 쓴다. **북**쇠무릎풀.

쇠물푸레 중부와 남부 지방 낮은 산에 자라는 잎지는나무. 5월에 흰 꽃이 피고, 가을에 붉은 자줏빛 열매가 열린다. 나무껍질을 약으로 쓴다.

쇠백로 논, 내, 저수지 같은 곳에 사는 여름새. 몸 전체가 하얀 깃으로 덮여 있는데, 부리는 길고 검다.

쇠별꽃 축축한 풀밭에 자라는 풀. 5~6월에 흰 꽃이 핀다. 어린잎과 줄기를 먹는다. **북**콩버무리.

쇠부엉이 너른 들에 사는 겨울새. 몸빛깔은 누런 갈색이고 가슴과 배에 세로로 긴 줄무늬가 있다. 천연기념물 제324-4호.

쇠붙이 철, 금, 은, 알루미늄과 같은 쇠를 뭉뚱그려서 이르는 말. **같**금속.

쇠비름 밭이나 길가에 절로 나서 자라는 풀. 줄기가 옆으로 비스듬히 기면서 자라고 여름에 노란 꽃이 핀다. 약으로 쓴다. **북**말비름.

쇠뿔 소의 뿔.

쇠뿔도 단김에 빼라 **속담** 쇠뿔 뽑는 일은 불로 달궜을 때 해야 하는 것처럼 어떤 일을 하려면 말이나 생각이 났을 때 미루지 말고 바로 하라는 말.

쇠사슬 쇠고리 여러 개를 이어서 만든 줄. **같**사슬.

쇠살무사 산, 밭둑, 강가에 사는 뱀. 살무사와 닮았는데 크기가 더 작다. 혀는 붉고 꼬리 끝이 검다. 독이 있다.

쇠솔새 숲이나 공원에 사는 나그네새.

쇠무릎

쇠물푸레

쇠스랑

쇠신

쇠백로

쇠별꽃

쇠오리

등은 갈색 도는 푸른색이고 배 쪽은 누런빛을 띤 흰색이다.

쇠솥 쇠로 만든 솥.

쇠숟가락 쇠로 만든 숟가락.

쇠스랑 땅을 파헤치거나 두엄을 치는 데 쓰는 농기구. 갈퀴처럼 생긴 쇠에 긴 자루를 박았다.

쇠신 소의 발굽이 상하지 않게 신기는 짚신.

쇠약하다 힘이 없고 약하다. 《쇠약한 몸은 운동으로 가꾸는 게 좋다.》

쇠오리 바닷가, 강, 호수에 사는 겨울새. 수컷은 머리가 밤색이고 눈에서 목 뒤까지 짙은 초록색 무늬가 있다. 암컷은 온몸이 얼룩진 갈색이다. 우리나라에 오는 오리 가운데 가장 작다.

쇠유리새 숲이 우거진 곳에 사는 여름새. 등 빛깔은 암컷은 갈색이고 수컷은 푸른색인데, 배는 암수 모두 흰색이다.

쇠제비갈매기 바닷가나 강가에 사는 여름새. 머리는 검고 몸 위쪽은 잿빛인데 아래쪽은 희다. 꽁지가 제비 꽁지처럼 생겼다.

쇠족제비 → 무산흰족제비.

쇠죽 소한테 먹이려고 짚, 콩깍지, 겨 같은 것으로 끓이는 죽.

쇠죽바가지 쇠죽을 퍼 담는 데 쓰는 바가지. 통나무 속을 파고 손잡이를 달아서 만든다.

쇠줄 쇠로 만든 줄.

쇠진(衰盡) 기운이 모두 없어지는 것. 《기력 쇠진/국력 쇠진》 **쇠진하다**

쇠창살 쇠로 만든 창살.

쇠칼 쇠로 만든 칼.

쇠톱 쇠붙이를 자르는 톱.

쇠퇴 (衰退) 기운이나 세력이 약해지는 것. **쇠퇴하다**《조선의 국력이 쇠퇴하기 시작한 까닭을 알고 싶다.》

쇠하다 기운이나 세력이 약해지다. 《기력이 쇠한 할머니가 안쓰러워요.》

쇤네 옛날에 신분이 낮은 사람이 신분이 높은 사람 앞에서 자기를 낮추어 이르던 말.《마님, 쇤네 왔습니다.》

쇳가루 쇠붙이 가루.

쇳덩어리 쇠붙이 덩어리.

쇳물 1.높은 열에 녹아서 물처럼 된 쇠. 《용광로에서 펄펄 끓는 쇳물이 쏟아졌다.》북쇠물. 2.쇠에 슨 녹이 우러난 붉은 물.《수도꼭지를 틀자 쇳물이 쏟아져 나왔다.》북쇠물.

쇳소리 1.쇠가 서로 부딪칠 때 나는 날카로운 소리.《망치질을 하자 쇳소리가 난다.》북쇠소리. 2.쩽쩽하고 날카로운 목소리를 빗대어 하는 말.《목이 쉬어서 쇳소리가 난다.》북쇠소리.

쇳조각 쇠붙이 조각.

쇼 (show) 흔히 춤, 노래 같은 것을 공연하는 일.

쇼트 트랙 (short track) 스케이트를 신고 길이가 짧은 얼음판 위를 달리는 경기.

숄 (shawl) 여자들이 머리에 쓰거나 어깨에 걸치는 넓고 긴 천.

수 숫자 (數) 1.세거나 헤아린 값. 2.자연수, 정수, 분수 들을 모두 이르는 말.

수 솜씨 1.어떤 일을 해결할 방법.《아무리 생각해도 뾰족한 수가 떠오르지 않아.》2.어떤 일을 해낼 만한 힘.《이건 나 혼자 들 수 없을 만큼 무겁네.》

수 요일 (水) → 수요일.

쇠부엉이

쇠유리새

쇠제비갈매기

쇠비름

쇠죽바가지

쇠살무사

쇠솔새

수 자수 (繡) 색실을 바늘로 떠서 헝겊에 그림이나 글자를 나타내는 일. 또는 그런 그림이나 글자.《수를 놓다.》

수 세는 말 (首) 시를 세는 말.《시 한 수를 멋지게 읊었다.》

수 바둑 (手) 1.바둑이나 장기를 두는 기술.《바둑 한 수 가르쳐 주세요.》2.바둑이나 장기에서 한 번씩 번갈아 두는 횟수를 세는 말.《딱 한 수만 물러 주라.》

수 성적 (秀) 학교에서 성적을 수, 우, 미, 양, 가로 나눌 때 가장 높은 등급.

수- 수컷 1.동식물을 나타내는 낱말 앞에 붙어, '새끼를 배지 않는', '열매를 맺지 않는' 이라는 뜻을 더하는 말.《수컷/수놈/수꽃/수탉》**참암-**. 2.짝이 있는 사물 이름 앞에 붙어, '길게 튀어나온', '안에 끼우는' 이라는 뜻을 더하는 말.《수키와/수나사》**참암-**.

수감 (收監) 죄지은 사람을 교도소나 구치소에 가두는 것. **수감하다 수감되다**《범인이 교도소에 수감됐다.》

수갑 (手匣) 경찰이 죄지은 사람 손목에 채우는 쇠고리. 팔을 붙들어 매어서 마음대로 움직이지 못하게 한다.

수강 (受講) 학교, 학원 같은 데서 수업을 받는 것.《가야금 교실 수강 신청》**수강하다**

수거 (收去) 어떤 것을 거두어 가는 것.《깡통 수거》**수거하다 수거되다**

수거함 (收去函) 거두어 갈 것을 모으는 상자.《헌 옷 수거함》

수격수격 말없이 꾸준하게 일하는 모양.《순이는 일을 수격수격 잘한다.》

수건 (手巾) 몸에 묻은 물기를 닦는

천.《수건으로 얼굴을 닦다.》같타월.

수건걸이 수건을 걸어 두는 물건.

수경 (水耕) 흙 없이 영양분을 넣은 물만으로 식물을 기르는 일.《수경 재배》

수고 일을 하느라 애쓰고 힘들이는 것.《하루 종일 일을 돕느라 수고 많았구나.》비노고. **수고하다**

수고비 수고한 값으로 받는 돈.

수공 (手工) 물건을 기계 없이 손으로 만드는 것.《수공으로 만든 구두》

수공업 (手工業) 간단한 도구를 쓰거나 맨손으로 물건을 만드는 공업. 참기계공업.

수공후 (豎箜篌) 뜯는 국악기 가운데 하나. 서 있는 공후라는 뜻으로, 사다리꼴 틀에 길이가 다른 줄을 스물한 개 달았다.

수공후

수교 (修交) 나라끼리 오가는 관계를 맺는 것. **수교하다**《우리나라가 중국과 수교한 지 15년이 넘었다.》

수구 (水球) 일곱 사람이 한편이 되어 물속에서 헤엄치면서 상대편 골에 공을 넣는 경기.

수국 뜰이나 꽃밭에 심어 가꾸는 잎지는나무. 여름에 흰색이나 연보랏빛 작은 꽃이 가지 끝에 빽빽이 모여서 둥근 덩이를 이룬다.

수국

수군 군대 (水軍) 조선 시대에 바다에서 나라를 지키던 군대.

수군- 모양 자기들끼리만 알아들을 수 있을 만큼 낮은 목소리로 말을 주고받는 모양. **수군거리다 수군대다 수군수군**《마을 사람들은 하루 종일 돌멩이를 져 나르는 아저씨를 보면서 수군거렸다.》

수굴수굴 ㅣ북 1. 어떤 물체가 부드럽게 늘어져 있는 모양.《버드나무 가지가 수굴수굴 늘어져 있다.》 2. 성미가 부드럽고 순한 모양.《동생이 수굴수굴 말을 잘 들어요.》**수굴수굴하다**

수궁 (水宮) 옛날이야기, 전설 들에 나오는 물속 궁궐. 비용궁.

수그러들다 1. 고개가 밑으로 굽어 들다.《죄송한 마음에 고개가 자꾸 수그러들었다.》 2. 힘이나 기세가 약해지다.《무섭게 몰아치던 비바람이 차츰차츰 수그러들었다.》바수그러드는, 수그러들어, 수그러듭니다.

수그러지다 1. 고개가 밑으로 굽어 들다. 2. 힘이나 기세가 약해지다.《시간이 지나자 화난 마음이 수그러졌다.》

수그루 소철, 은행나무처럼 암꽃, 수꽃이 딴 그루에 피는 나무에서 수꽃만 피고 열매를 맺지 않는 나무. 참암그루.

수그리다 고개나 허리를 깊이 숙이다.《옆집 할아버지께 허리를 깊이 수그리고 인사했다.》

수금 (收金) 받을 돈을 거두어들이는 것.《우유 값 수금》**수금하다**

수긍 (首肯) 어떤 일을 그럴 만하다고 여기고 받아들이는 것.《네 말을 들으니 이제 수긍이 가는구나.》**수긍하다**

수기 글 (手記) 자기가 겪은 일을 쓴 글.《농촌 체험 수기》

수기 깃발 (手旗) 손에 쥐고 흔드는 작은 깃발.

수꽃 수술만 있는 꽃. 참암꽃.

수꿩 수컷 꿩. 참암꿩.

수나라 581년부터 618까지 중국에 있던 나라.

수나사 암나사에 끼우는 나사. 원기둥 바깥 둘레를 따라 홈이 파여 있다. 같볼트. 참암나사.

수나사

수달

수난 (受難) 어렵고 힘든 일을 당하는 것.《수난을 당하다./수난을 겪다.》

수납 넣음 (受納) 장, 서랍 같은 것에 물건을 넣어 두는 것. **수납하다**《이 옷장은 수납할 공간이 넉넉하다.》

수납 받음 (收納) 은행, 병원 같은 기관에서 받을 돈을 거두어들이는 것.

수녀 (修女) 가톨릭에서 혼인하지 않고 모여서 예수의 삶을 본떠서 살려고 애쓰는 여자.

수녀원 (修女院) 가톨릭 수녀들이 모여서 함께 생활하는 곳.

수년 (數年) 여러 해.《수년 전에는 이곳에 큰 나무가 있었다.》

수놈 동물의 수컷.《사마귀는 암놈이 수놈보다 세다.》참암놈. ✕숫놈.

수놓다 색실을 바늘로 떠서 헝겊에 그림이나 글자를 나타내다.《학을 수놓은 병풍》

수뇌 (首腦) 어떤 조직에서 가장 중요한 자리에 있는 사람.《수뇌 회담》

수다 대수롭지 않은 일로 말을 많이 하는 것.《동무들과 수다를 떨었다.》

수다스럽다 수다를 떠는 느낌이 있다.《동생이 수다스럽게 떠든다.》바수다스러운, 수다스러워, 수다스럽습니다.

수다쟁이 말이 많은 사람을 낮추어 이르는 말.

수단 (手段) 1.어떤 일을 하는 방법.《교통 수단/생계 수단》 2.어떤 일을 하는 솜씨나 힘.《수단이 뛰어나다./수단이 좋다.》

수달 깊은 산골짜기 물가에 사는 짐승. 몸이 가늘고 꼬리가 긴데 다리는 짧다. 발가락에 물갈퀴가 있어서 헤엄을 잘 친다. 천연기념물 제330호.

수달피 (水獺皮) 수달의 가죽. 옷이나 모자 같은 것을 만드는 데 쓴다.

수당 (手當) 정해진 봉급 말고 덤으로 더 받는 돈.《야근 수당》

수더구 ❙북 흔히 사람, 말, 머리카락 같은 것의 수량.《말수더구/머리수더구》

수더분하다 성격이 까다롭지 않고 서글서글하다.《오빠는 성격이 수더분해서 작은 일은 그냥 넘어간다.》

수도 수돗물 (水道) 집, 공장 같은 곳에 맑은 물을 보내는 시설. 강물, 빗물을 깨끗이 거른 뒤에 수도관을 따라서 보낸다.《수도를 틀다./수도를 놓다.》

수도 서울 (首都) 한 나라의 정부가 있는 도시.《대한민국의 수도는 서울이다.》비서울.

수도 깨달음 (修道) 깨달음을 얻으려고 몸과 마음을 닦는 것. **수도하다**《그 스님은 십 년 동안 수도하셨다.》

수도관 (水道管) 수돗물을 보내는 관.

수도권 (首都圈) 수도와 수도를 둘러싼 지역.《과천은 수도권 도시이다.》

수도꼭지 수돗물을 나오게 하거나 막으려고 수도관에 다는 장치.

수도원 (修道院) 가톨릭 수사나 수녀들이 모여서 함께 생활하는 곳.

수돗가 수돗물이 나오는 곳. 또는 그 언저리.

수돗물 수도에서 나오는 물.

수동 (手動) 기계를 사람이 손수 움직이는 것.《수동 재봉틀》반자동.

수동적 (受動的) 남이 시키는 대로 움직이는. 또는 그런 것. **반**능동적.

수두 (水痘) 어린아이 살갗에 붉고 둥근 발진이 났다가 물집으로 바뀌는 전염병. **북**뜨리.

수두룩하다 흔하게 많이 있다. 《그런 돌이라면 강가에 수두룩해.》

수라상 (水刺床) 옛날에 임금의 밥상을 이르던 말.

수라장 (修羅場) 싸움이 나거나 이것저것 뒤섞여서 몹시 어지러운 곳. **같아**수라장.

수락 (受諾) 남이 해 달라거나 하자는 일을 들어주는 것. **수락하다**《네 부탁이라면 다 수락할게.》**수락되다**

수량 (數量) 수와 양.

수런- 여러 사람이 모여서 어수선하게 떠드는 모양. **수런거리다 수런대다 수런수런**《아이들이 방학 동안 한 일을 이야기하면서 수런거렸다.》

수렁 진흙이 많이 깔린 물웅덩이.
수렁에 빠지다 **관용** 괴로운 처지에 놓이다.《빚 때문에 수렁에 빠진 사람》

수레 바퀴를 달아서 굴러 가게 만든 기구. 사람이 타거나 짐을 싣는 데 쓴다.

수레바퀴 수레에 달린 바퀴.

수려하다 경치나 생김새가 아름답다.

수력 (水力) 물이 흐르거나 떨어지면서 생기는 힘. **북**물힘.

수력 발전소 (水力發電所) 물의 힘으로 전기를 일으키는 곳.

수련 익힘 (修鍊) 1.몸과 마음을 바르게 닦는 것.《정신 수련》 2.지식을 쌓거나 기술을 익히는 것.《오랜 수련 끝에 판소리 명창이 되었다.》**수련하다**

수련_풀

수련 풀 연못이나 호수에 자라는 물풀. 둥글고 넓은 잎이 뿌리에서 무더기로 나서 물 위에 떠 있다. 여름에 흰 꽃이 피는데, 아침에 피었다가 저녁에 오므라든다.

수련자 (修鍊者) 지식, 기술 같은 것을 익히는 사람.《검도 수련자》

수련회 (修鍊會) 학교, 회사 같은 데서 사람들한테 지식이나 기술을 가르치려고 여는 모임.《여름 수련회》

수렴 (收斂) 의견이나 주장을 모으는 것.《여론 수렴》 **수렴하다 수렴되다**

수렴청정 (垂簾聽政) 임금 나이가 어릴 때 임금의 어머니나 할머니가 도와서 나랏일을 맡는 것.

수렵 (狩獵) → 사냥. **수렵하다**

수렵도 (狩獵圖) 사냥하는 모습을 그린 그림.

수령 벼슬 (守令) → 원.

수령 받음 (受領) 돈이나 물건을 받는 것.《등록금 수령》 **수령하다**

수령 우두머리 (首領) 옛날에 한 조직의 우두머리를 이르던 말.

수령 나무 (樹齡) 나무의 나이.《이 은행나무는 수령이 오백 년이나 된다.》

수로 (水路) → 물길.

수록 (收錄) 글, 사진 같은 것을 책이나 잡지에 싣는 것. **수록하다**《동요 노랫말을 수록한 책》 **수록되다**

수료 (修了) 학원, 학교 같은 데서 정해진 수업 과정을 마치는 것.《박사 과정 수료》 **수료하다**

수루 (戍樓) 옛날에 적의 움직임을 살피려고 성 위에 다락처럼 만든 곳.

수류탄 (手榴彈) 손으로 던져서 터뜨

리는 작은 폭탄.

수륙 (水陸) 물과 땅.

수리 새 독수리, 검독수리, 참수리 들을 함께 이르는 말. 몸집이 크고 힘이 세다. 부리와 발톱이 날카롭게 굽었다.

수리 고침 (修理) 고장 나거나 낡은 것을 고치는 것.《경운기 수리》비수선. **수리하다 수리되다**

수리 받음 (受理) 남이 내는 서류를 받아들이는 것.《사표 수리》**수리하다 수리되다**

수리 저수지 (水利) 물을 사람 사는 데 이롭게 쓰는 일.《수리 시설》

수리 수학 (數理) 수의 이치. 또는 수학 이론.《수리를 깨닫다.》

수리공 (修理工) 고장 난 물건을 고치는 사람.

수리부엉이 바위산이나 숲에 사는 텃새. 누런 갈색 몸통에 검은 무늬가 있고 머리에는 귀처럼 생긴 깃털이 있다. 천연기념물 제324-2호.

수리부엉이

수리취 산에서 자라는 풀. 줄기에 거미줄 같은 흰 털이 있다. 가을에 자줏빛 꽃이 피고, 달걀꼴 열매가 열린다. 어린잎을 먹는다.

수립 (樹立) 어떤 일에 필요한 틀이나 방법을 마련하는 것.《목표 수립/정책 수립》**수립하다 수립되다**

수리취

수릿날 → 단오.

수마 큰물 (水魔) 큰물이 지는 것을 마귀에 빗대어 이르는 말.《수마가 휩쓸고 간 마을》

수마 잠 (睡魔) 졸려서 견딜 수 없는 상태를 이르는 말.《며칠을 뜬눈으로 샜더니 수마가 덤벼들어 못 견디겠다.》

수만 (數萬) 1.만의 여러 배가 되는 수. 2.세는 말 앞에 써서, 만의 여러 배가 되는 수를 나타내는 말.

수많다 숫자가 아주 많다.《밤하늘에 뜬 수많은 별》

수면 물 위 (水面) 물 위. 또는 물의 겉면.《고래가 수면으로 떠올랐다.》

수면 잠 (睡眠) 잠자는 것.《수면 시간이 모자라면 병나기 쉽다.》

수면제 (睡眠劑) 잠이 들게 하는 약. 북잠약.

수명 (壽命) 1.생물이 사는 햇수.《거북이의 수명은 사람의 수명보다 훨씬 길다.》2.물건이나 시설을 쓸 수 있는 기간.《이 건전지는 수명이 길다.》

수모 (受侮) 창피를 당하는 것.《바지가 흘러내려서 큰 수모를 당했다.》

수목 (樹木) '나무'의 한자 말.

수목원 (樹木園) 나무를 많이 심고 가꾸는 곳. 나무를 잘 기르는 법을 연구하고, 사람들한테 나무를 구경시키기도 한다.

수몰 (水沒) 땅이 물속에 잠기는 것.《수몰 지구》**수몰되다**

수묵화 (水墨畵) 먹을 짙고 옅게 써서 그린 그림.

수문 (水門) 댐, 저수지 같은 곳에 가둔 물을 흘려보내는 문.

수문장 (守門將) 옛날에 궁궐 문이나 성문 지키는 일을 하던 벼슬.

수박 밭에 심어 가꾸는 열매채소 줄기가 덩굴이 되어 땅 위로 뻗고 여름에 노란 꽃이 핀다. 열매는 크고 둥근데 푸른 바탕에 검푸른 줄무늬가 있다. 속살은 붉고, 까만 씨가 많다.

수박

수박 겉 핥기 속담 수박을 먹는다면서 겉 껍질만 핥는다는 뜻으로, 일의 내용은 모르고 겉만 건드린다는 말.

수반 그릇 (水盤) 물을 담아서 꽃꽂이 같은 것을 하는 그릇.

수반 우두머리 (首班) 정부에서 가장 높은 사람. 우리나라에서는 대통령을 이른다.《대통령은 행정부 수반이다.》

수반 따름 (隨伴) 어떤 일이 다른 일에 딸려서 일어나는 것. **수반하다**《많은 비를 수반한 태풍》 **수반되다**

수발 심부름 같은 일을 하면서 남을 보살피거나 돕는 것.《수미는 편찮으신 할머니 수발을 들었다.》 **수발하다**

수배 (手配) 경찰이 죄짓고 달아난 사람을 찾는 것. **수배하다**《경찰은 달아난 범인을 수배하였다.》 **수배되다**

수백 (數百) 1.백의 여러 배가 되는 수. 2. 세는 말 앞에 써서, 백의 여러 배가 되는 수를 나타내는 말.

수백만 (數百萬) 1.백만의 여러 배가 되는 수. 2.세는 말 앞에 써서, 백만의 여러 배가 되는 수를 나타내는 말.《수백만 명이 광장에 모였다.》

수법 (手法) 어떤 일을 하는 방법.《그런 얄팍한 수법으로 나를 속이려고?》

수복 (收復) 빼앗긴 땅을 다시 찾는 것. **수복하다**《공민왕은 군대를 보내 북쪽 땅을 수복하였다.》 **수복되다**

수북하다 1.쌓거나 담은 것이 불룩하게 두드러지다.《공기에 밥을 수북하게 담았다.》참소복하다. 2.풀이나 털이 빈틈없이 빽빽하다.《풀이 수북하게 자랐다.》

수분 물 (水分) → 물기.

수분 꽃 (受粉) → 꽃가루받이.

수비 (守備) 상대편이 쳐들어오지 못하게 막고 중요한 것을 지키는 것. 반공격. **수비하다**《병사들이 성을 빈틈없이 수비하였다.》

수비대 (守備隊) 어떤 곳을 수비하는 군대.《국경 수비대》

수비수 (守備手) 여럿이 하는 운동 경기에서 수비를 맡은 선수. 반공격수.

수사 조사 (搜査) 경찰이나 검찰에서 범인을 잡으려고 사건을 조사하는 일.《수사를 벌이다.》 **수사하다**

수사 품사 (數詞) '하나', '둘', '첫째', '둘째' 처럼 수, 양, 차례를 나타내는 낱말.

수사대 (搜査隊) 범죄를 수사하고 범인을 잡는 조직.《마약 범죄 수사대》

수산 (水産) 바다나 강 같은 물에서 나는 것.《수산 자원》

수산물 (水産物) 바다나 강 같은 물에서 얻는 것. 물고기, 조개, 물풀 들을 이른다.

수산업 (水産業) 수산물을 잡거나 기르거나 식품으로 만드는 산업.

수산화나트륨 소금물을 전기 분해하면 생기는 흰 물질. 물에 잘 녹고 염기성이 강하다. 비누나 합성 섬유를 만드는 데 쓴다. '가성 소다' 라고도 한다.

수산화칼슘 산화칼슘에 물을 부으면 생기는 흰 가루. '소석회' 라고도 한다.

수삼 (水蔘) 말리지 않은 인삼.

수상 물 위 (水上) 물 위.《수상 가옥》

수상 상 (受賞) 상을 받는 것. **수상하다**《형은 교내 글짓기 대회에서 최우수상을 수상하였다.》

수상 지위 (首相) 내각에서 으뜸인 사람.《영국 수상》

수상기 (受像機) 전송된 사진이나 동영상을 받는 장치.《텔레비전 수상기》

수상 스키 스키를 신고 모터보트에 이끌려서 물 위를 미끄러져 달리는 운동. 북물스키.

수상자 (受賞者) 상을 받는 사람.

수상쩍다 → 수상하다.

수상하다 하는 짓이나 차림새가 이상하고 의심스럽다.《수상한 사람》 같수상쩍다.

수색 (搜索) 사람, 물건 들을 찾으려고 어떤 곳을 뒤지는 것. **수색하다**《구조대원들이 산 곳곳을 수색했다.》

수색대 (搜索隊) 수색을 하는 사람들 무리.

수서 곤충 (水棲昆蟲) 물속에서 사는 곤충. 물방개, 소금쟁이 들이 있다.

수석 돌 (水石) 산, 물, 들과 같은 자연의 모습을 닮은 작은 돌.

수석 성적 (首席) 지위, 등급 같은 것이 가장 높은 것.《수석 합격》

수선 어수선함 시끄럽고 어수선하게 구는 짓.《언니가 방 청소를 한다면서 수선을 피운다.》

수선 고침 (修繕) 낡거나 망가진 것을 다듬고 고치는 것. 비수리. **수선하다**《우산을 수선하다.》 **수선되다**

수선 직선 (垂線) 어떤 직선이나 평면과 직각을 이루는 직선. 같수직선.

수선화 꽃을 보려고 심어 가꾸는 풀. 달걀처럼 생긴 비늘줄기에서 가늘고 긴 잎이 모여난다. 아주 이른 봄에 희거나 노란 꽃이 핀다.

수세미외

수송나물

수선화

수수

수성 별 (水星) 해에 가장 가까운 별. 태양계 행성 가운데 가장 작다.

수성 성질 (水性) 물에 쉽게 녹는 성질.《수성 페인트》

수세 (守勢) 상대편이 쳐들어오는 것을 막는 형편.《한 선수가 퇴장당한 뒤 우리 편이 수세에 몰렸다.》 반공세.

수세미 1.→ 수세미외. 2. 설거지할 때 그릇을 닦는 물건.

수세미외 뜰에 심어 가꾸는 덩굴풀. 여름에 노란 꽃이 피고 나면 둥글고 길쭉한 열매를 맺는데, 예전에는 속을 잘라 그릇을 닦을 때 썼다. 같수세미. 북수세미오이.

수세식 (水洗式) 똥오줌을 물로 씻어 내리는 방식.《수세식 변기》

수소 기체 (水素) 가장 가벼운 기체. 빛깔, 맛, 냄새가 없고 불이 잘 붙는다.

수소 동물 수컷 소. 참암소.

수소문 (搜所聞) 사람이나 물건이 어디에 있는지 여기저기 물어서 알아보는 것. **수소문하다**《짝꿍 집을 수소문해서 찾아갔다.》

수속 (手續) 어떤 일을 할 때 따르는 차례와 방법.《전학 수속》 **수속하다**

수송 (輸送) 사람이나 짐을 탈것에 실어 나르는 것. **수송하다**《이 많은 차를 배로 수송한다니 놀랍다.》 **수송되다**

수송관 (輸送管) 석유, 가스 같은 것을 보내는 관.《석유 수송관》

수송나물 바닷가 모래밭에서 자라는 풀. 잎은 줄 꼴로 끝이 뾰족하다. 여름에 풀빛 꽃이 핀다. 어린순은 먹는다.

수수 밭에 심어 가꾸는 곡식. 여름에 줄기 끝에서 이삭이 나오고 꽃이 핀다.

낟알이 익으면 떨어내어 밥을 지어 먹거나 엿, 술 같은 것을 만든다.

수수깡 1.수수 줄기. **같**수숫대. 2.수수나 옥수수 줄기의 껍질을 벗긴 심.

수수깽이 **ㅣ북** 잎을 벗겨 낸 수수 줄기.

수수께끼 1.빙 돌려서 말하는 것이 무엇인지 알아맞히는 놀이. 《"귀는 귀인데 못 듣는 귀는?" 하고 수수께끼를 냈다.》 2.어떻게 된 까닭인지 전혀 모르는 것을 빗대어 이르는 말. 《석굴암의 수수께끼는 밝혀지지 않았다.》

수수꽃다리 양지바른 산기슭에 자라는 잎지는나무. 봄에 옅은 자주색 꽃이 묵은 가지에서 핀다. 우리나라 북쪽 지방에서 자란다. **북**넓은잎정향나무.

수수료 (手數料) 어떤 일을 시키는 값으로 내는 돈. 《송금 수수료》

수수미꾸리 물살이 빠르고 바닥에 돌이 깔린 곳에 사는 민물고기. 몸이 가늘고 길다. 몸통은 옅은 노란색이고 작은 흑갈색 점이 흩어져 있다.

수수미꾸리

수수방관 (袖手傍觀) 일이 잘못되거나 말거나 그냥 내버려 두는 것. **수수방관하다** 《강아지가 이렇게 아픈데 수수방관할 거니?》

수수하다 생김새나 차림새가 꾸밈없이 소박하다. 《수수한 옷차림》

수술 **식물** 꽃 가운데에 나서 꽃가루를 만드는 식물의 한 부분. **참**암술.

수실노루궁뎅이버섯

수술 **질병** (手術) 병을 고치려고 몸의 한 부분을 째거나 자르는 것. 《맹장 수술》 **수술하다**

수술비 (手術費) 수술하는 데 드는 돈.

수숫대 → 수수깡.

수습 **뒤처리** (收拾) 흐트러진 마음이나

일을 정리하고 바로잡는 것. 《사고 수습》 **수습하다 수습되다**

수습 **익힘** (修習) 어떤 일을 정식으로 하기 전에 그 일을 익히는 것. 《수습사원》 **같**견습.

수시로 아무 때나 늘. 《고모네 식당에는 손님이 수시로 찾아온다.》

수식 (數式) 숫자나 문자를 계산 기호로 연결한 식.

수신 **받음** (受信) 전화, 우편, 방송 같은 것으로 신호나 소식을 받는 것. 《방송 수신》 **반**송신. **수신하다 수신되다**

수신 **가꿈** (修身) 몸과 마음을 바르게 가꾸는 것. **수신하다**

수신기 (受信機) 신호를 받는 장치. 《유선 방송 수신기》 **참**송신기.

수신사 (修信使) 조선 후기에 일본에 보내던 사신. 고종 때 (1876년) 통신사를 고친 이름이다. **참**통신사.

수신자 (受信者) 전화, 우편, 방송 같은 것으로 신호나 소식을 받는 사람.

수실노루궁뎅이버섯 잎이 넓은 나무의 그루터기에서 나는 버섯. 빛깔은 흰색인데, 털 같은 것이 빽빽이 나서 수염처럼 늘어져 있다. 약으로 쓴다.

수심 **물** (水深) 물의 깊이.

수심 **근심** (愁心) 걱정하는 마음. 《선생님 얼굴에 수심이 가득하다.》

수심가 (愁心歌) 평안도 민요 가운데 하나. 임을 그리워하면서 세월이 흐르는 것을 안타까워하는 내용이다.

수십 (數十) 1.십의 여러 배가 되는 수. 2.세는 말 앞에 써서, 십의 여러 배가 되는 수를 나타내는 말.

수십만 (數十萬) 1.십만의 여러 배가

되는 수. 2.세는 말 앞에 써서, 십만의 여러 배가 되는 수를 나타내는 말.

수압 (水壓) 물의 압력.《수압이 약해서 물이 찔끔찔끔 나온다.》

수양 (修養) 몸과 마음을 바르게 가꾸는 것.《수양을 쌓다.》 **수양하다**

수양딸 남의 자식을 데려다가 자기 자식으로 삼은 딸. 같양녀.

수양반탈 수영 야유에서 쓰는 탈.

수양버들 물가에 흔히 자라는 잎지는 나무. 가늘고 긴 가지가 밑으로 길게 늘어진다. 이른 봄에 누르스름한 풀빛 꽃이 피고, 흰 솜털이 달린 씨가 바람에 날린다.

수억 (數億) 1.억의 여러 배가 되는 수. 2.세는 말 앞에 써서, 억의 여러 배가 되는 수를 나타내는 말.

수업 배움 (受業) 학교나 학원에서 공부하는 것.《수업 시간》 **수업하다**

수업 가르침 (授業) 학교나 학원에서 선생이 학생을 가르치는 것. **수업하다**《선생님은 늘 열심히 수업하신다.》

수업 공부 (修業) 기술이나 지식을 익히는 것.《배우 수업》 **수업하다**

수업료 (授業料) 학교나 학원에서 배우는 값으로 내는 돈.

수없이 이루 헤아릴 수 없게 많이.《지구에는 수없이 많은 사람이 산다.》

수여 (授與) 상, 훈장 같은 것을 주는 것.《상장 수여》 **수여하다 수여되다**

수염 1.남자의 입가와 턱, 뺨에 나는 털.《삼촌 수염은 염소수염 닮았다.》 2.동물이나 물고기 입가에 난 더듬이.《잉어는 수염이 길다.》 3.벼, 보리, 옥수수 같은 곡식의 낟알 사이나 끝에 실

수염가래꽃

수양반탈

수양버들

수염마름

수영_풀

처럼 가늘게 난 것.《옥수수수염》

수염이 석 자라도 먹어야 양반이다 **속담** 배가 불러야 체면을 차릴 수 있다는 뜻으로, 먹는 것이 어떤 것보다도 중요하다는 말.

수염가래꽃 논둑이나 도랑가에 자라는 풀. 줄기가 땅 위로 뻗고 마디에서 뿌리를 내린다. 5~8월에 흰 꽃이 핀다. 북수염가래.

수염마름 연못이나 늪에서 자라는 물풀. 가늘고 긴 줄기가 물속에서 자란다. 6~7월에 옅은 붉은색 꽃이 물 위에 떠서 핀다.

수염뿌리 원뿌리와 곁뿌리의 구별이 없이 뿌리줄기에서 수염처럼 가늘게 많이 뻗어 나온 뿌리. 벼, 보리 같은 식물에서 볼 수 있다.

수영 풀 산과 들의 풀밭에 자라는 풀. 잎이 화살촉처럼 생겼고, 5~6월에 옅은 풀색 꽃이 핀다. 어린잎과 줄기는 먹고, 뿌리는 약으로 쓴다. 북괴싱아.

수영 헤엄 (水泳) 물속에서 헤엄치는 일. **수영하다**《개울에서 수영했다.》

수영복 (水泳服) 수영할 때 입는 옷.

수영 야유 (水營野遊) 부산 수영구 수영동에 이어져 내려오는 탈놀이. 대보름날에 산신제와 함께 벌이는데, 양반, 종가도령, 말뚝이, 영노, 할미, 범 같은 여러 가지 탈을 쓰고 한다. 중요 무형문화재 제43호.

수영장 (水泳場) 수영을 할 수 있게 꾸며 놓은 곳. 같풀장.

수예 (手藝) 뜨개질이나 자수처럼 실과 헝겊으로 물건을 만드는 일.

수온 (水溫) 물의 온도.

수완 (手腕) 어떤 일을 하는 능력이나 솜씨. 《장사 수완이 뛰어나다.》

수요 (需要) 필요한 것을 사려는 요구. 《수요가 있으면 공급도 있다.》 반공급.

수요일 (水曜日) 일주일 가운데 화요일 바로 다음날. 준수.

수요자 (需要者) 필요한 것을 사려는 사람. 《날이 추워지면서 겨울옷 수요자가 늘었다.》

수용 모음 (收容) 사람이나 물건을 어떤 곳에 받아들이는 것. 《수용 시설/수용 인원》 **수용하다 수용되다**

수용 받음 (受容) 남의 생각, 의견, 문화 같은 것을 받아들이는 것. **수용하다** 《사장은 노동자들의 요구를 모두 수용하였다.》 **수용되다**

수용성 (水溶性) 물에 녹는 성질. 《수용성 비타민/수용성 페인트》

수용소 (收容所) 많은 사람을 가두어 두는 곳. 《포로수용소》

수용액 (水溶液) 어떤 물질을 물에 녹인 액체. 《염화나트륨 수용액》

수원 땅 이름 (水原) 경기도 가운데의 남쪽에 있는 시. 화성, 팔달문 들이 널리 알려져 있고 경기도 도청이 있다.

수원 물 (水源) 강물, 냇물 들의 물줄기가 처음 흘러나오는 곳.

수원성 (水原城) → 화성.

수원지 (水源池) 1. 물줄기가 처음 흘러나오는 곳. 2. 상수도에 보낼 물을 모아 두는 곳.

수월찮다 1. 수월하지 않다. 《젖먹이를 돌보는 게 생각보다 수월찮아요.》 2. 꽤 많다. 《서울에서 목포까지 가려면 차비가 수월찮게 들걸.》

수월하다 어떤 일을 하기 쉽다. 《지렛대를 쓰면 무거운 것을 들어올리기 수월하다.》

수위 물 높이 (水位) 강, 바다, 호수 같은 곳에 들어찬 물의 높이. 《한강 수위》

수위 사람 (守衛) 관청, 회사, 공장 같은 곳에서 드나드는 사람을 살피거나 안내하는 일을 맡은 사람.

수위 우두머리 (首位) 무리에서 으뜸가는 자리. 《우리 편이 예선전에서 조 수위를 차지했다.》

수유 (授乳) 아기에게 젖을 먹이는 것. 《수유 기구》 **수유하다**

수육 삶아 익힌 쇠고기.

수은 (水銀) 보통 온도에서 액체로 있는 은빛 금속. 온도계, 수은등 들을 만드는 데 쓴다.

수은주 (水銀柱) 수은 온도계나 수은 기압계에서 수은을 채운 부분. 안에 든 수은 높이로 온도나 기압을 나타낸다.

수의 시체 (壽衣) 죽은 사람에게 입히는 옷. 《삼베 수의》

수의 죄수 (囚衣) 죄지은 사람이 교도소에서 입는 옷.

수의사 (獸醫師) 아픈 동물을 진찰하고 치료하는 사람.

수익 (收益) 장사 같은 일을 해서 얻는 이익. 《수익을 올리다./수익이 없다.》

수익금 (收益金) 장사 같은 일을 해서 거두어들인 돈. 《공연 수익금》

수일 (數日) 여러 날. 《경민이한테 편지를 보낸 지 수일이 지났다.》

수임 (受任) 어떤 일을 책임지고 맡는 것. **수임하다** 《인권 변호사가 그 사건을 수임했다.》

수입 돈 (收入) 벌어들인 돈.《수입을 올리다./수입이 많다.》**반**지출.

수입 물건 (輸入) 다른 나라에서 물건을 사들이는 것.《수입 농산물》**반**수출.
수입하다 수입되다

수입액 번 돈 (收入額) 벌어들인 돈의 양.《수입액이 점점 늘었다.》

수입액 쓴 돈 (輸入額) 다른 나라에서 물건을 사들이는 데 쓴 돈의 양.《수입액이 적을수록 좋다.》**반**수출액.

수입품 (輸入品) 다른 나라에서 사들인 물건. **반**수출품. **참**국산품.

수자원 (水資源) 농업, 공업 들에 쓰는 물.

수작 남의 행동이나 속셈을 낮추어 이르는 말.《그런 허튼 수작에 내가 말려들 성싶으냐?》**수작하다**

수장 우두머리 (首長) 모임이나 단체에서 으뜸인 사람.《의회의 수장을 의장이라고 한다.》**비**우두머리.

수장 장례 (水葬) 죽은 사람을 강물이나 바닷물에 넣어 장례를 치르는 것. **수장하다 수장되다**《신라 문무왕은 동해 바다에 수장되었다.》

수재 사람 (秀才) 머리가 좋은 사람.

수재 재해 (水災) 홍수처럼 물 때문에 입는 해.《수재를 당하다.》**비**수해.

수재민 (水災民) 큰물 때문에 해를 입은 사람.

수저 숟가락과 젓가락.《수저 한 벌》

수전노 (守錢奴) 돈을 모으기만 하고 쓰려고 하지 않는 사람. **비**구두쇠, 자린고비.

수절 (守節) 남편이 죽은 여자가 평생 홀로 지내는 것.《옛날 여자들은 남편

수정란풀

수저

이 죽으면 수절을 했다.》**수절하다**

수정 보석 (水晶) 투명하고 단단한 광물. 장식품, 광학 기기 들을 만드는 데 쓴다.

수정 씨 (受精) 정자와 난자 또는 수술의 꽃가루와 암술이 합쳐져서 새끼나 씨를 만들기 시작하는 일. **수정하다 수정되다**

수정 고침 (修正) 틀리거나 잘못된 것을 바르게 고치는 것. **수정하다**《마지막에 문제 답을 수정했다.》**수정되다**

수정과 생강과 계피를 넣어 달인 물에 설탕이나 꿀을 타서 끓여 식힌 다음 곶감을 넣고 잣을 띄워 마시는 먹을거리.

수정란풀 산속 가랑잎 더미에서 자라는 풀. 온몸이 희고, 잎은 비늘처럼 줄기를 둘러싼다. 여름에 종처럼 생긴 흰꽃이 핀다.

수정액 (修訂液) 볼펜이나 사인펜으로 쓴 글자를 지울 때 바르는 흰 액체.

수정체 (水晶體) 눈알에서 눈동자 뒤에 붙어 있는 볼록하고 투명한 부분.

수제비 밀가루를 반죽하여 알맞은 크기로 떼어서 맑은장국에 넣어 익힌 먹을거리. **북**뜨더국.

수제비 잘하는 사람이 국수도 잘한다 **속담** 어떤 일을 잘하는 사람은 다른 비슷한 일도 잘한다는 말.

수제자 (首弟子) 가장 뛰어난 제자.

수제천 (壽齊天) 신라 때 궁중의 중요한 잔치나 의식에서 여러 악기로 함께 연주하던 곡.

수조 (水槽) 물을 담아 두는 큰 통.

수조기 얕은 바다 속 진흙이나 모래로 된 바닥에 사는 바닷물고기. 등 빛깔은

잿빛을 띤 누런 바탕에 비스듬한 검은 줄무늬가 있다.

수족 (手足) → 손발.

수족관 (水族館) 물속처럼 꾸며 놓고 물에 사는 동물들을 기르는 유리 그릇.

수준 (水準) 높고 낮은 정도.《이 책은 초등학생이 읽기엔 수준이 너무 높다.》

수줍다 남 앞에 나서는 것을 부끄러워하거나 어려워하는 마음이 있다.《철민이는 여자 애들 앞에서는 수줍어서 말도 못해.》**북**수집다.

수중 물속 (水中) → 물속.《수중 생물》

수중 손아귀 (手中) 1.손 안.《내 수중에는 한 푼도 없어.》 2.자기 것으로 삼는 일이나 자기 힘이 미치는 테두리를 빗대어 이르는 말.《이 구슬을 수중에 넣으려고 진짜 애썼어.》 **비**손아귀.

수중 발레 물속에서 음악에 맞추어 여러 가지 동작으로 헤엄치면서 기술과 아름다움을 겨루는 경기. **같**싱크로나이즈드 스위밍.

수증기 (水蒸氣) 물이 열을 받아서 기체로 바뀐 것. **같**증기. **비**김.

수지 이익 (收支) 1.돈을 버는 것과 쓰는 것.《무역 수지》 2.장사나 사업을 해서 얻는 이익.《수지가 맞는 장사》

수지 식물 (樹脂) 나무줄기에서 나오는 끈적끈적한 액체. 또는 그것이 굳은 물질. 송진 같은 것을 이른다.

수지맞다 1.장사나 사업을 해서 이익이 남다. 2.뜻밖의 좋은 일이 생기다.《세뱃돈을 많이 받아 수지맞았다!》

수직 (垂直) 어떤 직선이나 평면과 직각을 이루는 것. **참**수평.

수직선 (垂直線) → 수선.

수질 (水質) 물이 깨끗한 정도.《수질이 좋다./수질이 나쁘다.》

수질 오염 (水質汚染) 강물, 바닷물들이 쓰레기나 개숫물 같은 것 때문에 더러워지는 일.

수집 거둠 (收集) 어떤 것을 모으는 것.《폐품 수집》 **수집하다 수집되다**

수집 모음 (蒐集) 취미나 공부 거리로 어떤 것을 모으는 것.《우표 수집》 **수집하다 수집되다**

수집가 (蒐集家) 취미나 공부 거리로 어떤 것을 모으는 사람.《우표 수집가》

수차 (數次) 여러 번. **비**누차.

수채 개숫물이나 빗물이 흘러 나가게 하는 시설.《수채가 막히다.》

수채화 (水彩畵) 서양화에서 물감을 물에 개어서 그린 그림. **참**유화.

수척하다 아프거나 지치거나 해서 무척 야윈 느낌이 있다.《얼마나 아팠기에 얼굴이 저리도 수척할까.》

수천 (數千) 1.천의 여러 배가 되는 수. 2.세는 말 앞에 써서, 천의 여러 배가 되는 수를 나타내는 말.

수천만 (數千萬) 1.천만의 여러 배가 되는 수.《이 일로 수천만의 사람들이 한마음 한뜻이 되었다.》 2.셀 수 없을 정도로 많은 수. 3.세는 말 앞에 써서, 천만의 여러 배가 되는 수를 나타내는 말. 4.세는 말 앞에 써서, 셀 수 없을 정도로 많은 수를 나타내는 말.《하늘에 수천만 개 별이 빛난다.》

수첩 (手帖) 필요한 것을 적으려고 늘 지니고 다니는 작은 공책.

수초 (水草) → 물풀.

수축 (收縮) 어떤 것이 줄어들거나 오

므라드는 것. **반**이완, 팽창. **수축하다**
수축되다《힘살이 수축되어 아픈 것을
흔히 '쥐가 났다'고 한다.》
수출 (輸出) 다른 나라에 물건을 파는
것. **반**수입. **수출하다 수출되다**
수출국 (輸出國) 어떤 물건을 수출하
는 나라.
수출량 (輸出量) 수출하는 물건의 양.
수출액 (輸出額) 수출해서 벌어들인
돈의 양. **반**수입액.
수출입 (輸出入) 수출과 수입.
수출품 (輸出品) 다른 나라로 파는 물
건. **반**수입품.
수취인 (受取人) 보내거나 내주는 것
을 받는 사람.《소포 수취인》
수치 부끄러움 (羞恥) 창피하고 부끄러
운 꼴.《수치를 당하다.》
수치 값 (數値) 셈하거나 재어서 얻은
값.《혈압 수치가 높다.》
수치스럽다 창피하고 부끄럽다.《거
짓말이 들통 나서 수치스럽다.》 **반**수치
스러운, 수치스러워, 수치스럽습니다.
수칙 (守則) 지키기로 정한 규칙.《물
놀이를 할 때는 안전 수칙을 지켜라.》
수캐 수컷 개. **참**암캐.
수컷 동물의 암수 가운데 새끼나 알을
낳지 못하는 쪽. **참**암컷.
수크령 양지바른 길가나 풀숲에 자라
는 풀. 잎은 좁고 길면서 빳빳하다.
8~9월에 짙은 자줏빛 이삭이 달린다.
수키와 암키와들 사이에 덮는 둥글고
길쭉한 기와. **참**암키와.
수탈 (收奪) 강제로 빼앗아 들이는 것.
수탈하다《탐관오리가 힘없는 백성의
재산을 수탈하였다.》 **수탈되다**

수톨쩌귀

수표교

수크령

수키와

수탉 수컷 닭. **참**암탉.
수태 l북 수나 양이 무척.《하늘에 별이
수태 많다.》
수톨쩌귀 문짝에 달아 문을 여닫는 데
쓰는 뾰족한 쇠붙이. 문설주에 달린 암
톨쩌귀에 맞추어 꽂는다. **참**암톨쩌귀.
수통 (水桶) → 물통.
수퇘지 수컷 돼지. **참**암퇘지.
수판 (數板) 셈을 하는 데 쓰는 도구.
막대 여러 개에 꿴 구슬들을 손가락으
로 튕기면서 셈한다. **같**주판.
수평 (水平) 잠잠한 물의 겉면처럼 한
쪽으로 기울지 않고 평평한 것. **참**수직.
수평면 (水平面) 가로로 평평한 면.
수평선 (水平線) 1.수평면을 이루는
선. 2.하늘과 바다가 맞닿은 것처럼 보
이는 선.《해가 수평선 위로 떠올랐
다.》 **참**지평선.
수평아리 수컷 병아리. **참**암평아리.
수포 거품 (水泡) → 물거품.
수포 살갗 (水疱) → 물집.
수표 (手票) 현금처럼 쓸 수 있게 액수
를 적은 종이. 발행한 은행에서 현금으
로 바꾸어 준다.
수표교 (水標橋) 서울 장충단 공원 입
구에 있는 돌다리. 조선 세종 때(1441
년) 청계천에 놓았고 1959년에 지금
자리로 옮겼다. 다리 기둥에 새긴 표시
로 청계천에 흐르는 물의 깊이를 쟀다.
수풀 풀과 나무가 우거진 곳.
수프 (soup) 고기나 채소를 삶은 국
물에 소금, 후추 들로 맛을 더한 먹을
거리.
수필 (隨筆) 생각, 느낌 같은 것을 자
유롭게 쓰는 글. **같**에세이.

수하물 (手荷物) 사람이 들고 다닐 수 있는 작은 짐.

수학 공부 (修學) 어떤 것을 공부하는 것. **수학하다**《할아버지는 최현배 선생님 밑에서 국어학을 수학했다.》

수학 학문 (數學) 수와 공간의 성질을 연구하는 학문.

수학여행 (修學旅行) 학생들이 교사와 함께 유적지 같은 곳에 가서 직접 보고 배우는 여행.

수학자 (數學者) 수학을 연구하는 사람.《천재 수학자》

수해 (水害) 큰물 때문에 입는 해.《수해를 입다.》 비수재.

수행 익힘 (修行) 1.학문, 기술, 행실 같은 것을 익히는 것.《요가 수행/정신 수행》 2.중이 부처의 가르침에 따라 도를 닦는 것. **수행하다**

수행 해냄 (遂行) 어떤 것을 해내는 것. **수행하다**《반장은 선생님이 맡기신 일을 성실하게 수행했다.》 **수행되다**

수행 따라감 (隨行) 윗사람이 가는 곳에 따라가는 것. **수행하다**《몇몇 장관이 대통령을 수행해서 일본에 다녀왔다.》

수행원 (隨行員) 지위가 높은 사람을 따라다니면서 돕거나 보호하는 사람.

수험 (受驗) 시험을 치르는 일.

수험생 (受驗生) 시험을 치르는 학생.

수혈 (輸血) 다치거나 아파서 피가 모자라는 사람 몸에 남의 피를 옮겨 넣는 것.《크게 다친 환자가 수혈을 받고 살아났다.》 **수혈하다 수혈되다**

수협 (水協) 수산업을 하는 사람들이 서로 도와 이익을 높이고 권리를 지키려고 스스로 만든 조직. '수산업 협동 조합'을 줄인 말이다.

수형도 (樹型圖) 점과 점 사이를 선으로 이어서 나뭇가지 꼴로 나타낸 그림. 수학에서 경우의 수를 구할 때나 국어에서 문장 짜임새를 나타낼 때 쓴다.

수호 (守護) 중요한 것을 지키는 것.《국토 수호》 **수호하다 수호되다**

수호신 (守護神) 나라, 마을, 사람 들을 지키고 보살펴 주는 신.《이 나무는 우리 마을의 수호신이다.》

수호천사 (守護天使) 가톨릭에서 사람을 착하고 바르게 이끌고 지켜 준다는 천사.

수화 (手話) 소리를 못 듣거나 말을 못 하는 사람이 손짓으로 하는 말. 북손가락말, 손짓언어.

수화기 (受話器) 전화기에서 귀에 대고 소리를 듣는 장치. 참송화기.

수확 (收穫) 1.다 익은 곡식이나 채소 같은 것을 거두어들이는 것.《벼를 수확하다.》 비가을걷이, 추수. 2.어떤 일을 해서 얻은 좋은 결과.《모두 애쓴 덕에 이번 일에서 얻은 수확이 크다.》

수확량 (收穫量) 곡식, 채소 같은 것을 수확한 양.《옥수수 수확량》

수회 (數回) 여러 번.

수효 (數爻) 사물의 수.《수효를 헤아리다./수효를 세다.》

수훈 (殊勳) 어떤 일을 이루는 데 큰 도움을 주는 것.《수훈을 세우다.》

숙고 (熟考) 어떤 것을 깊이 생각하는 것. **숙고하다**《며칠 숙고해 보자.》

숙녀 (淑女) 1.예의 바르고 점잖은 여자. 참신사. 2.여자 어른을 듣기 좋게 이르는 말. 참신사.

숙다 1.똑바로 서 있던 것이 굽거나 기울어지다.《가을이 오면 벼가 숙는다.》 2.기운이나 기세가 약해지다.《무더위가 곧 숙을 테니 조금만 더 참자.》

숙달 (熟達) 어떤 일에 익숙해지는 것. **숙달하다 숙달되다**《숙달된 솜씨》

숙덕– 여럿이 모여서 남이 잘 알아듣지 못하게 작은 소리로 이야기하는 모양. **숙덕거리다 숙덕대다 숙덕이다**

숙덕숙덕《마을 사람들은 어젯밤에 일어난 일을 두고 숙덕거렸다.》

숙독 (熟讀) 글의 뜻을 헤아리면서 자세히 읽는 것. **숙독하다**《글이 어려워서 시간을 두고 숙독해야 할 것 같다.》

숙련 (熟練) 어떤 일에 익숙해지게 오랫동안 연습하는 것. **숙련하다 숙련되다**《숙련된 기술》

숙은노루오줌

숙맥 세상 물정을 잘 모르는 어수룩한 사람.《아휴, 이런 숙맥아.》

숙면 (熟眠) 잠을 푹 자는 것.《숙면을 했더니 몸이 가뿐하다.》 **숙면하다**

숙명 (宿命) 타고난 운명.《두 사람의 만남은 숙명과도 같았다.》

숙모 (叔母) → 작은어머니.

숙박 (宿泊) 집을 떠난 사람이 남의 집이나 여관 들에 묵는 것. **숙박하다**

숙부 (叔父) → 작은아버지.

숙정문

숙성 (熟成) 김치, 술 같은 것이 잘 익는 것. **숙성하다**《잘 숙성한 김치일수록 맛있다.》 **숙성되다**

숙성하다 나이에 견주어 철들거나 몸이 자라는 속도가 빠르다.《누나는 나이보다 숙성해 보인다.》 ^비조숙하다.

숙소 (宿所) 집을 떠난 사람이 묵는 곳.《임시 숙소》

숙식 (宿食) 자고 먹는 일.《숙식을 함께하다.》 ^비침식. **숙식하다**

숙어 (熟語) 여러 낱말이 모여 한 가지 뜻을 나타내거나 전혀 다른 뜻을 나타내는 말.《한자 숙어》

숙어지다 1.똑바로 서 있던 것이 기울어지다.《단비의 머리가 앞쪽으로 스르르 숙어졌다.》 2.기운이나 기세가 약해지다.《밤새 쏟아지던 비가 새벽 무렵에야 숙어졌다.》

숙연하다 조용하고 엄숙하다.《숙연한 분위기》

숙원 (宿願) 오랫동안 바라 온 일.《우리 겨레의 숙원은 통일이다.》

숙은노루오줌 산속 그늘진 숲에 자라는 풀. 줄기에 밤색 털이 나 있고, 6~7월에 흰색이나 옅은 붉은색 꽃이 핀다.

숙이다 고개나 허리를 앞으로 굽히다.《선생님께 허리를 숙여 인사했다.》

숙정문 (肅靖門) 서울 북쪽에 있는 성문. 사대문의 하나로, 조선 첫째 임금인 태조 때 (1395년) 처음 세웠다. '북정문'이라고도 한다.

숙제 (宿題) 1.교사가 학생들한테 집에서 해 오라고 내 주는 공부거리. ^비과제. 2.풀어 나가야 할 어려운 일.《자연을 돌보는 일은 모두 함께 해야 할 큰 숙제이다.》 ^비과제. **숙제하다**

숙주나물 녹두를 시루 같은 그릇에 담아 물을 주어서 싹을 낸 나물. 또는 그것을 양념에 무친 반찬.

숙직 (宿直) 밤에 일터에서 자면서 시설 같은 것을 돌보는 일. **숙직하다**

숙질 (叔姪) 아저씨와 조카.

숙청 (肅淸) 정치권력을 쥔 쪽이 자기

들이 하는 일을 반대하거나 방해하는 쪽을 없애는 것. **숙청하다 숙청되다**

순 식물 나뭇가지나 풀줄기에서 돋아 나온 연한 싹.

순 순수 (純) 다른 것이 섞이지 않은 것.《순 우리말로 된 이름》

순간 (瞬間) 1.아주 짧은 동안.《사고는 순간에 일어난다.》 2.어떤 일이 벌어지는 때.《그 말을 듣는 순간 피식 웃음이 나왔다.》비찰나.

순간적 (瞬間的) 아주 짧은 동안에 일어난. 또는 그런 것.

순결 (純潔) 티 없이 순수하고 깨끗한 것. **순결하다**《순결한 마음》

순경 (巡警) 경찰의 맨 아래 자리. 또는 그 자리에 있는 사람.

순교 (殉敎) 자기가 믿는 종교를 위해 죽는 것.《이차돈의 순교로 신라는 불교를 국교로 받아들였다.》**순교하다**

순국 (殉國) 나라를 위해 죽는 것. **순국하다**《수많은 독립투사들이 일본군과 싸우다가 순국했다.》

순국선열 (殉國先烈) 나라를 위해 싸우다 죽은 사람.

순금 (純金) 다른 물질이 섞이지 않은 순수한 금.《순금 목걸이》

순대 돼지 창자 속에 돼지 피, 당면, 두부, 숙주나물 들을 양념하여 넣고 양쪽 끝을 동여매 삶아 익힌 먹을거리.

순도 (純度) 어떤 물질 가운데 주성분을 이루는 물질이 차지하는 비율.

순두부 눌러서 굳히지 않은 두부.

순둥이 순한 아이를 귀엽게 이르는 말.

순라 (巡邏) 조선 시대에 병사가 밤에 도성 안을 돌아다니면서 위험이 없는

순무

지 살피던 일.

순례 (巡禮) 기념할 만한 곳을 두루 찾아다니는 것.《성지 순례》**순례하다**

순리 (順利) 바른 이치에 따르는 것. 또는 따라야 할 바른 이치.《모든 일은 순리대로 풀어야 한다.》

순면 (純綿) 무명실로만 짠 천.

순모 (純毛) 짐승 털로만 만든 실. 또는 그것으로 짠 천. 북순털.

순무 밭에 심어 가꾸는 채소. 뿌리가 무보다 짧고 자줏빛을 띤다. 북순무우.

순박하다 사람 됨됨이가 꾸밈없고 착하다.《순박한 시골 아저씨》

순발력 (瞬發力) 갑자기 빠르게 내는 힘.《순발력이 뛰어난 사람이 백 미터 달리기를 잘한다.》

순방 (巡訪) 흔히 지위가 높은 사람이 여러 나라나 지역을 두루 가는 것.《유럽 순방》**순방하다**

순번 (順番) 번호를 매겨서 정하는 차례.《줄을 서서 순번을 기다렸다.》

순사 (巡査) 일제 강점기 경찰관 가운데 가장 낮은 계급. 또는 그 계급의 사람. 지금의 순경과 같다.

순서 (順序) → 차례.

순서도 (順序圖) 계산을 하거나 컴퓨터 프로그램 짜는 차례를 기호와 도형으로 나타낸 그림. 북흐름도.

순수 (純粹) 1.다른 것이 조금도 섞이지 않은 것.《순수 과학/순수시》 2.못된 생각이나 욕심이 없는 것. **순수하다**《순수한 사람이 좋더라.》

순수비 (巡狩碑) 옛날에 임금이 살피면서 다닌 곳을 기념하려고 세운 비석.

순순히 남의 뜻대로 고분고분하게.

《형이 하자는 대로 순순히 따랐다.》

순시 (巡視) 지위가 높은 사람이 이곳 저곳 다니면서 아랫사람들이 하는 일을 살피는 것. **순시하다**《대통령이 군부대를 순시했다.》

순시선 (巡視船) 바다를 살피는 정부 기관의 배.

순식간 (瞬息間) 아주 짧은 동안. 눈한 번 깜짝하거나 숨 한 번 쉴 사이를 이른다. 《형은 김밥 한 줄을 순식간에 먹어 치웠다.》 ^비삽시간, 일순간.

순위 (順位) 차례나 순서를 나타내는 자리. 《순위를 매기다.》

순응 (順應) 어떤 것에 익숙해지거나 잘 따르는 것. **순응하다**《예로부터 우리 조상들은 자연의 이치에 순응하면서 살아왔다.》

순전히 다른 것은 말고 오로지. 《혼나지 않은 건 순전히 내 덕인 줄 알아!》

순정 (純情) 참되고 정성스러운 마음. 또는 참된 사랑. 《소녀의 순정》

순조롭다 일이 생각대로 잘되어 탈이나 말썽이 없다. 《운동회가 순조롭게 잘 끝났다.》

순종 ^{따름} (純從) 남의 뜻에 고분고분 따르는 것. **순종하다**《아빠는 할머니 말씀에 늘 순종하신다.》

순종 ^{씨앗} (純種) 다른 것과 섞이지 않은 순수한 종류. 《순종 진돗개》^반잡종.

순지르기 나무나 풀을 잘 가꾸려고 곁순을 잘라 내는 것. **순지르기하다**

순직 (殉職) 일터에서 맡은 일을 하다가 죽는 것. **순직하다**《소방대원 두 명이 불을 끄다가 순직했다.》

순진하다 마음이 착하고 참되다. 《내

동생은 순진해서 내 말은 다 믿는다.》

순찰 (巡察) 경찰이 범죄나 사고를 막으려고 이곳저곳 돌아다니면서 살피는 것. 《동네 순찰을 돌다.》 **순찰하다**

순찰차 (巡察車) 경찰이 순찰할 때 타는 차.

순탄하다 살아가거나 일을 하는 데 어려움이 없다. 《학예회 준비가 순탄하게 잘 되어 간다.》

순풍 (順風) 배가 나아가는 쪽으로 부는 바람. ^반역풍.

순하다 성질이나 태도가 부드럽다. 《우리 개는 순해서 잘 짖지 않는다.》

순화 (純化) 잡것을 털어 버리고 순수하게 만드는 것. **순화하다**《아름다운 음악은 마음을 순화한다.》 **순화되다**

순환 (循環) 되풀이하여 도는 것. 《피순환》 **순환하다**

순환계 (循環系) 심장이나 핏줄처럼 온몸에 피가 돌게 하는 조직.

순환기 (循環器) 온몸에 피를 돌게 하여 산소와 영양분 들을 몸 곳곳에 나르고 찌꺼기를 모으는 기관. 심장, 혈관, 림프관 들이 있다.

순회 (巡廻) 여러 곳을 돌아다니는 것. 《전국 순회공연》 **순회하다**

숟가락 밥, 국물 같은 것을 떠먹는 도구. 둥글고 우묵한 부분에 자루가 달려 있다. ^준숟갈. ^참젓가락.

숟갈 → 숟가락.

술 ^{먹을거리} 알코올이 들어 있어 마시면 취하는 먹을거리. 《술을 담그다.》

술에 물 탄 것 같다 ^{속담} 성격이나 생각이 분명하지 못하다는 말.

술이 아무리 독해도 먹지 않으면 취하지

않는다 **속담** 아무리 나쁜 것도 멀리하면 해롭지 않다는 말.

술 실 깃발, 옷 같은 것을 꾸미려고 여러 가닥으로 다는 실.《술 달린 모자》

술 세는 말 먹을거리를 숟가락으로 뜨는 횟수나 양을 세는 말.《밥 한 술》

술 띠 (戌) 띠를 나타내는 열두 동물 가운데 열한째인 개를 이르는 말.

술값 술을 마시는 데 드는 돈.

술고래 술을 아주 많이 마시는 사람을 흉보는 말.《저 아저씨는 술고래야.》

술기운 술을 마신 뒤에 나타나는 취한 기운.《술기운이 돌다.》

술김 술에 취한 김.《술김에 한 말》

술꾼 술을 좋아해서 많이 마시는 사람.

술래 술래잡기에서 숨은 사람들을 찾아내는 사람.

술래잡기 → 숨바꼭질.

술렁- 시끄럽고 어수선한 모양. **술렁거리다 술렁대다 술렁이다 술렁술렁**《선생님이 들어오시자 술렁거리던 교실 안은 금세 조용해졌다.》

술병 **그릇** 술을 담는 병.

술병 **아픔** 술을 많이 마셔서 난 병.

술상 술과 안주를 차린 상. **같**주안상.

술수 (術數) → 술책.《술수를 부리다.》

술술 1.가루나 냄새 같은 것이 좁은 틈으로 조금씩 새어 나오는 모양.《자루에서 모래가 술술 새어 나간다.》 2.일이 막힘없이 잘되는 모양.《오늘은 운이 좋은지 일이 술술 잘 풀린다.》

술자리 여럿이 술을 마시는 자리.

술잔 술을 따라 마시는 그릇.

술주정 술에 취해 제정신이 아닌 상태에서 하는 행동.《술주정을 부리다.》

술병_그릇

술잔

술주정하다

술책 (術策) 어떤 일을 하려고 꾸미는 꾀.《교묘한 술책을 쓰다.》 **같**술수.

술회 (述懷) 생각, 느낌, 기억 같은 것을 말하는 것.《과거 술회》 **술회하다**

숨 1.동식물이 들이마시고 내쉬는 공기.《물고기는 아가미로 숨을 쉰다.》 2.싱싱한 채소에 있는 빳빳한 기운.《배추를 소금에 절여 숨을 죽였다.》

숨 돌릴 틈이 없다 **관용** 아주 바쁘다.《숙제가 많아 숨 돌릴 틈이 없다.》 **비**숨 돌릴 겨를이 없다, 숨 쉴 틈이 없다.

숨을 거두다 **관용** 죽다.《사고로 열 명이 숨을 거두었다.》 **비**숨이 끊어지다.

숨이 넘어가는 소리 **관용** 무척 급하게 하는 말.《무슨 일인데 숨이 넘어가는 소리를 하니?》

숨이 막히다 **관용** 1.답답하다.《공기가 나빠 숨이 막혀요.》 2.마음을 졸이다.《숨 막히게 팽팽한 경기를 펼치다.》

숨결 1.들이마시고 내쉬는 숨의 상태나 높낮이나 빠르기.《아기 숨결이 거칠다.》 2.어떤 것이 살아 숨 쉬는 듯한 느낌이나 기운.《숲 속에서 자연의 숨결을 느꼈다.》

숨골 뇌의 아래쪽 끝 부분. **같**연수.

숨구멍 1.숨이 들고나는 구멍. 2.→ 숫구멍. 3.식물의 잎이나 줄기에 많이 나 있는 작은 구멍. 공기나 아주 작은 물방울이 드나드는 길이다. **같**기공.

숨기다 어떤 것을 감추다.《누나는 자기만 아는 곳에 일기장을 숨겨 둔다.》

숨김없이 감추는 것 없이 있는 그대로.《네가 아는 대로 숨김없이 말해라.》

숨다 1.어떤 곳에 몸을 감추다.《장롱

속에 숨으면 술래가 못 찾을 줄 알았지.》 2. 어떤 사실이 겉으로 드러나지 않다. 《그분의 성공 뒤에는 남들이 모르는 숨은 노력이 있었다.》

숨바꼭질 한 아이가 술래가 되어 나머지 아이들을 찾거나 잡는 놀이. 같술래잡기. **숨바꼭질하다**

숨소리 숨 쉴 때 나는 소리.

숨소리를 죽이다 ^{관용} 아주 조용히 하다. 《모두 숨소리를 죽이고 선생님의 다음 말씀을 기다렸다.》

숨쉬기 숨 쉬는 일.

숨죽이다 숨소리조차 들리지 않게 조용히 하다. 《언니들이 무슨 얘기를 하는지 숨죽이고 엿들었다.》

숨지다 숨이 끊어져 죽다. 《옆집 할아버지가 교통사고로 숨지셨다.》

숨차다 숨 쉬기 힘들다. 《5층까지 뛰어 올라왔더니 숨차서 말을 못하겠다.》

숨통 목에서 허파에 이르는 대롱처럼 생긴 기관. 숨 쉴 때 공기가 이곳으로 드나든다. 같기관.

숨통을 끊다 ^{관용} 죽이다. 《사자가 얼룩말의 목을 물어 숨통을 끊었다.》

숨통이 트이다 ^{관용} 답답하던 속이 후련해지다. 《마음에 담아 두었던 말을 다 했더니 숨통이 트인다.》

숫구멍 갓난아이 정수리에 숨 쉴 때마다 팔딱팔딱 뛰는 자리. 같숨구멍.

숫기 남 앞에서 수줍음을 타지 않는 성질. 《내 동생은 숫기가 없어서 사람들 앞에만 서면 얼굴이 빨개진다.》

숫놈 '수놈'을 잘못 쓴 말.

숫눈길 ^북 1. 눈이 내린 뒤에 아직 아무도 지나지 않은 길. 《숫눈길 위에 팔다

숫돌

리를 벌리고 누워 몸 도장을 찍었다.》 2. 아무도 하지 않은 낯선 일을 빗대어 이르는 말. 《이 아저씨가 달 탐험이라는 숫눈길을 처음으로 걸어간 분이다.》

숫돌 칼, 낫 같은 연장의 날을 가는 돌.

숫자 1, 2, 3처럼 수를 나타내는 기호.

숫제 1. → 차라리. 2. 처음부터 아예. 《민수가 오늘은 숫제 알은체도 안 하던걸.》

숭고하다 뜻, 정신, 행동 같은 것이 아주 훌륭하다. 《숭고한 희생정신》

숭늉 밥을 지은 솥에서 밥을 푼 뒤에 물을 붓고 데운 물. 북밥숭늉.

숭덩 채소나 고기 같은 것을 큼직하게 빨리 써는 모양. **숭덩거리다 숭덩대다 숭덩숭덩** 《양파를 숭덩숭덩 썰었다.》

숭례문 (崇禮門) 서울 남쪽에 있는 성문. 사대문의 하나로, 조선 첫째 임금인 태조 때 (1396년) 처음 세웠다. 국보 제1호. 같남대문.

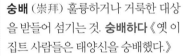
숭례문

숭배 (崇拜) 훌륭하거나 거룩한 대상을 받들어 섬기는 것. **숭배하다** 《옛 이집트 사람들은 태양신을 숭배했다.》

숭상 (崇尙) 훌륭하거나 거룩한 대상을 우러러 받드는 것. **숭상하다** 《고구려 사람들은 무예를 숭상했다.》

숭숭 조금 큰 구멍이 많이 뚫린 모양. 《문풍지에 구멍이 숭숭 뚫려 있다.》

숭앙하다 훌륭하거나 거룩한 대상을 우러러보는 것. 《사람들은 김구 선생님을 겨레의 지도자로 숭앙하였다.》

숭어 강어귀처럼 강물과 바닷물이 섞이는 곳이나 뭍에서 가까운 바다에 사는 바닷물고기. 몸이 길고 통통한데 등은 푸르고 배는 은빛을 띤다.

숭어

숭어가 뛰니까 망둥이도 뛴다 **속담** 자기 능력이 모자라는 것도 모르고 잘난 사람이 하는 대로 따라 한다는 말.
숯 나무를 태워서 만든 검은 땔감. 《숯을 굽다./숯을 피우다.》 **같**목탄.
숯이 검정 나무란다 **속담** 숯이 검은 것을 보고 검다고 나무란다는 뜻으로, 자기 허물은 돌아보지 않고 남의 허물을 탓한다는 말.
숯불 숯으로 피운 불.
숱 머리카락, 수염 들을 이루는 털의 양. 《누나는 머리숱이 많아요.》
숱지다 **|북** 머리털, 눈썹 들의 숱이 많다. 《저 배우는 숱짙은 눈썹이 멋져.》
숱하다 어떤 것이 아주 많다. 《이런 조약돌은 강가에 숱하게 널렸어.》
숲 나무가 우거진 곳. 《자작나무 숲》
숲길 숲 속에 난 길.
숲새 우거진 숲이나 덤불 속에 사는 여름새. 등과 날개, 꽁지는 갈색이고 가슴과 배는 희다. 흔히 땅 위를 걷거나 뛰어다니는데, 날 때에도 높이 날지 않는다.
쉬 **오줌** 오줌. 또는 오줌 누는 일. 어린 아이한테 쓰는 말이다. 《쉬 마려우면 언니한테 말하렴.》 **쉬하다**
쉬 **느낌말** 남한테 조용히 하라고 할 때 손가락을 입술에 대고 내는 소리. 《쉬, 조용히 해!》
쉬 **쉽사리** → 쉬이.
쉬 더운 방이 쉬 식는다 **속담** 쉽고 빠르게 이룬 일은 오래가지 못한다는 말.
쉬다 **숨을** 1. 코, 입 같은 기관으로 숨을 들이마셨다가 내보냈다가 하다. 《삼촌 방귀 냄새가 너무 고약해서 숨을 쉬기도 어려웠다.》 2. 한숨을 짓다. 《무슨 걱정이 있기에 한숨을 다 쉬니?》

쉬리

숲새

쉬다 **편히** 1. 몸과 마음을 편안하게 하다. 《감기에 걸렸을 때에는 푹 쉬는 게 좋아.》 2. 하던 일을 잠시 멈추거나 그치다. 《오늘은 아버지 회사가 쉬는 날이다.》 3. 움직임을 멈추다. 《기계가 쉬지 않고 돌아간다.》
쉬다 **목소리가** 아프거나 말을 많이 하거나 해서 목소리가 아주 거칠거나 잘 나지 않게 되다. 《응원을 너무 열심히 한 탓에 목이 잔뜩 쉬었다.》
쉬다 **음식이** 시큼한 맛이나 냄새가 나면서 음식이 상하다. 《맛이 이상한 게 아무래도 국이 쉰 모양이다.》
쉬리 맑고 자갈이 깔린 강 상류에 떼 지어 사는 민물고기. 등은 검은색이고, 배는 푸른빛이 도는 흰색이다. 우리나라에만 산다.
쉬쉬거리다 자꾸 쉬쉬하다. 《아무리 쉬쉬거려도 결국 다 알려질걸.》
쉬쉬하다 어떤 일을 남이 알까 두려워 말조심을 하다. 《엄마한테 혼날까 봐 꽃병 깬 사실을 쉬쉬하면서 숨겼다.》
쉬엄쉬엄 천천히 쉬어 가면서 길을 가거나 일을 하는 모양. 《아직 해가 많으니 쉬엄쉬엄 갑시다.》 **쉬엄쉬엄하다**
쉬이 1. 쉽게. 《문제를 쉬이 풀었다.》 **준**쉬. 2. 얼마 지나지 않아. 《여름에는 조금만 뛰어도 쉬이 지친다.》 **준**쉬.
쉬임없다 **|북** 일이나 움직임을 쉬거나 멈추는 일이 없다. 《숙제를 저녁 내내 쉬임없이 했는데도 마치지 못했다.》
쉬파리 동물의 똥이나 썩은 고기에 모이는 파리. 몸은 어두운 잿빛인데 푸르

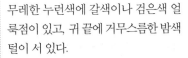

스름하거나 누런 풀빛 윤기가 난다.

쉰 1. 열의 다섯 배가 되는 수. 2. 세는 말 앞에 서서, 열의 다섯 배가 되는 수를 나타내는 말.

쉰내 1. 쉰 음식에서 나는 시큼한 냄새. 《오래된 나물에서 쉰내가 난다.》 2. 땀에 젖은 옷이나 몸에서 나는 냄새. 《달리기를 했더니 몸에서 쉰내가 난다.》

쉼터 쉬는 곳. ᵍ휴식처.

쉼표 1. 짧게 쉬라는 문장 부호 ',' 의 이름이다. 2. 악보에서 정해진 동안 소리 내기를 쉬라는 표. 《4분 쉼표》

쉽다 1. 어렵거나 힘들지 않다. 《시험 문제가 쉬웠다.》 2. 어떤 일이 생길 가능성이 크다. 《겨울에는 감기에 걸리기 쉽다.》 ᵇ쉬운, 쉬워, 쉽습니다.

쉽사리 어렵거나 힘들지 않고 쉽게. 《시험지를 받고 보니 쉽사리 풀 만한 문제가 하나도 없었다.》

쉽싸리 물가에 자라는 풀. 여름에 작고 흰 꽃이 층층이 핀다. 어린잎은 먹고, 포기째 약으로 쓴다.

쉿 남한테 조용히 하라고 할 때 손가락을 입술에 대고 급하게 내는 소리. 《쉿, 떠들지 마.》

슈퍼마켓 (supermarket) 채소, 생선, 비누처럼 살림에 쓰는 것들을 파는 큰 가게.

슈퍼컴퓨터 (supercomputer) 많은 정보를 아주 빨리 처리하는 컴퓨터.

슛 (shoot) 축구나 농구 같은 경기에서 골문으로 공을 차거나 바구니에 공을 던지는 일.

스님 '중' 을 높여 이르는 말.

스라소니 깊은 숲에 사는 짐승. 희끄

쉽싸리

스라소니

무레한 누런색에 갈색이나 검은색 얼룩점이 있고, 귀 끝에 거무스름한 밤색 털이 서 있다.

스러지다 빛, 기운 같은 것이 사라지다. 《별빛이 하나 둘 스러지고 있다.》

–스럽다 어떤 낱말 뒤에 붙어, '그런 느낌이나 성질이 있다' 라는 뜻을 더하는 말. 《걱정스럽다/맛깔스럽다》

–스레하다 ➔ –스름하다.

스르르 1. 눈을 슬며시 감거나 뜨는 모양. 또는 졸음이 슬며시 오는 모양. 《할머니의 옛날이야기를 듣다가 스르르 잠이 들었다.》 2. 미끄러지듯 부드럽게 움직이는 모양. 《문턱에 다가가자 자동문이 스르르 열린다.》

스름스름 ᴵ북 드러나지 않게 조금씩 움직이거나 바뀌는 모양. 《해가 나자 마당에 쌓인 눈이 스름스름 녹는다.》

–스름하다 빛깔이나 모습을 나타내는 낱말 뒤에 붙어, '빛깔이 옅다', '그런 모습이 조금 있다' 라는 뜻을 더하는 말. 《푸르스름하다/둥그스름하다》 ᵍ–스레하다.

스멀– 벌레가 기어가는 듯 살갗이 근질근질한 모양. **스멀거리다 스멀대다**

스멀스멀 《송충이를 보니, 괜히 내 몸이 스멀스멀 간지럽다.》

스며들다 기체나 액체가 틈 사이로 들어가다. 《찬바람이 창으로 스며든다.》 ᵇ스며드는, 스며들어, 스며듭니다.

스모 (相撲/すもう 일) 일본 씨름. 두 사람이 서로 맞잡고 넘어뜨리거나 씨름판 밖으로 밀어내서 승부를 가린다.

스모그 (smog) 공장이나 자동차에서 내뿜는 더러운 물질이 공기 속에 안개처럼 퍼져 있는 것.

스무 세는 말 앞에 써서, 스물을 나타내는 말.《책 스무 권을 읽었다.》

스무고개 문제의 실마리를 하나씩 풀어 가면서 답을 맞히는 놀이. 답이 어떤 테두리에 드는지를 스무 번까지 물어볼 수 있다.

스무나문 |북| 스물 남짓인 수.《밖으로 나온 애들은 스무나문쯤 되었다.》

스물 열의 두 배가 되는 수.

스미다 1.기체나 액체가 어떤 것에 배거나 틈을 통해 조금씩 들어오다.《천장에 빗물이 스며서 벽지가 얼룩덜룩해졌다.》 2.어떤 느낌이 마음속에 생기다.《강아지를 잃고 나니 가슴에 스미는 슬픔을 달랠 길 없다.》 3.어떤 것에 정, 마음이 깃들다.《도시락 반찬 하나하나에 엄마의 정성이 스며 있다.》

스산하다 1.마음이나 분위기가 쓸쓸하다.《텅 빈 운동장이 왠지 스산하다.》 2.날씨가 으스스하게 흐리고 서늘하다.《겨울비 내리는 스산한 밤》

스스럼없다 남과 어울리기를 꺼리는 태도가 없다.《나는 낯선 아이와도 스스럼없이 얘기를 잘한다.》

스스로 1.자기의 힘이나 능력으로. 또는 자기 뜻에 따라서.《네 일은 네 스스로 하여라.》 2.어떤 것이 저절로.《꽃병이 스스로 떨어졌겠니?》

스승 1.남을 가르치는 사람을 옛말 투로 이르는 말. 같사부. 2.남에게 일깨움을 주는 존경스러운 사람.

스승의 날 선생님을 존경하는 마음을 되새기고 은혜에 감사하는 날. 5월 15일이다.

스시 (鮨/すし|일|) → 초밥.

스웨터 (sweater) 털실로 톡톡하게 짠 옷옷. 북세타.

스위치 (switch) 전등, 라디오 같은 전기 기구를 켜거나 끄는 장치. 북전기여닫개.

스치다 1.서로 살짝 닿으면서 지나가다.《시원한 바람이 얼굴을 스쳤다.》 2.느낌, 생각 같은 것이 갑자기 들다.《좋은 생각이 머릿속을 스쳤다.》

스카프 (scarf) 멋을 내거나 추위를 막으려고 머리에 쓰거나 목에 두르는 얇은 천.

스칸디나비아 반도 유럽 북쪽에 있는 반도. 스웨덴과 노르웨이, 핀란드가 있다.

스캐너 (scanner) 그림, 사진, 문자들을 보이는 그대로 읽어서 컴퓨터에 저장하는 장치.

스커트 (skirt) 서양식 치마. 북스카트, 양복치마.

스컹크 산과 숲, 초원, 사막을 비롯하여 어디서나 사는 짐승. 적을 만나면 똥구멍에서 고약한 냄새가 나는 액체를 뿜어서 물리친다.

스케이트 (skate) 신발 바닥에 쇠로 된 날을 붙여 얼음 위에서 지칠 수 있게 만든 운동 기구. 북스케트.

스케이트보드 (skateboard) 길쭉한 나무판에 바퀴를 달고 그 위에 올라서서 미끄러져 달리는 운동 기구.

스케이트장 스케이트를 탈 수 있게 꾸며 놓은 곳.

스케치 (sketch) 어떤 것의 윤곽을 연필 같은 것으로 대강 그리는 것. 또는

그렇게 그린 그림. **스케치하다**

스케치북 (sketchbook) 스케치에 쓸 도화지 여러 장을 한데 묶은 공책.

스코틀랜드 (Scotland) 영국 그레이트브리튼 섬 북쪽에 있는 지방. 모직물 공업과 제철, 조선 공업이 발달하였다. 중심 도시는 에든버러이다.

스콜 (squall) 열대 지방에 내리는 소나기. 세찬 바람이 불고 천둥 번개가 치기도 한다.

스쿠버 다이빙 (scuba diving) 물속에서 숨 쉴 수 있게 하는 장치를 달고 깊은 물에 들어가 헤엄치는 일.

스크랩 (scrap) 신문, 잡지 들에서 필요한 글이나 사진을 오려 놓는 것.《신문 스크랩》**스크랩하다**

스크랩북 (scrapbook) 신문이나 잡지 들에서 스크랩한 것을 붙이거나 끼우는 공책. **북오림책**.

스크린 (screen) 영화를 비추는 흰 막.

스키 (ski) 눈 위를 지칠 수 있게 신발 바닥에 붙이는 가늘고 긴 판. 또는 이 판을 달고 눈 위를 지쳐 달리는 운동.

스키장 스키를 타는 곳.

스킬 자수 털실을 갈고리꼴 바늘로 망사에 걸어서 수를 놓는 일.

스타 (star) 별을 뜻하는 영어 낱말. 사람들의 사랑을 많이 받는 연예인, 운동선수 들을 빗대어 이르는 말이다.

스타킹 (stocking) 치마, 반바지 같은 것을 입을 때 신는 긴 양말.

스탠드 (stand) 상 위에 올려놓고 쓰는 전등.

스턴트맨 (stunt man) 영화나 드라마에서 위험한 장면을 찍을 때 배우 대

스테고사우루스

신 연기하는 사람.

스테고사우루스 네 발로 걸으면서 풀을 먹고 살던 공룡. 머리는 작고, 앞다리가 뒷다리보다 짧다. 등에는 큰 세모꼴 판이 줄지어 있다.

스테레오 (stereo) 방송이나 음반의 소리를 실제처럼 듣게 하는 방식.

스테이크 (steak) 고기를 두툼하게 썰어서 굽거나 지진 먹을거리.

스테이플러 (stapler) 종이 여러 장을 한데 묶는 기구. 손잡이를 누르면 'ㄷ'자 꼴 꺽쇠가 튀어나와 박힌다.

스테인리스 스틸 (stainless steel) 녹이 슬지 않게 만든 강철.

스톡홀름 (Stockholm) 스웨덴의 수도. 발트 해 북쪽에 있는 항구 도시로, 해마다 노벨상 수상식이 열린다.

스튜디오 (studio) 방송, 음반, 영화 같은 것을 만들 때 사진을 찍거나 소리를 담는 방. **북스타디오**.

스튜어디스 (stewardess) 비행기 안에서 손님 시중을 드는 여자.

스트라이크 (strike) 1.야구에서 투수가 제대로 던진 공을 타자가 치지 못하고 포수가 받는 일. 2.볼링에서 공을 한 번 굴려서 핀을 모두 쓰러뜨리는 일. 3.동맹 파업.

스트레스 (stress) 힘든 일로 마음에 쌓이는 짜증이나 화.《스트레스가 쌓이다./스트레스를 풀다.》

스트레칭 (stretching) 팔다리를 쭉 펴는 체조.《스트레칭으로 몸을 풀다.》

스트로 (straw) → 빨대.

스트로브잣나무 공원이나 길가에 많이 심는 늘푸른나무. 잎이 바늘처럼 가늘

스트로브잣나무

고 긴데 다섯 개씩 모여난다. 꽃이 핀 이듬해 가을에 밤색 열매가 여문다.

스티로폼 (styrofoam) 흔히 단열재로 쓰거나 물건을 싸는 데 쓰는 희고 가벼운 플라스틱 제품.

스티커 (sticker) 한 장씩 떼어서 붙이는 종이쪽. 앞면에는 글, 그림을 넣고 뒷면에는 끈적끈적한 물질을 바른다.

스틸 (steel) ➔ 강철.

스팀 (steam) 방을 덥히는 장치. 쇠로 만든 관에 뜨거운 물이나 김을 채워서 열을 낸다.

스파게티 (spaghetti이) 이탈리아 국수.《해물 스파게티》

스파르타 (Sparta) 고대 그리스 도시 국가 가운데 하나.

스파이 (spy) ➔ 간첩.

스패너 (spanner) 나사, 볼트, 너트 같은 것을 풀거나 죄는 연장.

스펀지 (sponge) 푹신푹신하고 물기를 잘 빨아들이는 물질. 고무나 합성수지로 만드는데, 방석 같은 것의 속에 넣거나 물건을 닦는 데 쓴다. ✗스폰지.

스펙트럼 (spectrum) 빛이 프리즘 같은 장치를 통과했을 때 생기는 무지개 빛깔 띠.

스포이트 (spuit네) 고무주머니가 달린 유리관. 흔히 과학 실험을 할 때 액체를 빨아들여서 옮기는 데 쓴다.

스포츠 (sports) ➔ 운동 경기.

스폰지 '스펀지'를 잘못 쓴 말.

스프레드시트 (spreadsheet) 컴퓨터에서 숫자나 문자 자료를 표에 넣어 계산하는 프로그램.

스프레이 (spray) ➔ 분무기.

스프링 (spring) ➔ 용수철.

스프링클러 (sprinkler) 물을 흩뿌리는 장치. 천장에 달아서 불을 끄거나 땅에 박아서 풀에 물을 주는 데 쓴다.

스피드 (speed) ➔ 속도.

스피드 스케이팅 (speed skating) 스케이트를 신고 얼음판 위를 빨리 달리는 경기.

스피커 (speaker) 오디오, 텔레비전 같은 것에서 소리가 나오는 장치.

스핑크스 (Sphinx) 그리스 신화에 나오는 괴물. 머리는 사람이고, 몸은 사자의 모습이다. 고대 이집트에서는 왕의 권력을 나타내려고 왕궁이나 신전, 피라미드 같은 곳의 어귀에 돌을 깎아서 세웠다.

슬 (瑟) 뜯는 국악기 가운데 하나. 오동나무와 밤나무를 붙여 만든 울림통에 줄을 스물다섯 개 매었다.

슬

슬가리 북 어떤 것의 가장자리.《이 책상은 슬가리가 조금 얽었다.》

슬그머니 1. 남몰래 살짝.《얘가 청소하다 말고 슬그머니 어디로 간 거야?》참살그머니. 2. 혼자 마음속으로 은근히.《철이 말에 슬그머니 화가 났다.》

슬근슬근 물체가 서로 맞닿아 가볍게 자꾸 비벼지는 모양.《슬근슬근 톱질하세.》

슬금슬금 눈에 띄지 않게 슬며시 움직이는 모양.《짝꿍이 내 곁으로 슬금슬금 다가온다.》

슬기 어떤 일을 이치에 맞게 잘 풀어나가는 힘.《물의 힘을 쓴 물레방아에서 조상의 슬기를 엿볼 수 있다.》비지혜.

슬기롭다 슬기가 있다.《어려움을 슬

기롭게 극복하다.》 ^비지혜롭다. ^바슬기로운, 슬기로워, 슬기롭습니다.

슬까름 ^북 남을 놀리는 짓이나 말투. 《여드름 난 내 얼굴을 보고 아이들이 슬까름을 먹인다.》

슬다 ^{녹슬다} 1. 쇠붙이에 녹이 생기다. 《철문에 녹이 슬었다.》 ^북쓸다. 2. 곰팡이가 생기다. 《식빵에 곰팡이가 슬었다.》 ^북쓸다. ^바스는, 슬어, 습니다.

슬다 ^{낳다} 벌레나 물고기가 알을 낳다. 《파리가 메주에 알을 슬어 놓았어요.》 ^북쓸다. ^바스는, 슬어, 습니다.

슬라이드 (slide) 환등기로 한 장씩 비추어서 보는 필름.

슬라이드 글라스 (slide glass) 현미경으로 관찰할 재료를 올려놓는 투명한 유리판.

슬라이드글라스

슬리퍼 (slipper) 뒤축 없이 발등에 걸치듯이 편하게 신는 신발.

슬며시 1. 남몰래 살짝. 《경은이가 사탕 한 개를 내 손에 슬며시 쥐어 주었다.》 ^참살며시. 2. 속으로 은근히. 《집에 혼자 있으려니 슬며시 겁이 났다.》

슬밉다 ^북 싫고 밉다. 《찬이가 나를 슬밉게 여기는 것 같다.》 ^바슬미운, 슬미워, 슬밉습니다.

슬슬 급히 서두르지 않고 천천히 하는 모양. 《슬슬 놀이터에 가 볼까?》

슬쩍 1. 남이 눈치 채지 못하게 재빨리. 《곶감 하나를 슬쩍 집어 먹었다.》 ^참살짝. 2. 힘을 많이 들이지 않고 가볍게. 《슬쩍 만지기만 했는데 눈사람 머리가 툭 떨어졌어.》 ^참살짝. 3. 지나치지 않게 약간. 《끓는 물에 시금치를 넣고 슬쩍 데쳐 건집니다.》 ^참살짝. **슬쩍슬쩍**

슬치다 ^북 1. 서로 살짝 닿으면서 지나가다. 《옷깃을 슬치는 봄바람이 따뜻하다.》 2. 어떤 생각이 갑자기 떠올랐다가 사라지다. 《오늘은 집에 일찍 돌아가야 한다는 생각이 머리를 슬쳤다.》 3. 어떤 이야기를 하다가 다른 것을 잠깐 말하다. 《선생님은 말씀 도중에 시험 얘기도 슬치고 지나가셨다.》

슬퍼하다 슬프게 여기다. 《바둑이가 곧 나을 테니 너무 슬퍼하지 마.》 ^반기뻐하다.

슬프다 울고 싶을 만큼 가슴이 아프다. 《단짝 동무가 전학을 가서 무척 슬펐다.》 ^반기쁘다. ^바슬픈, 슬퍼, 슬픕니다.

슬픔 슬픈 마음이나 느낌. 《슬픔에 젖다./슬픔에 빠지다.》 ^반기쁨.

슬피 슬프게. 《어린아이가 길에서 슬피 울고 있었다.》

슬하 (膝下) 아버지와 어머니의 보살핌 아래. 《부모님 슬하에서 밝게 자란 아이》

슴배다 ^북 액체, 공기 들이 조금씩 배어들다. 《내 옷에도 땀이 슴배었다.》

슴새다 ^북 액체, 공기 들이 조금씩 새어 나가다. 《바위틈에서 맑은 물이 슴새어 나온다.》

슴슴하다 ^북 1. 맛이 싱겁다. 《국이 슴슴하니 간장을 쳐라.》 2. 글 같은 것이 마음 끓어오르게 하는 데가 없이 밋밋하다. 《이 소설은 내용이 슴슴해서 재미없다.》 3. 기억에 남을 만한 특별한 것이 없다. 《방학을 슴슴하게 보내지 말고 수영장에라도 다니자.》

습격 (襲擊) 상대를 갑자기 공격하는 것. 《습격을 받다.》 **습격하다**

습곡 (褶曲) 평평한 땅이 눌리거나 밀려서 물결 꼴로 바뀌는 일.《습곡 산맥》북땅주름.

습관 (習慣) 여러 번 되풀이하면서 몸에 밴 행동.《살을 빼려면 자기 전에 군것질하는 습관부터 고쳐.》비버릇.

습관적 (習慣的) 습관이 된. 또는 그런 것.

습구 온도계 (濕球溫度計) 건습구 습도계에서 수은이 든 동그란 부분을 젖은 헝겊으로 싼 온도계. 참건구 온도계.

습기 (濕氣) 축축한 기운.《장마철에는 습기가 많다.》

습도 (濕度) 공기 속에 습기가 있는 정도. 단위는 '퍼센트'이다.

습도계 (濕度計) 습도를 재는 기구.

습도표 (濕度表) 건습구 습도계에서 습도를 나타내는 표.

습도계

습득 주움 (拾得) 남이 잃어버린 물건을 줍는 것. 반분실. **습득하다**《길에서 습득한 지갑을 경찰서에 갖다 주었다.》

습득 익힘 (習得) 지식을 쌓거나 기술을 익히는 것.《기술 습득》**습득하다**

습성 (習性) 1. 버릇처럼 몸에 밴 성질.《오빠는 배가 터질 때까지 먹는 습성이 있다.》 2. 어떤 동물이 지닌 특별한 성질.《쥐는 어떤 것이든 갉아 먹는 습성이 있다.》

습자 (習字) 잘 쓴 글씨를 본보기로 삼아서 글씨 쓰기를 익히는 일.

습작 (習作) 문학, 음악 같은 예술을 공부하는 사람이 연습 삼아서 작품을 만드는 것.《습작 소설》**습작하다**

습지 (濕地) 물기가 많아서 축축한 땅.《습지 언저리에 갈대가 무성하다.》

승냥이

승마_풀

습진 (濕疹) 여러 가지 자극을 받아서 살갗이 짓무르는 것. 가렵고 물집과 딱지가 생기거나 벌겋게 붓는다.

습하다 물기가 많아서 축축하다.《날씨가 습해서 빨래가 잘 안 마른다.》

승강구 (昇降口) 버스, 열차 같은 것을 타고 내리는 문.《버스 승강구》

승강기 (昇降機) 전기 힘으로 사람이나 물건을 싣고 오르내리는 기계. 같리프트, 엘리베이터.

승강이 서로 자기가 옳다거나 자기 뜻대로 하겠다면서 말다툼하는 것.《소풍 날짜가 언제인지를 놓고 짝꿍과 승강이를 벌였다.》비실랑이. **승강이하다**

승강장 (昇降場) 버스, 열차 같은 것을 타고 내리는 곳. 비플랫폼.

승객 (乘客) 버스, 비행기, 배 같은 것에 타는 사람.《버스 승객》

승격 (昇格) 지위, 등급 같은 것이 오르는 것. **승격하다 승격되다**《우리 군이 곧 시로 승격된다.》

승계 (承繼) → 계승. **승계하다**

승낙 (承諾) 남이 하겠다거나 해 달라는 일을 들어주는 것.《엄마 승낙을 받아야만 농구를 보러 갈 수 있어.》비허가, 허락. 반거절. **승낙하다**

승냥이 산에서 떼 지어 사는 짐승. 개와 비슷하게 생겼는데 좀 더 크고 꼬리가 길다.

승려 (僧侶) → 중.

승률 (勝率) 운동 경기에서 이긴 비율.

승리 (勝利) 남과 겨루어서 이기는 것. 반패배. **승리하다**《옆 반과 축구를 하면 우리 반이 늘 승리한다.》

승마 풀 깊은 산이나 산골짜기에 자라

는 풀. 여름에 줄기 끝에 잘고 흰 꽃이 빽빽이 모여 핀다. 뿌리를 약으로 쓴다. 북끼멸가리.

승마 말 (乘馬) 1. 말을 타는 것. 2. 말을 타고 장애물을 넘으면서 재주를 겨루는 운동 경기. 《승마 경기》 **승마하다**

승무 (僧舞) 흰 장삼과 흰 고깔을 쓰고 추는 민속춤. 북채 두 개를 쥐고 장삼 가락을 뿌리치듯이 날리면서 춘다.

승무원 (乘務員) 기차, 배, 비행기 안에서 운전을 하거나 손님 시중을 드는 사람.

승병 (僧兵) 옛날에 중들이 나라를 구하려고 일으킨 군대.

승복 옷 (僧服) 중이 입는 옷.

승복 따름 (承服) 남의 뜻이나 어떤 일을 받아들여 따르는 것. **승복하다** 《그 선수는 결국 심판 판정에 승복했다.》

승부 (勝負) 이기고 지는 것. 《승부를 겨루다./승부를 내다.》 비승패.

승산 (勝算) 전쟁이나 경기에서 이길 가능성. 《우리 편에 승산이 있어요.》

승선 (乘船) 배에 타는 것. 북배타기. **승선하다** 《이 배에는 서른 명쯤 승선할 수 있다.》

승세 (勝勢) 전쟁이나 경기에서 이길 기세. 《이번 득점으로 승세를 굳혔다.》

승소 (勝訴) 재판에서 이기는 것. 《승소 판결》 반패소. **승소하다**

승승장구 (乘勝長驅) 싸움에 계속 이기는 것. **승승장구하다** 《우리 학교 축구부가 승승장구하고 있어요.》

승용차 (乘用車) 네댓 사람을 태우고 다니게 만든 자동차.

승인 (承認) 어떤 사실이나 자격을 법

승용차

이나 규칙에 따라 인정하는 것. **승인하다** 《정부에서 우리 마을의 도로 건설 계획을 승인했다.》 **승인되다**

승자 (勝者) 남과 겨루어 이긴 사람. 《경기가 끝나자 승자와 패자가 악수를 나누었다.》 반패자.

승전 (勝戰) 전쟁이나 경기에서 이기는 것. 《승전 소식》 비전승. 반패전. **승전하다**

승전고 (勝戰鼓) 옛날에 전쟁에서 이겼을 때 치던 북. 《승전고를 울리다.》

승전무 (勝戰舞) 경상남도 통영에 이어져 내려오는 춤. 춤에 맞추어 부르는 노래에 이순신 장군이 이긴 것을 축하하는 내용이 있어서 이런 이름이 붙었다. 중요 무형 문화재 제21호.

승전보 (勝戰譜) 전쟁이나 경기에서 이겼다고 알리는 글. 《장군이 임금에게 승전보를 보냈다.》

승점 (勝點) 모든 상대와 돌아가면서 겨루는 경기에서 이기거나 비겼을 때 얻는 점수. 《이기면 승점을 얻어요.》

승진 (昇進) 회사, 군대 같은 조직에서 지위가 오르는 것. **승진하다** 《아버지가 부장으로 승진하셨다.》

승차 (乘車) 자동차, 열차 같은 것에 타는 것. 반하차. **승차하다** 《한 사람씩 질서 있게 승차해 주세요.》

승차감 (乘車感) 차가 달리면서 흔들릴 때 차에 탄 사람이 받는 느낌. 《이 차는 험한 길에서도 승차감이 좋다.》

승차권 (乘車券) → 차표.

승천 (昇天) 하늘로 올라가는 것. **승천하다** 《용이 승천하는 꿈을 꾸었다.》

승패 (勝敗) 이기고 지는 것. 《두 선수

의 실력이 비슷해서 승패를 가리기 어려웠다.》비승부.

승하 (昇遐) 임금이 죽는 것. **승하하다**《성종이 승하하고 연산군이 임금 자리에 올랐다.》

승합차 (乘合車) 일곱 사람 넘게 태우고 다니게 만든 큰 차.

승화 (昇華) 1.고체가 액체 상태를 거치지 않고 바로 기체로 바뀌는 것. **참**기화, 액화. 2.어떤 것이 훌륭한 것으로 탈바꿈하는 것. **승화하다**《부모님의 깊은 사랑을 아름다운 시로 승화했다.》 **승화되다**

시 행정 구역 (市) 우리나라 행정 구역 가운데 하나. 도에 딸려 있고 아래에 여러 구나 동 들이 있다.

시 시각 (時) 시각을 나타내는 말.

시도 때도 없이 관용 늘. 또는 언제나. 《동생이 시도 때도 없이 노래한다.》

시 글 (詩) 생각이나 느낌을 가락과 박자가 있는 말로 다듬어 쓰는 글.《시를 읊다./시를 짓다.》

시 계이름 (si이) 서양 음악의 일곱 음계에서 일곱째 음. 참도, 레, 미, 파, 솔, 라.

시가 길 (市街) 도시의 큰 거리.

시가 노래 (詩歌) 시, 가사, 시조 들을 두루 이르는 말.

시가 값 (時價) 흔히 사고파는 값.《시가 백만 원짜리 그림》비시세.

시가전 (市街戰) 도시의 큰 거리에서 벌이는 전투.

시가지 (市街地) 도시의 큰 거리가 있는 곳.《서울 시가지》

시가행진 (市街行進) 큰 거리에서 여러 사람이 행진하는 것.

승합차

시각 때 (時刻) 어느 한 때. 갈시간. 시각을 다투다 관용 무척 급하다.《시각을 다투어야 기차를 탈 수 있어.》

시각 생각 (視角) 사물을 보거나 생각하는 태도.《아이들의 시각으로 쓴 글》 비관점.

시각 감각 (視覺) 눈으로 보고 느끼는 힘.《장님은 시각을 잃은 사람이다.》

시간 (時間) 1.어떤 때에서 다른 때까지 이어지는 동안.《운동장에서 놀 때는 시간이 정말 빨리 간다.》2.어떤 일을 할 틈이나 여유.《나 지금 너랑 놀아 줄 시간이 없는걸.》3.어떤 일을 하기로 정해 놓은 때.《쉬는 시간/점심시간》4.→ 시각.《그 시간에 대체 넌 어디에 있었니?》5.하루를 스물넷으로 나누어 세는 단위.《서울에서 부산까지는 차로 다섯 시간이 넘게 걸린다.》

시간급 (時間給) 일한 시간을 따져서 주거나 받는 돈.《삼촌은 저 가게에서 시간급 오천 원을 받으면서 일한다.》

시간대 (時間帶) 하루 가운데 어느 때. 《만화 영화는 저녁 시간대에 한다.》

시간셈 시간을 더하거나 빼는 셈.

시간적 (時間的) 시간에 관한. 또는 그런 것.

시간표 (時間表) 1.시간에 따라서 할 일을 적은 표.《수업 시간표》2.버스, 열차 같은 것이 오가는 시간을 적은 표 《고속버스 시간표/기차 시간표》

시건방지다 아주 건방지다.《이게 시건방지게 누나를 놀려?》

시계 기계 (時計) 시간을 알려 주거나 재는 기계.《시계가 5분 빨리 간다.》

시계 시야 (視界) → 시야.

시계추 (時計錘) 괘종시계에 달린 추. 왼쪽과 오른쪽을 똑같은 폭과 빠르기로 왔다 갔다 하면서 시곗바늘을 돌아가게 한다.

시계탑 (時計塔) 시계를 높이 달아서 멀리서도 시각을 알 수 있게 한 탑.

시곗바늘 시계에서 시, 분, 초를 가리키는 바늘. 《시곗바늘이 정각 세 시를 가리킨다.》

시골 농촌, 어촌, 산골 들처럼 도시에서 떨어진 곳. **같**촌. **참**도시.

시골 당나귀 남대문 쳐다보듯 한다 **속담** 시골 당나귀가 서울 남대문을 보면서도 무엇인지 모른다는 뜻으로, 일의 속사정을 모르고 어리벙벙하게 바라보기만 한다는 말.

시골가시허리노린재 풀밭에 사는 노린재. 몸통과 다리가 모두 밤색이고 가슴 양옆이 뾰족하게 나와 있다.

시골길 시골에 난 길.

시골뜨기 시골 사람을 낮추어 이르는 말. **비**촌뜨기.

시골집 1. 시골에 있는 집. 2. 시골에 있는 고향 집이나 친척 집. 《방학에 외할머니가 계시는 시골집에 갔다.》

시공 건설 (施工) 집 짓기, 다리 놓기 같은 공사를 하는 것. **시공하다**

시공 시간 (時空) 시간과 공간. 《시공을 뛰어넘는 상상력》

시구 공 (始球) 야구나 농구 같은 경기에서 경기 시작을 알리려고 처음으로 공을 던지는 것. 《어린이 대표의 시구가 있겠습니다.》 **시구하다**

시구 글 (詩句) 시에 나오는 말 도막.

시국 (時局) 현재 나라나 사회의 형편.

시궁쥐

시금치

시골가시허리노린재

《시국 안정 대책》

시궁쥐 하수구, 창고, 마루 밑처럼 사람이 사는 곳 가까이에 사는 쥐. 등은 갈색이고 배와 발은 잿빛을 띤 흰색이다. **같**집쥐.

시궁창 더러운 물이 고여서 질척질척한 도랑.

시금석 (試金石) 1. 귀금속을 문질러 품질을 알아보는 검고 단단한 돌. 2. 가치나 능력을 헤아리는 기준을 빗대어 이르는 말. 《이번 일은 그 아이의 능력을 알아볼 수 있는 시금석이 될 거야.》

시금치 밭에 심어 가꾸는 잎줄기채소. 뿌리는 붉은빛을 띠고 잎은 짙푸르다. 잎 전체를 데쳐서 나물로 먹는다.

시금털털하다 조금 시고 맛깔스러운 느낌이 없다. 《시금털털한 개살구》

시급하다 어떤 일이 아주 급하다. 《안전장치가 가장 시급합니다.》

시기 때 (時期) 어떤 일이 벌어지는 때. 《가을은 곡식이 여무는 시기이다.》

시기 경우 (時機) 어떤 일을 하기에 알맞은 때. 《나무 심기에 좋은 시기》

시기 샘 (猜忌) 남이 잘되는 것을 싫어하는 것. **시기하다** 《공부 잘하는 애들 시기하지 말고 너도 열심히 해 봐.》

시기상조 (時機尙早) 어떤 일을 하기에 아직 이른 것. 《두 살짜리 아이한테 한글을 가르치는 건 시기상조야.》

시기심 (猜忌心) 남을 시기하는 마음. 《내 동생은 시기심이 많아서 탈이야.》

시까스르다 |북 기분 나쁘게 놀리다. 《자꾸 시까스르는 영아 말투가 무척이나 거슬렸다.》 **바**시까스르는, 시까슬러, 시까스릅니다.

시꺼멓다 1. 아주 꺼멓다. 《시꺼먼 연기》 **참**새까맣다, 시커멓다. 2. 마음이 아주 엉큼하다. 《네 시꺼먼 속이 다 보여.》 **바**시꺼먼, 시꺼메, 시꺼멓습니다.

시끄럽다 소리가 듣기 싫게 크다. 《남자 아이들이 시끄럽게 떠들었다.》 **바**시끄러운, 시끄러워, 시끄럽습니다.

시끌벅적하다 여럿이 마구 움직이면서 떠들어서 시끄럽다. 《우리 동네 시장은 늘 시끌벅적합니다.》

시끌시끌하다 여럿이 마구 떠들어 아주 시끄럽다. 《선생님이 안 계실 때면 교실 안은 늘 시끌시끌하다.》

시나리오 (scenario) 영화를 찍는 데 쓰는 대본. **참**희곡. **북**영화문학.

시나브로 모르는 사이에 조금씩. 《낙엽이 시나브로 떨어지기 시작한다.》

시나위 무당이 굿할 때 연주하던 음악에서 생겨난 기악곡. 피리, 해금, 징, 장구, 북 들을 함께 연주한다.

시내 냇물 골짜기나 벌판에 흐르는 작은 개울. 《동무들과 시내에서 물장구를 치고 놀았다.》

시내 도회지 (市內) 도시의 안. 큰 건물이 모여 있고 사람과 차가 많이 다니는 곳을 이른다. 《서울 시내》 **반**시외.

시내버스 도시 안에서 정해진 길을 다니는 버스. **참**시외버스.

시냇가 시내의 가장자리. **북**시내가.

시냇물 시내에 흐르는 물. **북**시내물.

시너 (thinner) 페인트를 묽게 하는 데 쓰는 액체.

시녀 (侍女) 1. → 궁녀. 2. 옛날에 신분이나 지위가 높은 사람 곁에서 시중들던 여자.

시누이 남편의 누이.

시늉 모양이나 움직임을 흉내 내는 것. 《동생이 깡충깡충 뛰면서 토끼 시늉을 합니다.》 **시늉하다**

시다 시큼하다 식초나 덜 익은 귤 같은 맛이 있다. 《귤이 시어서 못 먹겠어.》

시다 아프다 1. 이나 뼈마디가 시큰시큰 아프다. 《할머니는 이가 시어서 찬 것을 못 드세요.》 2. 빛이 너무 밝아서 눈이 부시거나 찌르는 듯이 아프다. 《눈이 시게 강한 여름 햇살》

시달구다 **북** 마구 다그치다. 《반장이 청소를 얼른 끝내자고 시달군다.》

시달리다 괴롭거나 성가신 일을 당하다. 《배고픔에 시달리다.》

시대 (時代) 어떤 기준에 따라서 나눈 때. 《원시 시대 / 고려 시대》

시대상 (時代相) 어떤 시대의 모습. 《김홍도의 그림에서 조선 후기의 시대상을 엿볼 수 있다.》

시대적 (時代的) 어떤 시대에 나타나는. 또는 그런 것.

시댁 (媤宅) '시집'의 높임말. 《이모는 시댁 어른들께 인사를 드렸다.》

시도 행정 구역 (市道) 행정 구역에 따라 나눈 '시'와 '도'를 함께 이르는 말.

시도 꾀함 (試圖) 어떤 일을 이루려고 애쓰는 것. 또는 어떤 일을 시험 삼아 하는 것. **시도하다** 《제가 먼저 화해를 시도해 볼게요.》 **시도되다**

시동 (始動) 어떤 장치를 만져서 차나 기계를 움직이게 하는 것. 《아빠가 차에 시동을 걸고 기다리신다.》

시동생 (媤同生) 남편의 남동생. **북**시아우.

시드니 (Sydney) 오스트레일리아 남동쪽에 있는 항구 도시. 오스트레일리아에서 가장 큰 도시이고, 관광지로 널리 알려져 있다.

시들- 어지간히 시들어서 생기나 힘이 없는 모양. **시들거리다 시들대다 시들하다 시들시들**《비가 오지 않아서 밭에 심은 채소들이 시들시들 마른다.》

시들다 꽃, 나무, 풀이 말라서 싱싱한 기운을 잃다.《일주일이나 물을 주지 않았더니 꽃이 시들고 말았다.》^바시드는, 시들어, 시듭니다.

시들프다 |^북 못마땅하고 언짢다.《짝꿍이 성적표를 받고 시들픈 표정을 지었다.》^바시들픈, 시들퍼, 시들픕니다.

시들하다 못마땅하거나 재미없는 것이어서 시큰둥하다.《소꿉장난도 이제 시들한가 보구나?》

시디 (CD) → 콤팩트디스크.

시디롬 (CD-ROM) 콤팩트디스크에 정보를 많이 담아 컴퓨터로 읽을 수 있게 한 것.

시디시다 아주 시다.《시디신 식초》

시뚝하다 |^북 1. 못마땅하거나 언짢아서 모르는 체하거나 토라져서 시무룩하다.《언니가 말도 안 하고 시뚝하게 앉아 있다.》2. 잘난 체하면서 우쭐하다.《겨우 한 문제 맞혔으면서 무척 시뚝하게 군다.》

시래기 무청이나 배추 잎을 말린 것. 새끼 같은 것으로 엮어 말려 두었다가 볶아 먹거나 국을 끓이는 데 쓴다.

시래깃국 시래기를 넣고 끓인 된장국.

시렁 물건을 얹어 두려고 방이나 마루 벽에 가로로 걸쳐서 붙박은 나무.《시렁 위에 꿀단지를 올려놓았다.》

시루

시력 (視力) 눈으로 어떤 것을 보는 힘.《시력이 좋다./시력이 나쁘다.》

시련 (試鍊) 어렵고 힘든 일.《그분은 어렸을 때 부모님을 모두 잃는 큰 시련을 겪었다.》

시루 떡이나 쌀을 찔 때 솥 위에 얹는 둥근 그릇. 바닥에 난 구멍으로 김이 올라온다.

시루떡 시루에 쌀가루를 넣고 고물을 얹어 켜켜이 안쳐서 찐 떡.

시름 마음속에 있는 걱정이나 근심.《시름이 깊다./시름에 잠기다.》

시름시름 병이 더 심해지지도 않고 나아지지도 않으면서 오래 끄는 모양.《형이 여름부터 시름시름 앓았다.》

시리다 1. 춥거나 찬 것에 닿아서 살갗이 차다. 또는 찬 것에 닿아서 이나 뼈마디가 아프다.《신발이 눈에 젖어 발이 시려요.》2. 빛이 몹시 밝아서 눈이 아프다.《눈이 시리게 하얀 눈》

시리얼 (cereal) 곡물에 여러 가지 영양분을 섞고 굽거나 튀겨서 바로 먹을 수 있게 만든 먹을거리.

시리우스 (Sirius) 큰개자리에서 가장 밝은 별. ^북시리우스별.

시리즈 (series) 책, 영화 같은 것을 여러 편 이어서 만드는 것.《전래 동화 시리즈》

시립 (市立) 시에서 세우고 꾸리는 것.《시립 도서관》

시먹다 |^북 1. 버릇없고 건방지다.《반장이 선생님 앞에서 시먹은 소리를 늘어놓다가 꿀밤을 맞았다.》2. 아주 약삭빠르고 되바라지다.《그 애는 나이

에 어울리지 않게 시먹은 데가 있다.》

시멀겋다 |북| 빛깔이 아주 멀겋다.《시 멀건 쌀뜨물》 |바| 시멀건, 시멀게, 시멀 겋습니다.

시멘트 (cement) 집 짓는 데 쓰는 가 루. 물, 모래, 자갈과 섞어서 벽, 바닥, 기둥 들을 만든다. |북| 세멘트.

시무 (時務) 아주 급한 일. 또는 빨리 다루어야 할 중요한 일.

시무룩하다 어떤 일이 못마땅하여 얼 굴빛이 어둡다.《다리를 다쳐서 소풍 을 못 가게 된 동생이 시무룩한 표정으 로 앉아 있습니다.》

시무책 (時務策) 급하고 중요하게 다 루어야 할 일에 대한 계획.《시무책을 세우다./시무책을 올리다.》

시물-1. 입술을 좀 일그러뜨리면서 소 리 없이 자꾸 웃는 모양. 2. 같이 어울 리지 않으면서 능청스럽게 구는 모양.

시물거리다 시물대다 시물시물《훈 이가 돈을 꾸어 달라고 시물거린다./ 왜 구석에서 시물대며 있니?》

시뮬레이션 (simulation) 컴퓨터로 실제와 비슷하게 만들어 실험하는 일.

시민 (市民) 1. 시에 사는 사람.《서울 시민》 2. 정치에 참여할 권리가 있는 사람.《시민 의식》

시민권 (市民權) 보통 국민이 가지는 권리.

시민 단체 (市民團體) 경제, 환경 같 은 사회의 여러 문제를 해결하려고 시 민이 나서서 만든 단체.

시민 혁명 (市民革命) 시민이 나서서 이제까지 있던 낡은 정치나 경제 제도 를 깨뜨리고 새로운 사회를 세우는 일.

시발 (始發) 1. 열차, 버스 같은 것이 맨 처음 떠나는 것. 2. 어떤 일이 처음 일어나는 것.《그 일을 시발로 전국에 서 의병이 일어났다.》 **시발하다**

시방 (時方) → 지금.

시범 (示範) 어떤 일을 본보기로 해 보 이는 것.《뒤구르기 시범을 보이마.》

시베리아 (Siberia) 우랄 산맥에서 태 평양까지 이르는 아시아 북쪽 지역. 거 의 러시아 땅인데 석유, 천연가스, 철 같은 지하자원이 많다. |북| 씨비리.

시보 (時報) 라디오나 텔레비전에서 시각을 알려 주는 것.《9시 시보와 함 께 뉴스가 시작되었다.》

시부렁- 어떤 일이 못마땅해서 쓸데없 는 말을 지껄이는 모양. **시부렁거리다**

시부렁대다 시부렁시부렁《동생이 사 과하기는커녕 시부렁거리기만 한다.》

시부모 (媤父母) 시아버지와 시어머 니.

시비 |잘잘못| (是非) 1. 옳은 것과 그른 것.《선생님께 말씀을 드려서 시비를 가리는 게 어떠냐.》 |비| 잘잘못. 2. 옳고 그름을 따지거나 트집을 잡으면서 다 투는 것.《민영이는 제가 하는 일마다 시비를 걸어요.》 **시비하다**

시비 |비석| (詩碑) 시를 새긴 비석.

시뻘겋다 아주 뻘겋다.《영수가 시뻘 게진 얼굴로 숨을 몰아쉰다.》 |참| 새빨갛 다. |바| 시뻘건, 시뻘게, 시뻘겋습니다.

시사 |귀띔| (示唆) 어떤 사실을 슬쩍 비 쳐서 일깨워 주는 것. **시사하다**《산사 태는 나무 심기가 얼마나 중요한 일인 지 시사해 준다.》

시사 |일| (時事) 사회에서 그때마다 벌

어지는 여러 가지 일.《시사 문제》

시사만화 (時事漫畫) 그때그때 일어나는 세상일을 소재 삼아 그리는 만화.

시상 상 (施賞) 상을 주는 것. **시상하다**《선생님이 글짓기 상을 시상하셨다.》

시상 생각 (詩想) 시를 지을 때 떠올리는 생각.《멋진 시상이 떠올랐어.》

시상식 (施賞式) 상을 주는 의식.

시샘 남이 잘 되는 것을 싫어하는 것.《언니는 얼굴도 예쁘고 공부도 잘해서 시샘을 많이 받아요.》 **시샘하다**

시선 (視線) 어떤 쪽을 바라보는 눈. 또는 눈으로 보는 쪽.《동생은 장난감 차에서 시선을 떼지 못했다.》 비눈길.

시설 (施設) 여럿이 쓰는 도구나 장치. 또는 그런 도구나 장치를 만들어 놓는 것.《통신 시설/놀이 시설》 **시설하다**

시설물 (施設物) 시설해 놓은 것.

시세 (時勢) 흔히 사고파는 값.《시세보다 싸게 집을 샀대요.》 비시가.

시소 (seesaw) 긴 널빤지 양쪽 끝에 사람이 앉아 오르락내리락하는 놀이 기구. 널빤지 가운데를 괴어 한쪽이 기울어지게 만든다.

시소게임 (seesaw game) 두 편이 앞 서거니 뒤서거니 하는 팽팽한 경기.

시속 (時速) 한 시간 동안 나아가는 거리를 평균 속도로 나타낸 것.《시속 백 킬로미터》

시스템 (system) 1.여럿이 모여 어떤 일을 해 나갈 수 있게 갖추어진 조직이나 제도. 2.컴퓨터로 어떤 일을 할 수 있게 여러 장치와 기기들을 하나로 합쳐 놓은 것.

시시 (cc) → 세제곱센티미터.

시시딱딱이탈

시시각각 (時時刻刻) 시간이 흐르는 데 따라 일 초 일 초 긴박하게.《한강 물이 시시각각 불어나고 있습니다.》

시시껄렁하다 시시하거나 형편없다.《시시껄렁한 이야기》

시시덕- 실없이 웃고 떠드는 모양. **시시덕거리다 시시덕대다 시시덕시시덕**《공부 시간에 짝꿍과 시시덕거리다가 선생님께 혼났어요.》

시시딱딱이탈 강릉 탈놀이에서 쓰는 탈.

시시때때로 '때때로'를 힘주어 이르는 말.《시시때때로 네가 보고 싶어.》

시시비비 (是是非非) 잘잘못이나 옳고 그름을 이르는 말.《누구 말이 옳은지 시시비비를 가리자.》

시시콜콜 하찮은 것까지 하나하나 다 따지는 모양.《언니는 학교에서 일어난 일을 시시콜콜 캐묻는다.》 북지지콜콜. **시시콜콜하다**

시시하다 보잘것없고 재미없다.《무척 기대한 영화였는데 시시했어요.》

시식 (試食) 음식 솜씨나 맛을 알아보려고 시험 삼아 먹어 보는 것. **시식하다**《나물을 무쳐 시식했다.》

시신 (屍身) 죽은 사람의 몸.《시신을 묻다.》 비사체, 송장, 시체, 주검.

시아버지 남편의 아버지.

시아주버니 아내가 남편의 형을 이르는 말.

시안 (試案) 어떤 일을 하려고 시험 삼아 짜는 계획.《법 개정안 시안》

시애틀 (Seattle) 미국 북서쪽에 있는 항구 도시. 항공 우주 산업을 비롯한 공업이 발달하였다.

시야 (視野) 1.눈길이 미치는 테두리. 《맑은 날이면 시야가 탁 트여서 북녘 땅도 보여요.》 ^같시계. 2.세상일을 살피고 받아들이는 테두리. 《시야를 넓히는 데는 여행만큼 좋은 게 없다.》

시약 (試藥) 물질에 든 성분을 알아내는 화학 약품. 《요오드 용액은 녹말 성분을 찾아낼 때 쓰는 시약이다.》

시어 (詩語) 시에 쓰는 낱말.

시어머니 남편의 어머니.

시옷 닿소리 글자 'ㅅ'의 이름. ^북시읏.

시외 (市外) 도시 바깥. 또는 도시 바깥에 있는 산, 들, 물가 같은 곳. ^반시내.

시외버스 도시에서 도시 밖에 있는 먼 지역까지 오가는 버스. ^참시내버스.

시울다 ^{1북} 빛이나 색깔이 강해서 눈이 부시다. 《쏟아지는 햇빛 때문에 눈이 시울다.》 ^바시우는, 시울어, 시웁니다.

시원섭섭하다 마음이 시원하면서도 섭섭하다. 《그 녀석이 이사 간다고 하니 시원섭섭하구나.》

시원스럽다 1.막힌 데가 없이 탁 트여 답답하지 않다. 《시원스럽게 뚫린 고속도로》 2.말이나 성격, 행동 들이 솔직하고 거침없다. 《웅얼대지 말고 시원스럽게 대답해 봐.》 3.일이 되어 가는 것이 만족스럽다. 《영신이의 일솜씨가 영 시원스럽지 않다.》 ^바시원스러운, 시원스러워, 시원스럽습니다.

시원시원하다 성격이나 행동이 아주 시원하다. 《우리 누나는 성격이 시원시원해서 어른들이 무척 좋아하세요.》

시원찮다 1.마음에 들지 않다. 《영미 가위질 솜씨가 영 시원찮더라.》 2.몸이 좋지 않다. 《할아버지는 이가 시원

찮아서 딱딱한 것을 못 드신다.》

시원하다 1.더운 느낌을 가시게 할 만큼 기분 좋게 서늘하다. 《오늘따라 바람이 참 시원하구나.》 2.걱정스러운 일이 없어져서 후련하다. 《밀린 방학 숙제를 끝내고 나니 속이 다 시원하다.》 3.막힌 데가 없이 탁 트여 답답하지 않다. 《학교 앞에 큰길이 시원하게 뚫렸다.》 4.말이나 성격, 행동 들이 솔직하고 답답하지 않다. 《왜 골이 났는지 시원하게 털어놓아 봐라.》 5.국물 맛이 아주 산뜻하거나 뜨거우면서도 개운하다. 《콩나물국이 정말 시원해요.》 6.가렵거나 뻐근하거나 더부룩한 느낌이 사라져 기분이 좋다. 《할머니 등을 긁어 드렸더니 "아이고, 시원하다." 하시면서 기뻐하셨다.》 7.일이 되어 가는 것이 충분히 마음에 들다. 《내 글 솜씨는 아무리 생각해 봐도 시원하지가 못하다.》

시월 (十月) 한 해 열두 달 가운데 열째 달.

시위 ^활 → 활시위. 《시위를 당기다.》

시위 ^{집회} (示威) 여럿이 한데 모여 자기들의 주장을 나타내는 것. 《민주화 시위》 ^같데모. **시위하다**

시음 (試飲) 마실 것의 맛을 알아보려고 시험 삼아 조금 마셔 보는 것. **시음하다** 《새로 나온 주스를 시음했다.》

시의회 (市議會) 시의 주민이 뽑은 대표자들이 모여서 시의 자치 문제를 의논하고 결정하는 기관.

시인 ^{사람} (詩人) 시를 전문으로 쓰는 사람.

시인 ^{긍정} (是認) 어떤 사실을 그렇다

고 인정하는 것. **반부인**. **시인하다**《제 실수를 시인하고 사과했어요.》

시일 (時日) 1. 시간과 날.《박물관을 다 지으려면 꽤 오랜 시일이 걸릴 것 같 다.》 2. 정한 날짜.《도서관에서 빌린 책은 시일 안에 반납해야 합니다.》

시일야방성대곡 (是日也放聲大哭) 1905년에 장지연이 황성신문에 쓴 논 설. 우리나라가 일본의 강요로 을사조 약을 맺은 것을 두고, 분하고 답답한 마음을 적었다.

시작 (始作) 어떤 일을 처음 하는 것. 또는 하다가 멈춘 일을 다시 하는 것. **시작하다**《아침 운동을 시작한 뒤부터 밥맛이 더 좋아졌어요.》 **시작되다**

시작이 반이다 속담 어떤 일이든 한번 시 작하면 끝마치는 것은 쉽다는 말.

시작점 (始作點) 시작하는 곳.《경부 선의 시작점은 서울역입니다.》

시장 배고픔 배가 고픈 것. **시장하다** 《한참 뛰었더니 몹시 시장하다.》

시장이 반찬이다 속담 배가 고플 때는 반 찬이 없어도 밥이 맛있다는 말.

시장 장터 (市場) 사람들이 많이 모여 서 물건, 곡식 같은 것을 사고파는 곳. 《수산 시장/농산물 시장》 **비장**.

시장 사람 (市長) 시청에서 으뜸인 사 람.《서울 시장》

시장 경제 (市場經濟) 자본주의 경제. 수요와 공급에 따라서 값이 정해진다.

시장기 배가 고픈 느낌.《고구마와 물 김치로 시장기를 달랬다.》

시전 (市廛) 조선 시대에 종로에 열던 시장.

시절 (時節) 1. → 철.《꽃 피는 시절》

2. 어떤 일을 하던 때.《큰아버지는 대 학 시절에 여행을 많이 다녔대요.》

시점 때 (時點) 흐르는 시간 속의 어떤 때.《지금 이 시점에서 할 일이 뭘까?》

시점 시작 (始點) 어떤 일이 처음 일어 나거나 시작되는 곳. 또는 정해진 동안 에서 맨 처음. **반종점**.

시점 관점 (視點) 사물을 보는 관점. 《시점이 다르면 행동도 달라진다.》

시접 옷 솔기에서 안으로 접어 넣은 부 분.《시접을 넣다./시접을 꺾다.》

시정 (是正) 잘못된 것을 바로잡는 것. **시정하다**《책에 틀린 글자가 있으면 꼭 시정해 주세요.》 **시정되다**

시조 처음 (始祖) 1. 겨레나 집안의 맨 첫 조상. 또는 나라를 세운 사람.《우 리 겨레의 시조는 단군 할아버지입니 다.》 2. 학문이나 기술을 처음 만든 사 람.《유학의 시조는 공자입니다.》

시조 시 (時調) 고려 시대 중기에 생겨 나서 조선 시대에 널리 퍼진 우리나라 전통 시. 초장, 중장, 종장 세 부분으로 나뉘는데, 가락을 붙여 노래처럼 부르 기도 한다.《시조 한 수를 읊다.》

시조새 새의 가장 오래된 조상으로 여 겨지는 동물. 크기는 까마귀만 한데 머 리가 작고 눈이 크다. 화석으로만 남아 있다.

시종 줄곧 (始終) 처음부터 끝까지 내 내.《집에 올 때까지 시종 졸았다.》

시종 사람 (侍從) 옛날에 신분이나 지 위가 높은 사람 곁에서 시중들던 사람.

시종일관 (始終一貫) 처음부터 끝까 지 한결같은 것.《종현이가 시종일관 네 편을 들더라.》

시주 (施主) 절이나 중을 도우려고 돈, 곡식 같은 것을 베푸는 것. **시주하다** 《할머니는 늘 절에 쌀을 시주하신다.》

시중 ^{도움} 심부름 같은 일을 하면서 남을 돌보는 일. 《편찮으신 할아버지 곁에서 시중을 들어 드렸다.》

시중 ^{사회} (市中) 도시의 안쪽. 또는 도시 사람들이 어떤 것을 흔히 사고파는 곳. 《이 붓은 시중에서 쉽게 살 수 없는 귀한 것이야.》

시중들다 심부름 같은 일을 하면서 남을 돌보다. 《아빠, 제가 시중들게요.》 ^바시중드는, 시중들어, 시중듭니다.

시집 ^{집안} 남편의 집안. 또는 남편의 부모가 사는 집. 《고모가 시집에 들어가서 살기로 했대요.》 ^높시댁. ^참친정.

시집 ^책 (詩集) 시를 모아서 엮은 책. 《새로 나온 시집을 샀습니다.》

시집가다 여자가 혼인하다. 《올가을에는 막내 이모도 시집간대요.》

시집살이 여자가 시집에 살면서 살림을 하는 것.

시차 (時差) 1.여러 일 사이에 생기는 시간 차이. 《임진왜란과 병자호란은 40년쯤 시차를 두고 일어났다.》 2.지구 위의 두 곳 사이에 생기는 시간 차이. 《우리나라와 프랑스 사이의 시차는 여덟 시간쯤 난다.》

시찰 (視察) 어떤 곳을 두루 살피는 것. **시찰하다**

시책 (施策) 정부나 공공 기관에서 어떤 일을 하려고 마련하는 정책. 《중소기업 육성 시책》

시청 ^{관청} (市廳) 시의 행정을 맡아보는 관청.

시청 ^{텔레비전} (視聽) 텔레비전 방송을 보고 듣는 것. **시청하다** 《저녁 9시에 아빠와 함께 뉴스를 시청하였습니다.》

시청각 (視聽覺) 보고 듣는 힘. 또는 보고 듣는 것. 《시청각 학습 자료》

시청각 교육 (視聽覺敎育) 공부 거리를 직접 보고 들으면서 하는 교육. 흔히 영화를 보거나 음악을 듣거나 하는 것을 이른다.

시청률 (視聽率) 어떤 텔레비전 방송을 시청하는 비율. 《시청률이 낮다.》

시청자 (視聽者) 텔레비전 방송을 시청하는 사람.

시체 (屍體) 죽은 사람의 몸. ^비사체, 송장, 시신, 주검.

시쳇말 어느 한때에 사람들이 많이 쓰는 말. 《시쳇말로 성환이가 우리 반 짱이다.》 ^비유행어.

시초 (始初) 어떤 일의 맨 처음. 《서로 말꼬리를 잡고 늘어진 것이 싸움의 시초였다.》

시추 (試錐) 지하자원을 찾거나 지질을 살피려고 기계로 땅속 깊이 구멍을 뚫는 일. **시추하다**

시추선 (試錐船) 시추하는 배.

시치다 천 여러 겹을 맞대어 듬성듬성 꿰매다. 《이불 홑청을 시치다.》

시치미 어떤 일을 하고도 하지 않은 척하는 짓. 또는 어떤 것을 알면서도 모르는 척하는 짓. 《네가 한 짓인 줄 다 아는데 시치미 뗄 거냐?》

시침 ^{바느질} 1.천을 시치는 것. 2.옷을 만들 때 몸에 잘 맞는지 보려고 손으로 대강 바느질하는 것. ^같가봉. **시침하다**

시침 ^{시계} (時針) 시계에서 시를 가리

키는 짧은 바늘.《시침이 부러졌어.》

시침질 천을 시치는 일. **시침질하다**

시카고 (Chicago) 미국 미시간 호 남서쪽 끝에 있는 도시. 상공업이 발달하였다.

시커멓다 아주 꺼멓다.《시커먼 연기》 **참**새카맣다, 시꺼멓다. **바**시꺼먼, 시커메, 시커멓습니다.

시큰- 뼈마디가 저리고 아픈 모양. **시큰거리다 시큰대다 시큰하다 시큰시큰**《넘어져서 발목이 시큰거린다.》

시큰둥하다 주제넘게 하찮아하는 태도가 있다.《동생이 내 선물이 맘에 안 드는지 시큰둥한 표정을 지었다.》

시큰하다 어떤 느낌이 복받쳐서 코끝에 톡 쏘는 느낌이 있다.《슬픈 장면을 볼 때면 콧날이 시큰하다.》

시큼하다 맛이나 냄새가 꽤 시다.《김치가 시큼하게 익었다.》

시키다 ^{하게 하다} 1.남한테 어떤 일이나 행동을 하게 하다.《선생님께서 저한테 심부름을 시키셨어요.》2.음식점에서 어떤 음식을 만들어 오게 하다.《중국 음식점에서 자장면을 시켜 먹었다.》

-시키다 ^{안심시키다} 어떤 낱말 뒤에 붙어, 남한테 어떤 일이나 행동을 하게 한다는 뜻을 더하는 말.《오염시키다/실망시키다/안심시키다》

시트르산 → 구연산.

시판 (市販) 어떤 것을 세상에 내놓고 파는 것. **시판하다**《불량 식품을 시판하던 회사가 문을 닫았다.》**시판되다**

시퍼렇다 1.아주 퍼렇다.《무릎에 시퍼런 멍이 들었다.》**참**새파랗다. 2.무섭거나 추워서 얼굴이나 입술에 핏기

가 조금도 없다.《쥐에 놀란 누나가 시퍼렇게 질려서 튀어나왔다.》**참**새파랗다. **바**시퍼런, 시퍼레, 시퍼렇습니다.

시프트 키 (shift key) 컴퓨터 자판에서 다른 키와 같이 눌러서 그 키 본래 기능을 바꾸는 키.

시한 (時限) 일을 끝내기로 정한 때.《원서 접수 마감 시한》**비**기한.

시한부 (時限附) 일정한 기간 안으로 조건이 정해진 것.《시한부 인생》

시한폭탄 (時限爆彈) 때가 되면 저절로 터지게 만든 폭탄.

시합 (試合) 운동이나 기술 같은 것으로 승부를 겨루는 일. **비**경기. **시합하다**《누가 더 빨리 달리는지 시합할래?》

시해 (弑害) 왕이나 대통령 같은 중요한 사람을 죽이는 것.《명성 황후 시해 사건》**시해하다 시해되다**

시행 (施行) 제도, 법률 같은 것을 실제로 쓰는 것. **시행하다**《새로 고친 법은 다음 달에 시행한다.》**시행되다**

시행착오 (施行錯誤) 어떤 일을 해내려다가 실패를 겪는 것.《처음 해 보는 일이니 시행착오도 있기 마련이지.》

시험 (試驗) 1.문제를 풀게 해서 솜씨나 능력을 알아보는 것.《내일 받아쓰기 시험을 본다.》2.어떤 것을 제대로 만들었는지 실제로 써 보면서 알아보는 것.《시험 운전》**시험하다**

시험관 ^{사람} (試驗官) 시험 문제를 내거나 점수를 매기는 사람.

시험관 ^{유리관} (試驗管) 실험하는 데 쓰는 밑이 막힌 유리관.

시험관_유리관

시험기 (試驗器) 어떤 것을 시험하는 기구.《회로 시험기》

시험대 (試驗臺) 1. 시험이나 실험을 하려고 차려 놓은 대. 2. 능력이나 재주를 시험하는 자리. 《미정이의 춤 솜씨가 시험대에 올랐다.》

시험장 (試驗場) 시험을 보는 곳.

시험지 (試驗紙) 1. 시험 문제를 적은 종이. 2. 물질에 든 성분을 알아내는 특수한 종이. 《리트머스 시험지》

시호 풀 산속 양지바른 풀밭에 자라는 풀. 잎은 좁고 긴데 8~9월에 잘고 노란 꽃이 핀다. 뿌리를 약으로 쓴다.

시호 이름 (諡號) 옛날에 큰 공을 세우고 죽은 사람한테 왕이 내리던 이름. 《'충무'는 이순신 장군의 시호다.》

시화전 (詩畵展) 시를 그림에 담아서 전시하는 행사.

시효 (時效) 효과나 권리 같은 것이 유지되는 동안. 《시효가 지난 약품》

식 의식 (式) 1. 혼례식, 기념식, 입학식 들과 같은 의식. 《지금부터 입학식을 시작하겠습니다.》 2. 어떤 일을 하는 방법이나 태도. 《걸레질을 그런 식으로 대충대충 하면 혼난다.》

식 수학 (式) 숫자나 문자를 +, −, ×, ÷ 같은 기호로 연결한 것.

식견 (識見) 배워서 아는 것과 보고 들어서 아는 것. 사물을 바르게 판단할 수 있는 힘을 이르는 말이다. 《우리 할아버지는 식견이 높으시다.》 비견식.

식곤증 (食困症) 음식을 먹고 나서 몸이 나른해지고 졸음이 오는 증상.

식구 (食口) 1. 한 집안에서 함께 사는 사람. 《우리 식구는 모두 넷입니다.》 비가족. 2. 어떤 일을 함께 하는 사람을 빗대어 이르는 말. 《지영이도 이제 미

식나무

시호_풀

술반 식구가 되었다.》

식기 (食器) 음식을 담는 그릇.

식나무 제주도, 울릉도처럼 따뜻한 지방 바닷가에 자라는 늘푸른나무. 봄에 보랏빛 도는 밤색 꽃이 피고, 10~12월에 열매가 붉게 익는다. 북넓적나무.

식다 1. 뜨겁던 것이 차가워지다. 《국이 식었으니 다시 데워야지.》 2. 느낌이나 기운이 줄어들다. 《벗을 아끼는 마음이 식지 않았으면 해.》

식은 죽 먹듯 관용 거리낌 없이 아주 쉽게. 《효영이는 방패연을 한나절 만에 식은 죽 먹듯 만들어 낸다.》

식단 (食單) 정해진 동안에 먹을 음식을 날짜와 끼니에 따라 적은 표.

식당 (食堂) 음식을 먹는 곳. 또는 음식을 만들어 파는 가게. 비음식점.

식당차 (食堂車) 열차 안에서 음식을 만들어 파는 칸.

식대 (食代) 음식을 사 먹거나 마련하는 데 드는 돈.

식도 (食道) 목구멍에서 위까지 이어지는 대롱처럼 생긴 기관. 삼킨 음식물이 지나가는 길이다.

식도락 (食道樂) 여러 가지 맛있는 음식을 먹는 즐거움.

식량 (食糧) 음식을 만들어 먹을 수 있는 것을 통틀어 이르는 말. 비양식.

식량난 (食糧難) 식량이 모자라서 겪는 어려움. 《아프리카의 수많은 나라가 식량난을 겪는다.》

식료품 (食料品) 곡식, 채소 들과 같은 먹을거리. 《식료품 가게》 참식품.

식모 (食母) 남의 집에 살면서 부엌일을 맡아 해 주는 여자.

식목일 (植木日) 나무를 많이 심고 가꾸게 하려고 나라에서 정한 날.

식물 (植物) 한곳에 붙박여 살면서 햇빛과 공기와 땅속에 있는 물질에서 양분을 얻는 생물. 풀, 나무, 바닷말 들이 있다. **참**동물.

식물성 (植物性) 식물이 지닌 성질. 《식물성 기름》**참**동물성.

식물원 (植物園) 여러 가지 식물을 한데 모아 기르면서 연구하고 전시하는 곳. **참**동물원.

식물인간 (植物人間) 뇌를 다쳐서 의식을 잃고 움직이지 못하지만 숨 쉬고 소화시키는 힘은 남아 있는 사람.

식민 (植民) 다른 나라 땅을 빼앗아 자기 나라 사람을 보내 살게 하는 것. 《대한민국은 1945년에 일본의 식민 통치에서 벗어났습니다.》

식민지 (植民地) 힘센 나라의 지배를 받는 나라나 지역. 《인도는 영국의 식민지였다.》

식별 (識別) 어떤 것이 무엇인지 알아차리는 것. 또는 서로 다른 점을 알아차리는 것. **식별하다** 《교통 표지판을 잘 식별해서 운전해라.》**식별되다**

식비 (食費) 먹는 데 드는 돈.

식빵 밀가루에 효모를 넣고 반죽하여 구워 낸 먹을거리.

식사 밥 (食事) 밥 먹는 것. 《식사 준비를 하다.》**식사하다**

식사 인사말 (式辭) 기념식, 입학식 같은 식에서 하는 인사말. 《졸업식 식사》

식사량 (食事量) 밥 먹는 양.

식생활 (食生活) 먹는 것과 관계있는 생활. **참**의생활, 주생활.

식성 (食性) 음식을 잘 먹는 성질. 또는 음식을 가리는 성질. 《뭐든지 잘 먹는 걸 보니 식성이 아주 좋구나.》

식수 물 (食水) 먹는 물.

식수 나무 (植樹) 나무를 심는 것. 《기념식수》**식수하다**

식수난 (食水難) 먹는 물이 모자라서 겪는 어려움. 《식수난에 시달리다.》

식순 (式順) 식을 진행하는 차례. 《식순에 따라 교가를 부르겠습니다.》

식습관 (食習慣) 음식을 먹는 습관. 《짜게 먹는 식습관은 몸에 해롭다.》

식식 가쁘고 거칠게 숨 쉬는 소리. **식식거리다 식식대다 식식하다** 《철수가 성난 얼굴로 식식거리면서 달려왔다.》

식염 (食鹽) 먹는 소금.

식염수 (食鹽水) → 소금물.

식욕 (食慾) 음식을 먹고 싶은 마음. 《너무 더워서 식욕도 없어요.》

식용 (食用) 먹을 수 있는 것. 《식용 개구리/식용 기름》**식용하다**

식용 색소 (食用色素) 음식에 곁들여도 몸에 해롭지 않은 물감. **북**먹는물감.

식용유 (食用油) 참기름, 콩기름처럼 음식을 만들 때 쓰는 기름.

식은땀 1. 무척 놀라거나 조마조마할 때 나는 땀. 《동생이 나쁜 꿈을 꿨는지 식은땀을 흘리면서 괴로워했어요.》2. 몸이 아프거나 약해서 나는 땀. 《몸살이 났는지 자꾸 식은땀이 나요.》

식은태 가마에서 꺼내자마자 터진 그릇. 또는 도자기가 식을 때 겉에 생기는 가는 금.

식음 (食飮) 먹고 마시는 것. 《식음을 끊다.》

식이 요법 (食餌療法) 음식을 가려 먹어 병을 고치는 법.

식인 (食人) 사람을 잡아먹는 것.《식인 상어》

식인종 (食人種) 사람을 잡아먹는 풍습을 지닌 종족.

식장 (式場) 혼례식, 입학식, 졸업식 같은 식을 치르는 곳.

식전 (食前) 1.밥을 먹기 전.《식전에 꼬박꼬박 약을 먹어라.》**반**식후. 2.아침밥을 먹기 전. 또는 이른 아침.《식전에 줄넘기를 했어요》

식중독 (食中毒) 상한 음식을 먹어서 생기는 병. 설사를 하거나 배가 아픈 증상이 나타난다.

식초 신맛이 나는 액체 양념. **같**초.

식충이 밥만 먹고 하는 일이 없이 지내는 사람을 낮추어 이르는 말.

식칼 → 부엌칼.

식탁 (食卓) 음식을 차리는 탁자.

식판 (食板) 음식을 담는 판. 밥과 서너 가지 반찬을 담는 칸이 있다.

식품 (食品) 사람이 먹는 음식.《영양 식품/불량 식품》**참**식료품.

식품군 (食品群) 갈래가 비슷한 식품끼리 모아 놓은 것.

식품 의약품 안전청 (食品醫藥品安全廳) 국민이 식품, 의약품, 화장품 들을 안전하게 쓸 수 있게 보살피는 기관.

식품점 (食品店) 식품을 파는 가게.

식해 생선을 토막 쳐서 얼간했다가 채친 무와 밥, 고춧가루, 갖은 양념을 함께 버무려서 삭힌 반찬.

식혜 쌀밥에 엿기름물을 부어 삭혀서 설탕을 넣고 식힌 먹을거리. **같**감주.

신갈나무

신감채

식후 (食後) 밥을 먹은 뒤.《이 약은 식후 30분마다 먹어야 해요.》**반**식전.

식히다 뜨거운 것을 차게 만들다.《차가 뜨거우니 조금 식혀서 드세요.》

신 신발 → 신발.

신 신바람 재미있고 즐거운 기분.《우리 편이 앞서자 모두 신이 났다.》비신명.

신 종교 (神) 우리 눈에는 보이지 않지만 놀라운 힘과 지혜로 이 세상과 자연을 다스린다는 이.《신을 믿다.》

신 신하 (臣) 옛날에 신하가 임금 앞에서 자기를 낮추어 이르던 말.

신 띠 (申) 띠를 나타내는 열두 동물 가운데 아홉째인 원숭이를 이르는 말.

신간 (新刊) 책을 새로 펴내는 것. 또는 새로 나온 책.《신간 소설》**참**신간판.

신간회 (新幹會) 1927년에 민족주의를 주장하는 사람과 사회주의를 따르는 사람이 함께 독립 운동을 하려고 만든 단체.

신갈나무 산에 자라는 잎지는나무. 잎은 가지 끝에 모여 붙고 잎 가장자리는 물결 모양으로 얕게 갈라진다. 5~6월에 꽃이 피고 가을에 도토리가 여문다.

신감채 산에서 자라는 풀. 잎 가장자리가 깊게 갈라지고, 8월에 자잘한 흰 꽃이 모여 핀다. 뿌리를 약으로 쓴다.

신경 (神經) 1.몸 곳곳에서 느끼는 감각을 뇌에 전하여 반응을 일으키게 하는 기관. 2.무엇을 느끼거나 생각하는 힘.《신경을 쓰다.》

신경계 (神經系) 몸 곳곳에서 느끼는 감각을 뇌에 전하여 반응을 일으키게 하는 수많은 세포와 여러 기관.

신경과민 (神經過敏) 작은 일에도 날

카롭게 반응하는 마음 상태.

신경전 (神經戰) 상대를 언짢게 하려고 말, 몸짓 같은 것으로 벌이는 싸움. 《경기 전부터 두 선수 사이에 팽팽한 신경전이 벌어졌다.》

신경질 (神經質) 작은 일에도 짜증을 내는 것. 《누나가 괜히 신경질을 부리다가 엄마한테 혼났다.》

신경질적 (神經質的) 신경질을 내는. 또는 그런 것.

신경통 (神經痛) 신경이 자극을 받아 일어나는 아픔.

신고 (申告) 관청, 경찰서 같은 공공 기관에 어떤 사실을 알리는 것. 《범죄 신고/화재 신고》 **신고하다 신고되다**

신곡 (新曲) 새로 지은 노래.

신규 (新規) 어떤 일을 새로 하는 것. 《신규 가입자》

신기 (神技) 아주 뛰어난 재주나 솜씨. 《신기에 가까운 꽹과리 연주》

신기다 신발, 양말 같은 것을 남이 신게 하다. 《동생에게 신발을 신겼다.》

신기록 (新記錄) 새로운 기록. 《우리나라 선수가 세계 신기록을 세웠다.》

신기루 (蜃氣樓) 먼 곳에 있는 것이 바로 앞에 있는 것처럼 비쳐 보이는 일. 흔히 사막이나 바다에서 빛이 공기의 영향을 받아 이상하게 꺾일 때 생긴다.

신기술 (新技術) 새로운 기술.

신기원 (新紀元) 새로 시작하는 시대. 《이번 연구는 우주 탐험의 신기원을 열었다.》

신기전 (神機箭) 옛날에 화약이나 불을 달아 쏘던 화살.

신기전

신기하다 놀랍고 이상하다. 《그 산에

는 신기하게 생긴 바위가 많습니다.》

신나다 재미있고 즐거운 기분이 들다. 《냇물에서 동무와 신나게 놀았어요.》

신나무 산기슭에서 자라는 잎지는나무. 초여름에 연둣빛 꽃이 피고, 가을에 껍질이 날개처럼 생긴 밤색 열매가 여문다. 나무로 여러 가지 물건을 만들고, 잎은 물을 들이는 데 쓴다.

신나무

신년 (新年) → 새해. 《신년 인사》

신념 (信念) 어떤 일을 이룰 수 있다고 믿는 마음. 《굳은 신념을 지키다.》

신다 신발, 양말 같은 것을 발에 꿰거나 씌우다. 《새로 산 운동화를 신고 학교에 갔다.》

신단수 (神壇樹) 단군 신화에서 환웅이 처음 하늘에서 그 밑으로 내려왔다고 하는 신성한 나무.

신대륙 (新大陸) 아메리카 대륙과 오스트레일리아 대륙을 이르는 말. **참**구대륙.

신도 (信徒) 어떤 종교를 믿는 사람. 《불교 신도》 **비**교도, 교인, 신자.

신도시 (新都市) 큰 도시 둘레에 새롭게 세운 도시. 《일산 신도시》

신동 (神童) 재주가 아주 뛰어난 아이. 《축구 신동/수학 신동》

신들메 Ｉ**북** 신발이 벗겨지지 않게 끈을 동여매는 일. 또는 그 끈. 《산에 오르기 전에 신들메를 조여 맸다.》

신라 (新羅) 기원전 57년 박혁거세가 경상도 지방에 세운 나라. 백제와 고구려를 멸망시키고 삼국을 통일하였다. 935년 고려 태조 왕건에게 망하였다.

신라관 (新羅館) 신라 때에 중국으로 가는 사신이나 중, 상인이 잠시 머물

수 있게 하려고 신라가 당나라 등주에
만든 집. **같**신라원.

신라방 (新羅坊) 통일 신라 시대에 당
나라에 있던 신라 사람들의 마을.

신라소 (新羅所) 통일 신라 시대에 신
라방에 사는 사람들을 다스리려고 둔
관청.

신라원 (新羅院) 1.통일 신라 시대에
신라 사람들이 중국 신라방에 세운 절.
2. → 신라관.

신랄하다 어떤 일을 따지는 태도가 날
카롭고 매섭다.《동생이 내 잘못을 신
랄하게 꼬집었다.》

신랑 (新郞) 혼인하는 남자. 또는 갓
혼인한 남자. **반**신부.

신령 (神靈) 민간 신앙에서 모시는 온
갖 신.

신록 (新綠) 여름 무렵에 새 잎이 띠는
푸른빛.《신록이 하루가 다르게 우거
져 간다.》

신뢰 (信賴) 굳게 믿고 의지하는 것.
또는 그런 마음. **신뢰하다**《툭하면 거
짓말하는 애를 어떻게 신뢰하겠니.》

신맛 식초나 덜 익은 귤 같은 것에서
나는 맛.《식초를 많이 넣으면 신맛이
강해져.》

신망 (信望) 어떤 사람을 굳게 믿고 기
대하는 마음이 큰 것.《신망이 높다.》

신명 ^{신바람} 신나고 흥겨운 기분.《마을
사람들은 장구 소리에 신명이 나서 어
깨를 들썩였다.》**비**신.

신명 ^{생명} (身命) 몸과 목숨.《모든 병
사가 신명을 바쳐 왜적과 싸웠다.》

신명나다 아주 신나고 흥겹다.《사물
놀이 패가 신명나게 풍물을 친다.》

신문 ^{알림} (新聞) 그때그때 여러 가지
일을 때맞추어 담아서 알리는 소식지.
《일간 신문/주간 신문》

신문 ^{조사} (訊問) 법원, 검찰, 경찰에서
범인이나 증인에게 궁금한 사실을 캐
묻는 것. **신문하다**《판사가 증인을 불
러 신문하였습니다.》

신문고 (申聞鼓) 조선 시대에 대궐 문
위 다락집에 달아 두고 백성이 억울한
일을 하소연하고 싶을 때 치게 한 북.

신문 기자 (新聞記者) 신문에 낼 기사
를 쓰거나 편집하는 사람.

신문사 (新聞社) 신문을 펴내는 회사.

신문지 (新聞紙) 신문이 찍힌 종이.

신물 1.체했거나 트림할 때 목구멍으
로 넘어오는 시큼한 물. 2.진저리가 나
게 지긋지긋한 느낌을 빗대어 이르는
말.《그 얘기는 신물 나게 들었어.》

신미양요 (辛未洋擾) 조선 고종 때
(1871년) 미국 군함이 강화도에 쳐들
어온 사건.

신민회 (新民會) 1907년에 안창호가
양기탁, 이동녕 들과 함께 일본에 맞서
싸우려고 몰래 만든 단체.

신바람 신나는 기분.《곧 방학을 한다
니 신바람이 절로 난다.》

신발 길을 다닐 때 발을 다치지 않게
하려고 신는 것.《신발을 신다./신발을
벗다./신발 두 켤레》**같**신.

신발장 신발을 넣어 두는 장. **같**신장.

신발짝 1.신발 한 짝. 2.'신발'을 낮추
어 이르는 말.《신발짝을 아무렇게나
벗어 놓았다고 엄마한테 혼났어.》

신방 (新房) 신랑과 신부가 첫날밤을
함께 지내는 방. 또는 신랑과 신부가

함께 살려고 새로 꾸민 방.

신변 (身邊) 사람의 몸. 또는 자기 둘레에서 벌어진 여러 일. 《그분 신변에 아무 탈이 없기를 바랍니다.》

신봉 (信奉) 어떤 생각이나 종교 같은 것을 믿고 받드는 것. **신봉하다** 《민주주의를 신봉하는 사람》

신부 ^{여자} (新婦) 혼인하는 여자. 또는 갓 혼인한 여자. ^반신랑.

신부 ^{종교} (神父) 가톨릭에서 주교 다음가는 성직자. 미사를 맡아 이끈다.

신분 (身分) 1.사람이 사회에서 지니는 지위. 《조선 시대에는 사람 신분을 네 가지로 나누었다.》 2.어떤 무리에 든 사람이 지니는 자격. 《학생 신분》

신분제 (身分制) → 신분 제도.

신분 제도 (身分制度) 옛날에 사람을 신분에 따라 나누던 제도. ^같신분제.

신분증 (身分證) 신분을 증명하는 문서. 《회사 신분증》

신비 (神秘) 어떻게 된 것인지 알 수 없게 놀랍고 이상한 것. 《신비에 싸인 우주/생명의 신비》 **신비하다**

신비롭다 신비한 느낌이 있다. 《새벽 물안개는 정말 신비롭다.》 ^바신비로운, 신비로워, 신비롭습니다.

신비스럽다 신비한 느낌이 있다. 《신비스러운 석회 동굴》 ^바신비스러운, 신비스러워, 신비스럽습니다.

신사 ^{사람} (紳士) 1.점잖고 예의 바른 남자. ^참숙녀. 2.남자 어른을 듣기 좋게 이르는 말. ^참숙녀.

신사 ^{제사} (神社) 일본의 사당. 조상이나 큰 공을 세운 사람을 신으로 모시고 제사를 드리는 곳이다.

신사복 (紳士服) 남자가 입는 서양식 정장. ^북신사옷.

신사 유람단 (紳士遊覽團) 조선 고종 때 (1881년) 새로운 문물과 제도를 살펴보게 하려고 일본에 보낸 단체.

신사 참배 (神社參拜) 일본의 전통 사당인 신사에 가서 절하고 기도하는 일.

신상 (身上) 이름, 사는 곳, 생년월일들처럼 어떤 사람이 누구인지 알려 주는 것. 또는 사람의 형편이나 처지. 《개인 신상 정보》

신생 (新生) 새로 생긴 것. 《이번 대회에서 신생 팀이 우승을 차지했다.》

신생대 (新生代) 지질 시대 가운데 하나. 말기에 인류가 나타났다.

신생아 (新生兒) → 갓난아이.

신석기 시대 (新石器時代) 돌을 갈아서 도구를 만들어 쓰던 시대. 흙으로 그릇을 빚어 썼다. 농사를 짓고 집짐승을 기르기 시작했다. ^참구석기 시대.

신선 (神仙) 사람 사는 세상을 떠나 도를 닦으면서 자연과 벗하여 산다는 상상 속의 사람.

신선도 (新鮮度) 채소, 과일, 생선 같은 것이 싱싱한 정도.

신선로 그릇에 여러 가지 반찬거리를 돌려 담고 은행, 호두, 실고추 들을 얹은 다음에 장국을 부어 끓이면서 먹는 먹을거리. 또는 그것을 담는 그릇.

신선로

신선하다 1.맑고 깨끗하다. 《얼른 시골에 가서 신선한 공기를 마시고 싶어요.》 2.채소, 과일, 생선 같은 것이 싱싱하다. 《밭에서 갓 따 온 신선한 딸기》 3.새롭고 산뜻하다. 《동생이 쓴 동시를 읽고 신선한 느낌을 받았다.》

신설 (新設) 새로 세우거나 마련하는 것.《신설 학교》**신설하다 신설되다**

신성 (神聖) 거룩한 것. **신성하다**《서낭당은 그 마을 사람들이 신성하게 여기는 곳입니다.》

신세 1. 남의 도움을 받거나 폐를 끼치는 것.《제비가 흥부에게 진 신세를 갚으려고 박 씨를 물어 왔습니다.》 2. 어려운 처지나 형편.《돈을 펑펑 쓰던 부자는 결국 거지 신세가 되었다.》

신세계 (新世界) 새로운 세계.《난생처음 바다를 봤을 때는 꼭 신세계가 펼쳐진 듯했다.》

신세대 (新世代) 10대나 20대인 젊은 세대. **참**기성세대.

신세타령 자기의 어려운 처지를 슬퍼하면서 늘어놓는 말.

신소설 (新小說) 우리나라 개화기에 나온 소설. 근대 소설과 같이 실제로 있을 법한 이야기를 산문으로 썼다.

신속 (迅速) 아주 빠른 것. **신속하다**《소방관들의 신속한 구조 활동으로 한 사람도 다치지 않았다.》

신속성 (迅速性) 아주 빠른 성질.《텔레비전 뉴스는 신문보다 신속성이 뛰어나다.》

신수 생김새 사람 얼굴에 나타나는 좋거나 나쁜 기운.《신수가 훤하다.》

신수 운수 (身數) 사람의 운수.《신수가 좋다./신수가 사납다.》

신시 (神市) 단군 신화에서 환웅이 태백산 신단수 밑에 세웠다는 도시.

신시가지 (新市街地) 새로 생긴 도시 길거리.

신식 (新式) 옛것과 다른 새 방식.《신식 자동차》비신형. 반구식.

신신당부 (申申當付) 여러 번 되풀이하면서 간절히 부탁하는 것. **신신당부하다**《내가 그렇게 신신당부했는데도 약속을 어기냐?》

신앙 (信仰) 신이나 종교를 믿는 마음.《민간 신앙》비믿음.

신약 (新藥) 새로 만든 약.

신약 성서 (新約聖書) 기독교 경전. 예수가 태어나서 죽을 때까지 일과 제자들의 선교 활동 들을 적었다. **참**구약성서.

신용 (信用) 1. 남을 믿는 것. 또는 남의 믿음을 저버리지 않는 것.《신용이 없는 사람》**참**신임. 2. 믿고 돈을 빌려 주거나 돈을 빌릴 수 있는 재산의 뒷받침.《신용 불량자》**신용하다**

신용 카드 흔히 물건 값을 치를 때 돈 대신 내는 플라스틱 카드. 나중에 예금 통장에 든 돈으로 값을 치른다. **같**크레디트 카드.

신용 협동조합 (信用協同組合) 친한 사람들끼리 만든 협동조합. 서로 협력하여 목돈을 만들고 돈이 필요할 때 빌려 주는 일을 한다.

신원 (身元) 이름, 사는 곳, 생년월일 들처럼 어떤 사람이 누구인지 알려 주는 것.《신원을 밝혀 주세요.》

신음 (呻吟) 아프거나 괴로워서 끙끙거리는 것. **신음하다**《이가 아파서 신음하던 동생이 겨우 잠들었다.》

신의 (信義) 믿음과 의리.《미진이는 신의를 저버릴 애가 아니야.》

신의주 (新義州) 평안북도 서북쪽에 있는 시. 만주를 지나는 압록강 철교가 이어진 곳으로 공업이 발달하였다.

신인 (新人) 어떤 분야에 처음으로 나와 일하기 시작한 사람.《신인 가수》

신임 믿음 (信任) 남을 든든히 믿는 것. 또는 남에게서 받는 든든한 믿음.《선생님의 신임을 얻고 싶으면 우선 인사부터 잘해 봐.》 참신용. **신임하다**

신임 맡김 (新任) 어떤 자리를 새로 맡는 것.《신임 교장 선생님/신임 시장》

신임장 (信任狀) 어떤 사람이 자기 나라에서 보내는 외교관임을 다른 나라에 알리는 문서.

신입 (新入) 어떤 단체나 모임에 새로 들어온 것. 또는 그런 사람.

신입생 (新入生) 학교에 새로 들어온 학생.《초등학교 신입생》

신자 (信者) 종교를 믿는 사람.《천주교 신자》 비교도, 교인, 신도.

신작로 (新作路) 옛날에 시골에서 차가 다닐 수 있게 새로 내던 넓은 길.

신장 가구 → 신발장.

신장 키 (身長) → 키.

신장 늘어남 (伸張) 힘, 권리 같은 것이 커지거나 늘어나는 것.《인권 신장/국력 신장》 **신장하다**

신장 꾸밈 (新粧) 건물이나 가게를 새로 꾸미는 것.《신장개업》

신장 몸 (腎臟) → 콩팥.

신장수탈 송파 산대놀이에서 쓰는 탈.

신전 (神殿) 그리스, 인도 같은 나라에서 신을 모시는 집.《제우스 신전》

신정 (新正) 양력 1월 1일.

신제품 (新製品) 새로 만든 제품.

신조 (信條) 믿고 내세우는 다짐.《내 생활신조는 정직과 성실이다.》

신주부탈

신장수탈

신종 (新種) 새로 나타난 종류. 또는 새로 만든 종류.《신종 세탁기》

신주 (神主) 죽은 사람의 이름을 적은 나무패.《조상의 신주를 모시다.》

신주머니 신을 넣어 들고 다니는 주머니.《신주머니에서 실내화를 꺼냈다.》

신주부탈 송파 산대놀이에서 쓰는 탈.

신줏단지 신주를 모시는 그릇.

신중 (愼重) 침착하고 조심스러운 것. **신중하다**《피아노를 배울지 가야금을 배울지 신중하게 생각해 봐.》

신진 (新進) 어떤 분야에 새로 나타난 것. 또는 그런 사람.《신진 작가》

신진대사 (新陳代謝) 생물의 몸속에서 일어나는 일. 사는 데 필요한 물질은 영양분으로 만들고, 필요 없는 물질은 내보내는 일을 이른다.

신참 (新參) 어떤 단체나 모임에 새로 들어온 사람.《신참 형사》 반고참.

신천옹 뭍에서 먼 바다나 섬에 사는 새. 몸은 희고, 날개와 꽁지는 검다. 부리는 분홍색이고 크다.

신천지 (新天地) 새 세상.

신청 (申請) 기관이나 단체에 어떤 일을 해 달라고 요청하는 것.《장학금 신청》 **신청하다 신청되다**

신청서 (申請書) 신청할 때 쓰는 문서.

신체 (身體) 사람의 몸.《튼튼한 신체》 비육체.

신체검사 (身體檢査) 아픈 데가 없는지 알아보려고 몸을 살피는 일.

신체적 (身體的) 몸과 관련된. 또는 그런 것.

신축 (新築) 집, 다리 같은 것을 새로 짓는 것.《신축 건물》 **신축하다**

신축성 (伸縮性) 고무처럼 늘어났다 줄어들었다 하는 성질.《이 수영복은 신축성이 좋다.》

신출귀몰 (神出鬼沒) 귀신처럼 여기 번쩍 저기 번쩍 언제 나타났다 언제 사라지는지 모를 만큼 움직임이 재빠른 것. **신출귀몰하다**

신출내기 어떤 일에 처음 나서서 아직 서투른 사람.《신출내기 배우》

신탁 맡김 (信託) 자기 것을 대신 돌보아 달라고 남한테 맡기는 것.《예금 신탁》**신탁하다**

신탁 예언 (神託) 신이 사람들 물음에 답하거나 예언하는 말.

신탁 통치 (信託統治) 스스로 다스릴 힘이 없다고 여기는 나라를 힘센 나라가 대신 다스리는 것.

신토불이 (身土不二) 몸과 땅이 둘이 아니고 하나라는 말. 자기가 사는 땅에서 나온 농산물이 몸에 가장 잘 맞는다는 뜻이다.

신통력 (神通力) 앞날을 미리 내다보거나 어떤 일을 꿰뚫어 보고 척척 해내는 신비한 힘.《어떤 사람들은 신통력으로 병을 고칠 수 있다고 믿는다.》

신통방통 신통하다는 것을 놀림 삼아 꼬아서 하는 말. **신통방통하다**《네가 구구단을 다 외다니 신통방통하다.》

신통하다 1.놀랄 만큼 아주 신기하다.《그 점쟁이가 용하다더니 점괘가 신통하게 잘 들어맞는다.》 2.어린 사람이 기특하고 대견하다.《저 어린 꼬마가 한글을 척척 읽다니 참 신통하다.》 3. 효과가 아주 좋다.《감기약이 신통하게 잘 든다.》 4.딱 맞아서 만족스럽

다.《한참 생각해 봐도 신통한 글감이 떠오르지 않는다.》

신트림 시큼한 물이나 냄새가 목구멍으로 넘어오면서 나는 트림.《속이 거북해서 신트림이 자꾸 나온다.》

신틀 짚신을 삼는 데 쓰는 나무틀.

신판 (新版) 줄거리, 짜임새 같은 것을 새로 꾸며서 낸 것.《신판 흥부전》 **참**신간.

신품 (新品) 새로 만든 물건. 또는 새 물건. **참**중고품.

신하 (臣下) 옛날에 임금을 모시면서 벼슬을 하던 사람.《충직한 신하》

신학 (神學) 기독교의 가르침을 공부하는 학문.

신학기 (新學期) 새로 시작하는 학기.《내일부터 신학기가 시작된다.》

신학문 (新學問) 개화기에 우리나라에 들어온 서양 학문.

신할미탈 송파 산대놀이에서 쓰는 탈.

신할아버지탈 본산대놀이, 양주 별산대놀이에서 쓰는 탈.

신할미탈

신할아버지탈 _양주 별산대놀이

신형 (新型) 이전 것을 고쳐서 새로 만든 꼴이나 방식.《삼촌이 신형 자동차를 샀다.》**반**구형.

신호 (信號) 소리, 몸짓, 기호 같은 것으로 어떤 뜻을 알리는 것.《교통 신호》**신호하다**

신호기 (信號機) 어떤 신호를 보내는 장치.《교통 신호기》

신호등 (信號燈) 건널목, 교차로 같은 데서 차나 사람한테 교통 신호를 보내는 전등. 빨강, 노랑, 초록 불빛으로 지나가거나 멈추거나 할 때를 알려 준다.

신호총 (信號銃) 운동 경기를 시작하

거나 끝낼 때 쏘는 총.

신호탄 (信號彈) 군대에서 신호를 보낼 때 쏘는 총탄. 총탄이 터질 때 나는 빛이나 연기를 신호로 삼는다.

신혼 (新婚) 갓 혼인한 상태.《신혼부부/신혼여행》

신화 (神話) 신이나 영웅을 다룬 이야기. 또는 세상이나 나라가 처음 생길 때의 이야기.《단군 신화》

신흥 (新興) 새로 일어난 것.《신흥 공업국》

싣다 1.짐을 운반 도구나 탈것에 놓다.《배추를 수레에 실어 날랐다.》2.글, 그림, 사진 들을 책, 신문, 잡지 같은 것에 넣다.《학급 신문에 실을 예쁜 그림을 찾았다.》 ^바싣는, 실어, 싣습니다.

실 ^{바느질} 솜, 고치 같은 것에서 뽑는 줄. 바느질을 하거나 옷감을 짤 때 쓴다.《실을 꿰다./실을 잣다./실 한 타래》
실 가는 데 바늘 간다 ^{속담} 서로 늘 붙어서 다니는 것을 이르는 말.

실- ^{가느다란} 어떤 낱말 앞에 붙어, '가는', '여린', '엷은' 같은 뜻을 더하는 말.《실눈/실비/실바람》

-실 ^방 (室) 어떤 낱말 뒤에 붙어, '방'이라는 뜻을 더하는 말.《연구실》

실감 (實感) 실제로 느끼는 것.《누나가 효녀 심청 연기를 실감 나게 잘했어요.》 **실감하다**

실개울 폭이 좁고 물줄기가 가는 개울.

실개천 폭이 좁고 물줄기가 가는 개천.

실격 (失格) 기준에 미치지 못하거나 규칙을 어겨서 자격을 잃는 것.《멀리뛰기를 할 때 발판을 잘못 밟으면 실격이다.》 **실격하다 실격되다**

실고추 실처럼 가늘게 썬 고추.

실과 (實科) 초등학교 교과 과목 가운데 하나. 바느질, 음식 장만, 연장 다루기 같은 생활에 필요한 기술을 배운다.

실권 (實權) 어떤 일을 실제로 할 수 있는 권력이나 권리.《어린 고종 대신 흥선 대원군이 실권을 쥐었다.》

실기 (實技) 어떤 일을 실제로 하는 데 필요한 기술.《미술 실기 시험》

실기 (失期) 알맞은 때를 놓치는 것. **실기하다**《제때 고추 모종을 못 내고 실기하는 바람에 웃자라 버렸다.》

실기둥 단추 밑에 틈을 두려고 단추와 천 사이에 실을 감아서 세우는 기둥. 두꺼운 옷에 달린 단추를 단춧구멍에 끼우기 쉽게 해 준다.

실낱 실의 올.《가느다란 실낱》

실낱같다 1.아주 가늘다.《실낱같은 연기》 2.실낱처럼 아주 가늘어서 곧 끊어지거나 사라질 것 같다.《실낱같은 희망이라도 있으면 좋을 텐데.》

실내 (室內) 건물이나 방 안. ^반실외.

실내악 (室內樂) 두 개에서 여덟 개쯤 되는 악기로 저마다 다른 가락을 함께 연주하는 악곡. 이중주, 삼중주, 사중주, 오중주 들이 있다.

실내 장식 (室內裝飾) 건물이나 방 안을 보기 좋게 꾸미는 것.

실내화 (室內靴) 건물 안에서만 신는 신. ^북방안신.

실눈 가늘게 뜨는 눈. 또는 가늘고 작은 눈.《실눈을 뜨고 창밖을 보았다.》

실뜨기 실 두 끝을 이어서 양손 손가락에 걸고 두 사람이 주거니 받거니 여러 가지 꼴을 만들면서 노는 놀이.

실랑이 서로 자기가 옳다거니 자기 뜻대로 하겠다거니 하면서 말다툼하는 것.《만화를 보겠다는 동생과 실랑이를 벌였다.》비숭강이. **실랑이하다**

실력(實力) 어떤 일을 할 수 있는 힘.《그동안 수영 실력이 많이 늘었구나.》

실례 실수 (失禮) 1.예의에 어긋나는 것.《실례를 무릅쓰고 밤늦게 찾아왔어요.》비결례. 2.남한테 부탁 같은 것을 할 때 성가시게 해서 미안하다는 뜻으로 하는 말.《실례이지만 지금 몇 시쯤 되었나요?》**실례하다 실례되다**

실례 보기 (實例) 실제로 있는 본보기.《실례를 들어서 설명해 보세요.》

실로 → 참으로.

실로폰(xylophone) 치는 악기 가운데 하나. 받침 위에 길이와 두께가 서로 다른 나무토막을 차례로 늘어놓고 채 두 개로 친다.

실록(實錄) 1.어떤 일을 있는 그대로 적은 기록.《한국 현대사 실록》2.한 임금이 나라를 다스리는 동안 생긴 일을 날짜별로 꼼꼼히 적은 책자.《세종 실록/조선 왕조 실록》

실룩 힘살의 한 부분을 비뚤어지거나 기울어지게 움직이는 모양. **실룩거리다 실룩대다 실룩이다 실룩하다 실룩**

실룩《지민이는 입술을 실룩대다가 결국 울음을 터뜨렸다.》

실리(實利) 실제로 얻는 이익.《실리를 따지다./실리를 챙기다.》

실리다 1.운반 도구나 탈것에 짐이 놓이다. 또는 짐을 놓다.《수레에 수박이 실려 있다.》2.글, 그림, 사진 들이 책, 신문, 잡지 같은 것에 오르다.《제 글

이 어린이 잡지에 실렸어요.》

실리카 겔 규산을 말려서 만든 무색 또는 흰색 작은 알갱이. 습기를 잘 빨아들여서 음식이나 약이 눅눅해지지 않게 하는 데 쓴다.

실린더(cylinder) 안에서 피스톤이 왔다 갔다 하는 길고 둥근 꼴의 장치.

실마리 1.감기거나 엉킨 실의 첫머리.《실마리를 찾아 엉킨 실타래를 풀었습니다.》북실머리. 2.어떤 문제를 푸는 데 도움이 되는 고리.《오해를 풀 실마리를 찾았어요.》비단서. 북실머리.

실망(失望) 바라는 대로 되지 않아 속상해하고 안타까워하는 것.《단짝 동무와 같은 반이 되지 않아 실망이 커요.》비실의. **실망하다**

실망감(失望感) 실망스러운 느낌.

실망스럽다 실망하는 느낌이 있다.《수학 점수가 생각보다 나빠서 실망스럽다.》바실망스러운, 실망스러워, 실망스럽습니다.

실명 눈 (失明) 눈이 머는 것. **실명하다**《할아버지는 전쟁 때 한쪽 눈을 실명하셨대요.》

실명 이름 (實名) 가명이나 별명이 아닌 진짜 이름. 비본명. 반가명.

실명제(實名制) 은행 예금 같은 금융 거래를 실제 이름으로 하게 하는 제도.

실무(實務) 실제로 하는 일.

실물(實物) 실제로 보는 물건이나 사람.《너는 사진보다 실물이 예뻐.》

실바람 약하게 부는 바람.《향긋한 꽃 냄새가 실바람을 타고 날아온다.》

실밥 1.옷을 뜯을 때 나오는 실 부스러기. 2.꿰맨 자리에 드러난 실오라기.

실로폰

《윗옷 팔꿈치 실밥이 뜯어졌다.》

실뱀 산과 들, 밭이나 잔디밭에 사는 뱀. 길이가 10센티미터쯤으로 작고 가늘다. 등은 녹색을 띤 연한 갈색이고 배는 누르스름하다.

실뱀

실버들 '수양버들'을 달리 이르는 말.

실베짱이 산과 들의 풀밭에 사는 베짱이. 온몸이 풀색을 띤다. 더듬이가 실처럼 가늘고 길다.

실비 (實費) 어떤 일을 하는 데 실제로 드는 돈. 흔히 이익을 거의 남기지 않은 싼값을 이르는 말이다.

실사구시 (實事求是) 옛날에 이론이 아닌 실제에 바탕을 두고 진리를 찾던 학문 태도. 중국 청나라 고증학에서 비롯한 것으로 조선 후기 실학자들한테 큰 영향을 끼쳤다.

실상 (實狀) 실제 상태. 또는 실제 형편.《산불 피해의 실상》

실생활 (實生活) 실제로 하는 생활.《실생활에 도움이 되는 발명품》

실선 (實線) 끊어진 데 없이 죽 이어진 선.《실선과 점선》 참점선.

실성 (失性) 제정신을 잃고 미치는 것. **실성하다**《무슨 신나는 일이 있어서 실성한 사람처럼 웃고 다니니?》

실세 (實勢) 어떤 일을 뜻대로 하는 힘 있는 세력. 또는 그런 세력을 지닌 사람.《조선 후기 조정의 실세를 쥔 집안은 안동 김씨였다.》

실소 (失笑) 어처구니가 없어서 피식 웃는 것.《동생의 엉뚱한 말에 식구들이 실소를 터뜨렸다.》 **실소하다**

실속 1. 실제 내용.《네 계획은 겉만 번지르르하지 실속이 없어.》 2. 겉으로 드러나지 않는 알찬 이익.《너무 네 실속만 챙기려고 하지 마라.》

실수 (失手) 잘 모르거나 조심하지 않아서 잘못을 저지르는 것.《꽃병을 실수로 깨뜨렸습니다.》 **실수하다**

실습 (實習) 배운 것을 실제로 해 보면서 익히는 것.《요리 실습》 **실습하다**

실습복 (實習服) 실습할 때 입는 옷.

실습자 (實習者) 실습하는 사람.

실습장 (實習場) 실습하는 곳.

실시 (實施) 실제로 하는 것.《주 5일제 실시》 비실행. **실시하다 실시되다**

실신 (失神) 몹시 아프거나 놀라서 정신을 잃는 것. 비기절, 졸도. **실신하다**

실실 소리 내지 않고 괜히 실없이 웃는 모양. **실실거리다 실실대다**《순돌이만 보면 괜히 실실 웃음이 나온다.》

실안개 엷게 낀 안개.

실언 (失言) 실수로 쓸데없는 말을 하는 것.《동무에게 실언을 해서 한동안 사이가 안 좋았어요.》 **실언하다**

실업 일자리 (失業) 일자리를 잃거나 얻지 못하는 것. 비실직.

실업 사업 (實業) 농업, 공업, 상업 같은 것을 업종으로 삼아 회사를 차려서 돈 버는 일. 또는 그런 기업.

실업가 (實業家) 큰 회사나 은행 같은 것을 경영하는 사람.

실업률 (失業率) 일할 힘이 있는 사람들 가운데 실업자가 차지하는 비율.

실업자 (失業者) 일자리를 잃거나 얻지 못한 사람.

실업학교 (實業學校) 농업, 공업, 상업 같은 것을 주로 가르치는 학교.

실없다 하는 짓이 실속이 없고 믿음직

하지 못하다.《실없는 말 그만 하고 공부나 해.》 **실없이**

실연 사랑 (失戀) 사랑하는 사람한테서 버림받는 것.《삼촌은 실연을 당하더니 하루 종일 방에서 나오지 않는다.》

실연 실제 (實演) 어떤 일을 실제로 하는 것. **실연하다**《공을 어떻게 차야 하는지 선생님이 실연해 보이셨다.》

실오라기 가는 실 한 가닥.

실외 (室外) 집이나 방의 바깥.《실외 온도/실외 수영장》 반실내.

실용 (實用) 물건, 기술 같은 것을 실제로 쓰는 것.《실용 학문/실용 한자》 **실용하다 실용되다**

실용성 (實用性) 실제로 쓰기에 알맞은 성질.《실용성이 뛰어난 바구니》

실용신안권 (實用新案權) 이미 있었던 물건의 쓰임새를 높이는 새로운 기술을 생각해 내어 특허청에 등록한 사람이 가지는 권리.

실용적 (實用的) 실제로 쓰기에 알맞은. 또는 그런 것.

실용화 (實用化) 물건, 기술 같은 것을 실제로 쓰게 되는 것.《건축 기술 실용화》 **실용화하다 실용화되다**

실은 사실은. 또는 실제로는.《실은 나도 강아지를 무척 좋아해.》

실의 (失意) 희망, 의욕 같은 것을 잃는 것.《시험을 망쳐서 실의에 빠진 동생을 달래 주었다.》 비실망.

실재 (實在) 실제로 있는 것.《실재 인물》 **실재하다**

실적 (實績) 실제로 한 일.

실전 (實戰) 실제로 하는 싸움이나 경기.《실전에 나선 것처럼 연습하자.》

실점 (失點) 운동 경기에서 점수를 잃는 것. 또는 잃은 점수.《득점보다 실점이 많다.》 반득점. **실점하다**

실정 사정 (實情) 어떤 곳이나 일의 실제 사정.《그 영화는 백 년 전 우리나라 실정을 잘 보여 주었다.》

실정 정치 (失政) 정치를 잘 못하거나 정책에 실패해서 나라 살림을 주름 지게 하는 일. **실정하다**

실제 (實際) 일, 형편 들이 정말로 그러한 것.《우리 이모는 실제 나이보다 훨씬 젊어 보여요.》

실제로 부풀리거나 거짓 없이 있는 그대로.《실제로 일어난 일을 바탕으로 쓴 소설》 같실지로.

실조 (失調) 몸에 필요한 영양분이 모자란 것.《영양실조》

실족 (失足) 발을 잘못 디디는 것. **실족하다**《실족해서 발목을 삐었다.》

실존 (實存) 실제로 있는 것.《홍길동은 실존 인물이 아니다.》 **실존하다**

실종 (失踪) 사람이 사라져서 어디에 있는지 또는 살았는지 죽었는지 모르게 되는 것. **실종되다**《거센 풍랑으로 어부 세 사람이 실종되었다.》

실종자 (失踪者) 실종된 사람.

실지렁이 하수도나 더러운 개천에서 떼 지어 사는 지렁이. 굵은 실처럼 생겼고 몸에 마디가 많다.

실지로 → 실제로.

실직 (失職) 일자리를 잃는 것. 비실업. 참취직, 퇴직. **실직하다**

실직자 (失職者) 일자리를 잃은 사람.

실질 (實質) 실제에 바탕을 둔 것.《실질 소득》

실질적 (實質的) 실제에 바탕을 둔. 또는 그런 것.

실책 (失策) 실수나 잘못.《내가 실책을 저질러서 우리 편이 졌다.》

실천 (實踐) 마음먹은 일을 실제로 하는 것.《저녁마다 줄넘기를 하기로 마음먹었지만 실천에 옮기기가 어려워요.》 **실천하다 실천되다**

실첩 실이나 헝겊 들을 넣어 두는 그릇. 종이로 만든 것이 많다.

실체 (實體) 1.어떤 것의 실제 모습이나 내용.《그 일의 실체는 소문과 달랐다.》2.실제로 보거나 만질 수 있는 것.《도깨비는 실체가 없는 허깨비야.》

실체 현미경 (實體顯微鏡) 관찰 대상을 입체로 볼 수 있는 현미경.

실추 (失墜) 명예, 위신 같은 것을 잃는 것. **실추하다 실추되다**《그 사건으로 우리나라의 명예가 실추됐다.》

실컷 1.마음 내키는 대로 한껏.《동무의 생일잔치에 가서 떡과 과자를 실컷 먹고 왔습니다.》 ᵇⁱ마음껏. 2.아주 심하게.《일본 선수가 우리나라 선수한테 실컷 두들겨 맞았다.》

실크 (silk) 명주실로 짠 천.

실크 스크린 (silk screen) 틀에 씌운 명주나 나일론 천에 잉크를 칠해 찍는 판화. 찍지 않을 부분은 풀이나 종이를 발라서 가린다.

실타래 실을 한데 뭉친 것.

실탄 (實彈) 소리만 나는 것이 아닌 진짜 총알이나 대포알. 참공포탄.

실태 (實態) 어떤 곳이나 일의 실제 형편.《환경오염 실태》

실토 (實吐) 어떤 일을 사실대로 털어

놓는 것. **실토하다**《동생이 자기가 꽃병을 깼다고 실토했다.》

실톱 실처럼 가늘고 긴 톱. 얇은 널빤지를 여러 꼴로 오리는 데 쓴다.

실팍하다 1.몸이 튼튼하다.《몸이 실팍해야 공부도 운동도 잘할 수 있어.》2.속이 알차다.《그 채소 가게에 가면 실팍한 무를 살 수 있다.》

실패 ᵉ 바느질할 때 쓰는 실을 감아 두는 도구.

실패 ᵍ러침 (失敗) 이루려던 일을 그르치는 것. ᵇᵃⁿ성공. **실패하다**《턱걸이를 열 번 하려다가 실패했다.》

실핏줄 온몸에 그물처럼 퍼져 있는 아주 가는 핏줄. ᵍᵃᵗ모세 혈관.

실하다 1.속이 알차고 든든하다.《이번에 산 배추는 참 실하다.》2.모자람이 없이 넉넉하다.《쌀 한 포대가 10킬로그램은 실하게 나가겠다.》3.몸이 튼튼하거나 살지다.《공부건 운동이건 몸이 실해야 잘하지.》

실학 (實學) 조선 시대에 새로 생겨나서 백성이 잘 살게 되고 나라가 튼튼해지는 방법을 연구한 학문.

실학자 (實學者) 실학을 공부하고 주장하던 학자.

실행 (實行) 어떤 일을 실제로 하는 것.《착한 일을 하겠다고 떠들지만 말고 실행에 옮겨라.》 ᵇⁱ실시. **실행하다 실행되다**

실향민 (失鄕民) 전쟁, 재해 들로 고향을 잃고 다른 곳에서 사는 사람.

실험 (實驗) 생각, 이론 같은 것이 옳은지 실제로 해 보는 것.《과학 실험》 **실험하다**

실험복 (實驗服) 실험할 때 입는 옷.

실험실 (實驗室) 실험을 할 수 있게 여러 실험 기구를 갖춘 방.

실현 (實現) 하고자 하는 것을 애써서 이루는 것.《복지 사회 실현》 **실현하다 실현되다**

실형 (實刑) 법에 따라 실제로 벌을 받는 것.《실형 선고를 받다.》

실화 (實話) 꾸며 내지 않은 실제 이야기.《실화를 바탕으로 만든 영화》

실황 (實況) 지금 실제로 벌어지는 상황.《실황 중계》

싫다 1.어떤 것이 못마땅하다.《나는 동물 가운데 쥐가 싫어.》 ^반좋다. 2.어떤 일이 하고 싶지 않다.《비 오는 날은 밖에 나가기 싫어.》

싫어하다 어떤 것을 싫게 여기다.《난 널 싫어하지 않아.》 ^반좋아하다.

싫증 싫어하는 마음이나 느낌.《아무리 재미있는 이야기도 자꾸 들으면 싫증이 난다.》 ^같염증.

심 볼펜 (心) 1.나무의 고갱이.《심이 많은 나무라도 쓸 데가 있어.》 2.연필, 볼펜 같은 것 속에 들어 있는 딱딱한 물건.《연필심이 똑 부러졌다.》 3.양복 저고리의 어깨나 깃을 빳빳하게 만들려고 넣는 헝겊.

–심 마음 (心) 어떤 낱말 뒤에 붙어, '마음'이라는 뜻을 더하는 말.《애국심/자립심/허영심》

심각성 (深刻性) 어떤 일이 심각한 정도.《네 거짓말의 심각성을 알겠니?》

심각하다 마음속에 깊이 새겨지게 생각하는 품이 보통이 아니다.《내가 한 말 심각하게 생각해 봐.》

심경 (心境) 어떤 일을 겪었을 때 드는 마음.《동생이 아프다니 그 애 심경이 어떨지 짐작이 간다.》

심금 (心琴) 감동을 받아 움직이는 마음.《주인을 살리고 죽은 개 이야기가 아이들 심금을 울렸다.》

심기 (心氣) 마음으로 느끼는 기분.《심기가 언짢다./심기가 불편하다.》

심기일전하다 어떤 일에 나서는 마음가짐을 새롭게 하다.《모두 심기일전해서 산꼭대기까지 꼭 올라갑시다.》

심다 1.씨앗이나 뿌리를 흙 속에 묻다.《앞뜰에 국화를 심었다.》 2.느낌이나 생각을 마음속에 깊이 자리 잡게 하다.《세종 대왕 이야기가 아이들 마음에 긍지를 심어 준 것 같다.》

심은 대로 거둔다 ^{속담} 모든 일은 원인에 따라 결과가 나타난다는 말.

심덕 (心德) 1.넉넉하고 고운 마음씨.《며느리의 심덕을 칭찬하는 시어머니 모습이 보기 좋다.》 2.마음 씀씀이.《심덕이 고와야 복을 받는다.》

심드렁하다 마음에 들지 않아 관심이 없다.《아이들은 내 얘기가 재미없다는 듯이 심드렁한 표정을 지었다.》

심란하다 마음이 뒤숭숭하다.《형이 다쳤다니 심란해서 공부가 안 돼.》

심려 (心慮) 깊이 걱정하는 것. **심려하다**《집에 혼자 있어도 무섭지 않으니까 너무 심려하지 마세요.》

심리 (心理) 마음이 움직이거나, 생각이 흐르는 이치.《남의 떡이 커 보이는 게 사람 심리야.》

심리적 (心理的) 심리에 관련된. 또는 그런 것.

심리학 (心理學) 사람이나 동물의 심리와 행동을 연구하는 학문.

심리학자 (心理學者) 심리학을 연구하는 사람.

심마니 산삼 캐는 일이 직업인 사람.

심문 (審問) 법관, 수사관 같은 사람이 어떤 일에 관련된 사람한테 궁금한 것을 캐묻는 것. **심문하다**

심벌즈 (cymbals) 치는 악기 가운데 하나. 둥글넓적한 쇠붙이 두 개를 마주치거나 하나를 막대기로 쳐서 소리를 낸다.

심보 → 마음보.《심보가 사납다.》

심복 (心腹) 모든 일을 믿고 맡길 수 있는 충성스러운 아랫사람.

심부름 남이 시키는 일을 해 주는 것.《엄마 심부름으로 두부 사러 갔다 왔어.》**심부름하다**

심부름꾼 심부름하는 사람.

심사 살핌 (審査) 솜씨, 능력 들이 어떤지 자세히 살피는 것.《심사 위원/심사 기준》**심사하다**

심사 생각 (心思) 1.품은 생각이나 드는 마음.《성적표를 받는 날이면 심사가 편치 않다.》2.남을 괴롭히려 들거나 남이 잘못되기를 바라는 심술궂은 마음.《짝꿍의 새 신발을 보니까 괜히 심사가 난다.》

심사숙고 (深思熟考) 어떤 일을 깊이 생각하는 것. **심사숙고하다**《개를 키우는 일은 좀 더 심사숙고해 보자.》

심산 (心算) → 속셈.

심성 (心性) 본디 타고난 마음씨.《우리 누나는 심성이 참 곱다.》

심술 남이 잘못되기를 바라는 마음보. 또는 남을 골리려는 마음보.《고무줄놀이 하는데 훈이가 심술을 부려요.》

심술궂다 심술이 아주 많다.《얼굴은 심술궂게 생겼어도 아주 착한 애야.》

심술꾸러기 심술을 몹시 부리는 사람. 같심술쟁이.

심술보 심술을 잘 부리는 사람을 낮추어 이르는 말.

심술쟁이 → 심술꾸러기.

심신 (心身) 마음과 몸.《책 읽기와 운동으로 심신을 가꾸자.》

심심산천 (深深山川) 아주 깊고 외진 산골짜기.

심심찮다 1.어떤 일이 꽤 잦다.《우리 마을 뒷산에서는 다람쥐를 심심찮게 볼 수 있어.》2.심심하지 않다.《심심찮은 소일거리》

심심풀이 시간을 심심하지 않게 보내려고 벌이는 일.《기차를 타고 가는 동안 심심풀이로 만화책을 보았다.》

심심하다 따분하다 할 일이 없어 따분하고 재미없다.《동무가 없어 심심하다.》

심심하다 싱겁다 조금 싱겁다.《찌개가 심심하다.》참삼삼하다.

심야 (深夜) 깊은 밤.《심야 버스》

심오하다 뜻, 생각 같은 것이 쉽게 헤아릴 수 없을 만큼 깊다.《심오한 진리》

심의 (審議) 회의에서 안건을 자세하게 살피고 의논하는 것.《법률 개정안 심의》**심의하다 심의되다**

심장 (心臟) 1.→ 염통. 2.어떤 것의 가장 중요하고 기본이 되는 곳.《프랑스 사람들은 파리가 유럽의 심장이라고 말한다.》3.'마음'을 빗대어 이르는 말.《네 말을 듣고 너무 놀라서 심장이 덜

컹했어.》

심장 마비 (心臟痲痺) 심장이 갑자기 멈추는 일.

심장병 (心臟病) 심장에 생기는 여러 가지 병.

심적 (心的) 마음에 관련된. 또는 그런 것.

심정 (心情) 마음속 생각이나 느낌.《안타까운 심정/심정이 상하다.》

심중 (心中) 마음속.《할머니의 심중을 헤아리기 어렵다.》

심지 촛불 양초, 등잔 같은 것에 불을 붙이려고 실이나 헝겊을 꼬아서 꽂은 것.

심지 마음 (心地) 마음의 본디 바탕.《우리 이모는 심지가 고운 분입니다.》

심지 뜻 (心志) 마음속에 품은 뜻.《이순신 장군은 심지가 굳은 분이셨다.》

심지어 (甚至於) 더욱 심하게는. 또는 심하다 못해 나중에는.《나는 엄마를 닮았는데 심지어 발가락도 닮았다.》

심청가 (沈淸歌) 〔심청전〕을 바탕으로 만든 판소리.

심청전 (沈淸傳) 조선 후기에 나온 판소리 소설. 심청의 깊은 효심으로 장님인 아버지가 눈을 뜨게 되었다는 이야기를 담았다.

심취 (心醉) 취한 것처럼 마음이 쏠리는 것. **심취하다**《가야금 산조에 심취한 사람들끼리 동아리를 만들었다.》

심층 (深層) 겉으로 드러나지 않는 깊은 부분.《심층 구조/심층 연구》

심통 못마땅해서 투정을 부리는 마음.《너만 빼고 놀러 가서 심통이 났구나?》 북밸통.

심판 (審判) 1.잘잘못을 따져서 판단을 내리는 것.《죄지은 사람은 법의 심판을 받는다.》 2.운동 경기를 이끌면서 반칙을 가려내는 것. 또는 그런 일을 하는 사람.《배구 심판》 **심판하다**

심판관 (審判官) 1.어떤 일을 심판하는 사람. 2.운동 경기에서 심판을 보는 사람.

심폐 (心肺) 염통과 허파. 북심폐.

심포니 (symphony) → 교향곡.

심포니 오케스트라 (symphony orchestra) → 교향악단.

심하다 정도가 지나치다.《내 동생은 장난이 너무 심해서 탈이야.》

심해 (深海) 깊이 200미터가 넘는 깊은 바다.

심혈 (心血) 몸과 마음을 다 합친 힘.《이 도자기는 우리 이모가 심혈을 기울여 만든 작품이야.》

심호흡 (深呼吸) 숨을 깊이 들이마셨다가 내쉬는 것.《심호흡을 해서 떨리는 마음을 가라앉혔다.》 **심호흡하다**

심화 (深化) 정도가 깊어지는 것. **심화하다**《연구를 심화하다.》 **심화되다**

심히 심하게.《수학 시험 볼 일이 심히 걱정스럽다.》

십 1.구에 일을 더한 수. 아라비아 숫자로는 '10'이다. 참열. 2.세는 말 앞에 써서, 열을 나타내는 말.

십 년 공부 도로 아미타불 속담 오랫동안 애써서 해 온 일이 헛일이 되었다는 말.

십 년이면 강산도 변한다 속담 세월이 흐르면 세상 모든 것이 변한다는 말.

십계명 (十誡命) 기독교에서 신이 이스라엘 사람들한테 내렸다고 하는 열 가지 가르침.

십년감수하다 목숨이 십 년이나 줄어들 만큼 무척 위험한 일을 겪어 넘기다. 《떨어지는 줄 알고 십년감수했어.》

십만 (十萬) 1.만의 열 배가 되는 수. 2.세는 말 앞에 써서, 만의 열 배가 되는 수를 나타내는 말.《큰형은 한 달 용돈이 십만 원이나 된다.》

십부제 (十部制) 자동차 등록 번호 끝자리 수와 날짜 끝자리 수가 같은 날에는 자동차를 운전하지 않는 제도.

십분 아주 충분히.《이 책을 십분 활용해서 공부해라.》

십상 어떤 일이 생길 가능성이 높은 것.《비가 오면 버스가 늦기 십상이다.》

십이지상 (十二支像) 띠를 나타내는 열두 동물의 상.

십이지장 (十二指腸) → 샘창자.

십이지장충 사람의 작은창자에 붙어 사는 기생충. 몸길이는 1센티미터쯤인데 입이나 살갗으로 몸속에 들어간다.

십자 (十字) '十' 자 꼴.

십자가 (十字架) 한자 '十' 자처럼 생긴 표. 예수가 모든 사람의 죄를 대신하여 '十' 자 틀에 못 박혀 죽은 뒤부터 기독교를 나타내는 표시가 되었다.

십자군 (十字軍) 옛날 유럽에서 이슬람교도가 차지한 땅을 되찾으려고 기독교 신자들이 일으킨 군대.

십자드라이버 십자꼴 나사를 조이거나 푸는 드라이버.

십자말풀이 실마리가 되는 말을 읽고 낱말을 알아맞히는 놀이. 바둑판처럼 가로세로로 난 빈칸에 낱말을 채운다.

십자매 집에서 기르는 새. 몸집이 작고 흰 바탕에 갈색 무늬가 있다.

십장생 (十長生) 아주 오래 살고 죽지 않는 것을 대표하는 열 가지. 해, 산, 물, 돌, 구름, 소나무, 불로초, 거북, 학, 사슴을 이른다.

십중팔구 (十中八九) 열 가운데 여덟이나 아홉. 거의 대부분이거나 틀림없다는 뜻이다.《반 아이들 십중팔구는 그 만화를 보았을 거예요.》

십진법 (十進法) 0부터 9까지 숫자 열 개를 써서 수를 나타내는 방법. 10을 단위로 하여 한 자리씩 올라가면 열 배씩 커진다.

십진수 (十進數) 십진법으로 나타낸 수.《십진수로 계산하다.》

싯누렇다 아주 누렇다.《싯누런 흙탕물》 **참**샛노랗다. **북**시누렇다. **참**싯누런, 싯누레, 싯누렇습니다.

싯다르타 (Siddhārtha Gautama) '석가모니'의 본디 이름.

싱검둥이 **북** 1.엉뚱한 짓이나 말을 잘하는 사람.《그 싱검둥이가 이번에는 또 무슨 짓을 할지 궁금하다.》 **같**싱검바우, 싱검쟁이. 2.멋없이 키가 큰 사람.《싱검둥이치고 축구 잘하는 애를 못 봤어.》 **같**싱검바우, 싱검쟁이.

싱검바우 **북** → 싱검둥이.

싱검쟁이 **북** → 싱검둥이.

싱겁다 1.음식에 소금기가 없다.《음식은 싱겁게 먹는 것이 좋아요.》 **반**짜다. 2.말이나 행동에 별 뜻이 없거나 형편에 맞지 않아 엉뚱하다.《키 크고 싱겁지 않은 사람 없다더니.》 3.기대만큼 알차거나 흥미진진하지 못하다.《결승전이 너무 싱겁게 끝나서 실망스럽다.》 4.음료수 같은 것이 제 맛이 나지 않다.《김빠진 사이다는 싱거워서 못 먹겠다.》 **바**싱거운, 싱거워, 싱겁습니다.

싱그럽다 냄새, 빛깔 들이 산뜻하고 좋다.《싱그러운 아침 햇살》 **바**싱그러운, 싱그러워, 싱그럽습니다.

싱글 눈과 입을 크게 움직이면서 소리 없이 기분 좋게 웃는 모양. **싱글거리다 싱글대다 싱글싱글**《동생이 생일 선물로 받은 새 옷을 입고 싱글거린다.》

싱글벙글 눈과 입을 크게 움직이면서 환하고 기분 좋게 자꾸 웃는 모양.《가슴에 꽃을 달아 드리자 어머니가 싱글벙글 웃으셨다.》 **싱글벙글하다**

싱긋 눈과 입을 살짝 움직이면서 소리 없이 가볍게 웃는 모양. **싱긋거리다 싱긋대다 싱긋싱긋**《친구 누나가 나를 보고는 싱긋 웃었다.》

싱숭생숭하다 마음이 자꾸 들떠서 어수선하다.《내일이면 개학이라니 싱숭생숭해서 잠이 안 온다.》

싱싱하다 1. 생선, 채소, 과일 들이 살아 있는 듯하다.《갓 따온 풋고추가 싱싱하다.》 **참**생생하다. 2. 맑고 산뜻하다.《짝꿍 얼굴 표정이 싱싱해 보여.》

싱아 산에서 흔히 자라는 여러해살이풀. 길고 둥근 잎이 어긋나게 나고 여름에 희거나 불그스름한 꽃이 핀다. 줄기는 신맛이 나는데 나물로 먹는다.

싱크대 먹을거리나 그릇 들을 씻는 부엌 가구. **북**가시대.

싱크로나이즈드 스위밍(synchronized swimming) → 수중 발레.

싶다 1. 그렇게 했으면 하는 마음이나 바람이 있다.《서예를 배우고 싶다.》 2. 어떤 짐작이나 생각이 들다.《비가 오는가 싶더니 눈이 내리기 시작했다.》 3. 어떤 일을 궁금해하거나 걱정스러워하는 뜻으로 하는 말.《설마 수철이가 약속을 어길까 싶었다.》

싸가지 '버릇'이나 '예의'를 낮추어 이르는 말.《싸가지 없는 녀석!》

싸고돌다 지나치게 두둔하거나 감싸 주다.《네 동생이라고 해서 잘못했는데도 싸고돌면 안 돼.》 **같**싸돌다. **바**싸고도는, 싸고돌아, 싸고돕니다.

싸구려 1. 싸게 파는 물건.《싸구려라고 해서 모두 나쁜 것은 아니다.》 2. 질이 나쁜 물건.《싸구려 신발은 금방 못 쓰게 된다.》 3. 장사꾼이 제 물건이 싸다는 뜻으로 손님들한테 외치는 말.《싸구려! 양말 세 켤레에 천 원!》

싸늘하다 1. 꽤 춥다.《바깥 공기가 싸늘하니 목도리 두르고 나가렴.》 **참**써늘하다. 2. 태도나 성미가 쌀쌀맞다.《삼촌이 살 좀 빼라고 하자 누나 표정이 싸늘하게 굳었다.》 **참**써늘하다.

싸다 ^{가방} 1. 넓이가 있는 종이나 천으로 겉을 둘러서 씌우다.《동무한테 줄 선물을 빨간 포장지로 쌌다.》 2. 짐 같은 것을 옮기려고 다른 것에 담거나 끈으로 묶어서 꾸리다.《이사 가기 사흘 전부터 짐을 쌌다.》 3. 여럿이 어떤 것 둘레를 가리거나 막다.《경찰이 차 둘레를 둥글게 쌌다.》

싸다 ^{똥을} 똥이나 오줌을 누다.《동생이 이불에 오줌을 쌌다.》 **비**누다.

싸다 ^{값이} 1. 물건 값이나 어떤 일을 하는 데 드는 돈이 적다.《이 가게는 물건 값이 싸다.》 **반**비싸다. 2. 안 좋은 일

이 생기는 것이 마땅하다.《그렇게 말썽을 부리니 혼나도 싸지.》

싼 게 비지떡 **속담** 값이 싼 것일수록 질이 나쁘다는 말.

싸다 **입이** 1.몸놀림이 재빠르다.《재동아, 싸게 윗마을에 다녀오너라.》2.남한테서 들은 말을 함부로 떠벌리다. 《인규는 입이 싸서 못 믿어.》

싸다니다 여기저기 돌아다니다.《밤늦게까지 어딜 싸다니다 오는 거니?》 **같**싸돌다, 싸돌아다니다. **비**쏘다니다.

싸돌다 1.→ 싸다니다. 2.→ 싸고돌다. **바**싸도는, 싸돌아, 싸돕니다.

싸돌아다니다 → 싸다니다.

싸라기 부스러진 쌀알. **북**싸래기.

싸라기눈 빗방울이 갑자기 찬바람을 만나 얼어서 떨어지는 싸라기 같은 눈. **준**싸락눈. **북**싸래기.

싸락눈 → 싸라기눈.

싸리 산기슭이나 산 중턱에 자라는 잎지는나무. 키가 작고 가지를 많이 치는데, 가지를 엮어서 빗자루나 바구니, 그릇 같은 것을 만든다. **같**싸리나무.

싸리나무 → 싸리.

싸리다 **|북** 아프게 때리거나 매섭게 치다.《거센 파도가 뱃머리를 싸린다.》

싸리버섯 넓은잎나무가 자라는 숲에서 나는 버섯. 굵고 흰 자루 위로 갈라진 가지가 싸리비처럼 생겼는데, 가지 끝은 옅은 보랏빛이다. 먹는 버섯이다.

싸매다 1.어떤 것을 싸서 매다《짝꿍이 붕대로 무릎을 싸맨 채 왔다.》2.골똘히 생각에 잠기다.《머리를 싸매고 고민했지만 모르겠다.》

싸안다 1.어떤 것을 두 팔로 감싸 안

싸리

싸리버섯

다.《언니는 무릎을 싸안고 내 얘기를 들었다.》2.어떤 것을 싸서 품에 안다. 《만화책을 보자기에 싸안고 뛰었다.》

싸우다 1.서로 이기려고 다투다.《너 인철이랑 왜 싸웠냐?》2.어려운 일을 이겨 내려고 애쓰다.《더위와 싸우면서 공부하느라 모두 지쳤어요.》

싸움 싸우는 일.《싸움을 걸다./싸움을 말리다.》**준**쌈. **싸움하다**

싸움 끝에 정이 붙는다 **속담** 싸우고 나면 서로 못마땅하게 여기던 마음이 풀려서 더 친해진다는 말.

싸움은 말리고 흥정은 붙이랬다 **속담** 나쁜 짓은 말리고 좋은 일은 권해야 한다는 말.

싸움꾼 싸움을 일삼거나 잘하는 사람. **북**싸움군.

싸움질 싸우는 짓. **싸움질하다**

싸움터 싸움이 난 곳.

싸움판 싸움이 난 곳. 또는 싸움이 나는 것.《싸움판이 벌어지다.》

싸이다 1.어떤 것에 말리거나 덮이다. 《분홍색 종이에 싸인 선물/안개에 싸인 호수》2.어떤 느낌이나 분위기에 푹 빠지다.《할머니가 돌아가시자 온 집안이 깊은 슬픔에 싸였습니다.》

싸전 → 쌀가게.

싸쥐다 손으로 감싸듯이 쥐다.《언니가 얼굴을 두 손으로 싸쥐고 운다.》

싸하다 입 안이나 콧속이 얼얼하다. 《겨자를 먹었더니 콧속이 싸하다.》

싹 **식물** 씨, 뿌리, 줄기에서 새로 돋아나온 어린잎이나 줄기.

싹이 노랗다 **관용** 일이 처음부터 잘될 것 같아 보이지 않다.《하는 짓을 보니 싹

이 노랗구나.》

싹 죄다 남김없이 모두.《마당에 떨어진 가랑잎을 싹 쓸어 모았다.》

싹둑 어떤 것을 단번에 베거나 자르는 소리. 또는 그 모양. **싹둑거리다** **싹둑 대다** **싹둑싹둑**《잡지에 실린 그림을 싹둑거리면서 오렸다.》

싹싹하다 마음이나 태도가 친절하고 상냥하다.《우리 선생님은 싹싹한 애를 좋아하시는 것 같다.》

싹트다 느낌, 생각, 일 들이 생기다.《동무들 사이에 우정이 싹텄습니다.》 바싹 트는, 싹터, 싹틉니다.

쌀 벼에서 껍질을 벗겨 낸 알맹이.

쌀가게 쌀을 파는 가게. 다른 곡식도 곁들여 파는 곳이 많다. 같싸전, 쌀집.

쌀가마니 쌀을 담은 가마니.

쌀값 쌀을 사거나 파는 값.

쌀겨 쌀을 찧을 때 나오는 얇은 속껍질.

쌀농사 → 벼농사.

쌀되 쌀의 양을 재는 나무 그릇.《쌀되 좀 가져오너라.》 북쌀되박.

쌀뒤주 쌀을 담아 두는 나무 상자.

쌀뜨물 쌀을 씻고 난 희뿌연 물.

쌀랑하다 1.날씨나 바람이 꽤 차다.《봄바람이 쌀랑하다.》 참썰렁하다. 2.분위기가 으스스하다.《텅 빈 교실이 무척 쌀랑해 보였다.》 참썰렁하다.

쌀미꾸리 연못, 개울, 논에 사는 민물고기. 몸은 누런 갈색인데 작고 어두운 점이 흩어져 있다. 입가에 수염이 세 쌍 있다.

쌀바구미 쌀, 보리, 밀, 수수 같은 곡식의 낟알을 파먹는 바구미. 몸이 아주 작고, 빛깔은 검거나 붉은 밤색이다.

쌀미꾸리

쌀바구미

쌍계사

쌀밥 멥쌀로 지은 밥.

쌀벌레 쌀을 갉아 먹는 벌레. 흔히 쌀바구미 새끼를 이른다.

쌀부대 쌀을 담는 자루.

쌀쌀맞다 태도나 하는 행동에서 찬 기운이 느껴지다.《누나가 화가 덜 풀렸는지 쌀쌀맞은 표정으로 돌아봤다.》

쌀쌀하다 1.날씨나 바람이 꽤 차다.《4월이 되었는데도 아침 공기는 아직 쌀쌀합니다.》 2.태도나 하는 짓이 붙임성 없이 차다.《별명을 부르자 수정이는 쌀쌀한 표정으로 나를 봤다.》

쌀알 낱알로 헤아릴 때 쌀 하나하나.

쌀집 → 쌀가게.

쌀통 쌀을 넣어 두는 통.

쌈 먹을거리 밥이나 고기, 반찬 들을 상추, 배추, 쑥갓, 깻잎 같은 것에 싸서 쌈장을 얹어 먹는 먹을거리.

쌈 다툼 → 싸움.

쌈 바늘 바늘을 스물네 개씩 묶어서 세는 말.《바늘 한 쌈》

쌈밥 상추나 깻잎 같은 채소 잎에 밥, 고기, 반찬 들과 쌈장을 넣어 싸서 먹는 먹을거리.

쌈장 쌈을 먹을 때 얹어 먹는 장. 고추장이나 된장에 갖은 양념을 한다.

쌈지 담배나 동전을 넣어 두는 작은 주머니. 종이, 헝겊, 가죽 들로 만든다.

쌉쌀하다 조금 쓰다.《도라지 맛이 쌉쌀하다.》

쌍 (雙) 둘씩 짝을 이룬 것. 또는 그것을 세는 말.

쌍계사 (雙磎寺) 경상남도 하동에 있는 절. 신라 성덕왕 때 (723년) 의상의 제자인 삼법이 처음 지었다. 진감 선사

847

대공 탑비가 있다.

쌍기역 닿소리 글자 'ㄲ'의 이름. **같**된기역. **북**된기윽.

쌍꺼풀 두 겹으로 된 눈꺼풀.

쌍두마차 (雙頭馬車) 말 두 마리가 끄는 수레.

쌍둥이 한 어머니 배 속에 같이 있다가 태어난 두 아이.

쌍디귿 닿소리 글자 'ㄸ'의 이름. **북**된디읃.

쌍떡잎식물 싹이 틀 때 떡잎 두 개가 마주나는 식물. 나팔꽃, 완두콩, 사과나무 들이 있다. **참**외떡잎식물. **북**두싹잎식물.

쌍무지개 두 개가 한꺼번에 뜬 무지개.

쌍방 (雙方) 이쪽과 저쪽. 또는 맞서 있는 두 편. 《쌍방 모두 잘못했어.》

쌍벽 둘 다 아주 뛰어나 어느 쪽이 나은지 가리기 어려운 상태. 《달리기에서는 철수와 영철이가 쌍벽을 이룬다.》

쌍비읍 닿소리 글자 'ㅃ'의 이름.

쌍살벌 처마 밑이나 나무줄기, 바위에 집을 짓고 사는 벌. 말벌과 비슷하지만 몸이 더 가늘다. 건드리면 침을 쏜다.

쌍소리 '상소리'를 힘주어 이르는 말.

쌍수 (雙手) 두 손. 《아이들은 내 의견에 쌍수를 들고 찬성했다.》 **북**쌍손.

쌍시옷 닿소리 글자 'ㅆ'의 이름. **같**된시옷. **북**쌍시읏.

쌍쌍이 여럿이 둘씩 짝을 지어서. 《음악에 맞추어 쌍쌍이 춤을 추었다.》

쌍안경 (雙眼鏡) 두 눈을 대고 보는 망원경.

쌍지읒 닿소리 글자 'ㅉ'의 이름.

쌓다 1. 여럿을 위로 겹겹이 포개어 놓다. 《책을 바닥에 대충 쌓아 두었다.》 2. 돌, 흙 들을 차곡차곡 포개어 담, 성, 탑 들을 만들다. 《성냥개비로 탑을 쌓으면서 놀았다.》 3. 어떤 일의 밑바탕을 마련하다. 《수학은 기초를 잘 쌓지 않으면 갈수록 어려워진다.》 4. 능력, 기술, 경험 들을 갖추거나 익히다. 《이곳저곳 여행을 다니면서 여러 가지 경험을 쌓고 싶다.》

쌓이다 1. 어떤 것 위에 차곡차곡 얹히다. 《마당에 눈이 잔뜩 쌓여 있다.》 2. 지식, 기술, 경험 들이 늘다. 《농사일도 경험이 쌓이니까 재미있어요.》 3. 어떤 것이 한꺼번에 밀리거나 겹치다. 《숙제가 산더미처럼 쌓였다.》

쌔근- '새근-'의 센말. **쌔근거리다 쌔근대다 쌔근쌔근** 《아이가 엄마 품에서 쌔근쌔근 잠이 들었다.》

쌔다 어떤 것이 아주 흔하다. 《이런 돌멩이는 강가에 쌔고 쌨어.》

쌔물 [1]**북** 입술을 일그러뜨리면서 소리 없이 웃는 모양. **쌔물거리다 쌔물대다 쌔물쌔물** 《신애는 자꾸 엉덩방아를 찧는 내 꼴을 보면서 쌔물거렸다.》

쌕쌕 '색색**소리**'의 센말. **쌕쌕거리다 쌕쌕대다** 《숨이 차서 쌕쌕거렸다.》

쌤통 남이 혼나거나 어려움을 당하는 것을 고소해하는 뜻으로 이르는 말. 《날 못살게 굴던 녀석이 선생님께 혼났다니 쌤통이다.》

쌩 1. 바람이 빠르고 세차게 스쳐 지나가는 소리. 또는 그 모양. 《바람이 쌩 불어서 모자가 벗겨졌다.》 2. 어떤 것이 빠르게 곁을 스쳐 지나가는 모양. 《내 옆으로 돌멩이가 쌩 하고 날아갔

다.》**쌩쌩**

써늘하다 1.추위를 느낄 만큼 몹시 차다.《10월인데도 아침 공기가 써늘하다.》**참**서늘하다, 싸늘하다. 2.태도가 아주 쌀쌀맞다.《누나가 얼음처럼 써늘한 표정으로 대꾸했다.》**참**싸늘하다. 3.무섭거나 두려워 조금 추운 느낌이 있다.《귀신 이야기를 들으면 가슴 한 구석이 써늘하다.》**참**서늘하다.

써레 갈아 놓은 논바닥을 고르거나 흙덩이를 부수는 데 쓰는 농기구. 긴 막대기에 뾰족한 살을 열 개쯤 박았다.

써레

썩 1.어떤 정도보다 훨씬 뛰어나게.《우리 누나는 장구를 썩 잘 칩니다.》2.머뭇거리지 않고 빨리.《숙제하는데 귀찮게 하지 말고 내 방에서 썩 나가!》

썩다 1.물, 나무, 음식 같은 것이 균이나 곰팡이 때문에 상하거나 못 쓰게 되다.《썩은 생선/썩은 사과》2.병균 때문에 몸의 한 부분이 못 쓰게 되다.《이가 썩다.》3.사람, 재주, 물건 들이 가치에 맞게 쓰이지 못하다.《평범한 회사원으로 썩기에는 네 재주가 너무 아까워.》4.걱정이나 근심으로 속이 몹시 상하다.《네가 자꾸 말썽을 부리니까 엄마 속이 푹푹 썩는 거야.》

썩둑 '싹둑'의 큰말. **썩둑거리다 썩둑대다 썩둑썩둑**《아버지는 작두로 볏짚을 썩둑썩둑 썰어서 여물을 만드셨다.》

썩바람 |북 태풍처럼 큰 바람에 견주어 작고 약한 바람을 이르는 말.

썩삭다 |북 1.이가 썩거나 뼈가 삭다.《동생이 치과에 가서 썩삭은 이를 뽑고 왔다.》2.쇠붙이가 녹슬어서 삭다.《썩삭은 미끄럼틀이 위험해 보인다.》

썩새 |북 나뭇잎, 풀, 삭정이 같은 것이 썩어서 겹겹이 쌓인 것.

썩썩 거침없이 자꾸 자르거나 쓸거나 비비는 소리.《풀을 썩썩 베었다.》

썩이다 걱정을 끼쳐서 마음 상하게 하다.《엄마 속 썩이지 마.》

썩히다 1.어떤 것을 썩게 하다.《먹다 남은 음식을 썩혀서 거름으로 썼다.》2.물건, 재주 들을 제대로 쓰지 못하고 내버려 두다.《발에 안 맞는 신발을 그냥 썩히느니 동생 주는 게 낫겠어.》

썰다 두께가 있는 것을 칼로 잘라 도막을 내다.《엄마가 가래떡을 썰어 떡국을 끓이신다.》**바**써는, 썰어, 썹니다.

썰렁하다 1.제법 써늘한 느낌이 들다.《방이 썰렁하니 보일러를 틀어야겠다.》**참**쌀랑하다. 2.어떤 곳이 텅 비어 허전하고 쓸쓸하다.《아무도 없는 썰렁한 교실에 혼자 앉아 있었다.》**참**쌀랑하다. 3.분위기가 어색하거나 서먹서먹하다.《동무가 내뱉은 한마디가 모임 분위기를 썰렁하게 만들었다.》

썰매 1.눈이나 얼음판 위에서 미끄럼을 타고 노는 기구. 2.눈이나 얼음판 위에서 사람이나 짐을 싣고 끄는 기구.《썰매를 끌다.》

썰매

썰매 타기 아이들이 썰매를 타면서 노는 것.

썰물 바닷물이 먼 바다로 밀려가는 것. 또는 그 바닷물. **반**밀물. **북**날물.

썸벅- |북 눈꺼풀을 움직여 눈을 감았다 떴다 하는 모양. **썸벅거리다 썸벅대다 썸벅이다 썸벅하다 썸벅썸벅**《먼지가 들어가서 눈을 썸벅였다.》

썽둥썽둥 크고 연한 것을 큼직큼직하

게 빨리 썰거나 베는 모양.《감자를 썽
뚱썽뚱 썰어서 찌개에 넣었다.》

쏘가리 돌이 많은 맑은 강에 사는 민물
고기. 머리가 뾰족하고 몸통에 검은 무
늬가 나 있다.

쏘가리

쏘다 1.총알, 화살, 포탄 들을 한곳을
겨누어 날아가게 하다.《총을 쏘다./활
을 쏘다./대포를 쏘다.》 2.벌레가 물거
나 찌르다.《벌이 쏜 자리가 퉁퉁 부어
올랐다.》 3.코를 찌르는 듯한 맛이나
냄새가 나다.《사이다가 아주 코를 톡
쏘는구나.》 4.남의 마음이 상할 만큼
날카롭고 쌀쌀맞게 말하다.《동생이
내가 하는 말마다 톡톡 쏘아 댄다.》

쏘아 놓은 살이요 엎지른 물이다 속담 이
미 저지른 일은 돌이킬 수 없다는 말.

쏘다니다 여기저기 돌아다니다.《꼬마
들이 신이 나서 동네를 쏘다닙니다.》
비싸다니다.

쏘아보다 무섭고 날카로운 눈빛으로
보다.《토끼를 쏘아보는 매의 눈빛이
정말 매서웠어요.》 비노려보다.

쏘아붙이다 말을 거칠고 날카롭게 내
뱉다.《화났니? 말을 쏘아붙이게.》

쏘이다 맞다 바람을 맞거나 볕을 쪼이
다.《바람 쏘이러 갈까?》 준쐬다.

쏘이다 찔리다 벌레의 침에 찔리다.《짝
꿍이 벌에 쏘여서 얼굴이 부었다.》

쏙 동물 바닷가의 모래 섞인 진흙 바닥
에 구멍을 파고 사는 동물. 집게발 한
쌍과 작은 다리 네 쌍이 있다.

쏙_동물

쏙 모양 1.밖으로 볼록하게 내밀거나 안
으로 푹 들어간 모양.《'메롱' 하고 혓
바닥을 쏙 내밀었다.》 2.깊이 밀어 넣
거나 쉽게 뽑아내는 모양.《사탕을 입

에 쏙 넣었다.》 3.기운이나 살이 눈에
띄게 줄어든 모양.《못 보던 사이에 살
이 쏙 빠졌구나.》 4.어떤 일이나 무리
에 끼지 못한 모양.《동무들이 나만 쏙
빼고 저희끼리 물놀이를 갔다.》 5.
어떤 것을 몹시 좋아해 마음이나 정신
이 깊이 빠진 모양.《언니는 요즘 만화
책 읽는 재미에 쏙 빠져 있다.》 6.마음
에 꼭 드는 모양.《이 장난감은 내 마
음에 쏙 든다.》 7.생김새나 차림새 같
은 것이 그대로 닮은 모양.《미선이는
어머니를 쏙 빼어 닮았구나.》

쏙닥− '속닥−'의 센말. **쏙닥거리다 쏙**
닥대다 쏙닥이다 쏙닥쏙닥《무슨 얘
기를 몰래 쏙닥거리는 거야?》

쏙독새 낮은 산이나 덤불에 사는 여름
새. 낮에는 어두운 숲 속이나 우거진
나뭇가지에 숨어 있다가 밤에 날아다
니면서 먹이를 찾는다.

쏙독새

쏙붙이 바닷가 진흙 갯벌에 구멍을 파
고 사는 동물. 쏙과 비슷하지만 몸집이
작고, 집게발 크기가 서로 다르다.

쏙붙이

쏙쏙 몇 번에 걸쳐 안으로 쉽사리 깊게
들어가거나 밖으로 내미는 모양.《선
생님 말씀이 귀에 쏙쏙 들어온다.》

쏜살같이 쏜 화살처럼 아주 빠르게.
《쏜살같이 달리는 기차》 북쏜살로.

쏟다 1.기울이거나 거꾸로 쳐들어서
속에 담긴 것을 밖으로 나오게 하다.
《바닥에 먹물을 쏟았다.》 2.땀, 피, 눈
물 같은 것을 한꺼번에 많이 흘리다.
《동생이 또 코피를 쏟았다.》 3.어떤 일
에 관심을 기울이거나 정성을 들이다.
《이모가 아기를 돌보는 일에 온 정성
을 쏟는다.》 4.마음속에 품은 생각을

거침없이 드러내다.《저마다 불평을 쏟아 놓는 바람에 애를 먹었다.》

쏟아뜨리다 ¹북 속에 든 것을 쏟아지게 하다.《몸이 기우뚱하는 바람에 컵에 든 물을 모두 쏟아뜨렸다.》같쏟치다.

쏟아지다 1.그릇, 통 들이 기울어져서 속에 담긴 것이 밖으로 나오다.《네가 미는 바람에 우유가 쏟아졌잖아.》2. 땀, 피, 눈물이 한꺼번에 많이 흐르다. 《슬픈 이야기를 들으니 저도 모르게 눈물이 쏟아졌습니다.》3. 일, 움직임, 물건 들이 한꺼번에 많이 생기다.《추석이 다가오자 가게에 주문이 쏟아졌다.》4.빛이 강하게 비치거나 눈, 비, 우박 들이 마구 내리다.《창문을 열자 햇살이 방 안으로 쏟아져 들어왔다.》

쏟치다 ¹북→ 쏟아뜨리다.

쏠다 쥐나 좀 같은 것이 나무나 옷 들을 갉아 먹다.《쥐가 문짝을 쏠아서 구멍을 냈다.》밧쏘는, 쏠아, 쏩니다.

쏠리다 1.바로 서 있던 것이 기울어져 한쪽으로 몰리다.《버스가 갑자기 서는 바람에 몸이 앞으로 쏠렸다.》2.어떤 것에 눈길이나 마음이 가다.《아이들 눈길이 내 모자에 쏠렸다.》

쏠쏠하다 수준, 정도 같은 것이 그만하면 괜찮다.《올해는 세뱃돈을 쏠쏠하게 벌었다.》참쑬쑬하다.

쏴 1.나뭇가지나 좁은 틈 사이로 바람이 세게 스쳐 부는 소리.《쏴 하고 스치는 바람에 나뭇잎이 흔들린다.》2.비바람이나 물결이 밀려오거나 급히 내려가는 소리.《파도가 쏴 밀려온다.》

쐐기 곤충 쐐기나방 애벌레. 몸통이 둥글고 굵다. 온몸에 거친 털이 나 있는

데 독이 있어서 쏘이면 아프다.

쐐기 나뭇조각 위쪽보다 아래쪽을 얇거나 뾰족하게 만든 물건. 어떤 것 틈새에 박아서 그 틈을 메우거나 벌어지게 하는 데 쓴다.

쐐기를 박다 관용 딱 부러지게 아퀴를 짓다.《더 이상 이러쿵저러쿵 시비를 걸지 못하게 쐐기를 박아야 해.》

쐐기나방 나무가 우거진 곳에 사는 나방. 몸과 다리에 털이 많다. 애벌레를 '쐐기' 라고 한다.

쐐기나방

쐐기풀 중부와 남부 지방의 들에 자라는 풀. 온몸에 가시 같은 털이 있고 여름에 옅은 풀색 꽃이 모여 핀다.

쐬다 쏘이다 → 쏘이다.

쐬다 기울다 ¹북 한쪽으로 비스듬히 기울다.《한쪽으로 쐰 담이 무너졌다.》

쐐기풀

쑤군- '수군-'의 센말. **쑤군거리다 쑤군대다 쑤군쑤군**《무슨 일인데 셋이서만 쑤군거리니?》

쑤기미 뭍에서 가까운 바다 속 모래나 진흙에 몸을 숨기고 사는 바닷물고기. 뭍에서 가까운 바다에 사는 것은 검은 갈색이고, 깊은 바다에 사는 것은 누런색이다.

쑤다 죽이나 풀을 끓이다.《엄마가 편찮으신 할머니께 죽을 쑤어 드렸다.》

쑤시다 찌르다 1.속에 든 것을 빼거나 구멍을 뚫거나 하려고 끝이 가는 것으로 찌르거나 후비다.《동생이 손가락으로 콧구멍을 쑤신다.》2.좁은 틈을 벌려서 어떤 것을 끼우거나 밀다.《천원짜리 한 장을 주머니에 쑤셔 넣고 가게로 달려갔다.》3.여럿 사이를 헤치다.《덩치 큰 아저씨들을 쑤시고 들어

가 엄마한테 안겼다.》

쑤시다 아프다 몸이 바늘에 찔린 듯이 아픈 느낌이 들다.《몸살이 오려는지 온몸이 쿡쿡 쑤셔요.》

쑥 풀 밭둑이나 들판에 흔히 자라는 풀. 줄기는 곧게 자라고 잎 뒷면에 하얀 솜털이 있다. 어린잎은 먹고, 잎과 줄기를 함께 약으로 쓴다.

쑥 모양 1. 밖으로 불룩하게 내밀거나 안으로 푹 들어간 모양.《돌이가 배가 부르다면서 배를 쑥 내밀었다.》2. 깊이 밀어 넣거나 아주 쉽게 뽑아내는 모양. 《다 같이 잡아당기자 무가 쑥 빠졌다.》 3. 기운이나 살이 눈에 띄게 줄어든 모양.《숙제를 놓고 오다니 맥이 쑥 빠진다.》4. 어떤 일이나 무리에 끼지 못한 모양.《청소를 하자는데 반장만 쑥 물러났다.》5. 눈에 띄게 커지거나 작아진 모양. 또는 올라가거나 내려간 모양.《몸무게가 쑥 줄었다.》

쑥갓 밭에 심어 가꾸는 잎줄기채소. 잎은 깃털처럼 깊게 갈라지고, 여름에 노란 꽃이 핀다. 쌈이나 나물로 먹는다.

쑥대머리 1. 머리카락이 어지럽게 흐트러진 머리.《하루 종일 뭘 했기에 쑥대머리가 됐니?》2. 판소리 명창 임방울이 불러서 이름난 판소리 한 대목.

쑥대밭 1. 쑥이 우거진 거친 땅. 2. 몹시 어수선하거나 못 쓰게 된 모양을 빗대어 이르는 말.《전쟁으로 온 나라가 쑥대밭이 되었다.》

쑥덕- 모양 '숙덕-'의 센말. **쑥덕거리다**
쑥덕대다 쑥덕이다 쑥덕쑥덕《무슨 일이라도 생겼는지 동네 아주머니들이 놀이터에서 쑥덕거린다.》

쑥부쟁이

쑥_풀

쑥새

쑥갓

쑥떡 먹을거리 쑥을 넣어 만든 떡.

쑥물 쑥을 찧어 짜낸 물.

쑥부쟁이 산과 들의 축축한 땅에 자라는 풀. 좁고 길쭉한 잎이 어긋나게 붙고 7~10월에 작은 꽃이 무리 지어 핀다. 어린잎을 먹는다.

쑥새 숲이나 덤불, 논밭 가까이에 사는 겨울새. 몸 위쪽은 갈색에 검은 세로무늬가 있고 배는 희다.

쑥스럽다 멋쩍고 부끄럽다.《혼자 노래를 부르려니 몹시 쑥스러웠다.》 바쑥스러운, 쑥스러워, 쑥스럽습니다.

쑬쑬하다 수준, 정도 들이 웬만하고 괜찮다.《동생들 구슬 따먹는 재미가 쑬쑬하다.》 참쏠쏠하다.

쓰개치마 옛날에 여자가 나들이를 할 때 머리와 윗몸을 가리려고 쓰던 치마. 참장옷. 북쓸치마.

쓰겁다 ᴵ북 1. 맛이 조금 쓰다.《한약 맛이 쓰겁다.》2. 못마땅하고 언짢다.《1반 아이들이 골을 넣고 좋아하는 모습을 쓰거운 마음으로 지켜보았다.》바쓰거운, 쓰거워, 쓰겁습니다.

쓰기 생각, 느낌, 알릴 것 들을 글로 쓰는 것.《일기 쓰기 숙제》

쓰다 글씨를 1. 연필, 볼펜, 붓 들로 글자를 적다.《내 동생은 나보다 글씨를 잘 쓴다.》2. 시, 소설, 편지, 일기 같은 글을 짓다.《언니는 자기 전에 꼭 일기를 쓴다.》3. 곡을 짓다.《베토벤이 쓴 교향곡은 모두 아홉 곡입니다.》 바쓰는, 써, 씁니다.

쓰다 모자를 1. 모자, 수건 같은 것을 머리에 덮다.《할머니가 수건을 머리에 쓰고 고추를 따신다.》2. 우산, 양산 들을 펴서 머리 위로 들다. 또는 안경, 마스크, 가면 같은 것을 얼굴에 걸치다. 《우산을 쓰다./안경을 쓰다.》 3. 먼지나 가루, 액체 들을 몸에 온통 받다. 《먼지를 뽀얗게 쓴 책상을 보니 한숨이 나온다.》 4. '누명'과 함께 써서, 아무 죄도 없이 억울한 처지에 놓이다. 《그 아저씨도 누명을 쓰고 감옥에 간 것이 틀림없다.》 ^바쓰는, 써, 씁니다.

쓰다 돈을 1. 어떤 일을 하는 데 물건이나 도구, 수단 들을 사용하다. 《국자가 무엇에 쓰는 물건인지 말해 봅시다.》 2. 남한테 돈을 주고 일을 시키다. 《이 짐을 나르려면 따로 사람을 써야 할 것 같다.》 3. 어떤 일을 하는 데 시간이나 돈을 들이다. 또는 힘이나 마음을 쏟다. 《용돈을 아껴 써야지!/별 것도 아닌 일에 마음 쓰지 마라.》 4. 어떤 말이나 말씨를 뜻을 나타내는 데 이용하다. 《용수 아저씨는 전라도 사투리를 심하게 쓴다.》 5. '억지', '떼'와 함께 써서, 어떤 일을 자기 뜻대로 하려고 마구 고집을 부리다. 《동생이 과자를 사 달라고 떼를 쓴다.》 6. 몸을 자기 뜻대로 놀리다. 《저 선수는 왼발을 잘 쓴다.》 7. 나무라거나 되묻는 말에 써서, 어떤 행동을 하는 것이 예절이나 도리에 맞다. 《책상 위에 발을 올리면 못 써.》 ^바쓰는, 써, 씁니다.

쓰다 맛이 1. 한약이나 씀바귀 같은 맛이 있다. 《약이 너무 써서 먹기 싫어요.》 2. 아프거나 피곤해서 입맛이 없다. 《입이 써서 밥을 거의 못 먹었어.》 3. 어떤 일이 몹시 언짢거나 괴롭다. 《그 선수는 이번에도 쓰디쓴 패배를 맛봐

야 했다.》 ^바쓴, 써, 씁니다.

쓰면 뱉고 달면 삼킨다 속담 쓸모없는 것은 내버리고 자기한테 이로운 것만 골라서 쓴다는 말.

쓰다듬다 손으로 쓸 듯이 어루만지다. 《선생님이 머리를 쓰다듬어 주셨다.》

쓰라리다 1. 다친 자리가 쓰리고 아리다. 《깨진 무릎이 쓰라리다.》 2. 마음이 몹시 아프다. 《쓰라린 실패》

쓰러뜨리다 쓰러지게 하다. 《삼촌이 껄껄 웃더니 저를 쓰러뜨렸습니다.》

쓰러지다 1. 사물이나 사람이 넘어지다. 《태풍으로 쓰러진 가로등》 ^비넘어지다. 2. 나라, 집안 같은 것이 망하다. 《경제가 나빠져 수많은 회사가 쓰러졌다.》 ^비넘어지다.

쓰레 |북 빗물 같은 것에 쓸려서 한쪽으로 비탈진 땅. 《나무를 심으면 쓰레가 생기는 것을 막을 수 있다.》

쓰레기 음식 찌꺼기, 망가진 물건, 먼지 들처럼 내다 버릴 것.

쓰레기봉투 쓰레기를 담아서 버리는 봉투.

쓰레기장 쓰레기를 버리는 곳.

쓰레기통 쓰레기를 모아 두는 통.

쓰레받기 쓰레기를 쓸어 담는 도구.

쓰레질 청소할 때 비로 쓰는 일. 《내가 쓰레질을 할게.》 **쓰레질하다**

쓰르라미 여름에 산에서 볼 수 있는 매미. 몸 빛깔은 붉은 갈색이고 녹색 얼룩무늬가 있다.

쓰르람쓰르람 쓰르라미가 자꾸 우는 소리.

쓰리다 1. 벗겨지거나 찢어지거나 해서 살갗이 몹시 아프다. 《불에 덴 손등

이 쓰리다.》 2. 굵거나 매운 것을 먹거나 해서 배 속이 몹시 아프다.《두 끼나 굶었더니 속이 쓰리다.》 3. 마음이 몹시 괴롭거나 아프다.《구슬프게 우는 짝꿍을 보니 내 마음도 쓰리다.》

쓰시마 섬 우리나라와 일본 규슈 사이에 있는 일본 섬. ❋대마도.

쓰이다 ❋쓰다 1. 어떤 것이 어떤 일에 쓰여지다.《이 교실은 조리 실습실로 쓰일 거야.》 2. 마음이 쏠리다.《끙끙 앓는 바둑이에게 마음이 쓰인다.》

쓰이다 ❋적히다 글이나 글씨가 적히다.《내 이름이 쓰인 이름표》 ❋쓰다.

쓰임 → 쓰임새.

쓰임새 어떤 것이 쓰이는 데.《이 모자는 쓰임새가 많아.》 ❋쓰임. 비용도.

쓱 한 번 슬쩍 문지르거나 비비는 모양.《소매로 콧물을 쓱 닦았다.》

쓱싹 여러 번 되풀이하여 문지르거나 비비는 소리. **쓱싹거리다 쓱싹대다 쓱싹쓱싹**《쓱싹쓱싹 톱질을 합시다.》

쓴맛 1. 한약이나 씀바귀 같은 것에서 나는 맛.《냉이에서 쓴맛이 조금 난다.》 2. 좋지 못한 일을 당해서 드는 괴로운 마음.《열심히 노력했지만 실패의 쓴맛을 보았다.》

쓴웃음 마음에 없는데도 억지로 웃는 웃음.《기가 막혀 쓴웃음을 지었다.》

쓸개 간 아래에 있는 주머니처럼 생긴 기관. 쓸개즙을 모아 두었다가 샘창자에 음식물이 들어오면 내보낸다. ❋담. 북열주머니.

쓸개 빠지다 【관용】 줏대 없이 못나다.《사탕을 준다고 반장 편을 들다니, 쓸개 빠진 녀석 같으니라고.》

쓸개즙 간에서 만들어져 쓸개에 모였다가 샘창자로 가는 액체. 북열물.

쓸다 1. 비로 쓰레기 같은 것을 한쪽으로 치우거나 모으다.《낙엽을 한데 쓸어 모았다.》 2. 손으로 어루만지거나 가볍게 쓰다듬다.《할머니가 배를 쓸어 주시자 배앓이가 가라앉았다.》 3. 바지, 치마 들을 바닥에 닿게 한 채 질질 끌다.《언니가 한복 치맛자락으로 흙바닥을 쓸고 다닌다.》 4. 전염병, 태풍, 큰물 같은 것이 넓은 곳을 덮쳐 해를 입히다.《해일이 쓸고 간 마을이 처참하다.》 ❋쓰는, 쓸어, 씁니다.

쓸데없다 1. 쓸 자리가 없다. 2. 눈여겨볼 가치가 없다.《쓸데없는 고집을 부리는구나.》 **쓸데없이**

쓸리다 비벼지거나 문질러지다.《넘어져서 흙바닥에 팔이 쓸렸다.》

쓸모 쓸 만한 데.《쓸모가 많은 책상》

쓸모없다 쓸모가 없다.《할아버지는 쓸모없는 종이를 모아서 파신다.》

쓸쓸하다 1. 외롭고 슬프다.《그 할아버지는 혼자 쓸쓸하게 살아오셨대요.》 2. 날씨, 장소 들이 휑하고 으스스하다.《쓸쓸한 가을 저녁》 **쓸쓸히**

쓸어내리다 1. 위에서 아래로 쓸면서 만지다.《할아버지는 수염을 쓸어내리면서 껄껄 웃으셨어요.》 2. 흔히 '가슴을'과 함께 써서, 걱정이 사라져 마음을 놓다.《동생이 무사하다는 말을 듣고서야 가슴을 쓸어내렸다.》

쓸어눕히다 북 한꺼번에 무찌르거나 쓸어 없애다.《적군을 쓸어눕혀라!》

쓸어들다 북 여럿이 한꺼번에 마구 몰려들다.《사람들이 계단으로 쓸어들어

서 하마터면 사고가 날 뻔했다.》**바쓸**
어드는, 쓸어들어, 쓸어듭니다.

쓸치다 ¹**북** 1. 맞닿아서 문질러지거나
스쳐서 비벼지다. 《여치는 날개를 쓸
쳐서 소리를 낸다.》 2. 세게 문질러져
서 살갗이 벗겨지다. 《길바닥에 쓸친
팔꿈치가 무척 아프다.》 3. 몸을 어떤
것에 세게 문지르다. 《자전거가 넘어
지는 바람에 무릎을 쓸쳤다.》

슳다 거친 쌀, 조, 수수 같은 곡식을 찧
어서 깨끗하게 하다.

씀바귀 산과 들에 자라는 풀. 줄기와
잎을 자르면 맛이 쓴 흰 즙이 나온다.
뿌리째 캐어 나물로 먹는다. **북사라구.**

___씀바귀___

씀벅- 눈을 감았다 떴다 하는 모양. **씀**
벅거리다 씀벅대다 씀벅이다 씀벅씀
벅 《아저씨의 호통에도 경아는 영문을
모르겠다는 듯 눈만 씀벅거렸다.》

씀씀이 돈, 물건, 마음 같은 것을 쓰는
정도나 태도. 《돈 씀씀이를 줄여라.》

씁쓰레하다 1. 맛이 조금 씁쓸하다.
《찌개에 뭘 넣었기에 씁쓰레한 맛이
나지?》 2. 마음이나 기분이 조금 언짢
다. 《동무는 내 거짓말을 눈치 챘는지
씁쓰레하게 웃으면서 뒤돌아섰다.》

씁쓸하다 1. 조금 쓰다. 2. 못마땅하거
나 언짢은 느낌이 들다. 《씁쓸한 표정》

씌다 _{적히다} → 쓰이다.

씌다 _{홀리다} 어떤 것에 홀려 정신을 차리
지 못하다. 《내가 여우에 씌었나 봐.》

씌우다 1. 모자, 헝겊, 비닐 같은 것을
쓰게 하다. 《엄마가 모자를 씌워 주셨
어요.》 2. 잘못이나 책임을 남한테 떠
넘기다. 《민정이는 자기가 꽃병을 깨
고도 제게 누명을 씌우려고 했어요.》

씨 _{씨앗} 1. 열매 속에 들어 있어 땅에 심
고 물을 주면 싹이 트는 물질. 《복숭아
씨/씨를 받다.》 2. 동물 몸속에 있어 동
물이 새끼를 배어 낳을 수 있게 하는 어
떤 물질. 《씨가 좋은 강아지》 3. 나쁜
결과를 낳는 원인이나 앞으로 커질 수
있는 바탕을 빗대어 이르는 말. 《말이
씨가 될 수 있으니 조심해.》

씨가 마르다 _{관용} 모조리 없어지다. 《어
린 것까지 마구 잡으면 물고기들이 씨
가 마르지 않겠어요?》

씨를 말리다 _{관용} 어떤 것을 모조리 없애
다. 《사람들이 개구리를 마구 잡아 씨
를 말렸다.》

씨 _성 (氏) 1. 흔히 어른의 성이나 이름
뒤에 써서, 어떤 사람을 높이는 말.
《최 씨/은아 씨/박영수 씨》 2. 어떤 성
뒤에 써서, 성을 높이는 말. 《김해 김
씨/성씨 가운데 김씨가 가장 많다.》

씨감자 씨앗으로 쓸 감자.

씨눈 씨 안에서 싹으로 자라날 부분.

씨눈난초 낮은 산 양지바른 풀밭에 자
라는 풀. 알뿌리가 두 개 있다. 잎은 넓
은 줄처럼 생겼다. 여름에 옅은 풀색
꽃이 빽빽하게 달린다. **북씨눈란.**

___씨눈난초___

씨름 1. 두 사람이 맞붙어 상대 샅바를
잡고 넘어뜨리는 우리나라 경기. 2. 어
떤 일을 해내려고 온 힘을 쏟으면서 끈
기 있게 달라붙는 것. **씨름하다** 《나는
오늘 온종일 책과 씨름했다.》

씨름꾼 씨름을 잘하는 사람. **북씨름군.**

씨름판 씨름을 하는 곳.

씨방 꽃의 암술 밑에 있는 통통한 주머
니. 안에 밑씨가 들어 있다.

씨부렁- 주책없이 실없는 말을 함부로

하는 모양. **씨부렁거리다 씨부렁대다 씨부렁씨부렁**《진수가 혼잣말을 씨부렁거리면서 지나갔다.》

씨뿌리 씨에서 싹이 날 때 생기는 뿌리.

씨실 옷감을 짤 때 가로로 놓는 실. **참**날실.

씨아 옛날에 목화에서 씨를 빼내던 기구.《씨아를 돌려 씨를 뺐다.》

씨알 1.새끼 까는 데 쓰는 알. 2.씨앗으로 쓰는 낟알. 3.물고기의 몸통 크기.《씨알이 굵은 붕어》

씨알머리 '사람 종자' 라는 뜻으로 남의 핏줄을 함부로 이르는 말.

씨알머리 없다 **관용** 속에 든 것이 없다. 또는 실속이 없다.《덜컥 그런 짓을 저지르다니, 씨알머리 없는 녀석.》

씨암탉 병아리를 깔 달걀을 얻으려고 기르는 암탉.

씨앗 곡식이나 채소 같은 것의 씨.《참외 씨앗에서 싹이 났다.》 **갈**종자.

씨오쟁이 씨앗을 담아 두려고 짚으로 엮은 작은 자루.

씨원하다 [**북** 아주 시원하다.《아침 공기가 씨원하구나.》

씨족 (氏族) 아주 옛날에 조상이 같은 사람들이 모여 이루던 무리.

씨족장 (氏族長) 씨족의 우두머리.

씨줄 1.실로 옷감을 짤 때 가로로 놓는 줄.《날줄과 씨줄》 **참**날줄. 2.→ 위선.

씩 모양 소리 없이 싱겁게 한 번 웃는 모양.《오빠가 머리를 긁고 씩 웃었다.》

-씩 붙는 말 수나 양을 나타내는 낱말 뒤에 붙어, '그 수나 양 만큼' 이라는 뜻을 더하는 말.《며칠씩/조금씩》

씨오쟁이

씩씩 몹시 가쁘고 거칠게 숨 쉬는 소리.

씩씩거리다 씩씩대다《싸우던 아이들은 벌을 서면서도 씩씩거렸다.》

씩씩하다 행동이나 태도가 굳세고 의젓하다.《교장 선생님 물음에 씩씩하고 우렁찬 목소리로 대답하였습니다.》

씰룩 '실룩' 의 센말. **씰룩거리다 씰룩대다 씰룩이다 씰룩하다 씰룩씰룩**

씹다 1.입에 든 것을 자꾸 깨물다.《천천히 꼭꼭 씹어 먹으렴.》 2.다른 사람을 나쁘게 말하다.《영수가 날 씹고 다닌다고?》 3.다른 사람이 한 말 뜻을 여러 번 곰곰이 생각하다.《선생님 말씀을 곰곰이 씹어 보았다.》

씹히다 입에 든 것이 자꾸 깨물리다.《고기가 질겨서 잘 씹히지 않아요.》

씻기다 더러운 것을 물 같은 것으로 닦다. 또는 더러운 것이 물 같은 것으로 닦이다.《아기를 깨끗하게 씻겼다.》

씻다 1.물로 때나 더러운 것을 깨끗이 닦다.《늘 손을 깨끗하게 씻어라.》 2.누명, 의심, 오해 들에서 깨끗이 벗어나다.《의혹을 씻다./치욕을 씻다.》

씽긋 눈과 입을 살짝 움직이면서 소리 없이 정답게 웃는 모양. **씽긋거리다 씽긋대다 씽긋하다 씽긋씽긋**《바둑이를 보고 한 번 씽긋 웃어 주었다.》

씽씽 1.바람이 아주 빠르고 세차게 스쳐 지나가는 소리. 또는 그 모양.《들판에 차가운 바람이 씽씽 분다.》 2.사람이나 물체가 바람이 일 정도로 아주 날쌔게 움직이는 소리. 또는 그 모양.《오빠의 자전거가 씽씽 달립니다.》

씽씽하다 기운이 넘쳐 팔팔하다.《씽씽한 걸 보니 감기가 다 나았구나.》

아 홀소리 홀소리 글자 ' ㅏ '의 이름.

아 느낌말 1.놀랐을 때 내는 소리.《아, 뜨거워!》2.기쁘거나 슬프거나 아쉬울 때 내는 소리.《아, 이제 방학이 끝나는구나.》3.모르던 것을 깨달았을 때 내는 소리.《아, 이제 알겠어.》

아 부르는 말 받침 있는 낱말 뒤에 붙어, 동무나 아랫사람, 짐승을 부르는 말.《영준아, 놀자!/누렁아, 이리 와.》

아가 1.'아기'를 귀엽게 이르는 말. 2.시부모가 젊은 며느리를 친하게 부르는 말.《아가, 물 좀 떠다 주련?》

아가리 1.'입'을 낮추어 이르는 말. 2.그릇, 병, 주머니 들에서 물건을 넣고 꺼내는 구멍. 북아구리.

아가미 물고기, 올챙이, 게 같은 동물이 숨 쉬는 기관.

아가씨 1.혼인하지 않은 여자. 또는 젊은 여자를 이르는 말. 2.아내가 남편의 여동생을 이르는 말.

아교 (阿膠) 짐승의 뼈나 가죽을 고아서 만든 풀. 나무나 종이, 천 들을 붙일 때 쓰고 약으로도 쓴다.

아군 (我軍) 우리 편 군대나 군인. 비우군. 반적군.

아궁이 방이나 솥을 덥히려고 불을 때는 구멍.《할머니는 어렸을 때 아궁이에 불을 때어 밥을 지으셨대요.》

아귀 물고기 머리와 입이 큰 바닷물고기. 등 앞쪽에 있는 더듬이처럼 생긴 가시로 작은 물고기를 꾀어 잡아먹는다.

아귀 앞뒤 1.문짝, 서랍처럼 짝을 이루는 두 부분이 서로 맞닿는 틈.《문과 문틀 아귀가 잘 맞지 않는다.》2.말, 일들의 앞뒤 사정.《네 말은 아귀가 맞지 않아.》3.수량이 정해진 기준에 딱 맞아떨어지는 것.《여러 번 계산해 봤는데도 아귀가 맞지 않네.》

아귀 귀신 (餓鬼) 1.굶어 죽은 귀신. 2.굶주린 사람이나 욕심 사나운 사람을 빗대어 이르는 말.

아귀다툼 서로 제 욕심을 채우려고 악착같이 헐뜯고 다투는 짓. **아귀다툼하다**《강당 문이 열리자 서로 좋은 자리를 차지하려고 아귀다툼했다.》

아귀아귀 먹을 것을 입 안에 잔뜩 넣고 게걸스럽게 먹는 모양.

아그배나무 산기슭에서 자라는 잎지는나무. 5월에 흰색이나 연분홍색 꽃이 피고, 9월에 둥근 열매가 붉게 익는다. 나무는 가구 만드는 데 쓴다.

아그배나무

아글타글 북 어떤 일을 해내려고 애쓰거나 악착같이 달라붙는 모양.《아글타글 애를 써 보았지만 턱걸이 열 번을 채우지 못했다.》 **아글타글하다**

아금박하다 북 1. 씀씀이가 빈틈없고 알뜰하다.《언니는 용돈 천 원도 아금박하게 쓴다.》 2. 일하는 태도가 끈질기고 꼼꼼하다.《그 애처럼 걸레질을 아금박하게 하는 애는 처음 봤어.》

아기 1. 젖이나 우유를 먹는 어린아이.《아기가 엄마 품에 안겨 젖을 먹는다.》 북애기. 2. 짐승이나 작은 사물을 귀엽게 부르는 말.《아기 다람쥐/아기 별》

아기자기 1. 작은 것들이 한데 어울려 귀엽고 예쁜 모양. 2. 흥미 있고 재미있는 모양. **아기자기하다**《아기자기한 물건/아기자기한 신혼살림》

아기집 여자나 동물 암컷 배 속에 있는 생식 기관 가운데 하나. 아기나 새끼가 생겨 태어날 때까지 자란다. 같자궁.

아까 조금 전에.《아까 너희 집에 전화를 걸었는데 아무도 받지 않더라.》

아까시나무 산기슭이나 헐벗은 산에 자라는 잎지는나무. 어린 줄기와 가지

아까시나무

에 큰 가시가 있다. 이른 여름에 향기가 진한 흰 꽃이 송이를 이루면서 핀다. 같아카시아.

아깝다 1. 소중한 것을 놓치거나 잃어서 섭섭하고 아쉽다.《잡았던 미꾸라지를 아깝게 놓쳤다.》 2. 어떤 것이 소중하고 귀해서 쓰거나 버리기 싫다.《이 치마는 버리기 참 아까워.》 3. 사람이나 물건이 가치에 걸맞게 쓰이지 못해 안타깝다.《네 재주는 아깝지만 쓰일 곳이 없구나.》 바아까운, 아까워, 아깝습니다.

아끼다 1. 돈, 시간, 물건 같은 것을 귀하고 알뜰하게 쓰거나 간직하다.《용돈을 아껴 써.》 2. 사람이나 물건을 소중하게 여기거나 다루다.《이 그림은 큰아버지가 아주 아끼시는 거예요.》

아낌없다 아까워하는 마음이 없다.《관객들은 공연을 보고 아낌없는 박수를 보냈다.》 **아낌없이**

아나운서 (announcer) 텔레비전이나 라디오에서 뉴스를 진행하는 사람.

아낙 → 아낙네.

아낙네 '남의 집 여자 어른'을 낮추어 이르는 말. 같낙.

아날로그 (analogue) 숫자로 나타낼 값을 길이, 시간 같은 연속된 양으로 나타내는 방식. 바늘의 움직임으로 시간을 나타내는 시계, 수은주 길이로 온도를 나타내는 온도계 같은 것이 있다. 참디지털.

아내 혼인하여 남자의 짝이 된 여자. 같처. 참남편. 북안해.

아냐 → 아니야.《아냐! 그렇지 않아!》

아네모네 꽃을 보려고 심어 가꾸는 풀.

둥근 알뿌리에서 줄기가 나오고 4~5월에 붉은색, 흰색, 노란색, 분홍색, 하늘색 꽃이 핀다. **북**큰바람꽃.

아녀자 (兒女子) 1.어린아이와 어른 여자.《노인과 아녀자들이 먼저 배에 올랐다.》 2.'여자'를 낮추어 이르는 말.

아뇨 → 아니요.

아늑하다 편안하고 조용하다. 또는 포근하고 따뜻하다.《산자락에 자리 잡은 시골 마을이 참 아늑해 보인다.》

아니 **부정** 뒤에 오는 낱말을 부정하는 뜻을 나타내는 말.《가든 아니 가든 네 마음대로 하렴.》 **준**안.

아니 땐 굴뚝에 연기 날까 **속담** 어떤 일이든 아무 까닭 없이 생길 수 없다는 말.

아니 **대답** 1.동무나 아랫사람이 물을 때 그렇지 않다고 대답하는 말.《아니, 숙제 끝내려면 아직 멀었어.》 2.놀랍거나 걱정스러울 때 하는 말.《아니, 어떻게 나만 **빼**놓고 놀러 갈 수가 있어?》

아니꼽다 말이나 하는 짓이 눈꼴시고 못마땅하다.《잘난 척하는 동무가 아니꼬웠지만 그냥 참기로 했다.》 **바**아니꼬운, 아니꼬워, 아니꼽습니다.

아니다 어떤 사실, 상태 들이 그렇지 않다.《제 말은 거짓말이 아니에요.》

아니나 다를까 **관용** 생각대로. 짐작대로.《옆집 개가 얌전하다 싶더니 아니나 다를까, 느닷없이 짖기 시작했다.》

아닌 게 아니라 **관용** 정말로. 또는 실제로.《이 조그마한 가게에 아닌 게 아니라 없는 게 없군.》

아닌 밤중에 홍두깨 **속담** 갑자기 뜻하지 않은 일을 당하는 것을 이르는 말.

아니리 판소리에서 소리꾼이 창을 하는 사이사이 가락을 붙이지 않고 이야기하듯 엮어 나가는 말.

아니야 동무나 아랫사람이 물을 때 그렇지 않다고 힘주어 대답하는 말.《"너 또 오줌 쌌지?" "아니야!"》 **준**아냐.

아니요 윗사람이 물을 때 그렇지 않다고 대답하는 말.《"아름아, 자니?" "아니요, 아직 안 자요."》 **준**아뇨. **반**네.

아니하다 '않다'의 본말.《밥을 먹지 아니하다./춥지 아니하다.》

아담스백합 동해 찬 바닷물에 사는 조개. 껍데기가 크고 두껍고 단단하다.

아담스백합

아담하다 1.덩치나 키가 보기 좋게 자그마하다.《우리 이모는 몸집은 아담하지만 힘이 세요.》 2.건물, 장소 같은 것이 자그마하고 깔끔하다.《할머니는 앞뜰에 아담한 꽃밭을 가꾸신다.》

아동 (兒童) → 어린이.

아동복 (兒童服) 아이들이 입는 옷.

아둔하다 머리가 나쁘고 하는 짓이 똑똑하지 못하다.《선화는 아둔해서 동무들한테 늘 속기만 해.》

아드님 남의 아들을 높여 이르는 말.《아드님이 참 잘 생겼네요.》 **참**따님.

아득바득 무엇을 이루려고 무리하게 애쓰는 모양.《턱걸이를 하나라도 더 하려고 아득바득 애썼다.》

아득하다 1.보이거나 들리는 것이 아주 희미하거나 멀다.《아득한 수평선 위로 배가 떠 있다.》 2.때가 까마득히 오래되다.《아득한 옛날에 우리나라에도 공룡이 살았대.》 3.어떻게 해야 할지 막막하다.《산더미 같은 숙제를 언제 다 할까 아득하다.》 **아득히**

아들 남자로 태어난 자식. **참**딸.

아들딸 아들과 딸. 같자녀.

아등바등 어떤 일을 이루려고 기를 쓰는 모양. **아등바등하다**《그때 왜 그렇게 아등바등하면서 이기려고 했는지 모르겠어.》

아따 못마땅할 때 내는 소리.《아따, 시끄럽네.》

아뜩하다 갑자기 정신을 잃을 듯 아주 어지럽다.《할머니가 돌아가셨다는 말에 정신이 아뜩해졌다.》

아라가야 (阿羅伽倻) 여섯 가야 가운데 경상남도 함안에 있던 나라.

아라비아 (Arabia) 아시아 남서쪽 지역. 페르시아 만, 인도양, 홍해 들에 둘러싸여 있다. 같아랍.

아라비아 반도 아시아 남서쪽에 있는 반도. 세계에서 가장 큰 반도로 거의 사막이고, 북쪽에서는 석유가 많이 난다. 사우디아라비아, 쿠웨이트, 예멘 같은 나라가 있다.

아라비아 숫자 0, 1, 2, 3, 4, 5, 6, 7, 8, 9의 숫자.

아라비안나이트 (Arabian Nights) 아라비아, 페르시아, 인도, 이란, 이집트 같은 여러 나라에 전해 내려오는 많은 이야기를 모아 아랍 어로 엮은 책. '천일 야화' 라고도 한다.

아람 밤이나 도토리 같은 열매가 잘 익어 저절로 떨어질 만큼 된 상태. 또는 그런 열매.《밤송이가 저 혼자 아람이 벌어져 떨어져 내렸다.》

아랍 (Arab) → 아라비아.

아랑곳 마음을 쓰거나 끼어드는 것.《미선이는 신발이 젖는 것은 아랑곳도 않고 개울을 건너더라.》 **아랑곳하다**

아랑곳없다 아랑곳하는 태도가 없다. **아랑곳없이**《형은 내 말에는 아랑곳없이 자기 할 말만 한다.》

아래 1. 어떤 기준보다 낮은 자리나 부분.《책상 아래에서 백 원짜리 동전 두 개를 발견했다.》 비밑. 반위. 2. 나이, 지위, 등급, 수준 들이 어떤 기준보다 낮거나 못한 자리.《내 암산 실력이 언니보다 한참 아래인 것 같아.》 비밑. 반위. 3. 글에서 바로 다음에 나오는 것.《아래 글을 읽고 물음에 답하세요.》 반위.

아래뜸 → 아랫마을.

아래옷 바지나 치마처럼 허리 아래에 입는 옷. 같하의. 반윗옷.

아래위 아래와 위. 비위아래. 북아래우.

아래쪽 어떤 것의 아랫부분. 또는 아래에 있는 자리.《마을 아래쪽에 커다란 연못이 있다.》 반위쪽.

아래층 아래쪽에 있는 층.《우리 집 아래층에 빵집이 있다.》 같하층. 반위층.

아랫니 아래쪽 잇몸에 난 이. 반윗니.

아랫단 옷의 아래쪽 단. 옷 가장자리를 안쪽으로 접어서 꿰매거나 감친다.

아랫도리 1. 사람 몸에서 허리 아래. 같하체. 비하반신. 북아래도리. 2. '아래옷' 을 낮추어 이르는 말. 반윗도리. 북아래도리.

아랫돌 아래에 있는 돌. 북아래돌.

아랫돌 빼서 윗돌 괴기 속담 일단 어려운 고비만 넘기려고 대충 돌려 막는 태도를 빗대어 이르는 말.

아랫동네 아래쪽에 있는 동네.

아랫마을 아래쪽에 있는 마을.《언니와 나는 아랫마을에 있는 학교까지 걸어 다닌다.》 준아랫말. 같아래뜸. 반윗마을. 북아래마을.

아랫말 → 아랫마을.

아랫목 온돌방에서 아궁이에 가까운 따뜻한 쪽.《아랫목으로 내려와 앉아라.》**반**윗목. **북**아래목.

아랫방 1.이어져 있는 방 가운데 아궁이와 가까운 방. **북**아래방. 2.안뜰을 사이에 두고 안채 건너편에 있는 방.《아랫방에 누가 이사 왔나 봐.》

아랫배 배꼽 아래쪽 배. **반**윗배. **북**아래배.《아랫배가 살살 아파요.》

아랫변 사다리꼴에서 아래에 있는 변. **반**윗변.

아랫부분 아래에 있는 부분.

아랫사람 나이나 항렬이 낮은 사람. 또는 지위나 계급 같은 것이 낮은 사람. **반**윗사람. **북**아래사람.

아랫입술 아래쪽 입술. **반**윗입술. **북**아래입술.

아랫집 아래쪽에 있는 집.《아랫집이 시끄러운 걸 보니 무슨 일이 생겼나 보다.》**반**윗집. **북**아래집.

아량 (雅量) 속이 깊고 너그러운 마음.《넓은 아량으로 한 번만 용서해 주십시오.》**비**도량.

아련하다 1.보이거나 들리는 것이 또렷하지 않고 흐릿하다.《엄마가 내 이름을 부르는 소리가 아련하게 들려왔다.》2.기억이나 생각이 또렷하지 않고 어렴풋하다.《사진첩을 보니 어렸을 적 일들이 아련하게 떠오른다.》

아령 팔 운동을 하는 데 쓰는 기구. 쇠나 나무 막대기 양쪽 끝에 둥근 쇠뭉치가 달려 있다.

아로새기다 1.글자나 무늬를 또렷하게

새기다.《연꽃무늬를 아로새긴 바위》2.마음속에 뚜렷이 간직하다.《선생님 말씀을 마음 깊이 아로새겼다.》

아롱- 흐릿하게 어른거리는 모양. **아롱거리다 아롱대다 아롱아롱**《아지랑이가 아롱아롱 피어오른다.》

아롱다롱 여러 빛깔의 점이나 줄 같은 것이 뒤섞여 무늬를 이룬 모양.《언니 치마에 물방울무늬가 아롱다롱 찍혀 있다.》**아롱다롱하다**

아롱지다 조그만 점이나 방울 무늬 같은 것이 생기다.《눈물이 아롱지다.》

아뢰다 옛날에 '말씀드리다', '알려 드리다'라는 뜻으로 쓰던 말.

아르 (are 프) 넓이를 나타내는 말. 1아르는 100제곱미터이다. 기호는 a이다.

아르곤 (argon) 공기에 들어 있는 빛깔과 냄새가 없는 기체. 형광등, 백열등 같은 것에 넣는다.

아르곤 가스 (argon gas) 공기에서 뽑아낸 가스 상태의 아르곤.

아르바이트 (Arbeit 독) → 부업. **아르바이트하다**

아르테미스 (Artemis) 그리스 신화에 나오는 사냥과 달의 여신. 아기 낳는 엄마를 보호해 준다고 한다.

아른- 1.무엇이 희미하게 보이는 듯한 모양. 2.그림자가 흔들리는 모양. **아른거리다 아른대다 아른아른**《눈물이 나서 네 얼굴이 아른거려./창밖으로 나뭇가지가 아른댄다.》

아름 1.두 팔을 둥글게 모아서 만든 둘레. 2.두 팔을 둥글게 모아 만든 둘레의 길이나 그 둘레 안에 들어갈 만한 양을 나타내는 말.《장작을 한 아름이나

땠는데도 방이 따뜻해지지 않아.》

아름다움 아름다운 모습. 또는 아름다운 느낌.《설악산의 아름다움을 어떻게 말로 나타낼 수 있을까요.》

아름답다 1. 생김새, 소리 들이 곱고 예쁘다.《그날 밤에는 별들이 은빛 가루를 뿌린 것처럼 아름답게 빛났습니다.》 2. 마음씨, 행동 들이 착하고 갸륵하다.《마음이 아름다운 사람》 **바**아름다운, 아름다워, 아름답습니다.

아름드리 둘레가 한 아름이 넘게 큰 것.《아름드리 소나무》

아름차다 |**북** 1. 두 팔 안에 가득할 만큼 굵다.《씨름 선수들의 아름찬 허벅지를 보면 입이 떡 벌어져.》 2. 맡은 일을 해내기 벅차다.《제가 맡은 일이 아름차긴 해도 끝까지 해 보겠어요.》

아리다 1. 살갗이 찌르는 듯이 아프다.《불에 덴 상처가 아려요.》 2. 혀끝을 쏘는 듯 알알한 느낌이 있다.《고추를 씹어서 혀가 아려.》

아리땁다 생김새나 마음씨가 곱고 예쁘다.《아리따운 소녀》 **바**아리따운, 아리따워, 아리땁습니다.

아리랑 우리나라 대표 민요 가운데 하나. 지방에 따라 노랫말과 가락이 조금씩 다르다.

아리송하다 이것 같기도 하고 저것 같기도 하여 잘 알 수 없다.《아리송하게 얼버무리지 말고 딱 부러지게 말해.》

아리숭하다 |**북** 어떤 사실이 긴가민가하여 얼떨떨하다.《이 일은 아리숭해서 혼자 결정하기 힘들겠어.》

아리아 오페라에서 악기의 반주에 맞추어 혼자 부르는 노래.

아릿하다 살갗이 벌레한테 쏘인 듯이 따갑다.《좀 전에 먹은 떡볶이가 얼마나 맵던지 아직도 혀끝이 아릿해.》

아마 어쩌면. 또는 짐작하거나 미루어 생각해 보면.《아마 너는 그 사람이 누구인지 잘 모를 거야.》

아마도 '아마'를 힘주어 이르는 말.

아마존 강 남아메리카 북쪽을 흐르는 강. 세계에서 두 번째로 긴 강인데, 안데스 산맥에서 시작하여 대서양으로 흘러 들어간다. **북**아마조나스강.

아마추어 (amateur) 어떤 일을 취미 삼아 하는 사람.《아빠 바둑 실력은 아마추어 3단쯤 된대.》

아메리카 (America) 태평양과 대서양에 둘러싸인 큰 대륙. 남아메리카와 북아메리카로 나뉜다.

아메바 얕은 늪이나 못, 웅덩이에 사는 작은 생물. 몸이 세포 하나로 되어 있는데 모양이 늘 바뀐다.

아멘 (amen**히**) 기독교에서 기도나 찬송이 끝날 때 하는 말. 기도하거나 찬송한 내용에 동의하거나 그대로 이루어지기 바란다는 뜻이 담긴 말이다.

아무 1. 누구라고 꼭 정해 놓지 않은 어떤 사람.《여기에는 아무나 들어올 수 없어.》 2. 특별히 정해 놓지 않은 어떤 일, 때, 물건 들을 이르는 말.《아무 때나 놀러 와도 괜찮아.》 3. '아무런', '조금도'를 뜻하는 말.《나한테 떼를 써 보았자 아무 소용도 없어.》

아무개 어떤 사람의 이름을 잘 모르거나 굳이 말할 필요가 없을 때, 이름 대신 그 사람을 가리키는 말.《김 아무개/아까 아무개 씨가 당신을 찾았소.》

아무것 1.꼭 정해지지 않은 어떤 것.《이 가운데에서 아무것이나 골라라.》 2.흔히 '아니다'와 함께 써서, 대단한 것을 이르는 말.《동화책 다섯 권쯤 드는 일은 아무것도 아니에요.》

아무래도 아무리 생각해 보아도. 또는 아무리 애써 보아도.《아무래도 이 책상은 둘이 들기에는 너무 무거워.》

아무러면 묻는 말과 함께 써서, '아무리 그렇다해도'라는 뜻을 나타내는 말.《아무러면 내가 거짓말을 했겠어?》

아무렇다 1.'않다'와 함께 써서, 어떤 문제가 있다.《거짓말하는 짓을 어떻게 아무렇지도 않게 생각할 수 있니?》 2.'아무렇게나' 꼴로 써서, 되는대로 마구 하다.《동생이 책가방을 마루에 아무렇게나 던져 놓고 밖으로 뛰어나갔다.》 3.'아무런' 꼴로 써서, '전혀', '조금도', '그 어떤'을 뜻하는 말.《민수한테는 아무런 잘못이 없어.》 **바**아무런, 아무래, 아무렇습니다.

아무렴 '말할 것도 없이 그렇다', '물론 그렇다'는 뜻으로 하는 말.《아무렴, 그렇지.》 **같**암.

아무르불가사리 찬 바다 속 모래 바닥에 사는 불가사리. 몸은 보랏빛이 나고 팔은 가늘고 길다.

아무르산개구리 산과 들의 축축한 곳에 사는 개구리. 몸은 갈색이고, 눈 둘레에서 콧등까지 검은 무늬가 있다.

아무르장지뱀 산기슭, 풀숲, 거친 밭에 사는 장지뱀. 등은 갈색 바탕에 검은 얼룩무늬가 있고 배는 희다. 꼬리가 몸보다도 길다.

아무리 1.더 할 수 없을 만큼.《아무리 연습을 해도 한솔이를 따라잡을 수 없어요.》 **같**암만. 2.비록 그렇다 하더라도.《내가 아무리 힘이 없어도 종이 상자 하나쯤 못 들까?》 **같**암만. 3.어떤 일이 믿기지 않을 때 쓰는 말.《아무리, 초등학교 6학년이나 된 애가 오줌을 쌌으려고.》

아무르불가사리

아무르장지뱀

아무리 궁해도 집 안에 날아든 꿩은 잡지 않는다 **속담** 자기가 힘들어도 처지가 더 어려운 사람을 보면 가엾게 여기게 마련이라는 말.

아무리 바빠도 바늘허리 매어 쓰지 못한다 **속담** 급한 일이라도 서두르지 말고 차근차근 풀어 가야 한다는 말.

아무리다 **북** 1.입, 구멍 같은 것을 오므리다.《먼지가 심하게 날리니 입을 아무리거라.》 2.벌여 놓은 일이나 하던 이야기를 끝맺다.《유정이는 말을 아무리지 못한 채 울음을 터뜨렸다.》

아무쪼록 → 모쪼록.

아무튼 어떻게 되든지.《아무튼 약속 시간은 꼭 지켜야 해.》 **같**여하튼, 하여튼. **비**하여간.

아물– 1.보일 듯 말 듯 하게 조금씩 움직이는 모양. 2.정신이 희미해지는 모양. **아물거리다 아물대다 아물아물**《저 멀리 등대 불빛이 아물거린다./온몸에 식은땀이 나더니 정신이 아물아물 멀어져 갔다.》

아물다 다치거나 곪은 데가 나아서 새살이 돋다.《상처가 아물 때까지는 긁지 마.》 **바**아무는, 아물어, 아뭅니다.

아바나 (Havana) 쿠바의 수도. 멕시코 만에 닿아 있는 항구 도시이다.

아바마마 옛날에 임금이나 임금의 자

식이 자기 아버지를 이르던 말.

아버님 1. '아버지'의 높임말. 世어머님. 2. '시아버지' 또는 '장인'을 높여 이르는 말.

아버지 자기를 낳고 길러 준 남자. 또는 어머니의 남편. 世어머니. 높아버님. 참아빠.

아범 1. 부모가 자식을 둔 아들을 이르는 말. 《밖에 아범 있느냐?》世어멈. 2. 자식을 둔 여자가 웃어른 앞에서 자기 남편을 이르는 말. 《어머님, 아범이 들어왔어요.》世어멈.

아부 (阿附) 남에게 잘 보이려고 알랑거리거나 비위를 맞추는 것. 《왕은 간신의 아부에 흔들리지 않았다.》비아첨. **아부하다**

아비 아버지 1. '아버지'를 낮추어 이르는 말. 世어미. ✗애비. 2. 아버지가 자식들 앞에서 자기를 이르는 말. 世어미. 아비만 한 자식이 없다 속담 자식이 아무리 부모를 위해도 부모가 자식 위하는 것보다는 못하다는 말.

아비 새 바닷가나 호숫가에 사는 겨울새. 부리는 가늘고 위로 조금 휘어졌고, 발에는 물갈퀴가 있다.

아빠 어린아이가 아버지를 이르는 말. 世엄마. 참아버지.

아사 (餓死) 굶어 죽는 것. **아사하다** 《아프리카에서는 심한 가뭄으로 사람들이 아사하고 있다고 합니다.》

아사달 (阿斯達) 단군 신화에서 단군이 고조선을 세울 때 정한 도읍. 지금의 평양이라고도 하고 황해도 구월산이라고도 한다.

아삭 싱싱한 채소나 과일을 씹거나 깨

아비_새

물 때 나는 소리. **아삭거리다 아삭대다**

아삭아삭 《오이를 아삭아삭 씹었다.》

아삼아삼하다 어떤 것이 잊히지 않고 자꾸 눈에 보이는 듯하다. 《어제 본 인형이 눈앞에 아삼아삼하네.》

아서라 동무나 아랫사람한테 어떤 일을 하지 말라고 할 때 하는 말. 《아서라, 비가 오는데 어딜 나가겠다고?》

아성 (牙城) 옛날에 여러 성 가운데 가장 중요한 본거지가 되던 성. 또는 여럿 가운데 가장 뛰어나고 중심이 되는 것. 《아성을 깨뜨리다./아성이 무너지다./우리나라는 태권도의 아성이다.》

아세톤 (acetone) 독특한 냄새가 나고 빛깔이 없이 투명한 액체. 페인트나 매니큐어를 지울 때 쓴다.

아셈 (ASEM) → 아시아 유럽 정상 회의.

아수라장 (阿修羅場) → 수라장.

아수하다 ㅣ북 안타깝고 서운하다. 《친한 동무가 전학을 가서 아수해요.》

아쉬움 아쉬운 느낌이나 마음.

아쉽다 1. 필요한 것이 없거나 모자라서 안타깝다. 《그때는 정말 백 원짜리 동전 하나가 아쉬웠어.》2. 어떤 일을 이루지 못해서 안타깝고 서운하다. 《진수가 뛰었으면 우리 반이 우승할 수 있었는데 정말 아쉽다.》바아쉬운, 아쉬워, 아쉽습니다.

아스라하다 1. 아주 멀거나 높아서 보일 듯 말 듯 하다. 또는 들릴 듯 말 듯 하다. 《아빠가 탄 배가 아스라한 수평선 끝으로 멀어져 갑니다.》2. 기억 같은 것이 가물가물하다. 《아스라한 기억을 더듬어 그 애 이름을 겨우 생각해

냈어요.》 **아스라이**

아스클레피오스 (Asclépios) 그리스 신화에 나오는 의술의 신.

아스파라거스 밭에 심어 가꾸는 잎줄기채소. 잎은 작아져 비늘 모양이고 가는 가지가 잎과 같은 구실을 한다. 어린줄기와 순을 먹는다.

아스팔트 (asphalt) 석유를 거를 때 마지막에 남는 끈적끈적한 검은 물질. 흔히 자갈을 섞어 길에 깐다.

아슬아슬 소름이 끼칠 정도로 걱정스럽고 조마조마하게 느껴지는 모양. **아슬아슬하다**《통나무 다리를 건너오는데 얼마나 아슬아슬했는지 몰라.》

아슬하다 아찔하다 ┃북 1.아찔할 만큼 높거나 낮다.《한 아저씨가 아슬한 절벽을 맨손으로 기어오른다.》2.자칫하면 일이 잘못될 것 같아 조마조마하다.《주인공은 아슬한 고비를 슬기롭게 넘기고 고향으로 돌아갔다.》

아슬하다 춥다 ┃북 소름이 끼치게 차갑거나 춥다.《새벽의 아슬한 바람이 소매 사이로 스며든다.》

아시논 ┃북 김을 처음으로 매야 할 논.

아시아 (Asia) 육대주 가운데 하나. 세계 육지의 3분의 1쯤 되는 큰 대륙으로, 우리나라, 중국, 인도를 비롯한 많은 나라가 있다.

아시아 경기 대회 아시아 여러 나라가 4년마다 한 번씩 모여 벌이는 운동 경기 대회. 같아시안 게임.

아시아실잠자리 연못, 도랑, 논 가까이에 사는 잠자리. 몸이 실같이 가늘고 길다. 몸빛은 초록색이고 등이 검다.

아시아 유럽 정상 회의 아시아와 유럽의 여러 나라가 모여서 정치, 경제, 문화 같은 분야에서 서로 협력하려고 하는 회의. 같아셈.

아시안 게임 (Asian game) → 아시아 경기 대회.

아심아심 ┃북 마음이 놓이지 않아서 조마조마해하는 모양.《선생님께 야단을 맞을까 봐 아심아심 마음을 졸였다.》 **아심아심하다**

아씨 옛날에 아랫사람들이 양반집 젊은 여자를 높여 부르던 말.

아악 (雅樂) 옛날에 궁중에서 연주하던 우리나라 전통 음악.

아야 갑자기 아플 때 내는 소리.《아야! 누가 내 발 밟았어?》

아양 남한테 잘 보이려고 귀엽게 굴면서 알랑거리는 짓.《아양을 떨다./아양을 부리다.》

아역 (兒役) 연극이나 영화 같은 것에 나오는 어린이 역. 또는 어린이 역을 맡은 배우.《그 영화에 나온 아역 배우가 벌써 어른이 다 되었구나.》

아연 (亞鉛) 푸른빛을 띤 흰색 금속. 놋쇠, 양은, 함석 들을 만들 때 재료로 넣는다.

아연실색하다 얼굴빛이 하얗게 질릴 만큼 몹시 놀라다.《엄마는 동생이 다쳤다는 말에 아연실색하셨다.》

아열대 (亞熱帶) 열대와 온대 사이에 있는 지역. 덥고 메마른 곳이 많다.《아열대 기후》 같난대.

아열대성 (亞熱帶性) 아열대에 나타나는 성질.《아열대성 물고기》

아예 1.처음부터 전혀.《자전거 타고 큰길로 나갈 생각은 아예 하지 마.》2.

아시아실잠자리

어떤 일을 하는 김에.《발만 씻겠다고 하더니 아예 목욕을 하나 봐요.》 3. 처음부터 그냥.《색칠은 아예 천수에게 맡겨 놓을 걸 괜히 내가 했네.》

아옹다옹 작은 일로 소란스럽게 다투는 모양.《동생들이 과자를 서로 먹겠다고 아옹다옹 싸운다.》 **아옹다옹하다**

아우 1. 형제 가운데 나이가 어린 사람. 비동생. 참형. 2. 친한 사이에서 자기보다 나이가 어린 사람.

아우라지 강 강원도 정선을 흐르는 강. 정선 아리랑이 생겨난 곳이다.

아우르다 여럿을 한데 모아 하나가 되게 하다.《남북을 아우르는 축제 한마당이 벌어졌다.》 ㅂ아우르는, 아울러, 아우릅니다.

아우성 여럿이 악을 쓰면서 크게 지르는 소리.《시험 범위를 줄여 달라는 아우성에 교실이 떠나갈 듯하다.》

아우성치다 여럿이 악을 쓰면서 크게 소리 지르다.《물에 빠진 사람들이 살려 달라고 아우성치고 있습니다.》

아욱 밭에 심어 가꾸는 잎줄기채소. 잎은 단풍잎처럼 다섯 갈래로 갈라져 있고, 여름에 연분홍색 꽃이 핀다. 연한 줄기와 잎은 국을 끓여 먹고, 씨는 약으로 쓴다. 북겨울아욱.

아욱메풀 제주도 산과 들에 자라는 풀. 가는 줄기가 땅 위로 덩굴을 뻗는데 5~6월에 노르스름한 풀색 꽃이 핀다. 북아욱메꽃.

아울러 어떤 것과 함께. 또는 어떤 것에 더하여.《동생이 착한 어린이 상과 아울러 글짓기 상도 받았답니다.》

아웃 (out) 1. 축구나 농구 같은 경기

아욱

아욱메풀

에서 공이 경기장 선 밖으로 나가는 일. 2. 야구에서 타자나 주자가 공격할 자격을 잃는 일. 참세이프. 3. 테니스나 배구에서 상대편 쪽으로 넘긴 공이 경기장 선 밖에 떨어지는 일. 참세이프.

아유 1. 기분 나쁘거나 놀랐을 때 내는 소리.《아유, 약 올라!/아유, 깜짝이야.》 참어유. 2. 기쁘거나 반가울 때 내는 소리.《아유, 참 예쁘네.》 참어유.

아이 사람 1. 나이가 어린 사람.《아이가 자라나서 어른이 된다.》 준애. 2. 아들이나 딸.《우리 선생님은 두 아이의 어머니이기도 합니다.》 준애.

아이 말도 귀담아들어라 속담 어린아이 말이라도 들어서 도움이 될 점이 있다는 말.

아이 보는 데는 찬물도 못 먹는다 속담 아이들은 보는 그대로 따라 하므로 아이들 앞에서는 말이나 행동을 함부로 하지 말라는 말.

아이 싸움이 어른 싸움 된다 속담 처음에는 아이들끼리 싸우다가 나중에는 아이들 부모까지 나서서 싸운다는 말.

아이 느낌말 1. 남을 다그칠 때나 무엇이 못마땅할 때 내는 소리.《아이, 귀찮게 자꾸 왜 그래?》 2. → 아이고.

아이고 1. 아프거나 힘들거나 기막힐 때 내는 소리.《아이고, 머리야./아이고, 내 팔자야.》 같아이. 참아이코, 어이구. 북아이구. 2. 기쁘거나 반가울 때 내는 소리.《아이고, 어서 와라.》 참아이코, 어이구. 북아이구.

아이고머니 '아이고'를 힘주어 내는 소리.《아이고머니, 이게 뭐람.》

아이디 (ID) 인터넷 사이트에서 쓰는

이름.

아이디어 (idea) 어떤 일을 해 나가는 데 필요한 좋은 생각. 또는 새로운 생각. 《아이들은 학예회 날 무엇을 하면 좋을지 서로 아이디어를 내놓았다.》

아이스크림 (ice cream) 우유, 달걀, 향료, 설탕 들을 섞어 얼린 과자.

아이스하키 (ice hockey) 여섯 사람이 한편이 되어 얼음판 위에서 스케이트를 신고 긴 막대기로 공을 쳐서 상대편 골에 넣는 경기. **준**하키.

아이엠에프 (IMF) → 국제 통화 기금.

아이유¹ᵇ 1. 저리거나 쑤시듯이 아플 때 내는 소리. 《아이유, 다리 아파서 죽겠네.》 2. 여자들이 갑작스런 일로 놀랐을 때 내는 소리. 《아이유, 너 때문에 깜짝 놀랐잖아.》 3. 여자들이 반갑거나 좋아서 어쩔 줄 모를 때 내는 소리. 《아이유, 치마가 참말 곱구나.》

아이참 속상하거나 부끄러울 때 내는 소리. 《아이참, 창피해.》

아이코 몹시 아프거나 놀랍거나 반가울 때 내는 소리. 《아이코, 무릎이야!/ 아이코, 이게 몇 년 만이야!》 **참**아이고, 어이쿠. **북**아이쿠.

아이콘 (icon) 컴퓨터 프로그램이나 명령 같은 것을 화면에 조그만 그림으로 나타낸 것.

아작 단단한 것을 깨물어 먹거나 부술 때 내는 소리. **아작거리다 아작대다 아작이다 아작아작** 《더워서 얼음을 아작아작 씹어 먹었다.》

아장 어린아이나 작은 짐승이 뒤뚱거리면서 천천히 걷는 모양. **아장거리다 아장대다 아장아장** 《아기가 아장아장 걸음마를 한다.》

아쟁

아쟁 (牙箏) 켜는 국악기 가운데 하나. 오동나무와 밤나무를 붙여 만든 울림통에 줄을 일곱 개 맨다.

아저씨 1. 친척 남자 어른을 이르는 말. 아버지의 사촌 형제 또는 고모부, 이모부, 외삼촌 같은 사람을 가리킨다. **참**아주머니. 2. 친척이 아닌 남자 어른을 편하게 이르는 말. 《집배원 아저씨/앞집 아저씨》 **참**아주머니.

아전 (衙前) 조선 시대 관청에 딸려 있으면서 벼슬아치 밑에서 일하던 사람.

아전인수 (我田引水) 어떤 일을 자기에게 이로운 쪽으로만 받아들이는 것. 자기 논에 물 대기라는 뜻이다.

아주 1. 상태나 정도가 더할 나위 없이 몹시. 《장미꽃이 아주 예쁘다.》 **비**매우, 몹시, 무척. 2. 어떤 일이 영. 《가야금과 하프는 생긴 것부터 아주 다르다.》 3. 어떤 일을 할 때 '영원히', '계속'을 뜻하는 말. 《우리 삼촌은 미국에서 아주 살 모양이야.》

아주까리 → 피마자.

아주머니 1. 친척 여자 어른을 이르는 말. 큰어머니, 작은어머니, 고모, 이모 같은 사람을 가리킨다. **참**아저씨. 2. 혼인한 여자 어른을 편하게 이르는 말. 《쌀가게 아주머니》 **참**아저씨.

아주머니 떡도 싸야 사 먹는다 **속담** 친한 사이라도 이익이 있어야 관계를 맺는다는 말.

아주버니 남편의 형이나 형뻘이 되는 사람을 이르는 말.

아줌마 '아주머니'를 낮추어 이르는 말. 《아줌마, 두부 주세요.》

아지랑이 햇볕이 쨍쨍 비추는 봄날에 공기가 아른아른 움직이는 것.

아직 1.어떤 때에 미처 이르지 못한 것을 나타내는 말.《방학이 되려면 아직 두 달이나 남았어.》 2.어떤 일이 끝나거나 바뀌지 않고 지금도《10월이 되었는데도 날씨가 아직 덥구나.》

아찔하다 갑자기 정신이 아득하고 어지러워서 쓰러질 듯하다.《아기가 공을 쫓아서 차도로 뛰어가는 것을 보자 눈앞이 아찔했다.》**참**어찔하다.

아차 잊거나 잘못한 일이 퍼뜩 떠올랐을 때 내는 소리.《아차, 지갑을 집에 두고 왔네.》

아첨 (阿諂) 제 이익을 위해 거짓된 말과 행동으로 남의 기분을 맞추어 주는 것. **비**아부. **아첨하다**

아침 1.해가 뜰 무렵부터 낮 12시가 될 때까지 사이.《아침에 일찍 일어나니 기분이 참 좋다.》**반**저녁. 2.→ 아침밥.

아침나절 아침밥을 먹은 뒤부터 점심밥을 먹기 전까지 한나절.《아침나절에 과수원 좀 다녀오너라.》

아침밥 아침에 먹는 밥.《늦었어도 아침밥은 먹고 학교 가야지.》**같**아침, 조반. **참**저녁밥, 점심밥.

아카시아 → 아까시나무.

아코디언 (accordion) → 손풍금.

아크로폴리스 (Acropolis) 그리스 아테네에 있는 언덕. 파르테논 신전이 있다.

아크릴 (acrylic) 1.양털과 비슷한 합성 섬유. 가볍고 따뜻해서 스웨터, 담요 들을 만드는 데 쓴다. 2.가볍고 투명한 합성수지. 자동차, 비행기 유리,

아파토사우루스

건축 재료 들로 쓴다.

아킬레스건 1.발뒤꿈치 뼈 위쪽에 붙어 있는 힘줄. 걷거나 뛰는 데 없어서는 안 되는 중요한 힘줄이다. 2.'아주 큰 약점'을 빗대어 이르는 말.

아테네 (Athina) 그리스의 수도. 고대 그리스 문명이 생겨난 곳으로 유적이 많아 관광지로 널리 알려져 있다.

아틀라스 (Atlas) 그리스 신화에 나오는 거인 신. 제우스와 싸워 진 뒤에 하늘을 어깨로 떠받치는 벌을 받았다고 한다.

아파토사우루스 물가에서 풀을 먹고 살던 공룡. 몸집이 아주 큰데, 머리는 작고 꼬리가 길다. **같**브론토사우루스.

아파트 여러 집이 들어 있는 높고 큰 건물. 층마다 크기와 생김새가 같은 집이 여러 채 있다.

아편 (阿片) 덜 익은 양귀비 열매에서 나온 진을 굳혀서 말린 흑갈색 물질. 약으로 쓰이지만 중독성이 있다.

아편 전쟁 (阿片戰爭) 1840년부터 1842년까지 청나라와 영국이 아편 때문에 벌인 전쟁. 청나라가 지면서 끝났다.

아폴론 (Apollon) 그리스 신화에 나오는 해의 신. 의학, 예언, 음악 들을 맡은 신이기도 하다.

아프다 1.몸이 몹시 괴롭고 힘들다.《감기가 들었는지 열이 나고 목이 아픕니다.》 2.몸에 상처가 나거나 밖에서 오는 자극이 커서 고통스럽다.《살갗에 가시가 박혀 몹시 아프다.》 2.마음이 안타깝고 슬프다.《사고로 엄마가 돌아가신 은이를 생각하니 내 마음

도 아프다.》**바**아픈, 아파, 아픕니다.

아프리카 (Africa) 육대주 가운데 하나. 인도양, 대서양, 지중해, 홍해에 둘러싸여 있고, 이집트, 알제리, 나이지리아를 비롯한 많은 나라가 있다.

아픔 1.몸이 괴롭고 아픈 느낌.《발목을 삐었지만 아픔을 참고 끝까지 뛰었다.》2.마음이 안타깝고 슬픈 것.《이산가족의 아픔을 어찌 잊으랴.》

아하 모르던 것을 깨달았을 때 내는 소리.《아하! 이제 알겠다.》**참**어허.

아한대 (亞寒帶) 온대와 한대 사이에 있는 지역. 겨울이 길고 춥다. **같**냉대.

아홉 1.여덟에 하나를 더한 수. **참**구. 2.세는 말 앞에 써서, 여덟에 하나를 더한 수를 나타내는 말.

아홉 가진 놈이 하나 가진 놈 부러워한다 **속담** 많이 가지면 가질수록 욕심이 더 는다는 말.

아홉 살 먹을 때까진 아홉 동네서 미움을 받는다 **속담** 일곱 살에서 아홉 살이 될 때까지 아이들이 장난이 심하고 말썽을 많이 부려서 미움을 받는다는 말.

아홉째 1.여덟째의 다음 차례. 또는 여덟째의 다음 차례인. 2.앞에서부터 셀 때 여덟 개째가 되는 것을 이르는 말.

아흐레 아홉 날.《저희는 이 달 아흐레에 이사를 갑니다.》

아흔 1.열의 아홉 배가 되는 수. 2.세는 말 앞에 써서, 열의 아홉 배가 되는 수를 나타내는 말.

악 **힘** 1.있는 힘을 다하여 내뿜는 기운.《동생이 주사를 맞기 싫다고 악을 쓰면서 운다.》2.아주 모질게 먹은 마음.《빙산에 남겨진 대원들은 구조대가 올

때까지 악으로 버텼다고 합니다.》

악 나쁨 (惡) 남에게 해를 끼치는 나쁜 것.《선과 악》**반**선. **악하다**

악 소리 갑자기 놀라거나 아플 때 자기도 모르게 내는 소리.《악! 누가 내 발 밟았어!》

악곡 (樂曲) 사람이 부르거나 악기로 연주하는 곡.

악공 (樂工) 옛날에 궁궐에서 음악을 연주하던 사람.

악귀 (惡鬼) 1.사람에게 해를 끼치는 나쁜 귀신. 2.나쁜 짓을 일삼는 사람을 빗대어 이르는 말.《악귀 같은 일본 형사들이 독립투사를 고문했다.》

악기 (樂器) 음악을 연주할 때 쓰는 기구. 타악기, 관악기, 현악기, 건반 악기 같은 것들이 있다.

악녀 (惡女) 성질이 사납고 나쁜 여자.《그 여배우는 주인공을 괴롭히는 악녀 연기를 훌륭하게 해냈다.》

악다구니 악을 쓰면서 욕하는 짓. 또는 악을 쓰면서 퍼붓는 욕.《악다구니를 퍼붓다./악다구니를 치다.》

악단 (樂團) 음악을 연주하는 사람들이 꾸린 모임.

악담 (惡談) 남이 잘못되기를 바라면서 퍼붓는 나쁜 말.《남에게 한 악담은 고스란히 자기에게 돌아오기 마련이다.》**반**덕담. **악담하다**

악당 (惡黨) 못된 짓을 일삼는 나쁜 사람. 또는 그런 무리. **비**악한.

악대 (樂隊) 여러 가지 악기로 음악을 연주하는 단체.

악덕 (惡德) 도리에 어긋나는 못되고 나쁜 짓.《악덕 상인/악덕 기업》

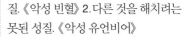

악독하다 아주 못되고 독하다.《악독한 짓을 많이 한 사또가 쫓겨났다.》

악동 (惡童) 장난이 몹시 심하거나 말썽을 자주 부리는 아이.《삼촌은 어렸을 때 알아주는 악동이었다던데?》

악랄하다 하는 짓이 사납고 독하다.《악랄한 짓/악랄한 수법》

악마 (惡魔) 1.사람들에게 못된 짓을 시키거나 해를 입히는 나쁜 귀신. **비**마귀. 2.아주 못된 사람을 빗대어 이르는 말.《사람은 자기 마음에 따라 악마도, 천사도 될 수 있다.》

악명 (惡名) 나쁜 짓을 많이 해서 널리 알려진 이름이나 소문.《악명 높은 범죄자》

악몽 (惡夢) 무섭거나 기분 나쁜 꿈.《무서운 개에게 쫓기는 악몽을 꾸었습니다.》**비**흉몽.

악물다 굳게 마음을 먹거나 어떤 것을 참을 때 이를 꽉 물고 견디다.《주사가 몹시 아팠지만 이를 악물고 참았다.》**북**옥물다. **바**악무는, 악물어, 악뭅니다.

악바리 어떤 일이든 악착같이 해내려고 애쓰는 사람.《우리 누나는 얼마나 악바리인지 새벽 연습에 한 번도 늦은 적이 없어.》**북**악발이.

악법 (惡法) 사회에 해를 끼치는 나쁜 법률.《악법 개정/악법 철폐》

악보 (樂譜) 악곡을 미리 정한 기호를 써서 적어 놓은 것.

악사 (樂士) 악기를 연주하는 사람.

악상 (樂想) 곡을 쓸 때 작곡가 머릿속에 떠오르는 가락이나 느낌.《좋은 악상이 떠올라서 악보에 옮겨 두었다.》

악성 성질 (惡性) 1.고치기 어려운 성질.《악성 빈혈》2.다른 것을 해치려는 못된 성질.《악성 유언비어》

악성 음악가 (樂聖) '위대한 음악가'를 높여 이르는 말.《악성 베토벤》

악센트 (accent) 영어 같은 외국 말에서 낱말의 한 부분을 힘주거나 높여서 소리 내는 것. **북**소리마루.

악수 (握手) 인사할 때 두 사람이 한 손씩 내밀어 마주 잡는 것. **악수하다**

악습 (惡習) 나쁜 버릇이나 풍습.《악습을 없애다.》

악쓰다 있는 힘을 다해 마구 소리를 지르다.《옆집 아기가 악쓰면서 울고 있어요.》**바**악쓰는, 악써, 악씁니다.

악어 더운 지방의 강이나 늪에 사는 동물. 머리와 몸이 길쭉하고 짧은 네 다리와 긴 꼬리가 있다.

악어

악역 (惡役) 연극, 영화 들에서 나쁜 사람 역. 또는 그 역을 맡은 배우.《저 배우는 늘 악역만 맡는 것 같아.》

악연 (惡緣) 서로를 불행하게 하는 나쁜 인연.《악연을 맺다./악연을 끊다.》

악영향 (惡影響) 남한테 해를 끼치는 나쁜 영향.《불량 식품은 건강에 악영향을 미친다.》

악용 (惡用) 올바르지 않게 쓰거나 나쁜 일에 쓰는 것. **반**선용. **악용하다**《남을 억누르는 데 권력을 악용해서는 안 된다.》**악용되다**

악의 (惡意) 남을 괴롭히려는 나쁜 마음.《악의가 있어서 한 말은 아니니까 오해하지 마세요.》**반**선의.

악인 (惡人) 나쁜 사람.《태어날 때부터 악인인 사람은 없단다.》

악장 (樂章) 교향곡, 협주곡 들처럼

악기

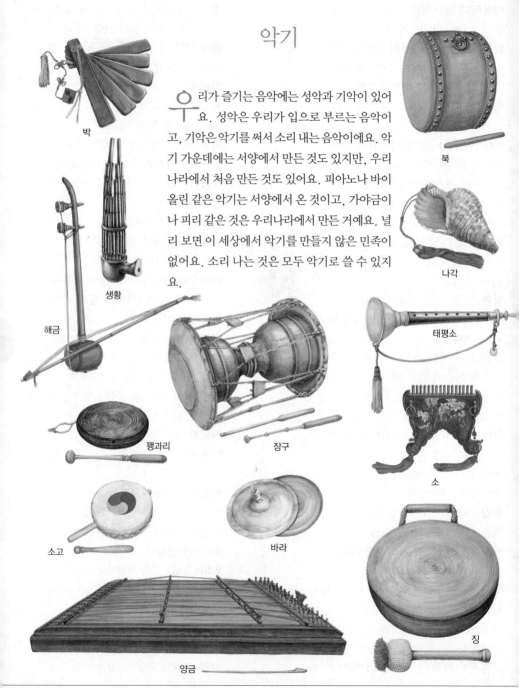

우리가 즐기는 음악에는 성악과 기악이 있어요. 성악은 우리가 입으로 부르는 음악이고, 기악은 악기를 써서 소리 내는 음악이에요. 악기 가운데에는 서양에서 만든 것도 있지만, 우리나라에서 처음 만든 것도 있어요. 피아노나 바이올린 같은 악기는 서양에서 온 것이고, 가야금이나 피리 같은 것은 우리나라에서 만든 거예요. 널리 보면 이 세상에서 악기를 만들지 않은 민족이 없어요. 소리 나는 것은 모두 악기로 쓸 수 있지요.

박

생황

해금

북

나각

태평소

소

꽹과리

장구

소고

바라

징

양금

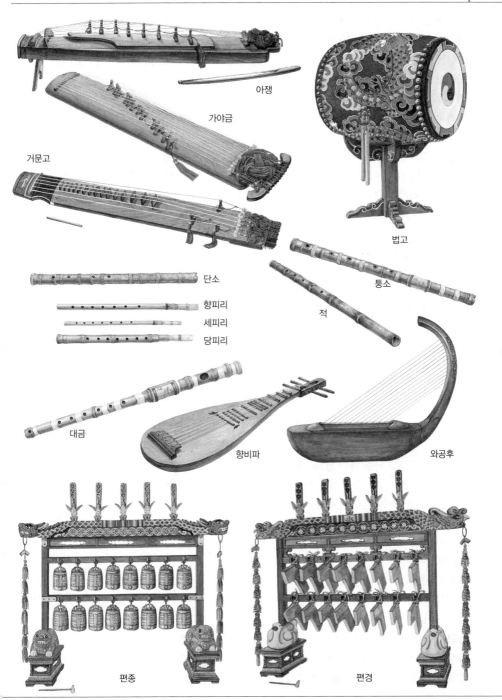

아쟁

가야금

거문고

법고

단소

향피리

세피리

당피리

퉁소

적

대금

향비파

와공후

편종

편경

여러 작은 악곡이 모여서 하나가 되는 곡에서 하나하나의 작은 악곡.《운명 교향곡 제일 악장》

악전고투 (惡戰苦鬪) 형편이 나빠 아주 힘들게 싸우는 것.《두 사람이 다친 우리 편은 경기 내내 악전고투를 벌였다.》**악전고투하다**

악절 (樂節) 서양 음악에서 곡의 주제를 나타내는 가장 작은 단위. 흔히 여덟 마디로 이루어진다. **북**온마디.

악조건 (惡條件) 몹시 어렵고 힘든 조건.《집채만 한 파도가 치는 악조건 속에서도 구조 활동을 계속하였습니다.》

악질 사람 (惡質) 하는 짓이나 됨됨이가 못되고 나쁜 사람. 또는 그런 성질.《악질 사장/악질 불량배》

악질 병 (惡疾) 고치기 힘든 나쁜 병.

악착같다 어떤 일을 해내려는 태도가 아주 모질고 끈덕지다. **악착같이**《그렇게 악착같이 돈을 벌어서 다 뭐에 쓰려고?》

악처 (惡妻) 성질이 아주 사납고 못된 아내.

악천후 (惡天候) 아주 나쁜 날씨. 비, 눈, 안개, 바람 들이 거세어 어떤 일을 하기 힘든 날씨를 이른다.《악천후로 비행기가 하루 종일 뜨지 못했다.》

악취 (惡臭) 고약한 냄새.《쓰레기 더미에서 악취가 난다.》

악취미 (惡趣味) 남이 싫어하는 일을 하면서 즐기는 나쁜 버릇.《약한 동물을 괴롭히는 악취미는 빨리 버려.》

악평 (惡評) 나쁜 평가나 소문.《영화가 악평이 많군요.》**반**호평. **악평하다**

악학궤범 (樂學軌範) 조선 성종 때 성

현이 임금의 명령으로 쓴 음악 책. 음악의 원리와 악기, 무용에 대해 그림과 함께 적었다.

악한 (惡漢) 나쁜 짓을 일삼는 사람. **비**악당.

악행 (惡行) 나쁜 짓.《악행을 저지르다./악행을 일삼다.》**반**선행.

악화 (惡化) 형편, 성질, 관계 들이 나빠지는 것. **반**호전. **악화하다 악화되다**《할머니 병세가 악화되었다.》

안 안쪽 1. 어떤 것의 속.《주머니 안에 거스름돈으로 받은 동전을 넣어 두었다.》**반**바깥. 2. 정해진 테두리에서 벗어나지 않은 정도.《진수에게 사흘 안에 책을 돌려주기로 약속했어.》**비**내.

안 아니 → 아니.

안 되는 사람은 뒤로 자빠져도 코가 깨진다 **속담** 운수가 나쁜 사람은 흔히 생기지 않는 나쁜 일까지 생긴다는 말.

안 되면 조상 탓 **속담** 자기 잘못을 남 탓으로 돌리는 것을 빗대어 이르는 말.

안 안건 (案) → 안건.

안간힘 어떤 일을 해내려고 애쓰는 힘.《아무리 안간힘을 써 보아도 바윗돌은 꿈쩍도 하지 않았어요.》**북**안깐힘.

안감 옷이나 이불 안쪽에 대는 천.

안갖춘꽃 꽃받침, 꽃잎, 암술, 수술 가운데 어느 것이 없는 꽃. 튤립, 갈대, 호박꽃 들이 있다. **참**갖춘꽃.

안개 1. 아주 작은 물방울들이 땅 가까이에 부옇게 떠 있는 것.《자욱한 안개》 2. 어떤 것이 밝혀지지 않아 알 수 없는 상태를 빗대어 이르는 말.《사건의 배후는 안개에 가려져 있다.》

안개꽃 꽃을 보려고 심어 가꾸는 풀.

잔가지 끝에 자잘한 흰 꽃이 많이 핀다.

안개비 → 가랑비.

안건 (案件) 여럿이 함께 의논해야 할 것.《오늘 안건은 교실 대청소에 관한 것입니다.》 같안.

안경 (眼鏡) 눈이 나쁜 사람이 사물을 뚜렷하게 보려고 쓰는 물건. 테에 유리나 플라스틱으로 만든 알을 끼워서 만든다.

안경점 (眼鏡店) 안경을 파는 가게.

안경테 안경알을 끼우는 테. 쇠나 플라스틱으로 만든다.

안골 골짜기 안쪽. 또는 골짜기 안쪽에 있는 마을.《안골에는 작은 집 서너 채밖에 없더라.》

안과 (眼科) 눈에 생기는 병을 고치는 의학 분야. 또는 그런 병원 부서.

안구 (眼球) → 눈알.

안국사 구층 석탑 (安國寺九層石塔) 평안남도 평성 안국사에 있는 9층 석탑. 고려 시대에 쌓은 것이라고 한다.

안기다 1. 남의 품 안에 들다.《동생은 아빠 품에 안긴 채 잠이 들었어요.》 2. 어떤 것을 안아서 들게 하다.《아기한테 인형을 안겨 주니 금세 울음을 멈추네.》 3. 어떤 일을 당하거나 어떤 처지에 놓이게 하다.《그 정치인 비리 사건은 사회에 큰 충격을 안겨 주었다.》

안내 (案內) 남에게 어떤 것을 알려 주는 것. 또는 남을 어떤 곳으로 데려다 주는 것. **안내하다**《할머니께 전철역 가는 길을 안내해 드렸다.》 **안내되다**

안내도 (案內圖) 어떤 곳을 안내하는 그림.《설악산 관광 안내도》

안내문 (案內文) 어떤 곳이나 행사를 안내하는 글. 또는 그 글을 적은 종이.《도서관 이용 안내문》

안내원 (案內員) 어떤 곳이나 행사를 안내하는 사람.

안내장 (案內狀) 어떤 곳이나 행사를 안내하는 글이나 편지.

안내지 (案內誌) 어떤 곳이나 행사를 안내하는 책.《박물관 안내지》

안내판 (案內板) 어떤 곳이나 행사를 안내하려고 글이나 그림을 써 놓은 판.《교통 안내판》 비게시판, 알림판.

안녕 (安寧) 1. 탈 없이 편안한 것.《마을의 안녕을 빕니다.》 2. 동무나 아랫사람과 인사할 때 하는 말.《안녕, 반가워./안녕, 또 만나!》 **안녕하다**

안다 1. 어떤 것을 팔로 감아서 품 안에 두다.《우는 아기를 두 팔로 꼭 안아 주었다.》 2. 배, 가슴 들을 두 팔로 부둥켜 잡다.《상한 음식을 먹은 몇몇 아이들이 배를 안고 괴로워했다.》 3. 바람, 눈, 비, 볕 들을 앞에서 받다.《바람을 안고 달리느라 더 힘들었어.》 4. 생각이나 감정을 마음속에 품다.《우승하리라는 희망을 안고 경기에 나갔다.》

안다리 걸기 씨름에서 오른쪽 다리로 상대의 왼쪽 다리를 걸고 샅바를 당기면서 가슴과 어깨로 밀어서 넘어뜨리는 기술. 참밭다리 걸기.

안달 속을 태우면서 조급하게 서두르는 것.《안달을 떨다./안달을 부리다./안달이 나다.》 **안달하다**

안대 (眼帶) → 눈가리개.

안데스 산맥 남아메리카 서쪽에 있는 산맥. 세계에서 가장 긴 산맥으로, 남아메리카 대륙을 따라 남북으로 뻗어 있다.

안도 (安堵) 걱정거리에서 벗어나 마음을 놓는 것.《아빠가 무사하다는 소식을 들은 뒤에야 엄마는 안도의 한숨을 내쉬었습니다.》비안심. **안도하다**

안동 (安東) 경상북도 북동쪽에 있는 시. 도산 서원, 하회 마을 들이 있다.

안동포 (安東布) 경상북도 안동에서 나는 베. 올이 가늘고 고와서 옛날부터 질이 좋은 베로 이름이 났다.

안되다 1. 가엾고 딱하여 마음이 아프다.《수술을 받아야 할 만큼 아프다니 안됐어.》 2. 걱정거리나 병 때문에 얼굴이 상하다.《서경이가 방학 내내 앓았다더니 얼굴이 너무 안됐더라.》

안드로메다 (Andromeda) 그리스 신화에 나오는 왕녀. 페르세우스가 아내로 삼았는데 죽은 뒤에 별자리가 되었다.

안뜨기 뜨개질에서 가장 쉬운 대바늘 뜨기 방법. 바늘 두 개로 코를 안쪽으로만 감아 뜬다. **안뜨기하다**

안락의자 (安樂椅子) 편안하게 기대어 앉을 수 있는 푹신한 의자.

안락하다 걱정거리가 없어 몸과 마음이 편안하고 즐겁다.《안락한 가정/안락한 삶을 누리다.》

안마 주무름 (按摩) 손으로 몸을 주무르거나 두드리는 일. **안마하다**《아빠, 제가 어깨 안마해 드릴게요.》

안마 기구 (鞍馬) 말 등처럼 생긴 대 위에 손잡이가 두 개 달린 체조 기구. 또는 그 위에서 하는 남자 체조 경기.

안마기 (按摩器) 안마하는 데 쓰는 기구.

안마당 집 안에 있는 마당.

안면 (顔面) 1.→ 얼굴만 아는 것.《정태와 안면은 있지만 말을 나누어 본 적은 없어.》
안면을 바꾸다 관용 아는 사람을 새삼스럽게 모른 체하다.《저 사람은 유명해지더니 하루아침에 안면을 바꾸네.》
비안면을 몰수하다.

안목 (眼目) 물건이나 사람 됨됨이를 잘 헤아리는 눈.《옷감 고르는 데는 할머니 안목을 따를 사람이 없다.》

안무 (按舞) 음악에 맞추어 춤 동작을 짜거나 가르치는 일.

안반 → 떡판.

안방 안주인이 쓰는 방. 또는 주인 부부가 쓰는 가장 큰 방.

안보 (安保) 다른 나라가 쳐들어오는 것을 막고 자기 나라와 국민을 안전하게 지키는 일.《국가 안보》

안부 (安否) 탈 없이 편안하게 잘 지내는지 아닌지 하는 소식. 또는 그것을 묻는 인사.《엄마한테 안부 좀 전해 주겠니?》**안부하다**

안사람 '아내'를 달리 이르는 말.《제 안사람 요리 솜씨가 쓸 만하지요?》

안색 (顔色) → 얼굴빛.《병이 많이 나았는지 삼촌 안색이 꽤 좋아 보인다.》

안성맞춤 일부러 맞춘 것처럼 딱 알맞은 물건. 또는 딱 알맞은 경우.《이 치마는 언니한테 안성맞춤일 것 같아요.》

안성평야 (安城平野) 경기도 남쪽에 있는 평야. 쌀, 보리, 면화 들이 난다.

안시성 (安市城) 고구려와 당나라의 경계를 이루던 산성.

안시성 싸움 고구려 보장왕 때 (645

년) 안시성에서 고구려와 당나라가 벌인 싸움. 성주인 양만춘이 당나라 대군을 크게 무찔렀다.

안식 (安息) 편안하게 쉬는 것.《환자한테는 무엇보다 안식이 필요합니다.》

안식처 (安息處) 편안하게 쉴 수 있는 곳.《너는 내 마음의 안식처야.》

안심 편함 (安心) 걱정거리가 사라져서 마음을 놓는 것. 비안도. 반걱정. **안심하다**《제가 동생을 잘 돌볼 테니 엄마는 안심하고 다녀오세요.》 **안심되다**

안심 고기 소의 갈비 안쪽에 붙은 부드러운 살. 참등심.

안쓰럽다 어렵고 힘든 처지에 있는 사람이 가엾고 딱하다.《걸핏하면 감기에 걸리는 동생이 안쓰럽습니다.》북안스럽다, 안슬프다. 바안쓰러운, 안쓰러워, 안쓰럽습니다.

안압지 (雁鴨池) 경상북도 경주 북동쪽에 있는 못. 신라 문무왕 때 만들었고, 연못 바닥에서 신라 유물이 많이 나왔다.

안약 (眼藥) → 눈약.

안이하다 너무 쉽게 여기는 태도가 있다.《그냥 있어도 어떻게 되겠지 하는 안이한 생각은 당장 버려라.》

안일 (安逸) 힘을 들이지 않고 쉽고 편안하게만 하려는 것. **안일하다**

안장 (鞍裝) 1.사람이 올라타기 쉽게 말이나 나귀 등에 가죽으로 만들어서 얹는 도구. 2.자전거나 오토바이 같은 탈것에서 사람이 앉는 자리.《자전거 안장이 너무 높아요.》

안전 (安全) 탈이 나거나 다칠 위험이 없는 것.《안전 운전》 **안전하다**

안전거리 (安全距離) 안전하게 운전을 하려고 차와 차 사이에 두어야 하는 거리.《안전거리를 지킵시다.》

안전띠 자동차나 비행기에서 사람 몸을 의자에 붙들어 매는 띠. 사고가 났을 때 충격을 줄여 준다. 같안전벨트.

안전모 (安全帽) 머리를 보호하려고 쓰는 모자. 흔히 공장, 공사장, 운동장 같은 곳에서 쓰고, 쇠나 플라스틱으로 단단하게 만든다.

안전벨트 → 안전띠.

안전 보장 (安全保障) 다른 나라가 쳐들어오거나 괴롭히는 것을 막고 자기 나라와 국민을 안전하게 지키는 일.

안전사고 (安全事故) 주의하지 않아서 생기는 사고.

안전선 (安全線) 전철역이나 기차역에서 사고를 막으려고 사람들이 철길에 다가서지 못하게 그어 놓은 선.

안전성 (安全性) 안전한 상태. 또는 안전하게 하는 성질.

안전장치 (安全裝置) 총, 폭탄, 기계들이 작동하지 못하게 걸어 두는 장치.

안전핀 1.둥글게 구부러진 부분에 바늘 끝을 넣어 잠그는 핀. 2.폭탄이나 소화기 들이 터지지 않게 꽂는 핀.

안절부절 마음이 몹시 불안하거나 초조하여 어찌할 바를 모르는 모양.

안절부절못하다 이러지도 저러지도 못하고 마음을 졸이다.《동생이 다쳤을까 봐 밤새 안절부절못했다.》

안정 마음 (安靜) 몸과 마음이 편안하고 걱정이 없는 것. **안정하다**《의사 선생님 말씀처럼 일주일만 안정하면 곧 나을 거예요.》 **안정되다**

안정 자세 (安定) 분위기나 형편이 달라지지 않고 줄곧 이어지는 것. 또는 탈 없이 편안한 상태가 줄곧 이어지는 것.《물가 안정》**안정되다**

안정감 (安定感) 안정하게 있는 느낌.《원두막이 낡아서 안정감이 없어.》

안정제 (安靜劑) 흥분을 가라앉혀 안정시키는 약.

안주 술을 마실 때 곁들이는 먹을거리.《엄마가 막걸리 안주로 부침개를 내오셨다.》

안주하다 1.한곳에 자리 잡고 편안하게 살다.《아빠는 나이 들면 고향으로 돌아가 안주하시겠대요.》 2.지금 누리는 처지나 형편에 만족하다.《현실에 안주하지 말고 더 노력해야지.》

안중 (眼中) 흔히 '안중에' 꼴로 써서, 생각하거나 마음에 두는 것.《숙제는 안중에 없이 놀기만 하니?》

안질 (眼疾) → 눈병.

안짱다리 두 발끝이 안쪽으로 휜 다리. 또는 두 발끝을 안쪽으로 향하게 걷는 사람.

안쪽 어떤 것의 안. 또는 안으로 향한 쪽.《주머니 안쪽에 구멍이 나서 동전을 다 흘렸어요.》 **반**바깥쪽.

안착하다 1.무사히 도착하다.《비행기가 활주로에 안착했다.》 2.편하게 살 곳을 찾아 뿌리내리다.《우리는 시골에 안착해서 잘 살고 있어요》

안채 집에서 안쪽에 있는 집채.

안치 (安置) 어떤 것을 안전하게 잘 두는 것. 또는 주검, 위패 같은 것을 잘 모셔 두는 것. **안치하다**《나라를 위해 싸우다 죽은 군인들을 국립묘지에 안치했다.》**안치되다**

안치다 끓이거나 찔 음식 재료를 솥이나 시루에 넣다.《솥에 밥을 안치다.》

안치수 안쪽을 잰 길이.

안타 (安打) 야구에서 타자가 누에 나갈 수 있게 공을 치는 일.

안타깝다 마음대로 되지 않거나 보기에 딱하여 속이 타고 답답하다.《동무들이 서로 싸우는 것을 보니 너무 안타까웠다.》 **바**안타까운, 안타까워, 안타깝습니다.

안테나 (antenna) 공중에 세워서 전파를 보내거나 받는 장치. 텔레비전, 라디오, 휴대 전화, 무선 전화 들에 쓴다.《텔레비전 안테나/전화기 안테나》

안팎 1.안과 바깥.《동생과 함께 집 안팎을 깨끗이 청소했다.》 **비**내외. 2.어떤 시간, 수량보다 조금 모자라거나 넘치는 정도《스무 명 안팎》 **비**내외.

안팎이 다르다 관용 속마음과 하는 짓이 다르다.《동물을 사랑하자면서 개를 차다니, 어쩜 그리 안팎이 다르니?》

안하무인 (眼下無人) 자기만 잘났다면서 남을 업신여기는 것.《반장이 무슨 버슬이라고 그렇게 안하무인이야?》

앉다 1.윗몸을 세운 채 무릎을 구부려서 바닥이나 다른 것에 엉덩이를 붙이다.《모두 의자에 앉으세요.》 2.새, 날벌레, 비행기 들이 날기를 멈추고 어떤 곳에 내려 머무르다.《참새들이 빨랫줄 위에 나란히 앉아 있다.》 3.집이나 건물이 어떤 곳에 자리를 잡다.《남향으로 앉은 초가집》 4.어떤 지위에 오르다.《사람이 사장 자리에 앉게 되었다고 갑자기 바뀌면 못써.》 5.가루, 먼

지 같은 것이 쌓이거나 때, 이끼 같은 것이 끼다.《먼지가 잔뜩 앉은 책상》

앉으나 서나 관용 언제나.《엄마는 앉으나 서나 우리 걱정만 하신다.》

앉아서 주고 서서 받는다 속담 빌려 주는 것은 쉽지만 돌려받기는 어렵다는 말.

앉은뱅이 1.앉을 수만 있고 서지는 못하는 사람. 2.높이가 낮은 물건을 빗대어 이르는 말.《앉은뱅이 걸상》

앉은뱅이저울 바닥에 놓고 받침대에 물건을 올려서 무게를 재는 저울.

앉은뱅이저울

앉은뱅이책상 의자 없이 바닥에 앉아서 쓰는 낮은 책상.

앉은부채 산골짜기 그늘진 곳에서 자라는 풀. 봄에 옅은 자주색 꽃이 잎보다 먼저 핀다. 온몸에서 고약한 냄새가 나고 뿌리를 약으로 쓴다. 북삿부채풀.

앉은부채

앉은자리 앉아 있는 바로 그 자리. 또는 어떤 일이 일어나는 바로 그 자리.《형은 앉은자리에서 밥을 세 공기나 비운다.》

앉은자리에 풀도 안 나겠다 속담 성격이 아주 쌀쌀맞다는 말.

앉은키 등을 곧게 편 채 의자에 앉아서 엉덩이 끝에서 머리끝까지를 잰 키.

앉히다 1.남을 어떤 곳에 앉게 하다.《선생님이 새로 전학 온 아이를 내 옆에 앉히셨다.》2.남을 어떤 지위에 오르게 하다.《대통령이 대학 교수를 국무총리 자리에 앉혔다고 합니다.》

않다 1.어떤 일을 안 하다.《이모는 늘 아침을 먹지 않고 회사에 간다.》본아니하다. 2.어떤 상태가 아니다.《나는 축구를 좋아하지 않아.》본아니하다.

알 새알 1.새, 물고기, 곤충 들의 암컷이 낳는 둥근 것. 정해진 시간이 지나면 껍데기를 깨고 새끼나 애벌레가 나온다.《개구리 알/알을 품다.》2.작고 둥근 물건을 이르는 말.《진주 목걸이에서 알이 빠졌다.》3.작고 둥근 열매나 곡식의 낟알을 이르는 말.《옥수수 알/사과 다섯 알》4.힘살이 단단하고 둥글게 뭉친 것.《오랜만에 축구를 했더니 장딴지에 알이 배었네.》

알 까기 전에 병아리 세지 마라 속담 일이 다 되기도 전에 이익이 얼마나 생길지 따져 보지 말라는 말.

알- 붙는 말 어떤 낱말 앞에 붙어, 1.겉을 싸거나 딸려 있는 것을 모두 없앴다는 뜻을 더하는 말.《알몸/알곡/알밤》2.'진짜', '알짜'라는 뜻을 더하는 말.《알거지/알부자》3.알처럼 둥글게 생겼다는 뜻을 더하는 말.《알사탕》

알갱이 1.작고 둥근 열매나 곡식의 낟개. 또는 그것을 세는 말.《쌀 알갱이/호두 세 알갱이》2.작고 둥글고 단단한 것을 이르는 말.《모래 알갱이가 들어갔는지 눈이 쓰리다.》3.한 물질을 이루는 아주 작은 물질.《물질을 이루는 가장 작은 알갱이는 원자이다.》

알거지 가진 것이 하나도 없는 사람. 또는 갑자기 재산을 다 잃은 사람.

알곡 1.속이 꽉 찬 곡식.《알곡과 쭉정이를 잘 가려내야지.》2.쌀, 보리, 콩같이 낟알로 된 곡식.《알곡 한 톨에도 농부의 수고가 담겨 있다.》

알껍질 ㅣ북 조류나 파충류 알의 겉을 싼 딱딱한 껍질.

알다 1.모르던 것을 깨닫거나 느끼거나 이해하다.《이 낱말 뜻을 아는 사람

손들어 보세요.》 ^반모르다. 2.능력, 기술 들을 갖추다.《우리 반에는 바둑을 둘 줄 아는 애가 한 명도 없다.》 ^반모르다. 3.어떤 사람과 사귀거나 만난 적이 있다.《아는 애들 몇 명만 생일잔치에 초대했어요.》 4.어떤 것을 가장 소중하게 여기다.《돈만 아는 지독한 구두쇠》 5.어떤 일에 관심을 두거나 관계하다.《내가 언제 집에 가든지 네가 알 바 아니잖아.》 6.일을 어떻게 해야 할지 스스로 판단하고 정하다.《네 일은 네가 알아서 해야지.》 ^바아는, 알아, 압니다.

아는 것이 힘 ^{속담} 아는 것이 많으면 세상을 사는 데 도움이 되므로 많이 배워야 한다는 말.

아는 길도 물어 가라 ^{속담} 잘 아는 일을 할 때도 실수하지 않게 조심하라는 말.

알뜰살뜰 돈이나 물건을 아껴 쓰면서 정성껏 살림을 하는 모양.《엄마는 알뜰살뜰 모은 돈으로 새집을 장만했다.》 **알뜰살뜰하다**

알뜰 시장 집에서 안 쓰는 물건을 가져와 싸게 사고파는 시장.

알뜰하다 1.살림하는 태도가 헤프지 않고 꼼꼼하다.《나도 누나처럼 용돈을 알뜰하게 쓸 거야.》 ^비야무지다. 2.아끼거나 보살피는 마음이 정성스럽다.《쌍둥이는 어머니의 알뜰한 보살핌을 받으면서 잘 자랐다.》

알라 (Allah) 이슬람교에서 믿는 신.

알락꼬리마도요 서해안 갯벌이나 강어귀에서 볼 수 있는 나그네새. 몸 빛깔은 갈색이고 부리는 검다.

알락달락 여러 빛깔의 무늬가 여기저

알락도요

알락수염노린재

알락할미새

알락꼬리마도요

알로에

기 흩어진 모양. **알락달락하다**

알락도요 물가에 사는 나그네새. 머리와 등 쪽은 검은 갈색 바탕에 흰 점이 흩어져 있고, 날개 아래쪽은 흰색이다.

알락수염노린재 바닷가 풀숲, 논밭, 낮은 산에서 볼 수 있는 노린재. 몸 빛깔은 붉은 밤색이나 연보라색이다.

알락할미새 바닷가, 강가, 논에 사는 여름새. 뒷머리, 등, 가슴, 부리는 검고 뺨과 배는 희다. 흔히 땅바닥을 걸어다니면서 먹이를 찾는다.

알랑- 남의 비위를 맞추거나 좋게 보이려는 말이나 행동을 하는 모양. **알랑거리다 알랑대다 알랑알랑**《동생이 과자 좀 달라고 알랑거린다.》

알랑방귀 알랑거리는 짓을 낮추어 이르는 말.

알랑방귀를 뀌다 ^{관용} 잘 보이려고 아양을 떨다.《찬호가 선생님한테 잘 보이려고 알랑방귀를 뀐다.》

알래스카 (Alaska) 북아메리카 대륙 북서쪽 끝에 있는 미국의 주.

알량하다 그다지 훌륭하거나 대수롭지 않다.《알량한 자존심 때문에 먼저 사과하지 못해 미안해.》

알레르기 (Allergie^독) 어떤 물질이 살갗에 닿거나 몸속에 들어갔을 때 콧물, 재채기, 두드러기 같은 것이 일어나는 것. ^북알레르기아.

알력 (軋轢) 서로 뜻이 맞지 않아 사이가 좋지 않거나 자꾸 부딪치는 일.《반장과 부반장 사이에 알력이 있었다는데 사실이야?》 ^비갈등, 마찰. ^북알륵.

알로에 온실이나 화분에 심어 가꾸는 풀. 잎은 두꺼운 칼처럼 생겼고 가장자리에 가시가 있다. 잎에서 나는 즙을 약으로 쓴다.

알록달록 여러 가지 빛깔의 점이나 줄들이 뒤섞여 작은 무늬를 이룬 모양. 《장미와 라일락과 해바라기가 알록달록 피어 있다.》 **알록달록하다**

알루미늄 (aluminium) 가볍고 무른 은빛 금속. 그릇, 건축 재료, 합금 들을 만드는 데 쓴다. 북알루미니움.

알루미늄박 알루미늄을 얇게 펴서 종이처럼 만든 것. 흔히 음식을 싸거나 열을 막는 데 쓴다. 북알루미니움박.

알리다 남한테 어떤 사실, 정보 들을 알게 하다. 《합격 소식을 알리다.》

알리바이 (alibi) 죄를 지었다고 의심받는 사람이 사건이 일어난 곳에 없었다는 증거.

알림장 학교의 숙제, 준비물, 전달 사항 들을 적는 공책.

알림판 여러 사람에게 알릴 것을 적거나 붙이는 판. 《칠판 옆 알림판에 소풍 날짜가 적혀 있다.》 비게시판, 안내판.

알맞다 넘치거나 모자라지 않고 꼭 맞다. 《가을은 덥지도 춥지도 않아 운동하기에 딱 알맞다.》

알맞춤하다 |북 어떤 테두리에 얼추 들어맞다. 《이 신발이 오빠 발에 알맞춤해 보인다.》 **알맞춤히**

알맹이 1.껍데기나 껍질 속에 들어 있는 것. 《다슬기를 삶아 알맹이를 쏙쏙 빼 먹었다.》 참껍데기. 2.말, 글 들에서 중심이 되거나 중요한 내용. 《자꾸 말 돌리지 말고 알맹이를 이야기해.》

알며느리밥풀 남부 지방의 산에서 자라는 풀. 8~9월에 붉거나 흰 꽃이 피

알며느리밥풀

고, 달걀꼴 열매가 열린다.

알몸 1.아무것도 입지 않은 몸. 《두 살짜리 조카가 알몸으로 마루를 뛰어다닌다.》 같나체, 맨몸. 2.가진 재산이 전혀 없는 상태를 이르는 말. 《내 나이 스무 살 때에 알몸으로 서울에 왔지.》

알밤 1.밤송이에서 빠지거나 뺀 밤톨. 2.주먹을 쥐고 남의 머리를 가볍게 쥐어박는 일. 《여자 아이들을 놀리다가 선생님께 알밤을 먹었다.》 비꿀밤.

알부자 겉으로 드러나지 않지만 알짜 부자인 사람.

알뿌리 식물의 뿌리, 줄기, 잎 들이 땅속에서 알처럼 둥글게 뭉쳐 있는 것. 양파, 마늘, 감자, 백합 같은 식물에서 볼 수 있다. 같구근.

알사탕 알처럼 작고 둥글둥글한 사탕.

알선 (斡旋) 남의 일이 잘되게 여기저기 알아봐 주고 도와주는 것. **알선하다** 《아버지가 막내 삼촌에게 일자리를 알선해 주셨다.》

알쏭달쏭하다 그런 것 같기도 하고 아닌 것 같기도 하여 얼른 가려보기 힘들다. 《네가 하는 말이 알쏭달쏭해서 무슨 뜻인지 잘 모르겠어.》

알아내다 모르는 것을 어떤 수를 써서 알게 되다. 《누가 내 흉을 봤는지 반드시 알아낼 거야.》

알아듣다 1.말에 담긴 뜻을 알다. 《짝꿍이 말귀를 못 알아듣고 어리둥절한 표정을 지었다.》 2.무슨 소리인지 가려서 듣다. 《한 사람씩 말해야지 한꺼번에 떠들면 알아들을 수가 없잖아.》 바알아듣는, 알아들어, 알아듣습니다.

알아맞히다 답을 알아내어 바로 맞히

다. 《내가 수수께끼를 낼 테니까 알아맞혀 봐.》

알아보다 1. 모르거나 궁금한 것을 살펴보거나 따져 보다. 《강화 가는 버스가 어디에서 출발하는지 알아보자.》 2. 잊지 않고 기억하다. 《몇 년 만에 뵙는데도 할아버지는 한눈에 나를 알아보셨다.》 3. 눈으로 보고 가려내거나 깨닫다. 《이모 머리 모양이 바뀌었다는 것을 금방 알아볼 수 있었다.》 4. 사람의 능력, 물건의 가치 들을 알거나 인정하다. 《여러 감독 가운데 딱 한 사람만 그 선수의 능력을 알아보았다.》

알아주다 1. 사정이나 형편을 이해하다. 《내 마음을 잘 알아주는 사람은 언니밖에 없어.》 2. 솜씨나 특성 같은 것을 인정하다. 《우리 아빠도 어렸을 적에는 알아주는 개구쟁이였대.》

알아차리다 일이 돌아가는 형편을 눈치나 짐작으로 미리 알다. 《화가 잔뜩 난 엄마 얼굴을 보고서야 큰일을 저지른 것을 알아차렸다.》 **같**알아채다.

알아채다 → 알아차리다.

알알이 알 하나하나마다. 《포도가 알알이 잘 익었다.》

알알하다 1. 매워서 혀가 쏘는 듯이 아프다. 《고추를 씹었다가 혀가 알알해서 혼났다.》 **참**얼얼하다. 2. 다친 데가 쓰리고 아프다. 《칼에 베인 상처에 물이 닿자 몹시 알알했다.》 **참**얼얼하다.

알약 작은 알 모양으로 만든 약.

알은체 1. 남의 일에 아는 척 끼어드는 것. 《공연히 알은체 말고 조용히 있어.》 2. 아는 사람을 보고 인사하는 것. 《은선이가 날 알은체도 안 하고 지나쳐서 섭섭했어.》 **알은체하다**

알음알음 여러 사람을 거쳐서 서로 아는 것. 《아버지가 알음알음으로 삼촌 일자리를 부탁했다.》

알젓 생선 알로 담근 젓.

알주머니 알을 싸고 있는 얇고 질긴 주머니. 개구리, 거미, 상어 같은 동물에서 볼 수 있다.

알집 **난소** 여자나 동물 암컷 몸에서 난자를 만들어 내보내는 곳. **같**난소.

알집 **곤충** 사마귀나 거미 같은 곤충이 알을 추위나 천적에게서 지키려고 짓는 집.

알짜 여러 가지 가운데 가장 좋거나 가치 있는 것. 또는 아주 실속이 있는 것. 《이 잡지에는 알짜 정보가 많아.》

알짱- 하는 일 없이 돌아다니는 모양. **알짱거리다 알짱대다 알짱알짱**

알차다 1. 열매, 곡식 같은 것이 속이 꽉 차다. 《배추 속이 참 알차다.》 2. 쓸모가 있다. 또는 실속이 있다. 《이번 방학은 알차게 보낸 것 같아 뿌듯해.》

알츠하이머병 뇌가 쭈그러들어서 기억하고 생각하는 힘이 떨어지는 병.

알칼리 (alkali) 물에 녹아 염기성을 나타내는 물질.

알칼리성 → 염기성.

알코올 (alcohol) 빛깔이 없고 불이 잘 붙고 증발하기 쉬운 액체. 술을 만드는 데 많이 쓰고 약으로도 쓴다.

알코올램프 (alcohol lamp) 알코올을 때서 열을 내는 기구. 그을음이 없고 불기운이 세서 과학 실험에 쓴다.

알타이르 (Altair) → 견우 별.

알토 (alto **이**) 성악에서 가장 낮은 여자 목소리. 또는 그런 목소리로 노래하는 가수. **참**메조소프라노, 소프라노.

알통 사람 몸에서 힘살이 단단하고 불룩하게 나온 곳.

알파벳 (alphabet) 서양 여러 나라에서 쓰는 글자. 에이 (A)에서 제트 (Z)까지 스물여섯 자이다.

알프스 산맥 유럽 가운데의 남쪽에 있는 산맥. 독일, 프랑스, 오스트리아, 스위스, 이탈리아 들에 걸쳐 있다.

알현 (謁見) 신분이 높은 사람을 찾아가 만나는 것. **알현하다**《신부님은 옛날에 교황을 알현한 적이 있으시데.》

앎 아는 것.《앎이 모자라다고 생각하면 책을 읽어라.》

앓다 1. 병이 나서 아파하다.《동생이 밤새 앓는 통에 엄마가 한잠도 못 주무셨다.》 2. 걱정이 있어 괴로워하다.《혼자 끙끙 앓지 말고 털어놔 봐.》

앓느니 죽지 **속담** 조금 편하겠다고 남을 시켜 일을 망치느니 힘이 들더라도 자기가 하는 것이 차라리 낫겠다는 말.

앓던 이 빠진 것 같다 **속담** 걱정거리가 없어져서 속이 시원하다는 말.

앓아눕다 병으로 드러눕다.《형이 독감에 걸려 앓아누웠다.》 **바**앓아눕는, 앓아누워, 앓아눕습니다.

암 병 (癌) 몸 안에 해로운 세포가 생겨서 자꾸 불어나는 병.

암 느낌말 → 아무렴.

암– **암컷** 1. 동식물을 나타내는 낱말 앞에 붙어, '새끼를 배는', '열매를 맺는'이라는 뜻을 더하는 말.《암컷/암꽃/암탉》 **참**수–. 2. 짝이 있는 사물 이름 앞에 붙어, '오목하게 들어간', '구멍

암나사

이 있는' 이라는 뜻을 더하는 말.《암나사/암키와》 **참**수–.

암갈색 (暗褐色) 어두운 갈색.

암거래 (暗去來) 법으로 거래를 못하게 하는 물건을 몰래 사고파는 것. **암거래하다 암거래되다**

암그루 소철, 은행나무처럼 암꽃과 수꽃이 딴 그루에 피는 나무에서 암꽃만 피고 열매를 맺는 나무. **참**수그루.

암기 (暗記) 어떤 것을 잊지 않고 그대로 외우는 것. **암기하다**《책 한 권을 통째로 암기했단 말이야?》

암꽃 암술만 있는 꽃. **참**수꽃.

암꿩 암컷 꿩. **참**수꿩.

암나사 수나사를 끼울 수 있게 몸통에 홈을 파 놓은 나사. **같**너트. **참**수나사.

암놈 동물의 암컷.《사자 가운데 갈기가 없는 것이 암놈이다.》 **참**수놈.

암담하다 희망이 전혀 없어서 아주 괴롭고 답답하다.《숲에서 길을 잃어 어떻게 빠져나가야 할지 암담했다.》

암만 → 아무리.

암매장 (暗埋葬) 남몰래 주검을 땅에 묻는 짓. **암매장하다**

암모나이트 오랜 옛날에 살던 조개. 껍데기는 나선처럼 생겼고 주름이 많이 있다. 지금은 화석만 남아 있다.

암모니아 (ammonia) 코를 찌르는 냄새가 나고 빛깔이 없는 기체. 비료의 원료나 공업 약품으로 쓴다.

암모니아수 암모니아를 물에 녹인 액체. 강한 염기성을 나타내고 약품으로 쓴다.

암반 (巖盤) 땅속에 박혀 있는 커다란 바위.《터널을 뚫는데 암반이 많아서

애를 먹었다고 합니다.》

암벽 (巖壁) 벽처럼 곧고 크게 솟은 바위.《암벽 등반 대회》**북**바위벼랑.

암산 (暗算) → 속셈. **암산하다**

암살 (暗殺) 사람을 몰래 죽이는 짓. **암살하다 암살되다**

암상 남을 시기하고 샘내는 마음.《암상이 나다./암상을 부리다.》**암상하다**

암상스럽다 암상하는 태도가 있다.《팥쥐가 암상스러운 표정으로 콩쥐를 째려본다.》**바**암상스러운, 암상스러워, 암상스럽습니다.

암석 (巖石) 1. 지구의 겉 부분을 이루는 단단한 물질. 퇴적암, 화성암, 변성암 들이 있다. 2. 큰 돌이나 바위를 달리 이르는 말.

암소 암컷 소. **참**수소, 황소.

암송 (暗誦) 글을 외워서 읊는 것.《동시 암송》**암송하다**

암수 암컷과 수컷.《암수 한 쌍/암수 딴 그루》**갈**자웅.

암술 꽃 가운데에 있어 수술의 꽃가루를 받아 씨를 맺는 기관. **참**수술.

암술머리 식물의 암술 꼭대기. 꽃가루를 받는 곳이다.

암시 (暗示) 내용이나 사실 들을 겉으로 드러내지 않고 넌지시 알려 주는 것. **암시하다**《이 소설에서 검은 옷은 죽음을 암시하는 것 같아.》**암시되다**

암시장 (暗市場) 법으로 거래를 못하게 한 물건을 몰래 사고파는 곳.

암실 (暗室) 빛을 완전히 막아서 캄캄하게 꾸민 방. 사진을 뽑거나 과학 실험을 하는 데 쓴다.

암울하다 희망이 없어 답답하고 괴롭다.《이 시에는 일제 강점기의 암울한 현실이 담겨 있다.》

암자 (庵子) 1. 큰 절에 딸린 작은 절. 2. 도를 닦으려고 외진 곳에 마련한 작은 집.《삼촌은 조용히 공부하고 싶다면서 암자로 들어갔다.》

암초 (暗礁) 1. 물속에 잠겨 보이지 않는 바위.《커다란 암초에 부딪혀 배에 구멍이 났다.》 2. 뜻밖에 부딪치는 어려운 일을 빗대어 이르는 말.《우리 앞에 어떤 암초가 있을지 모르지만 힘을 모아 헤쳐 나가자.》

암캐 암컷 개. **참**수캐.

암컷 암수가 따로 있는 동물에서 새끼나 알을 배는 쪽. **참**수컷.

암키와

암키와 넓적하고 조금 우묵한 기와. 지붕 바닥에 깔고 수키와를 엎어 지붕을 잇는다. **참**수키와.

암탉 암컷 닭. **참**수탉.

암탉

암톨쩌귀 문설주에 달아 문을 여닫는 데 쓰는 구멍 뚫린 쇠붙이. 문짝에 달린 수톨쩌귀를 끼워 넣는다. **참**수톨쩌귀.

암톨쩌귀

암퇘지 암컷 돼지. **참**수퇘지.

암투 (暗鬪) 조직 같은 곳에서 권력을 잡으려고 겉으로 드러내지 않고 싸우는 것.《회원들 사이에 회장 자리를 놓고 암투가 벌어졌다.》

암팡지다 야무지고 당차다.《조그만 게 암팡지게도 대드는구나.》

암페어 (ampere) 전류의 세기를 나타내는 말. 기호는 A이다.

암평아리 암컷 병아리. **참**수평아리.

암표 (暗票) 법을 어기고 미리 사두었다가 몰래 비싸게 파는 차표나 입장권.

암행 (暗行) 신분을 숨기고 몰래 살피고 돌아다니는 것. **암행하다**《어사 박문수는 전국을 암행하면서 백성이 어떻게 사는지 살폈다.》

암행어사 (暗行御史) 조선 시대에 왕의 명령으로 신분을 숨기고 다니면서 지방 관리의 잘잘못과 백성의 살림을 살펴 바로잡는 일을 하던 벼슬. **칼어사**.

암호 (暗號) 비밀을 지키려고 정해 놓고 주고받는 기호나 신호.《암호를 말해야만 안으로 들어갈 수 있어.》

암흑 (暗黑) 1.빛이 전혀 없어 아주 캄캄한 상태.《전기가 끊기자 온 마을이 암흑에 휩싸였다.》**반광명**. 2.희망이 전혀 없어 아주 괴로운 상태.《우리 겨레는 일제 강점기의 암흑 속에서 36년이나 고통받았다.》

압도 (壓倒) 엄청난 힘이나 능력으로 남을 꼼짝 못하게 하는 것. **압도하다**《우리나라 제품이 품질이나 디자인에서 다른 나라 제품을 압도하였다.》**압도되다**

압력 (壓力) 1.밀거나 누르는 힘.《높은 산에 오르면 공기 압력이 낮아져서 귀가 멍멍하다.》2.어떤 요구나 주장을 따르게 하는 힘.《환경 단체는 골프장을 못 짓게 구청에 압력을 넣었다.》

압력솥 뚜껑을 꽉 닫아 솥 안의 압력을 높여서 밥을 빨리 짓게 만든 솥.

압록강 (鴨綠江) 우리나라 북서쪽을 흐르는 강. 우리나라에서 가장 긴 강으로 백두산에서 시작하여 서해로 흘러든다.

압박 (壓迫) 1.힘으로 내리누르는 것.《몸이 무거워서 무릎에 압박이 많이

가요.》2.기를 펴지 못하게 억누르는 것.《경제 압박》**압박하다**

압박감 (壓迫感) 몸이나 마음이 짓눌리는 느낌.《시험 전날은 압박감 때문에 잠이 잘 오지 않는다.》

압박 붕대 (壓迫繃帶) 몸의 한 곳을 꽉 감는 붕대. 흔히 부러지거나 삔 데에 감는다.

압사 (壓死) 무거운 것에 눌려 죽는 것.《압사 사고》**압사하다**

압송 (押送) 죄인을 잡아서 다른 곳으로 옮기는 것. **압송하다**《경찰이 범인을 서울로 압송하였다.》**압송되다**

압수 (押收) 법원, 수사 기관 들에서 증거가 될 만한 물건을 강제로 거두어 가는 것. 또는 법이나 규칙에 어긋나는 물건을 강제로 가져가는 것.《학교에 만화책 가져오면 무조건 압수다!》**압수하다 압수되다**

압정 못 (押釘) 벽에 종이처럼 가벼운 것을 붙일 때 쓰는 짧은 못. 대가리가 크고 납작한데 손으로 눌러 박는다.

압정 정치 (壓政治) 국민의 자유를 힘으로 억누르는 정치. '압제 정치'를 줄인 말이다.《폭군의 압정에 시달리던 백성이 전국에서 들고일어났다.》

압제 (壓制) 힘으로 남의 자유를 빼앗고 억누르는 것.《이제 독재 정권의 압제에서 벗어날 때입니다.》**압제하다**

압착 (壓搾) 1.한 물체를 힘주어 눌러 다른 물체에 붙이는 것. 2.물체를 힘주어 눌러 짜는 것. **압착하다**《동백 씨를 압착해서 기름을 짰다.》**압착되다**

압축 (壓縮) 1.부피를 줄여 작게 하는 것.《엄마가 압축 솜으로 요를 만드셨

다.》 2.문장에서 뜻은 살리면서 길이는 짧게 줄이는 것.《시의 특징은 압축과 생략이다.》 **압축하다 압축되다**

압축기 (壓縮機) 세게 눌러서 크기를 줄이는 기계.《쓰레기 압축기》

앗 깜짝 놀라거나 아주 급할 때 내는 소리.《앗, 비 온다!》

앗다 남의 것을 빼앗거나 가로채다.《태풍이 수많은 목숨을 앗아 갔다.》

앙가슴 가슴에서 두 젖 사이. **복동가슴**.

앙감질 한 발을 들고 다른 한 발로만 뛰는 짓.《신발 한 짝이 없어져서 앙감질로 겨우 집에 왔다.》 **앙감질하다**

앙갚음 남이 자기한테 끼친 해를 그대로 나쁘게 갚는 것.《남에게 못된 짓을 하면 자기도 앙갚음을 당할 수 있다는 것을 모르겠니?》 같보복. **앙갚음하다**

앙금 1.잘고 부드러운 가루가 물에 가라앉아 생긴 것.《도토리 앙금으로 묵을 쑤었다.》 같침전물. 2.개운하게 털지 못하고 마음에 남은 감정을 빗대어 이르는 말.《마음의 앙금을 버리지 않으면 네가 더 힘들 거야.》

앙다물다 이나 입술을 힘주어 꽉 다물다.《주사가 너무 아팠지만 입술을 앙다물고 꾹 참았다.》 바앙다문, 앙다물어, 앙다뭅니다.

앙부일구 (仰釜日晷) 조선 세종 때 (1434년) 만든 해시계. 솥처럼 생긴 그릇 안쪽에 눈금을 새기고 바늘을 꽂아서, 바늘 그림자를 보고 시간을 알 수 있게 만들었다. 같앙부일영.

앙부일구

앙부일영 (仰釜日影) → 앙부일구.

앙상하다 1.몸이 바짝 말라서 볼품없다.《뼈만 앙상한 아프리카 아이들 사

진을 보고 마음이 아팠다.》 2.나무가 잎이 다 지고 가지만 남아서 볼품없다.《앙상한 나뭇가지》 **앙상히**

앙숙 서로 아주 미워하는 사이.《옆집 누나와 우리 형은 서로 앙숙이라 마주칠 때마다 으르렁댄다.》

앙심 원한이 있어 앙갚음하려고 벼르는 마음.《앙심을 품다./앙심을 사다.》

앙알- 아이가 어른에게 칭얼대거나 쉬지 않고 군소리를 하는 모양. **앙알거리다 앙알대다 앙알앙알**《자꾸 앙알앙알 시끄럽게 굴면 안 놀아 준다.》

앙앙 어린아이가 크게 우는 소리. 또는 그 모양. **앙앙거리다 앙앙대다**

앙양 (昻揚) 사기, 정신 들을 북돋워 드높이는 것. **앙양하다**《민수가 앞에 나와 애국심을 앙양하는 웅변을 했다.》 **앙양되다**

앙증맞다 작으면서 깜찍하고 귀엽다.《아기 신발이 참 앙증맞게 생겼다.》

앙증스럽다 앙증맞은 느낌이 있다.《강아지가 깨물어 주고 싶을 만큼 앙증스러워.》 바앙증스러운, 앙증스러워, 앙증스럽습니다.

앙칼지다 흔히 여자의 목소리나 행동이 날카롭고 모질다.《동생이 앙칼진 목소리로 대들었다.》

앙케트 (enquête프) → 설문.

앙코르 (encore프) 1.공연이 끝난 뒤에 손뼉을 치거나 소리를 지르면서 더 해 달라고 청하는 일. 또는 그때 지르는 소리. 2.좋은 평가를 받은 영화, 연극, 드라마 들을 다시 보여 주는 것.

앙코르 와트 (Angkor Wat) 캄보디아 서북쪽에 있는 사원. 12세기에 돌로

만들었는데 신에게 제사를 지내던 곳이다.

앙큼하다 겉으로는 아닌 척하면서 속으로는 저 하고 싶은 대로 다 하다.《새별이는 동생을 때리고도 앙큼하게 잡아뗐다.》 **참**엉큼하다.

앙탈 떼를 쓰고 고집을 피우는 것.《동생이 옷을 사 달라고 앙탈을 부렸다.》

앞 1. 사람이 바로 서 있을 때 눈이 향하여 있는 쪽이나 곳.《앞으로 조금만 더 갈래?》 **반**뒤. 2. 시간, 차례 들에서 먼저 있는 쪽.《반장이 맨 앞줄에 섰다.》 3. 이미 지나간 때. 또는 앞으로 다가올 때.《앞에 간 사람들 흔적을 보고 잘 따라와./앞으로 다시는 거짓말하지 않을게요.》 4. 어떤 일과 맞닥뜨린 처지.《독립투사들은 죽음 앞에서도 뜻을 굽히지 않았다.》 5. 아랫사람이나 동무한테 편지를 보낼 때 받는 사람의 이름 다음에 쓰는 말.《장미 아파트 10동 101호 박이슬 앞》 **참**귀하.

앞을 다투다 **관용** 서로 먼저 하려고 나서다.《종이 치자 아이들이 앞을 다투어 매점으로 달려간다.》

앞이 캄캄하다 **관용** 앞으로 어찌 해야 할지 막막하다.《지갑을 잃어버리고 나니 앞이 캄캄하다.》

앞구르기 체조에서 몸을 둥글게 말아 앞으로 구르는 일.

앞길 1. 앞에 나 있는 길.《우리 학교 앞길에서는 차가 다닐 수 없어요.》 2. 가거나 가야 할 길.《어떤 아주머니가 내 앞길을 막고 몇 시인지 물어보셨다.》 3. 앞으로 살아갈 나날이나 방법.《할아버지는 부모님을 모두 잃었을 때 정말 앞길이 막막하셨대요.》

앞날 앞으로 다가올 날이나 때.《우리 민족의 앞날은 밝다.》 **비**미래, 장래.

앞니 앞쪽으로 위아래에 네 개씩 난 이. **북**앞이.

앞다리 네발 달린 짐승이나 곤충의 다리 가운데 앞쪽에 있는 다리. **참**뒷다리.

앞당기다 정해진 때나 차례 같은 것을 앞으로 당기다.《약속 시간을 좀 앞당겨도 될까?》

앞두다 일, 때, 곳 들이 앞에 가까이 다가오다.《개학을 앞두고 밀린 숙제를 하느라 바쁘다.》

앞뒤 1. 앞과 뒤. **같**전후. 2. 일이 돌아가는 형편이나 사정.《어려운 때일수록 앞뒤를 잘 가려서 차근차근 풀어 나가야지.》 3. 앞서 한 말과 나중에 한 말.《네 글은 앞뒤가 맞지 않아서 무슨 내용인지 잘 모르겠어.》

앞뜰 집 앞에 있는 뜰.《앞뜰에 채송화를 심었다.》 **같**앞마당. **반**뒤뜰.

앞마당 → 앞뜰.

앞머리 1. 정수리 앞쪽 머리. 2. 이마 위에 난 머리털. 3. 사물, 글 들의 앞부분.

앞면 물체의 앞쪽 면.《동전 앞면》 **같**전면. **반**뒷면.

앞모습 앞에서 본 모습. **반**뒷모습.

앞무릎 '무릎'이 다리 앞쪽에 있다는 뜻으로 이르는 말.

앞무릎 치기 씨름에서 오른손으로 상대 오른쪽 무릎을 치고 오른쪽 다리를 뒤로 빼면서 상대의 옆구리를 눌러 넘어뜨리는 기술.

앞문 집이나 방 같은 곳의 앞쪽에 있는 문. **반**뒷문.

앞바다 1. 뭍에 가까운 바다. 《인천 앞바다/부산 앞바다》 **참**먼 바다. 2. 일기 예보에서 우리나라와 가까운 바다를 이르는 말. 동해와 제주도는 20킬로미터, 서해와 남해는 40킬로미터 안쪽에 있는 바다를 가리킨다. 《태풍의 영향으로 앞바다와 먼 바다에서 모두 파도가 높이 일겠습니다.》 **참**먼 바다.

앞발 네발짐승의 앞쪽 두 발. 《고양이가 앞발로 세수를 한다.》 **참**뒷발.

앞부분 1. 물체의 앞쪽 부분. 《비행기 앞부분은 왜 뾰족할까요?》 **반**뒷부분. 2. 글, 영화, 음악 들에서 앞에 나오는 부분. 《늦어서 영화 앞부분을 보지 못했다.》 **반**뒷부분.

앞산 집이나 마을 앞에 있는 산. 《봄이면 진달래가 마을 앞산을 분홍빛으로 물들였다.》 **반**뒷산.

앞상 ┃**북** 1. 회의실, 강당 같은 넓은 방에 두는 긴 책상. 걸상 여러 개를 한 줄로 나란히 놓고 그 앞에 둔다. 《회의 시작 전에 앞상을 걸레로 훔쳤다.》 2. 흔히 거실에 두고 찻잔, 재떨이 같은 것을 올려놓는 낮은 상. 《엄마가 과자 그릇을 앞상에 놓아 주셨다.》

앞서 1. 남보다 먼저. 또는 어떤 일보다 먼저. 《동생보다 앞서 학교에 도착했다.》 2. 지금보다 전에. 《앞서 말했듯이 오늘은 대청소를 할 거예요.》

앞서다 1. 남보다 앞에 서다. 《그렇게 혼자 앞서서 달리면 금방 지쳐.》 **반**뒤떨어지다, 뒤서다, 뒤지다. 2. 일이나 움직임이 먼저 이루어지다. 《행동보다 말이 앞서는 사람은 믿을 수가 없어.》 3. 능력이나 수준이 남보다 더 뛰어나다. 《우리나라의 전자 산업이 중국보다 훨씬 앞서 있다.》 **반**뒤떨어지다, 뒤지다. 4. 앞에 있는 것을 지나쳐 가거나 앞지르다. 《늦게 출발한 종수가 어느새 우리를 앞서 산꼭대기에 올랐다.》 앞서거니 뒤서거니 **관용** 앞서기도 하고 뒤서기도 하고. 《지영이와 나는 앞서거니 뒤서거니 하면서 학교에 갔다.》

앞세우다 1. 앞에 세우다. 《할머니께서 강아지를 앞세우고 걸어가신다.》 2. 고집하여 내세우다. 《잘 모르면서 감정만 앞세우지 마.》 3. 식구나 친척이 먼저 죽는 일을 당하다. 《자식을 앞세우고 어찌 살아갈꼬!》

앞소리 → 메기는소리.

앞일 앞으로 일어날 일. 《앞일을 생각하면 걱정부터 앞선다.》

앞자리 앞쪽에 있는 자리. 《전학생이 내 앞자리에 앉았다.》 **반**뒷자리.

앞잡이 나쁜 편에 붙어서 시키는 대로 하는 사람. 《일제의 앞잡이》

앞장 여럿이 나아갈 때 맨 앞자리. 《형이 앞장을 서서 걷자 모두 따라갔다.》

앞장서다 1. 여럿이 나아갈 때 맨 앞에 서다. 《나는 화가 나서 입을 꾹 다문 채 앞장서서 걸어갔다.》 2. 어떤 일에 가장 먼저 나서다. 《철수는 언제나 동무를 돕는 일에 앞장선다.》

앞지르다 1. 남보다 먼저 앞으로 나아가다. 《지름길로 가면 먼저 떠난 사람들을 앞지를 수 있어.》 2. 남보다 힘, 능력 들이 앞서다. 《우리나라가 일본을 앞질러 선진국이 되는 날이 꼭 올 거야.》 **바**앞지르는, 앞질러, 앞지릅니다.

앞집 앞쪽에 있는 집. **반**뒷집.

앞쪽 앞을 향한 쪽.《키가 작은 사람이 앞쪽에 서고, 키가 큰 사람은 뒤쪽에 서라.》같전방. 반뒤쪽.

앞차 1. 어떤 차보다 앞에 있거나 앞서 달리는 차.《앞차가 갑자기 멈춰 서서 부딪힐 뻔했다.》2. 먼저 떠난 차.《이 모네는 앞차로 먼저 떠나고 우리는 다음 차로 갔다.》

앞처리 ㅣ북 1. 어떤 일을 시작하기 전에 미리 해 둘 일. 또는 일의 첫머리에 생기는 문제를 잘 해결하는 것.《일을 할 때는 앞처리나 뒤처리가 모두 중요하다.》2. 일이나 문제를 해결하는 것.《남의 일에 참견하지 말고 네 앞처리나 잘 해라.》**앞처리하다**

앞치마 부엌일을 할 때 옷이 더러워지지 않게 앞에 두르는 치마. 비행주치마.

애 홀소리 홀소리 글자 'ㅐ'의 이름.

애 아이 → 아이.《저 애는 누구지?》

애 창자 1. '창자'의 옛말. 2. 안타깝고 조마조마한 마음.《어두워졌는데도 동생이 들어오지 않아 온 식구가 애를 태웠다.》3. 어려운 일을 할 때 들이는 힘과 정성.《엄마 혼자 김장하시느라 애를 많이 쓰셨다.》

애간장 몹시 걱정하거나 불안해서 마음을 졸이는 일.《네가 아플 때마다 엄마는 애간장이 바짝바짝 탄단다.》

애걸 (哀乞) 바라는 일을 들어 달라면서 애처롭게 비는 것. **애걸하다**《토끼는 사자에게 살려 달라고 애걸했다.》

애걸복걸하다 바라는 일을 해 달라고 굽실거리면서 간절하게 빈다.《동생이 숙제를 도와 달라고 애걸복걸했다.》

애교 상냥하고 예쁜 말이나 행동으로

애기고추나물

애기땅빈대

애기똥풀

애기며느리밥풀

애기부들

애기뿔쇠똥구리

귀엽게 보이려는 태도.《애교를 떨다./애교를 부리다./애교가 많다.》

애국 (愛國) 자기 나라를 사랑하는 것.《애국 단체/애국 운동》**애국하다**

애국가 (愛國歌) 우리나라 국가. 옛날부터 있던 노랫말에 안익태가 가락을 붙였다.

애국심 (愛國心) 자기 나라를 사랑하는 마음.

애국자 (愛國者) 자기 나라를 사랑하는 사람.《다른 나라에 가면 누구나 애국자가 된다고 한다.》

애국지사 (愛國志士) 나라를 위해 몸과 마음을 다 바쳐 애쓰는 사람.

애군 ㅣ북 남한테 늘 애를 먹이는 사람.《제 동생은 지난해까지만 해도 집안의 큰 애군이었지요.》

애기고추나물 축축한 땅에서 자라는 풀. 줄기는 네모지고 잎은 달걀꼴이다. 여름에 자잘한 노란 꽃이 모여 핀다.

애기땅빈대 들에 절로 나서 자라는 풀. 줄기가 땅에 붙어 자라고, 6~8월에 붉은 꽃이 핀다. 북애기점박이풀.

애기똥풀 산기슭, 들, 길가 눅눅한 곳에 자라는 풀. 줄기와 잎에 흰 털이 있고, 자르면 노란 즙이 나온다. 5~9월에 가지 끝에 작고 노란 꽃이 피고, 포기째 말려서 약으로 쓴다. 북젖풀.

애기며느리밥풀 소나무가 많은 숲에서 자라는 풀. 8~9월에 짙은 붉은색 꽃이 피고, 짧은 털이 난 열매가 열린다.

애기부들 강가나 늪에 자라는 풀. 잎이 좁고 긴데 6~7월에 노란 꽃이 둥근 기둥 꼴로 핀다. 꽃가루를 약으로 쓴다.

애기뿔쇠똥구리 쇠똥이나 말똥이 있는

곳에 사는 쇠똥구리. 온몸이 새까맣고 반짝반짝 윤이 난다. 수컷은 이마에 기다란 뿔이 있다.

애기세줄나비 골짜기나 숲 가장자리 풀밭에 사는 나비. 검은 밤색 날개에 흰 줄무늬가 세 개 있다. 암컷이 수컷보다 날개가 크고 둥글다.

애기세줄나비

애기양반탈 김해 가락 오광대에서 쓰는 탈.

애기풀 양지바른 산속에서 자라는 풀. 온몸에 잔털이 있다. 4~5월에 연보라색 꽃이 핀다. 포기째 약으로 쓴다.

애기풀

애꾸눈 한쪽이 안 보이는 눈.《애꾸눈 해적》

애꿎다 1.아무런 잘못이 없어 억울하다.《꽃병은 다른 애가 깼는데 애꿎은 내가 야단을 맞았다.》2.어떤 일과 아무 관계가 없다.《삼촌이 닭을 잡으려다 놓치고 애꿎은 돌멩이만 걷어찬다.》

애끊다 창자가 끊어질 듯 아주 슬프다. 《무슨 일이 있는지 옆집에서 애끊는 울음소리가 흘러나온다.》

애끓다 몹시 답답하고 안타까워 속이 끓다.《우리는 애끓는 마음으로 언니의 수술 결과를 기다렸다.》 같애타다.

애남가뢰 땅 위나 나뭇잎, 꽃 위에 사는 곤충. 온몸이 검푸르고, 배가 크고 뚱뚱하다. 날개가 배보다 짧다.

애남가뢰

애늙은이 말이나 하는 짓이 나이 든 사람 같은 아이를 놀리는 말.《내 동생은 말하는 게 꼭 애늙은이 같아요.》

애니메이션 (animation) 그림이나 인형이 움직이는 것처럼 보이게 만든 영화. 또는 그런 영화를 만드는 기술.

애달다 몹시 초조하고 안타까워서 마음 졸이다.《남 애다는 줄도 모르고 이렇게 늦게 오면 어떡해!》 ⒧애다는, 애달아, 애답니다.

애달프다 애처롭고 안타깝다.《시골에 혼자 계시는 할머니를 생각하니 애달픈 마음이 들었다.》 ⒧애달픈, 애달파, 애달픕니다.

애당초 '애초'를 힘주어 이르는 말. 《지키지 못할 약속은 애당초 하지 말았어야지.》

애도 (哀悼) 사람의 죽음을 슬퍼하는 것. **애도하다**《현충일은 나라를 지키려다 돌아가신 분들을 애도하는 날입니다.》

애독자 (愛讀者) 애독하는 사람.

애독하다 책, 신문, 잡지 같은 것을 즐겨 읽다.《우리 이모는 윤동주 시인의 시집을 애독한다.》

애드벌룬 (ad balloon) 광고하는 데 쓰는 커다란 풍선. 글이나 그림 들을 매달아서 하늘에 띄운다.

애로 (隘路) 일을 제대로 못하게 가로막는 것.《추운 겨울에 연극 연습을 하느라 애로가 많았다.》

애리애리하다 ▌북 1.쉽게 꺾이거나 부러질 듯 아주 약하다.《나뭇가지에서 애리애리한 새 잎이 돋아났다.》2.얼굴에 앳된 티가 날 만큼 젊다.《막내 이모는 아주 애리애리해서 모두 고등학생인 줄 알아요.》

애마 (愛馬) 아주 사랑하는 말.

애매모호하다 말, 내용, 행동 들이 분명하지 않다.《말을 애매모호하게 하니까 잘 알아들을 수가 없잖아.》

애매하다 억울하다 아무 잘못 없이 혼이

나거나 벌을 받아 억울하다.《장난도 안 쳤는데 애매하게 벌을 받았다.》

애매하다 희미하다 희미하여 분명하지 않다.《이 글은 애매한 표현이 많아서 무슨 뜻인지 잘 모르겠다.》

애면글면 힘든 일을 이루려고 몹시 애를 쓰는 모양.《너무 애면글면 잘하려고 애쓰지 마.》 **애면글면하다**

애반딧불이 좀 작은 반딧불이. 몸 빛깔은 검고, 앞가슴 뒤쪽은 불그스름한데 가운데에 검은 줄이 있다.

애반딧불이

애벌 일을 여러 번 되풀이할 때 처음에 대충 하는 것.《애벌구이》 비초벌.

애벌레 알에서 깬 뒤 아직 다 자라지 않은 벌레. 같유충. 반자란벌레.

애벌빨래 처음에 대충 하는 빨래.《기름이 묻은 옷은 애벌빨래를 한 다음 세탁기에 넣어라.》 **애벌빨래하다**

애비 '아비'를 잘못 쓴 말.

애사당탈 본산대놀이, 송파 산대놀이, 양주 별산대놀이에 나오는 왜장녀의 딸이 쓰는 탈.

애사당탈
_양주 별산대놀이

애석하다 슬프고 안타깝다.《우리 편이 1점 차이로 애석하게 졌다.》

애송이 1.어린 티가 나는 사람을 낮추어 이르는 말. 북애숭이. 2.능력이나 수준이 떨어지는 사람을 낮추어 이르는 말. 북애숭이.

애순 나무나 풀에서 새로 돋아나는 어린 싹. 같어린순.

애쓰다 어떤 일에 몸과 마음을 다하여 힘쓰다.《하루 종일 동생을 돌보느라고 애썼다.》 바애쓰는, 애써, 애씁니다.

애어리다 ㅣ북 아주 어리다.《애어린 소나무》

애완동물 (愛玩動物) 곁에 두고 귀여워하는 동물. 개, 고양이, 금붕어, 새 같은 것들이 있다.

애완용 (愛玩用) 곁에 두고 즐기는 데 쓰임새가 있는 것.《애완용 고양이》

애완종 (愛玩種) 애완용으로 키우는 동물 종류.《들고양이는 애완종으로 길들여지지 않아.》

애용 (愛用) 좋아하여 즐겨 쓰는 것.《국산품 애용》 **애용하다 애용되다**

애원 (哀願) 바라는 일을 해 달라면서 애처롭게 사정하는 것. **애원하다**《네가 아무리 애원해도 소용없어.》

애인 (愛人) 사랑하는 사람. 흔히 혼인하지 않은 남자와 여자가 서로 사랑할 때 두 사람 사이를 이른다. 비연인.

애절하다 가슴이 아플 만큼 몹시 애처롭고 슬프다.《그 가수는 애절한 목소리로 노래를 불렀다.》

애정 (愛情) 사랑하는 마음.《여러분의 애정 어린 도움을 기다립니다.》

애조 (哀調) 글, 음악 들에서 풍기는 슬픈 분위기.《애조 띤 노래》

애족 (愛族) 자기 겨레를 사랑하는 것. **애족하다**《나라가 어려운 때일수록 애국하고 애족하는 마음이 필요해.》

애지중지 (愛之重之) 소중히 여겨 몹시 아끼는 모양. **애지중지하다**《언니가 애지중지하는 치마에 먹물을 묻혀 놓았으니 어쩌면 좋아.》

애착 (愛着) 몹시 아끼거나 사랑하여 떨어지지 못하는 것. 또는 그런 마음.《선생님은 토박이말에 대한 애착이 강하시다.》

애창 (愛唱) 좋아하는 노래를 즐겨 부

르는 것. **애창하다** 《아빠가 애창하시는 노래는 '아리랑'이다.》 **애창되다**

애창곡 (愛唱曲) 애창하는 노래.

애처롭다 딱하고 안쓰럽다. 《집을 잃은 강아지가 애처롭게 웅크리고 있다.》 바애처로운, 애처로워, 애처롭습니다.

애초 맨 처음. 또는 처음부터. 《끝까지 하지 않을 거면 애초에 손도 대지 마라.》 비당초.

애칭 (愛稱) 친한 사이에 진짜 이름 대신 지어서 정답게 부르는 이름. 《내 동생 애칭은 '짱구'예요.》

애타다 → 애끓다. 《농부 아저씨들은 비가 오기를 애타게 기다렸다.》

애태우다 몹시 답답하고 안타까워서 속을 태우다. 《동생이 앓아눕자 엄마가 애태우면서 보살피신다.》

애통하다 몹시 슬프고 가슴 아프다. 《교통사고로 가족을 모두 잃다니 정말 애통한 일이다.》

애틋하다 1. 가슴앓이를 할 만큼 슬프고 안타깝다. 《견우와 직녀의 애틋한 사랑》 2. 사랑이나 정이 깊다. 《할머니가 막내를 유난히 애틋해하셨지.》

애프터서비스 (after service) 물건을 만들어 판 회사에서 판 물건을 고장 나지 않게 살펴 주거나 고쳐 주고 새것으로 바꾸어 주는 일.

애향심 (愛鄕心) 고향이나 사는 고장을 아끼고 사랑하는 마음.

애호 (愛護) 소중하게 여겨 아끼고 보호하는 것. **애호하다** 《막걸리는 우리나라 사람이 가장 애호하는 술이다.》

애호가 (愛好家) 어떤 것을 좋아하고 즐기는 사람. 《옆집 아저씨는 음악 애

애호랑나비

애호리병벌

애홍날개

호가로 동네에서 유명하다.》

애호랑나비 이른 봄에 낮은 산골짜기나 숲 가장자리를 날아다니는 나비. 노란 날개에 검고 넓은 띠가 있다.

애호리병벌 풀줄기나 나뭇가지에 진흙으로 호리병처럼 생긴 집을 짓는 벌. 몸 빛깔은 검은색인데 군데군데 노란 무늬가 있다.

애호박 덜 자란 어린 호박.

애홍날개 깊은 산속에 사는 곤충. 몸이 원통처럼 생겼으며 단단하다. 머리는 검고, 날개는 붉다.

애환 (哀歡) 살아가면서 겪는 슬픔과 기쁨. 《이 영화는 일본에서 사는 우리 교포들의 애환을 잘 나타냈다.》

액 액체 (液) → 액체.

액운수 (厄) 앞으로 닥칠 불행이나 나쁜 일. 《액을 물리치다./액을 막다.》

액땜 좋지 않은 일을 당했을 때 앞으로 닥칠 큰 불행이나 나쁜 일을 미리 겪어서 가볍게 넘겼다고 여기는 것. **액땜하다** 《지갑을 잃어버린 일은 그냥 액땜한 것으로 치자.》

액면 (額面) 1. 돈, 상품권, 주식 같은 것에서 숫자가 적혀 있는 면. 또는 그 면에 적힌 값. 《이 도서 상품권의 액면 가격은 오만 원이다.》 2. 말이나 글에서 겉으로 드러난 뜻. 《영현이 말을 액면 그대로 믿었다가는 후회할 거야.》

액세서리 (accessory) → 장신구.

액션 (action) 배우가 하는 연기. 특히 싸울 때처럼 빠르고 거칠게 움직이는 것을 이른다. 《액션 영화/액션 배우》

액수 (額數) 돈이 얼마인지 나타내는 수. 《저축 액수/액수가 크다.》

액운 (厄運) 나쁜 일을 당할 운수.《액운이 끼었는지 되는 일이 없네.》

액자 (額子) 사진이나 그림 같은 것을 넣는 틀.《가족사진을 액자에 넣어 거실 벽에 걸었다.》

액정 (液晶) 액체와 고체의 중간쯤 되는 물질. 전자계산기, 텔레비전 같은 것의 화면에 쓴다.

액체 (液體) 물이나 기름처럼 부피는 있지만 일정한 모양 없이 흐르는 물질. **같**액. **참**고체, 기체.

액화 (液化) 고체가 녹거나 기체가 얼어서 액체가 되는 것. **참**기화, 승화. **액화하다**

액화 가스 기체를 차게 식히거나 압축하여 액체로 만든 것.

액화 석유 가스 프로판이나 부탄 같은 기체를 압축하여 액체로 만든 것. 연료로 쓴다.

액화 천연가스 메탄에 다른 것이 섞인 가스를 차게 식혀서 액체로 만든 것. 연료로 쓴다.

앨범 (album) 1.→ 사진첩. 2.→ 음반.

앰뷸런스 (ambulance) → 구급차.

앳 (at) 전자 우편 주소에서 아이디와 도메인 이름을 나누는 기호. @로 쓴다.

앳되다 얼굴이나 목소리에 어린 티가 있다.《머리를 짧게 자른 이모는 소녀처럼 앳되어 보인다.》**북**애되다.

앵 벌, 모기 같은 벌레가 날아다니는 소리.《모기가 '앵' 하고 날아다닌다.》

앵두 앵두나무 열매. 작고 둥글면서 빨갛다. 맛은 시면서도 달고 가운데에 딱딱한 씨가 들어 있다.

앵두나무 뜰에 심어 가꾸는 잎지는나

앵초

앵두

앵두나무

무. 이른 봄에 흰색이나 연분홍색 꽃이 잎보다 먼저 핀다. 6월이면 앵두가 빨갛게 익는다.

앵무새 더운 지방의 숲에 사는 새. 사람 말을 잘 흉내 내고, 집에서 기르기도 한다.

앵앵 1.벌, 모기 같은 벌레가 날아다니는 소리. 2.어린아이나 작은 짐승이 우는 소리. **앵앵거리다 앵앵대다**

앵초 산과 들에 자라는 풀. 온몸에 부드러운 털이 있고, 봄에 자줏빛 꽃이 핀다. 뿌리를 약으로 쓴다.

앵커 (anchor) 텔레비전이나 라디오에서 뉴스를 진행하는 사람.

앵커리지 (Anchorage) 미국 알래스카에 있는 항구 도시. 여러 나라 비행기가 다니면서 거치는 곳이다.

야 홀소리 홀소리 글자 'ㅑ'의 이름.

야 느낌말 1.놀랍거나 반가울 때 내는 소리.《야, 신난다!》2.어른이 아이를 부르거나 동무끼리 서로 부르는 말.《야, 나도 같이 놀자!》

야 부르는 말 받침 없는 낱말 뒤에 붙어, 동무나 아랫사람, 짐승을 부르는 말.《순미야, 같이 가!/백구야, 밥 먹자.》

야간 (夜間) 밤 동안.《아버지는 야간에 일을 하신다.》**반**주간.

야간 학교 (夜間學校) 낮에는 일하고 밤에 공부하는 사람들을 가르치는 학교.《외삼촌은 낮에는 회사에서 일을 하고 밤에는 야간 학교에서 공부한다.》

야경 (夜景) 밤에 보는 경치.《남산에서 내려다본 서울 야경》

야광 (夜光) 깜깜한 곳에서 빛을 내는 것.《야광 시계》

야광나무 산기슭과 산골짜기에 자라는 잎지는나무. 5~6월에 희거나 불그스름한 꽃이 핀다. 열매는 가을에 붉게 익는데, 맛이 시고 떫다.

야구 (野球) 아홉 사람이 한편이 되어 투수가 던진 공을 타자가 방망이로 쳐서 점수를 겨루는 경기.

야구공 야구할 때 쓰는 공.

야구 방망이 야구에서 타자가 공을 칠 때 쓰는 방망이.

야구부 (野球部) 야구를 하는 모임.

야구장 (野球場) 야구 경기를 할 수 있는 시설을 갖춘 곳.

야근 (夜勤) 1. 퇴근 시간을 넘겨 밤늦게까지 일하는 것. 《엄마는 오늘 야근 때문에 늦게 들어오실 거야.》 2. 일터에서 낮이 아니라 밤에 일하는 것. 《삼촌이 야근을 마치고 아침에 집으로 돌아왔다.》 **야근하다**

야금-1. 입 안에 음식물을 조금씩 넣고 입을 작게 움직이면서 먹는 모양. 2. 조금씩 써 없애는 모양. **야금거리다 야금대다 야금야금** 《배추벌레가 배추 잎을 야금야금 갉아먹는다.》

야기하다 어떤 일이나 사건을 일으키다. 《국경 문제가 두 나라 간의 전쟁을 야기하였다.》 **야기되다**

야단 (惹端) 1. 아주 시끄럽게 굴거나 수선을 피우는 것. 《그까짓 바퀴벌레에 왜 이리 야단이냐.》 2. 아랫사람을 심하게 꾸짖는 것. 《선생님께서 야단을 치신 까닭을 알겠니?》 3. 몹시 딱하거나 난처한 형편. 《엄마가 아끼시는 찻잔을 깼으니 이거 참 야단인걸.》

야단나다 1. 아주 떠들썩한 일이 벌어

야광나무

지다. 《교실마다 봄맞이 대청소를 하느라고 야단났어요.》 2. 몹시 어려운 일이 생기다. 《장대비가 쏟아지는데 우산이 없으니 야단났네.》

야단맞다 크게 꾸지람을 듣다. 《숙제를 하지 않아서 선생님께 야단맞았다.》

야단법석 많은 사람이 모여 떠들썩하게 소란을 피우는 것. 《운동회 연습을 하느라 반마다 야단법석이다.》

야단치다 크게 꾸짖다. 《애가 모르고 그랬으니 너무 야단치지 마세요.》

야당 (野黨) 정권을 잡고 있지 않은 정당. 반여당.

야들야들 만지거나 닿거나 씹는 느낌이 보드라운 모양. **야들야들하다** 《고기가 야들야들해서 먹기 좋아요.》

야릇하다 말로 표현하기 어려울 만큼 묘하고 이상하다. 《승현이가 내 뺨에 뽀뽀하자 야릇한 기분이 들었다.》

야만 (野蠻) 1. 문명이 발달하지 않아 짐승처럼 살아가는 것. 2. 하는 짓이 예의 없이 막된 것.

야만스럽다 1. 하는 짓이 짐승 같다. 《날고기를 먹는 모습이 야만스러워 보였다.》 2. 하는 짓이 예의 없이 막되다. 《여자를 때리는 것은 야만스러운 짓이야.》 바야만스런, 야만스러워, 야만스럽습니다.

야만인 (野蠻人) 야만스러운 사람. 비미개인. 참문명인.

야만적 (野蠻的) 야만스러운. 또는 그런 것.

야만족 (野蠻族) 야만스러운 종족.

야망 (野望) 큰일을 이루겠다는 뜻이나 마음. 《높은 야망을 가져라.》

야맹증 (夜盲症) 밤에 눈이 잘 보이지 않는 증세. 비타민이 모자라서 생긴다. 북밤눈어둠증.

야멸치다 태도나 행동이 몹시 차갑고 쌀쌀맞다. 《짝꿍한테 오백 원만 빌려 달라고 했다가 야멸치게 거절당했다.》 북야멸차다.

야무지다 1. 태도나 행동이 빈틈없고 똑똑하다. 《언니가 야무진 솜씨로 종이학을 접었다.》 비야물다. 2. 생김새가 옹골차고 단단하다. 《내 짝꿍은 키는 작지만 야무지게 생겼다.》

야물다 1. 곡식, 열매가 알이 꽉 차 단단하게 잘 익다. 《따가운 햇살에 벼가 잘 야물었다.》 참여물다. 2. 씀씀이가 헤프지 않다. 《숙모는 살림을 야물게 잘해서 할머니 칭찬을 많이 받는다.》 비알뜰하다. 3. 일솜씨, 성격 들이 빈틈없이 꼼꼼하다. 《우리 언니는 바느질을 야물게 잘한다.》 비야무지다. 바야무는, 야물어, 야뭅니다.

야박하다 태도나 행동이 정이 없고 쌀쌀맞다. 《할머니가 세상인심이 참 야박하다면서 걱정하신다.》

야밤 아주 깊은 밤. 《야밤에 심부름을 가려니까 무서워요.》

야비하다 하는 짓이 천하고 치사하다. 《우리는 너희처럼 야비한 반칙으로 이길 생각은 없어.》

야사 (野史) 백성들 사이에서 전해 내려오는 역사. 나라에서 정식으로 기록하지 않은 역사를 이른다. 《잘 알려진 야사로는 일연의 〔삼국유사〕가 있다.》

야산 (野山) 들판 가까이에 있는 나지막한 산. 《마을 근처 야산에 나무를 심

으면 좋겠어요.》

야생 (野生) 산과 들에 저절로 나서 자라는 것. 또는 그런 생물. 《야생 반달곰/야생 식물》 **야생하다**

야생 동물 (野生動物) 야생해서 사는 동물. 《야생 동물을 보호하자.》

야생마 (野生馬) 야생하는 말.

야생화 (野生花) → 들꽃.

야속하다 쌀쌀맞고 인정이 없게 굴어 몹시 서운하다. 《내 마음을 몰라주는 형이 야속하기만 하다.》

야수 (野獸) 산이나 들에 사는 사나운 짐승. 사자, 호랑이, 늑대, 곰같이 길들지 않은 거친 짐승을 이른다.

야시장 (夜市場) 밤에 열리는 시장.

야심 (野心) 분에 넘치는 일을 이루어 보려는 욕심. 《야심을 품다.》

야영 (野營) 놀거나 훈련을 하려고 야외에서 천막을 치고 지내는 것. 《동무들과 학교 운동장에서 야영을 했다.》 갈캠핑. **야영하다**

야영장 (野營場) 야영할 수 있게 시설을 갖추어 놓은 곳.

야옹 고양이가 우는 소리.

야외 (野外) 1. 도시나 마을에서 조금 떨어져 있는 들판. 《지난 주말에 가족과 함께 야외로 소풍을 갔다.》 2. 집 밖이나 한데. 《야외 음악회》

야욕 (野慾) 나쁜 일을 이루려는 고약한 욕심. 《일본은 조선을 집어삼킬 야욕을 품고 임진왜란을 일으켰다.》

야위다 살이 빠져 해쓱하게 되다. 《감기로 고생하더니 얼굴이 많이 야위었구나.》 비마르다. 참여위다.

야유 다른 사람을 빈정대면서 놀리는

것.《사람들 속에서 야유 섞인 목소리가 터져 나왔다.》 **야유하다**

야유회 (野遊會) 야외에 나가서 노는 모임. 비들놀이.

야자 야자나무 열매. 크고 둥글며 빛깔은 밤색이다. 껍질이 단단하고 안에 든 즙을 먹는다.

야자나무 열대 지방에 자라는 늘푸른나무. 잎이 크고 깃털처럼 갈라져 있다. 같야자수.

야자수 → 야자나무.

야전 (野戰) 야외에서 벌이는 전투.

야전 병원 (野戰病院) 싸움터 가까이에 임시로 세운 병원. 간단한 시설을 갖추고 다친 병사들을 치료한다.

야채 (野菜) → 채소

야트막하다 높이가 조금 얕은 듯하다.《집 뒤에 야트막한 산이 있어서 아침마다 운동 삼아 오른다.》

야하다 옷차림, 화장, 행동 같은 것이 지나치게 눈길을 끌어 점잖지 못하다.《치마가 너무 짧아서 좀 야해 보여요.》

야학 (夜學) '야간 학교'를 줄인 말.

야합 (野合) 나쁜 잇속을 채우려고 여럿이 뭉치는 것. **야합하다**《정치권에 야합하여 비리를 저지른 사업가》

야호 1.산꼭대기에 올라 기분 좋게 외치는 소리. 2.신이 날 때 외치는 소리.《야호! 내일부터 방학이다!》

약 부아 기분이 나쁘거나 비위에 거슬려 발끈 화가 나는 것.《동생이 내가 못생겼다고 자꾸 약을 올린다.》

약 질병 (藥) 1.병, 상처 들을 낫게 하거나 예방하려고 먹거나 바르거나 주사하는 것. 2.해로운 풀, 벌레, 동물 들을

없애려고 쓰는 것.《바퀴벌레를 없애려고 집 안에 약을 쳤다.》

약 대충 (約) 어떤 수나 양에 가까운 것을 나타내는 말.《산에 오르려면 약 두 시간이 걸린다.》

약 악기 (籥) 부는 국악기 가운데 하나. 길쭉한 대나무 통에 구멍을 세 개 뚫어 만들어서 세로로 내려 분다.

약_악기

약간 (若干) 얼마 되지 않는 양이나 정도. 또는 얼마 안 되게.《액자가 약간 삐뚤어진 것 같다.》 비조금.

약값 약을 사거나 짓는 데 드는 돈.

약골 (弱骨) 몸이 아주 약한 사람. 또는 아주 약한 몸.《제 동생은 약골이어서 운동을 조금만 해도 앓아누워요.》

약과 먹을거리 (藥果) 꿀과 기름을 섞은 밀가루 반죽을 틀에 박아 모양을 낸 뒤 기름에 튀기거나 지진 과자.

약과 정도 다른 것에 견주면 그쯤은 아무것도 아니라는 말.《엄마한테 혼난 것에 견주면 이건 약과야.》

약관 (弱冠) 남자가 스무 살이 된 때를 이르는 말. 옛날에 남자가 스무 살이 되면 관을 쓰고 어른이 된다는 데에서 나온 말이다.《그분은 약관의 나이에 유명한 소설가가 되었다.》

약국 (藥局) 약사가 약을 지어 주거나 파는 곳. 같약방.

약난초 남부 지방의 산속 나무 밑에서 자라는 풀. 9월에 새 잎이 나서 겨울 나고 이듬해 봄에 밤색 꽃이 핀다. 뿌리줄기를 약으로 쓴다. 북약란.

약난초

약다 꾀가 많거나 눈치가 빠르다.《여우는 약아서 덫에 잘 걸리지 않는다.》

약도 (略圖) 어떤 곳을 찾기 쉽게 가는

길을 간단하게 그린 지도.《약도만 보고 선생님 댁을 찾아갔다.》

약동하다 뛰는 듯이 싱싱하고 힘차게 움직이다.《봄기운이 약동하는 5월》

약력 (略歷) 한 사람이 살아오면서 한 일 가운데 중요한 것만 뽑아서 적은 글. 《지은이 약력은 책의 맨 뒷장에 있다.》

약령시 (藥令市) 옛날에 주로 한약 재료를 사고팔던 시장. 봄이나 가을에 대전, 전주, 대구 같은 곳에서 열렸다.

약모밀 나무 밑이나 축축한 땅에 자라는 풀. 6월에 이삭처럼 생긴 연노란 꽃이 핀다. 뿌리째 약으로 쓴다.

약모밀

약물 (藥物) 약이 되는 물질.

약물 중독 (藥物中毒) 약물 없이는 제대로 지낼 수 없는 상태. 마약, 진통제, 수면제 같은 것을 오랫동안 쓰거나 많이 썼을 때 생긴다.

약밥 찹쌀을 물에 불려서 시루에 찐 뒤에 꿀이나 흑설탕, 참기름, 대추, 진간장, 밤 들을 넣고 다시 시루에 찐 밥.

약방 (藥房) → 약국.

약방에 감초 **속담** 한약은 대개 감초를 넣어서 짓기 때문에 한약방마다 감초가 있다는 뜻으로, 아무 데나 꼭 끼어드는 사람이나 반드시 있어야 할 것을 빗대어 이르는 말.

약병 (藥瓶) 약을 담는 병.

약분 (約分) 분수에서 분모와 분자를 공약수로 나누는 것. **약분하다**

약사 (藥師) 의사의 처방대로 약을 지어 주거나 파는 사람.

약삭빠르다 꾀가 많고 눈치가 빨라 자기 잇속을 챙기는 데 재빠르다.《수현이는 약삭빠른 짓만 골라 해서 얄미워.》**북**약삭바르다. **바**약삭빠른, 약삭빨라, 약삭빠릅니다.

약세 (弱勢) 기세, 세력 들이 약한 것. 《우리 선수단은 늘 수비에서 약세를 보여 왔다.》**반**강세.

약소 (弱小) 힘이 약하고 작은 것《약소국가/약소민족》

약소국 (弱小國) 힘이 없는 작은 나라. **반**강대국.

약소하다 적고 변변치 않다.《대접이 약소해서 부끄럽습니다.》

약속 (約束) 다른 사람과 앞으로 어떤 일을 어떻게 할 것인지 미리 정하는 것. **같**언조. **약속하다**《철수와 놀이터에서 만나기로 약속했어.》**약속되다**

약손 1.→ 약손가락. 2.아픈 데를 어루만지는 손. 손으로 아픈 곳을 만지면 낫는다고 해서 손을 약에 빗대어 하는 말이다.《배가 아프다고 하자 엄마가 "엄마 손은 약손, 새별이 배는 똥배." 하면서 배를 쓰다듬어 주셨다.》

약손가락 가운뎃손가락과 새끼손가락 사이에 있는 넷째 손가락. **같**무명지, 약손, 약지.

약수 **물** (藥水) 몸에 좋아 약이 되는 물. 대개 땅속에서 저절로 솟아난다. 《산에서 받아 온 약수가 참 시원하다.》

약수 **수** (約數) 어떤 수를 나머지가 없이 딱 떨어지게 나누는 수. **참**배수.

약수터 약수가 나는 곳.《아침 일찍 아버지와 약수터로 올라갔다.》

약시 (弱視) 약한 시력. 또는 그런 시력을 가진 사람.

약식 (略式) 정식으로 다 갖추지 않고 간단히 줄인 방식.《이모는 약혼식을

약식으로 치르기로 했다.》

약용 (藥用) 약으로 쓰는 것. **약용하다**《구절초는 몸에 좋아 약용한다.》

약육강식 (弱肉強食) 힘이 약한 것이 힘센 것한테 잡아먹히는 것.

약자 (弱者) 힘이나 세력이 약한 사람.《약자를 괴롭히다니 비겁해.》반강자.

약재 (藥材) 약을 짓는 데 쓰는 재료.

약점 (弱點) 모자라거나 떳떳하지 못해 감추고 싶은 점.《사람은 누구나 약점이 한 가지씩은 있기 마련이다.》비결점, 단점. 반강점.

약제 (藥劑) 여러 가지 재료를 섞어서 만든 약.

약조 (約條) → 약속. **약조하다**

약주 (藥酒) 1. 약으로 마시는 술. 2. '청주'를 달리 이르는 말. 3. '술'을 달리 이르는 말.

약지 (藥指) → 약손가락.

약진 (躍進) 아주 힘차고 빠르게 발전하는 것. **약진하다**《오늘 패배를 약진하는 발판으로 삼자.》

약초 (藥草) 약으로 쓰는 풀.

약탈 (掠奪) 남의 것을 힘을 써서 억지로 빼앗는 짓.《약탈을 일삼는 도적 떼를 꼭 잡아 주세요.》비략탈. **약탈하다**

약탕관 (藥湯罐) 한약을 달이는 데 쓰는 질그릇.

약탕관

약통 (藥桶) 약을 담아 두는 통.

약포지 (藥包紙) 약을 싸는 종이.

약품 (藥品) 1. 만들어 놓은 약.《집집마다 급할 때 쓸 약품을 갖추어 놓는 게 좋다.》2. 화학 변화를 일으키는 데 필요한 물질. 흔히 실험실이나 공장에서 쓴다.《화학 약품》

약하다 1. 힘이 세지 않다. 또는 힘이 없다.《내가 약하다고 무시하는 거야?》반강하다. 2. 몸이 튼튼하지 못하다.《오빠는 몸이 약해서 늘 한두 가지 약을 먹는다.》3. 의지, 마음이 굳지 못하다.《그렇게 의지가 약해서는 산에 오를 수 없어.》4. 견디는 힘이 작거나 모자라다.《추위에 약하다. / 열에 약하다.》반강하다. 5. 어떤 능력이 모자라다.《나는 수학에 특히 약해.》

약혼 (約婚) 혼인하기로 약속하는 것. 비정혼. 참결혼. **약혼하다**

약화 (弱化) 힘, 세력 들이 약해지는 것.《국력 약화 / 시력 약화》반강화. **약화하다 약화되다**

약효 (藥效) 약을 먹거나 바르고 난 뒤에 나타나는 효과.《이 약은 약효가 바로 나타납니다.》

얄궂다 짓궂게 묘하고 이상하다.《날씨가 얄궂어서 소풍이 취소되었다.》

얄밉다 하는 짓이 은근히 밉다.《엄마한테 혼나는데 옆에서 거드는 동생이 얄미웠다.》바얄미운, 얄미워, 얄밉습니다.

얄타 회담 1945년에 러시아 얄타에서 미국, 영국, 소련 지도자가 모여서 연 회의. 전쟁이 끝난 뒤의 처리 문제와 국제 연합을 만드는 일을 의논하였다.

얄팍하다 1. 두께가 조금 얇다.《엄마가 무를 얄팍하게 썰어 고춧가루에 무치셨다.》2. 생각이 깊지 못하다.《얄팍한 수로 누구를 속이려고?》

얇다 두께가 얇다.《추운 날 얇은 옷을 입고 나갔다가 감기에 걸렸다.》반두껍다. 참엷다.

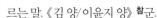

얌냠거리다 ▮^북 성에 차지 않아서 먹을 거리를 더 먹고 싶어 하다. 또는 물건을 더 가지고 싶어 하다.《동생이 김밥 한 줄을 다 먹고도 얌냠거리면서 입맛을 다신다.》

얌전하다 행동이나 태도가 차분하고 조심스럽다.《두 손을 모으고 얌전하게 앉아서 할아버지 말씀을 들었다.》

얌전한 고양이 부뚜막에 먼저 올라간다 ^{속담} 얌전해 보이는 사람이 더 약삭빠르게 굴거나 엉뚱한 짓을 한다는 말.

얌체 부끄러운 줄 모르고 자기 것만 챙기는 사람.《이런, 얌체 같으니!》

얏 힘을 불끈 줄 때 내지르는 소리.《얏! 덤벼라!》

양 ^{동물} 온몸이 흰 털로 덮여 있고 뿔이 달린 집짐승. 털, 고기, 젖, 가죽 들을 얻으려고 기른다. ^같면양.

양 분량 (量) 1.많거나 적은 정도를 나타내는 말.《오늘 숙제는 양이 적은 대신 다른 때보다 좀 까다롭다.》2.먹거나 마실 수 있는 정도.《우리 집 식구는 모두 양이 적은 편이다.》

양 양쪽 (兩) '둘'이나 '두 가지 모두'를 나타내는 말.《임금님 양옆에 시퍼런 칼을 든 무사들이 서 있다.》

양 성적 (良) 성적을 나타내는 등급 가운데 하나. '수, 우, 미, 양, 가'에서 '미'보다 낮고 '가'보다 높다.

양 밝음 (陽) 우주 만물을 만들어 내는 서로 반대되는 두 가지 기운 가운데 하나. 하늘, 해, 밝음, 수컷, 더움 들로 나타난다. ^참음.

양 여자 (孃) 성이나 이름 뒤에 써서, 혼인하지 않은 젊은 여자를 조금 높여 이르는 말.《김 양/이윤지 양》^참군.

양 처럼 1.'~것처럼', '것 같이', '~듯이'와 같은 말.《짝꿍이 내가 상을 탄 것을 마치 자기 일인 양 기뻐했다.》2.뜻, 마음, 생각 들을 나타내는 말.《단소를 배울 양이면 삼촌한테 졸라 봐.》3.어떤 일이 벌어지는 처지나 상황.《언니는 내가 한마디라도 할 양이면 눈을 흘기면서 쏘아붙였다.》

양– 서양 (洋) 어떤 낱말 앞에 붙어, '서양식' 또는 '서양에서 들어온 것'을 나타내는 말.《양식/양복/양옥》

–양 바다 (洋) 낱말 뒤에 붙어, '큰 바다'를 뜻하는 말.《태평양/인도양》

양각 (陽刻) → 돋을새김.

양감 (量感) 부피나 무게가 있는 느낌.《이 그림에는 바위의 양감이 잘 나타나 있다.》^참질감.

양강도 (兩江道) 우리나라 북쪽에 있는 도. 압록강, 두만강을 사이에 두고 중국과 마주하고 있다.

양계 (養鷄) 닭을 기르는 것.

양계장 (養鷄場) 시설을 갖추어 놓고 닭을 많이 기르는 곳.

양곡 (糧穀) 쌀, 보리, 밀처럼 사람이 끼니로 먹는 곡식.《가뭄 때문에 양곡 가격이 많이 올랐다.》

양국 (兩國) 두 나라.《한국과 일본 양국 대표가 오늘 만난다.》^북량국.

양궁 (洋弓) 서양식 활. 또는 그 활을 쏘아서 표적을 맞히는 경기.

양귀비 양지바른 땅에 심어 가꾸는 풀. 꽃은 붉은색, 흰색, 보라색을 띠는데 줄기 끝에 한 송이씩 핀다. 열매에서 아편을 뽑으므로 아무나 가꿀 수 없다.

양귀비

약초

먹어서 몸에 좋은 풀을 약초라고 해요. 끼니 때마다 우리가 먹는 채소나 곡식도 알고 보면 모두 약초예요. 약초 가운데에는 아무 때나 먹어도 좋은 것이 있고, 우리 몸이 아플 때 어디가 아픈지에 따라서 골라 써야 하는 약초도 있어요. 하나만 써도 아픈 데가 낫는 약초도 있고, 여럿을 함께 섞어서 써야 좋은 약초도 있지요. 우리나라는 산이 많아서 옛날부터 이름난 약초가 많이 났어요. 고려 인삼은 세계에 널리 알려진 우리 약초예요.

감국

인삼

쇠무릎

꿀풀

산자고

익모초

차즈기

오이풀

지황

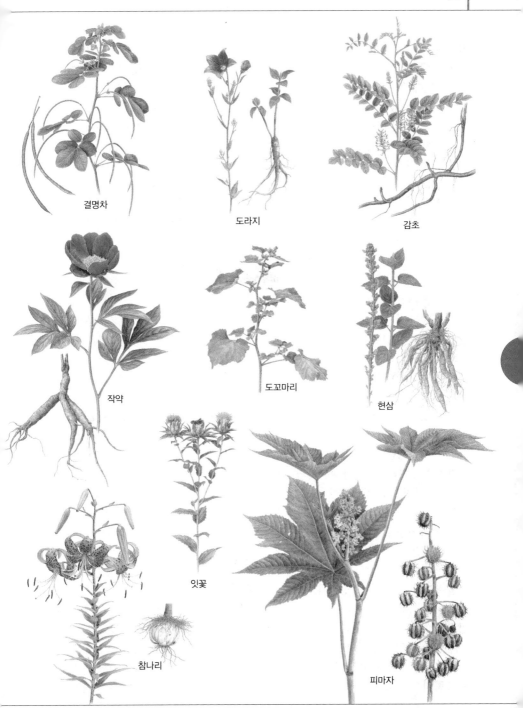

결명차

도라지

감초

작약

도꼬마리

현삼

잇꽃

참나리

피마자

북아편꽃.

양극 전류 (陽極) 두 전극 사이에 전류가 흐를 때 전압이 높은 쪽의 극. '+'로 나타낸다. 반음극. 북량극.

양극 두극 (兩極) 1.양극과 음극.《건전지의 양극에 전깃줄을 대자 꼬마전구가 켜졌다.》2.북극과 남극.《양극 지방이 추운 것은 태양열을 적게 받기 때문이다.》3.두 가지가 아주 멀리 떨어져 있거나 완전히 반대되는 상태.《반 아이들 의견이 양극으로 나뉘어 팽팽히 맞섰다.》

양금 (洋琴) 치는 국악기 가운데 하나. 오동나무로 만든 사다리꼴 널빤지 위에 놋쇠 줄을 열네 개 매어 만든다.

양금

양날톱 날이 양쪽에 있는 톱. 나뭇결을 거슬러 켜는 톱니와 나뭇결을 따라 자르는 톱니가 있다. 북량날톱.

양녀 (養女) → 수양딸.

양념 간을 맞추거나 맛을 내려고 음식에 넣는 것. 고춧가루, 파, 마늘, 소금, 설탕, 간장, 된장, 깨소금 같은 것이 있다. 참조미료. **양념하다**

양다리 양쪽 다리.《아기가 누워서 양다리를 바둥거린다.》북량다리.

양단간 (兩端間) 어떻게 되든지 말든지 두 가지 가운데.《합격이든 불합격이든 양단간에 곧 결정이 나겠지요.》북량단간.

양달 햇볕이 잘 드는 곳.《양달에는 벌써 눈이 다 녹았다.》비양지. 반응달.

양도 (讓渡) 물건이나 권리를 남에게 넘겨주는 것. **양도하다**《특허를 양도하다./저작권을 양도하다.》**양도되다**

양도 증서 (讓渡證書) 양도한 것을 증명하는 문서.《채권 양도 증서》

양돈 (養豚) 돼지를 기르는 것.

양동이 물을 길어 나를 때 쓰는 큰 들통. 흔히 얇은 쇠붙이로 만들고 손잡이가 달려 있다.

양력 (陽曆) → 태양력.

양로원 (養老院) 오갈 데 없는 노인을 돌보는 시설.《일요일에 동무와 함께 양로원에 가서 봉사 활동을 했다.》

양말 (洋襪) 맨발에 신을 수 있게 실로 짜서 발 모양대로 만든 것.

양면 (兩面) 양쪽 면. 북량면.

양모 (羊毛) → 양털.

양미간 (兩眉間) 두 눈썹 사이. 갈미간. 북량미간.

양미리 뭍에서 가까운 바다에 사는 바닷물고기. 몸이 가늘고 배지느러미와 비늘이 없다. 등은 갈색이고 배는 은빛을 띤 흰색이다.

양민 (良民) 1.선량한 백성. 2.→ 양인.

양반 (兩班) 1.고려 시대와 조선 시대에 신분이 낮은 사람들을 다스리던 높은 신분. 또는 그런 신분에 있던 사람.《갓 쓰고 도포 입은 양반》참상민, 평민. 북량반. 2.점잖고 예의 바른 사람.《윤 선생님이야말로 참으로 양반이시지.》북량반. 3.여자가 다른 사람에게 자기 남편을 이르는 말.《우리 집 양반이 어제 출장을 갔어요.》북량반. 4.남자를 예사롭게 이르거나 조금 낮추어 이르는 말.《기사 양반, 다음 정류장에서 좀 세워 주시오.》

양반광대탈

양반광대탈 강릉 탈놀이에서 쓰는 탈.

양반전 (兩班傳) 조선 후기 실학자 박지원이 지은 소설. 가난한 양반이 신분

이 천한 부자에게 양반 신분을 팔려고
했으나 양반이 갖추어야 할 조건이 너
무 까다로워 부자가 결국 사지 않았다
는 이야기이다.

양반춤 탈춤에서 양반을 비웃고 풍자
하는 춤. **북량반춤**.

양반탈 탈놀이에서 양반이나 샌님으
로 나오는 사람이 쓰는 탈. **북량반탈**.

양발 양쪽 발.《양발을 벌려 보세요.》

양방 (兩方) 이쪽과 저쪽. 또는 이편
과 저편.《이번 사고는 양방에서 반씩
책임지는 것이 좋겠어요.》**북량방**.

양배추 밭에 심어 가꾸는 잎줄기채소.
줄기가 굵고 짧은데 잎은 두껍고 넓다.
푸른 잎 속에 흰 잎이 겹겹이 뭉쳐서 큰
공처럼 된다. **북가두배추**.

양버들 길가에 많이 심는 잎지는나무.
미루나무와 비슷하지만 잎이 더 넓다.
봄에 연둣빛 꽃이 핀다. 나무로 종이,
성냥개비 들을 만든다. **같포플러**.

양버즘나무 공원이나 길가에 심어 가
꾸는 잎지는나무. 잎은 활짝 편 손바닥
처럼 생겼고, 나무줄기가 얼룩덜룩하
다. 열매는 방울처럼 동그랗다. **같미국
플라타너스**. **북양방울나무**.

양변 (兩邊) 1. 양쪽 가장자리.《도로
양변에 코스모스를 심었다.》**북량변**. 2.
수학에서 등식이나 부등식의 좌변과
우변. **북량변**.

양보 (讓步) 1. 물건, 자리, 차례 같은
것을 다른 사람에게 먼저 내주는 것. 2.
자신의 주장을 굽히고 남의 의견을 따
르는 것.《조금씩 양보를 하면 참 좋을
텐데.》**양보하다**《할머니께 자리를
양보해 드렸다.》

양반탈_하회
별신굿 탈놀이

양배추

양비둘기

양버들

양버즘나무

양복 (洋服) 흔히 남자가 입는 서양식
옷. **참한복**.

양봉 (養蜂) 1. 사람이 꿀을 얻으려고
키우는 벌. 네모난 나무통에서 여왕벌
한 마리와 수많은 수벌, 일벌이 산다.
2. 꿀을 얻으려고 벌을 치는 것.

양부모 (養父母) 자기를 낳지는 않았
지만 자식으로 삼아 길러 준 어버이.

양분 영양분 (養分) 생물이 살아가는 데
필요한 성분.《양분이 많은 흙에서 식
물이 잘 자란다.》**같영양분**. **비자양분**.

양분 나눔 (兩分) 둘로 나누는 것. **북량
분**. **양분하다**《재산을 양분하다.》**양
분되다**

양비둘기 물가 바위 벼랑이나 바위산
에 사는 텃새. 몸 빛깔은 옅은 잿빛이
고 날개에 검은색 띠가 두 줄 있다.

양산 햇볕 (陽傘) 햇빛을 가리는 데 쓰
는 우산 꼴 가리개.

양산 만듦 (量産) 한꺼번에 많이 만들
어 내는 것. **양산하다**《자동차 부품을
양산하다.》**양산되다**

양상 (樣相) 어떤 일이 되어 가는 꼴.
《새로운 문물이 쏟아져 들어오자 조선
사회의 양상이 많이 달라졌다.》

양상추 서양 상추. 계절을 가리지 않
고 기를 수 있다. 잎이 둥글넓적하고
노란 꽃이 핀다.

양서 (良書) 읽으면 도움이 되는 좋은
책.《어린이들이 읽을 만한 양서를 추
천해 주세요.》**북량서**.

양서류 (兩棲類) 새끼 때에는 물속에
서 살면서 아가미로 숨을 쉬고, 다 자
라면 허파가 생겨 땅에서도 살 수 있는
동물. 개구리, 도롱뇽 들이 있다.

양서류와 파충류

참개구리

금개구리

무당개구리

맹꽁이

꼬리치레도롱뇽

청개구리

물에서도 살고 뭍에서도 사는 동물을 양서류라고 해요. 물뭍 동물이라고도 부르지요. 개구리나 두꺼비가 양서류예요. 파충류는 뱀 무리를 가리키는 이름이에요. 양서류도, 파충류도 뭍에서 가장 오래 살아남은 등뼈동물이지요. 둘 다 변온 동물이라고 하는데, 바깥 기온에 따라서 몸 온도가 바뀐다고 해서 붙은 이름이에요. 다른 말로 찬피 동물이라고도 하지요. 양서류와 파충류는 추운 겨울에는 바깥나들이를 하지 않고 땅속에 들어가서 겨울잠을 자요. 한겨울에는 몸 온도가 너무 내려가서 꼼짝할 수 없으니까요. 겨울잠을 자는 동안에는 아무것도 먹지 않아요.

산개구리

도롱뇽

두꺼비

계곡산개구리

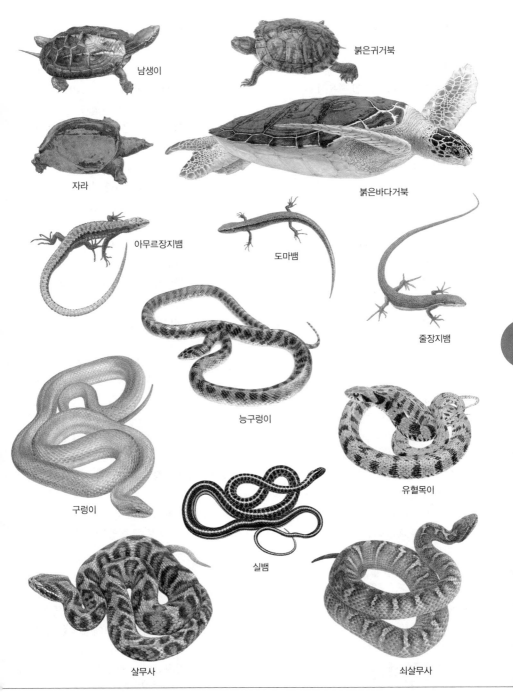

남생이

붉은귀거북

자라

붉은바다거북

아무르장지뱀

도마뱀

줄장지뱀

능구렁이

구렁이

유혈목이

실뱀

살무사

쇠살무사

양성 키움 (養成) 가르쳐서 능력 있는 사람을 길러 내는 것. 비육성. **양성하다** 《인재를 양성하다.》

양성 반응 (陽性) 검사 결과에서 병에 걸린 것으로 나타나는 일. 반음성.

양성 남녀 (兩性) 남성과 여성. 북량성.

양손 양쪽 손. 북량손.

양송이 먹으려고 심어 가꾸는 버섯. 갓이 둥근데 살은 희고 두껍다.

양수 숫자 (陽數) 0보다 큰 수. 반음수.

양수 아기집 (羊水) 아이 밴 여자의 자궁 속에 들어 있는 물.

양수기 (揚水機) 물을 위쪽으로 퍼 올리는 기계.《양수기로 지하수를 끌어 올려 논에 물을 댔다.》북량수기.

양순하다 성격이나 태도가 순하고 착하다.《우리 집 강아지는 양순해서 말썽을 부리는 일이 없다.》북량순하다.

양식 식량 (糧食) 1.사람이 살아가는 데 필요한 먹을거리.《이 마을에서는 옛날부터 양식 걱정을 해 본 적이 없답니다.》비식량. 북량식. 2.몸과 마음을 가꾸는 데 필요한 지식을 빗대어 이르는 말.《책은 마음의 양식이다.》

양식 서양 음식 (洋食) 서양 사람들이 먹거나 서양식으로 요리한 음식.《나는 양식보다 한식을 더 좋아한다.》

양식 생각 (良識) 도덕, 상식에 어긋나지 않는 바른 생각이나 판단.《양식이 있는 사람이면 길에 침을 뱉지는 않지.》북량식.

양식 틀 (樣式) 1.어떤 일을 하는 데 필요한 정해진 방식이나 틀.《생활양식/이력서 양식》 2.특정한 시대, 민족, 나라의 예술 작품에 두루 나타나는 독특한 형식.《미술 양식/바로크 양식》

양식 키움 (養殖) 물고기, 김, 굴 같은 수산물을 사람이 기르는 것.《굴 양식/양식 산업》**양식하다 양식되다**

양식업 (養殖業) 물고기, 김, 버섯 같은 것을 기르는 산업.

양식장 (養殖場) 시설을 갖추어 양식을 하는 곳.《굴 양식장》

양심 (良心) 옳고 그름, 또는 좋고 나쁨을 가려 도리를 지키려는 바른 마음.《거짓말을 하는 것은 양심을 속이는 일이다.》북량심.

양심적 (良心的) 양심에 따르는. 또는 그런 것. 북량심적.

양아들 데려다가 키운 아들. 같양자.

양악기 (洋樂器) 피아노, 바이올린, 탬버린처럼 서양에서 처음 만든 악기. 또는 서양 음악에서 흔히 쓰는 악기.

양약 (洋藥) 서양 의술로 만든 약.《양약과 한약》참한약.

양양하다 1.바다가 끝이 안 보일 정도로 아주 넓다.《양양한 바다》 2.사람의 앞날이 밝고 희망차다.《전도가 양양하다./앞길이 양양하다.》

양어장 (養魚場) 물고기를 가두어 기르는 곳.

양옥 (洋屋) 서양식으로 지은 집.《저기 보이는 2층 양옥이 선생님 댁이다.》같양옥집. 참한옥.

양옥집 → 양옥.

양원 (兩院) 국회를 둘로 나누어 운영하는 제도에서 양쪽 의원을 함께 이르는 말.《양원 제도에서 국회는 상원과 하원으로 나뉘어 움직인다.》북량원.

양위 (讓位) 임금 자리를 물려주는 것.

양위하다 《조선 태종은 셋째 아들인 충녕 대군에게 왕위를 양위했다.》

양육 (養育) 아이를 보살피고 키우는 것. 《부모가 직장에 다녀서 아이들 양육은 할머니가 맡으셨다.》 **양육하다 양육되다**

양은 (洋銀) 구리, 니켈, 아연을 섞은 금속. 단단하고 녹이 슬지 않아서 그릇이나 장식품 들을 만드는 데 쓴다.

양은그릇 양은으로 만든 그릇.

양은솥 양은으로 만든 솥.

양인 (良人) 조선 시대에 양반과 천민의 중간 신분에 속했던 사람. 과거를 볼 수 있었고, 세금을 내면서 군대에 가는 의무를 졌다. **같**양민. **북**량인.

양자 (養子) → 양아들.

양자택일 (兩者擇一) 둘 가운데 하나를 고르는 것. **북**량자택일. **양자택일하다** 《나를 따라갈 것인지 여기 남을 것인지 양자택일해라.》

양잠 (養蠶) → 누에치기.

양장 (洋裝) 여자가 서양식 옷을 차려입는 것. 또는 서양식으로 만든 여자옷. 《늘 한복을 입으시던 할머니께서 오늘은 양장을 하셨다.》 **양장하다**

양잿물 수산화나트륨을 녹인 물. 빨래할 때 쓰는 것으로, 서양에서 들어온 잿물이라는 말이다. **참**잿물.

양적 (量的) 양에 관련되는. 또는 그런 것. **반**질적. **북**량적.

양전기 (陽電氣) 유리 막대를 헝겊으로 문질렀을 때 유리 막대에 생기는 것과 같은 전기. '+' 부호로 나타낸다. **반**음전기.

양조 (釀造) 술, 간장, 식초 같은 것을 만드는 일. 《양조 간장》 **양조하다**

양주 (洋酒) 1. 서양에서 들여온 술. 2. 서양에서 빚는 방법으로 빚은 술. 위스키, 브랜디, 진 들을 이른다.

양주 별산대놀이 경기도 양주에 이어져 내려오는 탈놀이. 흔히 음력 4월 8일, 단오, 한가위에 한다. 목중, 연잎, 눈끔적이, 옴중, 신할아비, 미얄할미 들이 나온다. 중요 무형 문화재 제2호.

양지 ^{양달} (陽地) 볕이 잘 드는 곳. 《추운 날에는 동무들과 양지에 모여 놀았다.》 **비**양달. **반**음지.

양지가 음지 되고 음지가 양지 된다 속담 세상일은 돌고 돌게 마련이어서 처지가 뒤바뀔 수도 있다는 말.

양지 ^{종이} (洋紙) 서양에서 들여오거나 서양식으로 만든 종이. 흔히 우리나라 전통 한지와 구별하는 말로 쓴다.

양지꽃

양지꽃 양지바른 산기슭에 자라는 풀. 온몸에 긴 털이 있고, 4~6월에 노란 꽃이 핀다. 어린순을 먹는다.

양지바르다 볕이 잘 들다. 《누렁이가 양지바른 곳에서 낮잠을 잔다.》 **바**양지바른, 양지발라, 양지바릅니다.

양지 식물 (陽地植物) 햇빛이 비치는 곳에서 잘 자라는 식물. 소나무, 자작나무를 비롯하여 농작물은 대개 이에 속한다. **반**음지 식물. **북**양달식물.

양지쪽 볕이 잘 드는 쪽. 《양지쪽은 벌써 눈이 다 녹았다.》

양진이 낮은 산이나 언덕, 숲, 덤불에 사는 겨울새. 수컷은 몸이 붉고 배가 희다. 암컷은 누런 갈색이고 얼굴과 가슴에 분홍빛이 돈다.

양진이

양질 (良質) 좋은 품질. 《양질의 쌀》

양쪽 이쪽과 저쪽.《미영이는 웃을 때 양쪽 볼에 보조개가 패어 아주 예쁘다.》비양측. 북량쪽.

양쯔 강 중국 가운데를 흐르는 강. 아시아에서 가장 큰 강이다.

양철 (洋鐵) 주석을 입힌 얇은 철판. 깡통이나 석유통 들을 만드는 데 쓴다.

양초 불을 켤 수 있게 만든 물건. 파라핀이나 밀랍을 녹여 가운데에 심지를 넣고 굳혀 만든다.

양측 (兩側) 1.이편과 저편. 또는 서로 맞서는 두 편.《양측의 생각이 다르니 좀 더 의논해 봅시다.》비양측. 2.양쪽 가장자리.《복도 양측으로 학생들 그림을 걸었다.》

양치 이를 닦는 것. 또는 물로 입 안을 헹구는 것. **양치하다**《새미야, 양치하고 자야지.》

양치기 놓아기르는 양 떼를 돌보는 사람.《양치기 소년》

양치질 양치하는 일.《양치질을 열심히 해야 이가 썩지 않아.》**양치질하다**

양친 (兩親) '부모'를 달리 이르는 말. 비어버이. 북량친.

양칫물 양치할 때 쓰는 물. 북양치물.

양탄자 짐승 털이나 굵은 실로 짠 두꺼운 깔개.《양털로 짠 양탄자》같카펫.

양태 뭍에서 가깝고 바닥이 모래와 진흙으로 된 바다에 사는 바닷물고기. 몸은 위아래로 납작한데, 머리가 크고 꼬리가 가늘다. 등은 어두운 갈색이고 배는 흰색이다.

양털 양의 털. 같양모.

양파 밭에 심어 가꾸는 채소. 땅속에 비늘줄기 여러 겹이 모여서 둥글고 흰

양푼

양태

양파

덩이를 이루는데 이것을 먹는다. 북둥글파.

양팔 양쪽 팔. 북량팔.

양팔저울 두 팔을 활짝 벌린 것처럼 생긴 저울. 한쪽 접시에 추를 놓고 다른 쪽 접시에 물건을 놓아 무게를 잰다.

양편 (兩便) 마주하는 두 편.《길 양편에 코스모스가 가득 피었다.》북량편.

양푼 음식을 담거나 데우는 데 쓰는 넓고 큰 놋그릇.

양품점 (洋品店) 서양식 옷이나 장신구 들을 파는 가게.

양하 산속 그늘진 곳에 자라는 풀. 8~10월에 누르스름한 꽃이 핀다. 땅속줄기, 어린잎, 꽃을 먹는다.

양해 (諒解) 남의 사정을 헤아려서 너그러이 받아들이는 것.《양해를 얻다./양해를 구하다.》북량해. **양해하다**

양호실 (養護室) 학교에서 다치거나 아픈 사람을 보살피고 치료하는 곳.

양호하다 질, 수준 같은 것이 꽤 좋다.《예은이는 국어 성적은 양호한데 수학이 문제예요.》북량호하다.

양화점 (洋靴店) → 구둣방.

양화진 (楊花津) 조선 시대에 한양에서 강화도까지 뱃길을 잇던 중요한 나루터.

얕다 1.물, 구덩이 들의 겉에서 바닥까지의 거리가 짧다.《이 개울은 물이 얕아서 놀기에 좋아.》반깊다. 2.산, 건물들이 높지 않다.《마을 뒤편에 얕은 산이 있다.》3.생각이 깊지 못하거나 마음 씀씀이가 너그럽지 못하다.《속이 얕은 애들은 남을 위할 줄 모른다니까.》반깊다. 4.지식, 기술, 경험 들이

적어 대단하지 않다.《그렇게 얕은 재주로 누구를 가르친다는 거야.》5.어떤 상태가 깊지 않다.《앉은 채로 얕은 잠에 들었다.》**반**깊다.

얕은 내도 깊게 건너라 **속담** 얕은 시내도 깊은 시내를 건너듯 조심하라는 뜻으로, 어떤 일이든 조심해서 하라는 말.

얕보다 남을 실제보다 낮추어 보다. 또는 대수롭지 않게 보다.《내 키가 작다고 얕보면 큰코다칠걸.》**비**깔보다.

얕잡다 남을 얕보아 하찮게 여기다. 또는 우습게 여기다.《나를 얕잡아 보던 아이들에게 매운맛을 보여 주겠어.》

얘 **홀소리** 홀소리 글자 'ㅒ'의 이름.

얘 **부르는 말** 어른이 아이를 부르거나 어린아이들끼리 서로 부르는 말.《얘, 거기 숨어 있지 말고 이리 나와 봐.》

얘 **아이** '이 아이'가 줄어든 말.《얘는 이름이 뭐야?》**참**걔, 쟤.

얘기 → 이야기. **얘기하다**

얘깃거리 → 이야깃거리.《개가 물에 빠진 주인을 구한 일은 두고두고 얘깃거리가 되었다.》

어 **홀소리** 홀소리 글자 'ㅓ'의 이름.

어 **느낌말** 1.놀라거나 급할 때 내는 소리.《어, 큰일 났네!》2.기분 좋을 때 내는 소리.《어, 경치 참 좋다.》

어 **악기** (敔) 치는 국악기 가운데 하나. 엎드린 호랑이 모양으로 나무를 깎고 등에 톱니를 스물일곱 개 박았다. 대나무 채로 톱니를 긁어 소리를 낸다.

어_악기

어감 (語感) 말씨, 말소리, 낱말 차이에 따라 느껴지는 여러 가지 느낌과 맛.《같은 웃음소리라도 '껄껄'과 '깔깔'은 어감이 많이 달라요.》

어거지 '억지'를 잘못 쓴 말.

어구 **말** (語句) 말의 한 토막. 또는 한 구절.《짧고 아름다운 어구》

어구 **도구** (漁具) 고기를 잡는 데 쓰는 여러 도구.

어군 탐지기 (魚群探知機) 초음파를 쏘아 물속에 어떤 고기 떼가 얼마나 있는지 알아보는 기계.

어귀 어떤 곳을 드나들 때 거치는 첫머리.《마을 어귀에 장승이 서 있다.》

어근 (語根) 한 낱말에서 뜻을 나타내는 중심 부분. **북**말뿌리.

어근버근 자리나 마음이 맞지 않아 사이가 벌어져 있는 모양.《대체 언제까지 어근버근 토라져서 서로 안 볼 거야?》**어근버근하다**

어금니 송곳니 안쪽에 난 큰 이. 음식을 씹거나 부순다. **북**어금니.

어긋나다 1.맞물려 있던 것이 빠지거나 틀어져서 꼭 맞지 않다.《엿을 먹다 턱이 어긋났다.》2.서로 다르거나 엇갈리다.《길이 어긋나서 엄마를 못 만났어.》3.생각, 기대 같은 것에서 벗어나다.《이곳에 차를 대는 것은 법에 어긋나요.》4.마음에 틈이 생겨서 사이가 나빠지다.《너희들, 언제부터 그렇게 사이가 어긋났니?》

어기다 약속, 규칙 같은 것을 지키지 않다.《벌써 세 번이나 약속을 어겼는데 또 너를 믿으라고?》

어기여차 여럿이 힘을 합할 때 내는 소리.《어기여차, 노를 젓자.》

어기적- 손발을 마음대로 움직이지 못하여 느리게 걷는 모양. **어기적거리다 어기적대다 어기적어기적**

어김없다 어기는 일이 없다. 또는 틀림이 없다.《미선이가 한 말은 어김없는 사실로 밝혀졌다.》**어김없이**

어깃장 일부러 뻗대고 억지를 부리면서 고집 피우는 짓.《영이가 왜 자꾸 이 일에 어깃장을 놓는지 모르겠어.》

어깨 1.사람 몸에서 목 아래부터 팔이 몸에 붙은 곳까지 사이. 2.옷에서 목둘레부터 소매 위쪽까지 사이.

어깨가 가볍다 ^{관용} 할 일을 다 해서 마음이 가뿐하다.《방학 숙제를 끝내고 나니 어깨가 가볍다.》

어깨가 무겁다 ^{관용} 어떤 일을 맡게 되어 부담스럽다.《이번 학기에 반장을 맡아서 어깨가 무겁다.》

어깨에 힘을 주다 ^{관용} 잘난 척하면서 으스대다.《상원이가 어쩌다 칭찬 한번 받더니 어깨에 힘을 주고 다니네.》

어깨걸이 어깨에 걸쳐서 가슴 쪽으로 드리우는 긴 천. 추위를 막거나 멋을 내는 데 쓴다.

어깨동무 1.서로 어깨에 팔을 얹고 나란히 서는 것.《형이랑 어깨동무를 하고 집까지 왔다.》 2.키나 나이가 비슷한 친한 동무.《저희는 한 동네에서 어깨동무로 자랐어요.》**어깨동무하다**

어깨띠 한쪽 어깨에서 다른 쪽 겨드랑이 밑으로 걸치는 띠.

어깨뼈 척추동물 몸에서 팔뼈와 몸통을 잇는 한 쌍의 뼈. 등 위쪽에 있고 세모꼴이다.

어깨뿔고둥 바닷가 바위에 붙어서 사는 고둥. 껍데기는 잿빛이나 갈색이고 어깨에 뿔처럼 뾰족한 혹이 나 있다.

어깨춤 신이 나서 어깨를 들썩거리는

것. 또는 그렇게 추는 춤.《흥겨운 노랫가락에 어깨춤이 절로 난다.》

어깻죽지 팔과 어깨가 이어진 부분.

어깻짓 어깨를 으쓱거리는 짓.《춤꾼들의 어깻짓은 보기만 해도 흥겹다.》**어깻짓하다**

어눌하다 말을 매끄럽게 못하고 조금 우물거리다.《오빠는 말하는 건 어눌하지만 생각은 깊어요.》

어느 1.여럿 가운데 어떤 것 하나를 꼭 짚어서 물을 때 쓰는 말.《둘 중에 어느 장갑이 더 예뻐?》 2.여럿 가운데 잘 모르거나 굳이 짚어 말할 필요가 없는 것을 이를 때 쓰는 말.《옛날 어느 마을에 효자가 살았대요.》 3.정도나 수량이 웬만하다는 뜻으로 하는 말.《숙제를 어느 정도 해 놓고 놀아야지.》

어느 세월에 ^{관용} 시간이 얼마나 흘러야. 또는 시간을 얼마나 들여야.《어느 세월에 이 많은 숙제를 다 한담!》 ^비어느 천 년에.

어느 구름에서 비가 올지 모른다 ^{속담} 언제 어떤 일이 생길지, 일이 어떻게 끝날지 미리 짐작할 수 없다는 말.

어느 장단에 춤추랴 ^{속담} 이래라저래라 하는 사람이 많아서 어떤 말을 따라야 할지 갈피를 잡을 수 없다는 말.

어느덧 어느 사이에. 또는 자기도 모르는 사이에.《어느덧 추운 겨울이 지나고 따뜻한 봄이 왔다.》^같어언.

어느새 어느 틈에 벌써.《책을 읽다 보니 어느새 날이 밝았다.》

어는점 물이 얼기 시작하거나 얼음이 녹기 시작하는 온도. 섭씨 0도이다. ^같빙점.

어깨뿔고둥

어데 '어디에'가 줄어든 말.《이 밤에 어데 갔다 왔니?》

어두움 빛이 없어 어두운 상태. **준**어둠.

어두침침하다 어둡고 침침해서 흐릿하다.《어두침침한 방에서 불도 안 켜고 뭘 하니?》**같**어둠침침하다.

어두컴컴하다 어둡고 컴컴하다.《달도 뜨지 않은 어두컴컴한 밤이었다.》

어둑시근하다ㅣ**북** 1. 꽤 어둡다.《동네가 어둑시근해서 길을 찾기 어려웠다.》 2. 질서가 없어 어지럽다.《선생님이 안 계시면 교실이 어둑시근하다.》

어둑어둑 해가 지거나 구름이 끼어서 조금씩 날이 어두워지는 모양. **어둑어둑하다**《창밖이 어둑어둑하더니 금세 먹구름이 몰려들었다.》

어둑하다 해가 지거나 구름이 끼어서 날이 조금 어둡다.《어느새 밖이 어둑해졌다.》

어둠 → 어두움.《어둠 속에서 천천히 해가 떠올랐다.》

어둠상자 사진기에서 빛이 들지 못하게 속을 검게 칠한 상자.

어둠침침하다 → 어두침침하다.

어둡다 1. 빛이 없거나 약해서 밝지 않다.《방이 조금 어둡지 않아?》**반**밝다. 2. 색깔이 짙거나 검은색에 가깝다.《이모는 어두운 색 옷을 즐겨 입는다.》**반**밝다. 3. 표정, 성격, 분위기 들이 밝지 못하다.《표정이 어두운 것으로 보아 형이 시험을 망친 것 같다.》**반**밝다. 4. 귀가 잘 들리지 않거나 눈이 잘 보이지 않다.《귀가 어둡다./눈이 어둡다.》**반**밝다. 5. 어떤 일이나 사실을 잘 모르다.《박 선생님은 외국에 오래 사셔서

어딩이탈

국내 사정에 어두운 편이다.》**반**밝다. **바**어두운, 어두워, 어둡습니다.

어디 ^{어느 곳} 1. 잘 모르는 어떤 곳을 이르는 말.《내 가방 어디에 뒀어?》 2. 딱히 정해 놓지 않았거나 굳이 밝히고 싶지 않은 어떤 곳을 뜻하는 말.《그냥 어디 잠깐 다녀오는 길이에요.》 3. 흔히 묻는 말에 써서, '어떤 점', '어느 부분'을 뜻하는 말.《이 그림에서 어디가 가장 마음에 드니?》 4. 흔히 되묻는 말에 써서, 어떤 사실이 꽤 괜찮거나 대단하다는 뜻으로 하는 말.《다치지 않은 것만 해도 어디냐?》

어디 ^{과연} 1. 잔뜩 벼르거나 다짐할 때 하는 말.《어디 한번 두고 보자.》 2. 어렵고 딱한 사정이나 형편을 힘주어 이르는 말.《이렇게 더워서야 어디 연습이나 제대로 하겠어.》 3. 결코 그렇지 않다고 힘주어 이르는 말.《선생님이 어디 네가 미워서 그러셨겠니?》

어딩이탈 김해 가락 오광대에서 쓰는 탈.

어때 '어떠해'가 줄어든 말.《내 옷 어때?/이 책 어때? 재미있어?》

어떠어떠하다 무엇이 어떠하다. 또는 어떤 것이 이러저러하다.《책 내용이 어떠어떠했는지 얘기해 줘.》

어떠하다 성질, 상태, 형편 들이 어찌되어 있다.《할아버지, 요즘 건강은 어떠하세요?》**준**어떻다.

어떡하다 '어떻게 하다'가 줄어든 말.《이 일을 어떡하면 좋니?》

어떤 1. 누구인지, 무엇인지 들을 묻는 말.《어떤 선물을 주는 게 좋을까?》 2. 누구인지, 무엇인지 정하지 않고 이르

는 말. 《아까 어떤 애가 널 찾더라.》

어떻게 상태, 형편 들이 어떠하게. 또는 어찌하여. 《네 누나 어떻게 생겼니?/어떻게 그런 생각을 하니?》

어떻다 → 어떠하다. 《이제 어떻게 할까요?》 **바**어떤, 어때, 어떻습니다.

어뜩새벽 [북] 아주 이른 새벽. 《할아버지는 어뜩새벽부터 논에 나가셨다.》

어라 뜻밖의 일로 조금 놀랐을 때 내는 소리. 《어라, 또 만났네.》

어레미 구멍이 크고 올이 굵은 체. 《어레미로 모래를 쳐서 돌을 골라냈다.》

어려움 어려운 것. 또는 어려운 일. 《먹을 것이 없어 어려움을 겪는 사람들이 아직도 많다.》

어려워하다 어렵게 여기거나 힘겹게 여기다. 《이 문제는 다들 어려워해.》

어련하다 걱정하지 않아도 잘 될 것이 분명하다. **어련히** 《꼼꼼한 명희가 한 일이니 어련히 알아서 잘했을까.》

어렴풋하다 모습, 기억 들이 흐릿하다. 또는 빛, 소리 들이 희미하다. **어렴풋이** 《어렸을 때 일이 어렴풋이 생각나요.》

어렵다 1. 어떤 일을 하거나 이루기가 힘들다. 《턱걸이 열 개 하기가 이렇게 어려울 줄이야!》 2. 어떤 것을 알거나 풀기가 쉽지 않다. 《이번 수학 시험은 너무 어려웠어요.》 3. 형편이 넉넉지 않거나 사정이 좋지 않다. 《요즘 아빠 회사가 몹시 어렵대요.》 4. 윗사람이나 모르는 사람 앞에서 마음껏 행동하기 거북하거나 두렵다. 《친척 할아버지들 앞에서는 말 한 마디 하기도 어렵다.》 **바**어려운, 어려워, 어렵습니다.

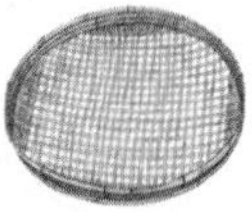
어레미

어렵사리 아주 어렵게. 또는 억지로 힘들게. 《엉성한 약도를 들고 동무네 집을 어렵사리 찾아갔다.》

어로 (漁撈) 물고기를 잡거나 김, 미역 들을 따는 일.

어뢰 (魚雷) 배나 잠수함을 공격하는 데 쓰는 폭탄.

어루만지다 1. 부드럽게 살살 쓰다듬다. 《할머니는 귀엽다는 듯 손자의 머리를 어루만지셨다.》 2. 부드러운 말로 달래거나 감싸다. 《선생님은 힘들어하는 나를 따뜻하게 어루만져 주셨다.》

어룽 흐릿하면서 고르지 않은 얼룩. 《어룽이 진 눈물 자국》

어류 (魚類) 물고기를 두루 이르는 말.

어르다 소리나 몸짓으로 아기를 달래거나 재미있게 해 주다. 《아기를 안고 어르자 아기가 까르르 웃는다.》 **북**얼리다. **바**어르는, 얼러, 어릅니다.

어르신 → 어르신네.

어르신네 나이 많은 어른을 높여 이르는 말. 《그 어르신네가 너희 할아버지시냐?》 **같**어르신. **북**어른네.

어른 [사람] 1. 다 자란 사람. 자기 행동에 책임을 지고 혼자 살아갈 수 있는 나이가 된 사람을 이른다. 《나중에 어른이 되면 유럽 여행을 떠나고 싶다.》 **같**성인. 2. 나이, 지위, 항렬 들이 높은 사람. 또는 존경받을 만한 사람. 《집안 어른들이 제사를 지내러 우리 집에 오셨다.》 3. 남의 부모를 높여 이르는 말. 《그 댁 어른들도 안녕하시지?》

어른 **뺨치다** [관용] 아이가 하는 일이 오히려 어른보다 낫다. 《연주는 어른 뺨치게 바느질을 잘 한다.》

어른- ^{모양} '아른-'의 큰말. **어른거리다 어른대다 어른어른**《벽에 나무 그림자가 어른어른 비친다.》

어른벌레 → 자란벌레.

어른스럽다 나이는 어리지만 하는 짓이 의젓하고 어른 같다.《너는 어쩌면 그렇게 어른스럽게 말을 하니?》 ^북어른싸다. ^바어른스러운, 어른스러워, 어른스럽습니다.

어름 1.두 부분이 맞닿은 자리.《팔과 어깨 어름에 종기가 났다.》 2.어떤 때에 이를 무렵. 또는 어떤 곳에 가까운 곳.《나는 겨울 어름이면 어김없이 감기 몸살에 시달린다.》

어름치 물이 맑고 바닥에 자갈이 깔린 큰 강에 사는 민물고기. 몸은 옆으로 약간 납작하고 우리나라에만 산다. 천연기념물 제 259호. ^북어루무치.

어름치

어리 1.병아리나 닭을 가두어 기르는 우리. 싸리나 가는 나무를 엮어서 둥글게 만든다. 2.닭을 넣어 들고 다닐 수 있게 만든 물건.

어리

어리광 어른에게 예쁘거나 귀엽게 보이려고 일부러 어린아이처럼 깜찍하게 구는 짓.《동생은 막내라서 그런지 어리광이 심하다.》

어리꿀벌 떼 지어 사는 벌. 몸 빛깔은 검고, 날개는 투명하다. 머리, 가슴, 배에 누런빛을 띤 흰색 털이 나 있다.

어리다 ^{나이가} 1.나이가 적다.《제 동생은 저보다 두 살이 어려요.》 2.동물이나 식물이 갓 나거나 충분히 자라지 않은 상태에 있다.《어린 송아지》 3.생각, 경험 들이 짧거나 수준이 낮다.《5학년이나 된 애가 생각하는 것이 왜 그리 어리니?》

어리다 ^{눈물이} 1.적은 양의 액체가 괴거나 엉기다.《지영이 눈에 금세 눈물이 어렸다.》 2.감정이나 기운, 표정 들이 드러나거나 나타나다.《웃음기 어린 표정/정성이 어려 있는 도시락》 3.어떤 모습이 희미하게 비치거나 눈에 선하다.《이 시계를 보면 돌아가신 할아버지 모습이 자꾸 눈에 어려요.》

어리둥절하다 무슨 일인지 몰라서 얼떨떨하다.《아기가 갑자기 울자 오빠는 어리둥절해서 이모를 보았다.》

어리벙벙하다 무슨 일인지 몰라 벙벙하니 정신이 없다.《선생님의 갑작스러운 호통에 그저 어리벙벙했다.》

어리뻥하다 ^북 1.어떻게 해야 할지 몰라서 어리둥절하다.《어리뻥하게 서 있지 말고 청소 좀 거들어라.》 2.이것인지 저것인지 분명하게 가늠할 수 없어 얼떨떨하다.《자꾸 어리뻥하게 굴지 말고 싫으면 싫다고 말해.》

어리석다 똑똑하지 못하고 둔하다.《그런 거짓말을 하다니, 어리석구나.》

어리숙하다 '어수룩하다'를 잘못 쓴 말.

어리아이노각다귀 풀숲이나 물가에 사는 각다귀. 모기와 닮았는데 훨씬 크다. 몸과 다리가 모두 가늘고 길다.

어리아이노각다귀

어리호박벌 호박꽃, 벚꽃, 진달래 같은 꽃에 날아드는 벌. 가슴은 누런 털로 덮여 있고 배는 검다. 날개는 검은 보랏빛이다.

어리호박벌

어린순 → 애순.

어린아이 나이가 어린 아이.《어린아이 같은 행동》 ^갈소아. ^준어린애.

어린아이 매도 많이 맞으면 아프다 속담 대수롭지 않은 나쁜 일도 여러 번 당하면 큰 손해를 볼 수 있다는 말.

어린아이 투레질 잦으면 비 온다 속담 기압이 낮으면 어린아이들이 숨 쉬기 힘들어서 한숨을 쉬거나 투레질을 하므로, 어린아이가 투레질을 하면 곧 비가 온다는 말.

어린애 → 어린아이.

어린이 나이 어린 사람. 흔히 네다섯 살 먹은 아이부터 초등학교에 다닐 만한 아이까지를 이른다. 같아동.

어린이날 어린이를 소중히 여기고, 바르고 훌륭하게 키우자는 뜻에서 정한 날. 5월 5일이다.

어린이집 학교에 갈 나이가 안 된 어린이를 돌보고 가르치는 곳.

어린이 헌장 어른들이 어린이의 권리를 지켜줄 것을 다짐한 글. 1957년 5월 5일에 처음 발표하였다.

어린이회 흔히 초등학교에서 어린이 스스로 학교 일을 의논하는 모임.

어린잎 새로 나는 연한 잎.

어림 짐작으로 대충 헤아리는 것.《그날 모인 아이들이 어림으로도 백 명은 되었다.》**어림하다**

어림셈 대강 셈하는 것. **어림셈하다**

어림수 반올림, 올림, 버림을 해서 어림으로 나타낸 수.

어림없다 아무리 해도 도저히 당할 수 없다.《그런 거짓말로 나를 골탕 먹이려 들다니, 어림없는 짓이야.》

어림잡다 짐작으로 대충 헤아려 보다.《어림잡아 네 살쯤 되어 보였어.》

어림재기 길이, 무게, 부피 같은 것을 어림잡아 재는 일.

어림짐작 어림으로 대충 헤아리는 것. 또는 그런 짐작.《운동장에 모인 사람들이 어림짐작으로도 천 명쯤은 되는 것 같았다.》**어림짐작하다**

어릿광대 연극 같은 데서 광대가 나오기 전에 먼저 무대에 나와 재미있는 말이나 몸짓으로 손님을 웃기는 사람.

어릿어릿 1. 어렴풋한 모습이 눈앞에서 어른거리는 모양.《돌아가신 할머니 얼굴이 어릿어릿 떠오른다.》 2. 힘없이 움직이는 모양.《지각을 한 짝꿍이 어릿어릿 교실 안으로 들어왔다.》**어릿어릿하다**

어마뜨거라 무섭거나 싫은 것과 마주쳤을 때 놀라서 내는 소리.《삼촌이 뛰어나오자 동생을 울린 아이들은 어마뜨거라 하면서 도망쳤다.》

어마마마 옛날에 임금이나 임금의 자식이 자기 어머니를 이르던 말.

어마어마하다 입이 떡 벌어질 만큼 엄청나고 굉장하다.《만리장성은 어마어마하게 길다.》

어망 (漁網) 물고기를 잡는 그물.

어망결에 ㅣ북 갑작스럽거나 복잡한 일로 정신이 몹시 얼떨떨한 판에.《나도 어망결에 슬기 생일잔치에 가겠다고 했지 뭐야.》

어머 흔히 여자들이 뜻밖의 일로 놀랐을 때 내는 소리.《어머, 내 이름은 어떻게 알았니?》

어머나 '어머'를 힘주어 내는 소리.

어머니 자기를 낳고 길러 준 여자. 또는 아버지의 아내. 반아버지. 높어머님. 참엄마.

어머니회 어머니들이 학교 일을 거들려고 만든 모임.

어머님 '어머니'의 높임말. **반**아버님.

어멈 1.자식을 둔 딸이나 며느리를 이르는 말.《어멈아, 누가 왔느냐?》 **반**아범. 2.자식을 둔 남자가 웃어른 앞에서 자기 아내를 이르는 말.《어멈이 아버님께 큰절을 올리겠답니다.》 **반**아범.

어명 (御命) 임금이 내리던 명령.

어묵 생선의 살을 뼈째 으깨어 소금, 칡가루, 양념 들을 넣고 묵처럼 만든 먹을거리.

어물 **수산물** (魚物) 물고기, 조개, 미역 같은 여러 가지 수산물. 또는 수산물을 말린 것.

어물- **모양** 말이나 행동을 분명하게 하지 못하고 꾸물거리는 모양. **어물거리다 어물대다 어물어물**《이 일은 그냥 어물어물 넘어갈 일이 아니야.》

어물전 (魚物廛) 물고기나 조개, 미역 같은 여러 가지 어물을 파는 가게.

어물전 망신은 꼴뚜기가 시킨다 **속담** 못난 사람 하나가 다른 여러 사람을 망신시킨다는 말.

어물쩍 말이나 행동을 일부러 어물거리면서 넘기는 모양. **어물쩍거리다 어물쩍대다 어물쩍하다 어물쩍어물쩍**

어미 1.새끼나 알을 낳은 동물의 암컷을 이르는 말.《어미 오리》 2.'어머니'를 낮추어 이르는 말. **반**아비. ✕에미. 3.자식을 둔 딸이나 며느리를 정답게 이르는 말.《어미야, 약국 가서 파스 좀 사다 다오.》 **반**아비. ✕에미.

어민 (漁民) → 어부.

어버이 아버지와 어머니. **같**부모. **비양**친. **참**자식.

어버이날 아버지와 어머니의 은혜에 감사하는 날. 5월 8일이다.

어법 (語法) 말할 때 쓰는 법칙.《어법에 맞는 말》 **참**문법.

어부 (漁夫) 물고기 잡는 일이 직업인 사람. **같**어민.

어부사시사 (漁父四時詞) 조선 효종 때 윤선도가 지은 시조. 자연에 묻혀 살아가는 어부의 생활을 읊었다.

어부지리 (漁父之利) 둘이 다투는 사이에 엉뚱한 쪽이 이익을 얻는 것. 도요새와 조개가 다투는 사이에 어부가 둘 다 잡았다는 옛이야기에서 나온 말이다.

어불성설 (語不成說) 말이 이치에 전혀 맞지 않는 것.

어사 (御史) 1.임금이 내린 임무를 띠고 지방으로 나가던 임시 벼슬. 2.→ 암행어사.

어사화 (御賜花) 옛날에 임금이 과거에 급제한 사람에게 내리던 종이꽃.

어색하다 1.멋쩍거나 쑥스럽다.《낯선 사람과 마주 보고 앉아 있으려니 어색하다.》 2.자연스럽지 못하다. 또는 어울리지 않아 불편하다.《외국인이 한복을 입은 모습은 어딘지 어색해.》

어서 1.서둘러서 빨리.《궁금하니까 어서 말해.》 2.반갑게 맞이하거나 정성스럽게 권하는 뜻으로 하는 말.《어서 오세요.》

어서어서 '어서'를 힘주어 이르는 말.

어선 (漁船) 고기잡이에 쓰는 배. **비**고기잡이배.

어설프다 야무지지 못하고 서투르다.

또는 짜임새 같은 것이 엉성하다.《동생은 젓가락질이 아직 어설프다.》바어설픈, 어설퍼, 어설픕니다.

어설피다 |북 1.모양, 내용 들이 빈틈이 많고 엉성하다.《산속에 어설핀 오두막 한 채가 있었다.》2.연기, 안개, 냄새 들이 옅다.《호수에 어설핀 안개가 끼었다.》3.됨됨이가 믿음직스럽거나 진지하지 못하다.《윤진이는 머리는 좋은데 됨됨이가 어설피다.》4.일솜씨가 서툴고 어색하다.《삼촌이 어설핀 솜씨로 타자기를 두드린다.》

어수룩하다 조금 어리석다. 또는 약삭빠르지 못하고 순진하다.《천수가 겉모습은 어수룩해 보여도 당차고 야무집니다.》✕어리숙하다.

어수리 깊은 산기슭이나 개울가에 자라는 풀. 여름에 잘고 흰 꽃이 줄기 끝에 모여 핀다. 어린순을 먹는다.

어수리

어수선하다 1.여러 가지가 마구 널리거나 뒤섞여 어지럽다.《방 안이 하도 어수선해서 공부하기 전에 청소부터 했다.》2.마음이나 분위기가 뒤숭숭하다.《아침부터 왠지 어수선하네.》

어순 (語順) 말이나 글에서 주어, 목적어, 서술어 들이 놓이는 차례.

어스러지다 |북 1.옷 솔기가 조금 비뚤어지다.《우리 엄마는 어스러지게 바느질하시는 경우가 없다.》2.말이나 행동이 바르지 못하다.《그런 어스러진 행동은 너답지 않아.》3.어떤 기운이 점점 약해지거나 없어지다.《저녁놀이 어스러지고 어둠이 찾아왔다.》

어스름 날이 새거나 저물 때 조금 어두운 것. 또는 조금 어두운 때.《일곱 시면 어스름이 깔릴 때야.》**어스름하다**

어슥비슥 |북 서로 어긋나서 가지런하지 않은 모양.

어슬렁- 몸집이 큰 사람이나 짐승이 몸을 흔들면서 천천히 걸어 다니는 모양. **어슬렁거리다 어슬렁대다 어슬렁어슬렁**《코끼리가 동물원에서 어슬렁어슬렁 걸어 다닌다.》

어슴푸레 1.빛이 약하거나 멀리 있어서 희미하게.《달빛이 어슴푸레 창문을 비춘다.》2.소리나 모습이 분명하지 않고 희미하게.《어디에선가 동무의 목소리가 어슴푸레 들려왔다.》3.기억, 의식 들이 또렷하지 않고 희미하게.《할머니가 들려주신 이야기가 어슴푸레 떠오른다.》**어슴푸레하다**

어슷비슷하다 1.큰 차이 없이 비슷비슷하다.《노란 체육복을 입은 모습이 어슷비슷해서 동생을 잘 못 찾겠다.》2.생김새가 이쪽저쪽으로 쏠리어 비스듬하다.《장작은 왜 꼭 어슷비슷하게 쌓는 걸까?》

어슷썰기 무, 파 같은 먹을거리를 한쪽으로 비스듬하게 써는 일.

어시스트 (assist) 축구나 농구 같은 경기에서 골을 넣기 좋은 곳에 있는 자기편 선수에게 공을 보내 주는 일.

어시장 (魚市場) 물고기, 조개, 미역 같은 수산물을 파는 시장.

어어 뜻밖의 일이 생겼을 때 내는 소리.《어어, 이 길로 가면 안 돼.》

어언 (於焉) → 어느덧.

어업 (漁業) 물고기, 조개, 김, 미역 같은 것을 잡거나 기르는 산업.

어여머리 조선 시대에 부인이 예의를

어여머리

갖추어 꾸미던 머리 모양. 머리에 족두리를 쓰고 가발을 둘러 얹은 다음 비녀를 꽂는다.

어여쁘다 '예쁘다' 를 옛날 느낌이 나게 이르는 말.《어여쁜 마음씨》 **바**어여쁜, 어여뻐, 어여쁩니다.

어여삐 어여쁘게.《모자란 점이 있더라도 어여삐 봐 주십시오.》

어엿하다 어디에 견주어도 당당하고 떳떳하다.《이제 언니는 어엿한 중학생이다.》

어영대장 (御營大將) 조선 시대 군사 기관인 어영청의 으뜸 벼슬.

어영부영 어떤 일을 목적이나 계획이 없이 어물어물 되는대로 하는 모양.《용돈을 받은 지 사흘밖에 안 됐는데 어영부영 다 썼다.》 **어영부영하다**

어우러지다 여럿이 섞이거나 모여 하나가 되다.《마을 사람들이 한데 어우러져 흥겨운 잔치를 벌였다.》

어우르다 여럿을 섞거나 모아 하나가 되게 하다.《남녘과 북녘의 모든 낱말을 어우르는 큰 사전이 나오면 좋겠다.》 **바**어우르는, 어울러, 어우릅니다.

어울리다 1.남과 사귀어 잘 지내다. 또는 남과 함께하다.《철이는 옆 반 동무랑 잘 어울려 다니더라.》 **준**얼리다. 2.다른 것과 잘 맞아 보기가 좋다.《치마와 신발 색깔이 어울려서 보기 좋아.》

어원 (語源) 말이 생겨난 바탕. 또는 어떤 말이 처음 생겨났을 때의 모습.《'노래' 의 어원은 뭘까?》

어유 1.괴롭거나 분할 때 내는 소리.《어유, 얄미워!》 **참**아유. 2.놀랍거나 기쁠 때 내는 소리.《어유, 깜짝이야!》

어저귀

참아유.

어육 (魚肉) 1.물고기의 살. 2.물고기와 짐승 고기.

어음 정해진 날짜에 값을 치르겠다고 약속한 문서.《약속 어음》

어이 **느낌말** '없다' 와 함께 써서, 뜻밖에 놀랍거나 기가 막힌 일을 당했을 때 하는 말.《자기가 잘못하고 나한테 화를 내다니 정말 어이가 없다.》

어이 **부르는 말** 남을 부를 때 쓰는 말.《어이, 이것 좀 함께 나르자고》

어이 **어찌** '어찌', '어떻게' 를 옛날 느낌이 나게 쓰는 말.《너는 이 아이의 말을 어이 생각하느냐?》

어이구 1.힘들거나 분할 때 내는 소리.《어이구, 무거워.》 **참**아이고, 어이쿠. 2.놀랍거나 기쁠 때 내는 소리.《어이구, 이게 뭐람?》 **참**아이고, 어이쿠.

어이없다 → 어처구니없다.《6곱하기 7이 40이라고 우기다니 정말 어이없어 말이 안 나오네.》

어이쿠 아주 놀랍거나 기쁠 때 내는 소리.《어이쿠, 간 떨어지는 줄 알았네.》 **참**아이코, 어이구.

어장 (漁場) 바다에서 고기를 잡는 곳.

어저귀 밭둑이나 빈 터에 자라거나 심어 가꾸는 풀. 8~9월에 노란 꽃이 핀다. 줄기로 밧줄이나 옷감을 만들고, 씨는 약으로 쓴다.

어저께 → 어제.

어전 (御前) 임금 앞.《대신들이 어전에 나아가 절을 올린다.》

어절 (語節) 문장을 이루는 말 도막. 도막과 도막 사이는 띄어 쓴다.《'오늘도 자전거를 탔다.' 는 세 어절로 된 문

장이다.》

어정쩡하다 태도가 머뭇거리고 분명하지 않다. 《누구 의견을 따라야 할지 몰라서 어정쩡하게 대답했다.》

어제 1.오늘의 바로 전날. 《어제는 민이네 집에서 잤어.》 **참** 내일, 오늘. 2.오늘의 바로 전날에. 《어제 한 약속 잊지 않았지?》 **같** 어저께. **참** 내일, 오늘.

어제저녁 어제의 저녁. **준** 엊저녁.

어젯밤 어제 지나간 밤. 《어젯밤부터 내린 눈이 한 뼘이나 쌓였다.》

어조 (語調) 느낌, 생각이 드러나는 말씨나 말투. 《선생님은 강한 어조로 자연 보호의 필요성을 설명하셨다.》

어족 **말** (語族) 같은 뿌리에서 나온 것으로 보이는 말들을 한 갈래로 묶은 것. 《알타이 어족》

어족 **물고기** (魚族) 여러 가지 물고기들.

어줍다 말이나 하는 짓이 서투르고 어설프다. 《외국인들이 어줍은 솜씨로 젓가락질을 한다.》

어중간하다 이것도 저것도 아니어서 어정쩡하다. 또는 이러기에도 저러기에도 맞지 않다. 《춥지도 덥지도 않은 어중간한 날씨》

어중되다 넘치거나 모자라서 딱 알맞지 않다. 《오후 네 시는 점심을 먹기에도 저녁을 먹기에도 어중된 시간이다.》

어중이떠중이 여기저기서 모인 변변찮은 사람들을 낮추어 이르는 말. 《놀이판에 어중이떠중이가 다 모여 있구나.》

어지간하다 1.수준, 형편 들이 아주 뛰어나거나 뒤떨어지지 않고 웬만하다. 《제 동생도 공부를 어지간하게는 하는 편이에요.》 2.하는 짓이 만만찮다.

《이 더위에 그 먼 길을 뛰어오다니 너도 참 어지간하구나.》 3.성격이 꽤 무던하다. 《준이가 그래도 성격이 어지간해서 너하고 놀아 주는 거야.》

어지러뜨리다 이것저것 마구 어질러 놓다. 《아이들이 놀러 와 내 방을 잔뜩 어지러뜨리고 갔다.》

어지러이 어지럽게. 《방 안에는 온갖 물건이 어지러이 널려 있었다.》

어지럼증 어지러운 증세. **같** 현기증.

어지럽다 1.머리가 빙글빙글 돌면서 정신이 흐릿하다. 《뜨거운 물속에 오래 있었더니 좀 어지럽다.》 2.이것저것 뒤섞여 아주 어수선하다. 《이 어지러운 방을 언제 청소한담.》 **바** 어지러운, 어지러워, 어지럽습니다.

어지르다 이것저것 마구 늘어놓아 어지럽게 하다. 《네가 어지른 것만이라도 어서 치워라.》 **바** 어지른, 어질러, 어지릅니다.

어지자지 제기를 오른발과 왼발로 번갈아 차는 것.

어질다 너그럽고 인정이 많다. 또는 순하고 슬기롭다. 《할아버지는 아주 어진 분이셨다고 한다.》 **바** 어진, 어질어, 어집니다.

어질어질 어지럼증이 나서 자꾸 어지러워지는 모양. **어질어질하다** 《이 놀이 기구는 어질어질해서 못 타겠어.》

어째 1.무엇 때문에. 《어째 그렇게 화가 났니?》 2.어쩐지. 또는 왜 그런지. 《어째 분위기가 이상한데?》

어째서 무엇 때문에. 《어째서 우리가 잘못했다는 거지?》

어쨌든 사정이 어찌 되었든. '어찌하

엾든'이 줄어든 말이다.《어쨌든 난 가고 싶지 않아.》

어쩌고저쩌고 이러니저러니 말을 늘어놓는 것을 재미있게 나타낸 말.《아이들이 어쩌고저쩌고 떠드는 소리가 밖까지 들려온다.》 북어찌고어찌고.

어쩌다 어찌하다 → 어찌하다.《미안해서 어쩌지?/어쩌다 길을 잃었니?》

어쩌다 어쩌다가 → 어쩌다가.

어쩌다가 1.우연히 뜻밖에.《어쩌다가 길에서 동무를 만났다.》 준어쩌다. 2.가끔 가다가.《짝꿍은 어쩌다가 한 번씩 지각을 한다.》 준어쩌다.

어쩌면 1.확실하지는 않지만 짐작하여 보면.《어쩌면 애가 벌써 다녀갔는지도 몰라.》 준어쩜. 2.도대체 어떻게 하면. 흔히 감탄하거나 놀랄 때 쓴다.《아이가 어쩌면 이렇게 귀여울까!》

어쩐지 어찌 된 까닭인지. 또는 웬일인지.《어쩐지 느낌이 안 좋았어.》

어쩜 1.→ 어쩌면. 2.뜻밖의 일로 놀랐을 때 내는 소리.《어쩜, 벌써 개나리가 피었네.》

어찌 1.어떤 까닭으로.《어찌 그런 소문이 났을까?》 2.어떤 방법으로.《이 험한 세상을 어찌 살아갈까?》

어찌나 말로 다 할 수 없을 만큼.《어찌나 춥던지 얼어 죽는 줄 알았다.》

어찌다 북 어찌하다. 또는 어떻게 하다.《이제 어찌면 좋지?》

어찌하다 1.어떻게 하다.《그 많은 빨래를 어찌하려고?》 준어쩌다. 2.'어찌하여' 꼴로 써서, 어떠한 까닭으로.《어찌하여 그런 소문이 났을까?》

어찔하다 갑자기 머리가 띵하면서 몹

어치_새

시 어지럽다.《벼랑 아래를 내려다보니 정신이 어찔하다.》 참아찔하다.

어차피 이렇든 저렇든. 또는 어찌 되었든.《어차피 해야 할 일이면 지금 하겠어요.》

어처구니없다 일이 너무 뜻밖이어서 놀랍거나 기가 막히다.《네가 그렇게 말하다니 정말 어처구니없구나.》 같어이없다. **어처구니없이.**

어촌 (漁村) 고기잡이를 하는 사람들이 모여 사는 바닷가 마을. 비갯마을. 참농촌, 산촌.

어치 새 낮은 산이나 숲에 사는 텃새. 머리와 목은 붉은 갈색, 날개는 파란색이다. 다른 새의 울음소리를 잘 흉내낸다.

–어치 양 돈을 세는 낱말 뒤에 붙어, '그 값만큼의 양'이라는 뜻을 더하는 말.《콩나물 천 원어치》

어투 (語套) → 말투.

어패류 (魚貝類) 음식으로 먹는 생선과 조개 종류.

어학 (語學) 1.말과 글을 연구하는 학문. 2.다른 나라 말을 공부하는 일.

어항 통 (魚缸) 물고기를 담아 기르는 데 쓰는 유리 그릇.

어항 항구 (漁港) 고깃배가 드나드는 항구.

어허 1.모르던 것을 깨달았을 때 내는 소리.《어허, 그게 그런 뜻이었구나.》 참아하. 2.못마땅하거나 걱정스러울 때 내는 소리.《어허, 비가 또 오네.》

어험 흔히 남자 어른이 점잖은 체하거나 기척을 내려고 일부러 내는 기침 소리. 같에헴, 으흠.

어혈 (瘀血) 부딪치거나 하여 살 속에 맺힌 피.《어혈이 지다./어혈을 풀다.》

어화 옛 노래나 시조에서 기쁜 마음으로 남을 부르는 소리.《어화, 벗님네야, 모두 함께 노래하세.》

어화둥둥 아기를 어를 때 노랫가락처럼 내는 소리.《어화둥둥 우리 아기, 어화둥둥 예쁘구나.》

어획 (漁獲) 물고기, 조개 들을 잡거나 캐는 것.《명태 어획》 **어획하다**

어획량 (漁獲量) 잡은 물고기의 양.

어휘 (語彙) 어떤 낱말. 또는 어떤 테두리 안에서 쓰는 온갖 낱말.

어흥 호랑이가 우는 소리.《어흥! 떡하나 주면 안 잡아먹지!》

억 숫자 (億) 1.만의 만 배가 되는 수. 2.세는 말 앞에 써서, 만의 만 배가 되는 수를 나타내는 말.《불우 이웃 돕기 성금이 일억 원이나 모였다.》

억 느낌말 갑자기 아프거나 놀랐을 때 내는 소리.《억, 발을 삐었어!》

억 소리 | 북 거세게 달려들거나 나아가는 모양.《둘이 함께 억 달려들면 삼촌을 쓰러뜨릴 수 있을 거야.》

억 가슴 (臆) | 북 가슴이나 마음속.《사고 소식을 들었을 때는 억이 무너져 내리는 것 같았습니다.》

억누르다 1.느낌이나 기분을 억지로 참다.《북받치는 슬픔을 억누를 길 없다.》 2.남을 자유롭지 못하게 힘으로 누르다.《우리의 자유를 억누르지 마라!》 박억누르는, 억눌러, 억누릅니다.

억눌리다 억누름을 당하다.《아무리 억눌리고 짓밟혀도 꿈은 잃지 마.》

억류 (抑留) 남을 어떤 곳에 강제로 붙잡아 두는 것. **억류하다**《인질을 억류하다.》 **억류되다**

억만장자 (億萬長者) 재산이 엄청나게 많은 사람.

억새

억새 산과 들에 자라는 풀. 잎은 끈처럼 얇고 긴데 9월에 가늘고 긴 꽃 이삭이 하얀 털 뭉치처럼 피어난다. 줄기와 잎으로 초가집 지붕을 이거나 집짐승의 먹이로 쓰고, 뿌리를 약으로 쓴다. 북창억새.

억세다 1.아주 튼튼하고 힘이 세다.《삼촌은 억센 팔뚝으로 물에 빠진 나를 건져 주었다.》 2.뜻을 이루려는 태도나 행동이 굳세고 억척스럽다.《철이는 한번 마음먹은 일은 끝까지 억세게 밀고 나간다.》 3.줄기나 잎이 아주 뻣뻣하고 질기다.《배추가 너무 억세서 못 먹겠어요.》 4.흔히 '억세게' 꼴로 써서, 운수가 아주 좋거나 나쁘다.《거참, 억세게 운 좋은 사람일세.》

억수 1.물을 퍼붓듯이 세차게 내리는 비.《새벽에 비가 억수같이 쏟아졌다.》 2.'억수로' 꼴로 써서, 아주 많이.《삼촌이 술을 억수로 퍼마셨다.》

억실억실 생김새가 선이 굵거나 커서 보기에 시원한 모양. **억실억실하다**

억압 (抑壓) 자기 뜻대로 하지 못하게 억누르는 것.《억압과 맞서 싸우다.》 **억압하다 억압되다**

억양 (抑揚) 말소리의 높낮이와 강약.《사투리는 저마다 억양이 다르다.》

억울하다 잘못도 없이 애먼 일을 당하여 답답하고 분하다.《동생 때문에 나까지 혼나다니 너무 억울해.》

억제 (抑制) 1.느낌, 욕심 들을 억누르

는 것. 2. 어떤 정도나 기준을 넘지 못하게 막는 것. **억제하다**《과소비를 억제하다.》**억제되다**

억지 무리하게 마구 부리는 고집. 또는 얼토당토않은 고집.《재민이가 나 때문에 자기가 혼났다면서 억지를 부리더라.》×**어거지.**

억지떼 억지를 부리고 떼쓰는 것.《동생은 마음에 드는 것이 있으면 억지떼를 써서라도 꼭 가지고야 만다.》

억지로 이치에 어긋나거나 싫은 것을 강제로. 또는 무리를 해서 겨우.《억지로 웃지 마./밥을 억지로 먹었다.》

억척 어렵고 힘든 일을 끈질기고 모질게 해 나가는 것.《억척을 떨다.》

억척스럽다 어렵고 힘든 일을 해 나가는 태도가 모질고 끈질기다.《할아버지는 억척스럽게 모은 돈을 모두 남을 돕는 일에 쓰신다.》**ㅂ**억척스러운, 억척스러워, 억척스럽습니다.

억측 (臆測) 근거나 까닭 없이 멋대로 짐작하는 것.《터무니없는 억측은 하지 마세요.》**억측하다**

언급 (言及) 어떤 일에 대해 말하는 것. **언급하다**《대통령이 뉴스에서 독도 문제를 언급했다.》

언니 1. 여자가 자기보다 나이 많은 여자 형제를 이르는 말.《또 언니 옷 물려 입으라고? 싫어요!》 2. 여자가 자기보다 나이 많은 여자를 친하게 이르는 말.《이웃집 언니》

언덕 땅이 비탈지고 조금 높은 곳. 또는 나지막한 산.《언덕을 오르다.》

언덕길 언덕에 난 길.

언덕배기 언덕 꼭대기. 또는 언덕에서 아주 가파르게 꺾인 곳.

언도 (言渡) 법원에서 재판장이 판결을 알리는 것.《살인범이 사형을 언도받았다.》**⊃**선고 **언도하다**

언동 (言動) 말과 행동.

언듯 ㅣ북 지나가는 사이에 잠깐 스쳐 보이는 모양.《학원에 가다가 우체국에서 나오는 언니를 언듯 본 것 같다.》

언뜩언뜩 ㅣ북 1. 잠깐씩 잇따라 나타나는 모양.《나무 사이로 언뜩언뜩 집들이 보였다.》 2. 생각, 기억 들이 잇따라 떠오르는 모양.《외가댁에서 형들과 놀던 기억이 언뜩언뜩 스쳐 간다.》

언뜻 1. 잠깐 보거나 보이는 모양.《비가 그친 뒤에 언뜻 하늘을 보니 무지개가 보였다.》**같**얼핏. 2. 생각이나 기억이 문득 떠오르는 모양.《언뜻 좋은 방법이 떠올랐다.》**언뜻언뜻**

언론 (言論) 신문, 방송 들에서 말이나 글로 어떤 뜻을 밝히거나, 사회 분위기를 이끄는 일. 또는 그런 일을 하는 무리.《언론의 자유/언론 매체》

언론 기관 (言論機關) 언론과 이어지는 일을 하는 기관.

언론사 (言論社) 신문사, 방송사 들처럼 언론을 다루는 회사.

언문 (諺文) 옛날에 '한글'을 낮추어 이르던 말.

언문지 (諺文志) 훈민정음을 다룬 첫 한글 연구 논문. 조선 순조 (1824년) 때 유희가 썼다.

언변 (言辯) 말을 잘하는 솜씨나 재주.《한솔이는 언변이 뛰어나다.》

언사 (言辭) 말이나 말씨. 또는 말하는 태도.《나에게 도둑이라니, 언사가

지나치지 않소?》

언성 (言聲) 말하는 소리. 《무슨 일인데 언성을 높이고 그래?》

언약 (言約) 말로 약속하는 것. 또는 그런 약속. 《손가락 걸어 맺은 언약을 잊었니?》 **언약하다**

언어 (言語) 생각이나 느낌을 나타내거나 전하는 데 쓰는 말과 글. 또는 말과 글을 쓰는 체계. 《언어 습관》

언어생활 (言語生活) 말하기, 듣기, 읽기, 쓰기처럼 언어를 쓰는 생활.

언쟁 (言爭) → 말다툼. **언쟁하다**

언저리 어떤 것 둘레. 또는 어떤 테두리에 가까운 것. 《유미는 입 언저리에 점이 있다.》 비둘레.

언제 1.어느 때. 잘 모르는 때를 이를 때 쓴다. 《할머니 언제 다녀가셨어요?》 2.아무 때. 《나는 언제라도 괜찮으니까 네가 편한 때에 오너라.》

언제나 1.어느 때나 늘. 《넌 언제나 내게 소중한 동무야.》 비늘, 항상. 2.어느 때가 되어야. 《언제나 눈이 오려나?》

언젠가 1.다가올 어느 때에. 《언젠가 어른이 되면 이곳에 다시 올래?》 2.지나간 어느 때에. 《언젠가 나한테 눈이 예쁘다고 얘기한 적이 있지?》

언죽번죽 부끄러워하는 기색 없이 뻔뻔한 모양. **언죽번죽하다**

언질 (言質) 약속하는 말이나 증거가 될 수 있는 말. 《언질을 주다.》

언짢다 기분이 나쁘고 찜찜하다. 《아버지가 기분이 언짢으신가 봐.》

언청이 날 때부터 윗입술이 세로로 갈라져 있는 사람.

언행 (言行) 말과 행동. 《어른들 앞에서는 늘 언행을 조심해라.》

얹다 1.어떤 것 위에 놓다. 《강아지가 내 무릎에 머리를 얹고 잔다.》 2.정해진 양에 얼마를 더 보태다. 《덤으로 사과 두 개 얹어 주마.》

얹혀살다 남의 집에 얹혀서 신세를 지고 살다. 《아버지는 가난할 때 남의 집에 얹혀살았다고 하셨다.》 북업혀살다. ㅂ얹혀사는, 얹혀살아, 얹혀삽니다.

얹히다 1.어떤 것 위에 놓이다. 《선반 위에 꿀단지가 얹혀 있다.》 2.먹은 것이 체하다. 《밥을 급하게 먹었더니 얹힌 것 같아요.》 3.남에게 신세를 지다. 《삼촌은 큰아버지 댁에 얹혀 지낸다.》

얻다 1.어떤 것을 남한테서 받아 제 것으로 삼다. 《엄마가 옆집에 가서 소금을 얻어 오셨다.》 2.살아가는 데 필요한 지식, 자격, 일자리 들을 구하거나 찾아서 가지다. 《책에서 지식을 얻다./일자리를 얻다.》 3.허락이나 도움을 받다. 또는 감정이나 마음을 품다. 《네 말을 듣고 용기를 얻었어.》 4.이자나 세를 내기로 하고 돈이나 방을 빌리다. 《전세방을 얻다.》 5.어떤 사람을 남편, 아내, 사위, 며느리 들로 삼아 새 식구로 맞이하다. 《할머니는 여든이 넘은 뒤에야 막내 사위를 얻으셨다.》

얻은 떡이 두레 반이다 속담 여러 집에서 한 조각씩 얻은 떡이 한 두레박 반이나 된다는 뜻으로, 여기저기서 조금씩 얻은 것이 애써 만든 것보다 많다는 말.

얻어듣다 남에게서 우연히 듣다. 《대체 어디서 그런 소리를 얻어들었니?》 ㅂ얻어듣는, 얻어들어, 얻어듣습니다.

얻어맞다 남한테 매를 맞다. 《동생이

옆집 아이한테 얻어맞고 왔다.》

얻어먹다 1. 남한테 구걸하여 먹을거리를 받아먹다.《거지는 이 집 저 집을 다니면서 찬밥을 얻어먹었다.》2. 남이 거저 주는 먹을거리를 얻어서 먹다.《동무한테서 떡볶이를 얻어먹었다.》3. 남한테서 좋지 않은 말을 듣다.《쓰레기를 함부로 버린 아저씨가 동네 사람들한테 욕을 얻어먹었다.》

얼 넋이나 정신.《민족의 얼》

얼을 빼다 관용 정신없게 하다.《동생이 옆에서 시끄럽게 떠들어 얼을 뺀다.》

얼간이 미련한 사람을 낮추어 이르는 말.

얼개 물건, 일 같은 것의 짜임새나 뼈대.《일의 얼개를 한번 잡아 보자.》

얼굴 1. 눈, 코, 입, 뺨이 있는 머리 앞부분.《언니 얼굴에 여드름이 났다.》같낯, 면상, 안면. 2. 몸이나 마음 상태에 따라서 겉으로 드러나는 표정이나 빛.《겁에 질린 얼굴》같낯. 3. 체면, 명예, 떳떳한 처지 들을 이르는 말.《부모 얼굴에 먹칠하는 짓은 하지 말아야지.》4. 이름만 들어도 그것과 얽힌 대상이 바로 떠오를 만큼 어떤 것을 대표하는 것.《청자야말로 고려 시대의 얼굴이라고 생각해요.》

얼굴을 들고 다닐 수 없다 관용 몹시 창피하다.《아무 데서나 벗고 다니는 막내 때문에 얼굴을 들고 다닐 수 없어.》

얼굴이 두껍다 관용 부끄러운 짓을 하고도 뻔뻔하다.《내 동생을 때리고도 우리 집에 놀러 오다니 얼굴 참 두껍다.》

얼굴빛 얼굴 빛깔. 또는 얼굴 표정.《얼굴빛이 왜 그리 어둡니?》같안색,

얼굴색. 비낯빛.

얼굴색 → 얼굴빛.

얼기설기 가는 것이 이리저리 얽히거나 섞인 모양.《지붕을 짚으로 얼기설기 엮었다.》

얼김에 |북 1. 아무 생각 없이 덩달아서.《다른 애들이 신나게 뛰어나가는 것을 보고 나도 얼김에 따라갔다.》2. 갑작스럽거나 복잡한 일로 정신이 얼떨떨한 판에.《얼김에 무슨 대답을 한 것 같은데 기억이 안 나네.》

얼다 1. 물기가 있는 것이 찬 기운에 딱딱하게 굳다.《밖에 널어 둔 빨래가 밤새 꽁꽁 얼었다.》반녹다. 2. 심한 추위로 몸이 차갑고 딱딱하게 굳다.《손이 얼어서 글씨를 못 쓰겠어요.》반녹다. 3. 몹시 두렵거나 긴장해서 정신을 못 차리고 뻣뻣하게 굳다.《심사 위원 앞이라고 얼지 말고 네 실력을 발휘해 봐.》바언, 얼어, 업니다.

언 발에 오줌 누기 속담 언 발을 녹이려고 오줌을 누어 봤자 잠깐 동안만 따뜻해질 뿐이고 오히려 더 추워진다는 뜻으로, 어떤 일을 임시로 하면 잠깐 동안만 좋을 뿐 오히려 형편을 더 나빠지게 한다는 말.

얼떠름하다 |북 1. 뜻밖의 일로 정신이 조금 얼떨떨하다.《선생님께서 왜 호통을 치시는지 몰라서 얼떠름하게 서 있었다.》2. 하는 짓이 조금 모자란 듯하고 흐리멍덩하다.《동생의 얼떠름한 대답을 듣고 있다 보니 속이 터진다.》

얼떨결에 얼떨떨한 사이에.《얼떨결에 민수한테 좋아한다고 말해 버렸다.》

얼떨떨하다 뜻밖의 일로 정신이 없고

명하다.《갑작스레 당한 일이라 마냥 얼떨떨하다.》

얼렁뚱땅 어떤 일을 능청스럽게 넘기거나 어물쩍 속이려는 모양.《얼렁뚱땅 둘러대다.》**얼렁뚱땅하다**

얼레 연줄, 낚싯줄 들을 감는 틀.

얼레빗 빗살이 굵고 성긴 빗. 참참빗.

얼레지 깊은 산에 자라거나 꽃을 보려고 심어 가꾸는 풀. 잎은 두 장이 마주 나고, 4~5월에 자줏빛 꽃이 아래를 보고 핀다. 어린잎은 먹고 비늘줄기는 약으로 쓴다.

얼레지

얼루기 얼룩얼룩한 점이나 무늬. 또는 그런 무늬가 난 짐승이나 물건.《얼루기 강아지/새로 산 얼루기 치마》

얼룩 바탕에 빛깔이 다른 점이나 줄이 뚜렷하게 섞인 자국. 또는 빛깔이 다른 액체가 묻어서 생긴 자국.《얼룩 고양이/흰 옷에 붉은 얼룩이 졌다.》

얼룩대장노린재 나무가 많은 숲 속에 사는 노린재. 온몸에 잿빛과 흰색 무늬가 얼룩덜룩 퍼져 있다.

얼룩대장노린재

얼룩덜룩 여러 가지 빛깔의 얼룩이 묻어 고르지 않은 무늬를 이룬 모양.《아기 턱받이에 음식 찌꺼기 자국이 얼룩덜룩 나 있다.》**얼룩덜룩하다**

얼룩동사리 물살이 느린 강에 사는 민물고기. 몸 빛깔은 누런 갈색이고 검은 무늬가 있다. 우리나라에만 산다.

얼룩동사리

얼룩말 아프리카 초원에 떼 지어 사는 짐승. 온몸에 흰색과 까만색 줄무늬가 있다. 북줄말.

얼룩무늬 얼룩덜룩한 무늬.《얼룩무늬 바지》

얼룩소 털빛이 얼룩얼룩한 소.

얼룩말

얼룩지다 얼룩이 생기다.《한참 울었더니 얼굴이 눈물과 콧물로 얼룩졌다.》

얼른 시간 끌지 않고 냉큼.《날이 어두워지기 전에 얼른 가자.》

얼리다 물을 물 같은 것을 얼게 하다.《물을 얼려 두었다가 가져가야지.》

얼리다 동무와 1.→ 어울리다.《미선이는 활달해서 처음 본 아이들과도 잘 얼린다.》2.서로 엉키다.《언니 연이 내 연과 얼리고 말았다.》

얼림수 북 그럴듯한 말로 남을 속이는 솜씨.《아무려면 내가 그만한 얼림수에 속을까 보냐?》

얼마 1.잘 모르는 수량, 값, 시간 들을 나타내는 말.《이 옷 얼마예요?》2.분명하게 밝힐 필요가 없는 수량, 값, 시간 들을 나타내는 말.《내가 집에 도착한 지 얼마쯤 지나자 누나가 들어왔다.》3.그리 많지 않은 수량, 값, 시간 들을 나타내는 말.《아기가 시끄럽게 우는 바람에 얼마 자지도 못했어.》

얼마나 얼마만큼이나. 또는 어찌나 많이.《방학한 지 얼마나 됐지?/네가 다쳤다고 해서 얼마나 놀랐는지 아니?》

얼버무리다 말을 대충 흐려서 분명하지 않게 하다. 또는 일을 대충 해 넘기다.《동생이 말끝을 얼버무렸다.》

얼빠지다 뜻밖의 일로 놀라 얼이 빠지다.《순이가 얼빠진 얼굴로 서 있다.》

얼싸 북 훨씬 더.《이 수박이 그것보다 얼싸 크다.》

얼싸안다 두 팔로 껴안다.《우리는 서로 얼싸안고 춤을 추었다.》

얼싸절싸 흥에 겨워 춤추는 모양.《얼싸절싸 잘도 논다.》

얼쑤 판소리에서 고수가 장단을 치면서 흥을 돋우려고 내는 소리.

얼씨구 1.흥에 겨워서 가볍게 장단을 맞추면서 내는 소리.《얼씨구, 좋다!》 2.보기에 살짝 아니꼽고 눈꼴사나울 때 내는 소리.《얼씨구, 꼴값하네.》

얼씨구나 '얼씨구'를 힘주어 내는 소리.《얼씨구나, 좋을시고.》

얼씬 눈앞에서 잠깐 왔다 갔다 하는 모양. **얼씬거리다 얼씬대다 얼씬얼씬**《저수지 둘레에는 아무도 얼씬거리지 않았다.》

얼어들다 |북 1.몸이 겉에서부터 속으로 점점 얼어 가다.《추운 데 오래 있어서 손발이 얼어들었다.》 2.괴로운 일로 마음이 굳거나 정신이 얼떨떨해지다.《아픈 동무를 보니 내 마음도 얼어든다.》 3.몹시 놀라거나 조마조마해서 몸이 점점 굳다.《얼마나 놀랐으면 그렇게 얼어들었을까.》 바얼어드는, 얼어들어, 얼어듭니다.

얼어붙다 1.얼어서 단단히 들러붙다.《강이 꽁꽁 얼어붙었다.》 2.무섭거나 긴장해서 몸이 굳어지다.《무대 위에 서면 나도 모르게 몸이 얼어붙는다.》

얼얼하다 1.맵거나 독한 것을 먹어서 입 안이 따끔따끔하다.《겨자를 먹었더니 입 안이 얼얼했다.》 참알알하다. 2.맞거나 부딪치거나 하여 살갗이 아프다.《돌부리를 걷어찼더니 발가락이 얼얼하다.》 참알알하다. 3.놀라서 멍하고 정신이 없다.《내가 일등이라니 그저 얼얼하기만 하다.》

얼음 물이 얼어서 단단하게 굳은 것.《연못에 얼음이 꽝꽝 얼었다.》

얼음과자 설탕물에 과일즙, 우유, 향료 들을 섞어 얼려서 만든 과자.

얼음물 얼음을 띄운 물.

얼음산 북극이나 남극 바다에 떠다니는 아주 큰 얼음 덩어리. 같빙산.

얼음장 1.크고 넓적한 얼음 조각. 2.몹시 차거나 인정 없고 쌀쌀맞은 것을 빗대어 이르는 말.《방바닥이 얼음장이네.》

얼음주머니 얼음을 넣은 주머니. 다친 곳을 찜질하는 데 쓴다.

얼음지치기 얼음 위를 미끄러지듯이 달리는 놀이.

얼음집 에스키모 집. 눈과 얼음으로 둥글게 짓는다.

얼음찜질 열이 나거나 다친 곳에 얼음주머니를 대어 열을 내리게 하는 일.

얼음판 얼음이 넓게 깔린 곳.《동무들과 얼음판에서 썰매를 탔다.》

얼지근하다 |북 1.맛이 얼얼하게 맵다.《고추를 넣어서 그런지 찌개가 얼지근하다.》 2.몸이 조금 얼얼하거나 뻐근하다.《오랜만에 산에 올랐더니 허벅지가 얼지근하다.》 3.술에 취하여 정신이 꽤 몽롱하다.《아빠는 오늘도 얼지근하게 취해서 들어오셨다.》

얼쩡- 하는 일 없이 이리저리 기웃거리거나 맴도는 모양. **얼쩡거리다 얼쩡대다 얼쩡얼쩡**《아무도 없는 놀이터에서 얼쩡거리지 말고 우리 집에 가자.》

얼추 1.얼마만큼 대충.《누가 내 떡을 먹었는지 얼추 짐작이 간다.》 2.어떤 것에 거의 가깝게.《버스 떠날 시간이 얼추 다 됐다.》

얼치기완두 풀밭에서 자라는 풀. 5~6

얼치기완두

월에 연보라색 꽃이 피고, 작은 꼬투리를 맺는다.

얼큰하다 입 안이 얼얼할 만큼 맵다. 《얼큰한 김치찌개》

얼토당토않다 전혀 맞지 않다. 또는 조금도 옳지 않다. 《그런 얼토당토않은 말을 내가 믿을 것 같니?》

얼핏 → 언뜻.

얽다 묶다 노끈, 줄 같은 것으로 무엇을 이리저리 묶거나 걸다. 또는 다른 것과 이리저리 엮어지게 하다. 《너무 꽉 얽으면 풀기 힘들어./그렇게 시시한 일에 나를 얽지 마.》

얽다 흉터 얼굴에 오목오목한 마마 자국이 나다. 또는 물건 겉에 오목한 흠이 나다. 《얼굴이 살짝 얽다./얽고 찌그러진 주전자》

얽매다 → 얽어매다.

얽매이다 얽매임을 당하다. 《남의 일에 얽매이고 싶지 않아.》

얽어매다 1.끈, 줄 같은 것으로 얽어서 매다. 《누군가 몰래 비둘기를 잡아 밧줄로 얽어매어 놓았다.》 같얽매다. 2. 마음대로 행동하지 못하게 몸과 마음을 억누르다. 《사람이 만든 법률이 사람을 얽어매서는 안 된다.》 같얽매다.

얽히다 1.가지, 줄 같은 것이 이리저리 엇갈리거나 감기다. 《나뭇가지에 연줄이 얽혔는데 어떻게 하지?》 2.어떤 것에 이리저리 관련되다. 《이번 일에는 여러 가지 문제가 얽혀 있어.》

엄격하다 아주 엄하고 까다롭다. 《엄격한 심사를 거쳐 일등을 가립니다.》

엄금 (嚴禁) 어떤 일을 절대로 하지 못하게 막는 것. 《출입 엄금/주차 엄금》

엄금하다 엄금되다

엄나무 → 음나무.

엄니 호랑이, 코끼리, 사자 같은 짐승의 이 가운데 크고 날카로운 이. 《코끼리 엄니는 '상아'라고 한다.》 북엄이.

엄동설한 (嚴冬雪寒) 아주 추운 겨울. 《엄동설한에 웬 딸기 타령이야?》

엄두 어떤 일을 감히 하려는 마음. 《너무 추워서 밖에 나갈 엄두가 안 나.》

엄마 어린아이가 어머니를 정답게 이르는 말. 반아빠. 참어머니.

엄밀하다 빈틈없이 꼼꼼하다. 《엄밀한 검토/엄밀한 조사》

엄벌 (嚴罰) 아주 엄한 벌. 또는 아주 심하게 벌하는 것. 《엄벌로 다스리다./엄벌을 내리다.》 **엄벌하다**

엄벙덤벙 찬찬하지 못하고 덤벙거리거나 대충대충 일하는 모습을 나타내는 말. 《유리를 그렇게 엄벙덤벙 닦느니 안 닦는 것이 낫다.》 **엄벙덤벙하다**

엄살 아프거나 괴롭다고 거짓으로 꾸미거나 부풀려서 나타내는 짓. 《주사 한 대 맞고 무슨 엄살이 그리 심해?》

엄살꾸러기 엄살을 잘 부리는 사람. 《엄살꾸러기들은 기침만 조금 해도 큰 병이나 난 것처럼 군다.》

엄선 (嚴選) 어떤 것을 엄격히 잘 가려서 뽑는 것. **엄선하다** 《싱싱한 생선만 엄선하여 팝니다.》 **엄선되다**

엄수 (嚴守) 규칙이나 약속 들을 어김없이 꼭 지키는 것. 《시간 엄수》 **엄수하다**

엄숙하다 태도나 분위기가 점잖고 위엄이 있다. 《엄숙한 목소리》

엄습 (掩襲) 1.갑자기 공격하는 것. 2.

갑자기 어떤 일이 일어나거나 닥치는 것. **엄습하다**《추위가 엄습하다.》

엄연하다 1. 어떤 사실이 아주 뚜렷하다.《내가 거짓말을 하지 않았다는 것은 엄연한 사실이다.》 2. 아무 거리낌 없이 떳떳하다.《작아도 여기가 엄연한 우리 집이란 말이지.》

엄정 (嚴正) 어떤 일을 따지는 태도가 엄하고 올바르다.《엄정 중립을 지키다.》 **엄정하다**

엄중하다 몹시 엄하다.《엄중한 경고》

엄지 엄지손가락이나 엄지발가락을 이르는 말.

엄지발가락 발가락 가운데 가장 짧고 굵은 발가락.

엄지손가락 손가락 가운데 가장 짧고 굵은 손가락. **같**무지.

엄청나다 크기, 양 같은 것이 생각보다 훨씬 어마어마하다.《엄청나게 큰 파도/엄청나게 많은 개미 떼》

엄포 괜한 말로 남을 겁주거나 꾸짖는 일.《누나가 당장 방을 치우지 않으면 엄마한테 이르겠다고 엄포를 놓았다.》

엄하다 1. 규칙이나 할 일이 까다롭고 빈틈없다.《예의범절이 엄한 집안》 2. 성격이 매섭고 정확하다.《할아버지는 자식에게 엄한 선생님이셨다.》

업계 (業界) 같은 일을 하는 사람들의 사회.《자동차 업계》

업다 1. 남을 등에 태우다.《아기를 업고 자장가를 불러 주었다.》 2. 어떤 힘을 끌어 와서 배경으로 삼다.《그 회사는 대기업을 등에 업고 성장하였다.》

업어 가도 모르다 관용 아주 깊게 잠들다.《우리 언니는 한번 잠들면 누가 업어

가도 모른다.》

업은 아기 삼 년 찾는다 속담 어떤 것을 몸에 지니거나 가까이 둔 것도 모르고 엉뚱한 곳에서 찾아 헤맨다는 말.

업무 (業務) 일터에서 맡아서 하는 일.

업보 (業報) 불교에서 지난 세상에서 한 좋거나 나쁜 일 때문에 현재나 다음 세상에서 좋거나 나쁘게 겪는다는 일.

업수이보다 ㅣ북 남을 깔보다.《덩치가 작다고 업수이보지 마라.》

업신여기다 남을 깔보거나 아주 하찮게 여기다.《사람을 겉모습만 보고 업신여기면 안 된다.》 **북**숙보다.

업적 (業績) 열심히 일해서 이룬 훌륭한 결과.《이순신 장군은 나라를 지키는 데 훌륭한 업적을 남긴 분이다.》

업체 (業體) 사업이나 기업의 주체.《의류 업체》

업히다 1. 남의 등에 실리다.《민영이가 선생님 등에 업혀서 병원에 갔다.》 **북**업히우다. 2. 남의 등에 올라타다.《오빠가 개울을 건네줄 테니까 얼른 업혀.》 **북**업히우다. 3. 어떤 사람을 다른 사람의 등에 태우다.《이모가 아기를 내 등에 업혔다.》 **북**업히우다.

없다 1. 이 세상에 있지 않다.《귀신이란 것은 세상에 없다고 생각해.》 **반**있다. 2. 어떤 곳이나 자리에 있지 않다.《교실에 아무도 없어요.》 **반**있다. 3. 어떤 것을 갖고 있지 않다. 또는 성질, 능력 들을 갖추지 못하다.《돈이 없어서 책을 못 샀어.》 **반**있다. 4. 어떤 일이 생기거나 일어나지 않다.《별일 없으니 너무 걱정하지 마.》 **반**있다. 5. 많거나 넉넉하지 못하다. 또는 아주 드물다.

《너는 참 말이 없구나./저 아저씨는 세상에 둘도 없는 착한 분이야.》

없는 것이 없다 관용 모든 것이 다 있다. 《재래시장에 가면 없는 것이 없다.》

없애다 없어지게 하다. 《모기를 없애다./차별을 없애다.》

없어지다 있던 것이 사라지다. 《여기에 놔둔 안경이 언제 없어졌지?》

없이 1. 없는 채로. 또는 갖추지 않고. 《차비도 없이 어떻게 고향에 가겠다는 말이야?》 2. 가난하게. 《없이 사는 사람들이라고 깔보지 말아요.》

엇각 한 직선이 두 직선과 다른 점에서 만날 때 생기는 여덟 개 각 가운데 엇갈려 있는 각.

엇갈리다 1. 길이 서로 어긋나다. 《동생과 길이 엇갈려 만나지 못했다.》 2. 말, 주장 들이 서로 다르다. 《아이들 의견이 엇갈려 회의가 길어졌다.》

엇걸다 서로 어긋나게 걸다. 또는 이리저리 어긋나게 겹쳐 놓거나 걸어 놓다. 《문이 열리지 않게 통나무를 엇걸었다.》 바엇거는, 엇걸어, 엇겁니다.

엇걸어잡기 철봉을 두 팔이 엇갈리게 잡는 방법.

엇나가다 1. 금, 줄 같은 것이 비뚤게 나가다. 《금이 엇나가지 않게 자를 대고 그어.》 2. 말이나 행동, 성품 들이 비뚤어지다. 《엄마는 형이 자꾸 엇나가서 걱정이라고 하신다.》 3. 일이 생각과는 달리 잘못되어 나가다. 《하는 일마다 엇나가서 속상해요.》

엇모리장단 국악 장단 가운데 하나. 2박과 3박이 섞인 빠른 장단이다.

엇바꾸다 1. 물건들을 서로 바꾸다.

《내 사탕을 동무의 빵과 엇바꿔서 먹었다.》 2. 여러 가지를 서로 엇갈리게 놓다. 《색종이를 여러 가지 무늬로 오려 엇바꾸어 붙였다.》

엇비슷하다 1. 서로 어지간히 비슷하다. 《언니 글씨와 내 글씨는 서로 엇비슷하다.》 2. 조금 비스듬하다. 《엄마가 가래떡을 엇비슷하게 썰어 놓으셨다.》

엇서다 ㅣ북 1. 서로 엇갈리게 비켜서 서다. 《유모차가 지나가게 잠깐 엇서 있자.》 2. 남의 뜻에 따르거나 양보하지 않고 맞서다. 《오빠는 어머니 말씀에 엇서는 법이 없다.》

엇시조 평시조보다 초장이나 중장의 글자 수가 더 많은 시조.

엇중모리 국악 장단 가운데 하나. 빠르기는 중모리와 같고 박자 수는 중모리의 반이다.

엉거주춤 1. 앉지도 서지도 못하고 몸을 반쯤 어정쩡하게 굽히고 있는 모양. 《거기 엉거주춤 서 있지 말고 들어오너라.》 2. 이러지도 저러지도 못하고 어중되게 주춤거리는 모양. 《엉거주춤 망설이는 사이에 다른 아이가 번쩍 손을 들었다.》 **엉거주춤하다**

엉겁결에 자기도 모르는 사이에. 《너무 놀라서 엉겁결에 소리를 질렀다.》

엉겅퀴 낮은 산이나 들판에 자라는 풀. 줄기는 곧게 자라고 잎은 깃털처럼 깊게 갈라지는데 가장자리에 날카로운 가시가 있다. 6~8월에 자줏빛 꽃이 핀다. 북가시나물.

엉겅퀴

엉금엉금 몸집이 큰 짐승이나 사람이 느리게 기는 모양. 《거북이가 엉금엉금 기어갑니다.》

엉기다 1. 액체, 가루 들이 한데 뭉쳐 끈적끈적하게 달라붙다. 《풀이 손에 엉겨 끈적거린다.》 2. 사람이나 짐승이 떼 지어 몰리거나 뒤얽히다. 《꼬마들이 엉겨서 장난을 친다.》 3. 소리, 기운, 물건 들이 한데 뒤섞이다. 《시끄러운 소리가 한데 엉겨 울린다.》

엉덩방아 미끄러지거나 넘어져서 엉덩이를 바닥에 쾅 부딪치는 것. 《눈길에서 미끄러져 엉덩방아를 찧었다.》

엉덩뼈 엉덩이 부분에 양쪽으로 퍼져 있는 크고 넓적한 뼈. **같**골반.

엉덩이 허리에서 허벅지 사이에 살이 많고 불룩한 부분. **참**궁둥이, 볼기. **북**엉덩이.

엉덩이가 무겁다 관용 한번 앉으면 좀처럼 일어나지 않는다. 《우리 언니는 엉덩이가 무거워서 책 한 권을 잡으면 다 읽을 때까지 책상을 떠나지 않는다.》

엉덩이에 뿔이 났다 속담 어린 사람이 올바른 가르침을 듣지 않고 엇나가는 것을 빗대어 이르는 말. 《엉덩이에 뿔이 났나, 왜 이리 말을 안 들어.》

엉뚱하다 1. 말이나 행동이 분수에 넘치거나 맞지 않다. 《해가 쨍쨍한데 엉뚱하게 웬 비옷이냐?》 2. 흔히 겪거나 짐작하는 것과 전혀 다르다. 《엉뚱한 곳에서 삼촌 소식을 들었다.》

엉망 어떤 곳이나 일, 물건 들이 마구 섞이고 뒤죽박죽되는 것. 《조카들이 놀고 가면 내 방은 금세 엉망이 된다.》

엉망진창 '엉망'을 힘주어 이르는 말.

엉성하다 짜임새가 꽉 짜이지 않아 어설프다. 또는 촘촘하지 못하고 성기다. 《엉성한 글/엉성하게 지은 집》

엉엉 목 놓아 크게 우는 모양. 또는 그 소리. **엉엉거리다 엉엉대다** 《내 동생이 엉엉 울면서 집에 돌아왔다.》

엉클다 1. 실, 줄 같은 것을 마구 얽다. 또는 물건을 마구 뒤섞다. 《고양이가 털실을 엉클어 놓았다.》 2. 일, 생각 들이 마구 뒤섞여 갈피를 못 잡게 하다. 《일을 다 엉클어 놓고는 나보고 어쩌라고!》 **바**엉크는, 엉클어, 엉큽니다.

엉클어지다 1. 실, 줄 같은 것이 마구 얽히다. 또는 물건이 마구 뒤섞이다. 《엉클어진 실타래를 푸느라 한참 걸렸다.》 **같**엉키다. 2. 일, 생각 들이 마구 뒤섞이다. 《시험 생각으로 머리가 엉클어져 잠을 잘 수가 없다.》 **같**엉키다.

엉큼하다 엉뚱한 욕심을 품고 못된 짓을 하려는 생각이 있다. 《내 떡까지 다 먹으려는 엉큼한 속셈을 모를까 봐?》 **참**앙큼하다.

엉키다 → 엉클어지다.

엉터리 아주 터무니없는 것. 또는 겉만 번듯하고 정성이 없는 것. 《숙제를 이렇게 엉터리로 하면 어떡하니.》

엊그저께 1. 바로 며칠 전. 2. 바로 며칠 전에. **준**엊그제.

엊그제 → 엊그저께.

엊저녁 → 어제저녁.

엎다 1. 위아래를 뒤집다. 《설거지한 그릇을 엎어 놓았다.》 2. 그릇 같은 것에 담긴 것을 쏟다. 《뜨거운 국을 엎는 바람에 발등을 데었다.》

엎드리다 배나 가슴 쪽을 바닥에 대거나 윗몸을 아래로 많이 구부리다. 《잔디밭에 엎드려 책을 읽었다.》

엎드려 절 받기 속담 칭찬이나 축하하는

928

말을 억지로 받아 내는 것을 이르는 말.

엎어지다 1. 서 있던 것이 앞으로 넘어지다. 《돌부리에 걸려 엎어지는 바람에 안경이 깨졌다.》 2. 위아래가 뒤집히다. 《엎어진 쟁반을 바로 놓았다.》

엎어지면 코 닿을 데 **속담** 아주 가까운 거리를 빗대어 이르는 말.

엎어진 김에 쉬어 간다 **속담** 어떤 때가 된 김에 마침 하려던 일을 한다는 말.

엎지르다 그릇에 담긴 것을 뒤집어 쏟다. 《방바닥에 물을 엎질렀다.》 **바**엎지른, 엎질러, 엎지릅니다.

엎지른 물 **관용** 바로잡거나 돌이킬 수 없는 일. 《이미 엎지른 물인데 후회해 봤자 무슨 소용이야.》

엎질러지다 그릇에 담긴 것이 뒤집혀 쏟아지다. 《엎질러진 쌀을 다시 주워 담았다.》

엎치다 1. 누워 있다가 몸을 뒤집어 배를 바닥에 대다. 《아기가 벌써 엎치고 노네.》 2. '엎다'를 힘주어 이르는 말. 《공책에 물을 엎쳤다.》

엎친 데 덮치다 **관용** 나쁜 일이 겹쳐서 일어나다. 《엎친 데 덮친다고 숙제도 안 했는데 늦게 일어났지 뭐야.》

엎치락뒤치락 몸을 잇따라 앞으로 엎쳤다가 뒤로 자빠졌다가 하는 모양. 《남자 아이들이 뒤엉켜 엎치락뒤치락 몸싸움을 한다.》 **엎치락뒤치락하다**

에 **홀소리** 홀소리 글자 'ㅔ'의 이름.

에 **느낌말** 말을 시작할 때나 말하는 도중에 뒷말이 바로 나오지 않을 때 내는 소리. 《에, 저는 이만 가보겠습니다.》

에 **집** 낱말 뒤에 붙어, 1. 어떤 곳을 나타내는 말. 《다락에 올라가 볼래?》 2.

어떤 때를 나타내는 말. 《세 시에 만나자.》 3. 형편, 까닭, 도구 들을 나타내는 말. 《이런 날씨에 밖에 나가겠다고?》 4. 방법, 자격, 기준 들을 나타내는 말. 《귤 세 개에 천 원입니다.》

에게 흔히 사람을 나타내는 낱말 뒤에 붙어, 1. 어떤 것을 받는 사람이나 어떤 일을 겪는 사람임을 나타내는 말. 《동생에게 과자를 주었다.》 **높** 께. **참** 게, 한테. 2. 어떤 것을 주거나 해 주는 사람임을 나타내는 말. 《선생님에게 칭찬받았어요.》 **높** 께. **참** 게, 한테.

에계 어떤 것을 하찮게 여길 때 내는 소리. 《에계, 겨우 다섯 살이야?》

에구머니 아주 놀라거나 기막힐 때 내는 소리. 《에구머니, 지갑이 없네.》

에그 1. 가엾거나 안타까울 때 내는 소리. 《에그, 불쌍하기도 하지.》 2. 징그럽거나 끔찍할 때 내는 소리. 《에그, 징그러워.》

에끼 어른들이 동무나 아랫사람을 나무랄 때 내는 소리. 《에끼, 거짓말하면 못써!》

에나멜 (enamel) 금속이나 도자기 겉에 발라 윤이 나게 하는 물질.

에나멜선 가느다란 쇠붙이에 에나멜을 입혀 만든 전선.

에너지 (energy) 물체가 가지고 있는 힘. 또는 물체가 일을 하게 하는 힘.

에너지원 석유, 석탄, 태양열 들처럼 에너지를 내는 것.

에너지 자원 석유, 석탄, 천연가스 들처럼 에너지로 쓸 수 있는 자원.

에너지 전환 어떤 에너지가 다른 에너지로 바뀌는 일.

에누리 물건 값을 깎는 것.《에누리 좀 해 주세요.》**에누리하다**

에다 1.칼로 살을 도려내다.《살을 에는 듯한 바람이 불어왔다.》2.살을 도려내듯 마음을 아주 아프게 하다.《불현듯 가슴을 에는 슬픔이 몰려왔다.》

에돌다 곧바로 가지 않고 멀리 돌다. 또는 둘레를 빙빙 돌다.《길이 끊기는 바람에 먼 길로 에돌아 왔다.》**바**에도는, 에돌아, 에돕니다.

에라 1.하던 일이나 생각을 그만둘 때 내는 소리.《에라, 나도 이젠 모르겠다.》2.핀잔을 주거나 나무랄 때 하는 소리.《에라, 이 먹보야.》

에러 (error) 실수나 잘못.

에루화 흔히 민요를 부를 때 흥에 겨워 내는 소리.《에루화, 좋구나, 좋아!》

에메랄드 (emerald) 투명한 초록빛 광물. 다듬어서 보석으로 쓴다.

에미 '어미'를 잘못 쓴 말.

에밀레종 '성덕 대왕 신종'을 달리 이르는 말.

에베레스트 산 네팔과 티베트에 걸쳐 있는 산. 히말라야 산맥에서 가장 높은 산이다.

에비 아이들한테 더럽거나 해로운 것을 만지지 못하게 하려고 내는 소리.《에비, 만지면 안 돼요.》

에서 1.어떤 낱말 뒤에 붙어, 어떤 일이 벌어지거나 시작되는 곳임을 나타내는 말.《문방구 앞에서 철수를 만났다.》2.단체를 나타내는 낱말 뒤에 붙어, 그 단체가 어떤 일을 하는 주체임을 나타내는 말.《정부에서 하는 일을 알아봅시다.》

에세이 (essay) → 수필.

에스 극 → 남극.

에스오에스 (SOS) 배나 비행기에서 위험을 알리거나 구조를 요청할 때 보내는 무선 신호.

에스컬레이터 (escalator) 전기의 힘으로 계단이 움직이게 만든 장치. **북**계단승강기.

에스키모 (Eskimo) 그린란드, 알래스카, 캐나다, 시베리아 같은 북쪽 지방에 사는 인종. 흔히 사냥을 하거나 물고기를 잡아먹고 살고, 옛날에는 '이글루'라는 얼음집에서 살았다.

에스토니아 어 에스토니아 사람이 쓰는 말과 글.

에스파냐 어 에스파냐 사람이 쓰는 말과 글.

에어로빅 (aerobic) → 에어로빅댄스.

에어로빅댄스 (aerobic dance) 가볍고 빠른 음악에 맞추어 온몸을 움직이면서 추는 춤. **같**에어로빅.

에어백 (air bag) 차가 부딪칠 때 확 부풀어 올라서 차에 탄 사람이 다치지 않게 보호하는 공기 주머니.

에어컨 여름에 방이나 건물 안 온도를 낮추는 장치.

에워싸다 어떤 것을 빙 둘러싸다.《난로를 에워싸고 불을 쪼였다.》

에이 속상하거나 못마땅할 때 내는 소리.《에이, 학예회 날 아빠는 못 오시는 거예요?》

에이스 (ace) 1.카드놀이에서 'A'가 적혀 있는 가치가 높은 카드 2.야구에서 한 편의 투수들 가운데 가장 뛰어난 투수.

에이즈 (AIDS) → 후천성 면역 결핍증.

에잇 못마땅하거나 싫을 때 내는 소리. 《에잇, 누나 미워!》

에취 재채기하는 소리.

에탄올 (ethanol) 빛깔이 없고 투명하면서 독특한 냄새와 맛이 나는 액체. 연료나 약품의 원료로 쓴다.

에티켓 (étiquette프) → 예절.

에피소드 (episode) 1.이야기나 사건의 줄거리 속에 끼워 넣는 짤막한 이야기. 2.→ 일화.

에헴 → 어험.

엑스레이 (X-ray) → 엑스선.

엑스선 눈에 보이지 않지만 물체를 뚫고 지나가는 힘이 강한 빛. 흔히 사람 몸에 비춰 이상한 곳이나 병이 있는지 찾아내는 데 쓴다. 〓엑스레이.

엑스 좌표 좌표 평면에 있는 점의 가로 위치를 이르는 좌표.

엑스축 → 가로축.

엑스트라 (extra) → 단역.

엑스포 (Expo) 세계 여러 나라가 참가하여 공업 제품, 과학 기계, 미술품 같은 것을 전시하는 모임.

엔 (円/えん일) 일본 돈을 세는 말. 기호는 ¥이다.

엔 극 → 북극.

엔지니어 (engineer) 기계, 전기, 건축 같은 분야에서 일하는 기술자. 비기사, 기술자.

엔지니어링 플라스틱 (engineering plastic) 불에 잘 타지 않고 잘 부서지지 않는 플라스틱. 자동차나 비행기, 기계 부품을 만드는 데 쓴다.

엔지오 (NGO) → 국제 비정부 기구.

엔진 (engine) 연료를 써서 기계를 움직이는 힘을 내는 장치. 비기관.

엔터키 (enter key) 컴퓨터 자판에서 줄을 바꾸거나 명령을 입력하는 키.

엘니뇨 (el Niño에) 페루 해류에 가끔씩 따뜻한 바닷물이 흘러드는 현상.

엘리베이터 (elevator) → 승강기.

엘리트 (élite프) 뛰어난 능력을 갖춘 사람. 또는 높은 지위에 있어 사회를 이끄는 사람. 북엘리뜨.

엠시 (MC) 쇼나 연예 프로그램 같은 것을 진행하는 사람.

여 홀소리 홀소리 글자 'ㅕ'의 이름.

여 여자 (女) '여자'를 이르는 말. 참남.

여가 (餘暇) 일하다가 잠깐 생기는 한가한 시간. 《여가 활동》

여간 흔히 부정하는 말과 함께 써서, 어지간하게. 또는 웬만한 정도. 《저 녀석은 여간 고집이 센 게 아니야.》

여간내기 만만하게 보아 넘길 만큼 평범한 사람. 《선생님께 따지는 것을 보니 수철이도 여간내기가 아니더라.》

여간하다 꽤 굉장하다. 《여간한 사람이 아니면 그 일을 하기 힘들 거야.》

여객 (旅客) 여행하는 사람. 북려객.

여객기 (旅客機) 여행하는 사람을 태워서 나르는 비행기. 북려객기.

여객선

여객선 (旅客船) 여행하는 사람을 태워서 나르는 배. 북려객선.

여건 (與件) 어떤 일을 하는 데 미리 주어진 조건. 《여건을 갖추다.》

여과 (濾過) 액체나 기체에 섞인 찌꺼기 들을 거르는 것. 《수돗물 여과 장치》북려과. **여과하다 여과되다**

여과기 (濾過器) 여과하는 데 쓰는 기구. 같필터. **북려과기**.

여과지 종이 (濾過紙) → 거름종이.

여과지 연못 (濾過池) 물을 깨끗하게 거르려고 모래나 자갈을 깔아 만든 저수지. **북려과지**.

여관 (旅館) 손님에게 돈을 받고 묵을 방을 빌려 주는 집. **북려관**.

여군 (女軍) 여자 군인.

여권 증서 (旅券) 다른 나라를 여행하는 사람이 지니고 다니는 문서. 나라에서 내어 주는데 여행하는 사람이 자기 나라 사람임을 증명해 준다. **북려권**.

여권 권리 (女權) 사회에서 여자가 가지는 권리.

여기 1. 말하는 사람이 있거나 말하는 사람과 가까운 곳. 《그러지 말고 네가 여기로 오는 게 낫겠어.》 **준**예. **참**거기, 저기. 2. 바로 앞에서 말한 것을 가리키면서 '이것', '이 일', '이 점', '이 부분'들을 뜻하는 말. 《여기부터 다시 한 번 읽어 봐라.》

여기다 마음속으로 어떻다고 보거나 생각하다. 《내가 준 인형을 소중히 여겨 줘.》

여기저기 이곳저곳 여러 군데. 《강아지를 찾아 여기저기 헤매고 다녔다.》

여뀌 냇가나 도랑가에 무리 지어 자라는 풀. 잎이 길쭉하고 6~9월에 옅은 풀색 꽃이 모여 핀다. **북매운여뀌**.

여뀌

여뀌바늘 논밭이나 축축한 땅에 절로 나서 자라는 풀. 9월에 작고 노란 꽃이 피고, 가늘고 긴 열매가 달린다. **북여뀌바늘꽃**.

여남은 열이 조금 넘는 수. 또는 열이

여뀌바늘

조금 넘는. 《여남은 살쯤 되어 보이는 아이》 **북여라문**.

여념 (餘念) 다른 일을 살필 생각. 《꼬마들이 축구를 하느라 여념이 없다.》

여느 보통의. 《올겨울은 여느 겨울보다 추운 것 같다.》

여닫다 문, 창 같은 것을 열고 닫다. 《문을 여닫을 때마다 삐거덕거리는 소리가 났다.》

여닫이 앞뒤로 밀거나 당겨서 여닫는 방식. 또는 그렇게 여닫는 문이나 창. **참**미닫이.

여담 (餘談) 줄거리에서 벗어난 이야기. 《회의와 상관없는 여담을 한마디 해도 괜찮을까요?》

여당 (與黨) 정권을 잡고 있는 정당. **반**야당.

여대생 (女大生) '여자 대학생'이 줄어든 말.

여덟 1. 일곱에 하나를 더한 수. **참**팔. 2. 세는 말 앞에 써서, 일곱에 하나를 더한 수를 나타내는 말.

여덟째 1. 일곱째의 다음 차례. 또는 일곱째의 다음 차례인. 2. 앞에서부터 셀 때 일곱 개째가 되는 것을 이르는 말.

여독 (旅毒) 여행으로 몸이 지치거나 아픈 것. 《여독을 풀다.》 **북려독**.

여동생 (女同生) 여자 동생. **참**남동생. **북려동생**.

여드레 여덟 날. 《지금 떠나서 여드레 뒤에 돌아올게요.》

여드름 흔히 사춘기 때 얼굴에 도톨도톨하게 나는 작은 종기.

여든 1. 열의 여덟 배가 되는 수. 2. 세는 말 앞에 써서, 열의 여덟 배가 되는 수를 나타내는 말.

여래 (如來) '석가모니'를 달리 이르는 말.

여러 많은.《여러 사람/여러 나라》

여러모로 여러 가지 점에서.《이 의자는 여러모로 쓸모가 많습니다.》

여러분 '여러 사람', '너희들'을 높여 이르는 말.《여러분, 잠시 제 얘기 좀 들어 주세요.》

여러해살이 뿌리가 살아남아서 해마다 줄기와 잎이 다시 자라나는 식물. 갈대, 국화, 도라지, 제비꽃 들이 있다. **같**다년생. **참**한해살이.

여럿 '여러 사람', '여러 개', '여러 마리' 같은 것을 이르는 말.《여럿이 모여 먹으니까 더 맛있다.》

여력 (餘力) 어떤 일을 하고도 아직 남은 힘. 또는 다른 일을 할 수 있는 힘.《시험공부 때문에 동생의 숙제를 봐 줄 여력이 없다.》

여로 축축한 풀밭이나 나무 밑에서 자라는 풀. 곧게 자란 줄기 끝에 자줏빛 꽃이 모여 핀다. 뿌리를 약으로 쓴다.

여론 (輿論) 어떤 일에 관하여 세상 사람들이 두루 지닌 생각이나 의견.

여론 조사 (輿論調査) 여론이 어떠한지 알아보는 일.

여류 (女流) 어떤 직업 이름 앞에 써서, '여자'를 이르는 말.《여류 시인/여류 소설가》 **북**녀류.

여름 봄과 가을 사이에 날씨가 더운 계절. 보통 6월에서 8월까지를 이른다.《여름에 온 가족이 동해 바다로 놀러 갔다.》 **참**봄, 가을, 겨울.

여름에 하루 놀면 겨울에 열흘 굶는다

여로

속담 나중에 탈이 나지 않으려면 늘 부지런히 일하라는 말.

여름날 여름철의 한 날. 또는 여름철 날씨.

여름내 여름 내내.《여름내 시골 큰집에서 지내다가 왔다.》

여름 방학 여름에 한참 더울 때 얼마 동안 학교 공부를 쉬는 일.

여름새 봄이나 초여름에 따뜻한 남쪽 지방에서 날아와 우리나라에서 여름을 지내고 가을에 다시 남쪽으로 날아가는 철새. **참**겨울새.

여름옷 여름에 입는 옷.

여름잠 도롱뇽, 악어 같은 열대 동물이 덥고 메마른 여름 날씨를 피해 한동안 자는 잠.

여름철 여름인 때.《무더운 여름철에는 시원한 소나기 한 줄이 반갑습니다.》 **같**하계.

여리다 1. 연하고 부드럽다.《여린 살갗》 2. 마음이나 성품이 모질지 않다.《여린 마음》 3. 소리가 약하거나 빛깔이 옅다.《여린 목소리/여린 초록빛》

여린내기 여린박으로 시작하는 곡. **참**센내기.

여린말 ㄱ, ㄷ, ㅂ, ㅅ, ㅈ 같은 예사소리를 써서 여린 느낌이 나는 말.《'붕붕'은 '뿡뿡'의 여린말이다.》 **참**거센말, 센말.

여린박 곡의 한 마디 안에서 여리게 연주하는 박자.

여명 (黎明) 동틀 무렵에 비치는 어렴풋한 빛. 또는 동틀 무렵.《여명이 채 밝기도 전에 길을 나섰다.》 **북**려명.

여물 말이나 소가 먹는 먹이. 짚이나

풀을 말려서 잘게 썰어 만든다.

여물다 과일이나 곡식이 속이 꽉 차게 잘 익다.《올해도 벼가 잘 여물었다.》 囲영글다. 참야물다. 围여문, 여물어, 여뭅니다.

여미다 벌어진 옷깃이나 옷자락을 모아 가다듬다.《옷자락을 여민 뒤에 할머니께 세배를 드렸다.》

여배우 (女俳優) 여자 배우. 围녀배우.

여백 (餘白) 흔히 종이에서 글씨나 그림이 없이 빈 곳.《책 여백에 선생님 말씀을 적었다.》

여벌 당장 쓸 것 말고도 여유 있게 더 마련해 두는 물건.《산꼭대기는 추우니까 긴 옷을 여벌로 가져가세요.》

여보 1.부부가 서로 부르는 말.《여보, 전화 받아요.》 2.흔히 남자 어른이 남을 부르는 말.《여보, 길 좀 물읍시다.》

여보게 어른이 동무나 아랫사람을 부르는 말.《여보게, 밥은 먹었나?》

여보세요 1.전화할 때 상대를 부르는 말.《여보세요, 거기 영희네 집인가요?》 2.남을 부르는 말.《여보세요, 화장실이 어디 있나요?》

여보시오 어른이 남을 조금 높여 부르는 말.《여보시오, 여기가 어디요?》

여봐라 옛날에 아랫사람을 부르던 말.《여봐라, 게 아무도 없느냐?》

여부 (與否) 그런 것과 안 그런 것. 또는 그런지 안 그런지 하는 여지.《사실 여부/그야 여부가 있겠습니까.》

여분 (餘分) 쓰고 남은 양. 또는 넉넉하게 더 마련해 두는 양.《여분이 모자라니 내일 다시 오세요.》 비나머지.

여비 (旅費) ➡ 노자.

여사 (女史) 혼인했거나 나이든 여자 또는 이름난 여자를 이르는 말. 围녀사.

여상 (女商) '여자 상업 고등학교'를 줄인 말.

여생 (餘生) 앞으로 남은 삶.《할머니는 여생을 불쌍한 사람들을 돌보면서 지내고 싶다고 하셨다.》

여섯 1.다섯에 하나를 더한 수. 참육. 2.세는 말 앞에 써서, 다섯에 하나를 더한 수를 나타내는 말.

여섯째 1.다섯째의 다음 차례. 또는 다섯째의 다음 차례인. 2.앞에서부터 셀 때 여섯 개째가 되는 것을 이르는 말.

여성 (女性) 여자. 흔히 여자 어른을 이르는 말이다. 참남성. 围녀성.

여성부 (女性部) 여성에 대한 정책을 맡아보는 행정 기관.

여성적 (女性的) 여자 같거나 여자 성질을 띠는. 또는 그런 것. 참남성적.

여성 호르몬 여자의 난소에서 나오는 호르몬. 참남성 호르몬.

여세 (餘勢) 어떤 일을 잘 끝내고도 남아서 넘치는 힘.《준결승에서 이긴 여세를 몰아 꼭 우승하자!》

여수 (麗水) 전라남도 남동쪽에 있는 시. 한려 수도, 거문도 들이 널리 알려져 있다.

여승 (女僧) 여자 중. 围녀승.

여신 (女神) 여자 신.《자유의 여신》 围녀신.

여실히 사실과 똑같이.《경기를 해보니 실력 차이가 여실히 나타났다.》

여아 (女兒) 여자 아이. 참남아. 围녀아.

여염집 보통 백성의 살림집.《여염집 아낙네/여염집 규수》

여름

여름에는 풀도 나무도 부쩍부쩍 자라서 온 산과 들이 짙은 초록색으로 뒤덮여요. 농사짓는 사람에게는 아주 바쁘고 힘든 철이지요. 논에 벼를 심고 장마철이 되기 전에 누렇게 익은 보리와 밀을 거두어들여야 해요. 감자도 캐고, 김도 매야하지요. 김을 맨다는 것은 논과 밭에 자라는 잡초를 뽑는다는 말이에요. 콩을 심고 뙤약볕에서 콩밭을 매는 것도 힘든 일이에요. 농사꾼들은 한여름에 줄곧 낫과 호미를 들고 살다시피 해요. 풀을 베고 뽑아 주지 않으면 애써 심어 놓은 곡식이나 채소가 잡초에 치여서 제대로 자라지 못하거든요. 햇볕이 너무 따가운 한낮에는 냇물에서 멱을 감거나 나무 그늘에서 낮잠을 자기도 해요.

아까시나무

복숭아

석류나무

자두

분꽃

엉겅퀴

수박

감자

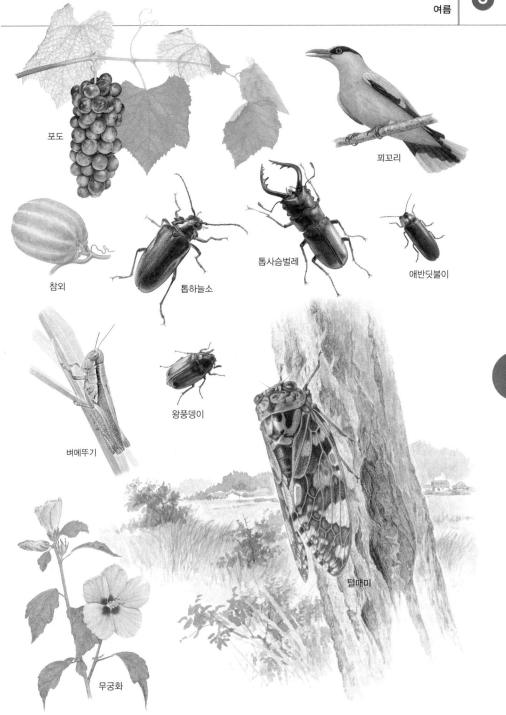

포도

꾀꼬리

참외

톱하늘소

톱사슴벌레

애반딧불이

왕풍뎅이

벼메뚜기

털매미

무궁화

여왕 (女王) 여자 왕. **북**녀왕.

여왕개미 한 무리를 이루고 사는 개미들의 우두머리. 몸집이 크고 날개가 있다. 무리 안에서 혼자 알을 낳는다.

여왕벌 한 무리를 이루고 사는 벌들의 우두머리. 몸집이 크고 무리 안에서 혼자만 알을 낳을 수 있다. **북**녀왕벌.

여우 1. 낮은 산이나 초원에 사는 짐승. 개와 비슷하지만 몸이 더 홀쭉하다. 주둥이는 길고 뾰족한데 꼬리는 굵다. 2. 눈치가 빠르고 이익에 밝으면서 아주 약은 사람을 빗대어 이르는 말. 《아유, 어린 게 여우 짓을 다 하네.》

여우

여우비 볕이 나 있는 날 잠깐 내리다가 그치는 비. **북**해비.

여우오줌 산에서 자라는 풀. 8~9월에 노란 꽃이 피고, 길고 끈적끈적한 열매가 열린다. 잎과 열매를 약으로 쓴다. **북**왕담배풀.

여우오줌

여운 (餘韻) 어떤 일이 끝난 뒤에도 가시지 않고 남은 좋은 느낌. 《음악회는 끝났지만 여운은 오래도록 남았다.》

여울 강, 바다에서 폭이 좁거나 바닥이 얕아 물살이 센 곳.

여울목 여울을 이루는 어귀.

여위다 살이 빠져 몹시 마르다. 《며칠 앓더니 많이 여위었구나.》 **참**야위다.

여유 (餘裕) 1. 필요한 데 쓰고도 넉넉하게 남은 것. 《잔치 음식은 여유 있게 장만해라.》 2. 느긋하고 차분한 마음이나 태도. 《내일이 시험인데도 너는 여유가 만만하구나.》

여유당전서 (與猶堂全書) 다산 정약용이 쓴 글을 모은 책. 〔목민심서〕, 〔경세유표〕를 비롯한 거의 모든 글이 들어 있다.

여유롭다 서두르지 않고 느긋하다. 《여유로운 생활》 **바**여유로운, 여유로워, 여유롭습니다.

여유분 (餘裕分) 필요한 데 쓰고도 넉넉하게 남는 것. 《여유분이 있으면 좀 나눠 주세요.》

여의다 1. 죽어서 헤어지다. 《짝꿍은 부모님을 여의고 할머니와 살고 있다.》 2. 딸을 시집보내다. 《안골 아주머니는 막내딸까지 여의고 나니 마음이 홀가분하다고 하셨다.》

여의도 (汝矣島) 서울 한강 가운데에 있는 섬.

여의봉 (如意棒) 중국 소설 〔서유기〕에서 손오공이 쓰는 무기. 마음대로 늘였다 줄였다 할 수 있다.

여의주 (如意珠) 용의 턱 밑에 있다는 신기한 구슬. 어떤 소원이든 이루어 준다고 한다.

여인 (女人) 여자 어른. **북**녀인.

여자 (女子) 어머니, 아주머니, 할머니, 언니, 누나, 소녀 들처럼 암컷인 사람. 아기를 배고 낳을 수 있다. **참**남자. **북**녀자.

여장 **차림새** (女裝) 남자가 옷이나 장신구 들로 여자처럼 꾸미는 것. 또는 그런 차림새. **북**녀장. **여장하다**

여장 **짐** (旅裝) 여행할 때 챙기는 짐. 《날이 저물었으니 얼른 여관을 잡고 여장을 풀어야겠습니다.》 **북**려장.

여장부 (女丈夫) 성품이나 하는 짓이 굳세고 씩씩한 여자. **북**녀장부.

여전하다 전과 다르지 않다. 《네 큰 목소리는 여전하구나.》

여정 (旅程) 여행을 하는 과정이나 계획. 《보름 여정으로 지리산에 다녀왔다.》 쀼려정.

여지 (餘地) 1.쓸 수 있는 남은 땅. 《새집에 텃밭 만들 여지가 좀 있으려나?》 2.어떤 일을 하거나 어떤 일이 벌어질 가능성이나 희망. 《변명의 여지가 없다./의심받을 여지가 있다.》

여지없다 어찌할 방법이 없다. 또는 다르게 여길 도리가 없다. 《연습을 못한 우리 편은 여지없이 지고 말았다.》

여직원 (女職員) 여자 직원.

여진족 (女眞族) 중국 만주 동북부에 살던 민족. 금나라와 후금을 세웠다.

여쭈다 1.웃어른에게 묻다. 《모르는 문제는 선생님께 여쭈어 보아라.》 2. 웃어른에게 말씀이나 인사를 드리다. 《큰어머니께 안부를 여쭈었다.》

여쭙다 '여쭈다'를 높여 이르는 말. 《아버지께 여쭙고 나서 다시 말씀드리지요.》 빠여쭙는, 여쭈워, 여쭙니다.

여차하다 일이 생각대로 되지 않거나 빗나가다. 《형사들은 여차하면 총을 쏠 기세로 범인을 쫓아갔다.》

여치 산이나 들의 풀숲에 사는 곤충. 더듬이와 뒷다리가 아주 길고, 수컷은 앞날개를 비벼서 소리를 낸다.

여치

여타 (餘他) 그 밖의 다른 것. 《이 가게 상품이 여타 가게 것보다 좋다.》

여태 지금까지. 또는 아직까지. 《여태 숙제도 안 하고 뭐 했어?》 쀼여직.

여태껏 '여태'를 힘주어 이르는 말.

여파 (餘波) 1.큰 물결이 지난 뒤 이는 잔물결. 2.앞서 일어난 일이 나중에 미치는 영향. 《지난주에 일어난 사건의 여파가 크다.》

여편네 혼인한 여자나 자기 아내를 낮추어 이르는 말. 쀼녀편네.

여하간 (如何間) → 하여간. 《이기든 지든 여하간 결판이 나겠지.》

여하튼 → 아무튼. 《여하튼 책을 내일까지 돌려주기만 하면 돼.》

여학교 (女學校) 여자들만 다니는 학교. 《여학교 기숙사》 쀼녀학교.

여학생 (女學生) 여자 학생. 참남학생. 쀼녀학생.

여한 (餘恨) 풀지 못하고 남은 한. 《할아버지는 통일만 된다면 곧 돌아가셔도 여한이 없겠다고 하셨다.》

여행 (旅行) 이것저것 두루 구경하려고 다른 고장이나 다른 나라에 가는 것. 《삼촌은 혼자 유럽으로 여행을 떠났다.》 쀼려행. **여행하다**

여행객 (旅行客) 여행하는 사람을 손님으로 이르는 말. 쀼려행객.

여행기 (旅行記) 여행하면서 겪고 느낀 것을 적은 글. 쀼려행기.

여행길 여행하면서 다니는 길. 《여행길에 만난 동무》 쀼려행길.

여행사 (旅行社) 여행하기 좋은 곳을 소개하고 여행에 필요한 것을 준비해 주는 회사. 쀼려행사.

여행용 (旅行用) 여행할 때 쓰는 것. 또는 그런 물건. 《여행용 세면도구》

여행자 (旅行者) 여행하는 사람. 쀼려행자.

여행증 (旅行證) 해외로 여행하는 것을 허락하는 증명서.

여행지 (旅行地) 여행하는 곳. 《이번 주말 여행지는 설악산이야.》 쀼려행지.

여호와 (Jehovah히) 성경에 나오는 신. 이스라엘 민족이 믿는 신이다.

여흥 (餘興) 1.놀이, 잔치 들이 끝난 뒤에 남아 있는 흥.《생일잔치의 여흥이 채 가시지 않았다.》2.모임, 행사 들을 마친 뒤에 흥으로 곁들이는 놀이나 잔치.《저녁 식사와 함께 간단한 여흥을 준비했습니다.》

역 열차 (驛) 열차가 서거나 떠나는 곳.

역 연극 (役) 연극이나 영화에서 배우가 맡은 구실.《언니는 연극에서 팥쥐 역을 맡았다.》

역 맞섬 (逆) 거꾸로인 것. 또는 반대인 것.《처지를 역으로 놓고 생각해 봐.》

역겹다 맛이나 냄새가 토할 듯이 고약하다. 또는 어떤 것이 아주 싫다.《쓰레기통에서 역겨운 냄새가 난다.》박역겨운, 역겨워, 역겹습니다. 북역스럽다.

역경 (逆境) 몹시 힘들고 어려운 처지.《역경이 닥치다./역경에 처하다.》

역군 (役軍) 어떤 일에서 아주 믿음직한 구실을 하는 일꾼.《산업 역군》

역귀 (疫鬼) 돌림병을 일으켜 퍼뜨린다는 못된 귀신.

역기 (力器) 역도할 때 쓰는 운동 기구. 긴 쇠막대기에 동그란 쇠뭉치 추를 끼워 무게를 맞춘다.

역단층 (逆斷層) 양옆에서 미는 힘 때문에 위쪽 땅덩이가 아래쪽 땅덩이 위로 밀려 올라간 단층.

역대 (歷代) 옛날부터 이어 내려온 여러 대.《역대 임금 가운데 가장 훌륭한 임금은 누구라고 생각해?》북력대.

역도 (力道) 역기를 머리 위로 들어 올려 무게를 겨루는 경기. 북력도.

역량 (力量) 어떤 일을 해낼 만한 힘.《역량 있는 사람을 이장으로 뽑읍시다.》북력량.

역력하다 모습, 흔적 들이 훤히 알 수 있을 만큼 뚜렷하다.《선희 얼굴에 놀란 빛이 역력했어.》갈역연하다.

역로 (驛路) 옛날에 정해진 거리마다 역을 두어 말을 바꿔 타고 다닐 수 있게 한 길.

역류 (逆流) 물이 거꾸로 흐르는 것. 또는 거꾸로 흐르는 물. 북거꿀흐름. **역류하다**《하천이 역류하다.》

역모 (逆謀) 왕을 쫓아내고 새 나라를 세우려는 계획.《역모를 꾀하다.》

역무원 (驛務員) 기차역이나 지하철 역에서 일하는 사람.

역병 (疫病) 여러 사람에게 빠르게 번지고 고치기 힘든 전염병.《마을에 역병이 돌고 있으니 대체 어쩌지요?》

역부족 (力不足) 힘, 능력, 기술 들이 턱없이 모자라는 것.《이 큰 책상을 나 혼자 들기에는 역부족이야.》

역사 기록 (歷史) 1.나라나 민족, 한 사회가 처음 생겨나 오늘에 이르기까지 변하고 겪어 온 과정. 또는 그 과정을 적은 것.《한국 역사》북력사. 2.어떤 것이 언제 생겨서 어떻게 바뀌어 왔는지를 적은 것.《국어의 역사》북력사.

역사 기차 (驛舍) 역으로 쓰는 건물.

역사 공사 (役事) 집을 짓거나 다리를 놓는 것 같은 큰 공사.

역사가 (歷史家) 역사를 깊이 연구하고 쓰는 사람.《단재 신채호 선생은 독립투사이자 역사가였다.》북력사가.

역사관 (歷史觀) 역사를 보는 태도.

역사극 (歷史劇) 역사에 있던 일을 바탕으로 만든 영화나 연극. **같**사극. **북**력사극.

역사박물관 (歷史博物館) 역사를 두루 살펴볼 수 있는 여러 가지 자료가 있는 박물관. **북**력사박물관.

역사상 (歷史上) 역사에 나타난 바. 《우리나라 역사상 가장 큰 사건》

역사적 (歷史的) 1. 역사에 나오는. 또는 그런 것. **북**력사적. 2. 역사에 길이 남을 만큼 중요한. 또는 그런 것. **북**력사적.

역사책 (歷史冊) 역사를 적은 책. **북**력사책.

역사학 (歷史學) 역사를 연구하는 학문. **같**사학.

역사학자 (歷史學者) 역사를 연구하는 사람. **같**사학자.

역설 (力說) 자기 뜻을 힘주어 말하는 것. 또는 그런 말. **역설하다** 《선생님께서 저금의 필요성을 역설하셨다.》

역성 덮어놓고 한쪽만 편드는 일. 《할머니는 늘 동생 역성을 들어 주신다.》

역수 (逆數) 분수에서 분모와 분자를 뒤바꾼 수. 이를테면 $\frac{3}{2}$의 역수는 $\frac{2}{3}$이다.

역순 (逆順) 거꾸로 세는 차례. 《100부터 1까지 역순으로 세어 봐라.》

역습 (逆襲) 공격을 당하던 쪽이 거꾸로 상대를 공격하는 것. **역습하다**

역시 (亦是) 1. 다른 것도 또한. 《나 역시 네 실수라고 생각해.》 2. 아무리 생각해 보아도. 《포수는 역시 철이가 맡는 것이 좋겠어.》 3. 짐작한 대로. 《먹구름이 몰려오더니 역시 소나기가 쏟

아지기 시작했다.》 4. 전과 다름없이. 또는 늘 그렇듯이. 《엄마는 오늘도 역시 새벽 다섯 시에 일어나셨다.》

역신 (疫神) 전염병을 퍼뜨린다는 신.

역암 (礫巖) 모래와 진흙이 섞여서 굳은 돌. **북**력암.

역연하다 → 역력하다.

역이용 (逆利用) 어떤 힘이나 쓰임새를 거꾸로 이용하는 것. **역이용하다** 《상대의 힘을 역이용하다.》

역임하다 여러 자리를 두루 거치다. 《그분은 여러 회사 사장을 역임했다.》 **북**력임하다.

역작 (力作) 온 힘을 기울여 만든 작품. 또는 아주 뛰어난 작품. 《이 그림은 김홍도의 최고 역작이다.》 **북**력작.

역장 (驛長) 기차역이나 지하철역에서 하는 일을 책임지는 사람.

역적 (逆賊) 옛날에 나라나 임금을 배반한 사람. 《역적 무리》

역전 역 앞 (驛前) 전철역이나 기차역 앞. 《3시에 역전 시계탑 앞으로 와.》

역전 뒤바뀜 (逆轉) 경기, 전쟁 같은 것에서 유리하거나 불리하던 형편이 거꾸로 바뀌는 것. 《두 팀은 역전에 역전을 거듭하면서 멋진 경기를 펼쳤다.》 **역전하다 역전되다**

역전승 (逆轉勝) 지고 있다가 역전하여 이기는 것. **반**역전패. **역전승하다**

역전패 (逆轉敗) 이기고 있다가 역전당하여 지는 것. **반**역전승. **역전패하다**

역점 (力點) 가장 공들이거나 힘을 들인 부분. 《글의 내용을 이해하는 데 역점을 두고 공부했다.》 **북**력점.

역정 (逆情) 흔히 웃어른이 크게 내는

'성'이나 '화'를 높여 이르는 말.《아버지는 역정을 내시는 법이 없다.》

역주 (力走) 온 힘을 다해 달리는 것.《그 선수는 역주를 펼친 끝에 한국 신기록을 세웠다.》북력주. **역주하다**

역투 (力投) 투수가 온 힘을 다해 공을 던지는 것. **역투하다**

역풍 (逆風) 거꾸로 부는 바람. 반순풍.

역하다 맛이나 냄새가 토할 듯이 고약하다.《생선 썩는 냄새가 역하다.》

역학 (力學) 물체에 작용하는 힘과 물체의 운동 사이의 관계를 연구하는 학문. 북력학.

역할 (役割) 맡아서 하는 일. 또는 어떤 일에서 맡은 구실.《모두 자기 역할에 충실합시다.》

역할극 (役割劇) 살면서 흔히 일어날 수 있는 일을 두고 저마다 역할을 맡아 연극으로 꾸민 것. 같역할놀이.

역할놀이 → 역할극.

역행 (逆行) 정해진 방향이나 뜻을 거슬러 반대로 나아가는 것. **역행하다**

역효과 (逆效果) 기대한 것과 정반대로 나타나는 효과.《지나친 칭찬은 오히려 역효과를 가져온다.》

엮다 1. 끈, 새끼 들로 어떤 것을 묶다. 또는 끈, 새끼 들을 얽어서 물건을 만들다.《새끼로 엮은 굴비/새 짚을 얻어다 가마니를 엮었다.》 2. 글이나 이야깃거리를 모아 어울리게 잘 짜거나 책을 만들다.《어쩜 그렇게 재미있게 이야기를 엮어 내니?/우리가 쓴 시를 모아 시집을 엮고 싶어요.》

연 놀이 (鳶) 종이에 댓살을 붙인 뒤 실을 매어 하늘 높이 날리는 장난감.

연 시 (聯) 시에서 여러 행을 묶어 하나로 만든 덩어리.《이 시는 모두 3연으로 되어 있다.》

연 풀 → 연꽃.

연 해 (年) 한 해.《연 강수량/연 평균》

연간 (年間) 한 해 동안.《연간 성장률》북년간.

연감 (年鑑) 해마다 한 해 동안 일어난 온갖 일을 모아 펴내는 책. 북년감.

연거푸 여러 번 되풀이하여.《시험에 연거푸 떨어졌다.》비거푸. 북연거퍼.

연결 (連結) 여러 가지의 것을 서로 잇거나 관계가 이어지는 것. 북련결. **연결하다**《전깃줄을 연결해야 불이 켜지지.》**연결되다**

연고 약 (軟膏) 살갗에 바르는 약. 북무른고약.

연고 까닭 (緣故) 일이 벌어진 까닭.《너는 무슨 연고로 여기까지 왔니?》

연골 (軟骨) → 물렁뼈.

연관 (聯關) 서로 관계를 맺는 것.《그 일은 저와 아무 연관이 없어요.》비관련. 북련관. **연관되다**

연구 (研究) 어떤 이치나 사실을 밝히려고 깊이 공부하는 것.《연구 대상/연구 결과》**연구하다**

연구비 (研究費) 학문, 기술 들을 연구하는 데 드는 돈.

연구소 (研究所) 학문, 기술 들을 연구하는 곳.《천문학 연구소》

연구실 (研究室) 학교나 기관에 연구하려고 시설을 갖추어 만든 방.

연구원 (研究員) 연구하는 일이 직업인 사람.

연구자 (研究者) 연구하는 사람.

연극 (演劇) 1. 배우의 말과 몸짓으로 대본에 있는 이야기를 관객에게 전하는 예술. 《오늘 본 연극 정말 좋았어.》 2. 남을 속이려고 그럴듯하게 꾸민 말이나 행동. 《선생님이 화나셨다는 반장 연극에 감쪽같이 속았지 뭐야.》

연극반 (演劇班) 연극을 하는 모임.

연근 (蓮根) → 연뿌리.

연금 (年金) 국가, 회사, 단체 들에서 오래 일했거나 큰 공이 있는 사람에게 해마다 얼마씩 주는 돈. **북**년금.

연기 기체 (煙氣) 물질이 불에 탈 때 생기는 검거나 희뿌연 기체. 《공장 굴뚝에서 연기가 난다.》

연기 재주 (演技) 연극, 영화 들에서 배우가 말과 몸짓으로 자기가 맡은 역을 진짜처럼 생생하게 나타내는 것. 《주인공 연기가 아주 멋졌어.》 **연기하다**

연기 미룸 (延期) 정해진 때를 뒤로 미루는 것. **연기하다** 《날씨 때문에 소풍을 연기한다는 게 진짜야?》 **연기되다**

연꽃 늪이나 연못에 심어 가꾸는 물풀. 잎은 크고 둥근데 여름에 흰색이나 붉은색 꽃이 핀다. 열매는 약으로 쓰고 뿌리는 먹는다. **같**연. **북**련꽃.

연꽃무늬 연꽃 모양 무늬.

연날리기 연을 하늘 높이 띄우면서 하는 놀이.

연년생 (年年生) 한 살 터울이 지는 것. 《형과 나는 연년생이야.》 **북**년년생.

연노랑 엷은 노랑.

연노랗다 엷게 노랗다. 《병아리 털 빛깔이 연노랗다.》 **바**연노란, 연노래, 연노랗습니다.

연단 (演壇) 연설이나 강연을 하는 사

연두군부

연꽃

람이 올라서는 높은 단.

연달다 어떤 일이 잇따라 이어지다. 《자전거 서너 대가 연달아 부딪쳤다.》

연대 (年代) 1. 지나온 햇수나 시대. 《이 도자기는 연대가 아주 오래된 거야.》 2. 어떤 일이 일어난 해. 《가야금 제작 연대》

연대표 (年代表) 역사에서 중요한 사건을 연대에 따라 차례대로 늘어놓은 표. **같**연표. **북**년대표.

연도 해 (年度) 어떤 일이 일어난 해. 《임진왜란이 일어난 연도 알아?》

연도 길 (沿道) 큰 길 양쪽 가장자리. 《연도를 가득 메운 시민들》

연두 (年頭) 새해 첫머리. **북**년두.

연두군부 바닷가 바위에 붙어서 사는 동물. 몸은 긴달걀꼴로 납작하고 껍데기가 옆으로 길게 퍼져 있다.

연두색 (軟豆色) → 연둣빛.

연둣빛 완두콩처럼 노란색이 도는 옅은 초록색. 《연둣빛 새싹》 **같**연두색.

연등 (燃燈) 연등회에 켜는 등.

연등회 (燃燈會) 석가모니가 태어난 날에 등을 밝히고 복을 비는 불교 행사.

연락 (連絡) 소식을 알리는 것. 또는 관계를 맺는 것. 《시골에 가도 연락 자주 하자.》 **북**련락. **연락하다 연락되다**

연락망 (連絡網) 소식을 빠르고 빈틈없이 주고받으려고 짠 조직. 《비상 연락망》 **북**련락망.

연락처 (連絡處) 소식을 주고받을 수 있는 곳. **북**련락처.

연령 (年齡) → 나이.

연령층 (年齡層) 나이가 같거나 비슷한 무리.

연로하다 나이가 많다.《연로하신 분들에게 자리를 양보하자.》**북**년로하다.

연료 (燃料) 열, 빛, 동력 들을 얻으려고 태우는 물질.《자동차 연료》

연료비 (燃料費) 연료를 사는 데 드는 돈.

연루 (連累) 남이 저지른 나쁜 일에 엮이는 것. **북**련루. **연루되다**《큰아버지가 사기 사건에 연루됐다.》

연륜 (年輪) 여러 해 동안 쌓아 온 경험.《연륜이 깊다.》**북**년륜.

연립 (聯立) 여럿이 죽 벌려 서거나 여럿이 어울려 하나를 이룬 것. **북**련립.

연립 주택 (聯立住宅) 한 채에 여러 가족이 살 수 있게 지은 집. 아파트보다 작은 것을 이른다.

연마 (研磨) 1.돌이나 쇠붙이를 매끈하게 갈고 닦는 것. **북**련마. 2.기술이나 학문을 힘써 배우고 익히는 것.《새로운 기술 연마에 힘쓰자.》**연마하다**

연막 (煙幕) 1.군대에서 적의 눈에 띄지 않으려고 짙게 피우는 연기. 2.어떤 사실이나 마음을 숨기려고 부러 하는 말이나 행동.《아무래도 형이 다른 꿍꿍이가 있어 연막을 치는 것 같아.》

연말 (年末) 한 해가 끝나 가는 때.《연말에 선생님께 연하장을 보냈다.》**비**세밑. **반**연초. **북**년말.

연말연시 (年末年始) 한 해 끝 무렵과 새해 첫머리를 함께 이르는 말. **북**년말년시.

연맹 (聯盟) 목적이 같은 여러 무리가 모여 함께하기로 약속하는 것. 또는 함께하기로 약속한 조직. **북**련맹.

연명 (延命) 괴로운 형편을 견디면서 가까스로 목숨을 이어 가는 것. **연명하다**《가난한 농민들은 나무뿌리를 캐어 먹으면서 하루하루 연명해 갔다.》

연모 사랑 (戀慕) 어떤 사람을 좋아하고 그리워하는 것. **북**련모. **연모하다**

연모 연장 물건을 만들거나 일을 할 때 쓰는 도구.《석기 시대 연모》

연못 연꽃을 심은 못. 또는 뜰이나 집 가까이 있는 작은 못. **비**못. **북**련못.

연못가 연못 가장자리. **북**련못가.

연민 (憐憫) 남을 가엾고 딱하게 여기는 것. **북**련민.

연발 (連發) 어떤 일이 잇달아 일어나는 것.《실수 연발》**북**련발. **연발하다**

연방 나라 (聯邦) 미국, 스위스, 캐나다처럼 여러 주가 모여서 하나로 이루어진 나라.《연방 국가》**북**련방.

연방 잇달아 (連方) 잇따라 자꾸.《동생은 연방 고개를 끄덕였다.》**북**연신.

연배 (年輩) 나이가 비슷한 또래.《둘이 비슷한 연배로 보인다.》**북**년배.

연변 길가 (沿邊) 길, 강 같은 곳의 가장자리.《도로 연변》

연변 지역 (延邊) → 옌볜.

연병장 (練兵場) 군대 안에서 군인들이 훈련을 받는 운동장.

연보 (年譜) 한 사람이 태어나 어떻게 살아왔는지를 연도에 따라 간단하게 적은 글.《지은이 연보》

연보라색 옅은 보라색.

연봉 (年俸) 일터에서 한 해 동안 받는 돈. **북**년봉.

연분홍 (軟粉紅) → 연분홍색.

연분홍색 (軟粉紅色) 옅은 분홍색.《연분홍색 편지지》**같**연분홍.

943

연비 (連比) 셋 이상의 수나 양의 비율. 북련비.

연뿌리 연의 땅속줄기. 안에 구멍이 많이 있고 반찬으로 먹는다. 같연근.

연사 (演士) 연설하는 사람.

연산 (演算) 정한 식에 따라 계산하여 답을 구하는 것. **연산하다**

연살 연의 얼개를 짜는 데 쓰는 가는 대나무.

연상 나이 (年上) 어떤 사람보다 나이가 많은 것.《엄마는 아빠보다 두 살 연상이다.》반연하. 북년상.

연상 생각 (聯想) 하나를 보면 그것과 관련이 있는 다른 것이 머릿속에 떠오르는 것. 북련상. **연상하다**《빨간색은 불을 연상하게 한다.》**연상되다**

연설 (演說) 여러 사람 앞에서 자기 생각이나 주장을 말하는 것.《선생님 연설을 듣고 감명을 받았다.》**연설하다**

연설문 (演說文) 연설할 내용을 적은 글.

연세 (年歲) '나이'의 높임말.《할아버지는 연세가 많으시다.》북년세.

연소 (燃燒) 불에 타는 것. **연소하다 연소되다**

연소자 (年少者) 나이가 어린 사람. 흔히 어른이 아닌 사람을 이른다.《연소자 관람 불가》

연속 (連續) 끊이지 않고 줄곧 이어지는 것.《연속 동작》북련속. **연속하다 연속되다**

연속극 (連續劇) 텔레비전이나 라디오에서 이야기 한 편을 시간을 정해 조금씩 이어서 방송하는 극.

연속적 (連續的) 끊이지 않고 줄곧 이어지는. 또는 그런 것. 비계속적. 북련속적.

연쇄 (連鎖) 어떤 일이 사슬처럼 이어진 것.《연쇄 반응》북련쇄.

연쇄점 (連鎖店) 큰 회사 밑에서 물건을 받아 꾸리는 작은 가게. 북련쇄점.

연수 공부 (研修) 필요한 지식이나 기술을 따로 공부하는 것.《중국어 연수》

연수 숨골 (延髓) → 숨골.

연수생 (研修生) 연수를 받는 사람.

연수회 (研修會) 어떤 분야에 필요한 특별한 지식이나 기술을 배우려고 정해진 동안 가지는 모임.《서예 연수회/글짓기 지도 교사 연수회》

연습 (練習) 어떤 일을 잘하려고 되풀이하여 익히는 것. 북련습. **연습하다**《열심히 연습한 덕에 나도 피리를 잘 불게 되었다.》

연습선 (練習線) 바느질을 연습하려고 천이나 종이에 그은 선.

연습용 (練習用) 연습하는 데 쓰는 것.

연습장 (練習帳) 글씨 같은 것을 연습하는 데 쓰는 공책. 북련습장.

연승 (連勝) 싸움, 경기에서 연달아 이기는 것.《3연승/연승 행진》반연패. 북련승. **연승하다**

연시 (軟柿) 물렁물렁하게 푹 익은 감. 비홍시. 참감, 곶감. 북물렁감.

연시조 (聯詩調) 평시조 여러 수를 한데 엮은 시조. 북련시조.

연실 연줄로 쓰는 실.

연싸움 연을 날리면서 누가 먼저 자기 연줄로 상대편 연의 줄을 끊는지 겨루는 놀이.

연안 (沿岸) 강이나 호수, 바다와 맞

닿은 땅.《한강 연안》

연안 어업 (沿岸漁業) 뭍에서 가까운 바다에서 하는 어업.

연애 (戀愛) 남자와 여자가 서로 사랑하고 사귀는 것.《연애편지》**북**련애. **연애하다**

연약하다 1.단단하지 않고 무르다.《아기의 살갗이 몹시 연약해 보인다.》2.몸이 다부지거나 기운이 세지 않다.《지혜처럼 연약한 애는 가벼운 짐만 나르라고 해.》3.마음이나 의지가 굳세지 못하다.《그런 연약한 마음으로는 파리 한 마리 잡기도 힘들 거야.》

연어 골짜기 물이나 맑은 시냇물에서 태어나 바다에 가서 자라는 바닷물고기. 알을 낳을 때가 되면 강물을 거슬러 태어난 곳으로 되돌아온다.

연연하다 어떤 일에 자꾸 미련을 두다.《잃어버린 돈에 너무 연연하지 마.》

연예 (演藝) 노래, 춤, 연극 들로 사람들을 즐겁게 하는 일. 또는 그런 재주.

연예인 (演藝人) 연예가 직업인 사람.

연월일 (年月日) 해, 달, 날.《여기에 태어난 연월일을 쓰세요.》**북**년월일.

연유 (緣由) → 사유.《무슨 연유로 저를 찾아오셨습니까?》**연유하다**

연이율 (年利率) 한 해를 기준으로 정한 이자 비율.

연인 (戀人) 서로 사랑하는 사람. 흔히 혼인하지 않은 남자와 여자를 이른다. **비**애인.

연일 (連日) 여러 날. 또는 여러 날 동안 줄곧.《연일 이어진 강추위로 강물이 꽁꽁 얼어붙었다.》**북**련일.

연임 (連任) 정해진 때가 지난 뒤에도

같은 자리를 맡아 다시 일하는 것.《미국 대통령 임기는 4년이고 연임이 가능하다.》**북**련임. **연임하다**

연잇다 어떤 일이 줄곧 이어지다.《기분 좋은 일이 연이어 생겼다.》**북**련잇다. **바**연잇는, 연이어, 연잇습니다.

연잎탈 본산대놀이, 송파 산대놀이, 양주 별산대놀이에서 쓰는 탈.

연잎탈_양주 별산대놀이

연자매 둥글고 넓적한 돌 위에 그보다 작고 둥근 돌을 세로로 세우고 이를 소나 말이 끌어 돌리게 해서 곡식을 찧는 맷돌. **같**연자방아.

연자매

연자방아 → 연자매.

연장 도구 망치, 톱 들처럼 물건을 만들거나 고치는 데 쓰는 도구.

연어

연장 늘림 (延長) 1.길이나 시간을 더 늘리는 것.《연장 공연》**반**단축. 2.어떤 일이 더 이어지는 것.《소풍도 수업의 연장이다.》**연장하다**

연장자 (年長者) 나이가 많은 사람. **북**년장자.

연장전 (延長戰) 승부가 나지 않아서 시간이나 횟수를 늘려서 더 하는 경기.

연재 (連載) 신문이나 잡지에서 기사, 소설 들을 여러 차례에 걸쳐 조금씩 나누어서 싣는 것.《연재 기사／연재 만화》**북**련재. **연재하다 연재되다**

연적 (硯滴) 벼루에 넣을 물을 담는 작은 그릇.

연정 (戀情) 마음에 드는 남자나 여자를 그리워하고 사랑하는 마음.《이 도령은 춘향이를 보자마자 연정을 품었다.》**북**련정.

연주 (演奏) 악기를 다루어서 음악을 들려주는 것.《피아노 연주》**연주하다**

연주되다

연주가 (演奏家) 악기를 전문으로 연주하는 사람.

연주곡 (演奏曲) 연주하려고 만든 곡.

연주법 (演奏法) 악기를 연주하는 방법. **같**주법.

연주자 (演奏者) 악기를 연주하는 사람. 《가야금 연주자》

연주회 (演奏會) 사람들 앞에서 음악을 연주하는 모임. **같**콘서트.

연준모치 맑은 계곡에 사는 민물고기. 몸이 길고 옆으로 납작하다. 등과 옆구리에 짙은 반점이 흩어져 있다.

연준모치

연줄 연을 매어 날리는 실.

연중 (年中) 한 해 동안. 《연중 강수량》 **북**년중.

연중무휴 (年中無休) 한 해 동안 하루도 쉬는 날이 없는 것. 《우리 가게는 연중무휴입니다.》 **북**년중무휴.

연중행사 (年中行事) 해마다 때를 정하여 하는 행사. 《김장은 우리 집 연중행사이다.》 **북**년중행사.

연지 1. 여자가 화장할 때 입술이나 뺨에 바르는 화장품. 붉은 물감에 기름을 섞어 만든다. 《입술연지》 2. 전통 혼례에서 새색시 볼에 찍는 동그랗고 붉은 점. **참**곤지.

연착 (延着) 차, 열차, 배, 비행기 들이 정해진 때보다 늦게 오는 것. **연착하다** 《태풍 때문에 비행기가 연착했다.》

연체 (延滯) 요금, 세금 들을 정해진 때가 지나도록 못 내는 것. 《전화 요금 연체》 **연체하다 연체되다**

연체료 (延滯料) 요금이나 세금을 연체한 사람이 벌로 내는 돈.

연초 (年初) 새해 첫 무렵. 《할머니는 연초마다 새해 운세를 점쳐 보신다.》 **반**연말. **북**년초.

연초록 (軟草綠) 옅은 초록.

연출 (演出) 연극, 영화 들에서 대본을 바탕으로 모든 것을 잘 이끌어서 훌륭한 작품을 만드는 일. 또는 그런 일을 맡은 사람. 《형이 학예회 연극 연출을 맡았다.》 **연출하다 연출되다**

연출가 (演出家) 연극, 영화, 방송 프로그램 같은 것을 연출하는 사람.

연타 (連打) 쉬지 않고 잇따라 때리는 것. 《한국 선수가 옆구리에 연타를 맞고 바닥에 쓰러졌다.》 **연타하다**

연탄 (煉炭) 무연탄 가루를 눌러 둥그렇게 만든 땔감. 검고 공기구멍이 여러 개 나 있다. **준**탄. **북**련탄.

연탄가스 연탄이 탈 때 나오는 독한 가스.

연통 (煙筒) 난로, 아궁이 같은 곳에서 연기가 빠져나가게 만든 둥근 통.

연패 이김 (連覇) 해마다 열리는 같은 대회에서 잇달아 우승하는 것. 《우리 학교 축구부가 전국 대회 3연패를 달성했다.》 **연패하다**

연패 짐 (連敗) 싸움이나 경기에서 연거푸 지는 것. **반**연승. **북**련패. **연패하다**

연평균 (年平均) 한 해를 기준으로 잡아서 낸 평균. 《연평균 기온》 **북**년평균.

연표 (年表) → 연대표.

연필 (鉛筆) 글씨를 쓰거나 그림을 그리는 데 쓰는 도구. 가늘고 긴 심이 원통 꼴 나무 속에 들어 있다.

연필깍지 몽당연필을 잡기 쉽게 자루에 끼우는 물건. 또는 심이 부러지지 않게 연필 끝에 씌우는 물건.

연필깎이 연필을 깎는 데 쓰는 물건.

연필꽂이 연필 들을 꽂아 두는 통.

연필심 (鉛筆心) 연필 가운데 들어 있는 가늘고 긴 심.

연하 (年下) 어떤 사람보다 나이가 적은 것.《이모부는 이모보다 한 살 연하이다.》 **반**연상. 북년하.

연하다 부드럽다 1.무르고 부드럽다. 《고기가 연하다.》 **반**질기다. 2.빛깔이 옅다.《연한 하늘색》 **반**진하다.

연하다 잇대다 1.어떤 곳과 잇닿다.《바다에 연한 마을》 2.어떤 일이 연달다. 《고개를 연하여 끄덕이다.》

연하장 (年賀狀) 새해를 맞아 보내는 짧은 인사 편지. 북년하장.

연합 (聯合) 목적이 같은 여러 무리가 하나로 뭉치는 것. 북련합. **연합하다**

연합국 (聯合國) 1.목적을 이루려고 힘을 합친 여러 나라. 북련합국. 2.제이차 세계 대전 때 독일, 이탈리아, 일본을 무찌르려고 함께 싸운 나라.

연합군 (聯合軍) 여러 나라 군대가 합쳐서 이룬 군대. 북련합군.

연해 바다 (沿海) 뭍에서 가까운 바다.

연해주 (沿海州) 러시아 남동쪽 끝에 있는 지역. 두만강을 사이에 두고 우리나라와 마주한 곳으로, 우리나라 동포가 많이 산다.

연행 (連行) 경찰이 죄를 짓거나 의심스러운 사람을 붙잡아 가는 것. 북련행. **연행하다 연행되다**

연혁 (沿革) 기관, 단체, 고장 들이 처음 생겨나 이제까지 바뀌어 온 발자취.

연회 (宴會) 여럿이 모여 술과 음식을

먹으면서 즐기는 모임.

연후 (然後) 어떤 일이 끝난 뒤. 또는 어떤 일을 한 뒤.

연휴 (連休) 여러 날을 연달아 쉬는 때.《추석 연휴》

열 수 1.아홉에 하나를 더한 수. **참**십. 2.세는 말 앞에 써서, 아홉에 하나를 더한 수를 나타내는 말.

열에 아홉 관용 거의 모두.《반 아이들 열에 아홉은 소풍날 김밥을 싸 왔다.》

열 길 물속은 알아도 한 길 사람 속은 모른다 속담 물 깊이는 잴 수 있지만 사람 마음은 헤아릴 수 없다는 말.

열 번 재고 가위질은 한 번 하라 속담 일을 할 때는 여러 모로 따져 본 뒤에 행동에 옮기라는 말.

열 번 찍어 안 넘어가는 나무 없다 속담 아무리 뜻이 굳은 사람도 여러 번 달래고 권하면 결국 마음이 바뀐다는 말.

열 손가락 깨물어 안 아픈 손가락 없다 속담 부모는 모든 자식을 똑같이 소중하게 여긴다는 말.

열 기운 (熱) 1.아주 뜨겁고 더운 기운. 《태양에서 나오는 열》 2.앓는 사람 몸에서 나는 뜨거운 기운.《동생은 열이 40도까지 올랐다.》 3.몸과 마음을 다하여 몰두하는 것.《우리는 시간 가는 줄 모르고 자치기에 열을 올렸다.》 4.몹시 흥분하거나 성을 내는 것.《그런 일에 열을 낼 필요 없잖아.》

열 줄 (列) 사람이나 물건이 죽 늘어서서 이룬 줄. 또는 그 줄을 세는 말.《우리는 열을 맞춰서 걸었다.》

열강 (列强) 힘센 몇몇 나라. 북렬강.

열거 (列舉) 여러 보기나 사실을 죽

늘어놓는 것. **비나열**. **북렬거**. **열거하다**
《그 사람은 일일이 열거할 수 없을 만
큼 많은 죄를 지었다.》**열거되다**

열광 (熱狂) 아주 기쁘거나 좋아서 마
구 날뛰는 것. **열광하다**《노래가 시작
되자 사람들은 더욱 열광했다.》

열기 (熱氣) 뜨거운 기운.《교실 안은
열기로 후끈 달아올랐다.》

열기구 ^{도구}(熱器具) 난로, 다리미, 가
스레인지처럼 열을 내어 먹을 것을 익
히거나 방을 덥히는 기구.

열기구 ^{탈것}(熱氣球) 큰 풍선에 든 공
기를 데워서 공중에 뜨게 만든 기구.

열나다 1.몸에서 열이 나다.《아기 이
마에서 열나는 것 같지 않니?》2.어떤
일에 몸과 마음을 다하다.《축구가 너
무 재미있어서 하루 종일 열나게 놀았
다.》3.성이 나다. 또는 화가 나다.《아
무리 열나도 네가 참아.》

열녀 (烈女) 옛날에 남편을 잘 섬기거
나 남편이 죽더라도 다시 혼인하지 않
고 혼자 산 여자를 이르던 말. **북렬녀**.

열녀문 (烈女門) 옛날에 열녀를 칭찬
하고 기리려고 세우던 큰 문. **북렬녀문**.

열다 ^{문을} 1.막힌 데를 트거나 잠긴 것
을 풀다.《문을 열다./자물쇠를 열다.》
^반닫다. 2.모임, 회의, 대회 들을 하다.
《우리 집안은 석 달에 한 번씩 가족 모
임을 연다.》3.가게, 회사, 학교 들을
차리거나 하루 일을 시작하다.《가게
문 열었는지 보고 오너라.》^반닫다. 4.
'마음' 과 함께 써서, 자기 속마음을 터
놓거나 남의 마음을 받아들일 자세를
갖추다.《동무를 사귀려면 마음을 열
고 먼저 다가가야 해.》5.입을 벌려서

말을 하다.《민수는 한참 망설이다가
입을 열기 시작했다.》6.나아갈 길, 방
법, 기회 들을 새로 마련하다.《한 목
격자의 제보가 사건 해결의 돌파구를
열었다.》^바여는, 열어, 엽니다.

열다 ^{열매가} 열매가 맺히다.《나무마다
굵은 배가 주렁주렁 열었다.》^바여는,
열어, 엽니다.

열대 (熱帶) 적도 가까이에 있는 더운
지역.

열대 기후 (熱帶氣候) 열대 지방에 나
타나는 날씨. 일 년 내내 덥고 비가 많
이 온다.

열대림 (熱帶林) 열대 지방에 있는 숲.
키 큰 나무가 우거져 있다.

열대야 (熱帶夜) 기온이 섭씨 25도를
넘는 무더운 여름 밤.

열대어 (熱帶魚) 열대 지방 물고기.

열대 우림 (熱帶雨林) 비가 많이 오는
열대 지방에 있는 숲.

열대 지방 (熱帶地方) 열대 기후가 나
타나는 지방.

열도 (列島) 줄지어 늘어서 있는 여러
섬.《일본 열도》**북렬도**.

열등 (劣等) 수준, 등급 들이 보통보
다 낮은 것. ^반우등. **열등하다**

열등감 (劣等感) 능력이나 실력이 남
보다 못하다고 느끼는 마음.《성적 따
위로 열등감 느끼지 마.》**북렬등감**.

열등의식 (劣等意識) 능력이나 실력
이 남보다 못하다고 여기는 생각.

열띠다 분위기가 뜨겁고 활발하다.
《열띤 토론/열띤 응원》

열람 (閱覽) 도서관 같은 곳에서 책,
자료 들을 읽거나 훑어보는 것.《도서

열람》열람하다

열람실 (閱覽室) 도서관 같은 곳에서 책이나 자료를 열람하는 방.

열량 (熱量) 온도를 높이거나 일을 하는 데 드는 열에너지의 양. 단위는 '칼로리'이다.

열렬하다 아끼는 마음이나 태도가 뜨겁고 크다.《열렬한 환영》

열리다 문어 1.막힌 데가 트이거나 잠긴 것이 풀리다.《대문이 열려 있는 줄 몰랐네.》 반닫히다. 2.모임, 회의, 대회 들이 벌어지다.《올해 송년 모임은 12월 15일쯤 열릴 것 같다.》 3.자기의 속마음을 터놓거나 남의 뜻을 받아들이다.《참된 우정은 열린 마음에서 시작된다.》 4.나아갈 길이나 방법, 기회 들이 새로 마련되다.《이번 회담으로 남북한 화해의 길이 열렸다.》

열리다 열매가 열매가 맺히다.《옆집 대추나무에 푸른 대추가 잔뜩 열렸다.》

열망 (熱望) 어떤 일을 애타게 바라는 것. 비갈망. **열망하다**《통일을 열망하는 사람들》

열매 식물에서 꽃이 진 자리에 맺히는 것. 꽃이 수정한 뒤 씨방이 자란 것으로, 안에는 거의 씨가 들어 있다.

열매를 맺다 관용 애써서 일한 보람이 생기다.《지금부터라도 열심히 노력하면 좋은 열매를 맺을 수 있을 거야.》

열매솎기 너무 많이 열린 열매를 솎아내는 일. 나무를 잘 기르고 좋은 열매를 얻으려고 한다.

열매채소 열매를 먹는 채소. 가지, 고추, 오이, 호박, 토마토 들이 있다.

열목어 차갑고 깊은 물에 사는 민물고기. 몸은 가늘고 긴데 옆구리, 등지느러미, 가슴지느러미에 점이 많다. 북열묵어.

열무 다 자라지 않은 어린 무.

열무김치 열무로 담근 김치.

열반 (涅槃) 1.불교에서 진리를 깨달아 모든 괴로움에서 벗어나는 일. 2.중이 죽는 것을 빗대어 이르는 말.

열백번 북 열 번, 백 번이란 뜻으로, '여러 번'을 힘주어 이르는 말.《열백번 넘어져도 다시 일어나 달릴 거야.》

열변 (熱辯) 목소리를 높여 아주 뜨겁게 주장하는 말이나 연설.《한 후보가 연단에 올라 열변을 토하였다.》

열병 (熱病) 열이 심하게 나는 병.

열불 몹시 화나거나 흥분해서 몸과 마음이 확 달아오르는 느낌을 빗대어 이르는 말.《다 이긴 경기를 비기다니 속에서 열불이 난다.》

열사 사람 (烈士) 나라를 구하려고 목숨을 바친 사람.《유관순 열사》 북렬사.

열사 모래 (熱砂) 햇볕을 받아 아주 뜨거워진 모래. '사막'을 달리 이르는 말이다.《열사의 나라 사우디아라비아》

열사병 (熱射病) 덥고 습기가 많은 곳에서 몸에 있는 열을 밖으로 내보내지 못하여 갑자기 의식을 잃고 쓰러지는 병. 참일사병.

열성 (熱誠) 어떤 일에 쏟는 큰 정성.《언니가 뜨개질에 열성을 보인다.》

열성적 (熱誠的) 열성을 다하는. 또는 그런 것.

열세 (劣勢) 힘, 능력, 세력 들이 남보다 약하거나 뒤지는 것. 반우세.

열쇠 1.자물쇠를 열거나 잠그는 데 쓰

열목어

는 물건.《과학실 열쇠를 두고 왔어.》
같키. 2.어떤 일을 풀어 나가는 데 중요
한 실마리를 빗대어 이르는 말.《성공
의 열쇠》

열쇠고리 열쇠를 끼워 두는 고리.

열심 (熱心) 어떤 일에 온 정성을 다하
는 것.《형은 요즘 운동에 열심이다.》

열심히 온 정성을 다하여.《가르쳐 주
신 대로 열심히 할게요.》

열악하다 질, 수준 들이 나쁘다.《열
악한 노동 환경》북렬악하다.

열어젖히다 창문 같은 것을 힘을 주어
확 열다.《창문을 열어젖히고 신선한
아침 공기를 마셨다.》

열없다 쑥스럽거나 부끄럽다. 또는 조
금 멋쩍다.《선생님 칭찬에 열없어 얼
굴이 붉어졌다.》북열적다.

열에너지 '열'을 에너지로서 이르는
말. 북열에네르기.

열연 (熱演) 연극, 영화 들에서 배우
가 힘을 다해 열심히 연기하는 것.《배
우의 열연에 감동했어.》**열연하다**

열외 (列外) 1.늘어선 줄 바깥. 2.어떤
무리에 끼지 못하는 것.《진수는 키가
작아서 농구를 할 때 늘 열외야.》

열의 (熱意) 어떤 일에 정성을 다하는
마음.《수돌이가 요즘 청소에 아주 열
의를 보여요.》

열전 (熱戰) 힘을 다해 세차게 벌이는
싸움. 참냉전.

열전도 (熱傳導) 열이 온도가 높은 데
에서 낮은 데로 옮겨 가는 현상.

열정 (熱情) 어떤 일에 쏟는 힘과 정
성.《선생님은 아이들을 가르치는 일
에 열정을 쏟으셨다.》비정열.

열정적 (熱情的) 열정을 쏟는. 또는
그런 것.

열중 (熱中) 한 가지 일에 온 정신을
쏟는 것. 비몰두. **열중하다**《책 읽기에
열중해서 밥 먹는 것도 잊었다.》

열중쉬어 왼발을 조금 옆으로 벌리고
양손을 등허리에서 맞잡으라는 구령.
또는 그런 동작.

열째 1.아홉째의 다음 차례. 또는 아홉
째의 다음 차례인. 2.앞에서부터 셀 때
열 개째가 되는 것을 이르는 말.

열차 (列車) 차량을 여러 대 이어서 사
람을 태우거나 화물을 싣고 철길 위를
다닐 수 있게 만든 탈것. 기차와 전철
을 모두 이르는 말이다.《열차 시간표》

열창 (熱唱) 노래를 힘을 다해 열심히
부르는 것.《그 가수의 열창을 들으면
가슴이 뭉클해진다.》**열창하다**

열풍 (熱風) 1.몹시 뜨거운 바람.《사
막의 열풍》2.사회를 거세게 휩쓸고
지나가는 일이나 현상을 빗대어 이르
는 말.《축구 열풍／영어 교육 열풍》

열하일기 (熱河日記) 조선 정조 때
(1780년) 박지원이 쓴 책. 청나라에 가
는 사신을 따라 러허 강까지 가면서 보
고 느낀 것을 썼다. 〔허생전〕, 〔호질〕
과 같은 소설도 함께 실려 있다.

열화 (熱火) '뜨거운 불길'이라는 뜻
으로 거세게 일어나는 마음이나 기운
을 이르는 말.《열화와 같은 박수》

열흘 열 날.《나 열흘 후에 이사 가.》

얇다 1.빛깔이 진하지 않다.《언니한
테는 얇은 색 옷이 잘 어울려》비엷다.
2.뚜렷하지 않고 희미하다.《얇은 안
개가 마당에 깔렸다.》비엷다. 3.두께

가 두껍지 않다.《삼촌은 추운 날에도 엷은 옷을 입고 다닌다.》**참얇다**. 4. 지식이나 잠, 느낌 들이 잔잔하고 가볍다.《엷은 한숨/엷은 잠》**비옅다**.

염가 (廉價) 아주 싼 값.《옷가게에서 속옷을 염가로 판다.》**반고가**. **북렴가**.

염기 (鹽基) 쓴맛이 나고 붉은 리트머스 종이를 푸른빛으로 바뀌게 하는 물질. **참산**.

염기성 (鹽基性) 물질이 나타내는 염기의 성질. **같알칼리성**. **참산성**.

염두 (念頭) 머릿속이나 마음속.《갑자기 소나기가 내릴 수도 있다는 점을 염두에 둬라.》**북념두**.

염라대왕 (閻羅大王) 불교에서 저승을 다스리고 지옥에 떨어진 사람이 살아 있을 때 지은 잘잘못을 가린다는 왕.

염려 (念慮) 이리저리 헤아려 보면서 걱정하는 것. **비걱정, 근심**. **북념려**. **염려하다**《할머니, 저 혼자서 갈 수 있으니 염려하지 마세요.》**염려되다**

염려스럽다 몹시 걱정스럽다.《엄마는 내가 혼자 집에 있는 것이 염려스러운지 자꾸 전화를 거셨다.》**바염려스러운, 염려스러워, 염려스럽습니다**.

염료 (染料) 천 같은 것을 물들이는 데 쓰는 물감.《천연 염료/화학 염료》

염병 (染病) 1. '장티푸스'를 낮추어 이르는 말. 2.→ 전염병.

염분 (鹽分) 소금 성분.《붕어는 염분이 있는 물에서 못 살아.》**다소금기**.

염불 (念佛) 불교에서 나무아미타불이나 불경 구절을 외는 것. **북념불**. **염불하다**《스님들이 목탁을 두드리면서 염불하신다.》

염소_동물

염불에는 맘이 없고 잿밥에만 맘이 있다 **속담** 일은 정성껏 하지 않고 잇속만 차리려는 것을 빗대어 이르는 말.

염산 (鹽酸) 염화수소를 물에 녹여서 만든 액체. 빛깔이 없고 투명한데 코를 찌르는 냄새가 난다. 강한 산성이고, 흔히 약품을 만드는 데 쓴다.

염색 (染色) 물감으로 천, 머리카락 들을 물들이는 것. **반탈색**. **염색하다 염색되다**

염색체 (染色體) 유전자를 지니고 있어서 유전이나 성을 결정하는 데 중요한 역할을 하는 물질. **북물들체**.

염소 **동물** 집짐승 가운데 하나. 몸 빛깔은 흰색, 갈색, 검은색이 있다. 뿔은 뒤로 굽었고, 턱 밑에 긴 수염이 있다.

염소 **기체** (鹽素) 누런 녹색에 코를 찌르는 냄새가 나는 기체. 표백제, 소독약, 살균제 들로 쓴다.

염소수염 염소의 수염처럼 숱이 적고 짧은 턱수염.

염원 (念願) 어떤 일이 일어나기를 몹시 바라고 생각하는 것. **북념원**. **염원하다**《통일을 간절히 염원해 본다.》

염장 (鹽藏) 먹을거리를 소금에 절이는 것.《염장 고등어》**염장하다**

염장 식품 (鹽藏食品) 젓갈처럼 오래 두고 먹으려고 소금에 절인 식품.

염전 (鹽田) 소금을 만들려고 밭처럼 만든 곳. 바닷물을 끌어들인 뒤 햇볕에 말려 소금을 만든다.

염주 (念珠) 둥근 나무 구슬을 실에 꿰어 둥글게 만든 기구. 염불할 때 손가락 끝으로 한 알씩 넘기면서 개수를 센다. **북념주**.

염증 증상 (炎症) 몸의 어떤 부분이 붓거나 곪아서 열이 나고 아픈 증세.

염증 싫증 (厭症) → 싫증.《큰아버지는 인정이 메마른 도시 생활에 염증을 느끼고 시골로 이사하셨다.》

염천 (炎天) 아주 더운 날씨를 하늘이 불타는 것에 빗대어 이르는 말.

염치 (廉恥) 부끄럽거나 미안한 것을 아는 마음.《사람이 염치가 없으면 짐승만도 못하지.》북렴치.

염치없다 부끄럽거나 미안한 마음이 전혀 없이 뻔뻔하다.《염치없이 어떻게 또 도와 달라고 해.》

염탐 (廉探) 남의 형편을 몰래 살피는 것. 북렴탐. **염탐하다**

염탐꾼 염탐하는 사람. 북렴탐군.

염통 피를 움직이게 하는 기관. 규칙적으로 오므라졌다 부풀었다 하면서 피를 핏줄로 밀어내고 받아들여 온몸에 돌게 한다. 같심장.

염통성게 바다 밑 모래 진흙 속에 묻혀 사는 성게. 보는 방향에 따라 모양이 달라 보인다.

염통성게

염화나트륨 염소와 나트륨이 합쳐져 만들어진 물질. '소금' 을 이른다.

염화수소 (鹽化水素) 염소와 수소가 합쳐져 만들어진 기체. 빛깔이 없고 코를 찌르는 냄새가 난다. 물에 녹으면 염산이 된다.

염화칼슘 탄산칼슘과 염산이 합쳐져 만들어진 흰 물질. 물기를 잘 빨아들여서, 겨울에 눈이 많이 내리면 눈이 얼지 않게 길에 뿌린다.

염화코발트 코발트와 염소가 합쳐져 만들어진 검붉은 물질. 물기를 잃으면

엽낭게

푸르게 되고 물기를 빨아들이면 다시 붉어진다.

엽낭게 바닷가 모래밭에 구멍을 곧게 파고 사는 게. 몸빛이 모래와 비슷하고 크기가 작아서 눈에 잘 띄지 않는다.

엽록소 (葉綠素) 식물에 있는 녹색 색소. 햇빛에서 광합성에 필요한 에너지를 얻는다.

엽록체 (葉綠體) 식물 잎의 세포 안에 들어 있는 아주 작은 알갱이. 안에 엽록소가 있어 광합성 작용을 한다.

엽상체 (葉狀體) 뿌리, 줄기, 잎으로 구별되지 않고 온몸이 잎과 비슷하게 얇고 넓은 식물의 몸. 김이나 미역 같은 것을 이른다. 북잎모양체.

엽서 (葉書) 봉투 없이 종이 한쪽에 사연을 적어 보내는 편지.

엽전 (葉錢) 옛날에 쓰던 돈. 쇠나 구리로 만들었고, 가운데에 네모난 구멍이 있다.

엽차 1.달이거나 우려서 만든 차. 2.차나무의 어린잎을 따서 말린 것. 또는 그것을 달이거나 우려낸 물.

엽총 (獵銃) 사냥할 때 쓰는 긴 총. 북렵총.

엿 쌀, 옥수수, 고구마 들을 엿기름으로 삭힌 뒤 진득해질 때까지 고아 만든 달고 끈적끈적한 먹을거리.

엿가락 엿을 가늘게 늘인 것. 또는 엿을 정해진 길이로 자른 가락.

엿기름 보리에 물을 부어 싹이 트게 한 다음에 말린 것. 식혜나 엿을 만드는 데 쓴다.

엿듣다 남이 하는 말을 몰래 듣다.《방문에 귀를 대고 언니들 이야기를 엿들

었다.》바엿듣는, 엿들어, 엿듣습니다.

엿보다 1.남의 행동이나 형편을 몰래 살펴보다.《거기에 숨어서 누구를 엿보는 거야?》2.알맞은 기회를 노리거나 기다리다.《도둑은 헛간에 숨어서 달아날 틈을 엿보았다.》3.어떤 것을 바탕으로 미루어 알다.《이 시에서 옛사람의 생각을 엿볼 수 있다.》

엿보이다 낌새, 됨됨이 들이 살짝 나타나다.《수경이는 무슨 말을 하든 늘 진심이 엿보여.》

엿새 여섯 날.《엿새나 기다렸는데 아직도 편지가 안 오네.》

엿장수 엿을 파는 사람.

엿장수 마음대로 ^{관용} 제멋대로 이랬다저랬다 하는 모양.《청소를 하다가 말다가 엿장수 마음대로구나.》

엿치기 엿가락을 부러뜨려서 속에 난 구멍 크기가 크면 이기는 놀이.

엿틀 엿을 만들려고 밥과 엿기름을 섞어 삭힌 것을 자루에 담아 짜내는 틀.

영 수 (零) 값이 없는 수. 아라비아 숫자로는 '0'이다. 같공. 북령.

영 명령 (令) '명령', '지시'를 뜻하는 옛말.《장군, 어서 영을 내려 주십시오》 북령.

영감 사람 (令監) 1.늙은 남자를 높여 이르는 말. 북령감. 2.늙은 부부 사이에서 아내가 남편을 이르는 말.《영감, 집 안으로 들어갑시다.》북령감. 3.옛날에 아주 높은 자리에 오른 벼슬아치를 이르던 말. 북령감.

영감 생각 (靈感) 예술 작품이나 발명품들을 만들 때 머릿속에 불현듯이 떠오르는 좋은 생각.《영감보다는 노력

영고_악기

이 더 중요하지.》북령감.

영감탈 김해 가락 오광대에서 쓰는 탈.

영고 제사 (迎鼓) 부여라는 옛 나라에서 해마다 12월에 지내던 제사.

영고 악기 (靈鼓) 치는 국악기 가운데 하나. 한쪽에만 가죽을 대고 북 여덟 개를 묶어 틀에 매달고 채로 친다.

영공 (領空) 한 나라 테두리 안에 드는 하늘. 참영해. 북령공.

영광 (榮光) 자랑스럽고 빛나는 명예.《상을 받는다면 더없는 영광입니다.》

영광스럽다 아주 자랑스럽다.《네가 학교 대표로 미술 대회에 나가게 되다니 정말 영광스러워.》바영광스러운, 영광스러워, 영광스럽습니다.

영구 (永久) 끝없이 이어지는 것. 또는 오랫동안 변하지 않는 것. **영구하다**

영구히《한글을 만든 세종 대왕의 업적은 영구히 기억될 것이다.》

영구 자석 (永久磁石) 한번 자석이 된 뒤 그 성질을 끝까지 잃지 않는 자석.

영구적 (永久的) 1.끝없이 이어지는. 또는 그런 것. 2.오랫동안 변하지 않는. 또는 그런 것. 비항구적.

영구차 (靈柩車) 사람이 죽어 장사를 지낼 때 시체를 넣은 관을 실어 나르는 차. 북령구차.

영구차

영구치 (永久齒) 한 번 빠지면 다시 나지 않는 이. 간니와 뒤어금니를 함께 이르는 말이다. 참간니, 젖니.

영글다 → 여물다.《벼가 탐스럽게 영글었다.》바영근, 영글어, 영급니다.

영남 (嶺南) '경상도'를 달리 이르는 말.

영노

영노 남사당 꼭두각시놀이에 나오는

괴물 인형.

영노탈 가산 오광대, 김해 가락 오광대에 나오는 괴물이 쓰는 탈.

영농 (營農) 농사를 짓는 일.

영달 (榮達) 높은 자리에 오르거나 몸이 편하고 귀해지는 것.

영도 악기 (靈鼗) 치는 국악기 가운데 하나. 작은 북 네 개를 엇갈리게 포개어 나무 장대에 꿴 모양이다.

영도 이끎 (領導) 앞장서서 여럿을 이끌어 나가는 것. **북**령도. **영도하다**《민족을 영도하는 지도자》**영도되다**

영동 (嶺東) 강원도의 대관령 동쪽 지역을 이르는 말. **참**영서.

영동 고속도로 (嶺東高速道路) 경기도 신갈과 강원도 강릉을 잇는 고속도로. 1975년에 개통하였다.

영동선 (嶺東線) 경상북도 영주와 강원도 강릉을 잇는 철도. 1963년에 놓았다.

영락없다 딱 들어맞다.《네 웃는 얼굴이 영락없는 하회탈이구나.》

영령 (英靈) 죽은 사람의 넋을 높여 이르는 말.《호국 영령》

영롱하다 빛이 아름답다. 또는 소리가 맑고 아름답다.《구슬이 햇빛을 받아 영롱하게 반짝였다.》**북**령롱하다.

영리 (營利) 돈을 벌어 이익을 내는 것.《이 신문은 영리를 목적으로 펴내는 것이 아닙니다.》

영리하다 눈치가 빠르고 아주 똑똑하다.《동생은 영리해서 하나를 가르쳐 주면 열을 안다.》**북**령리하다.

영문 까닭 어떤 일이 일어난 까닭이나 형편.《짝꿍이 왜 화를 내는지 도무지

영노탈_가산 오광대

영도_악기

영문을 모르겠어.》

영문 영어 (英文) 1. 영어로 쓴 글.《영문 편지》 2. 영문자.《영문 타자기》

영문자 (英文字) 영국, 미국 같은 나라에서 쓰는 영어 글자.

영물 (靈物) 신비한 힘을 지닌 짐승이나 나무.《우리 조상은 호랑이를 영물로 여겨 함부로 잡지 않았다.》**북**령물.

영민하다 슬기롭고 재빠르다.《영민한 녀석 같으니!》

영사 (領事) 다른 나라에 살면서 그 나라에 있는 자기 나라 국민을 보호하고 무역 이익을 꾀하는 외교관. **참**공사, 대사. **북**령사.

영사관 (領事館) 다른 나라에 나가 있는 영사와 관리들이 일을 보는 곳. **북**령사관.

영사기 (映寫機) 필름을 큰 막에 비추어 영화를 보여 주는 기계.

영산강 (榮山江) 전라남도 남서쪽을 흐르는 강. 담양에서 시작하여 서해로 흘러 들어간다.

영상 모습 (映像) 1. 빛이 반사하거나 굴절하여 나타나는 사물의 모습.《거울에 비친 영상》 2. 텔레비전, 영화, 모니터 들의 화면에 나타나는 모습.《그 영화는 아름다운 영상이 많이 나오는 것으로 유명해.》 3. 머릿속에 떠오르는 어떤 모습.《눈을 감으면 호수에 쏟아지는 달빛의 영상이 절로 그려진다.》

영상 기온 (零上) 기온이 섭씨 0도보다 높은 것.《내일 최고 기온은 영상 5도에 머물겠습니다.》**반**영하. **북**령상.

영상 벼슬 (領相) → 영의정.

영생 (永生) 죽지 않고 오래오래 사는

것. **영생하다**

영서 (嶺西) 강원도의 대관령 서쪽 지역을 이르는 말. 참영동. **북**령서.

영선사 (領選使) 조선 고종 때 새로운 문화를 받아들이려고 청나라에 보낸 사신.

영세 종교 (領洗) 가톨릭 교인이 되려고 세례를 받는 일.

영세 크기 (零細) 작고 보잘것없는 것. **영세하다**《영세한 구멍가게》

영세민 (零細民) 벌이가 적어서 가난한 사람.

영세 중립국 (永世中立國) 스위스나 오스트리아처럼 다른 나라 전쟁에 끼어들지 않는 대신에 독립을 보장받는 나라.

영속 (永續) 끝없이 이어지는 것. **영속하다**

영수증 (領收證) 돈이나 물건을 받았다는 표시로 주는 문서. **북**령수증.

영아 (嬰兒) → 젖먹이.

영아자 낮은 산골짜기에 자라는 풀. 줄기는 곧게 서고, 7~9월에 보라색 꽃이 핀다. 어린잎을 먹는다. **북**염아자.

영아자

영악하다 얄미울 만큼 꾀가 많고 똑똑하다.《준석이는 나이에 걸맞지 않게 영악해서 가끔 얄미워.》

영양 (營養) 생물이 살아가는 데 필요한 물질. 또는 그런 물질을 몸에 갖추고 있는 것.《밥이야말로 영양이 넘치는 보약이지.》

영양가 (營養價) 먹을 것에 영양이 얼마나 들어 있는지를 나타내는 정도.《우유는 영양가가 높다.》

영양분 (營養分) → 양분.

영양소 (營養素) 생물이 영양을 얻는 물질. 단백질, 탄수화물, 지방, 비타민, 무기질 들이 있다.《튼튼하게 자라려면 영양소를 골고루 섭취해야 합니다.》

영양식 (營養食) 영양가가 높은 먹을거리.

영양실조 (營養失調) 영양소가 모자라서 일어나는 몸의 이상 상태.

영양제 (營養劑) 모자란 영양을 보충해 주는 약.

영어 (英語) 영국, 미국, 캐나다, 오스트레일리아를 비롯한 세계 여러 나라 사람들이 쓰는 말과 글.

영업 (營業) 돈을 벌려고 회사, 가게 들을 꾸려 나가는 것. **영업하다**《이 가게는 밤 9시까지 영업합니다.》

영업용 (營業用) 영업하는 데 쓰는 것.《영업용 트럭을 끌고 나가세요.》

영역 (領域) 힘, 권리 들이 미치는 테두리.《영역 표시》

영영 (永永) 언제까지나.《그 아이 얼굴은 영영 잊을 수 없을 거야.》

영예 (榮譽) 세상에 이름을 날려 빛나고 자랑스러운 일.《형이 웅변 대회에서 대상의 영예를 차지했다.》 **비**명예.

영예롭다 세상에 이름을 날려 빛나고 자랑스럽다.《영예로운 상을 받게 되어 아주 기쁩니다.》 **바**영예로운, 영예로워, 영예롭습니다.

영웅 (英雄) 지혜와 용기가 뛰어나 보통 사람이 하기 어려운 일을 해내는 사람.《혁명의 영웅》

영웅심 (英雄心) 영웅이 되려 하거나 영웅이라도 된 듯이 뽐내고 싶어 하는 마음.《섣부른 영웅심 부리지 마.》

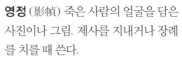

영원 (永遠) 끝없이 이어지고 변하지 않는 것. **영원하다**《영원한 우정을 약속해 줄 수 있니?》

영위하다 어떤 일을 즐겨 해 나가다. 《취미 생활을 영위하다.》

영유권 (領有權) 어떤 것의 임자임을 내세울 권리.《독도 영유권》

영의정 (領議政) 조선 시대 의정부의 으뜸 벼슬. **같**영상. **참**우의정, 좌의정.

영인본 (影印本) 글씨, 그림, 책 들을 사진으로 찍어 펴낸 책.《훈민정음 영인본》

영장 사람 (靈長) 여러 생물 가운데 가장 지혜롭고 뛰어난 우두머리란 뜻으로 사람을 이르는 말.

영장 문서 (令狀) 1.군대를 소집할 때 관청에서 보내는 문서.《삼촌은 영장을 받고 입대했다.》 2.사람을 체포하거나 물건을 조사할 수 있게 법원에서 허락하는 문서.《구속 영장》

영재 (英才) 재주가 뛰어난 사람.

영적 (靈的) 영혼이나 정신과 관계있는. 또는 그런 것.

영전 넋 (靈前) 죽은 사람의 넋을 모신 자리 앞.《나라를 위해 싸우다 돌아가신 분의 영전에 꽃을 바쳤다.》**북**령전.

영전 자리 (榮轉) 일터에서 더 높고 좋은 자리로 옮기는 것. **반**좌천. **영전하다 영전되다**

영점 (零點) 점수가 전혀 없는 것. 또는 하나도 맞지 못한 것.《너 정말 수학 영점 맞았어?》**북**령점.

영접 (迎接) 손님을 맞이하여 대접하는 것. **영접하다**《손님을 영접해야 하니 다들 서두르세요.》

영정 (影幀) 죽은 사람의 얼굴을 담은 사진이나 그림. 제사를 지내거나 장례를 치를 때 쓴다.

영주 삶 (永住) 어떤 곳에 자리 잡고 오래 사는 것. 흔히 다른 나라로 건너가 그 나라 국민이 되어 사는 것을 이른다. **영주하다**《미국에 영주하다.》

영주 사람 (領主) 중세 유럽에서 왕에게 땅을 받아 거기에 사는 사람들을 다스리던 사람.

영지 잎이 넓은 나무의 뿌리나 그루터기에 붙어 자라는 버섯. 온몸이 붉은 갈색을 띠고 단단한데 윤이 난다. 말린 것을 약으로 쓴다.

영지

영창 (營倉) 군대에서 죄지은 군인을 가두는 감옥. 또는 감옥에 가두는 벌.

영치기영차 여럿이 힘을 한데 모으려고 잇따라 내는 소리.《우리 모두 영치기영차 소리를 내면서 줄을 당겼다.》

영토 (領土) 한 나라 주권이 미치는 땅.《이곳은 먼 옛날 고구려의 영토였다.》**북**령토.

영특하다 아주 뛰어나게 똑똑하다. 또는 머리가 좋다.《얼마나 영특하면 구구단을 한 시간 만에 외울까?》

영하 (零下) 기온이 섭씨 0도보다 낮은 것.《내일 기온이 영하 10도까지 내려간대요.》**반**영상. **북**령하.

영합 (迎合) 남의 비위나 뜻에 맞추는 것. **영합하다**《여론에 영합한 정책》

영해 (領海) 한 나라 테두리 안에 드는 바다. **참**영공. **북**령해.

영향 (影響) 어떤 사람이나 사물의 힘이 다른 사람이나 사물에게 미치는 것. 《석유 값이 조금만 올라도 우리나라

경제에 큰 영향이 미친다.》

영향력 (影響力) 영향을 끼치는 힘.

영혼 (靈魂) 죽은 사람의 넋. 또는 몸에 깃들어 사람을 생각하고 움직이게 하는 어떤 것. **같**혼령. **북**령혼.

영화 **볼거리** (映畵) 움직이는 사물 모습을 필름에 담아 영사기로 비추어 나타내는 예술. 또는 그런 예술 작품.

영화 **부귀** (榮華) 마음껏 힘과 호화로움을 누리는 것.

영화감독 (映畵監督) 사람들을 이끌어 영화를 만드는 사람.

영화관 (映畵館) 영화를 보여 주는 곳. **비**극장.

영화배우 (映畵俳優) 영화에서 배역을 맡아 연기하는 사람.

영화사 (映畵社) 영화를 만드는 회사.

영화제 (映畵祭) 여러 영화를 한데 모아서 보여 주는 행사. 좋은 영화나 배우를 뽑아 상을 주기도 한다.

옅다 1.빛깔이나 냄새, 액체가 진하지 않다. 또는 안개나 연기가 짙지 않다. 《어디서 옅은 꽃 냄새가 난다.》**비**엷다. **반**짙다. 2.생각이나 마음이 깊지 못하다. 《그런 옅은 생각으로 큰일을 어떻게 해.》 3.잠이나 숨이 깊지 않다. 《앉은 채 잠이 옅게 들었다.》**비**엷다.

옆 어떤 것의 왼쪽이나 오른쪽. 또는 그 언저리. 《내 옆에 앉아.》**비**곁.

옆구리 가슴과 등이 만나는 양쪽 옆.

옆구리 찔러 절 받기 **속담** 상대방은 마음에 없는데 자기가 스스로 해 달라거나 알려 주어 대접을 받는다는 말.

옆길 1.큰길 옆에 난 작은 길. 2.본디 하려던 일에서 벗어나는 것을 빗대어 이르는 말. 《어느새 이야기가 옆길로 샜구나.》

옆단 옷 옆에 대는 단.

옆면 옆에 난 면. 《책상 옆면에 고리를 달아 책가방을 걸어 두었다.》**같**측면.

옆모습 옆에서 본 모습.

옆방 옆에 있는 방. 《옆방은 장가간 삼촌이 쓰시던 방이야.》

옆얼굴 옆에서 바라본 얼굴.

옆줄 1.옆으로 난 줄. 《옆줄에는 1반 아이들이 섰다.》 2.물고기의 몸 양옆에 길게 나 있는 줄. 물의 흐름, 압력들을 느끼는 기관이다.

옆집 옆에 있는 집.

옆쪽 옆에 있는 자리. 또는 옆 방향.

예 **홀소리** 홀소리 글자 'ㅖ'의 이름.

예 **응답** → 네. 《"두부 한 모만 사오렴." "예, 엄마."/예? 저요?》

예 **옛적** 아주 오래 전. 《이곳은 예나 지금이나 변함이 없구나.》

예 **여기** → 여기. 《예서 기다려라.》

예 **본보기** (例) 보기가 될 만한 것. 《아시아에는 어떤 나라가 있는지 예를 들어 보아라.》

예 **예의** (禮) 남을 대하거나 어떤 일을 할 때 갖추어야 할 바른 태도. 《할아버지께 예를 갖추어 인사드려라.》**북**례.

예각 (銳角) 90도보다 작은 각. **참**둔각. **북**뾰족각.

예각 삼각형 (銳角三角形) 세 내각이 모두 예각인 삼각형.

예감 (豫感) 어떤 일이 일어날 것 같은 느낌. 《우리가 이길 것 같은 좋은 예감이 들었다.》**예감하다**

예견 (豫見) 앞날을 미리 내다보고 알

아채는 것. **예견하다**《앞날을 예견할 수 있으면 얼마나 좋을까?》**예견되다**

예고 (豫告) 어떤 일을 미리 알리는 것. **예고하다**《어제 예고한 대로 오늘 시험을 보겠어요.》**예고되다**

예금 (預金) 은행, 우체국 같은 곳에 돈을 맡기는 것. 또는 맡긴 돈. **예금하다**《나는 세뱃돈을 전부 예금하였다.》

예금액 (預金額) 맡긴 돈의 액수.

예금주 (預金主) 예금을 한 사람.

예금 통장 (預金通帳) 은행, 우체국 들에 예금한 돈이 언제 얼마나 나왔다 들어갔는지 적은 장부. ^같저금통장.

예기 ^{짐작} (豫期) 앞일을 미리 헤아리거나 기다리는 것. **예기하다**《미처 예기하지 못한 일이 생겼다.》**예기되다**

예기 ^책 (禮記) 공자의 가르침 가운데 예에 대한 글을 모아 엮은 책.

예끼 어른이 동무나 아랫사람을 나무라는 소리.《예끼, 이 못된 녀석!》

예년 (例年) 여느 해. 또는 다른 해. 《올여름은 예년보다 더울 거래.》^비평년. ^북례년.

예능 (藝能) 음악, 미술, 연극, 무용 같은 예술 쪽 재주.

예닐곱 1.여섯이나 일곱. 2.세는 말 앞에 써서, 여섯이나 일곱을 나타내는 말.《예닐곱 살쯤 되어 보이는 아이》

예단 (禮緞) 혼인할 사람 집에 선물로 보내는 비단. ^북례단.

예당평야 (禮唐平野) 충청남도 서쪽에 있는 평야. 예산과 당진의 앞 글자를 따서 이름을 붙였는데 벼농사를 많이 짓는다.

예덕나무 남부 지방 산기슭과 산골짜

기에 자라는 잎지는나무. 작고 노란 꽃이 가지 끝에 모여 피고, 열매는 밤색으로 여문다. 나무로 가구를 만든다.

예리하다 1.날이 날카롭다. 또는 끝이 뾰족하다.《칼이 예리하니까 조심해.》2.일을 헤아리거나 따지는 솜씨가 날카롭고 정확하다.《예리한 판단》

예매 ^{사다} (豫買) 물건, 기차표 같은 것을 미리 사 두는 것. **예매하다**《아빠는 부산행 기차표를 3일 전에 예매했다.》

예매 ^{팔다} (豫賣) 물건, 기차표 같은 것을 미리 파는 것. **예매하다**《공연 일주일 전부터 표를 예매한대요.》

예명 (藝名) 가수, 배우 같은 연예인이 멋지고 예쁜 느낌이 나게 따로 지어 쓰는 이름.《그 배우는 본명 대신 '아영'이라는 예명을 쓴다.》

예문 (例文) 풀이를 알기 쉽게 하려고 보기로 드는 글.《선생님은 예문을 들어 속담의 뜻을 알려 주셨다.》^북례문.

예물 (禮物) 혼례식에서 신랑과 신부가 주고받는 물건.《할머니는 아직도 예물 반지를 소중하게 간직하고 계세요.》^북례물.

예민하다 어떤 일을 느끼거나 받아들이는 것이 날카롭고 빠르다.《형은 작은 소리에도 잠을 깰 만큼 예민하다.》

예방 ^{막음} (豫防) 병이나 사고 같은 것이 나지 않게 미리 막는 것.《독감 예방/산불 예방》^북미리막이. **예방하다**

예방 ^{만남} (禮訪) 귀한 손님이 예를 갖추어 방문하는 것. **예방하다**《일본 대사가 우리나라 대통령을 예방했다.》

예방법 (豫防法) 병이나 사고 같은 것을 예방하는 방법.

예덕나무

예방약 (豫防藥) 병을 예방하는 데 쓰는 약.

예방 접종 (豫防接種) 병에 걸리지 않게 미리 주사를 맞거나 약을 먹는 일.

예방 주사 (豫防注射) 병을 예방하려고 미리 맞는 주사.

예배 (禮拜) 신을 높이 받들어 절이나 기도를 드리는 의식. **북**례배. **예배하다**

예배당 (禮拜堂) → 교회.

예법 (禮法) 예의를 갖추는 방법.《예법에 맞춰 제사를 지내다.》**북**례법.

예보 (豫報) 앞일을 미리 헤아려서 알리는 것.《날씨 예보에서 내일 비가 온대요.》**예보하다 예보되다**

예복 (禮服) 예의를 갖추거나 예식을 치를 때 입는 옷.《전통 예복》**북**례복.

예불 (禮佛) 부처한테 절하고 기도하는 의식. **북**례불. **예불하다**

예비 (豫備) 필요할 때 쓰려고 미리 마련해 두는 것.《날씨가 추울지 모르니 담요를 예비로 가저가렴.》**예비하다**

예비군 (豫備軍) 위급할 때를 대비해 군대에서 제대한 사람들로 이룬 군대.

예쁘다 생김새가 귀엽고 보기 좋다.《태희는 손이 참 예뻐.》**반**밉다. **×**이쁘다. **바**예쁜, 예뻐, 예쁩니다.

예쁘장하다 꽤 예쁘다.《아이가 참 예쁘장하게도 생겼네.》

예사 (例事) 흔한 일. 또는 늘 있는 일. **비**다반사, 예삿일. **북**례사.

예사로 아무렇지도 않게. 또는 늘 그래 왔듯.《옆집 사는 동무는 우리 집을 예사로 드나들었다.》

예사롭다 1. 어떤 일이 흔하다.《출근 시간에 차가 밀리는 거야 예사로운 일이지.》**북**례사롭다. 2. 여느 때와 같다.《미선이 표정이 예사롭지 않아.》**북**례사롭다. **바**예사로운, 예사로워, 예사롭습니다.

예사말 1. 별 뜻 없이 예사롭게 하는 말.《이제 보니 철수가 한 말이 예사말이 아니었어.》2. 높임말이나 낮춤말이 아닌 보통 말.《동무끼리는 '저희' 대신 '우리'와 같은 예사말을 쓴다.》

예사소리 된소리나 거센소리와 달리 힘을 주지 않고 내는 소리. ㄱ, ㄷ, ㅂ, ㅈ, ㅅ, ㅈ 들을 이른다. **참**거센소리, 된소리.

예산 (豫算) 돈을 어떤 일에 얼마나 쓸지 미리 헤아려서 짜는 것.《예산을 넘지 않는 선에서 잘 짜 보자.》**반**결산.

예산서 (豫算書) 예산을 적은 문서.

예산안 (豫算案) 예산을 정하려고 미리 세운 계획.

예산액 (豫算額) 어디에 얼마만큼 쓸 것인지 미리 정해 놓은 금액.

예삿일 흔히 있는 일.《원숭이가 동물원 밖으로 나오는 건 예삿일이 아니다.》**비**다반사, 예사.

예상 (豫想) 어떤 일이 일어날 것이라고 짐작하는 것. 또는 그런 짐작.《내 예상대로 비가 내리기 시작했다.》**예상하다 예상되다**

예서 '여기에서'가 줄어든 말.《예서 잠시만 기다려라.》**참**게서, 제서.

예선 (豫選) 본선에 나갈 사람, 작품, 단체 들을 뽑는 일.《전국 초등학교 축구 대회 서울시 예선》**참**결선.

예성강 (禮成江) 황해도 남동쪽을 흐르는 강. 황해도 언진산에서 시작하여

서해로 흘러 들어간다.

예속 (隸屬) 남의 지배 아래 놓이는 것. 또는 남에게 얽매이는 것. 《예속에서 벗어나 자유롭게 되다.》**예속하다 예속되다**

예수 (Jesus) 기독교를 만든 사람. 제자 열두 명과 함께 다니면서 가르침을 전하다가 십자가에 못 박혀서 죽었다.

예순 1. 열의 여섯 배가 되는 수. **북**륙십. 2. 세는 말 앞에 써서, 열의 여섯 배가 되는 수를 나타내는 말. **북**륙십.

예술 (藝術) 생각하고 느낀 것을 글, 그림, 소리, 몸짓 들로 아름답게 나타내는 일. 문학, 미술, 음악, 춤, 연극, 영화 같은 것이 있다.

예술가 (藝術家) 예술 작품을 만드는 일이 직업인 사람.

예술단 (藝術團) 음악, 연극, 춤 같은 것을 공연하는 단체.

예술성 (藝術性) 예술로 여길 만한 가치. 《예술성이 뛰어난 작품》

예술적 (藝術的) 예술성이 있는. 또는 그런 것

예술제 (藝術祭) 예술 작품을 공연하고 즐기는 행사.

예술품 (藝術品) 예술로서 가치가 있는 물건.

예습 (豫習) 앞으로 배울 것을 미리 공부하는 것. **참**복습. **예습하다** 《오늘 배울 것 예습해 왔니?》

예시 (例示) 예를 들어 보이는 것. **예시하다** 《그 낱말이 어떻게 쓰이는지 예시해 주세요.》**예시되다**

예식 (禮式) 예를 갖추어 치르는 의식. 흔히 혼인 의식을 이른다. **북**례식.

예식장 (禮式場) 예식을 치르는 곳. **비**결혼식장.

예약 (豫約) 어떤 일을 미리 약속해 두는 것. 또는 미리 한 약속. **예약하다** 《저녁은 아빠가 예약한 식당에서 먹기로 했어요.》**예약되다**

예언 (豫言) 앞으로 일어날 일을 미리 짐작해서 말하는 것. 《1999년에 지구가 망할 것이라는 예언은 빗나갔다.》**예언하다 예언되다**

예언자 (預言者) 앞일을 미리 내다보고 말하는 사람.

예열 (豫熱) 열기구, 자동차 같은 기계를 쓰기 전에 미리 덥히는 것. 《자동차 예열》**예열하다 예열되다**

예외 (例外) 늘 따르거나 지키던 것에서 벗어나는 일. 《형은 방학인데도 예외 없이 아침 운동을 다닌다.》**북**례외.

예우 (禮遇) 예의를 갖추어 깍듯이 대하는 것. **북**례우. **예우하다** 《할머니는 낯선 손님을 극진히 예우하셨다.》

예의 (禮儀) 마땅히 지켜야 할 바른 마음가짐과 몸가짐. 《친한 동무들끼리도 예의를 지켜야 해.》**북**례의.

예의범절 (禮儀凡節) → 예절.

예전 오래 전. 또는 꽤 지나간 옛날. 《예전에 이곳에 온 적이 있어.》**비**옛적.

예절 (禮節) 남을 대하거나 어떤 일을 할 때 갖추어야 할 바른 태도와 절차. 《민희는 참 예절 바른 아이야.》**같**에티켓, 예의범절. **북**례절.

예정 (豫定) 앞으로 할 일을 미리 정하는 것. 《내일 아침 일찍 출발할 예정이니 얼른 자렴.》**예정하다 예정되다**

예정일 (豫定日) 어떤 일을 하기로 미

리 정한 날짜.《출산 예정일》

예조 (禮曹) 고려 시대와 조선 시대에 의례, 제사, 과거 들에 얽힌 일을 맡아 보던 관청.

예찬 (禮讚) 아주 아름답거나 훌륭하거나 좋다고 칭찬하는 것.《청춘 예찬》**북**례찬. **예찬하다**《자연을 예찬한 시》

예측 (豫測) 어떤 일이 일어날지 미리 짐작하는 것. **예측하다**《날씨를 더 정확하게 예측할 수 없을까?》**예측되다**

예치 (預置) 흔히 은행 같은 곳에 돈이나 물건을 맡겨 두는 것. **예치하다**

예컨대 예를 들자면.《예컨대 개, 돼지, 고래 같은 젖먹이 짐승은 알을 낳지 않는다.》**북**례컨대.

예포 (禮砲) 예의를 갖추는 뜻으로 소리만 나게 쏘는 대포. 나라에서 큰 의식을 치르거나 중요한 손님을 맞을 때 쏜다. **북**례포.

예행 (豫行) 어떤 일을 미리 해 보는 것.《학예회 예행연습》**예행하다**

옌볜 (Yanbian) 중국 지린 성에 있는 조선족 자치 지역. **같**연변.

옌지 (Yanji) 중국 지린 성에 있는 도시. 옌볜의 중심 도시로 조선족이 많이 산다.

옛 옛날의. 또는 예전의.《할머니는 지금도 옛 시절을 그리워하신다.》

옛날 아주 오래 전. 또는 지나간 어떤 날.《옛날 사람들/옛날 물건》

옛날 옛적에 **관용** 아주 옛날에.《옛날 옛적에 놀부와 흥부가 살았더래요》

옛날이야기 옛날부터 전해 내려오는 이야기. 또는 옛날에 일어난 일처럼 재미있게 꾸민 이야기. **같**옛이야기.

옛말 1. 요즘에는 쓰지 않는 옛날 말.《'불휘'는 '뿌리'의 옛말이다.》**같**고어. 2. 옛날부터 전해지거나 옛날 사람이 남긴 말.《'백지장도 맞들면 낫다'는 옛말이 있다.》 3. 지난 일을 두고 하는 말. 4. 어떤 일이나 사실을 지금은 전혀 찾아볼 수 없다는 뜻으로 하는 말.《보릿고개라는 말은 옛말이 된 지 오래다.》**옛말하다**《지금은 힘들어도 나중에 옛말하면서 웃을 수 있을 거야.》

옛말 그른 데 없다 **속담** 옛날부터 전해 내려오는 말은 다 뜻이 있으니 새겨들어야 한다는 말.

옛사람 옛날에 살았던 사람.《이 책에서 옛사람의 지혜를 엿볼 수 있다.》

옛이야기 → 옛날이야기.

옛일 옛날에 생긴 일.《사진첩을 보니 옛일이 새록새록 떠오른다.》

옛적 아주 오래 전. **비**예전.

옛다 동무나 아랫사람한테 어떤 것을 주면서 하는 말.《옛다, 떡 먹어라.》

오 홀소리 홀소리 글자 'ㅗ'의 이름.

오 **느낌말** 아주 기쁘거나 반가울 때 내는 소리.《오, 이렇게 기쁠 수가!》

오 **숫자** (五) 1. 사에 일을 더한 수. 아라비아 숫자로는 '5'이다. **참**다섯. 2. 세는 말 앞에 써서, 다섯을 나타내는 말.

오 **띠** (午) 띠를 나타내는 열두 동물 가운데 일곱째인 말을 이르는 말.

오가다 오거니 가거니 하다. 또는 주거니 받거니 하다.《길을 오가는 사람들/연말에 선물이 오가는 일이 많다.》

오각기둥 밑면이 오각형인 각기둥.

오각뿔 밑면이 오각형인 각뿔.

오각형 (五角形) 직선 다섯 개로 둘러

오각기둥

오각뿔

오각형

싸인 도형.

오갈피나무 산골짜기나 산기슭에 자라는 잎지는나무. 잎이 석 장이나 다섯 장씩 모여난다. 나무껍질을 '오가피'라고 하여 말려서 약으로 쓴다.

오갈피나무

오감 (五感) 보고, 듣고, 냄새 맡고, 맛보고, 만져 보는 다섯 가지 감각.

오경 (五更) 옛날에 하룻밤을 다섯으로 나눈 시각을 이르던 말.

오곡 (五穀) 쌀, 보리, 조, 콩, 기장을 이르는 다섯 곡식. 또는 온갖 곡식을 통틀어 이르는 말.

오곡밥 찹쌀, 조, 수수, 콩, 팥을 섞어 지은 밥. 흔히 대보름날에 먹는다.

오곡백과 (五穀百果) 온갖 곡식과 과일.《오곡백과가 무르익는 가을》

오골계 살, 가죽, 뼈가 모두 어두운 자줏빛인 닭. 깃털은 검은색이나 흰색이다. 천연기념물 제265호.

오광대놀이 대보름날에 경상남도 고성, 통영, 가산, 진주 지역에서 벌이는 탈놀이. 고성과 가산 오광대놀이는 무형 문화재로 지정되었다.

오그라들다 안쪽으로 오그라져 들어가다.《오징어를 불에 대자 심하게 오그라들었다.》^바오그라드는, 오그라들어, 오그라듭니다.

오그라지다 안쪽으로 말려들어 줄어들거나 접히다.《입술이 바짝 말라 오그라졌다.》^참우그러지다.

오그랑수 ^{|북} 겉과 속이 다른 말이나 행동으로 나쁜 일을 꾸미거나 남을 속이려는 수법.《오그랑수를 써서 이기는 것은 정정당당하지 못해.》

오그리다 안쪽으로 말아 구부리거나

접다.《추워서 몸을 잔뜩 오그렸다.》

오글– 안쪽으로 오목하게 들어가 주름이 많이 잡힌 모양. **오글거리다 오글대다 오글오글**《할머니는 목에도 이마에도 주름이 오글오글 잡혀 있다.》

오금 무릎 뒤쪽 오목한 곳.

오금아 날 살려라 ^{관용} 온 힘을 다해 도망치는 것을 이르는 말.《큰 개가 쫓아와 오금아 날 살려라 도망쳤다.》

오금을 박다 ^{관용} 어떤 일을 하지 못하게 단단히 이르다.《동생한테 내 떡 넘보지 말라고 오금을 박았다.》

오금이 쑤시다 ^{관용} 어떤 일을 하고 싶어 안달이 나다.《한동안 축구를 못 했더니 오금이 쑤셔 못 견디겠다.》

오금이 저리다 ^{관용} 잘못이 드러나거나 나쁜 일이 생길까 봐 조마조마하다.《유리창 깬 일이 들통 날까 봐 하루 내내 오금이 저렸다.》

오금걸이 씨름에서 오른발로 상대의 오른쪽 오금을 걸어 당겨서 왼쪽으로 넘어뜨리는 기술.

오기 ^{마음} (傲氣) 힘이 모자라면서도 지기 싫어 더욱 고집을 부리는 마음.《동생은 무거운 가방을 혼자 들 수 있다고 계속 오기를 부렸다.》

오기 ^{잘못} (誤記) 글자를 잘못 쓰는 것. 또는 잘못 쓴 글자.《어제 기사의 오기를 바로잡습니다.》**오기하다**

오나라 222년부터 280년까지 중국에 있던 나라.

오냐 1. 아랫사람이 부르거나 물을 때 어른이 대답하는 말.《오냐, 곧 가마.》 2. 어떤 것을 혼자 말하거나 다짐할 때 하는 말.《오냐, 두고 보자.》

오냐오냐 어른이 어린아이의 투정이나 어리광을 받아 줄 때 하는 말.《오냐오냐, 할미가 사과 깎아 주마.》

오냐오냐하다 어린아이 투정이나 어리광을 그냥 다 받아 주다.《할머니께서 너무 오냐오냐하셔서 동생 버릇이 나빠졌잖아요.》

오누이 오빠와 누이동생. **비**남매.

오뉴월 (五六月) 오월과 유월.

오뉴월 감기는 개도 안 걸린다 **속담** 한여름에 감기 걸린 사람을 놀리는 말.

오뉴월 병아리 하룻볕이 새롭다 **속담** 짧은 동안에 아주 빠르게 자란다는 말.

오뉴월 하루 놀면 동지섣달 열흘을 굶는다 **속담** 나중에 탈이 나지 않게 늘 부지런히 일하라는 말.

오늘 1. 지금 지나가고 있는 이 날. **같**금일.《오늘부터 방학이다!》**참**내일, 어제. 2. 지금 지나가고 있는 이 날에.《오늘 우리 집에 올래?》**참**내일, 어제.

오늘날 지금 이 시대.《오늘날 남북의 현실을 짚어 보자.》

오다 1. 저쪽에서 이쪽으로 가까이 옮겨 움직이다.《이리 와 봐. 새싹이 돋았어.》**반**가다. 2. 어떤 일을 하려고 일자리나 머무는 곳을 옮기다.《우리나라로 유학 온 외국인》**반**가다. 3. 비, 눈, 우박 들이 내리다.《오늘은 비가 올 것으로 보입니다.》4. 소식이나 연락이 전해지다.《형한테서 전화 안 왔니?》**반**가다. 5. 졸음, 잠, 병 들이 생기거나 들다.《책만 펴면 졸음이 온다니까.》6. 어떤 때, 차례, 기회 들이 되다.《겨울 가면 봄이 오겠지.》**반**가다. 7. 행동이나 상태가 죽 이어지는 것을 나타내는 말.《지금까지 잘 참아 왔잖아.》**바**오는, 와, 옵니다, 오너라.

온다 간다 말없이 **관용** 아무도 모르게 슬그머니.《소희는 걸핏하면 온다 간다 말없이 사라진다.》

오는 말이 고와야 가는 말이 곱다 **속담** 상대방의 말이 점잖고 고와야 자기가 하는 말도 점잖고 곱다는 말.

오는 정이 있어야 가는 정이 있다 **속담** 정이란 주고받는 것이므로, 남이 잘하면 자기도 잘하게 마련이라는 말.

오다가다 오고 가는 길에.《그 서점에는 오다가다 가끔 들러요.》

오답 (誤答) 틀린 답. **반**정답.

오대산 (五臺山) 강원도 평창, 홍천, 강릉에 걸쳐 있는 산. 경치가 좋기로 널리 알려진 국립공원이다.

오대양 (五大洋) 지구에 있는 큰 바다 다섯. 태평양, 대서양, 인도양, 남극해, 북극해이다.

오대호 (五大湖) 미국과 캐나다에 걸쳐 있는 큰 호수 다섯. 슈피리어 호, 미시간 호, 휴런 호, 이리 호, 온타리오 호이다.

오도독 작고 단단한 물건을 깨무는 소리. 또는 그 모양. **준**오독. **오도독거리다 오도독대다 오도독오도독**《날밤을 오도독거리면서 깨물어 먹었다.》

오독 → 오도독. **오독거리다 오독대다 오독오독**

오돌오돌 작고 가느다란 뼈나 날밤 같은 것이 깨물기에 단단한 모양.《콩이 오돌오돌 씹힌다.》**오돌오돌하다**

오돌차다 **|북** 아주 단단하고 야무지다.《형은 키는 작아도 몸이 오돌차다.》

오돌토돌 거죽이나 바닥이 고르지 않고 군데군데 잘게 도드라져 있는 모양. **오돌토돌하다**《살갗에 오돌토돌하게 소름이 돋았다.》

오동나무 마을 가까이나 마당에 심어 가꾸는 잎지는나무. 봄에 큼직한 보랏빛 꽃이 핀다. 우리나라에서만 자라고 나무는 가구나 악기를 만드는 데 쓴다.

오동나무

오동통하다 몸집이 작고 통통하다. 《수민이는 오동통해서 참 귀여워.》

오동포동 귀엽게 살이 찐 모양. 《오동포동 살찐 아기 돼지》 **오동포동하다**

오두막 작고 초라한 집. 북오돌막.

오두방정 몹시 방정을 떠는 짓. 《어른 앞에서 오두방정을 떨면 못써.》 북오도방정.

오들오들 춥거나 무서워서 몸을 작게 떠는 모양. 《비를 맞으니 한여름인데도 몸이 오들오들 떨린다.》

오디 뽕나무 열매. 여름에 까맣게 익고 맛이 달다.

오디

오디오 (audio) 소리를 듣는 데 쓰는 기계.

오똘- ¹북 1.몹시 까불거나 몸을 뒤흔드는 모양. 2.갑자기 발끈 성을 내거나 화풀이하는 모양. **오똘거리다 오똘대다 오똘오똘**《동생이 몸을 오똘거리면서 춤을 춘다./동무가 오똘대면서 성을 내더니 집으로 가 버렸다.》

오뚝 1.작은 것이 도드라지게 솟은 모양. 《오뚝 솟은 사슴 뿔》 2.갑자기 딱 멈추거나 갑자기 발딱 일어서는 모양. 《자고 있던 동생이 발소리에 오뚝 일어섰다.》 **오뚝하다**

오뚝이 밑이 무거워서 넘어뜨려도 바로 오뚝 일어나는 장난감.

오라 옛날에 죄지은 사람을 묶는 데 쓰던 굵고 붉은 줄. **참**포승.

오라기 실, 헝겊, 머리카락 같은 것의 가늘고 긴 조각.《실오라기 하나 걸치지 않은 몸》북오래기.

오라버니 '오빠'를 달리 이르는 말.

오라비 '오라버니'를 낮추어 이르는 말.《네 오라비 어디 있니?》

오락 (娛樂) 1.놀이, 노래 같은 것을 하면서 즐겁게 노는 것.《오락 시간》 2.컴퓨터 게임. **오락하다**

오락가락 1.자꾸 왔다 갔다 하거나 이랬다저랬다 하는 모양. 2.정신이 들었다 나갔다 하는 모양. 3.비나 눈이 내렸다 그쳤다 하는 모양. **오락가락하다**《네 말은 오락가락해서 종잡을 수가 없어./정신이 오락가락하다./비구름이 하루에도 서너 번씩 오락가락한다.》

오락물 (娛樂物) 노래, 춤, 우스갯소리 같은 것으로 사람을 즐겁게 해 주는 방송 프로그램.

오락비 (娛樂費) 오락하는 데 드는 돈.

오락성 (娛樂性) 오락으로 즐길 수 있는 성질.

오락실 (娛樂室) 놀 수 있게 오락기를 갖추어 놓은 곳.《경민이는 몰래 오락실에 갔다가 크게 혼쭐이 났다.》

오랑우탄 보르네오 섬, 수마트라 섬의 밀림에 사는 짐승. 몸이 땅딸막하고 팔이 긴데 다리는 짧다. **같**성성이.

오랑캐 옛날에 남의 나라에 함부로 쳐들어가는 종족을 얕잡아 이르던 말.

오랑캐꽃 → 제비꽃.

오래 긴 시간 동안에.《버스를 오래 기

다렸다.》

오래간만 시간이 오래 지난 뒤.《오래
간만에 공원에 놀러갔다.》 준오랜만.

오래다 지나간 시간이 길다.《고향에
가 본 지도 오래다.》

오래달리기 먼 거리를 달리는 경기.

오래도록 시간이 오래 지나도록.

오래오래 아주 오래.《할머니, 오래오
래 사세요.》

오랜 오래된.《오랜 세월이 흘러도 잊
을 수 없는 것들이 너무나 많아.》

오랜만 → 오래간만.

오랫동안 긴 시간이 흐르는 동안.《수
미는 오랫동안 말없이 앉아 있었다.》

오렌지 귤과 비슷하지만 더 크고 둥글
면서 껍질이 두꺼운 과일.

오렌지색 오렌지나 귤껍질처럼 붉은
빛이 도는 누런색.

오례송편 제철보다 일찍 여무는 벼의
쌀로 만든 송편.

오로라 (aurora) 극지방 하늘에 빨강,
파랑, 초록 같은 여러 빛이 휘장을 펼
쳐 놓은 것처럼 나타나는 일. 같극광.

오로지 다른 것 없이 오직 하나뿐인.
《내가 믿을 사람은 오로지 너뿐이야.》

오류 (誤謬) 잘못이나 실수. 또는 그
릇된 생각이나 지식.《이 글에는 큰 오
류가 다섯 개나 있어.》 북오유.

오륜 도덕 (五倫) 유교에서 사람이 지
켜야 한다고 이르는 다섯 가지 도리.

오륜 올림픽 (五輪) 올림픽을 나타내는
다섯 고리. 다섯 대륙을 뜻하는 파랑,
노랑, 검정, 초록, 빨강 고리가 서로 이
어져 있다.

오륜기 (五輪旗) 흰 천에 오륜을 그린

깃발.

오르간 (organ) → 풍금.

오르내리다 1. 어떤 곳을 올라갔다가
내려갔다가 하다.《동네 꼬마들이 미
끄럼틀을 오르내리면서 즐겁게 논다.》
2. '입'과 함께 써서, 남들 사이에서 이
야깃거리가 되다.《사람들 입에 오르
내리지 않게 몸가짐을 조심해라.》 3.
어떤 기준보다 조금 넘쳤다가 모자랐
다가 하다.《35도를 오르내리는 지독
한 더위가 일주일째 이어졌다.》

오르다 1. 낮은 쪽에서 높은 쪽으로 옮
기거나 움직이다.《세 시간 만에 산꼭
대기에 올랐다.》 2. 차, 비행기, 배 같은
탈것에 몸을 싣다.《집으로 가는 버스
에 올랐다.》 반내리다. 3. 수치, 등급,
가치 들이 높아지다.《용돈이 많이 올
랐다.》 반내리다. 4. 높은 단계나 지위
에 이르다.《그분은 말단 공무원으로
시작해서 장관 자리에 올랐다.》 5. 어
떤 것이 관심거리나 이야깃거리가 되
다. 또는 책, 문서, 게시판 들에 실리다.
《새로 나온 동화책이 화제에 올랐다.》
바오르는, 올라, 오릅니다.

오르지 못할 나무는 쳐다보지도 마라 속담
할 수 없는 일은 처음부터 욕심을 내지
말라는 말.

오르락내리락하다 자꾸 올라갔다 내
려갔다 하다.《잣나무 가지에서 다람
쥐가 오르락내리락한다.》

오르막 높은 데로 올라가는 비탈.《가
파른 오르막을 오르느라 힘이 다 빠졌
다.》 반내리막. 북올리막.

오르막길 높은 데로 올라가는 비탈길.
반내리막길.

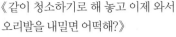

오른발 오른쪽에 달린 발. ^반왼발.

오른손 오른쪽에 달린 손. ^같바른손. ^반왼손.

오른손잡이 일할 때 주로 오른손을 쓰는 사람. ^반왼손잡이.

오른씨름 샅바를 왼쪽 다리에 걸고 고개를 오른쪽으로 돌려 서로 왼쪽 어깨를 맞대고 하는 씨름. ^같바른씨름. ^참왼씨름.

오른쪽 북쪽을 보고 섰을 때 동쪽과 같은 쪽.《영수는 내 오른쪽 자리에 앉았다.》^같바른쪽, 오른편, 우측. ^반왼쪽.

오른팔 오른쪽에 달린 팔. ^반왼팔.

오른편 → 오른쪽.

오리 바다, 강, 호수, 연못에 사는 새. 부리가 길고 넓적한데 발가락 사이에 물갈퀴가 있어 헤엄을 잘 친다.

오리걸음 쪼그려 앉아서 뒷짐을 쥐고 오리처럼 뒤뚱뒤뚱 걷는 걸음.

오리나무 산기슭, 개울가, 골짜기 눅눅한 곳에 자라는 잎지는나무. 이른 봄에 잎보다 먼저 꽃이 피고, 10월에 열매가 여문다. 나무로는 농기구, 악기, 그릇 같은 것을 만들고, 나무 열매와 껍질은 옷감에 물을 들이는 데 쓴다.

오리다 종이, 천 같은 것을 칼이나 가위로 자르다.《색종이를 별 모양으로 오렸다.》

오리무중 (五里霧中) 어떻게 된 일인지 전혀 알 수 없는 것.《지우개가 어디로 사라졌는지 오리무중이다.》

오리발 사람이 물속에서 헤엄칠 때 신는 물갈퀴처럼 생긴 신발. ^북아족.

오리발을 내밀다 **관용** 어떤 일을 모르는 척하거나 하지 않았다고 발뺌하다.

오리온자리

오리

오리나무

《같이 청소하기로 해 놓고 이제 와서 오리발을 내밀면 어떡해?》

오리엔테이션 (orientation) 어떤 단체에 새로 들어간 사람에게 단체 생활을 잘 할 수 있게 안내하는 교육.

오리엔트 (Orient) '아시아'를 달리 이르는 말.

오리온 (Orion) 그리스 신화에 나오는 거인 사냥꾼. 죽은 뒤에 별자리가 되었다.

오리온자리 겨울철에 보이는 별자리.

오막살이 작고 초라한 집. 또는 그런 집에서 살림하면서 사는 것.

오만 ^{여러 가지} (五萬) 가짓수가 아주 많은. 또는 여러 가지인.《다락에는 오만 잡동사니가 다 쌓여 있다.》

오만 ^{태도} (傲慢) 스스로 잘났다고 여겨 뽐내는 것. **오만하다**

오만불손 (傲慢不遜) 몹시 건방지고 버릇없는 것. **오만불손하다**《오만불손한 태도/오만불손한 말투》

오만상 얼굴을 몹시 찌푸린 모습.《무슨 일이 있었기에 오만상을 찌푸리고 다니니?》

오매불망 (寤寐不忘) 자나 깨나 잊지 못하는 것.《할아버지는 평생 고향 땅을 오매불망 그리워하셨다.》

오명 (汚名) 창피하거나 억울한 일을 당해서 더러워진 이름이나 명예.《오명을 쓰다./오명을 벗다.》

오목 ^{모양} 조금 파이거나 들어가 있는 모양. ^반볼록. **오목하다**《할머니가 과자를 오목한 그릇에 담아 주셨다.》

오목 ^{놀이} 바둑알을 가지고 노는 놀이. 두 사람이 바둑판에 흰 돌과 검은 돌을 한 개씩 번갈아 놓다가 먼저 5개를 잇따라 나란히 놓는 사람이 이긴다.

오목 거울 비치는 면이 오목한 거울. ^참볼록 거울. ^북오면경.

오목눈이 낮은 산이나 숲, 공원, 과수원에 사는 텃새. 머리, 가슴, 배는 희고, 등 가운데와 날개, 꼬리는 검다.

오목 렌즈 가운데가 오목한 렌즈. 빛을 넓게 퍼뜨려 먼 데를 뚜렷이 볼 수 있게 도와준다. ^참볼록 렌즈.

오목판 인쇄할 글자나 그림을 오목하게 새겨 만든 판. ^참볼록판.

오묘하다 아주 놀랍고 신비하다. 《도자기에서 오묘한 빛이 나네?》

오물 쓰레기 (汚物) 쓰레기, 똥오줌 같은 더러운 것.

오물– 모양 1.음식을 입 안에 넣고 조금씩 씹는 모양. 2.작은 벌레나 물고기가 한군데에 모여 꼼지락거리는 모양. 3.입술을 오므리는 모양. **오물거리다 오물대다 오물오물** 《진희가 고기를 오물대면서 먹는다./아기가 하고 싶은 말이 있는지 입을 오물오물거린다.》

오므라들다 벌어진 것이 안으로 모이거나 말리다. 《저녁이 되자 나팔꽃 꽃잎이 오므라들었다.》 ^바오므라드는, 오므라들어, 오므라듭니다.

오므라이스 밥, 고기, 채소 들을 같이 볶고 그 위에 달걀을 얇게 부쳐서 씌운 먹을거리.

오므리다 벌어진 것을 안으로 모으거나 말다. 《다리를 오므리고 앉았다.》

오믈렛 (omelet) 고기, 채소 들을 잘게 썰어 볶은 것을 지진 달걀로 싼 먹을거리.

오미자

오목눈이

오미자 낮은 산기슭에 자라는 잎 지는 덩굴나무. 잎은 달걀꼴이고, 여름에 누르스름한 흰색 꽃이 핀다. 8~9월에 포도송이 같은 열매가 붉게 익는데, 약으로 쓴다.

오밀조밀 (奧密稠密) 여러 가지가 아기자기하게 모여 있는 모양. 《화분이 오밀조밀 놓여 있다.》 **오밀조밀하다**

오발 (誤發) 총, 대포 같은 것을 잘못 쏘는 것.

오밤중→ 한밤중.

오보 (誤報) 사실과 다르게 잘못 전한 소식. 《동해에 상어가 나타났다는 기사는 결국 오보로 밝혀졌다.》

오보에 (oboe이) 부는 악기 가운데 하나. 나무로 만들어 세로로 잡고 분다.

오복 (五福) 다섯 가지 복. 오래 사는 것, 재산이 많은 것, 건강한 것, 덕이 많은 것, 편안히 죽는 것을 이른다.

오붓하다 사람 수가 적어 홀가분하고 정답다. 《오래간만에 세 식구가 오붓하게 둘러앉아 저녁을 먹었다.》

오븐 (oven) 먹을거리를 넣어서 찌거나 굽는 기구.

오빠 1.여자가 자기보다 나이 많은 남자 형제를 이르는 말. 《방학에 오빠랑 외가댁에 간다.》 2.여자가 자기보다 나이 많은 남자를 친하게 이르는 말.

오사카 (Oosaka) 일본 남쪽에 있는 항구 도시. 상업과 공업이 발달하였고 무역이 활발하다.

오산 (誤算) 1.셈을 잘못하는 것. 또는 잘못한 셈. 《혹시 오산이 없었는지 다시 살펴봐라.》 2.앞일을 잘못 헤아리는 것. 《이번에도 네가 이길 거라고 생

각한다면 큰 오산이야.》 **오산하다**

오산 학교 (五山學校) 1907년에 이승훈이 민족정신을 높이고 인재를 기르려고 평안북도 정주에 세운 학교.

오색 (五色) 1.다섯 가지 빛깔. 빨강, 파랑, 하양, 검정, 노랑을 이른다. 2.여러 가지 빛깔.《가을이 되자 산은 오색 단풍으로 물들었다.》

오색딱따구리 산속 나무에 구멍을 파고 사는 텃새. 검고 흰 깃털이 얼룩얼룩 섞여 있고, 뒷머리와 꽁지 아래는 빨간 무늬가 있다. **북알락딱따구리.**

오색딱따구리

오색실 여러 가지 빛깔이 나는 실.

오색찬란하다 여러 빛깔이 한데 어울려 눈부시게 아름답다.《어젯밤에 있었던 불꽃놀이는 정말 오색찬란했다.》

오선지 (五線紙) 악보를 적을 수 있게 가로줄을 다섯 개 나란히 그은 종이.

오세아니아 (Oceania) 육대주 가운데 하나. 오스트레일리아, 뉴질랜드와 수많은 섬들로 이루어져 있다.

오소리 산속에서 땅굴을 파고 사는 짐승. 앞발이 길고 날카로운 발톱이 있어서 땅을 잘 판다.

오솔길 숲에 난 좁고 조용한 길.《아침에 호젓한 오솔길을 산책했다.》

오순도순 서로 사이좋게 지내거나 이야기하는 모양.《명절에 가족들이 모두 모여 오순도순 이야기를 나누었다.》 **오순도순하다**

오슬오슬 소름이 끼치거나 몸이 떨릴 만큼 차갑거나 추운 모양. **오슬오슬하다**《감기가 오려는지 오슬오슬하네.》

오십보백보 (五十步百步) 별다른 차이 없이 비슷한 것. 오십 걸음을 도망

가나 백 걸음을 도망가나 도망간 것은 마찬가지니 그게 그거라는 뜻이다.

오싹 몸이 움츠러질 만큼 갑자기 추워지거나 무서운 느낌이 드는 모양. **오싹거리다 오싹대다 오싹하다 오싹오싹**《갑자기 오싹 소름이 돋았다.》

오아시스 (oasis) 사막 가운데에 샘이 솟아 풀과 나무가 자라는 곳.

오역 (誤譯) 다른 나라 말을 본디 뜻과 다르게 잘못 옮기는 것. **오역하다**

오열 (嗚咽) 슬픔이 북받쳐 목메어 울거나 흐느끼는 것. **오열하다**《슬픔이 북받친 두 사람은 함께 오열했다.》

오염 (汚染) 공기, 물 들이 더러워지는 것.《지하수 오염》 **오염되다**

오용 (誤用) 어떤 것을 잘못 쓰는 것.《약물 오용》 **오용하다**

오이 밭에 심어 가꾸는 열매채소. 덩굴손이 버팀대를 감으면서 자란다. 여름에 노란 꽃이 피고 길쭉하면서 푸른 열매를 맺는다. **준외.**

오이

오이소박이 오이 허리를 서너 갈래로 갈라 속에 파, 마늘, 생강, 고춧가루를 섞은 소를 넣고 담근 김치.

오이씨 오이 씨앗.

오이지 오이를 독이나 항아리에 담고, 끓여서 식힌 소금물을 부어 익힌 반찬.

오소리

오이풀 산기슭이나 풀숲에 자라는 풀. 줄기는 곧게 자라고 잎 가장자리가 톱니처럼 생겼다. 7~9월에 검붉은 꽃이 피고 10월에 열매가 익는다.

오이풀

오인 (誤認) 잘못 보거나 잘못 생각하는 것. **오인하다**《사람들이 나를 언니로 오인할 때가 많다.》 **오인되다**

오일장 (五日場) 닷새에 한 번씩 서는

장.《제천 오일장》

오일펜스 (oil fence) 바다로 흘러나온 기름이 퍼져 나가지 못하게 기름 둘레에 둘러치는 것.

오자 (誤字) 틀린 글자.

오작교 (烏鵲橋) 칠월 칠석에 견우와 직녀를 만나게 하려고 까마귀와 까치가 은하수에 놓는다는 다리.

오장 육부 (五臟六腑) 사람 몸속에 있는 내장 기관을 모두 이르는 말.

오전 (午前) 1.밤 열두 시부터 낮 열두 시까지 사이.《오전 아홉 시까지 학교에 나와라.》^반오후. 2.아침부터 낮 열두 시까지의 동안.《오전 내내 그림을 그린 뒤에 점심을 먹었다.》^반오후.

오점 (汚點) 부끄럽거나 잘못된 점.《육이오 전쟁은 역사의 오점이다.》

오젓 5월에 잡은 새우로 담근 젓.

오정 (午正) → 정오.

오존 (ozone) 독특한 냄새가 나는 옅은 푸른색 기체. 살균제, 소독약, 표백제로 쓴다.

오존층 오존이 많이 있는 대기층. 동식물에게 해로운 자외선을 걸러 준다.

오종 경기 (五種競技) 한 사람이 다섯 가지 경기를 치르고 얻은 점수를 겨루는 육상 경기.

오죽 형편, 정도 같은 것이 얼마나.《노래를 잘하면 오죽 좋을까?》

오죽하다 형편이 몹시 어렵다. 또는 정도가 몹시 심하다.《오죽하면 내가 어린 너한테까지 손을 벌렸을까?》

오죽헌 (烏竹軒) 강원도 강릉에 있는 조선 시대 집. 신사임당이 이이를 낳은 집으로, 뜰에 검은 대나무가 있어 이렇게 이름을 붙였다. 보물 제165호.

오줌장군

오징어

오죽헌

오줌 피에 섞여 있던 찌꺼기가 물과 함께 몸 밖으로 나오는 것. ^같소변.

오줌싸개 실수로 옷이나 이부자리에 오줌을 싼 아이를 놀리는 말.

오줌장군 오줌을 담아 나르는 그릇.

오줌통 1.오줌을 담아 두는 통. 2.몸에서 오줌을 모아 두었다가 얼마쯤 차면 내보내는 주머니 꼴 기관. ^같방광. ^북오줌깨.

오중주 (五重奏) 악기 다섯 개로 함께 연주하는 것.

오지 (奧地) 도시에서 멀리 떨어진 외진 곳.《아버지는 이번에 강원도 오지로 발령이 나셨어요.》

오지그릇 검붉은 윤이 나는 단단한 질그릇. 붉은 진흙으로 빚어 구운 뒤에 잿물을 발라 다시 굽는다. ^같도기.

오지랖 윗도리나 웃옷 앞자락.

오지랖이 넓다 ^{관용} 남의 일에 쓸데없이 잘 끼어들다.《옆 반 일까지 참견하다니 너는 참 오지랖도 넓구나.》

오직 어떤 것 하나만.《이 일을 할 수 있는 건 오직 너뿐이야.》

오진 (誤診) 병을 잘못 진찰하는 것.
오진하다《폐렴을 감기로 오진했다.》

오징어 바다에 사는 뼈 없는 동물. 길고 통통한 몸통에 다리가 열 개 붙어 있다. 적을 만나면 먹물을 뿜고 달아난다. ^북오적어.

오차 (誤差) 1.계산한 것과 실제 나온 값의 차이.《오차가 크다./오차가 나다.》2.계획이나 짐작이 어긋나서 생기는 잘못이나 실수.《이번 행사는 한 치의 오차도 없이 진행해야 해.》3.수학에서 참값과 근삿값 사이의 차이.

오찬 (午餐) 격식을 갖추어 손님과 함께 먹는 점심.《대통령이 장관들과 오찬을 들었다.》**참**만찬, 조찬.

오체 (五體) 팔다리와 몸통. 사람의 온몸을 이르는 말이다.

오케스트라 (orchestra) → 관현악단.

오토바이 모터로 바퀴 두 개를 돌려서 달리는 탈것.

오토바이

오톨도톨 거죽이나 바닥이 고르지 않고 여기저기 잘게 불거진 모양. **오톨도톨하다**《오톨도톨한 오이》

오판 (誤判) 어떤 일을 잘못 판단하는 것.《한 번의 오판이 모든 일을 망친다.》**오판하다**

오페라 (opera) 대사를 노래로 부르면서 연기하는 연극. **갈**가극.

오프라인 (off line) 컴퓨터가 인터넷에 연결되어 있지 않은 것. 또는 인터넷 안에서 이루어지던 일을 실제로 하는 것. **참**온라인.

오피스텔 먹고 잘 수 있게 꾸며 놓은 사무실.

오한 (惡寒) 열이 나는데도 추위를 느껴 몸이 오슬오슬 떨리는 일.《감기에 걸려서 오한이 났다.》

오합지졸 (烏合之卒) 어중이떠중이가 질서 없이 모여 이룬 무리.

오해 (誤解) 어떤 사실을 잘못 알거나 잘못 받아들이는 것.《내 말 듣고 오해 풀어.》**비**곡해. **오해하다**

오후 (午後) 1.낮 열두 시부터 밤 열두 시까지 사이.《오후 몇 시쯤 오실 건가요?》**반**오전. 2.낮 열두 시부터 해가 질 때까지의 동안.《오전 내내 비가 오다

가 오후 들어서 갠대요.》**반**오전.

오히려 짐작이나 바람과는 전혀 다르게. 또는 그럴 바에는 차라리.《자기가 잘못하고 오히려 큰소리를 치다니!》

옥 돌 (玉) 윤기가 나는 옅은 풀빛이나 잿빛 돌. 갈아서 보석으로 쓴다.

옥에도 티가 있다 속담 훌륭한 것도 자세히 보면 작은 흠이나 허물이 있다는 말.

옥 감옥 (獄) → 감옥.

옥개석 (屋蓋石) 석탑, 석등, 비석 들위에 지붕처럼 덮는 돌.

옥고 (獄苦) 감옥살이를 하는 괴로움.《순이 할아버지는 독립 운동을 하다가 붙잡혀 옥고를 치렀다고 한다.》

옥관자 (玉貫子) 옛날에 옥으로 만들어 망건에 달던 고리.

옥내 (屋內) 건물 안. **반**옥외.

옥돔 뭍에서 가까운 바다 속 진흙이나 모래에 구멍을 파고 사는 바닷물고기. 몸 빛깔은 붉고 눈 뒤에 은빛을 띤 세모꼴 무늬가 있다.

옥동자 (玉童子) 어린 사내아이를 귀엽게 이르는 말.

옥바라지 감옥살이하는 사람에게 먹을 것, 옷 같은 것을 대어 주면서 뒷바라지하는 일.

옥비녀 옥으로 만든 비녀.

옥사 감옥 (獄舍) 죄지은 사람을 가두어 두는 건물.

옥사 죽음 (獄死) 감옥살이를 하다가 죽는 것. **옥사하다**

옥살이 → 감옥살이. **옥살이하다**

옥상 (屋上) 지붕 위. 또는 건물 맨 위를 판판하게 꾸민 것.《엄마는 옥상에 작은 텃밭을 꾸미셨다.》

옥새 (玉璽) 옛날에 나랏일을 볼 때 쓰던 왕의 도장.

옥수수 밭에 심어 가꾸는 곡식. 줄기는 곧게 자라고, 잎이 크면서 길다. 여름에 수꽃과 암꽃이 따로 핀다. 열매는 먹거나 집짐승 먹이로 쓴다. 같강냉이.

옥수숫대 옥수수 줄기.

옥신각신 서로 제가 옳다고 말다툼하는 모양.《짝꿍과 옥신각신 말다툼을 했다.》**옥신각신하다**

옥양목 (玉洋木) 무명실로 발이 곱게 짠 천. 얇고 빛깔이 희다.

옥외 (屋外) 건물 바깥. 반옥내.

옥잠화 꽃을 보려고 심어 가꾸는 풀. 잎은 넓은 달걀꼴이고 여름에 긴 깔때기처럼 생긴 흰 꽃이 핀다.

옥저 (沃沮) 함경남도 함흥에 있던 옛 부족 국가. 고구려에 합쳐졌다.

옥좌 (玉座) 왕의 자리.《왕이 죽자 아들이 옥좌에 올랐다.》비왕좌.

옥중 (獄中) 감옥 안. 또는 감옥에 갇혀 있는 동안.《유관순은 옥중에서도 독립 만세를 외쳤다.》

옥체 (玉體) 왕의 몸을 높여 이르는 말.

옥타브 (octave) 어떤 음에서 위나 아래로 여덟째 음. 또는 그 음까지 거리.

옥토 (沃土) 곡식이 잘 자라는 기름진 땅.《돌밭을 옥토로 일구다.》

옥토끼 달 속에 산다고 옛날부터 이야기로 전해 오는 토끼.

옥편 (玉篇) → 자전.

옥황상제 (玉皇上帝) → 하느님.

온 모든.《온 식구/온 세상》

온 바닷물을 다 먹어야 짜냐 속담 무슨 일

옥새

옥수수

옥잠화

이든 끝장을 보려고 하는 욕심이 아주 많은 사람을 두고 하는 말.

온갖 여러 가지 많은. 또는 별의 별.《꽃밭에 온갖 꽃이 피었다.》비갖은.

온건하다 생각이나 행동이 모나지 않고 부드럽다.《온건한 사회 운동》

온기 (溫氣) 따뜻한 기운.《방 안에 온기가 없어 몹시 춥다.》반냉기.

온난 (溫暖) 날씨가 따뜻한 것.《온난 기후》**온난하다**

온난 전선 (溫暖前線) 따뜻한 공기가 찬 공기를 타고 올라갈 때 옆으로 펼쳐져 나타나는 띠. 이 띠가 가까워지면 넓은 지역에 비가 내리고, 지나가면 따뜻해진다. 참한랭 전선. 북더운전선.

온난화 (溫暖化) 지구가 따뜻해지는 것.

온당하다 어떻게 되는 것이 마땅하다.《법을 어겼으면 벌을 받는 것이 온당하다.》

온대 (溫帶) 열대와 한대 사이에 있는 지역.

온대 기후 (溫帶氣候) 온대 지방에 나타나는 날씨. 사계절이 뚜렷하고 따뜻해서 사람이 살기에 가장 알맞다.

온대림 (溫帶林) 온대 지방에 있는 숲. 네 철이 뚜렷해 참나무, 밤나무, 소나무 들이 잘 자란다.

온데간데없다 어떤 것이 감쪽같이 사라져 찾을 수 없다.《방금 쓴 연필이 온데간데없네.》**온데간데없이**

온도 (溫度) 덥고 찬 정도.《아기 목욕 물은 온도를 잘 맞춰야 해.》

온도계 (溫度計) 온도를 재는 기구.

온도차 (溫度差) 온도 차이.

온돌 (溫突) 아궁이에 불을 때어서 방바닥을 덥히는 장치. **참**구들.

온돌방 (溫突房) 온돌을 놓은 방.

온라인 (on-line) 컴퓨터가 인터넷에 연결되어 있는 것. 또는 어떤 일이 인터넷에서 이루어지는 것. **참**오프라인.

온몸 몸 전체.《온몸에 비린내가 배었네.》**같**전신. **북**오륙.

온몸이 입이라도 말 못하겠다 **속담** 핑계를 댈 방법이 전혀 없다는 말.

온상 (溫床) 1.온도를 높여 풀이나 나무를 기르는 시설. **비**온실. 2.어떤 일이나 생각, 세력 들이 자라나는 바탕을 빗대어 이르는 말.《평화의 온상》

온수 (溫水) → 더운물.

온순하다 마음씨나 태도가 부드럽고 순하다.《성희는 성격이 온순하다.》

온스 (ounce) 액체의 부피를 나타내는 말.

온실 (溫室) 풀, 나무가 추운 날씨에도 잘 자랄 수 있게 안이 늘 따뜻하게 만든 방. **비**온상.

온실 효과 (溫室效果) 공기 속에 있는 수증기, 이산화탄소, 오존 들이 온실처럼 빛은 받아들이고 열은 내보내지 않아서 지구 표면 온도를 높이는 것.

온유 (溫柔) 마음씨나 태도가 따뜻하고 부드러운 것. **온유하다**《우리 선생님은 늘 온유한 웃음을 띠신다.》

온음 장음계에서 미와 파 사이, 시와 도 사이를 뺀 나머지 음정. **참**반음.

온장고 (溫藏庫) 전기로 온도를 높여 먹을 것을 늘 따뜻하게 두는 상자.

온전하다 1.바뀌거나 상한 데가 없이 본디 그대로다.《유리컵이 온전하게

도착해서 다행이야.》 2.흠이 없이 아주 바르거나 옳다.《정신이 온전한 사람이라면 그런 짓은 하지 않을 거야.》

온점 마침표의 하나. 흔히 문장을 끝칠 때 찍는다. '꽃이 예쁘다.', '2008. 3. 1.'에 있는 점을 이른다.

온정 (溫情) 따뜻한 정.《가난한 이웃들에게 온정 어린 손길이 쏟아졌다.》

온종일 하루 종일. 또는 하루 내내.《온종일 뭐하고 지냈니?》**같**종일, 진종일.

온주밀감 → 귤나무.

온천 (溫泉) 땅속에서 더운 물이 솟아나는 샘.

온탕 (溫湯) 목욕탕에서 따뜻한 물을 채워 놓는 곳. **반**냉탕.

온통 모두 다. 또는 통째로 다.《교실이 온통 꽃으로 뒤덮였다.》

온풍기 (溫風器) 따뜻한 바람을 내보내어 방을 덥히는 기구.

온혈 동물 (溫血動物) → 더운피 동물.

온화하다 1.날씨가 따뜻하고 좋다.《온화한 날씨》 2.마음이나 태도가 따뜻하고 부드럽다.《온화한 성품》

올가미 1.철사, 줄 들을 고리처럼 매어 짐승을 잡는 데 쓰는 물건.《사슴이 올가미에 걸렸다.》 2.남이 걸려들게 꾸며 놓은 꾀.《올가미를 놓다./올가미를 씌우다.》

올강냉이 **북** 다른 옥수수보다 일찍 여무는 옥수수.

올곧다 1.마음이 바르고 곧다.《그분의 올곧은 성품을 본받고 싶다.》 2.모양이나 방향이 곧고 똑바르다.《대나무가 올곧게 자랐다.》

올라가다 1.낮은 쪽에서 높은 쪽으로 움직여 가다.《5층까지 걸어서 올라갔다.》⏴내려가다. 2.시골이나 작은 도시에서 서울이나 큰 도시로 가다.《아빠는 일 때문에 서울에 올라가셨어요》⏴내려가다. 3.수치, 등급, 가치 들이 높아지거나 어떤 단계에 이르다.《하루가 다르게 기온이 올라간다.》⏴내려가다. 4.남쪽에서 북쪽으로 가다.《제주도 앞바다에 있던 태풍이 만주로 올라갔습니다.》⏴내려가다.

올라서다 1.어떤 것을 디디거나 하여 높은 데로 올라가 그 위에 서다.《엄마가 의자 위에 올라서서 찬장을 정리하신다.》⏴내려서다. 2.높은 단계나 수준에 이르다.《우리나라 여자 양궁은 이미 세계 최고 수준에 올라섰습니다.》

올라앉다 어떤 것 위에 앉다.《동생은 아빠 무릎에 올라앉아 노래를 불렀다.》

올라오다 1.낮은 쪽에서 높은 쪽으로 움직여 오다.《아빠도 불꽃놀이를 보러 옥상으로 올라오셨다.》⏴내려오다. 2.시골이나 작은 도시에서 큰 도시나 서울로 오다.《청주에서 외삼촌이 올라오셨다.》⏴내려오다. 3.수준, 등급 들이 높은 단계에 이르다.《중국의 전자 산업도 만만치 않은 수준에 올라왔다.》 4.어떤 느낌, 기운이 솟거나 북받치다.《약 기운이 올라오는지 정신을 차릴 수가 없다.》 5.남쪽에서 북쪽으로 오다. ⏴내려오다.

올라타다 어떤 것 위에 타다.《동생이 삼촌 등에 올라탔다.》

올려놓다 1.어떤 것을 들어서 다른 것 위에 놓다.《그릇은 식탁 위에 올려놓으렴.》⏴내려놓다. 2.수준, 가치 들을 높이다.《영수가 우리 반 사기를 올려놓았다.》 3.명단에 이름을 넣다.《참석자 명단에 네 이름도 올려놓을게.》

올려다보다 1.아래에서 위를 바라보다.《고개를 들어 밤하늘을 올려다보았다.》⏴내려다보다. 2.존경해서 받들고 우러러보다.《남들이 올려다보는 자리는 좀 불편해.》⏴내려다보다.

올려본각 낮은 곳에서 높은 곳을 올려다볼 때 보는 사람의 눈과 지평선이 이루는 각. ⏴내려본각. ⏴쳐든각.

올려세우다 ⏴북 1.위로 올려서 서게 하다.《옥상에 안테나를 올려세웠다.》 2.어떤 수준이나 정도에 올라서게 하다.《바둑 급수를 5급으로 올려세우고 싶어요.》

올록볼록 물체의 거죽이나 바닥이 고르지 않게 불거진 모양.《올록볼록 화장지》**올록볼록하다**

올롱하다 ⏴북 유난히 휘둥그렇다.《동생이 부엉이처럼 올롱한 눈으로 너른 바다를 쳐다본다.》

올리다 1.어떤 것을 높이 오르게 하다. 또는 높이 쌓거나 세우다.《담을 높이 쌓아 올렸다.》 2.수준, 가치 들을 높이다.《자장면 값은 올리지 마셔요.》 3.윗사람한테 말, 인사를 하거나 어떤 것을 건네다.《할아버지께 공손하게 절을 올렸다.》⏴드리다. 4.기세, 기운 들을 북돋다. 또는 관심, 정성 들을 쏟다.《나도 덩달아 오목에 열을 올렸다.》 5.책, 문서, 게시판 들에 글, 이름, 자료 들을 싣다.《책에 이름을 올리다.》 6.어떤 의식을 치르거나 어떤 결과를 얻

973

다.《삼촌은 성당에서 혼례를 올렸다.》
7. 상 위에 음식을 차리다.《제사상에
올릴 음식에 손대지 마.》

올리붙다 |북| 1. 위쪽으로 붙다.《사진
틀이 너무 올리붙은 것 같다.》2. 윗사
람한테 잘 보이려고 달라붙다.《선생
님께 올리붙는다고 해서 네 점수가 오
르는 건 아니야.》

올리브 열매를 얻으려고 심어 가꾸는
늘푸른나무. 잎은 긴달걀꼴이고, 늦은
봄에 누르스름한 흰색 꽃이 핀다. 열매
는 검고 둥근데 음식으로 먹거나 기름
을 짠다. 이탈리아, 에스파냐, 그리스
같은 나라에서 많이 기른다.

올림 드림 윗사람에게 편지나 선물을 보
낼 때 보내는 사람 이름 뒤에 쓰는 말.
《2008년 3월 1일 김철수 올림》

올림 수학 어림수를 구할 때 구하려는
자리의 아래 수를 올려서 나타내는 방
법. 참버림.

올림말 사전에 올려서 뜻을 풀이한 낱
말. 같표제어.

올림표 악보에서 제 음보다 반음 올리
라는 기호. '#'로 나타낸다. 같샤프.
참내림표.

올림픽 (Olympic) → 국제 올림픽 경
기 대회.

올망졸망 작은 물건이나 어린아이들
이 많이 모여 있는 모양.《1학년 교실
에 동생들이 올망졸망 모여 있다.》**올
망졸망하다**

올무 짐승을 잡는 데 쓰려고 튼튼한 줄
로 고리를 매어 만든 덫.

올바로 옳고 바르게.《우리 역사 올바
로 알기》북옳바로.

올빼미

올챙이

올챙이고랭이

올바르다 옳고 바르다.《올바른 생각》
바올바른, 올발라, 올바릅니다.

올벼 다른 품종보다 이삭이 일찍 여무
는 벼. 반늦벼.

올빼미 오래된 나무 구멍에 사는 텃새.
온몸이 누런 갈색 바탕에 세로줄 무늬
가 많다. 밤에 날아다니면서 먹이를 찾
는다. 천연기념물 제324-1호.

올차다 1. 빈틈이 없이 야무지고 씩씩
하다.《경환이는 나이나 몸집에 견주
어 하는 짓은 올차다.》2. 낟알이 일찍
여물다.《올찬 벼 이삭》

올챙이 개구리 새끼. 몸 빛깔은 검고,
둥근 머리에 지느러미처럼 생긴 긴 꼬
리가 있어 물속을 헤엄쳐 다닌다.

올챙이고랭이 논둑이나 물가에 자라
는 풀. 곧은 줄기가 모여나고 잎이 없
다. 작은 달걀꼴 이삭이 모여 달린다.

올케 여자가 오빠나 남동생의 아내를
이르는 말.

올해 지금 이 해.《올해는 비가 참 많
이 왔지.》같금년.

옭매다 1. 줄, 끈 들을 풀리지 않게 꼭
옭아서 매다.《달리기 전에 신발 끈을
옭매었다.》2. 죄를 뒤집어씌워서 남을
꼼짝 못하게 만들다.《이유도 없이 남
을 옭매려 들다니 정말 못됐다.》

옭아매다 1. 움직이지 못하게 줄, 끈 들
로 칭칭 감아 매다.《포졸들이 달려들
어 굵은 오라로 못된 사또의 몸을 옭아
맸다.》2. 자유롭게 생각하거나 움직이
지 못하게 옥죄고 간섭하다.《아이들
을 부모 욕심대로 너무 옭아매는 것은
좋지 않다.》3. 나쁜 꾀로 남을 얽매거
나 죄를 덮어씌우다.《멀쩡한 사람을

절도죄를 씌워서 옭아매다니!》

옮겨심기 풀, 나무 들을 다른 곳에 옮겨 심는 일.《모종 옮겨심기》

옮기다 1.물건을 다른 데로 가져가다. 또는 사람이나 짐승을 다른 데로 데려가다.《의자 좀 옮겨 줘.》 2.머물거나 속해 있던 곳을 바꾸다.《짝꿍이 학교를 옮긴대.》 3.걸음이나 눈길을 다른 쪽으로 돌리다.《약속 장소로 서둘러 발을 옮겼다.》 4.생각, 말, 글 들을 남한테 전하거나 겉으로 나타내다.《남의 얘기를 함부로 옮기지 마.》 5.병을 퍼뜨리다.《파리는 병을 옮기는 해로운 벌레다.》 6.어떤 나라 말이나 글을 다른 나라 말이나 글로 바꾸다.《엄마는 외국 동화를 우리글로 옮기는 일을 하신다.》

옮다 1.다른 곳으로 움직여 자리를 바꾸다.《시골로 옮아 살고 싶어.》 2.불, 병 들이 번지다.《불이 옆집으로 옮아 붙었다./너한테 감기 옮았나 봐.》

옮아가다 1.다른 곳으로 자리를 옮겨 가다.《많은 회사가 지방으로 옮아갔다.》 2.불, 병 들이 번져 가다.《불이 뒷산으로 옮아가면 큰일인데.》

옮아오다 1.다른 곳으로 자리를 옮겨 오다.《이모네 식구도 곧 서울로 옮아올 거래.》 2.불, 병 들이 번져 오다.《돌림병이 우리 마을까지 옮아오지는 않겠지요?》

옳다 1.사리에 맞아 틀리거나 그릇되지 않다.《자기가 옳다고 믿는 일은 끝까지 지키는 사람이 되어라.》 반그르다. 2.차라리 더 낫다.《좀 늦어도 큰 길로 가는 게 옳지 싶었다.》

옳소 어떤 생각이나 일이 옳다고 찬성할 때 하는 말.《옳소, 그 말이 맞소》

옳지 1.남이 하는 일이 옳거나 마음에 들 때 하는 말.《옳지, 잘한다!》 2.좋은 생각이 갑자기 떠올랐을 때 하는 말.《옳지, 좋은 수가 있어.》

옴 옴벌레가 붙어서 일으키는 피부병. 손가락이나 발가락 사이, 겨드랑이 같은 살부터 짓무르기 시작하여 온몸으로 퍼지고 몹시 가렵다.

옴개구리

옴개구리 산과 들의 물가에 사는 개구리. 몸 빛깔은 짙은 밤색이나 잿빛이고 거무스름한 무늬가 있다. 온몸이 우툴두툴하다.

옴니암니 자질구레한 일까지 시시콜콜 따지는 모양.《그런 작은 일을 옴니암니 다 따져야 시원하겠어?》

옴벌레 동물 살갗에 붙어사는 벌레. 옴이 오르게 한다.

옴중탈 본산대놀이, 송파 산대놀이, 양주 별산대놀이에 나오는 옴 오른 중이 쓰는 탈.

옴중탈_본산대놀이

옴지락- 작은 것이 느릿하게 움직이는 모양. **옴지락거리다 옴지락대다 옴지락옴지락**《발바닥을 간질이니까 아기가 발가락을 옴지락거렸다.》

옴짝달싹 흔히 '못하다', '않다' 와 함께 써서, 몸을 간신히 조금 움직이는 모양.《쥐는 고양이 앞에서 옴짝달싹 못한다.》 **옴짝달싹하다**

옴츠리다 몸을 오그리다.《청개구리가 몸을 옴츠렸다가 팔짝 뛴다.》 참움츠리다.

옴큼 한 손으로 옴켜쥘 만한 양을 나타내는 말.《보리 한 옴큼》 참옴큼.

옴폭 가운데가 오목하게 폭 파이거나 들어간 모양.《빗물에 화단 흙이 옴폭 파였다.》 **옴폭하다**

옷 천이나 가죽 들로 만들어 몸을 가리거나 따뜻하게 하거나 꾸미려고 입는 것.《옷을 입다./옷 한 벌》 같의복. 옷이 날개다 **속담** 옷이 좋으면 그 옷을 입은 사람도 좋아 보인다는 말.

옷가지 옷 몇 가지.

옷감 옷을 짓는 데 쓰는 천.

옷걸이 옷을 걸어 두는 물건.

옷고름 저고리나 두루마기 자락을 여미어 매는 데 쓰는 끈. 양쪽 옷깃에 하나씩 달려 있다. **준**고름.

옷깃 저고리나 두루마기 목에 둘러대어 앞으로 여미는 부분. 또는 양복 윗옷에서 목둘레에 길게 덧댄 부분.《옷깃을 여미다.》 같칼라. **비**깃.

옷단 옷 가장자리를 안으로 접어 붙이거나 감친 부분. 같단.

옷단장 |**북** 옷차림을 곱게 꾸미는 것.《거울 앞에서 옷단장을 마친 뒤에 집을 나섰다.》 **옷단장하다**

옷매무새 옷 입은 모양새. 또는 옷차림에서 나는 맵시.《옷매무새가 그게 뭐니?》 같옷맵시.

옷맵시 → 옷매무새.

옷섶 저고리나 두루마기에서 가슴 아래로 드리운 길쭉한 자락.

옷소매 → 소매.

옷자락 옷 아래쪽으로 늘어진 부분. **참**자락.

옷장 옷을 넣어 두는 장롱.

옷차림 옷을 갖추어 입는 것. 또는 옷을 차려 입은 모양. 같복장.

옹구

옷핀 옷을 여미거나 옷에 물건을 달려고 꽂는 핀. **북**옷삔.

옹고집 (壅固執) 생각이 꽉 막혀서 자기주장만 내세우는 성미. 또는 그런 사람.《아유, 이 옹고집아!》

옹고집전 조선 후기의 판소리 소설. 부자이지만 욕심 많고 못된 옹고집이 가짜 옹고집에게 쫓겨나 갖은 고생을 한 뒤에 잘못을 뉘우친다는 이야기이다.

옹골차다 1.속이 꽉 차다.《벼가 아주 옹골차게 여물었구나.》 2.굳세고 야무지다.《옹골찬 결심/ 옹골찬 행동》

옹구 소 등에 얹어서 거름 들을 담아 나르는 농기구. 새끼로 엮어 만든다.

옹기 (甕器) 진흙을 구워서 만든 그릇.《옹기에는 잿물을 발라 구운 오지그릇과 바르지 않고 구운 질그릇이 있다.》 같옹기그릇.

옹기그릇 → 옹기.

옹기장이 옹기 만드는 일이 직업인 사람. 같도공. **북**옹기쟁이.

옹기종기 크기가 고르지 않은 작은 것들이 많이 모여 있는 모양.《놀이터에 아이들이 옹기종기 모여 구슬치기를 한다.》 **옹기종기하다**

옹달샘 맑고 작은 샘.

옹립 (擁立) 어떤 사람을 받들어 임금으로 모시는 것. **옹립하다**

옹벽 (擁壁) 가파르게 쌓은 흙이 무너지지 않게 그 앞에 버티어 쌓는 벽.

옹배기 둥글넓적하고 아가리가 넓게 벌어진 작은 질그릇.

옹배기

옹색하다 1.몹시 초라하고 가난하다.《옹색한 살림에 그 돈을 어디서 마련할꼬.》 2.마음 쓰는 것이 옹졸하고 답

옷

어여머리

배자

족두리

남바위

볼끼

사람들이 열대 지방에 살 때에는 옷이 필요 없었어요. 날씨가 늘 따뜻하고 밤과 낮의 기온 차이도 크지 않았으니까요. 지금도 적도 가까이에 사는 사람들 가운데에는 옷을 안 입고 지내는 사람도 있어요. 그러나 봄, 여름, 가을, 겨울이 뚜렷이 구별되고, 철 따라 기온이 바뀌는 온대 지방에 사는 사람들은 철에 맞추어 갈아입을 옷이 필요해요. 한대 지방이나 북극과 남극에 가까운 곳에서 사는 사람도 몸을 따뜻하게 감싸 줄 옷이 있어야 해요. 옷은 처음에는 우리 몸이 알맞은 온도를 지니게 도와주는 구실을 했는데, 차츰 몸을 꾸미는 치레로 바뀌었어요. 옛날 우리 겨레는 흰 무명 옷을 많이 좋아했지만 요즘에는 멋을 부리려고 옷을 골라 입는 사람이 늘었어요.

여자 두루마기

저고리

치마

까치두루마기

쾌자

갓

도포

남자 두루마기

굴레

저고리

바지

갑옷

답하다.《옹색한 늙은이 같으니!》

옹성 (甕城) 적이 성을 공격하지 못하게 성문 밖에 단단하게 쌓은 성.

옹알- 아직 말을 못하는 아기가 분명하지 않은 말로 자꾸 중얼거리는 소리. 또는 그 모양. **옹알거리다 옹알대다 옹알옹알**《아기가 자꾸 옹알옹알 떠드는 게 참 귀엽다.》

옹알이 아직 말을 못하는 아기가 옹알거리는 것.《봐요, 우리 아기가 벌써 옹알이를 해요.》**옹알이하다**

옹이 1. 나무줄기에 가지가 났던 자리. 2. '굳은살'을 빗대어 이르는 말. 3. 귀에 박히거나 가슴에 맺혀 풀리지 않는 마음.《할머니의 꾸중 한마디가 오래도록 옹이가 되어 남았다.》

옹졸하다 마음이 너그럽지 못하다. 또는 속이 좁다.《그런 일로 삐치다니 정말 옹졸하구나.》

옹크리다 몸을 잔뜩 오그리다.《추워서 밤새 옹크리고 잤다.》**참** 웅크리다.

옹호 (擁護) 어떤 것을 편들어 감싸는 것. **옹호하다**《할머니는 말썽꾸러기 인호를 늘 옹호해 주셨다.》

옻 옻나무에서 나오는 진. 가구나 그릇을 칠하는 데 쓴다.

옻나무 나무즙을 받으려고 심어 가꾸는 잎지는나무. 6월에 연두색 꽃이 피고 9~10월에 열매가 여문다. 나무껍질에 상처를 내어 받은 나무즙을 '옻'이라고 하여 가구나 나무 그릇에 칠한다.

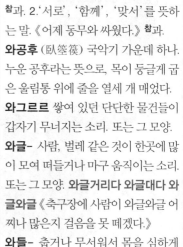
옻나무

옻칠 가구, 그릇 들에 윤을 내려고 옻을 바르는 일. **옻칠하다**

와 홀소리 홀소리 글자 'ㅘ'의 이름.

와 느낌말 1. 여럿이 한꺼번에 웃거나 떠

드는 소리.《철이가 오리 흉내를 내자 모두 와 하고 웃었다.》 2. 기쁘거나 놀라울 때 내는 소리.《와, 첫눈이다!》

와 동무와 받침 없는 낱말 뒤에 붙어, 1. '그리고', '또'를 뜻하는 말.《해와 달》**참** 과. 2. '서로', '함께', '맞서'를 뜻하는 말.《어제 동무와 싸웠다.》**참** 과.

와공후 (臥箜篌) 국악기 가운데 하나. 누운 공후라는 뜻으로, 목이 둥글게 굽은 울림통 위에 줄을 열세 개 매었다.

와공후

와그르르 쌓여 있던 단단한 물건들이 갑자기 무너지는 소리. 또는 그 모양.

와글- 사람, 벌레 같은 것이 한곳에 많이 모여 떠들거나 마구 움직이는 소리. 또는 그 모양. **와글거리다 와글대다 와글와글**《축구장에 사람이 와글와글 어찌나 많은지 걸음을 못 떼겠다.》

와들- 춥거나 무서워서 몸을 심하게 떠는 모양. **와들거리다 와들대다 와들와들**《너무 추워서 와들와들 떨려.》

와뜰 북 몹시 놀라는 모양.《죽은 쥐를 보고 와뜰 놀랐다.》**와뜰하다**

와락 1. 갑자기 대들거나 잡아당기거나 끌어안는 모양.《사나운 개가 달려들자 동생이 나를 와락 껴안았다.》 2. 어떤 감정, 생각 들이 갑자기 솟구치거나 떠오르는 모양.《아빠 얼굴을 보자 와락 눈물이 쏟아졌다.》

와류 (渦流) 소용돌이치는 물의 흐름.

와르르 쌓여 있던 물건들이 갑자기 무너져 내리는 소리. 또는 그 모양.《벽돌로 쌓은 담이 와르르 무너졌다.》

와이셔츠 양복저고리 안에 입는 소매 달린 셔츠.

와이 좌표 좌표 평면에 있는 점의 세로

위치를 이르는 좌표.

와이축 → 세로축.

와장창 한꺼번에 무너지거나 깨지는 소리. 또는 그 모양.《운동장에서 날아온 공에 유리창이 와장창 깨졌다.》

와전 (訛傳) 말을 사실과 다르게 전하거나 바꾸어 전하는 것. **와전되다**《내가 아프다는 소문은 와전된 거야.》

와중 (渦中) 어떤 일이 어지럽게 벌어지는 가운데.《외할아버지는 전쟁 와중에 형제들과 헤어지셨대.》

와지끈 단단한 물건이 갑자기 부러지거나 부서지는 소리. 또는 그 모양.《대문 빗장이 와지끈 부러졌다.》

와짝 Ⅰ북 1.어떤 것을 베어 물고 마구 씹는 소리.《사과를 한 입 와짝 베어 물었다.》2.단단하고 깨지기 쉬운 것이 갑자기 으스러지거나 깨지는 소리.《뚱뚱한 형이 올라서자 나무 상자가 와짝 부서졌다.》 **와짝하다**

와트 (watt) 전력의 크기를 나타내는 말. 기호는 W이다.

와해 (瓦解) 기와가 깨져 흩어진다는 뜻으로, 모임이나 무리 같은 것이 깨어져 없어지는 것을 이르는 말.《범죄 조직 와해》 **와해하다 와해되다**

왁 Ⅰ북 1.여럿이 한곳에 마구 몰리는 모양.《동무들이 나를 왁 둘러쌌다.》2.갑자기 흥분하거나 성을 내는 모양.《무슨 일인데 정은이가 왁 성을 낸 거니?》3.아무 생각 없이 행동하는 모양.《형이 옆집 강아지를 왁 걷어찼다.》 **왁하다**

왁자지껄 여럿이 한곳에 모여 시끄럽게 마구 떠드는 소리. 또는 그 모양.《쉬는 시간이 되자 아이들이 왁자지껄 떠들어 댔다.》 **왁자지껄하다**

왁자하다 여럿이 한꺼번에 떠들어서 몹시 시끄럽다.《시장은 물건을 사고파는 사람들 소리로 왁자했다.》

완강하다 뜻을 굽히지 않고 굳게 버티다.《내 부탁을 완강하게 거절하다니.》

완결 (完結) 일을 모두 끝내는 것. **완결하다**《십 년 만에 연재하던 소설을 완결했다.》 **완결되다**

완고하다 자기 생각만 내세우고 고집이 세다.《우리 할아버지는 완고하고 엄하시다.》 町고루하다.

완곡하다 듣는 사람 마음이 상하지 않게 부드럽게 말하는 태도가 있다.《은희는 내 부탁을 완곡하게 거절했다.》

완공 (完工) 공사를 끝마치는 것.《도서관 완공》 町준공. **완공하다 완공되다**

완구 (玩具) → 장난감.

완납 (完納) 내야 할 돈을 모두 내는 것.《등록금 완납》 짱분납. **완납하다 완납되다**

완도 (莞島) 전라남도 완도에 딸린 섬. 미역, 김 같은 양식업이 발달하였다.

완두 밭에 심어 가꾸는 덩굴 식물. 5월에 나비처럼 생긴 흰 꽃이 핀다. 꽃이 시들면 꼬투리가 맺히는데 안에 동그란 연두색 씨앗이 나란히 들어 있다.

완두

완두콩

완두콩 완두 열매. 작고 둥글면서 연둣빛이 난다. 밥을 지을 때 넣어 먹거나 여러 가지 요리에 쓴다.

완력 (腕力) 1.팔 힘이나 주먹 힘.《삼촌은 완력이 정말 세요.》2.몸으로 남을 억누르는 힘.《어린 사람한테 완력을 휘두르다니, 참 못됐구나.》 町폭력.

완료 (完了) 어떤 일을 끝마치는 것.
《출발 준비 완료》 **완료하다 완료되다**
완만하다 기울다 기울기가 급하지 않다.
《완만한 비탈길》
완만하다 느리다 일이 되어 가는 속도가
느리다.《공사가 완만하게 진행된다.》
완벽 (完璧) 흠이나 모자란 데가 조금
도 없이 다 갖춘 것. **완벽하다**《이 세
상에 완벽한 사람이 어디 있어?》
완보탈 양주 별산대놀이에서 쓰는 탈.
완불 (完拂) 주어야 할 돈을 남김없이
다 치르는 것. **완불하다 완불되다**
완비 (完備) 필요한 것을 빠짐없이 모
두 갖추는 것.《주차장 완비》 **완비하
다 완비되다**
완성 (完成) 일을 다 이루는 것. 반미완
성. **완성하다**《열심히 그린 덕분에 사
흘 만에 그림을 완성했다.》 **완성되다**
완성품 (完成品) 다 만든 물건.
완수 (完遂) 맡은 일이나 뜻한 일을 다
해내거나 이루는 것. **완수하다**《이번
일은 꼭 완수하겠습니다.》 **완수되다**
완숙 (完熟) 1.열매, 곡식 들이 완전히
익는 것. 또는 음식을 완전히 익히는
것.《내 달걀은 완숙으로 해 줘.》 참반
숙. 2.기술이나 재주가 몸에 배어 아주
능숙하게 되는 것.《이모의 거문고 연
주가 완숙 단계에 접어들었다는 평가
를 받았다.》 **완숙하다**
완승 (完勝) 상대를 줄곧 몰아붙이면
서 큰 차이로 이기는 것.《3대 0으로
완승을 거두다.》 반완패. **완승하다**
완연하다 모양, 느낌 들이 눈에 보이
듯 뚜렷하다.《봄기운이 완연한 5월》
완장 (腕章) 신분이나 지위를 나타내

완보탈

려고 팔에 두르는 띠.
완전 (完全) 흠이나 모자란 데가 전혀
없는 것. **완전하다**《모든 일이 다 완전
할 수는 없다.》 **완전히**
완전무결 (完全無缺) 필요한 것을 모
두 갖추어 빈틈이 조금도 없는 것. **완
전무결하다**
완전 변태 (完全變態) 곤충이 알, 애
벌레, 번데기 세 단계를 모두 거쳐서
어른벌레가 되는 변태.
완전식품 (完全食品) 사람에게 필요
한 영양소를 모두 갖춘 식품.
완제품 (完製品) 마지막 손질까지 다
끝난 제품.
완주 (完走) 정해진 거리를 끝까지 다
달리는 것.《마라톤 완주》 **완주하다**
완충 (緩衝) 충격을 누그러뜨리는 것.
《완충 작용/완충 지대》
완치 (完治) 병을 깨끗이 다 고치는
것.《이 병은 완치가 어려운 병입니
다.》 **완치하다 완치되다**
완쾌 (完快) 병이 깨끗이 다 낫는 것.
완쾌하다《할머니가 얼른 완쾌하시면
좋겠어요.》 **완쾌되다**
완패 (完敗) 상대한테 줄곧 몰리면서
크게 지는 것.《결승전에서 공격 한 번
하지 못하고 완패를 당했다.》 반완승.
완패하다
완행 (緩行) 탈것이 정류장이나 역을
다 거치면서 느리게 가는 것. 참급행.
완행열차 (緩行列車) 역마다 멈추면
서 느리게 가는 열차. 참급행열차.
완화 (緩和) 몹시 급하거나 조마조마
한 상태를 느슨하게 풀거나 누그러뜨
리는 것. **완화하다**《긴장을 완화하

다.》**완화되다**

왈가닥 씩씩하고 드센 여자.

왈가왈부하다 이것이 옳으니 저것이 그르니 하면서 서로 다투다.《서로 자기가 옳다고 왈가왈부한다.》

왈츠 (waltz) 빠르기가 4분의 3박자인 가벼운 춤곡. 또는 그 곡에 맞추어 남자와 여자가 둥글게 돌면서 추는 춤.

왈칵 1.분노, 눈물 들이 한꺼번에 치밀거나 떠오르는 모양.《이제 나 혼자라고 생각하니 눈물이 왈칵 쏟아졌다.》 2.갑자기 힘껏 잡아당기거나 밀치는 모양.《문고리를 왈칵 잡아당겼다.》

왕 (王) 1.→ 임금. 2.여럿 가운데 으뜸이 되는 사람이나 동물.《우리 반에서 팔씨름 왕은 역시 철민이야.》

왕거위벌레 큰 나무가 자라는 산에 사는 거위벌레. 머리 뒤쪽이 길게 늘어나 거위 목처럼 보인다. 몸 빛깔은 붉은 갈색이다.

왕겨 벼의 겉껍질. **참**등겨.

왕고들빼기 밭둑이나 빈터에 자라는 풀. 잎 뒷면이 희고, 자르면 흰 즙이 나온다. 여름에 연노란 꽃이 핀다. 어린 순을 먹는다.

왕골 물가에 자라거나 논에 심는 풀. 키가 아주 크되 잎은 좁고 길다. 9~10월에 자잘한 꽃이 핀다. 줄기가 질겨서 돗자리나 방석 들을 만드는 데 쓴다.

왕관 (王冠) 왕이 머리에 쓰는 관.

왕국 (王國) 왕이 다스리는 나라.

왕궁 (王宮) 왕과 왕 가족이 사는 궁전.

왕권 (王權) 왕의 권리나 권위.

왕귀뚜라미 풀숲, 논밭, 집 둘레에 사

왕느릅나무

왕대

왕거위벌레

왕고들빼기

왕골

왕머루

왕귀뚜라미

는 귀뚜라미. 몸 빛깔은 밤색 또는 검은 밤색이고 윤기가 난다. 머리는 둥글고 더듬이가 길다.

왕년 (往年) 흔히 '왕년에', '왕년의' 꼴로 써서, 지나간 때.《왕년에 우리 아빠는 이름난 축구 선수였다.》

왕눈이 눈이 큰 사람을 이르는 말.

왕느릅나무 산기슭에서 자라는 잎 지는 나무. 5월에 옅은 풀색 꽃이 모여서 피고, 5~6월에 열매가 열린다. 나무껍질을 약으로 쓴다.

왕대 남쪽 지방에서 많이 심어 가꾸는 늘 푸른 식물. 줄기는 매끈하고 곧게 자라는데 짙은 녹색에 윤기가 난다. 대나무 가운데 가장 키가 크다. **같**참대.

왕따 싫거나 미운 사람을 따돌려 외톨이로 만드는 짓.《동무를 아무 이유도 없이 왕따를 시키면 못써요.》

왕래 (往來) 1.오고 가는 것.《왕래가 많은 큰길》 **비**내왕. 2.친하게 사귀어 서로 오가거나 연락을 주고받는 것. 《편지 왕래》 **비**내왕. **왕래하다**

왕릉 (王陵) 왕의 무덤.《무령왕릉》

왕림 (枉臨) 남이 자기를 찾아오는 것을 높여 이르는 말. 자신은 낮추고 상대는 높이는 말이다. **왕림하다**《먼 곳까지 왕림해 주셔서 고맙습니다.》

왕립 (王立) 왕의 뜻에 따라 세우거나 만든 것.《왕립 박물관/왕립 학교》

왕매미 → 말매미.

왕머루 산속에서 자라는 잎 지는 덩굴나무. 잎은 둥그스름하고 아랫부분이 조금 갈라졌다. 꽃은 5월에 피고 열매는 9~10월에 검게 익는다. 열매를 먹거나 약으로 쓴다.

왕명 (王命) 왕의 명령.

왕미꾸리광이 산이나 들의 축축한 땅에 자라는 풀. 6~7월에 꽃이 피는데, 누런 갈색을 띤 작은 이삭이 달린다.

왕바다리 처마 밑, 나무줄기, 바위에 집을 짓고 사는 벌. 몸이 가늘고 길고, 날개도 길고 가늘다.

왕바랭이 양지바른 길가나 밭둑에서 자라는 풀. 줄기와 잎이 바랭이보다 질기다. 잎은 넓적하고 밑 부분 안쪽에 긴 털이 있다. 포기째 약으로 쓰거나 집짐승 먹이로 쓴다.

왕방울 큰 방울. 《왕방울처럼 큰 눈》

왕벚나무 꽃을 보려고 공원이나 길가에 심어 가꾸는 잎지는나무. 4월쯤 흰색이나 연분홍색 꽃이 잎보다 먼저 피고, 여름에 열매가 까맣게 익는다.

왕복 (往復) 어떤 곳에 갔다가 되돌아오는 것. 《여기서 우리 집까지는 왕복 세 시간이 걸려.》**참**편도. **왕복하다**

왕복 달리기 거리를 정해 놓고 달려갔다가 돌아오기를 반복하는 운동.

왕비 (王妃) 임금의 아내. **같**왕후.

왕사마귀 들판이나 숲에 사는 사마귀. 우리나라에 사는 사마귀 가운데 몸집이 가장 크다.

왕성하다 아주 팔팔하다. 또는 힘이 넘치다. 《왕성한 체력/왕성한 식욕》

왕세자 (王世子) → 세자.

왕소등에 암컷이 소나 사람 몸에 붙어서 피를 빨아 먹는 등에. 등에 가운데 몸이 큰 편이다. 몸 빛깔은 검은 밤색이고 금빛 털이 나 있다.

왕실 (王室) 임금의 집안.

왕오천축국전 (往五天竺國傳) 신라

왕미꾸리광이

왕바다리

왕바랭이

왕우럭조개

왕벚나무

왕자팔랑나비

왕사마귀

왕소등에

왕좁쌀무늬고둥

성덕왕 때(727년) 혜초가 쓴 책. 10년 동안 인도와 여러 나라를 여행하면서 보고 듣고 느낀 점을 썼다.

왕왕 소리 귀가 먹먹할 만큼 시끄럽게 떠드는 소리. 또는 그 모양. **왕왕거리다 왕왕대다** 《선생님이 안 계실 때는 아이들이 얼마나 왕왕거리는데요.》

왕왕 ᄀᆞᇀ (往往) 이따금. 흔히 어떤 일이 되풀이될 때 쓴다. 《전에도 이런 실수는 왕왕 했어.》**참**가끔, 때때로.

왕우럭조개 얕은 바다 진흙 바닥에 사는 조개. 껍데기는 긴달걀꼴이고 누르스름한 녹색이다.

왕위 (王位) 왕의 자리. 《왕이 죽자 첫째 왕자가 왕위를 물려받았다.》

왕자 (王子) 임금의 아들. **참**공주.

왕자병 (王子病) 자기가 왕자처럼 멋지고 귀하다고 착각하는 것을 병에 빗대어 놀리는 말.

왕자팔랑나비 낮은 산 둘레 풀밭에 사는 나비. 날개는 검은 밤색 바탕에 흰 점이 있다. 나방처럼 날개를 활짝 펴고 앉는다.

왕잠자리 연못이나 저수지 가까이에 많은 잠자리. 날개와 몸집이 크고 높이 난다.

왕조 (王朝) 한 나라에서 여러 왕이 차례로 나라를 다스리는 동안. 또는 그런 나라. 《조선 왕조 500년》

왕족 (王族) 왕과 핏줄이 같은 사람.

왕좁쌀무늬고둥 갯벌 바닥에 사는 고둥. 크기가 작고, 껍데기에 좁쌀 같은 것이 오톨도톨하게 나 있다.

왕종개 물살이 빠르고 바닥에 자갈이 깔린 강에 사는 민물고기. 몸이 길고 굵다. 몸통은 옅은 노란색인데 짙고 굵은 가로무늬가 배까지 나 있다.

왕좌 (王座) 1. 왕이 앉는 자리. 또는 왕의 지위.《정조는 할아버지인 영조의 뒤를 이어 왕좌에 올랐다.》 비옥좌. 2. '으뜸가는 자리'를 빗대어 이르는 말.《어린 소년이 우리나라 바둑계의 왕좌를 차지했다.》

왕종개

왕지네 땅 위나 돌 틈에 사는 지네. 몸이 가늘고 긴데 다리가 아주 많다. 다른 지네보다 몸이 묵직하고 판판하다.

왕진 (往診) 의사가 병원에 올 수 없는 아픈 사람이나 짐승을 찾아가서 진찰하는 것.《선생님은 먼 마을로 왕진 가셨어요.》 왕진하다

왕지네

왕창 '엄청나게 크게', '한꺼번에 아주 많이'를 점잖지 못하게 이르는 말.《구슬을 왕창 따서 기분이 아주 좋다.》

왕채 물레의 바탕 위에 세우는 기둥.

왕초 거지나 넝마주이 같은 무리들의 '우두머리'를 낮추어 이르는 말.

왕풍뎅이 참나무가 많은 낮은 산에 사는 풍뎅이. 다른 풍뎅이들보다 몸집이 크다. 밤나무와 참나무 잎을 먹는다.

왕풍뎅이

왕후 (王后) → 왕비.

왜 홀소리 홀소리 글자 'ㅙ'의 이름.

왜 까닭 무슨 까닭으로. 또는 무엇 때문에.《왜 웃는 거야?/왜 싸웠니?》

왜가리 논이나 물가에 사는 여름새. 목, 다리, 부리가 길고, 몸 빛깔은 희다. 등은 잿빛이고 머리에서 뒷목까지 검은 줄이 있다.

왜매치

왜가리청 ¹북 듣기 싫게 떠드는 목소리를 왜가리가 시끄럽게 우는 소리에 빗대어 이르는 말.《옆집 아주머니가 또

왜가리

왜몰개

왜문어

왜가리청으로 노래를 부른다.》

왜간장 일본에서 하는 방법으로 만든 간장. 흔히 집에서 만든 재래식 간장에 상대하여 공장에서 만든 간장을 이르는 말로 쓴다.

왜곡 (歪曲) 어떤 내용을 사실과 다르게 풀이하거나 바꾸는 것.《일본의 역사 왜곡》 왜곡하다 왜곡되다

왜관 (倭館) 조선 시대에 일본 사람이 들어와 머물면서 외교나 무역에 관한 일을 보던 곳.

왜구 (倭寇) 옛날에 우리나라에 쳐들어와 곡식과 재물을 빼앗아 가던 일본 해적.

왜국 (倭國)·옛날에 '일본'을 낮추어 이르던 말.

왜군 (倭軍) 옛날에 '일본 군대'를 낮추어 이르던 말. 비왜병.

왜냐하면 왜 그러냐 하면. 또는 무엇 때문인가 하면.《아이들이 모두 웃음을 터뜨렸다. 왜냐하면 병수가 갑자기 원숭이 흉내를 냈기 때문이다.》

왜놈 '일본 사람'을 낮추어 이르던 말.

왜란 (倭亂) 1. 일본 사람이 일으킨 난리. 2. '임진왜란'을 줄인 말.

왜매치 물살이 느리고 바닥에 모래나 자갈이 깔린 강에 사는 민물고기. 몸은 누런 갈색이나 잿빛 갈색이고, 짧은 수염이 한 쌍 있다.

왜몰개 물살이 느린 강이나 연못에 사는 민물고기. 등은 옅은 갈색이고, 배는 은빛이 도는 흰색이다.

왜문어 바다 속 바위틈에 사는 뼈 없는 동물. 문어보다 몸집이 작고 그물처럼 보이는 얼룩무늬가 있다.

왜박주가리 중부 지방 산에서 자라는 덩굴풀. 6~7월에 검은 자주색 꽃이 피고, 꼬투리가 열린다. 북나도박주가리.

왜박주가리

왜병 (倭兵) 옛날에 '일본 병사' 를 낮추어 이르던 말. 비왜군.

왜선 (倭船) 옛날에 '일본 배' 를 낮추어 이르던 말.

왜소하다 키나 몸집이 작고 초라하다. 《성현이가 몸집은 왜소해도 힘이 얼마나 센데요.》

왜왕 (倭王) 옛날에 '일본 왕' 을 낮추어 이르던 말.

왜인 (倭人) 옛날에 '일본 사람' 을 낮추어 이르던 말.

왜장 (倭將) 옛날에 '일본 장수' 를 낮추어 이르던 말. 《논개는 왜장을 끌어안고 남강에 몸을 던졌다.》

왜장녀탈 본산대놀이, 송파 산대놀이, 양주 별산대놀이에 나오는 여자 탈.

왜장녀탈_양주 별산대놀이

왜적 (倭敵) 옛날에 우리나라에 쳐들어온 일본 군대를 이르던 말.

왜현호색 중부와 북부 지방 산에서 자라는 풀. 4~5월에 푸른 보라색 꽃이 여러 송이 줄지어 달린다. 둥근 덩이줄기를 약으로 쓴다. 북산현호색.

왜현호색

왜홍합 바닷가 바위에 떼 지어 붙어서 사는 조개. 홍합과 비슷하게 생겼지만 검고 아주 작다.

왜홍합

왠지 왜 그런지 모르게. 《오늘은 왠지 밖에 나가고 싶지 않다.》

외 홀소리 홀소리 글자 'ㅚ' 의 이름.

외 오이 ➡ 오이.

외 다른 것 (外) 정해진 것 말고 또 다른 것. 《이것 외에 더 필요한 게 있니?》

외가 (外家) 외할아버지, 외할머니, 이모, 외삼촌 같은 어머니 쪽 집안.

외갓집 외할아버지, 외할머니, 외삼촌 같은 외가 식구가 사는 집. 북외가집.

외계 (外界) 지구 바깥 세계. 《외계에도 지구처럼 생명체가 살고 있을까?》

외계인 (外界人) ➡ 우주인.

외고집 외곬으로 몹시 심하게 부리는 고집. 또는 그런 고집을 부리는 사람. 《동생은 알아주는 외고집이다.》

외골수 한 가지 일에만 파고들어 끝까지 매달리는 사람. 《외골수 석공》

외곬 흔히 '외곬으로' 꼴로 써서, 고집스럽게 한 가지 일만 해 나가는 것. 《큰할아버지는 50년 동안 외곬으로 탈을 만들어 오셨다.》

외과 (外科) 몸 밖에 생긴 상처나 몸 안에 생긴 병을 수술로 고치는 의학 분야. 또는 그런 병원 부서. 참내과.

외곽 (外郭) 어떤 곳의 바깥 언저리. 《이 도로는 시 외곽을 따라 나 있다.》

외관 (外觀) 겉으로 보이는 생김새. 《오래된 차지만 외관만큼은 새것처럼 깨끗하다.》 비겉모습.

외교 (外交) 다른 나라와 관계를 맺는 일. 또는 일 때문에 다른 사람과 사귀거나 가까이 지내는 것. 《외교 사절》

외교관 (外交官) 다른 나라에 살면서 자기 나라를 대표하여 외교 업무를 보는 사람.

외교권 (外交權) 한 나라가 다른 나라와 외교를 맺을 권리.

외교 정책 (外交政策) 외교를 하려고 펴는 정책. 곧 자기 나라 이익을 위해 다른 나라에 펴는 정책.

외교 통상부 (外交通商部) 다른 나라

와의 외교 정책, 경제 협력, 조약 들에 관한 일을 맡아보는 행정 기관.

외국 (外國) 다른 나라.《외국 여행》비이국, 타국.

외국산 (外國産) 다른 나라에서 나거나 만든 것.《외국산 농산물》반국산.

외국어 (外國語) 다른 나라 말. 참모국어.

외국인 (外國人) 다른 나라 사람. 비이방인.

외길 1.오로지 하나만 있는 길.《좁은 외길을 따라 한참 올라가면 암자가 나올 거예요.》2.줄곧 한 가지 일만 하는 것을 빗대어 이르는 말.《할아버지는 평생 교육자로서 외길을 걸어오셨다.》

외나무다리 통나무 한 개로 놓은 다리.

외다 1.같은 말을 되풀이하다.《염불을 외다./천자문을 외다.》2.→ 외우다.

외다리방아 발로 디뎌서 곡식을 찧거나 빻는 데 쓰는 방아. 디딜방아와 달리 끝이 한 갈래이다.

외돌토리 가족이나 동무 없이 혼자인 사람. 같외톨이. 북외토리.

외동딸 하나뿐인 딸. 비무남독녀.

외따로 혼자서만 따로. 또는 하나만 따로.《부부는 마을에서 외따로 떨어진 초가집에서 가난하게 살았습니다.》

외딴 외따로 떨어진.《외딴 오두막집》

외딴섬 외따로 떨어진 섬.

외딴집 외따로 떨어진 집.

외떡잎식물 싹이 틀 때 떡잎이 한 개 나는 식물. 백합, 난초, 벼 들이 있다. 참쌍떡잎식물. 북한싹잎식물.

외람되다 하는 짓이 분수에 맞지 않고 지나치다.《외람되지만 한 말씀을 드

리겠습니다.》

외래 (外來) 1.밖에서 들어오는 것. 또는 다른 나라에서 전해지는 것.《외래 문물》2.환자가 병원에 입원하지 않고 치료받으러 다니는 것.《외래 환자》

외래문화 (外來文化) 다른 나라에서 들어온 문화.

외래어 (外來語) 다른 나라에서 들어와 우리말처럼 쓰이는 말.《버스, 라디오, 아이스크림은 모두 외래어이다.》참고유어. 북들어온말.

외래종 (外來種) 다른 나라에서 들어온 동물이나 식물.《외래종 소나무》

외로 1.왼쪽으로.《학은 고개를 외로 틀고 서 있었다.》2.비뚤거나 뒤바뀌게.《윗옷을 외로 입은 것도 몰랐네.》

외로움 외로운 느낌.《외로움을 타다.》

외롭다 홀로 남아서 서글프고 쓸쓸하다.《단짝 동무가 멀리 이사를 가서 아주 외로워요.》반외로운, 외로워, 외롭습니다. **외로이**

외마디 짧게 한 번 지르는 소리나 말.《으악! 하는 외마디 비명이 들렸다.》

외면 무시 (外面) 1.마주 보기 싫어서 피하거나 얼굴을 돌리는 것. 2.사실, 형편 같은 것을 모르는 척 무시하는 것.

외면하다《아무리 싫어도 네 짝꿍인데 자꾸 외면하면 어떻게 해./모르는 척 외면한다고 진실이 덮일 수는 없어.》

외면 생김새 (外面) 겉으로 보이는 모습.《사람을 외면만 보고 판단하지 마.》

외모 (外貌) 겉으로 보이는 생김새.《그 배우는 잘생긴 외모로 인기를 끌었지.》비겉모습.

외무 (外務) 외교를 다루는 나랏일.

《외무 장관/외무 행정》참내무.

외박 (外泊) 집이나 기숙사처럼 정해진 곳이 아닌 다른 데서 자는 것.《요즘 삼촌의 외박이 잦다.》**외박하다**

외벽 (外壁) 건물 바깥쪽 벽.《담쟁이덩굴이 건물 외벽을 타고 올라간다.》

외부 (外部) 1.물체의 바깥쪽.《건물 외부》반내부. 2.어떤 틀이나 테두리의 밖.《이번 대회는 외부에서 오신 선생님이 심사를 맡았다.》반내부.

외사촌 (外四寸) 외삼촌의 아들딸.

외삼촌 (外三寸) 어머니의 오빠나 남동생. 같외숙부.

외상 돈 돈을 나중에 주기로 하고 물건을 사고파는 일.《엄마가 두부를 외상으로 사 오셨다.》

외상 상처 (外傷) 몸 거죽에 입은 상처.《교통사고로 가벼운 외상을 입었다.》

외생식기 (外生殖器) 몸 바깥으로 드러나 있는 생식기.

외세 (外勢) 외국 세력.《외세의 압력/외세를 몰아내다.》

외손 (外孫) 딸의 아들딸.

외손녀 (外孫女) 딸의 딸.

외손자 (外孫子) 딸의 아들.

외숙모 (外叔母) 외삼촌의 아내.

외숙부 (外叔父) → 외삼촌.

외식 (外食) 집 밖으로 나가 밥을 사 먹는 일. 또는 그 밥.《오랜만에 온 식구가 외식을 하러 갔다.》**외식하다**

외식비 (外食費) 외식하는 데 드는 돈.

외신 (外信) 다른 나라 소식.《일본에서 지진이 났다는 외신이 들어왔다.》

외아들 하나뿐인 아들. 같독자.

외양 (外樣) → 겉모양.

외양간 소나 말을 기르는 곳. 같우사. 참마구간.

외우다 1.어떤 내용을 머릿속에 간직하다.《하루 내내 구구단을 외웠다.》준외다. 2.머릿속에 간직해 둔 내용을 틀리지 않게 그대로 말하다.《그 긴 시를 줄줄 외우다니 대단해.》준외다.

외인 (外人) 어떤 무리나 동아리에 들지 않은 사람.《외인 출입 금지》

외자 글자 한 글자.《할아버지는 우리 형제에게 '민'과 '한' 이라는 외자 이름을 지어 주셨다.》

외자 빛 (外資) 다른 나라에서 꾼 돈. '외국 자본' 을 줄인 말이다.

외적 적 (外敵) 다른 나라에서 쳐들어오는 적.《외적을 물리치다.》

외적 도둑 (外賊) 밖에 있는 도적.

외적 바깥 (外的) 1.겉으로 드러나는. 또는 그런 것. 반내적. 2.물질이나 몸에 관한. 또는 그런 것. 반내적.

외제 (外製) 다른 나라에서 만든 것.《외제 자동차》

외줄 오로지 한 줄.《외줄 타기 묘기》

외지 (外地) 자기가 사는 곳이 아닌 다른 곳.《삼촌은 외지에 나가 계세요.》

외지다 외따로 떨어져 으슥하다.《밤에 외진 길을 혼자 걸으려니 무섭다.》

외짝 짝이 없이 하나만 있는 것.《외짝 양말》

외척 (外戚) 외가 쪽 친척. 곧 어머니 쪽 친척.

외출 (外出) 집이나 일터 밖으로 잠시 나가는 것. **외출하다**《선생님은 조금 전에 외출하셨어요.》

외출복 (外出服) 외출할 때 입는 옷.

외치다 지르다 1.소리를 크게 지르다. 《산꼭대기에 올라 "야호!" 하고 외쳤다.》북웨치다. 2.자기 뜻이나 생각을 강하게 말하다.《자주독립을 외치다.》

외치다 돌리다 |북 고개를 한쪽으로 돌리다.《내 말을 들은 철호가 고개를 외치면서 아니라고 대꾸했다.》

외침 (外侵) 다른 나라에서 처들어오는 것.《우리나라는 옛날부터 수많은 외침을 당했다.》

외톨이 → 외돌토리.

외투 (外套) 추울 때 입는 두툼한 겉옷. 같코트.

외판원 (外販員) 사람을 찾아다니면서 물건을 파는 사람. 같세일즈맨.

외팔이 한쪽 팔이 없는 사람.

외풍 (外風) 밖에서 들어오는 바람.《이 방은 외풍이 세서 추워요.》

외할머니 어머니의 어머니. 북외조할머니.

외할아버지 어머니의 아버지. 북외조할아버지.

외항 비례식 (外項) 비례식에서 바깥쪽에 있는 두 항. 이를테면 2:3=4:6에서 2와 6을 말한다. 참내항.

외항 항구 (外港) 1.바닷가에서 방파제 바깥쪽에 있는 항구. 참내항. 2.큰 도시 가까이에서 드나드는 문 구실을 하는 항구.

외행성 (外行星) 지구 바깥쪽에서 큰 원을 그리면서 해 둘레를 도는 별. 화성, 목성, 토성, 천왕성, 해왕성을 이른다. 참내행성.

외형 (外形) 겉으로 보이는 모양.《외형이 독특한 연필깎이》비겉모양.

요강_오줌

외화 돈 (外貨) 다른 나라 돈.

외화 영화 (外畵) '외국 영화'를 줄인 말. 참방화.

외환 걱정 (外患) 다른 나라에서 처들어올 것을 걱정하는 것.

외환 돈 (外換) 한 나라에 있는 다른 나라 돈.《우리나라는 1997년에 외환 위기를 겪었다.》

왼발 왼쪽에 달린 발. 반오른발.

왼손 왼쪽에 달린 손. 반오른손.

왼손잡이 오른손보다 왼손을 쓰는 것이 편하고 익숙한 사람. 반오른손잡이.

왼심 |북 어떤 일을 이루려고 몹시 마음 졸이는 것.《약속 시간을 어기지 않으려고 왼심을 썼다.》

왼씨름 샅바를 오른쪽 다리에 걸고 고개를 왼쪽으로 돌려 서로 오른쪽 어깨를 맞대고 하는 씨름. 참오른씨름.

왼쪽 사람이 북쪽을 향해 섰을 때 서쪽과 같은 쪽. 같왼편, 좌측. 반오른쪽.

왼팔 왼쪽에 달린 팔. 반오른팔.

왼편 → 왼쪽.

요 홀소리 홀소리 글자 'ㅛ'의 이름.

요 이부자리 잠자거나 누울 때 바닥에 까는 물건.《나는 요를 깔고 이불을 덮고 누워 눈을 감았다.》참이불.

요 가리키는 말 1.'이'를 낮추거나 귀엽게 이르는 말.《요 깜찍한 녀석 같으니.》참고, 조. 2.'이'보다 가리키는 테두리가 좁거나 작은 느낌을 주는 말.《요 앞에 잠깐 다녀올게.》참고, 조.

요가 (yoga산) 바른 자세와 호흡, 명상으로 몸과 마음을 풀어 주고 다스리는 수련법. 인도에서 시작되었다.

요강 오줌 방에 두고 오줌을 눌 수 있게

만든 그릇. 놋쇠, 사기 들로 만든다.

요강 줄거리 (要綱) 어떤 일을 하는 데 꼭 알아야 할 내용. 또는 간단한 줄거리.《대학 입시 요강을 잘 읽어 봐라.》

요건 (要件) 어떤 일에 꼭 갖추어야 할 조건.《자격 요건》

요것 '이것'을 낮추거나 귀엽게 이르는 말.《요것은 누구 거야?》**참**고것, 조것.

요것조것 여러 가지를 한데 묶어 이르는 말. '이것저것'보다 작고 귀여운 느낌이 있다.《점심을 굶었더니 요것조것 먹고 싶은 것이 많아.》

요괴 (妖怪) 이상한 힘으로 사람을 해치는 못된 도깨비.

요구 (要求) 바라는 것을 달라고 하는 것. 또는 바라는 일을 해 달라고 하는 것.《할머니는 내 요구라면 뭐든지 다 들어주셔.》**요구하다**

요구르트 (yogurt) 우유, 양젖 들에 유산균을 넣어 발효시킨 먹을거리.

요금 (料金) 무엇을 쓰거나 남의 힘을 빌린 값으로 치르는 돈.《버스 요금/전기 요금/이발 요금》

요기 여기 '여기'를 테두리를 좁혀 이르는 말.《요기에서 기다려》**참**고기, 조기.

요기 먹음 (療飢) 배고픔을 달랠 만큼 조금 먹는 것.《우선 고구마로 요기나 좀 하시지요.》**요기하다**

요긴하다 꼭 필요하다. 또는 딱 알맞은 쓰임새가 있다.《전에 빌려 간 우산 요긴하게 잘 썼어.》**비**긴요하다.

요나라 916년부터 1125년까지 중국에 있던 나라.

요놈 '이놈'을 낮추거나 귀엽게 이르는 말. **참**고놈, 조놈.

요다음 바로 뒤이어 오는 때나 차례. '이다음'보다 빠른 느낌이 있다.《요다음에 또 동물원에 가자.》**참**이다음.

요도 (尿道) 오줌통에 모인 오줌이 몸 밖으로 나오는 길.

요동 (搖動) 마구 흔들려 움직이는 것.《요동을 치다.》**요동하다**

요란 (搖亂) 1. 몹시 시끄럽거나 법석거리는 것.《요란 떨지 말고 가만히 좀 있어.》2. 지나치게 화려하거나 야단스러운 것. **요란하다**《실속 없는 사람이 겉만 요란하지.》

요란스럽다 요란한 느낌이 있다.《요란스러운 옷차림》**바**요란스러운, 요란스러워, 요란스럽습니다. **요란스레**

요람 물건 (搖籃) 1. 아기를 태우고 흔들어 놀게 하거나 재우는 데 쓰는 물건.《요람에 잠든 아기》**북**자장그네. 2. 사물이 생겨나거나 사람을 길러 낸 곳을 빗대어 이르는 말.《민족 문화의 요람》

요람 책 (要覽) 중요한 내용을 간추려 뽑아 놓은 책.

요량 (料量) 앞으로 할 일을 잘 생각하는 것. 또는 그런 생각.《빨리 갈 요량으로 냅다 달렸다.》**북**료량.

요렇다 요것과 같다.《요렇게밖에 못해?》**바**요런, 요래, 요렇습니다.

요령 (要領) 1. 일을 해 나가는 데 꼭 필요한 방법. 또는 경험에서 얻은 좋은 방법.《요령이 생기면 한 손 놓고도 자전거 탈 수 있어.》2. 어떤 일을 하기 싫어 꾀를 부리는 짓.《순이가 단소 연습을 하지 않고 요령을 피운다.》

요령껏 쉽고 맞춤한 방법을 찾아서.《요령껏 잘 만들어 봐.》

989

요리 (料理) 솜씨를 내서 먹을거리를 만드는 일. 또는 그 먹을거리.《요리 솜씨가 좋으시네요.》북료리. **요리하다**

요리사 (料理師) 요리하는 일이 직업인 사람. 북료리사.

요리조리 요쪽 조쪽으로.《올챙이가 요리조리 헤엄쳐 다닌다.》참이리저리.

요망 간사함 (妖妄) 사람을 홀리는 간사하고 못된 것. **요망하다**《여우는 옛이야기에서 요망한 짐승으로 나온다.》

요망 바람 (要望) 어떤 일이 뜻대로 되기를 몹시 바라는 것. **요망하다**《회의 참석을 요망합니다.》

요모조모 사물이나 일의 요런 면 조런 면. '이모저모' 보다 아기자기한 느낌이 있다.《이모는 양말 한 켤레를 살 때도 요모조모 따진다.》참이모저모.

요물 (妖物) 사람의 마음을 홀딱 홀려서 해를 끼치는 것.

요번 방금 막 지나갔거나 이제 곧 돌아오는 차례.《요번 한 번만 봐주세요./ 요번 토요일에 소풍 갈까?》참이번.

요사이 며칠 전부터 이제까지의 동안. 또는 요즘 얼마 동안.《요사이 보람이가 안 보이네.》준요새. 같근간.

요새 요즘 → 요사이.

요새 시설 (要塞) 적의 공격에 잘 견디려고 튼튼하게 지은 군사 시설.

요소 곳 (要所) 중요한 곳.

요소 조건 (要素) 어떤 일을 이루는데 꼭 있어야 할 것.《소설의 구성 요소》

요소 오줌 (尿素) 동물 오줌에 들어 있는 질소와 다른 물질로 이루어진 물질.

요소요소 (要所要所) 여기저기 중요한 곳.

요술 (妖術) 신기하고 놀라운 일을 일으키는 기술. 비마법, 마술.

요술쟁이 요술을 부리는 사람. 비마법사, 마술사.

요약 (要約) 말이나 글에서 큰 줄거리만 골라 간추리는 것. **요약하다**《이 글을 한 문장으로 요약해 보세요.》

요양 (療養) 병을 고치려고 편안히 쉬면서 몸을 잘 보살피는 것.《할머니는 요양 중이세요.》북료양. **요양하다**

요양원 (療養院) 아픈 사람이 요양할 수 있게 시설을 갖춘 곳.

요업 (窯業) 흙을 구워서 도자기, 벽돌, 기와와 같은 물건을 만드는 산업.

요염하다 마음을 홀딱 빼앗길 만큼 아리땁다.《무희가 요염한 웃음을 지으면서 왕을 유혹했다.》

요오드 (Jod독) 윤이 나는 어두운 갈색 물질. 바닷말에 많이 들어 있다.

요요 (yoyo) 둥글고 납작한 판 두 쪽 사이에 줄을 묶은 장난감. 줄 끝을 잡고 아래로 던지면 줄이 풀렸다가 감겼다가 하면서 판이 오르내린다.

요원 (要員) 기관, 단체에서 어떤 일을 맡은 사람. 또는 꼭 필요하거나 중요한 일꾼.《안내 요원》

요원하다 까마득하게 멀다.《요원하던 통일이 성큼 다가온 것 같습니다.》

요인 까닭 (要因) 어떤 일이 일어난 까닭.《그 사고의 요인이 무엇일까?》

요인 사람 (要人) 국가나 사회에서 중요한 자리에 있는 사람.《정부 요인》

요일 (曜日) 일주일의 매 날을 이르는 말.《무슨 요일에 만날까?》

요전 바로 얼마 전.《요전에 전철 안에

서 선생님을 뵈었어.》

요절 죽다 (夭折) 젊은 나이에 죽는 것. **요절하다**《한창 나이에 요절하다니 정말 안타깝구나.》

요절 우습다 (腰絕) 허리가 부러질 만큼 우스운 것을 이르는 말.《요절 복통》

요점 (要點) 말이나 글에서 가장 중요한 알맹이.《시간이 없으니 요점만 빨리 말해라.》 **비**골자.

요정 (妖精) 서양 이야기나 동화에 나오는 사람 모습을 한 신비한 것.

요즈음 바로 얼마 전부터 이제까지의 동안.《요즈음 무슨 책을 읽니?》 **준**요즘. **참**이즈음.

요즘 → 요즈음.

요지 내용 (要旨) 말이나 글에서 중요한 줄기.《네 말의 요지가 뭐야?》

요지 곳 (要地) 어떤 일에 가장 중요한 곳.《교통의 요지》

요지경 (瑤池鏡) 1.통 속에 든 여러 가지 그림을 들여다보는 장난감. 확대경이 달린 작은 구멍에 눈을 대고 본다. 2.알쏭달쏭한 세상일을 빗대어 이르는 말.《세상 참 요지경이야.》

요지부동 (搖之不動) 흔들어도 꼼짝하지 않는 것.《모두 달려들어 힘껏 밀었지만 바위는 요지부동이었다.》

요직 (要職) 중요하고 높은 자리.《그 사람은 요직을 두루 거쳤다.》

요청 (要請) 어떤 일을 해 달라고 부탁하는 것.《구조 요청》 **요청하다**

요충 (蟯蟲) 사람의 창자에 붙어사는 희고 가는 벌레. 어린이 몸속에 많다.

요충지 (要衝地) 아주 중요한 구실을 하는 곳.《이곳은 군사 요충지이다.》

요컨대 간추려 말하자면. 또는 알맹이를 짚어 보자면.《요컨대 정직이 무엇보다 중요하다는 말씀이시죠.》

요통 (腰痛) 허리가 아픈 증세. **북**허리아픔.

요트 (yacht) 작고 빠른 서양식 돛단배. **북**경기돛배.

요트

요트 경기 요트를 타고 바다 위에서 정해진 길을 빨리 달리는 경기.

요하다 어떤 것을 꼭 갖추어야 하다.《이 일은 대단한 집중력을 요한다.》

요행 (僥倖) 뜻밖에 일어난 운 좋은 일.《공부는 열심히 하지 않고 요행만 바라면 되겠니?》

욕 (辱) 1.상스럽고 못된 말. 또는 남을 깔보고 짓밟는 말.《아무리 화가 나도 동무한테 욕을 하면 쓰니.》 2.잘못한 일로 남한테서 듣는 꾸지람이나 싫은 소리.《과자 봉지를 길에 버렸다가 지나가던 어른에게 욕을 얻어먹었다.》

욕구 (欲求) 어떤 것을 바라거나 몹시 절실하게 이루고 싶어 하는 것.《식욕은 사람의 기본 욕구이다.》

욕되다 부끄럽고 창피하여 남 앞에서 떳떳하지 못하다.《부모님을 욕되게 하는 행동은 하지 마라.》

욕망 (慾望) 어떤 것을 몹시 바라거나 꼭 이루고 싶은 마음.《그 아저씨는 출세하려는 욕망이 너무 크다.》

욕먹다 다른 사람한테서 나쁜 말이나 꾸지람을 듣다.《어쩜 그리 욕먹을 짓만 골라서 하니?》

욕설 (辱說) 상스럽고 못된 말.

욕실 (浴室) 목욕을 할 수 있게 시설을 갖춘 방.

욕심 (慾心) 어떤 것을 지나치게 바라거나 하고 싶어 하는 마음.《형은 공부에 대한 욕심이 참 많다.》

욕심꾸러기 욕심이 많은 사람.《창수는 정말 욕심꾸러기야.》 같욕심쟁이.

욕심나다 욕심이 나다.《언니 시계가 너무 욕심나서 몰래 차 보았다.》

욕심내다 욕심을 내다.

욕심쟁이 → 욕심꾸러기.

욕조 (浴槽) 몸을 담그고 목욕할 수 있는 큰 물통. 북탕그릇.

욕지거리 ‘욕’, ‘욕설’을 낮추어 이르는 말.《욕지거리를 퍼붓다.》

욕하다 1.상스럽고 못된 말을 하다.《너무 화가 나서 동무에게 바보라고 욕했다.》 2.잘못한 사람한테 나쁜 소리를 퍼부어 나무라다.《반장을 욕하기 전에 네 잘못은 없는지 생각해 봐.》

용 (龍) 옛날부터 이야기로 전하여 오는 상상의 동물. 머리에 뿔이 있고 몸은 커다란 뱀과 비슷하고, 비늘이 있고 발이 네 개 달려 있다고 한다. 북룡.

용감무쌍하다 더는 견줄 사람이 없이 아주 용감하고 씩씩하다.《용감무쌍한 장수》

용감하다 용기 있고 씩씩하다.《병사들은 적과 용감하게 싸웠다.》

용건 (用件) → 볼일.

용고 (龍鼓) 치는 국악기 가운데 하나. 북통에 용을 그려 놓았다. 끈을 달아 어깨에 메고 친다.

용광로 (鎔鑛爐) 쇠붙이나 광석을 녹여서 쇳물을 뽑아내는 큰 가마.

용구 (用具) 일을 하는 데 쓰는 여러 가지 도구.《바느질 용구/청소 용구》

용담

용두레

용고

용구함 (用具函) 용구를 담는 상자.

용궁 (龍宮) 바다 속에 있다고 이야기로 전하는 용왕의 궁전. 비수궁.

용기 기운 (勇氣) 두려움을 모르는 씩씩하고 굳센 마음.《참다운 용기는 힘이 아니라 마음에서 나온다.》

용기 그릇 (容器) 물건을 담는 그릇.《밀폐 용기》 비그릇.

용납 (容納) 남의 실수나 잘못을 그냥 참거나 용서하는 것. **용납하다**《성적이 나쁜 것은 용납할 수 있지만 거짓말은 용납할 수 없다.》 **용납되다**

용단 (勇斷) 용기 있게 결정을 내리는 것. 또는 그 결정.《용단을 내리다.》

용달차 (用達車) 흔히 물건을 나르는 데 쓰는 작은 트럭.

용담 양지바른 산기슭에 자라는 풀. 8~10월에 종처럼 생긴 푸른 보라색 꽃이 몇 송이씩 핀다. 뿌리를 약으로 쓴다. 북룡담, 초룡담.

용도 (用度) 쓰임이나 쓰이는 곳.《보자기는 용도가 많다.》 비쓰임새.

용돈 편하게 쓰는 적은 돈. 또는 웃어른이나 가족에게 타서 쓰는 돈.

용두레 낮은 데 있는 물을 높은 데 있는 논밭으로 퍼 올리는 데 쓰는 농기구. 서로 기대어 세운 세 막대기에 길게 판 통나무를 매달아 한쪽 끝을 밀면서 물을 퍼 올린다.

용두사미 (龍頭蛇尾) 시작은 좋았지만 끝이 흐지부지되는 것. 용의 머리와 뱀의 꼬리라는 뜻이다.

용량 (容量) 그릇, 통 같은 데 담을 수 있는 양.《용량이 큰 물병》

용렬하다 하는 짓이 쩨쩨하고 속이 좁

다.《자기 물감을 썼다고 그토록 성을 내다니 참 용렬한 녀석이군.》

용례 (用例) 낱말이나 문장의 쓰임을 알려 주는 보기.《선생님은 용례를 들어서 속담을 자세히 설명해 주셨다.》

용마루 지붕 한가운데에 솟은 곧고 평평한 부분.

용매 (溶媒) 다른 물질을 녹이는 액체.《물에 소금을 넣으면 물이 용매가 되어 소금을 녹인다.》참용질.

용수_통

용맹 (勇猛) 용감하고 사납고 씩씩한 것. **용맹하다**《관창은 죽음을 무릅쓰고 용맹하게 적진으로 뛰어들었다.》

용맹스럽다 용감하고 사납고 씩씩하다.《용맹스러운 병사들》바용맹스러운, 용맹스러워, 용맹스럽습니다.

용모 (容貌) 사람의 얼굴 생김새.《연희는 용모가 단정해서 보기 좋아.》

용무 (用務) → 볼일.

용법 (用法) 쓰는 방법.

용변 (用便) 똥이나 오줌을 누는 것.《용변을 마친 뒤에는 꼭 손을 씻어라.》

용병 병사 (傭兵) 돈을 받고 싸우는 병사.《용병 모집》

용병 부림 (用兵) 병사를 부리는 것.

용병술 (用兵術) 전쟁, 운동 경기 들에서 병사나 선수를 부리는 기술.

용비어천가 (龍飛御天歌) 조선 세종 때 (1447년) 정인지, 안지, 권제 들이 지은 노래. 훈민정음으로 쓴 첫 작품으로, 조선을 세우는 데 공을 세운 사람들을 기리는 내용이다.

용사 (勇士) 용감한 병사.

용상 (龍床) 옛날에 임금이 나랏일을 볼 때 앉던 의자. '임금 자리'를 빗대어

이르기도 한다.

용서 (容恕) 지은 죄나 잘못을 벌하지 않고 너그럽게 덮어 주는 것. **용서하다**《다시는 안 그럴 테니 용서해 주세요.》

용솟음치다 힘이나 기운이 세차게 솟다.《희망이 용솟음친다.》

용수 통 술이나 장을 거르는 데 쓰는 통. 대오리나 싸리로 길고 둥글게 엮는다.

용수 물 (用水) 어떤 일에 쓰는 물.

용수철 (龍鬚鐵) 나사꼴로 빙빙 감아 늘고 주는 힘이 강한 쇠줄. 같스프링.

용수철저울 용수철이 늘어난 길이로 무게를 재는 저울.

용신 (龍神) → 용왕.

용쓰다 힘을 한꺼번에 몰아서 쓰다.《아무리 용써도 바위는 꿈쩍도 하지 않았다.》바용쓰는, 용써, 용씁니다.

용암 (鎔巖) 화산이 폭발할 때 갈라진 틈을 뚫고 흘러나온 마그마.

용액 (溶液) 어떤 물질이 다른 물질에 녹아서 섞여 있는 액체.

용어 (用語) 어떤 테두리 안에서만 주로 쓰는 말.《수학 용어/미술 용어》

용역 (用役) 돈을 받고 남의 일을 해 주는 것.《청소 용역/용역 회사》

용왕 (龍王) 바다에 살면서 비와 물을 다스린다는 용의 임금. 같용신.

용용 남을 약 올릴 때 하는 소리.《내가 선생님께 혼나자 짝꿍이 "용용 죽겠지." 하고 약을 올린다.》

용의 (用意) 어떤 일을 하려고 마음먹은 것. 또는 그런 마음.《너라면 기꺼이 도와줄 용의가 있어.》

용의자 (容疑者) → 피의자.

용의주도하다 어떤 일을 하는 데 준비

가 꼼꼼하여 뛰어나고 빈틈이 없다. 《용의주도하게 짠 계획》

용이하다 어떤 일을 하기 쉽다.

용인 (容認) 어떤 일을 해도 좋다고 허락하는 것. 또는 남의 잘못이나 실수를 너그럽게 용서하는 것. **용인하다**

용적 (容積) 물건을 담을 수 있는 부피.《용적이 큰 트럭에 짐을 실었다.》

용접 (鎔接) 쇠붙이, 유리, 플라스틱 들을 녹여 서로 붙이거나 잇는 일. **용접하다**《철판을 용접하다.》

용지 종이 (用紙) 어떤 일에 쓰는 종이. 《투표용지》

용지 땅 (用地) 어떤 일에 쓰려는 땅.

용질 (溶質) 용액 속에 녹아 있는 물질.《소금물을 만들 때 물은 용매, 소금은 용질이라고 합니다.》참용매.

용트림 잘난 체하면서 일부러 힘주어 하는 트림. 보란 듯이 거드름 피우는 짓을 빗대어 이르기도 한다.《주먹밥 먹고 무슨 용트림이야.》**용트림하다**

용품 (用品) 어떤 일에 쓰는 물건.《사무 용품》

용하다 1.어렵고 힘든 일을 해내 기특하고 장하다.《그 먼 데서 여기까지 걸어오다니 너 정말 용하구나.》2.재주가 아주 좋다.《용한 한의사》

용해 (溶解) 물질이 액체 속에서 녹는 것. **용해되다**

우 홀소리 홀소리 글자 'ㅜ'의 이름.

우 악기 (竽) 부는 국악기 가운데 하나. 대나무 대롱이 처음에는 서른여섯 개였으나 나중에 열아홉 개로 바뀌었다.

우거지 1.푸성귀에서 뜯어내 말린 잎이나 겉대.《우거지를 넣고 된장국을 끓였다.》2.김장이나 젓갈 들의 맨 위에 덮여 있는 질이 낮은 부분.

우거지다 나무나 풀이 많이 자라 무성하다.《잡초가 우거지다.》

우격다짐 제 뜻대로 하려고 억지로 우기는 짓. 또는 힘으로 몰아붙이는 짓. 북욱다짐. **우격다짐하다**《자꾸 우격다짐한다고 네 편을 들어줄 수는 없어.》

우국지사 (憂國之士) 나랏일을 걱정하면서 나라를 위해 일하는 사람.

우군 (友軍) 자기 편 군대. 비아군.

우그러뜨리다 우그러지게 하다.《빈 깡통을 손으로 우그러뜨렸다.》

우그러지다 물체가 안으로 우묵하게 휘다.《자동차가 가로수를 들이받아 옆이 우그러졌다.》참오그라지다.

우글− 벌레 같은 것이 한곳에 떼 지어 모여서 움직이는 모양. **우글거리다 우글대다 우글우글**《설탕물이 떨어진 자리에 개미가 우글거렸다.》

우글쭈글 1.여러 군데 우그러지고 쭈그러진 모양.《책이 비에 젖어 우글쭈글 구겨졌다.》2.얼굴이나 살갗이 여러 군데 살이 빠져서 살가죽이 여기저기 주름 잡힌 모양.《우글쭈글 주름살이 잡힌 얼굴》**우글쭈글하다**

우기 (雨期) 열대, 아열대, 사막 지방에서 한 해 가운데 비가 많이 내리는 때.

우기다 자기가 옳다면서 고집스럽게 내세우고 억지를 부리다.《동생은 혼자 가겠다고 부득부득 우겼다.》

우뇌 (右腦) 뇌의 오른쪽 부분. 흔히 느끼거나 기억하는 일을 맡는다.

우당탕 물건이 야단스럽게 떨어지거나 부딪치는 소리.《아빠가 부엌에서

우당탕 소리 내면서 설거지하신다.》
우당탕통탕 무엇이 요란스럽게 바닥에 떨어지거나 부딪치거나 뛰는 소리. 또는 그 모양.《1학년 아이들이 복도에서 우당탕통탕 뛰어다닌다.》
우대 (優待) 특별히 잘 대하는 것.《어린이 우대》 **우대하다**
우대증 (優待證) 우대받을 권리가 있다는 것을 나타내는 증명서.
우데기 울릉도에서 눈이나 비를 막으려고 이엉을 엮어 집 둘레에 세우던 벽.
우동 (うどん 일) → 가락국수.
우두 (牛痘) 천연두를 예방하려고 소에서 뽑아내어 만든 면역 물질. **참**종두.
우두둑 1.단단한 물건을 깨무는 소리. 또는 그 모양. 2.단단한 물체가 꺾이거나 부러지는 소리. 또는 그 모양. **우두둑거리다 우두둑대다 우두둑하다 우두둑우두둑**《얼음을 우두둑대면서 깨물어 먹었다./아빠가 내 등뼈를 누르자 우두둑거리는 소리가 났다.》
우두머리 한 무리를 이끄는 가장 높은 사람.《산적 우두머리》 **비**수장.
우두커니 넋이 나간 듯이 또는 하는 일 없이 한자리에 가만히 서 있거나 앉아 있는 모양.《공원에 주인을 잃은 강아지 한 마리가 우두커니 앉아 있다.》
우둔하다 머리가 나쁘고 어리석다.《아무리 우둔해도 그쯤은 알아요.》
우둘- |북 성나거나 못마땅해서 투덜거리는 모양. **우둘거리다 우둘대다 우둘우둘**《형이 자기만 과자를 못 먹었다고 우둘대며 불평을 늘어놓는다.》
우둘우둘 |북 1.뼈, 밤처럼 단단한 것이 씹히는 모양.《날밤을 우둘우둘 씹어 먹었다.》 2.퉁퉁하고 물렁물렁하게 생긴 모양.《삼촌 팔뚝이 씨름 선수처럼 우둘우둘 두껍다.》 **우둘우둘하다**
우둘투둘 거죽이나 바닥이 고르지 않고 군데군데 두드러져 있는 모양. **우둘투둘하다**《우둘투둘한 여드름》
우등 (優等) 성적, 품질, 등급 들이 뛰어난 것.《이모는 학교를 우등으로 졸업했다.》 **반**열등.
우등상 (優等賞) 성적이 좋은 사람한테 주는 상.
우등생 (優等生) 성적이 좋은 학생.
우뚝 1.두드러지게 높이 솟아 있는 모양.《산봉우리가 우뚝 솟아 있다.》 2.움직이다가 갑자기 멈추는 모양.《누나가 무슨 생각이 났는지 갑자기 우뚝 멈춰 섰다.》 **우뚝하다**
우라늄 (uranium) 자연에 있는 금속 가운데 가장 무거운 금속. 원자력 발전소에서 원료로 쓴다.
우락부락하다 생김새가 거칠고 험상궂다.《돌쇠는 우락부락하게 생겼지만 마음은 참 착해요.》
우랄 산맥 러시아를 남북으로 가로지르는 산맥. 예로부터 유럽과 아시아의 경계로 여겨지는 곳이다.
우람하다 아주 크고 웅장하다.《우람한 나무/우람한 몸집》
우량 (優良) 질이 아주 좋은 것.《우량 품종》 **반**불량.
우량계 (雨量計) 한곳에 내린 비의 양을 재는 기구.
우러나다 1.물에 담근 재료에서 맛, 빛깔이 배어 나오다.《녹차에서 쓴맛이 우러난다.》 2.→ 우러나오다.

우러나오다 어떤 생각이나 느낌이 저절로 생겨나다. 또는 겉으로 드러나다. 《진심에서 우러나온 사과를 하면 네 동무도 받아줄 거야.》 ㈜우러나다.

우러러보다 1.위를 보다. 《자전거를 세우고 푸른 하늘을 우러러보았다.》 2. 존경하여 떠받들다. 《안중근 의사는 온 국민이 우러러보는 애국자다.》

우러르다 1.고개를 위로 들다. 《하늘을 우러러 별을 좀 보렴.》 2.남을 깊이 존경하다. 《윤 선생님은 제가 스승처럼 우러러 모시는 분입니다.》 ㈜우러르는, 우러러, 우러릅니다.

우럭 강물과 바다가 만나는 갯벌에 사는 조개. 껍데기는 두꺼운 달걀꼴에 옅은 밤색이다.

우럭

우렁쉥이 → 멍게.

우렁이 논, 늪, 못에 사는 동물. 몸이 나사꼴 껍데기로 덮여 있다.

우렁이

우렁이도 두렁 넘을 꾀가 있다 속담 아무리 못난 사람도 재주 하나는 있다는 말.

우렁차다 소리가 아주 힘차고 크다. 《우렁찬 목소리로 대답하세요.》

우레 → 천둥.

우려 (憂慮) 어떤 일을 걱정하는 것.
우려하다 《그렇게나 우려하던 일이 눈앞에서 일어났다.》

우려내다 물에 담가 맛, 빛깔이 우러나게 하다. 《멸치로 국물을 우려냈다.》

우롱 (愚弄) 남을 놀리고 웃음거리로 만드는 짓. 《아이들의 우롱을 참기 어려워 벌컥 화를 냈다.》 **우롱하다**

우르르 1.쌓여 있던 단단한 물건들이 갑자기 무너져 내리는 소리. 또는 그 모양. 《담이 우르르 무너져 내렸다.》 2.많은 사람이 한꺼번에 몰려가거나 몰려오는 소리. 또는 그 모양. 《종이 치자 아이들이 우르르 몰려나왔다.》

우르릉 천둥이 치는 소리. 《먹구름이 몰려오더니 우르릉 하고 천둥이 쳤다.》

우리 사람 1.자기와 자기 둘레에 있는 사람을 함께 이르는 말. 《이 일은 우리 셋이면 충분해.》 2.'내', '나의'를 뜻하는 말. 《우리 집/우리 엄마》 낮저희. 3.어떤 무리가 자기편임을 뜻하는 말. 《우리 선수》 낮저희.

우리 곳 짐승을 가두어 기르는 곳. 《돼지우리/호랑이 우리》

우리글 우리나라 글자. '한글'을 이른다. 《아름다운 우리글》

우리나라 우리가 사는 나라. '대한민국'을 이른다.

우리다 어떤 재료를 물에 담가 맛, 빛깔 같은 것이 빠져나오게 하다. 《다시마를 우려 국수 국물을 만들었다.》

우리말 우리나라 사람들이 쓰는 말. '한국어'를 이른다.

우림 (雨林) 비가 많이 내리는 숲.

우마차 (牛馬車) 소달구지와 마차.

우매하다 어리석고 사리에 밝지 못하다. 《우매한 사람 같으니.》

우무 우뭇가사리를 끓여서 묵처럼 굳힌 먹을거리. 같한천.

우무리다 다물다 I 북 어떤 것의 가장자리 끝을 가운데로 말다. 《입술을 우무려서 빨대를 물었다.》

우무리다 먹다 I 북 먹을 것을 우물우물 씹거나 씹어 삼키다. 《형은 벌써 떡을 두 개째 우무리고 있었다.》

우묵하다 가운데가 둥글고 깊게 들어

가 있다.《우묵하게 팬 바위》

우문현답 (愚問賢答) 어리석은 물음에 슬기로운 대답.

우물 구멍이 깊이 파서 땅속 맑은 물이 고이게 한 구덩이.

우물 안 개구리 **속담** 넓은 세상을 모른 채 자기가 보고 들은 것이 전부인 줄 아는 사람을 빗대어 이르는 말.

우물에 가 숭늉 찾는다 **속담** 몹시 성급하게 군다는 말.

우물을 곁에 두고 목말라 죽는다 **속담** 몹시 고지식한 사람을 빗대어 이르는 말.

우물을 파도 한 우물을 파라 **속담** 우물을 팔 때 한 곳만 파야 물이 나오는 것처럼, 한 가지 일에만 힘써야 성공할 수 있다는 말.

우물– 모양 1. 입 속에 먹을거리를 넣은 채 삼키지 않고 이리저리 굴리면서 씹는 모양. 2. 남이 잘 알아듣지 못하게 중얼거리는 모양. 3. 벌레 같은 것이 한 군데에 모여 굼뜨게 움직이는 모양. 4. 머뭇거리는 모양. **우물거리다 우물대다 우물우물**《증조할머니는 이가 없어 밥을 우물우물 잡수신다./그렇게 우물대지 말고 먹고 싶은 것을 말해./송충이가 우물우물 기어간다./갈까 말까 우물우물하다가 그만 차를 놓쳤다.》

우물가 우물 둘레.

우물가에 아이 내보낸 것 같다 **속담** 어떤 일이 생길지 몰라서 몹시 조마조마하다는 말.

우물고누 고누 가운데 하나. '十'의 네 귀를 둥글게 막고 한쪽 귀를 터놓은 말판에 저마다 말 두 개씩을 서로 먼저 가두면 이긴다.

우물물 우물에 고인 물. 또는 우물에서 길어 올린 물.

우물쭈물 말이나 행동을 망설이면서 흐리멍덩하게 하는 모양. **우물쭈물하다**《왜 그리 우물쭈물하니?》

우뭇가사리 따뜻한 바다 속에 자라는 바닷말. 빛깔은 짙고 어두운 붉은색이고, 잔가지가 촘촘히 많이 나 있다. 삶아서 우무를 만든다. **북우뭇가사리**.

우뭇가사리

우박 (雨雹) 공기 속에 있는 큰 물방울이 갑자기 찬 기운을 만나서 얼음 덩어리가 되어 떨어지는 것. **북무리**.

우발적 (偶發的) 뜻하지 않게 불쑥 일어나는. 또는 그런 것.

우방 (友邦) 서로 사이좋게 지내는 나라.《영원한 우방은 없다.》

우변 (右邊) 등호나 부등호 오른쪽에 있는 수나 식. **참좌변**. **북오른변**.

우불꾸불 고르지 않게 꾸불꾸불한 모양. **우불꾸불하다**《우불꾸불한 길》

우비 (雨備) 우산, 비옷처럼 비를 맞지 않으려고 쓰는 물건.

우사 (牛舍) → 외양간.

우산 (雨傘) 접고 펼 수 있어 비가 올 때 펴서 머리 위를 가리는 물건.

우산국 (于山國) 울릉도에 있던 작은 나라. 512년에 신라에게 망하였다.

우산나물 나무 아래 그늘진 곳에서 자라는 풀. 다 자란 잎은 활짝 편 우산처럼 생겼다. 7~9월에 흰 꽃이 핀다. 어린잎을 먹는다.

우산나물

우산이끼 축축하고 그늘진 곳에 자라는 이끼. 헛뿌리로 땅에 붙어 있다. 암그루는 갈래갈래 갈라진 우산처럼 생겼고, 수그루는 동그랗다.

우산이끼

우상 (偶像) 1. 신처럼 받들어 모시는 물건이나 사람. 2. 아주 좋아하여 떠받들고 따르는 사람.《그 가수는 금세 아이들의 우상으로 떠올랐다.》

우상화 (偶像化) 어떤 대상을 우상으로 만드는 것. **우상화하다 우상화되다**

우선 먼저 (于先) 다른 일에 앞서.《밥 먹기 전에 우선 손부터 씻어라.》

우선 먹기는 곶감이 달다 속담 지금 당장 좋고 편한 것은 잠깐뿐이고 정말로 이로운 것이 아니라는 말.

우선 대접 (優先) 다른 것에 앞서 중요하게 다루는 것.《아빠는 무엇보다 정직을 우선으로 삼았다.》 **우선하다**

우세 (優勢) 힘, 능력, 세력이 남보다 앞서는 것. 반열세. **우세하다**《반대보다 찬성 쪽이 더 우세한 것 같아요.》

우수 절기 (雨水) 한 해를 스물넷으로 나눈 때 가운데 둘째. 추위가 많이 풀리고 봄비가 내려 만물이 다시 살아나는 때라고 한다. 2월 19일쯤이다.

우수 마음 (憂愁) 근심과 걱정.《우수에 젖은 눈빛》

우수리 1. 값을 치르고 거슬러 받는 잔돈.《천 원을 내고 우수리로 백 원을 받았다.》 비거스름돈. 2. 정해진 수나 양을 채우고 남는 것.《모두 만천 원인데 우수리는 빼고 만 원만 주세요.》

우수사 (右水使) 조선 시대 우수영의 으뜸 벼슬.

우수성 (優秀性) 아주 뛰어난 성질.《한글의 우수성은 잘 알고 있지?》

우수수 나뭇잎 같은 것이 한꺼번에 떨어지거나 쏟아지는 소리. 또는 그 모양.《낙엽이 우수수 떨어진다.》

우수영 (右水營) 조선 시대에 수군을 다스리는 벼슬아치가 머무르던 곳. 전라도와 경상도의 서쪽 지역에 있었다. 참좌수영.

우수하다 여럿 가운데에서 뛰어나다.《성적이 우수하다.》

우스개 남을 웃기려고 하는 말이나 짓. 또는 가벼운 농담.

우스갯소리 남을 웃기려고 하는 말.

우스꽝스럽다 말, 생김새, 하는 짓이 가소롭고 우습다.《광대가 우스꽝스러운 옷을 입고 무대에 나왔다.》 북우습강스럽다. 바우스꽝스러운, 우스꽝스러워, 우스꽝스럽습니다.

우슬우슬 I북 1. 마른 잎이나 숲이 마구 움직이는 소리. 또는 그 모양.《무성한 나뭇잎이 가을바람에 우슬우슬 흔들린다.》 2. 눈이나 흙 같은 것이 느릿하고 시끄럽게 떨어지는 소리. 또는 모양.《벽을 살짝 만졌는데도 흙이 우슬우슬 떨어진다.》 **우슬우슬하다**

우습강 I북 몹시 우스운 짓.《우습강을 부리다. / 우습강을 떨다.》

우습다 1. 웃음이 나올 만큼 재미있다.《석호가 철봉에 대롱대롱 매달린 모습이 정말 우스웠다.》 2. 흔히 '우습게' 꼴로 써서, 대수롭지 않다.《덩치가 작다고 해서 민수를 우습게 보면 안 돼.》 바우스운, 우스워, 우습습니다.

우승 (優勝) 경기, 대회에서 일등을 차지하는 것. **우승하다**《우리 학교 합창단이 전국 대회에서 우승했다.》

우승기 (優勝旗) 우승한 사람이나 단체에 주는 깃발.

우승자 (優勝者) 우승을 차지한 사람.

우아하다 점잖고 기품이 있어 아름답다.《우아한 걸음걸이》

우악스럽다 하는 짓이나 생김새가 거칠고 사납다.《형은 우악스럽게 내 팔을 잡아끌었다.》바우악스러운, 우악스러워, 우악스럽습니다.

우애 (友愛) 형제 사이의 사랑.《우애가 깊은 형제》

우엉 밭에 심어 가꾸는 뿌리채소. 뿌리가 살이 쪄서 굵다. 잎은 크고 둥근데 가장자리가 물결처럼 생겼다. 뿌리는 먹거나 약으로 쓰고, 씨도 약으로 쓴다. 북우엉풀, 우웡.

우엉

우여곡절 (迂餘曲折) 여러 가지 힘들고 복잡한 사정이나 과정.《우리는 우여곡절 끝에 산꼭대기에 다다랐다.》

우연 (偶然) 뜻하지 않은 일이 저절로 닥치는 것. 또는 그 뜻밖의 일.《목욕탕에서 소꿉동무를 만난 건 정말 우연이었어.》반필연. **우연하다**

우열 (優劣) 나은 것과 못한 것.《두 사람의 실력은 우열을 가리기 힘들 만큼 엇비슷했다.》북우렬.

우왕좌왕하다 어떻게 할지 몰라서 이리저리 왔다 갔다 하다.《불이 나자 사람들은 우왕좌왕하면서 나갈 문을 찾았다.》

우울 (憂鬱) 몹시 슬프거나 걱정스러워 마음이 어둡고 가라앉은 것. **우울하다**《시험을 망쳐서 기분이 우울하다.》

우월 (優越) 다른 것보다 뛰어난 것. **우월하다**《유진이는 나보다 영어 실력이 훨씬 우월하다.》

우월감 (優越感) 우월하다고 여기는 느낌.

우위 (優位) 남보다 앞서거나 더 좋은 자리.《상대편의 실력이 우리보다 우위에 있지만 최선을 다해 싸우자.》

우유 (牛乳) 소 젖.

우유갑 (牛乳匣) 우유를 담아 파는 작은 종이 상자.

우유부단하다 어떻게 할지 얼른 마음먹지 못하고 우물쭈물하는 태도가 있다.《영숙이는 워낙 우유부단해서 무엇이든 쉽게 결정을 내리지 못한다.》

우윳빛 우유처럼 흰 빛깔. 비젖빛. 북우유빛.

우의 동무 (友誼) 동무들과 사귀면서 나누는 정.《싸우고 난 뒤로 우리 둘의 우의가 더욱 깊어졌다.》비우정.

우의 비옷 (雨衣) → 비옷.

우의정 (右議政) 조선 시대 영의정 밑에서 함께 의정부를 이끈 벼슬. 참영의정, 좌의정.

우적- 단단하고 질긴 것을 마구 씹는 소리. 또는 그 모양. **우적거리다 우적대다 우적우적**《소가 꼴을 우적우적 씹어 먹는다.》

우정 동무 (友情) 동무가 서로 아끼고 위하는 마음. 또는 동무끼리 나누는 따뜻한 정.《나와 선미의 우정은 변치 않을 거야.》비우의.

우정 우편 (郵政) 우편 일을 보는 것.

우정국 (郵政局) 조선 후기에 편지나 소식을 전달하는 일을 맡아보던 관청.

우주 (宇宙) 1.아득하고 끝없는 시간과 공간이 함께 있는 온 세상.《우주 만물》2.해와 달과 별이 있는 끝없이 넓은 곳.《우주 왕복선》

우주 개발 (宇宙開發) 로켓, 인공위성

들을 써서 지구 둘레의 우주나 별을 조사하고 개발하는 일.

우주복 (宇宙服) 우주를 여행할 때 입는 특수한 옷.

우주 비행사 (宇宙飛行士) 우주선을 조종하는 사람.

우주 산업 (宇宙産業) 우주선, 인공위성 같은 것을 만드는 산업.

우주선 (宇宙船) 우주를 날아다닐 수 있게 만든 기계.

우주여행 (宇宙旅行) 우주선을 타고 지구 바깥으로 다니는 여행.

우주 왕복선 (宇宙往復船) 사람이 타고 지구에서 우주까지 여러 번 오갈 수 있는 우주선.

우주인 (宇宙人) 1.지구 말고 다른 별에 산다고 여겨지는 사람과 비슷한 존재. 같외계인. 2.우주선을 타고 우주를 비행하는 사람.

우지끈 크고 단단한 물체가 부러지거나 갈라지는 소리. 또는 그 모양. **우지끈거리다 우지끈대다 우지끈하다 우지끈우지끈**《번개를 맞아 큰 나무가 우지끈 부러졌다.》

우지끈뚝딱 단단한 물건이 요란스럽게 부서지는 소리.

우지지다 '우짖다'의 옛말.《동창이 밝았느냐, 노고지리 우지진다.》

우직하다 성격이나 행동이 어리석어 보일 만큼 답답하고 한결같다.《승민이는 남들이 뭐라고 해도 우직하게 제 할 일만 한다.》

우짖다 새가 울면서 지저귀다.《어디선가 이름 모를 산새가 우짖는다.》

우쩍 모양 |북 1.수나 양이 갑자기 많이

우주선

늘어나는 모양.《8월 들어 비오는 날이 우쩍 많아졌다.》2.갑자기 힘을 쓰거나 기운이 솟구치는 모양.《형이 바위를 우쩍 들어 올렸다.》3.어떤 일에 끈덕지게 달라붙어 힘차게 해 나가는 모양.《모두 우쩍 달라붙으면 오늘 안에 끝낼 수 있어.》**우쩍하다**

우쩍 소리 |북 1.어떤 것을 마구 깨물어 씹는 소리.《사과를 우쩍 깨물어 먹었다.》2.단단하고 깨지기 쉬운 물건이 갑자기 으스러지거나 깨지는 소리.《얼음판이 우쩍 깨졌다.》**우쩍하다**

우쭐- 기운이 나서 한껏 뽐내는 모양. **우쭐거리다 우쭐대다 우쭐하다 우쭐우쭐**《동생은 새로 산 장난감을 내 앞에서 흔들면서 우쭐거렸다.》

우차 (牛車) → 소달구지.

우체국 (郵遞局) 편지, 전보, 소포 들을 배달해 주고 예금이나 보험 같은 일을 맡아보는 기관.

우체부 (郵遞夫) → 우편집배원.

우체통 (郵遞筒) 우편물을 넣는 빨간색 통.《학교 앞에 우체통이 있어요.》

우측 (右側) → 오른쪽.

우툴두툴 바닥이나 거죽이 여기저기 부풀어 올라 고르지 못한 모양.《우툴두툴 닭살이 돋았다.》**우툴두툴하다**

우편 (郵便) 우체국을 통해 편지나 물건을 부치거나 받는 일.《등기 우편》

우편물 (郵便物) 우편으로 부치는 편지나 물건.

우편 번호 (郵便番號) 우체국에서 편지나 소포를 쉽게 나누려고 지역마다 정해 놓은 번호.

우편 요금 (郵便料金) 편지나 물건을

부치려고 우체국에 내는 돈.

우편집배원 (郵便集配員) 우체통에서 우편물을 모아서 받을 사람에게 전해 주는 사람. **같**우체부, 집배원.

우편함 (郵便函) 우편물을 받으려고 대문 앞이나 건물 벽에 걸어 두는 상자.

우편환 (郵便換) 우편으로 보내는 돈. 우체국에서 떼어 주는 증명서를 돈 대신 바꾸어 편지처럼 부친다.

우표 (郵票) 우편 요금을 낸 표시로 우편물에 붙이는 작고 네모난 표.

우호 (友好) 서로 사이가 좋은 것. 《우호 관계를 맺다.》

우화 이야기 (寓話) 사람의 나쁜 생각이나 행동을 꼬집어 바르게 깨우쳐 주는 짧은 이야기. 동물, 식물, 물건 들이 주인공이 되어 사람처럼 군다.

우화 날개돋이 (羽化) 번데기가 자라서 날개 달린 어른벌레가 되는 것. **우화하다** 《매미 애벌레는 여러 해 동안 땅속에서 지낸 뒤에 우화한다.》

우회 (迂廻) 곧바로 가지 않고 돌아서 가는 것. **우회하다** 《조금 멀지만 꽃구경도 할 겸 우회해서 가자.》

우회전 (右回轉) 차, 오토바이, 자전거 들이 오른쪽으로 도는 것. **반**좌회전. **우회전하다**

우후죽순 (雨後竹筍) 어떤 것이 갑자기 많이 생겨나는 것. 비가 온 뒤에 여기저기 쑥쑥 자라나는 죽순이라는 뜻이다. 《우리 동네에 높은 아파트가 우후죽순처럼 들어섰다.》

욱 1.갑자기 화가 불끈 나는 모양. 《속에서 무언가가 욱 치밀었다.》 2.구역질을 하거나 토할 때 내는 소리. 《큰언

니가 '욱!' 하고 헛구역질을 했다.》

욱다지르다 |**북** 마구 윽박질러 겁을 주면서 남의 기를 꺾다. 《큰 칼을 찬 장수가 나와서 적군을 욱다지른다.》 **바**욱다지르는, 욱다질러, 욱다지릅니다.

욱신- 몸이 쑤시듯이 아픈 모양. **욱신거리다 욱신대다 욱신욱신** 《할머니는 날씨가 안 좋으면 허리가 욱신욱신 쑤신다고 하신다.》

욱하다 불끈 성을 내다. 《욱하는 성미 좀 고쳐.》

운 운세 (運) → 운수.

운 시 (韻) 시에서 행마다 같은 위치에서 같거나 비슷한 소리가 되풀이하여 나도록 맞춘 글자.

운동 (運動) 1.몸을 풀거나 튼튼하게 하려고 움직이는 모든 일. 《다리 운동/운동 기구》 2.정해진 규칙에 따라 몸이나 기구를 써서 기록을 내거나 승패를 가리는 것. 《운동선수/운동 종목》 3.어떤 일을 이루려고 무리를 지어서 활동하는 것. 《독립 운동/통일 운동》 4.물체가 시간 흐름에 따라 위치를 옮기는 것. 《낙하 운동》 **운동하다**

운동가 (運動家) 1.세상이 좀 더 좋아지도록 애쓰는, 사회 운동을 하는 사람. 《여성 운동가/노동 운동가》 2.운동을 잘하고 즐기는 사람.

운동 경기 (運動競技) 정해진 규칙에 따라 운동 기술이나 능력을 겨루는 일. **같**스포츠.

운동량 (運動量) 운동하는 양. 또는 운동하는 데 들이는 힘의 양.

운동복 (運動服) → 체육복.

운동선수 (運動選手) 운동이 직업인

사람. 또는 운동을 잘하는 사람.

운동 에너지 움직이는 물체가 가지고 있는 에너지.

운동원 (運動員) 어떤 운동에 몸을 담고 일하는 사람. 《선거 운동원》

운동장 (運動場) 체육, 운동 경기, 놀이 들을 할 때 쓰는 넓은 마당.

운동화 (運動靴) 운동할 때 신는 신발.

운동회 (運動會) 여럿이 모여 갖가지 운동 경기나 놀이를 하는 것. 《이번 가을 운동회에서는 청군이 이겼다.》

운두 신발이나 그릇의 둘레. 또는 그 둘레의 높이. 《운두가 낮은 대접》

운라 (雲鑼) 치는 국악기 가운데 하나. 작은 접시처럼 생긴 징을 나무틀에 열 개 매달아 놓았다. 나무망치로 쳐서 소리를 낸다.

운라

운명 **운세** (運命) 세상의 모든 것을 결정한다고 믿는 강한 기운. 또는 그 기운이 정한 앞날이나 목숨 같은 것. 《이제 운명에 맡기는 수밖에 없어.》같음.

운명 **죽음** (殞命) 사람이 죽는 것. 《온 가족이 모여 할머니의 운명을 지켜보았다.》**운명하다**

운명 교향곡 (運命交響曲) 독일 작곡가 베토벤이 지은 교향곡 제5번.

운모 (雲母) 널빤지나 물고기 비늘처럼 얇게 쪼개지는 돌. 전기의 흐름을 막는 데 쓴다.

운문 (韻文) 운율이 있는 글. 시처럼 가락이 느껴지는 글을 말한다. **참**산문.

운반 (運搬) 물건을 나르는 것. **운반하다** 《이삿짐을 운반하다.》**운반되다**

운반 작용 (運搬作用) 흙, 모래, 자갈 들이 바람이나 물살의 힘으로 다른 데로 옮아가는 일.

운석 (隕石) 지구에 떨어진 별똥. 우주에 떠돌던 돌이 지구에 떨어질 때, 대기권에서 다 타지 않고 땅에 떨어진 것이다. 북별찌돌.

운세 (運勢) 운이 닥쳐오는 형편. 《신문에서 오늘의 운세를 보았다.》

운송 (運送) 사람을 태워 보내거나 물건을 실어 나르는 것. 《운송 수단》비통운. **운송하다 운송되다**

운송비 (運送費) 운송하는 데 드는 돈.

운송업 (運送業) 돈을 받고 사람을 태워 주거나 물건을 실어 나르는 사업.

운수 **운세** (運數) 일이 저절로 잘되거나 잘못되게 만든다고 믿는 기운. 《동전을 줍다니 운수가 좋은걸.》같음.

운수 **일** (運輸) 사람을 태워 보내거나 물건을 실어 나르는 일. 《운수 사업》

운수업 (運輸業) 자동차, 기차, 비행기, 배 들로 많은 사람이나 짐을 한꺼번에 실어 나르는 사업.

운수 회사 (運輸會社) 운수 일로 돈을 버는 회사. 《택시 운수 회사》

운영 (運營) 회사, 조직, 단체 들을 꾸리고 맡아서 이끄는 것. **운영하다** 《영이 아빠는 서점을 운영하신다.》

운영자 (運營者) 모임, 사업, 일 들을 운영하는 사람. 《동호회 운영자》

운요호 사건 조선 고종 때 (1875년) 일본 군함 운요호가 강화도에 쳐들어온 사건. 이 일로 조선은 일본과 강화도 조약을 맺게 되었다.

운용 (運用) 돈, 물건, 제도 들을 맞게 쓰거나 잘 부리는 것. **운용하다** 《학교에서는 학생들을 위해 여러 가지 시설

을 운용한다.》 **운용되다**

운율 (韻律) 시에서 느끼는 가락. 같거나 비슷한 소리가 되풀이될 때 나타난다.

운임 (運賃) 사람이나 물건을 옮겨 주는 값으로 치르는 돈.《고속버스 운임》

운전 (運轉) 차, 열차, 자전거, 오토바이, 기계 들을 뜻대로 움직이는 것.《초보 운전/자동차 운전》 **운전하다**

운전기사 (運轉技士) → 운전사.

운전대 차, 열차, 자전거, 오토바이 들의 방향을 바꾸는 데 쓰는 손잡이. 또는 기계, 기구를 움직이는 데 쓰는 손잡이.《자전거 운전대》 **같**핸들.

운전면허 (運轉免許) 차, 오토바이 들을 운전할 수 있는 자격.

운전사 (運轉士) 자동차 운전하는 일이 직업인 사람. **같**운전기사. **비**운전자.

운전실 (運轉室) 열차, 기계 같은 것을 운전하는 방.

운전자 (運轉者) 차, 열차, 자전거, 오토바이 들을 운전하는 사람. **비**운전사.

운지법 (運指法) 악기를 연주할 때 손가락을 쓰는 방법.

운집하다 여럿이 떼를 지어 한곳에 많이 모이다.《광장에 운집한 사람들》

운치 (韻致) 사람의 마음을 끄는 은근하고 우아한 멋.《운치 있는 정원》

운하 (運河) 배가 다닐 수 있게 땅을 파서 만든 물길.《수에즈 운하》

운학 무늬 구름과 학을 그려 넣은 무늬. 옛날 도자기나 가구 같은 것에 많다.

운항 (運航) 배나 비행기가 정해진 길을 다니는 것.《비행기 운항이 중지되었습니다.》 **북**배다니기. **운항하다**

운행 (運行) 차, 열차, 배 들이 정해진 길을 따라서 다니는 것.《기차 운행 시간표》 **운행하다**

운현궁 (雲峴宮) 서울에 있는 조선 시대 집. 고종의 아버지인 흥선 대원군이 살던 곳이다.

운현궁

울 (wool) 양털로 짠 옷감.

울고불고 아프거나 슬퍼서 시끄럽게 울부짖는 모양.《자기 엄마가 보이지 않자 아이가 울고불고 난리가 났다.》 **울고불고하다**

울긋불긋 여러 빛깔이 화사하게 한데 뒤섞여 있는 모양. **울긋불긋하다**《분이네 담장 안에 복숭아꽃과 살구꽃이 울긋불긋하게 피어 있다.》

울다 ^{아기가} 1.슬프거나 아프거나 해서 입으로 소리를 내면서 눈물을 흘리다.《젖 달라고 우는 아기》 **반**웃다. 2.짐승이나 벌레가 소리를 내다.《밤새 개구리 우는 소리에 잠을 못 잤다.》 3.시계, 전화, 종 들에서 소리가 나다.《전화 벨 우는 소리에 단잠을 깼다.》 **바**우는, 울어, 웁니다.

울며 겨자 먹기 속담 싫은 일을 억지로 한다는 말.

울다 ^{종이가} 바느질하거나 발라 놓은 것이 고르지 못하고 우글쭈글하게 되다.《도배를 잘못해서 내 방 벽지가 운다.》 **바**우는, 울어, 웁니다.

울렁- 1.놀라거나 두렵거나 설레어서 가슴이 두근거리는 모양. 2.토할 듯이 속이 메스꺼운 모양. 3.물결, 파도 같은 것이 흔들리는 모양. **울렁거리다 울렁대다 울렁이다 울렁울렁**《예쁜 동무를 보자 가슴이 울렁거렸다./버스가

울퉁불퉁한 길을 달리자 속이 금방 울렁거렸다./거세게 울렁대는 파도》

울룩불룩 거죽이니 면이 고르지 않게 불룩불룩한 모양. **울룩불룩하다**

울릉도 (鬱陵島) 경상북도 울릉에 딸린 화산섬. 겨울에 눈이 많이 내리고 오징어가 많이 잡힌다.

울릉장구채 울릉도에서 자라는 풀. 6~8월에 흰 꽃이 피고, 달걀꼴 열매가 열린다.

울리다 1.남을 울게 하다.《너, 왜 내 동생 울리고 그래?》^반웃기다. 2.어떤 소리가 나거나 들리다.《점심시간을 알리는 종소리가 울렸다.》3.뱃고동, 경적, 종 들로 소리를 내다.《길이 막히자 차들이 시끄럽게 경적을 울린다.》4.소리, 충격으로 흔들리거나 흔들리게 하다.《삼촌이 엉덩방아를 찧자 바닥이 온통 울렸다.》5.흔히 '심금'과 함께 써서, 남의 마음을 감동시키다.《심금을 울리는 이야기》

울먹- 금방이라도 울음을 터뜨리려고 하는 듯한 모양. **울먹거리다 울먹대다 울먹이다 울먹울먹**《동생이 인형을 잃어버렸다고 울먹거린다.》

울며불며 마구 울고 소리를 지르면서. 《주저앉아 울며불며 떼쓰는 아이》

울보 걸핏하면 우는 아이.

울부짖다 큰 소리로 울면서 부르짖다. 《한 할머니가 아들을 잃고 울부짖는 장면이 뉴스에 나왔다.》

울분 (鬱憤) 응어리가 맺혀 답답하고 분한 마음.《울분을 터뜨리다.》

울산 (蔚山) 경상남도 동북쪽에 있는 광역시. 석유 화학, 조선, 자동차 같은 중화학 공업이 발달하였다.

울상 금방이라도 울음을 터뜨릴 것 같은 표정.《짝꿍이 시험을 망쳤다고 울상이다.》

울새 떨기나무 숲이나 덤불에 사는 나그네새. 몸 위쪽과 날개는 갈색이고 가슴과 배는 희다. 봄과 가을에 우리나라를 지나간다.

울새

울릉장구채

울음 우는 소리. 또는 우는 것.《한 아이가 겁에 질려 울음을 터뜨렸다.》

울음바다 여럿이 한꺼번에 울음을 터뜨려 울음소리로 가득한 자리.《졸업식장은 울음바다가 되었다.》

울음보 흔히 '터지다', '터뜨리다'와 함께 써서, 참다못하여 터뜨린 울음.

울음소리 우는 소리.

울적하다 기분이나 마음이 쓸쓸하고 답답하다.《왠지 마음이 울적해요.》

울창하다 나무들이 우거져서 빽빽하고 푸르다.《울창한 대나무 숲》

울컥 격한 감정이나 눈물 같은 것이 갑자기 치밀어 오르는 모양.《울컥 화가 치밀다.》**울컥하다**

울타리 1.풀, 나무 들을 엮어서 집이나 밭 둘레에 친 작은 담장.《싸리나무 울타리》2.사람을 둘러싼 가까운 테두리를 빗대어 이르는 말.《가정이라는 울타리 안에서 귀하게 자란 티가 난다.》

울퉁불퉁하다 거죽이나 바닥이 판판하지 않고 두드러지게 불룩 나오고 쑥 들어가 있다. **울퉁불퉁하다**《길이 울퉁불퉁해서 차가 몹시 흔들린다.》

울화 (鬱火) 답답하거나 억울하여 가슴에 맺힌 화.《울화가 치밀다.》

움 싹 새로 돋아나는 싹.《파릇파릇 움

이 돋았어요.》

움 구덩이 땅을 파고 거적 같은 것으로 덮어 비바람이나 추위를 막게 한 곳. 흔히 꽃나무나 채소를 넣어 둔다.《할머니는 겨우내 먹을 감자와 고구마를 움에 넣어 두신다.》

움막 구덩이에 짚 같은 것으로 지붕만 씌워 만든 허술한 집.

움씰움씰 |북 1. 어떤 것이 힘차게 솟아오르는 모양.《커다란 해가 바다 위로 움씰움씰 솟아올랐다.》 2. 생각, 느낌 들이 강하게 들거나 힘, 기운 들이 솟구치는 모양.《사물놀이 연주를 들으면 기운이 움씰움씰 솟는다.》 3. 갑자기 몸이 자꾸 흔들리거나 떨리는 모양.《얼마나 추운지 온몸이 저절로 움씰움씰 떨린다.》 **움씰움씰하다**

움직도르래 축이 붙박여 있지 않고 움직이는 도르래. 힘을 반만 들이고도 물체를 들어 올릴 수 있다. **참**고정 도르래.

움직도르래

움직이다 1. 한자리에 있지 않고 옮아가거나 흔들리다. 또는 옮기거나 흔들다.《사람들이 다 타자 기차가 움직이기 시작했다.》 2. 생각이나 마음이 바뀌다. 또는 생각이나 마음을 바꾸다.《네가 아무리 그래도 내 마음은 움직이지 않아.》 3. 기계, 공장 들이 돌아가다. 또는 돌아가게 하다.《공장을 움직이는 데에는 그 기술자가 꼭 필요해.》

움직임 움직이는 모양이나 상태.

움집 땅을 파고 둘레에 기둥을 세워서 이엉을 덮어 만든 집.

움집

움쭉달싹 흔히 '못하다'와 함께 써서, 몸을 아주 조금 움직이려는 모양.《배가 고파서 움쭉달싹 못하겠어.》

움찍 |북 몸을 힘차게 움직이는 모양.《힘들어서 손가락 하나 움찍 못하겠네.》 **움찍하다**

움찔 깜짝 놀라 몸을 갑자기 움츠리는 모양. **움찔거리다 움찔대다 움찔하다**

움찔움찔《빨랫줄에 걸린 하얀 치마가 귀신인 줄 알고 움찔했다.》

움츠러들다 1. 몸을 작게 오그라뜨리다.《춥다고 너무 움츠러들지 말고 어깨를 쭉 펴라.》 2. 겁을 먹거나 창피해서 기가 죽다.《저 형들 덩치가 크다고 해서 움츠러들면 안 돼.》 **바**움츠러드는, 움츠러들어, 움츠러듭니다.

움츠리다 몸을 오그려 작게 만들다.《추우니까 몸을 자꾸 움츠리게 된다.》 **참**움츠리다.

움켜잡다 손가락으로 힘 있게 꽉 잡다.《아이가 엄마 치마를 움켜잡았다.》

움켜쥐다 손가락으로 꽉 쥐다.《상대의 샅바를 움켜쥐고 힘을 주었다.》

움큼 한 손으로 움켜쥘 만한 양을 나타내는 말.《할아버지는 고향의 흙을 한 움큼 담아 오셨다.》 **참**옴큼. **북**웅큼.

움키다 손가락으로 놓치지 않게 꽉 잡다.《뺑튀기를 움켜 입에 넣었다.》

움트다 1. 나무나 풀에서 싹이 돋아나다.《버드나무에서 연둣빛 싹이 움터 나온다.》 2. 생각, 느낌 들이 새로이 일어나다.《남녀 주인공 사이에 사랑이 움트기 시작했어요.》 **바**움트는, 움터, 움틉니다.

움파 1. 겨울에 움 속에서 키운 누런 파. 2. 베어 낸 줄기에서 새로 나온 파.

움푹 가운데가 우묵하게 깊이 들어간 모양.《길이 움푹 파여 도랑이 생겼

다.》**움푹하다**

웃거름 씨앗을 뿌린 뒤나 어린 식물을 옮겨 심은 뒤에 주는 거름. **참덧거름**, **밑거름**.

웃기 모양을 내거나 맛을 돋우려고 먹을거리 위에 얹거나 뿌리는 것. 달걀, 실고추, 깨소금, 버섯, 대추, 은행, 당근, 파 같은 것들이 있다.《떡에 붉은 대추를 웃기로 얹었다.》

웃기다 1.다른 사람을 웃게 하다.《가희가 재미있는 이야기로 우리를 웃겼다.》**반울리다**. 2.하는 짓이 우스울 만큼 어이없고 한심하다.《너 혼자 바위를 들겠다니 웃기는 소리구나.》

웃다 1.기쁘거나 즐거울 때 얼굴을 활짝 펴거나 입을 벌려 소리를 내다.《빙긋 웃다./껄껄 웃다.》**반울다**. 2.하는 짓이 어이없다고 느껴서 깔보다.《지나가던 개도 웃을 일이군!》

웃는 낯에 침 뱉으랴 **속담** 좋게 대하는 사람한테 못되게 굴 수는 없다는 말.

웃돈 본래 값에 더 얹어서 주는 돈.

웃돌다 어떤 테두리를 넘어서다. 또는 그 테두리보다 살짝 높다.《35도를 웃도는 무더위》**반밑돌다**. **바웃도는**, **웃돌아**, **웃돕니다**.

웃방 **북** 한옥에서 부엌 아궁이가 딸린 방에 붙은 방.

웃방살이 **북** 남의 집 방을 빌려서 사는 것.《우리 엄마 아빠도 웃방살이를 하신 적이 있다.》**웃방살이하다**

웃설미 **북** 비, 바람, 눈 들을 막으려고 지붕이나 집 꼭대기를 덮는 일. 또는 그런 일에 쓰는 물건.《소나무 가지로 지붕에 웃설미를 했다.》

웃어른 자기보다 나이가 많거나 높은 자리에 있는 사람.《웃어른께는 존댓말을 써야 한단다.》

웃옷 입은 옷 위에 덧입는 옷. **비겉옷**.

웃음 웃는 일. 또는 웃는 표정이나 소리.《웃음 띤 얼굴》

웃음거리 남한테 웃음을 자아내거나 비웃음이나 놀림을 받을 만한 일. 또는 그런 사람.《비도 안 오는데 우산을 들고 가면 웃음거리가 될 거야.》

웃음기 살짝 웃음 띤 표정. 또는 막 웃으려는 표정.《웃음기가 어리다.》

웃음꽃 환한 웃음을 활짝 핀 꽃에 빗대어 이르는 말.《내가 상장을 보여 드리자 엄마의 얼굴에 웃음꽃이 피었다.》

웃음바다 여럿이 한꺼번에 크고 유쾌하게 웃는 것을 바다에 빗대어 이르는 말.《선생님 말씀에 교실이 온통 웃음바다가 되었다.》

웃음발 **북** 얼굴에 가득한 웃음이나 웃음기를 꽃이 피어나는 모습에 빗대어 이르는 말.《시냇가에서 뛰어노는 아이들 얼굴에 웃음발이 피어난다.》

웃음보 흔히 '터지다', '터뜨리다'와 함께 써서, 한꺼번에 큰 소리로 마구 웃는 웃음을 이르는 말.《동생의 재롱에 온 식구가 웃음보를 터뜨렸다.》

웃음소리 웃을 때 내는 소리.《철수는 웃음소리가 아주 크다.》

웃음판 여럿이 어우러져 한꺼번에 웃는 자리.《아랑이가 원숭이 흉내를 내어 한바탕 웃음판이 벌어졌다.》

웃자라다 식물의 줄기나 잎이 쓸데없이 많이 자라 연약하다.《따뜻한 날씨 때문에 보리가 웃자랐다.》

웃통 1.몸에서 허리 위쪽.《삼촌의 우람한 웃통》2.허리 위쪽에 입는 옷.《어떤 남자 애들은 웃통을 벗어 던진 채 공을 찼다.》참윗도리.

웅글지다 ¹북 소리가 울림이 있고 굵다.《저 가수 목소리는 퍽 웅글지다.》

웅담 (熊膽) 곰의 쓸개를 말린 것. 약으로 쓴다. 북곰열.

웅대하다 건물, 뜻, 계획 같은 것이 엄청나게 크다.《웅대한 뜻을 품다.》

웅덩이 땅바닥이 움푹 패어 물이 괸 곳. 북웅뎅이.

웅덩이를 파야 개구리가 뛰어든다 속담 준비를 제대로 갖추어야 일을 이룰 수 있다는 말.

웅변 (雄辯) 1.조리 있고 막힘이 없어 사람들을 움직이는 뛰어난 말솜씨. 또는 그런 말. 2.여러 사람 앞에서 한 가지 주제를 놓고 씩씩하고 우렁차게 말하는 것.《웅변 대회》**웅변하다**

웅비 (雄飛) 힘차게 뻗어 나아가는 것.

웅비하다《세계로 웅비하는 기업》

웅성– 여럿이 한데 모여 낮은 목소리로 소란스럽게 떠드는 소리. 또는 그 모양. **웅성거리다 웅성대다 웅성웅성**《갑자기 강당에 불이 나가자 아이들이 웅성거리기 시작했다.》

웅얼– 남이 잘 알아들을 수 없게 중얼거리는 모양. **웅얼거리다 웅얼대다 웅얼웅얼**《할 말이 있으면 웅얼대지 말고 큰 소리로 얘기하렴.》

웅장하다 건물, 자연 경치, 예술 작품 같은 것이 엄청나게 크고 우람하다.《베토벤 교향곡은 웅장해서 좋아.》

웅진 (熊津) '공주' 의 옛 이름.

웅크리다 팔다리를 모으고 허리를 굽혀서 몸을 작게 오므리다.《춥다고 집 안에 웅크리고 있지만 말고 밖에 나가서 뛰어놀아.》참웅크리다.

워 홀소리 홀소리 글자 '궈'의 이름.

워 느낌말 소나 말을 멈추게 하거나 달랠 때 내는 소리.

워낙 1.두드러지게 아주.《철수는 워낙 달리기를 잘해서 따라잡을 애가 없다.》2.본디부터 원래.《나는 워낙 목소리가 커서 작게 말하기 힘들어.》

워드 → 워드 프로세서.

워드 프로세서 (word processor) 컴퓨터로 문서를 만들고 뽑게 해 주는 프로그램. 또는 그런 기계. 같워드.

워싱턴 (Washington) 미국의 수도. 미국 동쪽에 있는 도시로 백악관, 국회 의사당 들이 있다.

워키토키 (walkie-talkie) 들고 다니면서 가까운 거리에 있는 사람끼리 연락을 주고받는 데 쓰는 기계.

워털루 전투 1815년에 영국을 비롯한 유럽 여러 나라 군대가 힘을 모아 나폴레옹이 이끄는 프랑스 군대를 워털루에서 크게 무찌른 싸움.

원 세는 말 우리나라 돈을 세는 말. 기호는 ₩이다.

원 느낌말 뜻밖의 일로 언짢을 때 내는 소리.《원, 별 우스운 녀석 다 보겠네.》

원 모양 (圓) 1.해나 보름달처럼 동그란 꼴.《손에 손잡고 원을 만들자.》비동그라미. 2.한 점에서 같은 거리에 있는 점들을 모두 이은 곡선.

원_모양

원 벼슬 (員) 고려 시대와 조선 시대에 고을을 맡아 다스리던 사람. 절도사,

관찰사, 부사 들이 있다. 같수령.

원가 (原價) 1.장사하는 사람이 팔 물건을 처음 사들일 때의 값.《이 물건을 모두 원가에 팝니다.》2.물건을 만드는 데 들인 돈을 모두 합한 값.《제작 원가가 얼마나 하지?》

원각사 (圓覺寺) 서울 탑골 공원에 있던 절. 조선 세조 때 (1465년) 지었고 지금은 10층 석탑만 남아 있다.

원각사

원각사지 십층 석탑 (圓覺寺址十層石塔) 서울 탑골 공원에 있는 석탑. 조선 세조 때 (1467년) 쌓았다. 기단 3층과 탑신 10층으로 되어 있고 인물과 화초 무늬 들이 새겨져 있다. 국보 제2호.

원기둥

원격 (遠隔) 서로 멀리 떨어져 있는 상태.《원격 조종 장치》

원격 제어 (遠隔制御) 멀리 떨어져 있는 기계나 장치에 신호를 보내 마음대로 부리는 것.

원각사지 십층 석탑

원고 (原告) 법원에 재판을 해 달라고 요구한 사람. 반피고.

원고지 (原稿紙) 원고를 쓰는 종이. 글자 수를 세기 쉽게 네모 칸이 그려져 있다.《200자 원고지》

원광석 (原鑛石) 광산에서 갓 캐낸 광석.《다이아몬드 원광석》

원구단 (圜丘壇) 하늘과 땅에 제사를 올리려고 둥글게 쌓은 단. 서울 조선 호텔 안에 일부가 남아 있다.

원구단

원그래프 원을 반지름으로 나누어 조각의 크기로 비율을 나타낸 그래프.

원그래프

원근감 (遠近感) 미술에서 멀리 있는 것은 멀어 보이고 가까이 있는 것은 가깝게 보이는 느낌.《원근감을 살려서 그림을 그려 봅시다.》

원근법 (遠近法) 미술에서 원근감이 있게 그림을 그리는 방법.

원금 (元金) 이자가 붙지 않은 본디 돈.《원금에 이자가 조금 붙었다.》

원기 (元氣) 사람이 살아가는 데 바탕이 되는 기운.《원기 왕성한 젊은이》

원기둥 밑면이 원인 기둥 모양 입체 도형.

원나라 1271년부터 1368년까지 중국에 있던 나라.

원년 (元年) 1.어떤 일이 시작된 해.《프로 야구 원년》2.옛날에 어떤 사람이 임금이 된 해.《태종 원년》

원님 옛날에 '원'을 높여 부르던 말. 원님 덕에 나팔 분다 속담 원님을 따르면서 원님이 받는 좋은 대접을 덩달아 받는다는 뜻으로, 남의 덕에 분에 넘치는 호강을 한다는 말.

원단 설날 (元旦) 설날 아침.

원단 옷감 (原緞) 옷 같은 것을 만드는 데 쓰는 아직 손질하지 않은 천.《이 옷은 최고급 원단으로 만들었다.》

원대하다 뜻, 계획 들이 크다.《가슴에 원대한 꿈을 품다.》

원동력 (原動力) 어떤 일을 이루는 데 바탕이 되는 힘.《경제 성장의 원동력》

원두막 (園頭幕) 원두밭을 지키려고 밭머리에 다락처럼 높게 지은 집. 사방이 트여 있고 짚 들로 지붕을 덮었다.

원두밭 오이, 참외, 수박, 호박 같은 것을 심은 밭.

원둘레 원의 둘레. 같원주.

원래 (元來) 1.→ 본디.《우민이가 원래는 나쁜 애가 아니에요.》2.처음 그대로인 것.《깨진 꽃병을 어떻게 원래

대로 해 놓겠다는 말이야?》

원로(元老) 1.한 가지 일을 오래 하여 경험과 공이 많은 늙은 사람.《원로 작가》2.옛날에 나이 많고 덕이 높은 벼슬아치를 이르던 말.《원로 재상》

원료(原料) 물건을 만드는 데 바탕이 되는 재료.《종이의 원료는 나무다.》

원리(原理) 어떤 일의 밑바탕을 이루는 생각이나 이치.《두레박은 도르래의 원리를 이용해 만든 것입니다.》

원만하다 1.성격이 모나거나 까다롭지 않고 너그럽다.《원만한 성격》2.일이 별문제 없이 잘 나아가다.《두 나라의 분쟁이 원만하게 해결되기를 바랍니다.》3.사이가 좋다.《올해도 반 아이들과 원만하게 지내야지.》

원말 다른 말로 바뀌기 전에 쓰던 본디 말.《'곤란'의 원말은 '곤난'이다.》

원망(怨望) 억울하거나 못마땅해서 남을 탓하거나 미워하는 것. **원망하다**《넘어진 동생이 괜히 나를 원망한다.》

원망스럽다 해를 입은 사람이나 일이 야속하고 밉다.《선생님께 혼난 것은 모두 네 탓이니 나를 원망스럽게 생각하지 마.》ᄫ원망스러운, 원망스러워, 원망스럽습니다.

원목(原木) 손질하지 않고 베어 낸 그대로의 나무.《원목 가구》

원반(圓盤) 1.접시처럼 생긴 둥글고 넓적한 물건. 2.원반던지기에서 쓰는 기구. 나무와 쇠로 접시처럼 둥글넓적하게 만든다.

원반던지기 원반을 던져서 멀리 나가는 것을 겨루는 경기.

원병(援兵) 싸움에서 자기편을 도와

주는 군대.

원본(原本) 고치거나 베끼거나 다른 나라 말로 옮기지 않은 본디 책이나 문서. 참사본.

원불교(圓佛敎) 불교의 한 갈래. 1916년에 박중빈이 처음 시작하였고, 감사하고 보은하는 마음, 부지런한 생활 들을 강조한다.

원뿌리 으뜸 뿌리. 여러 뿌리 가운데 중심인 뿌리로 곁뿌리가 자잘하게 자라난다.

원뿔 밑면이 원이고 옆면이 곡면인 뿔 모양 입체 도형.

원뿔

원뿔형 밑면이 둥글고 끝이 뾰족한 모양. 같원추형.

원산(元山) 북녘 강원도 북쪽에 있는 시. 동해에 닿아 있는 항구 도시이다.

원산지(原産地) 1.원료가 나거나 물건을 만든 곳.《이 연필은 원산지가 어디지?》2.동물이나 식물이 처음 생겨난 곳.《중국이 원산지인 꽃》

원상(原狀) 본디 상태.《원상 복구》

원색(原色) 1.모든 색깔의 바탕인 색깔. 그림물감에서는 빨강, 파랑, 노랑이 원색이고, 빛에서는 빨강, 파랑, 초록이 원색이다. 2.본디 그대로의 색깔.《원색 사진》3.요란한 빛깔.《원색 옷차림》

원서 ^{서류}(願書) 군대, 학교, 회사 들에 들어가려고 내는 서류.《입학 원서》

원서 ^책(原書) 베끼거나 옮긴 책에서 본디 글.《영어 원서/원서 번역》

원성(怨聲) 불평하고 원망하는 소리.《공사장 쓰레기 때문에 동네 사람들의 원성이 높다.》

원소 (元素) 1.수학에서 집합을 이루는 낱낱의 것. 2.화학에서 더 나눌 수 없이 딱 한 가지로만 이루어진 물질. 《금속 원소》 3.철학에서 모든 것의 바탕이 되는 물질.

원수 적 (怨讐) 자기에게 해를 끼쳐 원한을 가지고 있는 사람. 북원쑤.
원수는 외나무다리에서 만난다 속담 싫은 사람을 피할 수 없는 데서 우연히 만나게 되는 것을 빗대어 이르는 말.

원수 대통령 (元首) 나라를 다스리고 대표하는 사람. 《국가 원수》

원숙하다 인격, 지식, 솜씨 들의 수준이 높고 무르익다. 《원숙한 연기》

원숭이 더운 지방의 숲 속 나무 위에서 사는 짐승. 얼굴과 엉덩이를 뺀 온몸에 털이 나 있고, 앞발을 손처럼 쓴다.
원숭이도 나무에서 떨어질 때가 있다 속담 솜씨가 아주 뛰어난 사람도 때로 실수할 때가 있다는 말.

원숭이탈 강령 탈춤, 본산대놀이, 양주 별산대놀이에서 쓰는 탈.

원시 (遠視) 멀리 있는 것은 잘 보지만 가까이 있는 것은 잘 못 보는 눈. 참근시, 난시.

원시림 (原始林) 사람 손길이 닿지 않아 자연 그대로인 숲. 《아마존 원시림》

원시 시대 (原始時代) 인간 역사를 시대로 나눌 때 가장 오래된 시대. 문명이 아직 발달하지 않은 먼 옛날이다.

원시 신앙 (原始信仰) 옛날부터 믿어 온 신앙. 자연, 짐승, 귀신 들을 신처럼 믿고 떠받들던 신앙을 이른다.

원시인 (原始人) 원시 시대에 살던 사람.

원앙

원양반탈_동래 야유

원숭이

원숭이탈_양주 별산대놀이

원심력 (遠心力) 동그라미를 그리면서 도는 물체가 동그라미 한가운데에서 멀어지려는 힘. 참구심력.

원아 (園兒) 유치원에 다니는 아이.

원앙 계곡의 개울가, 숲 속 연못에 사는 새. 수컷은 몸 빛깔이 아름답고 머리 뒤에 긴 털이 나 있다. 천연기념물 제327호. 같원앙새.

원앙새 → 원앙.

원양반탈 고성 오광대, 동래 야유에서 쓰는 탈.

원양 어선 (遠洋漁船) 먼 바다로 나가 고기잡이하는 배. 오랫동안 바다에서 살 수 있는 시설과 물고기를 저장하는 큰 냉장고가 있다. 북먼바다고기배.

원양 어업 (遠洋漁業) 큰 배를 타고 먼 바다를 다니면서 하는 어업.

원예 (園藝) 채소, 과일, 꽃 들을 심어 가꾸는 일. 또는 그 기술.

원예 농업 (園藝農業) 채소, 과일, 꽃 들을 기르는 농업.

원유 기름 (原油) 땅속에서 갓 뽑아낸 석유. 검은 갈색을 띠고 여러 석유 제품의 원료로 쓴다.

원유 젖 (原乳) 갓 짠 소젖.

원인 까닭 (原因) 일, 현상 들이 일어나게 된 까닭. 《뒷산에 산불이 난 원인을 모르겠다.》 비까닭, 이유. 반결과.

원인 원시인 (猿人) 화석으로 남아 있는 가장 오래되고 발달이 덜 된 인류.

원자 (原子) 물질을 이루는 가장 작은 알갱이. 핵 하나와 핵을 둘러싼 전자 여러 개로 이루어져 있다.

원자력 (原子力) 원자의 핵이 깨지거나 다른 핵으로 바뀔 때 생기는 에너지.

원자력 발전소 (原子力發電所) 원자력으로 전기를 일으키는 시설.

원자로 (原子爐) 원자력으로 에너지를 만들어 내는 장치.

원자재 (原資材) 공장에서 물건을 만드는 데 가장 바탕인 재료. 석유, 나무, 철, 석탄 같은 것들이 있다.

원자 폭탄 (原子爆彈) 원자력을 써서 만든 폭탄.

원작 (原作) 다른 나라 말로 옮기거나 희곡, 시나리오로 바꾸기 전의 본디 작품.《이 영화는 원작 소설이 있대.》

원장 병원 (院長) 병원, 학원처럼 '원' 자로 끝나는 기관이나 시설에서 으뜸인 사람.《병원 원장/무용 학원 원장》

원장 동물원 (園長) 동물원, 유치원처럼 '원' 자로 끝나는 기관이나 시설에서 으뜸인 사람.《유치원 원장》

원재료 (原材料) 어떤 물건을 만드는 데 쓰는 원료와 재료.《설탕의 원재료는 사탕수수입니다.》

원점 (原點) 1.어떤 일이 처음 일어나거나 시작되는 점.《문제를 원점에서 다시 생각해 보자.》 2.수학에서 좌표를 정할 때 기준으로 삼는 점. 북처음점.

원정 (遠征) 1.먼 곳으로 싸우러 가는 것.《십자군 원정》 2.먼 곳으로 경기, 탐험, 조사 들을 하러 가는 일.《아프리카 원정 탐사》 **원정하다**

원정군 (遠征軍) 먼 곳으로 싸우러 가는 군대.

원제 (原題) 바꾸기 전의 본디 제목.《바꿔 단 제목이 원제보다 낫다.》

원조 시작 (元祖) 1.첫 조상. 2.어떤 일을 처음으로 시작한 사람.《이 선수가 그 기술의 원조다.》 3.갈래가 같은 것들 가운데 가장 처음 나온 것.《거북선은 철갑선의 원조라고 한다.》

원조 보탬 (援助) 물건, 돈 같은 것으로 도와주는 것. **원조하다**《아프리카에 식량을 원조합시다.》

원주 (圓周) → 원둘레.

원주민 (原住民) 다른 겨레가 들어오기 전부터 한곳에서 대대로 살아온 사람.《'인디언'은 북아메리카 대륙의 원주민을 이르는 말이다.》 참이주민.

원주율 (圓周率) 원둘레와 지름의 비. 흔히 3.14로 계산하고 기호는 π이다.

원지 중부와 북부 지방 양지바른 곳에 자라는 풀. 줄기가 가늘어서 하늘하늘하다. 여름에 보라색 꽃이 피고, 뿌리를 약으로 쓴다.

원지

원천 (源泉) 1.사물의 바탕.《내 힘의 원천은 밥이다.》 2.물길이 처음 시작된 샘.《낙동강의 원천은 강원도 황지 연못이다.》

원체 (元體) 본디부터. 또는 워낙.《원체 상처가 심해서 흉터가 남겠어요.》

원추리 산과 들에 자라거나 꽃밭에 심어 가꾸는 풀. 여름에 주홍색을 띤 노란 꽃이 핀다. 어린잎을 먹고, 뿌리는 약으로 쓴다.

원추리

원추형 (圓錐形) → 원뿔형.

원칙 (原則) 어떤 일을 할 때 한결같이 따라야 하는 규칙이나 법칙.《이 안건은 다수결 원칙에 따라 결정합니다.》

원컨대 바라건대.《원컨대 부디 죄 없는 백성들을 풀어 주시옵소서.》

원탁 (圓卓) 둥근 탁자.

원통 (圓筒) 원기둥 모양의 둥근 통.

원통하다 억울한 일을 당해 분하고 괴롭다.《내 원통해서 이대로는 눈을 감지 못할 것이야.》

원통형 (圓筒形) 둥근 통과 같은 모양.《건전지는 거의 원통형으로 생겼다.》

원판 (圓板) 판판하고 둥근 판.

원피스 (one-piece) 윗옷에 치마를 붙여 한 벌로 만든 여자 옷. **빤**달린옷.

원하다 어떤 것을 바라거나 하고자 하다.《네가 원하는 게 뭐야?》

원한 (怨恨) 몹시 분하고 억울하여 가슴속에 응어리진 한.《원한을 품다.》

원형 둥근 (圓形) 둥근 꼴.《새들이 원형을 그리면서 날아다닌다.》

원형 본디 (原形) 본디 생김새. 또는 처음의 꼴.《이천 년 전 건물이 아직도 원형 그대로 남아 있다니!》

원형 극장 (圓形劇場) 둥근 무대 둘레를 계단으로 된 관람석이 둘러싼 극장.

원호 (圓弧) 원 위에 있는 두 점을 원 둘레를 따라 이은 선. **같**호.

원활하다 일이나 형편이 막힘이 없이 순하게 잘 되어 가다.《학급 회의가 원활하게 끝나서 다행이야.》

원흉 (元兇) 못된 무리의 우두머리. 또는 못된 짓을 한 바로 그 놈.《이토 히로부미는 을사조약의 원흉입니다.》

월 달 (月) 1.한 달 동안. 2.숫자 다음에 써서, 열두 달 가운데 어느 달임을 나타내는 말.《올해는 11월 초순에 첫눈이 내릴 예정입니다.》

월 요일 (月) → 월요일.

월간 (月刊) 한 달에 한 번씩 책이나 잡지를 펴내는 것. 또는 그런 책이나 잡지.《월간 잡지》 **참**계간, 주간.

월금

월경 (月經) → 달거리.

월계관 (月桂冠) 1.옛날 그리스에서 경기에서 이긴 사람한테 씌워 주던 관. 월계수 가지와 잎으로 둥글게 만들었다. 2.이기거나 앞선 사람이 받는 명예를 빗대어 이르는 말.《우리 중에서 누가 승리의 월계관을 쓸까?》

월계수 지중해 부근 지역에서 자라거나 심어 가꾸는 늘푸른나무. 말린 잎을 요리에 쓴다. 옛날에는 올림픽 경기 우승자에게 이 나무의 가지로 월계관을 만들어 씌어 주었다.

월광 (月光) → 달빛.

월금 (月琴) 뜯는 국악기 가운데 하나. 둥근 울림통에 가늘고 긴 목을 달고 줄을 네 개 맨다.

월급 (月給) 한 달 동안 일터에서 일한 대가로 받는 돈. **참**봉급.

월급날 일터에서 월급을 받는 날.

월남 (越南) 북에서 남으로 넘어가는 것. **월남하다**《할아버지는 평안도에서 월남하셨어요.》

월동 (越冬) 겨울을 나는 것.《월동 준비》 **비**겨울나기. **월동하다**

월동지 (越冬池) 철새들이 겨울을 나려고 찾아오는 호수나 저수지.

월드컵 (world cup) 여러 나라 선수들이 모여서 벌이는 운동 경기 대회.

월등하다 다른 것보다 훨씬 뛰어나다.

월등히《네 솜씨가 월등히 낫구나.》

월말 (月末) 한 달이 끝나 가는 무렵. **반**월초.

월반 (越班) 공부를 잘해서 학년을 건너뛰고 다음 학년으로 올라가는 것. **월반하다**

월별 (月別) 한 달을 단위로 해서 가르는 것. 《월별 운동 계획표》

월부 (月賦) 물건 값, 빚 같은 것을 달마다 나누어 내는 것. 《6개월 월부로 냉장고를 샀어요.》

월북 (越北) 남에서 북으로 넘어가는 것. **월북하다** 《큰할아버지는 육이오 전쟁 때 월북하셨다.》

월세 (月貰) 집, 방, 건물 들을 빌린 값으로 달마다 내는 돈. ^참전세.

월식 (月蝕) 달이 지구 그림자에 가려서 부분이나 전체가 보이지 않게 되는 현상. ^참일식.

월악산 (月岳山) 충청북도 제천에 있는 산. 국립공원이다.

월요일 (月曜日) 일주일 가운데 일요일 바로 다음날. ^준월.

월인천강지곡 (月印千江之曲) 조선 세종 때(1449년) 세종이 지은 노래를 실은 책. 석가모니의 공덕을 기리는 내용으로, 지금은 일부만 전한다.

월정사 (月精寺) 강원도 평창 오대산에 있는 절. 신라 선덕 여왕 때 자장이 지었다고 전한다. 팔각 구층 석탑과 석조 보살 좌상이 유명하다.

월정사 팔각 구층 석탑 (月精寺八角九層石塔) 강원도 평창 월정사에 있는 9층 석탑. 고려 초기에 세웠다. 국보 제48호.

월정사

월정사 팔각 구층 석탑

월척 (越尺) 낚시하여 잡은 물고기 길이가 한 척, 곧 30센티미터를 넘는 것. 또는 30센티미터가 넘는 물고기.

월초 (月初) 한 달이 시작하는 무렵. 《나는 월초마다 산에 간다.》 ^반월말.

월출 (月出) 달이 떠오르는 것. 《대보름 월출을 보려고 사람들이 모였다.》

월평균 (月平均) 한 달을 기준으로 해서 내는 평균. 《월평균 기온》

웨 홀소리 글자 'ㅞ'의 이름.

웨딩드레스 (wedding dress) 서양식 혼례에서 신부가 입는 옷. 흔히 희고 옷자락이 길다.

웩웩 자꾸 구역질이 나서 게우는 모양. **웩웩하다**

웬 어찌 된. 또는 어떠한. 《웬 눈이 이렇게 많이 오지?/이게 웬 떡이냐?》

웬걸 '웬 것을'이 줄어든 말. 자기의 뜻이나 바람과는 전혀 다른 일이 벌어졌을 때 쓴다. 《일을 도와주었더니 웬걸, 인사는커녕 화를 내더라.》

웬만큼 1. 지나치거나 모자라지 않게. 또는 그저 그만하게 어지간히. 《아무리 맛있는 음식이라도 웬만큼 먹어야지.》 2. 보통은 넘게. 《나는 수학은 웬만큼 하는데 영어는 잘 못한다.》

웬만하다 1. 어떤 일이 어지간하다. 또는 그저 그만해서 심하지 않다. 《내가 웬만하면 참으려고 했는데 안 되겠어.》 2. 정도, 수준 들이 보통이거나 보통보다 조금 낫다. 《웬만한 달리기 실력으로는 나를 따라잡을 수 없어.》

웬일 어찌 된 일. 또는 무슨 일. 《네가 웬일로 이렇게 일찍 일어났니?》

웹 (web) 전 세계 인터넷을 서로 이어서 온갖 정보를 찾아볼 수 있게 하는 서비스 '월드 와이드 웹'을 줄인 말이다.

웹 사이트 (web site) 인터넷에서 정보를 모아 놓고 사람들이 이용할 수 있게 만든 곳. ^같사이트.

위 글자 홀소리 글자 'ㅟ'의 이름.

위 ^{위치} 1.어떤 기준보다 높은 부분. 또는 꼭대기 부분.《산 위에서 부는 바람》^반밑, 아래. ^북우. 2.나이, 지위, 등급, 수준 들이 더 많거나 높은 것.《형은 나보다 세 살 위다.》^반밑, 아래. ^북우. 3.어떤 것의 거죽이나 바닥.《도화지 위에 그림을 그렸다.》^북우. 4.글에서 앞에 나온 부분이나 내용.《위의 글을 읽고 줄거리를 적어 봅시다.》^반아래. ^북우. 5.어떤 조건이나 범위.《신라는 전통 문화의 바탕 위에 중국 문명을 받아들였다.》^북우.

위 ^몸 (胃) 먹을거리를 소화시키는 구실을 하는 신체 기관. ^같위장.

위 ^{성적} (位) 정해진 기준에 따라 매긴 차례나 등수를 나타내는 말.《훈이가 오래달리기 1위로 들어왔다.》

위급 (危急) 몹시 위험하고 급한 것. **위급하다**《위급한 상황이 발생하면 119에 전화해.》

위기 (危機) 아주 위험한 고비.《위기에 빠지다./위기를 넘기다.》

위기감 (危機感) 위기에 놓였거나 위기가 닥쳐올 때 드는 불안한 느낌.

위기일발 (危機一髮) 아주 위험하고 아슬아슬한 고비를 이르는 말.《자동차에 치일 뻔한 위기일발의 순간》

위나라 220년부터 265까지 중국에 있던 나라.

위대하다 사람, 물건, 일 들이 아주 드높고 훌륭하다.《세종 대왕은 위대한 업적을 많이 남겼습니다.》

위도 (緯度) 지구에서 북쪽이나 남쪽으로 위치를 나타내는 숫자. 적도를 0으로 하여 가로로 북쪽과 남쪽을 나눈

것이다. ^참경도, 위선.

위독하다 병이나 상처가 몹시 심하여 목숨이 위태롭다.《할아버지가 병원에 실려 가셨는데 위독하시대요.》

위뜸 ➔ 윗마을.

위력 (威力) 두렵고 놀라울 만큼 엄청난 힘.《자연의 위력에 견주면 사람의 힘은 아무것도 아니다.》

위령 (慰靈) 죽은 사람의 혼을 위로하는 것.

위령탑 (慰靈塔) 죽은 사람의 혼을 달래거나 뜻을 기리려고 세운 탑.

위례성 (慰禮城) 백제의 첫 도읍지. 지금의 경기도 하남이거나 충청남도 천안이라는 의견이 있다.

위로 (慰勞) 따뜻한 말과 행동으로 몸과 마음을 달래 주는 것. **위로하다**《속상해하는 동무를 위로해 주었다.》

위문 (慰問) 위로하려고 찾아가거나 안부를 묻는 것. **위문하다**《팔을 다쳐 입원한 철수를 위문하러 갔다.》

위문품 (慰問品) 위로하거나 도와주려고 보내는 물건.

위반 (違反) 법률, 규칙, 약속, 명령 들을 어기는 것.《교통 신호 위반/계약 위반/주차 위반》^같위배. **위반하다**

위배 (違背) ➔ 위반. **위배하다**

위법 (違法) 법률을 어기는 것.

위산 (胃酸) 위액에 들어 있는 산.

위상 (位相) 다른 것들 사이에서 개인, 단체의 위치나 수준.《월드컵을 치르고 우리나라 위상이 높아졌다.》

위생 (衛生) 병에 걸리지 않게 깨끗한 환경을 갖추는 것.《위생 상태》

위생병 (衛生兵) 군대에서 다친 병사

를 돌보고 깨끗한 환경을 갖추는 일을 맡은 병사.

위생복 (衛生服) 위생 상태를 지키려고 소독하여 입는 겉옷. 흔히 의사, 약사, 간호사처럼 병균이 옮기 쉬운 일을 하는 사람들이 입는다.

위생적 (衛生的) 위생 상태가 좋은. 또는 그런 것. ^반비위생적.

위선 ^{거짓} (偽善) 나쁜 속마음을 감추고 거짓으로 착한 체하는 것.《그 부자가 가난한 사람들을 돕고 싶다고 한 것은 위선에 지나지 않는다.》

위선 ^{지도} (緯線) 지도나 지구본에서 적도와 나란하게 가로로 그은 선. 지구에 있는 어떤 곳의 위치를 나타내는 데 쓴다. **갈**씨줄. **참**경선, 위도.

위선자 (偽善者) 거짓으로 착한 체하는 사람.

위성 (衛星) 1. 행성 둘레를 도는 작은 별. 2. → 인공위성.

위성 도시 (衛星都市) 큰 도시 둘레에 있는 작은 도시. 흔히 큰 도시의 인구를 줄이려고 세운다.

위성 방송 (衛星放送) 땅 위에서 쏜 전파가 인공위성을 거쳐서 시청자한테 가는 방송.

위성사진 (衛星寫眞) 인공위성에서 찍은 사진.

위성 중계 (衛星中繼) 다른 나라에서 벌어지는 사건이나 행사, 운동 경기 들을 위성으로 중계해 방송하는 일.

위세 (威勢) 남을 두렵게 만드는 엄한 기세.《위세를 떨치다.》**비**권세.

위신 (威信) 남이 믿고 따를 만한 점잖고 훌륭한 모습.《남들이 보고 있으니 위신을 지키세요.》

위아래 1. 위와 아래.《위아래 마을 사람들이 모여 잔치를 벌였다.》**비**아래위. **북**우아래. 2. 윗사람과 아랫사람.《넌 위아래도 없니?》**북**우아래.

위안 (慰安) 어려운 일을 당한 사람을 위로하여 안심시키는 것. 또는 그렇게 해 주는 대상.《실패는 성공의 어머니라는 말을 위안 삼아 다시 도전하기로 했다.》**위안하다**

위암 (胃癌) 위에 생기는 암.

위압 (威壓) 힘, 기세 들로 기를 못 펴게 억누르는 것.《박제상은 왜군의 위압에도 끝내 무릎을 꿇지 않았다.》

위압감 (威壓感) 위압당하는 느낌.

위액 (胃液) 음식을 삭이려고 위의 안쪽 벽에서 나오는 액체.

위엄 (威嚴) 엄하면서도 점잖고 의젓한 태도.《위엄 있는 표정》

위업 (偉業) 위대한 일. 또는 크게 이루어 놓은 일.《남북이 한마음으로 통일의 위업을 이룩합시다.》

위염 (胃炎) 위에 생기는 염증.

위원 (委員) 단체, 기관 들에서 선거나 임명으로 뽑혀 특별한 일을 맡아서 하는 사람.《심사 위원/해설 위원》

위원장 (委員長) 위원 가운데 으뜸인 사람.《심사 위원장》

위원회 (委員會) 단체, 기관 들에서 특별한 일을 맡아서 하는 공식 모임.

위인 ^{훌륭함} (偉人) 역사에서 존경을 받을 만큼 훌륭한 일을 한 사람.《이순신 장군 같은 위인이 되고 싶어요.》

위인 ^{됨됨이} (爲人) 사람됨. 또는 됨됨이로 본 그 사람.《진수의 위인은 내가

잘 알아./몹쓸 위인 같으니!》

위인전 (偉人傳) 훌륭한 사람이 어떻게 살고 어떤 일을 했는지를 적은 글이나 책.《한국 위인전》

위임 (委任) 어떤 일을 남한테 맡기는 것.《국회의원은 국민의 위임을 받아 나랏일을 한다.》 **위임하다 위임되다**

위장 몸 (胃臟) → 위.

위장 꾸밈 (僞裝) 본디 모습이나 생각이 드러나지 않게 꾸미거나 숨기는 것. 비가장. **위장하다**《독립군은 농부로 위장해서 적진을 빠져나갔다.》 **위장되다**

위조 (僞造) 남을 속이려고 가짜를 만드는 것.《위조 문서》 **위조하다**

위주 (爲主) 일을 하는 데 으뜸으로 삼는 것. 또는 중심에 두는 것.《자기 위주로 생각하는 버릇은 버려라.》

위중하다 병이 심해 위험하다.《할머니가 위중하셔서 걱정이에요.》

위증 (僞證) 재판에서 증인이 거짓을 말하는 것. 또는 그런 거짓 증언. **위증하다**《위증한 사람은 벌을 받는다.》

위쪽 위에 있는 쪽.《산 위쪽은 벌써 단풍이 곱게 들었네.》 반아래쪽.

위축 (萎縮) 몸이나 마음이 움츠러드는 것. **위축되다**《심사 위원들 앞이라고 위축되지 말고 멋지게 노래해 봐.》

위층 위쪽에 있는 층.《우리 집 위층에 이모가 사신다.》 같상층. 반아래층.

위치 (位置) 1.사람, 사물이 있는 곳이나 자리.《철수네 집 위치 알아?》 2.개인, 단체 들이 맡은 지위나 구실.《이제 지수도 학생 회장으로서 위치를 굳힌 것 같아.》 **위치하다**

위치 에너지 물체가 위치에 따라 갖는

에너지.

위탁 (委託) 남한테 어떤 일을 해 달라고 맡기는 것.《위탁 판매》 **위탁하다 위탁되다**

위태롭다 위태로운 느낌이 있다.《나무에 매달린 아이가 곧 떨어질 것처럼 위태로워 보인다.》 바위태로운, 위태로워, 위태롭습니다.

위태위태하다 탈이 날 듯 말 듯 몹시 위태하다.《위태위태한 공중 곡예》

위태하다 도무지 마음을 놓을 수 없을 만큼 위험하다.《할머니 걸음걸이는 쓰러질 듯 위태했다.》

위패 (位牌) 죽은 사람의 이름을 적어 절이나 사당에 모시는 나무패.

위편삼절 (韋編三絕) 책을 열심히 읽는 것. 공자가 〔주역〕을 하도 많이 읽어서 책을 묶은 끈이 세 번이나 끊어졌다는 이야기에서 나온 말이다.

위풍당당하다 생김새나 태도가 거침없이 떳떳하고 기운차다.《군인들이 위풍당당하게 행진한다.》

위하다 1.어떤 것을 잘되게 하거나 이롭게 하다.《너를 위해서 하는 말이야.》 2.어떤 뜻이나 목적을 이루려 하다.《불우 이웃을 돕기 위한 모금 행사》 3.아끼고 소중히 여기다.《옆집 할머니는 손자를 끔찍하게 위하신다.》

위헌 (違憲) 헌법에 어긋나는 일.

위험 (危險) 안전하지 못한 나쁜 처지. 또는 다치거나 크게 해를 입을 일이 아주 많은 것. **위험하다**《큰길은 차가 많이 다녀서 위험하니 조심해라.》

위험성 (危險性) 위험한 성질. 또는 위험하게 될 가능성.

위험 수위 (危險水位) 강, 저수지가 넘쳐 홍수가 일어날 수 있는 물 높이.

위험천만하다 위험하기 짝이 없다. 《물에 빠질 뻔한 위험천만한 상황에서 간신히 빠져나왔다.》

위협 (威脅) 말이나 행동으로 으르고 겁을 주는 것. 《약소국은 오랫동안 전쟁 위협에 시달려 왔다.》 **위협하다**

위화감 (違和感) 남달리 특별해 보이는 대상 때문에 느끼는 어색하고 고까운 느낌. 또는 잘 섞이지 못해 어설픈 느낌. 《몇몇 부자들의 사치가 가난한 사람들한테 위화감을 준다.》

윈도 (window) 1.컴퓨터를 쓸 수 있게 해 주는 기본 프로그램. 2.컴퓨터에서 프로그램을 실행했을 때 나타나는 네모난 창.

윗글 앞에 나온 글이나 위에 있는 글.

윗니 위쪽 잇몸에 난 이. **반**아랫니. **북**웃이.

윗도리 '윗옷'을 낮추어 이르는 말. **반**아랫도리. **북**웃도리.

윗돌 위에 있는 돌. 《맷돌의 윗돌에는 곡식을 넣는 구멍이 있다.》 **북**웃돌.

윗마구리 길쭉한 물건의 위쪽 머리 부분. **북**웃마구리.

윗마을 위쪽에 있는 마을. 《윗마을과 아랫마을 사람들이 모여 윷놀이를 한다.》 **같**위뜸. **반**아랫마을. **북**웃마을.

윗목 온돌방에서 아궁이에서 먼 차가운 자리. **반**아랫목. **북**웃목.

윗몸 사람 몸에서 허리 위. **같**상체. **비**상반신. **북**웃몸.

윗몸 일으키기 바로 누워서 다리를 움직이지 않고 윗몸을 일으켰다 누웠다 하는 운동.

윗물 강이나 내의 위쪽에서 흐르는 물. 윗물이 맑아야 아랫물이 맑다 **속담** 윗사람이 바르게 행동해야 아랫사람도 윗사람을 따라서 바르게 행동한다는 말.

윗방 위쪽에 있는 방. **북**웃방.

윗배 배꼽 위쪽의 배. **반**아랫배. **북**웃배.

윗변 사다리꼴에서 위에 있는 변. **참**아랫변.

윗부분 위에 있는 부분. 《호리병은 윗부분이 더 작고 갸름하다.》

윗사람 나이나 항렬이 높은 사람. 또는 지위나 계급이 높은 사람. **반**아랫사람. **북**웃사람.

윗실 재봉틀에서 위에 달린 바늘에 끼운 실. 재봉틀 바닥에서 나오는 밑실과 함께 천을 박는다. **북**웃실.

윗알 주판에서 가름대 위쪽에 있는 알. 알 하나가 다섯을 나타낸다. **북**웃알.

윗옷 위에 입는 옷. **같**상의. **반**아래옷.

윗입술 위쪽 입술. **반**아랫입술. **북**웃입술.

윗자리 1.윗사람이 앉는 자리. 《윗자리에는 어른들이 앉아 계셨다.》 **같**상석. **북**웃자리. 2.높은 지위. 《윗자리에 있을수록 겸손해야 한다.》 **북**웃자리.

윗집 위쪽에 있는 집. 《윗집이 오늘 이사 가나 봐요.》 **반**아랫집. **북**웃집.

윙 1.벌이나 모기 같은 곤충이 빠르고 세차게 날아가는 소리. 《꿀벌이 윙 날아간다.》 2.큰 기계의 모터가 세차게 돌아가는 소리. 《진공청소기가 윙 소리를 내면서 돌아간다.》 3.거센 바람이 전깃줄 같은 것에 부딪혀 나는 소리. 《창밖에서 윙 거센 바람이 불었다.》

윙윙 1.벌이나 모기 같은 곤충이 자꾸 빠르고 세차게 날아가는 소리. 2.큰 기계의 모터가 자꾸 세차게 돌아가는 소리. 3.거센 바람이 전깃줄 같은 것에 자꾸 부딪혀 나는 소리. **윙윙거리다 윙윙대다**《모기가 귓가에서 윙윙거려서 밤새 한숨도 못 잤어요.》

윙크 (wink) 한쪽 눈을 살짝 감았다 뜨는 것. **윙크하다**

유 홀소리 홀소리 글자 'ㅠ'의 이름.

유 띠 (酉) 띠를 나타내는 열두 동물 가운데 열째인 닭을 이르는 말.

유가족 (遺家族) 어떤 사람이 죽은 뒤 남아 있는 가족.《고인의 유가족으로는 아내와 어린 남매가 있다.》같유족.

유감 (遺憾) 마음에 차지 않아 서운하거나 언짢은 느낌.《너에게 아무런 유감도 없으니 이제 화해하자.》

유감스럽다 마음에 차지 않아 서운하거나 언짢다.《엄마한테 거짓말을 하다니 정말 유감스럽구나.》바유감스러운, 유감스러워, 유감스럽습니다.

유격 (遊擊) 적은 병사로 그때그때 형편에 따라 적을 공격하는 것.《유격 훈련》**유격하다**

유격전 (遊擊戰) 적을 유격하는 방법으로 벌이는 전투.《독립군은 유격전을 펼치면서 일본군을 괴롭혔다.》

유고 원고 (遺稿) 죽은 사람이 남긴 원고.《유고 시집》

유고 사고 (有故) 탈이나 사고가 생기는 것.《몇몇 사람이 유고가 생겨 회의에 나오지 못했습니다.》

유골 (遺骨) 주검을 태우고 남은 뼈. 또는 무덤에서 나온 뼈. 같유해.

유공 (有功) 공이 있는 것.《할아버지는 독립 운동 유공 훈장을 받으셨다.》

유괴 (誘拐) 나쁜 속셈으로 사람을 꾀어 데려가는 것.《어린이 유괴 사건》 **유괴하다 유괴되다**

유괴범 (誘拐犯) 사람을 유괴한 범인.

유교 (儒敎) 공자의 가르침을 바탕으로 하여 어질고 바른 정치, 도덕의 실천을 주장하는 사상.

유구무언 (有口無言) 잘못을 저질러서 할 말이 없는 것을 이르는 말. 입은 있지만 말이 없다는 뜻이다.

유구하다 까마득하게 길고 오래다.《반만년의 유구한 역사》

유권자 (有權者) 선거할 권리를 가진 사람.

유급 학년 (留級) 학년이나 계급이 제때 올라가지 못하고 그대로 머무는 것. 비낙제. **유급하다 유급되다**

유급 급료 (有給) 급료가 있는 것.《유급 휴가》

유기 농사 (有機) 1.살아 숨 쉬는 것.《유기 농산물》2.탄소가 주요 성분인 것.《유기 비료》

유기 동안 (有期) 어떤 일이 끝나는 때가 정해져 있는 것.《유기 정학》

유기 놋그릇 (鍮器) → 놋그릇.

유기 버림 (遺棄) 돌보지 않고 내다 버리는 것.《직무 유기》

유기농 (有機農) 농약이나 화학 비료를 쓰지 않고 농사를 짓는 것.

유기물 (有機物) 1.생물의 몸을 이루거나 생물의 몸에서 생기는 물질. 또는 생물을 살아가게 하는 물질. 반무기물. 2.'유기 화합물'을 줄여 이르는 말.

유기장 (鍮器匠) 옛날 방식으로 놋쇠를 다루어 여러 물건을 만드는 기술자. 중요 무형 문화재 제77호.

유난 보통 때와는 아주 다르게 구는 짓. 《별로 춥지도 않은데 오늘따라 왜 이리 유난을 떨어?》 **유난하다 유난히**

유네스코 (UNESCO) → 국제 연합 교육 과학 문화 기구.

유년 (幼年) 어릴 때. 또는 어린 나이. 《유년 시절을 생각하면 웃음이 난다.》

유년기 (幼年期) 어린 시절. 또는 유아기와 소년기 사이.

유념하다 어떤 사실이나 내용을 마음 속 깊이 새겨 두는 것. 《지금까지 한 말을 잘 유념해 두어라.》

유능하다 능력이 있다. 또는 능력이 뛰어나다. 《형은 유능한 기술자다.》

유니세프 (UNICEF) → 국제 연합 아동 기금.

유니폼 (uniform) → 제복.

유다르다 여느 것, 여느 사람과는 아주 다르다. 《아들 넷 가운데 막내가 어렸을 때부터 유다르게 똑똑했지.》 ^북류다르다. ^바유다른, 유달라, 유다릅니다.

유단자 (有段者) 태권도, 유도, 검도, 바둑 같은 것에서 단을 딴 사람.

유달리 다른 것과 아주 다르게. 《엄마는 유달리 추위를 타신다.》 ^비남달리. ^북류달리.

유대 (紐帶) '끈과 띠' 라는 뜻으로 여럿이 서로 끈끈하게 이어지는 것. 《유대 관계》

유대감 (紐帶感) 유대가 있는 느낌. 《가족들 사이에 깊은 유대감이 있다.》

유대교 유대인이 믿는 민족 종교. 여호와를 하나뿐인 신으로 받들고 모세의 율법을 지킨다.

유대인 히브리 어를 쓰고 유대교를 믿는 민족. '유태인'이라고도 한다.

유도 운동 (柔道) 두 사람이 맨손으로 맞붙어 상대를 던져 넘어뜨리거나 몸을 눌러 조르거나 하는 운동.

유도 ^{이끎} (誘導) 어떤 쪽으로 나아가게 이끄는 것. **유도하다** 《관제탑에서 비상 착륙을 유도했다.》 **유도되다**

유도탄 (誘導彈) 유도 장치로 목표물을 맞추는 포탄이나 폭탄. ^같미사일.

유독 홀로 (唯獨) 여럿 가운데 홀로 두드러지게. 《밤하늘에 유독 별 하나가 반짝인다.》

유독 독 (有毒) 독이 있는 것. 또는 몸에 해로운 것. 《유독 물질》 **유독하다**

유독 가스 독이 있어서 생물에 피해를 주는 기체.

유동적 (流動的) 한곳에 머무르지 않고 이리저리 움직이거나 바뀌는. 또는 그런 것.

유두 ^{명절} (流頭) 우리나라 명절 가운데 하나. 나쁜 일을 떨어 버리려고 동쪽으로 흐르는 물에 머리를 감는 풍습이 있다. 음력 6월 15일이다.

유두 ^몸 (乳頭) → 젖꼭지.

유들- 생각이나 태도를 이리저리 바꾸면서 뻔뻔스럽게 구는 모양. **유들거리다 유들대다 유들유들** 《큰형은 자기가 다 컸다고 괜히 유들거린다.》

유라시아 (Eurasia) 유럽과 아시아를 아울러 이르는 이름.

유람 (遊覽) 여기저기 돌아다니면서 구경하는 것. 《나중에 전국 유람을 다

녀 보고 싶어.》 비관광. **유람하다**

유람선 (遊覽船) 경치를 구경하는 사람을 태우고 다니는 배.《한강 유람선》

유랑 (流浪) 한곳에 머무르지 않고 여기저기 떠돌아다니는 것. 비방랑. **유랑하다**《그 시인은 삿갓을 쓰고 전국을 유랑하면서 살았다.》

유래 (由來) 일이나 물건이 옛날부터 이어져 내려온 과정이나 역사나 바탕.《족두리의 유래를 알아볼까요?》**유래하다 유래되다**

유럽 (Europe) 육대주 가운데 하나. 우랄 산맥을 경계로 아시아 대륙과 만나고 영국, 프랑스, 독일, 이탈리아 같은 나라가 있다.

유럽 연합 유럽 여러 나라가 정치와 경제 문제를 함께 풀어 가려고 만든 조직. 이유 (EU).

유력하다 1.어떤 일을 할 가능성이 아주 많다.《두 선수가 유력한 우승 후보로 꼽힌다.》 2.힘, 세력, 재산 같은 것이 있다.《유력한 집안》

유령 (幽靈) 1.죽은 사람의 넋.《너는 유령이 있다고 생각하니?》 2.이름만 있고 실제로는 없는 것을 빗대어 이르는 말.《유령 회사/유령 단체》

유례 (類例) 비슷한 예.《역사에 유례가 없는 큰 사건》

유로 (Euro) 유럽 연합의 돈을 세는 말. 기호는 €이다.

유리 (琉璃) 규사, 석회석, 탄산나트륨 들을 녹여서 만든 물질. 투명하고 단단하지만 잘 깨진다. 창문이나 병 들을 만드는 데 쓴다.

유리관 (琉璃管) 유리로 만든 가느다

유리딱새

란 관. 흔히 과학 실험에 쓴다.

유리구 (琉璃球) 1.유리로 만든 공. 2.전구에서 유리로 만든 둥근 통. 필라멘트가 들어 있다.

유리구슬 유리로 만든 구슬.

유리딱새 높은 산 숲 속에 사는 겨울새. 수컷은 몸 위쪽이 파랗고 배는 흰데 옆구리는 밝은 주황색이다.

유리문 (琉璃門) 유리로 만든 문. 또는 문틀에 유리를 끼운 문.

유리벽 (琉璃壁) 유리로 만든 벽.

유리병 (琉璃瓶) 유리로 만든 병.

유리창 (琉璃窓) 유리를 끼운 창.

유리컵 유리로 만든 컵.《유리컵 가득 물을 따라 마셨다.》

유리하다 어떤 일에 도움이 되어 이롭다. 또는 이점이 있다.《사막은 선인장이 자라기에 유리하다.》 반불리하다.

유망 (有望) 앞으로 잘될 희망이나 가능성이 있는 것. **유망하다**《철수는 장래가 유망한 축구 선수야.》

유머 (humor) 남을 웃기는 말이나 재주.《민수는 늘 유머가 넘치는구나.》

유명 (有名) 이름이 널리 알려진 것. 비저명. 반무명. **유명하다**《금강산은 경치가 아름답기로 유명하다.》

유모 (乳母) 아이를 낳은 어머니 대신 아이에게 젖을 주는 여자.

유모차 (乳母車) 어린아이를 태워서 밀고 다니는 수레.

유모차

유목 (遊牧) 한곳에 살지 않고 물가와 풀밭을 찾아다니면서 소, 말, 양 같은 집짐승을 기르는 일. 북류량목축.

유목민 (遊牧民) 유목을 하면서 살아가는 사람들. 흔히 몽골, 중앙아시아,

사하라 사막 같은 곳에서 산다.

유무 (有無) 있는 것과 없는 것.

유물 (遺物) 1.옛사람들이 남긴 물건. 《선사 시대 유물》2.→ 유품.

유민 ^{고향} (流民) 고향을 떠나 여기저기 떠돌아다니면서 사는 백성.《큰물로 고향을 떠나는 유민이 늘어났다.》

유민 ^{나라} (遺民) 망해 없어진 나라의 백성.《백제 유민은 후백제를 세웠고 고구려 유민은 발해를 세웠다.》

유민사 (流民史) 고향을 떠난 백성이 떠돌아다니면서 살아온 역사.

유발 (誘發) 어떤 것에 이끌려 다른 일이 일어나는 것. **유발하다**《담배는 암을 유발할 수 있다.》

유방 (乳房) → 젖.

유배 (流配) 옛날에 죄지은 사람을 먼 곳으로 보내 살게 하던 벌. **비귀양**. **유배하다 유배되다**

유별 (有別) 서로 다른 것.《남녀가 유별하니 행동을 조심해라.》

유별나다 보통과 아주 다르다.《저 집 떡볶이는 유별나게 매워.》

유복자 (遺腹子) 아버지가 죽은 뒤에 태어난 아이.

유복하다 살림이 넉넉하다.《할머니는 유복한 집에서 태어나셨다.》

유부 (油腐) 두부를 얇게 썰어 기름에 튀긴 먹을거리.

유부남 (有婦男) 혼인해서 아내를 둔 남자. **참유부녀**.

유부녀 (有夫女) 혼인해서 남편을 둔 여자. **참유부남**.

유사 (類似) 서로 비슷한 것. **유사하다**《준희와 나는 유사한 점이 많아.》

유사시 (有事時) 급하거나 큰일이 생겼을 때.《유사시엔 이 문으로 나가.》

유사품 (類似品) 어떤 것과 비슷한 물건. 또는 진짜를 본떠 만든 가짜.

유산 (乳酸) → 젖산.

유산균 (乳酸菌) 포도당 같은 당류를 분해하여 젖산을 만드는 균.

유생 (儒生) 유교의 가르침을 따르고 공부하는 학생.

유서 ^{유언} (遺書) 죽기 전에 남기는 글.

유서 ^{유래} (由緒) 옛날부터 전해져 내려오는 까닭이나 역사.《이 도자기는 유서 깊은 물건입니다.》

유선 (有線) 기계에서 선이 이어진 것. 《유선 라디오》**반**무선.

유선 방송 (有線放送) 연결된 선을 통해 내보내는 방송. 흔히 교내 방송이나 지역 방송에 쓴다.

유선 전화 (有線電話) 이어진 선을 통해 말하는 전화.

유선형 (流線型) 물고기 몸통처럼 앞은 둥글고 뒤로 갈수록 뾰족한 꼴. 공기나 물의 저항을 덜 받기 때문에 자동차, 비행기, 배 들을 만드는 데 쓴다.

유성 (流星) → 별똥별.

유세 ^{생색} (有勢) 자기 지위, 세력, 재산 같은 것을 내세우면서 뽐내는 것.《채은이는 자기가 반장이라고 툭하면 유세를 부린다.》**유세하다**

유세 ^{선전} (遊說) 선거에서 자기를 뽑아 달라면서 공약이나 의견을 여기저기 알리는 것. **유세하다**

유수 (有數) 손꼽아 셀 수 있는 몇몇 가운데 들 만큼 아주 뛰어난 것.《세계 유수의 명문 대학》**유수하다**

유수대 물이 어떻게 흐르는지 알아보는 장치. 흙이 담긴 상자를 비스듬히 기울인 뒤, 그 위에 물을 부어 물이 흐르는 길을 살핀다.

유숙 (留宿) 남의 집에서 묵는 것. **유숙하다**《삼촌은 방을 구할 때까지 동무 집에서 유숙하기로 했다.》

유순하다 얌전하고 순하다.《황소는 참 유순하게 생겼어.》

유스 호스텔 (youth hostel) 세계 여러 곳을 여행하는 청소년이 싼값에 묵을 수 있는 여관.

유식 (有識) 아는 것이 많은 것. 또는 그런 지식.《안 선생님은 어찌나 유식하신지 모르는 게 없어요.》 반무식.

유실 잃어버림 (遺失) 돈, 물건을 잃어버리는 것. 비분실. **유실하다 유실되다**

유실 떠내려감 (流失) 떠내려가서 없어지는 것. **유실하다 유실되다**《홍수로 유실된 다리를 얼른 다시 지어야겠다.》

유실수 (有實樹) 먹을 수 있는 열매가 열리는 나무. 사과나무, 배나무, 감나무 들이 있다. 비과일나무.

유심히 주의 깊게. 또는 마음을 두고.《나비 날갯짓을 유심히 보았다.》

유아 어린이 (幼兒) 한 살부터 초등학교에 다니기 전의 어린아이.

유아 젖먹이 (乳兒) → 젖먹이.

유아원 (幼兒園) 유치원에 들어가기 전의 어린아이들을 돌보아 주는 곳.

유약 (釉藥) 도자기를 구울 때 겉에 바르는 약. 물기를 막아 주고 윤기가 나게 한다.

유약하다 나이가 어리고 몸이 약하다.《신랑이 유약해 보이네요.》

유언 (遺言) 죽기 전에 남기는 말.《할아버지는 형제끼리 사이좋게 지내라는 유언을 남기셨다.》 **유언하다**

유언비어 (流言蜚語) → 헛소문.

유언장 (遺言狀) 유언을 적은 글.

유에프오 (UFO) 하늘을 날아다니는 알 수 없는 물체. 참비행접시.

유엔 (UN) → 국제 연합.

유엔 총회 → 국제 연합 총회.

유역 (流域) 강에서 가까운 곳. 또는 강 언저리.《낙동강 유역》

유연성 (柔軟性) 부드럽고 연한 성질이나 정도.《구리는 유연성이 좋다.》

유연탄 (有煙炭) 불에 탈 때 연기가 나는 석탄. 참무연탄.

유연하다 몸이 부드럽고 연하다.《동생은 체조를 해서 몸이 유연하다.》

유용하다 어떤 일에 쓸모가 있다.《지도는 길을 찾을 때 아주 유용하다.》

유원지 (遊園地) 여럿이 쉴 수 있게 공원처럼 꾸며 놓은 곳. 재미있는 구경거리나 놀이 시설 같은 것이 있다.

유월 (六月) 한 해 열두 달 가운데 여섯째 달.

유유자적 (悠悠自適) 아무것에도 얽매이지 않고 자유롭게 사는 것. **유유자적하다**《유유자적한 나그네 인생》

유유하다 1. 놀랄 만한 일을 당해도 아무렇지도 않은 듯 느긋하고 여유가 있다. 2. 움직임이 느리다. 3. 아득히 멀고 오래다. **유유히**《홍길동은 포졸들을 따돌리고 유유히 사라졌다./흰 구름 한 점이 맑은 하늘을 유유히 떠다닌다./유유히 흐르는 세월》

유의 (留意) 마음에 새겨 두고 조심하

는 것. **유의하다**《날이 추우니 감기에 걸리지 않게 유의하세요.》

유의어 (類義語) 뜻이 서로 비슷한 낱말.《'사람'과 '인간'은 유의어이다.》

유의점 (留意點) 마음에 새겨 두고 조심해야 할 점.

유익하다 도움이 되거나 이롭다.《방학을 유익하게 보내세요.》 반무익하다.

유인 꾐 (誘引) 흥미나 주의를 끌어 남을 꾀어내는 것.《적의 유인 작전에 말려들었다.》 **유인하다**

유인 사람 (有人) 우주선 같은 낱말과 함께 써서, 그것을 움직이는 사람이 있음을 뜻하는 말.《유인 우주선》

유인원 (類人猿) 사람과 아주 비슷한 동물. 고릴라, 침팬지, 오랑우탄, 긴팔원숭이 들이 있다.

유일 (唯一) 오직 하나뿐인 것. **유일하다**《너는 내 유일한 동무야.》

유입 (流入) 1. 물이 흘러드는 것.《폐수 유입 방지 대책》 2. 문화, 지식, 사상 들이 들어오는 것.《서양 문물 유입》 **유입하다 유입되다**

유자 유자나무 열매. 어른 주먹만 한 크기에 둥글납작한데 빛깔은 샛노랗고 껍질이 우툴두툴하다. 껍질째 차를 만들어 먹고 약으로도 쓴다.

유자나무 열매를 먹으려고 심어 가꾸는 늘푸른나무. 잎은 긴달걀꼴이고 5~6월에 흰 꽃이 핀다. 가을에 유자가 노랗게 익는다.

유작 (遺作) 죽은 사람이 남긴 작품.

유적 (遺跡) 옛날 사람들이 남긴 자취. 동굴이나 무덤, 건물 터 같은 것을 이른다. 비고적. 참사적.

유자

유자나무

유적지 (遺跡地) 유물이나 유적이 있는 곳.《신라 시대 유적지》

유전 물려받음 (遺傳) 생명체의 생김새, 성격, 체질 들이 다음 세대에 전해지는 것. **유전하다**《유전하는 병과 그렇지 않은 병이 있다.》 **유전되다**

유전 석유 (油田) 땅에 묻힌 석유를 캐내는 곳.《유전 탐사》

유전 공학 (遺傳工學) 생물의 유전자를 바꿔서 사람에게 이로운 것을 얻거나 질병의 치료법을 알아내려는 학문.

유전병 (遺傳病) 색맹처럼 유전으로 자손에게 이어지는 병.

유전자 (遺傳子) 생물체에 유전을 일으키는 물질.

유전자 지도 (遺傳子地圖) 염색체 위에 어떤 유전자가 어느 자리에 있는지 나타낸 그림.

유전체 (誘電體) 전기장 안에 놓았을 때 양전기와 음전기가 생기지만 전류가 잘 통하지 않는 물질.

유제품 (乳製品) 소나 염소의 젖으로 만든 먹을거리. 버터, 치즈, 요구르트, 분유 같은 것이 있다.

유조선 (油槽船) 석유를 나르는 배.

유족 (遺族) → 유가족.

유죄 (有罪) 잘못이나 죄가 있는 것.《유죄 판결/유죄를 선고하다.》 반무죄.

유지 지킴 (維持) 어떤 상태를 그대로 이어 가는 것. **유지하다**《건강을 유지하려면 운동을 해야지.》

유지 사람 (有志) 한 마을이나 지역에서 힘이 있고 사람들을 이끌 만한 어른.

유지 기름 (乳脂) 젖이나 우유에 들어 있는 기름. 버터, 아이스크림 같은 것을 만드는 데 쓴다.

유지류 (油脂類) 동식물 몸속에 있는 지방이나 기름을 통틀어 이르는 말.

유지매미 들에서 흔히 볼 수 있는 매미. 몸은 검은 바탕에 밤색 무늬가 있고, 날개에는 밤색, 검정색 무늬가 섞여 있다.

유지매미

유착 (癒着) 서로 깊은 관계를 맺는 것.《정경 유착》**유착하다 유착되다**

유창하다 말하거나 읽는 솜씨가 물 흐르듯 거침이 없고 매끄럽다.《유창한 영어 실력/유창한 말솜씨》

유채 제주도와 남부 지방에서 밭에 심어 가꾸는 채소. 4월에 샛노란 꽃이 피고 6~7월에 열매가 여문다. 잎과 줄기는 먹고 씨는 기름을 짠다.

유채

유채색 (有彩色) 빨강, 노랑, 파랑과 이들을 섞은 색. 검정, 하양, 회색을 뺀 모든 색을 이른다. ^반무채색. ^북빛갈색.

유추 (類推) 같거나 비슷한 일에 비추어서 어떤 일을 미루어 짐작하는 것. **유추하다**《여러 가지 사실로 유추해 볼 때 선희가 저지른 일이 틀림없다.》

유출 (流出) 1.물 같은 것이 밖으로 흘러 나가는 것. 또는 밖으로 흘려 내보내는 것.《폐수 유출》2.중요한 것이 다른 데로 빠져나가는 것.《문화재 유출 사건》**유출하다 유출되다**

유충 (幼蟲) → 애벌레.

유치 ^{이빨} (乳齒) → 젖니.

유치 ^{행사} (誘致) 어떤 일을 자기 고장에서 하려고 끌어 오는 것. **유치하다**

유치원 (幼稚園) 초등학교에 들어가기 전의 어린이들을 가르치는 곳.

유치원생 (幼稚園生) 유치원에 다니는 아이.

유치장 (留置場) 경찰서에서 법을 어긴 사람을 잠시 동안 가두어 두는 곳.

유치하다 질이나 수준이 한심할 만큼 낮다.《유치한 장난 그만 쳐.》

유쾌하다 기분이 즐겁고 좋다.《오늘은 유쾌한 하루였어.》^반불쾌하다.

유토피아 (Utopia) 1.→ 이상향. 2. 영국 정치가 모어가 지은 소설. 무엇이든 공평하게 나누고 모든 사람이 자유로운 이상 사회를 그렸다.

유통 (流通) 1.물건이 생산지에서 소비자에게 옮겨 가는 것. 2.돈 같은 것이 세상에서 널리 쓰이는 것. 3.공기 같은 것이 막힘이 없이 통하는 것. **유통하다**《불법으로 유통하는 물건은 사지 마세요/미국에서 유통하는 화폐는 달러입니다.》**유통되다**

유통 기한 (流通期限) 먹을거리, 약 같은 것이 팔려서 쓸 수 있는 기한.

유품 (遺品) 죽은 사람이 살아 있을 때 쓰던 물건.《할아버지 유품을 정리하는데 자꾸 눈물이 나왔다.》^같유물.

유프라테스 강 아시아 서쪽을 흐르는 강. 터키에서 시작하여 시리아를 가로질러 티그리스 강과 만난다.

유하다 ^{부드럽다} 순하고 부드럽다.《찬우는 성격이 유해서 누구하고나 잘 지낸다.》^반강하다.

유하다 ^{묵다} 어떤 곳에서 한동안 머물러 살다.《부산에 사는 삼촌이 한 달 동안 우리 집에 유하기로 했다.》

유학 ^{공부} (留學) 다른 나라에 머물면서 공부하는 것. **유학하다**《이모는 미국으로 3년간 유학을 떠났다.》

유학 ^{공자} (儒學) 공자의 가르침을 바탕으로 정치와 도덕을 다루는 학문.

유학생 (留學生) 다른 나라에 머물면서 공부하는 학생.

유학자 (儒學者) 유학을 연구하는 사람.

유한 (有限) 수, 양, 시간, 공간 같은 것에 끝이 있는 것. 반무한. **유한하다**《모든 생명은 유한하다.》

유해 ^{해로움} (有害) 해로운 것. 또는 해가 되는 것.《유해 식품》 **유해하다**

유해 ^뼈 (遺骸) → 유골.

유행 (流行) 1.특이한 말, 노래, 옷차림 들이 사람들 사이에 널리 퍼지는 것. 또는 그런 흐름.《올봄에는 물방울무늬 치마가 유행인가 봐.》북류행. 2.돌림병이 널리 퍼지는 것.《요즈음 독감이 유행이래.》북류행. **유행하다**

유행가 (流行歌) 어느 한때 많은 사람이 즐겨 부르는 노래.《유행가 가사》

유행병 (流行病) → 돌림병.

유행성 (流行性) 짧은 한때 널리 퍼지는 성질.

유행성 감기 (流行性感氣) 바이러스 때문에 일어나는 감기. 열이 많이 나고 폐렴, 중이염이 함께 걸리기도 한다.

유행성 이하선염 (流行性耳下腺炎) → 볼거리.

유행어 (流行語) 어느 한때 많은 사람이 즐겨 따라 하는 말. 비시쳇말.

유혈 (流血) 피를 흘리는 것.《유혈 사태만은 막아야 하지 않겠습니까.》

유혈목이 논, 강가, 낮은 산에 사는 뱀. 등은 초록색에 짙은 얼룩무늬가 있고 옆구리는 누런 바탕에 붉은 얼룩이 있

다. 독이 있는 뱀이다. 갈꽃뱀, 율모기.

유형 ^{갈래} (類型) 비슷한 것끼리 묶은 갈래. 또는 그 갈래에 속하는 것.《성격은 몇 가지 유형으로 나눌 수 있다.》

유형 ^{모양} (有形) 모양이 있는 것.《유형, 무형의 압력》반무형.

유형 문화재 (有形文化財) 문화재 가운데 책, 건축물, 예술품처럼 모양이 있어 직접 만지고 볼 수 있는 것. 참무형 문화재.

유혹 (誘惑) 남을 꾀거나 부추겨서 좋지 않은 길로 이끄는 것.《오락실 가고 싶은 유혹을 꾹 참았다.》 **유혹하다**

유화 (油畫) 서양화에서 물감을 기름에 개어 그리는 그림. 참수채화.

유화제 (乳化劑) 본래는 섞이지 않는 두 액체를 잘 섞이게 하는 물질.

유황 (硫黃) → 황.

유효 (有效) 약속, 법률, 물건 들의 효력이나 효과가 아직 있는 것. 또는 쓸모가 있는 것. 반무효. **유효하다**《우리 약속은 아직 유효한 거지?》

유희 (遊戱) 장난치듯 즐겁게 노는 일.

육 (六) 1.오에 일을 더한 수. 아라비아 숫자로는 '6'이다. 참여섯. 2.세는 말 앞에 써서, 여섯을 나타내는 말.

육각기둥 밑면이 육각형인 각기둥.

육각기둥

육각뿔 밑면이 육각형인 각뿔.

육각뿔

육각형 (六角形) 선분 여섯 개로 둘러싸인 도형.

육감 (六感) 잘 알기 어려운 것을 느낌으로 알아채는 것.《짐승들은 비가 올 것을 육감으로 안다.》

육교 (陸橋) 찻길이나 기찻길 위를 가로질러 세운 다리. 북륙교.

유혈목이

육군 (陸軍) 땅 위에서 나라를 지키는 군대. **참**공군, 해군. **북**륙군.

육대주 (六大洲) 지구에 있는 여섯 대륙. 아시아, 아프리카, 유럽, 오세아니아, 남아메리카, 북아메리카이다.

육로 (陸路) 땅에 난 길. 또는 그 길로 다니는 것. 《금강산을 육로로 다녀올 수 있다니 감격스럽구나.》

육류 (肉類) 쇠고기, 돼지고기, 닭고기처럼 사람이 먹는 짐승 고기를 통틀어 이르는 말.

육면체 (六面體) 평면 여섯 개로 둘러싸인 입체 도형.

육모얼레 모서리가 여섯 개인 얼레.

육묘 (育苗) 논밭에 심으려고 모나 어린 나무를 기르는 일.

육박 (肉薄) 어떤 것에 가까이 바싹 다가붙다. 《오만에 육박하는 구경꾼》

육박전 (肉薄戰) 무기를 쓰지 않고 몸으로 치고받고 싸우는 것.

육상 (陸上) 1.뭍 위. 2.➡ 육상 경기.

육상 경기 (陸上競技) 달리기, 뜀뛰기, 던지기를 바탕으로 땅 위에서 하는 운동 경기를 모두 이르는 말. **같**육상.

육성 목소리 (肉聲) 사람 입에서 직접 나오는 소리. 《삼촌이 할머니의 육성이 담긴 녹음테이프를 틀어 주었다.》

육성 키움 (育成) 1.훌륭한 성품이나 기술을 갖추게 가르쳐서 길러내는 것. 《바둑 꿈나무 육성》 **비**양성. 2.단체, 산업, 문화 들을 발전시키는 것. 《공업 단지 육성》 **육성하다 육성되다**

육순 (六旬) 예순 살. 《우리 할머니는 올해 육순이 되셨어요.》

육식 (肉食) 1.사람이 고기를 먹는 것.

《육식에는 채소를 곁들이는 것이 좋습니다.》 **참**채식. 2.짐승이 다른 짐승을 잡아먹는 것. 《육식 공룡》 **참**초식.

육식 동물 (肉食動物) 다른 동물을 잡아먹고 사는 동물. **참**초식 동물.

육식성 (肉食性) 다른 짐승을 잡아먹는 성질. **참**초식성.

육신 (肉身) ➡ 육체.

육십갑자 (六十甲子) 한자 갑 (甲), 을 (乙), 병 (丙), 정 (丁), 무 (戊), 기 (己), 경 (庚), 신 (辛), 임 (壬), 계 (癸)의 열 자와 자 (子), 축 (丑), 인 (寅), 묘 (卯), 진 (辰), 사 (巳), 오 (午), 미 (未), 신 (申), 유 (酉), 술 (戌), 해 (亥)의 열두 자를 차례로 묶어서 예순 가지로 늘어놓은 것.

육아 (育兒) 아기를 기르는 것.

육아 일기 (育兒日記) 아기를 기르면서 생긴 일이나 느낌 들을 쓴 일기.

육안 (肉眼) ➡ 맨눈.

육영 (育英) 어린이나 청소년을 교육하는 일. 《육영 사업》

육영 공원 (育英公院) 조선 고종 때 (1886년) 나라에서 처음으로 세운 현대식 학교. 미국 사람을 교사로 불러와 수학, 외국어 들을 가르쳤고, 1894년에 문을 닫았다.

육용종 (肉用種) 고기를 먹으려고 기르는 짐승 종류. **참**난용종. **북**고기종.

육이오 전쟁 (六二五戰爭) 1950년 6월 25일에 북녘과 남녘 사이에서 시작된 전쟁. 1953년 7월 27일에 휴전하면서 끝났다.

육자배기 전라도 민요 가운데 하나. '수심가'와 더불어 우리나라의 대표 민요이다.

육조 (六曹) 고려 시대와 조선 시대에 나랏일을 나누어 맡아보던 관청 여섯 개. 이조, 호조, 예조, 병조, 형조, 공조를 이른다.

육종 (育種) 유전 공학에서 식물이나 동물 종류를 새로 만들거나 더 좋은 종으로 바꾸는 일.《토마토 육종 연구》

육중하다 덩치나 소리가 몹시 무겁고 투박하다.《씨름 선수들 중에는 몸집이 육중한 사람들이 많다.》

육지 (陸地) 1.→ 땅. 2. 섬에 견주어 바다에서 먼 크고 넓은 땅.《좁은 섬에서 벗어나 육지로 나가서 살고 싶어요.》

육체 (肉體) 사람 몸.《육체가 건강해야 정신도 건강하다.》같육신. 비신체.

육체노동 (肉體勞動) 몸을 써서 하는 일.《오랜만에 육체노동을 하고 났더니 온몸이 뻐근하다.》참정신노동.

육체미 (肉體美) 운동으로 다진 몸의 아름다움.

육체적 (肉體的) 사람 몸과 관련되는. 또는 그런 것. 반정신적.

육포 (肉脯) 쇠고기를 얇게 저며서 간을 하여 말린 포.

육풍 (陸風) 육지에서 바다로 부는 바람. 참해풍.

육하원칙 (六何原則) 말이나 글에서 사실을 정확하게 알리는 데 필요한 여섯 원칙. 누가, 언제, 어디서, 무엇을, 어떻게, 왜 했는가를 이른다.《신문 기자는 육하원칙에 따라 기사를 쓴다.》

육해공군 (陸海空軍) 육군, 해군, 공군을 함께 이르는 말.

육회 (肉膾) 짐승 고기를 생으로 저민

먹을거리.

윤 (潤) 기름을 바른 듯 반들반들하고 매끈한 것.《아빠 구두를 윤이 나게 닦아 놓았다.》비광, 광택.

윤곽 (輪廓) 1. 사물의 테두리나 얼핏 드러나는 형태.《너희 형제는 얼굴 윤곽이 참 뚜렷하구나.》북륜곽. 2. 어떤 일의 바탕이 되는 간단한 줄거리.《마침내 사건의 윤곽이 드러났다.》

윤기 (潤氣) 윤이 나는 기운.《엄마 머릿결에 윤기가 흐른다.》

윤년 (閏年) 양력에서 4년에 한 번씩 2월이 29일까지 있는 해. 또는 음력에서 5년에 두 번쯤 1년을 13개월로 하는 해.

윤달 양력에서 다른 해보다 하루가 많은 2월. 또는 음력에서 다른 해보다 한 달 늘어난 달.

윤리 (倫理) 사람으로서 마땅히 따르고 지켜야 하는 도리.《윤리 의식/국민 윤리》북륜리.

윤전기 (輪轉機) 신문, 잡지 같은 것을 짧은 시간에 많이 찍어 내는 기계.

윤택 (潤澤) 1. 윤이 나는 것.《윤택이 나는 사과》2. 살림이 넉넉한 것. **윤택하다**《윤택한 가정》

윤판나물 산속 나무 그늘에서 자라는 풀. 4~6월에 연노란 꽃이 피고, 검고 둥근 열매가 열린다. 어린순을 먹는다.

윤판나물

윤활유 (潤滑油) 기계 부속품들이 맞닿는 곳에 치는 기름. 마찰을 줄여서 부드럽게 돌아가게 해 준다.

윤회 (輪廻) 불교에서 뭇 생명체가 살다가 죽어서 다시 태어나고, 또 살다 죽어서 다시 태어나기를 되풀이하는

일. **윤회하다**

율동 (律動) 1.가락에 맞추어 움직이는 몸짓.《오늘 배운 율동을 보여 드릴게요.》**북률동**. 2.음악에서 음이 높고 낮거나 길고 짧은 흐름. **북률동**.

율령 (律令) 나라의 법과 명령을 모두 이르는 말.

율모기 → 유혈목이.

율무 밭에 심어 가꾸는 곡식. 잎이 크고 길다. 여름에 꽃이 피고 열매는 어두운 갈색에 조금 갸름한데, 안에 든 씨를 차로 만들어 먹거나 약으로 쓴다.

율무

율법 (律法) 기독교에서 하느님 이름으로 정한 규범. **북률법**.

융 (絨) 잔털이 부드럽게 일어난 천. 아기 옷이나 속옷 들을 만드는 데 쓴다. **북모달리**.

융기 (隆起) 땅이 솟아오른 것. **반침강**. **융기하다**

융단 (絨緞) 양털 같은 것으로 보풀이 일게 짠 두꺼운 천. 여러 가지 무늬를 넣어 바닥에 깔거나 벽에 걸어 둔다.

융성 (隆盛) 나라, 종교, 학문 들이 크게 흥하고 잘되는 것. **북륭성**. **융성하다**《고려 시대에는 불교가 융성했다.》

융숭하다 남을 대하는 태도가 아주 지극하다.《융숭한 대접을 받다.》

융자 (融資) 은행 같은 금융 기관에서 돈을 빌리는 것. **융자하다**

융털 1.융단 거죽에 난 잘고 부드러운 털. 2.작은창자 안쪽 벽에 털처럼 촘촘하게 돋아 있는 작은 살.

융통 (融通) 1.돈이나 물건을 빌리는 것.《경제가 어려워 자금 융통이 어렵다.》2.그때그때 형편에 따라 일을 알맞게 해 나가는 것. **융통하다**

융통성 (融通性) 일을 때와 형편에 따라 알맞게 해 나가는 성질.《원칙만 고집하지 말고 융통성 있게 생각해 봐.》

융합 (融合) 여럿이 녹아서 한데 잘 섞이는 것. **융합하다**《산소와 수소가 융합하면 물이 된다.》**융합되다**

융해 (融解) 고체가 녹아서 액체로 바뀌는 일. **반응고**. **융해하다 융해되다**

융화 (融和) 여럿이 사이좋게 어울리는 것.《우리 반은 아이들끼리 융화가 잘된다.》**융화하다 융화되다**

윷 1.윷놀이할 때 쓰는 나무 막대기 네 개. 2.윷놀이에서 윷가락이 모두 젖혀진 것을 이르는 말.

윷가락

윷가락 윷놀이에 쓰는 나무 막대기 하나하나.

윷놀이 여럿이 편을 갈라 윷으로 겨루는 놀이. 정월 초하루부터 대보름날 사이에 많이 한다.

윷말 윷놀이에서 쓰는 말.

윷판 1.윷말 놓는 자리를 그린 종이나 널빤지. 2.윷놀이하는 자리.《설이면 온 가족이 윷판을 벌이고 논다.》

으 홀소리 글자 '__'의 이름.

으깨다 단단하거나 덩이진 것을 눌러 부서뜨리다.《엄마가 숟가락으로 삶은 감자를 으깨신다.》

으뜸 여럿 가운데서 가장 뛰어나거나 첫째인 것.《한별이는 우리 반에서 달리기로는 으뜸이다.》

으뜸가다 여럿 가운데서 으뜸으로 꼽히다.《삼촌은 우리 마을에서 으뜸가는 효자다.》**비제일가다**. **참버금가다**.

으뜸꼴 '가다', '푸르다'처럼 꼴이 바

뀌는 낱말의 본디 꼴. 《'보면'의 으뜸꼴은 '보다'이다.》 같기본형. 참바꿈꼴.

으뜸음 음계에서 첫째 음. 장조에서는 도이고 단조에서는 라이다.

으뜸화음 장조에서는 '도, 미, 솔'로 이루어지고 단조에서는 '라, 도, 미'로 이루어지는 화음. 참딸림화음, 버금딸림화음.

으레 1.늘 하던 대로. 또는 다른 때와 마찬가지로. 《학교에서는 가을이면 으레 운동회를 연다.》 2.마땅히. 《어른을 만나면 으레 인사를 드려야지.》

으로 'ㄹ'이 아닌 다른 받침으로 끝나는 낱말 뒤에 붙어, 1.'그곳에', '그쪽에'를 뜻하는 말. 《우체국으로 가려면 몇 번 버스를 타야 하나요?》 참로. 2.'그 일 때문에', '그런 까닭에'를 뜻하는 말. 《짝꿍이 눈병으로 학교를 쉬었다.》 참로. 3.'그것을 가지고', '그것을 써서'를 뜻하는 말. 《이 손수건으로 땀을 닦으렴.》 비으로써. 참로. 4.'그런 자격을 가지고', '그런 상태가 되어'를 뜻하는 말. 《저를 반장으로 뽑아 주세요.》 비으로서. 참로. 5.'그때까지', '그때에'를 뜻하는 말. 《약속 시간을 세 시 반으로 정했다.》 참로.

으로서 'ㄹ'이 아닌 다른 받침으로 끝나는 낱말 뒤에 붙어, '그런 지위나 자격을 가지고'를 뜻하는 말. 《반장으로서 한마디만 할게.》 비으로. 참로서.

으로써 'ㄹ'이 아닌 다른 받침으로 끝나는 낱말 뒤에 붙어, 1.'그것을 가지고', '그것을 써서'를 뜻하는 말. 《선생님은 우리를 사랑으로써 가르치신다.》 비으로. 참로써. 2.'그때까지', '그때에'

으름덩굴

를 뜻하는 말. 《여기 와 본 게 이번으로써 세 번째야.》 참로써.

으르다 말이나 몸짓으로 남을 겁주다. 《싸우는 동생들을 을러서 겨우 떼어 놓았다.》 바으르는, 을러, 으릅니다.

으르렁 개나 사나운 짐승 같은 것이 곧 달려들 듯이 사납게 울부짖는 소리. 또는 그 모양. **으르렁거리다 으르렁대다**

으르렁으르렁 《시골 할머니 댁 개는 나만 보면 으르렁댄다.》

으름덩굴 산기슭이나 숲에 자라는 잎 지는 덩굴나무. 줄기가 다른 나무를 감으면서 자란다. 잎은 다섯 장이 모여 붙고, 봄에 연보라색 꽃이 핀다. 가을에 열매인 으름이 열린다.

으름장 남을 윽박지르는 짓. 《형이 조용히 하라고 으름장을 놓았다.》

으리으리하다 건물이 엄청나게 크고 화려하다. 《입이 떡 벌어질 만큼 으리으리한 기와집을 보았다.》

으스대다 잘난 척하면서 뽐내다. 《철수가 시험을 잘 봤다고 으스댄다.》

으스러지다 단단한 것이 으깨져 조각조각 부스러지다. 《바싹 마른 나뭇가지가 힘없이 으스러졌다.》

으스산하다 ㅣ북 느낌이나 분위기가 으스스하다. 《늦은 밤에 들려오는 고양이 울음소리가 으스산하다.》

으스스 춥거나 무서워서 몸이 떨리거나 소름이 돋는 모양. 《비를 맞았더니 으스스 몸이 떨린다.》 **으스스하다**

으슥하다 무서운 느낌이 들 만큼 깊숙하고 구석지다. 《으슥한 골목길》

으슬으슬 추위나 감기 몸살 같은 것으로 몸이 가볍게 떨리는 모양. **으슬으슬**

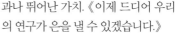

하다《감기에 걸렸는지 몸이 자꾸 으슬으슬해요.》

으썩으썩 ㅣ북 1. 과일 같은 것을 자꾸 세게 베어 무는 소리. 또는 그 모양. 《할아버지는 무를 으썩으썩 깨물어 드실 만큼 이가 좋으시다.》 2. 단단하고 깨지기 쉬운 것이 자꾸 부서지는 소리. 또는 그 모양. 《흙덩이를 밟을 때마다 으썩으썩 소리가 난다.》 **으썩으썩하다**

으쓱 1. 어깨를 한 번 들먹이는 모양. 2. 아주 자랑스러워하는 모양. **으쓱거리다 으쓱대다 으쓱이다 으쓱하다 으쓱으쓱**《영수는 멋쩍어서 괜히 어깨를 한 번 으쓱했다./칭찬을 들은 철수가 으쓱거리면서 자리로 돌아왔다.》

으아리 양지바른 산기슭에 자라는 잎 지는 덩굴나무. 여름에 흰 꽃이 모여 피고 흰 털이 난 달걀꼴 열매가 열린다. 어린잎은 먹고, 뿌리는 약으로 쓴다.

으악 놀라거나 무서워서 크게 내지르는 소리. 《으악! 바퀴벌레다!》

으앙 아기가 울음을 터뜨리는 소리.

으하하 입을 벌리고 크게 웃는 소리. 《으하하, 우리가 이겼어!》

으흐흐 엉큼하게 웃는 소리. 《으흐흐, 너도 당해 봐라.》

으흠 → 어험.

윽박지르다 남을 심하게 혼내거나 다그치다. 《그렇게 윽박지르지만 말고 잘 타일러 봐.》 ㅂ윽박지르는, 윽박질러, 윽박지릅니다.

은 금속 (銀) 빛나는 하얀 금속. 금속 가운데 열과 전기가 가장 잘 통한다. 그릇, 장신구, 화폐 들을 만드는 데 쓴다.

은 보람 ㅣ북 어떤 일에서 얻는 보람찬 결

으아리

과나 뛰어난 가치. 《이제 드디어 우리의 연구가 은을 낼 수 있겠습니다.》

은 사람은 받침 있는 낱말 뒤에 붙어, 1. 그 낱말이 행동이나 상태의 주인공임을 나타내는 말. 《내 동생은 키가 크다.》 참는. 2. 다른 것과 견줄 때 쓰는 말. 《형은 학교에 가고, 동생은 유치원에 간다.》 참는. 3. 앞말을 힘주어 나타내는 말. 《난 노래는 못하지만 그림은 잘 그려.》 참는.

은거 (隱居) 세상일을 피해서 숨어 사는 것. **은거하다**《그 도사는 산속에 은거하면서 도를 닦았다.》

은공 (恩功) 남이 베푼 은혜나 도움. 《이 은공은 잊지 않고 갚겠습니다.》

은근슬쩍 남의 눈에 띄지 않게 슬그머니. 《은근슬쩍 경아 손을 잡았다.》

은근하다 1. 겉으로 드러나지는 않아도 속으로 생각하는 마음이나 정이 깊다. 《무뚝뚝한 말투였지만 은근한 사랑을 느낄 수 있었다.》 2. 겉으로 드러나지 않게 슬그머니 생각하거나 하다. 《모두 시험이 연기되기를 은근히 바랐다.》 3. 화려하거나 야단스럽지 않고 은은하다. 《외국인들은 한복이 지닌 은근한 멋에 감탄하였다.》 **은근히**

은덕 (恩德) 은혜로운 덕.

은돈 은으로 만든 돈. 같은화.

은둔 (隱遁) 세상일을 피해서 숨는 것. 《이 작품은 작가가 은둔 생활을 하면서 쓴 것이다.》 **은둔하다**

은막 (銀幕) 1. 영화 같은 것을 비추어 볼 수 있는 흰 막. 2. ‘영화계’를 빗대어 이르는 말. 《은막의 여배우》

은메달 은으로 만들거나 은빛 나는 메

달. 경기에서 이등을 한 선수에게 준
다. **참**금메달, 동메달.

은밀하다 겉으로 드러나지 않아 깊숙
하고 비밀스럽다.《해적들은 은밀한
곳에 보물을 숨겨 두었다.》**은밀히**

은박 (銀箔) 은이나 은빛 나는 재료를
종이처럼 얇게 만든 것.《은박 종이》

은박지 (銀箔紙) 1.은박을 입힌 종이.
《은박지를 오려 별을 만들었다.》**북**은
박종이. 2.알루미늄을 종이처럼 얇게
편 것. 흔히 먹을거리를 싸는 데 쓴다.

은반 (銀盤) 1.은으로 만든 쟁반. 2.
'보름달'이나 '얼음판'을 빗대어 이르
는 말.《은반 위의 요정》

은방울 은으로 만들거나 은빛으로 꾸
민 방울.

은방울꽃 산에 절로 자라거나 꽃밭에
심어 가꾸는 풀. 뿌리에서 잎이 두세
개 나오고, 6월에 긴 꽃줄기에 방울처
럼 생긴 흰 꽃이 조롱조롱 달린다.

은빛 은처럼 반짝이는 밝은 흰빛.《눈
부신 은빛 눈가루》**같**은색.

은사 (恩師) '가르친 선생님'을 높여
이르는 말.

은산 별신제 (恩山別神祭) 충청남도
부여군 은산에서 마을을 지켜 주는 신
에게 제사 지내는 별신굿. 중요 무형
문화재 제9호.

은상 (銀賞) 상을 금, 은, 동 셋으로 나
누었을 때 이등한테 주는 상.

은색 (銀色) → 은빛.

은수저 은으로 만든 수저.

은신 (隱身) 남의 눈을 피하여 몸을 숨
기는 것. **은신하다**《그 동굴은 열 명이
은신해도 될 만큼 넓다.》

은어

은방울꽃

은신처 (隱身處) 은신한 곳. 또는 은
신하기에 좋은 곳.《적군의 은신처》

은어 어릴 때는 바다에서 지내고, 자라
면 강에서 살다가 다시 바다 가까이에
가서 알을 낳는 민물고기. 몸은 가늘고
긴데, 등은 푸르고 배는 은빛이다.

은연중 (隱然中) 흔히 '은연중에' 꼴
로 써서, 남이 모르는 사이.《선아는
은연중에 싫다는 마음을 내비쳤다.》

은율 탈춤 황해도 은율에 이어져 내려
오는 탈놀이. 말뚝이탈, 양반탈, 영감
탈, 할미탈 들을 쓰고 한다. 중요 무형
문화재 제61호.

은은하다 1.모양이나 빛이 진하지 않
고 그윽하다.《은은한 달빛》2.소리가
나직하고 조용하다.《멀리서 종소리가
은은하게 들려왔다.》**은은히**

은인 (恩人) 어렵고 힘들 때 도와준 고
마운 사람.《그분은 제 생명의 은인이
십니다.》

은장도 (銀粧刀) 은으로 꾸민 작은 칼.
흔히 옛날에 여자들이 지니고 다니면
서 몸을 꾸미거나 보호하는 데 썼다.

은총 (恩寵) 신이나 높은 사람이 베푼
은혜와 사랑.《신의 은총이 있기를.》

은퇴 (隱退) 흔히 나이가 많은 사람이
하던 일을 그만두고 물러나는 것. **은퇴
하다**《아빠는 나중에 은퇴하면 시골에
가서 살겠다고 하신다.》

은폐 (隱蔽) 잘못하거나 부끄러운 일
을 남이 모르게 덮어 버리거나 감추는
것. **북**은폐. **은폐하다**《잘못을 은폐하
기보다는 솔직히 밝히는 게 어때?》

은하 (銀河) 우주에서 수많은 별, 가
스, 먼지 들이 모여 이룬 큰 무리. **같**은

하계.

은하계 (銀河系) → 은하.

은하수 (銀河水) 밤하늘에 흰 강물 모양으로 길게 보이는 수많은 별 무리.

은행 열매 은행나무 열매. 고약한 냄새가 나는 말랑말랑한 껍질 속에 단단한 껍질이 있고, 그 안에 부드러운 알맹이가 들어 있다. 약으로 쓰거나 먹는다.

은행_열매

은행 예금 (銀行) 저금을 맡아 주거나 돈을 빌려 주는 기관.

은행권 (銀行券) 중앙은행에서 찍어 내는 지폐.

은행나무 길가, 공원, 절 같은 곳에 흔히 심어 가꾸는 잎지는나무. 잎은 부채처럼 생겼는데 가을에 노랗게 단풍이 들고 10월에 은행이 열린다. 잎은 약으로 쓰고, 나무로 가구 들을 만든다.

은행나무

은행원 (銀行員) 은행에서 일하는 사람.

은행잎 은행나무 잎.

은혜 (恩惠) 남이 어진 마음으로 베푼 고마운 일.《이 은혜는 결코 잊지 않겠습니다.》

은화 (銀貨) → 은돈.

을 받침 있는 낱말 뒤에 붙어, 어떤 행동의 대상이나 장소임을 나타내는 말.《김밥을 맛있게 먹었어요./비행기가 하늘을 난다.》 참를.

을러대다 말이나 몸짓으로 으르면서 남을 겁주다.《괴물은 자기 말을 듣지 않으면 다 잡아먹겠다고 을러댔어요.》

을미사변 (乙未事變) 조선 고종 때 (1895년) 일본 사람이 경복궁에 쳐들어와서 명성 황후를 죽인 사건.

을밀대 (乙密臺) 평양 금수산에 있는

고구려 시대 다락집. 이곳에 서면 평양 시내가 한눈에 내려다보인다.

을사조약 (乙巳條約) 1905년에 일본이 우리나라의 외교권을 빼앗으려고 강제로 맺은 조약.

을스산하다 |북 느낌이나 분위기가 썰렁하고 으스스하다.《겨울바람이 을사산하게 부네.》

을씨년스럽다 날씨가 스산하고 흐리다. 또는 느낌이나 분위기가 뒤숭숭하고 으스스하다.《을씨년스러운 날씨/늦가을 풍경이 을씨년스럽구나.》 바을씨년스러운, 을씨년스러워, 을씨년스럽습니다.

을자진 (乙字陣) 풍물놀이에서 상쇠를 따라 을(乙)자 꼴로 나아가는 것.

읊다 1.노래하듯이 소리의 높낮이를 살려서 글을 읽거나 외다.《서당에서 아이들이 천자문을 읊는 소리가 났다.》 2.시를 짓다.《설악산의 아름다움을 시로 읊어 보세요.》

읊조리다 뜻을 새기면서 조용히 시를 읽거나 외다. 또는 들려주다.《이모가 쓴 시를 차근차근 읊조려 보았다.》

음 느낌말 1.어떤 일이 그럴듯하다고 여길 때 내는 소리.《음, 네 말도 옳구나.》 2.걱정스럽거나 속으로 생각할 때 내는 소리.《음, 그럴 리가 없어.》

음 소리 (音) 1.귀로 듣는 소리. 2.음악을 이루는 소리.《높은 음과 낮은 음》 3.한자 한 글자마다의 소리.

음 어둠 (陰) 우주 만물을 만들어 내는 서로 반대되는 두 가지 기운 가운데 하나. 땅, 달, 어두움, 암컷, 차가움 들로 나타난다. 참양.

음경 (陰莖) → 자지.

음계 (音階) 음을 높이에 따라 차례로 늘어놓은 것. 국악은 궁, 상, 각, 치, 우 다섯 음계를 쓰고 서양 음악은 도, 레, 미, 파, 솔, 라, 시 일곱 음계를 쓴다.

음극 (陰極) 두 전극 사이에 전류가 흐를 때 전압이 낮은 쪽의 극. ‘-’로 나타낸다. **반**양극.

음나무 산기슭이나 산골짜기 양지바른 곳에 자라는 잎지는나무. 키가 크고 가시가 많다. 나무로는 가구를 만들고 나무껍질은 약으로 쓴다. **같**엄나무.

음나무

음낭 (陰囊) 불알을 싸고 있는 주머니.

음독 **글** (音讀) 1.글을 소리 내어 읽는 것. **참**묵독. 2.한자를 음으로 읽는 것. **음독하다** 《이 책을 또박또박 음독해 보세요./한자를 음독하고 뜻을 말해 봐.》

음독 **독약** (飲毒) 독이 든 것을 먹거나 마시는 것. 《음독 자살》 **음독하다**

음란 (淫亂) 성에 관한 생각, 행동, 내용 들이 바르지 않은 것. **음란하다**

음란물 (淫亂物) 음란한 내용을 담은 책, 그림, 비디오테이프 같은 것들.

음력 (陰曆) → 태음력.

음료 (飲料) → 음료수.

음료수 (飲料水) 목을 축이거나 맛을 즐기려고 마시는 액체. **같**음료.

음률 (音律) 음악의 가락. 《피아노 음률에 맞추어 손뼉을 쳤다.》

음매 송아지가 우는 소리.

음모 (陰謀) 남몰래 못되고 나쁜 일을 꾸미는 것. 또는 그런 꾀.

음미하다 1.먹을거리의 맛과 향을 천천히 즐기다. 《한 번에 다 마시지 말고 맛을 음미하면서 천천히 마셔 봐.》 2.

말, 글, 예술 작품 들의 속뜻이나 알맹이를 꼼꼼히 살피면서 즐기다. 《모두 눈을 감고 노래를 음미해 봅시다.》

음반 (音盤) 음악이나 소리를 들을 수 있게 만든 둥글납작한 플라스틱 판. **같**레코드, 앨범, 판.

음복 (飲福) 제사를 마친 뒤에 상에 올렸던 먹을거리를 함께 나누어 먹는 것. **음복하다**

음산하다 1.날씨가 흐리고 추워 으스스하다. 《하늘이 잔뜩 흐린 게 날씨가 음산하다.》 2.느낌, 분위기가 으스스하고 스산하다. 《음산한 웃음소리》

음색 (音色) 사람이나 악기에 따라 달라지는 소리의 느낌. **북**소리빛깔.

음성 **목** (音聲) → 목소리.

음성 **반응** (陰性) 1.떳떳하지 않아서 몰래 하는 것. 《음성 과외》 2.검사 결과에서 병에 걸리지 않은 것으로 나타나는 일. 《음성 반응》 **반**양성.

음속 (音速) 소리의 빠르기. 15도 공기 속에서는 1초에 약 340미터를 나아간다. 《음속으로 나는 비행기》

음수 (陰數) 0보다 작은 수. -1, -2처럼 앞에 ‘-’ 부호를 붙인다. **반**양수.

음수대 (飲水臺) 공원, 놀이터 같은 곳에 물을 마실 수 있게 마련한 시설.

음습하다 그늘지고 축축해서 느낌이 좋지 않다.

음식 (飲食) 사람이 먹고 마시는 것. 또는 먹고 마시려고 만든 먹을거리. 《전통 음식/향토 음식》 **같**음식물.

음식도 적어야 맛이 있다 **속담** 어떤 것이든 양이 알맞거나 조금 적은 듯해야만 귀하게 여기고 아낀다는 말.

음식은 갈수록 줄고 말은 갈수록 는다
속담 음식은 옮길수록 줄고 말은 할수록
느니까 말을 조심해서 하라는 말.
음식물 (飮食物) ➜ 음식.
음식점 (飮食店) 음식을 만들어 파는
가게. **비**식당.
음악 (音樂) 생각이나 느낌을 소리로
나타내는 예술. 길이, 높낮이, 셈여림
을 다르게 하여 소리를 다듬고 풍부한
아름다움을 전해 준다.
음악가 (音樂家) 작곡가, 연주가, 지
휘자처럼 음악을 전문으로 하는 사람.
음악극 (音樂劇) 대사를 음악에 맞추
어 노래로 하는 연극.
음악대 (音樂隊) 음악을 연주하는 단
체. 흔히 부는 악기와 두드리는 악기로
연주한다. **비**밴드.
음악성 (音樂性) 1. 음악을 만들거나
받아들이는 능력. 《모차르트는 어릴
때부터 음악성이 뛰어났다고 한다.》 2.
음악처럼 가락, 박자, 흐름이 있는 성
질. 《자연의 소리에도 음악성이 있다.》
음악실 (音樂室) 음악을 공부하거나
듣거나 연주할 때 쓰는 방.
음악회 (音樂會) 음악을 연주하고 감
상하는 행사. **같**콘서트.
음양 (陰陽) 우주 만물을 만들어 내는
서로 반대되는 두 가지 기운인 음과 양.
음영 (陰影) 그림자가 지는 어두운 곳.
《큰 느티나무 아래로 음영이 진다.》
음이름 음 높이를 구별하려고 붙인 이
름. 우리나라에서는 다, 라, 마, 바, 사,
가, 나, 서양에서는 시 (C), 디 (D), 이
(E), 에프 (F), 지 (G), 에이 (A), 비 (B)
를 쓴다. **참**계이름.

음전기 (音電氣) 헝겊으로 유리 막대
를 문질렀을 때 헝겊에 생기는 것과 같
은 전기. '−' 부호로 나타낸다. **반**양전
기.
음정 (音程) 높이가 다른 두 음 사이의
거리. 단위는 '도' 이다.
음주 (飮酒) 술을 마시는 것. 《아빠,
음주 운전은 절대 하지 마세요.》
음지 (陰地) 그늘진 곳. 《음지에 아직
도 눈이 남아 있다.》 **비**응달. **반**양지.
음지 식물 (陰地植物) 그늘진 곳에서
잘 자라는 식물. 주목, 잣나무 같은 나
무나 이끼, 고사리 들이 있다. **반**양지
식물. **북**음달식물.
음치 (音癡) 노래할 때 음의 높낮이나
박자를 제대로 맞추지 못하는 사람.
음침하다 1. 날씨, 분위기 들이 흐리고
컴컴하고 으스스하다. 《장마 때는 음
침한 날씨가 이어진다.》 2. 사람이 의
뭉스럽고 칙칙하다. 《음침한 표정》
음파 (音波) 소리가 울려 퍼지면서 생
기는 공기의 흔들림.
음표 (音標) 악보에서 음의 길이와 높
이를 나타내는 기호.
음해 (陰害) 자기는 드러내지 않고 뒤
에서 몰래 남을 해치는 것. **음해하다**
《누군가 나를 음해하는 것 같아.》
음향 (音響) 물체가 내는 소리와 울림.
《이 영화는 음향 효과가 뛰어나다.》
음흉하다 속마음이 엉큼하고 고약하
다. 《늑대가 토실토실 살찐 아기 돼지
를 바라보면서 음흉하게 웃었습니다.》
읍 (邑) 우리나라 행정 구역 가운데 하
나. 군에 딸려 있다.
읍내 (邑內) 읍의 안. 《형은 읍내에 있

는 중학교에 다닌다.》

읍사무소 (邑事務所) 읍의 행정을 맡아보는 관청.

읍성 (邑城) 읍을 둘러싼 성.

읍장 (邑長) 읍사무소에서 으뜸인 사람.

응 1.동무나 아랫사람이 부르거나 물을 때 대답하는 말.《"노마야, 놀자!" "응, 곧 나갈게."》 2.동무나 아랫사람한테 되묻는 말.《응? 무슨 말이야?》

응가 똥이나 똥 누는 일을 이르는 어린아이 말. **응가하다**

응고 굳음 (凝固) 액체가 엉겨서 딱딱하게 굳는 것. 반융해. 북엉겨굳기. **응고하다**《피가 응고해서 딱지가 생겼다.》 **응고되다**

응고 악기 (應鼓) 치는 국악기 가운데 하나. 받침에 틀을 세워 긴 북을 건다.

응구첩대 (應口輒對) 묻는 대로 거침없이 대답하는 것. **응구첩대하다**

응급 (應急) 급한 고비를 넘기려고 우선 먼저 해 두는 것. 또는 몹시 서둘러야 할 만큼 급한 것.《응급 치료》

응급실 (應急室) 병원에서 위급한 환자를 임시로 치료하는 곳.

응급 처치 (應急處置) 급한 고비를 넘기려고 간단히 하는 치료.

응낙 (應諾) 남의 부탁이나 요구를 들어주는 것. **응낙하다**《형이 내 부탁을 기분 좋게 응낙했다.》

응달 그늘진 곳.《응달에는 아직 눈이 쌓여 있다.》 비음지. 반양달.

응답 (應答) 부름이나 물음에 답하는 것.《초인종을 눌렀는데도 아무 응답이 없다.》 비대답. 반질의. **응답하다**

응고_악기

응답자 (應答者) 부름이나 물음에 응답하는 사람.

응당 (應當) 해야 할 바를 당연히.《제가 응당 해야 할 일을 했을 뿐이에요.》

응대 (應對) 부름, 물음, 요구 들에 마주하여 답하는 것. **응대하다**《길을 묻는 할머니께 공손하게 응대했다.》

응모 (應募) 사람, 작품 같은 것을 뽑는 데 참가하는 것. **응모하다**

응석 어리광을 부리는 짓. 또는 귀여워하는 줄 알고 버릇없이 구는 짓.《동생은 아직도 아빠한테 응석을 부린다.》

응석받이 응석 부리면서 버릇없이 자란 아이.

응수 (應酬) 상대방의 말이나 행동을 그대로 되받아치는 것. **응수하다**《민수는 내 말에 날카롭게 응수했다.》

응시 바라봄 (凝視) 한곳을 줄곧 바라보는 것. 비주시. **응시하다**《아까부터 뭘 그렇게 응시하고 있는 거니?》

응시 시험 (應試) 시험을 치는 것.《응시 원서》 **응시하다**

응애응애 갓난아이가 우는 소리.

응어리 1.살이 뭉쳐서 생긴 덩어리.《매 맞은 곳에 시커멓게 응어리가 생겼다.》 2.슬픔, 설움, 한, 불만 들이 가슴속에 먹먹하게 뭉쳐 있는 것.《가슴에 맺힌 응어리를 풀다.》

응용 (應用) 이론, 기술, 지식 들을 실제 일에 맞추어 보거나 맞추어 쓰는 것.《응용 능력》 **응용하다 응용되다**

응원 (應援) 남이 어떤 일을 잘할 수 있게 힘을 북돋워 주는 것. **응원하다**

응원가 (應援歌) 운동 경기에서 자기 편을 응원하려고 부르는 노래.

응원단 (應援團) 운동 경기에서 자기 편을 응원하려고 모인 사람들.

응원석 (應援席) 운동 경기에서 응원 하는 사람들이 앉는 자리.

응접실 (應接室) 손님을 맞이하고 모 시는 방. 북손님맞이방.

응집 (凝集) 여럿이 한데 엉겨 뭉치는 것.《응집 반응》**응집하다 응집되다**

응징 (膺懲) 죄지은 사람을 혼내고 마 땅히 받아야 할 벌을 주는 것.《매국노 는 응징을 받아 마땅하다.》**응징하다**

응하다 물음, 부름, 요구 들에 맞추어 답하거나 움직이다.《초대에 응하다.》

의 홀소리 홀소리 글자 'ㅢ'의 이름.

의 너의 어떤 낱말 뒤에 붙어, 그 낱말이 임자이거나 주체임을 나타내는 말. 《동생의 얼굴 / 우리의 목표》

의거 (義擧) 의로운 일에 떨쳐 일어서 는 것.《독재 정권을 몰아내자는 의거 가 잇따라 일어났다.》**의거하다**

의거하다 어떤 것에 바탕을 두다.《이 문제는 회칙에 의거해서 결정합시다.》

의견 (意見) 어떤 일을 두고 품고 있는 생각이나 느낌.《의견 차이》

의견서 (意見書) 의견을 적은 글이나 문서.

의결 (議決) 어떤 일을 여럿이 의논해 서 결정하는 것. 또는 그런 결정. **의결 하다**《화장실 청소 당번을 새로 정하 자고 의결했다.》**의결되다**

의관 (醫官) 조선 시대 궁궐에서 의술 을 맡아보던 사람.

의구심 (疑懼心) 이상하게 여기거나 믿지 못하는 마음.《우람이 말에 의구 심을 품은 아이들이 한둘이 아니다.》

의구하다 옛날과 같다.《세월이 흘러 도 고향 산천은 의구하구나!》

의금부 (義禁府) 조선 시대에 왕의 명 령에 따라 큰 죄를 지은 사람을 조사하 던 관청.

의기 (意氣) 어떤 일을 해내려는 뚜렷 한 마음.《우리는 이번 대회에서 꼭 우 승하겠다는 의기가 드높았다.》

의기소침하다 기운을 잃고 풀이 죽어 있다.《경민이는 달리기 대회에서 넘 어진 일로 의기소침해 있어요.》

의기양양하다 어떤 일이 잘되어 우쭐 거리는 태도가 있다.《형은 한 골을 넣 고 의기양양한 얼굴로 웃었다.》

의논 (議論) 어떤 일을 두고 서로 의견 을 주고받는 것. 비논의. **의논하다**《어 떤 선물을 살지 의논해 보자.》

의당 (宜當) 마땅히.《의당 제가 할 일 을 했을 뿐입니다.》

의도 (意圖) 어떤 일을 하려는 계획이 나 속뜻. 또는 그 속뜻대로 하는 것. 《일이 내 의도대로 되지 않아 속상하 다.》비의향. **의도하다**

의례 (儀禮) 차례와 예의를 갖추는 것. 또는 잘 갖춘 차례나 예의.《집안 의례 에 따라서 할아버지 제사를 지냈다.》

의롭다 바르고 옳다. 또는 곧고 떳떳 하다.《그분의 의로운 죽음을 잊지 맙 시다.》바의로운, 의로워, 의롭습니다.

의뢰 (依賴) 어떤 일을 남에게 부탁하 거나 맡기는 것. **의뢰하다**《법률문제 는 변호사에게 의뢰하지 그래?》

의뢰인 (依賴人) 어떤 일을 의뢰한 사 람.

의료 (醫療) 병을 막거나 고치는 일.

《의료 시설/의료 기구/의료 장비》

의료 보험 (醫療保險) 병을 고치는 데 드는 돈을 전부 또는 일부 내주는 보험.

의료비 (醫療費) 병을 막거나 고치는 데 드는 돈.《의료비 지출》

의료원 (醫療院) 한꺼번에 여러 환자를 치료할 수 있는 큰 병원.

의류 (衣類) 여러 가지 옷을 통틀어 이르는 말.《남성 의류/의류 상가》

의리 (義理) 사람 사이에 마땅히 지켜야 할 도리. 또는 그런 도리를 지키려는 마음.《철수는 힘든 처지에서도 끝까지 의리를 지켰다.》

의무 (義務) 마땅히 해야 할 일.《학생의 의무/납세 의무》**참**권리.

의무감 (義務感) 어떤 일을 마땅히 해야 한다고 느끼는 마음.《싫은 일을 의무감 때문에 억지로 할 필요 없어.》

의무 교육 (義務教育) 법에 따라 모든 국민이 꼭 받아야 하는 교육. 우리나라에서는 초등학교와 중학교 교육을 이른다.

의문 (疑問) 궁금하거나 의심스러운 것.《형사는 사건에 의문을 품었다.》

의문문 (疑問文) 대답을 요구하는 문장. '어디 가니?', '잘 잤니?'처럼 문장 끝에 물음표를 붙인다. **북**물음문.

의문점 (疑問點) 궁금하거나 의심스러운 점.《의문점이 있으면 물어봐.》

의뭉 겉은 어수룩해 보여도 속은 엉큼하게 딴 뜻이 있는 것.《돌이가 다 알면서 의뭉 떠는 거야》**의뭉하다**

의미 (意味) 1.말, 글, 일, 행동 들이 뜻하는 것.《영수가 어떤 의미로 그런 말을 했을까?》**비**뜻. 2.어떤 일이나 행

동의 가치나 중요성.《방학을 의미 있게 보내고 싶어.》**비**뜻. **의미하다**

의미심장하다 뜻이 깊고 특별하다.《의미심장한 말 한마디》

의병 (義兵) 옛날에 나라를 지키려고 백성들이 스스로 일으킨 군대.

의병장 (義兵將) 의병을 일으키거나 이끄는 장수.《의병장 곽재우》

의복 (衣服) → 옷.

의분 (義憤) 옳지 않은 일을 보고 몹시 분하게 여기는 것.《독도가 일본 땅이라는 말에 의분을 참지 못했다.》

의붓아버지 어머니가 다시 혼인하여 얻은 남편. **같**계부. **북**이붓아버지.

의붓어머니 아버지가 다시 혼인하여 얻은 아내. **같**계모. **북**이붓어머니.

의붓자식 혼인한 상대가 데리고 온 자식. **북**이붓자식.

의사 병원 (醫師) 병원에서 아픈 사람을 진찰하고 치료하는 사람.

의사 나라 (義士) 나라를 위해 싸우다가 의롭게 죽은 사람.《안중근 의사》

의사 생각 (意思) 어떤 일을 하려는 생각.《나는 싸울 의사가 없어.》

의사소통 (意思疏通) 말, 글, 몸짓 들로 자기 뜻을 알려 주거나 상대 뜻을 알아듣는 것. **의사소통하다**

의산문답 (醫山問答) 조선 영조 때 (1766년) 홍대용이 쓴 책. 청나라에 드나들면서 얻은 경험을 바탕으로 우주와 인간에 대한 생각을 두 사람이 묻고 대답하는 형식으로 썼다.

의상 (衣裳) 겉에 입는 옷. 또는 예술가나 연예인이 무대 위에서 입는 특별한 옷.《전통 의상/의상 발표회》

의상실 (衣裳室) 1.여자가 입는 서양식 정장을 만들고 파는 가게. 2.옷을 넣어 두거나 갈아입는 방.

의생활 (衣生活) 옷을 입는 것과 관계 있는 생활. **참**식생활, 주생활.

의석 (議席) 1.회의하는 사람이 앉는 자리. 2.의회에서 의원이 앉는 자리. '의원 수'를 빗대어 이르기도 한다.

의성어 (擬聲語) '야옹', '깔깔', '졸졸'처럼 소리를 흉내 낸 말. **참**의태어. **북**소리본딴말.

의술 (醫術) 병을 미리 막거나 고치는 기술.《의술을 베풀다.》

의식 생각 (意識) 1.어떤 일에 대한 깨달음이나 생각.《시민 의식》 2.느끼고 깨닫고 판단할 수 있게 정신이 깨어 있는 것.《의식을 되찾다./의식을 잃다.》

의식 의례 (儀式) 차례와 예의를 갖추어 치르는 행사.《추모 의식》

의식주 (衣食住) 사람이 살아가는 데 꼭 필요한 입을 것, 먹을 것, 살 곳을 함께 이르는 말. **북**식의주.

의식하다 1.어떤 것을 두드러지게 마음에 두다.《남의눈 의식하지 말고 네 뜻대로 해라.》 2.어떤 것을 깨닫거나 알아차리다.《달래가 나만 쳐다보는 것을 전혀 의식하지 못했어.》

의심 (疑心) 확실하지 않거나 이상하여 믿지 못하는 마음. **의심하다**

의심나다 의심이 나다. 또는 의심이 생기다.《의심나는 것이 있으면 선생님께 그때그때 물어보세요.》

의심스럽다 확실하지 않거나 이상스럽다.《누가 내 일기장을 보았을까? 아무래도 누나가 의심스러워.》 **바**의심스러운, 의심스러워, 의심스럽습니다.

의심쩍다 은근히 의심스럽다.《그 애 말이 사실인지 의심쩍단 말이야.》

의아스럽다 의아한 느낌이 있다.《철수가 왜 이 시간에 집에 없는지 의아스럽다.》 **바**의아스러운, 의아스러워, 의아스럽습니다.

의아하다 뜻밖의 일로 놀랍고 이상하다.《내가 학교에 늦자 동무들이 의아하게 생각했다.》

의안 회의 (議案) 회의에서 의논하는 안건.

의안 눈 (義眼) 인공으로 만들어 끼운 눈알.

의약 (醫藥) 1.병을 고치거나 낫게 하는 데 쓰는 약. 2.의료에 관한 일과 약에 관한 일을 함께 이르는 말.

의약 분업 (醫藥分業) 의사와 약사의 일을 나누어 맡게 하는 제도. 의사가 처방하면 약사가 약을 지어 준다.

의약품 (醫藥品) 병을 예방하거나 치료하는 데 쓰는 약품.

의역 (意譯) 다른 나라 글을 옮길 때 본디 뜻은 살리면서도 자연스럽게 다듬어서 옮기는 것. **의역하다**

의연금 (義捐金) 남을 돕거나 좋은 일에 쓰라고 스스로 내는 돈.

의연하다 태도나 마음이 굳세고 꿋꿋하다.《어려운 때일수록 더욱 의연하게 행동하자.》

의열단 (義烈團) 1919년에 중국 지린 성에서 만든 독립 운동 단체.

의외 (意外) → 뜻밖.

의욕 (意欲) 어떤 일을 하고 싶은 강한 마음.《아무리 공부해도 성적이 안 오

르니 할 의욕이 나지 않아.》

의용 (義勇) 옳은 일을 하려고 용감하게 나서는 것.《독도 의용 수비대》

의용군 (義勇軍) 나라를 지키려고 국민이 스스로 일으킨 군대.

의원 ^{국회} (議員) 국회의원이나 지방 의회 의원.

의원 ^{병원} (醫院) 의사가 시설을 갖추고 환자의 상처나 병을 고치는 곳. 병원보다 작다.

의원 ^{의사} (醫員) 옛날에 '의사'를 이르던 말.

의의 (意義) 어떤 일의 중요성이나 가치. 또는 속뜻.《삼일 운동의 의의를 알아봅시다.》 ^비뜻.

의인 (義人) 옳은 일을 한 사람.

의자 (椅子) 사람이 앉는 데 쓰는 물건. 편하도록 뒤에 등받이가 있는 것이 많고, 팔걸이를 대거나 바퀴를 달기도 한다.《나무 의자》 ^비걸상.

의장 (議長) 1. 회의를 이끄는 사람. 2. 의회를 대표하는 사람.《국회 의장》

의젓하다 말이나 몸가짐이 점잖고 믿음직하다.《참 의젓한 아이로구나.》

의정부 (議政府) 조선 시대에 가장 높은 행정 기관. 영의정, 좌의정, 우의정 밑에 육조를 두어 나라의 중요한 일을 결정하였다.

의정서 (議定書) 국제회의에서 결정한 내용을 적은 문서.

의제 (議題) 회의에서 의논해야 할 문제.《이번 의제는 대청소입니다.》

의족 (義足) 다리가 없는 사람이 쓰는 가짜 다리. 나무, 쇠, 고무 같은 것으로 만든다.

의존 (依存) 어떤 일을 혼자 못하고 남이나 다른 것의 도움을 받아서 하는 것. **의존하다**《석유가 나지 않는 나라들은 수입에 의존할 수밖에 없습니다.》

의존도 (依存度) 의존하는 정도.

의좋다 가까운 사람끼리 정이 두텁다.《의좋은 형제 / 의좋은 이웃》

의주 (義州) 평안북도 북서쪽에 있는 군. 옥수수, 쌀, 뱅어가 많이 난다.

의중 (意中) 마음에 품은 생각.《도대체 아빠 의중을 모르겠어.》

의지 ^{기댐} (依支) 1. 다른 것에 몸을 기대는 것. 또는 기댈 수 있는 것. 2. 남한테 도움을 받는 것. 또는 나한테 도움이 되는 것.《최 선생님은 늘 내게 큰 의지가 되는 분이시다.》 **의지하다**《벽을 의지하고 간신히 일어섰다.》

의지 ^뜻 (意志) 뜻한 일을 해내려는 굳은 마음.《지은이는 이 글에서 통일을 향한 굳은 의지를 나타내고 있습니다.》

의지가지없다 의지할 만한 곳이나 사람이 없다.《그분은 의지가지없이 외롭게 살다가 돌아가셨다.》

의치 (義齒) 이가 빠진 자리에 만들어 넣는 가짜 이. ^비틀니.

의타심 (依他心) 남한테 의지하려는 마음.

의탁 (依託) 어려운 처지에 있는 사람이 남의 도움을 받거나 어떤 곳에 몸을 맡기는 것.《의탁 시설》 **의탁하다**

의태어 (擬態語) '빙글빙글', '훨훨', '성큼'처럼 모양을 흉내 낸 말. ^참의성어. ^북모양본딴말.

의표 (意表) 흔히 '찌르다'와 함께 써서, 전혀 생각지 못한 것.《마지막 질

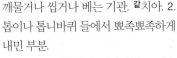

문은 의표를 찌를 만큼 날카로웠어.》

의하다 1.어떤 것에 따르다.《선생님 말씀에 의하면 아람이가 곧 전학을 간대.》 2.어떤 일의 원인이 되다.《산불은 함부로 버린 담뱃불에 의해 일어난 것으로 밝혀졌다.》

의학 (醫學) 질병을 예방하고 치료하면서 건강을 지키는 방법을 연구하는 학문.

의학계 (醫學界) 의학을 공부하고 의술을 베푸는 사람들의 모임.

의학상 (醫學賞) 의학 발전에 이바지한 사람에게 주는 상.《노벨 의학상》

의학자 (醫學者) 의학을 연구하는 사람.

의향 (意向) 마음이 향하는 바. 또는 어떤 일을 하려는 생각.《나는 피아노를 배울 의향이 없어.》 비의도.

의협심 (義俠心) 옳은 일에 선뜻 나서는 의롭고 씩씩한 마음.《우리 누나는 의협심이 참 강해요.》

의형제 (義兄弟) 서로 남이지만 친형제처럼 지내기로 약속한 사이.《유비, 관우, 장비는 서로 의형제를 맺었다.》

의혹 (疑惑) 믿지 못하여 이상하게 여기는 것. 또는 그런 마음.《의혹을 품다.》

의회 (議會) 선거에서 뽑힌 의원들이 모여서 일하는 기관. 주로 법을 만드는 일을 한다. **참**국회.

이 홀소리 홀소리 글자 'ㅣ'의 이름.

이 둘 (二) 1.일에 일을 더한 수. 아라비아 숫자로는 '2'이다. **참**둘. 2.세는 말 앞에 써서, 둘이나 두 번째를 나타내는 말.

이 몸 1.입 안 위아래에 나란히 나 있는

깨물거나 씹거나 베는 기관. **같**치아. 2.톱이나 톱니바퀴 들에서 뾰족뾰족하게 내민 부분.

이가 갈리다 **관용** 화가 치밀다.《그 일은 생각만 해도 이가 갈린다.》

이 없으면 잇몸으로 살지 **속담** 필요한 것이 없어도 그럭저럭 살아간다는 말.

이 벌레 사람이나 다른 젖먹이 동물의 몸에 붙어서 피를 빨아 먹고 사는 작은 곤충. 몸은 납작하고 날개가 없다.

이_벌레

이 잡듯이 **관용** 샅샅이.《연필을 찾으려고 방 안을 이 잡듯이 뒤졌다.》

이 사람 '사람'을 나타내는 말.《저기 걸어가는 이가 누구냐?》

이 가리키는 말 1.말하는 사람한테서 가까이 있는 것을 이르는 말.《이 가방은 누가 두고 간 거지?》 **참**그, 저. 2.바로 앞에서 말한 것을 가리키는 말.《사랑, 이보다 더 소중한 것이 있을까?》 **참**그.

이 동생이 받침 있는 낱말 뒤에 붙어, 행동이나 상태의 주인공임을 나타내는 말.《동생이 넘어져서 다쳤어요.》

이간질 둘 사이에 끼어들어 못된 꾀로 멀어지게 하는 것. **북**리간질. **이간질하다**《너희 둘을 이간질하려는 뜻으로 한 말은 아니었어.》

이거 '이것'을 입에서 나오는 대로 편하게 쓰는 말.《엄마, 이거 먹어도 돼요?》 **참**그거, 저거.

이것 1.말하는 사람과 가까이 있는 것.《이것은 사과입니다.》 **참**그것, 저것. 2.앞서 말한 그것. 또는 서로 알고 있는 것.《회의는 이것으로 마치겠습니다.》

이것저것 여러 가지. 또는 갖가지 것.《잔치에서 이것저것 많이 먹었다.》

이견 (異見) 남과 다른 의견이나 생각. 《이견이 있으면 지금 바로 말해.》

이골 어떤 일을 지겨울 만큼 거듭해 아주 익숙해지는 것. 《화장실 청소라면 이제 이골이 나.》

이곳 1.말하는 사람이 지금 있는 곳. 《한 시간 뒤에 이곳에서 다시 만나자.》 참그곳, 저곳. 2.앞서 말한 그곳. 《제주도, 이곳은 아주 아름다운 섬입니다.》

이곳저곳 여기저기. 또는 여러 곳. 《동물원 이곳저곳을 구경했다.》

이과 (理科) 물리학, 화학, 생물학처럼 자연을 연구하는 학문 분야. 참문과. 북리과.

이괘 (離卦) 태극기에 그려져 있는 사괘 가운데 하나. '☲' 모양인데 불을 나타내고 밝음을 뜻한다.

이구동성 (異口同聲) 여러 사람이 똑같이 말을 하는 것. 《동네 아주머니들이 이구동성으로 형을 칭찬하신다.》

이구아나 멕시코, 미국, 브라질의 강가에 사는 동물. 머리가 큰데 다리가 짧고 꼬리는 길다. 나무를 잘 타고 헤엄도 친다.

이구아노돈 풀을 먹고 살던 공룡. 긴 꼬리로 몸의 균형을 잡고 뒷다리로 걸어 다녔다.

이구아노돈

이국 (異國) 말, 풍습 들이 다른 남의 나라. 《나라를 잃은 사람들은 이국을 떠돌아 다녔다.》 비외국, 타국.

이국적 (異國的) 다른 나라 느낌이 나는. 또는 그런 것.

이권 (利權) 이익을 볼 수 있는 권리. 《이권 다툼》

이글- 불길이 일어 불꽃이 피어오르는 모양. **이글거리다 이글대다 이글이글**《장작불이 이글이글 타오른다.》

이글루 (igloo) 에스키모가 사는 집. 눈과 얼음으로 둥글게 쌓는다.

이기 (利器) 편하게 사는 데 한몫하는 기계나 도구. 《컴퓨터는 문명의 이기이다.》 북리기.

이기다 누르다 1.싸움, 경기, 내기 들에서 상대를 꺾다. 《우리나라 축구 팀이 일본을 이겼다.》 반지다. 2.어렵고 괴로운 일을 잘 견뎌 내다. 《할아버지는 병을 이기고 건강을 되찾으셨다.》 3. 느낌이나 바람을 억누르다. 《유혹을 이기다.》

이기다 섞다 가루, 흙 들을 물과 섞어서 반죽하다. 《찰흙을 잘 이겨서 그릇을 만들었다.》

이기심 (利己心) 오로지 자기만 위하는 마음. 《이기심을 버리고 동무를 도와주렴.》 북리기심.

이기적 (利己的) 자기만 위하는. 또는 그런 것. 북리기적.

이기주의 (利己主義) 다른 사람은 생각하지 않고 자기 이익만 좇는 태도. 비개인주의. 북리기주의.

이까짓 겨우 이만큼밖에 안 되는. 또는 이런 하찮은. 《이까짓 아픔은 참을 수 있어요.》 준이깟. 참그까짓.

이깟 → 이까짓.

이끌다 1.자기가 바라는 쪽으로 남을 데려가거나 따르게 하다. 《반장이 아이들을 이끌고 운동장으로 나갔다.》 2. 어떤 결과나 상태를 만들다. 《우리 편을 승리로 이끌려면 네 도움이 필요해.》 3.아프거나 불편한 몸을 움직이다.《아픈 몸을 이끌고 경기를 끝마치다니 정말 놀랍구나.》4.마음을 끌거나 눈길을 쏠리게 하다.《언니의 짧은 치마가 사람들 관심을 확 이끌었다.》 **바이끄는, 이끌어, 이끕니다.**

이끌리다 남한테 손을 잡히거나 하여 따라가다. 또는 어떤 것에 끌리다.《형 손에 이끌려 학교에 갔다./향기에 이끌려 꽃밭으로 나왔다.》

이끼 그늘지고 축축한 곳에 자라는 작은 식물. 잎과 줄기를 구별하기 어렵다.

이끼

이끼도롱뇽 그늘지고 축축한 바위 밑에 사는 도롱뇽. 등에 누런 갈색이나 붉은색 줄무늬가 있다.

이끼도롱뇽

이끼살이버섯 썩고 이끼가 낀 바늘잎나무나 넓은잎나무에서 무리 지어 나는 버섯. 갓은 겉이 매끄럽고 노랗거나 붉은 갈색을 띤다. 먹는 버섯이다.

이끼살이버섯

이나마 마음에 차지는 않지만 이것이나마.《이나마 없었으면 저녁을 굶을 뻔했다.》**참**그나마.

이남 (以南) 기준이 되는 곳에서부터 그 남쪽. **참**이북.

이남박 쌀, 보리를 일 때 쓰는 나무바가지. 안에 여러 줄로 골을 파서 곡식에 섞인 돌과 모래가 가라앉게 한다.

이내 **바로** 어떤 일이 생기자 곧.《집에 오자마자 이내 쓰러져 잠이 들었다.》

이내 **안** (以內) 흔히 숫자와 함께 써서, 정해진 테두리 안.《원고지 열 장 이내로 글짓기를 하세요.》**반**이외.

이념 (理念) 어떤 일의 밑바탕을 이루는 생각. 또는 가장 좋다고 여겨지는 생각.《민주주의 이념》**북**리념.

이남박

이놈 1.'이 남자' 또는 '이 아이'를 낮

추어 이르는 말.《이놈이 말을 안 듣네.》**참**그놈, 저놈. 2.말하는 사람과 가까이 있는 동물, 물건 들을 귀엽게 이르는 말.《이놈 옹알이하는 것 좀 보게.》**참**그놈, 저놈.

이농 (離農) 농사꾼이 농사를 그만두고 농촌을 떠나는 것. **반**귀농. **북**리농. **이농하다**

이다 **물건을** 물건 같은 것을 옮기려고 머리 위에 얹다.《할머니가 새참을 커다란 함지에 이고 오셨다.》

이다 **지붕을** 짚이나 이엉, 기와 들로 지붕을 덮다.《새로 지붕을 인 초가집들이 정겨워 보인다.》

이다 **사람이다** 어떤 낱말 뒤에 붙어, 어떤 사실을 말하고 이야기를 끝맺는 말. '입니다', '이니', '이어서'와 같이 꼴이 여러 가지로 바뀐다.《이것은 연필이다./저는 김슬기입니다.》

–이다 **붙는 말** 움직임이나 모습을 나타내는 낱말 뒤에 붙어, 동사를 만드는 말.《덜컹이다/반짝이다/팔랑이다》

이다음 1.다음에 오는 때나 차례.《이다음에 내리자.》**참**요다음. 2.먼 훗날.《이다음에 커서 뭐가 되고 싶니?》

이다지 이렇게나. 또는 이렇게까지.《어쩌면 내 마음을 이다지도 모를 수가 있니?》**참**그다지, 저다지.

이대로 이와 같이. 또는 이 상태 그대로.《이대로 두면 돼?》**참**저대로.

이동 (移動) 움직여서 다른 데로 옮기는 것. **이동하다**《경주에 들러 불국사를 구경한 뒤 포항으로 이동했다.》**이동되다**

이두 (吏讀) 신라 때에 한자의 소리와

뜻을 빌려서 우리말을 적던 방법.

이득 (利得) 이로운 것. 또는 거기에서 얻는 이익.《네 말대로 하면 무슨 이득이 있지?》 ^북리득.

이듬해 어떤 일이 일어난 바로 다음 해.《전학 온 이듬해 졸업을 했다.》

이등변 삼각형 (二等邊三角形) 두 변의 길이가 같은 삼각형.

이등병 (二等兵) 군대에서 가장 낮은 계급. 또는 계급이 가장 낮은 병사. ^준이병.

이등분 (二等分) 둘로 똑같이 나누는 것. **이등분하다**《사과를 이등분해서 동무와 나눠 먹었다.》 **이등분되다**

이따 → 이따가.

이따가 조금 뒤에.《저녁은 이따가 먹을래요.》 ^준이따.

이따금 어쩌다가 가끔.《이따금 개 짖는 소리가 들려왔다.》 ^비가끔, 때때로.

이따위 어떤 일이나 물건이 볼품없는 것.《청소를 겨우 이따위로 해 놓고 다 했다는 거니?》

이때껏 이제까지.《이때껏 살아오면서 큰 잘못은 저지르지 않았어요.》

이란성 쌍둥이 저마다 다른 두 수정란에서 태어난 쌍둥이. 생김새, 성별, 유전자 들이 다르다.

이랑 밭에서 불룩하게 솟은 두둑과 움푹 팬 고랑을 함께 이르는 말.《이랑을 갈다./밭 한 이랑》

이랑짓기 ^북 밭에 이랑을 짓는 일.《콩밭에 이랑짓기를 높이 했다.》

이래 ^{이리하여} 1.‘이리하여’가 줄어든 말.《자꾸 이래 봐야 별수 없어.》 2.‘이러하여’가 줄어든 말.《날씨가 이래서는

빨래가 마르지 않겠어.》

이래 ^죽 (以來) 어떤 일이 일어난 뒤부터 지금까지.《병원에 다녀온 이래 줄곧 죽만 먹었습니다.》

이래라저래라 ‘이렇게 해라 저렇게 해라’가 줄어든 말.《내가 다 알아서 할 테니 자꾸 이래라저래라 하지 마.》

이래서 ‘이리하여서’가 줄어든 말.《형이 동생한테 이래서 되겠니?》

이래저래 1.이렇게 저렇게. 또는 여러 가지 까닭으로.《미술 숙제도 해야 하고 수학 예습도 해야 하고 이래저래 할 일이 많아.》 2.별문제 없이 그럭저럭.《지친 애들이 많아서 조금 늦어지긴 했어도 이래저래 산에 잘 다녀왔다.》

이랴 소나 말을 끌거나 몰 때 내는 소리.《이랴, 어서 가자.》

이러니저러니 ‘이러하다느니 저러하다느니’가 줄어든 말.《이러니저러니 해도 우리 집이 가장 좋다.》

이러다 → 이리하다.《이러다가 학교에 늦겠다.》

이러쿵저러쿵 이건 이렇다는 둥 저건 저렇다는 둥 군소리를 늘어놓는 것.《회의 끝난 뒤에 이러쿵저러쿵 떠들어 봤자 아무 소용도 없어.》

이러하다 ‘이렇다’의 본말.《지금까지 일은 이러하다.》 ^참그러하다, 저러하다.

이럭저럭 1.이렇게 저렇게 하는 사이에 어느덧.《이럭저럭 오늘도 다 갔구나.》 ^참그럭저럭. 2.이렇게 저렇게 되는대로.《누나 도움 없이 이럭저럭 문제를 다 풀었다.》 ^참그럭저럭.

이런 ^{가리키는 말} 이와 같은.《이런 어이 없는 실수를 하다니.》 ^참그런, 저런.

이런 느낌말 뜻밖의 일에 놀랐을 때 하는 말.《이런, 열쇠를 두고 왔네.》참저런.

이런저런 이러하고 저러한. 또는 여러 가지의.《이런저런 생각을 하다 보니 집에 다 왔다.》

이렁저렁 북 1.여러 방법으로 이렇게 저렇게.《우리 힘으로 이렁저렁 일을 마칠 수 있었다.》2.여러 일을 하는 가운데 어느덧.《이렁저렁 일주일이 지났다.》3.여러 말로 이렇게 저렇게.《이렁저렁 군말할 것 없이 나랑 같이 가 보자.》**이렁저렁하다**

이렇다 이와 같다.《이렇게 갑자기 오실 줄 몰랐어요.》본이러하다. 바이런, 이래, 이렇습니다.

이렇듯 이와 같이. 또는 이처럼.《이렇듯 고마운 일이 또 있을까?》

이레 일곱 날.《이레만 지나면 내 생일이다.》

이력 (履歷) 지금까지 살아오거나 공부하거나 일해 온 자취.《사회자가 새로 오신 선생님의 이력을 소개했다.》비경력. 북리력.

이력서 (履歷書) 이력을 간단하게 적은 글. 흔히 회사 같은 데 들어갈 때 써서 낸다. 북리력서.

이례적 (異例的) 흔히 겪는 일과 다른. 또는 그런 것.

이론 이치 (理論) 원리나 이치를 밝히려고 논리에 따라서 짠 틀. 또는 그 틀에 맞추어 정리한 생각.《경제 이론/문학 이론/이론을 세우다.》북리론.

이론 의견 (異論) 다른 주장이나 의견.《이론이 있는 분은 말씀하세요.》

이롭다 이익이 있다. 또는 도움이 되다.《남을 이롭게 하는 일이 곧 나를 이롭게 하는 일이다.》반해롭다. 북리롭다. 바이로운, 이로워, 이롭습니다.

이루 흔히 '없다', '어렵다'와 함께 써서, 아무리 하여도.《시냇물이 이루 말할 수 없을 만큼 맑다.》

이루다 1.여러 부분이 모여서 어떤 성질이나 모양을 갖추다.《여러 산이 이어져 큰 산맥을 이룬다.》2.어떤 상태나 형편이 되게 하다.《행복한 가정을 이루다.》3.뜻하거나 꿈꾸던 일을 실제로 해내다.《삼촌은 경찰관이 되어 어린 시절의 꿈을 이뤘다.》

이루어지다 1.여러 부분이 모여서 어떤 성질이나 모양이 갖추어지거나 만들어지다.《인도네시아는 수많은 섬으로 이루어진 나라이다.》2.어떤 상태나 형편이 되다.《1953년에 휴전이 이루어졌다.》3.뜻하거나 바라던 일이 사실이 되다.《우리 모두 합심한 덕에 결승 진출의 꿈이 이루어졌다.》

이룩하다 큰일을 이루다.《모두 노력하여 통일을 이룩합시다.》**이룩되다**

이류 (二流) 일류보다 조금 못한 것.《이류 극장/이류 학교》

이륙 (離陸) 비행기가 날기 전에 땅 위로 떠오르는 것. 반착륙. 북리륙. **이륙하다**《비행기가 곧 이륙합니다.》

이르다 선생님께 1.남한테 어떻게 하라고 말하거나 알려 주다.《내가 일러 준 대로만 해.》2.남의 잘못이나 실수를 윗사람한테 말하다.《또다시 고무줄 끊고 달아나면 선생님께 이를 테야.》3.타이르거나 가르쳐 주다.《엄마가 그렇게 일렀는데도 또 옷에 흙을 묻혔구나.》 4. 어떤 것을 가리키거나 이름을 붙여서 부르다. 《'수저'는 숟가락과 젓가락을 함께 이르는 말이다.》 바이르는, 일러, 이릅니다.

이르다 ^{어떤 곳에} 1. 어떤 곳에 다다르다. 《약속한 곳에 30분이나 늦게 이르렀다.》 2. 어떤 때가 되다. 《아빠는 자정에 이르러서야 들어오셨다.》 3. 어떤 상태나 수준이 되다. 《축제 분위기가 절정에 이르렀다.》 4. 정해진 기준이나 범위에 미치다. 《여기 모인 사람들은 무려 오천 명에 이른다.》 바이르는, 이르러, 이릅니다.

이르다 ^{앞서다} 어떤 때나 정도가 기준보다 앞서다. 《학교 가기에는 이르지 않니?》 반늦다. 바이른, 일러, 이릅니다.

이른바 사람들이 흔히 말하는. 그다지 인정하고 싶지 않은 말을 마지못해 옮길 때 쓴다. 《이것이 이른바 예술품이라는 거야.》 같소위.

이를테면 보기를 들어 말하자면. 또는 다른 말로 견주어 말하자면. 《들에 피는 꽃, 이를테면 코스모스 같은 것이 좋아요.》 비가령.

이름 1. 다른 것과 구별하려고 사물, 장소, 현상 들에 붙여서 이르는 말. 《이 꽃 이름이 뭐지?》 2. 사람 성 다음에 붙여 그 사람을 이르는 말. 또는 성과 그다음에 나오는 말을 합친 것. 《선생님과 나는 성은 다르지만 이름이 같다./제 이름은 박지영입니다.》 3. 세상에 널리 알려진 정도나 명성. 《이름 없는 화가》

이름나다 세상에 널리 이름이 알려지다. 《한석봉과 김정희는 글씨 잘 쓰기로 이름난 사람들이다.》

이름표 이름을 적어서 옷 같은 데 다는 표. 같명찰.

이리 ^{동물} 산에 사는 짐승. 개와 비슷하지만 몸집이 더 크고 사납다. 몸은 잿빛을 띤 갈색에 검은 털이 섞여 있다.

이리 ^{방향} 이쪽으로. 또는 이곳으로. 참그리, 저리.

이리 ^{이렇게} 이렇게. 참그리, 저리.

이리듐 (iridium) 산과 염기에 녹지 않는 흰색 금속. 백금에 섞어 화학 기구를 만드는 데 쓴다. 북이리디움.

이리저리 1. 정한 곳 없이 이쪽저쪽으로. 《파리 한 마리가 이리저리 날아다녀서 신경 쓰여.》 참요리조리. 2. 정한 바 없이 이렇게 저렇게. 《이리저리 핑계만 대지 말고 사실을 말해!》

이리하다 이렇게 하다. 《이리하여 착한 양치기는 임금님이 되었다는 이야기. 끝!》 준이러다. 참그리하다.

이마 눈썹 위부터 머리카락이 나기 시작하는 곳까지 사이.

이마를 맞대다 ^{관용} 어떤 일을 함께 모여 의논하다. 《이마를 맞대면 좋은 방법이 나올 거야.》 비이마를 마주하다.

이만 이만큼만. 또는 이만큼만 하고. 《오늘은 이만 놀고 내일 보자.》 참그만.

이만저만 1. 이만하고 저만한 것. 흔히 '아니다', '않다'와 같이 써서, '여간이 아니다'라는 뜻을 나타낸다. 《동생이 밤늦도록 들어오지 않아서 엄마의 걱정이 이만저만이 아니다.》 2. 이만하고 저만하게. 또는 여간 아니게. 《시험 문제가 이만저만 어려운 게 아니에요.》 참그만저만. **이만저만하다**

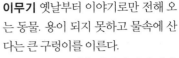

이만큼 이만한 정도로.《제 키가 벌써 이만큼 자랐어요.》**참**그만큼, 저만큼.

이만하다 **끝내다** 이만 끝내다. 또는 이로써 마치다.《오늘 수업은 이만하겠어요.》

이만하다 **이러하다** 이만한 정도다.《다 쳤다더니 이만길 다행이야.》**참**그만하다, 저만하다.

이맘때 지금과 비슷한 때.《지난해에는 이맘때 첫눈이 왔다.》**참**저맘때.

이맛살 이마에 생긴 주름살.《뭐가 못마땅해서 이맛살을 찌푸리고 있니?》

이매탈 하회 별신굿 탈놀이에서 쓰는 탈.

이메일 (email) → 전자 우편.

이면 (裏面) 1.뒤쪽 면.《봉투 이면에 뭔가 적혀 있어.》 2.겉으로 드러나지 않는 속내.《이모는 늘 웃는데도 왠지 그 이면에 눈물이 느껴져.》**반**표면.

이모 (姨母) 어머니의 언니나 여동생.

이모부 (姨母夫) 이모의 남편.

이모작 (二毛作) 같은 땅에서 한 해에 두 번 농사짓는 것. 흔히 봄에는 벼를, 가을에는 보리나 밀을 심어 거두는데 따뜻한 곳에서는 벼만 두 번 심어 거둔다. **비**그루갈이. **북**두벌농사.

이모저모 이런 점 저런 점.《물건을 살 때는 이모저모를 잘 따져 봐야 한다.》**참**요모조모.

이목 (耳目) 1.귀와 눈. 2.남의 관심.《창민이는 신기한 이야기를 많이 해서 동무들 이목을 끌었다.》

이목구비 (耳目口鼻) 귀와 눈과 입과 코. 또는 귀, 눈, 입, 코를 비롯한 얼굴 생김새.《이목구비가 뚜렷하다.》

이매탈

이무기 옛날부터 이야기로만 전해 오는 동물. 용이 되지 못하고 물속에 산다는 큰 구렁이를 이른다.

이문 (利文) 물건을 팔아서 남긴 이익.《그 값에 팔면 이문이 하나도 남지 않아요.》**북**리문.

이물 배의 앞쪽 끝 부분. **참**고물.

이물질 (異物質) 들어가거나 섞이면 안 되는 다른 물질.《눈에 이물질이 들어갔을 때는 함부로 비비지 마세요.》

이미 어떻게 하기에 앞서.《헐레벌떡 뛰어갔지만 기차는 이미 떠났다.》

이미지 (image) 1.사물을 보거나 생각할 때 마음속에 떠오르는 모습.《이 시를 읽고 어떤 이미지가 떠오르는지 얘기해 보자.》 2.사람이나 사물이 주는 느낌.《그 아저씨는 내게 좋은 이미지를 심어 주었다.》

이민 (移民) 자기 나라를 떠나 다른 나라에 옮겨 가서 사는 것.《내 짝은 뉴질랜드로 이민을 갔다.》**이민하다**

이바지 1.큰일을 이루게 도와주는 것. **비**공헌, 기여. 2.먹을거리 같은 것을 애써 보내 주는 것.《이바지 음식》**이바지하다**《인류 평화에 이바지하는 사람이 되고 싶습니다.》

이발 (理髮) 남자의 머리털을 자르고 손질하는 것. **북**리발. **이발하다**

이발사 (理髮師) 남자의 머리털을 자르고 손질해 주는 사람. **북**리발사.

이발소 (理髮所) 돈을 받고 이발해 주는 곳. **북**리발소.

이방 (吏房) 조선 시대 지방 관청에서 원을 도와 일하던 부서. 또는 그 부서를 맡은 사람. **북**리방.

이방인 (異邦人) 다른 나라에서 온 사람. 비외국인.

이번 곧 돌아오거나 막 지나간 차례. 《이번 방학에 뭐 할까?》 참요번.

이벤트 (event) 사람들 눈길을 끌려고 벌이는 행사.

이변 (異變) 뜻밖에 벌어진 이상한 일. 또는 색다른 변화.《지구 온난화 현상으로 기상 이변이 일어났습니다.》

이별 (離別) 정든 사람과 헤어지는 것. 비결별, 작별. 반상봉. 북리별. **이별하다** 《동무와 이별할 때 너무 슬펐어요.》

이병 (二兵) → 이등병.

이복 (異腹) 아버지는 같고 어머니가 다른 것.《이복 자매/이복형제》

이봐 동무나 아랫사람을 부르는 말. 《이봐, 뭐 해?》

이부자리 요나 이불처럼 잘 때 깔거나 덮는 물건. 같자리, 잠자리.

이부자리를 보다 관용 잠잘 준비를 하다. 《밤이 깊었으니 이부자리를 보아라.》

이부 합창 (二部合唱) 여럿이 둘로 나뉘어 두 가락을 함께 부르는 것.

이북 (以北) 기준이 되는 곳에서부터 그 북쪽. 참이남.

이분 사람 '이 사람'을 높여 이르는 말. 《이분이 우리 담임선생님이셔.》 참그분, 저분.

이분 나눔 (二分) 둘로 나누는 것. **이분하다**《사람을 부자와 가난한 사람으로 이분하는 건 옳지 않아.》

이불 잘 때 덮으려고 솜 들을 두어서 넓게 천을 씌운 것. 참요.

이불깃 이불을 덮었을 때 얼굴과 가까운 쪽. 또는 그쪽에 덧대는 천. 비깃.

이불보 이불을 덮거나 싸는 큰 보자기.

이불잇 이불에 때가 타지 않게 덧씌워 꿰매는 천.

이브 (Eve) 기독교에서 하느님이 아담의 갈비뼈를 뽑아 만들었다는 맨 처음 여자.

이비인후과 (耳鼻咽喉科) 귀, 코, 목구멍 들에 생기는 병을 고치는 의학 분야. 또는 그런 병원 부서.

이빨 '이'를 낮추어 이르는 말. 북이발.

이쁘다 '예쁘다'를 잘못 쓴 말.

이사 옮김 (移徙) 사는 곳을 다른 데로 옮기는 것.《앞집에서 이사 왔다면서 떡을 가져왔다.》 참이전. **이사하다**

이사 사람 (理事) 회사를 대표하여 일을 결정하고 책임지는 사람. 북리사.

이삭 1.벼나 보리 같은 곡식에서 꽃이 피고 열매가 달리는 부분.《보리 이삭》 2.거두어들일 때 땅에 떨어뜨린 낟알이나 과일 같은 것.《이삭줍기》

이삭귀개 산속 물가에서 자라는 풀. 잎이 아주 작고 8~9월에 보라색 꽃이 핀다. 뿌리에 달린 작은 주머니로 벌레를 잡는다.

이삭귀개

이삭여뀌 산골짜기 냇가나 숲 속 축축한 곳에 자라는 풀. 줄기에 거친 털이 많다. 여름에 붉은 꽃이 피고 윤기 나는 밤색 열매가 열린다.

이삭여뀌

이산가족 (離散家族) 여러 가지 사정으로 헤어져서 사는 가족. 흔히 남녘과 북녘에 갈라져 살면서 서로 소식을 모르는 가족을 뜻한다. 북리산가족.

이산화망간 망간과 산소로 이루어진 검은 갈색 가루. 성냥, 물감, 유리 들을 만드는 데 쓴다.

이산화질소 (二酸化窒素) 질소와 산소로 이루어진 붉은 갈색 기체. 코를 찌르는 듯한 냄새가 나고 독성이 있어 대기 오염을 일으킨다.

이산화탄소 (二酸化炭素) 동물이 숨을 내쉬거나 탄소가 들어 있는 물질이 탈 때 나오는 기체. 빛깔과 냄새가 없고 공기보다 무겁다. ^같탄산가스.

이산화황 (二酸化黃) 빛깔이 없고 코를 찌르는 독한 냄새가 나는 기체. 황이 탈 때 생기는데 산성비의 원인이다.

이삿짐 이사할 때 옮기는 여러 가지 짐.《이삿짐을 나르다.》

이상 고장 (異狀) 보통과 다른 상태.《몸에 이상이 나타나다.》^참정상.

이상 생각 (理想) 1.이루기는 어렵지만 꿈꾸거나 생각해 볼 수 있는 가장 완전하고 훌륭한 상태.《이상 국가》 2.마음에 그리어 이루고자 하는 최고의 목표.《꿈과 이상이 없는 사람은 큰 사람이 될 수 없다.》^반현실. ^북리상.

이상 이하 (以上) 1.수량, 정도, 수준 들이 어떤 기준을 넘어서는 것.《이 영화는 12세 이상만 볼 수 있다.》^반이하. ^참초과. 2.차례, 위치 들이 기준보다 위나 앞인 것.《이상으로 회의를 마치겠습니다.》^반이하. 3.'어떤 일이 이미 어떻게 된 경우에는'이라는 뜻을 나타내는 말.《한번 일을 맡은 이상 끝까지 책임을 져야 한다.》 4.글이나 말의 마지막에 써서, '이것으로 끝'이라는 뜻을 나타내는 말.《내일은 미술 도구를 잊지 말고 가져올 것. 이상.》

이상 고온 현상 (異常高溫現象) 때에 맞지 않게 기온이 높아지는 현상.

이상 기후 (異常氣候) 때에 맞지 않는 기후.

이상스럽다 꽤 이상하다.《오늘따라 동생 하는 짓이 이상스럽다.》^바이상스러운, 이상스러워, 이상스럽습니다.

이상야릇하다 무엇이라고 말할 수 없을 만큼 색다르고 묘하다.《이 악기 소리는 생김새 못지않게 이상야릇하네.》

이상적 (理想的) 더할 나위 없이 훌륭한. 또는 그런 것. ^북리상적.

이상하다 1.상태가 정상이 아니다.《그렇게 소리를 쳤는데도 못 듣다니 귀가 이상한 거 아니니?》 2.겪어 오거나 아는 것과는 다르다.《이건 처음 보는 아주 이상한 꽃인걸.》 3.잘 알 수 없거나 의심스럽다.《종철이가 왜 그런 이상한 행동을 보였는지 모르겠다.》

이상향 (理想鄕) 상상 속에 있는 더없이 살기 좋은 세상. 또는 사람들이 그리는 완전하고 평화로운 세계.《이상향을 꿈꾸다.》^같유토피아. ^북리상향.

이색적 (異色的) 보통과 다른. 또는 그런 것.

이성 사람 (異性) 자기와 성별이 다른 사람. 남자 쪽에서는 여자를 이르고 여자 쪽에서는 남자를 이른다. ^반동성.

이성 생각 (理性) 이치에 맞게 생각하고 판단하는 능력. 또는 감정에 휘둘리지 않는 냉정한 마음.《이성을 잃다./이성을 되찾다.》^북리성.

이세 (二世) 1.다음 세대. 또는 자라나는 어린 세대.《이세에게 깨끗한 강산을 물려줘야 합니다.》 2.'자식', '자녀'를 달리 이르는 말.《이세 교육/재벌 이세》 3.이민을 간 사람의 자식으로 그 나라 국민이 된 사람을 이르는 말. 《재일 교포 이세》 4. 서양에서 이전의 어떤 임금과 같은 이름으로 왕좌에 오른 둘째 임금. 《엘리자베스 이세》

이솝 우화 고대 그리스 작가 이솝이 지은 이야기. 동물을 주인공으로 하여 세상을 살아가는 교훈을 담았다.

이송 (移送) 다른 곳으로 보내는 것. 《화물 이송》 **이송하다 이송되다**

이스라엘잉어 물살이 느린 강에 사는 민물고기. 잉어보다 몸이 통통하다. 몸에 비늘이 군데군데 나 있다. ^같향어.

이스라지 낮은 산이나 들에 자라는 잎지는나무. 봄에 흰색이나 연분홍색 꽃이 피고, 여름에 빨간 열매가 열린다. 열매는 먹고, 씨는 약으로 쓴다. ^북이스라치나무.

이스탄불 (Istanbul) 터키 서쪽에 있는 도시. 터키에서 가장 큰 도시로 오랫동안 터키 문화의 중심지였다.

이스터 섬 남태평양에 있는 화산섬. 돌로 만든 얼굴 큰 거인상 유적이 널리 알려져 있다.

이슥하다 밤이 꽤 깊다. 《밤이 이슥해서야 공연이 끝났다.》 ^북이윽하다.

이슬 공기 속에 있는 수증기가 날이 추워지거나 찬 물체에 부딪힐 때 엉겨서 생기는 물방울.

이슬로 사라지다 ^{관용} 사형장이나 싸움터에서 목숨을 잃다. 《수많은 죄인들이 형장의 이슬로 사라졌다.》

이슬람교 알라를 하나뿐인 신으로 받들고 경전인 코란을 따르는 종교. 610년에 마호메트가 만들었다. ^같회교.

이슬비 아주 가늘게 내리는 비. 는개

이시미_남사당 꼭두각시놀이

이스라엘잉어

이스라지

보다 굵고 가랑비보다 가늘다.

이슬지다 ^{맺히다} |^북 1. 이슬이 맺히다. 《이슬진 꽃잎》 2. 눈물이 맺히다. 《언니가 이슬진 눈을 손으로 가린다.》

이슬지다 ^{떨어지다} |^북 맺힌 이슬이 떨어지거나 공기 속에 흩어지다. 《여치가 이슬지는 소리에 놀라 튀어 올랐다.》

이승 지금 살고 있는 세상. ^반저승.

이시미 남사당 꼭두각시놀이, 서산 박첨지놀이에 나오는 인형.

이식 (移植) 1. 식물을 옮겨 심는 것. 《나무 이식》 2. 몸 한 부분을 떼어 내어 다른 데에 옮겨 붙이는 것. 또는 다른 사람한테 옮겨 붙이는 것. 《피부 이식 /심장 이식 수술》 **이식하다**

이실직고 (以實直告) 어떤 일을 사실대로 말하는 것. **이실직고하다**

이심전심 (以心傳心) 마음이 서로 통하는 것. 《보고 싶었는데 이심전심이었는지 마침 슬기가 나를 찾아왔다.》

이십사절기 (二十四節氣) 해의 위치에 따라 한 해를 스물넷으로 나누어 계절을 나타낸 것. 입춘, 우수, 경칩, 춘분, 청명, 곡우, 입하, 소만, 망종, 하지, 소서, 대서, 입추, 처서, 백로, 추분, 한로, 상강, 입동, 소설, 대설, 동지, 소한, 대한이다. ^같절기.

이쑤시개 이 사이에 낀 먹을거리를 빼내는 데 쓰는 가는 막대기.

이암 (泥巖) 진흙이 쌓여서 굳은 돌.

이앙기 (移秧機) 논에 모를 심는 데 쓰는 농기계. ^북모내는기계.

이앙기

이야기 1. 어떤 일, 사실을 두고 줄거리를 꾸며서 하는 말이나 글. 《토끼와 거북 이야기》 ^준얘기. 2. 서로 주고받는 말. 또는 말하는 것.《언니랑 무슨 이야기를 나눴니?》준애기. 3.소문이나 평가.《형에 대해서 이상한 이야기를 들었어.》준애기. **이야기하다**

이야기꽃 여럿이 모여 즐겁게 이야기하는 모습을 빗대어 이르는 말.《온 식구가 둘러앉아 이야기꽃을 피웠다.》

이야기보따리 이야기를 많이 아는 사람이나 그 사람이 아는 수많은 이야깃거리를 빗대어 이르는 말.《할머니가 이야기보따리를 풀어놓으셨다.》

이야기책 옛날이야기를 적은 책. 또는 동화책이나 소설책.

이야깃거리 이야기할 거리. 또는 이야기할 만큼 재미있는 일.《이번 일은 두고두고 이야깃거리가 되겠는걸.》준애깃거리.

이양 (移讓) 권리 같은 것을 남에게 넘기는 것. **이양하다**《친일파가 일본에 국권을 이양했다.》**이양되다**

이양선 (異樣船) 조선 시대에 다른 나라 배를 이르던 말. 모양이 다른 배라는 뜻이다.

이어 어떤 일에 뒤따라. 또는 잇달아곧. 같이어서.

이어달리기 네 사람이 한 조가 되어 차례로 배턴을 주고받으면서 정해진 거리를 나누어 달리는 경기. 같계주.

이어받다 앞사람이 이루거나 하던 일을 뒷사람이 넘겨받다.《할아버지 가게를 아버지가 이어받으셨다.》

이어서 → 이어.《극장이 어두워졌고, 이어서 연극이 시작되었다.》

이어지다 1.끊기거나 따로 있던 것이 서로 잇닿다.《전봇대가 굵은 전깃줄로 이어져 있다.》2.끊기거나 끝나지 않고 계속되다.《이 길은 개울을 따라 숲까지 이어져 있다.》

이어짓기 같은 땅에 같은 곡식을 해마다 심고 가꾸는 일. 참돌려짓기.

이어폰 (earphone) 라디오, 카세트, 휴대 전화 같은 것에서 소리를 혼자 들을 수 있게 만든 장치.

이엉 지붕을 이으려고 짚, 억새 들을 엮은 것.《이엉을 얹다.》

이역만리 (異域萬里) 고향에서 아주 멀리 떨어진 다른 나라.

이온 (ion) 전기를 띠는 원자나 원자 무리.

이완 (弛緩) 몸이나 마음이 느슨하게 흐트러지고 풀어지는 것.《근육 이완》반긴장, 수축. **이완하다 이완되다**

이왕 (已往) 1.이미. 또는 어차피.《이왕 늦었으니 천천히 가자.》2.지금보다 이전.《이왕의 일은 모두 잊고 다시 시작하자.》비기왕.

이왕이면 어차피 할 일이라면. 또는 어차피 그렇게 될 일이라면.《이왕이면 즐겁게 공부하는 게 좋잖아.》

이외 (以外) 어떤 테두리 밖. 또는 그 밖의 것.《이 일은 나 이외에는 아무도 모른다.》반이내.

이용 (利用) 1.어떤 것을 쓸모에 따라 알맞게 쓰는 것.《폐품 이용》북리용. 2.어떤 사람을 제 잇속을 채우려고 끌어들이는 것.《사람이 너무 착하면 이용만 당한다.》**이용하다 이용되다**

이용도 (利用度) 시설, 물건 들을 이용하는 정도.

이용료 (利用料) 시설, 물건 들을 이

용하는 데 드는 돈.

이용법 (利用法) 시설, 물건 들을 이용하는 방법.

이용자 (利用者) 시설, 물건 들을 이용하는 사람.

이용후생 (利用厚生) 기구를 편리하게 쓰고 먹을 것과 입을 것을 늘려서 백성이 잘살게 하는 것. 黒리용후생.

이웃 1. 가까이 있는 집. 또는 그 집에 사는 사람.《이웃끼리 서로 도우면서 지냅니다.》2. 서로 잇달아 있거나 가까이 있는 것.《이웃 나라》**이웃하다**

이웃사촌 남남이라도 이웃하여 다정하게 지내면 사촌처럼 친하다는 뜻으로 '사이가 좋은 이웃'을 이르는 말.

이웃집 이웃에 있는 집.《이웃집 형에게 모르는 문제를 물어보았다.》

이월 (移越) 다음으로 넘기거나 옮기는 것. 黒조월. **이월하다 이월되다**

이유 (理由) 어떤 일이 일어난 까닭.《짝꿍이 아무런 이유 없이 며칠째 학교에 안 나와요.》비까닭, 원인. 黒리유.

이윤 (利潤) 장사를 하여 남긴 돈.《이윤 없는 장사도 있나?》비이익. 黒리윤.

이율 (利率) 빌려 쓴 돈에 붙는 이자의 비율.《이율이 높다.》같이자율.

이윽고 얼마쯤 뒤에 드디어.《하늘에 시커멓게 먹구름이 끼더니 이윽고 소나기가 쏟아졌다.》

이음매 두 물건을 이은 자리.《의자 이음매가 헐거워졌다.》黒이음새.

이음새 두 물건을 이은 모양새.《이음새가 곱다./이음새가 보기 좋다.》

이음줄 악보에서 둘 이상의 음을 부드럽게 이어서 연주하라는 기호.

이응 닿소리 글자 'ㅇ'의 이름.

이의 (異議) 다른 의견이나 생각.《네 말에는 이의가 없어.》

이이 '이 사람'을 조금 높여 이르는 말. 참그이, 저이.

이익 (利益) 1. 이롭거나 보탬이 되는 것.《학급 문고를 만들면 모두에게 이익이 될 거야.》반손해. 黒리익. 2. 장사를 하여 번 돈.《하루 이익이 얼마나 될까?》비이윤. 黒리익.

이익금 (利益金) 이익으로 남은 돈.《총 이익금/순 이익금》黒리익금.

이자 사람 '이 사람'을 낮추어 이르는 말.《이자의 말이 사실일까요?》

이자 돈 (利子) 돈을 빌려 쓴 대가로 때가 되면 얼마씩 차곡차곡 무는 돈.《이자를 물다./이자가 붙다.》黒리자.

이자 몸 (胰子) 위 뒤쪽에 있는 내장 가운데 하나. 같췌장.

이자율 (利子率) → 이율.

이장 사람 (里長) 행정 구역인 리를 대표하는 사람. 黒리장.

이장 묘 (移葬) 무덤을 옮기는 것. **이장하다**《할아버지 묘를 볕이 잘 드는 곳으로 이장하였다.》

이재 (理財) 재물을 불리는 것.《삼촌은 이재에 밝다.》

이재민 (罹災民) 물난리나 큰불 같은 재해로 해를 입은 사람. 黒리재민.

이전 앞 (以前) 지금 말하는 때보다 앞. 또는 기준이 되는 어떤 때보다 앞.《내일은 일곱 시 이전에 일어나.》반이후.

이전 이사 (移轉) 1. 주소, 건물, 시설 들을 다른 데로 옮기는 것.《주소 이전/사옥 이전》참이사. 2. 권리, 기술 들이

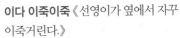

남한테 넘어가거나 남한테서 넘어오는 것.《소유권 이전》**이전하다**

이절지 (二折紙) 전지를 반으로 자른 크기와 같은 종이.

이점 (利點) 이로운 점.《이점이 있다./이점이 많다.》**북**리점.

이정표 (里程標) 길을 찾기 쉽게 거리나 방향을 알려 주는 표지판.《고속도로 이정표》**북**리정표.

이제 지금. 또는 지금부터.《이제 며칠만 지나면 소풍 가는 날이다.》

이제껏 이때까지 줄곧.《이 책은 이제껏 읽은 책 가운데 가장 재미있어.》

이제나저제나 언제인지 알 수 없을 때나 어떤 것을 안타깝게 기다릴 때 쓰는 말.《갑순이는 이제나저제나 갑돌이가 오기만을 기다렸다.》

이제야 이제 겨우. 또는 지금에야 비로소.《이제야 청소가 모두 끝났다.》

이조 관아 (吏曹) 고려와 조선 시대에 벼슬아치를 뽑거나 평가하는 일을 맡아 하던 관청.《이조 판서》**북**리조.

이조 나라 (李朝) 일제가 조선을 '이씨 왕조'라는 뜻으로 낮추어 부르던 말. **북**리조.

이종 사촌 (姨從四寸) 이모의 아들딸. **북**이모사촌.

이주 (移住) 사는 것을 먼 데로 옮기는 것. 또는 다른 나라로 옮겨 가 사는 것. **이주하다**《고모네 식구가 곧 호주로 이주할 거예요.》

이주민 (移住民) 다른 곳으로 이주한 사람. **참**원주민.

이죽- 밉살스럽게 지껄이면서 빈정거리는 모양. **이죽거리다 이죽대다 이죽**

이질풀

이다 이죽이죽《선영이가 옆에서 자꾸 이죽거린다.》

이중 (二重) 1.두 겹.《이중 창문》2. 같은 일이 되풀이되거나 겹치는 것. 《전화 요금을 이중으로 냈다.》

이중인격 (二重人格) 인격이 둘이라는 뜻으로 흔히 겉과 속이 다른 사람을 이르는 말.

이중주 (二重奏) 악기 두 개로 함께 연주하는 것.

이중창 노래 (二重唱) 두 사람이 서로 다른 가락으로 함께 노래하는 것.

이중창 창문 (二重窓) 추위나 시끄러운 소리를 막으려고 두 겹으로 만든 창문.

이즈음 얼마 전부터 지금까지의 무렵. 또는 이때 즈음.《이즈음 고향에는 진달래꽃이 한창일 거야.》**참**요즈음.

이지러지다 1.한 귀퉁이가 떨어져 나가거나 찌그러지다.《보름이 지나자 달이 점점 이지러졌다.》2.성이 나거나 기분이 나빠 얼굴이 일그러지다. 《내 말을 듣던 철수의 얼굴이 점점 이지러졌다.》

이지적 (理智的) 지혜롭게 행동하거나 판단하는. 또는 그런 것.

이진법 (二進法) 수를 0과 1만으로 나타내는 방법.

이질 (痢疾) 똥이 자주 마렵고 똥에 피나 고름이 섞여 나오는 병. **북**리질.

이질적 (異質的) 성질이 서로 다른. 또는 그런 것.

이질풀 산과 들의 축축한 풀숲에 자라는 풀. 온몸에 털이 있고, 분홍색이나 흰색 꽃이 핀다. 뿌리째 약으로 쓴다.

이질화 (異質化) 성질이 서로 달라지

는 것.《남북한 언어 이질화가 심각합니다.》**이질화하다 이질화되다**

이쪽 말하는 사람과 가까운 쪽. 또는 가까이 있는 사람.《이쪽에 서면 화면이 더 잘 보여./이쪽은 제 동생입니다.》**같**이편. **참**그쪽, 저쪽.

이쪽저쪽 이쪽과 저쪽.

이쯤 이만한 정도. 또는 이만큼.《이쯤에서 끝내자./이쯤 말했으니 너도 알아들었겠지.》

이차 (二次) 두 번째.《이차 시험 합격》

이착륙 (離着陸) 이륙과 착륙. 비행기가 뜨거나 내리는 것을 이른다. **북**리착륙. **이착륙하다**

이참 이렇게 된 참에. 또는 마침 이때에.《삼촌이 바다에 간다니 이참에 조개껍데기 좀 가져다 달라고 해야지.》

이채 (異彩) 색다른 것.《이채를 띠다.》

이채롭다 특이하고 색다르다.《도시 속에 섬이 있다니 참 이채롭다.》**바**이채로운, 이채로워, 이채롭습니다.

이천 (利川) 경기도에 있는 시. 질 좋은 쌀이 나기로 널리 알려져 있다.

이체 (移替) 은행 같은 금융 기관을 통해서 돈을 보내는 것. **이체하다**

이층집 이 층으로 지은 집.

이치 (理致) 마땅히 따라야 하는 도리. 또는 세상일이 그렇게 될 수밖에 없는 속내나 큰 바탕.《이치를 깨닫다./이치에 어긋나다./이치를 따지다.》**북**리치.

이크 '이키'를 잘못 쓴 말.

이키 좋지 못한 일로 몹시 놀랐을 때 내는 소리.《이키, 큰일 났네.》✕이크.

이탈 (離脫) 어떤 무리나 테두리에서 벗어나는 것. **북**리탈. **이탈하다**《새끼 코끼리 몇 마리가 무리에서 이탈했다.》

이토록 이렇게까지. 또는 이 정도로.《자전거 타기가 이토록 어려운 줄 몰랐어.》**참**그토록, 저토록.

이튿날 어떤 일이 있은 다음날.《외할머니는 오신 이튿날 바로 가셨어요.》

이틀 두 날.《아빠는 이틀 전에 출장을 가셨어요.》

이파리 나무나 풀의 잎 하나하나.《예쁜 나무 이파리를 주웠다.》**비**잎사귀.

이판사판 더 이상 어쩔 수 없는 막다른 지경이 되어 오히려 마구 덤비게 된 형편.《어차피 이판사판이니 젖 먹던 힘까지 내서 싸워 보자.》

이팔청춘 (二八青春) 젊고 팔팔한 때인 열여섯 살 무렵.

이팝나무

이팝나무 남부 지방에 자라는 잎지는 나무. 4~6월에 작고 흰 꽃이 많이 모여 피고, 열매는 가을에 까맣게 익는다.

이편 → 이쪽.

이하 (以下) 정한 틀을 포함해 그 틀보다 아래이거나 적은 것.《이 영화는 12세 이하인 어린이는 볼 수 없습니다.》**반**이상. **참**미만.

이해 알다 (理解) 1.말이나 글의 뜻을 생각해서 아는 것. 또는 세상의 이치나 도리를 깨달아 아는 것.《내용이 어려워서 이해가 잘 안 가요.》**북**리해. 2.남의 처지나 마음을 알아주는 것.《그때 네 심정이 어땠을지 이해가 간다.》**이해하다 이해되다**

이해 손익 (利害) 이익과 손해를 함께 이르는 말. **북**리해.

이해관계 (利害關係) 서로 이해가 걸린 관계.《이해관계를 따지다./이해관계가 얽히다.》 **북**리해관계.

이해력 (理解力) 뜻, 이치, 형편 같은 것을 이해하는 힘.《이해력이 뛰어나다./이해력이 모자라다.》 **북**리해력.

이해심 (理解心) 다른 사람의 처지나 속내를 잘 헤아려 주는 마음.《우리 오빠는 이해심이 많아요.》 **북**리해심.

이해타산 (利害打算) 이익이 될지 손해가 될지 이모저모 따져 보는 것.

이행 (履行) 하기로 한 일을 실제로 하는 것. **북**리행. **이행하다**《이제 약속을 이행해 주십시오.》 **이행되다**

이혼 (離婚) 부부가 헤어져 남이 되는 것. **반**결혼. **북**리혼. **이혼하다**《삼촌은 이혼하고 혼자 산다.》

이화명나방 애벌레가 벼에게 큰 해를 주는 나방. 앞날개는 좀 길면서 회색을 띤 갈색이고, 뒷날개는 희다.

이화명충 이화명나방 애벌레. 몸빛은 옅은 갈색이고, 등에서 옆구리까지 세로무늬가 있다. 벼 줄기를 갉아먹는다.

이화 학당 (梨花學堂) 조선 고종 때 (1886년) 미국 선교사 스크랜턴 부인이 우리나라에 처음 세운 여자 학교.

이후 (以後) 어떤 때가 지난 뒤. 또는 어떤 일이 일어난 뒤.《다툰 이후로 우리 둘은 더욱 친해졌어.》 **반**이전.

익다 **음식이** 1. 열매, 낟알 들이 다 자라서 여물다.《사과가 빨갛게 익었다.》 2. 불에 굽거나 삶거나 찌거나 하여 날것이 먹기 좋게 되다.《덜 익은 돼지고기를 먹고 배탈이 났다.》 3. 김치, 젓갈, 장, 술 들이 발효되어 맛이 들다.《나는 푹 익은 김치가 좋아.》

익은 밥 먹고 선소리한다 **속담** 이치에 어

익룡

익모초

긋나는 말을 한다는 말.

익다 **낯이** 1. 자주 해 보아서 어떤 일에 서툴지 않다.《영철이는 망치질이 손에 익어 못을 잘 박는다.》 2. 자주 보거나 들어서 낯설지 않다.《저 언니는 어딘가 낯이 익은데.》

익룡 하늘을 날아다니던 공룡. 크고 억센 날개와 꼬리가 있다.

익명 (匿名) 이름을 밝히지 않는 것.《익명의 편지》 **북**닉명.

익모초 들판이나 길가, 밭둑에 자라는 풀. 가을에 싹이 터서 잎이 나오고, 이듬해 봄에 줄기가 나와 자란다. 여름에 자줏빛 꽃이 층층이 핀다. 포기째 약으로 쓴다.

익사 (溺死) 물에 빠져 죽는 것. **북**닉사. **익사하다**《용감한 젊은이가 익사할 뻔한 아이를 구해 냈다.》

익산 (益山) 전라북도 북서쪽에 있는 시. 철도 교통의 중심지이다.

익살 재치 있는 말이나 몸짓으로 남을 웃기는 일.《할머니는 동생이 익살을 부릴 때 가장 즐거워하세요.》

익살스럽다 익살을 떠는 데가 있다.《광대가 익살스러운 표정을 지었다.》 **바**익살스러운, 익살스러워, 익살스럽습니다.

익숙하다 1. 자주 해 본 일이어서 서투르지 않다.《엄마가 익숙한 솜씨로 바느질을 하신다.》 2. 자주 겪어서 낯설거나 불편하지 않다.《시골 생활에 익숙하지 않아서 많이 서툴러요.》

익충 (益蟲) 누에, 꿀벌 들처럼 사람에게 이로운 곤충. **반**해충.

익히다 **끓이다** 1. 날것을 굽거나 삶거나

끓이거나 하다. 《돼지고기는 잘 익혀 먹어야 한다.》 2. 김치, 술, 장 같은 것에 맛이 들게 하다. 《좀 더 익혀야 김치 맛이 제대로 나겠구나.》

익히다 배우다 1. 모르는 것을 배우다. 《글을 익히다.》 2. 자주 보아 낯설지 않게 하다. 《얼굴을 익히다.》

인 버릇 자주 되풀이해서 몸에 깊이 밴 버릇. 《삼촌은 담배에 인이 박여 끊기가 어렵다고 한다.》

인 사람 (人) 1. 사람을 세는 말. 《이 정도면 5인 가족이 실컷 먹을 수 있다.》 2. 한문 투에서 '사람'을 이르는 말. 《인의 장막》

인 너그러움 (仁) 남을 대하는 태도나 마음이 어질고 너그러운 것.

인 물질 동물 뼈에 많이 들어 있는 원소 가운데 하나. 어둠 속에서 희미한 빛을 내고 불이 잘 붙어 성냥을 많이 만든다.

인 띠 (寅) 띠를 나타내는 열두 동물 가운데 셋째인 호랑이를 이르는 말.

인가 집 (人家) 사람이 사는 집. 《산골이라 그런지 인가가 드뭅니다.》

인가 허가 (認可) 흔히 정부 기관에서 어떤 일을 해도 좋다고 허락하는 것. 《정부의 인가를 받다.》 **인가하다**

인간 (人間) 1. 말과 생각을 하면서 사회를 이루고 사는 동물. 《인간은 만물의 영장이다.》 비사람. 2. 사람 됨됨이.

인간답다 1. 사람됨에 어그러짐이 없이 올바르다. 《약한 사람을 모른 척하는 것은 인간다운 태도가 아니야.》 2. 사람으로서 누려야 할 것을 두루 갖추고 있다. 《인간답게 살 권리》 박인간다운, 인간다워, 인간답습니다.

인간문화재 (人間文化財) 전통 무용, 음악, 공예 같은 분야에서 남다른 기술을 가지고 있다고 나라에서 인정한 사람. 정식 이름은 '중요 무형 문화재 보유자'이다.

인간성 (人間性) 사람 됨됨이. 《인간성이 좋다. / 인간성이 나쁘다.》

인간적 (人間的) 인간다운. 또는 그런 것.

인건비 (人件費) 사람을 부리는 삯으로 드는 돈.

인격 (人格) 사람이 갖추어야 할 바른 됨됨이. 《훌륭한 인격을 갖추다.》

인격자 (人格者) 인격을 갖춘 사람.

인계 (引繼) 일, 물건 들을 다른 사람한테 넘겨주는 것. **인계하다**

인고 (忍苦) 괴로움을 참고 견디는 것. 《인고의 세월》

인공 (人工) 사람이 하는 일. 또는 사람 힘으로 만든 것. 《인공 폭포》

인공 강우 (人工降雨) 자연이 아닌 사람의 힘으로 비를 내리게 하는 일. 또는 그 비.

인공위성 (人工衛星) 로켓으로 쏘아 올려서 지구 둘레를 돌게 만든 장치. 쓰임에 따라 과학 위성, 통신 위성, 기상 위성 들로 나눈다. 같위성.

인공 장기 (人工臟器) 사람이 만든 장기. 병들거나 다친 장기와 바꾸어 달아 그 기능을 대신하게 하는 장치다.

인공호흡 (人工呼吸) 스스로 숨 쉬기 어려운 사람의 폐에 다른 사람이 숨을 불어 넣어 숨 쉬게 하는 일.

인구 (人口) 어느 한곳에 사는 사람 수. 《농촌 인구가 점점 줄어든대요.》

인구 밀도 (人口密度) 정해진 넓이 안에서 인구가 얼마인지 나타내는 정도. 《서울은 인구 밀도가 아주 높다.》

인권 (人權) 사람이 사람답게 살 권리. 《인권을 침해하다./인권을 보호하다.》

인근 (隣近) 가까운 곳. 또는 이웃한 곳. 《네가 우리 집 인근으로 이사 와서 기뻐.》 비근방, 근처, 부근. **반**먼근.

인기 (人氣) 어떤 것에 쏠리는 사람들의 관심과 좋아하는 마음. 《미선이는 남자 애들 사이에서 인기가 많아.》

인기척 사람이 있다는 것을 알려 주는 소리나 움직임. 《인기척에 놀란 철새들이 한꺼번에 날아올랐다.》

인내 (忍耐) 힘들고 어려운 일을 참고 견디는 것. **인내하다** 《어려운 때일수록 인내하는 자세가 필요해.》

인내력 (忍耐力) 인내하는 힘. 비참을 힘. 《훈이는 인내력이 부족해.》

인내심 (忍耐心) 인내하는 마음.

인내천 (人乃天) 천도교의 기본 사상. 사람이 곧 하늘이라는 뜻이다.

인당수 (印塘水) 〔심청전〕에 나오는 바다. 심청이 공양미 삼백 석을 마련하려고 뱃사람에게 제물로 팔려가 빠진 곳이다.

인대 (靭帶) 뼈와 뼈를 잇는 끈처럼 생긴 몸 한 부분.

인더스 강 히말라야 산맥을 가로질러 흐르는 강. 티베트 고원 서쪽에서 시작하여 아라비아 해로 흘러든다.

인도 이끎 (引導) 1.가르쳐 바르게 이끄는 것. 《선생님 인도가 없었다면 지금 이 자리에 서지 못했을 거예요.》 2.어떤 곳에 데려가는 것. 《영희의 인도를

인동덩굴

인라인 스케이트

받아 방으로 들어섰다.》 **인도하다**

인도 길 (人道) ➡ 보도.

인도 도리 (人道) 사람으로서 마땅히 지켜야 하는 도리. 《인도를 벗어나다.》

인도 넘겨줌 (引渡) 물건, 권리 같은 것을 넘겨주는 것. **인도하다**

인도양 (印度洋) 오대양 가운데 하나. 아시아, 오스트레일리아, 아프리카, 남극 대륙에 둘러싸여 있다.

인도적 (人道的) 사람의 도리에 따르는. 또는 그런 것.

인도주의 (人道主義) 인종, 민족, 나라, 종교 들을 뛰어넘어 모든 사람이 행복하게 사는 세상을 만들려는 사상.

인도차이나 반도 아시아 남동쪽에 있는 반도. 베트남, 캄보디아, 라오스, 타이, 미얀마 같은 나라가 있다.

인동덩굴 양지바른 밭둑이나 골짜기에 자라는 잎지는나무. 줄기는 덩굴이 되어 자라고 꽃은 처음에는 하얗다가 시들면서 노랗게 된다. 꽃, 잎, 덩굴을 약으로 쓴다.

인두 바느질할 때 천의 구김살을 펴거나 주름을 잡으려고 불에 달구어 누르는 데 쓰는 기구.

인디언 (Indian) 아메리카 대륙 원주민.

인라인 스케이트 (inline skate) 신발 바닥에 한 줄로 바퀴를 3~5개 단 운동 기구. 비롤러블레이드.

인력 사람 (人力) 1.사람의 힘. 《죽고 사는 문제는 인력으로 어찌할 수 없다.》 2.일할 사람. 《인력이 부족하다.》

인력 끄는 힘 (引力) 떨어져 있는 두 물체가 서로 끌어당기는 힘.

인력거 (人力車) 사람을 태우고 사람이 달리면서 끄는 수레.

인력난 (人力難) 일할 사람이 모자라서 겪는 어려움.《중소기업은 인력난으로 허덕인다.》

인력거

인류 (人類) 1.세상 모든 사람.《그린피스는 인류의 행복을 위해 일하는 단체이다.》2.'사람'을 짐승과 구별하여 이르는 말.《인류의 역사》

인류애 (人類愛) 나라나 살색을 따지지 않고 세상 모든 사람을 사랑하는 것.

인륜 (人倫) 사람으로서 마땅히 지켜야 할 질서.《인륜을 저버리는 짓은 하지 마십시오.》

인명 이름 (人名) 사람 이름.

인명 목숨 (人命) 사람 목숨.《인명 피해/인명 구조》

인명사전 (人名事典) 세상에 알려진 사람들을 모아 이름 순서대로 살아온 자취와 한 일을 적은 사전.

인물 (人物) 1.사람. 또는 사람의 생김새나 됨됨이.《인물 사진》2.아주 뛰어나거나 훌륭한 일을 많이 한 사람.《우리 마을은 인물이 많이 난 고장이다.》3.연극, 이야기 들에서 어떤 구실을 하는 사람.《등장인물/주요 인물》

인물상 (人物像) 사람 생김을 본떠 만든 조각. 또는 사람을 그린 그림.

인물화 (人物畵) 사람을 주제로 하여 그린 그림.

인부 (人夫) 품삯을 받고 막일을 하는 남자.

인분 (人糞) 사람 똥.

인사 예절 (人事) 1.사람이 만나거나 헤어질 때 예를 갖추는 것. 또는 그런 말

인삼

이나 행동.《선생님께 공손하게 인사를 드렸다.》2.처음 만난 사람들이 서로 이름을 알려 주면서 자기를 소개하는 일.《처음 만난 아이들과 인사를 나눌 때는 조금 쑥스러웠다.》**인사하다**

인사 사람 (人士) 지위가 높거나 이름이 널리 알려진 사람.《유명 인사》

인사 일 (人事) 1.사람이 하는 일. 또는 세상에서 벌어지는 일.《뜻은 사람이 세워도 인사는 하늘에 맡기라 했다.》2.회사 같은 데서 사람들이 맡을 일을 정하는 일.《인사이동/인사 발령》

인사말 인사로 하는 말.《우리 반을 대표해서 반장이 인사말을 했다.》

인사법 (人事法) 인사하는 방법.

인사불성 (人事不省) 주위에 무슨 일이 생기는지도 모를 만큼 정신을 잃는 것.《인사불성으로 취하다.》

인산인해 (人山人海) 사람이 아주 많이 모인 것. 사람이 산과 바다를 이루었다는 뜻이다.《꽃구경을 나온 사람들로 공원은 인산인해를 이루었다.》

인삼 깊은 산에 절로 자라거나 밭에 심어 가꾸는 풀. 잎은 줄기 끝에 서너 개씩 붙고, 봄에 엷은 풀빛 꽃이 핀다. 뿌리는 희고 통통한데 약으로 쓴다.

인상 생김새 (人相) 사람의 얼굴 생김새.《영희는 인상이 참 좋아.》

인상 기억 (印象) 어떤 것을 보거나 어떤 일을 겪은 뒤에 마음에 새겨진 느낌.《인상에 남다./깊은 인상을 주다.》

인상 올림 (引上) 값을 올리는 것.《요금 인상》 **반**인하. **인상하다 인상되다**

인상적 (印象的) 인상이 뚜렷하게 남는. 또는 그런 것.

인색 (吝嗇) 돈이나 물건을 지나치게 아끼고 베풀지 못하는 것. **인색하다** 《이런 인색한 구두쇠 같으니!》

인생 (人生) 사람이 세상을 살아가는 것. 또는 세상을 사는 동안. 《네 인생의 목표가 무엇인지 한번 말해 봐라.》

인생관 (人生觀) 어떻게 살 것인지 마음속에 올곧게 품어 온 생각.

인솔 (引率) 여럿을 거느리거나 이끌고 가는 것. **인솔하다** 《홍 선생님이 우리 반을 인솔하셨어요.》

인쇄 (印刷) 글, 그림, 사진 같은 것을 잉크를 써서 종이나 천에 찍는 것. **인쇄하다** 《이 시집을 만 부나 인쇄했대요.》

인쇄공 (印刷工) 인쇄하는 일을 맡아 하는 기술자.

인쇄기 (印刷機) 인쇄하는 기계.

인쇄물 (印刷物) 책, 잡지, 신문처럼 인쇄한 물건을 두루 이르는 말.

인쇄본 (印刷本) 인쇄하여 놓은 책이나 종이.

인쇄소 (印刷所) 설비를 갖추고 인쇄하는 곳.

인쇄술 (印刷術) 인쇄하는 기술.

인수 (引受) 물건, 권리 들을 넘겨받는 것. **인수하다** 《아빠 회사에서 작은 회사를 하나 인수했다.》

인스턴트식품 그 자리에서 바로 손쉽게 해 먹을 수 있는 음식. 라면, 햄버거 같은 것을 이른다.

인습 (因習) 옛날부터 이어져 내려오는 낡은 풍습. 《인습에 얽매이다.》

인식 (認識) 깨달아 아는 것. 또는 어떻고 여기는 것. 《역사 인식/나쁜 인식을 고치다.》 **인식하다**

인신공격 (人身攻擊) 남의 몸이나 약점을 들추어내 헐뜯고 욕하는 것.

인신매매 (人身賣買) 사람을 물건이나 짐승처럼 사고파는 짓.

인심 (人心) 1. 사람 마음. 《푸근한 시골 인심》 2. 남을 헤아리고 베푸는 마음. 《이 음식점은 인심이 후하다.》

인심을 사다 관용 남의 마음에 들다. 《진이는 친절해서 동무들 인심을 샀다.》

인심을 쓰다 관용 자기 것을 남한테 베풀다. 《그 깍쟁이가 웬일로 우리한테 인심을 다 쓴대?》

인심을 잃다 관용 좋게 여기는 마음을 잃다. 《지영이는 잘난 체하다가 동무들한테 인심을 잃었다.》

인양 (引揚) 물이나 구덩이 속에 있는 것을 끌어 올리는 것. **인양하다** 《바다 속으로 가라앉은 배를 인양했다.》

인어 (人魚) 허리 위로는 사람이고 아래로는 물고기라는 상상의 동물.

인연 (因緣) 사람들 사이에 맺어지는 관계. 또는 서로 까닭이 있어서 맺어지는 관계. 《부부 인연을 맺다.》

인왕산 (仁王山) 서울 서쪽에 있는 산.

인용 (引用) 남의 말이나 글을 따다가 자기 말이나 글에 쓰는 것. **인용하다** 《교장 선생님은 신문 기사를 인용해 말씀하셨다.》 **인용되다**

인원 (人員) 사람. 또는 사람 수. 《이번 행사에 참가하는 인원이 적다.》

인원수 (人員數) 사람 수.

인위적 (人爲的) 사람이 일부러 만든. 또는 그런 것. 반 자연적.

인자하다 마음이 너그럽고 따뜻하다. 《우리 할머니는 아주 인자하세요.》

인재 ^{사람} (人材) 재능이 뛰어난 사람. 또는 어떤 일에서 한몫할 만한 사람.

인재 ^{사고} (人災) 사람이 끼어들어 생긴 재난.《서해안 기름 유출은 인재이다.》

인적 (人跡) 사람이 지나다닌 흔적. 또는 사람이 지나다니는 것.《인적 없는 깊은 산/인적이 뜸한 새벽》

인절미 찹쌀을 쪄서 떡메로 친 다음 네모나게 썰어 고물을 묻힌 떡.

인접 (隣接) 가까이 있는 것. 또는 서로 붙어 있는 것.《인접 국가/인접 마을》북린접. **인접하다**

인정 ^{마음씨} (人情) 1.남을 위하는 따뜻한 마음씨.《인정을 베풀다./인정이 많은 사람》 2.사람한테 본디부터 있는 감정.《급하면 제 식구부터 챙기는 게 인정인데 어찌 나무랄 수 있겠니.》

인정 ^{여김} (認定) 어떤 점을 분명히 그렇다고 여기는 것. **인정하다**《네 잘못을 솔직히 인정해.》**인정되다**

인정머리 '인정'을 낮추어 이르는 말.

인정미 (人情味) 인정이 넘치는 따뜻한 느낌.《다람이는 공부는 못해도 인정미가 있어서 좋아.》

인정전 (仁政殿) 서울 창덕궁의 중심 건물. 조선 태종 때(1404년) 별궁으로 처음 지었다. 국보 제225호.

인정전

인제 1.바로 이때. 또는 이제부터.《인제 다시는 거짓말을 하지 않을게요.》 2.지금에야. 또는 이제야 비로소.《인제 학교에 가는 거야?》

인조 (人造) 사람이 만든 것.《인조인간/인조 잔디》

인조견 (人造絹) 사람이 만든 가짜 명주실로 짠 비단.

인조 섬유 (人造纖維) 나일론, 인조견처럼 사람이 기계와 화학 약품을 써서 만든 섬유.

인종 (人種) 사람을 백인종, 황인종, 흑인종처럼 살색에 따라 나눈 갈래.

인종 차별 (人種差別) 사람을 인종에 따라 차별하는 것.

인주 (印朱) → 도장밥.

인중 (人中) 코와 윗입술 사이에 세로로 오목하게 파인 곳.

인지 ^앎 (認知) 어떤 것을 분명하게 인정하고 아는 것. **인지하다**《내용을 인지하다./문제를 인지하다.》

인지 표 (印紙) 세금, 수수료를 냈다는 뜻으로 서류에 붙이는 작은 종이 딱지.

인지상정 (人之常情) 사람이라면 누구나 지니는 마음.《어려운 사람을 보면 도와주고 싶은 게 인지상정이다.》

인질 (人質) → 볼모.《인질로 잡다.》

인척 (姻戚) 혼인으로 관계가 맺어진 친척.《인척 관계》

인천 (仁川) 우리나라 가운데의 서쪽에 있는 광역시. 국제공항이 있고 우리나라에서 두 번째로 큰 항구 도시이다.

인체 (人體) 사람 몸.

인출 (引出) 통장에서 돈을 찾는 것.《현금 인출》**인출하다**

인치 (inch) 길이를 나타내는 말. 1인치는 2.54센티미터쯤이다. 기호는 in 이다.

인터넷 (internet) 전 세계 컴퓨터가 서로 정보를 주고받을 수 있게 그물처럼 연결되어 있는 것.

인터넷 뱅킹 (internet banking) → 홈뱅킹.

인터뷰 (interview) 흔히 기자가 필요한 내용을 얻으려고 어떤 사람을 만나 이야기하는 일. **인터뷰하다**

인터폰 (interphone) 한 건물 안에서 서로 연락하려고 만든 전화.

인테리어 (interior) 집, 건물 안을 쓸모 있고 아름답게 꾸미는 일.

인파 (人波) '수많은 사람'을 큰 물결에 빗대어 이르는 말.《10만이 넘는 인파가 바닷가에 몰려들었다.》

인편 (人便) 소식이나 물건을 남한테 부탁해 보내는 것. 또는 그런 일을 해 줄 사람.《인편으로 편지를 보내다.》

인품 (人品) 사람 됨됨이. 또는 사람의 바르고 훌륭한 바탕.《인품이 훌륭하다./인품을 본받다.》

인플레이션 (inflation) 나라 안에 돈이 갑자기 많아져 돈 가치가 떨어지고 물건 값이 자꾸 올라가는 일.

인하 (引下) 값을 내리는 것.《수수료 인하》반인상. **인하하다 인하되다**

인해 전술 (人海戰術) 군인들을 많이 보내서 적을 꼼짝 못하게 하는 전술. 육이오 전쟁에서 중공군이 썼다.

인형 (人形) 사람 생김새를 본떠 만든 장난감.

인형극 (人形劇) 인형을 가지고 하는 연극. 사람이 실이나 손으로 인형을 움직인다.

인화 사진 (印畵) 종이 위에 사진기로 찍은 필름을 올려놓고 사진이 나타나게 하는 일.《사진 인화》**인화하다**

인화 어울림 (人和) 여럿이 마음을 합하여 어울리는 것. **인화하다**

인화 불붙임 (引火) 불이 옮겨 붙는 것.

《인화 물질》 **인화하다**

일 활동 1.어떤 목적을 이루려고 몸, 머리, 마음을 써서 하는 모든 활동.《이불 개는 일은 이제 네가 해라.》 2.서로 얽혀 있는 사건이나 문제.《이건 너랑 상관없는 일이야.》 3.먹고살려고 하는 노동.《고모는 사전 만드는 일을 한다.》 4.실제로 겪거나 해 본 경험이나 기억.《제주도에 가 본 일 있니?》 5.나쁜 사건이나 말썽.《내년부터는 우리 집에 아무 일도 안 생기면 좋겠어요.》 6.어떤 사실이나 경우. 또는 어떤 사정이나 형편.《누나는 우리가 아무리 귀찮게 굴어도 성을 내는 일이 없다.》

일 숫자 (一) 1.수나 양을 나타내는 맨 처음 수. 아라비아 숫자로는 '1'이다. 참하나. 2.세는 말 앞에 써서, 하나나 첫 번째를 나타내는 말.

일 날짜 (日) 1.'하루'를 세는 말.《시험까지 5일 남았다.》 2.달력에 따라서 차례가 정해진 '날짜'를 이르는 말.《내 생일은 4월 5일이야.》

일 요일 (日) → 일요일.

–일 국경일 (日) 낱말 뒤에 붙어, 어떤 날을 뜻하는 말.《국경일/공휴일》

일가 (一家) 한 집안.

일가친척 (一家親戚) 한 집안의 모든 친척.《할머니 생신에 일가친척이 모두 모였다.》

일간 (日間) 며칠 안에.《일간 찾아뵐게요.》

일간 신문 (日刊新聞) 날마다 펴내는 신문. 같일간지.

일간지 (日刊紙) → 일간 신문.

일감 → 일거리.

일개미 집을 짓고 먹이 모으는 일을 맡아 하는 개미. 암컷이지만 알을 낳지 못한다. **북**로동개미.

일거리 일할 거리. **같**일감.

일거수일투족 (一擧手一投足) 사람이 하는 모든 움직임. 손 한 번 들고 발 한 번 옮긴다는 뜻이다.

일거양득 (一擧兩得) 한 가지 일을 해서 두 가지 이익을 얻는 것.《텃밭을 가꾸면 먹을거리도 생기고 운동도 되고 일거양득이지.》**비**일석이조.

일격 (一擊) 한 번 세게 치거나 공격하는 것.《우리나라 선수가 상대 선수에게 일격을 가했다.》

일고여덟 1. 일곱이나 여덟.《아이들 일고여덟이 남아 교실을 청소했다.》 2. 세는 말 앞에 써서, 일곱이나 여덟을 나타내는 말.

일곱 1. 여섯에 하나를 더한 수. **참**칠. 2. 세는 말 앞에 써서, 여섯에 하나를 더한 수를 나타내는 말.

일곱째 1. 여섯째의 다음 차례. 또는 여섯째의 다음 차례인. 2. 앞에서부터 셀 때 일곱 개째가 되는 것을 이르는 말.

일과 (日課) 날마다 해야 하거나 날마다 하기로 한 일.《동생을 유치원에서 데려오는 것이 일과가 되었다.》

일과표 (日課表) 일과를 적은 표.

일관 (日官) 조선 시대에 어떤 일을 하기에 좋은 날을 가려 정하던 벼슬.

일관하다 어떤 일을 처음부터 끝까지 한결같이 하다.《피고는 법정에서 침묵으로 일관했다.》**일관되다**

일괄 (一括) 여러 가지를 몰아서 한데 묶는 것. 또는 묶어서 하나로 다루는 것.《일괄 처리》**일괄하다**

일광욕 (日光浴) 햇볕을 쬐는 일.《바닷가에서 일광욕을 즐겼다.》

일교차 (日較差) 하루에 기온이 가장 높을 때와 가장 낮을 때의 차이.《요즘처럼 일교차가 클 때는 감기를 조심해야 해.》**북**하루차.

일구다 논밭으로 만들려고 땅을 뒤집거나 갈아엎다.《밭을 일구다.》

일구이언 (一口二言) 말을 이랬다저랬다 하는 것. 한 입으로 두 말을 한다는 뜻이다.

일그러뜨리다 일그러지게 하다.《동생은 주사 맞는 것이 아픈지 얼굴을 잔뜩 일그러뜨렸다.》

일그러지다 뒤틀려 한쪽이 비뚤어지거나 우글쭈글해지다.《그릇 깨지는 소리가 나자 엄마 표정이 일그러졌다.》

일급수 (一級水) 강물이나 시냇물에 매긴 등급 가운데 하나. 사람이 먹을 수 있을 만큼 맑고 깨끗한 물이다.

일기 **글** (日記) 날마다 그날 겪은 일이나 느낀 점 들을 적는 글.

일기 **날씨** (日氣) ➡ 날씨.

일기도 (日氣圖) 어떤 지역의 날씨를 나타낸 그림. 기온이나 기압, 바람의 방향, 바람의 세기 들을 보여 준다.

일기 예보 (日氣豫報) 기상청에서 신문이나 방송 같은 것을 통해 날씨를 미리 알려 주는 것.

일기장 (日記帳) 일기를 쓰는 공책.

일깨우다 가르치거나 일러 주어 깨닫게 하다.《네 잘못을 일깨워 주마.》

일껏 모처럼 힘들게. 또는 일삼아 애써서.《같이 놀려고 일껏 왔는데 솔이가 집에 없어서 실망했다.》 비기껏.

일꾼 1. 돈을 받고 남의 일을 해 주는 사람. 북일군. 2. 일을 아주 잘하는 사람. 《지현이가 아주 일꾼이야.》 북일군.

일내다 말썽을 일으키다. 《일내지 말고 조용히 놀다 와.》

일념 (一念) 오직 한 가지 생각. 또는 외곬으로 한 가지만 바라는 것. 《살을 빼겠다는 일념으로 열심히 운동했다.》

일다 생기다 1. 일이나 기운이 생기다. 《물결이 일다.》 2. 날아오르거나 부풀어 오르다. 《거품이 일다./보풀이 일다.》 바이는, 일어, 입니다.

일다 씻다 곡식을 물이 든 그릇에 넣고 흔들면서 돌을 가려내다. 또는 키로 까불거나 채를 흔들어서 돌을 가려내다. 《쌀을 일어 밥을 지었다.》 바이는, 일어, 입니다.

일단 우선 (一旦) 1. 다른 것은 제쳐 두고 먼저. 《무슨 말인지 일단 들어 보자.》 2. 하던 일을 멈추고 잠깐. 《하던 일을 일단 멈춰 봐.》

일단 태권도 (一段) 태권도, 유도, 바둑 들에서 첫째 단을 이르는 말.

일단 무리 (一團) 한 무리. 《일단의 병사들이 다리 아래에 숨어 있다.》

일단락 (一段落) 해 오던 일을 어느 만큼에서 일단 끝내는 것. 《그 일은 이쯤에서 일단락을 짓고 다음 안건으로 넘어가자.》 **일단락하다 일단락되다**

일당 무리 (一黨) 흔히 나쁜 목적을 이루려고 함께 뭉쳐서 움직이는 무리. 《사기꾼 일당이 경찰에 잡혔다.》

일당 벌이 (日當) 하루 일하고 받는 삯.

일대 지역 (一帶) 어떤 테두리 안에 들

어가는 모든 곳. 《남부 지방 일대에 큰 비가 내렸다.》 비일원.

일대 큰 (一大) 몹시 큰. 또는 아주 놀랄 만한. 《일대 혼란에 빠지다.》

일대기 (一代記) 어떤 사람이 평생 동안 살아온 길을 적은 글.

일동 (一同) 한 무리에 드는 모든 사람. 《참가자 일동을 대표해서 유진이가 편지를 읽었다.》

일등 (一等) 으뜸가는 등급. 《일등 국가/일등 항해사》

일등병 (一等兵) 군대에서 이등병보다 높고 상등병보다 낮은 계급. 또는 그 계급을 단 병사. 같일병.

일떠서다 북 1. 큰일을 하려고 힘차게 일어서다. 《청년들은 굳은 마음으로 일떠서서 독립 운동에 나섰다.》 2. 갑자기 자리를 박차고 일어서다. 《빗줄기가 떨어지자 아이들은 후다닥 일떠서서 교실로 뛰어갔다.》 3. 집 같은 것이 지어져서 땅 위에 솟다. 《공원 한가운데에 거대한 탑이 일떠섰다.》

일떠세우다 북 일떠서게 하다.

일란성 쌍둥이 수정란 하나가 둘로 나뉘어서 태어나는 쌍둥이. 생김새, 성별, 유전자 들이 거의 같다.

일러두기 책 첫머리에 읽는 사람이 알아야 할 것을 일러 주는 글. 같범례.

일러바치다 남의 잘못이나 실수를 윗사람에게 알리다. 《누나가 내가 동무와 싸운 일을 엄마한테 일러바쳤다.》

일렁이다 바람이나 물결에 따라 이리저리 흔들리면서 움직이다. 《바람이 불자 억새풀이 춤을 추듯 일렁인다.》

일력 (日曆) 그날의 날짜, 요일 들이

한 장마다 낱낱이 적혀 있는 책. 달력과 달리 날마다 한 장씩 떼거나 넘긴다.

일련 (一連) 비슷하거나 관계있는 것이 하나로 이어지는 것.《일련번호》

일렬 (一列) 하나로 늘어선 줄.《번호 순서대로 일렬로 늘어서세요.》

일례 (一例) 한 가지 보기.《지금 제가 얘기한 것은 일례에 지나지 않습니다.》

일류 (一流) 어떤 분야에서 으뜸인 것.《일류 기술자》

일리 (一理) 옳다고 여길 만한 이치.《듣고 보니 네 말에도 일리가 있구나.》

일말의 한 번 스쳐 간다는 뜻으로 '약간', '조금'을 이르는 말.《이제 너한테는 일말의 기대도 하지 않아.》

일망타진 (一網打盡) 나쁜 무리를 한꺼번에 다 잡아들이는 것. **일망타진하다**《경찰이 깡패들을 일망타진했다.》

일맥상통하다 생각, 처지, 성질 같은 것이 서로 통하다.《부모의 사랑을 다룬 점에서 두 소설이 일맥상통한다.》

일면 (一面) 사람이나 사물의 한쪽 면. 또는 일의 다른 면.《이번 일로 그 애의 다른 일면을 볼 수 있었다.》

일명 (一名) 본디 이름 말고 한편에서 따로 부르는 이름.《사자는 일명 '백수의 왕' 이라고도 한다.》

일목요연하다 한눈에 훤히 알아볼 만큼 가지런하고 뚜렷하다.《자료 정리를 일목요연하게 해서 읽기 편했어.》

일몰 (日沒) 해가 지는 것.《일몰 전에 도착해야 할 텐데.》반일출. 북해지기.

일미 (一味) 으뜸가는 훌륭한 맛.《이 고장 김치 맛은 정말 일미다.》

일박 (一泊) 하룻밤 묵는 것.《제주도에서 일박을 했다.》

일반 (一般) 특별하지 않고 보통인 것. 또는 그런 사람들.《일반 가정/고려 시대 유물을 일반에게 공개했다.》

일반석 (一般席) '일반 사람들이 앉는 자리' 라는 뜻으로 값이 비싼 특별석에 견주어 이르는 말.

일반인 (一般人) 특별한 지위나 자격이 없는 보통 사람.《이곳은 일반인은 들어갈 수 없다.》

일반적 (一般的) 전체에 걸쳐 대개 그런. 또는 그런 것.

일반화 (一般化) 특별한 것을 흔한 것으로 만드는 것.《유기 농법 일반화》 **일반화하다 일반화되다**

일방적 (一方的) 1.한쪽에 치우친. 또는 그런 것. 2.한쪽 뜻대로 하는. 또는 그런 것.

일방통행 (一方通行) 길에서 차가 한쪽으로만 다니게 한 것.

일벌 집을 짓고 꿀을 모으면서 애벌레 기르는 일을 맡아 하는 벌. 암컷이지만 알을 낳지 못한다. 북로동벌.

일병 (一兵) → 일등병.

일보 (一步) 한 걸음. 또는 어떤 일이 아주 가까운 것을 빗대어 이르는 말.《일보씩 뒤로 물러나세요./너무 배가 고파 굶어 죽기 일보 직전이다.》

일본 뇌염 (日本腦炎) 모기가 바이러스를 옮겨서 퍼뜨리는 유행성 뇌염.

일본식 (日本式) 일본에서 하는 방식. 또는 일본 사람들이 하는 방식.

일본어 (日本語) 일본 사람이 쓰는 말과 글.

일본왕개미 산과 들, 정원이나 공원처

일본왕개미

럼 사람이 사는 곳 가까이에서 쉽게 볼 수 있는 개미. 몸 빛깔은 검고 우리나라에 사는 개미 가운데 가장 크다.

일본원숭이 일본의 추운 지방에서 떼 지어 사는 원숭이. 털 빛깔은 잿빛이나 갈색이고, 얼굴은 불그스름하다.

일본원숭이

일본인 (日本人) 일본 사람.

일부 (一部) → 일부분.

일부러 1. 일삼아 굳이. 《일부러 마중 나오지 않아도 돼.》 2. 알면서 짐짓. 《일부러 모르는 척했지?》 **비**부러.

일부분 (一部分) 전체 가운데 한 부분. 《그때는 내 몸의 일부분이 떨어져 나가는 것처럼 아팠다.》 **준**일부.

일부일처 (一夫一妻) 한 남편에게 한 아내가 있는 것.

일사병 (日射病) 뙤약볕에 오래 서 있을 때 생기는 병. 머리가 심하게 아프고 어지러워서 정신을 잃고 쓰러지기도 한다. **참**열사병.

일사불란하다 여럿의 움직임이 조금도 흐트러진 데가 없다. 《우리는 구령에 맞추어 일사불란하게 움직였다.》

일산화탄소 (一酸化炭素) 빛깔과 냄새가 없고 독이 있는 기체. 연탄이나 석탄이 탈 때 생기는데 사람이 마시면 중독을 일으킨다.

일삼다 1. 해야 할 일로 생각하고 하다. 《할머니는 일삼아 텃밭을 가꾸고 계신다.》 2. 나쁜 짓을 자주 하거나 늘 하다. 《도둑질을 일삼다.》

일상 (日常) '일상생활'을 줄인 말.

일상생활 (日常生活) 날마다 되풀이하는 생활. 《월요일이 되면 사람들 모두 바쁜 일상생활로 돌아간다.》

일상어 (日常語) 날마다 늘 쓰는 말.

일상적 (日常的) 날마다 하는. 또는 그런 것.

일생 (一生) 사는 동안. 또는 살아온 평생. **같**평생. **북**한생.

일석이조 (一石二鳥) 한 가지 일을 해서 두 가지 이익을 얻는 것. 돌 하나를 던져서 새 두 마리를 잡는다는 뜻이다. **비**일거양득.

일선 (一線) 어떤 일을 직접 하는 자리나 지위. 《큰아버지는 일선에서 물러나서 쉬고 계신다.》

일소 웃음 (一笑) 1. 한 번 웃는 것. 2. 대수롭지 않게 웃어넘기는 것. 《일소에 부치다.》 **일소하다**

일소 없앰 (一掃) 남김없이 한꺼번에 쓸어 없애는 것. **일소하다** 《대통령이 범죄를 일소하겠다고 힘주어 말했다.》

일손 1. 일하는 사람. 《일손이 모자라다.》 **같**손. 2. 일하는 손. 또는 손을 놀려 하는 일. 《일손을 멈추다.》

일수 (日數) → 날수. 《수업 일수》

일순간 (一瞬間) 눈 깜짝할 사이. 또는 아주 짧은 동안. 《일순간 그 자리에 있는 사람들이 모두 나를 바라보았다.》 **비**삽시간, 순식간.

일시 한때 (一時) 1. 흔히 '일시에' 꼴로 써서, 같은 때. 《선생님 말씀에 아이들이 일시에 웃음을 터뜨렸다.》 2. 한동안 잠깐. 《미국에서 공부하는 이모가 일시 귀국했다.》

일시 날짜 (日時) 날짜와 때.

일시적 (一時的) 한동안만의. 또는 그런 것.

일식 (日蝕) 해가 달에 가려서 부분이

나 전체가 보이지 않게 되는 현상. **참월식.**

일신 (一身) 1.자기 한 몸.《일신의 이익만 구하는 사람은 되고 싶지 않아.》 2.온몸. 또는 온 힘.《제가 회장이 된다면 일신을 다 바쳐 일하겠습니다.》

일심동체 (一心同體) 한마음, 한 몸으로 서로 굳게 뭉치는 것.《아이들이 모두 일심동체로 응원했다.》

일쑤 흔히 겪거나 으레 그러는 일.《요즈음 바빠서 점심을 거르기 일쑤이다.》

일어나다 1.누워 있다가 앉다. 또는 눕거나 앉아 있다가 서다.《의자에서 벌떡 일어났다.》 2.잠에서 깨어나 잠자리에서 벗어나다.《오늘 몇 시에 일어났니?》 3.어떤 일이나 사건이 생기다.《너 없는 동안 어떤 일이 일어났는지 궁금하지?》 4.먼지, 보풀, 김 같은 것이 솟거나 부풀어 오르다.《먼지가 일어나지 않게 물을 뿌려라.》 5.어떤 마음이 생기다.《자전거를 갖고 싶은 욕심이 일어난다.》 6.어떤 일에 힘차게 떨쳐나서다. 또는 힘, 형편, 세력, 기운 들이 좋아지다.《중국이 약해졌을 때마다 북방 민족들이 크게 일어났다.》

일어서다 1.앉거나 누워 있다가 몸을 일으켜 서다.《갑자기 왜 일어서는 거야?》 2.나빴던 형편이나 처지에서 벗어나 좋아지다.《망해 가던 회사가 다시 일어섰다.》 3.어떤 일에 용감하고 힘차게 나서다.《학생들은 독재에 대항해 용감하게 일어섰다.》

일언반구 (一言半句) 한 마디 말.《나한테 일언반구도 없이 혼자 갔다고?》

일없다 1.아무 쓸모가 없다. 2.걱정할 것 없이 괜찮다. **일없이**《일없이 쏘다니지 말고 엄마나 거들어 드려라.》

일요일 (日曜日) 일주일 가운데 토요일 바로 다음날. **준일.**

일용품 (日用品) 휴지, 칫솔처럼 날마다 쓰는 물건.

일원 회원 (一員) 무리를 이루는 사람 가운데 하나.《가족의 일원으로서 제가 할 일을 하겠습니다.》

일원 지역 (一圓) 어떤 곳 전부.《강원도 일원에 눈이 많이 내렸다.》 비일대.

일으키다 1.몸을 일어나게 하다.《길에서 넘어진 꼬마를 일으켜 주었다.》 2.어떤 일이나 사건을 일어나게 하다.《내 동생은 걸핏하면 말썽을 일으킨다.》 3.중요하거나 큰일을 벌이다.《스님들도 의병을 일으켜 왜적들과 싸웠다.》 4.나쁜 형편을 좋아지게 만들다.《온 식구가 합심하면 집안을 다시 일으킬 수 있을 것이다.》

일일 (日日) 날마다. 또는 하루하루.《일일 연속극》

일일생활권 (一日生活圈) 하루에 볼일을 마치고 돌아올 수 있는 거리 안에 드는 테두리.

일일이 빠짐없이 다.《선생님은 아이들 숙제를 일일이 살펴보셨다.》 비낱낱이, 하나하나.

일임 (一任) 어떤 일을 모두 고스란히 맡기는 것. **일임하다**《선생님은 교실 청소를 반장한테 일임하셨다.》

일자 (日字) → 날짜.

일자리 돈을 벌려고 하는 일. 또는 그런 일을 하는 곳.《일자리를 구하다.》

일자진 (一字陣) 풍물놀이에서 상쇠

를 따라 일 (一) 자 모양으로 길게 늘어서서 나아가는 것.

일장기 (日章旗) 일본 국기.

일전 (日前) 며칠 전.《일전에 빌려 간 책은 다 봤니?》

일절 (一切) 부정하는 말과 함께 써서, '전혀'나 '절대로'를 뜻하는 말.《저는 그 일에 대해 일절 몰라요.》

일정 ^{할 일} (日程) 해야 할 일. 또는 일할 차례나 계획.《여행 일정을 짜다.》

일정 ^{정해짐} (一定) 분명하게 정한 것. 또는 변함없이 한결같은 것.《일정 시간》 **일정하다**《크기가 일정하다.》

일정량 (一定量) 정해 놓은 양.

일제 ^{여럿} (一齊) 여럿이 한꺼번에 하는 것.《일제 단속/일제 점검》

일제 ^{물건} (日製) 일본에서 만든 물건.

일제 ^{역사} (日帝) '일본 제국주의'를 줄인 말.

일제 강점기 (日帝强占期) 우리나라가 일본에게 강제로 나라를 빼앗긴 1910년부터 해방된 1945년까지의 기간. ^같일제 시대.

일제 시대 (日帝時代) → 일제 강점기.

일제히 여럿이 한꺼번에.《동수가 들어오자 아이들이 일제히 박수를 쳤다.》

일조 (一助) 남한테 얼마라도 도움을 주는 것.《선생님께 일조가 된다면 저희도 기꺼이 나서겠어요.》 **일조하다**

일조량 (日照量) 햇볕이 내리쬐는 양.《일조량이 넉넉해야 농사가 잘된다.》^북해쪼임량.

일종 (一種) 1. 한 종류. 또는 한 가지.《이 책은 사전의 일종이다.》 2. '일종의' 꼴로 써서, 어떤 종류를 뜻하는 말.

《노동 운동은 일종의 혁명이다.》

일주 (一周) 어떤 곳을 한 바퀴 도는 것.《세계 일주》 **일주하다**

일주문 (一株門) 절로 들어가는 첫째 문. 기둥이 한 줄로 늘어서 있다.

일주 운동 (日週運動) 지구의 자전 때문에 해, 달, 별 들이 하루에 한 바퀴씩 도는 것처럼 보이는 현상.

일주일 (一週日) 일요일부터 토요일까지의 이레.《일주일만 기다려 줘.》

일지 (日誌) 하루하루 일어난 일을 적은 글. 또는 그 글을 적은 공책.

일직선 (一直線) 한쪽으로 곧게 뻗은 줄.《일직선으로 쭉 뻗은 고속도로》

일찌감치 조금 이르다 싶게 일찍. 또는 되도록 얼른.《할아버지는 일찌감치 논에 나가셨다./추석 기차표를 일찌감치 사 두었다.》

일찍 → 일찍이.

일찍이 1. 이르게. 또는 이른 때에.《아침 일찍이 밥을 먹고 바다로 떠났다.》^같일찍. 2. 예전에.《그런 얘기는 일찍이 들어 본 일이 없다.》

일차 (一次) 첫 번째. 또는 한 차례.《일차 합격/우리 일터에 일차 방문해 주십시오.》

일차비 ^{I북} 어떤 일을 하려고 차비하는 것. **일차비하다**

일체 (一切) 1. 관련된 모든 것.《우리 식당 음식 일체를 반값에 드립니다.》 2. 다 완전히. 또는 모두 다.《이 일은 일체 비밀에 부치기로 하자.》

일출 (日出) 해가 뜨는 것. ^반일몰.

일치 (一致) 서로 같거나 딱 들어맞는 것.《의견 일치》 **일치하다**

일컫다 어떤 이름으로 부르다. 또는 어떤 것을 가리켜 말하다. 《우리나라를 '동방예의지국'이라고 일컫는다.》 빠일컫는, 일컬어, 일컫습니다.

일탈 (逸脫) 정해진 틀이나 바른 길에서 벗어나는 것. **일탈하다** 《일탈하는 청소년 뒤에는 부모의 무관심이 있다.》

일터 살림살이에 드는 돈을 벌려고 일하는 곳. 같 직장.

일편단심 (一片丹心) 결코 변하지 않는 마음. 《임 향한 일편단심》

일평생 (一平生) → 한평생.

일품 (一品) 질, 솜씨 들이 아주 뛰어난 것. 또는 가장 훌륭한 것. 《우리 이모는 음식 솜씨가 일품이다.》

일하다 일을 하다. 또는 어떤 목적을 이루려고 몸을 움직이거나 머리를 쓰다. 《함께 일하게 되어서 기뻐요.》

일행 (一行) 함께 다니는 사람이나 무리. 《일행 가운데 누가 다쳤니?》

일화 (逸話) 널리 알려지지 않은 흥미로운 이야기. 《김유신 장군에 얽힌 재미있는 일화가 있다.》 같 에피소드.

일확천금 (一攫千金) 단번에 큰돈을 얻는 것.

일환 (一環) 큰 틀 안에서 서로 이어져 있는 것들 가운데 하나. 《깨끗한 거리 만들기의 일환으로 청소를 하자.》

일회용 (一回用) 한 번 쓰고 버리는 것. 《일회용 종이 기저귀》

일회용품 (一回用品) 나무젓가락, 종이컵처럼 한 번 쓰고 버리는 물건.

일흔 1. 열의 일곱 배가 되는 수. 《할머니는 올해 일흔 살이 되셨다.》 2. 세는 말 앞에 써서, 열의 일곱 배가 되는 수

를 나타내는 말.

읽기 국어 공부에서 글을 바르게 읽고 뜻을 헤아리는 일.

읽다 1. 글, 책, 문서 들을 눈으로 보거나 소리를 내어 말하다. 《다음 글을 큰 소리로 읽어 보세요.》 2. 글자, 기호 들이 나타내는 뜻을 보아서 알다. 《아직도 한글을 못 읽는 사람이 있다니 놀라운 일이다.》 3. 표정, 행동, 태도 들에 담긴 뜻을 알아차리다. 《쇠돌이의 얼굴에서 굳은 결심을 읽을 수 있었다.》

읽을거리 읽을 만한 책이나 글. 또는 그 내용. 《읽을거리가 많은 신문》

읽히다 1. 책이나 글의 뜻이 머릿속에 잘 들어오다. 《이 책은 보기보다 재미있게 읽힌다.》 2. 글이나 책을 읽게 하다. 《아이들에게 책을 많이 읽히려면 어떻게 해야 하나요?》

잃다 1. 가졌던 것을 흘리거나 떨어뜨려서 지니지 못하게 되다. 《아무래도 버스 안에서 지갑을 잃은 것 같아요.》 2. 권리, 자격, 기회 들이 없어져 더 지니지 못하게 되다. 《우리 아빠도 한때 일자리를 잃고 집에만 계신 적이 있어.》 3. 본디 지니고 있던 모습, 상태가 없어지다. 《주변 고층 빌딩들 때문에 덕수궁이 빛을 잃는 것 같다.》 4. 정신, 기운, 감각, 목숨 들이 없어지다. 《용기를 잃지 말고 더 열심히 노력하길 바란다.》 5. 길, 방향 들을 찾지 못하게 되다. 《이 동네에서 길을 잃고 한 시간이나 헤매었다.》 6. 가까운 사람이 죽거나 멀어지다. 《저 할머니는 전쟁터에서 남편을 잃었다고 한다.》

잃어버리다 갖고 있던 물건이나 마음

이 사라져 아예 없어지다.《우산을 잃어버리다./입맛을 잃어버리다.》

임 사랑하고 그리워하는 사람.《임 그리는 마음》

임도 보고 뽕도 딴다 속담 한 번에 여러 가지 좋은 결과를 얻는다는 말.

임관 (任官) 관직에 오르는 것.《대법관 임관》 **임관하다 임관되다**

임금 왕 옛날에 대를 이어 가면서 나라를 다스리던 사람. 같왕. 비군주.

임금 돈 (賃金) 일한 값으로 받는 돈. 《임금이 오르다.》 비노임.

임금님 '임금'을 높여 이르는 말.

임기 (任期) 어떤 일을 맡아 하는 동안.《대통령 임기는 5년입니다.》

임기응변 (臨機應變) 그때그때의 형편에 맞추어서 알맞게 대처하는 것. 《몰래 산 만화책을 아빠한테 들켰지만 임기응변으로 둘러댔어.》

임대 (賃貸) 물건, 건물 같은 것을 돈을 받고 빌려 주는 것.《임대 주택》 **임대하다**

임명 (任命) 일이나 지위를 맡기는 것. 반해임. **임명하다**《선생님께서 가을이를 반장으로 임명하셨다.》 **임명되다**

임무 (任務) 맡은 일.《어떤 일이든 네 임무에 정성을 다해라.》

임박하다 어떤 때나 일이 가까이 닥쳐오다.《여행 갈 날이 임박했다.》

임산물 (林産物) 산이나 숲에서 얻을 수 있는 것. 나물, 버섯, 목재 들이 있다. 북림산물.

임산부 (姙産婦) 아기를 배거나 갓 낳은 여자.

임시 (臨時) 1.잠깐 하는 것. 또는 잠

깐 쓰는 것.《임시 주차장》북림시. 2. 새로 정할 때까지 잠깐 동안.《임시 반장》북림시.

임시 정부 (臨時政府) 1.정식으로 인정받지 못했지만 실제로 일을 하고 있는 정부. 2.'대한민국 임시 정부'를 줄인 말.

임시표 (臨時標) 악보에서 본래 음을 임시로 바꾸어 연주하라는 표. 올림표, 내림표, 제자리표 들이 있다.

임신 (姙娠) 아이를 배는 것. 같잉태.

임신하다《임신한 지 열 달이 되면 아기가 나온다.》

임야 (林野) 숲과 들. 북림야.

임업 (林業) 흔히 목재를 얻으려고 산이나 숲을 보살피는 산업. 북림업.

임연수어 바다 속 바위나 자갈이 많은 곳에 사는 바닷물고기. 몸 빛깔은 잿빛을 띤 누런색이고 옆구리에 줄무늬가 있다.

임연수어

임오군란 (壬午軍亂) 조선 고종 때 (1882년) 구식 군대 군인들이 신식 군대인 별기군에 견주어 낮은 대접을 받는 데 불만을 품고 일으킨 난리.

임용 (任用) 사람을 뽑아 일을 맡기는 것.《임용 시험》 **임용하다 임용되다**

임원 (任員) 조직이나 모임에서 중요한 일을 맡아보는 사람.《회사 임원》

임의 (任意) 어떤 일을 자기 마음대로 하는 것.《네 임의대로 하면 어떡해?》

임자 주인 어떤 것을 가진 사람.《이 가방의 임자가 누구냐?》 비주인.

임자 여보 1.나이 지긋한 부부 사이에서 남편이 아내를 부르는 말.《임자, 자나?》 2.'자네'를 좀 높여 이르는 말.

《이제부터는 임자가 맡아서 하게.》

임전무퇴 (臨戰無退) 신라 때 화랑도가 지키던 세속 오계 가운데 하나. 싸움에 나서면 절대로 물러서지 말라는 말이다.

임종 (臨終) 사람이 죽는 것. 또는 사람이 죽는 때. 《할아버지 임종을 지켜보았다.》 ᵇ림종. **임종하다**

임직원 (任職員) 임원과 보통 직원을 통틀어 이르는 말.

임진각 (臨津閣) 경기도 파주에 있는 건물. 북녘이 고향인 사람들을 위해 1972년에 지었고 전망대, 자유의 다리가 있다.

임진왜란 (壬辰倭亂) 조선 선조 때 (1592년~1598년) 일본이 두 차례에 걸쳐 쳐들어와서 일어난 싸움.

임하다 1.어떤 때를 맞다. 또는 어떤 일에 나서다. 《경기에 임하여 최선을 다하겠습니다.》 2.가까이 마주하고 있다. 《우리 마을은 바다에 임해 있다.》

임해 공업 도시 (臨海工業都市) 바닷가에 있는 공업 도시.

입 1.사람이나 동물이 씹거나 물거나 소리를 내는 데 쓰는 신체 기관. 《누나가 입을 크게 벌리고 하품을 한다.》 2.사람의 입술을 이르는 말. 《피곤해서 입이 부르텄다.》 3.식구나 음식을 먹을 사람의 수를 세는 말. 《다섯 명이 더 와서 입이 늘었다.》 4.'사람이 하는 말'을 빗대어 이르는 말. 《입이 걸다./ 남의 입에 오르내리다.》

입만 뻥긋하면 ᵍ용 이야기를 했다 하면. 《너는 입만 뻥긋하면 거짓말이구나.》

입에 거미줄 치다 ᵍ용 오랫동안 굶다.

《산 입에 거미줄 치랴.》

입에 발린 소리 ᵍ용 마음에 없이 하는 말.《입에 발린 소리는 그만 하고 내 만화책이 보고 싶으면 솔직하게 말해.》

입을 맞추다 ᵍ용 여럿이 짜고 똑같이 말하다.《너희 말이 똑같은 걸 보니 미리 입을 맞춘 게 틀림없어.》

입이 가볍다 ᵍ용 말이 너무 많다. 또는 말을 함부로 옮기다.《나영이는 입이 가벼우니 이 일은 우리끼리만 알고 있자.》 ᵇ입이 싸다, 입이 재다.

입이 닳다 ᵍ용 여러 번 되풀이해서 말하다.《일찍 오라고 입이 닳게 말했잖아.》

입이 무겁다 ᵍ용 말수가 적다. 또는 말을 함부로 옮기지 않다.《은정이는 입이 무거우니 비밀을 지킬 거야.》

입에 쓴 약이 병에는 좋다 ᵈᵃⁿ 남이 타이르거나 나무라는 말이 당장은 듣기 싫어도 알고 보면 자기한테 도움이 된다는 말.

입은 비뚤어져도 말은 바로 해라 ᵈᵃⁿ 어떤 상황이든 말은 바르게 해야 한다는 말.

입이 열 개라도 할 말이 없다 ᵈᵃⁿ 핑계를 댈 방법이 조금도 없다는 말.

입가 입 가장자리.

입건 (立件) 용의자가 죄를 지었다고 여겨 범죄 사건으로 다루는 것. ᵇ립건. **입건하다**《경찰이 도둑을 잡아 바로 입건했다.》 **입건되다**

입구 (入口) 안으로 들어가는 문이나 길.《극장 입구가 복잡하다.》 ᵇᵃⁿ출구.

입국 (入國) 나라 안으로 들어가는 것. 《입국 허가》 ᵇᵃⁿ출국. **입국하다**

입귀 ᴵᵇ북 입의 양쪽 구석.《오빠가 오징

1069

어를 입귀에 물고 잘근잘근 씹는다.》

입금 (入金) 통장에 돈을 넣는 것. ^반출금. ^북돈넣기. **입금하다**《설날에 받은 세뱃돈을 통장에 입금했다.》

입금액 (入金額) 입금한 돈의 양.

입금표 (入金票) 입금할 때 쓰는 종이.

입김 1.입에서 나오는 더운 김.《입김을 불어 언 손을 녹였다.》 2.남한테 끼치는 영향을 빗대어 이르는 말.《입김이 세다.》

입다 1.옷을 팔다리에 끼워서 몸에 걸치거나 두르다.《바지를 입다./교복을 입다.》 2.남이 베푸는 은혜나 도움을 받다.《저 스님의 은혜를 입은 고아가 줄잡아 오백 명에 이른다.》 3.손해, 상처 같은 나쁜 일을 당하다.《태풍 때문에 어민들이 큰 해를 입었다.》

입단 (入團) 무리나 모임에 드는 것. 《농구부 입단》 **입단하다**

입담 말솜씨나 말재주. 또는 말을 끌어가는 힘.《구수한 입담》

입당 (入黨) 정당에 들어가는 것.《입당 원서》 **입당하다**

입대 (入隊) 군대에 들어가 군인이 되는 것. ^반제대. **입대하다**《사촌 오빠가 해군에 입대했다.》

입덕 |^북 입을 가볍거나 험하게 놀려서 생기는 나쁜 일.《아무 말이나 함부로 해 대니 입덕을 입는 게 당연하지.》

입동 (立冬) 한 해를 스물넷으로 나눈 때 가운데 열아홉째. 겨울이 시작되는 때라고 한다. 11월 8일쯤이다. ^북립동.

입력 (入力) 글자, 숫자, 그림 같은 것을 컴퓨터에 기억시키는 것.《자료 입력》 **입력하다 입력되다**

입마개 추위나 먼지를 막으려고 코와 입을 가리는 물건. ^같마스크.

입말 살면서 흔히 쓰는 말. 또는 글이 아니라 입으로 하는 말.《'하오', '가오', '있소' 같은 말투는 요즘 입말에서 잘 쓰지 않는다.》비구어. ^참글말.

입맛 먹고 싶은 느낌. 또는 어떤 맛을 좋아하는 버릇.《입맛이 당기다./입맛을 잃다./입맛이 바뀌다.》^같구미.

입맛을 다시다 ^{관용} 1.어떤 것을 탐내다.《장난감을 보고 입맛을 다셨다.》 2.일이 마음대로 되지 않아 귀찮아하거나 안타까워하다.《소풍을 가려고 했는데 비가 와서 입맛만 다셨지 뭐야.》

입맛이 쓰다 ^{관용} 언짢거나 못마땅하다.《쉬운 문제를 두 개나 틀려서 입맛이 쓰다.》^비입맛이 개운치 않다, 입맛이 떫다, 입맛이 씁쓸하다.

입맞춤 서로 입을 맞추는 것. 또는 뺨, 손등 같은 데에 입을 맞추는 것.《신랑과 신부가 입맞춤을 나눈다.》^같키스. **입맞춤하다**

입문 (入門) 배우는 길에 처음 들어가는 것. 또는 그 길. **입문하다**《바둑에 입문한 지 꼭 한 해가 지났다.》

입바르다 듣기에 거슬릴 만큼 바른말을 하는 데 거침이 없다.《황 정승은 입바른 말을 잘해서 간신들의 미움을 샀다.》^바입바른, 입발라, 입바릅니다.

입방아 어떤 일을 두고 이러쿵저러쿵 쓸데없이 떠드는 짓.《입방아를 찧다./입방아에 오르내리다.》

입버릇 입에 밴 말버릇. 또는 자주 말해 굳어 버린 말.《아버지는 건강이 최고라고 입버릇처럼 말씀하셨다.》

입법 (立法) 법을 만들고 정하는 일. 《입법 기관》참사법, 행정. 북립법.

입법부 (立法部) 삼권 분립에 따라 법을 만드는 일을 하는 국가 기관. 국회를 이르는 말. 참사법부, 행정부.

입사 (入社) 회사에 일꾼으로 들어가는 것.《입사 시험》반퇴사. **입사하다**

입상 상(入賞) 상을 탈 수 있는 등수에 드는 것. **입상하다**《언니는 그림 그리기 대회에서 삼 등으로 입상했다.》

입상 조각품(立像) 서 있는 동상이나 석상. 또는 선 꼴로 만든 조각. 북립상.

입선 (入選) 대회에서 상 받을 작품으로 뽑히는 것. 비당선. **입선하다**《오빠 글이 아깝게 이 등으로 입선했다.》

입속말 남이 잘 알아들을 수 없게 입속으로 작게 중얼거리는 말.《엄마한테 야단을 맞은 동생은 입속말로 투덜거렸다.》북입안소리.

입수 (入手) 필요한 것을 얻는 것. 또는 필요한 것이 손에 들어오는 것. **입수하다**《정보를 입수하다.》

입술 사람의 입 가장자리를 따라 도톰하게 내민 부드럽고 붉은 살.

입술을 깨물다 관용 1. 꾹 참다.《미연이는 울지 않으려고 입술을 깨물었다.》 2. 어떤 일을 하겠다고 마음을 굳게 다지다.《이번에는 꼭 일 등을 하리라고 입술을 깨물면서 다짐했다.》

입술이 없으면 이가 시리다 속담 관계가 아주 가까워서 한쪽이 망하면 다른 한쪽도 온전하지 못하다는 말.

입시 (入試) → 입학시험.《대학 입시》

입신양명 (立身揚名) 높은 지위에 올라서 세상에 이름을 알리는 것. 북립신

양명. **입신양명하다**

입씨름 자기가 옳다고 말로 이러쿵저러쿵 다투는 것.《동생과 한바탕 입씨름을 벌였다.》**입씨름하다**

입안 (立案) 어떤 안건을 세우는 것. 또는 세운 안건. 북립안. **입안하다**《국회에서 새 법안을 입안했다.》

입양 (入養) 남의 아이를 자기 자식으로 삼는 것. **입양하다**《삼촌은 부모를 잃은 갓난아이를 입양했다.》**입양되다**

입양아 (入養兒) 입양한 아이.

입원 (入院) 병을 고치려고 한동안 병원에서 머무는 것. 반퇴원. **입원하다**《내 짝꿍이 교통사고로 입원했다.》

입원실 (入院室) 병원에서 아픈 사람이 입원하는 방.

입자 (粒子) 물질을 이루는 작은 알갱이. 북립자.

입장 들어감(入場) 어떤 곳에 들어가는 것.《무료입장》반퇴장. **입장하다**

입장 처지(立場) 지금 놓여 있는 처지나 형편. 북립장.《지금 제 입장에서는 누구 편도 들 수 없어요.》

입장객 (入場客) 어떤 곳에 입장하는 사람.

입장권 (入場券) 어떤 곳에 입장하는 데 필요한 표.《전시회 입장권》

입장단 춤을 추거나 악기를 연주할 때 입으로 맞추는 장단.《가락이 흥겨워서 절로 입장단이 나왔다.》

입장료 (入場料) 입장권을 사는 데 드는 돈.《박물관 입장료》

입주 (入住) 새로 장만한 집에 들어가 사는 것. **입주하다**

입증 (立證) 증거를 내세워 어떤 사실

을 밝히는 것. **북**립증. **입증하다**《결백
을 입증하다.》 **입증되다**

입지전 (立志傳) 어려움을 딛고 큰 뜻
을 이룬 사람의 이야기. **북**립지전.

입질 물고기가 미끼를 먹을까 말까 건
드리는 짓. 또는 사람이 어떤 일을 할
까 말까 가늠해 보는 짓. **입질하다**

입천장 입 안에서 천장 부분. 목구멍
과 위쪽 잇몸 사이를 이른다.

입체 (立體) 길이, 넓이, 두께가 있는
물체. 또는 네 면 이상이 모여 공간을
이룬 것. **북**립체.

입체 도형 (立體圖形) 각기둥이나 각
뿔처럼 부피가 있는 도형. **참**평면 도형.

입체적 (立體的) 입체를 보는 듯한 느
낌이 드는. 또는 그런 것. **북**립체적.

입추 가을 (立秋) 한 해를 스물넷으로
나눈 때 가운데 열셋째. 가을이 시작되
는 때라고 한다. 8월 8일이나 9일쯤
이다. **북**립추.

입추 송곳 (立錐) 송곳을 세움.
입추의 여지가 없다 ^{관용} 송곳도 세울 수
없을 만큼 빈틈이 없다.

입춘 (立春) 한 해를 스물넷으로 나눈
때 가운데 첫째. 봄이 시작되는 때라고
한다. 2월 4일쯤이다. **북**립춘.

입춘대길 (立春大吉) 입춘을 맞아서
큰 복이 생기기를 바라면서 벽이나 문
짝에 써 붙이는 글.

입출금 (入出金) 들어오는 돈과 나가
는 돈.《입출금 통장/입출금 장부》

입하 (立夏) 한 해를 스물넷으로 나눈
때 가운데 일곱째. 여름이 시작되는 때
라고 한다. 5월 5일쯤이다. **북**립하.

입학 (入學) 학교에 들어가는 것.《초

입체 도형

등학교 입학을 축하한다.》 ^반졸업. **입
학하다**

입학금 (入學金) 입학할 때 내는 돈.

입학시험 (入學試驗) 학교에 들어가
려고 치르는 시험. **같**입시.

입학식 (入學式) 입학할 때 치르는 행
사.《초등학교 입학식》 ^반졸업식.

입학 원서 (入學願書) 학교, 학원 같
은 곳에 입학하려고 내는 서류.

입항 (入港) 배가 항구로 들어오는 것.
《입항 준비/입항 허가》 ^반출항. **입항하
다**《삼촌이 탄 배가 오늘 입항했다.》

입회 가입 (入會) 모임에 들어가 회원
이 되는 것.《입회 원서》 **입회하다**

입회 참석 (立會) 어떤 자리에 가서 일
이 어떻게 되어 가는지 지켜보는 것.
북립회. **입회하다**《이번 학급 회의에는
선생님이 입회하시는 게 좋겠다.》

입후보 (立候補) 선거에 후보로 나서
는 것. 또는 나선 사람. **북**립후보. **입후
보하다**《이번 대통령 선거에는 열 명
이 입후보했다.》

입후보자 (立候補者) 선거에 후보로
나선 사람. **북**립후보자.

입히다 1. 남한테 옷을 입게 하다.《아
기한테 색동저고리를 입혔더니 정말
귀엽다.》 2. 손해, 상처 같은 나쁜 일을
당하게 하다.《옆집 고양이가 내 손등
에 상처를 입히고 달아났다.》 3. 물건
의 거죽이나 어떤 장소에 다른 것을 덮
어씌우다.《야구장 바닥에 천연 잔디
를 입히는 작업이 한창이다.》

잇꽃 밭에 심어 가꾸는 풀. 여름에 붉
은 수술이 달린 노란 꽃이 핀다. 꽃으
로 붉은 물을 들이고, 씨로는 기름을

잇꽃

짠다. **갈**홍화.

잇다 1. 서로 떨어져 있는 것을 맞대어 하나로 붙이다. 《짧은 끈을 이어서 짐을 묶었다.》 2. 사람, 물건 들이 늘어서서 줄을 이루다. 《사람들이 기차표를 사려고 줄을 이어 서 있다.》 3. 어떤 일을 끊어지지 않게 계속하다. 《막내 삼촌은 가업을 이으려고 한의학과에 들어갔다.》 4. 떨어져 있는 두 곳을 통하여 오갈 수 있게 하다. 《이곳에 육지와 섬을 잇는 커다란 다리가 놓일 거래.》 5. '이어', '이어서' 꼴로 써서, 앞의 일에 뒤따라서 하다. 《교장 선생님 말씀에 이어서 새로 오신 선생님을 소개하겠습니다.》 **바**잇는, 이어, 잇습니다.

잇달다 어떤 일이 연달아 이어지다. 《잇달아 일어난 교통사고로 길이 꽉 막혔다.》 **바**잇단, 잇달아, 잇답니다.

잇닿다 서로 이어져 닿다. 《두 산이 잇닿는 곳에 골짜기가 있다.》

잇대다 1. 서로 이어지게 맞대다. 《방과 잇대어 마루를 놓았다.》 2. 흔히 '잇대어' 꼴로 써서, 끊임없이 뒤잇다. 《초인종이 잇대어 여러 번 울렸다.》

잇따르다 어떤 일이 뒤이어 일어나다. 《자전거 세 대가 잇따라 지나갔어요.》 **바**잇따른, 잇따라, 잇따릅니다.

잇몸 이가 박혀 있는 몸 한 부분.

잇속 자기한테 이로운 것. 또는 은근히 챙기는 실속. 《은미는 늘 자기 잇속만 차려서 얄미워.》

있다 1. 사람, 동물, 물건 들이 어떤 곳이나 자리를 차지하다. 《어제는 하루 종일 집에 있었어.》 **반**없다. **높**계시다. 2. 어떤 곳에 자리 잡거나 머물러 살다.

《미국에 있는 동무한테서 엽서가 왔다.》 3. 어떤 일이 벌어졌거나 곧 벌어질 예정이다. 《두 사람 사이에 무슨 일이 있었을까?》 4. 물건을 지니거나 성질, 능력, 자격 들을 갖추다. 《나한테 천 원이 있으니 떡볶이 사 먹으러 가자.》 **반**없다. 5. 어떤 상황, 처지, 단계 들에 놓이다. 《어려운 처지에 있는 사람을 도웁시다.》 6. 시간이 어느 정도 흐르다. 《일주일 있으면 새해가 된다.》 7. 어떤 직장이나 직위에서 일하다. 《우리 고모는 출판사에 있다.》 8. 돈이나 재산이 많다. 《있는 집 자식이라고 쟤는 거야?》 9. 어떤 행동이나 상태, 결과 들이 이어지는 것을 나타내는 말. 《저녁 내내 누워 있었다.》

잉 |북 1. 거센 바람에 쇠줄 같은 것이 흔들리는 소리. 《전깃줄이 바람에 '잉' 하고 흔들린다.》 2. 기계에 있는 얇은 판이 떨리는 소리. 《수화기에서 잉 소리가 난다.》 3. 갑자기 힘을 쓸 때 내는 소리. 또는 그 모양. 《형이 잉 소리를 내면서 두꺼운 사전을 번쩍 들어 올렸다.》 4. 귀 안에서 세게 울리는 소리. 《귀 안에서 '잉' 하는 소리가 난다.》

잉그르르 |북 다른 데로 급히 옮겨 가는 모양. 《누나는 가방을 놓자마자 집 밖으로 잉그르르 뛰어나갔다.》

잉글리시 호른 (English horn) 부는 악기 가운데 하나. 오보에와 비슷하게 생겼는데 몸집이 더 크고 소리가 낮다.

잉꼬 열대 지방의 숲에 사는 새. 몸 빛깔은 빨간색, 노란색, 초록색으로 화려하고 아름답다. 암수의 사이가 좋다.

잉꼬

잉어

잉어 큰 강이나 웅덩이, 못에 사는 민

물고기. 등은 검푸르고 배는 누르스름하고 입가에 수염이 두 쌍 있다.

잉여 (剩餘) 필요한 만큼 쓰고 남은 것. 또는 넉넉해서 남아도는 것. 《잉여 노동/잉여 농산물》

잉잉 어린아이가 우는 소리. 또는 그 모양. **잉잉거리다 잉잉대다**

잉카 (Inca) 안데스 지방에서 문명을 이루었던 남아메리카 원주민.

잉카 문명 남아메리카 안데스 산맥 지역을 중심으로 16세기 초까지 잉카 사람이 이루었던 청동기 문화.

잉카 제국 남아메리카 안데스 지방에 있던 큰 나라. 1532년 에스파냐에게 망하였다.

잉크 (ink) 글씨를 쓰거나 인쇄하는 데 쓰는 액체.

잉태 (孕胎) 1.→ 임신. 2. 어떤 일이나 현상이 안에서 생겨나는 것. **잉태하다** 《희망은 또 다른 희망을 잉태한다.》

잊다 1. 전에 알던 것을 기억해 내지 못하게 되다. 《짝꿍 집 전화번호를 잊었다.》 2. 해야 할 일을 때맞추어 떠올리지 못하다. 《깜빡 잊고 체육복을 안 가져왔어.》 3. 다른 것에 정신을 쏟아 어떤 것을 미처 느끼거나 생각하지 못하다. 《배고픔도 잊은 채 개구리를 잡는데 열중했다.》 4. 당연히 하거나 마음에 새겨 둘 일을 저버리고 소홀히 하다. 《이 은혜 절대 잊지 않겠습니다.》

잊어버리다 알았던 것을 깡그리 잊다. 《만화를 보다가 약속을 잊어버렸다.》

잊히다 어떤 것을 잊게 되다. 《이민 간 동무 얼굴이 점점 잊혀 간다.》

잎 줄기나 가지에 달린 식물 몸의 한

잎갈나무

잎새버섯

부분. 푸르고, 햇빛을 받아 광합성을 한다.

잎갈나무 북쪽 지방 높은 산에 자라는 잎지는나무. 잎이 바늘처럼 생겼는데 가을이면 누렇게 물들면서 떨어진다. 봄에 꽃이 피고 9월에 솔방울처럼 생긴 열매가 열린다. **북**이깔나무.

잎눈 자라서 잎이나 줄기가 될 눈.

잎담배 잎사귀를 썰지 않고 그대로 말린 담배.

잎맥 잎에 이리저리 뻗어 있는 가는 줄. 수분과 양분을 나르는 길이다. **북**잎줄.

잎벌레 풀잎이나 나뭇잎을 갉아 먹고 사는 곤충. 몸 빛깔은 검은색, 풀색, 붉은색, 노란색 들이 있고 윤기가 난다.

잎사귀 낱 잎 하나하나. 《감나무 잎사귀에 이슬이 맺혔네.》 **비**이파리.

잎새 '잎사귀'의 사투리.

잎새버섯 넓은잎나무 그루터기에서 자라는 버섯. 자루에서 가지가 많이 뻗고, 가지 끝에 갓이 달려 있어 공작 꼬리처럼 보인다. 먹을 수 있고 약으로도 쓴다.

잎자루 잎을 줄기나 가지에 붙어 있게 하는 자루 부분.

잎줄기 1. 잎의 줄기. 2. 잎과 비슷하게 생겨서 잎과 비슷한 구실을 하는 줄기.

잎줄기채소 잎과 줄기를 먹는 채소. 미나리, 배추, 상추 들이 있다.

잎지는나무 가을에 잎이 떨어지는 나무. 사시나무, 은행나무, 참나무 들이 있다. **갈**낙엽수. **참**늘푸른나무.

잎차례 잎이 줄기에 차례차례 달린 모양. 마주나기, 어긋나기, 돌려나기, 뭉쳐나기 들이 있다.

자 도구 길이를 재거나 금을 그을 때 쓰는 도구. 《자를 대고 밑줄을 그었다.》

자 느낌말 1. 남한테 어떤 것을 주거나 하자고 할 때 하는 말. 《자, 이거 너 가져./자, 힘을 내자.》 2. 어떤 말이나 행동을 할 때 남의 눈길을 끌려고 하는 말. 《자, 여러분! 잘 들어 보세요.》

자 단위 길이를 나타내는 말. 한 자는 열 치로 30센티미터쯤이다. 갈척.

자 글자 (字) 1. '글자'를 달리 이르는 말. 2. 글자를 세는 말. 《200자 원고지》

자 띠 (子) 띠를 나타내는 열두 동물 가운데 첫째인 쥐를 이르는 말.

자 사람 (者) '사람'을 낮추어 이르는 말. 《더 나설 자 있느냐?》

자가사리 강물 속 자갈 틈에 사는 민물고기. 몸은 불그스름한 갈색이고, 입가에 수염 네 쌍이 있다.

자가용 (自家用) 1. 개인이 쓰는 것. 《자가용 비행기》 2. 개인이 쓰는 차.

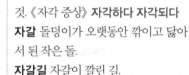
자게

자가사리

자각 (自覺) 어떤 것을 스스로 깨닫는 것. 《자각 증상》 **자각하다 자각되다**

자갈 돌덩이가 오랫동안 깎이고 닳아서 된 작은 돌.

자갈길 자갈이 깔린 길.

자갈밭 자갈이 많이 깔린 땅이나 밭.

자강도 (慈江道) 우리나라 북서쪽에 있는 도. 압록강을 사이에 두고 중국과 마주하는데, 거의 산으로 되어 있다.

자개 조개껍데기를 잘게 자른 조각. 빛깔이 아름다워 가구 같은 것을 꾸미는 데 쓴다. 《자개를 박은 농》

자객 (刺客) 돈을 받고 사람을 몰래 해치는 사람.

자게 바다 속 모래 섞인 진흙 바닥에 사는 게. 몸통은 마름모꼴인데, 집게 발이 아주 크고 길다. 빛깔은 바위나 돌과 비슷하다.

자격 (資格) 1. 어떤 일을 하는 데 필요한 조건이나 능력. 《늦잠 잔 사람은 아

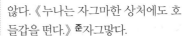

침밥 먹을 자격이 없어.》 2. 어떤 모임에 든 사람이 지니는 지위나 권리.《반장 자격으로 학생 회의에 참석했다.》

자격루 (自擊漏) 조선 세종 때 (1434년) 장영실, 김빈 들이 임금의 명령으로 만든 물시계.

자격증 (資格證) 어떤 자격이 있다고 증명하는 문서.

자결 (自決) 1. 스스로 목숨을 끊는 것. 비자살. 2. 자기 일을 스스로 결정하고 해결하는 것.《민족 자결주의》 **자결하다**《나라를 잃고 자결한 애국지사》

자고로 옛날부터.《자고로 우리 겨레는 춤과 노래를 좋아했다.》

자구 (自救) 스스로 어려움에서 구하는 것. **자구하다**

자구 행위 (自救行爲) 억울한 일을 당했을 때 법 절차를 따르지 않고 스스로 해결하려는 행위.

자국 ^{자리} 어떤 것에 닿거나 묻은 흔적.《눈물 자국/바퀴 자국》 ^북자욱.

자국 ^{나라} (自國) 자기 나라.《모든 나라는 자국의 이익을 가장 먼저 생각한다.》 ^비본국. ^참타국.

자궁 (子宮) → 아기집.

자귀풀 축축한 밭둑이나 물가에 자라는 풀. 밤이 되면 잎이 오므라든다. 여름에 작고 노란 꽃이 피고, 열매는 꼬투리 속에서 익는다.

자그마치 생각보다 훨씬 많거나 크게.《이모가 한 달 만에 몸무게를 자그마치 10킬로그램이나 줄였다.》 ^비무려.

자그마하다 1. 조금 작다.《자그마한 몸집에서 어떻게 그런 엄청난 힘이 나오는지 몰라.》 ^준자그맣다. 2. 대수롭지

자귀풀

않다.《누나는 자그마한 상처에도 호들갑을 떤다.》 ^준자그맣다.

자그맣다 → 자그마하다. ^바자그만, 자그매, 자그맣습니다.

자극 ^{영향} (刺戟) 마음이나 몸에 영향을 미치는 것.《동생이 자극을 받았는지 공부를 열심히 한다.》 **자극하다**

자극 ^{자석} (磁極) → 자기극.

자극성 (刺戟性) 자극하는 성질.《자극성이 강한 음식은 위에 좋지 않다.》

자극적 (刺戟的) 자극하는 성질이 있는. 또는 그런 것.

자근- 가볍게 씹는 모양. **자근거리다 자근대다 자근자근**《화가 나서 입술을 자근자근 깨물었다.》

자글- 액체가 걸쭉하게 잦아들면서 몹시 끓는 소리. **자글거리다 자글대다 자글자글**《자글자글 끓는 찌개》

자금 (資金) 어떤 일을 하는 데 드는 돈.《사업 자금》

자급 (自給) 필요한 것을 스스로 마련하는 것.《식량 자급》 **자급하다**

자급자족 (自給自足) 필요한 것을 스스로 만들어 쓰는 것. **자급자족하다**

자긍심 (自矜心) 스스로 자랑스럽게 여기는 마음. ^비긍지, 자부심.

자기 ^{그릇} (磁器) 흙으로 빚어 높은 온도에서 구워 낸 그릇.

자기 ^나 (自己) 1. 그 사람 자신.《자기 일은 자기가 알아서 해야지.》 2. 앞에서 말한 사람을 이르는 말.《동생은 자기도 놀이터에 데려다 달라고 졸랐다.》

자기도 모르게 ^{관용} 저절로.《잠꼬대는 자기도 모르게 하는 거야.》

자기가 배부르면 남이 배고픈 줄 모른다

속담 남의 형편을 헤아리기 어렵다는 말.

자기 자석 (磁氣) 자석이 쇠붙이를 끌어당기는 기운.

자기극 (磁氣極) 자석에서 쇠붙이를 끌어당기는 힘이 가장 센 양 끝 부분. 북으로 끌리는 쪽을 엔극, 남으로 끌리는 쪽을 에스극이라고 한다. 같자극.

자기력 (磁氣力) 자석이 쇠붙이를 끌어당기거나 자석끼리 서로 밀어내고 당기는 힘. 같자력.

자기 부상 열차 (磁氣浮上列車) 자기력으로 선로 위에 떠서 달리는 열차. 소리와 흔들림이 적고 빠르게 달린다.

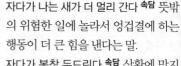
자기 부상 열차

자기앞 수표 수표를 찍어 낸 은행에서 돈으로 바꾸어 주는 수표.

자기장 (磁氣場) 자석의 힘이 미치는 공간.

자기중심적 (自己中心的) 남은 생각하지 않고 자기만 위하는. 또는 그런 것.

자꾸 여러 번 되풀이해서. 《동생이 똑같은 얘기를 자꾸 한다.》 **자꾸자꾸**

자꾸만 '자꾸'를 힘주어 이르는 말. 《동무들이 자꾸만 놀자고 한다.》

자네 어른이 동무나 아랫사람을 조금 높여 이르는 말. 《자네, 이리 와 보게.》

자녀 (子女) → 아들딸.

자다 1. 눈을 감은 채 움직임을 멈추고 쉬다. 《삼촌은 주말마다 늦잠을 잔다.》 높주무시다. 2. 바람이나 파도가 잠잠해지다. 《바람이 자기를 기다렸다가 밖으로 나갔다.》 3. 기계를 멈추다. 《시계가 자는 바람에 약속 시간에 늦었다.》

자나 깨나 관용 늘. 또는 언제나. 《자나 깨나 불조심.》

자다가 나는 새가 더 멀리 간다 속담 뜻밖의 위험한 일에 놀라서 엉겁결에 하는 행동이 더 큰 힘을 낸다는 말.

자다가 봉창 두드린다 속담 상황에 맞지 않는 생뚱맞고 얼토당토않은 소리를 한다는 말.

자동 (自動) 기계가 저절로 움직이는 것. 《자동 응답기》 반수동.

자동문 (自動門) 자동으로 열리고 닫히는 문.

자동차 (自動車) 엔진에서 내는 힘으로 바퀴를 돌려서 달리는 차. 참차.

자동판매기 (自動販賣機) 돈을 넣고 단추를 누르면 사고 싶은 것이 자동으로 나오는 기계.

자동화 (自動化) 자동으로 되는 것. 또는 자동으로 되게 하는 것. 《사무 자동화》 **자동화하다 자동화되다**

자두 자두나무 열매. 복숭아와 비슷한데 조금 더 작고, 껍질은 털이 없이 매끈매끈하다. 맛이 시고 달다.

자두

자두나무 열매를 먹으려고 심어 가꾸는 잎지는나무. 이른 봄에 잎보다 먼저 흰 꽃이 피고, 여름에 자두가 열린다. 북추리나무.

자두나무

자디잘다 아주 잘다. 《자디잔 복숭아》 바자디잔, 자디잘아, 자디잡니다.

자라 개울이나 못에 사는 거북. 딱딱한 등딱지가 있고, 발가락 사이에 물갈퀴가 있어서 헤엄을 잘 친다.

자라

자라 보고 놀란 가슴 솥뚜껑 보고 놀란다 속담 어떤 것에 몹시 혼나고 나면 비슷한 것만 보아도 놀란다는 말.

자라나다 자라서 커지다. 《마당에 풀이 무성하게 자라났다.》 비자라다.

자라다 ㅋ다 몸이 점점 커지다.《아기가 무럭무럭 잘 자란다.》**비**자라나다.

자라다 닿다 1. 어떤 것에 닿다.《칼 같은 것은 아이들 손이 자라지 않는 곳에 두어라.》 2. 힘이나 능력이 미치다.《힘이 자라는 데까지 도와주마.》

자라풀 연못이나 물웅덩이에 떠서 자라는 풀. 잎 뒷면에 공기주머니가 있다. 8~9월에 흰 꽃이 핀다.

자락 1. 옷이나 이불 같은 것에서 아래로 드리운 부분.《두루마기 자락》 참옷자락. 2. 논밭이나 산의 넓은 부분.《이 꽃은 지리산 자락에서 흔히 자란다.》

자란 산속 바위틈에 자라는 풀. 알뿌리에서 긴달걀꼴 잎이 나고, 5~6월에 붉은 자줏빛 꽃이 핀다. 땅속줄기를 약으로 쓴다. 북자란초.

자란벌레 다 자라서 자기와 닮은 생물을 새로 태어나게 할 능력이 있는 곤충. 같성충, 어른벌레. 반애벌레.

자랑 스스로 훌륭하다고 여기는 것을 남한테 뽐내는 것. **자랑하다**《동무들한테 새 자전거를 자랑했다.》

자랑거리 자랑할 만한 것.《영화배우인 삼촌은 집안의 자랑거리이다.》

자랑삼다 자랑할 만한 것으로 삼다.《철수는 방학 때 금강산에 갔다 온 것을 자랑삼아 말했다.》

자랑스럽다 자랑할 만하여 흐뭇하다.《나는 아빠가 자랑스럽다.》**바**자랑스러운, 자랑스러워, 자랑스럽습니다. **자랑스레**

자력 스스로 (自力) 자기 힘.《삼촌은 자력으로 대학 학비를 마련하였다.》

자력 자석 (磁力) → 자기력.

자라풀

자란

자력 구제 (自力救濟) 억울한 일을 당했을 때 법 절차를 따르지 않고 스스로 해결하려는 행위.

자료 (資料) 글, 사진 들처럼 어떤 일에 쓰는 재료.《학습 자료/자료 수집》

자료실 (資料室) 자료를 모아 놓은 방.

자료집 (資料集) 자료를 모아서 엮은 책.《민속놀이 자료집》

자루 주머니 물건을 담는 데 쓰는 크고 긴 주머니. 또는 그것에 물건을 담아서 세는 말.《삼베 자루/옥수수 한 자루》

자루 연장 1. 손으로 다루는 연장이나 기구 같은 것의 손잡이.《도끼 자루가 썩어서 부러졌다.》 2. 길쭉한 필기도구나 연장 같은 것을 세는 말.《도끼 한 자루/연필 세 자루》

자르다 1. 칼이나 가위로 물건을 끊어 내거나 조각나게 하다.《엄마가 칼로 수박을 잘라 주셨다.》 2. 남의 말을 중간에서 끊다.《누나가 자꾸 내 말을 자르니까 짜증이 나.》 3. 부탁이나 요청을 딱 잘라 거절하다.《짝꿍이 연필을 빌려 달라는 내 부탁을 딱 잘라 버렸다.》**바**자르는, 잘라, 자릅니다.

자르르 물기, 기름기, 윤기가 돌아서 반질반질한 모양.《갓 지은 쌀밥에 윤기가 자르르 흐른다.》

자름면 북 어떤 것을 잘라 낸 면.《나무 자름면에 나이테가 있다.》

자리 공간 1. 사람, 물건이 있거나 있을 만한 공간.《제 방에는 책꽂이를 들여 놓을 자리가 없어요.》 2. 사람이 앉을 수 있게 만든 의자나 시설.《몸이 불편한 할머니께 자리를 양보했다.》**비**좌석. 3. 어떤 일을 겪은 몸이나 물건의 한 부분.《모기 물린 자리에 얼른 약을 발랐다.》 4. 어떤 사람이 맡은 지위나 책임.《아빠가 부장 자리에 오르셨다.》 비위치. 5. 수학에서 어떤 숫자가 놓이는 위치.《소수점 이하 둘째 자리》

자리 깔개 1. 앉거나 눕는 데 쓰려고 바닥에 까는 물건.《마당에 자리를 깔고 누워서 별을 보았다.》 2. → 이부자리.《자리를 펴다.》 3. → 잠자리.

자리에 눕다 관용 병이 나다.《할아버지가 자리에 누우신 지 1년이 지났다.》

자리값 수에서 각 자리의 값. 일, 십, 백, 천 들이 있다.

자리공 밭둑에서 자라는 풀. 꽃은 희고 열매는 자줏빛이다. 뿌리를 약으로 쓴다.

자리다툼 좋은 자리나 지위를 차지하려고 다투는 것.《앞자리에 앉으려고 자리다툼을 벌였다.》 **자리다툼하다**

자리틀 돗자리를 짜는 데 쓰는 나무틀.

자리하다 어떤 곳에 자리를 차지하다.《산기슭에 자리한 학교》

자린고비 돈이나 물건을 지나치게 아끼는 사람. 비구두쇠, 수전노.

자립 (自立) 자기 일을 남의 도움 없이 스스로 해 나가는 것. 반의존. **자립하다**《대학을 졸업하면 자립하겠어요.》

자립심 (自立心) 자립하는 마음.

자립정신 (自立精神) 자립하려는 정신.《자립정신을 키워라.》

자릿세 땅이나 자리를 빌려 쓰는 값으로 내는 돈.

자릿수 어떤 수가 가지는 자리의 수효. 이를테면 123은 세 자릿수이다. 북자리수.

자리공

자릿점 수판에서 수의 자리를 표시하려고 찍은 점.

자막 (字幕) 영화나 텔레비전 화면에 제목, 대사, 설명 들을 나타낸 글자.

자막대기 막대 자로 쓰는 막대기.《문의 너비가 얼마나 되는지 자막대기로 재어 보자.》 준잣대.

자막대기 기준 북 어떤 일을 해 나갈 때 따르는 원칙이나 기준.《선생님 말씀을 자막대기로 삼아서 살 거예요.》

자만 (自慢) 스스로 대단하다고 여겨 잘난 척하는 것. **자만하다**《한 번 일등 했다고 자만하지는 마라.》

자만심 (自慢心) 자만하는 마음.

자매 (姉妹) 1. 언니와 여동생. 참남매, 형제. 2. 같은 것에 딸려 있거나 서로 오가며 친하게 지내는 사이.

자매간 (姉妹間) 언니와 여동생 사이.《엄마와 이모는 자매간이다.》

자매결연 (姉妹結緣) 모둠끼리 서로 오가며 친하게 지내려고 관계를 맺는 것.《시골 학교와 자매결연을 맺다.》

자매 학교 (姉妹學校) 자매결연을 맺은 학교.

자맥질 물속에서 떴다 잠겼다 하는 것.《오리가 먹이를 잡으려고 자맥질을 한다.》 **자맥질하다**

자멸 (自滅) 자기 스스로 망하는 것.《환경 파괴는 결국 인간의 자멸을 불러올 것이다.》 **자멸하다**

자명고 (自鳴鼓) 옛날 낙랑에 있었다고 하는 북. 적이 쳐들어오면 저절로 울려 위험을 알렸다고 하는데, 고구려 호동 왕자가 낙랑 공주를 시켜 찢게 하여 낙랑이 망했다고 전한다.

자명종 (自鳴鐘) 미리 맞춰 놓은 때가 되면 저절로 소리를 내는 시계. 《자명종 소리에 놀라서 깼다.》 **비**종시계.

자명하다 아주 분명하다. 《그렇게 놀았으니 성적이 떨어지는 것은 자명한 일이야.》 **비**뻔하다.

자모음 (子母音) 닿소리와 홀소리.

자못 생각보다 꽤. 《큰형이 뭐라고 할지 자못 궁금하다.》

자문 스스로 (自問) 자기한테 스스로 묻는 것. **자문하다** 《진영이한테 심한 말을 한 것은 아닌지 자문해 보았다.》

자문 전문가 (諮問) 전문가한테 의견을 묻는 것. **자문하다**

자문자답 (自問自答) 스스로 묻고 대답하는 것. **자문자답하다**

자물쇠 문이나 뚜껑이 달린 물건을 잠그는 쇠. 《자물쇠를 채우다.》 **비**걸쇠.

자물쇠

자바라 → 바라.

자박 가볍게 발소리를 내면서 걷는 소리. **자박거리다 자박대다 자박자박** 《밖에서 자박자박 걷는 소리가 난다.》

자반 1.생선을 소금에 절여서 만든 반찬거리. 또는 그것으로 만든 반찬. 《자반고등어》 2.짭짤하게 졸이거나 무쳐서 만든 반찬. 《콩자반》

자발적 (自發的) 스스로 나서서 하는. 또는 그런 것.

자배기 둥글넓적하고 아가리가 넓은 질그릇.

자배기

자백 (自白) 자기 잘못을 스스로 말하는 것. **자백하다** 《범행을 자백하다.》

자벌레 자벌레나방 애벌레. 가만히 있으면 나뭇가지처럼 보인다. 꽁무니를 머리에 갖다 대었다 떼었다 하면서 움

자벌레

자새

직인다.

자본 (資本) 어떤 일을 하는 데 드는 돈. 《사업 자본을 마련하다.》

자본재 (資本財) 원료나 기계처럼 어떤 것을 만드는 데 필요한 것.

자본주의 (資本主義) 자본을 가진 사람이 자유롭게 경쟁하며 생산 활동을 해 이익을 얻는 경제 제도. **참**공산주의.

자부 (自負) 스스로 자랑스럽게 여기는 것. **자부하다**

자부심 (自負心) 자부하는 마음. **비**자긍심.

자분자분 성질이 부드럽고 찬찬한 모양. 《울지 말고 자분자분 말해 봐.》

자비 사랑 (慈悲) 남을 가엾게 여기는 것. 《자비를 베풀다./자비의 손길》

자비 돈 (自費) 자기 돈. 《자비 출판》

자비롭다 남을 가엾게 여기는 마음이 있다. 《부처의 자비로운 미소》 **바**자비로운, 자비로워, 자비롭습니다.

자비심 (慈悲心) 남을 가엾게 여기는 마음.

자빠지다 뒤나 옆으로 넘어지다. 《동생이 뛰다가 얼음판에서 자빠졌다.》

자살 (自殺) 스스로 목숨을 끊는 것. **비**자결. **반**타살. **자살하다**

자상 (刺傷) 찔려서 입은 상처.

자상하다 마음이나 태도가 부드럽고 따뜻하다. 《할머니는 나와 동생을 늘 자상하게 챙겨 주신다.》

자새 새끼를 꼬거나 실을 감았다 풀었다 하는 작은 얼레.

자색 (紫色) → 자줏빛.

자생 (自生) 1.저절로 나서 자라는 것. 《한라산 자생 식물》 2.자기 힘으로 살

아가는 것. **자생하다**

자서전(自敍傳) 자기가 살아온 이야기를 쓴 책.

자석(磁石) 쇠붙이를 끌어당기는 힘이 있는 물체. **같**지남철.

자선(慈善) 가난하고 불쌍한 사람을 돕는 것.《자선을 베풀다.》

자선냄비 여러 단체에서 가난하고 불쌍한 사람을 돕는 데 쓸 돈을 모으려고 거리에 두는 통.

자선 사업(慈善事業) 가난하고 불쌍한 사람을 돕는 일.

자성(磁性) 자석 같은 물체가 쇠붙이를 끌어당기는 성질.

자세(姿勢) 1.몸을 움직이는 모양새.《바른 자세로 앉아라.》**같**폼. 2.마음가짐이나 태도《겸손한 자세》**비**태도.

자세하다 작은 데까지 분명하고 꼼꼼하다.《자세한 이야기는 나중에 해 줄게.》**비**상세하다, 세밀하다. **자세히**

자손(子孫) 1.자식과 손자.《자손이 귀한 집안》**참**조상. 2.→ 후손.

자손만대(子孫萬代) → 대대손손.

자수 **글자**(字數) 글자 수.

자수 **신고**(自首) 죄지은 사람이 자기 죄를 스스로 경찰 같은 수사 기관에 알리는 것. **자수하다**

자수 **수예**(刺繡) 색실로 옷이나 천 같은 것에 그림, 글자, 무늬를 수놓는 일. **북**수놓이.

자수성가(自手成家) 물려받은 재산 없이 혼자 힘으로 성공하는 것. **자수성가하다**《자수성가한 사업가》

자수품(刺繡品) 수를 놓아 만든 물건.

자습(自習) 가르치는 사람 없이 자기

혼자 공부하는 것. **자습하다**

자습서(自習書) 혼자 공부할 수 있게 교과서 내용을 풀이한 책.

자시고 어떤 일을 하지 않고《기다리고 자시고 할 것 없이 당장 가 보자.》

자시다 '먹다'의 높임말.《우리 할아버지는 술을 안 자신다.》**참**잡수시다.

자식(子息) 1.아들이나 딸. 또는 아들과 딸을 함께 이르는 말.《자기 자식이라고 감싸고도는 건 좋지 않아.》**비**자녀. **참**어버이. 2.욕하거나 싸울 때 '남자'를 낮추어 이르는 말.《이 자식, 나한테 혼나 볼래?》3.어린아이나 아랫사람을 정답게 이르는 말.《자식, 덩치에 걸맞지 않게 귀여운 데가 있어.》

자식을 보다 **관용** 아기를 배다. 또는 아기를 낳다.《큰아버지는 마흔이 넘어서야 자식을 보셨다.》

자식 기르는 것 배우고 시집가는 처녀 없다 **속담** 어떤 일이든 해 나가면서 배운다는 말.

자식 둔 골은 호랑이도 돌아본다 **속담** 짐승도 자기 새끼를 아껴 새끼가 있는 곳을 돌아보는데 하물며 사람이 자식을 생각하는 마음이 짐승보다 못할 리가 없다는 말.

자식 죽는 건 봐도 곡식 타는 건 못 본다 **속담** 농부들이 농사짓는 일에 정성을 다한다는 말.

자신 **나**(自身) 자기.《동희는 자신이 무척 예쁜 줄 안다.》

자신 **믿음**(自信) 어떤 일을 할 수 있다고 스스로 믿는 것. **자신하다**《삼촌이 시험에 꼭 붙을 것이라고 자신했다.》

자신감(自信感) 어떤 일을 꼭 할 수

있다고 스스로 믿는 마음.《자신감이
넘치다./자신감이 없다.》

자신만만하다 아주 자신 있다.《형이
내 물음에 자신만만하게 대답했다.》

자아 (自我) 남과 구별되는 자기.《자
아실현》

자아내다 1.물레 같은 것으로 실을 뽑
아내다.《누에고치에서 실을 자아내
다.》 2.눈물, 웃음, 느낌 들을 생기게
하다.《호기심을 자아내다.》

자애 (慈愛) 윗사람이 아랫사람한테
베푸는 사랑.《자애가 넘치다.》

자애롭다 자애를 베푸는 마음이 있다.
《외할머니는 늘 자애로우시다.》 바자
애로운, 자애로워, 자애롭습니다.

자양분 (滋養分) 동식물이 살아가는
데 필요한 영양분. 비양분.

자업자득 (自業自得) 자기가 저지른
일의 결과를 자기가 받는 것.《거짓말
한 죗값을 치르니 자업자득이지.》

자연 (自然) 1.사람의 힘에 기대지 않
고 저절로 이루어지고 이어져 온 모든
현상이나 상태.《자연의 섭리》 참인공.
2. 숲, 산, 강, 바다처럼 사람의 손이 가
지 않아도 저절로 있는 것. 또는 그것
들이 모여 이룬 환경.《사람은 자연과
더불어 살아간다.》 3.→ 자연히.

자연계 (自然界) 우주, 산, 내, 식물,
동물 같은 모든 자연의 세계.

자연 과학 (自然科學) 물리학, 화학,
천문학 들처럼 자연에서 일어나는 일
을 연구하는 학문.

자연물 (自然物) 동물, 식물, 광물 들
처럼 자연에 있는 것.

자연미 (自然美) 꾸미지 않은 있는 그

대로의 아름다움.

자연사 (自然史) 자연이 생겨나 바뀌
어 온 역사.

자연사 박물관 (自然史博物館) 자연
사에 관한 자료를 모아 놓은 박물관.

자연석 (自然石) 사람이 다듬지 않은
자연 그대로의 돌. 북자연돌.

자연수 (自然數) 1부터 시작해서 하
나씩 더하여 얻는 수. 1, 2, 3, …… 들
이다.

자연 숭배 (自然崇拜) 해, 달, 땅 같은
자연물이나 비, 바람 같은 자연현상,
동식물 들을 신으로 여기어 받드는 일.

자연스럽다 1. 일부러 꾸미거나 만들
지 않아 억지스러운 느낌이 없다.《어
색하게 있지 말고 자연스럽게 웃어
봐.》 2.당연하고 알맞다.《자식이 부모
를 닮는 것은 자연스러운 일이에요.》
3. 일부러 애쓰지 않아도 저절로 되다.
《언니들 틈에서 자연스럽게 가야금을
배우게 됐어요.》 바자연스러운, 자연스
러워, 자연스럽습니다. **자연스레**

자연식품 (自然食品) 물감이나 약품
같은 것을 넣지 않은 식품.

자연재해 (自然災害) 태풍, 홍수, 지
진처럼 자연에서 일어나는 일 때문에
입는 해.

자연적 (自然的) 1.자연의 모습을 그
대로 지닌. 또는 그런 것. 반인위적. 2.
저절로 되는. 또는 그런 것.

자연 학습장 (自然學習場) 나무, 풀,
동물 같은 것을 관찰하는 곳.

자연환경 (自然環境) 산, 강, 바다 들
처럼 자연이 이룬 환경.

자연히 일부러 애쓰지 않아도 저절로.

《시간이 지나면 자연히 알게 될 거야.》
끝자연.

자오선 (子午線) 남극과 북극을 이으면서 지구를 둘러싸는 선.

자외선 (紫外線) 눈에 보이지 않지만 살갗을 검게 태우고 세균이나 곰팡이를 죽이는 빛. **참**적외선.

자욱자욱 |북 여러 자국마다. 또는 지나간 자국이 많이.《진흙을 밟고 지나온 자욱자욱 물이 괸다./눈 위에 사슴 발자국이 자욱자욱 찍혀 있다.》

자욱하다 연기나 안개 같은 것이 아주 짙다.《안개가 자욱하다.》 **자욱이**

자운영 밭둑에 절로 자라거나 밭에 심어 가꾸는 풀. 꽃은 흔히 붉은 보라색이고, 검은 꼬투리가 달린다. 집짐승 먹이로 쓴다.

자운영

자웅 (雌雄) 1.→ 암수. 2.이기고 지는 것, 또는 낫고 못한 것을 빗대어 이르는 말.《선수 열 명이 자웅을 겨룬다.》

자원 나섬 (自願) 어떤 일에 스스로 나서는 것.《자원 봉사》 **자원하다**

자원 재료 (資源) 석유, 나무 들처럼 사람이 살아가는 데 쓰는 것.《자원이 풍부하다./자원이 부족하다.》

자위 위로 (自慰) 자기 마음을 스스로 달래는 것. **자위하다**《나는 십 등 안에 든 것만으로도 충분하다고 자위했다.》

자위 지킴 (自衛) 자기 나라나 자기 몸을 스스로 지키는 것. **자위하다**

자유 (自由) 간섭받거나 얽매이지 않고 마음대로 행동하는 것.《언론의 자유/자유를 누리다.》

자유권 (自由權) 자유를 누리면서 살 권리.

자유당 (自由黨) 1951년에 이승만을 총재로 하여 만든 정당. 독재 정치와 옳지 못한 짓을 일삼다가 사일구 혁명으로 무너졌다.

자유롭다 간섭받거나 얽매이지 않고 마음대로 할 수 있다.《의견을 자유롭게 발표해 주세요.》 **바**자유로운, 자유로워, 자유롭습니다. **자유로이**

자유 민주주의 (自由民主主義) 자유주의를 바탕으로 한 민주주의 사상.

자유분방하다 틀에 얽매이지 않아 행동, 태도, 생각 들이 자유롭다.《이모는 혼자서 자유분방하게 산다.》

자유시 (自由詩) 틀에 얽매이지 않고 자유롭게 쓰는 시. **참**정형시.

자유의사 (自由意思) 간섭받지 않은 자유로운 생각.

자유인 (自由人) 자유롭게 행동할 권리가 있는 사람.

자유자재 (自由自在) 자기 마음대로 거침없이 하는 것.《태현이는 축구공을 자유자재로 다룬다.》

자유주의 (自由主義) 개인의 자유를 가장 중요하게 여기는 사상이나 태도.

자유형 (自由型) 수영에서 두 손으로 번갈아 물을 끌어당기고 발로 물장구치면서 나아가는 방법.

자유화 (自由化) 조건 없이 자유롭게 하는 것.《교복 자유화》 **자유화하다 자유화되다**

자율 (自律) 남이 시키지 않아도 자기 뜻에 따라 스스로 하는 것.《청소는 여러분 자율에 맡기겠어요.》 **반**타율.

자율성 (自律性) 자율에 따라서 행동하는 성질.

자율적 (自律的) 자율에 따라서 하는. 또는 그런 것. 반타율적.

자음 (子音) → 닿소리.

자의 자기 (自意) 자기 생각이나 뜻.《그건 내 자의로 결정한 일이야.》반타의.

자의 제멋 (恣意) 제멋대로 하는 생각.

자의식 (自意識) 자기 처지, 성격, 행동 같은 것을 아는 것.

자의적 (恣意的) 제멋대로 생각하는. 또는 그런 것.

자인 (自認) 어떤 일을 스스로 인정하는 것. **자인하다**《패배를 자인하다.》

자자손손 (子子孫孫) → 대대손손.

자자하다 소문, 칭찬 같은 것이 여러 사람 입에 오르내려 떠들썩하다.《청이는 효녀라고 칭찬이 자자하다.》

자작 만듦 (自作) 자기가 만들거나 지은 것.《자작 시/자작 소설》**자작하다**

자작 귀족 (子爵) 옛날 유럽에서 귀족을 다섯 등급으로 나눈 것 가운데 넷째. 참공작, 남작, 백작, 후작.

자작나무 춥고 깊은 산에 자라는 잎지는나무. 나무껍질이 하얗고 윤이 나는데 종이처럼 얇게 벗겨진다. 나무껍질은 약으로 쓰고 나무로는 가구를 만든다. 북봇나무.

자작농 (自作農) 자기 땅에서 자기가 짓는 농사. 또는 그런 농사꾼이나 농가. 참소작농.

자잘하다 여럿이 다 잘다.《밤알이 자잘해서 먹기가 힘들다.》

자장가 아기를 재우려고 부르는 노래. 같자장노래.

자장노래 → 자장가.

자장면 고기와 채소를 넣어 볶은 중국 된장에 비빈 국수. ✗짜장면.

자장자장 어린아이를 재울 때 노래 부르듯이 내는 소리.

자재 (資材) 물건을 만들거나 건물을 짓는 데 쓰는 재료.《건축 자재》

자전 책 (字典) 한자를 부수나 획수에 따라 늘어놓고 글자마다 뜻과 소리를 풀이한 책. 같옥편.

자전 돎 (自轉) 지구, 달 같은 것이 스스로 도는 것. 참공전. **자전하다**《지구는 하루에 한 번 자전한다.》

자전거 (自轉車) 사람이 타고 두 다리로 바퀴를 돌려서 나아가게 만든 탈것.《형은 자전거를 잘 탄다.》같사이클.

자정 깨끗해짐 (自淨) 더러운 것이 저절로 깨끗해지는 것. **자정하다 자정되다**

자정 한밤중 (子正) 밤 열두 시. 반정오.

자정 작용 (自淨作用) 더러운 물이나 흙 같은 것이 산소, 비, 바람 들의 영향을 받아서 저절로 깨끗해지는 일.

자제 자식 (子弟) 남의 자식을 높여 이르는 말.《자제가 모두 몇이오?》

자제 참음 (自制) 느낌이나 욕심 같은 것을 억누르는 것. **자제하다**

자조 (自助) 더 나아지려고 스스로 애쓰는 것.《자조 정신》**자조하다**

자존심 (自尊心) 남한테 굽히지 않고 스스로 높이는 마음.

자주 거듭 같은 일을 되풀이하는 횟수가 많게.《우리 식구는 칼국수를 자주 먹는다.》비번번이.

자주 스스로 (自主) 남의 간섭이나 도움 없이 스스로 하는 것.《자주 국방》

자주개자리 길가나 빈 터에 자라는 풀. 여름에 연보라색 꽃이 피고, 꼬투리가

자작나무

자주개자리

달린다. 집짐승 먹이로 쓴다. **북자주꽃
자리풀.**

자주괴불주머니 산이나 들의 그늘진
곳에 자라는 풀. 5월에 붉은 자줏빛 꽃
이 피고, 긴달걀꼴 열매가 열린다. 포
기째 약으로 쓴다. **북자주뿔꽃.**

자주국 (自主國) 다른 나라의 간섭이
나 도움을 받지 않는 나라.

자주국수버섯 바늘잎나무가 많은 숲
이나 풀밭에서 무리 지어 나는 버섯.
국수 다발처럼 생겼고, 빛깔은 자주색
이다가 자라면서 누런 갈색으로 바뀐
다. 먹는 버섯이다.

자주권 (自主權) 1. 남에게 얽매이거
나 간섭받지 않고 자기 일을 스스로 결
정할 권리. 2. 자기 나라 일을 자기 나
라 뜻대로 결정할 권리.

자주꿩의다리 산에서 자라는 풀. 6~7
월에 흰빛을 띤 자주색 꽃이 피고, 열
매는 납작한 달걀꼴이다. 우리나라에
서만 자란다. **북자주가락풀.**

자주달개비 뜰이나 꽃밭에 심어 가꾸
는 풀. 잎은 긴 줄처럼 생겼고, 5월에
보라색 꽃이 가지 끝에 많이 모여 핀다.
북자주닭개비.

자주독립 (自主獨立) 다른 나라의 도
움 없이 스스로 독립하는 것.

자주색 (紫朱色) → 자줏빛.

자주성 (自主性) 남의 간섭이나 도움
없이 스스로 해 나가려는 성질. **북정치
적자주성.**

자주적 (自主的) 남의 간섭이나 도움
없이 스스로 해 나가려는. 또는 그런
것.

자주정신 (自主精神) 남의 간섭이나

자주괴불주머니

자주졸각버섯

자주국수버섯

자주꿩의다리

자주달개비

도움 없이 스스로 해 나가려는 정신.

자주졸각버섯 여러 가지 나무가 자라
는 숲에서 나는 버섯. 갓은 판판하고
가운데가 오목한데, 물기가 있을 때는
자주색을 띤다. 먹는 버섯이다.

자줏빛 고구마 껍질처럼 남색이 도는
짙은 붉은색. **같자색, 자주색. 북자주빛.**

자중 (自重) 말이나 행동을 조심하는
것. **자중하다**《네 잘못을 반성하는 뜻
에서 한동안 자중해라.》

자지 남자의 생식기. 오줌과 정액이 나
오는 기관으로 두 다리 사이에 달려 있
다. **같음경.**

자지러지다 1. 몹시 놀라서 몸이 움츠
러들다.《커다란 바퀴벌레가 나와서
자지러지게 놀랐다.》 2. 여자나 아이들
웃음소리가 시끄럽게 나다.《동무들이
내 얘기를 듣고는 자지러지게 웃었다.》

자진 (自進) 어떤 일에 스스로 나서는
것. **자진하다**《동생이 자진해서 방 청
소를 했다.》

자진강강술래 강강술래 놀이에서 빠
른 장단에 맞춰 움직임이 빨라지면서
한껏 흥겨워지는 부분.

자진모리 국악 장단 가운데 하나. 중
중모리보다 빠르고 휘모리장단보다 느
리다.

자질 (資質) 어떤 일을 할 만한 능력이
나 바탕.《작은누나는 화가가 될 자질
이 엿보인다.》

자질구레하다 잘고 하찮다.《자질구
레한 살림살이》 **북자자부레하다.**

자책 (自責) 자기 잘못을 스스로 나무
라는 것. **자책하다**《네 잘못만은 아니
니까 너무 자책하지 마.》

자책감 (自責感) 자책하는 마음.

자처하다 스스로 어떻다고 여기다. 《저 오빠는 자기를 시인이라고 자처하고 다닌다.》

자철광 (磁鐵鑛) 쇠붙이를 끌어당기는 철광석.

자청 (自請) 어떤 일을 하겠다고 스스로 나서는 것. **자청하다** 《영록이는 화장실 청소를 자청했다.》

자체 (自體) 1.앞서 말한 바로 그것. 《생김새 자체가 징그러운 뱀》 2.어떤 일을 스스로 하는 것. 《자체 평가》

자초지종 (自初至終) 처음부터 끝까지의 과정. 《어떻게 된 건지 자초지종을 말해 봐.》

자초하다 나쁜 일을 스스로 생기게 하다. 《위험을 자초하는 일은 하지 마.》

자축 (自祝) 자기한테 생긴 좋은 일을 스스로 축하하는 것. **자축하다** 《체육 대회 우승을 자축하는 잔치를 벌였다.》

자취 ^자국 남은 흔적. 《자취를 남기다./ 자취도 없이 사라지다.》

자취 생활 (自炊) 가족을 떠나 스스로 살림하면서 사는 것. **자취하다**

자치 (自治) 모둠에서 자기들 일을 스스로 해 나가는 것. 《학생 자치 활동》

자치기 긴 막대기로 짧은 막대기를 쳐서 멀리 보내는 아이들 놀이.

자치 단체 (自治團體) '지방 자치 단체'를 줄인 말.

자치제 (自治制) '지방 자치 제도'를 줄인 말.

자칫 어쩌다가 실수하면. 또는 어쩌다가 잘못되면. 《자칫 잘못해서 발을 헛디딜 뻔했어.》 ^비까닥.

자칫하다 어쩌다가 잘못되다. 《자칫하다가 큰 사고가 날 뻔했다.》

자칭 (自稱) 자기 스스로 어떻다고 이르는 것. 《우리 언니는 자칭 걸어 다니는 백과사전이다.》 **자칭하다**

자카르타 (Jakarta) 인도네시아의 수도. 자바 섬 북서쪽에 있는 항구 도시로 상업과 공업이 발달하였다.

자태 (姿態) 보기 좋은 모습. 《꽃들이 아름다운 자태를 한껏 뽐낸다.》

자택 (自宅) 자기 집.

자퇴 (自退) 학교를 스스로 그만두는 것. **자퇴하다**

자투리 1.잘라 쓰고 남은 천 조각. 2.아주 작거나 적은 것. 《자투리 시간》

자판 (字板) 컴퓨터에서 작은 단추를 두드려 글자를 찍는 판. ^같키보드.

자판기 (自販機) '자동판매기'를 줄인 말. 《커피 자판기》

자포자기 (自暴自棄) 몹시 실망해서 스스로 포기하고 희망을 갖지 않는 것. **자포자기하다** 《지난 시험에서 꼴찌를 한 뒤로 자포자기에 빠졌다.》

자폭 (自爆) 가지고 있는 폭탄을 스스로 터뜨리는 것. **자폭하다**

자필 (自筆) 자기 손으로 글씨를 쓰는 것. 또는 그 글씨. 《자필로 쓴 원고》

자학 (自虐) 일이 잘못된 것을 안타까워하면서 자기를 괴롭히는 것. **자학하다** 《너 때문에 경기에서 진 게 아니니까 자학하지 마라.》

자해 (自害) 스스로 자기 몸을 다치게 하는 것. **자해하다**

자형 (姉兄) 누나의 남편.

자화 (磁化) 자석이 아닌 물체가 자기

장 안에서 자석 같은 성질을 띠는 것.

자화상 (自畫像) 스스로 자기 얼굴을 그린 그림.

자화자찬 (自畫自讚) 자기가 한 일을 자기가 칭찬하는 것.《정수는 자기가 노래를 잘 부른다고 자화자찬을 늘어놓았다.》**자화자찬하다**

자활 (自活) 남의 도움 없이 자기 힘으로 살아가는 것. **자활하다**

작가 (作家) 소설, 사진, 그림 같은 예술 작품을 만드는 사람.

작고하다 '죽다'의 높임말.《할아버지께서는 작년에 작고하셨다.》

작곡 (作曲) 음악의 가락을 짓는 것. **작곡하다**《애국가는 안익태 선생님이 작곡하셨다.》**작곡되다**

작곡가 (作曲家) 작곡을 전문으로 하는 사람.

작년 (昨年) → 지난해.

작다 1.부피, 넓이, 높이가 있는 것이 기준보다 덜하거나 크지 않다.《작년에 입던 바지는 이제 작아서 못 입겠다.》^반크다. 2.소리가 크지 않고 약하다.《장구 소리는 꽹과리 소리보다 작다.》^반크다. 3.규모, 가치, 범위 들이 적거나 대수롭지 않다.《행사 준비에 작은 문제가 생겼다.》^반크다. 4.생각이나 마음 씀씀이의 폭이 좁다.《그렇게 통이 작아서 무슨 일을 하겠어.》

작게 먹고 가는 똥 누지 속담 자기 분수에 맞게 사는 것이 마음 편하다는 말.

작은 고추가 맵다 속담 몸집이 작은 사람이 야무지고 재주가 뛰어날 때 하는 말.

작달막하다 몸통에 견주어 키가 꽤 작다.《우리 선생님은 작달막하시다.》

작두

작두콩

작달비 → 장대비.

작대기 긴 막대기.

작동 (作動) 기계를 움직이게 하는 것. 또는 기계가 움직이는 것. **작동하다**《시계가 작동하지 않는다.》**작동되다**

작두 풀이나 짚 같은 것을 써는 도구.

작두콩 밭에 심어 가꾸는 덩굴풀. 여름에 흰색이나 연분홍색 꽃이 피고 작두날처럼 생긴 콩깍지가 열리는데, 안에 콩이 열 개쯤 들어 있다.

작렬 (炸裂) 포탄 같은 것이 터지는 것. **작렬하다**

작문 (作文) 글을 짓는 것.《작문 숙제》^비글짓기. **작문하다**

작물 (作物) → 농작물.

작별 (作別) 헤어지는 것.《작별 인사》^비이별. **작별하다**

작사 (作詞) 노랫말을 짓는 것.《애국가는 누가 작사했을까?》**작사하다**

작살 물고기를 잡는 데 쓰는 뾰족한 막대기.

작살나다 산산이 깨지거나 부서져 아주 못쓰게 되다.《도자기가 탁자에서 떨어져 작살났다.》

작성 (作成) 글, 문서 같은 것을 만드는 것. **작성하다**《원고를 작성하다.》**작성되다**

작시 (作詩) 시를 짓는 것. **작시하다**

작심 (作心) 어떤 일을 하기로 마음먹는 것. ^비결심. **작심하다**《이번 여름에는 꼭 수영을 배우겠다고 작심했다.》

작심삼일 (作心三日) 마음먹고 하던 일을 금세 그만두는 것. 한번 마음먹은 것이 사흘을 가지 못한다는 뜻이다.《삼촌의 금연은 작심삼일로 끝났다.》

작아지다 작게 되다. **반**커지다.

작약 산에 절로 자라거나 밭, 뜰에 심어 가꾸는 풀. 5~6월에 흰색이나 붉은색 큰 꽃이 핀다. 뿌리는 약으로 쓴다. **같**함박꽃.

작업 (作業) 어떤 일을 하는 것. 《작업을 끝내다.》 **작업하다**

작업복 (作業服) 작업할 때 입는 옷.

작업장 (作業場) → 일터.

작열하다 불 같은 것이 뜨겁게 타오르다. 《작열하는 햇빛》

작용 (作用) 다른 것에 영향을 끼치는 것. 또는 어떤 일을 일으키는 것. **참**반작용. **작용하다** 《비타민은 몸의 기능을 조절하는 작용을 한다.》 **작용되다**

작용점 (作用點) 물체에 힘을 줄 때 그 힘이 미치는 점. **참**받침점, 힘점.

작은개자리 겨울철에 보이는 별자리.

작은검은꼬리박각시 낮은 산에 사는 나방. 날개는 밤색이고 등에 푸른빛이 도는 털이 촘촘히 나 있다. 낮에 날아다닌다.

작은골 대뇌 아래에 있는 몸 한 부분. 크기는 대뇌의 8분의 1쯤이다. **같**소뇌.

작은곰자리 일 년 내내 북쪽 하늘에 보이는 별자리.

작은달 양력 한 달 날수가 31일이 못 되는 달. 또는 음력 한 달 날수가 30일이 못 되는 달. 《양력 2월, 4월, 6월, 9월, 11월이 작은달이다.》 **참**큰달.

작은댁 '작은집'의 높임말. **참**큰댁.

작은따옴표 큰따옴표로 따온 말 안에 다시 따온 말이나 마음속으로 한 말 같은 것을 나타내는 문장 부호. ' ' 의 이름이다.

작약

작은마누라

작은박첨지

작은개자리

작은검은꼬리박각시

작은곰자리

작은주홍부전나비

작은딸 맏딸이 아닌 딸. **참**큰딸.

작은마누라 서산 박첨지놀이에 나오는 인형.

작은말 큰말과 뜻은 거의 같지만 느낌이 작거나 가볍거나 밝은 낱말. 《'누렇다'의 작은말은 '노랗다'이다.》 **참**큰말.

작은박첨지 남사당 꼭두각시놀이에 나오는 인형.

작은북 치는 악기 가운데 하나. 목에 걸거나 받침 위에 올려놓고 가는 나무 막대기 두 개로 두드려 소리를 낸다.

작은빨간집모기 암컷이 사람이나 소, 돼지 피를 빠는 모기. 논이나 늪처럼 물이 고인 곳에 알을 낳는다.

작은사랑 한옥에서 아들이나 손자가 지내는 방.

작은아들 맏아들이 아닌 아들. 《작은아들이 참 귀엽네요.》 **참**큰아들.

작은아버지 아버지의 결혼한 남동생. **같**숙부. **참**삼촌, 큰아버지.

작은악절 네 마디나 여섯 마디로 이루어진 악절. **참**큰악절.

작은어머니 작은아버지의 아내. **같**숙모. **참**큰어머니. **북**삼촌어머니.

작은이탈 김해 가락 오광대에서 쓰는 탈.

작은주홍부전나비 낮은 산 풀숲에서 흔히 볼 수 있는 나비. 앞날개는 바탕이 주홍색이고 뒷날개 끝에 주홍 띠무늬가 있다.

작은집 작은아버지네 식구. 또는 작은아버지네 집. **높**작은댁.

작은창자 배 속에 있는 내장 가운데 하나. **같**소장. **북**가는밸.

작은할아버지 할아버지의 남동생.

참큰할아버지.

작자 (作者) 작품을 만든 사람.《〔홍길동전〕의 작자는 허균이다.》

작작 지나치지 않게.《작작 놀고 숙제 좀 해라.》

작전 (作戰) 1.어떤 일을 이루려고 짜는 계획이나 방법.《판매 작전/고객 유치 작전》 2.싸움, 경기에서 상대를 이기는 데 필요한 계획이나 방법.《후반전에는 아무래도 작전을 바꿔야겠다.》 3.군대에서 전투, 행군, 수송 들을 두고 짜는 계획이나 방법.《작전 회의》

작정 (作定) 어떤 일을 하겠다고 마음먹는 것.《올여름엔 수영을 배울 작정이야.》 **작정하다**

작중 인물 (作中人物) 소설, 희곡 같은 문학 작품에 나오는 사람.

작품 (作品) 1.정성을 들여 만든 물건. 2.그림, 조각, 소설 들처럼 예술 활동으로 만든 것.《미술 작품 전시회》

작품란 (作品欄) 신문이나 잡지 들에서 시, 소설 같은 문학 작품이 실리는 부분.

작품집 (作品集) 여러 작품을 모아 엮은 책.

작황 (作況) 농사가 잘되거나 못된 형편.《올해는 포도 작황이 좋구나.》

잔 그릇 (盞) 물, 술, 차 같은 것을 담는 작은 그릇. 또는 그것에 물, 술, 차 같은 것을 담아서 세는 말.《잔에 물을 따랐다./따뜻한 녹차 한 잔》 **참컵**.

잔-붙는 말 어떤 낱말 앞에 붙어, '가는', '작은', '하찮은'과 같은 뜻을 더하는 말.《잔가지/잔뿌리/잔심부름》

잔가지 나무나 풀의 작은 가지.

잔걱정 |북 시시하고 대수롭지 않은 일을 걱정하는 것.《잔걱정에 매이면 큰일을 그르칠 수 있다.》 **잔걱정하다**

잔고 (殘高) → 잔액.

잔고기 작은 물고기.《멸치 같은 잔고기도 뼈가 있다.》

잔금 (殘金) 쓰고 남은 돈. 또는 갚지 못하고 남은 돈.

잔기침 작은 소리로 잇따라 하는 기침.

잔꾀 무슨 짓을 하려는지 훤히 보이는 얕은 꾀.《잔꾀 부리지 마라.》

잔나비불로초 넓은잎나무나 여러 가지 나무가 있는 숲에서 자라는 버섯. 갓은 처음에 옅은 갈색이다가 잿빛을 띤 갈색으로 바뀌는데, 고리 무늬가 있다. 약으로 쓴다.

잔나비불로초

잔누비 잘게 누빈 누비.

잔대 산속 양지바른 곳에 자라는 풀. 종처럼 생긴 하늘색 꽃이 마디마다 층층이 달린다. 어린잎은 먹고, 뿌리는 약으로 쓴다.

잔대

잔돈 거스름돈 → 거스름돈.

잔돈 푼돈 십 원, 백 원 들과 같은 작은 돈.《천 원짜리를 잔돈으로 바꿔 주세요.》 **북부스럭돈**.

잔돌 작은 돌멩이.

잔등 '등'을 낮추어 이르는 말.

잔디 낮은 산이나 들판에 자라고, 뜰이나 공원에 많이 심는 풀. 잎은 갸름하고 뾰족한데, 줄기가 땅바닥에 붙어 옆으로 길게 뻗으면서 땅을 덮고 자란다.

잔디밭 잔디가 깔린 곳.

잔디

잔뜩 어디에 꽉 차게. 또는 아주 심하게.《하늘에 구름이 잔뜩 끼었다.》

잔말 쓸데없이 자꾸 늘어놓는 말.《잔

말 말고 따라오기나 해.》 비잔소리.

잔물결 약한 바람이 불 때 이는 작은 물결.

잔물땡땡이 연못이나 논처럼 고인 물에 사는 곤충. 등이 딱딱하고 검으며 윤이 난다. 다리는 붉은 밤색이다.

잔물땡땡이

잔별 작은 별.《잔별이 총총한 하늘》

잔병 자주 앓는 가벼운 병.《누나는 몸이 약해서 잔병에 자주 걸린다.》

잔뼈 1.다 자라지 않은 뼈. 2.가늘고 작은 뼈.《물고기 잔뼈를 발라 먹었다.》

잔뼈가 굵다 관용 어떤 일을 오래 하여 능력을 갖춘 사람으로 자라나다.《큰아버지는 농사로 잔뼈가 굵으셨다.》

잔뿌리 굵은 뿌리에서 돋아나는 가늘고 작은 뿌리.

잔설 (殘雪) 봄까지 녹지 않고 남은 눈.《산골짜기에는 잔설이 남아 있다.》

잔소리 듣기 싫게 자꾸 늘어놓는 말. 《제발 잔소리 좀 그만 하세요.》 비잔말. 북진소리. **잔소리하다**

잔손 손으로 하는 자질구레한 일.《강아지 키우는 일은 잔손이 많이 가.》

잔손질 자잘하게 여러 번 하는 손질. **잔손질하다**

잔솔 어린 소나무.

잔솔밭 어린 소나무가 많은 곳.

잔심부름 여러 가지 자질구레한 심부름. **잔심부름하다**

잔악하다 모질고 악하다.《일본군이 벌인 잔악한 짓에 모두 치를 떨었다.》

잔액 (殘額) 남은 돈. 같잔고

잔인하다 인정 없고 모질다.《영화를 보다가 잔인한 장면에서 눈을 감았다.》

잔일 자질구레한 일.《주말에 부모님

식당에서 잔일을 했다.》 참큰일.

잔잔하다 1.바람이나 물결 같은 것이 일지 않아 고요하다.《물결이 잔잔하다.》 2.분위기나 태도가 차분하고 조용하다.《잔잔한 목소리》

잔재 (殘滓) 생활이나 태도에 남은 낡고 쓸데없는 찌꺼기.《우리말에 들어 있는 일본말 잔재를 뿌리 뽑읍시다.》

잔재미 작은 것에서 느끼는 아기자기한 재미.《할머니는 아기를 돌보면서 잔재미를 본다고 하셨다.》

잔재주 1.얕은 재주. 또는 짧은 생각으로 짜낸 재주.《아무리 잔재주를 부려도 날 속일 순 없어.》 2.자질구레한 일을 잘하는 재주.《범이는 잔재주가 많아서 동무들이 좋아한다.》 북잔재간.

잔챙이 작고 볼품없는 것.《큰 고기는 다 달아나고 잔챙이만 잡혔네.》

잔치 기쁜 일이 있을 때 여럿이 모여 음식을 먹고 노는 일.《마을 잔치》

잔칫날 잔치를 벌이는 날. 북잔치날.

잔칫상 잔치 때 차리는 음식 상.《잔칫상을 차리다.》 북잔치상.

잔칫집 잔치를 하는 집. 북잔치집.

잔털 아주 가늘고 짧은 털.

잔학하다 잔인하고 끔찍하다.《잔학한 범죄》

잔해 (殘骸) 부서지거나 못 쓰게 된 채 남은 것.《추락한 비행기 잔해》

잔혹하다 잔인하고 독하다.《전쟁 중에는 잔혹한 일이 수없이 일어난다.》

잘 1.서툴지 않고 능숙하게.《동생도 이제 구구단을 잘 왼다.》 2.옳고 바르게.《글씨 좀 잘 써라.》 3.탈이나 문제가 없이.《아빠가 그 추운 나라에서 잘 계신지 궁금해요.》 4.또렷하고 확실하게.《저는 이 소설의 내용을 잘 압니다.》 5.모자람 없이 넉넉하게.《오랜만에 참 잘 잤다.》 6.버릇처럼 자주.《엄마는 연속극을 보면서도 잘 우신다.》 7.때나 상태에 알맞게. 또는 아주 좋게.《아저씨, 잘 익은 수박으로 주세요.》

잘근- 좀 질긴 것을 가볍게 씹는 모양.

잘근거리다 잘근대다 잘근잘근《어른 앞에서 껌을 잘근잘근 씹으면 못써.》

잘나다 1.사람이 뛰어나거나 똑똑하다.《할머니가 잘난 자식들 덕에 유럽 여행을 하게 됐다고 기뻐하신다.》^반못나다. 2.얼굴이 잘생기다.《잘난 사람들만 배우가 되는 것은 아니야.》^비잘생기다. ^반못나다. 3.못마땅하거나 아니꼬울 때 비꼬아서 하는 말.《그래, 너 참 잘났다!》

잘다 1.글씨, 알갱이 같은 것의 크기가 매우 작다.《밤알이 너무 잘아서 까먹기 힘들다.》^반굵다. 2.굵지 않고 가늘다.《엄마가 구운 오징어를 잘게 찢어 주셨다.》 3.됨됨이가 너그럽지 못하고 좀스럽다.《사람이 너무 잘게 굴면 못써.》^반굵다. ^바잔, 잘아, 잡니다.

잘되다 1.일이 좋게 되다.《올해는 농사가 잘됐어요.》^참잘못되다. 2.사람이 훌륭하게 되다.《부모는 자식이 잘되기를 바란다.》^참잘못되다.

잘되면 제 탓, 못되면 조상 탓 속담 일이 잘되면 자기 덕이라 하고, 일이 잘못되면 남을 탓하는 것을 빗대어 이르는 말.

잘라매다 매다 ^{I 북} 띠나 줄을 바싹 동여 매다.《허리띠를 꼭 잘라매었다.》

잘라매다 거절하다 ^{I 북} 남이 해 달라는 것

을 한마디로 거절하다.《아무리 그래도 누나 부탁을 딱 잘라맬 수는 없어.》

잘록 긴 것의 한군데가 다른 데보다 오목한 모양. **잘록하다**《조롱박은 가운데가 잘록하다.》

잘리다 1.물건이 칼, 가위로 끊어지거나 조각나다.《칼이 무뎌서 종이가 잘리지 않는다.》^북잘리우다. 2.중간에서 끊어지다.《홍수에 산자락이 잘렸다.》 3.직장, 단체에서 내쫓기다.《뇌물을 받은 경찰관이 잘렸다.》^북잘리우다.

잘못 1.그릇된 일.《잘못을 뉘우치다.》 2.틀리거나 그릇되게.《길을 잘못 알았어.》^반잘. 3.생각 없이 마구.《그 개를 잘못 건드렸다가는 큰일 난다.》

잘못되다 1.일이 그릇되거나 나쁘게 되다.《일이 잘못될까 봐 걱정이야.》^비그릇되다. 2.사람이 어려움을 겪거나 나쁘게 되다.《자식이 잘못되기를 바라는 부모가 어디 있니?》

잘못하다 1.일을 그릇되게 하다.《이런, 계산을 잘못했어.》 2.옳지 않은 일을 하다.《내가 잘못했어. 미안해.》

잘살다 1.넉넉하게 살다.《잘사는 나라》^반못살다. 2.탈 없이 살다.《이모는 시집가서 잘살고 있다.》^바잘사는, 잘살아, 잘삽니다.

잘생기다 생김새가 보기 좋다.《삼촌은 얼굴이 잘생겼다.》^반못생기다.

잘잘 물이 몹시 끓는 모양.《주전자에서 보리차가 잘잘 끓는다.》

잘잘 윤기가 기름기나 윤기가 반지르르 흐르는 모양.《머리카락에 윤기가 잘잘 흐른다.》

잘잘못 잘한 것과 잘못한 것.《이 자리

에서 잘잘못을 따져 보자.》**비**시비.

잘하다 1.능숙하고 훌륭하게 하다. 《우리 형은 운동을 잘한다.》**반**못하다. 2.옳고 바르게 하다.《동네 어른들께 인사를 잘해서 칭찬을 받았다.》3.버 릇처럼 자주 하다.《무슨 남자애가 그 렇게 울기를 잘하는지 모르겠어.》4. 어떤 일을 아무 탈 없이 만족스럽게 하 다.《아빠, 여행 잘하고 돌아오셨어 요?》5.남한테 친절하게 대하거나 잘 보살피다.《민주는 나한테 잘해 줘.》

잠 눈을 감은 채 정신을 잃은 듯이 쉬 는 것.《잠이 들다./잠에서 깨다.》

잠을 자야 꿈을 꾸지 **속담** 차례에 따라서 일을 해야 결과를 얻는다는 말.

잠결 어렴풋이 잠이 든 상태.《잠결에 문소리를 들은 것 같은데.》

잠귀 잠결에 소리를 듣는 능력.《나는 잠귀가 밝아서 작은 소리에도 깬다.》

잠그다 1.자물쇠를 채우거나 빗장을 지르거나 하여 여닫지 못하게 하다. 《일기장을 넣고 서랍을 잠갔다.》**비**채 우다. 2.물, 가스 들이 새지 않게 관에 달린 장치를 돌려서 막다.《물을 쓴 뒤 에는 수도꼭지를 꼭 잠그세요.》3.옷 에 달린 단추를 채우다.《바람이 차가 우니 단추를 잠그고 나가거라.》**비**채우 다. **바**잠그는, 잠가, 잠급니다.

잠금장치 문, 수돗물, 가스 들을 잠그 는 장치.

잠기다 문에 1.자물쇠를 채우거나 빗장 을 지르거나 하여 여닫지 못하게 되다. 《열쇠는 안에 있는데 문이 잠겼으니 이를 어째.》**반**열리다. 2.물, 가스 들이 새지 않게 관에 달린 장치가 막히다.

《가스 밸브가 잠겼는지 확인했니?》3. 옷에 달린 단추가 채워지다.《바지 단 추가 잘 잠겼는지 살펴보았다.》

잠기다 물에 1.전체나 한 부분이 액체 속에 있게 되다.《큰 홍수가 나서 마을 이 물에 잠겼다.》2.생각이나 기분에 온통 빠지다.《어렸을 적 사진을 보면 서 한동안 옛날 생각에 잠겼다.》3.목 이 쉬거나 붓다.《목이 너무 잠겨서 노 래를 부를 수가 없었어.》

잠깐 1.짧은 동안.《잠깐이면 될 거야.》 **비**잠시. **북**잠간. 2.짧은 동안에.《잠깐 기다려.》**비**잠시. **북**잠간.

잠꼬대 자면서 자기도 모르게 중얼거 리는 것. **잠꼬대하다**

잠꼬대로 듣다 **관용** 남의 말을 중요하게 여기지 않다.《내 말을 잠꼬대로 들으 면 나중에 후회할 거야.》

잠꾸러기 잠이 많은 사람을 놀리는 말. 《내 동생은 잠꾸러기입니다.》**같**잠보.

잠들다 1.잠이 들다.《자장가를 불러 주자 아기가 금세 잠들었다.》2.움직 임이 없이 잠잠해지다.《고요히 잠든 바다에 달빛이 비친다.》3.'죽다', '묻 히다'를 듣기 좋게 돌려서 이르는 말. 《저 산에는 할머니가 잠들어 계신다.》 **바**잠드는, 잠들어, 잠듭니다.

잠망경 (潛望鏡) 흔히 잠수함에서 물 위를 살피는 데 쓰는 망원경.

잠바 → 점퍼.

잠박 (蠶箔) 누에를 치는 데 쓰는 그 릇. 대오리나 싸리를 엮어서 만든다.

잠방이 옛날에 흔히 농사꾼들이 일할 때 입던 반바지. **북**잠뱅이.

잠버릇 잘 때 자기도 모르게 하는 버

릇.《동생은 잠버릇이 고약해요.》

잠보 → 잠꾸러기.

잠복 (潛伏) 1.들키지 않게 숨어 있는 것.《잠복근무》 2.병균이 몸 안에 들어왔지만 병을 일으키지 않고 그대로 있는 것.《잠복 기간이 길다.》 **잠복하다**

잠복기 (潛伏期) 병균이 몸 안에서 잠복하는 기간.

잠수 (潛水) 물속에 잠기는 것. **잠수하다**《해녀가 바다 속으로 잠수했다.》

잠수교 (潛水橋) 1.보통 때는 물 위에 드러나 있지만 큰물이 지면 물속에 잠기는 다리. **북**잠김다리, 잠수다리. 2.서울 한강에 있는 다리 가운데 하나. 1979년에 놓았는데, 1982년에 반포 대교를 그 위에 놓아서 2층으로 되어 있다.

잠수부 (潛水夫) 물속에서 숨 쉴 수 있는 장치를 하고 물속에 들어가서 일하는 사람.

잠수정 (潛水艇) 작은 잠수함.

잠수함 (潛水艦) 물속을 다닐 수 있게 만든 군사용 배.

잠시 1.짧은 동안.《잠시만 기다려 주세요.》 **비**잠깐. 2.짧은 동안에.《잠시 화장실에 다녀올게요.》 **비**잠깐.

잠옷 잠잘 때 입는 옷.

잠입 (潛入) 아무도 모르게 숨어 들어가는 것. **잠입하다**

잠자다 잠을 자다.

잠자리 **곤충** 여름에서 가을 사이에 산과 들을 날아다니는 곤충. 몸은 가늘고 긴데 머리에 큰 겹눈이 한 쌍이 있다.

잠자리 날개 같다 **관용** 천 같은 것이 무척 얇고 곱다.《큰누나가 잠자리 날개 같은 모시 치마를 입었다.》

잠자리난초

잠자리채

잠수함

잠자리_곤충

잠자리 **잠** 1.→ 이부자리. 2.잠을 자는 곳.《잠자리가 바뀌다.》 같자리.

잠자리난초 양지바르고 축축한 땅에서 자라는 풀. 여름에 흰 꽃이 꽃대 끝에 모여 핀다. **북**잠자리란.

잠자리채 잠자리처럼 날아다니는 곤충을 잡는 도구. 긴 막대 끝에 그물주머니가 달려 있다.

잠자코 아무 말 없이 가만히.《아버지는 내 말을 잠자코 듣고만 계셨다.》

잠잠하다 말이나 움직임 없이 조용하다.《수다쟁이가 오늘은 잠잠하네.》

잠재 (潛在) 속에 숨어 있는 것.《잠재 능력》 **잠재하다 잠재되다**

잠재력 (潛在力) 잠재하는 힘이나 능력.《사람의 잠재력은 끝이 없다.》

잠재우다 잠들게 하다.

잠적 (潛跡) 남이 찾지 못하게 숨는 것. **잠적하다**

잠정 (暫定) 하나로 못 박아 정하기 전에, 바뀌더라도 우선 정해 놓는 것.《지금은 우선 잠정 합의를 합시다.》

잠투정 어린아이가 잠들기 전이나 잠에서 깬 다음 칭얼대는 것. **잠투정하다**

잡곡 (雜穀) 쌀이 아닌 여러 곡식. 콩, 팥, 보리, 밀 같은 것을 이른다.

잡곡밥 1.쌀에 잡곡을 섞어서 지은 밥. **북**얼럭밥. 2.잡곡으로 지은 밥. **북**얼럭밥.

잡귀 (雜鬼) 온갖 나쁜 귀신.

잡균 (雜菌) 온갖 해로운 균.

잡기 (雜技) 온갖 자질구레한 놀이나 재주.《철이는 바둑, 오목, 장기 같은 잡기를 잘해요.》

잡념 (雜念) 온갖 쓸데없는 생각.《잡

념이 떠올라서 공부가 잘 안 된다.》

잡다 1.어떤 것을 손으로 쥐다.《동생 손을 꼭 잡고 엄마 심부름을 다녀왔다.》2.다른 데로 가지 못하게 붙들거나 말리다.《아저씨들이 힘을 합쳐 도둑을 잡았다.》3.동물을 산 채로 붙들거나 죽이다.《마을에서 돼지를 잡아 잔치를 했다.》4.권력, 세력 같은 것을 차지하다.《우리 편이 경기 주도권을 잡았다.》5.흠이나 약점을 들추다. 또는 증거나 실마리를 얻다.《트집을 잡다./증거를 잡다.》6.기회나 일자리를 얻다.《삼촌은 졸업하기도 전에 직장을 잡았어요.》7.계획을 세우거나 자리, 방향 들을 정하다.《모임 날짜를 31일로 잡았다.》8.상태, 마음, 분위기 들을 바르게 유지하다.《이제부터 마음을 잡고 열심히 공부하자.》9.기운, 기세가 더 커지지 않게 막다.《대통령이 치솟는 물가를 잡겠다고 말했다.》

잡다하다 갖가지가 뒤섞여서 어수선하다.《책상 위에 온갖 물건이 잡다하게 쌓여 있다.》

잡담 (雜談) 일과 관계없이 늘어놓는 쓸데없는 말.《수업 시간에 잡담을 하다가 선생님께 혼났다.》 **잡담하다**

잡도리 잘못되지 않게 단단히 준비하거나 다잡는 것.《비밀이 새어 나가지 않게 잡도리를 잘 해.》

잡동사니 온갖 쓸모없는 것.

잡목 (雜木) 온갖 쓸모없는 나무.

잡비 (雜費) 자질구레한 일에 드는 돈.《잡비를 줄여서 저금을 해야겠다.》

잡상인 (雜商人) 여기저기 돌아다니면서 자질구레한 물건을 파는 사람.

잡색 (雜色) 1.여러 가지 색이나 사물, 사람이 뒤섞여 있는 것.《잡색 물감/잡색 나물》2.농악 같은 민속놀이에서 춤을 추거나 구경꾼과 떠들면서 흥을 돋우는 사람.《잡색으로는 무동, 양반, 할미 들이 있다.》

잡수시다 '먹다'의 높임말.《할머니, 진지 잡수세요.》 **준**잡숫다.

잡숫다 → 잡수시다. **바**잡숫는, 잡수어, 잡숫습니다.

잡스럽다 점잖지 못하다.《잡스러운 생각이 자꾸 떠올랐다.》 **바**잡스러운, 잡스러워, 잡스럽습니다.

잡식 (雜食) 고기나 풀을 가리지 않고 다 먹는 것.《잡식 동물》 **잡식하다**

잡식성 (雜食性) 잡식하는 성질.

잡아가다 잡아서 데리고 가다.《자꾸 울면 망태 할아버지가 잡아간다.》

잡아끌다 잡고 끌다.《동생이 집에 가자면서 내 손을 잡아끌었다.》 **바**잡아끄는, 잡아끌어, 잡아끕니다.

잡아내다 1.숨은 것을 찾아내다.《내 지우개 가져간 녀석을 꼭 잡아내겠어.》2.흠이나 틀린 것을 찾아서 가려내다.《이 글에서 틀린 글자를 잡아내 봐.》

잡아넣다 잡아서 넣다.《삼촌이 돼지를 우리에 잡아넣었다.》

잡아당기다 잡아서 당기다.《나는 밧줄을 힘껏 잡아당겼다.》

잡아떼다 1.붙어 있는 것을 잡아당겨서 떼다.《여기 붙여 놓은 벽보를 누가 잡아뗐을까?》2.어떤 일을 모르거나 안 했다고 우기다.《그렇게 잡아떼도 소용없어.》

잡아매다 1.흩어지거나 떨어지지 않

게 매다.《끈으로 머리를 잡아맸다.》
2.달아나지 않게 묶다.《염소를 나무
에 잡아맸다.》

잡아먹다 동물을 죽여서 고기를 먹다.
《늑대가 토끼를 잡아먹었다.》

잡아채다 잡아서 세게 당기다.《누가
뒤에서 옷자락을 잡아챘다.》

잡아치우다 |북 짐승이나 사람을 잡아
죽이다.《바퀴벌레를 잡아치웠다.》

잡아타다 자동차, 말 같은 것을 세워
서 타다.《택시를 잡아타고 가자.》

잡어 (雜魚) 이것저것 뒤섞인 자질구
레한 물고기.

잡음 (雜音) 시끄러운 소리. 비소음.

-잡이 1.짐승을 나타내는 낱말 뒤에
붙어, '그 짐승을 잡는 일'이라는 뜻을
더하는 말.《고래잡이/고기잡이》2.흔
히 도구를 나타내는 낱말 뒤에 붙어,
'그것을 다루는 사람', '그것을 잘 쓰
는 사람'이라는 뜻을 더하는 말.《칼잡
이/왼손잡이》

잡일 온갖 자질구레한 일.

잡종 (雜種) 씨나 핏줄이 섞인 것.《저
개는 분명 잡종이야.》반순종.

잡지 (雜誌) 같은 이름으로 정해진 때
에 펴내는 책.《월간 잡지》

잡지사 (雜誌社) 잡지를 펴내는 회사.

잡채 삶은 당면에 채소, 고기, 버섯 들
을 볶아 넣고 버무린 먹을거리.

잡채기 씨름에서 상대 샅바를 잡고 자
기 몸 가까이 당긴 다음 상대 허리를 젖
혀 넘어뜨리는 기술.

잡초 (雜草) → 잡풀.

잡치다 1.일을 그르치다.《비가 많이
와서 농사를 잡치게 생겼다.》2.기분

이나 분위기를 나쁘게 하다.《아침부
터 기분 잡치게 할래?》

잡풀 저절로 자라는 여러 가지 풀. 같잡
초.

잡혀가다 남한테 잡혀서 가다.《수많
은 젊은이가 일본으로 잡혀갔다.》

잡화 (雜貨) 비누, 우산, 양말처럼 살
면서 흔히 쓰는 자질구레한 물건.

잡히다 손에 1.어떤 것이 손에 쥐어지
다. 또는 남한테 어떤 것을 잡게 하다.
《가지가 한 손에 안 잡힌다.》2.달아나
거나 떠나지 못하게 붙들리다.《옆집
에 든 도둑이 잡혔대요.》3.계획이 세
워지거나 자리, 방향 들이 정해지다.
《합창 대회 날짜가 잡혔대.》4.흠이나
약점이 들춰지다. 또는 증거나 실마리
를 얻게 되다.《흠이 잡히다./가닥이
잡히다.》5.상태, 마음, 분위기가 바르
게 되다.《균형 잡힌 몸매》6.기운, 기
세가 더 커지지 않게 막히다.《소방관
아저씨들 덕에 불길이 잡혔다.》

잡히다 물집이 살갗에 물집이 생기다.
《오래 걸어서 발에 물집이 잡혔다.》

잣 잣나무 열매. 솔방울처럼 생긴 단단
한 송이 안에 여러 개가 열린다. 음식
에 고명으로 넣는다.

잣

잣나무 산에서 자라는 늘푸른나무. 바
늘처럼 생긴 잎이 다섯 개씩 모여나고,
가을에 솔방울처럼 생긴 단단한 송이
안에 잣이 열린다.

잣나무

잣다 물레 같은 것으로 실을 뽑다. 바잣
는, 자아, 잣습니다.

잣대 1.→ 자막대기. 2.어떤 것을 판단
하는 기준.《자기만의 잣대로 남을 판
단하지 말자.》

잣버섯 바늘잎나무의 가지나 그루터기에서 자라는 버섯. 갓은 판판하게 생겼고, 빛깔은 흰색이나 옅은 노란색이다. 먹는 버섯이다.

잣버섯

잣송이 잣나무의 열매 송이.

장 시장 (場) 많은 사람이 모여서 여러 물건을 사고파는 곳. 또는 그 일.《엄마는 장 보러 가셨어요.》비시장.

장 양념 (醬) 1.간장, 된장, 고추장 같은 것을 모두 이르는 말. 2. → 간장.

장 가구 (欌) 옷, 그릇 같은 물건을 넣는 가구.《오동나무 장》참농, 장롱.

장 세는 말 (張) 종이나 유리처럼 얇고 넓적한 물건을 세는 말.《사진 한 장》

장 몸 (腸) → 창자.

장 글월 (章) 긴 글을 내용에 따라 나눈 한 부분. 또는 그것을 세는 말.《그 말은 책의 마지막 장에 나온다.》

장 연극 (場) 연극의 단락을 세는 말. 무대가 변하지 않고 이루어지는 사건의 한 토막을 이른다.《이 연극은 2막 3장으로 이루어져 있다.》

장가 남자가 혼인하는 일.

장가가다 남자가 혼인하다.《내일은 삼촌이 장가가는 날이다.》

장갑 (掌匣) 손을 보호하거나 추위를 막으려고 끼는 물건.《야구 장갑》

장갑차 (裝甲車) 총알을 막을 수 있게 철판을 씌운 차.

장거리 (長距離) 먼 거리. 참단거리.

장검 (長劍) 옛날에 장수가 허리에 차던 긴 칼. 참단검.

장관 경치 (壯觀) 크고 훌륭한 광경.《커다란 폭포와 바위가 장관이다.》

장관 사람 (長官) 나라의 행정을 맡은

장구_악기

장구벌레

장구애비

장구채

장군_거름통

여러 부에서 으뜸인 사람.

장교 (將校) 계급이 높은 군인.

장구 악기 치는 국악기 가운데 하나. 오동나무로 허리가 잘록한 통을 만들어, 오른쪽에는 말가죽을 메우고 왼쪽에는 쇠가죽을 메운다. 북장고.

장구 기구 (裝具) 어떤 일을 할 때 몸에 지니는 기구.《안전 장구》

장구벌레 모기 애벌레. 몸이 아주 작고 빛깔은 갈색이나 검은색이다. 물속에 살다가 번데기를 거쳐 모기가 된다.

장구애비 연못이나 웅덩이에 사는 곤충. 몸 빛깔은 검은 갈색이다. 꽁무니에 있는 긴 대롱을 물 밖으로 내밀고 숨을 쉰다.

장구채 산속 양지바른 곳이나 풀밭에 자라는 풀. 흰 꽃이 층층이 달리고, 긴 달걀꼴 열매가 열린다. 씨나 포기를 약으로 쓴다.

장구춤 장구를 어깨에 메고 치면서 그 장단에 맞추어 추는 우리나라 춤. 북장고춤.

장구하다 아주 길고 오래다.《우리나라는 장구한 역사가 있는 나라이다.》

장군 거름통 옛날에 물, 술, 간장, 똥, 오줌 같은 것을 담아서 옮기던 통. 조금 길쭉한 원통을 눕힌 모양이고 윗부분에 구멍이 나 있다.

장군 사람 (將軍) 군대를 이끄는 우두머리.《강감찬 장군》참장수.

장군 장기 (將軍) 장기를 둘 때 상대편의 왕을 잡으려고 말을 놓는 일. 또는 그럴 때 하는 말.《장군일세!》참멍군.

장군총 (將軍塚) 중국 지린 성에 있는 고구려 때의 돌무덤. 화강석을 피라미드처럼 7층으로 쌓아 올려 만들었다.

장기 재주 (長技) 가장 잘하는 재주. 《장기 자랑》**참**특기.

장기 시간 (長期) 오랜 기간.

장기 몸 (臟器) 사람 몸속에 있는 내장들. 간, 심장, 위, 콩팥 들을 이른다.

장기 놀이 (將棋) 두 사람이 말 서른두 짝을 가로세로로 줄이 그어진 판 위에 놓고 번갈아 두면서 겨루는 놀이. 먼저 상대편 '장'을 잡는 쪽이 이긴다.

장기간 (長期間) 오랜 동안.《할머니는 장기간 입원하셨다.》**참**단기간.

장기적 (長期的) 오랜 기간에 걸친. 또는 그런 것.

장기판 (將棋板) 장기를 두는 네모난 판.《장기판에 말을 놓았다.》

장기화 (長期化) 어떤 일이 오래 이어지는 것. **장기화하다 장기화되다**

장꾼 장에서 물건을 팔고 사는 사람. 《읍내 장터가 장꾼들로 북적였다.》

장꿩 '장끼'의 강원도, 전라북도, 제주도, 함경북도 사투리.

장끼 꿩의 수컷. **참**까투리.

장끼전 조선 후기에 나온 소설. 남편 장끼가 죽고 혼자 남은 까투리가 뭇 새들의 청혼을 모두 물리친다는 이야기이다.

장난 1.아이들이 재미있게 노는 것. 《장난을 치다.》 2.남을 골리려는 짓궂은 짓.《장난 전화》 **장난하다**

장난감 어린아이들이 가지고 노는 물건.《장난감 기차》 **같**완구. **북**놀이감.

장난기 장난이 섞인 기운.

장난꾸러기 장난이 심한 아이.《장난꾸러기 현수가 유리창을 깼다.》

장난꾼 장난을 좋아하거나 잘 치는 사람. **북**장난군.

장난삼아 장난으로.《장난삼아 한 말에 윤진이는 버럭 화를 냈다.》

장난스럽다 장난하는 듯한 태도가 있다.《장난스러운 말투》 **바**장난스러운, 장난스러워, 장난스럽습니다.

장난질 장난하는 짓.《내 동생은 장난질이 심하다.》 **장난질하다**

장난치다 장난을 하다.《동무들과 얼음 위에서 장난치다가 발목을 삐었다.》

장날 장이 서는 날.

장남 (長男) → 맏아들.

장내 (場內) 어떤 곳의 안.《경기장 장내가 사람들로 가득 찼다.》 **반**장외.

장녀 (長女) → 맏딸.

장년 (壯年) 서른 살에서 마흔 살 안팎인 나이. 또는 그런 나이인 사람.

장님 눈이 멀어서 앞을 보지 못하는 사람. **같**맹인, 봉사, 소경.

장다리꽃 배추나 무 꽃줄기인 장다리에서 피는 꽃.

장다리물떼새 물가에 사는 나그네새. 물떼새 무리 가운데 다리가 가장 길다. 몸 빛깔은 등 쪽이 검은색이고 아래쪽이 흰색이다.

장다리물떼새

장단 가락의 빠르기와 세기가 어우러져 이루는 것. **비**리듬.

장단을 맞추다 **관용** 말이나 행동으로 남의 기분을 북돋워 주다.《내가 "이 치마 참 예쁘다."고 하니 새별이가 "정말 그러네." 하면서 장단을 맞췄다.》

장단이 맞다 **관용** 생각이나 행동이 남과 잘 맞다.《은이와 나는 서로 눈빛만 봐도 마음을 알 만큼 장단이 잘 맞는다.》

장단점 (長短點) 좋은 점과 나쁜 점. 《누구나 장단점이 있기 마련이다.》

장닭 '수탉' 의 강원도, 경상도, 충청남도 사투리.

장담 (壯談) 어떤 일을 할 수 있다고 자신 있게 말하는 것. 《우리 편이 이긴다고 장담은 못 하겠다.》 **장담하다**

장대 대나 나무 같은 것으로 만든 긴 막대기.

장대로 하늘 재기 속담 하늘 높이를 장대로 재려고 한다는 뜻으로, 전혀 이룰 수 없는 일을 빗대어 이르는 말.

장대높이뛰기 짧은 거리를 달려와서 장대를 짚고 가로지른 막대를 뛰어넘는 경기.

장대비 장대처럼 굵고 거세게 쏟아지는 비. **갈**작달비.

장대하다 몸집이 크고 튼튼하다. 《씨름 선수들은 몸집이 장대하다.》

장도리 못을 박거나 빼는 연장.

장도리

장독 간장, 고추장, 된장 들을 담아 두는 독.

장독

장독과 어린애는 얼지 않는다 속담 어린 아이들은 뛰어다니고 놀기 때문에 웬만해서는 추위를 타지 않는다는 말.

장독간 장독을 놓아두는 곳.

장독대 장독을 놓아두려고 뜰 안에 조금 높게 만든 곳.

장딴지 종아리 뒤쪽에 살이 볼록한 부분. 《장딴지에 알이 배었다.》

장래 (將來) 앞으로 다가올 날. 《장래 희망》 **갈**전도. **비**미래, 앞날.

장려 (奬勵) 어떤 일을 하라고 북돋워 주는 것. **비**권장. **장려하다**

장려금 (奬勵金) 어떤 일을 장려하려 고 주는 돈. 《출산 장려금》

장려상 (奬勵賞) 1.어떤 일을 장려하려고 주는 상. 《저축 장려상》 2.일 등이나 이 등보다는 못하지만 꽤 훌륭하다고 여겨서 주는 상.

장력 (張力) 물체의 한 면을 경계로 하여 양쪽에서 수직으로 끌어당기는 힘. 《표면 장력/장력이 세다.》 **북**켕길힘.

장렬하다 장하고 용감하다. 《이순신 장군은 왜적과 싸우다가 장렬하게 돌아가셨습니다.》 **장렬히**

장례 (葬禮) 죽은 사람을 장사 지내는 일. 《장례를 치르다.》

장례식 (葬禮式) 죽은 사람을 장사 지내는 의식. **북**장의식.

장로 (長老) 1.나이가 많고 덕이 높은 사람. 2.기독교를 믿는 사람이 맡는 직분 가운데 가장 높은 자리.

장롱 (欌籠) 옷이나 이부자리 같은 것을 넣는 큰 가구. **참**농, 장.

장마 여름에 여러 날 동안 비가 내리는 일. 또는 그런 날씨. **참**가뭄.

장마 끝의 참외는 거저 줘도 안 먹는다 속담 장마철에 비가 많이 온 뒤에는 과일 맛이 없다는 말.

장마 통의 맹꽁이 울음소리 속담 몹시 시끄럽게 떠든다는 말.

장마 전선 여름에 우리나라 남쪽 지방에 머물면서 장마가 지게 하는 공기 띠.

장마철 장마가 지는 철.

장마철에 햇빛 보기 속담 잠깐 나타났다가 사라지는 것을 빗대어 이르는 말.

장막 (帳幕) 비나 햇볕을 피하려고 둘러치는 막.

장만 필요한 것을 사거나 만들거나 하

여 갖추는 것. 비마련. **장만하다**《용돈
을 털어서 새 필통을 장만했다.》

장맛 간장, 된장 들의 맛.

장맛비 장마철에 내리는 비. 북장마비.

장면 (場面) 어떤 일이 일어나는 모습.

장모 (丈母) 아내의 어머니. 참장인.
북가시어머니.

장목 꿩의 꽁지깃.

장물 (贓物) 훔친 물건.

장미 꽃을 보려고 심어 가꾸는 잎지는
나무. 덩굴로 뻗는 것도 있다. 줄기에
는 뾰족한 가시가 있고, 5~6월에 빨간
색, 흰색, 분홍색 같은 여러 빛깔 꽃이
핀다.

장밋빛 장미꽃과 같이 짙은 분홍색이
도는 붉은빛. 북장미빛.

장바구니 시장을 볼 때 들고 다니는 바
구니.

장발 (長髮) 길게 기른 남자의 머리털.

장방형 (長方形) → 직사각형.

장백산맥 (長白山脈) 중국 만주 남동
쪽에 있는 산맥. 압록강을 따라 북동쪽
에서 남동쪽으로 뻗어 내린 산맥으로,
백두산이 있다.

장벽 (障壁) 서로 오고 갈 수 없게 가
로막은 벽.《장벽을 허물다.》

장병 (將兵) 장교와 사병. 모든 군인
을 이른다.

장병 (醬瓶) ㅣ북 간장을 넣은 병.

장본인 (張本人) 어떤 일을 일으킨 사
람.《말썽을 부린 장본인이 누구야?》

장부 남자 (丈夫) 1.다 자란 남자.《늠
름한 장부》2.→ 대장부.

장부 공책 (帳簿) 가게나 회사 같은 데
서 돈이나 물건이 들어오고 나가는 것

장미

을 적는 공책.《외상 장부》

장비 (裝備) 어떤 일을 할 때 갖추는
물건.《등산 장비》

장사 상업 물건을 팔아서 돈을 버는 일.
또는 그런 일을 하는 사람.《생선 장사
/김밥 장사》**장사하다**

장사 사람 (壯士) 몸집이 크고 힘이 센
사람.《저 아저씨는 힘이 장사야.》

장사 장례 (葬事) 죽은 사람을 땅에 묻
거나 불에 태우는 일.《장사를 지내
다./장사를 치르다.》**장사하다**

장사꾼 → 장사치.

장사진 (長蛇陣) 1.많은 사람이 줄을
지어 길게 늘어선 모양.《매표소 앞의
표를 사려는 사람들로 장사진을 이루
었다.》2.풍물놀이에서 상쇠를 따라
한 줄로 길게 늘어서서 나아가는 것.

장사치 장사하는 사람을 낮추어 이르
는 말. 같장사꾼. 북장사아치.

장삼 (長衫) 중이 입는 웃옷. 빛깔은
회색이나 검은색인데, 소매와 품이 넓
고 길이가 길다.

장삿속 물건을 팔려는 장사꾼 속마음
을 낮추어 이르는 말. 북장사속.

장서 (藏書) 도서관이나 서재 같은 데
둔 책.《장서가 가득한 서재》

장석 (長石) 흰색, 갈색, 회색 들을 띠
고 유리처럼 반짝이는 돌. 도자기, 비
료, 유리, 화약 들을 만드는 데 쓴다.

장성하다 자라서 어른이 된다.《장성
한 자식들을 보면 흐뭇하시죠?》

장소 (場所) 어떤 일이 일어나는 곳.
《모임 장소/약속 장소》

장손 (長孫) 맏아들의 맏아들.

장송곡 (葬送曲) 장례 때 연주하는 곡.

장수 ^{장사꾼} 장사하는 사람. 《사과 장수/두부 장수》 비상인.

장수 ^{오래 삶} (長壽) 오래 사는 것. **장수하다** 《백 살 넘게 장수하세요.》

장수 ^{우두머리} (將帥) 옛날에 군사를 이끄는 우두머리를 이르던 말. 《온달은 훌륭한 장수가 되었습니다.》 ^참장군.

장수풍뎅이 넓은잎나무가 많은 숲에 사는 풍뎅이. 몸 빛깔은 검은 갈색이고 윤이 난다. 수컷은 머리에 뿔이 있다. 우리나라 풍뎅이 가운데 가장 크다.

장수풍뎅이

장수하늘소 서어나무, 신갈나무 같은 나무 줄기에 사는 하늘소. 길쭉한 몸이 단단한 껍데기로 싸여 있고, 몸빛은 붉은 갈색이다. 천연기념물 제218호.

장승 사람 얼굴을 새겨서 마을, 절 어귀, 길가에 세운 돌이나 나무 조각. 마을을 지켜 주거나 길을 알려 주는 구실을 한다.

장승제 대보름날 마을 수호신에게 지내던 제사.

장시 (場市) 조선 시대에 닷새마다 열리던 시장.

장시간 (長時間) 오랜 시간. 《장시간 걸었더니 다리가 아프다.》 ^참단시간.

장식 (裝飾) 보기 좋게 꾸미는 것. 또는 그런 물건. 《실내 장식》 **장식하다 장식되다**

장식물 (裝飾物) → 장식품.

장식장 (裝飾欌) 장식품을 넣는 가구.

장식품 (裝飾品) 장식하는 데 쓰는 물건. ^같장식물.

장신 (長身) 큰 키. 또는 키가 큰 사람. 《우리 아버지는 키가 190센티미터나 되는 장신이다.》

장신구 (裝身具) 반지, 목걸이, 귀걸이 들처럼 몸을 꾸미는 데 쓰는 물건. ^같액세서리. ^북치레거리.

장아찌 오이, 무, 마늘 같은 채소를 간장이나 소금물에 담가 놓거나 된장, 고추장에 박았다가 조금씩 꺼내 양념하여 오래 두고 먹는 먹을거리. ^북자짠지.

장악 (掌握) 세력이나 권력 같은 것을 잡는 것. **장악하다** 《흥선 대원군은 조선의 정권을 장악했다.》 **장악되다**

장안 (長安) '서울'을 달리 이르는 말.

장애 (障礙) 1. 일을 못하게 하는 문제. 《수사에 장애가 있다.》 ^비장해, 지장. 2. 몸의 한 부분이 온전하지 못하거나 제구실을 못하는 것. 《시각 장애》

장애물 (障礙物) 어떤 일을 못하게 하는 물건이나 대상. ^비걸림돌.

장애물 달리기 장애물을 뛰어넘으면서 달리는 경기. ^같허들. ^북장애물극복경기, 장애물이겨내기경기.

장애아 (障礙兒) 몸의 한 부분이 온전하지 못하거나 제구실을 못하는 아이.

장애인 (障礙人) 몸의 한 부분이 온전하지 못하거나 제구실을 못하는 사람.

장어 → 뱀장어.

장엄하다 크고 엄숙하다. 《난 운명 교향곡처럼 장엄한 음악이 좋아.》

장염 (腸炎) 장에 생기는 염증. 배가 아프고, 설사를 하고, 열이 나는 것과 같은 증상이 나타난다.

장옷 옛날에 여자가 나들이할 때 머리에 둘러쓰던 옷. ^참쓰개치마.

장외 (場外) 어떤 곳의 바깥. 《장외 행사/장외 집회》 ^반장내.

장원 (狀元) 1. 옛날에 과거에서 첫째

로 합격하던 일. 2. 여럿이 겨루는 시험이나 시합에서 가장 잘한 것.

장유유서 (長幼有序) 유교의 오륜 가운데 하나. 어른과 아이, 윗사람과 아랫사람 사이에는 순서가 있어야 한다는 말이다.

장음 (長音) → 긴소리.

장음계 (長音階) '도'가 으뜸음인 음계. 셋째 음과 넷째 음 사이, 일곱째 음과 여덟째 음 사이가 반음이다. **참**단음계.

장의사 (葬儀社) 장례에 쓰는 물건들을 팔거나 남의 장례를 맡아서 치러 주는 곳. 《삼거리 장의사》

-장이 어떤 낱말 뒤에 붙어, '그것을 다루는 기술이 있는 사람'이라는 뜻을 더하는 말. 《대장장이/옹기장이》

장인 아내 (丈人) 아내의 아버지. **참**장모. **북**가시아버지.

장인 기술자 (匠人) 특별한 기술을 가지고 물건을 만드는 사람.

장자 (長子) → 맏아들.

장작 (長斫) 땔감으로 쓰려고 통나무를 길게 쪼갠 도막. **비**땔나무.

장작불 장작으로 피운 불.

장장 (長長) 거리, 시간 같은 것이 무척 길다는 뜻으로 하는 말. 《장장 세 시간을 걸었더니 배가 너무 고파요.》

장점 (長點) 좋은 점. 《경민이는 장점이 많은 아이야.》 **비**강점. **반**결점, 단점.

장정 (壯丁) 젊고 힘센 남자. 《장정 둘이서 장롱을 번쩍 들었다.》

장조 (長調) 장음계에 바탕을 두고 지은 가락. **참**단조.

장조림 쇠고기를 간장에 넣고 조린 반찬. **북**장졸임.

장죽

장죽 (長竹) 긴 담뱃대.

장중하다 분위기가 무겁고 엄숙하다. 《장중한 음악이 흘러나왔다.》

장지 (長指) → 가운뎃손가락.

장지문 한옥에서 방과 방 사이나 방과 마루 사이에 있는 미닫이문.

장지뱀 모래나 흙 속 또는 돌 밑에 사는 동물. 도마뱀과 비슷한데 몸 빛깔은 불그스름하고 꼬리가 아주 길다. 우리나라에만 산다.

장차 (將次) 앞으로. 《너는 장차 뭐가 되고 싶니?》

장착 (裝着) 기계나 도구 같은 것을 다는 것. **장착하다** 《사진기를 장착한 휴대 전화》 **장착되다**

장치 (裝置) 기계나 도구 같은 것을 설치하는 것. 또는 그런 기계나 도구. 《도난 방지 장치》 **장치하다 장치되다**

장쾌하다 가슴이 후련하다. 또는 속이 시원하다. 《장쾌한 함성》

장터 장이 서는 곳 《시골 장터》

장티푸스 병균이 장에 들어가 일으키는 전염병. 열이 나고, 설사를 하며 발진이 나타난다. **북**장티브스.

장판 (壯版) → 장판지.

장판지 (壯版紙) 방바닥에 까는 기름 먹인 두꺼운 종이. **같**장판.

장편 (長篇) 소설, 동화, 영화 들이 길이가 긴 것. **참**단편, 중편.

장편 소설 (長篇小說) 길이가 긴 소설. **참**단편 소설, 중편 소설.

장하다 훌륭해서 칭찬할 만하다. 《장한 어머니 상/어린애가 장하구나.》

장학 (奬學) 공부를 할 수 있게 돕는

일.《장학 재단/장학 사업》

장학관 (獎學官) 학교에서 이루어지는 교육을 지도하고 감독하는 사람.

장학금 (獎學金) 공부를 잘하거나 가난한 학생한테 대어 주는 학비.

장학생 (獎學生) 장학금을 받는 학생.

장해 (障害) 일을 못하게 막는 것.《공부하는 데 장해가 되는 것이 있으면 얘기해.》**비**장애. **장해되다**

장화 (長靴) 발목 위나 무릎 언저리까지 감쌀 만큼 목이 긴 신발. 비가 올 때나 진 땅에서 일할 때 신는다. **북**비신.

장화홍련전 (薔花紅蓮傳) 조선 후기에 나온 소설. 새로 온 고을 수령이 의붓어머니에게 억울하게 죽은 장화와 홍련 자매의 원한을 풀어 준다는 이야기이다.

장황하다 이야기가 쓸데없이 길고 어수선하다.《선아는 늦게 온 이유를 장황하게 늘어놓았다.》**장황히**

잦다 **거듭되다** 어떤 일이 일어나는 횟수가 많다.《여름에는 비 내리는 일이 잦다.》**반**드물다.

잦다 **줄어들다** 1.액체가 스미거나 졸아서 없어지다.《밥물이 다 잦았다.》2. 거센 기운이 가라앉다.《밤이 되자 거칠던 파도가 잦았다.》

잦아들다 1.액체가 스며들거나 졸아서 점점 없어지다.《갈비찜은 국물이 잦아들 때까지 졸여야 맛있다.》2.거센 기운이 가라앉아 잠잠해지다.《아기 울음소리가 잦아들었다.》**바**잦아드는, 잦아들어, 잦아듭니다.

잦아지다 어떤 일이 일어나는 횟수가 많아지다.《누나가 외출이 잦아졌다.》

잦혀지다 잦히게 되다.《윷가락 세 개가 잦혀지면 '걸'이다.》**참**젖혀지다.

잦히다 1.뒤로 기울게 하다.《고개를 잦히고 하늘을 보았다.》**참**젖히다. 2. 아래쪽이 위로 보이거나 안쪽이 겉으로 드러나게 하다.《항아리 뚜껑을 잦히고 된장을 펐다.》**참**젖히다.

재 가루 불에 타고 남은 가루.

재를 뿌리다 **관용** 일을 망치거나 방해하다.《은별이는 내가 달랠 테니 넌 재 뿌리지 말고 가만히 있어라.》

재 **산** 길이 나서 넘어 다니는 높은 고개.《저 재만 넘으면 할머니 댁이 나온다.》

재간 (才幹) 어떤 일을 할 수 있는 능력.《우는 아이를 달랠 재간이 없네.》

재간껏 **북** 자기가 지닌 재주와 솜씨를 다하여.《재간껏 나를 웃겨 봐.》

재갈 1.말 입에 가로로 물리는 막대기. 2.소리를 지르거나 혀를 깨물지 못하게 사람 입에 물리는 물건.

재갈매기 작은 섬이나 바닷가에 떼 지어 사는 겨울새. 날개는 잿빛이고, 부리는 노랗고, 다리는 분홍빛이다.

재갈매기

재개 (再開) 멈춘 일을 다시 시작하는 것.《남북 회담 재개》**재개하다**《곧 회의를 재개하겠습니다.》**재개되다**

재개발 (再開發) 오래된 동네에서 낡은 건물을 헐고 새 건물을 짓는 것. **재개발하다 재개발되다**

재건 (再建) 무너진 건물이나 조직 같은 것을 다시 일으켜 세우는 것.《경복궁 재건》**재건하다 재건되다**

재건축 (再建築) 낡은 건물을 헐고 새로 짓는 것. **재건축하다 재건축되다**

재고 **상품** (在庫) 팔고 남은 물건.《재

고 상품을 한꺼번에 팔았다.》

재고 생각 (再考) 한 번 결정한 일을 다시 생각하는 것. **재고하다**《태풍이 온다니 이번 여행을 재고해야겠어.》

재구성 (再構成) 계획, 조직 같은 것을 다시 짜는 것. **재구성하다**《이 연극은 실제 사건을 재구성한 것입니다.》

재글- ¹북 1.액체가 졸아들면서 몹시 끓는 모양. 2.햇볕이 따갑게 내리쬐는 모양. 3.성나거나 속상하거나 걱정스러워서 몹시 마음 졸이는 모양. **재글거리다 재글대다 재글재글**《된장찌개가 재글거리면서 끓는다./재글대는 여름 햇살/버스가 좀처럼 오지 않아 속이 재글재글 끓었다.》

재기 (再起) 실패했다가 다시 일어서는 것.《저 선수는 백혈병을 이겨 내고 재기에 성공했다.》 **재기하다**

재깍 움직임이 빠르고 시원스러운 모양.《어두워지기 전에 재깍 다녀와.》

재난 (災難) 뜻밖에 일어난 불행한 일.《재난을 당한 수재민들》 비재앙.

재능 (才能) 재주와 능력.《나는 그림에 재능이 없나 봐.》

재다 헤아리다 자, 저울, 시계 같은 것으로 길이, 무게, 시간 들을 알아보다.《자, 키가 얼마나 컸는지 재어 보자.》

재다 으스대다 잘난 척하면서 뽐내다.《공부 좀 잘한다고 너무 재지 마라.》

재다 쟁이다 1.물건을 포개어 쌓다.《여름에 입던 옷을 옷장에 재어 두었다.》 2.→ 재우다.《양념에 잰 불고기》

재다 빠르다 움직임이 빠르다.《탁구 선수들의 발이 무척이나 재다.》

재다 끼우다 총이나 대포에 총알이나 포

탄을 넣다.《총알을 잰 권총》

재단 단체 (財團) 어떤 일을 하려고 여럿이 돈을 모아 꾸리는 단체.

재단 마름질 (裁斷) → 마름질.

재단사 (裁斷師) 옷감을 마름질하는 일이 직업인 사람.

재담 (才談) 익살을 부리면서 재미있게 하는 말.《이야기꾼이 사람들 앞에서 한바탕 재담을 늘어놓았다.》

재두루미 큰 강어귀, 갯벌, 논에 사는 겨울새. 부리가 길고 뾰족하며 다리가 길다. 천연기념물 제203호.

재두루미

재떨이 담뱃재를 떨고 꽁초를 버리는 그릇. 북재털이.

재래 (在來) 옛날부터 있어 온 것.《재래시장》

재래식 (在來式) 옛날부터 전해 오는 방식.《재래식 변소》

재래종 (在來種) 한 지방에서 오랫동안 길러 다른 품종과 섞이지 않은 농작물이나 집짐승. 비토종.

재량 (裁量) 자기 생각대로 일을 하는 것.《교실 꾸미는 일은 저희 재량에 맡겨 주세요.》

재력 (財力) 재물의 힘.

재론 (再論) 이미 의논한 일을 다시 의논하는 것. **재론하다**《그 문제라면 재론할 생각이 없다.》 **재론되다**

재롱 (才弄) 어린아이가 남 앞에서 하는 귀여운 짓.《막내의 재롱에 할아버지가 껄껄 웃으셨다.》

재롱둥이 재롱을 잘 떠는 어린아이.

재롱떨다 → 재롱부리다.

재롱부리다 어린아이가 남 앞에서 귀여운 짓을 하다. 같재롱떨다.

재료 (材料) 어떤 것을 만드는 데 쓰는 것.《연을 만들 재료를 준비했다.》

재목 (材木) 1.집이나 가구 같은 것을 만드는 데 쓰는 나무. 비목재. 2.어떤 일을 해낼 능력이 있는 사람.《나라를 이끌어 나갈 재목》

재무 (財務) 회사 같은 데서 돈 씀씀이를 살피는 일.《재무 관리》

재물 (財物) 돈이나 값비싼 물건. 같재화.《재물을 탐내다./재물을 모으다.》

재물대 (載物臺) 현미경에서 관찰할 재료를 얹어 놓는 받침대.

재미 즐거움 어떤 일을 하면서 느끼는 즐거운 기분.《요즘 책 읽는 재미에 푹 빠졌다.》 참흥미.

재미 미국 (在美) 미국에 살고 있는 것.《재미 교포》

재미나다 즐거운 기분이 들다.《동무와 썰매를 타고 재미나게 놀았다.》

재미없다 즐거운 느낌이 없다.《글자가 많은 책은 재미없다.》 반재미있다.

재미있다 즐거운 느낌이 있다.《삼촌은 만화 영화 줄거리를 재미있게 들려주었다.》 반재미없다.

재바르다 북 넉넉하지 못하다.《그 언니는 집안이 재발라서 대학교에 가지 못했다.》

재발 (再發) 같은 일이 다시 일어나는 것. **재발하다**《병이 재발해서 병원에 입원했다.》 **재발되다**

재배 풀 (栽培) 풀이나 나무 들을 심고 가꾸는 것.《화초 재배/버섯 재배》 **재배하다 재배되다**

재배 절 (再拜) 두 번 절하는 것. 또는 그 절. **재배하다**

재배치 (再配置) 원래 있던 자리를 바꾸어 다시 알맞은 곳에 두는 것.《가구 재배치》 **재배치하다 재배치되다**

재벌 (財閥) 큰 회사를 여럿 거느린 기업가.

재봉 (裁縫) 옷감을 크기에 맞게 잘라서 바느질하는 것. **재봉하다**

재봉틀 바느질하는 기계. 북재봉기틀.

재분배 (再分配) 이미 나눈 것을 다시 나누는 것.《소득의 재분배》 **재분배하다 재분배되다**

재빠르다 움직임이 아주 빠르다.《고양이가 생선을 물고 재빠르게 달아났다.》 북재바르다. 바재빠른, 재빨라, 재빠릅니다.

재빨리 재빠르게.《날아오는 공을 재빨리 피했다.》

재산 (財産) 돈, 건물, 땅 같은 값진 것.

재산권 (財産權) 자기 재산을 제 마음대로 할 권리.

재상 (宰相) 옛날에 아주 높은 벼슬아치를 이르던 말.

재색 (才色) 여자의 재주와 아름다운 생김새.《재색을 갖춘 규수》

재생 (再生) 1.낡거나 못 쓰게 된 것을 손질해 다시 쓰게 하는 것.《재생 화장지》 2.다 죽게 되었다가 다시 살아나는 것.《새 약의 개발로 많은 환자들이 재생의 기쁨을 누렸다.》 비소생. 3.테이프, 시디, 파일 들에 담은 내용을 다시 듣거나 보는 것.《재생 장치/드라마 재생》 **재생하다 재생되다**

재선 (再選) 선거에서 한 번 뽑힌 사람이 다시 뽑히는 것.《재선 의원》 **재선하다 재선되다**

재수 운수 (財數) 좋은 일이 일어날 운수.《재수가 좋은 날》

재수 공부 (再修) 흔히 대학교 입학시험에 떨어져 다시 공부하는 것.《오빠는 올해 재수를 한다.》**재수하다**

재쑥 들이나 길가에 자라는 풀. 잎은 깃처럼 갈라지고, 5~6월에 누런 꽃이 핀다. 어린잎을 먹는다.

재앙 (災殃) 자연재해나 전쟁처럼 갑자기 일어난 나쁜 일. 비재난.

재야 (在野) 1. 벼슬하지 않고 민간에 있는 것. 2. 정당이나 의회에 들지 않고 정치 활동을 하는 것.《재야 세력》

재연 (再演) 한 번 한 일을 다시 해 보이는 것. 참재현. **재연하다 재연되다**

재외 동포 (在外同胞) 다른 나라에 사는 우리나라 사람.

재우다 잠재우다 잠을 자게 하다.《엄마가 가만히 아기를 재운다.》반깨우다.

재우다 쟁이다 고기나 김 같은 먹을거리에 양념을 묻히고 한동안 놓아두다.《들기름에 김을 재웠다.》준재다.

재우치다 빨리 하라고 다그치다.《내가 대답을 하지 않자 엄마는 재우쳐 물었다.》북재치다.

재위 (在位) 임금 자리에 있는 것.《조선 시대에 재위 기간이 가장 긴 왕은 영조이다.》**재위하다**

재일 (在日) 일본에 사는 것.

재임 (在任) 어떤 지위에 올라서 일하는 것.《대통령 재임 기간》**재임하다**

재작년 (再昨年) → 지지난해.

재잘- 어린아이들이 작은 목소리로 즐겁게 이야기하는 소리. 또는 그 모양. **재잘거리다 재잘대다 재잘재잘**《동생들이 재잘재잘 이야기꽃을 피운다.》

재쑥

재적 (在籍) 학적이나 호적 같은 데 이름이 올라 있는 것.《재적 학생 수》

재정 (財政) 나라나 회사 같은 데서 돈 씀씀이를 살피는 일.《국가 재정》

재주 1. 어떤 일을 잘하는 바탕.《한석봉은 어려서부터 붓글씨에 재주가 있었다.》2. 어떤 일을 잘하는 기술.《물개가 재주 부리는 모습이 재미있어요.》

재주껏 있는 재주를 다하여.《네 재주껏 종이비행기를 만들어 봐.》

재주꾼 재주가 많거나 뛰어난 사람. 또는 재주를 부리는 사람. 북재주군.

재주넘다 몸을 공중에 날려서 머리와 다리를 거꾸로 하여 돌다.《동물원에 가서 재주넘는 원숭이를 구경했다.》

재즈 (jazz) 미국의 흑인 민속 음악을 바탕으로 생겨난 대중음악.

재직 (在職) 일터에 다니는 것. **재직하다**《삼십 년 넘게 한곳에 재직하다.》

재질 재주 (才質) 재주와 소질.《제 동생은 그림에 재질이 있어요.》

재질 재료 (材質) 재료의 성질.《재질이 단단한 나무》

재차 (再次) 두 번 거듭하여.《짝꿍이 약속을 잊지 말라고 재차 말했다.》

재창조 (再創造) 이미 있는 것을 고치거나 새롭게 만드는 것. **재창조하다 재창조되다**

재채기 코가 간지럽거나 감기에 걸려 갑자기 숨을 내뿜으면서 '에취' 하고 큰 소리를 내는 일.《고추밭에 들어서자 재채기가 나왔다.》**재채기하다**

재청 (再請) 남이 내놓은 안건에 찬성하여 다시 제안하는 것. **재청하다**

재촉 어떤 일을 빨리 하라고 다그치는 것. 비독촉. **재촉하다**《동생이 집에 가자고 엄마를 재촉했다.》

재치 (才致) 형편에 따라서 눈치 빠르게 행동하는 재주.《새별이가 재치 있게 대답한 덕에 넘어간 거야.》비기지.

재킷 (jacket) 앞이 터지고 소매가 달린 짧은 웃옷.

재탕 (再湯) 한 번 달인 한약재를 다시 달이는 일. 또는 그 달인 약. **재탕하다**

재택근무 (在宅勤務) 일터에 나가지 않고 집에서 일하는 것. **재택근무하다**

재택 수업 (在宅受業) 학교에 가지 않고 집에서 컴퓨터 같은 것으로 수업을 받는 것.

재판 법원 (裁判) 법원에서 사건을 법률에 따라 판단하는 일. **재판하다**

재판 다시 (再版) 1.한 번 찍은 책을 다시 찍어 내는 것. 또는 그런 책. 2.전에 일어난 일이 다시 일어나는 것. 또는 그런 일. **재판하다 재판되다**

재판관 (裁判官) 법원에서 재판을 맡아 하는 법관.

재판소 (裁判所) → 법원.

재판장 (裁判長) 판사 여럿이 같이 하는 재판에서 으뜸 판사.

재평가 (再評價) 이미 평가한 것을 다시 평가하는 것. **재평가하다**《발해는 재평가해야 합니다.》**재평가되다**

재학 (在學) 학생이 학교에 다니는 것.《재학 증명서》**재학하다**

재학생 (在學生) 학교에 다니는 학생.

재해 (災害) 뜻밖에 입은 큰 해.《태풍으로 엄청난 재해를 입었다.》

재현 (再現) 다시 나타나는 것. 또는

다시 나타내는 것. 참재연. **재현하다**《민속놀이를 재현하다.》**재현되다**

재혼 (再婚) 한 번 혼인한 사람이 다시 혼인하는 것. **재혼하다**

재화 (財貨) → 재물.

재활 (再活) 몸이나 정신의 장애를 이겨 내고 생활하는 것.《재활 훈련》**재활하다**

재활용 (再活用) 다 쓰거나 못 쓰게 된 물건을 다시 쓰는 것.《재활용 비누》**재활용하다 재활용되다**

재활용품 (再活用品) 재활용할 수 있는 물건. 또는 재활용한 물건.

재활원 (再活院) 장애인이 장애를 이겨 내고 생활할 수 있게 도와주는 곳.

재회 (再會) 다시 만나는 것. **재회하다**《동무와 십 년 만에 재회했다.》

잰걸음 걸음 폭이 좁고 빠른 걸음.《아이들은 잰걸음으로 집으로 돌아갔다.》

잼 (jam) 과일에 설탕을 넣고 약한 불로 졸여서 만든 먹을거리.《딸기 잼》북과일단졸임, 쨤.

잽싸다 움직임이 가볍고 빠르다.《형이 운동장으로 잽싸게 달려 나갔다.》

잿더미 1.재가 쌓인 것. 북재더미. 2.불에 타서 재만 남은 자리.《커다란 절이 불타서 잿더미로 변했다.》북재더미.

잿물 재에 물을 부어서 우려낸 물. 옛날에 빨래할 때 흔히 썼다. 북재물.

잿박

잿박 거름으로 쓸 재를 담는 그릇.

잿밥 불공을 드릴 때 불상 앞에 놓는 밥. 북재밥.

잿빛 재와 같이 거무스레하고 희뿌연 빛깔. 같회색, 회색빛. 북재빛.

잿빛개구리매

잿빛개구리매 논밭이나 냇가에서 사

는 겨울새. 몸 빛깔은 수컷이 푸른빛이 도는 회색이고 암컷이 어두운 갈색이다. 천연기념물 제323-6호.

쟁가당 |북 유리나 얇은 쇠붙이 같은 것이 떨어지거나 부딪히는 소리. **쟁가당거리다 쟁가당대다 쟁가당쟁가당**《부엌에서 그릇이 쟁가당거리는 소리가 났는데?》

쟁개비 |북 1.작은 냄비.《쟁개비에 라면을 끓여 먹었다.》2.참을성이나 끈기가 없어 변덕이 심한 사람을 빗대어 이르는 말.《그 쟁개비가 그림을 그리다가 말고 또 어디로 갔을까.》

쟁글- |북 1.바람 없는 날씨에 햇볕이 따갑게 내리쬐는 모양. 2.웃음이 밝게 피어나는 모양. **쟁글거리다 쟁글대다 쟁글쟁글**《따스한 봄볕이 쟁글거리는 오후/쟁글쟁글 웃음꽃이 피어난다.》

쟁기 농기구 논밭을 가는 농기구. 소나 말이 끈다.

쟁기_농기구

쟁기 성미 (爭氣) 남과 다투어서 이기려는 성미.《동생은 쟁기가 심해요.》

쟁기질 소한테 쟁기를 끌게 해서 논밭을 가는 일. **쟁기질하다**

쟁기질 못하는 놈이 소 탓한다 속담 자기 솜씨가 모자란 것은 모르고 도구가 나쁘다고 탓하는 것을 빗대어 이르는 말.

쟁반 (錚盤) 그릇을 받치는 데 쓰는 판판한 물건.

쟁반

-쟁이 어떤 낱말 뒤에 붙어, '그런 성질이 많은 사람'이라는 뜻을 더하는 말.《겁쟁이/멋쟁이/고집쟁이》

쟁이다 차곡차곡 포개어 쌓다.《쌀가마니를 곳간에 쟁여 두었다.》

쟁쟁하다 귀에 전에 들은 소리나 말이 귀에 울리는 듯하다.《착한 사람이 되라는 선생님 말씀이 귀에 쟁쟁하다.》

쟁쟁하다 실력이 실력, 기술 같은 것이 뛰어나다.《우리나라 선수가 쟁쟁한 선수들을 물리치고 금메달을 땄다.》

쟁취 (爭取) 싸워서 얻는 것. **쟁취하다**《독립을 쟁취하다.》

쟁탈 (爭奪) 싸워서 빼앗는 것.《정권 쟁탈》**쟁탈하다**

쟁탈전 (爭奪戰) 어떤 것을 서로 빼앗으려고 하는 싸움.《왕위 쟁탈전》

쟤 '저 아이'가 줄어든 말.《쟤는 누구니?》참개, 애.

저 나 1.'나'의 낮춤말.《저는 라면 말고 밥 먹을래요.》2.앞서 말한 사람을 낮추어 이르는 말.《현우 이 녀석, 저도 화가 났다 이거지.》

저 먹자니 싫고 남 주자니 아깝다 속담 이러지도 저러지도 못하는 처지를 빗대어 이르는 말.

저 가리키는 말 말하는 사람과 듣는 사람한테서 멀리 있는 것을 이르는 말.《저 언덕만 넘으면 들판이야.》참그, 이.

저 느낌말 말을 선뜻 하지 못하고 머뭇거릴 때 하는 말.《저, 시간 좀 있니?》

저 지음 (著) 사람 이름 다음에 써서, 책을 지은 사람이라는 것을 나타내는 말.《허균 저〔홍길동전〕》

저거 '저것'을 입에서 나오는 대로 편하게 쓰는 말.《저거 예쁘다.》참그거, 이거.

저것 말하는 사람과 듣는 사람한테서 멀리 있는 것.《저것 좀 이리 갖다 줄래?》참그것, 이것.

저격 (狙擊) 어떤 한 사람만 노려서 총

으로 쓰는 것. **저격하다**

저고리 한복 윗옷.《색동저고리》

저고리

저곳 말하는 사람과 듣는 사람한테서 멀리 떨어진 곳.《상자를 저곳에 놓아 주세요.》**참**그곳, 이곳.

저금 (貯金) 돈을 은행에 맡기거나 저금통에 모으는 것. **저금하다**《세뱃돈을 모두 은행에 저금했다.》

저금통 (貯金筒) 저금하는 데 쓰는 통.

저금통장 (貯金通帳) → 예금 통장.

저기 말하는 사람과 듣는 사람한테서 조금 멀리 떨어진 곳.《저기가 바로 우리 집이야.》**참**거기, 여기.

저기압 (低氣壓) 주위보다 낮은 기압. **참**고기압.

저녁 1. 해가 질 때부터 밤이 되기 전까지 시간.《아이들은 저녁이 되자 집으로 돌아갔다.》**반**아침. 2. → 저녁밥.

저녁나절 저녁 무렵. 또는 저녁 동안.《어제 저녁나절부터 눈이 내렸다.》

저녁놀 저녁에 해가 지면서 서쪽 하늘이 붉게 물드는 일.《저녁놀이 지다.》

저녁때 해가 질 때. 또는 저녁밥을 먹을 때.《벌써 저녁때가 다 되었네.》

저녁밥 저녁에 먹는 밥. **같**저녁. **참**아침밥, 점심밥.

저녁상 저녁밥을 차린 상.

저놈 1. '저 남자' 또는 '저 아이'를 낮추어 이르는 말.《저놈이 또 여자 아이들을 못 살게 군다.》**참**그놈, 이놈. 2. 말하는 사람과 듣는 사람한테서 멀리 떨어진 동물, 물건 들을 낮추어 이르는 말.《저놈보다는 이 수박이 잘 익은 것 같아.》**참**그놈, 이놈.

저능아 (低能兒) → 정신 지체아.

저다지 저렇게나. 또는 저렇게까지.《사내애가 저다지 겁이 많을까.》**비**저리. **참**그다지, 이다지.

저당 (抵當) 돈을 빌리는 대신 돈 빌려 주는 사람한테 집이나 땅 같은 것을 잠시 맡기는 것. **참**담보.

저대로 저것과 같이. 또는 저 모습 그대로.《저대로 괜찮을까?》**참**이대로.

저래 '저리하여'가 줄어든 말.《저래 보았자 저만 힘들지.》

저러다 저렇게 하다.《차돌이는 만날 왜 저래?》**북**저리다.

저러하다 저와 같다. **준**저렇다. **참**그러하다, 이러하다.

저런 가리키는 말 저와 같은.《나도 저런 집에 살고 싶다.》**참**그런, 이런.

저런 느낌말 뜻밖의 나쁜 일로 놀랐을 때 하는 말.《저런, 다쳤구나.》**참**이런.

저렇다 → 저러하다.《저렇게 큰 개는 처음 봤어.》**바**저런, 저래, 저렇습니다.

저려들다 ㅣ북 몸이나 마음이 몹시 저리거나 저린 느낌이 점점 심해지다.《아픈 짝꿍을 보니 마음이 저려들었다.》**바**저려드는, 저려들어, 저려듭니다.

저력 (底力) 밑바탕에 깔린 힘.《저력을 발휘해서 끝까지 최선을 다하자.》

저렴하다 값이 싸다.《저렴한 연필》

저리 방향 저쪽으로. 또는 저곳으로.《저리 비켜!》**참**그리, 이리.

저리 저렇게 저렇게.《어쩌면 마음씨가 저리 고울까.》**비**저다지. **참**그리, 이리.

저리 이자 (低利) 낮은 이자. **반**고리.

저리 미리 ㅣ북 1. 어떤 일을 하기 전에 미리.《우산을 저리 챙겼으면 좋았을 텐데 말이지.》2. 일이 어떻게 되거나 생

각난 김에 아예.《여기까지 올라온 김에 저리 꼭대기까지 가 보자.》

저리다 흔히 피가 안 통할 때 몸 한 부분에 느낌이 없고 움직이기 불편하다.《무릎을 꿇었더니 다리가 저리다.》

저리도 저렇게까지.《소쩍새는 왜 저리도 구슬피 울고 있을까?》

저릿저릿 살이나 뼈마디가 자꾸 쑤시듯이 아픈 모양. **저릿저릿하다**

저릿하다 살이나 뼈마디가 쑤시듯이 아프다.《몸살로 온몸이 저릿하다.》

저마다 사람마다 각각.《사람은 저마다 좋아하는 게 다르다.》북저마끔.

저만치 → 저만큼.

저만큼 1.저만한 정도. 또는 저만한 정도로.《네 키가 저만큼 자라면 자전거를 사 주마.》갈저만치. 참그만큼, 이만큼. 2.저쯤 떨어진 곳. 또는 저쯤 떨어진 곳으로.《저만큼 서 있는 게 누구지?》갈저만치.

저만하다 저와 같은 정도이다.《저만한 실력이면 쉽게 우승할 수 있을 거야.》참그만하다, 이만하다.

저맘때 저만한 나이 때.《저맘때는 나도 걸음마를 배웠겠지?》

저명 (著名) 이름이 세상에 알려진 것. 비유명. **저명하다**《저명한 학자》

저무도록 북1.날이 저물 때까지 줄곧.《할아버지는 오늘도 저무도록 들일을 하신 모양이다.》 2.일이나 움직임을 그치지 않고 줄곧.《언니가 아까부터 새끼 고양이를 저무도록 바라본다.》

저물다 1.해가 져서 어두워지다.《날이 저물자 아이들은 집으로 돌아갔다.》 2.한 철이나 한 해가 다 지나가다.《벌써 한 해가 저물어 가는구나.》박저무는, 저물어, 저뭅니다.

저미다 얇게 베다.《얇게 저민 생강》

저버리다 1.마땅히 지켜야 할 것을 어기다.《나래는 내 믿음을 저버리지 않을 거야.》 2.남을 떠나거나 배반하다.《나라를 저버린 매국노》

저벅 크고 무겁게 발소리를 내면서 걷는 소리. **저벅거리다 저벅대다 저벅저벅**《뚱뚱한 아저씨가 골목 안으로 저벅저벅 걸어간다.》

저번 (這番) → 지난번.

저변 (底邊) 밑바닥. 또는 어떤 분야의 바탕을 이루는 무리.《독서 인구의 저변을 늘리자.》

저분 '저 사람'을 높여 이르는 말.《저분이 우리 선생님이셔.》참그분, 이분.

저서 (著書) 책을 쓰는 일. 또는 그 책.

저소득 (低所得) 벌이가 적은 것.

저소득층 (低所得層) 벌이가 적은 계층.《저소득층 자녀들은 교육비를 지원받을 수 있습니다.》

저속 (低速) 느린 속도. 반고속.

저속하다 점잖지 못하다.《거칠고 저속한 말은 삼가라.》반고상하다.

저수량 (貯水量) 저수지나 호수 같은 데에 모아 둘 수 있는 물의 양. 또는 모아 둔 물의 양.

저수지 (貯水池) 강이나 골짜기를 막아 물을 모아 두는 곳.

저술 (著述) 글이나 책을 쓰는 일.《저술 활동》비저작. **저술하다**

저술가 (著述家) 글이나 책 쓰는 일이 직업인 사람.

저승 사람이 죽은 뒤에 그 넋이 가서

산다는 세상. **반**이승.

저승사자 죽은 사람의 넋을 저승으로 데려간다는 귀신. .

저어새 강어귀나 갯벌에 사는 여름새. 부리는 긴 주걱처럼 생겼고 뒷머리에 술처럼 생긴 깃이 있다. 천연기념물 제 205-1호.

저어새

저어하다 걱정하거나 두려워하다.

저온 (低溫) 낮은 온도.《저온 살균》 **반**고온. **북**저온도.

저울 무게를 재는 기구.《양팔 저울》

저울대 대저울에서 눈금이 새겨져 있고 추를 거는 길쭉한 막대기.

저울

저울질 1.저울로 무게를 다는 것. 2.어느 쪽이 더 좋을지 따져 보는 것. **저울질하다**

저위도 (低緯度) 적도에 가까운 위도. **참**고위도.

저음 (低音) 낮은 소리. **북**저음성부.

저의 (底意) 마음속에 감춘 생각.《미애가 갑자기 다정하게 구는 저의를 모르겠어.》

저이 '저 사람'을 조금 높여 이르는 말.《저이가 누구냐?》 **참**그이, 이이.

저자 ^{시장} 옛날에 '시장'을 이르던 말.

저자 ^{사람} (著者) → 지은이.

저작 (著作) 책을 쓰거나 예술 작품을 만드는 것. 또는 그 책이나 작품. **비**저술. **저작하다**

저작권 (著作權) 글, 그림, 노래 같은 것을 지은 사람이 지은이로서 가지는 권리. 또는 그 권리를 이어받은 사람이 가지는 권리.

저작권법 (著作權法) 저작권에 관한 법.《저작권법을 지킵시다.》

저작자 (著作者) 책이나 예술 작품을 저작한 사람.

저장 (貯藏) 음식이나 물건을 어느 곳에 넣어 두는 것. **저장하다**《냉장고에 과일을 저장했다.》 **저장되다**

저장고 (貯藏庫) 음식이나 물건을 넣어 두는 창고.《포도주 저장고》

저장법 (貯藏法) 음식이나 물건을 상하지 않게 저장하는 방법.

저장뿌리 영양분을 모아 두는 굵고 큰 뿌리. 고구마, 무, 당근 같은 식물에서 볼 수 있다.

저장성 (貯藏性) 오래 두어도 상하지 않는 성질.

저저끔 **|북** '저마다'를 힘주어 이르는 말.《아이들은 저저끔 방학 때 무얼 하며 놀지 생각하는 것 같았다.》

저절로 제 스스로. 또는 자기도 모르게.《동무들 응원 소리에 힘이 저절로 솟았다.》 **준**절로.

저조하다 1.가라앉아 활기가 없다.《선생님께 야단맞아서 기분이 저조하다.》 2.성적이나 비율 같은 것이 낮다.《출산율이 저조하다.》

저주 (詛呪) 남한테 나쁜 일이 일어나게 비는 것.《왕자는 마녀의 저주로 개구리가 되었다.》 **저주하다**

저지 (沮止) 어떤 일을 못하게 막는 것. **저지하다**《적의 공격을 저지하다.》

저지르다 잘못이나 실수를 하다.《실수를 저지를까 봐 마음이 조마조마하다.》 **바**저지르는, 저질러, 저지릅니다.

저지선 (沮止線) 넘어오지 못하게 막는 선.

저질 (低質) 질이 나쁘거나 내용이 좋

지 않은 것.《저질 식품/저질 만화》

저쪽 저만큼 떨어진 곳.《화장실은 저쪽에 있어.》^같저편. ^참그쪽, 이쪽.

저체중 (低體重) 키에 견주어 적게 나가는 몸무게.

저촉 (抵觸) 법이나 규칙에 어긋나는 것. **저촉되다**《법에 저촉되는 짓》

저축 (貯蓄) 돈을 모아 두는 것.《용돈을 받아서 저축을 했다.》**저축하다**

저택 (邸宅) 으리으리한 집.

저토록 저렇게까지. 또는 저 정도로.《진수가 저토록 화를 낼 줄은 몰랐어.》^참그토록, 이토록.

저편 → 저쪽.《마을 저편》

저포 (樗蒲) 나무로 만든 주사위를 던져서 겨루던 놀이. 백제 때에 하던 놀이로, 윷놀이와 비슷하다.

저하 (低下) 수준, 정도 같은 것이 낮아지는 것.《체력 저하》^참향상. **저하하다 저하되다**

저학년 (低學年) 낮은 학년. 초등학교에서는 1, 2, 3학년을 이른다. ^반고학년.

저항 (抵抗) 어떤 힘에 맞서는 것. ^참항거. **저항하다**《불의에 저항하다.》

저항력 (抵抗力) 몸이 병균에 맞서 견디는 힘.《저항력이 떨어지다.》

저해 (沮害) 어떤 일을 못하게 막고 해를 끼치는 것. **저해하다**《수입 농산물은 우리 농촌의 발전을 저해한다.》**저해되다**

저혈압 (低血壓) 정상보다 낮은 혈압. ^반고혈압.

저희 '우리'의 낮춤말.《저희 집에 놀러 오세요.》

적 ^때 어떤 때.《나는 제주도에 가 본

적_악기

적갈색애주름버섯

적이 없다.》

적 먹을거리 양념한 고기, 생선, 채소 들을 꼬챙이에 꿰어서. 지지거나 구운 먹을거리.

적 ^{악기} (笛) 부는 국악기 가운데 하나. 길쭉한 대나무에 구멍이 위에 다섯 개, 아래에 한 개 있다.

적 ^{적수} (敵) 전쟁이나 운동 경기에서 맞서 싸우는 상대.《적을 물리치다.》

적갈색 (赤褐色) 붉은빛을 띤 갈색.《적갈색을 띤 단풍나무 가지》

적갈색애주름버섯 넓은잎나무나 그루터기나 죽은 나무에서 자라는 버섯. 갓 가장자리가 톱니처럼 생겼고, 빛깔은 붉은빛을 띤 갈색이다.

적개심 (敵愾心) 적을 미워하거나 적과 싸우려는 마음.《적개심이 끓다.》

적국 (敵國) 맞서 싸우는 나라.

적군 (敵軍) 맞서 싸우는 군대나 군사. ^반아군.

적극 (積極) 어떤 일에 열심히 나서는 것.《김경수 군을 적극 추천합니다.》

적극적 (積極的) 어떤 일에 열심히 나서는. 또는 그런 것. ^반소극적.

적금 (積金) 은행 같은 금융 기관에 정해진 돈을 정해진 동안 넣었다가 정한 날짜가 되면 찾는 저금.

적기 ^때 (適期) 어떤 일을 하기에 알맞은 때.《요즘이 가을걷이에 적기이다.》

적기 ^{비행기} (敵機) 적의 비행기.

적나라하다 숨김이 없다.《철수의 일기에는 영희를 좋아하는 마음이 적나라하게 드러나 있었다.》

적다 ^{수가} 1. 수나 양이 기준에 못 미치다.《누나는 살을 뺀다고 밥을 적게 먹

는다.》**반**많다. 2.모자라거나 얼마 되
지 않다.《경험이 적다.》**반**많다.

적은 밥이 남는다 속담 적은 것을 가지고
서로 양보하는 것을 이르는 말.

적다 글을 글로 쓰다.《이 글을 읽고 느
낀 점을 적어 봅시다.》

적당량 (的當量) 알맞은 양.《국에 소
금을 적당량 넣어 주세요.》

적당하다 정도가 알맞다.《걷기에 적
당한 날씨네요.》**비**적절하다. **적당히**

적대 (敵對) 적으로 대하는 것.《적대
관계》**적대하다**

적대감 (敵對感) 적대하는 마음.

적대시 (敵對視) 적으로 여기는 것.
적대시하다

적대적 (敵對的) 적으로 대하는. 또는
그런 것.

적도 (赤道) 지구에서 해에 가장 가까
운 곳을 한 줄로 이은 선.

적령 (適齡) 어떤 일을 하기에 알맞은
나이.《초등학교 입학 적령》

적립 (積立) 돈이나 점수 같은 것을 모
아서 쌓는 것. **적립하다 적립되다**

적막 (寂寞) 조용하고 쓸쓸한 것. **적막
하다**《적막한 산중》

적반하장 (賊反荷杖) 잘못은 자기가
저지르고 오히려 남을 나무라는 것. 도
둑이 오히려 매를 든다는 뜻이다.

적발 (摘發) 잘못을 들추어내는 것.
《불법 주차 적발》**적발하다 적발되다**

적법하다 법에 맞다.《적법한 절차》

적병 (敵兵) 적의 병사.

적삼 여름에 입는 홑저고리.

적색 (赤色) → 빨간색.

적선 도움 (積善) 착한 일을 많이 하는

것.《적선을 베풀다.》**적선하다**

적선 배 (敵船) 적의 배.

적설량 (積雪量) 눈이 쌓인 양. **북**눈량.

적성 (適性) 어떤 일에 알맞은 능력이
나 성질.《수학은 내 적성에 맞아.》

적성 검사 (適性檢査) 적성을 알아보
는 검사.

적송 소나무를 목재로서 이르는 말.

적수 (敵手) 실력이 비슷해서 맞설 만
한 상대.《넌 내 적수가 못 돼.》

적시다 물 같은 액체에 젖게 하다.《수
건을 물에 적셔서 얼굴을 닦았다.》

적신호 (赤信號) 위험하다고 알려 주
는 것.《비만은 건강의 적신호이다.》

적십자 (赤十字) 1.흰 바탕에 붉은색
으로 그린 십(十)자 모양. 적십자사의
표시이다. 2.→ 적십자사.

적십자사 (赤十字社) 전쟁, 재난, 재
해로 다치거나 병든 사람을 도우려고
만든 국제단체. **같**적십자.

적어도 1.아무리 적게 잡아도.《삼촌
과 나는 적어도 열 살은 차이가 난다.》
2.다른 것은 제쳐 두더라도.《나는 적
어도 거짓말은 안 해.》

적외선 (赤外線) 눈에 보이지 않지만
열과 사물을 뚫는 힘이 세서 요리, 의
료 기구, 사진 들에 쓰는 빛. **참**자외선.

적요 (摘要) 중요한 내용만 뽑아서 적
는 것. **적요하다**

적용 (適用) 이론, 원칙 같은 것을 실
제에 맞추어 쓰는 것. **북**의류. **적용하다**
《학교에서 배운 내용을 실생활에 적용
해 보자.》**적용되다**

적은이 북 1.시동생뻘인 친척. 또는 친
하게 지내는 아랫사람을 정답게 부르

는 말.《여보게 적은이, 이리 와서 차 한 잔 하게.》2.남자 어른들이 남동생을 이르는 말.

적응 (適應) 어떤 곳이나 일에 익숙해지는 것. **적응하다**《현수는 새로운 학교에 잘 적응하였다.》

적응력 (適應力) 적응하는 능력.

적의 (敵意) 적으로 여기고 미워하는 마음.《적의를 품다.》

적이 꽤 많이.《네 얘기를 듣고 적이 놀랐다.》

적임자 (適任者) 어떤 일에 알맞은 사람.《이 일은 네가 적임자야.》

적자 (赤字) 번 돈보다 쓴 돈이 많아서 생기는 손해. ^반흑자.

적잖다 수나 양이 꽤 많다.《도서실 책을 정리하느라 고생을 적잖게 했다.》

적장 (敵將) 적의 장수.

적재 (積載) 배, 차, 비행기 들에 짐을 싣는 것. **적재하다 적재되다**

적재적소 (適材適所) 어떤 일에 꼭 알맞은 자리.《적재적소에 배치하다.》

적적하다 외롭고 심심하다.《할머니, 혼자 계시느라 적적하셨죠?》

적절하다 딱 알맞다.《선생님 질문에 적절한 답이 생각나지 않았다.》^비적당하다. **적절히**

적정 (適正) 알맞고 바른 것.《적정 가격》 **적정하다**

적조 (赤潮) 바닷물 속에 플랑크톤이 갑자기 많아져서 바닷물이 붉은빛을 띠는 현상.

적조하다 오고 가는 일이 뜸하다.

적중 (的中) 1.화살 같은 것이 목표물에 정확하게 맞는 것. 2.짐작한 대로 들어맞는 것. **적중하다**《화살이 과녁에 적중했다./오늘 비가 올 거라는 내 예상이 적중했다.》 **적중되다**

적지 (敵地) 적이 차지한 땅.

적진 (敵陣) 적군이 진을 친 곳.《적진을 향해 돌격!》^북적진지.

적탄 (敵彈) 적이 쏜 총탄이나 포탄.

적합하다 꼭 알맞다.《이 땅은 농사짓기에 적합하다.》

적혈구 (赤血球) 피에 들어 있는 붉은 세포. 온몸 곳곳에 산소를 나르는 헤모글로빈이라는 색소가 들어 있다. ^참백혈구. ^북붉은피알.

적화 (赤化) 공산주의 사회로 만드는 것. **적화하다 적화되다**

적히다 글이 쓰이다.《편지 봉투에는 우리 집 주소가 적혀 있었다.》

전 ^{먹을거리} 고기, 생선, 채소 들을 얇게 썰거나 다져서 양념한 다음 밀가루를 묻혀 기름에 지진 음식.《동태 전》

전 ^{가장자리} 물건 위쪽에 좀 넓적하게 나온 가장자리 부분.《화로의 전》

전 ^앞 (前) 1.지나간 때.《전에는 당근을 안 먹었는데 지금은 잘 먹어.》2.어떤 일에 앞선 때.《자기 전에 이를 닦았다.》^반후. 3.'이전', '앞선'의 뜻을 나타내는 말.《전 학기/전 학년》

전에 없이 ^{관용} 전과 달리 유난히.《오빠가 전에 없이 일찍 들어왔다.》

전 ^{온통} (全) 낱말 앞에 써서, '모든', '온'의 뜻을 나타내는 말.《전 세계》

–전 ^{붙는 말} (傳) 어떤 낱말 뒤에 붙어, '사람이 살아온 이야기'라는 뜻을 더하는 말.《위인전/홍길동전》

전가 (轉嫁) 잘못이나 책임을 남한테

떠넘기는 것.《책임 전가》 **전가하다**

전각 (殿閣) 궁궐 안에 있는 건물.

전갈 벌레 사막이나 더운 지방 숲에 사는 동물. 가재와 비슷하게 생겼고, 몸 빛깔은 누르다. 꼬리에 독이 있다.

전갈 소식 (傳喝) 남을 시켜서 알리는 말.《빨리 집에 오라는 전갈이 왔다.》

전갈자리 여름철에 보이는 별자리.

전갈자리

전개 (展開) 1.어떤 모습이 눈앞에 펼쳐지는 것. 2.어떤 일이나 이야기를 펼쳐 나가는 것.《그 소설은 줄거리 전개가 너무 뻔해.》 **전개하다 전개되다**

전개도 (展開圖) ➡ 펼친그림.

전갱이 뭍에서 가까운 바다에 사는 바닷물고기. 양 끝이 뾰족한 원기둥처럼 생겼는데, 등은 어두운 녹색이고 배는 흰색이다.

전격 (電擊) 어떤 일이 번개처럼 빠르고 갑작스럽게 일어나는 것.

전격적 (電擊的) 번개처럼 빠르고 갑작스럽게 일어나는. 또는 그런 것.

전경 (全景) 한눈에 보이는 전체 경치.《산 위에 올라가니 마을 전경이 눈에 들어왔다.》**북**전경화면.

전골 잘게 썬 고기에 양념과 채소, 버섯, 해물 들을 섞은 뒤에 국물을 조금 부어 자작하게 끓인 먹을거리.

전공 연구 (專攻) 흔히 대학교에서 한 학문만 깊이 공부하는 것. 또는 그 학문.《국문학 전공》 **전공하다**

전공 공로 (戰功) 전쟁에서 세운 공로.

전과 책 (全科) 초등학교에서 배우는 모든 과목을 자세히 풀이한 책.

전과 범죄 (前科) 전에 죄를 지어서 벌을 받은 일.

전과 결과 (戰果) 전쟁이나 경기에서 얻은 좋은 결과.《우리나라 선수들이 올림픽에서 큰 전과를 올렸다.》

전과자 (前科者) 전과가 있는 사람.

전광판 (電光板) 전구 불빛으로 글자나 그림을 나타내는 판. **북**전기신호판.

전교 (全校) 한 학교 전체.

전교생 (全校生) 한 학교의 모든 학생.《전교생이 함께하는 가을 운동회》

전구 (電球) 유리로 만들어 전기가 통하면 빛을 내는 물건.

전국 (全國) 온 나라.《전국 일주》

전국구 (全國區) 국회의원 선거에서 전국을 단위로 하는 것. **참**지역구.

전국적 (全國的) 온 나라에 걸친. 또는 그런 것.

전국 체전 (全國體典) 해마다 가을에 전국에서 선수들이 모여 벌이는 운동 경기 대회.

전권 (全權) 어떤 일을 마음대로 할 수 있는 권한.

전권대신 (全權大臣) 옛날에 나라를 대표하여 다른 나라에 가던 외교관.

전극 (電極) 전지나 발전기에서 전기가 드나드는 곳. 양극과 음극이 있다.

전근 (轉勤) 일터를 다른 데로 옮기는 것.《서울로 전근을 가다.》 **전근하다**

전기 에너지 (電氣) 물질 안에 있는 전자들이 움직여서 생기는 에너지. 빛, 열, 동력 들을 일으킨다.

전기 때 (前期) 기간을 둘이나 셋으로 나눌 때 앞 시기.《조선 전기》 **참**중기, 후기.

전기 이야기 (傳記) ➡ 전기문.

전기 기회 (轉機) 일이나 삶이 바뀌는

기회.《아버지는 서른 살에 인생의 전기를 맞이했다고 한다.》

전기가오리 얕은 바다에 사는 바닷물고기. 몸은 보통 가오리보다 둥글게 생겼고 빛깔은 붉은빛을 띤 갈색이다. 가슴지느러미 밑에 전기를 낼 수 있는 기관이 있다.

전기문 (傳記文) 어떤 사람이 살아온 이야기. 같전기.

전기밥솥 전기로 밥을 짓는 솥. 북전기밥가마.

전기 분해 (電氣分解) 어떤 물질이 녹아 있는 액체에 전류를 통해서 음극과 양극에서 각각 성분을 뽑아내는 일.

전기 에너지 '전기'를 에너지로서 이르는 말. 북전기에네르기.

전기장 (電氣場) 전기를 띤 물체 주위에 전기의 힘이 미치는 곳.

전기 회로 (電氣回路) 전지, 전구, 전선 들에서 전기가 흐르는 길. 같회로.

전깃불 형광등이나 백열등 같은 전등에 켜진 등불. 같전등불. 북전기불.

전깃줄 전기가 흐르는 줄. 같전선. 북전기줄.

전나무 높은 산에 자라거나 뜰에 심어 가꾸는 늘푸른나무. 잎이 바늘처럼 생겼는데 솔잎보다 짧다. 봄에 꽃이 피고 가을에 솔방울 비슷한 열매가 하늘을 보고 달린다.

전나무

전날 1. 어느 날의 바로 앞날.《소풍 전날에는 마음이 설레서 잠이 오지 않는다.》 같전일. 참다음날. 2. 얼마 전. 또는 옛날의 어느 날.《전날에 나랑 한 약속 기억나니?》 같전일.

전남 (全南) '전라남도'를 줄인 말.

전년 (前年) → 지난해.

전념 (專念) 한 가지 일에만 마음을 쓰는 것. **전념하다**《책 읽기에 전념하다 보니 날이 새는 줄도 몰랐다.》

전단 (傳單) 알리는 글이 담긴 종이쪽.《선거 전단》 ✕삐라.

전달 앞달 → 지난달.

전달 전함 (傳達) 물건, 말, 지식 같은 것을 남한테 전하는 것. **전달하다**《짝에게 쪽지를 전달했다.》 **전달되다**

전담 전문 (專擔) 어떤 일을 전문으로 맡는 것.《영어 전담 교사》 **전담하다**

전담 전부 (全擔) 어떤 일을 다 맡는 것. 참분담. **전담하다**《남자 아이들이 운동장 청소를 전담하겠다고 나섰다.》

전답 (田畓) → 논밭.

전당 (殿堂) 1. 으리으리한 집. 2. 어떤 일의 중심 구실을 하는 곳을 빗대어 이르는 말.《배움의 전당》

전당포 (典當鋪) 남이 맡긴 물건의 값어치를 따져서 돈을 빌려 주는 곳.

전도 지도 (全圖) 어떤 곳 전체를 그린 지도.《법에 저촉되는 짓》

전도 앞길 (前途) → 장래.《전도가 유망한 청년》

전도 종교 (傳道) 종교를 퍼뜨리는 것.《전도 예배》 **전도하다**

전도 옮아감 (傳導) 열이나 전기가 물체의 한 부분에서 다른 부분으로 옮아가는 것. **전도되다**

전도사 (傳道師) 목사를 도와 교회 일을 하고 기독교를 널리 알리는 일을 하는 사람.

전동 (電動) 전기로 움직이는 것.《전동 칫솔》

전동기 (電動機) 전기 힘으로 움직이는 기계.

전동싸리 길가나 바닷가 풀밭에 자라는 풀. 여름에 노란 꽃이 꽃대에 줄줄이 핀다. 열매는 달걀꼴 꼬투리 속에서 검게 익는다. 북비료풀.

전동싸리

전동차 (電動車) 전기 힘으로 철길 위를 다니는 차.

전등 (電燈) 전기로 빛을 내는 등.

전등갓 빛을 모으거나 눈부시지 않게 하려고 전등에 씌우는 갓.

전동차

전등불 → 전깃불.

전등사 (傳燈寺) 인천 강화 삼랑성에 있는 절. 고구려 소수림왕 때 (381년) 아도가 지었다고 전한다. 대웅전을 비롯하여 약사전, 범종 들이 있다.

전등사

전라남도 (全羅南道) 우리나라 남서쪽에 있는 도. 산이 적고 평야가 많아 농업이 발달하였다.

전라도 (全羅道) 전라남도와 전라북도를 함께 이르는 말.

전라북도 (全羅北道) 우리나라 남서쪽에 있는 도. 농업이 발달했고, 우리나라에서 가장 넓은 호남평야가 있다.

전락 (轉落) 처지가 나빠지는 것. **전락하다**《돈을 펑펑 쓰던 부자는 결국 빈털터리로 전락했다.》**전락되다**

전란 (戰亂) 전쟁 때문에 일어난 난리.《육이오 전란 때 식구와 헤어졌어요.》

전람회 (展覽會) 예술 작품을 한데 벌여 놓고 여러 사람한테 보여 주는 행사.

전래 (傳來) 1. 옛날부터 전해 오는 것.《전래 동화/전래 동요》2. 물건이나 문화 같은 것이 다른 나라에서 들어오는 것. **전래하다 전래되다**《불교는 삼국

시대에 전래되었다.》

전략 (戰略) 싸움, 경쟁에서 이기거나 어떤 일을 잘하려고 세우는 계획.《우승 전략/판매 전략》

전략가 (戰略家) 전략을 잘 세우는 사람.《김유신은 뛰어난 전략가였다.》

전력 힘 (全力) 온 힘.《땅! 소리가 나자 모두 전력으로 달리기 시작했다.》

전력 전기 (電力) 전류가 정해진 시간에 하는 일의 양.

전력 군대 (戰力) 전쟁이나 경기에서 싸울 수 있는 힘.《전력이 세다.》

전령 (傳令) 명령을 전하는 사람. 또는 그 명령.

전류 (電流) 전기의 흐름.《고압 전류가 흐르니 조심하세요.》

전말 (顚末) 어떤 일이 처음부터 끝까지 되어 온 과정.《사건의 전말》

전망 (前望) 1. 높은 곳에서 멀리 바라보는 것. 또는 멀리 보이는 풍경.《전망 좋은 집》2. 앞날을 내다보는 것. 또는 앞날의 사정.《전망이 밝다./전망이 어둡다.》**전망하다 전망되다**

전망대 (展望臺) 멀리 바라볼 수 있게 만든 높은 대.

전매 (專賣) 어떤 물건을 나라에서 도맡아 만들어 파는 것.《담배는 정부의 전매 사업이다.》**전매하다**

전면 모두 (全面) 1. 모든 면. 또는 모든 것.《짙은 안개로 비행기 운항이 전면 중단되었다.》2. 한 면 전체.《신문 전면 광고》

전면 앞 (前面) → 앞면.

전멸 (全滅) 모두 죽거나 망해서 없어지는 것.《왜군이 전멸을 당했다.》전

멸하다 전멸되다

전모 (全貌) 전체 모습. 또는 전체 내용.《사건의 전모를 밝히다.》

전무 (專務) 사장을 도와서 회사 일을 책임지고 이끄는 사람.

전무하다 어떤 것이 전혀 없다.《야구 규칙에 관해서는 아는 게 전무해.》

전문 모두 (全文) 어떤 글 전체.《독립 선언서 전문》

전문 지식 (專門) 어떤 일을 오래 하거나 열심히 해서 잘 아는 것. 또는 그 일.《사전을 전문으로 만드는 출판사》

전문가 (專門家) 어떤 일에 전문인 사람.《교육 전문가》

전문대학 (專門大學) 일터에서 쓰는 전문 기술과 지식을 가르치는 대학.

전문성 (專門性) 어떤 분야에 전문인 성질.

전문 위원 (專門委員) 국회나 위원회 같은 데서 어떤 분야를 전문으로 조사하고 연구하는 사람.

전문의 (專門醫) 내과, 외과, 이비인후과 같은 의학의 한 분야를 전문으로 하는 의사. 북전문의사.

전문적 (專門的) 어떤 일을 전문으로 하는. 또는 그런 것.

전문점 (專門店) 어떤 것만 전문으로 파는 가게.《아이스크림 전문점》

전문직 (專門職) 전문 지식이나 기술이 있어야 하는 직업.

전문학교 (專門學校) 일제 강점기에 '대학교'를 이르던 말.

전문화 (專門化) 전문이 되는 것. 또는 전문이 되게 하는 것. **전문화하다 전문화되다**

전미 (全美) 1. 미국 전체.《전미 순회 공연》2. 아메리카 대륙 전체.

전반 경기 (前半) 한 시기를 둘로 나눌 때 앞부분.《경기 전반》 반후반.

전반 모두 (全般) 어떤 일이나 분야 전체.《사회 전반에 변화가 일어났다.》

전반적 (全般的) 어떤 일이나 분야 전체에 걸친. 또는 그런 것.

전반전 (前半戰) 축구나 핸드볼처럼 경기 시간을 둘로 나누어 하는 경기에서 앞부분 경기. 반후반전.

전방 (前方) 1.→ 앞쪽. 2. 적과 마주한 지역.《전방 부대》

전번 (前番) → 지난번.

전법 (戰法) 상대와 싸우는 방법.

전보 (電報) 꼭 알릴 내용만 전파에 담아서 빨리 보내는 통신 방법. 또는 그렇게 보낸 우편물.《전보를 치다.》

전복_동물

전복 동물 바다 속 바위에 붙어서 사는 조개. 껍데기는 달걀꼴에 푸른빛을 띤 갈색이다. 살은 먹고, 껍데기는 자개 공예에 쓴다.

전복 뒤집음 (顚覆) 1. 차나 배 같은 것이 뒤집히는 것.《열차 전복 사고》2. 정권을 쥔 세력을 몰아내거나 체제를 뒤집는 것. **전복하다 전복되다**

전봇대 전깃줄을 늘여 매는 기둥. 같전신주. 북전기대, 전보대.

전부 (全部) 빠짐없이 다. 또는 어떤 것이나 다.《이 많은 책을 전부 읽었니?》 비다, 모두.

전북 (全北) '전라북도'를 줄인 말.

전분 (澱粉) 1. 감자나 고구마 같은 것을 갈아서 가라앉힌 앙금을 말린 가루. 2.→ 녹말.

전사 사람 (戰士) 전쟁에서 용감하게 싸우는 군사.

전사 죽음 (戰死) 전쟁터에서 싸우다가 죽는 것. **전사하다**《이순신 장군은 왜군의 총에 맞아 전사했다.》

전사자 (戰死者) 전쟁터에서 싸우다가 죽은 사람.

전산 (電算) → 컴퓨터.

전산망 (電算網) 자료를 함께 사용하거나 일을 같이 처리할 수 있게 컴퓨터 여러 대를 연결한 것.

전생 (前生) 불교에서 이 세상에 태어나기 전에 살던 세상이나 삶을 이르는 말. 참내생.

전선 전깃줄 (電線) → 전깃줄.

전선 날씨 (前線) 찬 공기와 더운 공기가 만나는 데가 땅에 닿는 띠.《장마 전선》

전선 전쟁터 (戰線) 적과 싸우는 곳.

전설 (傳說) 옛날부터 사람들 사이에 전해 내려오는 신기한 이야기.《이 계곡에는 선녀 전설이 전해진다.》

전성기 (全盛期) 힘이나 세력이 가장 큰 때.《전성기를 맞이하다.》

전세 집 (傳貰) 주인한테 돈을 맡기고 집이나 방을 정해진 동안 빌리는 일. 또는 그 돈. 참월세.

전세 물건 (專貰) 돈을 내고 자동차나 배 같은 것을 빌리는 일.《전세 버스》

전세 형편 (戰勢) 전쟁이나 경기의 형편.《전세가 뒤집히다.》비전황.

전세금 (傳貰金) → 전셋돈.

전세방 (傳貰房) 전세로 빌리는 방.

전셋돈 전세로 집이나 방을 빌릴 때 주인한테 맡기는 돈. 같전세금.

전셋집 전세로 빌리는 집. 북전세집.

전속 (專屬) 한 기관이나 단체에만 속하는 것.《방송국 전속 배우》**전속되다**

전속력 (全速力) 낼 수 있는 가장 빠른 속력.《전속력으로 달리다.》

전송 배웅 (餞送) 떠나는 사람을 대접해서 보내는 것. 또는 탈것을 타는 것.《할머니는 우리의 전송을 받으면서 여행을 떠나셨다.》비배웅. **전송하다**

전송 보냄 (電送) 글, 사진, 음악 같은 것을 전류나 전파에 실어서 보내는 것.《사진 전송》**전송하다 전송되다**

전수 받음 (傳受) 지식이나 기술을 남한테서 배우는 것. **전수하다**

전수 줌 (傳授) 지식이나 기술을 남한테 가르쳐 주는 것. **전수하다**《봉산 탈춤을 전수하다.》**전수되다**

전술 (戰術) 전쟁이나 경기에서 상대편과 싸우는 기술이나 방법.

전술적 (戰術的) 전술에 관한. 또는 그런 것.

전승 모두 (全勝) 여러 번 싸워서 모두 이기는 것.《우리 학교가 축구 대회에서 전승을 거두었다.》**전승하다**

전승 이어받음 (傳承) 전통, 문화 같은 것을 물려받아 이어 가는 것.《판소리 전승 과정》**전승하다 전승되다**

전승 전쟁 (戰勝) 싸움에서 이기는 것. 비승전. **전승하다**

전시 보여 줌 (展示) 물건, 작품 같은 것을 한데 벌여 놓고 여러 사람한테 보여 주는 것. **전시하다**《교실 뒤에 동무들이 그린 그림을 전시했다.》**전시되다**

전시 때 (戰時) 전쟁이 벌어진 때.

전시관 (展示館) 물건, 작품 같은 것

을 전시하는 건물.《궁중 유물 전시관》

전시물(展示物) 전시하는 물건.

전시실(展示室) 물건, 작품 같은 것을 전시하는 방.

전시장(展示場) 물건을 전시하는 곳.

전시품(展示品) 전시하는 물건이나 작품.

전시회(展示會) 물건, 작품 같은 것을 전시하는 모임.《발명품 전시회》

전시회장(展示會場) 전시회를 하는 곳.《전시회장이 어디예요?》

전신 온몸(全身) → 온몸.

전신 이전(前身) 단체나 회사 같은 것이 바뀌기 전 모습.《이 회사의 전신은 자동차 수리 공장이다.》

전신 전화(電信) 전기나 전파로 소식이나 정보를 보내는 일.

전신기(電信機) 전기나 전파를 써서 정보를 주고받는 기계.

전신 운동(全身運動) 온몸을 움직여서 하는 운동.

전신 인자기(電信印字機) 전류로 보낸 신호를 문자나 기호로 바꾸어 종이나 화면에 나타내는 장치.

전신주(電信柱) → 전봇대.

전심전력(全心全力) 온 마음과 온 힘.《전심전력을 다해서 일했다.》

전압(電壓) 전류의 세기.

전액(全額) 어떤 일에 드는 돈 전부.《전액 장학금》 참총액.

전야(前夜) 어떤 날의 전날 밤.《축제 전야》

전어 뭍에서 가까운 바다에 사는 바닷물고기. 몸이 옆으로 납작하고, 등은 검푸른데 배는 은빛을 띤 흰색이다.

전어.

전역(全域) 모든 지역.《우리나라 전역에 비가 내리고 있습니다.》

전연(全然) → 전혀.

전열 전기(電熱) 전기가 흐를 때 생기는 열.

전열 대열(戰列) 군인이 전쟁터에 나가려고 늘어선 줄.《전열을 가다듬다.》

전열기(電熱器) 전열을 이용하는 기구. 전기다리미, 전기난로, 전기장판들이 있다.

전염(傳染) 병이 옮는 것. **전염되다**《감기는 전염되는 병이다.》

전염병(傳染病) 전염이 되는 병. 같염병. 비돌림병.

전용 오로지(專用) 1.정해진 사람이나 대상만 쓰는 것.《버스 전용 차선/자전거 전용 도로》 반공용. 2.한 가지만 쓰는 것.《한글 전용》 **전용하다**

전용 돌림(轉用) 다른 데로 돌려쓰는 것. **전용하다 전용되다**

전용선(專用線) 컴퓨터를 인터넷 서비스 회사와 직접 연결하는 통신 선.

전우(戰友) 전쟁에서 같은 편으로 함께 싸우는 사람. 또는 군대에서 함께 생활하는 사람.

전원 모두(全員) 무리에 든 모든 사람.《우리 반 아이들 전원이 찬성했어요》

전원 시골(田園) 논밭이 있는 시골.《도시에 살면서 전원생활을 꿈꾼다.》

전원 전기(電源) 전기 기구에 전기가 들어가게 하는 장치.《전원 스위치》

전월(前月) → 지난달.

전율(戰慄) 무섭거나 조마조마해서 몸이 떨리는 것. **전율하다**

전의(戰意) 싸우려는 마음.

전이 (轉移) 다른 데로 옮아가는 것. **전이하다 전이되다** 《암세포가 폐로 전이되었다.》

전인 교육 (全人敎育) 지식이나 기술뿐만 아니라 사람이 갖추어야 할 여러 가지를 골고루 가르치는 교육.

전일 (前日) → 전날.

전임 (前任) 예전에 그 일을 맡아 하던 사람. 《전임 대통령》 반후임.

전입 (轉入) 사는 곳, 학교, 일터를 옮겨 오는 것. 반전출. **전입하다**

전입자 (轉入者) 다른 데 살거나 다니다가 옮겨 온 사람.

전자 물리 (電子) 원자를 이루는 작은 알갱이. 음전기를 띠고 원자 핵 둘레를 돈다.

전자 앞 (前者) 앞서 말한 두 가지 가운데 먼저 말한 것. 반후자.

전자 게시판 (電子揭示板) 인터넷으로 연결된 사람이 정보를 주고받거나 의견을 이야기하는 곳.

전자계산기 (電子計算機) 셈을 쉽게 하는 데 쓰는 기계.

전자 도서관 (電子圖書館) 도서관에 있는 자료를 컴퓨터로 볼 수 있게 만든 시설.

전자레인지 전자파로 음식을 데우거나 익히는 기구.

전자석 (電磁石) 전류가 흐를 때만 자기를 띠는 자석. 무른 쇠막대기에 코일을 감아 만든다.

전자오락실 (電子娛樂室) 기계에 동전을 넣고 전자오락을 하는 곳.

전자 우편 (電子郵便) 인터넷으로 주고받는 편지. 같이메일.

전자책 (電子冊) 종이 대신 컴퓨터로 볼 수 있게 만든 책.

전자파 (電磁波) 전기장과 자기장이 사방으로 퍼져 나가는 파동.

전자 화폐 (電子貨幣) 인터넷 사이트에서 돈처럼 쓸 수 있는 가짜 돈.

전장 (戰場) → 전쟁터.

전쟁 (戰爭) 나라나 겨레끼리 무기를 가지고 싸우는 것. 참전투. **전쟁하다**

전쟁고아 (戰爭孤兒) 전쟁으로 부모를 잃은 아이.

전쟁놀이 총을 쏘거나 싸우는 흉내를 내면서 노는 놀이. 북전쟁놀음.

전쟁터 전쟁이 벌어진 곳. 같전장. 북전쟁마당.

전적 모두 (全的) 모두 다. 《제가 전적으로 책임지겠습니다.》

전적 공적 (戰績) 전쟁이나 경기에서 이기고 진 기록.

전적지 (戰跡地) 전쟁을 벌인 흔적이 있는 곳.

전전긍긍 (戰戰兢兢) 애가 타서 안절부절못하는 것. **전전긍긍하다** 《거짓말이 들통 날까 봐 내내 전전긍긍했다.》

전정 (剪定) → 가지치기.

전정가위 가지치기에 쓰는 가위.

전제 (前提) 어떤 일을 하기에 앞서 먼저 갖추어야 하는 것. 《전제 조건》 **전제하다 전제되다**

전제주의 (專制主義) 한 사람이 나라의 권력을 독차지하고 자기 마음대로 나라를 다스리는 주의. 참민주주의.

전조등 (前照燈) 자동차 같은 탈것의 앞에 달린 등. 같헤드라이트. 북앞등.

전주 땅 이름 (全州) 전라북도 가운데에

있는 시. 창호지를 비롯한 종이 만드는 산업이 발달하였다. 전라북도 도청이 있다.

전주 노래 (前奏) 노래가 시작되기 전에 악기로만 연주하는 짧은 부분.

전주곡 (前奏曲) 1.오페라, 종교 의식, 긴 음악이 시작되기 전에 연주하는 짧은 음악. 2.어떤 일이 일어나기 전에 그 조짐이 되는 일을 빗대어 이르는 말. 《불행의 전주곡》

전지 종이 (全紙) 자르지 않은 종이. 펼친 신문의 두 배 크기이다. **북**옹근장.

전지 건전지 (電池) 전기를 담아서 필요한 때 쓸 수 있게 만든 물건. **같**배터리.

전지전능하다 모든 일을 다 알고 다 할 수 있다. 《전지전능한 신》

전지훈련 (轉地訓鍊) 운동선수들이 다른 고장이나 나라에 가서 하는 훈련.

전직 (前職) 전에 직업으로 하던 일. 《삼촌은 전직 소방관이다.》**참**현직.

전진 (前進) 앞으로 나아가는 것. **반**후진, 후퇴. **전진하다**《북소리에 발맞추어 한 발자국씩 전진했다.》

전집 (全集) 갈래가 같은 책 여러 권을 한데 모아서 낸 것. 《그림책 전집》

전차 차 (電車) 공중에 설치한 전선에서 전기를 받아 철길 위를 다니는 차.

전차 무기 (戰車) 바퀴는 무한궤도이고, 겉에 두꺼운 철판을 대고 포와 기관총을 단 차. **같**탱크.

전차_차

전천후 (全天候) 어떤 날씨나 형편에서도 제구실을 할 수 있는 것. 《전천후 전투기/전천후 자동차》

전철 차 (電鐵) '전동차'를 달리 이르는 말.

전철 자취 (前轍) 예전에 밟았던 삶의 길.《잘못된 전철을 밟다.》

전철역 (電鐵驛) 전철을 타고 내리는 역.《우리 집은 전철역에서 가깝다.》

전체 (全體) 어떤 대상을 이루는 것 모두.《줄다리기에서 이기려고 반 전체가 힘을 합쳤다.》**참**부분.

전체적 (全體的) 전체에 관계된. 또는 그런 것. **참**부분적.

전초전 (前哨戰) 큰 싸움을 앞두고 벌이는 작은 싸움.

전축 (電蓄) 음반을 돌려서 소리를 듣는 장치. 음반에 팬 홈을 따라 바늘이 지나가면서 소리가 난다.

전출 (轉出) 사는 곳, 학교, 일터를 옮기는 것. **반**전입. **전출하다 전출되다**

전출자 (轉出者) 사는 곳이나 일터를 옮겨 간 사람.

전통 (傳統) 한 집단에 옛날부터 이어져 내려오는 것.《전통 놀이/전통 예절》

전통문화 (傳統文化) 한 나라나 겨레에 옛날부터 이어져 내려오는 문화.

전통미 (傳統美) 전통이 서린 것에서 느끼는 아름다움.《한복의 전통미》

전통적 (傳統的) 전통에 관계된. 또는 그런 것.

전투 (戰鬪) 무기를 가지고 적과 맞서 싸우는 것. **참**전쟁. **전투하다**

전투기 (戰鬪機) 포탄이나 미사일 같은 무기를 단 작고 빠른 비행기.

전투력 (戰鬪力) 적과 맞서 싸울 수 있는 힘.

전투병 (戰鬪兵) 전투하는 병사.

전파 전기 (電波) 라디오 같은 무선 통신이나 전기 통신에 쓰는 전자파.

전파 퍼뜨림 (傳播) 지식, 문물 같은 것을 널리 퍼뜨리는 것. **전파하다**《일본에 불교를 전파하다.》**전파되다**

전파 망원경 (電波望遠鏡) 지구 밖에서 오는 전파를 받아들여서 살피는 장치. 천체를 연구하는 데 쓴다. **북**라디오 망원경.

전파 망원경

전편 (前篇) 두세 편으로 나눈 책이나 드라마 들에서 앞 편. **참**후편.

전표 (傳票) 가게나 회사 같은 데서 돈이 들어오고 나간 일을 적은 쪽지.

전하 왕 (殿下) 옛날에 '왕'이나 '왕비'를 높여 이르던 말.

전하 전기 (電荷) 물체가 띠고 있는 정전기 양.

전하다 1.남한테 물건을 건네거나 소식, 생각 들을 알리다.《반장이 선생님 소식을 전했다.》2.이야기 같은 것이 오랫동안 이어져서 내려오다.《착한 나무꾼 이야기가 전해 온다.》3. 다음 시대나 다음 세대에 물려주다.《깨끗한 환경을 후세에 전해 주자.》

전학 (轉學) 학생이 다른 학교로 옮겨 가는 것. **전학하다**

전항 (前項) 수학에서 여러 항 가운데 앞에 있는 항. **반**후항.

전해 해 1.→ 지난해. 2.어떤 해의 바로 앞 해.《동생은 우리 집이 서울로 이사하기 전해에 태어났다.》

전해 전기 (電解) '전기 분해'를 줄인 말.

전향 (轉向) 전부터 지녀 온 사상을 버리고 반대되는 사상으로 바꾸는 것.《전향 거부》**전향하다 전향되다**

전혀 아주 조금도. 또는 아무리 해도 도무지.《난 전혀 모르겠어.》**같**전연.

전형 (銓衡) 학교, 회사 들에서 능력이나 됨됨이를 가려 사람을 뽑는 것.《입학 전형/서류 전형》**전형하다**

전화 (電話) 1.전화기로 남과 이야기하는 것.《전화를 걸다.》2.→ 전화기.《공중전화》**전화하다**

전화국 (電話局) 전화를 놓아 주고 통화를 연결해 주는 일 들을 하는 기관.

전화기 (電話機) 말소리를 전파나 전류로 바꾸어서 멀리 떨어진 사람과 이야기할 수 있게 만든 기계. **같**전화.

전화번호 (電話番號) 전화 걸 때 누르는 번호.

전화벨 전화가 걸려 오는 것을 알리는 소리. **북**전화종.

전화선 (電話線) 전화를 할 수 있게 전류를 보내는 선. **북**전화줄.

전화위복 (轉禍爲福) 나쁜 일이 오히려 좋은 일로 바뀌는 것.《지난번 실패가 오히려 전화위복이 되었다.》

전환 (轉換) 방향, 상태 같은 것을 바꾸는 것.《기분 전환/방향 전환》**전환하다 전환되다**

전환점 (轉換點) 전환하는 계기나 때.

전황 (戰況) 전쟁 상황. **비**전세.

전후 (前後) 1.→ 앞뒤. 2.어떤 때나 수량보다 조금 못 미치거나 조금 넘치는 상태를 가리키는 말.《10일 전후에 시험이 있다.》**전후하다**

전후좌우 (前後左右) 앞과 뒤와 왼쪽과 오른쪽.《전후좌우를 살피다.》

절 인사 서서 허리를 굽히거나 무릎을 꿇고 엎드려서 인사하는 것. 또는 그런 인사.《할머니, 절 받으세요.》**절하다**
절하고 뺨 맞는 일 없다 **속담** 남을 예의

바르게 대하면 자기도 좋은 대접을 받는다는 말.

절 종교 중이 불상을 모시고 불도를 닦는 곳.《오늘 절에 다녀왔다.》같사찰.

절 가사 (節) 한 곡조에 둘 이상의 가사를 붙일 때 처음부터 끝까지 한 번 부를 수 있는 가사.

절간 '절'을 낮추어 이르는 말.

절감 (節減) 돈이나 물건 씀씀이를 줄이는 것.《생산비 절감》**절감하다 절감되다**

절감하다 마음 깊이 느끼다.《가족이 얼마나 소중한지 새삼 절감했다.》

절개 올곧음 (節槪) 믿음과 의리를 지키는 올곧은 마음.《절개를 지키다./절개를 버리다.》참지조.

절개 가름 (切開) 흔히 병을 고치려고 몸 한 부분을 칼로 째는 것. **절개하다**

절경 (絕景) 아주 아름다운 경치.《단풍 든 설악산은 그야말로 절경이다.》

절고 (節鼓) 치는 국악기 가운데 하나. 받침대 위에 북이 움직이지 않게 올려놓고 나무 방망이로 친다.

절교 (絕交) 사귀던 사람과 더는 만나지 않기로 하는 것.《너랑 이제 절교야!》**절교하다**

절구 곡식을 찧고 떡을 치는 데 쓰는 기구. 나무, 돌, 쇠로 속이 우묵하게 만든다. 같절구통.

절구버섯 여러 가지 나무가 자라는 숲에서 나는 버섯. 갓 가운데가 넓게 패어 절구처럼 생겼다. 갓은 물기가 있을 때 끈적거리고 빛깔이 검다. 먹는 버섯이다.

절구질 절구로 곡식을 찧거나 떡을 치

절굿대

절고

절구버섯

는 일. **절구질하다**

절구통 → 절구.

절굿공이 절구에 든 곡식을 찧거나 떡을 칠 때 쓰는 물건. 나무나 돌, 쇠로 길쭉하게 만든다. 북절구공이.

절굿대 산속 양지바른 풀밭에 자라는 풀. 여름에 파르스름한 보라색 꽃이 가지 끝에 동그랗게 모여 핀다. 뿌리를 약으로 쓴다. 북절구대.

절규 (絕叫) 애타게 부르짖는 것. **절규하다**《살려 달라고 절규하다.》

절기 (節氣) → 이십사절기.

절다 소금에 1. 생선이나 채소 같은 것에 소금이나 식초 맛이 배다.《배추가 소금에 절었다.》2. 땀, 때, 기름 들이 많이 묻다.《땀에 흠뻑 전 운동복》바저는, 절어, 접니다.

절다 다리를 다리를 절룩거리면서 걷다.《다리를 저는 강아지》바저는, 절어, 접니다.

절단 (切斷) 자르거나 베어서 끊는 것.《전깃줄 절단》**절단하다 절단되다**

절대 (絕對) 1. 견주거나 맞설 만한 것이 없는 것.《절대 평가》2. → 절대로.

절대로 어떤 일이 있어도 꼭.《다른 사람한테 절대로 말하지 마.》같절대.

절대자 (絕對者) 스스로 생겨난 완전한 존재. 신을 이른다.

절도 도둑질 (竊盜) 남의 것을 몰래 훔치는 짓.《보석 절도》**절도하다**

절도 행동 (節度) 또박또박 말하거나 질서 있게 움직이는 태도.《군인들이 절도 있는 모습으로 행진을 합니다.》

절도사 (節度使) 고려 시대와 조선 시대에 지방에 있는 군사를 이끌던 벼슬.

절뚝- 다리가 아프거나 한쪽이 짧아서 걸을 때마다 다리를 저는 모양. **절뚝거리다 절뚝대다 절뚝이다 절뚝절뚝**《발을 다친 형이 절뚝절뚝 걸어간다.》

절레절레 머리를 옆으로 자꾸 흔드는 모양.《고개를 절레절레 흔든다.》

절로 → 저절로.

절룩- 한쪽 다리가 짧거나 다쳐서 기우뚱하면서 걷는 모양. **절룩거리다 절룩대다 절룩이다 절룩절룩**《미선이는 절룩거리면서도 끝까지 달렸다.》

절름- 걸을 때에 다리를 가볍게 저는 모양. **절름거리다 절름대다 절름절름**《다리를 다쳐 절름대고 걸었다.》

절름발이 다리를 저는 사람.

절망 (絕望) 희망을 잃는 것.《절망에 빠지다.》**절망하다**

절망적 (絕望的) 희망을 잃는. 또는 그런 것.

절묘하다 아주 묘하다.《피리 가락이 참 절묘하구나.》

절박하다 어려운 일이 닥쳐서 몹시 급하다.《자연을 보호하는 일이 그 어떤 것보다도 절박하다.》^비절실하다.

절반 (折半) 하나를 둘로 똑같이 나눈 것 가운데 하나.《겨울 방학도 이제 절반이 지났다.》^같반절.

절벽 (絕壁) 바위가 벽처럼 몹시 가파르게 솟은 곳. ^비낭떠러지, 벼랑.

절색 (絕色) 아주 아름다운 여자.《천하 절색 황진이》

절수 (節水) 물을 아껴서 쓰는 것.

절실하다 1.느낌이나 마음이 강렬하다. 2.아주 급하고 중요하다.《추운 겨울에는 도움의 손길이 절실한 사람이

많다.》^비간절하다, 절박하다.

절약 (節約) 돈이나 물건 들을 아껴서 쓰는 것. ^비검약. ^반낭비. **절약하다**《용돈을 절약해야겠어.》**절약되다**

절연 (絕緣) 1.관계를 끊는 것.《미영이랑은 이제 절연이야.》2.열이나 전기가 통하지 않게 하는 것. **절연하다**

절이다 소금, 식초로 채소나 생선에 간이 배게 하다.《소금에 절인 배추》

절전 (節電) 전기를 아껴서 쓰는 것.《절전 냉장고》**절전하다**

절정 (絕頂) 어떤 일이 최고에 이른 상태.《요즘 이 가수가 인기 절정이야.》^비정상.

절제 (節制) 정도가 지나치지 않게 조심하거나 삼가는 것. **절제하다**《술과 담배를 절제합시다.》**절제되다**

절차 (節次) 어떤 일을 하는 차례.《혼례 절차/절차를 밟다.》

절찬 (絕讚) 아주 큰 칭찬. **절찬하다**

절충 (折衷) 의견 같은 것을 서로 맞추는 것. **절충하다**《회장은 양쪽 의견을 절충해서 의견을 내놓았다.》

절친하다 아주 친하다.《새별이와 나는 절친한 동무 사이이다.》

절터 절이 있던 땅. 또는 절을 지을 땅. ^같사지.

절판 (絕版) 책이 다 팔린 뒤에도 더 찍어 내지 않는 것. **절판되다**《그 시집은 절판돼서 구하기 힘들걸.》

절호 (絕好) 어떤 일을 하기에 더없이 좋은 것.《역전할 절호의 기회야.》

젊다 어리지도 늙지도 않아서 기운이 팔팔한 나이에 있다.《젊은 남녀》

젊은이 젊은 사람. ^반늙은이.

젊음 젊은 상태. 또는 젊은 때.

점 표시 (點) 1. 둥글고 작게 찍은 표시. 《종이에 붉은 점을 찍었다.》 2. 사람 살갗이나 동물 몸에 난 작고 둥근 얼룩. 《코 밑에 난 점》 3. 문장 부호로 쓰는 표시. 온점, 반점 들이 있다. 《문장 끝에 점을 찍어라.》 4. 소수를 나타낼 때 0 다음에 찍는 표시. 《'0.15'는 '영 점 일오' 라고 읽는다.》

점 점수 (點) 1. 성적이나 점수를 나타내는 말. 《수학 시험에서 90점을 받았다.》 2. 여러 가지 가운데 어떤 부분이나 경우를 나타내는 말. 《좋은 점과 나쁜 점》 3. 고기, 생선 들의 살 조각을 세는 말. 《광어 회 한 점》 4. 예술품, 가구, 옷 같은 물건을 세는 말. 《낡은 가구 몇 점》 5. 구름, 빗방울, 작은 조각을 세는 말. 《구름 한 점 없는 하늘》

점 운명 (占) 생김새나 별자리 같은 것을 살피거나 신비한 능력으로 앞날의 운수를 따져 보는 일. 《점을 치다.》

–점 가게 (店) 어떤 낱말 뒤에 붙어, '가게' 라는 뜻을 더하는 말. 《백화점/양복점/음식점》

점갈고리박각시 산에 사는 나방. 날개와 몸통은 황토색이고 등에 검은 밤색 무늬가 있다. 날개는 세모꼴이고 끝이 갈고리 같다.

점거 (占據) 여러 사람이 어떤 곳을 마음대로 차지하는 것. **점거하다** 《도로를 점거하다.》 **점거되다**

점검 (點檢) 모자라거나 잘못된 점이 없는지 살피는 것. 《인원 점검》 **점검하다**

점검표 (點檢標) 어떤 것을 점검하고

점나도나물

↓

점대칭 도형

점박이꽃무지

점갈고리박각시

점박이천남성

결과를 적는 표. 《화장실 청소 점검표》

점괘 (占卦) 점을 쳐서 나온 결과.

점나도나물 밭둑이나 길가 풀숲에 자라는 풀. 흰 꽃이 줄기 끝에 모여 피고, 둥근 통처럼 생긴 열매가 달린다. 어린 순을 먹는다.

점대칭 (點對稱) 한 점을 중심으로 180도 돌렸을 때 처음 도형과 완전히 겹쳐지는 대칭.

점대칭 도형 (點對稱圖形) 한 점을 중심으로 180도 돌렸을 때 처음 도형과 완전히 겹쳐지는 도형.

점도록 |북 시간이 꽤 지나도 줄곧. 또는 늦게까지 오랫동안. 《선생님께서 하신 말씀을 점도록 잊을 수 없었다.》

점등 (點燈) 등에 불을 켜는 것. 반소등. **점등하다**

점령 (占領) 흔히 군대가 어떤 곳을 빼앗아 차지하는 것. **점령하다** 《군인들이 도시를 점령했다.》 **점령되다**

점막 (粘膜) → 끈끈막.

점박이 점이 많거나 큰 점이 있는 사람이나 짐승.

점박이꽃무지 여름날 낮에 흔하게 날아다니는 꽃무지. 등과 딱딱한 날개에 흰 무늬가 흩어져 있다. 꽃이나 나무줄기, 과일에 잘 모인다.

점박이천남성 산속 그늘진 숲에 자라는 풀. 줄기에 보랏빛 도는 밤색 얼룩이 있다. 5~6월에 녹색 꽃이 피고, 붉은 열매가 열린다. 뿌리줄기를 약으로 쓴다. 북점백이천남성.

점선 (點線) 점을 잇달아 찍어서 나타낸 선. 참실선. 북점줄.

점성술 (占星術) 별의 모양, 밝기, 자

리 들을 보고 치는 점.

점수 (點數) 성적을 나타내는 숫자. 《국어에서 좋은 점수를 받았다.》

점술 (占術) 점치는 기술. 자연현상, 사람의 생김새, 생년월일 같은 것을 살펴서 앞으로 일어날 일을 알아낸다.

점심 (點心) 낮에 먹는 끼니.《점심을 먹고 운동장에 나가서 축구를 했다.》

점심때 점심을 먹을 때.

점심밥 낮에 먹는 밥.《점심밥을 일찍 먹었다.》 **참**아침밥, 저녁밥.

점액 (粘液) 동식물 몸에서 나오는 끈적끈적한 액체.

점원 (店員) 가게에서 물건을 팔거나 일을 하는 사람.

점유 (占有) 물건이나 자리 같은 것을 차지하고 자기 것처럼 쓰는 것.《사무실 점유》 **점유하다 점유되다**

점유율 (占有率) 차지하고 있는 비율. 《좌석 점유율》

점음표 (點音標) 머리 오른쪽에 점이 붙은 음표. 본디 음표 길이의 반만큼을 더해서 노래하거나 연주한다.

점자 (點字) 눈먼 사람이 손가락으로 만져서 알 수 있게 한 글자. 볼록하게 튀어나온 점으로 나타낸다. **북**점글자.

점자 블록 발바닥 느낌으로 위치와 방향을 알 수 있게 도로에 까는 울퉁불퉁한 블록.

점잔 점잖은 태도.《현수는 여자 아이들 앞에서는 유독 점잔을 뺐다.》

점잖다 1.예의 바르고 의젓하다.《어른 앞에서는 점잖게 굴어라.》2.요란하지 않고 격이 있다.《점잖은 색깔》

점쟁이 점치는 일이 직업인 사람.

점줄종개

점점 (漸漸) 조금씩 더.《기차가 점점 멀어져 간다.》 **비**점차, 차차.

점줄종개 맑고 물살이 느린 강에 사는 민물고기. 몸이 가늘고 긴 막대처럼 생겼다. 몸통은 옅은 노란색이고 등에서 몸 가운데까지 점무늬가 줄지어 있다.

점찍다 마음속으로 정하다.《생일 선물로 예쁜 손거울을 점찍어 놓았다.》

점차 (漸次) 조금씩 계속해서.《꾸준히 치료받으면 몸이 점차 나아질 거야.》 **비**점점, 차차.

점치다 1.앞날의 운이 좋을지 나쁠지 알아보다.《할아버지는 토정비결을 보시고 한 해 운수를 점치셨다.》2.앞일을 헤아려 보다.《축구 한일전에서 우리나라가 이길 것이라고 점쳤다.》

점토 (粘土) 알갱이가 고와서 물을 섞어 반죽하면 차지게 뭉치는 흙. 도자기, 기와, 벽돌 들을 만든다. **참**찰흙.

점퍼 (jumper) 앞에 지퍼를 달아서 여미는 편한 웃옷. **같**잠바.

점포 (店鋪) 물건을 파는 곳.《비단 점포》 **비**가게, 상점.

점프 (jump) 발을 굴러 높이 뛰어오르는 것. **점프하다**

점호 (點呼) 한 사람씩 이름을 불러서 모두 있는지 확인하는 것. **점호하다**

점화 (點火) 불을 켜거나 붙이는 것. 《촛불 점화》 **점화하다 점화되다**

점획 (點劃) 글자의 점과 획.

접 과일이나 채소 들을 백 개씩 묶어서 세는 말.《마늘 한 접》

접견 (接見) 격식을 갖추어 손님을 맞이하는 것. **접견하다**《대통령은 청와대에서 기자들을 접견했다.》

접골 (接骨) 부러지거나 어긋난 뼈를 맞추는 것.《동생이 발목을 삐어서 접골을 했다.》**접골하다**

접근 (接近) 가까이 다가가는 것.《접근 금지》**접근하다**

접다 1.종이 같은 것을 꺾어서 겹치다. 또는 겹쳐서 어떤 것을 만들다.《누나는 종이학을 잘 접어요.》⏤펴다. 2.넓게 폈던 것을 겹쳐서 본디 꼴로 만들다.《비가 그쳐서 우산을 접었다.》⏤펴다. 3.생각, 주장 같은 것을 미루어 두거나 어떤 일을 그만두다.《그 얘기는 일단 접어 두기로 했다.》⏤펴다.

접대 (接對) 손님을 맞아 대접하는 것.《손님 접대》**접대하다**

접때 얼마 전에.《접때 놀이터에서 만난 아이가 내 짝이 되었다.》

접목 (接木) 1.→ 접붙이기. 2.서로 다른 것을 어울리게 합쳐서 새로운 것을 만드는 것.《대중음악과 국악의 접목》**접목하다**

접붙이기 한 나무에 다른 나무의 가지나 눈을 따다 붙이는 것. ⏤접목. **접붙이기하다**

접사 (接辭) '덧신'의 '덧-', '걸레질'의 '-질'처럼 어떤 낱말 앞이나 뒤에 붙어 뜻을 더해 주는 말. ⏤덧붙이.

접속 (接續) 1.서로 붙이거나 맞대어 있는 것.《회로 접속》2.컴퓨터가 인터넷에 연결되는 것.《인터넷 접속》**접속하다 접속되다**

접수 (接受) 어떤 일을 하는 데 필요한 서류 같은 것을 받아들이는 것.《원서 접수》**접수하다 접수되다**

접시 반찬이나 과일 같은 것을 담는 납

접시껄껄이그물버섯

접시꽃

작한 그릇. 또는 그것에 반찬이나 과일 같은 것을 담아서 세는 말.《설거지하다가 접시를 깨뜨렸다./떡 한 접시》

접시껄껄이그물버섯 여러 가지 나무가 자라는 숲에서 나는 버섯. 갓은 물기가 있을 때는 끈적거리고, 빛깔은 노란색이다. 먹는 버섯이다.

접시꽃 꽃을 보려고 심어 가꾸는 풀. 줄기가 곧게 자라고, 잎은 여러 갈래로 갈라져 있다. 여름에 접시처럼 크고 납작한 꽃이 피는데 빛깔은 여러 가지이다. ⏤접중화.

접안렌즈 현미경이나 망원경에서 눈을 대고 들여다보는 렌즈. ⏤대물렌즈.

접어들다 1.어떤 때나 나이에 이르다.《11월에 접어들면서 날씨가 갑자기 추워졌다.》2.어떤 곳에 들어서다.《버스가 울퉁불퉁한 시골길로 접어들었다.》⏤접어드는, 접어들어, 접어듭니다.

접영 (蝶泳) 수영에서 두 팔을 앞으로 크게 휘둘러 물을 끌어당기고 다리를 모아 위아래로 움직이면서 나아가는 방법. ⏤나비헤엄.

접전 (接戰) 실력이 비슷해서 쉽게 승부가 나지 않는 싸움. **접전하다**

접종 (接種) 병을 미리 막거나 고치려고 몸속에 병원균을 집어넣는 일.《독감 예방 접종》**접종하다**

접지 (接地) 감전되지 않게 하려고 전기 기기나 회로를 땅에 닿게 하는 일.

접착 (接着) 딱 달라붙는 것.《접착 테이프》**접착하다 접착되다**

접착력 (接着力) 딱 달라붙는 힘.

접착제 (接着劑) 풀이나 아교처럼 어떤 것을 붙이는 데 쓰는 물질. ⏤본드

접시

접촉 (接觸) 1.서로 닿는 것.《접촉 사고》 2.어떤 사람과 만나거나 가깝게 지내는 것. **접촉하다 접촉되다**

접필 (接筆) 붓글씨를 쓸 때 획이 만나는 부분.

접하다 1.어떤 것과 다른 것이 이웃하거나 맞닿다.《우리나라는 세 면이 바다에 접해 있다.》 2.어떤 일을 겪거나 알게 되다.《뉴스에서 일본에 지진이 났다는 소식을 접했다.》 3.사람을 만나거나 사귀다.《이모가 연출가인 덕분에 연극배우들을 접할 기회가 많다.》

접합 (接合) 떨어진 것을 붙이는 것.《접합 수술》 **접합하다 접합되다**

접히다 1.종이 같은 것이 꺾여서 겹쳐지다.《책이 접힌 데를 찾아 다시 읽었다.》 2.펴졌던 것이 본디 꼴로 되다.《나비가 접힌 날개를 펴고 날았다.》

젓 새우, 조기, 멸치 같은 생선이나 생선의 알, 창자 같은 것을 소금에 절여 삭힌 먹을거리. 비젓갈.

젓가락 음식을 집는 가늘고 긴 막대 한 쌍. 준젓. 참숟가락. 북저가락.

젓가락나물 양지바르고 축축한 풀밭에 자라는 풀. 꽃은 노랗고, 열매는 끝이 뾰족한 달걀꼴이다. 북애기저가락바구지.

젓새우

젓가락나물

젓가락질 젓가락으로 음식을 집는 일.《젓가락질이 서툴다.》 **젓가락질하다**

젓갈 젓가락 → 젓가락.

젓갈 먹을거리 새우, 조기, 멸치 같은 생선이나 생선의 알, 창자 들을 소금에 절여 삭힌 반찬. 비젓.

젓국 젓갈이 삭아서 우러나온 국물.

젓다 1.액체나 가루 들이 골고루 잘 섞이게 젓가락 같은 것을 넣고 이리저리 돌리다.《우유에 설탕을 넣고 잘 저었다.》 2.싫다는 뜻으로 고개나 팔, 손을 이리저리 흔든다.《동생이 밖에 나가기 싫다고 고개를 저었다.》 3.배를 가게 하려고 노를 앞뒤로 움직이다.《사공이 노를 저어 배를 몰았다.》 바젓는, 저어, 젓습니다.

젓새우 서해와 남해에 사는 새우. 몸빛깔은 옅은 분홍빛이다.

젓조기 젓을 담그기에 알맞은 조기.

정 인정 (情) 오랫동안 함께 지내면서 생기는 좋아하는 마음.《그동안 보람이와 정이 많이 들었어요.》

정 정말 정말로 굳이.《네 생각이 정 그렇다면 억지로 할 필요는 없어.》

정 연장 (丁) 돌을 쪼아 다듬거나 돌에 구멍을 뚫는 도구. 쇠로 끝이 뾰족하게 만든다.

정 알약 (錠) 알약을 세는 말.《한 번에 세 정 복용하세요.》

정가 (定價) 파는 사람이 정해 놓은 물건 값.

정가표 (定價票) 정가를 써 붙인 표.

정각 (正刻) 바로 그 시각.《이 기차는 정각 세 시에 출발한다.》

정갈하다 생김새나 분위기가 깨끗하고 단정하다.《정갈한 차림새》

정감 (情感) 정다운 마음.《정감 어린 목소리》

정강 (政綱) 정부나 정당에서 내세우는 정책의 큰 원칙.

정강뼈 정강이를 이루는 길쭉한 뼈.

정강이 무릎에서 발목 사이에 뼈가 있는 부분. 북정갱이.

정거장 (停車場) 기차나 버스 같은 것이 사람이나 물건을 싣고 내리려고 잠시 멈추는 곳. **참역**.

정격 전류 (定格電流) 전기 기구가 정상으로 작동할 때 흐르는 전기의 양.

정격 전압 (定格電壓) 전기 기구를 만들 때 알맞다고 정해 놓은 전압.

정결하다 맑고 깨끗하다. 《어머니는 음식을 정결하게 차렸다.》 **정결히**

정겹다 정이 넘칠 만큼 좋다. 《함께 있어 늘 정겨운 동무들》

정경 (情景) 어떤 느낌을 자아내는 풍경. 《아지랑이 피어나는 봄의 정경》

정계 (政界) 정치에 관계되는 일을 하는 사람들의 모임.

정계비 (定界碑) 조선 숙종 때 (1712년) 조선과 청나라의 국경을 나타내려고 백두산에 세운 비석.

정곡 (正鵠) 1. 과녁의 한가운데에 있는 점. 《우리나라 선수가 쏜 화살이 정곡에 꽂혔다.》 2. 가장 중요한 점. 《네 말이 정곡을 찔렀어.》

정과 과일, 생강, 연뿌리, 인삼 들을 꿀이나 설탕물에 졸여 만든 먹을거리.

정관 (精管) 불알에서 만든 정자를 정낭으로 보내는 가늘고 긴 몸 한 부분.

정교하다 세세한 데까지 정확하고 꼼꼼하다. 《정교한 무늬》

정구 (庭球) 경기장 가운데에 그물을 치고 양쪽에 서서 말랑말랑한 공을 채로 번갈아 쳐서 넘기는 경기. **같테니스**.

정구지 '부추' 의 사투리.

정권 (政權) 나라를 다스리는 권력.

정규 (正規) 정식으로 정해진 것. 《정규 교육》

정글 (jungle) → 밀림.

정글짐 (jungle gym) 둥근 쇠막대기를 가로세로로 엮어서 만든 놀이 기구.

정기 기운 (精氣) 1. 이 세상 모든 것이 생겨나고 움직이는 바탕이 되는 기운. 《백두산 정기를 받다.》 2. 생기 있고 빛나는 기운. 《눈에 정기가 있다.》

정기 동안 (定期) 정해진 때. 또는 정해진 동안. 《정기 휴일/정기 승차권》

정기 국회 (定期國會) 해마다 정해진 때에 정해진 동안 열리는 국회.

정기 예금 (定期預金) 은행 같은 곳에 맡기고 정해진 동안 찾지 않는 예금.

정기적 (定期的) 어떤 일을 정해진 동안이나 정해진 때에 맞추어 하는. 또는 그런 것.

정기 적금 (定期積金) 은행 같은 곳에 정해진 동안 정해진 돈을 다달이 넣는 적금.

정나미 마음속으로 느끼는 정. 《네가 욕하는 걸 보면 정나미가 떨어져.》

정남 (正南) 똑바른 남쪽 방향.

정낭 (精囊) 남자 정관 끝에 있는 가늘고 긴 주머니. 정액을 만들어 잠시 모아 둔다.

정년 (停年) 관청이나 회사 같은 데서 일을 그만두라고 정해 놓은 나이. 《정년퇴직》

정녕 (丁寧) 정말로 틀림없이. 《이게 정녕 꿈은 아니겠지?》

정다각형 (正多角形) 변의 길이와 각의 크기가 모두 같은 다각형.

정단층 (正斷層) 양옆에서 당기는 힘 때문에 위쪽 땅덩이가 아래로 미끄러져 내려간 단층. **북내리끊임**.

정담 (情談) 정다운 이야기.《저녁에 온 식구가 둘러앉아 정담을 나누었다.》

정답 (正答) 맞는 답. 반오답.

정답다 따뜻한 정이 있다.《할머니는 우리를 정답게 맞아 주셨다.》비다정하다. 바정다운, 정다워, 정답습니다.

정당 (政黨) 정치에 관한 생각이 같은 사람이 모여서 만든 모둠. 같당.

정당방위 (正當防衛) 갑자기 부당하게 해를 입는 것을 막으려고 해를 끼치는 사람에게 어쩔 수 없이 하는 일.

정당하다 바르고 떳떳하다.《여럿이 한 사람을 괴롭히는 것은 정당하지 못한 일이야.》정당히

정도 수준 (程度) 1.어떤 것의 수준, 단계, 범위 들을 나타내는 말.《짝꿍의 단소 솜씨는 깜짝 놀랄 정도였다.》2. 앞에 나온 숫자와 비슷한 수량을 나타내는 말.《십 분 정도만 더 있으면 경기가 끝나.》3.넘어서는 안 되는 기준이나 알맞은 분수를 나타내는 말.《참는 데도 정도가 있는 거야.》

정도 도리 (正道) 떳떳하고 바른 도리.《정도를 따르다./정도를 지키다.》

정독 (精讀) 뜻을 생각하면서 자세히 읽는 것. 참통독. **정독하다**

정돈 (整頓) 흩어져 있는 것을 가지런하게 놓는 것. 비정리. **정돈하다**《주변을 깨끗이 정돈하세요.》**정돈되다**

정동 (正東) 똑바른 동쪽 방향.

정들다 정이 생기다.《이사를 가면서 정든 동무들과 헤어졌어요.》바정드는, 정들어, 정듭니다.

정떨어지다 정이 없어져서 싫어하게 되다.《정떨어지는 짓 좀 그만 해.》

정력 (精力) 어떤 일을 기운차게 할 수 있는 힘.《정력을 바쳐 일하다.》

정렬 (整列) 줄을 맞추어서 늘어세우거나 늘어서는 것. **정렬하다**《운동장에 한 줄로 정렬하세요.》**정렬되다**

정류장 (停留場) 버스, 택시, 전철 들이 사람을 내려 주고 태우려고 멈추는 곳.《버스 정류장》

정리 (整理) 1.흩어진 것을 한데 모으거나 제자리에 두거나 하여 질서 있게 만드는 것.《이삿짐 정리》비정돈. 2.순서나 체계가 있게 바로잡는 것.《서류 정리》3.문제 있는 것이나 필요 없는 것을 없애는 것.《인원 정리》**정리하다 정리되다**

정리함 (整理函) 자잘한 물건을 넣어 두는 상자나 서랍장.

정림사지 오층 석탑 (定林寺址五層石塔) 충청남도 부여 정림사 터에 있는 백제 시대 5층 석탑. 국보 제9호.

정림사지 오층 석탑

정립 (定立) 규칙이나 이론 같은 것을 바로 세우는 것. **정립하다 정립되다**

정말 1.사실대로 하는 말.《지금까지 내가 한 말은 모두 정말이야.》비참말. 반거짓말. 2.→ 정말로.

정말로 말 그대로. 또는 사실 그대로 아주.《너를 다시 만나서 정말로 기뻐.》같정말. 비진짜로.

정맥 (靜脈) 온몸 곳곳에 흐르는 피를 심장으로 보내는 핏줄. 참동맥.

정면 (正面) 1.똑바로 마주 보이는 앞쪽.《길 건너 정면에 보이는 게 우리 집이야.》2.직접 대하는 것.《자전거와 정면으로 부딪쳤다.》

정면도 (正面圖) 정면으로 보고 그린

그림.

정묘조약 (丁卯條約) 정묘호란 때에 후금과 맺은 조약. 후금과 형제처럼 지낼 것을 조건으로 하였다.

정묘호란 (丁卯胡亂) 조선 인조 때 (1627년) 후금이 쳐들어와서 일어난 싸움. 정묘조약을 맺고 끝났다.

정문 (正門) 건물 앞쪽에 있는 문.《학교 정문 앞에서 만나자.》**참**후문.

정물 (靜物) 움직이지 않는 물건.

정물화 (靜物畵) 과일, 꽃병 들처럼 움직이지 않는 물체를 놓고 그린 그림.

정미소 (精米所) 기계로 벼를 찧어 껍질을 벗기는 곳. **비**방앗간.

정밀 (精密) 자세하고 꼼꼼한 것.《정밀 검사》**정밀하다**

정밀도 (精密度) 정밀한 정도.

정박 (碇泊) 배가 닻을 내리고 항구나 바닷가에 머무르는 것. **정박하다**《부산항에 여러 나라 배들이 정박했다.》

정반대 (正反對) 완전히 반대인 것.《정반대 방향/정반대 의견》

정벌 (征伐) 멀리 있는 적을 힘으로 무찌르는 것. **참**정복. **정벌하다 정벌되다**

정변 (政變) 반란이나 혁명 같은 것이 일어나서 정권이 바뀌는 일.

정병 (精兵) 날쌔고 용감한 사람들로 가려 뽑은 군사.

정보 (情報) 어떤 일에 관한 지식이나 자료.《교통 정보》

정보 산업 (情報産業) 여러 정보를 모아서 필요한 사람이 쓸 수 있게 제공하는 산업.

정보 통신 (情報通信) 우편, 전화, 인터넷 같은 여러 통신 수단을 써서 정보를 주고받는 일.

정보화 (情報化) 많은 사람이 정보를 빠르고 정확하게 주고받는 사회가 되는 것. 또는 그런 사회가 되게 하는 것.

정복 (征服) 1.군대를 일으켜 다른 나라나 민족을 무찌르고 지배하는 것.《알렉산더 대왕이 세계 정복에 나섰다.》**참**정벌. 2.높은 산, 남극, 북극 같은 가기 힘든 곳에 어려움을 헤치고 이르는 것.《에베레스트 정복》3.몹시 어렵고 까다로운 대상을 뜻대로 다루게 되는 것.《영어 완전 정복》**정복하다 정복되다**

정복자 (征服者) 다른 나라나 민족을 정복한 사람.

정부 (政府) 나라를 다스리는 기관. 흔히 행정부를 이른다.

정부미 (政府米) 쌀값을 조절하려고 정부가 사서 가지고 있는 쌀.

정비 (整備) 1.기계나 시설 같은 것을 고치거나 손질하는 것.《자동차 정비》2.흐트러진 제도나 조직 같은 것을 바로잡는 것. **정비하다 정비되다**

정비 공장 (整備工場) 자동차를 정비하는 공장.

정비례 (正比例) 두 수량이나 정도가 같은 비율로 늘거나 주는 일. **참**반비례. **정비례하다**

정비소 (整備所) 자동차나 비행기 같은 것을 정비하는 곳.

정사각형 (正四角形) 네 변의 길이와 네 각의 크기가 모두 같은 사각형. **북**바른사각형.

정삼각형 (正三角形) 세 변의 길이와 세 각의 크기가 모두 같은 삼각형. **북**바른삼각형.

정상 보통 (正常) 아무 탈이나 문제 없이 제대로인 상태.《아빠 혈압이 정상이어서 다행이다.》 ^반비정상. ^참이상.

정상 꼭대기 (頂上) 1. 맨 꼭대기.《한라산 정상에 올랐다.》 2. 수준, 상태가 가장 높은 것.《개막식에 인기 정상의 가수들이 많이 출연했다.》 ^비절정. 3. 한 나라의 최고 권력자.《다음 달에 두 나라 정상이 만나기로 했다.》

정상 사정 (情狀) 어떤 사람이 처해 있는 사정이나 가엾은 형편.《피고의 정상을 참작하여 가벼운 벌을 내렸다.》

정상부 (頂上部) 맨 꼭대기 부분.

정상적 (正常的) 아무런 탈이나 문제가 없이 제대로인. 또는 그런 것.

정상화 (正常化) 정상이 되게 하는 것. 또는 정상이 되는 것. **정상화하다 정상화되다**

정상 회담 (頂上會談) 여러 나라의 대통령이나 수상 들이 만나는 일.《남북 정상 회담》

정색 (正色) 엄하거나 굳은 표정을 짓는 것.《아람이가 정색을 하고 화를 냈다.》 **정색하다**

정서 (情緒) 어떤 것을 대할 때 느끼는 감정. 또는 그런 감정을 느끼게 하는 분위기.《민요에는 우리 겨레의 소박한 정서가 깃들어 있다.》

정석 (定石) 1. 바둑에서 공격과 수비를 하기에 가장 알맞은 수라고 알려진 방식. 2. 어떤 일을 할 때 흔히 따르는 정해진 방식.

정선 (旌善) 강원도 남동쪽에 있는 군. 높고 가파른 산이 많다.

정선 아리랑 강원도 민요 가운데 하나.

정설 (定說) 모든 사람이 옳다고 여기는 주장이나 학설.《옛날에는 지구가 판판하다는 주장이 정설이었다.》

정성 (精誠) 온 힘을 다하려는 참된 마음.《지극한 정성 / 정성을 기울이다.》

정성껏 정성을 다해서.《엄마는 아픈 동생을 정성껏 보살피셨다.》

정성스럽다 온 힘을 다하려는 참된 마음이 있다.《정성스러운 기도》 ^바정성스러운, 정성스러워, 정성스럽습니다.

정세 (情勢) 처한 상황. 또는 일이 되어 가는 형편.《정세가 바뀌다.》

정수 물 (淨水) 물을 걸러서 깨끗하게 만드는 것. 또는 그 물.《수돗물 정수》 **정수하다**

정수 숫자 (整數) 자연수, 0, 음의 정수를 모두 이르는 말. ^북옹근수.

정수 골수 (精髓) 1. 뼈 속에 있는 골. 2. 어떤 것의 중심이 되는 알맹이.

정수기 (淨水器) 물을 걸러서 깨끗하게 만드는 장치.

정수리 머리 꼭대기 부분. ^같꼭대기.

정숙하다 ^{바르다} 여자로서 몸가짐이 바르고 마음씨가 곱다.《정숙한 부인》

정숙하다 ^{조용하다} 조용하고 차분하다.《복도에서는 정숙하게 행동합시다.》

정승 (政丞) 조선 시대 의정부의 영의정, 좌의정, 우의정을 이르는 말.

정시 (定時) 정해진 시각.《공연은 정시에 시작했다.》

정식 격식 (正式) 올바로 갖추어야 할 격식. 또는 정해진 올바른 방식.《태권도는 올림픽 정식 종목이다.》

정식 식사 (定食) 식당에서 미리 정해

놓은 요리를 한 상에 차려 내는 음식.

정신 (精神) 1.사물을 느끼고 생각하고 판단하는 능력.《정신을 차리다./정신을 잃다.》 2.육체, 물질과 다른 영혼이나 마음.《정신세계/정신 건강》 **참**물질. 3.어떤 일에 나서는 태도나 마음가짐.《봉사 정신》 4.사상, 이념들의 중심을 이루는 생각이나 믿음.《민주주의 정신》

정신이 팔리다 **관용** 어떤 일에 온 정신을 쏟다.《이야기에 정신이 팔려 시간 가는 줄 몰랐다.》

정신과 (精神科) 정신에 생기는 병을 연구하고 고치는 의학 분야. 또는 그런 병원 부서.

정신노동 (精神勞動) 흔히 머리를 써서 일하는 것. **참**육체노동. **북**정신로동.

정신대 (挺身隊) 태평양 전쟁 때 일본 군대에 강제로 끌려가 군인들에게 몸과 마음을 짓밟힌 여성들을 이르는 말.

정신력 (精神力) 어떤 일을 해내려는 정신의 힘.《강한 정신력으로 버티다.》

정신문화 (精神文化) 철학, 종교, 예술 들처럼 정신에 바탕을 둔 문화.

정신병 (精神病) 정신이 이상한 병.

정신 병원 (精神病院) 정신병을 앓는 사람을 치료하는 병원.

정신병자 (精神病者) 정신병을 앓는 사람.

정신없다 다른 생각을 할 여유가 없다.《동생은 서커스를 구경하느라 정신없었다.》 **정신없이**

정신적 (精神的) 정신에 관련된. 또는 그런 것. **반**육체적.

정신 지체아 (精神遲滯兒) 생각하는

능력이 보통 아이들보다 뒤떨어지는 아이. **같**저능아.

정액 돈 (定額) 정해진 돈.《정액 요금》

정액 수컷 (精液) 남자나 짐승 수컷의 몸에서 만들어져 정자가 섞여서 나오는 액체.

정어리 뭍에서 가까운 바다에 사는 바닷물고기. 등이 검푸르고 가슴지느러미 아래에 검은 점 일곱 개가 나란히 있다.

정어리고래 세계 어느 바다에서나 사는 고래. 등은 검푸르고 배는 희끄무레하다. 등지느러미는 낫처럼 생겼고 꼬리 끝에 털이 있다.

정연하다 잘 정리되어 가지런하다.《질서 정연하게 행진하다.》

정열 (情熱) 마음속에서 세차게 일어나는 뜨거운 마음.《정열을 불태우다.》 **비**열정.

정열적 (情熱的) 정열이 있는. 또는 그런 것.

정오 (正午) 낮 열두 시.《정오를 알리는 시계 소리》 **같**오정. **반**자정.

정오각형 (正五角形) 다섯 변의 길이와 다섯 각의 크기가 모두 같은 오각형.

정원 뜰 (庭園) 꽃과 나무를 심어 놓은 뜰.《정원에 장미꽃이 피었다.》

정원 사람 수 (定員) 정해진 사람 수.《정원 초과/정원이 차다.》

정원사 (庭園師) 정원의 꽃과 나무를 돌보는 일이 직업인 사람.

정원수 (庭園樹) 정원에 심는 나무.

정월 (正月) 음력으로 한 해 열두 달 가운데 첫째 달.

정유 (精油) 땅속에서 뽑아낸 석유를

걸러서 깨끗하게 만드는 것. **정유하다**

정유재란 (丁酉再亂) 임진왜란이 끝날 무렵에 일본이 다시 쳐들어와서 일어난 싸움. 이순신 장군에게 크게 지고 물러갔다.

정육각형 (正六角形) 여섯 변의 길이와 여섯 각의 크기가 모두 같은 육각형.

정육면체 (正六面體) 크기가 같은 정사각형 여섯 개로 둘러싸인 입체 도형. 북바른륙면체.

정육면체

정육점 (精肉店) 쇠고기, 돼지고기, 닭고기 들을 파는 가게. 비푸줏간.

정의 올바름 (正義) 옳고 바른 도리.《사회 정의를 지킵시다.》반불의.

정의 뜻 (定義) 어떤 말이나 사물의 뜻을 밝혀서 매기는 것. **정의하다**《'사랑'을 어떻게 정의할까?》**정의되다**

정의감 (正義感) 정의를 이루려는 마음.《정의감이 강하다.》

정의롭다 옳고 바른 도리를 지키려는 마음이 있다.《정의로운 사회》바정의로운, 정의로워, 정의롭습니다.

정자 글씨 (正字) 또박또박 바르게 쓴 글자.《정자로 이름을 썼다.》

정자 집 (亭子) 경치 좋은 곳에서 놀거나 쉬려고 기둥과 지붕만 갖추어 지은 집. 참누각. 북휴식각.

정자 수컷 (精子) 다 자란 남자나 동물 수컷의 불알에서 생기는 세포. 난자와 만나면 아기나 새끼가 된다. 참난자.

정자나무 마을 어귀에 있는 큰 나무. 마을 사람이 그늘 아래에 모여서 놀거나 쉰다.

정작 실제로 어떤 일에 부딪쳐서.《할말이 많았는데 정작 효령이를 만나서

정주

는 한마디도 하지 못했다.》비막상.

정장 (正裝) 격식을 차려서 갖추어 입는 것. 또는 그런 옷. **정장하다**

정적 (靜寂) 아무 소리나 움직임이 없이 조용한 것.《정적이 감돌다.》

정전 전기 (停電) 전기가 갑자기 끊어지는 것.《정전 사고》**정전되다**

정전 전쟁 (停戰) 전쟁 중에 두 편이 의논하여 싸움을 잠깐 멈추는 것. 참휴전. **정전하다**

정전 궁궐 (正殿) 옛날에 벼슬아치가 모두 모여서 임금에게 문안 인사를 하던 궁전. 경복궁 근정전, 창덕궁 인정전 들이 있다.

정전기 (靜電氣) 두 물체를 맞대고 비비면 생기는 전기.

정절 (貞節) 한 남자만을 사랑하는 여자의 곧은 마음. 같정조.

정정 (訂正) 틀린 글자나 잘못된 내용을 바르게 고치는 것.《정정 기사》**정정하다 정정되다**

정정당당하다 올바르고 떳떳하다.《정정당당하게 실력을 겨뤄 보자.》

정정하다 늙은 사람이 튼튼하고 건강하다.《우리 할아버지는 칠순이 넘으셨지만 정정하시다.》

정제 (精製) 섞여 있는 다른 물질을 없애서 본래 물질을 더 깨끗하게 만드는 것.《정제 소금》**정제하다 정제되다**

정조 (貞操) → 정절.

정족수 (定足數) 회의에서 어떤 일을 결정할 때 필요한 사람 수.

정좌 (正坐) 몸을 바로 하고 앉는 것. **정좌하다**《제단 앞에 정좌하다.》

정주 치는 국악기 가운데 하나. 놋주발

처럼 생긴 작은 종에 손잡이나 끈을 달았다. 진도 씻김굿 같은 남도 지방 무악에 쓴다.

정주간 (鼎廚間) 부엌과 안방 사이에 벽을 두지 않고 부뚜막을 넓혀서 만든 온돌방. 함경도 지방에 흔하다.

정중하다 점잖고 예의 바르다.《아저씨께 정중하게 사과드리렴.》**정중히**

정지 (停止) 1.움직임을 멈추는 것.《정지 신호》2.어떤 일을 그만두는 것.《영업 정지》**정지하다 정지되다**

정지 궤도 (靜止軌道) 적도 위 35,786킬로미터 높이의 궤도. 이 궤도를 따라서 도는 인공위성을 지구에서 보면 멈추어 있는 것처럼 보인다.

정지선 (停止線) 횡단보도 앞 같은 데서 자동차가 정지 신호에 멈추어 서야하는 선.

정직 (正直) 거짓 없이 참되고 곧은 것. **정직하다**《정직하게 말하면 용서해 줄게.》

정직성 (正直性) 거짓 없이 참되고 곧은 성질.

정진 (精進) 정성을 다해 노력해 나가는 것. **정진하다**《학업에 정진하다.》

정착 (定着) 한곳에 머물러 사는 것. **정착하다**《삼촌은 혼인하여 부산에 정착했다.》**정착되다**

정찰 제값 (正札) 정해진 물건 값을 적은 종이쪽.《정찰 가격》

정찰 살펴봄 (偵察) 적의 사정을 몰래 살피는 것. **정찰하다**

정찰기 (偵察機) 적의 사정을 몰래 살피는 데 쓰는 군용 비행기.

정책 (政策) 정치를 잘하거나 사회 문제를 해결하려고 내놓는 방법.《교육 정책/외교 정책》

정책적 (政策的) 정책으로 정한. 또는 그런 것.

정처 (定處) 정해진 곳.《정처 없이 떠도는 나그네》

정체 본모습 (正體) 겉으로 드러나지 않은 본모습.《네 정체를 밝혀라.》

정체 멈춤 (停滯) 앞으로 나아가지 못하고 그 자리에 머물러 있는 것.《도로 정체》**정체되다**

정체불명 (正體不明) 정체를 분명히 알 수 없는 것.《정체불명의 그림자》

정체성 (正體性) 변하지 않는 본래의 성질. 또는 본래의 참된 모습.

정초 (正初) 한 해의 처음. 또는 정월 초순.

정취 (情趣) 풍경이나 물건 같은 데서 느껴지는 분위기.《고궁에 들어서니 고풍스러운 옛 정취가 느껴진다.》

정치 (政治) 나라를 다스리는 것.《정치 세력/정치 활동》**정치하다**

정치가 (政治家) 나라를 다스리는 일이 직업인 사람. 흔히 대통령이나 국회의원 같은 사람을 이른다. **같**정치인.

정치인 (政治人) → 정치가.

정치적 (政治的) 정치에 관한. 또는 그런 것.

정탐 (偵探) 남의 사정을 몰래 살피는 것. **정탐하다**《적진을 정탐하다.》

정통 (正統) 1.한 사회나 집단에서 이어져 내려오는 바른 계통.《정통 중화 요리》2.'정통으로' 꼴로 써서, 빗나가지 않고 정확하게.《권투 선수가 얼굴을 정통으로 맞고 쓰러졌다.》

정통하다 어떤 일에 대해 자세히 알다. 《할아버지는 한국사에 정통하셨다.》

정평 (定評) 많은 사람이 그렇다고 여기는 평가. 《우리 선생님은 마음씨 좋기로 정평이 나 있다.》

정하다 1.어떻게 하기로 마음먹다. 《강아지 이름은 '복실이'라고 정했어.》 2.여럿 가운데 고르다. 《생일 선물은 정했니?》

정학 (停學) 잘못을 저지른 학생을 얼마 동안 학교에 나오지 못하게 하는 벌.

정형시 (定型詩) 글자 수나 운율 같은 것이 일정한 시. **참**자유시.

정형외과 (整形外科) 뼈, 힘줄 들에 생긴 병이나 상처를 고치는 의학 분야. 또는 그런 병원 부서. **북**성형외과.

정혼 (定婚) 혼인하기로 약속하는 것. **비**약혼. **정혼하다**

정화 (淨化) 더러운 것을 깨끗하게 만드는 것. 《수돗물 정화 시설》 **정화하다 정화되다**

정화수 (井華水) 이른 새벽에 길어 올린 우물물. 깨끗한 물이라 하여 기도를 올리거나 약을 달이는 데 쓴다.

정화조 (淨化槽) 똥과 오줌을 걸러서 하수구로 내보내는 시설. 수세식 변소가 있는 건물 밑 땅속에 묻는다.

정확도 (正確度) 정확한 정도.

정확성 (正確性) 정확한 성질.

정확하다 바르고 틀림없다. 《시계가 정확하지 않은가 봐.》 **정확히**

젖 1.아기를 낳은 여자나 새끼를 낳은 어미 젖꼭지에서 나오는 액체. 아기나 새끼가 이것을 먹고 자란다. 2.여자의 가슴 양쪽에 불룩하게 솟은 몸 한 부분.

같유방.

젖 먹던 힘까지 다 낸다 속담 온 힘을 다해서 애쓰는 것을 이르는 말.

젖가슴 젖이 솟아 있는 가슴 부분.

젖꼭지 1.젖 한가운데에 도드라진 부분. 같유두. 2.아기가 젖병에 넣은 우유를 빨아 먹을 수 있게 뚜껑에 고무로 만들어 붙인 것.

젖니 젖먹이 때 나서 나중에 빠지는 이. 같유치. **참**간니, 영구치. **북**젖이.

젖다 1.물기가 축축하게 배다. 《갑자기 내린 비에 옷이 흠뻑 젖었다.》 2.어떤 느낌이나 생각에 깊이 빠지다. 《슬픔에 젖다./생각에 젖다.》 3.버릇, 태도 들이 몸에 배다. 《낡은 관습에 젖어 있어 개혁이 늦어진 거야.》

젖먹이 젖을 먹는 어린아이. 같영아, 유아.

젖먹이 동물 새끼에게 젖을 먹여 키우는 동물. 같포유동물, 포유류.

젖버섯 숲 속에서 자라는 버섯. 갓은 옅은 노란색이나 옅은 갈색인데, 갓에 상처가 나면 흰색 즙이 나온다. 먹는 버섯이다.

젖버섯

젖버섯아재비 소나무 숲 속 땅 위에서 자라는 버섯. 갓 빛깔은 붉은빛을 띤 갈색인데, 갓에 상처가 나면 빨간 즙이 나온다. 먹는 버섯이다.

젖버섯아재비

젖병 우유 같은 것을 담아서 아기에게 먹일 수 있게 젖꼭지가 달린 병.

젖비단그물버섯 소나무 숲에 모여나는 버섯. 갓은 물기가 있으면 끈적거리고 짙은 갈색을 띤다. 먹는 버섯이다.

젖비단그물버섯

젖빛 젖처럼 희부연 빛깔.《젖빛 하늘》비우윳빛. **북**젖색.

젖먹이 동물

박쥐

다람쥐

고슴도치

젖먹이 동물은 '포유류'라고도 해요. 고래처럼 물속에 사는 젖먹이 동물도 있지만 대체로 뭍에서 살아요. 알에서 깨어나는 동물들은 태어나자마자 스스로 먹이를 찾지만 젖먹이 동물들은 얼마 동안 엄마 젖꼭지에 매달려야 살아남을 수 있어요. 젖먹이 동물 가운데 뭍에서 가장 먼저 살게 된 동물은 설치류예요. 쥐나 토끼처럼 이가 자라는 젖먹이 동물이라는 뜻이지요. 사람은 젖먹이 동물 가운데 지구 위에 뒤늦게 살기 시작한 동물이에요. 젖먹이 동물 가운데에는 네발짐승이 많아요. 사람 손도 두 앞발이 진화한 것이에요.

청설모

족제비

호랑이

꽃사슴

너구리

산양

두더지

늑대

땃쥐

등줄쥐

노란목도리담비

불곰

살쾡이

돌고래

멧토끼

젖산 빛깔이 없고 신맛이 나는 끈끈한 액체. 포도당 같은 당류가 발효하여 생기는데, 요구르트나 신 김치에 많이 들어 있다. 〓유산.

젖소 젖을 얻으려고 기르는 소.

젖줄 아주 중요한 것을 가져다주는 원천을 빗대어 이르는 말.《한강은 서울의 젖줄이다.》북젖줄기.

젖혀지다 젖히게 되다.《젖혀진 방문 사이로 책상이 보였다.》참잦혀지다.

젖히다 고개를 1. 뒤로 기울이다.《고개를 뒤로 젖혀 봐.》참잦히다. 북제끼다. 2. 속이 드러나게 가리거나 덮고 있던 것을 치우다.《이불을 젖혀 베개를 꺼냈다.》참잦히다. 북제끼다.

젖히다 입맛이 1북 입맛이 없어지다. 또는 입맛을 잃다.《날씨가 너무 더워서 입맛이 싹 젖혔다.》

제 나 1. '저의'가 줄어든 말.《할아버지, 여기 제 자리에 앉으세요.》 2. '저' 다음에 '가'가 붙을 때 '저'가 바뀐 꼴. 이때 '제가'에서 '제'는 '저'와 같다.《선생님, 제가 말씀드릴게요.》 3. 흔히 남을 낮추어 이를 때 '자기의'를 뜻하는 말.《제 일이나 잘 하지 걸핏하면 남의 일에 참견한다.》

제 눈에 안경 관용 남이 우습게 여겨도 자기 마음에 들면 그만인 것.《아무리 제 눈에 안경이라지만 네 모자 참 이상하게 생겼어.》

제 살 깎아먹기 관용 자기가 만든 안 좋은 결과가 자신에게 돌아오다.《가게마다 값을 내리면 결국 제 살 깎아먹기인데 왜 그걸 모를까.》

제 꾀에 제가 넘어간다 속담 남을 속이려고 꾀를 냈다가 도리어 자기가 속는다는 말.

제 논에 물 대기 속담 일을 자기한테만 이롭게 한다는 말.

제 똥 구린 줄 모른다 속담 자기 허물을 깨닫지 못하는 사람을 두고 하는 말.

제 먹기는 싫고 개 주기는 아깝다 속담 자기가 갖기는 싫고 남 주자니 아깝다는 뜻으로, 이러지도 저러지도 못하는 형편을 빗대어 이르는 말.

제 발등을 제가 찍는다 속담 자기가 한 일로 자기가 해를 입는 것을 빗대어 이르는 말.

제 버릇 개 못 준다 속담 한번 밴 나쁜 버릇은 고치기 어렵다는 말.

제 얼굴 더러운 줄 모르고 거울만 나무란다 속담 자기 잘못은 모르고 다른 것만 탓하는 것을 빗대어 이르는 말.

제 얼굴에 침 뱉기 속담 자기가 저지른 짓 때문에 자기가 해를 입는 것을 빗대어 이르는 말.

제 때 때를 나타내는 '적에'가 줄어든 말.《어릴 제 함께 놀던 동무들은 다 어디로 갔을까?》

제 제사 (祭) 1. → 제사. 2. 어떤 낱말 뒤에 써서, '제사'나 '축제'의 뜻을 나타내는 말.《기우제/추모제》

제 약 (劑) 1. 한약의 양을 세는 말. 한 제는 스무 첩과 같다.《한약 한 제》 2. 어떤 낱말 뒤에 써서, '약'의 뜻을 나타내는 말.《소화제/영양제/진통제》

제 순서 (第) 숫자 앞에 써서, 순서가 몇째라는 것을 나타내는 말.《제1권/제2부/제3장/제4탄》

제 제도 (制) 어떤 낱말 뒤에 써서, '제

도'나 '방법'의 뜻을 나타내는 말.《내
각제/대통령 중심제》

-제 ^{미제} (製) 1.나라 이름 뒤에 붙어,
'어떤 나라에서 만든'을 뜻하는 말.
《일제/중국제/독일제》 2.재료 이름
뒤에 붙어, '어떤 재료로 만든'을 뜻하
는 말.《금제 장신구/목제 인형》

제가다리 ^{ㅣ북} 1.따로 떨어지거나 갈라
져 나온 가닥.《나뭇가지가 비죽비죽
제가다리로 난다.》 2.흔히 '제가다리
로' 꼴로 써서, 여럿이 저마다 따로따
로.《제가다리로 다니지 말고 이리 와
서 함께 놀자.》

제각각 여럿이 다 따로따로.《우리 자
매는 제각각 다른 색깔을 좋아한다.》
비제각기.

제각기 저마다 따로따로.《제각기 맡
은 곳을 청소해라.》비제각각.

제값 가치에 맞는 값.《이렇게 멍든 사
과는 제값을 받지 못할걸.》

제강 (製鋼) 무쇠나 고철을 녹여서 강
철을 만드는 일.

제거 (除去) 없애거나 사라지게 하는
것. **제거하다**《옷에 묻은 얼룩을 제거
했다.》**제거되다**

제격 어떤 일이나 물건에 잘 어울리는
것.《찐 고구마에는 동치미 국물이 제
격이다.》

제곱 같은 수를 두 번 곱하는 것. **제곱
하다**

제곱미터 넓이를 나타내는 말. 1제곱
미터는 가로와 세로가 각각 1미터인
정사각형의 넓이이다. 기호는 ㎡이다.

제곱센티미터 넓이를 나타내는 말.
1제곱센티미터는 가로와 세로가 각각

1센티미터인 정사각형의 넓이이다. 기
호는 ㎠이다.

제곱킬로미터 넓이를 나타내는 말.
1제곱킬로미터는 가로와 세로가 각각
1킬로미터인 정사각형의 넓이이다. 기
호는 ㎢이다.

제공 (提供) 필요한 것이나 쓸모 있는
것을 주는 것.《숙식 제공》**제공하다**
《빌미를 제공하다.》**제공되다**

제과 (製菓) 과자나 빵을 만드는 일.

제과점 (製菓店) 과자나 빵을 만들어
서 파는 가게.

제구실 마땅히 해야 할 일.《소영이가
제구실을 톡톡히 했구나.》

제국 (帝國) 황제가 다스리는 나라.
또는 여러 나라를 다스리는 크고 힘센
나라.

제국주의 (帝國主義) 힘센 나라가 다
른 나라를 억눌러 지배하여 세력을 키
우려는 주의.

제군 (諸君) 윗사람이 아랫사람에게
'여러분'이라는 뜻으로 하는 말.《제
군들, 이것으로 마치겠습니다.》

제금 (提金) → 바라.

제기 ^{놀이} 납작한 쇠붙이를 종이나 천으
로 싸고 끝을 깃털처럼 자른 장난감.

제기 ^{그릇} (祭器) 제사에 쓰는 그릇.

제기 ^{내놓음} (提起) 어떤 일에 대해 의
견을 내놓거나 문제 삼는 것.《문제 제
기》**제기하다**

제기랄 기분이 몹시 나쁠 때 하는 말.
《제기랄, 똥 밟았네.》북제길할.

제기차기 제기를 발로 차면서 노는 놀
이. 땅에 떨어뜨리지 않고 오래 차는
쪽이 이긴다.

제김에 |북 혼자서 저절로.《자전거가 제김에 쓰러졌다.》

제까짓 겨우 저만한. 또는 겨우 저따위의.《제까짓 게 날 이기겠다고?》

제꺽 어떤 일을 시원스럽고 빠르게 해치우는 모양.《밥을 먹고 설거지를 제꺽 했다.》참재깍.

제껴치우다 |북 일을 해치우거나 사람을 죽여 없애다.《숙제 얼른 제껴치우고 축구하러 가자.》

제날짜 미리 정해 둔 날짜.《물건은 제날짜에 보내 주세요.》

제너럴셔먼 호 조선 고종 때 (1866년) 대동강을 타고 평양에 와서 서로 물건을 사고파는 관계를 맺자고 요구하던 미국 배.

제네바 (Geneva) 스위스 남서쪽 끝에 있는 도시. 금융 산업이 발달하였고, 국제 노동 기구를 비롯한 많은 국제단체 본부가 있다.

제단 (祭壇) 제사를 지내는 단. 제물이나 제기 같은 것을 올려놓는다.

제당 (製糖) 설탕을 만드는 일.

제대 (除隊) 군인이 정해진 기한을 채우거나 하여 군대를 떠나는 것. 반입대.

제대하다《삼촌이 곧 제대한대.》

제대각시탈 동래 야유, 수영 야유에서 쓰는 탈.

제대로 1. 알맞은 정도로.《밤이 제대로 익었다.》2. 마음먹은 대로.《손이 얼어서 글씨를 제대로 쓸 수가 없네.》

제도 법규 (制度) 1. 사회 체계.《민주주의 제도》2. 일의 형식이나 절차.《입시 제도/교육 제도》

제도 그림 (製圖) 건물이나 기계 들의

제대각시탈_수영 야유

얼개나 생김새를 그리는 것. **제도하다**

제도 섬 (諸島) 바다 위 일정한 구역에 속하는 여러 섬.《하와이 제도》

제동 (制動) 움직이는 자동차나 기계 장치를 멈추게 하는 것.

제동 장치 (制動裝置) 움직이는 자동차나 기계 장치를 멈추게 하는 장치.

제때 정해 놓은 때. 또는 알맞은 때.《밥은 꼭 제때에 챙겨 먹으렴.》

제라늄 꽃을 보려고 심어 가꾸는 풀. 잎은 둥그스름하고, 여름에 빨간색, 분홍색, 흰색 같은 여러 빛깔 꽃이 핀다. 북꽃아욱, 제라니움.

제련 (製鍊) 광석을 용광로에 녹여서 원하는 금속을 뽑아내는 것. **제련하다**

제련소 (製鍊所) 광석을 제련하는 곳.

제례 (祭禮) 제사를 지내는 예법이나 예절.

제례악 (祭禮樂) 옛날에 나라에서 제사를 올릴 때 연주하던 음악.

제막식 (除幕式) 동상이나 기념비를 세우고 치르는 의식. 동상이나 기념비를 천으로 덮어 두었다가 걷어 낸다.

제멋 자기 혼자 느끼는 멋.《제멋에 겨워 신나게 장구를 쳤다.》

제멋대로 제 마음대로. 또는 아무렇게나 마구.《제멋대로 굴지 마.》

제명 목숨 타고난 자기 목숨.《그러다 제명에 못 죽지.》

제명 이름 (除名) 모둠에서 어떤 사람의 이름을 빼어 자격을 빼앗는 것. **제명하다 제명되다**

제모 (制帽) 학교, 관청, 군대 같은 곳에서 똑같이 쓰는 모자.

제목 (題目) 글, 그림, 음악, 연극, 영

화, 강연 들에 붙인 이름.

제문 (祭文) 제사 지낼 때 읽는 글. 죽은 사람을 생각하면서 슬퍼하는 뜻을 담는다. 《제문을 읽다.》

제물 (祭物) 1. 제사상에 올리는 음식. 비제수. 2. '희생물'을 빗대어 이르는 말. 《백성들은 전쟁의 제물이 되었다.》

제물에 자기 혼자서. 《가만두면 제물에 화가 풀릴 거야.》

제물포 (濟物浦) '인천'의 옛 이름.

제물포 조약 (濟物浦條約) 조선 고종 때 (1882년) 임오군란으로 생긴 문제를 처리하려고 일본과 맺은 조약.

제반 (諸般) 어떤 것에 관계있는 것 모두. 《제반 문제》

제발 간절히 바라건대. 《제발 제 얘기 좀 들어 주세요.》

제방 (堤防) 강이나 바다에서 물이 넘쳐 들어오지 못하게 하려고 쌓은 언덕. 비둑. 북제방뚝.

제법 어지간한 정도로. 또는 생각보다 더. 《바느질 솜씨가 제법이네. / 어린아이가 제법 똑똑한걸.》 비꽤.

제보 (提報) 어떤 일에 대한 정보를 관계 기관에 알리는 것. **제보하다**

제복 (制服) 학교, 관청, 군대 같은 곳에서 똑같이 입는 옷. 같유니폼. 참사복.

제본 (製本) 종이 여러 장을 묶어서 책으로 만드는 것. **제본하다 제본되다**

제분 (製粉) 곡식을 빻아서 가루로 만드는 것. 흔히 밀을 빻아서 밀가루를 만드는 일을 이른다. **제분하다**

제비 새 처마 밑에 집을 짓고 사는 여름새. 등은 윤기 나는 검은색이고 배는 희다. 꽁지가 두 갈래로 깊게 갈라져

제비꽃

제비난

제비물떼새

제비

있다.

제비는 작아도 강남을 간다 속담 덩치는 작아도 제 할 일을 다 하는 것을 빗대어 이르는 말.

제비 고르기 겉에서 보이지 않게 표시한 종이쪽이나 막대 같은 것을 여러 개 놓고 하나를 골라 승부나 차례를 정하는 일. 또는 그 종이쪽이나 막대. 《제비를 뽑아서 편을 갈랐다.》 참추첨.

제비꽃 산과 들, 밭둑이나 길가에 자라는 풀. 줄기는 없고 뿌리에서 잎이 여러 장 모여난다. 봄에 보랏빛 꽃이 핀다. 같오랑캐꽃. 북씨름꽃.

제비나비 산과 들에서 쉽게 볼 수 있는 나비. 검은 날개에 금빛 나는 녹색 비늘무늬가 있다.

제비난 숲 속에서 자라는 풀. 달걀꼴 잎이 두 장 나고, 여름에 흰 꽃이 핀다. 북제비란.

제비물떼새 논밭이나 물가에 사는 나그네새. 생김새는 제비를 닮았는데, 몸 위쪽은 노란빛이 도는 갈색이고 배는 흰색이다.

제비뽑기 제비를 뽑아서 편을 가르거나 승부를 가리거나 차례를 정하는 일. 북공집기. **제비뽑기하다**

제빙 (製氷) 물을 얼려서 얼음을 만드는 것. 《제빙 공장》 **제빙하다**

제사 (祭祀) 음식을 차려 놓고 신이나 죽은 조상에게 절하는 의식. **제사하다**

제사상 (祭祀床) 제사를 지낼 음식을 차려 놓은 상. 같제상.

제사장 (祭司長) 신에게 드리는 제사를 맡아 이끄는 사람.

제산제 (制酸劑) 위산이 덜 나오게 하

거나 위산을 묽게 만드는 약. **북위산누름약**.

제삼 세계 (第三世界) 제이 차 세계 대전 이후 경제 개발에 힘쓰고 있는 라틴 아메리카, 아시아, 아프리카의 여러 나라를 이르는 말.

제삼자 (第三者) 어떤 일에 직접 관계 없는 사람. 《제삼자는 끼어들지 말아 줘.》 **같**삼자. **참**당사자.

제삼차 산업 (第三次産業) 상업, 운수업, 통신업, 금융업처럼 물건을 만들지는 않지만 사람들의 생활을 편리하게 하는 산업.

제삿날 제사 지내는 날. **북**제사날.

제상 (祭床) → 제사상.

제서 '저기에서'가 줄어든 말. 《오리들이 예서 꽥꽥 제서 꽥꽥 노니는구나.》 **참**게서, 예서.

제설 (除雪) 눈을 치우는 것. 《제설 작업》 **제설하다**

제소 (提訴) 법원에 재판을 청구하는 것. **제소하다 제소되다**

제수 동생 (弟嫂) 형이 동생의 아내를 이르는 말.

제수 제사 (祭需) 제사에 쓰는 음식 재료. 《제수를 마련하다.》 **비**제물.

제스처 (gesture) 어떤 뜻을 나타내려고 하는 몸짓이나 손짓. **북**제스츄어.

제시 (提示) 1.어떤 생각, 의견, 내용들을 글이나 말로 나타내는 것. 《대안 제시/조건 제시》 2.어떤 사실을 밝히려고 물건이나 문서 들을 내보이는 것. 《신분증 제시》 **제시하다 제시되다**

제시간 정해진 시간. 《버스가 제시간에 와서 다행이야.》

제아무리 자기가 아무리. 《제아무리 영어를 잘해도 미국 사람만 하겠니.》

제안 (提案) 회의에서 어떤 의견을 내놓는 것. 또는 그 의견. **제안하다** 《알뜰 장터를 제안했다.》 **제안되다**

제압 (制壓) 힘이나 실력으로 상대방을 억누르는 것. **제압하다** 《우리나라 선수가 상대를 제압하고 우승했다.》

제야 (除夜) 한 해의 마지막 날 밤. 《제야의 종소리》

제약 가로막음 (制約) 자유롭게 생각하거나 움직이지 못하게 막는 것. 《단체 생활에는 제약이 따른다.》 **제약하다**

제약 약 (製藥) 약을 만드는 일. 또는 그 약. 《제약 회사》

제어 (制御) 1.상대방을 억눌러 자기 뜻에 따르게 하는 것. 또는 감정을 억누르는 것. 2.기계가 잘 움직이게 조절하는 것. **제어하다**

제왕 (帝王) 황제나 왕을 이르는 말.

제왕운기 (帝王韻紀) 고려 후기에 이승휴가 쓴 책. 우리나라와 중국의 역사를 썼다.

제외 (除外) 한 무리에서 떼어 내는 것. 또는 셈에서 빼는 것. **제외하다 제외되다** 《모임에서 제외되었다.》

제우스 (Zeus) 그리스 신화에 나오는 여러 신 가운데 가장 높은 신. 천둥과 번개를 다루고, 다른 신과 인간이 사는 세상을 다스린다고 한다.

제위 (帝位) 왕의 자리. 《제위에 오르다.》

제육 → 돼지고기.

제의 (提議) 다른 사람한테 어떤 일을 하라고 의견을 내놓는 것. 또는 그 의

견. **제의하다**《다 읽은 동화책은 서로 바꿔 보자고 제의하였다.》**제의되다**

제이차 산업 (第二次産業) 공업, 제조업, 건설업처럼 원료를 써서 새로운 물건을 만들거나 건물을 짓는 산업.

제이 차 세계 대전 (第二次世界大戰) 1939년에 시작해서 1945년에 끝난 세계 전쟁. 미국, 영국, 프랑스 들이 독일, 이탈리아, 일본 들과 싸워 이겼다.

제일 (第一) 1. 여럿 가운데 으뜸인 것. 《살을 빼는 데는 운동이 제일입니다.》 2.→ 가장.《김치찌개가 제일 좋아요.》

제일가다 가장 뛰어나다.《동네 제일 가는 개구쟁이》 비으뜸가다.

제일차 산업 (第一次産業) 농업, 임업, 목축업, 수산업처럼 자연에서 원료나 식량을 얻는 산업.

제일 차 세계 대전 (第一次世界大戰) 1914년에 시작해서 1918년에 끝난 세계 전쟁. 영국, 프랑스, 러시아 들이 독일, 오스트리아, 이탈리아 들과 싸워 이겼다.

제자 (弟子) 스승한테 배우는 사람.

제자리 본래 있던 자리. 또는 마땅히 있어야 할 자리.《가지고 놀던 장난감은 꼭 제자리에 둡시다.》

제자리걸음 1. 앞으로 나아가지 않고 제자리에서 걷는 것처럼 다리를 움직이는 것. **북**선자리걸음. 2. 어떤 일이 진행되지 않고 그대로 있는 것.《영어 실력이 늘 제자리걸음이야.》

제자리멀리뛰기 도움닫기를 하지 않고 구름판 위에 서서 멀리 뛰는 경기.

제자리표 악보에서 임시표로 올리거나 내린 음을 본디 음으로 돌리는 기호

'♮'로 나타낸다. **북**내추럴, 베카르.

제작 (製作) 물건이나 예술 작품 같은 것을 만드는 것.《신문 제작/영화 제작》**제작하다 제작되다**

제작도 (製作圖) 어떤 물건을 만드는 순서와 방법을 나타낸 그림.

제재 가로막음 (制裁) 법이나 규칙을 어긴 사람한테 벌을 주는 것. 또는 어떤 일을 못하게 막는 것.《교칙을 어긴 동무가 제재를 받았다.》**제재하다**

제재 재료 (題材) 예술 작품이나 연구의 내용이 되는 것.《이 글의 제재는 첫눈입니다.》

제재소 (製材所) 베어 낸 나무를 켜서 각목이나 널빤지 들을 만드는 공장.

제적 (除籍) 이름이 올라 있는 데서 어떤 사람의 이름을 지우고 내보내는 것. 흔히 학교에서 쫓아내는 것을 말한다. **제적하다 제적되다**

제전 (祭典) 1. 많은 사람이 모여서 크게 벌이는 제사. 2. 문화, 예술, 체육 같은 분야에서 크게 벌이는 행사.《전국 미술 제전》

제정 (制定) 법이나 제도 같은 것을 만드는 것.《헌법 제정》**제정하다 제정되다**

제정신 자기가 본래 가지고 있는 바른 정신.《이제 제정신이 드니?》

제조 (製造) 재료에 기술과 힘을 들여서 물건을 만드는 것.《자동차 제조 공장》**제조하다 제조되다**

제조법 (製造法) 물건을 만드는 방법.

제조업 (製造業) 공장에서 한꺼번에 많은 물건을 만드는 산업.

제주 땅 이름 (濟州) 제주도 북쪽에 있

는 시. 제주특별자치도 도청이 있다.

제주 사람 (祭主) 제사를 맡아서 이끄는 사람.

제주도 (濟州島) 제주특별자치도에 딸린 섬. 우리나라에서 가장 큰 섬이다. 따뜻하고 경치가 좋아 관광업이 발달했고 감귤과 옥돔이 많이 난다.

제주도롱뇽 그늘지고 축축한 곳에 사는 도롱뇽. 몸 빛깔은 갈색이고 짙은 갈색 무늬가 드문드문 나 있다.

제주도롱뇽

제주특별자치도 (濟州特別自治道) 우리나라 가장 남쪽에 있는 도 제주도와 그 둘레 섬으로 이루어졌다.

제주피막이 제주도에서 자라는 풀. 줄기가 땅 위로 길게 뻗어 자라고, 6~9월에 흰 꽃이 핀다.

제주피막이

제중원 (濟衆院) '광혜원'을 고친 이름.

제지 가로막음 (制止) 어떤 일을 못하게 말리는 것.《제지를 받다.》**제지하다**

제지 종이 (製紙) 종이를 만드는 것.

제짝 한 쌍이나 한 벌을 이루는 짝.《양말을 제짝을 찾아 신어라.》

제창 노래 (齊唱) 어떤 노래를 여럿이 한 가락으로 함께 부르는 것.《애국가 제창》 **참**합창. **제창하다**

제창 의견 (提唱) 어떤 의견이나 주장들을 처음으로 내세워 널리 알리는 것.《지동설 제창》 **참**주창. **제창하다**

제철 때 알맞은 때.《제철 과일》

제철 쇠 (製鐵) 철광석을 녹여서 쇠를 뽑아내는 일.《제철 공장》

제철소 (製鐵所) 철광석을 녹여서 쇠를 뽑아내는 곳.

제청 (提請) 어떤 사람을 공직에 추천

하면서 임명해 달라고 청하는 것. **제청하다**

제초 (除草) 잡초를 없애는 것.《제초 작업》 **제초하다**

제초제 (除草劑) 잡초를 없애는 약. **복**풀약.

제출 (提出) 의견, 안건, 서류 같은 것을 내는 것. **제출하다 제출되다**

제치다 1.한쪽으로 치우다.《작은 건 제쳐 놓고 큰 것만 담아 주세요.》2.어떤 대상이나 범위에서 빼다.《나를 제쳐 두고 너희끼리만 가려고?》3.경쟁 상대를 앞서거나 이기다.《우리 선수가 상대 선수를 제치고 공을 넣었다.》4.할 일을 뒤로 미루다.《숙제를 제쳐 두고 놀면 안 돼요.》

제트기 연료를 태워서 세게 내뿜는 힘으로 나는 비행기. **복**분사식비행기.

제패 (制覇) 운동 경기 같은 데서 우승하는 것.《전국 대회 제패》 **제패하다**

제풀에 1.혼자서 저절로.《제풀에 지쳐 포기하다.》2.자기도 모르게.《졸려서 제풀에 눈이 감긴다.》

제품 (製品) 팔려고 만든 물건.

제하다 덜거나 빼다.《아버지가 미리 타 쓴 돈은 제하고 용돈을 주셨다.》

제한 (制限) 1.한도를 정하는 것. 또는 그 한도.《제한 시간》2.정해진 한도를 넘지 못하게 하는 것.《출입 제한 구역》 **제한하다 제한되다**

제한적 (制限的) 한도를 정하거나 정해진 한도를 넘지 못하게 하는. 또는 그런 것.

제헌 (制憲) 헌법을 만들어 정하는 것.

제헌 국회 (制憲國會) 1.헌법을 처음

만든 국회. 2.우리나라 맨 처음 국회를 이르는 말. 1948년 5월 10일 선거에서 뽑힌 국회의원으로 이루어졌다.

제헌절 (制憲節) 우리나라 헌법을 만들어 널리 알린 것을 기념하는 날. 7월 17일이다.

제호 (題號) 책, 신문, 잡지 들의 이름.

제후 (諸侯) 봉건 시대에 왕에게 받은 땅을 다스리던 사람. **북**렬후, 번주, 후.

제휴 (提携) 정치나 경제 분야에서 관계를 맺어 서로 돕는 것. **제휴하다**

젠체하다 잘난 척하다. 《너무 젠체하면 동무들이 싫어할 거야.》

젯밥 제사를 지내려고 차려 놓은 밥. **북**제밥.

조 곡식 밭에 심어 가꾸는 곡식. 여름에 긴 이삭이 나와 작은 꽃이 모여 피고, 아주 작고 동그란 노란 열매가 열린다. 쌀에 섞어서 밥을 지어 먹거나 떡, 엿, 술 같은 것을 만든다. **참**좁쌀.

조_곡식

조 가리키는 말 1.'저'를 낮추거나 귀엽게 이르는 말. 《조 녀석이 유리창을 깼단 말이지?》**참**고, 요. 2.'저'보다 가리키는 테두리가 좁거나 작은 느낌을 주는 말. 《조 앞에서 잠깐 쉬자.》**참**고, 요.

조 (兆) 1.억의 만 배가 되는 수. 2. 세는 말 앞에 써서, 억의 만 배가 되는 수를 나타내는 말.

조 무리 (組) 어떤 일을 하려고 모인 모둠. 또는 그 모둠을 세는 말. 《오늘은 조를 짜서 수업을 하겠어요.》

조 곡조 (調) 1.조성이 실제로 나타나는 상태. 장조, 단조 들이 있다. 《조를 바꾸다./조를 옮기다.》2.시나 노랫말의 글자 수에 따른 리듬을 나타내는 단위.

《시조는 흔히 삼사조로 되어 있다.》

조 항목 (條) '조목', '조항'의 뜻을 나타내는 말. 《헌법 제1조》

조각 부분 물건에서 떨어져 나온 부분. 또는 그것을 세는 말. 《유리 조각/빵 한 조각》**북**쪼각.

조각 새김 (彫刻) 돌이나 나무 같은 것을 깎아서 사람, 동물, 물건 꼴로 만드는 것. **참**조소. **북**쪼각, 쪼박. **조각하다** 《꽃을 조각한 기둥》**조각되다**

조각가 (彫刻家) 조각을 전문으로 하는 사람.

조각구름 여러 조각으로 흩어져 있는 구름. 《하늘에 조각구름이 떠 있네.》

조각나다 여러 조각으로 깨지거나 갈라지다. 《접시가 떨어져 조각났다.》

조각배 작은 배.

조각보 헝겊 여러 조각을 이어 붙여서 만든 보자기. **북**쪼각보.

조각상 (彫刻像) 돌이나 나무 같은 것을 깎아서 만든 상.

조각조각 1.여러 조각. 2.여러 조각으로 깨지거나 갈라진 모양. 《종이를 조각조각 찢었다.》

조각칼 조각할 때 쓰는 칼. 납작칼, 둥근칼, 세모칼, 창칼 들이 있다.

조각품 (彫刻品) 조각한 작품.

조간 (朝刊) → 조간신문.

조간신문 (朝刊新聞) 날마다 아침에 나오는 신문. **같**조간.

조감도 (鳥瞰圖) 위에서 내려다본 모습을 그린 그림. **북**내려본그림.

조개 부드러운 몸이 단단한 껍데기로 싸여 있는 동물. 바다에도 살고 민물에도 살지만 바다에 사는 것이 많다.

조개

조개구름 → 비늘구름.

조개나물 양지바른 풀밭에 자라는 풀. 5~6월에 보라색 꽃이 마디마다 층층이 핀다. 줄기와 잎을 약으로 쓴다.

조개더미 옛날에 원시인이 버린 조개 껍데기가 무덤처럼 쌓인 것. **같**패총.

조개풀 들이나 개울가에 자라는 풀. 가을에 풀색이나 자주색 이삭이 달린다. 집짐승 먹이로 쓰거나, 줄기와 잎으로 노란 물을 들인다.

조건 (條件) 1. 어떤 일을 이루기 전에 갖추어야 하는 것.《이 꽃은 기후 조건이 맞는 높은 산에서만 자란다.》2. 일을 결정하기 전에 내놓는 것.《이자를 준다는 조건으로 돈을 꾸었다.》

조건 반사 (條件反射) 사람이나 짐승이 자라면서 배워 익힌 반사. **참**무조건 반사.

조것 '저것'을 낮추거나 귀엽게 이르는 말.《조것 좀 봐.》**참**고것, 요것.

조경 (造景) 집이나 건물 주변 경치를 아름답게 꾸미는 것.《공원 조경 공사》

조공 (朝貢) 옛날에 약한 나라가 강한 나라에 예물을 바치던 것. 또는 그 예물.《조공을 바치다.》**조공하다**

조국 (祖國) 조상 대대로 살아온 나라. 또는 자기가 태어나서 자란 나라.《조국 땅이 그립다.》**비**고국, 모국.

조그마하다 1. 조금 작다.《언덕을 넘으면 조그마한 개울이 나와요.》**준**조그맣다. **참**쪼끄마하다. 2. 그리 대단하지 않다.《조그마한 일에 온 마을이 발칵 뒤집혔다.》**준**조그맣다. **참**쪼끄마하다.

조그맣다 → 조그마하다. **바**조그만, 조그매, 조그맣습니다.

조개나물

조개풀

조기

조금 약간 1. 적은 양이나 모자란 정도. 또는 양이 적거나 정도가 모자라게.《점심을 많이 먹어서 저녁은 조금만 먹어야겠어.》**준**좀. **비**약간. 2. 짧은 동안. 또는 시간이 짧게.《먼저 가지 말고 조금 기다려 줘.》**준**좀.

조금 썰물 밀물과 썰물의 높이 차이가 가장 작아지는 때. 음력 7, 8일과 22, 23일 무렵이다. **참**사리.

조금씩 1. 여럿에게 각각 조금.《누나가 과자를 조금씩 나누어 주었다.》2. 계속해서 각각 조금.《하늘에서 조금씩 빗물이 떨어진다.》3. 천천히 조금.《꾸준히 운동했더니 몸이 조금씩 좋아졌다.》

조급하다 참을성 없이 몹시 급하다.《너무 조급하게 굴면 오히려 일을 그르치기 쉽다.》**조급히**

조기 물고기 참조기, 수조기, 보구치 들을 함께 이르는 말.

조기 저기 '저기'를 테두리를 좁혀 이르는 말. **참**고기, 요기.

조기 깃발 (弔旗) 슬퍼하는 마음을 나타내려고 다는 기. 기의 세로 길이만큼 내려서 달거나 깃봉 아래 검은 헝겊을 단다.《조기 게양》**참**반기.

조기 아침 (早起) 아침 일찍 일어나서 하는 것.《조기 축구회》

조기 이른 때 (早期) 1. 이른 때.《암을 조기에 발견해서 무척 다행이야.》**참**초기. 2. 보통 때보다 일찍 하는 것.《조기 방학》

조깅 (jogging) 천천히 달리는 운동.

조끼 저고리, 셔츠 같은 것 위에 덧입는 소매 없는 옷. **북**조끼허리.

조난 (遭難) 산이나 바다에서 사고를 당하거나 위험에 빠지는 것. **조난하다 조난되다** 《태평양에서 조난된 배》

조놈 '저놈'을 낮추거나 귀엽게 이르는 말. 《조놈 보게.》 **참** 고놈, 이놈.

조달 (調達) 필요한 돈이나 물건을 대어 주는 것. 《학비 조달/식량 조달》 **조달하다 조달되다**

조달청 (調達廳) 기획 재정부에 딸린 기관. 공공 기관에서 쓰는 물건을 사들여 관리하고, 공공시설 짓는 일을 계획한다.

조도 (照度) 빛이 밝은 정도.

조동 나사 (躁動螺絲) 현미경에서 재물대와 프레파라트 사이의 거리를 조절하여 초점을 대충 맞추는 나사.

조랑말 몸집이 작은 종자의 말.

조력 도움 (助力) 힘써 도와주는 것. 또는 그 도움. **조력하다**

조력 바닷물 (潮力) 밀물과 썰물 때 바닷물이 흐르는 힘. 《조력 발전소》

조련사 (調鍊師) 동물원이나 서커스단에서 돌고래, 코끼리 같은 동물에게 재주를 가르치는 사람.

조례 모임 (朝禮) 학교 같은 데서 하루 일과를 시작하기 전에 여는 아침 모임. **반** 종례. **참** 조회.

조례 법 (條例) 지방 자치 단체에서 지방 의회의 결정에 따라 정하는 법.

조록나무 제주도에서 자라는 늘푸른나무. 봄에 작고 붉은 꽃이 피고, 가을에 열매가 여물면 두 갈래로 갈라진다. 나무는 집 짓는 데 쓴다.

조록나무

조록싸리 산에 자라는 잎지는나무. 여름에 붉은 자줏빛 꽃이 피고, 10월에

조록싸리

조리_도구

열매가 익는다. 잎은 집짐승에게 먹이고 줄기로 밧줄을 만든다. 우리나라에서만 자란다.

조롱 새장 (鳥籠) → 새장.

조롱 비웃음 (嘲弄) 남을 비웃고 놀리는 것. **조롱하다** 《다리를 절룩거리는 동무를 조롱하는 건 나빠.》

조롱박 1. → 호리병박. 2. 호리병박 열매 속을 파고 말려서 만든 바가지.

조롱이 우거진 숲이나 산, 논밭 가까이에 사는 텃새. 암컷이 수컷보다 조금 크다. 날아다니는 작은 새를 낚아채 잡는다.

조류 새 (鳥類) 비둘기나 제비 같은 '새'를 달리 이르는 말. **비** 날짐승.

조류 바닷물 (潮流) 1. 밀물과 썰물 때 일어나는 바닷물의 흐름. 2. 사회에서 일어나는 변화의 흐름.

조류 바닷말 (藻類) 물속에 살면서 엽록소로 광합성을 하는 식물. 꽃이 피지 않고 홀씨로 퍼진다. **북** 마름류.

조르다 죄다 감거나 묶은 것을 꼭 죄다. 《풀어진 운동화 끈을 꽉 졸라서 맸다.》 **바** 조르는, 졸라, 조릅니다.

조르다 떼쓰다 어떤 일을 해 달라고 자꾸 보채다. 《동생이 과자를 사 달라고 조른다.》 **바** 조르는, 졸라, 조릅니다.

조르르 1. 가는 물줄기 같은 것이 흘러내리는 소리. 또는 그 모양. 《술잔에 술을 조르르 따랐다.》 2. 작은 발걸음을 빠르게 움직여서 걷거나 따라다니는 모양. 《아기 다람쥐가 나무 위로 조르르 올라갔다.》 **참** 쪼르르.

조리 도구 (笊籬) 쌀 같은 곡식을 이는 도구.

조리 요리 (調理) 1.여러 가지 재료를 가지고 음식을 만드는 것. 2.아픈 몸을 잘 보살펴서 낫게 하는 것.《조리 잘 해서 얼른 나아.》 **조리하다**

조리 이치 (條理) 말이나 글이 앞뒤가 들어맞고 짜임새가 있는 것.《자기 의견을 조리 있게 말해 보세요.》

조리개 사진기에서 렌즈에 들어오는 빛의 양을 조절하는 장치.

조리다 고기, 생선, 채소 들에 양념을 넣어 간이 배고 국물이 거의 없어질 만큼 끓이다.《조린 감자》 참졸이다.

조리대 (調理臺) 부엌에서 음식을 만드는 조금 높고 판판한 대.

조리법 (調理法) 음식을 만드는 방법.

조리사 (調理士) 음식점이나 큰 식당 같은 데서 음식을 만드는 사람.

조리질 조리로 쌀 같은 곡식을 이는 일. **조리질하다**

조림 먹을거리 고기, 생선, 채소 들을 조린 음식.《생선 조림》

조림 숲 (造林) 나무를 심거나 씨를 뿌려서 숲을 만드는 것. **조림하다**

조립 (組立) 여러 가지 부품으로 한 물건을 짜 맞추는 것.《장난감 조립》 **조립하다 조립되다**

조립식 (組立式) 조립하여 만드는 방식.《조립식 가구》

조릿대 산에 절로 자라거나 뜰에 심어 가꾸는 늘 푸른 식물. 가늘고 키가 작은 대나무로, 줄기는 조리나 바구니를 만드는 데 쓰고 잎은 약으로 쓴다.

조마조마하다 앞으로 닥칠 일이 걱정되어 마음이 불안하다.《늦게 왔다고 야단맞을까 봐 조마조마했어.》 북오마

조릿대

조마하다.

조만간 (早晩間) → 머지않아.

조망 (眺望) 멀리 바라보는 것. 또는 멀리 보이는 경치. **조망하다**

조명 (照明) 1.빛으로 비추는 것. 또는 그 빛.《조명 기구/무대 조명》 2.어떤 사실을 한 관점에서 자세히 살펴보는 것. **조명하다 조명되다**

조명등 (照明燈) 주위를 밝게 비추는 데 쓰는 등.

조명탄 (照明彈) 터질 때 밝은 빛을 내는 포탄.

조모 (祖母) '할머니'를 달리 이르는 말.《조모께서는 건강하시냐?》

조목 (條目) 법률이나 규정 들에서 항목 하나하나. 또는 그것을 세는 단위.《조목을 따지다./열 조목》 비조항.

조목조목 (條目條目) 하나하나 꼼꼼히.《받은 선물을 조목조목 적었다.》

조무래기 '어린아이'를 낮추어 이르는 말.《동네 조무래기들이 언덕 위에서 연날리기를 한다.》 북조마구.

조문 장례 (弔問) 사람이 죽은 집에 가서 함께 슬퍼하고 가족을 위로하는 것. 비문상, 조상. **조문하다**

조문 법 (條文) 법률이나 규정 들에서 조목에 따라 적은 글.《헌법 조문》

조문객 (弔問客) 조문하러 온 손님.

조물조물 작은 손으로 자꾸 주무르는 모양.《동생이 지점토를 조물조물 빚어서 꽃병을 만들었다.》

조물주 (造物主) 세상 모든 것을 만들고 다스리는 신.

조미료 (調味料) 음식에 맛을 내려고 넣는 것. 참양념. 북맛내기.

조밀하다 어떤 곳에 들어선 것이 사이가 좁아 촘촘하다.《조밀한 글씨체》

조바심 조마조마하여 마음을 졸이는 것. 또는 그런 마음.《기차를 놓칠 것 같아 조바심이 났다.》 **조바심하다**

조바위 옛날에 여자가 추울 때 머리에 쓰던 물건. 귀와 뺨을 덮는다.

조반 (朝飯) ➜ 아침밥.

조반석죽 (朝飯夕粥) 몹시 가난한 살림을 이르는 말. 아침에는 밥을 먹고 저녁에는 죽을 먹는다는 뜻이다.

조뱅이 밭둑이나 길가에 흔히 자라는 풀. 잎 가장자리에 작은 가시가 있고, 붉은 자줏빛 꽃이 가지 끝에 하나씩 핀다. 포기째 약으로 쓴다.

조뱅이

조별 (組別) 조마다 따로따로 하는 것.《조별 활동/조별 토론》

조부 (祖父) '할아버지'를 달리 이르는 말.

조부모 (祖父母) 할아버지와 할머니.

조붓하다 조금 좁은 듯하다.《둘이 지나가기에 조붓한 골목길》

조사 살핌 (調査) 어떤 것을 정확하게 알아내려고 자세히 살피는 것.《인구 조사》 비검사. **조사하다 조사되다**

조사 품사 (助詞) '이', '을', '에게', '으로'처럼 어떤 낱말 뒤에 붙어서 뜻이 잘 나타나게 도와주거나 낱말 사이의 관계를 보여 주는 낱말.

조사단 (調査團) 어떤 것을 조사하려고 꾸린 모둠.《환경 조사단》

조사자 (調査者) 어떤 것을 조사하는 사람.

조사표 (調査表) 조사한 결과를 나타낸 표.《날씨 조사표》

조상 선조 (祖上) 1.한 집안에서 할아버지 위로 돌아가신 어른들. **참**자손. 2.같은 겨레의 옛 사람들.

조상 장례 (弔喪) 사람이 죽은 집에 찾아가서 함께 슬퍼하는 것. 비문상, 조문. **조상하다**

조상신 (祖上神) 고조할아버지보다 앞선 조상의 넋이 바뀌어 자손을 지켜 준다는 신.《조상신을 섬기다.》

조서 (調書) 조사한 내용을 적은 문서.

조석 (朝夕) 1.아침과 저녁.《옛날에는 조석으로 어른들께 문안을 올렸다.》 2.아침밥과 저녁밥.

조선 나라 (朝鮮) 1392년에 이성계가 세운 나라. 1897년 고종이 황제가 되면서 나라 이름을 '대한 제국'으로 바꾸었다.

조선 배 (造船) 큰 배를 만드는 일. **북**배무이.

조선경국전 (朝鮮經國典) 조선 태조 때(1394년) 정도전이 펴낸 법전.

조선말 1.일제 강점기에 '우리말'을 이르던 말. 2.북녘에서 '우리말'을 이르는 말. **북**조선어.

조선서지 (朝鮮書誌) 조선 후기에 프랑스 사람 쿠랑이 쓴 책. 우리나라에서 펴낸 책 이름을 쓰고 간단한 설명도 붙였다.

조선소 (造船所) 큰 배를 만들거나 고치는 곳.

조선어 학회 (朝鮮語學會) 일제 강점기에 우리말을 연구하고 널리 알리려고 만든 단체. 처음 이름은 조선어 연구회인데, 뒤에 한글 학회로 다시 이름을 고쳤다.

조선어 학회 사건 (朝鮮語學會事件) 1942년 일제가 우리말을 없애려고 조선어 학회 회원들을 감옥에 가둔 사건.

조선왕조실록 (朝鮮王朝實錄) 조선 첫째 임금인 태조 때부터 철종 때까지 역사를 쓴 책. 유네스코에서 세계 기록 유산으로 지정하였다. 국보 제151호.

조선족 (朝鮮族) 중국에 사는 우리 민족.《옌볜 조선족》

조선 청년단 (朝鮮靑年團) 일본에 머물던 조선 유학생들이 만든 독립 운동 단체. 1919년 2월 8일에 도쿄에서 독립 선언문을 발표하였다.

조선 총독부 (朝鮮總督府) 일제 강점기에 일본이 우리나라에 둔 최고 행정 관청.

조성 만듦 (造成) 1.주택 단지나 공원 같은 것을 만드는 것. 2.어떤 분위기를 만드는 것.《밝고 명랑한 교실 분위기 조성》**조성하다 조성되다**

조성 음악 (調性) 으뜸음과 그 화음에 따라 결정되는 곡조의 성질.

조세 (租稅) → 세금.

조소 미술 (彫塑) 돌이나 나무 같은 것을 깎거나 흙으로 빚어서 어떤 꼴을 만드는 것. 참조각. **조소하다**

조소 비웃음 (嘲笑) → 비웃음. **조소하다**

조속하다 아주 이르다. 또는 아주 빠르다. **조속히**《일을 조속히 끝냈다.》

조손 (祖孫) 할아버지 할머니와 손자 손녀.

조수 사람 (助手) 어떤 사람 밑에서 일을 도와주는 사람.

조수 바닷물 (潮水) 밀물과 썰물.

조숙하다 몸이나 마음이 나이에 견주어 어른스럽다.《미선이는 동무들 가운데 조숙한 편이다.》비숙성하다.

조신하다 몸가짐이 조심스럽고 얌전하다.《새댁이 아주 조신하구나.》

조실부모하다 어려서 부모를 여의다.

조심 (操心) 잘못되거나 실수하지 않게 마음 쓰는 것.《감기 조심》비주의.

조심하다《몸가짐을 조심하다.》

조심성 (操心性) 조심하는 태도나 성질.《조심성이 없어서 또 넘어졌다.》

조심스럽다 조심하는 느낌이 있다.《유리병에 뜨거운 물을 조심스럽게 부었다.》바조심스러운, 조심스러워, 조심스럽습니다. **조심스레**

조심조심 (操心操心) 아주 조심스럽게 움직이는 모양.《나는 소리 나지 않게 조심조심 방문을 닫았다.》

조아리다 이마가 바닥에 닿을 만큼 고개를 숙이다.《나쁜 사또가 암행어사 앞에 머리를 조아리고 용서를 빌었다.》

조약 (條約) 나라와 나라 사이에 맺은 약속.《강화도 조약/난징 조약》

조약돌 물가에서 흔히 볼 수 있는 작고 동글동글한 돌.

조언 (助言) → 도움말. **조언하다**

조여들다 → 죄어들다. 바조여드는, 조여들어, 조여듭니다.

조연 (助演) 연극이나 영화 같은 데서 주인공 주변 인물을 맡아 연기하는 것. 또는 그런 사람.《조연들의 감초 연기가 돋보이는 영화》참주연. **조연하다**

조예 (造詣) 학문이나 예술 같은 분야에 경험이나 아는 것이 많은 정도.《아버지는 미술에 조예가 깊으시다.》

조옮김 곡 전체를 다른 조로 바꾸는

것. **조옮김하다**

조왕상 (竈王床) 조왕신에게 제사를 올리려고 차린 상.

조왕신 (竈王神) 부엌에서 일어나는 모든 일을 다스린다는 신.

조용조용 말소리가 나지막하거나 하는 짓이 은근한 모양. **조용조용하다**

조용하다 1.어떤 곳이 시끄럽지 않다. 《조용한 동네로 이사 가고 싶어.》비고요하다. 반시끄럽다. 2.행동이나 성격이 거칠거나 야단스럽지 않다. 《민이는 말이 없고 조용하다.》 3.어떤 곳이나 일에 말썽이나 문제가 없다. 《옆집은 하루도 조용한 날이 없다.》 4.어떤 일이 남한테 알려지지 않다. 《이 일은 우리끼리 조용하게 해결하자.》

조용히 1.소리가 나거나 시끄럽지 않게. 《손님 계시니까 조용히 놀아라.》 2.거칠거나 야단스럽지 않게. 《언니가 조용히 문을 열었다.》 3.말썽이나 문제가 없이. 《지난달은 아무 일도 없이 조용히 지나갔다.》 4.남몰래 살그머니. 《선생님께서 나를 조용히 불러 얼른 집에 가 보라고 말씀하셨다.》

조율 (調律) 1.악기 소리를 기준이 되는 소리에 가깝게 맞추는 것. 《피아노 조율》북조률. 2.문제가 있는 것을 알맞게 조절하는 것. **조율하다** 《양쪽 대표가 의견을 조율했다.》 **조율되다**

조의 (弔意) 남의 죽음을 슬퍼하는 마음. 《삼가 조의를 표합니다.》

조이다 1.헐겁거나 느슨한 것을 팽팽하거나 꼭 끼게 하다. 또는 옷, 신발 들이 몸에 꼭 끼다. 《누가 수도꼭지를 이렇게 세게 조였어?/이 바지는 허리가

조인다.》준죄다. 2.벌어진 틈을 좁히다. 《두 명이 더 앉아야 하니 자리를 좀 조여 봐.》준죄다. 3.'마음', '가슴'과 함께 써서, 걱정이나 근심으로 속을 태우다. 《아이들은 가슴을 조이면서 심사 결과를 기다렸다.》준죄다.

조인 (調印) 서로 지키기로 한 내용을 적은 문서에 도장을 찍는 것. **조인하다 조인되다**

조작 꾸밈 (造作) 없는 일을 지어내는 것. 또는 어떤 일을 실제와 다르게 꾸미는 것. 《사건 조작/기사 조작》 **조작하다 조작되다**

조작 다룸 (操作) 기계 같은 것을 다루어 움직이게 하는 것. 《이 세탁기는 조작이 간편하다.》 **조작하다 조작되다**

조잘- 작은 소리로 빠르게 말하는 모양. **조잘거리다 조잘대다 조잘조잘** 《짝꿍과 과자를 먹으며 조잘거렸다.》

조잡하다 자질구레하고 보잘것없다. 《조잡한 장난감에 손을 베었다.》

조장 사람 (組長) 어떤 단체에서 조를 대표하는 사람.

조장 부추김 (助長) 옳지 못한 일을 돕거나 부추기는 것. 《과소비 조장》 **조장하다 조장되다**

조절 (調節) 균형을 이루게 바로잡거나 알맞게 잘 맞추는 것. 《체중 조절》비조정. **조절하다 조절되다**

조정 맞춤 (調整) 어떤 기준에 맞게 바꾸거나 정리하는 것. 《지하철 요금 조정》비조절. **조정하다 조정되다**

조정 화해 (調停) 서로 다른 의견이나 주장을 조화롭게 맞추어 다툼을 그치게 하는 것. 《의견 조정》비중재. **조정**

하다 조정되다

조정 역사 (朝廷) 옛날에 임금이 신하들과 나랏일을 의논하고 결정하던 곳.

조정 운동 (漕艇) 보트를 타고 노를 저어 정해진 거리를 빨리 가는 경기.

조정력 (調整力) 몸을 마음대로 가눌 수 있는 힘.

조제 (調劑) 여러 가지 약품을 섞어서 약을 짓는 것. **조제하다 조제되다**

조종 (操縱) 1.탈것이나 기계 같은 것을 뜻대로 움직이게 하는 것.《비행기 조종 기술/우주선 조종》2.다른 사람을 자기 뜻대로 움직이게 시키는 것.《배후 조종》**조종하다 조종되다**

조종사 (操縱士) 비행기를 조종하는 사람. 같파일럿.

조종석 (操縱席) 비행기에서 조종사가 앉는 자리.

조준 (照準) 총, 포, 활을 목표물에 맞게 겨누는 것. 비겨냥. **조준하다**《표적을 잘 조준해서 쏴라.》**조준되다**

조직 (組織) 1.어떤 일을 하려고 여럿이 모여서 짜임새 있는 모임을 이루는 것. 또는 그 모임.《조직 개편/정부 조직》2.천의 짜임새.《삼베는 조직이 성겨서 공기가 잘 통합니다.》3.동물이나 식물에서 짜임새와 구실이 같은 세포의 모임. **조직하다 조직되다**

조직 배양 (組織培養) 생물체의 조직을 떼어 내어 기르고 수를 늘리는 일.

조직적 (組織的) 여럿이 모여서 어떤 일을 짜임새 있게 하는. 또는 그런 것.

조직체 (組織體) 어떤 일을 하려고 조직한 단체.

조짐 (兆朕) 어떤 일이 일어날 것처럼 보이는 분위기.《당분간 비가 내릴 조짐은 안 보이는구나.》비낌새, 징조.

조차 어떤 낱말 뒤에 써서, '그것까지', '그것마저'라는 뜻을 나타내는 말.《그 아이 이름은커녕 성조차 모른다.》

조찬 (朝餐) 격식을 갖추어 손님과 함께 먹는 아침 식사. 참만찬, 오찬.

조창 (漕倉) 고려 시대와 조선 시대에 세금으로 거둔 곡식을 보관하려고 강가나 바닷가에 지은 곳간.

조처 (措處) 문제를 해결하려고 필요한 대책을 세우는 것. 또는 그 대책.《귀가 조처》비조치. **조처하다**

조청 묽게 고아서 굳지 않은 엿.

조촐하다 1.수수하고 단출하다.《할아버지 환갑잔치가 조촐하게 치러졌다.》2.깔끔하고 맵시 있다.《우리 선생님은 늘 옷차림이 조촐하세요.》

조총 (鳥銃) 1.→ 화승총. 2.새를 잡는데 쓰는 총.

조치 (措置) 형편을 잘 살펴서 필요한 대책을 세우는 것. 또는 그 대책.《응급조치》비조처. **조치하다**

조카 형제자매의 아들딸.

조퇴 (早退) 학교나 일터에서 끝나는 시간이 되기 전에 나오는 것.《짝꿍은 아파서 조퇴를 했어요.》**조퇴하다**

조판 (組版) 활자를 가지고 인쇄할 판을 만드는 것. 또는 그 판. **조판하다 조판되다**

조팝나무 산과 들에 자라거나 뜰에 심어 가꾸는 잎지는나무. 봄이면 가느다란 줄기에 작고 하얀 꽃이 빽빽이 핀다. 여름부터 가을 사이에 열매가 여문다. 북조밥나무.

조총

조팝나무

조표 (調標) 악보에서 조를 나타내는 기호. 높은음자리표나 낮은음자리표 뒤에 올림표나 내림표를 붙여서 나타낸다.

조피볼락 바위가 많은 곳에 떼 지어 사는 바닷물고기. 몸은 잿빛 갈색이며 입이 크고 머리에 가시가 많다.

조피볼락

조합 (組合) 1.여럿을 모아서 하나로 만드는 것.《한글은 자음과 모음의 조합으로 이루어진다.》 **북**무이. 2.어떤 자격을 갖춘 사람들이 일을 함께 하려고 이룬 모임.《협동조합》 **조합하다**

조합원 (組合員) 조합에 가입한 사람.

조항 (條項) 법률이나 규칙 들에 있는 내용 하나하나. **비**조목.

조혈 (造血) 몸에서 피를 만드는 것.

조형 (造形) 여러 가지 재료를 써서 어떤 꼴을 이루게 만드는 것. **조형하다 조형되다**

조형물 (造形物) 조형한 물건.

조형미 (造形美) 예술 작품이나 건축물 같은 데 나타나는 아름다움.

조혼 (早婚) 어린 나이에 일찍 혼인하는 것. **조혼하다**

조화 어울림 (調和) 서로 잘 어울리는 것.《하얀 갈매기와 푸른 바다가 멋진 조화를 이룬다.》 **조화하다 조화되다**

조화 이치 (造化) 1.세상의 모든 것이 생기고 변하는 이치.《자연의 조화는 놀랍기 그지없다.》 2.어떻게 일어난 것인지 알 수 없는 신기한 일.《4월에 눈이 내리다니 이게 무슨 조화냐.》

조화 가짜 (造花) 종이, 천, 비닐 같은 것으로 만든 가짜 꽃. **반**생화. **북**만든꽃.

조화 장례 (弔花) 사람이 죽은 것을 슬퍼하는 뜻으로 보내는 꽃.

조화롭다 서로 잘 어울려서 어긋남이 없다.《도시와 시골이 조화롭게 발전해야 한다.》 **바**조화로운, 조화로워, 조화롭습니다.

조회 모임 (朝會) 학교에서 공부를 시작하기 전에 학생과 선생이 한자리에 모두 모이는 일. **참**조례.

조회 알아봄 (照會) 관계 기관에 어떤 사실을 알아보는 것.《신원 조회/통장 잔액 조회》 **조회하다**

조회대 (朝會臺) 조회를 할 때 말하는 사람이 잘 보이게 높이 만든 대.

족구 (足球) 경기장 가운데에 그물을 치고 여럿이 두 편으로 나뉘어 서서 머리와 발로 공을 차서 넘기는 경기.

족두리 장식 여자가 특별한 의식을 치를 때 머리에 쓰는 것. 흔히 검은 비단으로 만들고 구슬을 달아 꾸민다.

족두리_장식

족두리 풀 산속 나무 그늘에서 자라는 풀. 잎 사이에 자주색 꽃이 한 송이씩 핀다. 뿌리를 약으로 쓴다.

족두리_풀

족보 (族譜) 한집안 사람을 대대로 적은 책.《양반 족보》

족속 (族屬) 1.조상이 같고 말과 풍습이 같은 사람. 2.같은 무리에 속하는 사람을 낮추어 이르는 말.《그런 염치 없는 족속들과는 상대하지 마.》

족쇄 (足鎖) 1.옛날에 죄인이나 노예의 발목에 채우던 쇠사슬. 2.자유롭게 움직이는 데 방해가 되는 것을 빗대어 이르는 말.

족자 (簇子) 그림이나 글씨를 벽에 걸거나 말아 두려고 위아래에 막대를 대고 테두리에 종이나 천을 바른 물건.

족장 (族長) 부족의 우두머리.

족제비 마을이나 시냇물 가까이 사는 짐승. 털빛은 누런 갈색에 네 다리가 짧고 꼬리는 굵다. 나무에 잘 오르고 헤엄도 잘 친다. **북**쪽제비.

족제비

족제비는 꼬리 보고 잡는다 속담 족제비는 꼬리를 쓰려고 잡는다는 뜻으로, 모든 일은 까닭이 있어서 한다는 말.

족제비도 낯짝이 있다 속담 부끄러움을 전혀 모르는 사람을 나무라는 말.

족제비송이 숲 속에서 자라는 버섯. 갓은 판판한데 가운데가 조금 볼록하게 솟았다. 빛깔은 옅은 갈색이나 붉은 갈색이다. 먹는 버섯이다.

족제비송이

족족 ' – 는', '데' 다음에 써서, '하나하나마다'의 뜻을 나타내는 말. 《형은 용돈을 받는 족족 저금을 한다.》

족집게 1.가시나 잔털을 뽑아내는 작은 집게. **북**동집게. 2.어떤 일을 잘 알아맞히는 사람을 빗대어 이르는 말. 《족집게 무당》

족하다 양이나 정도가 모자라지 않고 넉넉하다. 《저는 김밥 두 줄이면 족해요.》 **족히**

존경 (尊敬) 어떤 사람을 우러르고 받드는 것. **반**멸시. **존경하다** 《저는 세종대왕을 가장 존경해요.》

존경스럽다 존경하는 느낌이 있다. 《아버지가 존경스러워요.》 **바**존경스러운, 존경스러워, 존경스럽습니다.

존경심 (尊敬心) 존경하는 마음.

존귀하다 1.어떤 사물이 매우 소중하고 귀하다. 2.사람의 지위나 신분이 높고 귀하다. 《그 선비는 존귀한 분이니 예의를 갖추어 맞이하라.》 **반**비천하다.

졸각버섯

존대 (尊待) 존경하는 마음으로 받들어 대접하는 것. 또는 존경하는 말투로 대하는 것. **존대하다** 《우리 엄마와 아빠는 동갑이지만 서로 존대하신다.》

존댓말 → 높임말.

존립 (存立) 나라, 제도 같은 것이 자기 자리에서 제구실을 하면서 있는 것. **존립하다**

존망 (存亡) 남아 있는 것과 망해서 없어지는 것. 또는 사는 것과 죽는 것. 《나라의 존망이 걸린 전쟁》

존속 이어짐 (存續) 제도나 체제 같은 것이 그대로 있거나 어떤 상태가 이어지는 것. 《이번 사태는 나라의 존속을 뒤흔들었다.》 **존속하다 존속되다**

존속 피붙이 (尊屬) 부모와 같은 항렬이거나 그보다 높은 항렬인 피붙이.

존엄 (尊嚴) 함부로 대할 수 없을 만큼 위엄 있는 것. **존엄하다** 《사람 목숨은 무엇보다 귀하고 존엄하다.》

존엄성 (尊嚴性) 함부로 대할 수 없을 만큼 위엄 있는 성질. 《생명의 존엄성》

존재 (存在) 이 세상에 실제로 있는 것. **존재하다** 《외계인이 존재할까요?》

존중 (尊重) 높이 받들고 소중하게 여기는 것. **존중하다** 《선생님은 우리 의견을 늘 존중해 주신다.》 **존중되다**

존칭 (尊稱) 남을 높여 부르는 것. 또는 그런 말. 《나는 선생님께 존칭을 한다.》 **북**존경범주. **존칭하다**

존함 (尊銜) 남의 '이름'을 높여 이르는 말. 《선생님 존함을 알 수 있을까요?》 비성함, 함자.

졸각버섯 여러 가지 나무가 자라는 숲에서 무리 지어 나는 버섯. 갓 가장자리가 물결처럼 생겼고, 빛깔은 붉거나 노란 밤색이다. 먹는 버섯이다.

졸개 남의 부하나 앞잡이 노릇을 하는 사람을 낮추어 이르는 말.

졸다 ^{자다} 잠이 와서 저절로 눈이 감기고 고개를 끄덕거리다. 《수업 시간에 꾸벅꾸벅 졸다가 선생님께 혼이 났다.》 ^바조는, 졸아, 좁니다.

졸다 ^{줄어들다} 너무 오래 끓여서 국물이 거의 없어지다. 《된장찌개가 바짝 졸았다.》 ^바조는, 졸아, 좁니다.

졸도 (卒倒) 갑자기 정신을 잃고 쓰러지는 것. ^비기절, 실신. **졸도하다**

졸라매다 줄이나 끈 같은 것을 두르고 느슨하지 않게 꽉 묶다. 《바지가 내려오지 않게 허리띠를 단단히 졸라맸다.》

졸렬하다 말이나 하는 짓이 유치하고 마음 씀씀이가 째째하다. 《동무를 놀리는 건 졸렬한 짓이야.》

졸리다 ^{졸다} 잠이 오는 느낌이 들다. 《아무리 졸려도 숙제는 끝내야지.》

졸리다 ^{조이다} 목이 숨을 쉬지 못할 만큼 눌리다. 《목이 졸리다.》

졸망졸망 작은 것들이 고르지 않게 뒤섞여 있는 모양. 《마당 양지바른 곳에 병아리들이 졸망졸망 모여 있다.》

졸병 (卒兵) 계급이 낮은 병사.

졸본 (卒本) 동명 성왕이 고구려를 세울 때 정한 도읍지. 유리왕 때 국내성으로 도읍을 옮겼다.

졸아들다 1.물의 양이 적어지다. 《주전자 물이 졸아들어서 다시 끓였다.》 2.놀라거나 무서워서 마음이 움츠러들다. 《한밤중에 변소에 갈 생각을 하니 마음이 졸아들었다.》 ^바졸아드는, 졸아

졸참나무

들어, 졸아듭니다.

졸업 (卒業) 학생이 학교에서 과정을 다 마치고 나오는 것. 《졸업 앨범/초등학교 졸업 사진》 ^반입학. **졸업하다**

졸업반 (卒業班) 졸업을 앞둔 학년. 또는 졸업을 앞둔 학생.

졸업생 (卒業生) 졸업한 사람.

졸업식 (卒業式) 학교를 졸업할 때 치르는 행사. ^반입학식.

졸업장 (卒業狀) 졸업하는 사람에게 주는 증서.

졸음 잠이 오는 느낌. 《졸음을 쫓다.》

졸이다 1.국물이 거의 없어질 정도로 끓이다. 《찌개를 너무 졸이면 짜서 못 먹어요.》 ^참조리다. 2.'가슴을', '마음을' 과 함께 써서, 조마조마하여 애를 태우다. 《주인공이 괴물에게 쫓기는 장면에서 모두 가슴을 졸였다.》

졸장부 (拙丈夫) 째째하고 못난 남자. ^반대장부.

졸졸 1.가는 물줄기가 끊이지 않고 부드럽게 흐르는 소리. 또는 그 모양. 《시냇물이 졸졸 흘러갑니다.》 2.자그마한 동물이나 사람이 남의 뒤를 따라다니는 모양. 《동생이 형 뒤를 졸졸 따라온다.》

졸지에 미처 생각할 겨를도 없이 갑작스럽게. 《부모님이 교통사고로 돌아가셔서 졸지에 고아가 되었다.》

졸참나무 산기슭이나 골짜기에 자라는 잎지는나무. 잎은 긴달걀꼴이고 끝이 뾰족하다. 5~6월에 꽃이 피고 가을에 작은 도토리가 열린다.

졸필 (拙筆) 1.형편없이 못쓴 글이나 글씨. 또는 그렇게 쓰는 사람. 《위대한

사람 가운데 졸필이 많다.》**반**달필. 2.
자기가 쓴 글씨를 겸손하게 이르는 말.
좀 벌레 집 안에 들어와 옷이나 종이를
갉아 먹는 작은 곤충. **북**좀벌레.
좀이 쑤시다 **관용** 무엇을 하고 싶어 가만
히 있지 못하다.《날씨가 풀리니 밖에
나가 놀고 싶어 좀이 쑤신다.》
좀 **조금** 1.→ 조금.《오늘은 아빠가 좀
늦게 오실 거야.》2.묻는 말에 써서,
'오죽' 이나 '얼마나' 의 뜻을 나타내는
말.《네가 반찬 투정을 하지 않으면 엄
마가 좀 좋아하시겠니?》3.어떤 것을
부탁할 때 쓰는 말.《미안하지만 내 가
방 좀 들어 줄래?》
좀개미취 산골짜기 축축한 땅에 자라
는 풀. 8~9월에 연보라색 꽃이 피고,
밤색 털이 있는 열매가 열린다. **북**굴개
미취.
좀구굴치 물살이 느리고 물풀이 많은
연못이나 강에 사는 민물고기. 몸이 작
고 옆으로 조금 납작하다. 몸통은 누런
갈색이고 등에서 배 아래로 짙은 갈색
무늬가 있다.
좀길앞잡이 낮은 산이나 들에 사는 곤
충. 등은 짙은 밤색이고, 날개에 누런
무늬가 있다.
좀꿩의다리 숲에서 자라는 풀. 7~8월
에 노르스름한 꽃이 가지 끝에 모여 피
고, 달걀꼴 열매가 열린다. 어린순을
먹고, 뿌리는 약으로 쓴다. **북**좀가락풀.
좀도둑 별로 비싸지 않은 자질구레한
물건을 훔치는 도둑.
좀먹다 1.좀이 슬어 여기저기 구멍이
나다.《겨울옷이 다 좀먹었다.》2.눈에
띄지 않게 해치거나 상하게 하다.《즉

좀보리사초

좀비비추

좀사마귀

좀수수치

좀개미취

좀구굴치

좀작살나무

석식품은 건강을 좀먹는다.》
좀보리사초 바닷가 모래밭에 자라는
풀. 잎이 좁고 길다. 줄기 끝에 작은 이
삭이 여럿 달리는데, 위쪽에 수꽃이 두
세 송이 붙고 아래에 암꽃이 달린다.
좀비비추 제주도 숲 속에서 자라는 풀.
여름에 연보라색 꽃이 꽃대 한쪽에 줄
지어 핀다. 어린순을 먹는다.
좀사마귀 풀밭이나 딸기나무 숲에 사
는 사마귀. 머리가 옆으로 길고 몸통이
가늘다. 몸 빛깔은 밤색이고, 날개에
짙은 밤색 얼룩무늬가 있다.
좀수수치 얕고 물살이 빠른 강에 사는
민물고기. 몸이 가늘고 길다. 몸통은
옅은 갈색이다. 우리나라에만 산다.
좀스럽다 1.크기가 보잘것없이 작다.
2.마음 씀씀이가 쩨쩨하고 유치하다.
《사내 녀석이 좀스럽게 울기는.》**바**좀
스러운, 좀스러워, 좀스럽습니다.
좀약 좀이 스는 것을 막는 약.
좀작살나무 중부와 남부 지방 산에서
자라는 잎지는나무. 여름에 연보라색
꽃이 피고, 열매는 가을에 보라색으로
여문다.
좀처럼 여간해서는.《장대비가 좀처
럼 그칠 것 같지 않아.》**같**좀체.
좀체 → 좀처럼.
좁다 1.넓이나 폭, 틈 들이 크지 않다.
《차 두 대가 들어가기에는 길이 너무
좁다.》**반**넓다. 2.마음 씀씀이가 너그
럽지 않다.《덩치는 커다란 애가 왜 그
리 속이 좁니?》**반**넓다. 3.범위, 내용
들이 넓지 못하다.《시험 범위가 생각
보다 좁아서 다행이다.》**반**넓다.
좁다랗다 꽤 좁다.《좁다랗게 난 골목

길》 **반**널따랗다. **바**좁다란, 좁다래, 좁다랗습니다.

좁쌀 조의 열매를 찧어서 껍질을 벗긴 것. **참**조.

좁히다 좁게 하다.《조금만 좁혀 앉을래?/의견 차이를 좁히다.》**반**넓히다.

종 사람 옛날에 남의 집에 매여서 대를 이어 일하던 사람. **비**노비, 노예.

종 악기 (鐘) 1.쇠붙이로 만들어 치거나 흔들어 소리를 내는 물건. 2.치는 국악기 가운데 하나. 놋쇠로 만드는데, 아래는 퍼지고 위는 좁다.

종 갈래 (種) → 종류.《우표 100종》

종가 (宗家) 한 집안에서 대대로 맏들로만 이어져 온 큰집.

종가도령탈 고성 오광대, 동래 야유, 수영 야유에서 쓰는 탈.

종가양반탈 김해 가락 오광대에서 쓰는 탈.

종각 (鐘閣) 큰 종을 달아 두는 누각.

종강 (終講) 대학교나 학원에서 한 학기를 마치는 것. **반**개강. **종강하다**

종개 바닥에 모래나 자갈이 깔린 강에 사는 민물고기. 몸빛은 누런 갈색이고 옆구리에 짙은 갈색 무늬가 있다.

종결 (終結) 일을 끝내는 것. 또는 일이 끝나는 것.《사건 종결/수사 종결》**비**귀결. **종결하다 종결되다**

종고모 (從姑母) 아버지의 사촌 누이. **같**당고모.

종교 (宗教) 신을 믿고 섬기면서 마음의 평화와 행복을 얻으려는 일. 또는 그런 믿음의 체계나 가르침. 기독교, 불교, 천주교 들이 있다.

종교 개혁 (宗教改革) 16세기 유럽에

좀길앞잡이

좀꿩의다리

좁쌀

종_악기

종다래끼

종가도령탈_수영 야유

종다리

종가양반탈

종개

서 로마 가톨릭 교회의 잘못을 비판하면서 일으킨 개혁 운동.

종교적 (宗教的) 종교에 관한. 또는 그런 것.

종국 (終局) 일의 맨 마지막 판.《종국에는 모든 일이 다 잘될 거야.》

종군 (從軍) 1.전쟁터에 나가는 것. 2.군인이 아닌 기자, 의사, 작가 같은 사람이 군대를 따라 전쟁터에 가는 것.《종군 기자》**종군하다**

종기 (腫氣) 살갗이 곪으면서 생기는 큰 부스럼.

종내 (終乃) → 끝내.

종다래끼 작은 바구니. 대나무나 싸리로 아가리가 좁고 바닥이 넓은 바구니를 만들어 양쪽에 끈을 달았다.

종다리 논밭이나 풀밭에 사는 텃새. 등은 갈색 바탕에 검은 가로무늬가 있다. 봄철에 고운 소리로 운다. **같**종달새.

종단 가로지름 (縱斷) 1.세로로 자르거나 끊는 것. 2.남북으로 가로지르는 것. **참**횡단. **종단하다**

종단 종교 (宗團) 종교나 종파의 집단.

종달새 → 종다리.

종대 (縱隊) 세로로 늘어선 줄.

종두 (種痘) 천연두를 예방하려고 몸에 백신을 넣는 것. **참**우두.

종두법 (種痘法) 천연두를 예방하려고 몸에 백신을 넣는 방법.

종래 (從來) 1.예전부터 지금까지 이르는 것.《종래의 관습》2.예전부터 지금에 이르기까지 내내.《종래 야무지던 네가 웬일로 그런 실수를 했니?》

종량제 (從量制) 어떤 것의 양이나 무게에 따라 요금을 매기는 제도.《쓰레

기 종량제》

종려나무 뜰에 심어 가꾸는 늘푸른나무. 부챗살처럼 생긴 큰 잎이 줄기 끝에 무더기로 나고, 초여름에 노란 꽃이 핀다.

종례 (終禮) 학교 같은 데서 하루 일과를 마치고 여는 모임. **반**조례.

종료 (終了) 어떤 일이 끝나는 것. 또는 어떤 일을 끝내는 것.《경기 종료》 **반**개시. **종료하다 종료되다**

종류 (種類) 비슷한 꼴이나 성질을 지닌 것끼리 모아 놓은 갈래.《여러 종류의 연필을 샀다.》 **같**종. **참**종목.

종류별 (種類別) 종류에 따라 구별하는 것.《콩을 종류별로 심었다.》

종말 (終末) 계속되던 것이 끝나는 것.《많은 예언가들이 1999년에 지구의 종말을 예고했다.》

종목 (種目) 종류에 따라 나누는 항목. 또는 종류의 이름.《저는 멀리뛰기 종목에 출전해요.》 **참**종류.

종묘 사당 (宗廟) 조선 시대 임금과 왕비의 위패를 모신 사당. 조선 첫째 임금인 태조 때(1395년) 서울에 지었다. 정전과 영녕전을 비롯하여 여러 건물이 있다. 유네스코에서 세계 문화유산으로 지정하였다.

종묘_사당

종묘 식물 (種苗) 씨앗이나 싹을 심고 가꾸는 일. 또는 그런 싹이나 씨앗.

종묘사직 (宗廟社稷) 조선 시대에 왕실과 나라를 함께 이르던 말.

종묘 제례악 (宗廟祭禮樂) 조선 시대에 종묘에서 제사 지낼 때 연주하던 음악. 유네스코에서 세계 문화유산으로 지정하였다. 중요 무형 문화재 제1호.

종반 (終盤) 어떤 일이나 기간의 마지막 단계.《경기 종반》 **참**중반, 초반.

종사 (從事) 어떤 일을 직업으로 삼아 하는 것. **종사하다**《우리 큰아버지는 목축업에 종사하십니다.》

종사관 (從事官) 1.조선 시대에 군사를 이끄는 대장을 돕던 벼슬. 2.조선 시대에 일본에 가는 사신을 따라가 돕던 벼슬.

종사자 (從事者) 어떤 일에 종사하는 사람.《상업 종사자/농업 종사자》

종살이 예전에 남의 종노릇을 하면서 살던 일. **종살이하다**

종소리 종을 흔들거나 칠 때 울리는 소리.《종소리가 마을에 울려 퍼졌다.》

종속 (從屬) 자기 일을 스스로 하지 못하고 다른 것의 지배나 영향을 받는 것.《종속 관계》 **종속하다 종속되다**

종손 (宗孫) 종가의 대를 이을 맏아들이나 맏손자.

종신 (終身) 목숨이 다하는 동안. 또는 죽을 때까지.《종신 연금》

종신형 (終身刑) 죽을 때까지 감옥에 갇히는 벌.《종신형을 선고받다.》

종씨 (宗氏) 성씨는 같지만 촌수가 먼 사람끼리 서로 이르는 말.

종아리 무릎 뒤에서 발목까지의 사이. **북**종다리.

종아리뼈 종아리 부분에 들어 있는 길쭉한 뼈.

종알- 조그맣게 혼잣말하거나 떠드는 소리. 또는 그 모양. **종알거리다 종알대다 종알종알**《혼자서 종알거리지 말고 다 들리게 얘기해 줘.》

종업원 (從業員) 회사나 가게에서 일

하는 사람.《식당 종업원》**참**주인.

종용 (慫慂) 어떤 일을 하라고 부추기거나 권하는 것. **종용하다**《어머니가 서예 학원에 다니라고 종용하셨다.》

종유석 (鐘乳石) 석회 동굴 천장에 고드름처럼 달린 돌.

종이 식물 섬유로 만든 얇은 물건. 글씨를 쓰거나 그림을 그리는 데 쓴다.

종이 한 장 차이 **관용** 서로 차이가 거의 없다.《두 선수의 실력이 종이 한 장 차이라 누가 이길지 알 수 없다.》

종이꽃 종이를 접거나 오려서 만든 꽃.

종이배 종이를 접어서 만든 장난감 배.

종이비행기 종이를 접어서 만든 장난감 비행기.

종이 접기 종이를 접어서 여러 가지 모양을 만드는 일.

종이쪽 작은 종이 조각.

종이컵 종이로 만든 컵.

종이학 종이를 접어서 만든 학.

종일 (終日) ➜ 온종일.

종일토록 아침부터 저녁까지 내내.《어제는 종일토록 비가 왔다.》

종잇장 종이의 낱장. **북**종이장.

종자 (種子) ➜ 씨앗.

종자식물 (種子植物) ➜ 꽃식물.

종잡다 대강 알아차리거나 헤아리다.《이랬다가 저랬다가 하는 누나의 속마음을 종잡을 수가 없어요.》

종장 (終章) 세 장으로 이루어진 시조에서 마지막 장. **참**중장, 초장.

종적 (蹤跡) 떠나거나 사라진 뒤에 남는 흔적.《종적을 감추다.》**비**행방.

종전 **이전** (從前) 지금보다 전.《종전에는 집 앞 골목이 늘 깨끗했어요.》

종전 **끝** (終戰) 전쟁이 끝나는 것. **종전하다 종전되다**

종점 (終點) 1.버스나 기차 같은 것이 다니는 길에서 맨 마지막 정거장. 또는 어떤 것이 끝나는 곳.《이 버스는 종점이 어디지?》**반**기점. 2.정해진 동안에서 맨 끝. **반**시점.

종족 (種族) 1.조상, 말, 풍습 들이 같은 사람의 집단.《아프리카에는 수많은 종족이 있습니다.》 2.같은 종류인 생물 전체.《종족 보존 본능》

종종 → 가끔.《종종 놀러 와.》

종종거리다 발을 가까이 떼면서 빠르게 걷다.《종종거리는 아기 참새》

종종걸음 종종거리면서 걷는 걸음.《날씨가 추워지자 사람들은 종종걸음을 쳤다.》**비**동동걸음. **참**총총걸음.

종종머리 옛날에 여자 아이가 하던 머리 모양. 한쪽에 세 층씩 석 줄로 땋아서 끝에 댕기를 드렸다.

종주국 (宗主國) 어떤 일을 처음 시작한 나라.《태권도 종주국》

종지

종지 간장, 고추장, 된장 들을 담아서 밥상에 놓는 작은 그릇.《간장 종지》

종지부 (終止符) ➜ 마침표.

종지부를 찍다 **관용** 어떤 일을 끝내다. 또는 어떤 일이 끝나다.《선생님 말씀이 아이들 싸움에 종지부를 찍었다.》

종지뼈 무릎 한가운데에 작은 종지처럼 생긴 뼈.

종착역 (終着驛) 기차나 지하철 같은 것이 맨 마지막으로 서는 역.《부산은 경부선의 종착역입니다.》**북**마감역.

종친 (宗親) 성과 본관이 같은 친척.

종친회 (宗親會) 성과 본관이 같은 친

척의 모임.《경주 김씨 종친회》

종파 (宗派) 한 종교 안에서 여럿으로 갈라진 파.

종합 (綜合) 따로 떨어진 것을 한데 모으는 것. **종합하다**《여러분 의견을 종합해서 결정하겠습니다.》**종합되다**

종합 병원 (綜合病院) 내과, 외과, 소아과, 산부인과 같은 여러 진료 과목을 고루 갖춘 큰 병원.

종합적 (綜合的) 따로 떨어진 것을 한데 모은. 또는 그런 것.

종형 (從兄) 사촌 형.

종형제 (從兄弟) 사촌 형제.

종횡무진 (縱橫無盡) 이리저리 거침없이 다니는 것.《철수가 운동장을 종횡무진 누비면서 경기를 이끌었다.》 **종횡무진하다**

좇다 1. 남의 말이나 생각 같은 것을 따르다.《아빠 말씀을 좇아서 단소 교실에 다니기로 했어요.》 **참좇다**. 2. 어떤 것을 이루려고 애쓰다.《사람은 누구나 행복을 좇는다.》 3. 움직이는 것을 눈길로 따라가다.《아이들이 눈으로 고추잠자리를 좇고 있었다.》

좇아가다 1. 남이 하는 것을 그대로 따라 하다.《할아버지가 요즘 젊은이들 생각은 좇아가기 힘들다고 하셨다.》 2. 움직이는 것을 눈길로 따라가면서 쳐다보다.《동생이 화장실에 잘 가는지 눈으로 좇아갔다.》

좋다 1. 성질이나 내용, 상태가 보통보다 낫다.《제 동생은 저보다 머리가 좋아요.》 **반나쁘다**. 2. 어떤 것이 마음에 들거나 어떤 일을 하기에 알맞다.《나는 네가 좋아./사과를 먹기 좋게 썰어

주세요.》 **반싫다**. 3. 기분이 기쁘거나 즐겁다.《내일 쉰다고 생각하니 기분이 좋다.》 **반나쁘다**. 4. 날씨가 맑다.《이렇게 좋은 날씨에는 소풍을 가고 싶어요.》 5. 어떤 일을 해도 문제 될 것이 없다.《엄마가 숙제 다 하면 놀아도 좋다고 하셨어.》 **비괜찮다**. 6. 어떤 것이 몸에 이롭거나 문제가 없다.《담배는 몸에 좋지 않다.》 **반나쁘다**.

좋은 소리도 세 번 하면 듣기 싫다 **속담** 아무리 재미있고 좋은 말도 거듭 들으면 싫어진다는 말.

좋아 굳게 다짐할 때 하는 말.《좋아, 이번에는 내가 일 등을 할 거야.》

좋아지다 1. 좋게 되다.《꾸준히 운동하면 건강이 좋아질 거야.》 **비나아지다**. **반나빠지다**. 2. 좋아하게 되다.《짝꿍이 된 다음부터 진아가 좋아졌다.》

좋아하다 어떤 것을 좋게 여기거나 마음에 들어 하다. 또는 어떤 일을 즐기다.《영희는 철수를 좋아하나 봐./저는 축구를 좋아해요.》 **반싫어하다**.

좌고 (座鼓) 치는 국악기 가운데 하나. 둥글넓적한 북을 틀에 매달고 앉아서 채로 친다.

좌고

좌뇌 (左腦) 뇌의 왼쪽 부분. 흔히 말하거나 생각하는 일을 맡는다.

좌담 (座談) 어떤 문제를 두고 여럿이 모여 앉아 이야기를 나누는 것. 또는 그 이야기.

좌담회 (座談會) 어떤 문제를 두고 여럿이 모여 앉아 이야기를 나누는 모임.

좌르르 1. 물줄기가 세차게 쏟아져 내리는 소리. 또는 그 모양.《고여 있던 물이 좌르르 흘러내렸다.》 2. 담겨 있

던 것이 한꺼번에 쏟아지는 소리. 또는 그 모양.《수레가 쓰러져서 과일이 좌르르 쏟아졌다.》

좌변 (左邊) 등호나 부등호 왼쪽에 있는 수나 식. **참**우변. **북**왼변.

좌상 (坐像) 앉은 모습을 나타낸 그림이나 조각.《석가여래 좌상》

좌석 (座席) 앉은 자리. **비**자리.

좌수사 (左水使) 조선 시대 좌수영의 으뜸 벼슬.

좌수영 (左水營) 조선 시대에 수군을 다스리는 벼슬아치가 머무르던 곳. 전라도와 경상도의 동쪽 지역에 있었다. **참**우수영.

좌우 (左右) 왼쪽과 오른쪽. 또는 곁이나 언저리.《횡단보도를 건널 때는 좌우를 잘 살피세요.》

좌우각진 (左右各陣) 풍물놀이에서 꽹과리나 징 들을 치는 사람이 줄지어 안에서 오른쪽으로 도는 진과, 장구나 북 들을 치는 사람이 밖에서 왼쪽으로 도는 진을 이르는 말.

좌우간 (左右間) 이렇든 저렇든 간에.《좌우간 바로 집으로 오너라.》

좌우명 (座右銘) 가르침으로 삼아서 가슴에 새겨 둔 좋은 말.《제 좌우명은 '정직하게 살자' 입니다.》

좌우하다 어떤 것이 일이 되거나 안 되게 하다. 또는 좋거나 나쁘게 하다.《어려서 읽은 책이 사람의 미래를 좌우하기도 한답니다.》 **좌우되다**

좌의정 (左議政) 조선 시대 영의정 밑에서 함께 의정부를 이끈 벼슬. **참**영의정, 우의정.

좌절 (挫折) 어떤 일에 실패하는 것.

또는 어떤 일에 실패하여 마음이나 기분이 몹시 상하는 것. **좌절하다**《시험 못 쳤다고 좌절하지 마.》 **좌절되다**

좌절감 (挫折感) 좌절한 느낌.

좌지우지하다 어떤 일이나 사람을 제멋대로 다루다.《그때 조선을 좌지우지한 사람은 고종의 아버지 흥선대원군이었다.》 **좌지우지되다**

좌천 (左遷) 일터에서 낮은 자리나 다른 지역으로 가서 일하게 되는 것. **반**영전. **좌천하다 좌천되다**

좌초 (坐礁) 1.배가 바위에 걸려 꼼짝 못하게 되는 것. 2.어떤 일이 어려움에 빠지는 것을 빗대어 이르는 말. **좌초하다 좌초되다**

좌측 (左側) → 왼쪽.

좌측통행 (左側通行) 길에서 왼쪽으로 다니는 것.

좌표 (座標) 수직선이나 평면에서 점의 위치를 나타내는 수나 수의 짝.

좌표축 (座標軸) 좌표에서 가로와 세로의 기준이 되는 직선.

좌회전 (左回轉) 차, 오토바이, 자전거 들이 왼쪽으로 도는 것. **반**우회전. **좌회전하다**《큰길에서 좌회전해라.》

좍 1.여러 갈래로 흩어져 퍼지는 모양.《지훈이가 미선이를 좋아한다는 소문이 학교에 좍 퍼졌다.》 2.물이나 비가 갑자기 세차게 쏟아지는 소리. 또는 그 모양.《양동이의 물을 마당에 좍 쏟아부었다.》

좔좔 1.물 같은 것이 쏟아지거나 흘러가는 소리. 또는 그 모양.《코피가 좔좔 난다./땟국이 좔좔 흐른다.》 2.거침없이 잘 읽거나 외우거나 말하는 모양.

《어린아이가 천자문을 좔좔 왼다.》

죄 (罪) 법, 도덕, 양심에 어긋나는 잘못.《죄를 지었으면 벌을 받아야지.》
죄는 지은 대로 가고 덕은 닦은 대로 간다 **속담** 죄를 지으면 벌을 받고 덕을 쌓으면 복을 받는다는 말.

죄다 **모조리** 모조리 다.《오빠가 내 만두까지 죄다 먹어 치웠어.》 **비** 남김없이, 모조리.

죄다 **조이다** → 조이다.

죄명 (罪名) 지은 죄의 이름.

죄목 (罪目) 지은 죄의 종류.

죄받다 지은 죄에 걸맞은 벌을 받게 되다.《할머니는 귀한 쌀을 버리면 죄받는다고 말씀하셨다.》

죄상 (罪狀) 지은 죄의 내용.《변 사또의 죄상을 낱낱이 밝혀라.》

죄송스럽다 죄송한 마음이 들다.《옆집 유리창을 깬 나는 아주머니께 너무 죄송스러웠다.》 **바** 죄송스러운, 죄송스러워, 죄송스럽습니다.

죄송하다 잘못하여 미안하고 부끄럽다.《늦어서 죄송합니다.》

죄수 (罪囚) 죄짓고 감옥에 갇힌 사람.

죄악 (罪惡) 죄가 될 만한 나쁜 짓.《물건을 훔치는 것은 죄악이다.》

죄악시 (罪惡視) 죄악으로 여기는 것.

죄악시하다 **죄악시되다**

죄암죄암 젖먹이에게 손을 쥐었다 폈다 하라고 하는 소리. 또는 그런 동작.《아기야, 죄암죄암 짝짝!》

죄어들다 1. 안으로 점점 오그라들다.《양말이 너무 죄어들어서 발목이 아파요.》 **같** 조여들다. 2. 테두리를 점점 좁혀 가다. **같** 조여들다. **바** 죄어드는, 죄어

들어, 죄어듭니다.

죄의식 (罪意識) 자기가 한 짓을 두고 죄라고 느끼는 일.《죄의식 없이 거짓말을 한단 말이야?》

죄인 (罪人) 죄를 지은 사람.

죄짓다 죄를 저지르다.《너는 왜 나만 보면 죄지은 사람처럼 깜짝 놀라니?》 **바** 죄짓는, 죄지어, 죄짓습니다.

죄책감 (罪責感) 저지른 죄를 두고 책임을 느끼는 마음.《그 사람은 평생 죄책감에 시달렸다고 한다.》

죗값 저지른 죄에 걸맞은 대가.

주 으뜸 (主) 1. 여럿 가운데 중심이 되는 것. 2. 기독교에서 하느님이나 예수를 이르는 말.

주 일주일 (週) → 주일.

주 행정 구역 (州) 미국, 오스트레일리아, 인도처럼 연방을 이룬 나라의 행정 구역 가운데 하나.《하와이 주》

주 대륙 (洲) 지구 위에 있는 대륙을 이르는 말.《아시아 주/유럽 주》

주 주식 (株) 1. → 주식. 2. 주식을 세는 말. 3. → 그루.《밤나무 만 주》

주– 붙는 말 (駐) 나라 이름 앞에 붙어, '그 나라에 있는', '머무르는'을 뜻하는 말.《주한 미군/주일 대사관》

주간 낮 (晝間) 낮 동안.《주간 근무》 **반** 야간.

주간 일주일 (週間) 한 주 동안. 또는 한 주 동안을 세는 말.《불조심 강조 주간/숙제 안 해 오면 두 주간 화장실 청소 당번이다.》

주간 펴냄 (週刊) 신문이나 잡지 같은 것을 한 주에 한 번씩 펴내는 것. 또는 그런 신문이나 잡지. **참** 계간, 월간.

주간지 (週刊誌) 한 주에 한 번씩 펴내는 신문이나 잡지.

주객 (主客) 1.주인과 손님. 2.주된 것과 거기에 딸린 것.

주객전도 (主客顚倒) 중요한 것과 중요하지 않은 것, 급한 일과 급하지 않은 것, 앞선 것과 뒤선 것 들이 서로 바뀌었다는 말. 주인과 손님이 바뀌었다는 뜻이다.

주거 (住居) 어떤 곳에 머물러 사는 것.《주거 지역》비거주. **주거하다**

주거비 (住居費) 주거하는 데 드는 돈.

주거지 (住居地) 머물러 사는 곳.

주걱 밥을 푸는 데 쓰는 넓적한 도구. 북박죽.

주걱

주검 죽은 사람의 몸. 비사체, 송장, 시신, 시체.

주경야독 (晝耕夜讀) 어려운 형편에도 꿋꿋하게 공부하는 것. 낮에는 밭을 갈고 밤에는 글을 읽는다는 뜻이다. **주경야독하다**

주고받다 1.서로 주기도 하고 받기도 하다.《선물을 주고받다.》2.서로 말이나 인사를 건네다.《새 학기 첫날 동무들과 인사를 주고받았다.》

주꾸미

주관 맡음 (主管) 어떤 일을 맡아서 책임지고 하는 것. **주관하다**《이번 행사는 우리 반이 주관하기로 했다.》

주관 주장 (主觀) 자기만의 생각.《김 선생님은 주관이 뚜렷한 사람이다.》

주관식 (主觀式) 보기 가운데에서 답을 고르는 것이 아니라 자기 생각대로 답을 쓰는 시험 방식. 참객관식.

주관적 (主觀的) 어떤 일을 자기 나름대로 생각하는. 또는 그런 것.《주관적

인 판단》참객관적.

주교 (主敎) 가톨릭에서 대주교 다음 가는 성직자.

주권 (主權) 나라의 주인으로서 가지는 권리. 또는 한 나라가 다른 나라에 대해서 가지는 권리.

주근깨 얼굴에 생기는 잘고 검은 점.《주근깨가 다다다닥 났다.》참기미.

주기 (週期) 1.한 번 일어난 일이 다시 나타나기까지의 동안. 또는 한 번 한 일을 다시 하기까지의 동안.《봄, 여름, 가을, 겨울은 한 해를 주기로 되풀이됩니다.》2.어떤 것을 한 바퀴 도는 데 걸리는 시간.《지구의 공전 주기는 365일이다.》같사이클.

주기도문 (主祈禱文) 기독교에서 기도할 때 외는 글. 예수가 제자들에게 가르친 것으로 신약 성서에 적혀 있다.

주기적 (週期的) 같은 시간을 두고 되풀이하여 나타나는. 또는 그런 것.

주꾸미 얕은 바다에 사는 뼈 없는 동물. 낙지보다 작고 다리도 짧다.

주낙 물고기를 잡는 도구. 긴 낚싯줄에 낚시를 여러 개 달아 물속에 늘어뜨려서 고기를 잡는다.

주년 (周年) 어떤 날이 해마다 돌아올 때 그 횟수를 세는 말.《우리 학교는 올해 개교 60주년을 맞는다.》

주눅 무섭거나 부끄러워서 기를 펴지 못하는 것.《사람이 많은 곳에서는 주눅이 들어 말을 잘 못하겠어요.》

주다 1.어떤 것을 남한테 건네어 가지거나 지니게 하다.《엄마, 용돈 좀 더 주세요.》반받다. 높드리다. 2.남한테 영향을 미치거나 관심을 두다.《따뜻

한 말 한마디가 동무한테 용기를 준단
다.》3.남한테 시간이나 일이 생기게
하다.《사흘만 생각할 시간을 줘.》4.
어떤 대상에 힘을 가하다.《공을 던질
때 힘을 너무 주면 안 돼.》5.'안아 주
다'처럼 써서, 남을 위해 어떤 행동을
하는 것을 나타내는 말.《이모가 아기
한테 우유를 먹여 준다.》

주거니 받거니 관용 어떤 것을 주기도 하
고 받기도 하면서.《언니와 나는 이야
기를 주거니 받거니 하며 집에 왔다.》

주도 (主導) 어떤 일을 앞장서서 이끌
어 나가는 것. **주도하다**《지선이가 우
리 반 독서 모임을 주도하고 있다.》

주동 (主動) 어떤 일에 우두머리가 되
어 나서는 것.《사일구 혁명은 학생들
이 주동이 되어 일어났다.》**주동하다**

주동자 (主動者) 어떤 일을 주동하는
사람.

주되다 어떤 것의 중심이나 바탕이 되
다.《소방서의 주된 업무는 불을 끄는
일이다.》

주둔 (駐屯) 군대가 어떤 곳에 자리를
잡고 머무르는 것. **주둔하다**

주둥아리 '입'이나 '부리'를 낮추어 이
르는 말.

주둥이 1.짐승 입이나 새의 부리. 북구
문. 2.주전자, 병 들에서 새 부리처럼
생겨 속에 든 것이 흘러나오게 되어 있
는 부분.《주전자 주둥이에 입을 대고
물을 마셨다.》3.사람의 입을 낮추어
이르는 말.《무슨 일로 토라졌는지 동
생 주둥이가 한 뼘이나 나와 있다.》

주둥이를 놀리다 관용 말을 함부로 하다.
《네가 뭘 안다고 주둥이를 놀려?》

주렁박 |북 주렁주렁 잇달아 열린 박.

주렁주렁 열매 들이 많이 매달린 모양.
《감나무에 감이 주렁주렁 열렸네.》

주렁지다 |북 열매 들이 주렁주렁 달리
다.《포도가 주렁지게 열렸다.》

주력 중심 (主力) 중심이 되는 힘.《우
리 군의 주력은 공군입니다.》

주력 힘쏨 (注力) 어떤 일에 온 힘을 다
하는 것. **주력하다**《나는 방학 내내 책
읽기에 주력했다.》

주례 (主禮) 결혼식을 맡아서 진행하
는 것. 또는 그런 사람. **주례하다**

주례사 (主禮辭) 결혼식에서 주례가
신랑 신부한테 해 주는 좋은 말.

주로 대개 가장 흔하게. 또는 기본으로
삼아.《점심은 주로 국수를 먹는다.》

주로 길 (走路) 자동차, 말, 사람이 달
릴 수 있게 닦아 놓은 길. 북경주선.

주루막 물건을 담아 나르는 데 쓰는 농
기구. 새끼로 촘촘하게 엮어 만들고 아
가리를 끈으로 조일 수 있다.

주루막

주룩주룩 굵은 빗줄기가 쏟아지는 소
리. 또는 그 모양.《장마철이라 하루
종일 주룩주룩 비가 온다.》

주류 물줄기 (主流) 1.강에서 가장 큰 물
줄기.《이 개울은 서쪽으로 흘러가서
한강의 주류와 만난다.》2.어떤 일이
나 현상, 사상의 중심이 되는 갈래.
《요즘에는 덩치가 작은 컴퓨터가 주류
를 이룬다.》3.조직이나 단체에서 세
력이 가장 큰 무리.《주류 세력》

주류 술 (酒類) '술'이나 '술의 종류'
를 뜻하는 말.《주류 할인 매장》

주르르 1.굵은 물줄기가 빠르게 흘러
내리는 소리. 또는 그 모양.《뺨 위로

눈물이 주르르 흐른다.》 2. 비탈지거나 높은 데서 빠르게 미끄러져 내리는 모양.《조카가 미끄럼틀을 타고 주르르 내려옵니다.》

주르륵 1. 굵은 물줄기가 흐르다가 그치는 소리. 또는 그 모양.《그렁그렁 고인 눈물이 주르륵 떨어졌다.》 2. 비탈지거나 높은 데서 빠르게 미끄러져 내리다가 멈추는 모양.《고무줄이 끊어져 바지가 주르륵 흘러내렸다.》

주름 1. 살갗이 늙거나 늘어져서 생긴 잔줄이나 금.《엄마 얼굴에 주름이 늘어나서 속상해요.》 2. 천이나 종이 같은 것이 접히거나 구겨져서 생긴 줄.《다리미로 치마에 주름을 잡았다.》

주름버섯 풀이나 나무뿌리가 많은 곳에 모여나는 버섯. 갓은 처음에 우산처럼 생겼다가 자라면서 판판해진다. 엷은 누런색이다. 먹는 버섯이다.

주름버섯

주름살 살갗에 잡힌 주름.《할머니 얼굴에 주름살이 가득하다.》 ᄇ주름발.

주름잎 집 둘레, 길가, 밭에 절로 나서 자라는 풀. 주걱처럼 생긴 잎에 주름이 있고, 5~8월에 연보라색 꽃이 핀다.

주름잎

주름잡다 자기 뜻대로 움직이면서 큰 영향을 미치다.《할아버지는 한때 바다를 주름잡는 뱃사람이셨대요.》

주리 옛날에 죄인의 두 다리를 묶고 그 사이에 막대기를 끼워 비틀던 벌.《주리를 틀다.》 ᄇ주뢰.

주리다 먹을 것이 없어 배를 곯다.《병사는 주린 배를 물로 채웠다.》 ᄇ굶주리다.

주립 (州立) 행정 구역인 주에서 세우고 맡아 하는 것.《주립 도서관》

주막 (酒幕) 옛날에 길가에서 술과 밥을 팔거나 여관 구실을 하던 곳.

주막집 주막으로 쓰는 집.

주말 (週末) 한 주일의 끝 무렵. 흔히 토요일과 일요일 동안을 이른다.《이번 주말에 놀러 가자.》 참주중, 주초.

주머니 ᄌ루 1. 물건을 넣어서 들고 다닐 수 있게 헝겊이나 가죽 들로 만든 조그만 자루.《동전 주머니》 2. 옷이나 가방 같은 데 물건을 넣을 수 있게 헝겊을 대어 만든 부분.《이 치마에는 주머니가 두 개나 있네요.》 같호주머니.

주머니가 두둑하다 관용 돈이 많다.《세배를 많이 했더니 주머니가 두둑하다.》

주머니를 털다 관용 지닌 돈을 모두 내놓다.《주머니를 털어서 새별이와 떡볶이를 사 먹었다.》

주머니 저수지 ᄇ 물을 가두어 두는 작은 저수지.《며칠 동안 내린 비로 주머니마다 물이 가득 찼다.》

주먹 1. 다섯 손가락을 모두 오므려 쥔 손.《형이 꼭 이기겠다면서 두 주먹을 불끈 쥐었다.》 2. 힘이나 폭력을 쓰는 것을 빗대어 이르는 말.《박 씨가 젊었을 때는 주먹깨나 썼다는군.》 3. 한 손에 쥘 만한 분량을 세는 말.《밥에 완두콩을 한 주먹 넣었다.》

주먹구구 손가락을 꼽으면서 하는 셈. 또는 어림짐작으로 하는 셈.

주먹다짐 1. 주먹으로 때리는 짓.《동무와 말다툼 끝에 주먹다짐까지 벌이고 말았다.》 2. 함부로 대하면서 윽박지르는 짓.《형이 나한테 주먹다짐으로 심부름을 시켰다.》 **주먹다짐하다**

주먹 도끼 원시 시대에 물건을 자르거

나 땅을 파는 데 쓰던 작은 돌도끼.

주먹밥 주먹처럼 둥글게 뭉친 밥.《주먹밥 싸서 소풍 가자.》 **묵쥐기밥**.

주먹손 주먹을 쥔 손.《동생이 주먹손으로 나팔을 부는 흉내를 냅니다.》

주먹질 주먹을 휘두르는 짓. 또는 주먹으로 때리는 짓. **주먹질하다**

주먹코 크고 뭉뚝한 코.

주모 괴함 (主謀) 나쁜 일을 앞장서서 꾸미는 것. 또는 그런 사람. **주모하다**《싸움을 주모한 사람이 잡혔다.》

주모 여자 (酒母) 옛날에 술집에서 술을 팔던 여자.

주모자 (主謀者) 나쁜 일을 앞장서서 꾸민 사람.《범죄 주모자》

주목 나무 높은 산에 자라거나 뜰에 심어 가꾸는 늘푸른나무. 잎은 짧은 바늘처럼 생겼고, 나무껍질이 붉은빛을 띤다. 가을에 동그란 열매가 빨갛게 익는다. 열매를 약으로 쓴다.

주목_나무

주목 눈길 (注目) 어떤 것을 눈여겨보거나 관심 있게 살펴보는 것.《주목을 받다.》 **주목하다 주목되다**

주무르다 1.어떤 것을 손으로 쥐었다가 놓았다가 하면서 자꾸 만지다.《할머니 팔다리를 주물러 드렸다.》 2.어떤 일이나 사람을 제 마음대로 다루다.《경제계를 주무르는 큰손》 바주무르는, 주물러, 주무릅니다.

주발

주무시다 '자다'의 높임말.《할아버지, 안녕히 주무세요.》

주문 요구 (注文) 어떤 것을 만들어 달라거나 보내 달라고 하는 것. 또는 어떤 일을 해 달라고 하는 것. **주문하다**《먹고 싶은 것으로 주문해.》 **주문되다**

주문 요술 (呪文) 요술을 부리거나 점을 칠 때 외는 말.《주문을 걸다.》

주문서 (注文書) 주문하는 내용을 적은 글.

주물 (鑄物) 쇠붙이를 녹인 물을 틀에 부어서 굳혀 만든 물건.

주물럭 손으로 쥐었다 놓았다 하면서 함부로 주무르는 모양. **주물럭거리다 주물럭대다** 주물럭주물럭《동네 꼬마들이 진흙을 주물럭거리고 놉니다.》

주민 (住民) 정해진 지역 안에 사는 사람.《동네 주민/마을 주민》

주민 등록 (住民登錄) 우리나라에 국적이 있는 사람이 자기가 살고 있는 지역 관청에 등록하는 제도.

주민 등록 번호 (住民登錄番號) 주민 등록을 할 때 받는 번호. 태어난 날짜와 일곱 자리 숫자로 사람마다 다르게 붙인다.

주민 등록증 (住民登錄證) 어떤 사람이 어떤 지역에 산다는 것을 나타내는 증명서. 지역 관청에서 만 17세 이상이 된 사람에게 준다.

주밋- Ⅰ북 어떤 일을 할까 말까 망설이면서 머뭇거리는 모양. **주밋거리다 주밋대다 주밋주밋**《준호가 교무실로 들어가지 못하고 주밋거렸다.》

주발 (周鉢) 놋쇠로 만든 밥그릇.

주방 (廚房) 음식을 만드는 방. **비부엌**.

주방장 (廚房長) 한곳에서 일하는 요리사 가운데 으뜸인 사람.

주번 (週番) 한 주일마다 번갈아 맡는 일. 또는 그 일을 맡은 사람.

주범 (主犯) 1.여러 범인 가운데 우두머리 범인.《이번 강도 사건의 주범이

잡혔다.》 2. 좋지 않은 일을 만드는 주된 원인.《공기 오염의 **주범**은 자동차가 내뿜는 매연이다.》

주법 (奏法) → 연주법.

주변 둘레 (周邊) 어떤 것에서 가까운 둘레.《학교 **주변**을 청소했다.》 비주위.

주변 재간 어려운 일이나 문제를 풀어 나가는 재주.《**주변**이 좋다.》

주봉 (主峯) → 최고봉.

주부 (主婦) 한 집안의 살림을 꾸려 나가는 사람. 같가정주부.

주뼛 1. 무섭거나 놀라서 머리카락이 꼿꼿하게 일어서는 듯한 느낌. 2. 어줍거나 부끄러워서 머뭇거리는 모양. **주뼛거리다 주뼛대다 주뼛하다 주뼛주뼛**《시골 밤길을 혼자 가려니 머리카락이 **주뼛**거린다./노래를 시키자 미주가 **주뼛주뼛** 일어났다.》

주사 약 (注射) 주사기에 담은 약을 사람이나 동물 몸에 넣는 것.《어제 독감 예방 **주사**를 맞았어요.》 **주사하다**

주사 술 (酒邪) 술 마신 뒤의 나쁜 버릇.

주사기 (注射器) 주사하는 데 쓰는 기구.《일회용 **주사기**》

주사위 정육면체 여섯 면에 한 개에서 여섯 개까지 점을 새긴 장난감.

주산물 (主産物) 어떤 곳에서 많이 나는 물건.《이천 **주산물**은 쌀이다.》

주삿바늘 주사기 끝에 꽂는 바늘. 북주사바늘.

주상 절리 (柱狀節理) 용암이 땅 위에서 식어 굳으면서 기둥 모양으로 갈라진 틈.

주색탈 김해 가락 오광대에서 쓰는 탈.

주생활 (住生活) 집과 관계있는 생활. 참식생활, 의생활.

주석 사람 (主席) 북녘, 중국 같은 나라에서 나라나 정당의 우두머리.

주석 금속 (朱錫) 무르고 은빛이 나는 금속. 녹이 잘 슬지 않는다.

주선 (周旋) 어떤 일이 잘되게 가운데에서 이리저리 애쓰는 것. **주선하다**《아버지가 삼촌의 취직자리를 주선해 주셨다.》 **주선되다**

주섬주섬 여기저기 흩어진 물건을 하나하나 주워서 거두는 모양.《장난감들을 **주섬주섬** 주워서 상자에 넣었다.》

주성분 (主成分) 어떤 물질의 주된 성분.《고구마의 **주성분**은 녹말입니다.》

주소 (住所) 1. 집이나 건물이 있는 곳을 행정 구역에 따라 나타낸 것.《편지 봉투에 주소와 우편 번호를 정확히 적어라.》 2. 인터넷 사이트가 있는 곳이나 전자 우편을 받는 곳을 정해진 형식으로 나타낸 것.《전자 우편 **주소**》

주술 (呪術) 나쁜 기운을 없애거나 소원을 이루어 달라고 주문을 외는 일.《**주술**을 걸다./**주술**에 걸리다.》

주술사 (呪術師) 주문을 외워서 나쁜 일을 막는 신비한 힘을 지닌 사람.

주스 (juice) 과일이나 채소를 짜낸 즙.《토마토 **주스**》 참즙. 북과일단물.

주시 (注視) 어떤 것을 주의 깊게 살펴보는 것. 비응시. **주시하다**《그 애는 한참 동안 내 행동을 주시하고 있었다.》

주식 밥 (主食) 끼니 때 주로 먹는 음식.《우리나라 **주식**은 쌀입니다.》

주식 증권 (株式) 주식회사의 자본을 이루는 단위. 또는 그 금액을 적은 증권.《**주식** 투자》 같주.

주식회사 (株式會社) 주식을 팔아서 마련한 돈으로 경영하는 회사.

주안상 (酒案床) → 술상.

주야 (晝夜) → 밤낮.

주어 (主語) 문장에서 '누가', '무엇이'를 뜻하는 말.《'희수가 그네를 탄다.', '꽃이 예쁘다.'라는 문장에서 주어는 '희수'와 '꽃'이다.》

주어지다 어떤 것이 생기거나 갖추어지다.《주어진 기회는 잘 잡아라.》

주역 주인공 (主役) 1. 연극이나 영화 같은 데서 중심이 되는 배역. 또는 그 역을 맡은 배우.《누나가 학예회 연극의 주역으로 뽑혔대요.》 참단역. 2. 어떤 일에서 중심이 되는 역할. 또는 그 역할을 하는 사람.《앞으로 우리나라를 이끌 주역은 여러분이에요.》

주역 책 (周易) 옛 중국의 철학 책. 세상 모든 사물을 음과 양 두 가지에 맞추어 풀이했다. 사람의 운명을 점치는 데도 쓴다.

주연 (主演) 연극이나 영화 같은 데서 주인공을 맡아 연기하는 것. 또는 그런 사람.《주연 배우》 참조연. **주연하다**

주옥 (珠玉) 구슬과 옥.

주옥같다 주옥처럼 귀하고 아름답다.《주옥같은 작품을 남긴 시인》

주왕산 (周王山) 경상북도 청송에 있는 산. 국립공원이다.

주요 (主要) 어떤 것의 중심이 되거나 중요한 것.《주요 사건》 **주요하다**

주요색 (主要色) 네 가지 주요한 색깔. 빨강, 노랑, 파랑, 초록을 이른다.

주워섬기다 아무 말이나 되는 대로 늘어놓다.《지영이는 묻지도 않은 말을 자꾸 주워섬겼다.》

주원료 (主原料) 어떤 것을 만드는 데 주로 쓰는 원료.

주원인 (主原因) 어떤 상태나 일을 일으키는 주된 원인.

주위 (周圍) 1. 어떤 것의 둘레.《달은 지구 주위를 한 달에 한 번 돈다.》 비주변. 2. 어떤 사람이 가까이 지내는 여러 사람.《수연이는 고집이 세서 주위에서 하는 말을 전혀 듣지 않아요.》

주유소 (注油所) 돈을 받고 자동차나 오토바이 들에 기름을 넣어 주는 곳.

주의 생각 (主義) 1. 어떤 일에 대한 나름의 생각, 의견, 태도 들을 이르는 말.《물 한 방울도 아껴서 쓰자는 것이 할아버지 주의이다.》 2. 어떤 낱말 뒤에 써서, 어떤 내용을 가장 중요한 바탕으로 하는 생각이나 주장, 흐름 들을 이르는 말.《사회주의/민족 자결주의》

주의 조심 (注意) 1. 마음을 놓지 않고 조심하는 것.《주의 사항/감전 주의》 비조심. 반부주의. 2. 남의 잘못이나 나쁜 점을 일깨워 주는 것.《선생님께서 욕한 아이한테 주의를 주셨다.》 3. 어떤 것에 마음을 기울이거나 관심을 쏟는 것.《동생은 주의가 산만해서 지적을 자주 받는 편이에요.》 **주의하다**

주의력 (注意力) 한 가지 일에 주의하는 힘.

주의보 (注意報) 큰비, 큰 눈, 태풍, 해일 같은 것이 올 때 조심하라고 미리 알리는 일.《태풍 주의보》 참경보.

주인 (主人) 1. 어떤 것을 자기 것으로 가진 사람.《이 공책 주인이 누구야?》 비임자. 2. 손님을 맞이하고 대접하는 사람.《주인도 없는 집에 오래 앉아 있기가 거북했다.》 3. 가게나 회사 같은 것을 차려서 이끄는 사람. 참종업원.

주인공 (主人公) 1. 소설, 연극, 영화 들에서 중심이 되는 인물.《소설 주인공이 너무 불쌍해.》 2. 어떤 일에서 중심이 되거나 앞장서서 이끌어 가는 사람.《어린이는 내일의 주인공이다.》

주인집 주인이 사는 집.

주일 이레 (週日) 월요일부터 일요일까지의 이레 동안. 또는 그동안을 세는 말.《몇 주일 뒤면 새해구나.》 같주.

주일 일일 (主日) 기독교에서 '일요일'을 이르는 말. 예수가 부활한 날이 일요일이었다는 데서 붙인 말이다.

주임 (主任) 단체 같은 데서 어떤 일을 책임지고 맡은 사람.

주입 (注入) 1. 안에 흘러 들어가게 쏟아 넣는 것.《연료 주입》 2. 어떤 내용을 이해시키지 않고 단순히 외우게만 가르치는 것.《지식 주입》 **주입하다 주입되다**

주입기 (注入器) 액체나 기체를 주입하는 데 쓰는 기구.

주자 (走者) 1. 운동 경기에서 달리는 사람.《가장 빠른 동무가 이어달리기 마지막 주자로 나섰다.》 2. 야구 경기에서 누에 나가 있는 사람.

주자학 (朱子學) '성리학'을 달리 이르는 말.

주장 의견 (主張) 자기 생각이나 의견 같은 것을 굳게 내세우는 것. 또는 그 생각이나 의견.《이번에는 너희 주장을 받아들이기로 했어.》 **주장하다**

주장 사람 (主將) 운동 경기에서 팀을

이끄는 선수.《농구부 주장》

주재 맡음 (主宰) 회의나 모임 같은 것을 맡아서 이끄는 것. **주재하다**《다음 학급 회의는 미선이가 주재할래?》

주재 머무름 (駐在) 임무를 띠고 어떤 곳에 머무르는 것.《미국 주재 한국 대사관》 **주재하다**

주재료 (主材料) 어떤 것을 만드는 데 주로 쓰는 재료.

주재소 (駐在所) 1. 기관이나 회사 들에서 다른 나라나 지방에 둔 사무소 2. 일제 강점기에 일본 경찰이나 군인이 일하던 작은 사무소

주저 (躊躇) 어떤 일에 선뜻 나서지 못하고 망설이거나 머뭇거리는 것.《불편하면 주저 없이 말해.》 **주저하다**

주저앉다 1. 서 있던 자리에서 그대로 앉다. 또는 어떤 것이 무너져 내려앉다.《기운이 없어 자리에 털썩 주저앉았다.》 북물앉다. 2. 어떤 곳에 그대로 머물러 살다.《그 아저씨는 여행을 왔다가 우리나라에 그대로 주저앉은 분이에요.》 3. 어떤 일을 중간에 그만두다.《산꼭대기가 바로 앞인데 여기서 주저앉으면 어떻게 해.》

주전 (主戰) 운동 경기에 나가서 싸우는 선수. 참후보.

주전부리 간식 같은 것을 아무 때나 자꾸 먹는 것.《주전부리를 많이 해서 배탈이 났다.》 비군것질. **주전부리하다**

주전자 (酒煎子) 물을 담아서 데우거나 따르는 데 쓰는 그릇.

주전자

주절- 낮은 목소리로 중얼거리는 모양. **주절거리다 주절대다 주절주절**《주절대지 말고 큰 소리로 얘기해.》

주정 (酒酊) 술에 취해서 말이나 행동을 함부로 하는 것. 또는 그런 말이나 행동.《주정을 부리다.》**주정하다**

주정꾼 술에 취해서 주정을 부리는 사람. 묵주정군.

주제 처지 어떤 사람의 초라한 모습이나 처지.《힘도 없는 주제에 덤비기는.》

주제 내용 (主題) 1.바탕이 되는 문제.《오늘 회의의 주제는 대청소입니다.》 2.예술 작품에서 작가가 나타내려고 하는 중심 내용.《이 글의 주제는 '부모님의 사랑' 입니다.》 같테마.

주제가 (主題歌) 영화, 연극, 드라마들에서 주제를 나타내는 노래.

주제넘다 말이나 행동이 분수에 맞지 않아 건방지다.《어른들 말씀하시는데 어린애가 주제넘게 나서지 마라.》

주제도 (主題圖) 자연, 인구, 민족, 문화, 산업, 경제 같은 특별한 주제를 정하여 만든 지도.

주제어 (主題語) 말이나 글의 주제가 되는 낱말.

주조 (鑄造) 쇠붙이를 녹인 물을 틀에 부어서 물건을 만드는 것. **주조하다**《신라 시대에 주조한 종》**주조되다**

주조기 (鑄造機) 쇳물을 틀에 부어 활자를 만드는 기계.

주조법 (鑄造法) 쇠붙이를 녹인 물을 틀에 부어 그릇, 연장, 활자 같은 것을 만드는 방법.

주종 (主從) 1.주인과 종.《주종 관계》 2.중심이 되는 것과 거기에 딸린 것.

주주 (株主) 주식을 가진 사람.

주중 (週中) 한 주일의 가운데. 흔히 수요일, 목요일, 금요일을 이른다.《주중에 꽃꽂이를 배워요.》참주말, 주초.

주지 중 (住持) 절에서 우두머리 중.

주지 알 (周知) 여럿이 어떤 일을 널리 아는 것.《주지의 사실》**주지하다 주지되다**

주지사 (州知事) 미국처럼 여러 주로 이루어진 나라에서 한 주의 행정을 맡은 관청의 우두머리.

주차 (駐車) 어떤 곳에 차를 대어 두는 것.《주차 금지/주차 위반》**주차하다**

주차장 (駐車場) 주차하려고 마련해 놓은 곳.《지하 주차장》묵차마당.

주창 (主唱) 1.주의나 사상을 앞장서서 부르짖는 것. 참제창. 2.노래나 시 같은 것을 앞장서서 부르는 것. **주창하다 주창되다**

주책 1.한결같은 생각이나 판단. 2.이치에 닿지 않게 되는 대로 하는 짓.《주책을 부리다./주책이 심하다.》

주책바가지 주책없는 사람을 놀리는 말.

주책없다 한결같은 생각이나 판단 없이 이랬다저랬다 하여 몹시 실없다.《주책없는 소리를 했다가 혼났어.》

주체 (主體) 어떤 조직이나 일에서 중심이 되는 것.《학교의 주체는 학생입니다.》

주초 (週初) 한 주일의 처음.《다음 주초에 비가 내린대요.》참주말, 주중.

주최 (主催) 모임이나 행사 같은 것을 맡아 준비하고 여는 것. **주최하다**

주최자 (主催者) 모임이나 행사 같은 것을 주최하는 사람.

주축 (主軸) 어떤 모임을 이끌어 가는 중요한 사람. 또는 어떤 일에서 중심이

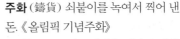

되는 내용.《동학 운동은 농민이 주축이 되어 일어났다.》

주춤 망설이거나 놀라서 움직임을 갑자기 멈추거나 몸을 움츠리는 모양. **주춤거리다 주춤대다 주춤하다 주춤주춤**《옆집 개가 갑자기 짖어대자 동생이 주춤거리면서 뒤로 물러섰다.》

주춧돌 기둥을 세울 때 밑에 받치는 돌. ⬜초석. 북주추돌, 터돌.

주치의 (主治醫) 어떤 사람을 맡아서 치료하는 의사. 북주치의사.

주택 (住宅) 사람이 들어가 살려고 지은 집.《태양열 주택》⬜가옥, 집.

주택가 (住宅街) 주택이 많이 들어선 곳. 북주택거리.

주택지 (住宅地) 주택을 짓기에 알맞은 땅. 또는 주택이 많이 모여 있는 곳. 북주택지구.

주파 (走破) 도중에 쉬거나 포기하지 않고 끝까지 달리는 것. **주파하다**《학교에서 집까지 5분 안에 주파했다.》

주파수 (周波數) 전파나 음파가 1초 동안 되풀이하는 파동 수.

주판 (珠板) → 수판.

주한 (駐韓) 다른 나라의 관리, 기관, 군대 들이 한국에 머무르는 것.《주한 프랑스 대사관/주한 미군》

주행 (走行) 자동차 같은 탈것이 달리는 것.《주행 거리》**주행하다**

주홍색 (朱紅色) 잘 익은 감처럼 노란 빛이 도는 붉은색.

주홍애주름버섯 숲 속, 잔디밭, 썩은 나뭇잎 위에서 자라는 버섯. 갓은 종처럼 생겼는데, 물기가 있을 때는 홈이 팬다. 빛깔은 붉거나 옅은 갈색이다.

주홍애주름버섯

주화 (鑄貨) 쇠붙이를 녹여서 찍어 낸 돈.《올림픽 기념주화》

주화론 (主和論) 전쟁을 피하고 평화롭게 지내자는 의견이나 이론.

주황색 (朱黃色) 귤껍질처럼 붉은빛이 도는 노란색.

주회 (周回) 둘레를 빙 도는 일. **주회하다**《지구를 주회하는 인공위성》

주효하다 어떤 일을 하는 데 효과가 있다.《우리의 열띤 응원이 선수들 사기를 높이는 데 주효했다.》

죽 먹을거리 곡물에 물을 넣고 오래 끓여 알갱이가 무르게 만든 먹을거리. 미음보다는 걸쭉하고 밥보다는 묽다.

죽 떠먹은 자리 관용 조금 줄어도 티가 나지 않을 때 하는 말.《땅콩이 많으니 한 줌 가져가도 죽 떠먹은 자리겠지.》

죽을 쑤다 관용 일을 망치다.《난 수학은 시험만 보면 죽을 쒀.》

죽도 밥도 아니다 속담 이도 저도 아니어서 아무 쓸모가 없다는 말.

죽 쑤어 개 좋은 일 하였다 속담 애써 한 일이 엉뚱한 사람한테 이롭게 된 것을 빗대어 이르는 말.

죽이 끓는지 밥이 끓는지 모른다 속담 일이 어찌 되어 가는지 도무지 관심도 없고 모른다는 말.

죽 늘어서다 1. 금을 곧게 긋는 모양.《자를 대고 죽 줄을 그었다.》2. 여럿이 차례대로 늘어서거나 가지런히 있는 모양.《키 순서대로 죽 서 보세요.》3. 단번에 거침없이 말하거나 행동하는 모양.《낮에 있던 일을 죽 얘기했다.》

죽 단위 옷이나 그릇 같은 것을 열 벌씩 묶어서 세는 말.《버선 한 죽》

죽다 1. 생물이 살아 숨 쉬지 못하게 되다.《이 세상에 죽지 않는 사람은 없다.》**반** 살다. **높** 별세하다. 2. 팔팔하던 기운이나 원래의 색깔, 성질이 없어지다.《꾸중을 들은 동생이 잔뜩 풀이 죽었다.》**반** 살다. 3. 움직이던 기계가 움직임을 멈추다.《시계가 죽어서 멈춰 버렸다.》4. 불이나 등이 꺼지다.《어젯밤 아궁이 불이 죽어서 너무 추웠어요.》5. 어떤 상태가 견딜 수 없이 심하다는 뜻을 나타내는 말.《심심해 죽겠으니 나랑 오목이라도 두자.》6. 어떤 일에 온 힘을 다한다는 뜻을 나타내는 말.《한 달 넘게 죽도록 공부했지만 성적이 별로 오르지 않았다.》

죽기 살기로 **관용** 아주 열심히.《썰매를 잘 타려고 죽기 살기로 연습했어요.》

죽는 소리를 하다 **관용** 엄살을 몹시 부리다.《90점이나 받은 녀석이 시험 망쳤다고 죽는 소리를 하니 참 얄밉다.》

죽어라 하고 **관용** 1. 있는 힘을 다해서.《죽어라 하고 뛰어간 덕에 학교에 늦지 않았다.》2. 막무가내로《동생 녀석이 제 말을 죽어라 하고 안 들어요.》

죽은 나무에 꽃이 핀다 **속담** 망해 가다가 되살아나는 것을 빗대어 이르는 말.

죽대아재비 깊은 산골짜기에 자라는 풀. 여름에 푸르스름한 노란 꽃이 한 송이씩 피고 붉고 둥근 열매가 열린다.

죽도 (竹刀) 대나무로 만든 칼.

죽령 (竹嶺) 경북 영주와 충북 단양 사이에 있는 고개. 충청남북도와 경상북도를 가르는 구실을 한다.

죽마고우 (竹馬故友) 어릴 때 함께 놀던 동무. 대나무 말을 타고 놀던 동무

죽부인

라는 뜻이다.

죽부인 (竹夫人) 가늘게 쪼갠 대나무를 얼기설기 엮어서 길고 둥글게 만든 물건. 여름에 끼고 자면 시원하다.

죽세공 (竹細工) 대나무를 재료로 하는 공예.

죽세공품 (竹細工品) 대나무로 만든 공예품.

죽순 (竹筍) 대의 땅속줄기에서 나오는 어린 싹. 음식으로 먹는다.

죽신하다 질기다 **l북** 물기가 있어 축축하면서 질기다.《물을 뿌려서 옷을 조금 죽신하게 만든 뒤에 다림질했다.》

죽신하다 대단하다 **l북** 1. 정해진 정도나 수량을 넘을 만큼 대단하다.《오늘은 죽신하게 비가 내렸습니다.》2. 아주 만족스럽거나 흐뭇하다.《야, 온통 장미꽃이라니 정말 죽신하구나!》

죽염 (竹鹽) 대나무 통 속에 소금을 다져 넣고 황토로 막아서 구워 낸 소금.

죽을힘 죽기 살기로 애쓰는 힘.《이기려고 죽을힘을 다해 달렸다.》**같** 사력.

죽음 죽는 것.《모든 병사들이 죽음을 각오하고 용감하게 싸웠습니다.》**반** 삶.

죽이다 1. 죽게 하다.《함부로 동물을 죽이면 안 됩니다.》**반** 살리다. 2. 기운이나 소리를 약하게 하거나 작게 하다.《차근차근 가르쳐 줘야지 동생 기를 죽이면 쓰니.》**반** 살리다.

죽대아재비

죽죽 1. 줄이나 금을 자꾸 곧게 긋는 모양.《오목을 두려고 종이에 가로세로로 줄을 죽죽 그었다.》2. 종이나 천 같은 것을 자꾸 여러 가닥으로 찢거나 훑는 소리. 또는 그 모양.《날짜가 지난 신문을 죽죽 찢어서 불쏘시개를 했다.》

3. 입으로 자꾸 힘차게 빠는 소리. 《아기가 엄마 젖을 죽죽 빤다.》

죽지 1. 어깨와 팔이 이어진 곳. 2. 새의 몸과 날개가 이어진 곳.

죽창 (竹槍) 대나무로 만든 창.

준결승전 (準決勝戰) 결승전에 나갈 선수나 편을 가리는 경기.

준공 (竣工) 공사를 끝마치는 것. 《마을 회관 준공》 **비**완공. **반**기공. **준공하다 준공되다**

준령 (峻嶺) 높고 가파른 산이나 언덕. 《태백산 준령/준령을 넘다.》

준마 (駿馬) 빨리 달리는 좋은 말.

준말 어떤 낱말이 줄어들어 길이가 짧아진 낱말. 《'밤사이'의 준말은 '밤새'입니다.》 **참**본말. **북**략어.

준법 (遵法) 법을 지키는 것.

준비 (準備) 필요한 것을 미리 갖추어 놓는 것. 《자기 전에 학교 갈 준비를 해 둬야지.》 **준비하다 준비되다**

준비물 (準備物) 어떤 일에 필요하여 준비하는 물건. 《미술 준비물》

준비 운동 (準備運動) 운동이나 경기를 하기 전에 가볍게 몸을 푸는 운동.

준수 (遵守) 법이나 규칙 들을 지키는 것. 《학칙 준수》 **준수하다 준수되다**

준수하다 생김새나 재주 같은 것이 아주 뛰어나다. 《우리 오빠는 얼굴이 준수해서 언니들이 좋아한다.》

준엄하다 아주 엄격하다. 《준엄한 표정/준엄하게 꾸짖다.》

준우승 (準優勝) 우승 다음가는 등수를 차지하는 것. 또는 그 등수. 《단체전에서 준우승을 했다.》 **준우승하다**

준치 얕은 바다에 사는 바닷물고기. 몸

줄_풀

준치

은 옆으로 납작하고, 등은 어두운 푸른색, 배는 은빛 나는 흰색이다.

준칙 (準則) 기준으로 삼아 따라야 하는 규칙이나 법칙.

준하다 어떤 것을 기준으로 삼아 따르다. 《맞춤법에 준해서 글을 써라.》

줄 끈 1. 묶거나 매달거나 잇는 데 쓰는 가늘고 긴 물건. 《줄을 묶다./줄이 짧다.》 2. 어떤 면 위에 그은 선. 또는 길게 새긴 무늬. 《잘 모르는 부분에는 줄을 쳐 두어라.》 3. 사람이나 물건이 길게 늘어선 것. 또는 그것을 세는 말. 《꼬마들이 줄을 지어 건널목을 지나간다./달걀 한 줄》 4. 글에서 가로나 세로로 글자를 벌여 놓은 것. 《이쯤에서 줄을 바꾸는 게 훨씬 보기 좋겠다.》 **같**행. **줄 없는 거문고** 속담 전혀 쓸모없는 것을 빗대어 이르는 말.

줄 방법 어떤 방법, 속셈, 사실 들을 나타내는 말. 《글을 읽을 줄 모르니?》

줄 연장 쇠붙이나 돌같이 딱딱한 것을 문질러서 매끄럽게 다듬는 연장.

줄 풀 늪이나 웅덩이, 개울가에 자라는 풀. 고깔처럼 생긴 이삭이 줄기 끝에 달린다. 줄기와 잎으로 자리를 엮고, 뿌리와 열매는 약으로 쓴다.

줄 에너지 (joule) 일이나 에너지의 양을 나타내는 말. 기호는 J이다.

줄거리 1. 잎이 다 떨어진 나뭇가지나 덩굴. 2. 잎에서 연한 부분을 떼어 내고 남는 질긴 부분. 잎자루, 잎맥, 잎줄기를 이른다. 3. 이야기의 자잘한 부분을 빼고 뼈대가 되는 내용. 《소설 줄거리》

줄고누 가로와 세로에 같은 수로 줄을 긋고 두는 고누.

줄곧 끊이지 않고 계속해서.《집으로 오는 동안 줄곧 비가 내렸다.》**비**내내.

줄글 한문 문장처럼 글자를 띄어서 쓰거나 글자 수를 맞추지 않고 죽 이어서 쓴 글.

줄기 1. 나무나 풀의 중심이 되는 부분. 뿌리에서 빨아들인 물과 양분을 나르는 구실을 한다. 2. 산, 물, 빛, 바람 같은 것이 길게 뻗어 나가는 것. 또는 그것을 세는 말.《산줄기/바람 한 줄기》

줄기차다 끊임없이 힘차다.《한여름에 매미가 줄기차게 울어 댄다.》

줄납자루 물풀이 우거진 강에 사는 민물고기. 등은 검은 갈색이고 배는 은빛을 띤 흰색이다. 우리나라에만 산다.

줄넘기 1. 두 손으로 줄 끝을 잡고 머리 위에서 발 아래로 줄을 돌리면서 뛰어넘는 운동. **북**뜀줄. 2. 두 사람이 줄을 한 쪽씩 잡고 커다란 동그라미를 그리면서 돌리면 다른 사람이 그 속에 들어가서 뛰어넘는 놀이.

줄다 1. 넓이나 부피가 작아지다.《아끼는 바지가 바짝 줄어서 못 입게 됐다.》**반**늘다. 2. 수나 양이 적어지다. 《꾸준히 운동을 한 덕에 몸무게가 줄었다.》**반**늘다. 3. 기운이나 실력 들이 나빠지거나 없어지다.《삼촌의 바둑 실력이 조금도 줄지 않았다.》**반**늘다. 4. 살림이 어려워지다.《살림이 줄다.》 **반**늘다. **바**주는, 줄어, 줍니다.

줄다리기 여럿이 두 편으로 갈라서 밧줄을 잡고 서로 자기편 쪽으로 끌어당기는 놀이. **북**바줄당기기, 줄당기기.

줄달음질 쉬지 않고 단숨에 달리는 것. 《아이들이 유리창을 깨고 줄달음질을

줄딸기

줄몰개

줄납자루

줄장지뱀

줄점팔랑나비

쳤다.》**북**장달음. **줄달음질하다**

줄딸기 산기슭과 골짜기에서 자라는 잎 지는 덩굴나무. 줄기에 갈고리 같은 가시가 있다. 5~6월에 연한 붉은색 꽃이 피고, 여름에 열매가 붉게 익는다.

줄레줄레 여럿이 질서 없이 뒤따르는 모양.《아이들이 줄레줄레 쫓아왔다.》

줄모 못줄을 대어 가지런하게 심는 모.

줄몰개 맑고 물살이 느린 강에 사는 민물고기. 몸이 긴달걀꼴이다. 몸통은 짙은 갈색이고 배 쪽은 옅은 갈색이나 옅은 노란색을 띤다.

줄무늬 줄이 진 무늬.《줄무늬 치마》

줄뿌림 밭에 고랑을 내어 씨앗을 줄줄이 뿌리는 방법.

줄어들다 수량, 크기 들이 적어지거나 작아지다.《삼촌이 장가가서 할머니 걱정거리가 줄어들었대요.》**반**늘어나다. **바**줄어드는, 줄어들어, 줄어듭니다.

줄이다 줄게 하다.《바지를 조금만 줄여 주세요.》**반**늘이다.

줄임표 → 말줄임표.

줄자 천이나 쇠로 만든 줄에 눈금을 그은 자. 돌돌 말아 두었다가 풀어서 쓴다. **북**도래자.

줄잡다 어림잡아 헤아리다.《광장에 모인 사람이 줄잡아 만 명은 되겠다.》

줄장지뱀 산기슭이나 풀숲에 사는 장지뱀. 등은 누르스름한 녹색이고, 옆구리에 하얀 줄이 길게 나 있다. 꼬리가 몸통보다 두 배 넘게 길다.

줄점팔랑나비 마을이나 개울 가까이에 사는 나비. 날개는 밤색이고, 하얀 점이 이어져 있다.

줄줄 1. 눈물, 땀, 물줄기 같은 것이 끊

이지 않고 흐르는 모양.《눈물이 줄줄 흐른다.》**2.** 어떤 것이 자꾸 미끄러지거나 흘러내리는 모양.《살이 빠져서 예전에 입던 바지가 줄줄 흘러내린다.》**3.** 조금도 막힘이 없이 무엇을 읽거나 외우거나 말하는 모양.《누나는 구구단을 줄줄 욀 수 있어요.》

줄줄이 1. 한 줄 한 줄마다.《선생님 글에는 우리를 걱정하시는 마음이 줄줄이 나타나 있다.》**2.** 여러 줄로.《아이들은 구령에 맞추어 줄줄이 늘어섰다.》**3.** 끊이지 않고 잇따라.《추석 연휴 동안 교통사고가 줄줄이 일어났다.》

줄짓다 1. 줄을 이루다.《줄지어 날아가는 기러기 떼》**2.** 어떤 일이 끊이지 않고 잇따르다.《마을에 이상한 일이 줄지어 일어났어요.》 ᄇ줄짓는, 줄지어, 줄짓습니다.

줄타기 공중에 걸쳐 매어 놓은 줄 위를 걸으면서 재주를 부리는 일. 중요 무형문화재 제58호.

줄패장 고싸움놀이나 줄다리기 같은 것에서 경기를 이끄는 우두머리.

줄행랑 '도망'을 낮추어 이르는 말.《동네 꼬마들이 우리 집 유리창을 깨고 줄행랑을 놓았다.》

줄행랑치다 재빨리 달아나다.《호동이가 혼날까 봐 줄행랑쳐 버렸네.》

줌 주먹으로 쥘 만한 양을 나타내는 말.《콩 한 줌/쌀 한 줌》

줍다 바닥에 떨어진 것을 집어 들다.《산기슭에 떨어진 쓰레기를 주웠다.》 ᄇ줏다. ᄇ줍는, 주워, 줍습니다.

줏대 자기 생각을 꿋꿋이 지키고 내세우는 태도.《줏대 없이 이랬다저랬다

하지 마라.》 ᄇ속대, 주대.

중 ^{가운데} (中) **1.** 차례나 등급을 셋으로 나눌 때 둘째인 것.《상, 중, 하로 따지자면 내 수영 실력은 중쯤이다.》 ᄇ가운데. 참상, 하. **2.** 여럿 가운데.《너희 중에 누가 가장 몸무게가 많이 나가니?》 ᄇ가운데. **3.** 어떤 일을 하는 동안.《지금 밥 먹는 중이에요.》 **4.** 어떤 때가 지나가기 전에.《오늘 중으로 숙제를 끝내야 해.》 **5.** 안이나 속.《공기 중에 있는 산소의 양이 얼마나 될까?》

중 ^{종교} 절에 살면서 부처의 가르침을 익히고 세상에 널리 전하는 사람. ᄀ승려. ᄂ스님.

중이 절 싫으면 떠나야지 ᄉ속담 머무르는 곳이나 함께하는 사람들이 싫으면 자기가 떠나야 한다는 말.

중이 제 머리 못 깎는다 ᄉ속담 자기 일이지만 남의 손을 빌려야만 할 수 있는 것을 빗대어 이르는 말.

중- ^{붙는 말} (重) 어떤 낱말 앞에 붙어, 몹시 크거나 무겁거나 정도가 심하다는 뜻을 더하는 말.《중공업/중병》

중간 (中間) **1.** 어떤 것 가운데. 또는 어떤 곳 사이.《학교와 우리 집 중간에 우체국이 있어요.》 **2.** 등급, 크기, 차례들에서 가운데.《경민이 키는 우리 반에서 중간쯤이다.》 **3.** 어떤 일이 아직 끝나지 않은 때.《오줌이 마려워서 영화 보다가 중간에 나왔어.》 ᄇ도중.

중간 상인 (中間商人) 생산자한테서 물건을 사서 소비자에게 파는 사람.

중간적 (中間的) 중간이 되는. 또는 그런 것.

중개 (仲介) 두 당사자 사이에서 어떤

일이 이루어지게 애쓰는 것.《부동산 중개》**중개하다**

중거리 (中距離) 길지도 짧지도 않은 중간 거리.

중건 (重建) 낡거나 무너진 건물을 다시 짓는 것.《경복궁 중건》**중건하다 중건되다**

중견 (中堅) 어떤 조직이나 집단에서 중심이 되어 일을 맡아 하는 사람.《중견 작가/중견 가수》

중경상 (重輕傷) 심한 상처와 가벼운 상처.《중경상을 입다.》

중계 (中繼) 1.중간에서 이어 주는 것.《중계 무역》 2.→ 중계방송.《축구 중계》**중계하다 중계되다**

중계방송 (中繼放送) 1.한 방송국의 방송을 다른 방송국에서 중계하는 일. 같중계. 2.방송국 밖에서 벌어지는 여러 가지 일을 방송국이 중계하여 방송하는 일. 같중계.

중고 헌것 (中古) 이미 쓴 것이나 오래된 것.《중고 가구》

중고 악기 (中鼓) 치는 국악기 가운데 하나. 네 발 달린 나무틀 위에 가죽 위를 보게 북을 걸어 놓고 채로 친다.

중고기 바닥에 모래와 자갈이 깔린 강에 사는 민물고기. 등은 푸르스름한 갈색이고, 배는 은빛 나는 흰색이다. 조개 몸 안에 알을 낳는다.

중고차 (中古車) 이미 써서 새것이 아닌 자동차.

중고품 (中古品) 오래되거나 낡은 물건. 참신품.

중공 (中共) 중국 공식 이름인 '중화인민 공화국'이나 '중국 공산당'을 줄인 말.

중공군 (中共軍) 중국 공산당에 딸린 군대.

중공업 (重工業) 자동차, 배, 철강 같은 무겁고 큰 물건을 만드는 산업. 참경공업.

중구난방 (衆口難防) 여럿이 마구 떠드는 것. 여러 사람 말은 막기 어렵다는 뜻이다.《아이들이 중구난방으로 떠들어서 정신이 하나도 없다.》

중국별똥보기생파리 산에 사는 파리. 몸집이 작고 통통하다.

중국별똥보기생파리

중국어 (中國語) 중국 사람이 쓰는 말과 글.

중권 (中卷) 세 권으로 나뉜 책에서 가운데 것. 참상권, 하권.

중금 (中笒) 부는 국악기 가운데 하나. 대나무로 만드는데, 생김새는 대금과 비슷하고 크기가 조금 작다.

중금

중금속 (重金屬) 수은이나 납 같은 무거운 금속. 사람 몸에 해로운 것이 많다. 참경금속.

중급 (中級) 등급을 셋으로 나눌 때 가운데 등급.《내 한문 실력은 중급 정도이다.》참고급, 상급, 초급, 하급.

중고_악기

중기 (中期) 1.기간을 셋으로 나눌 때 가운데 시기.《조선 중기》비중엽. 참말기, 전기, 초기, 후기. 2.길지도 짧지도 않은 기간.

중고기

중남미 (中南美) 북아메리카 남쪽과 남아메리카 지역. 멕시코, 브라질, 아르헨티나 같은 나라가 있다.

중년 (中年) 청년과 노년의 중간이 되는 나이. 흔히 마흔 살에서 쉰 살 안팎까지를 이른다.《중년 신사》

중노동 (重勞動) 몹시 힘든 노동. **북**중 로동.

중농 (中農) 자기 땅에 농사를 지으면서 조금 여유 있게 사는 농가나 농민.

중뇌 (中腦) 뇌에서 간뇌와 소뇌 사이에 있는 부분.

중단 (中斷) 하던 일을 중간에 그만두는 것. 또는 어떤 것이 중간에 멈추는 것. 비중지. **반**계속. **중단하다**《선생님이 갑자기 수업을 중단하고 교실 밖으로 나가셨다.》 **중단되다**

중대 (重大) 아주 크고 중요한 것.《중대 발표》 **중대하다**《중대한 결정》

중대가리풀 밭이나 길가에 절로 나서 자라는 풀. 줄기가 땅 위로 뻗고 마디에서 뿌리를 내린다. 여름에 풀색이나 자주색 꽃이 핀다. **북**토방풀.

중대가리풀

중대백로 물가에 사는 여름새. 암수 모두 온몸이 하얗고 다리는 검다. 부리가 길고 뾰족하다.

중대백로

중도 (中途) 1.가던 길의 중간.《집에 가다가 중도에 동무를 만났다.》 2.일이 끝나지 않은 중간.《중도에 포기하는 건 안 하는 것만 못하다.》

중독 (中毒) 1.독성이 있는 음식, 약물, 가스 들을 먹거나 마셔서 목숨이 위태로워지는 일.《수은 중독/연탄가스 중독》 2.술이나 마약 같은 것에 빠져서 그것 없이는 견디지 못하는 상태.《알코올 중독/마약 중독》 **중독되다**

중독성 (中毒性) 중독을 일으키는 성질.《중독성이 강한 약물》

중동 (中東) 사우디아라비아, 쿠웨이트, 이란 같은 서아시아 지역을 이르는 말. **참**극동, 근동.

중등 교육 (中等敎育) 초등학교를 졸업한 사람한테 하는 교육. 중학교와 고등학교에서 하는 교육을 이른다.

중략 (中略) 말이나 글에서 중간 부분을 빼는 것. **중략하다 중략되다**

중량 (重量) → 무게.

중량급 (重量級) 권투나 레슬링 같은 경기에서 몸무게가 무거운 선수끼리 겨루는 등급. **참**경량급.

중력 (重力) 지구 위에 있는 모든 것을 지구 중심으로 끌어당기는 힘.

중론 (衆論) 여러 사람의 의견.《중론을 모으다.》

중류 (中流) 1.강이나 내의 가운데 부분. **참**상류, 하류. 2.지위, 신분, 생활수준 같은 것이 중간쯤인 것.《중류 계층》 **참**상류, 하류.

중립 (中立) 1.한쪽으로 치우치지 않는 것. 2.다른 나라 사이에 일어난 전쟁에서 어느 편에도 끼지 않는 것.

중립국 (中立國) 다른 나라 사이에 전쟁이 일어날 때 어느 편에도 끼지 않는 나라.

중립적 (中立的) 한쪽으로 치우치지 않는. 또는 그런 것.

중매 (仲媒) 혼인할 남자와 여자를 소개하는 것.《중매결혼》 **중매하다**

중매쟁이 남자와 여자 사이에서 중매하는 사람.

중모리 국악 장단 가운데 하나. 진양조장단보다 빠르고 중중모리보다 느리다. **북**중모리장단.

중문 (中門) 절이나 한옥에서 대문 안에 하나 더 세운 문. 또는 뜰로 들어갈 때 지나는 문.

중반 (中盤) 어떤 일이나 기간의 중간 단계. 《영화 중반》 **참**종반, 초반.

중벌 (重罰) 무거운 벌.

중병 (重病) 목숨이 위태로울 만큼 심한 병. 《중병을 앓다./중병이 들다.》

중복 ^{겹침} (重複) 같은 일을 되풀이하는 것. 또는 여러 가지가 겹치는 것. **중복하다** 《한 문장에 같은 낱말을 중복해 쓰는 것은 좋지 않아.》 **중복되다**

중복 ^{더위} (中伏) 삼복 가운데 두 번째 복날. **참**초복, 말복.

중부 (中部) 어떤 지역의 가운데 부분. 《중부 지방》

중부리도요 바닷가나 논밭에 사는 나그네새. 몸 빛깔은 등 쪽이 어두운 갈색이고 배 쪽이 흰색인데, 가슴과 겨드랑이에 갈색 세로무늬가 있다.

중부리도요

중뿔나다 1. 말이나 하는 짓이 주제넘다. 《남의 일에 중뿔나게 나서기는.》 2. 하는 짓이 유별나거나 엉뚱하다. 《왜 너만 중뿔나게 흰옷을 입었니?》

중산층 (中産層) 재산이나 생활 형편이 중간쯤 되는 계층.

중상 (重傷) 아주 심하게 다친 상처. 《교통사고로 중상을 입었다.》 **참**경상.

중상모략 (中傷謀略) 남을 해치려고 터무니없는 말로 헐뜯는 것. **중상모략하다** 《동무를 중상모략하지 마세요.》

중생 (衆生) 1. 많은 사람들. 《나라에서 가난한 중생을 구제했다.》 2. 불교에서 말하는 생명이 있는 모든 존재.

중생대 (中生代) 지질 시대 가운데 하나. 공룡과 암모나이트 들이 살았다.

중석 (重石) → 텅스텐.

중성 (中性) 1. 서로 반대되는 두 가지

의 중간이 되는 성질. 《중성 피부》 2. 산성도 염기성도 아닌 성질.

중성 세제 (中性洗劑) 물에 녹아서 중성을 띠는 세제.

중세 (中世) 인간 역사를 시대로 나눌 때 고대와 근대 사이의 시대. **참**고대, 근대, 현대.

중소 (中小) 크기가 중간쯤 되거나 작은 것. 《중소 도시》

중소기업 (中小企業) 규모가 중간쯤 되거나 작은 기업. **북**중세소업.

중소기업청 (中小企業廳) 지식 경제부에 딸린 기관. 중소기업에 관한 일을 모두 맡아본다.

중수도 (中水道) 빗물이나 한 번 쓴 물을 정화해서 수세식 화장실이나 도로 청소에 다시 쓰는 수도.

중순 (中旬) 매달 11일에서 20일까지의 열흘 동안. 《3월 중순》 **참**상순, 하순.

중시 (重視) 어떤 것을 중요하게 여기는 것. **비**중요시. **반**경시. **중시하다** 《이번 수학 시험에서는 답보다 문제 푸는 과정을 더 중시하겠어요.》 **중시되다**

중심 ^{가운데} (中心) 1. 어떤 것의 한가운데. 또는 가운데 부분. 《과녁의 중심》 2. 기본이 되거나 중요한 부분. 《이 글의 중심 내용을 말해 보세요.》

중심 ^{무게 중심} (重心) → 무게 중심.

중심가 (中心街) 도시 중심에 있는 거리. **북**중심거리.

중심부 (中心部) 중심이 되는 부분. 《시청은 도시 중심부에 있습니다.》

중심선 (中心線) 어떤 것의 중심을 지나는 직선. 또는 원이나 구의 중심을 지나는 직선.

중심적 (中心的) 기본이 되거나 중요한. 또는 그런 것.

중심지 (中心地) 어떤 일이나 활동의 중심이 되는 곳.《교통 중심지》

중심체 (中心體) 어떤 일이나 활동에서 중심이 되는 것.

중압 (重壓) 1.무겁게 내리누르는 것. 또는 그 힘.《임시 화장실이 중압을 이기지 못하고 무너졌다.》 2.참기 힘들만큼 억누르거나 부담을 주는 것. 또는 그 힘.《시험의 중압 때문에 힘들어.》

중앙 (中央) 1.어떤 것의 한가운데.《화살을 잇따라 과녁 중앙에 맞혔다.》 2.한 나라의 서울을 지방에 견주어 이르는 말.《중앙 정부》 **참**지방. 3.여럿 가운데 가장 크거나 중요한 곳《중앙 우체국/중앙 도서관》

중앙선 금 (中央線) 1.한가운데에 그은 선. 2.차가 오고 가는 방향을 구분하려고 차도 한가운데에 그은 선.

중앙선 철도 (中央線) 서울과 경상북도 경주를 잇는 철도. 1942년에 놓았다.

중앙아시아 아시아 대륙 한가운데에 있는 지역. 사막과 초원과 고원으로 이루어진 곳으로, 우즈베키스탄, 몽골, 티베트 같은 나라가 있다.

중앙은행 (中央銀行) 화폐를 찍어 내고 나랏돈이 들어오고 나가는 일을 맡아보는 은행.

중앙청 (中央廳) 옛날에 우리나라 정부에서 중앙 행정 관청으로 쓰던 건물. 일제 강점기에는 조선 총독부 건물이었다.

중앙황제장군탈 가산 오광대에서 쓰는 탈.

중원 고구려비

중원 탑평리 칠층 석탑

중앙황제장군탈

중양절 (重陽節) 우리나라 옛 명절 가운데 하나. 국화전을 부쳐 먹었고, 단풍과 들국화를 즐기는 들놀이를 하였다. 음력 9월 9일이다.

중언부언 (重言復言) 같은 말을 자꾸 되풀이하는 것. **중언부언하다**《중언부언하지 말고 꼭 할 말만 해.》

중얼 낮은 소리로 남이 알아듣지 못하게 혼잣말하거나 떠드는 소리. 또는 그 모양. **중얼거리다 중얼대다 중얼중얼**《동생이 구석에서 혼자 중얼거린다.》

중역 (重役) 1.회사에서 높은 자리에 있는 사람. 2.책임이 무거운 역할.《형이 학교 축제에서 중역을 맡았다.》

중엽 (中葉) 어떤 시기를 셋으로 나눌 때 가운데 부분.《19세기 중엽/조선 시대 중엽》 **비**중기. **참**초엽, 말엽.

중요 (重要) 어떤 것이 큰 의미나 가치가 있는 것.《중요 인물》 **중요하다**

중요성 (重要性) 중요한 성질이나 정도.《자연 보호의 중요성》

중요시 (重要視) 어떤 것을 중요하게 여기는 것. **비**중시. **중요시하다**《건강을 중요시하다.》 **중요시되다**

중용 알맞음 (中庸) 한쪽으로 치우치지 않고 모자라거나 넘치지 않는 알맞은 상태.《어떤 일이든 중용을 지켜라.》

중용 임명 (重用) 중요한 자리에 임명하는 것. **중용하다 중용되다**

중원 고구려비 (中原高句麗碑) 충청북도 충주에 있는 고구려 시대 비석. 국보 제205호.

중원 탑평리 칠층 석탑 (中原塔坪里七層石塔) 충청북도 충주에 있는 석탑. 통일 신라 때 석탑 가운데 가장 크고 오래되었다. 국보 제6호.

중유 (重油) 석유에서 뽑아내는 기름 가운데 하나. 휘발유, 등유, 경유 들을 뽑아내고 남은 검은 갈색 기름이다. 보일러 연료나 인쇄 잉크 들로 쓴다.

중이염 (中耳炎) 귀 안에 생기는 염증.

중인 (中人) 조선 시대에 양반과 상민 사이에 있던 중간 신분.

중일 전쟁 (中日戰爭) 1937년 7월에 일본이 중국에 쳐들어가 벌인 전쟁.

중임 (重任) 1.중요하고 책임이 무거운 임무.《아버지는 회사에서 중임을 맡고 계시다.》2.같은 자리를 한 번 더 맡는 것. **중임하다 중임되다**

중장 (中章) 세 장으로 이루어진 시조에서 둘째 장. 참종장, 초장.

중장기 (中長期) 길지도 짧지도 않은 기간과 긴 기간을 함께 이르는 말.

중장비 (重裝備) 건설이나 토목 공사에 쓰는 크고 무거운 기계나 탈것.

중재 (仲裁) 서로 다투고 있는 둘을 화해시키는 것. **중재하다**《싸움을 중재하다.》

중전 (中殿) 임금의 아내를 이르는 말.

중절모 (中折帽) → 중절모자.

중절모자 (中折帽子) 둥근 챙이 달리고 꼭대기를 눌러서 쓰는 신사용 모자. 같중절모.

중점 (重點) 중요하게 여기는 점.《이 소설은 '우정'에 중점을 두고 있다.》

중졸 (中卒) '중학교 졸업'을 줄인 말.

중죄 (重罪) 몹시 무거운 죄.《어린이 유괴는 중죄로 다스려야 한다.》

중주 (重奏) 둘 이상이 서로 다른 악기로 함께 연주하는 것. 참독주, 합주.

중중모리 국악 장단 가운데 하나. 중모리보다 빠르고 자진모리보다 느리다. 참중중모리장단.

중증 (重症) 아주 깊은 병세.

중지 그만둠 (中止) 도중에 그만두거나 멈추는 것. 비중단. 반계속. **중지하다**《소나기가 쏟아져서 운동회를 중지했다.》**중지되다**

중지 손가락 (中指) → 가운뎃손가락.

중지 지혜 (衆智) 여러 사람의 슬기.《중지를 모아서 문제를 해결했다.》

중진국 (中進國) 정치, 경제, 문화 들이 앞서지도 않고 뒤떨어지지도 않고 중간쯤인 나라. 참선진국, 후진국.

중창 (重唱) 둘 이상이 서로 다른 가락을 함께 노래하는 것. 참독창, 합창.

중책 (重責) 아주 중요한 책임.

중천 (中天) 하늘 한가운데.《해가 중천에 떴는데 아직도 이불 속에 있니?》

중추 (中樞) 중심이 되는 중요한 부분.《우진이는 우리 농구부의 중추야.》

중추절 (仲秋節) → 한가위.

중키 크지도 작지도 않은 보통 키.

중탕 (重湯) 음식이나 약을 그릇에 담은 채 끓는 물에 넣어서 익히거나 데우는 것. **중탕하다**《한약을 중탕하다.》

중태 (重態) 병이나 사고로 목숨이 위태로운 상태.《중태에 빠진 환자》

중턱 산, 언덕, 고개 같은 데서 중간쯤 되는 곳.《저 산 중턱까지만 가자.》

중퇴 (中退) 학교를 졸업하지 못하고 중도에서 그만두는 것. '중도 퇴학'을 줄인 말이다.《중학교 중퇴》**중퇴하다**

중편 (中篇) 1.세 편으로 된 책의 가운데 편. 참상편, 하편. 2.소설, 동화, 영화 같은 것의 길이가 단편과 장편 중간인 것. **참**단편, 장편.

중편 소설 (中篇小說) 길이가 단편과 장편 중간인 소설. **참**단편 소설, 장편 소설.

중풍 (中風) 뇌 핏줄에 이상이 생겨 갑자기 정신을 잃고 쓰러져서 몸이 마비되는 병.《중풍 환자》

중하다 1.아주 중요하거나 소중하다.《아버지는 체면을 중하게 여기신다.》 2.죄가 크거나 병이 깊다.《저 사람은 죄가 중해서 무거운 벌을 받겠다.》 3. 책임이 무겁다.《혼자 동생들을 보살펴야 하니 네 책임이 중하구나.》

중학교 (中學校) 초등학교를 마치고 들어가는 학교. **참**고등학교, 초등학교.

중학생 (中學生) 중학교에 다니는 학생.《올해 형은 중학생이 된다.》

중형 크기 (中型) 크지도 작지도 않은 중간쯤 되는 크기. **참**대형, 소형.

중형 형벌 (重刑) 아주 무거운 형벌.《살인자에게 중형이 내려졌다.》

중화 (中和) 1.성질이 다른 것이 섞여서 본래 성질을 잃거나 중간 성질을 띠게 되는 것. 2.산성 물질과 염기성 물질이 섞여서 중성이 되는 것.《중화 반응》 중화하다 중화되다

중화요리 (中華料理) 중국 전통 요리.《자장면은 본래 중화요리가 아니래.》

중화학 공업 (重化學工業) 중공업과 화학 공업.

중환자 (重患者) 병이나 상처가 아주 심한 환자.《중환자부터 돌보세요.》

중후하다 태도나 분위기가 무게 있고 점잖다.《중후한 신사》

쥐_동물

쥐깨풀

중흥 (中興) 기운이 약해지던 것이 다시 일어나는 것. **중흥하다**《고려 시대에는 불교가 중흥했다.》

줴버리다 |북 → 쥐여버리다.

줴치다 |북 → 쥐여치다.

쥐 동물 산과 들, 사람이 사는 곳 가까이 사는 짐승. 이빨이 계속해서 자라기 때문에 딱딱한 물건을 갉아 댄다.

쥐도 새도 모르게 관용 아무도 모르게 감쪽같이.《동생이 쥐도 새도 모르게 숨겨 놓은 과자를 꺼내 갔다.》

쥐 죽은 듯이 관용 아주 조용한 모양.《시끄럽던 교실이 선생님만 들어오시면 쥐 죽은 듯이 조용해진다.》

쥐 안 잡는 고양이 속담 있어도 제구실을 못하는 것을 이르는 말.

쥐 마비 몸 한 부분의 힘살이 오그라들어서 잠깐 동안 움직일 수 없게 되는 것.《다리에 쥐가 나서 주저앉았다.》

쥐구멍 1.쥐가 드나드는 구멍. 2.몹시 창피하거나 떳떳하지 못할 때 몸을 숨길 만한 작은 곳을 빗대어 이르는 말.《오줌 싼 것을 들켰을 때는 쥐구멍에라도 들어가고 싶었어요.》

쥐구멍에도 볕 들 날이 있다 속담 지금 힘들고 어려워도 언젠가는 좋은 날이 올 때가 있다는 말.

쥐깨풀 축축하고 그늘진 곳에 자라는 풀. 꽃은 연한 붉은색이 도는 보라색이거나 흰색이고, 둥근 열매가 열린다. 어린순을 먹는다. **북**좀들깨.

쥐꼬리 쥐의 꼬리.

쥐꼬리만 하다 관용 크기가 아주 작거나 양이 아주 적다.《쥐꼬리만 한 용돈으로 한 달을 어떻게 버티지?》

쥐꼬리망초 낮은 산 풀밭이나 밭둑에 자라는 풀. 연보라색 꽃이 가지 끝에 모여 핀다. 포기째 약으로 쓴다. 북무릇꼬리풀.

쥐꼬리망초

쥐다 1.손가락을 한껏 오므려서 주먹이 되게 하다.《형이 주먹을 불끈 쥐고 화를 냈다.》 2.어떤 것을 손 안에 넣은 채로 잡다.《멱살을 쥐다./몽둥이를 쥐다.》 3.제 뜻대로 할 수 있는 권력 같은 것을 잡다. 또는 돈을 벌거나 가지다.《천하를 손에 쥐다./목돈을 쥐다.》

쥐덫 쥐를 잡으려고 놓는 덫.

쥐똥나무 산기슭이나 골짜기에 자라고 공원이나 길가에 많이 심는 잎지는 나무. 5~6월에 자잘한 흰 꽃이 피고, 가을이면 쥐똥처럼 생긴 열매가 까맣게 익는다. 북검정알나무.

쥐똥나무

쥐라기 중생대를 셋으로 나눌 때 가운데 시대.

쥐며느리 썩은 나무나 마루 밑처럼 축축한 곳에 사는 벌레. 몸은 둥글납작하고, 몸 빛깔은 잿빛을 띤 갈색이다.

쥐방울덩굴 산과 들에 자라는 덩굴풀. 여름에 푸르스름한 노란색 꽃이 피고, 낙하산처럼 생긴 열매가 겨울까지 달린다. 열매와 뿌리를 약으로 쓴다.

쥐불놀이 정월에 하는 놀이. 논둑이나 밭둑 마른풀에 불을 놓아 해충을 쫓고 한 해 동안 탈 없기를 빈다.

쥐방울덩굴

쥐뿔 아주 보잘것없거나 작은 것을 빗대어 이르는 말.《쥐뿔도 없으면서 엄청나게 잘난 척하네.》

쥐약 쥐를 죽이는 데 쓰는 독약.

쥐어뜯다 1.손으로 꽉 쥐고 뜯어내다.《단추를 쥐어뜯다.》 북쥐여 뜯다. 2.'가

쥐오줌풀

슴'과 함께 써서, 몹시 속상해하거나 괴로워하다.《어머니가 가슴을 쥐어뜯으면서 우십니다.》 북쥐여 뜯다.

쥐어박다 머리를 주먹으로 때리다.《까부는 동생 머리를 쥐어박았다.》

쥐어짜다 1.손으로 꽉 쥐고 꾹 눌러서 짜다.《거의 다 쓴 치약을 쥐어짰다.》 2.잘 생각나지 않는 것을 골똘히 생각하다.《아무리 머리를 쥐어짜도 답을 모르겠다.》 3.억지로 눈물이나 소리가 나게 하다.《눈물을 쥐어짜다.》

쥐여버리다 |북 1.어떤 것을 쥐어서 버리다.《동생이 버린 과자 봉지를 내가 쥐여버렸다.》 준쥐버리다. 2.하던 일을 걷어치우고 다시 살피지 않다.《누나가 며칠 동안 열심히 하던 줄넘기를 결국 쥐여버렸다.》 준쥐버리다. 3.일이나 자리에 알맞은 사람을 돌보아 쓰지 않다.《그렇게 훌륭한 선수를 쥐여버리기는 아깝지.》 준쥐버리다.

쥐여지다 |북 손 안에 넣고 꼭 쥐게 되다.《동생 손목은 한 손에 쥐여진다.》

쥐여치다 |북 1.쥐고 마구 치다.《오빠가 외투를 쥐여치면서 먼지를 턴다.》 준쥐치다. 2.이러쿵저러쿵 불평하거나 아무 말이나 마구 하다.《수현이가 말도 안 되는 소리를 쥐여치면서 억지를 부렸다.》 준쥐치다.

쥐오줌풀 산속 축축한 곳에 자라는 풀. 뿌리에서 쥐 오줌 냄새가 난다. 5~8월에 옅은 붉은색 꽃이 피고, 좁고 긴 열매가 달린다. 뿌리를 약으로 쓴다. 북바구니나물.

쥐이다 쥐게 하다.《짝꿍한테 쪽지를 쥐여 주었다.》

쥐치 떼 지어 사는 바닷물고기. 몸은 마름모꼴이고 옆으로 납작하다.

쥐포 말린 쥐치를 기계로 납작하게 눌러 만든 포.《쥐포 구이》

쥘부채 접었다가 폈다가 하는 부채.

즈믄 옛날에 '천'을 이르던 말.

즈음 어떤 일이 일어나거나 어떻게 될 무렵.《집에 닿을 즈음 비가 그쳤다.》

즈음하다 어떤 때를 맞다.《어린이날에 즈음해서 축제가 벌어진대요.》

즉 (卽) 말하자면. 또는 다시 말해서.《고래는 포유류에 듭니다. 즉 물고기가 아니라는 말이지요.》^비곧.

즉각 (卽刻) 당장에 곧.《불이 나자 소방대원들이 즉각 출동했다.》^비즉시.

즉결 (卽決) 그 자리에서 바로 결정하는 것.《즉결 재판》 **즉결하다**

즉사하다 그 자리에서 바로 죽다.

즉석 (卽席) 어떤 일이 일어나는 바로 그 자리. 또는 어떤 일이 바로 그 자리에서 일어나는 것.《즉석 요리》

즉석식품 (卽席食品) 오래 두거나 가지고 다니면서 쉽게 데워 먹을 수 있는 식품. 컵라면, 통조림 들이 있다.

즉시 (卽時) 어떤 일이 일어나면 곧바로.《아빠한테서 전화가 오는 즉시 엄마한테 알려 줘야 해.》^비즉각.

즉위 (卽位) 왕 자리에 오르는 것. ^비등극. ^반퇴위. **즉위하다**《단종은 어린 나이에 즉위했다.》

즉위식 (卽位式) 여러 사람 앞에서 왕자리에 오르는 것을 알리는 의식.

즉효 (卽效) 효과가 바로 나타나는 것. 또는 그런 효과.《설사에 즉효인 약》

즉흥 (卽興) 그 자리에서 바로 느끼는 기분. 또는 미리 준비하지 않고 그 자리에서 바로 하는 것.《즉흥 연주》

즉흥적 (卽興的) 미리 준비하지 않고 그 자리에서 바로 하는. 또는 그런 것.

즐거움 즐거운 느낌. ^반괴로움.

즐거워하다 즐겁게 느끼다.《나들이 가자는 말에 아이들이 모두 즐거워했다.》^반괴로워하다.

즐겁다 마음이 흐뭇하고 기분이 좋다. 또는 어떤 일이 기쁘고 재미있다.《할아버지 댁에 가서 사촌 오빠들과 즐겁게 놀았습니다.》^반괴롭다. ^바즐거운, 즐거워, 즐겁습니다. **즐거이**

즐기다 1.어떤 일을 좋아해서 자주 하다. 또는 어떤 일을 하면서 즐겁게 보내다.《우리 아버지는 일요일마다 낚시를 즐기세요.》 2.좋아하는 음식을 자주 먹다.《과수원에서 맛있는 딸기를 마음껏 즐겼다.》

즐비하다 가지런하고 빽빽하게 늘어서 있다.《동네 뒷산에 아름드리 참나무가 즐비합니다.》

즙 (汁) 과일이나 채소에 들어 있는 물기. 또는 과일이나 채소를 갈아서 짜낸 액체. ^참주스.

증가 (增加) 수나 양이 늘어나는 것. ^반감소. **증가하다**《인구가 증가하다.》 **증가되다**

증감 (增減) 수나 양을 늘리거나 줄이는 것. 또는 수나 양이 많아지거나 줄어드는 것. **증감하다 증감되다**

증강 (增强) 군사나 무기의 수량을 늘려서 더 강하게 만드는 것.《병력 증강》 **증강하다 증강되다**

증거 (證據) 어떤 사실을 증명할 수 있

는 근거.《내가 거울을 깼다는 증거를
대 봐.》

증거물 (證據物) 증거가 되는 물건.

증권 (證券) 주식처럼 재산 가치를 금
액으로 적어 놓은 문서. 정부나 기업에
서 만들어 낸다.

증권 시장 (證券市場) 증권을 사고파
는 시장. 좁은 뜻으로는 증권 거래소를
이른다.

증권 회사 (證券會社) 증권을 사고파
는 일을 맡아 하는 회사.

증기 (蒸氣) 1.액체가 증발하거나 고
체가 승화할 때 생기는 기체.《증기로
움직이는 기차》 2.→ 수증기.

증기 기관 (蒸氣機關) 증기 힘으로 움
직이는 기관.

증기 기관차 (蒸氣機關車) 증기 기관
으로 움직이는 기관차.

증대 (增大) 수나 양이 늘어나는 것.
《소득 증대》 **증대하다 증대되다**

증류 (蒸溜) 액체를 끓여서 얻은 기체
를 식혀서 다시 액체로 만드는 일. 여
러 물질이 섞인 액체에서 어떤 물질을
뽑아낼 때 쓴다. **증류하다 증류되다**

증류수 (蒸溜水) 증류해서 아무것도
섞이지 않은 물. **븍증류액.**

증명 (證明) 어떤 사실이나 주장이 참
인지 거짓인지 증거를 들어서 밝히는
것. **증명하다**《변호사가 피고인이 무
죄라는 것을 증명했다.》 **증명되다**

증명서 (證明書) 어떤 사실을 증명하
는 문서.《졸업 증명서/자격 증명서》

증발 (蒸發) 1.액체가 기체로 바뀌어
날아가는 것.《수분 증발》 2.사람이나
물건이 갑자기 사라지는 것. **증발하다**

증발접시

《책상 위에 있던 열쇠가 어디로 증발
했지?》 **증발되다**

증발량 (蒸發量) 정해진 시간에 물이
증발하는 양.

증발 접시 물기를 증발시켜서 녹아 있
던 물질을 얻는 데 쓰는 실험용 접시.

증보 (增補) 이미 나온 책에 내용을 보
태고 다듬어서 늘리는 것.《남북녘 어
린이들을 위한 국어사전이 증보 편찬
되었다.》 **증보하다 증보되다**

증빙 (證憑) 어떤 사실을 증명하는 근
거로 삼는 것. 또는 그 근거.《증빙 자
료》 **증빙하다 증빙되다**

증산 (增産) 어떤 것을 더 많이 만들어
내는 것.《식량 증산 계획》 **증산하다
증산되다**

증산 작용 (蒸散作用) 식물 몸 안에
있는 물이 수증기가 되어 밖으로 나오
는 일.

증상 (症狀) → 증세.《식중독 증상》

증서 (證書) 공공 기관 같은 데서 어떤
사실을 증명하는 문서.

증설 (增設) 시설이나 기관 같은 것을
더 늘려서 설치하는 것.《연구 기관 증
설》 **증설하다 증설되다**

증세 (症勢) 병의 특징이 몸에 나타나
는 것.《감기 증세》 **같증상.**

증손 (曾孫) 손자의 아들딸.

증식 (增殖) 수나 양이 늘어서 많아지
는 것. 또는 많게 만드는 것.《재산 증
식》 **증식하다 증식되다**

증액 (增額) 돈의 액수를 늘리는 것.
또는 늘린 액수.《지원금 증액/국방비
증액》 **증액하다 증액되다**

증언 (證言) 흔히 법정에서 어떤 사실

증기 기관차

을 밝혀 말하는 것. 또는 그 말. **증언하
다**《증인은 피고가 그 자리에 없었다
고 증언했다.》

증언대 (證言臺) 법정에서 증인이 증
언을 하는 자리.

증오 (憎惡) 몹시 미워하는 것. 또는
그런 마음. **증오하다**《나는 전쟁을 증
오한다.》

증오심 (憎惡心) 증오하는 마음.

증원 (增員) 사람 수를 늘리는 것. ^반감
원. **증원하다 증원되다**

증인 (證人) 어떤 사실을 증언하는 사
람.《피고 쪽 증인》^북증거자.

증정 (贈呈) 축하하거나 감사하는 뜻
으로 물건 같은 것을 주는 것.《선물
증정》비기증. **증정하다 증정되다**

증조모 (曾祖母) ➡ 증조할머니.

증조부 (曾祖父) ➡ 증조할아버지.

증조할머니 아버지의 할머니. ^같증조
모. ^참증조할아버지.

증조할아버지 아버지의 할아버지.
^같증조부. ^참증조할머니.

증진 (增進) 기운이나 능력 같은 것이
늘어나거나 나아지는 것.《체력 증진》
^반감퇴. **증진하다 증진되다**

증축 (增築) 이미 있는 건물을 더 늘리
거나 층을 높여서 짓는 것.《도서관 증
축》**증축하다 증축되다**

증폭 (增幅) 생각이나 일의 테두리가
커지는 것. **증폭되다**《두 겨레 사이의
갈등이 증폭되어 전쟁이 일어났다.》

증표 (證票) 어떤 사실의 증거가 되는
표나 물건.《우정의 증표/혼인 증표》

지 악기 (篪) 부는 국악기 가운데 하나.
대나무 통 앞쪽에 네 개, 뒤쪽에 하나

구멍을 뚫고 뒤쪽 맨 끝에 십자 모양으
로 구멍을 내었다.

지 동안 어떤 때부터 지금까지의 동안.
《영희와 친해진 지 꽤 오래되었다.》

-지 잇는 말 1.'않다', '못하다', '말다'와
함께 써서, 사실과 다르거나 어떤 상태
에 있지 않다는 것을 나타내는 말. 또
는 남한테 어떤 행동을 못하게 할 때 쓰
는 말.《나는 너를 미워하지 않아./교
실에 휴지 버리지 마라.》2.흔히 '아니
다', '없다'와 함께 써서, 서로 반대되는
사실을 말할 때 앞뒤 내용을 이어 주는
말.《그 오빠는 중학생이지 고등학생
이 아니야.》

지각 늦음 (遲刻) 제시간보다 늦게 도
착하는 것. **지각하다**《학교에 지각하
지 않으려면 뛰어야겠다.》

지각 깨달음 (知覺) 1.눈, 귀, 코 같은 감
각 기관으로 바깥의 자극이나 변화를
느끼는 것. 2.이치나 도리 같은 것을
깨달아 아는 것.《지각을 차리다./지각
이 없는 행동》**지각하다 지각되다**

지각 지구 (地殼) 지구의 거죽을 이루
는 부분. 비지반.

지각생 (遲刻生) 지각한 학생.

지각없다 하는 짓이 어리석고 철이 없
다. 또는 일의 옳고 그름을 가리는 힘
이 없다. 비몰지각하다. **지각없이**《지
각없이 한 일이니 용서하세요.》

지갑 (紙匣) 돈이나 신분증 같은 것을
넣어서 들고 다니는 물건. 헝겊, 비닐,
가죽 들로 만든다.

지게 무거운 짐을 나르는 데 쓰는 도구.
나무로 만들어 등에 지고 다닌다.

지게꾼 지게로 남의 짐을 날라 주는 사

지게

지_악기

람. 뭐지게군.

지게차 앞부분에 나와 있는 길쭉한 쇠판 두 개에 짐을 싣고 위아래로 움직여서 나르는 차. 뭐자동지게차.

지겟작대기 지게를 받쳐서 세우는 데 쓰는 작대기. 뭐지게작대기.

지겹다 어떤 일이 되풀이되거나 재미없어서 몹시 따분하고 싫다.《수학 시간은 정말 지겨워.》 빠지겨운, 지겨워, 지겹습니다.

지경 (地境) 아주 어렵고 괴로운 형편이나 상태.《그날은 너무 추워서 콧물마저 꽁꽁 얼어붙을 지경이었어요.》

지구 별 (地球) 해에 셋째로 가까운 별. 우리가 사는 별이다.

지구 지역 (地區) 어떤 목적이나 기준에 따라 나누어 놓은 지역.《야생 동물 보호 지구》

지구력 (持久力) 오래 버티는 힘.《오래달리기는 지구력을 길러 준다.》

지구본 → 지구의.

지구상 (地球上) 지구의 위.《지구상의 모든 생물》

지구의 (地球儀) 둥근 통에 지구 모습을 본떠서 땅과 바다를 그려 넣은 것. 같지구본.

지구전 (持久戰) 빨리 승부를 내지 않고 오랫동안 끄는 싸움.

지구촌 (地球村) 교통과 통신이 발달하여 지구가 한 마을처럼 가까워진 것을 빗대어 이르는 말.

지그시 1.가볍게 힘을 주거나 슬며시 누르는 모양.《할아버지는 눈을 지그시 감고 생각에 잠기셨다.》 2.말없이 참고 견디는 모양.《오줌이 마려웠지

지게차

만 지그시 참고 차례를 기다렸다.》

지그재그 (zigzag) 줄이 곧바르지 않고 왼쪽과 오른쪽으로 들쭉날쭉한 모양.《자전거를 타고 기둥들을 피해 지그재그로 달렸다.》 뭐지그자그.

지극하다 노력, 정성, 사랑 들이 더할 수 없이 크다.《효성이 지극한 나무꾼에게 신령님이 큰 상을 내렸습니다.》

지근- 1.가볍게 밟거나 누르거나 씹는 모양. 2.몸 한 부분이 쑤시고 아픈 모양. **지근거리다 지근대다 지근지근**《오징어를 지근지근 씹었다./감기에 걸려서 머리가 지근거려요.》

지글- 액체가 걸쭉하게 잦아들면서 몹시 끓는 소리. 또는 그 모양. **지글거리다 지글대다 지글지글**《뚝배기에 된장찌개가 지글지글 끓고 있다.》

지금 (只今) 말하는 바로 이때.《언니는 지금 숙제하고 있어요.》 같시방.

지금껏 지금까지.《수족관에는 지금껏 보지 못한 신기한 물고기가 많다.》

지급 (支給) 주기로 한 돈이나 물건 같은 것을 내주는 것. **지급하다**《월급을 지급하다.》 **지급되다**

지긋지긋 생각하기도 싫을 만큼 몹시 지겹고 괴로운 모양. **지긋지긋하다**《화장실 청소는 정말 지긋지긋해.》

지긋하다 나이가 꽤 많다.《나이가 지긋해 보이는 아저씨가 집에 찾아왔다.》 뭐지숙하다. **지긋이**

지기 (知己) → 지기지우.

지기지우 (知己之友) 자기의 속마음을 알아주는 동무. 같지기.

지껄이다 1.큰 소리로 떠들썩하게 이야기하다.《골목에서 아이들이 크게

지껄이는 소리가 들렸다.》 2.'말하다' 를 낮추어 이르는 말.《잘 모르면서 함 부로 지껄이지 마라.》

지끈- 머리가 쑤시듯이 아픈 모양. **지 끈거리다 지끈대다 지끈지끈**《밀린 방학 숙제 때문에 머리가 지끈거린다.》

지나가다 1. 어떤 곳에 들르거나 머물 지 않고 그냥 가다. 또는 그 주변을 거 쳐서 가다.《버스가 멈추지 않고 그냥 지나갔다./기차가 들판을 지나간다.》 2. 어떤 때가 흘러가다.《겨울이 지나 가고 봄이 왔다.》 3. 어떤 현상이 한동 안 나타났다가 사라지다.《태풍이 지 나가자 다시 기온이 올라갔다.》 4. 어 떤 일을 문제 삼거나 잘 살피지 않고 그 냥 넘어가다.《우리 선생님은 작은 일 하나도 그냥 지나가지 않으십니다.》 5. 말에 별 뜻이 없다.《함께 놀러 가겠 느냐고 지나가는 말로 물어보았다.》

지나다 1. 어떤 때가 넘거나 흐르다. 《이 학교로 전학을 온 지도 벌써 넉 달 이 지났다.》 2. 어떤 곳을 거쳐서 오거 나 가다.《기차가 조금 전에 대전을 지 났다.》 3.'지나지 않다' 꼴로 써서, 어 떤 기준이나 테두리를 넘다.《네 말은 핑계에 지나지 않아.》

지나다니다 어떤 곳을 지나서 오거나 가거나 하다.《여기는 차가 지나다닐 수 없는 곳이에요.》

지나오다 1. 어떤 곳을 지나서 오다. 또 는 어떤 곳을 들르지 않고 오다.《엄마 심부름을 까맣게 잊고 가게를 그냥 지 나왔다.》 2. 세월을 따라 살아오다.《할 아버지는 가만히 지나온 세월을 돌이 켜 보셨다.》

지나치다 1. 어떤 곳에 들르거나 머무 르지 않고 그냥 오거나 가다.《만원 버 스가 정류장을 획 지나쳐 달려간다.》 2. 어떤 일을 문제 삼거나 살피지 않고 그냥 넘기다.《이번 일은 도저히 그냥 지나칠 수가 없다.》 3. 어떤 기준이나 알맞은 정도를 훨씬 넘어서다.《그때 네 행동은 조금 지나쳤어.》

지난날 지나온 날.《동무와 지난날의 서운한 감정을 모두 잊기로 했다.》

지난달 이번 달 바로 앞 달.《우리는 지난달에 이사 왔다.》 **같**전달.

지난밤 바로 어젯밤. **같**간밤.

지난번 지나간 때. 또는 지나간 차례. 《지난번에는 내가 잘못했어.》 **같**저번, 전번.

지난해 올해의 바로 앞 해.《지난해 여 름은 정말 더웠어요.》 **같**작년, 전년, 전 해. **북**간해.

지남철 (指南鐵) → 자석.

지남침 (指南針) 자석으로 된 바늘이 늘 남북을 가리키게 만든 기구.

지내다 1. 어떤 정도나 상태로 살아가 거나 시간을 보내다.《선생님, 요즘 어 떻게 지내세요?》 2. 남과 관계를 맺고 살아가다.《선이와 진이는 친자매처럼 가깝게 지낸다.》 3. 어떤 때를 보내다. 《기러기는 우리나라에서 겨울을 지내 고 간다.》 4. 직책, 직위를 맡아서 일하 다.《할아버지는 옛날에 마을 이장을 지내셨다.》 5. 제사, 차례, 장사 같은 의 식을 치르다.《큰집에서 할머니 제사 를 지내고 왔다.》

지네 바위틈이나 땅속에 사는 벌레. 몸 은 가늘고 길며 여러 마디로 되어 있는

지네

데, 마디마다 발이 한 쌍씩 있다. 큰 턱에서 독이 나온다.

지느러미 물에 사는 동물들이 몸을 바로잡고 헤엄치는 데 쓰는 몸 한 부분. 물고기에서 흔히 볼 수 있다.

지느러미엉겅퀴 밭둑이나 빈터에 자라는 풀. 줄기에 지느러미처럼 생긴 것이 달려 있는데, 가장자리가 뾰족하다. 자주색이나 흰색 꽃이 피고 어린잎과 줄기를 먹는다.

지느러미엉겅퀴

지능 (知能) 생각하거나 기억하거나 셈하는 것처럼 머리를 쓰는 일에서 드러나는 능력.《지능이 낮다.》

지능 검사 (知能檢査) 지능을 수치로 알아보려고 만든 검사.

지능 지수 (知能指數) 검사하여 알아낸 지능을 수치로 나타낸 것.

지능화 (知能化) 1. 기계 같은 것이 지능을 가지게 되는 것. 2. 나쁜 일을 하는 수법이 약삭빨라지는 것.《범죄의 지능화》 **지능화하다 지능화되다**

지니다 1. 물건 같은 것을 몸에 간직하여 두다. 또는 생각 같은 것을 마음속에 새겨 두다.《아빠는 늘 엄마 사진을 지니고 다닌다./훌륭한 가르침을 지니고 살겠어요.》 2. 성품, 능력, 기술 들을 갖추다.《우리 이모는 고운 심성을 지녔다.》 3. 의미, 모양, 성질 들을 띠다.《이 시에 나타난 '해님'은 '행복'이라는 뜻을 지닙니다.》

지다 해가 1. 해, 달, 별 들이 서쪽으로 넘어가다.《요즘은 저녁 여섯 시만 돼도 해가 진다.》 반 뜨다. 2. 꽃이나 잎이 시들거나 말라서 떨어지다.《추워지자 마당의 꽃이 모두 졌다.》 반 피다. 3. 때

나 얼룩이 닦이거나 씻겨 지워지다.《더운물로 씻어야 때가 잘 진다.》

지다 경기에서 1. 싸움, 경기, 내기 들에서 상대한테 눌리거나 꺾이다.《지난 경기에서는 우리가 아깝게 졌다.》 반 이기다. 2. 남의 고집, 요구 들에 못 버티거나 마지못해 양보하다.《그래, 내가 졌으니 네 마음대로 하렴.》

지다 그늘이 1. 어떤 상태가 되거나 어떤 현상이 나타나다.《벽에 그늘이 졌다.》 2. '-아지다'나 '-어지다' 꼴로 써서, 어떤 움직임이 생기거나 어떤 상태로 바뀌다.《찢어지다/예뻐지다》

지다 짐을 1. 옮길 물건을 등에 얹다.《나는 작은 배낭을 지고 산에 올랐다.》 2. 책임이나 의무를 다하다.《운동장 청소는 제가 책임을 지고 끝낼게요.》 3. 빚을 얻거나 남의 도움이나 은혜를 입다.《빚을 지다./신세를 지다.》 4. 해나 바람을 등 쪽에 두다.《후반전에는 우리가 해를 지고 경기해요.》

–지다 멋지다 어떤 낱말 뒤에 붙어, '어떤 성질이 있다', '어떤 모양을 띠다'라는 뜻을 더하는 말.《멋지다/기름지다/네모지다》

지당하다 더할 수 없이 옳다.《지당하신 말씀!》

지대 (地帶) 어떤 특징에 따라 테두리 지은 땅.《산악 지대/평야 지대》

지대하다 더할 수 없이 크다.《지대한 관심/지대한 영향》

지도 그림 (地圖) 땅의 생김새를 줄여서 나타낸 그림.《세계 지도》

지도를 그리다 관용 이부자리에 오줌을 싸다.《동생이 물을 많이 마시고 자더

니 이불에 지도를 그렸다.》

지도 ^{이끎} (指導) 남한테 어떤 일을 가르치거나 남을 어떤 쪽으로 이끄는 것. 《생활 지도》 ^참인도. **지도하다**

지도력 (指導力) 남을 지도하는 능력. ^같리더십.

지도자 (指導者) 남을 지도하는 사람. ^같리더.

지독하다 더할 수 없이 독하거나 심하다.《아빠 방귀 냄새는 정말 지독해.》

지동설 (地動說) 지구가 자전하면서 태양 둘레를 돈다는 학설. ^참천동설.

지라 위의 왼쪽이나 위쪽에 있는 내장 가운데 하나. ^같비장.

지랄 1.법석을 떨거나 마구잡이로 하는 짓을 낮추어 이르는 말. 2.→ 간질. **지랄하다**

지략 (智略) 어떤 일이나 문제를 슬기롭게 풀어 나가는 꾀.《지략이 뛰어난 장군》 ^비지모.

지렁이 땅속에 사는 벌레. 몸은 가늘고 긴 원통꼴인데, 마디가 많다. 흙 속에 섞인 양분을 먹고 산다.

지렁이도 밟으면 꿈틀한다 ^{속담} 아무리 착하고 순한 사람도 못살게 굴면 성을 낸다는 말.

지레 ^{미리} 어떤 일이 일어나거나 어떤 때가 되기 전에 미리.《동생은 개를 보기만 해도 지레 놀라 뒷걸음을 친다.》

지레 ^{지렛대} → 지렛대.

지레짐작 어떤 일이 일어나거나 어떤 때가 되기 전에 미리 어림잡아 헤아리는 것.《공연한 지레짐작으로 반장을 힘들게 하지 마.》 **지레짐작하다**

지렛대 무거운 물건을 옮기는 데 쓰는

지렁이

긴 막대기. 한쪽 끝을 물건 밑에 괴고 막대기 가운데에 받침을 놓은 뒤에 반대쪽 끝을 눌러서 들어 올린다. ^같지레. ^북지레대.

지령 (指令) 윗사람이 아랫사람한테 내리는 지시나 명령. **지령하다**

지로 (giro) 은행에서 손님을 대신해 어떤 회사나 단체 들로 돈을 보내 주는 방법.《지로 용지/지로 납부》

지뢰 (地雷) 건드리거나 밟으면 터지게 장치하여 땅속에 묻어 두는 폭탄.

지뢰밭 지뢰가 여기저기 묻혀 있는 곳.

지루하다 시간이 오래 걸리거나 똑같은 일이 되풀이되어 싫증이 나다.《영화가 너무 지루해요.》 ^비따분하다.

지류 (支流) 큰 강줄기에 이어진 작은 물줄기.《이 강은 한강의 지류이다.》

지르다 ^{소리를} 목청을 높여 소리를 크게 내다.《짝꿍이 갑자기 소리를 꽥 질렀다.》 ^바지르는, 질러, 지릅니다.

지르다 ^{발로} 1.어떤 것을 손이나 발로 세게 치다.《구석을 노려서 공을 힘껏 질렀다.》 2.일부러 불을 붙이다.《남의 차에 불을 지른 사람이 잡혔다.》 3.막대기 같은 것을 꽂거나 가로로 놓다. 《외양간 문이 열리지 않게 빗장을 질렀다.》 ^바지르는, 질러, 지릅니다.

지르다 ^{지름길로} 멀리 돌아가지 않고 가운데를 거쳐서 곧장 가다.《숲을 질러 가면 더 빨리 갈 수 있을 거야.》 ^바지르는, 질러, 지릅니다.

질러서 가는 길이 먼 길이다 ^{속담} 아무 준비 없이 서두르다가 일을 그르치거나 다시 하는 것을 이르는 말.

지름 원이나 구 둘레 위의 두 점을 이

으면서 중심을 지나는 선분. **같**직경.

지름길 1.가깝게 질러서 가는 길.《이 골목이 학교로 가는 지름길이야.》**같**첩경. 2.어떤 일을 가장 빠르고 쉽게 할 수 있는 방법을 빗대어 이르는 말.《성공의 지름길》**같**첩경.

지리 (地理) 어떤 곳의 길이나 땅 생김새.《나는 서울 지리에 어둡다.》

지리다 똥이나 오줌을 참지 못하고 조금 싸다.《변소에서 차례를 기다리다가 참다못해 바지에 지렸다.》

지리대사초 숲 가장자리에 자라는 풀. 좁고 긴 잎이 뭉쳐서 난다. 작은 이삭 위쪽에 수꽃이 달리고, 아래쪽에 암꽃이 달린다.

지리산 (智異山) 경상남도, 전라남도, 전라북도에 걸쳐 있는 산. 국립공원으로 천왕봉, 노고단 같은 봉우리와 화엄사, 쌍계사 같은 절이 있다.

지리적 (地理的) 지리에 관한. 또는 그런 것.

지린내 오줌에서 나는 냄새.

지망 (志望) 어떤 직업이나 학교에 뜻을 두어 바라는 것.《지망 학교/지망 학과》**비**지원. **지망하다**

지면 **땅** (地面) → 땅바닥.

지면 **종이** (紙面) 종이의 겉면. 또는 신문이나 잡지 같은 데서 글이나 그림 들이 실리는 면.《지면에 글이 실리다.》

지면패랭이꽃 → 꽃잔디.

지명 **땅 이름** (地名) 나라, 도시, 마을, 산, 강 들의 이름. **북**고장이름.

지명 **가리킴** (指名) 여럿 가운데 한 사람을 뽑아 이름을 부르는 것.《지명 타자》**지명하다 지명되다**

지모_풀

지리대사초

지명도 (知名度) 세상에 이름이 알려진 정도.《지명도가 높다.》

지모 **풀** 북부 지방에서 자라거나 밭에 심어 가꾸는 풀. 굵은 뿌리줄기가 옆으로 길게 뻗고, 여름에 분홍색 꽃이 핀다. 뿌리줄기를 약으로 쓴다.

지모 **꾀** (智謀) 슬기로운 꾀. **비**지략.

지목 (指目) 여럿 가운데 어떤 사람이나 사물을 꼭 집어서 가리키는 것.《유리를 깬 아이로 왜 내가 지목을 당했을까?》**지목하다 지목되다**

지문 **손가락** (指紋) 손가락 끝마디 안쪽에 있는 무늬. 사람마다 다르다.

지문 **글** (地文) 1.희곡에서 대사와 해설을 뺀 나머지 글., 등장인물의 움직임, 표정, 조명, 무대 장치 들을 지시한다.《이 대목에서 화를 내라고 지문에 쓰여 있잖아.》**비**지시문. 2.시험에서 문제를 내려고 보여 주는 글.《다음 지문을 읽고 물음에 답하세요.》

지물포 (紙物鋪) 벽지나 장판지 같은 것을 파는 가게.

지반 (地盤) 1.땅의 표면.《지반이 약하다./지반이 내려앉다.》**비**지각. 2.건물을 짓는 데 바탕이 되는 땅.《집을 지으려면 지반을 튼튼하게 다져야 한다.》3.어떤 일의 바탕이 될 만한 것.

지방 **지역** (地方) 1.일정한 기준에 따라 나눈 땅.《남부 지방/북쪽 지방》2.서울이 아닌 지역.《이번에 전학을 온 애는 지방에서 올라왔대요.》**참**중앙, 촌.

지방 **기름** (脂肪) 동물이나 식물에 들어 있는 기름. 열과 힘을 내는 데 중요하게 쓰인다. **같**굳기름.

지방 **제사** (紙榜) 제사나 차례 때 조상

들의 이름을 적은 종이.

지방관 (地方官) 지방에 있으면서 그 지방 행정을 맡아보는 으뜸 관리. 옛날 관찰사, 부사, 현감 들이나 오늘날 도지사 들을 말한다.

지방 문화재 (地方文化財) 지방의 시나 도에서 지정하고 보호하는 문화재.

지방 법원 (地方法院) 민사 사건과 형사 사건을 처음으로 재판하는 법원. 특별시와 광역시, 도청이 있는 도시에 있다. **참고**등 법원, 대법원.

지방색 (地方色) 1.어떤 지방의 자연이나 풍습 같은 데서 드러나는 특색. 《박경리의〔토지〕에는 하동 지방의 지방색이 잘 드러나 있다.》 **비**향토색. 2. 같은 지방 사람끼리 무리 지어 다른 지방 사람을 따돌리는 태도.

지방세 (地方稅) 지방 자치 단체가 그 지역 주민들한테서 걷는 세금. **참**국세. **북**지방자치세.

지방 의회 (地方議會) 주민이 뽑은 대표자들이 모여 지방 자치 단체의 일을 의논하고 결정하는 기관. **참**국회.

지방 자치 (地方自治) '지방 자치 제도'를 줄인 말.

지방 자치 단체 (地方自治團體) 지역 주민이 직접 대표를 뽑아서 지역을 스스로 돌보는 단체. 특별시, 광역시, 도, 시, 군, 구 같은 것이 있다.

지방 자치 제도 (地方自治制度) 지역 행정을 그 지역 주민이 뽑은 사람들이 맡아 하는 제도.

지배 (支配) 1.다른 사람, 집단, 지역 들을 자기 뜻대로 다스리는 것. 《식민지 지배》 2.어떤 일이나 환경 같은 것

이 사람의 생각이나 행동에 큰 영향을 미치는 것. 《사람은 자연환경의 지배를 받는다.》 **지배하다 지배되다**

지배인 (支配人) 큰 음식점이나 호텔 같은 데서 주인을 대신하여 모든 일을 관리하는 사람.

지배자 (支配者) 다른 사람, 집단, 지역 들을 지배하는 사람.

지배적 (支配的) 1.다른 사람, 집단, 지역 들을 지배하는. 또는 그런 것. 2. 힘이나 세력이 다른 것보다 앞서거나 중심이 되어 이끄는. 또는 그런 것.

지배층 (支配層) 한 나라를 지배하는 계층. 《조선의 지배층은 양반이었다.》

지병 (持病) 쉽게 낫지 않아서 오래 앓는 병. 《할아버지는 지병인 관절염 때문에 무척 고생하셨어요.》

지봉유설 (芝峯類說) 조선 광해군 때 (1614년) 이수광이 쓴 책. 우리나라에서는 처음으로 천문, 지리 같은 여러 갈래에 걸쳐 다양한 내용을 백과사전처럼 담았다.

지부 (支部) 본부에서 떨어진 지역에서 일을 맡아보는 곳.

지분– 짓궂은 말이나 행동으로 남을 귀찮게 구는 모양. **지분거리다 지분대다 지분지분** 《지금 바쁘니까 지분거리지 말고 얌전히 있어라.》

지불 (支拂) 물건 값이나 일해 준 대가를 치르는 것. **지불하다** 《책을 사고 값을 지불했다.》 **지불되다**

지붕 눈, 비, 바람, 햇볕, 추위 들을 막으려고 건물 꼭대기에 씌우는 덮개.

지붕돌 비석이나 석등 위에 지붕처럼 만들어 얹는 돌.

지빠귀 → 개똥지빠귀.

지사 사람 (志士) 나라나 겨레를 위하여 훌륭한 일을 하려는 뜻이 있는 사람. 《애국지사/민족 지사》

지사 회사 (支社) 큰 회사에서 갈라져 나와 한 지역의 업무를 맡아보는 작은 회사. 《제주도 지사》 참본사.

지상 땅 (地上) 1.땅의 위. 《지상 10층 건물》 반지하. 2.꿈, 상상, 신의 세계가 아닌 실제 세상. 《지상 천국》

지상 으뜸 (至上) 가장 중요한 것. 또는 가장 높은 것. 《지상 목표》

지상 낙원 (地上樂園) 1.더없이 살기 좋고 행복한 곳. 북지상락원. 2.천도교에서 하늘이 아니라 이 세상에 세워야 한다고 하는 이상 세계. 북지상락원.

지새다 달이 지면서 밤이 새다. 《어느덧 그믐밤도 지새고 새해가 밝아왔다.》

지새우다 잠을 자지 않고 고스란히 밤을 새우다. 《동생이 몹시 아파서 엄마는 뜬눈으로 밤을 지새우셨어요.》

지석 (誌石) 죽은 사람 이름이나 행적들을 적어서 무덤 앞에 묻는 돌.

지성 정성 (至誠) 더할 수 없이 큰 정성. 지성이면 감천 속담 정성을 쏟으면 하늘도 감동한다는 뜻으로, 어떤 일이든 정성을 다하면 좋은 결과를 얻는다는 말.

지성 생각 (知性) 올바르게 판단하고 이해하는 능력. 《지성을 갖추다.》

지성껏 온갖 정성을 다하여. 《엄마는 편찮으신 할머니를 지성껏 돌보셨다.》

지세 (地勢) 땅의 생김새.

지소 (支所) 기관이나 회사 들에서 한 지역의 일을 맡으려고 설치한 작은 사무소. 《보건소 지소/협동조합 지소》

지속 (持續) 어떤 상태가 끊이지 않고 이어지는 것. 또는 일을 멈추지 않고 이어서 하는 것. **지속하다 지속되다** 《강추위가 사흘 동안 지속된답니다.》

지속적 (持續的) 어떤 일이나 상태가 끊임없이 이어지는. 또는 그런 것.

지시 (指示) 1.어떤 것이나 방향을 가리켜서 보이는 것. 《방향 지시》 2.어떤 일을 남한테 시키는 것. 《선생님 지시를 따르세요.》 **지시하다 지시되다**

지시문 (指示文) 1.남한테 지시하는 글. 2.→ 지문.

지시약 (指示藥) 산성, 염기성 같은 용액의 성질을 알아보는 데 쓰는 약품. 북알림약.

지식 (知識) 연구하거나 배우거나 실제로 겪어서 알게 된 것. 《기초 지식/전문 지식/지식을 쌓다.》 참학식.

지식 경제부 (知識經濟部) 경제와 기술, 산업에 관한 일을 맡아보는 행정 기관.

지식인 (知識人) 지식이 있는 사람.

지신 (地神) 땅을 맡아 다스리는 신령.

지신밟기 대보름날에 하는 놀이. 농악대가 집집마다 돌면서 땅을 맡은 신령인 지신을 달래어 한 해가 탈 없이 지나기를 빈다.

지아비 옛날에 '남편'을 이르던 말. 참지어미.

지압 (指壓) 몸 한 부분을 손끝으로 두드리거나 누르는 것. **지압하다**

지어미 옛날에 '아내'를 이르던 말. 참지아비.

지엄하다 몹시 엄하다. 《지엄한 명령》

지역 (地域) 기준에 따라 테두리를 정

해 놓은 땅.《재개발 지역/공업 지역》

지역 개발 (地域開發) 어떤 지역에 교통이나 공공 편의 시설 들을 갖추어 좋게 만드는 일.

지역구 (地域區) 선거에서 정해진 기준에 따라 나누어 놓은 지역. **참**전국구.

지역 사회 (地域社會) 한 지역에서 함께 살아가는 사람들의 사회.

지역 신문 (地域新聞) 어떤 지역의 소식을 주로 실어 그 지역에서만 펴내는 신문.

지연 늦춤 (遲延) 시간을 끌거나 늦추는 것. 또는 시간이 늦어지는 것. **지연하다 지연되다**《비행기 도착이 한 시간이나 지연되었습니다.》

지연 인연 (地緣) 태어난 곳이나 사는 곳에 바탕을 둔 관계. **참**혈연.

지열 (地熱) 1. 지구 안쪽에서 나오는 열. 2. 햇볕을 받아 뜨거워진 땅에서 나는 열.《지열이 후끈후끈하다.》

지옥 (地獄) 1. 나쁜 짓을 많이 한 사람이 죽은 뒤에 간다는 무섭고 고통스러운 곳. **참**극락, 천국, 천당. 2. 아주 끔찍하고 고통스러운 상태를 빗대어 이르는 말.《교통지옥/시험지옥》

지우개 글씨, 그림 들을 지우는 데 쓰는 도구.

지우다 없애다 1. 글씨, 그림, 흔적 들을 문지르거나 닦거나 덧칠하여 없애다.《벽에 그린 낙서를 박박 지웠다.》 2. 생각이나 기억을 머릿속에서 없애다.《나쁜 기억은 얼른 지워 버려.》

지우다 싣다 1. 짐을 지게 하다.《땔나무 한 짐을 지게에 지워서 보내요.》 2. 책임을 지게 하다.《자전거를 잃어버린

책임을 왜 나한테 지우는 거야?》

지원 도와줌 (支援) 일이나 사람, 단체들을 돕는 것. 또는 도우려고 돈이나 물건 들을 대 주는 것.《식량 지원/자금 지원》 **지원하다 지원되다**

지원 냄 (志願) 학교나 회사 같은 데 들어가려고 서류 같은 것을 내는 것.《지원 자격》 **비**지망. **지원하다**

지원 법원 (支院) 어떤 지역에 따로 떨어져서 법원 사무를 맡아보는 곳. 지방 법원이나 가정 법원 아래에 둔다.

지원군 (支援軍) 자기편을 도우려고 나선 군대.

지원병 (志願兵) 스스로 지원하여 입대한 군인.

지위 (地位) 어떤 사람이 사회에서 차지하는 자리.

지은이 글이나 책을 지은 사람.《이 시조의 지은이는 황진이입니다.》 **같**저자. **비**글쓴이.

지읒 닿소리 글자 'ㅈ'의 이름.

지자기 (地磁氣) 지구에 있는 자석 성질. 나침반 바늘이 지구의 남과 북을 가리키는 것은 이 성질 때문이다. '지구 자기'를 줄인 말이다.

지자총통 (地字銃筒) 불씨를 손으로 붙여 쏘는 화포. 조선 태종 때 만들었다. 보물 제862호.

지자총통

지장 걸림돌 (支障) 어떤 일을 하는 데 방해가 되는 문제.《다리를 삐었지만 소풍 가는 데는 지장 없어.》 **비**장애.

지장 손도장 (指章) → 손도장.

지장보살 (地藏菩薩) 불교에서 부처 없는 세상에서 중생을 보살핀다는 보살.

지저귀다 새가 자꾸 소리 내어 울다. 《참새가 창틀에서 지저귑니다.》

지저분하다 1.때나 먼지가 묻어 더럽다.《손에 진흙이 묻어서 몹시 지저분하다.》 2.물건을 여기저기에 늘어놓아 어수선하다.《오빠 방에는 온갖 잡동사니가 지저분하게 널려 있다.》

지적 가리킴 (指摘) 1.어떤 것을 꼭 짚어서 가리키는 것. 2.잘못을 꼬집어 말하는 것.《수업 시간에 졸다가 선생님께 지적을 받았다.》 **지적하다 지적되다**

지적 똑똑함 (知的) 1.지식에 관한. 또는 그런 것. 2.지식이 있는. 또는 그런 것.

지점 곳 (地點) 땅 위의 한 점.《길이 갈라지는 지점에서 발을 멈췄다.》

지점 가게 (支店) 본점에서 갈라져 나온 가게. 참본점, 분점.

지점장 (支店長) 지점을 맡아서 책임지는 사람.

지점토 (紙粘土) 종이를 물에 개어 풀을 섞어서 찰흙처럼 만든 것.

지정 (指定) 1.어떤 것을 가리켜서 확실하게 정하는 것.《지정 좌석》 2.어떤 것을 가리켜서 특별한 자격을 주기로 정하는 것. **지정하다**《선생님께서 이번 주 당번을 지정하셨다.》 **지정되다**

지정석 (指定席) 영화관, 열차, 비행기, 배 같은 데서 미리 정해 놓은 자리.

지조 (志操) 뜻을 굽히지 않고 끝까지 지켜 나가는 의지.《지조 있는 선비/지조를 지키다.》 참절개.

지주 주인 (地主) 땅을 많이 가진 사람.

지주 기둥 (支柱) 1.어떤 것이 쓰러지지 않게 받치는 기둥. 2.마음으로 믿고 의지할 만한 것.《정신적인 지주》

지중해 (地中海) 유럽, 아시아, 아프리카에 둘러싸인 바다.

지중해담치 → 진주담치.

지중해성 기후 (地中海性氣候) 지중해 지방에 나타나는 날씨. 여름에는 비가 적고 더운데, 겨울에는 비가 많고 따뜻하다.

지지 더러움 더러운 것을 이르는 어린아이 말.《아가야, 지지. 만지지 마.》

지지 받침 (支持) 1.어떤 것을 떠받쳐 버티는 것. 2.남의 생각을 옳다고 여겨 편을 드는 것. **지지하다**《뿌리는 식물을 지지하는 구실을 한다./학급 회의에서 동무들이 내 의견을 지지했다.》

지지개 |북 국물이 국보다는 적고 찌개보다는 많은 음식.《된장지지개》

지지난달 지난달의 바로 전달.《미진이는 지지난달에 서울로 이사 갔다.》

지지난번 지난번의 바로 전번.

지지난해 지난해의 바로 전해. 같그러께, 재작년.《지지난해에 졸업했다.》

지지다 1.국물을 조금 붓고 끓이다.《저녁엔 묵은 김치를 지져 먹을까?》 2.번철에 기름을 두르고 익히다.《할머니가 빈대떡을 지지고 계신다.》

지지대 (支持臺) 무거운 물건을 받치는 대. 또는 나무가 휘거나 꺾이거나 부러지지 않게 받치는 대. 북지지다리.

지지리 지긋지긋할 만큼 몹시.《길을 잃어버리는 바람에 지지리 고생했다.》

지지배배 제비나 종다리 같은 새가 지저귀는 소리.

지지부진하다 앞으로 잘 나아가지 못하고 몹시 더디다.《비가 와서 다리 공사가 지지부진하다.》

1195

지진 (地震) 땅거죽 안쪽이 요동치면서 땅이 흔들리거나 갈라지는 일.

지진계 (地震計) 지진이 났을 때 땅의 흔들림을 기록하는 기계.

지진계

지진대 (地震帶) 지진이 자주 일어나는 지역. 전 세계 땅과 바다에 걸쳐 가늘고 긴 띠처럼 나타난다.

지진파 (地震波) 지진이 처음 생긴 곳에서 사방으로 퍼져 나가는 파동.

지질 땅 (地質) 지구 거죽을 이루는 돌이나 흙 같은 것의 상태.

지질 영양분 (脂質) 생물체를 이루는 영양소 가운데 물에 녹지 않는 기름 같은 물질.

지질 시대 (地質時代) 지구가 생긴 뒤부터 인류가 나타날 때까지 시대. 크게 선캄브리아대, 고생대, 중생대, 신생대로 나눈다.

지질학 (地質學) 지구를 이루는 물질, 지구가 만들어진 과정, 오래전에 지구에서 살았던 생물 들을 연구하는 학문.

지질학자 (地質學者) 지질학을 연구하는 사람.

지짐이 기름에 지진 먹을거리를 모두 이르는 말. 비부침개.

지참 (持參) 어떤 자리에 무엇을 가지고 가는 것.《필기구 지참》 **지참하다**

지척 거리 (咫尺) 아주 가까운 거리.《고향을 지척에 두고도 갈 수 없구나.》

지척– 걷다 l 북 지친 걸음으로 기운 없이 걷는 모양. **지척거리다 지척대다 지척지척**《누나는 저 뒤에서 지척지척 억지로 따라왔다.》

지척– 질다 l 북 물기가 있어서 몹시 진 모양. **지척거리다 지척대다 지척지척**

《눈이 녹아서 길이 지척거린다.》

지천 (至賤) 여기저기 널려 있어 아주 흔한 것.《들에 냉이가 지천이다.》

지청구 까닭 없이 남을 탓하고 원망하는 것. **지청구하다**

지체 신분 어떤 사람이나 집안의 신분.《지체 높은 집안》

지체 늦어짐 (遲滯) 정해진 때를 늦추거나 시간을 질질 끄는 것. **지체하다**《학교가 끝나면 지체하지 말고 집으로 오너라.》 **지체되다**

지체 몸 (肢體) 팔다리와 몸.《한 달에 한 번씩 지체 장애인을 돕기로 했다.》

지축 (地軸) 1. 지구가 자전하는 데 중심이 되는 축. 2. 땅의 중심.《지축을 흔드는 천둥소리》

지출 (支出) 어떤 일에 돈을 쓰는 것. 또는 그 돈.《쓸데없는 지출은 줄여야겠어.》 반수입. **지출하다 지출되다**

지충이 바닷가 바위에 붙어 자라는 바닷말. 겨울에 돋아서 봄에 아주 많이 자란다. 집짐승 먹이나 거름으로 쓴다.

지충이

지층 (地層) 돌이나 흙 같은 것이 쌓여서 층을 이룬 것.

지치 양지바른 산속에 자라는 풀. 줄기와 잎에 털이 많고, 5~6월에 작고 흰 꽃이 핀다. 뿌리는 약으로 쓰거나 옷감을 자줏빛으로 물들이는 데 쓴다.

지치

지치다 힘없다 힘든 일을 하거나 괴로운 일에 시달려서 힘이 빠지다.《오늘은 너무 지쳐서 아무것도 못 하겠어.》

지치다 미끄러지다 얼음이나 눈 위를 미끄러져 달리다.《얼어붙은 연못 위에서 얼음을 지치고 놀았다.》

지침 (指針) 1. 시계나 나침반 같은 데

붙어 시간이나 방향 들을 가리키는 바늘. 2.어떤 일을 하는 올바른 방법을 가르쳐 주는 길잡이.《생활 지침》

지칭 (指稱) 어떤 것을 가리켜 어떤 이름으로 이르는 것. 또는 그 이름. **지칭하다**《금강산은 철마다 지칭하는 이름이 다르다.》**지칭되다**

지칭개 길가나 밭둑에서 자라는 풀. 잎이 깃처럼 깊게 갈라지고, 5~7월에 자주색 꽃이 핀다. 어린순을 먹는다.

지켜보다 지켜 서서 보다. 또는 주의 깊게 살펴보다.《아기를 잘 지켜보아라./앞으로 잘하는지 지켜보겠어.》

지키다 1.뺏기거나 잃지 않게 잘 막거나 보살피다.《병사들은 힘을 합쳐 성을 지켰다.》2.약속, 질서, 법 들을 어기지 않고 따르다.《이번 약속은 꼭 지킬 테니 걱정 마라.》3.어떤 상태를 그대로 이어지게 하다.《이것은 우리만 아는 비밀이니 꼭 지켜 다오.》4.함부로 지나가거나 드나들지 못하게 길목, 통로, 장소 들을 떠나지 않고 살피다.《무섭게 생긴 개가 문을 지켰다.》

지키는 사람 열이 도둑 하나를 못 당한다 **속담** 아무리 조심하고 살펴도 남모르게 일어나는 일은 막기 어렵다는 말.

지킴이 어떤 것을 지키는 사람.《환경지킴이/우리말 지킴이》

지탄 (指彈) 잘못을 가리켜 꾸짖는 것. **지탄하다**《신문에 부자들의 사치스러운 생활을 지탄하는 기사가 실렸다.》

지탱 (支撐) 1.어떤 것을 쓰러지지 않게 받치는 것. 2.어떤 상태나 상황을 그대로 이어 나가는 것. **지탱하다**《지팡으로 몸을 지탱하다./구호물자로 목

지칭개

지프

숨을 지탱하다.》

지팡이 몸이 불편한 사람이 걸을 때 짚는 긴 막대기. **참**단장. **북**지팽이.

지퍼 (zipper) 옷, 가방, 지갑 같은 것을 여미는 장치. 이가 맞는 쇠나 플라스틱 조각을 양쪽에 붙이고 고리로 여닫는다. **북**쟈크.

지평선 (地平線) 하늘과 땅이 맞닿은 것처럼 보이는 선. **참**수평선.

지폐 (紙幣) 종이로 네모나게 만든 돈.《천 원짜리 지폐》

지표 **본보기** (指標) 어떤 일을 하는 데 목표나 기준으로 삼는 것.《정직하게 살라는 말을 생활의 지표로 삼았다.》

지표 **땅** (地表) → 지표면.

지표면 (地表面) 땅의 겉면.《달의 지표면은 무척 울퉁불퉁하다.》**같**지표.

지푸라기 짚 부스러기. 또는 짚 오라기. **북**지푸래기.

지프 (jeep) 험한 길에서도 잘 달리게 만든 자동차.

지피다 아궁이나 난로 같은 데에 땔감을 넣고 불을 붙이다.《할머니는 아궁이에 불을 지펴 밥을 지으셨다.》

지하 (地下) 땅의 속. 또는 땅의 아래.《지하 주차장》**반**지상.

지하도 (地下道) 땅 밑으로 낸 길. **북**지하건늠길, 지하도로.

지하수 (地下水) 빗물이 땅속 깊이 스며들어 고인 물. **북**땅속물.

지하실 (地下室) 건물 아래에 땅 밑으로 낸 방.

지하여장군 (地下女將軍) 여자 장군의 얼굴을 새긴 장승. **참**천하대장군.

지하자원 (地下資源) 석유, 석탄, 철

들처럼 땅속에 묻혀 있는 자원.

지하철 (地下鐵) 땅속에 굴을 파고 놓은 철도.

지하철역 (地下鐵驛) 지하철을 타거나 내리는 곳.

지향 (志向) 어떤 것을 이루려고 마음을 쏟는 것. **지향하다**《우리는 남북의 평화 통일을 지향합니다.》

지혈 (止血) 흘러나오는 피를 멎게 하는 것. ⁱ반출혈. **지혈하다**《옷자락을 찢어 상처를 지혈하였다.》 **지혈되다**

지혈제 (止血劑) 상처에서 흘러나오는 피를 멎게 하는 약.

지형 (地形) 땅의 생김새.《강원도에는 지형이 험한 산이 많다.》ⁱ북땅생김.

지형도 (地形圖) 어떤 곳의 지형, 마을, 길, 논밭 같은 것을 자세하게 그려 넣은 지도.

지혜 (智慧) 경험이 많거나 세상 이치를 잘 알아서 어떤 일을 올바르게 풀어 나가는 힘.《지혜를 짜다.》ⁱ비슬기.

지혜롭다 지혜가 있다.《언니는 어려운 문제가 생겨도 지혜롭게 해결한다.》ⁱ비슬기롭다. ⁱ바지혜로운, 지혜로워, 지혜롭습니다.

지화자 판소리에서 고수가 흥을 돋우려고 내는 소리.《지화자, 좋구나!》

지황 밭에 심어 가꾸는 풀. 온몸에 짧은 털이 ⁱ빽빽하다. 6~7월에 붉은 보라색 꽃이 피고, 달걀꼴 열매가 열린다. 뿌리를 약으로 쓴다.

지황

지휘 (指揮) 1.모임에 든 사람을 다스리고 이끄는 것.《소방대원들은 대장의 지휘 아래 구조를 시작했다.》 2.합창이나 합주를 할 때 앞에서 지시하고

이끄는 것.《합창단이 내 지휘에 맞춰 노래를 불렀다.》 **지휘하다**

지휘관 (指揮官) 군대를 지휘하는 우두머리.

지휘봉 (指揮棒) 지휘자가 합창단이나 악단을 지휘할 때 쥐는 막대기.

지휘자 (指揮者) 합창단이나 악단을 지휘하는 사람.

직각 (直角) 수직으로 만나는 두 직선이 이루는 각. 90도를 뜻한다.

직각 삼각형 (直角三角形) 세 내각 가운데 한 각이 직각인 삼각형.

직감 (直感) 어떤 것을 보자마자 곧바로 느껴서 아는 것.《형이 거짓말한다는 것을 직감으로 알았다.》 **직감하다**

직거래 (直去來) 중간 상인을 거치지 않고 파는 사람과 사는 사람이 직접 거래하는 것.《농산물 직거래 장터》 **직거래하다 직거래되다**

직결 (直結) 다른 것을 거치지 않고 직접 연결하거나 관계하는 것. **직결되다**《환경오염은 생명과 직결된다.》

직경 (直徑) ➡ 지름.

직계 (直系) 1.할아버지, 아버지, 아들, 손자로 이어져 내려오는 가족 관계.《직계 후손》 2.직접 영향을 주고받는 관계.《직계 제자》

직공 (職工) 기술로 물건을 만드는 일이 직업인 사람. 또는 공장에서 일하는 사람.

직관 (直觀) 어떤 것을 느낌으로 곧바로 아는 것.《이 문장이 틀렸다는 것은 직관으로 알 수 있다.》 **직관하다**

직구 (直球) 야구에서 투수가 곧게 던지는 공.

직권 (職權) 맡은 일이나 자리에 따르는 권한. 《직권을 휘두르다.》

직녀 (織女) 중국 전설에 나오는 비단옷 짜는 처녀. **참**견우.

직녀 별 거문고자리에서 가장 밝은 별. 은하수를 사이에 두고 견우 별과 마주 보고 있다. **같**베가, 직녀성. **참**견우 별.

직녀성 (織女星) → 직녀 별.

직렬 (直列) 전깃줄이나 전지를 한 줄로 잇는 것. **참**병렬. **북**직렬련결.

직류 (直流) 시간이 지나도 세기와 방향이 바뀌지 않는 전류. **참**교류.

직립 (直立) 두 발로 곧추서는 것. 《직립 보행》 **직립하다**

직매 (直賣) 생산자가 상인을 거치지 않고 소비자에게 직접 물건을 파는 것. 《채소 직매》 **직매하다**

직매장 (直賣場) 생산자가 상인을 거치지 않고 소비자에게 직접 물건을 파는 곳. 《농수산물 직매장》

직면하다 어떤 일이나 문제에 맞닥뜨리다. 《위험에 직면하다.》

직무 (職務) 일터에서 맡아서 하는 일.

직물 (織物) 날실과 씨실을 아래위로 엮어서 짠 천.

직박구리 숲이나 마을 가까이에 사는 텃새. 몸 빛깔은 잿빛을 띤 갈색이고, 꽁지가 약간 길다.

직분 (職分) 맡은 자리나 신분에 따라 마땅히 해야 할 일. 《직분을 다하다.》

직사각형 (直四角形) 네 각이 모두 직각인 사각형. **같**장방형.

직사광선 (直射光線) 다른 것에 가리거나 반사되지 않고 바로 비치는 빛.

직선 줄 (直線) 휘거나 꺾이지 않은 곧은 선. 《직선을 긋다.》 **참**곡선.

직선 선거 (直選) → 직접 선거.

직선제 (直選制) 선거권을 가진 사람이 직접 투표해서 대표자를 뽑는 제도

직성 (直星) 성에 차지 않거나 못마땅하게 여기는 마음. 《나는 무슨 일이든지 끝을 보아야 직성이 풀린다.》

직속 (直屬) 기관이나 사람에게 바로 딸린 것. 《대통령 직속 기관》

직업 (職業) 살림살이에 드는 돈을 벌려고 하는 일. 《직업을 갖다./직업을 구하다.》 **비**생업.

직업병 (職業病) 일하는 환경이나 조건 때문에 생기는 병.

직업인 (職業人) 직업이 있는 사람.

직업 적성 (職業適性) 어떤 직업에 알맞은 성질이나 능력.

직업 훈련 (職業訓鍊) 일자리를 얻으려는 사람한테 필요한 기술이나 기능을 가르쳐 주는 것.

직업 훈련소 (職業訓鍊所) 직업 훈련을 하는 곳.

직영 (直營) 가게 같은 것을 직접 관리하고 운영하는 것. 《학교 직영 식당》 **직영하다**

직원 (職員) 일터에서 일하는 사람.

직위 (職位) 일터에서 맡은 일에 따라 차지하는 자리. 《직위가 높은 사람일수록 월급도 많이 받는다.》

직육면체 (直六面體) 직사각형 여섯 개로 둘러싸인 입체 도형.

직인 (職印) 회사나 기관에서 일할 때 쓰는 도장.

직장 (職場) → 일터. 《직장 생활》

직전 (直前) 어떤 일이 일어나기 바로

직박구리

직육면체

전.《저녁 먹기 직전에 겨우 숙제를 끝냈다.》**반**직후.

직접 (直接) 어떤 일이 중간에 다른 것을 거치지 않고 바로 일어나는 것. 또는 중간에 다른 것을 거치지 않고 바로.《내가 직접 본 일이 아니어서 확실히 말할 수 없어.》**반**간접.

직접 선거 (直接選擧) 선거권을 가진 사람이 직접 투표하는 선거. **같**직선.

직접적 (直接的) 바로 연결되는. 또는 그런 것. **반**간접적.

직조 (織造) 기계나 베틀로 천을 짜는 것.《비단 직조/삼베 직조》**직조하다**

직종 (職種) 직업의 종류.

직지심체요절 (直指心體要節) 고려 우왕 때 중 백운 화상이 쓴 책. 금속 활자로 찍어낸 책 가운데 세계에서 가장 오래된 책이다.〔직지심경〕이라고도 한다. 유네스코에서 세계 기록 유산으로 지정하였다.

직진 (直進) 앞으로 곧게 나아가는 것. **직진하다**《길을 따라 직진하세요.》

직책 (職責) 맡은 일에 따라 져야 하는 책임.《아름이는 학생회에서 중요한 직책을 맡고 있다.》

직통 (直通) 1.막히거나 거치는 것 없이 바로 이어지는 것.《이 지하도는 서점과 직통으로 이어져 있다.》2.효과가 바로 나타나는 것.《이 약은 감기에 직통이야.》**직통하다**

직파법 (直播法) 볍씨를 모판에서 길러 옮겨 심지 않고 논에 직접 뿌리는 농사법.

직판장 (直販場) 생산자가 소비자한테 직접 물건을 파는 곳.

진고

직하다 앞말이 뜻하는 일이 일어날 가능성이 많음을 나타내는 말.《영미가 나를 보았음 직한데 인사도 안 한다.》

직할시 (直轄市) 예전에 '광역시'를 이르던 말.

직함 (職銜) 어떤 사람이 맡은 직책이나 직무의 이름. **북**관함.

직행 (直行) 도중에 다른 곳에 들르지 않고 바로 가는 것.《직행 열차》**직행하다**

직후 (直後) 어떤 일이 일어난 바로 뒤.《그 일이 일어난 직후 짝꿍과 사이가 멀어졌다.》**반**직전.

진 띠 (辰) 띠를 나타내는 열두 동물 가운데 다섯째인 용을 이르는 말.

진 식물 (津) 풀이나 나무껍질에서 나오는 끈끈한 액체.《고무나무 진》

진 군대 (陣) 적과 맞서 싸우기 좋게 군대를 벌여 놓는 것. 또는 그런 방식.

진을 치다 **관용** 자리를 차지하다.《사람들이 극장 앞에 진을 치고 서 있다.》

진 역사 (鎭) 옛날에 국경, 섬, 바닷가에 세운 행정 구역. 다른 나라에서 쳐들어오는 것을 막으려고 군대와 방어 시설을 두었다.

진가 (眞價) 참된 가치.《그 그림의 진가를 알아본 사람은 많지 않다.》

진갑 (進甲) 환갑 다음 해에 맞는 생일.《우리 할아버지는 진갑을 넘기셨지만 쌀 한 가마니를 너끈히 드신다.》

진격 (進擊) 적을 물리치려고 앞으로 나아가는 것.《진격을 알리는 북소리가 울렸다.》**반**퇴각. **진격하다**

진고 (晉鼓) 치는 국악기 가운데 하나. 몸통이 긴 붉은 북을 네발 달린 나무틀

위에 놓고 친다.

진골 (眞骨) 신라 시대 신분 가운데 둘째인 신분. 부모 가운데 한쪽만 왕족인 사람이다. **참**성골.

진공 (眞空) 공기가 전혀 없는 상태. 《진공 포장을 한 과자》

진공관 (眞空管) 유리나 쇠붙이로 만든 관에 공기를 빼고 전극을 몇 개 넣은 전기 기구.

진공청소기 (眞空淸掃器) 전기의 힘으로 티끌을 빨아들이는 청소 기구.

진국 사람 거짓이나 꾸밈이 없이 참된 사람. 《상호는 애가 참 진국이야.》

진국 국물 고기나 뼈를 푹 고았을 때 우러나오는 진한 국물.

진군 (進軍) 군대가 앞으로 나아가는 것. 《진군 명령》 **진군하다**

진귀하다 보기 드물어 값지다. 《박물관에서 진귀한 유물들을 많이 보았다.》

진귤나무 제주도, 남해안 같은 따뜻한 곳에 자라는 늘푸른나무. 과수원이나 집 둘레에도 심는다. 5월에 흰 꽃이 피고, 겨울에 열매가 누렇게 익는다.

진급 (進級) 계급, 등급, 학년 같은 것이 높아지는 것. 《진급 심사》 **진급하다 진급되다**

진기하다 보기 드물어 신기하다. 《바다 속 진기한 풍경에 모두 놀랐다.》

진나라 기원전 221년부터 기원전 207년까지 중국에 있던 나라.

진노 (震怒) 윗사람이 몹시 화를 내는 것. 《충신이 바른말을 하여 어리석은 왕의 진노를 샀다.》 **진노하다**

진놀이 아이들 놀이 가운데 하나. 편을 갈라서 마주 진을 치고 상대편에게

진달래

진귤나무

진돗개

손을 대어 죽게 하여 진을 빼앗는다.

진눈깨비 비가 섞여서 내리는 눈. **북**진눈까비.

진단 (診斷) 의사가 아픈 사람을 보고 병 상태나 병 이름을 알아내는 것. 《이모는 위염 진단을 받았다.》 **진단하다**

진단서 (診斷書) 의사가 환자를 진단한 내용을 적은 종이.

진달래 양지바른 산기슭에 자라고 뜰이나 공원에 많이 심는 잎지는나무. 이른 봄에 분홍색 꽃이 잎보다 먼저 핀다. 꽃은 먹을 수 있다.

진담 (眞談) 진심에서 우러나온 참된 말. 《어제 한 말 진담이니?》 **반**농담.

진도 땅 이름 (珍島) 전라남도 진도에 딸린 섬. 천연기념물인 진돗개와 진도 아리랑이 널리 알려져 있다.

진도 나아감 (進度) 일이 되어가는 속도나 정도. 《수업 진도가 무척 빠르다.》

진도 지진 (震度) 지진의 세기. 《일본에 진도 6의 강한 지진이 일어났다.》

진도 아리랑 전라남도 민요 가운데 하나. 흔히 여자들이 많이 부른다.

진돗개 우리나라 진도에 사는 개. 몸은 누런 갈색이나 흰색이고, 귀가 쫑긋하다. 천연기념물 제53호. **북**진도개.

진동 한복 소매의 겨드랑이 부분 둘레.

진동 운동 (振動) 한 점을 중심으로 위아래나 양옆으로 왔다 갔다 하는 것. **북**떨기. **진동하다** 《시계추가 좌우로 진동한다.》

진동 흔들림 (震動) 1.땅이나 건물 같은 것이 몹시 흔들리는 것. 2.냄새가 심하게 나는 것. **진동하다** 《지진으로 땅이 몹시 진동했다./집 안에 청국장 냄새

가 진동한다.》

진드기 소, 말, 개 들의 몸에 붙어서 피를 빨아 먹고 사는 작은 곤충.

진득찰 길가나 밭둑에 자라는 풀. 노란 꽃이 가지 끝에 모여 달리고, 열매는 끈적끈적해서 짐승 털 같은 데에 잘 붙는다. 포기째 약으로 쓴다.

진득하다 성질이 느긋하고 끈기 있다. 《네 차례까지 진득하게 기다려라.》

진딧물 풀이나 나무의 잎, 줄기, 가지에 붙어서 진을 빨아 먹는 작은 곤충. 몸이 말랑말랑한 알처럼 생겼다. **북**진디물.

진땀 몹시 당황하거나 힘들 때 흘리는 땀. 《엄마한테 거짓말을 들킬까 봐 진땀이 났어.》

진력 (盡力) 어떤 일에 온 힘을 쏟는 것. 또는 그 힘. **진력하다** 《선생님은 아프리카에서 의료 봉사에 진력했다.》

진력나다 어떤 일을 오래 되풀이하여 싫증이 나다. 《만날 똑같은 얘기 듣는 것도 이제 진력났어.》

진로 (進路) 앞으로 나아갈 길. 《진로를 바꾸다./진로 문제》

진료 (診療) 의사가 아픈 사람을 진찰하고 치료하는 것. **진료하다**

진료소 (診療所) 의사가 아픈 사람을 진찰하고 치료하는 곳. 《무료 진료소》

진루 (進壘) 야구에서 주자가 다음 누로 나아가는 것. 또는 타자가 누에 나가는 것. **진루하다**

진리 (眞理) 1. 삶을 살아가는 데 기본이 되는 참된 이치. 2. 언제 어디서든 늘 바뀌지 않는 법칙이나 사실. 《지구가 둥글다는 것은 변함없는 진리이다.》

진득찰

진딧물

진맥 (診脈) 손목의 맥을 짚어 병을 진찰하는 것. 《용한 한의사는 진맥만 하고도 아픈 데를 알아낸다.》 **진맥하다**

진물 부스럼이나 상처에서 나오는 액체. 《진물이 흐르던 상처가 아물었다.》

진미 (珍味) 아주 좋은 맛. 또는 맛 좋은 음식. 《해장국이 아주 진미야.》

진밥 물기가 많게 지은 밥.

진배없다 못하거나 다를 것이 없다. 《이 옷은 새 옷이나 진배없다.》

진범 (眞犯) 죄를 저지른 진짜 범인. 《끈질긴 수사 끝에 진범이 잡혔다.》

진법 (陣法) 싸움을 할 때 진을 치는 방법.

진보 (進步) 1. 정도나 수준이 점점 나아지는 것. **반**퇴보. 2. 전에 있던 것을 따르지 않고 새로운 것을 좇는 것. 《진보 세력》 **반**보수. **진보하다 진보되다**

진보라 짙은 보랏빛.

진부하다 말, 글, 생각 들이 낡아서 흥미롭지 않다. 《진부한 이야기》

진분수 (眞分數) $\frac{1}{2}$, $\frac{2}{3}$ 처럼 분자가 분모보다 작은 분수. **반**가분수. **북**참분수.

진뺏기 두 편이 마주 진을 치고 저마다 자기가 맡은 상대를 손으로 쳐서 상대편 진을 빼앗는 어린이 놀이.

진사 (進士) 조선 시대에 과거의 예비 시험인 소과나 진사과에 합격한 사람.

진상 본모습 (眞相) 드러나지 않거나 잘못 알려진 것의 진짜 모습. 《기자가 그 사건의 진상을 밝혀냈다.》

진상 바침 (進上) 옛날에 귀한 물건이나 지역 특산품을 왕이나 벼슬아치에게 바치던 것. **진상하다**

진선미 (眞善美) 참된 것과 착한 것과

아름다운 것.《진선미를 모두 갖추다.》

진솔하다 꾸밈없고 솔직하다.《예진이와 진솔한 대화를 나누었다.》

진수 본질(眞髓) 어떤 것의 본바탕을 이루는 중요한 부분.《사물놀이의 진수를 보여 주는 공연이었어.》

진수 띄움(進水) 새로 만든 배를 처음 물 위에 띄우는 것.《유람선 진수》 **진수하다 진수되다**

진수성찬(珍羞盛饌) 맛 좋은 음식을 푸짐하게 차린 것. 또는 그런 음식.《오늘 저녁은 진수성찬이네요.》

진술(陳述) 어떤 일을 두고 자세히 이야기하는 것. 또는 그 이야기. **진술하다**《그 남자는 자기가 지갑을 훔쳤다고 진술했다.》 **진술되다**

진실(眞實) 거짓 없이 참되고 바른 것. 또는 실제로 있는 사실이나 내용.《진실한 사랑/내가 한 말은 모두 진실이야.》 비참. 반거짓, 허위. **진실하다**

진실로 거짓 없이 참되게.

진실성(眞實性) 거짓 없이 참되고 바른 성질.《미안하다고 사과하는 재희의 말에서 진실성이 느껴졌다.》

진심(眞心) 거짓 없이 참된 마음.《진심 어린 말/네 진심을 알고 싶어.》

진압(鎭壓) 힘으로 꼼짝 못하게 누르는 것. **진압하다 진압되다**《시위가 세 시간 만에 진압되었다.》

진양조장단 국악 장단 가운데 하나. 가장 느린 장단이다.

진열(陳列) 어떤 물건을 여러 사람에게 보여 주려고 벌여 놓는 것. 북진렬. **진열하다**《새 제품은 앞쪽에 진열하세요.》 **진열되다**

진열대(陳列臺) 물건을 진열해 놓는 대. 북벌림대.

진열장(陳列欌) 물건을 진열해 놓는 장. 흔히 유리를 끼워 만든다.

진영(陣營) 1.군대가 진을 친 곳.《화랑 관창은 홀로 백제 진영으로 뛰어들었다.》비군영. 2.서로 맞선 것 가운데 어느 한쪽.《자유 진영과 공산 진영》

진원지(震源地) 1.지진이 처음 일어난 곳. 2.어떤 일이 시작된 곳을 빗대어 이르는 말.《소문의 진원지》

진위(眞僞) 참과 거짓. 또는 진짜와 가짜.《소문의 진위를 가리자.》

진의(眞意) 마음속이나 말 속에 담긴 본뜻.《네 말의 진의를 모르겠어.》

진입(進入) 1.어떤 곳에 들어서는 것. 2.어떤 단계나 수준에 들어가는 것.《선진국 진입》 **진입하다**《곧 서울에 진입한다.》

진입로(進入路) 들어가는 길.《고속도로 진입로》

진자(振子) 줄 끝에 추를 달아 옆으로 왔다 갔다 하게 만든 물건.

진작 좀 더 일찍. 또는 미리 서둘러서.《숙제부터 진작 해 놓을걸.》

진저리 1.갑자기 추위나 무서움을 느껴서 몸을 부르르 떠는 것.《동생이 얼음물에 손을 담그더니 진저리를 쳤다.》 2.어떤 일이 지긋지긋해서 몸을 부르르 떠는 것.《공부하라는 잔소리에 진저리가 난다.》

진전(進展) 어떤 일이 다음 단계로 나아가거나 더 나아지는 것.《저마다 의견이 달라서 회의가 진전이 안 되네.》 비진척, 진행. **진전하다 진전되다**

진정 가라앉힘 (鎭靜) 1. 시끄럽고 어수선한 분위기를 가라앉히는 것. 2. 들뜨거나 슬프거나 긴장한 마음을 차분하게 가라앉히는 것. **진정하다** 《시끄러운 사태를 진정하다. / 진정하고 내 말 좀 들어 봐.》 **진정되다**

진정 정말 (眞正) 거짓이 없이 참되게. 《네가 진정 가기 싫다면 안 가도 돼.》

진정 마음 (眞情) 거짓 없이 참된 정. 《난 널 진정으로 좋아해.》

진정서 (陳情書) 억울한 일이나 어려운 문제를 해결해 달라고 관청에 내는 문서. 《진정서를 내다.》

진정제 (鎭靜劑) 불안이나 흥분을 가라앉히는 약. 북진정약.

진정하다 참되고 올바르다. 《창희야, 넌 내 진정한 친구야.》

진정한 벗은 어려운 때 안다 속담 참된 우정은 어려운 때에 드러난다는 말.

진종일 (盡終日) → 온종일.

진주 구슬 (眞珠) 전복이나 대합 같은 조개 안에 생기는 구슬.

진주 도시 (晉州) 경상남도 남서쪽에 있는 시. 남강이 가로질러 흐르고 진주성, 촉석루 들이 있다.

진주담치 바닷가 바위에 떼 지어 붙어 사는 조개. 껍데기가 얇고 매끈하다. 빛깔은 윤기 나는 짙은 보라색이다.

진주담치

진주만 (眞珠灣) 미국 하와이 주에 있는 만. 1941년에 일본이 이곳을 공격해서 태평양 전쟁이 시작되었다.

진주성 (晉州城) 경상남도 진주에 있는 성. 임진왜란 때 이곳에서 왜군을 크게 물리쳤다.

진주성

진지 밥 '밥'의 높임말. 《할아버지, 진지 잡수세요.》

진지 군대 (陣地) 적과 싸우는 데 필요한 시설을 갖추고 군대를 둔 곳. 《치열한 전투 끝에 적의 진지를 빼앗았다.》

진지하다 말이나 태도가 장난기 없이 바르다. 《미선이는 농담을 너무 진지하게 받아들인다.》

진짓상 진지를 차린 상. 북진지상.

진짜 1. 꾸미거나 흉내 내지 않고 그대로인 것. 《이 장미꽃 진짜야?》 반가짜. 2. → 진짜로. 《진짜 외갓집에 너 혼자 갈 수 있어?》

진짜로 꾸밈이나 거짓 없이 그대로. 《네가 진짜로 백 점을 받았단 말이야?》 같진짜. 비정말로.

진찰 (診察) 의사가 아픈 사람의 상태를 살피는 것. 《병원에 가서 진찰받은 뒤에 주사를 맞았다.》 **진찰하다**

진찰실 (診察室) 의사가 아픈 사람을 진찰하는 방.

진창 물기가 많아 질퍽질퍽한 땅. 《눈이 녹자 길이 온통 진창이다.》 북물창.

진척 (進陟) 일이 바라는 대로 되어 가는 것. 《공사가 별 진척이 없다.》 비진전, 진행. **진척되다**

진출 (進出) 더 높은 단계나 더 넓은 세계로 나아가는 것. 《결승 진출을 눈앞에 두고 아깝게 졌다.》 **진출하다**

진출로 (進出路) 앞으로 나아가는 길.

진취적 (進取的) 앞장서서 힘차게 나아가는. 또는 그런 것.

진탕 질릴 만큼 아주 많이. 《방학하면 시골 큰집에 가서 진탕 놀아야지.》

진탕망탕 북 무턱대고 마구. 《배가 고픈 김에 아무것이나 진탕망탕 먹었다.》

진토 (塵土) 티끌과 흙.

진통 (陣痛) 1.아기를 낳을 때 짧은 사이를 두고 되풀이하여 아픈 것. 《이모는 오랜 진통 끝에 예쁜 아기를 낳았어요.》 **같**산통. 2.어떤 일을 이룰 때 겪는 어려움과 고통을 빗대어 이르는 말. 《진통 끝에 합의를 보았다.》 **진통하다**

진통제 (鎮痛劑) 아픔을 가라앉히는 약.

진퇴양난 (進退兩難) 이러지도 저러지도 못하는 곤란한 처지. **북**진퇴량난.

진폭 (振幅) 물체가 진동할 때 본래 있던 자리에서 가장 멀리 간 자리까지의 너비. **북**떨기너비.

진품 (眞品) 골동품, 미술품 같은 것이 진짜인 것. **반**모조품.

진하다 1.액체가 묽지 않고 걸쭉하다. 《국물 맛이 아주 진하다.》 2.빛깔이나 냄새가 짙다. 《진한 아카시아 향기가 바람에 날려 왔다.》 **반**연하다.

진학 (進學) 한 학교를 마치고 다음 단계 학교에 가는 것. **진학하다** 《우리 오빠는 내년에 중학교에 진학한다.》

진한 (辰韓) 삼한 가운데 경상북도에 있던 나라. 나중에 신라에 합쳐졌다.

진행 (進行) 1.앞으로 나아가는 것. 《진행 방향》 2.어떤 일을 이끌어 나가는 것. 《내가 학급 회의 진행을 맡았다.》 **비**진전, 진척. **진행하다 진행되다**

진행자 (進行者) 행사 같은 것을 진행하는 사람.

진홍가슴 물가나 풀이 무성한 덤불에 사는 나그네새. 몸 빛깔은 짙은 갈색이고 배는 흰색인데, 수컷은 가슴 위쪽이 붉은색이다.

진홍색방아벌레

진홍색방아벌레 죽은 나무나 꽃에 모여드는 곤충. 몸이 납작하고 길쭉하다. 머리와 가슴은 검고, 날개는 새빨갛고 윤이 난다.

진화 생물 (進化) 1.생물이 오랜 시간에 걸쳐 조금씩 몸 구조나 기능이 바뀌어 더 복잡해지는 것. **반**퇴화. 2.어떤 것이 점점 더 나아지는 것. **반**퇴화. **진화하다 진화되다**

진화 불 (鎮火) 불을 끄는 것. 《산불 진화》 **비**소화. **진화하다 진화되다**

진화론 (進化論) 생물이 단순한 것에서부터 진화하여 몸의 구조나 기능이 발달해 왔다는 이론. 영국 생물학자 다윈이 주장하였다.

진흙 붉고 차진 흙. 또는 물기가 많아 질퍽질퍽한 흙. 《진흙을 바른 벽》

진흙끈적버섯 여러 가지 나무가 많은 숲에서 무리 지어 나는 버섯. 갓은 둥그스름한데, 가운데가 볼록하거나 판판한 것도 있다. 만지면 손에 끈끈하게 달라붙고, 색깔은 붉은빛을 띤 갈색이나 누런 갈색이다.

진흙탕 물기가 많아 질척질척한 땅.

진흙투성이 진흙이 잔뜩 묻은 상태. 《옷이 진흙투성이구나.》

진흥 (振興) 어떤 일을 활발하게 일으키는 것. 《농업 진흥》 **진흥하다**

진흥왕 순수비 (眞興王巡狩碑) 신라 진흥왕이 나라 땅을 넓힌 뒤에 기념으로 세운 비석. 함경남도 황초령과 마운령, 경상남도 창녕에 남아 있고, 북한산에 세운 비석은 국립 중앙 박물관에 있다.

질 책 (帙) 여러 권으로 된 책 한 벌. 또

진흙끈적버섯

진흥왕 순수비

진홍가슴

는 그것을 세는 말.《동화책 한 질》

질 품질 (質) 1.어떤 물건의 바탕이 되는 성질.《이 옷은 질이 별로 안 좋아요.》2.사람 됨됨이.《처음부터 질 나쁜 아이는 없어.》

질 몸 (膣) 자궁에 이어진 원통처럼 생긴 생식 기관.

–질 붙는 말 몸이나 도구를 나타내는 낱말 뒤에 붙어, '그것을 써서 하는 일'이라는 뜻을 더하는 말.《가위질/걸레질/손가락질》

질감 (質感) 재료가 주는 독특한 느낌.《나무의 까칠까칠한 질감을 잘 살렸구나.》참양감.

질겁 뜻밖에 무서운 일을 당하여 몹시 놀라는 것. 비기겁. 북등겁. **질겁하다**《사마귀를 보고 누나가 질겁했다.》

질겅 질긴 것을 거칠게 씹어 대는 모양. **질겅거리다 질겅대다 질겅질겅**《찬우가 껌을 질겅질겅 씹고 있다.》

질경이 들이나 길가에 흔히 자라는 풀. 갸름한 달걀꼴 잎이 뿌리에서 무더기로 나고, 여름에 긴 꽃대에 희고 자잘한 꽃이 모여 핀다. 북길짱구.

질경이

질경이택사 연못가나 늪에 자라는 풀. 잎이 뿌리에서 모여나고, 잎자루가 가늘고 길다. 여름에 작고 흰 꽃이 핀다. 뿌리를 약으로 쓴다. 북길짱구택사.

질경이택사

질그릇 흙으로 빚어 구운 그릇. 유약을 바르지 않아 윤기가 없다.

질근– 질긴 것을 꼭꼭 씹는 모양. **질근거리다 질근대다 질근질근**《형이 오징어 다리를 질근질근 씹는다.》

질금 1.물, 눈물, 오줌 들이 새어 흐르거나 나왔다 그쳤다 하는 모양. 2.비가

아주 조금씩 내렸다 그쳤다 하는 모양. 3.물건이나 돈 같은 것을 조금씩 쓰거나 나눠서 주는 모양. **질금거리다 질금대다 질금질금**《바지에 오줌을 질금 싸 버렸다./하루 종일 비가 질금거린다./엄마는 용돈을 한 번에 주시지 않고 질금질금 나누어 주신다.》

질기다 1.잘 끊어지거나 해지지 않고 견디는 힘이 세다.《냉면이 너무 질겨서 못 먹겠어요.》반연하다. 2.고집이 세고 끈덕지다.《동생이 과자를 사 달라고 질기게 졸라 댔다.》

질끈 1.단단히 졸라매거나 동여매는 모양.《백 미터 달리기 출발선에서 운동화 끈을 질끈 동여맸다.》2.눈을 힘껏 감는 모양.《귀신이 나오는 장면에서 나도 모르게 눈을 질끈 감았다.》

질녀 (姪女) 형제자매의 딸.

질다 1.밥이나 반죽 같은 것이 물기가 많다.《물을 많이 잡았더니 밥이 질게 됐어.》참되다. 2.땅이 물기가 많아 무르다.《진 땅에서 놀다가 신발을 다 버렸다.》바진, 질어, 집니다.

질량 (質量) 물체를 이루는 물질의 양.

질러가다 가까운 지름길로 가다.《교문까지 운동장을 질러갔다.》

질리다 1.춥거나 놀라거나 무서워서 얼굴에 핏기가 없어지다.《추워서 입술이 파랗게 질렸다.》2.놀라거나 무서워서 움츠러들다.《겁에 질려 아무 말도 못했다.》3.싫증이 나다.《그 얘기는 질리게 들었어.》비물리다.

질문 (質問) 모르거나 알고 싶은 것을 묻는 것.《삼촌은 어떤 질문에도 척척 대답한다.》비질의. 반대답. **질문하다**

질벅- 물기가 많은 흙이나 반죽 같은 것이 몹시 진 모양. **질벅거리다 질벅대다 질벅질벅**《질벅대는 흙 길》

질병 (疾病) 몸과 마음에 생기는 온갖 병.《질병에 걸리다.》 **같**질환.

질산 (窒酸) 질소, 산소, 수소로 이루어진 액체. 빛깔이 없고 코를 찌르는 냄새가 난다. 강한 산성을 띤다.

질색 (窒塞) 몹시 꺼리거나 싫어하는 것.《난 벌레라면 딱 질색이야.》 **질색하다**

질서 (秩序) 1.사회를 평화롭고 조화 있게 유지하려고 정해 놓은 차례나 규칙.《질서를 지켜서 차에 탑시다.》 2.어떤 것을 보기 좋게 벌여 놓는 차례나 방식.《책을 질서 있게 정리했다.》

질소 (窒素) 공기 속에 가장 많이 들어 있는 기체. 빛깔, 맛, 냄새가 없고 동식물 몸속에서 단백질을 이룬다.

질소 산화물 (窒素酸化物) 질소와 산소가 합쳐져 이루어진 물질.

질식 (窒息) 산소가 모자라서 숨이 막히는 것. **질식하다**《생나무 타는 매캐한 연기에 질식할 듯했다.》 **질식되다**

질식사 (窒息死) 숨이 막혀 죽는 것. **질식사하다**

질의 (質疑) 모르거나 의심나는 것을 묻는 것.《궁금한 것은 질의 시간에 물어 보세요.》 **비**질문. **반**응답. **질의하다**

질적 (質的) 질에 관한. 또는 그런 것. **참**양적.

질주 (疾走) 아주 빠르게 달리는 것. **질주하다**《도로를 질주하는 자동차》

질질 1.바닥에 닿거나 늘어져서 끌리는 모양. 또는 그 소리.《바지가 길어서 땅에 질질 끌린다.》 2.정한 날짜를 자꾸 뒤로 미루는 모양.《약속한 날짜가 언젠데 질질 끌고 있는 거야?》 3.물건을 여기저기 흘리는 모양.《과자 부스러기 질질 흘리지 마라.》 4.물, 침, 땀, 콧물 들이 그치지 않고 흐르는 모양.《동생이 콧물을 질질 흘린다.》

질책 (叱責) 잘못한 사람을 호되게 꾸짖는 것.《동생을 혼자 두고 왔다가 할머니께 질책을 들었다.》 **질책하다**

질척- 물기가 많아서 몹시 차지고 무른 모양. **질척거리다 질척대다 질척질척**《비가 와서 땅이 질척거린다./반죽이 질척해서 밀가루를 더 넣었다.》

질투 (嫉妬) 남이 잘되는 것을 샘내고 미워하는 것. **비**샘. **질투하다**《미주는 다른 애들이 질투할 만큼 예뻐요.》

질퍽- 물 같은 것이 쥐어짤 수 있을 만큼 배어 있거나 반죽이나 진흙 같은 것이 물기가 많은 모양. **질퍽거리다 질퍽대다 질퍽하다 질퍽질퍽**《간밤에 내린 비 때문에 길이 질퍽거린다.》

질펀하다 1.탁 트인 것이 넓고 판판하다.《풀밭이 질펀하게 뻗은 목장》 2.게으르게 늘어져 있다.《산기슭에 아낙네들이 질펀하게 앉아 있다.》 3.말이나 움직임이 거리낌 없이 이어지다.《질펀한 농담》 4.어떤 것이 가득하게 널려 있다.《잡동사니가 마당에 질펀하게 널려 있다.》 5.물기가 많아서 질다.《눈이 녹아서 길이 질펀하다.》

질풍 (疾風) 몹시 세차게 부는 바람.《적군이 질풍같이 쳐들어왔다.》

질화로 진흙으로 구워 만든 화로.

질환 (疾患) → 질병.《호흡기 질환》

짊어지다 1. 짐을 어깨나 등에 지다. 《삼촌이 큰 상자 하나를 짊어지고 왔다.》 2. 책임이나 의무를 맡다. 《우리나라의 미래를 짊어질 어린이》

짐 물건 1. 다른 데로 옮기려고 꾸려 놓은 꾸러미나 물건. 《짐을 싸다./짐을 풀다.》 2. 어떤 책임이나 의무. 《네가 도와준 덕에 힘든 짐을 덜었어.》 3. 남한테 폐가 되거나 괴로움을 끼치는 것. 《누나한테 짐이 되고 싶지 않아요.》 4. 한 사람이 한 번에 나를 수 있는 물건 꾸러미를 세는 말. 《나무 한 짐》

짐 임금 (朕) 옛날에 왕이 자기 자신을 이르던 말. 비과인.

짐꾼 짐을 나르는 사람. 북짐군.

짐수레 짐을 실은 수레. 또는 짐을 실어 나르는 데 쓰는 수레.

짐스럽다 짐으로 여겨져 거추장스럽다. 《지나친 관심은 되레 짐스럽다.》 바짐스러운, 짐스러워, 짐스럽습니다.

짐승 사람이 아닌 동물을 이르는 말. 《말 못하는 짐승을 괴롭히면 못써.》

짐작 (斟酌) 사정이나 형편 같은 것을 어림잡아 헤아리는 것. 《내 짐작으로는 고양이가 생선을 물어 간 것 같아.》 비추측. **짐작하다 짐작되다**

짐짓 속마음과 달리 일부러. 《진영이는 짐짓 놀라는 척했다.》 비일부러.

짐짝 묶어 놓은 짐 덩어리.

짐차 짐을 실어 나르는 차.

짐칸 차, 열차, 배, 비행기 같은 데서 짐을 싣는 칸. 북차판.

집 주택 1. 사람이 들어가서 먹고 자고 생활하는 건물. 《저기 빨간 벽돌집이 우리 집이다.》 비가옥, 주택. 2. 여러 식구가 모여 사는 집안. 《과수원 집 아이들은 모두 공부를 잘한다.》 3. 동물을 뜻하는 낱말 뒤에 써서, 동물의 보금자리. 《개집/까치집》 4. 상품을 뜻하는 낱말 뒤에 써서, '파는 곳'이나 '가게'를 뜻하는 말. 《꽃집/빵집/옷집》 5. 물건을 뜻하는 낱말 뒤에 써서, '어떤 물건을 넣거나 끼워 두는 통'을 뜻하는 말. 《칼집/안경집》

집 떠나면 고생이다 속담 집을 떠나서 돌아다니면 대접을 아무리 잘 받아도 고생스럽고 불편한 점이 있게 마련이라는 말.

집에서 새는 바가지 들에 가도 샌다 속담 본바탕이 나쁜 사람은 어디서든 그 본모습이 드러난다는 말.

집 음반 (輯) 숫자 다음에 써서, 책, 잡지, 음반 같은 것이 나온 차례를 뜻하는 말. 《2집 음반》

– 집 시집 (集) 어떤 낱말 뒤에 붙어, 글, 노래, 사진 들을 모아서 엮은 책을 뜻하는 말. 《시집/민요집/자료집》

집강소 (執綱所) 동학 농민군이 전라도 지역에 둔 지방 행정 기관.

집게 도구 물건을 집는 도구. 끝이 두 가닥으로 갈라져 있다.

집게 동물 빈 고둥 껍데기에 들어가 사는 동물. 말랑말랑한 배는 껍데기 속에 넣고 머리, 다리처럼 단단한 부분만 내민다.

집게_동물

집게발 게, 가재 같은 동물의 발 가운데 집게처럼 생긴 큰 발.

집게벌레 낙엽이나 돌 밑 같은 축축한 곳에 사는 곤충. 껍데기가 단단하고 몸빛깔은 검은 갈색이다. 배 끝에 집게가

집게벌레

달려 있다.

집게손가락 엄지손가락 옆에 있는 둘째 손가락. **같**검지.

집결 (集結) 여럿이 한곳에 모이는 것. 《집결 장소》 **집결하다 집결되다**

집계 (集計) 여럿을 한데 모아 셈하는 것. 《선생님이 반장 선거 집계 결과를 발표하셨다.》 **집계하다 집계되다**

집구석 '집'을 낮추어 이르는 말.

집권 (執權) 어떤 사람이나 정당이 나라를 다스리는 권력을 잡는 것. 《집권 여당/집권 세력》 **집권하다**

집기병 (集氣瓶) 기체를 모아 두는 실험용 유리병.

집념 (執念) 한 가지 일에 매달려 마음을 쏟는 것. 또는 그 마음. 《집념이 강하다./집념에 사로잡히다.》

집다 1. 손가락, 발가락, 젓가락 들로 물건을 잡아서 들다. 《젓가락으로 두부를 집어 먹었다.》 2. 여럿 가운데 하나를 정하여 가리키다. 《꼭 집어 말할 수는 없지만 누구인지 짐작이 가.》

집단 (集團) 여럿이 한데 모여 이룬 무리. 《종교 집단》 **비**단체.

집단 농장 (集團農場) 여럿이 함께 일하면서 이끌어 가는 농장.

집단생활 (集團生活) 여럿이 함께 어울려서 하는 생활.

집대성 (集大成) 여럿을 한데 모아 짜임새 있게 정리하는 것. **집대성하다** 《우리나라 전통 놀이를 집대성한 책이 나왔다.》 **집대성되다**

집돼지 집에서 기르는 돼지.

집두리 ㅣ북 집의 둘레. 《아침 일찍 일어나서 집두리를 깨끗이 쓸었다.》

집기병

집들이 이사한 집에 친척이나 동무들을 초대하여 집을 구경시키고 음식을 대접하는 일. **집들이하다**

집무 (執務) 높은 자리에 있는 사람이 사무를 보는 것.

집무실 (執務室) 높은 자리에 있는 사람이 사무를 보는 방. 《대통령 집무실》

집박쥐 지붕 밑이나 집 안에 사는 박쥐. 털은 잿빛이고 귀 끝이 둥글다. 낮에는 자고 밤에 날아다니면서 먹이를 찾는다.

집배원 (集配員) → 우편집배원.

집사람 남한테 자기 아내를 이르는 말.

집산지 (集散地) 여러 곳에서 난 물건들이 한데 모였다가 다른 곳으로 옮겨 가는 곳. 《귤 집산지》

집성재 (集成材) 얇은 널빤지를 여러 겹으로 쌓아서 붙인 것.

집세 남의 집을 빌려 쓰는 값으로 내는 돈. 《집세가 너무 올라 걱정이에요.》

집시 (Gypsy) 유럽에서 무리 지어 떠돌아다니며 사는 민족.

집안 1. 한 가족이 이룬 모임. 《집안 형편이 어렵다.》 2. 한 조상의 자손들이 이룬 모임. 《양반 집안》 **비**가문.

집안일 1. 밥 짓기, 설거지, 빨래, 청소처럼 집에서 하는 일. 《어머니를 도와 집안일을 했다.》 **비**가사. 2. 한 집안에서 일어나는 여러 가지 일. 《집안일 때문에 같이 놀러 갈 수 없어.》

집약 (集約) 여럿을 한데 모아 짧게 간추리는 것. **집약하다 집약되다** 《첨단 기술이 집약된 자동차》

집어넣다 어떤 것을 공간이나 모임이나 테두리 안에 넣다. 《주머니에 손을

집어넣다./죄인을 감옥에 집어넣다.》

집어던지다 1. 물건을 손으로 집어서 던지다.《빈 깡통을 쓰레기통에 집어던졌다.》2. 하던 일을 그만두다. 또는 지켜야 할 것을 내버리다.《민우는 숙제를 집어던지고 밖으로 나갔다.》

집어삼키다 1. 거침없이 입에 넣어 삼키다.《해오라기가 물고기를 꿀꺽 집어삼켰다.》2. 남의 것을 나쁜 방법으로 빼앗다.《강대국이 약소국을 집어삼키려 한다.》

집어치우다 하던 일을 그만두거나 하려던 일을 하지 않다.《그렇게 대충대충 하려거든 집어치워.》

집오리 집짐승으로 기르는 새 가운데 하나. 청둥오리보다 조금 크고 날개가 약하다.

집요하다 한 가지 일에 매달리는 태도가 고집스럽고 끈질기다.《지수는 모르는 게 있으면 집요하게 파고든다.》

집자 (集字) 옛 문헌 같은 데서 필요한 꼴의 글자를 찾아 모으는 것. **집자하다**《이 책의 표지 글씨는 훈민정음에서 집자한 것이다.》

집적- 1. 아무 일에나 함부로 손대거나 참견하는 모양. 2. 남을 건드려 귀찮게 구는 모양. **집적거리다 집적대다**

집적집적《남의 일에 집적댈 생각 말고 너나 잘 해라./어떤 아저씨가 이모한테 집적거리다가 혼쭐이 났다.》

집정관 (執政官) 1. 고대 로마에서 행정과 군사에 관한 일을 맡아보던 장관. 2. 프랑스 혁명이 끝난 뒤에 행정을 맡아보던 으뜸 관리.

집주인 집의 주인.

집중 (集中) 1. 여럿을 한데 모으는 것. 또는 여럿이 한데 모이는 것.《시선 집중/집중 단속》참분산. 2. 어떤 일에 온 힘을 쏟는 것.《시끄러워서 공부에 집중이 잘 안 돼요》 **집중하다 집중되다**

집중력 (集中力) 정신을 집중하는 힘.《피곤하니까 집중력도 떨어진다.》

집중적 (集中的) 하나를 중심으로 모이거나 모으는. 또는 그런 것.

집중 호우 (集中豪雨) 짧은 시간 동안 한꺼번에 쏟아지는 비.

집쥐 → 시궁쥐.

집짐승 집에서 기르는 짐승. 소, 돼지, 닭 들이 있다. 같가축.

집집 여러 집. 집마다 하나하나.《삼일절 아침에 집집이 태극기를 내걸었다.》

집착 (執着) 어떤 것에 지나치게 마음을 쏟고 매달리는 것. **집착하다**《지난 일에 집착하지 말고 다시 시작하자.》

집채 집 전체. 또는 집 한 덩이.《집채만 한 파도》

집터 집이 있거나 있던 자리. 또는 집을 지을 자리. 비택지. 북집자리.

집토끼 집에서 기르는 토끼.

집파리 여름에 집 안에 들어와 날아다니는 파리. 몸 빛깔은 검고 날개는 투명하다. 음식물 같은 데에 앉아 사람한테 전염병을 옮긴다.

집필 (執筆) 글을 쓰는 것.《소설 집필》 **집필하다 집필되다**

집합 (集合) 1. 여럿이 한곳에 모이는 것.《집합 장소》반해산. 2. 수학에서 테두리가 분명하게 정해지는 것들의 무리.《자연수의 집합》북모임. **집합하다**

집행 (執行) 계획이나 명령 같은 것을

실제로 따라서 하는 것.《예산 집행/법 집행》**집행하다 집행되다**

집현전 (集賢殿) 조선 초기에 궁궐에 둔 학문 연구 기관. 세종 대왕은 집현전 학자들을 시켜 한글을 만들었다.

집회 (集會) 여럿이 어떤 목적으로 한데 모이는 것. 또는 그 모임.《광화문에서 촛불 집회가 열렸다.》**집회하다**

짓 1. 사람이나 짐승이 몸을 움직이는 일.《눈짓/몸짓/손짓》 2. '행동'이나 '동작'을 낮추어 이르는 말.《나쁜 짓/어리석은 짓》.

짓거리 '짓'을 낮추어 이르는 말.《동무를 놀리는 짓거리는 하지 마라.》

짓궂다 일부러 남을 괴롭히거나 귀찮게 구는 태도가 있다.《남자 아이들이 자꾸 짓궂은 장난을 쳐요.》북지꿎다.

짓누르다 1. 함부로 세게 누르다.《사자가 얼룩말을 쓰러뜨리고 발로 짓눌렀다.》 2. 마음을 억누르다.《아까 동무와 다툰 일이 자꾸 마음을 짓누른다.》바짓누르는, 짓눌러, 짓누릅니다.

짓눌리다 세게 눌리다.《무거운 가방에 어깨가 짓눌렸다.》

짓다 1. 재료를 써서 어떤 것을 만들다.《집을 짓다./밥을 짓다.》 2. 글, 노래 들을 만들거나 이름을 정하다.《내 이름은 할머니께서 지어 주셨다.》 3. 어떤 표정이나 동작 들을 겉으로 드러내다.《순영이가 밝은 표정을 지어 보였다.》 4. 죄를 저지르거나 말을 거짓으로 꾸며서 하다.《이야기를 짓다.》 5. 농작물을 가꾸다.《할아버지는 50년 넘게 농사만 지어 오셨다.》 6. 줄, 무리, 짝 같은 것을 이루다.《아이들은 반장

구령에 따라 줄을 지어 섰다.》 7. 일을 마무리하다.《결론을 짓다./매듭을 짓다.》바짓는, 지어, 짓습니다.

짓무르다 1. 살갗이 헐어 문드러지다.《상처가 짓물러 고름이 나온다.》북진무르다. 2. 과일이나 채소가 오래되어 물렁물렁해지다.《딸기가 다 짓물렀다.》바짓무르는, 짓물러, 짓무릅니다.

짓박다 |북 세게 마구 박다.《삼촌이 삐걱거리는 의자에 못을 짓박았다.》

짓밟다 1. 세게 마구 밟다.《만원 버스 안에서 누가 내 발을 짓밟았다.》 2. 남을 마구 억누르거나 남의 권리 같은 것을 빼앗다.《자존심을 짓밟다.》

짓밟히다 세게 마구 밟히다.《고추밭이 멧돼지한테 짓밟혀 엉망이 되었다.》

짓숙이다 |북 머리, 고개를 푹 숙이다.《꽃병을 깬 아이들이 선생님 앞에서 머리를 짓숙이고 잘못을 빌었다.》

짓이기다 세게 마구 이기거나 잘게 이기다.《약초를 짓이겨 즙을 냈다.》

짓찧다 세게 마구 찧다.《봉숭아꽃을 짓찧어 손톱에 예쁜 물을 들였다.》

징 악기 치는 국악기 가운데 하나. 놋쇠로 크고 둥글게 만들어 끈을 달았다.

징_악기

징 신발 미끄러지거나 닳지 않게 하려고 신발 밑창이나 말굽에 박는 짧은 쇠못.

징검다리 개울에 돌을 띄엄띄엄 놓아 만든 다리.

징검돌 징검다리로 놓은 돌. 북다리돌.

징계 (懲戒) 잘못을 저지른 사람한테 벌을 주는 것.《심판을 밀친 선수가 징계를 받았다.》**징계하다**

징그럽다 소름이 끼칠 만큼 흉하다.《바퀴벌레는 정말 징그럽게 생겼어.》

ᵇ징그러운, 징그러워, 징그럽습니다.

징발 (徵發) 1. 전쟁 같은 급한 일이 일어났을 때 나라에서 국민의 물건을 강제로 거두어들이는 것. 2. 어떤 일을 시키려고 사람을 강제로 데려가는 것. **징발하다**《태평양 전쟁 때 일본은 수저까지 징발하여 무기를 만들었다.》**징발되다**

징벌 (懲罰) 나쁜 짓을 한 사람한테 벌을 주는 것. **징벌하다**《나라에서 탐관오리들을 징벌하였다.》

징병 (徵兵) 나라에서 정해진 나이가 된 사람을 뽑아 군대에 보내는 것.《징병 제도》**징병하다**

징수 (徵收) 행정 기관에서 세금이나 수수료 같은 것을 거두어들이는 것.《세금 징수》**징수하다 징수되다**

징역 (懲役) 죄지은 사람을 교도소에 가두고 일을 시키는 벌.《그 아저씨는 도둑질하다가 잡혀서 징역을 살았다.》

징역형 (懲役刑) 징역을 사는 벌.

징용 (徵用) 일제 강점기에 일본에서 조선 사람을 강제로 데려가 일을 시키던 것.《징용에 끌려가다.》**징용하다 징용되다**

징조 (徵兆) 어떤 일이 일어날 것을 미리 알려 주는 일.《아침에 까치가 우는 것은 좋은 징조이다.》비조짐, 징후.

징집 (徵集) 나라에서 병역 의무가 있는 국민을 군대에 보내는 것. **징집하다 징집되다**

징징 못마땅하여 보채고 우는 소리. 또는 그 모양. **징징거리다 징징대다**《얼마 걷지도 않았는데 동생은 다리가 아프다고 징징거렸다.》

징크스 (jinx) 어떤 일이 있은 다음에 으레 나쁜 일이 생기는 불운.

징표 (徵標) 어떤 사실이나 뜻을 나타내는 물건이나 표시.《우리는 우정의 징표로 딱지를 주고받았다.》

징후 (徵候) 겉으로 드러나는 낌새.《폭풍우가 칠 징후》비조짐, 징조.

짖다 개가 입을 벌려 큰 소리를 내다.《개가 낯선 사람을 보고 컹컹 짖는다.》

짙다 1. 빛깔이나 냄새가 흐리지 않고 뚜렷하다.《짙은 초록색/향수 냄새가 짙다.》반옅다. 2. 안개, 연기가 퍼진 정도나 농도가 심하다.《짙은 안개 때문에 앞이 안 보인다.》반옅다. 3. 털 같은 것이 빽빽하다.《아빠는 눈썹이 짙어서 엄해 보여요.》4. 어떤 느낌, 낌새, 분위기가 뚜렷하다.《할아버지 얼굴에서 짙은 병색이 느껴졌다.》

짙푸르다 짙게 푸르다.《짙푸른 바다》ᵇ짙푸른, 짙푸르러, 짙푸릅니다.

짚 벼, 보리 같은 곡식에서 이삭을 떨어낸 줄기와 잎.《짚으로 새끼를 꼬았다./짚 두 단》

짚다 1. 손이나 지팡이 들을 바닥 같은 곳에 대고 몸을 가누다.《할머니가 지팡이를 짚고 걸어가신다.》2. 살피거나 알아보려고 손을 가볍게 대다.《의사 선생님이 이마를 짚어 보셨다.》3. 여럿 가운데 어떤 것을 꼭 집어 가리키다.《선생님이 틀린 곳을 짚어 주셨다.》4. 앞으로 벌어질 일을 미루어 짐작하다.《헛다리를 짚다.》

짚고 넘어가다 ᵏᵘ 어떤 것을 따지고 넘어가다.《나중에 딴소리하지 말고 지금 짚고 넘어가자.》

짚단 짚을 모아 묶은 것.

짚더미 짚을 한데 모아 쌓은 더미.

짚신 짚을 꼬아서 만든 신발.《짚신 두 켤레/짚신을 삼다.》**북**짚세기.

짚신도 제짝이 있다 속담 보잘것없는 사람도 다 자기 짝이 있다는 말.

짚신나물 들이나 길가에 자라는 풀. 줄기에 거친 털이 있고, 여름에 작고 노란 꽃이 꽃대 끝에 모여 핀다. 어린잎은 먹고, 포기째 약으로 쓴다.

짚신나물

짚이다 1.손에 가볍게 눌리거나 닿다. 2.어떠할 것으로 짐작이 가다.《누가 그랬는지 혹시 짚이는 데가 있니?》

짚자리 짚을 엮어서 만든 자리.

짜개다 단단한 것을 베거나 찍어 둘로 갈라지게 하다.《통나무를 짜개다.》

짜고들다 ㅣ**북** 어떤 일을 해내려고 단단히 준비하거나 빈틈없이 계획을 세워 들러붙다.《단단히 짜고들지 않으면 이번 일을 해내기 어렵겠다.》**바**짜고드는, 짜고들어, 짜고듭니다.

짜깁기 옷감의 찢어진 데를 표 나지 않게 본디대로 깁는 것. **짜깁기하다**《엄마가 찢어진 옷소매를 감쪽같이 짜깁기해 주셨다.》

짜내다 1.비틀거나 눌러서 안에 든 것을 나오게 하다.《물기를 꾹 짜냈다.》 2.애써서 생각해 내다.《우리는 머리를 맞대고 좋은 생각을 짜냈다.》

짜다 계획을 1.나무나 쇠 같은 것으로 틀이나 가구를 만들다.《새로 짠 문짝을 달았다.》2.실이나 끈 들을 엮어 옷감, 자리 들을 만들다.《엄마가 털실로 조끼를 짜 주셨다.》**비**뜨다. 3.무리를 만들다.《다섯 명씩 조를 짜서 실험을 시

작했다.》4.계획을 세우거나 프로그램 같은 것을 만들다.《여행 일정은 일기 예보를 참고해서 짜자.》5.어떤 일을 남과 함께 몰래 꾸미다.《너희 둘이 짜고서 나를 골탕 먹였구나.》

짜다 기름을 1.비틀거나 눌러서 안에 든 것을 빼다.《치약을 끝까지 짜서 쓰자.》2.어떤 일에 온 힘을 기울이거나 어떤 일을 골똘히 생각하다.《젖 먹던 힘까지 짜서 열심히 뛰었다.》

짜다 맛이 1.소금이나 간장 같은 맛이 있다.《간장을 더 쳤더니 국이 짜다.》 **반**싱겁다. 2.돈이나 점수 같은 것을 넉넉히 주지 않는 태도가 있다.《우리 선생님은 점수를 짜게 주신다.》

-짜리 수나 양을 나타내는 낱말 뒤에 붙어, '그 수나 양에 이르는 것'을 뜻하는 말.《백 원짜리 동전》

짜릿짜릿 1.몸 한 부분이 자꾸 저린 느낌. 2.흥분되고 떨리는 듯한 느낌. **짜릿짜릿하다**《파도를 가르면서 보트를 타는 기분이 짜릿짜릿하다.》

짜릿하다 1.몸 한 부분이 쑤시듯이 저린 느낌이 있다.《걸음을 옮기자 삔 발목이 짜릿했다.》2.갑자기 흥분하여 마음이 떨리다.《짜릿한 기분》

짜부라지다 눌리거나 부딪혀서 납작해지거나 구겨지다.《오두막이 집채만 한 바위에 눌려 짜부라졌다.》

짜이다 1.가구, 상자, 천 들이 만들어지다.《삼베옷이 어떻게 짜이는지 알고 싶어요.》2.틀, 구성, 무리 들이 만들어지다.《그 소설은 구성이 잘 짜인 작품이다.》**북**째이다. 3.계획 같은 것이 세워지다.《네 방학 계획표는 너무

빡빡하게 짜였어.》북째이다.

짜임 여럿이 모여 하나로 짜인 상태.

짜임새 1.여럿이 하나로 짜인 모양새. 《옷감이 짜임새가 참 고와요》 2.글이나 이론 같은 것이 앞뒤가 제대로 맞는 상태. 《짜임새 있는 글》

짜장면 '자장면'을 잘못 쓴 말.

짜증 못마땅하여 싫은 티를 내는 짓. 《언니가 자기 물건을 멋대로 썼다고 짜증을 부렸다.》

짜증스럽다 짜증이 날 만큼 싫다. 《같은 얘기를 열 번이나 들었더니 짜증스럽다.》ㅂ짜증스러운, 짜증스러워, 짜증스럽습니다.

짝 ^{짝꿍} 1.둘이 어울려 한 벌이나 한 쌍을 이루는 것. 또는 그 가운데 하나. 《짝을 짓다.》 2.교실에서 옆 자리에 앉는 동무. 《전학 온 동무가 내 짝이 되었다.》^같짝꿍. 3.둘이 어울려 한 벌이나 한 쌍을 이룰 때 하나하나를 세는 말. 《젓가락 두 짝이 똑같아.》 **짝하다**

짝 ^{소리} 1.줄을 한 번 세게 내리긋는 소리. 또는 그 모양. 《선생님이 칠판에 줄을 짝 내리그었다.》 2.종이나 천 같은 것을 한 번 세게 찢는 소리. 또는 그 모양. 《공책을 두고 온 짝꿍에게 연습장을 짝 찢어 주었다.》 3.단번에 세게 쪼개지거나 벌어지는 소리. 또는 그 모양. 《칼을 대자 잘 익은 수박이 짝 갈라졌다.》 4.입, 팔, 다리 들을 크게 벌리는 모양. 《다리를 짝 벌리고 가슴을 땅에 닿게 해 봐.》^참쩍. 5.손뼉을 한 번 치는 소리. 또는 그 모양. 《다 같이 손뼉을 크게 한 번 짝 쳐 보세요》 **짝짝**

짝 ^{세는 말} 1.소나 돼지의 한쪽 갈비 여

러 대를 묶어서 세는 말.《갈비 한 짝》 2.상자나 짐짝 같은 것을 세는 말.《짐 두 짝/귤 한 짝》

짝 ^{아무 짝} 흔히 '아무' 뒤에 써서, '곳'을 뜻하는 말.《한 짝만 있는 신발은 아무 짝에도 쓸모가 없다.》

짝그네 두 사람이 나란히 서서 뛰는 그네. 한 팔로는 상대방의 허리에 끼고 다른 팔로는 줄을 잡는다.

짝꿍 1.→ 짝. 2.늘 함께 다닐 만큼 친한 동무.《영희와 순이는 둘도 없는 짝꿍이다.》^비단짝.

짝사랑 남녀 사이에서 상대방은 자기를 사랑하지 않는데 혼자서 그 사람을 사랑하는 것. **짝사랑하다**

짝수 2, 4, 6, 8처럼 2로 나누어떨어지는 수. ^참홀수.

짝지다 ^{|북} 한쪽이 다른 쪽보다 모자라거나 못하다.《춤 솜씨만큼은 혜영이한테 짝지지 않아.》

짝지발 ^{|북} 새총처럼 위쪽 끝이 두 쪽으로 갈라진 나뭇가지를 다듬은 것. 또는 그렇게 생긴 물건.《이 짝지발은 새총으로 쓰면 딱 좋겠네.》

짝짓기 1.수컷과 암컷이 알이나 새끼를 낳으려고 짝을 짓는 것. ^비교미. ^북쌍붙이. 2.여럿이 모여 짝을 이루는 것. **짝짓기하다**《세 명씩 짝짓기하세요.》

짝짜꿍 아기가 귀엽게 손뼉을 치는 재롱.《엄마 앞에서 짝짜꿍.》

짝짝이 제짝이 아닌 것끼리 한 벌이 된 것.《양말을 짝짝이로 신었구나.》

짠맛 소금이나 간장 같은 것에서 나는 맛.《바닷물은 짠맛이 납니다.》

짠물 짠맛 나는 물.

짠지 무를 통으로 소금에 짜게 절여서 묵혀 두고 먹는 김치.

짤따랗다 길이가 꽤 짧다.《짤따란 몽당연필》[반]기다랗다. [바]짤따란, 짤따래, 짤따랗습니다.

짤랑 작은 방울이나 쇠붙이 같은 것이 부딪치는 소리. **짤랑거리다 짤랑대다 짤랑이다 짤랑하다 짤랑짤랑**《저금통에서 짤랑짤랑 동전 소리가 났다.》

짤록 '잘록'의 센말. **짤록하다**《이모는 허리가 짤록한 옷을 입었다.》

짤막하다 길이가 조금 짧다.《진아는 늘 '응'과 '아니'로 짤막하게 대답한다.》[반]길쭉하다.

짧다 1. 길이가 길지 않다.《머리를 짧게 깎았더니 시원하다.》[반]길다. 2. 시간이 길지 않다.《여름 방학은 너무 짧은 것 같아.》[반]길다. 3. 글, 말, 이야기 들의 양이 적다.《이 시인은 짧은 시를 많이 썼다.》[반]길다. 4. 생각, 실력, 지식 들이 충분하지 못하다.《내 생각이 짧아서 실수를 저질렀다.》

짧아지다 길이나 동안이 짧게 되다.《해가 많이 짧아졌네.》[반]길어지다.

짧은뜨기 코바늘뜨기에서 바늘로 실을 감지 않고 코를 한꺼번에 빼어서 뜨는 일.

짧은소리 글자로 쓰면 같아도 말할 때는 짧게 내는 소리.《깜깜한 '밤'은 짧은소리로 읽고, 열매 '밤'은 긴소리로 읽는다.》[같]단음. [참]긴소리.

짬 1. 두 물건이 맞붙은 틈. 또는 갈라져서 생긴 틈. 2. 하던 일을 멈추고 쉬거나 다른 일을 하려고 잠깐 낸 시간.《숙제가 많아서 짬이 안 나.》[비]겨를.

짱뚱어

짭조름하다 조금 짠맛이 있다.《다시마는 짭조름하면서도 단맛이 난다.》

짭짤하다 입맛에 맞게 조금 짜다.《젓갈처럼 짭짤한 반찬을 먹고 싶어.》

짱구 이마나 뒤통수가 튀어나온 머리. 또는 머리가 그렇게 생긴 사람.《내 머리는 아빠를 닮아서 짱구야.》

짱뚱어 갯벌에 구멍을 파고 사는 바닷물고기. 머리가 크고, 작은 눈이 툭 튀어나왔다. 가슴지느러미를 다리처럼 써서 기어 다닌다.

짱아 '잠자리'를 이르는 어린아이 말.

짱짱하다 1. 생김새가 다부지고 움직임이 힘차다.《할아버지는 뒷산을 한달음에 오를 만큼 짱짱하시다.》2. 아주 단단하다.《영하 20도로 내려가자 강물이 짱짱하게 얼었다.》

-째 1. 어떤 낱말 뒤에 붙어, '그대로', '모두'라는 뜻을 더하는 말.《잡초를 뿌리째 뽑았다.》2. 수, 양, 시간을 나타내는 낱말 뒤에 붙어, '차례'라는 뜻을 더하는 말.《첫째/두 그릇째/사흘째》

째깍 시계 같은 것의 톱니바퀴가 돌아가는 소리. **째깍거리다 째깍대다 째깍째깍**《조용한 교실에 째깍거리는 시계 소리만 들린다.》

째다 살갗이나 천 들을 찢거나 베어 가르다.《상처를 째고 고름을 짰다.》

째릿- [북] 몸이나 마음이 콕 쑤시듯이 몹시 저린 모양. **째릿거리다 째릿대다 째릿하다 째릿째릿**《슬픈 소식을 들을 때마다 가슴이 째릿째릿하다.》

째지다 1. 살갗이나 천 들이 갈라지거나 찢어져서 틈이 벌어지다.《치마가 못에 걸려서 심하게 째졌다.》2. 소리가 거슬릴 만큼 몹시 날카롭다.《밖에서 째지는 비명 소리가 들렸다.》 3.눈초리가 가늘고 길다.《수호는 눈이 째져서 사납게 보이지만 아주 착하다.》

째째하다 |북 모습이 뚜렷하다.《강물 위에 산 그림자가 째째하게 비친다.》

짹짹 참새 같은 작은 새가 우는 소리.

쨍 1.쇠붙이나 유리같이 단단한 물건이 세게 부딪치거나 갈라질 때 울리는 소리.《무사가 쨍 하고 칼을 뽑았다.》 2.햇볕이 강하게 빛나거나 내리쬐는 모양.《비가 개고 해가 쨍 났다.》

쨍가당 |북 유리나 얇은 쇠붙이가 세게 떨어지거나 부딪치는 소리. **쨍가당거리다 쨍가당대다 쨍가당쨍가당**《냄비가 쨍가당거리면서 바닥에 떨어졌다.》

쨍그랑 얇은 쇠붙이나 유리가 부딪치거나 깨어지면서 울리는 소리. **쨍그랑거리다 쨍그랑대다 쨍그랑하다 쨍그랑쨍그랑**《갑자기 날아온 야구공에 교실 창문이 쨍그랑하고 깨졌다.》

쨍알– |북 몸이 아프거나 못마땅하여 몹시 보채거나 울면서 군소리하는 모양. **쨍알거리다 쨍알대다 쨍알쨍알**《아기가 열이 나서 자꾸 쨍알댄다.》

쨍쨍 햇볕이 몹시 강하게 내리쬐는 모양.《소나기가 그치고 햇볕이 쨍쨍 내리쬐인다.》

쩌들다 |북 1.때나 기름기가 묻어서 더러워지다.《엄마가 쩌든 아빠 작업복을 깨끗하게 빼셨다.》 2.오래되어 몹시 더러워지거나 낡다.《쩌든 책가방이지만 못 버리겠어요.》 3.어떤 생각이 머릿속에 깊이 박히다.《민수 머릿속에는 만화책 생각만 쩌들어 있나

봐.》**쩌드는, 쩌들어, 쩌듭니다.**

쩌렁쩌렁 목소리가 크고 높게 울리는 소리. 또는 그 모양.《수진이 노랫소리가 쩌렁쩌렁 울렸다.》 **쩌렁쩌렁하다**

쩍 1.단번에 크게 쪼개지거나 벌어지는 소리. 또는 그 모양.《흥부가 박을 쩍 가르자 금은보화가 쏟아져 나왔다.》 2.입, 팔, 다리 들을 아주 크게 벌리는 모양.《엄마가 딸기를 주시자 동생 입이 쩍 벌어졌다.》 **참**짝.

쩔뚝– '절뚝–'의 센말. **쩔뚝거리다 쩔뚝대다 쩔뚝이다 쩔뚝쩔뚝**《다리를 삐어 쩔뚝거리면서 집에 갔다.》

쩔쩔매다 1.어려운 일을 당하여 어쩔 줄 모르고 힘들어하다.《동생이 구구단을 외우느라 쩔쩔맨다.》 2.기가 죽어서 몹시 어려워하다.《삼촌은 아빠만 보면 쩔쩔맨다.》

쩝쩝 음식을 먹고 크게 입맛을 다시는 소리. 또는 그 모양. **쩝쩝거리다 쩝쩝대다**《엄마가 싸 주신 도시락을 쩝쩝거리면서 맛있게 먹었다.》

쩟 못마땅하여 혀를 차는 소리.《쩟, 나들이 가기는 글렀네.》

쩨쩨하다 1.마음이 너그럽지 못하다. 또는 돈이나 물건을 지나치게 아끼는 느낌이 있다.《짝꿍이 쩨쩨하게 지우개도 빌려 주지 않았다.》 **북**쬐쬐하다. 2.하찮고 시시하다.《그런 쩨쩨한 일로 싸우다니 창피하다.》 **북**쬐쬐하다.

쪼가리 종이, 천, 나무 같은 것의 작은 조각.《헝겊 쪼가리》 **북**쪼박지.

쪼개다 1.한 덩어리인 것을 여러 조각으로 가르다.《사과를 쪼개서 반씩 나누어 먹자.》 2.시간이나 돈 같은 것을

아끼다. 《진아는 점심시간을 쪼개서 책을 볼 만큼 지독하게 공부한다.》

쪼그라들다 1.부피가 볼품없을 만큼 몹시 작아지다. 《커다랗던 풍선이 작게 쪼그라들었네.》 2.살이 빠지거나 늙거나 하여 주름이 쪼글쪼글하게 잡히다. 《쪼그라든 할머니 볼이 안쓰럽다.》 3.기가 죽거나 형편이 나빠지다. 《유리창 깬 것이 들킬까 봐 마음이 자꾸 쪼그라들었다.》 ^바쪼그라드는, 쪼그라들어, 쪼그라듭니다.

쪼그랑 주름이 쪼글쪼글 잡히고 오그라들어 볼품없이 작아진 것.

쪼그리다 팔다리를 오그려 몸을 움츠리다. 《오랫동안 쪼그리고 앉아 있었더니 다리에 쥐가 났다.》 ^참쭈그리다.

쪼글- 쪼그라지거나 구겨져서 줄이나 주름이 많이 생긴 모양. **쪼글거리다** **쪼글대다** **쪼글쪼글**《할머니 눈가에는 쪼글쪼글 주름이 많다.》

쪼끄마하다 '조그마하다' 의 센말. 《언니, 책상 위에 있던 쪼끄마한 지우개 못 봤어?》 ^준쪼끄맣다.

쪼끄맣다 → 쪼끄마하다. ^바쪼끄만, 쪼끄매, 쪼끄맣습니다.

쪼다 1.새가 부리로 먹이나 나무를 찍다. 《닭이 마당에서 모이를 쪼아 먹는다.》 ^북쫏다. 2.끝이 뾰족한 물건으로 단단한 물체를 치다. 《석공이 정으로 돌을 쪼았다.》 ^북쫏다.

쪼들리다 가난이나 빚에 시달리다. 《콩쥐는 가난에 쪼들려 집을 나갔다.》

쪼르르 1.가는 물줄기가 빠르게 흘러내리는 소리. 또는 그 모양. 《주전자를 들고 보리차를 쪼르르 따랐다.》 2.작

은 발걸음으로 빠르게 걷거나 따라다니는 모양. 《동생들이 큰형 뒤를 따라 쪼르르 목욕탕에 갔다.》 ^참조르르.

쪼아보다 ^{|북} 어떤 것을 어긋나는 데가 없는지 맞추어 보거나 직접 겪어서 살펴보다. 《책에 나온 설명이 맞는지 실험을 해서 쪼아보았다.》

쪼이다 1.햇볕이 비치다. 《햇볕이 쪼이는 풀밭에 쑥이 돋았다.》 ^준쬐다. 2.햇볕, 불, 난로 들에서 나는 열을 몸에 직접 받다. 《아이들은 난롯가에 모여 앉아 난롯불을 쪼였다.》 ^준쬐다.

쪼프리다 ^{|북} 이맛살을 좁히거나 눈을 가늘게 뜨다. 《눈이 나쁜 언니는 나를 볼 때마다 두 눈을 쪼프린다.》

쪽 ^{부분} 쪼개지거나 갈라진 물건의 한 부분. 또는 그것을 세는 말. 《사과를 두 쪽으로 쪼갰다./배 한 쪽》

쪽 ^{머리 모양} 옛날에 혼인한 여자가 하던 머리 모양. 머리카락을 뒤통수 아래에 틀어 비녀를 꽂았다.

쪽 ^풀 축축한 곳에 자라거나 밭에 심어 가꾸는 풀. 잎은 긴달걀꼴이고, 여름에 붉고 작은 꽃이 핀다. 잎으로 파란 물을 들인다.

쪽_풀

쪽 ^책 책, 신문, 잡지 들의 한 면. 또는 그것을 세는 말. 《몇 쪽까지 봤어?》

쪽 ^{방향} 1.'방향' 을 뜻하는 말. 《문방구는 어느 쪽에 있나요?》 ^같녘. 2.여러 편 가운데 어느 한 편. 《이어달리기에서 우리 쪽 선수가 일등으로 달린다.》

쪽 ^{소리} 1.물 같은 것을 빨거나 들이마시는 소리. 또는 그 모양. 《우유를 빨대로 쪽 빨아 먹었다.》 2.입맞춤하는 소리. 《아기가 엄마에게 입을 쪽 맞췄

다.》3. 물기나 살이 한꺼번에 빠진 모양.《앓고 나더니 살이 쪽 빠졌네.》

쪽가위 실을 자르는 데 쓰는 작은 가위. 족집게처럼 생겼다.

쪽동백나무 산속 숲에서 자라는 잎지는나무. 5~6월에 흰 꽃이 핀다. 씨앗은 기름을 짜고, 나무로는 연장을 만든다. **북**꽃동백.

쪽동백나무

쪽마루 방이나 마루 바깥쪽에 단 좁은 마루.《쪽마루에 걸터앉아 노을이 지는 하늘을 바라보았다.》**북**쪽무이마루.

쪽무이 **|북** 여러 쪽을 모아서 물건을 만드는 것. 또는 그렇게 만든 물건. **쪽무이하다**《여러 조각을 쪽무이해서 커다란 그림을 만들었다.》

쪽문 대문 한쪽에 만든 작은 문.

쪽박 작은 바가지. **북**쪽바가지.

쪽박을 차다 **관용** 거지가 되다.《놀기만 하다가는 나중에 쪽박을 차고 말걸.》

쪽배 통나무를 가르고 속을 파내서 만든 작은 배.

쪽빛 보랏빛이 섞인 짙은 파란색.《쪽빛 바다》**비**남색.

쪽수 책 쪽의 수.《쪽수가 많은 책》

쪽지 작은 종잇조각.《쪽지에 동시를 적어 짝꿍에게 주었다.》

쪽파 밭에 심어 가꾸는 잎줄기채소. 봄에 둥근 비늘줄기가 나고, 잎은 가늘고 좁다. 잎을 양념으로 많이 쓴다.

쫄깃쫄깃 씹는 느낌이 조금 차지고 질긴 모양. **쫄깃쫄깃하다**《인절미가 참 쫄깃쫄깃하네요.》

쫄깃하다 씹는 느낌이 조금 차지고 질긴 느낌이 있다.《쫄깃한 송편》

쫄딱 더할 나위 없이 아주.《쫄딱 망하

다./소나기를 맞아 쫄딱 젖었다.》

쫄랑 **따라오다** 가볍게 까불거나 귀엽게 졸졸 따르는 모양. **쫄랑거리다 쫄랑대다 쫄랑쫄랑**《강아지가 내 뒤를 쫄랑쫄랑 따라왔다.》

쫄랑– **흔들리다 |북** 1. 작은 그릇에 든 액체가 몹시 흔들리는 모양. 2. 몹시 방정맞게 구는 모양. **쫄랑거리다 쫄랑대다 쫄랑쫄랑**《걸음을 옮길 때마다 컵에 든 물이 쫄랑거린다./동생이 가수 흉내를 내면서 쫄랑댄다.》

쫄쫄 1. 아무것도 먹지 못하고 굶은 모양.《하루 종일 쫄쫄 굶었더니 눈앞이 핑 돈다.》2. '졸졸'의 센말.

쫑그리다 귀를 빳빳이 세우다. 또는 입술을 뾰족하게 내밀다.《동생은 입술을 쫑그린 채 아무 말이 없었다.》

쫑긋 귀를 빳빳이 세우거나 입술을 뾰족하게 내미는 모양. **쫑긋거리다 쫑긋대다 쫑긋쫑긋 쫑긋하다**《강아지가 귀를 쫑긋 세우고 바라본다.》

쫑알– '종알–'의 센말. **쫑알거리다 쫑알대다 쫑알쫑알**《여자 아이들이 모여 쫑알쫑알 수다를 늘어놓았다.》

쫓겨나다 어떤 곳이나 자리에서 내쫓기다.《수업 시간에 장난을 치던 아이들이 교실 밖으로 쫓겨났다.》

쫓기다 1. 잡으려고 뒤따라오는 것에 몰리다.《쥐가 고양이한테 쫓겨 달아났다.》2. 일이나 시간에 바쁘게 몰리다.《아침마다 시간에 쫓겨 밥을 제대로 못 먹는다.》

쫓다 1. 잡거나 만나려고 급히 따라가다.《경찰이 범인을 쫓는다.》**참**좇다. 2. 다른 곳으로 가게 몰아내다.《논에

나가 참새 떼를 쫓았다.》 3.졸음이나 생각 같은 것을 없애다. 《졸음을 쫓으려고 허벅지를 꼬집었다.》

쫓아가다 1.잡거나 만나려고 급히 뒤따라가다. 《아이들이 강아지 한 마리를 쫓아가느라 난리다.》 2.바짝 붙어서 뒤따라가다. 《개울가로 오빠를 쫓아가서 조약돌을 주워 왔다.》

쫓아내다 어떤 곳이나 자리에서 몰아내다. 《백성들이 들고일어나 못된 왕을 쫓아냈다.》

쫓아다니다 1.남의 뒤에 바짝 붙어 따라다니다. 《동생은 내 뒤만 졸졸 쫓아다녔다.》 2.어떤 곳을 바쁘게 찾아다니다. 《이모는 판소리 공연장을 쫓아다니느라 방학을 다 보냈다.》

쫓아오다 1.잡거나 만나려고 급히 뒤따라오다. 《골목에서 누가 나를 쫓아오는 것 같았어.》 2.바짝 붙어서 뒤따라오다. 《왜 자꾸 귀찮게 쫓아오니?》

쫙 '좍'의 센말. 《두 팔을 쫙 벌리고 기지개를 폈다./소나기가 쫙 쏟아졌다.》

쬐다 → 쪼이다. 《모닥불을 쬐다.》

쭈그러지다 1.눌리거나 밟히거나 하여 부피가 작아지다. 《냄비가 바닥에 떨어져 쭈그러졌다.》 2.늙거나 살이 빠지거나 하여 살갗이 쭈글쭈글해지다. 《이 탈을 보니 쭈그러진 할아버지 얼굴이 생각난다.》

쭈그리다 1.누르거나 구겨서 부피를 작게 만들다. 《빈 깡통을 쭈그려 쓰레기통에 버렸다.》 2.팔다리를 오그려 몸을 움츠리다. 《계단에 쭈그리고 앉아서 공연을 보았다.》 **참**쪼그리다.

쭈글- 쭈그러지거나 구겨져서 줄이나

주름이 많이 생긴 모양. **쭈글거리다** **쭈글대다** **쭈글쭈글** 《할머니 얼굴에 쭈글쭈글 주름이 많다.》

쭈룩쭈룩 '주룩주룩'의 센말.

쭈뼛 1.물건 끝이나 몸 한 부분이 삐죽하게 솟은 모양. 2.무섭거나 놀라서 머리칼이 꼿꼿하게 일어서는 느낌. 3.부끄럽거나 겁이 나서 머뭇거리거나 주저하는 모양. **쭈뼛거리다** **쭈뼛대다** **쭈뼛하다** **쭈뼛쭈뼛** 《발자국 소리에 토끼가 귀를 쭈뼛했다./한밤중에 변소에 가려니 머리끝이 쭈뼛거린다./처음 만난 아이들은 얼마 동안 쭈뼛댔다.》

쭉 1.줄이나 금을 곧게 긋는 모양. 《두 점을 직선으로 쭉 이어 보세요.》 2.고르게 늘어서거나 길게 이어져 있는 모양. 《쭉 뻗은 가로수 길》 3.어떤 일을 거침없이 하는 모양. 《더워서 찬물 한 사발을 쭉 들이켰다.》 4.물기, 살, 기운 같은 것이 한꺼번에 많이 빠진 모양. 《너무 더워서 기운이 쭉 빠진다.》 5.곧게 펴거나 벌리는 모양. 《팔을 쭉 펴 봐.》 6.어떤 것을 두루 훑어보거나 어떤 상태가 변함없이 이어지는 모양. 《책을 쭉 훑어보다./집에서 쭉 잤다.》

쭉정이 알맹이는 들지 않고 껍질만 있는 곡식이나 과일.

-쯤 어떤 낱말 뒤에 붙어, '정도', '무렵'이라는 뜻을 더하는 말. 《한 시간쯤 뒤에 전화할게./산에 오르는 데 얼마쯤 걸릴까?》 **비**-가량.

쯧쯧 가엾거나 못마땅하여 자꾸 가볍게 혀를 차는 소리. 《쯧쯧, 얼마나 힘들었을까?》

찌 물고기가 미끼를 물면 이리저리 흔

들리게 낚싯줄에 매달아 물에 띄우는 물건.

찌개 국물을 바특하게 잡아 고기, 채소, 두부 들을 넣고 갖은 양념을 하여 끓여 먹을거리. **묵**남비탕, 지지개.

찌그러지다 눌려서 우묵하게 들어가거나 납작해지다. 《네가 깔고 앉는 바람에 상자가 찌그러졌어.》

찌그럭- **북** 1. 굵은 자갈을 밟을 때 나는 거친 소리. 2. 하찮은 일로 떼를 쓰면서 몹시 성가시게 구는 모양. **찌그럭거리다 찌그럭대다 찌그럭찌그럭** 《자갈을 밟을 때마다 찌그럭거리는 소리가 났다./동생이 구슬치기를 하자고 찌그럭찌그럭 성가시게 군다.》

찌그리다 1. 눌러서 찌그러지게 하다. 《깡통은 찌그려서 모아 주세요.》 2. 힘을 주어 눈이나 얼굴에 주름이 잡히게 하다. 《눈이 부셔 눈살을 찌그렸다.》

찌꺼기 1. 액체가 빠져나가고 바닥에 남은 것. 《녹지 않은 설탕 찌꺼기가 컵 바닥에 남았다.》 **북**깡지. 2. 쓸 만한 것을 골라내고 남은 것. 《음식 찌꺼기》

찌끼다 **북** 두 물체의 틈새에 끼이다. 또는 자동차 같은 것에 치이다. 《하마터면 문틈에 손이 찌낄 뻔했다./길을 건널 때는 차에 찌끼지 않게 조심해.》

찌다 살찌다 몸에 살이 많아지다. 《겨울 방학 동안 살이 너무 쪘다.》

찌다 익히다 1. 음식을 뜨거운 김으로 익히거나 데우다. 《감자를 맛있게 쩌 먹었다.》 2. 날씨가 습기가 많고 몹시 덥다. 《비가 오려는지 날이 푹푹 찐다.》

찌들다 1. 물건이 오래되거나 때가 묻어 몹시 더러워지다. 《흰 셔츠가 땀에 찌들어 누렇게 되었다.》 2. 사람이 고생스러운 일에 몹시 시달리다. 《피곤에 찌들다./가난에 찌들다.》 **바**찌드는, 찌들어, 찌듭니다.

찌르다 1. 칼, 송곳, 바늘처럼 끝이 뾰족하고 날카로운 것으로 쑤시다. 《간호사가 엉덩이에 주삿바늘을 찔러 넣었다.》 2. 어떤 것을 좁은 틈 사이에 끼우다. 《손을 주머니에 찔러 넣은 채 걸으면 넘어져.》 3. 손이나 도구로 남의 몸을 누르다. 《내 옆구리 찌르고 도망간 사람 누구야?》 4. 냄새가 코에 몹시 강한 느낌을 주다. 《식초 냄새가 코를 찌른다.》 5. 가장 중요하거나 중심이 되는 부분을 꼭 집어 가리키다. 《정곡을 찌르다./핵심을 찌르다.》 **바**찌르는, 찔러, 찌릅니다.

찌르레기 낮은 산, 공원, 정원에 사는 여름새. 몸 빛깔은 잿빛 갈색인데, 머리는 검고 부리와 발은 노랗다. 높고 날카로운 소리로 운다.

찌르레기

찌르르 살갗이 조금 저린 느낌. **찌르르하다** 《젖은 손으로 전기 제품을 만지자 손끝이 찌르르했다.》

찌르릉 초인종이나 전화벨 같은 것이 울리는 소리. 《찌르릉, 탁상시계가 아침 7시를 알립니다.》

찌부러뜨리다 누르거나 밟아서 구겨지게 하거나 작아지게 하다. 《누가 내 모자를 찌부러뜨려 놨지?》

찌뿌둥하다 **북** 1. 못마땅한 일로 기분이나 표정이 밝지 못하다. 《언니가 화가 난 듯 찌뿌둥한 낯빛으로 고개를 돌렸다.》 2. 아프거나 지쳐서 몸이 무겁다. 《갑자기 줄넘기를 했더니 몸이 찌

뿌둥하다.》3.비나 눈이 내릴 것처럼 날씨가 잔뜩 흐리다.《날씨가 찌뿌둥하니 기분도 가라앉는다.》

찌뿌드드하다 1.병 때문에 몸이 무겁다.《몸이 찌뿌드드한 게 몸살이 난 것 같다.》2.날씨가 비나 눈이 내릴 것처럼 몹시 흐리다.《날씨가 찌뿌드드한 것을 보니 곧 비가 오려나.》

찌쿵 |북 기둥 같은 것이 쏠리면서 크게 울리는 소리.《커다란 대문이 찌쿵 소리를 내면서 열렸다.》**찌쿵하다**

찌통 낚시찌를 여러 개 넣어 두는 통.

찌푸리다 1.얼굴, 이맛살, 눈살 들을 찡그리다.《배가 아파서 나도 모르게 얼굴을 찌푸렸다.》2.날씨가 몹시 흐리다.《잔뜩 찌푸린 하늘》

찍 줄을 1.줄을 세게 한 번 아무렇게나 긋는 소리. 또는 그 모양.《사방치기를 하려고 마당에 금을 찍 그었다.》2.종이나 천 들을 세게 찢는 소리. 또는 그 모양.《못에 걸려 윗도리가 찍 찢어졌다.》3.물줄기가 세게 뻗치는 소리. 또는 그 모양.《형한테 물총을 찍 쏘았다.》4.물체가 세게 눌리거나 문질려서 미끄러지는 소리. 또는 그 모양.《복도에서 뛰다가 찍 미끄러졌다.》

찍 쥐가 쥐나 새, 벌레 같은 것이 우는 소리. **찍찍**

찍다 도끼로 날카로운 도구나 연장으로 힘껏 내리치거나 찌르다.《나무꾼이 도끼로 나무를 찍어 댄다.》

찍다 점을 1.어떤 것의 끝이나 한 부분에 액체나 가루를 묻히다.《딸기를 설탕에 찍어서 먹을까?》2.점, 기호 들을 그리거나 붙이다.《문장 뒤에 마침표를 찍었다.》3.사진, 책, 신문 들을 박거나 인쇄하다.《우리, 가족사진 찍어요.》4.어떤 것을 눌러서 자국이 나타나게 하다.《이름 옆에 도장을 찍으세요.》5.틀을 대고 눌러서 생김새와 크기가 똑같은 물건을 만들다.《공장에서 벽돌을 찍어 낸다.》6.어떤 것을 가리키거나 대충 짐작하다.《모르는 문제가 많아서 그냥 찍었어요.》

찍소리 '못하다', '없다', '말다'와 함께 써서, 조금이라도 떠드는 소리나 대드는 말.《찍소리 말고 앉아 있어!》

찍히다 발등을 날카로운 도구나 물체에 맞거나 꽂히다.《믿는 도끼에 발등 찍힌다더니.》

찍히다 점이 1.점, 기호 들이 그려지다.《느낌표를 잘못 찍었네.》2.사진, 책, 신문 들이 박히거나 인쇄되다.《날씨가 좋아서 사진이 깨끗하게 찍혔다.》3.어떤 것에 눌려서 자국이 생기다.《흰 눈 위에 까치 발자국이 찍혀 있다.》4.틀에 눌려서 생김새와 크기가 똑같은 물건이 만들어지다.《이 기계에서 일회용 숟가락이 찍혀 나온다.》5.흔히 윗사람한테 나쁘거나 옳지 못한 사람으로 여겨지다.《양치기는 마을 사람들한테 거짓말쟁이로 찍혔다.》

찐득- 달라붙을 만큼 차지고 끈적끈적한 모양. **찐득거리다 찐득대다 찐득하다**《주머니에 있던 사탕이 녹아서 찐득거렸다.》

찐빵 김에 쪄서 익힌 빵. 속에 팥 같은 것을 넣기도 한다.

찔끔 놀라다 갑자기 놀라거나 겁이 나서 몸을 움츠리는 모양. **찔끔하다**《선생

님이 내 어깨를 짚으셔서 찔끔했다.》
찔끔 흘리다 '질금'의 센말. **찔끔거리다**
찔끔대다 찔끔찔끔《슬퍼서 눈물을
찔끔거렸다./비가 찔끔찔끔 내린다.》
찔레 산기슭이나 골짜기, 냇가에 자라
는 잎지는나무. 가지에 가시가 많고,
잎 가장자리에 톱니가 있다. 5월에 흰
꽃이 피고, 가을에 둥근 열매가 붉게
익는다.

찔레

찔레꽃 찔레에 피는 흰 꽃.
찔리다 1.가시, 송곳, 칼처럼 뾰족하고
날카로운 것에 살갗이 눌려 다치다.
《선인장 가시에 손가락을 찔렸어요.》
북찔리우다. 2.잘못을 하고 마음이 편
치 않다.《거짓말을 했더니 자꾸 양심
이 찔린다.》**북찔리우다.**

찔레꽃

찜 고기, 생선, 채소 들에 양념을 하여
푹 찐 먹을거리.《아귀찜/달걀찜》
찜 쪄 먹다 관용 1.꾀, 솜씨 같은 것이 매
우 뛰어나다.《순이는 라면을 엄마 찜
쪄 먹을 만큼 잘 끓인다.》2.남을 꼼짝
못하게 하거나 해코지하려 하다.《그
애라면 너쯤은 찜 쪄 먹고도 남지.》
찜질 1.더운물에 적신 수건이나 얼음
주머니를 아픈 곳에 대어 낫게 하는 것.
2.뜨거운 물에 몸을 담그거나 뜨거운
바닥에 몸을 대는 것. **찜질하다**
찜찜하다 걱정이나 잘못 때문에 마음
이 편하지 않다.《동생 혼자 심부름을
보내기가 영 찜찜하다.》
찜통 뜨거운 김으로 음식을 찌는 데 쓰
는 그릇. 구멍 여러 개가 뚫린 판을 아
래쪽에 걸쳐 놓는다.
찝찔하다 맛이 없이 조금 짜다.《찝찔
한 땀방울이 입 안으로 들어왔다.》

찝찝하다 만족스럽지 못하거나 걱정스
러운 일로 마음이 꺼림칙하다.《청소
를 안 했더니 영 찝찝해.》
찡그리다 얼굴, 이마, 눈가에 주름이
잡히게 하다.《동생이 얼굴을 찡그리
면서 쓴 약을 먹는다.》
찡긋 눈이나 코를 조금 찡그리는 모양.
찡긋거리다 찡긋대다 찡긋하다《훈이
가 나를 보고 눈을 찡긋했다.》
찡하다 눈물이 나올 만큼 가슴이 뭉클
하다.《주인을 구한 강아지 이야기에
가슴이 찡했다.》
찢기다 종이나 천 같은 것이 잡아당겨
져 갈라지다.《소매가 못에 걸려 찢겼
다.》**북찢기우다.**
찢다 1.종이나 천 같은 것을 잡아당겨
갈라지게 하다.《이것은 색종이를 찢
어서 붙인 작품입니다.》2.큰 소리가
귀청을 울리다.《어디선가 귀청을 찢
는 비명 소리가 들렸다.》3.마음을 몹
시 아프게 하다.《슬픈 노랫소리가 내
마음을 찢는다.》
찢어발기다 갈기갈기 찢어 흩뜨려 놓
다.《화가는 갑자기 소리를 지르면서
그림을 찢어발겼다.》
찢어지다 종이나 천 같은 것이 찢겨 갈
라지다.《내 책이 아니니까 찢어지지
않게 조심해서 읽어.》
찧다 1.곡식을 절구에 넣고 공이로 내
리치다.《어머니가 방아로 쌀을 찧으
신다.》2.몹시 세게 부딪치다.《문지방
에 발을 찧고 데굴데굴 굴렀다.》
찧고 까불다 관용 되지도 않는 소리로 이
랬다저랬다 하면서 몹시 까불다.《어
디서 함부로 찧고 까불어?》

차 ^{탈것} (車) 기계 힘으로 바퀴를 굴려서 나아가는 탈것을 모두 이르는 말.《외갓집에 가려면 차를 타고 가야 합니다.》 ^참자동차.

차 ^{먹을거리} (茶) 1.차나무의 어린잎을 따서 말린 것. 또는 그것을 달이거나 우린 물.《녹차/홍차》 2.식물의 잎, 뿌리, 과실 같은 것을 달이거나 우려서 마시는 먹을거리.《칡차/모과 차》

차 ^{다름} (差) 1.여럿을 견주었을 때 서로 다른 정도.《의견 차가 커서 회의가 길어졌다.》 2.어떤 수에서 다른 수를 뺀 나머지.《7과 3의 차는 4입니다.》

차 ^{차례} (次) 1.번이나 차례를 나타내는 말.《제일 차 세계 대전》 2.어떤 일을 하려던 바로 그 때.《잠이 막 들려던 차에 전화가 왔다.》

차갑다 1.살갗에 닿는 느낌이 차다.《물이 너무 차가워서 손을 씻기가 싫다.》 ^반뜨겁다. 2.마음이나 태도가 인

정이 없고 쌀쌀맞다.《반장은 내 부탁을 차갑게 거절했다.》 ^비냉정하다. ^반따뜻하다. ^바차가운, 차가워, 차갑습니다.

차고 (車庫) 자동차나 열차 들을 넣어 두는 곳.

차곡차곡 물건을 가지런하게 포개거나 쌓아 놓은 모양.《마른빨래를 차곡차곡 개켜 놓았다.》 **차곡차곡하다**

차관 ^{사람} (次官) 장관 다음가는 사람.

차관 ^빚 (借款) 정부, 은행, 기업이 다른 나라 정부나 국제기관에서 돈을 빌려 오는 것. ^비크레지트.

차광 (遮光) 햇빛이나 불빛이 새거나 들지 않게 가리개로 막는 것.《차광 시설/차광 유리》

차근차근 말, 행동 들을 찬찬히 차례대로 조리 있게 하는 모양.《잘못을 차근차근 따져 보았다.》 **차근차근하다**

차나무 찻잎을 따려고 심어 가꾸는 늘푸른나무. 잎은 긴달걀꼴이고 가을에

차나무

흰 꽃이 핀다. 어린잎을 따서 차를 만든다.

차남 (次男) 둘째 아들. **참**차녀.

차내 (車內) 자동차, 버스, 기차 들의 안. 《차내에서 뛰어다니면 안 돼.》

차넘치다 |북 액체, 소리, 기운 들이 넘칠 만큼 가득하다. 《온 식구가 부르는 노랫소리가 집 안에 차넘친다.》

차녀 (次女) 둘째 딸. **참**차남.

차다 가득 1.사람, 물건, 물질 들이 어떤 곳에 가득하다. 《대야에 물이 가득 찼다.》 **반**비다. 2.감정, 기운 들이 넘칠 듯이 가득하다. 《진희는 늘 활기에 차 있어서 좋아.》 3.수량, 때, 나이 들이 어떤 기준이나 정도에 이르다. 《강물이 내 허리까지 찬다.》 4.'성', '눈', '마음'과 함께 써서, 어떤 것이 마음에 들다. 《삼 등 정도로는 성에 차지 않아.》 5.달이 찌그러진 데 없이 아주 둥글게 되다. 《보름이면 달이 찰 즈음이다.》

차다 공을 1.어떤 것을 발로 힘껏 치거나 걷어 올리다. 《동무와 제기를 차고 놀았다.》 2.혀끝을 입천장 앞쪽에 대었다가 떼었다가 하면서 쯧쯧 소리를 내다. 《버림받은 강아지를 보고 할머니가 쯧쯧 혀를 차셨다.》 3.복, 기회 같은 좋은 것을 스스로 내던지다. 《굴러온 복을 차다니, 참 딱하다.》

차다 물이 1.몸에 닿은 물건이나 공기 온도가 낮다. 《방이 차서 군불을 땠다.》 **반**덥다. 2.인정이 없고 쌀쌀맞다. 《진이는 성격이 차서 동무가 없다.》

차다 시계를 어떤 물건을 몸이나 옷에 달아매거나 끼워서 지니다. 《시계를 차다./칼을 차다.》

차단 (遮斷) 끊거나 막아서 다른 쪽으로 통하지 못하게 하는 것. 《자외선 차단/소음 차단》 **차단하다 차단되다**

차단기 전류 (遮斷器) 전기가 흐르지 않게 끊거나 막는 장치.

차단기 기찻길 (遮斷機) 철도 건널목에 세워 기차가 지나갈 때 사람이나 차가 철길을 건너지 못하게 막는 장치.

차도 찻길 (車道) → 찻길.

차도 나아짐 (差度) 병이 조금씩 나아가는 정도. 《한약을 먹고 나서야 할머니 병환에 차도가 보이기 시작했다.》

차돌 희고 단단한 돌.

차등 (差等) 여럿 사이에 높낮이가 많고 적은 구별이 있는 것. 《부자와 가난한 사람 사이에 차등을 두어 세금을 거두었다.》 **반**균등.

차디차다 몹시 차다. 《차디찬 물로 세수를 하고 나니 정신이 번쩍 들었다.》

차라리 그렇다면 오히려. 또는 아주 좋지는 않지만 그래도. 《한 시간이나 늦을 거라면 차라리 오지 마./꾸중 듣는 게 차라리 마음 편하겠다.》 **같**숫제.

차랑- 쇠붙이 같은 것이 가볍게 부딪쳐 움직이는 소리. **차랑거리다 차랑대다 차랑차랑** 《차랑대는 귀걸이》

차량 (車輛) 1.길 위를 달리는 여러 가지 차를 두루 이르는 말. 《차량 정비》 2.기차의 한 칸. 《석탄을 실은 차량》

차려 몸가짐을 바로 하고 움직이지 말라는 뜻을 담은 구령.

차려입다 옷을 잘 갖추어 입다. 《한복을 차려입고 할머니께 세배를 했다.》

차령산맥 (車嶺山脈) 오대산에서부터 남서쪽으로 뻗은 산맥. 백운산, 계룡

산, 칠갑산 들이 있다.

차례 순서 (次例) 1.여럿을 정해진 기준에 따라서 쭉 이어지게 벌여 놓은 것. 또는 그것에 따라 돌아오는 기회.《한 사람씩 차례대로 주사를 맞았다./다음이 네 차례니 준비해.》 같 순서. 비목차.
2.어떤 일이 일어난 횟수를 세는 말.《강한 지진이 두 차례나 일어났다.》

차례 제사 (茶禮) 추석, 설날, 조상의 생일 아침에 간단하게 지내는 제사.

차례차례 (次例次例) 차례를 따라서 순서대로.《차례차례 내려가세요.》

차로 (車路) 1.→ 찻길. 2.차선과 차선 사이의 길.《버스 전용 차로》

차리다 1.음식이나 음식상을 마련하거나 벌여 놓다.《아빠와 함께 엄마 생일상을 차렸다.》 2.살림을 꾸리거나 가게, 회사 들을 열다.《이모가 우리 동네에 미술 학원을 차렸다.》 3.정신, 기운 들을 가다듬거나 어떤 일을 할 준비를 하다.《할아버지께서 얼른 기운을 차리시면 좋겠어요.》 4.체면, 격식 들을 갖추거나 이익, 욕심 들을 채우다.《너무 체면 차리지 말고 많이 먹어라.》

차림 옷, 장신구 들로 몸을 꾸민 상태.《교복 차림/운동복 차림》

차림새 꾸미거나 차린 모양새.《선생님은 늘 검소한 차림새로 다니세요.》

차림표 음식점에서 파는 음식 이름과 값을 적어 놓은 표.

차마 아무리 마음을 내서 하려고 해도.《창피해서 차마 고개를 들 수 없어.》

차멀미 차를 탔을 때 속이 메스껍고 어지러운 일. **차멀미하다**

차별 (差別) 다르다고 해서 얕보거나

대접을 소홀하게 하는 것.《인종 차별/남녀 차별》 **차별하다 차별되다**

차분하다 마음, 태도 같은 것이 가라앉아 조용하다.《형은 성격이 차분해서 좀처럼 실수하지 않는다.》 **차분히**

차비 돈 (車費) → 찻삯.

차비 준비 (差備) → 채비. **차비하다**

차선 버금 (次善) 최선에 버금가는 것.《차선의 방법도 함께 찾아보자.》

차선 찻길 (車線) 1.차가 다니는 길에 그어 놓은 선.《차선을 지켜 운전하다.》 2.차가 다니는 길을 여러 개로 나누어 그어 놓은 선.《팔 차선 도로》

차양 (遮陽) 1.햇볕을 가리거나 비가 들이치는 것을 막으려고 마련한 가리개.《차양을 치다.》 2.→ 챙.

차양반탈 고성 오광대, 동래 야유에서 쓰는 탈.

차양반탈_동래 야유

차오르다 어떤 정도나 높이까지 다다라 오르다.《소나기로 불어난 개울물이 허리까지 차올랐다.》 바 차오르고, 차올라, 차오릅니다.

차올리다 발로 차서 올리다.《축구공을 있는 힘껏 차올렸다.》

차용 (借用) 돈, 물건 들을 빌려서 쓰는 것.《차용 증서》 **차용하다**《이 만화는 삼국지에서 줄거리를 차용했다.》 **차용되다**

차원 (次元) 1.일, 현상 같은 것을 다루는 수준이나 처지.《차원이 높다.》 2.선, 넓이, 부피의 정도 차이를 나타내는 수준.《1차원은 직선, 2차원은 평면, 3차원은 공간을 이른다.》

차이 (差異) 서로 견주었을 때 다른 정도나 상태.《아빠와 삼촌은 나이 차이

가 많이 난다.》

차이나타운 (Chinatown) 중국이 아닌 다른 나라에서 중국 사람이 많이 모여 사는 곳.

차이다 발길질을 당하다.《사자가 얼룩말의 발에 차여 나동그라졌다.》

차이점 (差異點) 견주었을 때 서로 다른 점.《남자와 여자의 차이점이 뭘까요?》 **반**공통점.

차일 (遮日) 햇볕 가리개.

차일피일 (此日彼日) 어떤 일을 자꾸 다음으로 미루는 것. **차일피일하다**

차장 (次長) 관청이나 회사에서 부장 다음가는 사람.

차전놀이 대보름날에 하는 민속놀이. 남자들이 두 편으로 나뉘어 각각 장수를 태운 동채를 메고 상대편을 공격하는데, 상대편 동채를 먼저 땅에 닿게 하는 쪽이 이긴다. **같**동채싸움.

차점 (次點) 가장 높은 점수에 다음가는 점수.《대회에 차점으로 뽑혔다.》

차종 (車種) 자동차의 종류.

차즈기 마당이나 텃밭에 심어 가꾸는 풀. 잎과 줄기가 붉은 보랏빛을 띤다. 8~9월에 옅은 자주색 꽃이 핀다. 잎, 줄기, 씨를 약으로 쓴다. **같**소엽.

차즈기

차지 자기가 가질 몫.《이번만 잘하면 우승은 우리 차지다.》 **차지하다**

차지다 밥, 떡, 반죽 같은 것이 끈기 있다.《떡이 차지니까 꼭꼭 씹어라.》

차지하다 1.어떤 것을 가지다.《좋은 옷은 늘 언니가 차지한다.》 2.어떤 것을 얻어서 누리다. 또는 모여서 이루다.《일등을 차지하다./과반수를 차지하다.》

차풀

차질 (蹉跌) 일이나 계획에 문제가 생기는 것.《장마가 길어져서 여행 계획을 세우는 데 차질이 생겼다.》

차집합 (差集合) 두 집합에서 한 집합에는 들지만 다른 집합에는 들지 않는 원소들이 모인 집합.

차차 1.시간을 두고 조금씩.《약을 먹었으니 이제 차차 나아질 거야.》 **같**차츰. **비**점점, 점차. 2.나중에 천천히.《자세한 얘기는 차차 하자.》

차창 (車窓) 차에 달려 있는 창문.

차체 (車體) 자동차나 기차 들의 몸통.

차츰 → 차차.

차츰차츰 시간에 따라 조금씩 자꾸.《눈발이 차츰차츰 굵어진다.》

차트 (chart) 여러 자료를 알기 쉽게 정리한 표.《진찰 차트》

차편 (車便) 차가 사람이나 물건을 싣고 오가는 편.《차편을 마련하다./차편으로 보내다.》

차표 (車票) 차를 타려고 사는 표.《차표를 끊다.》 **같**승차권.

차풀 양지바른 냇가에서 자라는 풀. 여름에 노란 꽃이 피고 달걀꼴 열매가 열린다. 씨나 잎, 줄기는 약으로 쓰거나 차로 달여 마신다.

차후 (此後) 이 시간 이후.《자세한 얘기는 차후에 만나 얘기하자.》

착 가라앉다 1.감정, 분위기 들이 가라앉은 모양을 나타내는 말.《아침부터 야단을 맞아 기분이 착 가라앉았다.》 2.눈을 내리깔거나 목소리를 낮게 내는 모양을 나타내는 말.《뒷집 철이가 눈을 착 내리깔고 나를 흘겨본다.》

착 재빨리 1.단단하게 바짝 달라붙은 모

양을 나타내는 말.《매미 한 마리가 나무에 착 달라붙어 있다.》**참척**. 2. 재빠르고 거침없이 행동하는 모양을 나타내는 말.《공이 날아오자 바닥에 착 엎드렸다.》**참척**. 3. 음식이 입맛에 아주 잘 맞는다는 것을 나타내는 말.《갓 구운 굴비가 입에 착 달라붙는다.》**참척**.

착각 (錯覺) 어떤 사물이나 사실을 실제와 다르게 알거나 잘못 생각하는 것. **착각하다**《월요일을 일요일로 착각하고 늦잠을 잤지 뭐야.》**착각되다**

착공 (着工) 공사를 시작하는 것. ^비기공. **착공하다 착공되다**

착륙 (着陸) 비행기가 하늘에서 땅으로 내리는 것. ^반이륙. **착륙하다**《우주선이 달에 착륙하다.》**착륙되다**

착상 (着想) 일을 풀어 나가는 데 좋은 실마리를 떠올리는 것.《기발한 착상이 떠올랐다.》**착상하다 착상되다**

착색 (着色) 물을 들이거나 색을 칠하는 것.《인공 착색/알루미늄 착색》**착색하다 착색되다**

착석 (着席) 자리에 앉는 것. **착석하다**《모두 착석해 주십시오.》

착수 (着手) 어떤 일을 시작하는 것.《장마가 길어져 공사 착수가 늦어졌다.》**착수하다 착수되다**

착수금 (着手金) 어떤 일을 시작할 때 미리 주는 돈.《착수금을 마련하다.》

착시 (錯視) 어떤 것을 다른 것으로 잘못 보는 것.《착시 현상》**착시하다**

착실하다 사람이 허튼 데가 없이 한결같이 꼼꼼하고 알차다.《착실한 학생/용돈을 착실하게 저축했다.》

착안 (着眼) 어떤 것을 곰곰이 살펴보

아 문제를 풀어내는 실마리를 잡는 것. **착안하다**《끝이 뾰족한 핀에 자주 찔리는 점에 착안하여 끝이 둥근 옷핀을 만들어 냈다.》**착안되다**

착오 (錯誤) 실제와 다르게 생각하여 잘못을 저지르는 것. 또는 그런 잘못.

착오하다《'민' 자를 '인' 자로 착오하여 네 이름이 명단에 없는 줄 알았다.》

착용 (着用) 옷, 모자, 신발 들을 몸에 걸치는 것.《안전띠 착용》**착용하다**

착잡하다 마음이 갈피를 잡을 수 없고 어수선하다.《며칠째 짝꿍이 학교에 나오지 않아 마음이 착잡하다.》

착지 (着地) 흔히 운동에서 동작을 마치고 땅으로 내려서는 것. **착지하다**《우리 선수가 멋지게 착지했다.》

착착 ^{달라붙다} 1. 자꾸 바싹 닿거나 끈끈하게 달라붙는 모양.《산 낙지가 입에 착착 달라붙는다.》2. 여러 번 가지런히 접거나 개키는 모양.《이불을 착착 개켜서 장롱에 넣었다.》

착착 ^{늘어지다} 느슨하게 자꾸 휘어지거나 굽거나 늘어지는 모양.

착착 ^{이루어지다} (着着) 1. 일이 막힘없이 순서대로 되는 모양. 또는 일을 시원스럽게 잘하는 모양.《방학 숙제를 하나씩 착착 해 나갔다.》2. 여럿이 장단이나 질서 들을 잘 맞추는 모양.《발걸음을 착착 맞추어 걸어갔다.》

착취 (搾取) 일한 대가를 제대로 주지 않고 마구 부리고 빼앗는 것.《착취를 당하다.》**착취하다 착취되다**

착하다 마음씨가 곱고 어질며 행동이 바르다.《콩쥐는 착하고 예뻤어요.》

찬 → 반찬.

찬가 (讚歌) 아름답고 훌륭한 것을 기리는 노래나 글.《조국 찬가》

찬동 (贊同) 어떤 행동이나 생각이 옳다고 여겨 뜻을 같이하는 것.《찬동을 구하다.》 비동의, 찬성. **찬동하다**

찬란하다 1.빛이 눈부시게 번쩍거려 아름답다.《밤하늘에 별들이 찬란하게 빛납니다.》2.어떤 것이 아주 훌륭하다.《우리 민족의 찬란한 문화유산을 잘 보살피자.》 **찬란히**

찬물 차가운 물. 같냉수. 반더운물.

찬물을 끼얹다 관용 분위기를 망치다. 또는 트집을 잡아 일을 방해하다.《신나게 노는데 누가 시험 얘기를 꺼내서 찬물을 끼얹었다.》

찬미 (讚美) 아름답고 훌륭한 것을 칭찬하거나 기리는 것. 비찬송, 찬양. **찬미하다**《자연을 찬미하다.》

찬바람 태도나 느낌이 쌀쌀맞은 것을 빗대어 이르는 말.《잔뜩 성이 난 짝꿍의 얼굴에 찬바람이 돈다.》

찬반 (贊反) 찬성과 반대.《찬반 투표》

찬밥 지은 지 오래되어 식은 밥.

찬밥 더운밥 가리다 관용 형편이 어려우면서도 좋고 나쁜 것을 가리다.《도와 달라는 녀석이 찬밥 더운밥 가리냐.》

찬사 (讚辭) 칭찬하는 말이나 글.《찬사를 받다./아낌없는 찬사를 보내다.》

찬성 (贊成) 남의 행동이나 생각에 뜻을 같이하는 것. 비동의, 찬동. 반반대. **찬성하다**《민수 말에 찬성합니다.》

찬송 (讚頌) 1.아름답고 훌륭한 일을 기리고 칭찬하는 것.《어진 사또에게 찬송이 이어졌다.》 비찬미, 찬양. 2.기독교에서 하나님 은혜를 기리며 노래

하는 것. 또는 그런 노래. **찬송하다**

찬송가 (讚頌歌) 기독교에서 하나님을 높이 받들어 부르는 노래.

찬스 (chance) → 기회.

찬양 (讚揚) 아름답고 훌륭한 것을 크게 기리고 드러내는 것. 비찬미, 찬송. **찬양하다**《사람들은 괴물과 맞서 싸운 젊은이의 용기를 찬양했다.》 **찬양되다**

찬연하다 1.빛 같은 것이 눈부시게 밝다.《찬연한 아침 햇살이 창문으로 쏟아져 들어온다.》2.어떤 일이나 사물이 몹시 훌륭하다.《통일 신라는 찬연한 불교문화를 꽃피웠다.》 **찬연히**

찬장 (饌欌) 부엌에서 음식이나 그릇을 넣어 두는 장.《찬장을 열다.》

찬조 (贊助) 어떤 일에 뜻을 같이하여 도와주는 것.《찬조 연설》 **찬조하다**

찬조금 (贊助金) 어떤 일에 뜻을 같이하여 도와주려고 내는 돈.

찬찬하다 성격이나 태도가 얌전하고 꼼꼼하다.《단추가 떨어진 데는 없는지 찬찬하게 살펴보아라.》 **찬찬히**

찬탄 (讚嘆) 칭찬하면서 몹시 감탄하는 것.《해돋이를 보면서 모두 찬탄을 아끼지 않았다.》 **찬탄하다**

찬탈 (簒奪) 왕위나 권력 같은 것을 억지로 빼앗는 것. **찬탈하다**《세조는 조카의 왕위를 찬탈하고 왕이 되었다.》

찬피 동물 주위 온도에 따라 체온이 달라지는 동물. 뱀, 개구리, 물고기 들이 있다. 같냉혈 동물, 변온 동물. 반더운피 동물.

찬합 (饌盒) 층층이 포갤 수 있게 만든 음식 그릇. 밥과 반찬을 따로 담아 나를 때나 나들이할 때 쓴다.

찬합

찰거머리 1.몸에 붙으면 잘 떨어지지 않는 거머리. 북찰거마리. 2.끈질기게 남을 괴롭히는 사람을 빗대어 이르는 말. 북찰거마리.

찰과상 (擦過傷) 무엇에 스치거나 문질러서 살갗이 살짝 벗겨져 생긴 상처.

찰나 (刹那) 아주 짧은 동안. 또는 일이나 현상이 일어나는 바로 그때.《내가 공을 던지려는 찰나에 동생이 뛰어들었다.》비순간.

찰떡 찹쌀 같은 차진 곡식으로 만든 떡. 참메떡.

찰랑 1.가득 찬 물이 물결을 이루면서 넘칠 듯이 조금씩 흔들리는 소리. 또는 그 모양. 2.어떤 것이 물결치듯 부드럽게 흔들리는 모양. 3.얇은 쇠붙이 같은 것이 가볍게 움직이거나 부딪쳐 울리는 소리. **찰랑거리다 찰랑대다 찰랑이다 찰랑찰랑**《대야에 담은 물이 찰랑인다./찰랑거리는 호수/언니가 고개를 흔들자 긴 머리가 찰랑거렸다.》

찰밥 찹쌀로 지은 밥.

찰방 얕은 물 위를 걷거나 물을 튀기는 소리. 또는 그 모양. **찰방거리다 찰방대다 찰방이다 찰방하다 찰방찰방**《개울에서 찰방거리면서 놀았다.》

찰싹 1.살갗을 가볍게 때리는 소리. 2.작은 물결이 가볍게 흔들리거나 부딪치는 소리. 3.작은 물체가 끈질기게 달라붙는 소리. 또는 사람끼리 아주 가깝게 붙어 지내는 모양. **찰싹거리다 찰싹대다 찰싹이다 찰싹하다 찰싹찰싹**《엄마가 말 안 듣는 동생을 찰싹찰싹 때리셨다./파도가 찰싹거리면서 뱃전에 부딪친다./방학 동안 옆집 준이랑

찰싹 붙어 다녔다.》

찰카닥 총, 자물쇠, 사진기 들을 쓸 때 작은 쇠붙이끼리 세게 맞부딪쳐 나는 소리. **찰카닥거리다 찰카닥대다 찰카닥하다 찰카닥찰카닥**《어둠 속에서 찰카닥하고 장전하는 소리가 났다.》

찰칵 총, 자물쇠, 사진기 들을 쓸 때 작은 쇠붙이끼리 맞부딪쳐 빠르게 나는 소리. **찰칵거리다 찰칵대다 찰칵이다 찰칵하다 찰칵찰칵**《윤미가 하품할 때 재빠르게 찰칵 셔터를 눌렀다.》

찰흙 끈기가 있어 차진 흙. 참점토.

찰흙판 찰흙으로 평평하게 만든 판.

참 진짜 사실에 어긋나지 않거나 옳은 것.《진수 말이 참인지 거짓인지 꼼꼼하게 따져 보자.》비진실. 반거짓.

참 때 1.하던 일을 멈추고 쉬는 동안에 먹는 간단한 먹을거리.《할머니를 도와서 논으로 참을 날랐다.》 2.어떤 일을 할 생각이나 예정을 뜻하는 말.《이제 막 점심 먹으려던 참이었다.》 3.어떤 때나 기회.《서울 나온 참에 덕수궁도 둘러보고 가자.》

참 감탄 1.어떤 것이 갑자기 생각났을 때 하는 말.《참, 미술 준비물 챙겼니?》 2.기가 막히거나 뜻밖일 때 하는 말.《참, 별일도 다 있구나.》

참 아주 '아주', '매우', '정말로'와 같은 말.《우리 딸 참 장하구나.》

참가 (參加) 모임이나 일에 함께하거나 끼어들어 가는 것. 반불참. **참가하다**《학급 회의에 꼭 참가해라.》

참가자 (參加者) 어떤 일이나 모임에 참가하는 사람.《봉사 활동 참가자》

참가자미 바닥이 모래인 얕은 바다에

참가자미

사는 바닷물고기. 몸은 납작하고 두 눈이 오른쪽에 몰려 있다. 눈이 있는 등 쪽은 갈색이고 배 쪽은 흰색이다.

참개구리 논밭이나 개울가에 사는 개구리. 몸 빛깔은 누르스름한 초록색이고 검은 무늬가 있다. 우리나라에서 흔히 볼 수 있다.

참개암나무 양지바른 산기슭에 자라는 잎지는나무. 봄에 꽃이 잎보다 먼저 핀다. 열매는 가을에 익는데, 먹거나 약으로 쓴다. **북**뿔개암나무.

참갯지렁이 강어귀나 갯벌에 사는 지렁이. 몸 빛깔은 갈색이고, 등 빛깔이 배와 다리보다 진하다. 낚시 미끼로 많이 쓴다.

참게 바다 가까운 강이나 논에 사는 게. 등딱지가 검고 윤이 난다. 몸통 옆에 이처럼 뾰족하게 내민 것이 네 개 있다.

참견 (參見) 자기와 상관없는 일에 끼어들어 아는 척하고 이래라저래라 하는 것. **비**간섭. **북**간참. **참견하다** 《쓸데없이 참견하지 마.》

참고 (參考) 일이나 공부에 도움이 될 만한 말, 글, 책, 물건 들을 살펴보는 것. 《참고 도서/참고 사항》 **비**참조. **참고하다 참고되다**

참고서 (參考書) 일하거나 공부할 때 참고가 되는 책. 《수학 참고서》

참고인 (參考人) 어떤 일에 참고할 만한 말을 하는 사람. 《교통사고 참고인》

참관 (參觀) 어떤 모임이나 자리에 가서 지켜보는 것. **참관하다** 《내일 수학 시간에 엄마들이 참관하러 오신다.》

참관인 (參觀人) 모임이나 행사를 참관하는 사람.

참개구리

참깨

참개암나무

참갯지렁이

참나리

참나무

참나물

참납작하루살이

참낭피버섯

참극 (慘劇) 차마 눈 뜨고 볼 수 없을 만큼 몹시 끔찍한 사건. 《졸음운전이 수십 명이 죽는 참극을 빚었다.》

참기름 참깨로 짠 기름.

참깨 밭에 심어 가꾸는 풀. 둥글고 길쭉한 열매 안에 작은 씨가 들어 있는데, 씨를 볶아 양념으로 쓰거나 기름을 짠다. **참**들깨. **북**유마.

참깨 들깨 노는데 아주까리 못 놀까 **속담** 남들도 다 하니 자기도 같이 끼어서 하자고 나서는 것을 이르는 말.

참나리 산과 들에 자라거나 꽃을 보려고 심어 가꾸는 풀. 여름에 주황색 바탕에 검은 점이 있는 큰 꽃이 핀다. 비늘줄기를 먹거나 약으로 쓴다.

참나무 갈참나무, 떡갈나무, 상수리나무같이 도토리가 열리는 나무를 두루 이르는 말. **북**작목.

참나물 깊은 산 나무 그늘에 사는 풀. 자잘한 흰 꽃이 가지 끝에 모여 핀다. 어린잎과 줄기를 먹는다.

참납작하루살이 강가나 호숫가에 떼 지어 사는 하루살이. 넓적다리 마디에 검은 밤색 띠가 있다.

참낭피버섯 바늘잎나무가 많은 땅에 무리 지어 나는 버섯. 갓은 판판한데 가운데가 볼록하고 누런 흙 빛깔이다. 먹는 버섯이다.

참다 1. 생리 현상, 감정, 충동 들을 억누르다. 《점심 먹은 뒤에는 졸음을 참기 어렵다.》 2. 힘들고 고통스러운 일을 견디다. 《투수는 손목이 부러지는 듯한 아픔을 참고 공을 던졌다.》 3. 어떤 때가 오거나 시간이 흐르기를 기다리다. 《조금만 참으면 방학이다.》

참을 인 자 셋이면 살인도 피한다 속담 몹시 성나거나 힘든 일도 꾹 참으면 좋은 결과가 있다는 말.

참다랑어 뭍에서 먼 바다에 사는 바닷물고기. 등이 검푸르고 배는 흰데 살은 불그스름하다. 같다랑어, 참치.

참담하다 1.몹시 슬프고 가슴이 아프다.《폭우가 할퀴고 간 논밭이 참담하다.》 2.일이나 상태가 헤어날 수 없을 만큼 끔찍하다.《폭격을 받은 도시가 참담한 폐허로 변했다.》

참답다 거짓이나 꾸밈이 없이 올바르다.《참다운 효도가 무엇인지 생각해 봅시다.》 비참되다. 바참다운, 참다워, 참답습니다.

참당귀 산골짜기 냇가에 자라는 풀. 8~9월에 자줏빛 꽃이 소복하게 핀다. 어린잎은 먹고, 뿌리는 약으로 쓴다.

참대 → 왕대.

참도박 바닷가 바위나 돌에 붙어 자라는 바닷말. 빛깔은 붉고 미역과 비슷하지만 더 뻣뻣하고 미끈미끈하다. 풀을 만드는 데 쓴다.

참돌고래 열대나 아열대의 따뜻한 바다에 사는 고래. 등은 푸른빛이 도는 검정색이고 배는 희다.

참돔 바닥이 자갈이나 모래로 된 바다에 사는 바닷물고기. 몸은 길고 옆으로 납작하며 붉은 바탕에 푸르스름한 반점이 있다.

참되다 거짓이 없이 바르고 곧다.《부모님의 참된 사랑에 보답하고 싶습니다.》 비참답다. 반거짓되다.

참뜻 거짓이 없고 참된 뜻.《선생님의 참뜻을 이제야 알았다.》 북진뜻.

참마

참마자

참당귀

참매

참도박

참매미

참돌고래

참반디

참례 (參禮) 제사나 예식 같은 것에 참여하는 것.《제사 참례》 **참례하다**

참마 낮은 산에 자라거나 밭에 심어 가꾸는 덩굴풀. 여름에 흰 꽃이 피는데, 수꽃은 곧게 서고 암꽃은 아래를 본다. 덩이뿌리를 먹거나 약으로 쓴다.

참마음 거짓이나 꾸밈이 없는 참된 마음.《어머니는 참마음으로 우리 식구를 사랑하신다.》

참마자 강물 속 바닥 가까이에 사는 민물고기. 등은 어두운 갈색이고 배는 희다. 입가에 짧은 수염이 한 쌍 있다.

참말 1.사실과 조금도 다름이 없는 말.《그게 참말이니?》 비정말. 반거짓말. 2. 사실과 조금도 다름없이.《참말 다친 애가 아무도 없는 거지?》 비참으로.

참매 높은 나뭇가지에 둥지를 트는 겨울새. 등과 날개는 푸르스름한 잿빛이고 배와 가슴은 흰데 갈색 가로무늬가 빽빽하다. 천연기념물 제323-1호.

참매미 산과 들, 숲이나 도시 어디서든 볼 수 있는 매미. 몸은 검정 바탕에 흰색, 풀색 무늬가 많이 나 있다.

참모 (參謀) 1.모임이나 무리에서 우두머리를 도와 어떤 일을 꾀하고 꾸미는 사람.《선거 참모》 2.군대에서 지휘관을 도와서 작전을 짜거나 일을 맡아 보는 장교.《작전 참모》

참모습 거짓이나 꾸밈이 없는 본디 모습.《네 참모습을 잘 모르겠어.》

참모 총장 (參謀總長) 육군, 해군, 공군의 최고 지휘관.《육군 참모 총장》

참반디 산속 나무 그늘에 자라는 풀. 잎은 다섯 갈래로 갈라지고, 7월에 작고 흰 꽃이 핀다. 열매에 갈고리 같은 털이 있다. 새순을 먹고, 뿌리는 약으로 쓴다.

참배 열매 1.먹을 수 있는 보통 배를 시고 떫은 돌배에 견주어 이르는 말. 2. 참배나무 열매.

참배 인사 (參拜) 1.신에게 절하고 비는 것.《할머니가 절에 가서 부처님께 참배를 드리고 오셨다.》2.무덤이나 기념비 앞에서 죽은 사람의 넋을 기리는 것.《국립묘지 참배》**참배하다**

참배나무 열매를 먹으려고 심어 가꾸는 잎지는나무. 봄에 흰 꽃이 피고 가을에 둥근 배가 익는다.

참배암차즈기 높은 산 바위틈이나 축축한 땅에 자라는 풀. 여름에 노란 꽃이 피는데, 뱀이 입을 벌린 것처럼 생겼다. 포기째 약으로 쓴다.

참변 (慘變) 뜻밖에 맞이한 끔찍한 사고《수십 명이 죽는 참변이 일어났다.》

참복 바닥이 모래 진흙이거나 자갈인 얕은 바다에 사는 바닷물고기. 몸은 가늘고 배가 불룩하다. 빛깔은 등 쪽이 검고 배 쪽이 흰데 가슴지느러미 뒤에 검은 반점이 있다.

참봉 (參奉) 조선 시대에 여러 관청에 있던 가장 낮은 벼슬.

참붕어 물살이 느린 강이나 호수에 사는 민물고기. 몸은 은빛이고 옆구리에 희미한 세로띠가 있다.

참빗 대나무로 만들어 빗살이 몹시 가늘고 촘촘한 빗. **참얼레빗.**

참빗살나무 산이나 냇가에 자라는 잎지는나무. 5~6월에 작고 옅은 풀색 꽃이 핀다. 나무로 도장, 지팡이, 바구니들을 만든다.

참새

참배암차즈기

참새귀리

참새피

참붕어

참빗살나무

참사 (慘事) 비참하고 끔찍한 일.《불의의 참사》

참사랑 거짓이나 꾸밈이 없는 참된 사랑.《부모님의 참사랑을 깨달았어요.》

참상 (慘狀) 비참하고 끔찍한 모습이나 상태.《전쟁의 참상》

참새 낮은 산이나 사람이 사는 곳 가까이 사는 텃새. 몸은 검은빛을 띤 갈색이고 부리는 검다. 우리나라 어디서나 볼 수 있다.

참새가 방앗간을 그저 지나랴 속담 참새가 곡식이 있는 방앗간을 그냥 지나갈 수 있겠냐는 뜻으로, 욕심이 많은 사람은 이익이 될 것을 보고 그냥 물러서지 않는다는 말.

참새귀리 양지바른 풀숲이나 길가에 자라는 풀. 줄기와 잎에 털이 많고 6~7월에 연둣빛 꽃이 핀다. 집짐승 먹이로 쓴다.

참새피 양지바른 풀밭에 자라는 풀. 7~8월에 누런 풀색 꽃이 피고, 줄기 끝에 작은 이삭이 줄줄이 붙는다.

참서대 뭍에서 가까운 바다의 진흙과 모래가 섞인 바닥에 사는 바닷물고기. 몸은 혀처럼 생겨서 옆으로 납작하고 눈은 왼쪽에 치우쳐 있다.

참석 (參席) 모임이나 회의 같은 자리에 가서 끼는 것.《회의 참석 인원이 너무 적다.》**반**불참. **참석하다**

참석자 (參席者) 모임, 회의 들에 참석하는 사람.

참선 (參禪) 불교에서 마음의 평화와 깨달음을 얻으려고 도를 닦는 것. **참선하다**

참성단 (塹城壇) 강화 마니산에 있는

제단. 단군왕검이 하늘에 제사를 지낸 곳으로 알려져 있다. '마니산 참성단' 이라고도 한다.

참수 (斬首) 사람의 목을 베는 것.《반역 죄인이 참수를 당했다.》 **참수하다**

참식나무 산기슭에 자라는 늘푸른나무. 잎 뒷면에 밤색 털이 난다. 10~11월에 노란 꽃이 피고 열매는 이듬해 가을에 붉게 익는다.

참식나무

참신하다 전에 보던 것과는 달리 아주 새롭다.《참신한 구도/참신한 생각》

참싸리 산에서 자라는 잎지는나무. 여름에 붉은 보라색 꽃이 모여 피고, 끝이 뾰족한 꼬투리가 열린다. 나무로 살림살이를 만든다. 북참싸리나무.

참싸리

참쑥 산과 들에 자라는 풀. 잎은 깃처럼 갈라지고, 8~9월에 옅은 붉은색 꽃이 핀다. 어린잎은 먹고, 자란 것은 약으로 쓴다.

참조기

참여 (參與) 어떤 일에 기꺼이 끼어서 함께 하는 것. 북참네. **참여하다**《봉사활동에 참여하니 마음이 뿌듯하다.》

참여도 (參與度) 어떤 일에 참여하는 정도.《체육 대회 참여도가 낮다.》

참쑥

참오동나무 마당이나 마을에 심어 가꾸는 잎지는나무. 잎이 크고 넓은데 뒷면에 흰 털이 빽빽하다. 5월에 흰색이나 보라색 꽃이 핀다. 나무는 가구나 악기를 만드는 데 쓴다.

참종개

참오징어 → 갑오징어.

참외 밭에 심어 가꾸는 열매채소. 덩굴 줄기가 땅 위로 길게 뻗는데, 여름에 노란 꽃이 피고 노란 열매가 열린다.

참죽나무

참으로 조금도 어긋남 없이 정말로.《참으로 장한 아이야.》 같실로. 비참말.

참중고기

참오동나무

참을성 참고 견디는 성질.《참을성이 많다./참을성을 기르다.》

참작 (參酌) 어떤 일을 살펴 앞뒤 사정을 헤아리는 것.《그런 흉악한 놈한테는 참작의 여지가 없다.》 **참작하다 참작되다**

참전 (參戰) 전쟁에 참가하는 것. **참전하다**《베트남 전쟁에 참전한 아저씨》

참정권 (參政權) 정치에 참여할 권리.

참조 (參照) 참고로 견주어 보거나 맞대어 살펴보는 것. 비참고. **참조하다**《신문 기사를 참조해서 글을 썼다.》

참조기 봄에 따뜻한 바닷물을 따라 서해로 올라오는 바닷물고기. 몸은 옆으로 납작하고 빛깔은 노르스름하다.

참종개 자갈이 많은 맑은 강에 사는 민물고기. 몸이 길고 옆으로 납작하다. 누르스름한 바탕에 진한 갈색 무늬가 있다. 우리나라에만 산다.

참죽나무 울타리 옆이나 뒤뜰에 심어 가꾸는 잎지는나무. 곧고 크게 자라고 6월에 잘고 흰 꽃이 핀다. 새순을 먹는다. 북참중나무.

참중고기 물이 맑은 강이나 호수에 사는 민물고기. 몸이 길고 가늘면서 납작하다. 몸통은 푸른빛이 도는 갈색인데 등 쪽은 짙고 배 쪽은 옅다. 우리나라에만 산다.

참취 산과 들에 자라는 풀. 8~10월에 흰 꽃이 가지 끝에 모여 피고, 긴달걀꼴 열매가 달린다. 어린순은 먹고, 자란 것은 약으로 쓴다.

참치 → 참다랑어.

참판 (參判) 조선 시대에 육조에 있던 벼슬. 판서 아래이고 벼슬 순서로는 넷째이다.

참패 (慘敗) 싸움이나 경기에서 아주 크게 지거나 실패하는 것. **참패하다**

참하다 1.생김새가 말끔하고 곱다. 《참하게 차려입은 새색시》 2.성질이 찬찬하고 얌전하다. 《할머니는 삼촌이 참한 색시를 데려왔다고 기뻐하셨다.》

참형 (斬刑) 옛날에 사람 목을 베어 죽이던 벌. 《반란군을 참형에 처했다.》

참호 (塹壕) 적의 공격을 피해 몸을 숨기려고 파는 좁고 긴 구덩이.

참혹하다 몸서리치게 끔찍하다. 《폭탄이 떨어진 마을은 참혹했다.》

참홍어 뭍에서 가까운 바다에 사는 바닷물고기. 몸통은 위아래로 납작하고 꼬리가 가늘다. 넓은 가슴지느러미로 날갯짓하듯 헤엄쳐 다닌다. 갈홍어.

참회 (懺悔) 잘못을 깨닫고 깊이 뉘우치는 것. **참회하다** 《평생 참회하면서 착하게 살겠어요.》

참회나무 산골짜기나 산허리에 자라는 잎지는나무. 가지가 길게 늘어지고 덤불을 이룬다. 5~6월에 흰색이나 보라색 꽃이 피고, 가을에 붉은 열매가 열린다.

참흙 모래와 찰흙이 알맞게 섞여 농사짓기에 좋은 흙.

찹쌀 찰벼의 이삭을 찧어서 껍질을 벗긴 쌀. **참멥쌀**.

찹쌀떡 찹쌀로 만든 떡. 고물을 묻혀 시루에 찐 것과 둥글게 만들어 속에 단팥으로 소를 넣은 것이 있다.

찻간 (車間) 버스나 기차에서 사람이 타는 칸. 《열차 찻간》 **북차간**.

찻길 차가 다니는 길. 《찻길을 건널 때

참취

참외

참홍어

참회나무

참쌀

는 조심해야 돼.》 갈차도, 차로. **북차길**.

찻삯 차를 타는 데 드는 돈. 《찻삯을 아끼려고 걸었다.》 갈차비. **북차삯**.

찻숟가락 차를 마실 때 쓰는 작은 숟가락. 갈티스푼.

찻잎 차나무 잎. 녹차나 홍차를 만든다. **북차잎**.

찻잔 (茶盞) 차를 담아 마시는 잔. 《사기 찻잔》 **북차잔**.

찻집 여럿이 만나서 이야기를 나눌 수 있게 자리를 마련해 놓고 차나 음료수들을 파는 곳. 갈다방. **북차집**.

창 밑창 1.신발의 밑바닥 부분. 또는 신발 밑바닥에 덧대어 붙이는 가죽이나 고무 조각. 《구두 굽이 닳아서 창을 갈았다.》 2.신발 안쪽 바닥에 까는 물건. 《신발이 커서 창을 한 장 더 깔았다.》

창 창문 (窓) → 창문.

창 무기 (槍) 1.옛날에 휘두르거나 던져서 적을 찌르는 데 쓰던 무기. 긴 나무 자루 끝에 날카롭고 뾰족한 쇠를 박아서 만든다. 《창과 방패》 2.창던지기에서 쓰는 운동 기구.

창 노래 (唱) 판소리에서 소리꾼이 가락에 맞추어 부르는 노래.

창가 창문 가장자리. 또는 창문과 가까운 곳. 《창가에 화분을 놓았다.》

창간 (創刊) 신문, 잡지 같은 것을 세상에 처음 펴내는 것. 반폐간. **창간하다** 《방정환 선생님은 처음으로 어린이 잡지를 창간하신 분이다.》 **창간되다**

창간호 (創刊號) 신문, 잡지 같은 것의 맨 첫 번째 호. 《창간호 특별 부록》

창건 (創建) 나라, 조직, 큰 건물 같은 것을 세우는 것. 《고려 창건 설화/불국

사 창건》 **창건하다 창건되다**

창경궁 (昌慶宮) 서울에 있는 조선 시대 궁궐. 성종 때 (1483년) 옛 수강궁 터에 지었다. 일제 강점기 때부터 '창경원'으로 낮추어 부르다가 1983년에 '창경궁'으로 다시 고쳤다. 명정전과 홍화문, 옥천교 들이 있다.

창경궁

창고 (倉庫) 물건을 저장하거나 잠시 넣어 두는 건물. 비곳간, 광.

창고업 (倉庫業) 돈을 받고 자기 창고에 다른 사람 물건을 보관해 주는 사업.

창공 (蒼空) 맑고 새파란 하늘.

창구 (窓口) 매표소, 은행 같은 곳에서 손님, 돈, 물건 들을 주고받을 수 있게 대를 만들어 놓은 곳.《은행 창구》

창구멍 버선, 솜옷, 이불 들을 바느질할 때 안팎을 뒤집어 빼내려고 꿰매지 않고 놓아둔 부분.

창궐 (猖獗) 병이나 나쁜 세력들이 거세게 일어나 걷잡을 수 없이 퍼지는 것.《장티푸스 창궐》 **창궐하다**

창극 (唱劇) 여러 사람이 배역을 맡아 창을 부르면서 하는 연극. 판소리에서 생겨난 것이다.

창난젓 명태 창자에 소금과 고춧가루 같은 양념을 버무려 담근 젓갈.

창달 (暢達) 어떤 일을 거침없이 뻗어 나가게 하거나 막힘없이 이루는 것.《민족 문화 창달》 **창달하다**

창덕궁 (昌德宮) 서울에 있는 조선 시대 궁궐. 태종 때 (1405년) 지었다. 임금이 나랏일을 하던 곳으로, 인정전, 돈화문을 비롯한 여러 건물이 있다. 유네스코에서 세계 문화유산으로 지정하였다.

창덕궁

창던지기 창을 멀리 던져서 거리를 겨루는 경기.

창립 (創立) 학교, 기관, 단체 같은 것을 처음으로 세우는 것.《회사 창립 기념일》 **칼**창설. **창립하다 창립되다**

창문 (窓門) 빛이나 바람이 통하고 밖을 내다볼 수 있게 벽이나 지붕에 낸 작은 문.《창문을 활짝 열었다.》 **칼**창.

창백하다 얼굴빛이나 살빛이 핏기가 없이 하얗다.《얼굴이 창백한데 어디 아픈 거 아냐?》

창법 (唱法) 노래나 시조, 판소리 들을 부르는 방법.《호소력 있는 창법》

창살 창문이나 미닫이 들에 가로세로로 댄 가는 막대.《연꽃무늬 창살》

창살문 창살을 댄 문.

창설 (創設) → 창립.《독도 수비대 창설》 **창설하다 창설되다**

창설자 (創設者) 기관이나 단체 같은 것을 처음 세운 사람.

창세기 (創世記) 구약 성서 첫째 권. 하느님이 천지와 사람을 처음 만들어 낸 일과 사람이 죄를 짓고 낙원에서 쫓겨난 일 들이 쓰여 있다.

창시 (創始) 어떤 생각이나 이론 들을 처음으로 내놓거나 시작하는 것. **창시하다**《석가모니는 불교를 창시하였다.》 **창시되다**

창시자 (創始者) 어떤 생각이나 이론 들을 창시한 사람.《동학의 창시자는 최제우이다.》

창씨개명 (創氏改名) 일제 강점기에 우리나라 사람의 성과 이름을 강제로 일본 성과 이름으로 고치게 한 일.

창안 (創案) 전에 없던 방법이나 물건

들을 처음으로 생각해 내는 것. 또는 그런 방법.《금속 활자 창안》 **창안하다** **창안되다**

창업 (創業) 나라를 처음으로 세우거나 사업을 처음으로 일으키는 것.《조선 왕조의 창업》 **창업하다**

창의력 (創意力) 새로운 것을 생각해 내는 힘.《형은 창의력이 뛰어나다.》

창의성 (創意性) 새로운 것을 생각해 내는 성질.《창의성이 돋보이는 글》

창의적 (創意的) 1.새로운 것을 생각해 내는. 또는 그런 것. 2.새로움이 있는. 또는 그런 것.

창자 내장 기관 가운데 하나. 작은창자와 큰창자로 나뉜다. **같장**.

창작 (創作) 새로운 물건이나 예술 작품 같은 것을 처음으로 만들어 내는 것. 또는 그렇게 만든 물건이나 작품.《창작 무용 발표회》 **창작하다 창작되다**

창제 (創製) 전에 없던 것을 처음으로 만들거나 정하는 것.《훈민정음 창제》 **창제하다**

창조 (創造) 전에 없던 것을 처음으로 만드는 것.《천지 창조》 **반**모방. **창조하다 창조되다**

창창하다 1.하늘, 바다, 호수, 숲 같은 것이 아주 푸르다.《창창한 여름 하늘》 2.앞날이 길고 훤히 트여 희망이 있다.《앞길이 창창한 젊은 예술가》

창칼 1.창과 칼. 2.조각할 때 쓰는 끝이 뾰족한 칼.

창턱 창문 밑에 있는 턱.

창틀 창문을 달려고 만든 틀.

창포 늪이나 개울가, 연못가에 자라는 풀. 뿌리, 줄기, 잎에서 향기가 난다.

옛날에는 단옷날에 잎과 뿌리를 우려 만든 창포물로 머리를 감았다. 약으로도 쓴다.

창피 (猖披) 떳떳하지 못하거나 낯 뜨거운 일을 당해 몹시 부끄러운 것. **창피하다**《졸다가 선생님께 불려 나가서 창피했어.》

창호지 (窓戶紙) 흔히 문이나 창에 바르는 얇은 종이.

찾다 1.사람을 보거나 지금 없는 물건을 얻으려고 이곳저곳 뒤지거나 살피다.《언니가 온 집안을 뒤지면서 시계를 찾는다.》 2.빌려 주거나 맡기거나 잃거나 빼앗긴 것을 돌려받다.《은행에서 돈을 찾았다.》 3.사람을 만나거나 볼일을 보려고 어떤 곳으로 가다.《명절에는 집안 어른들을 찾아 인사를 드리자.》 4.모르는 것을 살피거나 알아내다.《고장 원인을 찾아야 기계를 고치지.》 5.어떤 사실을 알아내거나 밝히려고 책, 자료 들을 뒤지다.《전화번호부에서 옛날 동무의 전화번호를 찾았다.》 6.필요한 것을 구하거나 바라다.《목이 말라 물을 찾았다.》

찾아가다 1.빌려 주거나 맡기거나 잃었던 것을 도로 찾아서 가다.《옆집 언니가 우리 집에 맡겼던 강아지를 찾아갔다.》 2.사람을 만나거나 볼일을 보려고 어떤 곳으로 가다.《설날에 선생님 댁을 찾아가기로 했어요.》 3.어떤 사실을 알아내거나 밝히려고 책, 자료 들을 계속 뒤지다.《모르는 낱말은 국어사전을 찾아가면서 읽어라.》

찾아다니다 어떤 것을 찾거나 이루려고 여기저기 돌아다니다.《명절에 집

창포

집마다 찾아다니면서 인사를 했다.》

찾아들다 1.어떤 곳으로 찾아서 들어가다.《처마 밑으로 제비가 찾아들었다.》2.어떤 상태나 현상이 나타나다.《산골에는 어둠이 빨리 찾아듭니다.》 바 찾아드는, 찾아들어, 찾아듭니다.

찾아보다 1.남을 찾아서 만나다.《고향에 내려가면 동무들을 찾아봐야지.》2.원하는 것을 찾으려고 애써 살피다.《수첩을 찾아보면 주소가 나올걸.》

찾아뵙다 웃어른을 찾아가서 만나 보다.《시골 외할머니를 찾아뵈었다.》

찾아오다 1.빌려 주거나 맡기거나 잃었던 것을 도로 찾아서 오다.《세탁소에 가서 아빠 양복을 찾아왔다.》2.사람을 만나거나 볼일을 보려고 어떤 곳으로 오다.《짝꿍이 공책을 빌리려고 우리 집에 찾아왔다.》

채 세는 말 집, 가마, 가구, 이불 들을 세는 말.《집 한 채/이불 한 채》

채 도구 1.공 같은 것을 치는 데 쓰는 도구. 2.➔ 채찍. 3.북, 장구, 꽹과리 같은 타악기를 쳐서 소리를 내게 하는 도구.

채 칼질 채소, 과일 들을 가늘고 길게 써는 것. 또는 그 채소나 과일.《무를 채 썰어 고춧가루를 넣고 버무렸다.》

채 미처 어떤 정도에 아직 이르지 못한 상태.《사과가 채 익지 않았는걸.》

채 그대로 있는 상태 그대로.《어젯밤에 불을 켜 놓은 채 잠이 들었다.》

채광 (採光) 창문을 내어 햇빛을 받아들이는 것.《채광이 좋은 남향집》

채광창 (採光窓) 햇빛을 받으려고 내는 창문.

채굴 (採掘) 땅속에 묻혀 있는 광물을 캐내는 것.《석탄 채굴 작업》 **채굴하다 채굴되다**

채권 문서 (債券) 국가, 은행, 회사 들이 필요한 돈을 빌리려고 펴내어서 파는 문서.

채권 빚 (債權) 돈을 빌려 준 사람이 빚을 받을 권리. 반 채무.

채널 (channel) 여러 방송국이 저마다 자기 방송을 내보내는 통로. 또는 그 통로를 고르는 장치.

채다 낚아채다 재빨리 잡아당기거나 빼앗다.《솔개가 병아리를 채갔어요.》

채다 알아차리다 재빨리 알아채거나 깨닫다.《낌새를 채다./눈치를 채다.》

채도 (彩度) 빛깔의 맑고 탁한 정도. 유채색에만 있다. 참 명도.

채독 콩, 감자 같은 곡식을 담아 두는 그릇. 싸리 줄기를 엮어서 독처럼 만들고 종이나 진흙 들을 바르기도 한다.

채독

채롱 싸리 줄기나 버들가지를 엮어서 만든 바구니.

채마밭 채소를 심어 가꾸는 밭.《채마밭에서 솎은 상추》 비 채소밭.

채무 (債務) 빚을 갚을 의무. 반 채권.

채반 싸리나무나 대나무를 가늘고 둥글넓적하게 엮어 만든 그릇.

채반

채비 어떤 일을 하려고 필요한 것을 미리 갖추어 차리는 것. 같 차비. **채비하다**《서둘러 채비하지 않으면 늦겠어.》

채색 (彩色) 1.여러 가지 고운 색깔.《채색 구름》2.색을 칠하는 것.《이제 밑그림에 채색을 하세요.》 **채색하다 채색되다**

채색화 (彩色畵) 색을 칠하여 그린 그림.《화려한 채색화》

채석장 (採石場) 큰 집을 짓거나 물건을 만들 때 쓸 돌을 캐내는 곳.

채소 (菜蔬) 상추, 시금치, 오이처럼 먹으려고 밭에서 기르는 식물.《엄마는 밭에 여러 가지 채소를 심어서 가꾸신다.》같소채, 야채.

채소밭 채소를 심어서 가꾸는 밭.《채소밭에 난 풀을 뽑았다.》비채마밭.

채송화 꽃을 보려고 심어 가꾸는 풀. 여름부터 가을까지 빨간색, 노란색, 흰색 같은 여러 빛깔 꽃이 핀다. 북따꽃.

채송화

채식 (菜食) 고기는 먹지 않고 채소나 과일 같은 식물만 먹는 일.《우리 가족은 채식을 한다.》참육식. **채식하다**

채썰기 채소나 과일 같은 것을 가늘고 길게 써는 방법.

채용 (採用) 1.흔히 회사나 기관에서 사람을 골라서 쓰는 것.《신입 사원 채용》2.의견이나 방법 들을 골라서 받아들이는 것.《이번에는 내 의견이 채용이 될까?》 **채용하다 채용되다**

채우다 가득 1.가득 차게 하다.《양동이에 물을 가득 채웠다.》2.어떤 높이나 정해진 정도가 되게 하다.《수업 일수를 채우려고 방학을 늦게 했다.》

채우다 단추를 1.단추 같은 것을 구멍에 넣어 걸다.《첫 단추를 잘못 채우면 죽 잘못 채우게 된다.》비잠그다. 2.자물쇠 같은 것으로 잠가서 문이나 서랍 같은 것을 열지 못하게 하다.《찬바람이 부니 지퍼를 꼭 채워라.》비잠그다.

채점 (採點) 시험 답안에서 맞고 틀린 것을 따져서 점수를 매기는 것.《답안지 채점》 **채점하다 채점되다**

채진목 제주도에 자라는 잎지는나무.

채진목

4~5월에 흰 꽃이 피고, 열매는 붉게 익는다. 열매는 먹고 나무는 여러 가지 물건을 만든다. 북독오나무.

채집 (採集) 널리 돌아다니며 잡거나 캐거나 얻어서 모으는 것.《곤충 채집》 **채집하다 채집되다**

채찍 소나 말을 때려서 모는 데 쓰는 도구. 가느다란 막대기 끝에 끈이나 가죽을 달아 만든다. 같채.

채찍비 북 채찍을 내리치듯이 굵고 세차게 쏟아져 내리는 비.

채찍질 1.채찍으로 치는 일.《기수가 빨리 달리려고 말에 채찍질을 했다.》 2.재촉하면서 다그치거나 힘을 북돋아주는 일을 빗대어 이르는 말.《선생님 말씀을 채찍질로 삼아 열심히 공부하였다.》 **채찍질하다**

채취 (採取) 1.풀, 나무, 광석 들을 캐거나 줍거나 따서 거두어들이는 것.《버섯 채취》2.연구나 조사에 필요한 것을 찾아서 얻는 것.《지문 채취》 **채취하다**

채택 (採擇) 여럿 가운데 하나를 골라서 뽑아 쓰는 것. **채택하다**《내 의견을 채택했으면 좋겠다.》 **채택되다**

채팅 (chatting) 인터넷에서 두 명 이상이 글로 동시에 이야기하는 일.

채편 장구에서 대나무로 만든 채로 쳐서 소리를 내는 편. 참북편.

채화 (採火) 볼록 렌즈나 오목 거울로 햇빛을 모아 불을 얻는 것.《날씨가 흐린 날은 채화가 잘 안 된다.》 **채화하다**

책 (冊) 어떤 생각, 감정, 지식 들을 담은 글이나 그림 들을 인쇄하여 묶어 놓은 것.《그림책/동화책/재미있는 책》

채소와 나물

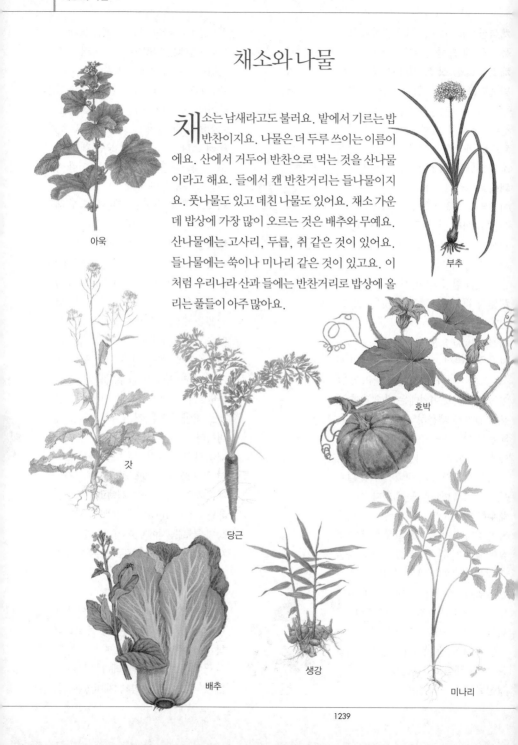

채소는 남새라고도 불러요. 밭에서 기르는 밥
반찬이지요. 나물은 더 두루 쓰이는 이름이
에요. 산에서 거두어 반찬으로 먹는 것을 산나물
이라고 해요. 들에서 캔 반찬거리는 들나물이지
요. 풋나물도 있고 데친 나물도 있어요. 채소 가운
데 밥상에 가장 많이 오르는 것은 배추와 무예요.
산나물에는 고사리, 두릅, 취 같은 것이 있어요.
들나물에는 쑥이나 미나리 같은 것이 있고요. 이
처럼 우리나라 산과 들에는 반찬거리로 밥상에 올
리는 풀들이 아주 많아요.

아욱

부추

갓

당근

호박

배추

생강

미나리

곰취

고들빼기

토란

우산나물

쑥갓

미역취

참나물

고사리

수리취

꿩의 다리

^같도서, 서적, 책자.

책가방 책, 공책, 필통 같은 것을 넣어서 들고 다니는 가방.

책갈피 책장과 책장 사이. 《빨간 단풍잎을 주워 책갈피에 끼워 놓았다.》

책갑 (冊匣) 책을 넣어 두는 작은 상자나 집.

책값 1. 책을 파는 값. 《책값을 깎지 마세요.》 2. 책을 사는 값. 《책값이 얼마예요?》

책거리 ^{잔치} 글방 같은 곳에서 책 한 권을 다 공부해 뗀 뒤에 교사와 동무들에게 한턱내는 것. '책씻이'라고도 한다.

책거리 ^{그림} 책이나 붓, 벼루, 먹 같은 문방구를 그린 그림.

책꽂이 책을 꽂아 두는 가구.

책략 (策略) 어떤 일을 꾸미고 이루어 나가는 꾀와 방법. 《적의 교묘한 책략에 말려들어 크게 패했다.》

책망 (責望) 잘못을 꾸짖거나 나무라는 것. 《선생님 책망이 두려워 나도 모르게 거짓말을 하였다.》 **책망하다**

책무 (責務) 맡은 일에 따른 책임. 또는 책임지고 맡은 일. 《국회의원은 국민에 대한 책무를 다해야 한다.》

책받침 글씨를 쓸 때 밑 장에 자국이 나지 않게 하려고 종이 밑에 받치는 단단하고 판판한 물건.

책방 (冊房) 책을 파는 곳. 《동무들과 책방에 가서 동화책을 샀다.》 ^같서점.

책벌레 책 읽는 것을 아주 좋아하는 사람. 또는 책을 아주 많이 읽는 사람.

책상 (冊床) 앉아서 책을 읽거나 글을 쓰거나 일을 하는 데 쓰는 상. 《책상에 앉아 그림을 그렸다.》 ^참걸상.

책상다리 한쪽 다리를 오그리고 다른 쪽 다리를 그 위에 포개어 얹고 앉는 자세. 《책상다리를 틀고 앉아서 바둑을 두었다.》 ^북올방자.

책임 (責任) 1. 맡아서 해야 할 일. 《남에게 책임을 미루지 마.》 2. 어떤 일로 빚어진 결과에 따라 의무나 부담을 지는 것. 《이 일의 책임은 내가 질게.》

책임감 (責任感) 맡아서 할 일을 중요하게 여기고 꼭 지키려는 마음. 《책임감이 강한 철수가 반장이 되었다.》

책임자 (責任者) 어떤 일에 책임이 있는 사람. 《도서실 책임자가 누구니?》

책임지다 어떤 일에 책임을 떠맡다. 《순이 삼촌은 어리지만 가족의 생계를 책임지고 있다.》

책자 (冊子) 1. → 책. 2. 두께가 얇거나 크기가 작은 책. 《여행 안내 책자》

책장 ^{낱장} (冊張) 책을 이루는 낱낱의 장. 《책장을 넘기다./책장을 덮다.》

책장 ^{책꽂이} (冊欌) 책을 세워서 꽂아 두는 가구.

챔피언 (champion) 운동 경기 대회에서 우승한 사람.

챙 햇볕을 가리려고 모자 끝이나 가장자리에 댄 것. 《챙 달린 모자》 ^같차양.

챙기다 1. 필요한 것을 갖추다. 《자기 전에 가방을 잘 챙겨 두어라.》 2. 거르거나 빠뜨리지 않다. 《귀찮더라도 끼니는 꼭 챙겨 드세요.》 3. 남을 잘 보살피다. 《엄마가 안 계실 때는 내가 동생을 챙겨 준다.》 4. 어떤 것을 자기 몫으로 삼다. 《형은 늘 자기 몫을 챙기는 것을 잊지 않는다.》

처 ^{아내} (妻) → 아내.

처 기관 (處) 중앙 행정 기관을 나누는 단위 가운데 하나.

처가 (妻家) 아내가 본디 살던 집. 또는 아내의 부모와 형제가 사는 집.《처가살이》**북**가시집.

처남 (妻男) 아내의 오빠나 남동생. **참**처제, 처형.

처녀 (處女) 혼인하지 않은 어른 여자. **참**총각.

처녀치마 산속 그늘지고 축축한 땅에 자라는 풀. 뿌리에서 나온 잎이 둥글게 퍼지고 자줏빛 꽃이 핀다. **북**치마풀.

처단 (處斷) 굳게 마음을 먹고 사정없이 벌주거나 없애는 것. **처단하다**《친일파를 처단하라!》**처단되다**

처뚝 ¹**북** 1.물방울 같은 것이 떨어지는 소리. 또는 그 모양.《고드름이 녹으면서 물 한 방울이 처뚝 떨어졌다.》2.다리를 조금씩 절면서 걷는 모양.《강아지가 다리를 처뚝 옮기는 꼴이 무척 안쓰럽다.》**처뚝하다**

처뚝처뚝 ¹**북** 다리를 조금씩 절면서 걷는 모양.《한 선수가 아까부터 처뚝처뚝 다리를 전다.》**처뚝처뚝하다**

처량하다 마음이 몹시 구슬프고 쓸쓸하다.《풀벌레 소리가 처량하다.》

처럼 어떤 낱말 뒤에 붙어, '비슷하게', '그와 같이'를 뜻하는 말.《별처럼 예쁜 꽃/눈처럼 하얗다.》**비**같이.

처리 (處理) 1.일이나 사건을 순서에 따라 정리하여 마무리 짓는 것.《교통사고 처리》2.바라는 결과를 얻으려고 여러 가지 방법으로 다루거나 만지는 것.《방수 처리》**처리하다 처리되다**

처리장 (處理場) 어떤 것을 처리하는

처녀치마

곳.《쓰레기 처리장/핵폐기물 처리장》

처마 집에서 지붕이 벽이나 기둥 밖으로 나온 부분.《처마 밑 제비 집》

처매다 칭칭 감아서 매다.《피가 흐르는 다리를 붕대로 처매었다.》

처먹다 1.욕심 사납게 막 먹다.《얼음 과자를 그렇게 처먹으니 배탈이 나지.》2.'먹다'를 낮추어 이르는 말.

처박다 1.아주 세게 박다.《액자를 걸려고 벽에 못을 처박았다.》2.마구 쑤셔 넣거나 밀어 넣다.《다 쓴 공책을 책상 서랍 속에 처박아 두었다.》

처박히다 1.어떤 곳에 몹시 세게 박히다.《트럭 한 대가 빗길에 미끄러져 웅덩이에 처박혔다.》2.어떤 곳에 아무렇게나 놓이다.《방구석에 처박혀 있던 국어사전을 꺼내서 먼지를 털었다.》3.한곳에서만 줄곧 머물다.《연휴 동안 집에 처박혀만 있을 거야?》

처방 (處方) 아픈 사람에게 어떤 약을 먹으라고 일러 주는 것.《처방을 내리다.》**북**처방종이. **처방하다**

처벌 (處罰) 법이나 규칙에 따라 벌을 주는 것. 또는 그 벌. **처벌하다**《못된 사또를 처벌했다.》**처벌되다**

처분 (處分) 1.어떻게 하라는 지시나 결정을 내리는 것.《교칙을 어기면 퇴학 처분을 받을 수도 있다.》2.어떤 것을 팔거나 없애서 치우는 것.《아파트 처분 공지》**처분하다 처분되다**

처서 (處暑) 한 해를 스물넷으로 나눈 때 가운데 열넷째. 여름 더위가 가시는 때라고 한다. 8월 23일쯤이다.

처서가 지나면 모기도 입이 비뚤어진다
속담 양력 8월 23일경인 처서가 지나면

날이 선선해지고 모기나 파리도 사라진다는 말.

처세 (處世) 사람들과 사귀며 서로 좋게 맞추어 살아가는 것.《처세에 능하다./처세를 잘하다.》 **처세하다**

처세술 (處世術) 처세하는 요령이나 수단.《약삭빠른 처세술》

처소 (處所) 사람이 살거나 잠깐 머무르는 곳.《처소를 먼저 정하고 놀자.》

처신 (處身) 세상을 살아가면서 그때그때 맞게 해야 할 몸가짐이나 태도.《처신이 바르다.》 **처신하다**

처우 (處遇) 처지나 형편에 맞게 대우하는 것. 또는 그런 대우.《부당한 처우/처우가 좋다.》 **처우하다**

처음 1. 시간이나 차례에서 맨 앞.《놀이 기구를 처음 탈 때는 무서웠는데 지금은 재미있다.》 **반**끝, 마지막. 2. 전에는 한 번도 해 보지 않은 것.《비행기 타는 건 처음이에요.》

처자 (妻子) 아내와 자식.《옆집 아저씨가 처자와 함께 이민을 갔다.》

처절썩 |북 액체가 단단한 것에 거세게 부딪칠 때 나는 소리.《큰 파도가 바위에 처절썩 부딪친다.》 **처절썩하다**

처절하다 몹시 슬프고 끔찍하다.《덫에 걸린 곰이 처절하게 울부짖었다.》

처제 (妻弟) 아내의 여동생. **참**처남, 처형.

처지 (處地) 처하여 있는 사정이나 형편.《처지가 딱하다.》 **북**터문.

처지다 1. 아래로 축 늘어지다.《뺨이 축 처진 개는 나이가 많아 보여.》 2. 무리보다 뒤떨어지거나 뒤떨어져 따로 남다.《뒤로 처지지 않으려면 부지런

히 걸어야겠다.》 3. 수준, 능력이 모자라거나 남보다 못하다.《다른 과목은 괜찮은데 수학이 좀 처진다.》 4. 기분, 분위기가 힘이 없고 밝지 않다.《선생님이 축 처진 교실 분위기를 바꿔 보시려고 재미있는 이야기를 해 주셨다.》

처참하다 몹시 슬프고 끔찍하다.《태풍이 지나간 바닷가 마을이 얼마나 처참한지 눈 뜨고 볼 수 없었다.》

처처 (處處) '곳곳'을 글말로 이르는 말.《처처에 봄기운이 가득하다.》

처치 (處置) 1. 일을 맡아서 처리하는 것.《쓰레기가 너무 많아 처치 곤란이에요.》 2. 아픈 사람에게 알맞은 치료를 하는 것.《응급 처치》 **처치하다**

처하다 1. 어떤 형편이나 처지에 놓이다.《멸종 위기에 처한 야생 동물을 보호합시다.》 2. 벌을 받게 하다.《범인은 엄한 벌에 처하기로 했습니다.》

처형 언니 (妻兄) 아내의 언니. **참**처남, 처제.

처형 형벌 (處刑) 죄지은 사람의 목숨을 끊는 것. **처형하다 처형되다**

척 거짓 행동, 태도 들을 그럴듯하게 꾸미는 것.《듣은 척도 안 하네.》 **갈**체.

척 들러붙다 1. 단단하게 아주 바싹 들러붙은 모양을 나타내는 말.《엿이 입천장에 척 들러붙었다.》 2. 서슴지 않고 선뜻 하는 모양을 나타내는 말.《노래 부를 사람 나오라니까 은희가 척 앞으로 나서더라고.》 3. 어떤 것을 한눈에 알아채거나 짐작, 예상 들이 어김없이 들어맞는 모양을 나타내는 말.《봐라, 내 예상이 척 들어맞았지.》

척 늘어지다 어떤 것이 아래로 늘어진 모

양을 나타내는 말.《척 늘어진 깃발》

척 키 (尺) → 자.《육 척 장신》

척 배 (隻) 배의 수를 세는 말.《배 두 척/잠수함 한 척》

척결 (剔抉) 해로운 것을 들추어 깨끗이 없애 버리는 것. **척결하다**

척도 (尺度) 어떤 것을 재거나 따지는 데 바탕이 되는 기준.《도서관은 나라의 문화 수준을 가늠하는 척도다.》

척박하다 1.땅이 몹시 거칠고 메마르다.《할아버지는 척박한 땅을 일구어 기름진 논밭으로 바꿔 놓으셨다.》2. 인정이 없고 메마르다.《삼촌은 척박한 도시 생활을 견디지 못하고 시골로 돌아갔다.》

척수 (脊髓) → 등골.

척척 늘어지다 느슨하게 휘어지거나 굽거나 늘어지는 모양.《물오른 버들가지가 척척 아래로 휘어진다.》

척척 들러붙다 1.자꾸 바싹 닿거나 끈끈하게 들러붙는 모양.《땀이 나서 몸에 옷이 척척 들러붙는다.》2.시험에 쉽게 잘 붙거나 짐작한 것이 잘 들어맞는 모양.《큰형은 어떤 시험에도 척척 붙는다.》

척척 이루어지다 1.일이 막힘없이 잘되는 모양. 또는 일을 시원스럽게 잘하는 모양.《철수는 선생님 질문에 대답을 척척 잘한다.》2.여럿이 장단이나 질서를 잘 맞추는 모양.《북을 치는 아이와 장구를 치는 아이가 손발이 척척 들어맞는다.》

척척박사 아는 것이 많아서 무엇이든지 묻는 대로 척척 대답하는 사람.

척추 (脊椎) → 등뼈.

척추동물 (脊椎動物) 몸에 등뼈가 있는 동물. 참무척추동물.

척하다 그럴듯하게 거짓으로 꾸미다.《동무들 앞에서 잘난 척하다가 망신만 당했다.》 같체하다.

척하면 한마디만 하면.《척하면 알아들어야지.》

척하면 삼천리 관용 상대방의 속뜻이나 어떤 일을 금방 알아차리는 것을 이르는 말.《거짓말하지 마. 내가 척하면 삼천리야.》

척화 (斥和) 가까이 오가지 않고 거리를 두어 내치는 것.

척화비 (斥和碑) 조선 고종 때 (1871년) 흥선 대원군이 조선에 쳐들어오는 서양 오랑캐와 가까이 지낼 수 없다는 뜻을 새겨 나라 곳곳에 세운 비석.

천 옷감 실로 짜서 옷이나 이불 같은 것을 만드는 감.《어머니가 천을 끊어다가 옷을 만들어 주셨다.》

천 숫자 (千) 1.백의 열 배가 되는 수. 2. 세는 말 앞에 써서, 백의 열 배가 되는 수를 나타내는 말.

천 냥 빚도 말로 갚는다 속담 말만 잘하면 큰 빚도 갚을 수 있다는 뜻으로, 말을 잘하는 것이 일을 해결하는 데 중요하다는 말.

천 리 길도 한 걸음부터 속담 어떤 일이든 시작이 중요하다는 말.

천거 (薦擧) 어떤 자리에 알맞은 사람을 소개하거나 추천하는 것.《착한 선비는 영의정의 천거를 받아서 관리가 되었다.》 **천거하다 천거되다**

천고마비 (天高馬肥) 가을을 이르는 말. 날씨가 맑아 하늘이 높고, 먹을 것이 많아 말이 살찐다는 뜻이다.

천국 (天國) 1.→ 하늘나라. 2.기독교에서 예수를 믿은 사람이 죽은 뒤에 간다는 낙원. **같**천당.

천군만마 (千軍萬馬) 아주 많은 군사와 말. 군사 천 명과 말 만 마리라는 뜻이다.《천군만마를 얻은 듯하구나.》

천궁 밭에 심어 가꾸는 풀. 여름에 작고 흰 꽃이 소복하게 핀다. 어린순은 먹고, 뿌리는 약으로 쓴다.

천금 (千金) 1.많은 돈이나 비싼 값.《천금을 준다 해도 거짓말은 할 수 없다.》2.아주 소중한 것을 빗대어 이르는 말.《천금 같은 자식》

천남성 그늘진 나무숲 속이나 골짜기에 자라는 풀. 횃불처럼 생긴 풀빛 꽃이 피고, 열매는 붉게 익는다. 뿌리를 약으로 쓴다.

천년만년 (千年萬年) 아주 오랜 세월.《천년만년 살 것도 아닌데 왜 그래?》

천당 (天堂) → 천국.

천대 (賤待) 천하게 함부로 대하거나 푸대접하는 것. **천대하다**《옛날에는 화가나 음악가를 몹시 천대했다.》

천덕꾸러기 천대받는 사람이나 물건.

천도 (遷都) 도읍을 옮기는 것. **천도하다**《이성계는 한양으로 천도했다.》

천도교 (天道敎) '동학'을 제3대 교주인 손병희가 바꾸어 정한 이름. 사람이 곧 하늘이라는 인내천 사상을 바탕으로 삼는다.

천동설 (天動說) 지구가 우주의 중심이고, 모든 별들이 지구 둘레를 돈다는 학설. **참**지동설.

천둥 번개가 친 다음에 하늘에서 크게

천궁

천남성

천마

천마총

울리는 소리.《천둥이 치자 아기가 놀라서 울음을 터뜨렸다.》**같**우레.

천둥소리 천둥이 칠 때 나는 소리.

천렵 (川獵) 냇물에서 물고기를 잡는 일.《여름이면 고향 냇가에서 천렵을 하던 기억이 난다.》**천렵하다**

천륜 (天倫) 부모나 형제처럼 핏줄로 맺은 사이. 또는 그 사이에서 마땅히 지켜야 하는 도리.《늙은 부모를 내다버리는 것은 천륜을 어기는 짓이다.》

천리 (千里) 아주 먼 거리.《선생님이 가신다면 천리라도 따르겠습니다.》

천리경 (千里鏡) → 망원경.

천리마 (千里馬) 하루에 천 리를 달릴 만큼 뛰어난 말.

천리안 (千里眼) 천 리 밖에 있는 것을 볼 수 있는 눈이라는 뜻으로, 사물을 꿰뚫어 보는 힘을 빗대어 이르는 말.

천리 장성 (千里長城) 압록강 어귀에서 함경남도 함흥 도련포까지 길이가 천여 리에 이르는 긴 성. 고려 덕종 때 (1033년) 거란과 여진의 침입을 막으려고 쌓았다. **북**고려장성.

천마 깊은 산속 나무 밑에서 자라는 풀. 6~7월에 노란 밤색 꽃이 꽃대 끝에 모여 피고, 덩이줄기를 약으로 쓴다.

천마도 (天馬圖) 천마총에서 나온 그림. 흰말 한 마리가 하늘로 날아올라 가는 모습을 그렸다.

천마총 (天馬塚) 경상북도 경주에 있는 신라 때 무덤. 1973년 발굴하였는데, 천마가 그려진 유물과 금관을 비롯하여 금으로 만든 허리띠, 장신구, 그릇 들이 많이 나왔다.

천막 (天幕) 비바람이나 햇볕을 가리

려고 기둥을 세우고 지붕처럼 천을 씌워 만든 막. **참**텐트.

천만^수 (千萬) 1.만의 천 배가 되는 수. 2.세는 말 앞에 써서, 만의 천 배가 되는 수를 나타내는 말.

천만^{전혀} (千萬) 전혀. 또는 더할 나위 없이 아주.

천만의 말씀 관용 남의 말을 크게 부정하거나 남의 칭찬에 당치도 않다고 할 때 쓰는 말.《형이 어수룩해 보인다니, 천만의 말씀. 얼마나 똑똑한데요.》

천만다행 (千萬多幸) 아주 다행한 것.《많이 다치지 않아서 천만다행이구나.》

천만뜻밖 생각하지도 못한 것.《형이 시험에 떨어지다니 천만뜻밖이야.》

천만에 남이 한 말에 '조금도 그렇지 않다', '당치도 않다'는 뜻을 나타내는 말.《고맙다니? 천만에. 나도 기뻐.》

천명 (天命) 1.타고난 수명.《선생님은 천명을 다하고 돌아가셨다.》**갈**천수. 2.하늘이 내린 명령.《옛날 사람들은 천명을 받은 사람만이 천하를 다스릴 수 있다고 생각했다.》

천명하다 주장, 의지, 생각 들을 여러 사람한테 드러내어 밝히다.《대통령이 통일의 뜻을 천명했다.》**천명되다**

천문 (天文) 1.우주와 천체에 얽힌 온갖 현상과 법칙. 2.→ 천문학.

천문대 (天文臺) 우주와 천체를 연구하려고 세운 시설이나 기관.

천문도 (天文圖) 우주에 있는 온갖 물체의 위치와 움직임을 나타낸 그림.

천문동 바닷가에 자라는 풀. 가늘고 긴 줄기가 덩굴을 뻗는다. 5~6월에 누런 꽃이 모여 피고, 작고 둥근 열매가

천문동

열린다. 어린순은 먹고 뿌리는 약으로 쓴다.

천문학 (天文學) 우주에 있는 온갖 것을 연구하는 학문. **갈**천문.

천문학자 (天文學者) 천문학을 연구하는 사람.

천민 (賤民) 옛날 사회에서 가장 낮은 신분. **참**평민.

천박스럽다 천박한 느낌이 있다.《천박스러운 옷차림》**바**천박스러운, 천박스러워, 천박스럽습니다.

천박하다 말이나 행동이 천하고 점잖지 못하다.《천박한 짓은 하지 마라.》

천방지축 (天方地軸) 덤벙거리면서 날뛰는 것.《천방지축 날뛰지 말고 얌전히 책 좀 읽으렴.》

천벌 (天罰) 하늘이 내리는 큰 벌.《저런 천벌을 받을 짓을 하다니.》

천부인 (天符印) 단군 신화에서 하느님이 환웅에게 주어서 전한 세 가지 보물. 거울, 칼, 방울을 이른다.

천부적 (天賦的) 태어날 때부터 지닌. 또는 그런 것.

천사 (天使) 1.기독교에서 하느님 뜻을 사람들에게 알리고 사람들 마음을 하느님에게 전한다는 심부름꾼. 2.아주 착한 사람을 빗대어 이르는 말.

천상열차분야지도 (天象列次分野之圖) 조선 숙종 때 별자리와 별의 움직임을 돌에 새겨서 나타낸 그림.

천생 (天生) 본디 타고난 것. 또는 타고난 바탕.《넌 천생 농사꾼이구나.》

천생연분 (天生緣分) 하늘이 맺어 준 남자와 여자의 인연.

천석꾼 곡식 천 석을 거두어들일 만한

땅을 가진 부자. **참**만석꾼. **북**천석군.

천선과나무 남쪽 지방 바닷가와 섬에서 자라는 잎지는나무. 5~6월에 작고 붉은 꽃이 피고, 열매는 가을에 거무스름한 보랏빛으로 익는다. 열매와 어린 잎을 먹는다.

천선과나무

천성 (天性) 본디 타고난 성질.《내 동생은 천성이 착하다.》 **비**본성.

천수 (天壽) → 천명.

천수답 (天水畓) 따로 물길이 없어 오로지 빗물로만 벼를 기를 수 있는 논.

천시 (賤視) 아주 하찮게 보거나 천하게 여기는 것.《임꺽정은 백정의 자식으로 태어나 사회의 천시를 받으면서 자라났다.》 **천시하다 천시되다**

천식 (喘息) 기관지에 경련이 일어나서 기침이 나고 숨이 가빠지는 병.

천신만고 (千辛萬苦) 온갖 고생. 천 가지 매운 것과 만 가지 쓴 것이라는 뜻이다.《천신만고 끝에 산에 올랐다.》

천안 (天安) 충청남도 북동쪽에 있는 시. 교통의 요지이다.

천안 삼거리 충청도 민요 가운데 하나.

천연 (天然) 사람의 손이 닿지 않은 있는 그대로의 자연.《천연 동굴》

천연가스 흔히 석유나 석탄이 나오는 곳에서 저절로 생겨 나오는 가스.

천연고무 고무나무 껍질에서 나오는 즙을 굳힌 고무. 생고무.

천연기념물 (天然記念物) 드물거나 귀하거나 연구할 만한 가치가 높아 법으로 지키고 보살피는 동물이나 식물.

천연덕스럽다 생긴 그대로 조금도 꾸밈이나 거짓이 없는 느낌이 있다. 또는 아주 능청스럽다.《어쩌면 그렇게 천

연덕스럽게 거짓말을 할 수 있을까?》 **같**천연스럽다. **바**천연덕스러운, 천연덕스러워, 천연덕스럽습니다.

천연두 (天然痘) 천연두 바이러스가 일으키는 전염병. 열이 몹시 나고 오슬오슬 떨리면서 온몸에 좁쌀 같은 것이 돋는다. **같**마마.

천연색 (天然色) 세상 모든 것들이 자연 그대로 갖고 있는 빛깔.

천연 섬유 (天然纖維) 솜, 삼 껍질, 명주실, 동물 털처럼 자연에서 얻은 것으로 짠 섬유.

천연스럽다 → 천연덕스럽다. **바**천연스러운, 천연스러워, 천연스럽습니다.

천연자원 (天然資源) 석탄, 가스, 석유처럼 자연에서 얻는 자원. **북**자연부원.

천왕 (天王) 하늘을 다스리는 임금.

천왕문 (天王門) 절 앞에 세워 사천왕을 모신 문.

천왕성 (天王星) 해에 일곱째로 가까운 별.

천우신조 (天佑神助) 하늘과 신령의 도움.《물에 빠진 사람이 천우신조로 목숨을 건졌다.》

천운 (天運) 1. 하늘이 정한 운명.《천운이 다하다.》 2. 아주 다행스러운 운수.《살아난 것을 천운으로 여겨라.》

천인 (賤人) 옛날 사회에서 신분이 가장 낮은 사람. **바**귀인.

천일제염 (天日製鹽) 바닷물을 염전으로 끌어들인 다음 햇볕으로 말려 소금을 만드는 일.

천자문 (千字文) 중국 양나라 때 주흥사가 쓴 책. 모두 1,000자로 되어 있는

데 한문을 처음 공부할 때 많이 본다.

천장 (天障) 건물 안에서 볼 때 위쪽 부분. 또는 지붕 아래. ^북천정.

천재 ^{사람} (天才) 뛰어난 재주. 또는 그런 재주가 있는 사람.《아무리 천재라도 노력하는 사람은 이길 수 없다.》

천재 ^{재해} (天災) 지진, 홍수, 가뭄처럼 자연에서 일어나는 몹시 불행한 일.《천재를 입다./천재를 겪다.》

천재지변 (天災地變) 지진, 홍수, 태풍처럼 자연이 일으키는 재앙.

천적 (天敵) 잡아먹는 동물을 잡아먹히는 동물에 맞대어 이르는 말.《쥐의 천적은 고양이다.》

천정천 (天井川) 하천 바닥이 주위 땅보다 높은 하천.

천제 ^신 (天帝) → 하느님.

천제 ^{제사} (天祭) 하늘이나 신에게 지내는 제사.

천주 (天主) → 하느님.

천주교 (天主敎) → 가톨릭.

천주실의 (天主實義) 이탈리아 선교사 마테오 리치가 중국에서 쓴 책.

천지 ^{세상} (天地) 1.하늘과 땅을 함께 이르는 말.《엄청난 천둥소리에 천지가 울리는 듯하다.》2.'온 세상', '전 세계'를 이르는 말.《에이, 이런 옷은 천지에 널려 있는걸.》3.어떤 것이 아주 많다는 뜻으로 하는 말.《지금 뒷산은 진달래 천지다.》

천지 ^{호수} (天池) 백두산 꼭대기에 있는 호수.

천지개벽 (天地開闢) 1.하늘과 땅이 처음 생기는 것. 2.세상을 크게 바꾸는 변화.《천지개벽이 일어나다.》

천지신명 (天地神明) 하늘과 땅에 있는 모든 것을 맡아 다스리는 온갖 신.

천지 창조 (天地創造) 이탈리아 화가 미켈란젤로가 로마의 시스티나 성당 천장에 그린 그림.

천직 (天職) 마땅히 해야 할 일이나 자기한테 꼭 맞는 직업.《할아버지는 장구 만드는 일을 천직으로 여기신다.》

천진난만 (天眞爛漫) 꾸밈없이 순진한 것. ^북천란만. **천진난만하다**《동생이 천진난만한 얼굴로 달나라에 토끼가 사느냐고 묻지 뭐예요.》

천진스럽다 꾸밈이나 거짓이 없이 자연 그대로 순진하다.《소년은 소녀를 업고 천진스럽게 웃었다.》^바천진스러운, 천진스러워, 천진스럽습니다.

천진하다 자연 그대로 꾸밈이 없다.

천차만별 (千差萬別) 여러 가지가 모두 다른 것.《옷차림이 천차만별이다.》

천천히 서두르지 않고 느긋하게.《체하지 않으려면 천천히 먹어라.》

천체 (天體) 우주에 있는 온갖 물체.

천체 망원경 (天體望遠鏡) 우주를 살펴보는 데 쓰는 망원경.

천추 (千秋) 오랜 세월.《천추의 한》

천치 (天癡) 뇌에 이상이 있어서 지능이 낮은 사람. ^같백치.

천칭 (天秤) 반듯한 막대기 양 끝에 접시를 달아 한쪽에는 물건을 올리고 다른 한쪽에는 추를 올려서 막대를 평평하게 하여 무게를 재는 저울.

천태만상 (千態萬象) 제각각 다른 온갖 모습.

천하 (天下) 1.하늘 아래 온 세상.《우리는 천하에 둘도 없이 친한 사이이다.》 2. 한 나라나 정권.《천하를 다스리다.》 3. 세상에 다시없는 것.《천하 영웅/이 천하에 불효한 놈!》

천하다 1. 행동, 모습, 태도 들이 점잖지 못하고 상스럽다.《아무 데서나 껌을 질겅질겅 씹는 것은 정말 천해 보인다.》 2. 신분이나 지위가 낮다.《조선 시대 백정은 가장 천한 신분에 들었다.》 ^반귀하다.

천하대장군 (天下大將軍) 남자 장승의 얼굴을 새긴 장승. ^참지하여장군.

천하무적 (天下無敵) 무척 강해서 세상에 겨룰 만한 적이 없는 것.《천하무적 거북선》

천하장사 (天下壯士) 세상에서 견줄 데 없는 힘센 장사.《이 녀석, 기운이 천하장사인데.》

천하태평 (天下泰平) 아무 걱정 없이 편안한 것.《내일이 시험인데 너는 천하태평이로구나.》 ^비무사태평.

천행 (天幸) 하늘이 내린 큰 행운.《배가 가라앉았지만 선원들은 모두 천행으로 살아났다.》

천황 (天皇) 일본 임금.

철 금속 (鐵) 가장 널리 쓰이는 잿빛 금속. 도구, 기계 들을 만드는데 물기가 있으면 녹슬기 쉽다.

철 도리 사람이 자라면서 옳고 그름을 가릴 줄 알게 되는 것. 또는 그런 힘.《나도 이제 철이 들 나이잖아요.》

철 때 1. 한 해를 봄, 여름, 가을, 겨울로 나눈 것 가운데 한 때.《산자락에 들꽃이 철 따라 피어난다.》 ^같계절. 2. 한 해 가운데 어떤 일을 하기에 좋은 때.《모내기 철이면 농촌은 바빠진다.》

철갑 (鐵甲) 쇠붙이를 겉에 붙이는 것. 또는 쇠붙이를 붙여 만든 갑옷.《철갑을 치다./철갑을 두르다.》 ^북쇠갑옷.

철갑상어 큰 강 아래쪽에 사는 민물고기. 몸이 원통처럼 생겼고 주둥이 끝이 길고 뾰족하다. 등은 잿빛 도는 푸른색이고 배 쪽으로 갈수록 흰색을 띤다.

철갑상어

철갑선 (鐵甲船) 몸통을 쇠로 싸서 만든 전투용 배.

철강 (鐵鋼) 무쇠와 강철.

철거 (撤去) 건물이나 시설 같은 것을 허물어서 없애거나 치우는 것.《철거를 당한 달동네 사람들은 이제 어디로 가나.》 **철거하다 철거되다**

철공 (鐵工) 쇠로 물건을 만드는 일. 또는 그런 일을 하는 사람.

철공소 (鐵工所) 쇠붙이로 온갖 물건을 만드는 공장.

철광석 (鐵鑛石) 철이 들어 있는 돌. ^북쇠돌.

철교 (鐵橋) 1. 쇠로 놓은 다리. 2. 기차가 지날 수 있게 철길을 깔아 놓은 다리.《한강 철교》 ^북철다리.

철권 (鐵拳) 쇠뭉치같이 아주 단단한 주먹.《철권을 휘두르다.》

철근 (鐵筋) 건물 같은 것을 세울 때 콘크리트 속에 박아서 뼈대로 삼는 쇠막대.

철기 (鐵器) 쇠로 만든 그릇이나 도구.《철기 문화》 ^참석기, 청동기.

철기 시대 (鐵器時代) 쇠로 도구를 만들어 쓰던 시대. 청동기 시대 다음 시대이다. ^참석기 시대, 청동기 시대.

철길 기차가 다닐 수 있게 튼튼한 나무를 깔고 그 위에 쇠 두 줄을 나란히 놓은 길. **같**레일, 철로. 비기찻길.

철나다 살면서 옳고 그름을 가릴 줄 아는 힘이 생기다.《동생은 철난 아이처럼 얌전히 앉아 차례를 기다렸다.》

철도 (鐵道) 철길로 기차가 다니면서 사람이나 물건을 실어 나르는 것.《고속 철도/철도 여행》

철도망 (鐵道網) 기차가 다니는 길이 이리저리 그물처럼 서로 얽혀 있는 것.

철두철미 (徹頭徹尾) 처음부터 끝까지 빈틈없는 것. **철두철미하다**《작은 일도 철두철미하게 준비해야 해.》

철들다 사람이 자라면서 옳고 그름을 가릴 줄 아는 힘이 생기다.《할머니는 삼촌이 장가가더니 철들었다고 하신다.》**바**철드는, 철들어, 철듭니다.

철딱서니 '철'을 낮추어 이르는 말. 《다 큰 애가 철딱서니 없이 굴기는.》

철렁 1.조금 큰 물결이 넘칠 듯 흔들리는 소리. 또는 그 모양. 2.크게 놀라서 갑자기 가슴이 설레거나 내려앉는 모양. **철렁거리다 철렁대다 철렁이다 철렁하다 철렁철렁**《시퍼런 강물이 철렁댄다./동생이 다쳤다는 소리에 가슴이 철렁하고 내려앉았다.》

철로 (鐵路) → 철길.《철로를 놓다.》

철마 (鐵馬) 쇠로 만든 말이라는 뜻으로 기차를 빗대어 이르는 말.

철망 (鐵網) 철사를 그물처럼 얼기설기 엮어서 만든 것.《철망을 치다.》

철면피 (鐵面皮) 염치없고 뻔뻔스러운 사람.

철모 (鐵帽) 쇠로 만든 모자. 전투할 때 총알이나 포탄 조각이 머리에 박히지 않게 막아 준다.

철모르다 세상 돌아가는 일을 통 모르다.《동생이 철모르고 나서기만 한다.》**바**철모르는, 철몰라, 철모릅니다.

철문 (鐵門) 쇠로 만든 문.

철물점 (鐵物店) 못, 철사, 망치, 톱 같은 쇠로 만든 물건을 파는 가게.

철벅 옅은 물이나 흙탕물 들을 거칠게 밟거나 치는 소리. 또는 그 모양. **철벅거리다 철벅대다 철벅이다 철벅하다 철벅철벅**《신발을 손에 들고 냇물을 철벅철벅 건넜다.》

철벙 옅은 물을 밟거나 물을 튀기는 소리. 또는 그 모양. **철벙거리다 철벙대다 철벙이다 철벙하다 철벙철벙**《꼬마들이 개울에서 철벙거린다.》

철벽 (鐵壁) 1.무쇠처럼 단단한 벽. 2.잘 무너지거나 깨지지 않는 것을 빗대어 이르는 말.《철벽 수비》

철봉 (鐵棒) 1.쇠막대기. 2.두 기둥 사이에 쇠막대기를 가로지른 운동 기구.

철봉 운동 (鐵棒運動) 철봉에 매달려 앞뒤로 흔들거나 돌거나 하는 운동.

철부지 1.철없는 어린아이. 2.철없는 사람.《삼촌은 아직도 철부지야.》

철분 (鐵分) 물질에 들어 있는 철 성분.《철분이 많이 든 시금치》

철사 (鐵絲) 쇠로 만든 가늘고 긴 줄.

철새 철을 따라 일정한 곳으로 옮겨 다니면서 사는 새. **참**텃새.

철석같다 믿음이나 약속 들이 쇠나 돌처럼 아주 단단하고 굳다.《철석같은 내 믿음을 저버리다니.》**철석같이**

철수 (撤收) 있던 곳에서 시설이나 장비 들을 거두어서 물러나는 것. **철수하다**《천막을 철수하다./군대가 철수하

다.》**철수되다**

철심 (鐵心) 1.물건 속에 박으려고 쇠로 만든 심.《부러진 다리를 고정하려고 철심을 박았다.》2.쇠처럼 단단하여 쉽게 바뀌지 않는 굳은 마음.《네게 그런 철심이 있는 줄 몰랐다.》

철썩 1.살갗을 큰 손으로 세게 때리는 소리. 2.큰 물결이 세게 쏟아지거나 부딪치는 소리. 3.큰 물체가 끈질기게 달라붙는 소리. 또는 사람끼리 아주 가깝게 붙어 지내는 모양. **철썩거리다 철썩대다 철썩이다 철썩하다 철썩철썩**《삼촌이 정신 차리라면서 내 등을 철썩하고 때렸다./다 큰 아이가 왜 엄마 등에 철썩대며 달라붙는다니?》

철야 (徹夜) 밤을 꼬박 새우는 것.《철야 작업》**철야하다**

철없다 세상 돌아가는 일이나 이치를 깨닫지 못하다.《철없는 아이가 한 말이니 너그럽게 용서해 주세요.》

철원 (鐵原) 강원도 북서쪽에 있는 군. 한탄강이 가로질러 흐르고 강원도에서 곡식이 많이 나는 곳이다.

철인 (鐵人) 몸이 무쇠처럼 단단하고 강한 사람.

철인 삼종 경기 (鐵人三種競技) 한 사람이 수영, 사이클, 마라톤을 잇달아 하는 경기.

철자 (綴字) 자음과 모음을 맞추어서 글자를 만드는 일. 또는 그 글자.《급하게 썼더니 철자 틀린 게 많다.》

철재 (鐵材) 쇠로 된 재료.

철저하다 어떤 일을 할 때 빈틈이나 부족함이 조금도 없다.《예습과 복습을 철저하게 하자.》**철저히**

철쭉

철제 (鐵製) 쇠로 만들거나 만든 것.《철제 금고/철제 의자》

철조망 (鐵條網) 가시가 달린 철사를 얼기설기 엮어서 만든 울타리.

철쭉 산에 흔하게 자라고 뜰이나 공원에도 많이 심는 잎지는나무. 봄에 진달래와 비슷한 분홍 꽃이 잎과 함께 난다. 같철쭉나무. 북철쭉.

철쭉나무 → 철쭉.

철창 (鐵窓) 1.쇠로 창살을 만든 창문. 2.감옥을 빗대어 이르는 말.《남의 물건을 훔친 사람이 철창에 갇혔다.》

철책 (鐵柵) 쇠로 만든 울타리.

철천지원수 (徹天之怨讎) 하늘에 사무칠 만큼 큰 원한이 맺힌 원수. 북철천지원쑤.

철철 물이나 피가 넘쳐흐르는 모양.《못에 무릎이 찔려 피가 철철 났다.》

철칙 (鐵則) 결코 바꾸거나 어길 수 없는 중요한 규칙.《절대 거짓말하지 않는다는 철칙을 지켜야 한다.》

철커덕 철문, 큰 총, 묵직한 자물쇠 들을 쓸 때, 큰 쇠붙이끼리 세게 맞부딪쳐 나는 소리. 준철컥. **철커덕거리다 철커덕대다 철커덕하다 철커덕철커덕**《총에 철커덕 총알을 재었다.》

철커덩 철문이나 크고 단단한 쇠붙이 같은 것이 맞부딪쳐 울리는 소리. 또는 그 모양. **철커덩거리다 철커덩대다 철커덩하다 철커덩철커덩**《철문이 철커덩거리면서 닫힌다.》

철컥 → 철커덕. **철컥거리다 철컥대다 철컥이다 철컥하다 철컥철컥**

철탑 (鐵塔) 쇠붙이를 탑 모양으로 높이 세운 것.《발전소 철탑》

철통같다 빈틈이나 허술한 곳이 조금
도 없이 아주 튼튼하다.《재민이는 철
통같은 수비를 뚫고 공을 넣었다.》

철퇴 (鐵槌) 쇠로 만든 몽둥이.

철퇴

철판 (鐵板) 쇠로 된 넓은 판.

철퍼덕 바닥에 아무렇게나 주저앉는
모양. **철퍼덕거리다 철퍼덕대다**

철폐 (撤廢) 전에 있던 제도나 규칙 들
을 없애는 것.《남녀 차별 철폐》**철폐
하다 철폐되다**

철학 (哲學) 1.세계의 근본 원리나 삶
의 본질을 연구하는 학문. 2.사람, 삶,
세상 들에 대해 배우거나 겪어서 얻은
기본 생각.

철학자 (哲學者) 철학을 연구하는 사
람.《철학자 소크라테스》

철회 (撤回) 이미 내놓은 약속이나 주
장 들을 도로 거두어들이는 것.《계약
철회》**철회하다 철회되다**

첨가 (添加) 어떤 것에 다른 것을 보태
거나 덧붙이는 것.《칼슘 첨가 식품/첨
가 물질》반삭제. **첨가하다 첨가되다**

첨가물 (添加物) 음식을 만들 때 맛이
나 빛깔을 좋게 하거나 썩는 것을 막으
려고 넣는 것.《식품 첨가물》

첨가제 (添加劑) 어떤 물질에 보태 그
물질을 좋게 하거나 다른 물질로 바꾸
는 것.

첨단 (尖端) 시대 흐름, 학문, 유행 같
은 것의 맨 앞장.《첨단 과학》

첨단 산업 (尖端産業) 새로운 기술이
나 발전하고 있는 기술을 써서 많은 이
익을 내는 산업.

첨버덩-l북 큰 것이 깊은 물에 세게 떨
어지거나 잠기는 소리. **첨버덩거리다**

첨버덩대다 첨버덩첨버덩《절벽에서
굴러 내린 바윗돌들이 첨버덩거리면서
바다에 빠진다.》

첨벙 큰 물체가 물에 부딪치거나 세게
들어가는 소리. 또는 그 모양. **첨벙거
리다 첨벙대다 첨벙이다 첨벙첨벙**
《오빠가 첨벙첨벙 물에 들어와 허우적
거리는 나를 구해 주었다.》

첨부 (添附) 의견이나 문서 같은 것을
보태거나 덧붙이는 것. **첨부하다**《계
약서를 첨부합니다.》**첨부되다**

첨삭 (添削) 흔히 글에서 말을 보태거
나 빼서 고치는 것.《선생님께 논술 첨
삭 지도를 부탁드렸다.》**첨삭하다**

첨성대 (瞻星臺) 경상북도 경주에 있
는 천문대. 신라 선덕 여왕 때 돌을 쌓
아 세웠는데 동양에서 가장 오래된 기
상 관측대이다. 국보 제31호.

첨성대

첨예하다 서로 몹시 맞서고 있어 돌아
가는 형편이 거칠고 날카롭다.《여당
과 야당이 첨예하게 대립하다.》

첨지 (僉知) 옛날에 나이 많은 남자를
조금 낮추어 이르던 말.《박 첨지》

첨탑 (尖塔) 지붕 꼭대기에 뾰족하게
세운 탑.《높디높은 교회 첨탑》

첩 사람 (妾) 옛날에 아내를 둔 남자가
따로 데리고 살던 여자.

첩 약 (貼) 약봉지에 싼 약 뭉치를 세는
말.《한약 두 첩》

첩경 (捷徑) → 지름길.

첩보 (諜報) 적의 형편을 몰래 살펴서
알리는 일. 또는 몰래 살핀 정보.《첩
보 기관/첩보 영화》

첩자 (諜者) → 간첩.

첩첩산중 (疊疊山中) 아주 깊은 산속.

《선비는 첩첩산중에서 길을 잃었다.》

첩첩이 여러 겹으로 겹치거나 포개서. 《첩첩이 쌓여 있는 책을 치웠다.》

첫 차례나 시간에서 맨 처음의. 《첫 시험이라 무척 긴장이 된다.》

첫 단추를 잘못 끼우다 ^{관용} 일을 잘못 시작하다. 《첫 단추를 잘못 끼우니까 일이 안 풀린다.》

첫걸음 처음으로 내딛는 발걸음. 또는 어떤 일의 시작. 《초등학교에 입학하면서 학교생활의 첫걸음을 내딛었다.》

첫날 어떤 일이 처음으로 시작되는 날. 《이사 온 첫날에 떡을 돌렸다.》

첫눈 ^{느낌} 처음 보았을 때 확 드는 느낌. 《미선이를 보고 첫눈에 반했어.》

첫눈 ^{날씨} 그해 겨울에 처음으로 오는 눈. 《우리 첫눈 내리는 날 만나자.》

첫닭 새벽에 맨 처음 우는 닭.

첫돌 아기가 태어나서 처음 맞는 생일. 《아기가 막 첫돌이 지났어요.》 ^비돌.

첫마디 말할 때 처음으로 하는 한 마디. 《영이에게 좋아한다고 말하고 싶은데 첫마디를 어떻게 꺼내지?》

첫머리 맨 앞부분. 또는 어떤 것이 시작하는 부분. 《책 첫머리.》 ^북첫끝.

첫발 1.처음으로 내딛는 발. 《아기가 천천히 첫발을 떼었다.》 2.어떤 일을 처음 시작하는 것. 《삼촌이 대학교를 마치고 사회에 첫발을 떼었다.》

첫사랑 처음으로 하는 사랑. 《엄마는 아빠의 첫사랑이다.》

첫상좌탈 송파 산대놀이, 양주 별산대놀이에서 쓰는 탈.

첫새벽 날이 새기 시작하는 가장 이른 새벽. 《삼촌은 기차를 타러 첫새벽에

청가시덩굴

첫상좌탈_송파 산대놀이

청각_바닷말

집을 나섰다.》 ^비꼭두새벽.

첫소리 한 글자에서 맨 처음 나는 소리. 《'첫'의 첫소리는 'ㅊ'이다.》 ^참가운뎃소리, 끝소리.

첫손가락 '엄지손가락'을 달리 이르는 말.

첫손가락에 꼽히다 ^{관용} 가장 훌륭하다고 여겨지다. 《달리기라면 내가 우리 반에서 첫손가락에 꼽힌다.》

첫인사 새로 만난 사람과 처음으로 하는 인사. 《첫인사를 나누다.》

첫인상 처음 만났을 때 바로 느끼는 인상. 《지혜 누나는 첫인상이 좋다.》

첫자리 ^북 1.으뜸가는 자리나 등급. 《수학 실력만큼은 내가 우리 반에서 첫자리에 꼽힌다.》 2.차례에서 맨 먼저인 자리. 《첫자리를 잡은 덕에 가장 먼저 표를 살 수 있었다.》

첫째 1.맨 처음 차례. 또는 맨 처음 차례인. 《다음 달 첫째 주 월요일이 내 생일이야.》 2.가장 앞서는 것. 《운동화는 첫째로 발이 편해야지.》

첫코 뜨개질할 때 처음으로 빼낸 코.

첫해 어떤 일을 시작한 맨 처음 해. 《학교에 들어간 첫해에 철이를 만났다.》

청 부탁 (請) 남한테 어떤 일을 해 달라고 부탁하는 것. 또는 그 부탁. 《민이는 같이 가자는 내 청을 뿌리쳤다.》

청 기관 (廳) 중앙 행정 기관을 나누는 단위 가운데 하나.

청가시덩굴 산에서 자라는 잎 지는 덩굴나무. 줄기에 가시가 많다. 5~6월에 누런 풀색 꽃이 피고, 열매는 가을에 검게 익는다. 어린순을 먹는다.

청각 ^{바닷말} 맑은 바다 속 바위나 조개껍

데기에 붙어 자라는 바닷말. 가지가 사슴뿔처럼 갈라진다.

청각 감각 (聽覺) 소리를 느끼는 감각.

청개구리 1.산과 들에 사는 개구리. 몸빛깔은 주위 환경에 따라 바뀐다. 발가락 끝에 빨판이 있어서 어디에나 잘 달라붙고, 수컷은 턱 밑에 울음주머니가 있다. 2.하라는 대로 하지 않고 꼭 반대로 말하거나 행동하는 사람을 빗대어 이르는 말.

청결 (淸潔) 맑고 깨끗한 것. **청결하다 청결히**《부엌은 늘 청결히 치워라.》

청계천 (淸溪川) 서울 종로구와 중구 사이를 흐르는 내.

청과물 (靑果物) 싱싱한 과일과 채소.

청구 (請求) 남에게 돈이나 물건 들을 달라고 요구하는 것. **청구하다**《필요한 물건은 청구하세요.》**청구되다**

청구권 (請求權) 다른 사람한테 어떤 일을 청구할 수 있는 권리. 청원권, 재판 청구권 들이 있다.

청구서 (請求書) 청구하는 내용을 적은 문서.

청국 (淸國) ➙ 청나라.

청국장 삶은 콩을 더운 방에서 띄워 소금, 고춧가루를 넣어 만든 장. 찌개를 많이 끓여 먹는다. 북썩장.

청군 (靑軍) 운동회나 경기에서 빛깔로 편을 갈라 겨룰 때 푸른색을 쓰는 편.《청군 이겨라!》참백군.

청나라 1636년부터 1912년까지 중국에 있던 나라. 같청국.

청년 (靑年) 몸과 마음이 한창 자라거나 무르익는 때에 있는 젊은 사람. 흔히 20대쯤인 사람을 이른다.

청다리도요

청개구리

청둥오리

청딱따구리

청년회 (靑年會) 청년들이 사귀거나 봉사하려고 만든 모임.《마을 청년회》

청다리도요 바닷가나 축축한 땅에 사는 나그네새. 등 쪽은 어두운 잿빛이고 배 쪽은 희다.

청동 (靑銅) 구리와 주석을 섞은 금속.

청동기 (靑銅器) 청동으로 만든 그릇이나 도구. 참석기, 철기.

청동기 시대 (靑銅器時代) 청동으로 도구를 만들어 쓰던 시대. 석기 시대와 철기 시대 사이이다. 참석기 시대, 철기 시대.

청동풍뎅이 산과 들에 사는 풍뎅이. 동그스름한 달걀처럼 생겼는데 온몸이 풀빛이고 더듬이는 붉은 갈색이다.

청둥오리 강이나 저수지, 논밭에 떼 지어 사는 겨울새. 부리는 넓적하고 발에 물갈퀴가 있다. 같물오리.

청딱따구리 숲에 사는 텃새. 등 쪽은 노란 갈색이고 배 쪽은 초록색을 띤 잿빛이다.

청량음료 (淸凉飮料) 사이다나 콜라처럼 탄산가스가 들어 있어 맛이 산뜻하고 시원한 먹을거리를 이르는 말.

청량하다 맑고 시원하다.《강에서 청량한 바람이 불어온다.》

청력 (聽力) 소리를 듣는 힘.《청력을 잃다.》북들을힘.

청렴결백 (淸廉潔白) 재물 욕심이 없고 마음이 깨끗한 것. **청렴결백하다**《그분은 청렴결백한 공무원이다.》

청렴하다 사람의 성질이나 됨됨이가 높고 맑아서 허튼 욕심이 없다.《할아버지는 평생 청렴하게 사셨다.》

청록색 (靑綠色) 파란빛이 도는 초록

색.《청록색 바다》

청머루무당버섯 넓은잎나무가 많은 숲 속에서 자라는 버섯. 갓은 물기가 있을 때에는 끈적거리고 빛깔은 여러 가지이다. 먹는 버섯이다.

청머루무당버섯

청명 (淸明) 한 해를 스물넷으로 나눈 때 가운데 다섯째. 맑고 밝은 봄 날씨가 시작되는 때라고 한다. 4월 5일쯤이다.

청명하다 날씨나 소리가 맑고 밝다. 《계곡에서 흐르는 청명한 물소리》

청문회 (聽聞會) 국가 기관에서 사람들을 불러서 어떤 문제에 대해 내용을 듣고 물어보는 제도.

청미래덩굴 양지바른 산기슭에 자라는 잎 지는 덩굴나무. 줄기에 가시가 있다. 5~6월에 누르스름한 풀색 꽃이 피고 열매는 가을에 붉게 익는다. 어린순은 먹고, 뿌리는 약으로 쓴다.

청미래덩굴

청바지 두껍고 질긴 무명으로 만든 파란색 바지.

청백리 (淸白吏) 재물에 욕심이 없는 곧고 깨끗한 벼슬아치.《황희는 조선 시대에 청백리로 이름난 정승이다.》

청보양반탈 고성 오광대에서 쓰는 탈.

청빈 욕심이 없어 가난하지만 어질고 깨끗하게 사는 것. **청빈하다**《할아버지는 평생 청빈하게 사셨다.》

청설모

청보양반탈

청사 (廳舍) 나랏일을 맡아보는 기관이 쓰는 건물.《정부 종합 청사》

청사진 (靑寫眞) 1.건물이나 기계 들의 설계도를 복사할 때 쓰는 사진. 푸른 바탕에 글씨나 그림이 하얗게 나타난다. 2.앞날에 희망이 넘치는 계획이나 구상을 빗대어 이르는 말.《정부는

청소차

교육 청사진을 내놓았다.》

청사초롱 옛날에 궁궐이나 양반집에서 쓰던 몸통은 파랗고 위아래는 붉은 등.

청산 산 (靑山) 풀과 나무가 우거진 푸른 산.《청산에 살리라.》

청산 빛 (淸算) 주고받을 돈을 셈하여 깨끗이 정리하는 것.《묵은 빚 청산》 **청산하다 청산되다**

청산리 대첩 (靑山里大捷) 1920년에 김좌진이 이끄는 독립군이 만주 청산리에서 일본 군대를 크게 무찌른 싸움.

청산유수 (靑山流水) 말을 술술 잘하는 것을 빗대어 이르는 말. **북**청산류수.

청새치 뭍에서 떨어진 바다에 사는 바닷물고기. 몸 빛깔은 검푸르며 주둥이가 바늘처럼 뾰족하다.

청색 (靑色) → 파란색.

청설모 숲의 큰 나무에서 사는 동물. 다람쥐와 비슷한데 조금 더 크고, 몸 빛깔은 잿빛 도는 갈색이다.

청소 (淸掃) 더럽거나 어질러진 곳을 쓸고 닦아 깨끗하게 하는 일.《청소 당번/마당 청소》같소제. **청소하다**

청소기 (淸掃器) 전기 힘으로 먼지를 빨아들여 청소하는 기계.

청소년 (靑少年) 아직 어른이 되지 않은 젊은이. 흔히 십대를 이른다.《청소년 축구 대회/청소년 문제》

청소년 보호 위원회 (靑少年保護委員會) 청소년이 잘 자랄 수 있게 보호하는 일을 맡아보는 정부 기관.

청소부 (淸掃夫) 청소하는 것이 직업인 남자.

청소차 (淸掃車) 쓰레기를 거두어 가는 차.

청소함 (淸掃函) 청소 도구를 넣어 두는 함.

청순하다 맑고 순수하다.《소녀는 청순한 얼굴로 웃음을 지었다.》

청승맞다 보기에 언짢을 만큼 불쌍하고 구슬프다.《늙은이는 자신의 신세를 한탄하면서 청승맞게 울었다.》

청심환 (淸心丸) 마음을 가라앉히는 데 쓰는 약.

청아하다 맑고 아름답다.《연수는 청아한 목소리로 노래를 불렀다.》

청어 차가운 물에 떼 지어 사는 바닷물고기. 몸이 늘씬하고 등은 짙푸른데 배는 은빛을 띤 흰색이다.

청와대 (靑瓦臺) 우리나라 대통령이 살면서 나랏일을 보는 곳. 서울시 종로구에 있다.

청운교 (靑雲橋) 경주 불국사 대웅전으로 올라가는 돌계단의 아랫부분. 751년 불국사를 지을 때 놓았다. 국보 제23호.

청원 (請願) 공공 기관이나 윗사람에게 바라는 것을 이루어 달라고 요구하는 것. **청원하다**《사람들은 마을에 보건소를 세워 달라고 청원했다.》

청원권 (請願權) 국민이 바라는 것을 국가 기관에 문서로 요구할 권리.

청일 전쟁 (淸日戰爭) 1894년부터 1895년까지 조선의 동학 농민 운동을 핑계 삼아 청나라와 일본이 벌인 전쟁.

청자 ^{도자기} (靑磁) 고려 때부터 만들어 온 푸른 빛깔이 나는 자기.

청자 ^{사람} (聽者) 이야기를 듣는 사람.

청잣빛 청자 빛깔 같은 푸른빛.《청잣빛 하늘》**북**청자빛.

청장년 (靑壯年) 청년과 장년.

청정 (淸淨) 맑고 깨끗한 것. **청정하다**《계곡을 흐르는 청정한 물》

청정에너지 태양열, 바람, 전기처럼 환경을 더럽히지 않는 깨끗한 에너지.

청주 (淸州) 충청북도 가운데에 있는 시. 대학이 많이 있는 교육 도시이고 충청북도 도청이 있다.

청줄보라잎벌레 층층이꽃, 들깨, 쉽싸리 같은 풀을 갉아 먹는 잎벌레. 온몸이 까맣고 등에서 붉고 푸른빛이 난다.

청줄보라잎벌레

청중 (聽衆) 강연, 연설, 노래 같은 것을 들으려고 모인 사람들.《가수가 노래를 부르자 청중들은 환호했다.》

청진기 (聽診器) 어디가 아픈지 알아보려고 몸에 대고 몸속에서 나는 소리를 듣는 의료 기구.

청천 (靑天) 푸른 하늘.《청천 하늘에 갑자기 비구름이 몰려왔다.》

청천강 (淸川江) 평안북도 서남쪽을 흐르는 강. 낭림산맥에서 시작하여 서해로 흘러 들어간다.

청천벽력 (靑天霹靂) 뜻밖에 일어난 큰일. 맑은 하늘에 치는 벼락이라는 뜻이다.《동생이 다쳤다니 그게 무슨 청천벽력 같은 소리야?》

청첩장 (請牒狀) 혼인 같은 좋은 일에 초대하는 글.

청초하다 화려하지 않으면서 맑고 깨끗하다.《청초한 백합》

청춘 (靑春) 한창 젊은 때. 흔히 십대 후반에서 이십 대까지를 이른다.《청춘을 암 치료제 연구에 바친 의학자》

청취 (聽取) 방송, 노래, 진술 같은 것을 보고 듣는 것. **청취하다**《사람들은

긴장해서 뉴스를 청취했다.》

청탁 (請託) 어떤 일을 해 달라고 남에게 부탁하는 것. **청탁하다**《원고를 청탁하다.》

청포 녹두 녹말로 쑨 묵.

청포도 다 익은 뒤에도 빛깔이 연둣빛을 띠는 포도.

청하다 1. 남한테 어떤 일을 해 달라고 부탁하다.《도움을 청할 만한 사람이 아무도 없어요.》 2. 잔치나 모임에 와 달라고 부탁하다.《삼촌 결혼식에는 이웃들도 빠짐없이 청하자.》 3. 잠을 자려고 하다.《밤늦게야 겨우 숙제를 마치고 잠을 청할 수 있었다.》

청해진 (淸海鎭) 통일 신라 시대에 장보고가 지금의 전라남도 완도에 세운 진. 이곳에서 해적을 없애고 중국, 일본과 무역을 했다.

청호반새 물가나 산속에 사는 여름새. 등은 파랗고 머리는 검다. 턱 밑은 희고 부리와 다리는 붉다.

청호반새

청혼 (請婚) 자기와 혼인해 달라고 말하는 것.《이모는 이모부의 멋진 청혼에 감동하여 혼인을 승낙했다고 한다.》비구혼. **청혼하다**

청홍 (靑紅) 파란색과 붉은색.

청화 백자 (靑華白磁) 흰 바탕에 파란 물감으로 그림을 그려서 구운 자기.

체 살림살이 가루를 곱게 치거나 액체를 받거나 거르는 데 쓰는 도구.

체_살림살이

체 거짓 → 척.《들은 체도 안 하다.》

체 느낌말 못마땅하거나 아니꼬울 때 내는 소리.《체, 거짓말하지 마.》

체 세는 말 l북 두부, 묵 같은 것을 세는 말.《두부 한 체/묵 두 체》

체감 온도 (體感溫度) 사람 몸이 느끼는 온도. 바람이나 습도 같은 것의 영향으로 실제 온도와는 다르다.

체격 (體格) 겉으로 보이는 몸의 뼈대나 크기나 생김새.《우리 가족은 모두 체격이 큰 편이다.》

체결 (締結) 조약, 계약 같은 것을 맺는 것. **체결하다**《평화 조약을 체결하다.》**체결되다**

체계 (體系) 정해진 원칙에 따라 낱낱의 부분을 짜임새 있게 맞추어 이룬 전체.《체계가 잡히다./체계를 세우다.》

체계적 (體系的) 체계를 이루는. 또는 그런 것.

체구 (體軀) → 몸집.

체급 (體級) 권투, 유도, 씨름, 레슬링들에서 경기하는 사람 몸무게에 따라서 매긴 등급.

체내 (體內) 몸의 속.《땀을 많이 흘렸더니 체내의 물기가 다 빠져나간 것 같다.》북몸안.

체내 수정 (體內受精) 암컷의 몸 안에서 이루어지는 수정.

체념 (諦念) 희망이 없다고 생각해 아예 마음을 접어 버리는 것.《그렇게 쉽게 체념에 빠지지 말고 다시 도전해 봐.》비단념. **체념하다**

체득 (體得) 몸소 겪어서 알게 되는 것. **체득하다**《방향 감각을 체득하다.》**체득되다**

체력 (體力) 몸을 움직여 어떤 일을 할 수 있는 힘.《우리 선수나 상대방 선수나 체력이 떨어지기는 마찬가지다.》

체류 (滯留) 집을 떠나 다른 곳에서 머무르는 것.《이모는 지금 영국에 체류

중이에요.》 **체류하다**

체면 (體面) 남을 대할 때 떳떳하고 당당한 태도나 처지.《체면을 차리다./체면이 깎이다.》 비낯, 면목.

체액 (體液) 피, 림프처럼 몸속에 있는 여러 가지 액체.

체온 (體溫) 동물 몸의 온도.《체온은 정상인데 왜 자꾸 열이 나지?》

체온계 (體溫計) 체온을 재는 기구.

체외 수정 (體外受精) 암컷의 몸 밖에서 이루어지는 수정.《물고기는 흔히 체외 수정을 한다.》

체위 (體位) 1.어떤 일을 할 때 앉거나 서거나 하는 몸의 자세.《누워 있는 환자의 체위를 자주 바꾸어 주었다.》 2.몸이 튼튼하고 약한 정도.《기초 체위를 높이려면 운동을 해라.》

체육 (體育) 1.운동으로 몸을 튼튼하게 하는 일.《공원에 여러 가지 체육 시설을 갖추어 놓았다.》 2.몸을 튼튼하게 하는 교육이나 교과목.《체육이든 날은 운동복을 입고 학교에 간다.》

체육관 (體育館) 실내에서 운동 경기를 할 수 있게 시설을 갖추어 놓은 곳.

체육복 (體育服) 체육을 할 때 입는 편한 옷. 같운동복.

체육인 (體育人) 체육 쪽 분야에서 일하거나 몸담고 있는 사람.

체인 (chain) 1.쇠사슬. 2.한 회사에서 같은 상표나 상품을 여러 가게를 운영하는 일. 또는 그런 가게.

체전 (體典) 여러 가지 운동 경기를 벌이는 큰 대회.

체제 (體制) 사회를 이루는 조직이나 제도.《자본주의 체제》

체조 (體操) 몸을 튼튼하게 하려고 정해진 순서대로 움직이는 운동.《맨손 체조》 **체조하다**

체중 (體重) → 몸무게.

체중계 (體重計) 몸무게를 재는 저울.

체증 (滯症) 1.먹은 음식이 잘 소화되지 않는 증상.《할머니가 손을 따 주시자 체증이 좀 내려갔다.》 2.차들이 많이 몰려 있어 길이 막히는 상태.《주말 오후라 교통 체증이 심하다.》

체증이 풀리다 관용 몹시 안타깝고 걱정스럽던 일이 뜻대로 속 시원히 해결되다.《피구 경기에서 옆 반을 이기니까 몇 년 묵은 체증이 풀리는 것 같다.》

체지방 (體脂肪) 몸에 쌓여 있는 지방.

체질 (體質) 타고난 몸의 성질이나 상태.《언니는 살이 잘 찌는 체질이다.》

체크 (check) 사물이 어떤 상태인지 검사하거나 견주어 보는 것. 또는 그 표시로 적는 'V' 꼴표 **체크하다 체크되다**

체크무늬 바둑판 꼴로 나 있는 무늬.

체통 (體統) 신분이나 지위에 알맞은 점잖은 모습이나 태도.《체통을 지키다./체통을 차리다.》

체포 (逮捕) 법에 따라서 죄가 있거나 있다고 생각하는 사람을 붙잡는 것. **체포하다**《경찰은 도둑을 현장에서 체포하였다.》 **체포되다**

체하다 꾸미다 → 척하다.

체하다 얹히다 먹을거리가 소화되지 않아 배 속에 답답하게 남아 있다.《그렇게 급히 먹다가 체할라.》

체험 (體驗) 자기가 몸소 겪는 것. 또는 그런 경험. 비경험. **체험하다**《할아

버지는 전쟁을 체험한 세대이다.》

체험담 (體驗談) 자기가 몸소 겪은 이야기.《아프리카 봉사 활동 체험담을 듣고 깊이 감동받았다.》^비경험담.

체험 학습 (體驗學習) 몸소 겪으면서 배우는 것.

체형 (體型) 사람 몸을 생김새에 따라 몇 가지로 나눈 것.《마른 체형》

첼로 (cello^이) 켜는 악기 가운데 하나. 바이올린과 비슷하게 생겼는데 훨씬 더 크고 음은 더 낮다. 세워서 무릎 사이에 끼고 앉아서 연주한다.

쳇다리 체로 거를 때 그릇 위에 걸쳐 놓고 체를 받치는 나무 막대기.

쳇바퀴 가는 나무나 얇은 널빤지를 체로 삼아 둥글게 휘어 만든 바퀴.《다람쥐가 쳇바퀴를 돌린다.》^북체바퀴.

처내다 더럽거나 쓸모없는 것을 모아서 정해진 곳으로 가져가다.《아침에 안마당에 쌓인 눈을 쳐냈다.》

처다보다 얼굴을 들고 올려다보거나 똑바로 보다.《동무가 갑자기 내 얼굴을 빤히 쳐다보았다.》

처들다 위로 들어 올리다.《남희는 자신 있다는 듯이 손을 번쩍 쳐들고 일어섰다.》^바쳐드는, 쳐들어, 쳐듭니다.

처들어오다 적이 힘을 써서 함부로 들어오다.《적이 쳐들어왔으니 다 같이 나서서 무찌릅시다.》

처부수다 1.세차게 물건을 때려 부수다.《도끼를 들어 문을 쳐부수었다.》 2.쳐서 무찔러 없애다.《마을의 아녀자들도 왜적을 쳐부수는 데 힘을 보탰다.》^북쳐부시다.

처올리다 위로 세게 들어 올리다.《네

쳌로

쳇다리

가 손을 갑자기 처올려서 맞았잖아!》

처주다 1.셈을 맞추어 주다.《이 가방은 값을 아무리 많이 쳐줘도 절대로 안 팔 거야.》 2.인정하여 주다.《네가 이긴 걸로 쳐줄 테니 이제 그만하자.》

초 ^{양초} 불빛을 내는 데 쓰는 물건. 파라핀이나 쇠기름 들을 굳히고 가운데 심지로 쓸 실을 박아 만든다.

초 ^{양념} (醋) → 식초.

초를 치다 ^{관용} 기분이나 일을 망치다.《남들 열심히 연습하는데 초 치지 말고 너도 빨리 시작해.》

초 ^{시간} (秒) 시간의 길이를 나타내는 말. 1초는 60분의 1분이다.

초 ^{처음} (初) 어떤 때의 처음 무렵.《우리 내년 초에 다시 만나자.》^반말.

초가 (草家) → 초가집.

초가삼간 (草家三間) 세 칸밖에 안 되는 초가라는 뜻으로, 아주 작은 집을 이르는 말.《초가삼간이라도 내 집이라서 좋다.》

초가을 가을이 시작되는 무렵.《초가을 단풍이 곱게 들었다.》^참늦가을.

초가지붕 짚, 갈대, 억새 들을 엮어서 이은 지붕.

초가집 짚, 갈대, 억새 들로 지붕을 덮은 집.《초가집 지붕에 하얀 박꽃이 피어 있다.》^같초가.

초간장 식초를 섞은 간장.

초겨울 겨울이 시작되는 무렵.《초겨울 바람이 쌀쌀하다.》^참늦겨울.

초고 (草稿) 나중에 고칠 생각으로 대충 쓴 처음 원고.《초고를 다듬다.》

초고속 (超高速) 아주 빠른 속도.《초고속 성장》

초고추장 식초를 섞은 고추장.

초과 (超過) 어떤 수나 정도를 훌떡 넘는 것. **반**미만. **참**이상. **초과하다**《엄마는 쓴 돈이 번 돈을 초과하지 않게 아껴 쓰자고 하셨다.》**초과되다**

초급 (初級) 가장 낮은 등급이나 단계. 또는 맨 처음 단계. **참**고급, 중급.

초기 (初期) 어떤 기간의 처음.《병은 초기에 발견하는 것이 중요하다.》**비**초엽. **참**말기, 중기.

초년 (初年) 1.사람의 일생에서 처음 무렵. 흔히 젊은 시절을 이른다.《초년에 고생해도 말년은 편할 거야.》**반**말년. 2.여러 해가 걸리는 어떤 일의 처음 시기.《대학 초년생》

초년고생 (初年苦生) 젊은 시절에 하는 고생.

초년고생은 사서라도 한다 **속담** 젊어서하는 고생은 앞으로 살아가는 데 도움이 되므로 달게 여기라는 말.

초능력 (超能力) 보통 사람을 뛰어넘는 놀라운 능력. 과학으로 설명할 수 없으며 예언, 투시, 텔레파시 같은 것이 있다.

초단 (初段) 태권도, 유도, 바둑 들에서 가장 낮은 단.《태권도 초단》

초당 (草堂) 집의 중심 되는 곳에서 떨어져 있고 짚이나 억새 같은 것으로 지붕을 덮은 조그마한 집.

초대 처음 (初代) 차례로 이어 나가는 자리나 지위에서 맨 첫째 차례.《우리나라 초대 대통령은 이승만이다.》

초대 초청 (招待) 어떤 자리나 모임에 나와 달라고 부탁하는 것.《순영이 생일잔치에 초대를 받았다.》**비**초청. 초

초랭이탈

대하다 초대되다

초대권 (招待券) 어떤 자리나 모임에 초대하는 표.《영화 초대권》

초대장 (招待狀) 어떤 자리나 모임에 초대하는 뜻을 적어 보내는 글.《송년 모임 초대장》**비**초청장.

초등 교육 (初等敎育) 학교 교육의 첫 단계. 초등학교에서 하는 기초 교육을 이른다.

초등학교 (初等學校) 만 여섯 살이 넘는 아이들에게 기초 교육을 하는 학교. 모두 육 년을 다닌다. **참**고등학교, 중학교. **북**인민학교.

초등학생 (初等學生) 초등학교에 다니는 학생.

초라하다 겉모습이 허술하고 보잘것없다.《초라하게 산다고 마음까지 가난한 것은 아니다.》

초래하다 어떤 결과를 일으키거나 불러오다.《작은 불씨가 큰 불을 초래할 수 있습니다.》

초랭이탈 하회 별신굿 탈놀이에서 쓰는 탈.

초례청 (醮禮廳) 옛날에 혼례식을 올리던 곳.《곱게 단장한 신랑 신부는 초례청에 마주 보고 서서 절을 했다.》

초록빛 한여름 풀과 같은 빛깔.《초록빛 바닷물》**같**초록색.

초록색 (草綠色) → 초록빛.

초롱 옛날에 촛불이나 등잔을 넣어서 달아 두거나 들고 다니던 등. 쇠나 나무로 테를 만들고 겉에 종이나 비단을 씌워 만든다.

초롱꽃 산이나 풀밭에 자라는 풀. 온몸에 털이 있다. 흰 바탕에 붉은 점이

초롱꽃

있고 종처럼 생긴 꽃이 핀다.

초롱불 초롱에 켠 불.

초롱초롱 1.눈이 정기가 돌고 맑은 모양.《아기가 초롱초롱 빛나는 눈으로 나를 본다.》2.별빛, 불빛 같은 것이 밝고 또렷한 모양.《풀잎에 빗방울들이 초롱초롱 매달려 있다.》**초롱초롱하다**

초만원 (超滿員) 어떤 곳에 받아들일 수 있는 수를 넘어 사람이 더할 수 없이 꽉 찬 상태.《경기장은 응원하러 온 사람들로 초만원을 이루었다.》

초면 (初面) 처음으로 마주하는 얼굴. 또는 처음 만나는 처지.《초면인데도 왠지 낯이 익어요.》 ^반구면.

초목 (草木) 풀과 나무.《초목이 우거진 깊은 숲》

초반 (初盤) 어떤 일이나 기간의 처음 단계.《십 대 초반》 ^참종반, 중반.

초밥 식초, 소금, 설탕으로 간을 한 밥을 갸름하게 뭉쳐 얇게 저민 생선과 겨자 들을 얹어 먹는 먹을거리. ^같스시.

초벌 같은 일을 여러 차례 되풀이할 때 맨 처음에 대충 하는 차례.《초벌 빨래 /초벌 원고》 ^비애벌.

초벌구이 도자기를 만들 때 맨 처음 굽는 일. 잿물을 바르지 않고 낮은 온도에서 굽는다.

초보 (初步) 학문이나 기술을 배울 때 가장 쉽고 낮은 단계.《초보 운전》

초복 (初伏) 삼복 가운데 첫 번째 복날. ^참중복, 말복.

초본 (抄本) 원본에서 필요한 곳만 뽑아서 베낀 문서나 책.《주민 등록 초본》 ^참등본.

초봄 봄이 시작되는 무렵.《아직 초봄

이라 바람이 서늘해요.》 ^참늦봄.

초빙 (招聘) 어떤 일을 맡아 달라고 예의를 갖추어 맞아들이는 것.《교수 초빙》 **초빙하다 초빙되다**

초사흘 매달 셋째 날.

초상 장례 (初喪) 사람이 죽어서 장사를 지내는 일.《초상을 치르다.》

초상 얼굴 (肖像) 사진이나 그림 들에 나타난 사람 얼굴.

초상집 초상이 난 집. ^비상가.

초상화 (肖像畵) 사람 얼굴을 그린 그림.

초석 (礎石) 1.→ 주춧돌.《초석을 놓다.》2.어떤 일의 바탕을 빗대어 이르는 말.《삼국 통일의 초석을 다지다.》

초소 (哨所) 주변에 무슨 일이 일어나는지 살피면서 지키는 사람이 있는 곳.

초소형 (超小型) 아주 작은 크기.《초소형 사진기》

초속 (秒速) 1초 동안에 움직인 거리를 재서 나타낸 속도.《초속 5미터》

초순 (初旬) → 상순.《12월 초순》

초승달 음력 초순에 뜨는 가느다란 달. ^참그믐달, 반달, 보름달. ^북초생달.

초승달

초시계 (秒時計) 초까지 정확히 재는 시계.

초식 (草食) 흔히 푸성귀나 풀만 먹고 사는 것.《초식 공룡》 ^참육식.

초식 동물 (草食動物) 식물을 먹고 사는 동물. ^참육식 동물.

초식성 (草食性) 풀을 먹고 사는 성질.《토끼는 초식성 동물이다.》 ^참육식성.

초안 (草案) 글이나 일을 하기에 앞서 대충 짜는 줄거리나 계획. **초안하다**

초야 (草野) 중심에서 멀리 떨어진 외

지고 쓸쓸한 시골.《초야에 묻히다.》

초여름 여름이 시작되는 무렵.《초여름 산은 온통 연둣빛이다.》**참**늦여름.

초엽 (初葉) 어떤 시대를 셋으로 나눌 때 맨 처음 부분.《고려 시대 초엽/21세기 초엽》**비**초기. **참**중엽, 말엽.

초원 (草原) 풀이 나 있는 너른 들.《끝없이 펼쳐진 초원》

초원길 동서양을 잇는 교통로. 옛날에 이 길로 유목 민족이 다녔다.

초월 (超越) 어떤 테두리나 기준을 뛰어넘는 것. **초월하다**《상상을 초월하는 멋진 모험을 하고 싶어.》

초유 (初乳) 아기를 갓 낳은 뒤에 나오는 노르스름하고 묽은 젖.

초은하단 (超銀河團) 은하 수백 개가 모인 무리.

초음속 (超音速) 소리의 속도보다 **빠**른 속도.

초음파 (超音波) 주파수가 너무 높아서 사람의 귀에는 들리지 않는 소리.

초인 (超人) 보통 사람에게는 없는 엄청난 능력을 지닌 사람.《나도 하늘을 날아다니는 초인이 되고 싶다.》

초인적 (超人的) 보통 사람의 능력을 뛰어넘는 엄청난. 또는 그런 것.

초인종 (招人鐘) 눌러서 소리를 내 사람을 부르는 데 쓰는 종이나 단추.

초장 양념 식초를 섞어 만든 간장이나 고추장.

초장 시조 (初章) 세 장으로 이루어진 시조에서 첫째 장. **참**종장, 중장.

초저녁 날이 어두워지고 얼마 되지 않은 때.《하루 종일 물놀이를 한 동생은 초저녁부터 잠이 들었다.》**북**아시저녁.

초점 (焦點) 1.가장 중심에 있거나 여러 사람의 관심이 쏠리는 중요한 대상.《환경 문제가 회의의 초점으로 떠올랐다.》2.눈, 사진기, 현미경에서 어떤 대상을 가장 또렷하게 볼 수 있게 맞춰진 점.《카메라 초점이 맞지 않아 사진이 흐릿하게 나왔다.》3.볼록 렌즈, 오목 거울 같은 것에서 빛이 굴절하거나 반사하여 모이는 점.《돋보기 초점을 잘 맞추면 금세 불이 붙을 거야.》

초점 거리 (焦點距離) 렌즈, 거울 같은 것의 중심에서 초점까지 거리.

초조대장경 (初雕大藏經) 고려 현종 때 펴낸 대장경. 고려 시대에 두 차례 펴낸 대장경 가운데 먼저 만든 책이다.

초조하다 애가 타고 마음이 졸아 조마조마하다.《밖이 깜깜해지자 동생과 나는 초조하게 엄마를 기다렸다.》

초지 (草地) 풀이 두루 나 있는 땅.

초지일관 (初志一貫) 처음에 세운 뜻을 한결같이 이어 나가는 것. **초지일관하다**《초지일관하는 자세》

초지진 (草芝鎭) 인천 강화에 있는 진. 조선 효종 때 (1656년) 처음 쌓았는데 모두 허물어졌던 것을 1973년에 다시 쌓았다.

초청 (招請) 남을 손님으로 오라고 부르는 것.《우리는 음악회에 초청을 받았다.》**비**초대. **초청하다 초청되다**

초청장 (招請狀) 초청하는 뜻을 적어 보내는 글. **비**대장.

초췌하다 얼굴이나 몸이 몹시 야위고 핏기가 없다.《걱정으로 초췌한 얼굴》

초침 (秒針) 시계에서 초를 가리키는 바늘.

초콜릿 (chocolate) 코코아 가루에 우유, 설탕, 향료 들을 섞어 만든 과자.

초크 (chalk) 옷감을 마를 때 자르는 선을 나타내는 데 쓰는 분필.

초파리 썩은 음식물이나 동물의 똥에 많이 모이는 파리. 몸 빛깔은 누런 밤색이고 겹눈이 크고 붉다.

초파리

초판 (初版) 책을 펴낼 때 맨 처음 찍어 낸 판.《소설 초판이 다 팔렸다.》

초평조팝나무 깊은 산에서 자라는 잎지는나무. 잎 뒷면에 털이 빽빽하게 나 있다. 5월에 흰 꽃이 피고, 열매는 여름에 익는다.

초피나무 중부와 남부 지방 낮은 산에 자라는 잎지는나무. 봄에 노르스름한 풀색 꽃이 핀다. 가을에 열매인 초피가 붉게 익는데, 약으로 쓰거나 갈아서 양념으로 쓴다.

초하루 매달 첫째 날.

초행 (初行) 어떤 곳에 처음으로 가는 것.《경주는 초행이라 낯설었다.》

촉각 감각 (觸覺) 살갗이 어떤 것에 닿았을 때 느끼는 감각.

촉각을 곤두세우다 관용 몹시 신경 쓰다. 《남의 일에 촉각을 곤두세우지 말고 네 일이나 잘해.》

촉각 더듬이 (觸角) → 더듬이.

촉감 (觸感) → 감촉.《촉감이 거칠다.》

촉구 (促求) 꼭 하거나 책임질 일을 서둘러서 하라고 요구하는 것. **촉구하다** 《악법 개정을 촉구하다.》

촉나라 221년부터 263년까지 중국에 있던 나라.

촉망 (屬望) 앞날이 밝다고 여겨 잘되기를 바라고 기대하는 것.《요즈음 가

촉새

촉석루

초평조팝나무

초피나무

장 촉망을 받는 분야는 반도체 산업입니다.》 **촉망하다 촉망되다**

촉박하다 정해진 때가 바싹 다가와 몹시 급하다.《기차 시간이 촉박하다.》

촉새 낮은 산, 숲 가장자리, 강가 갈대밭에 사는 나그네새. 참새와 비슷한데 부리가 더 길고, 머리는 푸르스름한 잿빛이다.

촉석루 (矗石樓) 경상남도 진주 진주성에 있는 다락집. 고려 공민왕 때 지었다고 전하는데 임진왜란 때는 논개가 왜군 장수를 껴안고 물에 뛰어든 곳이다.

촉수 (觸手) 멍게, 해파리 같은 동물 입 둘레나 몸에 나 있는 기관.

촉진 (促進) 어떤 일을 다그쳐서 빨리 나아가게 하는 것. **촉진하다** 《성장을 촉진하는 약》 **촉진되다**

촉촉하다 물기가 배어 있다. 《밤이슬에 풀잎들이 촉촉하게 젖어 있다.》

촉탁 (囑託) 일을 부탁하여 맡기는 것. 《촉탁 업무》 **촉탁하다 촉탁되다**

촌 시골 (村) 1. → 시골. 2. 비슷한 무리끼리 모여 있는 곳.《예술가 촌》

촌 친척 (寸) 친척 사이에서 멀고 가까운 관계를 나타내는 말. 숫자가 작을수록 가깝다.《부모와 자식은 1촌이다.》

촌뜨기 촌에 사는 사람을 낮추어 이르는 말. 비시골뜨기. 북촌바우.

촌락 (村落) 시골에 있는 작은 마을.

촌수 (寸數) 친척 사이에서 멀고 가까운 관계를 나타내는 수.《촌수를 따져 보니 내가 용주의 삼촌뻘이다.》

촌스럽다 겉모습이나 행동, 말투 들이 세련되지 못하고 어수룩한 데가 있다.

《촌스러운 머리 모양》 **바**촌스러운, 촌스러워, 촌스럽습니다.

촌음 (寸陰) 아주 짧은 시간.《한수는 촌음을 아껴서 열심히 공부했다.》

촌장 (村長) 옛날에 마을 일을 맡아보던 우두머리.

촌충 등뼈가 있는 동물의 작은창자에 붙어사는 기생충. 몸은 가늘고 긴데, 몇 미터나 되는 것도 있다.

촌티 시골 사람처럼 세련되지 못한 모습이나 태도.《대학생인 삼촌은 아직도 촌티가 난다.》 **북**촌때.

촐랑- 채신없이 까불면서 경망하게 행동하는 모양. **촐랑거리다 촐랑대다 촐랑이다 촐랑촐랑**《동생은 촐랑대면서 이 방 저 방 뛰어다녔다.》

촘촘하다 틈이나 간격이 아주 좁거나 작다.《빗살이 촘촘한 참빗》 **비**배다. **촘촘히**

촛농 초가 탈 때 녹아 흘러내리는 기름.《촛농이 흘러내리다.》 **북**초농.

촛대 초를 꽂아 놓는 대. **북**초대.

촛불 초에 켠 불. **북**초불.

총 무기 (銃) 화약 힘으로 총알이 나가게 하는 무기.

총 모두 (總) '합해서 모두'를 나타내는 말.《이제까지 책을 총 몇 권 읽었어?》

총각 (總角) 혼인하지 않은 어른 남자.《새로 오신 총각 선생님》 **참**처녀.

총각김치 어린 무를 무청째로 갖은 양념을 하여 버무려 담근 김치.

총각무 총각김치를 담그는 무.

총격 (銃擊) 총을 쏘면서 공격하는 것.《총격 사건》 **총격하다**

총격전 (銃擊戰) 서로 총을 쏘면서 벌이는 싸움.《총격전이 벌어지다.》

총계 (總計) 있는 것을 다 모아서 한꺼번에 계산한 것.《이제껏 산 책값의 총계를 내 보았다.》 **비**계.

총공격 (總攻擊) 모든 군사와 장비를 모아서 한꺼번에 공격하는 것.《장군은 총공격을 명했다.》 **총공격하다**

총괄 (總括) 여럿을 한데 모아 하나로 다루는 것.《총괄 평가》 **총괄하다**

총구 (銃口) 총에서 총알이 나가는 앞쪽 구멍.《총구를 겨누다.》

총기 무기 (銃器) 권총, 기관총, 소총, 엽총 같은 무기를 모두 이르는 말.

총기 기억력 (聰氣) 영리하고 반짝거리는 기운. 또는 좋은 기억력.《동생이 총기가 가득한 눈으로 바라본다.》

총독 (總督) 1.정해진 구역을 맡아 다스리는 관리. 2.식민지를 다스리는 으뜸 관리.

총독부 (總督府) 1.식민지를 다스리려고 두는 제일 높은 행정 기관. 2.'조선 총독부'를 줄인 말.

총동원 (總動員) 어떤 일을 하려고 사람이나 물건 들을 한곳에 모두 모으는 것. **총동원하다 총동원되다**

총량 (總量) 전체의 양이나 무게.

총력 (總力) 전체가 지닌 모든 힘.《선수들은 총력을 기울여 경기했다.》

총력전 (總力戰) 모든 힘을 다 기울여서 치르는 싸움.《총력전을 펼치다.》

총리 (總理.) → 국무총리.

총명 아주 영리한 것. **총명하다**《내 동생은 총명해서 공부를 잘한다.》

총부리 총에서 총구멍이 있는 부분.《적군이 총부리를 들이대었다.》

총비용 (總費用) 어떤 일을 하는 데 드는 모든 돈.《발표회에 든 총비용》

총사령관 (總司令官) 모든 군대 또는 큰 단위의 군대를 가장 위에서 지휘하는 사령관.

총살 (銃殺) 총을 쏘아 죽이는 것.《총살을 당하다.》 **총살하다 총살되다**

총상 (銃傷) 총알에 맞아서 생긴 상처.

총생산 (總生産) 어떤 기간 안에 생산된 모든 것.《국민 총생산》

총선거 (總選擧) 국회의원 전부를 한꺼번에 뽑는 선거.

총성 (銃聲) → 총소리.

총소득 (總所得) 어떤 일에 쓴 돈과 얻은 이익을 모두 합한 금액. 같총수입.

총소리 총을 쏠 때 나는 소리.《멀리 산에서 총소리가 들렸다.》 같총성.

총수입 (總收入) → 총소득.

총알 총에 넣어 쏘는 작은 쇳덩이.《총알이 멧돼지 다리에 맞았다.》 같총탄.

총알고둥 뭍에 가까운 바닷가 바위나 자갈밭에 사는 고둥. 크기가 작고, 이름처럼 꽁무니가 뾰족하다.

총알고둥

총애 (寵愛) 윗사람이 아랫사람을 남달리 아끼고 사랑하는 것. **총애하다**《왕은 정직한 신하를 총애했다.》

총액 (總額) 돈을 모두 합한 액수.《소득 총액/저금 총액》 참전액.

총영사 (總領事) 영사 가운데 으뜸인 사람.

총인구 (總人口) 어떤 나라나 지역에 사는 모든 사람.

총장 (總長) 1. 대학교에서 학교 일을 책임지는 사람. 2. 어떤 단체에서 전체 일을 책임지는 사람.《검찰 총장》

총재 (總裁) 은행, 정당처럼 큰 기관이나 단체에서 으뜸인 사람.

총점 (總點) 얻은 점수를 모두 합한 것.《우리 편이 총점에서 앞섰어요》

총채 여러 가닥의 털이나 헝겊 같은 것으로 만든 먼지떨이.

총총 별빛 밤하늘에 많은 별이 또렷하게 빛나는 모양. **총총하다**《하늘에 별이 총총하다.》

총총 걸음 발걸음을 아주 빠르게 걷는 모양. **총총거리다 총총대다**《동생이 춥다고 총총거리면서 걸었다.》

총총 바쁨 (悤悤) 아주 바쁘고 급하게.《재희는 인사를 하는 둥 마는 둥 하고 총총 사라졌다.》 같총총히. **총총하다**

총총걸음 발을 자주 옮기면서 몹시 바쁘게 걷는 걸음.《오빠를 놓칠세라 총총걸음으로 따라갔다.》 참종종걸음.

총총히 → 총총.

총칭 (總稱) 비슷한 것들을 두루 모아 한 가지 이름으로 부르는 것. 또는 그런 이름.《도자기는 도기와 자기의 총칭이다.》 **총칭하다**

총칼 1. 총과 칼. 2. '무력'을 빗대어 이르는 말.

총탄 (銃彈) → 총알.

총통 (銃筒) 옛날에 화통, 화포처럼 화약을 써서 탄알을 쏘던 무기.

총학생회 (總學生會) 한 학교 안에 있는 모든 학생 단체를 대표하는 학생회.

총화 (總和) 전체가 하나가 되는 것.《총화 단결》

총회 (總會) 어떤 단체 회원이 모두 모여서 하는 회의.《정기 총회》

촬영 (撮影) 사람, 물건, 경치 같은 것

을 사진이나 영화로 찍는 것.《소풍 기념 촬영》 **촬영하다 촬영되다**

최강 (最强) 힘이 가장 센 것.《우리나라 양궁 팀은 세계 최강이다.》

최고 으뜸 (最高) 1.가장 으뜸인 것.《엄마는 늘 내가 최고라고 말씀하신다.》2.가장 높거나 뛰어난 것.《오늘이 올겨울 들어 최고로 춥다.》반최저.

최고 오래됨 (最古) 가장 오래된 것.《세계 최고의 목판 인쇄물은 신라 때 만든 무구 정광 대다라니경이다.》반최신.

최고급 (最高級) 가장 높거나 뛰어난 등급.《최고급 승용차》

최고봉 (最高峰) 1.가장 높은 봉우리.《고모는 세계 최고봉인 에베레스트에 올랐다.》같주봉. 2.어떤 분야에서 가장 뛰어난 것.《배 만드는 기술은 우리나라가 최고봉이라 할 수 있다.》

최근 (最近) 바로 얼마 전.《최근에 나는 성주를 만난 적이 없다.》

최다 (最多) 양이 가장 많은 것.《최다 관객/최다 득점》반최소.

최단 (最短) 가장 짧은 것.《우체국까지 최단 거리로 갔다.》반최장.

최대 (最大) 수, 양, 정도 같은 것이 가장 큰 것.《최대 속도》반최소.

최대 공약수 (最大公約數) 여러 수에 공통인 약수 가운데 가장 큰 수. 참최소 공배수.

최대한 (最大限) 할 수 있는 가장 큰 정도.《이 일을 맡은 시간 안에 끝내려고 최대한 노력했습니다.》반최소한.

최루탄 (催淚彈) 눈물을 흘리게 하는 따가운 물질을 넣은 탄환.

최면 (催眠) 말이나 몸짓으로 다른 사람을 마치 잠이 든 것처럼 만드는 것.《최면을 걸다./최면에 빠지다.》

최면술 (催眠術) 최면에 들게 하는 기술.《동생은 최면술에 걸린 듯 꼼짝하지 않고 그림만 바라보았다.》

최상 (最上) 수준, 등급 들이 가장 좋거나 높은 상태. 반최하.

최상급 (最上級) 가장 높은 등급이나 수준.《최상급 농산물》

최선 (最善) 1.가장 좋은 것.《감기에 걸리면 푹 쉬는 게 최선이다.》반최악. 2.온 정성과 힘.《최선을 다했으니까 후회하지 않아요.》

최소 크기 (最小) 수나 정도 들이 가장 작은 것.《걸어가려면 최소 두 시간은 걸릴걸.》반최대.

최소 수량 (最少) 수나 양이 가장 적은 것.《최소 인원》반최다.

최소 공배수 (最小公倍數) 여러 수에 공통인 배수 가운데 0을 뺀 가장 작은 수. 참최대 공약수.

최소한 (最小限) 더는 줄이기 힘든 가장 작은 정도.《비용을 최소한으로 들여 여행을 다녀왔다.》반최대한.

최소화 크기 (最小化) 가장 작게 하는 것. **최소화하다**《크기를 최소화하다.》

최소화 수량 (最少化) 가장 적게 하는 것. **최소화하다**《피해를 최소화하다.》

최신 (最新) 가장 앞서고 새로운 것.《최신 유행하는 신발》반최고.

최신식 (最新式) 가장 새롭거나 앞선 방식.《최신식 무기를 만들다.》

최신형 (最新型) 가장 새롭거나 앞선 모양.《최신형 휴대 전화》

최심 적설량 (最深積雪量) 며칠 동안

내린 눈이 가장 많이 쌓였을 때의 양.

최악 (最惡) 가장 나쁜 것.《동무와 다투고 엄마한테 혼나기까지 했으니 정말 최악의 날이다.》반최선.

최우선 (最優先) 다른 것보다 가장 먼저 다루거나 해야 할 것.《지금 최우선으로 해야 할 일을 알려 줄게.》

최우수 (最優秀) 여럿 가운데에서 가장 뛰어난 것.《그림 그리기 대회에서 최우수 상을 받았다.》

최장 (最長) 가장 긴 것.《최장 거리/최장 시간》반최단.

최저 (最低) 가장 낮은 것.《최저 기온》반최고.

최적 (最適) 가장 알맞은 것.《축구를 하기에 최적의 장소이다.》

최전방 (最前方) → 최전선.

최전선 (最前線) 적과 맞서는 가장 가까운 지역.《삼촌은 최전선에서 군대 생활을 했다.》같최전방.

최종 (最終) 맨 나중.《우리나라가 월드컵 최종 예선을 통과했다.》반최초.

최종적 (最終的) 맨 나중의. 또는 그런 것.

최첨단 (最尖端) 시대나 유행에서 가장 앞선 것.《최첨단 기술/이모는 유행의 최첨단을 걷는다.》

최초 (最初) 맨 처음.《거북선은 세계 최초의 철갑선이다.》반최종.

최하 (最下) 수준이나 등급이 가장 낮은 것.《최하 점수》반최상.

최후 (最後) 1.맨 마지막.《모든 선수가 최후까지 최선을 다했지만 지고 말았다.》2.죽는 순간.《박 노인은 평화롭게 최후를 맞았다.》

최후 진술 (最後陳述) 형사 재판에서 피고인이나 변호인이 판결을 받기 전에 마지막으로 하는 말.

추 (錘) 1.무게를 달려고 저울대 한쪽에 걸거나 올려놓는 정해진 무게의 쇳덩이. 2.끈에 매달려 늘어진 물건.《벽시계의 추가 똑딱거린다.》

추가 (追加) 나중에 더 보태는 것.《추가 시험》**추가하다 추가되다**

추격 (追擊) 적을 공격하면서 가는 것. **추격하다**《지금 당장 적군을 추격하라!》**추격되다**

추곡 (秋穀) 가을에 거두어들이는 곡식.《추곡 수매량》

추구 (追求) 원하는 것을 얻거나 이룰 때까지 끝까지 애쓰고 뒤쫓아 가는 것. **추구하다**《행복을 추구하다.》

추궁 (追窮) 잘못한 일을 끝까지 캐서 까다롭게 따져 묻는 것.《밤늦게까지 무엇을 했느냐고 엄마에게 추궁을 당했다.》**추궁하다 추궁되다**

추근추근 성질이나 태도가 몹시 끈질기고 끈덕진 모양. **추근추근하다**

추기경 (樞機卿) 가톨릭에서 교황 다음가는 성직자.

추남 (醜男) 얼굴이 못생긴 남자.《삼촌은 추남이 아니에요.》반미남.

추녀 천마 기와집 지붕 네 귀퉁이에 있는 끝이 번쩍 들린 부분.《추녀 끝에 매달린 풍경 소리》

추녀 사람 (醜女) 얼굴이 못생긴 여자.《추녀라도 좋은걸.》반미녀.

추다 장단에 맞추어 몸을 움직이다.《우리는 음악에 맞춰 춤을 추었다.》

추대 (推戴) 높은 자리에 앉히고 떠받

드는 것. **추대하다**《장군들은 왕건을 왕으로 추대하였다.》 **추대되다**

추도 (追悼) 죽은 사람을 생각하면서 슬퍼하는 것. 비추모. **추도하다**《사람들은 세상을 떠난 신부님을 추도했다.》

추돌 (追突) 자동차나 기차 같은 것이 뒤에서 들이받는 것.《삼촌이 추돌 사고로 목을 다쳤다.》비충돌. **추돌하다**

추락 (墜落) 높은 곳에서 떨어지는 것.《버스 추락 사고》 **추락하다**

추레하다 겉모습이 깨끗하지 못하고 생기가 없다.《그렇게 추레한 꼴로 선생님 댁에 가겠다는 말이냐?》

추렴 모임이나 잔치에 쓸 돈을 여럿이 조금씩 나누어 내는 것.《집집마다 추렴을 내어 이웃을 도왔다.》 **추렴하다**

추리 (推理) 알고 있는 사실들을 바탕으로 찬찬히 살펴서 아직 밝혀지지 않은 것을 알아내는 것. **추리하다**《탐정이 범인을 추리해 냈다.》

추리다 섞여 있는 것에서 필요한 것을 가려내거나 골라내다.《지금 읽을 책만 추리고 나머지는 꽂아 두렴.》

추리 소설 (推理小說) 주인공이 범죄 사건을 추리하여 풀어가는 과정을 재미있게 꾸며 쓴 소설.

추모 (追慕) 죽은 사람을 그리면서 생각하는 것.《추모 행사》비추도. **추모하다**

추모비 (追慕碑) 죽은 사람을 추모하려고 세운 비석.

추방 (追放) 어떤 곳에서 몰아내거나 쫓아내는 것.《죄를 지은 사람은 마을에서 추방을 당했다.》 **추방하다 추방되다**

추분 (秋分) 한 해를 스물넷으로 나눈 때 가운데 열여섯째. 밤과 낮의 길이가 같은 날이다. 9월 23일쯤이다. 참춘분.

추사체 (秋史體) 조선 시대 명필인 추사 김정희의 글씨체.

추산 (推算) 어림잡아 헤아리는 것. 또는 그런 계산.《이번 선거 투표율이 50퍼센트도 안 될 거라는 추산이 나왔다.》 **추산하다 추산되다**

추상 (抽象) 낱낱의 것에서 같은 점을 뽑아내어 그것으로 전체를 나타내는 것. 또는 그런 생각.《추상 미술》

추상적 (抽象的) 1.흔히 예술 작품이 일정한 형태나 성질을 갖추지 않은. 또는 그런 것. 2.말이나 글이 쉽게 이해하지 못할 만큼 뚜렷하게 잡히지 않는. 또는 그런 것. 반구체적.

추상화 (抽象化) 사물을 보이는 그대로 그리지 않고 점, 선, 면, 색 같은 것으로 나타내는 그림.

추석 (秋夕) → 한가위.

추세 (趨勢) 어떤 것이 한 방향으로 계속 흘러가는 것.《추세를 따르다.》

추수 (秋收) 가을에 다 익은 곡식을 거두어들이는 것.《농촌에서 추수가 한창이다.》비가을걷이, 수확. **추수하다**

추수 감사절 (秋收感謝節) 기독교에서 해마다 가을에 곡식을 거두고 하나님에게 감사 예배를 드리는 날.

추수기 (秋收期) 추수하는 시기.

추스르다 1.흘러내리거나 처진 것을 가볍게 치켜 올리다.《바지를 잘 추스르고 뛸 준비를 하였다.》2.몸을 잘 가다듬거나 제대로 가누다.《할머니가 몸도 추스르지 못하실 만큼 편찮으셔요.》 3.어수선한 일이나 마음을 바로 잡다.《단짝 동무가 떠나서 허전한 마음을 추스를 수가 없다.》 ^바추스르는, 추슬러, 추스릅니다.

추신 (追伸) 편지를 마무리하고 나서 따로 덧붙이는 말.《추신에 이번 일요일에 꼭 놀러 오라고 적었다.》

추악하다 몹시 나쁘고 흉하다.《영화에 추악한 악당이 나왔다.》

추앙 (推仰) 높이 받들어 우러러보는 것. **추앙하다**《사람들은 노래를 지어 화랑의 덕을 추앙하였다.》

추어서다 ^북 1.아프거나 약하던 몸이 나아지다.《치료를 잘 받으면 금방 추어설 수 있을 거야.》2.기운, 형편 들이 남한테 뒤지지 않을 만큼 나아지다.《새 사장님이 오신 뒤로 아빠 회사 형편이 눈에 띄게 추어섰다.》

추어주다 지나치게 높여 칭찬하다.《멋지다고 추어주자 동생이 좋아했다.》

추어탕 (鰍魚湯) 미꾸라지를 넣고 끓인 국.

추억 (追憶) 지난 일을 돌이켜 생각하는 것. 또는 그런 생각.《아빠는 옛날 사진을 꺼내 보면서 추억에 잠기셨다.》 **추억하다 추억되다**

추월 (追越) 뒤에 있는 것이 앞에 있는 것을 따라잡아 앞서는 것.《뒤에 오던 동무에게 추월을 당했다.》 **추월하다**

추위 추운 기운.《누나는 추위를 많이 타서 겨울을 싫어한다.》 ^반더위.

추이 (推移) 시간이 지나면서 일이 변해 가는 흐름.《사람들은 긴장한 얼굴로 사건의 추이를 지켜보았다.》

추임새 판소리에서 고수가 창 사이사이에 흥을 돋우려고 내는 소리. '좋다', '잘한다', '얼쑤' 들이 있다.

추잡하다 말이나 행동이 지저분하고 막되다.《추잡한 소문이 퍼지다.》

추장 (酋長) 한 부족이나 마을의 우두머리.

추적 (追跡) 달아나는 사람이나 동물의 뒤를 자취를 밟아 쫓아가는 것.《경찰의 추적을 따돌리다.》 **추적하다**

추젓 가을에 잡은 새우로 담근 젓.

추정 (推定) 확실하지 않은 일을 미루어 헤아리는 것. **추정하다**《불이 난 원인을 방화로 추정했다.》 **추정되다**

추종 (追從) 1.남의 뒤를 좇아 따라잡는 것.《엄마가 만든 과자의 맛은 타의 추종을 불허한다.》 2.힘을 가진 사람이나 생각 같은 것을 별 판단 없이 믿고 따르는 것.《그 정치가는 많은 추종 세력을 거느렸다.》 **추종하다**

추진 (推進) 1.물체를 밀어 앞으로 나아가게 하는 것.《로켓 추진 장치》 2.어떤 일을 힘 있게 밀고 나아가는 것.《통일 운동 추진》 **추진하다 추진되다**

추천 (推薦) 어떤 일에 알맞은 사람이나 물건을 믿고 소개하는 것. **추천하다**《어린이 회장 후보로 김미선 양을 추천합니다.》 **추천되다**

추천서 (推薦書) 추천하는 글을 적은 문서.《교장 선생님 추천서》

추첨 (抽籤) 여럿 가운데 운에 따라 몇몇을 골라 뽑는 것.《당첨자 추첨》 ^참제비. **추첨하다 추첨되다**

추출 (抽出) 어떤 물질을 뽑아내는 것.《표본 추출》 **추출하다 추출되다**

추출물 (抽出物) 뽑아낸 물질.

추측 (推測) 미루어 짐작하거나 헤아리는 것.《추측이 어긋나다./추측만 무성하다.》비짐작. **추측하다 추측되다**

추켜들다 위로 올려 들다.《반장이 깃발을 추켜들고 앞장섰다.》바추켜드는, 추켜들어, 추켜듭니다.

추켜세우다 1. 위로 한껏 올려 세우다.《동생이 눈썹을 추켜세우면서 화를 냈다.》2. '치켜세우다' 를 잘못 쓴 말.

추켜올리다 위로 끌어 올라가게 하다.《바지가 바닥에 닿아서 자꾸 추켜올렸다.》북치켜올리다.

추태 (醜態) 볼썽사납고 창피한 짓.《술 취한 아저씨가 추태를 부렸다.》

추풍령 (秋風嶺) 경상북도 김천과 충청북도 영동 사이에 있는 고개.

추하다 1. 생김새가 보기 흉하다.《새색시는 얼굴은 추해도 마음은 비단결처럼 고왔다.》2. 말, 행동 들이 치사하고 더럽다.《돈 몇 푼 때문에 동무를 배신하는 건 추한 일이야.》

추후 (追後) 일이 지나고 얼마 뒤.《이 일은 추후에 다시 의논하기로 하자.》

축 무리 어떤 기준이나 특성에 따라 나뉘는 갈래.《영수는 우리 반에서 운동을 잘하는 축에 든다.》

축 오징어 오징어를 스무 마리씩 묶어서 세는 말.

축 모양 아래로 힘없이 또는 길게 늘어지거나 처진 모양.《오늘은 웬일인지 아버지 어깨가 축 처져 있다.》

축 띠 (丑) 띠를 나타내는 열두 동물 가운데 둘째인 소를 이르는 말.

축 악기 (柷) 치는 국악기 가운데 하나. 아래보다 위가 넓은 사각형 나무 상자 구멍 속에 나무 방망이를 넣고 옆을 두드려 소리를 낸다.

축 중심 (軸) 제자리에서 빙 도는 것의 중심.《뒤꿈치를 축으로 돌아 보세요》

축가 (祝歌) 축하하는 뜻으로 부르는 노래.《결혼식 축가》

축구 (蹴球) 열한 명이 한편이 되어 공을 발로 차거나 머리로 받아서 상대편 골에 넣는 경기.

축구공 축구할 때 쓰는 공.

축구부 (蹴球部) 축구를 하려고 만든 모둠.

축구장 (蹴球場) 축구 경기를 하는 곳.

축국 (蹴鞠) 옛날에 꿩 깃을 꽂은 가죽 공을 땅에 떨어뜨리지 않고 차던 놀이.

축나다 1. 전체에서 얼마가 빠져나가 모자라게 되다.《자루가 새어 밀가루가 축났다.》2. 아프거나 피곤해서 몸이 야위다.《며칠 잠을 못 자더니 얼굴이 많이 축났구나.》

축내다 전체에서 얼마를 빼어 모자라게 하다.《쥐들이 창고에 있는 쌀을 축내자 할아버지가 덫을 놓으셨다.》

축농증 (蓄膿症) 코뼈 속에 고름이 괴는 병. 코가 막히고 머리가 아픈데 코에서 좋지 않은 냄새가 난다.

축대 (築臺) 무너지지 않게 돌 같은 것으로 쌓아 올린 대나 터.

축도 (縮圖) 원래의 크기를 정해진 비율로 줄여 그린 그림.

축문 (祝文) 제사에서 신령에게 올리는 글.《축문을 읽다./축문을 짓다.》

축바퀴 축에 바퀴를 달아서 같이 움직이게 하는 장치. 무거운 물체를 작은 힘으로 끌어올리는 데 쓴다.

축_악기

축배 (祝杯) 축하하는 뜻으로 마시는 술이나 술잔. 또는 술잔을 들고 여럿이 하는 말.《모두 축배를 듭시다.》

축복 (祝福) 행복을 비는 것. **축복하다**《사람들은 방금 혼인한 신랑 신부를 축복하였다.》 **축복되다**

축사 우리 (畜舍) 가축을 가두어 기르는 건물. 북집짐승우리.

축사 축하 (祝辭) 축하하는 뜻을 나타내는 말이나 글.

축산 (畜産) 가축을 길러 필요한 것을 얻는 일.《축산 농가》

축산물 (畜産物) 고기, 달걀, 가축 들과 같이 가축을 길러 얻는 것.

축산업 (畜産業) 집짐승을 길러서 고기, 우유, 털 같은 것을 얻는 산업.

축성 (築城) 성을 쌓는 것.《축성 공사》 **축성하다 축성되다**

축소 (縮小) 모양이나 크기를 줄여서 작게 만드는 것.《축소 복사》 반확대. **축소하다 축소되다**

축약어 (縮約語) 줄여서 쓰는 말.

축원 (祝願) 바라는 일이 이루지기를 몹시 원하고 비는 것.《선비는 어머니의 지극한 축원으로 마침내 장원 급제를 하였다.》 **축원하다**

축음기 (蓄音機) 음반에 녹음한 소리를 다시 듣게 하는 장치.

축의금 (祝儀金) 혼인, 잔치 들에서 축하하는 뜻으로 내는 돈.

축이다 물을 뿌리거나 적셔서 축축하게 하다.《수건을 축여서 동생 손을 깨끗이 닦아 주었다.》 북추기다.

축일 (祝日) 기쁜 일을 축하하는 날.

축재 (蓄財) 흔히 옳지 못한 방법으로 재물을 모으는 것.《탐관오리는 부정 축재를 일삼았다.》 **축재하다**

축적 (蓄積) 돈, 지식, 경험 들을 모아서 쌓는 것.《경험 축적/기술 축적》 **축적하다 축적되다**

축전 잔치 (祝典) 축하하는 뜻으로 하는 행사.《광복 육십 년 기념 축전》

축전 전보 (祝電) 축하하는 뜻으로 보내는 전보.《할머니는 졸업을 축하하는 축전을 보내셨다.》

축전지 (蓄電池) 전기 에너지를 화학 에너지로 바꾸어 모아 두었다가 필요할 때 전기 에너지로 다시 쓰는 장치.

축제 (祝祭) 어떤 일을 축하하거나 즐기려고 많은 사람들이 모여 벌이는 큰 잔치.《태백산 눈꽃 축제》

축조 (築造) 돌, 벽돌 들을 쌓아서 만드는 것. 북쌓기. **축조하다**《적을 막을 성을 축조하다.》 **축조되다**

축지법 (縮地法) 도술을 부려 땅을 좁혀서 먼 거리를 아주 빨리 갈 수 있게 한다는 방법.

축척 (縮尺) 지도나 설계도를 만들 때 실제보다 줄여서 그린 비율.《축척 5만분의 1 지도》 **축척하다 축척되다**

축축하다 물기에 젖어 있다.《봄비가 땅을 축축하게 적신다.》 **축축이**

축출 (逐出) 강제로 쫓아내거나 몰아내는 것. **축출하다**《신라는 삼국 통일을 이룬 뒤에 당나라 군대를 한반도에서 축출하였다.》 **축출되다**

축하 (祝賀) 남의 좋은 일을 함께 기뻐하면서 인사하는 것. 또는 그런 인사. **축하하다**《건아, 생일 축하해.》

축하식 (祝賀式) 기쁜 일을 축하하려

고 마련한 자리.《우승 축하식》

축협 (畜協) 축산업을 하는 사람들이 서로 도와 이익을 높이고 권리를 지키려고 만든 조직. 축산물을 함께 사고팔면서 필요한 돈을 빌려 주는 일 들을 한다. '축산업 협동조합'을 줄인 말이다.

춘궁기 (春窮期) 옛날에 아직 햇곡식이 나오지 않아 먹을 것이 없던 봄철을 이르던 말. 비보릿고개.

춘부장 (椿府丈) 남의 아버지를 높여 이르는 말.

춘분 (春分) 한 해를 스물넷으로 나눈 때 가운데 넷째. 밤과 낮의 길이가 같은 날이다. 3월 21일쯤이다. 참추분.

춘삼월 (春三月) 봄 경치가 한창 좋을 때인 음력 3월.《꽃피는 춘삼월》

춘천 (春川) 강원도 서쪽에 있는 시. 호수가 많아서 '호반의 도시'라고 한다. 강원도 도청이 있다.

춘추 (春秋) 1.봄과 가을. 2.어른의 나이를 높여 이르는 말.《할아버지는 올해 춘추가 어찌 되시는지요?》

춘풍 (春風) → 봄바람.

춘하추동 (春夏秋冬) 봄, 여름, 가을, 겨울의 네 계절.

춘향가 (春香歌)〔춘향전〕을 바탕으로 만든 판소리.

춘향전 (春香傳) 조선 후기에 나온 판소리 소설. 기생의 딸 성춘향과 양반 이몽룡이 신분을 넘어 사랑을 이루는 이야기이다.

출가 시집 (出嫁) 처녀가 시집을 가는 것. **출가하다**《며느리는 출가한 지 삼년 만에 친정에 갔다.》

출가 종교 (出家) 절에 들어가 중이 되는 것. **출가하다**《어머니는 출가한 자식을 눈물 젖은 눈으로 바라보았다.》

출간 (出刊) 책을 찍어서 내놓는 것. 비간행, 출판. **출간하다**《이번에 학급 문집을 출간하기로 했어요.》 **출간되다**

출격 (出擊) 전투기나 군함이 적을 공격하려고 떠나는 것. **출격하다**

출구 (出口) 밖으로 나가는 곳.《지하철 역 1번 출구에서 만나자.》 반입구.

출국 (出國) 머무르던 나라를 떠나는 것. 반입국. **출국하다**《오늘 다섯 시 비행기로 출국합니다.》

출근 (出勤) 일을 하려고 일터로 나가는 것.《출근 시간》 반퇴근. **출근하다**

출근길 일을 하려고 일터로 가는 길. 또는 일을 하려고 일터로 나가는 도중.《출근길에 김밥을 샀다.》 반퇴근길.

출금 (出金) 은행이나 금고에 넣어 두었던 돈을 꺼내는 것. 반입금. **출금하다**

출금액 (出金額) 은행에서 찾은 돈의 액수.

출납 (出納) 1.가게, 회사 들에서 돈이나 물건을 내주거나 받는 것.《출납 장부》 2.돈이 들어오거나 나가는 것.《용돈 출납》 **출납하다**

출동 (出動) 경찰이나 군대, 소방대원들이 어떤 일이 일어난 곳으로 빨리 떠나는 것.《출동 명령》 **출동하다**

출두 (出頭) 조사를 받으려고 경찰, 검찰, 법원 같은 곳에 나가는 것. **출두하다**《증인으로 법원에 출두했다.》

출렁 큰 물결을 일으키면서 흔들리는 소리. 또는 그 모양. **출렁거리다 출렁대다 출렁이다 출렁출렁**《폭풍우에 파도가 출렁거린다.》

출력 (出力) 1.엔진, 원동기, 발전기 들에서 1초 동안에 나오는 에너지의 양.《발전기 출력이 크다.》2.흔히 컴퓨터에 있는 자료가 정보로 화면에 나타나는 것. 또는 그 정보를 종이로 인쇄하는 것.《원고 출력》**출력하다**

출루 (出壘) 야구에서 타자가 누에 나가는 것. **출루하다**《1번 타자가 몸에 공을 맞고 출루했다.》

출마 (出馬) 선거에 후보로 나가는 것.《어린이 회장 출마》**출마하다**

출몰 (出沒) 어떤 것이 나타났다가 사라졌다가 하는 것.《반달곰 출몰 지역》**출몰하다**

출발 (出發) 1.어떤 곳에 가려고 길을 떠나는 것.《출발 시간》**반**도착. 2.어떤 일을 새로 시작하는 것.《새 학년을 맞아 새 출발을 다짐했다.》**출발하다**

출발선 (出發線) 달리기에서 출발하는 곳을 나타내려고 그어 놓은 선.

출발점 (出發點) 1.가려는 곳을 향해 처음 떠나는 곳.《산을 한 바퀴 돌아 다시 출발점에 왔다.》**비**기점. **반**도착점. 2.어떤 일을 처음 시작하는 곳.《새로운 인생의 출발점에 서 있다.》

출범 (出帆) 1.배가 항해를 떠나는 것.《유람선은 내일 출범을 합니다.》2.어떤 단체가 처음 만들어지는 것. 또는 어떤 큰 일이 처음 시작되는 것.《새 정부 출범》**출범하다**

출산 (出産) 아이를 낳는 것.《출산 예정일》**비**해산. **출산하다**

출생 (出生) 아이가 세상에 태어나는 것.《출생 신고》**반**사망. **출생하다**

출생률 (出生率) 어떤 기간 안에 태어

난 사람의 수가 전체 인구에서 차지하는 비율.

출석 (出席) 수업, 모임 같은 데에 나가는 것. **반**결석. **출석하다**《우리 반 아이들이 모두 출석했다.》

출석부 (出席簿) 학생의 출석이나 결석, 조퇴 같은 일을 적는 장부.

출세 (出世) 사회에 나와 유명해지거나 높은 지위에 오르는 것.《출세가 빠르다./출세에 눈이 멀다.》**출세하다**

출소 (出所) 죄수가 교도소나 구치소 같은 데서 풀려나오는 것. **출소하다**

출신 (出身) 1.어떤 집안, 지방에서 태어났는지 이르는 말. 또는 어떤 집안, 지방에서 태어난 사람.《양반 출신/농부 출신/저는 제주도 출신이에요.》2.어떤 학교, 직장, 단체 들에 속했는지를 이르는 말. 또는 어떤 학교, 직장, 단체 들에 속했던 사람.《엄마와 아빠는 같은 대학교 출신이다.》

출연 (出演) 방송이나 영화, 연극 들에 나오는 것.《방송 출연》**출연하다**

출연료 (出演料) 연극, 공연, 방송 들에 나가서 연기, 연주, 연설 같은 것을 하고 받는 돈.

출연진 (出演陣) 어떤 영화, 연극, 방송 들에 나오는 사람들.

출옥 (出獄) 죄수가 형벌이 다 끝나 감옥에서 풀려나오는 것. **출옥하다**

출원 (出願) 신청서, 원서 같은 것을 내는 것.《상표 출원》**출원하다**

출입 (出入) 들어가거나 나오는 것.《출입 금지》**출입하다**

출입구 (出入口) 들어가거나 나올 수 있게 만든 곳.《비상 출입구》

출입문 (出入門) 들어가거나 나오는 문.《극장 출입문》**ᄇ나들문.

출장 일 (出張) 일을 하러 일터가 아닌 다른 곳에 가거나 잠시 가 있는 것.《아빠는 제주도로 출장을 가셨어요.》

출장 경기 (出場) 운동선수가 경기에 나가는 것. **출장하다**

출장소 (出張所) 공공 기관이나 회사 같은 곳에서 멀리 떨어진 곳에 차리는 규모가 작은 사무소.

출전 (出戰) 1.싸우러 나가는 것.《출전을 알리는 북소리가 울렸다.》2.운동 경기에 나가는 것.《올림픽 첫 출전에서 메달을 따서 기뻐요.》**출전하다**

출정 (出征) 군대가 싸우러 나가는 것.《대군이 출정에 나섰다.》**출정하다**

출제 (出題) 시험 문제를 내는 것.《출제 예상 문제》**출제하다 출제되다**

출중하다 능력이나 재주가 여럿 가운데 눈에 띄게 뛰어나다.《외국어 실력이 출중한 사람을 사원으로 뽑았다.》

출처 (出處) 소문이나 물건들이 처음 나온 곳.《출처를 알 수 없는 말》

출출하다 배가 고픈 듯하다.《출출한데 뭐 먹을 거 없어요?》

출토 (出土) 땅속에 묻혀 있는 유물들이 파내어져 밖으로 나오는 것. 또는 유물들을 파내는 것.《문화재 출토 지역》**출토하다 출토되다**

출토품 (出土品) 땅속에서 파낸 옛날 물건.

출퇴근 (出退勤) 출근하거나 퇴근하는 것. **출퇴근하다**《우리 선생님은 자전거를 타고 출퇴근하신다.》

출판 (出版) 글, 그림, 사진 들을 책으로 만들어 펴내는 것. **ᄇ간행, 출간. 출판하다**《우리 출판사는 어린이 책을 많이 출판합니다.》**출판되다**

출판사 (出版社) 글, 그림, 사진 들을 엮어서 책으로 만들어 내는 회사.

출품 (出品) 전시회, 전람회 들에 작품을 내놓는 것. **출품하다 출품되다**

출하 (出荷) 1.짐을 내보내는 것.《출하 절차》2.생산한 물건을 시장에 내놓는 것.《눈이 많이 내려 채소 출하가 늦어졌다.》**출하하다 출하되다**

출항 (出港) 배가 항구를 떠나는 것.《여객선 출항 시간》**ᄇ입항. 출항하다**

출현 (出現) 지금까지 없었거나 보이지 않던 것이 모습을 드러내는 것.《유에프오 출현》**출현하다**

출혈 (出血) 피가 나오는 것.《다리에 출혈이 있어요.》**ᄇ지혈. 출혈하다**

춤 장단에 맞추거나 흥이 나서 몸을 놀리는 일.《미숙이는 춤을 잘 추어서 큰 박수를 받았다.》**ᄎ무용.

춤곡 춤을 출 때 맞추어 추게 만든 곡.

춤사위 우리나라 전통 춤에서 기본을 이루는 동작 하나하나.《방학 내내 봉산 탈춤 춤사위를 익혔다.》

춤추다 장단에 맞추거나 흥에 겨워 몸을 놀리다.《아이들은 음악을 틀어 놓고 자유롭게 춤추었다.》

춥다 기온이 낮아 날씨가 차다. 또는 몸으로 느끼는 기운이 낮다.《눈이 내리고 세찬 바람이 불어서 몹시 추웠다.》**ᄇ덥다. ᄇ추운, 추워, 춥습니다.**

충격 (衝擊) 1.갑자기 세게 부딪혔을 때 받는 힘.《접시는 땅에 떨어진 충격으로 산산조각이 났다.》2.슬픈 일이

나 뜻밖의 일을 겪어 마음이 몹시 흔들리는 것.《동무가 많이 다쳤다는 소식에 충격을 받았다.》

충격적 (衝擊的) 마음에 큰 충격을 받을 만한. 또는 그런 것.

충고 (忠告) 남에게 잘못을 고치거나 앞으로 어떻게 하라고 진심으로 좋게 타이르거나 일러 주는 것.《내 충고를 무시하면 후회할 거야.》**충고하다**

충남 (忠南) 충청남도를 줄인 말.

충당 (充當) 모자라는 돈이나 물건을 모자란 만큼 채워 넣는 것. **충당하다** 《삼촌은 장학금과 용돈으로 학비를 충당했다.》**충당되다**

충돌 (衝突) 1. 물체가 서로 세게 부딪치는 것.《자동차 충돌 사고》비추돌. 2. 서로 생각이 달라 맞서는 것.《수아와 나는 자주 의견 충돌을 일으킨다.》**충돌하다 충돌되다**

충동 (衝動) 1. 갑자기 어떤 일을 몹시 하고 싶은 마음.《잘난 척하는 반장을 골려 주고 싶은 충동이 인다.》2. 어떤 일을 하게 남을 부추기거나 꾀어서 마음을 흔드는 것.《형의 충동으로 엄마 몰래 오락실에 갔다.》**충동하다**

충동적 (衝動的) 1. 충동이 이는. 또는 그런 것. 2. 충동을 일으키는. 또는 그런 것.

충만하다 느낌, 기운 들이 가득 차다. 《아이의 몸은 기쁨으로 충만했다.》

충복 (忠僕) 1. 옛날에 충성을 다해 주인을 섬기는 종. 2. 윗사람을 충성을 다해 받드는 사람을 이르는 말.《경찰은 국민의 충복이라고 생각합니다.》

충북 (忠北) 충청북도를 줄인 말.

충분하다 필요한 것이 쓰고도 남을 만큼 넉넉하다.《이 정도면 네 사람이 먹기에 충분하다.》**충분히**

충성 (忠誠) 나라, 임금, 주인을 위해 몸과 마음을 다해 섬기는 것.《충성을 맹세하다.》**충성하다**

충성스럽다 충성을 다하려는 마음이 가득하다.《진돗개는 주인에게 충성스러운 개로 이름났다.》바충성스러운, 충성스러워, 충성스럽습니다.

충성심 (忠誠心) 충성을 다하는 마음.

충신 (忠臣) 나라, 임금, 주인에게 충성을 다하는 신하. 반간신.

충실하다 알참 1. 모자란 데 없이 꽉 차 있다.《이 백과사전은 내용이 충실하다.》2. 몸이 건강하고 튼튼하다.《아기가 충실하게 잘 크고 있군요.》

충실하다 성실함 힘과 마음을 기울여 정성스럽다.《맡은 일에 충실합시다.》

충심 (衷心) 마음속에서 우러나는 참된 마음.《충심으로 왕을 섬겼다.》

충원 (充員) 한 단체나 집단에 모자란 사람 수를 알맞게 다 채우는 것.《사원 충원》**충원하다 충원되다**

충의 (忠義) 나라나 임금을 향한 충성과 의리.《현충사는 이순신 장군의 충의를 기리려고 세웠다.》

충전 (充電) 1. 전지에 전기를 채워 넣는 것.《이 전지는 충전이 가능하다.》반방전. 2. 잠시 쉬어서 기운을 되찾거나 실력을 기르는 것.《일 년 내내 시험공부에 시달렸으니 충전의 시간이 필요하다.》**충전하다 충전되다**

충전소 (充電所) 가스나 전기 들을 다 쓰고 나서 다시 채우는 곳.

충절 (忠節) 충성스러운 마음을 끝까지 굽히지 않는 태도.

충족 (充足) 모자람이 없이 꽉 차서 마음에 드는 것. **충족하다**《조건을 충족하는 작품이 없다.》**충족되다**

충주 (忠州) 충청북도 북쪽 가운데에 있는 시. 충주 댐이 있고 사과, 담배 들이 많이 난다.

충직하다 충성스럽고 정직하다.《그 개는 주인에게 충직했다.》

충천하다 기운이나 기세가 하늘을 찌를 듯이 거세게 오르다.《병사들은 사기가 충천하여 함성을 질렀다.》

충청남도 (忠淸南道) 우리나라 가운데의 남서쪽에 있는 도. 넓은 평야가 많아서 농업이 발달하였다. 같충남.

충청도 (忠淸道) 충청남도와 충청북도를 함께 이르는 말.

충청북도 (忠淸北道) 우리나라 가운데에 있는 도. 바다와 만나는 곳이 없고 지하자원이 많아 광공업이 발달하였다. 같충북.

충치 (蟲齒) 벌레가 파먹어서 상한 이.《오늘 충치를 뽑았어요.》북삭은이.

충해 (蟲害) 해로운 벌레 때문에 농작물이나 나무가 입는 해.

충혈 (充血) 몸의 한곳에 피가 많이 몰려 그곳의 핏줄이나 살갗이 빨갛게 되는 것. **충혈되다**《잠을 제대로 못 자서 눈이 충혈되었다.》

충효 (忠孝) 부모님께 효도하고 나라에 충성하는 것.《충효 사상》

췌장 (膵臟) → 이자.

취급 (取扱) 1.물건을 다루거나 처리하는 것.《취급 주의》2.사람을 어떤 태도로 대하는 것.《바보 취급을 당해서 기분 나빠.》**취급하다 취급되다**

취나물 취를 쪄서 말린 것. 또는 말린 취를 삶아 쇠고기, 파, 기름, 깨소금 같은 양념을 넣어 볶은 나물.

취득 (取得) 어떤 것을 자기 것으로 가지는 것. 또는 어떤 자격이나 권리를 얻는 것.《운전면허 취득》**취득하다**

취락 (聚落) 사람들이 모여서 집을 짓고 살아가는 곳.《제주도 전통 취락》

취미 (趣味) 좋아하거나 재미를 느껴 시간이 날 때마다 하는 일.《고모는 취미로 시를 쓰다가 시인이 되었다.》

취발이 아이탈 송파 산대놀이에서 쓰는 탈.

취발이 아이탈

취발이탈_봉산탈춤

취발이탈 본산대놀이, 강령 탈춤, 봉산 탈춤, 송파 산대놀이, 양주 별산대놀이에서 쓰는 괴상하게 생긴 남자 탈.

취사 (炊事) 불을 때서 밥을 짓는 일.《취사 금지》**취사하다**

취사선택 (取捨選擇) 여럿 가운데서 쓸 것은 쓰고 버릴 것은 버리는 것. **취사선택하다**

취소 (取消) 하기로 하거나 약속한 일들을 없었던 것으로 하는 것.《내일 약속은 취소야.》**취소하다 취소되다**

취약 (脆弱) 모자라거나 약한 것. **취약하다**《취약한 과목을 공부했다.》

취업 (就業) → 취직. **취업하다**

취임 (就任) 흔히 높은 직위를 새롭게 맡는 것. **취임하다**

취임식 (就任式) 새롭게 취임한 것을 알리는 자리.《대통령 취임식》

취재 (取材) 신문, 잡지에 실릴 기사나 작품으로 쓸 만한 이야깃거리 들을 찾

고 조사하고 모으는 일. **취재하다**《경기를 취재하는 기자》

취재진 (取材陣) 취재하는 기자 무리.

취조 (取調) 죄지은 것을 밝혀내려고 죄인이나 용의자를 조사하는 것. **취조하다**《경찰이 범인을 취조했다.》

취주악 (吹奏樂) 부는 악기에 치는 악기를 곁들여 연주하는 음악.

취중 (醉中) 술에 취한 동안.《삼촌은 취중에 실수한 것이 없는지 걱정했다.》

취지 (趣旨) 어떤 일을 하고자 하는 중요한 뜻이나 목적.《불우 이웃을 돕자는 것이 이 일의 취지입니다.》

취직 (就職) 일자리를 얻어 새 일터에 들어가는 것. 같취업. 참실직, 퇴직. **취직하다**《큰형은 방송국에 취직하였다.》**취직되다**

취침 (就寢) 잠자리에 드는 것.《취침 시간은 밤 열 시야.》반기상. **취침하다**

취타 (吹打) 대취타의 가락을 관현 합주곡으로 바꾸어 연주하는 곡.

취하 (取下) 법원에 낸 소송, 고소 들을 취소하는 것. **취하하다**

취하다 술에 1.술, 약, 잠 들로 정신이 흐리고 몸을 잘 가누지 못하다.《삼촌이 술에 취해 큰 소리로 노래를 부른다.》2.어떤 것에 마음이나 넋을 빼앗기다.《이 도령은 그네 타는 춘향의 모습에 취해 멍하니 서 있었다.》

취하다 태도를 1.필요한 것을 골라서 가지다.《어떤 사람을 사귀든지 장점을 취해라.》2.어떤 자세나 태도를 지니다.《수지는 늘 분명하지 않은 태도를 취해서 싫어.》3.어떤 방법이나 방식을 쓰다.《교통사고를 줄이려면 특별

한 조처를 취해야 한다.》

취학 (就學) 교육을 받으려고 학교에 들어가는 것.《취학 연령》**취학하다**

취향 (趣向) 좋아하는 것에 마음이 쏠리는 것. 또는 그런 마음.《나와 언니는 취향이 달라서 옷도 따로 고른다.》

츠렁바위 |북 겹겹이 쌓인 험한 바위.

츠렁츠렁 |북 1.액체가 가득 차서 막 넘칠 것 같은 모양.《뜨거운 물이 대야에 츠렁츠렁 차 있다.》2.꽤 길게 드리운 것이 부드럽게 흔들리는 모양.《버드나무 가지들이 바람을 따라 츠렁츠렁 움직인다.》**츠렁츠렁하다**

측 (側) 의견이 다른 가운데 어느 한쪽.《자자는 측과 놀자는 측이 갈렸다.》

측간 (厠間) 옛날에 '변소'나 '화장실'을 이르던 말.

측근 (側近) 1.어떤 사람한테서 가까운 곳.《장군은 충성스러운 부하들을 측근에 두었다.》2.권세 있는 사람을 가까이에서 모시는 사람.《저 사람은 대통령 측근으로 알려져 있다.》

측량 (測量) 높이, 길이, 부피, 넓이 들을 재는 일.《토지 측량》**측량하다**

측면 (側面) 1.→ 옆면. 2.어떤 일이나 현상의 한 부분이나 한쪽 면.《사건을 여러 가지 측면에서 살펴보자.》

측면도 (側面圖) 건물, 기계 들의 옆면을 나타낸 그림.《체육관 측면도》

측백나무

측백나무 공원이나 뜰에 심어 가꾸는 늘푸른나무. 잎은 작은 비늘처럼 다닥다닥 붙어 나고 4월에 꽃이 핀다. 가을에 열매를 맺는데 약으로 쓴다.

측우기

측우기 (測雨器) 조선 세종 때 (1441년) 비가 내린 양을 재려고 만든 기구.

세계에서 처음으로 만든 것이다.

측은하다 가엾고 불쌍하다.《어미 잃은 강아지가 참 측은하다.》 **측은히**

측정 (測定) 길이, 높이, 무게 들을 재어서 수로 나타내는 것. **측정하다**《혈압을 측정하다.》 **측정되다**

측정값 측정해서 얻은 값. **북**잰값.

측정기 (測定器) 길이나, 넓이, 무게, 속도 들을 재는 기기.《음주 측정기》

츨하다 |**북** 풀 같은 것이 잘 자라서 미끈하고 길다.《미역이 참 츨하다.》

층 (層) 1.여러 겹으로 포개져 있는 것.《층을 이뤄 쌓은 장작》 2.높이가 같지 않거나 수평이 이루어지지 않아서 나는 차이.《머리를 층이 지게 잘랐다.》 3.위로 높이 포개어 지은 건물에서 높이가 같은 곳. 또는 그것을 세는 말.《동무가 아파트 같은 층에 삽니다.》

층계 (層階) 걸어서 오르내릴 수 있게 여러 층을 만들어 놓은 것. **비**계단.

층암절벽 (層巖絕壁) 높고 날카로운 바위가 겹겹이 쌓여 있는 낭떠러지.

층층나무 산 중턱이나 골짜기에 자라는 잎지는나무. 가지가 여러 층을 이루면서 사방으로 퍼지고, 이른 여름에 희고 자잘한 꽃이 핀다.

층층나무

층층대 (層層臺) 높은 곳을 오르내릴 수 있게 나무나 돌로 층이 지게 만든 기구.《층층대를 딛고 배에 올랐다.》

층층둥굴레 숲에서 자라는 풀. 6월에 푸르스름한 흰 꽃이 밑을 보고 피는데 열매는 검게 익는다. 어린순과 뿌리를 먹는다.

층층둥굴레

층층이 여러 층으로 겹겹이. 또는 여러 층마다.《벽돌을 층층이 쌓았다.》

층층이꽃

층층이꽃 산과 들에 자라는 풀. 여름에 연분홍 꽃이 층층이 핀다. 어린순은 먹고, 뿌리를 약으로 쓴다.

층탑 (層塔) 여러 층으로 쌓은 탑.《황룡사 구층탑》

치 ¹ 뭇 일정한 몫이나 양.《젊은이들은 이틀 치의 식량을 가지고 떠났다.》

치 단위 길이를 나타내는 말. 한 치는 3센티미터쯤이다.《세 치 혀/너무 깜깜해서 한 치 앞도 안 보여요.》

치 느낌말 못마땅하거나 성났을 때 내는 소리.《치, 너랑 안 놀아.》

치 벌 |**북** 벌이 쏘는 침.《치에 쏘였을 때는 얼른 이 약을 발라라.》

치 이 (齒) '떨다', '떨리다' 와 함께 써서, '이' 를 나타내는 말.

치가 떨리다 관용 몹시 분하거나 끔찍해서 몸서리가 쳐지다.《바퀴벌레 말만 들어도 치가 떨린다.》

치- 붙는 말 움직임을 나타내는 낱말 앞에 붙어, '위쪽으로' 라는 뜻을 더하는 말.《치뜨다/치솟다》

치고 어떤 낱말 뒤에 붙어, 1.'그 테두리에 드는 것이라면 모두'를 뜻하는 말.《우리나라 사람치고 아리랑 모르는 사람은 없다.》 2.'앞말이 나타내는 일을 셈에 넣고'를 뜻하는 말.《봄 날씨치고 꽤 쌀쌀하다.》

치과 (齒科) 이와 잇몸을 비롯하여 입 안에 생기는 병을 살피고 고치는 의학 분야. 또는 그런 병원 부서.

치근- 몹시 짓궂게 지분거리는 모양.

치근거리다 치근대다 치근치근《동생이 같이 놀자고 자꾸 치근거린다.》

치다 천둥이 1.천둥이 울리거나 번개가

번쩍이거나 벼락이 떨어지다.《천둥 치는 소리에 깜짝 놀랐다.》2.파도, 눈보라, 태풍 들이 거세게 일다.《파도가 심하게 치면 배가 뜨지 못한다.》

치다 북을 1.손이나 도구로 어떤 것을 때리거나 두드리다.《성난 언니가 내 등을 세게 쳤다.》2.악기를 두드려 소리를 내다. 또는 입으로 큰소리를 내다.《장구를 치다./호통을 치다.》3.전투, 운동 경기 들에서 상대방을 공격하다.《지금이야말로 적을 칠 때입니다.》4.몸이나 도구를 써서 놀이, 운동 들을 하다.《헤엄을 치다./탁구를 치다.》5.어떤 장치로 글자를 찍거나 신호를 보내거나 소리를 내다.《타자를 치다./무전을 치다.》6.몸이나 몸의 한 부분을 흔들다. 또는 기계가 몸체를 흔들다.《강아지가 꼬리를 친다./배가 갑자기 요동을 친다.》7.짓궂거나 나쁜 짓을 하다.《장난을 치다./거짓말을 치다.》8.어떤 것을 자르거나 썰다.《더워서 머리를 짧게 쳤다.》9.가루를 체에 넣고 흔들다.《밀가루를 체에 쳤다.》

치다 값을 1.값, 가치를 매기거나 수량을 셈하다.《오징어는 울릉도 근처에서 잡힌 것을 최고로 친다.》2.일, 상황이 어떻다고 여기거나 미루어 생각하다.《홍이가 잘못했다고 쳐도 네 행동은 너무 심했어.》3.시험을 보다. 또는 점으로 앞날의 운수를 알아보다.《내일은 음악 시험을 치는 날이다.》

치다 소금을 1.음식에 양념, 조미료 들을 넣다.《국이 싱거우면 소금을 쳐서 먹어라.》2.약을 뿌리거나 기름을 바르다.《콩밭에 농약을 쳤다.》

치다 줄을 1.선을 긋거나 도형, 그림 들을 그리다.《중요한 부분에는 밑줄을 쳐 두세요.》2.울타리, 담을 세워 어떤 곳을 가리거나 둘레를 두르다.《목장에 울타리를 쳤다.》3.줄, 그물, 발 같은 것을 펼치거나 늘어뜨리다.《발을 치다./모기장을 치다.》

치다 새끼를 1.소, 닭, 돼지 같은 집짐승을 기르다.《시골 큰아버지 댁에서도 돼지를 쳐요.》2.동물이 새끼를 낳다.《우리 야옹이가 새끼를 쳤어요.》3.식물이 가지를 뻗다.《사과나무가 가지를 많이 쳤다.》4.돈을 받고 남을 자기 집에 묵게 하다.《하숙을 치다.》

치다 도랑을 1.땅을 파서 물길을 내다.《도랑을 치다.》2.쓸데없는 것을 치우거나 어떤 곳을 청소하다.《쓰레기 치는 일은 제가 할게요.》

치다 부딪다 차, 기차, 오토바이 같은 탈것이 사람이나 동물을 들이받다.《자전거로 개를 칠 뻔했다.》본치이다.

치다꺼리 1.어떤 일을 치러 내는 것.《잔치 치다꺼리로 내내 바빴다.》2.남을 뒷바라지하는 것.《환자 치다꺼리는 힘든 일이다.》**치다꺼리하다**

치닫다 1.위쪽으로 빠르게 내달리다.《사냥꾼에게 쫓긴 멧돼지는 산 위로만 치달았다.》2.일, 상황 들이 빠르게 바뀌어 가다.《두 나라의 관계는 극한 대립으로 치달았다.》바치닫는, 치달아, 치닫습니다.

치달다 ¹북 1.위쪽으로 올려서 달다.《단추를 조금 더 치달아야겠다.》2.높은 곳에 튼튼하게 달다.《깃발을 깃대에 치달았다.》바치다는, 치달아, 치답니다.

치뜨다 고개를 들지 않고 눈만 위로 뜨다. 《짝꿍이 눈을 치떠 나를 보았다.》 ^반내리뜨다. ^바치뜨는, 치떠, 치뜹니다.

치런치런 물체의 한끝이 다른 물체에 가볍게 스칠 듯한 모양. **치런치런하다** 《머리카락이 옷깃에 치런치런한다.》

치렁– 길게 드리운 물건이 부드럽게 흔들거리는 모양. **치렁거리다 치렁대다 치렁치렁** 《회의장 앞에 여러 나라 국기가 치렁치렁 걸려 있다.》

치레 1.잘 손질하여 보기 좋게 꾸미는 일. 《손님맞이를 하려고 집안 치레에 정성을 쏟았다.》 2.내용보다 겉을 더 좋게 꾸며 드러내는 짓. 《치레에만 치우친 행사에는 가고 싶지 않아.》

치료 (治療) 병이나 다친 데를 고치려고 약을 바르거나 주사를 놓거나 수술을 하여 낫게 하는 일. 《응급 치료》 **치료하다 치료되다**

치료법 (治療法) 병이나 다친 데를 고치는 방법. 《새로운 치료법》

치료비 (治療費) 치료하는 데 드는 돈.

치료실 (治療室) 병원에서 병이나 다친 데를 고치는 방.

치료제 (治療劑) 병이나 상처를 고치는 데 쓰는 약. 《여드름 치료제》

치르다 1.물건이나 일을 한 대가로 돈을 내다. 《오늘 가게 계약금을 치르기로 했어요.》 2.어렵거나 큰일을 해내다. 《할머니가 고모 결혼식을 치르느라 많이 힘드셨나 보다.》 3.나쁜 행동, 결과에 따른 대가를 받다. 《죄의 대가를 치르다.》 ^바치르는, 치러, 치릅니다.

치리 물살이 느린 강이나 호수에 사는

민물고기. 몸이 가늘고 길면서 옆으로 납작하다. 몸 빛깔은 은빛 나는 흰색이고 등은 푸르스름한 갈색이다.

치마 여자가 아래에 입는 가랑이가 없고 밑이 터진 겉옷.

치마연 윗부분은 희고 아랫부분은 여러 빛깔인 연.

치마저고리 치마와 저고리. 또는 여자들이 입는 한복.

치마폭 치마의 너비. 또는 여러 조각을 잇대어 만든 넓은 치마 천. 《이 옷은 치마폭이 넓어서 편해요.》

치맛자락 치마에서 아래로 늘어진 부분. 《아이는 부끄러운지 얼른 엄마 치맛자락 뒤에 숨었다.》 ^북치마자락.

치매 (癡呆) 정상의 정신 능력을 잃어버린 상태. 신경 세포가 다쳐서 지능, 의지, 기억 들을 잃어버리는 것이다.

치명상 (致命傷) 목숨이 위태로울 만큼 아주 심한 상처. 《치명상을 입다.》

치명적 (致命的) 1.병이나 상처가 목숨을 잃을 만큼 아주 심한. 또는 그런 것. 2.다시 돌이킬 수 없을 만큼 큰 피해를 주는. 또는 그런 것.

치밀다 1.아래에서 위로 세게 솟아오르다. 《갑자기 불길이 확 치밀었다.》 2.감정, 생각, 슬픔 들이 마음속에 세게 일어나다. 《문숙이의 뻔뻔한 거짓말에 화가 치밀었다.》

치밀하다 빈틈이 없이 정확하고 자세하다. 《나는 여름 방학 계획을 치밀하게 세웠다.》 ^비면밀하다.

치받치다 느낌, 생각 들이 갑자기 세차게 일어나다. 《미주는 서러운 생각이 치받쳐 울음을 터뜨렸다.》 ^비치솟다.

치리

치부 ^{부끄러움} (恥部) 1.남한테 감추고 싶은 몹시 부끄러운 일.《한 기자가 자기가 다니던 신문사의 치부를 폭로하였다.》2.자지, 보지 같은 생식기를 창피하게 여겨 이르는 말.

치부 ^{여김} (置簿) 마음속으로 어떻다고 여기는 것. **치부하다**《언제까지 나를 꼬맹이로 치부할래?》**치부되다**

치부 ^{재산} (致富) 흔히 옳지 않은 방법으로 재산을 모아 부자가 되는 것. **치부하다**《친일파가 치부한 재산은 모두 돌려받아야 합니다.》

치사랑 아랫사람이 윗사람을 사랑하는 것. ^반내리사랑.

치사량 (致死量) 먹으면 죽을 만큼 많은 양. ^북죽는량, 죽임량.

치사하다 말이나 행동이 하찮은 것에 얽매여 좀스럽고 쩨쩨하다.《사탕 한 알 가지고 되게 치사하게 구네.》

치성 (致誠) 신에게 갖은 정성을 다하여 비는 일.《할머니 병이 낫게 해 달라고 절에 치성을 올렸다.》

치솟다 1.아래에서 위로 힘차게 솟다.《땅속에서 갑자기 물길이 치솟았다.》2.감정, 생각, 힘 같은 것이 세게 생겨나다.《밥을 먹었더니 기운이 치솟는다.》^비치받치다.

치수 물건의 크기나 길이를 나타내는 수.《치수를 재다.》^같사이즈.

치아 (齒牙) → 이.

치악산 (雉岳山) 강원도 원주에 있는 산. 국립공원이다.

치안 (治安) 사회의 안전과 질서를 지키는 것.《치안을 어지럽히다.》

치약 (齒藥) 칫솔에 묻혀 이를 닦는 데 쓰는 것.《딸기 향이 나는 치약》

치여나다 ^북 어려운 일이나 형편에 시달리다.《그분은 가난에 치여나서 초등학교조차 제대로 다니지 못했다.》

치열하다 기세나 분위기가 몹시 뜨겁고 거세다.《두 선수 모두 최선을 다해 치열한 경기를 펼쳤다.》^북치렬하다.

치외 법권 (治外法權) 다른 나라 안에 머물면서 그 나라 법에 따르지 않을 권리나 자격.

치욕 (恥辱) 손가락질을 당할 만큼 몹시 창피하고 욕된 것.《오늘 당한 치욕은 결코 잊지 않겠다.》

치우다 ^{버리다} 1.어떤 것을 다른 곳으로 옮기거나 버리다.《여기에 있던 책 누가 치웠어요?》2.어수선하거나 지저분한 곳을 정리하거나 청소하다.《누나와 함께 마당을 치웠다.》3.어떤 일을 거침없이 하거나 완전히 끝내는 것을 나타내는 말.《형이 내가 남긴 김밥까지 다 먹어 치웠다.》

치우다 ^{시험을} ^북 남한테 시험을 치르게 하다.《받아쓰기 시험을 치우겠어요.》

치우치다 1.균형을 잃고 한쪽으로 기울어지다.《달력이 왼쪽으로 치우쳐 걸려 있다.》2.마음이나 생각이 한쪽으로 쏠리다.《인정에 치우쳐 일을 그르쳐서는 안 된다.》

치유 (治癒) 몸이나 마음의 병을 치료하여 낫게 하는 것. **치유하다**《교통사고로 생긴 상처를 치유하는 데 석 달이 걸렸다.》**치유되다**

치읓 닿소리 글자 'ㅊ'의 이름. ^북치읏.

치이다 1.차에 부딪히거나 무거운 물건에 깔리다.《은수가 자동차에 치여

병원에 입원했다.》**준**치다. 2.동물이
덫에 걸리다.《나무꾼이 덫에 치인 곰
을 구해 주었다.》**준**치다.

치자 치자나무 열매. 음식이나 옷감을
노란색으로 물들이는 데 쓰고, 말려서
약으로도 쓴다.

치자나무 꽃을 보고 열매를 얻으려고
심어 가꾸는 늘푸른나무. 여름에 흰 꽃
이 피고, 가을에 치자가 익는다.

치자

치자나무

치장 (治粧) 화장을 하거나 장식을 하
여 보기 좋게 꾸미는 것. **치장하다**《엄
마가 예쁘게 치장하셨다.》**치장되다**

치졸하다 생각이나 하는 짓이 나이에
걸맞지 않게 질이 낮고 못나다.《그런
치졸한 짓거리는 당장 그만둬.》

치중하다 어떤 것에 큰 가치를 두고 중
요하게 여기다.《겉모습보다는 내용을
알차게 꾸미는 데 치중해야죠.》

치즈 (cheese) 우유 속에 있는 단백질
을 뽑아 굳혀서 발효시킨 먹을거리. 단
백질, 지방, 비타민이 많이 들어 있다.

치질 (痔疾) 똥구멍 주위에 생기는 병.

치켜들다 위로 올려서 들다.《아빠가
아기를 번쩍 치켜들었다.》**바**치켜드는,
치켜들어, 치켜듭니다.

치켜뜨다 눈을 위로 올려 뜨다.《내 말
을 들은 형은 놀란 듯이 눈을 치켜떴
다.》**바**치켜뜨는, 치켜떠, 치켜뜹니다.

치켜세우다 1.옷깃이나 눈썹을 위로
올리다.《날씨가 추워서 옷깃을 치켜
세웠다.》2. 지나치게 높이 칭찬해 주
다.《제 할 일을 했을 뿐이니 너무 치
켜세우지 마세요.》**✗**추켜세우다.

치키다 아래에서 위로 끌어 올리다.
《흘러내리는 바지 좀 치켜 올려라.》

치타 아프리카 초원에 사는 짐승. 몸이
늘씬하고 네 다리가 가늘고 길다. 몸
빛깔은 잿빛이나 갈색 바탕에 검고 둥
근 무늬가 많다. 동물 가운데 가장 빨
리 달린다.

치통 (齒痛) 이가 아픈 증세.《충치가
심해 치통이 있다.》**북**이쏘기.

치하 **다스림**(治下) 어떤 세력이 다스리
는 상황.《일제 치하/공산 치하》

치하 **칭찬**(致賀) 윗사람이 아랫사람을
칭찬하는 것. **치하하다**《장군은 고생
한 병사들을 치하했다.》

칙칙 뜨거운 김이 좁은 구멍이나 틈으
로 거칠게 새어 나오는 소리. **칙칙거리
다 칙칙대다**《압력솥이 칙칙거리는
걸 보니 밥이 다 되었나 보다.》

칙칙폭폭 증기 기관차가 연기를 뿜으
면서 가는 소리.

칙칙하다 빛깔이나 분위기가 밝거나
맑지 않고 어둡고 흐리다.《이 옷은 칙
칙해서 나들이에는 어울리지 않아.》

친가 (親家) 아버지의 집안.《친가에
는 할머니 한 분만 계십니다.》

친교 (親交) 남과 사귀는 것. 또는 남
과 친하게 사귀는 일.《친교를 맺다.》

친구 (親舊) 오랫동안 함께 어울려 가
까이 지내는 사람. 또는 친하게 사귀는
사람.《친구와 싸우지 말고 사이좋게
놀아라.》**비**동무, 벗.

친구 따라 강남 간다 **속담** 하기 싫은 일
을 남한테 이끌려서 덩달아 한다는 말.

친근하다 자주 만나거나 어울려 사이
가 아주 가까운 느낌이 있다.《옆집 누
나는 참 친근해요.》**비**친밀하다.

친목 (親睦) 서로 친하게 잘 지내는

일.《친목 단체》**친목하다**

친밀감 (親密感) 친밀한 느낌.

친밀하다 어떤 사람과 서로 잘 알고 정이 들어 사이가 아주 가깝다.《요즘 민수와 친밀하게 지내요.》비친근하다.

친부모 (親父母) 자기를 낳아 준 부모.

친분 (親分) 아주 가깝고 친하게 지내면서 든 정. 또는 그런 관계.《친분이 두텁다./친분을 맺다.》

친선 (親善) 국가나 단체가 가까이 지내 사이가 좋은 것.《친선 경기》

친숙하다 늘 함께 어울려 지내 허물이 없고 가깝다.《친숙한 동무 사이》

친애하다 흔히 인사말로 아주 친하게 생각하고 사랑하다.《친애하는 어린이 여러분, 안녕하세요?》

친일파 (親日派) 일제 강점기 때 우리나라를 배반하고 일본을 도운 사람.

친자 (親子) 1.자기가 낳은 자식.《친자 확인》2.법에 따라 자기 자식이 된 사람.《친자 관계를 맺다.》

친절 (親切) 남을 대하는 태도가 정답고 부드럽다. **친절하다**《아저씨는 어려운 이웃에게 늘 친절하다.》

친정 (親庭) 시집간 여자의 친부모나 친형제가 사는 집. 참시집.

친족 (親族) 같은 핏줄을 이어받거나 혼인으로 맺어진 사람들. 비친척.

친지 (親知) 서로 잘 알고 친하게 지내는 사람.《삼촌 결혼식에 친지들이 많이 오셔서 축복해 주셨다.》

친척 (親戚) 아버지, 어머니와 핏줄이 같은 가까운 사람. 또는 혼인을 하여 가까운 관계에 있는 사람.《친척 어른들께 인사를 드렸다.》비친족.

친척집 친척이 사는 집.

친친 붕대나 끈 같은 것을 감거나 동여매는 모양.《구렁이가 대들보를 친친 감으면서 올라간다.》

친필 (親筆) 자기가 쓴 글씨.《소설가의 친필이 담긴 책》

친하다 서로 가까이 지내 정이 깊다.《나는 옆집 형과 친하게 지낸다.》

친형제 (親兄弟) 아버지와 어머니가 모두 같은 형제.

친히 윗사람이 남을 시키지 않고 몸소.《할머니가 친히 마중을 나오셨다》

칠 숫자 (七) 1.육에 일을 더한 수. 아라비아 숫자로는 '7'이다. 참일곱. 2.세는 말 앞에 써서, 일곱을 나타내는 말. **칠 년 가뭄에는 살아도 석 달 장마에는 못 산다** 속담 오랜 가뭄은 견딜 수 있지만, 오랜 장마는 견디기 힘들다는 말.

칠 색칠 (漆) 빛깔이나 윤기가 나게 물건 겉에 바르는 것. 또는 바르는 물질.

칠게 진흙 갯벌에 구멍을 파고 사는 게. 등딱지가 길쭉하고 집게발이 옅은 파란색이거나 분홍색이다.

칠게

칠교놀이 일곱 가지 도형으로 나눈 조각을 맞추어 동물이나 식물 같은 여러 가지 꼴을 만드는 놀이.

칠기 (漆器) 옻을 칠한 나무 그릇.

칠면조 집짐승으로 기르는 새 가운데 하나. 머리에서 목까지 털이 없고 살이 늘어져 있다.

칠면초 바닷가 갯벌에서 자라는 풀. 줄기는 곧게 서고 잎은 곤봉 모양이다. 어린순은 먹는다.

칠면초

칠보 (七寶) 금, 은, 구리 같은 쇠붙이를 써서 하는 공예. 쇠붙이 위에 알록달록한 유약을 바르고 무늬를 새긴 뒤 뜨거운 불에 구워 만든다.

칠삭둥이 밴 지 일곱 달 만에 낳은 아이. **북**일곱달내기.

칠석 (七夕) 음력 7월 7일. 은하수 서쪽에 있는 직녀와 동쪽에 있는 견우가 오작교에서 한 해에 한 번 만나는 날이라고 한다.

칠성무당벌레 산과 들, 밭이나 과수원 같은 곳에 사는 무당벌레. 주홍빛 날개에 까만 점이 일곱 개 있다.

칠성장어 바다에 살다가 알을 낳을 때 강으로 돌아가는 바닷물고기. 몸이 가늘고 긴데 입은 빨판처럼 생겼고 아가미구멍은 일곱 쌍이다.

칠순 (七旬) 일흔 살. **같**고희.

칠전팔기 (七顚八起) 여러 번 실패해도 꾸준히 노력하는 것. 일곱 번 넘어져도 여덟 번 일어난다는 뜻이다.

칠칠맞다 '못하다', '않다'와 함께 써서, '칠칠하다'를 낮추어 이르는 말. 《칠칠맞지 못하게 밥풀을 흘리기는.》

칠칠하다 1. 모습이 깔끔하고 단정하다.《동생이 칠칠치 못하게 바지를 뒤집어 입었다.》 2. 하는 짓이나 일솜씨가 바르고 야무지다.《그렇게 칠칠치 않아서 앞으로 무슨 일을 할래?》

칠판 (漆板) 검은색이나 녹색을 칠하여 분필로 글씨를 쓰게 만든 네모난 판.

칠팔월 (七八月) 칠월과 팔월.

칠하다 크레파스, 물감, 페인트 들을 물건에 바르다.《대문에 푸른 페인트를 칠했다.》

칠흑 (漆黑) 옻처럼 윤이 나고 새까만 것. 또는 그런 색깔.《이모는 칠흑같이

칡

칠성무당벌레

칡때까치

검은 머리를 단정히 빗어 올렸다.》

칡 양지바른 산기슭에 자라는 잎 지는 덩굴나무. 줄기와 잎에 털이 많고, 여름에 보랏빛 꽃이 핀다. 꽃과 뿌리를 약으로 쓴다.

칡넝쿨 → 칡덩굴.

칡덩굴 덩굴이 되어 뻗는 칡 줄기. **같**칡넝쿨.

칡때까치 평평한 땅이나 낮은 산의 숲에서 사는 여름새. 머리는 푸른빛을 띤 회색이고 등과 날개는 붉은빛을 띤 갈색이다.

칡범 몸에 칡덩굴을 감은 듯한 줄무늬가 있는 범. **북**갈범.

침 입 입 안에 고이는 액체.

침을 뱉다 **관용** 남을 업신여기거나 욕하다.《자기 잘못도 있으면서 다른 동무한테 침을 뱉으면 되겠니.》

침을 흘리다 **관용** 1. 어떤 것을 몹시 먹고 싶어 하다.《오빠가 자기 떡을 다 먹고 내 접시를 보면서 침을 흘린다.》 2. 어떤 것을 몹시 탐내다.《저 인형은 내일 내가 살 거니까 너희들 침 흘리지 마.》

침 한방 (鍼) 한방에서 몸의 어떤 곳에 찔러서 병을 치료하는 바늘처럼 생긴 것.《다리를 삔 곳에 침을 맞았다.》

침 벌 (針) 1. → 바늘. 2. 벌 꽁무니에 달린 뾰족한 것.

침을 놓다 **관용** 따끔하게 한마디하거나 단단히 이르다.《다시는 늦지 말라고 짝꿍한테 침을 놓았다.》 **비**침을 주다.

침강 (沈降) 밑으로 내려앉는 것.《침강 지역》 **반**융기. **북**바다잠기기. **침강하다 침강되다**

침공 (侵攻) 다른 나라에 함부로 쳐들

어가는 것. 비침략, 침범. **침공하다**《수
나라가 고구려를 침공하였다.》

침구 (寢具) 이불, 요, 베개 들처럼 잠
을 자는 데 쓰는 물건.

침낭 (寢囊) 흔히 야외에서 잠을 잘 때
쓰는 자루처럼 생긴 물건. 겹으로 된
천 사이에 솜이나 깃털을 넣어 만든다.

침대 (寢臺) 바닥보다 높게 만들어 사
람이 누워 자게 만든 서양 가구.《침대
에 벌렁 드러누웠다.》비침상.

침략 (侵略) 다른 나라에 쳐들어가 땅
을 빼앗는 것. 비침공, 침범. **침략하다**
《이웃 나라를 침략하다.》

침략국 (侵略國) 다른 나라를 침략하
는 나라.

침략기 (侵略期) 다른 나라에 쳐들어
가 강제로 땅을 빼앗은 동안.

침략자 (侵略者) 다른 나라에 쳐들어
가 강제로 땅을 빼앗은 나라나 사람.

침목 (枕木) 1. 길고 큰 물건 밑에 괴어
놓는 나무토막. 2. 철길에서 나란히 놓
은 쇠줄 아래에 까는 나무나 콘크리트
받침.

침몰 (沈沒) 배가 물속으로 가라앉는
것. **침몰하다**《여객선은 빙산에 부딪
혀 침몰했다.》**침몰되다**

침묵 (沈默) 아무 말 없이 가만히 있는
것.《방 안에는 무거운 침묵만이 흘렀
다.》**침묵하다**

침방 (寢房) → 침실.《침방에 들다.》

침버섯 죽은 넓은잎나무에서 자라는
버섯. 부채처럼 생겼고 갓 가장자리가
사람 이와 닮았다. 먹을 수 있고 약으
로도 쓴다.

침범 (侵犯) 남의 땅이나 지역에 제 마

침버섯

음대로 들어가 해를 끼치는 것. 비침공,
침략. **침범하다**《외적이 침범하다.》

침봉 (針峯) 꽃꽂이할 때 꽃의 줄기나
가지를 꽂아 세우는 물건. 쇠로 된 받
침에 굵은 바늘이 촘촘히 박혀 있다.

침상 (寢牀) 위가 넓고 다리가 달려 누
워 잘 수 있게 만든 가구. 비침대.

침샘 침을 만들어 입 안에 내보내는 기
관. 혀 밑, 귀 밑, 턱 밑에 있다.

침소봉대 (針小棒大) 작은 일을 크게
불려 말하는 것. 바늘만 한 것을 몽둥
이만 하다고 말한다는 뜻이다.

침수 (浸水) 큰비가 내려 집, 논밭, 도
로 들이 물에 잠기는 것. **침수하다**《큰
비로 다리가 침수했다.》**침수되다**

침술 (鍼術) 몸에 침을 놓아 병을 고치
는 기술.

침시 (沈柿) 소금물에 담가 떫은맛을
없앤 감.

침식 깎임 (浸蝕) 바람, 비, 흐르는 물
들이 땅이나 바위를 조금씩 깎거나 잘
게 부수는 것. **침식하다 침식되다**

침식 숙식 (寢食) 먹고 자는 일.《이모
는 동무와 침식을 같이했다.》비숙식.

침식 작용 (浸蝕作用) 바람, 비, 흐르
는 물 들에 부딪혀서 땅이나 바위가 조
금씩 깎이거나 부서지는 일.

침실 (寢室) 잠을 자는 방. 끝침방.

침엽수 (針葉樹) → 바늘잎나무.

침엽수림 (針葉樹林) 잎이 바늘처럼
가늘고 뾰족한 나무들이 많이 있는 숲.
북바늘잎나무숲.

침울하다 걱정, 실망에 빠져 마음이나
표정이 무겁고 어둡다.《시험을 망친
동생이 침울한 얼굴로 앉아 있다.》

침입 (侵入) 어떤 곳에 함부로 쳐들어가거나 쳐들어오는 것. **침입하다**《도둑이 침입하여 귀중품을 훔쳐 갔다.》

침입로 (侵入路) 어떤 곳에 함부로 쳐들어가거나 쳐들어온 길이나 차례.

침전 (沈澱) 액체에 섞여 있는 물질이 바닥에 가라앉는 것. **침전하다**《물밑으로 침전한 모래》**침전되다**

침전물 (沈澱物) → 앙금.

침전지 (沈澱池) 물속에 섞여 있는 흙, 모래 들을 가라앉혀서 물을 맑게 하는 곳. 북앙금못.

침착하다 어떤 일을 할 때 서두르지 않고 찬찬하다.《누나는 사고가 왜 났는지 침착하게 말했다.》

침체 (沈滯) 1. 일이 잘 되거나 나아가지 못하고 제자리에 머무르는 것.《경기 침체로 소비가 줄어들었다.》 2. 분위기 같은 것이 무겁게 가라앉는 것.《경기가 역전되자 응원단 분위기가 침체에 빠졌다.》**침체하다 침체되다**

침침하다 빛이 약하거나 눈이 어두워 사물이 잘 보이지 않고 흐릿하다.《불이 흐려서 방 안이 침침하다.》

침탈 (侵奪) 남의 영역에 쳐들어가 물건, 땅, 권력 들을 빼앗는 것.《국권 침탈》**침탈하다 침탈되다**

침통하다 걱정이나 근심이 깊어 마음이 몹시 어둡고 슬프다.《선생님은 침통한 얼굴로 사고 소식을 전하셨다.》

침투 (浸透) 1. 어느 곳에 몰래 숨어서 들어가는 것. 2. 액체가 스며들어서 배는 것. 또는 나쁜 균이 몸속에 들어가는 것. **침투하다**《간첩이 침투했다./결핵균이 몸속에 침투했다.》**침투되다**

침팬지 아프리카 숲이나 초원에 사는 짐승. 얼굴을 뺀 온몸에 검은 갈색 털이 나 있다. 머리가 좋고 도구를 쓸 줄 안다. 북검은성성이, 침판지.

침해 (侵害) 남의 일에 함부로 끼어들어 권리, 인권 들을 해치는 것. **침해하다**《어떤 경우에도 개인의 인권을 침해해서는 안 됩니다.》

칩 (chip) 1. 얇게 썰어서 기름에 튀기는 요리.《감자 칩》 2. 전자 공학에서 집적 회로에 붙이는 작은 반도체 조각.《컴퓨터 칩》

칫솔 이를 닦는 데 쓰는 도구.《칫솔에 치약을 묻혔다.》북이솔, 칫솔.

칫솔질 칫솔로 이를 닦는 일. 북치솔질. **칫솔질하다**

칭송 (稱頌) 훌륭한 일이나 잘한 일을 칭찬하여 높이 우러르는 것. **칭송하다**《마을 사람들은 고을 원님의 덕을 칭송하였다.》**칭송되다**

칭얼- 흔히 어린아이가 짜증을 내면서 보채거나 울면서 중얼거리는 소리. 또는 그 모양. **칭얼거리다 칭얼대다 칭얼칭얼**《졸려서 칭얼대는 아이》

칭찬 (稱讚) 착하고 좋은 사람이나 일을 두고 훌륭하다고 기뻐하면서 말로 나타내는 것. 반꾸지람. **칭찬하다**《엄마가 청소를 잘했다고 칭찬하셨다.》

칭칭 붕대나 끈 같은 것을 감거나 동여매는 모양.《밧줄을 칭칭 감았다.》

칭하다 어떤 이름을 붙여서 부르다.《우리나라를 대한민국이라 칭한다.》

칭호 (稱號) 어떤 뜻이나 명예를 담아 부르는 이름.《펠레는 축구 황제라는 칭호를 얻었다.》

카나리아 집에서 기르는 새 가운데 하나. 몸집이 작고, 털빛은 여러 가지이다. 수컷은 울음소리가 맑고 아름답다.

카네이션 꽃을 보려고 심어 가꾸는 풀. 빨간색, 분홍색, 흰색 꽃이 피는데 어버이날, 스승의 날에 부모님과 선생님께 드린다. **비**카네숀, 향패랭이꽃.

카누 (canoe) 짐승 가죽이나 통나무 같은 것으로 길쭉하게 만든 작은 배.

카누 경기 카누를 타고 노를 저어서 빨리 가는 경기.

카드 (card) 1.생일, 크리스마스 같은 특별한 날을 축하하는 뜻으로 예쁘게 꾸며서 남한테 주는 종이.《생일 카드》 2.빳빳한 종이에 글자나 그림이 박혀 있는 서양식 놀이 도구.《카드놀이》 3. 어떤 장치에 넣거나 대거나 하여 돈을 빼거나 돈 대신 쓰는 플라스틱 판.《신용 카드》 4.어떤 정보를 담아서 자료로 이용하거나 보관하는 종이.《회원

카누

카드》 5.컴퓨터에서 전자 정보를 담고 있는 플라스틱 판.

카랑카랑 목소리가 쇳소리처럼 높고 날카로운 모양. **카랑카랑하다**《할머니는 목소리가 카랑카랑하시다.》

카레 1.인도 요리에 많이 쓰는 맵고 노란 가루. 강황, 생강, 후추, 마늘 들을 섞어 만든다. 2.➡ 카레라이스.

카레라이스 고기, 감자, 양파 들을 넣어 익힌 국물에 카레 가루를 풀어서 걸쭉하게 끓인 것을 밥에 얹은 먹을거리. **같**카레.

카리스마 (charisma) 많은 사람을 마음으로 믿고 따르게 하는 힘.

카메라 (camera) ➡ 사진기.

카세트 (cassette) 카세트테이프에 소리를 녹음하거나 녹음한 소리를 들을 수 있는 장치.

카세트테이프 (cassette tape) 소리를 녹음할 수 있는 테이프를 작은 플라

스틱 갑에 넣은 것. **북**카세트테프.

카스트 (caste) 인도에만 있는 신분 제도. 승려인 브라만, 귀족과 무사인 크샤트리아, 평민 바이샤, 노예 수드라로 나뉜다.

카시오페이아 (Cassiopeia) 그리스 신화에 나오는 왕비. 아름다움을 뽐내다가 벌을 받았다. 나중에 별자리가 되었다.

카시오페이아자리 일 년 내내 북쪽 하늘에 보이는 별자리.

카시오페이아자리

카우보이 (cowboy) 미국, 멕시코, 캐나다 같은 나라의 목장에서 말을 타고 소를 돌보는 남자.

카운슬러 (counselor) → 상담원.

카운터 (counter) → 계산대.

카운트 (count) 1.운동 경기에서 얻은 점수를 세는 일. 2.권투에서 선수가 쓰러졌을 때 심판이 열을 세는 일. 열을 세는 동안 일어나지 못하면 진다. **카운트하다**

카카오 1.→ 카카오나무. 2.카카오나무 열매. 두꺼운 껍질 속에 씨가 많이 들어 있는데 이 씨로 코코아나 초콜릿을 만든다.

카카오나무 열대 지방에서 심어 가꾸는 늘푸른나무. 꽃은 분홍색이고 열매는 누런색이나 갈색이다. **같**카카오.

카탈로그 (catalog) 상품 목록, 사진, 설명 같은 것을 적은 작은 책.

카톨릭 '가톨릭'을 잘못 쓴 말.

카페 (café 프) 커피, 음료, 술 같은 것을 파는 가게.

칸나

카페리 (car ferry) 사람과 자동차를 함께 실어 나르는 배. **같**페리.

카페인 (caffeine) 커피나 차에 들어 있는 쓴맛 나는 성분. 심장이나 뇌 활동을 활발하게 하고 오줌을 잘 나오게 한다.

카펫 (carpet) → 양탄자.

칵 목구멍에 걸린 것을 세게 내뱉는 소리.《험상궂게 생긴 아저씨가 칵 소리를 내면서 길에 가래를 뱉었어요.》

칸 1.일정한 크기나 모양으로 나누어 놓은 공간. 또는 그것을 세는 말.《방 한 칸/빈칸에 알맞은 말을 넣으세요.》 2.계단의 층을 세는 말.《계단 두 칸》

칸나 꽃을 보려고 심어 가꾸는 풀. 줄기는 곧게 서고 잎이 크다. 여름과 가을에 빨간색, 노란색 꽃이 핀다.

칸막이 한 공간을 여럿으로 나누려고 칸을 쳐서 막는 일. 또는 그렇게 막는 데 쓰는 물건.《도서실은 책상마다 칸막이가 되어 있다.》 **북**간막이, 새막이.

칸막이하다

칼 도구 물건을 베거나 깎거나 써는 데 쓰는 날카로운 도구.《칼을 쓸 때는 손이 베이지 않게 조심해라.》 **참**검.

칼을 갈다 관용 앙갚음하려고 준비하다. 《지난번에 진 빚을 갚으려고 모든 선수가 한마음이 되어 칼을 갈았다.》

칼로 물 베기 속담 다투었다가도 금세 사이가 좋아지는 것을 빗대어 이르는 말.

칼 형벌 옛날에 긴 널빤지에 구멍을 뚫어 죄지은 사람 목에 씌우던 틀.

칼국수 밀가루 반죽을 방망이로 얇게 민 뒤 칼로 가늘게 썬 국수. 또는 그 국수로 만든 먹을거리. **북**칼제비국.

칼날 칼의 얇고 날카로운 부분.

칼날 쥔 놈이 자루 쥔 놈을 당할까 **속담** 어떤 일이든 앞장서서 이끄는 사람을 이기기 어렵다는 말.

칼납자루 얕은 강, 시내, 연못에 사는 민물고기. 몸이 넓적하고 빛깔은 누런 갈색이다. 조개 속에 알을 낳는다.

칼데라 (caldera^에) 화산이 폭발할 때 분화구 둘레가 무너져서 생긴 우묵한 곳.《백두산 천지는 칼데라 호수이다.》

칼라 (collar) → 옷깃.

칼로리 (calorie) 1.열량을 나타내는 말. 기호는 cal이다. 2.음식물의 영양가를 열량으로 바꾸어 나타내는 말. 기호는 Cal이다.

칼륨 (Kalium^독) 가볍고 부드러운 은빛 금속. 물에 넣으면 수소가 생기고 자줏빛 불꽃을 내면서 탄다. 북칼리움.

칼바람 매섭게 부는 차가운 바람.《오늘은 칼바람이 불어서 몹시 추웠어.》

칼부림 남을 해치려고 칼을 마구 휘두르는 짓.

칼새 산속이나 바닷가 바위 절벽에 떼지어 사는 여름새. 몸 빛깔은 검은 갈색이고, 목과 허리는 희다.

칼슘 (calcium) 동물의 뼈나 이를 이루는 부드러운 은빛 금속. 북칼시움.

칼싸움 칼을 가지고 싸우는 것.《아이들이 장난감 칼을 가지고 칼싸움을 한다.》 **칼싸움하다**

칼자루 칼의 손잡이 부분.
칼자루를 잡다 관용 일을 자기 뜻대로 할 만한 처지에 있다.《지금은 정민이가 칼자루를 잡고 있지 않아?》 **비칼자루를 쥐다.**

칼자리 ^{|북} 칼로 자르거나 다듬거나 찌

칼납자루

른 자리.《도마에 칼자리가 났다.》

칼질 칼로 썰거나 깎거나 베는 것.《어머니는 도마에 무를 올려놓고 익숙한 솜씨로 칼질을 하셨다.》 **칼질하다**

칼집 **물건** 칼을 꽂아 두는 물건.

칼집 **자국** 요리를 할 때 재료를 칼로 살짝 베어서 벌어지게 한 틈.《양념이 잘 배게 고기에 칼집을 넣었다.》

칼춤 칼을 들고 추는 춤.

칼칼하다 1.목이 먼지가 쌓인 듯 조금 답답하면서 마르다.《목이 칼칼했는데 수정과가 있다니 참 잘됐다.》 **참컬컬하다.** 2.목소리가 쉰 듯이 거칠고 높다.《아저씨가 칼칼한 목소리로 손님들을 부른다.》 3.음식 맛이 매콤하면서도 개운하다.《찌개 국물 맛이 칼칼하네.》

캄캄하다 1.빛이 없어서 전혀 보이지 않다.《칠흑같이 캄캄한 밤》 **참깜깜하다, 컴컴하다.** 2.어떤 일을 풀어 나갈 방법이 없다.《앞으로 어떻게 해야 할지 캄캄해.》 3.아는 것이 전혀 없다. 또는 아무것도 기억나지 않다.《난 정치에 대해서는 캄캄해.》 **참깜깜하다.**

캐내다 1.땅에 묻힌 것을 파서 밖으로 나오게 하다.《농부는 밭에서 고구마를 캐냈다.》 2.드러나지 않은 사실을 찾아 밝히거나 물어서 알아내다.《남의 비밀을 캐내다.》

캐다 1.땅에 묻힌 것이 밖으로 나오게 파다.《갯벌에서 조개를 캤다.》 2.드러나지 않은 사실을 밝히려고 알아보거나 묻다.《남의 약점을 뒤에서 몰래 캐는 것은 비겁한 짓이야.》

캐럴 (carol) 크리스마스 무렵에 부르는 노래.

캐릭터 (character) 영화, 만화 같은 데 나오는 사람이나 동물을 그림으로 그리거나 인형으로 만든 것.

캐먹다 |북 1.땅에 묻힌 뿌리, 줄기 같은 것을 파내서 먹다.《감자를 캐먹다./칡을 캐먹다.》2.광산 같은 곳에서 광물이 나오다.《한때 그 광산에서는 수만 톤에 이르는 석탄을 캐먹었다지요.》3.캐내는 일을 직업으로 삼아 살아가다.《아직도 그 마을에는 약초 캐먹는 사람들이 있답니다.》

캐묻다 드러나지 않은 사실을 알아내려고 자세히 묻다.《형은 나에게 어디에 갔다 왔느냐고 캐물었다.》|바캐묻는, 캐물어, 캐묻습니다.

캐비닛 (cabinet) 사무실에서 서류 같은 것을 넣어 두는 장. 흔히 철판으로 만든다.

캐스터네츠 (castanets) 치는 악기 가운데 하나. 나무나 상아 같은 것 두 짝을 끈으로 매고 맞부딪쳐 소리를 낸다.

캐주얼 (casual) 보통 때 편하게 입는 옷. |다평상복.

캑캑 숨이 막히거나 목구멍이 걸려 세게 숨을 내뱉는 소리. **캑캑거리다 캑캑대다 캑캑하다**《급히 물을 마시다가 목에 걸려서 캑캑거렸다.》

캔 (can) 쇠붙이로 만든 통. 먹을거리를 오래 담아 두는 데 쓴다.

캔버스 (canvas) 유화를 그리는 천.

캘리포니아 (California) 미국 서쪽에 있는 주. 서쪽은 태평양에 닿아 있고 남쪽은 멕시코와 만난다. 미국에서 인구가 가장 많은 주이다.

캘린더 (calendar) → 달력.

캐스터네츠

커버 글라스

캠페인 (campaign) 어떤 일을 함께 하자고 널리 알리는 운동. |북깜빠니야.

캠프 (camp) 산, 들, 바닷가 같은 데 친 천막. 또는 그 천막에서 지내는 일.

캠프파이어 (campfire) 야외에서 밤에 피우는 모닥불. 또는 그 모닥불을 둘러싸고 노는 일.

캠핑 (camping) → 야영.

캡슐 (capsule) 가루약을 넣어서 쉽게 삼킬 수 있게 만든 작고 얇은 갑.

캥거루 오스트레일리아에 사는 짐승. 앞다리는 짧지만 뒷다리가 길고 튼튼해서 잘 뛴다. 아랫배에 있는 주머니에 새끼를 넣어 기른다. |북캉가루.

커녕 어떤 낱말 뒤에 붙어, '말할 것도 없이', '물론이거니와'를 뜻하는 말.《점심은커녕 아침도 못 먹었어.》

커닝 (cunning) 시험 칠 때 몰래 책이나 남의 답안지를 보고 베끼는 것. |북컨닝. **커닝하다**

커다랗다 아주 크다.《운동장에 커다란 은행나무 한 그루가 서 있다.》|바커다란, 커다래, 커다랗습니다.

커뮤니케이션 (communication) 다른 사람과 말, 글자, 몸짓 같은 것으로 생각을 주고받는 것.

커버 글라스 (cover glass) 현미경으로 물체를 관찰할 때 슬라이드 글라스 위에 놓은 재료를 덮는 유리판.

커브 (curve) 1.길이나 선의 굽은 부분. 2.야구에서 투수가 던진 공이 타자 가까이 와서 구부러져 들어오는 것. 또는 그런 공.

커서 (cursor) 컴퓨터 화면에서 다음에 입력하는 글자가 들어갈 자리를 나타내는 깜빡이는 표지.

커지다 크게 되다. 《수민이는 놀라서 눈이 둥그렇게 커졌다.》 반작아지다.

커터 (cutter) 어떤 것을 자르거나 깎는 데 쓰는 도구.

커튼 (curtain) 햇빛을 가리거나 밖에서 들여다보지 못하게 하려고 창문에 다는 천. 북창가림막.

커플 (couple) 부부나 애인처럼 한 쌍을 이룬 남자와 여자.

커피 (coffee) 1. 커피나무 열매를 볶아서 간 가루. 카페인이 들어 있고 독특한 향기가 있어 차로 많이 만든다. 2. 커피를 넣어 만든 차.

컥 1. 목에 걸린 것을 거칠게 내뱉는 소리. 《할아버지가 컥 하고 가래를 내뱉으셨다.》 2. 숨이 막혀 답답한 모양. 《담배 연기에 숨이 컥 막혀 왔다.》

컨디션 (condition) 몸이나 마음의 상태. 북컨디숀.

컨베이어 (conveyor) 공장 같은 데서 물건을 죽 이어 나르는 띠처럼 생긴 장치. 북흐름선.

컨테이너 (container) 물건을 실어 나르려고 쇠로 만든 커다란 상자. 북짐함.

컨트롤 키 (control key) 컴퓨터 자판에서 다른 키와 같이 눌러 특별한 일을 하게 하는 키.

컬러 (color) → 빛깔.

컬링 (curling) 네 사람이 한편이 되어 얼음판 위에서 둥글고 납작한 돌을 막대기로 미끄러지게 해서 표적에 넣는 경기.

컬컬하다 1. 목이 말라 물 같은 것을 마시고 싶다. 《컬컬한데 뭐 마실 거 없어요?》 참칼칼하다. 2. 맵거나 텁텁한 맛이 있다. 《컬컬한 막걸리》

컴컴하다 아주 어둡다. 《컴컴해서 아무것도 안 보여.》 참캄캄하다.

컴퍼스 (compass) 동그라미를 그리는 데 쓰는 도구. 오므렸다 폈다 하는 다리가 두 개 있다. 북콤파스.

컴퓨터 (computer) 많은 자료를 기억하고 정리하고 계산하는 일을 빠르고 정확하게 처리하는 기계. 같전산.

컴퓨터 게임 (computer game) 컴퓨터로 하는 게임.

컴퓨터 바이러스 (computer virus) 컴퓨터 프로그램을 망가뜨리거나 컴퓨터에 들어 있는 정보를 지워 버리는 프로그램.

컴프리 밭에 심어 가꾸는 풀. 여름에 자주색, 흰색, 연분홍색 꽃이 아래를 보고 핀다. 집짐승 먹이로 쓰고, 잎과 뿌리를 약으로 쓴다. 북콤푸레.

컴프리

컵 (cup) 물이나 음료수를 따라 마시는 둥근 기둥처럼 생긴 그릇. 또는 그것에 물이나 음료수를 담아서 세는 말. 참잔. 북고뿌.

컹컹 개가 크게 짖는 소리. **컹컹거리다** 컹컹대다 《캄캄한 골목 안에 개가 컹컹거리는 소리가 크게 울렸다.》

케이블 (cable) 전기가 통하지 않는 물질로 겉을 감싼 전깃줄.

케이블카 (cable car) 비탈길을 따라서 공중에 매어 놓은 줄에 차량을 매달아 사람이나 짐을 나르는 장치.

케이블카

케이에스 마크 (KS mark) 한국 산업 규격에 맞는 제품에 붙이는 표시. Ⓚ로 나타낸다.

케이크 (cake) 밀가루, 달걀, 버터, 우유, 설탕 들을 섞어서 만든 빵.

케임브리지 (Cambridge) 영국 가운데에 있는 도시. 케임브리지 대학이 있다.

케첩 (ketchup) 토마토 같은 것을 끓여서 거른 것에 설탕, 소금, 식초 들을 섞어서 조린 소스. 북케챠프.

케케묵다 1.물건이 아주 오래되어 낡다.《다락에 케케묵은 책들이 많다.》 2.일이나 생각 같은 것이 아주 오래되어 새롭지 않다.《케케묵은 이야기》

켄트지 그림이나 설계도를 그리는 희고 빳빳한 종이.

켕기다 1.팽팽해져서 땅기는 느낌이 들다.《웃으니까 수술 자리가 켕긴다.》 2.잘못한 일이 있어서 마음속으로 걱정되거나 겁이 나다.《뭐 켕기는 거라도 있니?》

켜 포개진 것의 층 하나하나. 또는 그것을 세는 말.

켜다 불을 1.성냥, 라이터 같은 것으로 불을 일으키다.《성냥을 켜서 초에 불을 붙였다.》 반끄다. 2.초, 전등 같은 것에 불을 밝히다.《어두워서 전등을 켰다.》 반끄다. 3.텔레비전, 컴퓨터 같은 전기 기구가 돌아가게 하다.《더운데 선풍기 좀 켜자.》 반끄다.

켜다 나무를 1.톱으로 나무를 베다.《목수가 커다란 톱으로 나무를 켠다.》 2.바이올린, 첼로 같은 악기의 줄을 활로 문질러서 소리 내다.《규현이는 바이올린을 잘 켠다.》

켜다 물을 1.물, 술 같은 것을 단숨에 마시다.《나그네는 물 한 바가지를 쭉 켜고는 다시 길을 떠났습니다.》 2.목이 말라서 물을 자꾸 많이 마시다.《음식을 짜게 먹으면 자꾸 물을 켜게 된다.》

켜다 기지개를 '기지개'와 함께 써서, 몸을 펴고 팔다리를 쭉 뻗다.《아침에 일어나서 기지개를 활짝 켰다.》

켤레 신발, 양말, 장갑처럼 짝이 되는 두 개를 하나로 묶어서 세는 말.《운동화 한 켤레》 북킬레.

코 몸 1.얼굴에서 숨을 쉬고 냄새를 맡는 기관. 2.→ 콧물.

코가 꿰이다 관용 약점을 잡히다.《오빠가 언니 말에 설설 기는 걸 보니 코가 단단히 꿰인 모양이야.》

코가 납작해지다 관용 창피를 당해서 기가 죽다.《선생님께 혼났으니 잘난 체하던 진수 코가 납작해졌겠지?》

코가 삐뚤어지게 관용 몹시 취할 만큼.《삼촌이 오늘도 코가 비뚤어지게 술을 마시고 들어왔어요.》

코를 빠뜨리다 관용 일을 망치거나 방해하다.《그림 거의 다 그려 가는데 코 빠뜨릴 생각 말고 저리 가서 놀아.》

코를 찌르다 관용 냄새가 심하게 나다.《쓰레기 썩는 냄새가 코를 찔렀다.》

코 매듭 뜨개질한 것이나 그물에서 하나하나의 매듭.《코가 촘촘한 그물/뜨개질한 조끼의 코가 풀렸다.》

코 잠 어린아이를 자라고 어르는 말.

코끝 콧등 가장 높은 곳.《추운 곳에 나오니 코끝이 빨개졌네.》

코끝도 볼 수 없다 관용 얼굴을 전혀 볼 수 없다.《성희는 요새 뭘 하고 있어서 코끝도 볼 수 없는 거니?》

코끝이 찡하다 관용 슬프거나 기뻐서 눈

물이 날 듯하다. 《우리나라 선수가 우승했을 때는 코끝이 찡했어.》

코끼리 인도, 아프리카의 숲이나 초원에서 떼 지어 사는 짐승. 코가 길고 긴 앞니가 두 개 있다. 뭍에 사는 짐승 가운데 몸집이 가장 크다.

코끼리

코너 (corner) 1.→ 구석. 2.백화점 같은 곳에서 어떤 정해진 물건을 파는 곳.

코대답 못마땅하게 여겨 건성으로 콧소리를 내어 대답하는 것. 또는 그 대답. **코대답하다**

코드 (cord) 전기 기구에 전기가 들어오게 하는 줄.

코딱지 1.콧구멍 안에 콧물과 먼지가 섞여 말라붙은 것. 2.아주 작고 보잘것없는 것을 빗대어 이르는 말. 《코딱지만 한 방/겨우 코딱지만큼 주냐?》

코뚜레 소의 코를 뚫어서 끼우는 둥근 고리. 고삐를 여기에 맨다.

코뚜레

코르시카 섬 지중해 북서쪽에 있는 섬. 나폴레옹이 태어난 곳이다. 유네스코에서 세계 문화유산으로 지정하였다.

코르크 (cork) 병마개로 많이 쓰이는 가볍고 탄력 있는 것. 코르크나무 껍질로 만든다.

코르크나무 더운 지방에서 자라는 늘푸른나무. 잎은 달걀꼴이고 봄에 꽃이 핀다. 나무껍질에서 코르크를 얻는다.

코르크판 잘게 부순 코르크를 눌러서 만든 널빤지. 가볍고 쉽게 타거나 썩지 않아서 가구, 선박, 냉동고 들을 만드는 데 쓴다.

코리아 (Korea) 우리나라를 영어로 이르는 이름.

코리아 타운 (Korea town) 다른 나라에서 우리나라 교포들이 많이 모여 사는 곳.

코맹맹이 코가 막혀서 말소리가 제대로 나오지 않는 것. 또는 그런 사람. 《감기 걸려서 코맹맹이 소리가 나.》

코머리 |북 1.코 끄트머리. 2.배나 신발 같은 것에서 삐죽 내민 앞부분.

코미디 (comedy) → 희극.

코미디언 (comedian) 희극 배우.

코믹 (comic) 말, 몸짓, 내용 들이 우스운 것. **코믹하다**

코바늘 끝이 갈고리처럼 생긴 뜨개질 바늘.

코바늘뜨기 뜨개질할 때 코바늘로 뜨는 일. 대바늘뜨기를 한 옷의 앞단이나 소맷부리, 주머니 들을 뜰 때 한다.

코발트 (cobalt) 철보다 무겁고 단단한 잿빛 도는 흰색 금속. 합금을 만들거나 유리, 도자기에 푸른색을 내는 데 쓴다.

코브라 아프리카와 아시아에 사는 뱀. 화가 나면 몸의 앞부분을 일으켜 세우고 목을 옆으로 부풀린다. 강한 독이 있다.

코빼기 '코'를 낮추어 이르는 말. 《요즘 뭘 하느라 코빼기도 안 보이니?》

코뼈 코를 이루고 있는 뼈.

코뿔소 아프리카와 아시아의 초원이나 숲에 사는 짐승. 다리가 짧고 코 위에 큰 뿔이 한 개나 두 개 나 있다.

코소보 (Kosovo) 세르비아에 있는 주. 종교와 민족 문제로 갈등이 많았던 곳으로 지금은 자치 정부가 다스린다.

코스 (course) 1.산책, 여행, 등산 들을 하려고 차례대로 찾아가거나 닦아 놓은 길.《산책 코스/여행 코스》 2. 운동 경기에서 선수가 달리거나 거쳐야 하는 길.《마라톤 코스》 3. 차근차근 거쳐 가야 할 과정이나 차례.

코스모스 들이나 길가에 자라는 풀. 잎은 가늘고 여러 가닥으로 갈라진다. 가을에 붉은색, 분홍색, 흰색 꽃이 핀다. **북**길국화.

코스모스

코알라 오스트레일리아의 유칼리나무 숲에 사는 짐승. 배에 있는 주머니에 새끼를 넣고 키우다 자라면 등에 업어 기른다.

코앞 아주 가까운 곳이나 때.《집이 코앞인데도 지각을 하니? / 시험을 코앞에 두고 몸살이 나서 정말 속상해.》

코웃음 콧소리를 내어 남을 비웃는 웃음.《나도 자전거를 배우겠다니까 오빠가 코웃음을 쳤다.》

코일 (coil) 구리나 알루미늄 줄을 둥글게 여러 번 감아서 전기가 통하게 만든 것.

코집 **ㅣ북** 코를 이루는 살덩어리.《삼촌은 코집이 두둑하게 생겼다.》

코치 (coach) 운동선수에게 기술을 가르치고 훈련시키는 일. 또는 그런 일을 하는 사람. **코치하다**

코코아 (cocoa) 1. 카카오나무 열매를 빻아 만든 짙은 갈색 가루. 음료, 과자, 약 들을 만든다. 2. 코코아로 만든 차.

코털 콧구멍 속에 난 털.

코트 **겉옷** (coat) → 외투.

코트 **경기장** (court) 농구, 배구, 테니스 같은 경기를 하는 곳.

코팅 (coating) 물건의 거죽에 얇은 막을 씌우는 것. **코팅하다 코팅되다**

코펠 (Kocher 독) 등산이나 여행을 할 때 가지고 다니면서 음식을 해 먹는 냄비나 그릇.

코피 콧구멍에서 흘러나오는 피.

코하다 '잠자다'의 어린아이 말.

코흘리개 1. 늘 콧물 흘리는 아이를 놀리는 말. 2. 어리고 철없는 아이를 빗대어 이르는 말.

콕 **모양** 1. 뾰족한 물건으로 찌르거나 쪼는 모양.《바느질을 하다가 바늘에 콕 찔렸다.》 2. 어떤 것이 깊숙이 박혀 있는 모양.《어두컴컴한 방 안에 콕 박혀서 하루 종일 무얼 하는 거니?》

콕 **마개** (cock) 물이나 가스가 흐르는 관에 달려서 틀거나 잠그는 마개.

콕콕 작게 또는 깊이 찌르거나 쪼는 모양. **콕콕거리다 콕콕대다**《참새가 먹이를 콕콕거리면서 쪼아 먹는다.》

콘덴서 (condenser) 전기를 모아 두는 장치.

콘도 (condo) 산이나 바닷가 같은 곳에 잠을 자고 밥을 지어 먹을 수 있게 만들어 놓은 시설. **같**콘도미니엄.

콘도미니엄 (condominium) → 콘도.

콘사이스 (concise) 가지고 다니기 쉽게 만든 작은 사전.

콘서트 (concert) → 연주회.

콘센트 집 안으로 들어오는 전깃줄에 전기 기구 코드를 연결하는 장치. 플러그를 꽂으면 전기가 통한다.

콘크리트 (concrete) 시멘트에 모래와 자갈을 섞어서 물로 반죽한 것. 집을 짓거나 도로, 다리 같은 것을 만드는 데 쓴다. **북**콩크리트.

콘택트렌즈 (contact lens) 더 잘 보

려고 눈동자에 붙이는 얇은 렌즈.

콘테스트 (contest) 실력이나 재능을 겨루는 대회.

콘트라베이스 (contrabass) → 더블베이스.

콜라 (cola) 탄산과 단 물질을 넣은 먹을거리. 카페인이 많다.

콜레라 (cholera) 흔히 여름철에 물과 음식으로 병균이 옮아서 생기는 병. 열이 많이 나고 구토와 설사를 한다. **북**호렬자.

콜록 감기나 천식 같은 병으로 나오는 기침 소리. **콜록거리다 콜록대다 콜록하다 콜록콜록**《언니가 콜록대는 소리가 여기까지 들려.》

콜짝 [북] 눈물을 흘리면서 작은 소리로 우는 모양. **콜짝거리다 콜짝대다 콜짝이다 콜짝콜짝**《누나가 방에서 콜짝이면서 울어요.》

콜택시 (call taxi) 전화로 부르면 태우러 오는 택시.

콤바인 (combine) 곡식을 베면서 낟알을 떨어내는 농기계.

콤비 1. 어떤 일을 함께 하려고 둘이 짝을 이루는 일. 또는 그렇게 이룬 짝. 2. 위아래가 다른 천으로 된 양복.

콤팩트디스크 (compact disk) 음악이나 그림 같은 정보를 많이 저장할 수 있는 둥근 플라스틱 판. **갈**시디.

콤플렉스 (complex) 남보다 생김새, 재주, 힘 같은 것이 뒤떨어진다고 느끼는 마음.

콧구멍 코에 나 있는 구멍. **북**코구멍.

콧구멍 둘 있기가 다행 **속담** 콧구멍이 두 개인 덕에 숨이 막히지 않는다는 뜻으

콤바인

로, 답답하거나 기가 막힌 일을 겪었을 때 하는 말.

콧김 콧구멍에서 나오는 더운 김.《너무 추워 콧김이 다 얼었다.》**북**코김.

콧날 콧대를 따라 이어진 선. **북**코날.

콧날이 시큰해지다 **관용** 몹시 슬프거나 기뻐서 눈물이 날 듯하다.《일하시느라 새카맣게 탄 아빠 얼굴을 보고 콧날이 시큰해졌다.》

콧노래 입을 다물고 코로 흥얼거리는 노래.《우리는 콧노래를 부르면서 논길을 걸었다.》**북**코노래.

콧대 두 눈 사이에서 코끝까지 이어진 줄기. **북**코대.

콧대가 높다 **관용** 잘난 척하고 뽐내다.《혜진이는 콧대가 참 높단 말야.》

콧대가 세다 **관용** 잘난 척하고 고집이 세다.《우리 누나는 콧대가 세서 남의 도움 같은 건 바라지도 않아.》

콧대를 꺾다 **관용** 잘난 척하지 못하게 기를 꺾다.《반드시 이겨서 저 녀석들 콧대를 꺾어 주자!》

콧등 두 눈 사이에서 코끝까지 도드라진 곳. **북**코등.

콧등이 시큰하다 **관용** 몹시 슬프거나 흐믓해서 눈물이 나올 것 같다.《사촌언니들과 헤어질 때 콧등이 시큰했다.》

콧물 콧구멍에서 흘러나오는 물.《손수건으로 아기의 콧물을 닦아 주었다.》**갈**코, **북**코물.

콧방귀 남의 말을 비웃을 때 '흥' 하고 콧소리를 내는 것. **북**코방귀.

콧방귀를 뀌다 **관용** 들은 체 만 체 하고 대꾸하지 않다.《오빠가 삐쳤는지 같이 놀자고 해도 콧방귀만 뀐다.》

콧소리 콧구멍으로 내는 소리. **북**코소
리.

콧속 콧구멍 속.

콧수염 남자의 코 아래에 나는 수염.
북코수염.

콧잔등 콧등에서 조금 잘록하게 들어
간 곳. **북**코잔등.

콩 밭에 심어 가꾸는 곡식. 7~8월에 자
주색이나 흰색 꽃이 피는데 길쭉한 꼬
투리를 맺는다. 꼬투리 안에 든 둥근
씨를 먹는다. **같**대두.

콩 심은 데 콩 나고 팥 심은 데 팥 난다
속담 모든 일은 원인에 따라 결과가 나
오게 마련이라는 말.

콩으로 메주를 쑨대도 곧이 안 듣는다
속담 사실을 말해도 전혀 믿지 않는 것
을 빗대어 이르는 말.

콩을 팥이라 해도 곧이듣는다 **속담** 남의
말을 곧이곧대로 믿는 것을 빗대어 이
르는 말.

콩이야 팥이야 한다 **속담** 별일 아닌 것을
가지고 서로 맞네 그르네 다투는 것을
이르는 말.

콩가루 콩을 빻아서 만든 가루.

콩고 강 아프리카 가운데 적도 근처를
흐르는 강. 잠비아에서 시작하여 콩고
분지를 지나 대서양으로 흘러간다.

콩고물 콩가루로 만든 고물.《가래떡에
콩고물을 묻혀 먹으면 더 맛있어요.》

콩국 삶은 콩을 맷돌에 갈아서 짜낸 물.
북콩물.

콩국수 콩국에 국수를 만 먹을거리.

콩기름 콩에서 짜낸 기름.

콩깍지 콩을 떨어내고 남은 껍질. **북**콩
깝대기.

콩깍지고둥

콩

콩나물애주름버섯

콩배나무

콩새

콩애기버섯

콩깍지고둥 찬 바닷물에 사는 고둥. 껍
데기가 두껍고 단단한데 털이 나 있다.

콩꼬투리 콩의 열매. 안에 콩알이 들어
있다.

콩나물 콩을 시루 같은 그릇에 담아 그
늘에 두고 물을 주어 뿌리가 자라게 한
것. 또는 그것으로 만든 나물.

콩나물애주름버섯 넓은잎나무 그루터
기나 죽은 나무에서 무리 지어 나는 버
섯. 갓은 잿빛이나 누런빛이 도는 갈색
이고 겉에 홈이 있다. 먹는 버섯이다.

콩닥 1.작은 절구나 방아를 찧을 때 나
는 소리. 또는 그 모양. 2.몹시 놀라거
나 두렵거나 설레어 가슴이 뛰는 모양.

콩닥거리다 **콩닥대다** **콩닥콩닥**《언니
가 절구에 마늘을 넣고 콩닥콩닥 찧는
다./왜 이렇게 가슴이 콩닥대지?》

콩밥 쌀에 콩을 섞어서 지은 밥.

콩밥을 먹다 **관용** 감옥살이를 하다.《아
무 죄도 없이 콩밥을 먹었으니 얼마나
억울할까?》

콩밭 콩을 심은 밭.

콩배나무 산기슭과 들판에 자라는 잎
지는나무. 봄에 흰 꽃이 가지 끝에 모
여 피고 열매는 10월에 익는다.

콩새 마을 가까운 숲이나 산기슭에 사
는 겨울새. 몸이 동그스름하고 꽁지가
짧다. 등은 갈색이고 배는 옅은 갈색인
데 부리가 굵다.

콩알 콩의 낱알.

콩애기버섯 여름과 가을 사이에 숲에
서 무리 지어 자라는 버섯. 어릴 때는
갓이 둥근 산처럼 생겼는데 자라면서
판판해진다. 빛깔은 옅은 황토색이나
살구색이다. 먹는 버섯이다.

콩우유 |북 콩가루로 만든 마실 거리. 콩가루에 설탕, 가루우유 같은 것을 섞어서 끓이거나 끓는 물에 탄다.

콩잎 콩의 잎.

콩자반 콩을 볶거나 삶아서 기름, 깨, 물엿, 간장 들을 넣고 조린 반찬.

콩중이 풀밭에 사는 곤충. 빛깔은 풀색이 많고 밤색도 있다. 뒷날개에 검은 띠가 있다.

콩중이

콩쥐 팥쥐 조선 후기에 나온 소설. 의 붓어머니와 동생 팥쥐에게 구박을 받던 콩쥐가 어려움을 물리치고 감사와 혼인한다는 이야기이다.

콩청대 |북 콩을 익혀 먹는 것. 꼬투리가 덜 여문 푸른 줄기를 불에 그슬리거나 가마에 넣고 찐다. **콩청대하다**

콩콩 1.작은 물건이 잇달아 바닥에 떨어지거나 부딪쳐 나는 소리. 2.놀라거나 두렵거나 설레어 가슴이 세게 뛰는 모양. **콩콩거리다 콩콩대다 콩콩이다** 《동생이 아무도 자기 말을 안 듣는다고 발을 콩콩 굴렀다./윤수를 만나기 전에 가슴이 몹시 콩콩댔다.》

콩쿠르 (concours 프) 음악, 미술, 연극, 무용 같은 재주를 여러 사람이 겨루는 모임.

콩트 (conte 프) 짧고 재치 있게 쓴 소설. 북꽁뜨.

콩팥 내장 기관 가운데 하나. 피 속에 든 찌꺼기를 걸러서 오줌으로 만든다. 같신장.

콰르릉 천둥이 치거나 폭탄이 터질 때 요란하게 울리는 소리. 《갑자기 '콰르릉' 하고 천둥이 쳐서 깜짝 놀랐다.》

콱 1.함부로 박거나 부딪치거나 찌르는 모양. 《머리를 벽에 콱 부딪혔다.》 2.아주 단단히 막거나 막히는 모양. 《찜통 같은 더위에 숨이 콱 막힌다.》

콱콱 잇달아 콱 박거나 찌르는 모양. **콱콱거리다 콱콱대다**

콸라룸푸르 (Kuala Lumpur) 말레이시아의 수도. 말레이시아 서쪽에 있는 도시로, 고무와 주석이 많이 난다.

콸콸 많은 양의 물이 세차게 빨리 쏟아져 흐르는 소리. **콸콸거리다 콸콸대다** 《수돗물이 콸콸대며 쏟아진다.》

쾅 1.무겁고 딱딱한 물체가 떨어지거나 부딪칠 때 나는 소리. 《정수는 화가 났는지 문을 '쾅' 하고 닫았다.》 2.총을 쏘거나 폭탄이 터질 때 나는 소리. 《전쟁터에서는 연일 '쾅' 하고 포탄이 터지는 소리가 났다.》

쾅당 |북 1.무거운 것이 단단한 바닥에 떨어지거나 판자 두드리는 소리. 2.놀라거나 무서워서 심장이 세차게 뛰는 소리. **쾅당거리다 쾅당대다 쾅당쾅당** 《윗집 아이들이 뛸 때마다 쾅당거리는 소리가 난다./주인공이 도망치는 장면에서 가슴이 쾅당쾅당 뛰었다.》

쾅쾅 1.무겁고 딱딱한 물체가 잇달아 떨어지거나 부딪칠 때 나는 소리. 《누가 자꾸 대문을 쾅쾅 두드린다.》 2.잇달아 총을 쏘거나 폭탄이 터질 때 나는 소리. 《폭음이 쾅쾅 울린다.》

쾌감 (快感) 몸이나 마음이 즐겁고 좋은 느낌. 《쾌감을 느끼다.》 비쾌락.

쾌거 (快擧) 아주 잘해서 기쁜 일. 《우리나라 양궁 선수들이 올림픽에서 금메달을 따는 쾌거를 이루었다.》

쾌락 (快樂) 몸이나 마음이 즐겁고 좋

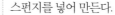

은 것.《한순간의 쾌락에 빠져 인생을 망칠 테냐?》**비쾌감.**

쾌속 (快速) 속도가 아주 빠른 것. 또는 아주 빠른 속도.《쾌속 비행기》

쾌속선 (快速船) 아주 빠른 배.

쾌자 (快子) 소매가 없고 뒤 솔기가 허리까지 트인 옛날 군복. 흔히 명절이나 돌날에 남자 어린아이가 저고리 위에 입는다.

쾌자

쾌재 마음먹은 대로 잘되어 만족스럽게 여기는 것.《선영이랑 같은 반이 되었다는 말에 쾌재를 불렀다.》

쾌적하다 상쾌하고 기분 좋다.《쾌적한 환경을 만듭시다.》

쾌지나 칭칭 나네 경상도 민요 가운데 하나.

쾌차 (快差) 병이 깨끗이 다 낫는 것.《선생님의 쾌차를 빕니다.》**쾌차하다**

쾌청하다 하늘이 구름 한 점 없이 맑다.《쾌청한 하늘을 보니 기분이 좋다.》

쾌활하다 성격이나 태도가 명랑하고 활발하다.《진아는 성격이 쾌활해.》

쾌히 망설이지 않고 시원스럽게.《오빠가 내 부탁을 쾌히 들어주었다.》

쾨쾨하다 습기가 차고 바람이 통하지 않아 곰팡이 냄새가 나다.《지하실에서 쾨쾨한 냄새가 난다.》**비퀴퀴하다.**

쿠데타 (coup d'État 프) 군대 힘으로 나라를 다스리는 권력을 빼앗는 것.

쿠란 (Quran) 이슬람교 경전. 무함마드가 천사에게 들은 알라 신의 말씀과 신자들이 지켜야 할 규칙 들이 적혀 있다.

쿠션 (cushion) 소파나 의자에 앉을 때 등을 기대는 푹신한 물건. 솜이나

스펀지를 넣어 만든다.

쿠키 (cookie) 밀가루를 구워서 만든 과자 가운데 하나.

쿠폰 (coupon) 물건을 싸게 사거나 극장 같은 곳에 돈을 내지 않고 들어갈 수 있는 표.《할인 쿠폰/무료 쿠폰》

쿡 1. 크게 또는 깊이 찌르거나 박는 모양.《짝꿍이 웃지 말라고 내 옆구리를 쿡 찔렀다.》 2. 웃음이나 기침 같은 것이 갑자기 터져 나오는 소리.《'쿡' 하고 터지는 웃음을 겨우 참았다.》

쿡쿡 1. 크게 또는 깊이 자꾸 찌르거나 박는 모양. 2. 웃음이나 기침 같은 것이 갑자기 자꾸 터져 나오는 소리. **쿡쿡거리다 쿡쿡대다**《미영이가 지우개 좀 빌려 달라고 나를 쿡쿡 찔렀다./선생님 몰래 쿡쿡거리고 웃었다.》

쿨럭 1. 거칠게 기침하는 소리. **쿨럭거리다 쿨럭대다 쿨럭이다 쿨럭하다 쿨럭쿨럭**《감기 걸린 동생이 쿨럭거리면서 기침을 한다.》

쿨렁 큰 병이나 통 속에 있는 액체가 흔들리는 소리. **쿨렁거리다 쿨렁대다 쿨렁이다 쿨렁쿨렁**

쿨쩍 ¹북 1. 눈물을 조금씩 흘리면서 우는 모양. 2. 걸쭉하고 더러운 액체가 스며들어 고이는 소리. **쿨쩍거리다 쿨쩍대다 쿨쩍이다 쿨쩍쿨쩍**《그렇게 쿨쩍거리지만 말고 누가 널 때렸는지 말해 봐./더러운 물이 하수도관에서 쿨쩍쿨쩍 새어 나온다.》

쿨쿨 곤히 자는 동안 숨을 쉬는 소리. 또는 모양. **쿨쿨거리다 쿨쿨대다**《거북이 꾸준히 산을 오를 동안 토끼는 쿨쿨대면서 낮잠을 잤어요.》

쿵 1. 무거운 물건이 바닥에 떨어져서 나는 소리. 《톱질을 하자 커다란 나무가 쿵 쓰러졌어요.》 2. 멀리서 대포나 폭탄이 터지는 소리. 《'쿵!' 하고 멀리서 대포 터지는 소리가 들려왔다.》 3. 큰북이나 장구 같은 것이 크고 깊게 울리는 소리. 4. 몹시 놀라 가슴이 세게 뛰거나 내려앉는 모양. 《동생이 다쳤다는 말에 가슴이 쿵 내려앉았다.》

쿵당 |북 1. 단단한 것에 무거운 것이 부딪히는 소리. 2. 급하게 걷거나 뛰는 모양. 3. 놀라거나 무서워서 가슴이 세게 뛰는 모양. **쿵당거리다 쿵당대다 쿵당쿵당** 《옆집에서 못을 박는지 쿵당거리는 소리가 난다./복도에서 쿵당쿵당 뛰다가 교장 선생님께 혼났습니다.》

쿵더쿵 1. 공이로 방아를 찧을 때 나는 소리. 또는 그 모양. 2. 북으로 좀 느리게 장단을 맞추어 치는 소리. **쿵더쿵거리다 쿵더쿵대다 쿵더쿵쿵더쿵** 《쿵더쿵대면서 물레방아가 돌아간다./쿵더쿵쿵더쿵 북 치는 소리가 흥겹다.》

쿵덕 공이로 방아를 찧을 때 나는 소리. 또는 그 모양. **쿵덕거리다 쿵덕대다 쿵덕쿵덕**

쿵쾅 1. 폭탄이 터질 때 요란하게 울리는 소리. 2. 단단한 물체가 바닥에 떨어지거나 부딪치는 소리. 3. 발로 마룻바닥을 자꾸 구르거나 뛸 때 울리는 소리. **쿵쾅거리다 쿵쾅대다 쿵쾅쿵쾅** 《무언가 쿵쾅 소리를 내면서 아래로 떨어졌다./너희들, 자꾸 쿵쾅쿵쾅 뛸래!》

쿵쿵 1. 크고 단단한 물건이 바닥이나 벽에 부딪치는 소리. 2. 놀라서 가슴이 세게 뛰는 소리. **쿵쿵거리다 쿵쿵대다**

쿵쿵하다 《누군가가 계단을 쿵쿵거리면서 올라오는 소리가 났다./나는 너무나 놀라서 가슴이 쿵쿵댔다.》

퀭하다 눈이 쑥 들어가서 기운 없어 보이다. 《눈이 왜 그리 퀭하니?》

퀴즈 (quiz) 문제를 내고 답을 알아맞히는 놀이. 또는 그 문제.

퀴퀴하다 습기가 차고 바람이 통하지 않아 곰팡이 냄새가 나다. 《삼촌 방에서 퀴퀴한 냄새가 나요.》 비쾨쾨하다.

큐피드 (Cupid) 로마 신화에 나오는 사랑의 신. 등에 날개가 있고 손에 활과 화살을 든 어린 남자 아이 모습이다.

크기 큰 정도. 《지구의 크기는 어떻게 잴까?》

크나크다 아주 크다. 《이순신 장군은 나라에 크나큰 공을 세웠다.》 바크나큰, 크나커, 크나큽니다.

크낙새 울창한 숲 속 나무에 구멍을 파고 사는 텃새. 몸은 흰색과 검은색이 섞여 있고 수컷은 머리 꼭대기가 붉다. 천연기념물 제197호. 북클락새.

크다 1. 부피, 넓이, 높이 들이 보통 정도를 넘다. 《너희 반에서 키가 가장 큰 아이가 누구니?》 반작다. 2. 일, 생각, 가치 들의 수준이 높거나 범위가 넓다. 《큰 결심을 했구나.》 3. 어떤 일이 일어날 가능성이 높다. 《내일은 비가 올 가능성이 큽니다.》 반작다. 4. 소리가 거세거나 우렁차다. 《음악 소리가 너무 커요.》 반작다. 5. 몸이 자라거나 어른이 되다. 《아기가 참 많이 컸네요.》 6. 어떤 일에서 받는 영향이나 충격이 심하다. 《너한테 실망이 크다.》 7. 성품, 실력, 업적 들이 뛰어나거나 훌륭하다.

《우리 마을에서는 큰 인물이 여럿 나 왔다.》8. '크게' 꼴로 써서, '대충', '대 강', '넓게 보아서' 같은 뜻을 나타내는 말. 《생물은 크게 동물과 식물 두 종류 로 나뉜다.》 **바**큰, 키, 큽니다.

큰 고기는 깊은 물속에 있다 **속담** 훌륭한 사람은 여러 사람 속에 섞여서 잘 드러 나지 않는다는 말.

큰 방죽도 개미구멍으로 무너진다 **속담** 작은 것이라고 얕보다가는 나중에 큰 해를 입는다는 말.

크레디트 카드 (credit card) → 신용 카드.

크레용 (crayon 프) 그림 그리는 데 쓰 는 막대 꼴 도구. **참**크레파스.

크레인 (crane) → 기중기.

크레졸 (cresol) 세균을 잘 죽이는 옅 은 갈색 액체.

크레파스 그림 그리는 데 쓰는 막대 꼴 도구. 크레용과 파스텔의 좋은 점을 따 서 만들었다. **참**크레용.

크리스마스 (Christmas) → 성탄절.

크리스마스실 (Christmas seal) 결핵 을 없애는 데 드는 돈을 모으려고 크리 스마스 무렵에 파는 우표 비슷한 표.

크리스마스이브 (Christmas Eve) 크 리스마스 전날 저녁.

크리스마스 캐럴 (Christmas carol) 크리스마스를 축하하는 노래.

크리스마스트리 (Christmas tree) 크 리스마스에 여러 가지 장식을 매달아 세우는 나무. **북**크리스마스나무.

크리스트교 → 기독교.

크림 (cream) 1. 우유에서 얻는 하얀 기름. 버터나 아이스크림을 만드는 데

큰가리비

큰갓버섯

큰개불알풀

큰개여뀌

큰개자리

큰고니

큰곰자리

큰구슬우렁이

쓴다. 2. 살갗이나 머리털을 부드럽게 가꾸는 화장품.

큰가리비 찬 바다 속 모랫바닥에 사는 조개. 넓적한 껍데기를 열었다 닫았다 하면서 앞으로 나아간다.

큰가시고기 강이나 호수에 사는 민물 고기. 몸이 가늘고 긴데 등지느러미 앞 에 가시가 세 개 있다.

큰갓버섯 숲이나 목장, 대나무 밭, 풀 밭에서 자라는 버섯. 다른 버섯보다 크 기가 크고 갓 가운데 부분 껍질이 갈라 져 갈색 얼룩과 비늘이 생긴다. 먹는 버섯이다.

큰개불알풀 길가나 빈터의 축축한 곳 에서 자라는 풀. 잎은 달걀꼴이고 5~6 월에 보라색 꽃이 핀다.

큰개여뀌 들이나 길가에 자라는 풀. 줄 기는 붉고 마디가 굵다. 6~9월에 붉은 자주색 꽃이 이삭처럼 핀다.

큰개자리 겨울철에 보이는 별자리.

큰고니 바닷가나 호숫가에 무리 지어 사는 겨울새. 목이 가늘고 긴데 몸은 흰색이고 다리는 검은색이다. 천연기 념물 제201-2호.

큰골 → 대뇌.

큰곰 깊은 산에 사는 곰. 여느 곰보다 몸집이 훨씬 크고 몸 빛깔은 짙은 갈색 이다.

큰곰자리 일 년 내내 북쪽 하늘에 보이 는 별자리. 꼬리 부분에 북두칠성이 있 다.

큰구슬우렁이 진흙과 모래가 섞인 갯 바닥에서 사는 우렁이. 서해, 남해, 동 해에 다 산다.

큰굿 크게 벌인 굿. 《아랫마을에서 큰

굿이 벌어진다니 구경 가자.》

큰기러기 강, 호수, 논에 떼 지어 사는 겨울새. 몸은 대체로 검은 갈색이다. 부리가 검고 끝에 노란 띠가 있다.

큰기침 사람이 있다는 것을 알리거나 위엄을 보이려고 짐짓 크게 소리 내어 하는 기침.《할아버지가 '에헴' 하고 큰기침을 하셨다.》**큰기침하다**

큰길 차가 다니는 넓은 길.《큰길에서 놀면 위험해요.》**갈**대로. **비**한길.

큰김의털 중부 지방에서 자라는 풀. 줄기는 뭉쳐나고 성긴 털이 난 잎이 줄기를 감는다. 5~6월에 꽃이 핀다.

큰까치수영 양지바른 산기슭에 자라는 풀. 여름에 자잘한 흰 꽃이 모여 피고 둥근 달걀꼴 열매가 열린다. 어린순을 먹는다. **북**큰꽃꼬리풀.

큰낙엽버섯 숲이나 들의 낙엽 위에 모여나는 버섯. 갓은 옅은 누런색인데 겉에는 가운데에서 사방으로 뻗는 홈이 있다. 먹는 버섯이다.

큰넓적송장벌레 산과 들의 죽은 짐승 가까이에서 볼 수 있는 송장벌레. 몸이 넓고 납작한데 몸 빛깔은 푸른빛이 도는 검은색이다.

큰누나 누나 가운데 맨 먼저 태어난 누나.

큰눈물버섯 숲 속이나 풀밭에 무리 지어 나는 버섯. 갓은 거친 섬유질 같은 것으로 덮여 있고 빛깔은 검은 갈색이다. 먹는 버섯이다.

큰달 한 달이 31일까지 있는 달.《1월, 3월, 5월, 7월, 8월, 10월, 12월은 큰달이다.》**참**작은달.

큰댁 '큰집'의 높임말. **참**작은댁.

큰도둑놈의갈고리

큰기러기

큰마개버섯

큰김의털

큰까치수영

큰마누라_서산 박첨지놀이

큰낙엽버섯

큰넓적송장벌레

큰매미동충하초

큰눈물버섯

큰방가지똥

큰도둑놈의갈고리 산에서 자라는 풀. 여름에 옅은 붉은색 꽃이 핀다. 열매에 갈고리 같은 털이 있어서 짐승 털 같은 데에 잘 붙는다.

큰돈 많은 돈.《집을 수리하는 데 큰돈이 들었다.》

큰따옴표 글 속에서 남의 말을 따올 때 쓰는 문장 부호. " "로 나타낸다.

큰딸 → 맏딸.

큰마개버섯 나무가 많은 숲이나 소나무 숲에서 무리 지어 자라는 버섯. 갓은 물기가 있을 때 끈적거리고 빛깔은 연분홍색이다. 먹는 버섯이다.

큰마누라 남사당 꼭두각시놀이, 서산 박첨지놀이에 나오는 인형.

큰마음 크고 넓게 생각하는 마음. 또는 힘들게 하는 결심. **준**큰맘.

큰말 작은말과 뜻은 같지만 느낌이 크거나 무겁거나 어두운 낱말.《'까맣다'의 큰말은 '꺼멓다'이다.》**참**작은말.

큰맘 → 큰마음.《큰맘 먹고 저금통을 털어 윤정이 생일 선물을 샀다.》

큰매미동충하초 땅속에 있는 죽은 매미 애벌레 몸에서 자라는 버섯. 매미 몸속에 있는 곰팡이가 자란 것으로, 갓은 면봉처럼 생겼다. 약으로 쓴다.

큰물 비가 많이 와서 강이나 내가 넘칠 만큼 많아진 물. **갈**홍수.

큰물막이 |**북** 큰물 막는 시설을 만드는 일.《큰물막이 공사》**큰물막이하다**

큰방 집안의 여자 어른이 쓰는 방.《큰방에 가서 할머니께 인사를 드려라.》

큰방가지똥 빈터나 길가에 자라는 풀. 잎은 줄기를 감싸고 가장자리에 톱니가 있다. 6~7월에 노란 꽃이 핀다. **북**큰

방가지풀.

큰뱀무 산기슭 축축한 풀밭에 자라는 풀. 6~7월에 노란 꽃이 피고 열매는 달걀꼴에 누런 밤색 털이 있다. 어린순을 먹고, 포기째 약으로 쓴다.

큰뱀무

큰벼룩아재비 양지바른 땅에서 자라는 풀. 7~9월에 노르스름한 꽃이 가지 끝에 피고, 둥근 열매가 열린다. **북**큰실종꽃풀.

큰벼룩아재비

큰북 치는 악기 가운데 하나. 나무나 쇠붙이로 된 커다란 둥근 통 양쪽에 가죽을 메워 만든다. **참**작은북.

큰북

큰불 아주 크게 난 불.《산에 큰불이 나서 나무가 많이 타 버렸다.》

큰비 여러 날 동안 많이 내리는 비.《큰비가 내려서 냇물이 많이 불었어요.》

큰비단그물버섯 일본잎갈나무 밑에서 무리 지어 나는 버섯. 갓은 물기가 있을 때 끈적거리고 빛깔은 노란색이다. 먹는 버섯이다.

큰비단그물버섯

큰사랑 집안의 남자 어른이 쓰는 방.《할아버지는 큰사랑에 계십니다.》

큰산꼬리풀 높은 산 양지바른 땅에 자라는 풀. 잎이 마주나고 여름에 하늘색 꽃이 줄기 끝에 다다다닥 모여 핀다.

큰양반탈

큰상 잔칫날 특별히 잘 차려서 주인공 앞에 놓는 상.《할아버지는 회갑 잔칫날 큰상을 받고 아주 기뻐하셨다.》

큰소리 1.크게 야단치는 소리.《어머니한테 큰소리 듣기 전에 잘못했다고 빌어라.》2.잘난 체하면서 자신 있게 말하는 것.《형은 꼭 달리기 일 등을 하겠다고 큰소리를 쳤다.》**큰소리하다**

큰소리치다 1.목청을 돋우어 야단을 치다.《큰소리치지만 말고 조용조용

큰어미탈

타이르세요.》 2.잘난 체하면서 자신 있게 말하다.《쥐뿔도 모르면서 큰소리치기는.》 3. 남 앞에서 기를 펴고 당당하게 말하다.《언젠가 큰소리치고 살 날이 오겠지.》

큰스님 덕이 높은 중을 높여 부르는 말.

큰아기 1.다 큰 여자 아이를 귀엽게 이르는 말.《우리 집 큰아기는 언제 시집 가려나.》2.큰딸이나 큰며느리를 다정하게 이르는 말.《큰아기야, 이리 와서 나 좀 도와 다오.》

큰아들 → 맏아들.

큰아버지 아버지의 형. **같**백부. **참**작은 아버지.

큰악절 여덟 마디나 열두 마디로 이루어진 악절. **참**작은악절.

큰양반탈 가산 오광대에서 쓰는 탈.

큰어머니 큰아버지의 아내. **같**백모. **참**작은어머니.

큰어미탈 고성 오광대에서 쓰는 탈.

큰언니 언니 가운데 맨 먼저 태어난 언니.

큰산꼬리풀

큰유리새 깊은 골짜기 숲 속에 사는 여름새. 몸 위쪽이 수컷은 파란색이고 암컷은 푸른 갈색인데 배는 희다.

큰이십팔점박이무당벌레 밭에 많이 사는 무당벌레. 붉은 밤색 날개에 까만 점이 스물여덟 개 있고, 온몸에 짧은 흰 털이 나 있다.

큰유리새

큰이탈 김해 가락 오광대에서 쓰는 탈.

큰일 1.어려운 문제가 생겨서 힘들게 된 일.《태풍이 온다니 큰일이네요.》2.아주 중요한 일.《아버지는 나라의 큰일을 맡으셨다.》**같**대사. **참**잔일.

큰잎쓴풀

큰잎쓴풀 북부 지방 산에서 드물게 자

라는 풀. 줄기가 곧게 서고, 8~9월에 보라색 꽃이 줄기 끝에 모여 핀다.

큰절 앉으면서 허리를 굽히고 머리를 숙이면서 하는 절.《설날에 어른께 큰절을 올렸다.》참평절. **큰절하다**

큰조롱 양지바른 산기슭이나 바닷가 비탈진 땅에 자라는 덩굴풀. 여름에 푸르스름한 노란 꽃이 피고 덩이뿌리를 약으로 쓴다. 북은조롱.

큰조롱

큰집 큰아버지나 큰형이 사는 집.《큰집에 가서 제사를 지냈다.》높큰댁.

큰창자 내장 기관 가운데 하나. 작은창자 끝에서부터 똥구멍까지 이어지는데 작은창자보다 굵고 짧다. 같대장. 북굵은밸.

큰코다치다 대수롭지 않게 여기다가 오히려 크게 혼이 나다.《키가 작다고 민철이를 얕보다가는 큰코다쳐.》

큰키나무 줄기가 곧게 높이 자라고 가지가 위쪽에서 퍼지는 나무. 소나무, 감나무, 향나무 들이 있다. 같교목. 참떨기나무.

큰할아버지 할아버지의 형. 참작은할아버지.

큰허리노린재 낮은 산이나 들에 사는 노린재. 몸집이 크고 무겁다. 온몸이 거무스름한 밤색이다.

큰허리노린재

큰형 → 맏형.

큰홍반디 나무가 우거진 산속에 사는 곤충. 몸이 작고 길쭉한데 빛깔이 붉다. 반딧불이와 달리 밤에 빛을 내지는 못한다.

키_농기구

클라리넷 (clarinet) 부는 악기 가운데 하나. 세로로 잡고 분다. 북클라리네트.

클라이맥스 (climax) 흥분이나 감동

큰홍반디

이 가장 높아진 때. 북클라이막스.

클래식 (classic) → 고전 음악.

클랙슨 (klaxon) 자동차나 오토바이에서 소리 내는 장치. 비경적. 북클락슨.

클럽 (club) 취미나 생각이 같은 사람들의 모임. 북구락부.

클로버 → 토끼풀.

클릭 (click) 마우스 단추를 누르는 일. **클릭하다**

클립 (clip) 종이 여러 장을 한데 끼울 수 있게 만든 작은 쇠. 북클리프

큼지막하다 꽤 크다.《선생님은 칠판에 큼지막한 글씨로 이름을 쓰셨다.》

큼직큼직하다 여럿이 다 꽤 크다.《큼직큼직한 돌이 여기저기 놓여 있었다.》

큼직하다 좀 크다.《큼직한 가방》

킁킁 냄새를 맡으려고 코로 숨을 크게 들이마시는 소리. **킁킁거리다 킁킁대다**《개는 킁킁거리면서 수풀 속을 뒤지기 시작했다.》

키 길이 1. 몸을 곧게 펴고 섰을 때 발바닥에서 머리끝까지의 길이.《줄자를 대고 동생의 키를 재 보았다.》같신장. 2. 바닥에서 맨 위까지의 높이.《산꼭대기에는 키 작은 나무들이 많다.》

키 농기구 곡식을 올려놓고 아래위로 흔들어서 티끌이나 겨 들을 날리는 도구.

키 배 배를 움직이는 장치.

키 열쇠 (key) 1. → 열쇠. 2. 컴퓨터 자판 단추.

키높다 ¹북 키가 크다.《키높은 나무》

키다리 키가 아주 큰 사람. 반난쟁이.

키득- 입속으로 웃는 소리. 또는 그 모양. **키득거리다 키득대다 키득키득**《언니가 만화를 보면서 키득거린다.》

클라리넷

키들- 웃음을 참지 못하고 입속으로 웃는 모양. **키들거리다 키들대다 키들키들**《형이 우스운 일이 있었는지 계속 키들거린다.》

키등- ㅣ북 어린아이가 잔뜩 울상을 하고 조르거나 못마땅해하는 모양. **키등거리다 키등대다 키등키등**《아기가 무엇이 못마땅한지 자꾸 키등댄다.》

키보드 (keyboard) → 자판.

키순 키 큰 차례.《키순으로 줄을 서세요.》북키차례.

키스 (kiss) → 입맞춤. **키스하다**

키우다 1.크기를 크게 하다.《글자 크기를 좀 키워 주세요.》2.사람이나 동식물을 보살펴서 자라나게 하다.《고양이를 키우고 싶어.》비기르다. 3.힘, 능력 들을 기르다. 또는 훌륭한 능력을 갖추게 보살피거나 가르치다.《실력을 더 키워야겠어요./할아버지는 지난 삼십 년 동안 많은 제자들을 키워 내셨다.》비기르다.

키위 열매를 먹으려고 심어 가꾸는 잎지는 덩굴나무. 달걀처럼 생긴 열매를 맺는데, 잔털이 있는 갈색 껍질 속에 옅은 풀빛 살이 있다.

키읔 닿소리 글자 'ㅋ'의 이름. 북키.

키조개 바다 속 진흙 바닥에 사는 조개. 곡식을 까부르는 키처럼 생겼다. 우리나라에서 나는 조개 가운데 가장 크다.

키조개

키질 키에 곡식을 올려놓고 아래위로 흔드는 것.《할머니가 쭉정이를 골라내려고 키질을 하셨다.》**키질하다**

킥 (kick) 1.축구나 럭비 같은 경기에서 공을 발로 차는 일. 2.수영에서 발로 물을 차는 일.

킥보드 (kickboard) 바퀴 달린 발판에 한쪽 발을 올려놓고 다른 쪽 발로 땅을 차면서 앞으로 나아가는 놀이 기구.

킥킥 웃음을 참다못해 코로 터져 나오는 소리. **킥킥거리다 킥킥대다**《형이 내 옷이 이상하다고 킥킥거린다.》

킬로 (kilo) 1.→ 킬로그램. 2.→ 킬로미터.

킬로그램 (kilogram) 무게를 나타내는 말. 1킬로그램은 1,000그램이다. 기호는 kg이다. 준킬로.

킬로리터 (kiloliter) 부피를 나타내는 말. 1킬로리터는 1,000리터이다. 기호는 kl, kL이다.

킬로미터 (kilometer) 거리를 나타내는 말. 1킬로미터는 1,000미터이다. 기호는 km이다. 준킬로.

킬로와트 (kilowatt) 전력의 크기를 나타내는 말. 1킬로와트는 1,000와트이다. 기호는 kW이다.

킬로줄 (kilojoule) 일이나 에너지의 양을 나타내는 말. 1킬로줄은 1,000줄이다. 기호는 kJ이다.

킬로칼로리 (kilocalorie) 열량을 나타내는 말. 1킬로칼로리는 1,000칼로리이다. 기호는 kcal이다.

킬리만자로 산 탄자니아 북동쪽에 있는 산. 아프리카에서 가장 높다.

킬킬 억지로 참으면서 입속으로 웃는 소리. 또는 모양. **킬킬거리다 킬킬대다**《종민이의 남대문이 열린 것을 보고 애들이 킬킬거리면서 웃었다.》

킹킹 몸이 아프거나 힘들어서 내는 소리. **킹킹거리다 킹킹대다**《그렇게 킹킹대지 말고 어서 병원에 가.》

타개 (打開) 어려운 일이나 풀리지 않는 일을 맞아 잘 헤쳐 나가는 것. **타개하다**《다 같이 어려움을 타개할 길을 찾아보자.》**타개되다**

타개다 〡북 낟알을 맷돌 같은 것으로 쪼개다.《할머니가 팥을 타개신다.》

타격 (打擊) 1.세게 치거나 때리는 것.《뒷머리에 큰 타격을 입었다.》2.어떤 일로 크게 손해를 보거나 기가 꺾이는 것.《외국 쌀이 수입되면서 우리나라 농촌이 큰 타격을 받았다.》3.야구에서 투수가 던진 공을 타자가 방망이로 치는 것.《타격 연습》**타격하다**

타결 (妥結) 양쪽이 자기 의견을 조금씩 굽혀 일을 잘 해결하는 것.《협상 타결》**타결하다 타결되다**

타계 (他界) 어른이나 지위가 높은 사람이 죽는 것.《김춘수 시인 타계》**타계하다**

타고나다 재주, 복, 성격 들을 처음부터 지니고 태어나다.《연진이의 손재주는 타고난 게 틀림없어.》

타고앉다 〡북 1.위에 올라타서 깔고 앉다.《동생이 삼촌 등을 타고앉았다.》2.어떤 곳을 굳게 차지하거나 어떤 곳에 굳게 자리 잡다.《우리 집안이 이 동네에 타고앉은 지 백 년이 넘었다.》

타국 (他國) 다른 나라. 비외국, 이국.

타다 불에 1.어떤 것에 불이 붙어서 불꽃과 연기가 오르다.《바싹 마른 장작일수록 불에 잘 탄다.》2.어떤 것이 불에 닿아 새카맣게 되거나 재로 변하다.《밥이 새카맣게 탔으니 어쩌면 좋지?》3.물기가 없어서 몹시 마르다.《목이 타서 죽겠으니 물 좀 주세요.》4.햇볕을 받아서 살갗이 거무스름하게 그을다.《땡볕 속에서 놀았더니 얼굴이 새까맣게 탔다.》5.'속', '애'와 함께 써서, 마음이 몹시 안타깝다.《아기가 갑자기 없어져서 얼마나 속이 탔다고요.》

타다 ^{차에} 1.탈것, 동물의 등에 몸을 싣거나 몸을 실어 옮겨 가다.《차에 타다./자전거를 타다.》2.산, 나무, 줄 들을 밟고 오르거나 길, 강 들을 따라서 가다.《이 강을 타고 쭉 올라가면 댐이 나와요.》3.어떤 때나 조건을 기회로 삼다.《범인은 형사들이 한눈파는 틈을 타서 도망쳤다.》4.기구에 오르거나 기구를 써서 놀이를 하다.《그네를 타다./썰매를 타다.》5.어떤 것이 물결, 바람, 전파 들에 실리다.《나도 기회가 되면 방송을 타고 싶다.》

타다 ^{상을} 1.제 몫으로 주는 돈, 상 들을 받다.《나는 월요일마다 용돈을 탄다.》2.능력, 성품, 운명 들을 태어날 때부터 갖추다.《그분은 장군이 될 운명을 타고 태어난 것 같아요.》

타다 ^{가루를} 액체에 가루나 다른 액체를 조금 넣어서 섞거나 차를 만들다.《이모가 코코아를 타 주셨다.》

타다 ^{추위를} 1.어떤 느낌이나 영향을 쉽게 받다.《추위를 잘 타다./간지럼을 잘 타다.》2.때, 먼지 같은 더러운 것이 쉽게 묻다.《흰옷은 때가 잘 탄다.》

타다 ^{가르마를} 1.톱 같은 도구로 어떤 것을 두 쪽으로 가르다.《흥부가 슬근슬근 박을 탄다.》2.손이나 빗으로 머리칼을 빗어서 가르마를 내다.《참빗으로 가르마를 탔다.》3.콩, 팥 같은 곡식을 맷돌로 갈아 부서뜨리다.《할머니가 맷돌에 콩을 타신다.》 **봄**타개다.

타다 ^{거문고를} 가야금, 거문고 같은 악기를 줄을 퉁기어 소리를 내다.《가야금을 타다.》

타다 ^{솜을} 오래되어 뭉치거나 눌린 솜을 부드럽게 부풀리다.《묵은 솜을 타서 보송보송한 새 이불을 만들었다.》

타닥- 콩깍지나 장작 같은 것이 튀는 소리. 또는 그 모양. **타닥거리다 타닥대다 타닥타닥**《타닥타닥 장작불의 불똥이 튑니다.》

타당하다 여러 점에서 이치에 맞고 옳다.《네 주장이 타당한지 모르겠어.》

타도 (打倒) 흔히 크고 나쁜 세력을 쳐서 거꾸러뜨리거나 부수는 것.《독재 타도》 **타도하다**

타락 (墮落) 올바른 길에서 벗어나 몹시 나쁜 길로 빠지는 것. **타락하다**

타래 실이나 노끈 같은 것을 사리어 놓은 뭉치. 또는 그것을 세는 말.《조끼를 뜨는 데 털실이 두 타래나 들었다.》

타래사초

타래사초 길가나 개울가 축축한 풀숲에 자라는 풀. 잎이 좁고 긴데 줄기 끝에 실타래처럼 생긴 꽃이삭이 붙는다.

타력 (打力) 야구에서 타자가 투수가 던진 공을 치는 힘이나 능력.

타령 1.우리나라 민요 가락의 한 가지. 조금 느리면서 슬픈 느낌을 자아낸다. 장구 장단이나 판소리를 뜻하기도 한다.《각설이 타령/방아 타령》2.어떤 낱말 뒤에 써서, 바라는 것이나 아쉬운 말을 듣기 싫을 만큼 자꾸 하는 것.《아직도 장난감 타령이니?》 **타령하다**

타령조 1.타령에서만 나타나거나 타령과 비슷한 가락.《할머니는 늘 타령조로 민요를 흥얼거리신다.》2.타령을 부르듯이 가락을 넣은 말투.《광대가 타령조로 신세 한탄을 한다.》

타르 (tar) 나무, 석탄, 석유 들을 태울 때 나오는 까맣고 끈적끈적한 액체.

타먹다 |북 1.나누어 주는 먹을거리를 받아서 먹다.《네가 내 것도 타먹어라.》2.돈, 물건 들을 받아서 챙기다.《저 사람은 사고를 당한 것처럼 꾸며서 보험금을 타먹으려 했다.》

타박 핀잔 남이 한 짓이 마음에 들지 않아 핀잔하거나 꾸짖는 것.《반찬 타박 좀 그만해.》북타발. **타박하다**

타박– 모양 힘없이 느릿하게 걷는 모양. **타박거리다 타박대다 타박타박**《형이 실망한 얼굴로 타박타박 걸어왔다.》

타박상 (打撲傷) 맞거나 부딪혀서 생긴 멍이나 상처.

타번지다 |북 1.불길이 이곳저곳으로 번져 나가 세차게 타다.《산불이 걷잡을 수 없이 타번지기 시작했다.》2.기쁨, 미움, 욕심, 의욕 들로 마음이 몹시 달아오르다.《가슴속에 타번지는 기쁨을 어찌할 수 없었다.》

타산 (打算) 이익과 손해를 따져 헤아리는 것.《타산이 빠르다.》

타살 (他殺) 남을 죽이거나 남에게 죽임을 당하는 것.《왕의 죽음은 자살인가, 타살인가?》반자살. **타살하다 타살되다**

타석 (打席) 야구에서 타자가 투수가 던지는 공을 치려고 서는 곳.

타성 (惰性) 오랫동안 해서 굳어진 좋지 않은 버릇.《타성에 젖다.》

타순 (打順) 야구에서 선수들이 공을 치는 차례.

타슈켄트 (Tashkent) 우즈베키스탄의 수도. 면화 관련 산업과 금속 공업이 발달하였다.

타악기 (打樂器) 북이나 실로폰처럼 두드려서 소리를 내는 악기. 참관악기, 현악기.

타오르다 1.불이 붙어서 타기 시작하다.《모닥불이 활활 타올랐다.》2.마음, 기세 같은 것이 세게 일어나다.《장군의 눈이 분노로 이글이글 타올랐다.》바타오르는, 타올라, 타오릅니다.

타원 (楕圓) 달걀처럼 길쭉한 원.

타원형 (楕圓形) 달걀처럼 길쭉하고 둥근 꼴.

타월 (towel) → 수건.

타율 따름 (他律) 자기 뜻에 따라 하지 않고 남의 명령이나 정해진 규칙에 따라 움직이는 일. 반자율. 북타률.

타율 야구 (打率) 야구에서 타자가 안타를 치는 비율.

타율적 (他律的) 자기 스스로 하지 못하고 남이 시키는 대로 하는. 또는 그런 것. 반자율적. 북타률적.

타의 (他意) 다른 사람의 생각이나 뜻.《자의 반 타의 반으로 반장 선거에 나갔다.》반자의.

타이 (tie) 1.→ 넥타이. 2.운동 경기에서 점수나 기록이 서로 같은 것.

타이르다 흔히 아랫사람한테 잘못을 깨닫게 좋은 말로 말하다.《엄마는 거짓말하면 못쓴다고 형을 타이르셨다.》바타이르는, 타일러, 타이릅니다.

타이머 (timer) 시간을 재는 장치. 또는 시간에 맞춰 움직이거나 멈추게 하는 장치.

타이어 (tire) 자전거나 자동차 들의 바퀴에 끼우는 고무테. 북다이야.

타이태닉호 1911년에 영국에서 만든 여객선. 1912년에 미국으로 가던 중에 빙산에 부딪혀 물속에 가라앉았다.

타이틀 (title) 1.책이나 작품 들에 붙은 제목. 2.➔ 선수권.

타이프 (type) ➔ 타자기.

타인 (他人) 내가 아닌 남. 또는 다른 사람.《타인의 말도 좀 들어.》비남.

타일 (tile) 건물의 벽이나 바닥에 붙이는 얇고 납작한 도자기 조각.

타임 (time) ➔ 타임아웃.

타임머신 (time machine) 과거나 미래로 시간 여행을 떠날 수 있다는 상상의 기계.

타임아웃 (time-out) 농구나 배구 같은 경기에서 선수를 바꾸거나 작전을 짜려고 경기를 잠깐 멈추는 일. 같타임.

타임캡슐 (time capsule) 다음 시대에 전하려고 지금 시대를 잘 나타내는 글이나 물건을 넣고 꼭 막아서 땅속에 묻어 두는 작은 그릇.

타입 (type) 생김새, 성질 들이 비슷한 무리. 또는 그런 무리에 드는 사람.

타자 글자 (打字) 타자기나 컴퓨터 글자판을 눌러서 글자를 치는 일.

타자 야구 (打者) 야구에서 상대편 투수가 던진 공을 방망이로 치는 선수.《4번 타자가 친 공이 담장을 넘어갔다.》

타자기 (打字機) 손가락으로 글자판을 두드려서 종이에 글자를 찍어 내는 기계. 같타이프

타작 (打作) 익은 곡식의 이삭을 떨어내어 낟알을 거두는 일.《들판에서 벼타작이 한창이다.》참탈곡. **타작하다**

타조 아프리카 사막이나 거친 땅에 사는 새. 새 가운데 가장 크다. 날지는 못하지만 다리가 튼튼해서 빨리 달린다.

타진 (打診) 남의 속내나 사정 들을 미리 살피고 알아보는 것. **타진하다**《갈지 안 갈지 의사를 타진해 보아라.》

타파 (打破) 낡고 잘못된 관습이나 제도 들을 깨뜨려 없애는 것.《미신 타파》 **타파하다 타파되다**

타향 (他鄕) 자기가 태어난 곳이 아닌 다른 곳.《타향도 정들면 고향이란다.》비객지. 반고향.

타향살이 자기 고향이 아닌 다른 고장에서 사는 일.

타협 (妥協) 서로 조금씩 양보하고 고쳐서 맞추는 것. **타협하다**《힘들어도 불의와 타협하지 않겠어요.》 **타협되다**

탁 1.갑자기 세게 치거나 부딪치는 소리.《형이 좋은 생각이 난 듯 무릎을 탁 쳤다.》2.조여 있던 물건이나 마음이 갑자기 풀리거나 끊어지는 소리. 또는 그 모양.《주인공이 벌써 죽다니 맥이 탁 풀리네.》3.막힘이 없이 시원스럽게 트이거나 뚫린 모양.《산봉우리에서 탁 트인 벌판을 내려다보았다.》4.갑자기 숨이 꽉 막히는 느낌.《한증막에 들어서자 숨이 탁 막힌다.》

탁구 (卓球) 네모난 탁자 가운데에 그물을 치고 양쪽에 마주 서서 작은 공을 채로 치고 받는 경기.

탁구공 탁구 할 때 쓰는 공.

탁류 (濁流) 흘러가는 흐린 물줄기.《비가 많이 내려 강에 탁류가 흐른다.》

탁발 (托鉢) 승려가 불경을 외며 집집마다 다니면서 쌀이나 돈 들을 얻는 일. **탁발하다**

탁본 (拓本) 비석 같은 것에 새겨진 글씨나 무늬에 종이를 대고 먹물을 발라

그대로 박아 내는 것. 또는 그렇게 박아 낸 종이. **탁본하다**

탁상 (卓上) 책상이나 식탁 같은 것의 위쪽.《탁상에 놓인 꽃병》

탁상공론 (卓上空論) 실제로 벌어지는 일은 하나도 모르고 책상머리에 앉아서 말만 앞세워 떠드는 것.

탁상시계 (卓上時計) 책상이나 선반들에 올려놓고 보는 작은 시계.

탁색 (濁色) 순색에 회색을 섞어서 흐리게 만든 색. 순색은 다른 색이 섞이지 아니한 순수한 색이다.

탁아 (託兒) 보호자가 어린아이를 돌보지 못하는 동안에 잠시 맡아 보호하는 일.《탁아 시설》

탁아소 (託兒所) 부모가 일하는 동안아이를 맡아 보살피는 곳.

탁월하다 힘, 재주, 솜씨가 남보다 훨씬 뛰어나다.《철수는 글 쓰는 데 탁월한 재주를 지녔다.》

탁자 (卓子) 위가 평평해서 물건을 올려놓을 수 있는 가구. 떠받치는 다리가 있고 서랍은 없다.

탁탁 자꾸 세게 치거나 부딪치는 소리.《할아버지 등허리를 탁탁 쳐 드렸다.》

탁하다 1.공기나 액체에 다른 물질이 섞여 맑지 않다.《방 안 공기가 탁해서 답답해요.》 2.목소리가 거칠고 굵다.《감기에 걸려서 목소리가 탁하다.》

탄 (炭) 1.→ 석탄. 2.→ 연탄.

탄광 (炭鑛) 땅속에서 석탄을 캐내는 곳.《강원도에는 탄광이 많이 있다.》

탄력 (彈力) 1.물체를 당기거나 눌렀을 때 본디 꼴로 돌아가려는 힘.《공이 탄력이 있어 통통 튄다.》 2.그때그때

처지에 알맞게 대응하는 힘.《변화에 탄력 있게 대응하다.》 3.팽팽하게 힘이 넘치는 것.《탄력 있는 몸매》

탄력성 (彈力性) 탄력이 있는 성질.

탄로 (綻露) 숨긴 일이 드러나는 것.《거짓말이 결국 탄로 나고 말았다.》

탄복 (歎服) 아주 훌륭하다고 여기어 마음으로 감탄하는 것. **탄복하다**《선생의 높은 충절에 모두 탄복했다.》

탄산 (炭酸) 이산화탄소가 물에 녹아서 생긴 약한 산. 사이다나 콜라 같은 청량음료에 넣어서 톡 쏘는 맛을 낸다.

탄산가스 → 이산화탄소.

탄산나트륨 빛깔이 없고 물에 녹아 알칼리성을 띠는 물질. 유리, 비누, 종이들을 만드는 데 쓴다. **북**탄산나트리움.

탄산수소나트륨 빛깔이 없고 물에 녹여서 끓이면 이산화탄소가 나오는 물질. 청량음료나 약을 만드는 데 쓴다.

탄산음료 (炭酸飮料) 탄산가스를 물에 녹여 만든 음료.

탄산칼슘 대리석, 석회석, 조개껍데기들에 많이 들어 있는 희거나 빛깔이 없는 물질. 시멘트, 페인트, 유리 들을 만드는 데 쓴다. **북**탄산칼시움.

탄생 (誕生) 귀하거나 존경하는 사람이 태어나는 것을 높여 이르는 말. **탄생하다 탄생되다**

탄성 감탄 (歎聲) 감탄하는 소리. 또는 크게 한숨 쉬는 소리.《멋진 얼음 조각상을 보고 곳곳에서 탄성이 터졌다.》

탄성 성질 (彈性) 물체를 구부리거나 당기거나 눌렀을 때 본디 모양으로 돌아가려는 성질. **북**튐성.

탄소 (炭素) 숯, 석탄, 다이아몬드를

이루는 물질. 수소, 산소와 결합하여 탄수화물을 만든다.

탄소 동화 작용 (炭素同化作用) 식물이 공기에서 받아들인 이산화탄소와 뿌리에서 빨아올린 물로 탄수화물을 만드는 일.

탄수화물 (炭水化物) 생물을 이루면서 활동하는 데 필요한 에너지를 내는 물질. 흔히 식물 안에서 만들어지고 쌀, 보리, 감자 같은 곡식에 많다.

탄식 (歎息) 슬프거나 걱정스러워서 한숨을 내쉬는 것.《큰비로 논밭이 물에 잠겨 탄식이 나온다.》**탄식하다**

탄신일 (誕辰日) 임금이나 위대한 사람이 태어난 날.

탄압 (彈壓) 힘이나 권력으로 많은 사람을 눌러 꼼짝 못하게 하는 것.《인권 탄압/종교 탄압》**탄압하다**

탄약 (彈藥) 탄알과 화약.

탄원 (歎願) 높은 기관이나 윗사람에게 억울한 일이나 딱한 사정 들을 말하고 도와주기를 간절히 바라는 것. **탄원하다**《억울한 사정을 탄원하다.》

탄원서 (歎願書) 탄원하는 내용을 적은 글이나 문서.

탄일종 (誕日鐘) 예수 탄생을 축하하는 뜻으로 성탄절에 교회에서 치는 종.

탄탄하다 1.몸이나 물건이 다부지고 단단하다.《삼촌의 가슴 근육은 정말 탄탄하다.》2.어떤 일의 바탕이나 얼개가 쉽게 무너지거나 흔들리지 않을 만큼 튼튼하다.《그렇게 탄탄한 회사가 망하다니 믿어지지 않는다.》

탄핵 (彈劾) 대통령, 국무총리, 법관 같은 공무원의 잘못을 들추어 물러나

탄곡기

라고 요구하는 것.《국무총리 탄핵/대통령 탄핵》**탄핵하다 탄핵되다**

탄환 (彈丸) 총이나 포에 넣어서 쏘아 목표를 맞추는 쇳덩이.

탈 가면 1.종이나 나무로 사람이나 동물 얼굴을 본떠서 만들어 얼굴에 쓰는 물건. **같**가면. 2.속마음과는 달리 거짓으로 꾸미는 태도나 행동을 빗대어 이르는 말.《양의 탈을 쓴 늑대》

탈 말썽 (頉) 1.뜻밖에 생기는 사고나 문제.《탈 없이 잘 다녀오렴.》2.몸에 생기는 병.《찬 것을 많이 먹었더니 배 속에 탈이 났나 봐.》3.잘못이나 허물. 또는 트집이나 핑계.《우리 누나는 너무 착해서 탈이야.》**참**허물.

탈것 자전거, 자동차, 기차, 배 같은 사람이 타고 다니는 모든 것.

탈곡 (脫穀) 벼, 보리 같은 곡식 이삭에서 낟알을 떨어내는 것.《들판에 탈곡을 마친 볏짚이 쌓여 있다.》**참**타작. **탈곡하다**

탈곡기 (脫穀機) 탈곡하는 기계.

탈놀이 탈을 쓰고 춤, 노래, 대사 들을 하면서 노는 놀이. 산대놀이, 오광대놀이, 꼭두각시놀이, 별신굿 놀이 같은 것이 있다. **비**가면극.

탈락 (脫落) 어떤 데에 끼지 못하고 빠지거나 떨어지는 것.《예선 탈락》**탈락하다 탈락되다**

탈리다 [북 1.줄, 끈 같은 것이 꼬이거나 비틀리다.《탈린 실을 푸느라 애를 먹었다.》2.둥글게 감기거나 배배 꼬이다.《소나무 가지가 잔뜩 탈렸다.》3.어떤 일에 시달려 몹시 지치다.《시험공부를 하느라 탈려서 놀러 나가지

탈

각시탈_하회 별신굿 탈놀이

애사당탈_양주 별산대놀이

미얄할미탈_송파 산대놀이

부네탈_하회 별신굿 탈놀이

사람이나 그밖에 여러 가지 모습이 그려진 얼굴 가리개를 탈이라고 해요. 탈을 쓰면 자기 본래 모습이 가려져요. 그래서 마음껏 놀 수 있어요. 탈을 만들어 쓰는 전통은 어느 나라에나 있어요. 우리 겨레도 아주 오랜 옛날부터 탈을 쓰고 춤추거나 놀이판을 벌였어요. 우리 겨레의 전통 놀이 탈 가운데에는 익살스럽고 재미있는 것이 아주 많아요. 널리 알려진 탈로는 하회 별신굿 탈, 오광대 탈, 산대놀이 탈 같은 것이 있어요. 우리 조상들은 탈을 쓰고 양반들을 욕하는 놀이도 했어요. 보통 때는 할 수 없는 말과 행동을 탈 뒤에 숨어서 자유롭게 펼쳐 보인 것이지요.

원숭이탈_양주 별산대놀이

완보탈_양주 별산대놀이

양반탈_하회 별신굿 탈놀이

청보양반탈_고성 오광대

넷째양반탈_동래 야유

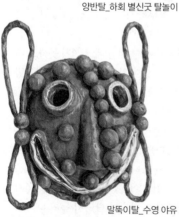
말뚝이탈_수영 야유

연잎탈_양주 별산대놀이

옴중탈_본산대놀이

취발이 아이탈_송파 산대놀이

취발이탈_봉산 탈춤

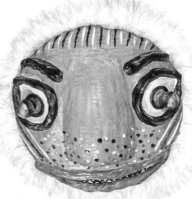

사자탈_봉산 탈춤

이매탈_하회 별신굿 탈놀이

중앙황제장군탈_가산 오광대

방상시탈

왜장녀탈_양주 별산대놀이

셋째양반탈_수영 야유

초랭이탈_하회 별신굿 탈놀이

눈끔적이탈_본산대놀이

제대각시탈_수영 야유

할미양반탈_통영 오광대

도 못하겠어.》 4.못마땅한 일로 마음
이 뒤틀리다.《몹시 탈린 마음이 오빠
얼굴에 그대로 드러났다.》
탈모 (脫毛) 머리털이나 눈썹 같은 털
이 빠지는 것. **탈모되다**
탈무드 (Talmud) 오랜 옛날부터 유
대인들에게 전하는 생활 규범과 삶의
지혜에 관한 이야기를 모아 엮은 책.
탈바가지 바가지로 만든 탈. 또는 탈을
낮추어 이르는 말.
탈바꿈 1.모양이나 상태를 크게 바꾸
는 것.《마을은 몇 년 사이에 놀라운
탈바꿈을 하였다.》 2.→ 변태.《곤충의
탈바꿈》 **탈바꿈하다**
탈상 (脫喪) 어버이가 돌아가시고 나
서 삼년 동안 치르는 상을 마치는 것.
《탈상을 할 때까지 몸가짐을 조심하여
라.》 북해상. **탈상하다**
탈색 (脫色) 1.옷이나 천, 머리카락의
색깔을 빼는 것.《머리를 엷게 탈색을
했다.》 반염색. 북색빼기. 2.빛이 바래
는 것.《햇볕에 바지가 하얗게 탈색이
되었다.》 **탈색하다**
탈선 (脫線) 1.열차나 기차 들의 바퀴
가 철길을 벗어나는 것.《열차 탈선 사
고로 많은 사람들이 다쳤다.》 2.말이
나 하는 짓이 바른 길에서 벗어나 나쁜
쪽으로 나가는 것.《청소년 탈선을 막
아야 합니다.》 **탈선하다 탈선되다**
탈세 (脫稅) 옳지 않은 방법을 써서 세
금을 내지 않는 짓. **탈세하다**《국세청
에서는 탈세한 기업들을 고발하였다.》
탈수 (脫水) 1.물기를 빼는 것.《빨래
탈수》 북물빼기. 2.몸 안의 수분이 빠
져나가는 것.《설사를 자꾸 해서 탈수

증세가 왔다.》 **탈수하다 탈수되다**
탈영 (脫營) 군인이 부대에서 빠져나
와 몰래 달아나는 것. **탈영하다**
탈영병 (脫營兵) 부대에서 몰래 빠져
나와 도망친 군인.
탈옥 (脫獄) 죄수가 감옥에서 빠져나
와 달아나는 것. **탈옥하다**
탈의실 (脫衣室) 목욕탕이나 수영장
같은 곳에서 옷을 벗거나 갈아입는 방.
탈주 (脫走) 갇힌 곳에서 몰래 빠져나
와 달아나는 것. 참탈출. **탈주하다**《적
진에 잡혀 있던 병사가 탈주했다.》
탈지면 (脫脂綿) 상처나 수술하는 데
쓰려고 기름기와 균을 없앤 깨끗한 솜.
탈진 (脫盡) 기운이 다 빠져 없어지는
것. **탈진하다**《땡볕에 운동장을 달린
아이들이 모두 탈진했다.》
탈출 (脫出) 제 마음대로 할 수 없는
곳이나 위험한 곳에서 빠져나가는 것.
참탈주. **탈출하다**《아저씨는 갖은 노력
끝에 수용소를 탈출하였다.》
탈춤 탈을 쓰고 추는 춤.
탈취 (奪取) 남의 것을 억지로 빼앗아
가지는 것. **탈취하다**《도둑이 차를 탈
취해 도망갔다.》 **탈취되다**
탈취제 (脫臭劑) 고약한 냄새를 없애
주는 약품.《화장실 탈취제》 북냄새빼
기감, 냄새빼기약.
탈탈 1.아무것도 남지 않게 털어 내는
모양. 2.경운기나 낡은 자동차 들이 흔
들리면서 달리는 소리. 또는 그 모양.
탈탈거리다 탈탈대다《지갑을 탈탈 털
어서 엄마 선물을 샀다./경운기가 탈
탈거리면서 시골길을 달린다.》
탈퇴 (脫退) 들어 있는 모임이나 단체

들에서 관계를 끊고 나오는 것. **반**가입. **탈퇴하다**《모임에서 탈퇴했다.》

탈피 (脫皮) 1.뱀, 나비, 매미 같은 벌레가 자라면서 살가죽이나 껍질을 벗는 일.《비단뱀은 자라면서 여러 번 탈피를 한다.》**북**껍질벗기. 2.어떤 생각이나 처지에서 벗어나 새로워지는 것. **탈피하다**《악습에서 탈피하자.》

탈환 (奪還) 빼앗겼던 것을 도로 빼앗아 찾는 것. **탈환하다**《드디어 우승컵을 탈환하였다.》**탈환되다**

탐 (貪) 어떤 것을 몹시 가지거나 차지하고 싶은 마음.《탐이 많다.》

탐관오리 (貪官汚吏) 옛날에 백성의 재물을 빼앗고 못된 짓을 일삼는 벼슬아치를 이르던 말.

탐구 (探究) 진리, 학문 들을 파고들어 깊이 연구하는 것. **탐구하다**《우주를 탐구하는 과학자가 되고 싶어요.》

탐구심 (探究心) 진리, 학문 들을 깊이 탐구하는 마음.《탐구심이 강하다.》

탐나다 가지거나 차지하고 싶은 욕심이 생기다.《형의 새 옷이 탐났다.》

탐내다 가지거나 차지하고 싶어 하다. 《남의 물건을 탐내지 마라.》

탐라 (耽羅) '제주도'의 옛 이름.

탐방 (探訪) 어떤 것을 알아내거나 보려고 사람이나 장소를 찾아가는 것. 《모교 탐방》**탐방하다**

탐사 (探査) 잘 알려지지 않은 것을 자세히 살피고 알아보는 일. **탐사하다** 《열대 밀림 지역을 탐사하기로 했다.》

탐사자 (探査者) 우주나 바다 속 같은 알려지지 않은 곳을 탐사하는 사람.

탐색 (探索) 감추어진 사실을 찾아내거나 밝히려고 자세히 살피는 것.《탐색 작전》**탐색하다**

탐색기 (探索機) 컴퓨터에서 프로그램이나 파일을 찾을 때 쓰는 도구.

탐스럽다 마음이 끌릴 만큼 아주 크고 보기 좋다.《안뜰에 수국이 탐스럽게 피어 있었다.》**북**호하지다. **바**탐스러운, 탐스러워, 탐스럽습니다.

탐욕 (貪慾) 어떤 것을 지나치게 가지고 싶어 하는 욕심.《탐욕이 생기다.》

탐정 (探偵) 경찰은 아니지만 범인을 찾아내거나 어떤 비밀을 알아내는 사람.《셜록 홈스는 유명한 탐정이다.》

탐조등 (探照燈) 밤에 어떤 것을 찾거나 비추려고 멀리까지 밝은 빛을 보내는 기구.

탐지 (探知) 드러나지 않은 사실이나 물건 들을 은근히 찾아내거나 알아내는 것. **탐지하다**《지뢰를 탐지하다.》

탐지기 (探知機) 숨겨진 사물의 위치나 크기를 알아내는 기계.

탐탁하다 하는 짓이나 물건 들이 마음에 들어 흐뭇하다.《언니는 내 옷들을 탐탁지 않아 한다.》

탐하다 어떤 것을 가지거나 차지하고 싶어 지나치게 욕심을 내다.《작은 이익을 탐하다가 큰 것을 잃을 수 있다.》

탐험 (探險) 알려지지 않은 곳을 위험을 무릅쓰고 찾아가서 살펴보고 조사하는 것.《동굴 탐험》**탐험하다**

탐험가 (探險家) 탐험을 전문으로 하는 사람.

탐험대 (探險隊) 알려지지 않은 곳을 찾아다니면서 조사하는 무리.

탑 (塔) 돌, 나무, 벽돌 들을 여러 층으

로 쌓아 올리거나 높고 뾰족하게 세워 놓은 것.《탑을 세우다./탑을 쌓다.》

탑골 공원 서울에 있는 공원. 우리나라에서 처음 만든 공원으로 삼일 운동 때 이곳에서 독립 선언서를 발표했다.

탑돌이 흔히 부처가 태어난 날에 밤이 새도록 탑을 돌면서 부처의 덕을 기리고 자기 소원을 비는 일.

탑승 (搭乘) 배, 비행기 같은 탈것에 올라타는 것.《탑승 수속》**탑승하다**

탑승객 (搭乘客) 비행기, 배, 차 같은 탈것에 탄 손님.

탑신 (塔身) 탑의 몸통. **북탑몸.**

탑재 (搭載) 비행기, 배, 차 같은 것에 물건을 싣는 것. **탑재하다 탑재되다**

탓 1.어떤 일이 잘못된 까닭.《동무가 늦은 탓에 버스를 놓쳤다.》**참**나머지. 2.잘못된 까닭을 남한테 돌려 나무라거나 핑계를 대는 일.《제 잘못을 남의 탓으로 미루지 마라.》

탓하다 잘못된 일을 남한테 돌려 나무라거나 핑계를 대다.《네 잘못은 생각도 안 하고 다른 사람만 탓하는구나.》

탕 소리 1.작은 쇠붙이나 딱딱한 물체가 부딪쳐 울리는 소리.《화가 나서 컵을 탕 내려놓았다.》2.총을 쏘는 소리.

탕 먹을거리 (湯) 1.'국'을 높여 이르는 말. 흔히 제사상에 올리는 건더기가 많고 국물이 적은 국을 이른다. **참**국. 2.달여 먹는 약.《인삼탕/가물치 탕》

탕 목욕탕 (湯) 목욕탕 안에 몸을 담글 수 있게 물을 받아 놓은 곳.

탕수육 쇠고기나 돼지고기에 녹말가루를 묻혀 튀긴 것에 초, 간장, 설탕, 채소 들을 넣고 끓인 녹말 물을 부어 만

든 먹을거리.

탕진 (蕩盡) 재물이나 힘 같은 것을 헛되이 다 써서 없애는 것. **탕진하다**《재산을 탕진하다.》

탕탕 1.작은 쇠붙이나 딱딱한 물체가 자꾸 세게 부딪쳐 울리는 소리.《선생님이 몽둥이로 칠판을 탕탕 치신다.》2.총을 자꾸 쏘는 소리.

탕평책 (蕩平策) 조선 영조 때 당파 싸움을 없애려고 여러 당파에서 인재를 고루 뽑아 쓰던 정책.

태가락 |북 일부러 맵시를 부리는 몸짓이나 몸가짐.《나는 어른들 앞에서 태가락을 부리는 애를 좋아하지 않아.》

태각태각 |북 주판알을 튕기는 소리. 또는 그 모양.《엄마가 주판을 태각태각 튕기면서 가계부를 정리하신다.》**태각태각하다**

태고 (太古) 아주 먼 옛날.《우리 조상은 태고 때부터 이 땅에서 살았다.》

태권도 (跆拳道) 맨손과 맨발로 상대를 치고 차고 넘어뜨리는 우리나라 무술. 또는 그 운동 경기.

태극 (太極) 동양 철학에서 세상에 있는 모든 것이 비롯되는 바탕으로 여기는 것. 또는 그것을 붉은빛과 푸른빛 고리가 서로 맞물린 동그라미로 나타낸 것.

태극기 (太極旗) 우리나라 국기. 흰 바탕 한가운데 태극이 있고 네 귀에 검은색으로 건괘, 곤괘, 감괘, 이괘를 그린다.

태기 (胎氣) 아기를 밴 느낌이나 낌새.《이모가 태기가 있대요.》

태깔 물건의 모양과 빛깔.《태깔 좋은

사과/한복 태깔이 참 곱구나.》

태껸 부드럽게 움직이다가 갑자기 손과 발로 상대를 공격하거나 상대의 공격을 막는 우리나라 무술. **같**택견.

태도 (態度) 1.겉으로 드러내는 움직임, 표정, 말씨 같은 모양새.《은철이는 반장이라고 거만한 태도로 말한다.》 2.어떤 일에 대한 생각이나 자세.《좋은지 싫은지 태도를 분명히 해.》

태동 (胎動) 1.태아가 어머니 배 안에서 움직이는 것.《임신한 고모가 태동이 느껴진다고 했다.》 2.어떤 일이 일어날 기운이 싹트는 것.《들에 나가 봄의 태동을 느껴 봐.》 **태동하다**

태만 (怠慢) 열심히 하지 않고 게으름을 부리는 것.《근무 태만》 **태만하다**

태몽 (胎夢) 아기를 밸 것을 알려 주는 꿈.《할머니는 호랑이가 나오는 태몽을 꾸고 아버지를 낳으셨다고 한다.》

태반 절반 (太半) 절반을 훨씬 넘는 것.

태반 몸 (胎盤) 아기를 밴 여자 배 속에서 아기와 자궁을 이어 주는 기관.

태백 (太白) 강원도 남쪽에 있는 시. 우리나라에서 무연탄이 가장 많이 난다.

태백산 (太白山) 경상북도 봉화와 강원도 태백에 걸쳐 있는 산. 옛날부터 하늘에 제사를 지내던 단이 있다.

태백산맥 (太白山脈) 강원도와 경상도 동쪽에 남북으로 길게 뻗어 있는 산맥. 우리나라에서 가장 큰 산맥으로 금강산, 태백산, 설악산 들이 있다.

태봉 (泰封) '후고구려'를 바꾼 이름.

태부족 (太不足) 필요한 것이 턱없이 모자라는 것.《이 학교는 학생 수에 비해서 교실이 태부족이다.》 **태부족하다**

태산 (泰山) 1.높고 큰 산.《부모님 은혜는 태산보다 높고 크다.》 2.몹시 크거나 많은 것을 빗대어 이르는 말.《걱정이 태산이다./할 일이 태산 같다.》

태생 (胎生) 사람이 어떤 곳에서 태어나는 것.《저는 농촌 태생입니다.》

태세 (態勢) 어떤 일을 하려는 태도나 자세.《하! 날 한 대 칠 태세구나.》

태수 (太守) 옛날에 고을을 맡아 다스리던 으뜸 벼슬.

태아 (胎兒) 어머니 배 안에서 자라고 있는 아이.《태아는 아주 건강합니다.》

태양 (太陽) → 해.

태양계

태양계 (太陽系) 태양과 그 둘레를 도는 별 무리. 태양, 수성, 금성, 지구, 화성, 목성, 토성, 천왕성, 해왕성, 위성, 소행성, 혜성 들로 이루어져 있다.

태양력 (太陽曆) 지구가 해의 둘레를 한 바퀴 도는 데 걸리는 시간을 일 년으로 삼은 달력. **같**양력. **참**태음력.

태양신 (太陽神) '해'를 신으로 여겨 이르는 말.

태양 에너지 해에서 나오는 에너지. **북**태양에네르기.

태양열 (太陽熱) 태양에서 나와 지구에 이르는 열. **북**해빛열.

태양열 주택 (太陽熱住宅) 태양열로 방을 덥히거나 물을 데우는 시설이 있는 집.

태양인 (太陽人) 사상 의학에서 나눈 사람의 체질 가운데 하나. 폐가 크고 간이 작다.

태어나다 사람이나 동물이 꼴을 갖추어 어머니나 어미의 배에서 세상으로 나오다.《오랜 산고 끝에 아기가 태어났다.》북태여나다.

태연자약하다 놀랍거나 힘든 일이 생겨도 아무렇지 않은 듯하다.《불이 났는데 어쩌면 저렇게 태연자약하지?》

태연하다 놀랄 만한 일을 당해도 아무렇지 않고 보통 때와 같다.《겉으로 태연한 척했지만 속으로는 무서웠다.》

태엽 (胎葉) 시계나 장난감 들을 움직이게 하는 작은 장치. 얇고 긴 강철 띠를 세게 말아서 그 풀리는 힘을 쓴다.

태우다 불에 1.어떤 것에 불을 붙여 타게 하다.《누가 여기서 쓰레기를 태우라고 했니?》2.어떤 것을 불이나 열에 대어 새카맣게 되거나 재로 변하게 하다.《엄마가 전화를 받다가 생선을 태웠다.》3.살갗을 햇볕에 그을리다.《바닷가에서 보기 좋게 살을 태우고 왔다.》4.'속', '애'와 함께 써서, 마음을 몹시 졸이다.《오랫동안 비가 오지 않아 농민들이 애를 태우고 있다.》

태우다 차에 1.탈것, 동물의 등 같은 것에 타게 하다.《어제는 엄마가 학교까지 차를 태워다 주었다.》2.그네, 시소, 썰매 같은 놀이 기구를 타게 하다.《사촌 동생한테 그네를 태워 주었다.》

태우다 간지럼을 간지럼을 타게 하다.《오빠가 자꾸 간지럼을 태운다.》

태음력 (太陰曆) 달이 지구 둘레를 한 바퀴 도는 데 걸리는 시간을 한 달로 삼은 달력. 같음력. 참태양력.

태음인 (太陰人) 사상 의학에서 나눈 사람의 체질 가운데 하나. 폐가 작고 간이 크다.

태자 (太子) → 황태자.

태초 (太初) 하늘과 땅이 처음 생겨난 때.

태클 (tackle) 축구에서 상대편 선수가 가지고 있는 공을 빼앗는 일.

태평 (太平) 나라, 세상, 마음 들이 아무 걱정 없이 편안한 것. **태평하다**《나라가 태평하니 좋은 시절이로구나.》

태평성대 (太平聖代) 임금이 나라를 잘 다스려서 아주 평화로운 시대.

태평소 (太平簫) 부는 국악기 가운데 하나. 나무로 만든 관에 구멍을 여덟 개 뚫고, 아래는 깔때기처럼 생긴 놋쇠를 달았다. 같날라리.

태평소

태평양 (太平洋) 오대양 가운데 하나. 유라시아, 아메리카, 오스트레일리아에 둘러싸여 있다. 세계에서 가장 큰 바다이다.

태평양 전쟁 (太平洋戰爭) 1941년부터 1945년까지 일본과 연합국이 벌인 전쟁. 일본이 미국 진주만을 공격하면서 시작되어 항복하면서 끝났다.

태풍 (颱風) 북태평양에서 생겨나 아시아 대륙으로 불어오는 바람. 아주 세고 큰비와 함께 온다.《태풍에 나무가 뿌리째 넘어졌다.》

태풍의 눈 관용 1.태풍의 한가운데에 생기는 구름이 적고 바람이 약한 곳을 이르는 말. 2.앞으로 다가올 변화나 문제의 중심이 되는 것.《독도 문제가 태풍의 눈으로 떠올랐다.》

태학 (太學) 고구려 때 높은 벼슬아치의 자식을 가르치던 교육 기관.

태형 (笞刑) 옛날에 작은 곤장으로 볼기를 치던 형벌.

택견 → 태견.

택배 (宅配) 우편물이나 짐, 상품 들을 돈을 받고 집 앞까지 가져다주는 것. 《할머니가 김치를 택배로 보내셨다.》

택시 (taxi) 돈을 받고 손님이 가려는 곳까지 태워다 주는 승용차.

택시

택일 (擇一) 여럿 가운데 하나를 고르는 것.《제주도로 갈지 울릉도로 갈지 택일을 해라.》**택일하다**

택지 (宅地) 집을 지을 땅. 비집터.

택하다 여럿 가운데서 고르다.《이 문제에 알맞은 답을 하나만 택하세요.》

탤런트 (talent) 텔레비전 드라마에서 연기하는 사람.

탬버린 (tambourine) 치는 악기 가운데 하나. 테 한쪽 면에 가죽을 대고 둘레에 작은 방울이나 쇳조각을 단다.

탬버린

탯줄 아기 몸과 태반을 잇는 줄. 아기에게 산소와 영양분을 전한다. 북태줄.

탱자 탱자나무 열매. 노랗고 둥글다. 먹지는 못하고 약으로 쓴다.

탱자

탱자나무 산울타리로 많이 심는 잎지는나무. 가지가 잘고 가시가 많다. 5월에 흰 꽃이 피고, 가을에 탱자가 노랗게 익는다.

탱자나무

탱크 (tank) 1.물, 가스, 기름 같은 것을 넣어 두는 큰 통.《기름 탱크/ 산소 탱크》북탕크. 2.→ 전차.

터 자리 1.집이나 건물을 지었거나 앞으로 지을 자리.《절은 불타고 지금은 터만 남아 있다.》2.쓰지 않는 빈 땅.《마당 끝에 있는 터에 채소를 심었다.》

터가 세다 관용 집터가 나쁘다.《마을 사람들은 터가 세서 그 집 사람들이 다친 거라고 수군댔다.》

터 처지 1.앞으로 어떻게 하겠다는 뜻을 나타내는 말.《내가 내일 갈 터인데 네가 왔구나.》2.처지나 형편.《배가 고프던 터에 마침 잘됐다.》

터갈리다 ㅣ북 1.손, 발, 입술 같은 것이 터서 갈라지다.《입술이 터갈려서 몹시 아프다.》2.논, 진흙 같은 것이 말라서 갈라지다.《오랜 가뭄으로 논바닥이 심하게 터갈렸다.》3.목소리가 쉬고 갈라지다.《목소리가 터갈리게 노래 연습을 했다.》

터널 (tunnel) 산, 바다, 강 들의 밑을 뚫어 만든 길. 비굴.

터놓다 1.막힌 것을 서로 통하게 해 놓다.《사람이 다닐 수 있게 길 한쪽은 터놓아야죠.》2.숨기지 않고 마음을 드러내다.《짝꿍과 이제는 터놓고 이야기해요.》

터덜- 지쳐서 무거운 발걸음으로 느릿하게 걷는 모양. **터덜거리다 터덜대다 터덜터덜**《차가 터덜거리면서 진흙탕 길을 달렸다.》

터득 (攄得) 깊이 생각한 끝에 이치를 깨달아 알게 되는 것. **터득하다**《문제 푸는 요령을 터득하니 공부가 쉽네.》

터뜨리다 1.어떤 것을 터지게 하다.《강가에서 폭죽을 터뜨리면서 놀았다.》북터치다. 2.기쁨, 슬픔, 노여움 들이 북받쳐서 겉으로 쏟아 내다.《아기가 갑자기 울음을 터뜨렸다.》북터치다. 3.꽃망울을 벌리다.《날씨가 따뜻해지자 꽃들이 금세 꽃망울을 터뜨린다.》북터치다. 4.어떤 일을 갑자기 일으키거나 드러나게 하다.《여태 가만있다가 이제 와서 문제를 터뜨리다니.》

터럭 사람이나 짐승 몸에 난 털.

터무니없다 엉뚱하고 괴상하여 이치에 전혀 맞지 않는다. 《너는 물고기가 난 다는 터무니없는 얘기를 믿니?》

터미널 (terminal) 버스, 열차, 배 같 은 것이 처음 출발하거나 마지막에 도 착하는 곳.

터벅– 무거운 발걸음으로 느릿하게 걷는 모양. **터벅거리다 터벅대다 터벅 터벅** 《너무 지쳐서 터벅거리면서 집으 로 걸어왔다.》

터번 (turban) 인도 남자나 이슬람교 도 남자가 머리에 감아올리는 긴 천.

터실터실 종이, 천 같은 물건의 바탕이 나 가장자리가 매끈하지 않고 거칠게 보풀이 일어난 모양. **터실터실하다**

터울 한 어머니가 낳은 아이들의 나이 차이. 《언니와 나는 세 살 터울이다.》

터전 1. 집터로 삼은 땅. 《넓은 터전에 멋진 집을 지었다.》 2. 자리 잡고 살아 가는 곳. 《우리 식구는 시골에 터전을 잡았다.》

터주 집터를 지키는 신.

터줏대감 마을이나 단체 같은 데서 가 장 오래되어 힘이 있는 사람. 《할아버 지는 우리 마을의 터줏대감이시다.》

터지다 1. 어떤 것의 겉이 찢어지거나 벌어지거나 소리를 내면서 갈라지다. 《풍선이 나뭇가지에 찔려 터졌다.》 2. 꿰맨 자리가 뜯어지다. 《바짓가랑이가 터진 것도 몰랐니?》 3. 폭탄이나 화약 같은 것이 폭발하다. 《거리에 폭탄이 터져서 많은 사람이 다쳤다.》 4. 기쁨, 슬픔, 노여움 들이 북받쳐서 겉으로 쏟 아지다. 《터져 나오는 웃음을 가까스 로 참았다.》 5. 박수, 환호 같은 큰 소리

가 나다. 《노래가 끝나자 박수가 터져 나왔다.》 6. '속'과 함께 써서, 마음이 몹시 괴롭다. 《동생이 자꾸 떼를 써서 속이 터진다.》 7. 살갗, 땅바닥, 꽃망울 같은 것이 갈라지거나 벌어지다. 《추 워서 손등이 터졌다.》 8. 전쟁 같은 큰 사건이 일어나다. 《중동 지역에서 전 쟁이 터졌대.》 9. '느려 터지다', '불어 터지다'처럼 써서, 어떤 상태가 몹시 심하다. 《라면이 불어 터졌잖아.》

터치 (touch) 1. 그림을 그리거나 글씨 를 쓸 때 붓놀림에서 오는 느낌. 2. 야 구에서 수비수가 공을 상대편 주자에 게 갖다 대는 것. **터치하다**

턱 몸 1. 사람이나 짐승의 입 위아래에 있으면서 입을 벌려 소리를 내거나 씹 는 일을 하는 곳. 《오징어를 오래 씹었 더니 턱이 아파.》 2. 얼굴에서 가장 아 래 뾰족한 부분. 《영철이는 손으로 턱 을 괴고 깊은 생각에 잠겼다.》

턱 떨어지는 줄 모른다 속담 어떤 일에 정신없이 빠진 모습을 이르는 말.

턱 모양 1. 긴장했던 마음이 갑자기 확 놓이거나 풀리는 모양. 《숙제 검사를 안 한다니 마음이 턱 놓인다.》 2. 아주 의젓하거나 자연스럽게 행동하는 모 양. 《아버지가 턱 하고 문 앞에 서 계 신다.》 3. 어깨, 손 들을 갑자기 세게 붙 잡거나 짚는 모양. 《형사가 범인의 어 깨를 턱 잡았다.》 4. 갑자기 숨이 몹시 막히는 느낌. 또는 어떤 것이 갑자기 막거나 막히는 모양. 《너무 더워서 숨 이 턱 막혀요.》 5. 갑자기 맥없이 쓰러 지는 모양. 《어머니께서 전화를 받자 마자 턱 쓰러지셨다.》 6. 어깨, 가슴 들

이 벌어진 모양.《삼촌은 어깨가 턱 벌어졌다.》 7. 갑자기 멈추거나 무엇에 걸리는 모양.《자동차가 고장 나서 고속도로에서 턱 멈추었다.》

턱 대접 좋은 일이 있을 때 남한테 음식을 베푸는 것.《이번 일이 잘되면 크게 한 턱 낼게.》

턱 까닭 그렇게 하거나 되어야 할 까닭과 이치.《명희가 늦을 턱이 없어.》

턱걸이 1. 철봉을 두 손으로 잡고 턱이 철봉 위로 오게 몸을 끌어 올리는 운동. 2. 어떤 기준에 겨우 미치는 일.《우리 삼촌은 대학에 턱걸이로 들어갔어요》

턱받이 어린아이 턱 아래에 둘러 먹을 거리나 침이 옷에 묻지 않게 하는 천.

턱뼈 입 위아래의 턱을 이루는 뼈.

턱수염 남자의 턱에 나는 수염.

턱없다 이치나 수준에 맞지 않다.《턱없는 거짓말은 하지도 마라.》 **턱없이**

턱지다 평평한 곳의 한군데가 조금 솟아서 불룩하게 되다. 또는 작은 언덕이 생기다.《길이 턱지니 조심해.》

턱턱 1. 몹시 막히는 모양. 2. 일을 시원스럽게 척척 처리하는 모양.

털 사람이나 동물 살갗과 식물 거죽에 돋아나는 실처럼 가느다란 것.

털도 내리쓸어야 빛이 난다 속담 어떤 물건이든지 제대로 다루고 손질해야 한다는 말.

털가죽 털이 그대로 붙어 있는 짐승 가죽.《털가죽 모자》 같모피.

털갈이 짐승의 묵은 털이나 깃이 빠지고 새 털이나 깃이 나는 것. **털갈이하다**《개가 털갈이하느라 볼품이 없다.》

털게 찬 바닷물에 사는 게. 등딱지는

털군부

털귀신그물버섯

털긴뿌리버섯

털두꺼비하늘소

털게

옅은 분홍색이고 온몸에 부드러운 밤색 털이 촘촘히 나 있다.

털구멍 살갗에서 털이 돋아나는 구멍. 같모공.

털군부 바닷가 바위나 돌에 붙어서 사는 동물. 몸통에 손톱 같은 비늘 여덟 장이 기왓장처럼 포개져 있다.

털귀신그물버섯 여러 가지 나무가 자라는 숲에서 나는 버섯. 갓은 검은빛이나 잿빛을 띤 갈색 털 같은 것으로 덮여 있다. 먹는 버섯이다.

털긴뿌리버섯 여러 가지 나무가 자라는 숲에서 나는 버섯. 갓 빛깔은 갈색이고 겉에는 누런 갈색의 가는 털이 빽빽이 나 있다. 먹는 버섯이다.

털끝 아주 작거나 적은 것.《네 잘못이라는 생각은 털끝만큼도 안 드니?》

털끝도 못 건드리게 하다 관용 전혀 손대지 못하게 하다.《누나는 자기 물건을 아껴서 털끝도 못 건드리게 한다.》

털다 1. 세게 흔들거나 쳐서 붙어 있는 것을 떨어지게 하다.《옷을 흔들어 먼지를 털었다.》 2. 하던 일을 끝내거나 품어 온 생각, 감정 들을 잊다.《내가 도와줄 테니 걱정일랑 모두 털어 버려라.》 3. 가지고 있는 것을 모두 내놓다.《선생님은 전 재산을 털어서 불우 이웃을 돕는 데 썼습니다.》 4. 남의 돈이나 물건을 모두 빼앗거나 훔치다.《산적들이 나타나 장사꾼들 물건을 모두 털어 갔다.》 바터는, 털어, 텁니다.

털어서 먼지 안 나는 사람 없다 속담 누구든 허물이 조금씩은 있다는 말.

털두꺼비하늘소 산이나 들판에 사는 하늘소. 몸에 털이 나 있고 가슴과 날개가 두꺼비 등처럼 우툴두툴하다.

털매미 들이나 낮은 산에서 볼 수 있는 매미. 온몸이 짧은 털로 덮여 있고, 몸과 날개에 알록달록한 무늬가 있다.

털머위 바닷가에 자라는 풀. 줄기에 연한 밤색 털이 있고, 가을에 노란 꽃이 핀다. 어린 잎자루는 먹고, 포기째 약으로 쓴다. 북말곰취.

털모자 털가죽이나 털실로 만든 모자.

털별꽃아재비 들이나 길가에 자라는 풀. 줄기와 어린잎에 흰 털이 있다. 흰 꽃이 가지 끝마다 달린다.

털보 수염이나 털이 많이 난 사람. 비털북숭이.

털부처꽃 축축한 들에 자라는 풀. 온몸에 털이 있고, 여름에 자주색 꽃이 핀다. 포기째 약으로 쓴다. 북털두렁꽃.

털북숭이 털이 많이 난 것.《털북숭이 강아지》비털보. 북털부숭이.

털빛 털의 빛깔.《털빛이 예쁜 고양이》

털실 털을 꼬아서 만든 실.《엄마가 털실로 목도리를 짜 주셨다.》

털썩 갑자기 맥없이 주저앉거나 쓰러지는 소리. 또는 그 모양.《너무 놀라운 소식에 그만 털썩 주저앉았다.》

털어놓다 마음속에 있는 생각을 거짓이나 숨김없이 다 말하다.《동무한테 비밀을 털어놓으니 속이 시원하다.》

털옷 털실이나 털가죽으로 만든 옷.

털장갑 털실로 짜거나 털을 넣은 장갑.

털진득찰 들이나 길가에 자라는 풀. 온몸에 흰 털이 빽빽하고, 8~9월에 노란 꽃이 핀다. 포기째 약으로 쓴다.

털털 1.먼지 같은 것을 터는 모양. 2.지쳐서 느릿하게 걷는 모양.

털매미

털머위

털별꽃아재비

털부처꽃

털진득찰

털털하다 1.성격이나 하는 짓이 까다롭지 않고 무던하다.《언니는 성격이 털털해서 동무가 많다.》2.생김새나 옷차림이 수수하다.《삼촌은 청바지 같은 털털한 옷차림을 좋아한다.》

털퍼덕 아무렇게나 바닥에 주저앉는 소리. 또는 그 모양.《다리가 아파서 운동장에 털퍼덕 주저앉았다.》

텀벙 무거운 것이 물속에 떨어지거나 잠길 때 나는 소리. 또는 그 모양. **텀벙거리다 텀벙대다 텀벙텀벙**《아이들이 물속으로 텀벙거리면서 뛰어들었다.》

텀블링 (tumbling) → 공중제비. **텀블링하다**

텁석부리 더부룩한 수염이 많이 난 사람을 놀리는 말.

텁수룩하다 머리털이나 수염 들이 많이 자라서 수북하다.《머리가 너무 텁수룩하게 자랐어.》

텁텁하다 음식 맛이나 입속 느낌이 개운하지 못하다.《떫은 감을 먹었더니 입이 텁텁해.》

텃밭 집 가까이 있거나 집터에 붙어 있는 밭.《텃밭에서 채소를 가꿔요.》

텃새 일 년 내내 한곳에 사는 새. 참철새. 북머물새.

텃세 먼저 자리를 잡은 사람이 나중에 온 사람을 업신여기는 짓.《저 녀석이 나보다 한 달 먼저 들어왔다고 텃세를 부린다.》북터세.

텅 1.큰 자리나 속이 비어 있는 모양.《집 안이 텅 비어 있다.》2.큰 쇠붙이 같은 것이 떨어지거나 세게 부딪쳐 울리는 소리.《냄비가 바닥에 떨어져 텅 소리가 났다.》3.총이나 대포 같은 것

을 쏘는 소리.《숲 속에서 '텅' 하고 총 성이 울렸다.》

텅스텐 (tungsten) 단단하고 반들거리는 흰빛이나 잿빛 금속. 높은 온도에서도 잘 녹지 않아 전구의 필라멘트를 만드는 데 쓴다. 같중석. 북월프람.

텅텅 속이 비어 아무것도 없는 모양.《명절이 되니 시내가 텅텅 비었다.》

테 1.물건의 가장자리나 둘레에 두르거나 치는 줄.《운동회 때 백군은 모자에 흰 테를 두르기로 했다.》2.물건 둘레에 두르거나 감아 놓은 것.《테가 굵은 안경》3.→ 테두리.

테너 (tenor) 성악에서 가장 높은 남자 목소리. 또는 그 소리로 노래하는 가수. 참바리톤, 베이스. 북남성고음, 테노르.

테니스 (tennis) → 정구.

테니스공 테니스할 때 쓰는 공. 고무로 만들어 겉을 두꺼운 천으로 감싼다.

테니스장 테니스를 하는 운동장.

테다 |북 1.닫은 것을 열거나 묶은 것을 풀다.《고모가 보자기를 테고 떡을 꺼냈다.》2.가로막은 것을 헤치거나 덮은 것을 열어젖히다.《아빠가 사람들을 테고 내 곁으로 오셨다.》3.꽉 채우거나 모아 둔 것을 흩어지게 하다.《저금통을 테서 엄마 생신 선물을 샀다.》

테두리 1.어떤 것의 가장자리.《책상 테두리》2.가장자리를 따라서 두르거나 쳐 놓은 줄, 금, 띠 같은 것.《사진에 노란 테두리를 치면 훨씬 예쁠 텐데.》준테. 3.정해진 범위나 한계.《법의 테두리를 벗어나는 짓은 하지 마라.》

테두리고둥 바닷가 바위나 돌에 붙어

테두리고둥

서 사는 고둥. 생긴 모양이 별 같기도 하고 삿갓 같기도 하다. 같삿갓조개.

테라코타 (terra cotta이) 질이 좋은 진흙을 반죽해 약한 불에 구워 만든 그릇이나 인형 같은 것.

테러 (terror) 폭력으로 다른 사람을 해치거나 겁을 주는 짓. **테러하다**

테마 (Thema독) → 주제.

테스트 (test) 사람의 재주, 능력, 물건의 성능 들을 알아보려고 검사하거나 시험하는 것. **테스트하다**

테이블 (table) 서양식 탁자나 식탁.

테이프 (tape) 1.종이, 비닐, 천 들로 만든 긴 띠. 북테프. 2.물건을 붙이는 띠. 비닐이나 천의 한 면이나 양면에 끈적끈적한 것을 발라 만든다. 북테프. 3.자성을 써서 소리나 영상을 담는 플라스틱 띠.《비디오테이프》북테프.

테제베 (TGV프) 프랑스에 있는 아주 빠른 열차.

테헤란 (Teheran) 이란의 수도. 이란 북쪽에 있는 도시로 문화 유적이 많다.

텐트 (tent) 산이나 바닷가 같은 한데에서 잘 때 기둥을 세우고 말뚝을 박아 천을 씌워서 집처럼 만든 것. 참천막.

텔레뱅킹 (telebanking) 은행 거래를 은행에 가지 않고 전화로 하는 것.

텔레비전 (television) 방송국에서 보내는 그림과 소리를 전파로 받아서 볼 수 있게 만든 기계 장치. 또는 그 장치로 보는 것. 북텔레비죤.

텔레파시 (telepathy) 어떤 사람의 생각이 멀리 있는 다른 사람에게 전해지는 일.

템포 (tempo) 1.악곡을 부르거나 연

주하는 빠르기. 2. 일이 되어 가는 빠르기.

토 덧붙임 한문을 읽을 때 그 뜻을 알아보기 쉽게 구절 끝에 붙여 읽는 우리말. 《토를 달다./토를 붙이다.》

토를 달다 관용 어떤 말에 덧보태 말하다. 《남의 말에 토를 달지 마.》

토 요일 (土) → 토요일.

토공 (土工) 흙을 쌓거나 파는 일 같은 흙을 다루는 일. 또는 그런 일을 하는 사람. 북토공로동자.

토굴 동물 얕은 바다 속 바위나 돌에 붙어서 사는 굴. 껍데기에 소나무 껍질 같은 엷은 조각이 겹겹이 쌓여 있다.

토굴_동물

토굴 땅굴 (土窟) 1. → 땅굴. 《토굴에서 익힌 새우젓》 2. 땅속으로 뚫린 굴. 《옛날 사람들은 토굴에서 살기도 했다.》

토기 (土器) 옛날에 흙으로 빚어 만든 그릇. 《빗살무늬 토기》

토란

토끼 귀가 길고 걸음이 빠른 짐승. 꼬리는 짧고 앞다리가 짧으면서 뒷다리가 길어서 깡충깡충 뛴다.

토끼도 세 굴을 판다 속담 어떤 일에서든 위험한 때를 피하려면 여러 방법을 마련해 둬야 한다는 말.

토끼 제 방귀에 놀란다 속담 남몰래 한 일에 스스로 겁을 먹고 대수롭지 않은 일에도 놀라는 것을 빗대어 이르는 말.

토끼

토끼장 토끼를 넣어 기르는 우리.

토끼 타령 〔별주부전〕을 바탕으로 만든 판소리. '수궁가' 라고도 한다.

토끼풀 길가나 들판에 자라는 풀. 줄기가 땅 위를 기면서 가지를 친다. 잎은 긴 자루 끝에 세 잎씩 나고 흰 꽃이 핀다. 갈클로버.

토끼풀

토너먼트 (tournament) 경기를 할 때마다 진 편은 떨어져 나가고 이긴 편끼리 겨루어 마지막에 남은 두 편이 우승을 가리는 경기 방식. 참리그전.

토닥- 잘 울리지 않는 것을 가볍게 두드리는 소리. 또는 그 모양. **토닥거리다 토닥대다 토닥이다 토닥토닥** 《우는 동무 어깨를 토닥이면서 위로했다.》

토담 흙, 돌, 지푸라기 들을 섞어 쌓은 담. 《장마에 무너진 토담》 북흙담.

토대 (土臺) 1. 집, 다리 같은 것을 맨 아래에서 받쳐 주는 밑바탕. 《토대가 튼튼한 건물》 2. 일의 바탕이 되는 밑천이나 기초. 《우리 전통의 토대 위에 새로운 문화를 받아들이자.》 비기틀.

토라지다 제 마음에 들지 않거나 성이 난다고 팽 돌아서다. 《내 동생은 작은 일에도 툭하면 토라진다.》

토란 물기가 많은 밭에 심어 가꾸는 풀. 뿌리에서 잎이 나와 높고 크게 자란다. 잎자루와 덩이줄기를 먹는다.

토로 (吐露) 속마음을 그대로 드러내어 말하는 것. **토로하다** 《이 답답한 마음을 어디에 토로할 수 있으리.》

토론 (討論) 서로 의견이 다른 문제를 놓고 자기 생각을 말하거나 따지고 의논하는 것. 비토의. **토론하다**

토론실 (討論室) 토론을 벌이는 방.

토론자 (討論者) 토론하는 사람.

토론회 (討論會) 어떤 문제를 놓고 토론하는 모임. 《대통령 후보자 토론회》

토마토 밭에 심어 가꾸는 열매채소. 여름에 노란 꽃이 피고 둥근 열매가 붉게 익는다. 북도마도.

토마토

토막 1. 길이가 있는 것을 큼직하게 잘

라 낸 덩어리. 또는 그것을 세는 말.
《나무토막/갈치 한 토막》 ^비도막. 2.
말, 글, 노래 같은 것의 한 부분.《이상
하게 그 노래는 한 토막도 기억이 나지
않아.》 ^비도막. 3. 길이, 시간, 내용 들
이 짤막하다는 것을 뜻하는 말.《옛날
이야기 한 토막》 ^비도막.

토막토막 여러 토막. 또는 여러 토막으
로 잘리거나 끊어진 모양.《닭볶음을
하려고 닭을 토막토막 잘랐다.》

토매 벼의 겉껍질을 벗기는 농기구. 흙
을 구워 만들거나 나무로 만든다.

토목 공사 (土木工事) 도로, 다리, 댐
같은 것을 세우거나 고치는 일.

토박이 → 본토박이.《엄마는 서울 토
박이십니다.》 ^북토배기.

토박이말 1. 한 지방에서 오래전부터
써 오던 말. 2. 한자어나 외래어가 섞이
지 않은 순수한 우리말. ‘어머니’, ‘아
버지’, ‘구름’, ‘나무’ 같은 것이 있다.
《토박이말을 살려 써야 우리말이 산
다.》 ^같고유어.

토방 (土房) 한옥에서 방을 드나들 때
밟고 다니는 조금 높고 평평한 흙바닥.
처마 밑에 있고 쪽마루를 놓기도 한다.

토벌 (討伐) 흔히 나라에 반대하는 무
리를 쳐서 없애는 것. **토벌하다**《산적
을 토벌하다.》 **토벌되다**

토분 (土墳) 흙을 쌓아서 임시로 만든
무덤.

토산품 (土産品) 그 고장에서만 나는
물건.《제주도 토산품 돌하르방》

토성 ^별 (土星) 해에 여섯째로 가까운
별. 둘레에 얼음으로 된 고리가 있다.

토성 ^성 (土城) 흙으로 쌓은 성.

토매

토속 (土俗) 그 고장에만 있는 풍속.
《비빔밥은 전주의 토속 음식이다.》

토스터 (toaster) 전기로 열을 내 식빵
을 굽는 기구.

토스트 (toast) 얇게 썰어서 양쪽을 살
짝 구운 식빵.

토시 1. 일할 때 팔이 가뿐하고 옷소매
가 더러워지거나 닳지 않게 하려고 소
매 위에 끼는 물건.《그림을 그리기 전
에 팔에 토시를 했다.》 2. 추위를 막으
려고 팔에 끼는 것. 저고리 소매처럼
생겨 폭이 한쪽은 넓고 한쪽은 좁다.

토실– 보기 좋을 만큼 살이 찐 모양.
토실하다 토실토실《아기가 토실토실
살이 올랐어요.》

토악질 먹은 것을 게워 내는 것. **토악
질하다**

토양 (土壤) 1. 식물이 자랄 수 있는 흙.
《기름진 토양》 2. 어떤 일이 잘되게 하
는 밑바탕.《경험이야말로 글을 쓰는
데 좋은 토양이 된다.》

토양 오염 (土壤汚染) 쓰레기, 농약,
산성비 같은 것이 흙을 더럽히는 일.

토요일 (土曜日) 일주일 가운데 금요
일 바로 다음날. ^준토.

토의 (討議) 어떤 문제를 두고 서로 생
각을 주고받으면서 의견을 나누는 것.
^비토론. **토의하다 토의되다**

토인 (土人) 1. 문명이 발달하지 않은
곳에서 사는 사람을 낮추어 이르는 말.
2. ‘흑인’을 달리 이르는 말.

토장국 → 된장국.

토정비결 (土亭秘訣) 조선 중기에 토
정 이지함이 지은 책. 흔히 한 해 운수
를 점치는 데 쓴다.

토종 (土種) 본디부터 그 땅에서 나는 가축이나 농작물의 종자와 품종.《토종 물고기/토종 밤》비재래종.

토종꿀 우리나라에서 옛날부터 길러 오는 벌이 모아 놓은 꿀.

토종닭 한 지방에서 옛날부터 길러 오던 종류의 닭.

토지 (土地) 논밭, 집터 들처럼 사람이 살면서 이용하는 땅.《토지 문서》

토질 (土質) 흙이 지니는 성질.《토질이 기름져서 고구마가 많이 달렸다.》

토착 (土着) 아주 옛날부터 그 땅에서 살거나 생겨나서 내려오는 것.《토착 신앙》**토착하다**

토픽 (topic) 흥미나 관심을 끌 만한 이야깃거리.

토핑 (topping) 맛을 내거나 꾸미려고 과자나 피자 같은 것 위에 얹거나 바르는 것. **토핑하다**

토하다 1.→ 게우다.《멀미가 나서 토할 것 같아요.》2.느낌이나 생각을 큰 소리로 힘 있게 말하다.《비명을 토하다./열변을 토하다.》

토함산 (吐含山) 경상북도 경주에 있는 산. 불국사와 석굴암이 있다.

톡 가볍게 치거나 터지거나 쏘는 소리나 모양.《봉숭아 씨가 톡 터졌어요.》

톡톡 1.자꾸 가볍게 치거나 터지거나 쏘는 소리나 모양.《팝콘이 냄비 안에서 톡톡 튄다.》2.새나 물고기가 입으로 건드리거나 쪼는 모양. 또는 그 소리.《물고기가 톡톡 어항을 건드린다.》3.날카로운 말투로 쌀쌀맞게 자꾸 쏘아붙이는 모양.《요즘 영희가 자꾸 철수한테 톡톡 쏘아붙이더라.》4.여기저

기 조그맣게 솟아 나온 모양.《여드름이 톡톡 불거져 나와서 속상해.》

톡톡하다 1.옷감이 고르고 촘촘하게 짜여 알맞게 도톰하다.《이 옷은 천이 톡톡해서 좋아요.》2.맡은 일을 해내는 것이 훌륭하거나 만족스럽다.《반장이 오랜만에 제구실을 톡톡하게 했다.》3.실속이 있고 푸짐하다.《삼촌은 벌이가 제법 톡톡하대요.》4.비판, 망신, 고생 들이 심하다.《길을 잃어서 고생을 톡톡하게 했다.》**톡톡히**

톤 무게 (ton) 1.무게를 나타내는 말. 1톤은 1,000킬로그램이다. 기호는 t이다.《수십만 톤에 달하는 생활 쓰레기》2.트럭이나 배에 실을 수 있는 물건의 부피를 나타내는 말.《1톤 트럭》

톤 소리 (tone) 1.목소리의 높이나 크기. 2.빛깔이 짙고 옅은 정도.

톨 밤이나 곡식의 낱알을 세는 말.《밥 한 톨도 남김없이 싹싹 긁어 먹어.》

톨게이트 (tollgate) 흔히 고속도로에서 표나 돈을 받는 곳.

톰 소여의 모험 미국 작가 마크 트웨인이 지은 소설. 미시시피 강을 배경으로 장난꾸러기 소년 톰과 동무들이 온갖 모험을 벌이는 이야기이다.

톱 연장 나무, 쇠 들을 켜거나 자르는 데 쓰는 연장.《삼촌은 톱과 망치만 있으면 무엇이든 만든다.》

톱

톱 으뜸 (top) 1.성적, 순위 들에서 처음이거나 으뜸인 것. **다**선두, 수석, 정상. 2.신문 첫머리.

톱날 톱에 뾰족뾰족하게 날이 선 부분.《톱날이 무뎌서 톱질이 잘 안 된다.》

톱뉴스 (top news) 가장 중요한 뉴스

신문에서는 눈에 잘 띄는 맨 위쪽에 신는다.《모든 신문이 부정 입학 사건을 톱뉴스로 다루었다.》

톱니 1.톱 가장자리에 있는 날카롭고 뾰족뾰족한 이. 2.잎 가장자리에 톱날 같이 뾰족뾰족한 부분.《민들레 잎 가장자리에 톱니가 있다.》

톱니바퀴 테두리에 같은 크기로 톱니를 내어 만든 바퀴. 이가 서로 맞물려 돌아가면서 힘을 전달한다. **비**이바퀴.

톱다리개미허리노린재 산과 들, 밭에 사는 노린재. 몸이 가늘고 길다. 뒷다리 안쪽에 톱날 같은 가시가 많다.

톱다리개미허리노린재

톱밥 톱으로 나무를 켜거나 자를 때 나오는 부드러운 부스러기.

톱사슴벌레 졸참나무나 상수리나무가 많은 숲에 사는 사슴벌레. 몸 빛깔은 검은 갈색이다. 수컷은 앞으로 길게 뻗은 큰 턱이 있다.

톱사슴벌레

톱질 톱으로 나무나 쇠 들을 켜거나 자르는 일. **톱질하다**《슬근슬근 톱질하세.》

톱톱하다 국물이 적어 알맞게 진하다.《엄마, 찌개가 톱톱해서 아주 좋아요.》

톱하늘소 큰 나무가 우거진 깊은 산속에 사는 하늘소. 몸 빛깔은 윤이 나는 검은색이다. 앞가슴 양옆과 더듬이가 톱날처럼 생겼다.

톱하늘소

톳 바닷말 바닷가 바위에 무더기로 붙어서 자라는 바닷말. 가을에 돋기 시작해서 이른 봄에 많이 자란다. 빛깔은 누런 갈색이고 나물로 먹는다. **비**록미채.

톳_바닷말

톳 세는 말 김을 백 장씩 묶어서 세는 말.

톳 토막 l북 나무토막. 또는 나무토막을 세는 말.《나무 두 톳》

통 굵기 1.바짓가랑이, 소매의 안쪽 넓이.《이 바지는 통이 너무 좁아.》2.허리, 다리 같은 몸의 굵기나 둘레.《아빠 다리는 통이 굵다.》3.마음 씀씀이나 생각의 폭.《통이 큰 사람은 작은 일에 화를 내지 않는다.》

통 배추 수박, 배추, 무 같은 채소를 세는 말. 또는 그것의 굵기를 나타내는 말.《수박 한 통/통이 실한 배추》

통 소리 속이 비어 있는 물건을 가볍게 두드릴 때 나는 소리.《빈 음료수 병을 두드리니까 통 하는 소리가 난다.》

통 그릇 (桶) 물건을 담으려고 깊게 만든 그릇이나 상자. 또는 그것에 물건을 담아서 세는 말.《반찬 통/껌 한 통》

통 상황 '통에' 꼴로 써서, 큰일이나 어수선한 일이 벌어지는 상황.《전쟁 통에 많은 사람이 죽었다.》

통 전혀 '전혀', '도무지', '도대체'를 나타내는 말.《요즘은 재희가 통 보이지 않네./무슨 말인지 통 모르겠다.》

통 동네 (統) 우리나라 행정 구역 단위 가운데 하나. 동의 아래, 반의 위다.《나는 11통 6반에 산다.》**참**반.

통 편지 (通) 편지, 서류, 전화 들을 세는 말.《편지 세 통/전화 한 통》

통– 붙는 말 어떤 낱말 앞에 붙어, '자르거나 나누지 않아 한 덩어리인'이라는 뜻을 더하는 말.《통닭/통나무》

통가죽 통째로 벗겨 낸 가죽.《통가죽으로 만든 가방》

통감 느낌 (痛感) 어떤 일을 마음으로 사무치게 느끼는 것. **통감하다**《심하게 앓고 나서 건강이 중요하다는 것을 통감했다.》

통감 사람 (統監) 일제 강점기에 있던 조선 통감부 우두머리.

통감부 (統監府) 1905년부터 1910년까지 일본이 우리나라를 지배할 준비를 하려고 서울에 둔 관청.

통계 (統計) 어떤 일이 생기거나 일어나는 수를 모두 합해 계산하는 것. 또는 그렇게 계산해서 나온 수치. 《통계를 내다./통계 숫자》

통계 자료 (統計資料) 통계를 내는 데 바탕이 되는 자료.

통계적 (統計的) 통계를 따르거나 이용하는. 또는 그런 것.

통계청 (統計廳) 기획 재정부에 딸린 기관. 인구, 물가를 비롯한 경제 사회 문제에 대한 통계를 내고 관리하는 일을 맡아본다.

통계표 (統計表) 통계를 표로 나타낸 것. 《인구 조사 통계표》

통고 (通告) 어떤 일을 글이나 말로 전하여 알리는 것. 《내일 모임이 있다는 통고를 이제야 받았다.》 **통고하다**

통곡 (痛哭) 큰 소리로 슬피 우는 것. **통곡하다** 《땅을 치고 통곡하다.》

통과 (通過) 1. 어떤 곳을 거치는 것. 또는 머무르지 않고 그냥 지나치는 것. 《위험 지역 무사히 통과!》 2. 시험, 심사, 검사 들에서 인정받거나 합격하는 것. 《우리는 예선 통과가 최대 목표야.》 3. 회의에서 어떤 안건이 가결되는 것. 《새 법률안 통과를 놓고 토의가 벌어졌다.》 **통과하다 통과되다**

통근 (通勤) 집에서 먼 직장으로 일하러 다니는 것. 《통근 버스》 **통근하다**

통기성 (通氣性) 공기가 통하기 쉬운 성질. 《이 옷은 통기성이 좋아서 입으면 아주 시원하다.》

통꽃 하나로 붙어 있는 꽃잎이 한 송이를 이루는 꽃. 개나리, 진달래, 나팔꽃들이 있다. **반**갈래꽃. **북**합친꽃.

통나무 벤 다음 쪼개거나 켜지 않아 통째로 있는 나무. 《통나무 식탁》

통나무집 통나무로 지은 집.

통념 (通念) 사람들에게 널리 퍼져 있거나 흔히 받아들이는 생각. 《남자는 밖에 나가 돈을 벌어야 한다는 것이 사회 통념이다.》

통달 (通達) 막히는 것이 없이 훤히 꿰뚫어 다 아는 것. **통달하다** 《할아버지는 한문에 통달하셨다.》

통닭 털을 뽑고 내장만 뺀 채 튀기거나 구운 닭고기.

통독 (通讀) 책이나 글 들을 처음부터 끝까지 죽 읽어 내려가는 것. **참**정독. **통독하다** 《아버지는 아침마다 신문을 통독하신다.》

통례 (通例) 늘 그렇게 해 왔거나 으레 하는 일. 《여덟 살이 되면 초등학교에 들어가는 것이 통례이다.》 **비**상례.

통로 (通路) 오가는 길. 또는 어느 곳에서 다른 곳으로 다닐 때 거치는 길. 《저 극장은 통로가 좁아서 불편하다.》

통리기무아문 (統理機務衙門) 조선 시대에 정치와 군사 일을 맡아보던 관청. 고종 때 (1880년) 만들었다.

통발 물고기를 가두어 잡는 데 쓰는 도구. 대나무나 싸리를 엮어서 통처럼 만든다. 《통발에 피라미가 잡혔다.》

통발

통보 (通報) 소식이나 지시 같은 것을 알려 주는 것. 《합격 통보》 **통보하다**

통분 분수 (通分) 분모가 다른 여러 분수를 값이 달라지지 않으면서 분모는 같게 만드는 것. **통분하다**

통분 분함 (痛憤) 가슴이 아프도록 억울하고 분한 것. **통분하다**《땅을 치고 통분할 일이지만 참아야 한다.》

통사정 (通事情) 딱하고 어려운 사정을 남에게 털어놓고 제발 도와 달라고 부탁하는 것.《아무리 통사정을 해도 소용없어.》북통정. **통사정하다**

통상 (通商) 나라와 나라 사이에 물건을 사고파는 것.《외국과 통상을 시작하다.》비교역, 무역. **통상하다**

통상적 (通常的) 늘 흔하게 똑같이 이루어지는. 또는 그런 것.

통속적 (通俗的) 수준은 낮지만 재미있고 사람들 입맛에 맞아서 쉽게 통하는. 또는 그런 것.

통솔 (統率) 많은 사람들을 거느려 잘 이끄는 것. **통솔하다**《선생님이 아이들을 통솔해 박물관에 가신다.》

통솔력 (統率力) 무리를 거느려 잘 이끄는 힘.《반장은 통솔력이 뛰어나다.》

통신 (通信) 편지, 전화, 컴퓨터 들로 소식이나 정보를 전하는 것.《컴퓨터 통신》**통신하다**

통신망 (通信網) 흔히 통신사나 신문사 같은 곳에서 외국이나 지방에서도 쉽게 연락할 수 있게 짜 놓은 조직.

통신문 (通信文) 전하려는 내용을 적은 글.《가정 통신문》

통신비 (通信費) 전화, 우편, 컴퓨터 통신 들을 하는 데 드는 돈.

통신사 회사 (通信社) 나라 안팎에서 일어나는 새 소식을 신문사, 방송사, 잡지사 들에 보내 주는 기관.

통신사 사신 (通信使) 조선 시대에 일본으로 보내던 사신. 참수신사.

통신업 (通信業) 우편, 전신, 전화 같은 통신에 관한 사업.

통신 위성 (通信衛星) 멀리 떨어진 곳 사이의 통신을 중계하는 인공위성.

통썰기 호박, 오이, 당근, 무 같은 것을 가로로 놓고 통째로 써는 방법.

통역 (通譯) 서로 하는 말이 다른 사람 사이에서 한 나라 말을 다른 나라 말로 옮겨 알아들을 수 있게 하는 일. 또는 그런 사람. **통역하다**《이모가 영어를 우리말로 통역해 주었다.》

통역관 (通譯官) 통역을 맡은 사람.

통영 오광대 경상남도 통영에 이어져 내려오는 탈놀이. 말뚝이탈, 영노탈, 할미탈 들을 쓰고 한다. 중요 무형 문화재 제6호.

통용 (通用) 사람들에게 널리 두루 쓰이는 것. **통용하다 통용되다**《이제 뇌물이 통용되던 시대는 지나갔네.》

통운 (通運) 흔히 큰 물건을 실어 나르는 일.《통운 회사》비운송.

통일 (統一) 1. 갈라진 여럿을 다시 하나로 되게 하는 것.《우리의 소원은 통일입니다》2. 서로 다른 것을 같게 맞추는 것.《의견 통일/맞춤법 통일》**통일하다 통일되다**

통일벼 벼의 품종 가운데 하나. 우리나라에서 개발한 품종으로 다른 벼보다 쌀이 많이 난다.

통일부 (統一部) 우리나라의 통일, 남북 대화와 교류에 관한 일 들을 맡아보는 행정 기관.

통일 신라 (統一新羅) 삼국을 통일한 뒤의 신라를 이르는 말.

통장 저금 (通帳) 은행, 우체국 같은 데서 돈을 맡기고 찾고 하는 일을 적어 주는 장부.《적금 통장》

통장 사람 (統長) 행정 구역인 통을 대표하는 사람.

통제 (統制) 정해 놓은 목적을 이루려고 어떤 행동이나 일을 줄이거나 못 하게 하는 것. **통제하다**《오후에는 출입을 통제합니다.》**통제되다**

통제사 (統制使) 임진왜란 때 경상도, 전라도, 충청도 수군을 지휘하던 무관 벼슬. '삼도 수군통제사'를 줄인 말.

통조림 고기, 생선, 과일 같은 먹을거리를 오래 보존하려고 양철통에 넣고 공기가 통하지 않게 만든 것. 북통졸임.

통줄 연을 날릴 때 연이 떠 있는 쪽으로 얼레를 내밀어 술술 풀려 나가게 하는 줄.

통증 (痛症) 아픔을 느끼는 것.《갑자기 허리에 심한 통증을 느꼈다.》

통지 (通知) 어떤 일을 알리는 것.《신체검사 통지를 보내다.》**통지하다**

통지서 (通知書) 어떤 일을 알리는 문서.《대학 합격 통지서》

통지표 (通知表) '생활 통지표'를 줄인 말.

통짜 북 1.나누거나 덜지 않은 덩어리.《고사 상에 돼지 머리가 통짜로 올라가 있다.》2.제멋대로 구는 사람을 낮추어 이르는 말.《규보가 오늘따라 무척이나 통짜처럼 구네.》

통째 흔히 '통째로' 꼴로 써서, 나누거나 깨지 않은 한 덩어리 그대로.《동생이 귤을 통째로 입에 넣었다.》북통채.

통찰 (洞察) 사물을 깊이 헤아려 훤히 꿰뚫어 보는 것. **통찰하다**《이 글은 삶을 깊이 통찰한 뒤에 나온 글이다.》

통찰력 (洞察力) 통찰하는 힘.

통첩 (通牒) 어떤 일을 하겠다고 문서로 알리는 것. 또는 그 문서.《최후통첩을 보냈으니 무슨 소식이 있겠지요.》

통치 (統治) 한 나라나 지역을 맡아 다스리는 것. **통치하다**《어진 임금이 나라를 통치하니 백성이 편안하다.》

통치마 폭을 가르지 않고 통으로 지은 치마. 끈을 달아 어깨에 걸쳐 입는다.

통쾌하다 속이 시원하게 아주 즐겁고 유쾌하다.《이렇게 통쾌할 수가!》

통탄 (痛歎) 어떤 일을 몹시 슬퍼하고 안타까워하는 것. **통탄하다**《우리가 힘이 없어 나라를 일본 놈에게 빼앗기다니 통탄할 일이다.》

통털어나다 북 어떤 일에 모두 힘차게 나서다.《아이들 모두 통털어나서 우리 편을 응원했다.》

통통 1.속이 빈 통이나 작은 북 같은 것을 자꾸 치는 소리. 2.발로 탄탄한 곳을 구르는 소리. **통통거리다 통통대다**《북을 손으로 통통 쳤다./동생이 통통대면서 계단을 올라온다.》

통통하다 보기 좋게 살이 찐 모습이다.《통통하게 살이 찐 아기가 귀엽다.》

통틀어 있는 대로 다 모아서.《우리가 가진 돈은 통틀어 오천 원입니다.》

통폐합 (統廢合) 여러 조직이나 기구를 서로 합치거나 없애서 하나로 만드는 것. **통폐합하다**《여러 은행이 통폐합했다.》**통폐합되다**

통풍 (通風) 바람이 통하는 것.《통풍이 잘되는 곳에 음식을 두어라.》^북공기갈이, 바람갈이.

통풍창 (通風窓) 바람이 잘 통하게 하려고 높은 곳에 내는 작은 창.

통하다 1. 막힘이 없이 트이거나 이어지다.《바람이 잘 통해서 시원하다.》2. 어떤 곳이나 때를 거치다.《앞문이 잠겨 있어서 뒷문을 통해 밖으로 나왔다.》3. 뜻, 생각, 마음 들이 서로 잘 맞거나 비슷하다.《나랑 짝꿍은 얘기가 잘 통한다.》4. 어떤 것을 거치거나 이용하다.《네 책은 훈이를 통해서 돌려줄게.》5. 어떤 일을 겪거나 과정을 밟다.《살은 꾸준한 운동을 통해서 빼는 것이 가장 좋다.》6. 효력이나 효과가 생기다.《네가 아무리 겁을 줘도 나한테는 안 통해.》7. 어떤 이름으로 알려지거나 어떤 일에 능하다.《우리 형은 제기차기 도사로 통해.》

통학 (通學) 집에서 좀 떨어진 학교에 다니는 것. **통학하다**《우리 형은 자전거로 통학한다.》

통학로 (通學路) 학교에 다니는 길.

통합 (統合) 모두 합쳐 하나로 만드는 것.《조직 통합》**통합하다 통합되다**

통행 (通行) 어떤 곳을 지나다니는 것.《고속도로 통행 차량》**통행하다**

통행금지 (通行禁止) 어떤 곳을 지나다니지 못하게 하는 것. 또는 어떤 시간 동안 밖을 돌아다니지 못하게 하는 것.《예전에는 밤 12시만 되면 통행금지 사이렌이 울렸다고 한다.》

통행량 (通行量) 어떤 곳을 지나다니는 사람이나 차 들의 수.

통화 ^{전화} (通話) 1. 전화로 말을 주고받는 것.《통화 중이니 잠깐만 기다리세요.》2. 전화를 걸거나 받은 횟수.《전화 한 통화만 쓸게요.》**통화하다**

통화 ^돈 (通貨) 한 나라에서 두루 쓰고 있는 돈.《통화 정책》

퇴각 (退却) 싸움에 져서 뒤로 물러가는 것. ^비후퇴. ^반진격. **퇴각하다**《모두 퇴각하라!》

퇴근 (退勤) 일터에서 하루 일을 마치고 나오는 것. ^반출근. **퇴근하다**

퇴근길 일터에서 하루 일을 마치고 집으로 돌아가는 길. 또는 돌아가고 있는 동안.《아빠가 퇴근길에 서점에 들러 책을 사 오셨다.》^반출근길.

퇴매하다 ^{|북} 1. 성미나 하는 짓이 답답하다.《짝꿍은 하는 짓이 쩨쩨하고 성미도 퇴매하다.》2. 하는 짓이 얄밉고 못마땅하다.《뒤에서 수군대는 모습이 보기에 몹시 퇴매하다.》3. 생김새가 짧고 옆으로 퍼져서 보기에 답답하다.《이 개는 유난히 퇴매하게 생겼다.》

퇴박 마음에 들지 않아 거절하거나 물리치는 것.《퇴박을 놓다.》

퇴박맞다 상대의 마음에 들지 않아 거절을 당하다.《영이에게 만나자고 했다가 퇴박맞았다.》

퇴보 (退步) 지금보다 훨씬 뒤떨어지거나 못하게 되는 것. ^반진보. **퇴보하다**《전쟁으로 나라 경제가 퇴보하였다.》

퇴비 (堆肥) → 두엄.

퇴사 (退社) 다니던 회사를 그만두고 나오는 것. ^반입사. **퇴사하다**

퇴색 (退色) 1. 물건의 빛이나 색이 바래는 것.《옛날 사진이라서 퇴색이 아주 심하군요.》 2.어떤 일의 중요성이 희미해지는 것.《현대 사회에 들어서 공산주의 사상의 퇴색이 눈에 띈다.》 **퇴색하다 퇴색되다**

퇴실 (退室) 방, 교실, 사무실, 병실 같은 곳에서 나가는 것. **퇴실하다**

퇴원 (退院) 입원했던 환자가 치료를 끝내거나 그만두고 병원에서 나오는 것. 반입원. **퇴원하다**《교통사고를 당했던 동무가 내일 퇴원한다.》

퇴위 (退位) 임금 자리에서 물러나는 것. 반즉위. **퇴위하다**《태조 이성계가 퇴위하고 정종이 왕위에 올랐다.》

퇴장 (退場) 1.어떤 곳에서 나가는 것. 《떠들면 퇴장을 당할 거야.》반입장. 2.배우, 가수 같은 사람이 무대 밖으로 물러나는 것.《주인공의 퇴장과 함께 긴 연극도 막을 내렸다.》반등장. 3.운동 경기에서 반칙을 저지른 선수가 물러나는 것. **퇴장하다**

퇴적 (堆積) 많이 겹쳐 자꾸 쌓이는 것. **퇴적하다**《모래가 퇴적하면서 모래톱이 생겼다.》**퇴적되다**

퇴적물 (堆積物) 많이 겹쳐 쌓인 것.

퇴적암 (堆積巖) 자갈, 모래, 진흙 들이 쌓여서 굳은 돌.

퇴적 작용 (堆積作用) 물, 바람, 빙하의 움직임에 따라 자갈, 모래, 동물의 시체 들이 옮겨져 어떤 곳에 쌓이는 일.《삼각주는 퇴적 작용으로 생긴다.》

퇴정 (退廷) 법정에서 나가는 것. **퇴정하다**《재판이 끝났으니 모두 퇴정하십시오.》

퇴직 (退職) 다니던 직장을 그만두는 것. 참실직, 취직. **퇴직하다**

퇴직금 (退職金) 직장을 그만둘 때 직장에서 한꺼번에 받는 돈.

퇴진 (退陣) 함께 일하던 여러 사람이나 책임자가 잘못한 책임을 지고 물러나는 것. **퇴진하다**《이번 사건으로 환경부 장관이 퇴진했다.》

퇴짜 마음에 들지 않아 받아들이지 않고 물리치는 것.《퇴짜를 맞다./반장이 내 의견에 또 퇴짜를 놓았다.》

퇴치 (退治) 좋지 않은 것을 물리쳐서 아주 없애는 것.《전염병 퇴치/파리, 모기 퇴치》**퇴치하다 퇴치되다**

퇴폐 (頹廢) 풍속, 문화 같은 것이 뒤죽박죽이 되어 어지러운 것.《퇴폐 풍조에 물들지 말자.》북퇴폐. **퇴폐하다**

퇴행 (退行) → 퇴화. **퇴행하다**

퇴화 (退化) 1.발전하기 전의 상태로 돌아가는 것. 같퇴행. 반진화. 2.생물체의 기관이나 조직이 쓰지 않아 점점 없어지거나 작아지는 것. 같퇴행. 반진화. **퇴화하다**《타조는 날개가 퇴화해서 날지 못한다.》**퇴화되다**

툇마루 대청마루 바깥쪽에 조그맣게 만들어 단 마루.《할아버지는 툇마루에서 장기를 두고 계세요.》북퇴마루.

투 (套) 말이나 글에서 버릇처럼 굳어진 본새나 틀.《짝꿍은 누구에게든 놀리는 투로 말하는 버릇이 있어요.》

투각 (透刻) 조각에서 재료의 앞뒤를 깎아 꿰뚫어서 모양을 만드는 것.《청자 칠보 투각 향로》**투각하다**

투견 (鬪犬) 1.개끼리 싸우게 하는 것. 2.싸움을 시키려고 기르는 개.

투고 (投稿) 신문이나 잡지에 실어 달라고 글을 보내는 것. 또는 그 글.《독

자 투고》참고리. **투고하다**《어린이 잡지에 시를 투고했다.》

투과 (透過) 빛이나 소리, 방사선 들이 물체를 뚫고 지나가는 것. **투과하다**

투구 ^{모자} 옛날에 싸움터에서 군사가 머리를 보호하려고 쓰던 쇠로 만든 모자.

투구 ^{야구} (投球) 야구에서 투수가 포수에게 공을 던지는 것. 또는 그 공. **투구하다**

투구꽃 깊은 산에서 자라는 풀. 잎은 세 갈래로 갈라졌고, 가을에 자주색 꽃이 핀다. 뿌리를 약으로 쓴다.

투구꽃

투기 ^돈 (投機) 큰 이익을 얻으려고 위험을 무릅쓰고 한꺼번에 큰돈을 투자하는 것.《부동산 투기》**투기하다**

투기 ^{질투} (妬忌) 좋아하는 남녀 사이에서 상대방이 다른 이성을 좋아할 때 지나치게 샘을 내는 것.《투기를 부리다.》**투기하다**

투기 ^{싸움} (鬪技) 서로 맞붙어 재주나 힘들을 겨루는 것. **투기하다**

투기꾼 큰돈을 벌려고 땅이나 집 같은 것을 사고파는 일을 하는 사람.

투덜- 몹시 불평스러운 말로 혼자 중얼거리는 모양. **투덜거리다 투덜대다 투덜투덜**《여기저기서 투덜거리면서 불만을 토해 내는 소리가 들려왔다.》

투레질 1. 젖먹이가 위아래 입술을 떨면서 '투루루' 소리를 내는 짓.《아기가 자꾸 투레질을 하자 할머니는 "내일 비가 오려나?" 하셨다.》 2. 말이나 당나귀가 코로 숨을 급히 내쉬면서 '투루루' 소리를 내는 일.《말이 투레질을 하더니 힘차게 달려 나갔다.》

투막 울릉도 통나무집. 집 둘레에 옥수숫대나 싸릿대로 촘촘히 엮은 울타리를 처마 높이만큼 바싹 둘러 햇빛, 바람, 눈 들을 막는다. 같투막집.

투막집 → 투막.

투명 (透明) 속까지 환히 보일 만큼 맑은 것.《투명 유리》**투명하다**

투명종이 기름을 먹여 투명한 종이.

투명판 (透明板) 물이 얼마나 투명한지 알아보는 데 쓰는 판.

투박하다 1. 생김새가 맵시 없이 거칠고 튼튼해 보이기만 하다.《이 책상은 너무 투박해요.》 2. 모습, 행동 들이 세련되지 못하고 거칠다.《아저씨는 사투리를 써서 더욱 투박해 보인다.》

투병 (鬪病) 병을 고치려고 치료를 받으면서 병과 싸우는 것.《할아버지는 암으로 투병 중이세요.》**투병하다**

투사 (鬪士) 1. 싸움터나 경기장에서 싸우려고 나서는 사람. 2. 혁명이나 정의를 이루려고 앞장서서 힘껏 싸우는 사람.《민주화 투사》

투서 (投書) 남의 잘못이나 드러나지 않은 나쁜 일을 알리려고 몰래 기관이나 대상에게 글을 써서 보내는 것. 또는 그런 글.《공무원이 뇌물을 받았다는 투서가 잇따랐다.》**투서하다**

투석 (投石) 싸우거나 항의할 때 돌을 던지는 것. 또는 그 돌. **투석하다**

-투성이 어떤 낱말 뒤에 붙어, '그것이 잔뜩 묻어 더러워진 모습', '그것이 몹시 많은 상태' 라는 뜻을 더하는 말.《흙투성이/자갈투성이》

투수 (投手) 야구에서 상대편 타자에게 공을 던지는 선수. 참포수. 북넣는사람.

투숙 (投宿) 여관이나 호텔 들에서 하룻밤 묵는 것.《하룻밤 투숙을 하려는데 방이 있나요?》**투숙하다**

투시 (透視) 속에 있는 것을 환히 꿰뚫어 보는 것. **투시하다**《엑스선은 몸속을 투시한다.》

투신 (投身) 1.죽으려고 높은 곳에서 아래로 뛰어내리는 것.《한 노숙자가 한강 다리에서 투신을 했다.》 2.어떤 일에 몸을 바쳐 일하는 것.《할아버지는 갈 곳 없는 사람을 돕는 일에 투신을 하셨답니다.》**투신하다**

투실- 보기 좋을 만큼 살이 쪄서 퉁퉁한 모양. **투실하다 투실투실**

투약 (投藥) 병에 따라 알맞은 약을 먹이거나 주사하는 것. **투약하다**

투여 (投與) 의사가 환자에게 약을 먹이거나 주사를 주는 것. **투여하다**

투옥 (投獄) 죄를 지은 사람을 감옥에 가두는 것. **투옥하다**《오늘 아침에 투옥한 죄인을 풀어 주어라.》**투옥되다**

투우 (鬪牛) 1.소끼리 붙이는 싸움. 또는 그 싸움에 나오는 소. 2.사람이 사나운 소와 싸우는 서양 경기.

투우사 (鬪牛士) 투우 경기에서 소와 싸우는 사람.

투입 (投入) 1.물건을 구멍 같은 것에 던져 넣는 것.《오물 투입 금지》 2.어떤 일에 사람이나 돈, 시설 들을 쓰거나 들이는 것.《자본 투입/병력 투입》**투입하다 투입되다**

투자 (投資) 더 많은 돈을 벌려고 밑천을 대거나 시간과 정성을 들이는 것.《주식 투자》**투자하다 투자되다**

투자 신탁 회사 (投資信託會社) 여러

사람이 맡긴 돈을 주식이나 채권 들에 대신 투자해 주는 일을 하는 회사.

투쟁 (鬪爭) 목적한 것을 이루려고 힘차게 나서서 싸우는 것. **투쟁하다**《조국의 독립을 위해 투쟁하다.》

투정 마음에 들지 않거나 못마땅하여 떼를 쓰면서 조르는 일.《입맛이 없어서 반찬 투정을 부렸다.》**투정하다**

투정기 |북 투정 섞인 느낌이나 분위기.

투정질 |북 투정 부리는 짓.《동생의 투정질에는 이모도 외삼촌도 꼼짝 못한다.》**투정질하다**

투지 (鬪志) 어려움에 맞서 끝까지 싸우려는 굳센 마음.《선수들은 이번에는 꼭 이기겠다고 투지를 불태웠다.》

투척 (投擲) 물건 같은 것을 힘껏 던지는 것.《수류탄 투척》**투척하다**

투철하다 일을 아주 분명하고 어긋남이 없이 철저하게 하다.《경수는 책임감이 투철하여 한번 맡은 일은 끝까지 해낸다.》

투표 (投票) 선거를 하거나 어떤 일을 정할 때 자기 생각을 쪽지에 표시하거나 적어 내는 일.《찬반 투표》**투표하다**《누구에게 투표했니?》

투표권 (投票權) 투표할 권리.

투표소 (投票所) 투표하는 곳.

투표함 (投票函) 투표한 쪽지를 넣는 상자.

투하 (投下) 1.흔히 무거운 것을 아래로 떨어뜨리는 것.《원자 폭탄 투하》 2.돈, 시간, 노력 들을 왕창 들이는 것.《자본 투하》**투하하다 투하되다**

투항 (投降) 적에게 졌다고 항복하는 것. **투항하다**《투항하면 살려 준다!》

투호 (投壺) 병을 놓고 얼마쯤 떨어져서 화살을 던져 누가 많이 넣는지 겨루는 놀이.

툭 1.갑자기 치거나 부러지거나 터지는 소리나 모양.《왜 내 어깨를 툭 치고 가니?》 2.갑자기 떨어지는 소리나 모양.《책상에서 가방이 툭 떨어졌다.》 3.말을 퉁명스럽게 쏘아붙이는 모양.《순희는 화가 나서 오빠에게 '몰라!' 하고 툭 쏘아붙였다.》 4.어느 한 부분이 쑥 불거져 나온 모양.《짱구는 이마가 툭 불거져 있다.》 5.앞이 훤히 트이거나 숨김없이 터놓는 모양.《우리끼리니까 툭 터놓고 이야기하자.》

툭탁- 1.단단한 물건을 가볍게 두드리는 소리. 2.티격태격 싸우는 모양. **툭탁거리다 툭탁대다 툭탁이다 툭탁툭탁**《누나와 툭탁대며 싸웠다.》

툭툭 1.자꾸 가볍게 치거나 부러지거나 터지는 소리나 모양.《불량배들이 시비를 걸려고 철수를 툭툭 쳤다.》 2.자꾸 가볍게 터는 소리나 모양.《쾅 하고 넘어졌지만 툭툭 털고 일어났다.》 3.말을 퉁명스럽게 하는 모양.

툭하면 조금이라도 무슨 일이 생기면 버릇처럼 자주.《동생은 툭하면 울어서 별명도 울보랍니다.》 ^비걸핏하면.

툰드라 (tundra) 북극해를 따라 펼쳐진 넓은 벌판. 눈과 얼음으로 덮여 있어 식물이 잘 자라지 못한다.

툴렁 ^{ㅣ북} 무거운 물건이 바닥에 떨어지는 소리. 또는 그 모양.《커다란 사전이 바닥에 툴렁 떨어졌다.》 **툴렁하다**

툴툴 마음에 들지 않아 몹시 투덜거리는 모양. **툴툴거리다 툴툴대다**《툴툴

거리지 말고 기분 좋게 청소하자.》

툼벙 크고 묵직한 물건이 물에 떨어지는 소리. 또는 그 모양. **툼벙거리다 툼벙대다 툼벙하다 툼벙툼벙**

툼가리

퉁가리 맑은 강이나 시내에 사는 민물고기. 입가에 수염이 네 쌍이 있다. 돌 밑에 잘 숨고 밤에 돌아다닌다. 우리나라에만 산다.

퉁기다 1.튀어 오르거나 튀어나오다.《철이가 갑자기 퉁기듯 밖으로 뛰어나갔다.》 2.→ 튕기다.

퉁명 말씨나 행동이 화가 난 것처럼 무뚝뚝한 것. **퉁명하다**《퉁명한 목소리》

퉁명스럽다 말씨나 행동이 화가 난 것처럼 무뚝뚝하다.《귀찮아서 언니한테 퉁명스럽게 대답했다.》 ^바퉁명스러운, 퉁명스러워, 퉁명스럽습니다.

퉁소 부는 국악기 가운데 하나. 대나무로 만드는데 구멍이 앞쪽에 다섯 개, 뒤쪽에 한 개 있다. 세로로 분다.

퉁소

퉁탕 물건을 요란하게 두드리거나 발로 구르는 소리. **퉁탕거리다 퉁탕대다 퉁탕퉁탕**《누가 퉁탕거리는 거야?》

퉁퉁 1.몸이나 물체의 한 부분이 붓거나 부풀어서 도드라져 있는 모양.《슬픈 동화를 읽고 울다가 잠을 잤더니 눈이 퉁퉁 부었다.》 2.큰북이나 나무통들을 자꾸 두드려 울리는 소리.《진수가 큰북을 퉁퉁 쳤다.》

퉁퉁마디 갯벌이나 바닷물이 드나드는 곳에서 자라는 풀. 줄기는 마주나고 늦여름에 작은 풀색 꽃이 핀다. 소금 대신 쓰거나 가루를 내어 먹는다.

퉁퉁마디

퉤 침이나 입에 든 것을 뱉는 소리. 또는 그 모양.《침을 퉤 뱉었다.》 **퉤퉤**

튀각 다시마, 죽순 같은 것을 잘라 기름에 튀긴 먹을거리.

튀기 1. 종이 다른 두 동물 사이에서 난 새끼. 2. 인종이 다른 부모 사이에서 태어난 사람을 낮추어 이르는 말.

튀기다 [익히다] 1. 끓는 기름에 넣어 익히다. 《엄마가 감자를 튀겨 주셨다.》 2. 옥수수, 콩 같은 마른 낟알을 열로 부풀게 하다. 《옥수수를 말려서 튀겨 먹으면 맛있어요.》

튀기다 [튕기다] 튀게 하다. 《차가 물을 튀기고 지나갔다.》

튀김 생선이나 고기, 채소 들에 밀가루 반죽을 묻혀서 기름에 튀긴 먹을거리. **북**튀기.

튀다 1. 물방울, 작은 물체 들이 힘을 받아 날아가거나 흩어지다. 《흙탕물이 튀어서 흠씬 젖었다.》 2. 던지거나 차거나 박거나 한 것이 바닥, 벽 들에 부딪혀서 솟아오르거나 되돌아오다. 《망치질을 해도 못이 자꾸 튀어요.》 3. 행동, 차림새가 특이해서 남의 눈에 잘 띄다. 《아무래도 모자 색깔이 너무 튀는 것 같다.》 4. '달아나다', '도망치다'를 낮추어 이르는 말. 《얘가 심부름 가기 싫으니까 몰래 튀었나 봐.》

튀밥 쌀이나 옥수수 들을 튀긴 것.

튀어나오다 1. 겉으로 툭 불거져 나오다. 《넘어져 부딪힌 이마에 혹이 튀어나왔다.》 **북**튀여나다. 2. 말이 불쑥 나오다. 《나도 모르게 욕이 튀어나왔어요.》 **북**튀여나다. 3. 어떤 것이 갑자기 나타나다. 《골목에서 갑자기 자전거가 튀어나와 깜짝 놀랐다.》 **북**튀여나다.

튕기다 1. 던지거나 차거나 박거나 한 것이 바닥, 벽 들에 부딪혀서 튀다. 《공이 골대 윗부분을 맞고 튕겨 나왔다.》 2. 고무줄 같은 탄력이 있는 것을 당겼다가 놓다. 《거기서 고무줄을 튕기면 어떡해! 손에 맞았잖아.》 3. 손가락 끝을 다른 손가락 안쪽에 대었다가 살짝 튀어나가게 하다. 《삼촌이 손가락을 튕겨서 꿀밤을 때렸다.》 4. 가야금, 기타 같은 악기의 줄을 뜯거나 연주하다. 《삼촌은 기타를 튕기면서 노래할 때가 가장 멋져요.》 **같**퉁기다. 5. 남의 부탁이나 제안을 쉽게 받아들이지 않다. 《어쩌다 한번 부탁하는 건데 너무 튕기는 것 아니야?》 **같**퉁기다.

튜바 (tuba) 부는 악기 가운데 하나. 쇠붙이로 만들고 큰 나팔처럼 생겼고 소리가 낮다.

튜브 (tube) 1. 물감, 치약, 연고 같은 것을 넣는 물렁물렁한 대롱이나 자루. 2. 흔히 물놀이에서 쓰는 공기 주머니. 고무나 비닐로 되어 있어 물에 잘 뜬다. **북**뜰주머니. 3. 자전거나 자동차 바퀴에서 공기를 채워 넣는 고무관. **북**속고무.

튤립 꽃을 보려고 심어 가꾸는 풀. 잎은 넓고 긴데 끝이 뾰족하다. 꽃은 흰색, 붉은색, 노란색 들로 빛깔이 여러 가지이다. **북**튜맆.

튤립

트다 [말을] 1. 막힌 것을 뚫어서 이쪽저쪽이 통하게 하다. 《벽을 트다./길을 트다.》 **반**막다. 2. 남한테 스스럼없이 마음을 열다. 또는 반말을 하다. 《우리 이제 말을 트고 지낼까?》 3. 서로 거래 관계를 맺다. 《집에서 가까운 은행과 거래를 텄다.》 **바**트는, 터, 틉니다.

트다 [손이] 1. 몹시 춥거나 마르거나 하여

살갗, 땅바닥 들이 갈라지다.《장갑을 안 끼고 다녔더니 손이 텄다.》 2. 식물의 싹, 움, 순 들이 돋아나다.《씨를 뿌린 데서 싹이 텄네.》 3. '동'과 함께 써서, 날이 새면서 동쪽 하늘이 밝아지다.《동이 틀 무렵이면 수탉이 운다.》 4. 어떤 일을 뜻대로 이루지 못하게 되다.《저녁 먹기 전에 숙제를 마치기는 다 튼 것 같다.》 **바트는, 터, 틉니다.**

트라이아스기 중생대를 셋으로 나눌 때 처음 시대.

트라이앵글 (triangle) 치는 악기 가운데 하나. 강철 막대를 정삼각형 꼴로 구부려 한쪽 끝을 실로 매달고 막대로 두드려서 소리를 낸다. **북**트라이앙글.

트라이앵글

트랙 (track) 경기장이나 경마장에서 선수나 말이 따라 달리는 길.

트랙터 (tractor) 농기구나 무거운 짐을 끄는 자동차. **북**뜨락또르.

트랙터

트랜스 (transformer) → 변압기.

트랜지스터 (transistor) 반도체를 이용하여 전기 신호를 세게 하거나 약하게 하는 장치. 또는 이 장치를 써서 만든 라디오.

트리케라톱스

트랩 (trap) 비행기나 큰 배를 타고 내릴 때 쓰는 사다리.

트럭 (truck) 짐을 실어 나르는 큰 자동차.

트럭

트럼펫 (trumpet) 부는 악기 가운데 하나. 작은 나팔처럼 생겼는데 소리의 높낮이를 조절하는 장치가 셋 있다.

트럼프 (trump) 카드놀이를 할 때 쓰는 물건. 모두 53장으로 다이아몬드, 클로버, 하트, 스페이드 무늬가 그려져 있다. **북**주패.

트렁크 (trunk) 1. 여행에서 쓸 짐을 담는 큰 가방. 2. 자동차 뒤에 짐을 넣을 수 있게 만든 곳.

트로이카 (troika러) 러시아에서 타는 탈것. 말 세 필이 끄는 썰매로 눈이 녹으면 마차로 바꾼다.

트로이카춤 남자가 가운데에 서고 양옆에 여자가 서서 손을 잡고 추는 러시아 민속춤.

트로피 (trophy) 운동 경기나 대회 들에서 우승하는 단체나 사람에게 주는 장식용 컵.

트롬본 (trombone) 부는 악기 가운데 하나. 'U'자처럼 생긴 대롱 두 개를 밀었다 당겼다 하면서 음높이를 조절한다.

트리오 (trio) 1. → 삼중창. 2. → 삼중주.

트리케라톱스 네 발로 걸어 다니면서 풀을 먹고 살던 공룡. 눈 위에 길고 강한 뿔이 하나씩 있고 코 위에도 작은 뿔이 있다.

트림 먹은 것이 소화가 잘되지 않아 가스가 생겨 위로 올라오는 것.《밥을 급하게 먹었더니 자꾸 트림이 나와요.》

트이다 1. 가로막은 것이 없어지다. 또는 가로막은 것이 없어져 활짝 열리다.《산모퉁이를 돌자 앞이 확 트이면서 바다가 나타났다.》 **준**틔다. 2. 운, 앞날 들이 좋아지다.《고생만 하시던 큰아버지는 쉰이 넘어서야 운이 트였다.》 **준**틔다. 3. 답답했던 마음이나 가슴속이 시원해지다.《복잡한 시장에서 나오니까 숨통이 다 트인다.》 **준**틔다. 4. 어떤 것을 깨닫거나 아는 능력이 생기다.《네가 이제야 글귀가 트이는구나.》

트지근하다 |북 먹은 음식이 잘 내려가지 않아 배 속이 답답하다.《느끼한 빵을 많이 먹었더니 속이 트지근하다.》

트집 별것 아닌 것을 억지로 끄집어내어 문제 삼거나 헐뜯는 것.《지연이는 걸핏하면 트집을 잡아 화를 낸다.》

특경 (特磬) 치는 국악기 가운데 하나. 'ㄱ'자 모양으로 깎은 돌을 나무틀에 매달았다.

특공대 (特攻隊) 적을 갑자기 공격하거나 특수한 일을 하려고 특별히 훈련된 부대.

특권 (特權) 어떤 신분이나 자격이 있는 사람에게 특별히 주어지는 권리.

특급 등급 (特級) 일반 등급보다 높은 등급. 또는 가장 높은 등급.《특급 호텔/우리 가게는 특급 상품만 팝니다.》

특급 특별 급행 (特急) 보통 급행열차보다 더 빨리 달리는 열차.

특기 (特技) 특별히 잘하는 재주와 능력.《내 특기는 피리 연주야.》 참장기.

특등 (特等) 특별히 높은 등급. 또는 가장 높은 등수.《특등을 차지하다.》

특명 (特命) 특별히 내리는 명령.《황제의 특명을 받고 나오는 길일세.》

특별 (特別) 보통과 아주 다르거나 뛰어난 것.《특별 공연》 참특수. **특별하다**《아이들은 누구나 다 특별하다.》

특별법 (特別法) 어떤 일을 해결하려고 특별히 마련한 법.《친일 인사 처벌을 위한 특별법 제정》

특별시 (特別市) 우리나라 행정 구역 가운데 하나. 서울특별시가 하나뿐이다.

특별 활동 (特別活動) 정해진 교과 활동 말고 학생이 골라서 하는 특별한 교육 활동. 준특활.

특경

특보 (特報) 사람들에게 특별히 알리는 소식.《뉴스 특보/기상 특보》

특사 (特使) 우리나라와 다른 나라 사이에 큰 일이 생겼을 때 특별한 임무를 맡겨 보내는 사람.《고종 황제는 1907년 만국 평화 회의에 특사를 보냈다.》

특산 (特産) 어떤 지역에서 특별히 나는 것.《제주 특산 옥돔》

특산물 (特産物) 어떤 지역에서 특별히 나는 물건. 흔히 그 지역을 대표하는 물건이다.《울릉도 특산물은 오징어와 호박엿이다.》

특산품 (特産品) 어떤 지역에서 특별히 나는 물품. 또는 으뜸 상품.

특색 (特色) 보통 것과 아주 다르거나 뛰어나거나 특별한 점.《우리나라 날씨의 특색》 비특징.

특석 (特席) 특별히 마련한 좋은 자리.

특선 (特選) 1.특별히 골라 뽑거나 뽑히는 것.《특선 요리》 2.글쓰기나 그리기 대회에서 잘해서 뽑히는 것. 또는 뽑힌 글이나 그림.《영선이는 글쓰기 대회에서 특선을 차지했다.》 **특선하다**

특성 (特性) 어떤 것에만 있는 특별한 성질.《겨울잠을 자는 특성》

특수 특별 (特殊) 여느 것과는 아주 다르거나 다르게 만든 것.《특수 유리/특수 훈련》 비특이. 참특별. **특수하다**

특수 팔림 (特需) 어떤 때에 특별히 많이 팔리는 것.《설 특수》

특수복 (特殊服) 어떤 특수한 일을 할 때 입으려고 만든 옷.

특수성 (特殊性) 여느 것과 아주 다른 성질.《우리나라는 분단이라는 특수성

을 지니고 있다.》

특약 (特約) 약속하거나 계약할 때 특별히 붙이는 조건.《특약 사항》

특용 작물 (特用作物) 곡물처럼 끼니로 먹지 않고 다른 일에 쓰려고 심어 가꾸는 농작물. 인삼, 차, 담배, 한약재, 참깨 들이 있다.

특유 (特有) 어떤 사물이나 사람에게만 특별히 있는 것.《바다에 가면 특유의 짠 냄새가 난다.》**특유하다**

특이 (特異) 보통과 뚜렷하게 다르고 별난 것.《석이는 생선을 먹으면 두드러기가 나는 특이 체질이다.》 비특수. **특이하다**

특정 (特定) 특별히 정하거나 정해진 것.《특정 상품》**특정하다**

특정인 (特定人) 특별히 뽑거나 정한 사람.

특종 기사 (特種) 어느 한 신문사나 잡지사에서만 특별히 취재하여 보도한 기사.《특종 기사》

특종 악기 (特鐘) 치는 국악기 가운데 하나. 큰 종을 나무틀에 매달았다.

특진 (特進) 어떤 일에 뛰어난 공을 세워 계급이나 등급이 특별히 올라가는 것. **특진하다**

특질 (特質) 그것에만 있어 다른 것과 특별히 구별되는 성질.《판소리의 특질/청소년 문화의 특질》

특집 (特輯) 신문, 잡지, 방송 들에서 특별히 꾸미거나 관심을 기울여 만든 것.《올림픽 특집 방송》

특징 (特徵) 다른 것과 두드러지게 달라 눈에 띄는 점.《우리말의 특징을 알아봅시다.》 비특색.

특종_악기

특징적 (特徵的) 다른 것에 견주어 특별히 눈에 띄거나 두드러지게 다른. 또는 그런 것.

특파원 (特派員) 신문사, 잡지사, 방송사 들에서 외국에 보낸 기자. 북특파기자.

특허 (特許) 새로운 것을 발명한 사람에게 나라에서 그 기술을 독점할 권리를 주는 것.《옆집 아저씨는 새로운 기계를 발명해서 특허를 받았다.》

특허권 (特許權) 특허를 받은 사람이 가지는 권리.

특허청 (特許廳) 지식 경제부에 딸린 기관. 특허, 상표에 관한 일들을 맡아 본다.

특허품 (特許品) 특허를 받은 물건.

특혜 (特惠) 특별한 혜택.《저만 특혜를 받는 건 싫어요.》

특화 (特化) 어떤 산업이나 상품을 특별히 중요하게 여겨 발전시키는 것.《특화 작물》**특화하다 특화되다**

특활 (特活) → 특별 활동.

특효약 (特效藥) 어떤 병을 치료하는 데 특별히 효과가 있는 약.《감기에는 특효약이 없나요?》

특히 보통과 아주 다르거나 뛰어나게. 또는 두드러지게 아주.《명절 때는 고속도로가 특히 더 막힌다.》

튼튼하다 1. 물건의 짜임새나 됨됨이가 아주 단단하고 굳세다.《튼튼한 책상》 2. 몸이 단단하고 병에 잘 걸리지 않는다.《골고루 먹어야 몸이 튼튼해져요.》 **튼튼히**

틀 1. 생김새와 크기가 똑같은 어떤 물건을 만드는 데 본이 되는 도구.《흙

반죽을 틀에 부어 벽돌을 찍었다.》2. 물건을 끼우거나 받치는 데 쓰는 도구. 《사진틀/창틀》3. 뻔히 정해진 형식이나 격식.《틀에 박힌 소리는 그만 해.》4. 일, 조직 들을 꾸리는 데 필요한 짜임새.《우리 모임도 틀이 잡혔구나.》

틀거리 |북 1. 어떤 것의 바탕을 이루는 뼈대나 테두리.《틀거리를 먼저 잡으면 글을 쓰기가 더 쉽다.》2. 어떤 일을 하는 태도나 마음가짐.《그래, 그런 틀거리라면 틀림없이 이길 거야.》

틀고앉다 |북 1. 책상다리를 하고 앉다. 《오빠들이 마루에 틀고앉아 장기를 둔다.》2. 한곳에 굳게 자리를 잡고 앉다. 《아빠가 서재에 틀고앉아 계신다.》3. 나쁜 짓을 하려고 한곳에 눌러앉다. 《일본이 우리나라에 틀고앉은 동안 아름다운 우리말이 많이 사라졌다.》

틀니 잇몸에 끼웠다 뺐다 할 수 있게 만든 이. 비의치.

틀다 1. 어떤 것을 한쪽 방향으로 힘껏 돌리다.《수도꼭지를 잠글 때는 오른쪽으로 틀어라.》2. 기계, 장치 들을 작동시키다.《심심해서 텔레비전을 틀었다.》3. 몸을 둥글게 말거나 배배 꼬다. 또는 여러 가닥으로 엮다.《따리를 틀다./상투를 틀다.》4. 잘되던 일을 그르쳐 꼬이게 하다.《이제 와서 일을 틀어 버리면 나보고 어쩌라고.》5. 어떤 물건을 짚이나 싸리 들로 엮거나 짜다. 《멍석을 틀다./둥지를 틀다.》6. 오래되어 뭉치거나 눌린 솜을 부풀리다. 《솜을 틀다.》바트는, 틀어, 틉니다.

틀리다 1. 답, 셈, 사실 들이 맞지 않거나 옳지 않다.《수학 문제를 세 개나 틀렸다.》반맞다. 2. 어떤 일이 제대로 이루어지지 못하다.《이 일을 오늘까지 하기는 다 틀렸다.》

틀림없다 조금도 어긋나지 않고 꼭 그렇다.《저 애는 지난번 강당에서 내 옆에 앉았던 애가 틀림없다.》**틀림없이**

틀어막다 구멍 같은 것을 억지로 막아서 통하지 못하게 하다.《코피가 나서 휴지로 코를 틀어막았다.》

틀어박히다 1. 밖으로 나가지 않고 한곳에만 죽치고 있다.《하루 종일 방에 틀어박혀 만화책만 볼 거니?》2. 좁은 곳에 아무렇게나 밀어 넣어지거나 놓아지다.《서랍 속에 틀어박혀 꼬깃꼬깃해진 사진을 꺼냈다.》

틀어지다 1. 반듯하지 않고 한쪽으로 휘거나 꼬이다.《뒤쪽 줄이 틀어졌으니 가서 바로잡아라.》2. 일이나 계획이 뜻대로 되지 않다.《뜻하지 않은 비로 소풍 계획이 완전히 틀어졌다.》3. 사이가 나빠지거나 언짢은 일로 토라지다.《동생이 틀어진 것은 오빠가 통닭을 모조리 먹어치웠기 때문이다.》

틈 1. 어떤 곳이 벌어져서 생긴 빈자리. 《돌 틈에 민들레가 피었다.》2.→ 겨를. 《오늘은 바빠서 놀이터에 갈 틈도 없었어요.》3. 사람들과 멀어지는 것. 《동무와 틈이 생겨서 속상하다.》

틈나다 잠깐 어떤 일을 할 만한 시간이 생기다.《틈나는 대로 책을 읽었다.》

틈막이 |북 물 같은 것이 새지 않게 틈을 막는 일. 또는 그런 일에 쓰는 물건. 《틈막이 공사》**틈막이하다**

틈바구니 '틈'을 점잖지 못하게 이르는 말.《화장실에 갈 틈바구니도 없는

데 너랑 놀 시간이 어디 있니?》

틈새 벌어져 생긴 틈의 사이.《대문 틈새로 누가 왔는지 살펴보았다.》

틈타다 어떤 때나 기회를 이용하다.《점심시간을 틈타 집에 다녀왔다.》

틈틈이 틈이 날 때마다.《엄마는 집안일을 하는 틈틈이 뜨개질을 하신다.》

틔다 → 트이다.

틔우다 돋다 식물의 싹, 움 들을 나오게 하다.《볍씨가 싹을 틔웠다.》

틔우다 열다 막힌 길을 뚫리게 하다.《아저씨들이 무너져 내린 흙을 치워서 길을 틔웠다.》

티 몸가짐 어떤 태도나 낌새. 또는 버릇.《올해 고등학교에 입학한 큰형은 제법 어른 티가 난다.》

티 티끌 1.먼지처럼 아주 잘게 부스러진 알갱이.《눈에 티가 들어갔다.》 2.아주 작은 흠.《티 없이 맑은 웃음》

티각 |북 서로 뜻이 어긋나서 이러니저러니 다투는 모양. **티각거리다 티각대다 티각티각**《쟤네 둘은 만나기만 하면 티각거리더라.》

티격태격 서로 이러니저러니 따지면서 싸우는 모양.《사소한 일로 티격태격 싸우지 좀 마.》 **티격태격하다**

티그리스 강 터키와 이라크를 흐르는 강. 아르메니아 고원에서 시작하여 페르시아 만으로 흘러 들어간다.

티끌 1.티와 먼지.《엄마는 티끌 하나 없이 깨끗이 청소하셨다.》 2.몹시 작거나 적은 것.《사람은 넓디넓은 우주에서 티끌 같은 존재이다.》

티끌 모아 태산 속담 아무리 작은 것도 자꾸 모으면 나중에는 큰 덩어리가 된

티라노사우루스

다는 것을 빗대어 이르는 말.

티눈 손이나 발에 생기는 사마귀 비슷한 굳은살.

티라노사우루스 땅에서 살던 공룡 가운데 가장 힘이 세다고 알려진 공룡. 다른 공룡이나 동물을 잡아먹었다.

티베트 (Tibet) 중국 남서쪽에 있는 자치 지역. 농업과 목축업을 주로 하고 라마교를 믿는다.

티베트 고원 중국 남서쪽에 있는 높은 벌판. 히말라야 산맥과 쿤룬 산맥에 둘러싸여 있고 황허 강, 양쯔 강, 인더스 강이 시작하는 곳이다.

티셔츠 (T-shirts) 목 부분이 둥글게 파이고 깃과 단추가 달려 있지 않은 편한 윗옷.

티스푼 (teaspoon) → 찻숟가락.

티읕 닿소리 글자 ‘ㅌ’의 이름.

티켓 (ticket) 1.입장권이나 승차권 같은 표. 2.무엇을 할 수 있는 자격.

티티새 → 개똥지빠귀.

팀 (team) 1.같은 일을 함께 하는 무리.《우리 반은 네 팀으로 나누어 실험을 했다.》 2.운동 경기에서 둘이나 둘이 넘게 무리를 지은 같은 편.《나와 철수는 같은 팀이 되어 축구를 했다.》

팀워크 (teamwork) 여럿이 한편이 되어 마음과 힘을 하나로 합치는 일.

팀파니 (timpani 이) 치는 악기 가운데 하나. 달걀을 가로로 쪼갠 것처럼 생긴 몸통 위에 쇠가죽을 대었다. 보통 두 개가 한 쌍을 이룬다.

팅팅 몸이 심하게 붓거나 살찌거나 불어난 모양.《물속에 오래 있었더니 발이 팅팅 불었어.》

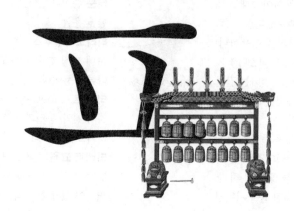

파_채소

파 채소 밭에 심어 가꾸는 잎줄기채소. 하얀 수염뿌리가 많고 잎은 푸르고 대롱처럼 속이 비어 있다. 매운 냄새와 맛이 있다.

파 계이름 (pa**이**) 서양 음악의 일곱 음계에서 넷째 음. 참도, 레, 미, 솔, 라, 시. **북화**.

파 갈래 (派) 1. 생각, 행동을 같이하는 사람들의 무리. 2. 같은 조상에서 갈라져 나온 핏줄 갈래.

파격 (破格) 정해진 틀을 깨뜨리는 것.

파격적 (破格的) 정해진 틀을 깨뜨리는. 또는 그런 것.

파견 (派遣) 어떤 일을 맡겨서 사람을 보내는 것. 《파견 근무》 **파견하다 파견되다**

파계승 (破戒僧) 불교에서 정한 규범을 어긴 중.

파고 (波高) 물결의 높이. 《파고가 높아서 배가 못 뜬대요.》**북**물결높이.

파고들다 1. 어떤 곳을 헤집고 안쪽으로 들어가다. 《추워서 이불 속으로 파고들었다.》 2. 어떤 기운이 스며들다. 《뼛속까지 파고드는 추위》 3. 모르는 것을 알아내려고 자세하게 캐고 따져 보다. 《기자가 사건의 내막을 파고들어 진실을 밝혀냈다.》 4. '품', '가슴' 과 함께 써서, 남한테 안기다. 《아기가 엄마 가슴으로 파고든다.》 **바**파고드는, 파고들어, 파고듭니다.

파곳 (fagott) → 바순.

파괴 (破壞) 어떤 것을 부수거나 무너뜨리는 것. 《환경 파괴》 **반**건설. **파괴하다 파괴되다**

파괴력 (破壞力) 파괴하는 힘.

파국 (破局) 일이 잘못되어 끝장나는 것. 또는 그런 때. 《파국을 맞다.》

파급 (波及) 어떤 일의 영향이 다른 데로 미치는 것. 《파급 효과》 **파급하다 파급되다**

파기 (破棄) 1.자료, 문서 들을 없애는 것. 2.계약, 약속 들을 어기는 것.《계약 파기》 **파기하다 파기되다**

파김치 1.파로 담근 김치. 2.몹시 지쳐서 기운이 하나도 없는 모습을 빗대어 이르는 말.《삼촌은 새벽까지 일하고 파김치가 되어 돌아왔다.》

파내다 묻히거나 박힌 것을 파서 꺼내다.《땅에서 칡뿌리를 파냈다.》

파다 1.손이나 연장으로 움푹하고 깊게 땅을 헤치거나 긁어내다.《삽으로 땅에 구덩이를 팠다.》 2.나무, 돌, 쇠 들에 글씨, 무늬, 그림 들을 새기다.《도장을 새로 팠어요.》 3.어떤 일에 온통 빠져서 열심히 하다.《한 학문을 파야 학자로 성공할 수 있다.》

파닥 1.작은 새가 날개를 칠 때 나는 소리. 또는 그 모양. 2.작은 물고기 같은 것이 꼬리를 치는 소리. 또는 그 모양. **파닥거리다 파닥대다 파닥이다 파닥파닥**《새들이 파닥거리면서 날아오른다./어항에서 물고기가 파닥인다.》

파대가리 축축한 풀밭에 자라는 풀. 뿌리에서 난 줄기가 옆으로 뻗고 마디에서 새싹이 나온다. 줄기 끝에 둥근 이삭이 하나씩 달린다. ^북파송이골.

파대가리

파도 (波濤) 바다에 이는 물결.《엄청나게 큰 파도가 밀려온다.》

파도치다 바다에 물결이 일어나다.

파도타기 널빤지를 타고 파도 위를 미끄러지듯 떠다니는 놀이.

파동 (波動) 1.물결이나 소리가 움직이는 것. 2.어떤 일이 사회에 영향을 미치는 것.《석유 파동》

파랑새

파드득나물 산에서 자라는 풀. 줄기에

파래

파드득나물

서 향기가 나고 6~7월에 자잘한 흰 꽃이 핀다. 어린잎을 먹는다.

파들- 몸을 작게 떠는 모양. **파들거리다 파들대다 파들파들**《혜미가 파들파들 떨더니 기절하고 말았다.》

파라다이스 (paradise) 아무 걱정이나 근심 없이 행복하고 편안하게 살 수 있는 곳. ^비낙원.

파라우리하다 ^{|북} 빛깔이 연하게 파랗다.《바지가 파라우리하니 모자도 파란 걸 쓰는 게 좋겠다.》

파라핀 (paraffin) 석유를 걸러 낼 때 나오는 반투명한 흰색 고체. 양초나 화장품 들을 만드는 데 쓴다.

파란 (波瀾) 살면서 겪는 어려움.《외할머니는 파란 많은 삶을 사셨다.》

파란만장하다 어떤 일을 해 온 동안이나 살아오는 동안에 겪은 변화와 어려움이 많다.《파란만장한 인생》

파란색 바다나 맑은 하늘과 같은 빛깔. ^같청색.

파랑 ^{빛깔} 파란 빛깔이나 물감.

파랑 물결 (波浪) 작은 물결과 큰 물결.

파랑새 낮은 산이나 논밭 부근, 공원에 사는 여름새. 몸 빛깔은 파르스름한 초록색이고, 부리와 다리는 붉다.

파랗다 바다나 맑은 하늘 빛깔과 같다.《구름 한 점 없이 파란 하늘》 ^바파란, 파래, 파랗습니다.

파래 바닷가 바위나 돌에 붙어 자라는 바닷말. 빛깔이 푸르고 윤이 난다. 많이 먹는 바닷말 가운데 하나이다.

파래지다 파랗게 되다.《가을이 되니 하늘이 더욱 파래졌다.》

파렴치 (破廉恥) 창피한 짓을 하고도

뻔뻔한 것. **파렴치하다**

파루 (罷漏) 조선 시대에 한양(서울)에서 통행금지가 끝나는 때에 종각의 종을 서른세 번 치던 일.

파르르 1. 눈, 입술, 날개 들을 가늘고 빠르게 떠는 모양. 또는 그 소리.《잠자리 날개가 파르르 떨린다.》 2. 대수롭지 않은 일에 갑자기 크게 성을 내는 모양.《혼자 떡볶이를 먹었다는 말에 누나가 파르르 성을 냈다.》

파르무레하다 파란빛이 조금 있다.

파르스름하다 조금 파랗다. 비푸르스름하다.

파릇파릇 군데군데 파란빛이 도는 모양.《나뭇가지에 파릇파릇 새순이 나온다.》 **파릇파릇하다**

파릇하다 흔히 풀 같은 것이 조금 파랗다.《뜰에 파릇한 새싹이 돋아났다.》

파리 곤충 음식이나 더러운 곳에 날아드는 곤충. 몸은 검은색이나 푸른빛을 띤 초록색이고, 날개가 한 쌍이 있다.

파리_곤충

파리를 날리다 관용 장사가 잘 안 되다.《날씨가 선선해지면서 아이스크림 가게가 파리를 날린다.》

파리 프랑스 (Paris) 프랑스의 수도. 센 강이 가로질러 흐르고 노트르담 사원, 에펠 탑, 루브르 박물관 들이 있다

파리매 들이나 숲, 개울가, 연못가에 사는 곤충. 몸은 검고 온몸에 누런 털이 나 있다. 수컷은 배 끝에 하얀 털 뭉치가 있다.

파리매

파리하다 몸이 야위고 살갗에 핏기가 없다.《며칠째 감기를 앓은 언니 얼굴이 파리하다.》 북파릿하다.

파마 약이나 열로 머리카락을 곱슬곱

슬하게 만들거나 곧게 펴는 것. 또는 그렇게 한 머리.

파먹다 어떤 것을 파서 먹다.《수박을 반으로 잘라 숟가락으로 파먹었어요.》

파면 (罷免) 일터에서 어떤 사람이 맡은 일을 그만두게 하는 것.《파면을 당하다.》 **파면하다 파면되다**

파멸 (破滅) 완전히 망해 없어지는 것.《도박은 한 사람의 삶을 파멸시킨다.》 **파멸하다 파멸되다**

파문 (波紋) 1. 물 위에 이는 물결.《바람이 불어 호수에 파문이 인다.》 2. 어떤 일이 다른 데에 미치는 영향.《이번 사건은 사회에 큰 파문을 일으켰다.》

파묻다 1. 파서 묻다.《아버지가 뒤뜰에 김장독을 파묻으셨다.》 2. 몸을 묻힐 만큼 깊숙이 기대다.《동생은 어머니 가슴에 얼굴을 파묻고 울었다.》

파묻히다 1. 땅, 흙 같은 것 속에 묻히다.《무릎까지 파묻힐 만큼 큰 눈이 내렸다.》 2. 어떤 것에 온통 빠지거나 둘러싸여 있다.《요즘 우리 언니는 책에 파묻혀서 지낸다.》 3. 소리, 모습, 사실 들이 다른 것에 섞이거나 가려서 드러나지 않다.《자동차 소리에 파묻혀서 형의 말이 들리지 않는다.》

파미르 고원 중앙아시아 남동쪽에 있는 높은 벌판. 타지키스탄, 중국, 인도, 아프가니스탄에 걸쳐 있어서 '세계의 지붕'이라고 이른다.

파발 (擺撥) 조선 시대에 말을 타거나 걸어서 나랏일에 대한 소식을 먼 곳으로 전하던 일.

파발마 (擺撥馬) 조선 시대에 파발을 전하는 사람이 타던 말. 북파발말.

파밭 파를 심어 가꾸는 밭.

파벌 (派閥) 생각이나 목적이 같은 사람들의 무리.《파벌 싸움》

파병 (派兵) 군대를 어떤 곳에 보내는 것.《베트남 파병》**파병하다**

파산 (破産) 재산을 모두 잃는 것.《아저씨는 사업이 실패하여 파산 지경에 이르렀다.》**파산하다**

파상풍 (破傷風) 살갗에 생긴 상처에 병균이 들어가서 일으키는 전염병. 열이 많이 나고 온몸이 심하게 떨린다.

파생 (派生) 어떤 것에 바탕을 두고 생겨나는 것. **파생하다 파생되다**《영어는 라틴 어에서 파생되었다고 한다.》

파선 (破船) 거센 파도나 바위에 부딪혀 배가 부서지는 것. **파선하다**《폭풍으로 배가 파선하였다.》**파선되다**

파손 (破損) 깨뜨려서 못 쓰게 만드는 것.《유리창 파손》**파손하다 파손되다**

파수 (把守) 옛날에 어떤 곳을 지키던 일. 또는 그런 일을 하던 사람.

파수꾼 한곳에 자리 잡고서 어떤 것을 지키는 사람. **북**파수군.

파스타 (pasta이) 밀가루를 달걀에 반죽하여 만드는 이탈리아 국수.

파스텔 (pastel) 그림을 그리는 도구. 빛깔이 있는 고운 가루를 굳혀서 크레용처럼 만든다.

파시 (波市) 고기가 많이 잡힐 때 바다에서 열리는 생선 시장.

파악 (把握) 형편, 내용 같은 것을 분명하게 아는 것. **파악하다**《글의 내용을 파악하다.》**파악되다**

파안대소 (破顔大笑) 활짝 웃는 것.

파안대소하다《할아버지가 동생 재롱에 파안대소하신다.》

파업 (罷業) 노동자들이 자기들 요구를 들어 달라면서 일을 멈추는 것.《철도 노동자들이 파업에 들어갔다.》**파업하다**

파열 (破裂) 깨지거나 갈라져 터지는 것. **북**파렬. **파열하다**《날이 추워서 수도관이 파열했다.》**파열되다**

파운드 (pound) 1.무게를 나타내는 말. 1파운드는 454그램쯤이다. 기호는 lb이다. 2.영국 돈을 세는 말. 기호는 £ 이다. **북**폰드.

파울 (foul) → 반칙.

파이다 우묵하게 깎여 홈이나 구멍이 생기다.《길이 파여서 비만 오면 물이 고인다.》**준**패다.

파이프 (pipe) 물, 공기, 가스 같은 것을 옮기는 데 쓰는 대롱.

파이프 오르간 (pipe organ) 건반 악기 가운데 하나. 길이와 크기가 다른 대롱 여러 개를 피아노 건반처럼 차례로 늘어놓고 대롱에 바람을 보내어 소리를 낸다. **북**관풍금.

파인애플 열매를 먹으려고 더운 지방에서 심어 가꾸는 늘푸른풀. 열매는 큰 솔방울처럼 생겼는데 껍질 속에 든 연한 살을 먹는다.

파일 (file) 1.→ 서류철. 2.컴퓨터에서 하나로 처리되는 자료 뭉치.

파일럿 (pilot) → 조종사.

파장 진동 (波長) 1.파동에서 마루와 마루 또는 골과 골 사이 거리. **북**물결길이. 2.어떤 일이 사회에 미치는 영향.《신문 기사가 큰 파장을 몰고 왔다.》

파장 끝남 (罷場) 1.시장이 끝나는 것.

또는 그런 때.《파장 무렵》2.모임, 잔치 같은 것이 거의 끝나는 것. 또는 그런 때.《잔치는 어느새 파장에 접어들었다.》**파장하다**

파전 밀가루 반죽에 길쭉길쭉하게 썬 파를 넣어 지진 전. 고기, 오징어, 굴 같은 것을 얹기도 한다.

파종 (播種) 논이나 밭에 씨앗을 뿌리는 일. 묵씨붙임, 씨뿌리기. **파종하다**

파죽음 심하게 맞거나 몹시 지쳐서 기운이 다 빠진 상태.《예비군 훈련에 간 삼촌이 파죽음이 되어서 돌아왔다.》

파죽지세 (破竹之勢) 거침없고 세찬 기세. 대나무를 쪼개는 기세라는 뜻이다.《고구려 군대는 파죽지세로 수나라 군을 물리쳤다.》

파지 (破紙) 못 쓰는 종이. 묵헌종이.

파직 (罷職) 옛날에 벼슬아치를 자리에서 물러나게 하던 것. **파직하다**《우의정을 파직하라!》 **파직되다**

파초 따뜻한 지방에 자라거나 온실에 심어 가꾸는 풀. 키가 크게 자라는데 잎은 길고 넓다. 여름에 노르스름한 작은 꽃이 핀다.

파출부 (派出婦) 남의 집에 가서 집안 일을 해 주는 여자. 묵가정부.

파출소 (派出所) 경찰서가 있는 시에서 동마다 경찰관을 보내어 경찰 업무를 보게 한 곳.

파충류 (爬蟲類) 등뼈가 있는 동물 가운데 몸이 비늘로 덮여 있는 동물. 허파로 숨 쉬고, 바깥 온도에 따라 체온이 달라진다.

파탄 (破綻) 어떤 일이 끝장나는 것.《경제가 파탄 지경에 이르렀다.》 **파탄**

파초

하다 파탄되다

파트너 (partner) 한 쌍이 되어 하는 일에서 짝이 되는 사람.

파편 (破片) 깨어지거나 부서진 조각.《발에 유리 파편이 박혔어요.》

파피루스 이집트 나일 강가에 많이 자라는 풀. 줄기는 풀색인데 고대 이집트에서는 이 줄기를 납작하게 만들어서 종이처럼 썼다.

파하다 어떤 일을 끝내다. 또는 어떤 일이 끝나다.《학교가 파하거든 바로 집으로 오너라.》

파헤치다 1.속에 있는 것이 드러나게 파서 젖히다.《두더지가 감자 밭을 다 파헤쳐 놓았다.》2.어떤 일을 속속들이 밝히다.《사건을 낱낱이 파헤치다.》

파혼 (破婚) 혼인하기로 한 약속을 깨뜨리는 것. **파혼하다**

팍 1.힘차게 내던지거나 처박거나 치는 소리. 또는 그 모양.《윤호는 책가방을 나무 아래 팍 내던졌다.》2.맥없이 거꾸러지는 소리. 또는 그 모양.《툭 건드리자 작대기는 옆으로 팍 쓰러졌다.》3.감정이나 기분이 갑자기 가라앉는 느낌.《기분이 팍 상했다.》

팍삭 묵1.힘없이 내려앉거나 부스러지는 모양. 또는 그 소리.《나무가 삭아서 손만 갖다 대도 팍삭 부서진다.》2.굳거나 질기지 않고 부드러운 모양.《엄마가 팍삭 익은 쇠고기를 잘게 썰어 주신다.》 **팍삭하다**

팍팍 잇달아 힘차게 내던지거나 처박거나 치는 소리. 또는 그 모양.《현희가 내 등을 팍팍 두드려 주었다.》

팍팍하다 음식이 물기가 적어서 부드

럽지 못하다.《빵이 팍팍하니 우유와 함께 먹으렴.》

판 바둑판 (板) 1.나무, 쇠, 유리, 플라스 틱 들로 만든 평평하고 넓적한 물건. 《대문에 나무로 된 얇은 판을 덧댔다.》 2.바둑, 장기, 윷놀이 들을 할 때 쓰는 네모나고 반반한 틀을 뜻하는 말.《바 둑판》3.→ 음반. 4.달걀 서른 개를 한 묶음으로 세는 말.《계란 한 판》

판 자리 1.놀이, 굿, 장사 같은 어떤 일 이 벌어진 자리.《굿판/씨름판》2.처 지나 형편.《죽느냐 사느냐 하는 판에 돈이 대수야?》3.승부를 겨루는 일. 또는 그 횟수를 세는 말.《다음 판에서 는 꼭 이길 테다./한 판만 더 하자.》

판 책 (版) 1.인쇄하려고 글자, 그림 들 을 새긴 나무나 쇠붙이 조각. 2.책을 펴낸 횟수를 세는 말.

판가름 옳고 그름이나 낫고 못함을 가 르는 것.《누가 이길지 곧 판가름 나겠 지.》북판가리. **판가름하다**

판검사 (判檢事) 판사와 검사.

판결 (判決) 1.옳고 그름을 가리는 것. 2.법원에서 죄가 있고 없음을 법에 따 라 가리는 것.《공정한 판결을 해 주십 시오.》**판결하다 판결되다**

판결문 (判決文) 법원에서 판결한 내 용과 까닭을 적은 문서.

판국 어떤 일이 벌어진 형편.《이 판국 에 배가 고프다는 말이 나오니?》

판다 높은 산의 숲 속에 사는 짐승. 곰 과 비슷한 자이언트 판다와 너구리와 비슷한 레서판다가 있다. 북참대곰.

판단 (判斷) 형편을 헤아려 생각을 정 하는 것. 참판정. **판단하다**《어떤 게 더

좋을지 판단하기 어려워.》**판단되다**

판단력 (判斷力) 판단하는 능력.

판도 (版圖) 1.한 나라의 땅.《나라의 판도를 넓히다.》2.어떤 세력이 미치 는 테두리.《정치 판도가 달라지다.》

판돌 북 1.넓적하고 반반한 바윗돌. 《동네 아주머니들이 판돌 위에 빨래를 놓고 방망이질하신다.》2.발로 디디거 나 어떤 것을 올려놓는 돌.《젖은 신발 을 판돌 위에 올려놓았다.》

판례 (判例) 법원에서 같거나 비슷한 사건을 먼저 재판한 예.

판로 (販路) 어떤 것을 팔 곳.《판로를 넓히다./판로를 뚫다.》

판막음 마지막으로 이겨서 모든 경기 를 끝내는 일. 북판막. **판막음하다**

판매 (販賣) 어떤 것을 파는 것.《할인 판매》반구매, 구입. **판매하다 판매되 다**

판매기 (販賣機) 돈을 넣으면 자동으 로 물건이 나오게 만든 기계.

판매량 (販賣量) 어떤 것을 판 양.

판매점 (販賣店) 어떤 것을 파는 가게.

판명 (判明) 어떤 사실을 따져서 분명 히 밝히는 것.《이 꿀은 가짜라고 판명 이 났다.》**판명하다 판명되다**

판목 (版木) 인쇄하려고 글자나 그림 을 새긴 나무.

판문점 (板門店) 남녘과 북녘의 휴전 선에 걸쳐 있는 마을. 남과 북이 1953 년 휴전 협정을 맺은 곳이다.

판별 (判別) 옳고 그름이나 좋고 나쁨 을 가리는 것. **판별하다**《누구 말이 옳 은지 판별해 주세요》**판별되다**

판본체 (版本體) 한글 글씨체 가운데

하나. 훈민정음이나 용비어천가에 쓰인 글자에 바탕을 둔 글씨체이다.

판사 (判事) 고등 법원, 지방 법원, 가정 법원의 법관. **참**검사, 변호사.

판서 (判書) 고려 시대와 조선 시대 육조의 으뜸 벼슬.

판소리 긴 이야기를 노래로 바꾸어 부르는 우리나라 전통 음악. 소리꾼이 고수의 북장단에 맞추어 말과 몸짓을 섞으면서 부른다. 춘향가, 심청가, 흥부가 들이 있다

판옥선 (板屋船) 조선 명종 때 만들어서 싸움에 쓰던 배. 널빤지로 지붕을 덮어 만들었다.

판이하다 모양, 성질 같은 것이 아주 다르다.《형제가 생긴 게 판이하네.》

판자 (板子) → 널빤지.

판자촌 (板子村) 판잣집이 많은 가난한 동네.

판잣집 판자로 허술하게 지은 집. **북**판자집.

판재 (板材) 어떤 것을 만드는 데 쓰는 널빤지.《판재로 가구를 짜다.》

판전 (版殿) 불경을 새긴 판을 쌓아 두는 집.

판정 (判定) 옳고 그름이나 좋고 나쁨을 가려서 결정하는 것. **참**판단. **판정하다**《심판은 공이 줄 밖으로 나갔다고 판정했다.》**판정되다**

판정승 (判定勝) 권투, 레슬링 같은 운동 경기에서 심판 판정으로 이기는 일. **복**점수이김.

판지 (板紙) → 마분지.

판치다 제 세상인 것처럼 멋대로 행동하다.《힘센 사람이 판치는 세상이 되

판옥선

어서는 안 된다.》

판판이 1. 판마다.《형이 판판이 이기니까 오목 둘 맛이 안 나.》 2. 늘 언제나.《용이는 판판이 놀기만 하는 것 같은데도 일 등을 한단 말이야.》

판판하다 높낮이 없이 평평하다.《판판하게 고른 모래판에서 씨름을 했다.》

판화 (版畫) 나무, 쇠붙이, 돌 들로 만든 판에 그림을 새기고 색을 칠하여 종이나 천에 찍어 낸 그림.

팔 몸 어깨 바로 아래에서 손목까지 사이.《팔을 쭉 뻗으세요.》

팔을 걷고 나서다 **관용** 어떤 일에 선뜻 나서다.《새별이는 청소라면 팔을 걷고 나선다.》**비**팔을 걷어붙이다.

팔은 안으로 굽는다 **속담** 사람은 자기와 가까운 사람을 편들게 마련이라는 말.

팔 숫자 (八) 1. 칠에 일을 더한 수. 아라비아 숫자로는 '8'이다. **참**여덟. 2. 세는 말 앞에 써서, 여덟을 나타내는 말.

팔각 (八角) 각이 여덟 개 있는 꼴.

팔각기둥 밑면이 팔각인 각기둥.

팔각형 (八角形) 선분 여덟 개로 둘러싸인 도형.

팔걸이 의자 같은 것에서 팔을 걸치는 부분. **북**팔굽받이.

팔관회 (八關會) 통일 신라 시대와 고려 시대에 해마다 음력 10월 15일과 11월 15일에 신에게 지내던 제사.

팔굽혀펴기 손바닥과 발끝으로 몸을 받치고 엎드려서 팔을 굽혔다 폈다 하는 운동.

팔꿈치 팔의 위아래 뼈가 만나는 곳 바깥쪽.

팔다 1. 돈을 받고 물건, 권리 들을 남

한테 주다.《할머니는 시장에서 생선을 파신다.》^반사다. 2.돈을 받고 남의 일을 해 주다.《옆집 아저씨는 공사장에서 품을 팔아 사세요.》3.'한눈', '정신'과 함께 써서, 마음을 다른 데에 쏟다.《한눈을 팔다가 버스를 놓쳤다.》4.이익을 얻으려고 양심, 믿음 같은 소중한 것을 저버리거나 남의 이름을 멋대로 빌리다.《힘들어도 양심을 팔지는 않아.》5.쌀을 사다.《엄마는 쌀 팔러 가셨어요.》^바파는, 팔아, 팝니다.

팔다리 팔과 다리.
팔다리가 되다 ^{관용} 남의 일을 열심히 돕다.《네가 반장이 되면 우리 둘이 팔다리가 돼 줄 테니 열심히 해 봐.》
팔도 (八道) 1.조선 시대에 온 나라를 여덟 개로 나눈 것을 이르던 말. 강원도, 경기도, 경상도, 전라도, 충청도, 평안도, 함경도, 황해도이다. 2.우리나라 땅 모두를 이르는 말.
팔도강산 (八道江山) 우리나라 땅이나 자연.《할아버지는 팔도강산 안 다녀 보신 데가 없다고 한다.》
팔등신 (八等身) 키가 얼굴 길이의 여덟 배인 몸.
팔딱 1.작고 탄력 있게 뛰거나 튀는 모양. 2.심장이나 맥박이 뛰는 모양. **팔딱거리다 팔딱대다 팔딱이다 팔딱팔딱**《개구리들이 팔딱팔딱 뛴다./달리기를 하고 나니 심장이 팔딱거린다.》
팔뚝 팔꿈치에서 손목까지 사이.
팔락 바람에 가볍게 나부끼는 모양. 또는 그 소리. **팔락거리다 팔락대다 팔락이다 팔락팔락**《줄에 매달린 만국기가 바람에 팔락인다.》

팔랑 1.바람에 부드럽게 나부끼는 모양. 2.나비가 재빠르고 힘차게 나는 모양. **팔랑거리다 팔랑대다 팔랑이다 팔랑팔랑**《바람이 불자 나뭇잎들이 팔랑이면서 떨어졌다./나비들이 꽃에서 꽃으로 팔랑팔랑 날아다닌다.》
팔랑개비 → 바람개비.
팔레트 (palette ^프) 그림을 그릴 때 물감을 짜서 섞는 판. ^북갤판.
팔리다 1.물건 같은 것을 파는 일이 벌어지다.《군고구마는 날씨가 추울수록 잘 팔려요.》 2.정신이나 눈이 쏠리다.《만화책에 정신이 팔려서 엄마가 들어오시는 것도 몰랐다.》
팔만대장경 (八萬大藏經) 고려 고종 때 펴낸 대장경. 고려 시대에 두 차례 펴낸 대장경 가운데 나중에 만든 책으로, 불경을 새긴 나무판이 팔만 개가 넘는다. 합천 해인사에 있다.
팔매돌 ^북 팔매질할 때 쓰는 작은 돌.
팔매질 돌 같은 것을 멀리 던지는 짓.《참새를 맞추려고 팔매질을 했다.》**팔매질하다**
팔먹중 본산대놀이, 봉산 탈춤, 양주 별산대놀이에 나오는 중 여덟 명.
팔먹중탈 탈놀이에서 팔먹중이 쓰는 탈.

팔먹중탈_봉산 탈춤

팔모썰기 무, 당근 같은 채소를 여덟모가 나게 써는 것.
팔모얼레 여덟모가 난 얼레.
팔목 → 손목.
팔방 (八方) 이곳저곳 여러 방향. 또는 동, 서, 남, 북, 동북, 동남, 서북, 서남 여덟 방향을 뜻하는 말.
팔방미인 (八方美人) 1.어느 모로 보

나 아름다운 사람. 2.여러 일에 뛰어난 사람을 빗대어 이르는 말.《은별이는 공부, 운동, 노래를 모두 잘하는 팔방미인이다.》묵사방미인.

팔베개 팔을 베개 삼아 베는 것. **팔베개하다**《누나, 팔베개해 줘.》

팔불출 (八不出) 어리석은 사람을 이르는 말.

팔삭둥이 임신한 지 여덟 달 만에 낳은 아이. 묵여덟달내기.

팔상전 (捌相殿) → 법주사 팔상전.

팔색조 섬이나 바닷가 숲에 사는 여름새. 깃털은 초록색, 붉은색, 검정색 같은 여러 가지 빛깔이 또렷이 어우러져 있다. 천연기념물 제204호.

팔색조

팔순 (八旬) 여든 살.《우리 할머니는 팔순인데도 건강하셔요.》

팔심 팔뚝 힘.《팔씨름을 잘하려면 팔심이 세야 해.》

팔씨름 두 사람이 팔꿈치를 바닥에 댄 채 손을 맞잡고 힘을 써서 상대의 손등이 바닥에 닿게 넘어뜨리는 경기.

팔아넘기다 1.물건, 권리 들을 돈을 받고 남한테 넘기다.《대대로 물려받은 논밭을 헐값에 팔아넘길 수는 없습니다.》2.이익을 얻으려고 양심, 믿음 같은 소중한 것을 저버리다.《나라와 민족을 팔아넘긴 매국노》

팔아먹다 '팔다'를 낮추어 이르는 말.《불량 식품을 팔아먹다니, 나쁜 놈!》

팔일오 광복 (八一五光復) 1945년 8월 15일에 우리나라가 일본에 빼앗긴 주권을 되찾은 일.

팔자 (八字) 태어난 해, 달, 날, 시간에 따라 정해진 운수.

팔자가 늘어지다 ^{관용} 걱정 없이 아주 편하다.《시험이 내일모레인데 축구를 하다니 넌 팔자가 늘어졌구나.》

팔자를 고치다 ^{관용} 1.여자가 다시 시집가다.《그 아주머니는 혼자 된 지 5년 만에 팔자를 고쳤다.》2.가난하던 처지에서 벗어나 잘살게 되다.《복권으로 팔자 고치겠다고?》

팔자걸음 발끝을 바깥쪽으로 벌리고 느리게 걷는 걸음.

팔짝 가볍게 뛰어오르거나 나는 모양. **팔짝거리다 팔짝대다 팔짝팔짝**《동생은 새 신발을 신고 팔짝거렸다.》

팔짱 1.두 팔을 엇걸어서 양쪽 손을 반대쪽 겨드랑이에 끼는 것.《큰형이 문 앞에 팔짱을 끼고 서 있다.》2.한 팔을 다른 사람의 팔에 걸거나 끼는 것.《엄마 아빠가 팔짱을 끼고 걸어가신다.》

팔짱을 끼다 ^{관용} 눈앞에 벌어진 일에 나서거나 상관하려 들지 않다.《일이 이렇게 급한데도 팔짱만 끼고 있을래?》

팔찌 팔목에 멋으로 끼는 고리. 묵팔가락지, 팔목걸이.

팔팔 끓다 1.적은 물이 몹시 끓는 모양.《팔팔 끓는 물에 라면을 넣었다.》2.높은 열로 몹시 뜨거운 모양.《동생이 감기에 걸려 몸이 팔팔 끓는다.》3.작은 것이 힘 있게 뛰거나 나는 모양.《그물에 걸린 물고기가 팔팔 뛴다.》4.먼지나 눈이 바람에 세차게 날리는 모양.《바람에 흙먼지가 팔팔 날렸다.》

팔팔 뛰다 Ⅰ묵 약이 올라서 어쩔 줄 모르는 모양.《약이 오른 언니가 팔팔 뛰면서 어쩔 줄 모른다.》**팔팔하다**

팔팔하다 몸놀림이 힘차다.《모두 지

쳤는데 천수 혼자만 팔팔하구나.》

팜플렛 '팸플릿'을 잘못 쓴 말.

팝송 (pop song) 유럽이나 미국에서 유행하는 대중가요.

팡개 논밭에서 새를 쫓는 데 쓰는 대나무 토막. 흙이나 돌멩이를 찍어서 새에게 던진다.

팡이실 곰팡이, 버섯 들의 몸을 이루는 실같이 가는 세포. 빛깔이 희고 엽록소가 없다. ^같균사.

팡파르 (fanfare^ㅍ) 축제, 경기 같은 것을 시작할 때 트럼펫 같은 악기로 연주하는 씩씩한 음악.

팡팡 1. 풍선이나 폭탄 같은 것이 갑자기 자꾸 터지는 소리.《여기저기서 풍선이 팡팡 터졌다.》2. 작은 구멍이 자꾸 뚫리는 소리. 또는 그 모양.《종이에 구멍을 팡팡 뚫었다.》3. 공을 자꾸 세게 차거나 탄력 있는 물체를 자꾸 세게 두드리는 소리. 또는 그 모양.《축구공을 팡팡 차다.》

팥 밭에 심어 가꾸는 곡식. 줄기에 털이 있고, 잎은 석 장씩 모여난다. 8월에 노란 꽃이 피고 가는 꼬투리가 열리는데, 안에 검붉은 씨가 들어 있다.

팥으로 메주를 쑨대도 곧이듣는다 ^{속담} 남의 말을 곧이곧대로 믿는 사람을 놀리는 말.

팥배나무 산에서 자라는 잎지는나무. 5~6월에 흰 꽃이 피고, 가을에 열매가 붉게 익는다. 나무로 가구를 만든다.

팥배무명버섯 숲 속이나 풀밭에서 무리 지어 자라는 버섯. 갓 가장자리가 갈라져 있고 팥처럼 붉은빛을 띤다. 먹는 버섯이다.

팥

팥배나무

패랭이꽃

팥배무명버섯

팥빙수 팥을 넣은 빙수.

팥알 팥의 낱알.

팥죽 팥을 푹 삶아서 체에 으깨어 거른 물에 쌀을 넣고 쑨 죽.

패 패배 (敗) 싸움이나 경기에서 지는 것.《3승 1패》**패하다**

패 문패 (牌) 1. 이름, 성질 들을 나타내는 데 쓰는 물건. 종이, 나무, 쇠붙이 들 조각에 글씨나 그림을 넣는다. 2. 화투에서 낱낱의 장이 나타내는 내용.

패 떼 (牌) 함께 어울리는 무리.《아이들과 패를 갈라 축구를 했다.》

패가망신 (敗家亡身) 재산을 다 써 없애고 신세를 망치는 것. **패가망신하다**

패거리 함께 어울리는 무리를 낮추어 이르는 말.《패거리를 짓다.》

패권 (覇權) 어떤 분야에서 가장 높은 자리를 차지했을 때 누리는 힘이나 권리.《패권을 잡다./패권을 다투다.》

패기 (覇氣) 어떤 힘든 일도 해내려는 굳센 마음이나 정신.《패기가 넘치다.》

패다 생기다 곡식 이삭이 자라나다.

패는 곡식 이삭 빼기 ^{속담} 심술궂은 짓을 해서 잘되어 가는 일을 망치는 것을 빗대어 이르는 말.

패다 쪼개다 도끼로 장작 같은 것을 쪼개다.《마당에서 장작을 팼다.》

패다 꺼지다 → 파이다.《유진이는 웃을 때 볼에 보조개가 팬다.》^복패우다.

패다 때리다 마구 때리다.《내 동생을 괴롭힌 녀석을 패 주고 싶다.》

패랭이꽃 산과 들에 절로 자라거나 꽃을 보려고 심어 가꾸는 풀. 잎은 작고 가는데 여름에 짙은 분홍색 꽃이 핀다.

패륜 (悖倫) 도리에 크게 어긋나는 짓.

패망 (敗亡) 한 나라가 싸움에 져서 망하는 것. **패망하다**《1945년은 일본이 패망하고 우리나라가 독립한 해이다.》

패물 (佩物) 보석으로 만든 귀걸이, 목걸이, 반지 같은 물건. **붐**노리개.

패배 (敗北) 남과 겨루어서 지는 것. **반**승리. **패배하다**《옆 반과 축구 시합에서 패배했다고 기죽을 거 없어.》

패션 (fashion) 유행하는 옷차림.

패션모델 (fashion model) 패션쇼에서 의상 디자이너가 새로 만든 옷을 입고 여러 사람에게 선보이는 일이 직업인 사람. **같**모델.

패션쇼 (fashion show) 의상 디자이너가 새로 만든 옷을 패션모델이 입고 여러 사람에게 선보이는 일.

패소 (敗訴) 재판에서 지는 것. **반**승소. **붐**락송. **패소하다**

패스 (pass) 축구나 농구 같은 경기에서 같은 편끼리 공을 주고받는 일. **패스하다**

패인 (敗因) 싸움에서 지거나 일을 그르친 까닭.《상대를 얕본 것이 지난 경기의 패인이다.》

패자 (敗者) 남과 겨루어 진 사람. **반**승자.《패자는 말이 없는 거야.》

패잔병 (敗殘兵) 싸움에 진 군대에서 살아남은 군인.

패전 (敗戰) 전쟁이나 경기에서 지는 것. **반**승전. **패전하다**《수나라는 고구려와 벌인 전쟁에서 패전했다.》

패전국 (敗戰國) 싸움에 진 나라.

패쪽¹북 어떤 것의 이름이나 성질을 적어 두는 나무나 종이, 쇠붙이 조각.《나무마다 이름을 쓴 패쪽을 달아 두

면 좋겠습니다.》

패철 (佩鐵) 옛날에 집터나 묏자리를 잡던 사람이 몸에 지니던 지남철.

패총 (貝塚) → 조개더미.

패킹 (packing) 관 같은 것의 이음매, 틈새 들에 물이나 공기가 새지 않게 끼워 넣는 물건.

패턴 (pattern) 생각, 글, 행동 들에 나타나는 일정한 틀.

팩 모양 1. 맥없이 쓰러지는 모양. 또는 그 소리.《은성이가 달리기를 하다가 팩 쓰러졌다.》 2. 갑자기 방향을 돌리는 모양.《화가 나서 팩 돌아누웠다.》

팩 상자 (pack) 비닐이나 종이로 만든 상자. 흔히 우유, 주스 같은 액체를 담는다.

팩스 (fax) → 팩시밀리. **붐**모사전송기.

팩시밀리 (facsimile) 글, 그림, 사진 같은 것을 전기 신호를 바꾸어서 보내는 방법. 또는 그런 장치. **준**팩스

팬 사람 (fan) 연극, 영화, 운동 경기 같은 것을 구경하는 것을 아주 좋아하는 사람. 또는 어떤 연예인이나 운동선수를 아주 좋아하는 사람.

팬 냄비 (pan) 접시같이 생겨서 자루가 달린 얕은 냄비.

팬레터 (fan letter) 팬이 좋아하는 운동선수나 연예인한테 보내는 편지.

팬지 꽃을 보려고 심어 가꾸는 풀. 키가 작은 풀로 봄에 흰색, 노란색, 자주색 꽃이 핀다.

팬터마임 (pantomime) → 무언극.

팬티 (panties) 아랫도리에 입는 짧은 속옷.

팬파이프 (panpipe) 부는 악기 가운

데 하나. 길이가 다른 여러 관을 나란하게 붙이고 입으로 분다.

팸플릿 (pamphlet) 어떤 내용을 알리려고 만든 작은 책. ✕팜플렛.

팻말 어떤 것을 나타내려고 패를 붙이거나 새긴 말뚝.《꽃 이름을 적은 팻말을 꽃밭에 세워 놓았다.》**북**패말.

팽 1.정신이 아찔해지는 모양.《갑자기 머리가 팽 돌면서 어지럽다.》2.코를 세게 푸는 소리. 또는 그 모양.《팽 하고 코를 풀었다.》

팽개치다 1.함부로 내던지다.《철수는 집에 오자마자 책가방을 팽개치고 놀러 나갔다.》2.하던 일을 그만두거나 그냥 내버려 두다.《새별이가 또 숙제를 팽개치고 놀러 나갔어요.》

팽그르르 1.작은 물체가 빠르게 한 바퀴 도는 모양.《팽이가 팽그르르 돈다.》2.갑자기 눈가에 눈물이 맺히는 모양.《슬퍼서 팽그르르 눈물이 고인다.》3.갑자기 정신이 몹시 아찔해지는 모양.《길을 걷다 팽그르르 어지러워 주저앉았다.》

팽글팽글 작은 것이 잇달아 팽그르르 도는 모양.《팽글팽글 도는 팽이》

팽나무 산기슭에 자라거나 정자 옆에 많이 심는 잎지는나무. 오래 살고 크게 자란다. 봄에 노란 꽃이 피고 가을에 콩알 같은 열매가 빨갛게 익는다.

팽배하다 나쁜 생각, 분위기 같은 것이 거세게 일어나다.

팽이 끈을 감았다가 풀거나 채로 쳐서 돌리는 장난감. 둥글고 짧은 나무 한쪽을 뾰족하게 깎은 뒤에 심을 박는다.

팽이치기 팽이를 채로 쳐서 돌리면서

팽나무

팽이

노는 아이들 놀이.

팽창 (膨脹) 1.부풀어서 크기가 커지는 것. **반**수축. **북**부피불음. 2.수, 양, 힘 같은 것이 늘어나는 것.《인구 팽창》 **팽창하다 팽창되다**

팽팽 1.좁은 테두리를 아주 빠르게 자꾸 도는 모양.《바람개비가 팽팽 돈다.》2.정신이 몹시 아찔해지는 모양.《배가 고파서 눈앞이 팽팽 돌았다.》

팽팽하다 1.줄 같은 것이 세게 당겨져 있다.《가야금 줄을 팽팽하게 당겼다.》2.힘, 실력 같은 것이 서로 엇비슷하다.《두 편이 팽팽하게 맞서서 경기가 쉽게 끝나지 않는다.》3.살갗에 탄력이 있다. **팽팽히**

퍼내다 속에 담긴 것을 밖으로 떠내다.《바가지로 바닥에 고인 물을 퍼냈다.》

퍼덕 1.큰 새가 날개를 치는 모양. 2.큰 물고기가 꼬리를 치는 모양. **퍼덕거리다 퍼덕대다 퍼덕이다 퍼덕퍼덕**《기러기가 퍼덕퍼덕 날개를 치면서 하늘로 날아올랐다./잉어가 퍼덕 소리를 내면서 물 위로 튀어올랐다.》

퍼뜨리다 널리 퍼지게 하다.《그런 헛소문을 퍼뜨린 녀석이 누굴까?》

퍼뜩 생각이 갑자기 떠오르는 모양.《좋은 생각이 퍼뜩 떠올랐다.》

퍼렇다 어둡고 짙게 파랗다.《책상에 부딪친 무릎이 퍼렇게 멍들었다.》**바**퍼런, 퍼레, 퍼렇습니다.

퍼레이드 (parade) 축제나 축하 행사로 거리에서 여러 사람이 줄을 지어 앞으로 나아가는 것.

퍼레지다 퍼렇게 되다.

퍼먹다 1.음식을 숟가락 같은 것으로

퍼서 먹다.《팥죽을 숟가락으로 퍼먹었다.》 2.음식을 마구 먹다.《배가 몹시 고파서 집에 오자마자 밥을 두 공기나 퍼먹었다.》

퍼붓다 1.비, 눈 같은 것이 마구 쏟아지다.《갑자기 소나기가 퍼부어서 옷이 다 젖었다.》 2.남을 나무라거나 욕하는 말을 마구 하다.《욕을 퍼붓다.》 ^바퍼붓는, 퍼부어, 퍼붓습니다.

퍼센트 (percent) 백분율을 나타내는 말. 1퍼센트는 100분의 1이다. 기호는 %이다. ^같프로.

퍼슬퍼슬 부스러지기 쉽고 물기가 없는 모양.

퍼즐 (puzzle) 낱말, 숫자, 도형 들을 맞추는 놀이. ^참수수께끼.

퍼지다 1.끝 부분으로 갈수록 둘레가 점점 넓게 벌어지다.《끝단이 나팔처럼 퍼진 바지》 2.물질, 현상, 생물 들이 넓게 번지거나 옮아가다.《눈병이 학교 전체에 퍼졌어요.》 3.사람, 조직, 식물 들의 수가 늘어나다.《나뭇가지가 무성하게 퍼져 나간다.》 4.몹시 지쳐서 바닥에 아무렇게나 늘어지다.《삼촌이 방바닥에 퍼져서 잔다.》 5.국수 같은 것이 불거나 익어서 굵어지다.《나는 퍼진 라면도 잘 먹어.》

퍼팅 (putting) 골프에서 공을 구멍에 넣으려고 채로 치는 일.

퍽 소리 1.어떤 것을 세게 칠 때 나는 소리를 나타내는 말.《갑자기 뒤에서 퍽하고 책상을 치는 소리가 들렸다.》 2.갑작스레 맥없이 쓰러지는 모양을 나타내는 말.《땡볕에 서 있던 아이가 퍽 쓰러졌다.》 3.어떤 것이 터질 때 나는

소리를 나타내는 말.《퍽 소리가 나면서 전구가 나갔어요.》

퍽 썩 보통이 넘게. 또는 썩 많이.《내 동생은 노래를 퍽 잘한다.》 ^북퍽으나.

퍽퍽 1.단단하지 않은 것을 자꾸 세게 때리거나 부딪칠 때 나는 소리.《퍽퍽 샌드백을 때리면서 권투 연습을 했다.》 2.여럿이 잇달아 힘없이 쓰러지거나 거꾸러지는 소리. 또는 그 모양.《홍길동의 주먹에 탐관오리들이 퍽퍽 쓰러졌다.》 3.숟가락이나 삽으로 자꾸 많이 퍼내는 모양.《너무 배가 고파서 순식간에 밥을 퍽퍽 퍼먹었다.》

펀둥펀둥 아무것도 하는 일이 없이 뻔뻔스럽게 놀기만 하는 모양.

펀들펀들 아무것도 하는 일이 없이 얄밉고 뻔뻔스럽게 게으름을 부리는 모양.《언제까지 펀들펀들 놀 거냐?》

펀뜻 ^{|북} 1.어떤 모습이 갑자기 뚜렷하게 나타나는 모양.《누나 얼굴에 웃음이 펀뜻 나타났다가 금방 사라졌다.》 2.생각, 기억, 정신이 갑자기 나는 모양.《좋은 생각이 펀뜻 떠올라서 종이에 적어 두었다.》 3.몹시 재빠르게 움직이는 모양.《숙희더러 오라고 할 것 없이 네가 펀뜻 다녀와라.》 **펀뜻하다**

펀치 (punch) 1.권투에서 상대를 주먹으로 세게 치는 것. 또는 그 주먹. 2.기차표나 종이 묶음 들에 구멍을 내는 도구.

펄 → 개펄.

펄떡 크고 힘 있게 튀거나 뛰는 모양. **펄떡거리다 펄떡대다 펄떡이다 펄떡펄떡**《횟집 아저씨의 그물에 걸린 광어들이 펄떡거린다.》

펄럭 넓은 천 같은 것이 바람에 빠르고 세차게 나부끼는 소리. 또는 그 모양. **펄럭거리다 펄럭대다 펄럭이다 펄럭**《깃대 꼭대기에서 깃발이 펄럭펄럭 나부끼고 있다.》

펄쩍 크고 힘차게 뛰어오르거나 날아오르는 모양. **펄쩍거리다 펄쩍대다 펄쩍펄쩍**《냄비 뚜껑을 열자 미꾸라지가 펄쩍펄쩍 뛰어올랐다.》

펄쩍 뛰다 ^{관용} → 뜻밖의 억울한 일을 당했을 때 강하게 아니라고 하다.《진영이는 내 연필을 가져가지 않았다고 펄쩍 뛰었다.》

펄콩게 강어귀나 바닷가 부드러운 갯벌에 구멍을 파고 사는 게. 등딱지 크기가 1센티미터도 되지 않는다.

펄털콩게 뭍에 가까운 진흙 갯벌에 구멍을 파고 사는 게. 등딱지 크기가 1센티미터 남짓이다.

펄펄 1.많은 물이 용솟음치면서 몹시 끓는 모양.《행주를 펄펄 끓는 물에 넣어 삶았다.》 2.높은 열로 아주 뜨거운 모양.《언니 이마가 불덩이처럼 펄펄 끓는다.》 3.먼지나 눈이 바람에 세게 날리는 모양.《펄펄 눈이 옵니다.》

펄프 (pulp) 나무에서 뽑아낸 섬유나 종이 원료.

펌프 (pump) 액체나 기체를 빨아올리거나 옮기는 기계. **북**뽐프.

펑 1.풍선, 폭탄 같은 것이 요란하게 터지는 소리.《풍선이 나뭇가지에 걸려 펑 터졌다.》 2.큰 구멍이 훤하게 뚫린 소리. 또는 그 모양.《타이어에 구멍이 펑 뚫렸다.》

펑션키 (function key) → 기능키.

펄콩게

페가수스자리

펄털콩게

펑크 (puncture) 1.고무바퀴, 공 들에 구멍이 나서 바람이 빠지는 것. 2.계획한 일이나 약속 들이 잘못되는 것.

펑펑 1.풍선, 폭탄 같은 것이 요란하게 자꾸 터지는 소리.《펑펑 폭죽을 터뜨리면서 불꽃놀이를 했다.》 2.돈, 물건 들을 함부로 막 쓰는 모양.《용돈을 펑펑 쓰다가 빈털터리가 되고 말았어요.》 3.눈이나 물 들이 세차게 많이 솟거나 쏟아져 내리는 소리. 또는 그 모양.《함박눈이 펑펑 내려 온 세상이 하얘졌다.》 4.탄력 있는 물체를 잇달아 두드리는 소리. 또는 그 모양.

페가수스자리 가을철에 보이는 별자리.

페널티 킥 (penalty kick) 축구에서 수비수가 벌칙 구역 안에서 반칙을 했을 때 공격하는 편이 수비의 방해 없이 공을 놓고 차는 일.

페놀프탈레인 (phenolphthalein) 염기성 용액에서 붉게 변하는 흰 가루.

페니실린 (penicillin) 푸른곰팡이에서 얻은 항생 물질. 폐렴, 패혈증, 매독 들을 치료하는 데 쓴다.

페달 (pedal) 자전거, 재봉틀 들을 움직이거나 피아노, 풍금 같은 악기를 연주할 때 발로 밟는 장치. **북**발디디개.

페루 해류 남아메리카 서쪽을 따라 페루 남쪽에서 칠레 북쪽으로 흐르는 차가운 해류.

페르 귄트 (Peer Gynt) 노르웨이 작곡가 그리그가 작곡한 모음곡. 입센이 지은 희곡에 곡을 붙인 것이다.

페르시아 (Persia) 기원전 559년부터 기원전 330년까지 이란에 있던 나라.

페르시아 만 이란과 아라비아 반도에 둘러싸인 바다. 석유가 많이 난다.

페리 (ferry) → 카페리.

페스트 (pest) → 흑사병.

페어플레이 (fair play) 경기나 경쟁을 할 때 규칙을 지키고 정정당당하게 승부를 겨루는 것.

페인트 (paint) 물건, 벽 같은 것의 겉을 꾸미거나 보호하려고 칠하는 물감. ^북뻥끼.

페인트칠 페인트를 칠하는 일. 또는 그 칠. **페인트칠하다**

페트리 접시 → 샬레.

페트병 마실 것을 담는 플라스틱 병.

펜 (pen) 글씨를 쓰는 도구. 막대기 끝에 달린 뾰족한 쇠붙이에서 잉크가 흘러나온다.

펜싱 (fencing) 두 사람이 철망으로 된 마스크를 쓰고 가늘고 긴 검으로 상대를 찌르거나 베는 동작을 하여 승부를 겨루는 경기. ^북격검.

펜치 쇠줄을 구부리거나 자르는 연장. ^북뻰찌.

펜팔 (pen pal) 편지를 주고받으면서 사귀는 일.

펠리컨 → 사다새.

펭귄 바닷가에 떼 지어 사는 새. 대부분 남극에 산다. 머리와 등은 검고 배는 희다. 날지는 못하지만 헤엄을 잘 친다. ^북펭긴.

펴내다 책, 신문 들을 만들어서 세상에 내놓다. 《시집을 펴내다.》

펴낸이 책, 신문 들을 펴낸 사람. ^같발행인.

펴다 1. 접히거나 말리거나 덮인 것을 넓게 벌리다. 《우산을 펴다./짝꿍이 준 쪽지를 폈다.》^반접다. 2. 휘거나 구부러진 것을 곧게 만들다. 또는 구겨지거나 쭈글쭈글해진 것을 반반하게 만들다. 《몸을 쭉 펴다./엄마, 치마에 잡힌 주름 좀 펴 주세요.》^반굽히다. 3. 뜻, 꿈, 주장 같은 것을 널리 알리거나 이루다. 《선생님은 끝내 민족 통일의 뜻을 펴지 못하고 돌아가셨습니다.》^반접다. 4. 세력, 활동 범위 들을 넓히다. 《발해는 드넓은 중국 땅까지 세력을 펴 나갔다.》 5. 사는 형편이 나아지다. 《아빠가 일자리를 잡으면서 살림이 다시 폈어요.》 6. 걱정스럽거나 어두운 표정을 밝게 바꾸다. 《시험도 다 끝났으니 이제 얼굴 좀 펴라.》

편 무리 (便) 1. 무리로 나뉜 것들 가운데 낱낱의 것. 《청군과 백군 두 편으로 갈라서 운동회를 한다.》 2. 물건을 보내거나 어떤 곳에 갈 때 쓰는 교통수단이나 기회. 《할머니께서 삼촌 편에 마늘을 보내셨다.》 3. 여러 일에서 선택하는 한 가지 경우. 《내가 직접 가 보는 편이 낫겠어.》 4. 앞말이 뜻하는 수준이나 상태에 이른다는 뜻을 나타내는 말. 《이 정도면 날씨가 아주 좋은 편이야.》 5. '왼', '오른', '이', '저' 들에 붙여 써서, '쪽', '방향'을 뜻하는 말. 《왼편/오른편/뒤편》

편 세는 말 (篇) 1. 글, 영화, 연극 들을 세는 말. 《시 한 편/영화 두 편》 2. 책, 영화 들을 내용이나 차례에 따라서 나눈 것. 《이 만화는 5편까지 나왔어.》

편 엮음 (編) 사람이나 단체 이름 뒤에 써서 어떤 사람이나 단체가 책을 엮었

다는 것을 뜻하는 말.《어린이 글쓰기 연구회 편/토박이 출판사 편》

편견 (偏見) 성질, 형편 같은 것을 두루 살피지 않고 굳힌 잘못된 생각.《우락부락하게 생긴 사람은 성질도 사나울 거라는 편견을 버려.》

편경 (編磬) 치는 국악기 가운데 하나. 두 줄로 된 나무틀에 두께가 서로 다른 'ㄱ' 자 돌을 여덟 개씩 나누어 걸었다.

편경

편곡 (編曲) 본디 곡을 다른 형식으로 바꾸거나 다른 악기에 알맞게 고치는 것. 또는 그렇게 만든 곡. **편곡하다**

편광 (偏光) 진동 방향이 한쪽으로 기울어져 있는 빛.

편광 현미경 (偏光顯微鏡) 얇게 자른 광물에 편광을 통과시켜 관찰하는 현미경.

편달 (鞭撻) 일을 잘할 수 있게 가르치고 북돋워 주는 것.《수학 점수가 많이 오른 건 선생님의 편달 덕분입니다.》 **북**편초. **편달하다**

편대 (編隊) 전투기 여러 대를 모아서 짠 부대.

편도 (片道) 되돌아올 계획이나 방법 없이 한쪽으로만 가는 것. **참**왕복.

편도선 (扁桃腺) 사람 목구멍에 붙어 있는 몸 한 부분.

편도선염 (扁桃腺炎) 편도선에 생기는 염증.

편두 밭에 심어 가꾸는 곡식. 줄기가 덩굴이 되어 뻗고 흰색이나 보라색 꽃이 핀다. 꼬투리 안에 콩이 4~6개 들어 있다. **같**까치콩.

편두

편두통 (偏頭痛) 한쪽 머리가 몹시 아픈 증세.

편들다 여럿 가운데 한쪽만 감싸거나 위하다.《내가 동생과 싸우면 엄마는 늘 동생만 편드신다.》 **바**편드는, 편들어, 편듭니다.

편리 (便利) 어떤 일을 하기 쉽고 편한 것. **반**불편. **편리하다**《외할머니 댁에 가는 데는 버스보다 기차가 편리해.》

편마암 (片麻巖) 화강암이 열과 힘을 받아 바뀐 돌. 줄무늬가 있다.

편물 (編物) 털실로 떠서 만든 옷이나 물건.《편물 가게/편물 공장》

편법 (便法) 원칙이나 차례를 어기고 일을 쉽고 빠르게 하려는 방법.《편법을 쓰면 오히려 일을 망친다.》

편성 (編成) 무리를 나누거나 계획 같은 것을 짜는 것.《반 편성이 어떻게 될지 궁금해요.》 **편성하다**

편성표 (編成表) 무리나 방송국 프로그램 같은 것을 편성한 표.

편식 (偏食) 좋아하는 음식만 가려서 먹는 것. **편식하다**《편식하면 키가 안 큰대.》

편안하다 몸과 마음이 편하다.《편안한 의자/편안하게 쉬세요.》

편애 (偏愛) 여럿 가운데 한쪽만 사랑하는 것. **편애하다**

편의 (便宜) 어떤 일을 하기 편한 것.《편의 시설》

편의점 (便宜店) 밤낮없이 문을 열고 먹을거리나 물건을 파는 가게.

편익 (便益) 편하고 이로운 것.《마을 사람들 편익을 위해 버스 정류장을 한 군데 더 마련하면 좋겠다.》

편입 (編入) 무리나 조직에 끼어 들어가는 것.《대학 편입 시험》 **편입하다**

편입되다

편자 말굽에 박는 쇳조각.

편종 (編鐘) 치는 국악기 가운데 하나. 두 줄로 된 나무틀에 두께가 서로 다른 종을 여덟 개씩 나누어 걸었다.

편중 (偏重) 한쪽으로 치우치는 것. **편중하다 편중되다**《우리나라는 서울에 인구가 너무 편중되어 있다.》

편지 (便紙) 알리거나 하고 싶은 말을 써서 보내는 글. ^같서신, 서찰, 서한.

편지글 편지에 쓴 글.

편지꽂이 편지를 꽂아 두는 물건.

편지지 (便紙紙) 편지를 쓰는 종이. ^북편지종이.

편지함 (便紙函) 편지를 넣어 두는 함.

편집 (編輯) 여러 자료를 모아서 다듬거나 엮는 것.《신문 편집/영화 편집》 **편집하다 편집되다**

편집기 (編輯機) 컴퓨터에서 문서, 그림, 동영상 들을 편집하는 프로그램.

편집부 (編輯部) 출판사, 신문사 같은 데서 편집을 맡아보는 부서.

편집장 (編輯長) 한곳에서 신문, 잡지, 책 같은 것을 편집하는 사람들 가운데 으뜸인 사람.

편찬 (編纂) 여러 자료를 모아서 책을 만드는 것.《사전 편찬》 **편찬하다**

편찮다 1. '편하지 아니하다' 가 줄어든 말.《유민이가 아프다니 마음이 편찮다.》 2. '아프다' 의 높임말.《너희 할머니 많이 편찮으시니?》

편충 흔히 사람 맹장에 붙어사는 기생충. 몸 앞쪽은 실처럼 가늘고 뒤쪽은 넓다. 빈혈, 설사 같은 병을 일으킨다.

편파적 (偏頗的) 원칙을 어기고 한쪽

편종

만 이롭게 하는. 또는 그런 것.

편평하다 넓고 고르다.《산 아래로 편평한 들판이 보인다.》 ^비평평하다.

편하다 1. 몸이 아프지 않거나 움직이기에 거북하지 않다.《똥을 누고 나니까 배 속이 편하다.》 2. 마음이 걱정스럽거나 불안하지 않다.《여기가 너희 집이라고 생각하고 편하게 지내.》 3. 어떤 일을 하기에 쉽다.《햄버거는 먹기에는 편해도 건강에는 안 좋아.》

편협하다 생각이 좁고 너그럽지 못하다.《너만 옳다는 생각은 편협해.》

편히 편하게.《집에서 편히 쉬어.》

펼쳐지다 1. 접히거나 말리거나 덮인 것이 넓게 퍼지다.《책상 위에 세계 지도가 펼쳐져 있다.》 2. 어떤 일이나 상황이 벌어지다.《마침내 마지막 결승전이 펼쳐졌다.》 3. 넓은 곳이나 광경이 눈앞에 드러나다.《저 언덕을 넘어가면 바로 푸른 바다가 펼쳐져요.》

펼치다 1. 접히거나 말리거나 덮인 것을 넓게 펴다.《보자기를 펼쳐 보니 예쁜 과자 상자가 나왔다.》 2. 뜻, 꿈 들을 널리 드러내거나 이루다.《세계로 나아가 내 꿈을 펼치고 싶다.》 3. 일, 행사 같은 것을 벌이다.《두 팀 모두 멋진 경기를 펼쳤다고 생각해.》

펼친그림 입체 도형을 평면 위에 펼쳐서 나타낸 그림. ^같전개도

평 ^{단위} (坪) 땅이나 건물의 넓이를 나타내는 말. 1평은 3.3제곱미터이다.

평 ^{평가} (評) 좋고 나쁨, 옳고 그름 들을 헤아리는 것. 또는 그런 말.《우람이는 착한 아이라고 평이 나 있다.》 **평하다**

평가 (評價) 값어치, 수준 같은 것을

헤아리는 것.《언니 그림이 좋은 평가를 받았다.》**평가하다 평가되다**

평가자 (評價者) 평가하는 사람.

평균 (平均) 여러 수량을 합해서 그 개수로 나눈 값.《월 평균 강수량/평균을 내다.》**갈**평균값.

평균값 → 평균.

평균대 (平均臺) 체조 도구 가운데 하나. 좁고 긴 나무를 다리처럼 놓아 만든다.

평년 (平年) 1. 윤년이 아닌 해. 한 해 날수가 365일이다. 2. 어떤 정도가 보통인 해.《올해의 수확은 평년 수준에 그쳤다.》**비**예년.

평년값 지난 30년 동안 나타난 기온이나 강수량 들의 평균값.

평등 (平等) 권리, 의무 들이 모든 사람한테 똑같은 것. **평등하다**《모든 사람이 평등한 사회를 이룹시다.》

평등권 (平等權) 모든 국민이 법 앞에 평등하여 성별, 종교, 직업 같은 것으로 차별받지 않을 권리.

평등 선거 (平等選擧) 한 사람이 한 표씩 투표하는 선거.

평론 (評論) 사물의 질, 값어치 들을 따져서 말로 나타내는 것. 또는 그런 글.《문학 평론》**북**론평. **평론하다**

평면 (平面) 높낮이 없이 판판하게 고른 면. **참**곡면.

평면도 (平面圖) 건물의 짜임새를 위에서 내려다보는 것처럼 평면으로 나타낸 그림.

평면 도형 (平面圖形) 삼각형, 사각형, 원처럼 평면 위에 그린 도형.

평민 (平民) 신분이 높지 않고 벼슬이 없는 보통 사람. **비**서민. **참**귀족, 양반, 천민. **북**평백성.

평범하다 다르거나 뛰어나지 않다.《시골에서 평범한 하루하루를 보냈다.》**반**비범하다.

평복 (平服) **→** 평상복.

평상 (平牀) 흔히 마당 같은 데 두고 앉거나 눕는 넓은 상.《온 가족이 평상에 둘러앉아 수박을 먹었다.》

평상복 (平常服) 정장, 제복 같은 것이 아닌 평상시에 입는 옷. **갈**평복.

평상시 (平常時) 특별한 일이 없는 보통 때.《오늘은 평상시보다 늦게 일어났다.》**갈**평시.

평생 (平生) **→** 일생.《외할머니는 평생 한 마을에서 사셨다.》

평생 교육 (平生敎育) 집, 학교, 사회에서 평생 동안 하는 교육.

평생토록 죽을 때까지.《이 은혜는 평생토록 잊지 않겠습니다.》

평서문 (平敍文) 어떤 사실이나 생각을 그대로 말하는 문장. '하늘이 파랗다.', '꽃이 예쁘다.'처럼 예사롭게 맺는다. **갈**서술문.

평소 (平素) 특별한 일이 없는 보통 때.《수학은 평소에 공부해 둬야 좋은 점수를 받을 수 있어.》

평수 (坪數) 평으로 헤아린 넓이나 부피.《할아버지 댁은 평수가 넓다.》

평시 (平時) **→** 평상시.

평시조 (平時調) 3장 6구에 총 글자 수가 45자 안팎인 시조.

평신도 (平信徒) 절, 교회 같은 데서 어떤 일을 맡지 않은 보통 신도.

평안 안녕 (平安) 걱정이나 탈 없이 잘

있는 것. **평안하다**

평안 평안도 (平安) → 평안도.

평안 감사도 저 싫으면 그만이다 **속담** 아무리 좋은 일도 자기가 싫으면 억지로 할 수는 없다는 말.

평안감사 남사당 꼭두각시놀이에 나오는 인형.

평안남도 (平安南道) 우리나라 북서쪽에 있는 도. 서쪽은 평야이고 동쪽은 산이 많다.

평안도 (平安道) 평안남도와 평안북도를 함께 이르는 말. **같**평안.

평안북도 (平安北道) 우리나라 북서쪽에 있는 도. 산이 많고 서쪽 지역에서는 농사를 짓는다.

평야 (平野) 높낮이가 거의 없고 너른 들판. **비**평원.

평양 (平壤) 우리나라의 서북쪽에 있는 특별시. 북녘의 수도이다. 고구려의 수도였던 곳으로 문화 유적이 많다.

평양냉면 (平壤冷麵) 평양에서 생겨난 냉면. 메밀국수에 찬 장국을 부어 만든다.

평양성 (平壤城) 평양을 둘러싼 성곽. 고구려 후기에 평양을 지키려고 쌓았다. 내성, 외성, 북성, 중성으로 이루어져 있다.

평영 (平泳) 수영에서 엎드린 자세로 두 팔과 다리를 오므렸다 폈다 하면서 앞으로 나아가는 방법. **참**개구리헤엄. **북**가슴헤엄.

평온 (平穩) 조용하고 평화로운 것. 《태풍이 지나가자 마을은 평온을 되찾았다.》 **평온하다**

평원 (平原) 평평한 들판. **비**평야.

평안감사

평이하다 알기 쉽다. 《이번 시험은 평이한 문제들이 많이 나왔어.》

평일 (平日) 토요일, 일요일, 공휴일이 아닌 날. **참**공휴일.

평절 우리나라 전통 인사 방법 가운데 하나. 남자는 허리를 굽힌 다음 두 손을 방바닥에 대고 머리를 숙여서 하며, 여자는 오른쪽 무릎을 세우고 앉은 다음 허리를 구부려서 한다. **참**큰절.

평정 가라앉힘 (平定) 난리를 조용하게 가라앉히는 것. **평정하다** 《장군이 반란을 평정했다.》

평정 편안함 (平靜) 마음이나 분위기가 고요하고 편안하게 되는 것. 《화가 나서 마음의 평정을 잃고 소리를 질렀다.》 **평정하다**

평지 (平地) 높낮이가 없이 고른 땅.

평지풍파 (平地風波) 평화로운 분위기를 망치는 뜻밖의 말썽.

평창 (平昌) 강원도 남쪽에 있는 군. 고랭지 농업, 축산업, 관광업이 발달하였다.

평탄하다 1.바닥이 평평하다. 《울퉁불퉁한 바닥을 평탄하게 만들었다.》 2. 일하거나 살아가는 데 어려움이 없다. 《할아버지는 평탄한 삶을 사셨다.》

평판 (評判) 세상 사람들이 평가하고 판단하는 것. 《채소 가게 아저씨는 동네에서 평판이 좋다.》

평평하다 바닥이 높낮이가 없이 고르다. 《평평한 곳에 자리를 깔고 앉았다.》 **비**편평하다.

평행 (平行) 두 직선이나 두 평면, 또는 직선과 평면이 나란해서 아무리 늘여도 서로 만나지 않는 것. 《기찻길은

평행을 이루고 이어진다.》 **평행하다**

평행봉 (平行棒) 네 기둥 위에 막대기 두 개를 나란히 올리고 어깨 넓이만큼 벌려 놓은 체조 기구. 또는 이 기구 위에서 하는 남자 체조 경기.

평행 사변형 (平行四邊形) 마주 보는 두 쌍의 변이 서로 나란한 사각형.

평행선 (平行線) 나란히 있어 서로 만나지 않는 두 직선.

평형 (平衡) 어느 한쪽으로 기울지 않는 것.《양팔 저울이 평형을 이룬다.》

평화 (平和) 1.사람과 사람, 나라와 나라 사이에 싸움이 없어 사이좋고 평온한 상태.《가정의 평화를 지키려면 형제끼리 사이가 좋아야지.》 2.마음속에 걱정, 불안, 욕심 들이 없는 평온한 상태.《욕심을 버리면 마음에 평화가 찾아올 거야.》

평화롭다 평화가 있다.《평화로운 마을 풍경》같**평화스럽다**.

평화스럽다 → 평화롭다. 바평화스러운, 평화스러워, 평화스럽습니다.

평화적 (平和的) 평화로운. 또는 그런 것.

평화 통일 (平和統一) 전쟁을 하지 않고 나라를 통일하는 것.

폐 (肺) → 허파.

폐가 (廢家) 사람이 살지 않아 못 쓰게 된 집. 북폐가.

폐간 (廢刊) 신문이나 잡지 펴내는 일을 그만두는 것. 반창간. 북폐간. **폐간하다 폐간되다**

폐건전지 (廢乾電池) 전기가 다 닳아서 못 쓰게 된 건전지.

폐결핵 (肺結核) 폐에 병균이 들어가

서 일으키는 전염병. 처음에는 거의 증상이 없다가 차차 기침이 나고 가래가 나오면서 숨이 가빠진다. 북폐결핵.

폐관 (閉館) 1.도서관, 영화관, 박물관 들이 문을 닫는 것. 2.도서관, 영화관, 박물관 같은 데서 하루 일을 마치는 것.《박물관 폐관 시간이 몇 시지?》 반개관. 북폐관. **폐관하다 폐관되다**

폐광 (廢鑛) 광산에서 광물 캐내는 일을 그만두는 것. 또는 그런 광산. 북버림굴, 폐광. **폐광하다**

폐교 (廢校) 학교가 문을 닫고 더는 수업하지 않는 것. 또는 그런 학교. 반개교. 북폐교. **폐교하다**

폐기 (廢棄) 1.못 쓰게 된 것을 버리는 것.《쓰레기 폐기》북페기. 2.계약, 법률 같은 것을 없던 일로 하는 것.《악법 폐기》북페기. **폐기하다 폐기되다**

폐기물 (廢棄物) 못 쓰게 되어 버리는 것.《산업 폐기물》

폐단 (弊端) 어떤 일에서 나타나는 나쁘거나 해로운 것.《폐단을 막다./폐단을 없애다.》비폐해. 북폐단.

폐동맥 (肺動脈) 심장에서 허파로 피를 보내는 핏줄. 참폐정맥. 북폐동맥.

폐디스토마 사람을 비롯한 젖먹이 동물의 허파에 붙어사는 기생충. 몸은 달걀꼴이고 몸 빛깔은 붉은 갈색이다.

폐렴 (肺炎) 폐에 생기는 염증. 열이 나고, 기침을 하고, 숨 쉬기 어려운 것과 같은 증세가 나타난다. 북폐렴.

폐막 (閉幕) 1.연극을 끝내고 무대의 막을 내리는 것. 반개막. 북폐막. 2.대회, 공연 같은 행사를 끝내는 것.《전국 체전 폐막》반개막. 북폐막. **폐막하다**

폐막식 (閉幕式) 대회, 공연 같은 행사를 끝낼 때 치르는 의식.《올림픽 폐막식》반개막식. 북폐막식.

폐물 (廢物) 못 쓰게 된 물건.《폐물을 버리다.》비폐품. 북폐물.

폐백 (幣帛) 혼례를 마친 뒤에 신부가 시부모와 시댁 어른에게 음식을 드리면서 절하는 것. 북폐백.

폐병 (肺病) '폐결핵'을 달리 이르는 말. 북폐병.

폐사 (斃死) 짐승이 병들어서 죽는 것. 북폐사. **폐사하다**《유조선에서 흘러나온 기름 때문에 수많은 물고기들이 폐사했다.》

폐선 (廢船) 못 쓰게 된 배. 북폐선.

폐쇄 (閉鎖) 드나들지 못하게 닫거나 막는 것. 반개방. 북폐쇄. **폐쇄하다**《성문을 폐쇄하라!》**폐쇄되다**

폐쇄적 (閉鎖的) 바깥 세계와 터놓고 지내지 않는. 또는 그런 것. 반개방적.

폐수 (廢水) 공장 같은 데서 버린 더러운 물.《공장 폐수》북버림물, 폐수.

폐습 (弊習) 옛날부터 내려오는 나쁜 풍습. 북폐습.

폐암 (肺癌) 폐에 생기는 암. 북폐암.

폐업 (廢業) 회사, 가게 들이 일을 그만두는 것. 반개업. 북폐업. **폐업하다**

폐위 (廢位) 왕이나 왕비를 몰아내는 것. 북폐위. **폐위하다 폐위되다**

폐인 (廢人) 병이나 나쁜 버릇으로 몸을 망친 사람. 북폐인.

폐자원 (廢資源) 쓰고 난 종이, 쇠붙이, 플라스틱 같은 자원.

폐장 (閉場) 1.해수욕장, 시장 같은 데서 일을 그만두는 것.《스키장이 언제 폐장하지?》반개장. 북폐장. 2.해수욕장, 시장 같은 데서 하루 일을 마치는 것.《수영장 폐장 시간은 8시입니다.》반개장. 북폐장. **폐장하다**

폐점 (閉店) 1.가게에서 장사를 그만두는 것. 반개점. 북폐점. 2.가게에서 하루 일을 마치는 것.《백화점 폐점 시간》반개점. 북폐점. **폐점하다**

폐정맥 (肺靜脈) 허파에서 심장으로 피를 보내는 핏줄. 참폐동맥. 북폐정맥.

폐지 종이 (廢紙) 쓰고 버린 종이.《폐지를 재활용합시다.》북폐지.

폐지 없앰 (廢止) 제도, 법 같은 것을 없애는 것.《노예 제도 폐지》북폐지. **폐지하다 폐지되다**

폐차 (廢車) 낡거나 못 쓰게 된 차를 없애는 일. 또는 그 차. 북폐차. **폐차하다 폐차되다**

폐품 (廢品) 못 쓰게 되어 버린 물건. 비폐물. 북폐품.

폐하 (陛下) 황제나 황후를 높여 이르는 말.《폐하께서 오십니다.》북폐하.

폐하다 이제껏 있던 법이나 풍습을 없애다.《악법을 폐하다.》

폐해 (弊害) 어떤 일 때문에 입는 해.《황사 폐해가 날이 갈수록 심해진다.》비폐단. 북폐해.

폐허 (廢墟) 집 같은 것이 무너져서 못 쓰게 된 터.《지진이 일어나 도시가 폐허가 되었다.》북폐허.

폐활량 (肺活量) 허파 가득히 들이마셨다가 내쉬는 공기 양. 북폐활량.

폐회 (閉會) 대회, 회의 같은 일을 마치는 것. 반개회. 북폐회. **폐회하다**《이만 회의를 폐회합니다.》**폐회되다**

폐회식 (閉會式) 대회, 회의 같은 일을 마칠 때 치르는 식. 반개회식.

폐휴지 (廢休紙) 못 쓰게 된 종이.

포 고기 (脯) 얇게 저며서 양념하여 말린 고기.《포를 뜨다.》

포 무기 (砲) → 대포.

포개다 놓인 것 위에 다른 것을 더 놓다.《미영이가 손을 무릎 위에 얌전히 포개고 앉아 있다.》 비겹치다.

포격 (砲擊) 대포를 쏘는 것. **포격하다**

포경선 (捕鯨船) 고래를 잡는 설비를 갖춘 배.

포경 수술 (包莖手術) 자지 끝 부분인 귀두를 둘러싼 살갗을 잘라 내는 수술.

포고 (布告) 나라에서 정한 것을 널리 알리는 것. **포고하다 포고되다**

포고령 (布告令) 어떤 내용을 포고하는 명령이나 법령.

포괄 (包括) 여러 가지를 어떤 테두리에 모두 넣는 것. **포괄하다**《영화는 문학, 음악, 미술 들을 모두 포괄하는 예술입니다.》 **포괄되다**

포교 (布敎) 종교를 널리 퍼뜨리는 것. 《삼촌은 포교 활동을 펼치러 외국으로 떠났다.》 비선교. **포교하다**

포구 (浦口) 강이나 내에서 배가 드나드는 곳.

포근하다 1. 살갗에 닿는 느낌이 따뜻하고 보드랍다.《포근한 이불 속에 들어가니 금세 잠이 온다.》 2. 마음, 느낌, 분위기 들이 따뜻하고 편안하다.《큰이모는 엄마처럼 포근한 인상이셔서 좋아.》 3. 흔히 겨울 날씨가 바람이 없고 햇볕이 좋아 따뜻하다.《겨울 같지

포도

포도나무

포도부장탈
_본산대놀이

않게 날씨가 참 포근하다.》

포기 풀 뿌리가 달려 있는 풀 하나하나. 또는 그것을 세는 말.《배추 포기》

포기 그만둠 (抛棄) 하려던 일을 그만두는 것. **포기하다**《산꼭대기가 바로 눈앞인데 여기서 포기할 수는 없어.》

포기김치 배추 포기를 길게 한 번이나 두 번 잘라 담그는 김치.

포대 부대 (包袋) → 부대.《종이 포대》

포대 대포 (砲臺) 포를 두고 쏘는 시설.

포대기 어린아이를 업거나 덮는 데 쓰는 작은 이불. 갈강보. 북포단.

포도 포도나무 열매. 작고 동글동글한 알갱이가 모여 송이를 이룬다. 먹거나 술을 담근다.

포도나무 열매를 먹으려고 심어 가꾸는 잎 지는 덩굴나무. 늦여름에 짙은 자줏빛이나 푸른빛을 띤 열매가 송이를 이루어 열린다.

포도당 (葡萄糖) 단 과일이나 벌꿀 같은 음식에 들어 있는 당분. 동식물 몸 안에서 힘을 내게 한다. 북글루코즈.

포도대장 (捕盜大將) 조선 시대 포도청의 으뜸 벼슬.

포도부장탈 본산대놀이, 송파 산대놀이, 양주 별산대놀이에서 쓰는 탈.

포도송이 포도 알이 한 꼭지에 모여 달린 덩어리.《탐스러운 포도송이》

포도주 (葡萄酒) 포도즙으로 담근 술. 북포도술.

포도청 (捕盜廳) 조선 시대에 죄지은 사람을 잡아 다스리는 일을 맡아보던 관청.

포동포동 부드럽고 통통하게 살이 오른 모양.《포동포동 살이 오른 아기》

포동포동하다

포로 (捕虜) 사로잡은 적군.

포르르 1.적은 물이 가볍게 끓는 소리. 또는 그 모양.《주전자의 물이 어느새 포르르 끓어올랐다.》2.얇은 종이나 털 들이 작고 가볍게 타오르는 모양.《불붙은 쪽지가 포르르 탔다.》3.작고 가볍게 떨리거나 움직이는 모양.《강아지가 추운지 포르르 몸을 떤다.》4.작은 새가 갑자기 날아갈 때 나는 소리. 또는 그 모양.《나뭇가지에서 파랑새가 포르르 날아왔다.》

포만감 (飽滿感) 음식이 배 속에 꽉 차 배가 부른 느낌.《포만감이 들다.》

포목 (布木) 베와 무명.

포목상 (布木商) 베나 무명 같은 옷감을 파는 장사. 또는 그런 장사를 하는 사람.

포목점 (布木店) 베나 무명 같은 옷감을 파는 가게.

포물선 (抛物線) 비스듬히 던진 물체가 올라가고 떨어지면서 그리는 곡선.

포박 (捕縛) 사람이나 짐승을 잡아서 묶는 것. 또는 그런 줄. **포박하다**《포졸이 도적을 포박했다.》**포박되다**

포병 (砲兵) 포 쏘는 일을 맡은 군대나 군인.

포복 (匍匐) 배를 바닥에 대고 기는 것. **포복하다**

포복절도 (抱腹絕倒) 배를 그러안고 넘어질 만큼 웃는 것. **포복절도하다**

포볼 (four ball) 야구에서 투수가 타자에게 볼을 네 번 던지는 일.

포부 (抱負) 마음에 품은 꿈이나 계획.《제 새해 포부는 살을 빼는 거예요.》

포석정

포수탈

포석정 (鮑石亭) 경상북도 경주에 있는 통일 신라 때 유적. 돌에 구불구불하게 홈을 파서 물이 흐르게 한 뒤 왕과 신하들이 술잔을 띄우고 시를 읊으면서 즐기던 곳이다.

포섭 (包攝) 남을 자기편으로 끌어들이는 것. **포섭하다**《적을 포섭하다.》

포성 (砲聲) 대포를 쏠 때 나는 소리. 閉포소리.

포세이돈 (Poseidon) 그리스 신화에 나오는 바다의 신.

포수 야구 (捕手) 야구에서 본루를 지키고 투수가 던지는 공을 받는 선수. 閉투수.

포수 사냥 (砲手) 총을 쏘아서 짐승을 잡는 사람.

포수탈 가산 오광대에서 쓰는 탈.

포스터 (poster) 어떤 일을 널리 알리려고 글, 그림, 사진 들을 실은 종이.《불조심 포스터》閉선동화, 선전화.

포슬포슬 1.덩이진 가루가 엉기지 않고 바스러지기 쉬운 모양.《바싹 마른 과자가 포슬포슬 부서진다.》2.눈이나 비가 가늘고 성기게 자꾸 내리는 모양.《창밖에 포슬포슬 구슬비가 내린다.》
포슬포슬하다

포승 (捕繩) 죄지은 사람을 잡아 묶는 끈. 閉오라.

포식 (飽食) 음식을 배부르게 먹는 것. **포식하다**《잔치에 가서 포식했어.》

포실하다 1.살림, 물건 들이 넉넉하다.《아빠와 엄마는 부지런히 일해서 포실한 살림을 가꾸셨다.》2.몸에 살이 알맞게 붙어 통통하다.《아기 볼에 포실하게 살이 올랐다.》3.마음, 분위기 들이 알차고 편하다.《이번 모임은 분위기가 포실해서 아주 좋았어.》4.눈, 비의 양이 많거나 안개나 연기가 자욱하다.《밤새 눈이 포실하게 내렸다.》

포악 (暴惡) 성질이나 행동이 사납고 못된 것. **포악하다**《포악한 임금 밑에서 백성들은 고생했습니다.》

포옹 (抱擁) 사람을 껴안는 것. **포옹하다**

포용 (包容) 남을 너그럽게 감싸는 것. **포용하다**《훌륭한 지도자가 되려면 남을 포용할 줄 알아야 합니다.》

포용력 (包容力) 포용하는 능력.《반장인 나영이는 포용력이 있어서 아이들이 잘 따른다.》

포위 (包圍) 빠져나가지 못하게 둘레를 에워싸는 것.《도둑이 포위를 뚫고 도망갔다.》 **포위하다 포위되다**

포위망 (包圍網) 어떤 것을 포위한 테두리.《포위망을 좁히다.》

포유동물 (哺乳動物) → 젖먹이 동물.

포유류 (哺乳類) → 젖먹이 동물.

포인트 (point) 1.어떤 일이나 내용에서 가장 중요한 점. 2.농구, 탁구 같은 운동 경기에서 얻는 점수.

포자 (胞子) → 홀씨.

포장 선물 (包裝) 물건을 천이나 종이로 싸는 것. 또는 그 천이나 종이. **포장하다**《이 선물 상자 예쁘게 포장해 주세요.》 **포장되다**

포장 천막 (布帳) 볕이나 비바람을 피하려고 둘러치는 막.《포장을 치다.》

포장 길 (鋪裝) 길을 아스팔트나 콘크리트로 덮어 단단하고 평평하게 다지는 것.《도로 포장 공사》 **포장하다**

포장도로 (鋪裝道路) 다니기 좋게 아스팔트나 콘크리트를 덮어 평평하게 다진 길.

포장마차 (布帳馬車) 1.볕이나 비바람을 막으려고 천을 둘러친 마차. 2.손수레에 천이나 비닐을 씌워서 만든 가게. 술이나 간단한 먹을거리를 판다.

포장지 (包裝紙) 물건을 포장하는 데 쓰는 종이. **북포장종이.**

포졸 (捕卒) 조선 시대 포도청에 딸린 군사.

포졸탈 김해 가락 오광대에서 쓰는 탈.

포즈 (pose) 사진을 찍거나 그림을 그리는 사람 앞에서 취하는 자세.

포진 (布陣) 전쟁이나 운동 경기 같은 것을 하려고 진을 치는 것. **포진하다**

포착 (捕捉) 1.기회를 놓치지 않고 잡는 것.《점수를 따고 싶은데 기회 포착이 어렵다.》2.어떤 상황, 사실, 흐름들을 알아내는 것.《범인을 잡으려면 먼저 증거 포착이 필요해.》3.사진기로 어떤 장면을 찍는 것.《순간 포착으로 사진을 찍는 게 쉽지 않은걸.》 **포착하다 포착되다**

포크 (fork) 과일 같은 음식을 찍어 먹는 도구.

포크 댄스 (folk dance) 남자와 여자가 짝을 지어서 추는 서양 민속춤.

포크 송 (folk song) 미국 민요의 가락을 띤 노래.

포탄 (砲彈) → 대포알.《포탄이 터지는 전쟁터》

포플러 1.→ 미루나무. 2.→ 양버들.

포플린 (poplin) 명주실, 털실, 무명실 들을 써서 날실은 가늘고 촘촘하게 하고 씨실은 굵은 실로 짠 천.

포함 (包含) 어떤 대상을 정해진 테두리에 넣는 것. **포함하다**《우리 가족은 나를 포함해서 네 명이다.》**포함되다**

포항 (浦項) 경상북도 남동쪽에 있는 항구 도시. 큰 제철 공장이 있다.

포화 (飽和) 더 들어갈 수 없게 가득 찬 것.

포환 (砲丸) 1.→ 대포알. 2.포환던지기에 쓰는 쇠로 만든 공.

포환던지기 포환을 멀리 던져서 거리를 겨루는 경기. 북철추던지기.

포획 (捕獲) 짐승을 잡는 것. **포획하다**《멧돼지를 포획했다.》**포획되다**

포효 (咆哮) 사자, 호랑이 같은 사나운 짐승이 울부짖는 것. **포효하다**

폭 모양 1.포근하게 잠이 들거나 피곤한 몸을 흐뭇할 만큼 쉬는 모양.《소파에 기대어 폭 잠이 들었다.》2.빈틈없이 잘 덮거나 싸는 모양.《갓난아기를 강보에 폭 싸서 데리고 나왔다.》

폭 너비 (幅) 1.→ 너비.《이 치마는 폭이 좀 좁아.》2.생각하거나 행동하는 테두리.《책을 다양하게 읽으면 생각의 폭이 넓어진다.》3.종이, 천 들의 조각이나 그림, 족자 같은 것을 세는 말.《열두 폭짜리 비단 치마/족자 한 폭》

폭격 (爆擊) 비행기에서 폭탄을 떨어뜨려서 공격하는 일. **폭격하다**

폭격기 (爆擊機) 폭탄을 떨어뜨려서 적의 군대나 시설을 부수는 비행기.

폭군 (暴君) 성질이 사납고 모진 임금.

폭넓다 어떤 일의 테두리가 넓다.《이 모는 폭넓은 지식을 가지고 있다.》

폭도 (暴徒) 폭력으로 사회를 어지럽히는 무리.

폭동 (暴動) 수많은 사람이 폭력을 휘두르면서 사회를 어지럽히는 일.

폭등 (暴騰) 물건 값, 주가 같은 것이 갑자기 많이 오르는 것.《기름 값 폭등》비급등. 반폭락. **폭등하다**

폭락 (暴落) 물건 값, 주가 같은 것이 갑자기 많이 떨어지는 것.《배추 값 폭락》비급락. 반폭등. **폭락하다**

폭력 (暴力) 때리거나 무기를 휘둘러서 남을 억누르려는 힘이나 방법.《폭력을 휘두르다./폭력을 쓰다.》비완력.

폭력물 (暴力物) 폭력을 쓰는 장면이 많은 영화나 만화.

폭력배 (暴力輩) 폭력 쓰는 일을 일삼는 무리.

폭력적 (暴力的) 폭력을 쓰는. 또는 그런 것.

폭로 (暴露) 감추어진 사실을 드러내는 것. **폭로하다 폭로되다**

폭리 (暴利) 나쁜 방법을 써서 지나치게 많이 남기는 이익.《폭리를 얻다.》

폭발 감정 (暴發) 1.마음속에 쌓이거나 맺힌 것이 거세게 터져 나오는 것.《분노 폭발》2. 일이나 분위기가 세차게 일어나거나 퍼지는 것.《인기 폭발 장난감》**폭발하다**

폭발 폭탄 (爆發) 불이 일어나면서 갑자기 터지는 것.《화산 폭발》**폭발하다**

폭발력 (爆發力) 폭탄, 가스 같은 것이 폭발할 때 생기는 힘.

폭발물 (爆發物) 폭탄, 화약 들처럼 폭발하는 물질.

폭발적 (暴發的) 어떤 일이나 분위기가 세차게 일어나거나 퍼지는. 또는 그런 것.

폭삭 1. 크기만 하고 엉성한 물건이 쉽게 부서지거나 가라앉는 모양.《낡은 집 지붕이 폭삭 무너져 내렸다.》 2. 맥없이 주저앉는 모양.《아들이 전사했다는 소식에 어머니는 폭삭 주저앉았다.》 3. 쌓였던 먼지가 바람에 갑자기 가볍게 일어나는 모양.《다락문을 열자 먼지가 폭삭 일었다.》 4. 몹시 심하게 삭거나 썩은 모양.《날씨가 더워서 달걀이 폭삭 곯았다.》 5. 사람이 고생을 하거나 나이가 많이 들어 몹시 쇠하고 늙은 모양.《김 영감은 마음고생으로 폭삭 늙은 것 같았다.》 6. 집안, 사업 들이 완전히 망해 버린 모양.《최 사장은 폭삭 망해 큰 빚을 지었다.》

폭설 (暴雪) → 소나기눈.

폭소 (爆笑) 웃음이 갑자기 크게 터져 나오는 것.《누나의 우스갯소리에 폭소가 터졌다.》 **폭소하다**

폭신하다 보드랍고 탄력이 있다.《이불이 폭신해서 잠이 잘 와요.》 참폭신하다.

폭약 (爆藥) 다이너마이트처럼 압력이나 열을 받으면 폭발하는 물질.

폭언 (暴言) 말을 거칠고 사납게 하는 것. 또는 그런 말. **폭언하다**

폭우 (暴雨) 갑자기 세차게 쏟아지는 비.《어젯밤에 내린 폭우로 다리가 잠겼다.》

폭음 술 (暴飮) 술을 한꺼번에 많이 마시는 것. **폭음하다**

폭음 소리 (爆音) 폭탄, 폭약 같은 것이 터지는 소리.

폭정 (暴政) 국민을 괴롭히는 나쁜 정

치.《폭정에 시달리다.》 비학정.

폭주 (暴走) 차, 오토바이 들이 몹시 빠르고 거칠게 달리는 것. **폭주하다**

폭죽 (爆竹) 불을 붙이면 큰 소리를 내거나 불꽃을 일으키면서 터지는 물건. 가는 막대기에 화약을 재어서 만든다.

폭탄 (爆彈) 폭약을 터뜨려서 사람을 죽이거나 건물을 부수는 무기.

폭파 (爆破) 폭탄, 폭약 들을 터뜨려서 집, 다리 같은 것을 부수는 것. **폭파하다 폭파되다**

폭포 (瀑布) 낭떠러지에서 물이 빠르게 떨어지는 일. 또는 그 물줄기.

폭폭 1. 자꾸 찌르거나 박거나 쑤시는 모양.《동생이 놀자고 옆구리를 폭폭 찌른다.》 2. 자꾸 빠지거나 잠기는 모양.《모래밭을 걷다 보니 발이 폭폭 빠진다.》 3. 한숨이나 연기를 자꾸 내쉬는 모양.《할 일은 많은데 시간이 없어서 한숨만 폭폭 나온다.》

폭폭이 종이나 천 여러 폭마다.《치마를 폭폭이 뜯어서 새로 꿰맸다.》

폭풍 (暴風) 몹시 세차게 부는 바람.《밤새 폭풍이 몰아쳤다.》

폭풍우 (暴風雨) 몹시 세찬 바람이 불면서 많이 쏟아지는 비.

폭행 (暴行) 남을 때리는 짓. **폭행하다**《힘없는 사람을 폭행하다니, 천벌을 받을 거야.》

폴 (pole) 장대높이뛰기, 스키 같은 운동에서 쓰는 긴 막대.

폴더 (folder) 컴퓨터에서 파일이나 프로그램을 모아 놓는 곳.

폴리에스테르 (polyester) 질기고 잘 구겨지지 않으면서 약품이나 열에 강한 합성 섬유.

폴싹 먼지 같은 것이 조금씩 뭉쳐서 일어나는 모양. **폴싹거리다 폴싹대다 폴싹이다 폴싹폴싹**

폴카 (polka) 19세기 유럽에서 생겨난 빠른 춤곡. 또는 이 음악에 맞추어 추는 춤.

폼 (form) 1.→ 자세. 2.겉으로 드러내는 멋.《폼이 나다./폼을 잡다.》

폼페이 (Pompeii) 이탈리아 남쪽에 있던 고대 도시. 79년에 베수비오 화산의 폭발로 묻혔다가 18세기에 발굴되었다.

퐁당 작은 물체가 물속에 떨어지거나 빠질 때 가볍게 한 번 나는 소리. **퐁당거리다 퐁당대다 퐁당퐁당**《아기 오리가 퐁당거리면서 물속으로 들어간다.》

표 도표 (表) 어떤 내용을 정해진 방식으로 보기 쉽게 나타낸 것.

표 종이쪽 (票) 1.차표, 입장권처럼 탈것을 타거나 어떤 곳에 들어갈 때 사는 종이쪽. 2.선거나 회의에서 투표를 할 때 쓰는 종이쪽.

표 모양 (標) 1.어떤 것을 나타내는 모양.《중요한 부분에 밑줄을 그어 표를 했다.》2.모습, 성질 같은 것이 바뀌었을 때 나는 티.《너는 거짓말을 하면 얼굴에 표가 나.》 **표하다**

표결 (票決) 회의에서 어떤 안건을 투표로 결정하는 것.《이 안건을 표결에 부치겠습니다.》 **표결하다 표결되다**

표고 떡갈나무, 밤나무 들에 붙어 자라거나 심어 가꾸는 버섯. 갓은 둥그스름하고 검은 갈색인데 아래쪽은 희다. 먹는 버섯이다. 북참나무버섯.

표고

표구 (表具) 그림, 붓글씨 같은 미술 작품을 액자, 족자, 병풍 들로 꾸미는 일. **표구하다**《할아버지가 써 주신 글씨를 예쁘게 표구해서 방에 걸었어요.》

표기 (表記) 글자, 숫자 같은 것을 적는 것. **표기하다**《이두는 한자의 소리와 뜻을 빌려서 우리말을 표기하던 방법이다.》

표독스럽다 사납고 모진 느낌이 있다.《마귀할멈이 표독스러운 표정으로 공주를 쏘아보았다.》 밥표독스러운, 표독스러워, 표독스럽습니다.

표류 (漂流) 1.물 위에 떠서 이리저리 흘러가는 것.《난파선 표류》2.갈 길을 못 정하고 헤매거나 흔들리는 것.《표류를 거듭하는 정치》 **표류하다**

표리 (表裏) 1.겉과 속. 2.겉으로 드러난 행동과 속마음.

표리부동하다 겉으로 드러나는 행동과 속마음이 다르다.《표리부동한 태도》

표면 (表面) 겉으로 드러난 면.《지구 표면》 비겉. 반이면.

표면 장력 (表面張力) 물의 표면 넓이를 줄이려고 분자끼리 서로 잡아당기는 힘.《물방울 모양이 둥근 것은 표면 장력 때문이다.》

표면적 겉넓이 (表面積) → 겉넓이.

표면적 겉보기 (表面的) 겉으로 나타나는. 또는 그런 것.

표명 (表明) 뜻이나 생각을 밝히는 것. **표명하다**《학생 회장이 자리에서 물러나겠다고 표명했다.》 **표명되다**

표백 (漂白) 옷감, 종이 들을 희게 만드는 것. 북바래기. **표백하다 표백되다**

표백분 (漂白粉) 옷감 같은 것을 표백

하거나 소독하는 데 쓰는 흰 가루. **북**바램가루.

표백제 (漂白劑) 색깔이 있는 천을 하얗게 만드는 약품.

표범 바위가 많은 곳이나 숲에 사는 짐승. 누런 갈색 바탕에 검고 둥근 무늬가 많다. 날쌔고 사납다. 나무에 잘 오른다.

표범

표범장지뱀 바닷가 모래밭에 사는 장지뱀. 온몸에 동글동글한 무늬가 있어 표범 무늬처럼 보인다. 모래를 파고 들어가 있다가 지나가는 벌레를 잡는다.

표범장지뱀

표변하다 마음, 행동 같은 것이 갑자기 달라지다.《왜 갑자기 표변한 거야?》

표본 (標本) 1.본보기로 삼을 만한 것.《선생님의 선행은 우리 모두의 표본이 되었다.》2.흔히 동물이나 식물을 약품 같은 것을 써서 오래도록 썩지 않게 만든 것.《나비 표본》

표주박

표상 (表象) 어떤 것을 나타내는 것.《태극기는 우리나라 표상이다.》

표시 드러냄 (表示) 생각이나 느낌을 드러내 보이는 것. **표시하다**《지훈이는 미선이한테 호감을 표시했다.》

표시 구별 (標示) 글자, 숫자 같은 것으로 어떤 내용을 나타내는 것.《가격 표시》 **표시하다 표시되다**

표시등 (表示燈) 기계의 상태를 나타내는 등.

표어 (標語) 뜻이나 주장을 짧게 나타낸 글.《'꺼진 불도 다시 보자'라는 표어가 학교 게시판에 붙었다.》

표음 문자 (表音文字) → 소리글자.

표의 문자 (表意文字) → 뜻글자.

표적 (標的) 쏘거나 던져서 맞히려는 것.《표적으로 삼다./표적을 맞히다.》 **같**표적물. **비**과녁.

표적물 (標的物) → 표적.

표절 (剽竊) 글, 노래 들을 지을 때 남의 것을 몰래 따다가 쓰는 것. **북**도적글. **표절하다 표절되다**

표정 (表情) 생각이나 기분이 드러난 얼굴 모습.《소풍 전날이라 그런지 아이들 표정이 모두 밝네요.》

표제 (標題) 글, 말, 책, 예술 작품 들의 이름.《이 시에는 표제가 없다.》

표제어 (標題語) → 올림말.

표주박 조롱박이나 둥근 박을 반으로 쪼개어 만든 바가지.

표준 (標準) 1.크기, 수량, 질 들을 헤아리는 기준. 2.보통이거나 평균인 것.《네 키는 표준이지 작은 게 아냐.》

표준말 → 표준어.

표준시 (標準時) 각 나라나 지역에서 기준으로 하는 시각.

표준어 (標準語) 한 나라의 모든 국민이 쓰기로 정한 말.《'쇠고기'와 '소고기'는 둘 다 표준어야.》 **같**표준말. **참**문화어.

표준 체중 (標準體重) 나이, 성별, 키에 따른 보통 체중.

표준화 (標準化) 표준에 맞게 하는 것. **표준화하다 표준화되다**

표지 책 (表紙) 책의 앞뒤 겉장.《책 표지가 마음에 들어.》 **비**겉표지.

표지 구별 (標識) 글자, 그림 같은 것으로 어떤 내용을 나타낸 것.《화장실 표지》 **북**표식.

표지판 (標識板) 글자, 그림 같은 것으로 어떤 내용을 나타낸 판.《교통 표지판》**북**표식판.

표쪽 |**북** 이름 같은 것을 적는 표조각. 《아빠의 여행 가방마다 작은 표쪽이 달려 있다.》

표찰 (標札) 어떤 사실을 써서 달거나 붙인 표. 《표찰을 붙이다./표찰을 달다.》

표창 (表彰) 훌륭한 일을 세상에 널리 알려 칭찬하는 것. 《우수작 표창》 **표창하다**

표창장 (表彰狀) 표창하는 내용을 적은 종이.

표출 (表出) 생각, 느낌 같은 것을 겉으로 나타내는 것. **표출하다** 《불만을 표출하다.》 **표출되다**

표피 (表皮) 생물체의 몸을 덮고 있는 겉껍질. 《고래 표피에 상처가 많다.》

표하다 **드러내다** 뜻, 마음 들을 나타내다. 《조의를 표하다./경의를 표하다.》

표하다 **표시하다** 다른 것과 가르려고 표시를 하다. 《달력에서 내 생일을 찾아 동그라미로 표했다.》

표현 (表現) 생각이나 느낌을 말, 글 몸짓 같은 것으로 나타내는 것. **표현하다** 《쑥스러워하지 말고 네 마음을 솔직하게 표현해 봐.》 **표현되다**

푯말 알릴 것을 적어서 말뚝처럼 세운 것. 《공원에 안내 푯말을 세웠다.》

푸근하다 1.살갗에 닿는 느낌이 따뜻하고 부드럽다. 《엄마가 짜 주신 스웨터가 푸근하고 좋다.》 2.마음이나 느낌, 분위기 들이 넉넉하고 따뜻하다. 《고향만큼 푸근한 곳이 또 어디 있으랴.》 3.흔히 겨울 날씨가 바람이 없고 햇볕이 좋아 썩 따뜻하다. 《날씨가 푸

근한데 놀러 갈까?》

푸념 못마땅한 것을 말로 늘어놓는 것. 《동생이 청소하기 싫다고 푸념을 늘어놓았다.》 비넋두리. **푸념하다**

푸다 물, 가루, 낟알 같은 것을 떠내다. 《주걱으로 밥을 퍼서 공기에 담았다.》 바푸는, 퍼, 품니다.

푸닥거리 무당이 간단한 음식을 차리고 벌이는 굿. **푸닥거리하다**

푸대접 정성을 들이지 않고 아무렇게나 대접하는 것. 칼냉대, 박대. **푸대접하다**

푸드덕 1.큰 새가 힘차게 날개를 치는 소리. 또는 그 모양. 2.큰 물고기가 힘차게 꼬리를 치는 소리. 또는 그 모양. **푸드덕거리다** **푸드덕대다** 《수탉이 횃대 위에서 푸드덕거린다./잉어가 푸드덕 꼬리를 치고 솟아올랐다.》

푸들– 몸을 크게 부들거리면서 떠는 모양. **푸들거리다** **푸들대다** **푸들푸들**

푸들쩍 |**북** 물고기가 힘차게 꼬리를 치거나 몸을 굽혔다가 펴는 모양. 《커다란 물고기가 물통 밖으로 튀어나와 푸들쩍 뛴다.》 **푸들쩍하다**

푸르다 빛깔이 맑은 하늘이나 한여름 풀빛과 같다. 《푸른 하늘》 바푸른, 푸르러, 푸릅니다.

푸르뎅뎅하다 윤기 없이 칙칙하게 푸르스름하다.

푸르스름하다 조금 푸르다. 비파르스름하다.

푸르싱싱 |**북** 푸르고 싱싱한 모양. **푸르싱싱하다** 《산에 올라 푸르싱싱한 나무들을 보니 기분이 좋다.》

푸르죽죽하다 빛깔이 고르지 못하고

우중충하게 푸르스름하다.

푸른곰팡이 빵이나 떡 같은 음식에 잘 생기는 곰팡이. 빛깔은 푸르고 음식을 상하게 한다. **북**푸른곰팽이.

푸른빛 맑은 하늘이나 한여름 풀과 같은 빛깔. **같**푸른색.

푸른색 → 푸른빛.

푸릇푸릇 군데군데 푸른 모양.《들판에 새싹이 푸릇푸릇 돋아났다.》 **푸릇푸릇하다**

푸릿푸릿 |북 군데군데 조금 짙게 푸르스름한 모양. **푸릿푸릿하다**《봄이 되자 산이 제법 푸릿푸릿하다.》

푸릿하다 |북 빛깔이 조금 푸르다.《야구장 잔디 빛깔이 푸릿하다.》

푸석 1.단단하지 못한 물건이 쉽게 부스러질 듯한 모양. 2.살에 핏기가 없이 부어오른 듯하고 거친 모양. **푸석거리다 푸석대다 푸석하다 푸석푸석**《어젯밤 잠을 설쳤더니 얼굴이 푸석거린다./얼굴이 푸석한데 어디 아픈 거 아냐?》

푸성귀 채소나 나물.

푸수하다 |북 1.성미가 너그럽고 순하다.《옆집 아저씨는 무섭게 생겼지만 알고 보면 푸수한 분이다.》 2.말투, 행동, 모습 들이 꾸밈없고 털털하다.《우리 이모는 성격도 말투도 모두 푸수하다.》 3.맛이나 냄새가 순하다.《국물 맛이 푸수한걸.》

푸슬푸슬 1.덩이진 가루 들이 물기가 적어서 엉기지 못하고 부스러지기 쉬운 모양.《닭 다리에 푸슬푸슬 빵가루를 뿌려 튀겼다.》 2.눈이나 비가 성기게 내리는 모양.《푸슬푸슬 싸락눈이 내린다.》 **푸슬푸슬하다**

푸실푸실 |북 1.눈, 가루, 먼지 같은 것이 힘없이 떨어지는 모양.《누런 은행잎이 푸실푸실 떨어진다.》 2.연기 같은 것이 드문드문 피어오르는 모양.《공장 굴뚝에서 뿌연 연기가 푸실푸실 피어오른다.》 **푸실푸실하다**

푸줏간 쇠고기, 돼지고기 들을 파는 가게. **같**고깃간. **비**정육점. **북**푸주간.

푸짐하다 음식이나 물건이 넉넉하다.《푸짐하게 차린 잔칫상》

푹 1.포근하게 깊이 잠이 들거나 피곤한 몸을 흐뭇하게 오래 쉬는 모양.《하루 푹 쉬었더니 몸이 가뿐해.》 2.세게 깊이 찌르거나 쑤시는 모양.《풋고추를 고추장에 푹 찍어 먹었다.》 3.빈틈없이 잘 덮거나 싸는 모양.《물건이 젖지 않게 비닐로 푹 덮었다.》 4.흠씬 익을 만큼 오래 삶거나 고거나 끓이는 모양.《사골을 푹 고아 국물을 우려냈다.》 5.몹시 심하게 삭거나 썩거나 절이거나 젖은 모양.《배추를 소금에 푹 절였다.》 6.깊이 빠지거나 잠기거나 팬 모양.《잠을 못 자서 눈이 푹 패었다.》 7.갑자기 떨어지거나 쓰러지거나 꺼지는 모양. 또는 고개를 깊이 숙이는 모양.《부끄러워서 고개를 푹 숙였다.》 8.삽이나 숟가락으로 아주 많이 뜨거나 푸는 모양.《밥을 한 숟가락 푹 떠서 입에 넣었다.》 9.한숨이나 연기를 세게 내쉬는 모양.《숙제를 다 못 해서 한숨을 푹 내쉬었다.》

푹신푹신 아주 푹신한 모양. **푹신푹신하다**《푹신푹신한 이불》

푹신하다 부드럽고 탄력이 있다.《푹신한 침대에서 잠이나 실컷 자고 싶어.》 **참**폭신하다.

푹푹 1.자꾸 세게 깊이 찌르거나 쑤시는 모양.《마술사는 미녀가 들어간 상자를 칼로 푹푹 찔렀다.》2.다 익을 만큼 오래 삶거나 끓이는 모양.《도가니탕을 푹푹 끓였다.》3.날이 찌는 듯 몹시 무더운 느낌이나 모양.《밤에도 푹푹 찌는 열대야가 계속되었다.》4.몹시 심하게 삭거나 썩거나 절이거나 젖은 모양.《매실을 푹푹 삭혀서 매실주를 만들었다.》5.자꾸 깊이 빠지거나 잠기거나 팬 모양.《발목까지 푹푹 들어갈 정도로 눈이 많이 왔습니다.》6.돈 같은 것을 아낌없이 쓰는 모양. 또는 물자가 눈에 띄게 많이 줄거나 없어지는 모양.《삼 형제가 먹성이 좋아 쌀이 푹푹 줄어든다.》7.힘없이 자꾸 쓰러지거나 엎어지는 모양.《병에 걸려 돼지들이 푹푹 쓰러졌다.》8.삽이나 숟가락으로 자꾸 많이씩 뜨거나 푸는 모양.《아무 말 없이 밥을 푹푹 퍼 먹었다.》9.한숨이나 연기를 자꾸 세게 내쉬는 모양.《도무지 방법이 없어 한숨만 푹푹 내쉬었다.》

푹하다 겨울 날씨가 꽤 따뜻하다.《요 며칠 푹했는데 오늘은 찬바람이 분다.》

푼 1.옛날에 엽전을 세던 말.《엽전 한 푼》2.적은 액수의 돈을 세는 말.《주머니에 돈 한 푼 없다.》3.비율을 나타내는 말. 1푼은 전체의 100분의 1이다. **참**리, 할. 4.길이를 나타내는 말. 한 푼은 한 치의 10분의 1이다. 5.귀금속이나 한약재 들의 무게를 나타내는 말. 한 푼은 한 돈의 10분의 1이다.

푼돈 적은 돈.《푼돈도 모으면 큰돈이

된다.》

푼푼이 한 푼씩 한 푼씩.《푼푼이 모은 돈으로 엄마 생신 선물을 샀다.》

푼푼하다 |**북** 1.양, 거리, 넓이 들이 넉넉하다.《저 식당 아주머니는 밥을 늘 푼푼하게 퍼 주신다.》2.사는 형편이 넉넉하다.《살림살이가 푼푼한 사람들만 어려운 이웃을 돕는 것은 아니다.》3.마음이 너그럽다.《오빠는 성미가 푼푼해서 어른들이 기특해하신다.》

풀 식물 땅이나 물속에서 저절로 자라나는 식물을 두루 일컫는 말. 나무와 달리 줄기가 부드럽고 가지가 없다. 작고 한 해를 살다 죽는 것이 많다. **참**나무.

풀 물질 1.종이나 물건을 붙이는 데 쓰는 끈적끈적한 물질.《우표에 풀을 칠해서 봉투에 붙였다.》2.천, 옷 들을 빳빳하게 만드는 데 쓰는 물질. 쌀가루, 밀가루, 녹말가루 들로 쑨다.《이불 홑청에 풀을 먹였다.》

풀 방구리에 쥐 드나들듯 한다 **속담** 어느 곳을 자주 드나드는 모습을 빗대어 이르는 말.

풀 기운 몸짓이나 태도에서 나타나는 밝고 힘찬 기운을 빗대어 이르는 말.《동생이 시험을 망쳤다고 풀이 죽었다.》

풀감 |**북** 1.풀 만드는 재료.《천연 풀감/합성 풀감》2.풀 먹일 빨랫감.《풀감을 모아서 할머니께 가져다 드렸다.》

풀거름 |**북** 풀, 나뭇잎 들을 썩혀서 만든 거름.

풀게 바닷가 바위나 자갈밭에 사는 게. 등딱지가 울퉁불퉁하고 사는 곳에 따라 빛깔이 다르다.

풀게

풀기 풀 먹인 천에서 나는 **빳빳한** 느낌.

《**풀기가 도는 두루마기**》비풀.

풀김치|북 풀을 잘게 썰어 소금에 절인 집짐승 먹이.

풀꽃 풀에 피는 꽃.

풀다 1.묶거나 감거나 싼 것을 끄르다. 《이 매듭 좀 풀어 봐.》빤감다, 매다, 묶다. 2.조인 것을 느슨하게 하다. 《드라이버로 나사를 풀었다.》3.잡히거나 간힌 사람, 동물 들을 자유롭게 하다. 《적군이 포로를 풀어 주었다.》4.못하게 막아 놓은 어떤 일을 할 수 있게 하다. 《정부가 쌀 수입을 제한하는 조처를 풀었다.》5.잘 모르는 것을 알아맞히거나 어렵고 힘든 일을 해결하다. 《시험 문제를 풀다./힘든 고비를 잘 풀고 넘어가다.》6.몸을 부드럽게 만들거나 피로를 없애다. 《운동을 하기 전에 팔다리를 쭉 펴 몸을 풀었다.》7.마음속에 맺힌 원한, 오해, 노여움 들을 누그러뜨리거나 없애다. 《제발 오해 풀어라.》8.가루나 액체를 다른 물질에 넣고 섞다. 《할아버지가 소주에 고춧가루를 풀어서 드신다.》9.콧김을 세게 뿜어서 콧물을 코 밖으로 빼다. 《감기에 걸린 오빠가 코를 팽 풀었다.》빤푸는, 풀어, 풉니다.

풀두엄|북 거름을 만들려고 풀에 흙 같은 것을 섞어서 쌓아 둔 것. 또는 그렇게 만든 거름.

풀또기 북부 지방에 자라는 잎지는나무. 봄에 연분홍 꽃이 잎보다 먼저 피고, 열매는 가을에 붉게 익는다.

풀뜸 연줄을 빳빳하게 만들려고 풀을 먹이는 일. **풀뜸하다**

풀려나오다 얽매거나 억누르던 것에서

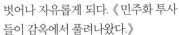
풀망둑

풀또기

벗어나 자유롭게 되다. 《민주화 투사들이 감옥에서 풀려나왔다.》

풀리다 1.묶거나 감거나 싼 것이 도로 끌러지다. 《구두끈을 단단히 묶었더니 잘 안 풀려요.》빤감기다. 2.꽉 조인 것이 느슨해지거나 단단하게 채운 것이 열리다. 《나사가 풀리다./빗장이 풀리다.》3.못하게 막아 놓은 어떤 일을 할 수 있게 되다. 《오늘부터 통금이 풀린대요.》4.잘 모르는 것이나 어렵고 힘든 일이 해결되다. 《암호가 풀리다./사건이 풀리다.》5.몸이 부드러워지거나 힘이 빠지다. 또는 쌓인 피로가 없어지다. 《목욕을 했더니 피로가 풀린다.》6.마음속에 맺힌 원한, 오해, 노여움 들이 누그러지거나 사라지다. 《슬기로운 사또 덕에 처녀 귀신의 원한이 풀렸다.》7.춥던 날씨가 따뜻해지다. 《날도 풀렸는데 산책이나 갈까?》8.아프거나 피곤하거나 하여 눈동자가 흐려지다. 《너무 힘들어서 눈이 풀렸어요》

풀망둑 서해나 남해 얕은 바다에 사는 바닷물고기. 입이 크고 입술이 두툼한데 먹성이 좋다.

풀무 바람을 일으켜서 불을 피우는 기구. 흔히 대장간에서 쓴다. 갈풍구.

풀무지|북 풀을 모아서 쌓은 것. 《저 풀무지들은 풀두엄을 만드는 데 써요》

풀무질 풀무로 바람을 일으키는 일. **풀무질하다**

풀무치 풀이 우거진 곳에 사는 곤충. 몸 빛깔은 누런 갈색이나 초록색이고, 앞날개에 검은 갈색 무늬가 있다.

풀밭 풀이 많이 난 땅. 《풀밭에 토끼들이 뛰논다.》

풀벌레 풀숲에 사는 벌레.

풀빛 풀 빛깔. 또는 풀처럼 푸른 빛깔. 갈풀색.

풀뿌리 풀에 난 뿌리.

풀색 → 풀빛.

풀색꽃무지 산과 들에 피는 온갖 꽃에 모이는 꽃무지. 몸은 짙은 풀색이고, 온몸에 누런 털이 나 있다.

풀색꽃무지

풀색꽃해변말미잘 바닷가 모래 갯벌이나 바위틈, 물웅덩이에 사는 말미잘. 몸통이 풀빛이고 촉수가 많이 나 있다.

풀색꽃해변말미잘

풀섶 '풀숲'을 잘못 쓴 말.

풀솜대 산에서 자라는 풀. 잎은 달걀 꼴이고, 5~7월에 흰 꽃이 핀다. 둥근 열매가 붉게 익는다.

풀솜대

풀숲 풀이 우거진 숲. ✘풀섶.

풀썩 1.연기, 먼지 들이 조금씩 뭉쳐져 갑자기 한 번 일어나는 모양. 2.갑자기 맥없이 바닥에 주저앉거나 내려앉는 모양. **풀썩거리다 풀썩대다 풀썩이다 풀썩하다 풀썩풀썩**《마른 운동장에 먼지가 풀썩거린다./동생이 갑자기 풀썩하고 바닥에 쓰러졌다.》

풀씨 풀의 씨.

풀어내다 1.얽히거나 묶인 것을 끌러내다.《엉킨 실타래를 풀어내다.》2.모르는 것을 밝혀내다.《이번 수수께끼는 꼭 풀어내고 말 거야.》

풀어지다 1.묶거나 감거나 싼 것이 저절로 끌러지다.《풀어진 운동화 끈을 단단하게 맸다.》2.조인 것이 느슨해지다.《나사가 풀어져 안경이 자꾸 흘러내린다.》3.가루, 액체 들이 어떤 액체에 녹거나 섞이다.《미숫가루가 다 풀어질 때까지 잘 저어라.》4.마음속

에 맺힌 원한, 오해, 노여움 들이 누그러지거나 사라지다.《언니 얼굴을 보니 화가 좀 풀어졌나 봐.》5.뻣뻣하거나 단단하던 것이 부드러워지다. 또는 몸에서 힘이 빠지다.《다리가 풀어져서 서 있지도 못하겠어.》6.춥던 날씨가 따뜻해지다.《할아버지 댁에는 날씨가 풀어지면 가자.》7.눈동자가 초점을 잃고 흐려지다.《환자는 눈동자가 풀어진 채 쓰러져 있었다.》

풀어헤치다 싼 것을 마구 풀다.《포장지를 풀어헤치고 상자를 열었다.》

풀이 어려운 것을 알기 쉽게 바꾸어 말하는 것.《속담 풀이》**풀이하다**《선생님, 이 낱말 뜻 좀 풀이해 주세요.》

풀잎 풀에 난 잎.《풀잎에 맺힌 이슬》

풀자루 |북 1.풀 먹일 때 풀감을 넣고 주물러서 거르는 자루. 2.풀을 베어 넣은 자루. 3.몸과 마음이 몹시 지친 모습을 빗대어 이르는 말.《얼마나 열심히 축구를 했는지 오빠는 풀자루가 돼서 집에 왔다.》

풀잠자리 낮은 산 어귀나 밭, 과수원에서 볼 수 있는 잠자리. 몸집이 작고 풀빛이다. 느리게 날고 앉을 때는 날개를 접고 앉는다.

풀잠자리

풀잡이 |북 농약, 기계 들로 해로운 풀을 없애는 일. **풀잡이하다**

풀장 → 수영장.

풀칠 1.풀을 칠하는 일.《벽지에 풀칠을 해서 붙였다.》2.끼니를 겨우 이어 가는 일.《입에 풀칠도 하기 어려운데 군식구가 또 늘었구나.》**풀칠하다**

풀풀 눈이나 먼지 들이 흩날리는 모양.《눈발이 풀풀 내린다.》

풀피리 풀잎을 입술에 대고 불어 소리를 내는 일.

품 ^{가슴} 1.사람이나 동물을 두 팔로 안을 때의 가슴.《엄마가 나를 품에 꼭 안아 주셨다.》 2.윗옷에서 겨드랑이 밑의 가슴과 등을 빙 둘러 쟀을 때의 넓이.《이 옷은 품이 너무 커서 못 입겠어요.》 3.옷을 입었을 때 윗옷의 안쪽.《무사들은 품에 비수를 품고 장군을 호위했다.》 4.따뜻한 보살핌을 받는 상태를 빗대어 이르는 말.《저도 이제 부모님 품을 떠날 때가 된 것 같아요.》

품 안에 있어야 자식이다 ^{속담} 자식이 어릴 때는 부모의 뜻을 따르지만 커서는 자기 뜻대로 한다는 말.

품 ^{수고} 어떤 일을 하는 데 드는 힘.《잡채는 품이 많이 드는 음식이다.》

품 ^{태도} 사람 행동에서 나타나는 어떤 태도나 됨됨이.《내 동생은 말하는 품이 엄마를 꼭 닮았다.》

품 ^{작품} (品) 어떤 낱말 뒤에 붙여 써서, '물건', '제품', '작품' 들을 나타내는 말.《수입품/화장품/미술품》

품값 → 품삯.《품값이 싸다.》

품갚음 ^{|북} 1.남한테 진 품을 갚는 것.《아빠는 이 집 저 집으로 품갚음 다니시느라 몹시 바쁘다.》 2.남 때문에 겪은 괴로움을 그대로 앙갚음하는 것을 빗대어 이르는 말.《품갚음은 또 다른 품갚음을 낳는다.》 **품갚음하다**

품격 (品格) 1.사람의 본바탕이나 됨됨이.《품격이 높다.》 2.→ 품위.

품계 (品階) 옛날에 벼슬자리에 매기던 등급.

품계석 (品階石) 조선 시대에 품계를 새겨서 궁궐 앞뜰에 세운 돌.

품귀 (品貴) 물건이 없어 구하기 어려운 것.《가뭄 때문에 채소 품귀 현상이 일어났다.》

품다 1.어떤 것을 가슴에 대고 안다.《아픈 강아지를 가슴에 품고 병원에 갔다.》 2.새가 알이나 새끼를 날개와 가슴으로 감싸 안다.《암탉이 달걀을 품고 앉아 있다.》 3.어떤 것을 품에 넣거나 숨기다.《아씨는 가슴에 은장도를 품고 길을 떠났다.》 4.뜻, 생각, 감정, 기운 들을 지니다.《선수들은 우승의 큰 뜻을 품고 비행기에 올랐다.》

품명 (品名) 물건 이름. 비품목.

품목 (品目) 물건 이름. 또는 물건 종류.《시장에서 사 올 품목을 적어 주세요.》 비품명.

품사 (品詞) 낱말을 뜻이나 구실에 따라 나눈 것. 명사, 대명사, 수사, 조사, 동사, 형용사, 관형사, 부사, 감탄사가 있다.

품삯 품을 판 값으로 받는 돈.《품삯을 받다./품삯을 주다.》 같품값. 북일삯.

품성 (品性) 사람의 성미.《진아는 품성이 참 고와.》

품세 태권도에서 공격하거나 방어하는 기본 기술을 이어 놓은 동작.

품앗이 흔히 농촌에서 집집마다 돌아가면서 서로 일을 돕는 것. **품앗이하다** 《엄마는 오늘 수민이네 집에 품앗이하러 가셨어요.》

품위 (品位) 1.점잖은 태도나 분위기.《품위 있게 행동해라.》 2.사물이 지닌 고상하고 격이 있는 분위기.《품위 있는 고가구》 같품격.

품절 (品切) 물건이 모두 팔려서 남은 것이 없는 것.《단팥빵은 품절입니다.》

품절되다

품종 (品種) 1. 물건의 종류.《품종이 늘다.》 2. 농작물이나 집짐승을 생김새, 성질 같은 것에 따라 나눈 갈래.

품종 개량 (品種改良) 농작물이나 집짐승의 본디 성질을 바꾸어서 더 좋은 품종으로 만드는 것.

품질 (品質) 물건의 질.《품질이 좋다./품질이 나쁘다.》

품팔이 돈을 받고 남의 일을 해 주는 것. 또는 그런 사람.《할머니는 품팔이를 해서 자식들을 키우셨다고 합니다.》

품팔이하다

품팔이꾼 품삯을 받고 남의 일을 해 주는 사람. 묵품팔이군.

품평회 (品評會) 물건, 작품 같은 것을 놓고 좋고 나쁨을 헤아리는 모임.

품행 (品行) 사람의 됨됨이와 행동.《영경이는 품행이 단정하다.》

풋– 어떤 낱말 앞에 붙어, '처음 나온', '덜 익은', '서투른'과 같은 뜻을 더하는 말.《풋고추/풋과일/풋내기》

풋과일 덜 익은 과일.

풋내 새로 나온 푸성귀로 만든 음식에서 나는 풀 냄새.《엄마, 봄나물에서 향긋한 풋내가 나요.》

풋내기 경험이 없어서 일이 서툰 사람. 묵생둥이.

풋절이 ┃묵 1. 소금에 절인 열무나 어린 배추. 2. 어린 무나 배추.

풋풋하다 풋내처럼 싱그럽다.《며칠 동안 풋풋한 정이 쌓였다.》

풍 허풍 (風) → 허풍.《풍이 세다.》

풍개나무

풍구

풍납토성

풍 병 (風) 뇌에 이상이 생겨서 몸을 잘 움직일 수 없게 되는 병.

풍개나무 산기슭이나 산골짜기에 자라는 잎지는나무. 꽃은 봄에 피고, 열매는 가을에 검게 익는다. 열매는 먹고, 나무로는 가구나 연장을 만든다.

풍경 경치 (風景) → 경치.《마을 풍경이 참 아늑해 보인다.》

풍경 종 (風磬) 처마 끝에 다는 작은 종. 바람에 흔들려서 소리가 난다. 묵바람종.

풍경화 (風景畵) 경치를 그린 그림.

풍구 1. → 풀무.《할아버지는 풍구로 아궁이에 불을 피우셨다.》 2. 바람을 일으켜서 곡식에 섞인 쭉정이, 먼지 들을 날려 보내는 농기구.

풍그렁하다 ┃묵 푹 잠길 만큼 그득하다.《마을이 풍그렁한 안개에 잠겼다.》

풍금 (風琴) 건반 악기 가운데 하나. 발로 페달을 밟아 바람을 넣으면서 건반을 눌러 소리를 낸다. 같오르간.

풍기 (風紀) 풍속이나 풍습에 맞는 질서.《풍기 문란》

풍기다 1. 냄새가 나다. 또는 냄새를 퍼뜨리다.《어디서 고기 굽는 냄새가 풍겼다.》 2. 어떤 느낌이나 분위기가 나다. 또는 어떤 느낌이나 분위기를 내다.《따뜻한 느낌이 풍기는 음악》

풍납토성 (豊納土城) 서울에 있는 백제 시대 토성. 남북으로 둥글게 긴 꼴이고 백제 유적 가운데 가장 크다.

풍년 (豊年) 농사가 잘된 해.《해마다 풍년이 들면 좋겠다.》반흉년.

풍년가 (豊年歌) 경기도 민요 가운데 하나. 풍년의 기쁨을 노래했다.

풍덩 크고 단단한 물체가 잇달아 물속에 떨어지거나 빠질 때 무겁게 나는 소리. **풍덩거리다 풍덩대다 풍덩풍덩** 《아이들은 옷을 벗어 던지고 풍덩풍덩 물속에 뛰어들었다.》

풍뎅이 산과 들에 사는 곤충. 몸은 길쭉한 달걀꼴이고 몸 빛깔은 반들거리는 검은 녹색, 배는 검은 갈색이다. 날개가 딱딱하다.

풍뎅이동충하초 축축한 숲 속의 풍뎅이 몸에서 자라는 버섯. 갓은 곤봉처럼 생겼고 옅은 누런색이다. 약으로 쓴다.

풍뎅이동충하초

풍랑 (風浪) 거센 바람을 받아서 이는 거친 물결. 《풍랑이 이는 바다》

풍력 (風力) 바람의 세기. 또는 바람의 힘.

풍력 발전소 (風力發電所) 바람으로 전기를 일으키는 발전소.

풍로 (風爐) 밑에 바람구멍을 내어서 불이 잘 붙게 만든 화로.

풍류 (風流) 멋스럽게 놀거나 멋을 즐길 줄 아는 것. 《풍류를 즐기다.》

풍만하다 살이 보기 좋게 많다. 《풍만한 몸매》

풍매화 (風媒花) 꽃가루가 바람에 날려서 암술머리에 옮겨 붙어 열매를 맺는 꽃. 벼, 소나무, 은행나무 들이 있다. ㉫바람나름꽃.

풍선끈적버섯

풍로

풍선덩굴

풍문 (風聞) 바람처럼 떠도는 소문. 《풍문을 퍼뜨리다.》 ㉪풍설.

풍물 (風物) 1. 어떤 지방에만 있는 구경거리. 《제주도의 역사와 풍물을 알아봅시다.》 2. 꽹과리, 북, 징, 장구 같은 농악에서 쓰는 악기.

풍물놀이 농촌에서 함께 일할 때나 명절에 흥을 돋우려고 연주하는 우리나라 음악. 꽹과리, 징, 장구, 북 같은 악기를 쓴다. ㉪농악.

풍물재비 풍물놀이에서 풍물을 치거나 부는 사람.

풍물패 풍물을 치고 노는 무리.

풍부하다 넉넉하게 많다. 《귤에는 비타민이 풍부하다.》

풍비박산 (風飛雹散) 나쁜 일을 당해서 집안이나 단체가 완전히 깨어지고 뿔뿔이 흩어지는 것. 《풍비박산이 나다.》 **풍비박산하다**

풍상 (風霜) 1. 바람과 서리. 2. 살면서 겪는 어려움을 빗대어 이르는 말. 《할머니는 온갖 풍상을 겪으셨다.》

풍선 (風船) 얇은 고무주머니 속에 공기를 넣어 공중에 뜨게 만든 물건.

풍선끈적버섯 나무가 많은 숲에서 자라는 버섯. 갓은 물기가 있을 때 끈적거리며 판판하게 생겼고 옅은 밤색이다. 먹는 버섯이다.

풍선덩굴 뜰이나 꽃밭에 심어 가꾸는 덩굴풀. 8~9월에 흰 꽃이 피고, 작은 풍선처럼 생긴 열매가 달린다.

풍설 (風說) → 풍문.

풍성하다 많다. 또는 넉넉하다. 《가을에는 곡식과 과일이 풍성하다.》

풍속 ㉪관 (風俗) 옛날부터 한 사회에 이어져 내려오는 생활 습관. 《정겨운 명절 풍속》

풍속 바람 (風速) 바람이 부는 속도. ㉫바람속도.

풍속계 (風速計) 바람의 빠르기를 재는 기계.

풍속화 (風俗畵) 옛 풍속을 그린 그림.

풍수 (風水) 집이나 무덤 같은 것의 위치나 땅 모양이 사람에게 복을 가져오거나 화를 불러온다는 이론.

풍수지리 (風水地理) 풍수에 따라서 죽은 사람을 묻거나 집터를 구하는 것.

풍수해 (風水害) 비바람과 큰비 때문에 입는 해. **북**비바람피해.

풍습 (風習) 풍속과 습관.《세배는 우리나라의 좋은 풍습이다.》

풍악 (風樂) 옛날부터 전해 내려오는 우리나라 전통 음악 가운데 악기로 연주하는 음악.《풍악을 울려라.》

풍악산 (楓嶽山) 가을의 '금강산'을 이르는 말. **참**개골산, 금강산, 봉래산.

풍어제 (豊漁祭) 바닷가 마을에서 물고기가 많이 잡히고 어부들에게 탈이 없기를 비는 제사.

풍요 (豊饒) 모자란 것 없이 넉넉한 것. **반**빈곤. **풍요하다**

풍요롭다 모자란 것 없이 넉넉하다.《벼가 누렇게 익은 가을 들판이 풍요로워 보인다.》**바**풍요로운, 풍요로워, 풍요롭습니다.

풍운 (風雲) 1.바람과 구름. 2.세상이 크게 바뀌려는 기운을 빗대어 이르는 말.《풍운이 감돌다.》

풍운아 (風雲兒) 세상이 어지러운 때에 기회를 얻어서 큰일을 이루거나 크게 활약하는 사람.

풍자 (諷刺) 사회나 사람의 잘못을 다른 것에 빗대어 비웃거나 꾸짖는 것.《풍자 소설》**풍자하다**

풍작 (豊作) 풍년이 든 농사. **반**흉작.

풍장 (風葬) 주검을 한데에 두어서 비바람에 자연히 없어지게 하는 장사.

풍전등화 (風前燈火) 몹시 위태로운 형편. 바람 앞의 등불이라는 뜻이다.《사나운 왜군의 기세에 조선의 앞날은 풍전등화와 같았다.》

풍조 (風潮) 사회에 널리 퍼진 생각이나 분위기.《과소비 풍조를 없애자.》

풍족하다 모자람 없이 넉넉하다.《살림이 풍족해서 걱정이 없다.》

풍진 (風疹) 좁쌀 같은 뾰루지가 온몸에 나는 전염병. 어린아이가 잘 걸린다. **북**앞세기.

풍차 (風車) 바람의 힘으로 기계를 움직이는 장치. 흔히 곡식을 찧거나 물을 끌어올리는 일에 쓴다.

풍채 (風采) 사람의 겉모습.《우리 아빠는 풍채가 좋으셔.》

풍치 경치 (風致) 아름다운 경치.

풍치 이 (風齒) 신경에 탈이 나서 아픈 이. **북**바람이.

풍토 (風土) 1.어떤 곳의 날씨와 땅의 형편.《풍토에 맞게 농사를 지어야 한다.》2.어떤 일을 하는 데 필요한 제도나 분위기 같은 것.《교육 풍토》

풍토병 (風土病) 어떤 지역의 독특한 자연 환경 때문에 생기는 병.

풍파 (風波) 1.세찬 바람과 거친 물결.《풍파가 일다.》2.살면서 겪는 어려움을 빗대어 이르는 말.《할머니는 살면서 온갖 풍파를 다 겪었다고 하신다.》

풍향 (風向) 바람이 불어오는 방향. **북**바람방향.

풍향계 (風向計) 풍향을 알아내는 기구.《간이 풍향계》

풍화 (風化) 바위가 햇빛, 공기, 물 들의 영향을 받아서 조금씩 부서지는 일.

풍화하다 풍화되다

퓨마 넓은 들판이나 숲, 사막에 사는 짐승. 덩치가 크고 늘씬하다. 털은 붉은 갈색 또는 잿빛을 띠고 배는 희다.

퓨즈 (fuse) 납과 주석의 합금으로 만든 쇠줄. 지나치게 높은 전류가 흐르면 저절로 녹아서 끊어진다.

프라이팬 (frypan) 음식을 지지거나 부치는 데 쓰는 그릇. 깊이가 얕고 바닥이 넓적한 쇠붙이 판에 자루가 달려 있다. **북**후라이판.

프랑스 어 프랑스 사람이 쓰는 말과 글.

프러시아 (Prussia) 유럽 북동부와 중부에 걸친 지역을 이르던 말. 또는 그 지역에 있던 나라를 이르는 말.

프레스 (press) 지렛대, 나사 같은 것의 누르는 힘을 써서 쇠붙이에 어떤 모양을 찍어 내는 기계.

프레온 가스 (Freon gas) 냉장고나 에어컨에 넣어 온도를 낮추거나 스프레이를 만드는 데 쓰는 기체.

프레파라트 (Präparat 독) 현미경으로 관찰하려고 물체를 얇게 잘라서 슬라이드글라스 위에 얹고 커버글라스를 덮은 것.

프레파라트

프로 퍼센트 (procent 네) → 퍼센트.

프로 직업 (professional) 1.어떤 일을 전문으로 하는 사람. **다**전문가. 2.운동이 직업인 사람. 《프로 야구 선수》

프로 방송 (program) → 프로그램.

프로게이머 (progamer) 컴퓨터 게임 대회에 선수로 나가는 사람. **같**게이머.

프로그램 (program) 1.어떤 일을 할 때 짜야 하는 얼개. 또는 그 일의 계획

플라나리아

이나 순서.《다음 프로그램은 6학년 언니들의 부채춤이래.》**같**프로. **북**프로그램. 2.방송, 공연 들의 순서나 내용. **같**프로. **북**프로그람. 3.컴퓨터에서 일, 게임 들을 할 수 있게 명령을 만들어 짜넣는 것. **같**프로. **북**프로그람.

프로메테우스 (Prometheus) 그리스 신화에 나오는 거인.

프로 야구 야구를 직업으로 하는 선수들로 팀을 이루어 벌이는 야구.

프로키온 (Procyon) 작은개자리에서 가장 밝은 별.

프로판 (propane) 석유나 천연가스에 들어 있는 기체. 빛깔과 냄새가 없고 불이 잘 붙는다. 연료로 쓴다.

프로판 가스 (propane gas) 압축해서 액체로 만든 석유 가스.

프로펠러 (propeller) 비행기나 배를 움직이는 장치. 여러 날개가 빠르게 돌면서 동력을 일으킨다.

프리마 돈나 (prima donna 이) 오페라에서 주인공 역을 맡은 여자 가수.

프리즘 (prism) 빛이 꺾이거나 흩어지게 하는 세모꼴 유리 기둥.

프린터 (printer) 컴퓨터에 있는 글이나 그림을 종이에 찍어 내는 장치.

프린트 (print) 컴퓨터에 있는 글, 그림을 종이에 찍어 내는 일. **프린트하다**

플라나리아 강, 호수, 시냇물의 바닥에 사는 작은 생물. 몸은 납작하고 길쭉한데 머리가 세모꼴이다. 몸 한 부분이 잘려도 다시 돋아나기 때문에 여러 가지 실험에 쓴다.

플라스크 (flask) 몸통이 둥글고 목이 긴 실험용 유리병.

플라스틱 (plastic) 뜨겁게 하거나 힘을 주어서 여러 가지 모양으로 물건을 만드는 합성 물질.

플라타너스 → 버즘나무.

플랑크톤 물에 떠다니는 작은 생물. 눈에 보이지 않을 만큼 작고 물고기의 먹이가 된다.

플래시 (flash) 1.→ 손전등. 2.어두운 곳에서 사진을 찍을 때 강한 빛을 내는 전구.

플래카드 (placard) 기다란 천에 알리려는 짧은 글을 적은 것. 양쪽 끝을 장대에 매어 들고 다니거나 일정한 곳에 걸어 둔다. **참**현수막.

플랫 (flat) → 내림표.

플랫폼 (platform) 역에서 기차나 전철을 타고 내리는 곳. 비승강장. **북**플래트홈.

플러그 (plug) 전기 회로를 잇거나 끊는 데 쓰려고 전깃줄 끝에 다는 기구.

플레이 (play) 운동 경기에서 선수들이 펼치는 내용이나 기술.

플로피 디스크 (floppy disk) 컴퓨터에 있는 자료를 옮겨 두는 장치. **같**디스켓. **참**하드 디스크.

플루트 (flute) 부는 악기 가운데 하나. 가로로 잡고 분다. **북**플류트.

피 몸 몸 안 핏줄을 따라 흐르는 붉은 액체. **같**혈액.

피가 거꾸로 솟다 **관용** 화가 몹시 치밀다. 《동생이 맞았다는 소리를 들었을 때 피가 거꾸로 솟는 느낌이었다.》

피도 눈물도 없다 **관용** 정이 조금도 없다. 《무슨 사람이 피도 눈물도 없이 저리 차가울까?》

피_풀

플루트

피는 물보다 진하다 **속담** 핏줄이 같은 사람끼리 느끼는 정이 깊다.

피 **느낌말** 입김을 내뿜으면서 비웃는 소리. 또는 그 모양. 《피, 그런 수수께끼는 내 동생도 풀겠다.》

피 풀 밭이나 축축한 땅에 심어 가꾸는 풀. 잎은 좁고 길다. 여름에 이삭이 나온다. 열매는 먹거나 새 먹이로 쓴다.

피겨 스케이팅 (figure skating) 얼음판 위에서 스케이트를 신고 돌거나 뛰어오르거나 하여 기술과 아름다움을 겨루는 경기.

피격 (被擊) 갑자기 습격을 당하거나 총에 맞는 것. 《피격 사건》 **피격되다**

피고 (被告) 민사 소송에서 소송을 당한 사람. **반**원고.

피고름 피가 섞인 고름.

피고인 (被告人) 형사 소송에서 검사가 범죄를 저질렀다고 의심하여 재판을 청구한 사람.

피곤 (疲困) 몸이나 마음이 지쳐서 기운이 없는 것. **참**피로. **피곤하다** 《오랜만에 산에 다녀왔더니 몹시 피곤하다.》

피골 (皮骨) 살가죽과 뼈. 《몸살을 호되게 앓고 난 형이 피골만 남았다.》

피구 여럿이 두 편으로 나뉘어 반을 가른 직사각형 안과 밖에서 공으로 상대를 맞히는 놀이.

피꼿 **북** 1.사람이나 사물이 언뜻 나타나는 모양. 《동생이 집에 피꼿 얼굴만 들이밀고는 바로 나가 버린다.》 2.생각, 기억 들이 떠오르는 모양. 《내일 비가 온다던 일기 예보가 피꼿 떠올랐다.》 3.눈길을 빠르게 돌려서 스치듯이 잠깐 보는 모양. 《언니가 문 앞에서

나를 피끗 보았다.》 **피끗하다**

피나다 어떤 일을 하느라 몹시 고생하거나 애쓰다.《피나게 연습한 덕에 이제는 자전거를 잘 탄다.》

피나무 높은 산에 자라는 잎지는나무. 꽃은 6~7월에 피고 열매는 9~10월에 익는다. 나무껍질로 그물, 밧줄, 바구니 들을 만든다.

피나무

피라미

피난 (避難) 지진, 홍수 같은 재난을 피해서 다른 데로 가는 것.《피난 행렬》 **참**피란. **피난하다**

피난길 피난 가는 길.

피난민 (避難民) 피난 가는 사람.

피난처 (避難處) 피난 가서 머무는 곳.

피날레 (finale 이) 연극 공연이나 음악 악장에서 마지막 부분.

피눈물 몹시 분하거나 억울해서 흘리는 눈물.《지금도 그때 일을 생각하면 피눈물이 납니다.》

피다 꽃이 1. 꽃잎이 벌어지거나 잎이 돋다.《꽃 피는 봄에는 저도 4학년이 됩니다.》 **반**지다. 2. 어떤 것에 불이 붙어서 불길이 일어나다.《잘 마른 나뭇가지일수록 불이 잘 핀다.》 3. 얼굴이 좋아지거나 웃음, 생기 들이 나타나다.《동생이 재롱을 부릴 때면 엄마의 얼굴에 웃음이 피어난다.》 4. 곰팡이, 버짐, 검버섯 들이 생기다.《메주에 하얀 곰팡이가 피었다.》 5. 사는 형편이 나아지다.《열심히 일한 덕분에 집안 살림이 피었다.》

피다 피우다 '피우다'를 잘못 쓴 말.

피둥피둥 살이 보기 흉하게 많이 찐 모양. **피둥피둥하다**《돼지처럼 피둥피둥하던 애가 아주 날씬해졌더라.》

피땀 1. 피와 땀. 2. 어떤 일을 이루려고 애쓰는 노력을 빗대어 이르는 말.《농민들이 피땀 흘려 거둔 쌀이니 한 톨도 흘리지 마라.》

피라미 강이나 시냇물에서 흔히 볼 수 있는 민물고기. 몸은 길고 날씬한데 등은 푸른 갈색이고 배는 은빛 나는 흰색이다.

피라미드 (pyramid) 돌이나 벽돌을 사각뿔 꼴로 아주 크게 쌓아 만든 무덤. 흔히 고대 이집트에서 왕이나 왕족의 무덤으로 만들었고 수단, 에티오피아, 멕시코에도 있다.

피란 (避亂) 전쟁 같은 난리를 피해서 다른 데로 가는 것.《피란을 떠나다.》 **참**피난. **피란하다**

피란길 피란 가는 길.

피레네 산맥 프랑스와 에스파냐에 걸쳐 있는 산맥. 지중해 해안에서 대서양까지 뻗어 있다.

피력 (披瀝) 의견, 생각 같은 것을 말하는 것. **피력하다**《준수는 자신의 의견을 강하게 피력했다.》 **피력되다**

피로 (疲勞) 몸과 마음이 지쳐서 기운이 없는 것. **참**피곤. **피로하다**《하루 종일 책을 봤더니 눈이 몹시 피로했다.》

피로연 (披露宴) 혼례식 같은 기쁜 일을 치를 때 베푸는 잔치.

피뢰침 (避雷針) 벼락을 피하려고 건물 가장 높은 곳에 세우는 끝이 뾰족한 쇠막대기. **북**벼락촉.

피륙 끊지 않은 베, 무명, 비단 같은 천을 모두 이르는 말.《피륙 한 필》

피리 1. 구멍이 여덟 개 난 부는 악기. 향피리, 당피리, 세피리가 있다. 2. 속이 빈 대나무에 구멍을 뚫고 입으로 불어 소리를 내는 악기를 모두 이르는 말.

피마자 밭에 심어 가꾸는 풀. 줄기가 곧게 서고, 어른 키보다 조금 크게 자란다. 씨는 기름을 짜거나 약으로 쓴다. **같**아주까리. **북**피마주.

피마자

피망 밭에 심어 가꾸는 열매채소. 열매는 크고 뭉툭하면서 세로로 골이 져 있다. 맛이 고추와 비슷한데 맵지 않다. **북**사자고추.

피맺히다 가슴에 피가 맺힐 듯이 한이 깊다.《이 피맺힌 설움을 어찌 풀까.》

피멍 부딪히거나 맞아서 살갗 아래에 붉거나 퍼렇게 피가 맺힌 것.

피복 옷 (被服) '옷'을 달리 이르는 말.

피복 거죽 (被覆) 거죽을 덮어씌우는 물건.《전깃줄 피복이 벗겨졌어요.》

피부 (皮膚) 사람이나 짐승 몸 바깥을 감싸고 있는 살가죽. **참**살갗.

피부과 (皮膚科) 살갗에 생기는 병을 연구하고 치료하는 의학 분야. 또는 그런 병원 부서.

피부병 (皮膚病) 살갗에 생기는 병.

피부색 (皮膚色) 살갗의 빛깔. **비**살색.

피부암 (皮膚癌) 살갗에 생기는 암.

피부 이식 수술 (皮膚移植手術) 살갗이 상한 부분에 성한 살갗을 옮겨 붙이는 수술.

피붙이 → 살붙이.

피비린내 피에서 나는 비린 냄새.《피비린내 나는 전쟁터》

피뿔고둥 얕은 바다나 갯벌에 사는 고둥. 껍데기가 두껍고 단단한데 무겁다. 빛깔은 옅은 갈색에 어두운 갈색 무늬가 있다.

피뿔고둥

피살 (被殺) 죽임을 당하는 것. **피살되다**《피살된 시체》

피서 (避暑) 더위를 피해서 시원한 곳으로 가는 것.

피서지 (避暑地) 산, 바다 들처럼 더위를 피하려고 가는 시원한 곳.

피선거권 (被選擧權) 선거에 후보자로 나설 권리. **참**선거권.

피스톤 (piston) 증기 기관이나 내연 기관 들의 실린더 속에서 왕복 운동을 하는 장치.

피습 (被襲) 습격을 당하는 것. **피습하다 피습되다**

피식 어이가 없거나 멋쩍어서 입술을 힘없이 터뜨리면서 싱겁게 슬쩍 웃는 소리. 또는 그 모양.《민기 이야기를 듣고 기가 막혀서 피식 웃었다.》

피신 (避身) 위험을 피해서 몸을 숨기는 것. **피신하다**《시골로 피신하다.》

피씩 **북** 입을 잠깐 벌렸다가 다물면서 어이없다는 듯이 싱겁게 웃는 모양.《동생 하는 짓이 하도 어이가 없어서 피씩 웃고 말았다.》**피씩하다**

피아노 (piano) 건반 악기 가운데 하나. 손가락으로 건반을 눌러서 소리를 낸다.

피아노

피아니스트 (pianist) 피아노를 전문으로 연주하는 사람. **북**피아노연주가.

피어나다 1. 꽃이나 잎이 피다.《개나리꽃이 피어날 때쯤 아빠가 돌아오실 거야.》2. 꺼져 가던 불이나 연기가 일어나다.《석유를 끼얹자 모닥불이 확 피어났다.》3. 파리하던 얼굴이 좋아지거나 웃음, 생기 들이 나타나다.《시집 갈 때가 되어서인지 네 누나 얼굴이 꽃

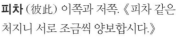

처럼 피어나는구나.》

피어오르다 1.꽃봉오리 같은 것이 맺혀서 막 벌어지려고 하다.《함박꽃이 곱게 피어오른다.》 2.김, 연기 같은 것이 솟아오르다.《굴뚝에서 연기가 피어오른다.》 **바**피어오르는, 피어올라, 피어오릅니다.

피우다 꽃을 1.꽃봉오리 같은 것을 벌어지게 하다.《우리 집 선인장이 드디어 꽃을 피웠다.》 2.불이나 연기가 나게 하다.《옛날에는 나뭇가지를 비벼서 불을 피웠다.》

피우다 담배를 1.담배 연기를 빨아들였다가 내보냈다가 하다.《아빠, 담배 그만 피우세요.》 **✕** 피다. 2.먼지나 냄새가 나게 하다.《스컹크는 고약한 냄새를 피운다.》 3.'게으름', '재롱' 같은 말과 함께 써서, 그런 행동을 하거나 태도를 드러내다.《게으름을 피우다./딴청을 피우다.》

피읖 닿소리 글자 'ㅍ'의 이름.

피의자 (被疑者) 범죄를 저질렀다고 의심받고는 있지만 아직 재판을 받지 않은 사람. **같**용의자. **북**범죄혐의자.

피자 (pizza ^이) 밀가루 반죽 위에 토마토, 치즈, 피망, 고기 들을 얹어 둥글고 납작하게 구운 먹을거리.

피장파장 낫고 못함이 없이 서로 같은 것.《너나 나나 똑같이 잘못을 했으니 피장파장이야.》

피조개 바다 속 모래 섞인 진흙 바다에 사는 조개. 껍데기에 부챗살 꼴로 골이 파여 있고 털이 많다. 속살은 붉다.

피조리 남사당 꼭두각시놀이에 나오는 인형.

피조개

피조리

피차 (彼此) 이쪽과 저쪽.《피차 같은 처지니 서로 조금씩 양보합시다.》

피콜로 (piccolo) 부는 악기 가운데 하나. 플루트보다 길이가 짧고 소리가 높다.

피클 (pickle) 채소나 과일을 식초, 설탕, 소금, 향신료를 섞어 만든 액체에 담아 절여서 만든 먹을거리.

피폐 (疲弊) 1.몸이나 마음이 몹시 지치는 것. **북**피폐. 2.형편이 몹시 어려워지는 것. **북**피폐. **피폐하다**《피폐한 살림살이》

피하다 1.맞거나 부딪히거나 마주치지 않게 몸을 옮기다.《여기서 비를 피하자.》 2.어떤 일을 당하지 않거나 어떤 일이 일어나지 않게 하다.《무슨 일이 있어도 같은 민족끼리 싸우는 일만큼은 피해야 한다.》 3.눈에 띄거나 잡히지 않게 몸을 숨기다.《노루는 총소리를 듣고 얼른 숲 속으로 피했다.》

피하 지방 (皮下脂肪) 젖먹이 동물 살갗 밑에 모여 층을 이루는 지방.

피해 (被害) 해를 입는 일.《태풍으로 큰 피해를 보았다.》 **반**가해.

피해자 (被害者) 피해를 본 사람. **반**가해자.

픽 1.지쳐서 맥없이 가볍게 쓰러지는 모양. 또는 그 소리.《현수는 총에 맞아 픽 쓰러지는 흉내를 냈다.》 2.입술을 터뜨리면서 싱겁게 슬쩍 웃는 소리. 또는 그 모양.《화가 풀렸는지 누나가 픽 웃는다.》 3.막혔던 공기가 힘없이 터져 나오는 소리. 또는 그 모양.《자전거 바퀴에서 픽 바람 빠지는 소리가 난다.》 4.실이나 줄이 힘없이 쉽게 끊

어지는 소리. 또는 그 모양.《기타 줄이 픽 끊어져 버렸다.》

픽픽 지쳐서 힘없이 자꾸 쓰러지는 모양.《아이들이 힘든지 픽픽 쓰러졌다.》

핀 (pin) 옷핀, 머리핀처럼 쇠붙이 같은 것으로 가늘고 뾰족하게 만들어 꽂을 수 있는 물건을 두루 이르는 말.

핀둥- 아무것도 하는 일이 없이 뻔뻔스럽고 한가하게 놀기만 하는 모양. **핀둥거리다 핀둥대다 핀둥핀둥**《하루 종일 핀둥거릴 셈이야?》

핀셋 (pincette) 손으로 집기 어려운 작은 물건을 집는 데 쓰는 집게.

핀잔 남을 퉁명스럽게 나무라는 것.《언니가 시끄럽다고 핀잔을 주었다.》

핀치클램프 (pinch clamp) 고무관이나 유리관에 끼워서 기체나 액체가 조금씩 나오게 조절하는 기구.

핀치클램프

필 천 (疋) 정해진 길이로 말아 놓은 천을 세는 말.《비단 한 필》

필 말 (匹) 말이나 소를 세는 말.《말 한 필/황소 세 필》

필경 (畢竟) 끝에 가서는.《죄를 지으면 필경 벌을 받게 마련이다.》

필기 (筆記) 1.글씨를 쓰는 것.《필기 시험 날짜가 언제지?》2.남이 말하거나 쓰는 것을 받아 적는 것. **필기하다**

필기구 (筆記具) → 필기도구.

필기도구 (筆記道具) 연필, 볼펜처럼 글씨를 쓰는 도구. **같**필기구.

필담 (筆談) 말을 할 수 없거나 말이 통하지 않을 때 글로 이야기를 주고받는 것.《중국인과 한자로 필담을 나누었다.》**필담하다**

필드 (field) 1.육상 경기장의 트랙 안쪽에 있는 넓은 곳. 2.야구에서 내야와 외야를 모두 이르는 말.

필드하키 (field hockey) 열한 사람이 한편이 되어 잔디 경기장에서 긴 막대기로 공을 쳐서 상대편 골에 넣는 경기. **준**하키. **참**아이스하키. **북**지상호케이경기.

필라멘트 (filament) 백열전구에서 전류가 흐르면 빛을 내는 가느다란 금속 줄.

필름 (film) 사진기에 넣어서 사진을 찍는 얇고 긴 플라스틱 띠. **북**필림.

필명 (筆名) 1.글이나 글씨를 잘 써서 떨치는 이름. 2.글을 써서 발표할 때 본명 대신 쓰는 이름.

필사 (必死) 어떤 일을 해내려고 죽을 힘을 다하는 것.《필사의 노력으로 바라던 것을 얻었다.》

필사적 (必死的) 어떤 일을 해내려고 죽을힘을 다하는. 또는 그런 것.

필생 (畢生) 평생에 걸친 것.《반드시 필생의 걸작을 완성하고야 말겠다.》

필수 (必須) 반드시 있어야 하거나 해야 하는 것.《필수 조건》

필수적 (必須的) 반드시 있어야 하거나 해야 하는. 또는 그런 것.

필수품 (必需品) 어떤 일을 하는 데 꼭 필요한 물건.《생활필수품》

필순 (筆順) 글자를 쓸 때 획을 긋는 차례.

필승 (必勝) 반드시 이기는 것.《필승을 다짐하다.》

필시 (必是) 아마도 틀림없이.《진이가 늦은 데는 필시 까닭이 있을 거야.》

필연 (必然) 어떤 일이 반드시 그렇게

되는 것.《우리가 만난 건 필연이야.》 **≒우연.**

필요 (必要) 반드시 있어야 하는 것. 《비도 안 오는데 우산이 무슨 필요가 있니?》 **필요하다**

필요성 (必要性) 어떤 것이 필요한 성질.《자연보호의 필요성을 느끼다.》

필적 (筆跡) 어떤 사람만의 글씨.《이 편지 글씨는 언니 필적이 분명해요.》

필체 (筆體) → 글씨체.

필치 (筆致) 글씨, 그림 같은 것에 나타나는 솜씨나 맛.《이 선생님 그림은 가벼운 필치가 특징이에요.》

필터 (filter) 1.→ 여과기. 2.정해진 빛만 통과할 수 있게 색을 넣은 유리. 3. 담배 진을 거르려고 담배 끝에 솜이나 종이 들을 잇대어 물게 만든 부분.

필통 (筆筒) 연필, 지우개, 자 같은 것을 넣고 다니는 통. **북필갑통.**

필하모니 (Philharmonie독) 교향악단 이름에 붙여 쓰는 말.

필히 무슨 일이 있어도 꼭.《이번 모임에는 필히 오셔야 합니다.》

핍박 (逼迫) 남을 억눌러서 괴롭히는 짓.《우리 겨레는 일제의 핍박을 꿋꿋이 견뎌 냈다.》 **핍박하다**

핏기 피가 돌면서 살갗에 나타나는 불그스레한 빛깔.《핏기 없는 하얀 얼굴》 **북피기.**

핏대 굵은 핏줄.《목에 핏대가 설 만큼 열심히 노래했다.》 **북피대.**

핏발 몸의 한 곳에 피가 몰려서 붉게 된 것.《기태가 눈에 핏발을 세우고 화를 냈다.》 **북피발.**

핏자국 피가 묻은 자국. **북피자국.**

핏줄 1.몸 안에서 피가 흐르는 줄. 동맥, 정맥, 모세 혈관으로 나눈다. **≒혈관. 북피줄.** 2.한 조상의 피를 이어받은 사람들.《북녘 동포와 우리는 핏줄을 나눈 사이이다.》 **북피줄.**

핏줄기 피가 흐르는 줄기. **북피줄기.**

핑 1.갑자기 정신이 어찔해지는 모양. 《땡볕에 오래 서 있었더니 머리가 핑 돈다.》 2.눈물이 고이는 느낌이나 모양.《동무들과 헤어질 생각을 하니 눈물이 핑 돌아요.》 3.총알 같은 것이 아주 날쎄게 공기를 가르면서 지나가는 소리. 또는 그 모양.《총알이 옆구리를 핑 하고 스쳐 지나갔다.》

핑계 어떤 일을 피하거나 감추려고 둘러대는 말.《지영이는 체육 시간에 아프다는 핑계를 대고 교실에 남았다.》 **≒구실. 북핑게.**

핑계 없는 무덤 없다 속담 어떤 일에라도 둘러댈 핑계가 반드시 있다는 말.

핑그르르 1.빠르고 미끄럽게 한 바퀴 도는 모양.《핑그르르 맴을 돌았다.》 2.갑자기 빠르게 눈물이 괴는 모양. 《눈물이 핑그르르 돈다.》 3.갑자기 빠르게 정신이 몹시 어찔하여지는 모양. 《갑자기 눈앞이 핑그르르 돌았어요.》

핑글핑글 자꾸 핑그르르 도는 모양.

핑핑 1.조금 넓은 테두리를 자꾸 도는 모양.《팽이가 핑핑 돈다.》 2.갑자기 정신이 몹시 어찔해지는 모양.《제자리에서 열 바퀴를 돌았더니 눈앞이 핑핑 돌았다.》 3.총알 같은 것이 아주 날쎄게 공기를 가르면서 잇달아 지나가는 소리. 또는 그 모양.《고개를 숙인 머리 위로 총알이 핑핑 날아다닌다.》

하 ^{느낌말} 기쁘거나 슬프거나 안타까울 때 내는 소리.《하, 정말 멋지다.》 **참**허.

하 ^{입김} 입을 크게 벌리고 입김을 부는 소리. **참**허.

하 ^{차례} (下) 차례나 등급을 둘이나 셋으로 나눌 때 맨 마지막인 것. **참**상, 중.

하강 (下降) 아래로 내려오는 것.《하강 곡선》 **비**강하. **반**상승. **하강하다**

하객 (賀客) 기쁘고 즐거운 일을 축하해 주려고 온 사람.《결혼식장은 하객들로 발 디딜 틈이 없었다.》

하계 ^{여름} (夏季) → 여름철.

하계 ^{세상} (下界) 신선이 산다는 하늘 위에서 내려다보는 사람 사는 세상.

하고많은 헤아릴 수 없을 만큼 아주 많은.《하고많은 일 가운데 왜 하필 그 힘든 일을 하려고 하니?》

하교 (下校) 학교에서 공부를 끝내고 집으로 돌아오는 것. **반**등교. **하교하다**

하굣길 학교에서 공부를 끝내고 집으로 돌아오는 길.《하굣길에 소나기가 내려서 흠뻑 젖었다.》 **반**등굣길.

하구 (河口) 강물이 바다로 흘러드는 곳.《낙동강 하구》

하굿둑 강물이 바다로 흘러드는 곳에 만든 둑.

하권 (下卷) 두 권 또는 세 권으로 나뉜 책에서 맨 마지막 것. **참**상권, 중권.

하급 (下級) 가장 낮은 등급.《하급 관리》 **참**상급, 중급.

하급생 (下級生) 학년이 낮은 학생. 초등학교에서는 1, 2, 3학년을 이른다. **반**상급생.

하기 (夏期) 여름인 때.《하기 훈련》

하기는 아닌 게 아니라 정말.《하기는 가는 세월을 어떻게 막겠어.》 **준**하긴.

하기야 사실 그대로 말하자면야.《하기야 하루 종일 걸었으니 다리가 아플 만도 하지.》 **북**허기야.

하기에 ^{|북} 그렇기 때문에.《달에는 공

기가 없습니다. 하기에 사람이 살 수
없지요.》

하긴 → 하기는.

하나 수 1.수를 셀 때 맨 처음 수.《사과
하나》 참일. 2.뜻, 마음, 생각 들이 한결
같거나 꼭 같은 것.《우리는 하나가 되
어 열심히 싸웠다.》 3.여럿 가운데 어
떤 것.《고래는 젖먹이 동물의 하나이
다.》 4.'오직 그것뿐'의 뜻을 나타내는
말.《자식 하나 믿고 산 어머니》

하나부터 열까지 관용 하나도 빼지 않고
모두.《민이는 학교에서 있었던 일을
엄마한테 하나부터 열까지 얘기한다.》

하나를 보고 열을 안다 속담 한쪽만 봐도
모든 것을 미루어 안다는 말.

하나만 알고 둘은 모른다 속담 한쪽만 보
고 다른 것과 관련지어 볼 줄을 모른다
는 뜻으로, 고지식하고 미련한 사람을
두고 하는 말.

하나 그러나 l북 그러나. 또는 그렇지만.
《네 말이 옳긴 해. 하나 내 얘기도 들
어 보렴.》

하나같다 여럿이 모두 똑같다. **하나같
이**《병아리들이 하나같이 귀엽다.》

하나님 개신교에서 '하느님'을 이르는
말. '하나뿐인 신'이라는 뜻이다.

하나하나 1.하나씩 하나씩.《작은 나
뭇잎도 하나하나 보면 다 달라요.》 2.
빠짐없이 모두.《오늘 일을 하나하나
떠올려 보았다.》 비낱낱이, 일일이.

하녀(下女) 옛날에 남의 집에 매여서
부엌일이나 허드렛일을 하던 여자 하
인. 참하인.

하느님 1.하늘에 있으면서 우주를 만
들고 다스린다는 신. 같상제, 옥황상제,

천제. 2.가톨릭에서 믿는 신. 같천주.

하느작 1.가늘고 긴 나뭇가지 같은 것
이 가볍게 흔들리는 모양. 2.팔다리를
힘없이 움직이는 모양. **하느작거리다**
하느작대다 하느작하느작《나비가 꽃
잎에 앉아서 날개를 하느작거린다.》

하늘 땅 땅과 바다 위로 보이는 끝없이
높고 넓은 빈 데.《파란 가을 하늘》

하늘 높은 줄 모르다 관용 1.자기 처지
를 모르다.《저 녀석이 하늘 높은 줄
모르고 잘난 체한다.》 2.값이 끝없이
오르다.《엄마가 요즘 집값이 하늘 높
은 줄 모르고 오른다며 걱정하신다.》

하늘만 쳐다보다 관용 아무 준비도 없이
멍하니 있다.《하늘만 쳐다보지 말고
지금부터라도 시험공부를 해.》

하늘을 지붕 삼다 관용 1.집 밖에서 자
다.《보부상들은 때때로 하늘을 지붕
삼아 자기도 했다.》 2.정한 곳 없이 떠
돌아다니다.《김삿갓은 하늘을 지붕
삼아 팔도를 떠돌아다녔다.》

하늘이 노랗다 관용 기운이 없다.《땡볕
에 오래 서 있었더니 하늘이 노랗다.》

하늘이 두 쪽이 나도 관용 어떤 일이 있
더라도.《하늘이 두 쪽 나도 약속은 지
킬게.》

하늘이 무너지다 관용 뜻밖의 큰일이 생
겨 몹시 놀랍다.《엄마가 쓰러지셨다
는 말에 하늘이 무너진 것 같았다.》

하늘 보고 주먹질한다 속담 도저히 이기
지 못할 상대한테 시비를 걸며 욕하는
것을 빗대어 이르는 말.

하늘 보고 침 뱉기 속담 하늘에 대고 침
을 뱉으면 자기 얼굴에 떨어진다는 뜻
으로, 자기한테 해로운 짓을 스스로 하

는 것을 빗대어 이르는 말.

하늘의 별 따기 **속담** 이루기 몹시 힘든 일을 빗대어 이르는 말.

하늘이 무너져도 솟아날 구멍이 있다 **속담** 몹시 괴로운 처지에서도 벗어날 방법이 있다는 말.

하늘- **모양** 얇고 가벼운 것이 늘어져서 부드럽게 흔들리는 모양. **하늘거리다 하늘대다 하늘하늘** 《엄마 치맛자락이 바람에 하늘하늘 흔들린다.》

하늘가 하늘과 땅이 맞닿은 부분. 《하늘가에 노을이 붉게 물들어 간다.》

하늘나라 사람이 죽으면 영혼이 가서 산다는 편안하고 좋은 곳. **같**천국.

하늘다람쥐 숲 속 나무 위에 사는 다람쥐. 앞발과 뒷발 사이의 살갗을 날개처럼 펼쳐서 나무와 나무 사이를 날아다닌다. 천연기념물 제328호.

하늘다람쥐

하늘빛 1.하늘의 빛깔.《비가 오려는지 하늘빛이 어둡다.》 2.맑은 하늘처럼 엷은 파란색. **같**하늘색.

하늘색 → 하늘빛.

하늘색깔때기버섯 여러 가지 나무가 자라는 숲에서 무리 지어 나는 버섯. 갓은 깔때기처럼 생겼고 잿빛을 띤 초록색이다. 먹는 버섯이다.

하늘색깔때기버섯

하늘소 나무에 붙어서 사는 곤충. 몸집이 큼직한데, 더듬이가 길고 날개는 딱딱하다.

하늘소

하늬바람 서쪽에서 불어오는 바람.

하니 **북** 1.그러니.《"괜찮아." 하니 너도 같이 가겠다는 뜻이지?》 2.그랬더니.《"나 지금 못 놀아." 하니 가영이는 아쉬운 표정으로 돌아갔다.》

하다 **놀이를** 1.어떤 행동이나 동작을 몸

으로 나타내다.《놀이를 하다. / 운동을 하다.》 2.어떤 것을 짓거나 만들거나 마련하다.《마당쇠는 뒷산에 나무를 하러 갔어요.》 3.어떤 것을 몸에 걸치거나 쓰거나 칠하다.《목걸이를 하다. / 화장을 하다.》 4.어떤 일을 꾸리거나 맡거나 직업으로 지니다.《이모는 유치원 선생님을 한다.》 5.먹거나 마시거나 피우다.《아빠는 술을 전혀 안 하신다.》 6.어떤 목표를 이루다.《다음에는 꼭 일 등을 하고 말 테야.》 7.어떤 표정이나 태도를 드러내다.《아이들은 모두 호기심 가득한 얼굴을 하고 수족관을 들여다보았다.》 8.어떻다고 말하거나 어떤 소리가 나다.《엄마가 나가 놀아도 된다고 하셨어.》 9.어떤 일을 시키거나 어떤 상태로 만들다.《청소를 좀 더 깨끗하게 하지 그러니?》 10.어떤 것으로 삼거나 되게 하다.《우리 반은 영수를 지휘자로 해서 합창 대회에 나갈 거야.》 11.값이 얼마만큼 나가다.《이 조그만 반지가 백만 원이나 한대요.》 12.어떤 이름을 짓거나 어떤 이름으로 부르다.《새로 태어난 강아지들 이름은 '엄지'와 '검지'로 하는 게 어때?》 13.궁금한 것이 있거나 미루어 짐작할 때 쓰는 말.《까만 상자가 있기에 무엇일까 하고 열어 보았다.》 14.동작, 현상 들이 되풀이되는 것을 나타내는 말.《걷다가 쉬다가 하면서 결국 산 꼭대기에 올랐다.》 15.흔히 '하면' 꼴로 써서, '어떤 것에 대해 말하자면'의 뜻을 나타내는 말.《민요 하면 우선 아리랑이 떠오른다.》

-하다 **붙는 말** 어떤 낱말 뒤에 붙어, 1.

'그렇게 움직이다'라는 뜻을 더하는 말.《공부하다/세수하다》2.'그런 성질이나 모습이 있다'라는 뜻을 더하는 말.《말랑하다/행복하다》

하다면 |북 그렇다면.《10 더하기 10은 20이죠. 하다면 10 곱하기 10은 얼마일까요?》

하다못해 아무리 봐준다고 해도.《올 수 없으면 하다못해 전화라도 해야지.》

하달 (下達) 윗사람이 아랫사람한테 뜻이나 명령을 전하는 것.《명령 하달》 **하달하다 하달되다**

하도 너무 심하게.《하도 추워서 밖에 나가기가 싫어요.》

하드 디스크 (hard disk) 컴퓨터에서 정보를 저장하는 장치. **참**플로피 디스크.

하드보드지 딱딱한 종이.

하드웨어 (hardware) 컴퓨터를 이루는 기계 장치. **참**소프트웨어.

하등 차례 (下等) 등급이나 수준 같은 것이 낮음.《하등 동물》**반**고등.

하등 아무런 (何等) '아무런', '조금도'의 뜻을 나타내는 말.《그 일은 나와는 하등 관계없어.》

하등 동물 (下等動物) 몸 구조가 단순한 동물. **참**고등 동물.

하락 (下落) 값이나 수준이 낮아지는 것.《물가 하락/인기 하락》**하락하다**

하루 1.밤 열두 시에서 다음 날 밤 열두 시까지의 24시간.《일요일은 하루가 너무 빨리 간다.》2.아침부터 저녁까지 해가 떠 있는 동안.《오늘 하루는 동무들과 사방치기를 하고 놀았다.》3. 따로 정하지 않은 어떤 날.《하루는 나

하루살이

를 찾는 전화가 세 통이나 걸려 왔다.》

하루가 멀다 하고 관용 거의 날마다. 또는 아주 자주.《새별이는 하루가 멀다 하고 우리 집에 놀러 온다.》

하루가 새롭다 관용 1.몹시 바빠서 시간 흐르는 것이 아깝다.《시험이 코앞에 닥치니 하루가 새로워.》2.달라지는 모습이 두드러지다.《요즘에는 새싹이 하루가 새롭게 자란다.》

하루같이 변함없이 늘.《일 년을 하루같이 열심히 일했다.》

하루바삐 → 하루빨리.

하루빨리 하루라도 빨리.《병이 도지기 전에 하루빨리 병원에 가서 치료를 받아.》**같**하루바삐, 하루속히.

하루살이 물가나 풀숲에서 떼 지어 날아다니는 작은 곤충. 애벌레는 물에서 2~3년 자라는데, 어른벌레가 되어서는 몇 시간이나 며칠밖에 못 산다.

하루속히 → 하루빨리.《우리나라가 하루속히 통일이 되면 좋겠어요.》

하루아침 아주 짧은 시간.《저 가수는 하루아침에 유명해졌어.》

하루하루 1.늘 맞이하는 날.《하루하루 즐겁게 지내자.》2.하루가 지날 때마다.《날씨가 하루하루 추워진다.》

하루해 해가 떠서 지는 동안.《여기를 다 둘러보려면 하루해로도 모자라.》

하룻강아지 1.태어난 지 얼마 안 되는 어린 강아지. 2.경험이 적고 얕은 지식만을 가진 어린 사람을 놀리는 말.

하룻강아지 범 무서운 줄 모른다 속담 철 없이 함부로 덤비는 것을 빗대어 이르는 말.

하룻밤 1.해가 지고 나서 다음날 해가

뜰 때까지의 동안.《동화책을 보느라 하룻밤을 꼬박 새웠다.》**북**하루밤. 2. 어느 날 밤.《하룻밤에는 새가 되어 하늘을 나는 꿈을 꾸었다.》**북**하루밤.

하룻밤을 자도 만리장성을 쌓는다 속담 잠깐 사귀어도 정이 깊을 수 있다는 말.

하류 강 (下流) 1.강이나 내의 아래쪽. 《한강 하류》**참**상류, 중류. 2.지위, 신분, 생활수준 같은 것이 낮은 것.《하류 계층》**참**상류, 중류.

하릴없이 1.어쩔 수 없이.《비가 많이 와서 하릴없이 집 안에만 있었어.》 2. 뚜렷한 목적이나 이유 없이.《하릴없이 하늘을 바라보면서 앉아 있었다.》

하마 아프리카 강이나 호수에 사는 짐승. 몸이 뚱뚱하고 입이 아주 큰데 다리가 짧다. 몸 빛깔은 갈색이고 털이 거의 없다. **북**물말.

하마터면 자칫 잘못하다가는.《하마터면 물에 빠질 뻔했잖아.》**비**까딱하면.

하멜 표류기 네덜란드 사람 하멜이 쓴 책. 조선 효종 때 제주도에 떠 내려와 14년 동안 살면서 겪은 일과 조선의 지리, 풍속, 군사, 교역 들에 관해 썼다.

하명 (下命) 윗사람이 아랫사람한테 명령을 내리는 것. 또는 그 명령.《신하는 임금의 하명을 받고 길을 떠났다.》**하명하다**

하모니 (harmony) → 화성.

하모니카 (harmonica) 부는 악기 가운데 하나. 길고 네모난 틀에 들어 있는 칸 여러 개에 숨을 불어 넣거나 빨아들여서 소리를 낸다.

하모니카

하물 (荷物) 기차, 배, 비행기 같은 것으로 실어 나르는 짐.

하물며 앞서 말한 사실에 더 말할 것도 없이.《책 살 돈도 없는데 하물며 군것질할 돈이 어디 있겠나?》

하반기 (下半期) 어떤 기간을 둘로 나눌 때 뒤에 오는 기간.《이 건물은 올 하반기에 완공됩니다.》**반**상반기.

하반신 (下半身) 사람 몸의 아래쪽 절반. **비**아랫도리. **반**상반신.

하복 (夏服) 여름에 입는 옷. **참**동복.

하복부 (下腹部) 배의 가장 밑 부분.

하부 (下部) 1.아래쪽 부분.《섬진강 하부》**반**상부. 2.아래 기관. 또는 지위가 낮은 사람.《하부 조직》**반**상부.

하사 (下賜) 높은 자리에 있는 사람이 아랫사람한테 돈이나 물건을 주는 것. **하사하다**《양로원을 방문한 대통령이 금일봉을 하사했다.》

하산 (下山) 1.산에서 내려가는 것. **반**등산. 2.산에서 깨달음을 얻은 사람이 세상으로 내려가는 것. **하산하다**《어두워지기 전에 어서 하산하자./도를 깨쳤으니 이제 하산해도 되겠구나.》

하선 (下船) 배에서 내리는 것. **하선하다**《승객들은 차례로 하선했다.》

하소연 억울하거나 딱한 사정을 남한테 털어놓는 것. **하소연하다**《세미는 잘못도 없는데 혼났다고 하소연했다.》

하수 물 (下水) 쓰고 버리는 더러운 물. 《생활하수》**참**상수.

하수 사람 (下手) 기술이나 솜씨가 뒤떨어지는 사람. **반**고수.

하수구 (下水溝) 쓰고 버린 더러운 물이 흘러 나가게 만든 도랑.《하수구가 막혀서 물이 안 내려가요.》

하수도 (下水道) 쓰고 버린 더러운 물

이 흘러 나가게 만든 시설.《간밤에 하수도가 얼어서 터졌다.》**참**상수도.

하수오 밭에 심어 가꾸는 풀. 줄기는 덩굴로 자라고, 8~9월에 흰 꽃이 가지 끝에 모여 핀다. 뿌리를 약으로 쓴다.

하수오

하수 처리장 (下水處理場) 쓰고 버린 하수를 모아서 깨끗하게 만드는 곳.

하숙 (下宿) 돈을 내고 얼마 동안 남의 집에서 먹고 자면서 지내는 것. 또는 그 집.《형은 학교 앞에서 하숙을 한다.》**하숙하다**

하숙집 하숙하는 집. 또는 하숙을 치는 집.

하순 (下旬) 매달 21일에서 말일까지의 열흘 동안.《7월 하순》**참**상순, 중순.

하야 (下野) 대통령이 자리에서 물러나는 것. **하야하다**《민주화 운동이 일어나서 대통령이 하야하고 새 정부가 들어섰다.》

하야말갛다 빛깔이 희고 맑다.《하야말간 아기 얼굴》**바**하야말간, 하야말개, 하야말갛습니다.

하얀색 눈이나 우유와 같은 색. **반**검은색.

하양 하얀 빛깔이나 물감. **반**검정.

하얗다 1.눈이나 우유 빛깔과 같다.《하얀 꽃잎이 눈송이처럼 흩날린다.》**반**까맣다. **참**허옇다. 2.'하얗게' 꼴로 써서, 놀라거나 무서워서 얼굴에 핏기가 전혀 없다.《너무 놀라서 얼굴이 하얗게 질렸어.》**바**하얀, 하얘, 하얗습니다.

하얘지다 하얗게 되다.《밤새 눈이 와서 온 동네가 하얘졌어요.》

하얼빈 (Harbin) 중국 북동쪽에 있는 도시. 안중근 의사가 이토 히로부미를 죽인 곳이다.

하여가 (何如歌) 고려 말기에 이방원이 지은 시조. 정몽주에게 함께 조선을 세우자는 뜻으로 읊었다. 정몽주는 이에 '단심가'로 답했다.

하여간 (何如間) 어떻게 하든지 간에. 또는 어떻게 되든지 간에.《하여간 제가 할 수 있는 만큼 최선을 다하겠습니다.》**같**여하간. **비**아무튼.

하여금 '~로', '~으로'와 함께 써서, 남한테 어떤 일을 시키는 뜻으로 쓰는 말.《이 책은 읽는 이로 하여금 커다란 감동을 받게 한다.》**북**하여.

하여튼 → 아무튼.《배가 고프니까 하여튼 먹고 보자.》

하역 (荷役) 배에 짐을 싣고 내리는 것.《하역 작업》**하역하다**

하염없다 1.아무 생각 없거나 어떤 생각에 잠겨 멍하다. 2.어떤 일이나 상태가 어쩔 수 없이 이어지다.《언니는 슬픈 영화를 보면서 하염없는 눈물을 흘렸다.》**하염없이**

하오 (下午) 낮 열두 시부터 밤 열두 시까지의 동안.《토요일 하오 세 시에 축구 시합이 있다.》**반**상오.

하와이 (Hawaii) 태평양 가운데에 있는 여러 섬으로 이루어진 미국의 주. 관광지로 널리 알려져 있다.

하위 (下位) 낮은 지위나 등급.《이번에 등수가 하위로 떨어졌다.》**반**상위.

하의 (下衣) → 아래옷.

하이에나 아시아, 아프리카의 초원에 사는 짐승. 죽은 동물의 고기를 먹어 치운다. 생김새는 개와 비슷하다.

하이킹 (hiking) 산, 들, 바닷가 같은

데를 걷거나 자전거를 타고 여행하는 것.《자전거 하이킹》

하이힐 굽이 높고 뾰족한 여자 구두.

하인 (下人) 옛날에 남의 집에 매여서 일하던 사람. ^참하녀.

하자 (瑕疵) → 흠.

하잘것없다 아주 시시하고 하찮다.《하잘것없는 일로 동무와 다투었다.》

하중 (荷重) 짐의 무게.

하지 (夏至) 한 해를 스물넷으로 나눈 때 가운데 열째. 한 해 가운데 낮이 가장 긴 날이다. 6월 21일쯤이다. ^반동지.

하지만 그렇기는 해도.《네 말대로 진수가 잘못한 건 맞아. 하지만 진수도 어쩔 수 없었잖아.》^북허지만.

하직 (下直) 1.멀리 떠나기 전에 웃어른께 인사를 드리는 것.《하직 인사》2.죽는 것을 빗대어 이르는 말. **하직하다**《젊은 나이에 세상을 하직하다.》

하차 (下車) 자동차나 열차 같은 것에서 내리는 것. ^반승차. **하차하다**《한 사람씩 질서 있게 하차하여 주십시오.》

하찮다 훌륭하지 않다. 또는 대수롭지 않다.《하찮은 재주/하찮은 일》

하천 (河川) 강과 시내.

하체 (下體) → 아랫도리.

하층 (下層) 1.→ 아래층. 2.재산이 적고 신분이나 지위가 낮은 계층.《하층 계급/하층 노동자》^반상층.

하키 (hockey) 1.→ 필드하키. 2.→ 아이스하키.

하트 (heart) 심장을 본뜬 꼴. '사랑'을 뜻하고 '♥'로 나타낸다.

하편 (下篇) 두 편 또는 세 편으로 된 책의 맨 마지막 편. ^참상편, 중편.

하품 졸리거나 피곤하거나 지루하여 저절로 입이 크게 벌어지면서 숨을 깊이 쉬는 일.《하품이 나오는 걸 참느라 혼났다.》 **하품하다**

하프 (harp) 뜯는 악기 가운데 하나. 세모꼴 틀에 줄을 세로로 마흔일곱 개 걸었다. 두 손으로 줄을 뜯거나 튕긴다.

하필 (何必) 다르게 하거나 다르게 되지 않고 어째서 꼭.《하필 시험 보는 날 배탈이 나니?》

하하 웃음 입을 크게 벌리고 거리낌 없이 웃는 소리. 또는 그 모양.《동생 재롱에 모두 하하 웃었다.》^참허허.

하하 ^{느낌말} 놀랍거나 기막힐 때 내는 소리.《하하, 이렇게 쉬운 걸 틀리다니.》^참허허.

하향 (下向) 아래로 향하는 것.《하향 곡선》^반상향.

하현달 음력 22일이나 23일에 뜨는 달. 왼쪽이 둥근 반달이다. ^참상현달.

하현달

하회 마을 경상북도 안동에 있는 마을. 옛 모습이 그대로 남아 있는 민속 마을이다.

하회 별신굿 탈놀이 경상북도 안동 하회 마을에 이어져 내려오는 탈놀이. 양반, 각시, 부네, 선비, 중, 백정, 이매, 할미, 초랭이 들이 나온다. 중요 무형 문화재 제69호.

하회탈 하회 별신굿 탈놀이를 할 때 쓰는 나무탈. 국보 제121호.

학 → 두루미.

학과 (學科) 1.내용에 따라 학문을 나누어 놓은 것. 2.대학교에서 학문에 따라 교수와 학생을 나누어 놓은 것.

학교 (學校) 시설을 갖추고 학생들을 가르치는 공공 기관. 또는 그 건물. 초등학교, 중학교, 고등학교, 대학교 들이 있다.《학교에 다녀오겠습니다.》

학구적 (學究的) 학문 연구에 몰두하는. 또는 그런 것.

학군 (學群) 중학교나 고등학교를 지역에 따라 몇 개씩 무리 지어 놓은 것.

학급 (學級) 한 교실에서 함께 공부하는 학생들의 집단.《오늘 오후에 학급 회의를 하겠습니다.》

학급 문고 (學級文庫) 학급의 학생들이 돌려 가면서 읽으려고 갖추어 놓은 책. 또는 그 책을 모아 둔 곳.

학급 신문 (學級新聞) 학급에서 학생들이 만들어 내는 신문. 학교 소식, 학생 작품 들을 싣는다.

학기 (學期) 한 학년 동안을 둘로 나눈 기간. 또는 그 기간을 세는 말.《새 학기/한 학기만 지나면 졸업이구나.》

학꽁치 얕은 바다에 떼 지어 사는 바닷물고기. 턱이 학 주둥이처럼 길고 물위로 나는 듯이 뛰어오른다.

학년 (學年) 학교에서 일 년을 단위로 하는 기간이나 단계.《저도 내년이면 4학년이 돼요.》

학당 (學堂) 옛날에 '학교'를 이르던 말.《이화 학당/배재 학당》

학대 (虐待) 몹시 심하게 괴롭히는 것. **학대하다**《동물을 학대하면 안 돼요.》

학덕 (學德) 배워서 쌓은 지식과 훌륭한 됨됨이.《선생님은 학덕이 높으신 분입니다.》

학도 (學徒) 1. 학문을 배우는 사람.《역사 학도》2. 옛날에 '학생'을 이르

학도요

던 말.

학도병 (學徒兵) 일제 강점기에 일본 군대로 끌려간 한국 학생.

학도요 물가에 사는 나그네새. 학처럼 부리와 다리가 길다. 온몸이 검고 등에는 흰 점이 흩어져 있다.

학동 (學童) 옛날에 글방에서 글을 배우던 아이.

학력 경험 (學歷) 학교를 다닌 경력.

학력 능력 (學力) 공부하여 쌓은 지식이나 기술.《학력 평가/학력이 우수한 학생에게 우등상을 준다.》

학문 (學問) 어떤 분야의 지식을 배우고 익히는 것. 또는 그런 지식.《학문을 닦다./학문에 힘쓰다.》 **학문하다**

학벌 (學閥) 학교 교육을 받은 정도. 또는 졸업한 학교의 수준.《학벌보다는 실력이 더 중요하다.》

학부모 (學父母) 학생의 아버지와 어머니.

학부형 학생의 보호자. 같부형.

학비 (學費) 학교에 다니는 데 드는 돈. 또는 공부하는 데 드는 돈.

학사 (學士) 대학교를 졸업한 사람한테 주는 학위. 참박사, 석사.

학살 (虐殺) 사람을 잔인하게 마구 죽이는 것. **학살하다**《일본군은 독립을 외치는 우리 백성을 학살했다.》 **학살되다**

학생 (學生) 학교에 다니면서 공부하는 사람.《언니와 나는 초등학교 학생입니다.》

학생증 (學生證) 학생이라는 것을 증명하는 문서.

학선 (鶴扇) 손잡이가 날개를 편 학처

럼 생긴 부채.

학설 (學說) 학문에서 어떤 문제를 두고 내세우는 주장이나 이론.《탈춤의 유래에는 여러 학설이 있습니다.》

학수고대하다 목을 학처럼 길게 빼고 애타게 기다리다.《아버지가 돌아오실 날만 학수고대하고 있어요.》

학술 (學術) 배워서 익히는 학문, 예술, 기술 같은 것.《학술 발표회》

학술원 (學術院) 학문과 기술을 연구하려고 나라에서 만든 기관.

학습 (學習) 지식이나 기술 같은 것을 배우고 익히는 것.《학습 태도가 좋다.》 **학습하다 학습되다**

학습장 (學習帳) 공부한 내용을 적는 공책.

학습 지도 (學習指導) 학생이 공부하는 내용을 잘 익힐 수 있게 선생님이나 부모님이 가르쳐 주고 도와주는 일.

학식 (學識) 배우고 익혀 쌓은 지식.《학식이 풍부하다.》

학업 (學業) 학교에 다니면서 공부하는 일.《오빠는 아버지의 일을 도우면서도 학업을 게을리 하지 않았다.》

학예회 (學藝會) 흔히 초등학교에서 학생들이 학부모한테 보이는 전시회나 발표회.

학용품 (學用品) 학생이 공부하는 데 쓰는 물건. 공책, 연필, 지우개, 자 들이 있다.

학우 (學友) 같은 학교에서 함께 공부하는 동무.《가난한 학우를 도와주기로 했다.》 비교우. 참급우.

학원 (學院) 모자란 학교 공부를 가르치거나 예능, 기술 같은 것을 가르치는 곳.《미술 학원》

학위 (學位) 대학교에서 어떤 분야를 전문으로 공부한 사람한테 주는 자격. 박사, 석사, 학사 학위가 있다.

학익진 (鶴翼陣) 적과 싸울 때 학이 날개를 편 듯한 모습으로 군사를 벌여 놓은 진.

학자 (學者) 어떤 분야를 깊이 연구하여 전문 지식을 갖춘 사람.《저는 우주를 연구하는 학자가 되고 싶습니다.》

학자금 (學資金) 학비로 쓰는 돈.

학장 (學長) 한 계통 학과로만 이루어진 대학에서 학교 일을 책임지는 사람.

학점 (學點) 1. 대학교나 대학원에서 학생이 공부한 과목을 계산하는 단위.《졸업 학점》 2. 대학교나 대학원에서 성적을 나타내는 점수.《이모는 이번 학기에 모두 A 학점을 받았다.》

학정 (虐政) 백성을 괴롭히는 모진 정치.《학정에 시달리던 농민들이 난을 일으켰다.》 비폭정.

학질 (瘧疾) → 말라리아.

학질을 떼다 관용 몹시 성가시거나 어려운 일을 겪느라 진땀을 빼다.《미진이가 왜 약속에 늦었느냐고 꼬치꼬치 묻는 통에 학질을 뗐다.》

학창 (學窓) 학교에서 공부하는 일을 빗대어 이르는 말.《학창 시절》

학풍 (學風) 1. 학문에 나타나는 특징. 2. 학교마다 지닌 독특한 분위기.

학회 (學會) 같은 분야를 공부하는 사람들의 모임.《한국 역사 학회》

한 하나 1. 세는 말 앞에 써서, '하나'를 뜻하는 말.《책 한 권/신발 한 켤레》 2. 수를 나타내는 말과 함께 써서, '대략',

'대강', '어림잡아서'를 뜻하는 말. 《자전거를 다 고치려면 한 사흘 걸릴 것 같대.》 3. '어떤', '어느'처럼 잘 모르거나 딱히 정해지지 않은 것을 가리키는 말. 《옛날에 한 나무꾼이 산으로 나무를 하러 갔대요.》

한 배를 타다 관용 일을 함께 하는 처지가 되다. 《한 배를 탔으니 우리 모둠이 1등을 할 수 있게 잘해 보자.》

한 우물을 파다 관용 한 가지 일만 하다. 《그분은 평생 한 우물만 판 덕에 도자기 장인으로서 이름을 날리게 됐다.》

한 줌 흙이 되다 관용 죽다. 《사람은 언젠가는 한 줌 흙이 된다.》

한 어미 자식도 아롱이다롱이 속담 한 어머니가 낳은 자식도 각각 다르다는 뜻으로, 세상 모든 것은 다 다르다는 말.

한 끝 (限) 1. 흔히 '없다', '있다'와 함께 써서, 시간, 공간, 수량 들의 끝. 《부모님의 사랑은 한이 없어라.》 2. 상태, 정도가 몹시 심하거나 대단하다는 뜻을 나타내는 말. 《기쁘기 한이 없다.》 3. 어떤 일이 생길 조건이나 경우를 나타내는 말. 《내일까지 비가 그치지 않는 한 소풍 가기는 다 틀렸다.》 4. '한이 있어도', '한이 있더라도' 꼴로 써서, 몹시 어려운 상황이나 경우를 나타내는 말. 《꼴찌를 하는 한이 있더라도 끝까지 뛰고 싶다.》

한 원한 (恨) 슬프거나 분하거나 억울한 일 때문에 마음속에 응어리져 맺힌 감정. 《고향을 그리는 마음이 한이 되어 할아버지 가슴에 맺혀 있다.》

한- 붙는말 어떤 낱말 앞에 붙어, 1. '큰'이라는 뜻을 더하는 말. 《한길/한시름》 2. '한창때인'이라는 뜻을 더하는 말. 《한겨울/한낮》 3. '같은'이라는 뜻을 더하는 말. 《한집안》 4. '정확히'라는 뜻을 더하는 말. 《한가운데》

한가득 꽉 차게 가득. 《그릇에 물을 한가득 따랐다.》 북하나가득.

한가롭다 바쁘거나 급한 일이 없어 편안하고 여유 있다. 《모내기를 끝낸 농촌은 한가로운 풍경입니다.》 바한가로운, 한가로워, 한가롭습니다. **한가로이**

한가운데 가장 가운데가 되는 곳. 《벽 한가운데에 그림이 있다.》 비한복판.

한가위 우리나라 명절 가운데 하나. 햅쌀로 빚은 송편과 햇과일로 상을 차려서 조상에게 차례를 지낸다. 음력 8월 15일이다. 같중추절, 추석.

한가하다 바쁘거나 급한 일이 없어 여유 있다. 또는 어떤 곳에 사람이 많지 않아 여유 있고 조용하다. 《점심시간이 지나서인지 식당은 한가했다.》

한갓 고작해야. 《그 얘기는 한갓 뜬소문에 지나지 않아.》

한갓지다 한가하고 조용하다. 《할아버지는 한갓진 시골에서 사신다.》

한강 (漢江) 우리나라 가운데를 흐르는 강. 태백산맥에서 시작하여 서울을 지나 서해로 흘러 들어간다.

한걸음에 쉬지 않고 내처 걷는 걸음으로. 《집까지 한걸음에 달려갔다.》

한겨레 '큰 겨레'라는 뜻으로 우리 겨레를 이르는 말. 《남녘과 북녘은 모두 한겨레이다.》

한겨울 한창 추운 겨울. 《한겨울이라 시냇물이 꽁꽁 얼었다.》 참한여름.

한결 전보다 더. 《앞머리를 내리니까

한결 예쁘구나.》 비한층.

한결같다 1. 처음부터 끝까지 달라지지 않고 꼭 같다. 《언니 공책의 글씨가 첫 장부터 끝까지 또박또박 한결같다.》 2. 여럿이 모두 꼭 같다. 《아이들 의견이 한결같다.》 **한결같이**

한계 (限界) 힘이 미치는 테두리. 《사람이 할 수 있는 일은 한계가 있다.》

한계령 (寒溪嶺) 강원도 양양과 인제에 걸쳐 있는 고개.

한계선 (限界線) 한계가 되는 선.

한고비 가장 중요하거나 어려운 때. 《위독하시던 할머니가 어젯밤에 한고비를 넘기셨다.》

한과 다식, 강정 들처럼 우리나라에서 옛날부터 만들어 온 과자.

한구석 1. 한쪽으로 치우쳐 구석진 곳. 《가방을 방 한구석에 처박아 두었다.》 2. 한쪽 면. 또는 한쪽 부분. 《어느 한구석 마음에 드는 데가 없다니까.》

한국 방송 공사 (韓國放送公社) 우리나라 공영 방송사. 케이비에스(KBS).

한국산개구리 산기슭 무논에 사는 개구리. 몸 빛깔은 진한 밤색이고 배는 불그스름하다.

한국어 (韓國語) 우리나라 사람이 쓰는 말. 북조선어.

한국은행 (韓國銀行) 우리나라의 중앙은행. 돈을 만들고 나랏돈을 관리하며 일반 은행에 돈을 빌려 주는 일 들을 한다.

한국인 (韓國人) 대한민국 국적이 있는 사람.

한국적 (韓國的) 한국의 특징을 보여 주는. 또는 그런 것.

한국산개구리

한국학 (韓國學) 우리나라의 역사, 지리, 정치, 경제, 사회, 문화 들을 연구하는 학문.

한국화 (韓國畵) 우리나라에 이어져 내려온 수묵화. 중국, 일본의 그림과 구별하여 이르는 말이다. 북조선화.

한군데 어느 정해진 곳. 또는 어느 한 자리. 《쓰고 난 물건은 한군데에 두어야 다음에 찾기 쉽다.》

한글 우리나라 글자. 조선 시대에 세종 대왕이 집현전 학자들과 함께 만든 '훈민정음'을 이른다.

한글날 세종 대왕이 훈민정음을 만들어 세상에 널리 알린 것을 기념하는 날. 10월 9일이다.

한글 학회 우리말과 우리글을 연구하고 발전시키려고 만든 단체. '한글 맞춤법 통일안'과 '외래어 표기법'을 만들었다.

한기 (寒氣) 1. 추운 기운. 《불을 때지 않아서 방에 한기가 돈다.》 비냉기. 2. 병에 걸렸을 때 느끼는 추운 기운. 《몸살이 나서 몸에 한기가 든다.》

한길 사람이나 차가 많이 다니는 넓은 길. 《한길을 건널 때는 양옆을 잘 보고 조심해야 한다.》 비큰길.

한꺼번에 몰아서 한 번에. 또는 여럿이 모두 한 번에. 《밀린 일기를 한꺼번에 쓰다가 엄마한테 꾸중을 들었다./ 종이 울리자 아이들이 한꺼번에 운동장으로 나갔다.》

한껏 할 수 있는 데까지 있는 힘껏. 《이모는 한껏 멋을 부리고 나갔다.》

한나라 기원전 202년부터 기원후 220년까지 중국에 있던 나라.

한나절 하루 낮의 반.《여름 한나절 냇가에서 놀다 온 아이들이 까맣게 그을었다.》^북반낮.

한낮 낮의 한가운데. 낮 열두 시 무렵을 이른다.《한낮에는 볕이 좋아 빨래가 잘 마른다.》^비대낮. ^반한밤. ^북중낮.

한낱 대단한 것 없이. 또는 기껏해야 다만.《한낱 종이 쪼가리 갖고 왜 이렇게 야단이야?》

한눈 1. 잠깐 한 번 보는 것.《선희는 유치원 동창인 영수를 한눈에 알아보았다.》 2. 한 번에 볼 수 있는 테두리.《옥상에서 동네가 한눈에 다 보인다.》

한눈팔다 1. 앞을 바로 보지 않고 딴 데를 보다.《한눈팔면서 걷다가 전봇대에 부딪혔다.》 2. 하고 있는 일에 신경 쓰지 않고 다른 일에 관심을 기울이다.《수업 시간에 한눈팔지 마.》^바한눈파는, 한눈팔아, 한눈팝니다.

한달음에 쉬지 않고 달려서.《여기까지 한달음에 왔어.》

한대 (寒帶) 극지방 가까이에 있는 추운 지역.

한대 기후 (寒帶氣候) 한대 지방에 나타나는 날씨. 가장 따뜻한 달의 평균 기온이 섭씨 10도보다 낮아서 식물이 자라기 어렵다.

한더위 한창 심한 더위.

한데 ^{한군데} 1. 한곳이나 한군데.《쓰레기는 한데 모아서 버리세요.》 2. 모두 함께.《우리 힘을 한데 모아 보자.》

한데 ^밖 집이나 건물의 바깥.《한데 있지 말고 들어와.》^비노천. ^북한지.

한데 ^{그런데} '그러한데'가 줄어든 말.《한데 어디서 만날까?》

한도 (限度) 어느 만큼까지라고 정해 놓은 테두리.《용돈은 한 달에 만 원 한도에서 쓰기로 했어.》

한도막 형식 한 곡이 작은악절 두 개로 이루어지는 형식.

한동안 시간이 꽤 오래 지나는 동안.《한동안 미선이를 못 만났어.》

한두 하나나 둘.《그곳에는 한두 번 가 본 적이 있다.》

한들- 가늘거나 얇은 것이 이리저리 가볍게 흔들리는 모양. **한들거리다 한들대다 한들한들**《꽃잎이 바람에 한들한들 춤을 춥니다.》

한때 1. 지나간 어느 때. 또는 오래전 얼마 동안.《아저씨는 한때 이름난 야구 선수였다고 한다.》 2. 같은 때.《여럿이 한때에 들이닥쳐 정신이 없다.》

한뜻 같은 뜻.《한뜻으로 모인 동지》

한라산 (漢拏山) 제주도 가운데에 있는 산. 남녘에서 가장 높은 산으로 꼭대기에는 백록담이 있다. 국립공원이고 유네스코에서 세계 문화유산으로 지정하였다.

한란 한라산과 일본 남부 지방에 드물게 자라는 풀. 초겨울에 옅은 녹색이나 붉은 자주색 꽃이 핀다.

한랭 (寒冷) 공기가 차고 날씨가 추운 것.《한랭 기후》 **한랭하다**

한랭 전선 (寒冷前線) 찬 공기가 따뜻한 공기를 밀어 올리고 갈 때 옆으로 펼쳐져 나타나는 띠. 이 띠가 지나가면 소나기가 내리고 갑자기 추워진다. ^참온난 전선.

한량 (閑良) 직업 없이 돈 잘 쓰고 놀기 좋아하는 사람.

한량없다 헤아릴 수 없이 크거나 많다. 《갖고 싶던 인형을 생일 선물로 받으니 기쁘기가 한량없다.》 다 그지없다.

한려 수도 (閑麗水道) 경남 통영 한산도에서 전남 여수에 이르는 바다. 경치가 좋기로 이름났다.

한련초 논둑이나 축축한 곳에 자라는 풀. 8~9월에 흰 꽃이 가지 끝에 모여 피고, 열매는 검게 익는다. 포기째 약으로 쓴다. 북한년풀.

한련초

한로 (寒露) 한 해를 스물넷으로 나눈 때 가운데 열일곱째. 찬 이슬이 내리는 때라고 한다. 10월 8일쯤이다.

한류 (寒流) 추운 곳에서 따뜻한 곳으로 가는 바닷물의 흐름. 참 난류.

한마디 짧고 간단한 말. 《동생은 내 말에 한마디 대답도 없이 나가 버렸다.》

한마음 여럿이 하나로 합친 마음. 《아이들 모두 한마음이 되어 응원했다.》

한말 (韓末) 조선 시대 마지막 무렵. 대한 제국 때를 이른다.

한몫 1.한 사람한테 돌아가는 몫. 《마을 앞 감나무에 감이 많이 열려서 마을 사람들 모두 한몫씩 챙겼다.》 2.한 사람이 맡은 역할. 《모내기 날 동생도 심부름을 하면서 한몫 거들었다.》

한몫을 잡다 관용 큰돈을 벌다. 또는 이익을 많이 보다. 《딱지 따서 한몫 잡으면 몇 장 줄 거지?》

한몸 ㅣ북 1.혼자 몸. 2.뗄 수 없을 만큼 가까운 것을 빗대어 이르는 말.

한문 (漢文) 한자로 쓴 글.

한물 채소, 과일, 생선 들이 한창 많이 나올 때.

한물가다 1.채소, 과일, 생선 같은 것

이 한창 나오는 때가 지나다. 《귤이 한물가서 맛이 없네.》 2.기운, 유행, 인기 같은 것이 한창때가 지나 시들해지다. 《그 가수는 이제 한물갔어.》

한민족 (韓民族) 옛날부터 한반도에서 살아온 민족. 참 배달민족.

한바탕 일이 크고 떠들썩하게 일어나는 것을 나타내는 말. 《진아의 이야기에 모두 한바탕 웃음을 터뜨렸다.》

한반도 (韓半島) 우리나라 국토를 이루는 반도.

한밤 늦은 밤. 《아빠가 한밤이 돼서야 집에 들어오셨다.》 반 한낮.

한밤중 깊은 밤. 같 오밤중. 북 재밤중.

한방 (韓方) 옛날부터 우리나라에서 발달해 온 병을 고치는 기술.

한밭 '대전'의 옛 이름.

한번 1.어떤 일을 할 때 '시험 삼아서', '일단', '우선'을 뜻하는 말. 《누구 힘이 센지 한번 겨뤄 보자.》 2.어떤 일을 할 만한 기회나 여유가 생기는 때. 《우리 집에 한번 놀러 와.》 3.'한번은' 꼴로 써서, 지나간 어떤 때나 기회. 《한번은 미선이랑 영화관에 간 적이 있어.》 4. '몹시', '참', '아주'를 뜻하는 말. 《날씨 한번 맑구나.》

한번 엎지른 물은 다시 퍼 담지 못한다 속담 한번 저지른 일은 돌이킬 수 없다는 말.

한벌 ㅣ북 어떤 테두리 안에 사람이나 물건이 죽 널린 모양. 《할머니는 모래밭에 그물을 한벌 펴 놓고 말리셨다.》

한복 (韓服) 우리나라에서 옛날부터 입던 옷. 지금은 명절이나 혼례식 같은 때에 입는다. 참 양복.

남자

여자

한복

한복판 '복판'을 힘주어 이르는 말. 《길 한복판에 고장 난 차가 서 있다.》 비한가운데. 북한판.

한사코 뜻을 굽히지 않고 기어이.《명호는 내가 도와주려고 해도 한사코 싫다고 했다.》

한산도 (閑山島) 경상남도 통영에 딸린 섬. 임진왜란 때 이순신 장군이 왜군과 싸워 크게 이긴 곳이다. 한려 해상 국립공원이 있다.

한산도 대첩 (閑山島大捷) 임진왜란 때 (1592년) 한산도 앞바다에서 이순신 장군이 이끄는 군대가 왜군을 크게 무찌른 일.

한산 모시 충청남도 한산에서 나는 모시. 품질이 좋아 널리 알려져 있다.

한산하다 사람이 없어 조용하고 쓸쓸하다.《한산한 거리》

한살이 곤충이 알에서 애벌레, 번데기를 거쳐 어른벌레로 자라는 과정.

한성 (漢城) '서울'의 옛 이름.

한성부 (漢城府) 조선 시대에 서울의 행정과 사법을 맡아보던 관청.

한성순보 (漢城旬報) 조선 고종 때 (1883년) 우리나라에서 처음 펴낸 신문. 순한문으로 쓰였다.

한손 ㅣ북 1.남의 일을 도와주는 일손. 《책상을 옮기려고 하는데 네가 한손 도와줄래?》 2.정해진 때보다 조금. 《한손 늦는 바람에 기차를 놓쳤다.》

한솥밥 한 솥에 지은 밥. 식구처럼 함께 지내는 것을 빗대어 이르는 말이다. 《한솥밥 먹는 사이에 그만한 일로 다투면 되겠니?》 북한가마밥.

한순간 아주 짧은 동안.《큰비로 논밭이 한순간에 물에 잠겼다.》 북한순.

한술 숟가락으로 한 번 뜬 만큼 적은 양의 음식.《밥 한술 떠 보렴.》

한술 더 뜨다 관용 정도가 더 심하다. 《새별이도 목소리가 엄청 큰데 동생은 한술 더 뜬다.》

한술 밥에 배부르랴 속담 시작부터 좋은 결과를 얻기는 어렵다는 말.

한숨 걱정 1.걱정이 있거나 가슴이 답답하여 길게 내쉬는 숨.《콩쥐는 저 밭을 언제 다 갈까 생각하니 한숨이 나왔다.》 2.어려운 일이 지난 뒤에 마음이 놓여 크게 내쉬는 숨.《동무가 무사하다는 말에 안도의 한숨을 내쉬었다.》

한숨 잠 1.아주 잠깐 동안 자는 잠.《한숨 자고 나니 개운하다.》 2.힘든 일을 끝내고 잠시 마음을 놓는 것.《오늘 시험만 끝나면 한숨 돌릴 수 있어.》

한숨짓다 걱정이 있거나 가슴이 답답하여 숨을 길게 내쉬다.《일자리가 없어 한숨짓는 사람들이 많다고 한다.》 바한숨짓는, 한숨지어, 한숨짓습니다.

한스럽다 슬프거나 분하거나 아쉬운 일 때문에 마음속에 응어리진 느낌이 있다.《아버지는 그림 공부를 그만둔 것이 못내 한스럽다고 하셨다.》 바한스러운, 한스러워, 한스럽습니다.

한시 시간 1.같은 시각.《미선이와 미진이는 한시에 태어난 쌍둥이이다.》 2.아주 짧은 동안.《나는 한시도 너를 잊은 적이 없어.》

한시가 바쁘다 관용 몹시 바쁘다.《한시가 바쁘니까 차를 타고 가자.》

한시 시 (漢詩) 한문으로 지은 시.

한시름 큰 시름.《네가 도와준대서 한

시름 놓았어.》

한시바삐 조금이라도 더 빨리.《급한 일이 있으니 한시바삐 돌아오너라.》

한식 먹을거리 (韓食) 우리나라에서 옛날부터 먹어 온 음식.《불고기나 김치 같은 한식을 즐겨 먹는 외국인이 늘어나고 있다고 한다.》

한식 명절 (寒食) 우리나라 명절 가운데 하나. 조상의 산소에 찾아가서 차례를 지내고 묘를 돌본다. 4월 5일이나 6일쯤이다.

한식 한국식 (韓式) 우리나라 고유의 방식.《한식 기와집》**북**조선식.

한심하다 정도가 지나치거나 모자라서 딱하거나 기막히다.《그런 일로 동무끼리 싸우다니 한심하구나.》

한약 (韓藥) 우리나라 전통 의학에서 쓰는 약.《엄마가 할머니 드릴 한약을 지어 오셨다.》**참**양약. **북**고려약.

한약방 (韓藥房) 한약을 지어서 파는 곳. 또는 한약재를 파는 곳.

한약재 (韓藥材) 한약에 쓰이는 재료.

한양 (漢陽) '서울'의 옛 이름.

한없다 끝이 없다.《부모님의 한없는 사랑》**비**그지없다. **한없이**

한여름 한창 더운 여름. **참**한겨울.

한옆 한쪽 옆.《뒤에서 오는 차를 피하려고 길 한옆으로 비켜섰다.》

한옥 (韓屋) 우리나라 고유 방식으로 지은 집. 구들을 깔고 마루를 놓는다. **참**양옥.

한우 우리나라에서 오래전부터 길러 오던 소. 몸 빛깔은 누런 갈색이고, 성질이 순하다. **북**조선소.

한울님 천도교에서 받드는 하느님을

이르는 말.

한의사 (韓醫師) 한방으로 병을 치료하는 의사.

한의원 (韓醫院) 한의사가 한방 의술로 환자의 상처나 병을 고치는 곳.

한의학 (韓醫學) 옛날부터 우리나라에서 발달한 전통 의학. **북**동의학.

한인 애국단 (韓人愛國團) 1926년에 김구가 중국 상하이에서 만든 독립 운동 단체.

한입 1.음식을 한꺼번에 넣으려고 벌린 입.《호랑이는 떡을 한입에 꿀꺽 삼켰어요.》2.한 번에 입에 넣을 만큼의 양.《누나, 사과 한입만 줘.》

한자 (漢字) 중국 사람이 쓰는 글자. 우리나라, 일본 같은 동아시아 여러 나라에서도 쓴다.

한자리 1.같은 자리.《오래간만에 온 가족이 한자리에 모였네.》2.한몫하는 자리.《벼슬 한자리》

한자어 (漢字語) 한자로 된 낱말.

한잠 1.깊이 자는 잠.《목욕을 하고 한잠 푹 잤다.》2.잠깐 동안 자는 잠.《어젯밤에 한잠도 못 잤어.》

한적하다 사람이나 차가 많이 다니지 않아 조용하다.《한적한 오솔길》

한정 (限定) 어느 정도를 넘지 못하게 양이나 테두리를 정하는 것.《한정 판매》**한정하다 한정되다**

한족 (漢族) 옛날부터 중국에서 살아온 민족. 중국 말을 쓰고, 중국 인구 대부분을 차지한다.

한증막 (汗蒸幕) 몸을 덥게 하여 땀을 내어서 피로를 풀거나 병을 치료할 수 있게 만든 시설.

한지 (韓紙) 닥나무 껍질로 만든 우리
나라 종이. 창호지로 쓰거나 동양화를
그릴 때 쓴다. **북**조선종이.

한직 (閑職) 일거리가 크게 없는 한가
한 직책.

한집 '같은 집', '같은 집안'을 뜻하는
말.《옆집과 한집 식구처럼 지낸다.》

한집안 1.한집에서 같이 사는 가족.
《이제부터 한집안 식구처럼 가깝게 지
내요.》2.같은 집안 친척.《이 마을에
는 한집안 어른들이 많이 사신다.》

한쪽 1.어느 한 방향.《한쪽 귀가 잘 안
들려.》2.어느 한 편.《한쪽 선수가 팔
을 다쳤다.》

한참 오랜 시간. 또는 시간이 꽤 지나
는 동안.《한참 동안 기다렸잖아.》

한창 1.가장 무르익거나 활발한 때.
《들녘에서는 가을걷이가 한창이다.》
2.가장 무르익거나 활발하게.《아이들
이 물가에서 한창 재미있게 논다.》

한창때 기운이나 힘이 가장 넘치는 때.
《우리 할아버지가 한창때는 마을에서
제일가는 씨름꾼이셨대.》

한천 → 우무.

한철 한창인 때.《수박은 여름이 한철
이다.》

한층 훨씬 더.《신나는 음악을 듣자 한
층 기분이 좋아졌다.》**비**한결.

한치 뭍에서 가까운 바다에 사는 뼈 없
는 동물. 가늘고 긴 몸통에 짧은 다리
가 열 개 달려 있다.

한치

한치한치 **|북** 1.한 치씩 점점.《험한 산
길을 한치한치 올라갔다.》2.한 치도
빠짐없이 꼼꼼히.《아빠가 울타리에
칠이 잘됐는지 한치한치 살펴보신다.》

3.모든 치.《털장갑 한치한치에 엄마
정성이 담뿍 들어 있다.》

한켠 |북 어느 한쪽 편. 또는 어느 한쪽
자리.《교실 한켠에 화분이 있다.》

한탄 (恨歎) 뉘우치거나 분하거나 아
쉬워서 한숨을 내쉬는 것. **한탄하다**
《지난 일을 한탄해 봐야 소용없다.》

한탄강 (漢灘江) 강원도 평강에서 시
작하여 철원을 지나 임진강으로 흘러
들어가는 강.

한턱 기분을 내느라고 남한테 음식을
대접하는 일.《반장이 됐으니까 내가
한턱 쓸게.》

한테 흔히 사람을 나타내는 낱말 뒤에
붙어, 1.어떤 것을 받는 사람, 어떤 일
을 겪는 사람임을 나타내는 말.《동무
한테 연필을 빌려 주었다.》**높**께. **참**게,
에게. 2.어떤 것을 주거나 해 주는 사
람임을 나타내는 말.《꽃병을 깨서 엄
마한테 혼났어.》**높**께. **참**게, 에게.

한통속 뜻이 맞아 함께 어울리는 무리.
흔히 좋지 않은 뜻으로 쓴다.《형과 누
나가 한통속이 되어 나를 따돌렸다.》

한파 (寒波) 겨울에 갑자기 닥친 추위.
《전국이 한파로 꽁꽁 얼어붙었다.》

한판 제대로 한 번 벌이는 판.《두 선
수는 오늘 한판 승부를 겨룬다.》

한편 1.같은 편. 또는 같은 무리.《아
빠와 동생, 나와 엄마가 한편이 되어
윷놀이를 했다.》2.'한편으로' 꼴로 써
서, 어떤 일의 두 가지 점 가운데 하나
를 이르는 말.《짝꿍이 일 등을 했다는
소식을 듣고 기뻤지만 한편으로 부럽
기도 했다.》3.다른 말이나 이야기를
꺼낼 때 쓰는 말.《사물놀이에는 꽹과

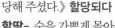
리, 징, 북, 장구가 들어갑니다. 한편 장구는 다른 음악에서도 많이 쓰입니다.》 4.어떤 일을 하는 것과 동시에. 《이모는 낮에는 공장에 다니는 한편 밤에는 학원에 다니면서 공부했다.》

한평생 한 사람이 태어나서 죽을 때까지 동안. 또는 태어나서 지금까지 동안. 《할머니는 한평생 어린이들을 가르치셨다.》 **같**일평생. **북**한당대.

한푼 |**북** 아주 적은 돈. 《주머니에 돈이 한푼도 없어서 집까지 걸어갔다.》

한풀 힘이나 기운의 한 부분. 《무더위도 이제 한풀 꺾였다.》

한품 |**북** 아주 크고 넓은 품. 《아빠의 한품에 안겨 있으면 참 행복하다.》

한하다 어떤 테두리를 넘지 못하게 정해 두다. 《어린이에 한하여 입장료를 받지 않습니다.》

한학 (漢學) 한문을 연구하는 학문.

한해 **가뭄** (旱害) 가뭄으로 농작물이 말라서 입는 피해. **북**가물피해.

한해 **추위** (寒害) 추위로 농작물이 얼어서 입는 피해. 《때 이른 서리가 내려 많은 농가들이 한해를 입었다.》

한해살이 봄에 싹이 터서 가을에 열매를 맺고 죽는 식물. 나팔꽃, 벼, 봉숭아 들이 있다. **참**여러해살이.

할 (割) 비율을 나타내는 말. 1할은 전체의 10분의 1이다. **참**리, 푼.

할기죽 |**북** 눈을 가늘게 뜨고 슬쩍 흘겨보는 모양. 《동생이 하도 얄밉게 굴어서 할기죽 흘겨보았다.》 **할기죽하다**

할당 (割當) 여럿에게 몫을 나누어 주는 것. 또는 나눈 몫. **할당하다** 《선생님께서 교실을 꾸미는 일을 조별로 할

할미꽃

할미양반탈

할미탈_하회 별신굿 탈놀이

당해 주셨다.》 **할당되다**

할딱- 숨을 가쁘게 몰아쉬는 소리. **할딱거리다 할딱대다 할딱이다 할딱할딱** 《동무가 할딱거리면서 뛰어왔다.》

할렐루야 (hallelujah히) 기독교에서 찬송할 때 '하나님을 찬양하라'는 뜻으로 쓰는 말.

할매 '할머니'의 강원도, 경상남도, 전라남도, 충청남도 사투리.

할머니 1.아버지의 어머니. 또는 어머니의 어머니. 《할머니, 안녕히 주무세요.》 **같**조모. **높**할머님. **참**할아버지. 2.늙은 여자를 친하게 이르는 말.

할머님 '할머니'의 높임말. 《할머님께서는 건강하시냐?》 **참**할아버님.

할멈 1.'할머니'를 낮추어 이르는 말. **비**할미. **참**할아범. 2.늙은 부부 사이에서 남편이 아내를 편하게 부르는 말.

할미 1.'할머니'를 낮추어 이르는 말. **비**할멈. 2.할머니가 손자나 손녀에게 자기를 이르는 말.

할미꽃 낮은 산과 들에 자라는 풀. 온몸에 하얀 털이 나 있고, 4월에 자줏빛 꽃이 고개를 숙인 채 핀다.

할미새 백할미새, 알락할미새 들을 이르는 말.

할미양반탈 통영 오광대에서 쓰는 탈.

할미탈 동래 야유, 수영 야유, 하회 별신굿 탈놀이에서 쓰는 탈.

할배 '할아버지'의 강원도, 경상남도 사투리.

할부 (割賦) 물건 값을 여러 번에 나누어 내는 것. 《자동차를 할부로 샀다.》 **할부하다**

할아버님 '할아버지'의 높임말. **참**할

머님.

할아버지 1.아버지의 아버지. 또는 어머니의 아버지.《설날 아침에 할아버지께 세배를 드렸다.》 **같**조부. **높**할아버님. **참**할머니. 2.늙은 남자를 친하게 이르는 말.

할아범 1.'할아버지'를 낮추어 이르는 말. **참**할멈. 2.옛날에 늙은 남자 하인을 이르던 말.

할애 (割愛) 시간, 돈, 장소 같은 것을 떼어서 내어 주는 것. **할애하다**《오빠는 봉사 활동에 많은 시간을 할애하고 있다.》 **할애되다**

할인 (割引) 정해진 값보다 싸게 깎아 주는 것.《할인 가격/할인 판매》 **반**할증. **할인하다 할인되다**

할인율 (割引率) 정해진 값보다 싸게 깎아 주는 비율.

할인점 (割引店) 물건을 정해진 값보다 싸게 파는 가게.

할증 (割增) 정해진 값에 얼마를 더하는 것.《할증 요금》 **반**할인. **할증하다**

할퀴다 날카로운 것으로 긁어서 상처를 내다.《고양이가 손등을 할퀴었다.》

핥다 혀를 대고 스치게 하거나 문지르다.《고양이는 털을 핥아 세수한다.》

함 (函) 1.물건을 넣는 네모난 상자.《정리함/서류함/투표함》 2.혼인을 앞두고 신랑 쪽에서 사주단자나 예물 같은 것을 넣어 신부 쪽으로 보내는 상자.

함경남도 (咸鏡南道) 우리나라 북동쪽에 있는 도. 거의 산으로 되어 있고 지하자원이 많다.

함경도 (咸鏡道) 함경남도와 함경북도를 함께 이르는 말.

함박꽃

함박꽃나무

함경북도 (咸鏡北道) 우리나라 가장 북쪽에 있는 도. 두만강을 사이에 두고 중국, 러시아와 마주하며 거의 산으로 되어 있고 탄광이 많다.

함구 (緘口) 입을 꾹 다물고 아무 말도 하지 않는 것. **함구하다**《오늘 일어난 일에 대해서는 함구하는 것이 좋겠다.》

함께 1.한데 어울려.《다음 일요일에 온 가족이 함께 나들이를 간다.》 **반**따로. 2.어떤 일과 한꺼번에.《쾅 하는 소리와 함께 비가 쏟아지기 시작했다.》

함께하다 어떤 일을 같이 하거나 어떤 마음을 같이 느끼다.《우리 아들 생일날 아빠가 함께하지 못해서 미안하구나.》 **비**같이하다.

함남 (咸南) '함경남도'를 줄인 말.

함대 (艦隊) 군함 여러 척으로 이루어진 해군 부대.《무적 함대》

함락 (陷落) 적의 도시나 성을 쳐들어가 무너뜨리는 것.《적의 성을 함락시켜라!》 **함락하다 함락되다**

함량 (含量) 물질 속에 들어 있는 어떤 성분의 양.《단백질 함량이 높은 식품》

함몰 (陷沒) 거죽이 움푹 들어가는 것.《두개골 함몰》 **함몰하다**《지진이 일어나 땅이 함몰하였다.》 **함몰되다**

함박꽃 1.함박꽃나무에 피는 꽃. 2.➔ 작약.

함박꽃나무 깊은 산 중턱이나 골짜기, 산기슭에 자라는 잎지는나무. 늦봄에 크고 흰 꽃이 핀다.

함박눈 큰 송이로 펑펑 내리는 눈.

함박웃음 입을 크게 벌리고 활짝 웃는 웃음.《현주는 선물을 받고 함박웃음을 지었다.》

함부로 조심하지 않고 아무렇게나 마구.《잔디를 함부로 밟지 마세요.》

함북 (咸北) '함경북도'를 줄인 말.

함빡 1.차고 넘치게 넉넉한 모양.《짝꿍에게 함빡 정이 들었는데 곧 전학을 가게 되어 서운하다.》 2.물이 배어 나올 만큼 젖은 모양.《소나기가 내려서 나무들이 비를 함빡 맞았다.》

함석 아연을 입힌 얇은 철판. 양동이, 대야, 지붕, 문짝 들을 만드는 데 쓴다.

함선 (艦船) 군대에서 쓰는 군함 같은 배를 이르는 말.

함성 (喊聲) 여럿이 함께 크게 외치는 소리.《우리 선수가 공을 넣자 관중들은 운동장이 떠나가라 함성을 질렀다.》

함양 (涵養) 품성이나 힘 같은 것을 기르는 것.《이 책은 정서 함양에 도움이 된다.》 **함양하다 함양되다**

함유 (含有) 어떤 성분이 들어 있는 것. **함유하다 함유되다**《우유에는 칼슘이 많이 함유되어 있다.》

함자 (銜字) 남의 이름을 높여 이르는 말.《아버님 함자가 어떻게 되나요?》 비성함, 존함.

함정 덫 (陷穽) 1.짐승을 잡으려고 판 구덩이. 2.남을 어려움에 빠뜨리려고 꾸민 꾀.《적의 함정에 빠졌다.》

함정 배 (艦艇) 크고 작은 군사용 배를 모두 이르는 말.

함지 1.크고 네모지게 만든 나무 그릇. 2. → 함지박.

함지박 통나무 속을 파서 큰 바가지 꼴로 만든 그릇. 같함지.

함초롬하다 촉촉하게 젖어 곱고 생기 있다.《이슬에 젖어 함초롬한 풀잎》

함초롬히

함축 (含蓄) 말이나 글에 많은 뜻을 겉으로 드러나지 않게 담고 있는 것. **함축하다**《이 속담은 여러 가지 뜻을 함축하고 있다.》 **함축되다**

함포 (艦砲) 군함에 설치한 대포.

함흥냉면 (咸興冷麵) 국물 없이 생선회를 넣어 맵게 비벼 먹는 함흥식 냉면.

함흥차사 (咸興差使) 심부름을 가서 오지 않는 사람. 조선 태조가 왕 자리에서 물러나 함흥에 머물 때 태종이 보낸 신하를 죽이거나 돌려보내지 않은 데서 나온 말이다.

합 수 (合) 여러 수를 더한 수.《1과 2의 합은 3이다.》

합 그릇 (盒) 둥글넓적하고 뚜껑이 있는 놋그릇.

합_그릇

합격 (合格) 시험에 붙거나 검사를 통과하는 것. 반불합격. **합격하다**《삼촌이 입사 시험에 합격했대.》 **합격되다**

합격품 (合格品) 품질, 크기 같은 것이 정해진 기준에 맞는 제품.

합계 (合計) 여러 수를 모두 합한 값. 비계, 합산. **합계하다**

합금 (合金) 금속에 다른 물질을 섞어 새로운 금속을 만드는 것. 또는 그렇게 만든 금속. **합금하다**

합기도 (合氣道) 맨손으로 또는 검이나 몽둥이를 가지고 자기 몸을 지키는 무술.

함지

합당하다 어떤 기준, 조건, 도리 같은 것에 들어맞다.《명절에는 어른들을 찾아뵙는 것이 합당한 일이다.》

합동 (合同) 1.여럿이 모여 어떤 일을 같이 하는 것.《아이들이 선생님께 합동으로 절을 했다.》 2. 수학에서 두 도형의 모양과 크기가 같아 꼭 들어맞는 것. 기호는 ≡이다. **합동하다**

합류 (合流) 1. 여러 물줄기가 한데 모여 흐르는 것. 2. 어떤 일을 하려고 여럿이 한데 모이는 것. **합류하다**《북한강과 남한강이 합류하는 곳/송편 만들기에 아빠도 합류하셨다.》

합리 (合理) 이론이나 이치에 알맞은 것. ^반불합리.

합리적 (合理的) 이론이나 이치에 알맞은. 또는 그런 것.

합법 (合法) 법에 맞는 것. ^반불법.

합법화 (合法化) 법에 맞게 만드는 것. **합법화하다 합법화되다**

합병 (合倂) 여러 회사나 단체 들을 하나로 합치는 것. ^같병합. **합병하다 합병되다**《아버지가 다니시던 은행이 다른 은행에 합병되었다고 한다.》

합병증 (合倂症) 앓고 있는 병 때문에 생기는 다른 병. ^북따라난병.

합산 (合算) 여러 수를 합하여 셈하는 것. ^비합계. **합산하다**《한 달 동안 쓴 돈을 합산하면 얼마니?》 **합산되다**

합선 (合線) 전선 껍데기가 벗겨지거나 하여 두 전선이 한데 붙는 것.《전기 합선으로 불이 났다.》 **합선되다**

합성 (合成) 둘 이상의 물건이나 물질을 합하여 하나로 만들거나 새로운 것을 만드는 것.《합성 사진》 **합성하다 합성되다**

합성 섬유 (合成纖維) 석유, 석탄, 천연가스 들에서 뽑아낸 물질로 만든 섬유. 나일론, 폴리에스테르 들이 있다. ^같화학 섬유.

합성 세제 (合成洗劑) 석유에서 얻은 화학 물질을 합성하여 만든 세제.

합성수지 (合成樹脂) 석탄이나 석유에서 뽑아내어 건축 재료나 그릇 들을 만드는 데 쓰는 물질.

합세 (合勢) 여럿이 힘을 한데 합치는 것. **합세하다**《고구려는 신라와 합세하여 당나라 군대와 싸웠다.》

합숙 (合宿) 여럿이 훈련 같은 것을 하려고 한곳에서 먹고 자는 것. **합숙하다**

합승 (合乘) 다른 사람 차에 함께 타는 것. 또는 다른 손님이 탄 택시에 함께 타는 것. **합승하다**

합심 (合心) 여럿이 마음을 한데 모으는 것. **합심하다**《주민들과 군인들이 합심하여 무너진 둑을 다시 쌓았다.》

합의 ^{같아짐} (合意) 서로 다른 의견이나 뜻을 하나로 모으는 것. **합의하다**《다음 주에 대청소를 하기로 합의했다.》 **합의되다**

합의 ^{의논} (合議) 여럿이 한자리에 모여 의논하는 것.《반 전체의 합의를 거쳐 급훈을 정했다.》 **합의하다**

합작 (合作) 여럿이 함께 만드는 것.《남북 합작 영화》 **합작하다**

합장 ^{종교} (合掌) 불교에서 두 손바닥을 마주 대어 인사하는 것. **합장하다**《할머니가 스님과 합장하셨다.》

합장 ^{무덤} (合葬) 여러 시체를 한 무덤에 묻는 것. 흔히 남편과 아내를 함께 묻는 것을 이른다. **합장하다**

합주 (合奏) 여러 악기로 함께 연주하는 것. ^참독주, 중주. **합주하다**

합주곡 (合奏曲) 여러 악기로 함께 연주하는 곡.

합죽선 (合竹扇) 접었다 폈다 할 수 있는 대나무 부채. 얇게 깎은 대나무로 살을 만들고 그 위에 종이를 붙인다.

합창 (合唱) 여럿이 목소리를 맞추어 노래하는 것. 또는 그 노래. **참**독창, 제창, 중창. **합창하다**

합창단 (合唱團) 합창을 하려고 만든 모임.《어린이 합창단》

합천 (陜川) 경상남도 북서쪽에 있는 군. 가야산과 해인사가 있다.

합치 (合致) 어떤 사실이나 의견 들이 서로 꼭 맞는 것. **합치하다**《두 사람은 의견이 합치했다.》**합치되다**

합치다 '합하다'를 힘주어 이르는 말.《우리는 힘을 합쳐 땔감을 날랐다.》

합판 (合板) 얇은 널빤지를 나뭇결이 서로 엇갈리게 여러 겹 붙인 것.

합하다 1.여러 가지를 모으거나 섞어서 하나로 만들다.《남은 음식은 이 그릇에 합해 두렴.》**반**나누다. 2.보태거나 더하다.《깨진 그릇이 모두 합해서 다섯 개나 돼요.》3.여러 사람의 힘, 뜻, 마음 들을 한데 모으다.《모두 뜻을 합하면 못 해낼 일이 뭐가 있겠니.》

핫- '옷', '이불' 같은 낱말 앞에 붙어, '솜을 둔'이라는 뜻을 더하는 말.《핫옷/핫바지》

핫도그 (hot dog) 1.길쭉한 빵을 세로로 갈라 소시지 같은 것을 끼우고 겨자 소스 들을 바른 먹을거리. 2.기다란 소시지에 막대기를 꽂고 밀가루 반죽을 묻혀서 튀긴 먹을거리.

핫바지 솜을 두어 지은 바지.

항 (項) 1.법률이나 문장 들에서 내용을 나눌 때 차례를 나타내는 말.《한글 맞춤법 47항》 2.비나 비례식에서 낱낱의 부분. 이를테면 2:3에서 2와 3을 말한다.

항간 (巷間) 세상 사람들 사이.《항간에 떠도는 소문은 믿을 것이 못 된다.》

항거 (抗拒) 어떤 일에 맞서 뜻을 굽히지 않고 버티거나 싸우는 것. **참**저항. **항거하다**《독재에 항거하다.》

항공 (航空) 비행기를 타고 하늘을 나는 것.《항공 우편》

항공기 (航空機) 사람이나 물건을 싣고 하늘을 날 수 있는 탈것을 모두 이르는 말.

항공로 (航空路) 하늘에서 비행기가 날아다니는 길. **같**항로. **북**비행기길.

항공모함 (航空母艦) 전투기가 뜨고 내릴 수 있게 갑판에 활주로를 갖춘 큰 군함.

항공 수송 (航空輸送) 비행기로 사람이나 물건을 실어 나르는 일.《간단한 짐은 항공 수송으로 보내기로 했다.》**같**항공 운송.

항공 우주 산업 (航空宇宙産業) 항공기, 미사일, 로켓 들을 만드는 산업.

항공 운송 (航空運送) → 항공 수송.

항구 (港口) 바닷가에 배가 드나들 수 있게 만들어 놓은 곳.《큰 배가 항구로 들어오고 있습니다.》

항구적 (恒久的) 달라지지 않고 오랫동안 이어지는. 또는 그런 것.

항균성 (抗菌性) 세균이 몸 안에 들어오지 못하게 하는 성질. 또는 세균이 몸 안에서 병을 일으키지 못하게 막는 성질.《항균성 비누》

항도 (港都) 항구가 있는 도시. '항구

도시'가 줄어든 말이다.《항도 부산》

항라 (亢羅) 명주실, 무명실, 모시 같은 것으로 그물처럼 짠 옷감. 얇고 가벼워 여름철 옷감으로 쓴다.

항렬 (行列) 친척 사이에서 세대의 위아래를 나타내는 말.《삼촌은 나보다 항렬이 높다.》

항로 (航路) 1.→ 뱃길.《태풍 때문에 배가 항로를 벗어났다.》2.→ 항공로.

항만 (港灣) 배를 대어 사람과 짐을 싣고 내릴 수 있는 시설을 갖춘 곳.

항목 (項目) 내용을 하나하나 나누어 놓은 것.《우리 모임 규칙은 모두 열 개 항목으로 되어 있습니다.》

항문 (肛門) → 똥구멍.

항복 (降伏) 싸움에 져서 적한테 굴복하는 것. **항복하다**《지금 항복하면 목숨만은 살려 주지.》

항상 (恒常) 늘 변함없이. 또는 언제나 한결같이.《선생님은 항상 우리를 믿어 주신다.》 비늘, 언제나.

항생 물질 (抗生物質) 세균이 몸 안에 들어오지 못하게 하는 물질. 또는 세균이 몸 안에서 병을 일으키지 못하게 막는 물질.

항생제 (抗生劑) 항생 물질로 만든 약.

항성 (恒星) 태양처럼 스스로 빛을 내는 별. 참행성.

항소 (抗訴) 하급 법원 판결에 따르지 않고 상급 법원에 다시 재판해 달라고 하는 것. 참상고. **항소하다**

항아리 흙으로 배가 불룩하게 빚어 구운 그릇. 쌀 같은 곡식이나 고추장, 간장, 된장, 김치 들을 넣어 둔다.

항온 동물 (恒溫動物) → 더운피 동물.

항의 (抗議) 의견에 맞서거나 옳지 않다고 여겨 따지는 것.《항의 시위/항의 전화》 **항의하다**

항일 (抗日) 일제 강점기에 우리나라의 주권을 되찾으려고 일본에 맞서 싸우던 일.《항일 독립 운동》

항일 운동 (抗日運動) 일제에 맞서 싸운 운동.

항쟁 (抗爭) 적이나 나쁜 세력에 맞서 싸우는 것.《민주화 항쟁》 **항쟁하다**

항전 (抗戰) 적과 맞서 싸우는 것.《우리 민족은 외세의 침략이 잦아 수많은 항전을 겪었다.》 **항전하다**

항체 (抗體) 몸속에 들어온 병균을 죽이려고 몸속에서 만들어지는 물질.

항해 (航海) 배를 타고 바다 위를 다니는 것. **항해하다**《이 배는 태평양을 항해한다.》

항해사 (航海士) 선장을 도와 배를 모는 사람.

항해술 (航海術) 바다 위에서 배를 타고 다니는 기술. 지도와 나침반으로 배의 위치나 항해 거리 들을 알아낸다.

해 태양 1. 태양계 한가운데에 있는 큰 별. 스스로 밝은 빛을 내고, 지구, 금성, 목성 들이 이 별 둘레를 돈다. 같태양. 2. 날이 밝아서 어두워질 때까지의 동안.《지난달에 견주어 해가 많이 길어졌습니다.》3. 지구가 해 둘레를 한 바퀴 도는 동안.《해가 바뀌다.》4. 지구가 해 둘레를 한 바퀴 도는 동안을 단위로 해서 세는 말.《이 동네로 이사 와서 두 해를 보냈어요.》 비년.

해가 서쪽에서 뜨다 관용 전혀 생각하지 못한 일이어서 무척 놀라다.《오빠가

청소를 하다니 해가 서쪽에서 뜨겠네.》

해 피해 (害) 남을 해롭게 하는 것. 또는 중요한 것을 잃거나 다쳐서 생기는 나쁜 일.《가뭄으로 농작물이 큰 해를 입었다.》 **해하다 해되다**

해 띠 (亥) 띠를 나타내는 열두 동물 가운데 열두째인 돼지를 이르는 말.

해 수 (垓) 경의 만 배가 되는 수.

해 하여 '하여'가 줄어든 말.《엄마가 볶음밥을 해 주셨다.》

–해 바다 (海) 어떤 낱말 뒤에 붙어, '바다' 의 뜻을 더하는 말.《동해/남해/홍해/지중해》

해거름 해가 질 무렵.《해거름이 되어서야 겨우 외갓집에 도착했다.》

해결 (解決) 어려운 일이나 문제를 풀어 잘 처리하는 것. **해결하다 해결되다** 《유괴 사건이 쉽게 해결되었다.》

해결사 (解決士) 돈을 받고 남의 어려운 일을 나서서 해결해 주는 사람.

해결책 (解決策) 어려운 일이나 문제를 잘 풀 수 있는 방법.《동무들 오해를 풀 해결책이 없을까요?》

해고 (解雇) 일터에서 일하던 사람을 그만두게 하는 것.《회사가 어려워져 많은 직원들이 해고를 당했다.》 **해고하다 해고되다**

해골 (骸骨) 살이 썩고 남은 사람 뼈. 또는 살이 썩고 남은 사람 머리뼈.

해괴망측하다 뭐라고 말할 수 없을 만큼 놀랍고 이상하다.《지난밤에 쥐한테 쫓기는 해괴망측한 꿈을 꾸었다.》

해괴하다 놀랄 만큼 이상하다.《4월에 눈이 오다니, 정말 해괴하구나.》

해군 (海軍) 바다에서 나라를 지키는

해금

군대. **참**공군, 육군.

해금 (奚琴) 켜는 국악기 가운데 하나. 속이 빈 둥근 나무통 위에 긴 나무를 꽂아 몸통을 만들고 줄을 두 가닥 걸어서 만든다.

해금강 (海金剛) 강원도 고성의 바닷가 지역. 관광지로 널리 알려져 있다.

해내다 쉽게 하기 힘든 일을 너끈히 다하거나 이루다.《동무들 도움으로 힘든 일을 해낼 수 있었다.》

해넘이 저녁에 해가 지는 것. 또는 해가 막 지는 저녁 무렵.《동생은 해넘이가 돼서야 집에 돌아왔다.》

해녀 (海女) 바다 속에 들어가서 해삼, 전복, 미역 들을 따는 여자.

해님 '해'를 사람처럼 생각하고 높여 이르는 말. ✗햇님.

해답 (解答) 1. 질문이나 문제에 대한 답.《다음 문제의 해답을 구하시오.》 비답. 2. 어려운 일을 풀 방법.《이 일을 어떻게 풀지 해답이 보이지 않는다.》

해당 (該當) 앞에서 말한 것에 딱 들어맞거나 관계가 있는 것.《해당 사항/해당 조건》 **해당하다 해당되다**

해당란 (該當欄) 항목에 알맞은 내용을 적게 되어 있는 난.《설문지를 읽고, 해당란에 ○표 하시오.》

해당화 바닷가 모래밭이나 산기슭에 자라는 잎지는나무. 가지와 줄기에 가시가 많다. 꽃이 붉고 열매도 붉게 익는다.

해당화

해대다 북 1. 어떤 것을 만들거나 다른 데에 대다.《주위가 몹시 시끄러워서 손으로 나팔을 해대고 소리쳤다.》 2. 대들듯이 함부로 말하다.《아무리 그

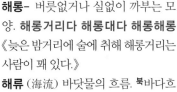

래도 삼촌한테 해대면 안 돼.》 3. 남한테 싸움을 걸어서 몹시 혼내다.《이참에 그 녀석들을 해대 줘야겠다.》

해도 (海圖) 바다의 상태를 자세하게 나타낸 지도. 깊이, 바닷가 생김새, 암초 위치 들이 나와 있다.

해독 ^{해로움} (害毒) 1. 몸에 끼치는 나쁜 영향. 또는 그런 해로운 물질.《담배는 사람 몸에 해독을 끼친다.》 2. 어떤 일에 끼치는 나쁜 영향.《폭력 영화는 어린이들에게 해독을 끼칠 수 있다.》

해독 ^{없앰} (解毒) 몸 안에 들어온 독을 없애는 것.《간은 우리 몸에서 해독 작용을 한다.》 ^북독풀이. **해독하다**

해독 ^{알아냄} (解讀) 기호, 암호, 어려운 글자 들을 읽어서 뜻을 알아내는 것. **해독하다**《보물 지도는 해독하기 어려운 암호로 쓰여 있었다.》

해독제 (解毒劑) 몸 안에 들어온 독을 없애는 약. ^북독풀이약.

해돋이 해가 막 떠오르는 것. 또는 그 모습.《동해에서는 바다 위로 떠오르는 해돋이를 볼 수 있다.》

해동 (解凍) 언 것이 녹는 것.《꽁꽁 언 생선은 찬물에 담가 천천히 해동시켜야 맛이 좋다.》 **해동하다 해동되다**

해동통보 (海東通寶) 고려 숙종 때 (1102년) 만든 구리 돈. 우리나라에서 처음으로 쓴 엽전이다.

해란초 양지바른 바닷가 모래밭에 자라는 풀. 줄기에 흰빛이 돌고, 여름에 노르스름한 꽃이 핀다. ^북운란초.

해롭다 해를 주는 점이 있다.《기름진 음식은 몸에 해로워요》 ^반이롭다. ^바해로운, 해로워, 해롭습니다.

해란초

해롱- 버릇없거나 실없이 까부는 모양. **해롱거리다 해롱대다 해롱해롱**《늦은 밤거리에 술에 취해 해롱거리는 사람이 꽤 있다.》

해류 (海流) 바닷물의 흐름. ^북바다흐름.

해륙풍 (海陸風) 바닷가에서 낮과 밤에 방향이 바뀌어 부는 바람. 낮에는 바다에서 육지로 불고 밤에는 육지에서 바다로 분다.

해리 (海里) 바다 위의 거리를 나타내는 말. 1해리는 1,852미터이다. ^북바다마일.

해마 바닷가 가까이에 사는 바닷물고기. 머리는 말 머리처럼 생겼고 주둥이는 대롱처럼 생겼다.

해마다 어느 해에나 다.《해마다 가을이면 우리 집 감나무에 감이 주렁주렁 열린다.》

해맑다 1. 표정, 눈빛 같은 것이 아주 맑다.《꼬마들의 해맑은 눈빛이 참 보기 좋다.》 2. 빛이 아주 환하거나 소리가 아주 맑다.《해맑은 아침 햇살》

해맞이 1. 해가 뜨는 것을 구경하는 것.《산에 올라 해맞이를 하면서 소원을 빌었다.》 ^북해마중. 2. 한 해를 맞이하는 것.《설날이면 친척들이 큰댁에 모여 해맞이를 한다.》 **해맞이하다**

해머 (hammer) 해머던지기에서 사용하는 기구. 둥근 쇠뭉치에 쇠줄을 달고 끝에 손잡이를 붙였다.

해머던지기 해머를 멀리 던져 거리를 겨루는 경기.

해면 (海面) → 해수면.

해명 (解明) 까닭이나 내용을 분명하

게 밝히는 것. **해명하다**《나는 왜 그랬는지 해명하려고 했지만 엄마는 버럭 화부터 내셨다.》 **해명되다**

해몽 (解夢) 꿈을 풀어서 앞으로 어떤 일이 일어날 것이라고 짐작하는 것. **해몽하다**《꽃을 꺾는 꿈은 딸을 낳을 꿈이라고 해몽한다.》

해묵다 물건, 일, 감정 같은 것이 여러 해를 넘겨 오래되다.《다락에서 해묵은 신문들이 쏟아져 나왔다.》

해물 (海物) → 해산물.

해미 읍성 (海美邑城) 충청남도 서산에 있는 성. 조선 성종 때 (1491년) 돌로 쌓았다.

해미 읍성

해바라기 꽃 꽃을 보려고 심어 가꾸는 풀. 키가 크고 온몸에 거친 털이 있다. 8~9월에 노랗고 둥글넓적한 큰 꽃이 핀다. 씨는 기름을 짜서 먹는다.

해바라기 햇볕 양지바른 곳에서 햇볕을 쬐는 일.《동무와 양지바른 마당에서 해바라기를 했다.》 **해바라기하다**

해바라기_꽃

해박하다 어떤 분야에 대해 아는 것이 많다.《삼촌은 여러 분야에 해박해서 걸어 다니는 백과사전이라고 불린다.》

해발 (海拔) 바다 표면에서부터 재는 높이.《지리산은 해발 1,915미터이다.》

해삼

해발 고도 (海拔高度) 바다 표면을 기준으로 잰 어떤 곳의 높이.

해방 (解放) 억눌림이나 얽매임에서 벗어나 자유롭게 하는 것.《노예 해방》 **해방하다 해방되다**

해변 (海邊) → 바닷가.

해변말미잘 바닷가 모래 갯벌이나 바위틈, 물웅덩이에 사는 말미잘. 촉수에 있는 독으로 먹잇감을 잡는다.

해변말미잘

해병 (海兵) 해병대에 속한 군인.

해병대 (海兵隊) 땅 위와 바다 어디에서도 싸울 수 있게 훈련된 부대.

해부 (解剖) 사람이나 동물을 치료하거나 연구하려고 살갗을 째어 몸속을 살펴보는 것.《해부 실습》 **해부하다**

해빙 (解氷) 1. 얼음이 녹는 것. 반결빙. 북얼음풀리기. 2. 여러 나라나 세력 사이의 긴장된 관계가 풀리는 것을 빗대어 이르는 말. **해빙되다**《봄이 되자 겨우내 얼어붙었던 강물이 해빙되었다.》

해사하다 얼굴이 희고 곱다.《우리 언니 얼굴은 박꽃같이 해사하다.》

해산 아기 (解産) 아기를 낳는 것. 같분만. 비출산. 북몸풀이. **해산하다**

해산 모임 (解散) 모였던 사람을 흩어지게 하는 것. 또는 모임을 없애는 것. 반집합. **해산하다**《산을 내려온 뒤에 점심을 먹고 해산했다.》 **해산되다**

해산물 (海産物) 물고기, 조개, 미역들처럼 바다에서 나는 먹을거리. 같해물.

해삼 얕은 바다 밑바닥에 사는 동물. 몸은 길고 둥근데, 등에 오톨도톨한 혹이 많이 나 있다.

해상 (海上) 바다 위.《해상 경비/해상 무역》 참해저.

해상권 (海上權) 한 나라가 바다에 대해서 가지는 권리.

해석 (解釋) 글이나 말의 뜻을 풀어서 설명하는 것. **해석하다**《삼촌이 상송 가사를 해석해 주었다.》 **해석되다**

해설 (解說) 알기 쉽게 풀어서 설명하는 것.《문학 작품 해설》 **해설하다**

해설자 (解說者) 알기 쉽게 풀어서 설

명해 주는 사람.《축구 해설자》

해소 (解消) 곤란한 형편이나 어려운 문제를 풀어서 없애는 것.《갈증 해소/교통난 해소》 **해소하다 해소되다**

해송 바닷가에 자라는 늘푸른나무. 나무껍질은 검고, 바늘처럼 가늘고 긴 잎이 두 개씩 붙어 난다. 천연기념물 제456호.

해송

해수 (海水) → 바닷물.

해수면 (海水面) 바닷물의 표면. **같**해면. **북**바다면.

해수욕 (海水浴) 바다에서 헤엄치거나 물놀이하는 것. **해수욕하다**

해수욕장 (海水浴場) 헤엄치거나 물놀이를 할 수 있는 시설을 갖추어 놓은 바닷가.

해시계 눈금을 그린 판 한가운데에 막대를 세우고, 그림자 방향이 바뀌는 것으로 시각을 알 수 있게 만든 시계.

해쓱하다 얼굴이 핏기나 생기 없이 몹시 하얗다.《진이가 해쓱한 얼굴로 누워 있다.》 **비**핼쑥하다.

해악 (害惡) 해가 되는 나쁜 일.《전쟁은 인류에게 해악을 끼친다.》

해안 (海岸) 바다와 뭍이 맞닿은 곳. **비**바닷가.

해안가 → 바닷가.

해안선 (海岸線) 바다와 뭍이 맞닿은 선.《길게 뻗은 해안선》

해약 (解約) 약속이나 계약 같은 것을 깨는 것.《적금 해약》 **해약하다**

해양 (海洋) 넓은 바다.《해양 자원》

해양 경찰청 (海洋警察廳) 국토 해양부에 딸린 기관. 바다 위에서 일어나는 사건에 대한 경찰 일을 맡아본다.

해양성 기후 (海洋性氣候) 바다나 섬에서 잘 나타나는 기후. 여름과 겨울 또는 낮과 밤의 온도 차이가 작고 비가 많이 내린다. **참**대륙성 기후.

해양 오염 (海洋汚染) 배에서 나온 기름, 폐수, 쓰레기 들로 바닷물이 더러워지는 것.

해어지다 옷이나 신발 들이 닳아서 떨어지다.《신발이 낡아서 바닥이 다 해어졌다.》 **준**해지다. **북**해여지다.

해어화 (解語花) 말을 알아듣는 꽃이라는 뜻으로, '미인'을 이르는 말.

해역 (海域) 바다를 어떤 기준으로 나눈 구역.《청정 해역》

해열제 (解熱劑) 몸의 열을 내리게 하는 약. **북**열내림약.

해오라기 호숫가나 갈대밭, 숲 속에 사는 여름새. 등은 검고 날개는 회색이다. 다리는 겨울에는 누렇고 여름에는 붉다.

해오라기

해왕성 (海王星) 해에서 가장 멀리 있는 별.

해외 (海外) 바다 건너 다른 나라.《해외 동포/아버지는 일주일 동안 해외로 출장을 가셨다.》 **참**국외, 외국.

해운대 (海雲臺) 부산에 있는 바닷가. 경치가 좋기로 이름났다.

해운업 (海運業) 배로 사람을 태워 나르거나 물건을 실어 나르는 사업.

해이하다 긴장이 풀려 마음이 느슨하다.《정신이 해이하니 자꾸 틀리지.》

해인사 (海印寺) 경상남도 합천 가야산에 있는 절. 신라 애장왕 때(802년) 처음 지었다. 대장경판과 석조 여래 입상이 있다.

해인사

해일 (海溢) 큰 바다 물결이 갑자기 뭍으로 넘쳐 들어오는 일.

해임 (解任) 높은 자리에 있는 사람을 자리에서 물러나게 하는 것. **해임하다** 《대통령이 여성부 장관을 해임하였다.》 **해임되다**

해장국 술기운으로 거북한 속을 풀려고 먹는 국.

해저 (海底) 바다 밑.《해저 도시/해저 탐사》 참해상.

해적 (海賊) 배를 타고 바다를 다니면서 다른 배나 바닷가 마을에 쳐들어가 재물을 빼앗는 도둑.

해적선 (海賊船) 해적이 타고 다니는 배.

해전 (海戰) 바다에서 벌이는 싸움.

해제 (解除) 1.지니거나 설치한 것을 없애는 것.《무장 해제》 2.법, 규칙, 명령 들로 얽매어 놓은 것을 풀어 주는 것. **해제하다 해제되다** 《오늘 자정쯤 태풍 경보가 해제되었다.》

해제끼다 [북] 1.어떤 일을 모두 해치우다.《잔뜩 밀린 방학 숙제를 하루 만에 해제꼈다.》 2.사람을 죽이다.《무시무시한 상어가 사람을 해제꼈다.》 3.짐승을 잡아먹다.《너구리가 내려와 닭을 해제낀 것 같다.》

해조 (海藻) → 바닷말.

해조류 (海藻類) → 바닷말.

해주 (海州) 황해도 남서쪽에 있는 시. 근교 농업, 축산업, 수산업이 발달하였으며, 황해남도 도청이 있다.

해죽 흐뭇하여 귀엽게 살짝 웃는 모양. **해죽거리다 해죽대다 해죽해죽** 《동생이 칭찬을 받고 해죽 웃었다.》

해지다 → 해어지다.

해체 (解體) 1.모임 같은 것을 없애는 것. 또는 체제나 조직이 무너지는 것.《축구부 해체》 2.여러 조각으로 짜 맞춘 것을 따로따로 떨어지게 하는 것. **해체하다** 《고장 난 전화기를 해체했다.》

해초 (海草) → 바닷말.

해충 (害蟲) 사람, 가축, 농작물에 피해를 주는 해로운 벌레.

해치 (獬豸) → 해태.

해치다 1.상하게 하거나 해를 입히다.《건강을 해치다.》 2.다치게 하거나 죽이다.《늑대가 사람을 해쳤대요.》

해치우다 1.어떤 일을 남김없이 빨리 끝내다.《놀고 싶으면 얼른 숙제부터 해치워라.》 2.음식을 남김없이 먹어 없애다.《배가 고프면 김치만 있어도 밥 한 그릇을 뚝딱 해치운다.》 3.방해가 되는 것을 없애다.《주인공 혼자서 적군 열 명을 해치웠다.》

해캄 연못, 호수, 물이 천천히 흐르는 시냇가에 사는 식물. 빛깔은 녹색이고 긴 머리카락처럼 생겼다. 실험 재료로 많이 쓴다.

해캄

해커 (hacker) 인터넷을 통해 남의 컴퓨터에 몰래 들어가서 프로그램을 망가뜨리거나 자료를 빼내는 사람.

해코지 남을 괴롭히거나 남한테 해를 끼치는 짓.《깡패들한테 해코지를 당하다.》 [북]남잡이. **해코지하다**

해킹 (hacking) 인터넷을 통해 남의 컴퓨터에 몰래 들어가서 프로그램을 망가뜨리거나 자료를 빼내는 일. **해킹하다**

해태 옳고 그른 것, 착하고 악한 것을

판단한다는 상상의 동물. 사자와 비슷하게 생겼는데, 머리에 뿔이 있다. 화재와 재앙을 물리친다고 믿어 궁궐 같은 곳에 조각하여 세웠다. **같**해치.

해파리 바닷물 속에서 떠다니는 동물. 우산처럼 생긴 몸에 긴 촉수가 여러 개 달려 있고, 온몸이 흐늘흐늘하다. 촉수에 독이 있다.

해파리

해풍 (海風) 바다에서 육지로 부는 바람. **참**육풍. **다**바닷바람.

해학 (諧謔) 재치가 있으면서 웃음을 자아내는 말이나 행동.《옛 타령들 중에는 해학이 넘치는 것이 많다.》

해해 입을 조금 벌리고 싱겁게 웃는 소리. 또는 그 모양.《해해, 맛있겠다.》

해협 (海峽) 뭍과 뭍 사이에 낀 좁은 바다.《대한 해협》

해홍나물 바닷가 모래밭에서 자라는 풀. 잎은 둥근 기둥처럼 생겼고 끝이 뾰족하다. 7~8월에 옅은 풀색 꽃이 핀다. 어린순은 먹고 포기째 약으로 쓴다.

해홍나물

핵 (核) 1.어떤 일이나 내용에서 가장 중요한 것.《저 선수가 우리 팀 공격의 핵이다.》**비**중심. 2.세포 가운데에 있는 둥근 알갱이. 세포에서 가장 중요한 구실을 한다. 3.원자의 중심에 있는 알갱이. 4.'핵무기'를 줄여 이르는 말.《여러 나라 대통령이 모여 북한 핵 문제를 논의했다.》

핵가족 (核家族) 부모와 혼인하지 않은 자식끼리만 사는 가족. **참**대가족.

핵무기 (核武器) 원자 폭탄이나 수소 폭탄처럼 핵끼리 부딪쳐서 생기는 힘을 이용한 무기. 한 번에 많은 사람을 죽일 수 있다.

핵심 (核心) 가장 중요하고 중심이 되는 것.《문제의 핵심을 찌르다.》

핸드백 (handbag) 여자가 손에 들거나 어깨에 메는 작은 가방.

핸드볼 (handball) 일곱 사람 또는 열한 사람이 한편이 되어 손으로만 공을 주고받아서 상대편 골에 넣는 경기.

핸드폰 (hand phone) ➔ 휴대 전화.

핸들 (handle) ➔ 운전대.

핸디캡 (handicap) 남보다 모자라거나 뒤떨어지는 점.

핼리 혜성 76년쯤에 한 번씩 나타나는 혜성.

핼쑥하다 얼굴에 핏기가 없고 몸이 마르다.《앓고 나더니 얼굴이 핼쑥하구나.》**비**해쓱하다.

햄 (ham) 돼지고기를 소금에 절인 뒤 연기에 그을려 만든 먹을거리.

햄버거 (hamburger) 햄버그스테이크와 채소를 둥근 빵 사이에 끼운 먹을거리.

햄버그스테이크 (hamburg steak) 다진 고기에 빵가루, 양파, 달걀 들을 넣고 동글납작하게 뭉쳐서 구운 먹을거리.

햄스터 굴속에서 사는 짐승. 쥐와 비슷하게 생겼는데, 꼬리와 다리가 짧다. 먹이를 옮기는 큰 볼 주머니가 있다.

햅쌀 그해에 거둔 쌀.《추석에 햅쌀을 빻아 송편을 빚었다.》**북**햇쌀.

햇– 낱말 앞에 붙어, '새로 난'이라는 뜻을 더하는 말.《햇과일/햇감자》

햇곡식 그해에 거둔 곡식.《한 해 동안 농민들이 땀 흘려 거둔 햇곡식이 나왔습니다.》

햇과일 그해에 새로 난 과일.

햇내기 |북 처음 하는 것이어서 일솜씨가 서투른 사람을 낮추어 이르는 말.《저 햇내기가 잘할 수 있을까?》

햇님 '해님'을 잘못 쓴 말.

햇무리 엷은 구름이 해를 가리고 있을 때 해 둘레에 둥글게 나타나는 띠. 참달무리.

햇발 여러 방향으로 뻗치는 햇살.《아침 햇발이 눈부시다.》북해발.

햇병아리 1. 알에서 갓 깬 병아리.《햇병아리들이 엄마 닭을 졸졸 따라다닌다.》2. '어떤 일을 갓 시작한 사람'을 빗대어 이르는 말.《햇병아리 사원》

햇볕 해에서 내리쬐는 뜨거운 기운.《점심시간에 양지바른 곳에 앉아서 햇볕을 쬐었다.》참햇빛. 북해볕.

햇보리 그해에 처음으로 거둔 보리.

햇빛 해에서 비치는 빛.《우리 집 마당은 햇빛이 잘 든다.》참햇볕.

햇살 해에서 내리쬐는 빛살.《나뭇잎 사이로 햇살이 비친다.》북해살.

햇수 지나간 해를 모두 더한 수.《이사 온 지 햇수로 3년이 되었다.》

행 글 (行) → 줄.

-행 붙는 말 곳을 나타내는 낱말 뒤에 붙어, '그곳으로 감'이라는 뜻을 더하는 말.《서울행/부산행 기차》

행군 (行軍) 여럿이 줄지어 먼 길을 걸어가는 것. **행군하다**

행글라이더 (hang-glider) 천으로 만든 커다란 날개에 사람이 매달려서 바람을 타고 나는 기구.

행글라이더

행동 (行動) 몸을 움직여 어떤 일을 하는 것. 비행위. **행동하다**《어른 앞에서는 조심스럽게 행동해라.》

행랑 (行廊) 대문이나 문간 옆에 있는 방.

행랑채 행랑으로 쓰는 집채.

행렬 (行列) 여럿이 줄지어 가는 것. 또는 그 줄.《연등 행렬/장례 행렬》

행렬도 (行列圖) 옛날에 왕이나 귀족처럼 높은 지위에 있는 사람들이 길을 나서 줄지어 가는 것을 그린 그림.

행방 (行方) 간 곳이나 간 방향.《쫓기던 범인이 골목 끝에서 행방을 감추었다.》비종적.

행방불명 (行方不明) 간 곳을 모르는 것.《민수가 며칠째 행방불명이라 부모님이 애타게 찾고 계신다.》

행복 (幸福) 삶에 만족하여 더없이 기쁘고 즐거운 상태.《엄마는 가족끼리 화목하고 건강한 것을 가장 큰 행복으로 여기셨다.》반불행. **행복하다**

행사 일 (行事) 여럿이 모여 치르는 큰 일.《축하 행사/행사를 치르다.》

행사 힘 (行使) 힘이나 권리 같은 것을 행동으로 나타나게 하는 것. **행사하다**《소중한 한 표를 행사합시다.》

행사장 (行事場) 행사가 벌어지는 곳.

행상 (行商) 물건을 짊어지고 여기저기 돌아다니면서 파는 것. 또는 그런 사람.《할머니는 젊은 시절에 행상을 하셨다고 한다.》**행상하다**

행색 (行色) 사람의 차림새나 태도.《초라한 행색》

행선지 (行先地) 가고자 하는 곳.《나갈 때는 행선지를 밝혀야지.》

행성 (行星) 해 둘레를 도는 별. 수성, 금성, 지구, 화성, 목성, 토성, 천왕성,

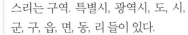
해왕성 들이 있다. **참**항성.

행세 거짓 (行世) 다른 사람인 것처럼 행동하는 것.《주인이 없는 동안 몸종이 주인 행세를 했다.》**행세하다**

행세 휙 (行勢) 권세를 부리는 것.《행세깨나 하는 집안》**행세하다**

행실 (行實) 사람의 됨됨이가 드러나는 행동이나 몸가짐.《바른 행실》

행여 어쩌다가 혹시.《부모님은 행여 사고라도 날까 봐 늘 걱정하신다.》

행여나 '행여'를 힘주어 이르는 말.

행운 (幸運) 운수가 좋은 것. 또는 좋은 운수.《행운을 빕니다.》**반**불운.

행운아 (幸運兒) 운이 좋아 일이 잘 풀리는 사람.《그런 사고를 당하고도 전혀 다치지 않았으니 지연이 같은 행운아도 없을 거야.》

행위 (行爲) 자기 뜻으로 하는 일.《범죄 행위/폭력 행위》**비**행동.

행인 (行人) 길을 걸어 다니는 사람.《갑자기 추워진 날씨 탓에 거리에는 행인이 거의 없었다.》

행장 (行裝) 여행하는 데 필요한 여러 가지 물건.《행장을 꾸리다.》

행적 (行蹟) 1.사람이 있었거나 지나갔거나 한 뒤에 남은 흔적.《범인의 지난 여섯 달 동안 행적을 알 수가 없다.》 2.사람이 살아오면서 한 일.《신채호 선생의 행적은 높이 평가되어야 한다.》

행정 (行政) 정부에서 법에 따라 나라를 다스리려고 하는 여러 일. **참**사법, 입법.

행정관 (行政官) 나라의 행정에 관한 일을 맡아보는 관리.

행정 구역 (行政區域) 행정 기관이 다스리는 구역. 특별시, 광역시, 도, 시, 군, 구, 읍, 면, 동, 리 들이 있다.

행정 기관 (行政機關) 나라나 지방 자치 단체에서 행정을 맡아보는 기관.

행정부 (行政府) 삼권 분립에 따라 행정을 맡아보는 국가 기관. **참**사법부, 입법부.

행정 안전부 (行政安全部) 다른 행정 기관을 관리하고 지방 자치 제도를 돕는 일 들을 맡아보는 행정 기관.

행정 재판 (行政裁判) 행정 관청이 잘못해서 손해를 본 사람이 고등 법원에 요구하는 재판.

행주 그릇이나 밥상 들을 닦는 데 쓰는 헝겊.

행주 대첩 (幸州大捷) 조선 선조 때 (1593년) 권율이 행주산성에서 왜적을 크게 물리친 싸움. **북**행주대승리.

행주산성 (幸州山城) 경기도 고양에 있는 산성. 처음 쌓은 때는 정확히 알 수 없고, 임진왜란 때 권율 장군이 왜군을 크게 무찌른 곳이다.

행주산성

행주치마 부엌일을 할 때 옷이 더러워지지 않게 앞에 덧대어 입는 치마. **비**앞치마.

행진 (行進) 여럿이 줄지어 앞으로 나아가는 것. **행진하다**《어린이 음악대가 힘찬 음악을 연주하면서 발맞추어 행진했다.》

행진곡 (行進曲) 행진할 때 연주하는 음악.

행차 (行次) 웃어른이나 지위가 높은 사람이 길을 가는 것.《임금님 행차에 모두 고개를 숙였다.》**행차하다**

행패 (行悖) 못된 짓을 하여 남을 괴롭

히는 것.《힘이 세다고 동생들한테 행패를 부리면 안 돼.》

행하다 어떤 일을 하다.《이웃 사랑을 몸소 행하는 건 쉬운 일이 아니야.》

향 (香) 1.불에 태워 연기와 냄새를 내는 물건.《할아버지 산소 앞에 향을 피우고 차례를 지냈다.》2.→ 향기.

향가 (鄕歌) 신라 중기에서 고려 초기 사이에 많이 불리던 노래.

향교 (鄕校) 고려 시대와 조선 시대에 지방에 있던 학교.

향긋하다 은근하게 향기가 있다.《솔잎 냄새가 향긋하다.》

향기 (香氣) 꽃이나 과일 같은 것에서 나는 좋은 냄새.《바람결에 은은한 향기가 실려 왔다.》 **준**향.

향기롭다 향기가 있다.《어디선가 향기로운 냄새가 났다.》 **바**향기로운, 향기로워, 향기롭습니다.

향나무 섬이나 바닷가에 절로 자라거나 뜰에 심어 가꾸는 늘푸른나무. 잎은 작은 비늘처럼 다닥다닥 붙어 난다. 나무에서 향기가 나 깎아서 향을 만든다.

향내 1.향기로운 냄새.《장미 향내》 2.향이 탈 때 나는 냄새.《절 안에는 향내가 가득했다.》

향년(享年) 한평생 살면서 누린 나이. 죽은 사람의 나이를 이른다.《그분은 향년 70세에 돌아가셨다.》

향락 (享樂) 즐거움을 누리는 것. 또는 마음껏 즐기는 것.《향락 산업》

향로 (香爐) 향을 피우는 화로.

향료 (香料) 식품이나 화장품 들에 넣어 향기를 내는 물질.

향리 (鄕吏) 고려 시대와 조선 시대에

향모

향버섯

향부자

향비파

향나무

한 고을에서 대를 이어 내려오던 아전.

향모 양지바른 풀밭에 자라는 풀. 향기 나는 풀로, 잎은 좁고 긴데 누런 밤색을 띠는 작은 이삭이 달린다.

향버섯 숲에서 자라는 버섯. 갓은 검은 갈색이고, 겉에 거친 비늘 조각이 있다. 먹는 버섯이다. **같**능이.

향부자 바닷가 모래밭이나 개울가에 자라는 풀. 좁고 긴 잎이 뭉쳐서 나고, 가지 끝마다 작은 이삭이 달린다. 덩이뿌리를 약으로 쓴다. **북**약방동사니.

향불 향을 태우는 불.

향비파 (鄕琵琶) 뜯는 국악기 가운데 하나. 오동나무와 밤나무를 붙여서 물방울 모양으로 몸통을 만들고 그 위에 줄을 다섯 개 얹었다.

향상 (向上) 수준이 높아지는 것.《기술 향상/성적 향상》 **참**저하. **향상하다** **향상되다**

향소부곡 (鄕所部曲) 신라 때부터 조선 초기까지 있었던 지방 행정 구역인 향, 소, 부곡을 함께 이르는 말. 백정이나 노비처럼 신분이 천한 사람이 살던 곳이다.

향수 향기 (香水) 향기가 나게 하려고 몸에 뿌리는 화장품.

향수 그리움 (鄕愁) 고향을 그리워하는 마음.《풀벌레 소리가 향수를 불러일으킨다.》

향수병 (鄕愁病) 고향을 몹시 그리워하는 마음을 병에 빗대어 이르는 말.

향신료 (香辛料) 고추, 후추, 파, 마늘 들처럼 맵거나 향기로운 맛을 더하려고 음식에 넣는 것.

향약 (鄕約) 조선 시대 시골에 사는 사

람들이 서로 도우면서 사는 길을 글로 써서 밝힌 규칙.

향어 → 이스라엘잉어.

향연 (饗宴) 특별히 대접하려고 음식을 차려 베푸는 잔치.

향원정 (香遠亭) 서울 경복궁 연못에 있는 정자. 조선 고종 때 (1873년) 지었는데, 바닥이 육각형인 2층 건물이다.

향유 풀 산과 들에 자라는 풀. 줄기는 모가 났고 잔털이 있다. 8~9월에 붉은 자줏빛 꽃이 핀다.

향유 누림 (享有) 좋은 상태를 누리어 가지는 것. **향유하다** 《자유를 향유하다./예술을 향유하다.》

향토 (鄕土) 태어나서 자란 시골. 또는 자기가 살고 있는 시골. 《향토 음식/향토 문화》

향토사 (鄕土史) 향토의 역사.

향토색 (鄕土色) 자연, 풍속 같은 그 지방의 특색. 《그 시인의 시는 향토색이 짙다.》 비지방색.

향토 예비군 (鄕土豫備軍) 나라가 위험한 때에 마을을 지키려고 군대에서 제대한 사람들로 이룬 부대.

향토지 (鄕土誌) 한 지방의 자연, 역사, 풍속 들을 적은 책.

향피리 부는 국악기 가운데 하나. 구멍이 앞에 일곱 개, 뒤에 한 개 있다.

향하다 1.어떤 쪽으로 가다. 《동무들과 헤어진 뒤에 곧바로 집으로 향했다.》 2.어떤 쪽으로 방향을 잡다. 《한강은 서쪽을 향해서 흘러간다.》 3.어떤 것에 마음이 기울다. 《널 향한 내 마음을 받아 줘.》 4.어떤 것을 목표로

향유_풀

향피리

하다. 《우리는 모두 통일을 향한 마음을 절대 잊지 않을 것입니다.》

허 느낌말 놀랍거나 안타깝거나 기막힐 때 내는 소리. 《허, 큰일 났네.》 참하.

허 입김 입을 벌려 입김을 부는 소리. 《유리창에 허 하고 입김을 불고 마른 걸레로 싹싹 닦았다.》 참하.

허 빈틈 (虛) 꽉 짜이지 않아 생기는 빈틈. 《상대의 허를 찌르다.》 비허점.

허가 (許可) 어떤 일을 할 수 있게 하는 것. 《수업 시간에 밖에 나가려면 선생님께 허가를 받아야 해.》 비승낙, 허락. 반무허가. **허가하다 허가되다**

허가증 (許可證) 어떤 일을 해도 좋다는 내용이 적힌 증서.

허겁지겁 몹시 다급하여 정신없이 서두르는 모양. 《지각할까 봐 아침밥도 못 먹고 허겁지겁 뛰어왔다.》

허공 (虛空) 텅 빈 하늘. 《모닥불 연기가 허공으로 올라간다.》

허구 (虛構) 진짜가 아닌 것을 진짜처럼 그럴듯하게 꾸민 것. 《그 사람이 한 말은 허구라는 것이 밝혀졌다.》

허구프다 북 썰렁하고 어이없다. 《민영이가 하는 말은 늘 허구프다.》 바허구픈, 허구퍼, 허구픕니다.

허구한 날이나 세월이 아주 오램. 《개미가 열심히 일하는 동안 베짱이는 허구한 날 놀기만 했습니다.》

허기 (虛飢) 몹시 배가 고픈 느낌. 《우유 한 잔으로 허기를 달랬다.》

허기지다 몹시 배가 고프다. 《하루 종일 굶었더니 허기져 쓰러지겠어.》

허깨나무 → 호깨나무.

허깨비 아무것도 없는데 있는 것처럼

보이거나 어떤 물체가 다른 것으로 보이는 것.《너무 배가 고파서 그런지 허깨비가 다 보인다.》 비헛것.

허다하다 아주 많다.《여름에는 찬 것을 먹고 배탈 나는 일이 허다하다.》

허덕– 힘에 겨워 쩔쩔매거나 어려움에서 벗어나려고 애쓰는 모양. **허덕거리다 허덕대다 허덕이다 허덕허덕**《겨우 그거 뛰고 허덕거리는 거야?》

허둥– 어쩔 줄 모르고 갈팡질팡하면서 몹시 서두르는 모양. **허둥거리다 허둥대다 허둥허둥**《허둥대지 말고 차근차근 해.》

허둥지둥 정신을 차리지 못할 만큼 몹시 서두르는 모양.《할머니가 입원하셨다는 소식을 듣고 엄마는 허둥지둥 병원으로 달려가셨다.》 **허둥지둥하다**

허드레 귀하거나 중요하지 않아서 아무렇게나 마구 쓰는 것.《이 옷은 청소할 때 허드레로 입는 옷이다.》

허드렛일 하잘것없고 잡다한 일.《삼촌은 허드렛일도 마다하지 않고 열심히 일했다.》

허들 (hurdle) 1. 장애물 달리기에서 띄엄띄엄 놓고 선수들이 뛰어넘는 물건. 2.➔ 장애물 달리기.

허락 (許諾) 요구하거나 부탁하는 것을 들어주는 것.《방학에 야영을 가려고 부모님께 허락을 받았다.》 비승낙, 허가. **허락하다**

허례허식 (虛禮虛飾) 겉으로만 그럴듯하게 꾸민 예절이나 의식.

허름하다 오래되어 낡은 듯하다.《작고 허름한 식당이지만 음식 맛이 좋아서 언제나 손님들로 북적인다.》

허리 갈비뼈 아래에서 엉덩이 사이 잘록한 부분.

허리를 잡다 관용 몹시 웃다.《한별이가 얘기를 하면 모두 허리를 잡는다.》

허리띠 바지나 치마가 흘러내리지 않게 허리에 매는 띠. 갈벨트. 비혁대.

허리띠를 조르다 관용 돈 씀씀이를 바짝 줄이다.《허리띠를 조르고 지낸 덕에 용돈이 남았다.》 비허리띠를 졸라매다.

허리뼈 허리에 있는 뼈.

허리춤 옷에서 허리에 닿는 부분.《할머니가 허리춤에서 꼬깃꼬깃한 돈을 꺼내 주셨다.》

허망하다 애쓴 일에 아무 보람이 없어 기운이 빠지고 마음이 텅 빈 듯하다.《실수하는 바람에 허망하게 졌다.》

허무 (虛無) 아무것도 없이 텅 빈 것. 또는 아무 뜻이나 보람이 없어 허전하고 쓸쓸한 것. **허무하다**

허무맹랑하다 믿기 어려울 만큼 거짓되다.《그런 허무맹랑한 이야기를 믿다니, 나도 참 바보 같아.》

허물 꺼풀 1. 살갗에서 저절로 일어나는 껍질.《상처에서 허물이 벗겨졌다.》 2. 뱀, 매미, 누에 같은 것이 자라거나 탈바꿈하면서 벗는 껍질.《굼벵이는 매미가 되기까지 네 번 허물을 벗는다.》

허물 흠 1. 실수로 저지른 잘못.《짝꿍이 반 아이들 앞에서 내 허물을 덮어 주었다.》 2. 비웃음을 사거나 비난을 받을 만한 점.《누구나 허물은 조금씩 있어.》 비흉.

허물다 쌓인 것을 헐어서 무너뜨리다.《담을 허물어 아이들 놀이터를 만들었다.》 바허무는, 허물어, 허뭅니다.

허물벗기 뱀, 매미, 누에 같은 것이 허물을 벗는 것.

허물어지다 헐어서 무너지다.《홍수에 둑이 와르르 허물어졌다.》

허물없다 체면 차리지 않아도 될 만큼 꽤 친하다.《철수와 가깝기는 해도 허물없는 사이는 아니야.》 **허물없이**

허밍 (humming) 입을 다물고 코로 소리 내어 노래하는 방법.

허벅다리 넓적다리에서 엉덩이에 가까운 위쪽 부분.

허벅지 허벅다리 안쪽에 살이 많은 부분.

허비 (虛費) 돈, 물건, 시간 같은 것을 헛되이 쓰는 것. 비낭비. **허비하다**《길이 막힐 시간에 괜히 버스를 타서 아까운 시간만 허비했네.》 **허비되다**

허사 (虛事) → 헛일.《미선이 기분을 풀어 주려고 애썼지만 허사였다.》

허상 (虛像) 실제로는 없는 것이 있는 것처럼 나타난 모습. 또는 실제와는 전혀 다르게 나타난 모습.

허생전 (許生傳) 조선 정조 때 박지원이 지은 소설. 가난한 선비 허생이 장사를 하여 많은 돈을 번다는 이야기로, 당시 허약한 경제와 양반의 무능함을 꼬집었다.

허섭스레기 좋은 것을 골라내고 남은 찌꺼기.《이사를 떠난 옆집에 허섭스레기가 딩굴고 있다.》 북허접쓰레기.

허세 (虛勢) 제 형편에 맞지 않게 부풀리거나 거짓으로 드러내 보이는 힘.《그 애는 부잣집 아들이라도 되는 양 허세를 부리고 다닌다.》

허송세월 (虛送歲月) 하는 일 없이 세월만 헛되이 보내는 것.

허수아비 1. 새를 쫓으려고 나무나 짚으로 사람처럼 만들어 논밭에 세워 둔 인형. 북허재비. 2. 실제로는 힘이 없으면서 자리만 차지하고 있는 사람을 빗대어 이르는 말.《힘없는 어린 임금은 허수아비였다.》 북허재비.

허술하다 1. 낡아서 보잘것없다.《허술한 가겟집》 2. 꽉 짜이지 않아 어설프고 빈 데가 있다.《관리가 허술하다.》

허심탄회하다 망설이거나 거리끼는 것 없이 솔직하다.《어떤 의견이든지 허심탄회하게 말씀해 주세요.》

허약하다 몸이 기운이 없고 약하다. **허약하다**《동생은 몸이 허약해서 감기를 늘 달고 산다.》

허영 (虛榮) 분수에 넘칠 만큼 화려하고 요란하게 꾸미는 일. 또는 그렇게 꾸며서 남한테 보이려는 것.《허영에 들뜨다.》

허영심 (虛榮心) 분수에 넘치게 꾸미려는 마음.

허옇다 흐릿하게 희다. 반꺼멓다. 참하얗다. 바허연, 허예, 허옇습니다.

허욕 (虛慾) 헛된 욕심.《그 아저씨는 허욕에 눈이 멀어 주변 사람들 말을 귀담아듣지 않았다.》

허용 (許容) 어떤 일을 할 수 있게 허락하고 받아들이는 것. **허용하다**《극장 안에서 음식물을 먹는 것은 허용할 수 없습니다.》 **허용되다**

허우대 보기 좋게 큰 몸집.《진수는 허우대만 멀쩡하지 힘은 별로 없어요.》

허우적 1. 손이나 발을 이리저리 내두르는 모양. 2. 어려운 처지에서 벗어나려고 애쓰는 모양. **허우적거리다 허우 적대다 허우적이다 허우적허우적**《삼촌이 물에 빠져 허우적거리는 사람을 구해 냈다.》

허울 알맹이 없이 겉으로만 그럴듯한 모습.《이 책은 허울만 좋아 보여.》

허위 (虛僞) 거짓으로 꾸민 것.《허위 신고》 ⁿ거짓.

허적이다 ¹북 1. 헤어나거나 벗어나려고 손발을 이리저리 흔든다.《멧돼지가 그물에서 빠져나가려고 허적인다.》 2. 더미를 들추어 헤치다.《옷을 애써서 정리했으니까 허적이지 마라.》

허전하다 마음이 텅 빈 것처럼 아쉽다.《동무가 이사를 가서 허전해요.》

허점 (虛點) 모자라거나 허술한 부분.《허점을 노리다.》 ⁿ허.

허출하다 배 속이 비어서 배가 고프다.《종일 자전거를 탔더니 허출하네.》

허탈 기운이 빠지면서 정신이 멍한 것.

허탈하다《물을 쏟는 바람에 애써 그린 그림을 망쳐 몹시 허탈했다.》

허탕 하려던 일을 하지 못하고 아무 보람 없이 끝나는 것.《동무들과 미꾸라지를 잡으러 갔다가 허탕 치고 돌아왔다.》 ⁿ북개탕.

허턱대다 ¹북 아무 생각 없이 함부로 행동하다.《계획도 없이 허턱대니까 일은 안 되고 힘만 드는 거야.》

허투루 되는대로. 또는 아무렇게나 막.《선생님 말씀을 허투루 듣지 마라.》

허튼 쓸데없는.《허튼 소리》

허파 가슴 안쪽에 들어 있는 내장 기관 가운데 하나. 숨을 쉬는 데에 쓰고 오른쪽과 왼쪽에 하나씩 있다. ⁿ폐.

허파에 바람 들다 관용 지나치게 자꾸 웃다.《허파에 바람 든 애처럼 왜 자꾸 웃어?》

허파 꽈리 허파로 들어간 기관지 끝에 포도송이처럼 달려 있는 작은 공기 주머니. 숨을 쉴 때에 피에서 이산화탄소가 빠져나오고 산소가 피로 들어가는 곳이다.

허풍 (虛風) 지나치게 부풀려서 떠벌리는 말.《오빠가 오 분이면 집에 갔다 올 수 있다고 허풍을 쳤다.》 ⁿ풍.

허하다 1. 기운이 없고 약하다.《몸이 허하니까 조금만 뛰어도 숨이 차는 거야.》 2. 속이 텅 비다.《점심을 걸렀더니 속이 허하네.》

허허 느낌말 놀랍거나 안타깝거나 기막힐 때 내는 소리.《허허, 우산을 안 가져 왔네.》 ⁿ하하.

허허 웃음 흔히 남자 어른이 입을 둥글게 벌리고 크게 웃는 소리. 또는 그 모양.《어버이날에 꽃을 달아 드리자 아버지가 허허 하고 웃으셨다.》 ⁿ하하.

허허벌판 아무것도 없는 넓은 벌판.《몇 년 전까지만 해도 허허벌판이었던 곳에 높은 건물이 들어섰다.》

허황하다 어떤 일이 터무니없거나 미덥지 못하다.《그렇게 허황한 소문에 귀 기울일 필요 없어.》 **허황되다**

헉헉 몹시 지치거나 힘이 들어 자꾸 숨을 몰아쉬는 소리. 또는 그 모양. **헉헉거리다 헉헉대다**《아이들은 헉헉거리면서도 쉬지 않고 산을 올라갔다.》

헌 오래되거나 많이 써서 낡은.《헌 옷 /헌 집》 ⁿ새.

헌금 (獻金) 어떤 기관이나 단체가 하

는 일을 도우려고 돈을 내는 것. 또는 그 돈. 《사람들한테서 거둔 헌금으로 불우한 이웃을 도와주었다.》 **헌금하다**

헌납 (獻納) 어떤 기관이나 단체에 돈이나 물건을 바치는 것. **헌납하다** 《할머니는 도서관을 짓는 데 전 재산을 헌납하셨다.》

헌데 살갗에 생긴 상처가 곪아서 진물이 나는 자리. 《엄마가 헌데에 연고를 발라 주셨다.》

헌법 (憲法) 한 나라의 으뜸가는 법.

헌법 재판소 (憲法裁判所) 법률이나 제도 들이 헌법에 맞는지 가리는 법원.

헌병 (憲兵) 군대에서 경찰 업무를 맡은 군인.

헌병대 (憲兵隊) 군대에서 경찰 업무를 맡은 부대.

헌신 (獻身) 몸과 마음을 바쳐 정성을 다하는 것. **헌신하다** 《선생님은 평생 장애아를 돌보는 데 헌신하셨다.》

헌신적 (獻身的) 몸과 마음을 바쳐 정성을 다하는. 또는 그런 것.

헌신짝 버려도 아깝지 않은 쓸모없는 것을 빗대어 이르는 말. 《동무와 한 약속을 헌신짝처럼 버리면 어떻게 해?》

헌장 (憲章) 어떤 약속을 지키려고 정한 규범.

헌책 오래되어 낡은 책.

헌책방 헌책을 사고파는 가게.

헌칠하다 키와 몸집이 보기 좋을 만큼 크다. 《키가 헌칠한 아저씨》

헌혈 (獻血) 피가 모자라는 환자가 치료받을 수 있게 건강한 사람의 피를 뽑는 것. **헌혈하다** 《건강한 사람은 가끔 헌혈해도 괜찮대.》

헌화 (獻花) 죽은 사람이나 신을 모신 곳에 꽃을 바치는 것. **헌화하다** 《나라를 위해 싸우다 돌아가신 분들의 묘에 헌화했다.》

헐값 제값보다 훨씬 싼 값. 《알뜰 시장에서 운동화를 헐값에 샀다.》

헐겁다 어떤 것을 끼우거나 죄는 틈이 넓다. 《신발이 헐거워서 자꾸 벗겨져요.》 바헐거운, 헐거워, 헐겁습니다.

헐다 낡다 오래되거나 많이 써서 낡아지다. 《운동화가 실밥이 보일 만큼 헐었다.》 바헌는, 헐어, 헙니다.

헐다 짓무르다 상처가 곪거나 부스럼이 나서 짓무르다. 《뜨거운 물에 데어 입안이 다 헐었어.》 바헌는, 헐어, 헙니다.

헐다 무너뜨리다 쌓은 것을 무너뜨리다. 《낡은 집을 헐고 새 집을 지을 거야.》 바헌는, 헐어, 헙니다.

헐떡– 숨을 가쁘고 거칠게 숨 쉬는 모양. **헐떡거리다 헐떡대다 헐떡이다 헐떡헐떡** 《동생은 헐떡거리면서 들어와서는 가방을 던져 놓고 밖에 나갔다.》

헐떡– 형편이 l북 형편이 어려워 애를 먹는 모양. **헐떡거리다 헐떡대다 헐떡이다 헐떡하다 헐떡헐떡**

헐뜯다 남을 해치거나 깎아내리는 말을 하다. 《동무를 헐뜯지 마라.》

헐랭이 → 헐렁차기.

헐렁차기 발을 계속 들고 있는 채로 제기나 공을 차는 것. 같헐랭이.

헐렁하다 옷이나 신발 같은 것이 몸에 꼭 맞지 않고 커서 들어갈 자리가 넓다. 《난 헐렁한 옷이 편해.》 북후렁하다.

헐렁헐렁하다 옷이나 신발 같은 것이 몸에 꼭 맞지 않고 너무 커서 들어갈 자리가 아주 넓다.《형 신발을 신었더니 헐렁헐렁해서 걸을 때마다 벗겨진다.》 ᴮ후렁후렁하다.

헐레벌떡 숨을 가쁘게 몰아쉬면서 몹시 서두르는 모양.《영수가 헐레벌떡 교실로 뛰어 들어왔다.》

헐리다 쌓은 것이 무너뜨려지다.《주차장이 헐리고 놀이터가 생겼다.》

헐벗다 1.몹시 가난하여 옷을 거의 벗다시피 하다.《탐관오리의 횡포 때문에 백성들은 헐벗고 굶주렸다.》 2.산에 나무나 풀이 없어 흙이 그대로 드러나다.《헐벗은 산에 나무를 심자.》

헐썩– ᴵᴮ 가쁜 숨을 몰아쉬는 모양.

헐썩거리다 헐썩대다 헐썩헐썩《지영이는 숨이 찬지 자꾸 헐썩거렸다.》

헐하다 값이 아주 싸다.《헌책방에서 철 지난 잡지를 헐하게 샀다.》

험난하다 험하고 어려워 고생스럽다.《험난한 산길/세상살이가 험난하다.》

험담 (險談) 남의 흠을 잡아 나쁘게 말하는 것.《남의 험담만 늘어놓는 애와는 사귀고 싶지 않아.》 **험담하다**

험상궂다 생김새나 표정이 무섭게 사납다.《험상궂은 표정》

험악하다 1.날씨나 길 같은 것이 나쁘고 험하다.《험악한 날씨/길이 험악하다.》 2.분위기나 형편이 아주 나쁘다.《방 안에 험악한 분위기가 감돌았다.》 3.성질, 태도, 생김새 들이 흉악하다.《험악한 인상》

험준하다 산이나 언덕이 높고 가파르다.《지리산은 남부 지방에서 가장 험준한 산이다.》

험하다 1.땅이 몹시 사납고 가파르다.

《길이 험하니까 조심해.》 2.생김새가 사납고 거칠다.《옆집 형은 인상은 험해도 속은 다정해.》 3.일이 거칠고 어렵다. 또는 말이 거칠고 상스럽다.《이런 험한 일은 해 본 적이 없어요.》 4.상태나 형편이 나쁘다.《날씨가 험해서 비행기가 못 뜰 것 같다.》

헙수룩하다 1.머리카락이나 수염이 길어 지저분하다. 2.옷차림이 낡고 지저분하다.《그 아저씨는 차림새는 헙수룩했지만 눈빛은 날카로웠다.》

헛– 어떤 낱말 앞에 붙어, '보람 없는', '잘못된'이라는 뜻을 더하는 말.《헛수고/헛소문/헛걸음/헛디디다》

헛간 흔히 시골에서 물건을 쌓아 두는 창고. 문이 없고 한쪽 벽이 트여 있다.

헛갈리다 → 헷갈리다.《철수와 같은 반이었던 것이 1학년 때였는지 2학년 때였는지 헛갈린다.》

헛거미 ᴵᴮ 1.굶어서 기운이 없을 때 눈앞이 흐릿하고 정신이 가물가물하는 느낌.《두 끼나 굶었더니 헛거미가 잡힌다.》 2.지나친 욕심에 빠진 것을 빗대어 이르는 말.《복권은 큰돈 때문에 헛거미가 잡힌 사람이나 사는 거야.》

헛걸음 아무 보람 없이 가거나 오는 걸음.《놀러 갔는데 새별이가 집에 없어서 헛걸음을 쳤다.》 **헛걸음하다**

헛것 1.→ 헛일. 2.실제로는 없는데도 있는 것처럼 보이는 것.《날이 더워서 그런지 헛것이 보인다.》 ᴮ허깨비.

헛고생 아무 보람 없이 하는 고생.《차를 잘못 타서 헛고생만 실컷 하고 돌아왔다.》 **헛고생하다**

헛구역질 게우는 것도 없이 하는 구역

질. 북마른구역질. **헛구역질하다**

헛기침 인기척을 내거나 목청을 가다듬으려고 일부러 하는 기침.《밖에서 할아버지의 헛기침 소리가 들렸다.》 **헛기침하다**

헛나발 |북 1. 알맹이가 없고 미덥지 못한 말.《괜히 헛나발 불지 말고 쉬운 일부터 차근차근 해 나가라.》 2. 사실과 다르게 터무니없이 부풀려서 하는 말.《네 헛나발을 누가 믿을 것 같니?》

헛농사 거둔 것이나 남은 것이 거의 없게 지은 농사.《올해는 태풍 피해가 커서 헛농사를 지었다.》

헛돌다 바퀴나 나사 같은 것이 제자리에서 헛되이 돌다.《나사가 헐거워서 헛돈다.》 바헛도는, 헛돌아, 헛돕니다.

헛되다 아무 보람이 없다.《헛된 노력》

헛되이《시간을 헛되이 보내지 마라.》

헛디디다 잘못 디디다.《앞이 보이지 않아 발을 헛디뎠다.》

헛물켜다 애쓴 보람 없이 좋은 결과를 얻지 못하다.《아저씨는 열심히 일자리를 알아봤지만 번번이 헛물만 켰다.》

헛발질 겨냥한 것을 빗나간 발길질. **헛발질하다**《우리 선수가 헛발질하는 바람에 축구 경기에서 졌다.》

헛배 음식을 먹지 않았는데도 부른 배.《종일 헛배가 불러서 저녁을 걸렀다.》

헛뿌리 이끼, 고사리, 파래 같은 식물에서 볼 수 있는 뿌리 비슷한 것. 식물이 땅에 붙어 있게 한다.

헛소리 1. 이치에 맞지 않고 쓸데없는 말.《헛소리 그만 하고 네 일이나 잘해.》 2. 아파서 정신을 잃고 중얼대는 말.《동생이 간밤에 헛소리까지 할 만

큼 몹시 앓았다.》 **헛소리하다**

헛소문 아무 근거 없이 떠도는 소문.《아랫마을 빈집에 귀신이 나타난다는 헛소문이 퍼졌다.》 같유언비어.

헛수고 아무 보람 없이 한 수고.《밑 빠진 독에 물을 부어 보았자 헛수고야.》 **헛수고하다**

헛일 애쓴 보람이 없이 쓸모없게 된 일.《놓친 버스를 있는 힘껏 쫓아갔지만 헛일이었다.》 같허사, 헛것. **헛일하다**

헛헛하다 배 속이 빈 것 같은 느낌이 있다.《저녁을 잔뜩 먹었는데 왜 속이 헛헛하지?》

헝겊 천 조각.《헝겊 인형》북천쪼박.

헝클다 1. 실이나 줄처럼 가늘고 긴 것을 마구 얽히게 하다.《새끼 고양이가 털실을 마구 헝클어 놓았다.》 2. 일이나 물건 같은 것을 어지럽게 뒤섞어 놓다.《책상 위에 있는 물건들 헝클지 마라.》 바헝크는, 헝클어, 헝큽니다.

헝클어지다 1. 실이나 줄처럼 가늘고 긴 것이 마구 얽히다.《바람이 불어와 누나의 긴 머리카락이 헝클어졌다.》 2. 일이나 물건 같은 것이 어지럽게 뒤섞이다.《동생이 장난감들을 헝클어진 채로 버려두고 밖에 나갔다.》

헤 입을 조금 벌리고 실없이 웃는 소리. 또는 그 모양.《헤, 고마워./헤, 나도 모르게 자꾸 웃음이 나와.》

헤드라이트 (headlight) → 전조등.

헤드램프 (head lamp) 광산갈이 어두운 데서 앞을 비추려고 모자에 다는 등.

헤드폰 (headphone) 띠 양 끝에 작은 스피커를 붙이고 머리 위로 걸어 소

리를 듣는 장치.

헤딩 (heading) 축구에서 날아오는 공을 머리로 받는 일. **북**머리받기.

헤라클레스 (Heracles) 그리스 신화에 나오는 영웅.

헤매다 1.어디로 가야 할지 몰라 이리저리 돌아다니다. 《집 나간 고양이를 찾으려고 온 동네를 헤맸다.》 2.일을 어떻게 해야 할지 갈피를 잡지 못하다. 《공부를 제대로 안 해서 첫 번째 문제부터 헤맸어.》

헤벌리다 입을 크게 벌리다. 《내가 과자를 먹자 동생이 먹고 싶다는 듯이 입을 헤벌리고 쳐다보았다.》

헤벌어지다 기쁘거나 놀라서 입이 크게 벌어지다. 《언니는 곰 인형을 선물로 받고는 좋아서 입이 헤벌어졌다.》

헤벌쭉 입이나 구멍이 넓게 벌어진 모양. 《영주가 날 보고 헤벌쭉 웃었다.》

헤식다 1.끈기 없이 푸슬푸슬하다. 《보리밥은 헤식어서 잘 뭉쳐지지 않는다.》 2.일이나 놀이를 하다가 흥이 깨져서 썰렁하다. 《운동회가 끝난 운동장이 무척 헤식어 보인다.》 3.웃음이 조금 엉뚱하고 실없다. 《민수는 그저 헤식은 웃음만 지어 보였다.》 4.됨됨이가 맺고 끊는 맛이 없고 싱겁다. 《웃음이 헤프면 헤식어 보여.》

헤실바실 **|북** 1.모르는 사이에 흩어지거나 없어지는 모양. 《조선 병사들이 대포를 쏘자 왜군들은 헤실바실 흩어졌다.》 2.일이 흐지부지되는 모양. 《오랜만에 열린 학급 회의가 헤실바실 끝나서 속상하다.》 **헤실바실하다**

헤아리다 1.수나 양을 세다. 《사과가 몇 알인지 헤아려 보아라.》 2.어떤 일을 미루어 짐작하거나 살피다. 《그때에는 선생님의 깊은 뜻을 헤아리지 못했다.》 3.많은 수나 어느 수만큼에 이르다. 《4만을 헤아리는 많은 관중》

헤어나다 어려운 처지에서 벗어나다. 《그 집안은 대대로 가난에서 헤어나지 못하고 허덕였다.》

헤어드라이어 (hair drier) 머리칼을 말리거나 머리 모양을 다듬는 전기 기구. 찬 바람이나 더운 바람이 나온다.

헤어지다 1.한곳에 있던 사람들이 따로따로 흩어지다. 《오빠와 헤어진 뒤 학원으로 갔다.》 2.흔히 사랑하는 사람, 남편과 아내 같은 사람들이 서로 관계를 끊다. 《이모가 남자 친구와 헤어졌다.》 3.살갗이 터져서 갈라지다. 《밤을 샜더니 입술이 다 헤어졌다.》

헤엄 사람, 짐승, 물고기 들이 물속에서 나아가려고 팔다리나 지느러미 들을 놀리는 것. 《개울에서 동무들과 헤엄을 치고 놀았다.》 **북**헤염.

헤엄 잘 치는 놈 물에 빠져 죽고 나무에 잘 오르는 놈 나무에서 떨어져 죽는다 **속담** 재주가 아무리 뛰어나도 실수할 수 있으므로 늘 조심하라는 말.

헤엄치다 사람, 짐승, 물고기 들이 물속에서 나아가려고 팔다리나 지느러미 들을 놀리다. 《이 강을 헤엄쳐서 건널 수 있을까?》

헤이그 (Hague) 네덜란드 남서쪽에 있는 도시. 네덜란드 정치와 경제의 중심지이다.

헤적- 들추거나 헤치는 모양. **헤적거리다 헤적대다 헤적이다 헤적헤적** 《헤

적거리지 말고 푹푹 퍼서 먹어라.》

헤집다 1.긁어 파서 뒤집다.《두더지가 밭을 온통 헤집어 놓았다.》 2.무리 사이를 지나가다.《운동장에 몰려든 사람들을 헤집고 밖으로 나갔다.》

헤치다 1.속에 든 것을 꺼내려고 겉에 있는 것을 치우거나 파거나 하다.《바둑이가 또 마당을 헤치면서 장난을 친다.》 2.가로막은 것을 옆으로 밀거나 젖히다.《무성한 풀을 헤치고 들판을 가로질렀다.》 3.어려움을 잘 버티어 넘기다.《그분은 어려운 경제 사정을 헤치고 회사를 일으켰다.》 4.한데 모여 있던 것이 흩어지다.《선생님은 "헤쳐 모여!" 하고 외치셨다.》

헤프다 1.돈이나 물건 같은 것을 아끼지 않고 마구 쓰는 태도가 있다.《형은 씀씀이가 헤퍼요.》 2.쓰는 물건이 빨리 닳거나 없어지는 듯하다.《식구가 느니까 비누며 휴지가 헤프다.》 ^바헤픈, 헤퍼, 헤픕니다.

헤헤 입을 조금 벌리고 자꾸 실없이 웃는 소리. 또는 그 모양.《헤헤, 난 벌써 숙제 다 했어./헤헤, 난 네가 좋아.》

헥타르 (hectare) 넓이를 나타내는 말. 1헥타르는 100아르이다. 기호는 ㏊이다.

헬륨 (helium) 수소 다음으로 가볍고 빛깔과 냄새가 없는 기체.

헬리콥터 (helicopter) 꼭대기에 달린 날개를 세게 돌려서 생긴 힘으로 나는 항공기. ^북직승비행기.

헬리콥터

헬멧 (helmet) 머리를 보호하려고 쓰는 모자. ^참안전모.

헷갈리다 여럿이 뒤섞여 갈피를 잡기 어렵다.《저 애들은 꼭 닮은 쌍둥이라서 만날 헷갈려.》 ^같헛갈리다.

헹가래 여럿이 한 사람의 몸을 들어 위로 던졌다가 받았다가 하는 일. 기쁘고 좋은 일이 있는 사람을 축하할 때 한다.《시합에서 이긴 선수들은 감독을 헹가래 치면서 기뻐했다.》 ^북헤염가래.

헹구다 빨거나 씻은 것을 깨끗한 물에 담가 비눗기나 때를 빼다.《걸레를 쓱쓱 비벼 빨아 헹구었다.》

혀 입 안 아래쪽에 붙어 있는 길고 부드러운 살덩이.

혀를 내두르다 ^{관용} 몹시 놀라워하다.《찬이 말솜씨에 다들 혀를 내둘렀다.》

혀를 빼물다 ^{관용} 몹시 괴롭거나 힘들어서 몸이 축 처지다.《책 나르느라 지친 아이들이 혀를 빼물고 앉아 있다.》

혀를 차다 ^{관용} 못마땅해하다.《선생님은 지각하는 짝을 보고 혀를 차셨다.》

혁대 (革帶) 바지가 흘러내리지 않게 허리에 두르는 가죽 띠. ^비허리띠.

혁명 (革命) 나라, 사회, 제도 들의 본바탕을 뒤집어엎고 새것으로 바꾸는 것.《사일구 혁명》

혁명가 (革命家) 혁명을 이루려고 애쓰는 사람.

혁신 (革新) 낡은 제도, 관습, 방법 같은 것을 고쳐서 새롭게 하는 것.《기술 혁신》 ^참보수. **혁신하다 혁신되다**

혁혁하다 공로나 업적이 아주 뛰어나다.《전쟁에서 혁혁한 공을 세운 장군》

현 ^{지금} (現) '지금의', '현재의'를 뜻하는 말.《현 상태/현 정부》

현 ^{악기} (絃) 가야금, 해금, 기타, 바이올린 같은 악기에서 뜯거나 문질러 소리를 내는 줄.

현 역사 (縣) 신라 때부터 조선 말기까지 있었던 지방 행정 구역 가운데 가장 작은 것.

현감 (縣監) 조선 시대 작은 현의 으뜸 벼슬. **참**현령.

현격하다 차이가 뚜렷하다. 《실력 차이가 현격하다.》

현관 (玄關) 집이나 건물에 드나드는 문간. 《철수는 현관에 놓인 신발들을 가지런히 정리했다.》

현관문 (玄關門) 집이나 건물에 드나드는 문. 《밖에 나갈 때는 현관문을 잘 잠가라.》

현금 (現金) 지폐나 동전 같은 돈.

현금 인출기 (現金引出機) 은행에 예금한 돈을 찾을 수 있는 기계.

현기증 (眩氣症) ➡ 어지럼증.

현대 (現代) 인간 역사를 시대로 나눌 때 근대가 끝난 뒤부터 지금까지의 시대. **참**고대, 중세, 근대.

현대 무용 (現代舞踊) 틀에 얽매이지 않고 감정이나 느낌을 자유롭게 표현하는 무용.

현대사 (現代史) 현대의 역사. 흔히 제이 차 세계 대전 뒤의 역사를 이른다.

현대식 (現代式) 현대에 맞는 방법이나 방식. 《현대식 시설》

현대인 (現代人) 현대에 사는 사람. 《현대인은 참을성이 별로 없다.》

현대적 (現代的) 현대의 특징이 있는. 또는 그런 것.

현대화 (現代化) 현대에 맞게 바꾸거나 만드는 것. **현대화하다** 《공장이 현대화하여 사람이 하던 일을 기계가 대신한다.》 **현대화되다**

현미

현미경

현삼

현란하다 눈부시게 화려하고 아름답다. 《현란한 조명》

현령 (縣令) 신라 때부터 조선 시대까지 두었던 큰 현의 으뜸 벼슬. **참**현감.

현명하다 슬기롭고 사리에 밝다. 《현명한 판단/현명한 선택이에요.》

현모양처 (賢母良妻) 어진 어머니이면서 착한 아내.

현무암 (玄武巖) 마그마가 땅 위로 나와서 굳은 돌. 단단하고 열에 강해서 맷돌이나 주춧돌 들을 만드는 데 쓴다.

현미 (玄米) 벼의 겉껍질만 벗겨 낸 누르스름한 쌀. **참**백미. **북**황정미.

현미경 (顯微鏡) 맨눈으로 볼 수 없는 아주 작은 물체를 크게 보이게 하는 기구.

현삼 산골짜기에 자라거나 밭에 심어 가꾸는 풀. 노르스름한 꽃이 줄기 끝에 모여 피고, 달걀꼴 열매가 달린다. 뿌리를 약으로 쓴다.

현상 상태 (現象) 직접 보거나 느껴 알 수 있는 모습이나 상태. 《자연현상》

현상 현재 (現狀) 현재 처한 형편이나 일이 되어 가는 모습. 《현상 유지》

현상 사진 (現像) 필름이나 인화지에 약품을 묻혀 찍힌 모습이 나타나게 하는 것. **북**깨우기. **현상하다** 《소풍 사진을 현상하려고 사진관에 맡겼다.》

현상 상 (懸賞) 사람을 찾거나 잘한 것을 뽑는 일 들에 상금이나 상품을 거는 것. 《현상 공모/범인 현상 수배》

현상금 (懸賞金) 사람을 찾거나 잘한 것을 뽑는 일 들에 내건 돈.

현세 (現世) 지금 살고 있는 세상. **참**내세.

현수교 (懸垂橋) 양쪽에 높은 기둥을 세우고 줄이나 쇠사슬을 매달아서 놓은 다리. 북허궁다리.

현수막 (懸垂幕) 여러 사람에게 알리거나 광고하는 글을 써서 높이 내건 천.《영수네는 김밥 집을 새로 열고 사거리에 현수막을 내걸었다.》참플래카드.

현실 (現實) 바로 눈앞에 닥친 일이나 모습.《공상은 현실과는 거리가 먼 생각이다./꿈과 현실은 달라.》반이상.

현실성 (現實性) 실제로 일어나거나 있을 수 있는 가능성.

현실적 (現實的) 실제로 일어나거나 있을 수 있는. 또는 그런 것.

현악기 (絃樂器) 바이올린이나 첼로처럼 줄을 활로 켜거나 손으로 퉁겨서 소리를 내는 악기. 참관악기, 타악기.

현역 (現役) 1.현재 어떤 부대에 딸린 군인. 2.현재 어떤 분야에서 일하는 사람.《현역 선수/현역 국회의원》

현인 (賢人) 성품이 어질고 사리에 밝은 사람.《이 마을에서는 예로부터 현인들이 많이 나왔다.》같현자.

현자 (賢者) → 현인.

현자총통 (玄字銃筒) 임진왜란 때 화살 끝에 화약 주머니를 매달아 쏘던 작은 대포.

현장 (現場) 1.어떤 일이 일어난 곳.《사건 현장》2.공사나 거래 들이 실제로 이루어지는 곳.《공사 현장》

현장감 (現場感) 어떤 일이 눈앞에서 일어나는 것 같은 느낌.《그 책을 보면 실제로 땅속 나라에 있는 듯한 현장감이 느껴진다.》

현충사

현자총통

현장 학습 (現場學習) 교과서에 나와 있는 박물관, 공연장, 자연 학습장 같은 데에 가서 배우는 것.

현재 (現在) 1.지금 이때.《과거와 현재》참과거, 미래. 2.지금 이때에.《부모님은 현재 부산에 살고 계십니다.》

현저하다 한눈에 알 수 있을 만큼 뚜렷하다.《학교 앞 교통사고 발생량이 현저하게 줄어들었다.》현저히

현존 (現存) 지금 남아 있는 것. 또는 지금 살아 있는 것. **현존하다**《이것은 현존하는 가장 오래된 지도이다.》

현주소 (現住所) 지금 사는 곳의 주소.

현지 (現地) 어떤 것이 있거나 어떤 일이 벌어지는 곳.《현지 시간/현지에서 직접 찍은 사진》

현지인 (現地人) 그 지역에 사는 사람.

현직 (現職) 현재 직업. 또는 지금 일터에서 일하고 있는 것.《현직 공무원》참전직.

현찰 (現札) 현금으로 쓰는 화폐. 또는 지금 가지고 있는 돈.

현충사 (顯忠祠) 충청남도 아산에 있는 사당. 조선 숙종 때 (1706년) 충청도 선비들이 충무공 이순신 장군을 기리려고 지었다.

현충일 (顯忠日) 나라를 위해 목숨을 바친 분들을 기리는 날. 6월 6일이다.

현충탑 (顯忠塔) 나라를 위해 목숨을 바친 분들을 기리려고 세운 탑.

현판 (懸板) 글자나 그림을 새겨서 문 위나 벽에 걸어 놓은 널빤지.

현행 (現行) 지금 하고 있는 것.《현행 법규》

현행범 (現行犯) 범죄를 저지르고 있

거나 막 끝내고 난 뒤에 잡힌 범인.

현호색 산속 그늘진 곳에 자라는 풀. 봄에 보라색 꽃이 피고, 둥근 덩이줄기를 약으로 쓴다. **북**땅구슬, 땅방울.

현혹하다 마음을 홀리거나 정신을 빼앗아 바른 생각을 못하게 하다. **현혹되다**《요란한 광고에 현혹되어 필요하지도 않은 물건을 덜컥 사 버렸다.》

현황 (現況) 지금 일이 되어 가는 형편.《공사 현황/판매 현황》

혈관 (血管) → 핏줄.

혈기 (血氣) 1.몸을 움직이는 기운.《혈기가 넘치다.》 2.넘치는 기운.《젊은 혈기로 무슨 일인들 못할까?》

혈색 (血色) 얼굴에 드러나는 불그스름한 기운.《혈색이 나쁘다./혈색을 보니 몸이 많이 나았구나.》

혈서 (血書) 몸에 상처를 내어 흘러나오는 피로 쓴 글씨. 흔히 강한 결심이나 맹세 같은 것을 나타내려고 쓴다.

혈안 (血眼) 어떤 일을 이루려고 기를 쓰는 모습을 빗대어 이르는 말.《그 사람은 돈벌이에 혈안이 되어 가족도 돌보지 않았다.》 **북**피눈.

혈압 (血壓) 심장에서 피를 밀어낼 때 핏줄이 받는 힘.

혈액 (血液) → 피.

혈액 순환 (血液循環) 피가 심장 밖으로 나가 핏줄을 타고 온몸 곳곳을 돌고 난 다음 다시 심장으로 돌아오는 일.

혈액형 (血液型) 사람의 피를 적혈구와 혈청이 엉기는 반응에 따라 나눈 것. 에이 (A)형, 비 (B)형, 에이비 (AB)형, 오 (O)형으로 나눈다. **북**피형.

혈연 (血緣) 같은 핏줄로 이어진 사이.

현호색

《부모님과 우리는 혈연관계이다.》

혈육 (血肉) 피와 살을 나눈 부모 형제.《혈육의 정은 끊을 수 없다.》

혈전 싸움 (血戰) 죽을 각오로 있는 힘을 다해 싸우는 것.《혈전을 벌이다.》

혈전 피 (血栓) 핏줄 안에서 굳은 핏덩이.

혈통 (血統) 한 조상에서 이어져 내려오는 핏줄.《그 아이는 왕족의 혈통을 이어받아 왕 자리에 오를 사람이다.》

혐오 (嫌惡) 몹시 싫어하고 미워하는 것. **혐오하다**

혐의 (嫌疑) 어떤 사람이 죄를 저질렀다고 여기는 것.《옆집 아저씨가 사기 혐의로 경찰에 붙잡혀 갔다.》

협곡 (峽谷) 좁고 험한 산골짜기.

협공 (挾攻) 적을 가운데 두고 앞뒤나 양쪽에서 함께 공격하는 것. **협공하다**《동무와 협공해서 토끼를 잡았다.》

협동 (協同) 여럿이 힘을 합쳐 서로 돕는 것. **협동하다**《이웃과 협동하여 논에 모내기를 했다.》

협동심 (協同心) 여럿이 힘을 합쳐 서로 도우려는 마음.

협동조합 (協同組合) 소비자, 농민, 어민 같은 사람들이 서로 도와서 더 나은 생활을 하려고 만든 조직.《소비자 협동조합/중소기업 협동조합》

협력 (協力) 서로 힘을 합쳐 돕는 것. **비**협조. **협력하다**《반 아이들이 협력해서 교실을 보기 좋게 꾸몄다.》

협박 (脅迫) 남한테 어떤 일을 시키려고 겁을 주는 것.《협박 편지》 **협박하다**《강도가 돈 내놓으라고 협박했다.》

협상 (協商) 어떤 문제를 두고 생각이

다른 사람이나 단체가 함께 의논하는 것.《남북 협상》 비협의. **협상하다**

협소하다 공간이 좁다.《백 명이 모이기에는 장소가 협소한 것 같은데.》

협약 (協約) 서로 의논하여 맺은 약속.《환경을 보호하려고 세계 여러 나라가 협약을 맺었다.》 **협약하다**

협업 (協業) 여럿이 힘을 합쳐 어떤 일을 같이 하는 것. 참분업. **협업하다**

협연 (協演) 한 연주자가 다른 연주자나 악단과 함께 연주하는 것. **협연하다**《저 사람은 교향악단과 협연한 유명한 연주자래.》

협의 (協議) 어떤 일이나 문제를 두고 여럿이 모여 의논하는 것. 비협상. **협의하다**《학부모 회의에서 등굣길 교통사고 대책을 협의했다.》 **협의되다**

협의회 (協議會) 어떤 일이나 문제를 두고 여럿이 의논하는 모임.

협잡 (挾雜) 자기 이익을 위해 남을 나쁜 방법으로 속이는 것. **협잡하다**《사기꾼이 순진한 시골 노인을 협잡하여 돈을 빼앗았다.》

협정 (協定) 서로 의논하여 결정하는 것.《무역 협정》 **협정하다**

협조 (協助) 남의 일을 거들어 주는 것. 비협력. **협조하다**《이번 일에 협조해 주셔서 감사합니다.》

협주곡 (協奏曲) 피아노나 바이올린 같은 독주 악기에 관현악을 곁들여 연주하는 음악.

협찬 (協贊) 어떤 일에 돈이나 물건을 대어 도와주는 것.《의상 협찬》 **협찬하다**

협회 (協會) 같은 일을 하는 사람들이 만든 모임.《출판 협회》

혓바늘 혓바닥에 좁쌀처럼 작고 둥글게 돋아 오르는 붉은 살. 북혀바늘.

혓바닥 1. 혀 윗면. 북혀바닥. 2. '혀'를 점잖지 못하게 이르는 말.

형 형제 (兄) 1. 남자가 자기보다 나이 많은 남자 형제를 이르는 말. 참아우. 높형님. 2. 남자가 자기보다 나이 많은 남자를 친하게 이르는 말.《이웃집 형은 유명한 야구 선수다.》

형만 한 아우 없다 속담 동생이 아무리 잘났어도 형보다는 못하다는 말.

형 형벌 (刑) → 형벌.

형 꼴 (形) 겉으로 나타나는 생김새.

형 틀 (型) 다른 것과 구별되는 특징이 있는 틀.《나는 한 번에 많이 먹기보다는 조금씩 여러 번 먹는 형이다.》

형광등 (螢光燈) 유리관 안쪽에 빛나는 물질을 바른 전등. 참백열등. 북반디빛등.

형국 (形局) 1. 일이 되어 가는 형편.《경기가 갑자기 우리 편에 불리한 형국이 되었다.》 2. 겉으로 보이는 모습.《두 맞수의 대결은 용과 호랑이가 싸우는 형국이었다.》

형님 '형'의 높임말.

형량 (刑量) 죄지은 사람한테 내리는 벌의 양.《형량이 무겁다.》

형무소 (刑務所) 예전에 '교도소'를 이르던 말.

형벌 (刑罰) 죄지은 사람한테 내리는 벌. 같형.

형법 (刑法) 어떤 일이 범죄인지, 범죄를 저질렀을 때 어떤 벌을 어느 정도 내릴 것인지 정한 법.

형부 (兄夫) 언니의 남편.

형사 (刑事) 범죄를 수사하고 범인을 잡는 경찰관.

형사 소송 (刑事訴訟) 죄지은 사람에게 벌을 주려고 하는 재판 절차.

형사 재판 (刑事裁判) 죄지은 사람한테 벌을 주려고 하는 재판. **참**민사 재판.

형상 (形象) 겉으로 나타나는 생김새. 《오누이 형상을 한 이 바위에는 슬픈 전설이 전해 내려온다.》

형설지공 (螢雪之功) 온갖 고생을 하면서도 꾸준히 공부하는 자세. 옛날에 어떤 가난한 사람이 반딧불과 눈빛에 비추어 글을 읽은 데서 나온 말이다.

형성 (形成) 어떤 꼴을 이루는 것. 또는 어떤 상태가 되게 하는 것. 《성격 형성》 **형성하다 형성되다**

형세 (形勢) 일이 벌어진 형편이나 상태. 《형세가 유리하다.》

형수 (兄嫂) 동생이 형의 아내를 이르는 말.

형식 (形式) 1. 겉으로 드러나 보이는 틀. 《일기 형식으로 쓴 소설》 **참**내용. 2. 어떤 일을 하는 절차나 방법. 《행사는 형식에 따라 진행되었다.》

형식적 (形式的) 알맹이 없이 겉으로만 하는. 또는 그런 것.

형언 (形言) 어떤 내용을 말로 나타내는 것. **형언하다** 《단풍이 곱게 물든 가을 산은 형언할 수 없이 아름답다.》

형용 (形容) 말, 글, 몸짓 들로 나타내거나 드러내는 것. **형용하다** 《내 마음을 뭐라고 형용해야 할지 모르겠어.》

형용사 (形容詞) '좋다', '예쁘다', '착

하다', '하얗다' 처럼 성질이나 상태를 나타내는 낱말.

형장 (刑場) → 사형장.

형제 (兄弟) 1. 형과 아우. **참**남매, 자매. 2. 한 부모한테서 태어난 형제자매.

형제간 (兄弟間) 형과 아우 사이. 《형제간에 만날 싸우면 되겠니?》

형제애 (兄弟愛) 형제끼리 서로 사랑하고 아껴주는 마음. 《형제애가 깊다.》

형제자매 (兄弟姉妹) 형제, 자매, 남매를 모두 이르는 말.

형조 (刑曹) 고려 시대와 조선 시대에 법률, 소송 들에 관한 일을 맡아보던 관청.

형체 (形體) 겉으로 보이는 생김새. 또는 바탕이 되는 몸체. 《차가 형체를 알아보기 어려울 만큼 심하게 부서졌다.》

형태 (形態) 짜임새를 갖춘 모습. 《요즘 가족 형태는 대부분 핵가족이다.》

형편 (形便) 1. 일이 되어 가는 모습. 《지금 형편으로는 이기기 힘들 것 같아.》 2. 살림살이 정도. 《미애는 가정 형편이 어려운데도 늘 웃는 얼굴이다.》

형편없다 결과, 내용, 상태 들이 좋지 않다. 《수학 성적이 형편없잖니.》

형평 (衡平) 어느 한쪽으로 기울거나 치우치지 않고 균형이 맞는 것. 《애들과 함께 놀다가 유리를 깼는데 나만 혼나는 것은 형평에 어긋나.》

형형색색 (形形色色) 갖가지 생김새와 빛깔. 《형형색색을 띤 수많은 꽃》

혜민국 (惠民局) 고려 시대와 조선 시대에 백성의 질병을 치료하던 관청.

혜성 (彗星) 빛나는 긴 꼬리를 달고 해 둘레를 도는 별.

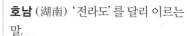

혜택 (惠澤) 베풀어 주는 고마움이나 이로움.《문명의 혜택/자연의 혜택》

호 입김 입술을 둥글게 오므려 입김을 내뿜는 소리. 또는 그 모양. 참후.

호 이름 (號) 본래 이름 외에 따로 지어 부르는 이름.《'퇴계'는 이황 선생의 호이다.》

호 번호 (號) 책, 집, 방 같은 것의 차례를 나타내는 말.《4월 호 잡지/동무가 이 병원 506호 병실에 입원해 있다.》

호 집 (戶) 집을 세는 말.《이 마을에는 30호가 살고 있다.》

호 동그라미 (弧) → 원호.

호각 (號角) → 호루라기.

호감 (好感) 좋게 여기는 느낌.《저는 상냥한 미선이한테 호감이 가요.》

호강 넉넉하고 편안하게 사는 것. 또는 그런 생활.《제가 어른이 되면 돈 많이 벌어서 호강시켜 드릴게요.》**호강하다**

호걸 (豪傑) 지혜와 용기가 있고 뜻이 높은 사람.《영웅호걸》

호구 (戶口) 호적에 올라 있는 집과 가족의 수.《호구 조사》

호구지책 (糊口之策) 가난한 사람이 겨우겨우 살아가는 방법.

호국 (護國) 나라를 지키는 것.《현충일은 호국 영령들을 기리는 날이다.》

호기심 (好奇心) 새롭고 신기한 것을 알고 싶어 하는 마음.《닫힌 상자를 보자 호기심이 일었다.》

호깨나무 산 중턱 아래 자라는 잎지는 나무. 여름에 희고 작은 꽃이 모여 피고, 가을에 열매가 익는다. 나무로 가구나 악기를 만든다. 같허깨나무. 북헛개나무.

호두

호두나무

호깨나무

호남 (湖南) '전라도'를 달리 이르는 말.

호되다 몹시 심하다.《동무와 싸우다가 선생님께 호되게 야단맞았다.》

호두 호두나무 열매. 겉껍질은 옅은 갈색에 둥글고 딱딱한데, 쭈글쭈글한 주름이 져 있다. 안에 든 속살은 고소하고 기름기가 많다.

호두과자 호두 살을 잘게 쪼개거나 갈아서 밀가루와 섞은 다음 호두 알 꼴로 둥글게 구워 만든 과자.

호두까기 인형 러시아 작곡가 차이콥스키가 지은 음악. 발레 할 때 연주하는 음악이다.

호두나무 열매를 먹으려고 심어 가꾸는 잎지는나무. 5월쯤 꽃이 피고 둥근 풀색 열매가 열린다. 가을에 검게 여물면서 벌어져 호두가 떨어진다.

호드기 봄철에 물오른 버드나무 가지 껍질이나 짤막한 밀짚 토막으로 만든 피리.

호들갑 몹시 떠들썩하고 가볍게 요란을 떠는 것.《겨우 무릎 조금 까져 놓고 무슨 호들갑을 그렇게 떠니?》

호들갑스럽다 말이나 하는 짓이 몹시 떠들썩하고 가볍다.《창밖에 첫눈이 내리자 아이들이 모두 호들갑스럽게 소리를 질렀다.》바호들갑스러운, 호들갑스러워, 호들갑스럽습니다.

호듯호듯 ˪북 햇볕이 따뜻하고 포근한 모양.《볕이 호듯호듯 내리쬐는 마당》**호듯호듯하다**

호떡 밀가루나 찹쌀가루를 반죽하여 설탕으로 소를 넣고 둥글넓적하게 구워 낸 중국 떡.

호똘 |북 몸을 갑자기 방정맞게 움직이거나 흔드는 모양. **호똘거리다 호똘대다 호똘호똘** 《오빠가 가수 흉내를 내면서 머리를 호똘호똘 흔든다.》

호락호락 일이나 사람이 하라는 대로 잘 따라 다루기 쉬운 모양. 《내 동생은 그런 거짓말에 호락호락 속아 넘어갈 애가 아니다.》 **호락호락하다**

호란 (胡亂) 1. 만주 사람이 일으킨 난리. 2. '병자호란'을 줄인 말.

호랑거미 풀잎이나 나뭇가지 사이, 처마 밑에 그물을 치고 사는 거미. 어두운 갈색 바탕에 노란 띠무늬가 있다.

호랑나비 들이나 낮은 산에 흔하게 날아다니는 나비. 날개는 노랑 바탕에 검정 줄무늬가 있다.

호랑이 깊은 산속이나 숲에 사는 짐승. 몸집이 크고 사납다. 누런 갈색 바탕에 검은 줄무늬가 있다. ^같범.

호랑이 굴에 가야 호랑이 새끼를 잡는다 ^{속담} 어떤 일이든지 나서서 부딪쳐야 좋은 결과를 얻는다는 말.

호랑이는 죽어서 가죽을 남기고 사람은 죽어서 이름을 남긴다 ^{속담} 보람 있는 일을 해서 명예를 떨쳐야 한다는 말.

호랑이 담배 필 적 ^{속담} 아주 옛날을 이르는 말.

호랑이에게 물려 가도 정신만 차리면 산다 ^{속담} 몹시 위급한 처지도 정신만 똑바로 차리면 벗어날 수 있다는 말.

호랑지빠귀 낮은 산이나 숲, 공원에 사는 여름새. 몸 위쪽은 누런 갈색이고 배는 흰데, 온몸에 어두운 갈색 무늬가 있다.

호령 (號令) 윗사람이 큰소리로 명령

호롱

호랑거미

호랑나비

호리꽃등에

호랑이

호랑지빠귀

하거나 꾸짖는 것. 《선생님의 불같은 호령이 떨어졌다.》 **호령하다**

호롱 사기나 유리 같은 것으로 만든 작은 병에 기름을 담아 불을 켜는 등.

호롱불 호롱에 켠 불.

호루라기 입에 물고 세게 불어서 삑 소리를 내는 물건. 흔히 어떤 신호나 경고를 하려고 분다. 《초록 불이 켜지자 교통순경 아저씨가 호루라기를 불었다.》 ^같호각. ^북호르래기.

호르몬 (hormone) 몸 안에서 나와 몸의 활동을 조절하는 물질.

호른 (Horn독) 부는 악기 가운데 하나. 쇠붙이로 된 가늘고 긴 관이 둥글게 감겨 있고 끝은 나팔꽃처럼 생겼다.

호리꽃등에 이른 봄부터 가을까지 꽃에서 꿀을 빠는 등에. 벌과 비슷하게 생겼지만 독침은 없다.

호리다 매력이나 요술을 써서 남의 마음을 사로잡아 정신을 못 차리게 만들다. 《저 무덤 근처에서 밤마다 처녀 귀신이 나타나 나그네들을 호린대요.》

호리병 옛날에 물이나 술, 약 들을 담아 들고 다니던 병. 병의 가운데 부분이 잘록하게 들어가 있다.

호리병박 집 가까이에 심어 가꾸는 덩굴풀. 열매는 둥글고 길쭉한데 가운데가 잘록하다. 껍질을 말려서 바가지를 만든다. ^같조롱박.

호리병벌 풀줄기나 나뭇가지에 진흙으로 호리병처럼 생긴 집을 짓는 벌. 들이나 풀이 많은 곳에 살고, 꿀과 꽃가루를 먹는다.

호리호리하다 키가 크고 몸이 가늘어 날씬하다. 《누나는 엄마를 닮아 몸매가 호리호리하다.》**참**후리후리하다.

호명 (呼名) 여럿 가운데에서 한 사람의 이름을 부르는 것.《선생님의 호명을 받은 아이들이 자리에서 일어났다.》
호명하다 호명되다

호미 김을 매거나 감자, 고구마를 캘 때 쓰는 농기구. 끝이 뾰족한 세모꼴 쇠붙이에 나무 자루를 박았다.

호미로 막을 것을 가래로 막는다 속담 대수롭지 않은 일이라고 그대로 두었다가 나중에 큰 힘을 들이게 되는 것을 빗대어 이르는 말.

호밀 밭에 심어 가꾸는 곡식. 보리와 비슷하고 추위에 잘 견딘다. 열매는 가루를 내어 빵이나 술을 만들고 줄기는 모자를 만든다.

호박 **채소** 밭이나 울타리 옆, 산비탈에 심어 가꾸는 열매채소. 줄기는 덩굴이 되어 자라고, 여름에 크고 노란 꽃이 핀다. 열매는 처음에는 푸르다가 다 익으면 누렇게 된다.

호박에 말뚝 박기 속담 심술궂은 짓을 서슴없이 하는 것을 빗대어 이르는 말.

호박이 넝쿨째 굴러 들어오다 속담 뜻하지 않게 좋은 것을 얻거나 좋은 일이 생긴 것을 빗대어 이르는 말.

호박 **돌** 옛날에 나무진 같은 것이 땅속에 묻혀 굳어진 누런빛 광물. 다듬어서 장신구로 쓴다.《호박 단추》

호박고누 고누 놀이 가운데 하나. 두 사람이 말판에 말을 세 개씩 놓고 움직이다가 상대편 말이 나아가지 못하게 길을 막으면 이긴다.

호박꽃 호박에 피는 꽃. 크고 노란 통꽃으로, 암꽃과 수꽃이 따로 핀다.

호박벌

호미

호반새

호밀

호박_채소

호박꽃

호박벌 호박꽃, 벚꽃, 진달래 같은 꽃에 날아드는 벌. 꿀벌보다 몸집이 두 배쯤 크고 몸에 털이 많다.

호박순 호박의 연한 줄기.

호박씨 호박의 씨.

호박씨를 까다 관용 내숭을 떨다.《선생님 앞에서 양전한 척 호박씨 까네.》

호박엿 늙은 호박을 고아서 만든 엿.《울릉도 호박엿》

호박잎 호박의 잎사귀.

호반 (湖畔) ➡ 호숫가.

호반새 산속 계곡, 호숫가 숲 속에 사는 여름새. 온몸이 주황색인데, 몸 위쪽은 어둡고 아래쪽은 밝다. 부리는 붉은데 굵고 길다.

호별 (戶別) 집집마다.《공무원들이 호별로 찾아와 호구 조사를 해 갔다.》

호빵 동그랗고 주먹만 하게 만들어 쪄서 만든 빵.《팥 호빵/야채 호빵》

호사 (豪奢) 분수에 넘칠 정도로 사치를 부리는 것.《우리 형편에 저런 차를 사는 건 호사야.》**호사하다**

호사다마 (好事多魔) 좋은 일에는 늘 그것을 방해하는 나쁜 일이 많이 생긴다는 말.《호사다마라더니 지갑을 되찾고 나니 필통이 없어졌다.》

호사스럽다 화려하고 사치스럽다.《호사스러운 옷차림》**바**호사스러운, 호사스러워, 호사스럽습니다.

호상 (好喪) 사는 동안 편안히 잘 살다가 자기 명을 다 누리고 죽는 것. 복을 누리며 오래 살다가 죽는 것.

호서 (湖西) '충청도'를 달리 이르는 말.

호소 (呼訴) 억울하고 딱한 사정을 남

에게 다 말하며 도와 달라고 하는 것.
《소녀의 눈물 어린 호소에 아무도 귀
기울이지 않았다.》**호소하다**

호소문 (呼訴文) 어떤 사정을 호소하
는 내용을 적은 글.

호송 (護送) 1.사람이나 물건을 다른
곳으로 옮길 때 보호하면서 따라가는
것.《119 대원들이 환자 호송을 도와
주었다.》2.죄수나 피고인을 감시하면
서 다른 곳으로 데려가는 것.《경찰이
교도소까지 죄인 호송을 맡았다.》비압
송. **호송되다**

호수 (湖水) 넓은 땅에 물이 깊게 괴어
있는 곳. 못이나 늪보다 훨씬 크다.
《주말에 아빠와 호수에 갔다.》

호숫가 호수의 가장자리. 같호반.

호스 (hose) 흔히 고무나 비닐로 만드
는 긴 관. 물이나 가스 들을 보내는 데
쓴다.《호스로 화초에 물을 주었다.》

호시절 (好時節) 좋은 시절.《꽃 피고
새 우는 춘삼월 호시절이로구나!》

호시탐탐 (虎視耽耽) 남의 것을 빼앗
으려고 틈만 나면 기회를 엿보는 것.
호랑이가 눈을 부릅뜨고 먹잇감을 노
려본다는 뜻이다.《네가 내 과자를 호
시탐탐 노리는 거 다 알아.》

호신술 (護身術) 덤비는 상대에게서
자기 몸을 보호하는 기술. 태권도, 유
도, 합기도 들이 있다.

호언 (豪言) 제 능력을 넘어서는 큰일
을 할 수 있다고 자신 있게 말하는 것.
《민수가 뭘 믿고 그런 호언을 늘어놓
는지 모르겠다.》**호언하다**

호언장담 (豪言壯談) 어떤 일을 할 수
있다며 큰소리치는 것. **호언장담하다**

《누나 앞에서 호언장담했지만 막상 쥐
를 잡으려니 더럭 겁이 났다.》

호연지기 (浩然之氣) 거침없이 넓고
큰 기개.《호연지기를 기르다.》

호외 (號外) 중요한 사건이 일어났을
때 사람들에게 급히 알리려고 갑자기
찍어 내는 신문.《비행기 추락 사고가
일어나자 신문사에서는 곧 호외를 찍
어 냈다.》

호우 (豪雨) 한꺼번에 퍼붓듯이 많이
내리는 비. 북무더기비.

호위 (護衛) 중요한 사람을 곁에서 따
라다니며 보호하는 것. **호위하다**《우
리 삼촌은 대통령을 호위하는 일을 한
다.》**호위되다**

호응 (呼應) 1.다른 사람의 말이나 주
장에 응하거나 찬성하는 것.《연설자
가 청중한테서 뜨거운 호응을 받았다.》
2.문장에서 앞에 나온 말과 서로 이어
지는 말이 따라오는 것. '결코' 가 오면
'아니다' 가 오는 것과 같은 것이다.
《'아마도' 라는 말은 '그럴 것이다' 처
럼 추측하는 말과 호응을 이룬다.》**호
응하다**

호의 (好意) 남을 좋게 여기는 마음.
또는 친절하게 대하고 도와주려는 마
음.《짝꿍의 호의를 고맙게 받아들이
기로 마음먹었다.》비선의.

호의호식 (好衣好食) 좋은 옷을 입고
좋은 음식을 먹으면서 잘사는 것. **호의
호식하다**《부잣집에서 호의호식하며
자란 너는 우리 마음을 모를 거야.》

호인 (好人) 마음이 넓어 누구에게나
좋게 대하는 사람.《최 선생님은 좀처
럼 성을 내지 않는 호인이셔.》

호장근 양지바른 산기슭에 자라는 풀. 꽃은 흰색이나 옅은 붉은색이고, 열매는 짙은 밤색이다. 뿌리를 약으로 쓴다. 북범싱아.

호장근

호적 (戶籍) 법률에 따라 한집안 식구의 이름, 생년월일, 본적지 같은 것을 적은 문서.《호적에 이름을 올리다.》

호적수 (好敵手) 힘이나 재주가 비슷비슷하여 겨루어 볼 만한 상대.《오늘 드디어 호적수를 만났구나.》

호전 (好轉) 나쁜 형편이나 상태가 좋아지는 것. **반**악화. **호전되다**《할머니가 병세가 호전되었대요.》

호젓하다 1.무섭게 느껴질 만큼 소리나 움직임이 없이 조용하고 쓸쓸하다.《산길은 등산객이 적어 호젓했다.》2. 둘레에 사람이 없어 조용하다.《오래간만에 엄마랑 아빠 두 분이서만 호젓하게 보내고 오세요.》

호조 역사 (戶曹) 고려 시대와 조선 시대에 인구, 세금, 경제 들에 관한 일을 맡아보던 관청.

호조 좋음 (好調) 좋은 상태나 형편.《오늘은 우리 팀의 공격이 호조를 보여서 쉽게 이길 수 있을 것 같다.》

호족 (豪族) 옛날에 지방에 있으면서 재산이 많고 세력이 큰 집안.

호주 (戶主) 한집안을 대표하는 사람. 가족을 거느리고 살림살이를 이끈다.

호주머니 → 주머니.

호찌민 (Ho Chi Minh) 베트남 남쪽에 있는 도시. 베트남에서 가장 큰 도시이며, 남베트남의 수도였다.

호출 (呼出) 흔히 아랫사람을 연락하여 불러내는 것.《비서가 사장 호출을

호패

받고 달려왔다.》**호출하다 호출되다**

호치키스 (Hotchkiss) 종이 여러 장을 한데 묶는 기구. 손잡이를 누르면 'ㄷ' 모양의 꺾쇠가 튀어나와 종잇장에 박힌다.

호칭 (呼稱) 사람이나 사물을 부르는 말. 본디 이름을 부르기도 하고, 다른 이름을 붙여서 부르기도 한다.《잘 모르는 어른들께 흔히 '선생님'이라는 호칭을 쓴다.》**호칭하다**

호탕하다 거리끼는 것이 없이 시원시원하고 통이 크다.《승리 소식을 들은 장군님이 호탕하게 웃었다.》

호텔 (hotel) 규모가 큰 고급 여관. 잠을 잘 수 있는 방과 식당, 커피숍, 갖가지 즐길 만한 시설을 갖추고 있다.

호통 큰소리로 꾸짖는 것. 또는 그 소리.《선생님이 우리말을 바르게 쓰라고 호통을 치셨다.》**호통하다**

호패 (號牌) 조선 시대에 신분을 알 수 있게 남자가 열여섯 살 때부터 차고 다니던 패. 나무나 뿔로 만들었다.

호평 (好評) 좋게 평하는 것. 또는 좋은 평가.《아이들 동시집이 독자들한테 호평을 받았다.》**반**악평. **호평하다**

호호 1.흔히 여자가 입을 동그랗고 작게 오므리고 예쁘게 웃는 소리. 또는 그 모양.《아빠 곰이 하하 웃자 엄마 곰도 호호 웃습니다.》2.입을 오므려 내밀고 자꾸 입김을 내뿜는 소리. 또는 그 모양.《동생의 꽁꽁 언 손을 호호 불어 녹여 주었다.》**참**후후.

호호거리다 입을 오므려 내밀고 자꾸 입김을 내뿜다.《뜨거운 호빵을 호호거리면서 먹었다.》

호호백발 온통 하얗게 센 머리. 또는 그런 머리를 한 사람.

호화 (豪華) 몹시 사치스럽고 화려한 것.《호화 주택/호화 여객선》

호화롭다 몹시 사치스럽고 화려하다.《왕비를 위해 지었다는 사원은 안팎이 아주 호화로웠다.》 ㅂ호화로운, 호화로워, 호화롭습니다. **호화로이**

호화스럽다 꽤 호화롭다.《호화스럽게 꾸민 궁전》 ㅂ호화스러운, 호화스러워, 호화스럽습니다.

호화판 아주 사치스럽고 화려한 방식.《쯧쯧, 요즘같이 어려운 때 국회의원이 호화판 생일잔치를 벌이다니!》

호황 (好況) 장사가 잘되거나 경제 사정이 좋은 것.《여름에는 아이스크림 회사들이 호황을 누린다.》 반불황.

호흡 (呼吸) 1.숨을 쉬는 것.《사람은 잠잘 때나 일을 할 때나 늘 호흡을 한다.》 2.함께 일하는 사람들과 잘 어울리는 것.《짝꿍과 나는 호흡이 척척 잘 맞는다.》 **호흡하다**

호흡기 (呼吸器) 사람의 허파나 물고기 아가미처럼 숨 쉬는 기관. 갈호흡 기관.

호흡 기관 (呼吸器官) → 호흡기.

혹 몸 1.살갗이나 몸 안에 생긴 군더더기 살덩어리.《혹 달린 할아버지》 2.부딪쳐서 살갗이 불룩하게 부어오른 것.《방문에 머리를 부딪쳐서 혹이 생겼다.》 3.짐스러운 일이나 물건.

혹 떼러 갔다 혹 붙여 온다 속담 이익을 바라고 갔다가 도리어 손해를 보고 온 것을 빗대어 이르는 말.

혹 만약 (或) → 혹시.

혹깔때기버섯

혹부리오리

혹깔때기버섯 여러 가지 나무가 자라는 숲에서 나는 버섯. 갓은 깔때기처럼 생겼고 빛깔은 노란색이나 붉은빛을 띤 갈색이다. 먹는 버섯이다.

혹독하다 견디기 힘들 만큼 몹시 모질고 심하다.《혹독한 추위》 비가혹하다.

혹부리 얼굴이나 목에 혹이 달린 사람을 놀리는 말.《혹부리 영감》

혹부리오리 강이나 호수, 강어귀, 바닷가에 사는 겨울새. 수컷은 머리에 큰 혹이 있다.

혹사 (酷使) 심하게 일을 시키는 것.《노동자들은 공장에서 아침부터 밤늦게까지 혹사를 당했다.》 **혹사하다**

혹시 (或是) 1.어쩌다가 우연히 그렇게 된다면.《혹시 내일 비가 오면 소풍이 취소되나요?》 갈혹. 2.확실하지 않지만 어쩌면.《혹시 제가 뭐 빠뜨린 게 있나요?》 갈혹.

혹시나 '혹시'를 힘주어 하는 말.

혹은 그렇지 않으면.《수업이 끝나면 아이들은 학원으로 혹은 놀이터로 우르르 몰려간다.》 비또는.

혹평 (酷評) 일이나 물건 같은 것을 아주 좋지 않게 평하는 것.《이번 전시회는 평론가들에게 혹평을 받았다.》 참악평. **혹평하다**

혹하다 어떤 것에 홀딱 반하거나 마음이 쏠려 정신을 차리지 못하다.《짝꿍 말에 혹해서 비싼 장난감을 샀다.》

혹한 (酷寒) 아주 호되고 심한 추위.《펭귄들은 남극의 혹한 속에서 새끼를 낳고 살아간다.》

혼 (魂) 사람 몸속에 있으면서 몸과 마음을 다스린다는 어떤 것.《할머니는 사람이 죽으면 혼이 빠져나가 하늘로 간다고 말씀하셨다.》 비넋.

혼나다 1.심하게 꾸지람을 듣다.《장난을 치다 선생님께 혼났다.》 2.참기 힘든 일을 당해 몹시 힘이 들다.《선생님이 들려주시는 귀신 이야기가 무서워서 혼났다.》

혼내다 심하게 꾸짖거나 벌을 주다. 《선생님이 떠든 아이들을 혼내셨다.》

혼돈 (混沌) 사물, 생각, 가치 같은 것이 마구 뒤섞여 어지럽고 갈피를 잡기 힘든 상태.《양쪽 말이 모두 맞는 것 같아 나는 혼돈에 빠졌다.》 참혼동. **혼돈하다 혼돈되다**

혼동 (混同) 이것과 저것이 비슷해서 서로 헷갈리는 것. 또는 어떤 것을 엉뚱한 것으로 착각하는 것. 참혼돈. **혼동하다**《우리 반에는 이름이 비슷한 애들이 많아서 자주 혼동해.》 **혼동되다**

혼란 (混亂) 이것저것 마구 뒤섞여 몹시 어지러운 것.《가스 폭발 사고로 도시가 혼란에 빠졌다.》 **혼란하다**

혼란스럽다 이것저것 마구 뒤섞여 어지럽게 느껴지다.《이제는 대체 누구 말이 맞는지 혼란스럽다.》 박혼란스러운, 혼란스러워, 혼란스럽습니다.

혼령 (魂靈) → 영혼.

혼례 (婚禮) → 혼례식.

혼례식 (婚禮式) 남자와 여자가 여러 사람들 앞에서 부부가 되겠다고 치르는 예식.《오늘 혼례식의 신부는 참 예뻤어요.》 같혼례. 비결혼식.

혼미하다 1.정신이나 의식이 어둡고 흐리다.《할아버지는 의식이 혼미한 상태에서도 나를 찾으셨다.》 2.일이나

정세가 복잡하고 불안하다.《정국이 혼미하니 앞날을 장담할 수 없다.》

혼방 (混紡) 여러 종류의 실을 섞어서 천을 짜는 일. **혼방하다**《나일론과 면을 혼방한 천》 **혼방되다**

혼백 (魂魄) 죽어서 몸을 떠난 넋.

혼비백산 (魂飛魄散) 몹시 놀라 넋이 나가는 것. **혼비백산하다**《사냥꾼은 호랑이 울음소리에 혼비백산해서 달아났다.》

혼사 (婚事) 혼인하는 일.《어미 혼자서 혼사를 준비하느라 바쁘겠구나.》

혼선 (混線) 1.전신, 전화 들에서 전파가 섞이거나 선이 얽혀서 다른 사람 말소리가 함께 들리는 것.《모르는 목소리가 들리는 것을 보니 전화에 또 혼선이 생긴 모양이다.》 2.여러 말이나 의견이 서로 뒤얽혀 어떻게 해야 할지 갈피를 잡지 못하는 것.《저마다 다른 의견을 내놓아 회의는 혼선을 빚었다.》

혼성 합창 (混聲合唱) 남자와 여자가 모둠을 나누어 함께 노래하는 것. 흔히 소프라노, 알토, 테너, 베이스로 나누어 부른다.

혼성 노래 (混聲) 남자와 여자가 함께 노래하는 것.《혼성 4중창》

혼성 섞음 (混成) 서로 다른 것이 섞여서 이루어지는 것.《남북이 함께 혼성 축구단을 만들었으면 좋겠다.》

혼수 (婚需) 혼인하면서 장만하는 여러 가지 물건.《이모는 결혼을 앞두고 혼수를 준비하느라 바쁘다.》

혼수상태 (昏睡狀態) 의식을 다 잃고 잠자는 것처럼 꼼짝도 못하는 상태. 《환자가 일주일 만에 혼수상태에서 깨

어났다.》

혼수품 (婚需品) 혼인하면서 장만하는 예물이나 예단, 살림살이나 가구 같은 것.

혼식 (混食) 쌀에 콩, 보리, 현미 같은 잡곡을 섞어 먹는 것.《옛날에는 쌀이 넉넉하지 않아 자주 혼식을 해서 먹었대요.》 **혼식하다**

혼신 (渾身) 온몸. 또는 온몸에서 나오는 힘이나 기운.《오늘 경기에서 혼신의 힘을 다하자.》

혼쌀[혼쌀] '나다', '내다'와 함께 써서, '혼나다'나 '혼내다'를 강조하여 이르는 말.

혼연일체 (渾然一體) 여러 사람의 마음이나 행동이 하나로 똘똘 뭉치는 것.《선수들은 혼연일체가 되어 싸웠다.》

혼용 (混用) 여러 가지를 한데 섞어서 쓰는 것. **혼용하다**《이 신문에서는 한글과 한자를 혼용한다.》 **혼용되다**

혼인 (婚姻) 남자와 여자가 부부가 되는 것.《오늘 이모와 이모부가 혼인을 했다.》 비결혼. **혼인하다**

혼인색 (婚姻色) 동물이 새끼를 치는 때에 몸에 남다르게 나타나는 빛깔. 물고기, 개구리, 뱀 들에서 볼 수 있다.

혼자 1. 저 하나만인 것.《이 세상은 너 혼자만 사는 곳이 아니야.》 2. 남의 도움 없이 스스로.《동생이 혼자 할머니 댁에 심부름을 갔다.》

혼잡 (混雜) 여럿이 한데 어수선하게 뒤섞여 있는 것. **혼잡하다**《거리는 차와 사람들로 몹시 혼잡했다.》

혼잣말 듣는 사람이 없이 혼자서 하는 말.《형이 혼잣말로 뭐라고 중얼거렸다.》 참독백. 북혼자말. **혼잣말하다**

혼천의

혼절 (昏絕) 정신을 잃고 까무러치는 것. **혼절하다**《자식의 죽음을 겪고도 혼절하지 않을 어머니가 몇이나 될까.》

혼쭐나다 몹시 혼이 나다.《또 한 번만 버릇없이 굴면 혼쭐날 줄 알아!》

혼천설 (渾天說) 우주의 구조에 관한 옛날 중국의 학설. 천동설의 하나로서 하늘이 땅을 둘러싼 채 돈다고 보았다.

혼천시계 (渾天時計) 조선 현종 때 (1669년) 과학자 송이영이 만든 시계이자 천체 관측 기구. 혼천의에 서양식 자명종 원리를 더한 것이다. 국보 제230호.

혼천의 (渾天儀) 옛날 중국에서 별의 움직임과 위치를 살피던 장치.

혼탁하다 1. 다른 것이 섞여서 흐리고 탁하다.《공장 폐수가 섞여 개울물이 몹시 혼탁하다.》 2. 흔히 사회나 정치가 어지럽고 깨끗하지 못하다.《혼탁한 선거에 많은 사람들이 실망했다.》

혼합 (混合) 여러 가지 것을 한데 뒤섞어 합하는 것. **혼합하다**《빨간색과 파란색을 혼합해서 보라색을 만들었다.》 **혼합되다**

혼합 농업 (混合農業) 집짐승을 기르면서 먹이가 되는 감자나 옥수수 같은 것을 함께 기르는 농업.

혼합물 (混合物) 서로 다른 물질이 두 가지 넘게 섞여 있는 것.

혼혈 (混血) 서로 다른 인종의 피가 섞이는 것.《인디언과 백인의 혼혈을 '메스티조'라고 한다.》

혼혈아 (混血兒) 서로 인종이 다른 부모 사이에서 태어난 아이.《유미는 한국인 아빠와 일본인 엄마 사이에서 태

어난 혼혈아이다.》

홀 (hall) 흔히 큰 건물에서 많은 사람이 모이는 넓은 방.

홀가분하다 1. 딸리거나 지닌 것이 없어 편하다.《가방을 벗고 홀가분하게 집을 나섰다.》 2. 걱정되거나 책임질 것이 없어 마음이 가볍다.《숙제를 끝내서 홀가분하다.》 **홀가분히**

홀딱 1. 남김없이 모두 벗거나 벗어진 모양.《우리는 옷을 홀딱 벗고 목욕탕으로 들어갔다.》 2. 한걸음에 빠르게 뛰거나 뛰어넘는 모양.《동생이 울타리를 홀딱 뛰어넘어 달려왔다.》 3. 적은 양을 재빠르게 삼키거나 남김없이 먹어 치우는 모양.《광수가 제 도시락을 홀딱 다 먹어 버리고 슬그머니 나를 본다.》 4. 정신없이 반하거나 여지없이 속아 넘어가는 모양.《피노키오는 여우의 꼬임에 홀딱 넘어갔다.》

홀라당 속의 것이 다 드러나도록 죄다 벗겨지거나 뒤집히는 모양.《머리가 홀라당 벗겨진 아저씨》 **참**홀러덩.

홀랑 1. 속이 다 드러나도록 죄다 벗겨지거나 뒤집히는 모양.《개울에서 아이들이 옷을 홀랑 벗고 논다.》 **참**홀렁. 2. 적으나마 지니고 있던 돈이나 재산을 한꺼번에 모두 잃는 모양.《빚으로 전 재산을 홀랑 날려 버렸다.》 3. 금세 쉽게 다 먹어 버리는 모양.《동생이 혼자서 떡을 홀랑 다 먹어 버렸다.》

홀로 자기 혼자만. 또는 혼자 힘으로.《체육 시간에 교실에 홀로 남았다.》

홀리다 어떤 것에 홀딱 반하거나 빠져들어 정신을 차리지 못하다.《여우한테 홀린 사람처럼 왜 멍하니 있어?》

홀몸 혼인한 사람 가운데 남편이나 아내가 없는 사람. 또는 형제가 없는 사람.《홀몸이 된 할머니는 생선 장사를 하여 엄마를 키우셨다.》 **같**단신. **북**혼자몸.

홀소리 목청을 울리면서 나온 소리가 입천장, 입술, 혀에 걸리지 않고 나는 소리. ㅏ, ㅐ, ㅑ, ㅒ, ㅓ, ㅔ, ㅕ, ㅖ, ㅗ, ㅘ, ㅙ, ㅚ, ㅛ, ㅜ, ㅝ, ㅞ, ㅟ, ㅠ, ㅡ, ㅢ, ㅣ이다. **같**모음. **참**닿소리.

홀수 1, 3, 5, 7, 9처럼 2로 나누면 1이 남는 수. **참**짝수.

홀씨 꽃을 피우지 않는 식물이 번식을 하려고 만드는 세포. 암수 결합 없이 스스로 싹이 튼다. **같**포자.

홀씨주머니 홀씨를 만들고 그것을 싸고 있는 주머니.

홀아비 아내가 죽거나 이혼하여 혼자 사는 남자. **참**홀어미.

홀아비바람꽃

홀아비바람꽃 경기도와 강원도 산속에 자라는 풀. 4~5월에 흰 꽃이 꽃대 끝에 한 송이씩 핀다. **북**홀바람꽃.

홀어머니 아버지 없이 혼자인 어머니.《홀어머니 밑에서 어렵게 자랐을 텐데 아이가 참 반듯하구나.》

홀어미 남편이 죽거나 이혼하여 혼자 사는 여자. **참**홀아비.

홀연히 뜻하지 않게 갑자기.《지수는 아무 말 없이 홀연히 자리를 떴다.》

홀짝 1. 물, 국물, 술 같은 액체를 조금 들이마시는 소리. 또는 그 모양. 2. 콧물을 들이마시면서 흐느껴 우는 소리. 또는 그 모양. **홀짝거리다 홀짝대다 홀짝이다 홀짝홀짝**《오빠가 부엌에서 우유를 홀짝거리고 있다./홀짝거리는

소리가 나서 뒤를 돌아보니 유경이가 울고 있었다.》

홀쭉이 몸이 마른 사람.

홀쭉하다 1.사람이나 물건의 몸통이 가늘고 길다.《옆집 돌이는 몸에 살이 없어서 홀쭉하다.》 2.속에 있던 것이 비어 줄어들다.《하루 종일 굶었더니 배가 홀쭉해졌다.》 3.앓거나 지쳐서 살이 빠지다.《동생이 밤새 설사를 하더니 얼굴이 홀쭉해졌다.》

홀치다 실, 줄 같은 것을 풀어지지 않게 단단히 두르거나 감거나 하여 묶다.《상처에 붕대를 홀쳐 감았다.》

홈 ^{구멍} 오목하고 길게 팬 자리.《낙숫물이 떨어져 댓돌에 홈이 파였다.》

홈 ^{야구} (home) 1.영어로 '집', '가정'을 뜻하는 말. 2.야구에서 포수 앞에 있는 누. 타자가 1루, 2루, 3루를 거쳐 이곳으로 돌아오면 점수가 난다.

홈런 (home run) 야구에서 타자가 친 공이 경기장 담장 밖으로 넘어가서 타자가 본루까지 돌아올 수 있는 안타.

홈뱅킹 (home banking) 은행에 가지 않고 집이나 다른 곳에서 인터넷으로 은행 일을 보는 것. **같**인터넷 뱅킹.

홈 쇼핑 (home shopping) 텔레비전, 인터넷, 광고지 같은 데서 본 물건을 집에서 전화나 인터넷으로 사는 일.

홈질 옷감 두 장을 포개어 바늘땀을 위아래로 고르게 꿰매는 바느질. **홈질하다**《옷감을 홈질하여 꾸며 보세요.》

홈채기 ^{|북} 움푹하게 홈이 팬 곳.《수레가 지나간 길에 홈채기가 생겼다.》

홈통 빗물, 개숫물 같은 것이 흐르거나 타고 내리도록 만든 관. 플라스틱이나

홉

홍게

홍단딱정벌레

홍단풍

홈통

홍동지_남사당
꼭두각시놀이

함석 들로 길고 둥글게 만든다.

홈페이지 (home page) 인터넷에 연결되었을 때 처음 나타나는 화면. 또는 만든 사람이 정보를 나누거나 홍보 들을 하려고 꾸며 놓은 웹 사이트.

홉 곡식, 액체, 가루 들의 양을 나타내는 말. 한 홉은 한 되의 10분의 1이다.

홍건적 (紅巾賊) 중국 원나라 때 난리를 일으킨 도둑 무리. 머리에 붉은 수건을 둘러서 이런 이름이 붙었다.

홍게 동해 찬 바다에 사는 게. 온몸이 붉고 다리가 아주 길다.

홍교 (虹橋) → 홍예다리.

홍길동전 (洪吉童傳) 조선 광해군 때 허균이 지은 소설. 서자로 태어나 능력을 펼치지 못하던 홍길동이 의적이 되어 가난한 사람들을 돕고 새로운 나라를 세운다는 이야기이다. 우리나라에서 한글로 쓴 첫 소설이다.

홍단딱정벌레 큰 나무가 많이 우거진 산속에 사는 딱정벌레. 몸이 딱딱한 날개와 껍데기로 덮여 있는데, 빛깔이 붉고 화려하다.

홍단풍 뜰이나 공원에 심어 가꾸는 잎지는나무. 잎이 처음 나올 때부터 떨어질 때까지 내내 붉다.

홍당무 → 당근.

홍당무가 되다 ^{관용} 부끄러워서 얼굴빛이 빨개지다.《새별이는 모르는 사람 앞에만 서면 홍당무가 된다.》

홍도 (紅島) 전라남도 신안에 딸린 섬. 보기 드문 동식물이 많아서 천연 보호 구역으로 지정되었다.

홍동지 남사당 꼭두각시놀이, 서산 박첨지놀이에 나오는 인형.

홍두깨 옛날에 옷감의 구김살을 펴거나 윤을 낼 때 쓰던 둥글고 단단한 나무. 옷감을 이 나무에 감아서 다듬잇돌 위에 얹어 놓고 방망이로 두들긴다.

홍문관 (弘文館) 조선 시대에 문서를 관리하고 왕을 돕던 기관.

홍백가 남사당 꼭두각시놀이에 나오는 인형.

홍백양반탈 고성 오광대에서 쓰는 탈.

홍백탈 통영 오광대에서 쓰는 탈.

홍보 (弘報) 어떤 사실이나 제품 들을 널리 알리는 것. **홍보하다** 《영화를 홍보하려고 외국 배우가 우리나라에 왔다.》 **홍보되다**

홍보물 (弘報物) 어떤 사실이나 제품 들을 널리 알리려고 만든 여러 가지 문서나 물건. 《선거 홍보물》

홍보석 (紅寶石) → 루비.

홍살문 능, 묘지, 궁궐, 관아, 향교 같은 곳에 세우는 붉은 칠을 한 문. 양쪽에 둥근 기둥 두 개를 세우고 위에 막대를 가로질러 붉은 살을 죽 박았다.

홍삼 (紅蔘) 수삼을 쪄서 말린 붉은 빛깔의 인삼.

홍수 (洪水) → 큰물.

홍시 (紅柿) 무르익어 물렁물렁하고 붉은 감. 비연시. 참감, 곶감.

홍안 (紅顔) 붉은빛이 도는 얼굴. 젊은 사람의 건강한 얼굴을 빗대어 이르는 말이다. 《옛 사진을 보니 할아버지도 50년 전에는 홍안의 청년이셨다.》

홍어 → 참홍어.

홍역 (紅疫) 열이 많이 나고 온몸에 좁쌀 같은 붉은 발진이 돋는 전염병. 흔히 어린아이가 잘 걸린다.

백

홍

홍백가

홍백양반탈

홍백탈

홍합

홍역을 치르다 관용 몹시 어려운 일을 겪다. 《동생이 갑자기 배가 아프다고 뒹굴어 한바탕 홍역을 치렀다.》

홍예다리 양 끝은 처지고 가운데는 둥글게 솟은 무지개 꼴 다리. 같홍교.

홍익인간 (弘益人間) 단군이 고조선을 세울 때 나라를 다스리는 근본으로 삼은 정신. 널리 인간을 이롭게 한다는 말이다.

홍일점 (紅一點) 여러 남자 사이에 끼어 있는 여자 한 명을 빗대어 이르는 말. 푸른 잎 가운데 피어난 붉은 꽃 한 송이라는 뜻이다. 《그 누나는 우리 학교 검도부의 홍일점이다.》

홍차 (紅茶) 차나무의 어린잎을 발효시켜서 만든 차. 또는 그것을 달이거나 우려낸 붉은빛이 도는 차. 참녹차.

홍치 뭍에서 가깝고 바위가 많은 바다에 사는 바닷물고기. 지느러미를 비롯하여 온몸이 붉다.

홍콩 (Hong Kong) 중국 남동쪽 끝에 있는 특별 행정 구역. 오랫동안 영국의 지배를 받다가 1997년에 다시 중국 땅이 되었다.

홍학 물가에 떼 지어 사는 새. 다리와 목이 가늘고 길다. 깃털은 흰색에서 짙은 분홍색까지 여러 가지 빛깔을 띤다. 북붉은학.

홍합 바닷가 바위에 붙어서 사는 조개. 껍데기는 긴 세모꼴로 검고 윤이 나며, 속살은 주황색이다.

홍화 → 잇꽃.

홀- 어떤 낱말 앞에 붙어, '한 겹인', '혼자인'이라는 뜻을 더하는 말. 《홀겹/홀이불》

홑겹 옷, 이불 같은 것을 여러 겹이 아닌 한 겹으로 만든 것. 《홑겹 이불》

홑눈 곤충이나 거미에게 있는 작은 눈. 어둡고 밝은 것만 구별하는 간단한 눈이다. **참**겹눈. **북**단아.

홑몸 1.딸린 식구가 없는 혼자 몸. 《앞집 할아버지도 전쟁 통에 가족을 모두 잃고 홑몸이 되었다 한다.》 2.아이나 새끼를 배지 않은 몸. 《이모는 요즘 홑몸이 아니다.》

홑바지 천 한 겹으로 지은 얇은 바지.

홑이불 솜을 두지 않고 한 겹으로 만든 얇은 이불. **북**하불.

홑청 요나 이불의 겉을 싸는 홑겹 천. 《오늘은 이불 홑청을 꿰매자꾸나.》

화 노여움 (火) 마음에 들지 않거나 기분이 나빠서 몹시 성이 나는 것. 《형이 버럭 화를 냈다.》 **비**골, 성.

화가 머리끝까지 나다 **관용** 화가 몹시 나다. 《새별이가 너 기다리다가 화가 머리끝까지 나서 가버렸어.》

화 요일 (火) → 화요일.

화 재난 (禍) 뜻밖에 당하는 불행한 사고나 큰 손해. 《화가 거기까지 미칠 줄 몰랐어요.》

화가 (畫家) 그림을 전문으로 그리는 사람.

화강석 (花崗石) → 화강암.

화강암 (花崗巖) 마그마가 깊은 땅속에서 천천히 굳은 돌. 아주 단단해서 건축 재료로 쓴다. **같**화강석.

화공 (畫工) 옛날에 화가를 이르던 말.

화공 약품 (化工藥品) 서로 다른 물질이 섞여서 새롭게 생긴 약품. 알코올, 아세톤, 염산, 황산 들이 있다.

화교 (華僑) 고국인 중국을 떠나 다른 나라에서 사는 중국 사람.

화구 (火口) 1.땔감을 넣고 불을 지피는 아궁이의 아가리 부분. 《화구에 불을 붙이다.》 2.→ 분화구.

화근 (禍根) 뜻밖의 해가 일어나게 하는 불행의 씨앗. 《화근이 될 만한 일은 미리 뿌리를 뽑아야 한다.》

화급 (火急) 몹시 급한 것. 《화급을 다투는 환자》 **화급하다 화급히**

화기 불 (火氣) 1.→ 불기운. 2.불에 덴 자리에서 올라오는 화끈하는 기운. 《화기 때문에 발이 화끈거려.》

화기 무기 (火器) 총이나 대포처럼 화약의 힘으로 탄알을 쏘는 무기. 《공격 명령에 아군의 화기가 불을 뿜었다.》

화기애애하다 여럿이 정답고 화목하다. 《동무들과 화기애애하게 이야기를 나누었다.》

화끈 몸이나 쇠붙이, 분위기 들이 갑자기 뜨겁게 달아오르는 모양. **화끈거리다 화끈대다 화끈하다 화끈화끈**《부끄러워 얼굴이 화끈 달아올랐다.》

화끈하다 성격이 답답한 데가 없고 활발하고 시원스럽다. 《오늘은 내가 화끈하게 한턱낸다!》

화나다 마음에 들지 않거나 기분이 나빠서 몹시 성이 나다. 《화나는 일이 있어도 참으세요.》 **비**성나다.

화내다 마음에 들지 않거나 기분이 나빠서 좋지 않은 감정을 나타내다. 《그렇게 화내지만 말고 제 얘기를 들어 보세요.》 **비**성내다.

화다닥 갑작스럽게 빠른 동작으로 뛰는 모양. 《조카가 몰래 사탕을 먹다가

들키자 화다닥 도망을 간다.》

화단 (花壇) → 꽃밭.

화답 (和答) 1. 남이 들려준 시나 노래에 자기의 시나 노래로 답하는 것. 2. 남의 칭찬이나 환영에 감사하는 뜻을 나타내는 것. **화답하다** 《아빠 노래에 화답하는 뜻으로 엄마도 한 곡 불러 주세요./선수들은 열렬한 박수에 화답해서 모두 손을 들어 인사했다.》

화덕 1. 숯불을 피워 놓고 쓰게 만든 큰 화로. 《화덕에 고구마를 구워 먹었다.》 ¹북**화독**. 2. 쇠붙이나 흙으로 아궁이처럼 만들어 솥을 걸고 쓰게 만든 것. 《할머니는 화덕 위에 큰 솥을 걸어 놓고 물을 데우셨다.》 ¹북**화독**.

화들- ¹북 팔다리나 몸이 심하게 떨리는 모양. **화들거리다 화들대다** 《어제는 팔다리가 화들거릴 만큼 추웠다.》

화들짝 갑자기 펄쩍 뛸 듯이 놀라는 모양. 《방문이 확 열리자 동수가 화들짝 놀라서 고개를 쳐들었다.》

화락하다 ¹북 옷, 천 같은 것이 물이 뚝뚝 떨어질 만큼 흠뻑 젖다. 《소나기를 만나는 바람에 옷이 화락하게 젖었다.》

화랑 ꜛ (畫廊) 그림, 조각 같은 미술 작품을 여러 사람이 볼 수 있게 벌여 놓거나 파는 곳. 《내일부터 화랑에서 이중섭 전시회가 열립니다.》

화랑 역사 (花郞) 신라 시대에 함께 학문과 무예를 익히던 청소년 단체. 또는 그 단체의 중심이 되는 사람.

화려하다 1. 눈이 부시게 아름답고 빛이 나다. 《화려한 장미꽃 한 송이》 2. 남들이 부러워할 만큼 대단하거나 사치스럽다. 《연예인들은 화려한 모습을

화로

화덕

화물 열차

많이 보여 준다.》

화력 (火力) 불에 탈 때 나오는 열의 힘. 《화력이 세서 물이 금방 끓었다.》

화력 발전소 (火力發電所) 석탄, 석유, 가스 같은 것을 태울 때 나오는 증기의 힘으로 전기를 일으키는 곳.

화로 (火爐) 옛날에 방을 따뜻하게 하려고 더운 재와 숯불을 담아 놓던 그릇. 《화로에 둘러앉아 밤을 구워 먹었다.》

화롯불 화로에 담아 놓은 불. 《추울 텐데 화롯불에 몸 좀 녹여라.》

화르르 1. 마른 나뭇잎이나 종이 같은 것이 불길이 세게 일면서 타오르는 모양. 《장작더미에 기름을 붓자, 화르르 타들어 간다.》 2. 새들이 날개를 치면서 날아오르는 소리. 또는 그 모양. 《오리들이 하늘로 화르르 날아오른다.》

화면 (畫面) 텔레비전이나 컴퓨터 들에서 그림이나 영상이 나타나는 면.

화목 (和睦) 가족이나 이웃끼리 서로 돕고 사이좋게 지내는 것. **화목하다** 《늘 웃음꽃이 피는 화목한 우리 집》

화문석 (花紋席) → 꽃돗자리.

화물 (貨物) 자동차나 기차, 배, 비행기 들로 실어 나르는 큰 짐.

화물선 (貨物船) 짐을 실어 나르는 배.

화물 열차 (貨物列車) 짐을 실어 나르는 열차. ¹북**짐렬차**.

화물차 (貨物車) 짐을 실어 나르는 자동차, 기차 같은 것을 모두 이르는 말.

화백 제도 (和白) 신라 시대에 나라의 중요한 일을 의논하던 회의 제도.

화백 사람 (畫伯) '화가'를 높여 이르는 말.

화병 꽃병 (花瓶) → 꽃병.

화병 병 (火病) 억울한 마음이 쌓여서 생기는 병.

화보 (畫報) 흔히 그림이나 사진을 엮어 만든 책.《백두산 야생화 화보》

화분 (花盆) 꽃을 심어 놓는 그릇. 흙이나 플라스틱 들로 만들며 바닥에 구멍이 나 있어 물이 빠진다.

화사하다 봄 느낌처럼 밝고 아름답다.《화사하게 차려입은 사람들》

화산 (火山) 땅속에 있던 가스와 마그마가 땅껍죽을 뚫고 나와서 터지는 곳. 또는 그렇게 해서 생긴 산.

화산 가스 화산에서 나오는 가스.

화산섬 화산이 터질 때 나온 용암과 재가 쌓여서 이루어진 섬.

화산재 화산이 터질 때 나온 용암이 잘게 부스러져 먼지처럼 된 가루.

화산탄 (火山彈) 화산에서 솟아난 용암이 주먹만 하게 굳어져 생긴 덩어리.

화살 활시위에 걸고 당겼다가 쏘아서 목표물을 맞히는 가늘고 긴 막대.《화살이 눈 깜짝할 사이에 벽에 꽂혔다.》

화살을 돌리다 관용 혼내거나 따질 상대를 바꾸다.《동생을 혼내시던 엄마가 나한테 화살을 돌리셨다.》

화살나무 낮은 산기슭이나 들에 자라는 잎지는나무. 가지에 화살 깃처럼 생긴 것이 붙어 있다. 줄기로 화살이나 지팡이를 만든다. 북홑잎나무.

화살촉 화살 끝에 박는 뾰족한 쇠.

화살표 1. '→', '←'처럼 문장에 쓰는 부호. 2. 방향을 나타내는 화살 꼴 표시.《화살표를 따라가세요.》

화상 질병 (火傷) 살갗이 불이나 뜨거운 열에 데어서 생긴 상처.《뜨거운 물

화살나무

화성_성

화승총

이 쏟아져 손에 화상을 입었다.》

화상 그림 (畫像) 1. 얼굴. 또는 얼굴을 그린 그림.《공자의 화상》 2. 마땅치 않은 사람을 낮추어 이르는 말.《아이고, 이 화상아.》 3. 텔레비전, 모니터 들의 화면에 나타나는 상.《화상 통화》

화상 전화기 (畫像電話機) 상대의 얼굴을 보며 통화할 수 있는 전화기.

화상 회의 (畫像會議) 멀리 떨어져 있는 사람과 만나지 않고 기계 화면을 통해 서로 얼굴을 보면서 하는 회의.

화색 (和色) 밝고 환한 얼굴빛.《합격 소식에 삼촌 얼굴에 화색이 돌았다.》

화석 (化石) 옛날에 살았던 동물이나 식물이 땅속에 묻혀 돌처럼 굳은 것. 또는 돌에 찍혀 남아 있는 발자국이나 흔적.《공룡 화석》

화석 연료 (化石燃料) 땅속에 묻힌 생물 시체가 화석처럼 굳어서 된 연료. 석유, 석탄, 천연가스 들을 이른다.

화선지 (畫宣紙) 흔히 붓글씨를 쓰거나 먹으로 그림을 그릴 때 쓰는 종이.

화성 별 (火星) 해에 넷째로 가까운 별.

화성 음악 (和聲) 정해진 규칙에 따라 화음을 연결한 것. 같하모니.

화성 성 (華城) 경기도 수원에 있는 성. 조선 정조 때(1796년) 거중기 같은 기계 장치를 써서 지었다. 유네스코에서 세계 문화유산으로 지정하였다. 같수원성.

화성암 (火成巖) 마그마가 식어서 굳은 돌을 두루 이르는 말. 화강암, 현무암 들이 있다.

화술 (話術) → 말재주.

화승총 (火繩銃) 옛날에 노끈에 불을

붙여서 화약을 터뜨려 쏘던 총. **같**조총.

화실 (畵室) 1.화가나 조각가가 그림을 그리거나 조각하는 일을 하는 방.《화실 안에는 여기저기 그림이 놓여 있었다.》2.미술을 가르치는 학원.

화씨 (華氏) 물이 어는 온도를 32도, 끓는 온도를 212도로 하고 그 사이를 180등분하여 나타내는 온도. 기호는 °F이다. 우리나라에서는 거의 쓰지 않는다. **참**섭씨.

화씨온도계 (華氏溫度計) 화씨온도를 재는 온도계. **참**섭씨온도계.

화약 (火藥) 열이나 충격을 받으면 갑자기 큰 소리를 내며 한꺼번에 터지는 화학 물질.《갑자기 화약이 터지는 바람에 깜짝 놀랐다.》

화약고 (火藥庫) 1.화약을 넣어 두는 창고. 2.전쟁이 일어날 위험이 크거나 자주 일어나는 지역을 빗대어 이르는 말.《세계의 화약고인 중동에 하루빨리 평화가 찾아왔으면 좋겠다.》

화엄사 (華嚴寺) 전라남도 구례 지리산에 있는 절. 백제 성왕 때(544년) 연기라는 중이 처음 지었다. 각황전, 사사자 삼층 석탑, 석등 들이 있다.

화엄사

화염 (火焰) 붉고 세게 타오르는 불.《불이 나서 공장이 거대한 화염에 휩싸였다.》**다**불꽃.

화요일 (火曜日) 일주일 가운데 월요일 바로 다음날. **같**화.

화원 꽃밭 (花園) 꽃을 심은 밭이나 동산. 또는 꽃이나 나무를 파는 가게.《엄마가 동네 화원에서 난초를 사 오셨다.》**비**꽃집.

화원 사람 (畵員) 조선 시대에 도화서에서 그림을 그리던 낮은 벼슬아치.

화음 (和音) 높이가 다른 여러 음이 함께 어울려서 나는 소리.

화의 (和議) 싸움을 멈추고 화해하자고 서로 의논하는 것.《두 나라는 화의에 따라 전쟁을 멈추었다.》**화의하다**

화장 꾸밈 (化粧) 크림, 분, 향수, 연지 같은 화장품을 바르거나 문질러 얼굴을 곱게 꾸미는 것. **화장하다**

화장 장례 (火葬) 주검을 태워 장사 지내는 것. **화장하다**《할아버지는 죽으면 산에 묻지 말고 화장해 달라고 유언하셨다.》

화장대 (化粧臺) 거울, 화장품 들을 올려놓거나 넣어 두는 가구.

화장실 (化粧室) '변소'를 달리 이르는 말.《떠들다가 걸려 벌로 화장실 청소를 했다.》**북**위생실.

화장지 (化粧紙) 화장을 지우거나 밑을 닦거나 코를 푸는 데 쓰는 얇고 부드러운 종이. **참**휴지. **북**위생종이.

화장품 (化粧品) 화장하는 데 쓰는 것. 크림, 분, 향수, 연지 같은 것이 있다.

화재 (火災) 불이 나서 집이나 물건을 태우는 것.《마을에 큰 화재가 났다.》

화재 보험 (火災保險) 불이 나서 생긴 손해를 보상해 주는 보험. 건물, 물건, 숲 같은 것이 대상이 된다.

화전 (火田) 흔히 산간 지대에서 풀과 나무를 불사르고 그 자리를 일구어 농사를 짓는 밭. 또는 그런 농사 방법. **북**부대기, 부대밭.

화전놀이 봄에 산이나 들로 나가 꽃잎을 따서 전을 부쳐 먹으며 즐겁게 노는 놀이.

화전민 (火田民) 화전을 일구어 농사를 지으며 사는 사람.

화제 (話題) 이야기할 만한 것. 또는 이야깃거리.《화제에 오르다.》

화젯거리 여러 사람이 이야깃거리로 삼아 자주 떠드는 일.《승범이와 민용이가 싸운 얘기는 한동안 우리 반의 화젯거리였다.》

화증 (火症) 걸핏하면 화를 벌컥 내는 증세.《화증이 나다./화증이 돋다.》

화지 (畫紙) 그림을 그리는 데 쓰는 질이 좋은 종이.

화질 (畫質) 그림이나 영상을 화면으로 볼 때 실제처럼 잘 보이는 정도.

화차 차 (貨車) 1.짐을 실어 나르는 자동차. 참객차. 2.'화물 열차'를 줄인 말.

화차 무기 (火車) 옛날에 전쟁터에서 화약으로 적을 공격하는 데 쓰던 수레. 화살 수십 개를 잇달아 쏠 수 있는 장치가 달려 있다.

화차_무기

화창하다 날씨가 맑고 따뜻하다.《화창한 봄날/화창한 오후》

화채 꿀, 설탕을 타거나 오미자를 우려 낸 물에 잘게 썬 과일이나 꽃을 띄우고 차게 해서 마시는 먹을거리.

화초 (花草) 꽃이 피는 풀이나 나무. 또는 심어서 기르는 꽃이나 나무.《할머니는 화초 가꾸는 것을 좋아하신다.》 비화훼.

화촉 (華燭) 여러 가지 색으로 물들인 초. 혼례 때 쓴다.

화친 (和親) 나라와 나라 사이에 다툼 없이 잘 지내는 것.《고구려와 백제가 화친을 맺다.》 화친하다

화톳불 흔히 밖에서 추위를 막으려고 나무나 섶을 한군데에 쌓아 놓고 피우는 불.《삼촌이 마당에 화톳불을 피웠다.》 북우등불.

화통 (火筒) 증기 기관차나 기차, 배 같은 것의 굴뚝.《증기 기관차 화통에서 검은 연기가 나온다.》

화투 (花鬪) 네 계절과 열두 달을 나타내는 48장 그림 딱지. 또는 그것으로 하는 놀이나 노름.

화판 (畫板) 그림을 그릴 때 종이나 천을 받치는 판.

화평하다 1.걱정, 근심 들이 없어서 마음이 편안하다.《할아버지는 시골로 내려가신 뒤로 더없이 화평하게 지내신답니다.》 2.싸움, 전쟁 들이 없어서 화목하고 평화롭다.《이제는 두 나라가 화평하게 지낼 때입니다.》

화폐 (貨幣) 물건을 사고팔 때 물건 값으로 주고받는 종이나 쇠붙이로 만든 돈. 비돈.

화포 (火砲) 옛날에 화약에 불을 붙여 쏘던 대포.《화포가 터지자 적군이 겁을 먹고 물러났다.》

화폭 (畫幅) 그림을 그리려고 잘라놓은 천이나 종이.《울긋불긋 가을 산을 화폭에 담았다.》

화풀이 1.화를 풀려고 하는 일.《삼촌, 화풀이로 술 먹지 마세요.》 2.화난 마음을 풀려고 오히려 다른 사람에게 화를 내는 것.《형은 엄마한테 혼난 뒤 나에게 화풀이를 했다.》 북밸풀이. 화풀이하다

화풍 (畫風) 한 화가의 그림에 나타나는 특징. 또는 한 시대, 한 지역의 그림에 나타나는 특징.《낭만주의 화풍》

화하다 입 안이 톡 쏘는 듯하면서 시원하다.《박하사탕을 먹으면 입 안이 화하다.》

화학 (化學) 물질의 구조와 성질, 성분이나 물질 사이의 반응 들을 연구하는 학문.《화학 실험/화학 약품》

화학 공업 (化學工業) 화학 원리나 변화를 이용해서 화학 비료, 화학 섬유, 합성수지 같은 새로운 물질을 만들어 내는 공업.

화학 물질 (化學物質) 서로 다른 물질을 합치거나 어떤 물질의 성질을 바꾸어 새롭게 찾아내거나 만들어 낸 물질.

화학 비료 (化學肥料) 화학 처리하여 만든 비료.

화학 섬유 (化學纖維) → 합성 섬유.

화학 에너지 화학 반응에 따라 물질의 성질이 바뀔 때 생기는 에너지.

화학자 (化學者) 화학을 연구하는 사람.

화합 어울림 (和合) 사이좋게 잘 어울리는 것.《저 집은 형제끼리 화합을 잘한다.》화합하다

화합 화학 (化合) 둘 또는 둘이 넘는 물질이 결합하여 원래의 성질을 잃어버리고 새로운 물질이 되는 것. 화합하다《산소와 수소가 화합하면 물이 된다.》

화합물 (化合物) 둘 또는 둘이 넘는 물질이 한데 섞여서 생긴 물질.

화해 (和解) 싸움을 멈추고 서로 품었던 나쁜 마음을 털어 없애는 것. 화해하다《너희들 이제 그만 화해해라.》

화형 (火刑) 옛날에 사람을 불에 태워 죽이던 벌.

화환 (花環) 꽃을 모아 고리처럼 둥글게 엮은 것. 축하할 일이나 슬픈 일이 있을 때 쓴다.

화훼 (花卉) 꽃이 피는 풀과 나무.《화훼 단지》비화초.

확 1.갑자기 세차게 바람이 불거나 냄새가 풍기는 모양.《창문을 열자 더운 바람이 확 밀려들어 왔다.》2.느낌, 기운, 현상 들이 갑자기 생기는 모양.《소름이 확 끼칠 만큼 무서웠어.》3.막히거나 닫혀 있던 것이 갑자기 탁 트이거나 열리는 모양.《오빠가 방문을 확 열고 들어와서 깜짝 놀랐다.》

확고부동하다 뜻이나 마음이 흔들림 없이 굳다.《확고부동한 의지》

확고하다 마음, 의견, 태도 들이 쉽게 흔들리거나 변하지 않고 굳다.《삼촌이 담배를 끊겠다는 결심이 확고하다.》확고히

확답 (確答) 꾸물대지 않고 똑 부러지게 대답하는 것. 확답하다《며칠 더 생각해 보고 확답해 드리겠습니다.》

확대 (擴大) 모양이나 크기, 규모 들을 늘려서 더 크게 하는 것.《확대 복사》비확장. 반축소. 확대하다 확대되다

확대경 (擴大鏡) 작은 글자나 물체 들을 크게 보이게 하는 기구. 비돋보기.

확률 (確率) 어떤 일이 일어날 가능성을 수로 나타낸 것.《확률을 따지다./확률이 높다.》

확립 (確立) 정해지지 않거나 갖추어지지 않은 생각, 조직, 체계 들을 짜임새 있게 만드는 것. 확립하다《질서를 확립하다.》확립되다

확보 (確保) 있어야 할 것을 미리 마련해 두거나 제 것으로 가지는 것.《비상

식량 확보》확보하다 확보되다

확산 (擴散) 흩어져 널리 퍼지는 것. 《전염병 확산》**확산하다 확산되다**

확성기 (擴聲器) 소리를 크게 키워 멀리까지 들리게 하는 기구. 《확성기에서 노랫소리가 흘러나왔다.》 **같**메가폰.

확신 (確信) 굳게 믿는 마음. **확신하다** 《우리 반이 이어달리기에서 일 등을 할 거라고 확신한다.》

확실하다 틀림없이 사실과 같다. 《증거가 확실한데도 아니라고 발뺌을 하다니.》 **확실히**

확약 (確約) 꼭 지키겠다고 약속하는 것. 《짝꿍한테 빌려 간 책을 꼭 돌려주겠다는 확약을 받았다.》 **확약하다**

확언 (確言) 어떤 사실이 틀림없다고 자신 있게 말하는 것. **확언하다** 《꽃병을 깨뜨린 건 슬기가 아니라고 확언할 수 있어.》

확인 (確認) 틀림없는지 알아보는 것 또는 그렇다고 인정하는 것. **확인하다** 《거짓말을 한 사람이 누구인지 확인한 뒤에 결정을 하겠다.》 **확인되다**

확장 (擴張) 규모, 넓이, 범위 들을 늘려서 넓게 하는 것. 《도로 확장 공사》 **비**확대. **확장하다 확장되다**

확정 (確定) 어떻게 할지 뚜렷이 못을 박아 정하는 것. 《아직 이번 문제를 어떻게 처리할지 확정을 내리지 못했다.》 **확정하다 확정되다**

확증 (確證) 어떤 사실이 틀림없다고 자신 있게 밝히는 것. 《확증이 없으면서 짐작만으로 사람을 의심해서는 안 돼요.》 **확증하다 확증되다**

확충 (擴充) 모자라는 것을 채우고 늘리고 넓혀서 든든하게 하는 것. 《시설 확충/인력 확충》 **확충하다 확충되다**

환각 (幻覺) 실제로는 없는 것이 보이거나 들리는 현상. 《환각 증세》

환각제 (幻覺劑) 환각을 일으키는 약.

환갑 (還甲) 예순한 살. 《할아버지가 올해 환갑을 맞으셨다.》 **같**회갑.

환갑날 태어나서 예순한 살이 되는 날.

환경 (環境) 1. 사람이나 생물이 살아가는 데 영향을 끼치는 자연 상태나 조건. 《환경을 보호합시다.》 2. 생활하는 데 갖추어진 주위 상태나 조건. 《이곳은 공부하는 환경이 좋지 않아요.》

환경권 (環境權) 깨끗한 환경에서 살 권리.

환경 미화원 (環境美化員) 거리나 공공시설 같은 곳을 청소하고 쓰레기를 거두어 가는 사람. **같**미화원.

환경 보호 (環境保護) 자연이 더럽혀지지 않게 잘 지키고 깨끗이 가꾸는 일.

환경부 (環境部) 자연환경과 생활환경을 깨끗하게 보호하는 일을 맡아보는 행정 기관.

환경오염 (環境汚染) 자원 개발, 매연, 폐수 들로 사람과 동식물이 살아가는 자연환경이 더러워지는 것.

환궁 (還宮) 왕이나 왕비, 왕자가 대궐로 돌아오는 것. 《임금님께서 지금 환궁을 하십니다.》 **환궁하다**

환급 (還給) 받은 돈을 낸 사람에게 도로 돌려주는 것. **환급하다** 《잘못 거둔 세금은 환급해 드립니다.》 **환급되다**

환기 공기 (換氣) 창문 같은 것을 열어 탁한 공기를 맑은 공기로 바꾸는 것. 《실내 환기》 **북**공기갈이. **환기하다**

환기 ^{생각} (喚起) 흐트러진 생각, 의식 들을 일깨우거나 관심, 기억 들을 불러 일으키는 것. **환기하다**《학생들 주의 를 환기하려고 칠판을 꽝 쳤다.》

환기통 (換氣筒) 안팎으로 공기가 통 하게 지붕 위로 구멍을 뚫어 만든 장치.

환난 (患難) 살아가면서 겪는 고통스 럽고 괴로운 일.《모든 국민이 하나 되 어 환난을 극복합시다.》

환담 (歡談) 기쁜 마음으로 즐겁게 이 야기하는 것. 또는 그 이야기.《환담을 나누다.》**환담하다**

환대 (歡待) 남을 반갑게 맞이하여 정 성껏 대접하는 것. **환대하다**《선생님 이 환대해 주셔서 무척 기뻤어요.》

환등기 (幻燈機) 필름에 담긴 그림이 나 사진을 크게 하여 스크린이나 흰 벽 에 비춰 주는 기계.

환락 (歡樂) 나쁜 일에 빠져서 그것을 마음껏 즐기는 일.《환락에 빠지다./환 락을 좇다./환락에 젖다.》

환멸 (幻滅) 꿈, 기대, 희망 들이 깨어 졌을 때 생기는 괴롭고 실망스러운 느 낌.《겉과 속이 다른 어른들 모습에 환 멸을 느꼈다.》

환부 (患部) 병이나 상처가 있어 아픈 부분.《이 연고를 환부에 바르세요.》

환불 (還拂) 물건 값 같은 것을 되돌려 주는 것.《공연이 취소되어 입장료를 환불받았다.》**환불하다**

환산 (換算) 어떤 단위를 다른 단위로 고쳐 계산하는 것. **환산하다**《'달러'를 '원'으로 환산하다.》**환산되다**

환산표 (換算表) 단위가 서로 다른 수 량을 한 단위로 고쳐 알아보기 쉽게 만

환삼덩굴

든 표.

환삼덩굴 밭둑, 빈터, 길가에 자라는 덩굴풀. 줄기에 가시가 있으며, 여름에 노르스름한 풀색 꽃이 핀다. 포기째 약 으로 쓴다. **북**범상덩굴.

환상 ^{상상} (幻想) 1.실제로는 있을 수 없거나 일어날 수 없는 일을 꿈꾸는 것. 또는 그런 꿈이나 생각.《금세 선녀라 도 나타날 것 같은 환상에 사로잡혔 다.》2.'환상의' 꼴로 써서, 어떤 것이 더할 나위 없이 훌륭한 상태.《환상의 단짝》

환상 ^{허깨비} (幻像) 실제로는 없는 것이 눈앞에 보이는 것. **참**환영.

환상곡 (幻想曲) 정해진 형식 없이 자 유롭게 지은 기악곡.

환상적 (幻想的) 몹시 놀랍고 신기한. 또는 그런 것.

환생 (還生) 1.불교에서 사람이 죽어 다른 모습으로 다시 태어나는 것. 2.거 의 죽거나 죽었다가 되살아나는 것. **환 생하다**《나는 죽으면 새로 환생하고 싶어./환자가 기적같이 환생했다.》

환성 (歡聲) 기뻐서 크게 지르는 소리. 《다음 주에 소풍 간다는 소식에 아이 들이 환성을 질렀다.》

환송 (歡送) 떠나는 사람을 기쁜 마음 으로 바래다주는 것.《고모가 가족의 환송을 받으며 유학을 떠났다.》^반환 영. **환송하다**

환심 (歡心) 비위를 맞추거나 겉으로 잘 보여서 남이 좋게 여기는 마음.《사 탕으로는 순이 환심을 살 수 없을걸.》

환약 (丸藥) 재료를 빻아 가루로 만들 어 둥글게 빚은 한약.

환영 ^{마중} (歡迎) 기쁜 마음으로 반갑게 맞이하는 것.《선수들은 열렬한 환영을 받았다.》^반환송. **환영하다**

환영 ^{허깨비} (幻影) 실제로는 없는 것이 눈앞에 보이는 것.《죽은 강아지의 환영이 자꾸 어른거린다.》^참환상.

환영객 (歡迎客) 환영하러 나온 사람.

환영회 (歡迎會) 환영하는 뜻으로 하는 모임.《신입생 환영회》

환원 (還元) 1.본디 상태로 돌아가거나 되돌리는 것.《부의 사회 환원》 2.화학에서 물질이 산소를 잃는 것.《환원 반응》^참산화. **환원하다 환원되다**

환율 (換率) 서로 다른 두 나라 돈을 바꿀 때 쓰는 비율. ^북환률.

환자 (患者) 다치거나 병이 들어 앓는 사람.《환자를 보살피다.》^비병자.

환장 (換腸) 1.몹시 괴롭거나 놀라서 제정신을 잃고 미치는 것.《1분을 남기고 동점이 되었을 때는 환장을 할 것 같았다.》 2.어떤 것을 지나치게 좋아하거나 밝히는 것.《우리 언니는 딸기라면 자다가도 일어날 만큼 환장을 한다.》**환장하다**

환절기 (換節期) 계절이 바뀌는 때. 아침과 저녁의 기온 차가 크다.《환절기에는 감기에 걸리기 쉽습니다.》

환풍 (換風) 방 안이나 집 안의 더러운 공기를 바깥의 맑은 공기와 바꾸는 것.

환풍기 (換風機) 안의 더러운 공기를 밖의 맑은 공기와 바꾸는 전기 기구. 프로펠러처럼 생긴 도는 장치가 달려 있다.

환하다 1.장소, 빛, 색깔 들이 아주 또렷하고 밝다.《조명 때문인지 전시장 안이 눈부시게 환했다.》^참훤하다. 2.표정이 슬프거나 어둡지 않고 밝다.《선생님이 환한 얼굴로 우리를 맞아 주셨다.》^참훤하다. 3.생김새가 보기 좋다.《동생 얼굴이 달덩이처럼 환하다.》^참훤하다. 4.앞을 가리는 것이 없어서 넓고 시원스럽다.《환하게 트인 고속도로》^참훤하다. 5.어떤 것을 아는 정도가 대단하다.《우리 형은 자동차 이름이라면 아주 환해.》^참훤하다.

환호 (歡呼) 무척 기뻐서 큰 소리로 외치는 것. **환호하다**《골이 들어갈 때마다 사람들은 열렬히 환호했다.》

환호성 (歡呼聲) 기쁨에 가득 차서 자기도 모르게 지르는 소리.《눈이 오자 아이들은 환호성을 지르며 기뻐했다.》

환희 (歡喜) 아주 기쁜 것.《환희의 눈물/환희의 함성》

환히 1.어떤 곳이나 빛이 아주 밝게.《눈부신 아침 햇살이 방 안을 환히 비춘다.》^참훤히. 2.막힌 데가 없이 넓고 시원스럽게. 또는 뚜렷하게.《눈앞에 바다가 환히 펼쳐졌다./이 전화기는 껍데기가 투명해서 속이 환히 들여다보입니다.》^참훤히. 3.어떤 것을 아주 잘.《삼촌이라면 라디오가 왜 갑자기 고장이 났는지 환히 알 거야.》^참훤히.

활 1.단단한 나무나 쇠 같은 것을 휘어서 줄을 맨 뒤에 화살을 걸어서 쏘는 무기.《과녁을 향해 힘껏 활을 쏘았다.》 2.바이올린, 첼로 같은 악기에서 소리를 내려고 줄을 켜는 도구.《유진이는 활을 잡고 천천히 바이올린을 켰다.》

활강 (滑降) 스키를 타고 눈이 쌓인 비탈진 곳을 미끄러져 내려오는 것.《활

강 경기》 **활강하다**

활개 1.쭉 뻗은 사람의 두 팔과 다리. 《동생이 네 활개를 쭉 펴고 잠이 들었다.》 2.활짝 편 새의 두 날개. 《새가 두세 번 활개를 치더니 날아올랐다.》

활개를 치다 ^{관용} 제 세상인 듯 함부로 행동하다. 《아빠 같은 경찰이 있는 한 도둑들이 활개를 칠 수 없을 거야.》

활개를 펴다 ^{관용} 마음껏 기를 펴다. 《시험도 끝났는데 활개 펴고 놀자.》

활갯짓 1.사람이 걸을 때 두 팔을 앞뒤로 힘차게 내젓는 짓. 《꼬마들이 활갯짓을 하며 다닌다.》 2.새가 양쪽 날개를 펴서 세게 흔드는 짓. 《독수리의 활갯짓이 힘차다.》 3.제 세상을 만난 듯이 이곳저곳을 거들먹거리며 다니는 짓을 빗대어 이르는 말. 《깡패들이 활갯짓을 하던 시절은 이미 끝났다.》

활기 (活氣) 힘이 넘치고 씩씩한 기운. 《교실은 늘 활기가 넘친다.》 비생기.

활기차다 힘이 넘치고 씩씩하다. 《누나는 항상 활기차게 생활한다.》

활달하다 성격이 작은 일에 얽매이지 않고 시원시원하다. 《제 동생은 성격이 활달해서 동무가 많습니다.》

활동 (活動) 1.어떤 일을 하려고 몸을 움직이는 것. 《다리를 다쳐서 활동이 어렵다.》 2.어떤 일을 힘써서 하는 것. 《봉사 활동/취미 활동》 **활동하다**

활동량 (活動量) 몸을 움직이는 양.

활동사진 (活動寫眞) '영화'의 옛말. 움직이는 사진이라는 뜻이다.

활동적 (活動的) 힘 있게 움직이는. 또는 그런 것.

활랑– ^l북 1.심장이 몹시 두근거리는

활량나물

모양. 2.부채로 바람을 자꾸 세게 일으키는 모양. **활랑거리다 활랑대다 활랑활랑** 《곧 신애를 만난다고 생각하니 가슴이 활랑댄다./부채를 활랑거려서 아빠 이마에 난 땀을 식혀 드렸다.》

활량나물 양지바른 산과 들에 자라는 풀. 잎자루 끝에 덩굴손이 있다. 여름에 노란 꽃이 피고, 꼬투리가 달린다. 어린순은 먹고, 포기째 약으로 쓴다.

활력 (活力) 살아 움직이는 힘. 《활력이 넘친다./활력을 불어넣다.》

활력소 (活力素) 힘차게 움직일 수 있게 힘을 주는 요소. 《여행은 늘 생활의 활력소가 된다.》

활로 (活路) 어려움을 헤치고 살아 나갈 수 있는 방법. 《활로를 찾다./활로를 뚫다.》

활발하다 힘차며 시원시원하다. 《봄이는 성격이 활발해서 좋아요.》 **활발히**

활보 (闊步) 거리낌 없이 이리저리 힘차게 걷는 것. **활보하다** 《아직 초여름인데 민소매 차림으로 거리를 활보하는 사람들이 많다.》

활석 (滑石) 가장 무른 광물. 결이 반질반질하다.

활시위 활의 양쪽 끝에 걸어서 팽팽하게 하는 줄. 화살을 여기에 걸어서 잡아당겼다가 놓으면 화살이 날아간다. 《활시위를 당기다.》 같시위.

활쏘기 놀이의 하나로 활을 쏘는 일. 또는 활 쏘는 기술.

활약 (活躍) 힘차고 두드러지게 움직이는 것. 《전우치의 활약으로 못된 탐관오리들이 벌을 받았다.》 **활약하다**

활엽수 (闊葉樹) → 넓은잎나무.

활엽수림(闊葉樹林) 떡갈나무, 상수리나무, 오동나무 들처럼 잎이 판판하고 넓은 나무로 이루어진 숲.

활용(活用) 기능이나 능력을 충분히 쓰는 것.《폐품 활용》**활용하다**《버리는 플라스틱 병을 활용해 화분을 만들어 보자.》**활용되다**

활용형(活用形) → 바꿈꼴.

활자(活字) 인쇄에 쓰는 글자판. 네모난 기둥 모양의 쇠붙이에 글자나 기호를 볼록 튀어나오게 새긴다.

활자본(活字本) 활판으로 찍은 책.

활주로(滑走路) 비행기가 뜨거나 내릴 때 달리는 평평하고 곧은 길.

활짝 1. 시원스럽게 열리거나 펼쳐진 모양.《대문을 활짝 열어젖혔다.》 2. 얼굴 한가득 밝게 웃는 모양.《모두 좋아서 활짝 웃었다.》 3. 꽃이 한껏 피거나 날씨가 아주 맑은 모양.《나팔꽃이 활짝 피었다./날씨가 활짝 개었다.》

활판(活版) 인쇄하려고 활자로 짜서 만든 판. 또는 그 판으로 하는 인쇄.

활화산(活火山) 땅속에 있는 가스와 마그마가 지금도 나오고 있는 화산. **참**사화산, 휴화산.

활활 불길이나 열기가 세고 시원스럽게 일어나는 모양.《난로 불꽃이 활활 타오른다.》**참**훨훨.

홧김에 화가 난 김에.《동무와 말다툼을 하다가 홧김에 다리를 걸어찼다.》**북**화김.

황(黃) 반들거리는 노란 물질. 불이 잘 붙는 성질이 있어 화약이나 성냥을 만드는 데 쓴다. **같**유황.

황갈색(黃褐色) 누런 갈색.

황금_풀

황공하다 은혜가 분에 넘치어 아주 고맙거나 두렵다.《전하, 황공하여 몸 둘 바를 모르겠습니다.》**비**황송하다.

황궁우(皇穹宇) 서울 원구단 안에 신령의 위패를 모신 곳. 조선 고종 때(1899년) 지은 3층 건물이다.

황금¹(黃金) 1. 금을 빛깔이 노랗다고 해서 이르는 말. **비**금. 2. 돈이나 재물을 빗대어 이르는 말.

황금²(黃芩) 산속 풀밭에 자라거나 밭에 심어 가꾸는 풀. 여름에 자주색 꽃이 핀다. 굵고 노란 뿌리를 약으로 쓴다. **북**속썩은풀.

황금기(黃金期) 가장 좋은 때나 한창 때.《내 인생의 황금기는 언제지?》

황금물결 논에서 벼가 누렇게 익어 물결치는 모습을 빗대어 이르는 말.

황금빛 황금처럼 반짝거리는 누런 빛깔. **같**황금색.

황금뿔나팔버섯 바늘잎나무나 소나무 숲에서 자라는 버섯. 갓은 깔때기처럼 생겼는데 겉에 노란색을 띤 붉은 비늘 조각 같은 것이 붙어 있다. 먹는 버섯이다.

황금뿔나팔버섯

황금새 동해안 섬이나 바닷가 낮은 산에 사는 나그네새. 수컷은 몸 위쪽이 검고 눈썹 선과 가슴은 노랗다.

황금색(黃金色) → 황금빛.

황금씨그물버섯 바늘잎나무와 참나무가 섞여 자라는 숲에서 나는 버섯. 갓에는 솜털 같은 것이 퍼져 있고 빛깔은 어두운 갈색이다. 먹는 버섯이다.

황금새

황급하다 일이나 형편이 조금도 늦거나 미룰 수 없을 만큼 몹시 바쁘다.

황급히《누나가 급한 일이 있다면서

황금씨그물버섯

황급히 밖으로 뛰어나갔다.》

황기 높은 산에 자라거나 밭에 심어 가꾸는 풀. 여름에 옅은 노란색 꽃이 피고, 가을에 꼬투리가 달린다. 뿌리를 약으로 쓴다.

황기

황나각다귀 산골짜기나 풀숲, 물가에 사는 각다귀. 몸은 누런 바탕에 검은 무늬가 있다. 날개는 투명하고 연노란 색이다.

황당무계하다 도무지 터무니없어서 이해할 수 없다. 《사람이 알을 낳았다니 그런 황당무계한 말이 어디 있어?》

황당하다 말이나 행동이 거짓되거나 터무니없다. 《어제 길을 가다 황당한 일을 당했어요.》

황도 복숭아 (黃桃) 속살이 노랗고 단 복숭아. 통조림을 많이 만든다.

황도 해 (黃道) 지구에서 보기에 일 년 동안 해가 별자리 사이를 지나가는 길.

황량하다 텅 비고 넓기만 할 뿐 몹시 메마르고 거칠다. 《황량한 들판》

황룡사 (皇龍寺) 경상북도 경주에 있던 절. 신라 선덕 여왕 때(645년) 완성하였으며, 9층 목탑과 솔거가 그렸다는 금당 벽화가 있었으나 지금은 전하지 않는다.

황무지 (荒蕪地) 일구지 않고 버려두어서 식물이 자라기 힘든 거친 땅. 《황무지를 일구다.》 비불모지.

황벽나무 깊은 산골짜기에 자라는 잎 지는나무. 6월에 푸르스름한 노란 꽃이 피고, 열매는 검게 익는다. 나무껍질은 코르크를 만들거나 약으로 쓴다. 북황경피나무.

황복 바다에서 살다가 알을 낳으러 강

황봉사탈

황나각다귀

황새

황새냉이

황벽나무

황소개구리

황복

으로 돌아가는 바닷물고기. 몸은 둥글고 긴데 등과 배에 작은 가시가 빽빽하게 나 있다. 간과 껍질 들에 독이 있다.

황봉사탈 고성 오광대에서 쓰는 탈.

황사 (黃砂) 1. 누런 모래. 2. → 황사 현상.

황사 현상 (黃砂現象) 봄과 초여름에 중국에서 날아온 누런 먼지가 공기 속에 떠다니는 현상. **같**황사.

황산 (黃酸) 빛깔과 냄새가 없고 끈적끈적한 액체. 쇠붙이를 녹일 만큼 산성이 강하다.

황산구리 구리를 묽은 황산에 넣고 끓이면 생기는 푸른 결정.

황산화물 (黃酸化物) 황과 산소가 합쳐져 만들어진 물질. 석유나 석탄이 탈 때 생기는 이산화황 같은 것이다.

황새 강가나 호숫가, 논밭, 넓은 습지에 사는 겨울새. 다리와 부리가 길며, 몸 빛깔은 희고 날개 끝과 부리는 검다. 천연기념물 제199호.

황새냉이 물가나 축축한 땅에 자라는 풀. 봄에 흰 꽃이 가지 끝에 모여 핀다. 뿌리째 캐어 봄나물로 먹는다.

황색 (黃色) → 누런색.

황성신문 (皇城新聞) 1898년 9월 5일에 남궁억, 나수연, 장지연 들이 펴낸 신문. 한글과 한자를 섞어서 썼고, 나라 사랑에 대한 글을 많이 실었다.

황소 몸집이 큰 수소. **참**암소.

황소 뒷걸음치다가 쥐 잡는다 속담 어떤 것을 우연히 이루거나 알아맞힌 것을 이르는 말.

황소개구리 연못이나 웅덩이에 사는 개구리. 몸집이 크고, 등은 짙은 녹색이나 갈색에 검은 얼룩무늬가 있다.

황소바람 좁은 틈으로 세게 들어오는 바람.《황소바람이 술술 들어온다.》

황소비단그물버섯 바늘잎나무가 자라는 숲에서 나는 버섯. 갓은 물기가 있을 때 끈적거리고 빛깔은 노란색 바탕에 붉은 밤색이다. 먹는 버섯이다.

황소비단그물버섯

황송하다 베풀어 준 은혜가 분에 넘치어 몸 둘 바를 모를 만큼 고맙다.《이렇게 맛있는 음식을 차려 주신 것만도 황송한걸요.》 ^비황공하다.

황실 (皇室) 황제의 집안. 또는 황제의 가족.

황쏘가리 강에 사는 민물고기. 생김새가 쏘가리와 비슷한데 몸 빛깔이 황금색이다. 우리나라에만 산다. 천연기념물 제190호.

황야 (荒野) 논이나 밭으로 일구지 않고 버려둔 거친 들판.《드넓은 황야에는 풀 한 포기 없었다.》

황인종 (黃人種) 살빛에 따라 나눈 인종의 하나. 살색이 누렇고 한국, 중국, 일본 같은 아시아에 많이 산다. ^참백인종, 흑인종.

황제 (皇帝) 왕이나 제후를 거느리고 나라를 다스리는 사람.

황조롱이 산과 들, 숲이나 풀밭, 강가 같은 곳에 사는 텃새. 붉은 갈색 바탕에 검은 무늬가 있다. 천연기념물 제323-8호.

황칠나무 남부 지방 섬에 자라는 늘푸른나무. 6월에 흰 꽃이 가지 끝에 피고, 열매는 검게 익는다. 황금빛 나무진은 가구 칠하는 데 쓴다. 우리나라에서만 자란다.

황태 얼리고 말리기를 거듭해서 살이 부풀고 더덕처럼 마른 북어. ^북노랑태.

황태자 (皇太子) 황제 자리를 이을 황제의 아들. ^같태자.

황토 (黃土) 누런빛을 띤 흙.

황토색 (黃土色) 황토처럼 누런빛 도는 갈색. ^북황토빛.

황폐 (荒廢) 집, 땅, 산림 들을 가꾸고 돌보지 않아 못 쓰게 되는 것. **황폐하다**《사람이 살지 않는 황폐한 집》

황하 (黃河) → 황허 강.

황해 (黃海) → 서해.

황해남도 (黃海南道) 우리나라 가운데의 서쪽에 있는 도. 거의 평야와 낮은 언덕으로 되어 있다.

황해도 (黃海道) 황해남도와 황해북도를 함께 이르는 말.

황해북도 (黃海北道) 우리나라 가운데에 있는 도. 바다와 만나는 곳이 없으며, 북동쪽은 높고 남서쪽은 낮다.

황해비단고둥

황해비단고둥 서해 모래 갯벌에 사는 고둥. 아주 작고 납작하다. 물이 촉촉한 갯바닥을 떼 지어 기어 다닌다.

황해안 (黃海岸) → 서해안.

황허 강 중국의 서부와 북부를 가로질러 흐르는 큰 강. 길이가 5,464킬로미터에 이르고, 황토가 뒤섞인 탓에 물빛이 누렇고 탁하다. ^같황하.

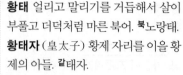
황조롱이

황혼 (黃昏) 1. 해가 저물어 가는 저녁 무렵. 또는 그 무렵 나타나는 붉은 기운.《서쪽 하늘에 붉게 황혼이 물들기 시작했다.》 ^참땅거미. 2. 나이가 들어 삶이 거의 끝나가는 때를 빗대어 이르는 말.《인생의 황혼에 접어들다.》

황칠나무

황홀하다 1. 눈이 부실 만큼 환하고 아

름답다.《처음 보는 황홀한 모습에 넋을 잃었다.》2.어떤 것에 마음이 사로잡혀 정신을 차릴 수 없다.《음악이 어찌나 좋은지 들을수록 황홀하다.》

황화카드뮴 카드뮴 용액에 황화수소를 지나가게 하면 생기는 노란색 결정. 그림물감, 잉크 들의 노란색을 내는 데 쓴다.

황후 (皇后) 황제의 아내.

홰 새나 닭이 올라앉게 새장이나 닭장 속에 가로질러 놓은 나무 막대.

홰를 치다 ^{관용} 새가 날개를 펴고 탁탁 치면서 울다.《옆집 수탉은 날마다 새벽 다섯 시 무렵이면 홰를 친다.》

홱 갑자기 힘 있고 날쌔게 움직이는 모양.《영희가 홱 몸을 돌렸다.》

횃대 옷을 걸 수 있게 만든 막대. 양쪽 끝에 끈을 달아 벽에 매단다. **북**홰대.

횃불 어둠을 밝히려고 싸리, 갈대 들을 기다랗게 묶은 것에 붙인 불. **북**홰불.

회 ^{먹을거리} (膾) 생선이나 고기 같은 것을 잘게 썰어서 날로 먹는 먹을거리.

회 회충 (蛔) → 회충.

회가 동하다 ^{관용} 1.먹고 싶은 마음이 생기다.《배고픈데 자장 냄새가 나니까 회가 동하는걸.》2.어떤 것을 가지고 싶거나 하고 싶은 마음이 들다.《근사한 장난감을 보면 회가 동한다.》

회 ^{차례} (回) 거듭되는 일의 차례나 횟수를 나타내는 말.《지금부터 제15회 졸업식을 시작하겠습니다.》

회 ^{모임} (會) 어떤 목적을 이루려고 여러 사람이 모이는 일. 또는 그런 모임.《우리 회에 들어올 사람은 수업 끝나고 교실에 남아.》

회갑 (回甲) → 환갑.

회갑연 (回甲宴) 회갑을 맞은 것을 축하하려고 벌이는 잔치.

회개 (悔改) 죄나 잘못을 뉘우치고 나쁜 마음을 고치는 것. **회개하다**《죄수는 잘못을 회개하고 착하게 살았다.》

회견 (會見) 정해 놓은 절차에 따라 여러 사람이 모인 자리에서 자신의 생각이나 느낌 들을 밝히는 일.《기자 회견을 열다.》**회견하다**

회계 (會計) 돈이 얼마나 들어오고 나갔는지 따져서 셈하는 것. 또는 그런 셈을 하는 사람. **회계하다**

회고 (回顧) 지나간 일을 돌아보는 것. **회고하다**《어린 시절을 회고해 보면 참 여러 가지 일이 있었다.》

회고록 (回顧錄) 지나간 일을 돌아보면서 쓴 글.

회관 (會館) 많은 사람이 모여 여러 가지 일을 볼 수 있게 지은 건물.《마을 회관에서 대보름 잔치가 열렸다.》

회교 (回敎) → 이슬람교.

회군 (回軍) 싸움에 나간 군대가 되돌아오는 것.《이성계는 위화도에서 회군을 결정했다.》**회군하다**

회귀 (回歸) 멀리 떠났다가 본디 자리나 상태로 돌아오는 것. **회귀하다**《가을이면 연어들이 강으로 회귀한다.》

회귀선 (回歸線) 적도를 중심으로 남북 23도 27분을 지나는 위선.

회기 (會期) 회의, 모임 들이 시작하는 때부터 끝나는 때까지의 기간.《정기 국회의 회기를 닷새 연장합니다.》

회담 (會談) 나라와 나라, 또는 어떤 집단이나 단체를 대표하는 사람들이 모여서 중요한 문제를 의논하는 것.
《남북 회담》 **회담하다**

회답 (回答) 물음이나 보내온 편지에
대답을 하거나 답장을 보내는 것.《편
지를 보낸 지 열흘이 지났는데도 회답
이 없다.》 참회신. **회답하다**

회동 (會同) 특별한 문제를 의논하려
고 여럿이 한데 모이는 것.《다음 주에
여당과 야당 대표가 긴급 회동을 하기
로 했다.》 **회동하다**

회람 (回覽) 글이나 문서를 여럿이 차
례로 돌려 가며 보는 것. 또는 그런 글
이나 문서.《학생회를 지지하자는 회
람이 돌았다.》 **회람하다**

회로 (回路) → 전기 회로.

회로도 (回路圖) 전기가 흐르는 길을
간단한 기호로 나타낸 그림.

회목나무 산에서 자라는 잎지는나무.
가지에 작고 검은 혹이 있다. 6월에 엷
은 자주색 꽃이 피고, 가을에 열매가
붉게 익는다. 북실회나무.

회백색 (灰白色) 잿빛 도는 흰색.

회보 (會報) 단체나 모임의 소식을 알
리려고 펴내는 책이나 신문 같은 것.

회복 (回復) 약하거나 나빠진 것을 본
디 상태로 돌이켜 되찾는 것. **회복하다**
《할아버지께서 건강을 회복하셨다.》
회복되다

회복기 (回復期) 건강, 일 같은 것이
나빠졌다가 다시 본디대로 좋아지고
있는 기간.《회복기에 접어들다.》

회비 (會費) 모임을 꾸려 나가려고 모
임에 속한 사람들에게 걷는 돈.

회사 (會社) 사업을 해서 이익을 얻으
려고 여러 사람이 함께 일하는 조직.

회목나무

회양목

《우리 이모는 무역 회사에 다닌다.》

회사원 (會社員) 돈을 받고 회사에서
일하는 사람. 같사원.

회상 (回想) 지나간 일을 돌이켜 생각
하는 것. **회상하다**《아빠는 앨범을 보
시면서 어린 시절을 회상하셨다.》

회색 (灰色) → 잿빛.

회색빛 → 잿빛.

회생 (回生) → 소생. **회생하다**《죽을
것 같던 강아지가 기적처럼 회생했다.》

회수 (回收) 내준 것을 도로 거두어들
이는 것. **회수하다**《과학 시간이 끝나
면 실험 도구를 회수하겠어요.》 **회수
되다**

회식 (會食) 여러 사람이 모여 함께 음
식을 먹는 것. 또는 그런 모임.《아빠가
회식 때문에 늦으신대요.》 **회식하다**

회신 (回信) 남한테서 온 편지, 전화
들에 답을 보내는 것.《동무한테서 금
세 회신이 왔다.》 비답신. **회신하다**

회심 (會心) 일이 바라는 대로 되어 아
주 만족스러운 것.《회심의 미소》

회양목 산기슭, 산골짜기에 자라며 뜰
이나 공원에 많이 심는 늘푸른나무. 잎
은 작고 두껍고 둥근데, 봄에 누런 꽃
이 핀다. 북고양나무.

회오리바람 빠르게 빙빙 돌면서 세차
게 올라가는 바람. 같돌개바람.

회원 (會員) 어떤 모임이나 단체에 속
한 사람.《신입 회원 모집》

회원국 (會員國) 어떤 국제 조직에 들
어 있는 나라.

회유 (懷柔) 남을 잘 달래어 자기 말을
잘 듣게 만드는 것.《선생은 독재 정권
의 협박과 회유를 물리치고 끝까지 한

길을 가셨습니다.》**회유하다**

회유책 (懷柔策) 남을 회유하려고 마련한 계획.《조선은 여진족에게 회유책을 펴기로 했다.》

회의 논의 (會議) 여러 사람이 한자리에 모여 어떤 문제를 놓고 토의하는 것. 또는 그런 모임.《학급 회의 시간에 소풍 장소를 정할 거예요.》**회의하다**

회의 의문 (懷疑) 어떤 일에 대해 의심하는 마음이 드는 것.《회의에 빠지다./회의를 품다.》**회의하다**

회의록 (會議錄) 회의의 진행 과정, 내용, 결과 들을 적어 놓은 글.

회의실 (會議室) 여럿이 모여 의논하는 방.《모두 회의실로 모이세요.》

회의장 (會議場) 여럿이 모여 의논하는 곳.

회장 우두머리 (會長) 1.모임을 대표하고 이끌어 가는 사람.《어린이회 회장》 2.회사에서 사장보다 높은 사람.

회장 곳 (會場) 모임이나 회의가 열리는 곳.《회장을 가득 메운 손님들에게 정중히 인사를 했다.》

회전 (回轉) 1.어떤 한 축을 중심으로 제자리에서 빙빙 도는 것.《팽이가 제자리에서 빙빙 회전을 한다.》 2.가던 방향을 빙 돌아 바꾸는 것. **회전하다** 《자동차가 왼쪽으로 회전했다.》

회전 날개 선풍기나 헬리콥터의 날개처럼 축을 중심으로 빠르게 돌아서 힘이 생기는 날개.

회전목마 (回轉木馬) 나무를 깎아 만든 말에 사람을 태우고 원을 그리며 빙빙 돌아가는 놀이 기구. **북회전말.**

회전수 (回轉數) 물체가 정해진 시간

동안 중심축의 둘레를 도는 횟수.

회전 운동 (回轉運動) 한 점이나 축을 중심으로 빙글빙글 도는 운동. 지구의 자전 같은 것을 이른다.

회전의자 (回轉椅子) 앉는 자리를 옆으로 돌릴 수 있는 의자. **북둥글의자.**

회전체 (回轉體) 1.어떤 축을 중심으로 돌아가는 물체. 2.원기둥, 원뿔처럼 평면 도형을 한 직선을 축으로 한 바퀴 돌릴 때 생기는 입체 도형.

회전축 (回轉軸) 회전할 때 중심이 되는 직선.《지구의 회전축》

회중시계 (懷中時計) 옛날에 남자 어른이 조끼 같은 윗옷 주머니나 바지 주머니에 넣고 다니던 작은 시계.

회진 (回診) 의사가 여러 병실을 돌며 환자의 상태를 살피는 것. **회진하다** 《의사가 회진하러 오면 불편한 데를 말씀하세요.》

회초리 사람을 때리거나 가축을 부릴 때 쓰는 가늘고 긴 나뭇가지.《숙제를 하지 않은 벌로 회초리를 맞았다.》

회충 사람의 작은창자에 붙어사는 기생충. 몸이 가늘고 길다. **같회.**

회칙 (會則) 단체나 모임을 꾸려 나가기 위한 규칙.《이제 모임의 이름과 회칙을 정해 볼까?》

회칠 (灰漆) 횟가루를 물에 풀어서 칠하는 일.《벽에 하얗게 회칠을 했다.》 **북회가루칠. 회칠하다**

회포 (懷抱) 오랫동안 마음속에 담아 온 생각이나 정.《아빠는 15년 만에 만난 동무와 밤새 회포를 푸셨다.》

회피 (回避) 1.사람을 만나기 싫어서 몸을 피하는 것.《면담 회피》 2.일이나

책임을 피하고 맡지 않는 것.《이제 와서 비겁하게 책임 회피를 하는 거냐?》 **회피하다**

회합 (會合) 어떤 목적으로 여럿이 한자리에 모이는 일.《이번 회합에는 빠지지 말고 꼭 나와라.》 **회합하다**

회향 밭에 심어 가꾸는 풀. 잎은 가는 실처럼 생겼고, 여름에 자잘한 노란 꽃이 핀다. 열매는 향기가 나는데, 음식에 넣거나 약으로 쓴다.

회향

회화 그림 (繪畫) 선과 색을 써서 본 것이나 상상한 것을 평평한 곳에 그려 나타내는 미술. 비그림.

회화 이야기 (會話) 외국어로 말하는 것.《영어 회화/일어 회화》 **회화하다**

회화나무 산과 들에 자라며 정자 옆에 많이 심는 잎지는나무. 여름에 노르스름한 작은 꽃이 피고 가을에 꼬투리가 열린다.

회화나무

회회 작게 이리저리 자꾸 휘두르거나 휘젓는 모양.《고개를 회회 젓다.》

획 모양 갑자기 재빨리 움직이거나 스치는 모양.《고약한 냄새가 나서 고개를 획 돌렸다.》 참획.

획 줄 (劃) 글씨나 그림에서 붓으로 한 번 그은 줄이나 점.

획을 긋다 관용 어떤 때나 테두리를 분명히 나누다.《세종 대왕이 한글을 만든 것은 역사에 획을 긋는 일이었다.》

획기적 (劃期的) 어떤 일에서 새 시대가 열릴 만큼 뚜렷한. 또는 그런 것.

획득 (獲得) 노력해서 갖고 싶은 것을 얻는 것. **획득하다**《우리 선수가 태권도에서 금메달을 획득했다.》

획수 (畫數) 글자를 쓸 때 긋는 획의 수.《이 한자는 획수가 12획이다.》

획순 (畫順) 글자를 쓸 때 획을 긋는 순서.《획순을 따라 써 보세요.》

획일적 (劃一的) 모두 똑같아서 다름이 없는. 또는 그런 것.

획책 (劃策) 남에게 해를 끼치는 나쁜 일을 꾸미는 것. **획책하다**《사회 혼란을 획책하는 나쁜 무리들》

횟가루 비료, 시멘트, 유리 들을 만드는 데 쓰는 흰 가루. 북회가루.

횟수 (回數) 되풀이되는 차례의 수.《연습 횟수를 늘리다.》 북회수.

횡격막 (橫膈膜) → 가로막.

횡단 (橫斷) 길이나 강, 대륙, 바다 같은 것을 가로질러 가는 것.《대륙 횡단 열차》 참종단. **횡단하다**

횡단보도 (橫斷步道) 차가 다니는 도로에 사람이 가로질러 건널 수 있게 줄을 그어 표시해 놓은 곳.《학교에 가려면 횡단보도를 건너야 해.》 비건널목.

횡단 철도 (橫斷鐵道) 동서로 가로놓인 철도.

횡렬 (橫列) 가로로 늘어서는 것.

횡설수설 (橫說竪說) 말을 앞뒤 없이 마구 지껄이는 것. **횡설수설하다**《횡설수설하지 말고 똑똑히 말해.》

횡재 (橫財) 노력도 들이지 않고 뜻밖에 재물을 얻는 것. **횡재하다**《돼지꿈을 꾸면 횡재한다는 게 진짜야?》

횡포 (橫暴) 자신의 힘, 권력 들을 써서 남에게 거칠고 사납게 구는 것.《재벌 회사의 횡포에 맞서 싸웁시다!》

횡행하다 1. 아무 거리낌 없이 제멋대로 날뛰다.《나라 살림이 어려워지자 곳곳에서 좀도둑이 횡행했다.》 2. 어떤

일이 걷잡을 수 없을 만큼 마구 일어나다.《경찰의 단속이 뜸해진 틈을 타 마약 거래가 횡행한다.》

효 (孝) 자식이 부모를 잘 섬기는 일.《자식이라면 부모에게 효를 다해야 마땅하다.》 비효도. 반불효.

효경 (孝經) 공자가 제자 증자에게 효에 관해 한 말을 적은 책.

효과 (效果) 1.어떤 일을 하여 나타나는 좋은 결과.《공부를 열심히 한 효과가 나타났어요.》 참효력. 2.연극이나 드라마 같은 것에서 어떤 장면을 실지로 보거나 대하는 듯한 느낌이 나도록 해 주는 일.《특수 효과》

효과음 (效果音) 연극이나 드라마 같은 것에서 어떤 장면을 실제로 보거나 대하는 듯한 느낌이 나도록 넣는 소리.

효과적 (效果的) 어떤 일을 해서 결과가 좋은. 또는 그런 것.

효녀 (孝女) 부모를 잘 섬기는 딸.《효녀 심청 이야기》 참효자.

효능 (效能) 좋은 결과가 나타나게 하는 능력.《약의 효능이 나타나다.》

효도 (孝道) 자식으로서 부모를 잘 섬기는 일. 비효, 효성. **효도하다**《부모님께 효도하는 것은 당연해요.》

효력 (效力) 1.어떤 결과가 나타나게 하는 힘.《이 약이 효력이 있기를 바랍니다.》 참효과. 2.법률, 규칙 같은 것이 미치는 힘.《오늘로 이 악법도 드디어 효력을 잃게 됩니다.》

효부 (孝婦) 시부모를 정성스럽게 잘 모시는 며느리.

효성 (孝誠) 부모를 섬기는 정성.《돌쇠는 효성이 지극하다.》 비효도.

효성스럽다 부모를 잘 섬기려는 마음이 있다.《나무꾼은 홀어머니를 효성스럽게 잘 모셨다.》 바효성스러운, 효성스러워, 효성스럽습니다.

효시 (嚆矢) 어떤 일이나 사물의 맨 처음이 되는 것.《한글 소설의 효시는 허균이 지은 〔홍길동전〕이다.》

효심 (孝心) 부모에게 효도하려는 마음.《소녀의 효심이 갸륵합니다.》

효용 (效用) 물건 같은 것의 쓸모《효용 가치가 높다.》

효율 (效率) 1.들인 노력에 견주어 실제로 얻는 결과의 좋은 정도《일의 효율을 높이려면 나누어서 하는 게 좋겠어.》 2.기계가 일하여 얻은 결과와 기계를 움직이는 데에 들어간 에너지 사이의 비율.《에너지 효율이 높은 가전제품》

효율성 (效率性) 들인 노력에 견주어 결과가 좋게 나올 가능성.

효율적 (效率的) 들인 노력에 견주어 결과가 좋은. 또는 그런 것.

효자 (孝子) 부모를 잘 섬기는 아들.《저 사람은 동네에서 효자로 소문이 났다.》 반불효자. 참효녀.

효행 (孝行) 부모를 잘 섬기는 행동.《효행이 지극하다.》

효험 (效驗) 약을 쓰거나 어떤 일을 하여 얻는 좋은 결과.《할머니가 새벽 기도를 드린 효험이 있었는지 동생의 몸이 조금씩 나아졌다.》

후 느낌말 1.→ 후유.《후, 이 일을 어쩌면 좋지?》 2.→ 후유.《후, 큰일 날 뻔했네.》

후 입김 입술을 둥글게 오므려 내밀고

입김을 세게 내뿜는 소리. 또는 그 모양.《손이 시려워서 후 하고 입김을 불었다.》참호.

후 다음 (後) 다음이나 나중. 말하는 때부터 얼마쯤 시간이 흐른 뒤를 나타내는 말이다.《내가 나간 후에 동생이 들어왔다.》비뒤. 반전.

후각 (嗅覺) 코로 냄새를 느끼는 것.《개는 후각이 발달했다.》

후계자 (後繼者) 어떤 사람의 자리나 책임을 이어받아 계속 해 나가는 사람.《왕은 어리석은 장남보다는 똑똑한 둘째 아들을 후계자로 삼고 싶어 했다.》

후고구려 (後高句麗) 901년에 궁예가 세운 나라. 905년에 나라 이름을 '태봉'으로 바꾸었는데, 918년 왕건에게 망하였다.

후금 (後金) 1616년부터 1636년까지 중국에 있던 나라. 1636년에 나라 이름을 '청'으로 바꾸었다.

후기 글 (後記) 1. 책이나 잡지 들의 본문 끝에 덧붙이는 글.《편집 후기》 2. 어떤 일을 겪고 난 뒤에 느낀 점을 쓴 글.《공연 후기》

후기 때 (後期) 기간을 둘이나 셋으로 나눌 때 마지막 시기.《조선 후기/피카소의 후기 작품》참전기, 중기.

후끈 몸이 뜨거운 기운을 받아 갑자기 달아오르는 모양. **후끈거리다 후끈대다 후끈하다 후끈후끈**《난로 앞에 앉아 있으니 얼굴이 후끈 달아올랐다.》

후년 (後年) 1. 내년의 다음 해.《후년이면 열두 살이에요.》 2. 뒤에 오는 해.

후다닥 갑자기 빨리 뛰거나 움직이는 모양. **후다닥거리다 후다닥대다 후다**닥하다《사람들 목소리가 들려오자 고양이가 후다닥 자취를 감췄다.》

후닥닥 1. 갑자기 날쌔게 마구 뛰거나 움직이는 모양. 2. 일을 서둘러 급히 해치우는 모양. **후닥닥거리다 후닥닥대다 후닥닥하다**《종이 치자 아이들이 후닥닥거리며 안으로 들어간다./저녁 먹기 전에 후닥닥 숙제를 해치웠다.》

후대 후세 (後代) 뒤에 오는 세대나 시대.《깨끗한 환경을 후대에 물려줍시다.》비후세. 반선대.

후대 대우 (厚待) 아주 친절하고 따뜻하게 대접하는 것. **후대하다**《할머니는 늘 손님을 후대하신다.》

후덕 (厚德) 다른 사람을 넓은 마음으로 이해하고 받아들이다. **후덕하다**《저 식당 주인은 후덕하여 돈이 없는 사람에게는 공짜로 밥을 주기도 한다.》

후덥다 l북 1. 후끈한 느낌이 들 만큼 아주 덥다.《교실 안이 후덥하다.》 2. 느낌이나 마음이 아주 뜨겁다.《우리 편이 이겼을 때는 내 가슴도 후덥게 달아올랐다.》 3. 마음 씀씀이가 너그럽고 따뜻하다.《우리 학교에 후더워 보이는 교장 선생님이 새로 오셨다.》바후더운, 후더워, 후덥습니다.

후두 (喉頭) 목구멍에 있는 몸 한 부분. 공기가 지나다니고, 목소리를 내는 곳이다.

후두두 빗방울이나 자잘한 돌 같은 것이 갑자기 떨어지는 소리. 또는 그 모양.《먹구름이 자욱하더니 이내 후두두 빗방울이 쏟아졌다.》

후드득 1. 깨나 콩 같은 것을 볶을 때 크게 튀는 소리. 2. 나뭇가지나 검불 같은 것이 타들어 가는 소리. 3.굵은 빗방울이 떨어지는 소리. 4.새가 갑자기 날개를 치면서 날아오르는 소리. 또는 그 모양. **후드득거리다 후드득대다 후드득하다 후드득후드득**《부엌에서 후드득 깨 볶는 소리가 들린다./장작불에서 후드득거리면서 불꽃이 튀었다./갑자기 후드득하면서 소나기가 쏟아졌다./가까이 다가가기도 전에 까치가 후드득하고 날아갔다.》

후들- 몸이나 팔다리가 심하게 떨리는 모양. **후들거리다 후들대다 후들후들**《무대 위에 올라가니 다리가 후들후들 떨린다.》

후듯후듯하다 |북 1.햇볕이 후끈할 만큼 뜨겁다.《햇볕이 후듯후듯해서 가만히 앉아 있어도 땀이 난다.》2.인정이 많거나 베푸는 손길이 따뜻하다.《우리 동네는 옛날부터 인정이 후듯후듯하기로 이름났다.》

후딱 1.날쌔게 행동하는 모양.《우리 어서 청소를 후딱 해치우자.》2.시간이 아주 빠르게 지나가는 모양.《어느새 여름 방학이 후딱 지나갔다.》

후레자식 배운 데 없이 막되게 자란 사람을 욕하는 말.

후려갈기다 주먹, 채찍, 몽둥이 같은 것으로 힘껏 때리거나 치다.《채찍으로 말 궁둥이를 후려갈겼다.》

후려치다 손, 채찍, 몽둥이 같은 것으로 세게 치다.《도둑의 얼굴을 죽을힘을 다해 후려쳤다.》^비갈기다.

후련하다 마음에 맺힌 일이나 답답한 것이 풀려서 시원스럽다.《모든 것을 털어놓고 나니 속이 후련하다.》

후렴 (後斂) 시나 노래의 끝에 되풀이되는 부분.

후루룩 물이나 국수 같은 것을 소리 나게 빨리 들이마시거나 빨아들이는 소리. 또는 그 모양. **후루룩거리다 후루룩대다**《잠시 기차가 멈춘 동안 동무랑 우동을 후루룩 먹고 왔다.》

후리후리하다 키가 크고 몸매가 늘씬하다.《곱슬머리에 후리후리한 분이 우리 선생님이야.》^참호리호리하다.

후면 (後面) → 뒷면.

후문 (後門) → 뒷문.

후미 (後尾) 물건, 행렬 들의 뒤쪽 끝.《지친 아이들은 대열 후미로 처졌다.》

후미지다 아주 구석지면서 깊숙하고 조용하다.《할머니 댁은 후미진 곳에 있어서 혼자 가려면 좀 무섭다.》

후반 (後半) 전체를 반으로 나눈 것의 뒤쪽.《18세기 후반/경기는 후반으로 갈수록 더욱 치열해졌다.》^반전반.

후반전 (後半戰) 축구, 농구처럼 경기 시간을 둘로 나누어서 하는 운동 경기에서 뒷부분.^반전반전.

후발 (後發) 남보다 늦게 떠나는 것. 또는 어떤 일을 늦게 시작하는 것.《우리는 후발 주자로 나섰으니까 그만큼 더 열심히 해야 해.》^반선발.

후방 (後方) 1.→ 뒤쪽. 2.전쟁할 때 전투가 벌어지는 곳에서 뒤로 떨어져 있는 곳.《다친 병사들은 후방으로 보내져 치료를 받았다.》

후배 (後輩) 1.같은 분야에서 나중에 일을 시작한 사람.《직장 후배》^반선배. 2.흔히 같은 학교에 나중에 들어온 사람.《삼촌은 대학교 후배와 혼인했다.》

반선배.

후백제 (後百濟) 892년에 견훤이 세운 나라. 936년에 고려에 망하였다.

후보 (候補) 1.선거에서 뽑히려고 나선 사람.《대통령 후보/반장 후보》 2. 어떤 자격이나 지위를 얻을 만한 능력이나 가능성이 있는 사람.《저 선수가 우승 후보로 손꼽힌다.》 3.흔히 운동 경기에서 어떤 선수가 경기에 나가지 못하게 됐을 때 대신 나가려고 준비하고 있는 사람.《후보 선수》 참주전.

후보자 (候補者) 후보인 사람.

후보지 (候補地) 앞으로 어떤 일에 쓰일 수 있는 땅.《이곳은 올림픽이 열릴 후보지 가운데 하나이다.》

후불 (後拂) 물건이나 서비스를 먼저 받고 난 뒤에 값을 치르는 것.《돈은 상품을 받아 보신 뒤에 후불로 내시면 됩니다.》 반선불.

후비다 가늘고 긴 물건을 좁은 구멍이나 틈에 넣고 파내거나 긁어내다.《손톱으로 코를 후비다가 코피가 났다.》

후사 뒷일 (後事) 1.→ 뒷일. 2.죽은 다음에 일어날 일.《장군은 부하들에게 후사를 부탁하고 숨을 거두었다.》

후사 후손 (後嗣) 집안의 대를 이을 자식. 흔히 아들을 이른다.

후사하다 자기를 도와준 사람에게 돈이나 물건 같은 것을 넉넉하게 주어 고마움을 나타내다.《저희 고양이를 찾아주시는 분께는 후사하겠습니다.》

후삼국 (後三國) 신라, 백제, 고구려에 견주어 통일 신라, 후백제, 태봉을 함께 이르는 말.

후생 (厚生) 사람들의 생활을 넉넉하고 여유롭게 만드는 일.《복리 후생》

후세 (後世) 1.뒤에 올 세상.《선생님의 높은 뜻을 후세까지 지켜야 한다.》 2.뒤에 올 시대의 사람들.《깨끗한 환경을 후세에게 물려줍시다.》 비후대.

후손 (後孫) 자기 대에서 여러 대가 지난 뒤의 자손.《단군의 후손》 같손, 자손. 비후예.

후송 (後送) 전쟁터나 사고가 난 곳에서 다치거나 죽은 사람을 안전한 곳으로 보내는 것. **후송하다 후송되다**

후식 (後食) 밥을 먹고 난 뒤에 먹는 간단한 음식. 과일, 아이스크림, 차 같은 것이 있다. 같디저트

후실 (後室) '후처'를 높여 이르는 말.

후어머니 ㅣ북 '계모'를 이르는 말.

후여 새를 쫓을 때 외치는 소리.《후여, 멀리 가거라, 참새야.》

후예 (後裔) 한 핏줄을 이어받은 후손.《독립투사의 후예》 비후손.

후원 뒤뜰 (後苑) 집 뒤에 있는 정원.

후원 뒷받침 (後援) 사람이나 일을 뒤에서 돕는 것. **후원하다**《저는 외국인 노동자를 돕는 단체를 후원하고 있어요.》

후원금 (後援金) 사람, 단체 들이 하는 활동이나 사업을 도우려고 내는 돈.

후원회 (後援會) 어떤 사람이나 일을 후원하는 모임.

후유 1.힘들거나 걱정스러워서 한숨을 쉬는 소리.《후유, 이 책상은 너무 무거운걸.》 같후, 휴. 2.걱정이 사라져 마음이 놓일 때 숨을 길게 내쉬는 소리.《후유, 이제 좀 살 것 같다!》 같후, 휴.

후유증 (後遺症) 1.병을 앓고 난 뒤에도 남아 있는 증상.《교통사고 후유증》

2.어떤 일을 치르고 난 뒤에 생긴 부작용.《삼촌은 과로한 후유증으로 심하게 몸살을 앓았다.》

후일 (後日) → 뒷날.

후임 (後任) 전에 하던 사람의 일을 뒤이어 맡는 것. 또는 그런 사람. **반**전임.

후자 (後者) 앞서 말한 두 가지 가운데 나중에 말한 것.《제가 다룰 줄 아는 악기는 가야금과 단소가 있는데, 후자를 조금 더 잘합니다.》**반**전자.

후작 (侯爵) 옛날에 유럽에서 귀족을 다섯 등급으로 나눈 것 가운데 둘째. **참**공작, 남작, 백작, 자작.

후주 (後奏) 노래가 끝난 뒤에 악기로만 연주하는 부분.

후줄근하다 옷이나 종이 같은 것이 젖어서 축 늘어져 있다.《새로 입은 옷이 땀에 젖어 후줄근해졌다.》

후지다 품질이 나쁘거나 수준이 낮다.《전화기가 후져서 또 고장 났어.》

후지 산 일본 가운데에 있는 산. 일본에서 가장 높은 산이다.

후진 뒤편 (後陣) 행렬, 진 들에서 뒤쪽 부분.《싸움이 시작되자 장군은 후진으로 물러나 병사들을 지휘했다.》

후진 자동차 (後進) 1.정치, 경제, 문화 들이 앞선 것보다 많이 뒤떨어지는 것.《후진 국가》**반**선진. 2.앞선 사람한테서 한 분야의 지식, 기술 같은 것을 이어받는 사람.《이제 은퇴해서 후진을 기르고 싶습니다.》3.흔히 자동차가 뒤로 움직여 가는 것.《후진을 할 때에는 차 뒤쪽을 잘 살펴야 해요.》**반**전진.

후진하다

후진국 (後進國) 예전에 '개발도상국'

후투티

을 이르던 말. **참**선진국, 중진국.

후처 (後妻) 두 번째 혼인하여 맞은 아내.

후천 개벽 (後天開闢) 동학에서 지금 세상이 끝나고 백성들이 바라는 새로운 세상이 온다는 사상.

후천성 면역 결핍증 (後天性免疫缺乏症) 바이러스에 옮아서 몸의 면역 기능이 몹시 떨어지는 병. **같**에이즈.

후천적 (後天的) 태어난 뒤에 얻게 되는. 또는 그런 것. **참**선천적.

후추 후추나무 열매. 빛깔은 까맣고, 매운맛과 향기가 있어 양념으로 쓰며 약으로도 쓴다.

후추나무 열매를 얻으려고 열대 지방에서 심어 가꾸는 늘 푸른 덩굴 식물. 잎은 넓은 달걀꼴이고 봄에 흰 꽃이 핀다. 열매는 양념이나 약으로 쓴다.

후춧가루 후추를 갈아 만든 가루. 맵고 향이 강해서 양념으로 쓴다. **북**후추가루.

후텁지근하다 기분이 좋지 않을 만큼 공기 중에 물기가 많고 덥다.《장마철이라 날씨가 너무 후텁지근해.》

후퇴 (後退) 1.전쟁 같은 것에서 뒤로 물러가는 것. **비**퇴각. **반**전진. 2.상황이나 수준이 이제까지보다 뒤떨어지거나 못하게 되는 것. **후퇴하다**《적이 몰려온다. 후퇴하라!/정부가 바뀌어도 교육 행정은 오히려 후퇴하고 있다.》

후투티 마을 가까이나 논밭, 강가에 사는 여름새. 깃털은 노랗고 날개와 꽁지에 검은 줄무늬가 있다. 머리 뒤쪽으로 길게 뻗은 깃이 있다.

후편 (後篇) 흔히 두 편으로 나뉜 책이

나 영화에서 뒤쪽 편. **참**전편.

후프 (hoop) 1. 지름 2미터쯤의 쇠테 두 개를 철봉 여러 개와 나란하게 맞붙여 그 안에 들어가 손발을 걸고 옆으로 굴러가게 만든 운동 기구. **북**돌림틀. 2. → 훌라후프.

후피향나무 제주도 산기슭에 자라거나 뜰에 심어 가꾸는 늘푸른나무. 7월에 노란 꽃이 피고, 가을에 열매가 빨갛게 익는다. 나무껍질로 밤색 물을 들인다.

후하다 마음이 넉넉하여 남에게 잘 베풀다.《우리 마을은 인심이 후해서 좋아요.》**반**박하다. **후히**

후항 (後項) 수학에서 여러 항 가운데 뒤에 있는 항. **반**전항.

후환 (後患) 어떤 일이 원인이 되어 나중에 일어나는 괴롭고 힘든 일.《후환이 두렵다고 거짓말할 수는 없어.》

후회 (後悔) 자기가 한 말이나 행동의 잘못을 깨닫고 뉘우치는 것. **후회하다**《성적표를 받고 열심히 공부하지 않은 것을 몹시 후회했다.》**후회되다**

후회스럽다 전에 한 잘못을 깨치고 뉘우칠 데가 있다.《내가 왜 그렇게 화를 냈는지 후회스러워.》**바**후회스러운, 후회스러워, 후회스럽습니다.

후후 입을 둥글게 오므려 내밀고 자꾸 입김을 크게 내뿜는 소리. 또는 그 모양.《뜨거운 국물을 후후 불면서 먹었다.》**참**호호.

훅 1. 입을 오므리고 입김을 갑자기 세게 부는 소리. 또는 그 모양.《생일 축하 노래가 끝나자 훅 하고 촛불을 껐다.》2. 냄새나 바람, 열기 같은 것이 갑자기 세게 끼치는 모양.《화장실 문을

훈_악기

후피향나무

열자 악취가 훅 끼쳐 왔다.》

훈 한자 (訓) 한자의 뜻.《'木' 자의 훈은 '나무' 입니다.》

훈 악기 (壎) 부는 국악기 가운데 하나. 흙을 구워 만든다. 손가락으로 짚는 구멍이 앞에 세 개, 뒤에 두 개 있고 부는 구멍은 꼭대기에 있다.

훈계 (訓戒) 잘하라고 타이르고 가르치는 것. 또는 그런 말.《할아버지가 훈계를 늘어놓으셨다.》**훈계하다**

훈기 (薰氣) 따뜻한 기운.《난로를 피우니 방 안에 금세 훈기가 돈다.》

훈련 (訓練) 배우거나 익히려고 되풀이하여 연습하는 일.《선수들은 비가 오는데도 훈련에 온 힘을 쏟고 있었다.》**훈련하다 훈련되다**

훈련기 (訓鍊機) 비행사가 훈련할 때 쓰는 비행기.

훈련도감 (訓鍊都監) 조선 후기에 서울을 지키고 군인을 훈련시키는 일을 맡아보던 기관.

훈련병 (訓鍊兵) 정식으로 부대에 들어가기 전에 훈련소에서 훈련을 받는 군인.

훈련소 (訓鍊所) 여러 사람을 모아 훈련할 수 있게 만든 곳.

훈몽자회 (訓蒙字會) 조선 중종 때 최세진이 어린이에게 한자를 가르치려고 쓴 책. 한자에 한글로 음과 뜻을 달아 풀이했다.

훈민가 (訓民歌) 조선 선조 때 정철이 지은 시조. 강원도 관찰사로 있을 때 백성을 깨우치려고 지었다.

훈민정음 (訓民正音) 조선 세종 때 (1443년) 세종이 집현전 학자들과 만

든 우리나라 글자. '백성을 가르치는 바른 소리'라는 뜻으로, 홀소리 11자와 닿소리 17자로 되어 있다.

훈방 (訓放) 경찰서 같은 곳에서 죄가 가벼운 사람을 잘 타이른 뒤 풀어 주는 것. **훈방하다 훈방되다**

훈수 (訓手) 바둑이나 장기 들을 둘 때에 구경하던 사람이 끼어들어 수를 가르쳐 주는 것. **훈수하다**《장기를 두는 사람들보다 옆에서 훈수하는 사람들 목소리가 더 크다.》

훈시 (訓示) 윗사람이 아랫사람에게 모르는 일을 알려 주거나 잘하도록 가르치고 타이르는 것.《교장 선생님의 훈시가 있겠습니다.》**훈시하다**

훈육 (訓育) 옳은 몸가짐이나 바른길을 알도록 가르치고 기르는 것. **훈육하다**《우리 집안 어른들은 자식들을 엄하게 훈육하셨다.》

훈장 사람 (訓長) 옛날에 글방에서 한문을 가르치던 선생.

훈장 상 (勳章) 나라에 큰 공을 세운 사람한테 주는 가슴에 다는 물건.《훈장을 달다./훈장을 타다.》

훈제 (燻製) 소금에 절인 고기나 생선을 나무를 태워서 나는 연기에 그을려 말리는 것. 오래 저장할 수 있고 연기가 배어 독특한 향이 난다.《훈제 오리/훈제 소시지》북내굴찜. **훈제하다**

훈풍 (薰風) 초여름에 불어오는 꽤 더운 바람.《훈풍에 실려 온 꽃향기》

훈화 (訓話) 살아가는 데 배울 만한 가르침이 되는 말.《조회 시간마다 교장 선생님이 훈화를 하신다.》**훈화하다**

훈훈하다 1.온도나 날씨가 견디기 괜찮을 만큼 덥다.《훈훈한 바람이 불어온다.》2.마음이 정겹고 따스하다.《우리 동네는 훈훈한 인정이 넘친다.》

훌떡 ㅣ북 1.빠르게 벗겨지거나 훌렁 벗는 모양. 2.힘차게 뛰거나 뛰어넘는 모양. 3.먹을거리를 빠르게 삼키거나 먹어치우는 모양. **훌떡거리다 훌떡대다 훌떡훌떡**《모자가 훌떡 벗겨졌다./장애물을 훌떡훌떡 뛰어넘었다./오빠가 훌떡대며 김밥을 삼킨다.》

훌라후프 (Hula-Hoop) 허리에 걸고 온몸을 흔들어서 돌리는 둥근 테. 흔히 플라스틱으로 만든다. 같후프.

훌러덩 속의 것이 다 드러나도록 거침없이 죄다 벗겨지거나 뒤집히는 모양.《삼촌이 덥다고 윗옷을 훌러덩 벗어버린다.》참홀라당.

훌렁 1.속의 것이 다 드러나도록 완전히 벗겨지거나 뒤집히는 모양.《너무 더워서 셔츠를 훌렁 벗어던졌다.》참홀랑. 2.구멍이 넓어서 아주 쉽게 빠지거나 들어가는 모양.《아빠 구두는 너무 커서 내가 신으면 훌렁 벗겨진다.》

훌륭하다 1.무척 좋아서 나무랄 데가 없다.《훌륭한 생각을 해 냈구나.》2.어떤 사람의 말이나 행동이 좋고 뛰어나서 우리를 만하다.《너도 커서 네 어머니처럼 훌륭한 사람이 되어라.》

훌쩍 뛰어넘음 1.단숨에 가볍게 뛰거나 날아오르는 모양.《홍길동이 담을 훌쩍 뛰어넘었다.》2.거침없이 길을 떠나는 모양.《탐정은 사건을 해결하고는 훌쩍 떠나버렸다.》3.생각보다 훨씬 키가 많이 자란 모양.《못 본 사이에 키가 훌쩍 컸구나.》

훌쩍 들이마심 1.콧물이나 국물을 한 번 들이마시는 소리. 또는 그 모양. 2.콧물을 들이마시면서 흐느껴 우는 소리. 또는 그 모양. **훌쩍거리다 훌쩍대다 훌쩍이다 훌쩍훌쩍**《짝꿍이 감기에 걸려서 자꾸 코를 훌쩍댄다./엄마한테 혼이 난 동생이 방 한구석에서 훌쩍거렸다.》

훌쭉 1.키에 견주어서 몸매가 가늘고 긴 모양.《삼촌은 키만 훌쭉 컸지 힘은 별로 없다.》2.살이 빠져 꺼칠하게 야윈 모양.《형이 야영 갔다가 훌쭉 야윈 모습으로 돌아왔다.》2.속이 비어서 안으로 쑥 들어간 모양.《두 끼를 굶었더니 배가 훌쭉 꺼졌다.》**훌쭉하다**

훌훌 1.새가 잇달아 날개를 치면서 가볍게 나는 모양.《기러기 떼가 훌훌 날아간다.》2.옷을 거침없이 벗어 버리는 모양.《윗도리를 훌훌 벗고 물에 뛰어들었다.》3.차나 국물 들을 잇달아 시원스럽게 마시는 모양.《고깃국을 훌훌 마셨다.》4.지난 일을 모두 잊어버리거나 있던 곳에서 미련 없이 떠나는 모양.《봉삼이는 서울이 싫다고 뒤도 돌아보지 않고 훌훌 떠났다.》

훑다 1.달린 것이 떨어지게 하려고 다른 물건 사이에 끼워 죽 잡아당기다.《보리 이삭을 손에 잡고 죽 훑었다.》2.붙은 것을 깎거나 떼어 내다.《걸레로 대충 먼지만 훑었어.》3.죽 살피거나 보다.《줄거리만 대강 훑었다.》

훑어보다 위에서 아래 또는 처음부터 끝까지 죽 살펴보다.《심사위원들은 나를 위아래로 훑어보았다.》

훔쳐보다 남이 모르게 살짝 보다.《동생의 일기를 몰래 훔쳐보았다.》

훔치다 물건 남의 물건이나 돈을 몰래 가져가다.《남의 물건을 훔치던 아저씨가 경찰한테 잡혔다.》

훔치다 방 물기나 때가 묻은 것을 닦다.《걸레로 방바닥을 훔쳤다.》

훗날 → 뒷날.《미국으로 이민 가는 친구와 훗날에 꼭 만나자고 약속했다.》

훗일 → 뒷일.

훙커우 공원 중국 상하이에 있는 공원. 1932년 윤봉길 의사가 일본 장교와 외교관들한테 폭탄을 던진 곳이다.

훠이 새를 쫓을 때 외치는 소리.《우리도 논으로 나가 훠이, 훠이 하면서 참새를 쫓았다.》

훤칠하다 키가 보기 좋을 정도로 시원스럽게 크다.《새 담임선생님은 키가 훤칠한 남자 선생님이다.》

훤하다 1.빛이 꽤 밝다. 또는 빛이 비쳐 어떤 곳이 꽤 밝다.《보름달이 마당을 훤하게 비춥니다.》참 환하다. 2.생김새가 시원하고 보기 좋다.《할아버지는 옛날에 인물이 참 훤하셨대요.》참 환하다. 3.앞이 탁 트여서 길이나 경치가 넓고 시원스럽다.《새 터널이 훤하게 뚫렸다.》참 환하다. 4.어떤 것을 꿰뚫어 잘 알고 있다.《오빠는 낚시라면 훤하게 꿴다.》참 환하다.

훤히 1.어떤 곳이나 빛이 밝게.《배들이 불을 훤히 밝히고 오징어를 잡는다.》참 환히. 2.넓고 시원스럽게. 또는 또렷하게.《산꼭대기에 서니 우리 마을이 훤히 내려다보인다.》참 환히. 3.어떤 일이라면 아주 잘.《이 동네 지리는 내가 훤히 알지.》참 환히.

훨씬 다른 것보다 더. 《동생 것이 내 것보다 훨씬 커 보인다.》

훨훨 1. 가볍게 날개를 치며 시원스럽게 유유히 나는 모양. 《갈매기가 바다 위를 훨훨 날아간다.》 2. 세찬 불길이 시원스럽게 타오르는 모양. 《화톳불이 훨훨 타오른다.》 **참**활활.

훼방 (毁謗) 남의 일이 잘되지 못하게 방해하는 것. 《철이는 여자 아이들이 놀 때마다 훼방을 놓는다.》 **훼방하다**

훼손 (毁損) 1. 명예, 가치, 체면 들을 떨어뜨리는 것. 《체면 훼손》 2. 물건을 함부로 다루어 깨지거나 상해서 못 쓰게 만드는 것. 《자연 훼손이 심각하다.》 **훼손하다 훼손되다**

휑뎅그렁하다 넓은 곳이 쓸쓸하리만큼 텅 비어 있다. 《학생들이 모두 돌아간 교실은 휑뎅그렁했다.》

휑하니 1. 몹시 빠르게. 또는 아무 거리낌 없이. 《두 번씩이나 불렀는데도 휑하니 나가더라니까.》 2. 텅 빈 곳이 쓸쓸하게. 《휑하니 빈 교실에 혼자 있자니 조금 무서운 느낌도 들었다.》 3. 막힌 데 없이 시원스럽게. 《맞은편에 터널 하나가 휑하니 뚫렸다.》

휑하다 1. 어떤 곳이 텅 비어 썰렁하다. 《아이들이 다 빠져나간 운동장이 휑하다.》 2. 구멍, 길 같은 것이 뻥 뚫려 막힌 데가 없다. 《고속도로가 휑하게 뚫렸다.》 3. 눈이 움푹 꺼져 보이면서 기운이 없다. 《할머니의 휑한 두 눈을 보자 눈물이 나왔다.》 **북**휑하다.

휘 1. 센 바람이 거칠게 부는 소리. 또는 휘파람을 부는 소리. 《휘 불어온 바람에 등잔불이 꺼졌다.》 2. 주위를 살펴보거나 둘러보는 모양. 《불이 꺼진 무대 위를 한 바퀴 휘 둘러보았다.》

휘가르다 ㅣ**북** 휘어잡아서 가르다. 《천둥이 치고 번개가 하늘을 휘가른다.》

휘갈기다 1. 글씨를 날아갈 듯 마구 흘려서 쓰다. 《너무 휘갈겨 써서 글씨를 알아볼 수가 없네.》 2. 세게 때리거나 후려치다. 《마부가 빨리 가라고 채찍을 휘갈겼다.》

휘감기다 무엇에 친친 둘러 감아지다. 《밧줄에 꽁꽁 휘감기다.》

휘감다 무엇을 친친 둘러 감다. 《다친 무릎을 붕대로 휘감았다.》

휘갑치기 천의 가장자리가 풀리지 않도록 실로 감아 가며 꿰매는 바느질. **휘갑치기하다**

휘날리다 1. 깃발, 옷자락, 머리칼 들이 바람을 받아 마구 나부끼다. 또는 마구 나부끼게 하다. 《지영이가 긴 머리칼을 휘날리며 달려온다.》 2. 먼지나 눈이 바람을 타고 흩어져 마구 날다. 또는 마구 날리다. 《낡은 버스가 먼지를 휘날리며 시골길을 달린다.》 3. 이름을 널리 떨치다. 《삼촌도 한때는 육상 선수로 이름을 휘날렸대.》

휘늘어지다 아래로 축 휘어져 늘어지다. 《휘늘어진 수양버들 가지》

휘다 곧은 것이 힘을 받아 구부러지다. 《사과나무 가지가 휠 만큼 열매가 주렁주렁 달렸다.》

휘돌다 1. 빙글빙글 마구 돌다. 《연이 하늘에서 휘돌다 떨어졌다.》 2. 굽이를 따라 휘어서 돌아가다. 《우리는 산등성이를 휘돌아 내려왔다.》 **바**휘도는, 휘돌아, 휘돕니다.

휘돌리다 휘돌게 하다.《우리는 팽이를 신나게 휘돌렸다.》

휘두르다 1.주먹이나 손에 잡은 물건을 마구 흔든다.《사람들은 몽둥이를 휘두르며 늑대를 쫓아갔다.》2.사람을 제 마음대로 부리거나 일을 제 마음대로 다루다.《권력을 휘두르다.》 ^바휘두르는, 휘둘러, 휘두릅니다.

휘둘러보다 주위를 이리저리 둘러보거나 살펴보다.《사방을 휘둘러보아도 여기가 어딘지 알 수 없다.》

휘둥그렇다 몹시 놀라거나 두려워서 크게 뜬 눈이 둥그렇다.《슬기는 놀라서 눈을 휘둥그렇게 떴다.》 ^바휘둥그런, 휘둥그레, 휘둥그렇습니다.

휘둥그레지다 몹시 놀라거나 두려워서 눈이 크고 둥그렇게 되다.《갑작스런 비명 소리에 사람들 눈이 휘둥그레졌다.》^북휘둥그래지다.

휘말리다 1.물살 같은 것에 한데 쓸리어 가다.《배가 세찬 파도에 휘말려 떠내려갔다.》2.자기 뜻과 상관없이 어디에 끼이다.《장터에 있다가 얼떨결에 싸움에 휘말렸다.》

휘모리장단 국악 장단 가운데 하나. 가장 빠른 장단이다. ^북단모리장단, 당악장단.

휘몰다 여럿을 한꺼번에 마구 몰다.《목동이 양 떼를 휘몰고 산으로 올라간다.》^바휘모는, 휘몰아, 휘몹니다.

휘몰아치다 비바람, 눈, 폭풍 들이 한곳으로 세차게 몰아치다.《지난밤에 휘몰아친 비바람에 나뭇잎이 모두 떨어졌다.》

휘묻이 식물의 새 그루를 만드는 일.

줄기나 가지를 휘어 땅에 묻고 그 끝에서 뿌리가 나게 한다. **휘묻이하다**

휘발성 (揮發性) 액체가 보통 온도에서 기체가 되어 흩어지는 성질.《알코올은 휘발성이 강하다.》

휘발유 (揮發油) 석유에서 뽑아내는 기름 가운데 하나. 자동차나 비행기 같은 탈것의 원료로 쓴다. ^같가솔린.

휘뿌리다 ^{|북} 1.눈, 비 같은 것이 세차게 내리다.《밤새 많은 눈이 휘뿌릴 것 같습니다.》2.어떤 것을 흩어지게 뿌리거나 마구 뿌리다.《파도가 바위에 부딪치면서 물방울을 휘뿌린다.》

휘어잡다 1.어떤 것을 손에 감아서 세게 잡다.《삼촌은 달아나려는 도둑의 손목을 휘어잡았다.》2.사람이나 일을 제 마음대로 부리거나 다루다.《초롱이는 재미있는 이야기로 사람들 마음을 휘어잡았다.》

휘어지다 곧은 것이 힘을 받아서 구부러지다. 또는 길이나 강이 곧지 않고 굽어지다.《물고기가 커서 낚싯대가 휘어졌다./강이 휘어지는 곳》

휘영청 달빛이 환히 밝은 모양.《휘영청 밝은 보름달》

휘움하다 ^{|북} 한쪽으로 조금 굽다.《휘움한 산길을 따라 올라갔어요.》

휘잡다 ^{|북} 1.구부러뜨려서 잡다.《휘잡은 나뭇가지가 갑자기 딱 소리와 함께 부러졌다.》2.사람이나 사물을 제 뜻대로 부리다.《장군은 뛰어난 칼 솜씨로 병사들을 휘잡았다.》

휘장 (揮帳) 넓은 천으로 만들어 주위를 빙 둘러치는 막.

휘적- 두 팔을 앞뒤로 휘저으며 걷는

모양. **휘적거리다 휘적대다 휘적휘적**
《아람이가 모르는 사람처럼 휘적휘적
내 옆을 스쳐 지나갔다.》

휘젓다 1. 골고루 섞이게 이리저리 마
구 젓다. 《도토리 가루로 묵을 쑬 때는
잘 휘저어야 해.》 2. 제멋대로 굴면서
어지럽게 만들다. 《동생은 온 동네를
휘젓고 다닌다.》 ㅂ휘젓는, 휘저어, 휘
젓습니다.

휘주근하다 1. 끈끈하거나 빳빳한 기
운이 빠져서 축 늘어지다. 《선생님이
휘주근한 셔츠를 입고 출근하셨다.》 2.
몹시 지쳐서 기운이 없다. 《동생이 휘
주근하게 놀이터에 앉아 있다.》

휘청- 걸음을 걸을 때 다리가 힘없이
흔들거리는 모양. **휘청거리다 휘청대
다 휘청휘청** 《술 취한 아저씨가 휘청
휘청 걷는다.》

휘친- |ㅂ 나뭇가지처럼 가늘고 긴 것
이 몹시 휜 채 흔들거리는 모양. **휘친
거리다 휘친대다 휘친휘친** 《버드나무
가지가 바람에 휘친휘친 흔들린다.》

휘파람 입술을 동그랗게 오므리고 혀
끝으로 입김을 불어서 소리를 내는 것.
《오빠는 휘파람을 잘 분다.》 ㅂ회파람.

휘파람새 딸기나무 숲이나 덤불, 갈대
밭에 사는 여름새. 크기는 참새만 하
며, 몸 위쪽은 옅은 갈색이고 배와 눈
가는 희다.

휘파람새

휘황찬란하다 눈부시게 환하고 아름답
다. 《천장에 달린 유리 등이 휘황찬란
하게 빛난다.》 ꇀ휘황하다.

휘황하다 → 휘황찬란하다.

휘휘 1. 큰 동작으로 이리저리 자꾸 휘
감거나 휘두르거나 휘젓는 모양. 《그

릇에 미숫가루를 타고 숟가락으로 휘
휘 저었다.》 2. 자꾸 이쪽저쪽 살펴보
거나 둘러보는 모양. 《같은 반이었던
친구가 있는지 휘휘 둘러보았다.》

휙 1. 재빨리 움직이거나 날아가거나
지나가는 모양. 《투수가 공을 휙 던졌
다.》 참휘. 2. 바람이 세게 부는 소리. 또
는 그 모양. 《센 바람이 휙 불어와 우
산이 뒤집어졌다.》 3. 길고 힘 있게 휘
파람을 부는 소리. 《조련사가 휘파람
을 휙 불자 새들이 날아왔습니다.》

휠체어 (wheelchair) 다리를 움직이
기 힘든 사람이 앉은 채로 다닐 수 있
게 바퀴를 단 의자.

휠체어

휩싸다 1. 불, 연기 같은 것이 어떤 곳
을 온통 뒤덮다. 《공장을 휩싼 독한 가
스 때문에 불길을 잡기가 힘들다.》 2.
어떤 느낌이나 분위기가 가득하다.
《고양이 울음소리를 듣는 순간 오싹한
느낌이 온몸을 휩쌌다.》 3. 어떤 것을
휘휘 둘러서 싸다. 《짜디짠 바닷바람
이 온몸을 휩싸고 돌았다.》

휩싸이다 1. 여러 번 감아서 싸이거나
무엇에 온통 덮어 싸이다. 《사람들한
테 휩싸여서 한 발짝도 움직일 수 없었
다.》 2. 어떤 느낌이 마음을 뒤덮다.
《집 안에 들어서자 귀신이 나올 것 같
은 기분에 휩싸였다.》

휩쓸다 1. 물, 불, 바람 들이 휘몰아쳐
어떤 곳을 심하게 망가뜨리다. 《엄청
난 불이 온 산을 휩쓸고 말았다.》 2. 질
병, 분위기, 유행 들이 어떤 곳에 다 퍼
지다. 《지독한 눈병이 두 도시를 휩쓸
었다.》 3. 상, 메달 들을 모두 차지하다.
《우리나라 선수들이 양궁 금메달을 모

두 휩쓸었다.》 4. 거침없이 함부로 돌아다니다.《꼬마들은 짓궂은 장난을 치면서 마을 이곳저곳을 휩쓸고 다녔다.》 바휩쓰는, 휩쓸어, 휩씁니다.

휩쓸리다 1. 물, 불, 바람 들에 모조리 쓸리어 가다.《배가 파도에 휩쓸려 사라졌다.》 2. 어떤 분위기에 싸이다.《요즈음 작은형이 나쁜 동무들과 휩쓸려 다녀서 엄마가 걱정하신다.》

휴 1. → 후유.《휴, 다리 아파.》 2. → 후유.《휴, 이제야 마음이 놓인다.》

휴가 (休暇) 직장이나 군대 들에서 얼마 동안 맡은 일을 멈추고 쉴 수 있는 틈.《여름휴가/휴가를 내다.》

휴간 (休刊) 매달이나 매일, 또는 매주 나오는 신문이나 잡지 같은 것을 잠시 펴내지 않는 것.《한 잡지사가 결국 휴간을 결정했다.》 **휴간하다 휴간되다**

휴게소 (休憩所) 길 가는 사람이 잠깐 머물러 쉴 수 있게 마련해 놓은 곳.《고속도로 휴게소》 북휴계소.

휴게실 (休憩室) 잠깐 쉴 수 있게 마련해 놓은 방.《공항 휴게실》 북휴계실.

휴경지 (休耕地) 농사를 짓지 않고 버려둔 땅.

휴교 (休校) 어떤 사정으로 학교에서 수업을 하지 않고 잠시 쉬는 것.《심한 눈병이 돌아 학교에 휴교 조치가 내려졌다.》 **휴교하다**

휴대 (携帶) 손에 들거나 몸에 지니고 다니는 것. **휴대하다**《이 우산은 작고 가벼워서 휴대하기 편하다.》

휴대용 (携帶用) 손에 들거나 몸에 지니고 다닐 수 있게 만든 것.

휴대 전화 (携帶電話) 가지고 다니면서 걸거나 받을 수 있는 작은 전화기. 같핸드폰, 휴대폰.

휴대폰 → 휴대 전화.

휴면 (休眠) 1. 쉬면서 거의 아무것도 하지 않는 것.《휴면 상태》 2. 동물이나 식물이 얼마 동안 활동을 멈추거나 성장하지 않는 것. 식물의 겨울눈, 동물의 겨울잠 같은 것을 이른다.

휴면기 (休眠期) 동물이나 식물이 활발히 움직이지 않거나 성장을 멈추는 기간.

휴식 (休息) 하던 것을 멈추고 잠깐 쉬는 것.《휴식 시간》 **휴식하다**

휴식처 (休息處) → 쉼터.《숲은 사람들에게 좋은 휴식처이다.》

휴양 (休養) 공기나 경치가 좋은 곳에서 몸을 돌보며 편히 쉬는 것. **휴양하다**《이모는 휴양하러 시골에 갔다.》

휴양림 (休養林) 자연 속에서 사람들이 편안히 쉴 수 있게 꾸며 놓은 숲.

휴양소 (休養所) 사람들이 편히 쉴 수 있게 시설을 갖추어 놓은 곳. 경치나 공기가 좋고 조용한 곳에 꾸민다.

휴양지 (休養地) 경치나 공기가 좋아서 사람들이 쉬기 좋은 곳.《제주도는 휴양지로 이름이 널리 알려져 있다.》

휴업 (休業) 가게, 회사, 학교 같은 곳이 하던 일을 멈추고 잠시 쉬는 것.《금일 휴업/임시 휴업》 **휴업하다**

휴일 (休日) 일요일이나 공휴일처럼 일을 하지 않고 쉬는 날.《이번 휴일에는 놀이 공원에 가요.》 비공휴일.

휴전 (休戰) 하던 전쟁을 서로 의논하여 얼마 동안 멈추는 일. 참정전. **휴전하다**《두 나라는 휴전하기로 합의하고

군대를 철수했다.》

휴전선 (休戰線) 싸우던 두 나라나 단체가 싸움을 멈추고 경계로 정한 선.

휴전 협정 (休戰協定) 하던 전쟁을 서로 의논하여 얼마 동안 멈추기로 약속하는 것. 또는 그런 약속.

휴정 (休廷) 법원에서 하던 재판을 얼마 동안 쉬는 일.《토요일은 모든 재판이 휴정입니다.》**휴정하다**

휴지 (休紙) 1. 쓸모가 없어진 종이.《휴지를 아무 데나 버리지 마라.》 2. 코를 풀거나 밑을 닦는 데 쓰는 종이.《화장실에 휴지가 떨어졌어요.》**참**화장지.

휴지통 (休紙桶) 쓸모가 없어진 종이나 쓰레기 들을 버리는 통.《쓰레기를 휴지통에 버리세요.》

휴직 (休職) 병이나 사고 같은 사정으로 직장을 나가지 않고 얼마 동안 쉬는 것. **휴직하다**

휴진 (休診) 병원이나 의사가 진료를 하지 않고 잠시 쉬는 것. **휴진하다**《우리 병원은 일요일에 휴진합니다.》

휴학 (休學) 학생이 병이나 다른 사정으로 얼마 동안 학교를 다니지 않고 쉬는 것. **휴학하다**

휴화산 (休火山) 가스와 마그마를 내뿜다가 지금은 움직임을 멈춘 화산. **참**사화산, 활화산. **북**멎은화산.

흉 1. 헐거나 다친 것이 나은 뒤에 남은 자국.《내 얼굴에는 예슬이가 할퀴어서 생긴 흉이 있다.》**비**흉터. 2. 남에게 욕을 먹거나 비웃음을 받을 만한 말이나 짓.《너는 왜 걸핏하면 내 흉을 보는 거니?》**비**허물.

흉가 (凶家) 들어가 사는 사람마다 차례로 죽거나 아프거나 나쁜 일을 당하여 아무도 살지 않는 집.

흉골 (胸骨) → 가슴뼈.

흉괘 (凶卦) 언짢은 점괘. **반**길괘.

흉기 (凶器) 칼이나 총처럼 사람을 해치거나 죽이는 데 쓰는 도구.

흉내 남이 하는 말이나 행동을 그대로 따라 하는 짓.《동생이 원숭이 흉내를 내서 한바탕 웃었다.》

흉내말 소리, 모양, 동작 들을 나타내는 말. '멍멍', '동글동글', '성큼성큼' 같은 것을 이른다.

흉년 (凶年) 농사가 다른 해보다 잘되지 않은 해.《올해는 비가 너무 많이 내려 흉년이 들었다.》**반**풍년.

흉몽 (凶夢) 기분 나쁘고 좋지 않은 꿈.《동생이 자면서 흉몽을 꾸는지 소리를 질렀다.》**비**악몽. **반**길몽.

흉보다 남의 모자라는 점이나 잘못을 들추어 말하다.《그 사람이 여기에 없다고 함부로 흉보면 안 돼.》

흉부 (胸部) 가슴 부분.

흉상 (胸像) 사람의 모습을 머리에서 가슴까지만 나타낸 조각이나 그림.《공원에 세종 대왕 흉상이 있다.》

흉악하다 하는 짓이나 성질이 아주 사납고 못되다.《경찰이 흉악한 강도를 붙잡았다.》**북**숭악하다.

흉작 (凶作) 농사가 잘 안되어 거두어들일 곡식이 적은 것.《올해는 가뭄이 들어 벼농사가 흉작이다.》**반**풍작.

흉잡다 남의 모자라는 점이나 잘못을 찾아내어 드러내다.《우리 누나는 흉잡을 데가 하나도 없어요.》

흉잡히다 남에게 자기의 모자라는 점

이나 잘못이 꼬집혀 드러나다.《어른들한테 흉잡히지 않게 조심해라.》

흉조 (凶兆) 나쁜 일이 일어날 것 같은 느낌.《까마귀가 우는 것을 흉조로 여기는 사람들이 많다.》^반길조.

흉측하다 몹시 보기 싫거나 무섭다.《아름답던 산이 마구 파헤쳐져 흉측한 모습이 되었다.》

흉탄 (凶彈) 나쁜 사람이 쏜 총탄.《대통령이 흉탄을 맞고 쓰러졌다.》

흉터 상처가 아문 뒤에 남은 자국.《팔에 흉터가 크게 남았다.》^비흉.

흉포하다 하는 짓이나 성질이 아주 거칠고 사납다.《흉포한 무리》

흉하다 1. 앞으로 나쁜 일이 일어날 것 같다.《어젯밤에 흉한 꿈을 꾸었더니 기분이 안 좋다.》^반흉하다. 2. 생김새나 태도가 보기에 좋지 않다.《그렇게 걸으니까 보기에 흉하잖아.》

흉허물 흉이나 허물이 잡힐 만한 일. **흉허물이 없다** ^{관용} 서로 흉허물을 따지지 않을 만큼 친하다.《우리 식구는 새별이네랑 흉허물 없이 지낸다.》

흉흉하다 분위기 같은 것이 어수선하고 불안하다.《마을에 흉흉한 소문이 돌고 있다.》

흐느끼다 아주 슬프거나 감격해서 흑흑 소리를 내면서 울다.《동생이 엄마 품에 안겨 흐느꼈다.》

흐느적- 가늘고 긴 물체나 얇은 천 따위가 힘없이 늘어져 느릿느릿 흔들리는 모양. **흐느적거리다 흐느적대다 흐느적이다 흐느적흐느적**《버드나무 잎사귀가 흐느적흐느적 흔들린다.》

흐늘- 힘없이 늘어져 흔들리는 모양.

흐늘거리다 흐늘대다 흐늘흐늘《바닷말들이 물결을 따라 흐늘거린다.》

흐드러지다 꽃이 가득 피어 있어 아주 탐스럽다.《들판에 유채꽃이 흐드러지게 피었다.》

흐득 ^{|북} 숨이 막힐 듯이 흐느끼는 모양. **흐득거리다 흐득대다 흐득흐득**《윤경이가 까진 무릎을 만지면서 흐득흐득 흐느낀다.》

흐르다 1. 액체가 낮은 곳으로 움직이다.《맑은 계곡 물이 시원스럽게 흐른다.》 2. 시간이나 세월이 가다.《외삼촌이 미국으로 간 지 3년이 흘렀다.》 3. 어떤 모습이나 상태를 띠다.《윤기가 흐르는 머리카락》 4. 전기, 가스, 수돗물 들이 지나다.《이 관을 통해서 도시 가스가 흐릅니다.》 5. 피, 땀, 눈물 들이 나거나 빛, 소리, 냄새 들이 퍼지다.《할머니 눈에서 눈물이 흐른다./방 안에 부드러운 음악이 흐른다.》 6. 작은 구멍을 통해서 액체나 알갱이가 새다.《깨어진 병 틈으로 식초가 흐른다.》^바흐르는, 흘러, 흐릅니다.

흐름 1. 흐르는 것.《위로 올라갈수록 물의 흐름이 빨라진다.》 2. 시간이나 일이 잇달아 나아가는 상태.《역사의 흐름/시대의 흐름》

흐름새 ^{|북} 1. 물이 흐르는 기세나 모양.《이 강의 흐름새는 몹시 거칠다.》 2. 정해진 사이를 두고 거듭되는 움직임.《추의 흐름새가 단 1초도 어긋나지 않는다.》 3. 영화, 연극 같은 것에서 줄거리가 흘러가는 빠르기.《극의 흐름새가 너무 느리면 하품만 나온다.》

흐리다 ^{날씨가} 1. 다른 것이 섞이거나 묻어서 물, 공기 들이 탁하다.《이렇게 흐린 물에서는 물고기가 못 살아요.》^반맑다. 2.구름, 안개 들이 끼어서 날씨가 맑지 않다.《날씨가 너무 흐려서 내 기분도 괜히 가라앉는다.》^반맑다. 3. 빛이나 색깔이 밝지 않다.《형광등 불빛이 흐려서 책을 읽기 불편하다.》4. 표정이나 기분이 밝지 않다.《무슨 일이 있기에 흐린 표정으로 앉아 있니?》5.기억, 정신, 의식 들이 또렷하지 않다.《졸음 때문에 흐려 오는 정신을 다 잡으려고 애를 썼다.》^반맑다.

흐리다 물 1.물, 공기 들을 탁하게 하다.《미꾸라지가 개울물을 온통 흐려 놓았다.》2.생각, 마음, 태도 들을 흔들거나 둔하게 하다.《돈 몇 푼으로 내 판단력을 흐리려고 하지 마.》3.분위기, 질서 들을 어그러뜨리다.《얌체 같은 사람 하나가 전체 질서를 흐린다니까.》4.말을 분명하게 못하고 얼버무리다.《어려운 질문에 그만 말끝을 흐리며 제대로 대답하지 못했다.》5.표정을 어둡게 하다.《동생은 학원에 가기 싫다며 얼굴빛을 흐렸다.》

흐리멍덩하다 1.행동, 태도, 판단 들이 흐리고 분명하지 않다.《그런 흐리멍덩한 태도는 아무런 도움도 되지 않아.》^북흐리멍텅하다. 2.정신, 의식 들이 멍하고 또렷하지 않다.《동생은 늘 잠이 덜 깨어 흐리멍덩한 채로 아침밥을 먹는다.》^북흐리멍텅하다.

흐리터분하다 성격, 태도, 행동 들이 똑똑하지 못하고 흐리다.《그렇게 흐리터분하게 답하지 말고 똑 부러지게 말해 봐.》

흐릿하다 1.빛, 색깔 들이 흐리다.《하늘이 흐릿한 게 곧 비가 내릴 것 같다.》2.모습, 기억, 의식 들이 희미하다.《저 건물 꼭대기에 오르면 흐릿하게나마 북녘 땅이 보인다.》3.물이 조금 탁하다.《개울물이 흐릿해서 물고기가 보이지 않는다.》

흐무러지다 과일이나 음식이 너무 익거나 상해서 물러지다.《감이 너무 익어서 흐무러졌다.》

흐물흐물 푹 익거나 상해서 몹시 무른 모양. **흐물흐물하다**《푹 고았더니 고기가 흐물흐물하게 익었다.》

흐뭇하다 아주 마음에 들어 기분이 좋다.《집안일을 도와 드리자 엄마가 아주 흐뭇해하셨다.》

흐벅지다 몸의 한 부분이 살지고 부드럽다.《넘어진 기생의 치마 사이로 흐벅진 허벅지가 드러났다.》

흐지부지 하던 일의 끝을 이것인지 저것인지 똑똑하게 맺지 못하는 모양.《회의가 뚜렷한 결론을 내리지 못한 채 흐지부지 끝났다.》**흐지부지하다 흐지부지되다**

흐트러지다 1.한곳에 모여 있거나 가지런하던 것이 이리저리 나뉘어 얽히고 뒤섞이다.《책상 위에 책들이 흐트러져 있다.》2.옷차림이나 자세, 태도 들이 단정하지 못하게 되다.《흐트러진 옷매무새를 바로 했다.》

흐흐 털털하고 꾸밈없이 웃는 소리. 또는 그 모양.《오빠가 방귀를 뀌고는 흐흐 웃었다.》

흑갈색 (黑褐色) 검은빛이 도는 짙은 갈색.

흑막 (黑幕) 겉으로 드러나지 않는 나쁜 계획이나 꿍꿍이. 《갑자기 서두르는 것을 보면 흑막이 있는 것 같아.》

흑발 (黑髮) 검은 머리털.

흑백 (黑白) 1. 검은빛과 흰빛. 《흑백 사진》 2. 옳고 그른 것. 《그 일은 시간을 두고 흑백을 가리기로 했다.》

흑사병 (黑死病) 쥐가 옮기는 전염병. 열이 많이 나고, 머리가 아프고, 어지럼증이 나다가 의식이 흐려져서 죽는다. ⁶페스트

흑산도 (黑山島) 전라남도 신안에 딸린 섬. 다도해 해상 국립공원에 든다.

흑색 (黑色) → 검은색.

흑색선전 (黑色宣傳) 있지 않은 사실을 거짓으로 꾸며내거나 부풀려서 상대방을 헐뜯고 해치는 것.

흑설탕 거르지 않아 검은 빛깔이 나는 설탕.

흑심 (黑心) 남을 어떻게 해 보려는 엉큼하고 못된 마음. 《수돌이는 최 부자의 재산을 뺏으려는 흑심을 품었다.》

흑연 (黑鉛) 탄소로 이루어진 검은 광물. 연필심이나 전지 극 들을 만드는 데 쓴다.

흑인 (黑人) 흑인종에 속하는 사람.

흑인종 (黑人種) 살빛에 따라 나눈 인종의 하나. 살빛이 검고 아프리카에 많이 산다. ⁺백인종, 황인종.

흑자 (黑字) 장사, 무역 들에서 수입이 지출보다 많을 때 생기는 이익. 《무역 흑자》 ⁺적자.

흑점 (黑點) 태양의 표면에 난 검은 얼룩. 지구의 기온과 날씨에 영향을 미치는데, 11년을 주기로 늘었다가 줄었다

가 한다.

흑흑 설움이 북받쳐 자꾸 숨을 거칠게 쉬며 우는 소리. 《콩쥐는 넓은 밭을 언제 다 갈지 막막해서 흑흑 흐느껴 울었습니다.》

흔드적 Ⅰ북 1. 천천히 흔들거나 흔들리는 모양. 2. 못마땅한 마음을 품고 일을 대충대충 하는 모양. **흔드적거리다 흔드적대다 흔드적흔드적** 《조금 흔드적대니까 못이 쉽게 뽑히던걸. / 어떤 애들은 걸레질을 거드는 시늉만 하면서 흔드적거렸다.》

흔들- 이리저리 흔들리는 모양. **흔들거리다 흔들대다 흔들흔들** 《나루터에 매인 배가 흔들흔들 춤을 춘다.》

흔들개비 여러 가지 모양의 쇳조각이나 나뭇조각 들을 가느다란 철사나 실로 매달아 흔들리게 만든 것. 바람이나 전기 힘으로 움직인다. ⁺모빌.

흔들다 1. 앞뒤나 좌우, 위아래로 움직이게 하다. 《강아지가 꼬리를 흔들면서 반겼다.》 2. 소리가 아주 크게 울리다. 《박수 소리가 경기장을 흔들었다.》 3. 어떤 것이 마음을 움직이게 하다. 《구슬픈 노랫소리가 내 마음을 흔들었다.》 ᵇ흔드는, 흔들어, 흔듭니다.

흔들리다 1. 앞뒤나 좌우, 위아래로 움직이다. 《길이 울퉁불퉁해서 차가 몹시 흔들렸다.》 2. 큰소리나 충격으로 물체가 왔다 갔다 하다. 《지진이 일어나 집이 흔들렸다.》 3. 어떤 것이 마음을 움직이다. 《아무리 설득해도 내 결심은 흔들리지 않을 거야.》

흔들의자 앉으면 편하게 앞뒤로 흔들 수 있게 둥글게 휜 받침대를 바닥에 대

어 만든 의자.

흔적 (痕迹) 어떤 것이 있었거나 지나가고 난 뒤에 남은 자국.《도둑이 창으로 들어온 흔적을 찾아냈다.》

흔쾌히 망설임이 없이 기분 좋게.《형이 내 부탁을 흔쾌히 들어 주었다.》

흔하다 무엇이 아주 많아서 쉽게 볼 수 있다. 또는 어떤 일이 자주 일어나다.《우리 마을에는 감나무가 흔해요./요즘 너무 흔하게 지각하던데 조심해.》^반귀하다. **흔히**

흘게눈 ^I북 흘겨보는 눈.《동생이 흘게눈으로 나를 쳐다보았다.》

흘겨보다 눈동자를 옆으로 돌려서 못마땅한 듯 쳐다보다.《제가 뭘 잘못했다고 그렇게 무섭게 흘겨보시나요?》

흘기다 눈동자를 옆으로 돌려 못마땅하게 노려보다.《누나가 나에게 눈을 하얗게 흘겼다.》

흘깃 눈을 옆으로 돌려 슬쩍 쳐다보는 모양. **흘깃거리다 흘깃대다 흘깃하다 흘깃흘깃**《지하철에서 옆 사람이 보는 신문을 흘깃흘깃 훔쳐보았다.》

흘끔 자꾸 슬그머니 흘겨보거나 곁눈질하는 모양. **흘끔거리다 흘끔대다 흘끔하다 흘끔흘끔**《누렁이가 흘끔흘끔 주인 영감의 눈치를 살핀다.》

흘끗 슬쩍 곁눈으로 한 번 흘겨보는 모양. **흘끗거리다 흘끗대다 흘끗하다 흘끗흘끗**《숙제를 하다가 맘껏 놀고 있는 동생이 미워서 흘끗 쳐다보았다.》

흘러가다 1.액체가 어떤 쪽으로 흘러서 가다.《한강은 서해를 향해 흘러간다.》 2.시간이나 세월이 지나가다.《아무리 깊은 상처도 세월이 흘러가면

잊혀진다.》 3.분위기, 흐름 들이 어떤 쪽으로 바뀌다.《회의가 자꾸 주제와는 관계가 없는 쪽으로 흘러간다.》

흘러가는 물 퍼 주기 ^{속담} 주는 사람은 아쉬울 것이 없어서 준 것인데 받는 사람은 무척 고맙게 여긴다는 말.

흘러나오다 액체, 소리, 빛 같은 것이 밖으로 나오다.《상처에서 피가 흘러나온다./어디서 그런 이상한 소문이 흘러나왔는지 모르겠다.》

흘러내리다 1.액체가 높은 곳에서 낮은 곳으로 흐르거나 떨어지다.《열심히 일하는 농부의 이마에서 구슬땀이 흘러내렸다.》 2.매어 두거나 묶어 놓은 것이 풀어져서 아래로 내려오다.《바지가 커서 자꾸 흘러내려요.》

흘러들다 1.물 같은 것이 흘러서 어디로 들어가거나 들어오다.《이 강은 남해로 흘러들어 간다.》 2.떠돌아다니던 것이 안으로 들어오다.《사람이 하나둘 마을에 흘러들었다.》 ^바흘러드는, 흘러들어, 흘러듭니다.

흘려보내다 1.흘러가게 그냥 내버려두다.《어영부영 흘려보낸 세월이 벌써 몇 년이던가!》 2.잘 듣지 않고 지나쳐 버리다.《내 말을 흘려보내면 나중에 후회할 텐데.》

흘리다 1.액체, 가루 같은 것을 쏟다.《동생이 바닥에 우유를 흘렸다.》 2.땀, 눈물, 피 같은 것을 몸 밖으로 흐르게 하다.《언니가 슬픈 만화를 보면서 눈물을 흘린다.》 3.물건을 어떤 곳에 떨어뜨리다.《장갑 한 짝을 어디에 흘렸는지 생각이 안 나네.》 4.남의 말을 주의 깊게 듣지 않다.《선생님 말씀 흘려

서 듣지 말고 중요한 것은 적어 둬.》5. 글씨를 또박또박 쓰지 않고 죽 이어서 날려 쓰다.《또박또박 쓴 것보다는 흘려 쓴 글씨가 더 멋있어 보인다.》

흘림 글씨를 또박또박 반듯하게 쓰지 않고 빠르게 흘려서 쓰는 것.《흘림으로 쓴 한자 글씨체가 '초서'이다.》

흙 지구의 겉을 이루는 물질. 바위나 돌이 부서진 것에 생물이 썩은 것이 섞여 있어 식물이나 미생물이 살 수 있다.

흙내 흙에서 나는 냄새.

흙담 '토담'을 잘못 쓴 말.

흙더미 흙이 한데 모이거나 흙을 한데 모아 쌓은 큰 덩어리.《산사태로 집이 흙더미 속에 묻혔다.》

흙덩이 흙이 엉겨서 이루어진 작은 덩어리.《씨앗을 뿌리기 전에 호미로 흙덩이를 부수어 땅을 골랐다.》

흙먼지 흙이 바람에 날려서 생긴 먼지.

흙물 흙이 섞여서 흐려진 물.

흙바닥 흙으로 된 바닥.

흙손 1.반죽한 흙, 시멘트 들을 떠서 벽이나 바닥에 바르고 겉을 고르게 문지르는 연장.《삼촌이 흙손을 들고 갈라진 벽에 시멘트를 바른다.》북바르기흙손. 2.흙이 잔뜩 묻은 손.

흙일 흙을 반죽하거나 바르는 일.《봄이 되면 할아버지는 손수 흙일을 하시며 집 곳곳을 고치신다.》**흙일하다**

흙집 흙으로 지은 집.

흙탕물 흙이 풀려 몹시 흐린 물.《어제 내린 비로 개울에 흙탕물이 흐른다.》

흙투성이 흙이 잔뜩 묻은 상태.《진흙탕에 넘어져서 흙투성이가 되었다.》

흠 느낌말 흐뭇하거나 언짢을 때 코로 내는 소리.《흠, 제법 훌륭한걸./흠, 이거 큰일이다.》

흠 흠집 (欠) 1.물건 같은 것이 깨어지거나 상한 자리.《새로 산 장롱에 흠이 났다.》같하자. 2.사람이나 사물에서 모자라거나 잘못된 점.《이 음식점은 비싼 게 흠이다.》비결함.

흠가다 물건에 흠이 생기다.《조금 흠간 옷장이지만 그런대로 쓸 만하다.》

흠모 (欽慕) 깊이 존경하여 받들고 마음으로 따르는 것.《어진 임금은 백성들의 흠모를 받았다.》**흠모하다**

흠뻑 1.물, 땀, 비 같은 것에 아주 푹 젖은 모양을 나타내는 말.《이 화초에는 물을 흠뻑 줘야 해요.》비흠씬. 2.어떤 느낌이나 상태에 깊이 빠지는 모양을 나타내는 말.《잠에 흠뻑 취해서 아빠가 돌아오신 줄도 몰랐다.》

흠썩 |북 1.이곳저곳 골고루 푹 젖은 모양.《손수건을 물에 흠썩 적신 뒤에 비누칠을 했다.》2.먹을거리가 지나치게 푹 익은 모양.《흠썩 익은 감은 너무 물러서 먹기 싫다.》3.마음에 들게 아주 많은 모양.《동생이 큼지막한 상자에 딱지를 흠썩 모아 두었다.》

흠씬 1.심하게 때리거나 맞는 모양을 나타내는 말.《깡패한테 흠씬 얻어맞았다.》2.물, 땀, 비 같은 것에 푹 젖은 모양을 나타내는 말.《형이 비에 흠씬 젖어서 집에 들어왔다.》비흠뻑. 3.꽉 차고 남을 만큼 넉넉하게.《상큼한 꽃향기를 흠씬 들이마셨다.》

흠잡다 사람이나 물건의 흠을 집어내다.《형은 흠잡을 데 없는 모범생이다.》

흠집 흠이 난 자리나 자국.《벽에 흠집

이 많아서 페인트를 칠했다.》

흠칫 깜짝 놀라거나 무서워서 목이나 어깨를 움츠리는 모양.《천둥소리가 울리자 아이들이 흠칫 놀라 이불 속으로 파고들었다.》

흡사 (恰似) 어떤 것과 거의 같을 만큼 비슷하게.《너를 보니 흡사 젊은 시절의 네 아비를 보는 것 같구나.》

흡사하다 어떤 것과 몹시 비슷하다.《내 목소리는 형 목소리와 흡사해서 사람들이 헷갈려 한다.》

흡수 (吸收) 물기 같은 것을 안으로 빨아들이는 것. **흡수하다**《스펀지는 물을 잘 흡수한다.》 **흡수되다**

흡수력 (吸收力) 물기 같은 것을 빨아들이는 힘.

흡습제 (吸濕劑) 옷감이 너무 말라 굳는 것을 막으려고 넣는 약제.《흡습제를 아이들이 먹지 않게 조심하세요.》

흡연 (吸煙) 담배를 피우는 것.《흡연은 몸에 해롭다.》 **흡연하다**

흡입 (吸入) 공기, 물 들을 안으로 빨아들이는 것. **흡입하다**《맑은 공기를 흡입하니 살 것 같다.》 **흡입되다**

흡입기 (吸入器) 약, 가스, 산소 들을 콧구멍이나 입을 통해 몸 안으로 들어가게 하는 기구. 마취를 하거나 호흡기병을 앓는 환자를 치료하는 데 쓴다.

흡족하다 아주 넉넉하거나 조금도 모자람이 없어 아주 마음에 들다.《엄마 젖을 실컷 먹은 아이가 흡족한 듯이 방긋 웃었다.》 **흡족히**

흡혈귀 (吸血鬼) 사람의 피를 빨아 먹는다는 귀신.

흥 느낌말 1.코를 세게 풀 때 나는 소리.

《휴지를 한 장 뽑아서 흥 하고 코를 풀었다.》 2.비웃을 때 코로 내는 소리.《흥, 내가 그럴 줄 알았어.》

흥 신바람 (興) 재미나 즐거움을 느끼는 것.《장구 소리에 흥이 난 할머니들이 어깨를 들썩이며 춤을 추신다.》

흥건하다 물 같은 것이 푹 잠기거나 젖을 정도로 많다.《지붕이 새어 바닥에 물이 흥건하게 고였다.》 **흥건히**

흥겹다 흥이 나서 아주 신나고 즐겁다.《너른 마당에서 흥겨운 잔칫상이 벌어졌다.》 짝흥겨운, 흥겨워, 흥겹습니다.

흥그러이 북 1.마음이 들떠서 흥겹게.《아이들 모두 흥그러이 소풍을 떠났다.》 2.마음이 편해서 흥겹게.《삼촌은 흥그러이 콧노래를 부른다.》

흥덕사 (興德寺) 충청북도 청주에 있던 절. 9세기쯤 지었다. 세계에서 가장 오래된 금속 활자 책인〔직지심체요절〕을 인쇄한 곳이다.

흥망 (興亡) 나라, 민족, 기업 들이 잘되어 흥하는 것과 못되어 망하는 것.

흥망성쇠 (興亡盛衰) 나라나 겨레 같은 것이 생겨나고 발전하고 약해지고 망하는 것.《나라의 흥망성쇠야 늘 있던 일이 아니냐.》

흥미 (興味) 어떤 일이나 사물에 마음이 끌려 재미를 붙이거나 관심을 기울이게 되는 것.《요사이 동생이 공부에 흥미를 느껴 열심히 한다.》

흥미롭다 무척 흥미를 느낄 만하다.《막판에 동점을 이루면서 경기가 흥미로워졌다.》 짝흥미로운, 흥미로워, 흥미롭습니다.

흥미진진하다 흥미가 많고 무척 재미

있다.《흥미진진한 이야기》

흥보가 (興甫歌) '흥부가'를 잘못 쓴 말.

흥부가 (興夫歌) 〔흥부전〕을 바탕으로 만든 판소리. **✕**흥보가.

흥부전 (興夫傳) 조선 후기에 나온 판소리 소설. 마음 착한 동생 흥부와 심술궂은 형 놀부가 주인공으로, 결국 착한 흥부가 복을 받는다는 이야기이다. ^같놀부전.

흥분 (興奮) 어떤 일에 자극을 받아 감정이 치밀어 오르는 것.《제발 흥분을 가라앉히고 내 말을 끝까지 들어 봐라.》**흥분하다 흥분되다**

흥사단 (興士團) 1913년 안창호가 세운 독립 운동 단체. 지금도 사회단체로서 활동하고 있다.

흥얼- 신이 나거나 기분이 좋아 입 속으로 계속 노래를 부르는 소리. 또는 그 모양. **흥얼거리다 흥얼대다 흥얼흥얼**《걸레질을 하면서 혼자 흥얼흥얼 노래를 불렀다.》

흥인지문 (興仁之門) 서울 동쪽에 있는 성문. 사대문의 하나로, 조선 첫째 임금인 태조 때 (1396년) 처음 세웠다. 성문 밖에 옹성을 두른 것이 특징이다. 보물 제1호. ^같동대문.

───흥인지문

흥정 물건을 파는 사람과 사는 사람이 값을 의논하여 정하는 것.《손님이 가게 주인과 흥정을 벌인다.》**흥정하다**
흥정은 붙이고 싸움은 말리랬다 ^{속담} 좋은 일은 권하고 나쁜 일은 말리라는 말.

흥청거리다 흥에 겨워서 마음껏 푸지게 놀다.《잔칫집에 가서 술과 음식을 먹으며 흥청거리고 놀았다.》

흥청망청 돈이나 물건 같은 것을 마구 쓰는 모양.《용돈을 사흘 만에 흥청망청 다 써 버렸어요.》

흥취 (興趣) 마음이 끌려 일어나는 기분 좋은 느낌이나 즐거움.《이 시에는 가을의 흥취가 잘 나타나 있다.》

흥하다 나라, 사업 들이 크게 일어나 잘되어 가다.《조선 시대에는 유교가 흥하였다.》^반망하다.

흥행 (興行) 돈을 받고 사람들에게 영화, 연극, 서커스 들을 보여 주는 일.《흥행에 성공하다.》**흥행하다**

흩날리다 1.낙엽, 가루, 눈 들이 흩어져 날리다.《벚꽃이 눈처럼 흩날린다.》 2.머리칼, 수염, 옷자락 들이 바람에 날리다. 또는 바람에 날리게 하다.《세찬 바람에 흩날리는 옷자락/한 장수가 긴 수염을 흩날리며 달려왔다.》

흩다 한데 모인 것을 따로따로 떨어지게 하다.《생쥐가 항아리에 담아 둔 쌀을 다 흩어 놓았다.》

흩뜨리다 한데 모아 놓은 것이나 쌓아 놓은 것을 여기저기 떨어지게 하다.《아기가 온 방 안에 장난감을 흩뜨려 놓았다.》^북흐트리다.

흩뿌리다 눈, 비 들이 여기저기 흩어져 내리다.《집에서 막 나오는데 비가 흩뿌리기 시작했다.》

흩어지다 한데 모인 것이 저마다 헤어지거나 여기저기로 퍼지다.《연극이 끝나자 사람들이 뿔뿔이 흩어졌다.》

희곡 (戱曲) 공연을 하려고 쓴 글. 무대에서 배우가 할 말이나 동작, 표정, 배경 들이 쓰여 있다. ^참시나리오.

희귀종 (稀貴種) 아주 드물어서 좀처

럼 볼 수 없는 귀한 물건이나 품종.《희귀종인 황금 박쥐가 발견되었다.》

희귀하다 아주 드물어서 몹시 귀하다.《희귀한 동식물을 보호해야 합니다.》

희극 (喜劇) 관객에게 즐거움과 재미를 주는 연극. 웃음을 통해 사회의 잘못된 점을 꼬집는다.《나는 비극보다는 희극이 더 좋아.》같코미디. 참비극.

희끄무레하다 1. 빛깔이 조금 희다.《새벽이 되자 날이 희끄무레하게 밝아 왔다.》북희벗다. 2. 빛이나 모양이 희미하다.《산봉우리가 안개 사이로 희끄무레하게 보인다.》북희벗다.

희끗희끗 군데군데 흰 빛깔이 섞여 보이는 모양.《외할아버지의 머리가 희끗희끗하다.》

희다 눈이나 우유 빛깔과 같다.《흰 눈/흰 우유》반검다.

희대 (稀代) 흔히 '희대의' 꼴로 써서, 세상에 드문 것.《희대의 영웅》

희디희다 아주 희다.

희로애락 (喜怒哀樂) 기쁨과 노여움과 슬픔과 즐거움.

희롱 (戲弄) 남이 창피하게 느낄 정도로 심하게 놀리는 것.《송이가 남자 아이들의 희롱을 참지 못하고 울음을 터뜨렸다.》희롱하다

희망 (希望) 1. 어떤 일을 이루거나 얻기를 바라는 마음.《내 장래 희망은 선생님이 되는 것이다.》비소원. 2. 바라는 것이 이루어지리라는 생각을 끝까지 버리지 않는 마음.《어렵고 힘들어도 희망을 버리지 마.》희망하다

희망차다 희망으로 가득하다.《드디어 희망찬 새해가 밝았다.》

희미하다 1. 소리, 모습 들이 뚜렷하지 않고 흐리다.《어두워서 글씨가 희미하게 보인다.》2. 생각, 기억 들이 뚜렷하지 않고 어렴풋하다.《너무 오래전 일이라 기억이 희미해요.》

희박하다 1. 어떤 일이 일어날 가능성이 거의 없다.《이번 경기에서 이길 가능성은 희박하다.》2. 어떤 곳에 들어 있는 물질의 양이 몹시 적다.《사람은 공기가 희박한 곳에서는 살 수 없다.》

희번덕거리다 흰자위가 드러날 만큼 크게 뜬 눈동자를 번뜩이며 이리저리 자꾸 움직이다.《상자에 가득한 금덩이를 보자 사람들 눈이 희번덕거렸다.》북희번득거리다.

희부옇다 허옇고 흐릿하다.《안개가 희부옇게 끼었다.》참희뿌옇다. 바희부연, 희부예, 희부옇습니다.

희붐하다 날이 새려고 빛이 희미하게 돌아 조금 밝다.《동녘 하늘이 희붐하게 밝아 온다.》

희비 (喜悲) 기쁨과 슬픔을 함께 이르는 말.《시험에 붙은 사람들과 떨어진 사람들 사이에 희비가 엇갈렸다.》

희비극 (喜悲劇) 1. 희극과 비극의 성격을 모두 갖춘 연극. 처음에는 주인공이 어려움을 겪지만 나중에는 행복을 찾게 되는 이야기가 많다. 2. 희극과 비극을 함께 이르는 말.

희뿌옇다 안개나 연기가 짙게 낀 것처럼 흐리다.《수증기 때문에 안경이 희뿌옇게 보인다.》참희부옇다. 바희뿌연, 희뿌예, 희뿌옇습니다.

희사 (喜捨) 돈이나 물건을 남을 돕는 일에 기쁜 마음으로 내놓는 것. 희사하

다《이름을 밝히지 않은 한 할아버지가 고아원에 큰돈을 희사하셨다.》

희색 (喜色) 기쁨이 가득한 얼굴빛. 《동생 얼굴에 희색이 가득하다.》

희생 (犧牲) 남을 위하여 제 목숨이나 재산, 힘 같은 귀한 것을 버리거나 바치는 것. **희생하다**《나라를 구할 수 있다면 기꺼이 희생하겠소.》**희생되다**

희생자 (犧牲者) 희생당한 사람.

희소가치 (稀少價值) 어떤 물건이 드물고 적기 때문에 알아주는 가치.《조약돌은 흔해서 희소가치가 없다.》

희소식 (喜消息) 기쁜 소식.《우리 학교가 전국 야구 대회에서 우승했다는 희소식이 날아들었다.》

희여멀끔하다 [북] 빛깔이 희고 말끔하다.《방금 목욕을 마친 언니 얼굴이 희여멀끔하다.》

희여멀쑥하다 [북] 빛깔이 희고 깨끗하다.《다른 데는 까맣게 탔는데 수영복으로 가린 데만 희여멀쑥하다.》

희열 (喜悅) 기쁨과 즐거움.《희열을 맛보다./희열을 느끼다.》

희한하다 아주 드물게 보는 일이나 물건이어서 신기하고 놀랍다.《강아지가 돼지 젖을 빤다는 희한한 이야기를 들었다.》

희희낙락 (喜喜樂樂) 좋은 일이 생겨서 몹시 기뻐하고 즐거워하는 것.《오빠가 선물을 받더니 하루 종일 희희낙락이다.》[북]희희락락. **희희낙락하다**

희희덕거리다 [북] 아주 크지 않은 소리로 자꾸 웃고 떠들다.《무슨 재밌는 얘기를 하기에 그렇게 희희덕거리니?》

흰갈매기 바닷가에 사는 겨울새. 등과

흰굴뚝버섯

흰날개해오라기

흰넓적다리붉은쥐

흰눈썹붉은배지빠귀

흰눈썹황금새

흰독말풀

흰둘레그물버섯

흰갈매기

흰말채나무

흰여로

날개 끝은 푸른빛이 도는 흰색이고 나머지는 희다. 다리는 분홍색이고 부리 끝이 붉다.

흰곰 북극 지방에 사는 곰. 온몸에 흰 털이 나 있고 코, 입술, 발톱은 검다.

흰굴뚝버섯 소나무 숲에서 자라는 버섯. 갓은 작은 털이 덮고 있는데 처음에 흰색이다가 보라색을 띤 붉은색이나 검은색이 된다. 먹는 버섯이다.

흰나비 → 배추흰나비.

흰날개해오라기 호수나 논에 사는 나그네새. 등은 검은빛이 도는 잿빛이고 날개와 꼬리는 흰색이다.

흰넓적다리붉은쥐 높은 산 숲 속에 사는 쥐. 등은 누르스름한 빛이 도는 붉은 갈색이고, 뒷다리의 넓적다리 부분에 흰 털이 있다.

흰눈썹붉은배지빠귀 낮은 산이나 숲에 사는 나그네새. 몸 위쪽은 연둣빛이 도는 갈색이고 가슴과 옆구리는 주황색이다.

흰눈썹황금새 공원이나 마을 가까운 숲에서 사는 여름새. 몸 위쪽은 검은색이나 갈색을 띠고 눈썹 선이 흰색이며 날개에 흰 무늬가 있다.

흰독말풀 길가나 빈 터에 자라는 풀. 여름에 긴 깔때기처럼 생긴 흰 꽃이 피고, 가을에 둥글고 가시 달린 열매가 익는다. 씨와 잎에 독이 있다.

흰둘레그물버섯 여러 가지 나무가 자라는 숲에서 나는 버섯. 갓에는 아주 작은 털이 있고 빛깔은 밤색이나 노란 갈색이다. 먹는 버섯이다.

흰둥이 1. 털빛이 하얀 개를 귀엽게 이르는 말. **참**검둥이. 2. 살갗이 흰 사람을 놀리는 말. **참**검둥이. 3.'백인'을 낮추어 이르는 말.

흰말채나무 산골짜기나 개울가에 자라는 잎지는나무. 여름에 자잘한 흰 꽃이 피고, 열매는 가을에 하얗게 익는다.

흰목이 넓은잎나무의 죽은 나무나 나뭇가지에서 나는 버섯. 전체가 흰색이고 겹꽃이나 닭 볏처럼 생겼다. 먹는 버섯이다.

흰목이

흰무늬왕불나방 숲이나 산골짜기에 사는 나방. 검은 날개에 흰 점이나 연노랑 점이 나 있다. 나방이지만 낮에 많이 움직인다.

흰무늬왕불나방

흰물떼새 바닷가 모래땅이나 논 같은 곳에 사는 나그네새. 등은 옅은 누런 갈색이고 배는 흰색이다. 이마에 검은색 얼룩무늬가 있다.

흰젖제비꽃

흰민들레 양지바른 곳에 자라는 풀. 민들레와 비슷하지만 꽃이 희다.

흰물떼새

흰발농게 모래 섞인 갯벌에 구멍을 파고 사는 게. 수컷은 한쪽 집게발이 희고 무척 크다.

흰밥 쌀로만 지은 밥.

흰빛 눈이나 우유와 같은 빛깔. **같**백색, 흰색. **반**검은빛.

흰주름버섯

흰뺨검둥오리 물가에 사는 텃새. 몸빛은 검은 갈색인데 얼굴빛은 몸에 견주어 좀 밝은 편이다.

흰뺨오리 숲이나 바닷가에 사는 겨울새. 부리와 눈 사이 뺨 쪽에 흰색의 크고 둥근 무늬가 있다.

흰민들레

흰색 → 흰빛.

흰수마자 맑고 바닥에 모래가 깔린 강에 사는 민물고기. 몸이 길고 주둥이가 뾰족하고 짧다. 등 쪽은 옅은 갈색이고

흰발농게

흰죽지

흰줄납줄개

흰뺨오리

흰수마자

배 쪽은 은빛 나는 흰색이다.

흰쌀 희게 찧은 멥쌀. **같**백미.

흰여로 산에서 자라는 풀. 여름에 흰 꽃이 피고, 누런 밤색 열매가 열린다. 뿌리를 약으로 쓴다.

흰자 → 흰자위.

흰자위 1.새알에서 노른자위를 둘러싼 맑은 부분. **같**흰자. **참**노른자위. 2.눈알의 검은자위 바깥을 둘러싼 흰 부분. **참**검은자위.

흰젖제비꽃 양지바른 곳에 자라는 풀. 잎은 세모꼴이고, 봄에 흰 꽃이 꽃대 끝에 한 송이씩 핀다.

흰주름버섯 풀밭, 목장, 대나무 숲에서 자라는 버섯. 갓 가장자리가 안쪽으로 말려 있고 빛깔은 흰색이다. 먹는 버섯이다.

흰주름젖버섯 여러 가지 나무가 있는 숲에서 자라는 버섯. 갓은 매끄럽고 부드러운 털이 나 있다. 빛깔은 노란색이나 노란 갈색이다. 먹는 버섯이다.

흰죽지 물풀이 많은 호수나 저수지에 사는 겨울새. 날개가 몸에 붙은 부분이 몸의 다른 부분보다 밝은 색을 띤다.

흰줄납줄개 물살이 느리고 물풀이 많은 강에 사는 민물고기. 몸은 달걀꼴이고 옆으로 납작하다. 등 쪽은 푸른빛이 나는 갈색이고 배 쪽은 희다.

히 1.마음에 흐뭇하거나 멋쩍어서 싱겁게 웃는 소리. 또는 그 모양.《히, 선물 고마워.》2.재미있어서 장난스럽게 웃는 소리. 또는 그 모양.《히, 바보들! 내가 여기 숨은 줄은 모르겠지?》

히드라 못이나 늪 속의 나뭇가지나 돌에 붙어서 사는 작은 생물. 생김새가

가는 대롱과 비슷하다.

히로시마 (Hiroshima) 일본 남서쪽에 있는 도시. 제이 차 세계 대전 때 미국이 원자 폭탄을 떨어뜨린 곳이다.

히말라야 산맥 인도와 중국 티베트에 걸쳐 있는 산맥. 세계에서 가장 높은 에베레스트 산을 비롯하여 높은 산이 많이 있다.

히말라야시다 높은 히말라야 산에 절로 자라고, 공원에 많이 심는 늘푸른나무. 나무가 고깔 꼴로 크게 자라고, 잎이 바늘처럼 뾰족하다.

히말라야시다

히물히물 입술을 좀 실그러뜨리면서 소리 없이 자꾸 웃는 모양.《할머니가 히물히물 웃으신다.》

히뭇이 |북 남의 눈에 잘 뜨이지 않게 히죽.《저쪽에서 우리 얘기를 듣던 나영이도 히뭇이 웃었다.》

히벌쭉 |북 흐뭇하거나 즐거워서 입을 크게 벌리고 소리 없이 웃는 모양.《오빠가 생일 선물을 들고 히벌쭉 웃는다.》 **히벌쭉하다**

히스테리 (Hysterie독) 1.정신이 안정되지 않아 몸이 굳고, 잘 잊어버리는 것과 같은 증상이 나타나는 것. 2.감정이 자주 바뀌고 흥분을 잘하는 마음 상태.《히스테리를 부리다.》

히아신스 꽃을 보려고 심어 가꾸는 풀. 검은 밤색 알뿌리에서 잎이 나고, 봄에 보라색, 붉은색, 흰색 꽃이 다닥다닥 모여 핀다. 북복수선화, 히야신스.

히어리 지리산에서 자라는 잎지는나무. 봄에 노란 꽃이 아래를 보고 달리며, 열매는 9월에 익는다. 우리나라에서만 자란다. 북납판나무.

히아신스

히읗 닿소리 글자 'ㅎ'의 이름.

히죽 흐뭇하고 좋아서 슬쩍 한 번 웃는 모양. **히죽거리다 히죽대다 히죽이다 히죽하다 히죽히죽**《엄마가 궁둥이를 두드려 주시자 동생이 히죽 웃는다.》

히터 (heater) 차 안이나 방 안을 덥히는 기구. 전기, 가스, 기름 들을 써서 열을 낸다.

히트 (hit) 세상에 내놓거나 발표한 상품, 노래 들이 크게 인기를 얻는 것.

히히 1.흐뭇하거나 멋쩍어서 입을 옆으로 벌리고 자꾸 싱겁게 웃는 소리. 또는 그 모양.《히히, 신난다! 내일이 소풍날이다.》 2.자꾸 장난스럽게 웃는 소리.《히히, 재밌다. 엄마가 깜짝 놀라실 거야.》 3.교활한 표정으로 자꾸 웃는 소리. 또는 그 모양.《마녀가 히히 웃으면서 지팡이를 흔들었다.》

힌두교 인도 사람들이 믿는 종교. 브라마, 비슈누, 시바 같은 신을 섬긴다.

힌트 (hint) 문제를 풀거나 일을 해결해 나가는 데 도움이 되는 것. 다암시.

힐끔 곁눈으로 몰래 슬쩍 보는 모양. **힐끔거리다 힐끔대다 힐끔힐끔**《사람들이 거지를 힐끔힐끔 쳐다본다.》

힐끗 슬쩍 곁눈으로 남모르게 살펴보는 모양. **힐끗거리다 힐끗대다 힐끗힐끗**《들어오지 않고 숨어서 힐끗대는 녀석이 누구야?》

힐난 (詰難) 남의 잘못을 끄집어내어 욕하는 것.《국회의원들의 뻔뻔한 태도에 힐난이 쏟아졌다.》 **힐난하다**

힐책 (詰責) 잘못을 탓하거나 몹시 꾸짖는 것. **힐책하다**《할아버지는 술을 마시고 운전한 삼촌을 심하게 힐책하

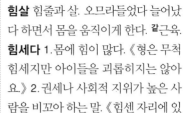

섰다.》

힘 1.사람이나 동물을 스스로 움직이게 하는 기운이나 능력.《힘이 세다./힘이 빠지다.》 2.어떤 것을 움직이거나 돌아가게 하는 능력.《이 차는 엔진 힘이 약해서 속도가 느려.》 3.어떤 일을 하는 데 도움이나 의지, 용기가 되는 것.《선생님의 격려가 큰 힘이 되었습니다.》 4.어떤 것에 영향을 미치는 능력이나 기운.《약의 힘에 기대 결승전에 오를 생각은 하지도 마.》 5.어떤 일을 할 수 있는 능력이나 노력이나 정성.《혼자서 아기 둘을 한꺼번에 돌보기는 너무 힘이 들어요.》

힘겨루기 힘, 세력 들을 보여 주거나 넓히려고 서로 겨루는 일.

힘겹다 힘이 모자라 당해 내기 어렵다.《아무리 힘겨운 일이라도 여러 사람이 힘을 합친다면 해낼 수 있다.》 바힘겨운, 힘겨워, 힘겹습니다.

힘껏 있는 힘을 다하여.《돌멩이를 힘껏 던졌다./어려운 일을 겪고 있는 동무를 힘껏 도와줍시다.》

힘내다 어떤 일을 해내려고 힘을 모으다.《다 됐으니 조금만 더 힘내라.》

힘닿다 힘, 능력, 권력 같은 것이 미치다.《우리가 힘닿는 데까지 도와줄 테니 걱정 마.》

힘들다 무엇을 하는 데 힘이 퍽 많이 들어서 하기가 어렵다.《쉬지 않고 뛰었더니 힘들어서 더는 못 뛰겠어요.》 바힘든, 힘들어, 힘듭니다.

힘들이다 어떤 일을 하는 데 마음이나 힘을 다하다.《힘들여서 만든 비행기를 동생이 망가뜨렸다.》

힘살 힘줄과 살. 오므라들었다 늘어났다 하면서 몸을 움직이게 한다. 같근육.

힘세다 1.몸에 힘이 많다.《형은 무척 힘세지만 아이들을 괴롭히지는 않아요.》 2.권세나 사회적 지위가 높은 사람을 비꼬아 하는 말.《힘센 자리에 있다고 권력을 멋대로 휘두르다니.》

힘쓰다 1.힘을 들여서 하다.《힘쓰는 일이라면 제게 맡기세요.》 2.남을 도와주다.《내가 할 수 있는 데까지 힘써 볼게.》 바힘쓰는, 힘써, 힘씁니다.

힘없다 어떤 일을 할 수 있는 힘이나 능력이 없다.《힘없는 나라 백성이 겪는 서러움을 너희가 알아?》 **힘없이**

힘입다 도움을 받거나 용기를 얻다.《여러분 응원에 힘입어 이겼어요.》

힘자랑 힘이 세다고 자랑하는 일. **힘자랑하다**《괜한 데 힘자랑하지 말고 와서 일이나 거들어라.》

힘점 지렛대로 어떤 것을 움직일 때 힘이 작용하는 점. 참받침점, 작용점.

힘주다 1.한곳에 힘을 쏟다.《밧줄을 힘주어 잡아당겼다.》 2.어떤 말을 강조하다.《선생님은 한 마디 한 마디가 중요하다는 듯 힘주어 말씀하셨다.》

힘줄 힘살을 이루는 질기고 흰 줄.

힘차다 힘이 있고 씩씩하다.《우리는 힘차게 노래를 부르면서 학교로 걸어갔다.》 비기운차다.

힝 코를 세게 푸는 소리. 또는 콧김을 세게 내뿜는 소리.《휴지를 뽑아 코를 힝 풀었다.》

힝둥새 낮은 산, 논밭 언저리, 강가 들판에 사는 나그네새. 푸른 갈색 바탕에 검은 줄무늬가 있다.

힝둥새